ISBN 978-0-331-74553-5
PIBN 10975579

FB &c Ltd, Dalton House, 60 Windsor Avenue, London, SW19 2RR.
Company number 08720141. Registered in England and Wales.

For support please visit www.forgottenbooks.com

ΤΩΝ ΕΙΣ ΑΡΙΣΤΟΦΑΝΟΥΣ

ΚΩΜΩΔΙΑΣ ΕΝΔΕΚΑ

ΣΧΟΛΙΩΝ ΠΑΛΑΙΩΝ

ΣΥΝΑΓΩΓΗ

PARISIIS. — EXCUDEBANT FIRMIN-DIDOT, VIA JACOB, 56.

SCHOLIA GRÆCA

IN

ARISTOPHANEM

CUM PROLEGOMENIS GRAMMATICORUM

VARIETATE LECTIONIS OPTIMORUM CODICUM INTEGRA, CETERORUM SELECTA

ANNOTATIONE CRITICORUM ITEM SELECTA, CUI SUA QUÆDAM INSERUIT

FR. DÜBNER

ACCEDIT INDEX NOMINUM ET RERUM EX ARISTOPHANE ET SCHOLIIS NOSTRA OPERA COLLECTUS

INDICES SCRIPTORUM ET VERBORUM IN SCHOLIIS EXPOSITORUM

PARISIIS

EDITORE AMBROSIO FIRMIN-DIDOT

INSTITUTI FRANCIÆ TYPOGRAPHO

VIA JACOB, 56

M DCCC LXXVII

PRÆFATIO.

Scholiorum veterum in Aristophanem, quæ non prostabant nisi multorum voluminum collectionibus Beckii Bekkerique inclusa, parabiliorem librum emittere decreveramus, quum Guilielmus Dindorfius magnis in hunc comicum meritis cumulum addidit scholiorum illorum editione critica et ceteris omnibus multo locupletiore. Is enim non solum vetustissimos omnium et præstantissimos codices, Ravennatem et Venetum, denuo excutiendos, sed alios quoque non paucos cum Aldinis scholiis conferendos curavit, Suidam hæc scholia expilare solitum diligentius quam ceteri tractavit, indagavit novitiorum additamentorum fontem et origines, omnia denique suæ criseos luce aut illustravit aut correxit. Putavimus autem demereri lectores nostros ipsum potius sequentes quam nostrum qualecumque judicium, quamquam in forma scholiorum variabili multa non improbabiliter adornari poterant ratione alia. Sed perpauca modo secundum optimos quos diximus codices mutavimus. Hoc tamen utilissime instituisse videmur, ut quæ absint ab illis codicibus, in ipsis scholiis significata lectoribus sine ambage indicaremus : nam ea plerumque ab recentissimis grammaticis profecta sunt et per nostram notationem primo oculorum obtuitu agnoscuntur.

In adnotatione Dindorfii excerpenda ita versati sumus, ut optimorum codicum, Ravennatis et Veneti, scripturas *integras* repræsentaremus, reliquorum *prope integras*, Aldinæ autem et subsequentium editionum non nisi potiores indicaremus. Quæcumque autem a vulgaribus editis, nulla indicata varietate, discedere reperiet lector, ea codicum omnium, certe optimorum indubitato consensu posita esse credat. Adjecimus quæ Dübnerus ex Parisinis codicibus collegerat : varietates argumentorum ex optimo libro 2712 (sive membranis Brunckii); plurima ad Nubes, Ranas et Plutum ex codice 2821 sæculi XIV integerrimo, sed recentiora

modo scholia continente; nonnulla ex codice 2820 earundem comœdiarum partes continente; denique bona multa ex Claudii Puteani apographo scholiorum antiquorum in Lysistratam, recentiorum in Thesmophoriazusas, et Bastii notas quasdam ineditas in scholia ad Plutum. Criticorum animadversionibus ab Dindorfio excerptis addidimus non pauca, resecuimus autem Hemsterhusiana nonnulla, quæ jam in alios libros satis notos transierant. Adnotationem in scholia Lysistratæ et Thesmophoriazusarum scripsit Dübnerus. Prolegomenis adjecimus capita quattuor a Cramero nuper edita. Sic utilem et gratam lectoribus qui Aristophani student operam præstitisse confidimus. Scripsimus exeunte anno MDCCCXLI.

G. DINDORFII PRÆFATIO.

Ad scholia in Aristopnanem et emendanda et locupletanda codicibus usus sum sex,

R. Ravennate,
V. Veneto Marciano 474,
G. ejusdem bibliothecæ 475,
Θ. Florentino Laurentiano 2779,
Γ. ejusdem bibliothecæ plutei 31, 15,
M. Mediolanensi Ambrosiano L, 39,

aliorumque nonnullorum excerptis, quæ suis quæque locis commemoravi. Horum librorum omnium et ætate et auctoritate princeps est Ravennas undecim fabularum. Propria huic codici sunt scholia Thesmophoriazusarum, Lysistratæque versuum 818-889, 1099-1228, 1260-1278, 1297-1311; desunt Equitum 216-1408, Pacis 1039-1356, Avium 239-394, Lysistratæ 376-404. Scholia minus quam vulgo sunt copiosa: caret enim non solum Byzantinorum grammaticorum annotationibus, sed etiam de scholiis Alexandrinis passim omisit quæ ad explicandas poetæ sententias minus necessaria esse viderentur. Vocabulis Græcobarbaris in scholiis pariter atque glossematis inter versus positis utitur rarissime iisque nonnisi talibus quæ ante Constantini magni tempora in linguam vulgarem esse illata vel scriptorum exemplis constet vel analogia doceat: cujusmodi sunt βάκλα ad Plut. 476, ὀγκίνοι 431, σουδάριον et φακιόλιον 729, κοῦσπος ad Pac. 478, βουρδωνάριος et σταβλίτης ad Thesmoph. 491, vocabulum Latinum ἐκσκέπτορα (*exceptorem*) ad Nub. 770. Patriam suam, non tamen diserte nominatam, semel memorat librarius ad Avium v. 842, ubi quæ scholiasta de excubitoribus per tintinnabula exploratis annotavit, suo ipsius additamento auxit librarius, ὅπερ ἐθεασάμην καὐτὸς ἔγωγε ἐν τῇ ἐμῇ πατρίδι. Similis est recentis scholiastæ annotatio ad Ran. 932. Primus post renata literarum studia hoc codice usus est Antonius Francinus, qui Pacis versus 948-1005, quibus caret editio Aldina, una cum scholiis ex eo descriptos edidit in editione Juntina a. 1525, nulla quamvis mentione codicis facta.

Proximus Ravennati Venetus est 474, qui septem tantum fabulas complectitur: desunt enim Acharnenses, Ecclesiazusæ, Thesmophoriazusæ, Lysistrata. Scholia antiqua longe quam Ravennas habet ampliora, raro admixtis recentiorum grammaticorum annotationibus, quales sunt de mensis coronatis Hebræorum ad Plut. 1056, de Venere genitrice ad Nub. 52, et excerpta ex Athenæo de ludo cottabi ad Pac. 1244. Vocabulorum barbarorum usus iisdem quibus in Ravennate finibus continetur. Sic σουδάριον et φακιόλιον est in scholio Pluti 729, ὀγκίνοι ib. 431, κοντομετροῦσα ib. 436, πατελίς ibid. 1097, χαμηλαύκιον ad Nub. 268, σπόρτουλα ib. 1136. Latina ἐκσκέπτορα ib. 770, δηλάτορας ad Plut. 287.

Veneto 474 (V.) tam similis est alter ejusdem bibliothecæ codex (G.), ut descriptus ex ipso videatur, omissis plerumque glossematis interlinearibus, quæ prior ille non pauca habet, additis autem aliunde excerptorum de comœdia capitibus duobus (I et II ed. nostræ), annotationibus aliquot ad primos Pluti versus, ad Av. 559, 560, 801, et loco Theopompi ad Ran. 218, quem breviorem exhibet V. Reliqua scripturæ diversitas quamvis non infrequens, tamen ubique est ejusmodi ut librario tribui possit prioris codicis corruptelas corrigenti: in quo ille ita est versatus ut aliis in locis verum videret, quod non difficile fuit in tot minutorum vitiorum correctione, in aliis miram proderet ingenii hebetudinem, cujus satis erit aliquot hoc loco produxisse documenta:

	V	G	scribendum
Av. 465	βωμέως	βωμαλέου	νομέως
1395	ἐνιαυτῇ	ἐν τοιαύτῃ	ἔνια τῇ
1490	τιτανωπάσι λλ	τιτάνῳ πασιφάης	Τιτανόπασι
1556	βαβυ	διαβάλλει	Βαβυλωνίοις.

Interdum lacunas absurde explevit, velut Av. 874, 1297, vel non intellecta ab se correxit, ut Pac. 959, τὴν κωμικὴν γράψας λέξιν mutavit in κωμῳδίαν γράψας. Hoc libro ita sum usus ut dissensum ejus a Veneto priore annotarem, omitterem consensum.

Laurentianus, Θ. quattuor fabularum, chartaceus seculi quarti decimi, præcipuo usui fuit in scholiis Equitum, ubi bona plurima cum Veneto habet communia, nonnulla etiam sibi propria, neque in Pluto et Ranis utilitate sua caruit. Ad Nubes tenuiora habet scholiorum excerpta quam quæ commemorari singula operæ pretium fuerit, omninoque libri hujus lectionibus cum delectu quodam usus sum, ne annotationem meam inutili mole augerem. Infimi ævi scholiis hic quoque codex caret, nisi quod uno alteroque loco annotationes quasdam insertas habet quales Moschopulus aliique ejusdem temporis grammatici

puerilis institutionis caussa scribere solebant, velut de constructione verbi κατηγορεῖν ad Plut. 919, de verbo ὀχεῖν ad Ran. 23, de Centauris ibid. 38. Glossemata interlinearia copiosa habet, quæ ad Plutum frequentius quam ad ceteras fabulas apposui, quanquam in his quoque nihil omisi quod ullo modo utile esse posset. In Pluto non pauca, quæ Hemsterhusius ex suis codicibus minus emendatis ediderat, correxi et nonnulla, quæ illi inexplicabilia videbantur, Laurentiani libri ope expedivi. Vocabula Græco-barbara ævi longe quam Ravennas et Venetus inferioris passim infert, ut τριτζάριον ad Plut. 172, et ζαρομάγουλον ibid. 266.

Laurentiano altero (T.) usus sum ad Ecclesiazusas. Lacunas habet non paucas et nihil præbuit quod non e Ravennate peti potuerit. Est chartaceus seculi quarti decimi. Insunt præterea fabulæ quinque, sed ipsæ quoque locis plurimis defectæ, Acharnenses, Equites, Aves, Vespæ, Pax, cum scholiorum excerptis vitiosissime scriptis et nihil usquam boni suppeditantibus, quod non ex libris antiquioribus ab me sumi potuerit.

Mediolanensis (M.) bombycinus est seculi quarti decimi. Insunt Plutus, Nubes, Ranæ, Equites, Aves cum excerptis scholiorum modo amplioribus modo brevioribus, ex quibus potiorem lectionis diversitatem ad Ranas attuli: ex qua intelligetur codicem quamvis emendatiorem exemplari Aldino, tamen inferiorem esse Ravennate Venetoque et nihil utile præbere quod non sit ab illis libris occupatum.

Proximus post libros scriptos locus Suidæ debetur, qui magnam scholiorum partem in lexicon suum transtulit, codicibus, ut nunc manifestum fit, usus qui Ravennati Venetoque simillimi fuerunt: ut non mirandum sit lectiones veras, quæ Suidæ propriæ sint, post excussos ab nobis libros illos vix tot singulas superesse quot centenas ex eo petere potuissent priores scholiorum editores, si præclaro hoc antiquæ lectionis thesauro diligentius uti voluissent. Licet igitur valde imminuta nunc sit Suidæ utilitas, tamen operæ pretium esse putavi lectionem ejus plerumque annotare, quum præsertim nonnihil conferat ad codicum nostrorum vitia corrigenda et vicissim ex ipsis interdum emendari possit, velut s. v. ἐγκεκορδυλημένος, ubi Cypriæ vocis κορδύλη testis affertur Κρέων ἐν α' τῶν ῥητορικῶν, quod nemo dubitabit quin ex scholio Veneto Nub. 10 corrigendum sit Κυπριακῶν.

Inter libros typis impressos prima est scholiorum editio Aldina a. 1498 novem fabularum (caret enim Thesmophoriazusis et Lysistrata), a Marco Musuro Cretensi curata, qui hoc in opere eadem versatus est levitate quam ex Athenæo et Hesychio turpiter ab eo interpolatis cognitam habemus. Ipse de opera in scholiis ab se posita hæc pauca tradidit in præfatione: « Τὰ δ' ὑπομνήματα ταυτὶ καὶ πόνου πολλοῦ καὶ χρόνου ἐδεῖτο μακροῦ, εἴ τις αὐτὰ πρὸς τὸ βέλτιον ἐγχειροίη μεθαρμόσασθαι σχῆμα. ὧν θατέρου μὲν ἐπεκρατήσαμεν καίτοι κρείττονος ἢ φέρειν. περὶ στενὸν δέ μοι κομιδῆ τὰ τοῦ χρόνου συνέβη. οὐ γὰρ μόνον τὰς ἐξηγήσεις συνείρειν ἠργολαβήσαμεν πεφυρμένα τέως, ὡς ἴστε που καὶ αὐτοί, ἀλλὰ καὶ τυπωθείσας ἤδη ἐπιτετράμμεθα διορθοῦν· αἱ δὲ τῶν χαλκογράφων ἁμαρτίαι κάρηνά εἰσι λερναῖα τῆς παλιμφυοῦς ὕδρας πολυπλοκώτερα καὶ τῆς Ἰόλεω ἐπικουρίας δεόμενα. ὅσῳ γὰρ ἐξεκόπτομεν, τοσῷδε πλείους ἡμῖν ἀνεφύοντο τοῦ τὸ μὲν μεταβάλλειν, τὸ δὲ προστιθέναι, τὸ δ' ἀφαιρεῖσθαι τῶν στοιχείων ἀφορμαί. » Et in fine Avium, « Ἀριστοφάνους κωμῳδιῶν ἑπτὰ (has dicit, Plutum, Nubes, Ranas, Equites, Acharnenses, Vespas, Aves) καὶ των εις αυτὰς σχολίων ἀρχαίοις συντεθέντων γραμματικοις, ἃ δὴ σποράδην ἐν ἀντιγράφοις κείμενα διαφόροις καὶ πεφυρμένως συνείλεκταί τε καὶ ὡς οἷόν τ' ἦν ἐπιμελέστατα διώρθωται παρὰ Μάρκου Μουσούρου τοῦ Κρητός. » Majoris momenti sunt quæ ex editione ipsa cum nostris comparata codicibus colligi possunt. Atque illud quidem satis manifestum est, Aldum, ut in plerisque omnibus scriptorum editionibus factum ab eo videmus, ita Aristophanis quoque non vetustas anquisivisse membranas, sed recentibus codicibus chartaceis, quantumvis vitiosis, uti maluisse, qui vili pretio haberi correctique typothetis tradi possent, libro autem typis exscripto tanquam nulli amplius usui futuri abjicerentur: unde facile explicari potest quod editiones Aldinæ, si ad codices exigantur, non tam cum libris vetustis quam cum chartaceis infimi ævi consentire reperiuntur, nec mirandum exemplaria, quibus Aldus usus est, ita evanuisse ut vix unum alterumque investigari a posteris potuerit: quod in codice Hesychii Marciano propitia fortuna accidit. Codicum vero Aristophanis a Musuro expressorum genus duplex fuit: alii enim scholia vetera sunt complexi, alii recentissimorum grammaticorum annotationes præbuerunt, copiosiores ad Plutum, Nubes, Ranas, quæ fabulæ præeuntibus grammaticis Byzantinis tum fere solæ tractari in scholis solebant, rariores ad reliquas comœdias. Horum librorum scholia a Musuro non raro ita sunt conglutinata ut ab uno eodemque grammatico scripta videantur quæ multorum seculorum intervallo sunt dispa-

rata. Quam temeritatem Musurus auxit eo quod scholia locis plurimis ex Harpocratione, Suida aliisque scriptoribus (1) interpolavit, et ita quidem ut suorum temporum infantiam ubique proderet. Nam quum ex Suida scholiorum lacunas plurimas explere codicumque suorum vitia innumerabilia emendare posset, his bonis omnibus neglectis ea tantum ex Suida et aliunde intulit quæ nulli usui essent nec raro ab scholiastarum veterum consuetudine abhorrerent: cujusmodi sunt quæ Suidas ex Polybio, Appiano, Juliano, Procopio similibusque scriptoribus citavit.

Editioni Aldinæ successit a. 1525 Florentina Antonii Francini (2), quæ editionis principis vestigia vix usquam nec nisi in rebus levissimis deseruit, accessionem vero unam habet laudabilem scholia ad Pacis v. 948-1005 ex codice Ravennate suppleta, de quibus supra dicebam: nam quæ præterea ad priores maxime fabulas passim addidit Francinus scholia et glossemata, etsi partim ex libris manuscriptis ducta esse nostrorum codicum consensus arguit, nullius plane pretii sunt. Alia ex scholiasta Pindari, Eustathio aliisque grammaticis descripta editor inseruit, non sine gravibus peccatis, cujusmodi est quod scholiis Aldinis de Pamphilo pictore Atheniensi ad Plut. 385 excerptum quoddam adjunxit ex scholiasta Pindari de Pamphylo Heraclida, Ægimii filio, quem ipse Pamphilum scribit.

(1) Ex Harpocratione Nub. 1134, Eq. 414, Eccl. 18, 289, 395, 602, 663. Ex Suida Nub. 971, Ran. 295, 791, 1300, Eq. 422, 435, 445, 527, 531, 600, 606, 645, 716, 728, 756, 852, 854, 855, 954, 964, 984, 1011, 1017, 1085, 1150, 1302, Ach. 520, 1182, Vesp. 170, 289, 583, 678, 681, 721, 769, 874, 1026, 1038, 1042, 1111, 1238, 1259, 1410, 1411, 1490, 1517, Pac. 17, 153, 835, 1094, Av. 158, 194, 1022, 1283, Eccl. 18, 146, 154, 652, 1026. Ex Æliano De nat. anim. Eq. 645. Ex Ammonio Eccl. 611. Ex Demetrio περὶ ἑρμηνείας Nub. 401. Ex Diodoro Pl. 9. Ex Eustathio ad Dionysium Nub. 208. Ex Gregorio Cor. Nub. 53. Ex Pausania Ran. 55. Ex Plutarcho Nub. 1179, Eq. 1017. Ex scholiasta Apollonii Rhodii Nub. 397, 1068. Ex scholiasta Euripidis Ran. 303, 1185, 1225, Vesp. 1413. Ex Stephano Byz. Nub. 323, 332. Ex vita Sophoclis Ran. 73. Ex Zenobii proverbiis Nub. 133, Vesp. 191, Eq. 984.

(2) *Fracinum* nominant Hemsterhusius, Brunckius aliique, errore decepti typothetæ, qui *Fracinus* pro *Francinus* posuit in fronte epistolæ ad Benedictum Accoltam, archiepiscopum Ravennatem. Nomen viro fuisse *Francini* ex Luciani Suetoniique editionibus et aliunde constat. Et sic vocatur in epigrammate Σεβαστιάνου τοῦ Δουκκίου, quod Aristophani præfixum est, πρῶτος ὁ Μουσοῦρος δῶκεν ποτὲ πολλὰ μογήσας | χαλκοτύποις σελίσιν βίβλον Ἀριστοφάνους. | δεύτερος αὖ Φραγκῖνος ἰδοὺ νῦν ταῦτα χαράξας | πλεῖστα διορθώσας, πίνακα προσθέμενος.

Editionem Florentinam repetiverunt Sigismundus Gelenius Basileæ a. 1547, et Æmilius Portus Aureliæ Allobrogum a. 1607, uterque non sine frequentibus levium vitiorum correctionibus: quas emendatiunculas hodie ex illis expiscari editionibus tanto minus operæ pretium fuit, quum prope omnes graviorem nunc habeant auctoritatem codicum. Multo minus commemorare licuit quæ et isti et alii editores non raro vel sana attrectarunt vel vitiosa corrigendo magis corruperunt.

Æmilii Porti vestigiis institit Ludolphus Kusterus in editione Amstelodamensi a. 1710, qui ipse quoque leviora scripturæ vitia multa tacite correxit, de aliis in annotatione monuit, adhibito interdum Suidæ lexico. Scholia Lysistratæ primus edidit ex codicibus Vossiano Leidensi (L) et Barocciano 38 (*Bar.*). Uterque codex lacunosus est neque ad Ravennatem comparandus: neutrum satis diligenter tractavit Kusterus. Baroccianum accuratius contulit Joannes Alberti in Observationibus miscellaneis Amstelodamensibus vol. 7, p. 125, quanquam non ipso codice usus, sed apographo quodam ejus a. 1697 facto. Vossianum ego ipse inspexi.

Librorum Parisinorum glossemata Brunckius, Britannicorum Dobræus edidit.

« *Copias Victorianas* » magnæ testes inopiæ, ad fabulas novem Aldinas edidit Aloysius Nickelius in Thierschii Actis Monacensibus vol. 1, p. 341-416. Sunt illæ copiæ nihil fere aliud quam glossemata partim ex codicibus quibusdam excerpta, inter quos libri nostri V.Θ. esse videntur, partim a Victorio e lexicographis transcripta in marginem exemplaris Aldini quod nunc in bibliotheca regia Monacensi asservatur.

Scholiis in Plutum utilissima fuit Hemsterhusii opera (a. 1744), quamvis non alio usi adjumento quam Suidæ lexico. Namque duorum qui illi præsto fuere codicum margines, Dorvilliani et Leidensis, non veterum grammaticorum scholiis, sed barbaris novitiorum hominum interpretationibus plerumque verbum verbo reddentibus impletæ sunt: quarum numerum aliis e libris magnopere augere potuissem, nisi chartis parcere præstitisset. Non multo melioris notæ sunt quæ ex codice Parisino 2827 (*Paris.*) ab Bastio excerpta scholia et glossemata Schæferus edidit in appendice ad Pluti Hemsterhusiani editionem Lipsiensem p. 487-565, quæ partim Thomæ Magistri esse ex primo ad Plutum scholio colligi potest. Annotationes Hemsterhusii meis ita inserui ut resecarem quæ nostrorum codicum lectio inutilia reddidisset, in iis autem

quas apponerem interdum modum adhiberem verbis viri eximii, quem notum est non raro longis verborum ambagibus ea in scriptis suis exposuisse, quæ sine ullo lectorum incommodo brevissima oratione transigi poterant.

Scholia in Nubes J. A. Ernesti edidit Lipsiæ a. 1754 cum præfatione, qua de discernendis diversorum grammaticorum scholiis disseruit emendationesque locorum quorundam proposuit: post Ernestium Hermannus a. 1799, iterumque a. 1830, qui ipse quoque nonnulla ex conjectura emendavit, alia ex Suida restituit. Scholia aliquot et glossemata codicis Nubium Leidensis ex schedis Ruhnkenii edidit Tittmannus inter Epistolas ejus p. 118-125.

Sequitur ut de origine et compositione scholiorum dicatur, de qua satis recte judicavit Kusterus (1), nisi quod tres potius quam duas ponere debebat scholiastarum classes. Prima scholiorum fundamenta jacta esse constat a grammaticis Alexandrinis, quorum alii Aristophanis fabulas annotationibus suis (ὑπομνήμασιν) illustrarunt, alii ad intelligendas illas plurimum contulerunt per libros amplioribus in argumentis versatos, inter quos præ ceteris celebrati fuerunt Lycophronis et Eratosthenis commentarii περὶ κωμῳδίας. His successit secunda scholiastarum classis, qui ex illis antiquiorum grammaticorum copiis excerpta (ἐκλογὰς ὑπομνημάτων) conficerent (2), scholiorumque veterum farraginem suis ipsorum auctam additamentis in eam fere qua hodie utimur formam redigerent: quod quarto circiter quintove æræ nostræ seculo evenisse eoque ipso factum videtur ut genuina commentaria Alexandrina mature neglecta perirent. Recentior autem hæc scholiorum collectio quum satis commoda usui legentium esset, nullas admodum mutationes experta, quantum ex Suida conjicere licet, usque ad seculum duodecimum per codices videtur esse propagata: quo tempore augeri scholia denuo cœperunt a grammaticis Byzantinis, Joanne Tzetza, Thoma Magistro, Moschopulo aliisque Græculis, quorum opera fere in tribus primis fabulis substitit. Annotationes ipsæ tam inutiles sunt et jejunæ ut ad suos singulas revocare auctores vix operæ pretium videatur. Scholiis ad Plutum Joannes Tzetza brevem præmisisse videtur poesis Græcæ historiam, qualem ipse commentariis in Hesiodum, frater autem Isaacus Lycophroni præfixit. Nam sic intelligendum videtur quod de Cæcio (id est Tzetza) narratur in codice quodam Plauti Romano. (V. Proleg. cap. X, b.)

[*In Addendis ineunte a.* 1839 *scriptis:* Excerpta hæc ex antiquiorum, Alexandrinorum potissimum et Pergamenorum, grammaticorum commentariis ab Symmacho esse facta ejusque commentarium Aristophaneum præcipuum scholiorum nostrorum fontem, veterum autem inter ea scholiorum unicum fuisse demonstrare conatus est Otto Schneiderus, qui commentationem de veterum in Aristophanem scholiorum fontibus docte et diligenter scriptam Sundiæ edidit a. 1838. Symmachi nomen quum in undequadraginta scholiorum locis commemoretur, non improbabile est alia quoque non pauca, quibus Symmachi nomen non est appositum, ex commentario ejus esse derivata. Unicum vero scholiorum veterum fontem quominus esse credamus vel illud impedit quod in subscriptionibus codicis Veneti, in fine Nubium, scholia excerpta esse dicuntur ἐκ τῶν Φαεινοῦ καὶ Συμμάχου καὶ ἄλλων τινῶν, in fine Pacis ἐκ Φαεινοῦ καὶ Συμμάχου, in fine Avium ἐκ τῶν Συμμάχου καὶ ἄλλων σχολίων. Quam difficultatem quum bene sensisset Schneiderus, subscriptionum illarum auctoritatem ita elevavit (p. 119), ut Phainum grammaticum fuisse conjiceret *satis recentem eumque nec doctum probe nec ab antiquis in Aristophanem commentariis valde instructum, qui*

(1) In præfat.: « Scholia Musuriana partim a pervetustis iisque clarissimi nominis grammaticis, veluti Apollonio, Didymo, Symmacho, Aristarcho et aliis quorum in ipsis scholiis fit mentio, conscripta sunt, quæ proinde non mirum si optimæ sint notæ veramque et priscam illam eruditionem sapiant; partim auctores habent Thomam Magistrum et Joannem Tzetzen aliosque forte illius ætatis Græculos, partim etiam ab ipso M. Musuro hinc et inde mihi interpolata videntur. De Thoma Magistro et Joanne Tzetze omne dubium mihi exemerunt Excerpta scholiorum in Aristophanem ex codice MS. Vaticano 1294, qui fuit quondam Fulvii Ursini, itemque Excerpta ex cod. MS. Urbinate 141 in eadem bibliotheca. Horum enim codicum prioris Excerpta præferunt nomen Thomæ Magistri, posterioris, Joannis Tzetzis: in quibus quæ leguntur, maxima ex parte in editis ad Aristophanem scholiis αὐτολεξεὶ quoque occurrunt. Scholiis hisce Musurianis Florentini postea in editione sua haud pauca, in priores præsertim comœdias (nam in posteriores vix quicquam ab iis additum deprehendi) e vulgatis et tritis fere scriptoribus exiguo interdum judicio adjecerunt. »

(2) Ejusmodi excerpta significat subscriptio codicis Veneti in fine Nubium, κεκώλισται ἐκ τῶν Ἡλιοδώρου, παραγέγραπται ἐκ τῶν Φαείνου καὶ Συμμάχου καὶ ἄλλων τινῶν, et in fine Pacis, κεκώλισται πρὸς τὰ Ἡλιοδώρου, παραγέγραπται ἐκ Φαείνου καὶ Συμμάχου. Quot comici fabulæ scholiis illustratæ fuerint nescimus. Scholia Holcadum citantur ab schol. Av. 1283 et Lys. 722, scholia Danaidum ad Plut. 210. Ex scholiis Tagenistarum excerpta sunt quæ Photius in Lexico posuit s. Παραιξόρουσον, ab antiquiore, ut opinor, grammatico accepta: neque enim Photium plures quam hodie supersunt comœdias legisse credam.

satis levi opera nonnullas Aristophanis fabulas interpretatus sit, ad modum fere Thomæ Magistri, i. e. codicibus Aristophaneis usus, quibus excerpta vetera e Symmacho apposita fuerint; quæ quum, ut fere mos fuit istorum grammaticorum, sæpe suffuraretur integra et pro suis venditaret, facile poterat evenire ut in scholiis Aldinis plerumque omitteretur Phaini nomen, in Etymologico autem Magno (1) *ab aliquo recentiore magistro Symmachi memoriæ, quam solam propagaverat Orus, adderetur.* Illos autem codicis Veneti ἄλλους τινάς ita removere studet (p. 122), ut, nisi simulatæ scholiorum copiæ ostentatio subsit, certe grammaticos intelligendos esse affirmet Symmacho recentiores, quos fortasse fore qui Thomam Magistrum, Joannem Tzetzam, Manuelem Moschopulum vel Demetrium Triclinium esse suspicentur, de quo vel propter ætatem qua scriptus codex Venetus est nemo nisi temporum rationis plane ignarus cogitare poterit, ne quid de ipsorum scholiorum Venetorum indole dicam ab illorum infimi ævi grammaticorum commentandi genere quam maxime aliena. Quæ omnia facile apparet quam sint infirma ad Schneideri sententiam defendendam argumenta. Ac primo quidem illa quæ de Phaino dicit Schneiderus plane pro arbitrio dicta sunt, nec quod Phainus μολγόν in Equitibus v. 963 per τυφλόν perverse est interpretatus, quo uno documento Schneideri de eo opinio nititur, satis caussæ est ut *ne dignus quidem Symmacho interprete docto cauto et accurato socius* judicetur Phainus, quum grammatici utroque illo longe et vetustiores et doctiores non raro similia et graviora adeo in interpretando peccata commiserint, inter quæ illud quoque de Symmacho est, in Pluto v. 1011 Nitarium et Battum cinædos somniante: quod commentum, ab Schneidero p. 61 utcunque excusatum, interpretationis istius vocabuli μολγόν a Phaino excogitatæ absurditatem aliquanto superat. Nihilo certioribus rationibus altera nititur opinio Schneideri ἄλλους τινάς quos codex Venetus addit grammaticos esse intelligendos Symmacho recentiores, quod affirmari non magis quam negari potest. Nam quum nomina illorum ignoremus, pari jure et antiquiores et æquales et recentiores Symmacho haberi possunt. Denique ne illud quidem extra dubitationem positum est quod Schneiderus p. 57 et 23 contendit, quoties in scholiis ὑπόμνημα vel τὸ ὑπόμνημα memoretur, quod duobus tantum locis factum est (1), Symmachi significari commentarium; quoties autem numero plurali τὰ ὑπομνήματα vel ἔνια τῶν ὑπομνημάτων citentur (2), antiquiores interpretes ab Symmacho excerptos intelligi. Quæ conjectura duplici premitur incommodo. Nam quum in scholiis modo Symmachus aliive interpretes nominentur, modo omisso grammatici nomine τὸ ὑπόμνημα vel τὰ ὑπομνήματα, nusquam autem Συμμάχου ὑπόμνημα citetur, nec scholiis in

(1) Etymologici locus hic est p. 200, 46: Βλιμάζειν τὸ τιτθολαβεῖν — — ὥς φησι Κρατῖνος — « Καὶ γὰρ ἐβλίμαζον αὐτήν » — εἴρηται δὲ παρὰ τὸ φλίβω — ὅθεν καὶ φλιά. παράγωγον φλιμάζω, καὶ ὡς φλίβω θλίβω, οὕτω φλιμάζω βλιμάζω. Φαεινὸς δὲ καὶ Σύμμαχος, παρὰ τὸ βλιμάζειν τοῦ μαζοῦ ἐγκειμένου. Quæ, nisi ex scholiis in Cratinum sunt excerpta, in quo poeta explicando Symmachum certe operam posuisse infra ostendemus, ex scholio ad Aristoph. Av. 530 repetita credi possunt, licet illic nunc nullum supersit Phaini Symmachique nominum vestigium, sed Callistrati solum Didymique explicationes proponantur. Omninoque Phainus in scholiis nostris nusquam nominatur nisi ad quinque Equitum versus 963, 1129, 1150, 1220, 1256. Sed Phainum non hanc unam fabulam, sed easdem omnes quas Symmachum pertractasse ex subscriptionibus codicis Veneti satis tuto colligi potest. Quod igitur solis in scholiis Equitum nunc nominatum videmus Phainum casui non minus est imputandum quam quod in scholiis ad Aves veterum interpretum nomina frequentius quam in ulla ceterarum fabularum sunt servata. Sic de locis undequadraginta, ubi Symmachum nominari supra dicebam, viginti ad solam Avium fabulam pertinent, ad Pacem unus, ad Plutum, Nubes, Ranas, Vespas et Thesmophoriazusas duo, ad Equites sex, ad Acharnenses tres. Eadem fere Didymi Euphroniique nominum ratio est. Didymus enim quum locis citetur duo de septuaginta, Euphronius autem viginti septem, de illis loci triginta quattuor, de his quattuordecim ad Aves pertinent. Contra Apollonius duodecies citatur in scholiis Ranarum, quinquies ad quattuor alias fabulas, Timachidas ad solam Ranarum fabulam locis decem, Demetrius Ixion ad sex locos Ranarum, semel ad Vespas et Aves.

(1) Ad Pluti v. 1037, ἐν δὲ τῷ ὑπομνήματι οὕτως· ad Pac. 758, οὕτως εὗρον ἐν ὑπομνήματι. Similiter Orion Etymol. p. 18: οὕτως εὗρον ἐν ὑπομνήματι εἰς Ἀριστοφάνην. Ὁ κωμικὸς καὶ ὁ κατ' αὐτὸν ὑπομνηματισμὸς ἐν τῷ Πλούτῳ (v. 322) ab Eustathio citatur ad Homer. p. 746, et ὁ ἐξηγησάμενος παρ' Ἀριστοφάνει τὸ (Plut. v. 159) ὀνόματι περιπάττουσι τὴν μοχθηρίαν p. 722: quæ ipsa quoque ad Symmachi commentarium refert Schneiderus p. 29.

(2) Ἐν τοῖς ὑπομνήμασιν οὕτω (vel ταυτί) γέγραπται schol. ad Vesp. 544, 968, Av. 1075. Λέγεται καταψεύδεσθαι τῶν ὑπομνημάτων schol. ad Av. 283. Ἐν ἐνίοις τῶν ὑπομνημάτων ad Av. 556. Ἐν ἐνίοις ὑπομνήμασιν ad Av. 281. Ἐν ἐνίοις τῶν σχολικῶν ὑπομνήμασιν ad Av. 1242. Τὰ λίαν ἐπιτετηδευμένα ὑπομνήματα ad Pl. 385. Τὰ παλαιὰ et τὰ νεώτερα ἀντίγραφα nominat schol. ad Nub. 508, codices intelligens scholia vel vetera vel recentia complexos. (Similiter ib. ad v. 1423: παρὰ δέ τινι τῶν νεωτέρων κατὰ λέξιν οὕτως· — quo scholio carent codices nostri.) Quocum comparandum quod in schol. Acharn. 1182 legitur γράφεται δὲ οὕτως non de scriptura, sed de interpretatione dictum. Τὰ ἐπιγεγραμμένα Ἀπολλωνίου ὑπομνήματα citat schol. Av. 1242. Ἀντίπατρον καὶ Εὐφρόνιον ἐν τοῖς ὑπομνήμασιν ibid. v. 1403. Τοὺς ὑπομνηματιστάς schol. Lys. 486. Τοὺς τοῦ κωμικοῦ σχολιαστάς Eustathius ad Homer. p. 1483, 32, ad schol. Equit. 526 respiciens.

quibus τὰ ὑπομνήματα vel ἔνια τῶν ὑπομνημάτων citantur usquam Symmachi nomen præscriptum reperiatur, tantum abest ut τὸ ὑπόμνημα vel τὰ ὑπομνήματα ad Symmachum iis quibus Schneiderus voluit modis tuto referri possit, ut longe majore cum specie veri contendere liceat scholiorum quæ supersunt farraginem partim ex Phaini et Symmachi, partim ex aliis quibusdam scholiorum collectionibus esse compositam, inter quas si nonnullæ fuerunt auctorum suorum nominibus non inscriptæ, profecto non mirandum est simplici ὑπομνήματος nomine, ubi una aliqua, vel ὑπομνημάτων, ubi plures designandæ erant, in scholiis nostris esse appellatas, quemadmodum in scholiis Sophocleis interdum Didymi aliorumve interpretum nomina apposita, aliquoties autem τὸ ὑπόμνημα (ad Antig. 1326, Electr. 451, 488), vel τοὺς ὑπομνηματισαμένους (ad Œdip. Col. 388, 390, 681) commemorari videmus. Hæc si vere disputavimus, in subscriptionibus codicis Veneti nihil esse intelligitur quod non sit rectissime verissimeque dictum.

De ætate qua vixit Symmachus tantum constat, non recentiorem fuisse Ælio Herodiano. Ab hoc enim libro περὶ μονήρους λέξεως p. 39, 26, Symmachi de vocabulo κνέφαλλον apud Cratinum notatio memoratur : unde probabiliter conjicere licet scholiis in Cratinum colligendis excerpendis augendis eandem fere operam quam Aristophanicis ab Symmacho esse impensam. Præterea Symmachus citatur in Lexico rhetorico in Bekkeri Anecd. p. 224, 12 : Βατήρ : τὸ ἄκρον τοῦ τῶν πενταέθλων σκάμματος, ἀφ' οὗ ἅλλονται τὸ πρῶτον. Σέλευκος. Σύμμαχος δὲ τὸ μέσον, ἀφ' οὗ ἀλόμενοι πάλιν ἐξάλλονται. ἄμεινον ὡς Σέλευκος. De patria viri nihil compertum habemus. Nam quod Atheniensium fuisse narrat Schneiderus p. 65, vitiosa deceptus est scholii ad Acharn. 145 scriptura, quam Valckenarius certissima emendatione persanavit. Non minus obscura Phaini memoria est, quem æqualem Symmachi fuisse non improbabiliter conjici posse videtur. Duobus autem his interpretibus tertius, ni fallor, accedere debet ejusdem haud dubie et ordinis et ætatis grammaticus Euphronius, qui ipse quoque excerptas ex antiquioribus grammaticis annotationes suis ipsius copiis auctas composuisse videtur easque non in undecim solis quæ hodie supersunt fabulis versatas; nam ex Euphronii commentario in Tagenistas manifeste excerpta sunt quæ Photius in Lexico p. 383, 22 de proverbio Πάρι ἐξόρουσον tradidit. Ex alia fortasse Aristophanis fabula glossa sumpta est p. 165, 10 explicata, Κιλλεία : πρὸς τῷ Ὑμηττῷ δασύ · οἱ δὲ κρήνην· Καλλίστρατος δὲ ἄγριον λάχανον τραχύ· Εὐφρόνιος δὲ τὰ ἀκανθώδη τῶν ἐχίνων · nisi ad Cratinum referre placeat, in quo explicando Callistratum pariter atque Euphronium operam posuisse ex Athenæo discimus 11, p. 495, A et C (1). Similiter autem, ut apud Photium, Callistrati et Euphronii sententiæ sibi oppositæ memorantur in schol. Aristoph. Vesp. 604, 606, Av. 933, 997, 1377, Symmachi et Callistrati Av. 440; ejusdem vero sententiæ auctores Callistratus et Euphronius perhibentur in schol. ad Pluti v. 385. Quibus in locis ambiguum videri potest utrum sententiam Callistrati, antiqui grammatici Alexandrini, qui centum et quinquaginta amplius ante æram nostram annis vixit, ex ipsius commentario cognoverint scholiastæ nostri, an ex Euphronii Symmachive excerptis repetiverint, quod mihi minus probabile videtur. Nam si Athenæo Callistrati scripta plura usupare licuit, non est cur scholiastis Athenæo non multo recentioribus Callistrati scholiorum copiam fuisse negemus. Accedit ad hæc quod Didymi, qui vix uno seculo inferior Callistrato fuit, commentarios ab scholiastis nostris inspectos esse indiciis satis claris cognoscitur, velut in scholio ad Pluti v. 1010 : Σύμμαχός φησι—Δίδυμος δέ φησιν—. ad Av. 877 : Σύμμαχος προείρηκεν—ὁ δὲ Δίδυμος—. 1283 : οὕτω Σύμμαχος · ὁ δὲ Δίδυμος σκυτάλια τὰς βακτηρίας · ad 1363 : Σύμμαχος · καθοπλίζει αὐτὸν —· Δίδυμος δέ —. Cujusmodi locos Schneiderus p. 61 sententiæ ab se propositæ caussa ita interpretari est coactus, ut Didymi explicationes ab scholiastis non ex ipsius commentariis, sed ex Symmachi excerptis afferri crederet, licet scholiastarum verba contrariam potius sententiam commendare videantur.

Jam si omnis hujus disputationis summam repetimus, non sine idoneis rationibus contendere posse videmur, scholiorum nostrorum compositores antiquissimorum interpretum annotationes partim ex ipsis fontibus hausisse, partim ex Phaini, Symmachi, Euphronii aliorumque excerptis (ἐκλογαῖς ὑπομνημάτων) petivisse ; quot autem et quos antiquiorum libros adhibuerint vel non adhibuerint, in ea quæ

(1) Ex iisdem Euphronii in comicos commentariis excerpta sunt quæ in Etymol. M. p. 340, 3 : Ἐνεργμός · τὸ δ' αὐτὸ καὶ ἔνερξις · κροῦμα κιθαριστικόν. Εὐφρόνιος δὲ τὸν ἐν μέσῳ τῆς κιθάρας πασσαλίσκον, δι' οὗ ἡ χορδὴ διήρτηται. Φρύνιχος Κόννῳ « Τί δαὶ τὸν ἐνεργμόν ; » et fortasse quæ apud schol. Dionys. Thr. in Bekkeri Anecdotis p. 782, 15 leguntur, Εὐφρόνιος δὲ (φοινίκια τὰ γράμματα λέγεσθαί φησι) ὅτι μίλτῳ τὸ πρότερον ἐγράφετο, ἥ ἐστι χρῶμά τι φοινίκεον.

hodie est horum scholiorum conditione non posse ad liquidum perduci. Tantum igitur vere dixisse videtur Schneiderus, Symmachi commentarium inter præcipuos scholiorum veterum fontes esse numerandum: unicum fuisse non putamus concedi posse.

M. Thoma Magistro Schneiderus p. 125: «Sunt quædam Thomæ in Aristophanem observationes aliunde notæ, quæ in Aldino exemplari non leguntur: conf. Ducangium in Glossario s. ἀπόθερμον (ex Pl. v. 1121), δεδολισμένος (Ran. 721), κεφάλαιον (Nub. 1156), κορυφαῖος (Pl. 953), μαυλίστρια (Nub. 980), προζύμι (Nub. 979), τρίειον (Nub. 59), et scholion codicis Parisini 2827 ad Pl. v. 1. — Quanquam citantur etiam aliunde Thomæ in Aristophanem notæ, quæ in Aldino quoque exemplari leguntur; conf. Ducang. p. 1536 sub Ταυρίζειν (ubi corrigendum σκορδινᾶν) coll. schol. Ran. 922; p. 1712 sub Φυσικεύειν coll. schol. Nub. 167; p. 1769 sub Χρυσοκάνθαρον coll. schol. Nub. 763, ubi Thomana vel tota vel maximam partem cum Aldinis scholiis conspirant; item Pricæus not. ad Apuleii Apologiam p. 9: *Thomas Magister* (quem in indice appellat manu scriptum), inquit, *ex bibliotheca eruditissimi Renati Moræi ad Aristoph. Nub.*: ὠχριοῦντες καὶ ἀνυπόδητοί εἰσι (οἱ φιλόσοφοι), ἐπειδὴ μόνης ἀρετῆς φροντίζοντες, οὐ τροφῆς διώκουσι τὸ ἀπέριττον. quæ reperiuntur in schol. Aldino ad Nub. 103.» Et in annotatione ad locos supra ex Ducangio citatos: «Usus est Ducangius codice Parisino (Colbert.) 4421, ut ipse indicat in indice auctorum tom. 2, p. 33; is continebat Plutum, Nubes, Ranas cum Thomæ scholiis, item glossas interlineares ad easdem fabulas, quas glossas et ipsas Thomam scripsisse Ducangius putat, vereor ne injuria; vide modo ipsum Ducangium sub Φυσικεύειν p. 1712. Sed operæ pretium fecisse videbor, si, quod Ducangius omisit, indicem earum glossarum subjecero, quibus ditari scholia possunt; conf. igitur Ducangium p. 4, 550, 588, 596, 597, 605, 617, 622, 637, 640, 670, 738, 784, 819, 830, 843, 846, 928, 965, 977, 1094, 1124, 1320, 1353, 1358, 1413, 1522, 1571, 1624, 1657, 1673, 1712, 1723; Addend. p. 19, 50, 52, 69, 76, 77, 97, 100, 106, 112, 132, 145, 150, 153, 154, 165 (bis), 174, 178, 185, 186. Præterea Ducangius utebatur codice Parisino regio 3324, qui continebat Plutum et Nubes cum glossis interlinearibus et scholiis (vid. indic. auct. p. 35 et p. 38), unde deprompta sunt e. g. quæ p. 1384 sub Σκατοπάμπουλον posuit; item in Add. p. 83 et 172; reliquos locos non notavi.» De opera ab Thoma Magistro ceterisque Græculis in tribus primis fabulis interpretandis posita qui accuratius dicere volet, codices seculi quarti quintique decimi, quales non pauci supersunt qui margines futilibus hujusmodi annotationibus oppletas habent, excutere debebit: qui labor nihil ad intelligendum Aristophanem scholiastasque veteres emendandos, nonnihil fortasse ad Ducangii Glossarium locupletandum conferet, quanquam hoc quoque exiguum erit, quum interpretamentorum istorum pars longe maxima jam ex codicibus Hemsterhusii, Brunckii, Dobræi meisque innotuerit.]

Argumentum scholiorum veterum tripertitum est. Alia enim in judicanda scripturæ diversitate versantur, alia in explicandis poetæ verbis sententiisque, alia denique in metrorum formis declarandis. De scripturæ diversitate quæ annotata videmus, maximam partem ad librariorum spectant errores uno alterove in codice repertos, et tum demum addita videntur quum scholia ex diversis codicibus collecta in unum corpus redigerentur. Grammaticis Alexandrinis facile intelligitur ea tantum tuto imputari posse quæ appositis ipsorum nominibus memorantur: quæ paucissima sunt. Sic ad Ran. 320 Διαγόρας ab Apollodoro Tarsensi in δι' ἀγορᾶς inepte mutatum memoratur; Aristarchi et Apollonii sententia de versibus quibusdam spuriis ejiciendis ibid. 1437. Callistrati Aristophanei interpretatio lectionis absurdæ κατ' ὀρθὸν (pro κατ' ὄρθρον) ad Vesp. 772. Demetrii Zenodotei conjectura parum prudenter excogitata χάνδυλον pro κόνδυλον Pacis v. 50. Aristophanis Byzantii supplementum versus unius haud dubie ex codice aliquo ducti, ἐρῶ δ' ἔγωγε τῶν ἐν ὄρνισιν νόμων, ad Av. 1343, probabilis ejusdem lectio Ἀλκαῖος pro Ἀχαιός ad Thesm. 169, minus probabilis τῇ δαδίνῃ pro τῇ λαμπάδι ibid. 917. Conjecturis qui indulgere volent, alia non pauca ad idem fortasse genus referenda ex scholiis conquirere potuerunt, a quibus enumerandis ego eo magis abstinendum puto quo inutiliora pleraque esse video, velut quod κολοκτρύονα pro κάλεκτρυόνα lectum a quibusdam fuit et utcunque explicitum Ran 935, ποῦ δὲ περαιωθήσομαι pro πῶλος, οὐ ναυσθλώσομαι Pac. 126, τὴν πόλιν pro τὴν Πύλον ibid. 219, δέρμα pro λαῖμα Av. 1563, Κλεόμαχος pro Φυρόμαχος Eccl. 22. Longe majoris facienda nobis sunt quæ ad interpretandas comici fabulas scholiastæ veteres vel ex doctrinæ suæ thesauris attulerunt vel ips. sagaciter animadverterunt: quanquam, qui fuit eorum mos, interdum hariolando longius quam debebant progressi ad

nugas esse delapsi reperiuntur. Ejusmodi est quod Philonidem illum qui in Pluto memoratur v. 179, cum Philonide histrione confudit Callistratus, ibid. 1011 Symmachus vitiosa deceptus scriptura νιτάριον καὶ βάτιον (pro νηττάριον καὶ φάττιον) cinædos nescio quos commentus est Nitarium et Battum, alii autem florum ista esse nomina sibi persuaserunt, cui invento simile est quod Aristophanes Byzantius ἀπραγμοσύνην florem finxit pessime intellectis poetæ verbis Nub. 1007 μίλακος ὄζων καὶ ἀπραγμοσύνης καὶ λεύκης φυλλοβολούσης. κόρκορον, quod vile genus oleris est, pro pisciculo habuit Lycophro, notatus propterea ab Eratosthene ad Vesp. 239. Non melioris notæ opiniones sunt Aristarchi et Symmachi de verbis ἐμποδίζων ἰσχάδας Equit. 755, Callistrati de Γλάμων pro nomine proprio accipiendo ad Ran. 588, ejusdem de Clidemide Sophoclis filio ibid. 791, Symmachi de τελέᾳ avicula Av. 168, Euphronii πάππον avem fingentis ibid. 765, Didymique Neottus ex verbis poetæ νεοττὲ δέσποτα confictus. Huc accedunt peccata quædam chronologica, ut ad Nub. 7, ubi scholiastæ poetam ad servos respexisse autumant libertatem adeptos propter pugnam ad Argennusas, quam duodevigesimo post Nubium fabulam anno pugnatam esse constat. Similes sunt hallucinationes quas notavimus ad Eq. 520, 797, Ach. 760, Vesp. 60, Pac. 450, 451, 702, Av. 521.

De scholiis metricis antiquis fragmenta tantum supersunt in codicibus nostris, rarissima in Ravennate (1), frequentiora in Veneto (2), ad solam fere Equitum fabulam in Laurentiano Θ (3): quorum de auctore si quæritur, non invenio cui majore cum specie veri tribuam quam Heliodoro, clarissimo inter veteres doctrinæ metricæ scriptori, cujus auctoritate non raro usi sunt Hephæstio, Priscianus, alii: acceditque conjecturæ meæ nonnihil commendationis eo quod Heliodori nomen non solum duobus in locis scholiorum, ad Vesp. 1281 et Pac. 1352, sed etiam in subscriptione codicis Veneti memoratur in fine Nubium et Pacis (4). Valde diversa ab his sunt scholia metrica Aldina, quibus codices nostri carent: quæ certissimum haberi potest a Demetrio Triclinio, adhibitis interdum scholiis antiquioribus, esse composita. Simillima enim sunt ejusdem grammatici scholiis Sophocleis, videturque de auctore tanto minus dubitari posse, quod Triclinii nomine prolegomena illa sunt inscripta (sect. XVII ed. nostræ), quibus in universum de opera explicandis poetarum scenicorum metris ab se impensa disserit: de qua satis magnifice sensit. Nam θείᾳ τινὶ καὶ ἀπορρήτῳ ἐμπνεύσει adjutum se esse prædicat, licet metrorum descriptiones plurimas excogitaverit tales ut diis esse usus videatur Triballis

Scribebam Lipsiæ, exeunte anno 1836.

(1) Nub. 1131, 1170, 1303, Pac. 512, Thesm. 531, Lys. 484.

(2) Nub. 457, 805, 889, 1170, 1259, 1303, Ran. 383, Eq. 1, 247, 284, 303, 328, 382, 409, 498, 507, 551, 565, 611, 616, 624, 684, 692, 756, 824, 835, 911, 919, 941, 972, 997, 1014, 1067, 1070, 1111, 1264, 1316, 1335, Vesp. 1, 248, 1071, 1090, Pac. 1, 82, 111, 124, 154, 300, 346, 383, 426, 435, 459, 486, 571, 582, 651, 658, 729, 756, 796, 819, 856. 922, 939, 974, 990, 1016, 1039, 1127, 1188, 1191, 1283, 1289, 1329, 1352; Av. 209, 1188, 1262, 1480.

(3) 284, 303, 382, 498, 551, 565, 616, 756, 824, 835, 919, 941, 972, 1038, 1067, 1070, 1111, 1264, 1316, 1335, Nub. 1303, 1320, 1352.

(4) *In Addendis:* Idem conjecit Schneiderus p. 119, recteque monuit in subscriptione codicis Veneti in fine Nubium κεκώλισται corrigendum esse, quod ipsum in subscriptione Pacis est servatum: videri enim Heliodorum aliquam κωλομετρίαν τῶν μελικῶν Ἀριστοφάνους scripsisse, qualem postea Eugenium literis mandasse scimus hoc sub titulo: κωλομετρία τῶν μελικῶν Αἰσχύλου, Σοφοκλέους καὶ Εὐριπίδου ἀπὸ δραμάτων ιε'· de quo v. Suidas s. Εὐγένιος.

EXPLICATIO COMPENDIORUM.

( ) His parentheseos signis quæ inclusa leguntur, absunt a codice *Ravennate*. Iisdem quando cinguntur numeri versuum, indicio est codicem scholia in eos versus non habere, nisi quæ forte subjunguntur separata a ceteris et litera *R*. notata. Desunt præterea scholia *Equitum* a v. 216 usque ad finem, *Pacis* a v. 1039 usque ad finem, *Avium* 239 — 394, *Lysistratæ* 376 — 404.

[ ] His uncis quæ concluduntur, absunt a codice *Veneto*; item scholia versuum quorum numeri iisdem cinguntur. *Acharnensium*, *Ecclesiazusarum*, *Thesmophoriazusarum* et *Lysistratæ* scholia non habet.

[ ] His uncis duplicatis quæ circumdedimus, absunt ab utroque codice, *Ravennate* æque ac *Veneto*. Iis signis non erat opus ubi subscribitur codex qui præbuit.

R. Codex Ravennas.

V. Codex Venetus (Marcianus 474).

G. Codex ejusdem bibliothecæ Marcianæ 475. Is plerasque glossas breves non habet, in scholiis autem ita consentit cum *Veneto*, ut prudenter dissensum modo notaverit Dindorfius.

Θ. Codex Florentinus Laurentianus 2779.

Γ. Codex ejusdem bibliothecæ plutei 31,15.

M. Codex Mediolanensis Ambrosianus L, 39.

L. Codex Leidensis Vossianus Lysistratæ.

Bar. Codex Baroccianus 38, ejusdem Lysistratæ.

A. Codex Parisinus regiæ bibliothecæ membr. 2712.

B. Codex ejusdem bibliothecæ chart. 2715.

C. Codex ejusdem bibliothecæ chart. 2717.

D. Codex ejusdem bibliothecæ bombycinus.

E. Codex Brunckii.

F. Codex Parisinus regiæ bibliothecæ chart. 2820.

Reg. Codex ejusdem bibliothecæ bombycinus 2821, a Dübnero excussus.

Par. Codex ejusdem bibliothecæ chart. 2827.

Put. Apographum scholiorum in Lysistratam et Thesmophoriazusas a Claudio Puteano factum, ante nos incognitum.

Dv. vel *Dorv.* Codex Dorvillianus, nunc Bodleianus X, 1. 3, 13.

Vict. Scholia a Petro Victorio e pluribus libris collecta.

Harleiani, *Barocciani* et *Cantabrigienses* codices suis locis accurate indicantur.

PROLEGOMENA

DE COMOEDIA.

I.

ΕΚ ΤΩΝ

ΠΛΑΤΩΝΙΟΥ

ΠΕΡΙ ΔΙΑΦΟΡΑΣ ΚΩΜΩΔΙΩΝ.

Καλὸν ἐπισημήνασθαι τὰς αἰτίας δι' ἃς ἡ μὲν ἀρχαία κωμῳδία ἴδιόν τινα τύπον ἔχει, ἡ δὲ μέση διάφορός ἐστι πρὸς ταύτην. ἐπὶ τῶν Ἀριστοφάνους καὶ Κρατίνου καὶ Εὐπόλιδος χρόνων τὰ τῆς δημοκρατίας ἐκράτει παρ' Ἀθηναίοις καὶ τὴν ἐξουσίαν σύμπασαν ὁ δῆμος εἶχεν, αὐτὸς αὐτοκράτωρ καὶ κύριος τῶν πολιτικῶν πραγμάτων ὑπάρχων. τῆς ἰσηγορίας οὖν πᾶσιν ὑπαρχούσης ἄδειαν οἱ τὰς κωμῳδίας συγγράφοντες εἶχον σκώπτειν καὶ στρατηγοὺς καὶ δικαστὰς τοὺς κακῶς δικάζοντας καὶ τῶν πολιτῶν τινὰς ἢ φιλαργύρους ἢ συζῶντας ἀσελγείᾳ. ὁ γὰρ δῆμος, ὡς εἶπον, τὸν φόβον ἐξῄρει τῶν κωμῳδούντων, φιλοτίμως τῶν τοὺς τοιούτους βλασφημούντων ἀκούων. ἴσμεν γὰρ ὡς ἀντίκειται φύσει τοῖς πλουσίοις ἐξ ἀρχῆς ὁ δῆμος καὶ ταῖς δυσπραγίαις αὐτῶν ἥδεται. ἐπὶ τοίνυν τῆς Ἀριστοφάνους καὶ Κρατίνου καὶ Εὐπόλιδος κωμῳδίας ἀφόρητοί τινες κατὰ τῶν ἁμαρτανόντων ἦσαν οἱ ποιηταί. λοιπὸν δὲ τῆς δημοκρατίας ὑποχωρούσης ὑπὸ τῶν κατὰ τὰς Ἀθήνας τυραννούντων καὶ καθισταμένης ὀλιγαρχίας καὶ μεταπιπτούσης τῆς ἐξουσίας τοῦ δήμου εἰς ὀλίγους καὶ κρατυνομένης τῆς ὀλιγαρχίας ἐνέπιπτε τοῖς ποιηταῖς φόβος· οὐ γὰρ ἦν τινὰ προφανῶς σκώπτειν δίκας ἀπαιτούντων τῶν ὑβριζομένων παρὰ τῶν ποιητῶν. ἴσμεν γοῦν τὸν Εὔπολιν ἐπὶ τῷ διδάξαι τοὺς Βάπτας ἀποπνιγέντα εἰς τὴν θάλασσαν ὑπ' ἐκείνου εἰς ὃν καθῆκε τοὺς Βάπτας. καὶ διὰ τοῦτο ὀκνηρότεροι πρὸς τὰ σκώμματα ἐγένοντο καὶ ἐπέλιπον οἱ χορηγοί. οὐ γὰρ ἔτι προθυμίαν εἶχον οἱ Ἀθηναῖοι τοὺς χορηγοὺς τοὺς τὰς δαπάνας τοῖς χορευταῖς παρέχοντας χειροτονεῖν. τὸν γοῦν Αἰολοσίκωνα Ἀριστοφάνης ἐδίδαξεν, ὃς οὐκ ἔχει τὰ χορικὰ μέλη. τῶν γὰρ χορηγῶν μὴ χειροτονουμένων καὶ τῶν χορευτῶν οὐκ ἐχόντων τὰς τροφὰς ὑπεξῃρέθη τῆς κωμῳδίας τὰ χορικὰ μέλη καὶ τῶν ὑποθέσεων ὁ τρόπος μετεβλήθη. σκοποῦ γὰρ ὄντος τῆς ἀρχαίας κωμῳδίας τοῦ σκώπτειν δήμους καὶ δικαστὰς καὶ στρατηγούς, παρεὶς ὁ Ἀριστοφάνης τοῦ συνήθως ἀποσκῶψαι διὰ τὸν πολὺν φόβον, Αἴολον τὸ δρᾶμα, τὸ γραφὲν τοῖς τραγῳδοῖς, ὡς κακῶς ἔχον διασύρει. τοιοῦτος οὖν ἐστιν ὁ τῆς μέσης κωμῳδίας τύπος, οἷός ἐστιν ὁ Αἰολοσίκων Ἀριστοφάνους καὶ οἱ Ὀδυσσεῖς Κρατίνου καὶ πλεῖστα τῶν παλαιῶν δραμάτων οὔτε χορικὰ οὔτε παραβάσεις ἔχοντα.

Παράβασις δέ ἐστι τὸ τοιοῦτο. μετὰ τὸ τοὺς ὑποκριτὰς τοῦ πρώτου μέρους πληρωθέντος ἀπὸ τῆς σκηνῆς ἀναχωρῆσαι, ὡς ἂν μὴ τὸ θέατρον ᾖ κενὸν καὶ ὁ δῆμος ἀργὸς καθέζηται, ὁ χορὸς οὐκ ἔχων πρὸς τοὺς ὑποκριτὰς διαλέγεσθαι ἀπόστροφον ἐποιεῖτο πρὸς τὸν δῆμον. κατὰ δὲ τὴν ἀπόστροφον ἐκείνην οἱ ποιηταὶ διὰ τοῦ χοροῦ ἢ ὑπὲρ ἑαυτῶν ἀπελογοῦντο, ἢ περὶ δημοσίων πραγμάτων εἰσηγοῦντο. ἡ δὲ παράβασις ἐπληροῦτο ὑπὸ μελυδρίου καὶ κομματίου καὶ στροφῆς καὶ ἀντιστρόφου καὶ ἐπιρρήματος καὶ ἀντεπιρρήματος καὶ ἀναπαίστων. τὰ μὲν γὰρ ἔχοντα τὰς παραβάσεις κατ' ἐκεῖνον τὸν χρόνον ἐδιδάχθη, καθ' ὃν ὁ δῆμος ἐκράτει· τὰ δὲ οὐκ ἔχοντα τῆς ἐξουσίας λοιπὸν ἀπὸ τοῦ δήμου μεθισταμένης καὶ τῆς ὀλιγαρχίας κρατούσης. οἱ δὲ τῆς μέσης κωμῳδίας ποιηταὶ καὶ τὰς ὑποθέσεις ἤμειψαν καὶ τὰ χορικὰ μέλη παρέλιπον, οὐκ ἔχοντες τοὺς χορηγοὺς τοὺς τὰς δαπάνας τοῖς χο-

---

I.

Excerpta ex Platonio (I et II) om. V., habet G. Prolegomenis omnino caret R. — ΠΛΑΤΩΝΙΟΥ. Nullam usquam hujus grammatici mentionem factam vidi. Simile, sed longe antiquioris viri nomen est Platonici apud Galenum περὶ τῶν ἰδίων βιβλίων vol. 1, p. 36 : ἐδόθη δὲ καὶ φίλῳ Πλατωνικῷ κατὰ τὴν ἐπιδημίαν ταύτην εἰσαγωγικὰ δύο βιβλία. Qui idem haud dubie est quem Galenus inter praeceptores suos memorat vol. 6, p. 532 : ἤκουον φιλοσόφων πολιτῶν, ἐπὶ πλεῖστον μὲν Στωικοῦ Φιλοπάτορος μαθητοῦ, βραχὺν δέ τινα καὶ Πλατωνικοῦ μαθητοῦ Γαΐου. Et sic fortasse Πλατωνίου quoque nomen, sive sic sive Πλατωνικοῦ scribendum, non nomen, sed cognomen est. Dind. — 8 πᾶσιν G. πάσης vulgo. — 9 σκώπτειν G. Vulgo τῷ aut τοῦ σκώπτειν. — 12 τὸν φόβον ἐξῄρει G. Vulgo ἐξῄρει τὸν φόβον. — 26 ἐκείνου εἰς ὃν G. Vulgo ἐκείνων εἰς οὕς. — 32, 33 χορηγῶν—χορευτῶν Brunckii editio. χορευτῶν—χορηγῶν G. Ald. — 35 τρόπος Gelenius in edit. Basil. a. 1547. τόπος G. Ald. Ib. τῆς ἀρχαίας κωμῳδίας Brunckii editio. τῇ ἀρχικωμῳδίᾳ G., codex Laurentianus plutei 31, 4, Ald. τῇ ἀρχαίᾳ κωμῳδίᾳ Kusterus. — 44 prius τὸ om. Brunckii editio. — 46 κενὸν accessit in Brunckii editione. — 47 ἀργὸς G. Vulgo ἀργῶς. — 67 ἦλθεν Brunckii

ρευταῖς παρέχοντας. ὑποθέσεις μὲν γὰρ τῆς παλαιᾶς κωμῳδίας ἦσαν αὗται· τὸ στρατηγοῖς ἐπιτιμᾶν καὶ δικασταῖς οὐκ ὀρθῶς δικάζουσι καὶ χρήματα συλλέγουσιν ἐξ ἀδικίας τισὶ καὶ μοχθηρὸν ἐπανῃρημένοις βίον. ἡ δὲ μέση κωμῳδία ἀφῆκε τὰς τοιαύτας ὑποθέσεις, ἐπὶ δὲ τὸ σκώπτειν ἱστορίας ῥηθείσας ποιηταῖς ἦλθεν. ἀνεύθυνον γὰρ τὸ τοιοῦτον, οἷον διασύρειν Ὅμηρον εἰπόντα τι, ἢ τὸν δεῖνα τῆς τραγῳδίας ποιητήν. τοιαῦτα δὲ δράματα καὶ ἐν τῇ παλαιᾷ κωμῳδίᾳ ἔστιν εὑρεῖν, ἅπερ τελευταῖον ἐδιδάχθη λοιπὸν τῆς ὀλιγαρχίας κρατυνθείσης. οἱ γοῦν Ὀδυσσεῖς Κρατίνου οὐδενὸς ἐπιτίμησιν ἔχουσι, διασυρμὸν δὲ τῆς Ὀδυσσείας τοῦ Ὁμήρου. τοιαῦται γὰρ αἱ κατὰ τὴν μέσην κωμῳδίαν ὑποθέσεις εἰσίν. μύθους γάρ τινας τιθέντες ἐν ταῖς κωμῳδίαις τοῖς παλαιοτέροις εἰρημένους διέσυρον ὡς κακῶς ῥηθέντας· καὶ τὰς παραβάσεις παρῃτήσαντο, διὰ τὸ τοὺς χοροὺς ἐπιλεῖψαι, χορηγῶν οὐκ ὄντων. οὐ μὴν οὐδὲ τὰ προσωπεῖα ὁμοιοτρόπως τοῖς ἐν τῇ παλαιᾷ κωμῳδίᾳ κατεσκευασμένοις εἰσῆγον. ἐν μὲν γὰρ τῇ παλαιᾷ εἴκαζον τὰ προσωπεῖα τοῖς κωμῳδουμένοις, ἵνα, πρίν τι καὶ τοὺς ὑποκριτὰς εἰπεῖν, ὁ κωμῳδούμενος ἐκ τῆς ὁμοιότητος τῆς ὄψεως κατάδηλος ᾖ· ἐν δὲ τῇ μέσῃ καὶ νέᾳ κωμῳδίᾳ ἐπίτηδες τὰ προσωπεῖα πρὸς τὸ γελοιότερον ἐδημιούργησαν, δεδοικότες τοὺς Μακεδόνας καὶ τοὺς ἐπηρτημένους ἐξ ἐκείνων φόβους, ἵνα μηδὲ ἐκ τύχης τινὸς ὁμοιότης προσώπου συμπέσῃ τινὶ Μακεδόνων ἄρχοντι καὶ δόξας ὁ ποιητὴς ἐκ προαιρέσεως κωμῳδεῖν δίκας ὑπόσχῃ. ὁρῶμεν γοῦν τὰ προσωπεῖα τῆς Μενάνδρου κωμῳδίας τὰς ὀφρῦς ὁποίας ἔχει καὶ ὅπως ἐξεστραμμένον τὸ στόμα καὶ οὐδὲ κατ' ἀνθρώπων φύσιν.

II.

ΤΟΥ ΑΥΤΟΥ

ΠΕΡΙ ΔΙΑΦΟΡΑΣ ΧΑΡΑΚΤΗΡΩΝ.

Κρατῖνος ὁ τῆς παλαιᾶς κωμῳδίας ποιητής, ἅτε δὴ καὶ τὰ τοῦ Ἀρχιλόχου ζηλώσας, αὐστηρὸς μὲν ταῖς λοιδορίαις ἐστίν. οὐ γὰρ ὥσπερ ὁ Ἀριστοφάνης ἐπιτρέχειν τὴν χάριν τοῖς σκώμμασι ποιεῖ, τὸ φορτικὸν τῆς ἐπιτιμήσεως διὰ ταύτης ἀναιρῶν, ἀλλ' ἁπλῶς καὶ κατὰ τὴν παροιμίαν γυμνῇ τῇ κεφαλῇ τίθησι τὰς βλασφημίας κατὰ τῶν ἁμαρτανόντων. πολὺς δὲ καὶ ταῖς τροπαῖς τυγχάνει. εὔστοχος δὲ ὢν ἐν ταῖς ἐπιβολαῖς τῶν δραμάτων καὶ διασκευαῖς, εἶτα προϊὼν καὶ διασπῶν τὰς ὑποθέσεις οὐκ ἀκολούθως πληροῖ τὰ δράματα. Εὔπολις δὲ εὐφάντταστος μὲν εἰς ὑπερβολήν ἐστι κατὰ τὰς ὑποθέσεις. τὰς γὰρ εἰσηγήσεις μεγάλας τῶν δραμάτων ποιεῖται, καὶ ἥνπερ ἐν τῇ παραβάσει φαντασίαν κινοῦσιν οἱ λοιποί, ταύτην ἐκεῖνος ἐν τοῖς δράμασιν, ἀναγαγεῖν ἱκανὸς ὢν ἐξ Ἅιδου νομοθετῶν πρόσωπα, καὶ δι' αὐτῶν εἰσηγούμενος ἢ περὶ θέσεως νόμων ἢ καταλύσεως. ὥσπερ δέ ἐστιν ὑψηλός, οὕτω καὶ ἐπίχαρις καὶ περὶ τὰ σκώμματα λίαν εὔστοχος. ὁ δὲ Ἀριστοφάνης τὸν μέσον ἐλήλακε τῶν ἀνδρῶν χαρακτῆρα. οὔτε γὰρ πικρὸς λίαν ἐστὶν ὥσπερ ὁ Κρατῖνος, οὔτε χαρίεις ὥσπερ ὁ Εὔπολις, ἀλλ' ἔχει καὶ πρὸς τοὺς ἁμαρτάνοντας τὸ σφοδρὸν τοῦ Κρατίνου καὶ τὸ τῆς ἐπιτρεχούσης χάριτος Εὐπόλιδος.

III.

ΠΕΡΙ ΚΩΜΩΔΙΑΣ.

Τὴν κωμῳδίαν ηὑρῆσθαί φασιν ὑπὸ Σουσαρίωνος· τὴν δὲ ὀνομασίαν ἔχειν οἱ μὲν ὅτι ἐπὶ τὰς κώμας περιιόντες ᾖδον καὶ ἐπεδείκνυντο, μήπω πόλεων οὐσῶν, ἀλλ' ἐν κώμαις οἰκούντων τῶν ἀνθρώπων, οἱ δὲ ἀντιλέγοντές φασι μὴ κώμας καλεῖσθαι παρὰ Ἀθηναίοις, ἀλλὰ δήμους, καὶ κωμῳδίαν αὐτὴν καλοῦσιν, ἐπεὶ ἐν ταῖς ὁδοῖς ἐκώμαζον. τὴν αὐτὴν δὲ καὶ τρυγῳδίαν φασὶ διὰ τὸ τοῖς εὐδοκιμοῦσιν ἐπὶ τῷ Ληναίῳ γλεῦκος δίδοσθαι, ὅπερ ἐκάλουν τρύγα, ἢ ὅτι μήπω προσωπείων ηὑρημένων τρυγὶ διαχρίοντες τὰ πρόσωπα ὑπεκρίνοντο. γεγόνασι δὲ μεταβολαὶ κωμῳδίας τρεῖς· καὶ ἡ μὲν ἀρχαία, ἡ δὲ νέα, ἡ δὲ μέση. οἱ μὲν οὖν τῆς ἀρχαίας κωμῳδίας ποιηταὶ οὐχ ὑποθέσεως ἀληθοῦς, ἀλλὰ παιδείας εὐτραπέλου γινόμενοι ζηλωταὶ τοὺς ἀγῶνας ἐποίουν. καὶ φέρεται αὐτῶν πάντα τὰ δράματα τξε' σὺν τοῖς ψευδεπιγράφοις. τούτων δέ εἰσιν ἀξιολογώτατοι Ἐπίχαρμος, Μάγνης, Κρατῖνος, Κράτης, Φερεκράτης, Φρύνιχος, Εὔπολις, Ἀριστοφάνης.

Ἐπίχαρμος. οὗτος πρῶτος τὴν κωμῳδίαν διερριμμένην ἀνεκτήσατο πολλὰ προσφιλοτεχνήσας. χρόνοις δὲ γέγονε κατὰ τὴν ογ' Ὀλυμπιάδα, τῇ δὲ ποιήσει γνωμικὸς καὶ εὑρετικὸς καὶ φιλότεχνος. σώζεται δὲ αὐτοῦ δράματα μ', ὧν ἀντιλέγονται δ'.

Μάγνης δὲ Ἀθηναῖος ἀγωνισάμενος Ἀθήνησι νίκας ἔσχεν ια'. τῶν δὲ δραμάτων αὐτοῦ οὐδὲν σώζεται. τὰ δὲ ἐπιφερόμενά ἐστιν ἐννέα.

Κρατῖνος Ἀθηναῖος νικᾷ μετὰ τὴν πε' Ὀλυμπιάδα,

---

editio. ἦλθον G. Ald. — 69 κωμῳδίᾳ om. G. — 73 τοῦ om. Brunckii editio. — 77 χοροὺς—χορηγῶν G. Vulgo χορηγοὺς—χορῶν. — 78 τοῖς om. G. — 82 ἐκ τινὸς ὁμοιότητος G. — 86 μηδὲ G. δὲ μὴ Ald. — 89, 90 γοῦν τὰς ὀφρῦς ἐν τοῖς προσώποις τῆς Μενάνδρου κωμῳδίας ὁποίας G. Ald. Correctum in ed. Brunckii.

1 κωμῳδίας om. G. — 2 καὶ τὰ τοῦ Ἀρχιλόχου ζηλώσας. Legebatur κατὰ τὰς Ἀρχιλόχου (ἀρχιλόχους cod. Laur. 31, 4) ζητήσεις. Correxit Hemsterhus. apud Geel. Bibl. crit. novæ vol. 4, p. 8. Vide Cobeti Observv. critt. in Platon. com. p. 4. — 8 ταῖς τροπαῖς G. τῆς τροπῆς Ald. — 14 ἐκεῖνος. Addendum videtur κινεῖ. Dind. — 17 ἢ περὶ καταλύσεως Laur. 31, 4. — 18 σκώμματα Meinek. Hist. Com. p. 108. Legebatur σκέμματα.

III.

Sectiones III et IV om. V. et G. — 19 Ἐπίχαρμος addidit Dindorfius. — 27 κατὰ τὴν πε' Ὀλ. conj. Meinek.

τελευτᾷ δὲ Λακεδαιμονίων εἰς τὴν Ἀττικὴν εἰσβαλόντων τὸ πρῶτον, ὥς φησιν Ἀριστοφάνης [Pac. 702]·

> ὡρακιάσας · οὐ γὰρ ἐξηνέσχετο
> ἰδεῖν πίθον καταγνύμενον οἴνου πλέων.

γέγονε δὲ ποιητικώτατος, κατασκευάζων εἰς τὸν Αἰσχύλου χαρακτῆρα. φέρεται δὲ δράματα αὐτοῦ κα'.

Κράτης Ἀθηναῖος. τοῦτον ὑποκριτήν φασι γεγονέναι τὸ πρῶτον, ὃς ἐπιβέβληκε Κρατίνῳ, πάνυ γελοῖος καὶ ἱλαρὸς γινόμενος, καὶ πρῶτος μεθύοντας ἐν κωμῳδίᾳ προήγαγε. τούτου δράματά ἐστιν ἑπτά.

Φερεκράτης Ἀθηναῖος νικᾷ ἐπὶ θεάτρου, γενόμενος δὲ ὑπόπικρος ἐζήλωκε Κράτητα, καὶ αὖ τοῦ μὲν λοιδορεῖν ἀπέστη, πράγματα δὲ εἰσηγούμενος καινὰ ηὐδοκίμει, γενόμενος εὑρετικὸς μύθων.

Φρύνιχος ***φράδμονος ἔθανεν ἐν Σικελίᾳ.

Εὔπολις Ἀθηναῖος ἐδίδαξεν ἐπὶ ἄρχοντος Ἀπολλοδώρου, ἐφ' οὗ καὶ Φρύνιχος, γεγονὼς δυνατὸς τῇ λέξει καὶ ζηλῶν Κρατῖνον, πολύ γε λοίδορον καὶ σκαιὸν ἐπιφαίνει. Γέγραπται δὲ αὐτῷ δράματα ιδ'.

Ἀριστοφάνης Φιλίππου, Ἀθηναῖος, μακρῷ λογιώτατος Ἀθηναίων, καὶ εὐφυΐᾳ πάντας ὑπεραίρων, ζηλῶν δὲ Εὐρίπιδην, τοῖς δὲ μέλεσι λεπτότερος. ἐδίδαξε δὲ πρῶτος ἐπὶ ἄρχοντος Διοτίμου διὰ Καλλιστράτου. τὰς μὲν γὰρ πολιτικὰς τούτῳ φασὶν αὐτὸν διδόναι, τὰ δὲ κατ' Εὐριπίδου καὶ Σωκράτους Φιλωνίδῃ. διὰ δὲ τοῦτο νομισθεὶς ἀγαθὸς ποιητὴς τοὺς λοιποὺς ἐπιγραφόμενος ἐνίκα. ἔπειτα τῷ υἱῷ ἐδίδου τὰ δράματα, ὄντα τὸν ἀριθμὸν νδ'· ὧν νόθα δ'.

Τῆς δὲ μέσης κωμῳδίας οἱ ποιηταὶ πλάσματος μὲν οὐχ ἥψαντο ποιητικοῦ, διὰ δὲ τῆς συνήθους ἰόντες λαλιᾶς λογικὰς ἔχουσι τὰς ἀρετάς, ὥστε σπάνιον ποιητικὸν εἶναι χαρακτῆρα παρ' αὐτοῖς. κατασχολοῦνται δὲ πάντες περὶ τὰς ὑποθέσεις. τῆς μὲν οὖν μέσης κωμῳδίας εἰσὶ ποιηταὶ νζ', καὶ τούτων δράματα χιζ'. τούτων δέ εἰσιν ἀξιολογώτατοι Ἀντιφάνης καὶ Στέφανος. Ἀντιφάνης μὲν οὖν Στεφάνου Ἀθηναῖος, καὶ ἤρξατο διδάσκειν μετὰ τὴν ζη' Ὀλυμπιάδα. καί φασιν αὐτὸν γενέσθαι μὲν τῶν ἀπὸ Θεσσαλίας ἐκ Λαρίσσης, παρεγγραφῆναι δὲ εἰς τὴν Ἀθηναίων πολιτείαν ὑπὸ Δημοσθένους. γενέσθαι δὲ λέγουσιν αὐτὸν εὐφυέστατον εἰς τὸ γράφειν καὶ δραματοποιεῖν. ἐτελεύτησε δὲ ἐν Χίῳ καὶ τὰ ὀστᾶ αὐτοῦ εἰς τὰς Ἀθήνας μετηνέχθη. τῶν δὲ κωμῳδιῶν αὐτοῦ τινὰς καὶ ὁ Στέφανος ἐδίδαξεν. ἔστι δὲ αὐτοῦ δράματα σξ'.

Τῆς δὲ νέας κωμῳδίας γεγόνασι μὲν ποιηταὶ ξδ', ἀξιολογώτατοι δὲ τούτων Φιλήμων, Μένανδρος, Δίφιλος, Φιλιππίδης, Ποσείδιππος, Ἀπολλόδωρος. Φιλήμων μὲν οὖν Δάμωνος Συρακούσιος, μετέσχε δὲ τῆς τῶν Ἀθηναίων πολιτείας, ἐδίδαξε δὲ πρὸ τῆς ριγ' Ὀλυμπιάδος. σώζεται δὲ αὐτοῦ δράματα ἑπτὰ πρὸς τοῖς ἐνενήκοντα. Μένανδρος δὲ Διοπείθους υἱὸς, Ἀθηναῖος, λαμπρὸς καὶ βίῳ καὶ γένει, συνδιατρίψας δὲ τὰ πολλὰ Ἀλέξιδι, ὑπὸ τούτου δοκεῖ παιδευθῆναι. ἐδίδαξε δὲ πρῶτος ἔφηβος ὢν ἐπὶ Φιλοκλέους ἄρχοντος. γέγονε δ' εὐφυέστατος πάνυ. γέγραφε δὲ πάντα δράματα ρη'. τελευτᾷ δὲ ἐν Ἀθήναις ἐτῶν ὑπάρχων νϐ'. Δίφιλος Σινωπεὺς κατὰ τὸν αὐτὸν χρόνον ἐδίδαξε Μενάνδρῳ. τελευτᾷ δὲ ἐν Σμύρνῃ. δράματα δὲ αὐτοῦ ρ'.

IV.

ΑΛΛΩΣ ΠΕΡΙ ΚΩΜΩΔΙΑΣ.

Τὸ παλαιὸν οἱ ἐν ταῖς κώμαις ἀδικούμενοι ὑπὸ τῶν

Hist. Com. p. 45. Qui numerum olympiadis corruptum esse recte animadvertit: sed μετὰ corruptum ex κατὰ esse demonstrari nequit, quum hic scriptor infra Antiphanis et Philemonis ætatem similiter designaverit. Dind. — 37 παρήγαγε Meinekius Hist. Com. p. 530. — 38 ἐπὶ Θεοδώρου (i. e. olymp. 85, 3) Dobræus, probantibus Dindorfio et Meinekio Hist. Com. p. 66. Sequentia egregie correxit Dindorfius comparato Aristot. Poet. c. 5, 5: τῶν δὲ Ἀθήνησι Κράτης πρῶτος ἦρξεν, ἀφέμενος τῆς ἰαμβικῆς ἰδέας, καθόλου λόγους ἢ μύθους ποιεῖν. Legebatur γινόμενος, ὁ δὲ ὑποκριτὴς ἐξ. — 42 Hæc spectant ad Phrynichum tragicum, de quo obiter hoc loco egerat scriptor. De Phrynicho comico quæ idem attulerat, exciderunt omnia. Meinek. Hist. Com. p. 530. Postrema verba fortasse fuerunt, ὁ δ' ὁμώνυμος αὐτῷ τραγικὸς Φρύνιχος Πολυφράδμονος ἔθανεν ἐν Σ. Dind. — 45 scrib. videtur πλήν γε. Deinde Geelius Bibl. crit. nov. vol. 4, p. 13, καὶ αἰσχρόν. Addendum fortasse αὐτόν. Dind. — 46 ἀποφαίνει Dobræus. — 47 μακρῷ λογιώτατος Bentleius. Legebatur μακρολογώτατος. — 48 legebatur ζήλῳ. — 50 πρῶτος dixit pro πρῶτον, more recentiorum scriptorum. Infra l. 81: ἐδίδαξε δὲ πρῶτος ἔφηβος ὢν ἐπὶ Διοκλέους ἄρχοντος. Schol. Aristoph. Eq. 534: ὃς πρῶτος ὑπεκρίνατο τὰ Κρατίνου καὶ αὐτὸς ποιητὴς ὕστερον ἐγένετο. Georg. Syncell. vol. 1, p. 483, 12 (et Chron. Pasch. p. 303, 10): Σοφοκλῆς τραγῳδοποιὸς πρῶτος ἐδιδάξατο· p. 502, 4: πρῶτος Θρᾷκης καὶ Ἑλλάδος κρατήσας· p. 538: πρῶτος—ἐβασίλευσεν, εἶτα—ἐξεβλήθη. Chron. Pasch. p. 476, 6: ὁ ἐν Ῥόδῳ κολοσσὸς πρῶτος ἐκινήθη. ubi L. Dindorfius Pausaniæ locum contulit 1, 22, 3: καὶ Φαίδρα πρώτη ἐνταῦθα εἶδεν Ἱππόλυτον. Dind. Ib. Διοτίμου Scaliger ad Euseb. p. 128. Vulgo Φιλοτίμου. Fuit ille archon eponymus olymp. 88, 1. — 51 τούτῳ Petitus Miscell. p. 2. τοῦτον vulgo. — 53 scribendum τοῦ λοιποῦ: nisi ἀγῶνας intellexit. Dind. — 55 imo μδ'. Dind. — 56 οἱ ποιηταὶ Meinekius Quæst. scen. 2, p. 4. Vulgo δύο ποιηταί. — 62 ωιζ' Meinekius Hist. Com. p. 271. — 63 Στέφανος. Persuasum habeo excidisse quædam et pro *Stephano* reponendum *Alexin*. Quod magnopere confirmatur ex mentione Demosthenis, qui Diopithi, Alexidis fratri, favebat, ut notum est. Dobræus. Conf. Meinek. Hist. Com. p. 304. — 69 ἐν Κίῳ Suidas s. v. Ἀντιφάνης, quod volebat Meinek. l. c. — 71 post σξ' exciderunt quæ de Alexide scripserat auctor. Meinek. — 78 ἐννενήκοντα Ald. — 81 Φιλοκλέους Clinton. Fast. Hell. vol. 2, p. 165. Legebatur Διοκλέους. Eusebius olymp. 114, 4: *Menander primam fabulam cognomento Orgen docens superat.* — 83 νϐ' Bekkerus. Vulgo νζ'. — 85. Hic quoque exciderunt ea quæ de Philippide, Posidippo et Apollodoro auctor commentatus erat. Meinek.

IV.

Comparanda cum his sect. IX.

πολιτῶν νυκτὸς ἀπήρχοντο παρὰ τὸν δῆμον ἐκεῖνον ἔνθα ὁ ἀδικήσας ἦν, καὶ ἔλεγον ὅτι ἔστι τις ἐνταῦθα ποιῶν εἰς τοὺς γεωργοὺς τάδε. καὶ τοῦτο ποιοῦντες ὑπεχώρουν λέγοντες καὶ τοὔνομα. μεθ' ἡμέραν δὲ ὁ δράσας ἐξητάζετο, καὶ οὕτως αἰσχυνόμενος ἀνεστέλλετο τοῦ ἀδικεῖν. ὁρῶντες οὖν οἱ πολῖται τοῦτο χρήσιμον τῇ πόλει καὶ ἀδικίας ἀποτρεπτικὸν, ἐκέλευσαν τοὺς ἀδικουμένους ἐπὶ μέσης ἀγορᾶς τοὺς ἀδικήσαντας κωμῳδεῖν. οἱ δὲ δεδιότες αὖ τοὺς τότε πλουσίους, πηλῷ χρίοντες καὶ τρυγίᾳ, ἐπὶ μέσης ἀγορᾶς τοὺς ἀδικοῦντας ἐκωμῴδουν. ἐπεὶ δὲ μεγάλα ἡ πόλις ὠφελεῖτο ἐκ τούτου, ποιητὰς ἔταξαν ἐπὶ τούτῳ κωμῳδεῖν ὃν ἂν βούλωνται ἀκωλύτως. ἐπεὶ δὲ ἡ κακία προέκοπτεν, οἱ πλούσιοι καὶ οἱ ἄρχοντες μὴ βουλόμενοι κωμῳδεῖσθαι, τοῦ μὲν φανερῶς κωμῳδεῖν ἐκώλυσαν, ἐκέλευσαν δὲ κρύφα, οἷον αἰνιγματωδῶς. εἶτα δὴ καὶ τοῦτο ἐκώλυσαν, καὶ πτωχοὺς ἔσκωπτον, εἰς δὲ πλουσίους καὶ ἐνδόξους οὐκέτι. γέγονε δὲ τῆς μὲν πρώτης κωμῳδίας ἄριστος τεχνίτης οὗτος ὁ Ἀριστοφάνης καὶ Εὔπολις, τῆς δὲ δευτέρας Πλάτων, τῆς δὲ τρίτης Μένανδρος. κωμῳδία οὖν, ἢ ὅτι οἱ ἀπὸ κωμῶν συναγόμενοι ᾖδον ταῦτα· ἢ ὅτι ἐν καιρῷ κώματος ᾖδον· ἔστι δὲ ταύτην εἰπεῖν καὶ τραγῳδίαν, οἱονεὶ τρυγῳδίαν τινὰ οὖσαν, ὅτι τρυγίᾳ χριόμενοι ἐκωμῴδουν. καὶ τῆς μὲν τραγῳδίας τὸ εἰς ἔλεον κινῆσαι τοὺς ἀκροατὰς ἴδιον, τῆς δὲ κωμῳδίας τὸ εἰς γέλωτα. διό φασιν ἡ μὲν τραγῳδία λύει τὸν βίον, ἡ δὲ κωμῳδία συνίστησιν.

V.

ΑΛΛΩΣ ΠΕΡΙ ΚΩΜΩΔΙΑΣ.

Τῆς κωμῳδίας τὸ μέν ἐστιν ἀρχαῖον, τὸ δὲ νέον, τὸ δὲ μέσον. τῆς δὲ νέας διαφέρει ἡ παλαιὰ κωμῳδία χρόνῳ, διαλέκτῳ, ὕλῃ, μέτρῳ, διασκευῇ. χρόνῳ μὲν καθὸ ἡ μὲν νέα ἐπὶ Ἀλεξάνδρου, ἡ δὲ παλαιὰ ἐπὶ τῶν Πελοποννησιακῶν εἶχε τὴν ἀκμήν. διαλέκτῳ δὲ καθὸ ἡ μὲν νέα τὸ σαφέστερον ἔχει, τῇ νέᾳ κεχρημένη Ἀτθίδι, ἡ δὲ παλαιὰ τὸ δεινὸν καὶ ὑψηλὸν τοῦ λόγου, ἐνίοτε δὲ ἐπιτηδεύει καὶ λέξεις τινάς. ὕλῃ δὲ καθὸ ἡ μὲν * * * * μέτρῳ δὲ καθὸ ἡ μὲν νέα κατὰ τὸ πλεῖστον στρέφεται περὶ τὸ ἰαμβικὸν, σπανίως δὲ μέτρον ἕτερον, ἐν δὲ τῇ παλαιᾷ πολυμετρία τὸ σπουδαζόμενον. διασκευῇ δὲ, ὅτι ἐν μὲν τῇ νέᾳ χοροῦ οὐκ ἔδει, ἐν ἐκείνῃ δὲ δεῖ. καὶ αὐτὴ δὲ ἡ παλαιὰ ἑαυτῆς διαφέρει. καὶ γὰρ οἱ ἐν Ἀττικῇ πρῶτον συστησάμενοι τὸ ἐπιτήδευμα τῆς κωμῳδίας (ἦσαν δὲ οἱ περὶ Σουσαρίωνα) καὶ τὰ πρόσωπα εἰσῆγον ἀτάκτως, καὶ μόνος ἦν γέλως τὸ κατασκευαζόμενον. ἐπιγενόμενος δὲ ὁ Κρατῖνος κατέστησε μὲν πρῶτον τὰ ἐν τῇ κωμῳδίᾳ πρόσωπα μέχρι τριῶν, στήσας τὴν ἀταξίαν καὶ τῷ χαρίεντι τῆς κωμῳδίας τὸ ὠφέλιμον προσέθηκε, τοὺς κακῶς πράττοντας διαβάλλων καὶ ὥσπερ δημοσίᾳ μάστιγι τῇ κωμῳδίᾳ κολάζων. ἀλλ' ἔτι μὲν καὶ οὗτος τῆς ἀρχαιότητος μετεῖχε καὶ ἠρέμα πως τῆς ἀταξίας. ὁ μέντοι γε Ἀριστοφάνης μεθοδεύσας τεχνικώτερον τῆς μεθ' ἑαυτοῦ τὴν κωμῳδίαν ἐνέλαμψεν ἐν ἅπασιν ἐπίσημος ὀφθεὶς οὕτω, καὶ οὕτω πᾶσαν κωμῳδίαν ἐμελέτησε. καὶ γὰρ τὸ τούτου δρᾶμα ὁ Πλοῦτος νεωτερίζει κατὰ τὸ πλάσμα· τήν τε γὰρ ὑπόθεσιν οὐκ ἀληθῆ ἔχει καὶ χορῶν ἐστέρηται, ὅπερ τῆς νεωτέρας ὑπῆρχε κωμῳδίας.

VI.

ΑΛΛΩΣ ΠΕΡΙ ΚΩΜΩΔΙΑΣ.

Ὅτι ὁ γέλως τῆς κωμῳδίας ἔκ τε λέξεων καὶ πραγμάτων ἔχει τὴν σύστασιν. ἐκ μὲν τῆς λέξεως κατὰ τρόπους ἑπτά. πρῶτον καθ' ὁμωνυμίαν, ὡς τὸ διαφορούμενος οἷον τὸ μέτρον. δεύτερον κατὰ συνωνυμίαν, ὡς τὸ [Ran. 1157] ἥκω καὶ κατέρχομαι· ταυτὸν γάρ ἐστιν. τρίτον κατὰ ἀδολεσχίαν, ὡς ὅταν τις τῷ αὐτῷ ὀνόματι χρήσηται. τέταρτον κατὰ παρωνυμίαν, ὅταν τῷ κυρίῳ ἔξωθέν τις ἅπτηται, ὡς τὸ, Μώμαξ καλοῦμαι Μίδας. πέμπτον κατὰ ὑποκορισμὸν, ὡς τὸ [Nub. 223] Σωκρατίδιον, Εὐριπίδιον [Ach. 475]. ἕκτον κατὰ ἐναλλαγὴν, ὡς τὸ, ὦ Βδεῦ δέσποτα, ἀντὶ τοῦ ὦ

---

10 δὲ addidit Kust. Ib. legebatur αὐτούς.—19 οὐκέτι Dindorfius. Legebatur τι. οὐ Kusterus.—22 sqq. Tzetz. Proleg. in Lycophr. p. 255 ed. Müller.: διαφέρει δὲ καὶ κατὰ τοῦτο τραγῳδία καὶ κωμῳδία, ὅτι ἡ μὲν τραγῳδία λύει τὸν βίον, ἡ δὲ κωμῳδία συνίστησι. κωμῳδία δὲ ἐκλήθη ἢ ὅτι κατὰ τὸν καιρὸν τοῦ κώματος ἤτοι τοῦ ὕπνου εὑρέθη, ἢ ὅτι ἐν ταῖς κώμαις, τοῦτ' ἔστιν ἐν ταῖς στενωπαῖς, ἢ ὅτι ἐν τοῖς κώμοις καὶ πότοις τοῦ Διονύσου εὑρέθη. — κωμῳδοὶ πραττόμενοι, Κρατῖνος, Πλάτων, Εὔπολις, Φερεκράτης, Ἀριστοφάνης καὶ ἕτεροι, καὶ νέοι Μένανδρος, Φιλήμων, Φιλιστίων (Φιλιππίδης Meinek.) καὶ πλῆθος πολύ. — 26 legebatur ἀκροατάς. δία (sic) τῆς. Vulgo editum ἀκροατὰς, τῆς.

V.

Comparanda sect. IX. — 2 verba τὸ δὲ μέσον delenda videntur. Apertum est ex sequentibus, qui haec commentatus est ex eorum fuisse numero grammaticorum, qui in duas aetates Atticae comoediae historiam dispescerent. MEINEK. Hist. Com. p. 539. — 7 λόγου V. λέγειν vulgo. — 8 ἐπιτηδεύουσι λέξεις V. — 8-10 legebatur ὕλῃ δὲ καθὸ ἡ μὲν ν... τὸ πλεῖστον. Indicavi lacunam, addidique μέτρῳ δὲ καθὸ ἡ μέν. Lacunam probabiliter explet Meinekius l. c. his verbis, νέα οὐκ ἀληθεῖς ἔχει τὰς ὑποθέσεις, ἡ δὲ παλαιὰ ἀληθεῖς. DIND. — 16 Σουσαρίωνα Meinekius Hist. Com. p. 25. Legebatur Σαννυρίωνα. — 19 στήσας (non συστ.), 21 προσέθεικε, 23 καὶ οὕτως, 29 ὑπόθεσιν ὡς ἀληθῆ καὶ χοροῖς ἐστέρηκεν V. — 30 νεωτέρας V. νέας vulgo.

VI.

Comparanda sect. IX. — 4 διαφορούμενος (διαφερουμένοις V.) οἷον τὸ μέτρον. Corrupta haec vix expediri poterunt nisi invento loco Comici ex quo excerpta sunt. Non satisfacit Dobraei conjectura ὥστε διάφορα εἶναι τὰ νοούμενα. οἷον τὸ μέτρον, ut ad Nub. 641 respiciatur. DIND. Ib. δεύτερον κατὰ V. δεύτερον δὲ κατὰ vulgo. δεύτερον δὲ ὡς ὅταν τίς τῷ αὐτῷ ὀνόματι χρήσηται· τέταρτον κατὰ παρωνυμίαν, ὅταν—Laur. 31, 4. — 7 περιωνυμίαν ed. Juntina a. 1525. — 8 Μώμαξ fort. pro βώμαξ scriptum. DIND. μῶξ Laur. 31, 4.—9 Μειδίας Meinekius Hist. Com. p. 540, recte, ut videtur. Sunt fortasse Aristophanis verba. DIND. Ib. κατὰ ὑπο
ἀποκορισμὸν V. — 11 ἐναλλαγὴν V. ἐξαλλαγὴν vulgo. De

Ζεῦ. ἕβδομον κατὰ σχῆμα λέξεως τούτῳ γίνεται ἡ φωνή, ἢ τοῖς ὁμογενέσιν. ἐκ δὲ τῶν πραγμάτων κατὰ τρόπους δύο. πρῶτον κατὰ ἀπάτην, ὡς [Nub. 145] Στρεψιάδης πεισθεὶς ἀληθεῖς εἶναι τοὺς περὶ ψύλλης λόγους. δεύτερον κατὰ ὁμοίωσιν. ἡ δὲ ὁμοίωσις εἰς δύο τέμνεται, ἢ εἰς τὸ βέλτιον, ὡς [Ranis] ὁ Ξανθίας εἰς Ἡρακλέα, ἢ εἰς τὸ χεῖρον, ὡς ὁ Διόνυσος εἰς Ξανθίαν.

VII.

Ὁ χορὸς ὁ κωμικὸς εἰσήγετο ἐν τῇ ὀρχήστρᾳ, τῷ νῦν λεγομένῳ λογείῳ. καὶ ὅτε μὲν πρὸς τοὺς ὑποκριτὰς διελέγετο, πρὸς τὴν σκηνὴν ἀφεώρα, ὅτε δὲ ἀπελθόντων τῶν ὑποκριτῶν τοὺς ἀναπαίστους διεξῄει, πρὸς τὸν δῆμον ἀπεστρέφετο, καὶ τοῦτο ἐκαλεῖτο στροφή. ἦν δὲ τὰ ἰαμβεῖα τετράμετρα. εἶτα τὴν ἀντίστροφον ἀποδόντες πάλιν τετράμετρα ἐπέλεγον ἴσων στίχων. ἦν δὲ ἐπὶ τὸ πλεῖστον ις'. ἐκαλεῖτο δὲ ταῦτα ἐπιρρήματα. ἡ δὲ ὅλη πάροδος τοῦ χοροῦ ἐκαλεῖτο παράβασις. Ἀριστοφάνης ἐν Ἱππεῦσιν [507] « Εἰ μέν τις « ἀνὴρ τῶν ἀρχαίων κωμῳδοδιδάσκαλος ἡμᾶς ἠνάγ-« καζεν λέξοντας ἔπη πρὸς τὸ θέατρον παραβῆναι. »

VIII.

ΤΩΝ ΤΗΣ ΑΡΧΑΙΑΣ ΚΩΜΩΔΙΑΣ ΠΟΙΗΤΩΝ ΟΝΟΜΑΤΑ ΚΑΙ ΔΡΑΜΑΤΑ.

Θεοπόμπου δράματα ιζ'.
Στράττιδος δράματα ις'.
Φερεκράτους δράματα ιη'.
Κράτητος δράματα η'.
Πλάτωνος δράματα κη'.
Τηλεκλείδου δράματα ς'.
Φρυνίχου δράματα ι'.

IX a.

ΠΕΡΙ ΚΩΜΩΔΙΑΣ.

(*Ex codice Parisino edidit Cramerus, Anecd. Parisin. vol. 1, p. 3 seqq.*)

Κωμῳδίαι λέγονται τὰ τῶν κωμικῶν ποιήματα, ὡς τὰ τοῦ Ἀριστοφάνους, Κρατίνου, Μενάνδρου καὶ τῶν ὁμοίων. εὕρηται δὲ ἡ κωμῳδία, ὥς φασιν, ἐξ αἰτίας τοιαύτης. Τὸ παλαιὸν ἐν ταῖς κώμαις ἀδικούμενοί τινες ὑπὸ τῶν Ἀθήνησι πολιτῶν, καὶ θέλοντες ἐλέγχειν αὐτούς, κατῄεσαν εἰς τὴν πόλιν· καὶ νυκτὸς καθευδόντων πάντων, παριόντες παρὰ τὰς ἀγυιὰς ἔλεγον ἀνωνύμως τὰς βλάβας ἃς ὑπέσχον ὑπ' αὐτῶν, τοιαῦτα λέγοντες· « ἐνταῦθα μένει τις τάδε καὶ τάδε ποιῶν τισὶ τῶν γεωργῶν, καὶ οὐ μετρίας βλάβας ἐπιφέρει αὐτοῖς· » ὥστε τοὺς γειτνιῶντας ἀκούοντας ἡμέρας γιγνομένης πρὸς ἀλλήλους λέγειν ἃ νύκτωρ παρὰ τῶν γεωργῶν ἤκουσαν. ἐπονείδιστον δὲ ἦν τοῦτο τῷ ἀδικοῦντι· ὥστε καὶ πολλάκις τῶν ἀδικούντων τὸ τοιοῦτο διορθώσεως γέγονεν αἴτιον αἰσχυνομένους τὴν ὕβριν· ὅθεν τοῖς τῆς πόλεως ἔδοξεν ἐπ' ἀγαθῷ γεγονέναι τὸ ἐγχείρημα τῶν ἀγροίκων· καὶ ἀναζητήσαντες αὐτοὺς ἠνάγκασαν καὶ ἐπὶ θεάτρου ταῦτα ποιεῖν. οἱ δὲ δειλιῶντες τοῦτο ποιεῖν ἐπιφανῶς τρύγα (τρυγίᾳ?) περιχρίοντες τὰς ἑαυτῶν ὄψεις, οὕτως εἰσῄεσαν· ὅθεν κἀκ τούτου μᾶλλον τῶν ἀδικούντων ἐλεγχομένων ἐπὶ θεάτρου, συστολὴ τῶν ἀδικιῶν ἐγένετο. ἐπειδὴ δὲ ἡ πόλις ἐκ τούτου μεγάλας ἀπήλαυσεν ὠφελείας, ποιητὰς ἔταξαν ἐπὶ τούτῳ κωμῳδεῖν οὓς ἂν βούλωνται ἀκωλύτως. Πρῶτον οὖν Σουσαρίων τις τῆς ἐμμέτρου κωμῳδίας γέγονεν ἀρχηγός· οὗ τὰ μὲν ποιήματα λήθῃ κατενεμήθη, δύο δὲ ἢ τρεῖς ἴαμβοι ἐπὶ μνήμῃ φέρονται τούτου· εἰσὶ δὲ οὗτοι·

Ἀκούετε λεώς, Σουσαρίων λέγει τάδε,

Βδεῦ δέσποινα vide Dindorf. ad Lysistr. v. 940. — 12 τοῦτο V. — 16 legebatur ψυχῆς, ex Nubium loco correctum.

VII.

Haec in Argumento Nubium repetunt codex Venetus et Ald.: unde excerptam lectionis diversitatem codicis Veneti litera *m*, editionis Aldinae litera *n*, designando. Dind. Praeterea in *n* intellige consensum membr. Brunckii s. codicis Regii 2712. — 1 εἰσέρχετο n, sed εἰσήγετο m. — 2 λογίῳ libri. — 3 εἰς τὴν σκ. ἑώρα n. — 4 καὶ τοὺς ἀν. δ. καὶ πρὸς n. καὶ τὰ πρὸς m. et Reg. — 7 ἀποδόντες n. προσᾴδοντες V. Ald. Ib. τετράμετρον n. Ib. ἴσων στίχων n. εἰς ὧν στίχος V. Ald. — 8 περὶ τὸ πλ. n. — 10 ἐν Εἰρήνῃ V. Ib. Ἦν μὲν n., sed εἰ μὲν m. et Reg. κωμῳδοδιδάσκαλος V. ὃς ἡμᾶς n., sed ὃς om. m. et Reg. Deinde ἠνάγκαζε λέξοντας ἔπη πρὸς (κατὰ m.)—n. ἠνάγκασεν ἐπὶ V. Ald. θέατρον V. n. μέτρον Ald. παραβάντας V.

VIII.

Haec om. V. In fine sequuntur in editione Aldina haec, loco inserta plane alieno: Ὅτι κατὰ τρόπους δέκα διαφέρει τὸ ἑλληνίζειν τοῦ ἀττικίζειν. κατὰ ἀναλογίαν. παρὰ τὴν ἐτυμολογίαν. παρὰ τα σχήματα. παρὰ τὸν σχηματισμὸν τῶν ὀνομάτων. παρὰ τὴν ἀλληγορίαν. παρὰ τοὺς ἀριθμούς. παρὰ τὰ γένη. παρὰ τὰ πνεύματα. παρὰ τοὺς χρόνους. παρὰ τοὺς τόνους. παρὰ μὲν τὴν ἀναλογίαν καὶ ἐτυμολογίαν, ὅτι οἱ μὲν ἑλληνίζοντες τούτοις μάλιστα χρῶνται, οἱ δὲ ἀττικίζοντες οὐδ' ὅλως. παρὰ τὰ σχήματα, ἐπεὶ πάλιν ἔθος τοῖς Ἀττικοῖς χρῆσθαι σχήμασι, τοῖς δὲ ἑλληνίζουσιν οὐκ ἔτι. παρὰ δὲ τὸν σχηματισμόν, ἐπειδὴ κατὰ πολλοὺς χρόνους ἐκ τῆς Ἑλληνικῆς συνηθείας μετασχηματίζεται τὰ ὀνόματα. παρὰ δὲ τοὺς χρόνους, ὅτι συστελλόντων τινὰ τῶν ἑλληνιζόντων, αὐτοὶ ἐκτείνουσι μᾶλλον ἢ συστέλλουσι. παρὰ δὲ τὰ πνεύματα, ἐπεὶ δασύνουσιν ἔνια ψιλούντων, ἢ ψιλοῦσι δασυνόντων. παρὰ δὲ τὰ γένη, ἐπειδὴ θηλυκῶς τινα λεγόντων, ἢ οὐδετέρως, αὐτοὶ προφέρονται, ἢ ἀνάπαλιν ἀρσενικῶς ἢ οὐδετέρως ἐκφέρουσι. παρὰ τοὺς ἀριθμούς, ἐπειδὴ ἑνικῶς τινα λεγόντων, πληθυντικῶς λέγουσιν, ἢ καὶ ἀνάπαλιν.

IX. a.

Codex est chartaceus, recens, Regiae bibliothecae 2677. Priora l. 1—99 et 1—13 comparanda sunt cum sectionibus IV, V, VI et IX b, quae continent eadem minus integra. Iidem versus 112 exstant etiam in Regio codice 2821, cujus a Dübnero collati varietatem annotamus. — 2 Μενάνδρου, Ἀρ., Κρατίνου, 3 εὑρέθη, 5 ἐν Ἀθήνησι, 6 ἐν τῇ πόλει, 8 ἃς ἔπασχον, 11 ἐπιφέρων, 14 πολλοῖς τῶν, 15 αἰσχυνομένοις, 18 τοῦτο ποιεῖν, 22 ἐγίνετο, 29 Ἀκούετε

υἱὸς Φιλίνου, Μεγαρόθεν, Τριποδίσκιος·
κακὸν γυναῖκες· ἀλλ' ὅμως, ὦ δημόται,
οὐκ ἔστιν οἰκεῖν οἰκίαν ἄνευ κακοῦ.

γχὴν οὖν λαβόντος τοῦ πράγματος, πολλοὶ γεγόνασι κωμικοὶ ἐλέγχοντες τοὺς κακῶς βιοῦντας καὶ ἀδικίαις χαίροντας. καὶ ἐντεῦθεν ὠφέλουν κοινῇ τὴν πολιτείαν τῶν Ἀθηναίων. ἐπεὶ δὲ τὸ μὲν παράνομον ἐπικρατὲς, ὅτι ἀεὶ τὰ χείρονα νικᾷ, τὰ δ' ἀγαθὰ ταχέως ἀφίπταται, οὐ μετὰ πολὺν χρόνον οἱ πλούσιοι καὶ οἱ ἄρχοντες οὐ βουλόμενοι κωμῳδεῖσθαι, ἤρξαντο κωλύειν τοὺς κωμικοὺς τοῦ φανερῶς καὶ ὀνομαστὶ ἐλέγχειν τοὺς ἀδικοῦντας, ἵν' ἐντεῦθεν ἀδικοῦντες μὴ ἐλέγχωνται ὑπ' αὐτῶν· ὅθεν ὥσπερ αἰνιγματωδῶς καὶ οὐ φανερῶς ἠλέγχοντο ὑπὸ τῶν κωμικῶν, ἀλλὰ καὶ ἔτι ἐπὶ πλέον προϊούσης τῆς κακίας ἐκωλύθησαν καὶ τοῦ αἰνιγματωδῶς κωμῳδεῖν. διὸ εἰς ξένους καὶ πτωχοὺς ἔσκωπτον, εἰς δὲ πλουσίους καὶ ἐνδόξους οὐκέτι. διὸ καὶ τρεῖς διαφορὰς ἔδοξεν ἔχειν ἡ κωμῳδία· ἡ μὲν γὰρ καλεῖται παλαιὰ, ἡ ἐξ ἀρχῆς φανερῶς ἐλέγχουσα· ἡ δὲ μέση, ἡ αἰνιγματωδῶς· ἡ δὲ νέα, ἡ ἐπὶ ξένων καὶ πτωχῶν, ὡς εἴρηται. γέγονε δὲ τῆς μὲν πρώτης κωμῳδίας ἄριστος τεχνίτης οὗτός τε ὁ Ἀριστοφάνης καὶ Εὔπολις καὶ Κρατῖνος· τῆς δὲ δευτέρας Πλάτων, οὐχ ὁ φιλόσοφος· τῆς δὲ νέας Μένανδρος.

Κωμῳδοὶ οὖν ἐκλήθησαν, ἢ ὅτι οἱ ἀπὸ τῶν κωμῶν συναγόμενοι ταῦτα ᾖδον, ὡς εἴρηται, ἢ ὅτι ἐν τῷ καιρῷ τοῦ κώματος ἢ τοῦ ὕπνου (λέγεται γὰρ κῶμα ὁ ὕπνος) ᾖδον. Ἔστι δὲ τὴν κωμῳδίαν καὶ τραγῳδίαν εἰπεῖν, οἱονεὶ τρυγῳδίαν τινὰ οὖσαν, ὅτι τρύγα χριόμενοι ἐκωμῴδουν. Ἔστι δὲ [καὶ] ἡ κωμῳδία μίμησις πράξεως καθαρωτέρας παθημάτων, συστατικὴ τοῦ βίου, διὰ γέλωτος καὶ ἡδονῆς τυπουμένη. διαφέρει δὲ τραγῳδία κωμῳδίας, ὅτι ἡ μὲν τραγῳδία ἱστορίαν ἔχει καὶ ἐπαγγελίαν πράξεων γενομένων, κἂν ὡς ἤδη γινομένας σχηματίζῃ αὐτάς· ἡ δὲ κωμῳδία πλάσματα περιέχει βιωτικῶν πραγμάτων· καὶ ὅτι τῆς μὲν τραγῳδίας σκοπὸς τὸ εἰς θρῆνον κινῆσαι τοὺς ἀκροατὰς, τῆς δὲ κωμῳδίας εἰς γέλωτα. Καὶ πάλιν καθ' ἑτέραν διαίρεσιν, τῆς κωμῳδίας τὸ μέν ἐστιν ἀρχαῖον, τὸ δὲ νέον, τὸ δὲ μέσον. διαφέρει οὖν τῆς νέας ἡ παλαιὰ κωμῳδία χρόνῳ, διαλέκτῳ, ὕλῃ, μέτρῳ, διασκευῇ. χρόνῳ μὲν, καθὰ ἡ μὲν νέα ἐπὶ Ἀλεξάνδρου ἦν, ἡ δὲ παλαιὰ ἐπὶ τῶν Πελοποννησιακῶν εἶχε τὴν ἀκμήν. διαλέκτῳ δὲ, καθὸ ἡ μὲν νέα τὸ σαφέστερον ἔσχε, τῇ νέᾳ κεχρημένη Ἀτθίδι, ἡ δὲ παλαιὰ τὸ δεινὸν καὶ ὑψηλὸν τοῦ λόγου, ἐνίοτε δὲ καὶ ἐπιτηδεύουσα λέξεις τινάς. ὕλῃ δὲ, καθὸ ἡ μὲν νέα τῷ ἰαμβικῷ μέτρῳ ἐπὶ πλεῖστον χρῆται, σπανίως δὲ καὶ ἑτέροις μέτροις, τῇ δὲ παλαιᾷ πολυμετρία τὸ σπουδαζόμενον. διασκευῇ δὲ, ὅτι ἐν μὲν τῇ νέᾳ χορῶν οὐκ ἔδει, ἐν ἐκείνῃ δὲ καὶ μάλιστα. Καὶ αὐτὴ δὲ ἡ παλαιὰ ἑαυτῆς διαφέρει· καὶ γὰρ οἱ ἐν τῇ Ἀττικῇ πρῶτον συστησάμενοι τὸ ἐπιτήδευμα τῆς κωμῳδίας — ἦσαν δὲ οἱ περὶ Σουσαρίωνα — τὰ πρόσωπα ἀτάκτως εἰσῆγον, καὶ γέλως ἦν μόνως τὸ κατασκευαζόμενον. ἐπιγενόμενος δὲ Κρατῖνος κατέστησε μὲν πρῶτον τὰ ἐν τῇ κωμῳδίᾳ πρόσωπα μέχρι τριῶν, στήσας τὴν ἀταξίαν, καὶ τῷ χαρίεντι τῆς κωμῳδίας τὸ ὠφέλιμον προσέθηκε, τοὺς κακῶς πράσσοντας διαβάλλων, καὶ ὥσπερ δημοσίᾳ μάστιγι τῇ κωμῳδίᾳ κολάζων. ἀλλ' ἔτι μὲν καὶ οὗτος τῆς ἀρχαιότητος μετεῖχε καὶ ἠρέμα πως τῆς ἀταξίας. ὁ μέντοι γε Ἀριστοφάνης μεθοδεύσας τεχνικώτερον τὴν κωμῳδίαν, ἐν ταύτῃ διέλαμψεν ἐν ἅπασιν ἐπίσημος φανείς.

Ὁ δὲ γέλως τῆς κωμῳδίας ἔκ τε λέξεων καὶ πραγμάτων ἔχει τὴν σύστασιν· ἐκ μὲν τῶν λέξεων κατὰ τρόπους ἑπτά. πρῶτον καθ' ὁμωνυμίαν, ὡς τὸ διαφορούμενον· σημαίνει γὰρ τό τε διαφόροις οὖσι καὶ τὸ ἐπικερδέσι. δεύτερον κατὰ συνωνυμίαν, ὡς τὸ Ἥκω τε καὶ κατέρχομαι· ταὐτὸν γάρ ἐστι. τρίτον κατὰ ἀδολεσχίαν, ὡς ὅταν τις τῷ αὐτῷ ὀνόματι πολλάκις χρήσαιτο. τέταρτον κατὰ παρωνυμίαν, ὡς ὅταν τῷ κυρίῳ ἔξωθέν τι κατάθηται, ὡς τὸ μίμαξ καλοῦμαι Μίδας. πέμπτον καθ' ὑποκορισμὸν, ὡς τὸ Σωκρατίδιον, Εὐριπίδιον. ἕκτον κατ' ἐναλλαγὴν, ὡς τὸ ὦ Βδεῦ δέσποτα, ἀντὶ τοῦ ὦ Ζεῦ. ἕβδομον κατὰ σχῆμα λέξεως· τοῦτο δὲ ἢ φωνῇ γίνεται ἢ τοῖς ὁμογενέσιν. ἐκ δὲ τῶν πραγμάτων κατὰ τρόπους δύο, πρῶτον κατὰ ἀπάτην, ὡς Στρεψιάδης πεισθεὶς ἀληθεῖς εἶναι τοὺς περὶ ψυχῆς λόγους· δεύτερον καθ' ὁμοίωσιν· ἡ δὲ ὁμοίωσις εἰς δύο τέμνεται, ἢ εἰς τὸ βέλτιον, ὡς ὁ Ξανθίας εἰς Ἡρακλῆ, ἢ εἰς τὸ χεῖρον, ὡς ὁ Διόνυσος εἰς Ξανθίαν.

λέξιν, Σ. λέγει τάδε Reg., qui om. v. 30. Codex Crameri τάδε λέγει. — 32 οἰκίαν Reg. οἰκίας cod. Crameri. — 37 ἀεὶ addidimus ex Regio. — 40 φανερῶς οὕτω καὶ Reg., qui 53 τρ° male omittit οὐχ. — 59 καὶ ἡ om. Reg. — 60 καθαρι Reg. — 64 γινομένας Reg. Apud Cramerum male γενομένων, calami, ut videtur, aut typothetarum errore. — 66 τῆς μὲν τραγῳδίας Reg. τῇ μὲν τραγῳδίᾳ Cram. — 76 ἐπιτηδεύουσι Reg. Ibidem in neutro codice lacuna. Vide ad sect. V, 9. — 80 δὲ καὶ μάλιστα Reg. Sine καὶ ap. Cramerum. — 81 τῇ om. Reg. — 83 τὰ πρόσωπα ἀτάκτως Reg. Codex Crameri πρόσωπα εὐτάκτως. — 84 μόνος, 85 ὁ Κρ., 93 ἀνέλαμψεν Reg. — 98 καὶ τὸ ἐπικερδέσι Reg. Crameri codex καὶ ἐπικερδέσι. « Ex his apparet supra sect. VI, 4 Veneti codicis scripturam διαφορουμένοις veram esse. Hoc enim dicit, διαφορούμενα significare et διάφορα ὄντα, *quæ diversa sunt* vel *hostilia*, et ἐπικερδῆ, *utilia*, quo sensu alias διαφέροντα usurpari constat. Præterea editus ille addit οἷον τὸ μέτρον, quæ etsi corrupta sunt, hoc tamen intelligitur, non grammatici esse, sed poetæ ex quo διαφορουμένοις allatum est. » MEINEK. — 99 τε om. Reg., ex quo ἐστι. In Crameri cod. parva lacuna esse videtur. — 1 πολλάκις om. Reg. — 3 κυρίως codex Crameri. κάθηται a pr. m. Reg. « Recte editus ἔξωθέν τις ἅπτηται, modo pro τις scribatur τι. Deinde verum fortasse est μῖμαξ. » MEINEK. Regius hic quoque μίμαξ — 4 κατὰ ὁμ. et 11 κατὰ ὁμ. Reg. — 7 φωνῇ Reg. φωνὴ codex Crameri. — 12 Ἡρακλῆν Reg. — 13 Ξανθίαν Reg. Ἡρακλῆ codex Cra-

Ἰστέον ὅτι Ἀλέξανδρος ὁ Αἰτωλὸς καὶ Λυκόφρων ὁ Χαλκιδεὺς ὑπὸ Πτολεμαίου τοῦ Φιλαδέλφου προτραπέντες τὰς σκηνικὰς διώρθωσαν βίβλους, Λυκόφρων μὲν τὰς τῆς κωμῳδίας, Ἀλέξανδρος δὲ τὰς τῆς τραγῳδίας, ἀλλὰ δὴ καὶ τὰς σατυρικάς. ὁ γὰρ Πτολεμαῖος φιλολογώτατος ὢν διὰ Δημητρίου τοῦ Φαληρέως καὶ ἑτέρων ἐλλογίμων ἀνδρῶν δαπάναις βασιλικαῖς ἁπανταχόθεν τὰς βίβλους εἰς Ἀλεξάνδρειαν συνήθροισεν, καὶ δυσὶ βιβλιοθήκαις ταύτας ἀπέθετο, ὧν τῆς ἐκτὸς μὲν ἀριθμὸς τετρακισμύριαι δισχίλιαι ὀκτακόσιαι, τῆς δὲ τῶν ἀνακτόρων ἐντὸς συμμιγῶν μὲν βίβλων ἀριθμὸς τεσσαράκοντα μυριάδες, ἁμιγῶν δὲ καὶ ἁπλῶν μυριάδες ἐννέα· ὧν τοὺς πίνακας ὕστερον Καλλίμαχος ἐπεγράψατο. Ἐρατοσθένει δὲ ἡλικιώτῃ Καλλιμάχου παρὰ τοῦ βασιλέως τὸ τοιοῦτον ἐνεπιστεύθη βιβλιοφυλάκιον. τὰ δὲ συνηθροισμένα βιβλία οὐχ Ἑλλήνων μόνον, ἀλλὰ καὶ τῶν ἄλλων ἁπάντων ἐθνῶν· ἦσαν δὲ καὶ τῶν Ἑβραίων αὐτῶν. τὰς δὴ οὖν τῶν ἄλλων ἐθνῶν σοφοῖς ἀνδράσι τήν τε οἰκείαν φωνὴν τήν τε τῶν Ἑλλήνων καλῶς εἰδόσι τὰς ἐξ ἑκάστου ἐγχειρίσας, οὕτως ἑρμηνευθῆναι αὐτὰς πεποίηκεν εἰς τὴν Ἑλλάδα φωνήν. τὰς δὲ σκηνικὰς Ἀλέξανδρός τε, ὡς ἔφθην εἰπών, καὶ Λυκόφρων διωρθώσαντο. Καίτοι τὰς Ὁμηρικὰς ἑβδομήκοντα δύο γραμματικοὶ ἐπὶ Πεισιστράτου τοῦ Ἀθηναίων τυράννου διέθηκαν οὑτωσὶ σποράδην οὔσας τὸ πρίν. ἐπεκρίθησαν δὲ κατ' αὐτὸν ἐκεῖνον τὸν καιρὸν ὑπ' Ἀριστάρχου καὶ Ζηνοδότου, ἄλλων ὄντων τούτων τῶν ἐπὶ Πτολεμαίου διορθωσάντων.' οἱ δὲ τέσσαρσί τισι τῶν ἐπὶ Πεισιστράτου διόρθωσιν ἀναφέρουσιν, Ὀρφεῖ Κροτωνιάτῃ, Ζωπύρῳ Ἡρακλεώτῃ, Ὀνομακρίτῳ Ἀθηναίῳ καὶ ἐπὶ κογκυλω. ὕστερον δὲ ταύτας ἁπάσας σκηνικάς τε καὶ ποιητικὰς πλεῖστον ἐξηγήσαντο Δίδυμος, Τρύφων, Ἀπολλώνιος, Ἡρωδιανός, Πτολεμαῖος Ἀσκαλωνίτης, καὶ οἱ φιλόσοφοι, Πορφύριος, Πλούταρχος καὶ Πρόκλος, ὡς καὶ πρὸ αὐτῶν πάντων Ἀριστοτέλης.

Ἔτι ἰστέον ὅτι καὶ πρώτη κωμῳδία, ἧς τὰ σκώμματα φανερὰ κατὰ πάντων ἦσαν πολιτῶν, μετ' Εὐπόλιδος διήρκεσεν. ἐπειδὴ δὲ αὐτὸς εἰς Ἀλκιβιάδην ὕβρισεν ὄντα τότε στρατηγὸν καὶ διελοιδορήσατο αὐτῷ, ὢν τότε Ἀλκιβιάδης ἐμπαράσκευος πρὸς πόλεμον ὡς ναυμαχίας προσδοκωμένης, κελεύει τοῖς στρατιώταις συλλαβεῖν αὐτόν· οἱ δὲ συλλαμβάνοντες αὐτόν, ὡς μέν τινες φασίν, παντελῶς ἀπέπνιξαν αὐτὸν εἰς τὴν θάλασσαν, ὡς δὲ ἄλλοι, δεδεμένον αὐτὸν σχοίνῳ ἀνῆγόν τε καὶ κατῆγον εἰς τὴν θάλασσαν, οὐ μέντοι καὶ ἀπέπνιξαν παντελῶς, τοῦ Ἀλκιβιάδου λέγοντος βάπτε με σὺ θυμέλαις, ἐγὼ δέ σε ἁλμυροῖς ὕδασι κατακλύσω. καὶ οὕτω δὴ ἢ διαφθαρέντος τοῖς κύμασι παντελῶς ἢ καὶ περισωθέντος, ψήφισμα ἔθετο Ἀλκιβιάδης μηκέτι φανερῶς, ἀλλὰ συμβολικῶς κωμῳδεῖν. τότε δὴ αὐτός τε Εὔπολις καὶ Κρατῖνος καὶ Φερεκράτης καὶ Πλάτων καὶ Ἀριστοφάνης αὐτὸς τὰ συμβολικῶς μετεχειρίσατο σκώμματα, ἣ δὴ δευτέρα κωμῳδία ἐλέγετο, μέχρις οὗ μηδὲ συμβολικῶς ἐθελόντων τῶν πολιτῶν σκώπτεσθαι, εἰς δούλους μόνους καὶ ξένους ἔσκωπτον, ἣ δὴ τρίτη ἦν κωμῳδία, αὐξηθεῖσα ἐπὶ Μενάνδρου καὶ Φιλήμονος.

Ἴδιον δὲ κωμῳδίας μὲν τὸ μεμιγμένον ἔχειν τοῖς σκώμμασι γέλωτα, τραγῳδίας δὲ πένθη καὶ συμφοράς· σατυρικῆς δὲ οὐ τὸ ἀπὸ πένθους εἰς χαρὰς ἀπαντᾶν, ὡς ὁ Εὐριπίδου Ὀρέστης καὶ Ἄλκηστις καὶ ἡ Σοφοκλέους Ἠλέκτρα, ἐκ μέρους, ὥσπερ τινὲς φασίν, ἀλλ' ἀμιγῆ καὶ χαρίεντα καὶ θυμελικὸν ἔχει γέλωτα· οἷον « Ἡρα« κλῆς πραθεὶς τῷ Συλεῖ ὡς γεωργὸς δοῦλος ἐστάλ« ται εἰς τὸν ἀγρὸν τὸν ἀμπελῶνα ἐργάσασθαι, ἀνεσπακὼς « δὲ δικέλλῃ προρρίζους τὰς ἀμπέλους νωτοφορήσας τε « αὐτὰς εἰς τὸ οἴκημα γεωργοῦ τοῦ ἀγροῦ, ἄρτους τε « μεγάλους ἐποίησε, καὶ τὸν κρείττω τῶν βοῶν θύσας « καὶ τὸν πιθεῶνα διαρρήξας, καὶ τὸν κάλλιστον πίθον « ἀποπωμάσας, τὰς θύρας τε ὡς τράπεζαν θείς, ἤσθιέ « τε καὶ ἔπινεν ᾄδων, καὶ τῷ προεστῶτι δὲ τοῦ ἀγροῦ « δριμὺ ἐνορῶν φέρειν ἐκέλευεν ὡραῖά τε καὶ πλακοῦν« τας, καὶ τέλος ὅλον ποταμὸν πρὸς τὴν ἔπαυλιν τρέ« ψας τὰ πάντα κατέκλυσεν. » ἔστι δὲ τὸ τοιοῦτον Εὐριπίδου δρᾶμα· τοιαῦτα δέ εἰσι τὰ σατυρικὰ δράματα. τέλος δὲ τραγῳδίας μὲν λύειν τὸν βίον, κωμῳδίας δὲ συνιστᾶν αὐτόν, σατυρικῆς δὲ τοιούτοις θυμελικοῖς χαριεντισμοῖς καθηδύνειν αὐτόν. λυρικοὶ δέ, οἱ καὶ κυκλικοὶ καὶ διθύραμβοι, ἢ ἀθλητὰς ἀγῶσι νικῶντας ἐπῄνουν, ἢ τὸν Διόνυσον ὕμνουν, ἢ ἑτέρους θεούς.

Ἔτι ἰστέον ὅτι κατὰ Διονύσιον καὶ Κράτητα καὶ Εὐκλείδην μέρη κωμῳδίας εἰσὶ τέσσαρα, πρόλογος,

---

meri. — 44, 45 *Concyli Onomacriti Atheniensis* scholion Plautinum infra sect. X, a. Acutissimus Hasius in literis ad Cramerum datis : *Les mots en question, dans* le cod. Reg. 2667, *me semblent figurés ainsi :* ὀνομακρίτῳ αθηναίω και καγ ἐπὶ κογκυλω. *L'accent sur* καὶ, *l'iota souscrit et l'esprit doux* d'Ἀθηναίῳ *manquent, et bien que j'aie presque détaché le feuillet, je vois que les initiales de chacune des trois lignes de la scholie marginale sont détruites.* [Ceci figure la marge du ms.: νόθωρον λλονικορ λλωνι] *Je crois néanmoins, sauf meilleur avis, qu'il faut lire* Ἀθη]νοδώρῳ ἐπίκ]λην Κορδυ]λίωνι. *L'anachronisme est sans doute énorme : Athenodore surnommé Cordylion, contemporain de Caton d'Utique, n'a pu être chargé par Pisistrate de la rédaction définitive des chants d'Homère. Mais la personne qui a transcrit l'opuscule dont il s'agit, me paraît avoir été un Grec de la fin du XVe siècle : or vous savez, Monsieur, que ces Byzantins, même lettrés, n'étaient pas forts en histoire littéraire. Notre copiste voulant corriger un passage, altéré sans doute depuis longtemps, puisqu'il l'était déjà à l'époque où vécut le scholiaste de Plaute, aura pensé à Athénodore parce que le Byzantin en question avait quelque notion confuse du stoïcien bibliothécaire de Pergame, sans connaître au juste le temps où celui-ci avait vécu.* — 51 μέχρι Εὐπόλιδος Meinekius. — 98 Εὐδ.

μέλος χοροῦ, ἐπεισόδιον καὶ ἔξοδος. καὶ πρόλογος μέν ἐστι τὸ μέχρι τοῦ Χοροῦ λεγομένη ῥῆσις. μέλος καλεῖται χοροῦ. ἐπεισόδιον δέ ἐστι μέρος μεταξὺ μελῶν καὶ ῥήσεων δύο χοροῦ. ἔξοδος δέ ἐστιν ἡ πρὸς τῷ τέλει τοῦ χοροῦ ῥῆσις. Μέρη δὲ παραβάσεως ἑπτά· ἑπτάκις γὰρ ὁ χορὸς ὠρχεῖτο, ἐπειδὰν εἰς τὴν ὀρχήστραν εἰσήρχετο, ἣν δὴ καὶ λογεῖον καλοῦσιν. ἡ μὲν οὖν πρώτη ὄρχησις κομμάτιον ἐλέγετο, ἡ δὲ δευτέρα παράβασις ὁμωνύμως τῷ γένει ἐκαλεῖτο· καὶ γὰρ τὸ ὅλον τοῦτο ἑπτάστροφον σχῆμα παράβασις ἐκαλεῖτο· ἡ δὲ τρίτη μακρόν· ἡ δὲ τετάρτη ᾠδὴ καὶ στροφή· ἡ δὲ πέμπτη ἐπίρρημα· ἡ δὲ ἕκτη ἀντῳδὴ καὶ ἀντίστροφος· ἡ δὲ ἑβδόμη ἀντεπίρρημα. εἰσελθὼν οὖν ὁ χορὸς εἰς τὴν ὀρχήστραν μέτροις τισὶ διελέγετο τοῖς ὑποκριταῖς καὶ πρὸς τὴν σκηνὴν ἑώρα τῆς κωμῳδίας. ἂν οὖν ὡς ἐκ πόλεως ἐβάδιζε πρὸς τὸ θέατρον, διὰ τῆς ἀριστερᾶς ἁψῖδος ἔβαινεν, ἂν δ' ὡς ἀπ' ἀγροῦ, διὰ τῆς δεξιᾶς, τετραγωνιζόμενός τι ὁ χορὸς πρὸς μόνους τοὺς ὑποκριτάς· ἀπελθόντων δὲ τῶν ὑποκριτῶν, πρὸς ἀμφότερα τὰ μέρη τοῦ δήμου ὁρῶν ἐκ τετραμέτρου δεκαὲξ στίχους ἀναπαίστους ἐφθέγγετο, καὶ τοῦτο ἐκαλεῖτο στροφή· εἶτα ἑτέρους τοιούτους ἐφθέγγετο, καὶ ἐκαλεῖτο ἀντίστροφος, ἅπερ ἀμφότερα οἱ παλαιοὶ ἐπίρρημα ἔλεγον· ὅλη δὲ ἡ πρόσοδος τοῦ χοροῦ ἐκαλεῖτο παράβασις. συμβαίνει δὲ τὸ ἐπίρρημα πέντε σημαίνειν, αὐτό τε τὸ οἰκεῖον σημαινόμενον, καὶ τὴν στροφὴν καὶ ἀντίστροφον καὶ ᾠδὴν καὶ ἀντῳδήν, ἐπεὶ [δὲ] ἡ μὲν στροφὴ τὴν ᾠδὴν σημαίνει, ἡ δὲ ἀντίστροφος τὴν ἀντῳδήν. γένοιτο δ' ἂν σαφεστέρα ἡ τῶν τοιούτων διδασκαλία ὧδέ πως. ἐν ἐαρινῷ καιρῷ πολυτελέσι δαπάναις κατεσκευάζετο ἡ σκηνὴ τριωρόφοις οἰκοδομήμασι, πεποικιλμένη παραπετάσμασι καὶ ὀθόναις λευκαῖς καὶ μελαίναις, βύρσαις τε παταγούσαις καὶ χειροτινάκτῳ πυρί, ὀρύγμασί τε καταγείοις καὶ ὑπογαίοις, καὶ ὑδάτων δεξαμεναῖς εἰς τύπον θαλάσσης, ταρτάρου, ᾅδου, κεραυνῶν καὶ βροντῶν, γῆς καὶ νυκτός, οὐρανοῦ, ἡμέρας καὶ ἀνακτόρων, καὶ πάντων ἁπλῶς· αὐλάς τε οὐ μικρὰς εἶχεν ἐξειργασμένας καὶ ἁψῖδας εἰς τύπον ὁρῶν. διὰ μὲν οὖν ἀριστερᾶς ἁψῖδος ἐχώρουν, εἰ ὡς ἐκ πόλεως ἦσαν ὁδεύοντες ὡς πρὸς ἀγροὺς ἢ θέατρα, ἂν δὲ πρὸς πόλιν ὡς ἐκ θεάτρου ἢ ἀπ' ἀγροῦ, διὰ δεξιᾶς. τοιαύτη μὲν ἡ τῆς σκηνῆς ἐργασία.

Τὰ σκηνικὰ δ' ἀπ' αὐτῆς καλούμενα δράματα καὶ πρακτικῶς ἐτελεῖτο καὶ λογικῶς· σύστασις δὲ τούτων ὑπῆρχε τὰ τῶν ὑποκριτῶν πρόσωπα. ταῦτα δὲ τοῖς μὲν τραγικοῖς καὶ σατυρικοῖς ἀνὰ δεκαὲξ ἦσαν· ὁ κωμικὸς δὲ εἶχεν εἴκοσι τέσσαρα· ἃ δὴ πρόσωπα ὑποκριτικὰ τῶν τριῶν σκηνικῶν ποιημάτων, τὰ οἰκεῖα τῷ καθ' ἓν αὐτῶν καὶ οἰκείῳ ἠθροισμένα δρῶντα, ὁ χορὸς ἐκαλεῖτο. διαιρεθεὶς δὲ ὁ χορὸς εἰς τμήματα δύο, ἡμιχόρια ὠνομάζετο, παραχρηστικῶς δὲ καὶ χορός· εἰ δὲ καθ' ἕνα ἐτέμνετο, ὑποκριταὶ ἐκαλοῦντο κοινῷ ὀνόματι, διὰ τὸ μὴ δύνασθαι μιᾷ κλήσει περιειλῆφθαι, ὡς ὁ χορὸς καὶ τὰ ἡμιχόρια. διαιροῦνται γὰρ τὰ μερικὰ ταῦτα εἰς πολλά, εἰς προλογίζοντας, εἰς ἀγγέλους, εἰς ἐξαγγέλους, εἰς κατασκόπους, εἰς φύλακας, εἰς ἥρωας, εἰς θεούς, καὶ εἰς ἄλλα μύρια.

Τούτων οὖν προσώπων τὸ ὅλον ἄθροισμα, ὃ καὶ χορὸς ἐκαλεῖτο, εἰσελθὸν εἰς τὴν ὀρχήστραν, ἣν ἔφασαν καὶ λογεῖον (ἐκαλεῖτο δὲ ἡ εἰσέλευσις εἴσοδος, καὶ ἐπήλυσις, καὶ ἐπίβασις, καὶ πάροδος, καὶ παράβασις), εἰσελθὸν οὖν καὶ παραβὰν εἰς τὴν ὀρχήστραν πρὸς τοὺς ὑποκριτὰς τὸν λόγον ποιούμενον, τὸ πρόσωπον βλέπον εἶχε πρὸς τὴν σκηνήν· ἐξελθόντων δὲ τῶν ὑποκριτῶν, πρὸς τὸ τοῦ δήμου μέρος ἐστρέφετο ἢ τὸ δεξιὸν ἢ τὸ ἀριστερόν· καὶ πάλιν ἀντεστρέφετο πρὸς τὸ ἕτερον καὶ ἔλεγέ τι ἑκατέροις τοῖς μέρεσι· εἶτα ἐξήρχετο, καὶ τέλος τὸ δρᾶμα ἐλάμβανεν. ταῦτα μὲν οὖν ἦσαν πρακτικὰ τέσσαρα μέρη τοῦ δράματος, παράβασις, στροφή, ἀντίστροφος καὶ ἔξοδος. καὶ λογικὰ δὲ μέρη αὐτῆς τέσσαρα, ἀντὶ παραβάσεως ἤγουν πρώτης βάσεως πρόλογος, ἀντὶ δὲ στροφῆς καὶ ἀντιστρόφου ᾠδὴ καὶ ἀντῳδή, ἐπίρρημα καὶ ἀντεπίρρημα, ἀντὶ δὲ ἐξόδου ᾠδὴ καὶ ῥῆμα ἐξιτήριον. ταῦτα μὲν τὰ τέσσαρα μέρη πρακτικὰ καὶ λογικὰ τῶν δραματικῶν ποιημάτων ὑπῆρχε. τῶν δὲ λυρικῶν συγγραμμάτων τρία ἦσαν τὰ μέρη, στροφή, ἀντίστροφος, καὶ ἔξοδος ἢ ἐξέλευσις, πρακτικά· λογικὰ δέ, ᾠδή, ἀντῳδὴ καὶ ἐπῳδός. ἡ οὖν ἀντῳδὴ τῇ ᾠδῇ ἰσαρίθμους ἔχει στίχους, καὶ τοῖς αὐτοῖς μέτροις ἑκατέρα χρῆται· ὁ δὲ ἐπῳδὸς διάφορα ἐκείνων ἔχει καὶ τῷ ἀριθμῷ καὶ τῇ ποιότητι οὐδαμοῦ. ἐφθέγγοντο δὲ καὶ οἱ λυρικοὶ πρὸς ἑκάτερα μέρη τοῦ δήμου ὁρῶντες, πρῶτον μὲν τὴν ᾠδήν, εἶτα τὴν ἀντῳδήν, ἐπὶ δὲ τῷ τέλει τοῦ ἐπῳδοῦ ἤγουν ὑστερῳδήν τε καὶ ἐπίλογον, εἰς εὐχὰς τὸ πλεῖστον αὐτῶν περικλείοντες. προοίμιον δὲ τούτοις οὐκ ἦν ὡς ἐκείνοις, ὅτι ἅμα τῷ εἰσελθεῖν εἰς τὸ θέατρον πρὸς τὸν δῆμον στραφέντες ἅμα τὸ αὐτὸ ἔλεγον καὶ στροφὴν καὶ προοίμιον.

IX b.

ΠΕΡΙ ΚΩΜΩΔΙΑΣ.

(*Ex scholiis ad Dionys. Thrac. grammat. in Bekkeri Anecd. p.* 747, 748, *ad verba Dionysii* p. 629, 18: ἵνα τὴν μὲν τραγῳδίαν ἡρωϊκῶς ἀναγνῶμεν, τὴν δὲ κωμῳδίαν βιωτικῶς.)

Κωμῳδία ἐστὶν ἡ ἐν μέσῳ λαοῦ κατηγορία ἤγουν δημοσίευσις· εἴρηται δὲ παρὰ τὸ κώμη καὶ τὸ ᾠδή· ἔστι δὲ εἶδος ποιήματος ἐν κώμαις κατὰ τὸν βίον

κλείδην. In margine codicis ἴσως Εὐβουλίδην. Male. — 1 μέρος Meinekius. Codex μέλος. — 4 codex ἐπειδὰν δὲ, quam voculam delevit Meinekius. — 9 codex τρίτη μικρόν. — 26 δὲ uncis inclusit Meinek. — 81 οὐδαμοῦ vocab. corruptum, nisi forte scripsit, τὰ αὐτὰ δὲ vel ἴσα δὲ οὐδαμοῦ.

ᾀδόμενον. διὰ τοῦτο καὶ « βιωτικῶς » λέγεται, τουτέστιν ἱλαρῶς, ὡς ἂν εὔξαιτό τις βιῶναι, ἀντὶ τοῦ ἐν ἡδονῇ καὶ γέλωτι. δεῖ οὖν τῷ τὴν κωμῳδίαν ὑποκειμένῳ μετὰ γέλωτος καὶ πολλῆς ἀστειότητος καὶ ἱλαροῦ τοῦ προσώπου προσφέρεσθαι. ἢ « βιωτικῶς » κατὰ μίμησιν τοῦ βίου, ἵνα, ἂν μὲν ὑπόκειται γέρων, μιμησώμεθα τὴν φωνὴν τοῦ γέροντος· εἰ δὲ γυνὴ, μιμησώμεθα τὴν φωνὴν τῆς γυναικός. διαφέρει δὲ κωμῳδία τραγῳδίας, ὅτι ἡ τραγῳδία ἱστορίαν ἔχει καὶ ἀπαγγελίαν πράξεων γενομένων, ἡ δὲ κωμῳδία πλάσματα περιέχει βιωτικῶν πραγμάτων. — Κωμῳδία λέγεται τὰ τῶν κωμικῶν ποιήματα, ὡς τὰ Μενάνδρου καὶ Ἀριστοφάνους καὶ Κρατίνου καὶ τῶν ὁμοίων. ἐφευρέθη δὲ ἡ κωμῳδία, ὥς φασιν, ἔκ τινος τοιαύτης αἰτίας. βλαπτόμενοί τινες γεωργοὶ παρὰ τῶν πολιτῶν τῶν ἐν Ἀθήνῃσι, καὶ θέλοντες ἐλέγχειν αὐτοὺς, κατῄεσαν ἐν τῇ πόλει, καὶ περὶ τὸν καιρὸν τοῦ καθεύδειν περιιόντες περὶ τὰς ἀγυιὰς ἔλεγον ἀνωνυμεὶ τὰς βλάβας, ἃς ἔπασχον ὑπ' αὐτῶν. ἵνα δὲ σαφέστερον εἴπωμεν, τοιαῦτά τινα ἐβόων, « ἐνταῦθα μένει τις τάδε « καὶ τάδε τισὶ ποιῶν τῶν γεωργῶν, καὶ οὐ μετρίας « βλάβας ἐπιφέρων αὐτοῖς. » ὥστε τοὺς γειτνιῶντας ἀκούσαντας ἡμέρας γενομένης πρὸς ἀλλήλους λέγειν ἅτινα νύκτωρ παρὰ τῶν γεωργῶν ἤκουσαν. ἐπονείδιστον δὲ ἦν τῷ ἀδικοῦντι. τὸν δὲ ἐμφανιζόμενον τοῖς τῆς πόλεως, αἰδεῖσθαι καὶ παύεσθαι τῆς τοιαύτης ἀδικίας. τούτοις πολλάκις παρακολουθήσαντες ἄλλοι πολλοὺς τῶν ἀδικούντων ἀνέστειλαν. ὅθεν τοῖς τῆς πόλεως ἔδοξεν ἐπ' ἀγαθῷ γεγονέναι τὸ ἐγχείρημα τῶν κωμικῶν, καὶ ἀναζητήσαντες αὐτοὺς ἠνάγκασαν καὶ ἐπὶ θεάτρου τοῦτο ποιεῖν. οἱ δὲ αἰδούμενοι, μᾶλλον δὲ φοβούμενοι, τρυγίᾳ περιχρίοντες αὐτῶν τὰς ὄψεις, οὕτως εἰσῄεσαν. καὶ ἔτι μᾶλλον ἐλεγχομένων τῶν ἀδικούντων ἐπὶ θεάτρῳ, ἀνοχὴ τῶν ἀδικιῶν ἐγένετο, τῆς αἰδοῦς ἔτι συνοικούσης τοῖς ἀνδράσιν. ἔδοξεν οὖν τοῖς τῆς πόλεως τὸ ἐγχείρημα καλὸν ὑπάρχειν, καὶ λογίους ἄνδρας αὐτὸ μετιέναι. πρῶτον οὖν Σουσαρίων τις τῆς ἐμμέτρου κωμῳδίας ἀρχηγὸς ἐγένετο. οὗ τὰ μὲν δράματα λήθῃ κατενεμήθη, δύο δὲ ἢ τρεῖς ἴαμβοι τοῦ πρώτου δράματος ἐπὶ μνήμῃ φέρονται. εἰσὶ δὲ οὗτοι·

> ἀκούετε λεῴς, Σουσαρίων λέγει τάδε,
> υἱὸς Φιλίνου, Μεγαρόθεν Τριποδίσκιος·
> κακὸν γυναῖκες· ἀλλ' ὅμως, ὦ δημόται,
> οὐκ ἔστιν οἰκεῖν οἰκίαν ἄνευ κακοῦ.

ἀρχὴν οὖν δεξαμένου τοῦ πράγματος πολλοὶ γεγόνασι κωμῳδοὶ, ἐλέγχοντες τοὺς κακῶς βιοῦντας, καὶ τοὺς ταῖς ἀδικίαις χαίροντας, ἀναστέλλοντες τὰς ἀκαίρους καὶ ἀδίκους αὐτῶν πράξεις, καὶ ὠφελοῦντες κοινῇ τὴν πολιτείαν τῶν Ἀθηναίων. ἐπειδὴ δὲ τὸ μὲν παράνομον ἐπὶ τὰ χερείονα νικᾷ, τὸ δὲ καλὸν ταχέως ἀφίπταται τῆς τῶν ἀνθρώπων πολιτείας, οὐ μετὰ πολὺν χρόνον οἱ ἄρχοντες Ἀθήνῃσιν ἤρξαντο κωλύειν τοὺς κωμικοὺς τοῦ μὴ φανερῶς οὕτω καὶ ὀνομαστὶ ἐλέγχειν τοὺς ἀδικοῦντας. αὐτοὶ γὰρ θέλοντες ἀδικεῖν καὶ μὴ ἐλέγχεσθαι, τούτου χάριν ἐπετίμων αὐτοῖς. ὅθεν ὥσπερ αἰνιγματωδῶς καὶ οὐ φανερῶς ἠλέγχοντο ὑπὸ τῶν κωμικῶν. ἔτι δὲ ἐπὶ τὸ πλεῖον προϊούσης καὶ ἐπικρατούσης τῆς κακίας, ἐκωλύθησαν τοῦ καὶ αἰνιγματωδῶς ἐλέγχειν καὶ ὑβρίζειν τοὺς κρατοῦντας καὶ ἄρχοντας τῆς πόλεως. διὸ καὶ τρεῖς διαφορὰς ἔδοξεν ἔχειν ἡ κωμῳδία. καὶ ἡ μὲν καλεῖται παλαιὰ, ἡ ἐξ ἀρχῆς φανερῶς ἐλέγχουσα, ἡ δὲ μέση τις καὶ αἰνιγματώδης, ἡ δὲ νέα μηδ' ὅλως τοῦτο ποιοῦσα πλὴν ἐπὶ δούλων ἢ ξένων. καὶ τῆς μὲν παλαιᾶς πολλοὶ γεγόνασι, ἐπίσημος δὲ Κρατῖνος, ὁ καὶ πραττόμενος· μετέσχον δέ τινος χρόνου τῆς παλαιᾶς κωμῳδίας Εὔπολίς τε καὶ Ἀριστοφάνης. τῆς δὲ μέσης καὶ αὐτῆς μὲν πολλοὶ γεγόνασιν, ἐπίσημος δὲ Πλάτων τις, οὐχ ὁ φιλόσοφος, ἀλλ' ἕτερός τις. ὁμοίως κἀκείνου τὰ δράματα οὐ φαίνεται. τῆς δὲ νέας ὁμοίως πολλοὶ γε-

---

IX b.

14 Κωμῳδία λέγεται. Hæc et sequentia ex codice Barocciano 116, fol. 29 b, edidit Gaisfordus ad Hephæst. p. 408—411. Comparanda cum his sectio IV, IX, a, et quæ sectioni XV subjuncta sunt. — 15 τῶν om. cod. Vat. Bekkeri. Ἀθήναις Vat. — 20 περὶ Barocc. παρὰ exemplar Bekkeri. — 21 περὶ om. Vat. Idem mox ἀγυιὰς ἔνθα ἔμενον οἱ βλάπτοντες αὐτοὺς ἔλεγον. Ib. ἀνωνύμως Barocc., qui 22 ἃς ἔπασχον ὑπ' om. — 24 ποιῶν τισὶ Barocc. — 26 γενομένης Barocc. γινομένης Bekk. Ib. ἃ νύκτωρ Barocc. — 28 ἐπονείδιστον ποιεῖν τὸν ἀδικοῦντα Vat. Ib. ἀδικοῦντι. τὸν δὲ ἐμφανιζόμενον Barocc. ἀδικοῦντι τόδε, ἐμφανιζόμενον Bekk. p. 748, 6. τὸν δὲ ἐμφανῆ γενόμενον Vat. — 29 τοῖς ἐπὶ τῆς, 30 sq. πολλοὶ, omisso ἄλλοι, 35 τρυγὶ, 36 εἰσίεσαν, 38 αὐτοῖς ἀνδρ., 39 καλῶς Barocc. — 40 Σουδαρίων Bekk. hic et infra. — 42 κατανεμήθησαν Barocc., qui 43 πρώτου om. — 45 sqq. Sunt, fateor, quinque versus iambici, qui Susarioni adscribantur, et forte revera sunt ejus: ἀκούετε λεώς· Σουσαρίων λέγει τάδε, | υἱὸς Φιλίνου Μεγαρόθεν Τριποδίσκιος· | κακὸν γυναῖκες, ἀλλ' ὅμως, ὦ δημόται, | οὐκ ἔστιν οἰκεῖν οἰκίαν ἄνευ κακοῦ. | καὶ γὰρ τὸ γῆμαι, καὶ τὸ μὴ γῆμαι κακόν. Exstant quattuor versus antecedentes in commentario Diomedis Scholastici in Dionysium Thracem MS., qui nunc est in bibl. Regia; ultimus, cum tribus aliis apud Stobæum tit. 67 [69, 2], primus, tertius, et quartus, apud Diomedem 3, p. 486, ac tertius et quartus apud [schol. Lysistr. 1037, et] Suidam v. Οὔτε σύν. Secundum v. emendavit Pearsonus Vind. Ignat. 2, p. 11: nam valde corruptus est in MS. Sed in primo versu, ut edidit ille, Ἀκούετε λέξεως, Σουσαρίων τάδε λέγει, duo vitia sunt contra numerum versus iambici. Quod mendum ut elueretur, pro λέξεως in Diomede repositum est λέξιν. Sed verum est, Ἀκούετε λεώς, ut est apud Stobæum, i. e. *Audite, populus, etc. etc.* Bentleius Dissert. Phalarid. p. 109. — 45 τάδε λέγει Barocc. — 46 Φιλήνης μεγὰρ ὅθεν Vat. γεγαρόθου (pro Μεγαρόθεν) Barocc. et cod. Venet. ap. Bekker. τριποδίσκος Barocc. et Venet. τρίποδος κίων Vat. — 52 ὠφέλουν, 53 πόλιν τῶν Barocc. — 54 pro ἐπὶ legendum δεῖ ex Regio supra IX, a, l. 37. Verba Homeri sunt Il. Α, 576. — 57 τοὺς φανερῶς οὕτως, 60 ἠλέγχοντο Barocc. ἐλέγχονται Bekk. — 62 καὶ κρατούσης Barocc. Alterum καὶ om. Bekk. — 63 sq. κρατοῦντας καὶ om. Barocc., qui 65 ἔχειν ἔδοξεν. — 66 τις om. Bar. — 69 de πραττόμενος v Meinek. Hist. Com. p. 560. — 70 τῆς δὲ παλαιᾶς, 71 καὶ αὐτοὶ, 72 τις Πλάτων Barocc., qui 78 κῶμα γὰρ ὁ ὕπνος omittit.

γόνασιν, ἐπίσημος δὲ ὁ Μένανδρος, ὅς ἄστρον ἐστὶ τῆς νέας κωμῳδίας, ὡς μεμαθήκαμεν. Εἴρηται δὲ κωμῳδία οἱονεὶ ἐπὶ τῷ κώματι ᾠδή, καὶ γὰρ περὶ τὸν καιρὸν τοῦ ὕπνου ἐφευρέθη· κῶμα γὰρ ὁ ὕπνος· ἢ ἡ τῶν κωμητῶν ᾠδή· κῶμαι γὰρ λέγονται οἱ μείζονες ἀγροί.

X.

ΑΝΔΡΟΝΙΚΟΥ ΠΕΡΙ ΤΑΞΕΩΣ ΠΟΙΗΤΩΝ.

(*Ex codice Paris.* 2929 *in Bekkeri Anecd.* p. 1461.)

Κωμικῶν δὲ ὁ γέλως μετὰ τοῦ καὶ χορευτὰς εἰσάγειν καὶ πρόσωπα τοιαῦτα, οἷός ἐστιν Ἀριστοφάνης, Εὔπολις, Φερεκράτης. ἀλλ' ἡ μὲν κωμῳδία τρεῖς ἔχει τὰς διαφορὰς, καὶ ἡ μὲν καλεῖται ἀρχαία ἐξ ἀρχῆς φανερῶς ἐλέγχουσα, ἧς ἐπίσημοι Ἀριστοφάνης, Κρατῖνος, Εὔπολις· ἡ δὲ μέση τις καὶ αἰνιγματώδης, ἧς ἐπίσημος Πλάτων ὁ τὸν χαρακτῆρα λαμπρότατος, οὐχ ὁ φιλόσοφος, ἀλλ' ἕτερός τις καὶ αὐτὸς Ἀθηναῖος, οὗτινος τὰ δράματα τάδε λέγονται, Γρῦπες Κλεοφῶν Πρέσβεις Παιδίον Σοφισταὶ Συμμαχία Σκευαὶ Ἄδωνις Ἀφιέρων (Ἀφ' ἱερῶν) Δαίδαλος Ἑλλὰς Ἑορταὶ Εὐρώπη Ζεὺς κακούμενος Ἰὼ Λάϊος Λάκωνες Μύρμηκες Μέτοικοι Μενέλεως Μαμμάκουθος Ξάντριαι Νῖκαι Νὺξ μακρὰ Πείσανδρος Περιαλγὴς Ποιητὴς Σύρφαξ Ὑπέρβολος. ἡ δὲ νέα μηδ' ὅλως αἰνιγματώδης, πλὴν ἐπὶ δούλων καὶ ξένων, ἧς ἐπίσημος Μένανδρος καὶ παρὰ Ῥωμαίοις Τερέντιος καὶ Πλαῦτος. χρῆται δὲ προτάσει καὶ ἐπιτάσει καὶ ἀναστροφῇ ὁ Τερέντιος καὶ εἰς πέντε σκηνὰς διαιρεῖ τὸ δρᾶμα. Πλαῦτος περιοχὴν ποιεῖ τῆς αὐτοῦ κωμῳδίας, Τερέντιος δ' οὔ.

X a.

SCHOLION PLAUTINUM.

(*Edidit ex codice Plauti Romano Fr. Ritschelius in libro de bibliothecis Alexandrinis. Vratisl.* 1838, *p.* 3.)

EX CÆCIO IN COMMENTO COMŒDIARUM ARISTOPHANIS IN PLUTO, QUAM POSSUMUS OPULENTIAM NUNCUPARE.

Alexander Ætolus et Lycophron Chalcidensis et Zenodotus Ephesius impulsu regis Ptolemæi Philadelphi cognomento, qui mirum in modum favebat ingeniis et famæ doctorum hominum, Græcæ artis poeticos libros in unum collegerunt et in ordinem redegerunt, Alexander tragœdias, Lycophron comœdias, Zenodotus vero Homeri poemata et reliquorum illustrium poetarum. Nam rex ille philosophis affectissimus et cæteris omnibus autoribus claris, disquisitis impensa regiæ munificentiæ ubique terrarum quantum valuit voluminibus opera Demetrii Phaleri et LXX ✝✝) senum duas bibliothecas fecit, alteram extra Regiam, alteram autem in Regia. In exteriore autem fuerunt millia voluminum quadraginta duo et octingenta. In Regiæ autem bibliotheca voluminum quidem commixtorum volumina quadraginta milia, simplicium autem et digestorum milia nonaginta, sicuti refert Callimacus aulicus Regius bibliothecarius, qui etiam singulis voluminibus titulos inscripsit. Fuit præterea qui idem asseveret Eratosthenes non ita multo post ejusdem custos bibliothecæ. Hæc autem fuerunt omnium gentium ac linguarum quæ habere potuit docta volumina, quæ summa diligentia Rex ille in suam linguam fecit ab optimis interpretibus converti. Ceterum Pisistratus sparsam prius Homeri poesim ante Ptolemæum Philadelphum annis ducentis et eo etiam amplius sollerti cura in ea quæ nunc extant redegit volumina, usus ad hoc opus divinum industria celeberrimorum et eruditissimorum hominum, videlicet Concyli, Onomacriti Atheniensis, Zopyri Heracleotæ et Orphei Crotoniatæ. Nam carptim prius Homerus et non nisi difficillime legebatur. Quin etiam post Pisistrati curam et Ptolemæi diligentiam Aristarchus adhuc exactius in Homeri elimandam collectionem vigilavit. Heliodorus multa aliter nugatur, quæ longo convicio Cecius reprehendit. Nam ab LXXII doctis viris a Pisistrato huic negotio præpositis dicit Homerum ita fuisse compositum, qui quidem Zenodoti et Aristarchi industriam omnibus prælatam comprobarint, quod constat fuisse falsissimum, quippe quum inter Pisistratum et Zenodotum fuerint anni supra ducentos, Aristarchus autem CXL annis minor fuerit ipso et Zenodoto atque Ptolemæo.

X.

12 καλούμενος, 13 ξάνται, 14 περίαλγος codex.

X a.

1 CÆCIO, h. e. Tzetza, ut primus monuit G. Dindorfius. Frustra, ut mihi quidem videtur, repugnat Cramerus. Nec tamen ideo totum illum, ex quo hæc latine conversa sunt, de comœdia tractatum eidem auctori adscripserim, quamquam negari non potest multa in eo inesse Tzetzæ stupore dignissima. MEINEK. — 5 codex *Ephestius*. — 12 *affectissimus* Dindorfius. Codex *affertissimus*. — 16 *et LXX* Bernhardyus in Annal. crit. Berol. 1838, vol. 2, p. 828. Codex obscuris literarum ductibus *p̄hzka*. — 36 *Concyli* ex corrupto græco supra IX, a, p. XIX, 45. « Bernhardyus p. 835 *Eucli* (v. Lobeck. Aglaoph. p. 300), de quo non videtur cogitari posse. DIND. — 42 *Heliodorus*. De hoc nomine jure dubitat Bernhard. p. 833. DIND. Bernh. *alia nugatur*. In græcis fuisse videtur ἄλλως φλυαρεῖ. MEINEK. — 44 *ab LXXII doctis* Bernhardyus p. 831, quod nunc confirmatur græcis editis. Codex *oł' LXXII duobus*. — 48 *falsissimum*. Quam opinionem graviter hoc loco reprehendit Tzetza, eam ipse sequitur in Exegesi in Iliadem, prius, ut videtur, scripta, p. 45, 46 et 125, quos locos indicavit Bernh. p. 833. DIND. — 50 *CXL* Bernhardyus p. 832. Codex *quattuor*

X b.

ΙΩΑΝΝΟΥ ΤΟΥ ΤΖΕΤΖΟΥ

ΣΤΙΧΟΙ ΠΕΡΙ ΔΙΑΦΟΡΑΣ ΠΟΙΗΤΩΝ.

Ποιητικῶν μέλλουσιν ἄρχεσθαι λόγων
χρεὼν διδάσκειν πρῶτα τὰς διαιρέσεις·
οὕτω γὰρ εὐσύνοπτον ἔσται τοῖς νέοις
καὶ δὴ τὸ λοιπὸν ἐγκαταρκτέον λέγειν.
ποιητικὸν γίνωσκε σὺ γένος, νέε,
πολλὰς τομὰς φέρον τε καὶ διαιρέσεις·
τὸ μὲν γὰρ αὐτῶν λυρικὴν κλῆσιν φέρει,
ἄλλο τραγικὴν, κωμικὴν, μονῳδίαν,
καὶ σατυρικὸν καὶ διθύραμβον πάλιν·
ἰαμβογραφία τε τούτοις συντρέχει,
ποιητικόν τε πᾶν ἀνώνυμον γένος.
καὶ δὴ τὸ πᾶν γνώρισμα σαφηνιστέον.
τῶν λυρικῶν γνώρισμα πρῶτον ἡ λύρα·
πρὸς γὰρ λύραν ἔμελπον αὐτοὶ τὰ μέλη·
εἶχον δὲ πεντήκοντα τοὺς χοροστάτας,
καὶ βοῦς τὸ δῶρον κυκλικῶς ἑστηκότων·
ὅθενπερ αὐτούς τις καλεῖ ταυροσφάγους.
τοῦ λυρικοῦ κύκλου δὲ σύστημα τόδε·
Κόριννα, Σαπφὼ, Πίνδαρος, Βακχυλίδης,
Ἀνακρέων, Ἴβυκος, Ἀλκμὰν, Ἀλκαῖος,
Στησίχορός τε καὶ Σιμωνίδης ἅμα,
δεκὰς ἀρίστη παντελὴς πληρεστάτη.
τὴν τραγικὴν μάνθανε καὶ κωμῳδίαν.
ἄμφω πρὸς ὠφέλειαν εὕρηνται βίου·
τὴν δ' εὕρεσιν μάνθανε πῶς ἐφευρέθη.
πένητες ἄνδρες Ἀττικοὶ γῆς ἐργάται,
ἀδικίας πάσχοντες ἐν γεωργίαις
ἐξ Ἀττικῶν μὲν εὐγενῶν δὲ τῷ γένει,
ἀντιλέγειν δὲ μὴ σθένοντες μηδόλως,
συνεργὸν ἐξεύραντο τὸν νυκτὸς χρόνον·
κώμαις γὰρ αὐτοὶ ταῖς στενωπαῖς τριόδοις
κῶμα κατ' αὐτὸ καὶ γλυκὺν ὕπνου χρόνον
περιτρέχοντες καὶ λέγοντες τὰς βλάβας
θόρυβον εἰργάσαντο τοῖς πέριξ μέγαν,
ὡς ἡλίου τρέχοντος ἡμέρας δρόμον
ζητεῖν, ἐρευνᾶν πανταχοῦ τοὺς αἰτίους,
καὶ τοὺς γεωργοὺς τοὺς παθόντας τὰς βλάβας.
ἐπεὶ δ' ἐφευρέθησαν οἱ γῆς ἐργάται,
ᾔτησεν αὐτοὺς Ἀττικὴ γερουσία
κώμοις παρ' αὐτοῖς καὶ πότοις Διονύσου
τελουμένοις κώμαις τε καὶ τοῖς χωρίοις
βλάβας κατειπεῖν ἃς ἔλεξαν ἐννύχως·
οἱ δ' αὖ θέλοντες ἅμα καὶ δεδοικότες
τρυγὶ καταχρίσαντες αὐτῶν τὰς θέας
ἀγνωστοφανεῖς εἶπον ὡς πρὶν τὰς βλάβας.
ἐπεὶ δ' ἐσωφρόνισε τὸ πρᾶγμα πόσους,
ἔδοξε πᾶσι τοῖς σοφοῖς βουληφόροις
πρὸς σωφρονισμὸν τοῦτο παντὸς τοῦ βίου
ἀεὶ τελεῖσθαι τοῖς ἐτησίοις κύκλοις,
ἐαρινῷ μάλιστα καιρῷ δὲ πλέον.
καὶ πρῶτον αὐτά πως μετῆλθον ἀγρόται,
κωμῳδίαν δή φημι καὶ τραγῳδίαν
καὶ σατυρικὴν τῶνδε τὴν μεσαιτάτην.
ἄνδρας μετ' αὐτοὺς ἀξιοῦσι πανσόφους
ἅπαντα πράττειν εὐγενῶς καὶ κοσμίως,
οὕσπερ τὸ λοιπὸν καὶ διδασκάλους ἔφαν.
κλῆσις δὲ τοῖς σύμπασιν ἦν τρυγῳδία·
χρόνῳ διῃρέθη δὲ κλῆσις εἰς τρία,
κωμῳδίαν ἅμα τε καὶ τραγῳδίαν
καὶ σατυρικὴν τῶνδε τὴν μεσαιτάτην.
ὅσον μὲν οὖν ἔσχηκε τὴν θρηνῳδίαν,
τραγῳδίαν ἔφασαν οἱ κριταὶ τότε·
ὅσον δὲ τοῦ γέλωτος ἦν καὶ σκωμμάτων,
κωμῳδίαν ἔθεντο τὴν κλῆσιν φέρειν·
ἄμφω δὲ πρὸς σύστασιν ἦσαν τοῦ βίου·
ὁ γὰρ τραγικὸς τῶν πάλαι πάθη λέγων,
Ῥήσους, Ὀρέστας, Φοινίκας (sic), Παλαμήδεις,
τοὺς ζῶντας ἐξήλαυνεν ἀγερωχίας.
ὁ κωμικὸς δὲ πῶς γελῶν κωμῳδίαις
ἅρπαγα τινὰ καὶ κακοῦργον καὶ φθόρον
τὸ λοιπὸν ἡδραίωσεν εἰς εὐκοσμίαν.
οὕτω λύει μὲν ἡ τραγῳδία βίον,
βαθροῖ δὲ καὶ πήγνυσιν ἡ κωμῳδία,
ὁμοῦ σκυθρωποῖς τῇ χαρᾷ μεμιγμένη.
διαφορὰν ἔφημεν αὐτῶν ἀρτίως,
τοὺς εὑρετὰς δὲ τοιγαροῦν νῦν λεκτέον.
Τριττὴν νόει δὲ πρῶτον τὴν κωμῳδίαν·
πρώτην, μέσην, ἔπειτα καὶ τὴν ὑστέραν.
πρώτης μὲν ἦν ἴδιον ἐμφανὴς ψόγος·
ἧς ἦν κατάρξας εὑρετὴς Σουσαρίων.

X b et c.

Ediderunt hæc Dübnerus in Museo Rhenano 1835, p. 393 seqq. (adde 1836, p. 154 sq.) et Cramerus in Anecd. Oxon. vol. III, p. 334 sqq. Usus est Dübnerus codice *Parisino* Regio 2644, Cramerus recentioribus duobus, *Barocciano* et *Meermanniano*. Titulo addunt λογιζέσθωσαν δὲ μὴ ὡς στίχοι, ἀλλ' ὥσπερ συντάγματα καταλογάδην γραφόμενα. — 5 ποιητικὴν Par. — 6 φέρων Par. Bar. — 11 πανανώνυμον codices. — 17 τις. Schol. Par. Κρατῖνος ὁ κωμικός. Ταυρόσφάγους Tzetzes videri potest commentus esse, ac fortasse Meinekius rectam formam invito largitur. — 23 τὴν φαλλικὴν Par. — 28 ἐξαττικῶν Par. Probabiliter Meinekius ἐξ ἀστικῶν. — 40 καὶ πρὸ τοῖς apud Cramerum. — 45 ἀγνωστοφανῶς Cram. — 46 πόσους Bar. ποσις Meerm. πό.. Par., σον in litura a sec. m. — 51 αὐτὰ πῶς codices. — 69 ὁ addidit Dübnerus. — 71 codices ἡδραίωσεν. — 73 βαθροὶ Barocc. — 74 μεμιγμένῃ Cramer. — 76 μοι λεκτέον Par. supra scripto νῦν. — 80 schol.: Ὁ (om. Par.) Σουσαρίων οὗτος ὁ κωμικὸς, φαύλης τῆς γυναικὸς τούτου φανείσης καὶ τοῦτον ἀπολειπούσης, εἰσελθὼν ἐν τῷ θεάτρῳ ἀνεφθέγξατο (Par. ἐφθέγξατο) ταδί·

Ἀκούετε λεώ, Σουσαρίων λέγει τάδε,
υἱὸς Φιλίνου Μεγαρόθεν Τριποδίσκιος
κακὸν (κακῶν Meerm.) γυναῖκες, ἀλλ' ὅμως, ὦ δημόται,
οὐκ ἔστιν εὑρεῖν οἰκίαν ἄνευ κακοῦ.

ἰστέον δὲ ὡς τῶν Σουσαρίωνος τούτου ποιημάτων μόνα ταῦτα

τῆς δευτέρας ἦν ὁ ψόγος κεκρυμμένος,
ἧς ἦν Κρατῖνος, Εὔπολις, Φερεκράτης,
Ἀριστοφάνης, Ἕρμιππός τε καὶ Πλάτων·
καὶ τῆς τρίτης ἦν ὁ ψόγος κεκρυμμένος,
πλὴν κατὰ δούλων καὶ ξένων καὶ βαρβάρων,
ἧς ἦν Μένανδρος ἐργάτης καὶ Φιλήμων.
Τραγῳδίας μάνθανε τοὺς διδασκάλους·
Θέσπιν, Φρύνιχον, Αἰσχύλον, Σοφοκλέα·
ὕστατος αὐτὸς Εὐριπίδης Μνησάργου,
κἄνπερ κατεῖδε τὸν σοφὸν Σοφοκλέα.
σατυρικὸν δὲ Πρατίναν οἶδα μόνον·
ἄλλους δ' ἐφευρὼν εἰ θέλεις, τέκνον, γράφε.
Εἰ δ' ἀκριβῶς ἅπαντα μανθάνειν θέλεις,
Ὅμηρος ἐστὶ καὶ πατὴρ κωμῳδίας,
καὶ σατυρικῆς ἅμα καὶ τραγῳδίας,
ἄλλης τε πάσης ἐν λόγοις εὐτεχνίας.
τούτοις δὲ κοινὸν, τοῖς τρισὶ χοροστάταις,
ἐν τετραγώνῳ τῇ στάσει καθεστάναι,
τράγον τε πρὸς δώρημα τῆς νίκης φέρειν,
καὶ δημοσίαν τὴν τροφὴν ἐσχηκέναι,
μιμητικῶς τε πάντα δρᾶν τῇ θυμέλῃ.
ὅθενπερ ἐσχήκασι κλῆσιν δραμάτων·
μίμους γὰρ ἐκτρέφοντες ἄνδρας θυμέλῃ
μιμητικοῖς ἔπραττον ἅπαντα τρόποις,
ἀνδρῶν, γυναικῶν ἐκμιμούμενοι θέας.
ταῦτα τὰ κοινὰ τῶνδε καὶ μεμιγμένα.
διαφορὰν μάνθανε τῆς κωμῳδίας,
ἧς εἰκοσιτέσσαρες οἱ χορεργάται,
ἑκκαίδεκα δὲ σατύρων, τραγῳδίας.
Κωμῳδίας ἔφημεν εἶναι τὸν γέλων,
τραγῳδίας πάλιν δὲ τὴν θρηνῳδίαν,
τῶν σατύρων γέλων δὲ καὶ θρηνῳδίαν.
κλῆσιν δὲ νῦν μάνθανε τῆς κωμῳδίας·
κώμαις στενωποῖς κώματος πρὶν ἐν χρόνῳ
ἐφευρέθη μὲν, ὡς ἔφην ἀνωτέρω,
ἀγρῶν δὲ κώμαις ἐκτελουμένη τότε,
κώμοις παρ' αὐτοῖς καὶ πότοις Διονύσου,
κωμῳδίας ἔσχηκε κλῆσιν εὐλόγως.
τραγῳδία δὲ παρὰ τὴν οἴνου τρύγα,
ἐν ᾗπερ ἐξέχρισαν τὰς αὐτῶν θέας,
ἢ παρὰ τὴν τρύγα δὲ τὴν δωρουμένην,
ἤτοι τὸν οἶνον Ἀττικῷ πάντως λόγῳ,
ἢ τὸν τράγον δὲ καὶ τετράγωνον στάσιν,
ἢ τὴν τραχῳδίαν τε καὶ θρηνῳδίαν.
τὸ σατυρικὸν ἐκ σατύρων εὑρέθη·
τοὺς ἀγρότας δὲ πρὶν ἐκάλουν σατύρους;
ἐκ τῶνδε γοῦν εὕρηκε τὴν κλῆσιν τόδε·
ἔσχηκε καὶ κλῆσιν δὲ ταῦτα δραμάτων,
οὐ μὴν δὲ λοιπὸν ὡς τὰ λοιπὰ γραμμάτων·
ἐδρῶντο καὶ γὰρ ἐν μίμοις πρὶν ἀνδράσιν
εἰς Τηλέφου μίμημα καὶ Φιλοκτήτου,
οὐδ' ἐν μόνοις γράμμασιν εἶχε τὴν στάσιν.
Μονῳδίαν μάνθανε σὺν αὐτοῖς, τέκνον·
γίνωσκε κυρίως δὲ τὴν μονῳδίαν,
ὅταν μόνος λέγῃ τις ἐν θρηνῳδίαις,
κατὰ δὲ παράχρησιν, ἂν λέγῃ μόνος,
ὥσπερ Λυκόφρων εἰς Ἀλεξάνδραν γράφει
ἄλλοις γὰρ ἐστὶ τραγικὸς χορεργάτης
πολλὰς γεγραφὼς καὶ σοφὰς τραγῳδίας.
ἔφην τὸ λοιπὸν καὶ μονῳδούς σοι, τέκνον·
τοὺς διθυράμβους τοιγαροῦν μοι λεκτέον.
οὗτοι λυρικὸν καὶ χορὸν καὶ τὴν στάσιν
καὶ δῶρον εἶχον. τὰ δὲ λοιπά μοι μάθε·
οἱ πρὸς τὸν Διόνυσον γράφοντες λόγους
παμπλειστοσυστρόβητον ἔγραφον μέλος,
οἷόνπερ αὐτὸς στίχον ἀρτίως ἔφην,
ᾀσματοκαμπῶν πλειστοποικίλῳ τρόπῳ
Ταῦτα δ' ἐποίουν ἐκμιμούμενοι τρόπους
τοὺς βακχικούς τε καὶ στροφὰς πολυστρόφους·
κλῆσιν δὲ διθύραμβον ἔσχον, ὦ τέκνον,
ἐκ Διονύσου βακχικοῦ χοροστάτου,
ὅστις περ ἐξέδραμε θύρας τὰς δύο,
μηρὸν Διός τε καὶ Σεμέλης γαστέρα.
Φιλόξενον δὲ τὸν Κυθήριον λέγε
τῶν διθυράμβων εὑρετὴν συγγραμμάτων.
Ἰαμβογράφους γλωττοτοξότας νόει
Πάριον Ἀρχίλοχον, αἰσχρὸν ἐν λόγοις,
καὶ δεινὸν Ἱππώνακτα πικρίας πλέων,
οὗπερ παρεισέγραψέ τις τύμβῳ τάδε·
« Οὐ βότρυν, ἀλλ' ἄχερδον ἐν τάφῳ φέρει,
« στύφοντα, πικραίνοντα πικρίᾳ λόγων·
« ἀλλά τις Ἱππώνακτος ἐλθὼν εἰς τάφον
« τὸν ἄνδρα κνώσσειν εὐμενῶς εὔχου κάτω. »
Ἰὸν δέ πως βάζοντες ἐμπίκροις λόγοις
κλῆσιν κατεπλούτησαν ἰαμβογράφων.
Ποιητικὸν δὲ πᾶν ἀνωνύμως λέγε

κατελείφθη τὰ τέσσαρα ἰαμβεῖα· ἡ δὲ λέξις ἡ λέγουσα Τριποδίσκιος (—ισκίου ap. Cram.), τοῦ, φησὶν, ἀπὸ πόλεως Τριποδίσκου, μιᾶς τῶν Μεγαρικῶν πόλεων. — 88 Φρυνιχον sine acc. Par. Φρυνίχον Cramer. — 91 Πραττίναν Cram. — 92 schol. : τοῦτο εἶπον ἠπατημένος τοῖς ἐξηγουμένοις Εὐριπίδην καὶ Σοφοκλέα, γράψασιν οὕτω· τὸ δρᾶμα τὸ τῆς Ἀλκήστιδος Εὐριπίδου καὶ ὁ Ὀρέστης καὶ ἡ Σοφοκλέους Ἠλέκτρα καὶ ὅσα τοιαῦτα σατυρικὰ ἐστὶ (εἰσι Crameri codd.) καὶ οὐ τραγικά· ἀπὸ συμφορῶν γὰρ καὶ δακρύων εἰς χαρὰν καταντῶσιν. οὕτω μὲν οὖν ἔγραψα περὶ τῶν σατύρων τούτοις ἠπατημένος· ἐντυχὼν δὲ σατυρικοῖς δράμασιν Εὐριπίδου, αὐτὸς μόνος ἐπέγνων ἐκ τούτων σατυρικῆς ποιήσεως καὶ κωμῳδίας διαφοράν· ἡ μὲν οὖν κωμῳδία δριμέως τινῶν καθαπτομένη διαβολαῖς, ἐπιλοιδορίαις κινεῖ γέλωτα· ἡ δὲ σατυρικὴ ποίησις ἄκρατον καὶ ἀμιγῆ λοιδορίας (λοιδορὰς Bar.) ἔχει τὸν γέλωτα πάνυ ἡδύτατον, οἷον τὸν ἐν θυμέλαις. — 95 ὅμου καὶ male ap. Cramer. — 102 ὅθεν παρεσχήκασι ap. Cramer. — 109 ἑκκέδεκα Meerm. Barocc. omittit versus 109—113. — 117 κώμας παρ' αὐτὸς Par. librarii errore. — 120 αὐτῶν libri. — 124 τραγωδίαν Par. supra scripto χω, et addita glossa ἔστι δὲ καὶ ζῶον. — 130 versus in codice Par. rasura deletus est. — 132 γράμμαῖς Meerm. — 134 κυρίαν Par. — 135 ὃ πανμόνος λέγῃ Par. λέγει ap. Cram. — 138 fortasse ἄλλος scribendum. Ita Alexandræ auctorem a Chalcidensi distingueret. Meinek. — 154 φιλόξενος δὲ τὸν κιθύριον Meerm. — 164 ἐμπικρῶς ap. Cramer. — 173 τις Par. δια-

ὅκουπερ εὑρήσειας αὐτός μοι, τέκνον,
ἡρωικὸν μέτρον τε καὶ μύθους ἅμα,
λέξιν τε ποιὰν ἱστορικήν τε φράσιν.
πεντὰς δὲ τούτων ἐστὶν ἐξηρημένη,
Ὅμηρος, Ἡσίοδος, Πάνυσις τρίτος,
Πείσανδρος, Ἀντίμαχος, οἱ δ' ἄλλοι νέοι,
ὧνπερ τὸν ἑσμὸν τίς διαγράψοι λόγος;
οὕτω τὰ πάντα σὺ μαθὼν κατ' ἀξίαν
γίνωσκε καλῶς καὶ διακρίνων βίβλους.
[ὡς τεχνικῶς βαδίζε (sic) πρὸς λόγων τρίβους.]

X c.

ΤΟΥ ΑΥΤΟΥ ΙΑΜΒΟΙ ΤΕΧΝΙΚΟΙ ΠΕΡΙ ΚΩΜΩΔΙΑΣ.

Ἐπείπερ ἡμῶν τοῖς ἀτέχνοις πρὶν στίχοις
τριπλῆν τελεῖν εἴρηκα τὴν κωμῳδίαν,
πρώτην ὁμοῦ μέσην τε καὶ τὴν ὑστέραν,
ἔφην δὲ καὶ γνώρισμα τῶν τριῶν τότε,
οὐκ ἀκριβῶς ἔφην δὲ πᾶν μέχρι τέλους·
τὰ νῦν φέρε γράψωμεν ἠκριβωμένως,
πόσα μέρη τε τυγχάνει κωμῳδίας,
καὶ τῆς παραβάσεως ὁπόσα τὰ μέρη,
τίνα δὲ ταῦτα, τεχνικῶς τε πῶς πρέπει
κωμῳδίας γράφειν τε καὶ τραγῳδίας.
μέρη μὲν εἰσὶ τέσσαρα κωμῳδίας·
πρῶτον πρόλογος, τὸ μέχρι χοροῦ τῆς εἰσόδου·
τὸ τοῦ χοροῦ μέλος δὲ δεύτερον λέγω·
ἐπεισόδιος τρίτον δέ· τί δὲ τυγχάνει;
λόγος μεταξὺ πλὴν μελῶν χορῶν δύο·
τέταρτον ἐστὶν ἔξοδος· ταύτης μέρος
λόγος χοροῦ τις τῷ τέλει λελεγμένος.
τόσα μέρη μὲν εἰσὶ τῆς κωμῳδίας.
ἑπτὰ δὲ παραβάσεως εἰσὶ μέρη,
ἃ νῦν σαφῶς ἄκουε λεπτῷ τῷ λόγῳ.
ὁ κωμικὸς χορὸς μὲν ὀρχήστρας τόποις,
τὴν ἣν λογεῖον νῦν καλοῦμεν, ἡγμένος,
ὑποκριταῖς μὲν προσλαλῶν ἄλλοις μέτροις
σκηνὴν πρὸς αὐτὴν ἣν ὁρῶν κωμῳδίας,
αὐτῶν ἀπελθόντων δὲ πρὸς δῆμον βλέπων,
ὃ καὶ στροφὴν ἔσχηκε τὴν κλῆσιν φέρον·
ἐκ τετραμέτρων ἕξ τε καὶ δέκα στίχους,
ἀναπαιστικοὺς δὲ τοῖς μέτροις, ἐφθέγγετο,
ἀντιστροφὴν δ' ἔφασκεν, εἶτα δευτέρως
τοιῷδε μέτρῳ καὶ ποσῷ τόσων στίχων·
τοὺς δ' αὖ στροφῆς λόγους τε σὺν ἀντιστρόφῳ
ἅπας παλαιός πως ἐπίρρημα λέγει.
ἡ πάροδος ὅλη χοροῦ δὲ παράβασις.
ἂν οὖν ἐπὶ θέατρον ἐκ πολισμάτων
ἐδείκνυ δῆθε τὴν ὁδὸν ποιούμενος,
ἀριστερᾶς ἔβαινεν ἀψῖδος τόπων·
εἰ δ' ὡς ἀπ' ἀγροῦ, δεξιᾶς διὰ τόπων,
ἐν τετραγωνίζοντι τοῦ χοροῦ τύπῳ,
ὑποκριταῖς τὸ βλέμμα δεικνύων μόνοις·
ὧν ἐκδραμόντων ἑπτάκις ἐστραμμένος
χορὸς καθώρα πρὸς διπλῆν δήμου στάσιν·
τὸ δ' ἑπτασυστρόβητον ὄρχημα τόδε
παράβασιν ἔσχε τῷ γένει (τὴν) κλῆσιν φέρειν·
ὄρχησις ἡ πρώτη τε τὴν κλῆσιν γένους,
μακρὸν δὲ δὴ πνῖγός τε τὸ τρίτον πάλιν,
τέταρτον ᾠδὴ καὶ στροφὴ κλῆσιν φέρει·
τὸ πέμπτον αὖτέ τις ἐπίρρημα λέγει,
τὸ δ' ἕκτον ἔσχε κλῆσιν ἀντῳδῆς φέρειν,
ἀντιστροφῆς ἅμα τε σὺν αὐτῇ λέγω.
τὸ δ' ἕβδομόν τις ἀντεπίρρημα λέγει·
Τζέτζῃ δ' ἀρεστὸν οὐδαμῶς ἐστι τόδε,
οὐδ' αὖ τὸ πέμπτον, ἀλλά σοι ταῦτα λέγει
τὰς πρακτικὰς μὲν συστροφὰς χοροῦ δύο
σκηνὴν πρὸς αὐτὴν πρός τε τὸν δῆμον νόει
στροφὰς καλεῖσθαι, σὺν δὲ μὴν ἀντιστρόφους,
τοὺς τετραμέτρους οὓς ἔφη δὲ τῶν στίχων
τρανῶς ἐπιρρήματι τοὺς πρώτους λέγει·
τοὺς δευτέρους αὖ ἀντεπίρρημα πάλιν·
Τζέτζης μὲν αὐτὰ τῶν μερῶν τῆς ἑπτάδος
παρεξελῶν τε καὶ διώξας μακρόθεν
ᾠδὴν διαιρεῖ καὶ στροφὴν ὡς πρὸς δύο
ἀντιστροφὴν αὐτήν τε κἀντῳδὴν ἅμα·
οὕτω τε πληροῖ σοι πάλιν τὴν ἑπτάδα,
ᾠδὴν καλεῖ δὲ πρὸς θεοὺς τινὰς λόγους,
στροφὴν πάλιν δὲ τοὺς πρὸς ἄνθρωπον λόγους.
τὴν δ' ἀντοῳδὴν εἰς θεοὺς πάλιν λέγει
ἀντιστροφὴν δὲ πρὸς γονὰς ἐτησίους.

γράψαι Meinek. — 176 om. Par. Est variatio versus 175, quales ludere solebat Tzetzes.

X c

4 γνωρισμάτων τρ. ap. Cramer. — 5 πέλους Par. — 8 πόσα δὲ τὰ libri omnes. Probabiliter etiam τῆς delet Meinekius. ο' — 21 ὁ om. Cramer. — 22 ἠγμένος Barocc. ἡμεγμ Meerm. ..γμένος Par. Primae literae, macula tectae, fuisse videntur με vel μα, praemissum ab altera, ut videtur, manu ἡ. — 23 Schol. in cod. Par.: Δέκα ἑτέροις μέτροις ἐχρῶντο, ἃ περὶ τὸ τέλος τοῦδε εὕρῃς, καὶ τῷ τετραμέτρῳ τῶν ἀναπαίστων. — 26 φέρον a sec. m. Par. A pr., ut Cram., φέρων. — 29 ἀντίστροφος ἔφασκεν ap. Cramerum. — 30 πόσῳ Cram. — 31 συναντιστρόφῳ Par. — 32 παλαιὸς πῶς libri. — 33 ἡ in Par. a sec. m. In eodem inter δὲ et παράβασις superne pictum ω, a sec. m. in ο vel οι mutatum. Meerm. δὲ ὦ παραβ. Fortasse ἡ πάροδος δ' ὅλη χοροῦ παράβασις. — 34 Par. Ν ἂν οὖν, fortasse Η ex superiore versu male huc delatum. ἐπιθέατρον ap. Cram. — 36 ἀψίδος libri. — 41 καθόρα ap. Cram — 43 dele τὴν. Meinek. — 49 ἀντιστροφὴν Par. — 55 Schol. in Par.: Κατὰ τὸν Τζέτζη τὰ ἑπτὰ εἴδη τῆς παραβάσεως ἢ μέρη· ἐκβάλλει μὲν τὸ ἐπίρρημα ἐκ τοῦ πέμπτου τόπου· καὶ τὸ ἀντεπίρρημα ἐκ τοῦ ἑβδόμου. παράβασιν δὲ καλεῖ τὸ γένος, καὶ τὸ πρῶτον ὄρχημα· τρίτον μακρὸν καὶ πνῖγος· τέταρτον ᾠδὴν τὴν καὶ ἐπίρρημα· πέμπτον ἀντῳδὴν τὴν (sic Meinek. Codex πέμπτην· ἀντῳδὴ δὲ τὴν) καὶ ἀντεπίρρημα· ἕκτον στροφήν· ἕβδομον ἀντιστροφήν. — 56 τοῦ τετραμετροῦς Cramer., ex Meerm. annotans τετραμετροῖς. — 61 libri διαιρεῖν. — 64 προσθετοὺς Bar. —

ταῦτα μὲν οὕτω· καὶ ταδὶ δέ μοι μάθε,
ὡς ἡ παλαιὰ συγγραφὴ κωμῳδίας
ἦρτο πρὸς ὄγκον Ἀττικῆς γλώττης λόγοις,
ἐχρῆτο καὶ μέτροις δὲ ποικίλοις στίχων,
χορῶν τε χρείαν εἶχεν· ἡ νέα δέ γε
γλώττης σαφοῦς πρῶτα μὲν ἥρμοστο λόγοις,
πλείστῳ δὲ χρῆται τῶν ἰάμβων τῷ μέτρῳ·
καὶ δὴ σὺν αὐτοῖς καὶ χορῶν ἀποτρέχει,
τὸ τοῦ σκοποῦ δὲ πλάσμα καὶ λέξις ἅμα
παρεισφοροῦσιν ἡδονὴν κωμῳδίαις
καὶ τὸν γέλωτα τοῖς ὁμωνύμοις πλέον
ἐσχηματισμένα τε καὶ παρῳδίαι,
καὶ κλήσεων πλάσεις δὲ καὶ μεταπλάσεις·
σὺν οἷς κορισμοὶ καὶ καταχρήσεις ἅμα.
Σκαμβῶν μετ' αὐτὰ νῦν μελῶν κλῆσιν μάθε.
λέγοντες ἦσαν ταῦτα καιροῖς τῶν πότων·
σκαμβὰ δ' ἔφασκον ὡς ἁπλᾶ μᾶλλον τάδε·
ἄλλοι δὲ φασὶν, ὡς ἀναγκαῖον πότοις
ᾄδειν ὑπῆρχε πρὸς ψαλάγματα λύρας·
ὅσοις ἐνῆν δὲ μηδαμῶς λύρας τέχνη,
δάφνης λαβόντες εἴτε μυρσίνης κλάδους,
ᾖδον καλοῦντες σκαμβὰ τὰ λύρας μέλη·
ἄλλοι δὲ τοὺς ᾄδοντας εἶπον τὴν λύραν,
οὐχὶ κατ' εὐθὺ, συστροφαῖς δὲ λαμβάνειν·
οὕτω τὸ λοιπὸν κλῆσιν ἔσχε τὰ μέλη.

X d.

EX CODICE COISLINIANO APUD CRAMERUM ANECD. PARIS. VOL. I, 403.

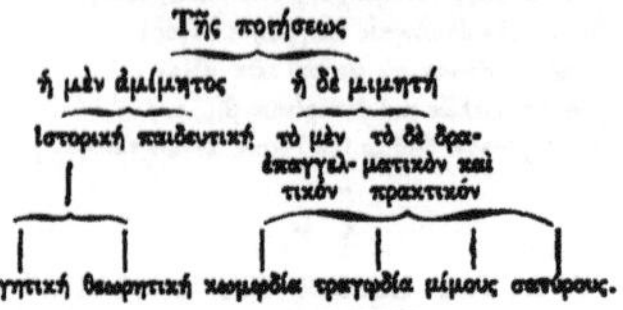

ἡ τραγῳδία ὑφαιρεῖ τὰ φοβερὰ παθήματα τῆς ψυχῆς δι' οἴκτου, καὶ ὅτι συμμετρίαν θέλει ἔχειν τοῦ φόβου· ἔχει δὲ μητέρα τὴν λύπην.

Κωμῳδία ἐστὶ μίμησις πράξεως γελοίου καὶ ἀμοίρου μεγέθους τελείου, χωρὶς ἑκάστου τῶν μορίων ἐν τοῖς εἴδεσι δρῶντος, καὶ δι' ἀπαγγελίας, δι' ἡδονῆς καὶ γέλωτος περαίνουσα τὴν τῶν τοιούτων παθημάτων κάθαρσιν· ἔχει δὲ μητέρα τὸν γέλωτα. γίνεται δὲ ὁ γέλως.

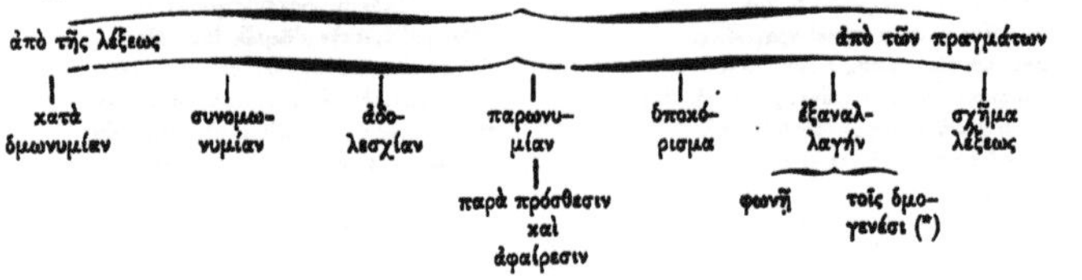

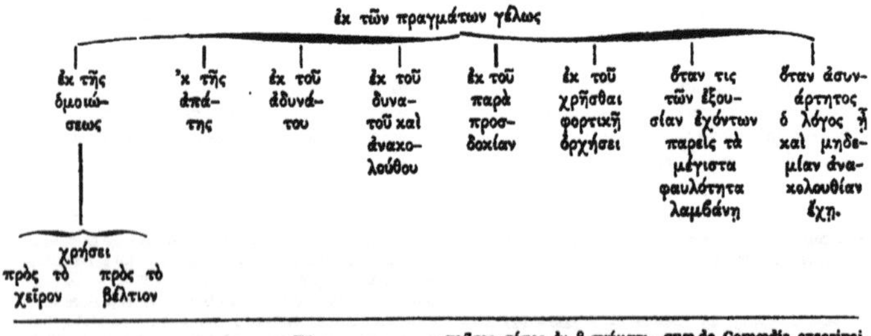

---

65 ἀνθρώπων Par. Meerm. (αις superscript) — 77 κωμῳδίας Barocc. In Par. gl. καθηδύνουσι τὴν κωμῳδίαν. — 88 μυρσίνους Par. — 89 σκαμβαιὰ Par. a sec. m. — 91 συστροφῶν ap. Cramerum.

X d.

Codex est antiquissimus, n. 120, membranaceus form. in fol. et seculo decimo pulcherrima manu scriptus. Praeter alia insunt varia logica schemata, quibus interposita sunt medio fol. 248 verso inter τέλος τοῦ α σχήματος et πρῶτος τόπος ἐν β σχήματι, quae de Comœdia exscripsi. Verba credo sunt alicujus commentatoris in Aristotelis tractatum de Poetica, quae eapropter notabiliora sunt, quod scriptor pleniorem eum quam qui ad nos pervenit, praesertim ἐν τοῖς περὶ γελοίου (v. Aristot. Rhet. 3, 18), habuisse videtur. CRAMER. — (*) Haec φωνῇ et τοῖς ὁμογενέσι potius ad σχῆμα λέξεως trahenda sunt. MEINEK. — (†) Ad πίστεις additur nota: ὅρκοι, συνθῆκαι, μαρτυρίαι, βάσανοι, νόμοι.

Διαφέρει ἡ κωμῳδία τῆς λοιδορίας, ἐπεὶ ἡ μὲν λοιδορία ἀπαρακαλύπτως τὰ προσόντα κακὰ διέξεισιν, ἡ δὲ δεῖται τῆς καλουμένης ἐμφάσεως.

Ὁ σκώπτων ἐλέγχειν θέλει ἁμαρτήματα τῆς ψυχῆς καὶ τοῦ σώματος.

Σύμμετρα τοῦ φόβου θέλει εἶναι ἐν ταῖς τραγῳδίαις, καὶ τοῦ γελοίου ἐν ταῖς κωμῳδίαις.

Κωμῳδίας ὕλη, μῦθος, ἦθος, διάνοια, λέξις, μέλος, ὄψις. Μῦθος κωμικός ἐστιν ὁ περὶ γελοίας πράξεις ἔχων τὴν σύστασιν. Ἤθη κωμῳδίας τά τε βωμολόχα καὶ τὰ εἰρωνικὰ καὶ τὰ τῶν ἀλαζόνων. Διανοίας μέρη δύο, γνώμη καὶ πίστις. (†) Κωμική ἐστι λέξις κοινὴ καὶ δημώδης. δεῖ τὸν κωμῳδοποιὸν τὴν πάτριον αὐτοῦ γλῶσσαν τοῖς προσώποις περιτιθέναι, τὴν δὲ ἐπιχώριον αὐτῷ ἐκείνῳ. Μέλος τῆς μουσικῆς ἐστιν ἴδιον· ὅθεν ἀπ' ἐκείνης τὰς αὐτοτελεῖς ἀφορμὰς δεήσῃ λαμβάνειν. Ἡ ὄψις μεγάλην χρείαν τοῖς δράμασι τὴν συμφωνίαν παρέχει. Ὁ μῦθος καὶ λέξις καὶ τὸ μέλος ἐν πάσαις κωμῳδίαις θεωροῦνται, διάνοιαι δὲ καὶ ἦθος καὶ ὄψις ἐν ὀλίγαις.

Μέρη τῆς κωμῳδίας τέσσαρα· πρόλογος, χορικόν, ἐπεισόδιον, ἔξοδος. Πρόλογός ἐστι μόριον κωμῳδίας τὸ μέχρι τῆς εἰσόδου τοῦ χοροῦ. Χορικόν ἐστι τὸ ὑπὸ τοῦ χοροῦ μέλος ᾀδόμενον, ὅταν ἔχῃ μέγεθος ἱκανόν. Ἐπεισόδιόν ἐστι τὸ μεταξὺ δύο χορικῶν μελῶν. Ἔξοδός ἐστι τὸ ἐπὶ τέλει λεγόμενον τοῦ χοροῦ.

XI.

ΑΡΙΣΤΟΦΑΝΟΥΣ ΒΙΟΣ.

Ἀριστοφάνης ὁ κωμῳδοποιὸς πατρὸς μὲν ἦν Φιλίππου, τὸ δὲ γένος Ἀθηναῖος, τῶν δήμων Κυδαθηναιεύς, Πανδιονίδος φυλῆς· ὃς πρῶτος δοκεῖ τὴν κωμῳδίαν ἔτι πλανωμένην τῇ ἀρχαίᾳ ἀγωγῇ ἐπὶ τὸ χρησιμώτερον καὶ σεμνότερον μεταγαγεῖν, πικρότερον καὶ αἰσχρότερον Κρατίνου καὶ Εὐπόλιδος βλασφημούντων ἢ ἔδει. πρῶτος δὲ καὶ τῆς νέας κωμῳδίας τὸν τρόπον ἐπέδειξεν ἐν τῷ Κωκάλῳ, ἐξ οὗ τὴν ἀρχὴν λαβόμενοι Μένανδρός τε καὶ Φιλήμων ἐδραματούργησαν. εὐλαβὴς δὲ σφόδρα γενόμενος τὴν ἀρχὴν ἄλλως τε καὶ εὐφυὴς τὰ μὲν πρῶτα διὰ Καλλιστράτου καὶ Φιλωνίδου καθίει δράματα. διὸ καὶ ἔσκωπτον αὐτὸν Ἀριστώνυμός τε καὶ Ἀμειψίας, τετράδι λέγοντες γεγονέναι, κατὰ τὴν παροιμίαν, ἄλλοις πονοῦντα. Ὕστερον δὲ καὶ αὐτὸς ἠγωνίσατο. διεχθρεύσας δὲ μάλιστα Κλέωνι τῷ δημαγωγῷ καὶ γράψας κατ' αὐτοῦ τοὺς Ἱππέας, ἐν οἷς διελέγχει αὐτοῦ τὰς κλοπὰς καὶ τὸ τυραννικόν, οὐδενὸς δὲ τῶν σκευοποιῶν τολμήσαντος τὸ πρόσωπον αὐτοῦ σκευάσαι δι' ὑπερβολὴν φόβου, ἅτε δὴ τυραννικοῦ ὄντος, μηδὲ μὴν ὑποκρίνασθαί τινος τολμῶντος, δι' ἑαυτοῦ ὁ Ἀριστοφάνης ὑπεκρίνατο, αὐτοῦ τὸ πρόσωπον μίλτῳ χρίσας, καὶ αἴτιος αὐτῷ γέγονε ζημίας πέντε ταλάντων, ἃ ὑπὸ τῶν Ἱππέων κατεδικάσθη, ὡς φησιν ἐν Ἀχαρνεῦσιν [5]

ἐγῷδ' ἐφ' ᾧ γε τὸ κέαρ ηὐφράνθην ἰδών,
τοῖς πέντε ταλάντοις οἷς Κλέων ἐξήμεσεν.

διήχθρευσε δὲ αὐτῷ ὁ Ἀριστοφάνης, ἐπειδὴ ξενίας κατ' αὐτοῦ γραφὴν ἔθετο, καὶ ὅτι ἐν δράματι αὐτοῦ Βαβυλωνίοις διέβαλε τῶν Ἀθηναίων τὰς κληρωτὰς ἀρχάς, παρόντων ξένων. ὡς ξένον δὲ αὐτὸν ἔλεγε παρόσον οἱ μὲν αὐτόν φασιν εἶναι Ῥόδιον ἀπὸ Λίνδου, οἱ δὲ Αἰγινήτην, στοχαζόμενοι ἐκ τοῦ πλεῖστον χρόνον τὰς διατριβὰς ποιεῖσθαι αὐτόθι, ἢ καὶ ὅτι ἐκέκτητο ἐκεῖσε. κατὰ τινὰς δέ, ὡς ὅτι ὁ πατὴρ αὐτοῦ Φίλιππος Αἰγινήτης. ἀπολυθῆναι δὲ αὐτὸν εἰπόντα ἀστείως ἐκ τοῦ Ὁμήρου [Od. Α, 215] ταῦτα

μήτηρ μέν τ' ἐμέ φησι τοῦ ἔμμεναι, αὐτὰρ ἔγωγε
οὐκ οἶδ'· οὐ γάρ πώ τις ἑὸν γόνον αὐτὸς ἀνέγνω.

δεύτερον δὲ καὶ τρίτον συκοφαντηθεὶς ἀπέφυγε, καὶ οὕτω φανερὸς κατασταθεὶς πολίτης κατεκράτησε τοῦ Κλέωνος. ὅθεν φησὶν [Ach. 377] «αὐτός δ' ἐμαυτὸν ὑπὸ Κλέωνος ἅττ' ἔπαθον ἐπίσταμαι δὴ» καὶ τὰ ἑξῆς. φασὶ δὲ αὐτὸν εὐδοκιμῆσαι συκοφάντας καταλύσαντα· οὓς ὠνόμασεν ἠπιάλους ἐν Σφηξὶν [1039] ἐν οἷς φησιν «οἳ τοὺς πατέρας αὐτῶν ἦγχον νύκτωρ καὶ τοὺς πάππους ἀπέπνιγον.» μάλιστα δὲ ἐπῃνέθη καὶ ἠγαπήθη ὑπὸ τῶν πολιτῶν σφόδρα, ἐπειδὴ διὰ τῶν αὐτοῦ δραμάτων ἐσπούδασε δεῖξαι τὴν πολιτείαν Ἀθηναίων ὡς ἐλευθέρα τέ ἐστι καὶ ὑπ' οὐδενὸς τυράννου δουλαγωγουμένη, ἀλλ' οὐδὲ ὅτι δημοκρατία ἐστί, καὶ ἐλεύθερος ὢν ὁ δῆμος ἄρχει ἑαυτοῦ. τούτου οὖν χάριν ἐπῃνέθη καὶ ἐστεφανώθη θαλλῷ τῆς ἱερᾶς ἐλαίας, ὃς νενόμισται ἰσότιμος χρυσῷ στεφάνῳ, εἰπὼν ἐκεῖνα τὰ ἐν τοῖς Βατράχοις [686] περὶ τῶν ἀτίμων «τὸν ἱερὸν χορὸν δίκαιον πολλὰ χρηστὰ τῇ πόλει συμπαραινεῖν.» ὠνομάσθη δὲ ἀπ' αὐτοῦ, ἐπεὶ ἔνδοξον, τὸ μέτρον τὸ Ἀριστοφάνειον. οὕτω δὲ γέγονεν ἡ φήμη τοῦ ποιητοῦ ὡς καὶ παρὰ Πέρσαις διήκειν καὶ τὸν βασιλέα Περσῶν πυνθάνεσθαι παρ' ὁποτέροις εἴη ὁ κωμῳδοποιός. φασὶ δὲ καὶ Πλάτωνα Διονυσίῳ τῷ τυράννῳ βουληθέντι μαθεῖν τὴν Ἀθηναίων πολιτείαν πέμψαι τὴν Ἀριστοφάνους ποίησιν καὶ συμβουλεῦσαι τὰ δράματα αὐτοῦ ἀσκη-

---

XI.

1 κωμῳδιοποιὸς Ald. et V., ut videtur. — 2 τῶν δήμων Dindorfius. τὸν δῆμον vulgo. τῶ δήμω V. Κυδαθηναιεὺς Kusterus. Κυδαθηνεὺς Ald. Κυδαθήναιος V. — 11 καὶ delevit Gelenius. — 12 ἐξεδίδου τὰ ἑαυτοῦ δράματα Reg. — 13 λέγοντες αὐτὸν et 14 ὡς ἄλλοις Reg., ut volebat Gelenius. — 21 ὁ additum ex V. — 22 χρήσας V. — 25 ἐγὼ δ' V. et Ald. γε om. V. εὐφράνθην Ald. — 28 γραφὴν κατ' αὐτοῦ vulgo. — 29 βαβυλλωνίοις V. — 31 φασι Ῥόδιον vulgo. — 33 αὐτόθι ποιεῖσθαι vulgo. — 42 ἅττ' ὧν ἔπ. V. — 47 σφόδρα additum ex V. Ib. ἐπειδὴ Dindorf. ἐπειδὴ δὲ vulgo. Ib. αὐτοῦ V. ἑαυτοῦ vulgo. — 48 τὴν τῶν Ἀθηναίων πολιτείαν vulgo. — 49 διαγωγουμένη V., ex quo 51 οὖν, 53 τὰ addita. — 56 ἐπειδὴ vulgo. — 57 sq., vide Acharn. v. 646. — 62 post ποίησιν addebatur τὴν κατὰ Σωκράτους ἐν Νεφέλαις κατηγορίαν, quae manifestum est ab recentiore grammatico

θέντα μαθεῖν αὐτῶν τὴν πολιτείαν. ἐγένετο δὲ καὶ αἴτιος ζήλου τοῖς νέοις κωμικοῖς, λέγω δὴ Φιλήμονι καὶ Μενάνδρῳ. ψηφίσματος γὰρ γενομένου χορηγικοῦ, ὥστε μὴ ὀνομαστὶ κωμῳδεῖν τινα, καὶ τῶν χορηγῶν οὐκ ἀντεχόντων πρὸς τὸ χορηγεῖν, καὶ παντάπασιν ἐκλελοιπυίας τῆς ὕλης τῶν κωμῳδιῶν διὰ τούτων αὐτῶν, αἴτιον γὰρ κωμῳδίας τὸ σκώπτειν τινὰς, ἔγραψε Κώκαλον, ἐν ᾧ εἰσάγει φθορὰν καὶ ἀναγνωρισμὸν καὶ τἆλλα πάντα ἃ ἐζήλωσε Μένανδρος. πάλιν δὲ ἐκλελοιπότος καὶ τοῦ χορηγεῖν τὸν Πλοῦτον γράψας εἰς τὸ διαναπαύεσθαι τὰ σκηνικὰ πρόσωπα καὶ μετεσκευάσθαι, ἐπιγράφει χοροῦ, φθεγγόμενος ἐν ἐκείνοις ἃ καὶ δρῶμεν τοὺς νέους οὕτως ἐπιγράφοντας ζήλῳ Ἀριστοφάνους. ἐν τούτῳ δὲ τῷ δράματι συνέστησε τῷ πλήθει τὸν υἱὸν Ἀραρότα, καὶ οὕτω μετήλλαξε τὸν βίον, παῖδας καταλιπὼν τρεῖς, Φίλιππον ὁμώνυμον τῷ πάππῳ, καὶ Νικόστρατον καὶ Ἀραρότα, δι' οὗ καὶ ἐδίδαξε τὸν Πλοῦτον. τινὲς δὲ δύο φασί, Φίλιππον καὶ Ἀραρότα, ὧν καὶ αὐτὸς ἐμνήσθη,

τὴν γυναῖκα δὲ
αἰσχύνομαι τώ τ' οὐ φρονοῦντε παιδίω

ἴσως αὐτοὺς λέγων.

Ἔγραψε δὲ δράματα μδ', ὧν ἀντιλέγεται τέσσαρα ὡς οὐκ ὄντα αὐτοῦ. ἔστι δὲ ταῦτα, Ποίησις, Ναυαγὸς, Νῆσοι, Νίοβος, ἃ τινὲς ἔφασαν εἶναι τοῦ Ἀρχίππου.

XII.

ΑΛΛΩΣ.

(*Ex codice Veneto* 474.)

Ἀριστοφάνης ὁ κωμῳδοποιὸς Φιλίππου μὲν ἦν παῖς Ἀθηναῖος, Κυδαθηναιεὺς τῶν δήμων· ὃς πρῶτος δοκεῖ τὴν κωμῳδίαν ἔτι πλανωμένην τῇ ἀρχαίᾳ ἀγωγῇ ἐπὶ τὸ χρησιμώτερον καὶ σεμνότερον καταστήσασθαι, πρότερον Κρατίνου καὶ Εὐπόλιδος βλασφημούντων. πρῶτος δὲ καὶ τῆς νέας κωμῳδίας τὸν τρόπον ἐπέδειξε τῷ Κωκάλῳ, ἃ Μένανδρός τε καὶ Φιλήμων δράματα συνεστήσαντο. εὐλαβὴς δὲ σφόδρα γενόμενος ἄλλως τε καὶ εὐφυὴς, τὰ μὲν πρῶτα διὰ Καλλιστράτου καὶ Φιλωνίδου καθίει δράματα. διὸ καὶ ἔσκωπτον αὐτὸν Ἀριστώνυμός τε καὶ Ἀμειψίας, τετράδι αὐτὸν γεγονέναι λέγοντες, κατὰ τὴν παροιμίαν, ἄλλοις πονοῦντα. ὕστερον δὲ καὶ αὐτὸς διηγωνίσατο. διεχθρεύσας δὲ μάλιστα Κλέωνι τῷ στρατηγῷ καὶ γράψας κατ' αὐτοῦ τοὺς Ἱππέας αὐτὸς ὑπεκρίνατο. ὁ δὲ ξενίας αὐτὸς κατ' αὐτοῦ ἔγκλημα ἔθετο. καὶ γὰρ δή φασί τινες αὐτὸν Ῥόδιον γεγονέναι. ἀπελύθη δὲ τὸ μὲν πρῶτον εἰπὼν

μήτηρ μέν τέ μέ φησι τοῦ ἔμμεναι, αὐτὰρ ἔγωγε
οὐκ οἶδ'· οὐ γάρ πώ τις ἑὸν γόνον αὐτὸς ἀνέγνω.

δεύτερον δὲ καὶ τρίτον συκοφαντηθεὶς ἀπέφυγεν. ὅθεν φησὶν « αὐτὸς δ' ἐμαυτὸν ὑπὸ Κλέωνος ἅπαθον ἐπί« σταμαι διὰ τὴν πέρυσι κωμῳδίαν· εἰσελκύσας γάρ « μ' εἰς τὸ βουλευτήριον διέβαλλε. » φασὶ δὲ αὐτὸν εὐδοκιμῆσαι καταλύσαντα, οὓς ὠνόμασεν ἠπιάλους ἐν Σφηξὶν, ἐν οἷς φησιν « οἳ τοὺς πατέρας ἦγχον νύκτωρ « καὶ τοὺς πάππους ἀπέπνιγον. » μάλιστα δὲ ἐπῃνέθη καὶ ἐστεφανώθη θαλλῷ τῆς ἱερᾶς ἐλαίας, ὃς νενόμισται ἰσότιμος χρυσῷ στεφάνῳ, εἰπὼν ἐκεῖνα ἐν τοῖς Βατράχοις περὶ τῶν ἀτίμων « τὸν ἱερὸν χορὸν δίκαιόν « ἐστι χρηστὰ τῇ πόλει συμπαραινεῖν. » τὴν δὲ ποίησιν αὐτοῦ οὕτως ἔνδοξον γενέσθαι, ὡς τὸν μὲν Περσῶν βασιλέα πυνθάνεσθαι παρ' ὁποτέροις εἴη ὁ κωμῳδοποιός, Πλάτωνα δὲ Διονυσίῳ τῷ τυράννῳ βουληθέντι μαθεῖν τὴν Ἀθηναίων πολιτείαν, πέμψαι τὴν Ἀριστοφάνους ποίησιν, τὴν κατὰ Σωκράτους ἐν Νεφέλαις κατηγορίαν. τελευταῖον δὲ διδάξας τὸν Πλοῦτον συν-

---

temere esse inserta. Dind. — 65 χορηγικοῦ Meinekius Quæst. scen. 1, p. 35. Legebatur χορηγοῦ. — 69 post ἔγραψε addebatur κωμῳδίας τινάς. De quo dixi ad fragm. p. 567 ed. Oxon., 465 ed. Paris. Dind. — 74 ἐπιγράφη V. — 75 ἐπιγράφοντας οὕτω vulgo. — 82 δ' libri. — 87 Νίοβις vulgo. νίορος V. Post Ἀρχίππου in V. et Ald. hæc sequuntur : Ὁ κωμικὸς χορὸς συνέστηκεν ἐξ ἀνδρῶν κδ'. καὶ εἰ μὲν ὡς ἀπὸ τῆς πόλεως ἤρχετο ἐπὶ τὸ θέατρον, διὰ τῆς ἀριστερᾶς ἀψῖδος εἰσῄει, εἰ δὲ ὡς ἀπὸ ἀγροῦ, διὰ τῆς δεξιᾶς, ἐν τετραγώνῳ σχήματι, ἀφορῶν εἰς τοὺς ὑποκριτάς. ἀναχωρούντων δὲ τῶν ὑποκριτῶν ἑπτάκις ἐστρέφετο ὁ χορὸς, προσέχων ἐφ' ἑκάτερα μέρη τοῦ θεάτρου. ἐκαλεῖτο δὲ τῷ γένει τὸ τοιοῦτον ὄνομα (ὄρχημα V. Corrigendum videtur σχῆμα. Dind.) τῆς ὀρχήσεως παράβασις, ὁμωνύμως τῷ γένει. τὸ τρίτον μακρὸν, τὸ καὶ πνῖγος. τὸ (τὸ om. Ald.) τέταρτον στροφὴ ἢ ᾠδή. τὸ πέμπτον ἐπίρρημα. τὸ ἕκτον ἀντίστροφος ἢ ἀντῳδή. τὸ ἕβδομον ἀντεπίρρημα. (Addit V. : σκολιὰ λέγεται τὰ πάροινα μέλη τὰ ἐν τοῖς συμποσίοις ᾀδόμενα. καὶ ὡς μὲν ἔνιοί φασιν ἐκ τοῦ ἐναντίου προσηγορεύθησαν· ἁπλᾶ γὰρ αὐτὰ ἐχρῆν εἶναι καὶ εὔκολα ὡς παρὰ πότον ᾀδόμενα. οὐκ εὖ δὲ τοῦτο· τὰ γὰρ δύσφημα ἐπὶ τὸ εὐθυμότερον μεταλαμβάνεται, οὐ τὸ ἔμπαλιν. τί οὖν ἐπάναγκες ἦν τὸ ἐν συμποσίοις ἅπασιν ᾄδειν μετὰ λύρας; ὅσοι δὲ οὐκ ἠπίσταντο λύρᾳ χρῆσθαι, δάφνης ἢ μυρρίνης (μυρίνης V.) κλῶνας λαμβάνοντες ᾖδον. ἐπὶ τοῖς οὖν οὐκ ἐπισταμένοις μέλη πρὸς λύραν ᾄδειν σκολιὰ ἐδόκει· ὅθεν καὶ σκολιὰ ὠνομάσθησαν. τινὲς δὲ οὕτως οὐ κατὰ τὸ ἑξῆς φασι δίδοσθαι τὴν λύραν, ἀλλ' ἐναλλάξ. διὰ τὴν σκολιὰν οὖν καὶ μὴ ἐπ' εὐθείας τῆς λύρας περιφέρειαν σκολιὰ ἐλέγετο.) — Ὑποκριταὶ Ἀριστοφάνους Καλλίστρατος καὶ Φιλωνίδης, δι' ὧν ἐδίδασκε τὰ δράματα ἑαυτοῦ, διὰ μὲν Φιλωνίδου τὰ δημοτικὰ, διὰ δὲ Καλλιστράτου τὰ ἰδιωτικά.—Πόσα μέρη κωμῳδίας; α'. πρόλογος τὸ μέχρι τῆς εἰσόδου τοῦ χοροῦ μέρος. β'. χορικὸν τὸ τοῦ (τοῦ om. V.) χοροῦ διδόμενον (fort. ᾀδόμενον, μέλος γ'. ἐπεισόδιον τὸ μεταξὺ δύο χορικῶν μελῶν. δ'. ἔξοδον τὸ ἐπὶ τέλει λεγόμενον τοῦ χοροῦ. εἴρηται δὲ καὶ πόσα μέρη παραβάσεως. ἡ δὲ παράβασις (hæc tria verba om. Ald.) τοῦ χορικοῦ.

XII.

Est etiam in Regio. — 1 sq. γένει μὲν ἦν Ἀθηναῖος, πατρὸς δὲ Φιλίππου, τὸν δῆμον Κυδαθηνεύς, Πανδιονίδος φυλῆς. ὃς Reg. Κυδαθηναῖος V. — 4 χρησ. καὶ om. Reg. « Præstat μεταστήσασθαι. » Dind. — 7 sq. τῷ Κωκ. — συνεστήσ. om. Reg. — 8 σφόδρα om. Reg. — 10 ἐξεδίδου τὰ ἑαυτοῦ δρ., 12 γεγονέναι (hoc repetit) ὡς ἄλλοις Reg. — 13 αὐτοῦ V.— 15 ξενιτείας κατ' Reg. recte.— 16 δὴ φάσκει V. γὰρ ἔφησαν αὐτόν τινες, 17 γεγ., ἕτεροι δὲ Λίνδιον, οὔσης καὶ τῆς Λίνδου ὑποτελοῦς τῇ Ῥοδίων. ἀπελ. Reg. — 21 ἅ 'παθον Reg. ἃ πάθον V. — 23 με—διέβαλε, 24 συκοφάντας τινὰς καταλ. Reg., qui 30 συμπαραινεῖν habet ante δίκαιόν. — 33 Πλάτων V. Reg. — 36 δὲ τὸ τοῦ Πλούτου δρᾶμα

ἔστησε τῷ πλήθει τὸν υἱὸν Ἀραρότα, καὶ οὕτω μετήλλαξε τὸν βίον, παῖδας καταλιπὼν δύο, Ἀραρότα καὶ Φίλιππον, ὡς αὐτὸς ἐπεμνήσθη

τὴν γυναῖκα δὲ
αἰσχύνομαι τώ τ' οὐ φρονοῦντε παιδίω,

Ἀραρότα ἴσως καὶ Φίλιππον λέγων. ἀναγράφει δὲ καὶ τρίτον Νικόστρατον. κατέστρεψε δὲ τὸν βίον διαφερόντως τιμηθεὶς καὶ πολλὰ στεφανωθείς. κατέλειψε δὲ δράματα μγ'. ἐν τούτοις τὰ ἀντιλεγόμενα δ'. ἀποθανόντι δὲ αὐτῷ ἐπὶ τῷ μνήματι παρὰ Πλάτωνος ἐπίγραμμα τοιοῦτον γέγραπται·

Αἱ Χάριτες τέμενός τι λαβεῖν ὅπερ οὐχὶ πεσεῖται
ζητοῦσαι ψυχὴν εὗρον Ἀριστοφάνους.

XIII.

ΑΛΛΩΣ.

(*Ex scholiasta Clarkiano Platonis Apolog. p.* 19, *C*, *in Porsoni Miscellan. p.* 268 *ed. Kidd.*)

Ἀριστοφάνης ὁ κωμῳδιοποιὸς φαλακρὸς ἦν, ὡς καὶ αὐτός φησιν Εἰρήνῃ [771]. ἐκωμῳδεῖτο δ' ἐπὶ τῷ σκώπτειν μὲν Εὐριπίδην, μιμεῖσθαι δ' αὐτόν. Κρατῖνος,

Χρῶμαι γὰρ αὐτοῦ (φησὶ) τοῦ στόματος τῷ στρογγύλῳ,
τοὺς νοῦς δ' ἀγοραίους ἧττον ἢ 'κεῖνος ποιῶ.

καὶ αὐτὸς δ' ἐξομολογεῖται Σκηνὰς καταλαμβανούσαις

Τίς δὲ σύ; κομψός.— . . . τις ἔροιτο θεατής·
ὑπολεπτολόγος, γνωμιδιώκτης, εὐριπιδαριστοφανίζων.

Ἀριστώνυμος δ' ἐν Ἡλίῳ ῥιγοῦντι καὶ Σαννυρίων ἐν Γέλωτι τετράδι φασὶν αὐτὸν γενέσθαι, διότι τὸν βίον κατέτριψεν ἑτέροις πονῶν· οἱ γὰρ τετράδι γεννώμενοι πονοῦντες ἄλλοις καρποῦσθαι παρέχουσιν, ὡς καὶ Φιλόχορος ἐν τῇ πρώτῃ περὶ ἡμερῶν ἱστορεῖ. ταύτῃ δὲ καὶ Ἡρακλῆ φασὶ γεννηθῆναι. τρεῖς δὲ εἶχεν υἱούς, Φίλιππον τὸν τοῖς Εὐβούλου δράμασιν ἀγωνισάμενον, καὶ Ἀραρότα ἰδίοις τε καὶ τοῦ πατρὸς δράμασι διηγωνισμένον, καὶ τρίτον ὃν Ἀπολλόδωρος μὲν Νικόστρατον καλεῖ, οἱ δὲ περὶ Δικαίαρχον Φιλέταιρον. κατεκλήρωσε δὲ καὶ τὴν Αἴγιναν, ὡς Θεογένης φησὶν ἐν τῷ περὶ Αἰγίνης. κωμῳδεῖται δὲ ὅτι καὶ τὸ τῆς Εἰρήνης κολοσσικὸν ἐξῆρεν ἄγαλμα· Εὔπολις Αὐτολύκῳ, Πλάτων Νίκαις.

XIV.

ΑΛΛΩΣ.

(*Ex Suida.*)

Ἀριστοφάνης, Ῥόδιος, ἤτοι Λίνδιος· οἱ δὲ Αἰγύπτιον ἔφασαν· οἱ δὲ Καμειρέα· θέσει δὲ Ἀθηναῖος· ἐπολιτογραφήθη γὰρ παρ' αὐτοῖς· κωμικός, υἱὸς Φιλίππου, γεγονὼς ἐν τοῖς ἀγῶσι κατὰ τὴν ριδ' Ὀλυμπιάδα, εὑρετὴς τοῦ τετραμέτρου καὶ ὀκταμέτρου· παῖδας σχὼν Ἀραρότα, Φίλιππον, Φιλέταιρον, κωμικούς. τινὲς δὲ αὐτὸν καὶ ἀπόδουλον ἱστορήκασι. δράματα δὲ αὐτοῦ μδ'. Ἅπερ δὲ πεπράχαμεν Ἀριστοφάνους δράματα, ταῦτα· Ἀχαρνεῖς Βάτραχοι Εἰρήνη Ἐκκλησιάζουσαι Θεσμοφοριάζουσαι Ἱππεῖς Λυσιστράτη Νεφέλαι Ὄρνιθες Πλοῦτος Σφῆκες.

XV.

ΘΩΜΑ ΤΟΥ ΜΑΓΙΣΤΡΟΥ.

Ἀριστοφάνης ὁ κωμῳδοποιὸς γένει μὲν ἦν Ἀθηναῖος, πατρὸς δὲ Φιλίππου, μητρὸς δὲ Ζηνοδώρας, τὸν δὲ δῆμον Κυδαθηναιεύς, Πανδιονίδος φυλῆς. πάνυ δὲ ὢν εὐφυὴς καὶ ἀγχίνους ἐπὶ τοσοῦτον ἐν νέᾳ κομιδῇ τῇ ἡλικίᾳ ηὐδοκίμησεν ἐν κωμῳδίαις ὡς οὐ μόνον τοὺς κατ' αὐτόν, ἀλλὰ καὶ τοὺς πρὸ αὐτοῦ ὑπερᾶραι· μᾶλλον δὲ οὐδὲ τοῖς ἐπιγιγνομένοις παρῆκεν ὑπερβολήν, ἀλλὰ καὶ τούτους μετὰ πολλοῦ τοῦ περιόντος παρῆλθεν. οὔκουν ἀνεφάνη τις ὕστερον Ἀριστοφάνει παραπλήσιος. διὰ τοῦτο καὶ παρὰ τοῖς βασκάνοις αὐτοῖς ἀξιοῦται θαύματος. δράματα δὲ τέσσαρα πρὸς τοῖς πεντήκοντα γέγραφεν, ἅπαντα εὐμουσίας καὶ χάριτος Ἀττικῆς μεστά, καὶ πείθοντα τοὺς ἀκούοντας θαυμάζειν τε καὶ κροτεῖν. οὕτω δὲ τοῦ τῆς πολιτείας συμφέροντος ἐποιεῖτο λόγον, ὡς μηδένα τῶν ἐπὶ τῆς λαμπρᾶς τύχης οὐδέποτε ἀποσχέσθαι τοῦ σκώπτειν, εἰ ἀδικοῦντος ᾔσθετο. ὅθεν καὶ τὴν παρρησίαν αὐτοῦ δεδιότες οἱ τοιοῦτοι μετρίους σφᾶς αὐτοὺς παρεῖχον ἀεὶ καὶ τῷ δήμῳ λυσιτελοῦντας. ἔσχε δὲ τρεῖς υἱούς, Φίλιππον, Νικόστρατον καὶ Ἀραρότα. ἀποθανόντα δὲ οὕτω Πλάτων ἐτίμησεν ἐν ἐπιγράμματι ἡρωελεγείῳ

Αἱ Χάριτες τέμενός τι λαβεῖν ὅπερ οὐχὶ πεσεῖται
ζητοῦσαι ψυχὴν εὗρον Ἀριστοφάνους.

ἐκδοὺς, 37 Ἀραρότα καὶ Φίλιππον, 38 sq. καταλιπὼν τούτους δὴ τοὺς παῖδας, ὡς καὶ αὐτός, 40 δὲ om., 41 τοῦ τ' οὐ φρονέοντε Reg., 42 ἴσως omittens. — 44 sq. κατέλιπε δὲ δράματα νδ', ὧν ἀμφιβαλλόμενα εἰσὶ δ' Reg. reliquis omissis.

XIII.

7 indicavi lacunam. πῶς ἂν inserit Porsonus. Dind. — 10 legebatur διό.

XIV.

4 ριδ'. Error manifestus. Prima enim Aristophanis fabula, Daetalenses, archonte edita est Diotimo, i. e. olymp. 88, 1. — 8 νδ' editio Mediol., correctum ex tribus codicibus optimis. Ib. « πεπράχαμεν, verte, *quas autem* *tractavimus Aristophanis dramata hæc sunt.* » Hemst.

XV.

Τοῦ σοφωτάτου καὶ λογιωτάτου κυροῦ Θωμᾶ codex Laurentianus plutei 31, 4. Ἄλλως περὶ αὐτοῦ Reg. — 1 κωμῳδιοποιὸς Ald. — 2 μητρὸς δὲ Ζηνοδώρας addidi ex Laurent. plutei 31, 13, et Monacensi. Mirum unde Thomas Magister hoc nomen sumpserit, quod alienum videtur ab ætate Aristophanis. Non habet Laurent. 31, 4. Dind. — 5 εὐδοκ., 9 οὐ γὰρ ἀνεφ. Reg. — 12 δύο, non τέσσαρα, Reg. — 16 μηδέποτε, 17 ἀδικοῦντος ἢ ἄλλως ᾔσθετο κακουργοῦντος Reg. ὅθεν καὶ Laur. 31, 13. Aberat καί. — 18 δεδοικότες idem Laur. — 20 Νικόμαχον margo ejusdem

Ἰστέον ὅτι κωμῳδία ἐκλήθη ἀπὸ τοῦ ἐν κώμαις ᾄδεσθαι τὰς κωμῳδίας (κώμας δὲ ἐκάλουν οἱ παλαιοὶ τοὺς στενωπούς) ἢ ἀπὸ τοῦ ἐν ταῖς κωμάσεσι τοῦ Διονύσου πρῶτον ἐπινοηθῆναι ταυτασί, ἢ παρὰ τὸ κῶμα, ὁ ὕπνος. φασὶ γὰρ ὡς πρὸ τοῦ εὑρεθῆναι τοὺς κωμικοὺς ποιητὰς ἀδικούμενοί τινες ὑπό τινων ἀφανῶς ἤρχοντο ἐν νυκτὶ ἐπὶ τοὺς τῶν ἀδικούντων στενωπούς, βοῶντες, ὁ δεῖνα ἀδικίᾳ χαίρει καὶ τὰ καὶ τὰ πράττει, θεῶν ὄντων καὶ νόμων· καὶ τούτων λεγομένων οἱ συνειδότες ἑαυτοῖς ταῦτα σώφρονες ἐγίνοντο τοῦ λοιποῦ. ἐπεὶ οὖν ἄριστα τοῦτο ἔχον ἐδόκει καὶ τῇ πολιτείᾳ συνοῖσον, ἅτε τῆς μὲν ἀδικίας ἐντεῦθεν παντάπασιν ἀναιρουμένης, δικαιοσύνης δὲ ἀντεσαγομένης καὶ τρόπων χρηστῶν, ἐτάχθησαν ἐπὶ τοῦτο οἱ κωμικοὶ ποιηταί, ἐν μέρει παιδιᾶς σκώμματά τε τῶν ἀδικούντων καὶ διδαχὴν ὧν προσῆκεν ἐργαζόμενοι. ᾔδοντο δὲ αἱ κωμῳδίαι ἐν τοῖς Διονυσιακοῖς, ἔαρος ὥρᾳ.

XVI.

ΑΝΤΙΠΑΤΡΟΥ ΘΕΣΣΑΛΟΝΙΚΕΩΣ ΕΙΣ ΑΡΙΣΤΟΦΑΝΗΝ.

(*In Anthologia Palat.* IX, 186.)

Βίβλοι Ἀριστοφάνευς, θεῖος πόνος, αἷσιν Ἀχαρνεὺς
κισσὸς ἐπὶ χλοερὴν πουλὺς ἔσεισε κόμην.
ἠνίδ' ὅσον Διόνυσον ἔχει σελίς, οἷα δὲ μῦθοι
ἠχεῦσιν, φοβερῶν πληθόμενοι χαρίτων.
ὦ καὶ θυμὸν ἄριστε, καὶ ἤθεσιν Ἑλλάδος ἴσα
κωμικέ, καὶ στύξας ἄξια καὶ γελάσας.

ΔΙΟΔΩΡΟΥ

ΕΠΙΤΥΜΒΙΟΝ

(*In V. et Anthologia Palat.* VII, 38.)

Θεῖος Ἀριστοφάνευς ὑπ' ἐμοὶ νέκυς, εἴ τινα πεύθῃ
κωμικόν, ἀρχαίης μνᾶμα χοροστασίης.

XVII.

ΔΗΜΗΤΡΙΟΥ ΤΟΥ ΤΡΙΚΛΙΝΙΟΥ.

Ἰστέον ὅτι πάντα τὰ μέτρα, πλὴν τοῦ δακτυλικοῦ, κατὰ διποδίαν μετρεῖται καὶ ἀνέρχεται μέχρι τοῦ πενταμέτρου. ἔστι δὴ μονόμετρον τὸ ἔχον πόδας β', δίμετρον τὸ ἔχον πόδας δ', τρίμετρον τὸ ἔχον ϛ', τετράμετρον τὸ ἔχον η', πεντάμετρον τὸ ἔχον ι'· καὶ περαιτέρω οὐ πρόεισι. παντὸς δὲ μέτρου, πλὴν τοῦ δακτυλικοῦ, ἀποθέσεις ἤτοι καταλήξεις εἰσὶ τέσσαρες· βραχυκατάληκτον, καταληκτικόν, ἀκατάληκτον καὶ ὑπερκατάληκτον. καὶ βραχυκατάληκτον μέν ἐστιν, ὡς ἐν παραδείγματι ἐπὶ τοῦ μονομέτρου εἰπεῖν, ὅπερ ποδὸς ὅλου δεῖται πρὸς ἀπαρτισμόν· οἷον τὸ φεῦ φεῦ· ἢ τὸ ἰώ, ἢ τὸ ἔα. ταῦτα γὰρ μονόμετρά ἐστι βραχυκατάληκτα, διὰ τὸ ἔχειν μὲν τὸν ἕνα πόδα, τοῦ ἑτέρου δὲ λείπεσθαι. καταληκτικὸν δὲ τὸ δεόμενον μιᾶς συλλαβῆς πρὸς ἀπαρτισμόν· οἷον τὸ ἰώ μοι, ἢ τὸ ὤμοιμοι. ταῦτα γὰρ μονόμετρά ἐστι καταληκτικά, διὰ τὸ ἔχειν ὅλον πόδα καὶ μίαν συλλαβήν, ἤτοι ἥμισυ ποδός, λείπεσθαι δὲ μιᾶς συλλαβῆς πρὸς ἀπαρτισμόν. ἀκατάληκτον δὲ ὅπερ ἀπηρτισμένους ἔχει τοὺς πόδας, οἷον τὸ ἰοὺ ἰού, ἢ τὸ ἰὼ ἰώ, ἢ τὸ φεῦ φεῦ ἰώ. ταῦτα γὰρ μονόμετρά ἐστιν ἀκατάληκτα, διὰ τὸ ἀπηρτισμένους ἔχειν τοὺς πόδας καὶ μὴ ἐλλιπεῖς, ὡς τὰ εἰρημένα. ὑπερκατάληκτον δὲ τὸ ἔχον ἀπηρτισμένους τοὺς πόδας, ἔχον δὲ καὶ συλλαβὴν μίαν πλείονα. εἴρηται δὲ πλὴν τοῦ δακτυλικοῦ, ὅτι τοῦτο μόνον κατὰ μονοποδίαν μετρεῖται, διὰ τὸ εἶναι τοὺς πόδας τρισυλλάβους. ὅτε μὲν οὖν ἀπηρτισμένους ἔχει τοὺς πόδας, λέγεται ἀκατάληκτον· ὅτε δὲ πλείονα συλλαβὴν ἔχει, λέγεται καταληκτικὸν εἰς συλλαβήν· ὅτε δὲ δύο, καταληκτικὸν εἰς δισύλλαβον. οὐκ ἔχει γὰρ ἐν τούτῳ χώραν τὸ βραχυκατάληκτον ἢ τὸ ὑπερκατάληκτον, ὡς οἱ μετρικοί φασι. ταῦτα καὶ ἐπὶ διμέτρου καὶ τριμέτρου καὶ τῶν λοιπῶν συμβαίνει τὰ πάθη.

Τοῦ αὐτοῦ περὶ σημείων τῆς κοινῆς συλλαβῆς τῶν ἐντὸς κειμένων τῆς βίβλου.

Ἐπειδήπερ οἱ πάλαι τὰ περὶ γραμματικῆς συνταξάμενοι σημεῖά τινα σοφῶς ἐπινοήσαντες παραδεδώκασιν, ἐξ ὧν τήν τε δύναμιν καὶ τήν, ὡς ἂν εἴποι τις, ποιότητα τῶν συλλαβῶν καὶ τὴν προφορὰν διαγινώσκειν ἔχοιμεν (συλλαβῶν δέ μοι καὶ οὐ στοιχείων εἴρηται, ἐπειδὴ τὰ μὲν στοιχεῖα καθ' αὑτὰ κείμενα οὐδεμιᾶς τινος μετέχει δυνάμεως, συλληφθέντα δὲ καὶ οἷον ἑνωθέντα πρὸς ἄλληλα καὶ τὰς συλλαβὰς ἀποτελέσαντα δυνάμεις τέ τινας καὶ ποιότητας ἔχει· ἐπενόησαν δὲ ἄλλα τε σημεῖα, τόνους φημὶ καὶ πνεύματα καὶ τὰ λοιπά, ἃ δὴ καὶ προσῳδίας ὠνόμασαν, ὡς πρὸς τὴν ᾠδὴν καὶ τὴν ἐκφώνησιν τῶν συλλαβῶν συντελούσας· πρὸς τούτοις δὲ καὶ μακρᾶς μὲν σημεῖον τοδὶ —, τῆς δὲ βραχείας τουτὶ ∪, τῆς δὲ κοινῆς οὐδαμῶς· ἐκείνων γὰρ καὶ ὅρους ἔθεντο, ταύτης δὲ οὔ. καὶ τὰς αἰτίας αὐτοὶ λέγουσιν), ἐπενοήθη ἔμοιγε τῆς κοινῆς σημεῖον διὰ τὴν τῶν πολλῶν πλάνην· καὶ οἶμαι καλὸν ἂν δόξαι τοῖς εὖ φρονοῦσιν. ἐπενοήθη δὲ διπλοῦν τὸ

---

codicis. — 25 et seqq. non cohaerent cum antecedentibus nec fortasse scripta sunt a Thoma M. Omittit Laur. 31, 13: habet 31, 4. Dind. Omittit etiam Reg.

XVI.

7 Ἐπίγραμμα ἐπιτύμβιον εἰς τὸν Ἀριστοφάνην V., Diodori nomen omittens. Nihil inscriptum in Reg. — 1 Ἀριστοφάνης et κεύθει Reg. ἐμοῦ V. — 2 ἀρχαῖον (a pr. m ἀρχαίων) μνῆμα χοροστασίας Reg

XVII.

Praecedunt in Ald. excerpta quaedam de metris ex Hephaestione, quae ut inutilia omisi: repetii vero Tricliniana, quae tanquam prolegomena sunt scholiorum metricorum, de quibus in praefatione dixi. Eadem omnia exstant in codice Laurentiano plutei 31, 4, nulla cum memorabili scripturae diversitate. Dind.

σημεῖον, διὰ τὸ διπλῆν τινα καὶ ταύτην ἔχειν τὴν δύναμιν. ὅτε μὲν οὖν ἀντὶ βραχείας ὀφείλει λαμβάνεσθαι, σημεῖον ἐπενοήθη τοδὶ L, μακρὰ δηλονότι καταρχὰς ἄνω βλέπον τὸ τοῦ ἰῶτα στοιχείου σημεῖον ἔχουσα, ὅτε δ' ἀντὶ μακρᾶς, τοῦτο ἀντεστραμμένον οὑτωσὶ Ꞁ, μακρὰ δηλονότι ἐν τῷ τέλει κάτω νεῦον τὸ τοῦ ἰῶτα σημεῖον ἔχουσα. βέλτιον γὰρ ταῦτα τιθέναι καὶ διαγινώσκειν, ποία ἐστὶν ἡ κοινὴ, ἢ πλανωμένους τινὰς τὸ ποιεῖν γράφειν ποεῖν ἀμαθῶς· καὶ φύσει βραχὺ φωνῆεν, ἔχον δὲ ἐπαγόμενα δύο σύμφωνα, ὧν τὸ δεύτερον ἀμετάβολον ἀεὶ ἀντὶ μακροῦ λαμβάνειν, ἢ καὶ τὸ φύσει βραχὺ φωνῆεν, ὅταν εἰς μέρος λόγου καταλήγῃ, τὴν μακρὰν ἐπιτιθέντας ἀντὶ μακροῦ λαμβάνειν. ἄτοπον γὰρ οἶμαι τοῦτό γε. ταῦτά μοι πρὸς τοὺς συνετοὺς εἴρηται καὶ τῶν μέτρων ἔχοντας πεῖραν. εἰ δέ τινες εἶεν ὑπ' ἀμαθείας μεμφόμενοι, βραχὺς τούτων λόγος. οὐδὲ γὰρ οὐδ' οἱ πάλαι τὰ κάλλιστ' ἐπινενοηκότες ταῦτα τοῖς τοιούτοις ἐκδεδώκασιν, ἀλλὰ τοῖς συνετοῖς, βραχὺν λόγον τῶν μὴ συνετῶν ἔχοντες· ὡς καί πού τις ἔφη

Ἀείδω ξυνετοῖσι· θύρας δ' ἐπιθέσθε βέβηλοι.

ἐγὼ δὲ καὶ ἀδικεῖν ἂν φαίην τοὺς συνετοὺς ὃς ἂν ἐπινοήσας σοφόν τι τοῦτο λήθης βυθοῖς κατακρύψειε, δεδιὼς ἴσως τὴν ἐκ τῶν ἀσυνέτων μέμψιν. ἵν' οὖν μὴ καὶ αὐτὸς ἀδικεῖν δόξω τοὺς συνετοὺς, τὸ ἐπελθόν μοι κατὰ νοῦν τούτοις προὔθηκα, οὗτοι δ' ἂν εἰδεῖεν, εἰ καλῶς ἔχει ἢ μή· ἐπεὶ καὶ ἅ μοι περὶ τῶν χορικῶν μελῶν καὶ τῶν ἄλλων τῶν ἐν τοῖς δράμασι φερομένων εἰδῶν ἐπινενόηται θείᾳ τινὶ καὶ ἀπορρήτῳ ἐμπνεύσει, πλεῖστα πονησαμένῳ περί τε τούτων καὶ τῶν ἐν αὐτοῖς μέτρων, καὶ ταῦτ' ἐν τοῖς δράμασιν ἐξετέθη, ὡς ἂν οἱ ἐντυγχάνοντες ἔχοιεν διαγινώσκειν τάς τε στροφὰς καὶ ἀντιστροφὰς τῶν μελῶν καὶ τὰς ἐπῳδοὺς, καὶ τίνος ἐστὶν εἴδους καὶ μέτρου τῶν μελῶν ἕκαστον, καὶ μὴ μάτην τὰ τῶν χορῶν ὁρᾶν μέλη τοῖς ὀφθαλμοῖς, μηδὲν δὲ τούτων εἰδέναι, ὥσπερ τινὲς μὴ γραμμάτων ἔχοντες πεῖραν καὶ βιβλίον ἀνὰ χεῖρας ἀράμενοι βλέπουσι μὲν τύπους γραμμάτων, οὐδὲν δὲ τῶν ἐγκειμένων ἴσασιν.

ΑΧΑΡΝΗΣ.

ΥΠΟΘΕΣΕΙΣ.

I.

Ἐκκλησία ὑφέστηκεν Ἀθήνησιν ἐν τῷ φανερῷ, καθ' ἣν πολεμοποιοῦντας τοὺς ῥήτορας καὶ προφανῶς τὸν δῆμον ἐξαπατῶντας Δικαιόπολίς τις τῶν αὐτουργῶν ἐξελέγχων παρεισάγεται. τούτου δὲ διά τινος, Ἀμφιθέου καλουμένου, σπεισαμένου κατ' ἰδίαν τοῖς Λάκωσιν, Ἀχαρνικοὶ γέροντες πεπυσμένοι τὸ πρᾶγμα προσέρχονται διώκοντες ἐν χοροῦ σχήματι· καὶ μετὰ ταῦτα θύοντα τὸν Δικαιόπολιν ὁρῶντες, ὡς ἐσπεισμένον τοῖς πολεμιωτάτοις καταλεύσειν ὁρμῶσιν. ὁ δὲ ὑποσχόμενος ὑπὲρ ἐπιξήνου τὴν κεφαλὴν ἔχων ἀπολογήσεσθαι, ἐφ' ᾧτε, ἂν μὴ πείσῃ τὰ δίκαια λέγων, τὸν τράχηλον ἀποκοπήσεσθαι, ἐλθὼν ὡς Εὐριπίδην αἰτεῖ πτωχικὴν στολήν. καὶ στολισθεὶς τοῖς Τηλέφου ῥακώμασι παρῳδεῖ τὸν ἐκείνου λόγον, οὐκ ἀχαρίτως καθαπτόμενος Περικλέους περὶ τοῦ Μεγαρικοῦ ψηφίσματος. παροξυνθέντων δέ τινων ἐξ αὐτῶν ἐπὶ τῷ δοκεῖν συνηγορεῖν τοῖς πολεμίοις, εἶτα ἐπιφερομένων, ἐνισταμένων δὲ ἑτέρων ὡς τὰ δίκαια αὐτοῦ εἰρηκότος, ἐπιφανεὶς Λάμαχος θορυβεῖν πειρᾶται. εἶτα γενομένου διελκυσμοῦ κατενεχθεὶς ὁ χορὸς ἀπολύει τὸν Δικαιόπολιν καὶ πρὸς τοὺς δικαστὰς διαλέγεται περὶ τῆς τοῦ ποιητοῦ ἀρετῆς καὶ ἄλλων τινῶν. τοῦ δὲ Δικαιοπόλιδος ἄγοντος καθ' ἑαυτὸν εἰρήνην τὸ μὲν πρῶτον Μεγαρικός τις παιδία ἑαυτοῦ διεσκευασμένα εἰς χοιρίδια φέρων ἐν σάκκῳ πράσιμα παραγίνεται· μετὰ τοῦτον ἐκ Βοιωτῶν ἕτερος ἐγχέλεις τε καὶ παντοδαπῶν ὀρνίθων γόνον ἀνατιθέμενος εἰς τὴν ἀγοράν. οἷς ἐπιφανέντων τινῶν συκοφαντῶν συλλαβόμενός τινα ἐξ αὐτῶν ὁ Δικαιόπολις καὶ βαλὼν εἰς σάκκον, τοῦτον τῷ Βοιωτῷ ἀντίφορτον ἐξάγειν ἐκ τῶν Ἀθηνῶν παραδίδωσι, καὶ προσαγόντων αὐτῷ πλειόνων καὶ δεομένων μεταδοῦναι τῶν σπονδῶν, καθυπερηφανεῖ. παροικοῦντος δὲ αὐτῷ Λαμάχου, καὶ ἐνεστηκυίας τῆς τῶν Χοῶν ἑορτῆς, τοῦτον μὲν ἄγγελος παρὰ τῶν στρατηγῶν ἥκων κελεύει ἐξελθόντα μετὰ τῶν ὅπλων τὰς εἰσβολὰς τηρεῖν· τὸν δὲ Δικαιόπολιν παρὰ τοῦ Διονύσου τοῦ ἱερέως τις καλῶν ἐπὶ δεῖπνον ἔρχεται. καὶ μετ' ὀλίγον ὁ μὲν τραυματίας καὶ κακῶς ἀπαλλάττων ἐπανήκει, ὁ δὲ Δικαιόπολις δεδειπνηκὼς καὶ μεθ' ἑταίρας ἀναλύων. Τὸ δὲ δρᾶμα τῶν εὖ σφόδρα πεποιημένων, καὶ ἐκ παντὸς τρόπου τὴν εἰρήνην προκαλούμενον. ἐδιδάχθη ἐπὶ Εὐθυδήμου [l. Εὐθύνου] ἄρχοντος ἐν Ληναίοις διὰ Καλλιστράτου· καὶ πρῶτος ἦν· δεύτερος Κρατῖνος Χειμαζομένοις. οὐ σώζονται. τρίτος Εὔπολις Νουμηνίαις.

II.

ΑΡΙΣΤΟΦΑΝΟΥΣ

ΓΡΑΜΜΑΤΙΚΟΥ.

Ἐκκλησίας οὔσης παραγίνονταί τινες
πρέσβεις παρὰ Περσῶν καὶ παρὰ Σιτάλκους πάλιν,
οἱ μὲν στρατιὰν ἄγοντες, οἱ δὲ χρυσίον·
παρὰ τῶν Λακεδαιμονίων δὲ μετὰ τούτους τινὲς
σπονδὰς φέροντες, οὓς Ἀχαρνεῖς οὐδαμῶς
εἴασαν, ἀλλ' ἐξέβαλον, ὧν καθάπτεται
σκληρῶς ὁ ποιητής. (αὐτὸ τὸ ψήφισμά τε
Μεγαρικὸν ἱκανῶς φησί, καὶ τὸν Περικλέα
οὐκ τῶν Λακώνων τῶνδε πάντων αἴτιον,
σπονδὰς λύσιν τε τῶν ἐφεστώτων κακῶν.)

SCHOLIA IN ACHARNENSES.

(Ἡ εἴσθεσις τοῦ δράματος ἄρχεται ἐκ συστηματικῆς περιόδου καὶ ἑξῆς ἐκ προσώπων ἀμοιβαίων. οἱ δὲ στίχοι εἰσὶν ἰαμβικοὶ τρίμετροι ἀκατάληκτοι σα', ὧν τελευταῖος, Ἐγὼ δὲ φεύξομαί γε τοὺς Ἀχαρνέας. ὁ μέντοι μγ' κομμάτιον ἀπ' ἐλάσσονος καὶ ρκα' πενθημιμερής. ὁ δὲ ξ' ἐφθημιμερής. ἐξαιρείσθωσαν καὶ αἱ παρεπιγραφαί. ἐπὶ ταῖς ἀποθέσεσι παράγραφος. ἐπὶ δὲ τῷ τέλει τῶν στίχων κορωνίς.)

1. Ὅσα δὴ δέδηγμαι : Θαυμαστικὸν τὸ ὅσα, ἀντὶ τοῦ πολλά. ὁ δὲ δή συμπαραπληρωματικὸς αὔξησιν δηλοῖ. (ἐχρήσατο δὲ αὐτῷ καὶ Θουκυδίδης ἐν τῷ προοιμίῳ [I, 1] « κίνησις γὰρ αὕτη δὴ μεγίστη. ») δύναται δὲ λείπειν ἡ κατά πρόθεσις, ἵν' ᾖ, κατὰ τὴν ἐμαυτοῦ καρδίαν· ὃ καὶ βέλτιον. μεταφέρει δὲ ἀπὸ τοῦ βίου ἐπὶ τὴν καρδίαν. ἀντὶ γὰρ τοῦ εἰπεῖν κατὰ τὴν ἐμαυτοῦ ζωήν, κατὰ τὴν ἐμαυτοῦ καρδίαν φησί. δέδηγμαι δὲ ἀντὶ τοῦ ἠνίαμαι, λελύπημαι. καὶ Ὅμηρος [Il. Ε, 493] « δάκε δὲ φρένας Ἕκτορι μῦθος. » καὶ θυμοδακὴς μῦθος. Ἄλλως. καλῶς ἔφη, δέδηγμαι τὴν καρδίαν, παρόσον περὶ τὴν καρδίαν συνίσταται τὰ

τοῦ θυμοῦ καὶ τὰ τῆς ἡδονῆς· ὡς καὶ παρ' Ὁμήρῳ Ὀδυσσεὺς θυμούμενος κατὰ τῶν μνηστήρων [Od. Υ, 17]

στῆθος δὲ πλήξας, κραδίην ἠνίπαπε μύθῳ·
τέτλαθι δὴ κραδίη,

φάσκων. — δέδηγμαι τὴν : Κατὰ τήν. *Vict.*

3. (ψαμμακοσιογάργαρα : Οἷον πολλὰ καὶ ἀναρίθμητα. τὸ γὰρ ψαμμακόσια καθ' ἑαυτὸ ἐπὶ πλήθους ἐτίθετο. παρὰ μὲν Εὐπόλιδι ἐν Χρυσῷ γένει οὕτως « ἀριθμεῖν θεατὰς ψαμμακοσίους. » παρὰ τὸ ἑξακοσίους ἢ ἑπτακοσίους, ἀπὸ τῆς ψάμμου ἀριθμητικῶς γεγενημένον. καὶ τὰ γάργαρα δὲ ἐπὶ πλήθους ἐτίθετο· ὡς ἐν Λημνίαις

ἀνδρῶν ἐπακτῶν πᾶσ' ἐγάργαιρ' ἑστία.

καὶ παρὰ Ἀριστομένει ἐν Βοηθοῖς « ἔνδον γὰρ ἡμῖν γάργαρα. » καὶ παρὰ Σώφρονι « ἁ δὲ οἰκία τῶν ἀργυρωμάτων γάργαιρε. » καὶ ἐν τῇ τραγῳδίᾳ « χρημάτων τε γάργαρα. » θέλουσι δέ τινες καὶ τὸ παρὰ τῷ ποιητῇ [Il. Υ, 157] « κάρκαιρε δὲ γαῖα πόδεσσι » τὴν πολλὴν κίνησιν τῶν ποδῶν σημαίνειν, οἷον γάργαιρε, καὶ τὸν καρκίνον δὲ οὕτως ὀνομάζεσθαι διὰ τὸ πλῆθος τῶν ποδῶν. Ἄλλως.) ἀπὸ δύο λέξεων τὸ σύνθετον ἐγένετο δηλουσῶν πολλά. σύγκειται γὰρ ἀπὸ τοῦ τῆς ψάμμου τὸν ἀριθμὸν εἰδέναι. ὁ γὰρ Πύθιος [ἡ Πυθίη, Herodot. I, 47] νεανιεύεται τῆς ψάμμου τὸν ἀριθμὸν εἰδέναι αὐχῶν ἐν οἷς λέγει

οἶδα δ' ἐγὼ ψάμμου τ' ἀριθμὸν καὶ μέτρα θαλάσσης.

(καὶ Εὔπολις ἐπεσημήνατο τὴν λέξιν εἰπὼν « ἀριθμεῖν θεατὰς ψαμμακοσίους. ») δύναται δὲ ἐγκεῖσθαι τῇ λέξει τὰ κόσια, ἥτις ἐστὶ κατάληξις τῶν μετὰ τὸν ἑκατὸν ἀριθμῶν μέχρι τῶν χιλίων· ὃς πλήθους ἐστὶ πολλοῦ σημαντικὸς, οἷον διακόσια, τριακόσια, καὶ τὰ ἑξῆς. τὸ δὲ γάργαρα καὶ αὐτὸ ἐπὶ πλήθους λαμβάνεται διὰ τὴν συγγένειαν τοῦ γ τὴν πρὸς τὸ κ. (εἴρηται δὲ ἀντὶ τοῦ ἄφατα καὶ ἀναρίθμητα. τὸ δὲ κάρκαιρε παρὰ τῷ ποιητῇ ἐστὶ « κάρκαιρε δὲ γαῖα πόδεσσι. » μέμνηται δὲ καὶ Κρατῖνος

ἀνδρῶν ἀρίστων πᾶσα γαργαίρει πόλις.

οἷον πλήθει.)

4. ἄξιον χαιρηδόνος : Ἀντὶ τοῦ χαρᾶς. (τῷ τόνῳ δὲ ὡς ἀλγηδόνος.) ὡς γὰρ ἀπὸ τοῦ ἀλγήσω μέλλοντος ἀλγηδὼν ἀλγηδόνος, οὕτω καὶ ἀπὸ τοῦ χαιρήσω χαιρηδὼν χαιρηδόνος.

5. (τὸ κέαρ ηὐφράνθην : Σαφῶς Ἀριστοφάνης τὴν καρδίαν εἶπε κέαρ. ἄνω γὰρ εἰπὼν

ὅσα δὴ δέδηγμαι τὴν ἐμαυτοῦ καρδίαν·

νῦν φησιν « ἐφ' ᾧ τὸ κέαρ εὐφράνθην. »)

6. τοῖς πέντε ταλάντοις : Ἀπλήστως ἀλλότρια καταφαγὼν ἐξήμεσαν αὐτά. (ἀντὶ τοῦ κλέψας καὶ καταπιὼν ἀπέδωκεν.) ἐζημιώθη γὰρ ὁ Κλέων πέντε τάλαντα διὰ τὸ ὑβρίζειν τοὺς ἱππέας. Παρὰ τῶν νησιωτῶν ἔλαβε πέντε τάλαντα ὁ Κλέων, ἵνα πείσῃ τοὺς Ἀθηναίους κουφίσαι αὐτοὺς τῆς εἰσφορᾶς. αἰσθόμενοι δὲ οἱ ἱππεῖς ἀντέλεγον καὶ ἀπῄτησαν αὐτόν. μέμνηται Θεόπομπος.

7. ταῦθ' ὡς ἐγανώθην : Ἀντὶ τοῦ ἐχάρην, ἐφαιδρύνθην. ἀπὸ τοῦ γάνυμαι. Ὅμηρος [Il. N, 493] « γάνυται δέ τε φρένα ποιμήν. » ἀπὸ μεταφορᾶς τῶν λαμπρυνομένων χαλκωμάτων.

8. (ἄξιον γὰρ Ἑλλάδι : Τοῦτο παρῳδία καλεῖται, ὅτ' ἂν ἐκ τραγῳδίας μετενεχθῇ. ἔστι δὲ τὸ ἡμιστίχιον ἐκ Τηλέφου Εὐριπίδου, ἔχον οὕτως,

κακῶς ὄλοιτ' ἄν· ἄξιον γὰρ Ἑλλάδι.

εἰς τὸ δρᾶμα οὖν τῶν ἱππέων ἀποτείνεται. διὰ τούτου γὰρ φαίνεται καταδικασθεὶς ὁ Κλέων τάλαντα ε'.) ἄξιον οὖν φησιν Ἑλλάδος τὸ καταδικασθῆναι τὸν Κλέωνα.

9. τραγῳδικόν : (Ἀντὶ τοῦ ἐμπαθές.) ἐπείπερ καὶ ἡ τραγῳδία ἐμπαθῶν πραγμάτων ἀπαγγελτική. (ἢ ἐπεὶ περὶ τραγῳδιῶν μέλλει λέγειν.)

10. ὅτε δὴ κεχήνη : Ἡ συναίρεσις τοῦ κεχήνη Ἀττική. τὸ γὰρ ε καὶ α εἰς η συναιροῦσιν. Εἰς τὸ αὐτό. συναλοιφῆ, ἀντὶ τοῦ κεχήνεα. ἔστι δὲ τὸ κεχήνη Ἰακόν. οἱ γὰρ Ἴωνες ἀπὸ τοῦ αὐτοῦ συμφώνου ἄρχονται. οἱ δὲ σφόδρα προσέχοντές τινι κεχήνασι. δύναται δὲ εἶναι κατὰ μεταφορὰν τῶν ὀρνίθων τῶν ἔτι νεοττῶν τὴν τροφὴν προσδεχομένων καὶ κεχηνότων. (οἷον τροφή μοι ἦν τῶν Αἰσχύλου τραγῳδιῶν ἀκοῦσαι.)

προσδοκῶν τὸν Αἰσχύλον : Ἀντὶ τοῦ Αἰσχύλου τραγῳδίας, ὥσπερ καὶ ἡμεῖς ἔχοντες τὰ Αἰσχύλου Αἰσχύλον λέγομεν ἔχειν. (οὐ γὰρ ἔζη κατ' ἐκεῖνον τὸν χρόνον. ἐτελεύτησε γὰρ ἐπὶ ἄρχοντος Καλλίου τοῦ μετὰ Μνησίθεον τούτων π ότερον ἐνιαυτῷ λ'.) τιμῆς δὲ μεγίστης ἔτυχε παρὰ Ἀθηναίοις ὁ Αἰσχύλος, καὶ μόνου αὐτοῦ τὰ δράματα ψηφίσματι κοινῷ καὶ μετὰ θάνατον ἐδιδάσκετο.

11. ὁ δ' ἀνεῖπ' εἴσαγε : Ἀνηγόρευσεν. ὁ κῆρυξ δὲ δηλονότι. Θέογνις δὲ οὗτος τραγῳδίας ποιητὴς πάνυ ψυχρὸς, ἐκ τῶν τριάκοντα, ὃς καὶ Χιὼν ἐλέγετο.

12. πῶς τοῦτ' ἔσεισέ μου : εὔσειστον οὖσαν τῇ φύσει, μᾶλλον ἐπέσεισε. (κέχρηται δὲ τῇ ὑπερβολῇ τῇ ἐπὶ τῆς καρδίας καὶ Θουκυδίδης τὸ ὄνομα φράζων.)

13. ἡνίκ' ἐπὶ Μόσχῳ ποτέ : Ἀντὶ τοῦ μετὰ τὸν Μόσχον. ἦν δὲ οὗτος φαῦλος κιθαρῳδὸς, πολλὰ ἀπνευστὶ ᾄδων. (Εἰς τὸ αὐτό. ὁ Μόσχος κιθαρῳδὸς Ἀκραγαντῖνος. τινὲς οὕτως, ὅτι ὁ νικήσας ἆθλον ἐλάμβανε μόσχον. τὸ δὲ Βοιώτιον μέλος οὕτω καλούμενον, ὅπερ εὗρε Τέρπανδρος, ὥσπερ καὶ τὸ Φρύγιον.) ὁ δὲ Δεξίθεος ἄριστος κιθαρῳδὸς καὶ Πυθιονίκης. οἱ δὲ ψυχρὸν αὐτὸν εἶναί φασιν.

15. τῆτες δ' ἀπέθανον : Ἐπὶ ἔτος, ὅπερ οἱ Δωριεῖς τᾶτες λέγουσιν. Εἰς τὸ αὐτό. ἀντὶ τοῦ ἐπ' ἔτος. οἱ Δωριεῖς δὲ διὰ τοῦ δ λέγουσι τῆδες.

16. ὅτε δὴ παρέκυψε Χαῖρις : (Καλῶς τὸ παρέκυψεν.) ὁ δὲ Χαῖρις οὗτος κιθαρῳδὸς καὶ αὐλῳδὸς φαῦλος. ὁ δὲ ὄρθιος αὐλητικὸς νόμος, οὕτω καλούμενος διὰ τὸ εἶναι εὔτονος καὶ ἀνάτασιν ἔχειν, ὡς δηλοῖ καὶ Ὅμηρος [Il. Δ, 10]

ἔνθα στᾶσ' ἤϋσε θεὰ μέγα τε δεινόν τε
ὄρθι'· Ἀχαιοῖσι δὲ μέγα σθένος ἔμβαλ' ἑκάστῳ.

17. ἐξότου 'γὼ ῥύπτομαι : Ἀντὶ τοῦ σμήχομαι, τουτέστι ζῶ, μεταφορικῶς. τῷ γὰρ ζῶντι ἕπεται τὸ ῥύπτεσθαι. (ῥύμματα γὰρ τὰ σμήγματα. καὶ Ὅμηρος [Il. Ξ, 171] « ῥύμματα πάντα κάθηρεν. » ῥύπτεσθαι οὖν τὸ σμᾶσθαι, παρεμπτώσει τοῦ τ, τὸ ῥύπον ἀφαιρεῖσθαι. ὁ δὲ ῥύπος κατὰ ἀφαίρεσιν τοῦ χ, χρύπος, ὁ τῷ χρωτὶ ὑπὼν σπίλος.)

18. ὑπὸ κονίας : Παρ' ὑπόνοιαν. δέον γὰρ εἰπεῖν, (ὑπὸ λύπης τὴν καρδίαν, ὡς καὶ ἐν ἀρχῇ ἔφη, ὑπὸ κονίας τὰς ὀφρῦς εἶπεν,) ὅτι καὶ οἱ κονίαν (ἤτοι ἄσβεστον) σμώμενοι δάκνονται τὴν ὀφρῦν. (Ἄλλως. ὑπερβατόν.

ἀλλ' οὐδεπώποτ' ἐξότου 'γὼ ῥύπτομαι,
οὕτως ἐδήχθην ὑπὸ κονίας τὰς ὀφρῦς.)

19. κυρίας ἐκκλησίας : Ἐν ᾗ ἐκύρουν τὰ ψηφίσματα. εἰσὶ δὲ νόμιμοι ἐκκλησίαι αἱ λεγόμεναι κύριαι τρεῖς τοῦ μηνὸς Ἀθήνησιν, ἡ πρώτη καὶ ἡ δεκάτη καὶ ἡ τριακάς. εἰσὶ δὲ καὶ πρόσκλητοι συναγόμεναι κατά τινα ἐπείγοντα πράγματα. αἱ μὲν οὖν νόμιμοι καὶ ὡρισμέναι ἐκκλησίαι κύριαι λέγονται, ὡς ἔφαμεν, αἱ δὲ πρὸς τὸ κατεπεῖγον συναγόμεναι σύγκλητοι.

20. ἡ πνὺξ αὑτηί : Ἡ ἐκκλησία· παρὰ τὴν τῶν λίθων πυκνότητα. (ἢ ἀπὸ τοῦ πυκνοῦσθαι τοὺς ἄνδρας ἐν τῇ ἐκκλησίᾳ, ὡς αὐτὸς ἐν Σφηξὶν [31] « ἔδοξέ μοι παραποιῶν τὴν ὥραν ἐν τῇ πυκνί. »)

21. οἱ δ' ἐν ἀγορᾷ λαλοῦσι : Διάφορα δηλοῖ ἡ λέξις. νῦν δὲ τὴν ἐκκλησίαν, ὅθεν ὁ Νέστωρ ἀγορητής· καὶ τὸν τόπον ἔνθα πιπράσκεται τὰ ὤνια, καὶ αὐτὰ τὰ ὤνια σημαίνει.

22. τὸ σχοινίον φεύγουσιν : (Ὑπὲρ τοῦ ἐξ ἀνάγκης αὐτοὺς εἰς τὰς ἐκκλησίας συνιέναι τοῦτο ἐμηχανῶντο καὶ πολλὰ ἄλλα. ἀνεπετάννυσαν γὰρ τὰ γέρρα καὶ ἀπέκλειον τὰς ὁδοὺς τὰς μὴ φερούσας εἰς τὴν ἐκκλησίαν καὶ τὰ ὤνια ἀνῄρουν ἐν ταῖς ἀγοραῖς, ὅπως μὴ περὶ ταῦτα διατρίβοιεν· ἔτι μὴν καὶ) μεμιλτωμένῳ σχοινίῳ περιβάλλοντες αὐτοὺς συνήλαυνον εἰς τὴν ἐκκλησίαν. τοῦτο δὲ ἐποίουν ὑπὲρ τοῦ μὴ βραδῦναι. ὅσοι γὰρ ἐχρίοντο ζημίαν ἐξέτινον. (Ἄλλως. ἐπεὶ ὀκνηρῶς εἶχον οἱ Ἀθηναῖοι πρὸς τὰς συνόδους, εἰώθασιν ὑπηρέται δύο μεμιλτωμένον [τουτέστι μίλτῳ ἤτοι βάμματι κοκκίνῳ] σχοινίον ἐκτείνοντες διὰ τῆς ἀγορᾶς διώκειν τὸν ὄχλον εἰς τὴν ἐκκλησίαν, ὥς φησι Πλάτων ὁ κωμικός. ὅσοι δὲ ἐχρίοντο ἐξέτινον ζημίαν.)

23. ἀλλ' ἀωρίαν ἥκοντες : (Ἀντὶ τοῦ) ἀωρίᾳ (καὶ μεθ' ἡμέραν καὶ ἐπὶ τοιούτῳ. ὁ δὲ νοῦς,) ἀκαίρως καὶ παρὰ τὸν (δέοντα) καιρόν. ἄωρα γὰρ τὰ παρὰ καιρὸν τρυγώμενα.

24. ὠστιοῦνται : Διωθήσονται. ἀπὸ ἐνεστῶτος τοῦ ὠστίζω. ὁ δὲ λόγος ὡς πρός τινα ἐστὶ λεγόμενος, ὡς καὶ Ὅμηρος [Il. O, 697] « φαίης κ' ἀκμῆτας καὶ ἀτειρέας. » (καὶ [Il. Δ, 223] « ἔνθ' οὐκ ἂν βρίζοντα ἴδοις. »)

25. ἐλθόντες ἀλλήλοισι περὶ πρώτου : Περὶ τῆς προεδρίας. ὡς ξυλίνων οὐσῶν τῶν καθεδρῶν. (ὅτι δὲ ἐκ λίθων, πανταχόθεν δῆλον, ὅταν λέγῃ [Eq. 754, 783], ἐπὶ τῆς πέτρας κάθηνται.)

26. ἄθροοι καταρρέοντες : (Ἀντὶ τοῦ ὁμοῦ. προπαροξύνειν δὲ δεῖ τὸ ὄνομα καὶ δασύνειν τὴν πρώτην συλλαβὴν Ἀττικῶς. καταρρέοντες δὲ) ἀντὶ τοῦ ἀθρόως ἐπερχόμενοι. ἡ μεταφορὰ ἀπὸ τῶν ποταμίων ῥευμάτων. καὶ Ὅμηρος [Il. Λ, 724] « τὰ δ' ἐπέρρεεν ἔθνεα πεζῶν. »

29. (νοστῶν κάθημαι : Ἁπλῶς ἐπὶ τοῦ ἐρχόμενος καὶ ἐπανερχόμενος.)

30. στένω, κέχηνα : (Πάλιν τὸ κέχηνα ἐν ἴσῳ τῷ προσδέχομαι, ἢ δέομαι τῆς εἰρήνης· ὥσπερ οἱ νεοσσοὶ κεχήνασι δεόμενοι τῆς τροφῆς. τὸ δὲ σκορδινῶμαι ἀντὶ τοῦ κλῶμαι καὶ σπασμῷ συνέχομαι. οἱ γὰρ ἀπὸ πληθώρας σκορόδων ἐμοῦντες διὰ τὴν δριμύτητα μᾶλλον σπῶνται. τὸ δὲ ἐμεῖν καὶ τὸ ὁπωσοῦν κενοῦσθαι. σκορδινᾶσθαί φασι) κυρίως ἐπὶ τῶν κυνῶν τῶν ἐξ ὕπνου ἀνισταμένων, ὅταν τὰ μέλη καὶ ὅλους αὐτοὺς διατείνωσι. σκορδινᾶσθαι οὖν ἐστι τὸ ἀνακλᾶσθαι μετὰ χάσμης. γίνεται δὲ ἀπὸ ἀλογίας τὸ τοιοῦτον.

31. γράφω, παρατίλλομαι : (Γράφω μέν, καταγράφω, ἢ) ζωγραφῶ ἐπὶ τῆς γῆς, ξύων τῷ δακτύλῳ (ἤ τινι τοιούτῳ παιδιάς τινας.) παρατίλλομαι δέ, τὰς ἐκ τῶν μυκτήρων τίλλω τρίχας, ἢ τῶν μασχαλῶν. ταῦτα δὲ ποιοῦσιν οἱ προσδεχόμενοι μέν τι καὶ τὸν χρόνον δαπανῶντες ὑπὸ ἀδημονίας (Ald. εἰς ἀπορίαν καὶ ἀμηχανίαν, μὴ τυγχάνοντες τοῦ προσδοκωμένου λογισμοῦ. ὅτε γὰρ αὐτοὶ ἐφ' ἑαυτῶν διατίθενται, ἀλύοντες ἐπὶ γῆς διαγράφουσιν).

32. ἀποβλέπων εἰς τὸν ἀγρόν : Οἱ γὰρ (πολιορκούμενοι καὶ) πολεμούμενοι ἀεὶ εἰς τὸν ἀγρὸν ἀποβλέπουσιν (ἐπιθυμοῦντες ἐν αὐτῷ εἶναι).

33. (στυγῶν μὲν ἄστυ : Ὁ στίχος ἐκ τραγῳδίας.)

34. ἄνθρακας πρίω : Τοῦτο Ἀχαρνέων ἴδιον. οὗτοι δὲ πολυάνθρακες καὶ οὐ δεόμενοι παρ' ἄλλων πρίασθαι.

35. οὐδ' ᾔδει πρίω : Οὐδὲ ἐγίνωσκε τὸ πρίω ῥῆμα. οὐ γὰρ ἐδεῖτο ἀγοράσαι ἔχων οἴκοι.

36. χὼ πρίων ἀπῆν : τοῦτο παιδιὰ καλεῖται. ἀπὸ γὰρ τοῦ πρίω ῥήματος ὄνομα τὸ πρίων. R.

37. ἀτεχνῶς : ἀφελῶς. R.

38. ὑποκρούειν : Βοᾶν, ἀντιφθέγγεσθαι, ἀντιλέγειν ἁπλῶς καὶ ὡς ἔτυχε. τὸ δὲ ὑποκρούειν ἐπὶ τῶν θορυβούντων λέγεται, (ὅπερ ἡμεῖς φαμὲν ἐκκρούειν καὶ κωλύειν. τὸ δὲ λοιδορεῖν, ἄμφω ῥητέον, καὶ λοιδορεῖν καὶ λοιδορεῖσθαι.)

40. οὑτοιί : Δεικτικῶς. (μεσημβρινοὶ δέ,) οὐκ ὀρθρίσαντες.

42. ὠστίζεται : συνωθεῖ, συνθλίβεται. R. θλίβεται. *Vict.*

44. ὡς ἂν ἐντὸς ἦτε : Εἰώθασιν οἱ Ἀθηναῖοι θύειν δέλφακα καὶ ῥαίνειν τὰς καθέδρας τῷ αἵματι αὐτοῦ εἰς τιμὴν τῆς Δήμητρος, ἐπειδὴ τοὺς καρποὺς αὐτῆς βλά-

πτει. Ἄλλως, ὅτι καθαίρονται οἱ ἐν τῇ ἐκκλησίᾳ χοίρου σφαζομένου καὶ ὁ ῥήτωρ μαρτυρεῖ [Æschin. p. 4, 10] « (ἐπειδὰν τὸ καθάρσιον περιενεχθῇ, καὶ ὁ κῆρυξ « τὰς πατρίους εὐχὰς εὔξηται, τότε δὴ κελεύει δημηγο- « ρεῖν. ») τὸ δὲ θυόμενον χοιρίδιον ἐπὶ καθάρσει τῶν τόπων κάθαρμα ἐκαλεῖτο, ὁ δὲ περικαθαίρων καθαρτής. (Καὶ παρὰ μὲν τοῖς κωμικοῖς κάθαρμα καλεῖται. Αἰσχίνης δὲ ἐν τῷ κατὰ Τιμάρχου [l. c.] καθάρσιον καλεῖ.)

47. ὁ γὰρ Ἀμφίθεος Δήμητρος ἦν : Ἱερεὺς Δήμητρος καὶ Τριπτολέμου ὁ Ἀμφίθεος. πέπαικται κωμικῶς ταῦτα. Κελεοῦ γὰρ Τριπτόλεμος. ταῦτα δὲ λέγει ἐν παιδιᾷ, σκώπτων τὸν Εὐριπίδην, ἀεὶ ἡδέως ἀπαγγέλλοντα τὰ γένη (ἐν ἄλλοις τε καὶ καταρχὰς τῆς ἐν Ταύροις Ἰφιγενείας·

Πέλοψ ὁ Ταντάλειος εἰς Πῖσαν μολὼν
θοαῖσιν ἵπποις Οἰνομάου γαμεῖ κόρην·
ἐξ ἧς Ἀτρεὺς ἔβλαστεν· Ἀτρέως δὲ παῖς
Μενέλαος Ἀγαμέμνων τε. τοῦ δ' ἔφυν ἐγώ.

τοῦ δὲ Κελεοῦ μέμνηται Βακχυλίδης διὰ τῶν Ὕμνων. Ἄλλως.) τὸν πρόπαππον ἑαυτοῦ λέγει, ὃς Ἀμφίθεος ὁμωνύμως ἐκαλεῖτο.

49. τήθην ἐμήν : Τήθας ἐκάλουν τὰς μάμμας, (καὶ τηθελὰς τὰς μαμμοθρέπτους).

52. σπονδὰς ποιεῖσθαι : Οὗτος γὰρ ὁ σκοπὸς τοῦ δράματος, ὥστε σπονδὰς ποιῆσαι πρὸς Λακεδαιμονίους.

53. ἐφόδι' οὐκ ἔχω : Ὅτι ἐκ τοῦ πολέμου πένης εἰμὶ (καὶ ἐφόδια οὐκ ἔχω).

διὸ εἰρήνης ἐπιθυμῶ. R. *Vict.*

54. οἱ τοξόται : Τοῦτό φησιν εἷς τῶν πρυτάνεων, κελεύων ἐκβαλεῖν τὸν Ἀμφίθεον ὡς ὑβριστήν. (Ἄλλως. τοῦτο ἐκ τῶν πρυτάνεων τίς φησι, κελεύων ἀπελαύνειν τὸν Ἀμφίθεον. εἰσὶ δὲ οἱ τοξόται δημόσιοι ὑπηρέται, φύλακες τοῦ ἄστεος, τὸν ἀριθμὸν χίλιοι, οἵτινες πρότερον μὲν ᾤκουν τὴν ἀγορὰν μέσην σκηνοποιησάμενοι, ὕστερον δὲ μετέβησαν εἰς Ἄρειον πάγον. ἐκαλοῦντο οὗτοι καὶ Σκύθαι καὶ Πευσίνιοι, Πευσῖνος τινὸς τῶν πάλαι πολιτευομένων συντάξαντος τὰ περὶ αὐτούς.)

55. ὦ Τριπτόλεμε : Τοὺς ἑαυτοῦ προγόνους ἐπικούρους ὥσπερ καὶ συμμάχους ἐπικαλεῖται. Ἀπάγοντες δὲ, ἀπωθοῦντες, ἀπελαύνοντες.

58. καὶ κρεμάσαι : Ἐν γὰρ τῇ εἰρήνῃ κρέμανται αἱ ἀσπίδες.

60. ἢν μὴ περὶ εἰρήνης πρυτανεύσητε : (Ἀντὶ τοῦ χρηματίσητε,) σκέψησθε, πράξητε. πάντα γὰρ ἀπὸ τῶν πρυτάνεων διεπράττετο. (ἐχρήσατο δὲ τῇ λέξει καὶ Δημοσθένης [p. 191, 15].)

61. οἱ παρὰ βασιλέως : οὕτως ὁ Περσῶν βασιλεὺς κατ' ἐξοχήν. τοὺς δὲ ἄλλους ἔλεγον, προστιθέντες τῶν ἀρχομένων τὰ ὀνόματα, οἷον βασιλεὺς Λακεδαιμονίων, βασιλεὺς Μακεδόνων. (διαφορὰ δέ ἐστι βασιλέως καὶ τυράννου. βασιλεὺς μὲν γὰρ ἐκ προγόνων κατὰ διαδοχὴν ἔχει τὴν ἀρχὴν ἐπὶ ῥητοῖς λαβὼν γέρασι. τύραννος δὲ τὸ ἄρχειν βιαίως σφετερίζεται. χρῶνται δὲ ἀδιαφόρως ἔνιοι τοῖς ὀνόμασι. Ἱέρωνα μὲν βασιλέα Πίνδαρος [Ol. I, 34] καλεῖ, τὸν Συρακουσίων τύραννον. Εὔπολις δὲ ἐν Δήμοις εἰσάγει τὸν Πεισίστρατον βασιλέα. ἀλλὰ καὶ τοὺς βασιλεῖς πολλάκις τυράννους λέγουσι. πρέσβεις δὲ οὗτοι εἰσὶν οἱ περὶ τὸν Μόρυχον ἐμπλησθέντες τρυφῆς.)

63. καὶ τοῖς ταῶσι : Τοῖς κόλποις τοῖς πεποικιλμένοις· ἐπεὶ ὁ ταὼς ποικίλος. (ἢ ὅτι πορφύρας ἔχουσι καὶ τιάρας, ὡς αὐτός φησι. τιάραι δέ εἰσι περικεφαλαῖαι Περσικαὶ ταῶνος πτερὰ ἔχουσαι.) ἢ ὅτι ἥκοντες ἀπὸ Περσίδος ταὼς ἔχοντες ἐληλύθασιν.

64. ὦ 'κβάτανα : Ἐξίασι γὰρ οἱ πρέσβεις κεκαλλωπισμένοι (ὡς ἀπὸ Ἐκβατάνων), ἥτις ἐστὶ Περσικὴ πόλις.

66. ἐπέμψαθ' ἡμᾶς : Διὰ τούτων παρίστησι τὴν τῶν Ἀθηναίων μαλακίαν, ἄλλως ἀναλισκόντων τοὺς χρόνους ἕνεκα κέρδους. Πρὸ δώδεκα ἐτῶν ἦρχεν ὁ Εὐθυμένης Ἀθήνησι. καθάπτεται γὰρ τῶν πρεσβευτῶν ὡς ἐπίτηδες χρονοτριβούντων ἐν ταῖς πρεσβείαις, ὑπὲρ τοῦ πλείονα μισθὸν λαμβάνειν.

67. ἐπ' Εὐθυμένους ἄρχοντος : Οὗτος ὁ ἄρχων, ἐφ' οὗ κατελύθη τὸ ψήφισμα τὸ περὶ τοῦ μὴ κωμῳδεῖν, γραφὲν ἐπὶ Μορυχίδου. ἴσχυσε δὲ (ἐκεῖνόν τε τὸν ἐνιαυτὸν καὶ δύο τοὺς ἑξῆς) ἐπὶ Γλαυκίνου τε καὶ Θεοδώρου, μεθ' οὓς ἐπ' Εὐθυμένους κατελύθη.

68. διὰ τῶν Καϋστρίων : Καΰστριος ποταμὸς τῆς Λυδίας περὶ Μίλητον, πλησίον Λυδίας, παρ' ᾧ καὶ ὁ Ἄσιος λειμών. ἔνθα καὶ χῆνες εἰσὶ πολλοὶ διαιτώμενοι. καὶ Ὅμηρος [Il. B, 460]

χηνῶν, ἢ γεράνων, (ἢ κύκνων δουλιχοδείρων,
Ἀσίῳ ἐν λειμῶνι, Καϋστρίου ἀμφὶ ῥέεθρα.

γενικὴ δέ ἐστι τὸ Ἀσίω.)

69. ἐσκηνημένοι : Κέκλιται τὸ ῥῆμα ἀπὸ τῆς πρώτης τῶν περισπωμένων. εἰ γὰρ ἦν ἀπὸ τῆς τρίτης, ἦν ἂν διὰ τοῦ ω, ὡς κεχρυσωμένοι.

71. σφόδρα γὰρ ἐσωζόμην : Ἐκ τοῦ ἐναντίου ἀπήντησεν ἀγανακτῶν. εἰ γὰρ ὑμεῖς ἀπόλλυσθε οὕτω διάγοντες, ἐσωζόμην ἄρα ἐγὼ πολιορκούμενος ὑπὸ Λακεδαιμονίων, κατακείμενος καὶ καθεύδων ἐν τῷ τείχει ἐπὶ φρυγάνων καὶ καλάμης καὶ συρφετῶν. τὸ οὖν ἐσωζόμην ἐν εἰρωνείᾳ λέγει.

72. ἔπαλξιν : Προμαχῶνα τῶν τειχῶν. φορυτῷ : Φορυτὸς, φρύγανα ἄχυρα, καὶ ἀπὸ γῆς αἰρόμενος ὑπὸ ἀνέμου χόρτος. *Vict.* φορυτὸς ψιαθῶδές τι πλέγμα, ἐν ᾧ τοὺς στάχυας ἐμβάλλουσιν. ἢ φορυτῷ τῇ ἐκ φρυγάνων στρωμνῇ. (74) χρυσίδων, χρυσῶν φιαλῶν. R.

73. (ξενιζόμενοι δέ : Προτρεπόμενοι εἰς τὰ ξένα βρώματα τοῦ βασιλέως τῶν Περσῶν.)

75. ὦ Κραναὰ πόλις : (Τοῦτο τέτριπται ὑπὸ τῶν παλαιῶν. καὶ Αἰσχύλος γὰρ καὶ Σοφοκλῆς ἐχρήσαντο τῇ λέξει.) λέγει δὲ Κραναὰς τὰς Ἀθήνας, ἤτοι τὰς τραχείας

(λεπτόγεως γὰρ ἡ Ἀττική·) ἢ ἀπὸ Κραναοῦ τινός, (ὃς ἦν τῶν αὐτοχθόνων εἷς).

77. οἱ βάρβαροι γὰρ ἄνδρας : Ἄνδρας νῦν ἀντὶ τοῦ ἀνδρείους καὶ γεννάδας.

78. (καταφαγεῖν : Ἐμφαντικῶς ἡ κατά ὥσπερ καὶ τὸ ἐμφαγεῖν. (79) λαικαστὰς δὲ τοὺς πόρνους. καὶ ἀλλαχοῦ [Thesm. 82]

κάμπτει δὲ νέας ἁψῖδας ἐπῶν,
γογγυλίζει καὶ λαικάζει.

καὶ λαικάστρια ἡ πόρνη.)

81. ἀλλ' εἰς ἀπόπατον : Ἀπόπατος λέγεται τῆς ἐκδεδιῃτημένης τροφῆς ἡ ἄφοδος, παρὰ τὸ παρεκτρέπεσθαι τῆς ὁδοῦ· πάτος γὰρ ἡ κοινὴ ὁδός. Καὶ Ὅμηρος [Il. Z, 202] « πάτον ἀνθρώπων ἀλεείνων. » ἀντὶ δὲ τοῦ εἰπεῖν, ἐπὶ πόλεμον ᾤχετο, ἔφη, εἰς ἀπόπατον ᾤχετο.

82. ἐπὶ χρυσῶν ὄρων : Παρόσον ἱστόρηται ὁ Περσῶν βασιλεὺς ὑπὸ χρυσῆν πλάτανον καθεζόμενος, ἔπαιξεν εἰπών, ἐπὶ χρυσῶν ὄρων. ὄρος δὲ ἡ ἀμίς. ἢ διὰ τὰ ἐν Περσίδι χρυσοῦ μέταλλα. (Ἄλλως. δύο ταῦτα ἐδήλωσε διὰ τοῦ εἰπεῖν ἐπὶ χρυσῶν ὄρων, τά τε οὐροδόχα ἀγγεῖα, ἃ φασὶν ἀμίδας, καὶ τὰ τῆς Περσίδος ὄρια, ἐν οἷς φασι γίγνεσθαι τὸν χρυσόν. ὅθεν ἱστοροῦσι τὸν Ξέρξην ὑπὸ χρυσῆν πλάτανον καθεύδειν, ὅτε κατὰ τῶν Ἀθηναίων ἐστράτευσεν. ἀντὶ δὲ τοῦ εἰπεῖν, πόσου χρόνου συνήγαγε τὸν στρατόν, τὸν πρωκτὸν εἶπε.)

83. ξυνήγαγεν : Συνήρμοσεν. R. *Vict.*

84. τῇ πανσελήνῳ : Οἱ γὰρ Ἕλληνες πάντα ἔπραττον πρὸς τὴν σελήνην ἀποβλέποντες, καὶ μάλιστα οἱ Λακεδαιμόνιοι. Δάτιδος γοῦν καὶ Ἀρταφέρνους τῶν στρατηγῶν τοῦ Περσῶν βασιλέως εἰς Μαραθῶνα ἐμβεβληκότων, περιέμενον τὴν πανσέληνον ἐπὶ τῷ τότε ἐξελθεῖν ἐπὶ τὸν πόλεμον. πρὶν οὖν ἐκείνους παραγενέσθαι, κατώρθωσαν οἱ Ἀθηναῖοι τὸν πόλεμον. παίζει οὖν πρὸς τὸ τοιοῦτον ἔθος.

86. ἐκ κριβάνου : Οὐδετέρως λέγεται τὸ κρίβανον, (ὡς μαρτυρεῖ Φερεκράτης « τουτὶ τί ἐστιν; ὡς ἀνεκὰς τὸ κρίβανον. » οὕτω δὲ λέγεται) οἱονεὶ κρίβαυνον, ἐν ᾧ αἱ κριθαὶ ὀπτῶνται. βαύνους δὲ ἔλεγον τὰς καμίνους. (Ἀρριανὸς « οἱ δὲ ξένια ἔφερον θύννους ἐν κριβάνοισιν ὀπτούς. » καὶ κριβανίτης ἄρτος ὁ ἐν κριβάνῳ ὠπτημένος. τὴν δὲ τῶν ἄρτων ἐν κριβάνῳ ὄπτησιν Ἄννος Αἰγύπτιος ἐπενόησεν. ὅθεν καὶ παροιμία, Ἄννος κρίβανον, ἐπὶ τῶν καινόν τι ἐφευρηκότων.)

καὶ τίς εἶδε πώποτε : Λείπει τὸ οὐδείς. ὡς καὶ παρὰ τῷ Ὁμήρῳ [Od. M, 88] « τίς ἂν τάδε γηθήσειεν ἰδών, » προσυπακούεται τὸ οὐδείς.

88. τριπλάσιον Κλεωνύμου : Ὅτι ὡς μέγα ἔχων σῶμα καὶ δειλὸς διεβάλλετο ὁ Κλεώνυμος. ἑτέρωθι δὲ καὶ ἀδηφάγος εἴρηται. νῦν δὲ καὶ φενακιστὴν αὐτὸν κωμῳδεῖ χαριεντιζόμενος.

90. (ταῦτ' ἄρ' : Ἀντὶ τοῦ, διὰ ταῦτα. φέρων δέ, τουτέστι) λαμβάνων, κομιζόμενος.

91. Ψευδαρτάβαν : (Γελοίως ἔπαιξε.) παίζει δὲ ὡς τοιούτων ὄντων ὀνομάτων παρὰ Πέρσαις, Ἀρταβάζου καὶ Ἀρταξέρξου. καὶ τὸ Ψευδαρτάβαν ἐποίησε παρὰ τὴν ἀρτάβην, τὸ μέτρον. Περσικὸν δὲ καὶ Αἰγύπτιον τὸ ὄνομα.

92. τὸν βασιλέως ὀφθαλμόν : Ἀντὶ τοῦ μέγα δυνάμενον παρὰ βασιλεῖ. οὕτω δὲ ἐκάλουν τοὺς σατράπας, δι' ὧν πάντα ὁ βασιλεὺς ἐπισκοπεῖ· ὡς βασιλέως ὦτα, οἱ ὠτακουσταί, δι' ὧν ἀκούει τὰ πραττόμενα ἑκάστῳ πανταχοῦ.

93. τοῦ πρέσβεως : Προπαροξυτόνως, ὡς μάντεως. ἀπὸ εὐθείας τῆς ὁ πρέσβις. οἱ δὲ παροξυτόνως ὡς χαλκέως, ἀπὸ εὐθείας τῆς ὁ πρεσβεύς· οἵτινες ἁμαρτάνουσιν. Οὐ γάρ ἐστιν ὁ πρεσβεύς.

94. ὁ βασιλέως : Οὕτως ἐκάλουν οἱ κήρυκες ἐξ ὀνόματος.

95. πρὸς τῶν θεῶν : (Ἐξεπίτηδες μέγαν ὀφθαλμὸν ἐσκεύασται ἔχων ὁ πρεσβευτής.) ναύφρακτον δέ, ἤτοι ναύσταθμον, ὡς περιβλέποντος ἐν κύκλῳ τοῦ πρεσβευτοῦ καὶ ἀξιωματικῶς εἰσιόντος. τινὲς δὲ ναύφρακτον, τὴν ἐν ναυσὶ στρατιάν. οἷον οὖν στρατιὰν βλέπεις ὅλην· (ἐπειδὴ μεγάλοι ταῖς τριήρεσιν ὀφθαλμοὶ γίνονται, δι' ὧν τὰς κώπας ἐμβάλλοντες ἐκωπηλάτουν. ἐφράττοντο δὲ καὶ δερματίνοις τροποῖς πρὸς τὸ μὴ τρίβεσθαι τὰ σανιδώματα. Ἄλλως. ὁ ναυτικὸς στρατὸς ναύφρακτος καλεῖται. σκώπτων οὖν αὐτὸν διὰ τὸ σοβαρῶς καὶ μόλις προσιέναι ταῦτά φησι, πότερον ἐν ὀφθαλμοῖς τὸ ναυτικὸν ἔχων οὕτω βαδίζεις,) ἢ ναῦν ἀκρωτήριον κάμπτουσαν; ἐπειδὴ δεδοικότες οἱ ἐμπλέοντες, ὅταν ὦσι πλησίον τῆς γῆς, ἠρέμα καὶ ἐπιστημόνως ἰθύνουσι, μὴ προσπταίσωσι τῇ γῇ. (ἐσκευασμένος δὲ ἦν ὁ Πέρσης, δέρμα ἔχων καθειμένον εἰς τόπον τοῦ τε πώγωνος καὶ τοῦ στόματος, ὡς ἂν προσωπεῖον. Ἄλλως.) ἔξεισι τερατώδης τις γελοίως ἐσκευασμένος καὶ ὀφθαλμὸν ἔχων ἕνα ἐπὶ παντὸς τοῦ προσώπου.

96. (ἢ περὶ ἄκραν κάμπτων : Τηνικαῦτα γὰρ μάλιστα εἰώθασι προορᾶν καὶ φυλάττειν τὴν ναῦν, ὁπόταν ἄκραν τινὰ κάμπτωσι. νεώριον οὖν, φησί, περιβλέπεις, ἐν ᾧ νεωλκήσεις. οἶκον δὲ νεώς, ὃ καλοῦσιν ἀγκῶνα. ἢ μᾶλλον ὑποκρύφους τόπους διὰ τὸν ἄνεμον, ἔνθα ὑπὸ σκέπην εἰσίν.)

97. ἄσκωμ' ἔχεις : Ὡς (τοῦ) δέρματος ἐξηρτημένου τοῦ μύστακος αὐτοῦ καὶ τῆς ῥινός, καὶ οὕτως ἐσκευασμένου γέλωτος χάριν. ἄσκωμα δὲ ὁ ἱμὰς ὁ συνέχων τὴν κώπην πρὸς τῷ σκαλμῷ. (Ἄλλως. ὁ τῆς κώπης ὀφθαλμὸς ἔχει τὸ ἄσκωμα.) κώπης δὲ ὀφθαλμὸς τὸ τρῆμά ἐστιν.

100. Ἀπισσονασάτρα : Παίζει ὡς τῇ Περσικῇ διαλέκτῳ χρώμενος.

101. ξυνῆκαθ' : Ἐνοήσατε. *Vict.*

102. πέμψειν βασιλέα : Τοῦτό φησιν ὁ κῆρυξ, ἢ οἱ πρέσβεις.

104. χρυσοχαυνόπρωκτοι : (Ἀντὶ τοῦ ἔκλυτοι.) Ἰαοναῦ δὲ ἀντὶ τοῦ Ἀθηναῖοι. Ἴωνες γὰρ οἱ Ἀθηναῖοι

ἀπὸ Ἴωνος τοῦ Ξούθου. (ὡς βάρβαρος δὲ τὸ αὖ ἔφη, Δωρικὸν ἀντὶ ἑλληνιζομένου.)

106. ὅτι χαυνοπρώκτους : Ὅτι πάντας τοὺς Ἕλληνας Ἰάονας ἐκάλουν οἱ βάρβαροι προείρηται. (καὶ Ὅμηρος [Il. N, 686] « Ἰάονας ἑλκεχίτωνας. » τὸ δὲ αὖ ἀντὶ τοῦ οὐ βαρβαρίζων ἔφη.)

108. Οὐκ, ἀλλ' ἀχάνας : Ἀχάνη μέτρον ἐστὶ Περσικὸν, ὥσπερ ἡ ἀρτάβη παρ' Αἰγυπτίοις. ἐχώρει δὲ μεδίμνους Ἀττικοὺς με', ὡς μαρτυρεῖ Ἀριστοτέλης. ἄλλοι δέ φασιν ὅτι κίστις ἐστὶν, εἰς ἣν κατετίθεντο τοὺς ἐπισιτισμοὺς οἱ ἐπὶ τὰς θεωρίας στελλόμενοι.

111. ἄγε δὴ σὺ φράσον : Ἀντὶ τοῦ πρὸς ἐμαυτόν. Ἀττικὸν δὲ τὸ τοιοῦτο σχῆμα. ὡς μὴ συνιέντος δὲ αὐτοῦ δείκνυσι τῷ δακτύλῳ, ἐμοὶ λέγων καὶ τουτονί.

112. βάμμα Σαρδιανικόν : Ἵνα μή σε ἐρυθρὸν ποιήσω τῷ βάμματι μαστίξας, οἱονεὶ ἵνα μή σε φοινίξω. νῆσος γάρ ἐστι μεγίστη ἡ Σαρδὼ περὶ Ἰταλίαν. γίνονται δὲ ἐν αὐτῇ πορφύραι διάφοροι καὶ ὀξύταται. βούλεται οὖν δηλοῦν, ἵνα μή σοι πληγὰς ἐντρίψω. R. (ἀντὶ τοῦ ἐρυθρὸν, φοινικοῦν. Σαρδὼ γὰρ νῆσός ἐστι τῶν ἑπτὰ, σταδίους ἑξήκοντα Κύρνου διέχουσα. ἐν ταύτῃ δὲ γίγνονται πορφύραι διάφοροι καὶ ὀξύταται. ἢ ὅτι εἰς τὴν Σαρδὼ τῆς Λυδίας πυρρὰ βάμματα γίνεται. βούλεται οὖν δηλοῦν ὅτι εἰ μὴ εἴποις τἀληθὲς, μαστίζων σε ἐρυθρὸν ποιήσω τοῖς αἵμασι.) τὸ δὲ ἀνανεύει καὶ ἐπινεύει παρεπιγραφὴ, ὑπὲρ τοῦ σαφὲς γενέσθαι ὅτι ἀρνούμενος μὲν ἀνένευσεν, ὁμολογῶν δὲ κατένευσεν.

114. ἄλλως ἄρ' ἐξηπατώμεθα : Ἠλιθίως καὶ ματαίως, ὡς καὶ Ὅμηρος [Il. Ψ, 144]

Σπερχεί', ἄλλως σοί γε πατὴρ ἠρήσατο Πηλεύς.

οἱ δὲ Ἀττικοὶ εἰώθασι προστιθέναι τὴν την, λέγοντες τηνάλλως.

115. Ἑλληνικόν γ' ἐπένευσαν : Τοῦτο εἶπεν, ὡς διαφέροντος καὶ τοῦ νεύματος τοῦ Ἑλληνικοῦ. ἐπένευσε δὲ μετὰ τὸ περιάγειν τὴν κεφαλήν. χρὴ μέντοι εἰδέναι ὅτι ἕνα καλέσας μικρῷ πρότερον, νῦν ὡς περὶ δύο τὸν λόγον ποιεῖται. δῆλον οὖν ὅτι δι' ἑνὸς τοῦ ἐνδοξοτέρου τοὺς δύο καλεῖ. (116) αὐτόθεν δὲ, ἀπὸ τῆς Ἀττικῆς, ἐντεῦθεν.

118. ἐγ' ᾧδ' ὅς ἐστι : Τὸ ἐγ' ᾧδα ἀντὶ τοῦ ἐγὼ οἶδα. οὗτος δὲ ὁ Κλεισθένης ἀεὶ τὸ γένειον ἐξυρᾶτο πρὸς τὸ ἀεὶ φαίνεσθαι νέος. διὸ εὐνούχῳ αὐτὸν εἰκάζει.

119. ὦ θερμόβουλον : Παρῳδίᾳ χρῆται. ἔστι γὰρ ἐν τῇ Μηδείᾳ [?] Εὐριπίδου « ὦ θερμόβουλον σπλάγχνον. » οὗτος οὖν σκώπτων Εὐριπίδην προσέθηκε πρωκτὸν παρὰ προσδοκίαν.

120. (τοιόνδ' ὦ πίθηκε : Καὶ τοῦτο παρῴδηκεν ἐκ τῶν Ἀρχιλόχου ἐπῶν

τοιήνδε δ', ὦ πίθηκε, τὴν πυγὴν ἔχων.)

122. οὐ δή που Στράτων : Καὶ οὗτος κωμῳδεῖται ὡς λωβώμενος τὸ γένειον καὶ λειαίνων τὸ σῶμα, ὡς Κλεισθένης· ὥς φησιν αὐτὸς Ἀριστοφάνης ἐν ταῖς Ὁλκάσι « παῖδες ἀγένειοι Στράτων. »

125. εἰς τὸ πρυτανεῖον : Ὥστε ἐκεῖ εἶναι τοὺς πρέσβεις παρὰ Ἀθηναίοις.

ταῦτα δῆτ' οὐκ ἀγχόνη : Ἡ διαφορὰ τοῦ ὀνόματος ἐν τῷ τόνῳ. ὀξυτόνως μὲν γὰρ τὸ εἶδος τοῦ πάθους, βαρυτόνως δὲ τὸ σχοινίον καὶ ὁ βρόχος.

127. τούσδε ξενίζειν : Παροιμία ἐπὶ τῶν πολλοὺς ξένους ἀποδεχομένων, (οὐδέποτ' ἴσχει ἡ θύρα. μέμνηται καὶ Εὔπολις ἐν Φίλοις

νὴ τὸν Ποσειδῶ, οὐδέποτ' ἴσχει ἡ θύρα.

καὶ Καλλίμαχος ἐν Ἑκάλῃ [fr. 41]

τῖον δέ ἑ πάντες ὁδῖται
ἦρα φιλοξενίης· ἔχε γὰρ τέγος ἀκλήϊστον.

καὶ Πίνδαρος [Nem. 9, 4]

ἔνθ' ἄρα πεπταμέναιν ξείνων νενίκαντ' αἱ θύραι.

λέγει δὲ περὶ τῶν πρυτάνεων, διότι αὐτὸν μὲν ὑπὲρ τῆς πόλεως στρατευόμενον καὶ πονοῦντα οὐ δέχονται, τοὺς δὲ πρέσβεις ξένους ὄντας καὶ ξενίζουσιν ἐν αὐτῷ. ἴσχει δὲ ἀντὶ τοῦ κωλύει, ἢ ἀποκλείει. Ἄλλως. οὐδέποτε ἐκώλυσεν ἢ ἀπέκλεισεν. ὁ δὲ λόγος ἐπὶ τῶν πρυτάνεων, καθὸ ἐπὶ ξενίαν καλοῦσι τοὺς ἀφικνουμένους.)

132. καὶ τῇ πλάτιδι : Τῇ γυναικί· παρὰ τὸ πελάζειν τῷ ἀνδρὶ κατὰ τὴν κοίτην.

133. (πρεσβεύεσθε : Ἀντὶ τοῦ πρέσβεις πέμπετε. τὸ δὲ κεχήνατε,) ἐξαπατᾶσθε καὶ ἐνεοί ἐστε.

134. προσίτω Θέωρος : (Οὗτος ἐπὶ κολακείᾳ κωμῳδεῖται.) ὁ κῆρυξ καλεῖ ἄλλον πρεσβευτὴν ἐλθόντα παρὰ Σιτάλκους τοῦ Θρᾳκῶν βασιλέως, πρὸς ὃν ἦσαν ἀποστείλαντες αὐτὸν Ἀθηναῖοι. οὗτος δὲ ἐκαλεῖτο Θέωρος. μέμνηται δὲ αὐτοῦ ποτὲ μὲν ὡς ἐπιόρκου, ὡς ἐν Νεφέλαις [399]· (φησὶ γὰρ

εἴπερ βάλλει τοὺς ἐπιόρκους, πῶς δῆτ' οὐχὶ Σίμων' ἐνέπρησεν
οὐδὲ Κλεώνυμον, οὐδὲ Θέωρον, καίτοι σφόδρα γ' εἴσ' ἐπίορκοι;)

ποτὲ δὲ ὡς κόλακος, ὡς ἐν τοῖς Σφηξίν [20]. (εἰσκηρύττεται δὲ ἀντὶ τοῦ καλεῖται ὑπὸ τοῦ κήρυκος.)

137. οὐκ ἄν γ' εἰ μισθόν γε μὴ 'φερες : Τοῦτο διὰ μέσου ὁ Δικαιόπολις. οὐκ ἂν ἔτριψας τὸν χρόνον, εἰ μὴ πολὺν μισθὸν ἐλάμβανες. τὸ γὰρ ἔφερες ἀντὶ τοῦ ἐλάμβανες, ἐβάσταζες.

140. ὅτ' ἐνθαδὶ Θέογνις : Οὗτος ὁ Θέογνις τραγῳδίας ποιητὴς ψυχρός. κωμῳδῶν οὖν αὐτὸν (παρίστησιν ἡμῖν τὴν πολλὴν χιόνα, διὰ τὴν τούτου περὶ τὰ ποιήματα ψυχρότητα.) τὸν ψυχρὸν οὖν τῷ ψυχρῷ παρέβαλεν. πάνυ δὲ χαριέντως ἔσκωψε.

142. (καὶ δῆτα φιλαθήναιος : Τὸ φιλαθήναιος προπαροξύνειν δεῖ, ἐπεὶ τὰ εἰς ος λήγοντα προπερισπώμενα ἁπλᾶ ἐν τῇ συνθέσει ἀναβιβάζει τὸν τόνον, οἷον δῆμος Ἀριστόδημος, πῶλος ἐχέπωλος· καὶ Ὅμηρος [Il. Δ, 458] « Θαλυσιάδην ἐχέπωλον· » κνεφαῖος ἀκροκνέφαιος, ὀμφαῖος πανόμφαιος, ἀρχαῖος φιλάρχαιος. οὕτω καὶ φιλαθήναιος.)

144. ἐν τοῖς τοίχοις : Ἴδιον ἐραστῶν ἦν τὰ τῶν ἐρω-

μένων ὀνόματα γράφειν ἐν τοῖς τοίχοις ἢ δένδροις ἢ φύλλοις, (οὕτως· ὁ δεῖνα καλός. καὶ παρὰ Καλλιμάχῳ [fr. 101]

ἀλλ' ἐνὶ δὴ φύλλοισι κεκομμένα τόσσα φέροιτε
γράμματα, Κυδίππην ὅσσ' ἐρέουσι καλήν.

καὶ ἐν τοῖς Σφηξὶν [99] « ἰὼν παρέγραψε κημὸς καλός. » καὶ Λιβάνιος « φιλοῦσι γὰρ οἱ σφόδρα περί τι « ἐρωτικῶς ἔχοντες ἡδέως συνεῖναι καὶ τοῖς ὀνόμασι. »)

145. ὁ δ' υἱὸς ὃν Ἀθηναῖον : Τοῦτον πολίτην ἐποίησαν Ἀθηναῖοι, (τοῦ πατρὸς στρατιὰν αὐτοῖς παραπέμποντος. ἐλέγετο δὲ οὗτος Γήρης. ἔνιοι δέ φασιν ὅτι ὁμώνυμος ἦν τῷ πατρὶ Σιτάλκει, σύμμαχος Ἀθηναίοις. μέμνηται Θουκυδίδης [2, 19 coll. 67], προστίθησι δὲ καὶ τὸ ὄνομα λέγων οὕτως « καὶ Σάδοκον τὸν « υἱὸν αὐτοῦ Ἀθηναῖον. »)

146. (ἦρα φαγεῖν : Χαριέντως, ὡς ἐξαπατωμένων τῶν Ἀθηναίων. λέγει δὲ νῦν περὶ Ἀπατουρίων, ἑορτῆς ἐπισήμου δημοτελοῦς, ἀγομένης παρὰ τοῖς Ἀθηναίοις κατὰ τὸν Πυανεψιῶνα μῆνα ἐπὶ τρεῖς ἡμέρας. καλοῦσι δὲ τὴν μὲν πρώτην δόρπειαν, ἐπειδὴ φράτορες ὀψίας συνελθόντες εὐωχοῦντο· τὴν δὲ δευτέραν ἀνάρρυσιν, ἀπὸ τοῦ ἀναρρύειν, τοῦ θύειν· ἔθυον δὲ Διὶ φρατρίῳ καὶ Ἀθηνᾷ· τὴν δὲ τρίτην κουρεῶτιν, ἀπὸ τοῦ τοὺς κούρους καὶ τὰς κόρας ἐγγράφειν εἰς τὰς φρατρίας· ἐν ᾗ ἐγράφη ἐν τῇ πολιτείᾳ ὁ υἱὸς Σιτάλκους. ἡ δὲ αἰτία, πόλεμος ἦν Ἀθηναίοις πρὸς Βοιωτοὺς περὶ Κελαινῶν, ὃ ἦν χωρίον ἐν μεθορίοις. Ξάνθος δὲ Βοιωτὸς προεκαλέσατο τὸν Ἀθηναίων βασιλέα Θυμοίτην. οὐ δεξαμένου δὲ, Μέλανθος ἐπιδημῶν, Μεσσήνιος τὸ γένος ἀπὸ Περικλυμένου τοῦ Νηλέως, ὑπέστη ἐπὶ τῇ βασιλείᾳ. μονομαχούντων δὲ, ἐφάνη τῷ Μελάνθῳ τις ὄπισθεν τοῦ Ξάνθου, τραγῆν, τουτέστιν αἰγίδα μέλαιναν, ἐνημμένος. ἔφη οὖν ἀδικεῖν αὐτὸν δεύτερον ἥκοντα. ὁ δὲ ἐπεστράφη. ὁ δὲ παίσας ἀποκτείνει αὐτόν. ἐκ δὲ τούτου ἥ τε ἑορτὴ Ἀπατούρια καὶ Διονύσου μελαναίγιδος βωμὸν ἐδωμήσαντο. οἱ δέ φασιν ὅτι τῶν πατέρων ὁμοῦ συνερχομένων διὰ τὰς τῶν παίδων ἐγγραφὰς οἷον ὁμοπατόρια λέγεσθαι τὴν ἑορτήν. ὁποίῳ τρόπῳ λέγομεν ἄλοχον τὴν ὁμόλεκτρον, καὶ ἄκοιτιν τὴν ὁμόκοιτον, οὕτω καὶ Ὁμοπατόρια Ἀπατόρια.)

150. ὅσον τὸ χρῆμα : Ὡς πολλῶν ὄντων παρνόπων ἐν τῇ Ἀττικῇ. βούλεται δὲ πολὺ πλῆθος σημᾶναι. εἶδος δὲ ἀκρίδων οἱ πάρνοπες. (εἰσὶ δὲ οὗτοι ἀττέλαβοι Ἀττικοὶ πάρνοπες.)

154. τοῦτο μέν γ' ἤδη σαφές : Τοῦτο ψεύδεται, ὡς ἀσθενῶν ἢ ὀλίγων ὄντων.

156. Ὀδομάντων : Ὀδόμαντες ἔθνος Θρᾳκικόν. φασὶ δὲ αὐτοὺς Ἰουδαίους εἶναι.

158. ἀποτέθρακεν : Ἀπέτιλε. κυρίως δὲ ἀπεφύλλισε συκᾶς. θρῖα γὰρ τὰ φύλλα τῆς συκῆς. ἐλειαίνοντο δὲ καὶ ἀπετίλλοντο οἱ Θρᾷκες τὰ αἰδοῖα καὶ ἀποσεσυρμένα εἶχον αὐτά.

160. καταπελτάσονται : Κατακοντίσουσι, καταπολεμήσουσι. πέλτη γὰρ εἶδος μηχανῆς, ἀφ' ἧς ἀκόντια καὶ ἄλλα τινὰ ἀφιᾶσιν. ἢ καταδραμοῦνται. πέλτη γὰρ ἀσπὶς μικρὰ (μὴ ἔχουσα ἱμάντα. ἐχθροὶ δὲ ἦσαν καὶ οἱ Βοιωτοὶ τοῖς Ἀθηναίοις.)

162. ὁ θρανίτης λεώς : Ἀντὶ τοῦ ὁ ναυτικός. ἐκ μέρους δὲ τὸ πᾶν εἶπε. τῶν γὰρ ἐρεττόντων οἱ μὲν ἄνω ἐρέττοντες θρανῖται λέγονται, οἱ δὲ μέσοι ζυγῖται, οἱ δὲ κάτω θαλάμιοι. ὁ δὲ λόγος, εἰ οἱ Ὀδόμαντες τοσαῦτα λαμβάνουσι, πᾶν τὸ παρ' ἡμῖν ναυτικὸν πλῆθος ἀγανακτήσει, πολλὰ μὲν ἐν ταῖς τριήρεσι κάμνοντες, ὀλίγα δὲ λαμβάνοντες.

163. οἴμοι τάλας : Δεῖ νοεῖν ὅτι ἐκ τῶν ἀγρῶν ἔρχεται ὁ Δικαιόπολις ἔχων φορτίον σκορόδων, καὶ ἐπηρεάζεται ὑπὸ τῶν ξένων, ὡς ἐκείνων λιμωττόντων καὶ ἁρπαζόντων τὰ σκόροδα. (τοῦτο δὲ εἶπε πορθούμενος, παρόσον καὶ οἱ πορθούμενοι ἀπόλλυνται.) ἀρέσκονται δὲ τοῖς σκορόδοις οἱ Θρᾷκες οὐκ ἀπεικότως. θερμὰ γὰρ τὰ σκόροδα φυσικῶς, οἱ δὲ Θρᾷκες ψυχρὰν χώραν νέμονται.

165. οὐ καταβαλεῖτε : Ὁ Θέωρος δὲ ἐπιπλήττει τοῖς βαρβάροις ἁρπάζουσι τὰ σκόροδα. (166) καὶ τῷ Δικαιοπόλιδι ὁμοίως ἐπιπλήττει ἐρεθίζοντι αὐτούς. Εἰς τὸ αὐτό. ἀντὶ τοῦ σφοδροῖς οὖσι καὶ πικροῖς γενομένοις, μετειληφόσι τῶν σκορόδων. ἀπὸ μεταφορᾶς τῶν ἀλεκτρυόνων. τούτοις γὰρ ὅτε μέλλουσι μάχεσθαι, σκόροδα δίδοται ἐσθίειν, ἵνα θερμανθέντες ὀξύτεροι γένωνται, ὡς καὶ ἐν Ἱππεῦσί φησιν [494]

ἵν' ἄμεινον, ὦ τᾶν, ἐσκοροδισμένος μάχῃ.

171. διοσημί' ἐστί : Παρεφυλάττοντο γὰρ οἱ Ἀθηναῖοι τὰς τοῦ Διὸς ἡμέρας, καὶ διέλυον τὰς ἐκκλησίας διοσημίας γενομένης, ἢ ἄλλο τι μέλλοντες ἀνύειν. διοσημία δέ ἐστιν ὁ παρὰ καιρὸν χειμών.

ῥανίς : Σταλαγμὸς, σταγών. *Vict.*

172. παρεῖναι δ' εἰς ἕνην : Οἷον εἰς τρίτην. [Hesiod. Op. 408] « μὴ δ' ἀναβάλλεσθαι ἔς τ' αὔριον ἔς τ' ἔνηφι. » τινὲς δὲ εἰς τριακάδα. διαλυθείσης δὲ τῆς ἐκκλησίας συνήγοντο πάλιν βουλευόμενοι περὶ τῶν αὐτῶν. Ἀττικοὶ δὲ καλοῦσιν ἕνην καὶ τὴν παλαιάν. καὶ Δημοσθένης ἐν τῷ κατὰ Ἀριστογείτονος [p. 776, 25] « τὰς ἕνας ἀρχὰς ταῖς νέαις ὑπεξιέναι. »

174. μυττωτόν : Ἀντὶ τοῦ σκόροδα, ἐξ ὧν ὁ μυττωτὸς γίνεται. κατασκευάζεται δὲ ἀπὸ τυροῦ καὶ σκορόδου καὶ ᾠοῦ. ἀπὸ τοῦ παντὸς οὖν κατασκευάσματος τὸ μέρος ἐδήλωσε, τουτέστι τὰ σκόροδα.

176. μήπωγε : Γελοίου χάριν εἶπε πρὸς τὸ χαίρειν τὸ μήπω.

179. (ὤσφροντο : Ἀντὶ τοῦ ᾔσθοντο εἶπε τὸ ὤσφροντο, ὅτι δι' οἴνου εἰσὶν αἱ σπονδαί· ὡς ἐκ τῶν μετὰ ταῦτα δῆλον. δι' ὀσφρήσεως δὲ ἡ αἴσθησις τῆς ἀναφορᾶς τοῦ οἴνου.)

180. στιπτοὶ γέροντες : Ἀντὶ τοῦ πυκνοί. εἴρηται δὲ ἀπὸ τῶν ἐσθήτων, αἵτινες ὑφανθεῖσαι εἰς πυκνότητα

συνάπτονται. (ἢ ἀντὶ τοῦ στερεοὶ καὶ πεπιλημένοι ἀπὸ τοῦ στείβειν, ὅ ἐστι πατεῖν.)

πρίνινοι : Στερεοὶ καὶ σκληροί. (ἰσχυρὸν γὰρ τὸ τῆς πρίνου ξύλον. καὶ) Ἡσίοδος [Op. 434] « πρίνου δὲ γύην. » καὶ πάλιν [437]

πρίνινον, ὃς γὰρ βουσὶν ἀροῦν ὀχυρώτατός ἐστιν.

ἀτεράμονες δὲ, λίαν σκληροὶ, μὴ τειρόμενοι, ἀνένδοτοι. κυρίως δὲ τὰ μὴ ἑψόμενα τῶν ὀσπρίων ἀτεράμονα λέγεται, (οἷον οὐχ ἁπαλά).

181. σφενδάμνινοι : Ἰσχυροί· τοιοῦτον γὰρ τὸ τῆς σφενδάμνου ξύλον. ἀντὶ τοῦ σφενδονῆται. (Ἄλλως. τὸ σφενδάμνινοι ταυτόν ἐστι τῷ πρίνινοι. σφένδαμνος γὰρ εἶδος ἰσχυροῦ ξύλου. ἔστι δὲ καὶ εἶδος καννάβεως ἡ σφένδαμνος. ἡ γὰρ σφενδόνη ἀπὸ καννάβεως γίνεται.)

ἀτεράμονες : Ἀκαμπεῖς. *Vict.*

183. (τῶν ἀμπέλων τετμημένων : Οἱ γὰρ Πελοποννήσιοι εἰσβάλλοντες εἰς τὴν Ἀττικὴν ἔτεμνον τὴν γῆν τῶν Ἀχαρνέων.

184. κἀς τοὺς τρίβωνας : Ἀττικὸν τὸ σχῆμα. ἀντὶ τοῦ ἐς τοὺς τρίβωνας ξυνελέγοντο τοὺς λίθους.

187. τρία γε ταυτί : Ἔπαιξε παρὰ τὰς σπονδὰς, ἐπεὶ οἴνῳ γίνονται αἱ δι' ὅρκων συνθῆκαι. ἀντὶ δὲ τοῦ εἰπεῖν ἀνάγνωθι, εἶπεν γεῦσαι.)

190. ὄζουσι πίττης : Κοινὸν ἐπὶ οἴνου καὶ νεὼς τὸ πίσσης ὄζειν. (ἔστι γὰρ πισσίζων οἶνος.) ὁ δὲ λόγος, ὄζουσιν αἱ σπονδαὶ αὗται κατασκευῆς τριήρων, διὰ τὸ ὀλιγοχρόνιον αὐτῶν. (192) (εἰς τὰς πόλεις δὲ τὰς τῶν συμμάχων.)

193. ὀξύτατον, ὥσπερ διατριβῆς : Ἀντὶ τοῦ ἀπωλείας καὶ συντριβῆς. (ἢ ἀντὶ τοῦ μόναι πρεσβεῖαι ἔσονται περὶ τῶν συμμάχων, ὥστε μένειν αὐτοὺς καὶ μὴ μεθίστασθαι, ἀλλὰ συμμαχεῖν τῇ πόλει. Ἄλλως. ἀπὸ μεταφορᾶς τοῦ τραπέντος οἴνου εἰς ὄξος. καὶ τῶν οἴνων τὸ ὀξύτατον.)

195. ὦ Διονύσια : Θαυμάζων ταῦτα λέγει, προσδοκῶν εἰρήνης οὔσης τὴν τῶν Διονυσίων πανήγυριν ἔσεσθαι. (εἴρηται δὲ ἐπὶ τῶν ἀποδοχῆς ἀξίων. ἀντὶ τοῦ ἥδισται, ἄξιαι τῶν Διονυσίων. Διονύσια δὲ ἑορτὴ Διονύσου, ἣν ἦγον Ναυπάκτιοι.)

197. (καὶ μὴ ἐπιτηρεῖν : Εἴ ποτε γὰρ ἔξοδος ἐπὶ στρατὸν ἐγένετο, εἰώθεσαν οἱ στρατηγοὶ προλέγειν τοῖς στρατιώταις, ὥστε τριῶν ἡμερῶν παρασκευάζεσθαι σιτία. σκώπτει οὖν τοῦτο τὸ στρατηγικὸν παράγγελμα, ὡς ἀηδὲς καὶ βαρὺ τοῖς εἰρήνης ἐπιθυμοῦσι.)

198. κἀν τῷ στόματι : Ὡς γυναῖκας εἰδωλοποιεῖ τὰς σπονδάς. στόμα γοῦν αὐταῖς προστίθησιν. (ἢ ἐν τῷ ἡμετέρῳ στόματι, γευσαμένων ἡμῶν, μονονουχὶ φωνὴν ἀφιᾶσιν. Ἄλλως. λέγουσι, φησὶν, αἱ σπονδαὶ, ἄπιθι ὅπου θέλεις. εἰκότως. ἐν γὰρ πολέμῳ διὰ τὰς ἐπιδρομὰς τῶν πολεμίων καὶ τῆς πολιορκίας οὐκ ἔστιν ἀπελθεῖν ὅπου τις βούλεται.)

200. (χαίρειν κελεύων : Κατ' εὐφημισμὸν τὸ χαίρειν κελεύων τὸν Ἀμφίθεον οἴονταί τινες· ἵνα γραφῇ τὸ κελεύω χωρὶς τοῦ ν. τὸ δὲ ἑξῆς, ἐγὼ δὲ πολέμου, τὸν Δικαιόπολιν.

202. ἄξω κατ' ἀγρούς : Τὰ Λήναια λεγόμενα. ἔνθεν τὰ Λήναια καὶ ὁ ἐπιλήναιος ἀγὼν τελεῖται τῷ Διονύσῳ. Λήναιον γάρ ἐστιν ἐν ἀγροῖς ἱερὸν τοῦ Διονύσου, διὰ τὸ πλεκτοὺς ἐνταῦθα γεγονέναι. ἢ διὰ τὸ πρῶτον ἐν τούτῳ τῷ τόπῳ λήναιον τεθῆναι. Μένανδρος « τραγῳδὸς ἦν ἀγὼν, Διονύσια. »)

204. τῇδε πᾶς ἕπου : (Ἐντεῦθεν ἡ πάροδος γίνεται τοῦ χοροῦ, ὃν συμπληροῦσιν οἱ Ἀχαρνεῖς. παράγονται δὲ συντόνως μετὰ σπουδῆς διώκοντες τὸν Ἀμφίθεον, σπονδὰς ποιησάμενον πρὸς τοὺς Λακεδαιμονίους. γέγραπται δὲ τὸ μέτρον τροχαϊκὸν, πρόσφορον τῇ τῶν διωκόντων γερόντων σπουδῇ. ταῦτα δὲ ποιεῖν εἰώθασιν οἱ τῶν δραμάτων ποιηταὶ κωμικοὶ καὶ τραγικοὶ, ἐπειδὰν δρομαίως εἰσάγωσι τοὺς χορούς, ἵνα ὁ λόγος συντρέχῃ τῷ δράματι.) τὸ δὲ τῇδε τοπικόν ἐστιν ἐπίρρημα καὶ κεῖται ἐν ἴσῳ τῷ ἐνταῦθα. (καὶ ἔχει παρὰ τοῦ ποιητοῦ [Il. O, 46]

τῇ ἴμεν ᾗ κεν δὴ σὺ κελαινεφὲς ἡγεμονεύεις.

σημαίνει δέ ποτε καὶ ῥῆμα προστακτικόν [Od. I, 347] « Κύκλωψ, τῆ πίε οἶνον. » ἐχρήσατο δὲ τῷ πληθυντικῷ ὁ Σώφρων εἰπὼν « τῆτέ τοι κορῶναί εἰσιν. » Ἄλλως. κορωνίς. εἰσέρχεται γὰρ ὁ χορὸς διώκων τὸν Ἀμφίθεον, καὶ ἔστι μεταβολικὸν μέλος ἐκ δύο μονάδων μονοστροφικῶν, ὧν ἡ μὲν πρώτη ιδ' κώλων ἔχει τὰς περιόδους ὧν δ' μὲν ἐν εἰσθέσει εἰσὶ τροχαϊκαὶ καὶ καταληκτικαὶ τετράμετροι. εἶτα ἐν ἐκθέσει κῶλα παιωνικὰ ἕνδεκα κρητικοῖς ἐπιμεμιγμένα, καὶ τὸ ϛ' καὶ τὸ ὄγδοον καὶ δέκατον δίρρυθμα, τὰ δ' ἄλλα τρίρρυθμα.)

(καὶ τὸν ἄνδρα πυνθάνου : Ἀντὶ τοῦ περὶ τοῦ ἀνδρός. ὅμοιον γάρ ἐστι τῷ « ἄνδρα μοι ἔννεπε Μοῦσα. »

206. ξυλλαβεῖν τὸν ἄνδρα : Διττή ἐστιν ἡ χρῆσις τοῦ συλλαβεῖν παρὰ τοῖς ἀρχαίοις. πρὸς γὰρ διάφορον κλίσιν διάφορος καὶ ἡ διάνοια. ἐὰν μὲν γὰρ πρὸς αἰτιατικὴν ἡ σύνταξις ᾖ, ἔχθραν καὶ δυσμένειαν παρίστησι τοῦ συλλαμβάνοντος, κακουργίαν δὲ τοῦ συλλαμβανομένου, ὥσπερ καὶ νῦν. καὶ Δημοσθένης ἐν τῷ κατὰ Μειδίου [?] « οὐχὶ συλληψόμεθα. » ἐὰν δὲ πρὸς δοτικὴν, σημαίνει φιλίαν καὶ συμμαχίαν, ὡς Ἰσοκράτης ἐν ταῖς παραινέσεσιν [p. 2, C] « ὁρῶ δὲ καὶ τὴν τύχην ἡμῖν συλλαμβάνουσαν, » ἴσον τῷ συναγωνιζομένην. ἐπάγει γοῦν « καὶ τὸν παρόντα καιρὸν συναγωνιζόμενον. » καὶ Δημοσθένης ἐν πρώτῳ Φιλιππικῶν.)

207. εἴ τις οἶδ' ὅποι τέτραπται : Ἀστεία καὶ καθαρὰ εἰς ὑπερβολὴν ἡ σύνταξις τὸ λέγειν οὐκ εἰς ποίαν γῆν πέφευγεν, ἀλλὰ ποῦ γῆς. δόξαν γὰρ πεπαιδευμένου καρπώσαιτο ἄν τις οὕτως εἰπών.

210. τῶν ἐτῶν τῶν ἐμῶν : Οὐκ ἀπόβλητον οὐδὲ τοῦτό μοι δοκεῖ. σφόδρα γὰρ Ἀττικὴ ἡ φράσις. λείπει γὰρ τὸ ἕνεκα. τὸ κατ' ἔλλειψιν οὖν ῥηθὲν κοινὸν αὐτῷ πεποίηκε. λέγοις ἂν καὶ σὺ παραπλησίως· οἴμοι τῆς τύχης, μακάριος τῆς ἐμῆς παιδείας.

211. οὐκ ἂν ἐπ' ἐμῆς νεότητος : Ὁ μὲν χορὸς συνέστηκεν ἐξ κδ' ἀνδρῶν. ἔστι δὲ νῦν γεροντικός. πάνυ δὲ ἐμμελῶς καὶ μετὰ πάσης ἀρετῆς ὁ ποιητὴς ἐμιμήσατο γερόντων τρόπους καὶ λόγους· τρόπους μὲν ἐκ τῆς ἀκροχολίας, λόγους δὲ ἐκ τῆς τῶν παλαιῶν ἔργων ὑπολήψεως. τοιοῦτος ἡμῖν καὶ ὁ Νέστωρ δοκεῖ λέγων [Il. H, 133] « ἡβῷμ', ὡς ὅτ' ἐπ' ὠκυρόῳ. » καὶ πάλιν [157] « εἴθ' ὣς ἡβώοιμι· τῷ κε τάχ' ἀντήσειε « μάχης κορυθαίολος Ἕκτωρ. » ὁ μὲν οὖν Ὅμηρος ἡρωϊκὸς ὢν ἡρωϊκῶν πράξεων μέμνηται, Ἀριστοφάνης δὲ ὡς μετρίοις ἀνδράσι καὶ βαναύσοις περιέθηκεν ἄνθρακας καὶ φορτία βασταζόμενα.

214. Φαΰλλῳ : Ὁ Φάϋλλος δρομεὺς ἄριστος (ὀλυμπιονίκης, ὁπλιτοδρόμος περιώνυμος, ὃν ἐκάλουν ὁδόμετρον. ἦν δὲ καὶ πένταθλος.) ἐφ' οὗ καὶ ἐπίγραμμα τοιόνδε,

πέντ' ἐπὶ πεντήκοντα πόδας πήδησε Φάϋλλος,
δίσκευσεν δ' ἑκατὸν πέντ' ἀπολειπομένων.

(ἐγένετο δὲ καὶ ἕτερος ἀθλητὴς ὀγδόην ὀλυμπιάδα νικήσας, καὶ τρίτος λωποδύτης.)

216. ὧδε φαύλως ἄν : Ἀντὶ τοῦ εὐχερῶς καὶ μετὰ ῥαστώνης. (δηλοῦται δὲ ἐκ τῆς λέξεως καὶ τὸ ἁπλοῦν καὶ τὸ κακόν. τὸ δὲ ἑξῆς, οὐκ ἂν ὧδε φαύλως.)

217. (ἀπεπλίξατο : Ἀπεσείσατο, ἀπέφυγεν. πλὶξ γὰρ τὸ βῆμα, καὶ πλίγματα τὰ πηδήματα. ἔνθεν καὶ τὸ περιβάδην, ἀμφιπλὶξ παρὰ Σοφοκλεῖ ἐν Τριπτολέμῳ. καὶ Ὅμηρος [Od. Z, 318]

αἳδ' εὖ μὲν τρώχων, αἳδ' ἐπλίσσοντο πόδεσσιν.

ἔλεγον δὲ πλὶξ καὶ τὸ ἀπὸ τοῦ ἀντίχειρος εἰς τὸν λιχανὸν δάκτυλον διάστημα, καὶ τὸ μεταξὺ τῶν μηρῶν ὀστοῦν.)

219. νῦν δ' ἐπειδὴ στερρόν : (Σκληρόν.) ἀντὶ τοῦ γεγηρακὸς καὶ αὖον. (ὥσπερ κατὰ ἀντίθεσιν ἐπὶ τῶν ἀκμαζόντων χλωρόν. Θεόκριτος [14, 70 corrupte] » ποιη« ταὶ δὲ λόγων χλωρῶν. » ἀντὶ τοῦ ἀκμαίων, νέων. ἀπὸ μεταφορᾶς τῶν καλάμων, οἳ ὄντες μὲν χλωροὶ ἁπαλοί εἰσι, ξηραινόμενοι δὲ ξηροὶ καὶ σκληροὶ γίνονται. εὐφήμως οὖν εἶπε στερρὸν ἀντὶ τοῦ ξηρόν.)

220. Λακρατίδῃ : Λακρατίδης ἀρχαῖος ἄρχων Ἀθήνησιν, ὡς καὶ Φιλόχορος. ἦρξε δὲ ἐπὶ τῶν χρόνων Δαρείου, ἐφ' οὗ πλείστη χιὼν ἐγένετο καὶ ἀπέπηξε πάντα, ὡς μὴ δύνασθαί τινα προϊέναι. διόπερ τὰ ψυχρὰ πάντα Λακρατίδου ἐκάλουν. (δηλοῦνται δὲ καὶ νῦν τῷ ψυχρῷ καὶ γεροντικῷ. λέγει οὖν ὅτι διὰ τὸ γῆρας οὐχ οἷός τέ εἰμι θᾶττον βαδίζειν.)

228. (τῶν ἐμῶν χωρίων : Κἀνταῦθα λείπει τὸ ἕνεκα.)

229. πρὶν ἂν σχοῖνος : Εἶδος φυτοῦ κατὰ τὸ ἄκρον ὀξέος καὶ πληκτικοῦ, προσεοικότος βελόνῃ. παρατηρεῖν δὲ δεῖ ὅτι ἀρσενικῶς λέγουσι τὸν σχοῖνον. ὁ δὲ λόγος, πρὶν αὐτοὺς τρώσω, ὡς σχοῖνος ὀξὺς καὶ ὀδυνηρός.

230. ἐπίκωπος : Ἀντὶ τοῦ, διὰ νεὼς καὶ ναυτικὸς ὢν ἐπίω αὐτοῖς, ναυτικοὶ δὲ οἱ Ἀθηναῖοι (καὶ προσέχοντες τῷ ναυτικῷ. ἡ δὲ ὁμώνυμος λέξις ἐστὶ καὶ παρ' Ὁμήρῳ [Od. Δ, 559] « οὐ γάρ μοι νέες εἰσὶν ἐπήρετμοι. » ἐπίκωπος οὖν ἤτοι ὅπερ ἔφην ναυτικὸς ἢ ξιφήρης. κώπη γὰρ τοῦ ξίφους ἡ λαβή, ἡ κόπτειν δυναμένη, ἤγουν κωπήεις.)

232. (ἵνα μήποτε πατῶσιν : Εἰώθασι γὰρ σκόλοπάς τινας ἐγκρύπτειν ἐν ταῖς ἀμπέλοις, ἵνα μηδεὶς ἐξ ἐπιδρομῆς καὶ εὐχερῶς κακουργῇ. ἐπειδὴ οὖν προεῖπε, σκόλοψ καὶ σχοῖνος αὐτοῖς ἅτ' ἐμπαγῶ, εἰκότως ἐπήνεγκε τοῦτο, ἵνα μηκέτι πατῶσι τὰς ἐμὰς ἀμπέλους.)

234. Παλλήναδε : Οἱ Παλληνεῖς δῆμός ἐστι τῆς Ἀττικῆς, ἔνθα Πεισιστράτῳ βουλομένῳ τυραννεῖν καὶ Ἀθηναίοις ἀμυνομένοις αὐτὸν συνέστη πόλεμος. (συγκέκοπται δὲ ἡ λέξις. τὸ γὰρ ὁλόκληρόν ἐστι Παλληναίαδε. ὑπήλλακται δὲ ἡ κυριότης τῆς διανοίας.) δέον γὰρ εἰπεῖν ζητεῖν τὸν ἄνδρα καὶ βλέπειν Παλληνικόν, τουτέστι γενναῖον, εἶπε Παλλήναδε. ὃ δὲ εἰπεῖν βούλεται, τοῦτό ἐστιν· ὠμῶς διακεῖσθαι καὶ τραχέως ἔχειν πρὸς τὸν σπεισάμενον Λακεδαιμονίοις, ὡς πάλαι πρὸς Πεισίστρατον τὸν τύραννον, ἡνίκα συνεστήσαμεν ἐν Παλλήνῃ τὴν μάχην. (μέμνηται δὲ τούτου καὶ Ἀνδροτίων καὶ Ἀριστοτέλης ἐν Ἀθηναίων πολιτείᾳ. Ἄλλως. Παλλήνη δῆμος τῆς Ἀττικῆς. νῦν δὲ διὰ τοῦ β γραπτέον κατὰ συγγένειαν τοῦ β εἰς τὸ π. εἴρηται δὲ ἀπὸ τοῦ βάλλειν λίθοις. θέλει γὰρ εἰπεῖν ὅτι δεῖ ζητεῖν τὸν ἄνδρα καὶ λιθολευστεῖν αὐτόν.)

236. ἐμπλείμην λιθοις : Κορεσθείην. εὐκτικῆς ἐγκλίσεως τετύχηκε τὸ ἐμπλείμην. (ἔστι γὰρ ἐμπιπλῶ, ὃ κατὰ ἀναδιπλασιασμὸν κέκλιται, ἀφ' οὗ παράγωγον τὸ ἐμπίπλημι. ἀπὸ τούτου γίνεται τὸ [Il. Φ, 23] « πιμ« πλᾶσι μυχοὺς λιμένος εὐόρμου. » τὸ δὲ ἑτέρᾳ παραγωγῇ, ἀφ' οὗ τὸ πλήθω, ὡς ἀπὸ τοῦ νῶ νήθω. ἀπὸ δὴ τοῦ) πλῶ πλείμην, ὡς ἀπὸ τοῦ βλῶ βλείμην, (οὗ τὸ δεύτερον [Il. N, 288] « εἴπερ γάρ κε βλεῖο. »)

237. εὐφημεῖτε : Τοῦτο ὁ Δικαιόπολις μέλλων ποιεῖν θυσίαν φησί. τοῦτο γὰρ ἦν ἔθος.

238. (σίγα πᾶς : Ἐπ' αὐτῷ τούτῳ δυσχεραίνουσι καὶ διάκεινται χαλεπῶς, ὅτι οὐ μόνον εἰρήνην ἐποίησεν, ἀλλὰ καὶ θυσίας ἐπιτελεῖ.)

239. (οὗτος αὐτός ἐστιν ὃν ζητοῦμεν : Τὸ δὶς τὸν αὐτὸν λόγον ἐπιφθέγξασθαι παρίστησιν ἐκ μετατροπῆς ἀλήθειαν βεβαιούμενος.)

ἀλλὰ δεῦρο πᾶς : Πρὸς ὀλίγον χρονον ὑποστείλασθαι βούλονται, ἵνα μὴ προϊδόμενος ὁ σπονδοφόρος φύγῃ, (ἀλλὰ δυνηθῶσιν αὐτὸν χειρώσασθαι. τοιαῦται ἦσαν καὶ αἱ Ὀδυσσέως πρὸς Διομήδη παρακελεύσεις [Il. K, 344]

ἀλλ' ἐῶμέν μιν πρῶτα παρεξελθεῖν πεδίοιο
τυτθόν· ἔπειτα δέ κ' αὐτὸν ἐπαΐξαντες ἕλοιμεν.)

242. προΐθ' ὡς τὸ πρόσθεν : Κατὰ τὴν τῶν Διονυσίων ἑορτὴν παρὰ τοῖς Ἀθηναίοις αἱ εὐγενεῖς παρθένοι ἐκανηφόρουν. ἦν δὲ ἐκ χρυσοῦ πεποιημένα τὰ κανᾶ, ἐφ' ὧν τὰς ἀπαρχὰς ἁπάντων ἐτίθεσαν. (διπλῆ δὲ μετὰ κορωνίδος, ὅτι εἰσίασιν οἱ ὑποκριταί, καὶ εἰσὶν ἰαμβεῖα.)

243. ὁ Ξανθίας τὸν φαλλόν : Φαλλός ξύλον ἐπίμηκες, ἔχον ἐν τῷ ἄκρῳ σκύτινον αἰδοῖον ἐξηρτημένον. ἵστατο δὲ ὁ φαλλὸς τῷ Διονύσῳ, κατά τι μυστήριον. περὶ δὲ αὐτοῦ τοῦ φαλλοῦ τοιαῦτα λέγεται. Πήγασος ἐκ τῶν Ἐλευθερῶν, αἱ δὲ Ἐλευθεραὶ πόλις εἰσὶ Βοιωτίας, λαβὼν τοῦ Διονύσου τὸ ἄγαλμα ἧκεν εἰς τὴν Ἀττικήν. οἱ δὲ Ἀθηναῖοι οὐκ ἐδέξαντο μετὰ τιμῆς τὸν θεόν. ἀλλ' οὐκ ἀμισθί γε αὐτοῖς ταῦτα βουλευσαμένοις ἀπέβη. μηνίσαντος γὰρ τοῦ θεοῦ νόσος κατέσκηψεν εἰς τὰ αἰδοῖα τῶν ἀνδρῶν, καὶ τὸ δεινὸν ἀνήκεστον ἦν. ὡς δὲ ἀπεῖπον πρὸς τὴν νόσον κρείττω γενομένην πάσης ἀνθρωπείας μαγγανείας καὶ τέχνης, ἀπεστάλησαν θεωροὶ μετὰ σπουδῆς· οἳ δὴ ἐπανελθόντες ἔφασαν ἴασιν ταύτην εἶναι μόνην, εἰ διὰ τιμῆς ἁπάσης ἄγοιεν τὸν θεόν. πεισθέντες οὖν τοῖς ἠγγελμένοις οἱ Ἀθηναῖοι φαλλοὺς ἰδίᾳ τε καὶ δημοσίᾳ κατεσκεύασαν, καὶ τούτοις ἐγέραιρον τὸν θεόν, ὑπόμνημα ποιούμενοι τοῦ πάθους. ἴσως δὲ καὶ ὅτι παίδων γενέσεως αἴτιος ὁ θεός. ἡδονὴν γὰρ καὶ ἀφροδίσια μέθη ἐξανίστησι. τοιγαροῦν καὶ ὁ Λάϊος ἐκδοὺς ἑαυτὸν μέθῃ [Eurip. Phœn. 21] « εἴς τε βακχεῖον πεσὼν » ἐφύτευσε (παῖδα. φαλλός δὲ τὸ πέος. παίζει δὲ πρὸς τὸν οἰκέτην. Ξανθίας γὰρ οἰκετικὸν ὄνομα. κέχρηται δὲ αὐτῷ καὶ ἐν Βατράχοις [271] « ὁ Ξανθίας, ποῦ Ξανθίας; » εἰσὶ δὲ καὶ ἐν τῇ κωμῳδίᾳ οἰκέται Ξανθίας, Τίβιος, Σωσίας, Δᾶος, Γέτας.)

245. (τὴν ἐτνήρυσιν : Τὴν ζωμάρυστρον, ἐν ᾗ τὸ ἔτνος ἀρύονται. καθάριον δὲ εἰς ὑπερβολὴν τὸ ὄνομα. ἔστι δὲ καὶ τοῦτο ἀστεῖον καὶ πεπαιδευμένῳ ἁρμόζον, μηδὲ τῶν κατὰ τὴν οἰκίαν σκευῶν τῆς καθημερινῆς χρείας ἀγνοεῖν τὰ ὀνόματα. ἐτνήρυσιν οὖν ἐκάλεσε παρὰ τὸ ἐν αὐτῇ ἀρύεσθαι τὸ ἔτνος. λέγομεν δὲ ἐτνήρυσιν πᾶν τὸ ταράσσον. ἔτνος δὲ ἔλεγον τὴν ἀθάραν καὶ τὸ πίσινον ἀφέψημα, ὡς καὶ ἐν Βατράχοις [62] « ἤδη πότ' ἐπεθύμησας ἔτνους. »)

246. τοῦ 'λατῆρος : Ἐλατήρ ἐστι πλακουντῶδες πέμμα πλατύ. (ἔνθεν καὶ ἡ ἐπωνυμία, παρὰ τὸ ταῖς χερσὶν ἐλαύνεσθαι εἰς πλάτος. ἐλατῆρος οὖν τοῦ πέμματος. ἔστι δὲ ἄρτος πλατύς, ἐν ᾧ τὸ ἔτνος ἐτίθεσαν καὶ προσῆγον τῷ βωμῷ. ἐλατήρ δὲ πᾶν τὸ πλατύ. εἰσὶ δὲ καὶ λαγαρώδεις παρὰ τὸ λαγαρόν. καὶ πέλανοι παρ' Εὐριπίδῃ.)

254. θυμβροφάγον : Ἤτοι ἀγροικικὸν καὶ ἐλευθέριον. παρόσον οἱ ἐν ἀγρῷ διατρίβοντες ἀφελέστεροι καὶ ἐπιεικέστεροι. τὸ δὲ θύμβρον ἐν ἀγρῷ γίνεται. ἔστι δὲ καὶ τοῦτο ἄγριον φυτόν. ἢ πικρὸν καὶ δριμὺ κατὰ τῶν ἐχθρῶν. (δριμὺ γὰρ τὸ φυτόν. οἱ δὲ ἀντὶ τοῦ δριμὺ καὶ ἱλαρόν. τινὲς δὲ τῷ θύμῳ παραπλήσιον. ἢ ἁπαλόν, ἡδύ. κωμικῶς δὲ ἔπαιξεν.)

255. γαλᾶς : Ἀντὶ τοῦ παῖδας δριμυτάτους. τοῦτο δὲ τὸ σχῆμα καλεῖται παρὰ προσδοκίαν. ἔδει γὰρ ἐκφάναι, ἐκποιήσεται παῖδας νεανίας.

ὀπύσει : Γαμήσει. *Vict.*

256. ἐπειδὰν ὄρθρος ᾖ : Παρόσον ἐν τῷ ὄρθρῳ δοκοῦσιν οἱ ἄνθρωποι συνεχῶς βδέειν, διὰ τὸ τὰς πέψεις τότε γίνεσθαι.

257. πρόβαινε : Ὡς ἐπὶ ὄχλου πομπευόντων αὐτῶν (λέγει. φυλάττεσθαι δὲ ἀντὶ τοῦ παρατηρεῖν, φυλάττειν.)

259. (ὀρθὸς ἑκτέος : Ὑμῖν δ' ἐστὶν ὁ φαλλὸς κατασχετέος, βασταχτέος ἑπομένοις τῇ κανηφόρῳ. ἅμα δὲ καὶ πρὸς τὸ κακέμφατόν ἐστιν ὁ φαλλὸς, τὸ πρὸς μίμησιν τοῦ αἰδοίου. καὶ τοῦτο δὲ παίζει κωμικῶς λέγων, τὸν φαλλὸν ὀρθὸν κατέχειν ὄπισθεν τῆς παρθένου.)

261. ᾄσομαι τὸ φαλλικόν : Ἄσματα λέγεται φαλλικὰ τὰ ἐπὶ τῷ φαλλῷ ᾀδόμενα μέλη. ἔστι δὲ εἰς Διόνυσον (ἢ εἰς ἄλλον καρπόν).

263. (Φαλῆς ἑταῖρε : Διπλῆ καὶ μέλος, οὗ ἡγεῖται περίοδος. ἡ περικοπὴ κώλων ιζ' τοῦ ὑποκριτοῦ, ἧς πρῶτα μέν εἰσιν η'. ἐν εἰσθέσει ἰαμβικὰ δίμετρα ἀκατάληκτα μὲν β', τὸ δὲ γ' καταληκτικόν. τὰ δὲ ἄλλα ε' καταληκτικά. περισπωμένως δὲ τὸ Φαλῆς ἀναγνωστέον, ὡς Ἑρμῆς. οὕτως δὲ Ἀττικοί· παρὰ Δωριεῦσι δὲ βαρυτόνως. « ὁ δ' αὖ Φάλης κατακυπτάζει. » οὕτω Σώφρων ἐχρήσατο. ὥσπερ δὲ Ὅμηρος ἥρμοσε κατάπληξιν τῇ φυγῇ καὶ ἑταίραν αὐτῆς ἔφησεν εἶναι [Il. I, 2] » θεσπεσίη ἔχε φύζα » εἰπὼν « φόβου κρυόεντος ἑταίρη, » οὕτω καὶ ὁ κωμικὸς ἐκεῖθεν λαβὼν τὰς ἀφορμὰς, Διονύσῳ τὸν φαλλὸν ἑταῖρον εἶναι φησίν. ἀκόλουθα γὰρ Διονυσιακῷ ποτῷ τὰ ἀφροδίσια. μαρτυρεῖ δὲ ἡμῖν καὶ Εὐριπίδης [Phœn. 21]

ὁ δ' ἡδονῇ δοὺς εἴς τε βακχεῖον πεσών.

264. νυκτοπεριπλάνητε : Οἰκείας ἐντίθησι φωνὰς ψυχῇ ἀνειμένῃ καὶ ἤδη μεθυούσῃ. ἡδίστην δὲ τὴν σύνθεσιν τὴν τοῦ νυκτοπεριπλάνητε ἡ περί πρόθεσις εἰργάσατο.)

265. μοιχέ : Διὰ τὸ τοὺς μεθύοντας γίνεσθαι περὶ τὰ ἀφροδίσια. δεῖ δὲ νοεῖν, ὅτι ταῦτα οὐχ ὡς ἐν βλασφημίᾳ λέγεται τὸ μοιχὲ καὶ τὸ παιδεραστά, ἀλλὰ πρὸς διάχυσιν καὶ ἱλαρότητα τοῦ φαλλοῦ. (ὡς καὶ παρ' Ὁμήρῳ [Il. E, 31] πρὸς διάθεσιν ψυχῆς « Ἆρες Ἄρες βροτολοιγέ. »)

266. ἕκτῳ σ' ἔτει προσεῖπον : Ἕκτον γὰρ ἦν λοιπὸν ἔτος, ἀφ' οὗ ὁ πόλεμος Ἀθηναίοις πρὸς Πελοποννησίους συνέστη. δῆμον δὲ ἔφη τὴν κώμην, οὐχ ὡς παρ' Ὁμήρῳ [Il. B, 547] « δῆμον Ἐρεχθῆος. »

270. καὶ Λαμάχων : Ὁ Λάμαχος οὗτος Ἀθηναίων στρατηγός, υἱὸς Ξενοφάνους, ὅν, ὅτε εἰς Σικελίαν ἔπλεον οἱ Ἀθηναῖοι, ἐχειροτόνησαν. ἦν δὲ μετὰ Ἀλκιβιάδου καὶ Νικίου, ὡς ἱστορεῖ Θουκυδίδης διὰ τῆς ϛ' [c. 8]. ἦν δὲ φιλοπόλεμος οὗτος.

272. ὡρικὴν ὑληφόρον : Ἀντὶ τοῦ ὡραίαν (καὶ ἀκμαίαν. ὥρα γὰρ ἡ ἀκμή. καὶ ὡραῖόν φασιν οἱ τραγικοὶ τὸ ἀκμαῖον. κοινὰ δὲ τὰ τοιαῦτα ὀνόματα. ὡρικὸν δὲ μειράκιον καὶ ὡρικῶς ἐν Δαιταλεῦσιν αὐτός. ἡ δὲ λέξις ἀπόδεκτος.)

273. τὴν Στρυμοδώρου Θρᾷτταν : Ἤτοι κοινῶς δούλην, ἢ οὕτως καλουμένην, τὴν ἐκ Θρᾴκης· ὡς τὴν ἀπὸ Φρυγίας καὶ Παφλαγονίας. φελλεῖς δὲ ἔλεγον οἱ

Ἀττικοὶ τους πετρώδεις τόπους, (οἵτινες κάτωθεν μέν εἰσι πετρώδεις, ἐπιπολῆς δὲ ὀλίγην ἔχουσι γῆν.) οἱ δέ, ὅτι ὅρος Φελλεὺς οὕτω καλούμενον, ὡς καὶ ἐν Νεφέλαις [71].

274. (μέσην λαβόντ' ἄραντα : Ἐν εἰσθέσει κῶλα τρία ἰσάριθμα, ὧν τὰ δύο ἰαμβικὰ δίμετρα, τὸ δὲ ἓν μονόμετρον.)

275. καταγιγαρτίσαι : Ἀντὶ τοῦ κατὰ τῶν γεωργικῶν γιγάρτων βαλεῖν καὶ διαμηρίσαι. γεωργικῶς δὲ παίζει. (ἢ ὅτι τὸ ῥῆμα πρόσκαιρον, ἵνα ἀπὸ τῶν γιγάρτων τὸ μόριον ᾖ πεπλασμένον.) οὐ γὰρ διὰ παντὸς συνουσιάσαι δηλοῖ τὸ καταγιγαρτίσαι. (γίγαρτα δὲ τὰ ἐντὸς τῆς σταφυλῆς ὀστώδη. ἢ ἀντὶ τοῦ συνουσιάσαι. γίγαρτον γὰρ τὸ αἰδοῖον. ἢ καταθλῖψαι, ἀπὸ μεταφορᾶς τῶν γιγάρτων.)

277. (ἐκ κραιπάλης : Ἡ ἐξ ἑωθινοῦ μέθη κραιπάλη καλεῖται. ἢ ἀπὸ χθιζῆς οἰνοποσίας.)

279. ἐν τῷ φεψάλῳ : Ἐν τῷ καπνείῳ. φέψαλοι γάρ εἰσιν οἱ σπινθῆρες, ὡς καὶ ἀλλαχοῦ [Lysistr. 107] δηλοῖ

ἀλλ' οὐδὲ μοιχοῦ καταλέλειπται φεψάλυξ.

(καὶ παρὰ Ἀρχιλόχῳ δὲ κεῖται « πυρὸς δὲ ἦν αὐτῷ φεψάλυξ. » διὰ δὲ τὸ μὴ δεῖσθαι ἀσπίδος εἰρήνης γενομένης, ἔφη ἐν φεψάλῳ κρεμήσεται ἡ ἀσπίς, παρὰ τὸ) Ἡσιόδειον [Op. 45]

αἶψά κε πηδάλιον μὲν ὑπὲρ καπνοῦ καταθεῖο.

(καὶ τί δεῖ περὶ ἀσπίδος καὶ πηδαλίου λέγειν, ὅπου γε καὶ περὶ ἀχρήστων βουλευμάτων ταύτην ἐξήνεγκε τὴν γνώμην ὁ ποιητὴς εἰπὼν [Il. B, 340]

ἐν πυρὶ δὲ βουλαί τε γενοίατο μήδεά τ' ἀνδρῶν.

περὶ δὲ ὅπλων ἐπιμελείας ἀξιουμένων τοὐναντίον ἔθηκεν [Od. Π, 288]

ἐκ καπνοῦ κατέθηκ', ἐπεὶ οὐκέτι τοῖσιν ἐῴκει.)

284. Ἡράκλεις : Βαλλόμενος λίθοις ὁ Δικαιόπολις ὑπὸ τοῦ χοροῦ φησιν Ἡράκλεις. ὡς ἀλεξίκακον τὸν Ἡρακλέα καλεῖ. πάνυ δὲ κινεῖ γέλωτα, τῆς μὲν κεφαλῆς αὐτοῦ ἀφροντιστῶν, τῆς δὲ χύτρας προνοούμενος, ἐν ᾗ τὸ ἔτνος ἦν. (τῷ δὲ συντρίβειν καὶ Μένανδρος κέχρηται ἐν Λευκαδίᾳ καὶ ἐν Ἀσπίδι· « ἔχων τὴν ἀσπίδα ἔκειτο συντετριμμένην. » σχετλιαστικὴ δὲ καὶ ἡ τοῦ Ἡράκλεις φωνή. οὗτος γὰρ ὁ θεὸς εἰς ἐπικουρίαν ἐκαλεῖτο ὡς ἀλεξίκακος τοῖς δεινὰ πάσχουσιν.

Ἡράκλεις : Διπλῆ, εἶτα ἕπεται δυὰς μονοστροφικὴ ἀμοιβαία τὰς περιόδους ἔχουσα δεκακώλους ἐκ στίχων δύο τροχαϊκῶν τετραμέτρων καταληκτικῶν, καὶ κώλων η', ὧν τοὺς μὲν στίχους ὁ ὑποκριτὴς λέγει, τὰ δὲ κῶλα ὁ χορός. πρῶτος τοίνυν ἐστὶν ἐν ἐκθέσει κατὰ τὸ ἴσον τοῖς χορικοῖς, ἃ ποιεῖ δοχμὸν συζυγίαν καὶ παίωνας τρεῖς καὶ διαίρεσιν. τῷ δὲ δικώλῳ τούτῳ τὸ μὲν πρῶτόν ἐστιν

ἀπολεῖς ἄρα τὸν ἥλικα τόνδε φιλανθρακέα.

τὸ δὲ τῆς δευτέρας « οὑτοΐ σοι χαμαί. » ἕπεται δὲ τοῖς δυσὶ κώλοις στίχος τροχαῖος ὅδε « ἀντὶ ποίας αἰτίας. » καὶ ἐν εἰσθέσει τὰ λοιπὰ κῶλα ς' παιωνικὰ δίρρυθμα.)

285. ὦ μιαρὰ κεφαλή : Ἐκ τοῦ ἡγεμονικοῦ μέρους τοῦ σώματος δηλοῖ τὸν ἄνδρα, παραπλησίως Ὁμήρῳ [Il. Θ, 281] « Τεῦκρε, φίλη κεφαλή. » καὶ [Od. Λ, 343] « τοίην γὰρ κεφαλήν. » καὶ παρὰ Δημοσθένει [p. 552] « καὶ τοῦτ' ἔλεγες, ὦ μιαρὰ κεφαλή. »

290. ἡμῶν μόνος : χωρὶς ἡμῶν τῶν Ἀθηναίων· ἢ μόνος ἐξ ἡμῶν. R.

295. χώσομεν τοῖς λίθοις : Τοιοῦτο καὶ τὸ Ὁμηρικὸν [Il. Γ, 57] « λάϊνον ἕσσο χιτῶνα. » ἐν ἤθει γὰρ αὐτὸ μετεποίησεν. Ἀλέξανδρος μὲν γὰρ ἄξιος τῶν λίθων, Λακεδαιμονίας ἐρασθεὶς γυναικὸς ἐπὶ συμφορᾷ τῆς πατρίδος. οὗτος δὲ εἰρήνης ἐρᾷ ἐπ' ἀγαθῷ τῆς πατρίδος.

296. μηδαμῶς, πρίν γ' ἀκούσητε : Μεγαλοφρόνως καὶ γενναίως οὐ παραιτεῖται τὸν θάνατον, ἀλλὰ πρῶτον εἰπεῖν ἀξιοῖ, καὶ τότε ἀποθανεῖν, ἐὰν ᾖ δίκαιον.

297. οὐκ ἀνασχήσομαι : Ὅτι τινὲς τὸ ἀνασχήσομαι ὡς ἔκφυλον νομίζουσιν· ἐχρήσατο δὲ αὐτῷ καὶ Δημοσθένης ἐν τῷ κατὰ Τιμοκράτους (Suid. Ἀριστοκράτους). οὐ δεῖ οὖν μόνον λέγειν ἀνέξομαι.

298. Κλέωνος : Ἐμισεῖτο γὰρ ὁ Κλέων ὡς συνταράττων τὰ κοινά. R.

300. ὃν ἐγὼ κατατεμῶ : (Ἐνταῦθα πάλιν περιττεύει τὸ ποτὲ διὰ τὴν μετροποιίαν, καὶ ἔτι πρὸς τὴν ἐξήγησιν, οὐ ποτὲ τέμνει τὸν Κλέωνα Ἀριστοφάνης, ἀλλ' ἀεί. ὡς οὖν ἄνω τὸ νῦν περιττεύει, οὕτως ἐνταῦθα τὸ ποτέ. ἔστι γὰρ τοῦ αὐτοῦ μέτρου τὸ κῶλον. καττύματα δὲ ἐστὶ δέρματά τινα ἰσχυρὰ καὶ σκληρά, ἅπερ τοῖς σανδαλίοις καὶ τοῖς ἄλλοις ὑποδήμασιν ὑποβάλλεται.) οἰκεία δὲ ἡ ἀπειλὴ κατὰ τοῦ Κλέωνος. βυρσοδέψης γὰρ οὗτος. ὅτι δὲ τοῖς ἱππεῦσιν ἦν τις ἔχθρα πρὸς Κλέωνα, καὶ διὰ τῆς ἀρχῆς δεδήλωκε (7) « καὶ φιλῶ τοὺς ἱππέας διὰ τοῦτο τοὔργον. »

303. σοῦ δ' ἐγὼ λόγους λέγοντος : (Ἕπεται τῇ δυάδι δίστιχον, ὃ τοῖς μέλεσιν ἐξ ἔθους ὑπάγουσιν, ὅπερ ἐστὶ τετράμετρον τροχαϊκὸν καταληκτικόν.) οὐ λέγει ὅτι τοὺς μὲν μακροὺς οὐ προήσομαι, ἀκούσομαι δὲ τοὺς διὰ συντομίας λεγομένους, ἀλλ' ὅτι πάντες οἱ λόγοι μακροὶ πεφύκασι κρινόμενοι πρὸς πρᾶξιν, εἰ πέπρακται.

306. τῶν δ' ἐμῶν σπονδῶν : Λείπει ἡ περί. οὐ βούλεται δὲ αὐτοὺς τῶν Λακεδαιμονίων μνημονεύειν, διὰ τὸ ἐνθυμουμένους τὰ ὑπ' αὐτῶν γεγενημένα ὀργίλως καθίστασθαι.

308. οὔτε πίστις, οὔθ' ὅρκος : (Ἐπὶ ἀπιστίᾳ γὰρ διεβάλλοντο οἱ Λακεδαιμόνιοι. καὶ Εὐριπίδης ἐν Ἀνδρομάχῃ [445]

Σπάρτης ἔνοικοι, δόλια βουλευτήρια.

τρία δὲ ἐγκλήματα παραβασίας προσέθηκεν αὐτοῖς.) αἱ γὰρ συνθῆκαι διὰ τριῶν τελοῦνται, λόγων, ἔργων, χειρῶν. λόγων μέν, οἷον δι' ὅρκου. ἔργων δέ, διὰ τῶν ἐν βωμοῖς θυσιῶν. χειρῶν δέ, ἐπειδὴ αἱ πίστεις διὰ τῶν δεξιῶν γίνονται. καὶ Ὅμηρος [Il. B, 341] « καὶ δεξιαί, ᾗς ἐπέπιθμεν. »

[illegible] χρυσοφορεῖ, κατεσκευασμένον [illegible]

[illegible] τὸν Εὐριπίδην [illegible] κρίναντος τὸν [illegible]

[illegible] : 'Ελάττει πάντα τὸν [illegible] τῆς φύσεως [illegible]

[illegible] ὁ Δικαιόπολις [illegible] καὶ Ὅμηρος « τρισμάκαρες [Od. Ε, 306] Δαναοί. »

401. οὐθ' ὁ δοῦλος οὑτοσί : Διὰ τοῦ δοκοῦντος ἐπαίνου διαβάλλει τὸν Εὐριπίδην, (ὅτι δεινοὺς εἰσάγει τοὺς δούλους ἐν ταῖς τραγῳδίαις.)

404. (Εὐριπίδιον : Ἐρωτικὰς μιμεῖται φωνάς. οἱ γὰρ ἐρῶντες εἰώθασι τοὺς ἐρωμένους ἐρωτικῶς δι' ὑποκοριστικῶν καλεῖν.)

405. εἴπερ : ὑπήκουσας δηλονότι. R.

406. Χολλίδης ἐγώ : Δῆμος τῆς Αἰγηΐδος φυλῆς. ἢ παίζει διὰ τὸ χωλοὺς εἰσάγειν.

407. (οὐ σχολή : Ἐν ἐκθέσει μονόμετρον ἰαμβικόν, μεθ' ὃ ἐκθέσεις εἰς στίχους ἰαμβικοὺς ἀκαταλήκτους τριμέτρους.)

408. ἀλλ' ἐκκυκλήθητι : Εἰ μὴ σχολὴν ἔχεις κατελθεῖν, ἀλλ' ἐκκυκλήθητι, τουτέστι συστράφηθι. ἐκκύκλημα δὲ λέγεται μηχάνημα ξύλινον τροχοὺς ἔχον, ὅπερ περιστρεφόμενον τὰ δοκοῦντα ἔνδον ὡς ἐν οἰκίᾳ πράττεσθαι καὶ τοῖς ἔξω ἐδείκνυε, λέγω δὴ τοῖς θεαταῖς. βούλεται οὖν εἰπεῖν ὅτι κἂν φανερὸς γενοῦ. διὸ ἐπήνεγκεν

ἀλλ' ἐκκυκλήσομαι, καταβαίνειν δ' οὐ σχολή.

410. ἀναβάδην ποιεῖς : Φαίνεται γὰρ ἐπὶ τῆς σκηνῆς μετέωρος. [illegible] ἀντὶ τοῦ ἄνω τοὺς πόδας ἔχων.

[illegible] : Ἀντὶ τοῦ κέκραγας. (λακεῖν γάρ ἐστι τὸ [illegible] ὁ ποιητὴς [Il. Γ, 27] « λάκε δ' ἀσπὶς ὑπ' αὐτῷ » [Il. Ν, 616] « λάκε δ' ὀστέα. » καὶ [Od. Μ. 86] « [illegible] » τραγικὴ δ' ἡ λέξις.)

[illegible] : Δυνατοῦ ὄντος. Vict.

412. τὰ ῥάκια : Οὕτως αὐτὸν ἐσκευοποίησεν ἐν ῥακίοις κατεζηνωμένον καὶ [illegible] τὰς τραγῳδίας. κωμῳδεῖ [illegible] αὐτὸν ὡς πτωχοὺς καὶ ταπεινοὺς εἰσάγοντα τοὺς ἥρωας.

415. παλαιοῦ [illegible] : Τοῦ Τηλέφου. (ἀμφίβολον δὲ τὸ παλαιὸν πῶς ἔχει. δηλοῖ γὰρ καὶ τὸ πρὸ πολλοῦ χρόνου παρ' Ὁμήρῳ [Il. Ζ, 215]

ἦ ῥά νύ μοι ξεῖνος πατρώϊος ἐσσὶ παλαιός.

παλαιὸν δὲ καὶ τὸ διερρωγός, ὡς τὸ [Od. Α, 395]

πολλαὶ ἐν ἀμφιάλῳ Ἰθάκῃ ἡμὲν νέαι ἠδὲ παλαιαί.)

416. ῥῆσιν μακράν : Τὸ μακρὸν οὐκ ἀργῶς αὐτῷ λέλεκται, ἀλλ' ἐπειδὴ καὶ τοὺς ἀγγέλους καὶ τοὺς προλόγους μακρολογοῦντας εἰσάγει Εὐριπίδης, πρὸς αὐτὸν ὁ λόγος ἀποτείνεται.)

418. τὰ ποῖα τρύχη : Γέγραπται τῷ Εὐριπίδῃ δρᾶμα Οἰνεύς. μετὰ δὲ τὸν θάνατον Τυδέως καὶ ἐπιστράτευσιν Διομήδους κατὰ Θηβαίων ἀφῃρέθη τὴν βασιλείαν Οἰνεὺς διὰ τὸ γῆρας ὑπὸ τῶν Ἀγρίου παίδων, καὶ περιῄει ταπεινός, ἄχρις οὗ ἐπανελθὼν ὁ Διομήδης Ἄγριον μὲν ἀνεῖλε, τὴν βασιλείαν δὲ Οἰνεῖ παρέδωκε. (τρύχη δὲ τὰ ῥάκη τραγικῶς.) ὡς προκειμένου τοῦ προσώπου Οἰνέως. R.

421. τὰ τοῦ τυφλοῦ Φοίνικος : (Φοίνικα λέγει τὸν Ἀμύντορος.) λακίδας δέ, τὰ διερρωγότα ἱμάτια.

423. λακίδας : Λακίς, ῥαχάς, ἐμβολήν, ῥαφή, τραῦμα, σχίσμα. Vict.

424. Φιλοκτήτου : Εἰσήγαγε γὰρ τὸν Φιλοκτήτην ἐν τῇ Λήμνῳ πεινώμενον.

425. (πτωχιστέρου : Συνήθως αὐτὸ παρεσχημάτισεν. ὡς γὰρ λαλίστερον, καὶ ψευδίστερον, οὕτω καὶ πτωχίστερον.)

426. τὰ δυσπινῆ : Τὰ ἐρρυπωμένα, τὰ ῥυπαρά. πίνος γὰρ ὁ ῥύπος. εἰσήγαγε γὰρ καὶ τοῦτον καταβληθέντα ἐκ τοῦ Πηγάσου καὶ ἐρρυπωμένα ἱμάτια ἔχοντα. οὑτοσὶ δ' εἶπεν· ἔκειτο γὰρ καὶ πλησίον τοῦ Βελλεροφόντου. (ἐπίτηδες δὲ ταῦτα ἐποίησεν, ἵνα διέλθῃ πάντας ὅσους ἐποίησε πτωχοὺς ῥάκια ἐνδεδυμένους.)

429. προσαιτῶν : Οὐκ εἶπεν αἰτῶν, ἀλλὰ προσαιτῶν. οὕτως γὰρ λέγεται.

432. ῥακώματα : Τὰ ἱμάτια. κυρίως δὲ τὰ ῥάκη ὡς ἐπὶ βιβλίων τινῶν ἢ ῥακῶν. R.

433. (τῶν Θυεστείων ῥακῶν : Ἤτοι τὰ τῶν Κρησσῶν, ἢ αὐτοῦ τοῦ Θυέστου.)

434. ἐξήγαγεν ὁ θεράπων τὰ ῥάκη. R.

435. ὦ Ζεῦ διόπτα : Ταῦτά φησιν, ἐπεὶ πολύτρητα ἦν τὰ ῥάκια, δι' ὧν ἦν πάντα ἐπισκοπῆσαι. — καὶ ὁ Ζεὺς δὲ παντεπόπτης λέγεται. R.

309. οἶδ' ἐγ...... τοὺς Λάκωνας : Πάνυ δεινῶς καὶ τεθαρρηκότως ἐχρήσατο τῇ ἐπαναλήψει, καὶ οὐ κατέπτηξεν οὐδὲ ηὐλαβήθη ἐν τοσούτοις ὑπὲρ τῶν ἐχθρῶν εἰπών, ὅτι οὐ μόνον οὐκ ἠδίκησαν κατὰ πάντα, ἀλλ' ὅτι καὶ ἐν τοῖς ἀδικηθεῖσι ταχθεῖεν ἄν.

315. ταραξικάρδιον : Αὐξήσει κέχρηται εἰπὼν ταραξικάρδιον. ἔστι γάρ τι δεινὸν, ὃ μὴ οὕτως ἐστὶ δεινὸν, ὡς δάκνειν (καὶ ταράττειν τὴν καρδίαν. ὅπερ δὲ τῇ καρδίᾳ ταραχὴν ἐμποιήσειεν ἂν, τοῦτο ἀναμφιβόλως δεινότατον νομίζοιτο ἄν).

317. (κἄν γε μὴ λέγω δίκαια : Τοῦτο δεινὸν καὶ προσκρουστικὸν, ἐπειδὴ οἱ στρατηγοῦντες καὶ δημαγωγοῦντες κωλυταὶ τῆς εἰρήνης ἐγίνοντο.)

318. ὑπὲρ ἐπιξήνου : Ἐπίξηνος καλεῖται ὁ μαγειρικὸς κορμὸς, ἐφ' οὗ τὰ κρέα συγκόπτουσιν.

320. μὴ οὐ καταξαίνειν : Μὴ οὐχὶ λίθοις αὐτὸν αἱμάσσειν, ὥστε φοινικοῦν αὐτῷ ποιῆσαι τὸ σῶμα. τὸ δὲ καταξαίνειν ὡς ἐπὶ ἐρίων ἔθηκε. διὸ καὶ φοινικίδα εἶπεν ὡς ἐπὶ ἱματίου. (Ἀριστοτέλης δέ φησιν ἐν τῇ Λακεδαιμονίων πολιτείᾳ, χρῆσθαι Λακεδαιμονίους φοινικίδι πρὸς τοὺς πολέμους, τοῦτο μὲν ὅτι τὸ τῆς χρόας ἀνδρικὸν, τοῦτο δὲ ὅτι τὸ τοῦ χρώματος αἱματῶδες τῆς τοῦ αἵματος ῥύσεως ἐθίζει καταφρονεῖν. τὸ οὖν ἐν φοινικίδι ἀντὶ τοῦ ἐν τάξει πολεμίων, ἀπὸ τοῦ φορήματος δηλώσειεν ἂν εἰκότως, ἐπεὶ τὸ φοινιχθῆναι αἱμαχθῆναι, δίκην φοινικοβαφοῦς ἐνδύματος. καὶ τὸ ξαίνω ῥῆμα καὶ παρὰ Δημοσθένει κεῖται ἐν τῷ κατ' Αἰσχίνου περὶ τῆς παραπρεσβείας [p. 403, 3] « εἰπούσης τι καὶ δακρυσάσης ἐκείνης, περιρρήξας τὸν χιτῶνα ὁ οἰκέτης, ξαίνει κατὰ τοῦ νώτου πολλάς. »)

καταξαίνειν : Ξαίνει, διαξέει, νήθει, σωρεύει, ἐργάζεται ἔρια, καὶ δέρρειν ἱμάντι. *Vict.*

321. θυμάλωψ : Ὁ διακεκαυμένος ἀναβάτης. (ὁ ἀπολελειμμένος τῆς θύψεως ἄνθραξ, ὁ ἡμίκαυτος. ξύλον καὲν, σπινθὴρ, ἢ διακεκαυμένος ἄνθραξ.) χαριέντως δὲ εἶπεν, ἐπεὶ ἀνθρακεῖς εἰσιν οἱ Ἀχαρνεῖς. ἀντὶ γὰρ τοῦ εἰπεῖν, οἴως ἐξεκαύθητε, θυμάλωψ ἐπέζεσεν.

322. Ἀχαρνηΐδαι : Τὴν Ὁμηρικὴν παράφρασιν πολιτικῶς μιμεῖται « υἷες Ἀχαιῶν· » ἐν μιᾷ λέξει προεισενεγκάμενος τὸ ὄνομα ὅλον, ὦ Ἀχαρνέων παῖδες.

326. ἀνταποκτενῶ : Ταῦτα λέγει τινὸς τῶν Ἀχαρνέων ἁρπάσας κόφινον γερόντων, ἐν ᾧ τοὺς ἄνθρακας φέρουσιν, ὃν βούλεται ξίφει διαχρήσασθαι. σκώπτει δὲ τοὺς Ἀχαρνέας ὡς ἀνθρακοκαύστας.

327. ὁμήρους : Ὁμήρους ἐκάλουν καὶ ὅμηρα τὰ ἐπὶ συνθήκαις διδόμενα (ἐνέχυρα).

330. ἔνδον εἶρξας : Ἀποκλείσας. δασέως δὲ τοῦτο Ἀττικοί. (τὸ μέντοι παρ' Ὁμήρῳ [Il. Φ, 282] « ἐρχθέντ' ἐν μεγάλῳ ποταμῷ » ψιλῶς. τὸ δὲ ἕρξας δασέως ἀναγινώσκομεν, ὅταν τὸ πράξας δηλοῖ [Od. Σ, 197]

ἡ μὲν ἄρ' ὡς ἕρξασ' ἀπεβήσατο δῖα θεάων.

τὸ δὲ ἐπὶ τῆς εἱρκτῆς δασέως Ἀττικοί.)

332. εἴσομαι δ' ὑμῶν : Ψίαθον ἀνθράκων προσενήνοχεν, ὅν φησι παῖδα εἶναι τῶν Ἀχαρνέων πάνυ κωμικώτατα. (τὰ δὲ μεγάλα πάθη ὑποπαίζει τῆς τραγῳδίας, ἐπεὶ καὶ ὁ Τήλεφος κατὰ τὸν τραγῳδοποιὸν Αἰσχύλον, ἵνα τύχῃ παρὰ τοῖς Ἕλλησι σωτηρίας, τὸν Ὀρέστην εἶχε συλλαβών. παραπλήσιον δέ τι καὶ ἐν ταῖς Θεσμοφοριαζούσαις ἐποίησεν. ὁ γὰρ Εὐριπίδου κηδεστὴς Μνησίλοχος ἐπιβουλευόμενος παρὰ τῶν γυναικῶν, ἀσκὸν ἁρπάσας παρά τινος γυναικὸς ὡς ἂν παιδίον ἀποκτεῖναι βούλεται. τὸ δὲ εἴσομαι ἀντὶ τοῦ γνώσομαι· ὡς καὶ παρ' Ὁμήρῳ [Il. Θ, 532]

εἴσομαι, αἴκε μ' ὁ Τυδείδης κρατερὸς Διομήδης.)

333. ὁ λάρκος δημότης : Πλέγμα τι κοφινῶδες ἢ ψιαθῶδες, ἐν ᾧ φέρουσι τοὺς ἄνθρακας.

334. μηδαμῶς ὦ μηδαμῶς : Τοῦτο ἀποσιώπησις καλεῖται. ἔχεις καὶ παρὰ Δημοσθένει [p. 232, 20] τὸ ὅμοιον « ἀλλ' ὦ τί ἄν σε τις εἰπὼν ὀρθῶς προσείποι; »

336. ἀπολεῖς ἄρα τὸν ἥλικα : Ἤτοι τὸν λάρκον, ἢ ἐμὲ τὸν σοῦ αὐτοῦ ἥλικα, διὰ τῆς τοῦ λάρκου σφαγῆς. (διπλαῖ δὲ δύο. ἢ ὅτι ἡ ἑτέρα ἕπεται δυὰς, ἡ ἀντιστρέφουσα τῇ ἀποδεδομένῃ, ἧς ἡ ἀρχὴ « ὡς ἀποκτενῶ κέκραχθε. » τέλος δὲ τῆς πρώτης « οὐ προδώσω ποτέ. » τῆς δὲ δευτέρας « τῇ στροφῇ γίνεται. »)

338. ἀλλὰ νῦν λέγ', εἴ σοι : Ἐπιτρέπουσιν αὐτῷ λέγειν, ἵνα μόνον ἀφῇ τὸν λάρκον.

339. ὅτι τῷ τρόπῳ σοῦ 'στιν : Ἀντὶ τοῦ εἰπὲ καὶ ὅτῳ τρόπῳ ὁ Λακεδαιμόνιός ἐστί σοι φίλος. ἢ οὕτως· εἰπὲ, τί σου τῷ τρόπῳ φίλον ἐστὶ περὶ Λακεδαιμονίων. (τὸ δὲ ἑνικὸν ἀντὶ τοῦ πληθυντικοῦ προηνέγκατο, ἀντὶ τοῦ περὶ Λακεδαιμονίων. τὸ ὅμοιον καὶ παρὰ τῷ ῥήτορι ἐν τῷ πρώτῳ τῶν Φιλιππικῶν [p. 13, 4 ?] « ἀλλὰ μὴν τόν γε Παίονα καὶ Ἰλλυριόν. »)

341. ἐξεράσατε : Ἀντὶ τοῦ ἐκκενώσατε, ἐκβάλετε, ἀπορρίψατε. πεποίηται δὲ ἡ λέξις ἀπὸ τῆς ἔρας, τουτέστι τῆς γῆς.

342. οὑτοιί σοι χαμαί : Κωμῳδεῖ καὶ διασύρει τοὺς Ἀθηναίους ὡς καὶ ταχέως θυμουμένους καὶ ταχέως παυομένους.

345. ἀλλὰ κατάθου τὸ βέλος : Σημειωτέον ὅτι ἐπὶ ξίφους τὸ βέλος τέθεικε. (καὶ Ὅμηρος πᾶν τὸ βαλλόμενον.)

343. ἐγκάθηνταί που λίθοι : Ἐγκεκρυμμένοι εἰσίν· οἱ γὰρ κρυπτόμενοι ὑποκάθηνται.

344. ἐκσέσεισται : Ἢ ὁ κόλπος, ἢ ὁ τρίβων.

346. ὡς ὅδε γε σειστός : (Χορεύουσιν ἅμα καὶ κόρδακα ἐνδείκνυνται. τὸ λεγόμενον οὕτως ἐπὶ τῆς κωμικῆς ὀρχήσεως.) ἀναστρεφόμενοι δὲ ἀποτινάσσουσι τοὺς χιτῶνας, ἀποδεικνύντες ὡς μηδένα τῶν λίθων ἀποκεκρυμμένον ἔχουσι. (λέγεται δὲ στροφὴ τῶν κώλων τὸ σύστημα. γράφεται καὶ στρόφιγγι.)

347. ἐμέλλετ' ἄρα : Ἠθικώτατα καὶ ἥδιστα πρὸς τοὺς ἐν τῷ λάρκῳ ἄνθρακας διαλέγεται, (λέγων ὅτι ἐμέλλετε μετὰ βοῆς ἀνασείειν, ὡς τῆς τοῦ λάρκου ῥήξεως μετὰ βοῆς μελλούσης γίνεσθαι. — ἐμέλλετ' ἄρα πάντες, ὑφ' ὃ διπλῆ, καὶ ἐν εἰσθέσει στίχοι ἰαμβικοὶ ια'.)

349. ἄνθρακες Παρνάσσιοι : Ἀντὶ τοῦ μεγάλοι, ἀπὸ Πάρνηθος τοῦ ὄρους τῆς Ἀττικῆς. (Πάρνης γὰρ ὄρος τῆς Ἀττικῆς χορηγίαν ἔχον πολλῶν ξύλων. ἔπαιξεν οὖν Παρνασσίους εἰπών, ὡς ἀπὸ τόπου Παρνασσοῦ τὴν λέξιν παραγαγών, ἵνα ὑποδηλώσῃ τοὺς ἱερούς. ὁ γὰρ Παρνασσὸς ὄρος Φωκίας ἐστὶ ἱερὸν Ἀπόλλωνος καὶ Διονύσου. — Παρνάσσιοι ἀντὶ τοῦ μεγάλοι. τὸν γὰρ Παρνασσὸν ἐπὶ τοῦ μεγάλου ἐτίθεσαν. οἱ δὲ τοὺς ἀπὸ Πάρνηθος τοῦ ὄρους τῆς Ἀττικῆς ἄνθρακας.)

350. ὑπὸ τοῦ δέους τῆς μαρίλης : Ἡ ἐξ ἀνθράκων τέφρα μαρίλη λέγεται. μαρίλης οὖν ἀντὶ τοῦ τῆς ἀπὸ τῶν ἀνθράκων σποδιᾶς ἐπαφῆκεν ὁ λάρκος ὑπὸ ἀγωνίας, ὥσπερ ἡ σηπία τὸ μέλαν. (θηρώμεναι γὰρ αἱ σηπίαι ἐπαφιᾶσιν ἐκ τοῦ προσόντος αὐταῖς μέλανος, ταράττειν βουλόμεναι τὸν παρ' αὐταῖς τόπον, ἵνα μὴ καταφανεῖς ὦσι τοῖς θηρῶσιν.)

352. ὀμφακίαν : Ἀντὶ τοῦ ὠμὸν καὶ σκληρόν. μεταφορικῶς ἀπὸ τῶν ὀμφάκων. (οὕτως δὲ αἱ σταφυλαὶ δριμεῖαι οὖσαι καὶ οὔπω πέπειροι καλοῦνται. ἐκ γὰρ τοῦ ἐναντίου πέπανον τὸ ἥμερον καὶ ἡδύ. θηλυκῶς δὲ καὶ τὰς ὄμφακας λέγει. ἔχεις παρὰ Πλάτωνι κωμικῷ ἐν δράματι Ἑορταῖς

καὶ τὰς ὀφρῦς σχάσασθε καὶ τὰς ὄμφακας.)

354. μηδὲν ἴσον ἴσῳ : Ἀντὶ τοῦ δίκαιον καὶ ἐξ ἴσου. ἀπὸ μεταφορᾶς τοῦ κιρναμένου οἴνου πρὸς τὸ ὕδωρ ἴσον. λέγει δὲ κατ' ἴσον εἰπεῖν τε καὶ ἀκοῦσαι.

355. ἐμοῦ θέλοντος : Τὸ ἑξῆς οὕτως· λέγειν ἐμοῦ θέλοντος ὑπὲρ ἐπιξήνου πάντα, ὅσ' ἂν λέγω ὑπὲρ Λακεδαιμονίων.

358. (τί οὖν λέγεις : Διπλῆ καὶ εἴσθεσις εἰς περίοδον τοῦ χορικοῦ πεντάκωλον δοχμίαν· ὧν διπλῶν μὲν τῶν δύο πρώτων, ἁπλῶν δὲ τριῶν τὸ λοιπόν. Ἄλλως. εἴσθεσις χοροῦ προῳδικὴ στροφῆς λόγον ἔχουσα. ἔχει γὰρ καὶ ἀντίστροφον τὴν « τί ταῦτα στρέφεις. » καὶ ἔστιν ἐκ κώλων παιωνικῶν ἕξ, ἐπιμεμιγμένων κρητικοῖς καὶ βακχείοις· ὧν τὸ πρῶτον τρίμετρον καταληκτικὸν ἐκ βακχείων. τὸ δεύτερον δίμετρον ἀκατάληκτον ἐκ κρητικῶν. τὸ τρίτον δίμετρον καταληκτικὸν ἤτοι ἑφθημιμερές. τὸ τέταρτον ἡμιόλιον ἤτοι δίμετρον βραχυκατάληκτον. τὸ πέμπτον δίμετρον καταληκτικὸν ἐκ βακχείου. τὸ ἕκτον ἡμιόλιον ὅμοιον τῷ τετάρτῳ. ἐν ἐκθέσει δὲ στίχοι ἰαμβικοὶ τρίμετροι ἀκατάληκτοι β' ὅμοιοι τοῖς ἑξῆς ιθ'. ἐπὶ τῷ τέλει παράγραφος καὶ διπλῆ ἔσω νενευκυῖα.)

362. λείπει τὸ μαθεῖν, ἵνα ᾖ πάνυ γὰρ πόθος με ἔχει μαθεῖν ὅ τι φρονεῖς καὶ δικαιολογίζῃ. R.

364. ἀλλ' ᾗπερ : Τὸ ᾗπερ ἀντὶ τοῦ ὥσπερ, καθάπερ.

366. ἰδοὺ θεᾶσθε : Ἐφ' ἑαυτοῦ ταῦτα ὁ Δικαιόπολις λέγει. διὰ δὲ τῶν λελεγμένων ὁ κωμικὸς ἡμᾶς παιδεύει ὡς χρὴ τοὺς λέγοντας οὐκ ἀπὸ τοῦ μεγέθους τῶν σχημάτων σκοπεῖν, ἀλλ' ἐπ' ἐκεῖνα ἀφ' ὧν λέξειν ἔμελλον. τὸ δὲ τυννουτοσὶ δεικνὺς τὸν δάκτυλον τὸν μικρὸν λέγει.

368. οὐκ ἐνασπιδώσομαι : Ἀντὶ τοῦ οὐ καθοπλίσομαι, οὐκ ἀσπίδι περιβαλοῦμαι σεμνυνόμενος, (ἢ σκευασθήσομαι, ἐπειδὴ βραχύς εἰμι. βούλεται δὲ εἰπεῖν ὅτι οὐ παρασκευάσομαι ἐπιπολύ.)

373. ἀνὴρ ἀλαζών : Διαβάλλει τοὺς ῥήτορας.

374. ἀπεμπολώμενοι : Πιπρασκόμενοι διὰ τῆς κολακείας. τοῦτο δέ φησι διὰ τὸ εὐχερῶς πείθεσθαι τοῖς ῥήτορσι τοὺς Ἀθηναίους ἀπατῶσιν αὐτούς.

375. τῶν τ' αὖ γερόντων οἶδα : Τῆς τῶν γερόντων φιλοδικίας καὶ τῆς περὶ τὸ καταγινώσκειν ἑτοιμότητος ὅλον.

376. ψήφῳ δακεῖν : Οἷον καταδικάζειν. πανταχοῦ ὡς φιλοδίκους καὶ πρὸς τὸ καταδικάζειν ἑτοίμους τοὺς Ἀθηναίους κωμῳδεῖ.

377. αὐτός τ' ἐμαυτόν : Ὡς ἀπὸ τοῦ προσώπου τοῦ ποιητοῦ ὁ λόγος.

378. διὰ τὴν πέρυσι κωμῳδίαν : Τοὺς Βαβυλωνίους λέγει. τούτους γὰρ πρὸ τῶν Ἀχαρνέων Ἀριστοφάνης ἐδίδαξεν, ἐν οἷς πολλοὺς κακῶς εἶπεν. ἐκωμῴδησε γὰρ τάς τε κληρωτὰς καὶ χειροτονητὰς ἀρχάς, καὶ Κλέωνα, παρόντων τῶν ξένων. (εἶπε γὰρ δρᾶμα τοὺς Βαβυλωνίους τῇ τῶν Διονυσίων ἑορτῇ, ἥτις ἐν τῷ ἔαρι ἐπιτελεῖται, ἐν ᾧ ἔφερον τοὺς φόρους οἱ σύμμαχοι.) καὶ διὰ τοῦτο ὀργισθεὶς ὁ Κλέων ἐγράψατο αὐτὸν ἀδικίας εἰς τοὺς πολίτας, ὡς εἰς ὕβριν τοῦ δήμου καὶ τῆς βουλῆς ταῦτα πεποιηκότα. καὶ ξενίας δὲ αὐτὸν ἐγράψατο καὶ εἰς ἀγῶνα ἐνέβαλεν. (τὰ δὲ Λήναια ἐν τῷ μετοπώρῳ ἤγετο, ἐν οἷς οὐ παρῆσαν οἱ ξένοι, ὅτε τὸ δρᾶμα τοῦτο οἱ Ἀχαρνεῖς ἐδιδάσκετο.)

381. κἀκυκλοβόρει : Ἐνταῦθα κατέμιξε τὴν κωμῳδιακὴν χάριν καὶ τὰ δικαστικὰ ῥήματα. τὸ μὲν γὰρ διαβάλλειν καὶ λέγειν ψευδῆ καὶ πλύνειν εἴποι τις ἂν τῶν περὶ τὰ δικαστήρια ταῦτα λέγειν δεινῶν. τὸ δὲ κυκλοβορεῖν καὶ καταγλωττίζειν χαριεντίσματά ἐστι κωμῳδίας. Κυκλόβορος δὲ ποταμὸς ἐν Ἀθήναις χείμαρρος ἄγαν ἠχῶν, ὡς ἐν τοῖς εἰς τοὺς Ἱππεῖς [137] εἴρηται.

384. ἐνσκευάσασθαί με : Ἀντὶ τοῦ πτωχικὴν ἀναλαβεῖν ἐσθῆτα, ὡς ἀπὸ τοῦ σχήματος ἐλεεινότατόν με καὶ ἀθλιώτατον εἶναι δοκεῖν. τὰ γὰρ σεμνὰ τῶν σχημάτων καὶ φθόνον ἐπάγει.

385. (τί ταῦτα στρέφει : Ἀντὶ τοῦ τεχνάζῃ, μεταβάλλῃ, καὶ μετὰ τέχνης καὶ ποικιλίας προσέρχῃ.)

388. παρ' Ἱερωνύμου : Οὗτος ὁ Ἱερώνυμος μελῶν ἐστι ποιητὴς καὶ τραγῳδοποιὸς ἀνώμαλος (καὶ ἀνοικονόμητος, διὰ τὸ ἄγαν ἐμπαθεῖς γράφειν ὑποθέσεις, καὶ φοβεροῖς προσωπείοις χρῆσθαι· ἐδόκει δὲ κροτεῖσθαι. ἐκωμῳδεῖτο δὲ ὡς πάνυ κομῶν. διόπερ Ἄϊδος κυνῆν ἔφη αὐτόν, παίξας κωμῳδικῶς ὡς κουριῶντα.)

391. τὰς Σισύφου : Δριμύν τινα καὶ πανοῦργον παραδεδώκασιν οἱ ποιηταὶ τὸν Σίσυφον, διὰ μιᾶς λέξεως παρ' Ὁμήρου [Il. Z, 153] δεδιδαγμένοι

ἔνθα δὲ Σίσυφος ἔσκεν, ὃ κέρδιστος γένετ' ἀνδρῶν.

392. σκῆψιν : Ἤγουν πρόφασιν. *Vict.*

394. Καί μοι βαδιστέ' ἐστίν : Μεταβολὴ γέγονε τόπου ὡς ἐπὶ τὴν οἰκίαν Εὐριπίδου. βαδιστέα δὲ ἀντὶ τοῦ

βαδιστέον. (τὰ δὲ τοιαῦτα σχηματίζουσι καὶ πληθυντικῶς λεγόμενα. καὶ ἐν Πλούτῳ [1080]

συνεκποτέ' ἐστί σοι καὶ τὴν τρύγα.

ἀντὶ τοῦ συνεκποτέον. καὶ Θουκυδίδης [1,70] « πολεμητέα τοῖς Ἀθηναίοις εἶναι. »)

395. τίς οὗτος : Τοῦ Δικαιοπόλιδος κρούσαντος τὴν θύραν Κηφισοφῶν ὑπακούει.

396. οὐκ ἔνδον : Οἰκείως ἐξομοιοῖ τὸν οἰκέτην τῷ δεσπότῃ. τὸ δὲ, εἰ γνώμην ἔχεις, ἀντὶ τοῦ, εἰ φρόνιμος εἶ καὶ συνετός.

398. ὁ νοῦς μὲν ἔξω συλλέγων : (Σκώπτει πάλιν τὸν Εὐριπίδην διὰ τὸ ἐν τοῖς λόγοις εἶναι συλλογιστικὸν, καὶ οὗ ἂν λέγῃ τὸ ἐναντίον πάλιν κατασκευάζοντα, οἷον [Hippol. 612]

ἡ γλῶσσ' ὀμώμοχ', ἡ δὲ φρὴν ἀνώμοτος.)

οἷον, αὐτὸς μὲν ἔσω ἐστὶν, ὁ δὲ νοῦς αὐτοῦ συλλογίζεται τῶν ἔξω τι καὶ μετεωρίζεται. (παρατηρητέον δὲ ὅτι ὁ Εὐριπίδης ἐνταῦθα νοεῖται τὸ αὐτός. ἐπύλλια δὲ ἰαμβεῖα. Ἄλλως. Ὁμηρικῶς. ὁ γὰρ ποιητὴς διώρισε τὰς ψυχὰς πρὸς τὰ σώματα, εἰπών·

πολλὰς δ' ἰφθίμους ψυχὰς ἄϊδι προΐαψεν
ἡρώων, αὐτοὺς δ' ἑλλώρια τεῦχε κύνεσσιν.

οὕτω καὶ ὁ Ἀριστοφάνης. εἶπε γὰρ, ὁ νοῦς μὲν ἔξω, αὐτὸς δὲ ἔνδον. τὸ δὲ) ἀναβάδην, ἄνω τοὺς πόδας ἔχων ἐπὶ ὑψηλοῦ τόπου καθήμενος. (κακοσχόλως δὲ εἶπε. τρυγῳδίαν δὲ εἶπεν ἀντὶ τοῦ κωμῳδίαν, διὰ τὸ τοῖς νικῶσι κωμικοῖς τρύγα δίδοσθαι, τουτέστι νέον οἶνον.)

400. ὦ τρισμακάριε : Θαυμάζων τὸν Κηφισοφῶντα ὁ Δικαιόπολις ἐφ' οἷς εἶπε τοῦτό φησι. καὶ Ὅμηρος « τρισμάκαρες [Od. Z, 155] Δαναοί. »

401. ὅθ' ὁ δοῦλος οὑτοσί : Διὰ τοῦ δοκοῦντος ἐπαίνου διαβάλλει τὸν Εὐριπίδην, (ὅτι δεινοὺς εἰσάγει τοὺς δούλους ἐν ταῖς τραγῳδίαις.)

404. (Εὐριπίδιον : Ἐρωτικὰς μιμεῖται φωνάς. οἱ γὰρ ἐρῶντες εἰώθασι τοὺς ἐρωμένους ἐρωτικῶς δι' ὑποκοριστικῶν καλεῖν.)

405. εἴπερ : ὑπήκουσας δηλονότι. R.

406. Χολλίδης ἐγώ : Δῆμος τῆς Αἰγηΐδος φυλῆς. ἢ παίζει διὰ τὸ χωλοὺς εἰσάγειν.

407. (οὐ σχολή : Ἐν ἐκθέσει μονόμετρον ἰαμβικὸν, μεθ' ὃ ἐκθέσεις εἰς στίχους ἰαμβικοὺς ἀκαταλήκτους τριμέτρους.)

408. ἀλλ' ἐκκυκλήθητι : Εἰ μὴ σχολὴν ἔχεις κατελθεῖν, ἀλλ' ἐκκυκλήθητι, τουτέστι συστράφηθι. ἐκκύκλημα δὲ λέγεται μηχάνημα ξύλινον τροχοὺς ἔχον, ὅπερ περιστρεφόμενον τὰ δοκοῦντα ἔνδον ὡς ἐν οἰκίᾳ πράττεσθαι καὶ τοῖς ἔξω ἐδείκνυε, λέγω δὴ τοῖς θεαταῖς. βούλεται οὖν εἰπεῖν ὅτι κἂν φανερὸς γενοῦ. διὸ ἐπήνεγκεν

ἀλλ' ἐκκυκλήσομαι, καταβαίνειν δ' οὐ σχολή.

410. ἀναβάδην ποιεῖς : Φαίνεται γὰρ ἐπὶ τῆς σκηνῆς μετέωρος. (τὸ δὲ ἀναβάδην ἀντὶ τοῦ ἄνω τοὺς πόδας ἔχων.)

τί λέλακας : Ἀντὶ τοῦ κέκραγας. (λακεῖν γάρ ἐστι τὸ πονεῖν. καὶ ὁ ποιητὴς [Il. Υ, 277] « λάκε δ' ἀσπὶς ὑπ' αὐτῆς » [Il. N, 616] « λάκε δ' ὀστέα. » καὶ [Od. M. 85] « δεινὸν λελακυῖα. » τραγικὴ δ' ἡ λέξις.)

411. ἐξόν : Δυνατοῦ ὄντος. *Vict.*

412. τὰ ῥάκια : Οὕτως αὐτὸν ἐσκευοποίησεν ἐν ῥακίοις καθεζόμενον καὶ ποιοῦντα τὰς τραγῳδίας. κωμῳδεῖ οὖν αὐτὸν ὡς πτωχοὺς καὶ ταπεινοὺς εἰσάγοντα τοὺς ἥρωας.

415. παλαιοῦ δράματος : Τοῦ Τηλέφου. (ἀμφίβολον δὲ τὸ παλαιὸν πῶς ἔφη. δηλοῖ γὰρ καὶ τὸ πρὸ πολλοῦ χρόνου παρ' Ὁμήρῳ [Il. Z, 215]

ἦ ῥά νύ μοι ξεῖνος πατρώϊος ἐσσὶ παλαιός.

παλαιὸν δὲ καὶ τὸ διερρυηκὸς, ὡς τὸ [Od. A, 395]

πολλαὶ ἐν ἀμφιάλῳ Ἰθάκῃ ἡμὲν νέαι ἠδὲ παλαιαί.)

416. ῥῆσιν μακράν : Τὸ μακρὸν οὐκ ἀργῶς αὐτῷ λέλεκται, ἀλλ' ἐπειδὴ καὶ τοὺς ἀγγέλους καὶ τοὺς προλόγους μακρολογοῦντας εἰσάγει Εὐριπίδης, πρὸς αὐτὸν ὁ λόγος ἀποτείνεται.)

418. τὰ ποῖα τρύχη : Γέγραπται τῷ Εὐριπίδῃ δρᾶμα Οἰνεύς. μετὰ δὲ τὸν θάνατον Τυδέως καὶ ἐπιστράτευσιν Διομήδους κατὰ Θηβαίων ἀφῃρέθη τὴν βασιλείαν Οἰνεὺς διὰ τὸ γῆρας ὑπὸ τῶν Ἀγρίου παίδων, καὶ περιῄει ταπεινὸς, ἄχρις οὗ ἐπανελθὼν ὁ Διομήδης Ἄγριον μὲν ἀνεῖλε, τὴν βασιλείαν δὲ Οἰνεῖ παρέδωκε. (τρύχη δὲ τὰ ῥάκη τραγικῶς.) ὡς προκειμένου τοῦ προσώπου Οἰνέως. R.

421. τὰ τοῦ τυφλοῦ Φοίνικος : (Φοίνικα λέγει τὸν Ἀμύντορος.) λακίδας δὲ, τὰ διερρωγότα ἱμάτια.

423. λακίδας : Λακὶς, ῥαχὰς, ἐμβολὴν, ῥαφὴ, τραῦμα, σχίσμα. *Vict.*

424. Φιλοκτήτου : Εἰσήγαγε γὰρ τὸν Φιλοκτήτην ἐν τῇ Λήμνῳ πενόμενον.

425. (πτωχιστέρου : Συνήθως αὐτὸ παρεσχημάτισεν. ὡς γὰρ λαλίστερον, καὶ ψευδίστερον, οὕτω καὶ πτωχίστερον.)

426. τὰ δυσπινῆ : Τὰ ἐρρυπωμένα, τὰ ῥυπαρά. πίνος γὰρ ὁ ῥύπος. εἰσήγαγε γὰρ καὶ τοῦτον καταβληθέντα ἐκ τοῦ Πηγάσου καὶ ἐρρυπωμένα ἱμάτια ἔχοντα. οὑτοσὶ δ' εἶπεν· ἔκειτο γὰρ καὶ πλησίον τοῦ Βελλεροφόντου. (ἐπίτηδες δὲ ταῦτα ἐποίησεν, ἵνα διέλθῃ πάντας ὅσους ἐποίησε πτωχοὺς ῥάκια ἐνδεδυμένους.)

429. προσαιτῶν : Οὐκ εἶπεν αἰτῶν, ἀλλὰ προσαιτῶν. οὕτως γὰρ λέγεται.

432. ῥακώματα : Τὰ ἱμάτια. κυρίως δὲ τὰ ῥάκη ὡς ἐπὶ βιβλίων τινῶν ἢ ῥακῶν. R.

433. (τῶν Θυεστείων ῥακῶν : Ἤτοι τὰ τῶν Κρησσῶν, ἢ αὐτοῦ τοῦ Θυέστου.)

434. ἐξήγαγεν ὁ θεράπων τὰ ῥάκη. R.

435. ὦ Ζεῦ διόπτα : Ταῦτά φησιν, ἐπεὶ πολύτρητα ἦν τὰ ῥάκια, δι' ὧν ἦν πάντα ἐπισκοπῆσαι. — καὶ ὁ Ζεὺς δὲ παντεπόπτης λέγεται. R.

438. ἐνσκευάσασθαί με : (Λείπει τὸ ποίησον.) διασύρει δὲ ὅτι οὐκ ἐχρῆν ταῦτα ἐπὶ σκηνῆς ἄγειν.

439. τὸ πιλίδιον : (Πρὸς τοὺς νῦν ὑποκριτὰς, ὅτι χωρὶς πίλου εἰσάγουσι τὸν Τήλεφον. τὸ δὲ τοῦ Τηλέφου) πιλίδιον τὸ νῦν καλούμενον καμελαύκιον.

440. (δεῖ γάρ με δόξαι : Οἱ δύο στίχοι οὗτοι ἐκ Τηλέφου Εὐριπίδου.)

441. φαίνεσθαι δὲ μή : Τουτέστι μὴ ἀλλάξαι τὴν φύσιν, ἀλλὰ τὴν μορφήν.

442. (τοὺς μὲν θεατάς : Ἵν' εἴπῃ τῶν μὲν θεατῶν τὸ εὐπαίδευτον, τῶν δὲ χορευτῶν τὴν ἀμουσίαν.

443. τοὺς δ' αὖ χορευτάς : Καὶ διὰ τούτων τὸν Εὐριπίδην διασύρει. οὗτος γὰρ εἰσάγει τοὺς χοροὺς οὔτε τὰ ἀκόλουθα φθεγγομένους τῇ ὑποθέσει, ἀλλ' ἱστορίας τινὰς ἀπαγγέλλοντας, ὡς ἐν ταῖς Φοινίσσαις, οὔτε ἐμπαθῶς ἀντιλαμβανομένους τῶν ἀδικηθέντων, ἀλλὰ μεταξὺ ἀντιπίπτοντας.)

444. σκιμαλίσω : Ἐξουθενίσω. ἢ χλευάσω· τῷ μικρῷ δακτύλῳ (ὡς τῶν γυναικείων πυγῶν ἅψομαι. εἴρηται δὲ ἡ λέξις καὶ ἐν Εἰρήνῃ [549]. ἐλέγετο δὲ σκιμαλίζειν τὸ τῷ μικρῷ δακτύλῳ τῶν ὀρνίθων ἀποπειρᾶσθαι εἰ ὠοτοκοῦσιν.)

446. (εὐδαιμονοίης : Παρὰ τὰ ἐκ Τηλέφου Εὐριπίδου

καλῶς ἔχοιμι, Τηλέφῳ δ' ἁγὼ φρονῶ.)

452. γλίσχρος : Ἀντὶ τοῦ ταπεινὸς κόλαξ. προσαιτῶν δὲ ἀντὶ τοῦ πολλὰ αἰτῶν. (τοῦ δὲ λιπαρεῖν τὸ ι ἐκτείνεται. ἔστι γὰρ τὸ λίαν παρεῖναί τισι.)

λιπαρῶν : Παρακαλῶν. *Vict.*

453. διακεκαυμένον λύχνῳ : Ὅτι οἱ πρεσβῦται διὰ τὸ μόλις βαδίζειν ἐν σπυρίδι κρύπτουσι τὸν λύχνον ὥστε σώζειν τὸ πῦρ.

454. πλέκους χρέος : Τοῦ σπυριδίου. τοῦ πλέγματος. (καὶ τοῦτο δὲ παρὰ τὰ ἐκ Τηλέφου Εὐριπίδου

τί δ' ὦ τάλας σὺ τῷδε πείθεσθαι μέλλεις.)

455. βούλομαι δ' ὅμως λαβεῖν : Μιμεῖται τὸν Εὐριπίδου χαρακτῆρα τῷ λόγῳ.

457. εὐδαιμονοίης : Σκώπτει αὐτὸν ὡς λαχανόπωλιν ἔχοντα μητέρα τὴν Κλειτώ. κυλίσκιον δὲ ποτήριον. (γράφεται δὲ κυλίχνιον.) ἀποκεκρουσμένον δὲ ἀποκεκλασμένον.

461. (οὔπω μὰ Δί' : Οἷον οὐκ οἶδα ὅπως βαρὺς εἶ ἐν τοῖς δράμασι καὶ ἀποκναίεις τοὺς θεατάς.

οἶ' αὐτὸς ἐργάζει κακά : Ἐργάσῃ κακῶς αὐτὸς σαυτὸν, χαριζόμενός μοι ταῦτα, δι' ὧν σε κακῶς λέγω.) ἢ λείπει τὸ μὴ δούς.

463. δός μοι χυτρίδιον : (Ἢ ὅτι χύτραν φέρουσιν, ἐν ᾗ σπόγγος πεπληρωμένος μέλιτος, καὶ ἐντιθέασι τῷ στόματι τῶν παιδίων, ὅπως σιωπήσωσι ζητοῦντες τροφὴν, ἢ ὅτι πένητες τὰ τρήματα τῆς χύτρας σφηνοῦσι τοῖς σπόγγοις.) ἢ τετρημένον ἁπανταχοῦ ὥσπερ οἱ σπόγγοι. (καὶ τοῦτο δὲ ὑπερβολὴ πενίας, τὸ κεχρῆσθαι τοῖς τετρημένοις. μιμεῖται δὲ Τήλεφον. βεβυσμένον δὲ κεκλεισμένον.)

βεβυσμένον : Βυπτεῖν, βαπτίζειν· βυννεῖν, τὸ ἐν στόματι κατέχειν τι. *Vict.*

464. τὴν τραγῳδίαν : Οἷον τὰ σκεύη τῆς τραγῳδίας.

465. ταυτηνὶ τὴν χύτραν δηλονότι.

469. ἰσχνά μοι φυλλεῖα : Τὰ ἀπολεπίσματα τῶν λαχάνων. ἰσχνὰ δὲ οἷον μεμαραμμένα καὶ εὐτελῆ τῶν λαχάνων (φύλλα. τοιαῦτα γὰρ οἱ πτωχοὶ ἐσθίουσι. καὶ ἐν Πλούτῳ (554) « ἀντὶ δὲ μάζης φυλλεῖ' ἰσχνῶν ῥαφανίδων. » καλεῖται δὲ φυλλεῖα καὶ τὰ τῆς θριδακίνης φύλλα. σκώπτει δὲ αὐτὸν ὡς λαχανοπώλιδος υἱόν.)

472. (ὀχληρὸς, οὐ δοκῶν μὲν κοιράνους : Τοῦτο πεπαρῴδηται ἀσήμως ἐξ Οἰνέως Εὐριπίδου. ὁ δὲ Σύμμαχος καὶ ἐκ Τηλέφου φησὶν αὐτό.)

478. (σκάνδικά μοι δός : Καὶ ἐν τοῖς Ἱππεῦσι δεδήλωται ὅτι ἡ μήτηρ Εὐριπίδου πωλεῖν ἐλέγετο σκάνδικας.) θηλυκῶς δὲ ἡ σκάνδιξ ἐλέγετο. ἔστι δὲ λάχανον ἄγριον εὐτελές.

479. πηκτὰ δωμάτων : Τὰς θύρας. (Ὅμηρος [Il. I, 475] « θύρας πυκινῶς ἀραρυίας. » Ἄλλως. πρὸς τὰς ἔμπροσθεν τῶν θυρῶν ἱσταμένας κιγκλίδας, πηκτὰς τὰς θύρας εἶπε, διὰ τὸ δι' ὅλου ἀσφαλίζειν καὶ ἀποκλείειν τὰς ὄψεις, καὶ μὴ ὁρᾷν τινα δύνασθαι τἄνδον, ὥσπερ ἀπὸ τῶν κιγκλίδων.)

483. γραμμὴ δ' αὑτηί : Ἀρχὴ, ἀφετηρία, ἡ λεγομένη βαλβίς. ἐκ μεταφορᾶς οὖν τῶν δρομέων.

484. ἕστηκας : Ἀντὶ τοῦ ἐπὶ συννοίᾳ μένεις, καὶ οὐκ εἶ, ὥσπερ Εὐριπίδην ὅλον μετασχηματισάμενος καὶ ἀναλαβὼν ἐν σεαυτῷ. (ἐκεῖ δὲ εἰς τὸ ἐπίξηνον.)

487. εἰποῦσ' ἅττ' ἂν αὐτῇ σοι : Εἴ τι δοκεῖ σοι αὐτῇ ὦ καρδία εἰπὲ, παρασχοῦσα τὴν κεφαλὴν εἰς τὸ ἐπίξηνον.

489. (τί δράσεις : Διπλῆ καὶ τριὰς μεσῳδική· ἧς αἱ μὲν ἑκατέρωθέν εἰσι δίκωλοι διπλῶν δοχμίων· ἡ δὲ μέση δίστιχος ἰαμβικὴ δίμετρος ἀκατάληκτος.)

491. σιδηροῦς ἀνήρ : Στερρὸς ἀνὴρ καὶ ἀτέραμνος.

493. εἷς λέγειν τἀ 'ναντία : Λείπει τὸ ὤν, ἵν' ᾖ εἷς ὤν.

494. αἱρεῖ ἀντὶ τοῦ βούλει. R.

497. (μή μοι φθονήσητ' ἄνδρες : Ἐκ Τηλέφου Εὐριπίδου

μή μοι φθονήσητ' ἄνδρες Ἑλλήνων ἄκροι,
εἰ πτωχὸς ὢν τέτληκ' ἐν ἐσθλοῖσιν λέγειν.)

499. τρυγῳδίαν ποιῶν : Κωμῳδίαν· ἤτοι διὰ τὸ τρύγα ἔπαθλον λαμβάνειν, τουτέστι νέον οἶνον, (ἢ διὰ τὸ μὴ ὄντων προσωπείων τὴν ἀρχὴν τρυγὶ χρίεσθαι τὰς ὄψεις).

502. (οὐ γάρ με καὶ νῦν : Ὡς ἐκ τοῦ ποιητοῦ τοῦτο. προείρηται δὲ τὰ περὶ τούτου.)

503. (ξένων παρόντων : Διὰ τὸ ἐν τοῖς Βαβυλωνίοις πολλῶν παρόντων ξένων εἰρηκέναι κατὰ πολλῶν τὸν Ἀριστοφάνην. διὸ καὶ κατηγορήθη ὑπὸ τοῦ Κλέωνος.)

504. αὐτοὶ γάρ ἐσμέν : Οἷον μόνοι οἱ Ἀθηναῖοι χω-

ρις τῶν συμμάχων καὶ ξένων. (χειμῶνος γὰρ λοιπὸν ὄντος εἰς τὰ Λήναια καθῆκε τὸ δρᾶμα. εἰς δὲ τὰ Διονύσια ἐτέτακτο Ἀθήναζε κομίζειν τὰς πόλεις τοὺς φόρους, ὡς Εὔπολίς φησιν ἐν Πόλεσιν.)

οὑπὶ Ληναίῳ τ' ἀγών: Ὁ τῶν Διονυσίων ἀγὼν ἐτελεῖτο δὶς τοῦ ἔτους, τὸ μὲν πρῶτον ἔαρος ἐν ἄστει, ὅτε καὶ οἱ φόροι Ἀθήνησιν ἐφέροντο, τὸ δὲ δεύτερον ἐν ἀγροῖς, ὁ ἐπὶ Ληναίῳ λεγόμενος, ὅτε ξένοι οὐ παρῆσαν Ἀθήνησι. χειμὼν γὰρ λοιπὸν ἦν.

507. περιεπτισμένοι: Οἷον ξένων ἀπηλλαγμένοι καὶ καθαροὶ ἀστοί. κυρίως πτίσσειν ἐστὶ τὸ κριθὰς ἢ ἄλλο τι λεπίζειν καὶ καθαροποιεῖν. ἔνθεν καὶ πτισάνη.

508. μέρος γάρ ἐστι τῶν πολιτῶν οἱ μέτοικοι εὐτελὲς ὡς τὰ ἄχυρα τῶν κριθῶν. R.

510. οὑπὶ Ταινάρῳ θεός: (Ὁ αὐτῶν τῶν Λακεδαιμονίων.) Ταίναρον γάρ ἐστι τῆς Λακωνικῆς ἀκρωτήριον, ἐν ᾧ στόμιον ἦν κατάγον εἰς Ἅδου. ἐνταῦθα δὲ ἦν καὶ Ποσειδῶνος ἱερὸν Ἀσφαλείου. τοῦτο δὲ εἶπεν, ἐπειδὴ τοὺς εἵλωτας οἰκέτας καθεσθέντας ἐν τῷ ἱερῷ τοῦ Ποσειδῶνος τοῦ Ταιναρίου οὐδὲν δείσαντες ἀνεῖλον Λακεδαιμόνιοι, καὶ διὰ τοῦτο ἐδόκουν ἐναγεῖς εἶναι.

512. ὡς καὶ αὐτὸς τοῖς Ἀχαρνεῦσι. R.

517. παρακεκομμένα: (Μηδὲν ἐντελὲς ἔχοντα.) ἀπὸ μεταφορᾶς τῶν ἀδοκίμων νομισμάτων, ἅπερ παράτυπα λέγεται καὶ παρακεκομμένα. καὶ νῦν δὲ εἰώθασι λέγειν παραχαράκτας τοὺς παρακόπτοντας. ὅθεν παρ' Ἀθηναίοις καὶ παράσημος ῥήτωρ.

519. Μεγαρέων τὰ χλανίσκια: (Οἱονεὶ ἐξετίνασσον αὐτοὺς παραγενόμενοι. ἢ τοιοῦτό τι λέγει. ἐσυκοφάντουν οὐ μόνον Μεγαρέας, ἀλλὰ καὶ τὰ χλανίσκια αὐτῶν.) ἀντὶ τοῦ, τὴν ὕπαρξιν, τὴν οὐσίαν. (ἢ περιφραστικῶς τοὺς Μεγαρέας.)

520. σίκυον: Ἀπὸ εὐθείας τῆς ὁ σίκυος.

521. (ἢ χόνδρους ἅλας: Οὕτως οἱ Ἀττικοί. πολλοὶ δὲ ἦσαν παρὰ Μεγαρεῦσιν ἅλες.)

522. ταῦτ' ἦν Μεγαρικά: Ταῦτα λέγοντες εἶναι Μεγαρικὰ πάντα διήρπαζον ὑπὸ τῶν συκοφαντούντιων καὶ τοῦ μικρολόγου.

524. πόρνην δὲ Σιμαίθαν: Οἱ ἀπὸ τῶν Ἀθηναίων Μεγαρικὴν γυναῖκα ἥρπασαν Σιμαίθαν. (Δωρικώτερον δὲ εἶπε Σιμαίθαν. ταύτης δὲ καὶ Ἀλκιβιάδης ἠράσθη, ὃς καὶ δοκεῖ ἀναπεπεικέναι τινὰς ἡρπακέναι τὴν πόρνην.)

525. (μεθυσοκότταβοι: Λάταξ, χαλκῆ φιάλη, ἣν μεταξὺ τοῦ δείπνου ἐτίθεσαν οἴνου πεπληρωμένην· εἶτα εἰς σμικρὰ ποτήρια ἐμβαλόντες ταύτην ἔρριπτον εἰς τὸ ψόφον ἐκτελέσαι, ὃς ἐκαλεῖτο κότταβος. ἐπῃνεῖτο δὲ ὁ μείζονα ψόφον ποιῶν.)

526. πεφυσιγγωμένοι: (Φῦσιγξ λέγεται τὸ ἐκτὸς λέπισμα τῶν σκορόδων, ἡ φυσίγγη. ἔπαιξεν οὖν τοῦτο εἰς Μεγαρέας, ὅτι πολλὰ σκόροδα ἔχουσιν. ἢ πεπλησμένοι,) ἀπὸ μεταφορᾶς τῶν τὸν ἄνεμον δεχομένων ἀσκῶν ἢ φυσῶν. ἢ ἐκκεκαυμένοι, οἰδοῦντες.

527. Ἀσπασίας πόρνα δύο: Τῇ μιᾷ τούτων ἐκέχρητο ὁ Περικλῆς· δι' ἣν ὀργισθεὶς ἔγραψε τὸ κατὰ Μεγαρέων ψήφισμα, ἀπαγορεῦον δέχεσθαι αὐτοὺς εἰς τὰς Ἀθήνας. ὅθεν ἐκεῖνοι εἰργόμενοι τῶν Ἀθηνῶν προσέφυγον τοῖς Λακεδαιμονίοις. ἡ δὲ Ἀσπασία Περικλέους ἦν σοφίστρια καὶ διδάσκαλος λόγων ῥητορικῶν· ὕστερον δὲ καὶ γαμετὴ γέγονε.

528. κἀντεῦθεν ἀρχὴ τοῦ πολέμου: Ἐνταῦθα εἰς τὸν Περικλέα βούλεται ἀγαγεῖν τὴν αἰτίαν τοῦ πολέμου, οὐκ εὐπρεπῆ αὐτῷ προσάπτων πρόφασιν.

529. λαικαστριῶν: Πορνῶν. Vict.

530. (Περικλέης οὑλύμπιος: Πρῶτος Ὀλύμπιος. ὅτι ὁ Ζεὺς Ὀλύμπιος καλεῖται, ἐπήγαγε τὸ ἤστραπτεν, ἐβρόντα. Εὔπολις Δήμοις·

κράτιστος οὗτος ἐγένετ' ἀνθρώπων λέγειν.
ὁπότε παρέλθοι δ', ὥσπερ ἀγαθοὶ δρομῆς,
ἐκ δέκα ποδῶν ᾕρει λέγων τοὺς ῥήτορας·
ταχὺς λέγειν μέν, πρὸς δέ γ' αὐτοῦ τῷ τάχει
πειθώ τις ἐπεκάθιζεν ἐπὶ τοῖς χείλεσιν.
οὕτως ἐκήλει, καὶ μόνος τῶν ῥητόρων
τὸ κέντρον ἐγκατέλιπε τοῖς ἀκροωμένοις.)

532. ἐτίθει νόμους: (Μιμούμενος τὸν τῶν σκολιῶν ποιητήν.) Τιμοκρέων δὲ ὁ Ῥόδιος μελοποιὸς τοιοῦτον ἔγραψε σκολιὸν κατὰ τοῦ πλούτου, οὗ ἡ ἀρχὴ « ὤφελες, « ὦ τυφλὲ Πλοῦτε, | μήτε γῇ μήτ' ἐν θαλάττῃ | μήτ' ἐν ἠπείρῳ φανῆναι, | ἀλλὰ Τάρταρόν τε ναίειν « | κἀχέροντα. διὰ σὲ γὰρ | πάντ' ἐν ἀνθρώποις « κακά. » τούτοις ἔοικε καὶ τὰ ὑπὸ Περικλέους εἰσηγηθέντα, ἐπεὶ ὁ Περικλῆς γράφων τὸ ψήφισμα εἶπε Μεγαρέας μήτε ἀγορᾶς μήτε θαλάττης μήτ' ἠπείρου μετέχειν. ἐπεὶ οὖν ὅμοια τοῖς Τιμοκρέοντος ἔγραψε, διὰ τοῦτο εἶπεν ὅτι ἐτίθει νόμους ὥσπερ σκολιὰ γεγραμμένους. (ἐνεκάλεσε δὲ ὁ Περικλῆς τοῖς Μεγαρεῦσιν ὅτι τὴν ἱερὰν γῆν τὴν ὀργάδα ἐγεώργησαν.)

535. ὅτε δὴ 'πείνων: Ἀντὶ τοῦ ἐλίμωττον, ὑπὸ λιμοῦ διεφθείροντο. (βάδην δὲ ἀντὶ τοῦ κατὰ βραχὺ αὐξανομένου τοῦ λιμοῦ καὶ ἐπίδοσιν λαμβάνοντος.)

540. (ἐρεῖ τις, οὐ χρῆν: Καὶ τοῦτο ἀπὸ Τηλέφου Εὐριπίδου. ἐρεῖ τις ὅτι οὐκ ἐχρῆν πόλεμον κινῆσαι τοὺς Λακεδαιμονίους. τί οὖν ἐχρῆν αὐτοὺς ποιεῖν, εἴπατε.)

541. φέρ' εἰ καὶ Λακεδαιμονίων: Ὡς γυμνάζων τὸ πρᾶγμά φησιν, εἴ τις τῶν Λακεδαιμονίων πλεύσας εἰς Σέριφον, καὶ τὸ τυχὸν αὐτοὺς ἀδικήσας, καὶ λαβὼν παρ' αὐτῶν τοῦτο ἀπέδοτο, εἶτα ἐκεῖνοι κατέφυγον πρὸς ὑμᾶς δεόμενοι βοηθείας, ἤγετε ἄρα ἡσυχίαν; λέγει ὅτι οὐδαμῶς, ἀλλὰ κατὰ τάχος ἐβοηθεῖτε ἄν. ταὐτὸ καὶ Λακεδαιμόνιοι ἐποίησαν, ἀδικούντων ἡμῶν Μεγαρέας. (πικρῶς δὲ οὐκ εἶπεν, εἴ τις συκοφαντήσας ἀπέδοτο ἀπὸ τῶν Ἀθηναίων λαβών, τοῦτο γὰρ οὐδὲν μέγα αὐτῶν τινα καὶ εἰς τὸ ἐλάχιστον ἀδικούμενον ἀμύνασθαι, ἀλλά φησιν) ὅτι τῆς Σερίφου, τῆς εὐτελεστάτης νήσου τῶν Ἀθηναίων· καὶ οὐχί, εἰ ἔλαβέν τι ἄξιον λόγου κτῆμα, ἀλλὰ κυνίδιον, ἠνέσχεσθε ἄν.

542. (φήνας: Συκοφαντήσας, φενακίσας. ἡ δὲ Σέριφος νῆσός ἐστιν εὐτελεστάτη πρὸς τῇ Θρᾴκῃ.)

543. (ἡ πολλοῦ γε δεῖ : Ἀντὶ τοῦ οὐδὲ ὅλως. καὶ τοῦτο ἐκ Τηλέφου.)

546. θορύβου στρατιωτῶν : Θορύβου βοώντων περὶ τοῦ δεῖν τριηράρχους εἶναι.

547. μισθοῦ διδομένου : (Μισθοῦ μὲν τοῦ διδομένου τοῖς ἐμβαίνουσιν εἰς τὰς ναῦς. παλλάδια δὲ) ἐν ταῖς πρῴραις τῶν τριήρων ἦν ἀγάλματά τινα ξύλινα τῆς Ἀθηνᾶς καθιδρυμένα, ὧν ἐπεμελοῦντο μέλλοντες πλεῖν.

548. (στοᾶς στεναχούσης : Τῆς λεγομένης ἀλφιτοπώλιδος, ἣν ᾠκοδόμησε Περικλῆς· ὅπου καὶ σῖτος ἀπέκειτο τῆς πόλεως. ἦν δὲ περὶ τὸν Πειραιᾶ. στεναχούσης δὲ διὰ τὸ πλῆθος τῶν συναγομένων ἐπισιτισμῶν.)

549. τροπωτήρων : Τῶν ἱμάντων τῶν συνδεόντων πρὸς τὸν πάτταλον, λέγω δὴ τὸν σκαλμὸν, τὴν κώπην. Ὅμηρος [Od. Δ, 782] « τροποῖς ἐν δερματίνοισι », τουτέστι τοῖς τροπωτῆρσιν.

550. σκορόδων, ἐλαῶν : Οἱ γὰρ ἐπὶ πόλεμον ἐξιόντες ταῦτα ὠνοῦντο (καὶ ἐν λίνοις ἔβαλλον).

551. στεφάνων, τριχίδων : (Ταῦτα μὲν πάντα) ὡς εὐωχουμένων τῶν μελλόντων ἐμβαίνειν εἰς τὰς ναῦς. τριχίδες δὲ εἶδος ἰχθύων (καὶ ἴσως οὓς ἡμεῖς καλοῦμεν θρίσσας, ἐπεὶ θριξὶν ὅμοια ἔχουσιν ὀστᾶ).

ὑπωπίων : Τῶν τύλων τῶν γινομένων ἐν ταῖς χερσὶν ἀπὸ τῆς τοῦ σιδήρου ἐργασίας. λέγεται δὲ ὑπώπια καὶ τὰ ἀφ' οιασδηποτοῦν πληγῆς τραύματα.

552. (κωπέων πλατουμένων : Τῶν εἰς κώπην ξύλων ἐπιτηδείων καὶ κώπας ἁρμοζόντων, ἵνα ἴδωσιν εἰ ἐντρέχουσι τοῖς τρήμασι.

553. τύλων : Τῶν ξυλίνων ἥλων. ἔστι δὲ τύλος νενεκρωμένη σάρξ, ἀποσκίρωμα τῶν γονάτων. θαλαμίων δὲ τῶν ναυτῶν.)

554. κελευστῶν : Κελευστὴς, τριήραρχος, πρωρεύς. *Vict.* — νιγλάρων : Ὁ νίγλαρος κροῦμά ἐστι καὶ μέλος μουσικὸν παρακελευστικόν.

556. τὸν δὲ Τήλεφον : Καὶ ταῦτα ἐκ Τηλέφου Εὐριπίδου.

557. ἄληθες ὦ 'πίτριπτε : Ἐνταῦθα διαιρεῖται ὁ χορὸς εἰς δύο μέρη, καὶ τὸ μὲν ὀργίζεται ἐφ' οἷς λέγει ὁ Δικαιόπολις, τὸ δὲ καὶ ἀποδέχεται. (ἐν εἰσθέσει δὲ ἰαμβικὴν τὴν « ἄληθες ὦ 'πίτριπτε. »)

559. καὶ συκοφάντης : Καὶ εἰ ἐτύγχανέν τις ἡμῶν συκοφάντης ὤν, τοῦτον ἔσκωψας καὶ οὐκ ἀπεκρύψω. (τοῦτο οὖν μετὰ ἠθικῆς ἐρωτήσεως. οἷον καὶ τὸ Ὁμηρικὸν [Il. Α, 231]

ἐπεὶ οὐτιδανοῖσιν ἀνάσσεις·
ἦ γὰρ ἂν Ἀτρείδη νῦν ὕστατα λωβήσαιο.)

562. εἶτ' εἰ δίκαια : (Κατ' ἐρώτησιν ὁ λόγος· εἰ καὶ) δίκαια ἦν, φησὶν, ἐχρῆν τοῦτον αὐτὰ εἰπεῖν;

564. τὸ ἡμιχόριον τὸ συναγωνιζόμενον αὐτῷ λέγει ὅτι μὴ ἀναχωρήσῃς, ἀλλ' ἀντειπε· βελτίων γὰρ ἔσῃ. R.

θενεῖς : ἀντὶ τοῦ τύψεις. *R. Vict.*

565. ἀρθήσει : καταβληθήσῃ. *R.* καταληφθήσῃ. Ald.

566. ἰὼ Λάμαχ' ἰώ : (Ὑφ' ὃ διπλῆ καὶ εἴσθεσις εἰς περίοδον ὀκτάκωλον, ἧς τὰ μὲν ἄλλα ἐστὶ δόχμια, ἁπλοῦν δὲ τὸ τέταρτον, διπλοῦν δὲ τὸ ἕκτον. τὸ δὲ πέμπτον ἰαμβικὸν δίμετρον ἀκατάληκτον. γοργολόφα δὲ,) ὦ φοβερώτατε.

571. ἔχομαι μέσος : Ἀντὶ τοῦ ἥττημαι, ἀπὸ μεταφορᾶς τῶν ἀθλητῶν τῶν τὰ μέσα ληφθέντων (καὶ μὴ ἐχόντων εὐκόλως ἐκφυγεῖν τοὺς ἀντιπαλαίοντας).

574. τίς Γοργόν' ἐξήγειρεν : Ὡς τοῦ Λαμάχου ἔχοντος ἐντετυπωμένην τῇ ἀσπίδι Γοργόνα.

(ἐκ τοῦ σάγματος : Ἐκ τῆς θήκης τοῦ ὅπλου, ὃ καλεῖται σάγμα. σάγη γὰρ τὸ ὅπλον· καὶ πανσαγία, ἡ πανοπλία. ἀντὶ οὖν τὴν ἀσπίδα. ἐν δὲ τῇ ἀσπίδι ἐτετύπωτο ἡ Γοργών.)

577. κακορροθεῖ : Κακῶς ἀγορεύει. *R. Vict.* καὶ τοῦτο ἐκ Τηλέφου. R.

579. κἀστωμυλάμην : Ἐφλυάρησα, περισσόν τι τοῦ δέοντος ἐλάλησα. ἢ πανούργως ἐφθεγξάμην.

581. ἰλιγγιῶ : Σκοτοδινιῶ, ὑπὸ τῆς γαστρὸς συνέχομαι. τοῦτο δὲ καὶ Συρακόσιοι εἰλεὸν λέγουσιν. (ὅταν δὲ περὶ τὴν καρδίαν στρόφος γένηται, ἐπακολουθεῖ σκότος. καὶ τοῦτο τὸ πάθος καλοῦσιν ἴλιγγον. φασὶ δ' ὅτι τὸ μὲν ῥῆμα διφθογγογραφεῖται, τὸ δ' ὄνομα διὰ τοῦ ἰῶτα ἴλιγγος.)

582. τὴν Μορμόνα : Ἀντὶ τοῦ τὰ φοβερά. (φοβερὰ γὰρ ὑπῆρχεν ἡ Μορμώ. ἐνταῦθα δὲ Μορμόνος, ὡς τρυγόνος. ἀλλαχοῦ δὲ Μορμώ Μορμοῦς, ὡς Σαπφώ Σαπφοῦς.)

584. τὸ πτερόν : Πτερὸν αἰτεῖ, ἵνα ἐξεμέσῃ. εἰώθασι γὰρ οἱ δυσεμεῖς πτερῷ χρῆσθαι.

586. βδελύττομαι : Ἀλληγορικῶς ἀπὸ τῶν ἐξεμούντων διὰ τὰς χολάς. οὗτος δέ φησι διὰ τοὺς λόφους.

589. ἆρα κομπολακύθου : Ματαιοκόμπου καὶ κομπώδους ἐν τῷ καυχᾶσθαι. παρεποίησε δὲ καὶ παρέπλασεν ὀνόματα ὄρνιθος, διὰ τὸ κομπαστὴν εἶναι τὸν Λάμαχον. Ἄλλως. ἀπὸ τοῦ λακεῖν ἐν παραγώγῳ γέγονε τὸ ληκύθιον. ληκυθίζειν γὰρ τὸ μεῖζον βοᾶν καὶ ψοφεῖν. ἦχον γὰρ ἀποτελεῖ καὶ ἡ λήκυθος, ἐπεὶ καὶ αὐτὴ πεφύσηται. πάντα δὲ τὰ πεφυσημένα κόμπον ποιεῖ. ἀπὸ οὖν τοῦ κόμπου καὶ τῆς ληκύθου ὄνομα συνέθηκεν.

590. οἶμ' ὡς τεθνήσει : Τὸ τέλειον ἐστὶν οἶμαι. Ἀττικοὶ δὲ διὰ τοῦ σ φασὶ τεθνήσει.

595. οὐ σπουδαρχίδης : Οὐ σπουδάζων περὶ ἀρχῆς. Αἰολέων δὲ ἴδιον τὰ ἐπίθετα πατρωνυμικῷ τύπῳ φράζειν.

596. στρατωνίδης : Ἀντὶ τοῦ στρατευόμενος, στρατιώτης.

597. (μισθαρχίδης : Μισθὸν λαμβάνων. ἢ ὅτι τοὺς τῶν στρατιωτῶν μισθοὺς ἤσθιεν.)

598. κόκκυγες : Ἀντὶ τοῦ ἄτακτοι καὶ ἀπαίδευ ι. καὶ γὰρ ὁ κόκκυξ τὸ ζῷον ἄμουσόν τι φθέγγεται.

600. τάξεσιν : Τοῖς τοῦ πολέμου καταλόγοις. R.

603. Τισαμενοφαινίππους : Ὁ Τισαμενὸς ὡς ξένος καὶ μαστιγίας κωμῳδεῖται. ὁ δὲ Φαίνιππος ὡς ὑώδης καὶ ἡταιρηκώς. ὁ δὲ Χάρης ἐπὶ ἀμαθίᾳ διεβάλλετο.

πανουργιππαρχίδας : Τούτους κωμῳδεῖ ὡς πανούρ-

γους, τόν τε Τισαμενὸν καὶ τὸν Φαίνιππον καὶ Ἱππαρχίδην καὶ Γέρητα τὸν φαλακρὸν καὶ Θεόδωρον, τὸν Διομειᾶ τῶν δήμων ὄντα, ὃς ὠνόμασται οὕτως ἀπό τινος Διόμου.

604. τοὺς δ' ἐν Χαόσι : Χαόνες μὲν ἔθνος ἠπειρωτικόν. πέπαικται δὲ παρὰ τὸ ἐν Ἱππεῦσιν [78]

ὁ πρωκτός ἐστιν αὐτόχρημ' ἐν Χαόσιν.

ἐπειδὴ καὶ εἰς μαλακίαν διεβάλλετο Γέρης καὶ Θεόδωρος, καὶ ὅτι ἐκ δούλων.

606. κἀν Γέλᾳ : Καμαρίνα καὶ Γέλα πόλεις Σικελίας. ἐποίησε δὲ τὸ Καταγέλα ἀπὸ τοῦ καταγελᾶν αὐτῶν τοὺς στρατηγούς.

608. (ἀμηγέπου : Ἁπανταχοῦ, ὅπως ἂν τύχῃ, καθ' οἱονδήποτε τρόπον.)

609. ὦ Μαριλάδη : Παρεποίησε τὸ ὄνομα ἀπὸ τῆς μαρίλης, (ὅτι τὸ ἀμαυρὸν πῦρ δηλοῖ). τουτέστιν ὦ γέρον Ἀχαρνικέ.

610. (ἤδη πεπρέσβευκας σὺ πολιὸς ὤν : Οὕτως ἐν τοῖς ἀκριβεστάτοις ἔνη, ἵνα λέγῃ ἐκ πολλοῦ. Ἀττικοὶ δὲ τὸ ἔνη περιττὸν ἐτίθεσαν, ὡς τὸ ἔχων, « ληρεῖς ἔχων. » οἱ δὲ λείπειν φασὶ τὸ δύο, ἵνα ἐρωτῶν λέγῃ ἓν ἢ δύο.)

612. (Πρινίδης : Ἀπὸ τοῦ πρίνου ἔπλασεν ὄνομα, ἐπειδὴ οἱ Ἀχαρνεῖς ἀνθρακεῖς, ἡ δὲ πρῖνος ἐπιτήδειον ξύλον εἰς ἄνθρακας.)

614. ὁ Κοισύρας : (Ὁ Μεγακλῆς.) Κοισύρα δὲ ἐγένετο Ἀθήνησιν εὐγενὴς γυνὴ καὶ πλουσία, μήτηρ τοῦ Μεγακλέους, ὃς καταβεβρωκὼς τὴν οὐσίαν καὶ ὕστερον πεπλουτηκὼς ἐκ τοῦ τὰ κοινὰ πράσσειν λέγεται.

615. οἷς ὑπὲρ ἐράνου : Ἔθος εἶχον τέλεσμά τι εἰς τὸ κοινὸν διδόναι, ὅπερ οἱ μὴ διδόντες καὶ ἄτιμοι ἐνομίζοντο καὶ μετὰ βίας ἀπῃτοῦντο. παρὰ προσδοκίαν δὲ ἐπήγαγε τὸ χρεῶν.

616. ἀπόνιπτρον : Ἀπόνιμμα. *Vict.*

617. ἅπαντες ἐξίστων : Εἰώθεσαν, εἴ ποτε ἐκχέοιτο ἀπόνιπτρον ἀπὸ τῶν θυρίδων, ἵνα μή τις βραχῇ τῶν παριόντων ἐξίστω λέγειν. παίζει οὖν πρὸς τὸ ἐξίστω ὄνομα, ὁμώνυμον ὂν τῷ ἐκχώρησον. Τοῦτο δὲ λέγει διασύρων Μεγακλέα καὶ Λάμαχον, ὡς πρότερον μὲν πένητας ὄντας, εἶτα ἐξαίφνης πλουτήσαντας ἀπὸ τῆς πόλεως, (ὅτι αὐτοῖς οἱ φίλοι χθὲς καὶ πρώην συνεβούλευον καταχρέοις οὖσιν ὑπό τε ἐράνων καὶ ὀφλημάτων ἐξίστασθαι τῆς οὐσίας, ὡς μὴ δυναμένοις ἀποδοῦναι). ἢ τοῖς δανείζουσι παρῄνουν οἱ φίλοι ἐξίστασθαι τοῦ δανείζειν τοῖς τοιούτοις ὀφείλουσιν ἐράνους καὶ χρέα. οὐ νῦν οὖν αὐτοὺς διαβάλλει ὡς πένητας, ἀλλ' ὡς ποτὲ πένητας.

601. πανταχῇ : Ἀντὶ τοῦ ἰσχυρῶς. R.

625. ἀγοράζειν : Τὸ ἀγοράζειν οὐκ ἴσον τοῦ ὠνεῖσθαι τέθεικεν, ὡς ἡμεῖς, ἀλλ' ἐπὶ τοῦ ἐν ἀγορᾷ διατρίβειν. λείπει δὲ τὸ ἰόντας.

626. (ἀνὴρ νικᾷ : Ἐξιόντων τῶν ὑποκριτῶν ὁ χορὸς λέγει τὴν τελείαν παράβασιν. τῆς δὲ παραβάσεως τὸ μὲν κομμάτιόν ἐστι στίχων δύο ἀναπαίστων τετραμέτρων καταληκτικῶν. αὕτη δὲ ἡ παράβασις ἐξ ὁμοίων στίχων λϐ'.)

627. ἀλλ' ἀποδύντες : Ἀπὸ μεταφορᾶς τῶν ἀποδυομένων ἀθλητῶν, οἳ ἀποδύονται τὴν ἔξωθεν στολήν, ἵνα εὐτόνως χορεύωσι (καὶ εὐστροφώτεροι ὦσι πρὸς τὰ παλαίσματα).

629. οὔπω παρέβη : Ἀντὶ τοῦ, ἐν τῇ παραβάσει οὔπω εἶπε.

630. ταχυβούλοις : Ἀντὶ τοῦ ταχέως μεταβαλλομένοις, (προπετέσιν, ἀπερισκέπτοις. κωμῳδοῦνται δὲ οἱ Ἀθηναῖοι ὡς τοιοῦτοι, καὶ ὅτι ταχέως μετανοοῦσιν ἐν οἷς βουλεύονται.)

634. ξενικοῖσι λόγοις : Ἀντὶ τοῦ ἀλλοτρίοις καὶ μὴ προσήκουσιν. (ὅτι ἀνοίκειον Ἕλλησι τὸ ἐξαπατᾶσθαι. ἢ ξενικοῖς, τοῖς ἀπὸ τῶν ξένων πρέσβεων λεγομένοις.)

635. χαυνοπολίτας : Κεχαυνωμένους περὶ τὴν πολιτείαν ἢ τὴν πόλιν.

637. ἰοστεφάνους : Παρὰ τὰ ἐκ τῶν Πινδάρου διθυράμβων [fr. 46] « αἱ λιπαραὶ καὶ ἰοστέφανοι Ἀθῆναι. » διασύρει δὲ ὅτι οἱ προδόται τούτοις χρῶνται τοῖς λόγοις.

638. ἐπ' ἄκρων τῶν πυγιδίων : Παρὰ τὴν παροιμίαν, ἐπ' ἄκρων τῶν ὀνύχων. (οἱ γὰρ ἡδέως τι ἀκούοντες δοκοῦσιν ἐπάνω τῶν πυγῶν καθέζεσθαι. Ἄλλως. παρὰ τὴν παροιμίαν, ἐπ' ἄκρων τῶν ὀνύχων, ἔπαιξεν οὗτος ἐπ' ἄκρων τῶν πυγιδίων εἰπών. καὶ Σοφοκλῆς [Aj. 1229]

ἦ που τραφεὶς ἂν μητρὸς εὐγενοῦς ἄπο,
ὑψήλ' ἐκόμπεις, κἀπ' ἄκρων ὡδοιπόρεις.

εἰώθασι γὰρ οἱ ἀλαζόνες ἐπ' ἄκρων ὀνύχων βαδίζειν καὶ οἱ ἐπαίνων εἰς ἑαυτοὺς γινομένων ἀκούοντες τὴν πυγὴν τῆς καθέδρας ἐξαίρειν.)

639. (ὑποθωπεύσας : Κολακεύσας. παρὰ τὸ λιπαρὰς Ἀθήνας, τὸ λιπαρὰς ἀφύας.)

640. εὕρε τὸ πᾶν ἄν : Ἀντὶ τοῦ πᾶν πρᾶγμα κατορθοῖ.

(ἀφύων τιμήν : Καὶ ἑνικῶς λέγεται, ὡς ἐν Ταγηνισταῖς·

ἅλις ἀφύης μοι, παρατέταμαι γὰρ ἐσθίων.)

642. καὶ τοὺς δήμους ἐν ταῖς πόλεσιν : Ἀντὶ τοῦ, τὴν ἡμῶν αὐτῶν πολιτείαν ἐπιδείξας ταῖς συμμάχοις πόλεσι. τουτέστι διδάξας τοὺς συμμάχους ὡς χρὴ δημοκρατεῖσθαι, εὔνους ὑμῖν αὐτοὺς ἐποίησεν. Ἄλλως. ἐν ταῖς ἄλλαις πόλεσι τοὺς ἡμετέρους δείξας δήμους ὅτι δημοκρατοῦνται, καὶ ἄνευ τυραννίδος ἀλλήλοις πειθόμενοι.

644. τὸν Ἀριστοφάνην. R.

647. βασιλεὺς : Ἀντὶ τοῦ ὁ μέγας ὁ Περσῶν.

βασανίζων : Ἀκριβῶς ἐξετάζων.

648. πότεροι ταῖς ναυσί : Ποῖοι αὐτοὶ τῶν Ἀθηναίων ἐν τῇ ναυμαχίᾳ κρατοῦσιν. ἔθος δὲ τοῖς βασιλεῦσι τὰ τοιαῦτα περιεργάζεσθαι.

649. ποτέρους εἴποι πολλά : Ἀντὶ τοῦ, περὶ τούτου τοῦ ποιητοῦ ἠρώτα, τίνας διαβάλλει καὶ κωμῳδεῖ. ἔφασκε γὰρ (ὁ τῶν πρέσβεων βασιλεὺς) ὅτι οὓς ἂν οὗτος ὁ ποιητής, τουτέστιν ὁ Ἀριστοφάνης, σκώψῃ, τούτους σωφρονίζεσθαι καὶ γίνεσθαι βελτίους. (τοῦτο δὲ χαριεντιζόμενος ψευδῶς λέγει.)

630. (τούτους γὰρ ἔφη : Τοὺς Ἀθηναίους δηλονότι ἐρωτῶν ὁ βασιλεύς. ταῦτα δὲ λέγει περὶ αὐτοῦ.)

632. διὰ τοῦθ' ὑμᾶς Λακεδαιμονίους : Διὰ τὸ ἔχειν ὑμᾶς τὸν Ἀριστοφάνην ποιητὴν ἄριστον.

653. καὶ τῆς νήσου μὲν ἐκείνης : Τῆς νήσου, ἐν ᾗ τὰ χωρία Ἀριστοφάνους, λέγω δὴ τῆς Αἰγίνης.

654. ἀλλ' ἵνα τοῦτον τὸν ποιητήν : Ἐγγὺς αὐτῶν λάβωσιν. (ἐντεῦθεν τινὲς νομίζουσιν ἐν Αἰγίνῃ τὰς κωμῳδίας ποιεῖν τὸν Ἀριστοφάνην, διὰ τὸ ἐπενηνοχέναι αὐτόν· ἀλλ' ἵνα τοῦτον τὸν ποιητὴν ἀφέλωνται τὴν Αἴγιναν, οὐχ ὑμᾶς. ταῖς ἀληθείαις εἷς ἦν τῶν ἐν τῇ νήσῳ κληρουχησάντων. οὐδὲν δὲ ἐκώλυε καὶ ἑτέρωθι συγγράφειν. εἰ ὑπὸ Λακεδαιμονίους ἡ νῆσος ἐγεγόνει. Ἄλλως. οὐδεὶς ἱστόρηκεν ὡς ἐν Αἰγίνῃ κέκτηταί τι Ἀριστοφάνης, ἀλλ' ἔοικε ταῦτα περὶ Καλλιστράτου λέγεσθαι, ὃς κεκληρούχηκεν ἐν Αἰγίνῃ μετὰ τὴν ἀνάστασιν Αἰγινητῶν ὑπὸ Ἀθηναίων.)

657. (οὐ θωπεύων : Οὐ κολακεύων, οὐκ ἀπατῶν.)

οὐθ' ὑποτίνων : (Φαίνων·) οὐδέ τισι μισθὸν διδούς, ἵν' αὐτὸν ἐπαινέσωσιν.

658. οὔτε κατάρδων : (Καταχέων ὑποσχέσεις. Ἄλλως. οὐ) καταβρέχων ὑμᾶς τοῖς ἐπαίνοις ὡς φυτά.

659. (πρὸς ταῦτα Κλέων : Διπλῆ καὶ εἴσθεσις εἰς τὸ καλούμενον πνῖγος καὶ τὸ μακρόν, καὶ αὐτὸ ἀναπαιστικόν, ὥσπερ καὶ ἡ κατακλείς, ἐκ διμέτρου μὲν ἑνὸς τοῦ τελευταίου καταληκτικοῦ, ἀκαταλήκτων δὲ ἕξ. ἐπὶ τῷ τέλει τῆς παραβάσεως παράγραφος. ὁμοίως δὲ καὶ τῷ τοῦ πνίγους.)

665. (δεῦρο Μοῦσα : Διπλῆ καὶ ἐπιρρηματικὴ συζυγία, ἧς αἱ μὲν μελικαί εἰσι κώλων ια' παιωνικῶν, ὧν τὰ μὲν πρῶτα γ' τρίρρυθμα, τὸ δὲ δ' δίρρυθμον. εἶτα ἐν εἰσθέσει τετράρρυθμα δύο. καὶ ἐν ἐκθέσει τρία μὲν δίρρυθμα, ἓν δὲ τρίρρυθμον.

φλεγυρά : Λαμπρά, φλέγουσα, λάμπουσα, ἡ θερμὴ διὰ τοὺς ἄνθρακας. — Ἔντονος : Ἀντὶ τοῦ ἰσχυρά. R.

667. πρινίνων : Ἀντὶ τοῦ ἀγροίκων, στερεῶν. ἡ γὰρ πρῖνος ξύλον στερεόν.

668. φέψαλος : Σπινθήρ. R. φέψαλος καὶ φεψάλυξ σπινθὴρ ὁ ἀναφερόμενος ἐκ τῶν καιομένων ξύλων. *Vict.*

669. οὐρίᾳ ῥιπίδι : Τῇ τοῦ ἀνέμου φορᾷ. (λέγει δὲ) τὸ πρὸς κίνησιν πνεύματος ἐπιτήδειον, ὃ ἡμεῖς ῥιπίδιον καλοῦμεν.

670. ἐπανθρακίδες : Λεπτοὶ ἰχθύες ὀπτοί. πάντα δὲ τὰ ἐπὶ ἀνθράκων ὀπτώμενα ἀνθρακίδας ἐκάλουν.

671. οἱ δὲ Θασίαν ἀνακυκλῶσιν : Οἱ μέν φασι λείπειν τὸ λάγηνον, ἐπεὶ καταχρίονται πίσσῃ τὸ στόμα· οὐ πιθανῶς. οὐδέπω γὰρ τότε Θάσιος οἶνος ηὐδοκίμει παρὰ Ἀθηναίοις. οἱ δέ, ὅτι Θάσιαι τινὲς ῥαφανῖδες λέγονται. λέγει δὲ τὴν ἠρτυμένην καὶ βρασσομένην. οἱ δὲ Θάσιόν φασι βάμμα λέγεσθαι ἐκ τῶν ἀπὸ πυρὸς ἰχθύων. ἰδίως Θασίαν ἐκάλουν. Κρατῖνος « εἶδες τὴν Θασίαν ἅλμην. » οἱ δὲ τὴν λεγομένην θερμοπότιδα, ἡ Θασίαν ζωμάλμην. εἰς ἣν ἀπέβαπτον τὰ ἠνθρακωμένα τῶν ἰχθύων.

λιπαράμπυκα : Φιάλην Θασίου οἴνου πεπληρωμένην. (ἄμπυξ δὲ λέγεται τὸ περιέχον. νῦν οὖν τὸ πῶμα τοῦ ἀγγείου λέγει. καὶ λιπαρὸν μὲν διὰ τὸ ἡδὺ τοῦ οἴνου, ἄμπυκα δὲ παρὰ τὸ σκεπάζειν καὶ καλύπτειν τὸν οἶνον καταχρηστικῶς.)

674. (ἀγροικότονον : Πρόθυμοι γὰρ οἱ ἄγροικοι εἰς πᾶσαν πρᾶξιν καὶ εὔτονοι.)

676. ἐπίρρημα. R.

678. ἐν τῷ γήρᾳ πάσχομεν. R.

679. τὸ οἵτινες οἱ νεώτεροι ἢ ὑμεῖς οἱ Ἀθηναῖοι. R.

ἐς γραφάς : Ἀντὶ τοῦ εἰς δικαστήρια καὶ κατηγορίας. R.

680. ὑπὸ νέων ῥητόρων ἐᾶτε ἀπατᾶσθαι καὶ βλάπτεσθαι. R.

681. κωφούς : Οἷον ἀφώνους. Ὅμηρος [Il. Ξ, 16] « κύματι κωφῷ »

παρεξηυλημένους : Ἐκ μεταφορᾶς τῶν παλαιῶν αὐλῶν καὶ ἀχρείων. κυρίως γὰρ παρεξηυλῆσθαι λέγονται αὐλοὶ οἱ τὰς γλωσσίδας διερρηγμένοι.

682. ἀσφάλειός ἐστιν : Ἀσφάλειος Ποσειδῶν παρὰ Ἀθηναίοις τιμᾶται. παρὰ τὸ καὶ αὐτὸν τῇ τριαίνῃ χρῆσθαι καὶ τοὺς γέροντας τῇ βακτηρίᾳ τοῦτο ἔφη. παρὰ δὲ τὸ πατεῖν ποσὶ τὸ Ποσειδῶν πεποίηκε. τιμᾶται δὲ Ποσειδῶν ἀσφάλειος παρ' αὐτοῖς, ἵνα ἀσφαλῶς πλέωσι.

683. τονθορύζοντες : Λάθρα φθεγγόμενοι, ἢ ὑπότρομοι, τὰ χείλη κινοῦντες. λίθῳ δὲ τῷ βήματι, (τῷ ἐν τῇ πνυκὶ δικαστηρίῳ).

τῷ λίθῳ : Τῇ πνυκί. *Vict.*

684. τῆς δίκης τὴν ἠλύγην : (Οἱ γέροντες ἡμεῖς δηλονότι οὐδὲν δρῶντες ἐν τῷ δικαστρίῳ, εἰ μὴ) τὴν σκιὰν τῆς δίκης. ἠλύγη γὰρ τὸ σκότος. καὶ ἠλυγισμένον, τὸ ἐσκοτισμένον. βαρύνεται δέ. παρὰ γὰρ τὴν λύγην. πλεονάζει τὸ η. παρὰ προσδοκίαν δὲ εἶπε τῆς δίκης, δέον ἀνθρώπων εἰπεῖν.

685. (σπουδάσας : Εἰς τὸ βλάψαι τὸν γέροντα.)

686. (ἐς τάχος παίει : Παίειν λέγουσι τὸ πᾶν ὁτιοῦν συντόνως ποιεῖν. στρογγύλοις δέ, πιθανοῖς καὶ πανούργοις. τὸ δὲ ἐς τάχος ἀπὸ μεταφορᾶς τῶν ἐν τοῖς διδασκαλείοις παίδων, ἐφ' ὧν οὕτως ἐλέγετο, ἐς τάχος γράφει, ἐς κάλλος.)

687. σκανδάληθρ' ἱστάς : (Διχῶς ἀναγινώσκεται· ὑφ' ἕν, ἵν' ᾖ σκανδαληθριστάς. ἢ ἀπόστροφος ἐν τῷ ρ, ἵν' ᾖ σκανδάληθρα ἱστάς. καὶ ἡ μὲν λέξις πεποίηται παρὰ τὰ πέτευρα τῶν παγίδων· ἀπὸ τοῦ σκάζοντα συμπίπτειν καὶ κρατεῖν τὸ ἐμπεσόν. ὁ δὲ νοῦς, ἀνελκύσας ἀπὸ τοῦ βήματος συνηγόρους ἑαυτῷ καὶ θηρευτὰς τῶν λόγων, ἐρωτᾷ ἡμᾶς. Ἄλλως.) σκανδάληθρα λέγεται τὰ ἐν ταῖς παγίσιν ἐπικαμπῆ ξύλα, (εἰς ἃ ἐρείδει ὅπερ Ἀρχίλοχος λέγει ῥόπτρον.) ἐνταῦθα οὖν λέγει ἐρείσματα λόγων καὶ βάρη. (τὸ δὲ ὑπερβατὸν οὕτως, κᾆτ' ἀνελκύσας σκανδαληθριστὰς ἐρωτᾷ ἡμᾶς.)

688. ἄνδρα Τιθωνόν : Ὑπεράγαν γεγηρακότα, (ἀπὸ Τιθωνοῦ τοῦ πάνυ γηράσαντος καὶ μεταβληθέντος εἰς τέττιγα).

689. μασταρύζει : Συνέλκει καὶ συνάγει τὰ χείλη. ἀπὸ μεταφορᾶς τῶν ὑποτιτθίων παίδων, ἃ τὸν μαστὸν ἕλκοντα τῷ στόματι συνάγει τὰ χείλη.

690. λύζει : Ἐὰν μὲν διὰ τοῦ ζ, ὀλολύζει. ἐὰν δὲ χωρὶς τοῦ ζ, ἀλύει· τουτέστιν ἀδημονεῖ. (λύζει, ποιὰν φωνὴν τραχεῖαν ἀφίησιν, ἣ λυγμῷ συνέχεται.)

691. ὄφλων : χρεωστῶν. *R. Vict.* ἀπάρχομαι : Ἐπὶ γερόντων ἐν δίκαις ἀναστρεφομένων. *Vict.*

693. κλεψύδραν : Ἀντὶ τοῦ ἐν τῷ δικαστηρίῳ. ἡ γὰρ κλεψύδρα ἀγγεῖόν ἐστιν ἔχον μικροτάτην ὀπὴν περὶ τὸν πυθμένα, ὅπερ ἐν τῷ δικαστηρίῳ μεστὸν ὕδατος ἐτίθετο, πρὸς ὃ ἔλεγον οἱ ῥήτορες.

694. ὑπομείναντες. R.

695. ἀπομορξάμενον : Ἀποπαυσάμενον. *Vict.*

697. (Μαραθῶνι : Λείπει ἡ ἐν, οἷον ἐν Μαραθῶνι.)

698. Μαραθῶνι μὲν ὅτ' ἦμεν : Περιεγένοντο γὰρ οἱ Ἀθηναῖοι Περσῶν, ὅτ' ἐμαχέσαντο πρὸς αὐτοὺς ἐν Μαραθῶνι.

699. ὑπ' ἀνδρῶν : Τῶν νέων ῥητόρων. διωκόμεθα δὲ ἀντὶ τοῦ κατηγορούμεθα.

701. (κᾆτα προσαλισκόμεθα : Ἀντὶ τοῦ, πρὸς τούτοις καταδικαζόμεθα καὶ ζημιούμεθα.)

702. (Μαρψίας : Οὗτος ὁ Μαρψίας φιλόνεικος καὶ φλύαρος καὶ θορυβώδης ῥήτωρ κωμῳδεῖται.)

703. τῷ γὰρ εἰκός : Τῷ τρόπῳ, πῶς δίκαιόν ἐστιν ἄνδρα γεγηρακότα, (ἀντιπολιτευσάμενον Περικλεῖ,) ἀπολείπεσθαι συμπλακέντα ἀγριότητι; τοῦτο γὰρ δηλοῖ ἡ Σκυθῶν ἐρημία. λέγει δὲ ἀγριότητι, Κηφισοδήμῳ τῷ λάλῳ ῥήτορι. οὗτος δὲ ὁ Θουκυδίδης Μελησίου παῖς ἦν. γεγόνασι δὲ δ', (ὁ ἱστορικὸς, ὁ Γαργήττιος, ὁ Θετταλὸς, ὁ Μελησίου υἱός).

κυφὸν : Κεκυρτωμένον. *Vict.*

705. (Κηφισοδήμῳ : Οὗτος θρασὺς καὶ δεινὸς πρὸς τὰς δίκας. Ἀθηναῖος δὲ καὶ οὗτος.)

704. (Σκυθῶν ἐρημίᾳ : Ἐπεὶ θηριώδεις αἱ ἐρημίαι τῶν Σκυθῶν. ἀντὶ τοῦ, ὀλέθρῳ καὶ κακοῖς συμπλακέντα. τοῦτο δὲ λέγει, ὅτι οἱ Σκύθαι ἄοικοι ὄντες καὶ ἐπὶ τῶν ἁμαξῶν φερόμενοι αἴτιοι ἑαυτοῖς ὀλέθρου γίνονται. ἔστι δὲ παροιμία ἡ Σκυθῶν ἐρημία, τουτέστιν ἔρημον ὄντα.)

ἐρημίᾳ : Ἀγρότητι. *Vict.*

706. κἀπεμορξάμην : Ἔκλαυσα R. ἐκ τοῦ παρακολουθοῦντος.(παρέπεται γὰρ τοῦτο τοῖς δακρύουσιν.)

707. ἐπ' ἀνδρὸς τοξότου : Ἀντὶ τοῦ ὑπηρέτου δημοσίου, ἐκόπτου καλουμένου.

708. ὃς μὰ τὴν Δήμητρα : Ὅστις πρεσβύτης ὑπὸ τοῦ τοξότου βλαπτόμενος οὐδὲ τῆς Δήμητρος ἠνέσχετο, ἡνίκα ἦν νέος. Ἀχαιὰν δὲ τὴν αὐτὴν (ἐκάλουν) ἀπὸ τοῦ κτύπου τῶν κυμβάλων καὶ τυμπάνων τοῦ γενομένου κατὰ ζήτησιν τῆς Κόρης. (ἢ ἀπὸ τοῦ ἤχου, ὃν παρεῖχε τοῖς περὶ τὴν Γέφυραν εἰς Ἀθήνας ἀπιοῦσιν. ἢ ἀπὸ τοῦ περὶ τὴν θυγατέρα ἄχους. ὁ δὲ νοῦς, ἡνίκα ἦν Θουκυδίδης, οὐχ ὅπως τοξότην ἠνέσχετο ἂν καταβοᾶν αὐτοῦ, ἀλλ' οὐδὲ τὴν Ἀχαιὰν αὐτήν.)

710. κατεπάλαισε, κατηγωνίσατο, κατεπολέμησεν. R.

Εὐάθλους δέκα : Οὗτος ὁ Εὔαθλος ῥήτωρ πονηρός. (Ἀριστοφάνης ἐν Ὁλκάσιν « ἔστι τις πονηρὸς ἡμῖν τοξότης συνήγορος ὥσπερ Εὔαθλος παρ' ὑμῖν τοῖς νέοις. » ἦν δὲ καὶ εὐρύπρωκτος καὶ λάλος. εἴη δ' ἂν καὶ ἀγεννής. διὸ καὶ τοξότην αὐτὸν καλεῖ, οἷον ὑπηρέτην. διεβάλλετο γὰρ ἡ τοξεία ὡς εὐτελής. καὶ Σοφοκλῆς [Aj. 1120 sq.]

ὁ τοξότης ἔοικεν οὐ σμικρὰ φρονεῖν.

ἀλλ' ἔνδοξον ταύτην δεῖξαι βουλόμενός φησιν

« οὐ γὰρ βάναυσον τὴν τέχνην ἐκτησάμην. »

αὐτοῦ δὲ τοῦ πατρὸς) τοῦ Εὐάθλου.

714. τὰς γραφὰς : Τὰς δίκας. R. ὅπως ἂν ᾖ τῷ γέροντι : Ἵνα παντελῶς οἱ νέοι τῶν γερόντων κεχωρισμένοι ὦσιν. (νωδὸς δὲ ὁ μὴ ἔχων ὀδόντας ὑπὸ γήρως.)

716. χὠ Κλεινίου : Ἀλκιβιάδην τὸν Κλεινίου ὡς καταπύγονα κωμῳδοῦσιν.

717. κἀξελαύνειν χρή : Κἂν ἐξελαύνειν χρῇ, κἂν φυγῇ ζημιοῦν, ὑπὸ γέροντος τοῦτο πάσχειν τὸν γέροντα.

719. (ὅροι μὲν ἀγορᾶς : Κορωνὶς, ὅτι ἐπεισίασι· καὶ εἰσὶ στίχοι ἰαμβικοὶ ἀκατάληκτοι ις'·)

720. ἀγοράζειν : Ἐν ἀγορᾷ διατρίβειν ἐν ἐξουσίᾳ καὶ παρρησίᾳ ἐστὶν, (Ἀττικῶς. ὅθεν καὶ ἡ Κόριννα, ἔτι δὲ ὁ Πίνδαρος ἀττικίζει, ἐπεὶ καὶ ἐν τῷ πρώτῳ τῶν Παρθενίων ἐχρήσατο τῇ λέξει.

723. ἀγορανόμους δέ : Οὓς νῦν λογιστὰς καλοῦμεν.

724. τοὺς δ' ἱμάντας ἐκ λεπρῶν : Οἱ μὲν ἀπὸ τοῦ λέπειν, ὅ ἐστι τύπτειν, οἱ δὲ ἀπὸ Λεπρέου πολίσματος τῆς Πελοποννήσου, (ἧς μέμνηται καὶ Καλλίμαχος ἐν ὕμνοις [In Jov. 39],

Καυκώνων πτολίεθρον, ὃ Λέπρειον πεφάτισται.)

οἱ δὲ ἐκ λεπρῶν βοῶν. φασὶ γὰρ τὰ τῶν λεπρῶν βοῶν δέρματα ἰσχυρὰ εἶναι. οἱ δὲ, ὅτι οἱ Μεγαρεῖς λεπροὶ τὸ σῶμα, πρὸς οὓς σπένδεται. ἄμεινον δὲ λέγειν ὅτι τόπος ἔξω τοῦ ἄστεος Λεπρὸς καλούμενος, ἔνθα τὰ βυρσεῖα ἦν· οὗ καὶ ἐν Ὄρνισι [149] μέμνηται,

τί δ' οὐ τὸν Ἠλεῖον Λεπρὸν οἰκίζετε;

(ἱμάντας δὲ λώρους, φραγγέλια. τὸ γὰρ παλαιὸν φραγγέλλαις ἔτυπτον οἱ λογισταὶ τοὺς τῆς ἀγορᾶς.)

726. φασιανός : Ἀντὶ τοῦ συκοφάντης. παρὰ τὴν φάσιν, ὅ ἐστι φαίνειν. ἔστι δὲ καὶ πόλις τῆς Σκυθίας Φᾶσις, ὁμώνυμος τῷ ποταμῷ.

729. ἀγορὰ 'ν Ἀθάναις : Ἔρχεται Μεγαρεύς τις. οἰκεία δὲ πάνυ ἡ ἔννοια καὶ οἴκτου μεστή. πεινῶν γὰρ ἥκει καὶ τὰς θυγατέρας πωλεῖ διὰ τὸν λιμὸν, εἰς χοίρους αὐτὰς μετασχηματίσας.

730. ἐπόθουν τυ ναὶ τὸν φίλιον : Νὴ τὸν φίλιον Δία, ἐπόθουν σε ὥσπερ μητέρα.

732. ἀμβᾶτε : Ἀνάβητε. (ἐμφαντικῶς διὰ τὸν λιμὸν

ἐδήλωσεν εἰπὼν, ἐμβᾶτε πρὸς τὴν μᾶζαν.) οἱ Μεγαρεῖς δὲ τρέπουσι τὸ ζ εἰς δύο δδ.

733. ἀκούετον δή ποτ' : Παρὰ προσδοκίαν. δέον γὰρ εἰπεῖν προσέχετε ἡμῖν τὸν νοῦν, ἔφη τὴν γαστέρα, ἐπειδὴ ἐπείνων. (ταῦτα δὲ λέγει ὁ Μεγαρεὺς πρὸς τὰς ἑαυτοῦ θυγατέρας, ἃς ἤγαγεν ἐπὶ τὸ πωλῆσαι διὰ τὸν λιμόν. μικρὰ δὲ ἡ ἔννοια τῷ ποιητῇ.)

736. ἐγώνγα καὐτός φαμι : Καὶ ἐγὼ αὐτὸς τοῦτο σύμφημι.

737. φανερὰν ζαμίαν : Ἐπεὶ κόραι ἦσαν, καὶ οὐ χοῖροι. ἡ τούτων δὲ φροντὶς καὶ δαπάνη πολλή ἐστιν.

738. Μεγαρικά τις μηχανά : Ἀντὶ τοῦ πονηρά, πανοῦργος μηχανή. διεβάλλοντο γὰρ ἐπὶ πονηρίᾳ οἱ Μεγαρεῖς, ἄλλα μὲν λέγοντες, ἄλλα δὲ ποιοῦντες.

739. (χοίρους γὰρ ὑμὲ σκευάσας : Τοὺς παρ' ἡμῖν νῦν λεγομένους δέλφακας. λέγω δὴ τοὺς μικροὺς σῦς, οὓς οἱ ἀρχαῖοι χοίρους ἐκάλουν. Ὅμηρος [Od. Ξ, 80]

> ἔσθιε νῦν, ὦ ξεῖνε, τά τε δμώεσσι πάρεστι,
> χοίρε'· ἀτὰρ σιάλους γε σύας μνηστῆρες ἔδουσιν.

ἐκάλουν δὲ τοὺς μεγάλους χοίρους δέλφακας. ἐν γοῦν τοῖς ἑξῆς [786] φησι

> νεαρὰ γάρ ἐστιν· ἀλλὰ δελφακουμένα
> ἕξει μεγάλα.)

740. (τὰς ὁπλὰς τῶν χοιρίων : Οὐ μόνον Ἀριστοφάνης ἐπὶ τῶν χοίρων τὰς ὁπλὰς εἴρηκεν, ἀλλὰ καὶ Σιμωνίδης ὁμοίως ἐπὶ χοίρου

> ὁπλὰς ἐκίνει τῶν ὀπισθίων ποδῶν.

καὶ Ἡσίοδος [Op. 487] ἐπὶ βοῶν

> μήτ' ἄρ' ὑπερβάλλων βοὸς ὁπλήν.

καὶ τὸ ἐναντίον ἐπὶ τοῦ ἵππου [Scut. 62] « νύσσοντες χηλῇσιν. »)

741. ἐξ ἀγαθᾶς ὑός : Ὗν ἐπὶ θηλείας, σῦν δὲ ἐπὶ ἄρρενος. κέχρηνται δὲ καὶ ἀδιαφόρως.

742. εἴπερ ἵξετ' οἴκαδες : Ἐκ δευτέρου εἰς τὸν οἶκον εἰ ἀφίξεσθε, τῆς πρώτης πειραθήσεσθε λιμοῦ. Δωριεῖς δὲ θῆλυ λέγουσι τὴν λιμόν.

743. τὰ πρᾶτα, ἀντὶ τοῦ ἄκρας λιμοῦ πειραθήσεσθε. R.

744. ῥυγχία : Τὰ ῥυγχία κυρίως ἔφη. ἐπὶ γὰρ χοίρου λέγεται ῥύγχος. (ἄμεινον δὲ ἀντὶ τοῦ γράφειν ταδὶ, τὰ δή. δωρίζει γάρ. γρυλλιξεῖτε δὲ, δίκην χοίρων βοήσετε. κοΐ δὲ, ποιὰ τῶν δελφακίων φωνή.

747. χήσεῖτε : Ἀντὶ τοῦ ἀφήσετε φωνήν. R.)

χοιρίων μυστηρικῶν : Ὅτι ἐν τοῖς μυστηρίοις τῆς Δήμητρος χοῖρος θύεται. (ἀνάκειται δὲ τὸ ζῷον τῇ θεῷ.) ἕκαστος δὲ τῶν μυουμένων ὑπὲρ ἑαυτοῦ ἔθυεν. ταῦτα δὲ καλεῖται μυστηρικά.

748. καρυξῶ : Ἤγουν κηρύσσω. *Vict.*

749. ἆρα θέλεις. R.

750. ἀγοράσοντες ἥκομες : Ἐν ἀγορᾷ διατρίψοντες ἤλθομεν, ἢ ὠνησόμενοί τι, ἢ πωλήσοντες.

751. (διαπεινᾶμες : Πίνομεν ὤφειλεν εἰπεῖν, πρὸς τὸ πῦρ καθήμενοι· χειμῶνος γὰρ οἱ πότοι πρὸς τὸ πῦρ γίνονται· ὁ δὲ πεινῶμεν εἶπε διὰ τὸν λιμόν. ἢ ἐσχάτως πεινῶμεν, ὥστε καὶ τὰ ἱμάτια ἀποδόμενοι καθεζόμεθα πρὸς τῷ πυρὶ διὰ τὸ ψῦχος. ἢ διαπύρως καὶ ἐκτόπως πεινῶμεν, ὃ καὶ βέλτιον.)

752. ἀλλ' ἡδύ τοι νὴ τὸν Δί', ἢν αὐλὸς παρῇ : Ὡς ἐπὶ πινόντων καὶ ἀκουόντων αὐλῶν. ὅτι τὸ πῦρ εὐωχίας σημαντικόν. ὥστε ἡδὺ ἦν καθῆσθαι μετὰ αὐλῶν.

753. οἷα δὴ ἀντὶ τοῦ τοιαῦτα δή. R.

754. ὡδοιπόρουν. ἐκεῖθεν ἦλθον. R.

755. Πρόβουλοι : Οἱ στρατηγοί. R.

756. ὅπως τάχιστα : Καὶ τοῦτο παρ' ὑπόνοιαν πικρῶς ἐπήγαγε τὸ ἀπολοίμεθα. ἔδει γὰρ εἰπεῖν ὅτι πῶς σωθῶμεν.

757. (αὐτίκ' ἄρ' ἀπαλλάξεσθε : Πρὸς τὸ ῥηθὲν παρὰ τοῦ Μεγαρέως ἀπήντησεν ὁ Δικαιόπολις ἀστείως. εἰ γὰρ ἀπώλλυσθε, φησὶ, ἀπηλλάττεσθε ἂν πραγμάτων.) σαμὰν δὲ ἀντὶ τοῦ τί μήν. τί γὰρ ἄλλο καταλείπεται ἢ τοῦτο.

758. ἀντὶ τοῦ εἰς τὰ Μέγαρα. R.

759. ᾇπερ τοὶ θεοί : Ἀντὶ τοῦ ὥσπερ οἱ θεοὶ πολυτίμητοί εἰσι καὶ τίμιοι, οὕτω καὶ ὁ σῖτος πολλῆς τιμῆς ἐστι. παίζει οὖν.

760. (ἅλας οὖν φέρεις : Ἐν Νισαίᾳ τῆς Μεγαρίδος ἅλες πήγνυνται. ἦν δὲ ὁ τόπος ὑπήκοος τῶν Ἀθηναίων.)

ὑμὲς αὐτῶν ἄρχετε : Διὰ τὸ θαλασσοκρατεῖν τοὺς Ἀθηναίους ἔφη, ὑμεῖς αὐτῶν ἄρχετε.

762. ὄκκ' ἐσβαλεῖτε : Εἰσβαλεῖν ἐστι τὸ τινὰς ἐν ἀγρῷ εἰσελθόντας ἐκκόψαι πάντα τὰ ἐν αὐτῷ. λέγει οὖν ὁ Μεγαρικὸς ὅτι ποῖα σκόροδα; ἅτινα ὑμεῖς ἐπελθόντες τοῖς χωρίοις τῆς Μεγαρίδος, καθάπερ εἰ γήϊνοι μύες ἐκκόπτετε. ἀπὸ δὲ τῶν σκορόδων ἐσήμανε καὶ τὰ ἄλλα πάντα. τούτων δὲ ἐμνήσθη ὡς μηδὲ τῶν οὕτως εὐτελῶν φειδομένων τῶν Ἀθηναίων.

763. (πάσσακι : Ὑποκοριστικῶς τῷ πασσάλῳ.) ἄγλιθας δὲ τὰς κεφαλὰς τῶν σκορόδων. φησὶν οὖν ὅτι ὥσπερ ἀρουραῖοι μύες ὀρύσσετε πασσάλῳ τὰς ἄγλιθας.

764. χοίρους ἐγώνγα μυστικάς : Διὰ τὸ ἐν τοῖς μυστηρίοις τῆς Δήμητρος χοίρους θύεσθαι.

766. ἄντεινον, αἰ λῇς : Ἀνάτεινον, εἰ βούλει, καὶ κρεμάσας ἐπίσκεψαι, πόσου βάρους εἰσίν. (εἰώθασι δ' οἱ τὰς ὄρνεις ὠνούμενοι ἀνατείνειν ταύτας καὶ τὸ βάρος αὐτῶν σκοπεῖν, καὶ οὕτω καταλαμβάνειν εἶναι παχείας. ἀπὸ τούτων οὖν καὶ ἐπὶ τῶν χοίρων τοῦτο ποιῆσαι παρακελεύεται.)

767. τουτὶ τί ἦν τὸ πρᾶγμα ; Ὁ Ἀττικὸς κρεμάσας τὴν παῖδα ὁρᾷ τὸ αἰδοῖον αὐτῆς, καὶ ἐρωτᾷ περὶ αὐτοῦ, ὅ τι ποτέ ἐστιν. οὐ γὰρ ἦν ὅμοιον τῷ αἰδοίῳ τοῦ χοίρου.

769. ἢ οὐ χοῖρος ἔσθ' ἅδε : Τὸ αἰδοῖον δείκνυσι τῆς παιδός.

770. θᾶσθε τοῦδε τὰς ἀπιστίας : Ὁ Μεγαρεὺς πρὸς τοὺς θεατὰς, θεᾶσθε, φησὶ, τοῦ Δικαιοπόλιδος τὰς ἀπιστίας.

771. οὔ φατι : Οὐ λέγει. R. (ἀλλὰ μὰν, αἲ λῇς : Ἀλλὰ μὴν, ἐὰν θέλῃς. τὸ δὲ περιδοῦ μοι Ὅμηρος [Il. Ψ', 485] « δεῦρό γε νῦν τρίποδος περιδώμεθα. »)

772. περὶ θυμιτιδᾶν ἁλῶν : Εἰ βούλει, φησὶ, ποιησώμεθα συνθήκας περὶ θυμητιδῶν ἁλῶν, οἷον μετὰ θύμου τετριμμένων. καὶ ἑτέρωθι [1090]

ἅλας θυμίτας δοὺς ἐμοὶ καὶ κρόμμυα.

773. αἰ μὴ 'στιν οὗτος χοῖρος : Χοῖρον δὲ τὸ αἰδοῖον τῆς γυναικός. R. τοῦτό φησιν, ἐπεὶ καὶ τὸ γυναικεῖον αἰδοῖον χοῖρον ἐκάλουν (οἱ Ἕλληνες. διὰ τοῦτο γοῦν ὁ Ἀττικὸς ἐπιφέρει, « ἀλλ' ἔστιν ἀνθρώπου. »)

774. ναὶ τὸν Διοκλέα : Διοκλῆς τις ἥρως ἐτιμᾶτο παρὰ Μεγαρεῦσιν, ᾧ καὶ ἀγῶνα τελοῦσι τὰ Διόκλεια. οὗ καὶ Θεόκριτος [12, 27] μέμνηται

(Νισαῖοι Μεγαρῆες ἀριστεύοντες ἐρετμοῖς,
ὄλβιοι, οἰκείητε τὸν Ἀττικὸν, ὡς κερίαλλα
ξεῖνον τιμήσασθε Διοκλέα τὸν φιλόπαιδα.

ὃν δὲ ἐπὶ τῷ Διοκλεῖ ἔθηκεν ἀγῶνα Ἀλκάθους ὁ Πέλοπος, ἐπιτελοῦσιν οἱ Μεγαρεῖς.)

776. ἦ θέλεις ἀκοῦσαι λαλουσᾶν; R.

778. οὐ χρῆσθα σιγῆς : Λεληθότως πρὸς τὰ χοιρίδια λέγει τὸ οὐ χρῆσθα σιγᾶν. — τουτέστι φθέγξαι. R.

779. πάλιν τύ γ' ἀποισῶ : Ἐὰν σιωπήσητε, ἀποφέρω πάλιν ὑμᾶς οἴκαδε λιμώξοντας.

780. κοῒ κοΐ : Αἱ παῖδες μιμοῦνται τὴν τῶν χοίρων φωνὴν, κοῒ κοῒ λέγουσαι.

781. νῦν γε χοῖρος φαίνεται : Νῦν σαφῶς σημαίνει ὅτι χοῖρος τὸ γυναικεῖον αἰδοῖον λέγεται. (ἔτι δὲ καὶ κύσθος.) ποττὰν ματέρα δὲ πρὸς τὸ τῆς μητρὸς αἰδοῖον.

781. θύσιμος : Διὰ τὸ εἶναι αὐτὴν γυναῖκα ταῦτο ἔφη.

785. κέρκον οὐκ ἔχει : Τὰ γὰρ κόλουρα ἐν ταῖς ἱερουργίαις οὐ θύεται, καὶ καθόλου, ὅπερ ἂν μὴ ᾖ τέλειον καὶ ὑγιὲς, οὐ θύεται τοῖς θεοῖς.

786. νέα γάρ ἐστι : Τὸ νέα, ἀντὶ τοῦ ἡβῶσα καὶ αὐξομένη, ἕξει παχεῖαν καὶ μεγάλην οὐράν. (τοὺς γὰρ μείζονας λοιπὸν χοίρους δέλφακας ἐκάλουν. ἅμα δὲ καὶ ὡς ἐπὶ κόρης παίζει, ὅτι ἕξει μεγάλην οὐρὰν, τὴν τοῦ ἀνδρὸς πόσθην. αἰνίττεται δὲ εἰς τὸ κακέμφατον.)

789. ὡς ξυγγενὴς ὁ κύσθος : Τῇ ἑτέρᾳ κόρῃ, φησὶν, ὅμοιός ἐστι· διὰ τὸ ἀδελφὰς αὐτὰς εἶναι.

790. ἐκ τοῦ αὐτοῦ. R.

791. κἀναχνοανθῇ : Ἀντὶ τοῦ δασυνθῇ. χνοῦς γὰρ ἡ πρώτη θρὶξ καὶ λεπτή. τουτέστιν, ἐὰν ἀκμάσῃ καὶ ἡβήσῃ.

792. (κάλλιστός ἐστι χοῖρος : Κοινὴ ἡ ἔννοια ἐπί τε τοῦ ζῴου τοῦ χοίρου καὶ ἐπὶ τοῦ αἰδοίου τῆς κόρης. πάνυ δὲ μετὰ χάριτος ἔφη, ἅμα μὲν πρὸς θυσίαν, ἅμα δὲ καὶ πρὸς τὴν συνουσίαν.) τυθῆναι δὲ λέγει αὐτὴν τῇ Ἀφροδίτῃ, τὸ φθαρῆναι αὐτήν.

793. (ἀλλ' οὐχὶ χοῖρος : Πολλοὶ τῶν Ἑλλήνων οὐ θύουσι χοίρους τῇ Ἀφροδίτῃ, ὡς βδελυττομένῃ διὰ τὸν Ἄδωνιν αὐτόν.)

794. μόνᾳ γε δαιμόνων : Αὐτῇ μόνῃ μάλιστα ὁ χοῖρος θύεται, ὡς πρὸς τὸ αἰδοῖον.

796. τὸν ὀδελὸν ἐμπεπαρμένον : Βοιωτοὶ τὸν ὀβελὸν ὀδελὸν λέγουσι.

798. τὸν Ποτείδαν : Ἀντὶ τοῦ τὸν Ποσειδῶ. Vict.

799. πάνθ' ἃ δίδως : Ἅτινα ἂν παραβάλῃς αὐταῖς ἐσθίουσιν.

800. τὸ ἐρώτη ἀντὶ τοῦ ἐρώτησον. R.

801. τρώγοις ἐρεβίνθους : Ἔπαιξε πρὸς τὸ αἰδοῖον τοῦ ἀνδρὸς, ἐπεὶ καὶ ἐρέβινθον αὐτὸ καλοῦσι.

802. τί δαὶ φιβάλεως : γένος συκῆς ἡ φίβαλις. R. (τόπος Μεγαρίδος, ἄλλοι Ἀττικῆς. ἀμφιβάλλεται γάρ. γένος δὲ συκῆς ἡ φίβαλις ἐπιτήδειον εἰς ξηρασίαν ἰσχάδων, ἐπεὶ δὲ ἀπὸ τοῦ ἰσχναίνεσθαι ἰσχὰς καλεῖται, καὶ τοὺς ἰσχνοὺς τῶν ἀνθρώπων φιβάλεις καλοῦσιν. ὁ δὲ τόνος φιβάλεως προπαροξυτόνως, ὡς κορώνεως, πελέκεως.)

807. οἷον ῥοθιάζουσ' : Ἀθρόως καὶ μετὰ κτύπου φωνῆς ὁρμῶσι καὶ ἐσθίουσι. θαυμαστικῶς δὲ τὸ οἷον. (μετὰ ῥόθου καὶ ψόφου ἐσθίουσιν.) ἀντὶ τοῦ τρώγουσι. R.

808. τραγασαῖα : Ἀπὸ τοῦ τρώγειν ἔπαιξεν. ἅμα δὲ καὶ ὡς ἀπὸ πόλεως.

810. τὰν δὲ μίαν ἀνειλόμην : Τῶν ἰσχάδων δηλονότι μίαν ἔλαβον.

811. ἀστείω γε τὼ βοσκήματε : Ἀνθηρὰ καὶ καλὰ τὰ βοσκήματα. (ἐπὶ χοίρων δὲ καλεῖται τὸ βόσκημα. Ξενοφῶν δὲ ἐν ἑβδόμῳ τῆς Παιδείας [8, 1, 9?] καὶ ἐπὶ ἵππων τέθεικε τὴν λέξιν.)

813. σκορόδων τροπαλλίδος : Διαβάλλει τοὺς Μεγαρέας ὅτι εἰς τοσοῦτον ἦλθον πενίας ὡς τὰ τέκνα πωλεῖν δεσμοῦ σκορόδων καὶ χοίνικος ἁλῶν. τροπαλλὶς δὲ ἡ δέσμη τῶν σκορόδων. ἀστείως δὲ ὁ Μεγαρεὺς ἅμα καὶ περιπαθῶς ταῦτα παρὰ τοῦ Δικαιοπόλιδος ζητεῖ, ἃ πρότερον οἱ Μεγαρεῖς ἄλλοις παρεῖχον.

815. τὸ σοί παρέλκεται. *R. Vict.*

816. Ἑρμ' ἐμπολαῖε : Τὸ πλῆρες Ἑρμᾶ. λείπει δὲ τὸ γένοιτο. ἐμπολαῖε δὲ ἐμπορικὲ, πραγματευτικέ. (ὁ Μεγαρικὸς δὲ πάνυ καλῶς ἐμφαίνει τὸν πολὺν λιμόν. ὡς εὐτυχῶς γὰρ πωλήσας τὴν θυγατέρα αὐτοῦ καὶ καλῶς, εὔχεται πάλιν οὕτως ἀποδόσθαι καὶ τὴν μητέρα. ἐμφαίνει δὲ τὸν μέγαν λιμόν.)

818. συκοφάντης πρὸς τὸν Μεγαρέα. R.

819. ἐγὼ φανῶ : Ἀποδείξω. ἔστι δὲ καὶ φάσις ὄνομα δίκης οὕτω καλουμένης.

821. ὅθενπερ ἀρχά : Ἐκ τοῦ συκοφαντεῖν δηλονότι.

822. κλάων μεγαριεῖς : (Ἐπειδὴ τῇ Μεγαρέων ἐχρῆτο φωνῇ.) ἀντὶ τοῦ λιμώξεις, ἢ εἰς Μέγαρα ἀπελεύσῃ, (ἢ τὰ Μεγαρέων φρονήσεις, ἢ τῇ Μεγαρέων διαλέκτῳ χρήσῃ).

οὐκ ἀφήσεις τὸν σάκον : Σάκος νῦν δι' ἑνὸς κ· ἀνωτέρω δὲ διὰ δύο.

823. φαντάζομαι : Ἀντὶ τοῦ συκοφαντοῦμαι. καλεῖ δὲ τὸν Δικαιόπολιν πρὸς τὸ συμμαχῆσαι αὐτῷ.

826. φαίνεις ἄνευ : Πρὸς τὴν ὁμωνυμίαν τοῦ φαίνεις παίζει, ὅτι καὶ ἐπὶ λύχνου τὸ φαίνειν καὶ ἐπὶ τοῦ κατηγορεῖν λέγεται.

827. τοὺς πολεμίους : Τούτους τοὺς παρὰ τὸν Μεγαρικόν. *R. Vict.*

828. εἰ μὴ 'τέρωσε : Εἰ μὴ ἀλλαχοῦ ἀπελθὼν ἑτέρους συκοφαντήσεις.

829. οἷον τὸ κακόν : Τὸ τῶν συκοφαντῶν. διαβάλλει οὖν τοὺς Ἀθηναίους ὡς πολλοὺς συκοφάντας ἔχοντας.

832. ἀλλὰ μὴν οὐκ ἐπιχώριον : Τὸ χαίρειν διὰ τὰ κατέχοντα ἡμᾶς κακά.

833. πολυπραγμοσύνῃσιν : (Ὅτι προπετῶς ἐφθεγξάμην τὸ χαίρειν, εἰς κεφαλήν μου τραπείη.) λείπει δὲ τὸ ἕνεκα, ἵνα ᾖ ἕνεκα τῆς πολυπραγμοσύνης. ὁ δὲ λόγος, ἀλλὰ τὸ χαίρειν ἔλθοι εἰς τὴν κεφαλήν μου, ὅτι πολυπραγμονῶ εἰπών σοι χαίρειν. (οὕτως δὲ ἔλεγον οἱ Ἀττικοί, εἰ κατηγόρουν τινὸς, εἰς κεφαλὴν τρέποιτο. τοῦτο δὲ ἐπὶ κακῶν λέγοντες. ἐπειδὴ δὲ ὁ Μεγαρεὺς λέγει οὐκ εἶναι αὐτοῖς ἐπιχώριον τὸ χαίρειν, φησὶν ὁ Ἀττικὸς, διὰ τὴν πολυπραγμοσύνην εἰς τὴν ἐμὴν κεφαλὴν τρέποιτο τὸ χαίρειν, ἀντὶ τοῦ, ὅτι πολυπράγμων εἰμὶ, εἰπών σοι μὴ βουλομένῳ τὸ χαίρειν, γένοιτο τοῦτο εἰς τὴν ἐμὴν κεφαλὴν τραπῆναι. ἀστείως δὲ πάνυ. κάνις δὲ ἀντὶ τοῦ καὶ χωρίς.)

835. (παίειν ἐφ' ἅλὶ τὰν μάζαν : Ἐσθίειν μετὰ τῶν ἁλῶν τὸν ἄρτον διὰ τὸ ἀπορεῖν προσφαγίου.)

836. (εὐδαιμονεῖ γ' ἄνθρωπος : Ἐξελθόντων τῶν ὑποκριτῶν καὶ μένοντος τοῦ χοροῦ μετάβασις εἰς σύστημα μονοστροφικὸν περιόδων ἑξακώλων δ'. ὧν ἡγοῦνται στίχοι ἰαμβικοὶ τετράμετροι καταληκτικοὶ δύο, μεθ' οὓς κῶλα δίμετρα ἀκατάληκτα· τὸ δ' αὐτὸ καὶ ἐπὶ τῶν ἑξῆς τριῶν περιόδων. καὶ αἱ μὲν πρῶται παραγράφῳ, ἡ δὲ τελευταία κορωνίδι σημειοῦται.)

838. (ἐν τῇ 'γορᾷ καθήμενος : Ἔν τισιν εὑρέθη, ἐν τἀγορᾷ καθήμενος, μόνους τοὺς καρποὺς ἐξοίσεται.)

839. Κτησίας : Οὗτος ὁ Κτησίας ὡς συκοφάντης διαβάλλεται.

841. καθεδεῖται : Κάθεται. *Vict.*

842. ὑποψωνῶν σε : Παρακλέπτων. ἐπὶ ὀψωνίᾳ κακουργῶν βλάψει, (διότι αὐτὸς μόνος συναλλάττει τὰς ἀγοράς. Ἄλλως. προστιθεὶς τῇ ὀψωνίᾳ. εἰσὶ γὰρ πολλοὶ διὰ μικρᾶς προσθήκης ὠνούμενοι. σημαίνεται δὲ βλάψει, λυπήσει ὦ Δικαιόπολι.)

843. ἐξομόρξεται : (Ἐναποψήσεται, ἐναπομάξει.) ὡς καταπύγων δὲ κωμῳδεῖται ὁ Πρέπις. ἀντὶ τοῦ οὐχ ἀνέξῃ τῆς κιναιδίας Πρέπιδος. — μαλακίαν. R.

844. οὐδ' ὠστιεῖ Κλεωνύμῳ : Ὠθήσεις, φιλονεικήσεις. ἀντὶ τοῦ οὐδὲ πιεσθήσῃ ὑπὸ Κλεωνύμου, ἀναγκάζοντός σε κινεῖν. οὗτος δὲ ὁ Κλεώνυμος ὡς ἀδηφάγος κωμῳδεῖται καὶ ῥίψασπις.

845. φαεινήν, λαμπράν. τὸ δίει διελεύσῃ.

846. Ὑπέρβολος : Τοῦτον ὡς φιλόδικον διαβάλλει συνεχῶς Ἀριστοφάνης. ἦν δὲ στρατηγὸς Ἀθηναίων.

849. Κρατῖνος : Οὗτος μελῶν ποιητής. κωμῳδεῖται δὲ ἐπὶ μοιχείᾳ καὶ ὡς ἀσέμνως κειρόμενος. μοιχός δὲ εἶδος καὶ ὄνομα κουρᾶς ἀπρεποῦς κιναιδώδους. — μιᾷ δὲ μαχαίρᾳ εἶπεν ὃ καλοῦμεν ἡμεῖς ξυράφιον. R.

850. (οὐδ' ὁ περιπόνηρος : Ὡσεὶ ἔλεγεν ὁ περιφόρητος Ἀρτέμων, ἀπὸ τῆς παροιμίας, ἧς μέμνηται καὶ Ἀνακρέων, ταχθείσης ἐπὶ καλοῦ καὶ ἁρπαζομένου πρὸς πάντων παιδός. παρ' ὑπόνοιαν δὲ ἔφη τὸ Ἀρτέμων. οὐ γὰρ τοῦτον, ἀλλὰ τὸν Κρατῖνον βούλεται δηλῶσαι.) συνεχρόνισε δὲ τῷ δικαίῳ Ἀριστείδῃ οὗτος ὁ Ἀρτέμων, ὃς ἦν ἄριστος μηχανητής. (διὰ δὲ τὸ χωλὸν αὐτὸν εἶναι, ὅπου ἂν κατειλήφει πόλεμος καὶ χρεία μηχανῆς ἦν ἐπὶ τὸ τεῖχος καταβληθῆναι, ἢ τὸ τοιοῦτον, μετεπέμποντο αὐτὸν φερόμενον. ἀπὸ τούτου οὖν ἡ παροιμία. καὶ πάντες οἱ σοφοὶ περιφόρητοι καλοῦνται.)

851. ὁ ταχὺς ἄγαν τὴν μουσικήν : Ὡς ἐπὶ τροχοῦ ποιοῦντος αὐτοῦ ποιήματα. ἦν δὲ καὶ μελοποιός.

852. (ὄζων : Ὡς δυσώδη διαβάλλει αὐτόν. τραγασαίου δὲ) διὰ τὴν τῶν τράγων δυσωδίαν εἶπε.

854. οὗτος ὁ Παύσων ζωγράφος πένης σκωπτολόγος. R.

855. Λυσίστρατος : Ἐπὶ μαλακίᾳ διεβάλλετο. ἐν ἐνίοις δὲ καὶ πένης ὁ αὐτὸς καὶ κυβευτής. ἐκαλεῖτο δὲ καὶ χηναλώπηξ.

Χολαργέων : Δῆμος τῆς Ἀττικῆς οἱ Χολαργεῖς τῆς Ἀκαμαντίδος φυλῆς.

856. ὁ περιαλουργός· Ὁ κακοῖς βεβαμμένος, ἢ ὁ βαθὺς τοῖς κακοῖς. ἀπὸ τῆς βαφῆς τῆς πορφύρας, ἣ καλεῖται ἁλουργίς. (μετενήνεκται δὲ ἡ λέξις ἀπὸ τῆς βαφῆς τῆς πορφύρας τῆς θαλασσίας· ὅτι ἐκ βάθους τὸ ὄστρακον εὑρίσκεται. ἁλουργὴς ἐσθὴς ἡ πορφυρᾶ.)

858. πλεῖν ἢ τριάκονθ' ἡμέρας : Ἀντὶ τοῦ τριάκοντα ἡμέρας. ὁ γὰρ μὴν τριάκοντα ἡμέραις πληροῦται.

860. ἔκαμόν γα τὰν τύλαν : (Κορωνίς. εἰσίασι γὰρ οἱ ὑποκριταὶ, καὶ εἰσὶν ἴαμβοι ξε'. Ἄλλως.) ἔρχεταί τις ἀνὴρ Θηβαῖος καμὼν τὸν ὦμον ἐν τῷ βαστάζειν τὸ φορτίον ὃ ἔφερε, καὶ φησίν· ἴττω Ἡρακλῆς, ἀντὶ τοῦ ἴστω Ἡρακλῆς, ἔκαμον τὸν ὦμον κακῶς βαστάζων. τύλον δὲ ἀρσενικῶς καὶ τύλαν θηλυκῶς ἔλεγον τοῦ ὤμου τὸ τετυλωμένον (καὶ πεπιλημένον καὶ τετριμμένον ἐκ τῆς σαρκὸς, ὁποῖον πολλάκις ἐπὶ τοῦ ὤμου γίνεται τοῖς ἀχθοφόροις ἐκ τοῦ βαστάζειν τι συνεχῶς. καὶ Τηλεκλείδης « τραχήλου τύλαν » εἶπεν).

861. (γλάχωνα : Τὴν ὀρίγανον. κλίνεται καὶ γληχώ, ὡς Σαπφώ, καὶ βληχώ.)

862. αὐληταὶ πάρα : Ἀντὶ τοῦ πάρεστε. ἐσπούδαζον γὰρ οἱ Ἀθηναῖοι περὶ τὸν αὐλόν.

863. τοῖς ὀστίνοις φυσῆτε : Λείπει τὸ αὐλοῖς. (ὀστίνοις δὲ ἔφη,) ἐπεὶ τὸ παλαιὸν ἀπὸ τῶν ἐλαφείων ὀστῶν κατεσκεύαζον τοὺς αὐλούς. τὸ δὲ πρωκτὸν κυνός (κωμάτιόν ἐστιν) ἀπὸ παροιμίας, ἣν τοῖς ὀφθαλμιῶσιν ἔλε-

γον, ἐς πρωκτὸν κυνὸς βλέπε. (μέμνηται ἐν Ἐκκλησιαζούσαις [256]

τούτῳ μὲν εἶπον, ἐς πρωκτὸν κυνὸς βλέπε.)

864. οἱ σφῆκες : Ἀπὸ τοῦ ἠχεῖν τοὺς αὐλητὰς ὡς οἱ σφῆκες. μετὰ τοῦ Θηβαίου δὲ πολλοὶ αὐληταὶ ἦλθον εἰς τὰς θύρας τοῦ Δικαιοπόλιδος.

866. Χαιριδεῖς βομβαύλιοι : (Τὰ τοῦ Χαίριδος πεπαιδευμένοι ἢ μελετῶντες. Χαῖρις δὲ αὐλητὴς Θηβαῖος ἄμουσος, οὗ μέμνηται ἐν ἀρχῇ τοῦ δράματος

ὅτε δὴ παρέκυψε Χαῖρις ἐπὶ τὸν ὄρθιον.

Ἀττικὴ δὲ ἡ συνήθεια τὸ οὕτω λέγειν ἀπὸ τοῦ Χαίριδος Χαιριδεῖς, καὶ ἀπὸ τῆς περιστερᾶς περιστεριδεῖς.)

(βομβαύλιοι : Αὐληταί. τὸ δὲ βομβύλιος ἐν προσθέσει τοῦ α ἔφη βομβαύλιος, παίζων παρὰ τὸν αὐλόν. βομβύλιος δὲ εἶδος μελίσσης, καὶ εἴρηται παρὰ τὸ βομβεῖν.)

867. νὴ τὸν Ἰόλαον : Ἰόλαος ἥρως οὕτω τιμώμενος παρὰ Θηβαίοις. τὸ δὲ ὄπισθέν μου φησὶ, φυσῶντες τῷ πνεύματι αὐτῶν, τὰ ἄνθη τῆς γλήχωνος ἀπέβαλον. ἐβάσταζε γὰρ φορτίον γλήχωνος. τὸ δὲ ἐπιχαρίτως ἀντὶ τοῦ κεχαριτωμένως (καὶ κεχαρισμένως ἡμῖν ἀπόλοιντ' ἄν).

871. τετραπτερυλλίδων : Τῶν ἀκρίδων, παρὰ τὸ δ' ἔχειν πτερά. (ὀρταλίχων δὲ τῶν ἀλεκτρυόνων κατὰ τὴν τῶν Βοιωτῶν διάλεκτον).

872. κολλικοφάγε : Κόλλιξ εἶδος ἄρτου περιφεροῦς.

874. (ὀρίγανον δὲ θηλυκῶς Ἀττικοί.

γλαχώ : Ἡ γλαχὼ τῆς γληχοῦς. Ἀττικοὶ δὲ βληχώ φασιν.)

ψιάθως : Ψίαθος ἡ χαμεύνη, καὶ τὸ φυτὸν ἐξ οὗ πλέκεται ψίαθος. *Vict.*

875. (φαλαρίδας : Οἱ μὲν γένος ὀρνίθων, οἱ δὲ τὰς ἐν τῇ Φαληρίδι γενομένας ἀφύας.)

877. ὀρνιθίας : Οὕτως ὁ σφοδρὸς χειμὼν, ἐν ᾧ καὶ τὰ ὄρνεα διαφθείρεται. οὕτω δὲ καὶ ἄνεμος ὀρνιθίας ὁ ἐπὶ τὴν γῆν τὰ ὄρνεα στορεννὺς (ὑπὸ τῆς τοῦ ψύχους πνοῆς). ὁ δὲ Σύμμαχος χειμῶνα ὀρνιθίαν ἀποδίδωσι διὰ τὸ χειμῶνος τὰ ὄρνεα ταῦτα ἐπιφαίνεσθαι, ὡς παρὰ Ἀράτῳ [1077].

879. σκάλοπας : Μύας τινὰς, οὓς φαμὲν σπάλακας.

880. (ἐνύδρεις : Εἶδος ζῴου ἡ ἔνυδρις. ἔστι δὲ ἰχθυοφάγον ὡς οἱ κάστορες.)

Κωπαΐδας : Κωπαῒς λίμνη ἐν Βοιωτίᾳ, ἐν ᾗ ἐγχέλεις πλεῖσται. (ἔστι δὲ καὶ πόλις ὁμώνυμος.)

882. δός μοι προσειπεῖν : Ὁ Δικαιόπολις ἀκούσας τὰ περὶ τῆς ἐγχέλεως, πρὸς τὸν Μεγαρέα λέγει ἄσμενος (ὅτι ὦ τερπνὸν καὶ καλὸν ἡμῖν τέμαχος κομίσας τὴν ἔγχελυν), δός μοι αὐτὴν προσειπεῖν.

883. πρέσβειραν : Ὁ στίχος ἀπὸ δράματος Αἰσχύλου (Ὅπλων κρίσεως οὕτως ἐπιγεγραμμένου, ἐν ᾧ ἐπικαλεῖται τὰς Νηρεΐδας τις ἐξελθούσας κρῖναι) πρὸς τὴν Θέτιν λέγων,

δέσποινα πεντήκοντα Νηρῄδων κορῶν.

884. (κἠπιχάριττα : Ἀντὶ τοῦ ἐπιχαρίτως ἔκδηθι τῷ ξένῳ.)

885. ὦ φιλτάτη : Ὁ Δικαιόπολις εἰληφὼς τὴν ἔγχελυν, λέγει ἀσμένως αὐτὴν ὁρᾶν.

886. ἐσιτοῦντο γὰρ οἱ χορευταὶ δημοσίᾳ. R.

887. Μορύχῳ : Ὁ Μόρυχος ἐπὶ ὀψοφαγίᾳ ἐκωμῳδεῖτο. (ἦν δὲ καὶ τῶν ἡδέως βιούντων. τραγῳδίας δὲ ποιητὴς οὗτος.)

888. τὴν ἐσχάραν μοι : Ἐσχάραν τὴν νῦν καλουμένην ἄρουλλαν. ῥιπίδα δὲ τὸν φυσητῆρα.

889. (τὴν ἀρίστην ἐγχέλυν : Ἀττικῶς ἔγχελυν, Βοιωτοὶ ἔγχελιν. σκέψασθε δὲ ἀντὶ τοῦ θεάσασθε, προσέχετε.)

892. τῆς ξένης χάριν : Διὰ τὸ ἐπιξενίζεσθαι· (παίζων δὲ ἔφη).

894. ἐντετευτλανωμένης : Ἀντὶ τοῦ μετὰ τεύτλων ἑψηθείσης. μετὰ τεύτλων γὰρ ἤσθιον τὰς ἐγχέλεις. (λέγονται γὰρ τεύτλοις συνεψόμεναι ἥδισται εἶναι. καὶ ἀλλαχοῦ [Pac. 1014] φησὶ « τὰς ἐν τεύτλοις λοχευομένας. »)

895. ἐμοὶ δὲ τιμά : Ἐμοὶ δὲ τὸ τίμημα αὐτῆς ποῖ ἔσται.

896. ἀγορᾶς τέλος : Ἔθος ἦν τὸ παλαιὸν, ὡς καὶ μέχρι τοῦ νῦν, τοὺς ἐν τῇ ἀγορᾷ τέλος διδόναι τοῖς λογισταῖς. λέγει οὖν ὁ Δικαιόπολις ὅτι τέλος λαμβάνω ταύτην ὑπὲρ ὧν ἐπώλησας.

898. (ἰῶγα : Ἀντὶ τοῦ ἐγὼ ταῦτα πάντα.)

899. (κεῖσ' ἄξεις ἰών : Γράφεται καὶ ἰὼ ἀντὶ τοῦ ἐγὼ, καὶ δύο στιγμαὶ ἐν τῷ ἄξεις, εἶτα τὸ ἰώ.)

900. ὅτι γ' ἔστ' Ἀθάνας : Ταῦτα, φησὶν, ὠνήσομαι παρὰ τῶν Ἀθηναίων, ἅπερ Βοιωτοὶ οὐκ ἔχουσι.

902. ἀφύας ἢ κέραμον : Καὶ ἀφύαι καὶ κέραμοί εἰσιν ἐν Βοιωτίᾳ. — ἐντί γὰρ ἀντὶ τοῦ εἰσί. R.

903. τᾷδε : Ἐνταῦθα. R.

904. (συκοφάντην ἔξαγε : Διαβάλλει πάλιν τοὺς Ἀθηναίους ὡς πολλοὺς ἔχοντας συκοφάντας.)

905. τὼ σιώ : Τοὺς θεούς. *Vict.*

906. λάβοιμι μέν τ' ἂν κέρδος : Εἰληφὼς τὸν συκοφάντην πεπληρωμένον ἁμαρτίας καὶ πωλήσας ἅτε πίθηκον εὑρήσω πολὺ κέρδος. ταῦτα δὲ εἰρωνευόμενος λέγει.

907. (ἅπερ πίθακον : Ὥσπερ πίθηκον, ἁμαρτίας καὶ ἀδικίας πεπληρωμένον.)

908. Νίκαρχος : Ὁ Νίκαρχος κωμῳδεῖται ὡς συκοφάντης. φανῶν δὲ ἀντὶ τοῦ κατηγορήσων.

911. Θείβαθεν, ἴττω Δεύς : Ἐκ τῆς Θήβης, ἴστω ὁ Ζεύς. — τῶδ' ἐμά δεικτικῶς ἀντὶ τοῦ ταῦδ' ἐμά. R.

912. τί δαὶ παθών : τί ἠδικημένος; R. κακὸν παθών : Ἠδικημένος. *Vict.*

913. ὀρναπετίοισιν : Ἀντὶ τοῦ ὀρνέοις. ὡς ἐπὶ ἐθνῶν δὲ λέγει. διὰ τί ὀρνέοις πόλεμον ποιεῖς, ὡσεὶ ἔλεγε Βοιωτοῖς, ἢ τισιν ἁπλῶς ἄλλοις.

915. τῶν περιεστώτων χάριν : Οἷον οὐκ εἰς τὴν χά-

ρεν, ἀλλὰ τῶν παρόντων, ὡς φιλόπολις. (Εἰς τὸ αὐτό. ἰδίως, φησὶ, φράσω διὰ τοὺς παρεστῶτας.)

916. θρυαλλίδας : Διὰ τὰ ἐλλύχνια. ὡς ἀπορρήτου δὲ ὄντος καὶ δεινοῦ, εἰσφέρειν θρυαλλίδας εἰς τὰς Ἀθήνας.

920. ἐνθεὶς ἂν ἐς τίφην : Τίφην οἱ Ἀθηναῖοι καλοῦσι τὴν καλουμένην σίλφην. ἔστι δὲ ζῷον κανθαρῶδες. λέγει δὲ ὅτι ἐκ ταύτης δήσας τις τὴν θρυαλλίδα ἡμμένην εἰσπέμπει εἰς τὰ νεώρια, ἐπιτηρήσας πνέοντα βορέαν, καὶ οὕτω καύσει τὰς ναῦς. νεώριον δὲ καλεῖται ὁ τόπος ὁ περιέχων τὰ πλοῖα, ἡνίκα ἂν ἑλκυσθῶσιν. (Εἰς τὸ αὐτό. ἐμβαλὼν, ἐνδήσας τὴν θρυαλλίδα εἰς τὴν σίλφην.)

922. δι' ὑδρορρόας : (Διὰ στενοῦ τόπου.) ὑδρορρόα καλεῖται τὸ μέρος τῆς στεφανίδος, δι' οὗ τὸ ἀπὸ τοῦ ὄμβρου ὕδωρ συναγόμενον κατέρχεται.

923. (κεἴπερ λάβοιτο : Ἐὰν ἅψηται, φησὶ, μόνον, εὐθὺς καίονται.)

924. (σελαγοῖντ' ἄν : Αἱ ναῦς δηλονότι. ταῦτα δὲ λέγει ἐκπληττόμενος ὁ Δικαιόπολις τὸν συκοφάντην. ταῦτα δὲ εἰπὼν τύπτει εὐθὺς τὸν Νίκαρχον.) ἀντὶ τοῦ καίοιντο. R.

926. μαρτύρομαι : Ὁ Νίκαρχος τυπτόμενος ὑπὸ τοῦ Δικαιοπόλιδος λέγει μαρτύρομαι.

927. φορυτόν : Φρύγανον, σχοινίον, δέσμην χόρτου συρφετώδους. (ἢ φρυγανώδη ἀκαθαρσίαν. ὡς τὸ [Callimachi in schol. Vesp. 831]

σὺν δ' ἀμυδις φορυτόν τε καὶ ἴπνια λύματ' ἀείρας.

διὰ τοῦ ο μικροῦ. ἢ ψιαθῶδες πλέγμα, ἐν ᾧ τοὺς στάχυας ἐμβάλλουσιν. ἢ τὴν ἐκ φρυγάνων στρωμνήν.)

928. ὥσπερ κέραμον : Οἱ γὰρ καλῶς δεσμούμενοι κέραμοι δυσχερῶς (καὶ μόλις) κλῶνται.

929. (ἔνδησον ὦ λῷστε : Διπλῆ καὶ μετάβασις εἰς μονοστροφικὴν δυάδα, διστιχεῖς ἔχουσαν τὰς περιόδους.)

930. τὴν ἐμπολήν : Ἐμπολὴ λέγεται τὸ ἀπὸ τῆς πραγματείας κέρδος.

933. πυρορραγές : Πυρορραγῆ κεράμια καλεῖται ὅσα ἐν τῷ πυρὶ ῥήγνυνται εἰς τὸ ὀπτᾶσθαι. ὁ δὲ κέραμος πυρορραγὴς γενόμενος σαθρὸν ἠχεῖ.

936. (τριπτὴρ δικῶν : Δέον εἰπεῖν ἐλαῶν, ὁ δὲ εἶπε δικῶν, διὰ τὸ ἐπιτρίβειν αὐτὸν τὰ πάντα δικάζοντα καὶ συκοφαντοῦντα.)

937. φαίνειν ὑπευθύνους : Διὰ τὸ φαίνειν ἔπαιξε λυχνοῦχον εἰπών. R. τὸ φαίνειν καὶ ἐπὶ τοῦ συκοφαντεῖν νοεῖται καὶ ἐπὶ τοῦ ποιεῖν φῶς. (διὰ τοῦτο καὶ λυχνοῦχον ἐπήγαγεν, ὃν λέγομεν φανὸν, ἢ λαμπτῆρα.)

940. πῶς δ' ἂν πεποιθοίη : (Διὰ τὸ κράζειν καὶ βοᾶν τὸν συκοφάντην λέγει ὁ χορὸς ὅτι πῶς ἂν θαρροίη τοιούτῳ ἀγγείῳ ἄνθρωπός τίς ποτε, τοιοῦτον ἦχον ποιοῦντι; παρόσον καὶ οἱ ἄνθρωποι παραιτοῦνται ἐπὶ τοιούτων κεράμων ἀναγκαῖόν τι βαλεῖν, φοβούμενοι τὸ σαθρὸν αὐτῶν. Ἄλλως.) τῷ συκοφάντῃ λέγει (πῶς ἂν θαρροίη τις,) διὰ τὸ καὶ αὐτὸν κράζοντα μέγαν ἦχον ποιεῖν.

945. κατωκάρα : Κατὰ κεφαλήν. οὕτως δὲ ὑφ' ἓν οἱ Ἀττικοὶ λέγουσι.

946. ἤδη καλῶς ἔχει σοι : Ἤδη καλῶς ἐδεσμεύθη. (διπλῆ καὶ ἕπεται ὁμοία ἐκ τῶν ἐφθημιμερῶν τῇ πρώτῃ.) τὸ δῆσαι τὸν συκοφάντην. R.

947. μέλλω γέ τοι θερίδδειν : Καταβάλλειν. ἀπὸ μεταφορᾶς τῶν θεριζόντων, ὅτι τὰ δράγματα τιθέασιν. ἢ διότι πολλοῦ ἐθέριζον διὰ τὸν πόλεμον. — ὡς γεωργός φησι, μέλλω θερίζειν καὶ μέλλω κερδαίνειν πολλὰ καὶ καρποῦσθαι. R. (τινὲς δέ φασι τὸν Δικαιόπολιν εἰρηκέναι, μέλλοντα λαβεῖν τὰ τοῦ Βοιωτοῦ φορτία.)

948. (ἀλλ' ὦ ξένων βέλτιστε : Διπλῆ καὶ ἄλλη περίοδος τοῦ χοροῦ, ἰαμβικὴ καὶ αὕτη, ἐκ τριῶν μὲν διμέτρων ἀκαταλήκτων καὶ τετάρτου καταληκτικοῦ. πρὸς πάντα δὲ συκοφάντην ἀντὶ τοῦ εἰπεῖν σωρόν.)

952. μόλις γ' ἐνέδησα : Ὁ Δικαιόπολις λέγει τὸν συκοφάντην. (διπλῆ δὲ καὶ εἴσθεσις εἰς ἰάμβους δύο.)

954. (τὰν τύλαν : Τὸν τύλον τὸν ἀπὸ τοῦ ἀχθοφορεῖν γεγενημένον. Ἄλλως. τὴν ἀπὸ τοῦ ἀχθοφορεῖν ἐν τῷ τραχήλῳ γινομένην τοῦ τραχήλου σκληρότητα, ἐκ μεταφορᾶς τῶν ἀχθοφόρων ζῴων.) ὃν δὲ εἶπεν ἄνω Ἰσμηνίαν, νῦν Ἰσμήνιχον ὁ Θηβαῖος καλεῖ.

955. χὤπως κατοίσεις αὐτόν : Ἐπεὶ οἱ βαστάζοντες κεράμους εὐλαβῶς πάνυ καὶ προσεχόντως βαστάζουσι.

956. διαπαίζει τὸν συκοφάντην ὡς οὐδὲν ὀρθὸν ἦν, ἵνα μὴ οὕτω κούφως ἀπέρχῃ. R.

958. εἰς τὸ κατὰ συκοφάντας μέρος. R.

959. Δικαιόπολι : Ἔρχεται Λαμάχου ἄγγελος, λέγων τῷ Δικαιοπόλιδι ὅτι ἔπεμψε Λάμαχος σὺν τρισὶ δραχμαῖς καὶ ἑτέρᾳ μιᾷ, ὅπως εἰς τὴν ἑορτὴν τῶν Χοῶν δῷς μοι τῆς μὲν μιᾶς δραχμῆς κίχλας, τῶν δὲ τριῶν ἔγχελυν.

961. εἰς τοὺς Χόας : Εἰς τὴν ἑορτὴν τῶν Χοῶν. ἐπετελεῖτο δὲ Πυανεψιῶνος (ὀγδόῃ. οἱ δὲ Ἀνθεστηριῶνος δεκάτῃ. φησὶ δὲ Ἀπολλόδωρος Ἀνθεστήρια καλεῖσθαι κοινῶς τὴν ὅλην ἑορτὴν Διονύσῳ ἀγομένην· κατὰ μέρος δὲ Πιθοιγίαν, Χόας, Χύτραν. καὶ αὖθις, ὅτι Ὀρέστης μετὰ τὸν φόνον εἰς Ἀθήνας ἀφικόμενος, ἦν δὲ ἑορτὴ Διονύσου Ληναίου, ὡς μὴ γένοιτο σφίσιν ὁμόσπονδος ἀπεκτονὼς τὴν μητέρα, ἐμηχανήσατο τοιόνδε τι Πανδίων. χοᾶ οἴνου τῶν δαιτυμόνων ἑκάστῳ παραστήσας, ἐξ αὐτοῦ πίνειν ἐκέλευσε μηδὲν ὑπομιγνύντας ἀλλήλοις, ὡς μήτε ἀπὸ τοῦ αὐτοῦ κρατῆρος πίοι Ὀρέστης μήτε ἐκεῖνος ἄχθοιτο καθ' αὑτὸν πίνων μόνος. καὶ ἀπ' ἐκείνου Ἀθηναίοις ἑορτὴ ἐνομίσθη οἱ Χόες. τοῦτο δ' ἡμῖν καὶ ἐν τοῖς πρόσθεν [ad Eq. 95] εἴρηται.) τὸ δὲ χοᾶς ὅτε ἐπὶ τῶν μέτρων τίθεται, περισπᾶται, (ὡς τὸ [Nub. 1238] « ἓξ χοᾶς χωρήσεται. » καὶ αὖθις [Eccl. 45]

τὴν ὑστάτην ἥκουσαν οἴνου τρεῖς χοᾶς
ἡμῖν ἀποτίσειν, κἀρεβίνθων χοίνικα.

μέτρον δέ ἐστιν Ἀττικὸν, χωροῦν κοτύλας ὀκτώ. καὶ ἀλλαχοῦ [infra 1085] Ἀριστοφάνης

ἐπὶ δεῖπνον ταχὺ βάδιζε τὴν κίστιν λαβών.

οἱ γὰρ καλοῦντες ἐπὶ δεῖπνον στεφάνους καὶ μύρα καὶ τραγήματα καὶ ἄλλα τινὰ τοιαῦτα παρετίθεσαν, οἱ δὲ καλούμενοι ἔφερον ἑψήματα καὶ κίστιν καὶ χοᾶ. Ὅμηρος Od. Z, 76] περὶ τῆς κίστεώς φησι·

μήτηρ δ' ἐν κίστει ἐτίθει μενοεικέα δαῖτα,
ὄψα τε οἷα ἔδουσι διοτρεφέες βασιλῆες.

χοὰς δὲ ὡς τιμὰς, ἐκχύσεις, ἐναγίσματα ἐπὶ νεκροῖς, ἢ σπονδάς. ἐκπίπτει δὲ χρησμὸς, δεῖν χοὰς τοῖς τεθνεῶσιν ἐπάγειν ἀνὰ πᾶν ἔτος καὶ ἑορτὴν χοὰς ἄγειν. λέγονται καὶ θυσίαι νεκρῶν. Σοφοκλῆς [Œd. Col. 469]

πρῶτον μὲν ἱερὰς ἐξ ἀειρρύτου χοὰς
κρήνης ἐνέγκοι δι' ὁσίων χειρῶν θιγών·
ὅταν δὲ χεῦμα ταῦτ' ἀκήρατον λάβῃς,
κρατῆρές εἰσιν ἀνδρὸς εὔχειρος τέχνη.)

963. ὁ ποῖος οὗτος : Διασύρει ὡς ἄσημον τὸν Λάμαχον. (ταλαύρινος δὲ ὑπομονητικὸς, καρτερικὸς ἐν τῇ μάχῃ.)

965. κατασκίοις λόφοις : Δυναμένοις σκιάν τινι ποιῆσαι. ἀντὶ τοῦ ἐπιμήκεις, μεγάλους. — κραδαίνων δὲ σείων, παρὰ τὴν κράδην, ὃ τῆς συκῆς φύλλον δηλοῖ. ὅθεν τὸ κραδᾶν καὶ κραδαίνειν, κυρίως τὸ τὰ τῆς συκῆς φύλλα σείειν, καὶ πάλλειν. Junt.

966. οὐκ ἂν μὰ Δί' οὐ δοίην : Ὅτι ἐπὶ ὀψαρίων μόνον λέγεται τὸ τέμαχος, ἐπὶ δὲ τῶν ἄλλων τόμος, οἷον τυροῦ.

967. ἀλλ' ἐπὶ ταρίχη : Ταρίχη ἐσθίων ὁπλιζέσθω. τοῦτο γὰρ ἐν τοῖς πολέμοις ἤσθιον. (δέον δὲ εἰπεῖν ἐπὶ ταρίχη ἀνιστάτω, ἔφη, ἐπὶ ταρίχη τοὺς λόφους κραδαινέτω, διαπαίζων αὐτόν.)

968. ἂν δ' ἀπολιγαίνῃ : Ἐὰν δὲ θορυβῇ, ἢ ὀξέως βοᾷ, παρὰ τὸ λιγὺ, καλέσω κατ' αὐτοῦ τοὺς ἀγορανόμους. λέγει δὲ τοὺς ἱμάντας, οὓς ἀγορανόμους ἤδη κατέστησεν ἄνω [724].

970. εἴσειμ' ὑπαὶ πτερύγων : Ἀντὶ τοῦ μετὰ (πτερύγων καὶ κιχλῶν καὶ κοψίχων. ὁ δὲ τρόπος ποιητικός. μιμεῖται δὲ τὸ μέλος.)

971. (εἶδες ὦ : Ὑφ' ὃ κορωνὶς, ὑποχωρησάντων τῶν ὑποκριτῶν. καὶ ἔστι συζυγία κατὰ περικοπὴν ἀνομοιομερὴς, φαντασίαν παρέχουσα ἐπιρρήματος, ὅτι τὰς στιχικὰς περιόδους οὐκ ἔχει ἐκ τοῦ αὐτοῦ στίχου, ἀλλ' οὐδ' εἰσὶ παρεισβατικαὶ πρὸς τὸ θέατρον, αἱ μὲν προηγητικαὶ, καὶ αὐτοῖς περίοδοί εἰσιν ἑπτὰ, κῶλα παιωνικὰ ἐκ μονομέτρου καὶ τετραμέτρου δὶς κἀκ τριῶν μέτρων. διεμπολᾶν δὲ τὸ πρὸς πραγματείαν ἐπιτήδεια ἀγοράζειν.)

974. ὧν τὰ μὲν ἐν οἰκίᾳ : Τῶν ὀρνέων τὰ μὲν χρήσιμα καὶ ἀνθηρὰ κατὰ τοὺς οἴκους ἀνατρέφομεν, τὰ δὲ μὴ ἀνθηρὰ ἐσθίομεν. (Ἄλλως. ἀντὶ τοῦ τῶν ὀρνέων τὰ μὲν ἐάσει νέμεσθαι ἐν τῇ οἰκίᾳ, τὰ δὲ νέμεται.) ἔπαιξε δὲ εἰπὼν παρὰ προσδοκίαν τὰ χλιαρά.

975. χλιαρά : Ἔνθερμα· *Vict.*

976. τῷδε : Τῷ Δικαιοπόλιδι. R.

977. (οὐδέποτ' ἐγὼ πόλεμον : Ἐσωματοποίησε τὸν πόλεμον. διὸ ἔφη, οὐχ ὑποδέξομαι αὐτὸν, ὡσανεὶ ἄνθρωπόν τινα. αἱ δὲ ἀκολουθητικαὶ περίοδοι εἰσὶ δεκάκωλοι ἐξ ἐννέα παιωνικῶν τετραμέτρων, καὶ ἑνὸς τετραμέτρου τροχαϊκοῦ καταληκτικοῦ.)

980. τὸν Ἁρμόδιον ᾄσεται : Ἐν ταῖς τῶν πότων συνόδοις ᾖδόν τι μέλος Ἁρμοδίου καλούμενον, οὗ ἡ ἀρχὴ « φίλταθ' Ἁρμόδι', οὔ τί που τέθνηκας. » ᾖδον δὲ αὐτὸ εἰς Ἁρμόδιον καὶ Ἀριστογείτονα, ὡς καθῃρηκότας τὴν τῶν Πεισιστρατιδῶν τυραννίδα. (ἦν δὲ καὶ ἕτερα μέλη, τὸ μὲν Ἀδμήτου λεγόμενον, τὸ δὲ Τελαμῶνος. ὁ δὲ λόγος, οὐδέποτε παρ' ἐμοὶ ἑστιαθήσεται ὁ πόλεμος. παροίνιος δὲ μέθυσος καὶ ὑβριστὴς, δηλονότι ὁ πόλεμος.)

982. ἐπὶ πάντ' ἀγάθ' ἔχοντας : Ἐφ' ἡμᾶς τοὺς γεωργοὺς (ἐπικωμάσας. ἀντὶ τοῦ μετὰ φθορᾶς εἰσπεσών).

984. προσέτι πολλά : Ἐν τῷ πίνειν (πολλὰ ἐμοῦ προκαλουμένου αὐτὸν καὶ) λέγοντος, πῖνε κἀνάκεισο ἥσυχος, οὐκ ἠνέσχετο, ἀλλὰ καὶ μᾶλλον τὰ πράγματα συνέτριψε καὶ ἠφάνιζε τὰς χάρακας καὶ τὸν οἶνον ἐκ τῶν ἀμπέλων. φιλοτησίαν δὲ ἔλεγον τὴν φιάλην τὴν διδομένην ἐν τοῖς συμποσίοις.

986. (χάρακας : Τοὺς πεπηγότας καλάμους ἐν τοῖς ἀμπέλοις ἔκαιεν, ἤγουν τὰς ἀμπέλους ἀπὸ μέρους.)

987. (ἐξέχει θ' ὁμῶν βίᾳ : Ὡς ἐπὶ πολέμου. ἔδει δὲ ἐκ τῶν πίθων εἰπεῖν, οὐκ ἐκ τῶν ἀμπέλων.)

988. τὰ δ' ἐπὶ τὸ δεῖπνον : Ἐπείγει, σπεύδει. R. πρὸς τὸ ἄνω ἀπέδωκε περὶ τοῦ Δικαιοπόλιδος. τὰ γὰρ διὰ μέσου περὶ τοῦ πολέμου εἴρηται. ὁ δὲ λόγος, Δικαιόπολις σπουδάζει περὶ τὸ δεῖπνον.

989. δεῖγμα : Οἷον τῆς παρ' αὐτῷ ἔνδον τρυφῆς σημεῖον καὶ ἀπόδειξις πρόκειται τῶν θυρῶν αὐτοῦ τὰ τῶν ὀρνίθων πτερὰ, ἃ τιλθέντων καὶ τυθέντων πρὸς εὐωχίαν προέβαλεν.

989. ὦ Κύπριδι : Ἀντὶ τοῦ ὦ εἰρήνη. καλῶς δὲ ἡ εἰρήνη τῇ Ἀφροδίτῃ καὶ ταῖς Χάρισι φίλη, ὅτι οἱ γάμοι καὶ αἱ ἑορταὶ ἐν καιρῷ τῆς εἰρήνης ἄγονται, καὶ ὅτι ἡδίστη καὶ ἐπιχαρής ἐστιν.

990. (ὡς καλὸν ἔχουσα : Σωματοποιεῖ τὴν εἰρήνην, καὶ κάλλος αὐτῇ περιτίθησι, καὶ ἔρωτα αὐτῆς ἔχειν βούλεται.

ἐλάνθανες : Ἐμὲ δηλονότι ὦ εἰρήνη.)

992. ὥσπερ ὁ γεγραμμένος : Ζεῦξις ὁ ζωγράφος ἐν τῷ ναῷ τῆς Ἀφροδίτης ἐν ταῖς Ἀθήναις ἔγραψεν Ἔρωτα ὡραιότατον, ἐστεμμένον ῥόδοις. ὁ οὖν νοῦς δι' ὑπερβατοῦ· ἐλάνθανές με οὕτως εὐειδὴς οὖσα, ὡς ὁ γεγραμμένος Ἔρως. ἀνθέμων ἀντὶ τοῦ ῥόδων.

993. ἢ πάνυ γερόντιον : Εἰ καὶ γέροντά με δοκεῖς ὁρᾶν, ὅμως λαβών σε, ἰσχύσω συγγενέσθαι σοι τρὶς (καὶ πολλάκις. παίζει δὲ ἑξῆς).

995. ἀμπελίδος ὄρχον : Ἀντὶ τοῦ εἰπεῖν σχῆμα συνουσίας τοῦτο ἔφη ὡς γεωργός. παρὰ δὲ τὸν ὄρχατον φυτεῦσαι μοσχεύματα σύκων. οὕτως δὲ καλοῦνται αἱ νέαι συκαῖ. μοσχίδια δὲ τὰ νέα βλαστήματα, καὶ ἡ ἁπαλὴ καὶ νέα λύγος μόσχος. Ὅμηρος [Il. Λ, 105] « ἔδη « μόσχοισι λύγοισιν. » (ὄρχον δὲ οἷον ὄρχατον. κωμικῶς,

ὡς φιλογέωργος ἀλληγορεῖ ὡς ἐπὶ συνουσίας. ἐμφαντικῶς κατὰ γεωργίαν τὸ μακρόν. ὄρχος δὲ καὶ ὄρχατος στίχος ἀμπέλων, ἢ ἑτέρων φυτῶν· παρὰ τὸ ἔρχεσθαι δι' αὐτῶν τὰς τάξεις τῶν φυτῶν.)

997. (ἡμερίδος κλάδου : Ἡμερὶς ἡ ἄμπελος, ὥς φησιν Ὅμηρος [Od. E, 69] « ἡμερὶς ἡβώωσα. » εἴρηται δὲ διὰ τὸ ἡμερῶσαι τὸ τῶν ἀνθρώπων φῦλον.)

1000. εἰσίασιν οἱ ὑποκριταί. R.

1002. ἀσκὸν Κτησιφῶντος : Ὡς παχὺς καὶ προγάστωρ ὁ Κτησιφῶν σκώπτεται. — ἐν ταῖς Χοαῖς ἀγὼν ἦν περὶ τοῦ ἐκπιεῖν τινὰ πρῶτον χοᾶ, καὶ ὁ πιὼν ἐστέφετο φυλλίνῳ στεφάνῳ καὶ ἀσκὸν οἴνου ἐλάμβανεν. πρὸς σάλπιγγος δ' ἔπινον. R. (ἐτίθετο δὲ ἀσκὸς πεφυσημένος ἐν τῇ τῶν Χοῶν ἑορτῇ, ἐφ' οὗ τοὺς πίνοντας πρὸς ἀγῶνα ἑστάναι, τὸν πρῶτον πιόντα δὲ ὡς νικήσαντα λαμβάνειν ἀσκόν. ἔπινον δὲ μέτρον τι οἷον χοᾶ.)

1004. (τοῦ κήρυκος οὐκ ἀκούετε : Καλοῦντος εἰς τὴν τῶν Χοῶν ἑορτὴν πάντας. ἐκάλουν δὲ οἱ κήρυκες σάλπιγγας βαστάζοντες καὶ ἐσήμαινον.)

1005. ἀναβράττετε : Ἀναστρέψατε τὰ ὀπτώμενα κρέα καὶ τὰ ὀπτηθέντα ἐξέλκετε.

1007. ἀναπείρω : Πήξω, κεντήσω. *Vict.*

1008. ζηλῶ σε τῆς εὐβουλίας : Θαυμάζω τὴν σὴν εὐβουλίαν, ὦ Δικαιόπολι. (διπλῆ δὲ καὶ περίοδος ἑπτάκωλος ἀμοιβαία. ἧς τὸ πρῶτον ἐν εἰσθέσει ἰαμβικὰ δίμετρα καταληκτικὰ δύο, καὶ ἐν εἰσθέσει κῶλα δ'. καὶ ἐν εἰσθέσει κῶλον ἓν ὅμοιον τῷ πρώτῳ καὶ πέντε ἐν παρεκθέσει ἰαμβικὰ ἑφθημιμερῆ. ἐξ ὧν ἀμφοτέρων γίνονται στίχοι ὅμοιοι τοῖς δύο ἕξ. ἐν εἰσθέσει δὲ κῶλον ὅμοιον τῷ πρώτῳ. ἑπτὰ στίχοι ὁμοίως ἰαμβικοὶ τετράμετροι καταληκτικοί.)

1014. ὑποσκάλευε : Ἀναφύσα, ζωπύρει. R. ἀνάστρεφε, κίνει. *Vict.*

1018. οἴμοι τάλας : Ἔρχεται ἀνὴρ Ἀθηναῖος, γεωργός, ἀπολέσας αὐτοῦ τὰς βόας, ληφθείσας ὑπὸ τῶν Βοιωτῶν, δεόμενος τοῦ Δικαιοπόλιδος λαβεῖν τῆς εἰρήνης πρὸς πέντε ἔτη.

τὰ πρόσωπα Δερκέτης γεωργὸς Φυλάσιος. R.

1019. κατὰ σεαυτὸν νῦν τρέπου : Ἀντὶ τοῦ, ἐν σεαυτῷ ἔχε τὴν κακοδαιμονίαν, μὴ ἐπιμίγνυσο ἡμῖν κακοδαιμονῶν.

1020. σπονδαὶ γάρ εἰσί μοι μόνῳ : Ἐπεὶ αὐτὸς ἐσπείσατο πρὸς Λακεδαιμονίους.

1021. (κἂν πέντ' ἔτη : Ἀντὶ τοῦ εἰς πέντε ἔτη. τὸ δὲ) μέτρησον ἀντὶ τοῦ δάνεισον. καὶ Ἡσίοδος [Op. 347]

εὖ μὲν μετρεῖσθαι παρὰ γείτονος, εὖ δ' ἀποδοῦναι.

καὶ Θεόπομπος Καπήλισιν

ἢ μετάδος, ἢ μέτρησον, ἢ τιμὴν λάβε.

1022. συνετρίβην, ἀπωλόμην. R.

1023. ἀπὸ Φυλῆς : Ὄνομα δήμου. καὶ Μένανδρος Δυσκόλῳ

« τῆς Ἀττικῆς νομίζετ' εἶναι τὸν τόπον
Φυλήν. »

1024. λευκὸν ἀμπέχῃ : Ἀντὶ τοῦ λευχειμονεῖς. οἱ γὰρ Φυλάσιοι λευκὰ ἐφόρουν. (καὶ ταῦτα μέντοι) καὶ οὗτοι, φησίν, ἦσαν, οἵπερ με ἔτρεφον καὶ ἐποίουν τρυφᾶν βόες.

1026. βολίτοις : Βόλιτον οἱ Ἀττικοὶ οὕτως ἔλεγον χωρὶς τοῦ β, ὅπερ ἡμεῖς βόλβιτον. λέγει δὲ ἀντὶ τοῦ ἐν πάσῃ τρυφῇ, ἐν πᾶσιν ἀγαθοῖς. βολίτοις δέ, ὅτι περὶ βοῶν ὁ λόγος (αὐτῷ). Ἄλλως. δέον εἰπεῖν ἐν πᾶσιν ἀγαθοῖς, βολίτοις εἶπε παρ' ὑπόνοιαν παίζων. ἢ ἐπειδὴ διὰ τῆς κόπρου τὰ σπέρματα θάλλειν ποιοῦσιν οἱ γεωργοὶ καὶ καρπὸν πλεῖστον ποιεῖν, ἐξ οὗ τρέφονται, τοῦτο εἴρηκε.)

1027. ἀπόλωλα τὼ 'φθαλμώ : Ἀπώλεσά μου τοὺς ὀφθαλμούς, κλαίων καὶ ὀδυρόμενος τοὺς βόας.

1029. ὑπάλειψον : Ἀντὶ τοῦ ἔγχρισον τοὺς ὀφθαλμούς μου ταχέως.

1030. οὐ δημοσιεύων τυγχάνω : Οἱ δημοσίᾳ χειροτονούμενοι ἰατροὶ καὶ δημόσιοι προῖκα ἐθεράπευον. (φησὶν οὖν καὶ οὗτος ὅτι οὐ τῶν δημοσιευθέντων ἰατρῶν τυγχάνω.) οἷον οὖν οὐ κοινῇ ἐσπεισάμην, τουτέστι σὺν τῇ πόλει· ἰδίᾳ δὲ καὶ ἐμαυτῷ μόνῳ.

1031. ἴθ' ἀντιβολῶ : Ἱκετεύω· δός μοι τῆς εἰρήνης, ὅπως ἀπολάβω τοὺς βόας.

1032. πρὸς Πιττάλου : Ὁ Πίτταλος οὗτος ἰατρὸς παρὰ Ἀθηναίοις. λείπει δὲ τὸ μαθητάς. τοῦτο δὲ ἔφη, ἐπειδὴ ἐκεῖνος εἶπεν ὑπάλειψον τοὺς ὀφθαλμούς. ὡσεὶ ἔλεγεν, ἄπελθε, ἐγχρίου παρὰ Πιττάλου.

1034. εἰς τὸν καλαμίσκον : Τὸν χαλκοῦν ἢ ἀργυροῦν, οἵους ἔχουσιν οἱ ἰατροί.

1035. στριβιλικίγξ : Ἀντὶ τοῦ οὐδὲ ῥανίδα. στρίβος δὲ καλεῖται ἡ λεπτὴ καὶ ὀξεῖα βοή. λίκιγξ δὲ ἡ ἐλαχίστη βοὴ τοῦ ὀρνέου. ἡ μὲν λέξις ἐκ τούτων γεγένηται. λέγει δὲ ὅτι οὐδὲ ἐλάχιστόν σοι μέρος μεταδίδωμι. — τοῖν γεωργοῖν δέ, τοῖν τὴν γῆν ἐργαζομένοιν.

1037. (ἀνὴρ ἀνεύρηκε : Διπλαῖ. αὕτη γάρ ἐστιν ἡ περίοδος ὁμοίως τῇ ἀνωτέρᾳ ἑπτάκωλος ἀντιστρέφουσα.)

1039. μεταδώσειν : Τῶν σπονδῶν δηλονότι. στάθευε δὲ ὄπτα.

1040. χορδὴ καλεῖται τὸ παχὺ ἔντερον τοῦ προβάτου. R.

1042. ὀρθιασμάτων : Ἀνατάσεως ῥημάτων, τῶν μετὰ βοῆς κόμπων, ἢ τῶν μελῶν, παρόσον ὄρθιος νόμος κιθαρῳδικός.

1043. τἀ 'γχέλεια : Ἢ λείπει τὰ κρέα, ἵν' ᾖ τὰ ἐγχέλεια κρέα, ἢ λέγει τὰς ἐγχέλεις. (1046) λάσκων δέ, φωνῶν, βοῶν. — (1045) παρόσον ἡ κνῖσα τῶν ὀπτωμένων τοῖς γείτοσι * * R.

1047. ξανθίζετε : Οἷον τῷ μέλιτι χροΐζετε. ἢ πυρρὰ τῇ ὀπτήσει ποιεῖτε. ἡ δὲ καλῶς ἔχουσα ὄπτησις τῶν κρεῶν ἐστιν, ὅταν πυρρὰ ᾖ.

1048. Δικαιόπολι : Ἔρχεταί ἀνήρ τις παράνυμφος βαστάζων κρέα τῷ Δικαιοπόλιδι παρά τινος νυμφίου, καὶ αἰτεῖ αὐτὸν λαβεῖν ἐν βησίῳ μικρὸν τῆς εἰρήνης,

ὅπως μὴ ἐξέρχοιτο εἰς πόλεμον ὁ νυμφίος, ἀλλὰ μένοι τερπόμενος σὺν τῇ γυναικὶ αὐτοῦ.

1051. ἐγχέαι : Ἐπιχεῖν, ἐπιβαλεῖν· (τῶν κρεῶν δὲ ὧν ἔπεμψέ σοι.) ἐς τὸν ἀλάβαστρον δὲ, εἰς τὴν μυροθήκην. ἔστι δὲ λήκυθος ἡ ὦτα μὴ ἔχουσα, ἧς οὐκ ἔστι λαβέσθαι.

1053. εἰρήνης ἕνα : Ὡσεὶ ἔλεγε κοχλιάριον ἕν.

1055. ὡς οὐκ ἂν ἐγχέαιμι : Παραιτεῖται ὁ Δικαιόπολις μεταδοῦναι τῆς εἰρήνης. – χιλιῶν περισπῶσιν Ἀττικοί. γρ. καὶ χιλίων. R.

1056. ἡ νυμφεύτρια : Ἔρχεται νυμφεύτρια δεομένη Δικαιοπόλιδος, καὶ λέγουσα ὅτι ἔπεμψέ μέ τις νύμφη δεηθῆναί σου πρὸς τὸ λαβεῖν τῆς εἰρήνης, ὅπως ἀλείφῃ τὸ αἰδοῖον τοῦ ἀνδρὸς αὐτῆς, καὶ μὴ ἐξέρχοιτο εἰς πόλεμον. κωφὸν δὲ εἰσάγεται τὸ πρόσωπον τῆς νυμφευτρίας.

1058. (φέρε δὴ τί σὺ λέγεις : Παραθεὶς τὸ οὖς ἤκουσεν ὁ Δικαιόπολις τῆς νυμφευτρίας.)

ὡς γελοῖον : Τοῦτό φησιν ὡς ἀκούσας πρὸς τὸ οὖς. R. (κράζων καὶ ἀστειευόμενος ὁ Δικαιόπολις ἐφ' οἷς ἤκουσε παρὰ τῆς νυμφευτρίας λέγει τὸ, ὡς γελοῖον ὦ θεοὶ τὸ δέημα τῆς νύμφης. τὸ δὲ δέημα αὐτῆς ἦν, μικρὸν τῆς εἰρήνης λαβεῖν, ὅπως ἀλείφοι ταύτῃ τὸ αἰδοῖον τοῦ ἀνδρὸς κατὰ τὰς νύκτας, καὶ μὴ ἐς πόλεμον ἐξέρχοιτο.)

1060. ὅπως ἂν οἰκουρῇ τὸ πέος : Ἀντὶ τοῦ εἰπεῖν τὴν οἰκίαν τὸ πέος ἔφη.

1063. (ὕπεχ' ὧδε δεῦρο : Πρόφερε τὸ ἀλάβαστρον, φησὶν, ἐξ οὗ ἀλείφονται οἱ δειπνοῦντες, τὴν τοῦ μύρου λήκυθον. κατ' ἐρώτησιν δὲ τοῦτο (1064) ἀναγνωστέον. τὸ δὲ ἑξῆς ὡς συμβουλεύοντος καὶ ὑποτιθεμένου πῶς αὐτῷ δεῖ χρήσασθαι.)

1065. καταλέγωσι τουτωΐ : Τῷ ἀλείμματι. λέγει δὲ τῇ εἰρήνῃ. τὸ δὲ καταλέγωσιν ἀντὶ τοῦ κατατάττωσιν.

1067. οἰνήρυσιν : Τὴν τοῦ οἴνου κοτύλην, ᾗ ἀρύονται.

1069. τὰς ὀφρῦς ἀνεσπακώς : Ἐσκυθρωπακώς.

1071. ἰὼ πόνοι τε : Ἔρχεταί τις καλῶν εἰς πόλεμον τὸν Λάμαχον.

1071. ἀμφιχαλκοφάλαρα : Ἀντὶ τοῦ πολύχαλκα. τραγικώτερον (δὲ) λέγει (διὰ τὸ μεγαλορρῆμον τοῦ Λαμάχου).

1074. (λόχους : Ἔνιοι μὲν τὸ ἐξ ἀνδρῶν ὀκτὼ σύστημα, οἱ δὲ τὸ ἐξ ἀνδρῶν δώδεκα, οἱ δὲ τὸ ἀπὸ ἑκκαίδεκα ἀνδρῶν πλῆθος, ὃ καὶ τέλειόν φασι καὶ σύμμετρον. καὶ λοχαγός, προστάτης, καὶ ἡγεμὼν ὁ αὐτός ἐστι, πρῶτος καὶ ἄριστος τοῦ λόχου. παρὰ δὲ Λακεδαιμονίοις ὑπῆρχον τέσσαρες λόχοι, οἷς ἐκέχρητο ὁ βασιλεὺς, ὡς ἀλλαχοῦ [Lys. 452] Ἀριστοφάνης « γνώσεσθ' ὅτι καὶ παρ' ἡμῖν εἰσι λόχοι τέσσαρες μαχίμων ἀνδρῶν ἔνδον ἐξωπλισμένων ». καὶ καταλοχίσαι τὸ εἰς λόχους καταμερίσαι τὸ πλῆθος τοῦ στρατοῦ. λόφους δὲ περικεφαλαίας. λόφος γὰρ καὶ τὸ περικεφαλαίας ἄκρον, καὶ γῆς ἀνάστημα.)

1075. τὰς εἰσβολάς : Τὰς εἰσόδους τῶν πολεμίων στρατῶν. νιφόμενον δὲ ὡς χειμῶνος ὄντος.

1076. ὑπὸ τοῦ χάους γάρ : Θεόπομπος τοὺς διασωθέντας ἐκ τοῦ κατακλυσμοῦ ἑψῆσαί φησι χύτραν πανσπερμίας· ὅθεν οὕτω κληθῆναι τὴν ἑορτήν· καὶ θύειν τοῖς Χουσὶν Ἑρμῇ χθονίῳ· τῆς δὲ χύτρας οὐδένα γεύσασθαι. τοῦτο δὲ ποιῆσαι τοὺς περισωθέντας, ἱλασκομένους τὸν Ἑρμῆν καὶ περὶ τῶν ἀποθανόντων. (ἤγετο δὲ ἡ ἑορτὴ Ἀνθεστηριῶνος τρίτῃ ἐπὶ δέκα, ὡς Φιλόχορος. Ἄλλως.) ἐν μιᾷ ἡμέρᾳ ἄγονται οἵ τε Χύτροι καὶ οἱ Χόες ἐν Ἀθήναις, ἐν ᾧ πᾶν σπέρμα εἰς χύτραν ἑψήσαντες θύουσι μόνῳ τῷ Διονύσῳ καὶ Ἑρμῇ. οὕτω Δίδυμος.

1077. ἐμβαλεῖν Βοιωτίους : Πολέμιοι γὰρ ἦσαν οἱ Βοιωτοί. (ἐν τοῖς ἄνω οὖν ὁ Δερκέτης ἔφη ὅτι Βοιωτοί τινες ἀφείλοντό μου τὸ ζεῦγος τῶν βοῶν.)

1079. οὐ δεινὰ μὴ 'ξεῖναί με : Ὁ Δικαιόπολις, οὐ δεινὸν, φησὶ, μὴ ἐξουσίαν ἔχειν με ἑορτάσαι. (ἴσως διὰ τὸν τῶν στρατιωτῶν θόρυβον.)

1080. (πολεμολαμαχαϊκόν : Ἔμφασιν ἔχει, ὡσεὶ ἔφη, ξενικὸν ἢ Κορινθιακόν.)

1081. καταγελᾷς ἤδη σύ μου : Διὰ τὸ εἰπεῖν πολεμολαμαχαϊκόν.

1082. βούλει μάχεσθαι Γηρυόνῃ : Ἀντὶ τοῦ τετρακεφάλῳ. αἰνίττεται δὲ εἰς τὴν τοῦ Λαμάχου περικεφαλαίαν (τρεῖς λόφους ἔχουσαν) ἀπὸ τῶν περικειμένων αὐτῇ πτίλων. ὃ δὲ θέλει εἰπεῖν, τοῦτό ἐστι. βούλει πρὸς ἀκαταμάχητόν τινα μάχεσθαι. ὁ γὰρ Γηρυόνης, οὗ ἐμνήσθη, τρικέφαλος ἦν, καὶ πολὺν ἀγῶνα παρέσχε τῷ Ἡρακλεῖ. (δείκνυσι δὲ αὐτῷ τι τῶν τετραπτερυλλίδων ἅμα τοῦτο λέγων· ἀντὶ τοῦ εἰπεῖν, Γηρυόνῃ τρισωμάτῳ, τετραπτίλῳ εἶπεν.)

1083. (αἶ αἶ : Τούτων τινὲς τὸ μὲν πρῶτον διὰ τῆς αι διφθόγγου, θρηνητικὸν γάρ· τὸ δὲ δεύτερον ψιλὸν, θαυμαστικὸν γάρ.)

οἵαν ἀγγελίαν : Τὸν πόλεμον δηλονότι.

1084. αἶ αἶ, τίνα δ' αὖ μὴ προστρέχει : Ἔρχεται ἄγγελος καλῶν τὸν Δικαιόπολιν ἐπὶ δεῖπνον.

1086. βάδιζε τὴν κίστιν : Τότε γὰρ οἱ καλοῦντες ἐπὶ δεῖπνον στεφάνους καὶ μύρα καὶ τραγήματα καὶ ἄλλα τοιαῦτα παρετίθεσαν, οἱ δὲ καλούμενοι ἔφερον ἑψήματα. τὴν κίστην λαβὼν, τὴν ὀψοθήκην. Ὅμηρος [Od. Z, 76; Γ, 480]

μήτηρ δ' ἐν κίστῃ (ἐτίθει μενοεικέ' ἐδωδὴν.
ὄψα τε οἷα ἔδουσι διοτρεφέες βασιλῆες.)

χοᾶ δὲ ἐπεφέροντο οἱ καλούμενοι, ἵνα μὴ κοινωνῶσιν ἄλλου ποτηρίου, διὰ τὴν ἐπὶ Ὀρέστῃ γενομένην αἰτίαν.

1088. ἐγκόνει : Ἀντὶ τοῦ σπεῦδε. μέλλοντας γὰρ αὐτοὺς δειπνεῖν ἐπέχεις.

1092. (σησαμοῦντες : Ἄλλο σησαμοῦς, καὶ ἄλλο σησάμη. σησαμοῦς μὲν εἶδος πλακοῦντος, σησάμη δὲ ἣν ἡμεῖς καλοῦμεν σησαμίδα. ἴτρια δὲ καπυρώδη πλάσματα.)

1093. ὀρχηστρίδες : Ὑπερβατόν ἐστιν· ὀρχηστρίδες

πάρεισι καλαί, καὶ τὰ φίλτατα τοῦ Ἁρμοδίου. τουτέστι, τὰ εἰς Ἁρμόδιον σκολιὰ ᾄσματα. (ὅπερ ἀνωτέρω ἔφη· Ἁρμοδίου μέλος ᾄσεται.)

1095. ἐπεγράφου τὴν Γοργόνα : Ὅτι ἐζωγράφουν ἐν τῇ ἀσπίδι μεγάλην Γοργόνα.

1097. (τὸν γύλιον : Γυλιός, σπυριδῶδες πλέγμα, ἐν ᾧ τὰς τροφὰς ἔχοντες οἱ στρατιῶται ἐβάδιζον ἐπὶ πόλεμον.)

1099. θυμίτας : Ἐκ θύμων κατασκευασθέντας. *Vict.*

1101. θρῖον ταρίχους : (Ἐπεὶ ἐπὶ φύλλων τὰ τεμάχη βαλλόμενα βαστάζονται.) σαπροῦ δὲ ἀντὶ τοῦ παλαιοῦ καὶ μὴ νέου. σκεύασμα δέ τι παρὰ Ἀθηναίοις τὸ θρῖον· ὅπερ λαμβάνει ὕειον στέαρ ἢ ἐρίφειον καὶ σεμίδαλιν καὶ γάλα καὶ τὸ λεκιθῶδες τοῦ ᾠοῦ πρὸς τὸ πήγνυσθαι, καὶ οὕτως εἰς φύλλα συκῆς ἐμβαλλόμενον ἥδιστον ἀποτελεῖ βρῶμα. οὕτω Δίδυμος. ἐκαλεῖτο δὲ καὶ ἄλλη τις σκευασία θρῖον, ἐγκέφαλος μετὰ γάρου καὶ τυροῦ κατασκευαζόμενος, καὶ ἑλιττόμενος ἐν φύλλοις συκῆς καὶ ὀπτώμενος.

1108. λείπει τὸ ἰχθύων. R.

1109. τὸ λοφίον : (Ἐὰν μὲν ὑποκοριστικὸν, δηλοῖ) ἐλάττονα τῶν τριῶν λόφων. ἐὰν δὲ διὰ τῆς ει διφθόγγου, προπερισπᾶται καὶ δηλοῖ τὴν θήκην τῶν λόφων.

1110. λεκάνιον : Κρατῆρα πεπληρωμένον τῶν λαγῴων κρεῶν. (λεκάνια δὲ καὶ λεκανίδας τὰ μείζονα τῶν ὀξυβάφων καὶ ἐκπέταλα.)

1111. τριχόβρωτες : Σῆτες. θρὶψ, σκώληξ κατεσθίων τὰς τρίχας. (καὶ προπερισπωμένως δὲ λέγεται τριχοβρῶτες.)

1112. ἀλλ' ἢ πρὸ δείπνου : (Κυρίως μὲν μίμαρκις ἡ λαγῴα χορδὴ ἐκ τῶν ἐντέρων. χρῶνται δὲ καὶ ἐπὶ χοίρου. Ἄλλως.) μίμαρκις σκευασία τις τῆς κοιλίας, ἢ τῶν ἐντέρων. οἱ δὲ τὴν ἐκ τοῦ λαγῴου αἵματος καὶ τῶν ἐντοσθίων σκευαζομένην καρύκην.

1113 ἄνθρωπε βούλει : Κατ' ἐρώτησιν. δηλοῖ δὲ τὸ ἐν ἔχθρᾳ εἶναι.

1115. κἀπιτρέψαι Λαμάχῳ : Ἐπιτρέψαι, ὥστε κρῖναι. (καὶ Μένανδρος ἐν Ἐπιτροπεῖ « ἐπιτρεπτέον τινί ἐστι περὶ τούτων. » ταῦτα δὲ διαλέγεται πρὸς τὸν οἰκέτην διασύρων καὶ παίζων τὸν Λάμαχον.)

1116. πότερον ἀκρίδες : Διασύρει τὸν Λάμαχον (ὡς) ἀκρίδας ἐσθίοντα. ἢ ὅτι πρότερον εὐτελεῖ ἐχρήσατο διαίτῃ.

1118. καθελὼν μοι τὸ δόρυ : Παρατηρητέον ὅτι ὁ μὲν φιλοπόλεμος ὢν, πάντα τὰ πρὸς τὸν πόλεμον ζητεῖ, ὁ δὲ πρὸς τροφὴν ὡς εἰρήνην ζητῶν.

1119. δεῦρο τὴν χορδήν : Χορδὴ καλεῖται τὸ παχὺ ἔντερον τοῦ προβάτου.

1120. τοὔλυτρον : Κρατεῖ καὶ ἕλκει τοῦ δόρατος τὴν θήκην. (τὸ ἐντελὲς τὸ ἔλυτρον.)

1121. καὶ σὺ παῖ τοὐδ' ἀντέχου : Τοῦ ὀβελίσκου, ὥστε τὰ ἐμπεπαρμένα κρέα ἢ τὴν χορδὴν ἐφελκύσαι.

1122. τοὺς κιλλίβαντας : Τρισκελῆ ἐστί τινα ξύλα, ἐφ' ὧν τιθέασι τὰς ἀσπίδας διαναπαυόμενοι, ἐπειδὰν κάμωσι πολεμοῦντες.

1123. καὶ τῆς ἐμῆς τοὺς κριβανίτας : (Λείπει γαστρός· ἵν' ᾖ, καὶ τῆς ἐμῆς γαστρὸς τὴν ἀνάπαυσιν ἔκφερε τοὺς κριβανίτας ἄρτους.) ἔπαιξε δὲ χαριέντως ὅτι καὶ οὗτοι περιφερεῖς ὡς αἱ ἀσπίδες.

1124. γοργόνωτον : Περιφραστικῶς τὴν ἀσπίδα. γοργόνωτον δὲ τὴν ἔχουσαν Γοργόνα.

1128. κατάχει σὺ παῖ : Εἰς τὸν ὀμφαλὸν τῆς ἀσπίδος, ἵνα γένηται λαμπροτέρα. (ὁ Λάμαχος δέ ἐστι παρακελευόμενος ἐπὶ τὸ μέρος τὸ χαλκοῦν τῆς ἀσπίδος ἔλαιον καταχυθῆναι, ἵνα στίλβῃ.) εἰσὶ γάρ τινες οἳ ἐν ἐλαίῳ ὁρῶντες μαντεύονται. (οὕτως ὁ Σύμμαχος. σμήχει οὖν τὴν ἀσπίδα, καταχέων τὸ ἔλαιον ἐπὶ τῆς χαλκῆς πτυχός· εἶτα ὡς φαιδρυνθείσης αὐτῆς ἐνοπτριζόμενος πρὸς αὐτὸν λέγει, ὁρῶ ἐν αὐτῇ γέροντα ὑπὸ δειλίας φεύγοντα· οἷον μὴ δυνάμενον ὁρᾶν τὴν ἀσπίδα διὰ τὴν ἔλλαμψιν. Ὅμηρος [Il. N, 340] « ὄσσε δ' ἄμερδε. » ταῦτα δὲ ὡς μαντευόμενος λέγει.)

1131. παίζει παρὰ τὴν γοργόνα. R.

1133. ἔξαιρε παῖ θώρακα : Πρὸς τὴν ὁμωνυμίαν ἔπαιξε. θωρήξασθαι γάρ ἐστι τὸ καθοπλισθῆναι, ἀλλὰ καὶ τὸ πίνειν καὶ τὸ μεθυσθῆναι (οὕτω καλοῦσιν, ἐπειδὴ θώραξ καὶ τὸ στῆθος. διὰ τὸ θερμαίνειν οὖν τὸ στῆθος θωρήσσειν λέγουσι τὸ μεθύειν, καὶ ἀκροθώρακας τοὺς ἀκρομεθύσους ἐκάλουν. κέχρηται δὲ τῇ λέξει καὶ Ἀνακρέων. ἔστι δὲ Ἀττική. ἔξελε οὖν, φησὶ, κἀμοὶ τὸν χοᾶ, ὃν καλεῖ θώρακα, ὥστε θωρακισθῆναι, τουτέστι τὸν θώρακα πληρῶσαι.)

1135. οἷον μεθυσθήσομαι. R.

1138. κίστιδος : (Καὶ κίστη καὶ κίστις λέγεται. καὶ διελθὼν τοῦτο τὸ δρᾶμα γνώσῃ.) τὴν ὀψοθήκην. R.

1141. νίφει βαβαιάξ : Ἀντὶ τοῦ ψυχρά. οἱ γὰρ ἐπὶ πόλεμον ἐξιόντες ἐπετηροῦντο τὰς διοσημίας.

1143. (Ἴτε δὴ χαίροντες : Κορωνὶς καὶ εἴσθεσις εἰς μέλος τοῦ χοροῦ προῳδικὸν, περιόδων τριῶν. ὧν ἐστι πρώτη ἀναπαιστικὴ τριὰς τρισκαιδεκάμετρος ὀκτάκωλος. τέλος δὲ αὐτῆς, « ἀνατριβομένῳ τε τὸ δεῖνα, » τουτέστι τὸ αἰδοῖον κατ' εὐφημισμόν.)

1144. ὁ μὲν γὰρ ἐπὶ πόλεμον, ὁ δὲ ἐπὶ δεῖπνον. R.

1145. τῷ Δικαιοπόλιδι. λείπει δὲ τὸ πάρεστιν. ῥιγῶν Ἰωνικῶς ἀντὶ τοῦ ῥιγοῦν. R.

1146. (προφυλάττειν) τὴν ἐμβολήν. R.

1149. τὸ αἰδοῖον λέγει. R.

1150. Ἀντίμαχον : Φασὶ γὰρ αὐτὸν γράψαι ψήφισμα ὥστε τοὺς χοροὺς μηδὲν ἐκ τῶν χορηγῶν λαμβάνειν. τὸν Ψακάδος ἔφη. οἱ μὲν ὅτι οὕτως ἐπεκαλεῖτο διὰ τὸ συνεχῶς πτύειν, ἢ διὰ τὸ μηδὲν ἀναλῶσαι. R. (τὸν συγγραφέα. Ψακὰς δὲ οὗτος ἐκαλεῖτο, ἐπειδὴ προσέρραινε τοὺς συνομιλοῦντας διαλεγόμενος. ἦν δέ τις καὶ Ὀλυμπιακὸς καλούμενος Ψακὰς διὰ τοῦτο. ἐδόκει δὲ ὁ Ἀντίμαχος οὗτος ψήφισμα πεποιηκέναι, μὴ δεῖν κωμῳδεῖν ἐξ ὀνόματος. καὶ ἐπὶ τούτῳ πολλοὶ τῶν ποιητῶν οὐ προσῆλθον ληψόμενοι τὸν χορὸν, καὶ δῆλον ὅτι πολλοὶ

τῶν χορευτῶν ἐκείνων. ἐχορήγει δὲ ὁ Ἀντίμαχος τότε, ὅτε εἰσήνεγκε τὸ ψήφισμα. οἱ δὲ λέγουσιν ὅτι ποιητὴς ὢν καλὸς χορηγῶν ποτε μικρολόγως τοῖς χορευταῖς ἐχρήσατο.)

1155. ἀπέλυσεν ἄδειπνον : (Ἀπέκλεισε δείπνων.) ἀντὶ τοῦ ἀπεστέρησε τοὺς μισθούς, οὐδέν μοι ἐχορήγησε.

1156. τευθίδος : Τευθὶς, πέμμα πλακουντῶδες καὶ εἶδος ἰχθύου θαλασσίου. *Vict.*

1158. σίζουσα : Ἀντὶ τοῦ ζέουσα, (ὡς ἐπὶ τηγανιζομένης), ποιὸν ἦχον ἀποτελοῦσα. καὶ Ὅμηρος [Od. I, 394] « ὣς τοῦ σίζ' ὀφθαλμός. » πάραλος δὲ ἀντὶ τοῦ παραθαλασσία. ἢ ἡ παρὰ τοὺς ἅλας κειμένη. (ἐπεὶ δὲ καὶ ἱερὰ ναῦς τῶν Ἀθηναίων Πάραλος καλεῖται, ἐπήνεγκε τὸ) ὀκέλλοι, ὅ ἐστι προσορμίζοι, ὡς ἐπὶ νεώς.

1164. ἠπιαλῶν γάρ : Ἀντὶ τοῦ ῥιγοπυρέτῳ περιπεσών. (ἠπίαλος γὰρ κυρίως ὁ μετὰ ῥίγους πυρετός. ἠπιαλῶν δὲ εἶπε καὶ βαδίζων ἀντὶ τοῦ ἠπιαλοῦντες καὶ βαδίζοντες.) ἀντὶ τοῦ βαδίζοντα κατὰ τὸ ἀρχαῖον σύνηθες, ὡς τὴν ἐρωμένην ἔχων ἀντὶ τοῦ ἔχοντα. R. ἱππασίας δὲ ἀντὶ τοῦ ἱππικῆς, ὡς ὄντος αὐτοῦ ἱππέως. καὶ γὰρ ἕως ἑσπέρας διατρίβουσιν ἐν τῇ δοκιμασίᾳ οἱ ἵπποι.

1167. τῆς κεφαλῆς Ὀρέστης : Ἀττικῶς ἀντὶ τοῦ τὴν κεφαλήν. ὁ δὲ Ὀρέστης οὗτος προσποιούμενος μωρίαν τοὺς παριόντας ἀπέδυεν. ἦν γὰρ λωποδύτης. (ἢ πρὸς τὴν ὁμωνυμίαν ἀντὶ τοῦ ὁ μαινόμενος. πελεθόν δὲ βῶλον.)

1173. βάλοι Κρατῖνον : Παρ' ὑπόνοιαν λέγει Κρατῖνον οὐ τὸν ποιητὴν, ἀλλά τινα ἕτερον ἀλαζόνα καὶ θρασὺν (καὶ μαινόμενον) καὶ μέθυσον. (βάλοι οὖν, φησὶ, τοῦτον, ἵνα πλείοσι κακοῖς περιπέσῃ τυπτόμενος ὑπ' αὐτοῦ.)

1174. (ὦ δμῶες : Κορωνίς. εἰσέρχεται γὰρ ὁ ὑποκριτής. καὶ ἔστιν ἰαμβεῖα τρίμετρα καταληκτικὰ ις'.)

1176. (ὀθόνια : Τὰ λεγόμενα παρὰ ἰατροῖς λυχνώματα.)

1176. (λαμπάδιον : Οἱ μὲν τὸ λεπτὸν ἐρίδιον, οἱ δὲ ἐπιδέσμου εἶδος, οἱ δὲ τὸν νάρθηκα τῶν ἰατρῶν τὸν ναρθηκίζοντα τὸ σφυρόν. οἱ δὲ τὰ ἔμμοτα. οἰσυπηρὰ δὲ) ῥύπου πεπληρωμένα. οἰσύπη δέ ἐστι τὸ διαχώρημα τῶν προβάτων. R. (λαμπάδιον δὲ καταδέσμου εἶδος. περὶ τὸ σφυρὸν δὲ περὶ τὸ ὀστοῦν τὸ κάτωθεν τοῦ γόνυος. χάραξ δέ ἐστι ξύλον ἐν ᾧ τὰς ἀμπέλους δεσμοῦσιν, ὥστε ἵστασθαι καὶ μὴ πίπτειν εἰς τὴν γῆν.)

1179. παλίνορον ἐξεκόκκισεν : (Ἐκτραπὲν τῆς ἁρμονίας ἤχησεν.) παλινόρμητον. (ἐξεκόκκισεν) ἀντὶ τοῦ ἐξέβαλεν, ἐξέκλασεν. ἡ μεταφορὰ ἀπὸ τῶν κόκκων. θέλει δὲ εἰπεῖν ἔκλασεν τὸν πόδα. R.

1181. καὶ Γοργόν' ἐξήγειρε : (Παρ' ὑπόνοιαν. θέλων γὰρ εἰπεῖν ὅτι ἀπὸ τῆς πληγῆς κονδύλην ἐποίησεν αὐτὸς ὁ Λάμαχος, ἔφη, Γοργόνα ἐξήγειρεν.) ὡσεὶ ἔλεγεν, οἴδημα ἀνέστησεν ἐπὶ τῆς κεφαλῆς.

1182. πτίλον δὲ τὸ μέγα : Ἔπαιξε πλάσας ὄνομα ὄρνιθος· (διὰ τὸ κομπηρὸν τοῦ Λαμάχου. γράφεται δὲ οὕτως· πτίλου δὲ τοῦ μεγάλου πεσόντος ἐς τὰς πέτρας δεινὸν μέλος ἐξηύδα ὁ Λάμαχος. ἢ πεσὼν πρὸς ταῖς πέτραις ἐθρήνει τὸ μέγα πτίλον. Ἄλλως. πτίλον μέγα λέγει τὴν περικεφαλαίαν αὐτοῦ, ἀπὸ τοῦ ἐν αὐτῇ πτεροῦ. οὐ γὰρ τὸ πτερὸν πεσὸν εἰς πέτραν ἤχησεν, ἀλλὰ τὸ κράνος ἐκ χαλκοῦ κατεσκευασμένον. ὑδρορρόαν δὲ ὕφαλον πέτραν, ἢ τὸ μέρος τῆς στεφανίδος, δι' οὗ τὸ ἀπὸ τοῦ ὄμβρου ὕδωρ συναγόμενον κατέρχεται. ἢ ὁ στενὸς τόπος. λέγεται δὲ καὶ ὑδρόρροια, ὡς τὸ « οἱ δὲ εἰς τὰς « ὑδρορρόας συνωθοῦντες αὐτοὺς, διὰ τούτων ἐσώζοντο « εἰς τὰς ναῦς. »)

1188. κατασπέρχων : Σπέρχειν, σπεύδειν, χαλεπαίνειν, θυμοῦσθαι, ἀπειλεῖν, ταράσσεσθαι. *Vict.*

1190. ἀτταπαττᾶ : Θρηνῶν παρατραγῳδεῖ. κατεγχάνοι δὲ καταγελάσοι. (παρατηρητέον δὲ ὅτι ἀντιτίθησιν αὖθις ὁ μὲν τὰ ἐκ τοῦ πολέμου δεινὰ, ἅπερ ἔπαθεν, ὁ δὲ ἅπερ ἔχει ἐν εἰρήνῃ χαρμόσυνα.)

1199. κυδώνια : ὡσεὶ ἔλεγε μῆλα, ὅτι παρὰ τὰ ἄλλα σκληρότερά ἐστιν. R. Victor.

1200. ὦ χρυσίω : Πρὸς τὰς δύο πόρνας λέγει.

1201. τὸ περιπεταστὸν κἀπιμανδαλωτόν : Εἴδη φιλημάτων ἐρωτικῶν, ἐν ᾧ δεῖ τὴν γλῶτταν τῶν καταφιλούντων λείχειν. Ἄλλως. μανδαλωτὸν, εἶδος φιλήματος ποικίλον καὶ ἡδὺ, θηλυδριῶδες, καὶ κατεγλωττισμένον.)

1206. ἱππικὲ Λάμαχε. R.

1208. τί με σὺ κυνεῖς : Ἔνιοι ἐν βούλονται εἶναι, ἵνα ᾖ ὁ Λάμαχος λέγων πρὸς τὸν Δικαιόπολιν τὸ, τί με σὺ κυνεῖς, τί με σὺ δάκνεις· ἵνα ᾖ τὸ κινεῖν ἀντὶ τοῦ σαίνειν. ὡσεὶ ἔλεγε, τί μου καταπαίζεις καὶ λυπεῖς με, ὦ Δικαιόπολι.

1210. (τάλας ἐγώ : Διπλῆ περίοδος δεκάκωλος, ἧς τὸ πρῶτον ὅμοιον τῷ πρὸ αὐτοῦ, δίμετρον ἀκατάληκτον. τὸ τρίτον ἰαμβικὸν ἐν εἰσθέσει. τὸ τέταρτον ἐν εἰσθέσει ἰαμβικὸν ἡμιόλιον. τὸ πέμπτον ἰαμβικὸς στίχος.)

1211. τοῖς Χουσὶ γάρ τις : Ἐπεὶ ὁ Λάμαχος εἶπε, ξυμβολῆς βαρείας, ἐπήνεγκεν ὁ Δικαιόπολις συμβολὰς, παίζων πρὸς τὴν ὁμωνυμίαν (τὸ ἐπὶ τὸ δεῖπνον λεγόμενον. λέγεται γὰρ συμβολὴ καὶ ἐπὶ δείπνου τοῦ ἐκ κοινοῦ ἐπιτελουμένου· οὓς ἐράνους Ὅμηρος [Od. A, 226] φησίν,

εἰλαπίνη ἠὲ γάμος, ἐπεὶ οὐκ ἔρανος τάδε γ' ἐστίν.)

1213. ἀλλ' οὐχὶ νυνὶ τήμερον : Ἑορτὴ Ἀθήνησι. ἐπεὶ ἐκεῖνος Παιῶνα καλεῖ, ἔπαιξεν ὁ Δικαιόπολις καὶ φησὶν ὅτι οὐκ ἔστι σήμερον τὰ Παιώνια. R. (οὐκ ἔστι σοι σήμερον ἡμέρα παιωνία καὶ ὑγιεινή. ἕκαστον δὲ ὧν ὁ Λάμαχος λέγει, τρέπει οὗτος εἰς παιδιάν. Παιᾶνα, φησὶν, ἐπικαλῇ, ὥσπερ οὐκ εἰδὼς ὅτι σήμερον οὐκ ἔστι Παιώνια. ἔστι δὲ ἑορτὴ Ἀθήνησιν, Ἀπόλλωνι ἴσως ἀνακειμένη. καὶ παιώνιον ἰατρεῖον, θεραπευτήριον, ἢ σωτήριον φάρμακον. καὶ παιωνίοις τισὶ φαρμάκοις, σωτηρίοις, ἰατρευτικοῖς, θεραπευτικοῖς καὶ παρακατιὼν ἐρεῖ, (1223), « παιωνίαισι χερσί. »)

1214. λάβεσθέ μου λάβεσθε : Πρὸς τὰς πόρνας φησί. R. (διπλῆ καὶ δυάδες τρεῖς, δικώλους ἔχουσαι τὰς περιόδους, ἐξ ἰάμβου τριμέτρου ἀκαταλήκτου ἐκκειμέ-

νου. τῆς μὲν οὖν πρώτης δυάδος τὸ πρῶτον παιωνικὸν δίρρυθμον, τὸ προσλάβεσθ' ὦ φίλαι.)

1218. (Ἰλιγγιῶ : Ὅταν περὶ τὴν καρδίαν στρόφος γένηται, ἐπακολουθεῖ σκότος, καὶ τοῦτο καλοῦσι τὸ πάθος ἴλιγγον.)

1223. παιωνίαισι : Ταῖς ὑγιειναῖς. *Vict.* ταῖς θεραπευτικαῖς. *R. Vict.*

1224. ποῦ ἐστιν ὁ βασιλεύς : Δηλοῖ ὡς ἄρα τὴν ἐπιμέλειαν ὁ βασιλεὺς εἶχε (τῆς ἁμίλλης τοῦ χοὸς,) καὶ τὸ ἆθλον ἐδίδου τῷ νικήσαντι, τὸν ἀσκόν. ὁ δὲ βασιλεὺς ἀρχή τις ἐστιν. ἦν δὲ καὶ τῶν μυστηρίων ἐπιμελητὴς τῶν πομπῶν καὶ τῶν θυσιῶν δὲ ἦρχεν.

1225. ἀπόδοτέ μοι τὸν ἀσκόν : Ὡς νικήσας τὸν ἆθλον αἰτεῖ τὸν ἀσκόν. R. Vict. τὸν ἀσκὸν δείκνυσι. R.

1226. ὀδύρτα : (Κατὰ ἐναλλαγὴν τοῦ σ Ὀδύρσα, τουτέστι) Θρᾳκική. ἢ ἀπὸ τοῦ ὀδύρεσθαι, (τουτέστι θρῆνον ἐμποιοῦσα καὶ ὀδυρμόν).

1228. (ὦ πρέσβυ : Ἑαυτὸν γὰρ ὑπετίθετο πρέσβυν, πρὸς τὴν γυναῖκα διαλεγόμενος ἐν ἀρχῇ τοῦ δράματος)

1229. ἄμυστιν : (Τὴν ἀθρόαν πόσιν οὕτως ἔλεγον. ἔστι δὲ εἶδος ποτηρίου φιαλιώδους. Ἄλλως.) οἷον ὁμοῦ καὶ ἀθρόως ἔπινον. (ἢ παρὰ τὸ ἀπνευστὶ ἐκπιεῖν, ἢ παρὰ τὸ μὴ μύειν. ἔστι δὲ καὶ εἶδος ποτηρίου.)

1230. τήνελλα : Μίμημα ἐπιφθέγματος αὐλοῦ τὸ τήνελλα. Ἀρχίλοχος « τήνελλα, ὦ καλλίνικε χαῖρ' ἄναξ Ἡράκλεες, αὐτός τε κἰόλαος, αἰχμητὰ δύο. » — ἐν εἰσθέσει ἴαμβοι δίμετροι ἀκατάληκτοι. *Vict.*

1232. (ἀλλ' ἑψόμεσθα σὴν χάριν : Λείπει ἡ εἰς πρόθεσις, ἵν' ᾖ εἰς σὴν χάριν.)

ΙΠΠΗΣ.

ΥΠΟΘΕΣΕΙΣ.

I.

(Τὸ δρᾶμα τοῦτο ποιεῖται εἰς Κλέωνα, τὸν Ἀθηναίων δημαγωγόν. ὑπόκειται δὲ ὡς Παφλαγὼν νεώνητος, δουλεύων τῷ Δήμῳ, καὶ προαγόμενος παρ' αὐτῷ περιττότερον. ἐπιτιθεμένων δὲ αὐτῷ δυοῖν τοῖν ὁμοδούλοιν, καὶ κατά τινα λόγια πονηρίᾳ διάσημον ἀλλαντοπώλην Ἀγοράκριτον ἐπαγόντοιν, ὡς ἐπιτροπεύσῃ τοῦ δήμου τῶν Ἀθηναίων, αὐτοὶ οἱ Ἀθηναίων ἱππεῖς συλλαβόντες ἐν χοροῦ σχήματι παραφαίνονται· ὑφ' ὧν προπηλακιζόμενος ὁ Κλέων ἀγανακτεῖ, καὶ διενεχθεὶς ἱκανῶς περὶ τοῦ ἀνώτερος εἶναι τῶν ἐναντιουμένων, σφᾶς ὡς συνομωμοκότας κατὰ τῆς πόλεως πρὸς τὴν βουλὴν ἵεται· διώξαντος δὲ καὶ τοῦ ἀλλαντοπώλου κατὰ πόδας, οἱ ἱππεῖς περί τε τοῦ ποιητοῦ τινα καὶ τῶν προγόνων, ἔτι δὲ καὶ τῶν συγκινδυνευόντων σφίσιν ἐπὶ ταῖς μάχαις ἵππων, πρὸς τοὺς πολίτας ἁδροτέρως διαλέγονται. ὁ δὲ ἀλλαντοπώλης περιγεγενημένος ἐν βουλῇ μάλα γελοίως τοῦ Κλέωνος, καὶ λοιδορούμενος αὖθις αὐτῷ προσέρχεται· ἐκκαλεσαμένου δὲ τοῦ Κλέωνος τὸν Δῆμον, προσελθὼν οὗτος διαφερομένων ἀκροᾶται. λόγων δὲ πολλῶν γενομένων κατὰ τοῦ Κλέωνος, τοῦ Ἀγορακρίτου μάλ' ἐντέχνως τοῖς ἐπινοήμασι καὶ ταῖς θωπείαις καὶ προσέτι ταῖς ἐκ τῶν λογίων ὑπερβολαῖς κρατοῦντος, κατὰ μικρὸν τοῖς λόγοις ὁ Δῆμος συνεφέλκεται. δείσαντος δὲ τοῦ Κλέωνος κἀπὶ τὸ ψωμίζειν τὸν Δῆμον ὁρμήσαντος, ἀντιψωμίζειν ἅτερος ἐγχειρεῖ. καὶ τέλος τοῦ Δήμου τὴν ἑκατέρου κίστην συνέντος, εἶτα τῆς μὲν κενῆς, τῆς δὲ τοῦ Κλέωνος μεστῆς εὑρεθείσης, ἐλεγχθεὶς αὐτὸς, ὡς περιφανῶς τὰ τοῦ Δήμου κλέπτων, εἴκει θατέρῳ τῆς ἐπιτροπείας. μετὰ ταῦτα δὲ τοῦ ἀλλαντοπώλου τὸν Δῆμον ἀφεψήσαντος, εἶτα νεώτερον ἐξ αὐτῆς εἰς τοὐμφανὲς γεγονότα προαγαγόντος, Κλέων περικείμενος τὴν Ἀγορακρίτου σκευὴν ἐπὶ παραδειγματισμῷ διὰ μέσης πόλεως ἀλλαντοπωλῶν ἀνὰ μέρος, καὶ τῇ τέχνῃ χρησάμενος πέμπεται, καὶ ἡ ἐπιτροπὴ τῷ ἀλλαντοπώλῃ παραδίδοται. τὸ δὲ δρᾶμα τῶν ἄγαν καλῶς πεποιημένων.)

II.

ΑΛΛΩΣ.

(Ὁ σκοπὸς αὐτῷ πρὸς τὸ καθελεῖν Κλέωνα. οὗτος γὰρ βυρσοπώλης ὢν ἐκράτει τῶν Ἀθηναίων ἐκ προφάσεως τοιαύτης. Ἀθηναῖοι πόλιν Πύλον, λεγομένην Σφακτηρίαν, ἐπολιόρκουν διὰ Δημοσθένους στρατηγοῦ καὶ Νικίου· ὧν στρατηγῶν χρονισάντων ἐδυσχέραινον οἱ Ἀθηναῖοι. καὶ εἰς ἐκκλησίαν συνελθόντων αὐτῶν καὶ ἀδημονούντων, Κλέων τις βυρσοπώλης ἀναστὰς ὑπέσχετο δεσμίους φέρειν τοὺς ὑπεναντίους εἴσω εἴκοσιν ἡμερῶν, εἰ στρατηγὸς αἱρεθείη· ὅπερ καὶ γέγονε. κατὰ τὰς ὑποσχέσεις οὖν ἐστρατήγει, κυκῶν τὴν πόλιν. ἐφ' αἷς μὴ ἐνεγκὼν Ἀριστοφάνης καθίησι τὸ τῶν Ἱππέων δρᾶμα δι' αὑτοῦ, ἐπεὶ τῶν σκευοποιῶν οὐδεὶς ἐπλάσατο τὸ τοῦ Κλέωνος πρόσωπον διὰ φόβον. καὶ τὰ μὲν πρῶτα κύπτει φοβούμενος· εἶτα προφανεὶς αὐτὸς ἀνεδίδαξε τὸ δρᾶμα.

Ἔοικεν ὁ προλογίζων εἶναι Δημοσθένης, ὃς ἐκεκμήκει περὶ τὴν Πύλου πολιορκίαν, ἀφῃρέθη δὲ τὴν στρατηγίαν ὑπὸ Κλέωνος, ὑποσχομένου τότε τοῖς Ἀθηναίοις παραστήσεσθαι τὴν Πύλον εἴσω εἴκοσιν ἡμερῶν· ὃ καὶ κατώρθωσε διὰ τὸ τὰ πλεῖστα τῆς ἁλώσεως προπεπονῆσθαι Δημοσθένει. ἔοικε δὲ ὡς ἐπὶ οἰκίας δεσποτικῆς ποιεῖσθαι τὸν λόγον. εἴη δ' ἂν δεσπότης ὁ Δῆμος, οἰκία ἡ πόλις, θεράποντες οἱ στρατηγοί. οἰκέται δὲ δύο τοῦ Δήμου προλογίζουσι, κακῶς πάσχοντες ὑπὸ Κλέωνος. ὁ δὲ χορὸς ἐκ τῶν ἱππέων ἐστὶν, οἳ καὶ ἐζημίωσαν τὸν Κλέωνα πέντε ταλάντοις ἐπὶ δωροδοκίᾳ ἁλόντα. λέγουσι δὲ τῶν οἰκετῶν τὸν μὲν εἶναι Δημοσθένην, τὸν δὲ Νικίαν, ἵνα ὦσι δημηγόροι οἱ δύο.

Ἰστέον ὅτι εἰς τέτταρα μέρη διῄρητο ὁ δῆμος τῶν Ἀθηναίων, εἰς πεντακοσιομεδίμνους, εἰς ἱππέας, εἰς ζευγίτας καὶ εἰς θῆτας.

Ἐδιδάχθη τὸ δρᾶμα ἐπὶ Στρατοκλέους ἄρχοντος δημοσίᾳ εἰς Λήναια, δι' αὐτοῦ Ἀριστοφάνους. πρῶτος ἐνίκα· δεύτερος Κρατῖνος Σατύροις· τρίτος Ἀριστομένης Ὑλοφόροις.)

III.

(ΑΡΙΣΤΟΦΑΝΟΥΣ

ΓΡΑΜΜΑΤΙΚΟΥ.

Παράγει τινὰ Κλέωνα, τὸν καλούμενον
Παφλαγόνα, κἄτι βυρσοπώλην, πικρότατα
κατεσθίοντά πως τὰ κοινὰ χρήματα,
κἂν παραλογισμοῖς διαφέροντ' ἐρρωμένως
ἀλλαντοπώλην, εὐθέως τε σκατοφάγον,

πεισθέντα τ' ἐπιθέσθαι σὺν ἱππεῦσίν τισι,
ἐν τῷ χορῷ παροῦσι, τῇ τῶν πραγμάτων
ἀρχῇ· Κλέωνός τ' ἐν μέσῳ κατηγορεῖ.
ἐγένετο τοῦτ'· ἐξέπεσεν ὁ Κλέων παγκάκως·
ὁ δὲ σκατοφάγος ἔτυχε προεδρίας καλῆς.)

SCHOLIA IN EQUITES.

(Ἡ εἴσθεσις τοῦ παρόντος δράματος εὐθὺς ἐξ ἀμοιβαίων προσώπων ἄρχεται. οἱ δὲ στίχοι εἰσὶν ἰαμβικοὶ τρίμετροι ἀκατάληκτοι ἑκατὸν ἐνενήκοντα τρεῖς. ὧν τελευταῖος

καὶ ποικίλως πως καὶ σοφῶς ᾐνιγμένος.

μεθ' οὓς καθ' ὑποβολὴν ἐπικοί, τουτέστι δακτυλικοὶ ἑξάμετροι πέντε. ἑξῆς δὲ πάλιν ἐν εἰσθέσει ἰαμβικοὶ ὅμοιοι μ'. ἐν ἐκθέσει δὲ τούτων στίχοι τροχαϊκοὶ τετράμετροι καταληκτικοὶ πέντε. ὧν τελευταῖος

ἀλλ' ἀμύνου καὶ δίωκε καὶ τροπὴν αὐτοῦ ποιοῦ.

ἐπὶ ταῖς ἀποθέσεσι παράγραφος. ἐπὶ δὲ τῷ τέλει τοῦ τελευταίου στίχου κορωνίς.)

1. (Ἰατταταιάξ : Σχετλιασμὸν δηλοῖ αὐτό τε τοῦτο καὶ τὸ ἑξῆς. ἔοικε δὲ ὁ προλογίζων εἶναι Δημοσθένης ὁ προκαμὼν ἐν Πύλῳ, διὰ τοῦτο. Ἄλλως. σχετλιαστικὸν τὸ ῥῆμα. παρεπιγραφὴ δὲ λέγεται τὰ τοιαῦτα. ἀλλὰ καὶ γίνεται τοῖς σχήμασιν. ἔστι δὲ εἷς τῶν προειρημένων δῆθεν οἰκετῶν ἀποδυρόμενος τὸν ἕτερον.)

2. Παφλαγόνα : (Τὸν Κλέωνα ὡς δημοτικὸν οἰκέτην. Παφλαγόνα δὲ οὐ τῷ γένει, ἀλλ' ἐπειδὴ ἐπάφλαζεν ἐν τῇ ἐκκλησίᾳ. νεώνητον δέ, τὸν νεωστὶ καταξιωθέντα τῆς ἀρχῆς.) Παφλαγόνα τὸν Κλέωνα διὰ τὸ τῆς φωνῆς ἀπηχὲς ἀπὸ τοῦ παφλάζειν ὠνόμασεν. ἔφην γὰρ ὅτι ξένος ὢν ἐπολιτεύσατο. ὀνειδίζει οὖν αὐτὸν ὡς ξένον καὶ βάρβαρον.

τὸν νεώνητον : Τὸν νεωστὶ ἠγορασμένον. ἐπεὶ μὴ ἐκ γένους ἦν Ἀθηναῖος, (ἀλλὰ νεωστὶ προσεληλυθὼς τῇ πολιτείᾳ. ἐμφαίνει δὲ διὰ τούτων ὅτι) καὶ τῶν Ἀθηναίων καθάπτεται, ὅτι δέον πιστεύειν αὐτοὺς τοῖς γνησίοις καὶ πολλὰ τὴν πόλιν εὐεργετηκόσιν, οἱ δὲ μᾶλλον ἐτίμων τὸν Κλέωνα. πεφύκαμεν γὰρ καὶ τῶν οἰκετῶν μᾶλλον πιστεύειν τοῖς οἴκοι γεννηθεῖσι (καὶ τραφεῖσιν ἢ οὓς ἂν κτησώμεθα πριάμενοι. Ἄλλως. ὅτι νεωστὶ τῇ δημαγωγίᾳ προσῆλθε. τὸ δὲ ἑξῆς, κακὸν κακῶς ἀπολέσειαν οἱ θεοὶ τὸν Παφλαγόνα τὸν νεώνητον.)

3. (αὐταῖσι βουλαῖς : Ἀττικὸν τὸ σχῆμα καὶ ἡ σύνταξις τοῦ λόγου, ὡς εἰ λέγοιμεν, αὐτοῖς ὅπλοις, αὐτοῖς ἵπποις. λείπει δὲ ἡ σύν πρόθεσις.)

4. εἰσήρρησεν : Ἀντὶ τοῦ εἰσῆλθεν, εἰσεπήδησεν. ὡς βίᾳ καὶ ἀναιδῶς αὐτοῦ τῇ πολιτείᾳ προσελθόντος. (Ἀττικὴ δὲ ἡ λέξις. ἐν ἐνίοις δὲ ἀντιγράφοις εἰσέφρησε γράφεται, δηλούσης τῆς λέξεως τὸ ἐπεπήδησεν, ἔτι δὲ καὶ τὸ μετὰ φθορᾶς εἰσελθεῖν. — Ἄλλως. μετὰ φθορᾶς παρεγένετο. V.)

5. πληγαῖς : ὕβρεις καὶ κακὰ πράγματα. (τὸ δὲ προστρίβεται ἀντὶ τοῦ) κατασκευάζει καὶ μηχανᾶται καὶ προσποιεῖται. R. V.

6. πρῶτος Παφλαγόνων : Ὡς πάντων μὲν ὄντων πονηρῶν, ἐξαιρέτως δὲ τοῦ Κλέωνος.

7. αὐταῖσι διαβολαῖς : (Ὅμοιον καὶ τοῦτο τὸ σχῆμα τῷ αὐταῖσι βουλαῖς. τοῦτο δὲ εἶπεν,) ἐπεὶ διαβάλλων ὁ Κλέων τοὺς ἄλλους στρατηγοὺς καὶ προσκρούων τῷ δήμῳ εἰς ἑαυτὸν βλέπειν τοὺς Ἀθηναίους ἐποίησε.

8. πρόσελθ' : πλησίασον, ἐγγὺς ἐλθέ. R.

9. ξυναυλίαν : (Ξυναυλία καλεῖται ὅταν δύο αὐληταὶ τὸ αὐτὸ λέγωσιν. ὁ δὲ Ὄλυμπος μουσικὸς ἦν, Μαρσύου μαθητής. ἔγραψε δὲ αὐλητικοὺς καὶ θρηνητικοὺς νόμους. Ἄλλως. ξυναυλία λέγεται ὅταν κιθάρα καὶ αὐλὸς συμφωνῇ. νόμοι δὲ καλοῦνται οἱ εἰς θεοὺς ὕμνοι. Ὄλυμπος δὲ μαθητὴς γέγονε Μαρσύου περὶ τὴν αὐλητικὴν ἄριστος, καὶ αὐτὸς δυστυχήσας διὰ μουσικήν. καθάπερ οὖν Ὄλυμπος εὗρε τὸ συναυλεῖν, καὶ ἡμεῖς ὅμοια καὶ ὥσπερ ἀπὸ μιᾶς φωνῆς ὀδυρώμεθα.) μιμησώμεθα οὖν ἐν τῷ θρηνεῖν τὴν συναυλίαν Ὀλύμπου καὶ ὡς ἀπὸ μιᾶς φωνῆς ὀδυρώμεθα. R. κοινωνίαν. τουτέστιν ἀποδυρώμεθα ὁμόσε. V.

10. μῦ μῦ : (Ὁμοφωνοῦσιν ἀμφότεροι μύζοντες. τοῦτο δὲ ὡς θρηνητικόν. ἔστι δὲ ἴαμβος ἔχων τὸ μὲν πρῶτον βραχὺ, τὸ δὲ δεύτερον μακρόν.) ὡς θρηνοῦντες. R.

11. τί κινυρόμεθα : Τί δακρύομεν καὶ ὀδυρόμεθα εἰς κενὸν καὶ ἀνωφελές; — τί κινυρόμεθ' : Δακρύομεν, θρηνοῦμεν, ὀδυρόμεθα. *Vict.* θρηνοῦμεν ματαίως. *V. C.*

οὐκ ἐχρῆν ζητεῖν τινα : (Ἡμεῖς δὲ ἀπαλλαγέντες τῶν δακρύων βουλευσώμεθα τίνα τρόπον ἀπαλλαγησόμεθα τῶν τοῦ Κλέωνος κακῶν.) αὐτὸς γὰρ μέλλει τὴν τοῦ ἀποδρᾶναι γνώμην εἰσηγεῖσθαι. [ζητεῖν δὲ, πολυπραγμονεῖν καὶ σκοπεῖν.]

12. [τίς οὖν γένοιτ' ἂν λέγε σύ : Τίς οὖν ἀφορμὴ γένοιτο λέγε σύ. πρὸς τὴν ἐπερώτησιν τοῦ ἑτέρου ὁ ἕτερος πάλιν ἀπεκρίνατο. ἑκάτερος δὲ εὐλαβῶς ἔχει τοῦ εἰπεῖν, διὰ τὸ φοβεῖσθαι δῆθεν τὸν Κλέωνα, καθ' οὗ συντάττουσι τὴν ἐπιβουλήν. φιλονεικοῦσιν οὖν τίς πρῶτος εἴπῃ.]

σὺ μὲν οὖν λέγε : Ἀντὶ τοῦ σὺ εἰπέ, ἵνα εἰπόντος σου, μὴ ἀντιλέξω μηδὲ μαχήσωμαί σοι. ἢ (οὕτως· σὺ λέγε,) ἵνα μὴ εἴπω πρῶτος, καὶ φθονῶν ἀντείπῃς, κἀγώ σοι μάχωμαι.

16. ἅ 'μὲ χρὴ λέγειν : Ἅτινά με χρή, φησίν, εἰπεῖν, εἶθε (περὶ τούτων) ἤκουσα παρὰ σοῦ λεχθέντων. (τοῦτο δὲ εἶπε διὰ τὸ φοβεῖσθαι λέγειν.) [ἔστι δὲ παρὰ τὸ ἐν Ἱππολύτῳ Εὐριπίδου [345] ὑπὸ τῆς Φαίδρας πρὸς τὴν τροφὸν εἰρημένον οὕτως ἀποκρινομένην,

οὐ μάντις εἰμὶ τἀφανῆ γνῶναι σαφῶς.]

17. ἀλλ' οὐκ ἔνι μοι τὸ θρέττε : Ἀντὶ τοῦ, τὸ θαρραλέον. (οὐδὲ τὸ τυχὸν ἔχω, φησί, περὶ τούτων εἰπεῖν. θρέττε δὲ βαρβαριστί, ἀντὶ τοῦ θαρρεῖν, παρὰ τὸ θρασὺ καὶ ἀνδρεῖον. οὐκ ἔστιν οὖν εἰπεῖν ὃ σὺ διανοῇ. ἠρνή-

σατο δὲ, ἵνα εἰς ἀνάγκην τὸν ἕτερον καταστήσῃ πρῶτος συνθέσθαι τι καὶ συμβουλεῦσαι. τὸ δὲ, πῶς ἂν οὖν ποτε, ἀντὶ τοῦ, οὐ θαρρῶ, φησὶν, εἰπεῖν οὐδὲ τὸ τυχόν. βαρβαρίζει δὲ ὡς δοῦλος.)-Herodian. περὶ προθέσεων. Τῶν δὲ προθέσεων ἡ ἐν καὶ ἐνί εὕρηται ἐν τοῖς ποιήμασι κατ' ἐπέκτασιν λεγομένη. ἔνι μέντοι μεταθέσει τοῦ τόνου οὐκ ἔτι πρόθεσις, ἀλλ' εἰς ῥηματικὸν μεταβαίνει, ὡς ἡ παρά· πάρα δὲ ἀντὶ τοῦ πάρεστι. Victor.]

18. (κομψευριπιδικῶς : Ἀντὶ τοῦ εὐριπιδικῶς καὶ δεινῶς, οἷον πανούργως. κομψοὶ δὲ παρὰ τοῖς ἀρχαίοις ἐλέγοντο οἱ πανοῦργοι. φησὶν οὖν, πῶς ἄν τις εἴποι περιεσταλμένως καὶ λεληθότως, οἱονεὶ μὴ φανερῶς.)

19. μὴ διασκανδικίσῃς : Διευριπιδίσῃς. (ἡ γὰρ μήτηρ Εὐριπίδου σκάνδικας ἐπίπρασκεν, ὅ ἐστιν ἄγρια λάχανα. Ἄλλως. μὴ ἀποδειλιάσῃς, μὴ μεταμελήσῃς.) σκώπτει δὲ τὸν Εὐριπίδην ὡς λαχανοπώλιδος υἱόν. (σκάνδιξ γὰρ εἶδος λαχάνου.)

20. (ἀπόκινον : Φυγὴν, ἀποχώρησιν. ἔστι δὲ καὶ εἶδος ὀρχήσεως φορτικῆς. οἱ δὲ μέλος. καὶ ὁ βαυκισμός.)

21. λέγε δὴ μόλωμεν : (Τινὲς τὸ μόλωμεν προπερισπῶσι.) προσποιεῖται δὲ ὑποτίθεσθαι φεύγειν αὐτὸν, καὶ λέγειν, αὐτομολήσωμεν πρὸς τοὺς Λακεδαιμονίους, (αὐτὸς παραιτούμενος λέγειν). αὐτομολῆσαι δέ ἐστι τὸ προδοῦναι τοὺς ἰδίους καὶ ἐᾶσαι καὶ ἀπελθεῖν πρὸς τοὺς ἐναντίους ἐπὶ συμμαχίᾳ.

(22). ἐξόπισθέ νυν : Κατόπιν. τουτέστι, πρότασσε τὸ μόλωμεν τοῦ αὐτό, εἶτα πάλιν τοῦ μόλωμεν τὸ αὐτό. βούλεται δὲ λέγειν, αὐτομολήσωμεν πρὸς τοὺς Λακεδαιμονίους. αἰνιγματωδῶς δὲ μετὰ δισταγμοῦ λέγει, ποιῶν ἐκεῖνον συνάπτειν τὰς λοιπὰς αὐτῷ συλλαβάς. [τὸ δὲ φάθι ἀπὸ τοῦ φημὶ φήσω, ἔφην, φὰς, φάντος, φάθι.] ὅπερ ὁ μὲν Ἀπολλώνιος ὀξύνει, ὁ δὲ Ἡρωδιανὸς βαρύνει. [παραλόγως γὰρ ὀξύνεσθαι.]

24. ὥσπερ δεφόμενος : Ἀντὶ τοῦ ἀποδέρων τὸ αἰδοῖον. οἱ γὰρ ἁπτόμενοι τῶν αἰδοίων, οὐχ ὡς ἤρξαντο, ἀλλὰ σπουδαιότερον κινοῦσι [ἐκπυρούμενοι τῇ συνεχείᾳ τῆς κινήσεως] πρὸς τῇ τῆς γονῆς ἐκκρίσει. (τοῦτο οὖν λέγει, ὅτι πρῶτον κατὰ μικρὸν, εἶτα συνεχῶς λέγε.)

26. (αὐτὸ μόλωμεν αὐτομόλωμεν : Ὡς ἐπιλαμβανόμενος αὐτοῦ τοῦτο λέγει. αὐτομολεῖν δὲ τὸ πρὸς τοὺς πολεμίους ἀπελθεῖν.)

(27). ἦν οὐχ ἡδύ : Ἰδοὺ ἐρωτηματικόν. λέγει δὲ, οὐκ ἔστιν ἡδὺ τὸ αὐτομόλωμεν; ἔθος δὲ ἦν καὶ τοὺς δούλους παρὰ τοὺς πολεμίους φεύγειν, εἰ πάσχοιέν τι κακὸν ὑπὸ τοῦ δεσπότου. τὸ δὲ φεύγειν, αὐτομολεῖν λέγουσιν Ἀθηναῖοι. Ἄλλως. ὁ τὴν γνώμην λέγων ἐφίστησι τῷ λόγῳ αἰσθανόμενος τοῦ ῥήματος, ὡς ἐξηπατημένος καὶ παρακεκρουσμένος εἰπεῖν τὸ αὐτομολήσωμεν. Ἄλλως. μὴ οὐ καλόν. οὐ πρὸς ἡδονὴν ἀποδοκιμάσω σου τὴν συμβουλήν. [τὸν οἰωνὸν δὲ, τὸ σημεῖον.]

29. [ὅτι ἡ τὸ δέρμα : Ὅτι ὥσπερ τῶν δεφομένων τὸ δέρμα ἀπέρχεται, οὕτω καὶ τῶν αὐτομολούντων.]

[τῶν δεφομένων : Τῶν ἀποδερομένων τὸ αἰδοῖον ὑποχωρεῖ ὄπισθεν. μή πως οὖν καὶ ἡμᾶς νοήσαντες οἱ Ἀθηναῖοι φεύγοντας κρατήσωσι καὶ ἀποδέρωσι.] δερομένων. V.

30. βέλτιον. V.

31. πρὸς βρέτας : (Ἄγαλμα θεῶν. προσπεσεῖν δὲ), ἱκέτας καθίσαι. ἢ καταφυγεῖν πρὸς βρέτας, (πρὸς ἱερὸν, πρὸς τέμενος, ἢ πρὸς ἕδος, ἢ πρὸς ἄγαλμα θεῶν. βρέτας δὲ εἴρηται [τὸ ἀνθρωπόμορφον εἴδωλον. M.] ἀπὸ τοῦ βροτῷ ἐοικέναι αὐτό. τὸ δὲ ἐτεόν, ἀληθῶς οὕτω πεπίστευκας, οὕτω καταδέχῃ.)

32. (βρετέττας : Ἐν παρολκῇ, παίζων. οὐ μόνον δὲ τῇ γλώττῃ προσέπαιξε τῇ παρονομασίᾳ τοῦ βρέτας, ἀλλὰ καὶ) φησὶν ὅτι εἰ μὴ ἦσαν θεοὶ, οὐκ ἂν ἤμην θεοῖς ἐχθρός.

(ἐτεὸν ἡγεῖ γὰρ θεούς : Ἀληθῶς οὕτω πεπίστευκας καὶ ὑπολαμβάνεις εἶναι θεούς; τεκμηρίῳ δὲ, παραδείγματι, μαρτυρίῳ.) Εὖ προσβιβάζεις με, πείθεις, παραινεῖς, ἢ στοχάζῃ. — παίζει ὡς δοῦλος. R.

33. ἔγωγε : Herod. ἡ ἐγὼ τὸν γέ προσλαβοῦσα σύνδεσμον, ἔγωγε, ὑποβιβασμῷ τοῦ τόνου προφέρεται καὶ οὐ μόνον μείωσίν τινα ταύτῃ διὰ τὸ τοῦ συνδέσμου μειωτικὸν δηλοῖ, ἀλλὰ καὶ κατάφασιν ἐνίοτε, οἷον τὸ ναί. Vict.

(35). ἀλλ' ἑτέρᾳ ποι : Ἀλλ' ἑτέρῳ τρόπῳ δεῖ σκέψασθαι [γράφεται δὲ καὶ πῇ. ἔστι δὲ περιττόν.] — ἑτέρᾳ, ἀλλαχῇ, ἕτερόν τι. R.

37. (παραιτησώμεθα : Περιττὴ ἡ παρά. ἔστι γὰρ αἰτησώμεθα. παρακαλέσωμεν. πλεονάζουσι γὰρ καὶ ἐλλείπουσι ταῖς προθέσεσιν Ἀττικοί.) — οὐ χεῖρον : βέλτιον. R.]

38. ἐπίδηλον ἡμῖν : Δεικνύειν, φησὶν, ἡμῖν διὰ τῶν προσώπων εἰ χαίρουσι τοῖς λεγομένοις. [ἐκ γὰρ τοῦ προσώπου δηλοῦται ἡ τῆς ψυχῆς διάθεσις.]

39. (ἢν τοῖς ἔπεσι χαίρωσιν : Ἔπεσι τοῖς ποιήμασιν, ἢ τοῖς λεγομένοις. ἢ τοῖς ἰάμβοις. πᾶν γὰρ μέτρον ἔπος καλοῦσι. πράγμασι δὲ, τοῖς ποιήμασι τοῖς λεγομένοις.)

40. [νῷν γάρ ἐστι δεσπότης : Ὥσπερ τινὰ οἰκίαν κατασκευάζει τὴν πόλιν. δεσπότην δέ φησι τὸν δῆμον, οἰκέτας δὲ τοὺς προχειριζομένους ὑπ' αὐτοῦ ὑπηρετεῖν αὐτῷ ἐν τῇ τῶν κοινῶν ἐπιμελείᾳ. ὑπηρέται γάρ τινες εἶναι δοκοῦσι τοῦ δήμου οἱ ἄρχοντες οἱ τῶν κοινῶν προϊστάμενοι.]

41. ἄγροικος ὀργὴν : (Δύναται ἡ ὀργὴ νῦν ἑκάτερον δηλοῦν, καὶ κυρίως κεῖσθαι καὶ ἐπὶ τοῦ τρόπου.) τὸν τρόπον ἄγριος καὶ σκληρὸς καὶ ἀνήμερος (καὶ τραχύς. ἢ ἀφελής. ἀκράχολος δὲ ἤγουν εἰς ὀργὴν πρόχειρος.) ἀκρόχολος εἰς ὀργὴν εὔκολος. R.

κυαμοτρὼξ : (Δικαστικὸς, κυάμους ἐσθίων. κυάμοις δὲ ἐχρῶντο οἱ δικασταὶ διὰ τὸ μὴ καθεύδειν. ἢ ἀντὶ ψήφων. ἄλλοι δὲ διὰ τοῦ σ, κυαμοτρώς, ὁ κυάμοις δικάζων, ὁ τιτρώσκων. τούτοις γὰρ ἐχρῶντο ἀντὶ ψήφων. Ἄλλως.) τρεφόμενος ἀπὸ τῶν κυάμων· πρὸ γὰρ τῆς εὑρέσεως τῶν ψήφων κυάμοις ἐχρῶντο ἐν ταῖς χειροτονίαις τῶν ἀρχόντων καὶ ἐν ταῖς ἐκκλησίαις. ὡς οὖν τῶν ψηφι-

ζομένων ἀργύριον λαμβανόντων καὶ χειροτονούντων τοὺς διδόντας πλέον, (οὕτως ὠνόμασε τὸν δῆμον τὸν ἀπὸ τῶν κυάμων τρεφόμενον).

42. (πυκνίτης : Τόπος Ἀθήνησιν ἔνθα ἔστιν ὅτε ἠκκλησίαζον οἱ Ἀθηναῖοι. πνὺξ γὰρ τόπος ἐν Ἀθήναις ἔνθα ἡ ἐκκλησία συνεκροτεῖτο. τὸν δῆμον δὲ ὥσπερ πολίτην τῆς πνυκὸς εἶπε. πνὺξ δὲ λέγεται παρὰ τὸ πυκνοῦσθαι ἐκεῖ τοὺς βουλευτάς, ἢ ἀπὸ τοῦ πεπυκνῶσθαι ταῖς καθέδραις. δύσκολον δὲ δυστράπελον.) — πυκνίτης : πνὺξ τὸ ἐν Ἀθήναις δικαστήριον. γερόντιον : αἰνίττεται, ὅτι πρωτόγονοι οἱ Ἀθηναῖοι. R.

[δύσκολον γερόντιον : Δυστράπελον, πρεσβύτερον. αἰνίττεται δὲ διὰ τούτου ὁ ποιητὴς τὴν ἱστορίαν, ὅτι πρῶτοί τε καὶ αὐτόχθονες οἱ Ἀθηναῖοι.] ὑπόκωφον δέ, ὅτι οὐ πᾶσιν ἐπείθετο, ἀλλὰ προσεποιεῖτο μὴ ἀκούειν (τῶν λεγομένων).

43. τῇ προτέρᾳ νουμηνίᾳ : Τῇ παρελθούσῃ. (τουτέστι νεωστί. ἵνα δείξῃ τὸν Κλέωνα οὐ πάλαι τῆς πολιτείας τετυχηκότα.) ἐν δὲ ταῖς νουμηνίαις οἱ δοῦλοι ἐπωλοῦντο καὶ οἱ στρατηγοὶ ἐχειροτονοῦντο.

44. (βυρσοδέψην Παφλαγόνα : Βυρσέα. συμβαίνει δὲ τούτους ἐκ τοῦ ἐμβρέχειν τὰ δέρματα, καὶ πλείοσιν ἐν ἡμέραις αὐτὰ εἰς τὸ φάρμακον, ἵνα διαλάβοιεν, ἀπὸ τῆς ὀσμῆς τοῦ τε ὕδατος καὶ τῶν δερμάτων μολυνομένους ἄχαρι ὀδωδέναι. διαβάλλει οὖν ὡς δύσοσμον, ἄλλως τε καὶ τὴν εὐτέλειαν δείκνυσι τοῦ Κλέωνος, ἀφ' οἵας τύχης ὁρμώμενος ἐπρώτευσε τῶν Ἀθηναίων. ἐπειδὴ ὁ πατὴρ αὐτοῦ Κλεώνυμος ἐργαστήριον εἶχε δούλων βυρσοδεψῶν.)

46. (οὗτος καταγνούς : Θεωρήσας. περιττὴ ἡ κατά. οἷον καταμαθὼν καὶ αἰσθόμενος. πρὸς ἔμφασιν δὲ πλείονα εἶπε τοῦ μαθών. διενηνοχέναι δέ φασι τὸ καταγνῶναι καὶ ἐπιγνῶναι ταύτῃ, ὅτι τὸ μὲν καταγνῶναι ἰδίως ἐπὶ διαβολῇ καὶ πονηρίᾳ λέγουσιν οἱ παλαιοί, τὸ δὲ ἐπιγνῶναι ἐπὶ τοῦ γνωρίσαι. γνῶναι δὲ χωρὶς τῆς κατά προθέσεως, τὸ μαθεῖν. καταγνοὺς οὖν, οἷον καταμαθὼν καὶ αἰσθόμενος.)

47. (ὁ βυρσοπαφλαγὼν : Συνέμιξε τὸ γένος καὶ τὴν τέχνην, ἵνα τὸ πλέον ὀνειδίσῃ, προσθήκης ἑκατέρου γενομένου θατέρου.)

ὑποπεσὼν : ὑποδραμὼν, ὑπελθών. *V. Vict.*

48. (ᾔκαλλεν : Αἰκάλλειν ἐστὶ τὸ τὸν κύνα τοῖς ὠσὶ καὶ τῇ οὐρᾷ σαίνειν τοὺς ἠθάδας· ἢ ἀπὸ μεταφορᾶς τῶν ἀλεκτρυόνων. κάλλαια γὰρ καλεῖται τούτων τὰ γένεια. πολλαὶ δὲ αἱ λέξεις, ἀλλὰ τὸ σημαινόμενον ἕν. ἐκολάκευε γάρ.)

49. (κοσκυλματίοις : Τοῖς περικεκομμένοις καὶ ἀπορριφεῖσι δέρμασι. βούλεται δὲ λέγειν, λογαρίοις αἱμύλοις. τὸ δὲ πᾶν αὐτῷ νόημα, ὅτι λόγοις ἐξηπάτα τὸν δῆμον, ὅπου ἀκούουσι μὲν ὠφέλειάν τινα ἔχειν, βλάπτουσι δὲ τὰ μέγιστα. Ἄλλως. κοσκύλματα καλοῦνται τὰ περιττά, τὰ περιτεμνόμενα ἀπὸ τῶν καττυματίων. καττυματίοις οὖν λέγει, εὐτελέσι ῥήμασιν ἢ πράγμασιν.)

(50). ἐκδικάσας μίαν : Δικάσας. [ὡσεὶ ἔλεγε γυμνασθείς. τοιαῦτα δὲ εἰώθασι τοῖς τρυφῶσιν οἱ κόλακες λέγειν.] τοῦτο, φησί, κολακεύων ἔλεγε τὸν δῆμον. λείπει δὲ ἡμέραν, ἵν' ᾖ, μίαν ἡμέραν ἐάσας ἀδίκαστον.

(51). ἔνθου : Ἐπὶ τοῦ ψωμοῦ καὶ τοῦ ἀκόλου οὕτω λεκτέον, καὶ ὅλως τοῦ φαγεῖν.

ἔντραγε : Οὕτω τὸ ἀκρατίζειν. καὶ Μένανδρος « Παλαιὸν ἐντραγεῖν. » ὁ γὰρ οἰκέτης ἐστί, βαρύτερον τὴν πρὸς τοὺς δοκοῦντας εἶναι ποιούμενος τρυφήν, παρονειδίζων ὅτι τοσαῦτα ἀποστέλλεται οὐκ ἐπὶ δεῖπνον, ἀλλ' ἀκρατισμόν. — ἔνθου : Φάγε. ῥόφησον : Πίε. Θ. *Vict.*

ἔχε τριώβολον : Τὸν δικαστικὸν μισθόν. ἐπεὶ τριώβολον ἐλάμβανον. — ὡς τοσούτου ὄντος τοῦ δικαστικοῦ νῦν καὶ τοῦ ἐκκλησιαστικοῦ. οὐχ ὁμοίως δὲ οὐδὲ τὸ αὐτὸ διώριστο, ἀλλὰ κατὰ διαφόρους καιροὺς διάφορος ἦν καὶ ὁ μισθός. R.

55. μάζαν μεμαχότος : Τὰ πεφυρμένα ἄλευρα. ὡς ἐπὶ τροφῆς δὲ τὸ κατόρθωμα εἶπεν. (Ἄλλως. τοῦτο ἀφ' ἱστορίας τέθεικεν, ἧς μέμνηται καὶ Θουκυδίδης [4,28]. ἔχει δὲ οὕτως. Δημοσθένης στρατηγὸς Ἀθηναίων, ἀποσταλεὶς εἰς Σικελίαν διὰ τὸν αὐτόθι πόλεμον, παραπλέων τὴν Πύλον καὶ τὴν Σφακτηρίαν δυνάμει προλαβών, τριακοσίους εἴληφεν αἰχμαλώτους, καὶ ἐδήλωσεν Ἀθηναίοις τί βούλονται περὶ τούτων γενέσθαι. ἄλλων δὲ ἄλλα λεγόντων, Κλέων ἀναστὰς ἐπηγγείλατο ἡμερῶν ἀριθμὸν προσθείς, εἴσω ἐκείνων ἄξειν αὐτούς, ὡς γέλωτα πολὺν κατ' αὐτοῦ γενέσθαι. ἀγαγὼν δὲ αὐτοὺς ὡς ἰδίαν πρᾶξιν κατορθώσας ἐπεσεμνύνετο. Ἄλλως. ἐν τῇ Πύλῳ. τόπος δὲ οὗτος τῆς Λακωνικῆς στενός, διείργων καὶ ἀποχωρίζων τὰς ἀπὸ τῆς Θεσσαλίας καὶ Λακεδαιμονίας εἰσβολάς. ἔνθα καὶ Λεωνίδας πρότερον τῶν Μακεδόνων βασιλεύς, ἅμα καὶ Σπαρτιατῶν, ἀντέστη Ξέρξῃ τῷ τῶν Περσῶν βασιλεῖ, καὶ πολλοὺς τῶν Περσῶν ἀποκτείνας, ἀριστεύων ἐτελεύτησε, κυκλωθεὶς ἐκ προδοσίας, Ἐφιάλτου τινὸς δείξαντος τοῖς Πέρσαις διὰ τῶν ὀρῶν ὁδόν. ἐνταῦθα οὖν ὁ Δημοσθένης ἀπόβασιν ποιησάμενος σὺν ὀλίγοις, ἐξετείχισε τὸ χωρίον, καὶ κατέστησε φρούριον. βοηθησάντων δὲ τῶν Λακεδαιμονίων διὰ τάχους Βρασίδου στρατηγοῦντος, αὐτός τε ὁ Βρασίδας ἀπέβαλε τὴν ἀσπίδα καὶ πολλοὶ τῶν Λακεδαιμονίων ἀπέθανον ἐν τῇ μάχῃ. ἔνιοι δὲ κατέφυγον καταπονούμενοι εἰς τὴν κατ' ἀντικρὺ νησίδα τὴν Σφακτηρίαν. καὶ αὐτὸς ὁ Δημοσθένης μετεπέμψατο ἀπὸ τῶν Ἀθηναίων, ὡς ἂν πλείονι δυνάμει χρησάμενος τοὺς ἄνδρας ἐκπολιορκοίη. ὁ οὖν Κλέων γνοὺς ὅτι ὑπὸ τῆς ἀνάγκης καὶ λιμοῦ καὶ δίψους οὐχ οἷοί τε ἔσονται πλείοσιν ἀντέχειν ἡμέραις, ἐπεὶ καὶ τοῦτο ἤγγελλον οἱ ἀπὸ τοῦ στρατοπέδου ἀφικνούμενοι, παρελθὼν εἰς τὸν δῆμον, εἰ λάβοι δύναμιν, ὡς αἰτεῖ Δημοσθένης, ἐπηγγείλατο ἐντὸς εἴκοσιν ἡμερῶν παραστήσειν τοὺς πολιορκουμένους. καὶ οὕτω διεκπλεύσας καὶ τοὺς Λακεδαιμονίους λαβών, ἔδοξεν αὐτοῖς κατορθοῦν τὸ τοῦ Δημοσθένους ὁ Κλέων. ἐπειράθη γὰρ ὑφαρπάσαι τὸ τέλος τῶν ἐκείνου πόνων.)

56. πανουργότατα : Λίαν πανοῦργος. περιδραμών, ὑφαρπάσας : Ἀπατήσας, περιελθών. *Vict.*

57. μεμαγμένην : Παρεσκευασμένην, καὶ ἐν ἑτοίμῳ γενομένην.

59. ἀλλὰ βυρσίνην ἔχων : (Ῥυτῆρα, ἱμάντα.) ἔπαιξε δὲ παρὰ τὸ βυρσοδέψην εἶναι τὸν Κλέωνα. ἔδει γὰρ εἰπεῖν μυρσίνην. παραγραμματισμῷ οὖν ἐχρήσατο ἀντὶ τοῦ μ τὸ β. ταῖς γὰρ μυρσίναις ἀποσοβοῦσι τὰς μυίας· ὁ δὲ τοὺς ῥήτορας εἶπε. (ἀπὸ τοῦ μυρσίνη. ταύτῃ γὰρ ἐστεφανοῦντο οἱ στρατηγοί. βυρσίνην δὲ, εἶπεν, ἔχων ἀποσοβεῖ τοὺς ῥήτορας, ὡς πρὸς βυρσοδέψην.)

60. ἀποδιώκει. V.

61. εἶθ' ὁ γέρων σιβυλλιᾷ : (Περὶ τὸν χρόνον τοῦτον ταραχώδη ὄντα εἰκὸς πολλὰ τοιαῦτα γίνεσθαι.) γέρων δὲ ὁ δεσπότης, ἤγουν ὁ δῆμος. σιβυλλιᾷ δὲ, χρησμῶν ἐρᾷ καὶ ἐπιθυμεῖ. ἢ παραληρεῖ. (ἐπειδὴ ἡ Σίβυλλα μακρόβιος. ἢ τοῖς χρησμοῖς ἥδεται, ἢ ἀπατᾶται, μαντικῶς ἔχει, χρησμοὺς φαντάζεται. χρησμολόγος γὰρ Ἐρυθραία ἦν ἡ Σίβυλλα.) ἢ μέγα φρονεῖ καὶ ἐπαίρεται.

62. μεμακκοακότα : Τὰ Μακκοῦς φρονοῦντα, ἀνοηταίνοντα. (Μακκὼ γὰρ καὶ Λαμὼ ἐγένοντο ἐνεαὶ, τουτέστι βαρέως νοοῦσαι. ἢ παραφρονοῦντα, ληροῦντα. γέγονε παρὰ τὸ μάταια κοεῖν, ὅ ἐστι νοεῖν. ὅθεν θυοσκόος, παρὰ τὸ θύω καὶ τὸ κοῶ, ὃ σημαίνει τὸ νοῶ.)

63. τέχνην : [ἀντὶ τοῦ μηχανὴν, ἢ ἀντὶ τοῦ] εἰς ἔργον αὐτῷ καὶ τέχνην προκεχώρηκεν. V. Θ.

ἄντικρυς : (Προδήλως, ὁμολογουμένως. ηὔξησε δὲ τὴν ἀναίδειαν, διὰ τὸ φανερῶς καταψεύδεσθαι. Ἄλλως. φανερῶς.) δεῖγμα δὲ ὑπερβαλλούσης ἀναισχυντίας τὸ φανερῶς καταψεύδεσθαι.

64. ὡς οἰκέται μαστιγούμεθα. V.

66. δωροδοκεῖ : Δῶρα λαμβάνει καὶ διασείει. (τίθεται δὲ ἡ λέξις καὶ ἐπὶ τοῦ διδόντος. — δῶρα δέχεται. V.)

67. Ὕλαν : ὄνομα οἰκέτου πέπλακεν. *R. V. Vict.*

68. εἰ μή μ' ἀναπείσετε : (Ἀντὶ τοῦ, ἀναπείσετε χρήμασι.) διαβάλλει (δὲ αὐτὸν) ὡς δωροδοκούμενον καὶ προδιδόντα τὴν πόλιν. (Ἄλλως. εἰ μὴ πιστὸν ποιήσετε. τουτέστιν εἰ μὴ μισθόν τινά μοι δῶτε.)

69. πατούμενοι : ὑβριζόμενοι, θλιβόμενοι. V. ὑβριζόμενοι, πιεζόμενοι. *Vict.*

70. [ὀκταπλάσιον χέζομεν : Πολλῷ πλείονα. ἵν' ᾖ τὸ νοούμενον, ὅτι μικροῖς λήμμασιν ἀποδίδονται τῆς πόλεως τὰ πράγματα, ἀφ' ὧν ὠφέλεια μείζων ἠδύνατο γίνεσθαι τῇ πόλει.]

χέζομεν : ἀντὶ τοῦ ζημιούμεθα. *R. V. Vict.*

71. ἀνύσαντες, ἀντὶ τοῦ ἅπαξ εἰς τοῦτο γενόμενοι. R. ἀνύσαντες : ταχύναντες. *V. Vict.*

72. νῷ : Ἡμᾶς. τρεπτέον : Ἄξιον τραπέσθαι, πορευτέον. *Vict.* πορευτέον. *R.*

73. κράτιστ' ἐκείνην : [Ἄμεινον ἐπὶ τὸ αὐτομολήσωμεν. τουτέστι χωρῆσαι πρὸς τοὺς ἐναντίους.] τὸ αὐτομολῆσαι καὶ χωρῆσαι πρὸς τοὺς πολεμίους. R. V.

74. οὐχ οἷον : οὐ δυνατόν. *V. Vict.*

76 πάλιν τῆς Πύλου . ‹μνηται, ἐπεὶ ὁ Κλέων ἐν αὐτῇ συνεχῶς ἠλαζονεύετο, ὡς ἄλλο μηδ' ὁτιοῦν κατορθώσαντος αὐτοῦ, ἀλλὰ πένητος ὄντος τοῖς κατορθώμασιν. R.

77. ἀντὶ τοῦ διεσχηκότος. R.

78. ἐν Χαόσι : Θρᾴκης ἔθνος οἱ Χαόνες. (παρέλαβε δὲ τὸ ὄνομα, ἵνα τὸ κεχηνέναι δηλώσῃ. Χαόνες δὲ δῆμος τῶν Θεσπρωτῶν. ἢ βάρβαρον ἔθνος. Ἄλλως. οἱ μὲν τῆς Ἠπείρου, οἱ δὲ τῆς Θρᾴκης τοὺς Χαόνας. ἅμα δὲ τοὺς εὐρυπρώκτους διασύρει, διὰ τὸ χαίνειν τὸν πρωκτόν.) — ὡς εὐρύπρωκτον διαβάλλει παρὰ τὸ κεχηνέναι. R.

αὐτόχρημ' ἐν Χαόσι : Σχεδὸν εἰπεῖν, ἢ αὐτὸ τὸ πρᾶγμα, ὅμοιον παντελῶς. *Vict.*

79. (τὼ χεῖρ' ἐν Αἰτωλοῖς : Ἀπὸ τοῦ ὀνόματος τὸ πρᾶγμα λέγει. οὐκ ἐν Αἰτωλίᾳ, ἀλλ' ἐν τῷ αἰτεῖν. τὸ δ' ἐν Κλωπιδῶν ἐναλλαγὴ πάλιν στοιχείου, τοῦ ρ εἰς τὸ λ. Κρωπίδαι γὰρ δῆμος τῆς Λεοντίδος φυλῆς. ἔπαιξεν οὖν παρὰ τὸ κλέπτειν.)

80. σκέπτου, διανοοῦ. V.

83. αἷμα ταύρειον : Δηλητήριον λέγεται τὸ αἷμα τοῦ ταύρου πινόμενον. R.

84. ὁ Θεμιστοκλέους : Θεμιστοκλῆς (ὁ καταναυμαχήσας ἐν τῇ περὶ Σαλαμῖνα ναυμαχίᾳ τοὺς βαρβάρους, εἶθ' ὕστερον φυγαδευθεὶς ὑπὸ τῶν Ἀθηναίων) ἐπὶ προδοσίας αἰτίᾳ ψευδεῖ, καταφυγὼν πρὸς Ἀρταξέρξην τὸν Ξέρξου παῖδα, καὶ τιμηθεὶς τὰ μέγιστα παρ' αὐτοῦ, (ὡς καὶ τρεῖς πόλεις εἰς ὄψον καὶ ἄρτον καὶ ποτὸν λαβεῖν, Μαγνησίαν, Μυοῦντα, Λάμψακον,) ἐπηγγείλατο αὐτῷ τὸ καταδουλώσασθαι τὴν Ἑλλάδα, δύναμιν εἰ λάβοι. παραγενόμενος δὲ (ἅμα τῷ στρατεύματι εἰς Μαγνησίαν) καὶ καταγνοὺς ἑαυτοῦ, εἰ δι' αὐτὸν σωθέντες Ἕλληνες δι' αὐτοῦ δουλεύσουσι βαρβάροις, προφάσει χρησάμενος ὡς θυσίαν ἐπιτελέσαι βούλοιτο καὶ ἱερουργῆσαι τῇ Λευκόφρυϊ Ἀρτέμιδι καλουμένῃ, τῷ ταύρῳ ὑποθεὶς τὴν φιάλην, καὶ ὑποδεξάμενος τὸ αἷμα καὶ χανδὸν πιὼν ἐτελεύτησεν εὐθέως. οἱ δέ φασιν ὅτι συνειδὼς ὁ Θεμιστοκλῆς ὅτι οὐχ οἷός τε ἦν διαπράξασθαι τῷ βασιλεῖ ἅπερ ἐπηγγείλατο, οὕτως ἐπὶ τὴν τοῦ θανάτου αἵρεσιν παρεγένετο. (τοῦτον οὖν τὸν τρόπον βέλτιον εἶναί φασι καὶ αὐτοὺς ἀποθανεῖν, κατὰ ζῆλον τοῦ Θεμιστοκλέους. διαβάλλει δὲ τοὺς Ἀθηναίους ὡς κακοὺς περὶ τοὺς εὐεργέτας. Ἄλλως. μετὰ τὴν Ξέρξου φυγὴν Λακεδαιμόνιοι προδοσίας κρίνουσι καὶ φονεύουσι Παυσανίαν τὸν ἴδιον βασιλέα, Κλεομβρότου καὶ Ἀλκαθόας υἱόν. ἐπικότως δὲ διακείμενοι πρὸς Θεμιστοκλέα διὰ τὸν τειχισμὸν τῆς Ἀττικῆς, μεταστέλλονται αὐτὸν εἰς κρίσιν, φάσκοντες Παυσανίαν ὡμολογηκέναι καὶ αὐτὸν κοινωνεῖν ἐν τῇ προδοσίᾳ. Ἀθηναίων δὲ βουλομένων ἀποστέλλειν αὐτὸν, φυγὼν ἧκε πρὸς Ἀρταξέρξην, καὶ Μηδικὴν φωνὴν μαθὼν ἐδίδαξεν αὐτὸν πῶς ἔσωσε τὸν πατέρα Ξέρξην μὴ συγχωρήσας τοῖς Ἕλλησι διαλῦσαι τὰ ἐπὶ Σηστοῦ καὶ Ἀβύδου διαζεύγματα. ἐφ' οἷς εὐχαριστήσας ὁ βασιλεὺς δωρεῖται αὐτῷ τρεῖς πόλεις, Μαγνησίαν εἰς σῖτον, Λάμψακον εἰς οἶνον, Μυοῦντα εἰς ὄψα, ὡς δὲ Νεάνθης, καὶ Περκώτην εἰς στρωμνὴν καὶ Παλαίσκηψιν εἰς

στολήν. στρατὸν δὲ λαβὼν αὐτοῦ ἐπὶ πορθήσει τῆς Ἑλλάδος, περὶ τὴν Ἰωνίαν ἐν Μαγνησίᾳ γενόμενος, θύων, ὡς εἴρηται ἄνω, τελευτᾷ, καὶ μετὰ θάνατον τὸν μισοβάρβαρον ἐνδεικνύμενος τρόπον. λοιμωξάντων δὲ Ἀθηναίων, ὁ θεὸς εἶπε μετάγειν τὰ ὀστᾶ Θεμιστοκλέους. Μαγνήτων δὲ μὴ συγχωρούντων, ᾐτήσαντο ἐπὶ λʹ ἡμέραις ἐναγίσαι τῷ τάφῳ. καὶ περισκηνώσαντες τὸ χωρίον λάθρα κομίζουσιν ἀνορύξαντες τὰ ὀστᾶ. Σύμμαχος δέ φησι ψεύδεσθαι περὶ Θεμιστοκλέους. οὔτε γὰρ Ἡρόδοτος οὔτε Θουκυδίδης ἱστορεῖ. ἔστι γοῦν ἀπὸ Σοφοκλέους Ἑλένης

ἐμοὶ δὲ λῷστον αἷμα ταύρειον πιεῖν,
καὶ μή τι πλείους τῶνδ᾽ ἔχειν δυσφημίας.

τινὲς δέ φασιν ὅτι Σοφοκλῆς περὶ Θεμιστοκλέους τοῦτό φησι. ψεύδονται δὲ, οὐ γάρ ἐστι πιθανόν.)

85. ἀγαθοῦ δαίμονος : Αἰρομένης τῆς τραπέζης μετὰ τὸ δεῖπνον ἄκρατον περιεφέρετο καὶ ἐκαλεῖτο ἀγαθοῦ δαίμονος. Ἄλλως. τὸ πρῶτον ποτήριον ἀγαθοῦ δαίμονος ἔπινον, τουτέστιν ἀγαθοῦ θεοῦ. (εὐφημεῖ δὲ τὸν Διόνυσον, ὡς πάτριον θεὸν, ἐπειδὴ καὶ ἐν τῇ Διονύσου ἑορτῇ, τουτέστι τοῖς Διονυσίοις, ἠγωνίζοντο οἱ τῆς ἀρχαίας κωμῳδίας ποιηταί.)

86. χρηστόν : ἀγαθὸν, συμφέρον. *R. Vict.*

87. περὶ ποτοῦ γοῦν ἐστί σοι : οὐκ ἐν τούτῳ, φησὶ, νῦν ἡμῖν τὰ πράγματα. *V. Vict.*

88. ἀγαθὸν, συμφέρον. V.

89. (ἄληθες οὗτος : Προπαροξυτόνως ἀναγνωστέον. αὕτη γὰρ χρῆσις τῶν Ἀττικῶν, ὅτε σημαίνει τὸ ἀληθές. ὅτε δὲ ὀξύνεται, τὸ ὄνομα.)

χρουνοχυτρολήραιον : Ἀντὶ τοῦ, φλύαρος εἶ. κρουνός γὰρ τὸ χύδην καὶ ἀκρίτως καὶ ἀθρόως ῥέον. λῆρον δὲ τὸ μάταιον. συνέθηκεν οὖν (ἀπὸ τοῦ κρουνοῦ καὶ τοῦ ληρεῖν, καὶ τῆς χύτρας, ἀναισθήτου οὔσης, ἵνα τὸ ὅλον δηλώσῃ τὸν ἀναίσθητον καὶ ἀνόητον καὶ περιττολόγον).

91. οἴνου γὰρ εὕροις ἄν τι : Πρακτικώτερον, ἐξεργαστικώτερον. Ὁμηρικὸν [Il. Z, 261] τὸ νόημα·

ἀνδρὶ δὲ κεκμηῶτι μένος μέγα οἶνος ἀέξει.

(Ἡρόδοτος δὲ [I, 133] τοὺς Πέρσας τοῦτον τὸν τρόπον βουλεύεσθαί φησιν. εἰ μὲν οὖν εἰσηγήσαιντό τι νήφοντες, βουλεύεσθαι περὶ τούτου ἐν μέθῃ καὶ κυροῦν, νήφοντες δὲ ἐπικυροῦν. Ἄλλως. Ἡρόδοτός φησι μέλλοντας τοὺς Πέρσας βουλεύεσθαι μεθύειν.)

92. (ὁρᾷς ὅταν πίνωσιν : Ὅρα τὸν Ἀριστοφάνην. ἀρχόμενον γὰρ σκέμματος, μεθύσκεσθαι, ἵνα μὴ νήφων δειλιάσῃ κωμῳδεῖν μεγάλους ἄνδρας.)

93. πλουτοῦσι : Μεθύοντες ταῦτα ἐπαγγέλλονται. *Vict.* διαπράττουσι : εὐτυχοῦσι. *V. Vict.*

95. οἴνου χοᾶ : Χοῦς μέτρον Ἀττικὸν χωροῦν κοτύλας ηʹ. ἔστι δὲ καὶ ἑορτὴ Ἀθήνησιν οἱ Χόες. κέκληται δὲ ἀπὸ τοιαύτης αἰτίας. Ὀρέστης μετὰ τὴν τῆς μητρὸς ἀναίρεσιν ἦλθεν εἰς τὰς Ἀθήνας παρὰ τὸν Πανδίονα, συγγενῆ καθεστηκότα, ὃς ἔτυχε τότε βασιλεύων τῶν Ἀθηναίων. κατέλαβε δὲ αὐτον εὐωχίαν τινὰ δημοτελῆ ποιοῦντα. ὁ τοίνυν Πανδίων παραπέμψασθαι μὲν τὸν Ὀρέστην αἰδούμενος, κοινωνῆσαι δὲ ποτοῦ καὶ τραπέζης ἀσεβὲς ἡγούμενος, μὴ καθαρθέντος αὐτοῦ τὸν φόνον, ὡς ἂν μὴ ἀπὸ τοῦ αὐτοῦ κρατῆρος πίνοι, ἕνα ἑκάστῳ τῶν κεκλημένων παρέθηκε χοῦν.

97. τῷ σῷ ποτῷ, ἀντὶ τοῦ τίνος ἡμῖν κακοῦ αἴτιος ἔσῃ. R.

99. καταπάσω : Πληρώσω. *V.* γεμίσω. V. *Vict.* καταποικιλῶ. R.

100. καὶ νοϊδίων : Λεπτῶν καὶ μεμεριμνημένων. (οὐ γὰρ ἐν ὑποκορισμῷ εἴρηκεν. Ἄλλως. διανοημάτων.) παρήγαγε δὲ ἀπὸ τοῦ πληθυντικοῦ τοῦ οἱ νοῖ τὸ νοΐδιον ὑποκοριστικόν. (τινὲς δὲ, ὀνειδισμῶν καὶ λοιδοριῶν ἀπὸ τοῦ οἴνου καὶ τῆς μέθης, κακῶς.)

103. ἐπίπαστα λείξας : Τὰ ἐπιπασσόμενα μέλιτι ἄλευρα. (ἔτνος δὲ, ἣν ἀθάραν ἔλεγον. καὶ τὸ πίσινον ἕψημα. τὰ δὲ ἄλφιτα δημοσίᾳ πιπράσκεται. ἔθος δὲ εἶχον ποιεῖν πλακοῦντας ἢ ἄρτους καὶ ἐπιπάσσειν τινὰ καρυκεύματα [ἤγουν ἀρτύματα *Vict.*] ἁλμυρά. καὶ διὰ τοῦτο ἔφη τὰ ἐπίπαστα.)

δημιόπραθ᾽ ὁ βάσκανος : Τὰ δημοσίᾳ πιπρασκόμενα, ἐκ δημεύσεως (καὶ τῶν δημευομένων) διὰ Κλέωνα (οὐσιῶν. ἢ δημιόπρατα ἔμιξεν ὡς ἐκ δημοσίου πράγματα αὐτοῦ κλέψαντος. Ἄλλως. τὰ τὸν δῆμον ἐξωνούμενα. τῷ γὰρ λέγειν τῷ δήμῳ κεχαρισμένα ὠνεῖτο τοῖς τοιούτοις λόγοις τὴν παρ᾽ αὐτοῦ εὔνοιαν.)

104. (ῥέγκει : Διὰ τοῦ κ. συμβαίνει δὲ μάλιστα τοῦτο πάσχειν τοὺς μεθύοντας, ἢ τοὺς ὑπτίως ἀνακειμένους, ὥσπερ καὶ αὐτὸς ἐδήλωσεν ἐν ταῖς ἑξῆς λέξεσιν, εἰπὼν, « ἐν ταῖς βύρσαις ὕπτιος. » ῥέγκει οὖν ἀντὶ τοῦ, ποιὸν ἦχον ἀποτελεῖ τῇ ῥινί.)

(105). ἐγκάναξον : Ἔγχεε, ἐκκένωσον. λέγεται δὲ ἐπὶ τῶν ἀθρόως πινόντων. [οἱ δὲ ἐπὶ θορύβου τάττουσι τοῦτο παρὰ τὴν καναχήν. ἤγουν μετὰ ψόφου ἔγχεον.] — προσένεγκε, ἔκχεον. R.

(107). τὴν τοῦ δαίμονος τοῦ Πραμνίου : Τοῦ προσηνοῦς. ἤτοι ἀπὸ τῆς Πραμνίας ἀμπέλου, ἢ ἀπὸ τοῦ πραΰνειν τὸ μένος. ἢ διὰ τὸ πολυχρόνιον παραμένειν. ἢ ἐν Πραμνίᾳ πέτρᾳ γινομένου, [ἢ πρὸς τὴν Θρᾴκην ἐστίν. Ἄλλως. δέον εἰπεῖν, τὴν τοῦ δαίμονος τοῦ ἀγαθοῦ, εἶπε Πραμνίου, ἐπειδὴ ὁ Πράμνιος οἶνος πολυτίμητός ἐστιν. ἢ παρὰ τὸ ἐμμένειν καὶ μὴ ἑστάναι τὸν πίνοντα.]

108. ὦ δαῖμον : [Ὡς ἐμπνευσθεὶς καὶ ἤδη πεπωκὼς τοῦτό φησι.] τοῦτο εἶπεν ὡς πιὼν καὶ εὑρών τι. πρὸς γὰρ τὸν οἶνον λέγει. R.

109. τὸ βιβλίον τῶν χρησμῶν. R.

112. δέδοιχ᾽ ὅπως : Δέδοικα, φησὶ, μὴ διὰ τὸν δαίμονα τὸν ἀγαθὸν τύχω κακοῦ δαίμονος.

113. φέρε νῦν ἐγὼ ᾽μαυτῷ : Μόνος γενόμενος καὶ μηκέτι κωλυόμενος ὑφ᾽ ἑτέρου ἀδεέστερον πίνει, ἕως ἐκεῖνος ἐκφέρει τοὺς χρησμούς.

114. ἄρδω : Ποτίσω. τὴν δὲ τροπὴν ἔλαβεν ἀπὸ τῶν φυτῶν.

115. (πέρδεται : Ὁμοιοκατάληκτον εἶπε τὸ βέγκεται. οὐ γάρ ἐστι δόκιμον οὕτω λέγειν.)

116. τὸν ἱερὸν χρησμὸν : (Δύο χρησμῶν δοθέντων τῷ Κλέωνι, ὡς φυλάσσοντος δὲ τοῦτον μάλιστα ὑπὲρ τοῦ μὴ ἔκπυστον αὐτὸν γενέσθαι. τοῦτο οὖν λέγει,) ὡς καὶ ἄλλους αὐτοῦ ἔχοντος. — (117) καὶ τοὺς κλέπτας σοφοὺς ἔλεγον. R. V.

119. ἀνύσας : Διαπραξάμενος, σπουδάσας.

(φέρ' ἴδω : Καταμάθω, κατανοήσω, καὶ ἐπισκέψωμαι, πότε γέγραπται, ἢ τί ποτε ὁ χρησμὸς λέγει.) αὐτόθι δὲ, τουτέστιν ἐν τῷ βιβλίῳ, ἢ ἐν τῷ χρησμῷ.

120. ὦ λόγια : (Μαντεύματα.) θαυμάζει δὲ τὸν χρησμὸν ἀναγνούς. (ἰδοὺ δὲ, ἀντὶ τοῦ λάμβανε, κράτει.)

123. ὦ Βάκι : Βάκις χρησμολόγος Ἀττικὸς καὶ ἕτερος Βοιωτικὸς, ἄλλος Ἀρκάς. R. (τρεῖς Βάκιδες ἐγένοντο. οὗτος μὲν Ἀττικὸς καὶ μάντις, ὁ δὲ Βοιωτὸς, ὁ δὲ Λοκρός.)

124. πολλῷ γ' ὁ Βάκις ἐχρῆτο : Ἀντὶ τοῦ πολλὰ ἔπινεν.

125. ἀντὶ τοῦ διὰ ταῦτα δεδοικὼς ἀπέκρυπτες καὶ ἐτήρεις. R.

126. ὀρρωδῶν : (Φοβούμενος, εὐλαβούμενος. ἀπὸ τοῦ τὸν ὄρρον τῶν δειλῶν ἰδίειν.) φοβούμενος, εὐλαβούμενος. ἐπειδὴ συμβαίνει τοῖς φοβουμένοις τὸν ὄρρον, τουτέστιν τὸν πρωκτὸν, ἱδροῦν. R. (τὸ ἑξῆς, ταῦτ' ὀρρωδῶν, ἐφυλάττου πάλαι τὸν περὶ σεαυτοῦ χρησμόν. ἄντικρυς δὲ,) φανερῶς, διαρρήδην.

129. στυππειοπώλης : Ὁ τὰ στυππεῖα πωλῶν, τουτέστι κανvάβινα ἢ λινᾶ. δηλοῖ δὲ τὸν Εὐκράτην καὶ τὴν πολιτείαν αὐτοῦ. (ὃς στύππαξ ἐκαλεῖτο, διὰ τὸ στυππειοπώλης εἶναι, ὡς καὶ ἐν ἑτέροις. ἕξει δὲ, ἀντὶ τοῦ καθέξει, διοικήσει καὶ διαχειρίσει.)

131. πώλης : Παίζει παρὰ τὸ τέλος τοῦ ὀνόματος. — τὸ ἑξῆς τοῦ χρησμοῦ τί ἐπαγγέλλεται. R.

132. (προβατοπώλης : Τὸν Καλλίαν λέγει καὶ τὴν πολιτείαν αὐτοῦ. τινὲς δὲ, ὅτι Λυσικλέα λέγει, ὃς προβατοπώλης ἐλέγετο. — ᾧ ἐγαμήθη Ἀσπασία. Θ.)

133. (δύο τώδε πώλα : Ἔπαιξε τοῖς ὀνόμασι. παρὰ γὰρ τὸ ἀποδίδοσθαι καὶ πωλεῖν τοὺς πολιτευομένους τὰ τῆς πόλεως πράγματα. κρατεῖν δὲ,) ἄρχειν καὶ διέπειν τὰ πολιτικά. [136. δέον δὲ εἰπεῖν στρατηγὸς, Παφλαγὼν εἶπε.]

134. ἀντὶ τοῦ ἀσελγέστερος. R.

136. ἀντὶ τοῦ βυρσεύς. R.

137. (Κυκλοβόρου φωνὴν ἔχων : Κυκλοβόρος ποταμὸς τῶν Ἀθηναίων, οὐκ ἀεὶ οὐδὲ διὰ παντὸς ῥέων, ἀλλὰ χειμάρρους. φησὶν οὖν, τραχεῖαν φωνὴν ἔχων καθάπερ ὁ ποταμὸς ἐπειδὰν ῥέῃ. ἢ ἀπὸ τοῦ τρεφομένου ἐκ τοῦ κύκλου. ὁ δὲ κύκλος Ἀθήνησίν ἐστι, καθάπερ μάκελλος ἐκ τῆς κατασκευῆς τὴν προσηγορίαν λαβών· ἔνθα δὴ πιπράσκεται χωρὶς κρεῶν τὰ ἄλλα ὤνια, καὶ ἐξαιρέτως δὲ οἱ ἰχθύες. οὕτω τὸν Κλέωνα δυνάμενον μέγα καὶ φοβερὸν ὄντα χρηματίζεσθαι παρὰ τῶν πιπρασκόντων, ἵνα μὴ περιεργάζοιτο αὐτούς. καὶ ἴσως Ὁμηρικώτερον ὠνόμασεν. ὁ μὲν γὰρ Ὅμηρος [Il. A, 231] δημοβόρον φησὶ τὸν Ἀγαμέμνονα. Ἄλλως. ποταμὸς τῆς Ἀττικῆς χειμάρρους ὁ Κυκλοβόρος, ὑπὸ Ἀθηναίων χωσθείς. τὴν κακοφωνίαν οὖν τοῦ Κλέωνος εἴκασε τῷ ἤχῳ τοῦ ποταμοῦ. καὶ ἀλλαχοῦ [fr. 539]

ᾤμην δ' ἐγὼ τὸν Κυκλοβόρον κατιέναι.

ἔνιοι δὲ, τόπος κυκλοτερὴς, ἐν ᾧ τὰ ὤνια ἐπωλοῦντο, ἃ ἐσφετερίζετο ὁ Κλέων.)

138. δέον ἦν καὶ εἱμαρμένον. R. V.

140. πόθεν ἂν οὖν ἔτι γένοιτο : Ἔχων ἐν τῷ τέλει τὸ ὄνομα τὸ πώλης. (διαβάλλει δὲ τοὺς Ἀθηναίους, ὡς ἀγοραίους καὶ βαναύσους καθιστάντας τοὺς δημαγωγούς.)

141. ὑπερφυᾶ : Ὑπερβάλλουσαν, θαυμαστὴν καὶ λαμπράν. ἐξαίρει δὲ νῦν αὐτοῦ τὴν τέχνην, ἵνα μᾶλλον ὀνειδίσῃ φανείσης αὐτοῦ τῆς τέχνης λίαν εὐτελοῦς. (ἐξολῶν δὲ, ἐκβάλλειν μέλλων καὶ ἐξωθεῖν τῆς πολιτείας τὸν Κλέωνα. ἀλλαντοπώλην δὲ τὸν Ἀγοράκριτον λέγει οὕτως αὐτῷ πεπλασμένον κατὰ κωμικὴν παιδιάν.)

142. ἀντιβολῶ : παρακαλῶ, γονυπετῶ. R.

147. ὥσπερ κατὰ θεῖον εἰς ἀγοράν : Ἐπὶ τῶν ἐξαίφνης γινομένων, τουτέστιν εὐκαίρως ἐπιφαινομένων, κατὰ θεῖον ἔλεγον. ἐπεὶ οὖν καὶ ὁ ἀλλαντοπώλης αἰφνίδιον βουλομένοις μὲν, μὴ προσδοκήσασι δὲ ἐπεφάνη, οὕτως εἶπεν. (Ἄλλως. κατὰ θεοῦ πρόνοιαν. τοὺς δὲ ἐξαίφνης φαινομένους οὕτως ἔλεγον κατὰ θεῖον ὦφθαι, ὅ ἐστι κατὰ πρόνοιαν θεοῦ.)

149. ἀνάβαινε σωτὴρ τῇ πόλει : Ἵνα, φησὶν, ἐκ τῆς παρόδου ἐπὶ τὸ λογεῖον ἀναβῇ. (διὰ τί οὖν ἐκ τῆς παρόδου; τοῦτο γὰρ οὐκ ἀναγκαῖον. λεκτέον οὖν ὅτι ἀναβαίνειν ἐλέγετο τὸ ἐπὶ τὸ λογεῖον εἰσιέναι. ὃ καὶ πρόσκειται. λέγεται γὰρ καταβαίνειν) τὸ ἀπαλλάττεσθαι ἐντεῦθεν ἀπὸ τοῦ παλαιοῦ ἔθους. (τοῦτον δὲ οἱ μὲν Κλεώνυμον, οἱ δὲ Ὑπέρβολον, οἱ δέ φασιν Εὔβουλον εἶναι. ὡς ἐν θυμέλῃ δὲ τὸ ἀνάβαινε.)

150. (τί με καλεῖτε : Ὁ Ἀγοράκριτος, τουτέστιν ὁ ἀλλαντοπώλης, ταῦτα λέγει.) εἰσάγεται δὲ εἰς τὸ θέατρον (γελοίου χάριν) ἔντερα καὶ κοιλίας καὶ μαγειρικὴν τράπεζαν ἔχων. — ἀλλαντοπώλην Ἀγοράκριτον εἰσάγει κατὰ παιδιάν. R.

152. τοὐλεὸν : Τὸ τραπέζιον, (ἐν ᾧ ἦσαν οἱ ἀλλᾶντες. ἐλεοὶ γὰρ λέγονται αἱ μαγειρικαὶ τράπεζαι. καὶ Ὅμηρος) [Od. Ξ, 432] « βάλλον δ' εἰν ἐλεοῖσιν. »

154. προσκέψομαι : Περιεργάσομαι, (φησὶν, εἰσελθών,) καὶ κατανοήσω τί ποιεῖ ὁ Παφλαγών.

155. τὰ σκεύη : Τὸ ἀγγεῖον ἐν ᾧ ἔφερε τοὺς ἀλλᾶντας. — ἀλλᾶς εἶδος ἐντέρου κατεσκευασμένου, καὶ ἀλλαντοπώλης ὁ ἐντεροπράτης. *Vict.*

156. προσκύνησον. R.

157. ἰδού : Πεποίηκεν ὃ προσέταξε. (παρεπιγραφὴ δὲ καλεῖται τὰ τοιαῦτα πάντα.) ἀμοιβαῖα δέ ἐστι ταῦτα τοῦ ἀλλαντοπώλου καὶ ἑνὸς τῶν οἰκετῶν.

159. ταγέ : Ἀρχηγέ, ἡγεμών. καὶ Ὅμηρος [Iliad. Ψ, 160] « παρὰ δ' οἱ ταγοὶ ἄμμι μενόντων. »

160. [τὰς κοιλίας : Ὅμηρος διὰ παντὸς γαστέρας καλεῖ, οὐ κοιλίας.]

161. (ἀλλὰ καταγελᾷς : Ἀλλὰ χλευάζεις με καὶ γέλωτα τίθεσαι. ὅσον δὲ ἀπιστοῦντα ποιεῖ, τοσοῦτον δείκνυσιν αὐτὸν τῆς πολιτείας ἀνάξιον, οὐ τὸν ἀλλαντοπώλην διαβάλλειν βουλόμενος, ἀλλ' ὁμοῦ καὶ τῶν Ἀθηναίων καθαπτόμενος, οἳ τοιούτων ἀνέχονται πολιτευτῶν, καὶ διαβάλλων τὸν Κλέωνα, ὅτι αὐτός τε ἐκεῖνος ἦν εὐτελὴς καὶ ὑπὸ τοιούτου τῆς πολιτείας ἐκβληθήσεται.)

163. τὰς στίχας ὁρᾷς : Τὸ πλῆθος, τὰς τάξεις. τὸ γὰρ θέατρον αὐτῷ δεικνὺς ταῦτά φησιν.

164. (ἀρχέλας : Ἄρχων τοῦ λαοῦ. ἡγεμών. ἔξαρχος. δημαγωγός. ἔπαιξε δὲ τῷ ὀνόματι. φησὶ γὰρ ἄρξεις τοῦ ἔλεοῦ.)

165. πυκνός : Τῆς ἐκκλησίας. μετάθεσίς ἐστι στοιχείου. εἰ γὰρ πνύξ ἐστί, ἔδει πνυκός. νῦν δὲ πυκνός.

166. βουλὴν πατήσεις : Ὑποτάξεις, διαπαλαίσεις, καταπονήσεις. (ἢ ἀντὶ τοῦ καταφρονήσεις τοῦ βουλευτηρίου.)

(κλαστάσεις : Οἱ μὲν, κλονήσεις καὶ διασείσεις. οἱ δὲ, κραυγάσεις. βέλτιον δὲ, κλάσεις, ἀπὸ μεταφορᾶς τῶν τεμνομένων κλημάτων. Ἄλλως. ἐκ ῥιζῶν ἀνατρέψεις. ἔνθεν κλαστήριον τὸ δρέπανον, ᾧ κλαδεύουσι καὶ ξύλα καὶ κλήματα ἐν ταῖς ἀμπέλοις.)

167. (ἐν πρυτανείῳ : Πρυτανεῖον οἰκίσκος παρὰ τοῖς Ἀθηναίοις, ἔνθα σιτοῦνται δημοσίᾳ οἱ τῆς τοιαύτης τιμῆς παρ' αὐτοῖς τυχόντες. περισπούδαστον δὲ ἦν τῆς τοιαύτης δωρεᾶς τυχεῖν. ἐπὶ γὰρ μεγάλοις κατορθώμασι τὴν τοιαύτην ἀπεδίδουν χάριν.)

λαικάσεις : Δέον εἰπεῖν σιτήσεις. (ἢ ἐν πρυτανείῳ ἀριστήσεις. παρ' ὑπόνοιαν οὖν εἶπεν ὡς ἐν κωμῳδίᾳ), [ἀντὶ τοῦ πορνεύσεις. ὅθεν καὶ λαικάστρια ἡ πόρνη.]

170. ἐν κύκλῳ : Ἀπὸ τοῦ συμβεβηκότος τὰς κυκλάδας νήσους, κύκλῳ κειμένας, ὠνόμασε. (φησὶν οὖν, περίβλεψον. καὶ γὰρ τούτων ἄρξεις. ὁλκάδας δὲ τὰς ναῦς ἀπὸ τοῦ ἕλκειν.)

174. Καρχηδόνα : Παίζει πρὸς τὸ ἐνταῦθα κἀκεῖσε ὅρα. ἡ μὲν γὰρ πρὸς ἕω, ἡ Καρία, ἡ δὲ πρὸς δύσιν ἡ Καρχηδὼν, (ἡ λεγομένη Καρτάγεννα. λέγει δὲ τὴν δύσιν. διαστραφήσομαι δὲ,) εἰ στρεβλωθήσομαι τοὺς ὀφθαλμούς. ἐπεὶ εἶπε στράφηθι. — ἐνταῦθα κἀκεῖσε. R.

175. διαστραφήσομαι : Πρὸς δὲ τὸ μὴ διαστρέφεσθαι τὰ μέλη χρῶνται καὶ νῦν ἔνια τῶν ἐθνῶν ὀργάνοις τισὶ μηχανικοῖς, ἃ τὸ σῶμα ποιεῖ τούτων ἀστραβές. *Victor*.

176. πέρναται : (Πιπράσκεται.) δέον εἰπεῖν διοικεῖται, ὁ δὲ εἶπε πέρναται πικρῶς, τουτέστι πιπράσκεται.

πέρναται : Πιπράσκεται, ἔνθεν καὶ πόρνη ἡ πωλοῦσα τὴν μῖξιν. *Victor*.

181. (κἀξ ἀγορᾶς εἶ : Πάλιν διὰ τούτου δεικνύναι βούλεται, ὅτι ὑπὸ τῶν πονηροτάτων διοικεῖται τὰ τῶν Ἀθηναίων πράγματα, καὶ ὅτι μάλιστα εὐδοκιμοῦσιν οἱ τοιοῦτοι παρ' αὐτοῖς ὥσπερ καὶ ὁ Κλέων.)

182. οὐκ ἀξιῶ : Οὐχ ὑπολαμβάνω, οὐκ ἄξιον νομίζω.

187. οἷον πέπονθας ἀγαθὸν : Ὑπάρχεις. οἷον πλεονέκτημα ἔχεις. (γράφεται καὶ ὅσον.)

188. (οὐδὲ μουσικὴν ἐπίσταμαι : Ὅτι μουσικὴν τὴν ἐγκύκλιον παιδείαν φησί. γράμματα δὲ τὰ πρῶτα στοιχεῖα. δεῖ δὲ τοὺς διερχομένους [τοὺς ἀναγινώσκοντας *Vict*.] διὰ γραμμάτων παιδεύεσθαι. ἡ γὰρ παιδεία τοὺς ἀτόπους ἐκτρέπει λογισμούς). τὰ πρῶτα στοιχεῖα. R.

189. (πλὴν γραμμάτων : Οἱ γὰρ ἀξιώματος ἀντιποιούμενοι τὴν ἐγκύκλιον μάλιστα ἐπαιδεύοντο παιδείαν. ἡ δὲ ἐγκύκλιος παιδεία διὰ πάσης ἐχώρει καὶ παιδεύσεως καὶ ῥυθμοῦ παντὸς καὶ κινήματος. (ταύτην παιδευθῆναι τὸν Θηβαῖον Ἐπαμεινώνδαν καὶ ἄλλους δὲ πολλοὺς καὶ ἀγαθοὺς ἄνδρας παρὰ πλείοσιν ἱστορεῖται.)

καὶ ταῦτα μέντοι κακὰ κακῶς : Παροιμιῶδες, ἐπεὶ καὶ κακὰ κακῶς. ὅτι τὸ σύνολον, φησὶν, ἐπίστασαι γράμματα, τοῦτό σοι πρὸς τὴν πολιτείαν ἐστὶν ἀνωφελές. (ἀποτείνεται δὲ πρὸς τοὺς πολιτευομένους πάλιν διὰ τούτων. ἢ ὡς ἀμαθῶν ὄντων καὶ τυχόντων ἀνθρώπων πολιτευομένων, καὶ διὰ τοῦτο ῥᾳδίως χωρούντων ἐπὶ τὴν ἀδικίαν. ὡς τῆς παιδείας ἱκανῶς καθεστώσης ἀποδιῶξαι καὶ ἀπελάσαι τῆς ψυχῆς τοὺς πονηροὺς λογισμούς. διὰ τὴν συγγένειαν δὲ τὸ κακὰ κακῶς οὐ καλῶς, ἀλλὰ κακῶς ἐπίστασθαι.)

190. τουτί σε μόνον ἔβλαψεν : Ἀμείνων ἦσθα, φησὶν, εἰ μηδὲ τὴν ἀρχὴν ἐπειράθης τῶν γραμμάτων.

191. (ἡ δημαγωγία γὰρ : Ἡ τῶν δημαγωγῶν ἀρχὴ, φησὶν, οὐκέτι τοῖς σοφοῖς οὐδὲ τοῖς ἀξιολόγοις ἐγχειρίζεται.)

193. [ἀλλὰ μὴ παρῇς : Μὴ ὑπερίδῃς, μὴ ἀπώσῃ μηδὲ παραπέμψῃ τοιοῦτον καιρὸν παραπεπτωκότα.]

196. ᾐνιγμένος : (Μετὰ αἰνίγματος λελεγμένος, οὐκ αὐτόθεν φανερὸν ἔχων τὸν νοῦν. τοῦτο δὲ παρόσον οἱ χρησμοὶ λοξῶς ἐκφέρονται ὑπὸ τοῦ Ἀπόλλωνος. Ἄλλως.) μετὰ αἰνίγματος, οἷον ἄλλα μὲν λέγων, ἄλλα δὲ δηλῶν.

197. (ἀλλ' ὁπόταν μάρψῃ : Αὕτη ἀρχή ἐστι τοῦ χρησμοῦ. ὁρᾷς ὅτι ἐμπεπληγμένος τοῖς λόγοις ἀσάφειαν κατὰ τὴν ἑρμηνείαν ἐργάζεται.)

βυρσαίετος : Τὸν Κλέωνα λέγει. (πολλάκις γὰρ προειρήκαμεν ὅτι διαβάλλει τὸν Κλέωνα.) συνέθηκε δὲ τὴν λέξιν ἀπὸ τῆς βύρσης καὶ τοῦ ἀετοῦ, ἅμα τε ὡς βυρσοδέψην κωμῳδῶν τὸν Κλέωνα (καὶ ὡς κλέπτην καὶ ἅρπαγα τῶν κοινῶν. ἁρπακτικὸν γὰρ τὸ ζῷον ὁ ἀετός. τὸ δὲ) ἀγκυλοχείλης ἐπίθετον τοῦ ἀετοῦ, (ὁ ἐπικαμπεῖς τὰς χηλὰς ἔχων.) ἐπὶ δὲ Κλέωνος, ἀγκύλας τὰς χεῖρας ἔχων πρὸς τὸ κλέπτειν καὶ ἁρπάζειν. (διὰ τοῦτο ἀετῷ αὐτὸν ἀπείκασε.)

198. (γαμφηλῇσι : Σιαγόσι. δράκοντα, τὸν ἀλλᾶντα. κοάλεμον, τὸν κολούοντα καὶ παύοντα τὰ κακά. ὅτι καὶ αὐτὸς ἤμελλε παύσειν τὸν Κλέωνα.)

κοάλεμον : (Τὸν Ἀγοράκριτον οὕτως εἶπεν.) ἔγκειται δὲ τῇ λέξει τό τε ἠλεὸν καὶ τὸ κοεῖν, ὅ ἐστι νοεῖν. (τὸν οὖν ἀνόητα καὶ μάτην κοοῦντα κοάλεμον εἶπεν.)

115. (πέρδεται : Ὁμοιοκατάληκτον εἶπε τὸ βέγκεται. οὐ γάρ ἐστι δόκιμον οὕτω λέγειν.)

116. τὸν ἱερὸν χρησμὸν : (Δύο χρησμῶν δοθέντων τῷ Κλέωνι, ὡς φυλάσσοντος δὲ τοῦτον μάλιστα ὑπὲρ τοῦ μὴ ἔκπυστον αὐτὸν γενέσθαι. τοῦτο οὖν λέγει,) ὡς καὶ ἄλλους αὐτοῦ ἔχοντος. — (117) καὶ τοὺς κλέπτας σοφοὺς ἔλεγον. R. V.

119. ἀνύσας : Διαπραξάμενος, σπουδάσας.

(φέρ' ἴδω : Καταμάθω, κατανοήσω, καὶ ἐπισκέψωμαι, πότε γέγραπται, ἢ τί ποτε ὁ χρησμὸς λέγει.) αὐτόθι δὲ, τουτέστιν ἐν τῷ βιβλίῳ, ἢ ἐν τῷ χρησμῷ.

120. ὦ λόγια : (Μαντεύματα.) θαυμάζει δὲ τὸν χρησμὸν ἀναγνούς. (ἰδοὺ δὲ, ἀντὶ τοῦ λάμβανε, κράτει.)

123. ὦ Βάκι : Βάκις χρησμολόγος Ἀττικὸς καὶ ἕτερος Βοιωτικὸς, ἄλλος Ἀρκάς. R. (τρεῖς Βάκιδες ἐγένοντο. οὗτος μὲν Ἀττικὸς καὶ μάντις, ὁ δὲ Βοιωτὸς, ὁ δὲ Λοκρός.)

124. πολλῷ γ' ὁ Βάκις ἐχρῆτο : Ἀντὶ τοῦ πολλὰ ἔπινεν.

125. ἀντὶ τοῦ διὰ ταῦτα δεδοικὼς ἀπέκρυπτες καὶ ἐτήρεις. R.

126. ὀρρωδῶν : (Φοβούμενος, εὐλαβούμενος. ἀπὸ τοῦ τὸν ὄρρον τῶν δειλῶν ἰδίειν.) φοβούμενος, εὐλαβούμενος. ἐπειδὴ συμβαίνει τοῖς φοβουμένοις τὸν ὄρρον, τουτέστιν τὸν πρωκτὸν, ἱδροῦν. R. (τὸ ἑξῆς, ταῦτ' ὀρρωδῶν, ἐφυλάττου πάλαι τὸν περὶ σεαυτοῦ χρησμόν. ἄντικρυς δὲ,) φανερῶς, διαρρήδην.

129. στυππειοπώλης : Ὁ τὰ στυππεῖα πωλῶν, τουτέστι καννάβινα ἢ λινᾶ. δηλοῖ δὲ τὸν Εὐκράτην καὶ τὴν πολιτείαν αὐτοῦ. (ὃς στύππαξ ἐκαλεῖτο, διὰ τὸ στυππειοπώλης εἶναι, ὡς καὶ ἐν ἑτέροις. ἕξει δὲ, ἀντὶ τοῦ καθέξει, διοικήσει καὶ διαχειρίσει.)

131. πώλης : Παίζει παρὰ τὸ τέλος τοῦ ὀνόματος. — τὸ ἑξῆς τοῦ χρησμοῦ τί ἐπαγγέλλεται. R.

132. (προβατοπώλης : Τὸν Καλλίαν λέγει καὶ τὴν πολιτείαν αὐτοῦ. τινὲς δὲ, ὅτι Λυσικλέα λέγει, ὃς προβατοπώλης ἐλέγετο. — ᾧ ἐγαμήθη Ἀσπασία. Θ.)

133. (δύο τώδε πώλα : Ἔπαιξε τοῖς ὀνόμασι. παρὰ γὰρ τὸ ἀποδίδοσθαι καὶ πωλεῖν τοὺς πολιτευομένους τὰ τῆς πόλεως πράγματα. κρατεῖν δὲ,) ἄρχειν καὶ διέπειν τὰ πολιτικά. [136. δέον δὲ εἰπεῖν στρατηγὸς, Παφλαγὼν εἶπε.]

134. ἀντὶ τοῦ ἀσελγέστερος. R.

136. ἀντὶ τοῦ βυρσεύς. R.

137. (Κυκλοβόρου φωνὴν ἔχων : Κυκλοβόρος ποταμὸς τῶν Ἀθηναίων, οὐκ ἀεὶ οὐδὲ διὰ παντὸς ῥέων, ἀλλὰ χειμάρρους. φησὶν οὖν, τραχεῖαν φωνὴν ἔχων καθάπερ ὁ ποταμὸς ἐπειδὰν ῥέῃ. ἢ ἀπὸ τοῦ τρεφομένου ἐκ τοῦ κύκλου. ὁ δὲ κύκλος Ἀθήνησίν ἐστι, καθάπερ μάκελλος ἐκ τῆς κατασκευῆς τὴν προσηγορίαν λαβών. ἔνθα δὴ πιπράσκεται χωρὶς κρεῶν τὰ ἄλλα ὤνια, καὶ ἐξαιρέτως δὲ οἱ ἰχθύες. οὕτω τὸν Κλέωνα δυνάμενον μέγα καὶ φοβερὸν ὄντα χρηματίζεσθαι παρὰ τῶν πιπρασκόντων, ἵνα μὴ περιεργάζοιτο αὐτούς. καὶ ἴσως Ὁμηρικώτερον ὠνόμασεν. ὁ μὲν γὰρ Ὅμηρος [Il. A, 231] δημοβόρον φησὶ τὸν Ἀγαμέμνονα. Ἄλλως. ποταμὸς τῆς Ἀττικῆς χειμάρρους ὁ Κυκλοβόρος, ὑπὸ Ἀθηναίων χωσθείς. τὴν κακοφωνίαν οὖν τοῦ Κλέωνος εἴκασε τῷ ἤχῳ τοῦ ποταμοῦ. καὶ ἀλλαχοῦ [fr. 530]

ᾤμην δ' ἐγὼ τὸν Κυκλοβόρον κατιέναι.

ἔνιοι δὲ, τόπος κυκλοτερὴς, ἐν ᾧ τὰ ὤνια ἐπωλοῦντο, ἃ ἐσφετερίζετο ὁ Κλέων.)

138 δέον ἦν καὶ εἱμαρμένον. R. V.

140. πόθεν ἂν οὖν ἔτι γένοιτο : Ἔχων ἐν τῷ τέλει τὸ ὄνομα τὸ πώλης. (διαβάλλει δὲ τοὺς Ἀθηναίους, ὡς ἀγοραίους καὶ βαναύσους καθιστάντας τοὺς δημαγωγούς.)

141. ὑπερφυᾶ : Ὑπερβάλλουσαν, θαυμαστὴν καὶ λαμπράν. ἐξαίρει δὲ νῦν αὐτοῦ τὴν τέχνην, ἵνα μᾶλλον ὀνειδίσῃ φανείσης αὐτοῦ τῆς τέχνης λίαν εὐτελοῦς. (ἐξολῶν δὲ, ἐκβάλλειν μέλλων καὶ ἐξωθεῖν τῆς πολιτείας τὸν Κλέωνα. ἀλλαντοπώλην δὲ τὸν Ἀγοράκριτον λέγει οὕτως αὐτῷ πεπλασμένον κατὰ κωμικὴν παιδιάν.)

142. ἀντιβολῶ : παρακαλῶ, γονυπετῶ. R.

147. ὥσπερ κατὰ θεῖον εἰς ἀγοράν : Ἐπὶ τῶν ἐξαίφνης γινομένων, τουτέστιν εὐκαίρως ἐπιφαινομένων, κατὰ θεῖον ἔλεγον. ἐπεὶ οὖν καὶ ὁ ἀλλαντοπώλης αἰφνίδιον βουλομένοις μὲν, μὴ προσδοκήσασι δὲ ἐπεφάνη, οὕτως εἶπεν. (Ἄλλως. κατὰ θεοῦ πρόνοιαν. τοὺς δὲ ἐξαίφνης φαινομένους οὕτως ἔλεγον κατὰ θεῖον ὦφθαι, ὅ ἐστι κατὰ πρόνοιαν θεοῦ.)

149. ἀνάβαινε σωτὴρ τῇ πόλει : Ἵνα, φησὶν, ἐκ τῆς παρόδου ἐπὶ τὸ λογεῖον ἀναβῇ. (διὰ τί οὖν ἐκ τῆς παρόδου; τοῦτο γὰρ οὐκ ἀναγκαῖον. λεκτέον οὖν ὅτι ἀναβαίνειν ἐλέγετο τὸ ἐπὶ τὸ λογεῖον εἰσιέναι. ὃ καὶ πρόσκειται. λέγεται γὰρ καταβαίνειν) τὸ ἀπαλλάττεσθαι ἐντεῦθεν ἀπὸ τοῦ παλαιοῦ ἔθους. (τοῦτον δὲ οἱ μὲν Κλεώνυμον, οἱ δὲ Ὑπέρβολον, οἱ δέ φασιν Εὔβουλον εἶναι. ὡς ἐν θυμέλῃ δὲ τὸ ἀνάβαινε.)

150. (τί με καλεῖτε : Ὁ Ἀγοράκριτος, τουτέστιν ὁ ἀλλαντοπώλης, ταῦτα λέγει.) εἰσάγεται δὲ εἰς τὸ θέατρον (γελοίου χάριν) ἔντερα καὶ κοιλίας καὶ μαγειρικὴν τράπεζαν ἔχων. — ἀλλαντοπώλην Ἀγοράκριτον εἰσάγει κατὰ παιδιάν. R.

152. τοὐλεόν : Τὸ τραπέζιον, (ἐν ᾧ ἦσαν οἱ ἀλλᾶντες. ἐλεοὶ γὰρ λέγονται αἱ μαγειρικαὶ τράπεζαι. καὶ Ὅμηρος) [Od. Ξ, 432] « βάλλον δ' εἰν ἐλεοῖσιν. »

154. προσκέψομαι : Περιεργάσομαι, (φησὶν, εἰσελθὼν,) καὶ κατανοήσω τί ποιεῖ ὁ Παφλαγών.

155. τὰ σκεύη : Τὸ ἀγγεῖον ἐν ᾧ ἔφερε τοὺς ἀλλᾶντας. — ἀλλᾶς εἶδος ἐντέρου κατεσκευασμένου, καὶ ἀλλαντοπώλης ὁ ἐντεροπράτης. *Vict.*

156. προσκύνησον. R.

157. ἰδού : Πεποίηκεν ὃ προσέταξε. (παρεπιγραφὴ δὲ καλεῖται τὰ τοιαῦτα πάντα.) ἀμοιβαῖα δέ ἐστι ταῦτα τοῦ ἀλλαντοπώλου καὶ ἑνὸς τῶν οἰκετῶν.

159. ταγέ : Ἀρχηγέ, ἡγεμών. καὶ Ὁ... 160] « παρὰ δ' οἱ ταγοὶ ἄμμι μενό...

160. [τὰς κοιλίας : Ὅμηρος διὰ παντὸς γαστέρας καλεῖ, οὐ κοιλίας.]

161. (ἀλλὰ καταγελᾷς : Ἀλλὰ χλευάζεις με καὶ γέλωτα τίθεσαι. ὅσον δὲ ἀπιστοῦντα ποιεῖ, τοσοῦτον δείκνυσιν αὐτὸν τῆς πολιτείας ἀνάξιον, οὐ τὸν ἀλλαντοπώλην διαβάλλειν βουλόμενος, ἀλλ' ὁμοῦ καὶ τῶν Ἀθηναίων καθαπτόμενος, οἳ τοιούτων ἀνέχονται πολιτευτῶν, καὶ διαβάλλων τὸν Κλέωνα, ὅτι αὐτός τε ἐκεῖνος ἦν εὐτελὴς καὶ ὑπὸ τοιούτου τῆς πολιτείας ἐκβληθήσεται.)

163. τὰς στίχας ὁρᾷς : Τὸ πλῆθος, τὰς τάξεις. τὸ γὰρ θέατρον αὐτῷ δεικνὺς ταῦτά φησιν.

164. (ἀρχέλας : Ἄρχων τοῦ λαοῦ. ἡγεμών. ἔξαρχος. δημαγωγός. ἔπαιξε δὲ τῷ ὀνόματι. φησὶ γὰρ ἄρξεις τοῦ λεοῦ.)

165. πυκνός : Τῆς ἐκκλησίας. μετάθεσίς ἐστι στοιχείου. εἰ γὰρ πνύξ ἐστί, ἔδει πνυκός. νῦν δὲ πυκνός.

166. βουλὴν πατήσεις : Ὑποτάξεις, διαπαλαίσεις, καταπονήσεις. (ἢ ἀντὶ τοῦ καταφρονήσεις τοῦ βουλευτηρίου.)

(κλαστάσεις : Οἱ μέν, κλονήσεις καὶ διασείσεις. οἱ δέ, κραυγάσεις. βέλτιον δέ, κλάσεις, ἀπὸ μεταφορᾶς τῶν τεμνομένων κλημάτων. Ἄλλως. ἐκ ῥιζῶν ἀνατρέψεις. ἔνθεν κλαστήριον τὸ δρέπανον, ᾧ κλαδεύουσι καὶ ξύλα καὶ κλήματα ἐν ταῖς ἀμπέλοις.)

167. (ἐν πρυτανείῳ : Πρυτανεῖον οἰκίσκος παρὰ τοῖς Ἀθηναίοις, ἔνθα σιτοῦνται δημοσίᾳ οἱ τῆς τοιαύτης τιμῆς παρ' αὐτοῖς τυχόντες. περισπούδαστον δὲ ἦν τῆς τοιαύτης δωρεᾶς τυχεῖν. ἐπὶ γὰρ μεγάλοις κατορθώμασι τὴν τοιαύτην ἀπεδίδουν χάριν.)

λαικάσεις : Δέον εἰπεῖν σιτήσεις. (ἢ ἐν πρυτανείῳ ἀριστήσεις. παρ' ὑπόνοιαν οὖν εἶπεν ὡς ἐν κωμῳδίᾳ), [ἀντὶ τοῦ πορνεύσεις. ὅθεν καὶ λαικάστρια ἡ πόρνη.]

170. ἐν κύκλῳ : Ἀπὸ τοῦ συμβεβηκότος τὰς κυκλάδας νήσους, κύκλῳ κειμένας, ὠνόμασε. (φησὶν οὖν, περίβλεψον. καὶ γὰρ τούτων ἄρξεις. ὁλκάδας δὲ τὰς ναῦς ἀπὸ τοῦ ἕλκειν.)

174. Καρχηδόνα : Παίζει πρὸς τὸ ἐνταῦθα κἀκεῖσε ὅρα. ἡ μὲν γὰρ πρὸς ἕω, ἡ Καρία, ἡ δὲ πρὸς δύσιν ἡ Καρχηδών, (ἡ λεγομένη Καρτάγεννα. λέγει δὲ τὴν δύσιν. διαστραφήσομαι δέ,) εἰ στρεβλωθήσομαι τοὺς ὀφθαλμούς. ἐπεὶ εἶπε στράφηθι. — ἐνταῦθα κἀκεῖσε. R.

175. διαστραφήσομαι : Πρὸς δὲ τὸ μὴ διαστρέφεσθαι τὰ μέλη χρῶνται καὶ νῦν ἔνια τῶν ἐθνῶν ὀργάνοις τισὶ μηχανικοῖς, ἃ τὸ σῶμα ποιεῖ τούτων ἀστραβές. *Victor.*

176. πέρναται : (Πιπράσκεται.) δέον εἰπεῖν ὠνεῖται, ὁ δὲ εἶπε πέρναται πικρῶς, τουτέστι πιπράσκεται.

πέρναται : Πιπράσκεται, ἔνθεν καὶ πό[illegible] την μ[illegible]ιν. *Victor.*

181. (κἀξ ἀγορᾶς εἶ : Πάλιν [illegible] βούλεται, ὅτι ὑπὸ τῶν πονη[illegible] Ἀθηνα[illegible] πράγματα. κα[illegible] τοιοῦτ[illegible] παρ' αὐτοῖς [illegible]

182. οὐκ ἀξιῶ : Οὐχ ὑπολαμβάνω, οὐκ ἄξιον νομίζω.

187. οἷον πέπονθας ἀγαθόν : Ὑπάρχεις. οἷον πλεονέκτημα ἔχεις. (γράφεται καὶ ὅσον.)

188. (οὐδὲ μουσικὴν ἐπίσταμαι : Ὅτι μουσικὴν τὴν ἐγκύκλιον παιδείαν φησί. γράμματα δὲ τὰ πρῶτα στοιχεῖα. δεῖ δὲ τοὺς διερχομένους [τοὺς ἀναγινώσκοντας *Vict.*] διὰ γραμμάτων παιδεύεσθαι. ἡ γὰρ παιδεία τοὺς ἀτόπους ἐκτρέπει λογισμούς). τὰ πρῶτα στοιχεῖα. R.

189. (πλὴν γραμμάτων : Οἱ γὰρ ἀξιώματος ἀντιποιούμενοι τὴν ἐγκύκλιον μάλιστα ἐπαιδεύοντο παιδείαν. ἡ δὲ ἐγκύκλιος παιδεία διὰ πάσης ἐχώρει καὶ παιδεύσεως καὶ ῥυθμοῦ παντὸς καὶ κινήματος. (ταύτην παιδευθῆναι τὸν Θηβαῖον Ἐπαμεινώνδαν καὶ ἄλλους δὲ πολλοὺς καὶ ἀγαθοὺς ἄνδρας παρὰ πλείοσιν ἱστορεῖται.)

καὶ ταῦτα μέντοι κακὰ κακῶς : Παροιμιῶδες, ἐπεὶ καὶ κακὰ κακῶς, ὅτι τὸ σύνολον, φησίν, ἐπίστασαι γράμματα, τοῦτό σοι πρὸς τὴν πολιτείαν ἐστὶν ἀνωφελές. (ἀποτείνεται δὲ πρὸς τοὺς πολιτευομένους πάλιν διὰ τούτων. ἢ ὡς ἀμαθῶν ὄντων καὶ τυχόντων ἀνθρώπων πολιτευομένων, καὶ διὰ τοῦτο ῥᾳδίως χωρούντων ἐπὶ τὴν ἀδικίαν. ὡς τῆς παιδείας ἱκανῶς καθεστώσης ἀποδιῶξαι καὶ ἀπελάσαι τῆς ψυχῆς τοὺς πονηροὺς λογισμούς. διὰ τὴν συγγένειαν δὲ τὸ κακὰ κακῶς οὐ καλῶς, ἀλλὰ κακῶς ἐπίστασθαι.)

190. τουτί σε μόνον ἔβλαψεν : Ἀμείνων ἦσθα, φησίν, εἰ μηδὲ τὴν ἀρχὴν ἐπειράθης τῶν γραμμάτων.

191. (ἡ δημαγωγία γάρ : Ἡ τῶν δημαγωγῶν ἀρχή, φησίν, οὐκέτι τοῖς σοφοῖς οὐδὲ τοῖς ἀξιολόγοις ἐγχειρίζεται.)

193. [ἀλλὰ μὴ παρῇς : Μὴ ὑπερίδῃς, μὴ ἀπώσῃ μηδὲ παραπέμψῃ τοιοῦτον καιρὸν παραπεπτωκότα.]

196. ἠνιγμένος : (Μετὰ αἰνίγματος λελεγμένος, οὐκ αὐτόθεν φανερὸν ἔχων τὸν νοῦν. τοῦτο δὲ παρόσον οἱ χρησμοὶ λοξῶς ἐκφέρονται ὑπὸ τοῦ Ἀπόλλωνος. Ἄλλως.) μετὰ αἰνίγματος, οἷον ἄλλα μὲν λέγων, ἄλλα δὲ δηλῶν.

197. (ἀλλ' ὁπόταν μάρψῃ : Αὕτη ἀρχή ἐστι τοῦ χρησμοῦ. ὁρᾷς ὅτι ἐμπεπληγμένος τοῖς λόγοις ἀσάφειαν κατὰ τὴν ἑρμηνείαν ἐργάζεται.)

βυρσαίετος : Τὸν Κλέωνα λέγει. (πολλάκις γὰρ προειρήκαμεν ὅτι διαβάλλει τὸν Κλέωνα.) συνέθηκε δὲ τὴν λέξιν ἀπὸ τῆς βύρσης καὶ τοῦ ἀετοῦ, ἅμα τε ὡς βυρσοδέψην κωμῳδῶν τὸν Κλέωνα (καὶ ὡς κλέπτην καὶ ἅρπαγα τῶν κοινῶν. ἁρπακτικὸν γὰρ τὸ ζῷον ὁ ἀετός. τὸ δὲ) ἀγκυλοχείλης ἐπίθετον τοῦ ἀετοῦ, (ὁ ἐπικαμπεῖς τὰς χηλὰς ἔχων.) ἐπὶ δὲ Κλέωνος, ἀγκύλας τὰς χεῖρας ἔχοντ[illegible] [illegible] [illegible]πάζειν. (διὰ τοῦτο ἀετῷ [illegible]

[illegible] ἄκοντα, τὸν ἀλλᾶντα. [illegible] ὅτι καὶ [illegible] [illegible]ται [illegible] (τὸν

αἱματοπώτην : Καὶ τοῦτο οἰκείως ἐπὶ τοῦ δράκοντος· αἱματοποτεῖ γὰρ τὸ ζῷον· καὶ ἐπὶ τοῦ ἀλλαντοπώλου. τὰ γὰρ ἔντερα καὶ τοὺς ἀλλᾶντας μετὰ αἵματος (καὶ πιμελῆς καὶ ἀλφίτων φυρῶντες) πληροῦσιν. (αἱματοπώτην οὖν τὸν αἷμα καταναλίσκοντα καὶ ὥσπερ ἐκροφοῦντα.)

199. σκοροδάλμη : (Ἡ πικρία τοῦ σκορόδου καὶ τῆς ἅλμης,) τὸ μετὰ τῆς ἅλμης τρίμμα τῶν σκορόδων. οἷον ἡ δριμύτης. εἶπε δὲ Παφλαγόνων, διὰ τὸν Κλέωνα, ἐπειδὴ Παφλαγὼν ἦν.

200. ὀπάζει : Δίδωσι, παρέχει. Vict

203. (βυρσαίετος : Ἀμφιβόλως ἐξενήνεκται κατὰ τὴν φράσιν. δύο δὲ αἴτια εἰς ταυτὸ παραλαμβανόμενα ἀμφιβολίαν ἐργάζονται. εἴρηται δὲ παρὰ τὴν βύρσαν καὶ τὸ ἁρπάζειν.)

208. εἶθ' αἱματοπώτης : Παρόσον εἰώθασι τοὺς ἀλλᾶντας μετὰ αἵματος φυρᾷν.

210. αἴκε μὴ θαλφθῇ : Καταθαλφθῇ, καταπλαγῇ ταῖς λοιδορίαις, τουτέστιν ἐὰν μὴ εἴξῃ μηδὲ παραχωρήσῃ λοιδορούμενος. Ἄλλως. ἀπάτῃ ἀπατηθῇ καταπτήξας τὰς λοιδορίας Κλέωνος. αἰκάλλει δέ, θωπεύει με. γράφεται δὲ καὶ καλεῖ με, ἀντὶ τοῦ κινεῖ, προτρέπεται. ἐπιτροπεύειν δὲ, ἄρχειν, διοικεῖν. φαυλότατον δὲ, εὐτελὲς, βραχὺ, ἁπλοῦν.

213. φαυλότατον : Ῥᾴδιον. Vict. ῥᾴδιον, εὐτελές. V.

214. (τάραττε : Παρῳδίας τρόπον. παρῴδησε γὰρ τὸν ἴαμβον ἐξ Ἡρακλειδῶν [?] Εὐριπίδου. μεταφορικῶς δὲ τοῖς ὀνόμασι χρῆται ἐπὶ τῆς πολιτείας, καὶ τῇ τοῦ ἀλλαντοπώλου τέχνῃ. τάραττε, φησὶ, καὶ συμφύρα τὰ πράγματα.)

χόρδευε : Τὰ ἔντερα τῶν τετραπόδων χορδὰς καλοῦσι. καὶ τοῦτο οὖν ἀπὸ τῆς τέχνης τοῦ ἀλλαντοπώλου τὸ ὄνομα εἴρηται. (Hic desinunt scholia Ravenn.) ὥσπερ γάρ, φησὶ, γεμίζεις καὶ πληροῖς τὰ ἔντερα παντὸς τοῦ φυράματος, οὑτωσὶ χόρδευε καὶ τὰ πολιτικά. Ἄλλως. παρὰ τὸ χορδεύειν. χορδὴ γάρ ἐστι τὸ λεπτὸν ἔντερον, ὃ εἰώθασι πλέκειν οἱ μάγειροι. διαβάλλει δὲ πάλιν τοὺς στρατηγοὺς ταράττοντας καὶ χορδεύοντας, τουτέστιν εἰς πλοκὰς ἐμβάλλοντας τὴν πόλιν.

216. ὑπογλυκαίνων : Ἡδύσμασι χρώμενος καὶ ἀρτύμασι καὶ κολακείαις.

219. ἔχεις ἅπαντα : Σύμφωνά σοι ἔχεις, καὶ ἁρμόζεις εἰς ἅπαντα. πάλιν δὲ ἐνταῦθα αὐτῶν καθάπτεται τῶν Ἀθηναίων καὶ τῶν πολιτευομένων, ὡς τοῖς μὲν τοιούτοις ἐγχειριζόντων τὰ δημόσια, τῶν δὲ πολιτευομένων οὕτω πεφυκότων.

220. συμβαίνουσι : συμπράττουσιν. V. Vict.

221. Τῷ Κοαλέμῳ : Ἀντὶ τοῦ ἀνοίᾳ. ἀναπλάττει δὲ αὐτὴν ὡς δαίμονα. τοῦτο δὲ παρῴδησεν ἐκ τῆς τραγῳδίας. ἀνέπλασε δέ τινα δαίμονα ἀπὸ τῶν προειρημένων κωμικῶς. τουτέστιν ἀπατητικῷ καὶ ἀνοήτῳ δαίμονι. ἢ τῷ κωλύοντι τὸν ἄνεμον καὶ παύοντι δαίμονι. ἢ τῷ ἀλλαντοπώλῃ.

222. χὤπως : λείπει τὸ σκόπησον. ἀμυνεῖ : καταγωνιεῖ. V.

224. βδύλλει : Καταπέπληγε, βδελύττεται, τουτέστι μισεῖ.

225. ἀλλ' εἰσὶν ἱππῆς ἄνδρες ἀγαθοὶ χίλιοι : Οἱ ἱππεῖς ἐπέθοντο αὐτῷ, ἐπεὶ ὅτε ἦν εἰς αὐτῶν, κακῶς αὐτοὺς διέθηκεν. ἱππεῖς οὖν τάγμα ἐστὶν ἐν τῇ Ἀττικῇ, ἀφ' ὧν ὁ χορὸς σύγκειται τῷ δράματι. ὅθεν καὶ τὴν ἐπιγραφὴν πεποίηται.

226. μισοῦντες αὐτὸν : Θεόπομπος ἐν δεκάτῳ Φιλιππικῶν φησὶν ὅτι οἱ ἱππεῖς ἐμίσουν αὐτόν. προπηλακισθεὶς γὰρ ὑπ' αὐτῶν καὶ παροξυνθεὶς ἐπετέθη τῇ πολιτείᾳ, καὶ διετέλεσεν εἰς αὐτοὺς κακὰ μηχανώμενος. κατηγόρησε γὰρ αὐτῶν ὡς λειποστρατούντων. διὰ τοῦτο οὖν ἐμνήσθη αὐτῶν Ἀριστοφάνης.

228. ὅστις ἐστὶ δεξιός : Ἀγαθὸς, εὔνους ἡμῖν, ἀπεχθόμενος πρὸς τὴν τοῦ Κλέωνος πονηρίαν.

229. ξυλλήψεται : Συμμαχήσει. Vict.

230. ἐξεικασμένος : Πεπλασμένος πρὸς ὁμοιότητα. ἔθος γὰρ ἦν τοῖς κωμικοῖς ὅμοια τὰ προσωπεῖα ποιεῖν τοῖς κωμῳδουμένοις, ἵνα φανεροὶ ὦσιν ὑπ' αὐτῶν, καὶ περιτιθέναι τοῖς ὑποκριταῖς. Ἄλλως. οὐκ εἶχεν αὐτοῦ προσωπεῖον διὰ τὸ δεδοικέναι τοὺς σκευοποιοὺς καὶ μὴ θέλειν μήτε πλάττειν μήτε σχηματίζειν τὴν ὄψιν τοῦ Κλέωνος. λέγει οὖν ὅτι μηδενὸς ὑποστάντος αὐτὸν ὑποκρίνεσθαι, αὐτὸς ὁ Ἀριστοφάνης μιλτώσας ἑαυτὸν ὑπεκρίνατο, ἢ τῇ τρυγίᾳ χρίσας ἑαυτόν. — ἐξεικασμένος : Ὁμοιωθείς. Vict.

235. μὰ τοὺς δώδεκα θεοὺς : Τοῦτο ὁ Κλέων λέγει ἰδὼν ὁμιλοῦντας, καὶ μὴ εἰδὼς περὶ τοῦ ὁμιλοῦσι, συνωμότας αὐτοὺς καλεῖ. πικρῶς οὖν κατὰ τοῦ Κλέωνος ἐκφέρονται, ὡς τοιαῦτα αὐτοῦ συκοφαντοῦντος ἀπὸ μικρῶν καὶ εὐτελῶν προφάσεων. [χαιρήσετον δὲ, χαίροντες ἀπαλλαχθήσεσθον.]

236. ξυνώμνυτον : Ξυνωμοσίαν ἐποιήσατε, τουτέστιν ὅρκους καὶ πίστεις ἀλλήλοις δεδώκατε, ἵνα ὁμοφωνήσητε κατὰ τοῦ δήμου.

237. τὸ Χαλκιδικὸν ποτήριον : Ἔγνω μὲν ὅτι ὁ θεράπων ἔπινε καὶ εἶχεν ἐπὶ χεῖρας τὸ ποτήριον. ἰδὼν οὖν ὁ Κλέων, προφάσει καὶ τούτῳ κέχρηται τῆς συκοφαντίας, καὶ τὸ ποτήριον εὐθύνει ὡς Χαλκιδικόν. κωμῳδεῖ δὲ αὐτὸν ὡς καὶ ἐπὶ τοῖς τυχοῦσι μεγάλα μεμφόμενον. οἱ δὲ Χαλκιδεῖς εἰσὶ μὲν ἐπὶ τῆς Εὐβοίας ἄποικοι Ἀθηναίων, εἰσὶ δὲ καὶ ἐπὶ Θρᾴκης οἱ Χαλκιδεῖς, ἄποικοι ὄντες ἀπὸ τῆς Εὐβοίας. πολλὰ δὲ ἦν τότε χωρία τῆς Θρᾴκης ὑπακούοντα τοῖς Ἀθηναίοις. περὶ ὧν νῦν λέγει. καὶ γὰρ ἐπὶ Θρᾴκης Χαλκιδεῖς ἦσαν ὑπήκοοι τῶν Ἀθηναίων. φησὶν οὖν ὅτι τὸ ποτήριον τοῦτο Χαλκιδικόν ἐστι. καὶ πόθεν ὑμεῖς αὐτὸ ἔχετε, εἰ μὴ δῶρον ὑμῖν ἐδόθη, ἵνα ἀποστῶσιν; ἔλαβε δὲ τὴν πρόφασιν εὔκαιρον τοῦ ὀνόματος τῶν Χαλκιδέων, διὰ τὸ κατ' ἐκεῖνον τὸν καιρὸν ἀποστῆναι αὐτοὺς τῶν Ἀθηναίων. ἀπέστησαν δὲ ἀπὸ Ἀθηναίων Χαλκιδεῖς ἐπὶ Εὐκλείδου ἄρχοντος.

238. Χαλκιδέας ἀφίστατον : Πόλις Εὐβοίας, ἄποικοι Ἀθηναίων. ἐχρῶντο δὲ τοῖς ὀστρακίνοις εἰς τὰ συμπό-

τιχ. ὡς ἀεὶ οὖν τοῦ Κλέωνος δι' ἐλάχιστόν τι κατηγοροῦντος. χωρίζετε οὖν, φησί, Χαλκιδέας ἀπὸ τῆς τῶν Ἀθηναίων συμμαχίας.

210. ὦ γεννάδα : Τοῦτο ὁ θεράπων πρὸς τὸν Ἀγοράκριτον. ἔν τισι δὲ οἱ δύο στίχοι οὐκ ἔγκεινται.

242. ἄνδρες ἱππεῖς : Ὡς συκοφαντούμενοι ἐπικαλοῦνται εἰς βοήθειαν τοὺς ἱππέας. ἵππαρχοι δὲ ὁ Σίμων καὶ ὁ Παναίτιος.

243. πρὸς τὸ δεξιὸν κέρας : Ὡς ἐπὶ τάξεως φησίν. ὁ δὲ Παναίτιος ὡς μέγας τῶν ἱππέων κωμῳδεῖται. τινὲς δέ φασι τὸ μὲν « ἄνδρες ἱππεῖς » ἀλλαντοπώλην λέγειν, ἄλλοι δὲ τὸ « ἄνδρες ἐγγύς, » τὸν θεράποντα.

244. κἀπαναστρέφου : Ὡς τοῦ ἀλλαντοπώλου πεφευγότος, εἶπεν ἀναστρέφου.

245. ὡς ὁμοῦ προσκειμένων : Τὸ ὁμοῦ λέγουσιν Ἀττικοὶ ἀντὶ τοῦ ἐγγύς. ὡς καὶ ἐν Εἰρήνῃ [513] « καὶ μὴν ὁμοῦ 'στιν ἤδη. »

247. παῖε παῖε : Ἐντεῦθεν ἡ πάροδος γίνεται τοῦ χοροῦ ἀπὸ τῶν ἱππέων συμπληρουμένου. οἵτινες ἐπικαλουμένου ἀκούσαντες τοῦ θεράποντος, εὐθέως ἀφικνοῦνται βοηθήσοντες αὐτῷ. ταραξιππόστρατον δὲ καλοῦσι τὸν Κλέωνα, τουτέστι τὸν ταράξαντα τὸ πλῆθος τὸ ἱππικόν. τοῦτο δὲ εἶπεν, ἵνα δόξωσιν εἰκότως αὐτῷ χαλεπαίνειν καὶ αὐτοὶ καὶ πολεμεῖν. ἢ ἵνα τὸν Κλέωνα δείξῃ διὰ πάντων λυμαινόμενον τὴν πόλιν, διαφθείροντα μὲν τὸ ἱππικόν, σφετεριζόμενον δὲ τοὺς φόρους. [εἴσθεσις δὲ τῆς διπλῆς ἀμοιβαίας ἑτέρων εἰσιόντων ὑποκριτῶν. οἱ δὲ στίχοι τροχαϊκοὶ τετράμετροι καταληκτικοὶ λζ'. ὧν τελευταῖος

καὶ τέμαχος οὗ Περικλῆς οὐκ ἠξιώθη πώποτε.

ἐπὶ ταῖς ἀποθέσεσι παράγραφος. ἐπὶ δὲ τῷ τέλει τῶν στίχων διπλῆ ἔξω νενευκυῖα.] κορωνίς, ὅτι εἰσέρχεται ὁ χορὸς τῶν ἱππέων, καὶ πάλιν στίχοι τροχαϊκοὶ λϐ'. V.

248. καὶ τελώνην : Διεϐέϐλητο τὸ τοῦ τελώνου ὄνομα, ὡς καὶ τοῦ Κλέωνος ὄντος τελώνου, καὶ ὑπὲρ τὸ τέλος τελωνοῦντος. φάραγξ δέ, τὸ ἀπόσχισμα τῆς γῆς, ὃ τὸ παρεμπῖπτον ὕδωρ πίνει. τοῦτο δὲ καὶ εἰς τὸ κακόφωνον αὐτοῦ. χάρυϐδιν δὲ ἁρπαγῆς, ὡς πᾶν ὁτιοῦν ἁρπάζοντα.

φάραγγα : Τὸ τῆς γῆς βάραθρον. ὃ, ἐὰν εἰς αὐτὸ ὕδωρ ἐμπέσῃ, ἀφανὲς ποιεῖ. εἰς ἄδηλον γὰρ τὸ ὕδωρ καταναλίσκεται. τοῦτο δὲ διὰ τὸ κακόφωνον τοῦ Κλέωνος καὶ τὸ κράζειν ὡς ἐπὶ τῶν πετρῶν τὰ κύματα.

252. κἀπικείμενος : Ἀντὶ τοῦ τύπτων αὐτόν. διὰ δὲ Κλέωνα τοῦτο πάλιν λέγει, ἐπειδὴ κεκράκτης ἦν.

253. οἶδε τὰς ὁδοὺς : Ἐπίσταται, φησί, τὰς καταδύσεις Εὐκράτους τὰς ἐπὶ τὰ κυρήϐια. κυρήϐια δέ εἰσι τὰ πίτυρα καὶ ἄχυρα τῶν πυρῶν ἢ κριθῶν. μυλῶνας δὲ ἔχων ὁ Εὐκράτης εἰκότως εἶχε καὶ κυρήϐια. ἐκωμῴδησεν οὖν εὐκαίρως αὐτὸν ὡς μυλωνάρχην καὶ ὡς πρὸ αὐτοῦ πολιτευσάμενον καὶ πεφευγότα. τινὲς δέ, ὅτι ἦν μυλωνάρχης.

254. κυρηϐίων : Ἔνθα αἱ κάχρυς φρύγονται. κάχρυς δέ εἰσιν αἱ λελεπισμέναι κριθαί, ἀφ' ὧν ἡ πτισάνη. σκώπτει δὲ καὶ τὸν Εὐκράτην ὡς τοιαύτην τέχνην ἔχοντα. ἐν ἄλλοις γοῦν [fr. 540] φανερώτερόν φησι « καὶ σὺ κυρηϐιοπῶλα Εὔκρατες στύπαξ. » — τῶν μυλώνων. κυρήϐια γὰρ τὰ πίτυρα τῶν κριθῶν. V.

255. ὦ γέροντες Ἡλιασταί : Τοῦτο ὁ Κλέων λέγει, καὶ αὐτὸς ἐπικαλούμενος τοὺς δικαστὰς εἰς βοήθειαν. Ἡλιαία γὰρ μέγιστον δικαστήριον Ἀθήνησιν. οἱ δὲ δικασταὶ ὑπὸ τῶν δημαγωγῶν ἐτρέφοντο, τριώϐολον λαμϐάνοντες μισθὸν δικαστικὸν μετὰ τὸ κρῖναι. ὡς δημαγωγὸς οὖν ἐπικαλεῖται οὓς ἔτρεφε [φράτορας ἤγουν συγγενεῖς Vict.]. συγγενεῖς δὲ εἶπε τριωϐόλου, οἷον προσῳκειωμένοι καὶ προσπεφυκότες τῷ τριωϐόλῳ. καὶ γὰρ τοὺς συγγενεῖς φράτορας καλοῦσιν. εἰσὶ δὲ οἱ τῆς αὐτῆς φατρίας μετέχοντες, οἷον πατρίας τινός. ὁ γοῦν Ὅμηρος [Il. N, 354] τὴν αὐτὴν πάτραν λέγει,

ἦ μὰν ἀμφοτέροισιν ὁμὸν γένος ἠδ' ἴα πάτρη.

καὶ κατὰ ἀναφορὰν πάτρη καλεῖται. μεταπέπτωκε δὲ τὰ στοιχεῖα. καθάπερ ἐπὶ τοῦδε, ὁ φάτριος Ζεὺς καὶ ὁ πάτριος. τὸ δὲ τριώϐολον ἡμίδραχμόν ἐστιν. Ἡλιαία δὲ καλεῖται, διὰ τὸ ὑπαίθριον αὐτὸ εἶναι καὶ ὑπὸ τῷ ἡλίῳ καθέζεσθαι τοὺς συνελθόντας δικαστάς.

256. οὓς ἐγὼ βόσκω : Πικρῶς ὡς θρέμμασιν αὐτοῖς κέχρηται ἀλόγοις. βόσκειν γὰρ ἐπὶ τῶν ἀλόγων ζῴων τίθεται. τὸ δὲ δίκαια κἄδικα, οἷον ἐκ δικαίου [καὶ ἀδίκου].

257. ξυνωμοτῶν : Ξυνωμοσίαν πεποιημένων, τουτέστι πίστεις δι' ὅρκων διδόντων αὐτοῖς καὶ συνθήκας κατ' ἐμοῦ πεποιηκότων. Ἄλλως. προδοτῶν τοῦ δήμου. τῶν συνομνύντων ἐπὶ τῇ καθαιρέσει τοῦ δήμου.

258. πρὶν λαχεῖν : Πρὶν χειροτονηθῆναι, πρὶν κληρωθῆναι. πρὸ διανομῆς, φησίν, ἁρπάζεις. ἡ μεταφορὰ ἀπὸ τῶν ἐν τοῖς δείπνοις ἁρπαζόντων πρὸ διανομῆς.

259. κἀποσυκάζεις : Συκοφαντεῖς. ἐχρήσατο δὲ τῷ ὀνόματι, ἀφ' οὗ καὶ συκοφάντης ἐκέκλητο. τὸ γὰρ παλαιὸν τίμια παρὰ τοῖς Ἀθηναίοις τὰ σῦκα ἦν, καὶ εἴ τις διαϐληθείη κλέπτων, ἐκολάζετο. φαίνειν δὲ ἔλεγον τὸ κατηγορεῖν. Ἄλλως. συκάζειν τὸ ἀποθλίϐειν τὰ σῦκα, εἰ ὠμὰ ἢ πέπειρα. καλῶς οὖν ἐπήνεγκε τὸ ἀποπιέζων, ἐπεὶ ἀποθλίϐει τοὺς συκοφαντουμένους καὶ πιέζει δωροδοκῶν.

τοὺς ὑπευθύνους σκοπῶν : Διαλογιζόμενος, καὶ ὁρῶν, καὶ πολυπραγμονῶν. [ὠμός δέ, σκληρός, δυσκαταμάχητος. ἀντὶ δὲ τοῦ εἰπεῖν πένης, ἢ πλούσιος, ἐπέμεινε τῇ μεταφορᾷ ὡς ἐπὶ σύκων.] τὸ δὲ πέπων ἢ μὴ πέπων ἀντὶ τοῦ ἁπαλός, ῥᾳδίως διασεισθῆναι δυνάμενος. μεταφορικῶς δὲ ἀπὸ τοῦ συκάζειν τούτοις τοῖς ὀνόμασι κέχρηται. ὠμὰ γὰρ τὰ μηδέπω ὡριμακότα. ὥσπερ οὖν ἐπὶ τῶν καρπῶν ἐκ μὲν τῶν πεπανθέντων ἔστι δρέψασθαι καὶ φαγεῖν, ἐκ δὲ τῶν ἀώρων καὶ ὠμῶν οὐκέτι, οὕτως, φησί, καὶ ἐπὶ τῶν ἀνθρώπων ὁ Κλέων διελογίζετο, καὶ διέκρινε τίς ἐπιτήδειος διασεισθῆναι καὶ τίς σκληρὸς καὶ δυσκαταμάχητος. ὑπευθύνους δέ,

τοὺς μηδέπω λογισμὸν παρεχομένους, μηδὲ εὐθύνας τῆς ἀρχῆς ἧς ἐπιστεύθησαν.

261. [ἀπράγμονα : Ἐπιεικῆ καὶ μέτριον τοὺς τρόπους. οὐ φιλοπράγμονα.]

262. ἐκ Χερρονήσου : Χερρόνησος τῆς Θρᾴκης χωρίον καὶ πόλις, ὑποτελὴς τῶν Ἀθηναίων, εὔφορος εἰς πυροῦ γεωργίαν· ὅθεν καὶ ἐσιταγώγουν οἱ Ἀθηναῖοι. ὡς ἰδιοπραγμόνων δὲ καὶ ἰδιωτῶν ὄντων τῶν Χερρονησιωτῶν καὶ διασείεσθαι δυναμένων ῥᾳδίως, μάλιστα δὲ τοῦ Κλέωνος ἐπηρεάζοντος αὐτοὺς, τούτων ἐμνήσθη. ὅθεν ὡς ἐπὶ ἀγροίκων καὶ τῷ καταγαγὼν ἐχρήσατο, σημαντικῶς, ὥσπερ ἀπ' ἀγροῦ τινος μετακαλουμένων καὶ κατιόντων εἰς πόλιν. Ἄλλως. ὡς καταγαγόντος αὐτοὺς συμμάχους εἰς Ἀθήνας καὶ συκοφαντοῦντος καὶ ἀργυριζομένου.

κατάξας, μετακαλεσάμενος.

ἀγκυρίσας : Ὑποσκελίσας, οἷον τῇ ἀγκύλῃ καταβαλὼν, [ὅπερ ἐστὶν ἀκοντίου εἶδος, ἢ καταπαλαίσας]. παλαιστρικὰ γάρ εἰσι ταῦτα, καὶ τὸ διαβαλὼν καὶ τὸ ἀγκυρίσας. [καὶ ἀγκύρισμα εἶδος παλαίσματος, καὶ σκεῦος ἀγρευτικὸν σύκων.]

263. ἐνεκολάβησας : Ἄκολος, ψωμὸς, ὅθεν τὸ ἐνεκολάβησας ἀντὶ τοῦ καταπέπωκας. τὸ δὲ ὅλον, καταπαλαίσας αὐτὸν ἐκπεριελθὼν καὶ διασείσας ἀργυρίζεται. τὴν βίαν δὲ ᾗ ἐκέχρητο κατὰ τῶν ἀνθρώπων διὰ τῆς πάλης ἐδήλωσε.

264. καὶ σκοπεῖς γε τῶν πολιτῶν : Διακρίνεις καὶ ἀναζητεῖς. ὁ δὲ νοῦς αὐτῷ πᾶς τοῦτο λέγειν βούλεται, ὅτι οὐ τῷ προειρημένῳ ἐπηρεάζει τρόπῳ, ἀλλ' εἴ τις καὶ τοιοῦτό τι ποιεῖ, ἀναζητεῖ καὶ διακρίνει τίς ἐστι τῶν πολιτῶν ἀμνοκῶν, οἷον προβατώδης, τουτέστι μωρὸς καὶ εὐήθης. τὰ γὰρ πρόβατα ἐπὶ εὐηθείᾳ διαβάλλεται.

265. καὶ τρέμων τὰ πράγματα : Εὐλαβούμενος καταστῆναι εἰς πράγματα. πολλοὶ γὰρ οὐ διὰ δειλίαν, ἀλλ' ἦθος καὶ τρόπων ἐπιείκειαν αἱροῦνται ζημιωθῆναι μᾶλλον ἢ χωρῆσαι διὰ δίκης. καὶ τοὺς τοιούτους ἐπιλεγόμενος, φησὶν, ὁ Κλέων καταστήσας εἰς φόβον τοῦ παρέξειν πράγματα ἐπηρεάζει ῥᾳδίως.

269. ὡς δ' ἀλαζὼν : Ἀλαζὼν, ὁ μείζονα τῆς ἑαυτοῦ ἀξίας κομπάζων καὶ φρονῶν. μάσθλης δὲ κυρίως ἱμὰς μεμαλαγμένος καὶ ἁπαλὸς καὶ τρυφερός. καλῶς οὖν ἐπὶ τοῦ Κλέωνος τῷ ὀνόματι κέχρηται, ὁμοῦ καὶ τὸ τοῦ τρόπου ὕπουλον καὶ τὸ λαγαρὸν αὐτοῦ δεικνὺς, καὶ σκώπτων ὡς βυρσέα. ἀφ' ὧν οἱ ἱμάντες γίγνονται κατεργασθέντες τοιοῦτοι. [μάσθλης οὖν ὁ μεμαλαγμένος ἐν πονηρίᾳ.]

εἶδες οἷ' ὑπέρχεται : Ὡς ὑπάγεται τὸν δῆμον ὑποτρέχων καὶ κολακεύει καὶ καταπραΰνει ἀπάγων τὴν ὀργὴν ἅπασαν τὴν πρὸς αὐτόν.

270. ὡσπερεὶ γέροντας : Ὥσπερ, φησὶ, τοὺς γέροντας δικαστὰς ἐκπανουργῆσαι, οὕτω καὶ ἡμᾶς ἐπιχειρεῖ ἀπατᾶν. κόβαλα γὰρ καλοῦσι τὰ πανουργήματα.

ἐκκοβαλικεύεται : Ἀπατᾷ, παραλογίζεται, ληστεύει. κόβαλοι γὰρ οἱ μετὰ ξύλου λησταί. τοὺς αὐτοὺς καὶ κορυνηφόρους καλοῦσιν. [κορύνη ῥόπαλόν ἐστιν. *Vict.*] οἱ δὲ, κόβαλον τὴν μετὰ ἀπάτης παιδιάν.

271. ἀλλ' ἐὰν ταύτῃ γε νικᾷ : Τῇ πανουργίᾳ λέγει. ὅτε ἐν τῇ πανουργίᾳ νικήσει, αὐτῇ τῇ πανουργίᾳ πεισθήσεται. Ἄλλως. τὰς χεῖρας δείκνυσιν. ἡ δὲ μεταφορὰ ἀπὸ τῶν παλαιόντων. διὸ, φασὶ, καὶ τὸ κυρηβάσει.

272. κυρηβάσει : Κυρηβασία λέγεται ἡ διὰ τῶν κεράτων μάχη, ἥπερ ἐν τοῖς ἀλόγοις ζῴοις γίνεται. τοῦτο οὖν δηλοῖ, ὅτι ἢ μάχεται ἢ πλήξει. κυρηβάσεις γὰρ λέγονται αἱ πλήξεις τῶν τράγων. καὶ γὰρ ἐκεῖνοι ταῖς κεφαλαῖς διαμάχονται. Ἄλλως. πρὸς τὸ σκέλος μάχεται, ἢ διαπεσεῖται. [γαστρίζομαι δὲ εἶπεν, ὡς πληγεὶς τῷ σκέλει. εἰς τὴν γαστέρα τύπτομαι. παρεπιγραφὴ δέ. συγκέκυφε γὰρ καὶ ὑπὸ τῶν διωκόντων τύπτεται. καταστρέφεις δὲ, δουλοῖς. τρέψομαι δὲ, εἰς φυγὴν τρέψω, πλεῖόν σου βοῶν νικήσω, ὑπερβαλοῦμαι.]

276. τήνελλος εἶ : Τήνελλος ἁρμονία λύρας. ἐὰν τοίνυν ὑπερακοντίσῃς αὐτὸν, μουσικώτατος εἶ. Ἄλλως. νικηφόρος. τήνελλος δὲ κρουμάτιον ἐπινίκιον.

277. ἣν δ' ἀναιδείᾳ : Κἂν ἡττηθῇς, φησὶν, ὑπ' αὐτοῦ τῇ βοῇ, περιγένῃ δὲ ἐν ἀναιδείᾳ, οὐδὲν ἧττον ἡμετέρα ἡ νίκη. πυραμοῦς δὲ, εἶδος πλακοῦντος ἐκ μέλιτος ἑφθοῦ καὶ πυρῶν πεφρυγμένων, ὡς καὶ σησαμοῦς τὸ διὰ σησάμων. ταῦτα δὲ ἐτίθεσαν ἆθλα τοῖς διαγρυπνηταῖς. εἰώθασι γὰρ ἐν τοῖς συμποσίοις ἁμιλλᾶσθαι περὶ ἀγρυπνίας, καὶ ὁ διαγρυπνήσας μέχρι τῆς ἕω ἐλάμβανε τὸν πυραμοῦντα.

278. ἐγὼ 'νδείκνυμι : Ἐνδείκνυμι καὶ φαίνω. ἐνδεικνύναι δὲ ἔλεγον τὸ καταγγέλλειν τινὰ κακουργοῦντα περὶ τὰ κοινά.

279. ζωμεύματα : Τὰ τῶν νεῶν χρειώδη. λέγεται δὲ ξύλα καὶ κηρὸς καὶ πίσσα. Ἄλλως. τὰ λεγόμενα ὑποζώματα. εἰσὶ δὲ ξύλα τῶν νεῶν. ἀντὶ τοῦ εἰπεῖν ὑποζώματα, εἶπεν ὡς πρὸς μάγειρον παίζων ζωμεύματα, ὡς ἀρτύσεων ἔμπειρον καὶ ζωμευμάτων. ἀπείρητο δὲ ἀπὸ Ἀθηνῶν ἐξάγειν ξύλα καὶ πίσσαν. εἶχον δὲ καὶ οἱ Λακεδαιμόνιοι τριήρεις.

281. ἐκθεῖ πλέᾳ : Ἔξεισιν, ἐκπορεύεται μεστῇ καὶ γεμούσῃ, τουτέστιν ἔξεισιν ἐκ τῆς πολιτείας γενόμενος πλούσιος. εἰσδραμὼν δὲ ἀντὶ τοῦ προσελθὼν τῇ πολιτείᾳ. ἐμφαντικῇ δὲ λέξει κέχρηται, ἵνα δείξῃ αὐτὸν ἐμπεπηδηκότα βιαίως καὶ ἀναισχύντως τῇ πολιτείᾳ. πρυτανεῖον δὲ τόπος Ἀθήνησιν οὗ τὰς δημοσίας σιτήσεις ἐποιοῦντο. τιμὴ δὲ οὐκ ἐλαχίστη τοῖς δημοσίᾳ σιτουμένοις ἦν. [ταῦτα δ' εἶπεν ὅτι πένης ὢν ἐκ τῶν κοινῶν πεπλούτηκε, καὶ ὅτι ἀναξίως ἔχει τῆς ἐν πρυτανείῳ σιτήσεως.]

282. νὴ Δία ἐξαγαγών γε τἀπόρρητα : Ἐπειδὴ ὁ Κλέων εἶπεν ἀπόρρητα, καὶ αὐτὸς εἶπε κρέας καὶ ἄρτον. λέγει οὖν, ὅτι ἀναξίως ἔτυχεν ὁ Κλέων, οὗ Περικλῆς οὐκ ἔτυχε τῶν Ἀθηναίων μὴ παρασχόντων, ἤτοι ὑπὸ μεγαλοφροσύνης τοῦ ἀνδρὸς παραιτησαμένου, ἢ ὅτι ἐξοστρακισθεὶς οὐκ ἔτυχε τῆς ἐν πρυτανείῳ σιτήσεως, ἢ ὅτι διὰ τοῦτο εἶπε κρέας καὶ ἄρτον, ἐπεὶ οὐκ

ἐξῆν τὰ θυόμενα Δημήτερι καὶ Περσεφόνῃ ἔξω ἀφιεῖν. ὡς γοῦν αὐτὰ ἐκφέροντος κατηγορεῖ.

283. καὶ τέμαχος: Ἰχθῦς. ἰδίως δὲ τεμαχίτας ἰχθῦς, τοὺς μεγάλους καὶ κατακοπτομένους. — ἠξιώθη: Διὰ τὸ ἄγος. Vict.]

284. ἀποθανεῖσθον: Διπλῆ καὶ εἴσθεσις περιοδικὴ κώλων ιθ'. ὧν τὰ μὲν ιε' ἀμοιβαῖα τῶν ὑποκριτῶν δίμετρα. τὰ δὲ τέσσαρα ἐναλλὰξ ἀκατάληκτα. καὶ μήποτε εἰσὶ δίστιχα τετράμετρα καταληκτικά. αὐτίκα μάλα: Εὐθύς, παραχρῆμα. Ἀττικὴ δὲ ἡ σύνταξις. κεκράξομαι δέ, τῷ κεκραγμῷ σου περιέσομαι, ἀντὶ τοῦ νικήσω.

289. κυνοκοπήσω σου: Τυπτήσω σε, καθάπερ κύνα. τοῦτο δὲ ὡς μάγειρος λέγει. ἔστι γὰρ κύων ἰχθῦς ποιός. ἅμα δὲ καὶ κυνείῳ σε δέρματι παίσω. ἔστι γὰρ τραχύτατον. — ὡς κύνα σε τύψω. οὐδέτερον δὲ τὸ νῶτον. V.

290. περιελῶ σ' ἀλαζονείας: Οἷον, ἀποδύσω σε καὶ παύσω τῶν ἀλαζονευμάτων. ἡ μεταφορὰ ἀπὸ τῶν ἐρεσσόντων. παύσω καὶ περικόψω τῆς ἀλαζονείας. περιελάσω, νικήσω.

291. ὑποτεμοῦμαι τὰς ὁδούς σου: Οὐκ ἐῶ σε λέγειν, προλήψομαι, νικήσω. τοῦτο ὡς πρὸς βυρσοδέψην. ὑποτέμνεται γὰρ τὰ δέρματα, ἵνα παχέα φαίνηται. διαφέρει γὰρ τὸ τέμνειν τοῦ ὑποτέμνειν. ὅταν γὰρ ὑποτέμνῃ, παχύτερον φαίνεται, ἀσθενέστερον δέ ἐστι. τέμνειν δέ, τὸ ὀρθὴν ποιεῖσθαι τὴν τομήν. τὸ γὰρ ἀνώμαλον τῆς τομῆς παχύτητος δόξαν ἐργάζεται.

292. ἀσκαρδάμυκτος: Μὴ μύσας τοὺς ὀφθαλμούς. σκαρδαμυκτεῖν γάρ, τὸ σκαίρειν καὶ μύειν τοὺς ὀφθαλμούς, τὸ πυκνῶς βλεφαρίζειν, ὃ καὶ ἰλλωπεῖν λέγεται [ἢ ἰλλωπίζειν]. ἀσκαρδαμυκτεῖν δέ, προστεθέντος τοῦ α, τὸ ἀτενὲς βλέπειν τὸν ἥλιον. φησὶν οὖν ὅτι ἀτενὲς εἰς ἐμὲ βλέψον, ὡς ἐν τούτῳ καταπληξόμενος τὸν ἀλλαντοπώλην.

294. διαφορήσω σ' εἴτι γρύξεις: Ἔπαιξε παρὰ τὸ διαφορεῖν. καλῶς δὲ ὡς ἐπὶ μαγείρου καὶ ἀλλαντοποιοῦ κέχρηται. Ἄλλως. διασπάσω, διολέσω, [σχίσω]. ἄλλωστε οὐκ ἀχρήστως τῇ λέξει ἐπὶ μαγείρου καὶ ἀλλαντοπώλου. οὗτοι γὰρ τὰ ἔγκατα πλύνοντες ἐξ ἀνάγκης τῆς ἀπ' αὐτῶν πληροῦνται κόπρου. παρατηρητέον δέ, ὅτι ἐν πᾶσιν ἀμείβεσθαι τοῖς ἴσοις πειρᾶται τὸν Κλέωνα.

295. κοπροφορήσω: Κόπρου σε πληρώσω. ἔπαιξε δὲ παρὰ τὸ διαφορήσω σε. οἱ μάγειροι γὰρ τὰ ἔγκατα πλύνοντες ἀναγκαίως πληροῦνται κόπρου. Ἄλλως. τὴν κόπρον ἐκφορήσω τύπτων σε. ἢ ὡς βυρσοδέψην, ὅτι κόπρῳ τὰς βύρσας ἐθεράπευεν.

296. ὁμολογῶ κλέπτειν: Τοῦτο ἐν ὑπονοίᾳ λέγει. ὡς ἂν εἰ ἔλεγε, σώφρων εἰμὶ καὶ πεπαιδευμένος. ὁ δὲ αὐχεῖ ἐπὶ τῷ κλέπτειν· ἃ κλέπτω, ὀμνύω μὴ κεκλοφέναι. ὅ ἐστιν ὑπερβολὴ ἐπιορκίας.

297. νὴ τὸν Ἑρμῆν τὸν ἀγοραῖον: Περισπωμένως ἐπὶ τοῦ θεοῦ. ἐν μέσῃ γὰρ τῇ ἀγορᾷ ἵδρυται Ἑρμοῦ ἀγοραίου ἄγαλμα. πλεονεκτεῖν δὲ αὐτὸν πειρᾶται μὴ μόνον κλέπτων, ἀλλὰ καὶ διαρρήδην ἐπιορκῶν. οἷον, ἐμά ἐστι ταῦτα τὰ ἐπιχειρήματα. ἀμφότεροι δὲ ἁμιλλῶνται τίς ἐστιν αὐτῶν χείρων.

298. κἀπιορκῶ γε βλεπόντων: Οἷον, ὁρώντων ὅτι κλέπτων ὀμνύω ὅτι οὐκ ἔκλεψα. τοῦτο δὲ προστέθεικεν ὁ Ἀγοράκριτος, ὅτι πλεονεκτεῖ ἐκεῖνον καὶ μᾶλλον πονηρὸς εἶναι δοκεῖ, εἰ οὐ κλέπτει μόνον, ἀλλὰ καὶ φανερῶς ἐπιορκεῖ.

299. σοφίζει: Τεχνάζει. σοφίας γὰρ ἔλεγον τὰς τέχνας. τὰ ἀλλότρια λέγεις, φησίν. ἐμά ἐστι ταῦτα τὰ ἐπιχειρήματα. ὡς εἰ ἔλεγε, τὰ ἐμὰ τοίνυν κλέπτεις. [φανῶ δέ, φανίσω, κατηγορήσω.]

301. ἀδεκατεύτους τῶν θεῶν: Μὴ δεδωκότα ἀπ' αὐτῶν τὴν δεκάτην μοῖραν τοῖς θεοῖς. ἔθος γὰρ εἶχον τὰς δεκάτας τῶν θυομένων τοῖς πρυτάνεσιν οἱ μάγειροι διδόναι. δέον δὲ εἰπεῖν, ἀδεκάτευτον ἔχοντα οὐσίαν, ὁ δὲ ἀντὶ οὐσίας, κοιλίας ἐπήνεγκεν ὡς ἀλλαντοπώλῃ.

303. διπλῆ περίοδος καὶ εἴσθεσις κώλων θ', ἧς τὸ πρῶτον παιωνικὸν δίρυθμον, τὸ δεύτερον ἐκ κρητικοῦ καὶ δοχμίου, τὰ δὲ λοιπὰ ἑπτὰ παιωνικὰ δίρυθμα. V. Θ. [ὦ μιαρὲ καὶ βδελυρέ: Κορωνὶς καὶ εἴσθεσις χοροῦ ἐπῳδική, διὰ τὸ τίθεσθαι μετὰ τὴν διπλῆν, ἐκ κώλων παιωνικῶν ἐπιμεμιγμένων κρητικοῖς καὶ βακχείοις ἐννέα. ὧν τὸ πρῶτον δίμετρον ἀκατάληκτον, ὃ καλεῖται δίρρυθμον. τὸ δεύτερον τρίμετρον βραχυκατάληκτον, τοῦ πρώτου ποδὸς κρητικοῦ, τοῦ δὲ δευτέρου βακχείου. τὰ ἑξῆς τέσσαρα ὅμοια τῷ πρώτῳ ἐκ κρητικῶν. τὰ δὲ τούτων ἑξῆς τρία ὅμοια, τοῦ δευτέρου ποδὸς κρητικοῦ. ἐν ἐκθέσει δὲ στίχοι τροχαϊκοὶ τετράμετροι καταληκτικοί. ἐπὶ τῷ τέλει κορωνίς. ἑξῆς δὲ ἐν εἰσθέσει σύστημα κατὰ περικοπὴν ἀμοιβαῖον ἐκ στίχων ὁμοίων. ἐπὶ τῷ τέλει παράγραφος.]

307. καὶ τέλη καὶ γραφαί: Τὰ τελώνια καὶ ἀρχαί. τελώνης γὰρ ἦν, καὶ ἐμίσθου τὰ τέλη, τουτέστι τὰ τάγματα.

309. ὦ βορβοροτάραξι: Ταραχωδέστατε. ταράττων ἡμῶν τὴν πόλιν ὡς βόρβορον. θορύβου πληρώσας τὴν πόλιν καὶ βορβόρου.

311. ἀνατετυρβακώς: Ἀναταράξας. τυρβάσαι δὲ κυρίως λέγεται τὸ τὸν πηλὸν ταράξαι.

312. ἐκκεκώφηκας: Βοῆς ἐπλήρωσας τὰς ἀκοάς.

313. κἀπὸ τῶν πετρῶν ἄνωθεν: Ἐπειδὴ οἱ θυννοσκόποι ἐπὶ ὕψους ἱστάμενοι τὴν κατασκοπὴν τῶν εἰσιόντων θύννων εἰς τὰ δίκτυα ποιοῦνται, φησὶν ὅτι καθάπερ τοὺς θυννοσκόπους εἰσιόντες εἰς τὸ δίκτυον οὐ λανθάνουσιν οἱ θύννοι, οὕτως οὐ λανθάνουσι τὸν Κλέωνα τῆς πόλεως ἐπιβαίνοντες οἱ τοὺς φόρους φέροντες. προαρπάζει οὖν, δέον τὴν πόλιν τὰ ἑαυτῆς λαμβάνειν. ὀνειδίζει οὖν αὐτῷ, ὅτι τὰ δημόσια νοσφίζεται χρήματα, ἅμα δὲ καὶ εἰς ὀψοφαγίαν διαβάλλει. ἀπὸ μεταφορᾶς δὲ τοῦτο εἶπε τῶν ἁλιέων τῶν ἀγρευόντων τοὺς θύννους.

314. καττύεται: Συντίθεται καὶ συρράπτεται κατ' ἐμοῦ. ἀστείως δὲ τῇ λέξει κέχρηται ὡς βυρσοδέψης ἀπὸ τῶν ὑποδημάτων.

οὐ δεόντως ἀμειψαμένου τοῦ ἀλλαντοπώλου τὸν Κλέωνα, λέγων ὡς ἐχρῆν αὐτὸν ἀντιτεθεικέναι τῷ θύννῳ λάβρακα. ἰδιωτέρα γὰρ αὕτη πρὸς τὸν θύννον τοῦ ἠνύστρου καὶ ὧν αὐτὸς εἶπεν ἀπάντησις ἂν ἦν. Ἄλλως. βέλτιόν φησιν εἶναι λάβρακα καταφαγόντα, τοὺς Μιλησίους κλονεῖν, ἀλλὰ μὴ Νικίαν ταράσσειν, ὅπερ ἠπείλησεν ὁ ἀλλαντοπώλης. ἐν Μιλήτῳ δὲ τῆς Ἀσίας μέγιστοι λάβρακες γίνονται καὶ πλεῖστοι διὰ τὴν ἐπεισρέουσαν λίμνην εἰς τὴν θάλασσαν. χαίροντες γὰρ οἱ ἰχθύες τῷ γλυκεῖ ὕδατι εἰς τὴν λίμνην ἐκ τῆς θαλάσσης ἀνατρέχουσι, καὶ οὕτω πληθύνουσι παρὰ τοῖς Μιλησίοις. Μιλησίους δὲ εἶπεν, ὡς τοῦ Κλέωνος τοὺς Μιλησίους ταράσσοντος καὶ ἐπηρεάζοντος.

362. σχελίδας : Βοὸς πλευρά. ἢ ἁπλῶς τὰ πλευρικὰ τῶν βοῶν. ὡς Αἰσχύλος.

ὠνήσομαι μέταλλα : Ὠνήσομαι μέταλλα ἀργυρίου καὶ χρυσίου, ὥστε προσόδους ἔχειν τὴν πόλιν. ἦν δὲ μέταλλα Ἀθήνησιν ἐν Λαυρίῳ.

363. κυκήσω : Συνταράξω ἐπεισπεσών. τὸ βίαιον δὲ αὐτοῦ διὰ τῆς λέξεως ἐδήλωσεν.

364. φύσκης : Φύσκη ἔντερόν ἐστι παχὺ, εἰς ὃ ἐμβάλλεται ἄλευρα καὶ κρέα καὶ μάσσουσιν. ἐξ οὗ γίνεται ὁ ἀλλᾶς. ὡς ἀλλαντοπώλης δὲ τῆς φύσκης ἐμνημόνευσε.

365. [κύβδα : Κύπτοντα. διὰ δὲ τοῦ σχήματος τὴν αἰσχύνην δείκνυσιν ἑαυτοῦ.]

366. νὴ τὸν Ποσειδῶ : Καὶ ἐμὲ τὸν θεράποντα ἕλκε, ἐὰν τὸν ἀλλαντοπώλην ἕλκῃς. Ἄλλως. ὁ χορός ἐστιν ὁ λέγων. χρησίμως δὲ κέχρηται τῇ συνδρομῇ. μὴ τοῦτον μόνον, ἀλλὰ καὶ ἡμᾶς τὸν αὐτὸν ἐξάγοις τρόπον.

367. οἷόν σε δήσω : Μόνον, ἵνα ᾖ λέγων, τῶν μὲν ἄλλων σου συνωμοτῶν καίπερ ἀδικούμενος ὑπ' αὐτῶν φείσομαι, σὲ δὲ μόνον δήσω τῷ ξύλῳ. εἶδος δὲ δεσμωτηρίου τὸ ξύλον, ἣν ποδοκάκην λέγουσι καὶ ποδοστράβην. [διώξομαι δὲ, κατηγορήσω σου δειλίας, ἀγῶνα ἐνστήσομαι κατὰ σοῦ.]

369. θρανεύσεται : Ἐκταθήσεται. θράνος γὰρ τὸ ὑποπόδιον, ὅπου τὰ δέρματα ἐκτείνεται. πάλιν δὲ ὡς βυρσοπώλης τοῦτο λέγει. Ἄλλως. ξαίνειν ἔλεγον τὸ τύπτειν, καὶ ξαίνεσθαι τὸ πάσχειν. φησὶν οὖν, ἡ βύρσα σου τυπτομένη διαφθαρήσεται. ἰδίως δὲ ὡς βυρσεὺς τῇ ἀπειλῇ ταύτῃ κέχρηται. καὶ γὰρ τὰς βύρσας ξύλοις τύπτειν εἰώθασιν, ἵνα ἁπαλαὶ ὦσιν. ἔνιοι δὲ, ἵνα διαλάβοιεν εὐχερῶς τοῦ φαρμάκου.

370. δερῶ σε θύλακον : Ἐκδερῶ σε. τὸ γὰρ ἐκδέρειν μᾶλλον τῶν μαγείρων τέχνη. ἐκδερῶ σε, φησὶν, ὥστε ἀπὸ τοῦ σώματός σου θύλακον ποιῆσαι εἰς ὑποδοχὴν κλέμματος.

371. διαπατταλευθήσει : Ἐκταθήσῃ χαμαί. τὰς γὰρ βύρσας ἐκτείνοντες ἐπὶ τῆς γῆς, ἵνα μὴ συνάγοιντο καὶ συστέλλοιντο ἐκ τῆς τοῦ ἡλίου καύσεως, κατὰ τὰ ἄκρα πατταλοις καταχρούοντες ἐκτείνουσιν. Ἄλλως. χαμαὶ ἐπὶ τῶν πατταλων ἐξέδερον τὰ δέρματα.

372. περικόμματ' ἐκ σοῦ : Περικόμματα τὰ ἐκ τῶν μαγείρων περικοπτόμενα τῶν κρεῶν. ὃ δὲ βούλεται λέγειν, τοιοῦτόν ἐστι· τουτέστι κατὰ μέρος σου κόψω τὸ σῶμα. ὡς μάγειρος δὲ λέγει.

373. τὰς βλεφαρίδας : Παρεπιγραφὴ τὸ σχῆμα. ἐπὶ γὰρ τὰς ὄψεις τοῦ ἀλλαντοπώλου ἐπιβαλὼν τὰς χεῖρας τὰ βλέφαρα ἐκτίλλει. τῶν γὰρ βυρσῶν ἐστιν ἔργον τῶν δερμάτων ἀπομαδίζειν τὰς τρίχας. ἢ ὅτι πρὸς τὸ ῥάπτειν τριχῶν δέονται.

374. τὸν πρηγορεῶνα : Τὸν λεγόμενον γαργαρεῶνα. παρατηρητέον δὲ ἐν πᾶσι τοῖς ἀντιθετικοῖς, ὅτι ἀπὸ τῆς αὐτοῦ τέχνης ἑκάτερος αὐτῶν τοῖς ὀνόμασι χρῆται καὶ ταῖς λέξεσιν. ὥσπερ γὰρ τῶν βυρσέων τὸ καθαίρειν καὶ μαδίζειν τῶν δερμάτων τὰς τρίχας, οὕτω καὶ τῶν μαγείρων τὸ τέμνειν καὶ σφάζειν εἰς τὸν λαιμὸν τὰ θρέμματα. κυρίως δὲ ἡ τῶν ὀρνέων φάρυγξ, ἐν ᾗ ἀγείρεται ἡ τροφή.

376. μαγειρικῶς : Εἰώθασι γὰρ οἱ μάγειροι πασσάλοις τὰ τῶν χοίρων ἀνοίγοντες στόματα κατανοεῖν εἰ χαλαζῶσι. χάλαζα δὲ πάθος τῶν χοίρων. Ἄλλως. οἱ μάγειροι μετὰ τὸ ἀποσφάξαι τὰ θρέμματα εἰώθασι κρεμᾶν αὐτὰ ἐκ τοῦ παττάλου καὶ οὕτως ἐκδέρειν. συνάγειν δὲ εἴωθε τὰ θρέμματα τὸ στόμα. κατὰ ταῦτα οὖν φησιν ὅτι χρὴ πάτταλον ἐμβαλεῖν εἰς τὸ στόμα καὶ διανοῖξαι πρὸς τὸ ἐξεῖραι τὴν γλῶτταν. ἐξείραντες δὲ αὐτὴν, ἑλκύσαντες, ἀνασπάσαντες.

379. σκεψόμεσθα : Ἐπιγνωσόμεθα, πολυπραγμονήσομεν. ἀνδρικῶς δὲ, ἀντὶ τοῦ ἀνεπικωλύτως, ἅτε τῆς γλώττης προεξῃρημένης καὶ μὴ ἐμποδιζούσης τὴν θέαν.

381. χαλαζᾷ : Ἤτοι εἰ χαλαρός ἐστι, καὶ εἰ χαλαζᾷ ἐκεῖ. νόσημα δὲ τοῦτο τῶν θρεμμάτων, ὅσπερ ζώντων μὲν λανθάνει, ἀποθανόντων δὲ καὶ τεμνομένων φανερὸν γίνεται. ταῖς σαρξὶ δὲ αὐτῶν ἀναμέμικται καὶ ἐμπέφυκεν ἡ χάλαζα.

382. ἦν ἄρα πυρός : Διπλῆ καὶ ἐν ἐπεισθέσει περίοδος τοῦ χοροῦ παιωνικὴ ἑπτάκωλος, ἔχουσα τρίρρυθμα πρῶτον καὶ τρίτον, τὰ δὲ λοιπὰ δίρρυθμα. [Ἄλλως. κορωνὶς καὶ εἴσθεσις χοροῦ προῳδικὴ ἐκ κώλων παιωνικῶν ἐπιμεμιγμένων κρητικοῖς ἑπτά. ὧν τὸ πρῶτον τρίμετρον ἀκατάληκτον καθαρόν. τὸ δεύτερον δίμετρον ἀκατάληκτον ἐκ κρητικῶν ἤτοι ἀμφιμάκρων. τὸ τρίτον ὅμοιον τῷ πρώτῳ ἐκ κρητικῶν. τὸ τέταρτον ὅμοιον. τὸ πέμπτον ὅμοιον τῷ δευτέρῳ ἐκ παιῶνος καὶ κρητικοῦ, ὡς καὶ τὰ ἑξῆς δύο. ἐν ἐκθέσει δὲ στίχοι δύο τροχαϊκοὶ τετράμετροι καταληκτικοί. ἐπὶ τῷ τέλει κορωνίς. ἑξῆς δὲ σύστημα κατὰ περικοπὴν στίχων ὁμοίων ἕξ. τὰ ἑξῆς τρία κῶλα τοῦ χοροῦ τροχαϊκά. ὧν τὰ μὲν δύο δίμετρα ἀκατάληκτα, τὸ μὲν κατὰ τὴν τετάρτην, τὸ δὲ κατὰ τὴν τρίτην ἴαμβον ἔχοντα. τὸ δὲ τρίτον καταληκτικὸν ἐφθημιμερές. οἱ ἑξῆς τούτων δύο στίχοι τροχαϊκοὶ τετράμετροι καταληκτικοί. τῶν δὲ ἑξῆς τοῦ χοροῦ ε' κώλων τὰ μὲν α', β' δακτυλικὰ τετράμετρα, τὰ δὲ γ', ε' τροχαϊκὰ τετράμετρα καταληκτικά. τὸ δὲ τέταρτον ἰαμβικὸν δίμετρον ἀκατάληκτον. τὸ ε' ὅμοιον ἐκ διτροχαίου διιάμβου. ἑξῆς δὲ τούτων ἐν ἐκθέσει στίχοι δύο ἰαμβικοὶ τετράμετροι καταληκτικοί. ἐπὶ ταῖς ἀπο-

θέσεσι παράγραφος. ἐπὶ δὲ τῷ τέλει κορωνίς.] Ἄλλως. ἀπὸ ἐνδόξου σύγκρισιν ὑπειλήφαμεν σφόδρα. τί γὰρ γένοιτο πυρὸς ἐκπυρώτερον καὶ σφοδρότερον, ὅπου γε καὶ τὴν Κλέωνος ἀναίδειάν τις ἂν ὑπερηκόντισε ναυτικῶν. μὴ διὰ τὴν τοῦ ἡττηθέντος ἐπιείκειαν, ἀλλὰ δι' ὑπερβάλλουσαν ἑαυτοῦ πονηρίαν τὴν νίκην ἀποφέρεσθαι δοκεῖ. ὅσον δὲ τὴν νίκην θαυμάζει τοῦ νενικηκότος, τοσοῦτον τοῦ ἡττηθέντος θαυμάζει τὴν ἀναίδειαν. οὐ γὰρ τὸν ἀλλαντοπώλην τοσοῦτον ὅσον τὸν Κλέωνα πονηρὸν ὄντα βούλεται δεῖξαι. — ἦν : Ἀντὶ τοῦ ἔστιν. *Victor.*

385. οὐκ ἄρ' ἦν φλαῦρον : Οἷον οὐ φαῦλον, οὐκ ἄχρηστον, οὐδὲ πονηρόν ἐστι τὸ πρᾶγμα, οὐδὲ ἀνόητον. εὐφραίνεται γὰρ ἐπεὶ παρευδοκιμούμενον ὁρᾷ τὸν Κλέωνα ὁ χορός.

386. ἀλλ' ἔπιθι : Ἐπίμενε καὶ ἐπίκεισο, καὶ μὴ ἀνῇς. ταῦτα δὲ τῷ ἀλλαντοπώλῃ φησὶν ὁ χορός, ἡδόμενος ὅτι πρόσκειται τῷ Κλέωνι ἡττημένῳ.

καὶ στρόβει : Στροβεύς ἐργαλεῖον κναφικόν. φησὶν οὖν, περίαγε αὐτὸν καὶ στρέφε. τοῦτο γὰρ καὶ τοῦ ἐργαλείου τὸ ἔργον.

387. μηδὲν ὀλίγον πόει : Γράφεται, μηδὲν ἔλαττον ποίει. φησὶν οὖν, πάντα μεγάλα κατ' αὐτοῦ ποίει καὶ μηδὲν εὐτελές.

388. νῦν γὰρ ἔχεται μέσος : Νῦν γὰρ τὸ κατ' αὐτοῦ μῖσος αὔξεται. καταπεπάλαισταί φησιν. ἡ μεταφορὰ ἀπὸ τῶν [παλαιόντων τῶν] μεταλαμβανόντων καὶ ἐκ τούτου κρειττόνων γινομένων.

389. ὡς ἂν νυνὶ μαλάξῃς : Ἐὰν ἐν τῇ ἀρχῇ καταγωνίσῃ καὶ ἀσθενῆ ποιήσῃς.

392. ἀλλότριον ἀμῶν θέρος : Τουτέστι τοὺς ἀλλοτρίους καμάτους καὶ πόνους οὗτος γεωργῶν καὶ καρπούμενος. αἰνίττεται δὲ πρὸς τὴν Πύλον, ὅτι μετὰ τοὺς κινδύνους καὶ τὰς πολλὰς ταλαιπωρίας, ἃς ὑπέμεινε Δημοσθένης πολιορκῶν τοὺς ἐν Σφακτηρίᾳ, μηδὲν ὁ Κλέων πονήσας, ἀλλ' ὕστερον ἐφ' ἕτοιμα ἐλθών, τὴν νίκην τὴν ἐκείνου παρελόμενος, αὐτὸς ἐπεγράφη τῷ κατορθώματι. ὡς εἴ τις ἀγνώμων ἀνὴρ ἐπ' αὐτῷ ἀμητῷ καὶ ταῖς ἅλωσιν ἐκβαλὼν τὸν σπείραντα γεωργὸν καὶ προπεπονηκότα τοὺς καρποὺς ἀξιοῖ πορίζεσθαι.

393. νῦν δὲ τοὺς στάχυς : Ἑξῆς ἀπὸ τοῦ ἀμητοῦ ὠνόμασε τοὺς στάχυς, ἀντὶ τῶν αἰχμαλώτων Λακεδαιμονίων, οὓς ζῶντας ἄξειν κατεπαγγειλάμενος ὁ Κλέων τοῖς Ἀθηναίοις ἐμπροθέσμως ἤγαγεν. φησὶν οὖν, τοὺς ἄνδρας ἐκείνους, οὓς δήσας ἤγαγεν, ἀφεῖναι νῦν καὶ ἀπολῦσαι διανοεῖται.

394. ἀποδόσθαι : Πωλῆσαι, τουτέστι λύτρα παρ' αὐτῶν λαβεῖν.

395. μακκοᾷ : Ἀνοηταίνει, ἐνεόν ἐστιν. ἔφαμεν δὲ [ad v. 62] ὅτι ἡ Μακκὼ ἐνεὰ ἦν.

400. Κρατίνου κώδιον : Κώδιόν ἐστι τὸ ἅμα τοῖς ἐρίοις δέρμα σκευαζόμενον. ὡς ἐνουρητὴν δὲ καὶ μέθυσον διαβάλλει τὸν Κρατῖνον. ὁ δὲ Κρατῖνος καὶ αὐτὸς ἀρχαίας κωμῳδίας ποιητής, πρεσβύτερος Ἀριστοφάνους, τῶν δοκίμων ἄγαν. γενοίμην οὖν, φησιν, εἰς τὴν οἰκίαν Κρατίνου κώδιον, ὥστε μου κατουρεῖν ἐκεῖνον, εἰ μή σε μισῶ. ὅπερ μοι δοκεῖ παροξυνθεὶς ἐκεῖνος, καίτοι τοῦ ἀγωνίζεσθαι ἀποστὰς καὶ συγγράφειν, πάλιν γράφει δρᾶμα τὴν Πυτίνην, εἰς αὐτόν τε καὶ τὴν μέθην. οἰκονομίᾳ δὲ κέχρηται τοιαύτῃ. τὴν κωμῳδίαν ὁ Κρατῖνος ἐπλάσατο αὐτοῦ εἶναι γυναῖκα καὶ ἀφίστασθαι τοῦ συνοικεσίου τοῦ σὺν αὐτῷ θέλειν, καὶ κακώσεως αὐτῷ δίκην λαγχάνειν, φίλους δὲ παρατυχόντας τοῦ Κρατίνου δεῖσθαι μηδὲν προπετὲς ποιῆσαι καὶ τῆς ἔχθρας ἀνερωτᾶν τὴν αἰτίαν, τὴν δὲ μέμφεσθαι αὐτῷ ὅτι μὴ κωμῳδοίη μηκέτι, σχολάζοι δὲ τῇ μέθῃ. οὐδὲν δὲ χεῖρον πολυμαθίας ἕνεκεν αὐτὰ τὰ ἐπιτήδεια τῶν ἰάμβων ἐκλέξαντα θεῖναι ταῦτα « ἀλλ' ἐπανατρέψαι « βούλομαι εἰς τὸν λόγον· πρότερον ἐκεῖνος πρὸς ἑτέραν « γυναῖκ' ἔχων τὸν νοῦν, κακὰς εἴποι πρὸς ἑτέραν, ἀλλ' « ἅμα μὲν τὸ γῆρας, ἅμα δέ μοι δοκεῖ οὐδέποτ' αὐτοῦ « πρότερον, » καὶ τὰ ἑξῆς. Ἄλλως. κωμῳδίας ποιητὴς πολὺν οἶνον πίνων ὡς καὶ ἐνουρεῖν. γενοίμην οὖν, φησίν, ἐν τοῦ Κρατίνου κώδιον, ἵνα κατασήπωμαι ἐνουροῦντος αὐτοῦ.

401. Μορσίμου : Μόρσιμος, Φιλοκλέους τοῦ ποιητοῦ υἱός, τραγῳδίας ποιητὴς ψυχρός. ἔστι δὲ καὶ ἰατρός. ὡς δὲ μοχθηρῶν ὄντων αὐτοῦ τῶν ποιημάτων ἐν ἀρᾶς ἔθηκε μέρει.

402. ὦ περὶ πάντ' ἐπὶ πᾶσιν : Ὦ ἐπὶ πάσῃ προδοσίᾳ ἐξεταζόμενε καὶ κακίᾳ. μεταφορικῶς δὲ εἴληφε τὸ νόημα ἀπὸ τῶν μελισσῶν. ὃ γὰρ λέγει, τοιοῦτόν ἐστιν· ὥσπερ αἱ μέλισσαι, φησί, πᾶν ἄνθος δρέπονται, οὕτω καὶ σὲ τῶν τῆς πόλεως πραγμάτων οὐδὲν λανθάνει, ὥστε μὴ οὐκ ἀποδόσθαι αὐτὸ καὶ προδοῦναι.

402. ἵζων : ἐφιπτάμενος ἐπὶ πάσῃ δωροδοκίᾳ. *V. Victor.*

404. εἴθε φαύλως : Εἴθε ἐκ τοῦ ῥᾷστου καὶ οὕτως εὐχερῶς, ἐπεὶ μηδὲ ἐλπίσας εἰς τοῦτο δόξης προελθεῖν ὁ Κλέων ἔδοξεν εὐδοκιμεῖν ἐκ τῶν περὶ Πύλον κατορθωμάτων.

ὥσπερ εὗρες : Ὥσπερ ἐπέτυχες. ἐναργεῖ δὲ τῇ λέξει τῇ εὗρες κέχρηται. τὸ μὲν γὰρ καμάτῳ καὶ πόνῳ περιγενέσθαι τινὸς τῆς τοῦ κάμνοντος γνώμης καὶ προαιρέσεως ἔλεγχον ἔχει, τὸ δὲ εὑρεῖν ἁπλῶς τῆς παρασχούσης τύχης. οὐ τῆς αὐτοῦ τοῦ εὑρόντος γνώμης τὸ ἔργον. ὡς οὐκ ἐκ προνοίας τοῦ Κλέωνος κατορθώσαντος ἃ διεπράξατο, ἀλλ' ἁπλῶς εὑρόντος εὕρημα.

τὴν ἔνθεσιν : Τὴν τροφὴν τὴν ἐν πρυτανείῳ δοθεῖσαν αὐτῷ. [ἔνθεσις γὰρ ὁ ἄκολος, ὁ ψωμός.]

406. ᾄσαιμι : Τότε γάρ, φησίν, ἐπᾴσαιμί σοι τὸ Σιμωνίδου μέλος « πῖνε πῖνε ἐν ταῖς συμφοραῖς. » ἐκ τῶν Σιμωνίδου δὲ τοῦτο Τεθρίππων. τὸ δὲ συμφοραῖς ἐπ' ἐσθλοῖς. τῶν μέσων γὰρ ἡ συμφορά.

407. τὸν Ἰουλίου γέροντα : Ὡς παιδεραστὴς οὗτος ὁ πρεσβύτης διεβάλλετο. οὐκ ἀργῶς δὲ τὴν ἡλικίαν ἐνταῦθα προσέθηκεν. διαβολὴν γὰρ ἐπὶ τοῖς νεωτέροις ἔχοντος τοῦ πράγματος, μείζονα τὴν αἰσχύνην ἐποίησεν

ἐπ' αὐτῷ, ᾧπερ γέροντι ὄντι ἀσελγαίνειν καὶ τὰ τοιαῦτα ὑβρίζειν πρόσεστι. παιδοπίπην δὲ τὸν παράγοντα καὶ παρακρουόμενον καὶ ἀναπείθοντα τὰ μειράκια. τοῦτον δὲ ὁ Κρατῖνος πυροπίπην λέγει, τουτέστι τὸν φύλακα τοῦ σίτου, ὡς εἰς τὸ πρυτανεῖον παρέχοντα ἄρτους.

408. Βακχέβακχον ᾆσαι : Εὐφημῆσαι τὸν Διόνυσον καὶ ἀνυμνῆσαι. Βάκχον δὲ οὐ τὸν Διόνυσον ἐκάλουν μόνον, ἀλλὰ καὶ πάντας τοὺς τελοῦντας τὰ ὄργια βάκχους ἐκάλουν, οὐ μὴν ἀλλὰ καὶ τοὺς κλάδους οὓς οἱ μύσται φέρουσι. μέμνηται δὲ Ξενοφάνης ἐν Σίλλοις οὕτως « ἑστᾶσιν δ' ἐλάται πυκινὸν περὶ δῶμα. » ἔστι δὲ καὶ στεφάνης εἶδος, ὡς Νίκανδρος ἐν τῷ περὶ τῶν γλωσσῶν ἱστορεῖ. φησὶ γὰρ οὕτως,

βάκχοισιν κεφαλὰς περιανθέσιν ἐστέψαντο.

[τὸ δὲ παιῶνα δὴ γράφεται παιηωνίσαι. ἢ ἡσθέντ' ἰὴ παιὼν ᾆσαι. τοῦτο μέντοι ὁ στίχος οὐκ ἀπαιτεῖ.]

409. οὗτοι μ' ὑπερβαλεῖσθ' ἀναιδείᾳ : Διπλῆ καὶ στίχοι ὅμοιοι τοῖς ἄνω λβ'. ὧν τελευταῖος

ἀνὴρ ἂν ἡδέως λάβοι [τοὺς τερθρίους παρίει.

ἐφ' ᾧ διπλῆ ἔξω νενευκυῖα. ὑπερβαλεῖσθε δὲ, νικήσετε, ἐκ μεταφορᾶς τῶν τρεχόντων.]

410. [ἢ μήποτ' ἀγοραίου : Ἀγοραῖος Ζεὺς ἵδρυται ἐν τῇ ἀγορᾷ καὶ ἐν τῇ ἐκκλησίᾳ.]

411. ἔγωγε νὴ τοὺς κονδύλους : Ὁ ἀλλαντοπώλης ἐστὶν ὁ λέγων. ἀποτείνεται δὲ πρὸς τὸν Κλέωνα καὶ φησὶν ὅτι οὐχ ὥσπερ ἐκεῖνος τὴν δόξαν ῥᾳδίως εὗρε, τὸν αὐτὸν καὶ αὐτὸς εὐδοκίμησε τρόπον, ἀλλὰ πολλὰ ποιήσας καὶ πολλοὺς κινδύνους ὑποστὰς καὶ κατορθώσεις τε πολέμων πλείονας, αἰνιττόμενος τὰ περὶ Ἀκαρνᾶνα καὶ Αἰτωλίαν, καθ' ὧν εὐδοκίμησε, στρατηγῆσαι φθάσας. Ἄλλως. ἀποτείνεται πρὸς τὸν Κλέωνα ὁ ἀλλαντοπώλης, ὅτι ἐκεῖνος μὲν εὐκόλως ἐστρατήγησεν, αὐτὸς δὲ πολλὰ κακοπαθήσας καὶ τυπτηθεὶς ἐν τῷ μαγειρείῳ.

414. ἀπὸ μαγδαλιᾶς : Ἀπὸ εὐτελοῦς τροφῆς ὁρμώμενος. μαγδαλιά γὰρ τὰ τῶν ἀλφίτων ἀποβλήματα. Ἄλλως. ἡ τῶν κυνῶν τροφὴ, ἥτις ἦν σταῖς καὶ λίπος. οὕτως καὶ ὁ ποιητὴς εἶπεν [Od. K, 217]

αἰεὶ γάρ τε φέρει μειλίγματα θυμοῦ.

μετὰ γὰρ τὸ δεῖπνον εἰς τὸ σταῖς ἀπεψῶντο τὸ λίπος καὶ τοῖς κυσὶν ἐπέρριπτον. Ἄλλως. τὸ σταῖς, ᾧ ἀπομάττονται οἱ μάγειροι, ὅπερ ἐκάλουν χειρόμακτρον. ὃ μετὰ τὴν ἐργασίαν ἀπερρίπτουν τοῖς κυσίν.

416. κυνοκεφάλῳ : Ἑαυτὸν ὁ Κλέων λέγει κυνοκέφαλον, δεινὸν καὶ ἀναίσχυντον. ὅμοιος ἦν ὁ παρ' Ἡσιόδῳ [Theog. 287] Γηρυονεὺς,

Χρυσάωρ δ' ἔτεκε τρικέφαλον Γηρυονῆα.

Ἄλλως. τῷ κυνὸς κεφαλὴν ἔχοντι, τουτέστιν ἐμοὶ τῷ Κλέωνι. ἀφ' ἧς δὲ προείρηκε τροφῆς, κυνοκέφαλον αὐτὸν εἶπεν, οἷον ἰταμὸν καὶ ἀναιδῆ καὶ ἁρπακτικὸν, ἐπεὶ καὶ τὸ ζῷον τοιοῦτον. ὃ δὲ λέγει, τοιοῦτόν ἐστι πῶς οἷόν τε, φησὶν, εἰ κυνὸς τροφὴν ἐσθίων, τῷ ὁμογενεῖ καὶ ὁμοτρόπῳ μάχεσθαι διανοῇ· λέγει δὲ κυνί· οἷον πονηρῷ καὶ βιαίῳ. [κόβαλα δὲ, σοφίσματα, πανουργεύματα, κλέμματα.]

419. νέα χελιδών : Παροιμιῶδες. ὁλόκληρος δέ ἐστι παροιμία τὸ λεγόμενον, ἔστιν ἔαρος ἀρχή. δοκεῖ γάρ πως ἅμα τῷ ἔαρι φαίνεσθαι ἡ χελιδών. — θεάσασθε, καταμάθετε, κατανοήσατε. V.

420. οἱ δ' ἔβλεπον : Ἑώρων. ὑπὸ τῆς περιεργίας ἐξαγόμενα τὰ παιδία τῇ θέᾳ τὸν νοῦν προσεῖχον, πότε χελιδὼν παραπτήσεται, κἀκείνων περὶ τοῦτο ἐπτοημένων, ῥᾷστον αὐτὸς εἶχε τὸ κλέπτειν.

421. ὦ δεξιώτατον κρέας : Ὦ κάλλιστον καὶ σοφώτατον κρέας διὰ τὸ κἀκεῖνον κεκλοφέναι, καὶ ὥσπερ τῇ δεξιᾷ χειρὶ ὑφῃρῆσθαι. ἀντὶ τοῦ ὦ σοφώτατε ἄνθρωπε.

422. ὥσπερ ἀκαλήφας : Βοτάνης εἶδος, αἳ παρὰ τοῖς πολλοῖς κνίδαι καλοῦνται. ἐμνημόνευσε δὲ τῶν ἀκαληφῶν διὰ τὴν δριμύτητα τοῦ ἀλλαντοπώλου καὶ τὴν ἀγχίνοιαν, ὅτι κλοπῆς ἐξεῦρε τρόπον. δριμεῖα γὰρ ἡ βοτάνη, καὶ τοὺς θιγόντας κνᾶσθαι ποιεῖ. εἶπε δὲ πρὸ χελιδόνων, ἐπεὶ μετὰ τὴν χελιδόνα ἄβρωτοι αἱ κνίδαι. Ἄλλως. ἀκαλήφη εἶδος μυίας, ὡς Ἀριστοτέλης [Hist. anim. 4, 5]. ἐν τῷ χειμῶνι δὲ ἐδώδιμοι εἰσὶν, ἐν δὲ τῷ θέρει ἀπόλλυνται. Ἄλλως. λάχανόν ἐστιν ἄγριον. καλεῖται δὲ καὶ θαλασσία ἀκαλήφη, ἣ προσελθοῦσα τῷ χρωτὶ κνησμὸν ποιεῖ. ἐοίκασι δὲ τῇ ὥρᾳ τῇ πρὸ τοῦ ἔαρος χρῆσθαι.

424. εἰς τὰ κοχώνα : Κοχώνη τόπος ὑπὸ τὸ αἰδοῖον, τὸ μεταξὺ τῶν μηρῶν καὶ τῆς κοτύλης καὶ τῶν ἰσχίων. μέμνηται δὲ τῆς κοχώνης καὶ ἐν Σκηνὰς καταλαμβανούσαις « ἀλλὰ συσπάσαι δεῖ τὰς κοχώνας. » [αἱ αὐταὶ δὲ καὶ πύγαια καὶ προχῶναι παρ' Ἀρχίππῳ καλοῦνται.] οὐδετέρως δ' ἔφη τὰ κόχωνα.

426. ἐπιτροπεύσει : Προηγήσεται, προστατήσει. οὐκ ἀργῶς δὲ ἐπὶ ἔνδοξον πρόσωπον τὴν τοιαύτην ἀνήγαγε κρίσιν. οὐ γὰρ ἰδίως φησὶ τινὰ εἰρηκέναι, ἀλλὰ ῥήτορα καὶ προϊδεῖν καὶ συνιέναι πλέον τῶν ἄλλων δυνάμενον. [διὰ δὲ τούτων λεληθότως φησὶν ὅτι καὶ οἱ στρατηγοὶ ἐπίορκοι.]

427. εὖ τε ξυνέβαλεν : Ἀπ' αὐτῶν τῶν πραττομένων φανερὸν ἦν τὸ ἀποβησόμενον.

428. ὅτιὴ 'πιόρκεις : Πάλιν κἀνταῦθα τῶν πολιτευομένων καθάπτεται ὡς ἐξ ἐπιορκίας καὶ κλοπῆς συνεστηκότων καὶ τοιούτων ἐθῶν. διὰ τοῦτο καὶ τὸν ἀλλαντοπώλην διαπρέπειν ἐν τῇ πολιτείᾳ ὁ ῥήτωρ ἔφησεν.

ὁ πρωκτὸς εἶχεν : Ἤτοι τὴν μοχθηρίαν αὐτοῦ καὶ τὴν ῥυπαρίαν κἀν τούτῳ δείκνυσι τῷ τρόπῳ, καὶ ὅτι κατέκρυπτε κλέπτων ἐν τῷ πρωκτῷ κρέα, καὶ ταῦτα πάλιν αὐτὸς ἤσθιεν. ἢ διαβάλλειν εἰς ἀσέλγειαν αὐτὸν θέλει, ὡς δὴ παρὰ τὴν ἡλικίαν τὰ τῶν γυναικῶν παθόντα.

430. καθιεὶς : Παρεσκευασμένος. καθιεῖν δὲ κυρίως

τὸ χαλᾶν τὰ τῶν νεῶν ἱστία. ταῦτα δὲ προσφόρως εἴρηκεν ὁ Κλέων. ἦν γὰρ σφοδρὸς ἐν τοῖς λόγοις. καθιεὶς οὖν ἀντὶ τοῦ καθειμένος [πνέων]. ἡ δὲ μεταφορὰ ἀπὸ τῶν ἀνέμων.

431. καὶ τὴν θάλατταν εἰκῇ : Πάλιν ἐπὶ σοὶ μηχανησάμενος καὶ πάντα κινήσας ἐπιβουλῆς τρόπον. δι' ὧν δὲ ἀπειλεῖ ἀδύνατα καὶ μείζονα, δι' αὐτῶν δηλοῖ τὴν σπουδὴν τῆς ἐπιβουλῆς τῆς κατ' αὐτοῦ. εἰκῇ δὲ ἀντὶ τοῦ ἁπλῶς καὶ ὡς ἔτυχε, μάτην· τουτέστιν ἐπ' οὐδενὶ ἀναγκαίῳ καὶ σπουδαίῳ πράγματι, φανερὰν καὶ ἐν τούτῳ ποιῶν τὴν ἑαυτοῦ ἐξουσίαν, ἣν κατὰ τῆς πόλεως εὐτυχεῖ, εἰ ἐπ' αὐτοῦ καθέστηκε τὸν δῆμον κινεῖν καὶ παροξύνειν καθ' ὧν βούλεται, καὶ ταῦτα ἐπὶ οὐδεμιᾷ προφάσει ἢ λόγῳ.

432. ἐγὼ δὲ συστείλας : Καὶ τοῦτο παρεπιγραφή. ὃ γὰρ εἶπε, καὶ ποιεῖ. τουτέστιν ὃ κατέθετο τῶν ἀλλάντων φθάσας ἐπιὼν, τοῦτο πάλιν ἀναιρόμενος τῆς θυμέλης ἐξάγει.

433. κατὰ κῦμ' ἐμαυτὸν : Ἀπὸ τῶν ἀφιέντων ἑαυτοὺς κατὰ κῦμα φέρεσθαι.

κλάειν σε μακρὰ κελεύων : Τὸ μὲν εἶδος ἀρχαῖον καὶ Ἀττικὸν τῆς συνθέσεως, ὡς μακρὰ χαίρειν σοι λέγω καὶ οἰμώζειν μακρά· τὸ δὲ λεγόμενον πρόδηλον. φησὶ γὰρ, ἧττόν σου φροντίσας τῶν ἀπειλῶν ἀπελεύσομαι ἢ καταλείψω σε ἐνταῦθα κλαίειν, ἵνα δόξῃ καὶ φιλονεικεῖν καὶ διαλοιδορεῖσθαι πρὸς αὐτόν. εἰώθασι γὰρ οἱ βελτίονες καὶ τῶν λοιδοριῶν ὑπερφρονεῖν τῶν ἡττόνων.

434. κἄγωγ' ἄν τι παραχαλᾷ : Ἑξῆς καὶ οὗτος τῆς ἀντλίας ἐμνημόνευσεν, ἵνα καὶ αὐτὸς ἴδιον ἀπὸ τῆς θαλάσσης δοκῇ ἀστεΐζεσθαι, ὥσπερ καὶ ὁ ἀλλαντοπώλης. ἀντλία δὲ λέγεται τόπος τις τοῦ πλοίου εἰς ὃν τὸ ὕδωρ σωρεύεται εἰς τὴν ναῦν. [καὶ ἀλλαχοῦ (Pac. 17)

οὐ γὰρ ἔθ' οἷός τ' εἰμ' ὑπερέχειν τῆς ἀντλίας.

ἀντὶ τοῦ ἀντέχειν καὶ ὑπεργίνεσθαι τοῦ πράγματος.] λέγει δὲ ὅτι φυλάξω, ἐάν τις τῆς ἀντλίας εἰσδέχηται. ἰστέον δὲ ὅτι ἱστάμενον καὶ χρονίζον τὸ ὕδωρ κάκιστον ὄζωδεν. τί ποτε οὖν βούλεται τῷ ποιητῇ ζητητέον τὸ ἀπειλεῖν τούτῳ παραφυλάξειν τὴν ἀντλίαν, πλὴν εἰ μὴ τοὺς προειπόντας ὡς καὶ αὐτοὺς ψυχρολογήσαντας σκώπτειν θέλει διὰ τὸ ἀδύνατα εἰρηκέναι. οὔτε γὰρ τῷ Κλέωνι δυνατὸν ἦν ἀνθρώπῳ γε ὄντι κινῆσαι τὴν γῆν καὶ τὴν θάλατταν, οὔτε τῷ ἀλλαντοπώλῃ ἀσφαλὲς ῥῖψαι καὶ διασκευάσαι κατὰ κυμάτων ἑαυτόν. καὶ τοῦτο ἀνόητον καὶ περιττὸν, ὁ ἐπὶ τῇ ἀντλίᾳ τῆς φρουρᾶς πόνος. Ἄλλως. περὶ τοῦ ῥηθέντος παρὰ τοῦ Κλέωνος λόγου, ὅτι συνταράξει τὴν θάλασσαν, καὶ οὗτος ἀπήντησεν εἰπών.

435. καταπροίξῃ : Οὐ προῖκά μου καταφρονήσεις, τουτέστι δωρεάν [μου ἐγχανῇ].

436. καὶ τοῦ ποδὸς παρίει : Μεταφορικῶς ἀπὸ τῶν πλεόντων ἐχρήσατο. ἐπειδὰν γὰρ πλείων ἄνεμος ἐμπέσῃ τοῖς πλέουσι, συστέλλουσι καὶ παραιροῦσι τῶν ἱστίων τὰ πολλὰ, ἢ τὸ μὲν ἓν μέρος τοῦ ἱστίου, τὸ δὲ ἕτερον ἀναστέλλεται οὗ ἂν μὴ χρεία ᾖ ἢ καὶ ὁ καιρὸς ἀπαιτῇ. πόδας δὲ καλοῦσιν οἱ ναῦται τοὺς παρ' ἑκάτερα τὰ μέρη κάλως ἐκδεδεμένους τῆς ὀθόνης. φησὶν οὖν, ἀσφαλέστερον λοιπὸν διαλέγου καὶ πρᾶττε, τουτέστι μὴ πολλῇ χρῶ ἀθυρογλωττίᾳ, ἀλλὰ πεφεισμένως διαλέγου τῷ Κλέωνι. παρωξύνετο γὰρ σφόδρα.

437. κακίας καὶ συκοφαντίας : Ἐπειδὴ ψευδῆ κατηγορεῖν ὁ Κλέων ἐτόλμησεν αὐτοῦ, φήσας αὐτὸν σφετερίσασθαι τῆς πόλεως τάλαντα πολλὰ, καὶ οὐκ ἄν ποτε συγχωρήσειν προῖκα τῷ αὐτῷ, διὰ τοῦτο τοίνυν φησὶν αὐτὸν καὶ συκοφαντίας πνεῖν, ὃ χρὴ στοχάσασθαι τὸν ἀλλαντοπώλην. ἑξῆς δὲ ἀπὸ τῶν ἀνέμων τῷ πνεῖν καὶ συκοφαντίας κέχρηται. Ἄλλως. ὄνομα ἀνέμου ὁ καικίας. τὸν δὲ αὐτὸν καὶ νότον καλοῦσί τινες. ἀκολούθως δὲ εἶπε διὰ τὸ προειρηκέναι τοῦ ποδός. ἅμα δὲ πρὸς τὴν συκοφαντίαν καὶ κακίαν αὐτοῦ τὰ ὀνόματα πλάττει. οὗτος δὲ, ὅτε πνεῖ, τὰ νέφη εἰς ἑαυτὸν ἕλκει, [ὡς τὸ « κακὰ ἐφ' ἑαυτὸν ἕλκων ὡς ὁ καικίας νέφος. »]

438. Ποτιδαίας : Ἔπαιξε τῷ ὀνόματι, ἵνα ἀκολούθως ἀπὸ τῆς θαλάττης καὶ τῶν ἀνέμων ἀποκρίνεσθαι καὶ αὐτὸς δοκῇ. ἡ δὲ Ποτίδαια πόλις ἐστὶ πρὸς τῷ Ἰσθμῷ τῆς Παλλήνης κατῳκισμένη, Κορινθίων μὲν ἄποικος, Ἀθηναίων δὲ σύμμαχος καὶ φόρους ἐτέλει. ἣν ἀποστᾶσαν πολιορκήσαντες οἱ Ἀθηναῖοι πολιορκίᾳ μακρᾷ, ὡς καὶ σφῶν αὐτῶν γενέσθαι καταναγκάσαι, παρέλαβον, καὶ ἐξανδραποδίσαντες τὴν πόλιν. ἀπὸ ταύτης φησὶ τῆς πόλεως κεκλοφέναι δέκα τάλαντα τὸν Κλέωνα, καὶ τούτῳ φιλονεικῶν αὐτὸν ἀμείβεσθαι τοῖς ἴσοις, ἐπεὶ πρότερος ἐκεῖνος ἔφησεν αὐτὸν σφετερίσασθαι τῆς πόλεως τάλαντα πολλά.

δέκα τάλαντα : Χρησίμως μετὰ τὸν τόπον καὶ τὸν ἀριθμὸν εἶπεν, ἵνα ὁ λόγος αὐτῷ πίστεως ἔχεσθαι δοκῇ, καὶ μὴ ἄλλως τῆς τοῦ Κλέωνος διαβολῆς λελέχθαι χάριν. πίστεως γὰρ παράδειγμα τὸν κατηγοροῦντα μὴ ψιλοῖς χρῆσθαι ῥήμασιν, ἀλλὰ καὶ ἀριθμὸν προσβάλλεσθαι καὶ τόπον.

439. βούλει τῶν ταλάντων : Δεῖ νοῆσαι τὸν Κλέωνα ἐπὶ τῇ ἐλπίδι καὶ τῇ ἐπαγγελίᾳ τοῦ ταλάντου πεισθέντα ἐνδοῦναι. πρὸς ὃ φησὶν ὁ ἕτερος, τὸ πνεῦμα ἔλαττον γίνεται.

440. τερθρίους : Οἱ ἔσχατοι κάλοι, οὓς ἐκφόρους καλοῦσιν οἱ ναῦται, οὓς, ὅταν ἐνδιδῷ τὸ πνεῦμα, πρώτους ἐκ πρῴρας χαλῶσι. καὶ οὗτος οὖν ἀκολούθως τοῦτο εἶπε, διὰ τὸ προάγον τοῦ ποδὸς παρίει. φησὶν οὖν ὁ Κλέων, πάντων ἂν ὑπερίδοι ἕνεκεν λήμματος. — τοῦ ἱστοῦ τὸν τόνον. V.

441. [τὸ πνεῦμ' ἔλαττον γίνεται : Ἔκθεσις τῆς διπλῆς ἐκ κώλων ἰαμβικῶν διμέτρων ἀκαταλήκτων, πλὴν τοῦ δευτέρου τριμέτρου, καὶ τοῦ παρατελεύτου μονομέτρου, καὶ τοῦ τελευταίου ἐφθημιμεροῦς ὄντος. ἑξῆς δὲ τούτων τετράμετροι τέσσαρες καταληκτικοὶ, ἐν ἐπῳδοῦ τάξει κείμενοι. μεθ' οὓς τρίμετροι ἀκατάληκτοι. ἐπὶ τῷ τέλει τῆς μὲν ἐκθέσεως δύο διπλαῖ, ἡ μὲν ἐν ἀρχῇ τοῦ κώλου, ἡ δὲ κατὰ τὸ τέλος· τοῦ δὲ συστήμα-

τος κορωνίς.] τὸ πνεῦμ' ἔλαττον γίνεται : ἐπέμεινε τῇ τροπῇ τῶν ὀνομάτων. ὃ δὲ λέγει, τοιοῦτόν ἐστιν· ὅτι ἐπιεικέστερος ἔσται καὶ πρᾳότερος. λοιπὸν γὰρ ἐπειδὴ φθάσας εἶπεν ἤτοι κακίας καὶ συκοφαντίας αὐτὸν πνεῖν, διὰ τοῦτο πάλιν οἰκείως ἔλαττον ἔφησεν αὐτοῦ γίγνεσθαι τὸ πνεῦμα.

442. φεύξει γραφὰς : Διώκειν καὶ φεύγειν ἔλεγον ἐπὶ τῶν κατηγόρων καὶ τῶν ἀπολογουμένων. ἐδίωκον μὲν γὰρ οἱ κατήγοροι, ἔφευγον δὲ οἱ κατηγορούμενοι. φησὶν οὖν ὅτι κατηγορηθήσῃ δίκας ἑκατονταλάντους.

445. ἐκ τῶν ἀλιτηρίων : Τῶν μετεχόντων τοῦ Κυλωνείου ἄγους, ὅπερ εἰς τὴν Ἀθηνᾶν δοκεῖ γενέσθαι ἀσέβημα, ἐπειδήπερ οἱ συγκατακλεισθέντες τῷ Κύλωνι ἐν τῇ ἀκροπόλει εἰς τὴν κρίσιν κατέβησαν ἐν Ἀρείῳ πάγῳ, ἐκ τοῦ ἕδους τῆς θεοῦ ἐξάψαντες τὴν ἱκετηρίαν. ἧς διαρρυείσης, λίθοις αὐτοὺς ἔβαλλον οἱ Ἀθηναῖοι. ἀλιτηρίων δὲ, ἀντὶ τοῦ ἐναγῶν.

ἀλιτηρίων : Τῶν ἁμαρτησάντων εἰς Ἀθηνᾶν. Κύλων γὰρ Ἀθηναῖος ἀνὴρ, Μεγαρίδα γυναῖκα γήμας Θεαγένους θυγατέρα, θέλων τυραννεῖν, ἔλαβε χρησμὸν τῇ μεγάλῃ ἑορτῇ τοῦ Διὸς ἐπιθέσθαι τῇ πόλει. ἐν Ὀλυμπίᾳ δὲ ἐπιθέμενος, νομίζων ταύτην εἶναι μεγάλην ἑορτὴν, δύναμιν προσλαβὼν παρὰ Θεαγένους, μὴ γνοὺς ὅτι τὰ Διάσια ἦν ἡ μεγάλη ἑορτὴ, ἐπελθὼν τῇ ἀκροπόλει ἐλῄστευε καὶ ἁλίσκεται. ἐλήφθη δὲ συλῶν τὸ ἱερὸν τῆς Ἀθηνᾶς. καὶ αὐτὸς μὲν ὁ Κύλων φεύγει, τοὺς δὲ ἄλλους φονεύουσι, τινὰς δὲ καὶ ἱκέτας ἐκ τῶν βωμῶν ἀποσπάσαντες ἀπέκτειναν. τοὺς οὖν ἁμαρτάνοντας εἰς τοὺς ἱκέτας ἀλιτηρίους ἔφασκον. οὓς καὶ ἐξέβαλον τῆς πόλεως, ὅτι ἐκ τῶν ἀρχαίων νόμων παρέβησαν τοὺς ἱκέτας φονεύσαντες. Ἄλλως. Κύλων τὴν ἀκρόπολιν κατέλαβεν ἐπὶ τυραννίδι, καὶ ἐλήφθη ποτὲ συλῶν τὸ ἱερὸν τῆς Ἀθηνᾶς, καὶ ὑπὸ Ἀθηναίων ἐκλείσθη. καὶ οὕτως ἐκεῖνος εὑρὼν καιρὸν, φυγῇ ἐχρήσατο, καὶ οἱ φίλοι ἔφυγον εἰς τοὺς βωμοὺς τῶν θεῶν, οὓς οὗτοι ἀποσπάσαντες ἀπέκτειναν, ὅθεν ἀλιτήριοι ἐκλήθησαν.

448. οἱ περιέποντες καὶ φρουροῦντες τοὺς τυράννους. θέλων γὰρ τυραννεῖν δορυφόρους εἶχεν αὐτούς. Ven.

449. τῶν Βυρσίνης : Ἔπαιξε παρὰ τὸ βυρσοδέψην εἶναι τὸν Κλέωνα, καὶ παρὰ τὸ τυράννου ὄνομα τοῦ Ἱππίου, ᾧπερ τῷ ὀνόματι τοῦ Ἱππίου περιεργότερον ἐχρήσατο. δῆλον μὲν γὰρ καὶ ἐκ τῶν προειρημένων, οὐχ ἥκιστα δὲ καὶ ἀπὸ τούτων, ὅτι μὴ αὐτὸς ὁ Ἱππίας κατέστησε τὴν τυραννίδα, ἀλλὰ παρὰ τοῦ πατρὸς ἅμα τοῖς ἀδελφοῖς παρέλαβε τοῦ Πεισιστράτου. οὗ πάντως ἂν ἐμνημόνευσεν, εἰ μὴ χρησιμώτερον τὸ ὄνομα τοῦ Ἱππίου πρὸς τὸ συνάψαι τῇ Βυρσίνῃ κατεφαίνετο. οὐκ ἄδηλόν ἐστι τοῦ Κλέωνος διαβάλλοντος αὐτὸν ὡς τῶν ἀλιτηρίων γεγονέναι, τῶν ἐπιβουλευσάντων τῇ πόλει καὶ τοῖς τυράννοις συναραμένων. Ἄλλως. Πεισιστράτου γυνὴ γέγονεν ἡ Μυρρίνη, Ἱππίου καὶ Ἱππάρχου μήτηρ. Βυρσίνην οὖν εἶπεν ἀντὶ τοῦ Μυρρίνην, ὡς βυρσοπώλην πάλιν κωμῳδῶν τὸν Κλέωνα. ταύτην ὁ Πεισίστρατος ὁπότε κατήγαγεν εἰς Ἀθήνας ἐφ' ἅρματος, ἔφασκεν Ἀθηναίαν εἶναι βουλόμενος τυραννεῖν.

450. κόβαλος εἶ : Προειρήκαμεν ὅτι τοὺς μετὰ ξύλου λῃστὰς οὕτως ἐκάλουν οἱ παλαιοί.

451. ἰοὺ : Τοῦτο παρεπιγραφή. τυπτόμενον γὰρ ὑποκρίνεται. — σχετλιαστικὸν δὲ τὸ ῥῆμα. V.

452. ξυνωμόται : Οἱ ἀντάρται, οἱ προδόται, οἱ τὰ αὐτὰ κατ' ἐμοῦ συνθέμενοι φρονεῖν.

453. παῖ' αὐτὸν : Ἰστέον ὅτι ὁ χορὸς ταῦτα τῷ ἀλλαντοπώλῃ παρακελεύεται. ἀστείως δὲ διὰ τὴν ἐκείνου τέχνην εἴς τε τὰ ἔντερα καὶ τὸν κόλον αὐτὸν τύπτειν κελεύει. μάλιστα γὰρ ἡ τῶν ἀλλαντοπωλῶν ἐκ τούτων συνέστηκε τέχνη.

456. κόλαζ' τὸν ἄνδρα : Κολούσεις καὶ παύσεις καὶ ταπεινώσεις. ἀπὸ δὲ τοῦ κόλου καὶ ἐντέρων τὴν λέξιν ἐποίησεν. ἴσως δὲ καὶ αὐτὸν τύπτουσιν.

457. [ὦ γεννικώτατον : Ἰσχυρότατον. παίζων κρέας αὐτὸν λέγει, ἐκ μεταφορᾶς τῶν ἰσχυρῶν κρεῶν, ἃ οὐ κατεργάζεται πυρί.]

459. [ὡς εὖ : Ἐπιτηδείως αὐτὸν καὶ ὑπούλως διὰ τῶν λόγων ἐνίκησας τῶν σῶν.]

462. ἀλλ' ἠπιστάμην : Ὑψηλὸς ὢν καὶ μεγαλόφωνος ὁ Κλέων πολυτρόποις λόγοις κέχρηται.

463. γομφούμενα : Σφηνούμενα. γόμφοι γὰρ οἱ σφῆνες οἱ συνείροντες τὰς σανίδας καὶ συναρμονιοῦντες καὶ συνέχοντες.

464. ἐξ ἁμαξουργοῦ : Ἁμαξουργοὺς Ἀττικοὶ τοὺς ἀγριοπηγούς. εἶδος δὲ ἀγριοπηγοὶ τεκτόνων, οἳ τὰς ἁμάξας τεκταίνουσι καὶ πάντων τῶν ἀγρίων ξύλων εἰσὶν ἐργάται. ἐπειδὴ δὲ ὁ Κλέων τεκτονικοῖς ὀνόμασι πᾶσιν ἐχρήσατο, τεκταινόμενα εἰπὼν καὶ γομφούμενα, ὁ δὲ ἀλλαντοπώλης οὐδὲν ἀπὸ τεκτονικῆς ἀπαντᾷ, ὁ χορὸς ὥσπερ δέδιε μὴ ἧττον ἀπενέγκηται τοῦ Κλέωνος, καὶ ἀσχάλλει καὶ δυσφορεῖ, ὅτι οὐδὲν ἀντέθηκε τοιοῦτον ῥῆμα.

465. οὔκουν μ' ἐν Ἄργει : Παρὰ τὸν πόλεμον τὸν Πελοποννησιακὸν, καίτοι πρότερον ἐχθροὶ ὄντες τοῖς Ἀργείοις οἱ Ἀθηναῖοι διὰ τὴν πρὸς Λακεδαιμονίους ἀπέχθειαν, ἔδοξαν αὐτοῖς γενέσθαι φίλοι. φησὶν οὖν ὅτι Κλέων ἐπὶ βλάβῃ τῆς πόλεως τὴν Ἀργείων φιλίαν προξενῶν οὐ λανθάνει με σπείσασθαι πρὸς τοὺς Ἀργείους πείθων τὴν πόλιν, παρρησίαν εἰς τὸ συγγενέσθαι τοῖς Λακεδαιμονίοις ἑαυτῷ περιποιούμενος.

468. καὶ ταῦτ' ἐφ' οἷσιν ἐστὶ συμφυσώμενα : [Κατασκευαζόμενα.] ἐπὶ τίνι συμπνέουσι καὶ ὁμοφρονοῦσιν ὅ τε Κλέων καὶ οἱ Λακεδαιμόνιοι, φησὶν αὐτὸς οὐκ ἀγνοεῖν. ἐπεὶ δὲ ὁ Κλέων τεκτονικοῖς τισιν ὀνόμασιν ἐχρήσατο, πάλιν οὗτος χρῆται χαλκευτικοῖς. φυσώμενα δὲ εἶπε διὰ τὰς φύσας τὰς χαλκευτικάς. τὸ δὲ χαλκεύεται ὡς πρὸς τὰς φύσας εἶπεν. ἔστι δὲ ὅμοιον τῷ

τεκταίνεται. πάντα δὲ, φησὶ, πράττεται τῷ Κλέωνι, ὅπως οἱ ἄνδρες τῶν δεσμῶν ἐκφύγοιεν.

469. τοῖς δεδεμένοις : Τουτέστι τοῖς τριακοσίοις τῶν Λακεδαιμονίων, οὓς ἀπὸ Πύλου καὶ Σφακτηρίας ἤγαγεν. οὓς εἶπεν ἀποδεδόσθαι βούλεσθαι τὸν Κλέωνα.

470. εὖ γ' εὖ γε : Ὑπερεπαινεῖ πάλιν ὁ χορὸς ἐνταῦθα τὸν ἀλλαντοπώλην, ὅτι ἀντὶ τῶν τεκτονικῶν ῥημάτων καὶ αὐτὸς χαλκευτικῶς φθέγγεται.

471. καὶ ξυγκροτοῦσι : Συνέχουσι καὶ συμπράττουσι καὶ οὐδένα καιρὸν παραλείπουσι τοῦ πείθειν τὸν Κλέωνα τοῖς δεδεμένοις δοῦναι σωτηρίας ἀφορμήν. Ἄλλως. ἐπέμεινε τῇ μεταφορᾷ τῇ ἀπὸ τῶν χαλκέων. ἀντὶ τοῦ συμπράττουσιν.

474. οὐκ Ἀθηναίοις φράσω : Ἡ σύνταξις Ἀττική. λέγει δὲ ὅτι εὐθὺς καὶ παραχρῆμα.

476. τὰς ξυνωμοσίας : Τὰς ἐπὶ καθαιρέσει τοῦ δήμου ἐνόρκους συνόδους.

477. τὰς ξυνόδους τὰς νυκτερινὰς : Ὅτι νυκτὸς οὔσης κατὰ τῆς πόλεως ἐβουλεύεσθε. — τὸ δὲ ἐπὶ τῇ πόλει ἀντὶ τοῦ κατὰ τῆς πόλεως. Θ.

478. καὶ βασιλεῖ ξυνόμνυτε : Φθάσας ὁ ἀλλαντοπώλης διέβαλεν αὐτὸν ἐπὶ βλάβῃ τῆς πόλεως Ἀργείοις καὶ Λακεδαιμονίοις ξυνιέναι. διὰ τοῦτο καὶ ὁ Κλέων ὡς τῷ τῶν Περσῶν βασιλεῖ προδιδόντας αὐτοὺς τὰ τῆς πόλεως αἰτιᾶται πράγματα.

ξυνόμνυτε : Συμπράττετε, καὶ κοινολογεῖσθε. καλῶς δὲ τῆς διαβολῆς οὐκ ἀπατᾶται τῆς δι' αὐτῶν, ξυνωμότας αὐτοὺς τῷ Περσῶν βασιλεῖ λέγων γεγονέναι, ἵνα ὥσπερ ἔθος δείξῃ τοῦτο καὶ βεβαιώσῃ ὅτι καὶ κατὰ τούτου ξυνωμοσίαν πεποίηνται.

479. συντυρούμενα : Συμπηγνύμενα. καὶ ὅτι παρὰ Βοιωτοῖς πολὺς τυρός.

480. ὁ τυρὸς ἐν Βοιωτοῖς : Ἔπαιξε πρὸς τὸ συντυρούμενα πρὸς τὴν μεταφοράν. τὸ δ' ὅλον πρὸς τοὺς ῥήτορας ὡς τὸ πλῆθος καταπλησσομένους ταῖς αὐτῶν ἀκυρολογίαις.

481. παραστορῶ : Ἐκτενῶ. ἅμα δὲ καὶ ἀπὸ τῶν βυρσῶν. ἀκολούθως δὲ τοῦ Ἡρακλέους ἐμνήσθη, ἐπειδὴ Θηβαίων ἴδιος ὁ θεὸς οὗτος εἶναι λέγεται, τῆς δὲ Βοιωτίας αἱ Θῆβαι πόλις.

482. ἄγε δὴ σὺ : Τὸ μὲν Κλέωνος τῆς θυμέλης ὑπεξῆλθε πρόσωπον, τὴν βουλὴν δῆθεν κινῆσαι κατ' αὐτῶν. οἱ δὲ περὶ τὸν Νικίαν τῷ ἀλλαντοπώλῃ παρακελεύονται γενναίως ἀντιστῆναι πρὸς αὐτόν. νῦν γὰρ, φησὶν, ἀντιστὰς πρὸς τὸν Κλέωνα, ἔργῳ δείξεις, ἐάν σοι γενναῖον ᾖ, πανοῦργον ἐν τῷ πρώτῳ πέπρακται βίῳ.

484. τοὺς γλουτούς. πρὸς τὰ παρ' αὐτοῦ εἰρημένα. V. εἰς τοὺς γλουτούς. κοχώνη γὰρ τόπος ὑπὸ τὸν μηρὸν καὶ τὴν κοτύλην καὶ τὸ ἰσχίον. Θ.

485. θεύσει γὰρ ᾄξας : Δραμεῖ γὰρ ὁρμήσας, ἐπεισελθών. καὶ Ὅμηρος [Il. Λ, 700] « θεύσεσθαι ἔμελλον. » [ᾄξας δὲ ἀντὶ τοῦ ἀΐξας, εἰσελθών.] — παρελθὼν εἰς τὸ βουλευτήριον. V.

487. κραγὸν κεκράξεται : Ἀρίσταρχος ὀξυτόνως ἀντὶ τοῦ κραυγαστικῶς. καὶ Ἡρωδιανὸς ἐν Ἀττικῇ προσῳδίᾳ.

490. ἔχε νυν ἄλειψον : Στέαρ διδοῦσιν αὐτῷ ἀλείφεσθαι, ἵνα εὐχερῶς ὀλισθαίνειν δύνηται καὶ δύσπληπτος ᾖ τῷ ἀνταγωνιστῇ. οὐκ ἀργῶς δὲ τὸ λίπος προσλαμβάνουσι διὰ τὸ ἀλλαντοποιὸν αὐτὸν εἶναι. εἰώθασι γὰρ αὐτοὶ τὰ λίπη κατατέμνοντες βάλλειν εἰς τὸ φύραμα καὶ οὕτω πληροῦν τοὺς βοτούλους.

491. τὰς διαβολάς : Δέον εἰπεῖν [τὰς λαβὰς] ὡς ἐπὶ πάλης, τὰς διαβολὰς εἶπεν, αἷς ἔμελλε διαβάλλειν ὁ Κλέων.

492. παιδοτριβικῶς : Ἐπειδὴ ἀνέτριψεν αὐτὸν τῷ λίπει, παιδοτρίβην καλεῖ. Ἄλλως. ἀντὶ τοῦ ἀλειπτικῶς. παιδοτρίβαι γὰρ καλοῦνται οἱ ἀλεῖπται καὶ κηρωματισταί.

493. ἐπέγκαψον : [Κάψον,] ἐπίφαγε ταδί. καὶ τοῦτο παρεπιγραφή. σκόροδον γὰρ αὐτῷ προσφέρει. ὃ φασὶ δεῖν αὐτὸν ἐπιφαγεῖν.

494. ἐσκοροδισμένος μάχῃ : Μετήνεγκεν ἀπὸ τῶν ἀλεκτρυόνων. ὅταν γὰρ εἰς μάχην συμβάλλωσιν αὐτούς, σκόροδα διδόασιν αὐτοῖς, ἵνα δριμύτεροι ὦσιν ἐν τῇ μάχῃ. Ἄλλως. κατάφαγε σκόροδα, ἵνα ὀξύτερος γενόμενος καὶ σκορόδοις τραφεὶς, γένῃ ὡς οἱ ἀλεκτρυόνες. (497) κάλλαια δὲ τοὺς πώγωνας τῶν ἀλεκτρυόνων.

497. ἥξεις πάλιν : Λεληθότως σκώπτει τὸν Κλέωνα δι' ὧν ἐκείνῳ παρακελεύεσθαι δοκεῖ. μάλιστα γὰρ παρὰ τοῖς Ἀθηναίοις εὐδοκίμησεν ἐκεῖνος τοὺς ἄλλους διαβάλλων τῶν δημαγωγῶν, ὡς καὶ ἐν ἀρχῇ τοῦ ποιήματος λέγων περὶ αὐτοῦ ἔφησε

> κάκιστα δῆθ' οὗτός γε πρῶτος Παφλαγόνων
> αὐταῖσι διαβολαῖς.

498. ἀλλ' ἴθι χαίρων : Κορωνίς. εἰσελθόντων γὰρ τῶν ὑποκριτῶν, εἶτα καταλειφθεὶς ὁ χορὸς λέγει περίοδον ἀναπαίστων η'. τὴν μὲν προπεμπτικὴν τοῦ ἑτέρου τῶν ὑποκριτῶν οὖσαν δεκάμετρον πεντάκωλον, ὑφ' ὃ διπλῆ κατὰ τὴν δευτερεύουσαν, κομμάτιον. ἄρχεται γὰρ τῆς καλουμένης τελείας παραβάσεως. ἑπτάμετρα δέ εἰσι. τὸ δὲ κομμάτιον τετράμετρον. [Ἄλλως. τοῦτο διὰ τὸ μετὰ τὴν διπλῆν τίθεσθαι ἔοικεν εἶναι ἔκθεσις τῆς διπλῆς. Διὸ καὶ τὸ παρατέλευτον ἔχει κῶλον, ὅπερ ἔθος ἐν τῇ ἐκθέσει τίθεσθαι. διὰ δὲ τὸ προτίθεσθαι τῆς παραβάσεως, κομμάτιον χοροῦ ὀνομάζεσθαι, ὡς εἴρηται. ἔθος γάρ ἐστι προτίθεσθαι τῆς παραβάσεως. κομμάτιόν ἐστιν ἐκ κώλων ἀναπαιστικῶν θ', πλὴν τοῦ παρατελεύτου, ὅπερ μονόμετρον, καὶ τοῦ ε' καὶ τελευταίου, ἅπερ ἑφθημιμερῆ, διμέτρων. ἐπὶ τῷ τέλει παράγραφος.] παρὰ τὸ Σοφόκλειον ἐξ Οἰκλέους.

500. Ζεὺς ἀγοραῖος : Ὡς Ζεὺς ξένιος ἢ μειλίχιος ἢ φίλιος, οὕτω καὶ ἀγοραῖος. οἰκείως δὲ νῦν διὰ τὸν ἀλλαντοπώλην ἀγοραῖον εἶπεν.

502. κατάπαστος δὲ, κατάμεστος, πλήρης, πεποικιλμένος.

503. ὑμεῖς δ' ἡμῖν : Ἐντεῦθεν παράβασις γίνεται, καὶ ἔστι τοῦτο τὸ καλούμενον κομμάτιον. μεθ' ὃ οἱ ἀνά-

παιστοι, ἔπειτα τὸ μακρὸν, μετὰ ταῦτα δὲ στροφὴ, ἔπειτα τὸ ἐπίρρημα, ἑξῆς δὲ ἡ ἀντίστροφος καὶ ἐπὶ πᾶσι τὸ ἀντεπίρρημα. παντοίας δὲ, παντοδαπῆς, ποικίλης, μεμουσωμένοι ἀκροαταὶ καὶ πάσης παιδεύσεως καὶ μέτρου ἀκροασάμενοι. — ὁ μέντοι ποιητὴς τοῦτο πρῶτον τὸ δρᾶμα δι' ἑαυτοῦ καθῆκε, τὰ δ' ἄλλα δι' ἑτέρων προσώπων. V. Θ.

507. εἰ μέν τις ἀνὴρ : Ἀναπαιστικὴ διπλῆ καὶ εἴσθεσις εἰς αὐτὴν τὴν παράβασιν. ἀναπαιστικοὶ στίχοι καταληκτικοὶ τετράμετροι μα'. [ὧν τελευταῖος

αἴρεσθ' αὐτῷ πολὺ τὸ ῥόθιον, παραπέμψατ' ἐφ' ἕνδεκα κώπαις.

ἐν ἐκθέσει δὲ κῶλα ἀναπαιστικὰ τέτταρα, ὧν τὰ μὲν δύο δίμετρα ἀκατάληκτα, τὸ τρίτον μονόμετρον, ὃ καὶ παρατέλευτον ὀνομάζεται. τὸ δὲ τέταρτον δίμετρον καταληκτικόν. ὑφ' ὃ παράγραφος.] παράβασις. ὁ λόγος ἐκ τοῦ χοροῦ παρὰ τοῦ ποιητοῦ Ἀριστοφάνους τὸν λόγον ποιουμένου.

508. ἔπη λέξοντας : Ὅτι καὶ τὰ ἄλλα μέτρα ἔπη ἔλεγον.

παραβῆναι : Τῇ παραβάσει χρήσασθαι. Λέγεται δὲ παράβασις ἤτοι ἐπειδὴ ἀπῆκται τῆς ἄλλης ὑποθέσεως, ἢ ἐπειδὴ παραβαίνει ὁ χορὸς τὸν τόπον. ἑστᾶσι μὲν γὰρ κατὰ στοῖχον οἱ πρὸς τὴν ὀρχήστραν ἀποβλέποντες· ὅταν δὲ παραβῶσιν, ἐφεξῆς ἑστῶτες καὶ πρὸς τοὺς θεατὰς βλέποντες τὸν λόγον ποιοῦνται.

509. οὐκ ἂν φαύλως : Οὐκ ἂν εὐχερῶς, οὐδὲ ἄνευ καμάτου καὶ πόνου.

ἄξιός ἐσθ' ὁ ποιητὴς : Λέγει ὅτι σπουδῆς ἄξιός ἐστιν ὁ ποιητὴς καὶ τῆς παρὰ τῶν θεωμένων εὐνοίας, ὅτι τὴν πρὸς Κλέωνα ἔχθραν ἐπανείλετο, καὶ τοὺς αὐτοὺς ἐχθροὺς ἡγεῖται οὓς ἡμεῖς οἱ Ἀθηναῖοι.

511. καὶ γενναίως πρὸς τὸν Τυφῶ : Ὁ Τυφὼς Γῆς μέν ἐστιν υἱὸς, ἴσχυσε δὲ τοσοῦτον, ὡς μὴ ἀνθρώποις μόνοις δοκεῖν φοβερὸς εἶναι, ἀλλὰ καὶ τοῖς θεοῖς. καὶ εἰς ἀλόγων ζώων ἰδέας μετέβαλλον τὰς μορφὰς διὰ τὸν ἐκείνου φόβον.

τὴν ἐριώλην : Τυφὼς ἀνέμου συστροφὴ ἢ πυρός. τὸν Κλέωνα δὲ λέγει. ἐριώλη δὲ ἀναθυμιάσεως συστροφὴ, πρὶν ἐμπυρωθῆναι τὸν ἀέρα. καὶ ἡ μεγάλη δὲ πνοὴ οὕτως. ἔμπαλιν δὲ εἰπὼν ηὔξησεν ἂν μᾶλλον καὶ δεξιώτερον εἶπεν. ἡ γὰρ ἐριώλη πνοὴ σφοδρά· ἀλλ' ὅ γε Τυφὼς μεῖζόν τι πνεῦμα καὶ κακοποιόν. ἔδει οὖν πρῶτον εἰπεῖν ἐριώλην, εἶτα Τυφῶ, καὶ εἶχεν ἂν μείζω τὴν ἔμφασιν.

515. διατρίβειν : Τὸ ὑπερτίθεσθαι καὶ μέλλειν αὐτόν.

517. πολλῶν γὰρ δὴ πειρασάντων : Μετελθόντων, ἐπιτηδευσάντων. ἀπὸ τοῦ πειρᾶν ἐσχημάτισε. πειρᾶν δὲ, τὸ προσβάλλειν γυναικὶ περὶ ἀφροδίτης. τροπῇ οὖν κέχρηται ὡς ἐπὶ γυναικός. [διὸ καὶ τὸ χαρίσασθαι ἐπήνεγκε.] σημαίνει οὖν σπανίως ἐπιτυχεῖν τινὰς καὶ ὀλίγους κατορθῶσαι παντάπασιν.

518. ἐπετείους : Ἀντὶ τοῦ, ἐκ πολλοῦ καταγινώσκων τὸν ὑμέτερον τρόπον. ἀπὸ τῶν οἰωνῶν δὲ μετήνεγκε τῶν μὴ μονίμων ὄντων, ἀλλὰ φερομένων τῇ πτήσει. τουτέστιν εὐμεταβλήτους, ὀλιγώρους, μὴ διαμένοντας ἐν τοῖς αὐτοῖς, ἀλλ' ἀψικόρους.

519. Καὶ τοὺς προτέρους τῶν ποιητῶν : Οἷον, τοῖς νέοις χαίροντας ἀεὶ τῶν ποιητῶν καὶ μὴ τοῖς ἀρχαίοις καὶ εἰς τὴν θυμέλην παριοῦσι πρῶτον.

[προδιδόντας : Ἐπὶ γήραος οὐδῷ καταλείποντας.] Μάγνης δὲ ἀρχαίας κωμῳδίας ποιητής.

521. τῶν ἀντιπάλων : Κατὰ τῶν ἀνταγωνιστῶν. φησὶ δὲ ὅτι εὐδοκιμῶν ὁ Μάγνης πολλὰς νίκας ἀπηνέγκατο κατὰ τῶν δι' ἐναντίας. [ἰεὶς δὲ, ἀφιεὶς, παρεχόμενος.

522. ψάλλων : Τοὺς Βαρβιτιστὰς ἂν λέγοι. δρᾶμα δέ ἐστι τοῦ Μάγνητος. ἡ δὲ βάρβιτος εἶδος ὀργάνου μουσικοῦ. πτερυγίζων δὲ, ὅτι καὶ Ὄρνιθας ἐποίησε δρᾶμα. ἔγραψε δὲ καὶ Λυδοὺς καὶ Ψῆνας καὶ Βατράχους. [ἔστι δὲ χρώματος εἶδος τὸ βατράχειον.] ἀπὸ τούτου καὶ βατραχὶς ἱμάτιον. ἐχρίοντο δὲ τῷ βατραχείῳ τὰ πρόσωπα, πρὶν ἐπινοηθῆναι τὰ προσωπεῖα. τὸ πτερυγίζειν δὲ εἶπε, ὡς πρὸς τοὺς ψῆνας ἀναφέρων.

524. ἀντὶ τοῦ οὐδὲν ὠφέλησεν. V.

526. ὃς πολλῷ ῥεύσας : Οἱ γὰρ λάβρως ποταμοὶ ῥέοντες καὶ αὐτῆς τῆς γῆς παρασύρουσι μέρος, δι' ἧς ἂν ῥέωσι. Ἄλλως. τουτέστιν εὐδοκιμήσας πολλάκις. καὶ Δημοσθένης ἐν Φιλιππικοῖς [περὶ στεφάνου p. 272, 10] « τότε τοίνυν Πύθωνος πολλοῦ ῥέοντος καθ' ὑμῶν. » δοκεῖ δέ μοι Ἀριστοφάνης ἀφ' ὧν αὐτὸς εἶπε Κρατῖνος περὶ αὐτοῦ μεγαληγορῶν, ἀπὸ τούτων καὶ οὗτος τὴν τροπὴν εἰληφέναι. ὁ γὰρ Κρατῖνος οὕτω πως ἑαυτὸν ἐπῄνεσεν ἐν τῇ Πυτίνῃ

ἄναξ Ἄπολλον τῶν ἐπῶν τῶν ῥευμάτων·
καναχοῦσι πηγαί· δωδεκάκρουνον στόμα·
Ἰλισσὸς ἐν φάρυγγι. τί ἂν εἴποιμ' ἔτι;
εἰ μὴ γὰρ ἐπιβύσει τις αὐτοῦ τὸ στόμα,
ἅπαντα ταῦτα κατακλύσει ποιήμασιν.

ἤτοι οὖν τούτων χάριν καὶ Ἀριστοφάνης περὶ τοῦ Κρατίνου ταῦτα λέγει, ἢ τὸ ῥεύσας εἶπε σκώπτων πρὸς τὸ ἐνουρεῖν τὸν Κρατῖνον.

527. διὰ τῶν ἀφελῶν πεδίων : Ἀντὶ τοῦ, διὰ τῆς φράσεως. ἔνιοι δὲ διὰ τῶν ἀφύων γράφουσι. πρὸς πάντα δὲ αὐτὸς ἐσπούδασεν ἀντιθεῖναι τὰ ὑπὸ τοῦ Κρατίνου εἰρημένα· ἐπεὶ κἀκεῖνος ποταμῷ παρέβαλεν ἑαυτὸν ἀθρόως ῥέοντι, ἠχεῖν τε φήσας τὰς πηγάς. ὅπερ λάβρως ῥέοντος ὕδατός ἐστιν ἔργον, ἦχον ἀποτελεῖν καὶ ψόφον καὶ τὰ λοιπὰ, ὡς εἴπομεν. διὰ τοῦτο καὶ Ἀριστοφάνης ὡς ἐπὶ ποταμοῦ ἐχρήσατο τῇ τροπῇ. Ἄλλως. τὸ ἐπὶ τῆς φράσεως ἄκομψον καὶ ἁπλοῦν τοῦ Κρατίνου ἀλληγορεῖσθαί φασι τὸ ἀφελές. κεῖται δὲ νῦν ἀντὶ τοῦ ὑγιὲς καὶ ὁλόκληρον. ἢ τὸ μέγα καὶ ἀνεπικώλυτον. [στάσεις δὲ τὰ ἀναχώσματα τῶν ποταμῶν.]

καὶ τῆς στάσεως παρασύρων : Ὡς διὰ τὸ γῆρας καὶ τὴν πολυποσίαν σκάζοντος καὶ τρέμοντος τοῦ Κρατίνου τὴν βάσιν. [ἐφόρει δὲ, κατέβαλλε τοὺς ἀνταγωνιζομένους πρὸς αὐτὸν ὑψηλοὺς ὄντας. τοὺς ἐχθροὺς δὲ, τὰ περὶ τὸν Καλλίαν αἰνίττεται.]

528. προθελύμνους : Προρρίζους. εἰώθασι γὰρ οἱ ποταμοὶ τὰ ἐπὶ ταῖς ὄχθαις ὄντα δένδρα, ἐπειδὰν καταναλώσωσι παρασύροντες καὶ παρατέμνοντες τὴν γῆν, τὰς ῥίζας τέμνειν. ὡς τοῦ Κρατίνου παμψηφεὶ νικῶντος τοὺς ἀνταγωνιστάς.

529. ᾆσαι δ' οὐκ ἦν : Πάλιν ὡς μέθυσον αὐτὸν διαβάλλει τὸν Κρατῖνον. οὐκ ἦν γὰρ ἑτέραν, φησὶν, ἐν τοῖς συμποσίοις ᾠδὴν ποιήσασθαί τινα, προκαταλαμβάνοντος αὐτὰ τοῦ Κρατίνου.

Δωροῖ συκοπέδιλε : Κρατίνου μέλους ἀρχή. σκώπτων δέ τινα ἐκεῖνος δωροδόκον καὶ συκοφάντην τοῦτο εἶπεν.

530. τέκτονες εὐπαλάμων : Τέκτονες πάντες οἱ τεχνῖται. καὶ τοῦτο δὲ ἐκ τῶν Εὐνειδῶν Κρατίνου. εὐπαλάμων δὲ, εὖ διακεχειρισμένων ἢ συντεταγμένων.

531. παραληροῦντα : Διαποροῦντα καὶ ἀσχημονοῦντα. ταῦτα ἀκούσας ὁ Κρατῖνος ἔγραψε τὴν Πυτίνην, δεικνὺς ὅτι οὐκ ἐλήρησεν ἐν οἷς κακῶς λέγει τὸν Ἀριστοφάνην ὡς τὰ Εὐπόλιδος λέγοντα.

532. ἐκπιπτουσῶν τῶν ἠλέκτρων : Ἰδίως τὰ ταῖς κλίναις ἐπιβαλλόμενα ἐλεφάντινα οὕτως ἐκάλουν ἤλεκτρα. μεταφορᾷ οὖν κέχρηται ἀπὸ τῶν κλινῶν. αἱ γὰρ ἀρχαῖαι κλῖναι τοὺς πόδας εἶχον ὠφθαλμισμένους ἄνθραξι καὶ ἠλέκτροις, [ὥσπερ νῦν ἀργύρῳ ἢ καττιτέρῳ]. διόπερ βαρυτόνως ἀναγνωστέον ἀπὸ τοῦ αἱ ἤλεκτροι τῶν ἠλέκτρων.

καὶ τοῦ τόνου οὐκ ἔτ' ἐνόντος : Ἀκολούθως μετὰ τὴν κλίνην ἐμνημόνευσε τοῦ τόνου. τόνος γὰρ τὰ τῶν κραββάτων σχοινία. τροπικῶς δὲ δηλοῖ τὴν τῆς φωνῆς τάσιν.

533. τῶν θ' ἁρμονιῶν : Ἁρμονίας λέγει τὰ συμπησσόμενα τῶν κραββάτων μέρη. ἐπέμεινε δὲ τῇ τροπῇ. καὶ γὰρ ἁρμονίαν λέγομεν τὴν τῶν ποιημάτων σύνθεσιν.

διαχασκουσῶν : Κεχηνυιῶν, διεσκορπισμένων καὶ μὴ ἐχουσῶν εὐέπειαν.

534. ὥσπερ Κοννᾶς : Ὁ Κοννᾶς αὐλητὴς ἦν [καὶ μέθυσος], ὃς εἰς συμπόσια παρῄει συνεχῶς ἐστεμμένος. οὗτος Ὀλυμπιονίκης γενόμενος καὶ πολλάκις στεφανωθεὶς, πενιχρὸς ἦν μηδὲν ἔχων ἀλλ' ἢ τὸν κότινον. ἐφ' οὗ Κρατῖνος εἶπεν

> ἔσθιε καὶ σῇ γαστρὶ δίδου χάριν, ὄφρα σε λιμὸς
> ἐχθαίρῃ, Κοννᾶς δὲ πολυστέφανός σε φιλήσῃ.

λέγει δὲ αὐτὸν τοσαῦτα νικήσαντα μηδέποτε τετιμῆσθαι. ἡ δὲ παροιμία, στέφανον μὲν ἔχων, δίψῃ δ' ἀπολωλώς. Καὶ πάλιν

> Δελφὸς ἀνὴρ, στέφανον μὲν ἔχων, δίψει δ' ἀπολωλώς.

πρὸς τὸν Κρατῖνον δὲ καὶ τοῦτο, ὅτι μέθυσός ἐστιν.

535. ἐν τῷ πρυτανείῳ : Ἔχεται καὶ τοῦτο τῆς ἐννοίας τῆς προκειμένης. σιτεῖσθαι γὰρ ἔλεγον ἐν τῷ πρυτανείῳ, οὐχὶ πίνειν. [παρὰ τῷ Διονύσῳ δὲ, ἀντὶ τοῦ, ἐν τῷ θεάτρῳ.]

537. οἵας δὲ Κράτης ὀργὰς : Οὗτος κωμῳδίας ἦν ποιητὴς, ὃς πρῶτος ὑπεκρίνατο τὰ Κρατίνου, καὶ αὐτὸς ποιητὴς ὕστερον ἐγένετο, καὶ ἐξωνεῖτο τοὺς θεατὰς καὶ τὴν τούτων εὔνοιαν. Ἄλλως. τραγικὸς ποιητὴς, ὀλιγόστιχα ποιήματα γράψας. [στυφελισμοὺς δὲ, ὀργὰς, λοιδορίας, ὕβρεις, μέμψεις.]

538. ἀπὸ σμικρᾶς δαπάνης : Σμικρὰ ἐποίει καὶ ἔτερπε τοὺς ἀκροατὰς, γράφων ἡδέα. ἀριστίζων δὲ, τρέφων, ἄριστον κατασκευάζων.

539. ἀπὸ κραμβοτάτου : Ἡδυτάτου, ξηροτάτου. ἔπαιξε δὲ ἀπὸ τῆς τοῦ λαχάνου ἐπινοίας. αὐτοσχέδιος γὰρ ἦν περὶ τὰ δράματα. ἢ διὰ τὸ καπυρόν. Ἄλλως. ἀντὶ τοῦ χρηστοτάτου. ἔπαιξε δὲ τῷ κραμβοτάτῳ, ἀπὸ τοῦ λαχάνου κράμβης οὕτω καλουμένης. παρὰ δὲ τοῖς Ἀττικοῖς κοράμβλη διὰ τὸ τὰς κόρας βλάπτειν. φασὶ γὰρ αὐτὴν ἐκ τῶν ὀφθαλμῶν τοῦ Λυκούργου. [ἡνίκα γὰρ ὁ Διόνυσος τοῦτον εὐλαβηθεὶς εἰς τὴν θάλασσαν ἔδυ, ὑπὸ τῆς ἀμπέλου δεσμευθέντα δάκρυον ἐπαφεικέναι, κἀκ τοῦ δακρύου τὴν κράμβην. καὶ διὰ τοῦτο ἀντιπαθῶς ἔχειν ἀλλήλων τὴν κράμβην καὶ τὴν ἄμπελον.] πιστοῦνται δὲ τὸν μῦθον τοῦτον γεωργῶν παῖδες. εἰ γάρ τις, φασὶ, τὴν ῥίζαν αὐτῆς ἐξάψαι ἐν ἀμπέλῳ, οὐκ ἂν αὕτη καρπὸν ἐνέγκοι. [ὅθεν καὶ πρώτη ἐν συμποσίῳ δίδοται, καὶ οἱ Αἰγύπτιοι πρὸ τῶν ἄλλων ἐδεσμάτων ἑφθὰς κράμβας ἤσθιον διὰ τὸ μὴ μεθύσκεσθαι οἴνῳ. βέλτιον δὲ κράμβη λέγοιτ' ἂν ἡ τῷ κάρῳ ἀντιβαίνουσα.] χαριέντως δὲ ὁ ποιητὴς ἀντὶ τοῦ χρηστοτάτου, κραμβοτάτου ἔφησεν, ἵνα τὸ ἀπὸ μικρᾶς δαπάνης καὶ τὸ ἀριστίζων ἀκόλουθον τῷ ἑξῆς λέγειν δοκῇ. [μάττων δὲ, σκεπτόμενος, κατασκευάζων, ἐφευρίσκων. ἀντήρκει δὲ, ἀντεῖχε.]

540. τοτὲ μὲν πίπτων, τοτὲ δ' οὐχί : Οἷον, ἀνὰ μέρος εὐδοκιμῶν, ἔσθ' ὅτε δὲ ἡττώμενος. τοῦτο δὲ εἶπεν, ὡς οὐκ ἀεὶ εὐδοκιμοῦντος.

542. ἐρέτην χρῆναι : Κωπηλάτην μὴ ἐπιχειρεῖν φησὶ κυβερνᾶν, εἰ μὴ ἐν πείρᾳ γένηται τοιαύτῃ. Ἄλλως. μὴ πρὶν ἐθέλειν κυβερνᾶν. οὐ γὰρ οἷόν τε κυβερνᾶν, μὴ πρότερον ἐν πολλῇ πείρᾳ γενόμενον ἀποδημίας καὶ τῶν ναυτικῶν, καὶ τοὺς ἀνέμους προϊδεῖν τίνες μέλλουσι πνεῖν καὶ προγνῶναι, εἶθ' οὕτως κυβερνᾶν. [ἐντεῦθεν δέ τινι τῶν τῆς παρ' ἡμῖν θρησκείας ἱεροφαντῶν [Gregorio Naz. Orat. 20, p. 335] δαιμονίως μετερρύθμισται τὸ « ἐπαινῶ τὸν νηΐτην νόμον, ὃς τὴν κώπην πρότερον ἐγ« χειρήσας τῷ νῦν κυβερνήτῃ καὶ πιστεύσας τὰ ἔμ« προσθεν, αὖθις ἐπὶ τῶν οἰάκων καθίζει μετὰ τὴν « πολλὴν τυφθεῖσαν θάλασσαν καὶ τὴν τῶν ἀνέμων « διάσκεψιν. »]

545. ὅτι σωφρονικῶς : Μετὰ λογισμοῦ καὶ σκέψεως καὶ οὐκ ἀνοήτως, οὐδὲ ἐκ τοῦ προχείρου.

546. αἴρεσθ' αὐτῷ πολὺ τὸ ῥόθιον : Ῥόθιον τὸ κῦμα ἀπὸ τοῦ ταχέως θεῖν ἢ ῥεῖν. ἀπὸ τῶν ἐρεσσόντων μετήνεγκεν, ὅταν συνεχῶς ὑπὸ πολλῶν ἐρετῶν ἐπὶ πλέον προέρχηται ἡ ναῦς εἰς τὸ πρόσθεν. ἀξιοῖ οὖν τὸν νῦν ἔπαινον μέχρι πολλοῦ παραπέμψαι.

ἕνδεκα κώπαις : Κέλευσμα ναυτικὸν λέγεται ἐφ' ἕνδεκα κωπηλασίαις ἐκτεινομένη. ἐπέμεινε δὲ τῇ τροπῇ.

Ἄλλως. ἐπαράτην παραδέχεσθαι ἐφ' ἕνδεκα κώπαις ἑξῆς ἀπὸ τῶν ναυτικῶν. τουτέστιν ἀπὸ τοῦ κυβερνᾶν καὶ τοῦ ῥόθου τὸ ἐφ' ἕνδεκα κώπαις ἐπήγαγεν. ἢ ἐπειδὴ οἱ Ἀθηναῖοι τῶν ναυτικῶν ἐπιστήμονες ἦσαν.

547. ληναΐτην : Ἑορτὴ παρὰ τοῖς Ἀθηναίοις τὰ Λήναια, ἐν ᾗ μέχρι νῦν ἀγωνίζονται ποιηταὶ συγγράφοντές τινα ᾄσματα τοῦ γελασθῆναι χάριν. ὅπερ ὁ Δημοσθένης [p. 268, 13] εἶπεν ἐξ ἁμάξης. ἐπὶ ἁμαξῶν γὰρ οἱ ᾄδοντες καθήμενοι λέγουσί τε καὶ ᾄδουσι τὰ ποιήματα.

550. [φαιδρὸς λάμποντι μετώπῳ : Ἱλαρὸς, φαιδρὸς τὸ μέτωπον. ἢ διὰ τὸ φαλακρὸν εἶναι τὸν Ἀριστοφάνην.]

551. ἵππι' ἄναξ Πόσειδον : Οὐκ ἀργῶς τῷ Ποσειδῶνι νῦν τὸ ἐπίθετον ἔθηκε τοῦτο, ἐπεὶ καὶ αὐτὸς ὁ χορὸς συνέστηκεν ἐξ ἱππέων. ἀποσεμνύνειν οὖν βουλόμενος τὸ ἐπιτήδευμα τὸ αὐτοῦ, οὕτω τὸν Ποσειδῶνα προσεῖπε, τουτέστιν ἱππικέ. Εἰς τὰ αὐτά. διπλῆ. εἶτα ἐπάγεται ἐπιρρηματικὴ συζυγία. ἧς μέλη καὶ περίοδοι εἰσὶ ιδ' κώλων. ὧν τὰ μὲν ὀκτὼ χοριαμβικὰ ἰαμβικὴν ἔχοντα ἐπιμεμιγμένην ἀκατάληκτον καὶ καταληκτικὴν ὡς ἐν τῷ ε' καὶ η'. τῶν δ' ἑξῆς ἀντισπαστικῶν τὰ μὲν θ' καὶ ι' τρίμετρα καταληκτικά. τὰ δὲ λοιπὰ δίμετρα ἀκατάληκτα Γλυκώνεια ἐκ διτροχαίου καὶ ἰάμβου, πλὴν τοῦ τελευταίου ἑφθημιμεροῦς, ὃ καλεῖται φερεκράτειον. [ὑφ' ὃ παράγραφος καὶ διπλῆ ἔσω νενευκυῖα, δηλοῦσα ἔχειν ἀνταπόδοσιν. τοῖς αὐτοῖς δὲ καὶ ἡ ἀντιστροφὴ σύγκειται. ἐφ' ἧς τῷ τέλει δύο διπλαῖ ἔξω νενευκυῖαι, ἡ μὲν ἐν ἀρχῇ τοῦ κώλου, ἡ δὲ κατὰ τὸ τέλος.]

552. χαλκοκρότων : Χαλκοπόδων, τουτέστι τὰς ὁπλὰς ἰσχυρὰς ἐχόντων. συμβαίνει γὰρ ἠχεῖν τὴν γῆν καὶ κτυπεῖν ἐπικρουομένην τοῖς ποσὶ τῶν ἵππων.

554. κυανέμβολοι : Ἤτοι αἱ τοὺς ἐμβόλους ἔχουσαι κυανῷ βεβαμμένους, ὡς μιλτοπάρῃοι, αἱ μεμιλτωμέναι. ἢ αἱ τέμνουσαι τὴν θάλασσαν. κυανὸν γὰρ τὸ ταύτης ὕδωρ.

555. μισθοφόροι τριήρεις : Αἱ τοὺς ἐπὶ μισθῷ στρατευομένους ἄγουσαι.

556. λαμπρυνομένων : Ἀντὶ τοῦ καυχωμένων, καὶ νικώντων ἐν τοῖς ἅρμασι.

558. βαρυδαιμονούντων : Ὅτι ἄθλιοι ἦσαν οἱ ἱπποτροφοῦντες καταναλίσκοντες αὐτῶν τὴν οὐσίαν.

559. ὦ χρυσοτρίαινα : Περιφραστικῶς. τῆς θαλάττης βασιλεῦ. Σουνιάρατε δὲ, ᾧ ἐν τῷ Σουνίῳ ἀρῶνται καὶ εὔχονται. Σούνιον δὲ ἀκρωτήριον τῆς Ἀττικῆς.

561. Γεραίστιε : Γεραιστὸς ἀκρωτήριον τῆς Εὐβοίας, τῇ μὲν Κρωμνίτην ἔχον, τῇ δὲ Λέχαιον. ἱερὰ δέ εἰσι τοῦ Ποσειδῶνος, ἔνθα ὁ Εὔριπος.

562. Φορμίωνί τε φίλτατε : Προσφιλέστατε τῷ Φορμίωνι. τὸν μῦθον δὲ αἰνίττεται, ὅτι καὶ ὁ Ποσειδῶν τῶν Ἀθηναίων ἀντεποιήσατο καὶ τῇ Ἀθηνᾷ ἤρισε. στρατηγὸς δὲ Ἀθηναίων ναυτικώτατος ὁ Φορμίων, καὶ πολλάκις εὐτυχήσας ἐν ναυμαχίαις καὶ ἐν τῇ πρὸς Λακεδαιμονίους μάχῃ κατορθώσας νῦν ναῦς διέφθειρεν.

563. ἐκ τῶν ἄλλων τε θεῶν : Ἐκ τῶν ἄλλων θεῶν σὺ μόνος δεῦρο ἐλθὲ Ἀθηναίοις πρὸς τὸ παρεστὸς, τουτέστι πρὸς τὰ παρόντα καὶ ἐνεστῶτα πράγματα. ἐπεὶ νεωστὶ Ἀθηναῖοι Φορμίωνος στρατηγοῦντος περὶ ναυμαχίαν ἠνδραγάθησαν.

565. εὐλογῆσαι βουλόμεθα : Τὸ ἐπίρρημα στίχων ἐστὶ ις' τετραμέτρων τροχαϊκῶν ἀκαταλήκτων, ὃ φιλεῖ Ἀριστοφάνης. [ὁμοίως δὲ καὶ τὸ ἀντεπίρρημα. διπλῇ δ' ἄμφω περατοῦνται. ἀλλὰ τὸ μὲν τῇ ἔσω διὰ τὴν ἀνταπόδοσιν, τὸ δὲ τῇ ἔξω.] εὐλογῆσαι δὲ ἀντὶ τοῦ ἐπαινέσαι, ὑμνῆσαι, ἐγκωμιάσαι.

566. ἄξιοι καὶ τοῦ πέπλου : Ἰδίᾳ παρὰ τοῖς Ἀθηναίοις πέπλος τὸ ἄρμενον τῆς Παναθηναϊκῆς νεὼς, ἣν οἱ Ἀθηναῖοι κατασκευάζουσι τῇ θεῷ διὰ τετραετηρίδος. ἧς καὶ τὴν πομπὴν ἀπὸ τοῦ Κεραμεικοῦ ποιοῦσι μέχρι τοῦ Ἐλευσινίου. πέπλον δὲ καλοῦσι τὸ ἄρμενον διὰ τὸ ἀραιὸν αὐτὸ εἶναι. Ἄλλως. καὶ τοῦ πέπλου : Οὗ ἐγέγραπτο Ἐγκέλαδος, ὃν ἀνεῖλεν ἡ Ἀθηνᾶ. ἦν δὲ εἷς τῶν Γιγάντων. ἐπεσκευάζετο οὖν ὁ πέπλος καθ' ἕκαστον ἐνιαυτὸν, καὶ ἐπομπεύετο ἐν τοῖς Παναθηναίοις. Ἄλλως. νικήσαντες πέπλον ἐποίησαν τῇ Ἀθηνᾷ καὶ ἐνέθεντο τοὺς ἀρίστους ἐν αὐτῷ.

567. ναυφράκτῳ στρατῷ : Τῷ συμπεφραγμένῳ καὶ συντεταγμένῳ ναυτικῷ.

570. ἠρίθμησεν : Ἀπεδειλίασεν, μεθ' ἡσυχίας ἦγεν. ἀμυνίας : Ἕτοιμος πρὸς τὸ ἀμῦναι. ὡς ἐπὶ τῶν ἐν πάλῃ ἀγωνιζομένων.

571. εἰ δέ που πέσοιεν : Ἡττηθεῖεν, ἧττον ἔχοντες ἀπέλθοιεν. Ἄλλως. εἶδος παλαίσματος, ὅ τινες ψευδόπτωμα καλοῦσιν. ἐπέμεινε δὲ τῇ τροπῇ. καὶ γὰρ τῶν παλαιόντων οἱ εἰς τὸν ὦμον πεσόντες, ἐξαναστάντες εἰώθασιν ἀποψᾶν τὴν κόνιν, ἵνα μὴ ἴχνος ἔχοιεν μηδὲ ἔλεγχον τοῦ πτώματος. ὃ δὲ λέγει, τοιοῦτόν ἐστιν· ὅτι οἱ πρόγονοι, εἰ καὶ ἡττηθεῖεν ἐν μάχῃ, πάλιν αὐτοὶ τὴν ἧτταν ἀνεκαλοῦντο ταχέως καὶ τοῖς νενικηκόσιν [ἡττηθεῖσιν] ἐκ δευτέρου πλέον τῆς προτέρας νίκης οὐδὲν ἦν.

572. ἀπεψήσαντ' ἂν : Ἀπεμάξαντο ὡς οἱ παλαίοντες, ἵνα μηδὲν ἴχνος ἔχοιεν πτώματος. [διεπάλαιον δὲ, ἀνεπάλαιον, ἀνεμάχοντο.]

574. τῶν προτοῦ σίτησιν : Σίτησιν λέγει τὴν ἐν πρυτανείῳ τράπεζαν. τουτέστι δημοσίᾳ τρέφεσθαι οὐδεὶς ἂν τῶν παλαιῶν ἠξίωσεν, ὡς τῶν κατ' αὐτὸν στρατηγῶν τοῦτο ποιούντων, καὶ ὡς ἐπὶ μισθῷ ὑφισταμένων κατορθῶσαί τι τῇ πόλει. Ἄλλως. στρατηγῶν Ἀθηναίων τῶν πρότερον οὐδεὶς πρὸ τοῦ πολέμου σίτησιν ᾔτησεν, ἂν μὴ ὁ δῆμος χαρίζηται. νῦν δὲ ἐὰν μὴ τιμῶνται προεδρίᾳ καὶ σιτίοις, ἀγανακτοῦσιν. ἔσκωψε δέ. οὐ γὰρ εἶπε σίτησιν. ἐὰν μὴ γένωνται πρόεδροι καὶ τιμῆς ἀξιωθῶσιν, οὐ μαχέσεσθαί φασι.

Κλεαίνετον : Οὗτος ὁ Κλεαίνετος φαίνεται κατεδηδοκὼς τὴν οὐσίαν καὶ ἡδυπαθήσας. οἱ δὲ, ὅτι οὗτος

ἔγραψε ψήφισμα μὴ δεῖν δοθῆναι τοῖς στρατηγοῖς σίτησιν. σπανίως δὲ μέμνηται τοῦ Κλεαινέτου καὶ σχεδὸν ἐνταῦθα μόνον. στοχάζονται οὖν τινες ὅτι οὗτος ἂν εἴη ὁ τὴν σίτησιν περιποιήσας τῷ Κλέωνι.

575. ἐὰν μὴ προεδρίαν φέρωσι : Τιμῆς καὶ οὗτος τρόπος. ἐξῆν δὲ τοῖς τῆς τιμῆς ταύτης τυχοῦσι καὶ ἐν βουλευτηρίῳ καὶ ἐν ἐκκλησίᾳ καὶ ἐν θεάτροις καὶ ἐν ἄλλῳ παντὶ συλλόγῳ τοὺς προλαμβάνοντας, οἵτινες ἦσαν, ἐξεγείραντας αὐτοὺς εἰς τὸν ἐκείνων τόπον καθίσαι. πεποίηται δὲ τὸ ὄνομα ἀπὸ τοῦ τὴν πρώτην αὐτοὺς ἕδραν ἔχειν. Ἄλλως. ἐὰν μὴ πρότερον, φησί, τοιούτου τύχωσι τινὸς, ἀπειλοῦσι μὴ μάχεσθαι, διὰ τούτων καθαπτόμενος ὁμοῦ τι τῶν Ἀθηναίων καὶ τῶν στρατηγῶν· τῶν μὲν Ἀθηναίων, ὡς ἀναξίοις διαδιδόντων τὰς τιμὰς καὶ τὰς δωρεὰς, εἰ πρίν τι δρᾶσαι τὴν πόλιν ἀγαθὸν, ταῦτα διδόασιν αὐτοῖς· τῶν δὲ στρατηγῶν, ὡς τιμωμένων πρὶν τῶν κατορθωμάτων, καὶ τῶν ἤδη τιμῆς τινος τετυχηκότων τὴν δόξαν ἀφαιρουμένων, εἰ φαίνοιντο τὴν δωρεὰν λαβόντες οὐκ ἐπ' ἀνδραγαθήμασι.

καὶ τὰ σιτία : Ἐπὶ στρατείαν ἐξιόντες χρόνου τινὸς ἐπήγοντο σιτία. οὗτοι δὲ, φησίν, οἱ νῦν, ἐὰν μὴ προεδρίας τινὸς καὶ τιμῆς ἀξιωθῶσιν, οὐκ ἐξίασιν ἐπὶ πόλεμον. σιτία γοῦν εἶπε τὴν ἐν τῷ πρυτανείῳ σίτησιν.

580. κομῶσι : Τρυφῶσι, πλουτοῦσι. τὸ γὰρ κομᾶν ἐπὶ τοῦ τρυφᾶν λέγεται καὶ γαυροῦσθαι καὶ μέγα φρονεῖν. ἄλλως τε καὶ ταῖς θριξὶ κομᾶν εἰς τιμὴν συγκεχώρηται αὐτοῖς.

ἀπεστλεγγισμένοις : Κεκαρμένοις. Κινέας γὰρ καὶ Φρῖνος εἰσηγήσαντο μεταστῆναι τοὺς νέους, νόμον γράψαντες μηκέτι ἁβροδιαίτους εἶναι, ὃν τρόπον τοπάλαι, μηδὲ κομᾶν. ἢ ἀπεξεσμένοις καὶ ἐπανήκουσιν ἀπὸ ἀλείμματος. Ἀπίων δὲ ἀκούει στλεγγίδας τὰς σταγόνας τοῦ ἐλαίου. ἀπεστλεγγισμένοις, ἀντὶ τοῦ ἐγκεκαθαρμένοις, ματτομένοις. στλεγγὶς γὰρ ἡ ξύστρα, [καὶ στλεγγιζόμενος, ἀποξυόμενος. καὶ ἀλλαχοῦ Γήρᾳ

εἰ παιδαρίοις ἀκολουθεῖν δεῖ σφαῖραν καὶ στλεγγίδ' ἔχοντα.

Δαιταλεῦσιν « οὐδὲ γὰρ αὐτῇ στλεγγὶς οὐδὲ λήκυθος. » καλεῖται στλεγγὶς καὶ χρυσοῦν ἔλασμα τὸ περὶ τῇ κεφαλῇ τῶν γυναικῶν. ἀπεστλεγγισμένοις οὖν, ἀπεξεσμένοις, ἢ ἔλαιον ἀληλιμμένοις.]

581. ὦ πολιοῦχε Παλλάς : Ἡ τὴν πόλιν κατειληφυῖα καὶ περιέχουσα. ἐπεὶ καὶ ἦρχε τῆς πόλεως. ἔφορος γὰρ τῆς πόλεως ἡ θεός. καὶ τὴν ἐπὶ τοῖς πολέμοις ἀρετὴν διὰ τούτων ἐδήλωσεν αὐτῆς. ὁ δὲ νοῦς, ὦ τῆς ἁπασῶν ὑπερφερούσης [καὶ ὑπερβαλλούσης] χώρας μεδέουσα [καὶ βασιλεύουσα] ἐν δυνάμει καὶ ποιηταῖς. ἐπικαλεῖται δὲ τὴν θεὸν μετὰ τὴν νίκην εὐμενῆ παραστῆναι τοῖς ποιήμασιν αὐτοῦ. ὁμοῦ δὲ καὶ τὴν ἐπὶ σοφίᾳ δόξαν τῆς πόλεως καὶ τὴν ἐπὶ τοῖς πολέμοις ἀρετὴν διὰ τούτων ἐδήλωσε. [ξυνεργὸν δὲ, συμπράκτορα, σύμμαχον.]

589. ἡ χορικῶν ἐστιν ἑταίρα : Ἡ τοῖς χοροῖς ἐστι προσφιλὴς καὶ συνήθης. οἱ γὰρ τῆς ἀρχαίας κωμῳδίας ποιηταὶ καὶ τραγικοὶ χοροὺς ἵστασαν, οἳ τὰ χορικὰ ὑπεκρίνοντο καὶ ᾖδον μέλη. συνειστήκει δὲ ὁ χορὸς [ὁ μὲν κωμικὸς] ἐξ ἀνδρῶν ἤδη καὶ γυναικῶν, ὁμοῦ δὲ καὶ ἐκ παίδων, [κδ', ὡς καὶ οὗτος ἀπηρίθμησεν ἐν Ὄρνισιν, ἄρρενας μὲν ὄρνις ιβ', θηλείας δὲ τοσαύτας. ὁ δὲ τραγικὸς ιε', ὡς Αἰσχύλος Ἀγαμέμνονι.] ἔστι δ' ὅτε καὶ ἡμιχόρια ἵσταντο ἤτοι ἐξ ἀνδρῶν καὶ γυναικῶν. ἐν δὲ τοῖς τοιούτοις χοροῖς, εἰ μὲν ἐξ ἀνδρῶν εἴη καὶ γυναικῶν ὁ χορὸς, ἐπλεονέκτει τὸ τῶν ἀνδρῶν μέρος καὶ ἦσαν ιγ', αἱ δὲ γυναῖκες ἕνδεκα. εἰ δὲ παίδων εἴη καὶ γυναικῶν, αἱ μὲν γυναῖκες ιγ' ἦσαν, οἱ δὲ παῖδες ια'. εἰ δὲ πρεσβυτῶν καὶ νέων, τοὺς πρεσβύτας πλεονεκτεῖν δεῖν φασίν. Ἄλλως. χορικῶν, τῶν κωμικῶν καὶ τραγικῶν. ἢ γὰρ ἐνίκων ἢ ἡττῶντο οἱ ἀγωνιζόμενοι.

590. τοῖς τ' ἐχθροῖσι : Τοῖς ἀντιπάλοις, τοῖς ἀνταγωνισταῖς. στασιάζει δὲ, ἀντὶ τοῦ, πρὸς φιλονεικίαν διαφέρεται.

595. ἃ ξύνισμεν : Ὅτι καὶ αὐτοὶ παρακολουθήσαντες γινώσκομεν. ἐπεὶ δὲ ἀλλότρια τῆς ἱππέων φύσεως μέλλει περὶ αὐτῶν λέγειν, ἵνα θεραπεύσῃ τῆς ἐπαγγελίας τὸ ἀπίθανον, ἅπερ αὐτοῖς συνέγνω, ταῦτά φησι περὶ αὐτῶν ἐρεῖν.

τοῖσιν ἵπποις : Ἵνα μὴ εἴπῃ τοῖς ἱππεῦσι καὶ δόξῃ χαρίζεσθαι τῷ χορῷ, ἀλλ' ἵνα διὰ τῶν ἵππων ἐπαινέσῃ αὐτούς.

597. ἐσβολάς : Τὰς ἐπὶ τὴν τῶν πολεμίων χώραν ἐφόδους ἐκάλουν εἰσβολάς. [ἱππαγωγοὺς δὲ, τὰς ἵππους καὶ ἄνδρας ἀγούσας ναῦς.]

600. κώθωνας : Εἴδη ποτηρίων ἃ ἐλάμβανον οἱ στρατιῶται. τοὺς ἱππεῖς δὲ ἐπαινεῖν βουλόμενος ταῦτά φησιν. ἄλογον γὰρ καὶ ἀλόγοις ζῴοις λογισμὸν περιτιθέναι. τοὺς δὲ Ἀθηναίους ἐπαινεῖ, ἐπεὶ ἠπειρῶται ὄντες ἀντεποιήσαντο τῆς θαλάττης, καὶ οὐκ ἀπέτυχον τῆς προσδοκίας. διὰ δὲ τοῦ σκορόδου καὶ κρομμύου τὴν εὐτέλειαν δείκνυσι τῶν τε ναυτικῶν καὶ τῶν στρατιωτικῶν σιτίων. ὅτι εὐτελῆ ὡς οἱ στρατιῶται ἔφερον.

602. τίς ἐμβαλεῖ : Ἰδίως τὸ κροῦσαι ναυσὶν ἐμβαλεῖν λέγουσι. φησὶν οὖν, τίς ὁ τολμήσας τοῖς ἱππόταις ἐξ ἐναντίας ἀντιστῆναι; κυρίως οὖν τὸ ἐμβαλεῖν τὸ ταῖς κώπαις κροῦσαι. νῦν δὲ ἀντὶ τοῦ τοῖς ἵπποις συμβαλεῖν. τὸ δὲ ἱππαπαὶ ἔπαιξε παρὰ τὸ ῥυππαπαὶ εἰρηκὼς ὡς ἐπὶ ἵππων. ἔστι δὲ τὸ ῥυππαπαὶ ἐπιφώνημα ναυτικόν. ἢ ψόφου ἐστὶ μίμημα ἀπὸ τῶν κωπῶν ἀποτελουμένου. [ἀνεβρύαξαν δὲ, ἀνεθορύβησαν, ἀνέκραγον.] οὐκ ἐλᾷς δὲ, οὐκ ἐρέττεις, οὐ κωπηλατεῖς.

603. ὦ σαμφόρα : Ἰδίως σαμφόροι καλοῦνται ἵπποι ἐγκεχαραγμένοι τὸ σ σημεῖον. οἱ δὲ Δωριεῖς τὸ σ σὰν λέγουσιν.

604. ἐξεπήδων : Κυρίως τὸ ἐξεπήδων ἐπὶ ἵππων. φησὶ δὲ τὸ ἐξώρμων. ἐναργεῖ δὲ λέξει κέχρηται δεικνὺς αὐτῶν τὴν προθυμίαν. [παγούρους δὲ, τοὺς παρ' ἡμῖν καράβους.]

[605. μετῄεσαν : Μετήρχοντο, ἐδίωκον. *Vict.*

606. ἀντὶ πόας Μηδικῆς : Τοῦ παρ' ἡμῖν χόρτου. λέγεται δὲ καὶ πόα τις Μηδικὴ ἀρίστη καὶ καλλίστη

τοῖς βοϊδίοις. ἡ γὰρ τοῦ βοὸς κοιλία βόλιτον ἔχει. λέγει δὲ φαύλοις εἴδεσιν [ἐν αὐτοῖς] ἡττώμενος. ['Αττικοὶ δὲ οὕτω λέγουσι χωρὶς τοῦ β, ὅπερ ἡμεῖς βόλβιτον λέγομεν. βολίτοις δὲ, ὅτι περὶ βοῶν ὁ λόγος· καὶ παροιμία, βολίτου δίκη, πρὸς τοὺς ἐπὶ μικροῖς δίκας ὑπέχοντας· ὁ γὰρ Σόλωνος νόμος καὶ τοὺς βόλιτον ὑφελομένους κολάζει. ὑπερηκόντισα δὲ, ἐνίκησα, ἐκ μεταφορᾶς τῶν τοῖς ἀκοντίοις νικώντων.]

660. τῇ δ' Ἀγροτέρᾳ : Τῇ Ἀρτέμιδι. ἰδίως γὰρ οἱ Ἀθηναῖοι σέβουσι καὶ τιμῶσι τὴν Ἀγροτέραν Ἄρτεμιν. Ἄλλως. ἐξ ἱστορίας. Καλλίμαχος ὁ πολέμαρχος λέγεται εὔξασθαι τῇ Ἀρτέμιδι τοσαύτας βοῦς θῦσαι, ὅσους ἂν φονεύσῃ βαρβάρους ἐν Μαραθῶνι. ἐπειδὴ δὲ πολλοὶ ἐφονεύθησαν, μὴ δυνάμενος τοσαύτας βοῦς θῦσαι, ἔθυσε χιμαίρας. παρῄνεσα δὲ, συνεβούλευσα, εἰσηγησάμην Ἀθηναίοις. — τὸ δὲ χιλιῶν περισπῶσι. Ven.

662. αἱ τριχίδες : Εἶδος ἰχθύων, ἃς θρίσσας καλοῦμεν. καὶ ἀλλαχοῦ [Eccl. 56] « ἔβηττε τὴν νύχθ' ὅλην τριχίδων πεπλησμένος. »

663. ἐκαραδόκησεν : Ἀντὶ τοῦ ἐπέβλεψεν. ἢ ἐμοὶ προσέθεντο τὴν κεφαλὴν μετεωρίσαντες. παρὰ τὸ Ὁμηρικὸν [Il. Σ, 488] « καί τ' Ὠρίωνα [δοκεύει. » ἐφληνάφα δὲ, ἐφλυάρει, ἐξηυτέλιζε].

665. κᾆθ' εἷλκον αὐτὸν : Εἶτα εἷλκον αὐτὸν καὶ ἐξώθουν τῆς βουλῆς.

οἱ πρυτάνεις : Οἱ προεστῶτες τῆς σιτήσεως καὶ τοῦ δήμου ἄρχοντες ὑπηρέται.

668. ἵν' ἀτθ' ὁ κῆρυξ : Ταῦτα εἰς τὴν ἀπάτην τοῦ Κλέωνος τὴν εἰς τὸν δῆμον. ἐξ ἱστορίας δὲ τοῦτο. Λακεδαιμονίους γὰρ περὶ εἰρήνης πρεσβευομένους οὐκ ἐδέξαντο Κλέωνος κωλύσαντος.

670. ἐξ ἑνὸς στόματος : Ὁμοθυμαδὸν καὶ μιᾷ φωνῇ.

671. ὦ μέλε : Πρόσφθεγμα Ἀττικὸν ἀντὶ τοῦ ὦ κάκιστε, ἢ κακοδαιμονέστατε, ἢ οἰκτρότατε. παρέλκει δὲ τὸ ὦ μέλε. [ἀξίας δὲ, εὐώνους.]

672. ἐπυνθάνοντο, ἔμαθον, ἢ ἔγνωσαν. V.

673. ὁ πόλεμος ἐρπέτω : Γράφεται ἐρρέτω, τουτέστι χαιρέτω, ὅ ἐστιν, οὐδεμίαν φροντίδα τοῦ πολέμου ποιοῦμεν.

675. ὑπερεπήδων : Καὶ εὐθὺς ὑπερήλλοντο καὶ ὑπερεπήδων, τουτέστι δρομαῖοι ἠπείγοντο. διὰ δὲ τῆς σπουδῆς τὴν λιχνείαν ἐνδείκνυσιν αὐτῶν.

τοὺς δρυφάκτους : Τὰ νῦν ταβλώματα καλούμενα. τὰ τῶν οἰκοδομημάτων ἐξέχοντα ξύλα· ἢ τὰ κάγκελα, δρυόφρακτός τις ὤν. οἱ γὰρ ἀρχαῖοι πᾶν δένδρον δρῦν ἐκάλουν, ὥσπερ καὶ ἀκρόδρυα τὰ ἄκρα τῶν δένδρων. τουτέστιν ὁ ἐκ δρυὸς φραγμός.

677. γήτεια : Εἶδος λαχάνου ἀγρίου, παρεοικὸς τοῖς λευκοῖς πράσοις. καὶ τοῦτο ἥδυσμα ὡς τὸ ἀμπελόπρασον.

678. ἐδίδουν ἡδύσματα : Ἀρτύματα, φησὶν, αὐτοῖς ἐχαριζόμην. οἰκείως δὲ ὡς μάγειρος ἐδίδου τὰ ἀρτύματα.

680. ὑπερεπυππάζοντο : Γράφεται καὶ ὑπερεπλήσσοντό με, οἷον κατεπλήσσοντό με καὶ τὴν φιλοτιμίαν ἐθαύμαζον τὴν ἐμήν. διασύρει δὲ αὐτοὺς ὡς μικροθαυμάστους καὶ ταχέως ἀπατωμένους ὀλίγῳ λήμματι.

ὑπερεπύππαζον : Πύππαξ ἐπεφώνουν, ὃ ἡμεῖς ποππύζειν λέγομεν.

682. ἀναλαβὼν : Συναρπάσας, κουφίσας, μετεωρίσας, τουτέστιν εἰς ἐμαυτὸν τῇ εὐνοίᾳ πείσας ῥέπειν. ἱκανῶς δὲ ἐκωμῴδησε τοὺς Ἀθηναίους. [κορίαννα δὲ εἶδος βοτάνης, τὸν νῦν κολίανδρον.]

683. διπλῆ, ὅτι ἕπεται ἡ ἀντίστροφος τῆς προαποδεδομένης. V. [ὁ πανοῦργος : Ὁ Κλέων τὸν ἀλλαντοπώλην. κεχασμένον δὲ, κεκοσμημένον. ποικίλοις δὲ, πολλοῖς καὶ διαφόροις. αἱμυλίοις δὲ, τοῖς προσηνέσι καὶ ἐπαγωγοῖς ἢ ἀπατητικοῖς.]

685. πολλοῖς καὶ διαφόροις. V.

686. τοῖς προσηνέσι καὶ ἐπαγωγοῖς. ἢ τοῖς ἀπατητικοῖς. V.

691. καὶ μὴν ὁ Παφλαγὼν : Διπλῆ καὶ εἴσθεσις εἰς ἰάμβους τριμέτρους ἀκαταλήκτους ξε'. [ἐπὶ τῷ τέλει κορωνίς.]

692. κολόκυμα : Τὸ κολοβὸν κῦμα, ὅπερ τυφλὸν διὰ τὸ μὴ καχλάζειν λέγουσιν. ἢ τὸ κυλῖον καὶ ἐπιφέρον. ὑψηλὸν κῦμα καὶ μέγα ἀπὸ τοῦ κορυφοῦσθαι κυλιόμενον. τοῦτο δὲ ὡς πρὸς ἄνεμον. Ἄλλως. ὅπερ τινὲς κωφὸν καλοῦσι, τὸ μὴ ἐπηχοῦν μηδὲ καχλάζον. πρὸς τὴν προειρημένην δὲ ἀπειλὴν ὑπὸ τοῦ Κλέωνος ὅτι τὴν γῆν ταράξει καὶ τὴν θάλατταν ἀποτείνεται διασύρων αὐτὸν, ὅτι μηδὲν ἔπραξεν ὧν προηπείλησεν, ἀλλ' ἧττον ἔχων ἀπῆλθε τοῦ Ἀγορακρίτου.

693. [ὡς δὴ καταπιόμενός με : Ὡς ἐπικαλύψων με τῷ κύματι αἰσχρῶς με μέλλων καταπιεῖν.]

μορμὼ τοῦ θράσους : Τὸ μορμολύκειον, ἣν λέγουσι Λάμιαν. μορμολύκεια δὲ ἔλεγον τὰ φοβερά. λείπει δὲ τὸ ὡς, ὡς μορμώ. ἢ ἐπιρρηματικῶς νῦν ἐξενήνεκται, ὡς εἰ ἔλεγε, φεῦ τοῦ θράσους.

694. εἰ μή σ' ἀπολέσαιμι : Οἷον διαμαρτήσαιμι, φησὶ, τῆς ἐλπίδος, εἴ σε μὴ ἀπολέσαιμι, εἴ τι τῶν ἐμῶν ὑποκρίναιο ψευσμάτων. ἐπειδὴ ψευδόμενος καὶ ἀνθυπισχνούμενος ἔδοξεν αὐτὸν ὁ ἀλλαντοπώλης παρευδοκιμεῖν. Ἄλλως. εἴ τι τῶν ἐνόντων μοι ψευδῶν σώζεται καὶ μὴ ἀπολώλεκα τὸ ψεύδεσθαι. διαμάρτοιμι καὶ διαπέσοιμι πανταχοῦ, εἰ μή σε ἐξ ἀνθρώπων ποιήσαιμι. [διαπέσοιμι, οἷον μηκέτι εἴην συκοφάντης. — πανταχῆ : Ὅλως. C.]

696. ἥσθην ἀπειλαῖς : Εὐφράνθην σου ταῖς ἀπειλαῖς, τουτέστι καταφρονῶ σου τῶν ἀπειλῶν καὶ παρ' οὐδὲν αὐτὰς τίθεμαι.

ψολοκομπίαις : Αἰθαλοκομπίαις, μεγαλοδοξίαις, ψευδολογίαις, μεγαληγορίαις, καπνοῖς. ἀπὸ δὲ τῶν προειρημένων ὀνομάτων ἔπαιξεν ἀπὸ τοῦ βροντᾶν

καὶ ταράττειν τὴν γῆν καὶ τὴν θάλατταν, καὶ κρημνοὺς ἐρείδειν, ἃ μόνου τοῦ Διός εἰσιν ἔργα. ἐκ τῶν τοιούτων οὖν ἡ προσηγορία διὰ τὸ κεραυνῷ χρῆσθαι δοκεῖν. τῶν γὰρ κεραυνῶν οἱ μὲν καταιβάται, οἱ δὲ ψολόεντες, οἱ δὲ ἀργῆτες καλοῦνται, ὡς Ὅμηρος ὠνόμασεν.

697. ἀπεπυδάρισα : Πυδαρίζειν ἐπὶ τοῦ ἅλλεσθαι. ἤτοι ποδαρίζειν καὶ πυδαρίζειν, ὡς ὄνομα καὶ ὄνυμα Αἰολικῶς, ἢ πυγαρίζειν παρὰ τὴν πυγὴν, καὶ τροπῇ πυδαρίζειν, ὡς γνόφος καὶ δνόφος. δηλοῖ δὲ τὸ λακτίζειν, ὡς τὸ,

ἀπεπυδάρισα μόθωνα, περιεκόκκυσα

παρὰ τοὺς πόδας.

μόθωνα : Τὸν εἰρωνικὸν καὶ δόλιον, καὶ πανουργίᾳ προσφερόμενον τινί. Ἄλλως. μόθων φορτικὸν ὀρχήσεως εἶδος. ἔλεγον δὲ τοὺς φορτικοὺς μόθωνας.

περιεκόκκυσα : Περιεκορδάκισα. ἔστι δὲ εἶδος ὀρχήσεως. τινὲς δὲ τὸ μὲν ἀπεπυδάρισα, ἀπέπαρδον. ἄλλοι δὲ, ἀπεσκίρτησα καὶ ὠρχησάμην. τὸ δὲ περιεκόκκυσα, περιεῤῥόγχασα, καὶ ὑπερεῖδον καὶ κατεφρόνησα.

698. οὔτοι μὰ τὴν Δήμητρα : Πάτριος τῶν Ἀθηναίων ἡ Δημήτηρ, διὰ τὸ ξενισθῆναι παρὰ Κελεῷ, καὶ στῆναι τῆς πλάνης εὑροῦσαν τὴν κόρην ἐκ τῶν ὑποθηκῶν τῶν ἐκείνου, καὶ τῆς φιλοφροσύνης καὶ τῆς φιλοξενίας ἀμοιβὴν ἀποδοῦναι τὰς ἡμέρους αὐτῷ τροφάς. [καὶ ἅρμα δρακόντων, ἐφ' ᾧτε ἐπὶ πᾶσαν διασπεῖραι τὴν οἰκουμένην.]

ἐκφάγω : Ἐὰν μή σε καταναλώσω καὶ ἐκβάλω ἐκ ταύτης τῆς γῆς καὶ διώξω. τὸ δὲ ἐκφάγω εἶπε διὰ τὸν τῆς Δήμητρος ὅρκον.

700. ἐκπίω : Ἑξῆς πρὸς τὸ ὑπ' ἐκείνου ῥηθὲν ἀποκρίνεται, τῷ ἐκφαγεῖν ἀντιθεὶς τὸ ἐκπιεῖν. ὡς γὰρ ἡ Δημήτηρ τὰς τροφὰς, οὕτω καὶ Διόνυσος Ἰκαρίῳ φιλοξενίας ἔδωκε δῶρον, ὅτι φιλοφρόνως αὐτὸν ὑπεδέξατο, τὴν ὕβριν φεύγοντα τοῦ Πενθέως.

701. κἀπεκροφήσας : Πλέον τι προσέθηκεν ὑπερβολῇ τῆς ἀπειλῆς, τῷ ἐκπίω ἐπενεγκὼν τὸ ἐκροφήσας.

703. οἷον ὄψομαί σ' ἐγὼ : Ἀντὶ τοῦ οἵως. Ὅμηρος [Od. A, 410] « οἷον ἀναΐξας ἄφαρ οἴχεται. » ἀντὶ τοῦ οἵως. ὁ δὲ νοῦς, οἷον ὄψομαί σε ἀπὸ τῆς τιμῆς ἄτιμον γενόμενον. ἀπειλεῖ δὲ αὐτῷ ὡς ἀφαιρησόμενος αὐτὸν τὴν προεδρίαν. Τοῦτο δὲ, ὡς ἀεὶ τοῦ Κλέωνος θρυλοῦντος τὰ περὶ Πύλον καὶ Σφακτηρίαν καὶ τοὺς αἰχμαλώτους.

707. ἐπὶ τῷ φάγοις ἂν ἥδιστα : Ἀντὶ τοῦ εἰπεῖν ἐπ' ἰχθύσι φάγοις ἂν, οἷον μετὰ ἰχθύων. ἢ ἀντὶ τοῦ εἰπεῖν ἐπὶ τραπεζίῳ, πικρῶς εἶπεν ἐπὶ βαλλαντίῳ, ἵνα διαβάλῃ ὡς κλέπτην καὶ τῶν δημοσίων ἅρπαγα. [ἐν τῷ ξύλῳ δὲ, ἐν τῇ ποδοκάκῃ, ὡς εἴρηται.]

708. ἐξαρπάσομαί σου : Ἐξοίσω. διασπαράξω τοῖς ὄνυξιν. ἀπὸ τοῦ χρησμοῦ δὲ ἔπαιξε. βυρσαίετον γὰρ ἐκεῖ προσεῖπε τὸν Κλέωνα. ὁ δὲ ἀετὸς τοῖς ὄνυξιν ἐστὶν ἄλκιμος. πάλιν ὡς πρὸς τὸ μαγειρεῖον ἀπέσκωψε. διασπαράξας γὰρ, φησὶν, ἐξελῶ σου τὰ ἔντερα.

709. ἀπονυχιῶ σου τἀν πρυτανείῳ σιτία : Ἀφαιρήσομαί σου, φησὶ, τὴν σίτησιν. ἀποφράξω, ἀποκλείσω. ἀπὸ μεταφορᾶς τῶν ὀνυχιζομένων.

710. ἕλξω σε πρὸς τὸν δῆμον : Ἡττήθη γὰρ ἐν τῇ βουλῇ. παρεπιγραφὴ δέ. ποιεῖ γὰρ ὅπερ εἴρηκεν [καὶ ἅμα τῷ λόγῳ εἷλκεν αὐτόν].

711. καὶ διαβαλῶ γε : Ἔφαμεν πολλάκις ὅτι τῷ διαβάλλειν μάλιστα ἴσχυεν ὁ Κλέων. εἰπὼν δὲ ὅτι σοῦ πλείονα διαβαλῶ, τὸ κἀκεῖνον, εἰ καὶ ἧττον, ὅμως γοῦν διαβάλλειν ἐνεδείξατο.

713. καταγελῶ γ' ὅσον θέλω : Πᾶσαν ἔχω τοῦ πείθειν ἐξουσίαν, καὶ ὥσπερ ἐντρυφῶ τῷ δήμῳ.

714. [σεαυτοῦ νενόμικας : Οἰκείως ἔχειν πρὸς σὲ ὑπολαμβάνεις].

715. οἷς ψωμίζεται : Οἷς ἀπατᾶται, οἷς χαίρει. τὸ δὲ ψωμίζεσθαι ἐπὶ τῶν μικρῶν παιδίων λέγεται, ἃ ὑπόκειται τῇ τῶν διδόντων ἐξουσίᾳ.

716. ὥσπερ αἱ τίτθαι : Τίτθας καλοῦμεν τὰς τιτθίοις καὶ τῷ γάλακτι τρεφούσας τὰ παιδία. ἐγγύθεν οὖν ἀπὸ τοῦ ψωμίζειν ἀπεκρίνατο λέγων, ὅτι κατὰ τὰς τίτθας καὶ σὺ τὸν δῆμον κακῶς τρέφεις.

717. μασώμενος γὰρ : Ἐσθίων ἢ διαμασώμενος. ἐπέμεινε δὲ τῇ ὁμοιώσει τὴν ῥᾳδιουργίαν ἐπεξηγούμενος τῶν τροφῶν ἀπὸ τοῦ συμβεβηκότος. αὗται γὰρ διὰ τὸ μὴ δύνασθαι πάσας τὰς τροφὰς δι' ὁλοκλήρου τὰ παιδία ἐσθίειν, λαμβάνουσαι καὶ διαμασώμεναι, οὕτω μετὰ τὸ κατεργάσασθαι τὰ ἐδέσματα ἐξαιροῦσαι τοῦ ἰδίου στόματος, ἐντιθέασι τοῖς τῶν παιδίων. εἶτα συμβαίνει τὰς ἀγνώμονας ὀλίγα μὲν διδόναι τοῖς παιδίοις, αὐτὰς δὲ κατεσθίειν τὰ πλείονα. κατὰ τὰς τίτθας οὖν, φησὶν, ὁ Κλέων ὀλίγα τῷ δήμῳ χαριζόμενος, αὐτὸς πλείω κερδαίνει καὶ λαμβάνει.

κατέσπακας : Ἰδίως ἐπὶ τῶν θηλαζόντων βρεφῶν κατασπᾶν λέγουσι παρὰ τὸ ἐπισπᾶν καὶ ἐφέλκειν τὸ γάλα. τῷ ὀνόματι οὖν ἀπὸ τῶν προειρημένων ἐχρήσατο. λέγει οὖν ὅτι τὸ πλεῖον κερδαίνεις αὐτὸς καὶ κατεσθίεις. εὐρὺν δὲ καὶ στενὸν, πλούσιον καὶ πένητα.

721. σοφίζεται : Τεχνάζεται, ποιεῖ, τουτέστι ποτὲ μὲν πλατύνεται, ποτὲ δὲ συστέλλεται. ἰστέον δὲ ὅτι γελοίου χάριν παρέλαβε τοῦτο. [ἐπὶ δὲ τῷ καθυβρίσαι τινὲς τιθέασι δύο διπλᾶς.]

723. ἴωμεν εἰς τὸν δῆμον : Εἰς τὸ βουλευτήριον. ἔδοξε γὰρ αὐτὸν παρευδοκιμεῖν ἐν τῇ βουλῇ. οὐ καταφρονήσεις οὖν μου, φησὶν, ἐπὶ τῶν δημοτῶν ὥσπερ ἐν τῷ βουλευτηρίῳ.

724. μηδὲν ἡμᾶς ἰσχέτω : Μηδὲν ἡμᾶς ἐπισχέτω, μηδὲν ἐμπόδιον ἔστω.

725. ὦ δῆμε δεῦρ' ἔξελθε : Ὁ Κλέων ἐστὶν ὁ λέγων. διὰ δὲ τῆς οἰκειότητος τῶν ὀνομάτων τὸν δῆμον κολακεύει καὶ προσεταιρίζεται τὸ πάτερ προσφωνῶν αὐτὸν, ἵνα κἀκεῖνος ὡς περὶ παιδὸς φρονῇ. εἶτα ὁ ἀλλαντοπώλης, ἔξελθε δῆτα ὦ δημίδιον φίλτατον, καὶ αὐτὸς ἀντικολακεύων φησί.

729. τὴν εἰρεσιώνην μου κατεσπαράξατε : Κλάδος

ἐλαίας ἐρίοις περιπεπλεγμένοις ἀναδεδεμένος. ἐξήρτηντο δὲ αὐτοῦ ὡραῖα πάντα ἀκρόδρυα. πρὸ δὲ τῶν θυρῶν ἱστᾶσιν αὐτὴν εἰσέτι καὶ νῦν. ποιοῦσι δὲ τοῦτο κατὰ παλαιόν τι χρηστήριον. οἱ μὲν γάρ φασιν ὅτι λιμοῦ, οἱ δὲ, ὅτι καὶ λοιμοῦ τὴν πᾶσαν κατασχόντος οἰκουμένην, χρωμένων τίνα ἂν τρόπον παύσαιτο τὸ δεινὸν, τὴν λύσιν ταύτην ὁ Πύθιος ἐμαντεύσατο, εἰ προηρόσιον ὑπὲρ ἁπάντων Ἀθηναῖοι θύσειαν· θυσάντων οὖν τῶν Ἀθηναίων τὸ δεινὸν ἐπαύσατο. καὶ οὕτως ὥσπερ χαριστήριον οἱ πανταχόθεν τοῖς Ἀθηναίοις ἐξέπεμπον τῶν καρπῶν ἁπάντων τὰς ἀπαρχάς. ὅτε δὴ καὶ Ἄβαρίν φασι τὸν Ὑπερβόρειον ἐλθόντα θεωρὸν εἰς τὴν Ἑλλάδα, Ἀπόλλωνι θητεῦσαι, καὶ οὕτω συγγράψαι τοὺς χρησμοὺς τοὺς νῦν προσαγορευομένους Ἀβάριδος. ὅθεν εἰσέτι καὶ νῦν, ἐπειδὰν ἀνιστῶσι τὸν κλάδον, λέγουσι ταῦτα,

εἰρεσιώνη σῦκα φέρει καὶ πίονας ἄρτους
καὶ μέλι ἐν κοτύλῃ καὶ ἔλαιον ἀναψήσασθαι,
καὶ κύλικ' εὔζωρον, ὡς ἂν μεθύουσα καθεύδῃ.

Ἄλλως· Πυανεψίοις καὶ Θαργηλίοις Ἡλίῳ καὶ Ὥραις ἑορτάζουσιν Ἀθηναῖοι. φέρουσι δὲ οἱ παῖδες τούς τε θαλλοὺς ἐρίοις περιειλημένους, ὅθεν εἰρεσιῶναι λέγονται καὶ τούτους πρὸ τῶν θυρῶν κρεμῶσιν. ἐξήρτηντο δὲ τῶν θαλλῶν αἱ ὧραι. [τὸ δὲ κατεσπαράξατε εἶπεν ἐπειδὴ ἀλλήλους ὤθουν.]

733. σὺ δ' εἶ τίς : Τῷ ἀλλαντοπώλῃ λέγει.

736. ἀλλ' οὐχ οἷοί τ' ἐσμὲν : Ἀλλ' οὐ δυνάμεθα προσιέναι οὐδ' εὖ ποιεῖν, κωλυόμενοι, φησὶν, ὑπὸ τοῦ Κλέωνος.

739. λυχνοπώλησιν : Δι' Ὑπέρβολον. καὶ αὐτὸς γὰρ δημαγωγὸς ἦν λυχνοποιὸς ὤν. νευρορράφοις δέ φησι διὰ τὸν προβατοπώλην Λυσικλέα.

740. καὶ σκυτοτόμοις : Κλέωνι καὶ Λυσικλεῖ. ὀνειδίζει δὲ πάλιν Κλέωνι, ἀφ' οἵας τέχνης ἄγει καὶ φέρει τὴν πόλιν.

δίδως : Παρέχεις, ἢ πιστεύεις σεαυτόν.

742. ὑποδραμὼν τῶν ἐκ Πύλου : Καταδραμὼν τοὺς ἐν Πύλῳ στρατηγούς. ἅμα δὲ ὅτι καὶ συνεχῶς μέμνηται τοῦ ἐν Πύλῳ κατορθώματος. Ἄλλως. ὑφαρπάσας διὰ τὴν νίκην τὴν ἐν Πύλῳ. ἐν σχήματι δὲ εἶπεν, ἀντὶ τοῦ στρατηγούς. — ὑπεκδραμὼν : Πάνυ δραμών. *C.*

744. ἀπ' ἐργαστηρίου : Ἵνα μηδὲ ἐν τούτοις ἀπολείπεσθαι δοκῇ τοῦ Κλέωνος ὁ ἀλλαντοπώλης, ἔδοξέ πως ὅμοιον ἐξευρηκέναι πρᾶγμα τοῖς ἐκείνῳ πεπραγμένοις. οὐ γὰρ ὁ Κλέων, φησὶ, μόνος ἀλλοτρίαν νίκην μόνος ὑφήρπασεν, ἀλλὰ καὶ οὗτος ἐκ τῆς πόλεως μέσης ἔκ τινος ἐργαστηρίου, φησὶ, χύτραν ὑφειλόμην, ἄλλου κατασκευάσαντος ἑαυτῷ τροφὴν, ὡς κἀκεῖνος τὸ ἀλλότριον κατόρθωμα ἴδιον ἐποιήσατο.

748. διάκρινον : Σύγκρινον ἢ ἀντεξέτασον πότερός σοι μᾶλλον εὔνους.

749. μὴ 'ν τῇ πνυκί : Ὡς ἂν ἐν τῇ συνόδῳ ἀνόητα δρῶντος τοῦ δήμου. ἡ δὲ πνὺξ τόπος ἐστὶν ἐν ᾧ τὸ παλαιὸν ἠκκλησίαζον.

751. ἀλλ' εἰς τὸ πρόσθ' ἐχρῆν παρεῖναι : Εἰς τὴν αὔριον χρὴ παρεῖναι ἅπαντας καὶ συνελθεῖν. [γέροντα δὲ πάλιν εἶπεν ὅτι ἀρχαῖος ὁ τῶν Ἀθηναίων δῆμος. δεξιώτατος δὲ, φιλανθρωπότατος, προσηνέστατος, ἀγαθός. τῆς πέτρας δὲ, τῆς πνυκός. ὀρεινὴ γὰρ ἦν, ὡς ἔοικεν.]

755. ἐμποδίζων ἰσχάδας : Σῦκα. ὥσπερ, φησὶν, οἱ τὰς ἰσχάδας ἐσθίοντες ἀνεμποδίστως καὶ λάβρως αὐτὰς ἐσθίουσι, τὸν αὐτὸν τρόπον καὶ ὁ δῆμος, ἐπειδὰν ἐν τῇ πνυκὶ καθεσθῇ, κατακρίνει καὶ δημεύει. καὶ ὥσπερ οἱ τὰς ἰσχάδας ἐσθίοντες οὐκ ἂν μεταδοῖεν εὐχερῶς τινι, οὕτως οὐδὲ ὁ δῆμος ἐκεῖσε δικάζων οὐκ ἂν φιλανθρωπεύσαιτο ῥᾳδίως. Ἄλλως. ἐπειδὴ εἴωθε τὰ παιδία παίζοντα ἀναβάλλειν τὰς ἰσχάδας, καὶ ἐν τῷ στόματι αὐτῶν δέχεσθαι. Ἀρίσταρχος δὲ τὸ ἐμποδίζων ἀντὶ τοῦ μασώμενος, ἢ ἐμφορούμενος. ἔνιοι δὲ, ἀπὸ τοῦ τὸν σῦκα λαμβάνοντα χάσκειν. οἱ δὲ, παιδιάν τινα. Ἄλλως. Σύμμαχος οὕτως· ἀπὸ τῶν μελισσῶν ἡ μεταφορά. εἰώθασι γὰρ οἱ μελισσουργοὶ ἰσχάδας συγκεκομμένας ῥίπτειν ταῖς μελίσσαις, ἐπὰν διὰ κρύος ἢ χειμῶνα ἐξιέναι κατοκνῶσιν ἐκ τῶν σίμβλων, ἵνα ἔνδοθεν ἐσθίωσι. κεχήνασι δὲ οἱ μασώμενοι. Ἀρίσταρχος δὲ, ὅτι μασώμενοι τὰς ἰσχάδας ταῖς μελίτταις ῥίπτουσιν ἃ τοῖς ποσὶ τρίβουσιν. Ἄλλως. ἐπειδὴ οἱ παῖδες περιτιθέντες ταῖς συκαῖς βρόχον εἰώθασιν ἐσθίειν ἐπιθυμοῦντες τῶν σύκων, εἶτα ὑπὸ τοῦ πάνυ γλίχεσθαι κεχήνασιν. [ἢ οὕτως, ὅτι εἴωθε τὰ παιδία παίζοντα ἄνω ῥίπτειν τὰς ἰσχάδας ἢ τὰς τῶν βοτρύων ῥᾶγας, καὶ τῷ στόματι αὐτὰς κατιούσας δέχεσθαι χαίνοντα. ἢ ὅτι τὰ ἐπὶ ταῖς συκαῖς σῦκα διὰ καλάμων ἀποσπῶντα, κεχηνότα ταῦτα ὑποδέχεται τῷ στόματι.]

756. [νῦν δεῖ σε : Κορωνὶς καὶ εἴσθεσις χοροῦ, ἐπῳδικὴ μὲν διὰ τὸ μετὰ τὴν κορωνίδα κεῖσθαι· μεσῳδικὴ δὲ διὰ τὸ ἑξῆς εἰσάγεσθαι ἑτέραν διπλῆν ἐκ στίχων πέντε. ὧν οἱ μὲν τρεῖς ἀσυνάρτητοι ἐξ ἰαμβικοῦ διμέτρου ἀκαταλήκτου τοῦ καλουμένου Ἀνακρεοντείου καὶ τροχαϊκοῦ ἰθυφαλλικοῦ τοῦ καλουμένου Ἀρχιλοχίου. καλεῖται δὲ ταῦτα ἀσυνάρτητα Εὐριπίδεια. εἰσὶ γὰρ ὅμοια τῷ Εὐριπίδου

ἕφος ἡνίχ' ἱππότης ἐξέλαμψεν ἀστήρ.

οἱ δὲ ἑξῆς δύο ἰαμβικοὶ τετράμετροι καταληκτικοί. εἶτα ἐν ἐκθέσει ἐστὶ τὸ ἔθιμον, διπλῆ ἀνάπαιστος τετράμετρος καταληκτική. ὑφ' ὃ παράγραφος διπλῆ, καὶ ἑξῆς στίχοι ὁμοίως ξγ'. ἐφ' ὧν τῷ τέλει κορωνίς.]

κάλων : Παροιμία, πάντα δὴ κάλων κινεῖν. εἴληπται δὲ [ἐπὶ τῶν πάσῃ προθυμίᾳ χρωμένων παρῆκται δὲ] ἀπὸ τῶν πλεόντων καὶ χειμαζομένων [καὶ τὰ σχοινία ῥιπτόντων σὺν ταῖς ἀγκύραις ἐπὶ θάλασσαν, ὥστε τοῦ κλύδωνος ῥύσασθαι τὸ πλοῖον.] φησὶν οὖν, πάντα κίνει πράγματα καὶ πάντα μη-

χανῷ κατὰ τοῦ Κλέωνος, ἵνα αὐτοῦ περιγένῃ. κάλων δὲ τὸ σχοινίον. τροπικῶς δὲ ὡς ἐπὶ τοῦ ἱστοῦ λέγει. ἁπλοῦν σε δεῖ τὰ ἄρμενα, οἷον πάντα κινεῖν ὑπὲρ τοῦ περιγενέσθαι αὐτοῦ. [θούριον δὲ λῆμα, ὁρμητικὸν, ταχὺ, πηδητικὸν, πολεμικώτατον. καὶ [Soph. Aj. 212] θούριος Αἴας, θούριος Ἄρης. ποικίλος δὲ, ὁ ἐπὶ πολλὰ τὴν γνώμην ἄγων.]

759. κἀκ τῶν ἀμηχάνων : Ἐκ τῶν ἀπόρων εὐπόρους ἀφορμὰς καὶ εὐαφόρμους καὶ εὐσυνέτους, λόγων εὐπορίας. [ταῦτα δὲ παρὰ τὰ ἐν Προμηθεῖ Αἰσχύλου [59]

δεινὸς γὰρ εὑρεῖν κἀξ ἀμηχάνων πόρους.]

760. πρὸς ταῦθ' ὅπως ἔσει : Διὰ ταῦτα φρόντιζε ὅπως ἐπεξελεύσῃ καὶ λαμπρὸς δόξῃς εἶναι, [πλήρης λόγων καὶ φρονήματος.] ἀλλὰ φυλάσσου καὶ ἐπιτήρει.

762. τοὺς δελφῖνας μετεωρίζου : Δελφὶς ὄργανον ναυτικόν. μετεωρίζου δὲ, τουτέστιν εἰς ὕψος αἶρε. ἐπεὶ καὶ τῶν θαλασσίων δελφίνων πηδήματα μετέωρα. μέμνηται δὲ καὶ Θουκυδίδης [7, 41]. Ἄλλως. δελφὶς ἐξάρτημα τῶν νεῶν. ἀγκυρώματα. Ἄλλως. σιδηροῦν κατασκεύασμα ἢ μολίβδινον εἰς δελφῖνα ἐσχηματισμένον. τοῦτο δὲ ἐκ τῆς κεραίας τοῦ ἱστοῦ αἱ ναυμαχοῦσαι ἠφίεσαν εἰς τὰς τῶν πολεμίων, καὶ κατεδύοντο. δηλοῦται δὲ καὶ ὑπὸ Φερεκράτους ἐν τοῖς Ἀγρίοις, ὅταν λέγῃ « ὁ δὲ δὴ δελφίς ἐστι μολιβδοῦς, δελφινοφόρος τε κεροῦχος, ὃς διακόψει τοὔδαφος αὐτῶν ἐμπίπτων καὶ καταδύων. » καὶ Θουκυδίδης δελφινοφόρον εἴρηκε τὴν ναῦν ἐξηρτῆσθαι.

τὴν ἄκατον παραβάλλου : Ἑτοίμην ποίει, ὡς εἴ τις κίνδυνος ἐκ τοῦ ἀνέμου αὐτὴν ἐμβησόμενος.

765. βέλτιστος ἀνὴρ : Εὔνους καὶ ἄριστος. ἐντεῦθεν δοκεῖ μοι καὶ Δημοσθένης [p. 226] ὠφεληθεὶς τὸ προοίμιον εἰληφέναι ἐν τῷ περὶ τοῦ στεφάνου λόγῳ. φησὶ γὰρ οὕτως « πρῶτον μὲν, ὦ Ἀθηναῖοι, τοῖς θεοῖς « εὔχομαι πᾶσι καὶ πάσαις, ὅσην εὔνοιαν ἔχων ἐγὼ « διατελῶ τῇ πόλει. »

μετὰ Λυσικλέα : Λυσικλῆς ὡς προβατοκάπηλος διεβέβλητο. Κύννα δὲ καὶ Σαλαβάκχα τῶν θαυμαζομένων ἑταιρίδων.

766. μηδὲν δράσας : Μηδὲν διαπραξάμενος ἔργον σπουδαῖον καὶ μέγα. φησὶ γὰρ ὅτι ἐπὶ μεγάλοις κατορθώμασι τὴν τιμὴν ταύτην Ἀθηναῖοι παρεῖχον τοῖς ἀγαθόν τι εὐεργετήσασιν αὐτούς. νῦν οὖν σκώπτει τὸν Κλέωνα, δι' ὧν αὐτὸν ὁμολογοῦντα ποιεῖ, ὅτι μηδὲν διαπραξάμενος τοιοῦτον ἔργον, τῆς ἐν πρυτανείῳ σιτήσεως μετέσχεν.

767. ἀντιβεβληκὼς : Ἀντὶ τοῦ, πρὸς βίαν ἀγωνιζόμενος. εἴρηται δὲ ἀπὸ τῶν τοὺς ἵππους ἐλαυνόντων, ἢ τῶν τούτους ἀβήναις ἑλκόντων. Ἄλλως. ἀνθιστάμενος τοῖς ἀδικεῖν σε προαιρουμένοις. διαπρισθείην, εἰς μέρη λωροτομηθείην.

768. λέπαδνα : Οἱ στηθιαῖοι λῶροι [ἢ οἱ μασχαλιστῆρες τῶν ἵππων.] τοῦτο δὲ ὡς βυρσοπώλης εἶπεν. Ἄλλως. λεπτότατα καὶ εἰς πολλὰ μέρη διῃρημένα. ἀπὸ δὲ τοῦ τεμνομένου χείλους τῇ μεταφορᾷ τῶν ὀνομάτων ἐχρήσατο, παίζων ὁμοῦ καὶ εἰς τὴν τέχνην τοῦ Κλέωνος διὰ τὰς κατατεμνομένας βύρσας. λείπει δὲ ἡ εἰς, ἵν' ᾖ, εἰς λέπαδνα.

769. εἰ μή σε φιλῶ : Ἔπαιξε κἀνταῦθα τοιούτοις ὀνόμασι διὰ τὸ μάγειρον αὐτὸν εἶναι. πειρᾶται δὲ εἷς ἕκαστος αὐτῶν μᾶλλον φανῆναι τὸν δῆμον φιλῶν, ἵν' εὔνουν ἑαυτῷ κατασκευάσῃ.

770. ἑψοίμην ἐν περικομματίοις : Τοῖς περιαιρέμασι τῶν κρεῶν. ἑψηθείην οὖν σὺν αὐτοῖς περικόμμασι.

κεἰ μὴ τούτοισιν : Εἰ μὴ τούτοις ἀρκῇ τοῖς ῥήμασιν, καὶ εἰ μὴ πιστεύεις, φησὶ, τούτῳ μου τῷ ὅρκῳ, ὀμοῦμαί σοι καὶ ἕτερον ὅρκον μείζονα. [ἐπὶ ταυτησὶ δὲ εἶπε, τὴν τράπεζαν δεικνὺς τὴν μαγειρικήν.]

771. κατακνησθείην : Καταξεσθείην εἰς ἰσχνὰ μέρη καὶ ἀναλωθείην. καὶ τοῦτο δὲ ἀπὸ τῆς τέχνης παρείληφε τῆς αὐτοῦ. [καὶ Ὅμηρος [Il. Λ, 639] « κνῆστι χαλκείῃ. » μυττωτὸν δὲ τὸ τῶν σκορόδων τρίμμα μετὰ τυροῦ καὶ ἐλαίου καὶ μέλιτος καὶ πράσου.] μυττωτῷ δὲ εἶπε παίζων ἴσως πρὸς τὸ Ὁμηρικόν. [ἔστι δὲ ὑπότριμμα διὰ σκορόδου. κατασκευάζεται δὲ ἀπὸ τυροῦ καὶ σκορόδου καὶ ᾠοῦ, καὶ ἐλαίου καὶ πράσου.]

772. κρεάγρᾳ : Εἶδος ἐργαλείου μαγειρικοῦ χειρὶ παρεοικὸς, μόνον ἐγκεκαμμένον τοὺς δακτύλους, ἀνιμῶσα τὰ ζεστὰ διὰ τὸ τὰς χεῖρας καίεσθαι. κρεάγρα δὲ εἴρηται ἀπὸ τοῦ τὰ κρέα τὰ ἐπὶ τοῖς λέβησιν ἀγρεύειν καὶ ἀνασπᾶν.

ὀρχιπέδων : Τοῦτο οὐχ ἁπλῶς, ἀλλ' ἀφ' ἱστορίας, ὡς καὶ αὐτὴν τὴν κόλασιν τοῖς πονηροῖς προσαγόντων τῶν Ἀθηναίων.

εἰς Κεραμεικόν : Τόπος Ἀθηναίων οἱ Κεραμεικοί. θεῶν τὰ ἀγάλματα ἐκεῖσε ἱδρυμένα. Ἄλλως. δῆμος τῆς Ἀττικῆς. δύο δὲ Κεραμεικοὶ Ἀθήνησιν· [ὁ μὲν ἔνδον τῆς πόλεως, ὁ δὲ ἔξω. ἔνθα καὶ τοὺς ἐν πολέμῳ τελευτήσαντας ἔθαπτον δημοσίᾳ καὶ τοὺς ἐπιταφίους ἔλεγον. εἰσὶ δὲ ἔνθεν καὶ ἔνθεν στῆλαι ἐπὶ τοῖς δημοσίᾳ τεθαμμένοις ἔχουσαι ἐπιγραφὰς ποῦ ἕκαστος τέθαπται.] ἐν δὲ τῷ ἑτέρῳ ἦσάν τε καὶ προειστήκεσαν αἱ πόρναι.

775. τοὺς δ' ἄγχων : Δηλοῖ διὰ τούτων τῶν ὀνομάτων τὸ βίαιον τῆς ἀπαιτήσεως, εἴ πως δύναιτο πεῖσαι τοὺς Ἀθηναίους μὴ εἶναι περὶ τὰς ἀπαιτήσεις τῶν πολιτικῶν χρημάτων βαρεῖς.

μεταιτῶν : Τοὺς μὴ ὀφείλοντας δηλονότι. λῆρον δὲ ἐποίησε διὰ τῆς ἀνταποδόσεως τὸ νόημα, εἰπὼν ὅτι τοὺς μὲν μετὰ βίας εἰσέπραττον τῶν χρεωστουμένων, τοὺς δὲ μὴ ὀφείλοντας μετῄτουν.

776. οὐ φροντίζων : Τὸ λεγόμενον τοιοῦτόν ἐστιν. ἐν δευτέρῳ τὴν πρὸς τοὺς ἰδιώτας ἀπέχθειαν ἐποιούμην, ἕνεκα τοῦ ἀποθεραπεῦσαι τὴν πόλιν.

778. ἄρτους ἀλλοτρίους : Τοὺς βιαίως ἀφαιρουμένους. σκώπτει δὲ τὸν Κλέωνα, ἀπὸ τῶν ἀλλοτρίων φιλοτι-

μούμενον. ἀπὸ δὲ τῆς αὐτοῦ τέχνης ὁρμώμενος, πάλιν τοῦ ἀλλαντοπώλου μέμνηται.

780. τῆς ἀνθρακιᾶς : Ὅτι τῶν σῶν ἀγαθῶν ἀπολαύει. χρησιμεύει γὰρ ἡ ἀνθρακιὰ τῷ χειμῶνι, καὶ τοὺς ἔχοντας οἱ ἄλλοι περικάθηνται βουλόμενοι εἰσδῦναι.

781. διεξιφίσω : Ἐπολέμησας πρὸς τοὺς Μήδους. τοῖς ξίφεσι κατ' αὐτῶν ἐχρήσω.

ἐν Μαραθῶνι : Τόπος τῆς Ἀττικῆς, εἰς ὃν ἐνώρμησαν Δᾶτις καὶ Ἀρτάβαζος, Μηδικοὶ σατράπαι, πεμφθέντες ὑπὸ Δαρείου βασιλέως καταδουλώσασθαι τὴν Ἑλλάδα. ἔνθα συμβαλόντες αὐτοῖς οἱ Ἀθηναῖοι Μιλτιάδου στρατηγοῦντος, μόνων Πλαταιέων συμμαχησάντων αὐτοῖς χιλίοις ἀνδράσι καὶ οὕτω πληρωθέντος τοῦ ἀριθμοῦ τῆς Ἑλληνικῆς δυνάμεως, τοῖς Ἕλλησι τῆς ἐλευθερίας αἴτιοι κατέστησαν, μόνοι ἐξ ἁπάντων τῶν Ἑλλήνων τὸν πρῶτον τῶν Περσῶν διαφθείραντες.

782. ἐγγλωττοτυπεῖν : Τὴν γλῶσσαν ψοφεῖν τὰ κατορθώματα καὶ σεμνολογεῖν τὰ ἐκείνων καὶ ἀεὶ ἐπὶ γλώττης ἔχειν.

784. ῥαψάμενός σοι τουτὶ φέρω : Παρεπιγραφή. δείκνυσι γὰρ αὐτῷ προσκεφάλαιον, ὅ φησι τῷ δήμῳ παρασκευάσαι, ἵνα μὴ ἐπὶ ψιλοῖς τοῖς βάθροις ἐπικαθέζηται, ἀπ' ἀρχῆς τὴν περὶ τὸν δῆμον εὔνοιαν δεικνύς.

ἀλλ' ἐπαναίρου : Ἐπανίστασο καὶ ἐπεγείρου, ἵνα ὑποθῶ τῷ καθίσματι τὸ προσκεφάλαιον.

785. ἵνα μὴ τρίβῃς : Ἵνα μὴ ἐκτρίψῃς μηδὲ διαφθείρῃς τὴν ἐν Σαλαμῖνι καμοῦσαν πυγὴν ἐν ναυμαχίᾳ. ἀντὶ δὲ Μαραθῶνος, Σαλαμῖνος μέμνηται, ὅπου ναυμαχία Περσῶν ἐγένετο, ἐν Μαραθῶνι δὲ πεζομαχία. κεῖται δὲ ἡ Σαλαμὶς ὀλίγον πρὸ τῆς Ἐλευσῖνος πόλεως, ἱερᾶς Δήμητρος καὶ Κόρης, πλήρης οὖσα κατορθωμάτων Ἑλληνικῶν. καὶ γὰρ ἐνταῦθα πολλὰς τῶν Περσῶν Ἀθηναῖοι κατεναυμάχησαν τριήρεις ὀλίγῳ ἀριθμῷ, Θεμιστοκλέους στρατηγοῦντος. ἔνθα καὶ πέτρα Εἰρεσία οὕτω καλουμένη, ὥσπερ διὰ τοῦ ὀνόματος τρόπαιον οὖσα τῆς Ἀττικῆς. ἔστι δὲ καὶ Ἀγέλαστος πέτρα καλουμένη παρὰ τοῖς Ἀθηναίοις, ὅπου καθίσαι φασὶ Θησέα μέλλοντα καταβαίνειν εἰς Ἅδου· ὅθεν καὶ τοὔνομα τῇ πέτρᾳ. ἢ ὅτι ἐκεῖ ἐκάθισεν ἡ Δημήτηρ κλαίουσα, ὅτ' ἐζήτει τὴν κόρην. [ἐρασθεὶς γὰρ Περσεφόνης ὁ Πλούτων ἥρπασεν αὐτὴν κρύφα. Δημήτηρ δὲ μετὰ λαμπάδων νυκτός τε καὶ ἡμέρας κατὰ πᾶσαν τὴν γῆν ζητοῦσα περιήρχετο. μαθοῦσα δὲ παρὰ Ἑρμιονέων ὅτι Πλούτων αὐτὴν ἥρπασεν, ὀργιζομένη θεοῖς κατέλιπεν οὐρανόν· καὶ εἰκασθεῖσα γυναικὶ ἧκεν εἰς Ἐλευσῖνα, ἔνθα ἐπὶ πέτραν ἐκάθισεν τὴν ἀπ' ἐκείνης κληθεῖσαν Ἀγέλαστον.]

786. μῶν ἔγγονος : Μὴ τὸ γένος, φησί, κατάγεις ἀπὸ Ἁρμοδίου καὶ Ἀριστογείτονος; ὁ δὲ δῆμός ἐστιν ὁ θαυμάζων τὸν ἀλλαντοπώλην ἐπὶ τῇ φιλοτιμίᾳ τῶν καθισμάτων. εἰς Ἁρμόδιον δὲ καὶ Ἀριστογείτονα τὸ γένος ἀνήνεγκεν αὐτοῦ, ἐπεὶ καὶ οὗτοι εὐνοίας πολλάκις ἀπηνέγκαντο δόξαν, ἐπιθέμενοι τοῖς τυράννοις, καὶ τὸν Ἱππίαν διαχειρισάμενοι, ὡς φθάσαντες προείπομεν. τοῦτο πρῶτον ἐπιδείκνυσι τὴν εἰς τὴν πόλιν εὔνοιαν.

789. ὡς ἀπὸ σμικρῶν : Ἀπὸ βραχέων καὶ τῶν τυχόντων παντάπασι. δελεάσμασιν, ἀπάταις. ἰδίως δὲ δέλεαρ καλοῦμεν τὴν τοῖς ἰχθύσιν ὑποβαλλομένην τροφὴν εἰς ἀπάτην τοῦ ἀγρευθῆναι. ἀπὸ μεταφορᾶς οὖν ἐκείνων ἔφη. εἷλες δέ, ἤγρευσας, ὑποχείριον ἐποίησας.

791. περιδόσθαι : Συνθήκην θεῖναι. καὶ Ὅμηρος [Il. Ψ, 485] « δεῦρό γε νῦν τρίποδος περιδώμεθα [περιδώμεθον ἠὲ λέβητος. » ταῖς Νεφέλαις [644] « περιδοῦ νῦν ἐμοί, εἰ μὴ τετράμετρόν ἐστιν ἡμιεκταίου. » Vict.]

792. ἐν ταῖς πιθάκναις : [Ὑποκοριστικῶς, μικροῖς πίθοις,] πιθοκοίταις, ἑτοίμοις τόποις. ὅτι διὰ τὸν πόλεμον οἱ Ἀθηναῖοι ἐκ τῶν ἀγρῶν εἰσερχόμενοι ἐν ταῖς πιθάκναις ἢ ἐν τοῖς σπηλαίοις ᾤκουν τῇ σπάνει τῶν οἰκημάτων. [οἱ δὲ παλαιοὶ φιδάκνην λέγουσι.]

793. γυπαρίοις : Εἶδος ὀρνέου γῦπες. ἔπαιξε δὲ τὸ ὄνομα διὰ τὸ ἐπιφερόμενον. δοκεῖ γάρ πως παρόμοια τὰ ὀνόματα ταῦτα εἶναι, γυπαρίοις καὶ πυργιδίοις. ἢ διὰ τὸ τοὺς ὄρνις τούτους μάλιστα τοῖς πύργοις ἐπικαθῆσθαι καὶ τοῖς τείχεσιν, εἰς οὓς οἱ Ἀθηναῖοι ἐκάθευδον διὰ τὸν πόλεμον φρουροῦντες τὴν πόλιν. Ἄλλως. ἀντὶ τοῦ, ἐν φωλεοῖς καὶ καλιαῖς καὶ στενοῖς χωρίοις. Κράτης δέ φησιν ὅτι πᾶσαν στενὴν κατάδυσιν οὕτως ὠνόμαζον.

[ἔτος ὄγδοον : Τοσαῦτα γὰρ ἔτη εἶχον πολεμοῦντες.]

οὐκ ἐλεαίρεις : Οὐ κατοικτείρεις. δείκνυσι δὲ διὰ τούτων ὅτι ὁ κωλύων παύσασθαι τὸν πόλεμόν ἐστιν ὁ Κλέων. ὅπερ οὖν καὶ Θουκυδίδης [5,16] ἱστορεῖ διὰ τούτων, « ἐπειδὴ καὶ ἡ ἐν Ἀμφιπόλει ἧττα τοῖς Ἀθηναίοις « ἐγένετο, καὶ τεθνήκει Κλέων τε καὶ Βρασίδας, οἵπερ « ἀμφότεροι μάλιστα ἠναντιοῦντο τῇ εἰρήνῃ, ὁ μέν, « διὰ τὸ εὐτυχεῖν τε καὶ τιμᾶσθαι ἐκ τοῦ πολεμεῖν, ὁ « δὲ γενομένης εὐτυχίας καταφανέστερός τε νομίζων « εἶναι κακουργῶν καὶ ἀξιοπιστότερος διαβάλλων. »

794. βλίττεις : [Ἀμέλγεις.] βλίττειν ἐστὶ τὸ ἀφαιρεῖν τὸ μέλι ἀπὸ τῶν κηρίων καὶ πειράζειν καὶ τὸ ψηλαφᾶν καὶ τὸ ἐκπιέζειν, τὰ κηρία τῶν μελισσῶν θλίβειν.

Ἀρχεπτολέμου δὲ φέροντος : Παρ' ἱστορίαν τοῦ Ἀρχεπτολέμου ἐμνημόνευσεν. ὄγδοον γὰρ ἔτος ἔχοντος τοῦ πολέμου τούτου, ἔτι ζῶντος τοῦ Κλέωνος, ἐνιαύσιον ἐποιήσαντο πρὸς ἀλλήλους ἐκεχειρίαν οἱ Ἀθηναῖοι καὶ οἱ Πελοποννήσιοι, πρεσβείαν πέμψαντες πρὸς ἀλλήλους, οὐ μὴν Ἀρχεπτολέμου πρεσβεύοντός τινος, ἀλλὰ τῶν μὲν Λακεδαιμονίων ἦν πρεσβευτὴς Ταῦρος Ἐχετιμίδα, Ἀθήναιος, Περικλείδα, Αἰνείας, Εὐφαμίδας Ἀριστοδήμου, Σικυωνίων δὲ Δημότιμος Ναυκράτους, Μενεκράτης Ἀμφιδώρου, Ἐπιδαυρίων δὲ Ἀμφίας, Ἀθηναίων δὲ οἱ στρατηγοὶ Νικίας ὁ Νικηράτου, Αὐτοκλῆς Τολμαίου. ἐγένετο δὲ πόλεμος ἐπὶ ὀκτωκαίδεκα ἔτη. καὶ οὕτως ἡ πρεσβεία τοῦ Κλέωνος ζῶντος, ἡ δὲ εἰρήνη μετ' ἐνιαυτὸν ἐγένετο. εἰκὸς οὖν Ἀρχεπτολέμου μνημονεῦσαι χρησάμενον τῷ ὀνόματι, ἵνα μᾶλλον ἔξαρχον ἐπιδείξῃ τοῦ πολέμου τὸν Κλέωνα. καὶ γάρ, Ἀρχεπτολέμου εἰρήνην διδόντος, οὐκ ἐδέξατο

Κλέων. [ἐξεσκέδασας δὲ ἀντὶ τοῦ διετάραξας. δείκνυσιν οὖν ὅτι οὗτος ἦν αἴτιος τούτου.]

796. ῥαθαπυγίζων : Τῇ πυγῇ ῥόθον ποιῶν, τουτέστι τῇ χειρὶ τὴν πυγὴν παίων ἢ τῷ ποδὶ τύπτων. Ἄλλως. λάθρα τύπτων κατὰ τῆς πυγῆς πλατείᾳ τῇ χειρὶ καὶ πλατεῖ τῷ ποδί. τῇ πυγῇ ῥόθον ποιῶν. γελοίου δὲ χάριν τούτῳ ἐχρήσατο.

προκαλοῦνται : Παρέχουσιν, εὐτρεπίζουσιν. εὐκαίρως δὲ τῷ προκαλοῦνται ἐχρήσατο, ἵνα μᾶλλον τοὺς Λακεδαιμονίους ἐπιδικαζομένους τῆς εἰρήνης δείξῃ καὶ ἐπιθυμοῦντας.

798. ὡς τοῦτον δεῖ ποτ' ἐν Ἀρκαδίᾳ : Νικήσαντα τοὺς Πελοποννησίους δικάσαι μέχρις Ἀρκαδίας, λαμβάνοντα μισθὸν πεντώβολον, ἀλλ' οὐ τριώβολον.

799. [ἢν ἀναμείνῃ : Ἐὰν ὑπομένῃ καὶ πολεμῶν μὴ ὀκνήσῃ.]

800. εὖ καὶ μιαρῶς : Ἀλλήλοις ἐναντία. εἰ γὰρ εὖ, πῶς μιαρῶς; εἰ δὲ μιαρῶς, πῶς εὖ; πλὴν εἰ μὴ τοῦτο λέγει, ὅτι ἀνενδεῶς τὸ τριώβολον αὐτῶν φροντίσω καὶ ποιήσω λαμβάνειν, οὐ περιεργασόμενος οὔτε εἰ ἀπὸ δικαίου οὔτε εἰ ἀπὸ ἀδίκου πορισθήσεται τὰ πράγματα. πιθανῶς δὲ τὰς ὑποσχέσεις τοῦ Κλέωνος, περὶ τῶν ἐνεστηκότων καὶ μελλόντων.

803. ὑπὸ τοῦ πολέμου καὶ τῆς ὁμίχλης : Ὑπὸ τῶν περιεστώτων κακῶν καὶ τῶν τοῦ πολέμου δυσχερῶν συνεχόμενος μὴ ἐλέγχῃ τὰ σὰ κακουργήματα. ὁμίχλη δὲ ἐπὶ τοῦ τεθολωμένου ἀέρος καὶ μὴ διαυγοῦς μηδὲ λαμπροῦ τάσσεται. ὁ δὲ νοῦς ὅλος, ὅτι οὐ τῷ δήμῳ φίλα φρονῶν πείθεις αὐτὸν Ἀρκάσι πολεμεῖν, ἀλλ' ἵνα περὶ τὸν πόλεμον ἀσχολούμενος μὴ περιεργάζηται τὰ σὰ πανουργήματα. [εἰς σὲ κεχήνῃ, εἰς σὲ ἀποβλέπῃ καὶ πειθαρχῇ.]

806. χίδρα : Τινὲς ἄγρια λάχανα, οἱ δὲ τὰ ὄσπρια [ἢ τὰ ἐξ ὀσπρίων ἄλευρα ἢ κρίμνα ἢ στάχυες νεογενεῖς]. κυρίως δὲ τὰ ἀπὸ χλωρᾶς κριθῆς [κρινόμενα ὡς σεμίδαλις ἐρεικτά]. χύδρα δὲ εἴρηται παρὰ τὸ χεῖσθαι. [ἀναθαρρήσῃ δὲ, θαρσαλεώτερος γένηται.]

στεμφύλων εἰς λόγον ἔλθῃ : Καὶ προσομιλήσει τοῖς στεμφύλοις, ἢ πλησιάσει. στέμφυλα δὲ ἐκάλουν οἱ παλαιοὶ τὰ τῶν ἐλαιῶν ἀποπιέσματα· περιπτίσματα δὲ τὰ τῶν ἀμπέλων.

807. παρεκόπτου : Παρῄρου, ἐλυμαίνου. ἀπὸ μεταφορᾶς τῶν παρακοπτομένων τὰ πτερὰ ὀρνέων. ἰδίως δὲ τὸν μισθὸν τῶν στρατευομένων οἱ παλαιοὶ μισθοφορὰν ἐκάλουν. φησὶν οὖν ὅτι τοῦ πολέμου ἀπαλλαγέντες ἐπιγνώσονται τὴν βλάβην, ἣν διὰ τῆς μισθοφορᾶς αὐτοὺς ἔβλαπτες, πλείονα αὐτοὺς ἀγαθὰ παραιρούμενος, ὧν ἀπολαύειν ἠδύναντο εἰρήνην ἄγοντες. [ἄγροικος δὲ, ὀργῆς γέμων. τραχὺς δὲ, ψῆφον ἰχνεύων, καταδικάσαι προῃρημένος.]

809. ὀνειροπολεῖς : Παρακρούῃ καὶ παραλογίζῃ καὶ παραπλανᾷς καὶ ὀνειροπολεῖς, ὀνείρους ὁρῶν. [τὸ δὲ « ὦ πόλις Ἄργους » ἀπὸ Τηλέφου Εὐριπίδου. τὸ δὲ « κλύεθ' οἷα λέγει » ἀπὸ Μηδείας [160]. τὸ δὲ σύ δεικτικῶς.]

814. ἐπιχειλῆ : Τουτέστι χείλη μὴ ἔχουσαν. αἰνίττεται δὲ διὰ τούτου τὴν ἱστορίαν Θεμιστοκλέους, ὅτι τὴν πόλιν ἐτείχισεν, καὶ ταῦτα παρὰ γνώμην τῶν Πελοποννησίων ἀπατήσας αὐτούς. φασὶ γὰρ τῶν Λακεδαιμονίων μαθόντων ἐκτειχίζεσθαι τὰς Ἀθήνας καὶ μὴ ἐπιτρεπόντων, καταστρατηγῆσαι τὸν Θεμιστοκλέα ἐπὶ τῷ δεῖξαι τοῖς Λακεδαιμονίοις ὅτι ἐπὶ τῷ κοινῷ τῆς Ἑλλάδος συμφέροντι τειχίζοιεν τὴν πόλιν. χειροτονηθεὶς δὲ πρεσβευτὴς τοῖς μὲν Ἀθηναίοις ἔδωκεν ἐντολὰς τειχίζειν πάσῃ σπουδῇ τὴν πόλιν, μὴ φειδομένους μήτε ἰδίου μήτε δημοσίου τινὸς οἰκοδομήματος, τοῖς δὲ συμπρεσβευταῖς προσέταξε βράδιον ἐλθεῖν εἰς τὴν Λακεδαίμονα. αὐτὸς δὲ ἀφικόμενος ἐκεῖσε καὶ τῶν Λακεδαιμονίων ἀξιούντων αὐτὸν εἰς τὸ κοινὸν παρεῖναι, καὶ λέγειν ὧν χρῄζων ἀφῖκται, τὸ μὲν πρῶτον εἰς τὴν παρουσίαν ὑπερετίθετο τῶν πρέσβεων. μὴ γὰρ ἀσφαλὲς ὑπάρχειν αὐτῷ κοινὰς ἐντολὰς λαβόντι μόνον ἀποπληρῶσαι τὴν πρεσβείαν. καὶ ἤσχαλλεν ὅτι μήπω παρεγένοντο. ὡς δὲ χρόνος ἱκανὸς διεγένετο, καὶ οἱ συμπρέσβεις παρῆσαν, ἤδη δὲ τοῦ τείχους ἱκανῶς προκεχωρηκότος τοῖς Λακεδαιμονίοις ἤγγελτο ὅτι τετειχισμέναι λοιπὸν εἶεν Ἀθῆναι, παρελθὼν ἔπειθεν αὐτοὺς μὴ ταχέως πιστεύειν τοῖς βουλομένοις εἰς ἔχθραν καταστῆσαι τὴν πόλιν, ἀλλ' ἐπιλεξαμένους αὐτῶν ἄνδρας τοὺς εὐνοίᾳ καὶ πίστει διαφέροντας ἐπόπτας ἐκπέμψαι. μέχρι δὲ τῆς ἐκείνων παρουσίας ὅμηρον ἑαυτὸν κατεπηγγέλλετο, κἂν τούτῳ τριβήν τινα χρόνου ἐμποιῶν. πεισθέντων οὖν Λακεδαιμονίων καὶ τοὺς μάλιστα διαφέροντας εὐνοίᾳ καὶ πίστει τῶν πολιτῶν πεμψάντων, λάθρα τοῖς Ἀθηναίοις πέμψας προσέταξε μὴ πρότερον τοὺς Λακεδαιμονίων ἄνδρας ὀπίσω πάλιν ἐλθεῖν ἐᾶσαι, πρὶν αὐτόν τε καὶ τοὺς συμπρέσβεις ἀπολύσωσι Πελοποννήσιοι. ἔστιν οὖν τὸ νόημα ὑπερβατόν. ὃ γὰρ λέγει, τοιοῦτόν ἐστιν· ὅστις ἐποίησε μεστὴν ἡμῶν καὶ ὁλόκληρον εὑρὼν τὴν πόλιν ἀτείχιστον οὖσαν. Ἄλλως. ἐπιχειλῆ : Ἐνδεᾶ. ἐπιχειλὲς γὰρ μέτρον λέγεται τὸ μὴ πλῆρες, ἀλλ' ἀπομεσούμενον. αἰνίττεται δὲ, ὅτι αὐτὸς τὴν πόλιν ἐτείχισε.

815. καὶ πρὸς τούτοις ἀριστώσῃ : Καὶ πρὸς τούτοις ἄριστα τῆς πόλεως ἐχούσης. ἔπαιξε δὲ τὸ ἀριστώσῃ πρὸς τὰ ἐπιφερόμενα.

τὸν Πειραιᾶ : Καὶ τὸν Πειραιᾶ γὰρ ἐτείχισεν. ὃς ἀπεῖχε τῆς πόλεως σταδίους λε', παρὰ θάλατταν ὤν. ἔπαιξε δὲ τὸ ἀριστώσῃ πρὸς τὰ ἐπιφερόμενα. πρὸς ὃ ἐπιφέρει καὶ τὸ, ἰχθῦς προσέθηκεν.

προσέμαξε : Προσέθηκε, προσεκόλλησεν. μάττειν γὰρ λέγεται τὸ ἀναμιγνύναι καὶ φυρᾶν καὶ εἰς ἓν συνάγειν. ἑξῆς οὖν τὸ μάττειν προσήνεγκε, διὰ τὸ προειρηκέναι ἀριστώσῃ. αἰνίττεται δὲ διὰ τούτων τὰ μακρὰ τείχη παρὰ τοῖς Ἀθηναίοις καλούμενα. μακρὰ δὲ ἐλέγοντο, διὰ τὸ ἀπὸ τῆς πόλεως διήκειν μέχρι τοῦ Πειραιῶς. Ἄλλως. ἐμπόριον ὁ Πειραιεὺς τῶν Ἀθηναίων

ἐπὶ τῇ θαλάττῃ κείμενος, ἀπὸ πέντε τῆς πόλεως σημείων.

816. ἰχθῦς καινοὺς : Οἷον, ἐκ τοῦ Πειραιῶς ἐποίησεν αὐτὸν ἰχθύας ἔχειν. τὸν γὰρ Πειραιᾶ Θεμιστοκλῆς προσέβαλε τῇ πόλει. τὸ δὲ παρέθηκε, προσέθηκε, προσεκόλλησε τὰ μακρὰ τείχη.

817. μικροπολίτας : Διὰ τὴν ἐκ τοῦ πολέμου στενοχωρίαν τῶν ἀναλωμάτων καὶ τὴν τῶν ἀνδρῶν σπάνιν συνέστειλαν τὰ τείχη.

818. διασχίζων : Συνάγων καὶ συστέλλων τὰ τείχη. διὰ γὰρ τὸν πόλεμον καὶ τὰ ἐπὶ τοῖς φρουροῖς ἀναλώματα καὶ τὴν τῶν ἀνδρῶν σπάνιν συνέστειλαν τὰ τείχη.

819. κἀκεῖνος μὲν φεύγει : Ἐξωστράκισε γὰρ τὸν Θεμιστοκλέα ὁ δῆμος.

σὺ δ' ἀχιλλείων : Σὺ δὲ τῆς ἐν πρυτανείῳ σιτήσεως μετέχεις. ἐκαλοῦντο γὰρ ἀχίλλειαί τινες κριθαὶ καθαραὶ ὡς εὐγενεῖς αὗται.

821. μὴ σκέρβολλε : Μὴ λοιδόρει. δηλοῖ δὲ τὸ κερτομεῖν. κεῖται δὲ νῦν ἡ λέξις ἀντὶ τοῦ μὴ ποίκιλλε. καὶ Καλλίμαχος [fr. 281] « σκέρβολα μυθήσαντο. »

822. ἐγκρυφιάζων : Ἐμφωλεύων καὶ ἀποκρύπτων. ὃ δὲ λέγει, τοιοῦτόν ἐστιν· ἐλάνθανές με ῥᾳδιουργῶν περὶ τὴν πόλιν. ἀπὸ δὲ τοῦ ἐγκρυφίου ἄρτου μετήνεγκεν. οἷον, λανθάνων καὶ ἐγκρύπτων σεαυτόν.

824. ὁπόταν χασμᾷ : Ὁπότε μετεωροφρονεῖς. οἷον, περὶ ἄλλα τὴν διάνοιαν ἔχεις. διπλῆ δὲ καὶ εἴσθεσις εἰς περίοδον ἀναπαιστικὴν τετράμετρον καὶ εἰκοσίμετρον δωδεκάκωλον, [ὧν τὸ πρῶτον καὶ τελευταῖον τετράμετρα καταληκτικά. τὰ δὲ λοιπὰ δίμετρα. ἐπὶ τῷ τέλει διπλῆ ἔξω νενευκυῖα].

825. τῶν εὐθυνῶν : Τῶν δικαίων παραλογισμῶν. οἱ γὰρ χειρίσαντές τι τῶν κοινῶν καὶ διοικήσαντες τῶν ἀνηλωμένων χρημάτων εὐθύνας καὶ λογισμοὺς ἐδίδοσαν. — τῶν εὐθυνῶν : Τῶν τιμωριῶν. *Vict.*

ἐκκαυλίζων : Ἀπὸ τῶν τὰ λάχανα ἀποκλώντων τῇ μεταφορᾷ ἐχρήσατο. οἷον, ἀνασπῶν καὶ ἀναιρῶν. ὃ δὲ λέγει, τοιοῦτόν ἐστι· μισθὸν λαμβάνων παρὰ τῶν διοικούντων τὰ κοινὰ ἐκκόπτει αὐτῶν τὰς δίκας, ἵνα μὴ ὁ δῆμος εὐθύνας λαμβάνειν παρ' αὐτῶν δύνηται.

826. καταβροχθίζει : Καταπίνει ἀμφοτέραις ταῖς χερσί. τουτέστιν ἀπλήστως καὶ λάβρως καὶ ἀφειδῶς.

827. μυστιλᾶται : Κατατρώγει. ἰδίως δὲ παρὰ τοῖς Ἀττικοῖς μυστίλην ἐκάλουν τὸν ἄρτον τὸν τοῖς κυσὶ παραβαλλόμενον. [καὶ ἀλλαχοῦ [Pl. 627] μεμυστιλημένας ἀντὶ τοῦ κατειργασμένας ἤδη καὶ ἑτοίμους, τουτέστι μεμασημένας.] Ἄλλως. μυστίλη ὁ κοῖλος ἄρτος, ᾧ δύναταί τις καὶ ζωμὸν ἀρύσασθαι.

829. αἰρήσω : [Φθερῶ,] διελέγξω. ἔλαβε δὲ τοῦτο ἀπὸ τοῦ χαιρήσεις. Ἄλλως. κλοπῆς σε κατηγορήσας, καταδίκης αἴτιός σοι γενήσομαι νικήσας σε.

830. τί θαλαττοκοπεῖς : Ἐθαλαττοκράτουν γὰρ οἱ Ἀθηναῖοι. ὡς τοῦ Κλέωνος συνεχῶς προφερομένου τὴν κατὰ θάλατταν δυναστείαν. πλατυγίζειν δὲ κυρίως τὸ ἐπιτιθέναι τὸ πλαταγώνιον τῇ ἀριστερᾷ χειρὶ καὶ παίειν τῇ δεξιᾷ καὶ ἦχον ἀποτελεῖν. Ἄλλως. τί ταράττῃ καὶ θορυβῇ; ἔλαβε δὲ τὴν χρῆσιν τοῦ ὀνόματος ἀπὸ τῆς θαλάττης. ἐπειδὰν γὰρ ὑπὸ σφοδροτέρων ἀνέμων ταραχθῇ τὰ κύματα, ἀλλήλοις συγκρούουσιν.

πλατυγίζεις : Ἄμφω μεγαλορρημοσύνης ῥήματα, καὶ πλατύνῃ καὶ ἀλαζονεύῃ. ἀπὸ δὲ τοῦ πλατυτέρου μέρους τῆς κώπης, ὃ τῇ θαλάττῃ μᾶλλον προσερείδει καὶ τύπτον τὸ ὕδωρ τῇ εἰρεσίᾳ ἀπεργάζεται κτύπον, ἡ μεταφορά. ἀκολούθως δὲ τῷ θαλαττοκοπεῖς ἐπήγαγε τὸ πλατυγίζεις.

834. δωροδοκήσαντα : Ὄντως ἐδωροδόκησεν ὁ Κλέων ἐκ Μιτυλήνης. οὐ μόνον δὲ τὸ δῶρα διδόναι καὶ ἀναπείθειν, ἀλλὰ καὶ τὸ λαμβάνειν. πόλις δὲ Λέσβου τῆς νήσου Μιτυλήνη, φίλη μὲν Ἀθηναίοις καὶ σύμμαχος, ὕστερον δὲ νεωτερίσασαν καὶ ἀποστᾶσαν κατέστρεψαν μὲν πάλιν οἱ Ἀθηναῖοι Χάρητος στρατηγοῦντος, συμβουλεύσαντος δὲ Κλέωνος ἐψηφίσαντο παῖδας μὲν καὶ γυναῖκας ἡβηδὸν ἀποκτεῖναι Μιτυληναίων, ἐξανδραποδίσασθαι δὲ πᾶσαν πόλιν. καὶ ναῦν ἐξέπεμψαν εὐθὺς ἀγγέλλουσαν τὰ βεβουλευμένα τῷ Χάρητι. τῇ δευτεραίᾳ δὲ μετανοοῦντας αἰσθόμενος ἐπὶ τοῖς προτέροις γνωσθεῖσι Διόδοτος, εἷς καὶ αὐτὸς ὢν τῶν πολιτευομένων τότε, γενομένης δὶς τῆς ἐκκλησίας, καὶ οὐδὲν ἀντιλέγοντος τοῦ Κλέωνος, καὶ παρακελευομένου τοῖς δόξασιν ἅπαξ ἐμμένειν, παρελθὼν μεταγνῶναι τοὺς Ἀθηναίους ἔπεισεν. ἦσαν γὰρ καὶ ἄλλοι τινὲς τὰ Μιτυληναίων φρονοῦντες, οὐ μὴν ἀλλὰ καὶ αὐτῶν ἄνδρες Μιτυληναίων κατά τινα πρεσβείαν ἀφιγμένοι πείθουσι διὰ τάχους ἑτέραν πέμψαι τριήρη, ἀπαγορεύουσαν τῷ Χάρητι μηδὲν διαπράξασθαι τῶν πρότερον ἐπεσταλμένων. τοὺς δὲ ναύτας τῆς δευτέρας τριήρους τῇ τε ἄλλῃ παρακλήσει καὶ δώρων ὑποσχέσει προὐτρέψαντο πάσῃ σπουδῇ περὶ τὸν πλοῦν χρήσασθαι προθύμως ὡς ἂν τὴν προτέραν τριήρη φθάσαιεν. οἱ δέ, ἅτε καὶ ἐπὶ χρηστὸν πλέοντες πρᾶγμα καὶ ταῖς παρακλήσεσιν εἴξαντες, τοσαύτῃ περὶ τὴν εἰρεσίαν ἐχρήσαντο σπουδῇ, ὥστε οὐκ ἔφθη καταπλεύσασα ἡ προτέρα ναῦς, καὶ ὁ Χάρης λαβὼν τὰ γράμματα καὶ ἐκείνην ἐπεισπλεῦσαι ἐκέλευσε. παρὰ τοσοῦτον κινδύνου ἡ Μιτυλήνη ἦλθεν. ἀπὸ ταύτης οὖν φησιν αὐτὸν ἐπιδεῖξειν τὸ ἀργύριον εἰληφότα, λεληθότως δὲ πάλιν αὐτὸν εἰς ὠμότητα διαβάλλων τῶν τρόπων. οὐ γὰρ φαίνεται λαβὼν πλὴν ἢ μνᾶς μʹ παρὰ τῶν Μιτυληναίων ὁ Κλέων μισθόν. πιθανῶς δὲ ἐπλάσατο αὐτὸν εἰληφέναι, ἐπειδὴ πρότερος ἐκεῖνός φησιν αὐτὸν δέκα μυριάδας πόλεως κεκλοφέναι. φιλονεικεῖ δὲ ἐν πᾶσιν αὐτὸν ἀμείβεσθαι τοῖς ἴσοις.

836. πᾶσιν ἀνθρώποις : Διπλῆ καὶ εἴσθεσις οὐ κατ' ἴσον τοῖς ἀναπαίστοις εἰς ἰαμβικὰ τετράμετρα καταληκτικὰ [ἱππωνάκτεια] οεʹ. [ἐπὶ ταῖς ἀποθέσεσι παράγραφος. ἐπὶ δὲ τῷ ἄκρῳ τοῦ τελευταίου διπλῆ ἔξω νενευκυῖα. τινὲς δὲ τὰ ἑπτὰ πρῶτα κῶλα ὡς ἀντιστροφὴν εἰλήφασιν.]

837. εἰ γὰρ ὧδ' ἐποίσεις : Εἰ γὰρ εἰς τέλος ἐναντιού-

μενος αὐτῷ παραμείνῃς πρὸς τὴν γραφὴν τῆς κατηγορίας. εἰ γὰρ οὕτω τῇ κατηγορίᾳ χρήσῃ.

839. τῶν συμμάχων τ' ἄρξεις : Ἔπαιξε παρὰ τὸ θαλαττοκρατεῖν τοὺς Ἀθηναίους καὶ τοὺς νησιώτας ἔχειν ὑποτελεῖς φόρων.

840. ἐργάσῃ : Συνάξεις. τὸ δὲ σείων, οἷον διασείων καὶ ἀπαιτῶν.

841. λαβὴν : Ἀφορμὴν, λῆμμα ὡς παλαιστής.

842. κατεργάσει γὰρ : Νικήσεις, περιέσῃ αὐτοῦ.

πλευρὰς ἔχων : Σῶμα ἔχων ἰσχυρὸν καὶ στερρότητα. τουτέστιν ἑταιρίαν ἔχων τοιαύτην.

843. οὐχ ὦ 'γαθοὶ : Οὐ ταῦτα τοῦτον ἕξει τὸν τρόπον, ὡς ὑμεῖς φατὲ καὶ προσδοκᾶτε.

μὰ τὸν Ποσειδῶ : Ὅτι περὶ τριαίνης ἀκούσας εἰπόντων τῶν ἱππέων καὶ σείων καὶ ταράττων, τὸν Ποσειδῶνα ὄμνυσιν.

845. ἐπιστομίζειν : Κατασιγάζειν, ἐπὶ στόμα ἔχειν τῶν κατ' ἐμοῦ, λέγων καὶ διαβάλλων μηδὲ φωνὴν ἐᾶν παριέναι.

846. τῶν ἀσπίδων τῶν ἐκ Πύλου : Πάλιν ὁ Κλέων τὰ περὶ Πύλον θρυλεῖ καὶ Σφακτηρίαν καὶ τὰ τῶν αἰχμαλώτων. ἔθος δὲ ἦν τὰ ἀπὸ τῶν πολεμίων ὅπλα ἐν τοῖς ἱεροῖς ἀνατιθέναι. ἕως οὖν, φησὶν, ἀνάκειται τὰ ἀπὸ Πύλου καὶ Σφακτηρίας ὅπλα, ἅπερ ἀνέθηκα τοῖς θεοῖς νικήσας, οὐδεὶς τῶν ἐχθρῶν τολμήσει κατ' ἐμοῦ λέγειν.

847. λαβὴν γὰρ ἐνδέδωκας : Κατὰ σεαυτοῦ. οἷον, ἀφορμὴν κατὰ σοῦ κατηγορίας. ἀπὸ δὲ τῶν ἀσπίδων τὴν λαβὴν εἶπεν.

849. αὐτοῖσι τοῖς πόρπαξι : Σὺν αὐταῖς ταῖς ὀχάναις. πόρπαξ ἐν ᾧ τὴν ἀσπίδα κατέχουσιν, ὃ καλεῖται ὀχάνη. [περιφερὴς δὲ οὖσα ἡ ἀσπὶς ἐκινεῖτο κυκλικῶς διὰ τοῦ πόρπακος.] ἀνετίθεσαν δὲ τὰ ἐκ τῶν πολέμων ὅπλα ἄνευ τῶν ὀχανῶν, ἵνα μὴ ἑτοίμως ἔχωσιν αὐτοῖς χρῆσθαι. [μηχάνημα δὲ, στρατήγημα, πανούργημα.]

852. στῖφος : Σύστημα, πλῆθος. τοῦτο δὲ ἔτρεφεν ὁ Κλέων, ἵνα ἔχῃ, φησὶ, συνερχόμενον αὐτῷ πρὸς τὴν πολιτείαν.

854. συγκεκυφὸς : Συνελθόν. ἀντὶ τοῦ, ὁμονοοῦσιν ἑαυτοῖς καὶ συμπνέουσιν. [Ἄλλως. ὁμονοοῦν. ἀντὶ τοῦ συνελθόντες αὐτῷ συμπνέουσι. βριμήσαιο δὲ, ὀργισθείης.]

855. ὀστρακίνδα : Βουληθείης αὐτὸν ἐξοστρακίσαι, τουτέστιν ἐξορίσαι. Θ. ἔστι μὲν ὄνομα παιδιᾶς. θέλει δὲ εἰπεῖν, θελήσειας αὐτὸν ἐξοστρακισθῆναι. ὁ δὲ τρόπος τοιοῦτος τοῦ ἐξοστρακισμοῦ. προεχειροτόνει ὁ δῆμος ὄστρακον εἰσφέρειν, καὶ ὅταν δόξῃ, ἐφράττετο σανίσιν ἡ ἀγορὰ καὶ κατελείποντο εἴσοδοι δέκα. δι' ὧν εἰσιόντες κατὰ φυλὰς ἐτίθεσαν ὄστρακον, ἐντιθέντες τὴν ἐπιγραφήν. ἐπεστάτουν δὲ οἵ τε θ' ἄρχοντες καὶ ἡ βουλή. ἀριθμηθέντων δὲ [ὧν πλεῖστα γένοιτο καὶ μὴ ἐλάττω] ἑξακισχιλίων, τοῦτον ἔδει ἐν δέκα ἡμέραις μεταστῆναι τῆς πόλεως· εἰ δὲ μὴ γένοιτο ἑξακισχίλια, οὐ μεθίστατο. οὐ μόνον δὲ Ἀθηναῖοι ὠστρακοφόρουν, ἀλλὰ καὶ Ἀργεῖοι καὶ Μιλήσιοι καὶ Μεγαρεῖς. σχεδὸν δὲ οἱ χαριέστατοι πάντες ὠστρακίσθησαν, Ἀριστείδης, Κίμων, Θεμιστοκλῆς, Θουκυδίδης, Ἀλκιβιάδης. μέχρι δὲ Ὑπερβόλου ὀστρακισμὸς προελθὼν ἐπ' αὐτοῦ κατελύθη, μὴ ὑπακούσαντες τῷ νόμῳ διὰ τὴν ἀσθένειαν τὴν γεγενημένην τοῖς τῶν Ἀθηναίων πράγμασιν ὕστερον. [παροξῦναι δὲ δεῖ τὸ ὀστρακίνδα καὶ πάντα τὰ τοιαῦτα ἐπὶ παιδιᾶς τασσόμενα.]

857. εἰσβολὰς : Τὰ σιτοφυλάκια, τὰς ἀποθήκας παραλάβοιεν φθάσαντες. ἡ εἰσβολὰς ὡσεὶ ἔλεγε τῆς χώρας. εἰσβολὰς δὲ ἔλεγον τοὺς τόπους δι' ὧν εἰσέβαλλον οἱ πολέμιοι.

858. ἔχουσι γὰρ πόρπακας : Ὡς δέον τὰς ἀνατιθεμένας ἀσπίδας μὴ ἔχειν πόρπακας, ὑπὲρ τοῦ μὴ ἐξεῖναι τοῖς ἐπιχειροῦσι κατὰ τοῦ δήμου ἐξ ἑτοίμου χρήσασθαι ταῖς ἀσπίσι.

859. κρουσιδημῶν : Ἀντὶ τοῦ, κρούων τῇ βοῇ. ἐλυμαίνου τὸν δῆμον ἀπατῶν καὶ παρακρουόμενος τῇ βοῇ. ἔστι γὰρ παράκρουσις μέτρον, ὃ λέγεται ἐπὶ τῶν τοῖς μέτροις παραλογιζομένων, [καὶ παρακρούσασθαι, ἀνατρέψαι. καὶ παράκρουσιν, ἐξαπάτην, ἐμπαιγμόν.]

862. [ἐν τῇ πόλει ξυνιστάμενον : Οὐδὲν τῶν κατὰ τῆς πόλεως λογιζομένων καὶ ὁμοῦ ἱσταμένων.]

865. καταστῇ : Κατάστασιν λάβῃ, ἐν εὐδίᾳ ᾖ. ἐπειδὴ καὶ ἐγχέλεις μὴ δυνάμεναι νήχεσθαι, ἐν τῇ ἰλύϊ εἰσίν. οἱ οὖν θηρεύοντες τὸ ὕδωρ ταράττοντες ἀγρεύουσι τὰς ἐγχέλεις.

872. ζεῦγος πριάμενος : Πλείονα εὔνοιαν ἔδειξεν ὅτι καὶ πριάμενος ἔδωκεν, ὁ δὲ ἔχων προῖκα οὐ δέδωκεν. οὐδ' εἴ τι χρήσιμον ἔχει, τῇ πόλει χαρίζεται.

874. τοῖσι δακτύλοισι : Πρὸς τὸ μὴ πταίειν διὰ τὰς ἐμβάδας. ἅμα δὲ καὶ τοῖς δακτύλοις τῶν χειρῶν, διὰ τὸ μὴ κλέπτειν.

877. τὸν Γρύττον ἐξαλείψας : Οἱ μὲν ἀντὶ τοῦ, τὸ τυχὸν τῆς πορνείας ἐξαλείψας. παρὰ τὸν ἐν τοῖς ὄνυξι ῥύπον, ὃν λέγουσι γρῦ. οἱ δὲ Γρύττον τινὰ ἐπὶ κιναιδίᾳ διαβάλλουσι. τῶν ἐπὶ μαλακίᾳ γὰρ διαβαλλομένων ὁ Γρύττος. Ἄλλως. ὑγρόν τινα καὶ κατωφερῆ, ὃς διὰ τὴν πολλὴν ὑγρότητα ἐν τοῖς ἑταιρείοις διέτριβεν. ὁ δὲ Κλέων δημαγωγῶν θάνατον αὐτῷ ἐπέθηκε τὴν ζημίαν.

878. πρωκτοτηρεῖν : Πρωκτὸν ἐπιτηρεῖν τῶν πορνευομένων.

880. ἵνα μὴ ῥήτορες : Ἀπείρητο γὰρ τοῖς τοιούτοις ἀγορεύειν. διαβάλλει δὲ τοὺς ῥήτορας ὡς τοιούτους.

882. ἀμφιμασχάλου : Χειριδωτοῦ ἱματίου. οἱ δὲ δουλικοῦ. [Ἄλλως. μικροῦ χιτωνίσκου. ἦν δὲ καὶ ἑτερομάσχαλος ὁ τῶν ἐργατῶν, οὗ τὴν μίαν μασχάλην ἔρραπτον.] Ἄλλως. ἑκατέρωθεν ἔχοντος χειρῖδας οὐ μακρὰς, ἀλλ' ἕως τῶν μασχαλῶν.

883. [ἀλλ' ἐγώ σοι : Παρεπιγραφή. δίδωσι γὰρ αὐτῷ χιτῶνα.]

886. οὐ μεῖζον εἶναι φαίνεται : Ὅτι σοφίας δόξαν ἀπηνέγκατο ὁ Θεμιστοκλῆς, σαφηνίσας Ἀθηναίοις τὸν δοθέντα χρησμὸν

τεῖχος Τριτογενεῖ ξύλινον διδοῖ εὐρύοπα Ζεύς.

ἄλλων γὰρ ἄλλα λεγόντων, Θεμιστοκλῆς ἔφη τὰς τριήρεις λέγειν ξύλινον τεῖχος. [καὶ τὸν Πειραιᾶ δὲ τειχίσας, ὡς εἴρηται, καὶ τὰ μακρὰ τείχη ποιήσας τὰ διήκοντα ἀπὸ τῆς πόλεως μέχρι τοῦ Πειραιῶς, ἐπὶ πλέον ἔδοξε σοφός.]

887. πιθηκισμοῖς : Ἀπάταις καὶ κολακεύμασιν. Ἄλλως. μιμήμασιν. ὡς καὶ αὐτοῦ ταῦτα πεποιηκότος.

[περιελαύνεις : Γράφεται παρελαύνεις.]

888. ὅταν χεσείῃ : Οἱ ἀνιστάμενοι ἐκ τῶν συμποσίων πρὸς τὸ ἀποπατῆσαι πολλάκις τοῖς ἀλλοτρίοις ὑποδήμασι χρῶνται ἤτοι σπεύδοντες ἢ ἀγνοοῦντες ὑπὸ τῆς μέθης.

891. προσαμφιῶ τοδί : Πρὸς οἷς ἔχει ἐνδύσω. παρεπιγραφὴ δέ· δίδωσι γὰρ αὐτῷ ὁ Κλέων χιτῶνα.

892. βύρσης κάκιστον : Ἀηδισθεὶς ὁ Δῆμος καὶ μυσαττόμενος τὴν ὀσμὴν τοῦ βυρσοδέψου ταῦτά φησι.

894. τὸν καυλὸν οἶσθ' ἐκεῖνον : Τὴν ῥίζαν τοῦ σιλφίου. σίλφιον δὲ [ῥίζα κατά τινας ἡδύοσμος ἐν Λιβύῃ γινομένη, ἀρτυτικὴ καὶ θεραπευτική. καλλίστη δὲ ἡ Κυρηναϊκή. ὅτι τῷ ὀπῷ καὶ τῇ ῥίζῃ καὶ τῷ καυλῷ τοῦ σιλφίου ἐχρῶντο. Ἄλλως.] φυτάριόν ἐστι κάκοσμον. Ἀρισταῖος δὲ ὁ Ἀπόλλωνος καὶ Κυρήνης πρῶτος τὴν ἐργασίαν τοῦ σιλφίου ἐξεῦρεν ὥσπερ καὶ τοῦ μέλιτος.

895. τὸν ἄξιον γενόμενον : Ὅτι καὶ νῦν εὔωνον καὶ ὀλίγης τιμῆς πιπρασκόμενον.

οἶδα μέντοι : Ὅτι καὶ τῷ ὀπῷ καὶ τῇ ῥίζῃ καὶ τῷ καυλῷ τοῦ σιλφίου ἐχρῶντο.

898. οἱ δικασταί : Οἱ ἡλιασταί. τὸ μέγα δὲ δικαστήριον ἐν τῇ Ἀττικῇ Ἡλιαία, καὶ οἱ δικασταὶ ἡλιασταί.

899. κόπριος : Κηπουρὸς, παρὰ τὴν κόπρον. Ἄλλως. νῆσος τῆς Ἀττικῆς. ἢ τὸν κοπρολόγον λέγει.

901. Πυρράνδρου : Ἀπὸ τοῦ Πυρρίου ἔπαιξε τὸ ὄνομα. ἦν δὲ οὗτος ὁ Πύρρανδρος πονηρὸς καὶ συκοφάντης. βωμολοχεύμασι δὲ, κακουργήμασι, κολακεύμασιν, ἢ ἀπάταις. βωμολόχοι δέ εἰσιν οἱ περὶ τοὺς βωμοὺς λοχῶντες [καὶ κρυφίως ὑποκαθήμενοι, ἐπὶ τῷ ἁρπάζειν τὰ ἐπιτιθέμενα θύματα. τοῦτο δ' ἡμῖν πλεονάκις ἴσως τοῦ δέοντος εἴρηται. θεὸν δὲ τὴν Ἀθηνᾶν ἀκουστέον].

905. μισθοῦ τρύβλιον : Ὀξύβαφον. ἀντὶ τοῦ εἰπεῖν ὀσπρίου, ἢ ἄλλου τινὸς προσφαγίου, μισθοῦ εἶπε διὰ τὸν δικαστικὸν μισθόν.

906. κυλίχνιον : Ἔκπωμα. ὃ νῦν λέγουσι πυξίδιον. ἔχουσι δὲ οἱ ἰατροὶ τὰ πυξίδια, ἐν οἷς προσβάλλουσι τὰ πάσματα.

909. κέρκον : Τὴν οὐράν. ἁπαλὸν δὲ καὶ τρυφερὸν τὸ ἔριον τοῦ λαγωοῦ, ὥστε ἀντὶ σπόγγου χρήσασθαι διὰ τὸ ἁπαλὸν εἶναι, ὥστε τὰς λήμας περιψῆν.

περιψῆν : Ἀντὶ τοῦ καταμάσσειν, ἀποσπογγίζειν. φιλονεικεῖ δὲ ἕκαστος ὑπερβαλεῖν ταῖς δωρεαῖς.

911. ἐμοῦ μὲν οὖν : Διπλῆ καὶ εἴσθεσις εἰς ἀμοιβαῖον μέλος τῶν ὑποκριτῶν κώλων τριάκοντα διμέτρων ἀκαταλήκτων, πλὴν τοῦ παρατελεύτου μονομέτρου, συνήθως καὶ τοῦ τελευταίου ἑφθημιμεροῦς. ἐπὶ τῷ τέλει δύο διπλαῖ, ἡ μὲν ἐν ἀρχῇ τοῦ κώλου, ἡ δὲ κατὰ τὸ τέλος.

912. τριηραρχεῖν : Ἀπειλεῖ αὐτῷ λειτουργίαν. λειτουργία γὰρ παρὰ Ἀθηναίοις. δαπανηρὸν δὲ τὸ τριηραρχεῖν. ἔδει γὰρ τὴν τριήρη πάντα ἔχειν πρὸς πόλεμον εὐτρεπῆ. ἅπερ παρεσκεύαζεν ὁ τὴν λειτουργίαν ταύτην προβληθείς. Ἄλλως. ἐπειδὴ οἱ στρατηγοὶ εἴ τινα εἶχον ἐχθρὸν, εἰς τριηραρχίαν ἐνέβαλλον, ὅπως ἂν αὐτῷ ὁ βίος ἀναλίσκοιτο. εἰ δέ τις ὑπερβαλλόντως ἀπεχθάνοιτο, παλαιὰς ναῦς αὐτῷ ἐδίδοσαν, ὅπως ἂν οἴκοθεν καινὰς ἀντ' αὐτῶν κατασκευάσῃ, καὶ πάντῃ ἄποροι ἐγίνοντο. [οὐκ ἐρέξεις δὲ, ἀντὶ τοῦ, οὐ παύσῃ. διαμηχανήσομαι δὲ, διαπράξομαι.]

919. ἀνὴρ παφλάζει : Ἐπειδὴ ἑώρα τὸν Κλέωνα κεκραγότα καὶ παφλάζοντα τῷ λόγῳ, τῇ μεταφορᾷ ἐχρήσατο ἀπὸ τοῦ χαλκείου ἐν τῷ πυρὶ κειμένου. ἐπειδὰν γὰρ ἴδωμεν τοῦτο ὑπερζέον, τῶν ὑποκειμένων ξύλων ὑφαιροῦμεν καὶ τοῦ ὕδατος, ἵνα μὴ ὑπερχυθέντος τοῦ ὕδατος τὸ πῦρ σβεσθῇ. χαριέντως δὲ ὡς μαγείρῳ. Ἄλλως. ἐντεῦθεν μετὰ τὸ κθ' κῶλον διακέκριται τοῖς προσώποις. εἰσὶ δὲ ἴσα ὅλα. καὶ ὅμοιον ποιεῖ τὸ ὅλον περιοδικόν. τὸ δὲ τελευταῖον ἑτέραν ἔχει διαίρεσιν, τὴν εἰς τρίμετρον καταληκτικόν. Ἄλλως. βράσσει καὶ τετάρακται. πεποίηται παρὰ τὸ πάφλα. τὸ δὲ ἑξῆς, ἀνὴρ παφλάζει ὑπερζέων.

921. τῶν ξύλων : [Ἐν τοῖς πλείοσι,] τῶν δετῶν. ἔδει εἰπεῖν τῶν κρεῶν. ἔστι γὰρ ἀπὸ μεταφορᾶς τῶν ἑψόντων, οἵτινες, ὅταν παφλάζῃ, τῶν ὑποκειμένων ξύλων ἀφαιροῦνται καὶ τῶν κρεῶν.

ἀπαρυστέον : Ἀφαιρετέον. τῶν ἀπειλῶν δὲ εἶπεν, ἀντὶ τοῦ εἰπεῖν τοῦ ζέματος. ἐπειδὴ τῶν ὑπερζεόντων ἀπαρύονται, ἵνα μή τι ὑπερχέηται. μαγειρικῶς δὲ καὶ ταῦτα.

922. ταυτηί : Ἴσως κρεάγραν ἔδειξεν ὡς μαγείρῳ.

924. ἰπούμενος : Θλιβόμενος ταῖς συντελείαις, ταῖς ἀπαιτήσεσι, πολλὰ εἰσφέρειν ἀναγκαζόμενος. πιεζόμενος.

926. σπεύσω σε : Σπεύσω εἰς σὲ καὶ σπουδάσω. ἐπειδὴ οἱ στρατηγοὶ, ἐχθρούς τινας ἔχοντες πένητας, ἐνέγραφον τῷ πρώτῳ τάγματι, ὅπως μὴ ἀρκοῦντες πρὸς τὰς μεγάλας ζημίας, ἄποροι γένωνται. [εὔχομαι δὲ, καταρῶμαι. τάγηνον δὲ, τήγανον. τευθὶς δὲ εἶδος ἰχθύος εὐτελοῦς. σίζον δὲ, ποιὸν ἦχον ἀποτελοῦν.]

932. Μιλησίων : Ὡς ἐκεῖθεν δωροδοκοῦντος. μέτοικοι δὲ Ἀθηναίων οἱ Μιλήσιοι.

933. ἢν κατεργάσῃ : Ἐὰν διαπράξῃ ἅπερ αὐτοῖς

ἐπαγγείλω. [(937) μεθήκοι δὲ, μετέλθοι, καλῶν σε δηλονότι.]

935. προλάβοις ἔτι εἰς ἐκκλησίαν ἐλθών. V.

941. εὖ γε νὴ τὸν Δία : Διπλῆ καὶ τοῦ χοροῦ ἐν ἐπεισθέσει. ὧν τὸ πρῶτον ἐκ τροχαϊκῆς βάσεως καὶ ἀναπαιστικῆς, καὶ ἑφθημιμερὲς ἢ Ἰωνικὸν, ἀπὸ μὲν τριμέτρου καταληκτικόν. ἀτακτότερον δὲ ἔχει τὴν τροχαϊκὴν βάσιν ἑπτάσημον. τὸ δὲ δεύτερον πενθημιμερὲς κοινὸν δακτυλικὸν καὶ ἀναπαιστικόν. ἐπίτηδες διαλελυμένως τὸν πεζὸν λόγον. ἔστι δὲ πολλὰ καὶ παρ' Εὐπόλιδι σεσημειωμένα.

943. [καί μοι δοκεῖ : Κορωνὶς ἑτέρως εἰσιόντων τῶν ὑποκριτῶν. οἱ δὲ στίχοι ἰαμβικοὶ τρίμετροι ἀκατάληκτοι λ'. ὧν τελευταῖος

ἰδοὺ ἰδού. νὴ τὸν Δί' οὐδὲν κωλύει.

ἐπὶ τῷ τέλει κορωνίς.]

944. ἀγαθὸς πολίτης : Ὁ ἀλλαντοπώλης δηλονότι δοκεῖ μοι, φησὶ, καλὸς εἶναι πολίτης, ὁποῖος ἄλλος οὐδεὶς γένοιτο ἂν ἐν παντὶ χρόνῳ.

945. πολλοῖς τοῦ 'βολοῦ : Τοῖς εὐώνοις, τοῖς Ἀθηναίοις. οὕτως γὰρ λέγεται ἐπὶ τῶν πολλῶν τοῦ ὀβολοῦ πωλουμένων.

946. ἐσκορόδισας : Ἀηδισας ἢ ἐπίκρανας, ἢ ἐδρίμυξας, ἢ κλαῦσαι πεποίηκας. ἀπὸ τῶν [τὰ] σκόροδα τριβόντων.

948. ἐμοὶ ταμιεύσεις : Ὡς οὐκέτι ἐπιμελήσῃ τῶν ἐμῶν χρημάτων, οὐδὲ ταμίας μοι ἔσῃ, τουτέστι διοικήσεις τὰ πρυτανεῖα.

950. ἐμοῦ πανουργότερος : Ἑαυτὸν διαβάλλει ὁ Κλέων, ἐκείνῳ ψόγον ἐπιφέρειν βουλόμενος. [ὁ δακτύλιος δὲ, ὃν ἐφόρει τῆς ἀρχῆς ὄντα σημεῖον.]

954. δημοῦ βοείου : Παρὰ τὸν δῆμον ἐποίησε δημὸν ὀξυτόνως, ἐπειδὴ τῷ θρίῳ περιβάλλοντες τὸ λίπος ὤπτων. θρῖον δὲ τὸ τῆς συκῆς φύλλον. ὀλίγον οὖν δεῖ τῷ τόνῳ παρεγκλίνειν οὐ τὸ ὄνομα. λέγει δὲ καὶ ταῦτα, ἐπειδὴ ὡς ἀναίσθητον διαβάλλει τὸν δῆμον. Ἄλλως. λίπους βοείου. ταῦτα δὲ εἰς ἀναισθησίαν τοῦ δήμου. καὶ ἐν Σφηξὶν [40] « ἵστη βόειον δημόν. » θρῖον δὲ σκεύασμά τι μετὰ ἐγκεφάλου γινόμενον.

θρῖον : Χόνδρος ἢ ὄρυζα ἕψεται, ἢ σεμίδαλις ἀρκούντως. εἶτα ἐπιχεῖται τὸ ὕδωρ, καὶ φυρᾶται τὸ ἡψημένον μετὰ ἁπαλοῦ τυροῦ καὶ ᾠῶν ὀλίγων. εἶτα περιλαμβάνεται φύλλοις συκίνοις ὅλον καὶ περιειλεῖται καννάβῳ ἢ παπύρῳ, ἢ λίνῳ, καὶ καθίεται εἰς ζωμὸν κρεῶν ἡψημένων, ἄχρι τοῦ λαβεῖν ἱκανὴν ἕψησιν. εἶτα ἐξαιρεῖται καὶ τῶν φύλλων περιαιρεθέντων εἰς λοπάδα νέαν ζέοντος μέλιτος ἐμβάλλεται καὶ ἕψεται. στρεφόμενον δὲ, ὅταν ἱκανῶς ἔχῃ καὶ ξανθὸν γένηται, ἐξαιρεθὲν παρατίθεται μέλιτος περιχυθέντος, ἢ ἀπὸ τοῦ ἑφθοῦ, ἢ ἀπὸ τοῦ ἄλλου. θρῖον δὲ καλεῖται ἀπὸ τῶν φύλλων τῆς συκῆς, ἅτινα οὕτω καλεῖται.

956. λάρος κεχηνὼς : Τὸν Κλέωνα λέγει διὰ τὸ ἁρπακτικόν. ἀπὸ τούτου δὲ ὡς κλέπτην τὸν Κλέωνα διαβάλλει. καὶ ὁ λάρος γὰρ ζῷόν ἐστιν ἀδηφάγον. τὴν δὲ πέτραν διὰ τὸ βῆμα τὸ ἐν τῇ πνυκί.

958. Κλεωνύμου : Ὡς δαπανηρὸν καὶ ἐν τρυφῇ ζῶντα κωμῳδεῖ καὶ διαβάλλει τὸν Κλεώνυμον καὶ ἅρπαγα. εἰπὼν γὰρ λάρος ἐπήνεγκε τὸν Κλεωνύμου.

959. παρ' ἐμοῦ δὲ τουτονὶ λαβὼν : Δακτύλιον ἄλλον δίδωσι. καὶ ἔστι παρεπιγραφή.

963. μολγὸν γενέσθαι : Φαεινὸς, μολγὸν ἀντὶ τοῦ τυφλόν. Ἡρόδοτος δὲ ἱστορεῖ τοὺς Μολγοὺς τούτους ἐπάνω τῆς Σκυθίας εἶναι. Ἄλλως. πένητα, παρὰ τὸ ἀμέλγεσθαι καὶ ζημιοῦσθαι. Ἄλλως. Σύμμαχος· ἔοικε χρησμός τις εἶναι. ἐν γὰρ τοῖς Γεωργοῖς οὕτως ἔχει

ὅτῳ δοκεῖ σοι δεῖν μάλιστα τῇ πόλει.
ἐμοὶ μὲν ἐπὶ τὸν μολγὸν εἶναι οὐκ ἀκήκοας.

Ἐρατοσθένης· μολγὸν καὶ ἀμολγὸν τὸν αὐτόν. ἀμολγοὺς δὲ παρὰ τούτοις φησὶ λέγεσθαι τοὺς ἀμέλγοντας τὰ κοινά. Ἡσίοδος δὲ [Op. 588] « μᾶζά τ' ἀμολγαίη. » οἱ δὲ, ἀντὶ τοῦ ἀκμαῖον. παρὰ δὲ τοῖς κωμικοῖς μόλγης ὁ μοχθηρὸς, ὥσπερ γόης. οὕτω Σωκράτης. Ἄλλως. μολγὸν τινὲς μὲν γλαυκὸν, οἱ δὲ τὸν βραδύν. οἷον, ἀμολγὸν καὶ κλέπτην τῶν δημοσίων. μολγοὺς γὰρ ἔλεγον τοὺς ἐξαμέλγοντας καὶ κλέπτοντας τὰ κοινά.

964. μέχρι τοῦ μυρρίνου : Μέχρι τῆς κεφαλῆς. ἐπειδὴ οἱ ἄρχοντες μυρρίνῃ ἐστεφανοῦντο. ἢ ἀπὸ τοῦ ἐσκολύφθαι τὸ αἰδοῖον εἰς τέλος καὶ ὁλόκληρον. μύρτον δὲ πεποικιλμένον ἐκάλουν οἱ παλαιοὶ τὸ γυναικεῖον αἰδοῖον.

967. ἁλουργίδα : Πορφυρᾶν χλανίδα. ἐπειδὴ τὸ ῥόδον πορφυροῦν, τῷ στεφάνῳ τῶν ῥόδων τὴν ἁλουργίδα ἐπήνεγκεν.

968. [κατάπαστον : Κατάπαστος, κατάμεστος, πλήρης, καταπεποικιλμένος. στεφάνην : Τὸν στέφανον· σημαίνει δὲ καὶ ὄρους ἐξοχήν. *Victor.*]

969. χρυσοῦ διώξεις : Τῷ διώξεις ἔχοντι λόγον πρὸς τὰ προκείμενα ἐπήνεγκε παρὰ τὴν φωνὴν τὸ διώξεις Σμικύθην καὶ κύριον, ὥσπερ ἐν ταῖς εἰσαγωγαῖς τῶν ἐγκλημάτων κηρύττειν εἰώθασιν, ἐπειδὰν γυναικὶ ἐπιφέρηται ἔγκλημα. οὕτω γὰρ προκαλεῖσθαι εἰώθασιν ἐν τῷ δικαστηρίῳ, ἡ δεῖνα καὶ ὁ κύριος, τουτέστιν ὁ ἀνήρ. ἅμα οὖν ὡς γυναικώδη τὸν Σμικύθην κωμῳδεῖ καὶ ἔχοντα κύριον ὡς αἱ θήλειαι. ὁ δὲ Σμικύθης Θρᾳκῶν βασιλεύς. Κύριον δὲ ἀντὶ τοῦ Κύρου τοῦ Ἀρταξέρξου τοῦ Περσῶν βασιλέως, ὃς κατ' ἐκείνους τοὺς χρόνους τῆς Λυδίας πεμφθεὶς σατραπεύειν, Λακεδαιμονίοις προσθεμένοις εἰς πόλεμον τὰ πρὸς Ἀθηναίους ἐχορήγησε χρήματα. Ἄλλως. τὸν Σμικύθην κωμῳδεῖ ὡς κίναιδον. κύριον δὲ λέγει τὸν ἄνδρα. οὕτω γὰρ ἐπεγράφοντο ἐν τοῖς δικαστηρίοις, Ἀσπασία καὶ κύριος, τουτέστιν ὁ Περικλῆς.

973. ἥδιστον φάος : Κορωνίς. ἐξίασι γὰρ ὑποκριταί. καὶ ἐν εἰσθέσει τοῦ χοροῦ ἑξῆς μονοστροφικὴ τετράκωλος οὖσα τὰς περιόδους ἐκ τριῶν γλυκωνείων [ποτὲ μὲν

ἐξ ἐπιτρίτου, ποτὲ δὲ διτροχαίου, ἐν δὲ τῷ γ' καὶ χοριάμβου καὶ διιάμβου], καὶ τοῦ φερεκρατείου. συνῆπται δὲ τῇ λέξει καὶ μόνον διακέκριται τὸ φερεκράτειον. [ἑφθημιμερὲς δέ ἐστιν ἐξ ἐπιτρίτου τετάρτου, ἢ διτροχαίου, καὶ βακχείου συγκείμενον.] παράγραφοι δὲ ἁπλαῖ μὲν πέντε, ἡ δὲ ϛ' καὶ μετὰ κορωνίδος. [ταῦτα δὲ παρὰ τὰ Εὐριπίδου.]

975. τοῖσιν ἀφικνουμένοις : Ἢ τοῖς μετὰ ταῦτα ἐσομένοις. ἢ καὶ τοῖς ἐπιδημοῦσι τῶν ξένων, ἵν' ἐπιδεικνύῃ τὸν Κλέωνα κἂν τούτῳ πονηρὸν, ὅτι μηδὲ τούτων φείδεται, ἀλλ' ἐπίσης ἅπαντας συκοφαντεῖ.

979. ἐν τῷ δείγματι τῶν δικῶν : Σύμμαχος· σκέψασθε τί δή ποτέ ἐστι τὸ δεῖγμα τῶν δικῶν. παρεῖται γὰρ, φησὶν, εἰ μὴ τὸ δεῖγμα τόπος ἐστὶν ἐν Πειραιεῖ, ἔνθα πολλοὶ συνήγοντο ξένοι καὶ πολῖται καὶ ἐλογοποίουν. τὸ δὲ τῶν δικῶν προσέθηκεν, ἵνα διαβάλλῃ τὸ φιλόδικον τῶν Ἀθηναίων. Ἄλλως. ἐν τῷ Πειραιεῖ, ὅπου δικάζουσιν. ἐπεὶ ἐκεῖ οἱ ἔμποροι τὰ δείγματα τῶν πωλουμένων ἐτίθεσαν. ἅμα δὲ ἔσκωψε τὸ φιλόδικον τῶν Ἀθηναίων.

981. δοῖδυξ : Παροιμία, δοῖδυξ αὔξει, ἐπὶ τῶν λίαν μικρῶν. ταῦτα δὲ ὡς πρὸς τὸν Κλέωνα πάντα. τορύνη δὲ τὸ κινητήριον τῆς χύτρας. τῆς ὑομουσίας δὲ, τῆς χοιρωδίας, τῆς ἀπαιδευσίας. — κουτάλη. V.

988. οἱ ξυνεφοίτων : Οἱ συμμαθόντες.

989. τὴν Δωριστὶ : Τῷ ὀνόματι παίζει διὰ τὸ δωροδοκεῖσθαι. διαβάλλει οὖν αὐτὸν ὡς κλέπτην καὶ δωροδοκούμενον. Δώριος δὲ οὕτω καλεῖται μία τῶν ἁρμονιῶν, ὡς καὶ Λύδιος καὶ Φρύγιος καὶ Βοιώτιος. Ἄλλως. οὐδεμίαν ἁρμονίαν ἄλλην θέλει μαθεῖν, μόνην δὲ τὴν τοῦ δωροδοκεῖν ἐπώνυμον.

994. ὡς ἁρμονίαν : Ἁρμονίαν οἱ μουσικοὶ καλοῦσι τὸ εὖ καὶ ἐπισταμένως εἶναι τὰς νευρὰς ἐν τοῖς κρούμασι τῶν ᾀσμάτων. ἐν ἤθει οὖν ταῦτά φησιν, ὅτι Κλέων ἑτέραν μουσικὴν οὐ μετεχειρίζετο, οὐδὲ μανθάνειν ἐβούλετο, ταύτης δὲ μόνης ἀντεποιεῖτο [τῆς Δωρίου διὰ τὴν αὐτοῦ δωροδοκίαν καὶ ἔμπειρος ἦν].

997. ἰδοὺ θέασαι : [Κορωνὶς εἰσιόντων αὖθις τῶν ὑποκριτῶν. οἱ δὲ στίχοι ἰαμβικοὶ καὶ δακτυλικοὶ ἐννενήκοντα ἕξ. ὧν προτίθενται στίχοι ἰαμβικοὶ τρίμετροι ἀκατάληκτοι ιζ'. τὸ γὰρ ιε' δίμετρόν ἐστιν ἀκατάληκτον. ἐπὶ τῷ τέλει παράγραφος. περὶ δὲ τῶν ἑξῆς ἐν ἑκάστῃ περιόδῳ εἰρήσεται.] ὁ δὲ Κλέων ἔξεισιν ἐπὶ τῶν μεταφρένων ἀγγεῖον φέρων πεπληρωμένον χρησμῶν, καὶ λέγει ὅτι τοσοῦτον ἄχθος βαστάζων, ὅμως ἅπαντας ἐξάγειν οὐκ ἠδυνήθην τοὺς χρησμούς. καὶ ὁ ἕτερος ὁμοίως τὸ αὐτὸ ποιεῖ. τοῦτο γὰρ ἐπηγγελμένοι εἰσῆλθον ἐξοίσειν τοὺς χρησμοὺς, οὓς ἔχουσι περὶ τοῦ δήμου.

998. ὑπὸ τοῦ βάρους τῶν βιβλίων τῶν τοὺς χρησμοὺς ἐχόντων λεσείω φησίν. ὡς δὲ ἔνδον καὶ ἄλλων ὄντων χρησμῶν τὸ οὐχ ἅπαντας ἐκφέρειν φησίν. Ven., Θ.

1001. ξυνοικία δύο : Δυϊκῶς ἐπήγαγε τὰ ξυνοικία. λέγονται δὲ ξυνοικίαι καὶ αἱ μικραὶ οἰκίαι καὶ ἀποστάσεις, ἢ οὓς νῦν φανόπτας φαμέν. — ὑπερῷον : Ἀνώγαιον. *Vict.*

1004. Γλάνιδος : Ἔπαιξε πρὸς τὴν κατάληξιν τὸν Βάκιν καὶ τὸν Γλάνιν εἰπών. ἔστι δὲ εἶδος ἰχθύος ὁ γλάνις. [γεραιτέρου δὲ, συνετωτέρου.]

1008. περὶ σκόμβρων : Εἶδος ἰχθύων οἱ σκόμβροι παρόμοιοι τοῖς μικροῖς θύννοις. νέων δὲ, νεωστὶ τεταριχευμένων. [ἔπαιξε δὲ ὡς μάγειρος.]

1013. ὡς ἐν νεφέλῃσιν αἰετὸς : Ἐγένετο χρησμὸς τοῖς Ἀθηναίοις ἐπὶ τοῦ δήμου αὐτῶν λεγόμενος

εὔδαιμον πτολίεθρον Ἀθηναίης ἀγελείης,
πολλὰ ἰδὸν καὶ πολλὰ παθὸν καὶ πολλὰ μογῆσαν,
αἰετὸς ἐν νεφέλῃσι γενήσεαι ἤματα πάντα.

οἷον, βασιλεὺς μέγας ὑπερέξεις ἁπάντων ὥσπερ ἀετὸς τῶν ὀρνέων. τούτου δὲ τοῦ χρησμοῦ οὐ μόνον ἐνταῦθα, ἀλλὰ καὶ ἐν Ὄρνισι [979] καὶ ἐν Δαιταλεῦσι μέμνηται.

1014. [ἄκουε δὴ νῦν : Ὁ πρῶτος στίχος ἐνταῦθα ἰαμβικὸς τρίμετρος ἀκατάληκτος. οἱ δὲ ἑξῆς ϛ' δακτυλικοὶ ἑξάμετροι καταληκτικοί. ἐπὶ τῷ τέλει παράγραφος.]

1016. ἐριτίμων ἀπὸ τριπόδων : Ἐφ' ὧν ἐκαθέζετο ἡ πρόμαντις. ἐριτίμων δὲ, πάνυ τιμίων. τὸ γὰρ ἐρι ἐπίρρημά ἐστιν ἐπιτάσεως, ὡς τὸ ἐριβώλακα, καὶ ἐρικυδέα, τὴν μεγάλως ἔνδοξον. σώζεσθαι δὲ, σώζειν καὶ περὶ πολλοῦ ποιεῖσθαι.

1018. γράφεται λάσκων. πρὸ σοῦ ἢ ὑπὲρ σοῦ ὑλακτῶν. Ven.

1019. [κἂν μὴ δρᾷ ταῦτα : Κἂν μὴ ποιήσῃ ταῦτα ὁ κύων, ἀπολεῖται.]

1020. κατακράζουσι : Καταθορυβοῦσιν. ἰδίως δὲ νῦν ἐπὶ ὀρνέων τὸ κράζειν ἀντὶ τοῦ κρώζειν. Ἄλλως. οἱ ἄλλοι ῥήτορες κράζουσι καὶ θορυβοῦσι.

1021. [ταυτὶ μὰ τὴν Δήμητρα : Οἱ ἑξῆς τῶν εἰρημένων οὗτοι στίχοι ἰαμβικοί εἰσι τρίμετροι ἀκατάληκτοι ἐννέα. ἐπὶ τῷ τέλει παράγραφος. πρὸ σοῦ δὲ ἀπύω, ἀντὶ τοῦ, ὑπὲρ σοῦ ὑλακτῶ.]

1026. ὥσπερ θύρας σου : Οἱ γὰρ ἀποκλειόμενοι κύνες τὰς θύρας περιεσθίουσι, βουλόμενοι ἑαυτοῖς ποιῆσαι ἔξοδον. [ὁ χρησμὸς δ' ὁ περὶ τοῦ κυνὸς, ἀντὶ τοῦ, ὁ ἐν τῷ χρησμῷ κύων. ἐν ἐκθέσει δὲ στίχοι ε' δακτυλικοί. ἐφ' ὧν τῷ τέλει παράγραφος.]

1028. γράφεται ἐγὼ δέ. ὁ ἐν τῷ χρησμῷ κύων. V.

1030. ἀνδραποδιστὴν : Σωματέμπορον, τοὺς ἐλευθέρους καταδουλούμενον.

1031. ὃς κέρκῳ σαίνων : Τῇ οὐρᾷ σαίνων, οἷον, ὑποτρέχων καὶ κολακεύων. ἔπαιξε δὲ παρὰ τὴν παροιμίαν

σαίνεις δάκνουσα καὶ κύων λαίθαργος εἶ.

ἐπὶ τῶν ὑποκρινομένων δῆθεν εὐνοεῖν, ἐπιβουλευόντων δὲ λάθρα. [ἐξέδεται δὲ, ἐκτρώγει. τοὖψον δὲ, τὸ βρῶμα. ἄλλοσε δὲ χάσκῃς, ἀντὶ τοῦ, περὶ ἄλλα τὴν διάνοιαν ἔχῃς.]

1033. ἐς τοὐπτάνιον : Ἀντὶ τοῦ ἐπὶ τὸ πρυτανεῖον εἰπεῖν, εἶπεν εἰς τοὐπτάνιον, τουτέστιν εἰς τὸ μαγειρεῖον.

1034. νύκτωρ τὰς λοπάδας : Ὅτι τοὺς φόρους τῶν νήσων καὶ τῶν πόλεων ἀφήρπαζεν. ὡς οἱ κύνες οἱ εἰς τὰ μαγειρεῖα εἰσιόντες περιλείχουσι τὰς λοπάδας καὶ τὰς χύτρας, οὕτως καὶ ὁ Κλέων, ἐάν τι τοῖς νησιώταις περιλειφθῇ, καὶ τοῦτο λαμβάνει. Ἄλλως. ἔπαιξε πρὸς τὸ γινόμενον ὑπὸ τῶν κυνῶν. οὗτοι γὰρ ἁρπάσαντές τι εἰώθασιν εἰς τοὺς ἡσυχίαν ἔχοντας τόπους ἀναχωρήσαντες ἐμφορεῖσθαι.

καὶ τὰς νήσους διαλείχων : Ὅτι ἀντὶ τοῦ εἰπεῖν τὰς χύτρας, παρ' ὑπόνοιαν εἶπε τὰς νήσους, τουτέστι τοὺς τῆς πόλεως πόρους διαρπάζων καὶ τοὺς νησιώτας διασείων.

1035. [νὴ τὸν Ποσειδῶ : Πρὸς τὸν ἀλλαντοπώλην ὁ λόγος. τῶν δ' ἑξῆς τούτων ἓξ στίχων ὁ μὲν α', β' ἰαμβικοί. οἱ δὲ λοιποὶ τέσσαρες δακτυλικοί. ἐπὶ τῷ τέλει παράγραφος.]

1038. κύνοψι : Τοῖς ῥήτορσιν. ἤγουν τοῖς Μήδοις λέγει.

1039. ὥς τε περὶ σκύμνοις : Ὡς λέων ὑπερμαχῶν σκύμνων.

1040. τεῖχος ποιήσας ξύλινον : Τὰς ναῦς φησι. μετέστησαν δὲ τότε εἰς Σαλαμῖνα. οὗτος δὲ ὁ χρησμὸς ἐπιόντος τοῦ βαρβάρου ἐδόθη. ἀγνοούντων δὲ αὐτῶν καὶ βουλομένων ξυλίνῳ τειχίσαι τὴν πόλιν τείχει, Θεμιστοκλῆς ὁ στρατηγὸς νοήσας τὸν χρησμὸν, εἶπε τεῖχος τὰς ναῦς λέγειν. ἔστι δὲ ὁ χρησμὸς

τεῖχος Τριτογενεῖ ξύλινον διδοῖ εὐρύοπα Ζεὺς
[μοῦνον ἀπόρθητον τελέειν διὰ Παλλάδα κούρην.
μὴ δὲ σύ γ' ἱπποσύνην μενέειν καὶ πεζὸν ἰόντα,
νῶτον ἐπιστρέψαις, ἔτι γάρ τοι κἀντίος ἔσται.
ὦ θείη Σαλαμὶς, ἀπολεῖς δὲ σὺ τέκνα γυναικῶν,
ἤπου σκιδναμένης Δημήτερος ἢ συνιούσης.

πύργους σιδηροῦς : Τὰ ὅπλα λέγει.]

1041. [ταῦτ' ἴσθ' ὅτι : Ἐν ἐκθέσει ἴαμβοι τρίμετροι ἀκατάληκτοι δέκα. ἐφ' ὧν τῷ τέλει παράγραφος.]

1044. Ἀντιλέων : Οὗτος πονηρὸς κωμῳδεῖται καὶ πολυπράγμων. προειρήκει δὲ ὁ Κλέων ἀντὶ τοῦ λέοντος αὐτῷ εἶναι φύλαξ.

1046. σιδηροῦν τεῖχός ἐστι καὶ ξύλινον : Ἀντὶ τοῦ ἐκ ξύλων σιδηρῶν. — γράφεται καὶ ξύλινον. V. οὕτως τὸ ἑξῆς. [σώζειν δὲ, φυλάττειν. (1050) τελεῖσθαι δέ φησι τὰ λόγια ὡς αὐτὸν δεσμεῦσαι βουλόμενος.]

1049. πεντεσυρίγγῳ : Πέντε ὀπὰς ἔχοντι, δι' ὧν οἵ τε πόδες καὶ αἱ χεῖρες καὶ ὁ τράχηλος ἐνεβάλλετο. — λέγει δὲ τὴν ποδοκάκην. Θ.

1050. ἀντὶ τοῦ ἤδη δεσμεύσω αὐτόν. Θ.

1051. [μὴ πείθου : Οἱ ἑξῆς οὗτοι στίχοι δακτυλικοί εἰσι δέκα. ὧν ἐπὶ τῷ τέλει παράγραφος. κορώνας δέ φησι τοὺς ἐχθρούς, ἑαυτὸν ἱέρακα. κορακῖνος δὲ εἶδος ἰχθύος. ἔπαιξε δὲ ἀντὶ τοῦ κούρους.]

1053. συνδήσας Λακεδαιμονίων : Πάλιν τὴν ἀναφορὰν ποιεῖται ἐπὶ τὴν Πύλον καὶ τὴν Σφακτηρίαν καὶ τοὺς αἰχμαλώτους τοὺς τ', οὓς ἔλαβε Δημοσθένης ἐπὶ Σικελίαν ἀπιὼν, ἤγαγε δὲ Κλέων.

1054. παρεκινδύνευσε : Πέρυσι γὰρ ὑπέσχετο τοῖς Ἀθηναίοις ὁ Κλέων κατορθῶσαι τὸν ἐν τῇ Πύλῳ πόλεμον ἕως ἡμερῶν κ'. καὶ θαυμάσαντες πάντες ἔλεγον αὐτὸν μεθύειν. καὶ Θουκυδίδης δέ φησιν [4, 28], ὅτι τῇ ἀπονοίᾳ τῆς ὑποσχέσεως ἐθαύμαζον οἱ Ἀθηναῖοι καὶ ἐγέλων.

1055. Κεκροπίδη : Ἀπὸ Κέκροπος τοῦ διφυοῦς τὸ γένος κατάγων.

1056. καί κε γυνὴ φέροι : Ἡ ἱστορία τοῦτον τὸν τρόπον ἔχει. ὅτι διεφέροντο περὶ τῶν ἀριστείων ὅ τε Αἴας καὶ ὁ Ὀδυσσεὺς, ὥς φησιν ὁ τὴν μικρὰν Ἰλιάδα πεποιηκώς. τὸν Νέστορα δὲ συμβουλεῦσαι τοῖς Ἕλλησι πέμψαι τινὰς ἐξ αὐτῶν ὑπὸ τὰ τείχη τῶν Τρώων, ὠτακουστήσοντας περὶ τῆς ἀνδρείας τῶν προειρημένων ἡρώων· τοὺς δὲ πεμφθέντας ἀκοῦσαι παρθένων διαφερομένων πρὸς ἀλλήλας. ὧν τὴν μὲν λέγειν ὡς ὁ Αἴας πολὺ κρείττων ἐστὶ τοῦ Ὀδυσσέως, διερχομένην οὕτως,

Αἴας μὲν γὰρ ἄειρε καὶ ἔκφερε δηϊοτῆτος
ἥρω Πηλείδην, οὐδ' ἤθελε δῖος Ὀδυσσεύς.

τὴν δ' ἑτέραν ἀντειπεῖν Ἀθηνᾶς προνοίᾳ

πῶς ἐπεφωνήσω; πῶς οὐ κατὰ κόσμον ἔειπες
ψεῦδος;

τοῦτο δὲ, ἵνα δείξῃ ὡς Δημοσθένους, οὐ τοῦ Κλέωνος τὸ κατόρθωμα. Ἄλλως. τοῦτο ἐκ τοῦ Κύκλου ἀφείλκυσται. λέγεται δὲ ἀπὸ τῶν Τρῳάδων, κρινουσῶν τὸν Αἴαντα καὶ τὸν Ὀδυσσέα. λέγεται δὲ, ὅτι οὐ τὸ τοῦ Αἴαντος ἔργον, ἀλλὰ τὸ τοῦ Ὀδυσσέως. ταῦτα δὲ λέγει διὰ τὰ ἐν Πύλῳ, ἃ Δημοσθένης μὲν προήνυσεν, οὗτος δὲ ἰδιοποιήσατο.

1058. πρὸ Πύλου Πύλον : Πρὸς τὴν κατάληξιν ἔπαιξεν, ὅτι ἀεὶ προσκορὴς ἐστι περὶ Πύλου λέγων.

1059. ἔστι Πύλος : Τοῦτο χρησμός ἐστιν

ἔστι Πύλος πρὸ Πύλοιο, Πύλος γε μέν ἐστι καὶ ἄλλη.

1060. τὰς πυέλους : Ἤγουν τὰς ἐμβάσεις. πύελος γὰρ ὄρυγμα, ἐμβατὴ, ἔνθα ἀπολούονται. ἀντὶ τοῦ, τὴν ἐν Πύλῳ πρᾶξιν Δημοσθένους.

1066. ὁ μισθὸς ἀποδοθήσεται : [Ὡς τοῦ Κλέωνος ἀποστεροῦντος. ἐν ἐκθέσει δ' ἴαμβοι ἕξ. ἐπὶ τῷ τέλει παράγραφος.] ἔπαιξε δὲ τῷ ὀνόματι, διὰ τὸ συνεχῶς τῆς Πύλου μεμνῆσθαι τὸν Κλέωνα.

1067. Αἰγείδη φράσσαι : Ἐν ἐκθέσει ἐπικοὶ τρεῖς. [ἐπὶ τῷ τέλει παράγραφος.] ἀπὸ δὲ τῶν β' ζῴων διαβάλλει τὸν Κλέωνα, ὡς ἀναιδῆ καὶ πανοῦργον.

[μή σε δολώσῃ : Μή σε δόλῳ ὑπέλθῃ.]

1068. λαίθαργον : Λαίθαργοι κύνες λέγονται αἱ λάθρα προσιοῦσαι καὶ δάκνουσαι. πολύϊδριν δὲ, ὅτι πολύπειροι αἱ ἀλώπεκες. καὶ παροιμία

πόλλ' οἶδ' ἀλώπηξ, ἀλλ' ἐχῖνος ἓν μέγα.

παρὰ δὲ τὴν παροιμίαν ἔπαιξε,

σαίνεις δάκνουσα καὶ κύων λαίθαργος εἶ.

[κερδὼ δὲ ἡ ἀλώπηξ παρὰ τὴν κερδοσύνην, τουτέστι τὴν πανουργίαν, ὡς Εἰδοθέα Εἰδὼ καὶ Ὑψιπύλη Ὑψώ.]

1069. Φιλόστρατος κυναλώπηξ : Οὕτως ἐκαλεῖτο ὁ Φιλόστρατος. λέγει δὲ αὐτὸν καὶ πορνοβοσκὸν καὶ καλλωπιστήν.

1070. [οὐ τοῦτό φησιν : Οἱ ἑξῆς οὗτοι στίχοι ἰαμβικοί εἰσι τρίμετροι ἀκατάληκτοι ὀκτώ. ἑξῆς δὲ κῶλον ἰαμβικὸν μονόμετρον βραχυκατάληκτον. λείπεται γὰρ ὅλου ποδὸς πρὸς τὴν συζυγίαν. καὶ ἑξῆς αὖ στίχοι ἰαμβικοὶ τρίμετροι ἀκατάληκτοι δύο. ἐπὶ τῷ τέλει παράγραφος.]

ἀλλὰ ναῦς ἑκάστοτε : Τὰς ἐκπεμπομένας ἀπὸ τῶν νήσων ἀναπράττεσθαι τοὺς φόρους. οἱ δὲ ἐκπεμπόμενοι πολλὰ ἐκέρδαναν. — ἐν εἰσθέσει δὲ ἴαμβοι δέκα, σὺν οἷς προαναφωνεῖ ἅμα τὸ εἶεν. V. Θ.

1071. ταχείας ἀργυρολόγους : Πολεμίας. τὰς συλλεγούσας ἀργύριον καὶ λήμματα αὐτῷ περιποιούσας. ἐλέγοντο δὲ πάραλοι καὶ σαλαμίνιαι.

1076. ἀλωπεκίοισιν : Ὡμοίωσε, φησίν, αὐτοὺς ἀλώπηξιν. τοῦτο δέ φησι, παρ' ὅσον παραπλέοντες οἱ ναῦται ἐξορμῶσιν, ἔπειτα ἐπειδὰν παρίωσιν ἀμπέλους, πορθοῦσι τοὺς βότρυας διαρπάζοντες.

1078. τούτοις ὁ μισθὸς : Αἰνίττεται διὰ τούτων περὶ τῶν θεωρικῶν χρημάτων, ὅτι χρὴ μᾶλλον τοῖς στρατευομένοις αὐτὰ δίδοσθαι.

1079. καὶ τοῦτον ἡμερῶν τριῶν : Εἰώθασιν εἰς τὸν πόλεμον ἐξιόντες οἱ στρατιῶται λαμβάνειν τροφὴν ἡμερῶν τριῶν.

1080. [ἀλλ' ἔτι : Ἐν ἐκθέσει ἐπικὰ ἑκκαίδεκα. ἐπὶ τῷ τέλει παράγραφος καὶ κορωνίς, ὡς εἴρηται. — ἐξαλέασθαι : Ἐκκλίνειν. *Vict.*]

1081. Κυλλήνην μή σε : Κυλλήνη πόλις ἐστὶ τῆς Ἀρκαδίας. δι' ὃ δὲ ἐχρήσατο τῷ ὀνόματι δῆλον ἀπὸ τῶν ἑξῆς, ἵνα παρονομάσῃ τὴν κυλλὴν χεῖρα, εἰς δωροδοκίαν καὶ σεισμὸν διαβάλλων τὸν Κλέωνα. οἱ γὰρ σείοντές τινας καὶ δωροδοκοῦντες κοιλαίνουσι τὴν χεῖρα, καὶ ὑποβάλλοντες ὑπὸ τὸ ἱμάτιον αἰτοῦσι.

1082. τὴν τούτου χεῖρ' : Ἐκ μεταφορᾶς τῶν παιδίων τῶν αἰτούντων καὶ κοιλαινόντων τὰς χεῖρας ᾐνίξατο.

1083. ἔμβαλε κυλλῇ : Οἱ μάγειροι ἐπειδὰν πλάττωσί τι, λέγουσιν, ἔμβαλε τῇ λαιᾷ.

1085. τὴν Διοπείθους : Σεσίνωτο τὰς χεῖρας ὁ Διοπείθης καὶ ἦν κυλλὸς, [τουτέστι πεπηρωμένος. κυλλοὺς δὲ Ἀττικοὶ καλοῦσιν ἐπὶ ποδῶν καὶ χειρῶν. ὁμοίως καὶ χωλοὺς τοὺς χεῖρα πεπηρωμένους. Εὔπολις « ὅτι χωλὸς εἶ σὺ τὴν χεῖρα σφόδρα. »] κατὰ καιρὸν οὖν διαβάλλει αὐτὸν ὡς κλέπτην. ἦν δὲ καὶ Νικίου ἑταῖρος.

1086. πτερυγωτὸς : Πρὸς τὸν ἀετὸν ἐχρήσατο τῷ πτερυγωτός. χρησμὸς γὰρ ἐξέπεσε τοῖς Ἀθηναίοις, ὡς ἄρα δέοι αὐτοὺς τοσοῦτον διενεγκεῖν τῶν ἄλλων ἀνθρώπων, ὅσον ἀετὸς τῶν πτηνῶν.

1089. ἐν Ἐκβατάνοις : Ἐν τῇ βαρβάρων χώρᾳ. Σοῦσα γὰρ καὶ Ἐκβάτανα τῆς Περσίδος χώρας πόλεις. ὧν ἐν μὲν τῇ ἑτέρᾳ ἐχείμαζε βασιλεὺς ὁ μέγας, ἐν δὲ τῇ ἑτέρᾳ ἐθέριζεν. ἄρξεις οὖν, φησίν, οὐχ Ἑλλήνων μόνον, ἀλλὰ καὶ βαρβάρων.

[λείχων ἐπίπαστα : Ἐνταῦθα δι' ἐνεστῶτος. ἐν δὲ τοῖς προφθάσασι λείξας εἶπε δι' ἀορίστου. ἐν οἷς καὶ περὶ τοῦ ἐπίπαστα διείληπται. πλακοῦσι γὰρ ἐπέπασσον ἁλμυρὰ, καὶ ἐκ τούτων ἠναγκάζοντο πίνειν πολλά.]

1091. τοῦ δήμου καταχεῖν : Ὅτι τὸ καταχεῖν οὐ πάντως ἐπὶ ὑγροῦ. ἀλλὰ καὶ τὴν ἀμβροσίαν ἐπιφέρει, ὅ ἐστι ξηρόν. ἀρύταινα δὲ, χαλκοῦν σκεῦος, ᾧ τὸ ἔλαιον ἐγχέουσιν εἰς τοὺς λύχνους.

[πλουθυγίειαν : Ἴσως αἰνίττεται τοὺς δοθέντας Μυσκέλλῳ καὶ Ἀρχίᾳ, τῷ μὲν Κρότωνα, τῷ δὲ Συρακούσας κτίζειν μέλλουσι καὶ φήμην ἀγαθὴν λαβεῖν αἰτουμένοις, οὕτως ἔχοντας χρησμοὺς,

> χώρας καὶ πόλεως οἰκήτορα λαὸν ἔχοντες
> ἤλθετ' ἐρησόμενοι Φοῖβον, τίνα γαῖαν ἵκησθε.
> ἀλλ' ἄγε δὴ φράζεσθ', ἀγαθῶν πότερόν κεν ἕλοισθε
> πλοῦτον ἔχειν κτεάνων ἢ τερπνοτάτην ὑγίειαν.

ὁ μὲν οὖν Μύσκελλος ὑγίειαν εἵλετο, Ἀρχίου πλοῦτον ἑλομένου. ὅθεν, φασὶ, Κροτωνιᾶται μὲν ὑγιεινότεροι, καὶ ἡ πόλις αὐτῶν ἀθλητῶν πολλῶν καὶ ἀγαθῶν μήτηρ ἐγένετο. καὶ τὸ Κρότωνος δὲ ὑγιέστερος ὁ γεωγράφος [Strabo 6, p. 269] φησὶν ἐντεῦθεν εἰλῆφθαι, ὡς τῶν Κροτωνιατῶν εὐρώστων ὄντων. ἡ δὲ Συρακουσίων πόλις παμπλούσιος ἐγένετο. ὧν καὶ ἡ δεκάτη ὡς πάνυ πολλὴ παροιμιάζεται. ὧν οὖν ἑκάτερον τοῖς συγχρηστηριασθεῖσι τῶν οἰκιστῶν εἰς εὐδαιμονίαν ὧν ἔμελλον οἰκίζειν πόλεων ἀποχρῆν ἔδοξεν, ἄμφω δὴ ταῦτα τὴν θεὸν ὁ ἀλλαντοπώλης ὄναρ ἐθεάσατο τῷ δήμῳ τῶν Ἀθηναίων χαριζομένην, τὸν Ἀρχίου πλοῦτον καὶ τὴν Μυσκέλλου ὑγίειαν εἰς ἓν συναγαγὼν καὶ πλουθυγίειαν συνθέμενος.]

1093. ἐκ πόλεως ἐλθεῖν : [Ἐκ τῆς ἀκροπόλεως.] γλαὺξ δὲ ἱερὸν ὄρνεον Ἀθηνᾶς, [ἐπιχωριάζον ἐν Λαυρείῳ τῆς Ἀττικῆς, ὅπου γίνονται χρυσᾶ μέταλλα. ταύτης ἡ πτῆσις εἰς νίκης σύμβολον ἐλογίζετο. ὅθεν καὶ παροιμίαι, γλαῦκας ἐς Ἀθήνας, γλαῦκες Λαυριωτικαὶ, καὶ γλαὺξ ἵπταται.] ἐντετύπωτο δὲ τῷ Ἀττικῷ χρυσῷ νομίσματι.

1094. ἀρυβάλλῳ : Πλεκτόν τι βαλλάντιον, ὅπερ ἑλκόμενον κλείεται καὶ ἀνοίγεται, παρὰ τὸ ἀρύειν καὶ βάλλειν. χεῖσθαι δὲ λέγεται οὐ μόνον ἐπὶ τῶν ὑγρῶν, ἀλλὰ καὶ ἐπὶ τῶν στερεῶν, ὡς καὶ νῦν ἐπὶ ἀμβροσίας ἔταξεν.

1098. [ἰοὺ ἰοὺ : Ἔκθεσις τῆς κορωνίδος ἐκ στίχων ἰαμβικῶν ὧν προτίθεται τὸ παρὸν κῶλον ἰαμβικὸν μονόμετρον ἀκατάληκτον. οἱ δέ εἰσι τρίμετροι ιδʹ. ἐπὶ τῷ τέλει κορωνὶς ἐξιόντων τῶν ὑποκριτῶν.]

1099. γεροντογωγεῖν : Ἔπαιξε παρὰ τὸ παιδαγωγεῖν. τοῦτο δὲ λέγει ὁ δῆμος, ὡς τοῦ Κλέωνος κατεγνωσμένου. ὅλον δὲ τὸ ἰαμβικὸν παρῴδησεν ἀπὸ τοῦ Πηλέως Σοφοκλέους.

1103. καὶ Θουφάνους : Ὡς κόλακα κωμῳδεῖ τοῦτον καὶ ἀπατεῶνα, καὶ τῷ Κλέωνι συνόντα διὰ κολακείαν.

ἦν δὲ ὑπογραμματεύς. [διαμεμαγμένας δὲ πεφυρμένας. — γρ. Θεο-. Θ.]

1106. καὶ τοὖψον ὀπτόν : Καὶ τὸ ὄψον. ἐκάλουν δὲ οὕτως τὸ ἰχθύδιον. τὸ δὲ ἑξῆς, μόνον τῷ ἐσθίειν σχόλαζε. τοιαύτην γὰρ ἐγώ σοι ἀφθονίαν παρέξω.

1107. ἀνύσατε νῦν : Ἔργῳ πληρώσατε καὶ μὴ λόγοις μόνοις ἐπαγγέλλεσθε.

1109. τὰς ἡνίας : Τροπικῶς ἀπὸ τῶν ἁρμάτων. ταῖς γὰρ ἡνίαις ἡνιοχοῦνται οἱ ἵπποι καὶ οἱ δῆμοι δὲ διὰ τῶν πολιτευομένων.

1110. τρέχοιμ' ἂν ἤδη : Ἐγγύθεν ἀπὸ τοῦ ἡνίου τὸ τρέχοιμ' ἐπήγαγεν. διαβάλλει δὲ πάλιν τοὺς Ἀθηναίους ὡς ἥττονας κέρδους.

1111. ὦ δῆμε : Διπλῆ καὶ εἴσθεσις καὶ μέλος μονοστροφικὸν ἀμοιβαῖον περιόδων τεσσάρων, ἐναλλὰξ τοῦ χοροῦ ἐν ἐκθέσει. δεκάκωλοι δέ εἰσιν αἱ περίοδοι. Ἰωνικὸν δὲ ἀπὸ μείζονος [τὸ μέτρον]. ὧν τὰ μέν ἐστιν ἑφθημιμερῆ, δύο δὲ ἡμιόλια, τὸ τέταρτον καὶ τὸ δέκατον. [εὕρηται δὲ κατὰ τὴν πρώτην χώραν καὶ παίων ἀντ' Ἰωνικοῦ. ἐν δέ τισι καὶ διτρόχαιος. ἐφ' ἑκάστῃ περιόδῳ παράγραφος. ἐπὶ τῷ τέλει τῆς τετάρτης παράγραφος καὶ κορωνίς.]

1121. νοῦς οὐκ ἔνι ταῖς κόμαις : Οἷον, ἐν τῷ ἐγκεφάλῳ ὑμῶν. ὅτι ἐκόμων οἱ ἱππεῖς. ἐγκέφαλος οὐκ ἔστιν ὑμῖν, οὐδὲ ἐστὲ φρενήρεις.

1124. ταῦθ' ἠλιθιάζω : Ἀναισθητῶ, προσποιοῦμαι ἠλίθιος εἶναι. ἀναίσθητοι γὰρ οἱ λίθοι, ἀφ' οὗ καὶ τὸ ἠλίθιος. ἢ ἀντὶ τοῦ ἀνοηταίνω.

1126. βρύλλων : Ἐξαπατώμενος ὑπό τινων καὶ μεθύων. Σύμμαχος δὲ, ὑποπίνων, ἐκ μιμήσεως τῆς τῶν παίδων φωνῆς.

1128. προστάτην : Τὸν προϊστάμενον τοῦ δήμου. τουτέστι δημαγωγόν.

1129. ὅταν ᾖ πλέως : Φαεινὸς, ἀντὶ τοῦ πλήρης. τουτέστιν ὅταν ηὐξῆσθαι δοκῇ καὶ μέγας εἶναι.

1130. ἄρας ἐπάταξα : Κατέβαλον, ἐκ μεγάλου καὶ λαμπροῦ ταπεινὸν ἐποίησα, τουτέστιν ἐάσας πλουτῆσαι, ὕστερον πένητα ἐποίησα.

1131. εἴ σοι πυκνότης ἔνεστι : Σύνεσις, φρόνησις. εἰ συνεχῶς καὶ περὶ πάντας οὕτω φρονοίης.

1136. ὥσπερ δημοσίους : Λείπει βοῦς ἢ ταύρους, ἢ ἄλλο τι τοιοῦτον θῦμα. δημοσίους δὲ, τοὺς λεγομένους φαρμακοὺς, οἵπερ καθαίρουσι τὰς πόλεις τῷ ἑαυτῶν φόνῳ. ἢ τοὺς δημοσίᾳ καὶ ὑπὸ τῆς πόλεως τρεφομένους. [ἔτρεφον γάρ τινας Ἀθηναῖοι λίαν ἀγεννεῖς καὶ ἀχρήστους καὶ ἐν καιρῷ συμφορᾶς τινος ἐπελθούσης τῇ πόλει, λοιμοῦ λέγω ἢ τοιούτου τινὸς, ἔθυον τούτους ἕνεκα τοῦ καθαρθῆναι τοῦ μιάσματος. οὓς καὶ ἐπωνόμαζον καθάρματα. καὶ ἐν Βατράχοις [733]

οὐδὲ φαρμακοῖσιν εἰκῇ ῥᾳδίως ἐχρήσατ' ἄν.]

1138. ὅταν μή σοι τύχῃ : Τροπικῶς. ὅταν μή σοι τυχὸν πόρος χρημάτων ᾖ.

1139. ὃς ἂν ᾖ παχὺς : Πλούσιος. ἡ μεταφορὰ ἀπὸ τῶν χοίρων. [ἐπιδειπνεῖς δὲ, δημεύεις αὐτῶν τὰς οὐσίας. παρέλκει δὲ ἡ ἐπί. ἢ παρὰ τὸ εἰκός. κάλλιον δὲ, ἐπὶ τῷ θῦσαι δειπνεῖς.]

1142. περιέχομαι : Ἐνεδρεύω, ἐξαπατῶ. ἢ σοφίζομαι καὶ ὑπέρχομαι.

1146. [οὐδὲ δοκῶν ὁρᾶν : Οὐδὲ προσποιούμενος εἰδέναι ἅπερ ἠδίκουν.]

1149. [ἅττ' ἂν κεκλόφωσί μου : Ὅσα ἂν κεκλοφότες ὦσι.]

1150. κημὸν : Κημὸς ὁ κάδος τῶν δικαστικῶν, ἔνθα ἔβαλλον τὰς ψήφους. Ἄλλως. κημὸς ὁ ἐπὶ τοῦ καδίσκου, εἰς ὃν τὰς ψήφους καθίεσαν ἐν τοῖς δικαστηρίοις. Κρατῖνος δὲ αὐτὸν ἐν Νόμοις σχοίνινον ἠθμὸν καλεῖ. τοιοῦτος γὰρ ἐγίνετο καὶ ἦν παρόμοιος χώνῃ, ὡς καὶ Σοφοκλῆς ἐν Ἰνάχῳ. ὕστερον δὲ ἀμφορεῖς δύο ἵσταντο ἐν τοῖς δικαστηρίοις, ὁ μὲν χαλκοῦς, ὁ δὲ ξύλινος. καὶ ὁ μὲν κύριος ἦν, ὁ δὲ ἄκυρος. ἔχει δὲ καὶ ὁ χαλκοῦς, ὥς φησιν Ἀριστοτέλης, διερρινημένον ἐπίθεμα, εἰς τὸ αὐτὴν μόνην τὴν ψῆφον καθίεσθαι. πρὸς τοῦτο οὖν ὁ κημός. ἀντὶ δὲ ψήφων ταῖς χοιρίναις οἱ δικασταὶ ἐχρῶντο. αὗται δὲ κόγχαι τινές εἰσιν, ὥς φησιν Ἐπαφρόδιτος ἐν ταῖς λέξεσιν. καὶ ὁ τοῖς ἵπποις δὲ περιτιθέμενος οὕτως ἐκαλεῖτο κημὸς, ὁ καλούμενος φιμὸς, ὡς Ξενοφῶν ἐν τοῖς περὶ ἱππικῆς [10, 8]. πλέγμα τι ἐκ σχοινίων γινόμενον ὅμοιον ἠθμῷ, ᾧ τὰς πορφύρας λαμβάνουσιν, εἰς ὃ αἱ πορφύραι καὶ τὰ κογχύλια εἰσέρπουσιν. ἐν αὐτοῖς δὲ τούτοις ἐστὶ καὶ τὸ δέλεαρ, ὥς φησιν Ἡρωδιανὸς, παρατιθέμενος τὰ Σοφοκλέους ἐκ Ποιμένων

κημοῖσι πλεκτοῖς πορφύρας φθείρει γένος.

Αἰσχύλος ἐν Λυκούργῳ ἀλληγορικῶς τοὺς δεσμοὺς κημοὺς εἴρηκε διὰ τούτων, « καὶ τούσδε κημοὺς στόματος. » Ἄλλως. Φαεινός· κημὸς ὁ χάβος, ὁ περιτιθέμενος τοῖς ἵπποις. καὶ κημῶσαι τὸ συγκλεῖσαι. καὶ οἱ ἰατροὶ κημῶσαι λέγουσι τὸ τὸν ὀφθαλμὸν φιμῶσαι.

καταμηλῶν : Καταμηλοῦν μὲν ἔλεγον τὸ τὴν μήλην καθίεσθαι ὑπὸ τοῦ ἰατροῦ εἰς τὸν λαιμὸν, ὡς ποιοῦσι καὶ οἱ ἐμοῦντες. κημὸς δὲ ἐκαλεῖτο τὸ ἐπιτιθέμενον πλέγμα τῷ καδίῳ, δι' οὗ οἱ δικασταὶ καθίεσαν τὰς ψήφους. τὸ ὅλον οὖν βούλεται ὅτι καταψηφιζόμενος αὐτῶν καὶ δικάζων ἀναγκάζω ἐμεῖν τὰς κλοπάς. Ἄλλως. καταμηλῶν ἀντὶ τοῦ καταδικάζων καὶ ἐξοστρακίζων. ἀπὸ μεταφορᾶς τῶν ἰατρῶν τῶν δοκιμαζόντων διὰ τῆς μήλης.

1151. ἄπαγ' ἐς μακαρίαν : [Κορωνὶς αὖθις ἑτέρα εἰσιόντων τῶν ὑποκριτῶν. οἱ δὲ στίχοι ἰαμβικοὶ τρίμετροι ἀκατάληκτοι ριδ', πλὴν τοῦ πη' ἰαμβικοῦ μονομέτρου βραχυκαταλήκτου. ὧν ὁ τελευταῖος,

ἰδεῖν ἀμείνω τῇ Κεχηναίων πόλει.

ἐπὶ τῷ τέλει κορωνίς.] γράφεται ἔρρ' εἰς μακαρίαν,

ἀντὶ τοῦ εἰς ὄλεθρον κατ' εὐφημισμόν. ἐπεὶ καὶ οἱ τεθνεῶτες μακαρῖται λέγονται. Ἄλλως. Μακαρία Ἡρακλέους θυγάτηρ, ἣν οἱ Ἀθηναῖοι ὑπὲρ αὐτῶν ἀποθανοῦσαν πολυτελῶς ἔθαψαν. — Ἄλλως. κατὰ τὴν Εὐρυσθέως ἐπὶ τὰς Ἀθήνας στρατείαν λόγος Ἡρακλέους θυγατέρα Μακαρίαν τοὔνομα ἑαυτὴν ὑπὲρ τῆς πόλεως εἰς σφαγὴν μεταδοῦναι. τοὺς οὖν Ἀθηναίους κατὰ τιμὴν τῆς παιδὸς αὐτοῦ ἄνθη καὶ στεφάνους παρακελεύεσθαι τοῖς ἄλλοις, ὡς τὴν παροιμίαν ἐλθεῖν καὶ ἐπὶ τῶν προθυμουμένων τι. αὖθις δὲ καταχρηστικῶς καὶ ἐπὶ πάσης ἀφοσιώσεως. V. [Ἄλλως. παροιμιῶδες, βάλλ' εἰς μακαρίαν. οἱ μὲν κατ' εὐφημισμὸν ἐδέξαντο λέγεσθαι ἀντὶ τοῦ, βάλλ' εἰς δειλαιότητα. Μακαρίαν γὰρ ἐν Ἅδου χωρίον διατυποῦσιν. οἱ δὲ τὴν Μακαρίαν θυγατέρα φασὶ τοῦ Ἡρακλέους. ἥ γε κατὰ τὴν ἐπὶ τὰς Ἀθήνας Εὐρυσθέως στρατείαν, τῶν Ἀθηναίων μὴ ἐκδιδόντων αὐτῷ τοὺς Ἡρακλείδας πρὸς τὸν τοῦ Ἐλέου βωμὸν καταφυγόντας, χρησμοῦ δοθέντος, τοὺς Ἀθηναίους νικήσειν, εἴ τις τῶν Ἡρακλειδῶν πρὸς θάνατον ἑκούσιον ἐκδῷ ἑαυτὸν, κατέσφαξεν ἑαυτὴν, ὡς ἐν Ἡρακλείδαις Εὐριπίδης. ἧς τὸν τάφον ἄνθεσι καὶ στεφάνοις τιμῶντες οἱ Ἀθηναῖοι, ὡς τῶν Ἀργείων ἡττηθέντων, ἐπέλεγον, βάλλ' εἰς Μακαρίαν. τὸ μὲν οὖν πρῶτον ἐπὶ τῶν κατ' ἀρετὴν διδόντων ἑαυτοὺς εἰς θάνατον ἡ παροιμία ἐλέγετο. ὕστερον δὲ ἐπὶ πάσης ἀφοσιώσεως. φθόρε δὲ, ὄλεθρε, φθοροποιέ.]

1158. [οἶσθ' οὖν ὃ δρᾶσον : Ἀττικὸν ἀντὶ τοῦ δράσεις.]

1159. ἀπὸ βαλβίδων : Βαλβὶς ἡ ἄφεσις τῶν δρομέων. μετήνεγκεν οὖν ἀπὸ τῶν περὶ δρόμους ἁμιλλωμένων ἐν τοῖς ἀγῶσι. [βαλβὶς δὲ καλεῖται τὸ ἐν τῇ ἀρχῇ τοῦ δρόμου κείμενον ἐγκαρσίως ξύλον, ὃ καὶ ἀφετηρίαν καλοῦσιν. ὅπερ μετὰ τὸ ἑτοιμασθῆναι τοὺς δρομεῖς εἰς τὸ δραμεῖν, ἀφαιρούμενοι ἀφίεσαν τρέχειν. Ἄλλως. ἡ ὑπὸ τὴν ὕσπληγα γινομένη γραμμὴ, διὰ τὸ ἐπ' αὐτῆς βεβηκέναι τοὺς δρομέας, βαλβὶς καλεῖται, ἀπὸ τοῦ εἰσβάλλεσθαι βάδην. πρῶτον γὰρ εἰσέρχονται βάδην, εἶτα τοῦ δρόμου ἄρχονται. ἢ ἀπὸ τοῦ ἅλλομαι ἁλμὶς ἀλβὶς, ὑπερβιβασμῷ βαλβίς. ἢ ἀπὸ τοῦ βαίνω.]

1161. ὑποθεῖν οὐκ ἐῶ : Ὑποτρέχειν, ὑποσκελίζειν, καὶ ἐμποδὼν ἵστασθαι.

1163. ἐγὼ θρύψομαι : Ἀντὶ τοῦ συντριβήσομαι ἢ σφόδρα τρυφήσω καὶ σεμνυνοῦμαι. [μαζίσκην δὲ, ἄρτον πεφυραμένον.]

1167. ἐκ τῶν ὀλῶν : Ὀλαὶ αἱ μεθ' ἁλῶν μεμιγμέναι κριθαὶ, καὶ τοῖς θύμασιν ἐπιβαλλόμεναι. πάλιν δὲ εὐφυῶς ὑπομιμνήσκει τῶν ἐν Πύλῳ.

1168. μεμυστιλημένας : Κατειργασμένας ἤδη καὶ ἑτοίμους, τουτέστι μεμασημένας. — μυστίλας : Μυστίλη ὁ κοῖλος ψωμὸς, ψίχιον, δρὰξ χειρός. *Vict.*

1169. δύο εἰσὶν ἐπὶ τῆς ἀκροπόλεως Ἀθηνᾶς ναοὶ, ὁ τῆς πολιάδος καὶ ἡ χρυσελεφαντίνη, ἣν ἀπὸ τῶν Μηδικῶν σκύλων κατεσκεύασαν Φειδίου πλάσαντος. Ἄλλως. ὡς ἐπὶ ἀγάλματος εἶπε διὰ τὸ μέγεθος τῆς μάζης. V.

1170. ὡς μέγαν : Λεληθότως σεμνολογεῖ τὸ μέγεθος τοῦ ἀγάλματος [διὰ τοῦ εἰπεῖν τὸν δάκτυλον αὐτοῦ μέγαν, ὥσπερ καὶ διὰ τοῦ εἰπεῖν ἐν χειρὶ ἐλεφαντίνῃ τὴν λευκότητα καὶ λαμπρότητα καὶ τὸ κάλλος αὐτοῦ. ἕκαστος δὲ φιλονεικεῖ δεῖξαι τὴν τῆς Ἀθηνᾶς εὔνοιαν ἐν τῇ πόλει, ὡς εἰ τοῦτο δείξειε, καὶ τὴν ἑαυτοῦ οἴεται δήλην ποιῆσαι πρὸς τὴν πόλιν εὔνοιαν.]

1171. ἐγὼ δ' ἔτνος γε : Ὅτι τὰ ὄσπρια ἐν τῇ ἑψήσει διαθρύπτονται. πάλιν δὲ τὸ ἐν Πύλῳ κατόρθωμα [διὰ τοῦ Πυλαιμάχος].

1173. προΐσταται καὶ φυλάσσει. V.

1174. ὑπερέχει σου : Ἀντὶ τοῦ ὑπερμαχεῖ καὶ ὑπερασπίζει σου. ἀντὶ δὲ τοῦ εἰπεῖν περικεφαλαίαν, εἶπε χύτραν [ὡς μάγειρος].

[τὴν χύτραν : Ἀντὶ τοῦ εἰπεῖν χεῖρα.]

1177. ἡ Φοβεστράτη : Ἡ φοβοῦσα τὸν στρατόν. ἑξῆς δὲ τὰ ἐπίθετα τῆς θεοῦ.

1179. καὶ χόλικος : Χόλικες τὰ παχέα ἔντερα. χόλικος δὲ καὶ ἠνύστρου ἐκ παραλλήλου τὸ αὐτό. ταῦτα δὲ ἐγκατώδη κρέα. τομὸν δὲ, οἷον τέμαχος. ἤνυστρον δὲ ἡ κάτω κοιλία.

1181. ἡ Γοργολόφα : Ἡ ἐκ τῆς κεφαλῆς τῆς Γοργοῦς τὴν περικεφαλαίαν ἔχουσα. ἐλατὴρ δὲ, πέμματος εἶδος. τινὲς μὲν ἄζυμα, τινὲς δὲ πεπτὰ, ὧν εἷς καὶ Εὐριπίδης. ἔπαιξε δὲ τοῖς ὀνόμασι διὰ τὴν περὶ τὰ ναυτικὰ τῶν Ἀθηναίων ἐμπειρίαν.

1186. ἐντερονείαν : Τὰ ἐγκοίλια τὰ ἀπὸ τῆς τρόπιδος ἀνερχόμενα ξύλα, ἐντερόνεια καλεῖται. Ἄλλως. οἱ μὲν, τὸ τῶν νεῶν ἔδαφος. οἱ δὲ, τὰ ἐγκοίλια. βέλτιον δὲ, τὴν τῶν ἐγκοιλίων ὕλην λέγειν. ταῦτα δὲ Ἡρωδιανὸς ἐν τῇ καθόλου προπαροξύνει. [καὶ ἡ ἐντερόνεια δὲ τούτῳ τῷ λόγῳ ὤφειλε συστέλλειν τὸ α καὶ παροξύνειν.] οὕτω γὰρ τὴν ἐντεριώνην Ἀριστοφάνης ἐν τοῖς Ἱππεῦσιν εἶπεν, ὅπερ ἐστὶ τὸ μεσαίτατον τῆς νεὼς, ὅ ἐστι συνεκτικώτατον, ἥτις ἐστὶ τρόπις. ὑπὸ δὲ ἄλλων μήτρα καλεῖται. φησὶ δὲ ὁ κωμικὸς

εἰς τὰς τριήρεις ἐντερονείαν ἡ θεός.

εἰ μὴ ἄρα ποιητική ἐστιν ἡ ἔκτασις.

1187. τρία καὶ δύο : Τρία μέρη ὕδατος ἐπιδεχόμενον καὶ δύο οἴνου. ἀρίστη δὲ κρᾶσις οἴνου δύο μέρη καὶ ὕδατος τρία.

1189. ἐνετριτώνισεν : Εὐκαίρως τῷ ἐπιθέτῳ ἐχρήσατο, ἵνα παίξῃ παρὰ τὰ τρία καὶ δύο. βούλεται δὲ δηλοῦν ὅτι ἡ Ἀθηνᾶ τοιοῦτον αὐτὸν ἐποίησεν, ὡς δύνασθαι τρία μέτρα φέρειν ὕδατος. ἢ ὡς ἀπὸ τῶν τριῶν κραμάτων. ἢ ὡς ἀπὸ Τρίτωνος ποταμοῦ Λιβύης, παρ' ᾧ ἐτέχθη ἡ Ἀθηνᾶ. βωμολόχον δὲ, πανοῦργον, ληστρικόν.

1192. διὰ τὰ κρέα. V.

1196. ὁρᾷς τάδε : Τὰ λαγῷα δείκνυσιν αὐτῷ καὶ χλευάζει ὡς οὐκ ἔχοντα.

1196. τίνες : Οἱ μὲν τὸ αὐτὸ πρόσωπον, ἵν' ᾖ τινές. οἱ δὲ, τοῦ Κλέωνος, ἵν' ᾖ ἐρωτηματικῶς τίνες.

1198. ποῦ ποῦ : Ὁ Ἀγοράκριτος μεθόδῳ χρῆται πρὸς Κλέωνα, καὶ ἁρπάζων τὰ τοῦ Κλέωνος λαγῷα δίδωσι τῷ δήμῳ.

οὐκ ἐάσεις : [Λείπει] ἐπιφοιτῆσαι.

1201. καὶ σὺ γὰρ τοὺς ἐκ Πύλου : Ἥρπασας δηλονότι ἀπὸ Δημοσθένους τοῦ στρατηγοῦ.

1203. τὸ μὲν νόημα τῆς θεοῦ : Τοῦτο πρὸς τὴν ἀλαζονείαν τῶν δημαγωγῶν. εἰώθασι γὰρ λέγειν ὅτι ἡ μὲν θεὸς ὑπέβαλέ μοι, ἥρπασα δὲ ἐγώ. οὕτω γὰρ οἱ δημαγωγοὶ ἀστειζόμενοι ἔλεγον τὰς ἑαυτῶν ἐπινοίας τῆς θεοῦ.

1205. ἀντὶ τοῦ καὶ γάρ. V.

1206. ὑπεραναιδεσθήσομαι : Τῇ ἀναιδείᾳ νικηθήσομαι. οἷον, ἀναιδέστερός μου φανήσεται.

1210. νομισθείην. V.

1211. τὴν ἐμὴν κίστην : Τὴν κιβωτόν. ταύτῃ δὲ διενήνοχεν, ὅτι ἡ μὲν εἰς ὑποδοχήν ἐστιν ἐδεσμάτων, ἡ δὲ ἱματίων καὶ χρυσοῦ, ἡ κιβωτός.

1212. ἀντὶ τοῦ γίνωσκε. V.

1215. διχῶς. ἅπαντα γάρ σοι πατρίδιον παρεφόρουν. V.

1216. τὰ τοῦ δήμου φρονεῖ : Ἀντὶ τοῦ οὐ δωροδοκεῖται. τὴν τοῦ ἀλλαντοπώλου δέ φησιν, ὅτι πάντα τῷ δήμῳ παρέθηκεν.

1219. ἀντὶ τοῦ πάνυ πολὺ τὸ χρῆμα τοῦ πλακοῦντος ἀπέθετο. V.

1220. τυννουτονί : Συλλαβὼν τοὺς δακτύλους, φησὶ Φαεινὸς, ἀντὶ τοῦ μικρόν.

1225. ἐγὼ δέ τυ : Τὸ τύ Δωρικῶς ἀντὶ τοῦ σέ. ἔπαιξε δὲ παρὰ τὸ δωροδοκεῖν, Δωριστὶ εἰρηκώς. τὸ δὲ ἐστεφάνιξα ἀντὶ τοῦ, στεφάνοις ἐτίμησα. δημοσίᾳ γὰρ ἐτιμήθη ὁ Κλέων στεφάνῳ. μιμεῖται δὲ τοὺς εἵλωτας, ὅταν στεφανῶσι τὸν Ποσειδῶνα.

1233. εἴ τι ξυνοίσεις : Εἰ συμφωνήσεις καὶ μεθέξεις.

1236. εὔστραις : Ἀντὶ τοῦ φλογίστραις, ὅπου τὰ ἱερεῖα θύεται. λέγει δὲ ὡς μάγειρος. Ἄλλως. ἐν τοῖς μαγειρείοις. εὗστρα γὰρ τὸ μαδιστήριον, ἀπὸ τοῦ εὕειν καὶ φλογίζειν τοὺς χοίρους. τὸ δὲ ἡρμοττόμην, ὡς πρὸς μουσικὴν, ἀντὶ τοῦ ἐπαιδευόμην. Ἄλλως. εὗστρα ἡ ὡρίμη κριθή. εἴρηται δὲ καὶ ἀμφίκαυτις παρὰ κωμικοῖς καὶ τραγικοῖς ἀπὸ τοῦ περικεκαῦθαι. οἱ δὲ τὴν πρώτην ἔκφυσιν τῶν πυρῶν, ἣν λήϊον προσαγορεύουσιν ὡραῖον, διὰ τὸ τοὺς πρωΐμους καέντων τῶν ἀχύρων ἐπιτηδείους εἶναι εἰς τροφήν.

1239. ἀντὶ τοῦ ἐμάνθανον. V.

1240. ὦ Φοῖβ' Ἄπολλον : Ὁ στίχος ἐκ Τηλέφου Εὐριπίδου.

1241. τὴν ἡλικίαν ἔχων εἰς ἄνδρα. V. Θ.

1247. [ὤνιον : Εὔωνον. ὅπου τὸ ταριχοπωλεῖον, ἀντὶ τοῦ ὅπου τὰ εὐτελῆ πωλεῖται.]

1249. κυλίνδετ' εἴσω : Ἑαυτὸν λέγει ὁ Κλέων. ταῦτα δὲ ἐκ Βελλεροφόντου Εὐριπίδου. τὸ δὲ κυλίνδετ' ἀντὶ τοῦ κομίζετε.

1251. σὲ δ' ἄλλος τις : Λείπει ἀνήρ. παρῴδησε δὲ τὰ ἐξ Ἀλκήστιδος Εὐριπίδου [179]. ἔχει δὲ οὕτως,

σὲ δ' ἄλλη τις γυνὴ κεκτήσεται,
σώφρων μὲν οὐκ ἂν μᾶλλον, εὐτυχὴς δ' ἴσως.

1253. Ἑλλάνιε Ζεῦ : Ἑλλάνιος Ζεὺς ἀπὸ τοῦ ἐν Αἰγίνῃ αὐχμοῦ ποτὲ γενομένου, ὅτε Αἰακὸς συναγαγὼν τοὺς Πανέλληνας ἐξιλεώσατο τὸν Δία. τοῦτο δὲ λέγει ὁ ἀλλαντοπώλης, εἰληφὼς τὸν στέφανον. Ἑλλάνιος δὲ Ζεὺς τιμᾶται [ἐν Αἰγίνῃ].

1254. καλλίνικε : Τοῦτο λέγει ὁ χορὸς πρὸς τὸν ἀλλαντοπώλην.

1256. Φανὸς : Σύμμαχος· φαίνεταί τις γραμματεὺς οὗτος. τῶν πάνυ σπανίων ὄνομα κύριον. κωμῳδεῖ δὲ αὐτὸν ὡς φιλόδικον. Φαεινὸς δέ· φανὸς ὁ καταγγέλλων καὶ φανεροποιῶν τὰ πράγματα καὶ μηνύων. ἢ ἀπὸ τοῦ φαίνειν, ὅ ἐστι συκοφαντεῖν. Φανὸς γὰρ κακοπράγμων ἐγένετο φιλόδικος γραμματεύς. ἐπὶ δήμου δὲ, ὑπογραφεὺς ἐλέγετο, ὁ δὲ τοῦ βουλευτηρίου ἀντιγραφεύς. δημοσίου δὲ γενομένου ἔγραφον ἀμφότεροι τὰ λεγόμενα.

1262. τῇ Κεχηναίων πόλει : Ἀθηναίων. ὡς ληρούντων αὐτῶν. ἔπαιξε παρὰ τὸ Ἀθηναίων. ἀπὸ δὲ τοῦ κεχηνέναι ἔλαβε τὸ ὄνομα, ὡς μετέωρα τῶν Ἀθηναίων φρονούντων.

1263. τί κάλλιον ἀρχομένοισι : Τοῦτο ἀρχὴ προσοδίου Πινδάρου [fr. 89], ἔχει δὲ οὕτως « τί κάλλιον ἀρχομένοισιν ἢ καταπαυομένοισιν, ἢ βαθύζωνόν τε Λατὼ καὶ θοᾶν ἵππων ἐλάτειραν ἀεῖσαι. » κορωνὶς δέ· ἐξίασι γὰρ οἱ ὑποκριταί. καὶ ἔστι συζυγία ἐπιρρηματική. ἧς αἱ μὲν μελικαὶ περίοδοι δεκάκωλοί εἰσι. καὶ αὐτῶν τὸ μὲν πρῶτον ἰαμβικὸν ἑφθημιμερὲς, [ἢ ἐξ ἀντισπάστου καὶ χοριάμβου δίμετρον ὑπερκατάληκτον]. τὸ δὲ β' δακτυλικὸν τρίπουν εἰς δισυλλαβίαν. [τὸ τρίτον ἐξ ἐπιτρίτου δευτέρου, χοριάμβου καὶ Ἰωνικοῦ ἀπ' ἐλάττονος τρίμετρον ἀκατάληκτον.] τὸ δ' τροχαϊκὸν τρίπουν ἑφθημιμερές. τὸ ε' ἐπικὸν ἑφθημιμερές. τὸ ϛ' ἰαμβικὸν δίμετρον ἀκατάληκτον. τὸ ζ' τροχαϊκὸν δίμετρον ὑπερκατάληκτον. τὸ η' προῳδικὸν δωδεκάσημον διάφορον προσέλαβε. τὸ θ' ἀναπαιστικὸν [τρίμετρον ἀκατάληκτον]. τὸ ι' ἰαμβικὸν τρίμετρον ἀκατάληκτον. [ἐπὶ τῷ τέλει διπλῆ ἔσω νενευκυῖα. ἔχει δὲ καὶ ἀντιστροφὴν ὁμοίαν καθ' ἕκαστον ἑαυτῇ. ἧς τὸ τελευταῖον δυεῖν διπλαῖν κατ' ἄμφω τἄκρα σημειοῦται.]

1268. μηδὲ Θούμαντιν : Οὗτοι πένητες διεβάλλοντο. [καὶ ὁ μὲν Λυσίστρατος ὡς κόλαξ, ὁ δὲ Θούμαντις ὡς πένης καὶ μάντις.] δεῖ οὖν, φησὶ, τοὺς μὲν ἱππέας ἐπαινεῖν, ἐκείνους δὲ τοὺς πένητας μὴ διαβάλλειν.

ἀνέστιον : Ἄοικον. *Vict.*

1270. θαλεροῖς δακρύοις : Ἀντὶ τοῦ, μετὰ δακρύων ἱκετεύει σε τῆς πενίας ἕνεκεν, ἀπαλλαγῆναι ταύτης ἀξιῶν. ἱκετεύει δὲ ἁπτόμενος τῆς σῆς φαρέτρας διὰ τὸ κακῶς πένεσθαι.

1274. λοιδορῆσαι : Τῆς παραβάσεως ἐστὶ μέρος [τὸ ἐπίρρημα ἐκ στίχων τροχαϊκῶν τετραμέτρων καταληκτικῶν ις', ἔσω νενευκυίᾳ διπλῇ περατούμενον. ἔχει δὲ καὶ ἀντεπίρρημα καθ' ἕκαστον ὅμοιον ἑαυτῷ. οὗ ἐπὶ τῷ τέλει κορωνίς.] κωμῳδεῖ δὲ καὶ καθάπτεται Ἀριφράδους ὡς ἀσελγαίνοντος καὶ ἀσχημονοῦντος αἰσχρῶς, καὶ παρὰ φύσιν προσιόντος ταῖς γυναιξί. τὸ δὲ τοὺς πονηροὺς λοιδορεῖσθαι τιμὴ γίνεται τοῖς ἀγαθοῖς.

1276. ὃν δεῖ πόλλ' ἀκοῦσαι : Οἷον, ὃν δεῖ λοιδορηθῆναι. λέγει δὲ τὸν Ἀριφράδην.

1277. οὗτος ἦν ἔνδηλος : Ὃν θέλω λέγειν ὑμῖν οὐκ ἔστιν ἐπίσημος. τούτου χάριν δι' ἑτέρου τοὺς τρόπους δηλῶσαι θέλω. τοῦτο δὲ λέγει, ὡς τοῦ Ἀριγνώτου μὲν γινωσκομένου, Ἀριφράδους δὲ ἀσήμου ὄντος, ἀπὸ δὲ τούτου γινωσκομένου. Ἄλλως. τὸν Ἀριφράδην λέγει. Ἀριφράδους δὲ δύο παῖδες, Ἀρίγνωτος καὶ Ἀριφράδης ὁμώνυμος τῷ πατρί.

1278. Ἀρίγνωτον γὰρ : Ἀντὶ τοῦ, ἔστι γὰρ δῆλος, καὶ οὐκ ἔστιν ὅστις οὐκ οἶδεν αὐτόν. οὗτος οὖν ὁ Ἀρίγνωτος διεβάλλετο καὶ ὡς ἀρρητοποιός. Ἀρίγνωτος δὲ οὗτος κιθαρῳδὸς ἦν. διόπερ καὶ τὸν ὄρθιον νόμον ἔφη αὐτὸν εἰδέναι. δοκεῖ δὲ καὶ παροιμιώδης εἶναι ὁ λόγος, ὅστις οἶδε τὸ λευκὸν καὶ τὸ μέλαν. παρὰ τοῦτο οὖν ἐποίησεν. εἰρωνεύεται δὲ πρὸς αὐτὸν, ὅτι οὐκ ἂν αὐτοῦ ἐμνήσθην χρηστοῦ ὄντος, εἰ μὴ εἶχε πονηρὸν ἀδελφόν. ὁ γὰρ Ἀρίγνωτος ὕστατος ἦν.

1279. ὅστις ἢ τὸ λευκὸν : Ἀρίσταρχος· παρὰ τὸ λεγόμενον, ὅστις οἶδε τὸ λευκὸν ἢ τὸ μέλαν. οἱ δὲ λέγουσιν Ἀρίγνωτον κιθαρῳδὸν, ὃς ᾖδε τὸν ὄρθιον καλούμενον νόμον καὶ τὸν λευκὸν, οἵτινες ἐθαυμάζοντο τῷ τότε χρόνῳ. Ἄλλως. παροιμία ἐπὶ τῶν πάνυ φανερῶν. ὃ οὖν θέλει εἰπεῖν, τοιοῦτόν ἐστιν· οὐδείς ἐστιν ὅστις οἶδε τὸ λευκὸν ἢ τὸ μέλαν, ὁ μὴ ἐπιστάμενος.

1281. τοῦτο μὲν καὶ βούλεται : Τὸ εἶναι δηλονότι πονηρός.

1285. ἐν κασαυρίοισι : Διχῶς, ἐν κασαλβίοις, ἀντὶ τοῦ, ἐν πορνείοις.

τὴν ἀπόπτυστον δρόσον : Τὴν τῶν αἰδοίων φησὶ, τουτέστι τὸ σπέρμα.

1286. ἐσχάρας : Τὰ χείλη τῶν γυναικείων αἰδοίων.

1287. Πολυμνήστεια : Μέλη Πολυμνήστου Κολοφωνίου. κιθαρῳδὸς δὲ οὗτος ἦν. κωμῳδεῖται δὲ καὶ οὗτος ἐν τοῖς αὐτοῖς. Πολύμνηστος δὲ καὶ Οἰώνιχος ὅμοιοι ἀρρητοποιοί. Κρατῖνος

καὶ Πολυμνήστει' ἀείδει, μουσικήν τε μανθάνει.

1289. ἐκ ταὐτοῦ : Ὅτι αἰσχρὸν τὸ τούτων ποτήριον, διὰ τὸ λείχειν αὐτούς.

1290. Εὐριπιδεία ἡ παρῳδία ἐξ Ἱππολύτου [374]. V.

1291. φροντίσι συγγεγένημαι : Ἐκ τοῦ « ὅστις οὖν τοιοῦτον ἄνδρα » φασί τινες Εὐπόλιδος εἶναι τὴν παράβασιν, εἴ γε φησὶν Εὔπολις « ξυνεποίησα τῷ φαλακρῷ »

1293. ἐσθίει Κλεώνυμος : Τοῦτον ὡς δαπανηρὸν καὶ πολλάκις ἐσθίοντα διασύρει, ἅμα δὲ καὶ δειλόν. [ἐρεπτόμενον δὲ εἶπεν ἐμφαντικῶς ὡς ἐπὶ κτήνους. σιπύης δὲ, τῆς ἀρτοθήκης, οἱονεὶ σιτοβύης τινὸς οὔσης. παρὰ τὸ ἐν αὐτῇ τὰ σιτία ἐμβάλλεσθαι.]

1298. ἴθ' ὦ ἄνα : Πορεύθητι. ὡς καὶ τὸ γειτνιᾶν αὐτῷ φοβουμένων τῶν ἐξωθούντων αὐτόν.

1300. φασὶν ἀλλήλαις : Σωματοποιεῖ τὰς τριήρεις.

1302. οὐδὲ πυνθάνεσθε : Οὐδὲ αἴσθεσθε. ὁ στίχος παρὰ τὰ ἐξ Ἀλκμαίωνος Εὐριπίδου. τὰς μηδέπω δὲ πλευσάσας παρθένους εἴρηκεν, τὰς δὲ πλευσάσας γραίας. [Καρχηδὼν δὲ] πόλις Θρᾴκης περὶ τὸ Βυζάντιον.

1304. ὀξίνην : Ὀξίδες ἃ καλοῦμεν ὀξυβάφια. λυχνοποιὸς δὲ ὁ Ὑπέρβολος. τινὲς δὲ τὰ κεράμεα, ἅ ἐστιν ὄξους δεκτικά. κεραμεὺς δὲ ὁ Ὑπέρβολος. μετὰ δὲ τὴν ἀποβολὴν τοῦ Κλέωνος εὐθέως ὑπερέβαλεν ὑπὲρ τοῦ Ὑπερβόλου. μετ' αὐτὸν γὰρ ἐπολιτεύσατο.

1306. Ἥτις ἀνδρῶν : Ἥτις ἦν οὔπω δεδομένη τριηράρχῳ, μηδὲ πλεύσασα, ἀλλὰ νεωστὶ κατασκευασθεῖσα, ἣν ἄνω εἶπε παρθένον.

1307. λείπει τὸ ὦ Ζεῦ καὶ τὸ δοθῆναι αὐτῷ. V. Θ.

1308. ὑπὸ τερηδόνων : Σηπεδόνων, ἢ σκωλήκων.

1309. οὐδὲ Ναυφάντης : Πεποίηται ταῦτα τὰ ὀνόματα παρὰ τὴν ναῦν. ἀπὸ κοινοῦ δὲ τὸ ἄρξει.

1310. εἴπερ ἐκ πεύκης γε κἀγὼ : Ὡσανεὶ ἔλεγεν, εἴπερ ἐξ ἀνθρώπων εἰμὶ κἀγώ. οὐχ ἁπλῶς δὲ, ἀλλ' οἷον εἰ χολὴν ἔχω. ἀπὸ τούτου τὸ πευκεδανόν.

1312. εἰς τὸ Θησεῖον : Ἐνταῦθα οἱ καταφεύγοντες τῶν οἰκετῶν ἀσυλίαν εἶχον.

ἐπὶ τῶν σεμνῶν : Εἰς τὸ τῶν Ἐρινύων ἱερόν. καὶ ἐνταῦθα δὲ οἱ οἰκέται ἔφευγον.

1313. ἐγχανεῖται : Καταπτύσειεν, ἐνυβρίσειεν. σκάφας δὲ, τὰ ξύλινα ἀγγεῖα. [λύχνους δὲ, ὅτι λυχνοπώλης ἦν.]

1316. εὐφημεῖν χρὴ : Στίχοι ἐν ἐκθέσει ἀναπαιστικοὶ τετράμετροι καταληκτικοὶ ιε'. [ἐπὶ τῷ τέλει παράγραφος.]

1317. [οἷς ἡ πόλις : Ὅτι φιλόδικοι ἦσαν Ἀθηναῖοι. παιωνίζειν δὲ, ὕμνον παιᾶνα ᾄδειν.]

1320. ἐφ' ὅτῳ κνισῶμεν ἀγυιάς : Ἔθυον γὰρ πρὸ τῶν εὐαγγελίων πρὸ τῶν πυλῶν ἕκαστος. ἀγυιὰς δὲ, τοὺς ἀγυιαίους θεούς. ἀντὶ τοῦ, θυσίας ἐπιτελοῦμεν τοῖς θεοῖς. [Ἄλλως. ἔθος ἦν τοῖς ἐν ἀγυιαῖς ἱσταμένοις θεοῖς ἐπὶ ταῖς ἐρχομέναις ἀγγελίαις θύειν, ὡς ἂν εἰ ἀγαθαὶ εἶεν, ἐπινεύσαιεν ταύταις, εἰ δὲ τοὐναντίον, ἀποτρέψαιεν. — κνισσῶμεν : Κνίσσα ἡ ἀναθυμίασις τῶν θυομένων τοῖς εἰδώλοις, ἀτμὸς, καπνὸς τῶν θυσιῶν. *Vict.*]

1321. ἐφεψήσας : Καλῶς, ὡς μάγειρος. ὥσπερ ἡ Μήδεια λέγεται, ὡς μὲν Αἰσχύλος [in Διονύσου τροφοῖς] ἱστορεῖ, τὰς τροφοὺς τοῦ Διονύσου ἀφεψήσασα ἀνανεάσαι ποιῆσαι [μετὰ τῶν ἀνδρῶν αὐτῶν· ὡς δ' ὁ τοὺς Νόστους ποιήσας καὶ τὸν Αἴσονα, λέγων οὕτως,

αὐτίκα δ' Αἴσονα θῆκε φίλον κόρον ἡβώοντα,

γῆρας ἀποξύσασ' εἰδυίησι πραπίδεσσι,
φάρμακα πόλλ' ἕψουσ' ἐπὶ χρυσείοισι λέβησι.

Φερεκύδης δὲ καὶ Σιμωνίδης τὸν Ἰάσονα].

1323. ἰοστεφάνοις : Ἴῳ στεφανουμέναις. ἴον δὲ καὶ λευκὸν ἄνθος καὶ μέλαν.

1325. Ἀριστείδῃ πρότερον : Ἄριστοι ἐγένοντο ἀμφότεροι, Ἀριστείδης τε ὁ δίκαιος ἐπικαλούμενος καὶ Μιλτιάδης ὁ στρατηγός. οὗτος ἐν Μαραθῶνι ἐστρατήγησε. τοιοῦτος οὖν, φησίν, ὁ δῆμος καὶ ἐν τοιαύτῃ καταστάσει, οἷος ἦν πολιτευομένων ἐκείνων.

1327. ἀλλ' ὀλολύξατε : Εὔξασθε, ἀνευφημήσατε· καὶ Ὅμηρος [Il. Z, 301] « αἳ δ' ὀλολυγῇ πᾶσαι. »

1329. [ὦ ταὶ λιπαραὶ : Ἀπὸ Πινδάρου (fr. 46) παρῴδηται.]

ἀριζήλωτοι : Πλήρεις, ἢ γέμουσαι κατορθωμάτων.

1331. τεττιγοφόρος : Ἔθος ἦν τοῖς Ἀθηναίοις τὸ παλαιόν, τέττιξι χρυσοῖς ἀναδεῖσθαι τὴν κόμην, ὡς Θουκυδίδης [1, 6]. οὕτω δὲ οἱ εὐγενεῖς ἐφόρουν καὶ παῖδες καὶ ἄνδρες πλέκοντες τὴν κεφαλήν.

1332. οὐ χοιρινῶν ὄζων : Ὅτι χοιρίναις ἐχρῶντο πρότερον πρὸ τῶν ψήφων. εἰσὶ δέ τινες κόγχαι θαλάσσιαι. σπονδῶν δὲ, τῆς εἰρήνης. — κατάλειπτος : Κατάστακτος, ἀπὸ τοῦ καταλείβω. *Victor*.

1334. καὶ τοὺν Μαραθῶνι : Εἰκότως τούτου ἐμνημόνευσεν, ἐπειδὴ Ἀθηναῖοι μόνοι ἐν Μαραθῶνι τοὺς βαρβάρους ἐνίκησαν. ἡ γὰρ ἐν Σαλαμῖνι νίκη καὶ ἡ ἐν Πλαταιαῖς ἐδόκει κοινὸν ἔργον εἶναι πάντων Ἑλλήνων. Ἄλλως. μόνον τούτου μέμνηται, ὅτι τὰ μὲν ἄλλα κατορθώματα κοινῇ πᾶσα ἡ Ἑλλὰς ἐποίησε κατὰ τῶν βαρβάρων, τὰ δ' ἐν Μαραθῶνι μόνοι Ἀθηναῖοι.

τροπαίου : Τῆς κατὰ τῶν βαρβάρων νίκης καὶ τοῦ τροπαίου οὗπερ ἔστησαν ἐν Μαραθῶνι καταναυμαχήσαντες αὐτοὺς [καὶ νικήσαντες].

1335. ὦ φίλτατ' ἀνδρῶν : Ἐν ἐκθέσει ἴαμβοι τρίμετροι καταληκτικοὶ οδ', καὶ μετὰ τὸ τελευταῖον κορωνὶς ἡ τοῦ δράματος.

1337. ἀλλ' ὦ μέλε : Τὸ ὦ μέλε οὐκ ἐπὶ βλασφημίας ἔταττον.

1340. ἐν τῇ ἐκκλησίᾳ : Εἴ τις πρὸς χάριν λέγων κολακεύσειέ σε ἐρᾶν σου προσποιούμενος. τοιούτοις γὰρ οἱ στρατηγοὶ ἐκολάκευον τὸν δῆμον ῥήμασιν.

1344. ἀνωρτάλιζες : Ἐμετεωρίζου καὶ μέγα ἐφρόνεις. ἢ ἀντὶ τοῦ ἀνεκουφίζου, ὠρχοῦ, ἐπήρου, καὶ ταχέως ἐπίστευες πρὶν δοκιμάσαι. ὀρταλίζειν δὲ λέγεται ἐπὶ τῶν ἀρχομένων ἀναπτερύσσεσθαι ὀρνίθων· Ἄλλως. ὄρω ἐστὶ ῥῆμα βαρύτονον. ἔνθεν [*Hom.* Il. M, 279] « ὅτε τ' ὤρετο μητιετα Ζεύς. » ἀφ' οὗ ὄνομα ῥηματικὸν ὄρτος, καὶ ὀρτῶ ῥῆμα. τὸ δὲ ὀρτῶ ῥῆμα ποιεῖ τὸ ὀρτίζω, καὶ ἐν πλεονασμῷ τῆς αλ συλλαβῆς ὀρταλίζω. δηλοῖ δὲ τὸ ὀρταλίζειν τὸ ἀναρριπτεῖν τὰ νήπια τῶν παιδίων, οἷον ὀρούειν ποιεῖν εἰς ὕψος. κατεχρῶντο δὲ τῇ λέξει καὶ ἐπὶ ἄλλης κινήσεως, ἥντινα ἔδει κινεῖσθαι.

κἀκερουτίας : Τὴν κεφαλὴν ἀνέτεινες δίκην τῶν κερατοφόρων ζῴων, ὅτι εὐειδῆ γίνεται μετεωρίζοντα τὴν κορυφήν. δηλοῖ δὲ τὸ γαυριᾶν. ὡς ἔλαφος, φησίν, ἠγάλλου τοῖς κέρασιν. ἀπὸ δὲ τῶν κερατοφυούντων ἡ λέξις. ἑξῆς οὖν τοῦ πτερόφυτον εἶπε τὸ κερατοφυεῖν.

1347. ἐξεπετάννυτο : Ἀντὶ τοῦ ἐξηνοίγετο, τουτέστι ῥᾳδίως ἐπείθου τοῖς λέγουσι.

1348. σκιάδιον : Σκέπασμά τι, ὅπερ αἱ γυναῖκες [αἱ κανηφόροι Vict.] παρὰ τοῖς Ἀθηναίοις ἔχουσι θεωροῦσαι [εἰς τὰ Ἐλευσίνια Victor.] ὑπὲρ τοῦ μὴ καίεσθαι τὰς ὄψεις ὑπὸ τοῦ ἡλίου ἐκτείνεται δὲ καὶ συστέλλεται πρὸς τὸν κατεπείγοντα καιρόν.

1352. καταμισθοφορῆσαι : Εἰς μισθὸν ἀναλῶσαι, μισθὸν διδόναι ἐν τῇ ἐκκλησίᾳ καὶ τοῖς δικαστηρίοις, τὸν δικαστικὸν καὶ ἐκκλησιαστικόν. [παραδραμὼν δὲ, παρευδοκιμήσας.]

1354. τί κύπτεις : Ὡς αἰσχυνθέντος αὐτοῦ. δεῖ δὲ νοεῖν ὅτι ὁ δῆμος ἀκηκοὼς ταῦτα ὑπὸ αἰδοῦς κατέκυπτε καὶ εἰς τὴν γῆν ἀτενῶς ἀπέβλεπεν αἰδούμενος ἐφ' οἷς ἐδόκει μὴ καλῶς πράττειν.

οὐχὶ κατὰ χώραν μενεῖς : Οὐκ ἐπὶ σαυτοῦ μενεῖς καὶ ἡσυχίαν σχήσεις;

1358. ξυνήγορος : Προστάτης ὑπέρ τινων λέγων. *Victor*.

1360. εἰ μὴ καταγνώσεσθε : Εἰ μὴ κατακρινεῖτε καὶ καταδικάσετε.

1362. εἰς τὸ βάραθρον : Τόπος Ἀθήνησι βαθύς, ὅπου καὶ τοὺς Δαρείου πρέσβεις ἔβαλον. πάντα δὲ τὰ ἐκεῖ βαλλόμενα ἀφανῆ ἐποίει.

1363. ἐκ τοῦ λάρυγγος : Ὅτε γὰρ κατεπόντουν τινάς, βάρος ἀπὸ τῶν τραχήλων ἐκρέμων. [ἀντὶ δὲ τοῦ εἰπεῖν λίθον, Ὑπέρβολον εἶπεν.] φαίνεται δὲ ὁ Ὑπέρβολος ἤδη εἰσβὰς εἰς τὴν πολιτείαν. λέγεται δὲ λάρυγξ καὶ φάρυγξ.

1366. ναῦς ἐλαύνουσι μακρὰς : Πολεμίας. τὰς τριήρεις δέ φησι. τὰ δὲ στρογγύλα πλοῖα φορτηγά εἰσιν.

1368. ὑπολίσποις : Οἱ γὰρ Ἀθηναῖοι πάντες λεπτοὶ ἐτύγχανον τὰ ὀπίσθια ἀπὸ Θησέως. ὑπόλισπα δὲ τὰ τετριμμένα. κοινῶς γοῦν τοὺς Ἀθηναίους λισπόπυγάς φασι. καὶ πλάττονται τὸν περὶ Θησέως μῦθον, ὅτι ἑλκόμενος ὑπὸ τοῦ Ἡρακλέους κατέλιπεν ἐπὶ τὴν πέτραν τὴν πυγήν. νῦν δὲ οἰκείως εἶπεν ἐπὶ τῶν ἐρεσσόντων διὰ τὴν καθέδραν λεπτοπύγων ὄντων. Ἄλλως· ἐστενωμένοις. τοιαῦται δὲ αἱ πυγαὶ τῶν ναυτῶν διὰ τὴν συνεχῆ ἕδραν καὶ εἰρεσίαν.

1369. ἐν καταλόγῳ : Ἐν τῷ καταλόγῳ, ἐν τοῖς πίναξιν, ἐφ' ὧν ἐνέγραφον τῶν ἐκστρατευομένων τὰ ὀνόματα. ἐκαλοῦντο γὰρ κατάλογοι. [κατὰ σπουδὰς δὲ, κατὰ ἄλλου σπουδήν.]

1372. τὸν πόρπακα : Δειλὸς γὰρ καὶ ῥίψασπις ὁ Κλεώνυμος. [οὗ καὶ ἐν Νεφέλαις μέμνηται.]

1373. οὐδ' ἀγοράσει : Οὐ νῦν ἐν ἀγορᾷ διατρίψει.

1374. Κλεισθένης καὶ Στράτων : Γύννιδες οὗτοι καὶ πιττούμενοι τὰ γένεια, λεῖοι δὲ καὶ μαλακοί.

1375. τὰν τῷ μύρῳ : Οὕτως Ἀττικῶς ἀντὶ τοῦ ἐν μυροπωλείῳ, ἀπὸ τῶν πωλουμένων τοὺς τόπους καλοῦντες.

1377. Φαίαξ : Δεινὸς ῥήτωρ ὁ Φαίαξ οὗτος, ὡς καὶ ἀποφυγεῖν ἐπὶ θανάτῳ ἐπ' αὐτοφώρῳ κρινόμενος. κωμῳδεῖται δὲ ὡς παρακρούων τὰ μειράκια [καὶ ἐξαπατῶν].

1378. συνερκτικὸς : Συνείρειν τοὺς λόγους καὶ συντιθέναι δυνάμενος εὐκόλως. περαντικὸς δὲ, πέρας ἐπιτιθεὶς τοῖς λόγοις.

1379. κρουστικός : Τὰ ὦτα τῶν ἀκροωμένων κρούων τῇ σφοδρότητι τῶν λόγων.

1380. καταληπτικός : Προκαταλαμβανόμενος τοὺς ἀκούοντας ὥστε θόρυβον μὴ κινῆσαι.

1381. καταδακτυλικὸς : Ἀντὶ τοῦ συνουσιαστικὸς κατὰ τοῦ δακτυλίου τοῦ πρωκτοῦ. τοῦ λαλητικοῦ δὲ, τῶν λαλούντων ταῦτα, τῶν περὶ Κλεισθένη καὶ Στράτωνα. ἄδηλος δὲ ὁ στίχος, καὶ πάντες αὐτὸν ἐσημειώσαντο διὰ τὸ ἀκατάλληλον. ἄδηλον γὰρ τίς τίνι λέγει.

1384. ὀκλαδίαν : Ὀκλαδίας ὁ συγκεκλασμένος δίφρος καὶ ποτὲ μὲν ἐντεινόμενος, ποτὲ δὲ συστελλόμενος.

1385. καὶ παῖδ' ἐνόρχην : Ἐπειδὴ παρὰ τοῖς βαρβάροις σπάδωνες, οὗτος ἐνόρχην δίδωσι.

1386. [τοῦτον : Τὸν παῖδα. παίζει δὲ, περαίνειν καὶ κύφειν ποίει κακεμφάτως.]

1388. τριακοντούτιδας : Πόρνας εἰσφέρει. διὸ καὶ φησὶν, « ἔξεστιν αὐτῶν κατατριακοντουτίσαι » [τουτέστιν εἰς συνουσίαν λαβεῖν].

1389. σπονδὰς : Σπονδὰς ἐσπείσαντο μετὰ Εὐβοίας ἅλωσιν οἱ Ἕλληνες πρὸς ἑαυτοὺς πρὸ τοῦ Πελοποννησιακοῦ πολέμου.

1390. ὡς καλαί : Εἰσῆλθον αἱ σπονδαὶ ἑταῖραι ὡραῖαι [τὰς ὄψεις], ὑποκρινόμεναι τὰ πρόσωπα τῶν σπονδῶν, πρὸς ἃς λέγει ὁ δῆμος.

1392. οὐ γὰρ ὁ Παφλαγὼν : Μετὰ γὰρ τὴν Κλέωνος καὶ Βρασίδου τελευτὴν σπονδαὶ τοῖς Πελοποννησίοις καὶ Ἀθηναίοις ἐγένοντο τριακοντούτιδες. οὗτοι γὰρ ἠναντιοῦντο τῇ εἰρήνῃ. ἀποθανόντων δὲ αὐτῶν ἐγένοντο αἱ σπονδαί.

1399. τὰ κύνεια μιγνὺς : Συμφύρων τὰ τῆς πόλεως πράγματα, ὅτι καὶ οἱ μάγειροι τὰ κρέα μιγνύουσιν. [ἔθος γὰρ αὐτοῖς μιγνύειν κρέα προβάτων τε καὶ αἰγῶν, καὶ προτιθέναι ὡς μόνων προβάτων, καὶ ἐξαπατᾶν τοὺς ἀφελεστέρους.]

1401. τὸ λοῦτρον : Τὸ ἀπόλουμα καὶ ῥυπαρὸν, ὅ ἐστι, τὸ ἀπόλουτρον. [ἐς τὴν ἕδραν δὲ, εἰς τὴν προεδρίαν.]

1406. τὴν βατραχίδα : Εἶδος ἐσθῆτος ἀνθινῆς, ὅμοιον τῷ ὀνόματι ἐχούσης τὸ χρῶμα.

1407. ἐκφερέτω : Αἰρόμενος ἐκφέρεται ὁ Κλέων. τὸ δὲ ἑξῆς, ἵνα ἴδωσιν αὐτὸν οἱ ξένοι οἷς ἐλωβᾶτο.

ΝΕΦΕΛΑΙ.

(ΥΠΟΘΕΣΕΙΣ.)

I.

Τὸ δρᾶμα κατὰ Σωκράτους γέγραπται τοῦ φιλοσόφου ἐπίτηδες ὡς κακοδιδασκαλοῦντος τοὺς νέους Ἀθήνησι, τῶν κωμικῶν πρὸς τοὺς φιλοσόφους ἐχόντων τινὰ ἀντιλογίαν· οὐχ, ὥς τινες, δι' Ἀρχέλαον τὸν Μακεδόνων βασιλέα, ὅτι προὔκρινεν [αὐτὸν] Ἀριστοφάνους.

II.

Φασὶ τὸν Ἀριστοφάνην γράψαι τὰς Νεφέλας ἀναγκασθέντα ὑπὸ Ἀνύτου καὶ Μελήτου, ἵνα προδιασκέψαιντο ποῖοί τινες εἶεν Ἀθηναῖοι κατὰ Σωκράτους ἀκούοντες. ηὐλαβοῦντο γάρ, ὅτι πολλοὺς εἶχεν ἐραστάς, καὶ μάλιστα τοὺς περὶ Ἀλκιβιάδην, οἳ καὶ ἐπὶ τοῦ δράματος τούτου μηδὲ νικῆσαι ἐποίησαν τὸν ποιητήν. ὁ δὲ πρόλογός ἐστι τῶν Νεφελῶν ἁρμοδιώτατα καὶ δεξιώτατα συγκείμενος. πρεσβύτης γάρ ἐστιν ἄγροικος ἀχθόμενος παιδὶ ἀστικοῦ φρονήματος γέμοντι καὶ τῆς εὐγενείας εἰς πολυτέλειαν ἀπολελαυκότι. ἡ γὰρ τῶν Ἀλκμαιωνιδῶν οἰκία, ὅθεν ἦν τὸ πρὸς μητρὸς γένος ὁ μειρακίσκος, ἐξ ἀρχῆς, ὥς φησιν Ἡρόδοτος [6, 125], τεθριπποτρόφος ἦν καὶ πολλὰς ἀνῃρημένη νίκας, τὰς μὲν Ὀλυμπίασι, τὰς δὲ Πυθοῖ, ἐνίας δὲ Ἰσθμοῖ καὶ Νεμέᾳ καὶ ἐν ἄλλοις πολλοῖς ἀγῶσιν. εὐδοκιμοῦσαν οὖν ὁρῶν ὁ νεανίσκος ἀπέκλινε πρὸς τὸ ἦθος τῶν πρὸς μητρὸς προγόνων.

III.

Πρεσβύτης τις Στρεψιάδης ὑπὸ δανείων καταπονούμενος διὰ τὴν ἱπποτροφίαν τοῦ παιδός, δεῖται τούτου, φοιτήσαντα ὡς τὸν Σωκράτη μαθεῖν τὸν ἥττονα λόγον, εἴ πως δύναιτο τὰ ἄδικα λέγων ἐν τῷ δικαστηρίῳ τοὺς χρήστας νικᾶν καὶ μηδενὶ τῶν δανειστῶν μηδὲν ἀποδοῦναι. οὐ βουλομένου δὲ τοῦ μειρακίσκου, διαγνοὺς αὐτὸς ἐλθὼν μανθάνειν, μαθητὴν τοῦ Σωκράτους ἐκκαλέσας τινὰ διαλέγεται. ἐκλυθείσης δὲ τῆς διατριβῆς, οἵ τε μαθηταὶ κύκλῳ καθήμενοι πιναροὶ συνορῶνται καὶ αὐτὸς ὁ Σωκράτης ἐπὶ τῆς κρεμάθρας αἰωρούμενος καὶ ἀποσκοπῶν τὰ μετέωρα θεωρεῖται. μετὰ ταῦτα τελεῖν παραλαβὼν τὸν πρεσβύτην, καὶ τοὺς νομιζομένους παρ' αὐτῷ θεούς, Ἀέρα, προσέτι δὲ καὶ Αἰθέρα καὶ Νεφέλας καταχαλεῖται. πρὸς δὲ τὴν εὐχὴν εἰσέρχονται Νεφέλαι ἐν σχήματι χοροῦ· καὶ φυσιολογήσαντος οὐκ ἀπιθάνως τοῦ Σωκράτους ἀποκαταστᾶσαι πρὸς τοὺς θεατὰς περὶ πλειόνων διαλέγονται. μετὰ δὲ ταῦτα ὁ μὲν πρεσβύτης διδασκόμενος ἐν τῷ φανερῷ τινὰ τῶν μαθημάτων γελωτοποιεῖ· καὶ ἐπειδὴ διὰ τὴν ἀμαθίαν ἐκ τοῦ φροντιστηρίου ἐκβάλλεται, ἄγων πρὸς βίαν τὸν υἱὸν συνίστησι τῷ Σωκράτει. τούτου δὲ ἐξαγαγόντος αὐτῷ ἐν τῷ θεάτρῳ τὸν ἄδικον καὶ τὸν δίκαιον λόγον, διαγωνισθεὶς ὁ ἄδικος πρὸς τὸν δίκαιον λόγον, καὶ παραλαβὼν αὐτὸν ὁ ἄδικος λόγος ἐκδιδάσκει. κομισάμενος δὲ αὐτὸν ὁ πατὴρ ἐκπεπονημένον ἐπηρεάζει τοῖς χρήσταις, καὶ ὡς κατωρθωκὼς, εὐωχεῖ παραλαβών. γενομένης δὲ περὶ τὴν εὐωχίαν ἀντιλογίας, πληγὰς λαβὼν ὑπὸ τοῦ παιδὸς βοὴν ἵστησι, καὶ προσκαταλαλούμενος ὑπὸ τοῦ παιδὸς ὅτι δίκαιον τοὺς πατέρας ὑπὸ τῶν υἱῶν ἀντιτύπτεσθαι, ὑπεραλγῶν διὰ τὴν πρὸς τὸν υἱὸν σύγκρουσιν ὁ γέρων, κατασκάπτει καὶ ἐμπίπρησι τὸ φροντιστήριον τῶν Σωκρατικῶν. τὸ δὲ δρᾶμα τῶν πάνυ δυνατῶς πεποιημένων.

IV.

ΑΡΙΣΤΟΦΑΝΟΥΣ

ΓΡΑΜΜΑΤΙΚΟΥ.

Πατὴρ τὸν υἱὸν σωκρατίζειν βούλεται·
καὶ τῆς περὶ αὐτὸν ψυχρολογίας διατριβὴ
ἱκανή, λόγων τ' ἀπόνοια πρὸς τοὐναντίον.
χορὸς δὲ Νεφελῶν ὡς ἐπωφελῆ λέγων,
καὶ τὴν ἀσέβειαν Σωκράτους διεξιών·
ἄλλαι θ' ὑπ' ἀνέρος κατηγορίαι πικραί,
καὶ τῶν μαθητῶν εἰς πατραλοίας ἐκτόπως.
εἶτ' ἐμπυρισμὸς τῆς σχολῆς τοῦ Σωκράτους.

V.

Αἱ πρῶται Νεφέλαι ἐδιδάχθησαν ἐν ἄστει ἐπὶ ἄρχοντος Ἰσάρχου, ὅτε Κρατῖνος μὲν ἐνίκα Πυτίνῃ, Ἀμειψίας δὲ Κόννῳ. διόπερ Ἀριστοφάνης ἀπορριφθεὶς παρα[illegible]ως ᾠήθη δεῖν ἀναδιδάξαι τὰς Νεφέλας τὰς δευτέρας, κ[illegible]έμφεσθαι τὸ θέατρον. ἀποτυχὼν δὲ πολὺ μᾶλλον καὶ ἐν τοῖς ἔπειτα οὐκέτι τὴν διασκευὴν εἰσήγαγεν. αἱ δὲ δεύτεραι Νεφέλαι ἐπὶ Ἀμεινίου ἄρχοντος.

VI.

Τοῦτο ταυτόν ἐστι τῷ προτέρῳ. διεσκεύασται δὲ ἐπὶ μέρους, ὡς ἂν δὴ ἀναδιδάξαι μὲν αὐτὸ τοῦ ποιητοῦ προθυμηθέντος, οὐκέτι δὲ τοῦτο δι' ἥν ποτε αἰτίαν ποιήσαντος. καθόλου μὲν οὖν σχεδὸν παρὰ πᾶν μέρος γεγενημένη διόρθωσις. τὰ μὲν γὰρ περιῄρηται, τὰ δὲ παραπέπλεκται, καὶ ἐν τῇ τάξει καὶ ἐν τῇ τῶν προσώπων διαλλαγῇ μετεσχημάτισται. τὰ δὲ ὁλοσχεροῦς τῆς διασκευῆς τοιαῦτα ὄντα τετύχηκεν. αὐτίκα ἡ παράβασις τοῦ χοροῦ ἤμειπται καὶ ὅπου ὁ δίκαιος λόγος πρὸς τὸν ἄδικον λαλεῖ, καὶ τελευταῖον ὅπου καίεται ἡ διατριβὴ Σωκράτους.

VII.

Τὴν μὲν κωμῳδίαν καθῆκε κατὰ Σωκράτους ὡς τοιαῦτα νομίζοντος καὶ Νεφέλας καὶ Ἀέρα καὶ τί γὰρ ἀλλ' ἢ ξένους εἰσάγοντος δαίμονας· χορῷ δὲ ἐχρήσατο Νεφελῶν πρὸς τὴν τοῦ ἀνδρὸς κατηγορίαν, καὶ διὰ τοῦτο οὕτως ἐπεγράφη τὸ δρᾶμα. διτταὶ δὲ φέρονται Νεφέλαι. οἱ δὲ κατηγορήσαντες Σωκράτους, Ἄνυτος καὶ Μέλητος. τὸ δὲ δρᾶμα τῆς ὅλης ποιήσεως κάλλιστόν φασι καὶ τεχνικώτατον.

VIII.

ΘΩΜΑ ΤΟΥ ΜΑΓΙΣΤΡΟΥ.

[Ἄνυτος καὶ Μέλητος Σωκράτει τῷ Σωφρονίσκου βασκήναντες καὶ αὐτὸν μὴ δυνάμενοι βλάψαι ἀργύριον ἱκανὸν Ἀριστοφάνει δεδώκασιν, ἵνα δρᾶμα κατ' αὐτοῦ συστήσηται. καὶ ὃς πεισθεὶς γέροντά τινα Στρεψιάδην καλούμενον ἐπλάσατο ὑπὸ χρεῶν πιεζόμενον, ἃ δὴ ἀνηλώκει περὶ τὴν τοῦ παιδὸς Φειδιππίδου ἱπποτροφίαν. οὕτω δὲ τούτων ἐχόντων, μὴ ἔχων ὁ Στρεψιάδης τί ποιήσει περὶ τὰ χρέα, βουλεύεται προσαγαγεῖν τῷ Σωκράτει τὸν ἑαυτοῦ παῖδα, ἵνα παρ' αὐτοῦ τὸν ἄδικον μάθῃ λόγον, καὶ οὕτω τοὺς δανειστὰς ἀποκρούσηται. Φειδιππίδης μὲν οὖν, πολλὰ δεηθέντος τοῦ πατρος, προσελθεῖν οὐκ ἐπείσθη· ἀποτυχὼν δὲ ὁ πρεσβύτης τῆς ἐπ' ἐκεῖνον ἐλπίδος καὶ οὐκ ἔχων ὅστις καὶ γένηται, εἰς δεύτερον εἶδε πλοῦν. οὐδὲν οὖν τῆς ἡλικίας φροντίσας οὐδ' ἐνθυμηθεὶς εἴ τισιν ἄτοπος δόξειεν ἀνὴρ ἐν γήραος οὐδῷ μανθάνειν καθάπερ κομιδῇ νέος ἀρχόμενος, ἀλλ' εἰς ἓν ἀφεωρακὼς μόνον ἐκεῖνο, ἐὰν ἄρα οἷός τε γένηται τοὺς δανειστὰς διὰ πειθοῦς ἀποστερῆσαι τὰ χρήματα, αὐτὸς πρόσεισι τῷ Σωκράτει. οὐκ ἔχων δὲ ὑπηρετοῦντα τῇ βουλήσει τὸν νοῦν, ἀλλὰ τοιοῦτος ὢν οἷς ἐμάνθανεν, οἷος καὶ πρὶν τῆς παιδείας ἐφῆφθαι, αὐτὸς μὲν ἀπέγνω παιδεύεσθαι, προσελθὼν δὲ τῷ παιδὶ καὶ αὖθις πολλαῖς πέπεικε ταῖς δεήσεσιν ἕνα τῶν Σωκράτους ὁμιλητῶν γενέσθαι. ὁ δὲ καὶ γέγονε καὶ μεμάθηκε. συνίσταται δὲ τὸ δρᾶμα ἐκ χοροῦ Νεφελῶν. ἔχει δὲ κατηγορίαν τοῦ Σωκράτους, ὅτι τοὺς συνήθεις θεοὺς ἀφεὶς καινὰ ἐνόμιζε δαιμόνια, Ἀέρα καὶ Νεφέλας καὶ τὰ τοιαῦτα.]

IX.

[Πρεσβύτης τις Στρεψιάδης ὑπὸ δανείων καταπονούμενος διὰ τὴν ἱπποτροφίαν τοῦ παιδὸς, δεῖται τούτου φοιτήσαντα εἰς τὸν Σωκράτην μαθεῖν τὸν ἄδικον λόγον, ὅπως μηδενὶ τῶν δανειστῶν μηδὲν ἀποδώσῃ. μὴ βουλομένου δὲ τοῦ παιδὸς, εἰσέρχεται αὐτός. καὶ μὴ δυνάμενος μαθεῖν διὰ τὸ γῆρας ἐκδιώκεται. ὑποστρέψας δὲ καὶ τῷ υἱῷ πείσας ἤγαγεν αὐτὸν τῷ Σωκράτει, ὃς καλέσας τὸν δίκαιον λόγον καὶ ἄδικον καὶ αἵρεσιν τῷ νέῳ δοὺς ἐκλέξασθαι, διδάσκει ἐκεῖνον τὸν ἄδικον λόγον. μαθὼν δὲ ὁ υἱὸς ὅπερ ἐβούλετο ὁ πατὴρ καὶ τὴν παχύτητα ἐκείνου καταγνοὺς τύπτει τὸν πατέρα αὐτὸν ἑστιῶντα. ὁ δὲ ἀλγήσας διὰ τὴν τοῦ παιδὸς ἀσέβειαν ἀπελθὼν κατακαίει τὸ φροντιστήριον, νομίσας Σωκράτην αἴτιον τῆς ἀσεβείας τοῦ παιδὸς εἶναι. κατηγορεῖ δὲ ἐνταῦθα τοῦ Σωκράτους ὡς ἀσεβοῦς καὶ ξένους θεοὺς ἐπεισάγοντος, ἀφέντος τοὺς συνήθεις. ἐπιγράφεται δὲ Νεφέλαι, διότι παρεισάγεται χορὸς Νεφελῶν ὁμιλῶν τῷ Σωκράτει, ἃς ἐνόμιζε θεὰς, ὡς Ἀριστοφάνης κατηγορεῖ. ὁ γὰρ Ἄνυτος καὶ Μέλητος φθονοῦντες Σωκράτει καὶ μὴ δυνάμενοι ἄλλως βλάψαι ἢ φανερῶς κατηγορῆσαι μεγάλου ὄντος ἱκανὸν ἀργύριον δεδώκασιν Ἀριστοφάνει ταύτην τὴν κωμῳδίαν κατ' ἐκείνου γράψαι. τὰ δὲ πρόσωπα Στρεψιάδης, Φειδιππίδης, μαθητὴς Σωκράτους, Σωκράτης, χορὸς Νεφελῶν, δίκαιος λόγος, ἄδικος λόγος, Πασίας δανειστὴς, μάρτυς.]

X.

[Τὸ δρᾶμα τῶν Νεφελῶν κατὰ Σωκράτους γέγραπται τοῦ φιλοσόφου ἐπίτηδες, ὡς κακοδιδασκαλοῦντος τοὺς νέους Ἀθήνησι, τῶν κωμικῶν πρὸς τοὺς φιλοσόφους ἀπεχθῶς ἐχόντων. ἄλλοι δέ φασι τὸν Ἀριστοφάνην τὸ τῶν Νεφελῶν συντάξασθαι δρᾶμα ὑπὸ Ἀνύτου καὶ Μελήτου παροξυνθέντα. βουλόμενοι γὰρ οὗτοι γραφὴν ποιήσασθαι κατὰ Σωκράτους καὶ θέλοντες πεῖραν λαβεῖν τῆς τῶν Ἀθηναίων γνώμης περὶ Σωκράτους ὁποῖοί τινες ἂν φανεῖεν, κατ' αὐτοῦ γραφῆς ἐνισταμένης, πολλοὺς γὰρ εἶχεν ἐραστὰς ἐκεῖνος καὶ μάλιστα τοὺς περὶ Ἀλκιβιάδην, οἳ καὶ ἐπὶ τοῦ δράματος τούτου μηδὲ νικῆσαι ἐποίησαν τὸν ποιητὴν, τοῦθ' ἕνεκεν αὐτὸν ἐπὶ τὴν τοῦ δράματος τοῦδε παρώτρυναν ποίησιν χρήμασιν αὐτὸν ἱκανοῖς, ὡς λόγος, δεξιωσάμενοι. ἔστι δὲ ὁ τοῦ δράματος πρόλογός τε καὶ ἡ ὑπόθεσις δεξιώτατα καὶ ἁρμοδιώτατα συγκείμενα. πλάττεται γάρ τις ἄγροικος πρεσβύτης Στρεψιάδης ὄνομα ἀχθόμενος παιδὶ Φειδιπ-

πίδη καλουμένῳ φρονήματος γέμοντι ἀστικοῦ, καὶ διὰ τὴν τῆς οἰκίας εὐγενείας πολυτέλειαν πάντα τὰ τοῖς γονεῦσι προσόντα καταναλώσαντι, καὶ μάλιστα εἰς ἱπποτροφίας. ἡ γὰρ τῶν Ἀλκμαιωνιδῶν οἰκία ὅθεν ἦν τὸ πρὸς μητρὸς γένος τῷ μειρακίσκῳ ἐξ ἀρχῆς, ὥς φησιν Ἡρόδοτος, ἱπποτρόφος ἦν καὶ πολλὰς ἀνῃρημένη τὰς νίκας, τὰς μὲν Ὀλυμπίασι, τὰς δὲ Πυθοῖ, ἐνίας δὲ Ἰσθμοῖ καὶ Νεμέᾳ, καὶ ἄλλας ἐν ἄλλοις. εὐδοκιμοῦσαν οὖν ὁρῶν ὁ νεανίσκος ἀπέκλινε πρὸς τὸ ἦθος τῶν πρὸς μητρὸς προγόνων. ὁ πατὴρ οὖν Στρεψιάδης ὑπὸ τῶν χρεῶν καταπονούμενος διὰ τὴν τοῦ παιδὸς ἱπποτροφίαν βούλεται προσαγαγεῖν τῷ Σωκράτει τὸν παῖδα, ἵν' ὑπ' αὐτοῦ διδαχθείη τὸν ἄδικον λόγον, ὡς ἂν ἐντεῦθεν δι' αὐτοῦ τοὺς δανειστὰς ἀποκρούσηται. δεῖται οὖν τοῦ παιδὸς πεισθῆναι τοῖς βεβουλευμένοις αὐτῷ· μὴ πεισθέντος δὲ τούτου, διαγνοὺς αὐτὸς ἐλθὼν μανθάνειν μηδεμίαν τῆς τοῦ γήρως ἡλικίας φροντίδα ποιησάμενος, μηδ' ἐνθυμηθεὶς εἴ τισιν ἄτοπον δόξειεν ἀνὴρ ἐν γήρᾳ ὡς οὐδῷ μανθάνειν καθάπερ κομιδῇ νέος ἀρχόμενος, ἀλλ' εἰς ἓν ἀφεωρακὼς μόνον ἐκεῖνο, ἐὰν ἄρα οἷός τε γένηται τοὺς δανειστὰς διὰ πειθοῦς ἀποστερῆσαι τὰ χρήματα, αὐτὸς πρόσεισι τῷ Σωκράτει, καὶ μαθητήν τινα τοῦ Σωκράτους καλεῖσθαι (l. καλέσας) διαλέγεται περὶ τούτου, καὶ τῆς διατριβῆς διαλυθείσης, οἱ μαθηταὶ κύκλῳ καθήμενοι πιναροὶ συνορῶνται καὶ αὐτὸς δὲ ὁ Σωκράτης ἐπὶ κρεμάθρας αἰωρούμενος καὶ ἀποσκοπῶν τὰ μετέωρα θεωρεῖται. μετὰ ταῦτα τελεῖν παραλαβὼν τὸν πρεσβύτην καὶ τοὺς νομιζομένους παρ' αὐτῷ θεοὺς παραδοῦναι Ἀέρα τε καὶ Αἰθέρα, πρὸς δὲ καὶ Νεφέλας μετακαλεῖται· πρὸς δὲ τὴν εὐχὴν εἰσέρχονται Νεφέλαι χοροῦ σχῆμα πληροῦσαι· καὶ φυσιολογήσαντος οὐκ ἀπιθάνως τοῦ Σωκράτους ἀποστραφεῖσαι πρὸς τοὺς θεατὰς περὶ πλειόνων διαλέγονται. μετὰ ταῦτα ὁ πρεσβύτης διδασκόμενος μὲν ἐν τῷ φανερῷ, μὴ ἔχων δ' ὑπηρετοῦντα τῇ βουλήσει τὸν νοῦν, εἰς γέλωτα κινῆσθαι (l. κινήσας) τοὺς μαθητὰς τοῦ διδασκαλείου ἐκβάλλεται καὶ προσελθὼν αὖθις τῷ παιδὶ, πολλαῖς πέπεικε ταῖς δεήσεσιν ἕνα τῶν Σωκράτους ὁμιλητῶν γεγενῆσθαι. συνίστησιν οὖν αὐτὸν τῷ Σωκράτει καὶ ἐξαγαγόντος Σωκράτους ἐν τῷ θεάτρῳ τὸν ἄδικον καὶ τὸν δίκαιον λόγον, διαγωνίζονται πρὸς ἀλλήλους οἱ λόγοι καὶ νικηθεὶς ὁ ἄδικος παραλαβὼν τὸν νέον πρὸς τὸ διδάξαι, καὶ ἱκανῶς ἐκδιδάσκει. ὡς οὖν ἤδη ἐκπεπονημένον κομισάμενος αὐτὸν ὁ πατὴρ ἐπηρεάζει τοῖς χρήσταις, καὶ ὡς κατωρθωκὼς τὸ σπουδαζόμενον εὐωχίαν συνίστησιν· ἐν ᾗ καὶ ἀντιλογίας γινομένης πληγὰς λαβὼν ὑπὸ τοῦ παιδὸς βοὴν ἵστησι· καὶ προσκαταλαλούμενος ὑπὸ τοῦ παιδὸς ὅτι δίκαιον τοὺς πατέρας ὑπὸ τῶν υἱῶν τύπτεσθαι ὑπεραλγῶν τούτου χάριν κατασκάπτει καὶ ἐμπίπρησι τὸ σωκρατικὸν φροντιστήριον. ἔστι δὲ τὸ δρᾶμα τῶν πάνυ δυνατῶς πεποιημένων.]

SCHOLIA IN NUBES.

[Ἡ εἴσθεσις τοῦ δράματος ἄρχεται ἐκ συστηματικῆς περιόδου, καὶ ἑξῆς ἐκ προσώπων ἀμοιβαίων· οἱ δὲ στίχοι εἰσὶν ἰαμβικοὶ τρίμετροι ἀκατάληκτοι σνθ', ὧν προτίθεται ἐν ἀρχῇ τοῦ δράματος κῶλον ἰαμβικὸν μονόμετρον ἀκατάληκτον. ἐν ἐκθέσει κῶλον ἰαμβικὸν μονόμετρον ἀκατάληκτον· καὶ μετὰ τὸν διακοσιοστὸν τριακοστὸν τρίτον ἕτερον κῶλον ἰαμβικὸν μονόμετρον βραχυκατάληκτον. τελευταῖος δὲ πάντων τούτων οὗτος

καταπαττόμενος γὰρ παιπάλη γενήσομαι.

ἐπὶ ταῖς ἀποθέσεσι τῶν συστημάτων παράγραφος. ἐπὶ δὲ τῷ τέλει πάντων τῶν στίχων κορωνίς.]

1. ἰοὺ ἰού : Σχετλιαστικὸν ἐπίρρημα. διὰ γὰρ τὸ ἐγρηγορέναι καὶ ἀγρυπνεῖν δυσφορῶν ἀναβοᾷ. συμβαίνει γὰρ τοῖς ἀγρυπνοῦσι (μάλιστα) μεγάλας τὰς νύκτας νομίζειν. [ἠγρύπνει δὲ ὁ Στρεψιάδης μὴ δυνάμενος ὑπνώττειν ὑπὸ τῆς τῶν χρεῶν φροντίδος. τὸ δὲ προοίμιον σχετλιαστικὸν ἐκ τοῦ πράγματος.]

2. βασιλεῦ : Οὐκ ἀργῶς χρὴ τοῦτο νομίζειν εἰρηκέναι τὸν ποιητήν· ἔχεται γὰρ ἱστορίας τὸ ὦ Ζεῦ βασιλεῦ τοιαύτης. τοῖς Ἀθηναίοις Πυθόχρηστον ἐγένετο καταλῦσαι μὲν τὰς βασιλείας, προστήσασθαι δὲ καὶ σέβειν Δία βασιλέα. ὥστε τὸ λεχθὲν τῆς ἱστορίας ταύτης ἔχεσθαι χρὴ νομίζειν. — εἰώθασι δὲ παρὰ τὰς συμφορὰς ἀναβοᾶν τὸν Δία, ὡς παρὰ τῷ ποιητῇ [Iliad. K, 15] Ἀγαμέμνων « προθελύμνους ἕλκετο χαίτας ὑψόθ' ἐόντι Διί. » R. V.

τὸ χρῆμα τῶν νυκτῶν : Τὸ μέγεθος, τὸ ἔκταμα. (ἔθος δὲ τοῖς Ἀττικοῖς ἐπαγωγῇ χρῆσθαι, οἷον, ἵππος σπάνιόν τι χρῆμα· [καὶ] γυνὴ σπάνιόν τι χρῆμα· καὶ ἐπὶ τῶν ἄλλων ὁμοίως ὧν ἂν ἐξευρεῖν βούλωνται μάλιστα.) — αἱ νύκτες. ὅσον : Πολύ. Θ.

3. ἀπέρατον : Ἀντὶ τοῦ μέγα, οὗ πέρας οὐκ ἔστιν. οἱ δὲ ἀπέραντον μετὰ τοῦ ν γράφοντες ἁμαρτάνουσι. ζητεῖται δὲ πῶς μεγάλας τὰς νύκτας λέγει. Διονυσιακοῦ γὰρ ὄντος τοῦ δράματος, συνεστάλθαι τὰς νύκτας ἀνάγκη, διὰ τὸ τοιούτῳ καιρῷ ὑποπίπτειν τὰ Διονύσια· πλὴν εἰ μὴ τούτῳ μεγάλαι καταφαίνονται (τῷ φροντίζειν καὶ ἀγρυπνεῖν), ὅπερ συμβαίνει πάσχειν τοὺς ἀγρυπνοῦντας. παρεπιγραφὴ δέ. συγκεκαλυμμένος καὶ καθεύδων ὑποτίθεται ἐξανακαλυψάμενος καὶ ἔξω τὴν κεφαλὴν ποιήσας τοῦ περιβλήματος. — ἀπλήρωτον, ἀτελείωτον. *Br.* ἀπέρατον, τὸ μὴ ἔχον πέρας· ἀπέραντον δὲ, τὸ μὴ περαινόμενον, καὶ τὸ ὅπερ μὴ δύναιτ' ἄν τις ἐξελθεῖν. C. ἀτελές· οἱ γὰρ ἀγρυπνοῦντες ὑπὸ φροντίδος τινὸς μεγάλας τὰς νύκτας λογίζονται. Θ.

4. ἀλεκτρυόνος : Τούτου γὰρ ἡ φωνὴ ἔμφασιν ἡμέρας παρίστησιν. Θ.

5. οἱ δ' οἰκέται ῥέγκουσιν : [Οὕτως Ἀττικοὶ διὰ τοῦ κ.] νῦν οἰκέτας οὐ τοὺς θεράποντας μόνον λέγει, ἀλλὰ πάντας τοὺς κατὰ τὴν οἰκίαν. καθεύδουσι νῦν, φησίν, ὡς τῶν ἄλλων μὲν ἀμεριμνούντων, αὐτοῦ δὲ φροντίζοντος. διὰ τοῦτο δὲ ῥέγκουσιν εἶπεν, ἵνα μᾶλλον αὐτοὺς δείξῃ πάσης ὄντας ἔξω φροντίδος. τῶν γὰρ βαθέως καθευδόντων ἴδιον τὸ ῥέγκειν, τῶν δὲ μηδὲν φροντιζόντων τὸ βαθέως κοιμᾶσθαι. — ῥέγκουσι : ἔστι δὲ Ἀττικόν. ἐπεὶ καὶ ῥέγχουσι γρ. τὸ δὲ ῥέγκουσιν ἀπὸ τῶν Ἰώνων λέγουσι λαβόντες, οἵτινες ἀεὶ τὰ δασέα εἰς ψιλὰ τρέπουσι. Harl. 5. βαθέως ὑπνώττουσι καὶ ὅ φασιν ἰδιωτικῶς ῥοχαλίζουσι. Θ.

(ἀλλ' οὐκ ἂν προτοῦ : Ἀλλ' οὐκ ἂν πρότερον. ἐν γὰρ τῇ εἰρήνῃ, φησίν, ἐξέπεμπον αὐτοὺς ἐργασομένους εἰς τοὺς ἀγρούς, ὡς ὑπὸ τῆς περὶ τὴν γεωπονίαν ἀσχολίας μὴ ἀνέτως μηδὲ οὕτω βαθέως δύνασθαι καθεύδειν.)

6. ἀπόλοιο δῆτ', ὦ πόλεμε : Πόλεμος ἦν κατ' ἐκεῖνο καιροῦ καὶ τοσοῦτον ἐδυστύχησαν Ἀθηναῖοι ὥστε μηδὲ τὰ σώματα τῶν ἀποθανόντων ταφῆναι ἕως οὗ οἱ δοῦλοι ἐξελθόντες ἐνίκησαν τοὺς Λακεδαιμονίους περὶ Ἀργενούσας καὶ τὰ σώματα τῶν ἀποθανόντων ἐκόμισαν καὶ διὰ τοῦτο ἠλευθερώθησαν καὶ οὐκ ἐξῆν οὐδενὶ τύπτειν δοῦλον. ἢ ὅτι ἐν εἰρήνῃ ἐξέπεμπον αὐτοὺς ἐργασομένους εἰς τὸν ἀγρὸν, ὡς ὑπὸ τῆς περὶ τὴν γεωργίαν σχολῆς μὴ δύνασθαι οὕτω (βαθέως) καθεύδειν. R. V. [φασὶν ὡς Ἀθηναῖοι, Λακεδαιμονίοις ἐν Ἀργινούσαις ναυμαχήσειν μέλλοντες, προεῖπον τοῖς δούλοις, ὡς εἴ τις αὐτῶν συμπαρατάξεται τῇ ναυμαχίᾳ, τιμῆς εἰς τὸ λοιπὸν ἀπολαύσειεν. βοηθησάντων οὖν τῶν δούλων, Λακεδαιμονίους ἐνίκησαν. καὶ ταῦτα μέν τινες φάσκουσι. τὸ δ' ἀληθὲς οὕτως ἔχει. Ἀθηναίοις καὶ Λακεδαιμονίοις πόλεμος ἦν. οὐκ ἤθελον οὖν Ἀθηναῖοι τοὺς δούλους κολάζειν, εἴ τι πταίσαιεν, δεδιότες μὴ πρὸς Λακεδαιμονίους αὐτομολήσωσι. τὸ δὲ ὅτε ποτὲ μὲν μόνον χρόνον δηλοῖ, ποτὲ δὲ καὶ χρόνον καὶ αἰτίαν, ὥς ἐστι κἀνταῦθα.]

7. ὅτ' : Ἐπεί. Θ.

8. ἀλλ' οὐδ' ὁ χρηστὸς οὑτοσὶ : Οὐκ ἐπαινῶν αὐτὸν χρηστόν φησιν, ἀλλ' εἰρωνευόμενος ἀντὶ τοῦ ἄχρηστος ἡμῖν γέγονεν. πῶς γὰρ δύναται θαυμάζειν, ὃν ἐπὶ ῥᾳθυμίᾳ διὰ τὸ καθεύδειν μέμφεται;

10. ἐγκεκορδυλημένος : Ἐγκεκαλυμμένος καὶ συνεστραμμένος ὥστε μηδὲ ἀνθρώπου σχῆμα δηλοῦν, (ἀλλ' ἐξοχὴν φαίνεσθαι τῶν στρωμάτων. κορδύλη δὲ ἰδίως λέγεται τὸ ἐν τῇ κεφαλῇ ὑπερεξέχον οἴδημα ὑπὸ πληγῆς εἰς ὕψος καὶ ὄγκον ἀρθέν, ὃ καλοῦμεν κόνδυλον. Κρέων δὲ ἐν τῷ πρώτῳ τῶν Κυπριακῶν κορδύλην φησὶ καλεῖσθαι τὸ πρὸς κεφαλῇ προσείλημα, ὃ δὴ παρὰ Ἀθηναίοις καλεῖται κρωβύλον, παρὰ δὲ Πέρσαις κίδαριον· ὅτι δὲ νῦν ἐγκεκορδυλημένος ἀντὶ τοῦ ἐνειλημένος καὶ ἐγκρύψας ἑαυτὸν δηλοῖ σαφέστερον ἐκ τῶν ἐπιφερομένων εἰπὼν « ἀλλ' εἰ δοκεῖ, ῥέγκωμεν ἐγκεκαλυμμένοι. »)

ἰστέον δὲ ὅτι λήγοντος μὲν τοῦ χειμῶνος, ἀρχομένου δὲ ἔαρος ἄγεται τὰ Διονύσια, ὥστε διὰ τὸ κρύος καὶ ψῦχος εἰκὸς ἦν οὕτω καθεύδειν αὐτοὺς (τοιούτῳ σχήματι τὴν κεφαλὴν περιβεβλημένους, ὅθεν καὶ πέντε περιβόλαια περιβεβλῆσθαι τὸν υἱὸν εἶπε.) V. R. (ἐν πέντε σισύραις : Στερεὰ περιβλήματα παχέα ταῖς νῦν καλουμέναις ἐμφερῆ σισύραις. ἔστι δὲ φαῦλα καὶ μικρὰ περιβλήματα. ἰστέον ὅτι λήγοντος τοῦ χειμῶνος, ἀρχομένου δὲ τοῦ ἔαρος, γίνεται τὰ Διονύσια· ὥστε διὰ τὸ κρύος αὐτοὺς εἰκὸς καθεύδειν, τοιούτῳ σχήματι τὴν κεφαλὴν περιβεβλημένους, ὥστε καὶ πέντε περιβόλαια περιβεβλῆσθαι τὸν υἱόν. — ἐν : Ἐπί. Θ. σισύρη τὸ παχὺ ἱμάτιον ἀπὸ αἰγείων δερμάτων. *Vict.*

ἐγκεκορδυλημένος : Ἐγκεκρυμμένος. [ἐντετυλιγμένος. Θ.] κορδύλην γὰρ οἱ Κύπριοι λέγουσι τὸ περιείλημα τῆς κεφαλῆς. — ἐγκεκορδυλημένος : Ἐντετυλιγμένος, ἐγκεκρυμμένος. *Br.* ἀρχὴ γὰρ ἔαρος ἦν καὶ ἐνεκαλύπτοντο γούνναις ἔτι. Θ.

11. ἀλλ' εἰ δοκεῖ, ῥέγκωμεν : (Παρεπιγραφή. ποιήσας γὰρ ἀσχήμονα τὴν ὄψιν καὶ) τὸ σχῆμα τοῦ νεανίσκου μιμησάμενος, ὥσπερ ἐκεῖνος ἐκάθευδεν, ἀποστραφεὶς καὶ αὐτὸς πειρᾶται δῆθεν καθεύδειν, ἐγκρύψας τὴν κεφαλὴν τοῖς περιβλήμασι. — τοῦτο πρὸς ἑαυτὸν λέγει. ῥέγκωμεν : Ἀττικόν. ἐγκεκαλυμμένοι : Ἐσκεπασμένοι. Θ.

12. [ἀλλ' οὐ δύναμαι : Ἀλλ' οὐκ ἔπεισί μοι ὕπνος. εὐθὺς δὲ καὶ τὴν αἰτίαν ἐπάγει τοῦ μὴ δύνασθαι καθεύδειν.]

δείλαιος : Ἄθλιος, κακοδαίμων.

δακνόμενος : Ἐνοχλούμενος ὑπὸ τῶν τῆς ἱπποτροφίας ἀναλωμάτων. δοκεῖ γὰρ δαπανηρὸν εἶναι τὸ ἵππους τρέφειν· (ὅπερ καὶ τῇ Λακωνικῇ προσέζευκται κατάρᾳ. καὶ γὰρ δὴ καὶ τοῦτο οἱ Λακεδαιμόνιοι ἐν κατάρας ἔθεσαν μέρει. τὸ δὲ δακνόμενος ἔλαβεν ἀπὸ τοῦ αὐτὸν κατακεκλεῖσθαι εἴσω τῶν στρωμάτων [καὶ τῶν περιβλημάτων]. τὸ δὲ) χρεῶν νῦν περισπαστέον. δηλοῖ γὰρ τῶν ὀφλημάτων. (εἴρηται δὲ παρὰ τὸ χόρεων. δαπάνην δὲ, τουτέστι τὰς δέσμας τοῦ χόρτου, ἵνα ἑξῆς ἀκολούθως τῇ φάτνῃ λέγειν δοκῇ.) — ἐνοχλούμενος. *Br.*

14. ὁ δὲ κόμην ἔχων : Ἐκόμων γὰρ οἱ περὶ ἱππικὴν ἔχοντες. κἀν τοῖς Ἱππεῦσι· [580]

μὴ φθονεῖθ' ἡμῖν κομῶσι μηδ' ἀπεστλεγγισμένοις.

[15.] ἱππεύεταί τε καὶ ξυνωρικεύεται : (Νῦν μὲν ἐπὶ κέλητος, νῦν δὲ ἐπὶ ξυνωρίδος ἅρματος ὀχούμενος ἄνω καὶ κάτω βακχεύει.) ξυνωρὶς τὸ μὴ πλῆρες ἅρμα, ἀλλ' ἐκ δυοῖν ἵππων συνεστὸς, ὃ δὴ δίφρον καλοῦμεν. τὸ δὲ ἱππεύεσθαι, οὐχ ἁπλῶς χρείαν περὶ ἱππικὴν ἔχειν, ἀλλὰ τὸ ἐπὶ ἑνὸς ἵππου ὀχεῖσθαι, ὃ καὶ νῦν κέλητα καλοῦσιν. — ἱππάζεται : Ἐν ἵππῳ ὀχεῖται. ξυνωρικεύεται : Ἐπὶ δίφρου φέρεται. *Br.*

16. ὀνειροπολεῖ θ' ἵππους : Κἀν τοῖς ὀνείροις ἵππους περινοεῖ. τουτέστιν, οὕτω προστέτηκε τῷ πράγματι

καὶ οὕτω περὶ ἵππους ἐσπούδακεν, ὥστε καὶ καθεύδων ὀνείρατα περὶ ἵππων ὁρᾶν. τὸ ὀνειροπολεῖν δὲ καὶ ὀνειρώττειν ταύτῃ διενήνοχεν, ὅτι τὸ μὲν ὀνειροπολεῖν ἐπὶ τῶν ἐνύπνιον ὁρώντων, τὸ δὲ ὀνειρώττειν ἐπὶ τῶν διὰ νυκτὸς αὐτομάτως ἀφιέντων γόνον· (ὅπερ τοῖς ἐν ἐπιθυμίᾳ τινὸς οὖσι συμβαίνει γίνεσθαι, δοξάζουσι τοῖς παιδικοῖς συνεῖναι). — ὀνειροπολεῖ : Ἤγουν ἐν ὀνείρασι φαντάζεται Θ. et *Br*.

[17]. ὁρῶν ἄγουσαν τὴν σελήνην εἰκάδας : Ἤτοι ὅτι μετὰ τὴν εἰκάδα ὁ μὴν προσεγγίζει τῇ τριακάδι καὶ τῶν δανείων οἱ τόκοι αὐξάνονται· (ἢ ὅτι αἱ μυστικαὶ δαπάναι ὑπῆρχον. οἱ Ἀττικοὶ δὲ τὰς εἰκάδας πληθυντικῶς λέγουσιν. Ἄλλως. ἐπεὶ ἡ σελήνη ἐν ἡμέραις εἰκοσιεννέα τελεῖται, τὰ δὲ κ′ τῶν εἰκοσιεννέα ἐγγὺς, ἐδίδοντο δὲ ἐν τῷ τέλει τῆς σελήνης οἱ τόκοι, διὰ τοῦτο εἰκάδας εἶπεν. ἢ τὸ εἰκάδας μὴ νόει διὰ μόνα τὰ εἴκοσιν, ἀλλὰ καὶ διὰ τὰ ἐφεξῆς. τούτου γὰρ ἕνεκα πληθυντικῶς εἴρηται.) — ἤγουν ἤδη εἰς τέλος ἰοῦσαν. Θ.

18. ἅπτε παῖ λύχνον : (Ταῦτα πάντα παρεγκυκλήματά εἰσι καὶ παρεπιγραφαί.) δεῖ γὰρ τὸν οἰκέτην τὸ προσταχθὲν ποιῆσαι, καὶ ἅψαι τὸν λύχνον, καὶ δοῦναι τὸ βιβλίον, ἔπειτα καὶ ὁρᾶν εἰς τὸ βιβλίον καὶ οὕτω λέγειν τοὺς δανειστάς.

20. λογίσωμαι : Ψηφίσω. R. λογαριάσωμαι, λογαριάσω. Θ. *Br*.

[21]. δώδεκα μνᾶς Πασίᾳ : Τοῦτον ὡς ἱπποτρόφον καὶ διαπορθήσαντα τὴν οὐσίαν παρεισήγαγε. χαριέντως δὲ τούτου νῦν μνημονεύει, ἐπεὶ καὶ αὐτὸς δι' ἱπποτροφίαν δοκεῖ δυστυχεῖν.

22. (τοῦ δώδεκα μνᾶς : Καὶ τοῦτο παρεγκύκλημα ἐφίστησιν. ὡς διαπορῶν τοῦ δανείου τὴν αἰτίαν, εἶτα ἀναμνησθεὶς τὰ ἑξῆς ἐπάγει.) [τοῦ δώδεκα : Μὴ λάβῃς εἰς τὸ τοῦ ἔξωθεν τὸ ἕνεκα, ὡς οἴονταί τινες· ἀλλ' ἔστιν ἡ τοιαύτη γενικὴ πρὸς τὸ μνᾶς.] ἀντὶ τοῦ, ἐκ τοῦ δανείου ἐκείνου τί ἠγόρασα; R. τοῦ : Ἕνεκεν τίνος πράγματος. τί : Ἐς τί; κατὰ τί; *Br*.

23. τὸν κοππατίαν : Κοππατίας ἵππους ἐκάλουν, οἷς ἐγκεχάρακται τὸ κ στοιχεῖον, ὡς σαμφόρας τοὺς ἐγκεχαραγμένους τὸ σ. (τὸ γὰρ σ καὶ τὸ κ χαρασσόμενον σὰν ἔλεγον καὶ κόππα. αἱ δὲ χαράξεις αὗται καὶ μέχρι τοῦ νῦν σώζονται ἐπὶ τοῖς ἵπποις. συζευγνυμένου γὰρ τοῦ κ καὶ σ τὸ σχῆμα τοῦ ϛ ἀριθμοῦ δύναται νοεῖσθαι, οὗ προηγεῖται τὸ κόππα. καὶ παρὰ τοῖς γραμματικοῖς οὕτω διδάσκεται, καὶ καλεῖται κόππα ἐνενήκοντα. τινὲς δὲ κοππατίαν ἐξηγήσαντο τὸν κόπτοντα καὶ κοιλαίνοντα ταῖς ὁπλαῖς τὸ ἔδαφος, οὐ δεόντως ὑποτιθέμενοι. οὐδὲ γὰρ βουκεφάλας καλοῦμεν διὰ τὸ μορφὴν τοιαύτην ἔχειν, ἀλλὰ διὰ τὸ οὕτω κεχαράχθαι, οἷος, οἶμαι, καὶ ὁ τοῦ Ἀλεξάνδρου τοῦ Μακεδόνος ἵππος ἦν, ᾧ τελευτήσαντι τὴν Βουκεφάλειαν Ἀλέξανδρος ἔκτισεν, ἐντάφιον αὐτῷ τῆς ἀρετῆς χαριζόμενος πόλιν.)

24. εἶθ' ἐξεκόπην : Ἔπαιξε τὸ ἐξεκόπην παρὰ τὸ κοππατίαν. φησὶ δὲ, ὤφελον πρὶν πρίασθαι τὸν ἵππον, τὸν ὀφθαλμὸν ἐκκεκόφθαι (παταχθεὶς αὐτὸν) λίθῳ. — ἐξεκόπην : Ἐξέβαλον. λίθῳ : Διὰ λίθου. *Cod. in Catal. codd. Nanian.* p. 478.

25. Φίλων, ἀδικεῖς : Ὁ Φειδιππίδης καθεύδων ὡς ὀνειροπολῶν λέγει πρὸς τὸν ἑταῖρον αὐτοῦ. R. (ὁ νεανίσκος Φειδιππίδης ταῦτα καθεύδων ὑποφθέγγεται, ὥς τινα συνηνιοχοῦντα μεμφόμενος, ὅτι δέον αὐτὸν ἐλαύνειν μὴ ὑποσκελίζοντα μηδ' ὑποθέοντα τὰς τῶν ἵππων ὁδοὺς, ὡς ἀνεπικωλύτως θέοιεν, ὁ δ' ὑποθέει καὶ ἐμποδίζει προλαμβανόμενος τῶν ἵππων τῶν ἐκείνου τὸν δρόμον. δεῖγμα δὲ τῆς περὶ τὴν ἱππικὴν αὐτοῦ σπουδῆς τὸ φροντίζειν καὶ καθεύδοντα περὶ τούτων. τὸ δὲ Φίλων οἱ μέν φασιν· ἀναρμόστως καθ' ὕπνον εἰρηκέναι τὸν νεανίσκον ἀντὶ τοῦ, ὦ φίλε, οἱ δὲ κύριον ἡνιόχου.)

28. πόσους δρόμους : [Ὀνειρώττων εἶπε πόσους δρόμους. εἷς δ' ἐστὶν ὑπὸ τῆς ἀφετηρίας μέχρι τοῦ καμπτῆρος. οἱ δ' ἡνίοχοι καθωπλισμένοι ἤλαυνον. τοῦτο δὲ εὗρεν ὁ Θησεύς.] πόσους καμπτοὺς πεποίηκας; ἐστὶ δὲ εὕρημα τοῦτο τοῦ Θησέως. R.

[πολεμιστήρια; Καὶ τοῦτο καθ' ὕπνους λέγει. τὰ ἁμιλλητήρια ἅρματα ὤφειλεν εἰπεῖν· ὁ δὲ ὑπὸ τοῦ ὕπνου ὥσπερ τοῦ ὀρθοῦ ἐκπίπτων τὰ πολεμιστήριά φησι. πολεμιστήρια γὰρ ἅρματα λέγονται τὰ τοῖς πολέμοις ἁρμόδια, ἁμιλλητήρια τὰ ἐν ταῖς ἁμίλλαις συνεργοῦντα, ἀγωνιστήρια δὲ τὰ ἐν τοῖς ἀγῶσι. Θ. — κατά τινας ἀγὼν Ἀθήνησιν ἱππικοῦ δρόμου. ἕνα δὲ δρόμον ἐκεῖ τρέχουσιν, ὥστε τὰ ἁμιλλητήρια πληθυντικῶς εἶπεν ὁ νέος, σφαλλόμενος ἐκ τοῦ ὀνειροπολεῖν. πολεμιστήρια καλοῦνται καὶ τὰ πολεμικὰ ἅρματα, ἐφ' ὧν ὁπλίτης ἐπιβέβηκεν ἅμα τῷ παραβάτῃ. ταῦτα δὲ ἐξεῦρεν ὁ Θησεύς. ἁμιλλητήρια δὲ τὰ ἀγωνίσματα. Ἄλλως. δέον εἰπεῖν, πόσους δρόμους ἐλαύνει τὰ ἁμιλλητήρια· ἀντὶ τοῦ πόσοι δρόμοι εἰσὶ τῆς ἁμίλλης· ὁ δὲ ἐπειδὴ καθ' ὕπνους τοῦτ' ἔλεγε, πολεμιστήρια εἶπεν. ὁ γὰρ νοῦς τῶν ὀργάνων ἀργούντων τῷ ὕπνῳ εἰκῇ φέρεται.]

29. ἐλαύνεις : Πολλὰς στροφὰς φροντίδων στρέφεσθαί με ποιεῖς διὰ τὰ σὰ χρέα. Θ. στρέφεσθαί με ποιεῖς, ἤγουν πολλὰς στροφὰς φροντίδων διεγείρεις. *Br*.

30. [ἀτὰρ τί : Τί δὴ μετὰ ταῦτα ὄφλημά με κατέλαβεν. Εὐριπίδης· « τί χρέος ἔβα δῶμα. »] — χρέος : ὄφλημα. *V.* ἔβα με : Κατέλαβε. *Br*. ἦλθε, κατέλαβε. Θ.

31. τρεῖς μναῖ διφρίσκου : Διφρίσκου καλεῖ τὸ σκεῦος ἐν ᾧ οἱ ἡνίοχοι ἐφεστῶτες ἐλαύνουσιν. ὑποκοριστικῶς (δὲ εἶπε τοὺς διφρίσκους, διὰ τὸ μικροὺς εἶναι καὶ κούφους τοῖς ἀγωνιζομένοις πρὸς τοὺς ἀγωνιστικούς).

Ἀμυνίας τῶν περὶ ἵππους ἐπταικότων. (μέμνηται δὲ αὐτοῦ καὶ ἐν τοῖς Σφηξί [1267]. νῦν δὲ οὐκ ἐκείνου καθάψασθαι βουλόμενος μνημονεύει αὐτοῦ, ἀλλὰ τὸν τότε ἄρχοντα διασύρειν προαιρούμενος τῇ ἐκείνου προσηγορίᾳ ἐχρήσατο. τότε γὰρ ἦρχεν Ἀμεινίας τοῦ Προνάπους υἱός. ἐπεὶ οὖν τοὺς Ἀθηναίους πρότερον κωμῳδεῖν τὸν ἄρχοντα ὁ νόμος ἐκώλυεν, ἀφαιρέσει μὲν τοῦ ι, προστεθέντος δὲ τοῦ υ, παρατρέψας ὀλίγον Ἀμυνίαν αὐτὸν εἶπεν ἀντὶ τοῦ Ἀμεινίαν.) — ὀφείλονται. Θ.

32. ἄπαγε τὸν ἵππον ἐξαλίσας : [Καὶ τοῦτο ὀνειρο-

πολούμενος ὁ νεανίσκος λέγει. ἐξαλίσας δὲ, ἐκκυλισθῆναι ποιήσας. καὶ τὸν τόπον, ἐν ᾧ τιθέντες ἑαυτοὺς οἱ ἵπποι τοῦτο ποιοῦσιν, ἀλινδήθραν ἐκάλουν· ὥς που καὶ ἐν τοῖς Βατράχοις [904] ὁ αὐτὸς ποιητὴς ἀλινδήθρας τε καὶ ἐγκυλίσματα.] κυλίσας. *R.*

33. [ἀλλ' ὦ μέλ' ἐξήλικας : Κατὰ ἀποκοπὴν τοῦ ε, Ἀττικῶς. οὕτω ἐν τοῖς παλαιοῖς τῶν ἀντιγράφων εὕρηται γραφόμενον.]

ἐξήλικας : Ἐξέβαλες, ἐξέωσας. R. ἐξέβαλες. V.

34. [ὅτε καὶ δίκας ὤφληκα : Ἤγουν καὶ δίκας προσώφληκα. ἢ ὡς καὶ δίκας προσώφληκα. ἐπιτάσει δὲ χρῆται ταύτῃ, ὅτι πρὸς τῷ ζημιωθῆναι εἰς τὴν ἱπποτροφίαν, καὶ εἰς δίκας ἐπεπτώκειν. ἐπιτείνει γοῦν τὸ κακὸν, ὅτι πρὸς τῷ ζημιοῦσθαί με ἔτι καὶ δίκας ὀφείλω. καὶ γὰρ οὐ τοῦ δανείου χάριν, ἀλλὰ τοῦ τόκου ἐνεχυράσασθαι ἀπειλοῦσιν.

χἄτεροι τόκου : Ἀντὶ τοῦ, καὶ ἄλλοι. Ἀττικῶς εἶπε. λείπει ἡ ὑπέρ. καὶ ἕτεροι ὑπὲρ τόκου ἐνέχυρα παρ' ἐμοῦ λήψεσθαί φασιν. μᾶλλον δὲ τὴν ὄχλησιν δείκνυσι τὴν κατ' αὐτοῦ, δι' οὓς φησι τόκου χάριν ἐνεχυριάσειν αὐτὸν ἀπειλεῖν.] ἐνέχυρα ὑπὲρ τόκου παρ' ἐμοῦ λήψεσθαι φησί. *V.* ἐνέχυρον ἐξ ἐμοῦ λαβεῖν. Θ. *Br.*

35. ἐτεὸν, ὦ πάτερ : (Ταῦτα οὐκέτι ὀνειροπολούμενος, ἀλλ' ἐγερθεὶς) λέγει τὸν πατέρα ἑωρακὼς ὀδυρόμενον.

36. τί δυσκολαίνεις καὶ στρέφῃ : Τί περιστρέφῃ συνεχῶς κόπτων σεαυτόν. [συμβαίνει δὲ τοῖς ἀγρυπνοῦσι τοῦτο πάσχειν, τῇδε κἀκεῖσε ῥίπτειν ἑαυτοὺς καὶ μεταβάλλειν.]

37. δάκνει με δήμαρχός τις : [Παίζων τὸν κόριν ἢ τὴν ψύλλαν καλεῖ. οἱ δὲ δήμαρχοι οὗτοι τὰς ἀπογραφὰς ἐποιοῦντο τῶν ἐν ἑκάστῳ δήμῳ χωρίων. καὶ τὰ ληξιαρχικὰ γραμματεῖα παρ' αὐτοῖς ἦν, συνῆγόν τε τοὺς δήμους, ὅτε δέοι, καὶ ψῆφον αὐτοῖς ἐπεδίδοσαν καὶ ἠνεχυρίαζον. Ἀριστοτέλης δὲ περὶ Κλεισθένους φησὶ « κατέστησε καὶ δημάρχους τὴν αὐτὴν ἔχοντας ἐπιμέλειαν τοῖς πρότερον ναυκράροις. καὶ γὰρ τοὺς δήμους ἀντὶ τῶν ναυκραρίων ἐποίησεν. » οἱ πρότερον ναύκραροι, εἴτε ὑπὸ Σόλωνος κατασταθέντες εἴτε καὶ πρότερον. οὗτοι δὲ τὴν πομπὴν τῶν Παναθηναίων ἐκόσμουν, Κλεισθένους καταστήσαντος ἀντὶ ναυκράρων. ἔστι δὲ δήμαρχος ὁ τὴν ἐπώνυμον ἀρχὴν ἄρχων. καὶ Ἀσκληπιάδης ὁ Ἀλεξανδρεὺς τοὺς κατὰ δῆμον ἄρχοντάς φησι. Δημήτριος δὲ ὁ Φαληρεὺς οὕτω φησὶ « καὶ « δημάρχους οἱ περὶ Σόλωνα καθίσταντο ἐν πολλῇ « σπουδῇ, ἵνα οἱ κατὰ δῆμον διδῶσι καὶ λαμβάνωσι τὰ « δίκαια παρ' ἀλλήλων. » ἔδει οὖν τὸν δήμαρχον ἀγαγεῖν εἰς τοὺς οἴκους τοὺς ἐνεχυριαζομένους.] παίζει ὡς εἰ ἔλεγε κόρις ἢ ψύλλα. ὄνομα πολιτείας οἱ δήμαρχοι, οὓς ἐχρῆν ἐνεχυριάζειν τοὺς ἀγνώμονας τῶν χρεωστῶν. — δέον εἰπεῖν κόρεις. οἱ γὰρ κόρεις ἐν τοῖς στρώμασιν ὄντες τοὺς ὑπνοῦντας δάκνουσιν. ὁ δὲ μεμνημένος ὅτι εἰς δικαστήριον ἥξει ὑπὸ τῶν δανειστῶν, δήμαρχος φησί. δήμαρχος δέ ἐστιν ὁ τοῦ δήμου προστάτης, ὃν φασὶν ἰδιωτικῶς δοῦκαν. *U.* ἄρχων τοῦ δήμου. Θ.

38. καταδαρθεῖν : (Οἱ Ἀττικοὶ παροξύνουσι καταδάρθειν. κυρίως δὲ τὸ ἐπὶ δέρματος κοιμᾶσθαι. ταῦτα δὲ εἰπὼν ὁ νεανίσκος, συγκαλυψάμενος καὶ στραφεὶς πάλιν κοιμᾶται.) — ὦ δαιμόνιε : Κακοδαίμων. καταδαρθεῖν : Κοιμηθῆναι. *R.* Θ. *Vict.*

41. [εἴθ' ὤφελ' ἡ : Τὸ ὤφελε τινὲς ἐπιρρηματικῶς δέχονται, ὡς τὸ [Callimachi Epigr. 18]

ὤφελε μηδ' ἐγένοντο θοαὶ νέες.

καὶ τὸ Εὐριπίδου ἐν Μηδείᾳ κατ' ἀρχὰς τοῦ δράματος· ἵν' ᾖ παράλληλον τὸ σχῆμα, τοῦ πρεσβύτου συνεχέστερον ἀπευχομένου τῇ προμνηστρίᾳ· ὁ δὲ ποιητὴς [Il. Σ, 367] ῥῆμα αὐτὸ οἶδεν,

οὐκ ὄφελον Τρώεσσι κοτεσσάμενος·

καὶ [Il. I, 698]

μὴ ὄφελες λίσσεσθαι ἀμύμονος Αἰακίδαο.]

(τὸ δὲ φεῦ ἰδίᾳ.)

ἡ προμνήστρι' ἀπολέσθαι : Ἡ προνοήσασα τῶν γάμων προμνήστρια καλεῖται· ἡ νῦν προξενήτρια. — ἡ τοῦ γάμου πρόξενος. Θ. *Br.*

(42). γῆμ' ἐπῆρε : Κυρίως τὸ ἐπῆρεν ἀντὶ τοῦ ἐχαύνωσεν καὶ ἀνεκούφισεν, ἐπαγγελλομένη προῖκα μεγάλην εἰσοίσειν τὴν γυναῖκα, οἰκουρὸν φάσκουσα εἶναι, μὴ οὕτως ἔχουσαν. [καταχρηστικῶς δὲ ἀνέπεισεν. — παρεκίνησε (Θ.), κατέπεισε. *Br.*]

43. ἄγροικος κυρίως ὁ ἰδιώτης, ἀγροῖκος δὲ ὁ ἐν τῷ ἀγρῷ οἰκῶν. οἱ δὲ Ἀττικοὶ ἐναλλάξ. Θ. ἥδιστος : ἄλυπος. *R.*

44. εὐρωτιῶν : Τοῦ εὐρωτιῶν ἐξήγησις τὸ εἰκῇ κείμενος. τοῖς γὰρ εἰκῇ καὶ ἀμελῶς κειμένοις ἱδρὼς προσίζει καὶ νοτίς. τοιοῦτος δὲ ὁ τῶν ἀγροίκων βίος, ὥσπερ αὖ ἐπιμελὴς καὶ καθάριος ὁ τῶν ἀστικῶν. τὸ δὲ ἀκόρητος ἀκαλλώπιστος. κορεῖν γὰρ τὸ καλλωπίζειν. R. V. [ἀντὶ τοῦ ἱδρῶν. ἑρμηνεύει δὲ τοῦτο διὰ τοῦ, εἰκῇ κείμενος. εὐρωτιῶσι γὰρ τὰ εἰκῇ κείμενα, ὥσπερ νοτίδος αὐτοῖς ἐγγινομένης καὶ σηπούσης. καὶ εὐρὼς, ὁ σκώληξ. ἐπεὶ τοῖς ἀμελῶς κειμένοις ἱδρὼς προσίζει, τουτέστι νοτίς. τοιοῦτος δὲ ὁ τῶν ἀγροίκων βίος. ὁ γὰρ αὐτῶν οἶκος πυρῶν καὶ δερμάτων μεστὸς ὢν, οὐδεμίαν ἔχει τῶν τοιούτων πραγμάτων εὐθεσίαν, ἀλλ' ἄλλο ἀλλαχῆ κεῖται, ὡς ἔτυχε. τὸ δὲ ἀκόρητος, ἀκαλλώπιστος. κορεῖν γὰρ τὸ καλλωπίζειν· ὅθεν καὶ νεωκόρος. — ἀκόρητος : Ἀκαλλώπιστος. *Br.*]

45. βρύων : Αὔξων καὶ τεθηλώς. R. θάλλων. Θ. [καὶ προβάτοις καὶ στεμφύλοις : Στέμφυλα κυρίως λέγεται τὰ ἀποπιέσματα τῶν ἐλαιῶν. περιπτίσματα δὲ τὰ ἐκ τῶν σταφυλῶν ἀποπιεζόμενα. εὑρίσκεται δὲ καὶ ἀνάπαλιν τὰ στέμφυλα ἐπὶ τῶν σταφυλῶν καὶ τὰ περιπτίσματα ἐπὶ τῶν ἐλαιῶν. — στέμφυλα λέγονται τὰ ἀποπιέσματα τῶν σταφυλῶν καὶ τῶν ἐλαιῶν. Θ. ταριχευμέναις σταφύλαις. *Br.*]

46. τοῦ Μεγακλέους : [Ἐδιπλασίασε τὸ ὄνομα εἰρω-

νευόμενος. τοῦ Ἀλκμαιωνιδῶν δὲ οὗτοί εἰσι γένους. αὐτὸς δὲ διεβάλλετο ὡς δοῦλος. ὁ πρῶτος οὖν Μεγακλῆς Κοισύρας ἦν υἱὸς, ἥτις ἦν ὑπερβαίνουσα γένει καὶ πλούτῳ. ἦν δὲ ἐξ Ἐρετρίας. διὸ καὶ κοισυρεῖσθαι τὸ μέγα φρονεῖν, παρ' Ἐρετριεῦσιν.] οὗτος τοῦ γένους ἦν τῶν Ἀλκμαιωνιδῶν. ἐδιπλασίασε δὲ τὸ ὄνομα. R. τοῦ κατὰ πολὺ ἐνδόξου. δὶς δὲ τὸ αὐτὸ εἶπεν εἰρωνευόμενος. Θ.

47. [ἀδελφιδῆν : Τοῦ ἀδελφοῦ αὐτοῦ θυγατέρα. Θ. — ἄγροικος ὢν ἐξ ἄστεος : Οὐκ ἀργῶς τῇ παραθέσει νῦν ἐχρήσατο. οὐ γὰρ ὀνειδίσαι βουλόμενος ἑαυτὸν ἄγροικον καλεῖ· ἀνόητον γὰρ καὶ ἄγροικον παντάπασι διαβάλλειν ἑαυτόν· ἀλλὰ πρῶτον μὲν λεληθότως διὰ τούτου τὴν εὐπορίαν δείκνυσι τὴν ἑαυτοῦ. οὐ γὰρ ἄν, εἰ μὴ πάνυ ἦν πλούσιος, ἐπεδικάσατο ἂν αὐτοῦ ἡ γυνὴ, καὶ τῇ δόξῃ αὐχοῦσα τοῦ γένους καὶ τῇ ἐν ἄστει διατριβῇ. δόξαν γὰρ εἰώθασιν οἱ ἄνδρες ἔχειν οὐχ ἧττω τῶν γυναικῶν. ὁ δὲ τῇ ἀντιπαραθέσει καὶ τοῦτο ἐπιστώσατο, φήσας αὐτὸν ἄγροικον εἶναι, τὴν δὲ γυναῖκα πολιτικήν. θαυμαστὸν γὰρ οὐδὲν, εἰ ἄνθρωπον ἰδιοπράγμονα καὶ μέτριον τοὺς τρόπους τῇ ἐπὶ τῆς ἀγροικίας διαίτῃ γύναιον ὑπέταξε πολιτικὸν καὶ κατεδουλώσατο.]

48. σεμνὴν : Νῦν οὐ τὴν σώφρονα, οὐ γὰρ ἐπαινεῖ αὐτὴν, ἀλλὰ τὴν ἀλαζόνα καὶ ὑπέρογκον [καὶ σοβαρὰν τῷ εἴδει· τρυφῶσαν δὲ ἱματίοις, καὶ τῇ ἄλλῃ δαπάνῃ. — σοβαρὰν τὸ ἦθος. Θ. *Br.*]

ἐγκεκοισυρωμένην : Περισσῶς κεκοσμημένην. (ἢ ἔθνος ἡ Κοισυρόπολις ὀνομάζεται, πάνυ αἰσχρὸν καὶ μυσαρόν. ἢ τὰ τῆς Κοισύρας φρονοῦσαν.) ἔστι δὲ Ἐρετριακὸν τὸ ὄνομα. οὗτοι δὲ εἰς τρυφὴν διαβάλλονται. αὕτη δὲ ἐγαμήθη Πεισιστράτῳ ἐπιχειρήσαντι τυραννεῖν. — περισσῶς κεκοσμημένην, κεκαλλωπισμένην, ὁμοίως τῇ Κοισύρᾳ. αὕτη δὲ ἦν γυνή τις πάνυ ἑαυτὴν κοσμοῦσα ἱματίοις καὶ τῇ ἄλλῃ διαίτῃ, ὡς τοὺς ὁρῶντας ἐκπλήττεσθαι. Br.

50. πρὸς τὰ αὐτοῦ πλεονεκτήματα ἴσα καὶ τὰ τῆς γυναικὸς ἀντέθηκεν. εἰπὼν γὰρ τριῶν αὐτὸν ὀδωδέναι, τρυγὸς, τουτέστιν οἴνου, τρασιᾶς, τουτέστι σύκων, ἐρίων, τρία καὶ τὰ ἐκείνης ἐπήγαγε. (διελεγκτικὸν δὲ τὸ τοιοῦτον σχῆμα τοῦ λόγου. τῇ γὰρ ἀντιπαραθέσει τοῦ ἥττονος ἡ εὐτέλεια δείκνυται. τὸ δὲ ἐρίων περιουσίας ἀντὶ τοῦ πόκων πλήθους εἴτ' οὖν πλούτου.) τρασιὰ δὲ λέγεται τόπος ἐν ᾧ ψύχεται τὰ σῦκα. V. R. [ὄζων τρυγὸς : Νέου οἴνου· ἢ τῆς ὑποστάθμης. τρασιὰ δὲ λέγεται ὁ τόπος ἢ ὅπου ψύχεται τὰ σῦκα καὶ ταριχεύεται, ἢ σανίς. τρία δὲ εἶπε τὰ αὐτοῦ· τρυγὸς, τρασιᾶς (ἀντὶ τοῦ σύκων) καὶ ἐρίων περιουσίας. καὶ τὰ ἐκείνης δέ. ἐλεγκτικὸν δὲ τὸ τοιοῦτον σχῆμα.]

τρασιᾶς : Ξύλου, ἐν ᾧ τὰς ὀπώρας ἐξήραινον. *Br.* σανίδος, ἐν ᾗ τὰ σῦκα ταριχεύουσι πρὸς τὸν ἥλιον. ἀπὸ τούτου δὲ τὴν ὀσμὴν δηλοῖ τὴν ἐκ τῶν σύκων καὶ τῶν λοιπῶν τῶν τοιούτων γινομένην. Θ.

ἐρίων περιουσίας : Ἀντὶ τοῦ, πλούτου. [τοιοῦτος δὲ ὁ γεωργικὸς βίος. ἀπὸ δὲ τοῦ καθόλου ἐπὶ τὰ κατὰ μέρος ἦλθε. καθόλου γὰρ ἐν τοῖς ἐπάνω εἰπὼν τὴν εὐδαιμονίαν τὴν ἑαυτοῦ

βρύων μελίτταις, καὶ προβάτοις, καὶ στεμφύλοις,

πάλιν καταμερίζει αὐτά. ἀπὸ μὲν γὰρ τῶν προβάτων τὰ ἔρια, ἀπὸ δὲ τῶν στεμφύλων τρὺξ καὶ οἶνος, ἀπὸ δὲ τρασιᾶς τὰ σῦκα.]

51. καταγλωττισμάτων : Εἶδος φιλημάτων περιεργότερον τὸ καταγλώττισμα· ἢ κολακευμάτων. [ἢ εἶδος αἰσχροῦ φιλήματος τὸ καταγλώττισμα. κυρίως δὲ καταγλώττισμα, ὅταν ἐν τῷ καιρῷ τῆς συνουσίας ὁ ἀνὴρ τὴν γλῶτταν αὐτοῦ τῷ τῆς γυναικὸς ἐμβάλλῃ στόματι. [ἐστὶ δὲ καὶ ὁ λαφυγμὸς κατὰ μέν τινας τὸ αὐτό· κατὰ δέ τινας ἡ ἄλογος καὶ καθ' ὑπερβολὴν δαπάνη. Br.] ἔστι γὰρ λάπτω καὶ λαφύσσω τὸ ῥοφῶ κυρίως ἐπὶ κυνῶν καὶ χοίρων. ὅθεν παράγεται καὶ ὁ λαφυγμός. εἰκότως δὲ ταῦτα καταλέγει, δεικνὺς ὅτι αἱ εὐγενεῖς γυναῖκες ὑπὸ τῆς ἄγαν τρυφῆς τοιαῦτα πράττουσιν.]

52. λαφυγμοῦ : Τῆς περὶ τὰ ἐδέσματα πολυτελείας· τουτέστιν ἀσωτίας. λαφυγμὸν γὰρ λέγει τὸ ἀπλήστως ἐσθίειν. [Εὔπολις ἐν Κόλαξι

λαφύσσεται λαφυγμὸν ἀνδρεῖον πάνυ.

Ὅμηρος [Iliad. Λ, 176; P, 64]

ἔγκατα πάντα λαφύσσει.]

Κωλιάδος : [Οἱ μὲν Κωλιάδα τὴν θεὸν καλοῦσιν, ἀπὸ νεανίου Ἀττικοῦ ἀποδράντος ἀπὸ λῃστῶν συμμαχίᾳ τῆς θεοῦ καὶ οὕτως αὐτὴν ὀνομάσαντος, καθάπερ αὐτὸς δεθεὶς τῶν κώλων ἀπελύθη ὑπὸ γυναικὸς, οἱ δὲ, θυγατρὸς τοῦ ἀρχιλῃστοῦ δι' ἔρωτα. οἱ δὲ, τόπον ἐοικότα κώλοις ἀνδρὸς, ἔνθα ἡ θεὸς τιμᾶται. ἔνιοι δὲ, Ἴωνος θύοντος, κόρακα ἁρπάσαι κωλῆν, καὶ ἐν ἐκείνῳ τῷ τόπῳ ἀποθέσθαι· ὅθεν οὕτως ὠνομάσθη. Ἄλλως. Κωλιὰς ναός ἐστιν Ἀφροδίτης, οὕτω καλούμενος ἀπό τινος νεανίσκου Ἀττικοῦ, ἁλόντος ὑπὸ Τυρρηνῶν καὶ δεθέντος τὰ κῶλα· εἶτα ἐρασθείσης αὐτοῦ τῆς θυγατρὸς τοῦ Τυρρηνοῦ καὶ λυσάσης, ἐπανελθὼν εἰς Ἀθήνας, χαριστήριον τῇ Ἀφροδίτῃ ναὸν ἱδρύσατο Κωλιάδος, διὰ τὸ τὰ κῶλα λελύσθαι.] Κωλιὰς ναός ἐστι τῆς Ἀφροδίτης, οὕτω καλούμενος ἀπὸ τοῦ συμβεβηκότος τὴν προσηγορίαν λαβών. νεανίας γάρ τις Ἀττικὸς ἁλοὺς ὑπὸ Τυρρηνῶν καὶ δεσμώτης δουλεύων παρ' αὐτοῖς, ἐρασθείσης αὐτοῦ τῆς θυγατρὸς τοῦ ἔχοντος καὶ ἀπολυσάσης, ἦλθεν εἰς τὴν οἰκείαν καὶ οὕτως ἐλευθερωθεὶς εὐχαριστήριον τῇ Ἀφροδίτῃ ἐπὶ τῆς ἀκτῆς ἐφ' ἧσπερ ἡρπάγη ναὸν ἱδρύσατο. Κωλιάδα δὲ προσηγόρευσε τὸν τόπον ἀπὸ τῶν κώλων, ἃ ἐν τοῖς δεσμοῖς κατεπονεῖτο. [ἡ δὲ Γενετυλλὶς δαίμων περὶ τὴν Ἀφροδίτην τῆς γενέσεως ἔφορος.] R. V.

Γενετυλλίδος : [Γενετυλλὶς ἡ τῆς γενέσεως ἔφορος Ἀφροδίτη.] οἱ μὲν τῶν περὶ τὴν Ἀφροδίτην ἀξιοῦσι θεῶν μίαν εἶναι διὰ τὸ γενέσεως αὐτὴν εἶναι τοῖς ἀνθρώποις αἰτίαν προϊσταμένην τῶν γάμων καὶ τῶν ἐπὶ τοῖς γά-

μοις μυστηρίων, ὅθεν καὶ παρὰ Ῥωμαίοις Βένερις γενετρίκις ἐν τοῖς φόροις ἐστίν. ὅθεν καὶ ἐν δευτέραις Θεσμοφοριαζούσαις [imo Lysistratæ initio.] Ἀριστοφάνης μέμνηται τοῦτο, οὕτω που λέγων « ἀλλ' εἴ τις εἰς βακχεῖον αὐτὰς ἐκάλεσεν ἢ εἰς Πανὸς ἢ ἐπὶ Κωλιάδος « Γενετυλλίδος. » V.

53. οὐ μὴν ἐρῶ γ', ὡς ἀργὸς, ἀλλ' ἐσπάθα : [Πρὸς τὸ ἀργὸς, ἐσπάθα· καὶ τοῦτο εἰρωνευόμενος· περὶ γυναικὸς δὲ λέγει· ἀντὶ τοῦ] κατανήλισκε καὶ κατήσθιε· (διὰ τοῦτο εἶπεν οὐκ ἀργὸς ἦν). σπαθᾶν δὲ τὸ ἀφειδῶς ἀναλίσκειν καὶ παρὰ τοῖς ῥήτορσιν εἴρηται πολλάκις· οἰκείως δὲ νῦν τῇ λέξει ἐχρήσατο ἐπὶ γυναικός. καὶ γὰρ ἐπὶ τῶν ὑφαινομένων [ἱματίων] λέγομεν σπαθᾶν, τὸ ἄγαν κρούειν τὴν κρόκην, (ὥστε προκαθίζειν καὶ πολλὴν μὲν ἀναλίσκειν κρόκην, ἰσχυροτέραν δὲ ἀπεργάζεσθαι τὴν ὑφήν. δύναται μὲν οὖν τὸ σπαθᾶν ἐπ' ἀμφοτέρων νοεῖσθαι. ὅτι δὲ νῦν ἐπὶ τῶν πολλὰ δαπανώντων παρείληπται, δῆλον ἐκ τοῦ ἐπιφερομένου,

ἐγὼ δ' ἂν αὐτῇ θοἰμάτιον δεικνὺς τοδὶ,
πρόφασιν ἔφασκον, ὦ γύναι, λίαν σπαθᾷς.

τοῦτο δὲ ἐπήνεγκε διττὸν ὂν, τό τε ἀναλοῦν καὶ τὸ ὑφαίνειν.)

55. [λίαν σπαθᾷς : Ἐργάζῃ. εἰρωνικῶς καὶ τοῦτο. δεικνὺς γὰρ αὐτῇ τὸ ἱμάτιον παραρραγὲν ἔλεγε τοῦτο αὐτῇ.]

57. πότην ἧπτες : [Πότης, Ἀττικῶς ὁ ταχέως ἀναλίσκων λύχνος. πότης λύχνος παρ' Ἀττικοῖς ὁ πολὺ ἔλαιον ἀναλίσκων.]

58. καλεῖ τὸν παῖδα πλησίον ἐλθεῖν τῆς κλίνης ἐφ' ἧς ἀνέκειτο, τύψειν αὐτὸν ἀπειλῶν. R.V. θρυαλλίδων δὲ τῶν ἐλλυχνίων. V.

59. θρυαλλίδων : Ἀπὸ τοῦ θρύου τὸ παλαιὸν τὰ ἐλλύχνια. [τὰ γὰρ παχέα ἐλλύχνια πολὺ ἔλαιον δαπανῶσι. — ἐνέβαλες θρυαλλίδα παχεῖαν. Θ.]

60. μετὰ ταῦθ' ὅπως : Μετὰ τὸ ἐπιτιμῆσαι τῷ οἰκέτῃ ἐπὶ τὸ διήγημα ἀνατρέχει πάλιν τοῦ γάμου. (οὐ μὴν συναπτέον πάντα τὸν στίχον, ἀλλ' ἀναγνωστέον μέχρι τοῦ υἱός. εἶτα διαστήσαντα χρὴ μεθ' ὑποκρίσεως ἐπάγειν, οὑτοσὶ, ὡς ἀχθομένου αὐτοῦ τῇ γενέσει.) — μετὰ τὸ λαβεῖν τὴν γυναῖκα. ὅπως : Ἐπεί. Θ.

61. τἠγαθῇ : Καὶ τοῦτο εἰρωνευόμενος λέγει. οὐ γὰρ ἀγαθὴν αὐτὴν παρίστησι. — κατ' εἰρωνείαν. Θ.

62. [ἐλοιδορούμεθα : Ἐστασιάζομεν, ὥστε ὑπὸ τῆς φιλονεικίας καὶ εἰς λοιδορίαν ἐκτραπῆναι.]
ὑβριζόμεθα ὑπ' ἀλλήλων. Θ.

63. συνετίθει τὸ ὄνομα ἐξ ἵππου. R.

64. Ξάνθιππον : Ὁ Ξάνθιππος Περικλέους ἦν πατὴρ, ὃς ἦν τοῦ τῶν Ἀλκμαιωνιδῶν γένους. ἐσεμνύνετο δὲ τὸ γύναιον θείῳ Μεγακλεῖ τῷ νικήσαντι τρὶς Ὀλύμπια καὶ δι' ἱπποτροφίαν κατελθόντι ἐκ τῆς φυγῆς. [ἐδίωξε γὰρ αὐτὸν ὁ Πεισίστρατος, ὃν καὶ μετεπέμψατο παραχωρήσαντα αὐτῷ τὸ τῆς νίκης κήρυγμα.] ἐπεὶ καὶ Καλλίας ὁ δᾳδοῦχος ὁ ἐν τῇ ἱερᾷ στολῇ προσελθὼν ἐπὶ τὴν μάχην εἰς Μαραθῶνα καὶ ἀριστεύσας κατὰ τῶν βαρβάρων τρὶς Ὀλύμπια νικήσας ἅρματι τὸν υἱὸν ἐκάλεσεν Ἱππόνικον. (λέγεται δὲ τοῦτον πλουτῆσαι μάλιστα, αἰχμαλώτου τινὸς ἐν τῇ μάχῃ τῶν βαρβάρων προσελθόντος αὐτῷ καὶ μηνύσαντος θησαυρὸν ἐπὶ μισθῷ· ὃν καὶ αὐτὸν ὕστερον ἀπέκτεινεν ὁ Καλλίας.) Ξάνθιππος μὲν οὖν ἐγένετο Περικλέους πατήρ. οὐδὲν δὲ νῦν πρὸς αὐτὸν ἐπικοινωνεῖ τὸ λεγόμενον, (πλὴν εἰ μὴ ἄρα διὰ Κοισύραν, ἣν ἔφαμεν δούλην οὖσαν μητέρα γενέσθαι τοῦ Μεγακλέους, τὸ ὄνομα τὸ Ξανθίππου παρείληφε. παρῴδηται δὲ τὸ Περικλέους, Μεγακλέους, ὡς ἂν δυνάμενον ἀμφότερα δηλοῦν. δριμέα γὰρ καὶ ἀστεῖα τὰ τῆς κωμῳδίας σκώμματα.)

66. τέως : Μέχρι τινός. τῷ χρόνῳ, μόλις. *Br.*
ἐκρινόμεθ' : ἐφιλονεικούμεθα. R. ἐπὶ πολὺν μὲν οὖν χρόνον διεφερόμεθα, ἐμαχόμεθα, διημφισβητοῦμεν. V.

67. κοινῇ ξυνέβημεν : Ἀντὶ τοῦ ὡμονοήσαμεν καὶ ἀμφοτέροις συνέδοξε. τοῦτο δὲ διότι ἀφ' ἑκατέρων τῶν γενῶν τῷ ὀνόματι ἐπετέθη μέρος.

68. ἐκορίζετο : Ἐκολάκευεν, [οἷα τοῖς παιδίοις συμβαίνει τοῖς μικροῖς]. — προσηνῶς καὶ κολακευτικῶς. R.

70. ξύστιδ' ἔχων : [Ξύστιδα προπαροξύνουσιν. ἤγουν πορφυρίδα. καὶ γὰρ μέχρι νῦν οἱ εἰσελαύνοντες ἀθληταὶ τοιούτῳ κοσμηθέντες σχήματι καὶ ἅρματος ἐπιβάντες διὰ μέσης πομπεύουσι τῆς πόλεως, ᾧ καὶ οἱ βασιλεῖς χρῶνται. Ἄλλως.] ξύστις λέγεται τὸ κροκωτὸν ἱμάτιον, ὃ οἱ ἡνίοχοι μέχρι τοῦ νῦν φοροῦσι πομπεύοντες. χρῶνται δὲ αὐτῷ καὶ οἱ τραγικοὶ βασιλεῖς. — ξυστὶς εἶδος ἱματίου πορφυροῦ. ἄλλοι δέ φασι τὸ ἰδιωτικῶς λεγόμενον σωσάνιον καὶ σῶζον τοὺς ἄνδρας. Br.

71. ἐκ τοῦ Φελλέως : Τόπος τῆς Ἀττικῆς ἐπιτήδειος εἰς βόσιν αἰγῶν, τραχύς. R. τόπος τῆς Ἀττικῆς οὕτω καλούμενος τραχύς. αἱ δὲ αἶγες ὡς τραχύτερα διώκοντες καὶ ὀρεινότερα εἰς τὸν τόπον ἐκεῖνον τὰ πλεῖστα διάγουσιν. ἡ δὲ διφθέρα ἐστὶ ποιμενικὸν περιβόλαιον ἐκ δέρματος πεποιημένον. V. [τόπος τῆς Ἀττικῆς οὕτω καλούμενος. ἐκ τούτου δὲ φελλεάτας λέγουσι Δωριεῖς τοὺς κισσηρώδεις λίθους. αἱ δὲ αἶγες πρὸς τὰ τραχύτερα διώκουσι.]

72. διφθέραν ἐνημμένος : Ἀντὶ τοῦ ἐνδεδυμένος. ποιμενικὸν δὲ περιβόλαιον ἡ διφθέρα. [Ἀττικοὶ δὲ λέγουσιν ἣν νῦν ἰσάλην καλοῦμεν. ἔστι δὲ ἐκ δέρματος. — γούνναν. Θ.]

74. ἀλλ' ἵππερόν μου κατέχεε : Ἔπαιξε παρὰ τὸν ἴκτερον. (νόσημα δὲ ὁ ἴκτερος, ὃς περιχεῖται ταῖς ὄψεσι τῶν νοσούντων. [διὸ καὶ τὸ κατέχεε κατὰ λόγον ἐπήγαγεν.] οὕτω δὲ καὶ τοῖς χρήμασιν αὐτοῦ ἐπιβεβλῆσθαί φησιν ἵππερον, οἷον ἱππικὸν ἔρωτα ἢ νόσον ἱππικὴν, διὰ τὸ πολλὰ δεδαπανηκέναι περὶ τὴν ἱπποτροφίαν χρήματα.) — ἱππικὸν ἔρωτα, ἀφανισμόν. *Br.*

[τῶν χρημάτων : Εὕρηται τοῦτο, καὶ ῥημάτων· ὅπερ οὕτως εἴποις· ἀλλὰ κατέχεε τῶν ῥημάτων ἐμοῦ ἱππικὸν ἔρωτα· τουτέστιν, ἐμοῦ ὡς οὐδὲν δεῖ δαπανᾶν ἀφειδῶς λέγοντος, λῆρον ἡγησάμενος τοὺς λόγους, ἀντετίθη αὐ-

τοῖς, ὡς ἐραστής ἐστιν ἵππων, καὶ οὐδέποτε τούτου ἂν ἀποσταίη.]

80. Φειδιππίδιον : Τὸ ὑποκορίζεσθαι φιλούντων [ἔθος. κολακεύει δὲ νῦν τὸν υἱὸν καὶ προσποιεῖται φιλεῖν, ἵνα ἑτοιμότερον αὐτὸν πρὸς τὴν ἀξίωσιν ἑαυτοῦ πείθεσθαι παρασκευάσῃ.]

81. ἐπὶ πίστει καὶ συνθήκαις διδόναι τὰς δεξιὰς ἀλλήλων εἰώθασιν. ὑπὲρ οὖν τοῦ πεισθῆναι τὸν νεανίαν ὁ πρεσβύτης ταύτην ἀξιοῖ παρ' αὐτοῦ πίστιν λαβεῖν. καὶ Εὐριπίδης ἐν Μηδείᾳ [20]

Μήδεια δ' ἡ δύστηνος ἠτιμασμένη
βοᾷ μὲν ὅρκους ἀνακαλεῖ δὲ δεξιᾶς
πίστιν. V.

[κύσον με καὶ τὴν χεῖρα δος : Πρὸς τὸ Ὁμηρικὸν [Il. Z, 233]

χεῖράς τ' ἀλλήλων λαβέτην καὶ πιστώσαντο.

φίλησον καὶ πρόσπτυξαι καὶ τὴν χεῖρα δὸς τὴν δεξιάν. ἔθος δ' ἐπὶ πίστει καὶ συνθήκαις βεβαίαις τὰς δεξιὰς διδόναι ἀλλήλοις. — ἔθος ἦν τοῖς παλαιοῖς τὰς δεξιὰς διδόναι ἀλλήλοις εἰς βεβαίωσιν τῶν συνθηκῶν. καὶ Ὅμηρος « χεῖράς τ'.... πιστώσαντο. » Br.]

82. [Ἰδοὺ τί ἐστιν : Τὸ αἰτηθὲν παρὰ τοῦ πρεσβύτου ποιῶν ὁ νεανίσκος τὴν δεξιὰν ὤρεξεν αὐτῷ. καὶ δῆλον ὅτι παρεπιγραφὴ τὸ ἰδού.]

(83). νὴ τὸν Ποσειδῶ τουτονί : [Ἅρμα δείξας ὄμνυσιν ἢ ἄλλο τι ἡνιοχικὸν, ἢ πολεμικὸν σκεῦος.] κυρίως νῦν ὁ νεανίσκος ὄμνυσι τὸν Ποσειδῶνα, θεὸν ἱππικὸν ὄντα, ἅτε καὶ αὐτος περὶ ἵππους ἐσπουδακώς. τουτονὶ δὲ οὐ τῷ κοινῷ τῶν ἀνθρώπων ἔθει χρώμενον αὐτὸν δεῖ νομίζειν λέγειν (εἰώθαμεν γὰρ οἱ ὀμνύντες λέγειν, μὰ τοῦτον τὸν θεὸν, μὰ τοῦτον τὸν Ἀσκληπιόν), ἀλλ' ἔνδον ἀφίδρυμα ἔχοντα Ποσειδῶνος. διὰ τοῦτο καὶ ὁ πρεσβύτης τῷ ὅρκῳ ἀκολούθως ἄχθεται. — ἢ οὖν ἅρμα δείκνυσιν αὐτῷ παρακείμενον ἢ ἄλλο τι ἀφίδρυμα Ποσειδῶνος καὶ κατὰ τούτου ὄμνυσιν. V.

84. [μή μοί γε : Μὴ εἴπῃς μοι, φησὶ, τὸν ἵππιον. οὐ γὰρ ἀνέχομαι τὸ τῶν ἵππων ἀκούειν ὄνομα, δι' οὓς ἀπολωλέκειν τὰ χρήματα.]

88. ἔκστρεψον : Ἀντὶ τοῦ μετάβαλε. ἀπὸ μεταφορᾶς τῶν ῥυπουμένων ἱματίων καὶ ἐκστρεφομένων. ἐκστρέψαι γὰρ ἱμάτιον λέγεται τὸ ἀλλάξαι τὸ πρὸς τὸ σῶμα μέρος ἔξω. ἄλλαξον οὖν, φησὶ, τοὺς τρόπους σου καὶ μετάβαλε. — ὡς ἁρματηλάτου δὲ τὸ ὡς τάχιστα. V.

[ὡς τάχιστα : Μεταφορικῶς. τὸ γὰρ ὡς τάχιστα κυρίως ἐπὶ ἁρματηλάτου. ταχινὰ γὰρ τὰ ἅρματα.]

91. νὴ τὸν Διόνυσον : Ἐπεὶ ἐκώλυσεν αὐτὸν κατὰ τοῦ Ποσειδῶνος ὀμόσαι, εἰκότως μετέβαλεν εἰς τὸν Διόνυσον τὸν ὅρκον. — τὸ δὲ δεῦρο οὐκ ἔστι τοπικὸν, ἀλλ' ἀντὶ τοῦ ἐλθέ. R. V.

92. καὶ τῳκίδιον : Τὸ οἰκίδιον ὑποκοριστικῶς. (σμικρύνει δὲ, καὶ τοῖς ὀνόμασιν αὐτοῖς τὸ εὐτελὲς εἰς πάντα τῆς φιλοσοφίας δεικνύς. τὸ δὲ δεῦρο νῦν οὐ τοπικὸν, ἀλλ' ἀντὶ τοῦ ἐλθέ.) ἤγαγε δὲ δῆθεν αὐτὸν ἐπὶ τὴν Σωκράτους οἰκίαν.

94. ψυχῶν σοφῶν : (Ἤγουν) ἀνδρῶν φιλοσόφων. [τοῦτο δὲ ἐπ' ἀμφοτέρων δύναται νοεῖσθαι. ἔστι γὰρ ἀμφίβολον καὶ ἄδηλον πότερον τὰς ψυχὰς αὐτὰς λέγει σοφὰς, ἢ τοὺς ἄνδρας σοφούς. ταῖς δὲ ψυχαῖς ἐκείνων ἔνεστι τὸ φροντιστήριον. ἐὰν μὲν γὰρ

ψυχῶν σοφῶν τοῦτ' ἐστὶ φροντιστήριον,

ἐνδέχεται τὸ αὐτὰς εἶναι τὰς ψυχὰς σοφὰς, ἐὰν δὲ ψυχῶν, σοφῶν ἀνδρῶν λέγει. δύναται δὲ καὶ σκώπτειν διὰ τούτου τὸν περὶ ψυχῆς Σωκράτους λόγον καὶ ἀσαφῶς ἐπίτηδες εἰρηκέναι, ἐπεὶ καὶ Σωκράτης ὁριζόμενος περὶ ψυχῆς, ἀσαφῶς ἔδοξε λέγειν, καὶ ὥς τινες νομίζουσιν, ἀπεναντίας αὐτῷ, τὴν ἰδίαν ἀσθένειαν κατηγορίαν Σωκράτους ποιούμενοι. ἃ δὲ περὶ ψυχῆς ὥρισε, ταῦτα Plat. Phædr. p. 245, c] « ψυχὴ πᾶσα ἀθάνατος. τὸ γὰρ ἀεικίνητον, ἀθάνατον. τὸ δ' ἄλλο κινοῦν, ἢ ὑπὸ ἄλλου κινούμενον, παῦλαν ἔχον κινήσεως, παῦλαν ἔχει καὶ ζωῆς. »]

φροντιστήριον : [Οἱονεὶ, βουλευτήριον.] ἡ σύνοδός τις καὶ θᾶκος σοφῶν. θᾶκος δὲ καλεῖται Ἀττικῶς τόπος ἔνθα πολλοὶ συνέρχονται σκεψόμενοι. φροντισταὶ δὲ ἐκαλοῦντο οἱ περὶ τὸν Σωκράτη, διὰ τὸ φροντίζειν περὶ ἀλλήλων καὶ διὰ τὸ μηδέποτε παύεσθαι τῆς φροντίδος.

95. ἐπειδὴ περὶ τῶν οὐρανίων διαλέγονται οἱ φιλόσοφοι. R.

96. ὡς ἔστι πνιγεύς : Οὕτως ὁ κρίβανος κυρίως ὅπου οἱ ἄνθρακες συμπνίγονται. διὸ ἐπιλέγει, ἡμεῖς δ' ἄνθρακες. λέγει δὲ τὸν φοῦρνον. R. [πνιγεὺς ἡ τῶν ἀνθράκων κάμινος. διὸ ἐπιλέγει, ἡμεῖς δ' ἄνθρακες· διὰ τὸ ὑπὸ ἡλίου θερμαίνεσθαι.] (κυρίως πνιγεὺς, ἔνθα οἱ ἄνθρακες ἔχονται καὶ πνίγονται. ταῦτα δὲ πρότερος Κρατῖνος ἐν Πανόπταις δράματι περὶ Ἵππωνος τοῦ φιλοσόφου κωμῳδῶν αὐτὸν λέγει· ἀφ' οὗ στοχαζόμενοί τινές φασιν ὅτι μηδεμιᾶς ἔχθρας χάριν Ἀριστοφάνης ἧκεν ἐπὶ τὴν τῶν Νεφελῶν ποίησιν, ὅς γε μήτε ἴδιόν τι μήτε ἁρμόττον, ἀλλὰ μηδὲ πρὸς ἓν ἔγκλημα ἦλθε Σωκράτους. δύο γὰρ κατ' αὐτοῦ ταῦτα προθεὶς ἐγκλήματα, τὸ περὶ τοῦ οὐρανοῦ, ὅτι ἐστὶ πνιγεὺς, καὶ ὡς ἱκανός ἐστι τὸν ἥττω λόγον διδάσκειν καὶ τὸν κρείττονα, τὸ μὲν κοινὸν τῶν φιλοσόφων ἁπάντων ἐπήγαγεν ἔγκλημα, τὸ δὲ οὐδὲ τὸ σύνολον ἐπικοινωνεῖ φιλοσοφίᾳ. οὐ γὰρ τοῦτο ἐπαγγέλλονται οἱ φιλόσοφοι, δεινοὺς ποιήσειν λέγειν· ἴδιον δὲ τὸ τοιοῦτο μᾶλλον ῥητορικῆς· ὡς ἐπ' ἀμφοτέροις τὸν φιλόσοφον καθαρεύειν.) [οἱ δ' ὅτι ὁλόκληρον εἰς αὐτὸν συνέταξε δρᾶμα, ὃ δι' ἔχθραν νομίζουσιν αὐτὸν πεποιηκέναι, οὐκ ὀρθῶς οἴονται. πρῶτον μὲν γὰρ Δίφιλος εἰς Βοίδαν τὸν φιλόσοφον ὁλόκληρον συνέταξε ποίημα, δι' οὗ καὶ εἰς δουλείαν ἐρυπαίνετο ὁ φιλόσοφος. οὐ διὰ τοῦτο δὲ ἐχθρὸς ἦν. ἔπειτα Εὔπολις, εἰ καὶ δι' ὀλίγων ἐμνήσθη Σωκράτους, μᾶλλον ἢ Ἀριστοφάνης ἐν ὅλαις ταῖς Νεφέλαις αὐτοῦ καθήψατο. οὐδὲν δὲ χεῖρον ὑπομνησθῆναι τῶν Εὐπόλιδος « δεξάμενος δὲ Σωκράτης τὴν ἐπίδειξιν Στησιχόρου οἰνο-

« χόην ἔκλεψεν. » οἷον δ' ἦν ὁρᾶν τὸν φιλόσοφον τὸ ἐν φανερῷ μάλιστα σκεῦος κατακείμενον κλέπτοντα καὶ ὑφαιρούμενον. — πνιγεὺς : Κάμινος. *Br.*]

(98.) οὗτοι διδάσκουσιν, ἀργύριον ἥν τις διδῷ : Καὶ τοῦτο ψεῦδος, διαβολῆς χάριν. οὐδεὶς γὰρ μισθὸν ἐτέλει Σωκράτει, ἐπεὶ κἀκεῖνος ἔφασκε μηδὲν εἰδέναι. διόπερ καὶ ὑπὸ τοῦ Πυθίου σοφὸς ἐκρίθη. τοῦτο γὰρ αὐτοῦ πρῶτον ἔκρινεν σοφοῦ εἶναι, τὸ γνωρίσαι ὅτι μηδὲν οἶδε. πῶς οὖν ἂν μισθὸν ἐπράττετο παρὰ τῶν συνόντων ὁ περὶ αὐτοῦ βεβαιούμενος ὅτι οὐδὲν οἶδεν;)

101. ἀποφεύγει εἰπεῖν τὸ ὄνομα διὰ τὸ ἐπαχθές. R.

102. ἀλαζόνας : Ἰδίως τοὺς ψεύστας ἐκάλουν. εἰκότως δὲ καὶ τοὺς φιλοσόφους ἀλαζόνας καλεῖ, ἐπεὶ λέγειν ἐπαγγέλλονται περὶ ὧν οὐκ ἴσασιν. ἢ ὅτι σεμνὰ ἔχοντες ἤθη ἀλαζόνες δοκοῦσιν. ὠχριῶντες δὲ καὶ ἀνυπόδητοι, ἐπεὶ μόνης ἀρετῆς φροντίζοντες καὶ οὐ τρυφῆς, διώκουσι τὸ ἀπέριττον. πόνηροι δὲ ἀντὶ τοῦ ἐπίπονοι, ἄθλιοι. — τὸ αἰβοῖ σχετλιαστικόν ἐστι. R. V.

104. [καὶ Χαιρεφῶν : Ἑταῖρος Σωκράτους ὁ Χαιρεφῶν, ὃς ἐκαλεῖτο καὶ νυκτερὶς διὰ τὸ μέλας εἶναι καὶ ἰσχνόφωνος.]

105. συγκατατίθεται καὶ ὁ πρεσβύτης ὡς εἰδότος αὐτοὺς τοῦ νεανίσκου καὶ ἀληθῆ περὶ αὐτῶν εἰρηκότος. φησὶν οὖν τούτους αὐτούς. R. V. (μηδὲν εἴπῃς νήπιον : Μηδὲν εὔηθες, μηδὲ μειρακιῶδες, μηδ' ἀνόητον εἴπῃς. ἀντὶ τοῦ μὴ ὡς τὰ νήπια παιδία ἀνόητα εἴπῃς.) — νήπιον : Μωρόν. *Br.*

106. ἀλλ' εἴ τι κήδει : Ἀντὶ τοῦ φροντίζεις. ἀλφίτων δὲ ἀντὶ τοῦ χρημάτων, ὡς ἄγροικος, τουτέστι τῆς πατρῴας οὐσίας.

107. τούτων γενοῦ μοι : λείπει τὸ εἷς ἀριθμητικὸν ὄνομα, εἷς τούτων γενοῦ μοι, τούτοις μαθήτευσον. σχασάμενος : καταπαύσας τῆς ἱππικῆς ἀπὸ μεταφορᾶς τῶν ἐρεσσόντων. R. (καταλύσας, παυσάμενος τὴν ἱππικήν, ἢ ἀποσυγχωρήσας καὶ ἀποστὰς τοῦ παρόντος ἐπιτηδεύματος. τὸ δὲ σχασάμενος ἀπὸ μεταφορᾶς εἴληπται τῶν ἐρεσσόντων· σχάσαι γὰρ δεῖ καὶ ὥσπερ διαστεῖλαι καὶ διασχίσαι τὸ ὕδωρ τὴν κώπην ἐρέσσουσαν. καὶ Πίνδαρος [Pyth. 10, 79] « κώπαν ἤδη μοι σχάσαις. » καὶ Εὐριπίδης (Phœn. 457) « σχάσον δὲ δεινὸν ὄμμα. » Ἄλλως. στήσας, καταπαύσας. σχάσαι γὰρ τὸ κωπηλατοῦντα στῆσαι τὴν κώπην.) — σχασάμενος : Ἀφείς. *Br.*

[108]. οὐκ ἂν μὰ τὸν Διόνυσον : Εὐλόγως τὸν Διόνυσον ὄμνυσι. τούτῳ γὰρ ἐπετελεῖτο τὰ Διονύσια, οἷς ἠγωνίζοντο οἵ τε τῆς τραγῳδίας κα. οἱ τῆς ἀρχαίας κωμῳδίας ποιηταί.

109. τοὺς φασιανοὺς : [Οἱ μὲν ἵππους, οἱ δὲ ὄρνεα. ἔνιοι δ' ἵππους χάραγμα ἔχοντας φασιανοῦ, ὡς ἀλεκτρυόνος. καὶ εἴπερ ἐστὶ τοῦτο μὴ κατεψευσμένον, οἰκεῖον ἂν εἴη τῇ τοῦ νεανίσκου σπουδῇ. οἱ δὲ περὶ Ἀρίσταρχον ὀρνίθων γένος. οἱ δὲ ὅτι Φᾶσις ποταμός ἐστι Σκυθίας, ὅπου καλοὶ ἵπποι γίνονται. Λεωγόρας δὲ τρωφερός τις, ὁ Ἀνδοκίδου πατήρ. Πλάτων Περιαλγεῖ

ὦ θεῖε Μόρυχε, νῦν γὰρ εὐδαίμων ἔφυς,
καὶ Γλαυκέτης, ἡ ψῆττα, καὶ Λεωγόρας,
οἳ ζῆτε τερπνῶς, οὐδὲν ἐνθυμούμενοι.

Εὔπολις ἐν Αὐτολύκῳ β' ὡς καὶ διὰ Μυρρίναν ἑταίραν τὰ χρήματα ἀποβέβληκέ φησιν. φασιανοὶ δὲ οἱ ἔχοντες τοῦ μηροῦ ἐγκεχαραγμένον φασιανόν. Λεωγόρας δὲ ὄνομα κύριον ἑνὸς τῶν Ἀθήνησι πολιτευσαμένων τότε. πατὴρ δὲ οὗτος ἦν Ἀνδοκίδου τοῦ ῥήτορος. ἄδηλον δὲ, εἰ καὶ ὄρνεα ἔτρεφεν ὁ Λεωγόρας. μέμνηται δὲ αὐτοῦ ὡς ἱπποτρόφου.] οὐκ εἰσὶν ἵπποι φασιανοὶ, ἀλεκτρυόνες μέντοι. ἵπποι δέ τινες εἰσὶν ἀλεκτρυόνας κεχαραγμένοι. τούτους οὖν λέγει. Λεωγόρας δὲ ὄνομα κύριον ἑνὸς τῶν Ἀθήνησι πολιτευσαμένων τότε. πατὴρ δὲ οὗτος ἦν Ἀνδοκίδου τοῦ ῥήτορος. ἄδηλον δὲ εἰ καὶ ὄρνεα ἔτρεφεν ὁ Λεωγόρας. ἔστι δὲ ὄνομα τῶν ἱπποτροφησάντων Ἀθήνησιν. V. Φᾶσις ποταμὸς Σκυθίας, ὅπου καλοὶ ἵπποι γίνονται. Λεωγόρα δὲ ὡς ἱπποτρόφου μέμνηται. οἱ δὲ περὶ Ἀρίσταρχον ὀρνίθων τι γένος λέγουσι τοὺς φασιανούς. ἢ φασιανοὶ λέγονται οἱ ἔχοντες τῷ μηρῷ φασιανὸν ἐγκεχαραγμένον ἵπποι. R.

(110). ἴθ', ἀντιβολῶ : Πορεύου. νῦν δὲ, πείσθητί μοι. [τὸ δὲ ἀντιβολῶ,] παρακαλῶ, [Ἀττικῶς].

111. [καὶ τί σοι μαθήσομαι : Οὐ γὰρ ἑαυτῷ ἔμελλε μαθεῖν, ἤγουν δι' οἰκεῖον θέλημα ἢ ὠφέλειαν, ἀλλὰ διὰ τὸ τοῦ πατρός. διὸ τὸ σοί λέγει. ἤγουν, τί μαθήσομαι ὑπὲρ σοῦ.]

112. ψεύδεται κἀνταῦθα ὁ κωμικὸς λέγων παρὰ Σωκράτει εἶναι τὸν ἄδικον λόγον. οὐ γὰρ Σωκράτης, ἀλλὰ Πρωταγόρας ὁ Ἀβδηρίτης ἐφεῦρε αὐτὸν καὶ ἐδίδασκεν. Cant. 3.

ἄμφω τὼ λόγω : Δυϊκῶς ἔκλινε. φησὶ δὲ τοὺς περὶ Σωκράτην ἱκανοὺς εἶναι ἀμφοτέρους τοὺς λόγους ἐκπαιδεύειν.

114. τὸν ἕτερον τοῖν λόγοιν : Τὸν δίκαιον τὸν νικῶντα. ὡς ἀγνοῶν δὲ τὰ δίκαια εἶπε τὸν ἕτερον. ἐβούλετο γὰρ ἀδικίαν μανθάνειν.

(120). τοὺς ἱππέας τὸ χρῶμα : Οὐ γὰρ ἂν ὑπομείναιμι ὁραθῆναι ὑπὸ τῶν ἱππέων [ὠχρὸς καὶ διεφθαρμένος. ἐκόμων γὰρ οἱ ἱππεῖς, οἱ δὲ φιλόσοφοι κάτω κείρονται]. διακεκναισμένος δὲ ἀντὶ τοῦ ἠμαυρωμένος. εἰ γενοίμην, φησίν, ὠχρὸς ὡς οἱ περὶ τὸν Σωκράτην, [καὶ ἀνυπόδητος καὶ ῥυπῶν]. οἱ γὰρ ἱππεῖς εὔχροοι καὶ ὑποδεδεμένοι καὶ ἐν γυμνασίοις ἐξεταζόμενοι καὶ ἐν παλαίστραις. καὶ ἐν τοῖς Ἱππεῦσι [580] φησὶ

μὴ φθονεῖθ' ὑμῖν κομῶσι μηδ' ἀπεστλεγγισμένοις,

τουτέστι λιπῶσι. τοῦτο οὖν καὶ νῦν ὁ νεανίσκος δεδοικέναι φησὶ, τὸ ἀπέχθεσθαι τοῖς περὶ τὴν ἱππικὴ ἔχουσιν, εἰ καταλιπὼν τὸ κοσμεῖν τὸ σῶμα καὶ μετιέναι τὰ τῶν ἱππέων ἐπιτηδεύματα τὰ τῶν φιλοσόφων μετέλθοι. [ὡς ἱππαζόμενον δὲ καὶ τοῦτον μετὰ τῶν ἱππέων φησὶ τάττεσθαι.] — διακεκναισμένος : διεφθαρμένος, ἠμαυρωμένος, ὠχρὸς ὡς οἱ περὶ τὸν Σωκράτην. R. βεβλαμμένος, ἐφθαρμένος, ὠχρὸς, οἷόν ἐστι τὸ τῶν φιλοσόφων. *Br.*

121. [οὐκ ἄρα μὰ τὴν Δήμητρα : Εἰκότως τὴν Δήμητρα ὄμνυσιν, ἐπεὶ περὶ τροφῶν ὁ λόγος ἐστί. τούτων γὰρ ἡ θεὸς εὑρετίς.] ἔδει : ἀντὶ τοῦ φάγει, θρέψει. R. V.

122. οὔθ' ὁ ζύγιος οὔθ' ὁ σαπφόρας : Ζύγιοι ἵπποι καλοῦνται οἱ ὑποβαλλόμενοι τῷ τοῦ ἅρματος ζυγῷ, τουτέστιν ὁ μέσος δεξιὸς καὶ ὁ μέσος ἀριστερός. [σαπφόραι δὲ οἱ σῖγμα ἔχοντες περὶ τὸν μηρόν. καὶ διὰ τοῦ μ καὶ π γράφεται.] — σαμφόρας ὁ ἔχων εἰς τὸν μηρὸν σ. R.

123. (ἀλλ' ἐξελῶ σ' ἐς κόρακας : Ἀλλ' ἐκβαλῶ σε καὶ ἀποδιώξω ἐκ τῆς οἰκίας τῆς ἐμῆς. τραχύτερον δὲ αὐτῷ διαλέγεται καὶ ἀπηνέστερον, ὅτι τὴν ἐλπίδα τοῦ πείσειν αὐτὸν ἀπώλεσε.)

124. [ἀλλ' οὐ περιόψεταί με : Εἰκὸς γὰρ ἦν καὶ τοῦτον, σεμνυνόμενον ἐπὶ ταῖς τρισὶ νίκαις τοῦ πατρὸς, ᾐδέσθαι τὸν νεανίσκον δρῶντα μετερχόμενον τὰ προγονικὰ ἐπιτηδεύματα.]

125. ἄνιππον : ἵππων ἐστερημένον. σοῦ : τῶν σῶν ἀπειλῶν. R.

(126). ἀλλ' οὐδ' ἐγὼ μέντοι : Ἀλλ' οὐδ' ἐγὼ μέντοι [ἀθυμήσω, διότι μὴ πέπεικα τὸν υἱὸν, οὐδὲ τέλεον ἀφέξομαι τῆς γνώμης τῆς προκειμένης. οἷον, οὐ] παραδώσω ἐμαυτὸν ταῖς λύπαις. — οὐκ ἀθυμήσω. R.

(127). διδάξομαι : Νῦν μὲν παθητικῶς ἀποδεκτέον τὸ διδάξομαι. βούλεται γὰρ λέγειν διδαχθήσομαι. ἔστι δὲ τῶν μέσων· παθητικὸν γὰρ ἔχει τὸν σχηματισμὸν, ἐνέργειαν δὲ δηλοῖ. διδάξομαι δὲ τὸν υἱὸν φιλοσοφεῖν κυριώτερον ἢ διδάξω. διδάξω μὲν γὰρ ὁ διδάσκαλος ἐρεῖ, διδάξομαι δὲ ὁ πατὴρ καὶ πᾶς ὁ παραδιδοὺς ἕτερον μανθάνειν. δύναται οὖν καὶ νῦν εἶναι τὸ αὐτὸ, ἵν' ᾖ νοούμενον διδάξομαι, ἐπεὶ οὐ τὸν υἱὸν, ἐμαυτόν. τοῦ μέτρου οὐκ ἐπιτρέποντος εἰπεῖν διδάξω, ἔφη διδάξομαι αὐτὸς βαδίζων εἰς τὸ φροντιστήριον. [Ἄλλως. ἀντὶ τοῦ, διδασκάλῳ παραδώσω· ἐπεὶ μέσον ὂν τὸ διδάξομαι, πρὸς ἄμφω τὰς ἐνεργείας χωρεῖ.] — διδαχθήσομαι. R.

(129). πῶς οὖν γέρων ὢν : [Ταῦτα καθ' ἑαυτὸν λογίζεται ἐν τῷ ἀπιέναι.] τὸ δὲ βραδὺς νῦν οὐκ ἐπὶ τῆς τοῦ σώματος κινήσεως παρείληφεν, ἀλλὰ τὸ μὴ ἀγχίνουν καὶ νωθὲς τῆς διανοίας δηλοῦν ἐθέλει. — ἀντὶ τοῦ μὴ ἀγχίνους. R.

130. λόγων ἀκριβῶν σκινδαλμούς : [Λόγων ἰσχνῶν λεπτολογίας. λεπτὰ γὰρ καὶ ἰσχνὰ τὰ τῶν λόγων ζητήματα. σκινδαλμοὺς δὲ λεπτολογίας· ἀπὸ τῆς σχίσεως τῶν καλάμων.] ἐξήγησις καὶ ἐπεξεργασία τῶν ἀκριβῶν λόγων οἱ σκινδαλμοί. ἰδίως γὰρ σκινδαλμοὺς καλοῦμεν τὰ λεπτότατα τῶν ξύλων καὶ τὰ τῶν καλάμων ξύσματα. τοῦτο δὲ ἐπὶ μὲν τῆς εὐθείας ὀξύνεται, ἐπὶ δὲ τῶν πλαγίων παροξύνεται. — λέγει δὲ τὰς λεπτολογίας. R.

131. πορευτέον. ἀντὶ τοῦ διατρίβω καὶ ἀναδύομαι. R. πορευτέον : ἀναβάλλομαι V. τί ταῦτ' ἔχων στραγγεύομαι : Διὰ τί ταῦτ' ἔχων κατὰ νοῦν, πιέζομαι καὶ συνθλίβομαι; στράγξ δέ ἐστιν, ὁ διὰ λεπτοτάτης ὀπῆς σχολῇ κατιὼν σταλαγμός. Junt. στραγγεύομαι : Ἀναβάλλω, καὶ διατρίβω. βραδύνω. *Br.* ἀργῶν πιέζομαι καὶ συνθλίβομαι. *Vict.*

(132). ἀλλ' οὐχὶ κόπτω τὴν θύραν : [Ἀλλ' οὐκ ἔχομαι τῶν ἐγνωσμένων.] τοῦτο δὲ παρεγκύκλημα. δεῖ γὰρ αὐτὸν ἐλθεῖν καὶ κόψαι τὴν θύραν τοῦ Σωκράτους. παρατηρητέον δὲ ὅτι ἐπὶ μὲν τῶν ἔξωθεν κρουόντων κόπτειν λέγεται, ἐπὶ δὲ τῶν ἔσωθεν ψοφεῖν. [Ἱκανῶς δὲ διέστειλε Μένανδρος, ἐπὶ μὲν τῶν ἔξω, « κόψω τὴν θύραν » εἰπὼν, ἐπὶ δὲ τῶν ἔσω « ἐψόφηκε τὴν θύραν ἐξιών. »] — ἀλλ' οὐχὶ κρούω. R.

133. βάλλ' ἐς κόρακας : [Ἄπιθι ἐς κόρακας. ἔστι δὲ παροιμία ἐπὶ κατάρας λεγομένη.] ἀντὶ τοῦ εἰς ἀπώλειαν καὶ φθοράν. Βοιωτοῖς γὰρ ἀναστάτοις ὑπὸ Θρᾳκῶν γενομένοις καὶ περὶ ἀποικίας μαντευομένοις εἶπεν ὁ θεὸς ἐκεῖ κατοικεῖν, ἔνθα ἂν ἴδωσι λευκὸν κόρακα. οἱ δ' ἐν Θετταλίᾳ παρὰ τὸν Παγασητικὸν κόλπον εἶδον περιιπταμένους τοὺς τοῦ Ἀπόλλωνος ἱεροὺς κόρακας, οὓς παῖδες ἀφῆκαν γυψώσαντες ὑπὸ μέθης, καὶ τελεῖσθαι τὸν χρησμὸν φήσαντες ἐνταῦθα κατῴκησαν. οἱ δὲ ἀπὸ τοῦ ζῴου λέγεσθαι τὴν παροιμίαν φασίν. ἐν γὰρ τοῖς ἐρημοτέροις τόποις ἐπιτηρεῖ τὰ πτώματα.

134. Κικυννόθεν : Δῆμος οἱ Κικυννῆς τῆς Ἀκαμαντίδος φυλῆς, [ἔνθα ἄγεται καὶ τὰ Ἀπολλώνια].

135. [ἀμαθής γε νὴ Δία : Ἰδιώτης καὶ ἀπαίδευτος.]

136. ἀπεριμερίμνως : Ἀσκόπως, ἀμαθῶς [καὶ ἀπείρως καὶ ἀνεπιστημόνως]. τὸ δὲ λελάκτικας σφοδρότητος καὶ βίας ἐστὶ σημαντικόν. διόπερ καὶ τὴν μέμψιν ἐπήγαγεν, [οὐ τὸ κροῦσαι καὶ τὸ προσελθεῖν αἰτιώμενος· οὐδὲ γὰρ πρὸς φιλοσόφου τὸ τοῖς δεομένοις μὴ παρέχειν τοῦ συνιέναι ἐξουσίαν· τὸν δὲ τρόπον μεμφόμενος, ὅτι βιαιοτέρως ἔπαισε τὴν θύραν, ὡς διαταραχθῆναι τοὺς ἐμφιλοσοφοῦντας.]

137. ἐξήμβλωκας : (Ἡμιτελῆ ἐξέβαλες, ἐξέωσας. ἐξαμβλῶσαι δὲ κυρίως ἐπὶ τῶν γυναικῶν λέγεται τῶν ἀποτικτουσῶν θᾶττον, οὐ κατὰ τὸν τῶν ὠδίνων καὶ τῆς κυοφορίας νόμον. καὶ τὸ φάρμακον δὲ τὸ αἴτιον τοῦ ἐξαμβλοῦν τὰς γυναῖκας ἀμβλώθριον καλεῖται.) ἰδίως δὲ νῦν ἐπὶ φιλοσόφων τὴν φροντίδα· ἐπεὶ καὶ μεριμνοφροντιστὰς ἐκάλουν αὐτοὺς, ὡς προεῖπεν. (τοῦ δὲ Σωκράτους λέγοντος, ὅτι τέχνην ἔχω τὴν μαιευτικὴν, καὶ διὰ ταύτης ποιῶ τοὺς νέους ἀποτίκτειν τὰ νοήματα ἐν τῇ ἑαυτῶν ψυχῇ, τοῦτο νῦν κωμῳδεῖ Ἀριστοφάνης διὰ τοῦ ἐξήμβλωκας.) — ἀτελῆ ἐποίησας. R. ἡμιτελῆ ἐποίησας διαφθείρας. *Br.*, *Vict.* ἐξευρημένην : Ἐπινενοημένην. R. V.

138. τηλοῦ γὰρ οἰκῶ τῶν ἀγρῶν : [Ἀντὶ τοῦ, ἐν τοῖς ἀγροῖς.] — πρὸς τὸ σχῆμα. οὕτω χρῶνται πόρρωθεν ἐπὶ τῶν ἀγρῶν ὅτι ἀγροῖκός εἰμι. (Ἄλλως. ἀμφίβολον πότερον λέγει πόρρω τῶν ἀγρῶν ἑαυτὸν κατοικεῖν, ἢ ἐν τοῖς μακρὰν καὶ πολὺ τῆς πόλεως ἀπέχουσι. λέλεκται δὲ αὐτὸ παρὰ τὸ Εὐριπίδειον, ὅπερ οὕτως ἔχει,

τηλοῦ γὰρ οἴκων βίοτον ἐξιδρυσάμην.)

139. τὸ πρᾶγμα : Θεώρημα. *Vict.* τὸ παραπολωλὸς καὶ διεφθαρμένον. R. διαφθειρόμενον. V.

140. διὰ τὸ περὶ τῶν οὐρανίων καὶ τῶν ἀδήλων ἀεὶ γίνεσθαι τὴν ζήτησιν αὐτοῖς. R. — ἀλλ' οὐ θέμις πλὴν τοῖς μαθηταῖσι λέγειν : (Ἀλλ' οὐ δυνατόν. δηλονότι ἐπὶ διασυρμῷ καὶ διαβολῇ ταῦτα παρεισάγει λέγοντα τὸν θυρωρόν. ἀλλότριον γὰρ τῶν φιλοσόφων τὸ βασκαίνειν καὶ φθονεῖν, οἷς τὸ κοινωνεῖν περὶ πολλοῦ πάντων ἀφθόνως.) — οὐ πρέπον εἰ μὴ μόνον τοῖς μαθηταῖς. R.

141. οὑτοσὶ : ἑαυτὸν δείκνυσι. R.

144. ἀνήρετ' ἄρτι : Ἐπύθετο, [ἀνηρώτησεν. ἄρτι δὲ, ἀντὶ τοῦ ἐξ ὑπογυίου· ἵνα αὐτοσχεδιάζειν δοκῶσι. διαβάλλει δὲ τοὺς φιλοσόφους ὡς εὐτελῆ ζητοῦντας· διὸ καὶ ταῦτα γελοίου χάριν λέγεται, καὶ διὰ γελοίων τὴν Σωκράτους παρίστησιν ἀκρίβειαν.]

Χαιρεφῶντα : Τῶν ἄγαν γνωρίμων Σωκράτους ὁ Χαιρεφῶν. (οὐδὲν δὲ αὐτοῦ διασέσωσται τῶν συγγραμμάτων. δοκεῖ δὲ γενέσθαι περίθερμος καὶ σφόδρα ἐχθρεύσας τῷ ἀδελφῷ. καὶ φησὶ Ξενοφῶν [Comm. 2, 3, 18] τὸν Σωκράτην συνάγοντα αὐτοὺς λέγειν ὡς οὐδὲν ὀφθαλμῶν ὄφελος εἴη, εἰ μὴ συμφωνοῖεν, οὐδὲ χειρῶν οὐδὲ ποδῶν.) δήμου δὲ ἦν ὁ Χαιρεφῶν Σφήττιος. τούτῳ καὶ ἡ Πυθία δοκεῖ τὸν περὶ τοῦ Σωκράτους χρησμὸν εἰπεῖν

σοφὸς Σοφοκλῆς, σοφώτερος δ' Εὐριπίδης·
ἀνδρῶν δὲ πάντων Σωκράτης σοφώτατος.

(τοῦτον Ἀπολλώνιος ὁ Μόλων ἐν τῷ κατὰ φιλοσόφων ἐψεῦσθαί φησι. τοὺς γὰρ Πυθικοὺς χρησμοὺς ἑξαμέτρους εἶναι. καὶ ἔστι δὲ παρὰ κωμικῷ τινι·

εἰ συγκεχρῶσθαι τοῖς νεκροῖς δυνήσεται.

ὅτι δὲ καὶ ἄλλοι διὰ τριμέτρων πλείους εἰσὶ χρησμοὶ, οὐ μὴν ἀλλὰ καὶ πεζῷ λόγῳ λεχθέντες τῇ Πυθίᾳ, δῆλον.) [τὸ μὲν καὶ ἐπ' ἐμοὶ μέχρι καὶ νῦν κεχρηκέναι τὸν Πύθιον οὕτω παρήσω λέγειν, ἀλλὰ τῶν ἀρχαίων παραδείγματος ἕνεκα χεῖρον οὐδὲν μνημονεῦσαι. τοῦτο μὲν γὰρ ἐπί τῳ φέρεται οὗτος ὁ χρησμὸς ἐξενεχθεὶς ὑπὸ τῆς Πυθίας

ἐμοὶ μελήσει ταῦτα καὶ λευκαῖς κόραις·

ἐν Λέσβῳ δὲ ναπαίου Ἀπόλλωνος ὁ δοθεὶς Πέλοπι, αἰτοῦντος αὐτὸν ἀνάθημα τοῦ θεοῦ τὴν ἄρνα τὴν χρυσῆν, ἕτερα παρέχοντι κειμήλια. ἔστι δ' οὕτως,

ὃ βούλομαι δὸς, μὴ δίδου δ' ὃ μὴ θέλω.

φέρει δὲ τὸν χρησμὸν τοῦτον Ἀντικλείδης ἐν τοῖς Νόστοις. καὶ ἑτέρους πλείστους ἄν τις ἔχοι λέγειν τοιούτῳ ἐξενεχθέντας μέτρῳ.]

145. ψύλλαν ὁπόσους ἅλλοιτο : Τοιαῦτα καὶ τὰ τῶν φιλοσόφων ζητήματα, ἀπηλλαγμένα τῶν κοινῶν βιωτικῶν ἐννοιῶν. R. διαβάλλει τοὺς φιλοσόφους ὡς εὐτελῆ ζητοῦντας· διὸ καὶ τὰ ἑξῆς γελοίου χάριν. Ἄλλως. V ψύλλαν μὲν Ἀττικῶς, ὃν νῦν ἡμεῖς ψύλλον καλοῦμεν. τὸ δὲ λεγόμενον τοιοῦτόν ἐστι, τὸ πήδημα τῆς ψύλλης διαμετρῆσαι τοῖς αὐτῆς τῆς ψύλλης ποσὶν, ὁπόσους τούτους πηδήσειε. δῆλον δὲ ὅτι διασῦραι βουλόμενος τὰ τῶν φιλοσόφων ζητήματα ὡς ἰσχνὰ καὶ λόγου μηδενὸς ἄξια, ταῦτα καὶ τὰ τοιαῦτα παρεισάγει. [διὸ καὶ τὰ ἑξῆς γελοίου χάριν αὐτῷ λέλεκται.]

146. τοῦ Χαιρεφῶντος τὴν ὀφρῦν : (Ἰστέον ὅτι αὐτοπροσώπως εἰσῆγον τοὺς κωμῳδουμένους καὶ) ὅτι γελοίου χάριν παρείληφε τοῦτο. αὐτίκα γοῦν οὐδὲ ἄλλου τινὸς ἐμνήσθη μέρους τοῦ σώματος ἢ τοῦ ἐν ἑκατέρῳ γελοίου. ὁ μὲν γὰρ βαθείας εἶχε τὰς ὀφρῦς ὁ Χαιρεφῶν, ὁ δὲ φαλακρὸς ἦν ὁ Σωκράτης.

150. τὼ πόδε : Δυϊκὸν τὼ πόδε ἐπὶ τῆς ψύλλης [κακῶς]. ἱστορεῖται γὰρ ἓξ πόδας ἔχουσα. [ψυγείσῃ δὲ, ἀντὶ τοῦ ἀποθανούσῃ.]

151. [Περσικαὶ : Ἔστι μὲν δένδρα, ἔστι δὲ καὶ ὑποδημάτων εἶδος γυναικείων. διὸ ἐπιφέρει, ὑπολύσας. διὰ δὲ τὸ δένδρον, παίζων τὸ περιέφυσαν εἶπεν.]

152. ταύτας ὑπολύσας : Ἀδύνατον ἀδυνάτῳ ἐπήγαγεν. οὔτε γὰρ ὑποδήματα φορέσαι δύναται ψύλλα οὔτε ἐκ κηροῦ φῦναι αὐτῇ φύσιν ἔχει, οὔτε τῶν τῆς ψύλλης ποδῶν τὸν κηρὸν ἐξελεῖν καὶ διαμετρῆσαι τούτῳ δυνατὸν τὸ διάστημα τοῦ πηδήματος.

156. [Σφήττιος : Ἀπὸ δήμου τῆς Ἀκαμαντίδος φυλῆς.]

(157). ὁπότερα τὴν γνώμην : Ἀντὶ τοῦ πῶς διανοεῖται καὶ διαλέγεται περὶ τῶν ἐμπίδων. [τὸ δὲ ὁπότερα, ἀντὶ τοῦ ὁποτέρως. ἐμπίδας δὲ, οὓς ἡμεῖς κώνωπας καλοῦμεν· οἱ δὲ, εἶδος κώνωπος παραποτάμιον, ζώνην ἔχοντος.] — ἀντὶ τοῦ ὁπότερος. R.

158. κατὰ τὸ στόμ' ᾄδειν : Ἀντὶ τοῦ, διὰ τοῦ στόματος (φθέγγεσθαι καὶ βομβεῖν), ἢ διὰ τοῦ ὀρροπυγίου. (τὰ γὰρ τοιαῦτα τῶν ζῴων τροφὴν μὲν λαμβάνει τῷ στόματι, οὐκέτι δὲ αὐτῷ φθέγγεται. καὶ ἔστιν ἀπό τε τῶν τεττίγων τοῦτο καὶ ἀπὸ τῶν ἐγκελάδων ἰδεῖν, οἳ καὶ οὕτω προσηγορεύθησαν, ἐπεὶ ἐν αὐτοῖς τὸν κέλαδον ἔχουσιν. οὗτοι γὰρ καὶ τὰ τοιαῦτα ζῷα πάντα διὰ τοῦ στήθους τὴν φωνὴν προΐεται. εἰ οὖν τούτους λάβοις καὶ σφάξαις, οὔτε ὁ ἐγκέλαδος οὔτε ὁ μουσικὸς καὶ καλὸς τέττιξ ἔτι πρόεισι φωνήν. τῆς αὐτῆς γὰρ καὶ ὁ τέττιξ ἐστὶ φύσεως. καὶ τὰ τοιαῦτα ζῷα καλεῖται μὲν παρά τισι βομβύκια, καλεῖται δὲ καὶ ἔντομα, ὅτι κατὰ τὴν ῥάχιν ἐντέτμηται, ὡς ἔστιν ἰδεῖν ἐπὶ τῶν σφηκῶν καὶ κανθάρων καὶ ἐγκελάδων, καὶ τῶν τεττίγων μάλιστα. δι' ὧν καὶ φθέγγεσθαι τμημάτων ἀξιοῦσιν αὐτά.)

163. κοῖλον, τὸν πρωκτὸν, πρὸς στενῷ δὲ τῷ ἐντέρῳ προσκείμενον. R. V.

164. πῶς διανοεῖται τὰς ἐμπίδας πνεῖν. R.

165. σάλπιγξ ὁ πρωκτὸς : Τοιαύτη γὰρ καὶ ἡ σάλπιγξ, κατὰ μὲν τὸ ἄνω στενὴ, πρὸς τὰ κάτω δὲ κοίλη. διὸ καὶ ὀξὺ ᾄδει.

166. [τοῦ διεντερεύματος : Τοῦ ἐρωτήματος τοῦ διὰ τοῦ ἐντέρου.]

τοῦ εὑρέματος, τοῦ ἐπινοήματος. ἔπαιξε δὲ παρὰ

τὸν ὑπὸ τοῦ Σωκράτους λεχθέντα λόγον περὶ τοῦ τῆς ἐμπίδος ἐντέρου. — τῆς περὶ τοῦ ἐντέρου λεπτολογίας καὶ φυσιολογίας. *Br*.]

167. ἦ ῥᾳδίως : Ἦ ταχέως γε ἂν οὗτος. φεύγων δὲ ἀντὶ τοῦ κατηγορούμενος. R. σφόδρα γε οὗτος ἢ ἄγαν οὗτος. φεύγων δὲ ἀ. τ. κ. V.

169. γνώμην μεγάλην ἀφῃρέθη : (Γνώμης μεγάλης ἐστερήθη) ἐμποδισθεὶς ὑπὸ ἀσκαλαβώτου ὁ Σωκράτης. ἑκατέρως λέγεται, καὶ ἀσκαλαβώτης καὶ γαλεώτης. — σκέμμα. R.

173. ἀπὸ τῆς ὀροφῆς : Καὶ ἀρσενικῶς ὁ ὄροφος, καὶ θηλυκῶς ἡ ὀροφή· ὡς τό,

οὐ πρὸς τὸν ὄροφον ἀνατενῶ τὰ Περσικά,

ἐν Λυσιστράτῃ [229]· [καὶ ἐν Σφηξὶν [1215] « ὀροφὴν θέασαι. » — ὄροφος καὶ ὀροφή· ἔστι δὲ κάλαμος, ᾧ στεγάζουσιν. *Vict*.]

175. ἐχθὲς δέ γ' ἡμῖν : Ἀληθότως σκώπτει τὸν τῶν φιλοσόφων βίον ὡς ἐπίπονον καὶ ταλαίπωρον. διὰ τοῦτο εἰς αὔξησιν καὶ τῷ καιρῷ συνεχρήσατο, εἴ γε μέχρι τῆς ἑσπέρας ἀναμένοντες φαγεῖν οὐδὲ τότε παρεσκευασμένον οὐδὲν εἶχον.

176. τοῦτο καλεῖται ἀπόθεσις τοῦ λόγου. τὸ δὲ ἐπαλαμήσατο ἀντὶ τοῦ ἐμηχανήσατο καὶ ἐπενόησεν. R. V. ἐπαλαμήσατο : Εἰκότως εἶπε τὸ ἐπαλαμήσατο διὰ τὸ καὶ τοὺς ἄρτους ὑπὸ τῆς παλάμης πλάττεσθαι. *Vict*.

177. λεπτὴν τέφραν : Ἰσχνὴν σποδόν. οὐκ ἀργῶς δὲ τὸ λεπτήν. πρὸς γὰρ τὴν ὁμοίωσιν τῶν ἀλφίτων. [Ἰσχνὴν δὲ τέφραν τὴν ἐκ τῶν κεκαυμένων ξύλων κόνιν. οὐ ματαίως δὲ τὸ λεπτὴν προσέθηκε πρὸς τὸ ταύτην δεῖξαι παραπλήσιον τοῖς ἀλφίτοις.] — τέφρα δὲ ἡ τῶν κεκαυμένων ξύλων κόνις. R. V.

178. κάμψας : (Καμπύλον ποιήσας καὶ ὥσπερ ἀγκιστροειδῆ. ὀρθοὶ γὰρ οἱ ὀβελίσκοι. καὶ Ὅμηρος [Il. I, 215 et 210 contaminati]

αὐτὰρ ἐπεί ῥ' ὤπτησε καὶ ἀμφ' ὀβελοῖσιν ἔπειρεν.

ἀλλ' ἐπεὶ ἔδεσμα μὲν οὐδὲν ἦν ὡς ὀβελίσκου δεῖσθαι, πρὸς δὲ τὸ ἐπιλαβέσθαι καὶ ἁρπάσαι τι καὶ κατασχεῖν τοῦτο ἦν χρήσιμον, ὀρθὸν ὄντα, φησί, τὸν ὀβελίσκον ἔκαμψεν, ἵνα δι' αὐτοῦ κλέψαι τὸ ἱμάτιον δυνηθῇ. τοιαῦτα γὰρ οἱ κλέπται μηχανῶνται, ἵνα ῥᾳδίως πόρρωθεν ἁρπάσωσιν ὃ βούλονται.) — καμπύλον ποιήσας. διὰ δὲ τοῦ κάμψαι ὀβελίσκον καὶ ἡ κλοπὴ καὶ ἡ ἀφαίρεσις τοῦ ἱματίου ἐγένετο. ἐπειδὴ ὁ ὀβελίσκος ὀρθός ἐστιν, ἔκαμψεν αὐτόν, ἵνα δι' αὐτοῦ κλέψῃ τὸ ἱμάτιον. R.

εἶτα διαβήτην λαβὼν : Ἐργαλεῖον ὁ διαβήτης πολλαῖς εὔχρηστον τέχναις, τῷ Λ στοιχείῳ παρεοικός. τούτου τὸ ἓν μέρος ἐντιθέντες, τὸ δὲ ἕτερον περιάγοντες κύκλους γράφουσι. [καὶ χαράσσοντες τὸ ὑποκείμενον, τὸ ἴσον τηροῦσι διάστημα τοῦ κύκλου ἐκ τοῦ κέντρου.] — τὸ εἶτα περιττόν. R.

179. (ἐκ τῆς παλαίστρας : Ὅμοιον τοῦτο τῷ ὑπὸ Εὐπόλιδος ῥηθέντι περὶ Σωκράτους

Στησιχόρου πρὸς τὴν λύραν οἰνοχόην ἔκλεψεν.

ἐμφαίνει δὲ διὰ τούτου ὅτι παίδων ἤρα ὁ Σωκράτης. ἐν ταῖς παλαίστραις γὰρ τὰ πολλὰ ἐξητάζετο, ἵνα αὐτοὺς ὁρῴη.)

ὑφείλετο : Τοῦτο παρ' ὑπόνοιαν ἐπήγαγεν. ἔδει γὰρ αὐτὸν εἰπεῖν, μετέβαλεν αὐτὸν εἰς τὰ ἄλφιτα. Ἄλλως. δέον γὰρ αὐτὸν εἰπεῖν, κατέγραψέ τι, ᾧ τέως προσέχοντες οὐκ ἐπεινήσαμεν, καὶ σχήματά τινα ἐπεποιήκει, εἰς ἃ πάντων ἡμῶν ὁ νοῦς καθάπερ κεχηνὼς τροφῆς ἐπελάθετο, ἐπήνεγκεν ὅτι ἀπὸ τῆς παλαίστρας ἔλαβεν ἱμάτιον. διαβάλλει δὲ αὐτὸν ὡς περὶ τὰς παλαίστρας τῶν παίδων ἕνεκεν διατρίβοντα. (ἐκεῖ γὰρ ἐφοίτα ὡς γυμνοὺς τοὺς παῖδας ὁρῴη. Ἄλλως. ἐπειδὴ οἱ τὰ γεωμετρικὰ θεωρήματα διδάσκοντες διαβήταις γράφουσι ταῦτα, φησὶν ὅτι ὀβελίσκον κάμψας, καὶ διαβήτου σχῆμα διαλαβών, πάντας πρὸς αὐτὸν ἐπαγόμενος, ὑφεῖλε τὸ ἱμάτιον.)

180. τὸν Θαλῆν : Οὗτος ἐγένετο τῶν ἑπτὰ σοφῶν, Μιλήσιος τὸ γένος, τὰ περὶ τὸν οὐρανὸν πρῶτος ἐξευρών. παρατηρητέον δὲ ὡς ἀπ' εὐθείας τῆς Θαλῆς ὡς Ἑρμῆς (ἔκλινε). διχῶς δὲ τοὔνομα ἐκφωνητέον· βαρυτόνως μὲν Θάλης [ὡς Χρέμης, οὗ ἡ γενική] Θάλητος· ἔτι δὲ καὶ περισπωμένως Θαλῆς ὡς Ἑρμῆς. [μαθητιῶ δὲ ἀντὶ τοῦ, μαθεῖν ἐπιθυμῶ.]

184. ὦ Ἡράκλεις : Πεποίηκε τὸ προσταχθὲν ὁ φιλόσοφος καὶ ἀνέῳξε τὰς θύρας. ὁ δὲ εἰσελθὼν καὶ θεασάμενος αὐτοὺς ὠχροὺς καθημένους τεθαύμακεν ὡς ἀνθρώπων μορφὰς μὴ ἔχοντας μηδὲ ὄψεις διὰ τὴν ὠχρότητα. [ὁρᾷ δὲ ὡς φιλοσόφους κομῶντας, στραφέντος τοῦ ἐγκυκλήματος.]

185. ὁμοιοῦσθαι. R.

186. τοῖς ἐκ Πύλου ληφθεῖσι : Πύλος, χωρίον τῆς Λακωνικῆς, ἔνθα Κλέων στρατηγήσας τοὺς τριακοσίους τούτους αἰχμαλώτους ἀπὸ Σφακτηρίας ἔλαβεν. εἰκὸς οὖν τούτους καὶ διὰ τὸν τοῦ αἰχμαλωτισμοῦ φόβον καὶ διὰ τὸ πολλαῖς μὲν ἡμέραις πεπολιορκῆσθαι ἐν ἐρήμῳ νήσῳ καὶ ἀφ' ἧς οὐδὲν τῶν ἐπιτηδείων ἦν λαβεῖν, πολλῷ δὲ καὶ μετὰ τὴν ἅλωσιν συγκεκλεῖσθαι χρόνῳ δεδεμένους ἐν ξύλῳ, ὠχρούς τε καὶ ἰσχνοὺς καὶ δυσειδεῖς γεγονέναι. ἰστέον δὲ ὅτι τρεῖς ἐπωνυμίας εἶχεν ὁ τόπος, Πύλος, Κορυφάσιον, Σφακτηρία. [Ἄλλως. Πύλος, νῆσος πλησίον Πελοποννήσου. ταύτην ἐν τῷ Πελοποννησιακῷ πολέμῳ Λάχης προκατασχών, ὁ τῶν Ἀθηναίων στρατηγός, φρούριον ᾠκοδόμησεν. ὅθεν ἐξορμώμενος τὴν παραλίαν ἐδῄου τῆς Λακωνικῆς. Λακεδαιμόνιοι γοῦν καταλῦσαι τὸ φρούριον θέλοντες, ἐπέπλευσαν τῇ νήσῳ καὶ παραστησάμενοι ἄνδρας ἑπτακοσίους ἐντὸς τοῦ φρουρίου κατέλιπον. Ἀθηναῖοι οὖν ἔπεμψαν πολλήν τινα στρατιὰν κατὰ τῶν ἀνδρῶν τούτων μετὰ Κλέωνος στρατηγοῦ. ἐλθὼν οὖν ὁ Κλέων μετὰ τῆς στρατιᾶς καὶ πλεῖστον χρόνον τούτους πολιορκήσας,

ὕστερον παρεστήσατο καὶ αἰχμαλώτους λαβὼν Ἀθήναζε ἤγαγεν, οἳ διά τε τὸν πολὺν λιμὸν, ὃν ὑπέστησαν διὰ τῆς πολιορκίας, καὶ διὰ τὸ κατακλεισθῆναι Ἀθήνησιν εἰς εἱρκτὴν, πάνυ ὠχροὶ ἦσαν.]

187. [ἀτὰρ τί ποτε : Διὰ τί ἄρα. εἰσελθὼν δὲ ἐπὶ συννοίᾳ κατέλαβε τοὺς περὶ Σωκράτην καθημένους, ἅτε φροντίζοντας περὶ τῆς ἐμπίδος καὶ συγκεκυφότας εἰς γῆν.] εἰσελθὼν γὰρ εὗρε περὶ τὸν Σωκράτην κάτω νεύοντας ἐπὶ συννοίας. R.

188 [βολβοὺς : Τὰ λεγόμενα ὕδνα, ἅτινα τὴν γῆν σκάπτοντες εὑρίσκουσιν οἱ ἄνθρωποι.]

190. (ἐγὼ γὰρ οἶδ' : Ὡς ἀγροῖκος ταῦτα φησὶν ὅτι ἀκριβέστερον οἶδα τῶν περὶ τὸν Σωκράτην, ποῦ εἰσὶν οἱ βολβοί.)

191. [οἱ σφόδρ' ἐγκεκυφότες : Τοιαῦτα γὰρ τὰ τῶν ἄγαν φροντιζόντων καὶ περὶ τὴν διάνοιαν ἐχόντων σχήματα. Ὅμηρος [Il. Γ, 217]

στάσκεν, ὑπαὶ δὲ ἴδεσκε κατὰ χθονὸς, ὄμματα πήξας.]

ἐγκεκυφότες : Κύπτοντες κατὰ γῆς. *Vict.*

192. ἐρεβοδιφῶσιν : Τὰ ὑπὸ τὴν γῆν ζητοῦσι καὶ καταμανθάνουσι. R. V. [τὰ ὑπὸ ἔρεβος διφῶσι. τουτέστι τὰ ὑπὸ γῆν ζητοῦσι. — ἐρευνῶσιν, ἐξετάζουσι. Τάρταρος δὲ ἐστὶν ὁ ὑπὸ γῆν κατώτατος τόπος. Junt.]

193. τί δῆθ' ὁ πρωκτὸς : Ἴσως ἐγγύθεν τοῦτο εἴληφεν ἀπὸ τῆς ἐμπίδος. ἐπεὶ κἀκείνην διὰ τοῦ πρωκτοῦ ᾄδειν ἔφη, διὰ τοῦτο καὶ τούτους διὰ τοῦ πρωκτοῦ ἀστρονομεῖν (διδάσκεσθαι) λέγει. [ἀνάγκη γὰρ συγκεκυφότων αὐτῶν καὶ εἰς γῆν ὁρώντων ἄνω τὸν πρωκτὸν βλέπειν.]

195. ἀλλ' εἴσιθ', ἵνα μὴ 'κεῖνος : [Κατὰ τὸ σιωπώμενον, ἄλλων ἐξεληλυθότων ἐκ τοῦ φροντιστηρίου,] τοῖς φιλοσόφοις λέγει εἴσιτε εἴσω ὁ μαθητὴς, ἵνα μὴ ἐξελθὼν ὁ Σωκράτης εὕρῃ ὑμᾶς ἐνταῦθα διατρίβοντας. (τὸ δ' ἐκεῖνος κατ' ἐξοχήν. Ἄλλως. τὸ ἐκεῖνος καὶ τὸ αὐτός ἀντὶ ὀνόματος παραλαμβάνεται. καὶ Ὅμηρος [Il. Ω, 90] τὴν Θέτιν που παρεισάγει λέγουσαν

τίπτε μ' ἐκεῖνος ἄνωγε μέγας θεός.)

[καὶ παρὰ Πυθαγορείοις τὸ αὐτὸς ἔφα, τουτέστιν ὁ Πυθαγόρας. καὶ ἐν τοῖς ἑξῆς αὐτός, ἤγουν ὁ Σωκράτης.]

199. ἔξω διατρίβειν : Εἰ γὰρ θεάσεται αὐτοὺς ἔξω, δυσχερανεῖ τὰ μέγιστα Σωκράτης. *Vict.*

200. [πρὸς τῶν θεῶν, τί ταῦτα : Εἰσελθὼν ὁ πρεσβύτης ὁρᾷ τὰ τῶν φιλοσόφων σκεύη, ἄβακα, ἢ σφαῖραν, ἢ χωρογραφίαν, καὶ ἐρωτᾷ τί ἐστι.]

201. Ἀστρονομία : σφαῖραν δείκνυσι. *R. Br.*

(τουτὶ δὲ τί : Διαγράμματά τινα καὶ πίνακας δείκνυσι καὶ ἀστρονομικοὺς καὶ γεωμετρικούς.)

(203). πότερα τὴν κληρουχικήν : Ὡς ἄγροικος ταῦτά φησι. [τὴν ἰδιωτικὴν, τὴν ὑπὸ κλήρου δεδομένην, τὴν τελοῦσαν.] ἐπεὶ οἱ Ἀθηναῖοι λαμβάνοντες πόλιν πολεμίαν καὶ τοὺς ἐνοικοῦντας ἐκβάλλοντες, πολίτας ἑαυτῶν ἀποστέλλοντες τὴν γῆν αὐτοῖς διένεμον. [ἢ κληρουχικὴν ἐνταῦθα λέγει τὴν γεωργικήν. κληροῦχοι γὰρ οἱ γεωργοὶ, διὰ τὸ τοὺς Αἰγυπτίους κλήρῳ μερίζειν τὴν αὐτῶν γεωργίαν.]

205. τὸ γὰρ σόφισμα δημοτικὸν : Δημωφελές. οἷον, τὸ γὰρ σόφισμα ἤτοι μάθημα συμφέρον τῷ δήμῳ. V. [οἴεται τῶν πρὸς γεωργίαν εἶναι τοῦτο ἀβάκιον· ἢ τοιοῦτόν τι δημωφελές. μάθημα τῷ δήμῳ συμφέρον.]

207. αἵδε μὲν Ἀθῆναι : [Χωρογραφίαν δείκνυσιν αὐτῷ. τινὲς ἔνθεν ἕως τοῦ, οἱ 'μοὶ δημόται, τοῦ γέροντός φασιν. ἔνιοι δὲ διαιροῦσι. καὶ κατ' ἐρώτησιν δὲ εἶναι τὸ τοῦ φιλοσόφου, καὶ ἐν ἀποφάσει δύναται. τὸ δὲ ἑξῆς, ὡς τοῦτ' ἀληθές,] ἐν ἐρωτήσει, ὡς τοῦτό σοι δοκεῖ Ἀττικὸν χωρίον, ἐν ᾧ καθήμενοι δικάζουσιν;

208. [ἐπεὶ δικαστὰς οὐχ ὁρῶ : Κατηγορεῖ Ἀθηναίων ἐνταῦθα ὡς περὶ τὰ δικαστήρια μόνα ἠσχολημένων καὶ τοῦ στρατεύειν ἀμελούντων. τοῦτο δὲ καὶ Δημοσθένης ἔστιν ὅτε ποιεῖ.]

212. [παρατέταται μακρά : Διὰ γὰρ τὸ σχῆμα, λέγω δὴ τὸ ἐπίμηκες τῆς θέσεως, Μάκρις ἐκλήθη.]

ἡδί : Αὕτη. ἤγουν ἰδού. Junt.

213. ὑπὸ γὰρ ὑμῶν παρετάθη : [Εἰς φόρον ἐξετάθη, πλείονα φόρον παρέχουσα. δηλοῖ δὲ καὶ τὸ ἡπλῶσθαι. ἐκληρούχησαν δὲ αὐτὴν Ἀθηναῖοι, κρατήσαντες αὐτῆς.] (πρὸς τὸν χρόνον ἀπήντησε καὶ τὸ μῆκος τοῦ πολέμου, τὸ σχῆμα τῆς θέσεως δεικνύντος αὐτῷ τοῦ φιλοσόφου. ἐπολιόρκησαν δὲ αὐτὴν Ἀθηναῖοι μετὰ Περικλέους, καὶ μάλιστα Χαλκιδέας καὶ Ἐρετριέας. πρὸς τὸ παρατέταται, ἐν ᾧ ἡ θέσις δηλοῦται, καὶ αὐτὸς ἐπήνεγκε τὸ παρετάθη. τοῦτο λέγει, ὅτι προσέκειντο Ἀθηναίοις. τὸ δὲ παρετάθη ἴσον τῷ ἐξετρυχώθη καὶ κατεπονήθη. Περικλέους δὲ στρατηγοῦντος καταστρέψασθαι αὐτοὺς πᾶσάν φησι Φιλόχορος· καὶ τὴν μὲν ἄλλην ἐπὶ ὁμολογίᾳ κατασταθῆναι, Ἑστιαιέων δὲ ἀποικισθέντων αὐτοὺς τὴν χώραν ἔχειν.) [Περικλῆς γὰρ αὐτὴν ὑπὸ τοὺς Ἀθηναίους ἐποίησεν, ἐν πολέμῳ νικήσας τοὺς Ἄβαντας. διὸ παρετάθη τοῖς φόροις καὶ ἐπεφορτίσθη· ὡς τῶν Ἀθηναίων ἐπιτεινάντων τοὺς φόρους αὐτῇ. Ἄλλως. τοῦτό φησιν ὁ Στρεψιάδης, οὐ νοήσας τὸ παρὰ τοῦ μαθητοῦ λεγόμενον τὸ, παρατέταται μακρὰ πόρρω πάνυ, ὅ τι νοεῖ. ὁ μὲν γὰρ τοῦτο εἴρηκεν, ὅτι μακρὰ καὶ ἐπιμήκης ἡ Εὔβοια, ὁ δὲ ἐπὶ αὐξήσεως τοῦτο φόρων ἐξέλαβε. παραστησάμενος γὰρ Περικλῆς τὴν Εὔβοιαν, ἐξέτεινε τοὺς αὐτῆς φόρους ἐπὶ πολύ. τοῦτο ἔδοξε τῷ Στρεψιάδῃ νοεῖν τὸ, παρατέταται μακρὰ πόρρω πάνυ. καὶ διὰ τοῦτό φησιν, οἶδα· ὑπὸ γὰρ ἡμῶν καὶ Περικλέους παρετάθη.] παρετάθη : Ηὐξήθη τοῖς φόροις. *Vict.*

215. ἐγγὺς ἡμῶν : Διὰ τὸ ἐν ταῖς χωρογραφίαις σύνεγγυς πάντα εἶναι, ἐπεὶ οὐκ ἄν τις εἴποι αὐτὰς ἀστυγείτονας.

[μέγα : Ἀντὶ τοῦ μεγάλως.]

φροντίζετε : Μεταβουλεύεσθε.

216. ἀπαγαγεῖν : Ἀποστῆσαι. *Vict.*

217. οἰμώξεσθ' ἄρα : Συνεχῶς ὑπ' αὐτῶν ληϊζόμενοι. *Br.*

218. φέρε τίς γὰρ οὗτος οὑπὶ τῆς κρεμάθρας : (Ἀντὶ

τοῦ ὑπόθου. Ἀττικὴ δὲ ἡ σύνταξις. κατὰ δὲ τὴν διάνοιαν, ἧς προτάσσεται, σημαίνει πλείονα τὸ φέρε. νῦν μὲν οὖν τὸ ἄγε δηλοῖ, ἐν ἄλλοις δὲ ἄλλο τι σημαίνει, ὡς παρὰ Δημοσθένει [p. 98] « φέρε εἰ δίκας ἀπαιτήσειαν οἱ Ἕλληνες ὧν νῦν παρείχατε καιρῶν. » ἐνταῦθα γὰρ βούλεται λέγειν, ὅτι ὑπερεθέμεθα. Ἄλλως.) παρεγκύκλημα. δεῖ γὰρ κρεμᾶσθαι τὸν Σωκράτην ἐπὶ κρεμάθρας καθήμενον καὶ τοῦτον εἰσελθόντα καὶ θεασάμενον αὐτὸν οὕτω πυθέσθαι. κρεμάθρα δὲ λέγεται, διὰ τὸ οὕτως αὐτὴν ἀεὶ μετέωρον εἶναι κρεμαμένην. νῦν μέντοι τὰ περιττεύοντα (ὄψα) εἰς αὐτὴν εἰώθαμεν ἀποτίθεσθαι. γελοίου δὲ χάριν ἐν τῷ τοιούτῳ παρήγαγεν αὐτὸν σχήματι.

219. αὐτός : Τιμῶν τὸν διδάσκαλον οὐκ εἶπε τὸ ὄνομα.

220. μέγα : Ἀντὶ τοῦ μεγάλως. V. ἀναβόησον : Τῷ μαθητῇ λέγει ὁ Στρεψιάδης τοῦτο. οἷον, οὐκ ἤκουσεν ἐμοῦ, αὐτὸς σὺ βόησον μέγα.

223. ὦ Σωκρατίδιον : Ἀπὸ τοῦ ὑποκοριστικοῦ διαβάλλει αὐτόν. R. V. (τί με καλεῖς, ὦ 'φήμερε : Ἀντὶ τοῦ ὦ θνητὲ καὶ ἐφήμερα φρονῶν. ἐφήμερον δὲ αὐτὸν καλεῖ ὡς αὐτὸς λοιπὸν τὰ τῶν θεῶν φρονῶν καὶ ὑπερηφανῶν τὰ τῶν ἀνθρώπων. Ἄλλως. ὦ ἄνθρωπε. ἐλέγετο δὲ ὁ Σωκράτης τὴν ὄψιν Σειληνῷ παρεμφέρειν. σιμός τε γὰρ καὶ φαλακρὸς ἦν. περιέθηκεν οὖν αὐτῷ φωνὴν τὴν τοῦ παρὰ Πινδάρῳ Σειληνοῦ. ὁ γάρ τοι Πίνδαρος [fr. 128] διαλεγόμενον παράγων τὸν Σειληνὸν τῷ Ὀλύμπῳ, τοιούτους αὐτῷ περιέθηκε λόγους « ὦ « τάλας ἐφάμερε, νήπια βάζεις, χρήματά μοι διακομ« πέων. » ἅμα δὲ ὡς ὑπερηφανοῦντος λοιπὸν τοῦ Σωκράτους τὰ ἀνθρώπινα καὶ ἐν θεοῖς ὄντος αὐτοῦ, διότι μετεωρολέσχης ἦν, οὕτω τὸ ἐφήμερον ἐποίησεν αὐτὸν λέγοντα.)

225. ἀεροβατῶ καὶ περιφρονῶ τὸν ἥλιον : ἀεροβατῶ : Ἐπιβαίνω τῷ ἀέρι. διὰ τοῦτο καὶ μετέωρον αὐτὸν ἐποίησε καθήμενον. τὸ δὲ περιφρονῶ τὸν ἥλιον ἀντὶ τοῦ διανοοῦμαι καὶ περιεργάζομαι τὸν τούτου δρόμον. [Ἄλλως. ὅτι περιφρονῶ εἶπε, καὶ οὐ περισκοπῶ· ἵν', ἐπειδὴ τὸ περιφρονῶ διπλοσήμαντόν ἐστι, καὶ ἀντὶ τοῦ περισκοπῶ καὶ ἀντὶ τοῦ ὑπερφρονῶ, ἀμφότερα εἰς τὸν Σωκράτην νοῶνται, ὅτι τε ἀέρα καὶ ἥλιον καὶ νεφέλας καὶ ὅσα τοιαῦτα ἐφρόντιζε καὶ ἐφιλοσόφει καὶ ὅτι αἰθέριον ἑαυτὸν ἡγεῖτο, καὶ ὑπὲρ αὐτὸν μονονοὺ τὸν ἥλιον. ὁ Στρεψιάδης δὲ ἀντὶ τοῦ καταφρονῶ μόνον ἐνόησεν. — περιφρονῶ τὸν ἥλιον : Περιεργάζομαι καὶ περισκοπῶ τὴν τοῦ ἡλίου πορείαν. *Vict.*]

226. ἔπειτ' ἀπὸ ταρροῦ : (Ἀττικῶς τὰ ἐξ οἰσύων πλέγματα οὕτω καλεῖται. τοὺς γὰρ καλάθους τοὺς γεωργικοὺς ταλάρους καλοῦσι. νῦν δὲ τὴν κρεμάθραν οὕτως ἐκάλεσεν, ἐφ' ἧς Σωκράτης ἐκρέματο. Ἄλλως.) ταρρὸς μετέωρόν τι ἰκρίον, ἐφ' οὗ αἱ ἀλεκτρυονίδες κοιμῶνται. τοιαύτην δή τινα ὑποληπτέον τὴν κρεμάστραν ἐσκευάσθαι. ἀντὶ δὲ τοῦ εἰπεῖν περινοεῖς ὑπερφρονεῖς εἶπεν, ἵνα διαβάλῃ τὸν Σωκράτην ὡς ὑπερφρονοῦντα τῶν θεῶν. — ὑπερφρονεῖς : Καταφρονεῖς. *Vict.*

(227). ἀλλ' οὐκ ἀπὸ τῆς γῆς, εἴπερ : Ἀλλ' οὐκ ἀπὸ τῆς γῆς ἦν δυνατὸν ἄνθρωπον ὄντα διαγνῶναι τὰ θεῖα; — εἴπερ : Εἴπερ ἔξεστι περιφρονεῖν τοὺς θεοὺς δηλονότι. Α. εἴπερ : Ἔδει καταφρονῆσαι ἐκείνους. *Vict.*

228. τὰ μετέωρα : Ἐξεῦρον ἀκριβῶς τὰ ὑψηλὰ καὶ μετέωρα πράγματα· περὶ τούτων γὰρ τοῖς φιλοσόφοις τὰ ζητήματα. [ἐπὶ τῆς γῆς δηλαδὴ ἐπιβεβηκώς.] ψυχρὰ δὲ ἡ αἰτία, ἣν ὁ Σωκράτης λέγει. — ἐπὶ τῆς γῆς τὰ οὐράνια. R.

(230). λεπτὴν καταμίξας εἰς τὸν ὅμοιον ἀέρα : Ἀπολογεῖται πρὸς τὴν ἐρώτησιν τοῦ γέροντος ὁ Σωκράτης, [λέγων τὴν αἰτίαν, δι' ἣν κρεμάμενος, ἀλλ' οὐκ ἀπὸ τῆς γῆς φησι περιθεωρεῖν τὰ μετέωρα πράγματα. ὅμοιον δὲ εἶπε τὸν ἀέρα, ἀντὶ τοῦ ὁμοιολεπτομερῆ.] ψυχρὰν δὲ καὶ ματαίαν αὐτὸν ἐποίησε παρεχόμενον τὴν λύσιν.

232. οὐ γὰρ ἀλλ' ἡ γῆ βίᾳ : Ἀντὶ τοῦ καὶ γάρ, Ἀττικῶς. [Καλλίμαχος [fr. 92]

ἀκούσαθ' Ἱππώνακτος. οὐ γὰρ ἀλλ' ἥκω.

ἀντὶ τοῦ, καὶ γὰρ ἥκω.]

233. τὴν ἰκμάδα : Τουτέστι τὸ νοητικὸν καὶ γονιμώτατον τῆς ψυχῆς. φασὶ γὰρ οἱ φιλόσοφοι καὶ πρὸς τὴν κρᾶσιν τῶν ἀέρων γίνεσθαι τὸ ὀξύτερον ἢ ἀργότερον ἐπιβάλλειν τοῖς θειοτέροις. [διαπαίζει δὲ τὰ τῶν φιλοσόφων ἡ κωμῳδία. λόγος γὰρ παρ' ἐκείνοις, ὡς ὄντως ἐπισπᾶται εἰς ἑαυτὴν τὰς ὑποκειμένας οὐσίας ἡ γῆ.]

234. [πάσχει : Τὸ δὲ πάσχειν, οὐ μόνον ἐπὶ τῶν πασχόντων τι λέγεται, ἀλλὰ καὶ ἐπὶ τῶν ποιούντων. καὶ γὰρ οἱ ποιοῦντες τρόπον τινὰ καὶ αὐτοὶ πάσχουσι πάθος, αὐτὸ τὸ ποιεῖν. τὰ οὖν κάρδαμα τὴν τῶν παρακειμένων αὐτοῖς βοτανῶν ὑγρότητα εἰς ἑαυτὰ ἕλκοντα, ξηρὰς αὐτὰς καταλείπει. καὶ ἔστι τοῦτο αὐτῶν πάθος. *Junt.*]

καὶ τὰ κάρδαμα : Εἶδος λαχάνου ἀγρίου παρὰ Πέρσαις. [νῦν δὲ τὴν σφάκον λέγει.] καὶ γὰρ ταῦτα τῶν περὶ αὐτὰ φυομένων λαχάνων τὴν δύναμιν ἐπισπᾶται, καὶ πᾶν τὸ ἐν ἐκείνοις ὑγρὸν ἐπισπώμενα αἴτια αὐτοῖς τοῦ ξηραίνεσθαι γίνεται.

236. ἡ φροντὶς ἕλκει : Δέον εἰπεῖν, ἡ γῆ ἕλκει τὰ κάρδαμα, ὁ δὲ ὡς ἄγροικος μὴ νοήσας τὸ εἰρημένον συνέχεε τὴν φράσιν, ὅθεν καὶ ἀσαφὲς ἐποίησε τὸ δηλούμενον. [τοῦτο δὲ πρὸς τὴν τοῦ Στρεψιάδου ἀμαθίαν ἐπιτηδείως ὁ ποιητὴς ἐποίησεν ἀδιανόητον.]

(239). ἦλθες δὲ κατὰ τί : ['Εντεῦθεν κατέρχεται κατὰ τὸ σιωπώμενον.] οὐκ ὀκνεῖ τοῦ αὐτοῦ μνημονεύειν Ἀριστοφάνης. καὶ γὰρ τούτου ἡ ἀρχὴ τοῦ ἔπους φθάσαντι αὐτῷ εἴρηται ἐν Εἰρήνῃ [192] τῷ δράματι οὕτως,

ἦλθες δὲ κατὰ τί; τὰ κρέα ταυτί σοι φέρω.

240. ὑπὸ γὰρ τόκων : Ὅτι χρήστας ὁ Ἀριστοφάνης

τοὺς δανειστὰς λέγει. [ἡ μὲν γὰρ συνήθεια τοὺς χρεωφειλέτας χρήστας λέγει. Ἀθηναῖοι δὲ τοὺς μὲν δανειστὰς χρήστας λέγουσι, τοὺς δὲ ὀφειλέτας χρεωφειλέτας καὶ χρεώστας. Φωκυλίδης ἐν μὲν τοῖς αὑτοῦ ποιήμασι κατὰ τὴν συνήθειαν τοὺς χρεωφειλέτας χρήστας καλεῖ, λέγων οὕτως·

χρήστης κακοῦ ἔμμεναι ἀνδρὸς φεῦγε,
μή σέ γ' ἀνιήσειε διδοὺς, παρὰ καιρὸν ἀπαιτέων.

ἐν ἐκείνῳ μέντοι ἀντὶ τοῦ δανειστὴς λαμβάνεται [v. 78],

μηδέποτε χρήστης πικρὸς γένῃ ἀνδρὶ πένητι].

241. [τὰ χρήματ' ἐνεχυράζομαι : Τουτέστιν, εἰς ἐνέχυρον ἀφαιροῦμαι τὴν ἐνυπάρχουσαν οὐσίαν, οἷον ἱμάτια καὶ σκεύη καὶ ἄλλα.]

242. πόθεν δ' ὑπόχρεως σαυτὸν ἔλαθες : (Ὡς ἐπὶ νοσήματός τινος, οὕτω προήγαγε τὸν λόγον. εἰώθαμεν γὰρ ἐν τῇ συνηθείᾳ πυνθανόμενοι τῶν καμνόντων λέγειν, πόθεν συνέβη γενέσθαι τὴν νόσον; διὸ κἀκεῖνός φησι, « νόσος μ' ἐπέτριψεν ἱππικὴ, δεινὴ φαγεῖν. ») ἐκ ποίας αἰτίας ἔλαθες σαυτὸν πολλοῖς ὑποπεσὼν δανείοις;

243. [νόσος μ' ἐπέτριψεν : Ἔστι γὰρ ὡς ἀληθῶς νόσος καὶ τὸ ἵππους τρέφειν. δαπανηρὸν γὰρ καὶ οὐκ ἔχον τοὺς καρποὺς ἀξίους τοῦ ἀναλώματος. ἐπέτριψε δ', οἷον ἐξέτριψε καὶ κατεδαπάνησε. — ἠφάνισεν. Θ.

δεινὴ φαγεῖν : Καταναλῶσαι δεινὴ, δαπανηρά. ἅμα δ' ὅτι τὰ δύσπεπτα τῶν σιτίων νόσων πρόξενα γίνεται.] — πολυδάπανος οὖσα, καταναλῶσαι δεινή. R.

246. [ὀμοῦμαί σοι : Ἀντὶ τοῦ, ὃν σύνθωμαι μισθόν σοι τελεῖν, ὄμνυμι τοὺς θεοὺς τοῦτόν σοι δοῦναι. τοῦτο δὲ εἶπεν, ἵνα διαβάλλῃ αὐτόν.]

247. ποίους θεοὺς : Ταῦτα ἴσως αἰνίττεσθαι βούλεται πρὸς τὴν διαβολὴν τὴν Σωκράτους, ἣν τινες διέβαλλον, λέγοντες ὡς ἀσεβεῖ περὶ τὸ θεῖον ὀμνύων τὸν ἀλεκτρυόνα καὶ προσκυνῶν τὴν πλάτανον (καὶ ἄλλα τοιαῦτα, ὡς ἐν τοῖς Ἀπομνημονεύμασι Ξενοφῶν ἱστορεῖ), [λέγων οὕτως « πολλάκις ἐθαύμασα τίσι ποτὲ λόγοις ἔπεισαν « Ἀθηναίους οἱ γράψαντες Σωκράτη ὡς ἄξιος εἴη θανά- « του τῇ πόλει. » εἶθ' ὑποβὰς ὀλίγον « ἀδικεῖ γάρ, » φησὶ, « Σωκράτης τοὺς νέους διαφθείρων, καὶ ξένα δαι- « μόνια εἰσάγων. » ἤτοι οὖν ὡς τέλεον ἀναιροῦντος αὐτοῦ θεοὺς τὸν λόγον ἐκδεκτέον, ἢ ὡς πολυπραγμονοῦντος, ποῖον ὀμόσει γένος θεῶν. *** γεγονέναι. πρῶτον μὲν τοὺς κατὰ Ὀφίωνα καὶ Εὐρυνόμην· δεύτερον δὲ τοὺς κατὰ Κρόνον καὶ Ῥέαν, οὕστινας Ὅμηρος [Il. E, 898] Οὐρανίωνας· τρίτον δὲ τοὺς Διὶ τὴν ἀρχὴν καταλύσαντας τὴν ἐκείνων, οὓς Ὀλυμπίους καλοῦμεν.] [Ἄλλως. τοῦτό φησιν, ἐπεὶ ὁ γέρων εἶπεν ἀσυναρτήτως ὅτι μισθόν σοι ὀμνύω καταθήσειν τοὺς θεοὺς, ἅμα ἐπιφέρει τὸ, ποίους ὀμεῖ σὺ θεούς : οὐχ ὡς ἄλλοις αὐτὸς χρώμενος θεοῖς, ἀλλ' ὅτι ὤμοσεν, ὡς νόμισμα καταθήσειν τοὺς θεούς.]

249. σιδαρέοισιν : Τοῦ νομίσματος σημαίνοντος δύο, ποτὲ μὲν τὸ νόμιμον ἔθος, ποτὲ δὲ τὸ κόμμα τοῦ τετυπωμένου χαλκοῦ, ὁ Στρεψιάδης ἐδέξατο οὐ πρὸς τὸ ὑπὸ τοῦ Σωκράτους ῥηθὲν, ἀλλ' ἔμιξεν ἀμφότερα· ἔδει γὰρ εἰπεῖν, τίσιν ὄμνυτε θεοῖς, ἢ τίνι χρῆσθε νομίσματι. [λεπτοῖς δὲ νομίσμασι φαίνονται κεχρῆσθαι Βυζάντιοι. διὸ καὶ Δωρικῶς εἶπεν. ἔνιοι δὲ κατὰ πολυμάθειαν δωρίζουσιν. Πλάτων Πεισάνδρῳ

χαλεπῶς ἂν οἰκήσαιμεν ἐν Βυζαντίοις
ὅπου σιδαρέοισι χρῶνται.]

Ἄλλως. ἐδόκει γὰρ φαυλότατον εἶναι τὸ νόμισμα τῶν Βυζαντίων ἅτε δὴ σιδηρᾶς ὕλης ὑπαρχούσης. [ἢ ὅτι ἐκεῖ μέταλλον ἦν, ἐν ᾧ ὤμνυον.] —ἀντὶ τοῦ νόμιμον. *V.*

250. (βούλει τὰ θεῖα πράγματ' : Οὐχ ὡς θεοὺς ἡγούμενος τοὺς παρὰ τοῖς ἄλλοις νομιζομένους, τὰ θεῖα λέγει νῦν, ἀλλ' οἷον τὰ ἀξιοθέατα καὶ ὄντως μεγάλα καὶ τίμια.)

251. ἅττ' : Ἅτινα ἐστὶν ἀκριβῶς καὶ ἀληθῶς. νὴ Δί' : λείπει τὸ θέλω. εἴπερ ὄντως ἐστὶν ἐν θεοῖς. *V.*

252. συγγενέσθαι : συνελθεῖν. *V.*

253. δαίμοσιν : Ὡς εἰ ἔλεγε τοῖς καπνοῖς, ἢ ταῖς σκιαῖς, ταῖς ἡμῶν θεαῖς. τὰ γὰρ μηδενὸς ἄξια καπνοὺς καὶ σκιὰς καὶ νεφέλας ὠνόμαζον. (Εὔπολις ἐν Αὐτολύκῳ « καπνοὺς ἀποφαίνει καὶ σκιάς. » ἁρμοττόντως δὲ τῶν φιλοσόφων ἐπιγράφει ταύτας εἶναι θεὰς, ἐπεὶ, ὡς ἔφημεν, περὶ τὰ οὐράνια μάλιστα ἐπτόηνται οἱ φιλόσοφοι.)

254. κάθιζε, ἤγουν ἐπὶ τὴν τῶν φιλοσόφων ἕδραν. V. — σκίμποδα : Τὸν κράβατον σκίμποδα λέγουσιν Ἀττικοί. (οἱ δέ φασι σκιμπόδιον ἰδίως λέγεσθαι τὸ χωλοκραβάτιον. σκιμβάζειν γὰρ τὸ χωλαίνειν παρὰ τοῖς παλαιοῖς. ἢ τὸν σκιμβοὺς ἔχοντα τοὺς πόδας.)

255. (τουτονὶ τοίνυν λαβέ : Καὶ τοῦτο παρεπιγραφή. καὶ γὰρ τὸν Σωκράτην περιθεῖναι δεῖ τὸν στέφανον αὐτῷ, κἀκεῖνον λαβεῖν.)

(257). [ὥσπερ με τὸν Ἀθάμανθ' : Ἀθάμας ἐκ Νεφέλης δύο παῖδας ἔσχεν, Φρύξον καὶ Ἕλλην. ἀφεὶς οὖν τὴν Νεφέλην θεὰν οὖσαν, θνητῇ γυναικὶ ἐμίγη. ζηλοτυπήσασα οὖν ἡ Νεφέλη ἀπέπτη εἰς οὐρανὸν καὶ τὴν τοῦ ἀνδρὸς χώραν αὐχμῷ ἐκόλαζε. πέπομφεν οὖν θεωροὺς εἰς Ἀπόλλωνα Ἀθάμας ἐρέσθαι περὶ τοῦ αὐχμοῦ. ἡ οὖν τούτου γυνὴ θέλουσα Φρύξον καὶ Ἕλλην ἀπολωλέναι, πέπεικε διὰ δώρων τοὺς θεωροὺς εἰπεῖν Ἀθάμαντι ὡς οὐκ ἂν ἄλλως παύσασθαι τὸν αὐχμὸν ἔχρησεν ἡ Πυθία, εἰ μὴ τοὺς τῆς Νεφέλης θύσαιεν παῖδας. ἀκούσας οὖν Ἀθάμας μεταπέμπεται τοὺς παῖδας ἐκ τῶν ποιμνίων. εἷς οὖν κριὸς ἀνθρωπίνῃ χρησάμενος φωνῇ λέγει Φρύξῳ καὶ Ἕλλῃ τὰ περὶ τῆς σφαγῆς. φευγόντων οὖν τούτων μετὰ τοῦ κριοῦ ἡ μὲν Ἕλλη ἐν τῷ περαιοῦσθαι τὸν ἐν Ἀβύδῳ πορθμὸν ἀπεπνίγη πεσοῦσα ἀπὸ τοῦ κριοῦ· ὅθεν καὶ ἀπ' ἐκείνης Ἑλλήσποντος κέκληται· Φρύξος δὲ ἐποχούμενος τῷ κριῷ εἰς τὴν τῶν Κόλχων γῆν περισώζε-

ται. ἔνθα καὶ τὸν κριὸν, ὃς ὑπὸ τῶν θεῶν χρυσόμαλλος γέγονε, θύει τῷ Ἄρει ἢ τῷ Ἑρμῇ, καὶ κατοικήσας αὐτόθι τοὔνομα καταλέλοιπε τῷ τόπῳ. ἐκ τούτου γὰρ ἡ Φρυγία οὕτως ἐκλήθη. Ἀθάμαντα δὲ ἡ Νεφέλη δίκην αὐτῇ δώσειν διὰ τοὺς παῖδας πεποίηκε· προσαχθεὶς οὖν στεφανηφορῶν ἐν τῷ βωμῷ τοῦ Διὸς σφαγησόμενος ὑπὸ Ἡρακλέους σέσωσται. οὕτω γὰρ Σοφοκλῆς ἐν δράματι πεποίηκε. Ἄλλως. ἐν Ἀθάμαντι Σοφοκλέους ὑπόκειται Ἀθάμας στεφανηφορῶν, ὥσπερ ἱερεῖον, δίκας εἰσπραττόμενος περὶ Φρύξου. Ἄλλως.] τοῦτο πρὸς τὸν ἕτερον Ἀθάμαντα Σοφοκλέους ἀποτεινόμενος λέγει. ὁ γάρ τοι Σοφοκλῆς πεποίηκε τὸν Ἀθάμαντα ἐστεφανωμένον καὶ παρεστῶτα τῷ βωμῷ τοῦ Διὸς ὡς σφαγιασθησόμενον, μέλλοντα δὲ ἀποσφάττεσθαι αὐτὸν, παραγενόμενον Ἡρακλέα καὶ τοῦτον θανάτου ῥυόμενον, [λέγοντα ὡς σώζοιτο ὁ Φρύξος, δι' ὃν ἔμελλεν ἐκεῖνος τεθνήξεσθαι. ἐπεὶ οὖν καὶ ὁ πρεσβύτης ἔστεπται, ὥσπερ παραδείγματι τῷ κατ' ἐκεῖνον χρώμενος, δεδοικέναι φησὶν ἐκείνῳ παραπλήσια.] — ὡς ἄγροικος Ἀθάμαντα εἶπεν ἀντὶ Φρίξου. ἀντὶ τοῦ εἰπεῖν τὸν Φρίξον τὸν Ἀθάμαντα εἶπεν, ὡς ἄγροικος ἀγνοῶν τὰς ἱστορίας· οὐ γὰρ Ἀθάμας [ἐτύθη], ἀλλ' ὁ Φρίξος. *R.*

259. τοὺς τελουμένους : Τοὺς μυουμένους. ἐνδόξοις δὲ μυστηρίοις παραβάλλει τὰ τῶν φιλοσόφων μαθήματα, ἵνα ἔτι μᾶλλον πείθῃ προσέχειν τὸν γέροντα ὡς θειοτέρῳ τῷ πράγματι.

[260]. λέγειν γενήσει τρίμμα : Ἱκανὸς καὶ δεινὸς ἔσῃ λέγειν. (καὶ Δημοσθένης [p. 269] ἐν τῷ περὶ τοῦ στεφάνου ὡς ἰταμοῦ καὶ ἀναισχύντου ῥήτορος καθαπτόμενος Αἰσχίνου, περίτριμμα ἀγορᾶς αὐτὸν καλεῖ. τρίμμα δὲ, τετριμμένος ἐν λόγοις. κρόταλον δὲ, εὔγλωττος, εὔστομος. ἡ μεταφορὰ ἐκ τοῦ κροτάλου. ταῦτα δὲ λέγων λίθους συγκρούει ἄνωθεν αὐτοῦ. τρίμμα οὖν εἶπε διὰ τὸ τρίβεσθαι τοὺς λίθους· κρόταλον δὲ διὰ τὸ κρούεσθαι αὐτόν· παιπάλη δὲ διὰ τὴν τραχύτητα· ἐπεὶ παίπαλα καλοῦμεν τὰ δύσβατα. Ἄλλως.) ταῦτα λέγων ἅμα ὁ Σωκράτης λίθους παρατρίβων πωρίνους καὶ κρούων πρὸς ἀλλήλους, συναγαγὼν τὰ ἀπὸ τούτων θραύσματα βάλλει τὸν πρεσβύτην, καθάπερ τὰ ἱερεῖα ταῖς οὐλαῖς οἱ θύοντες. καὶ διὰ τοῦτο παίζει τοῖς ὀνόμασι. τρίμμα μὲν τὴν ἀπὸ τούτων ἐκπίπτουσαν λατύπην. καλοῦμεν δὲ καὶ τῶν ἀνθρώπων τοὺς κακεντρεχεῖς καὶ μὴ ἁπλοῦς τρίμματα καὶ περιτρίμματα καὶ πολυκρότους καὶ κρόταλα. ὅθεν καὶ τὸν πρῶτον στίχον Ὀδυσσείας οὕτως ἀξιοῦσι γράφειν τινὲς,

ἄνδρα μοι ἔννεπε Μοῦσα πολύκροτον.

κρόταλον : Ἰδίως ὁ σχιζόμενος κάλαμος καὶ κατασκευαζόμενος ἐπίτηδες, ὥστε ἠχεῖν, εἴ τις αὐτὸν δονοίη ταῖς χερσὶ, καθάπερ κρότον ἀποτελῶν. τρανὸς οὖν ἔσῃ, φησὶ, καὶ τὴν φωνὴν διηρθρωμένος, καθάπερ τὰ κρόταλα. παιπάλη, τραχὺς, δυσκατάληπτος, ἐπεὶ παίπαλα καλοῦμεν τὰ τῶν χωρίων δύσβατα. R. λεπτολόγος. *E.*

τρίμμα : Ἔμπειρος. κρόταλον : Λάλος. *Vict.* εὔγλωττος. *R.* παιπάλη : Λεπτὸς περὶ τὸ λέγειν. *Vict.* ἐντριβὴς καὶ ἔμπειρος. λάλος, ἀκουστὸς, λεπτολόγος, λεπτὸς περὶ τὸ λέγειν. Θ.

261. ἔχ' ἀτρέμας : Μένε ἐφ' ἡσυχίας. βαλλόμενος γὰρ ὁ πρεσβύτης τῇ παιπάλῃ ἀποσείεται. διὸ παρακελεύεται αὐτὸν μένειν. [παιπάλη δὲ κυρίως τὸ λεπτομερὲς τοῦ ἀλεύρου.] — ἀτρέμας : Ἡσύχως. *Vict.*

οὐ ψεύσει γέ με : Συγκατατίθεται περὶ πάντων Σωκράτην ἀληθεύειν ἅπερ ἐπαγγέλλεται· διὸ καὶ τὸ ἑξῆς πάνυ ἀστείως ἐπάγει. R. [τουτέστιν ἀπατήσεις. ὅτι μηδὲν ὧν ἐπαγγέλλεται Σωκράτης ψεύδεται. πληρωθεὶς γάρ, φησὶ, τούτων, λέγω δὴ τῶν τριμμάτων τῶν λίθων καὶ τῆς λατύπης, ἣν ἔφαμεν παιπάλην καλεῖσθαι, γενήσομαι παιπάλη. Ἄλλως.] τῇ χιόνι παττόμενος, ἐὰν αἱ Νεφέλαι δειχθῶσιν. λέγεται δὲ παιπάλη τὸ λεπτότατον τοῦ ἀλεύρου· ἀφ' οὗ παλύνειν τὸ λευκαίνειν, (ὡς τὸ [Il. K, 7],

πολλὰς δὲ χιὼν ἐπάλυνεν ἀρούρας.)

ἐπεὶ οὖν ἐκεῖνος εἶπε, γενήσῃ τρίμμα, κρόταλον, παιπάλη· αὐτὸς ἔπαιξε παρὰ τὴν παιπάλην, τουτέστι τὸ ἄλευρον, εἰπὼν καταπαττόμενος. — καταπαττόμενος ὑπὸ σοῦ ταῖς πληγαῖς διὰ τὰ μαθήματα, παιπάλη γενήσομαι. *Br.*

262. καταπαττόμενος : Πληρωθεὶς τούτων. παιπάλη γενήσομαι : Ἤγουν ἀφανισθήσομαι καὶ εἰς οὐδὲν ἔλθω. Θ.

263. εὐφημεῖν χρὴ : [Ἡ συστηματικὴ αὕτη ἀμοιβαία τοῦ ὕμνου εἴσθεσίς ἐστιν ἐκ στίχων ἀναπαιστικῶν τετραμέτρων καταληκτικῶν ιβ', ὧν τελευταῖος

ἐπακούσατε δεξάμεναι θυσίαν, καὶ τοῖς ἱεροῖσι χαρεῖσαι.

καλεῖται δὲ τὸ μέτρον τοῦτο Ἀριστοφάνειον, ὡς εἴπομεν. τὰ τοιαῦτα δὲ εἴδη καλεῖται ἑτερόστροφα. ἐπὶ ταῖς ἀποθέσεσι παράγραφος. Ἄλλως. εὐφημεῖν χρὴ : Ταῦτα πρὸς τὸν Στρεψιάδην.] παρακελεύεται τὸν πρεσβύτην σιωπᾶν καὶ εὐφημεῖν, ἵνα εὔξηται, ὥστε μηδὲν βλάσφημον εἰπεῖν. — εὐφημεῖν : Βοᾶν μετ' εὐφημίας. *Vict.*

264. [ἀμέτρητ' ἀὴρ : Ἀκατάληπτε καὶ ἀναρίθμητε, τουτέστι μέγιστε. τὸν δὲ ἀέρα προσεύχεται· ἐπεὶ αἱ νεφέλαι τούτου τοῦ μέρους, ὡς τῶν φιλοσόφων λόγος, οἳ τὸ πᾶν ἀέρα βούλονται εἶναι· οἳ καὶ τὴν ἐν ἡμῖν ψυχὴν ἀέρα καὶ πνεῦμα διωρίσαντο εἶναι.] — ἀμέτρητ' ἀὴρ : Ἄπειρε. *Vict.* ἀναρίθμητε. βαστάζεις. *R.*

ὃς ἔχεις : [Ὃς παρείληφας τὴν γῆν ἅπασαν καὶ βαστάζεις.] — καὶ οὗτος δὲ φιλοσόφων λόγος ὅτι οὐκ ἐφέδρασται ἡ γῆ, ἀλλ' ὑπὸ τοῦ ἀέρος πάντοθεν περιέχεται, τὸν μέσον τοῦ παντὸς λαχοῦσα τόπον. R. — δόξα τις τῶν φυσικῶν ἐθρυλεῖτο, ὅτι πλατεῖα οὖσα ἡ γῆ ὀχεῖται ἐν τῷ ἀέρι. — μετέωρον : Κρεμαμένην. *Vict.*

265. λαμπρός τ' αἰθὴρ : Ἰδίως τὸ τῆς ἡμέρας φῶς αἰθὴρ καλεῖται, ἀπὸ τοῦ αἴθειν, ὅ ἐστι πυροῦν. θερμὸς δὲ ὁ ἥλιος καὶ διάπυρος. διόπερ εὐκαίρως ὁ ποιητὴς τῷ ἐπιθέτῳ ἐχρήσατο, αἰθέρα λαμπρὸν εἰπών.

(σεμναί τε θεαὶ : Οὐχ οὕτω λέγει τὰς Νεφέλας σεμνὰς θεὰς ὥσπερ τὰς Ἐρινῦς ἐκτρεπόμενοι πάντες ὀνομαστὶ λέγειν αὐτὰς Εὐμενίδας καὶ σεμνὰς θεὰς προσηγόρευσαν. τὸ γὰρ σιωπηλὸν σεμνὸν λελόγισται.)

βροντησικέραυνοι : [Ἀλλήλαις γὰρ προσερχομένων τῶν νεφελῶν, πῦρ ἐξάπτεται ἐκ τῆς πυκνῆς ἐκτρίψεως.] [οἰκείως κἀνταῦθα τῷ ἐπιθέτῳ τούτῳ κέχρηται. δοκοῦσι γάρ πως αἱ νεφέλαι προδεικνύναι καὶ προσημαίνειν ἡμῖν τούς τε ὄμβρους καὶ τὰς χαλάζας τοῦ οὐρανοῦ, ὅτε βροντᾷ καὶ ἀστράπτει. Ἄλλως. ἐκ τῶν νεφελῶν φασι τὰς ἀστραπὰς καὶ βροντὰς γίνεσθαι, συγκρουομένας βροντᾶν, συντριβομένας ἀστράπτειν.]

266. [ἄρθητε : Φυσικώτερον ἐχρήσατο τούτῳ τῷ λόγῳ, ἄρθητε εἰπὼν, οἱονεὶ ἐπάρθητε. φασὶ γὰρ τὰς νεφέλας εἰς ὕψος αἴρεσθαι κατ' ὀλίγον ἀπὸ τῆς γῆς ἢ τῆς θαλάσσης.

τῷ φροντιστῇ : Δύναται καὶ ἐπὶ τοῦ Σωκράτους καὶ ἐπὶ τοῦ πρεσβύτου νοεῖσθαι. ἐπὶ μὲν τοῦ Σωκράτους, ἵνα ᾖ παρακαλῶν αὐτῷ φανῆναι τὰς Νεφέλας· ἐπὶ δὲ τοῦ γέροντος, ὡς ἤδη συγκαταριθμοῦντος αὐτὸν τοῦ Σωκράτους τῷ τῶν φιλοσόφων συλλόγῳ.]

267. μήπω γε, μήπω γε : (Ἀναδίπλωσις καλεῖται τὸ τοιοῦτον σχῆμα τοῦ λόγου, τὸ δὶς τοῖς αὐτοῖς ὀνόμασι χρῆσθαι). παρεπιγραφή. διπλασιάσας γὰρ τὸ ἱμάτιον περιβαλέσθαι φησὶν αὐτὸ θέλειν ὑπὲρ τοῦ σκέπεσθαι [καὶ ἧττον αὐτοῦ καθικέσθαι τὸν ὑετὸν τοῦ σώματος. ἡ γὰρ ἀρχὴ τῶν Διονυσίων χειμῶνος ἄγεται. — πτύξωμαι : Ἤγουν καλύψωμαι, συσπάσωμαι. *Vict*. τὸ πτύξασθαι ἐκ μεταφορᾶς εἴρηται τῶν ζωοφύτων, ἤτοι ὀστράκων, ἅπερ οἱονεὶ πτύχας, ἤτοι πύλας τὰ ὄστρακα ἔχοντα, καὶ ταῦτα συνάπτοντα, ἑαυτοῖς περιποιοῦσι τὸ ἀσφαλές. Vict.]

268. (τὸ δὲ μὴ κυνῆν : Περικεφαλαίαν, ἀγροίκων φόρημα. οὕτως δὲ ἐκλήθη, ἐπειδὴ πρῶτον ἀπὸ κυνείων δερμάτων ἦν. — περικεφαλαίαν ἤτοι καμηλαύκιον. φασὶ δὲ τὸ πρότερον ἀπὸ καμηλείου δέρματος γίνεσθαι. V.

ἔχοντα : Οὐ μωρὸν δηλονότι, οὐκ ἀνόητον; ἐλλειπὲς γὰρ εἴρηται.)

270. [χιονοβλήτοισι κάθησθε : Ἀντιπαρατάττεται Ὁμήρῳ [Od. Z, 42] λέγοντι

Οὔλυμπόνδ', ὅθι φασὶ θεῶν ἕδος ἔμμεναι.

χιονόβλητα γὰρ τὰ ὑψηλὰ τῶν ὀρῶν πληροῦσθαί τε καὶ διατηρεῖν τὴν χιόνα πέφυκεν. εἰώθασι δὲ καὶ τὰ νέφη τούτοις ἐπικαθῆσθαι.]

271. [εἴτ' Ὠκεανοῦ πατρὸς : Καὶ τοῦτο φυσικόν φησιν, ἀπὸ τοῦ Ὠκεανοῦ πάντα τὸν ἀέρα τὴν νοτίαν, τὴν ἰκμάδα καὶ τὸν ὑετὸν τούτοις ἐπιχορηγεῖν.]

(Νύμφαις : Λείπει ἡ σύν Ἀττικῶς, σὺν Νύμφαις.)

272. (προχοαῖς : Λείπει ἡ ἐπί, ἵνα ᾖ ἐπὶ ταῖς προχοαῖς τοῦ Νείλου. — ζητεῖται δὲ τίνος ἕνεκεν μόνου τοῦ Νείλου μέμνηται. ὅτι σεμνολογεῖν λεληθότως ὁ ποιητὴς βουλόμενος τὰ καθ' αὑτόν· ἦν γὰρ τὸ γένος Αἰγύπτιος. καιρὸν οὖν εὑρὼν μνήμην τοῦ Νείλου πεποίηται. V. πρόχουσιν δὲ, ἀγγείοις. — πρόχουσιν : Ἀγγείοις, ὑδρείαις. *Vict*.)

(273). ἢ Μαιῶτιν λίμνην : Περὶ ταύτης Ἡρόδοτος [4, 100, 120, 123] μαρτυρεῖ λίμνην εἶναι Σκυθίας. [ἀπὸ τῶν ποταμῶν δὲ ἀρύονται ὕδωρ εἰς χρῆσιν. διὰ δὲ τὸ ἄδηλον, ἐκ διαφόρων καλεῖ αὐτὰς, ἵνα πιστευθῇ.]

νιφόεντα Μίμαντος : Τὸν ἀεὶ νιφόμενον. ὄρος Θρᾴκης [ὁ Μίμας. καὶ Ὅμηρος [Od. Γ, 172] « παρ' ἠνεμόεντα Μίμαντα. »]

νιφόεντα : Τὸν ἀεὶ νιφόμενον, χιονιζόμενον. *Vict*.

(274). χαρεῖσαι : Ἡδυνθεῖσαι. γράφεται δὲ φανεῖσαι. — φανεῖσαι : Παραγενόμεναι. *E*.

275. ἀέναοι Νεφέλαι : [Ἡ ἐπεισόδιος αὕτη στροφὴ καὶ ᾠδὴ τοῦ χοροῦ κώλων ἐστὶ ις', ὧν τὰ πρῶτα δύο δακτυλικὰ πενθημιμερῆ, ἃ καλεῖται Ἀρχιλόχεια, ὡς Ἡφαιστίων [p. 39] φησὶ, διὰ τὸ τὸν Ἀρχίλοχον τούτοις χρήσασθαι ἐν ἐπῳδῷ· ὡς τὸ

ἐν δὲ Βατουσιάδης.

ἔχει δὲ τὸ πενθημιμερὲς, ὡς εἴρηται, πόδας δύο καὶ συλλαβήν. τὸ γ' ἀναπαιστικὸν ἑφθημιμερὲς, ὃ καλεῖται, ὡς εἴρηται, παροιμιακόν. ἔχει δὲ πόδας γ', καὶ συλλαβὴν, ὡς εἴρηται. τὸ δ' δακτυλικὸν τετράμετρον ἀκατάληκτον· ὃ καλεῖται καὶ αὐτὸ Ἀρχιλόχειον. καὶ τούτῳ γὰρ οὕτως ἐν ἐπῳδοῖς ἐχρήσατο, ὡς Ἡφαιστίων φησί. τετράμετρον δὲ εἴρηται, διότι κατὰ μονοποδίαν μετρεῖται τὰ δακτυλικά. τὸ ε' ὅμοιον. τὸ ἕκτον δίμετρον ἀκατάληκτον. τὸ ζ' ὅμοιον τῷ τετάρτῳ. τὸ η', τὸ θ' καὶ τὸ ι' ὅμοια. τὸ ια' ὅμοιον τῷ πρώτῳ· τὸ ιβ' ἀναπαιστικὸν πενθημιμερές. τὸ ιγ' δακτυλικὸν τρίμετρον κατὰ μονοποδίαν. τὸ ιδ' ὅμοιον τῷ δ'· τὸ ιε' ὅμοιον· τὸ ις'

τηλεσκόπῳ ὄμματι γαῖαν

ἀναπαιστικὸν ἑφθημιμερές· ὃ καλεῖται, ὡς εἴρηται, παροιμιακόν. ἔστι γὰρ κοινὴ συλλαβὴ τὸ πῳ, διὰ τὸ ἔχειν ἔμπροσθεν φωνῆεν. ἐπὶ τῷ τέλει παράγραφος, καὶ διπλῆ ἔσω νενευκυῖα, δηλοῦσα ἔχειν ἀνταπόδοσιν. Ἄλλως.] ἀέναοι Νεφέλαι : Μετὰ τὴν τοῦ Σωκράτους εὐχὴν αἱ Νεφέλαι παρακελεύονται δῆθεν ἑαυταῖς πεισθῆναι τῇ ἐπικλήσει καὶ συναθροισθῆναι, καὶ οὕτως ἐπιφανῆναι τῷ Σωκράτει. ἐκ τούτων δὲ ὁ χορὸς συνέστηκεν διόπερ καὶ τὴν ἐπιγραφὴν ταύτην ἔχει τὸ δρᾶμα. ἀέναοι δὲ αἱ διὰ παντὸς νάουσαι. νεφέλη δέ ἐστιν ἡ ἐξ ἀέρος καὶ πνεύματος οὐσία παχυνομένη σωματοειδῶς. [τοῦ δὲ χοροῦ τὰς ἑκατέρωθεν λέγουσι παρόδους, οὔσας ις' κώλων. τῶν δὲ ὑποκριτῶν μέσων ὄντων, ἐκ στίχων ζ' ἀναπαίστων τετραμέτρων καταληκτικῶν.]

[καλῶς εἶπεν ἀέναοι. εἰσὶ γὰρ ὑδάτων μητέρες. ἀρθῶμεν δὲ, ἀναπηδήσωμεν.] — ἀέναοι : Ἀεὶ ῥέουσαι καὶ στάζουσαι. *Vict*.

[μετὰ τὴν τοῦ Σωκράτους εὐχὴν αἱ Νεφέλαι παρακελεύονται ἀλλήλαις, ὥστε πεισθείσας τῇ ἐπικλήσει Σωκράτους συναθροισθῆναι, καὶ οὕτως αὐτῷ φανῆναι.

τινὲς οὖν εἰς τὸ δροσερὰν φύσιν εὐάγητον, προστιθέασι τὸ ἀφεῖσαι, ἵνα ἐντεῦθεν τὰς αἰτιατικὰς συντάξωσι. τοῦτο δὲ ἐν οὐδενὶ τῶν ἀρχαίων βιβλίων εὕρηται, ἀλλ' οὐδὲ μέτρον ἀπαιτεῖ. συντάσσεται δὲ οὕτω· ὦ νεφέλαι ἀένναοι αἱ ἔχουσαι φύσιν δροσερὰν εὐάγητον ἤγουν εὐκίνητον. LB.]

277. [φύσιν εὐάγητον : Πανταχοῦ φερομένην, ἢ λαμπράν.] λαμπρὰν, καθαράν. R. εὐάγητον : Πάντη φερόμενον, εὐκίνητον· τοιοῦτον γὰρ τὸ ὕδωρ. *Br.*

(278). Ὠκεανοῦ βαρυαχέος : Ἀκολούθως τοῖς ὑπὸ τοῦ Σωκράτους εἰρημένοις

εἴτ' Ὠκεανοῦ πατρὸς ἐν κήποις.

ἀλλ' ὁ μὲν διὰ τὸ ἄδηλον ἐκ διαφόρων αὐτὰς τόπων καὶ πηγῶν καλεῖ, ἵν' οὕτω γοῦν τῆς ἀληθείας τυχεῖν δυνηθῇ. αἱ δὲ, ἅτε τῆς ἑαυτῶν γενέσεως γινώσκουσαι τὸ ἀκριβὲς, εὐθὺς διώρισαν καὶ πόθεν αὐτὰς ἀρθῆναι δεήσει. βαρυαχέος δὲ τοῦ μέγα ἠχοῦντος. [οἱ γὰρ βαρεῖς ποταμοὶ ῥέοντες μέγαν ἦχον ἀπεργάζονται.] — βαρυαχέος : Μέγα ἠχοῦντος. *R. Vict.*

279. ταῖς κομώσαις κορυφαῖς τοῖς δένδροις. R.

280. Ἔφαμεν ὅτι τοῖς ὑψηλοτάτοις τῶν ὀρῶν ἐπικάθηνται αἱ νεφέλαι. ἵνα ἀντὶ τοῦ ὅπου τὰ πόρρω καθεζόμενα βλέπομεν. R. (ἵνα τηλεφανεῖς : Ὅθεν, ἀφ' ὧν ἐστὶν ἰδεῖν τὰ πόρρω. τοῖς γὰρ εἰς ὕψος οὖσι καὶ τὰ μακρὰν καταφανῆ γίνεται.) [τὸ δὲ ἵνα, ἀντὶ τοῦ ὅπου. ἢ τὸ ἵνα ἀφορώμεθα ἐστὶν ἀντὶ τοῦ ὅθεν. κέχρηται δὲ ἐπιρρήματι τῷ ἐν τόπῳ ἀντὶ τοῦ ἐκ τόπου. — ἵνα : Ἀντὶ τοῦ ὅθεν. *Vict.*]

282. ἀρδευομένην. R.

283. ζαθέων : Θαυμαστῶν, ἄγαν θείων. κελαδήματα : Κρ.. ν.. τὰς βοάς. *Vict.* ἠχήματα. R.

284. κελάδοντα : Ἠχοῦντα. βαρύβρομον : Μεγαλόψοφον. *Vict.* βαρύηχον, διὰ τὸν τῶν κυμάτων ψόφον. R. V.

286. [σελαγεῖται : Ἀντὶ τοῦ καταλάμπεται. ἔοικε δὲ λέγειν τὸν ἥλιον. ἐπεὶ καὶ οἱ τραγικοὶ εἰώθασιν ὀφθαλμὸν ὀνομάζειν αὐτόν. τοιαύτη δόξα ἐστὶ παρὰ τοῖς φιλοσόφοις, ὄμμα αἰθέρος καλεῖν τὸν ἥλιον. — ὄμμα αἰθέρος τὸν ἥλιον ἔοικε λέγειν· ἐπεὶ καὶ οἱ τραγικοὶ εἰώθασιν οὕτως καλεῖν, ὀφθαλμὸν δηλαδή. ἔστι δὲ καὶ παρὰ τοῖς φιλοσόφοις τοιαύτη δόξα, ὥστε ὀφθαλμὸν καὶ ἡγεμόνα τοῦ οὐρανοῦ καλεῖν. LB. καταλάμπεται. *Vict.*] ὄμμα αἰθέρος τὸν ἥλιον λέγει. R. ἐκπυροῦται, λάμπεται. R. λάμπεται. V.

μαρμαρέαις : ταῖς λαμπραῖς. μαρμαίρειν γὰρ τὸ λάμπειν. V.

287. ἀποσεισάμεναι : διασκορπίσασαι, τὴν χειμερινὴν ἀπειλὴν ἀποβαλοῦσαι. R. V.

289. ἀθανάταις ἰδέαις : [Ἐπεὶ καὶ γυναικοειδεῖς εἰσιέναι μέλλουσι, τοῦτο λέγουσιν, ἐμπαρασκευαζόμεναι τὴν εἴσοδον, ὡς ὅμοιαι μὲν τοῖς ἄλλοις θεοῖς οὖσαι, περικείμεναι δὲ νέφους τινὰ φύσιν. Ἄλλως. ἀθανάτας ἰδέας κεῖται. καὶ ἔστιν ἑνικὸν ἐν γενικῇ πτώσει. μέλλει δὲ τὰς Νεφέλας γυναικομόρφους εἰσάγειν, ἐσθῆτι ποικίλῃ χρωμένας, ἵνα τὰ τῶν οὐρανίων φυλάττωσι σχήματα. τὸ δ' ἐπιδώμεθα, ἀντὶ τοῦ ἐπίδωμεν καὶ ἐπισκεψώμεθα.] ἵνα γυναῖκας εἰσαγάγῃ τὰς τοῦ χοροῦ.

290. τηλεσκόπῳ : Τὰ πάντα ἐφορῶντι. R. πόρρω ὁρῶντι. *Vict.*

291. ὦ μέγα σεμναὶ : [Τὸ μερικὸν τοῦτο ἀμοιβαῖον σύστημα ἐκ στίχων ἐστὶν ἀναπαιστικῶν τετραμέτρων καταληκτικῶν ζ', ὡς ἐρρέθη. λέγεται δὲ τοῦτο σύστημα κατὰ περικοπὴν ἀνομοιομερὲς, ὡς Ἡφαιστίων φησίν. ἐπὶ τῷ τέλει παράγραφος.] ὦ θαυμασιώταται καὶ ὑπεράγαν σεμναί. R. V. ταῦτα μὲν καθ' ἑαυτὸν, τὸ δὲ ᾔσθου φωνῆς πρὸς τὸν Στρεψιάδην ὁ Σωκράτης. V.

292. [ᾔσθου φωνῆς : Ἐν ταῖς κωμῳδίαις τινὲς μηχαναὶ, τὰ καλούμενα ἠχεῖα, ὧν ὁ κτύπος σχηματίζεται εἰς βροντῆς ἀπήχησιν. ἔστι δὲ καὶ ἐν τῇ σκηνῇ μηχάνημά τι, ὃ καλεῖται βροντεῖον, ἀμφορεὺς μεστὸς ψηφίδων ἀντιβαλλομένων εἰς χαλκοῦν λέβητα.]

293. [καὶ σέβομαί γ' ὦ πολυτίμητοι : Ἀντὶ τοῦ προσκυνῶ, ἢ καταπέπληγμαι, δεῖ δὲ καὶ τοῖς τούτου σχήμασιν ἐνδείκνυσθαι τὸ δεδιττόμενον, καὶ ἐπὶ τῇ παρουσίᾳ τῶν Νεφελῶν ἐκπεπληγμένον. σέβεται δὲ ὡς σεβασμίας ὑπὸ θεῶν καὶ τιμωμένας. καὶ προσκυνῶν δὲ δῆθεν ταῦτα λέγει.]

[ἀνταποπαρδεῖν : Ἀντὶ τοῦ κτυπῆσαι καὶ ἀντηχῆσαι. περὶ δὲ τὴν βροντὴν ἔπαιξεν, ἐξομοιῶν αὐτῇ τῆς πορδῆς τὸν ἦχον.]

294. πρὸς τὰς βροντάς : Μηχανή ἐστιν, ὃ καλεῖται βροντεῖον, ὑπὸ τὴν σκηνήν· ὃ ἦν ἀμφορεὺς, ψηφῖδας ἔχων θαλασσίας. ἦν δὲ λέβης χαλκοῦς, εἰς ὃν αἱ ψῆφοι κατήγοντο καὶ κυλιόμεναι ἦχον ἀπετέλουν ἐοικότα βροντῇ.

τετρεμαίνω : Τρέμω, (παραγώγως. ἐπίτηδες δὲ ἐξέτεινε τὴν λέξιν τερατευόμενος).

295. (κεἰ θέμις ἐστὶ : Καὶ εἰ εὐσεβές ἐστι καὶ μὴ, χέσαι ἔχω. ὡς ὑπὸ τοῦ φόβου προειλημμένος, καὶ μὴ δυνάμενος ἀνασχεῖν ἔτι. ὁ γὰρ ἐπιστάμενος ὅτι μὴ δεῖ οὕτω ποιεῖν, εἶτα τοῦτο οὐδὲν ἧττον ποιῶν, ὑπὸ μείζονος ἀνάγκης ἐξαγόμενον εἰς τὸ παρανομεῖν δείκνυσιν ἑαυτόν.)

296. [οὐ μὴ σκώψῃς : Τοῦτο ὁμοῦ μὲν ὁ Σωκράτης, καὶ ὡς περιφρονῶν τὰ ἀνθρώπινα, πιστῶς λέγει, καὶ τοὺς τῆς κωμῳδίας ποιητὰς ἡγούμενος ἀθλίους, ὁμοῦ δὲ καὶ Ἀριστοφάνης, αὐτοῦ μὲν οὔ, τῶν δὲ ἄλλων κωμῳδογράφων ἀτεχνούντων, ὡς καταλιπόντων μὲν τὴν ποίησιν, τοῦ δὲ σκώπτειν ἐχομένων.

οἱ τρυγοδαίμονες : Οἱ ποιηταί· ἐπειδὴ τὴν τρύγα χριόμενοι, ἵνα μὴ γνώριμοι γένωνται, οὕτως τὰ αὐτῶν ᾖδον ποιήματα κατὰ τὰς ὁδοὺς ἁμάξης ἐπικαθήμενοι. διὸ καὶ παροιμία, ὡς ἐξ ἁμάξης λαλεῖ, ἤγουν ἀναισχύντως ὑβρίζει. τοῦτο δὲ ἐποίουν οἱ κωμικοὶ ποιηταί. Ἄλλως. οἱ κωμικοὶ, παρὰ τὸ κακοδαίμονες, ἐπεὶ πολλοὶ τῇ αἰσχροποιίᾳ ἐχρῶντο. κακοδαίμονες δὲ, παρόσον ἀφέμενοι τῶν θείων περὶ τὸ σκώπτειν τρέπονται. —

τρυγοδαίμονες : Οἱ ἄλλοι κωμικοί. οὗτοι γὰρ ἐν τοῖς ποιήμασιν αὐτῶν ἀνθρώπους εἰσῆγον χέζοντάς τε καὶ ἕτερα αἰσχρὰ ποιοῦντας. λέγει δὲ δι' Εὔπολιν καὶ Κρατῖνον καὶ τοὺς ἄλλους. τρυγοδαίμονας δὲ τούτους καλεῖ, διότι πάντες οἱ κωμῳδοὶ τρυγὶ ἀνηλείφοντο. E.]

297. σμῆνος ἀοιδαῖς : Τὸ πλῆθος τῶν μελισσῶν. R. [κυρίως μὲν τὸ σύστημα τῶν μελισσῶν. Ὅμηρος δὲ [Il. A, 249] κέχρηται τῇ τροπῇ ἐπὶ εὐγλωττίας ἐπαινῶν τὸν Νέστορα,

τοῦ καὶ ἀπὸ γλώσσης μέλιτος γλυκίων ῥέεν αὐδή.

ὅπερ ἐστὶν ἑσμὸς, τουτέστι σμῆνος τῶν Ἀριστοφάνους ᾠδῶν.]

(298). παρθένοι ὀμβροφόροι : [Ἡ ἀντῳδὴ αὕτη τοῦ χοροῦ κώλων ἐστὶν ὁμοίων τῇ ᾠδῇ δεκαέξ· ὧν ὁ τελευταῖος

καὶ μοῦσα βαρύβρομος αὐλῶν.

ἐπὶ τῷ τέλει δύο διπλαῖ, ὁ μὲν κατ' ἀρχὰς τοῦ κώλου, ἡ δὲ κατὰ τὸ τέλος. καὶ ἀμφότεραι ἔξω νενευκυῖαι, δηλοῦσαι ὅτι τέλος ἔσχε τὰ ἀποδιδόμενα. τινὲς δὲ εἰς τὸ παρθένοι στίζουσι, τὸ παλίμβολον τῶν Νεφελῶν παριστάντες. ἄμεινον δὲ εἰς τὸ ὀμβροφόροι στίζειν. Ἄλλως.] ταῦτα οὐχ ὑφ' ἓν ἀναγνωστέον οὐδ' ὡς ἐπίθετον τῶν Νεφελῶν τὸ ὀμβροφόροι νῦν ἐκληπτέον, ἀλλ' ὡς αὐτὸ καθ' αὑτὸ πρᾶγμα δηλοῦν. ἢ καὶ ἄμεινον μὲν ἂν εἴη ὑποστίζειν μὲν εἰς τὸ παρθένοι, ζευγνύναι δὲ τὸ ὀμβροφόροι τῷ ἐπιφερομένῳ, ἵν' ᾖ νοούμενον· ἔλθωμεν ἐπὶ τὴν Ἀθηναίων γῆν ὄμβρου γέμουσαι. καὶ γὰρ εἰ ἀμφοτέρως ἡ ἔννοια σώζεσθαι δύναται, ἀλλ' εὐφημότερόν ἐστιν ὃ προειρήκαμεν. εἰσὶν οὖν αἱ Νεφέλαι πάλιν παρακελευόμεναι καί φασιν, ὅλαι ὀμβρίας πληρωθεῖσαι τῇ τῶν Ἀθηναίων ἐπιστῶμεν πόλει. ἡ δὲ τοιαύτη διαστολὴ ὑπεναντία τοῖς ἄνω γενήσεται προειρημένοις ὑπὸ τοῦ ποιητοῦ, ὡς δεῖ τὰς Νεφέλας τολοιπὸν εὐδίους εἶναι, δι' ὧν ἔφη, « ἀλλ' ἀποσεισάμεναι νέφος ὄμβριον ἀθανάταις ἰδέαις ἐπιδώμεθα. » πρὸς τοῦτο οὖν ἐκεῖνο ἀντιθετέον, ὅτι τὸ συμβαῖνον περὶ τὰς Νεφέλας αἰνιττόμενος ὁ ποιητὴς, παλίμβολόν τινα καὶ παλίστροφον ἐποίησε τὴν γνώμην αὐτῶν, ἐπεὶ ἔκ τε χειμῶνος εἰς εὐδίαν χωρεῖν καὶ αὖ πάλιν ἐξ εὐδίας χειμάζειν πεφύκασι.

299. λιπαρὰν χθόνα : Λιπαρὰς Ἀθήνας (οὐκ ἀπεικότως καλοῦσι, μάλιστα μὲν καὶ διὰ τὸ δόξαι πλουτεῖν τὴν πόλιν, ἔπειτα δὲ καὶ διὰ τὴν τῶν ἡμέρων τροφῶν εὕρεσιν, παρ' οἷς εἰς ἔτι καὶ νῦν τὸ λιπαρὸν τῆς ἐλαίας φυτὸν δείκνυται. Ἄλλως. τὴν εὐθαλῆ καὶ πᾶσι κομῶσαν. καὶ Πίνδαρος [fr. 46] « ὦ ταὶ λιπαραὶ καὶ ἀοίδιμοι, Ἑλλάδος ἔρεισμα, κλειναὶ Ἀθᾶναι. » εὔανδρον δὲ, τὴν ὑπ' ἀρίστων ἀνδρῶν παροικουμένην. πολυήρατον δὲ, πᾶσιν ἐράσμιον.) — λιπαρὰν : Εἰς τὴν εὔγαιον τὴν Ἀττικήν. Θ. Λαμπρὰν διὰ τὴν ἐλαίαν τὴν οὖσαν ἐν αὐτῇ. R.

301. Κέκροπος : Οὗτος γὰρ τῶν Ἀθηναίων ἦν ἀρχαιόγονος. Θ.

πολυήρατον : Πάνυ ἐπέραστον. Θ. ἐρασμίαν. V.

302. οὗ σέβας : Ὅπου σέβασμά ἐστι καὶ ἀπόρρητα μυστήρια. λίαν γὰρ αὐτοῖς τὸ μὴ ἐξαγγέλλεσθαι ταῦτα ἐσπουδάζετο. [ὅτι δὲ λίαν ἐσπούδαζον περὶ τὰ μυστήρια, δῆλον ἐκ τοῦ ψηφίσματος Μεγαρέων.]

303. μυστοδόκος δόμος : Μυστικὸς καὶ ἱερὸς, τουτέστι τοὺς μύστας ὑποδεχόμενος. λέγει δὲ τὴν Ἐλευσῖνα, ἔνθα τὰ Δήμητρος καὶ Κόρης ἐπιτελεῖται μυστήρια. — τὴν Ἐλευσῖνα λέγει μυστικὴν καὶ ἱερὰν οἰκίαν, καὶ τοὺς μύστας δεχομένην· ἐν αὐτῇ γὰρ τὰ μυστήρια τῆς Δήμητρος καὶ τῆς Κόρης ἐτελοῦντο. LB.

304. ἐν τελεταῖς ἁγίαις : Ἐν τελεσιουργίαις ὁσιωτάταις, τουτέστι τοῖς μυστηρίοις. (εἰκότως δὲ τὰς Νεφέλας παρήγαγε πρῶτον σεμνολογούσας περὶ τῶν μυστηρίων, ἐπεὶ ἔχουσί τινα πρός τε τὰς θεὰς ταύτας καὶ τοὺς δι' αὐτὰς καρποὺς τελειουμένους οἰκειότητα.) εἰ γὰρ τῶν μὲν Νεφελῶν τὸ ὕειν, ἀδύνατον δὲ καρποὺς ἄνευ ὄμβρων γεωργεῖν, πῶς οὐκ οἰκεῖος ὁ περὶ τῶν θεῶν ταῖς Νεφέλαις λόγος; εἴ γε καὶ τὸν Ἴακχον ἐχόρευσαν ταῖς θεαῖς, (ὡς Ἡρόδοτος [8, 65] ἱστορεῖ· ἐν γὰρ τῇ περὶ Σαλαμῖνα ναυμαχίᾳ κατὰ πολὺ λειπομένων τῶν Ἑλλήνων τοῦ πλήθους τῶν Περσικῶν νεῶν συμμαχῆσαι τοῖς Ἀθηναίοις τὴν Δήμητραν καὶ τὴν Κόρην ἱστορεῖ, μέγιστον τῆς συμμαχίας ἐπιδειξαμένας καὶ ἐναργέστατον τεκμήριον. μελλόντων γὰρ λοιπὸν τῶν Ἑλλήνων καὶ τῶν βαρβάρων εἰς χεῖρας ἥξειν, πρῶτον μὲν πλεῖστον ὅσον κονιορτὸν ἀπὸ τῆς Ἐλευσῖνος αἰρόμενον πάσῃ τῇ στρατιᾷ κατάδηλον γενέσθαι. εἶτα τοῦτον εἰς οὐρανὸν ἀνιόντα καὶ γενόμενον νέφος διὰ μέσου τοῦ στρατοπέδου χωροῦντα, τὸν Ἴακχον βοᾶν. μυστικὸς ὁ λόγος.)

305. οὐρανίοις τε θεοῖς : Πρὸς ἀντιδιαστολὴν τῶν καταχθονίων, ὧν ἡ Δημήτηρ καὶ Κόρη. τὸ οὐρανίοις δὲ θεοῖς ἐπήγαγεν ὑπερβαλλόντως εὐσεβῆ βουλόμενος ἐπιδεῖξαι τὴν πόλιν. αἱ μὲν γὰρ ἄλλαι πόλεις ἑνί τινι πρόσκεινται θεῶν, αἱ δὲ Ἀθῆναι πάντας [ἀδιαφόρως] τοὺς θεοὺς τιμῶσι.

[δωρήματα : Ἡ γὰρ Δημήτηρ αὐτοῖς τὸν σῖτον ἔδωκε, καὶ Ἀθηνᾶ τὴν ἐλαίαν, καὶ Ποσειδῶν πρώτους εἶναι τὰ ναυτικὰ, καὶ ἄλλοι ἄλλα πάντα. ἢ τὰ δωρήματα θεοῖς ἀντὶ τοῦ θυσίαι νοητέον. Vict.]

306. ὑψερεφεῖς : Ὑψηλοί. Θ. *Br*. ὑψηλὴν ὀροφὴν ἔχοντες. *Vict*.

307. καὶ πρόσοδοι : Θρησκεῖαι περὶ τοὺς βωμοὺς, [πρόσοδοι τοῖς θεοῖς, καὶ προσελεύσεις.] — πρόσοδοι : Πανηγύρεις. Θ. *Vict*. ἑορταὶ καὶ πανηγύρεις· R. V.

(308). εὐστέφανοί τε : [Παρὰ τὸ Ὁμηρικὸν [Il. A, 39]

εἴ ποτέ τοι χαρίεντ' ἐπὶ νηὸν ἔρεψα.]

αὗται γάρ εἰσιν αἱ εὐστέφανοι θυσίαι, κοσμεῖν μὲν καὶ στεφανοῦν τοὺς ναοὺς, πληροῦν δὲ τοὺς βωμοὺς ἱερῶν καὶ θυμιαμάτων. — ἢ ὅτι στεφανηφοροῦντες τὰς θυσίας ἐτέλουν. Junt.

θαλίαι : Εὐδαιμονίαι, εὐθηνίαι, ἀκμαὶ, εὐφροσύναι, πανηγύρεις· Junt.

310. παντοδαπαῖς ἐν ὥραις : Διὰ παντὸς καὶ διηνεκῶς καὶ ἐν παντὶ καιρῷ. διὰ γὰρ τὸ πάντας θρησκεύειν τοὺς θεοὺς θύουσι καὶ πανηγυρίζουσιν ἀεί.

311. ἦρί τ' ἐπερχομένῳ : Τὴν παροῦσαν ἑορτὴν λέγει, τουτέστι τὰ Διονύσια. ἀρχομένου γὰρ τοῦ ἦρος, ἄρχεται καὶ ἡ πανήγυρις. (Βρομία δὲ χάρις οἱ Διονυσιακοὶ ἀγῶνες, ἐν οἷς αἱ ἅμιλλαι τῶν χορῶν.) — ἦρι : Ἔαρι. τότε γὰρ ἐτελοῦντο (ἐτέλουν Θ.) τὰ Διονύσια. Θ. *Br*.]

312. εὐκελάδων τε χορῶν : Τῶν εὐμούσων καὶ ἡδέων χορῶν ἅμιλλαι. (ἐρεθίσματα δὲ, ἤγουν ἅμιλλαι, ἢ ὄργανα μουσικά.) τοῖς γὰρ Διονυσίοις τοὺς κυκλίους χορούς ἵστασαν, καὶ ἠγωνίζοντο οἱ κωμικοὶ καὶ οἱ τραγικοὶ, ἀναγορεύοντες τὰ ὑπόγυιον αὐτοῖς πεποιημένα δράματα. — ἐρεθίσματα : Ἅμιλλαι. *Vict.*

313. βαρύβρομος : Ἀντὶ τοῦ πολύηχος, πολλὰ βρέμουσα. προσηύλουν γὰρ καὶ ταῖς τραγῳδίαις καὶ τοῖς κυκλίοις χοροῖς. *R.*

314. [πρὸς τοῦ Διὸς : Εἴσθεσις διπλῆς ἀμοιβαίας καθόλου ἐκ στίχων ἀναπαιστικῶν τετραμέτρων καταληκτικῶν ρκε', ὧν τελευταῖος

διὰ τοὺς ἵππους τοὺς κοππατίας καὶ τὸν γάμον ὅς μ' ἐπέτριψεν.

καλεῖται δὲ τὸ μέτρον Ἀριστοφάνειον, ὡς εἴρηται. ἐπὶ τῷ τέλει διπλῆ ἔξω νενευκυῖα.]

315. τοῦτο τὸ σεμνόν : Λεληθότως ἑαυτὸν ἐπαινεῖ· σεμνὸν γὰρ, φησὶν, ἐστὶ τὸ μέλος. [ἔστι γὰρ τοῦτο ἀληθές. ὁ δὲ τὸν ἔπαινον ἐπὶ τὰς Νεφέλας τρέπων, οὐκ οἴεται φορτικὸς εἶναι.]

μῶν ἡρῷναι : (Ἀττικὴ ἡ συναίρεσις τὸ ἡρῷναι, ὡς ἠίθεοι ἤθεοι.)

[κατὰ τὸ ἀρχαῖον καὶ σύνηθες αὐτοῖς ἐνθάδε τρισυλλάβως προηνέγκατο τὸ ἡρῷναι.]

316. ἀνδράσιν ἀργοῖς : Τοῖς φιλοσόφοις. [διασύρει δὲ αὐτοὺς πάλιν. ὠφέλιμοι, φησὶ, τοῖς ἀνθρώπων ἀπράκτοις. οἱ γὰρ ἀργοὶ κεχήνασιν εἰς τὰς Νεφέλας. — ἀνδράσιν ἀργοῖς : Τοῖς φιλοσόφοις καὶ ποιηταῖς, οἳ μηδὲν ἄλλο μεταχειρίζονται, ἢ περὶ λόγων σχολάζουσιν. *E.*]

317. αἵπερ γνώμην : [Αἵπερ σύνεσιν καὶ φρόνησιν, ὡς τὰ δέοντα νοεῖν, καὶ διάλεξιν] ἀντὶ τοῦ λόγων ἐμπειρίαν· ὥστε τὰ νοηθέντα φράζειν. (τερατείαν δὲ τὴν τερατολογίαν, καὶ περίλεξιν τὴν περίφρασιν, καὶ κροῦσιν τὸν παραλογισμὸν [παρασυλλογισμόν G.], κατάληψιν δέ φησιν ὥστε τὰ νοηθέντα φράζειν.) — γνώμην : Ἐνθυμήματα. (γνῶσιν Θ.) διάλεξιν : Εὐπορίαν εἰς τὸ διαλέγεσθαι. Θ. *E.* — νοῦν : Σύνεσιν.

τὴν γνῶσιν. διάλεξιν λόγων θεωρίαν. διαφέρει διάλεξις διαλέκτου, ὅτι διάλεκτος μέν ἐστι φωνῆς χαρακτὴρ ἐθνικὸς, διάλεξις δὲ τῆς συνήθους φωνῆς ἐκτροπὴ ἐπὶ τὸ σεμνότερον. τερατολογίαν, παραδοξολογίαν. τερατολογεῖν δὲ τὸ ἀπίθανα διηγεῖσθαι . . . . τῶν ἀνθρωπίνων πραγμάτων. περίλεξιν ἀντὶ τοῦ περίφρασιν. κροῦσιν δὲ τὸ ἀπατῆσαι καὶ παραλογίσασθαι τὸν ἀκούοντα, οἷον παρακρούσασθαι καὶ συναρπάσαι. δοκιμασίαν. R.

318. [τερατείαν : Ψευδολογίαν. — παραδοξολογίαν. ἀλαζονείαν. *Br.*

περίλεξιν : Περιττολογίαν, περίφρασιν — εὐπορίαν καὶ περιττότητα λόγων. *E.*

κροῦσιν : Ἀπάτην, δοκιμασίαν, παραλογισμόν. — ποικιλίαν καὶ στροφὰς λόγων, δι' ὧν τοὺς διαλεγομένους σοφιζόμεθα καὶ ἀπατῶμεν. Θ. *E.*

κατάληψιν : Εὕρεσιν. τὰ αὐτὰ δὲ καὶ διεξοδικώτερον ἑρμηνευτέον ἂν εἴη πάλιν ἐπαναλαβόντας. διάλεξιν τοίνυν, λόγων ἐμπειρίαν, ὡς ἔφαμεν, ὥστε τὰ νοηθέντα δύνασθαι ἑρμηνεύειν. διαφέρει δὲ διάλεκτος καὶ διάλεξις. διάλεκτος μὲν γάρ ἐστι φωνῆς χαρακτὴρ ἐθνικὸς, διάλεξις δὲ τῆς συνήθους φωνῆς ἐπὶ τὸ σεμνότερον ἐκτροπὴ καὶ ἐπὶ τὸ ἀγροικότερον. τερατείαν δὲ, τερατολογεῖν καὶ ἀπίθανα διηγεῖσθαι καὶ λέγειν πράγματα ἐπέκεινα τῶν ἀνθρωπίνων. περίλεξιν δὲ, περιττῶς καὶ περιέργως περιτείνεσθαι διὰ λόγων καὶ δύνασθαι ἑρμηνεύειν τὸ νοηθέν· ὅπερ ἐστὶ λοιπὸν ἔργον τῆς ἐξηγήσεως τοῦ λόγου. δείκνυσι δὲ ἐξ ὅσων συνέστηκε ῥητορική. δεῖ γὰρ νοεῖν, εἶθ' ἑρμηνεύειν, ὅπερ ἐστὶ λοιπὸν ἔργον τῆς ἐξηγήσεως τοῦ λόγου. κροῦσιν, ἢ τὸν παραλογισμὸν καὶ τὴν ἀπάτην· τὸ συναρπάσαι τὸν ἀκούοντα. ἢ δοκιμασίαν· ἐπεὶ τὰ σαθρὰ κροτούμενα δοκιμάζεται. κατάληψιν, τὴν γνῶσιν καὶ αἴσθησιν καὶ τὴν τέχνην. οὕτω γὰρ ὁριζόμεθα τὴν τέχνην, οἷον σύστημα ἐκ καταλήψεων ἐγγεγυμνασμένων, καὶ τὰ ἑξῆς. κατάληψιν δὲ εἰώθασιν οἱ μουσικοὶ λέγειν, ἐπειδὰν πλήξαντες τοῖς δακτύλοις ἢ τῷ πλήκτρῳ τὰς χορδὰς, καταλάβωσι καὶ ἀποτείνωσι τὸν φθόγγον.]

319. ταῦτ' : Διὰ ταῦτα. R. λείπει ἡ διά. ἀντὶ τοῦ διὰ ταῦτα, Ἀττικῶς. V.

πεπότηται : Ἀνέπτη καὶ ἀνεκουφίσθη, καὶ μετέωρα φρονεῖ ἤδη. — μετέωρος γέγονε. *E. Vict.* — ἀντὶ τοῦ ἀνέστη. V.

320. [καὶ περὶ καπνοῦ : Ἀντὶ τοῦ, περὶ μηδενὸς καὶ κενῶν πραγμάτων. στενὸς γὰρ καὶ ἀμενηνὸς καὶ ἀσθενὴς ὁ καπνός. παρὰ δὲ τὸ στενὸν εἴληπται τὸ στενολεσχεῖν, τὸ μεταρσιολεσχεῖν, καὶ τὸ μηδὲν λέγειν. καὶ τοῦτο δὲ, τὸ λεπτολογεῖν, διασυρμοῦ λέγει χάριν, ὡς ἰσχνὰ τῶν φιλοσόφων ζητούντων ζητήματα. — ἢ ποικίλα καὶ λεπτὰ διεξέρχεσθαι, ὡς εἰς στενὸν κομιδῆ τοὺς διαλεγομένους καθιστᾶν, μὴ ἔχοντας ὅ τι ἀπολογήσονται.] τὸ στενολεσχεῖν ἀντὶ τοῦ λεπτολογεῖν. στενὸς γαρ καὶ ἀμενηνὸς ὁ καπνός. διασύρει δὲ τὰ τῶν φιλοσόφων ὡς ἰσχνὰ ὄντα. R. περὶ τοῦ τυχόντος λεπτῶς φιλοσοφεῖν, μικρολογεῖν. *Br.*

321. ἀντὶ τοῦ συνάψας ἕτερον λόγον τῷ ῥηθέντι ἀντιθεῖναι. R. V.

(323). βλέπε νῦν : Ὑπερβατόν· λέγειν γὰρ βούλεται, βλέπε νῦν δευρὶ πρὸς τὴν Πάρνηθα ἡσύχως· ὁρῶ γὰρ ἤδη κατιούσας αὐτάς. ὄρος δέ ἐστιν ἡ Πάρνηθος τῆς Ἀττικῆς. θηλυκῶς λέγομεν. [εἰκότως δὲ εἶπε πρὸς τὴν Πάρνηθα κατέρχεσθαι αὐτάς. πᾶσαι γὰρ αἱ τῶν ὀρέων

κορυφαὶ διὰ τὸ ὕψος ἀεὶ συννεφεῖς φαίνονται.] — ὄρος Ἀττικῆς. Θηλυκῶς ἡ Πάρνης. R.

324. ἥσυχα : Ἡσύχως. *Br.*

(χωροῦσ' αὗται : Τὸ χωροῦσι καθ' αὑτὸ ἀναγνωστέον, εἶτα ὡς τοῦ πρεσβύτου οὐχ ὁρᾷν λέγοντος, προστίθησι πλέον ἐκτείνων τῇ προφορᾷ τοῦ λόγου, τὸ, αὗται πάνυ πολλαί. εἶτα ὡς οὐδὲ οὕτως ὁρῶντος, πρὸς πλείονα γνῶσιν προστίθησι καὶ τόπον. τὴν δὲ τῶν λεγομένων ἐνάργειαν τὰ τῶν ὑποκρινομένων σχήματα δείκνυσι.) [δείκνυσι δὲ αὐτῷ ὄρος ἐν τῷ θεάτρῳ τὴν Πάρνηθα, ἐξ οὗ κατέρχονται.]

327. εἰ μὴ λημᾷς : Παροιμία ἐπὶ τῶν τὰ μεγάλα παρορώντων. R. V. [τῶν Νεφελῶν πλησίον οὐσῶν, ἐκεῖνος μηδ' οὕτως ὁρῶν, τοῦτο νῦν προσέθηκεν, ἵν' ᾖ τὸ νοούμενον οὕτως· νῦν] αὐτὰς ὁρᾷς, εἰ μὴ λήμας ἔχεις ἐν τοῖς ὀφθαλμοῖς μεγάλας ὡς κολοκύντας. λήμη δέ ἐστι τὸ πεπηγὸς δάκρυον. [δέον δὲ εἰπεῖν ἐν λήμαις, ὁ δὲ κολοκύνταις εἶπε, δεικνύων τὴν ὑπερβολὴν τῆς λημότητος. λείπει δὲ ἡ ἐν, ἵν' ᾖ, ἐν κολοκύνταις· ὡς τὸ νοσεῖν ἐν φρενίτιδι. ἀποδοκιμαστέοι δὲ οἱ νοοῦντες ἔξωθεν, ὁμοίας. οὐκ ὀρθῶς γὰρ ἐοίκασι λέγειν. ὁ δὲ Λουκιανὸς ἐν τῷ πρὸς ἀπαίδευτον καὶ πολλὰ βιβλία ὠνούμενον [c. 23] οὐκ ὤκνησεν εἰπεῖν, χύτραις λημῶντες.]

328. [νὴ Δί' ἔγωγε : Ἔξωθεν ὑπακούεται τὸ ὁρῶ ὡς ἀληθῶς. ἑώρα γὰρ, πλησίον οὐσῶν.] — πάντα : Ἀντὶ τοῦ πάντα τόπον κατειλήφασι. R. V.

331. ἴσθ' ὅτι : Γίνωσκε. *E.*

σοφιστὰς : Ἐν ἄλλοις τοὺς πεπαιδευμένους. τοὺς μετεωρολέσχας νῦν λέγει, καταχρηστικῶς δὲ καὶ πάντας τοὺς ἀπὸ τῶν μαθημάτων ὁρμωμένους. [καὶ θαυμαστὸν οὐδὲν, ὅπου μηδὲ τοὺς αὐλητὰς οὕτω προσαγορεύειν ὤκνησαν. Πλάτων γοῦν ὁ κωμικὸς ἐν δράματι Σοφισταῖς καὶ τὸν Ὀπούντιον αὐλητὴν Βακχυλίδην εἰς τοὔνομα κατέταξε τῶν σοφιστῶν. καταχρηστικῶς δὲ νῦν ἐπὶ πάσης ἐπιστήμης παρέλαβε τὸ ὄνομα τῶν σοφιστῶν. — σοφισταὶ, οἱ ῥήτορες καὶ οἱ ἀπατεῶνες· καὶ οἱ διδάσκαλοι, καὶ ὅσοι τῶν φιλοσόφων ῥητορικῶς ἔγραψαν. ἐνταῦθα δὲ σοφιστὰς τοὺς διδασκάλους νόει· ὡς τοὺς ἄλλους σοφίζοντας. Junt.]

332. θουριομάντεις : (Ἀπὸ τοῦ γενικοῦ ἐχώρησεν ἐπὶ τὸ κατ' εἶδος.) [εἰπὼν γὰρ ὅτι πάντας αἱ Νεφέλαι τρέφουσι τοὺς σοφιστὰς, ἐπήγαγε τίνας καὶ τίνας. θουριομάντεις δὲ οὐ τοὺς ἀπὸ Θουρίου μάντεις, ἀλλὰ τοὺς εἰς Θούριον, πόλιν Σικελίας, πεμφθέντας ἐπὶ τῷ κτίσαι αὐτήν· ἐπέμφθησαν δὲ δέκα ἄνδρες· ὧν καὶ Λάμπων ἦν ὁ μάντις, ὃν ἐξηγητὴν ἐκάλουν. ἦν δὲ καὶ τῶν πολιτευομένων πολλάκις. λόγους δὲ συνεχῶς εἰσάγειν ἐφαίνετο περὶ τῆς εἰς Θούριον ἀποικίας. ἀλούσης γὰρ Συβάρεως, Θούριοι ἐκλήθησαν ἀπὸ κρήνης Θουρίας. Ἄλλως.] [ὡς πολλῶν γενομένων μαντειῶν ἐπὶ τῆς εἰς Θουρίους ἀποικίας, τούτους δὲ ἔφη τρέφεσθαι ὑπὸ τῶν Νεφελῶν, ὡς διὰ τῶν οἰωνῶν τῶν ἐν τῷ ἀέρι μαντευομένους καὶ εἰς τὸν οὐρανὸν καὶ τὰ νέφη ἀποβλέποντας.]

[ἰατροτέχνας : Καὶ ἰατροὶ περὶ ἀέρων καὶ ὑδάτων συνέγραψαν. ὕδατα δέ εἰσι καὶ αἱ νεφέλαι. σύνταγμα δέ ἐστιν Ἱπποκράτους περὶ ἀέρων, τόπων καὶ ὑδάτων.]

σφραγιδονυχαργοκομήτας : Τοὺς κόμαις καὶ περιττοῖς δακτυλίοις τὰς χεῖρας κοσμουμένους μέχρι τῶν ὀνύχων, (ὡς ὑπὸ τῶν δακτυλίων σκέπεσθαι τοὺς δακτύλους. ἢ καὶ τοὺς τῶν ὀνύχων ἐπιμελουμένους, καὶ ὁσημέραι ξέοντας αὐτοὺς ὑπὲρ τοῦ ἐκλάμπειν ἄγαν· ὃ πάσχουσιν οἱ τῷ καλλωπίζεσθαι σχολάζοντες μόνον).

333. κυκλίων τε : [Αἰνίττεται εἰς τοὺς περὶ Κινησίαν καὶ Φιλόξενον καὶ Κλεομένη], (καὶ τούτους εἶναι τῶν σοφιστῶν βούλεται. λέγει δὲ τοὺς διθυραμβοποιούς. τῶν γὰρ κυκλίων χορῶν ἦσαν οὗτοι διδάσκαλοι. ᾀσματοκάμπτας δὲ, ὅτι διὰ τὸ ἁρμονίᾳ μὴ ὑποπίπτειν αὐτῶν τὰ συγγράμματα, καμπὰς ἔχουσι πλείονας, ἃς οἱ μουσικοὶ καλοῦσι στροφὰς, καὶ ἀντιστρόφους καὶ ἐπῳδοὺς, δι' ὧν καὶ ἐν ταῖς τραγῳδίαις συνειστήκει τὰ χορικά. Ἄλλως. οἱ παλαιοὶ διαφθορὰν μουσικῆς ἡγοῦντο εἶναι τοὺς διθυράμβους. καὶ προελθὼν αὐτῶν μᾶλλον καθάψεται λέγων [969]

> εἰ δέ τις αὐτῶν βωμολοχεύσαιτ', ἢ κάμψειέν τινα καμπὴν,
> οἵας οἱ νῦν τὰς κατὰ Φρῦνιν ταύτας τὰς δυσκολοκάμπτους,
> ἐπετρίβετο τυπτόμενος πολλὰς, ὡς τὰς Μούσας ἀφανίζων.

Καλλίμαχος δὲ [fr. 279] πρὸς αὐτοὺς ἀποτεινόμενος οὕτω πως αὐτῶν καθάπτεται,

> νόθοι δ' ἤνθησαν ἀοιδαί.)

ᾀσματοκάμπτας : Τοὺς διθυράμβους, ἐπεὶ καμπὰς τὰς περιῳδὰς λέγουσι. R. V. οἱ λυρικοὶ ποιηταὶ χοροῖς καὶ αὐλοῖς καὶ λύραις τὰ ποιήματα ᾖδον. καὶ νῦν μὲν οἱ τούτων χορευταὶ ἐνταυθοῖ τὰς μετακλίσεις καὶ τὰς καμπὰς ἐποιοῦντο, νῦν δὲ ἐνταυθοῖ, ἀκολουθοῦντες τῷ ᾄσματι. λέγει οὖν τοὺς τοιούτους ποιητὰς ᾀσματοκάμπτας. Junt.

[μετεωροφένακας : Τοὺς διὰ τῶν μετεώρων ἀπατῶντας. φενακίζειν γὰρ τὸ ἐξαπατᾶν. περὶ δὲ τῶν φιλοσόφων λέγει.]

334. μουσοποιοῦσι : Ποιητικῇ ὑμνοῦσι. Junt.

335. ταῦτ' ἄρ' ἐποίουν : Λείπει ἡ διά. (μιμεῖται δὲ τοὺς διθυράμβους.) — στρεπταίγλαν δὲ τὴν στρέφουσαν τὴν αἴγλαν καὶ ἀφανίζουσαν. R. V. καὶ ταῦτα δὲ εἶπεν εἰς τὴν ἀηδίαν τούτων ἐν τοῖς συνθέτοις. R. [τὸ δὲ στρεπταίγλαν, εἰς τὸ διεστραμμένον αὐτῶν, τὴν ἔμπροσθεν οὖσαν τῆς αἴγλης τοῦ ἡλίου καὶ σκοτίζουσαν. νεφέλης γὰρ ἐπιτεθείσης τῷ ἡλίῳ, οὐκέτι τὰς ἀκτῖνας εἰς τὴν γῆν ἀφίησι.] (ταῦτα δὲ εἰς Φιλόξενον τὸν διθυραμβοποιόν. τὸ γὰρ στρεπταίγλαν οὗτος εἶπεν. ἐπεὶ οὖν συνθέτοις καὶ πολυπλόκοις οἱ διθυραμβοποιοὶ χρῶνται λέξεσιν, κατὰ τὸν ἐκείνων ζῆλον καὶ αὐτὸς τοιαύταις χρῆται. δηλοῖ οὖν ἄντικρυς διὰ τὸ ἐξεστραμμένον τὴν ἀηδίαν τούτων ἐν τοῖς συνθέτοις. ἔστι δὲ ἡ γενικὴ τὸ ὑγρᾶν Νεφελᾶν καὶ στρεπταιγλᾶν, εἴπερ οὕτω γράφεται, οὐ πρός τι συντασσόμενον, ἀλλ' οὕτως ἦν ἐν τοῖς ποιήμασιν ἐκείνοις· διὸ καὶ αὐτὸς οὕτως ἔθηκεν. οἱ δὲ,

πρὸς τὸ δάϊον ὁρμὰν, τουτέστι ταχυτάτην, ἐνικὸν τὸ πᾶν εἶναι φάσκοντες. τὸ αὐτὸ δὲ καὶ περὶ τοῦ δροσερᾶν νεφελᾶν. εἰ δὲ στρεπταίγλαν, πρὸς τὸ ὑγρᾶν νεφελᾶν.) — στρεπταιγλᾶν : Ταχυτάτην. *Vict.*

336. πρημαινούσας τε θυέλλας : [Τουτέστι συστροφὰς ἀνέμου. πρημαινούσας δὲ,] ἀντὶ τοῦ μαινομένας, καὶ λάβρως φυσώσας. πρῆσαι γὰρ τὸ φυσῆσαι. Ὅμηρος [Il. A, 481] « ἐν δ' ἄνεμος πρῆσεν μέσον ἱστίον. »

337. γαμψοὺς οἰωνοὺς : Διερὰς μὲν τὰς διύγρους, γαμψοὺς δὲ ἤτοι τὰς καμπτούσας καὶ πλαγίους νεφέλας. [ἢ τὰς ὀρνίθων ὄψεσιν εἰκασμένας. γαμψοὺς γὰρ ἐκάλουν τοὺς ὄρνιθας. αὐτίκα γοῦν (καὶ αὐτὸς τῷ γαμψοὺς, οἰωνοὺς) ἐπήγαγεν.]

ἀερονηχεῖς : Τὰς ἐν τῷ ἀέρι νηχομένας. [παρόσον ἐν αὐταῖς νήχεται τὰ ὄρνεα, ἢ δίκην ὀρνέων ἵπτανται αἱ νεφέλαι. ταῦτα δὲ πάντα ἔκ τινων ποιητῶν εἰσιν, ἄλλο ἄλλου γράψαντος, καὶ τοῦ μὲν τοῦτο, τοῦ δὲ ἐκεῖνο.] — τοιοῦτον γὰρ ἔσθ' ὅτε τὸ τῶν νεφελῶν εἶδος. V.

338. [εἶτ' ἀντ' αὐτῶν : Τουτέστιν, ἀντὶ τούτων, ὧν ἐποίουν εἰς τὰς νεφέλας. διὰ τοῦτο ἤσθιον τοὺς κεστρέας καὶ τὰ ὀρνίθεια κρέα.]

(339). κεστρᾶν τεμάχη : ['Ιστέον, ὅτι οὐχ οἱ αὐτοὶ τοῖς κεστρεῦσιν ἰχθύσιν αἱ κεστρέαι. ἄλλοι μὲν γὰρ τὰς μυραίνας ἀξιοῦσι καλεῖν· οἱ δὲ, ἄλλο τι διάφορον ἰχθύων γένος. νῦν μέντοι] κεστρεῖς καλοῦμεν τοὺς κεφάλους.

τεμάχη μεγάλαν ἀγαθᾶν : [Τουτέστι τιμίων καὶ λαμπρῶν. ἐπὶ ἰχθύων τὸ τέμαχος καὶ ἐπὶ πλακοῦντος, ἐπὶ δὲ κρεῶν οὐκέτι.] ἐδώρισε δὲ μιμούμενος τοὺς διθυράμβους. τὸ δὲ ὅλον τείνει πρός τε τοὺς παρὰ τοῖς χορηγοῖς ἑστιωμένους καὶ πρὸς τοὺς ἐν πρυτανείῳ ἀεὶ δειπνοῦντας.

κρέα τ' ὀρνίθεια : Καταχρηστικῶς ἐπὶ ὀρνέων κρέα εἶπεν. τούτων δὲ μέμνηται τῶν ᾠκειωμένων νεφέλαις ὑδάτων καὶ ὀρνέων. ταῦτα δέ φησιν, ἐπεὶ ἐν πρυτανείῳ τινὲς αὐτῶν ἐσιτοῦντο καὶ τῶν χρησμολόγων καὶ τῶν μάντεων. βέλτιον μέντοι ὑφ' ἓν ἀναγινώσκειν, κρέατ' ὀρνίθεια, ἵνα ὁ ποιητὴς μνημονεύῃ τῶν ταῖς Νεφέλαις προσῳκειωμένων, τῶν τε ἐνύγρων καὶ τῶν πτηνῶν.

340. [Διὰ μέντοι τάσδ' οὐχὶ δικαίως : Οὐ δικαίως, φησὶν, ἠξιοῦντο τῆς τιμῆς καὶ τῶν δείπνων, διὰ ταῦτα τὰ εἰς τὰς Νεφέλας ὑπ' αὐτῶν γραφόμενα. οὐδὲν γὰρ ἀξιόλογον ἐποίουν.]

341. εἴξασι : Ὡμοιώθησαν. *Br*. ἐοίκασι. R. ἐοίκασι, ὡμοίωνται, ἐκ τοῦ εἴκω. V.

342. φέρε ποῖαι γάρ τινες : Δείκνυσιν ἐνταῦθα ὁ Σωκράτης, ὡς ἐν ὅσῳ τις βλέπει τὰς Νεφέλας, τοῦτο τὸ σχῆμα ἐχούσας, μεταστραφεὶς ἀλλοίας ὁρᾷ. Junt. ἐκεῖναι : Αἱ Νεφέλαι. *R. V.*

(344). αὗται δὲ ῥῖνας ἔχουσαι : Εἰσεληλύθασι γὰρ οἱ τοῦ χοροῦ προσωπεῖα περικείμενοι μεγάλας ἔχοντα ῥῖνας καὶ ἄλλως γελοῖα καὶ ἀσχήμονα. διόπερ φησὶν εἰκότως αὐτὰς μὴ ἑωρακέναι, διὰ τὸ μὴ νεφελῶν ἀλλὰ γυναικῶν ὄψεις ἔχειν· ὃ τὴν ἀγνωσίαν αὐτῷ παρεῖχε. δῆλον οὖν ὅτι ὁπόσα ἐν τοῖς ἄνω λέλεκται χορικὰ, οὐκ ἐπὶ τῆς σκηνῆς ὄντος τοῦ χοροῦ εἴρηται, ἀλλ' ἔξω ἑστῶτος καὶ κρυπτομένου ἡ φωνὴ μόνη τοῖς ἔνδον ἐξηκούετο. οὐ γὰρ ἠδύναντο ἐντὸς εἶναι τῆς σκηνῆς αἱ μὴ καταπτᾶσαι μηδέπω. [προειρήκαμεν δὲ τῶν Νεφελῶν εἶναι.]

345. ἀπόκριναι : Ἐμοὶ δή. *Vict.*

(346). Κενταύρῳ ὁμοίαν : Τὸ συμβαῖνον γίνεσθαι περὶ τὰς νεφέλας διηγεῖται. πολλάκις γάρ εἰσι νέφη παρομοιούμενα ζῴοις, ἢ φυτοῖς, ἢ ἀνθρωποειδῆ γιγνόμενα, ἢ ἄλλην τινὰ τοιαύτης ὄψεως ἀποπέμποντα εἰκόνα. φησὶν οὖν, οὐ χρή σε θαυμάζειν, εἰ αἱ Νεφέλαι γυναικῶν ἔχουσι μορφάς· καὶ γὰρ ἐν τῷ οὐρανῷ πολλὰς ἔχουσιν εἰκόνας. τούτων δὲ ἐμνημόνευσεν ἐκείνων ἕνεκα μόνον, δι' ὧν λοιδορῆσαί τινας τῶν πολιτευομένων βούλεται.

348. [κομήτην : Κλεῖτον λέγει, ὃς ἦν ἐπὶ κόμῃ σκωπτόμενος.] — ἀγρίους (καὶ κολλοποδιώκτας) ἐκάλουν τοὺς παιδεραστάς. 'Ιερώνυμον λέγει τὸν διθυραμβοποιὸν, ὃς Ξενοφάντου μὲν ἦν παῖς, περὶ παῖδας δὲ ἄγαν ἐπτόητο, λάσιον δὲ εἶχε τὸ σῶμα. ἐπεὶ οὖν καὶ οἱ Ἱπποκένταυροι λάσιον εἶχον τοῦ σώματος τὸ τῶν ἵππων μέρος, [ὥστε καὶ ὁ πρὸς τοὺς Λαπίθας πόλεμος δι' ἀκρασίαν ἔρωτος αὐτοῖς συνέστη, εὐλόγως τῶν ἐρωμανῶν τινα θεωμένας ἐξομοιοῦν αὐτὰς τῇ τῶν Κενταύρων ἰδέᾳ τὰς Νεφέλας παρήγαγεν. — τὸν Ξενοφάντου : Υἱὸν, 'Ιερώνυμον λέγει. *Vict.* 'Ιερομνήμων ἦν υἱὸς τοῦ Ξενοφάντου, διθυραμβοποιὸς ποιητής. ἦσαν δέ τινες ἄγαν ἐπτοημένοι πρὸς αὐτὸν, αἰσχρῷ ἔρωτι. LB.]

351. τί δ' ἦν ἅρπαγα : [Οὗτος κεκωμῴδηται παρὰ Ἀριστοφάνει ὡς χρεωφειλέτης. τίνι, φησὶν, αἱ Νεφέλαι ἑαυτὰς ἂν εἰκάσειαν, ἐὰν ἀφομοιώσασθαι θελήσωσιν ἑαυτὰς Σίμωνι, διαρπάζοντι καὶ νοσφιζομένῳ τὰ κοινά;] σοφιστὴς ὁ Σίμων ἦν καὶ τῶν ἐν πολιτείᾳ διαπρεπόντων τότε· καὶ πάντως ὅτι τῶν δημοσίων τι ἐνοσφίσατο χρημάτων. μνημονεύει δὲ αὐτοῦ καὶ Εὔπολις ἐν Πόλεσι, διαβάλλων αὐτὸν ἐπὶ τοῖς αὐτοῖς ἐγκλήμασιν (οὕτως,

ἐξ Ἡρακλείας ἀργύριον ὑφείλετο.

κωμῳδεῖται δὲ νῦν, ἵν' ἢ παύσηται ἁρπάζων, ἢ ἀκούσαντες οἱ Ἀθηναῖοι εἰς εὐθύνας ἀγάγωσιν ὧν κατεδήδοκε.)

[353]. Κλεώνυμον : Τὸν Κλεώνυμον τοῦτον ὡς δειλὸν καὶ ἐπὶ τῆς παρατάξεως ῥίψαντα τὴν ἀσπίδα οἵ τε ἄλλοι κωμῳδοὶ διαβάλλουσι (καὶ ἐν τοῖς Σφηξὶν αὐτός. ὡς δειλὸς δὲ ἐν πολλοῖς κωμῳδεῖται). τὸ δὲ ἐχθὲς προσέθηκεν ὡς ὑπόγυιον τοῦ Κλεωνύμου ῥιψάσπιδος γεγενημένου, τῷ καιρῷ χρώμενος εἰς αἰσχύνην τοῦ δεδρακότος. μείζονα γὰρ τὰ ὑπόγυια πταίσματα τὴν συμφορὰν ἔχει.

354. δειλότατον : Δειλότατον γὰρ τὸ τῶν ἐλάφων γένος. καὶ Ὅμηρος [Il. A, 225] « κραδίην δ' ἐλάφοιο. » R. V.

355. καὶ νῦν ὅτι Κλεισθένη : Καὶ νῦν διὰ τὸν Κλει-

σθένην γυναῖκες ἐγένοντο. οὗτος δὲ ἐπὶ κιναιδίᾳ διαβάλλεται. τοῦτον δὲ ὡς γυναικιζόμενον οὐκ Ἀριστοφάνης διαβάλλει μόνον, ἀλλὰ καὶ Κρατῖνος ἐν Πυτίνῃ, λέγων οὕτως,

ληρεῖς ἔχων· γελοῖος ἔσται Κλεισθένης κυβεύων
ἐν τῇδε τῇ κάλλους ἀκμῇ· γράφ' αὐτὸν ἐν σποδείῳ.

τοῦτον ἰδοῦσαι, φησὶν, αἱ Νεφέλαι, εἰς γυναῖκας μετεμόρφωσαν ἑαυτάς.

358. χαῖρ' ὦ πρεσβῦτα : Ἐξήγησις τοῦ πρεσβύτα τὸ παλαιγενές. νῦν δὲ οὐχ ὡς σεμνόν τινα προσηγόρευσαν αὐτὸν διὰ τὸν χρόνον, ἀλλ' ὡς ἀνόητον. τοὺς γὰρ εὐήθεις ἀρχαίους καὶ παλαιοὺς ἔλεγον. — παλαιγενὲς : Οὐκ ἐπὶ σεμνῆς προσηγορίας τοῦτο παρείληφεν, ἀλλ' ἀνόητον δεῖξαι βουλόμενος. τοὺς γὰρ εὐήθεις καὶ ἀνοήτους ἀρχαίους καὶ παλαιοὺς ἐκάλουν. LB.

θηρατὰ : [Ἀντὶ τοῦ ἰχνευτὰ λόγων, ἢ ζηλωτὰ, ἢ μετιὼν λόγους.] ἐπιθυμητὰ συνετῶν λόγων. R.V.

359. [ὅ τι χρῄζεις : Ὅ τι βούλοιο. Σωκράτει δὲ λέγουσι. τὸ δὲ λεπτοτάτων λήρων ἀντὶ τοῦ συνετωτάτων, καὶ δυσπαρακολουθήτων λόγων.]

361. πλὴν ἢ Προδίκῳ : [Οὕτως ἡ ἀκολουθία εἶχε τοῦ λόγου, πλὴν ἢ Προδίκῳ καὶ σοί. ὁ δὲ ἄλλως τὸν λόγον ἐσχημάτισε, τὸ μὲν σοί κατ' ἀρχὰς οὐκ εἰπὼν, ἔπειτα δὲ ἐπενεγκών. μέμνηται δὲ νῦν τοῦ Προδίκου διασύρων ὅτι μεγίστην δόξαν εἶχε περὶ αὐτοῦ, ὡς ὑπὲρ πάντας ὢν τῇ σοφίᾳ.] (σοφιστὴς δὲ ἦν ὁ Πρόδικος, Κεῖος τὸ γένος. ἤκμασε δὲ κατὰ τοὺς χρόνους Σωκράτους. πρῶτος δὲ οὗτος τὴν πεντηκοντόδραχμον ἐπίδειξιν ἐποιήσατο. μνημονεύει δ' αὐτοῦ καὶ Πλάτων ἐν τῷ Πρωταγόρᾳ καὶ Ξενοφῶν ἐν τοῖς Ἀπομνημονεύμασιν [2, 1, 21], οὐ μὴν ἀλλὰ καὶ Ἀριστοφάνης ἐν Ταγηνισταῖς οὕτως,

τὸν ἄνδρα τόνδ' ἢ βιβλίον διέφθορεν,
ἢ Πρόδικος, ἢ τῶν ἀδολεσχῶν εἷς γέ τις.

διαβάλλει δὲ αὐτὸν καὶ ἐν Ὄρνισιν [693] οὕτω,

παρ' ἐμοῦ Προδίκῳ κλάειν εἴπητε τὸ λοιπόν.

διδάσκαλος δὲ ἦν οὗτος καὶ Θηραμένους τοῦ ἐπικαλουμένου κοθόρνου, ὃς τῆς τῶν τριάκοντα τυραννίδος μετέσχε. κόθορνος δὲ ἐκαλεῖτο οὗτος, ἐπεὶ καὶ τοῖς τριάκοντα συνέσπευδε καὶ τῷ πλήθει. καὶ γὰρ ὁ κόθορνος τὸ ὑπόδημα ἀμφοτέροις ἁρμόζει τοῖς ποσί. φέρεται δὲ καὶ Προδίκου βιβλίον ἐπιγραφόμενον Ὧραι, ἐν ᾧ πεποίηκε τὸν Ἡρακλέα τῇ ἀρετῇ καὶ τῇ κακίᾳ συντυγχάνοντα, καὶ καλούσης ἑκατέρας ἐπὶ τὰ ἤθη τὰ αὑτῆς, προσκλῖναι τῇ ἀρετῇ τὸν Ἡρακλέα καὶ τοὺς ἐκείνης ἱδρῶτας προκρῖναι τῶν προσκαίρων τῆς κακίας ἡδονῶν. Ἄλλως.) ἐπὶ καθαιρέσει Σωκράτους τὸν Πρόδικον μέγαν ἀποφαίνει διαφόρως. οὗτος δὲ σοφιστὴς ἦν μετεωρολόγος. — πλὴν ἢ : Εἰ μή. γνώμης : Συνέσεως. *Vict.*

362. βρενθύει : Ἀποσεμνύνεις σεαυτὸν τῷ σχήματι καὶ ταυρηδὸν ὁρᾷς. Ἄλλως. σεμνύνῃ καὶ μέγα φρονεῖς. (οἱ γὰρ ἐπιδεδωκότες ἑαυτοῖς σοβαρῶς πεφύκασι βαδίζειν. ὡς τοῦ μὲν Προδίκου ὄντος σοφοῦ, τοῦ δὲ Σωκράτους κενὴν μόνον ἐπὶ σοφίᾳ δόξαν καρπουμένου.) —βρενθύει : Κομπάζεις καὶ ὑπεροπτικῶς βαίνεις. Θ.

καὶ τὼ 'φθαλμὼ : Σεμνὴν τὴν ὄψιν ἔχεις. εἰσὶ γὰρ ἀνθρώπων (τινὲς τοιοῦτοι) σεμνοὶ μὲν φανῆναι, οὐ κατὰ τὴν ὄψιν δὲ ἔχοντες καὶ τὰ ἐπιτηδεύματα. [οὕτω δὲ ἐβάδιζε Σωκράτης. καὶ Πλάτων [Phædon. p. 117, B] περὶ αὐτοῦ « ταυρηδὸν ὑποβλέψας, ὥσπερ εἰώθει. » — Ἴδιόν ἐστι τῶν ἀλαζόνων τὸ μὴ ἔχειν ἀεὶ τὸ βλέμμα ἐπὶ ταυτοῦ, ἀλλ' ἄνω καὶ κάτω κινεῖν, καὶ νῦν μὲν ἐνταῦθα, νῦν δ' ἄλλοσε μεταφέρειν. E. Vict.]

365. φλύαρος : ἀντὶ τοῦ φλήναφος καὶ λῆρος. R.

367. μὴ φλυάρει. R.

371. καί τοι χρῆν : Ἀντὶ τοῦ, καί τοι ἐχρῆν. Junt.

καίτοι 'χρῆν αἰθρίας οὔσης : Εἰ τὸ βρέχειν ἦν, φησὶν, ἐν τῇ τοῦ Διὸς ἐξουσίᾳ, καὶ μὴ τῶν Νεφελῶν τοῦτο ἦν ἔργον, ἐχρῆν αὐτὸν καθ' ἑαυτὸν ἄνευ Νεφελῶν ὕειν. — αἰθρίαν δὲ ἐν ἐκτάσει καὶ ἐν τοῖς ἔμπροσθεν παρετηροῦμεν. *R.* [Ἄλλως. δοκεῖ τῆς κατὰ Μύσκελλον ἱστορίας ἔχεσθαι τὸ λεχθέν. Μυσκέλλῳ γάρ φασι χρησμὸν δοθῆναι, κτίζειν πόλιν ὅπου ἂν αὐτὸν ἐξ αἰθρίας ὑετὸς λάβῃ· ὁ δὲ ᾤετο οὐκ ἄν ποτε ὑπ' αὐτοῦ κτισθήσεσθαι πόλιν, διὰ τὸ ἀδύνατον τοῦ χρησμοῦ. παραγεγενημένου δ' αὐτοῦ περὶ τὴν Ἰταλίαν, καὶ ἀμηχανοῦντος περὶ τὴν κτίσιν, παρακαθίσασαν τὴν παλλακίδα δακρύειν ἐπ' αὐτῷ ὀδυρομένην, καὶ τέλος εἰληφέναι τὸ χρηστήριον. διὸ καὶ εὐθὺς ἔκτισε τὴν πόλιν. — καίτοι χρῆν αἰθρίας οὔσης : Εἰ τὸ ὕειν, φησὶν, ἔργον ἦν τοῦ Διὸς, ἔδει αὐτὸν ὕειν, μηδαμῶς τῶν νεφελῶν φαινομένων. ἴσως δὲ δοκεῖ τὸ λεχθὲν ἔχεσθαι τῆς κατὰ Μύσκελον ἱστορίας. ὁ Μύσκελος γὰρ χρησμὸν δεξάμενος, κτίσαι πόλιν ὅπου ἂν αὐτὸν ὑετὸς καταλάβοι αἰθρίας οὔσης, ᾤετο μηδέποτε ἂν κτισθῆναι ὑπ' αὐτοῦ πόλιν, διὰ τὸ ἀδύνατον τοῦ χρησμοῦ. παραγενόμενος δὲ περὶ τὴν Ἰταλίαν καὶ μηχανώμενος περὶ τὴν κτίσιν τῆς πόλεως, παρακαθίσασαν τὴν παλλακίδα ἰδὼν δακρύουσαν καὶ ὀδυρομένην, καὶ τέλος ὑπολαβὼν τὸν χρησμὸν εἰληφέναι, ἔκτισε τὴν πόλιν. Harl. 5.] ἀποδημεῖν : Ἀντὶ τοῦ μὴ παρεῖναι. R. V.

372. προσέφυσας : προσήρμοσας. R. V. ἥρμοσας. καλῶς καὶ ὡς ἔδει προσήρμοσας. *Br.*

374. τετρεμαίνειν : Τρέμειν, κατὰ ἀναδιπλασιασμόν. (ἀντὶ τοῦ φρίττειν καὶ δεδιέναι. τὸ γὰρ τρέμειν καὶ πάλλεσθαι τὸ σῶμα τῶν ἄγαν εὐλαβουμένων.)

375. ὦ πάντα σὺ τολμῶν : Ἀντὶ τοῦ ὦ θρασύτατε καὶ τολμηρέ. R. ὦ θρασύτατε. V.

377. κρημνάμεναι : Ἀντὶ τοῦ κρεμάμεναι ἀπὸ τοῦ ἀέρος. ἢ ἐπικρεμάμεναι ἀλλήλαις [καὶ ἐπιβαρούμεναι· περισσὸν δὲ τὸ εἶτα.]

378. παταγοῦσιν : Ἠχοῦσιν. (Ὅμηρος [Il. N, 283]

πάταγος δὲ διὰ στόμα γίνετ' ὀδόντων.)

380. αἰθέριος δῖνος : [Καὶ τοῦτο ἐθρυλεῖτο παρὰ τοῖς

φυσικοῖς.] ἡ περιδίνησις ἡ αἰθερία. (ταῦτα δὲ ἐκ τῶν Ἀναξαγορικῶν λαμβάνει.)

380. Δῖνος νυνὶ βασιλεύων : Ἐγγύθεν ἔλαβεν ἀπὸ τοῦ Διὸς τὸ ὄνομα. [ὥσπερ εἰ ἔλεγε, μὴ βασιλεύειν τὸν Δία, ἀλλὰ Δῖνον. οὐχ ὅτι τὴν δίνησιν ὑποβάλλει, ἐκ τούτου Δῖνος εἶπεν, ἀλλὰ κεραμεοῦν ἐστι βαθὺ ποτήριον, ὃ καλεῖται δῖνος, ὅπερ ἄνω εὐρύτερον ὄν, κάτω εἰς ὀξὺ λήγει. τὸ γὰρ γελοῖον ἐκ τούτου εἰς τὴν τοῦ Δίνος παρείληφε διάνοιαν. — δῖνος : Δῖνος κυρίως ὁ τόρνος, ἐνταῦθα δὲ ἡ τοῦ οὐρανοῦ κίνησις, ἀφ' οὗ δίνη ἡ συστροφή, καὶ δινεῖν τὸ συστρέφειν. ὁ μὲν οὖν Σωκράτης δῖνον εἶπε τὴν τοῦ οὐρανοῦ ἢ τοῦ ἀέρος συστροφὴν καὶ κίνησιν καὶ περιφοράν· ὁ δὲ Στρεψιάδης ποτήριόν τι ἐνόησε κεραμοῦν, δῖνον καὶ τοῦτο καλούμενον παρ' Ἀττικοῖς, τὸ λεγόμενον καυκίον. Vict.]

383. τὸ φημί πρὸς τὰς νεφέλας. R.V.

385 ἄγε ἢ λέγε. τίνι. ἀπὸ αὐτοῦ σου. R. ἀπὸ σοῦ ἐγώ σε. V. [ἀπὸ σαυτοῦ 'γώ σε διδάξω : Εἰς τὸ σαυτοῦ τελείαν στικτέον, ἐπεὶ σύνθετόν ἐστι καὶ ἀμετάβατον γίνεται ὑφ' ἓν λέγουσι.]

386. ζωμοῦ Παναθηναίοις : [Ἐν τοῖς Παναθηναίοις αἱ Ἀττικαὶ τοῖς Ἀθηναίοις πόλεις ἔπεμπον βοῦς. ὅθεν ἡ δαψίλεια τῶν κρεῶν. Ἄλλως.] ἤδη ποτ' ἐν Παναθηναίοις ἐκόρεσας ζωμοῦ τὴν γαστέρα σου. τὰ δὲ Παναθήναια ἑορτὴν παρ' Ἀθηναίοις μεγίστην εἶναι προειρήκαμεν. ἐπεὶ οὖν ἐν τοῖς Παναθηναίοις πᾶσαι αἱ ὑπὸ τῶν Ἀθηναίων ἀποικισθεῖσαι πόλεις βοῦν τυθησόμενον ἔπεμπον, συνέβαινεν ἄδειαν εἶναι τῶν κρεῶν, ὥστε πληροῦσθαι πάντας καὶ παρὰ τὸ δέον ἐσθίοντας διὰ τὴν ἀφθονίαν τῶν κρεῶν. [... βοῦν τεθυσόμενον ἔπεμπον, συνέβαινεν ἀφθονίαν εἶναι κρεῶν, ὥστε κορέννυσθαι πληρουμένους τοὺς βουλομένους κρεάτων τε καὶ ζωμῶν. LB.]

Παναθηναίοις : Τὰ Παναθήναια ἑορτὴ τῶν Ἀθηνῶν ἦν, πασῶν τῶν ἐν Ἀθήναις τελουμένων ἑορτῶν ἡ μεγίστη, ἐν ᾗ ζῴων πολλῶν σφαττομένων, ὡς πασῶν τῶν ἀποικισθεισῶν ἀπ' Ἀθηνῶν πόλεων πεμπούσης ἑκάστης ἀνὰ ἕνα βοῦν εἰς τὴν θυσίαν καὶ ἕτερα ἱερεῖα, οἱ μὲν τῆς καλλίονος μοίρας ἄνθρωποι τὰ κρέατα ἔσθιον, οἱ πένητες δὲ τοὺς ζωμοὺς σὺν τμήματι ἄρτου βραχυτάτῳ. Victor.

[εἶτ' ἐταράχθης : Εἶτα συνέβη κινηθῆναι καὶ διαταραχθῆναι τὴν γαστέρα.]

387. [καὶ κλόνος ἐξαίφνης : Καὶ στρόφος τις καὶ εἴλιγξ αὐτῇ συνέπεσε. διεκορκορύγησε δέ, ἀντὶ τοῦ ἤχησε.] κορκορυγεῖν λέγουσι τὸ λαλεῖν τὴν γαστέρα. (ἐμιμήσατο δὲ τῇ φωνῇ τῶν ἐντέρων τὸν ἦχον.)

391. ἐκ τοῦ κατ' ὀλίγον φησί. *R.*

392. ἀπὸ γαστριδίου τυννουτουί : Ἀντὶ τοῦ μικροῦ. συναγαγὼν δὲ τοὺς δακτύλους φησὶ τοῦτο. R. [ποσόν. συναγαγὼν δὲ τοὺς δακτύλους ἐρεῖ. τύννον γὰρ τὸ μικρόν.] ὅτε ἔλαβεν ὁμολογοῦντα τὸν πρεσβύτην, τότε προσάγειν αὐτὸν ἐπεχείρει τῇ συγκρίσει· καί φησι, θαυμάζεις, εἰ βροντῶσιν αἱ Νεφέλαι πάντα κατέχουσαι τὸν οὐρανόν, ὅτε ἀπὸ μικρᾶς οὔσης τῆς κοιλίας σου τοσοῦτος ἦχος τῶν πορδῶν γίνεται;

394. τὼ 'νόματ' ἀλλήλοιν : Δυϊκῶς ἔκλινεν. φησὶ δὲ ὅτι διὰ τοῦτο καὶ τὰ ὀνόματά εἰσιν ἀλλήλοις παρεμφερῆ καὶ ὅμοια τῆς βροντῆς καὶ τῆς πορδῆς. [ἔπαιξε δὲ παρὰ τὸ ὁμοιοκατάληκτον.]

396. καὶ καταφρύγει : [Λέγεται γὰρ ὅτι πολλάκις ὁ κεραυνὸς ἁψάμενος οὐκ ἀναιρεῖ, ἀλλὰ περιφλέγει μόνον. Ἄλλως. καταφρύγει, καταίθει. περιφλύει δέ, περικαίει ἐπιπολῆς. τὸ δὲ ζῶντας, τινὲς ἀντὶ τοῦ πλουσίους ἤκουσαν.] οὓς μὲν κατακαίει, οὓς δὲ ζῶντας περιφλέγει (πυρὶ φλέγει *V.*) R. V. κατακαίει. τοὺς ζῶντας, τοὺς πλουσίους. περιφλύει, ἐξ ἐπιπολῆς καίει. *Br.* τοὺς δὲ ζῶντας περιφλέγει : Ἤγουν τοὺς μὴ ἀποθανόντας μετρίως καίει. *LB.*

397. ἀφίησιν, ἀποπέμπει. R.

397. Κρονίων ὄζων : Ἀρχαῖε καὶ εὐηθείας πνέων. ἔστι δὲ Κρόνια παρὰ τοῖς Ἕλλησιν ἑορτή. ἤγετο δὲ ἑκατομβαιῶνι μηνί. καὶ Κρονίους τοὺς λήρους ἐκάλουν.

βεκκεσέληνε : Ἤτοι ἀπόπληκτε καὶ σεληνόπληκτε καὶ σαλέ. R. (οἷον σεληνόβλητε, ἀπόπληκτε. Ψαμμήτιχος Αἰγύπτου βασιλεύσας ἠθέλησεν ἐπιγνῶναι τίνες πάντων ἀνθρώπων πρεσβύτατοι καὶ πρῶτοι γένοιντο. ὡς δὲ πάντα πολυπραγμονῶν οὐχ οἷός τε ἦν ἀνευρεῖν τὸ ἀκριβὲς διὰ τὸ πολλοὺς περὶ τούτου φιλονεικεῖν, μηχανᾶταί τι τοιοῦτον. λαβὼν ἀρτίτοκα δύο παιδία εἰς οἴκημα κατέκλεισεν ἀνακεχωρηκὸς παντάπασι. καὶ οἱ μὲν λέγουσιν ὡς αἶγας ὑπέπεμπεν αὐτοῖς, ἃς θηλάζοντα ἐτρέφετο τὰ παιδία, οἱ δὲ ὡς τροφοὺς παρέστησε τὰς γλώττας αὐτῶν ἐκτεμών, ὥστε τῆς φωνῆς αὐτῶν μὴ ἀκούειν τὰ παιδία. ταῦτα δὲ ὁ Ψαμμήτιχος ἐποίει βουλόμενος εἰδέναι τίνα ποτὲ τὰ παιδία πρώτην προήσουσι τὴν φωνήν, ἀπαλλαγέντα τῶν ἀσήμων κνυζημάτων. ὡς οὖν τριετὴς αὐτοῖς διεγεγόνει χρόνος τῆς τοιαύτης τροφῆς, εἰσέπεμψεν εἰς τὸν οἶκον τινὰ τῶν φίλων ἐντειλάμενος σιωπῇ παρελθεῖν. τοῦ δὲ ἀνεῴξαντος τὰς θύρας, ὀρέγοντα τὰς χεῖρας τὰ παιδία βέκκος ἐλάλουν. Φρύγας δέ φασι τὸν ἄρτον οὕτως καλεῖν, καὶ οὕτως μὲν Ψαμμήτιχον εὑρεῖν καὶ πιστεῦσαι πρώτους γεγονέναι Φρύγας. ἐνταῦθα δὲ ἡ λέξις σημαίνει τὸ ἀρχαῖε καὶ ἀνόητε. *V.*) [Ἄλλως. ἀντὶ τοῦ, ἀρχαῖε καὶ μωρέ. τοὺς γὰρ μωροὺς ἀρχαίους ἐκάλουν ἀπὸ τῆς ἱστορίας, τοὺς Ἀρκάδας κατὰ τοὺς πρὸ σελήνης χρόνους ἐν ταῖς ἐρήμοις διάγειν, ἢ ὑπὸ ταῖς ὕλαις ἐκ τῶν ἀποπιπτόντων καρπῶν διαζῆν. φιλονεικησάντων δέ ποτε Ἀρκάδων καὶ τῶν Φρυγῶν καὶ Περσῶν περὶ τῆς ἀρχαιότητος, καὶ εἰς κρίσιν ἐλθόντων, Ψαμμήτιχος ὁ βασιλεὺς Αἰγύπτου λαβὼν δύο ἀρτίτοκα παιδία, ἔν τινι ἀπέκλεισε τόπῳ, καὶ αἶγα ἐποίησε ταῦτα θηλάζειν. ἄλλοι δέ φασιν οὐκ αἶγας, ἀλλὰ τὰς ἑαυτῶν μητέρας, ἐκτετμημένας τὰς αὐτῶν γλώττας, ἵνα μὴ δύνωνται διδάσκεσθαι, ὁμιλουσῶν ἀλλήλαις, τὰ παιδία. ἔπειτα μετὰ τριετῆ χρόνον ἐκέλευσε σιωπῶντα ἄνδρα εἰσελθεῖν πρὸς αὐτά. εἰσελθόντος δὲ αὐτοῦ προσεπήδησαν τὰ

παιδία, λέγοντα βέκ. ἔστι δὲ τοῦτο Φρυγιστὶ ἄρτος. ἐκ τούτου Φρύγες ἐφάνησαν ἀρχαιότεροι. ἀπὸ ἱστορίας οὖν εἴρηται ἡ λέξις. ἔστι δὲ παρ' Ἡροδότῳ, ἔνθα περὶ Ψαμμητίχου φησί. δέον δὲ εἰπεῖν προσέληνε, τὸ βὲκ παρέπλεξεν, ὅπερ ἐστὶ κατὰ Φρύγας ἄρτος. οἷον σεληνίζουσι καὶ ἀπόπληκτε.]

399. σφόδρα γ' εἴσ' ἐπίορκοι : Οὗτοι καὶ ὡς ἐπίορκοι καὶ ὡς εἰς ἀλλήλους κακοὶ κωμῳδοῦνται.

401. Σούνιον. τόπος τῆς Ἀττικῆς, ἀκρωτήριον ὂν τῆς Ἀτταλίδος φυλῆς. R.

402. τάς δρῦς γε τὰς μεγάλας : [Ἐπειδὴ τοῖς ὑψηλοῖς καὶ τοῖς δένδροις ἐμπίπτει ὁ κεραυνός.] σημειωτέον δὲ, ὅτι Πελοποννήσιοι ἀρσενικῶς λέγουσι τοὺς δρῦς.

403. οὐκ οἶδ', ἀτὰρ : Ἐστενοχωρήθη ὑπὸ τῶν τοῦ Σωκράτους λόγων.

404. ξηρὸς : Εὔδιος καὶ θερμὸς καὶ μὴ ἔχων ὑγρασίαν [φησὶ δὲ, ὅτι ἄνεμος ἐμπεσὼν ταῖς Νεφέλαις, καὶ ὑπό τινος ἀνάγκης ἐλαυνόμενος, σφοδρότερον πνεύσας καὶ διαρρήξας ἀπορρήγνυσιν ἐξ αὐτῶν τὸν κεραυνόν. κατακλεισθῇ δὲ ἀντὶ τοῦ στενοχωρηθῇ,] συσχεθῇ καὶ μεῖζον καὶ σφοδρότερον πνεύσῃ. [ἐντεῦθεν δὲ δῆλον ὡς πυκνότατόν ἐστι τὸ τῶν νεφῶν σῶμα. εἰ γὰρ ἦν ἀραιὸν, διεφορεῖτ' ἂν ὁ ἄνεμος κατ' ὀλίγον.]

405. ὥσπερ κύστιν : Τὴν κοιλίαν φησὶ, τὴν φῦσαν. εἴρηται δὲ φῦσα ἀφ' οὗ πάσχειν πέφυκε. [ῥήξας δὲ, διασκεδάσας, διασκορπίσας.] ὑπ' ἀνάγκης, ὑπὸ βίας στενοχωρούμενος διαρήξας αὐτάς. R.

406. σοβαρὸς : Αὐθάδης, ὑπερήφανος. *Vict.*

407. ῥοίβδου : Ψόφου. ῥύμης : Ὁρμῆς. *Vict.* ὑπὸ τῆς ὁρμῆς. αὐτὸς ἑαυτὸν θερμαίνων καὶ ἐκπυρῶν. R.

408. [Διασίοισιν : Ἑορτὴ Ἀθήνησι Μειλιχίου Διός. ἄγεται δὲ μηνὸς ἀνθεστηριῶνος η' φθίνοντος. Ἀπολλώνιος δὲ ὁ Ἀχαρνεὺς τὰ Διάσια διακρίνει ἀπὸ τῆς τοῦ Μειλιχίου ἑορτῆς, προσαγορεύεσθαι αὐτὰ λέγων, καθάπερ τινές φασιν, ἀπὸ τοῦ διαφυγεῖν αὐτοὺς εὐχαῖς τὰς ἄσας.] (Ἄλλως. ἑορτὴ Διὸς Ἀθήνησι τὰ Διάσια, ἐν ᾗ πανδημεὶ ἔξω τείχους συνόντες ἑορτάζουσιν. ἔστι δὲ τὰ Διάσια τὰ αὐτὰ τοῖς Διιπολίοις.) — ἀτέχνως : Ἀμελῶς, ἀμαθῶς. *Vict.* ἀπείρως, ἀμαθῶς. V. ἀπείρως. Rav.

409. κᾆτ' οὐκ ἔσχων : Οὐκ ἔσχαζον. Ἀττικῶς ἔκλινεν. οὐκ ἐκίνουν, οὐκ ἔσχισα. ποιοῦσι δὲ τοῦτο, ἵνα μὴ διαρραγῇ. (Ἄλλως. οὐκ ἔσχαζον. εἰώθασι δὲ κεντεῖν καὶ σχίζειν, δίοδον παρέχοντες τῷ πνεύματι τῶν ἐγκειμένων, ὥστε μὴ ἀθρόως ἐξελθεῖν βουλόμενον διαρρῆξαι.) [ἔστι δὲ ἀπὸ τοῦ σχάω σχῶ, ἐξ οὗ τὸ σχάζω· ὡς ἀπὸ τοῦ χλοῶ χλοάζω, καὶ χνοῶ χνοάζω. — ξυγγενέσιν : Ἤγουν τοῖς συμπεφυκόσι κοπρίοις. *Vict.* ἔσχων, ἔσχασα. *D.*]

410. ἡ δ' ἄρ' ἐφυσᾶτο : Ἡ δὲ ὠγκοῦτο ἐπαιρομένων τῶν ὄντων εἰς αὐτὴν ἀρτύσεων. διαλακήσασα δὲ, διαρραγεῖσα, λακὶς γὰρ τὸ σχίσμα. — διαλακήσασα : Ἠχήσασα. *LB.*

411. προσετίλησε : Προσερράντισεν. οἰκείως δὲ νῦν τῷ προσετίλησε χρῆται ὡς ἐπὶ κοιλίας.

414. ταλαίπωρον : τὸ τλητικὸν, ἐπίπονον. *R. Vict.*

416. τὸ μὴ ἀντὶ τοῦ οὐ. V. (μήτε ῥιγῶν : Ἐν γὰρ μόνῳ τῷ τρίβωνι διεχείμαζον οἱ φιλόσοφοι, μηδὲν ἐσθίοντες.) — ἀριστᾶν : Εὐωχεῖσθαι, τρυφᾶν. *Vict.*

417. (Τῶν ἀφροδισίων λέγει καὶ τῆς τοιαύτης λαγνείας. τὰ γὰρ ἀνόητα ἀντὶ τοῦ μωρά. μωραίνειν δὲ τὸ ἀφροδισιάζειν. ταῦτα δὲ οὐκ ἐποίει Σωκράτης, ἀλλὰ πίνειν μὲν οἶνόν φασιν αὐτὸν πλεῖστον, νήφειν δὲ καὶ τὰ συνήθη πράττειν.)

ἀνοήτων : τῶν ἀφροδισίων. R. ἀφροδισίων, καὶ πάντων τῶν ἐκ μωρίας γινομένων. *E.*

418. δεξιὸν : Εὐφυῆ. *Vict.*

419. οὐκ αὐτῇ τῇ γλώττῃ πολεμῶν, ἀλλὰ γλώττῃ καθάπερ ὅπλῳ χρώμενος, τοῦτο γὰρ ὅπλον ῥήτορος, καὶ καταπολεμῶν ἐν αὐτῇ τοὺς ἐναντίους. φησὶν οὖν, εἰ δυνήσῃ πάντων ἀπέχεσθαι ὧν εἰρήκαμεν, δυνήσῃ ἀγωνίσασθαι πρὸς τοὺς ἀντιταττομένους R. V. [τῇ γλώττῃ πολεμίζων : Τῇ γλώττῃ πολεμοῦσι τοὺς ἐναντίους οἱ ῥήτορες. ἐκ τούτων δὲ δείκνυσι τῶν τριῶν ὡς οὗτος ἄριστος ἐν ἀνθρώποις, ὃς ἔν τε πράξει καὶ βουλῇ καὶ λόγῳ τοὺς ἄλλους νικᾷ.] τὸ δὲ δυσκολοκοίτου, δυσκόλως κεῖσθαι ἐώσης. τρυσιβίου δὲ, κεκολασμένης καὶ καταπονούσης τὸν βίον. — γλώττῃ πολεμίζων : Διαλεγόμενος. *Vict.*

421. θυμβρεπιδείπνου : Τὰς θύμβρας δυναμένης δειπνεῖν· ἔστι δὲ βοτάνης εἶδος, ἀφ' οὗ δηλοῖ ὅτι λάχανα μόνα τρωγούσης εὐτελῆ. [ἐκ δὲ τοῦ λαχάνου τούτου καλοῦμεν τὸν εὐτελῶς καὶ φειδωλῶς ζῶντα, θυμβρεπίδειπνον. Junt. εὐτελοῦς περὶ τὰς τροφάς. *Br.* θρυμβεπιδείπνου : Θρύμβον δειπνούσης. *LB.* τρυσιβίου : Τρύσις, νόσος, πόνος. *Vict.*]

422. ἐπιχαλκεύειν : Ἀντὶ τοῦ παιδεύεσθαι, οἱονεὶ ἄκμων.

424. [τὸ Χάος τουτὶ : Χάος λέγει τὸν ἀέρα· παρὰ τὸ κεχύσθαι· ἐτίμων δὲ καὶ τὴν γλῶτταν καὶ ἤσκουν τὴν πολυλογίαν. — γλῶτταν, τὴν στωμυλίαν. *E.*]

425. [οὐδ' ἂν διαλεχθείην : Ἀντὶ τοῦ, οὐδ' ἂν προσείποιμι ἄλλον θεὸν οὐδὲ συντυχών.] R. ἀτεχνῶς : δι' ὅλου. R. παντελῶς διόλου. V.

427. οὐκ ἀτυχήσεις : Ἀντὶ τοῦ οὐκ ἀποτεύξῃ ὧν θέλεις R. — δυστυχῶν R. [δεξιὸς δὲ ἀντὶ τοῦ πεπαιδευμένος.]

428. δεξιὸς : Πεπαιδευμένος. *Vict.*

430. λείπει ποιήσατε. R.

431. ἀπὸ τούτου τοῦ χρόνου. R.

432. γνώμας ἔλεγον τὰς δημηγορίας.

434. ὅσ' ἐμαυτῷ : Χάριν ἐμαυτοῦ. *Br.*

στρεψοδικῆσαι : Ἀντὶ τοῦ ἐκφυγεῖν. καὶ νῦν δὲ χρήστας τοὺς δανειστάς. R. ἀντὶ τοῦ στρέψαι τὰς δίκας. πρὸς ταύτην δὲ τὴν λέξιν καὶ τὸ ὄνομα τῷ γέροντι πεποίηται Στρεψιάδης. τὸ δὲ τοὺς χρήστας διολισθεῖν, τοὺς δανειστὰς ἐκφυγεῖν. — διὰ στροφῆς καὶ ποικιλίας

λόγων τὸ δίκαιον διαφθεῖραι. *E*. διὰ στροφῶν καὶ ποικιλίων λόγων τὸ δίκαιον διαφθεῖραι. διολισθεῖν : Ἐκφυγεῖν. *Vict*.

436. προπόλοισι δὲ, πρόσφυξι καὶ θεράπουσι. λέγει δὲ τοῖς φιλοσόφοις. [πιέζει δὲ, στενοχωρεῖ, ἀναγκάζει. — προπόλοισιν : Ὑπηρέταις, νεωκόροις. *Vict*.]

438. [τοὺς κοππατίας : Μετὰ τοῦ χαράγματος καὶ τοὺς ἐκκεκοφότας αὐτοῦ τὴν οὐσίαν δηλοῖ.

ὅς μ' ἐπέτριψεν : Ὅς αἴτιός μοι γέγονε πάντων τῶν συμβάντων κακῶν· ἢ δι' ὃν ἐδυστύχησα. — ἐπέτριψεν : Ἠφάνησεν. *Vict*.]

439. [νῦν οὖν χρήσθων : Ἡ ἔκθεσις τῆς διπλῆς κώλων ἐστὶν ὁμοίων ἀναπαιστικῶν ιη'. ὧν τὸ πρῶτον τρίμετρον βραχυκατάληκτον· τὰ δὲ ἑξῆς δίμετρα ἀκατάληκτα, πλὴν τοῦ δωδεκάτου καὶ ἑπτακαιδεκάτου, ἀναπαιστικῶν βάσεων παρατελεύτων καλουμένων, καὶ τοῦ τελευταίου ἐφθημιμεροῦς ὄντος, καὶ παροιμιακοῦ, ὡς εἴρηται, καλουμένου. ἐπὶ τῷ τέλει δύο διπλαῖ ἔξω νενευκυῖαι.]

χρήσθων : Νῦν οὖν χρήσθωσαν. τὴν μὲν προφορὰν ὡς δυϊκὸν ἔχει τοῦ σχηματισμοῦ. πληθυντικῶς δὲ λέλεκται χρήσθωσαν. Ἀττικῶν δὲ ἡ τοιαύτη σύνταξις, ποιούντων ἐκεῖνοι, φρονούντων ἐκεῖνοι ἀντὶ τοῦ ποιείτωσαν καὶ φρονείτωσαν, ὡς καὶ ἐνταῦθα. νῦν γάρ, φησί, τὴν ἐξουσίαν αὐτοῖς ἐπιδίδωμι τοῦ ἐμαυτοῦ σώματος, τοῖς προπόλοις δηλονότι, (ἤγουν τοῖς φιλοσόφοις).

441. κακοῦν, ξηραίνεσθαι καὶ τὸ δέρμα μου εἰς ἀσκὸν ἐκδερματίζειν. ὑπὲρ δὲ τοῦ πιστευθῆναι αὐτὸν ἐμμένειν τοῖς ὑποκειμένοις, προσέθηκε πλέον (ἢ ἐκεῖνοι προσέταξαν, καὶ λέγει καταφρονεῖν ἐκδερομένου τοῦ δέρματος). ὁ γὰρ τὰ μείζω ἐπαγγελλόμενος ὑπομένειν, εὐχερῶς ἂν τὰ ἥττονα ὑπενέγκοι.

442. [ἀσκὸν δέρειν : Ἀντὶ τοῦ τὸ σῶμα ἐκδέρειν, εἰ δέοι καταφρονήσειν ἐκδερομένου τοῦ σώματος. — αὐχμεῖν : Ξηραίνεσθαι, ἀλουτεῖν. *Vict*.]

445. ἴτης : Ἀντὶ τοῦ ἰταμὸς, σκληρὸς, τολμηρὸς, καὶ δι' αὐτῶν χωρῶν τῶν πραγμάτων. — ὁρμητικός. *Br*.

446. βδελυρὸς : Καὶ τὸν πόρνον οὕτως ἐκάλουν, ὡς ἐν τῷ κατὰ Τιμάρχου Αἰσχίνης, καὶ τὸν μίσους ἄξιον. καὶ τὸ μισῆσαι βδελύξασθαι. καὶ τὸν ἀνελεύθερον. [τὸ δὲ ψευδῶν συγκολλητὴς ἀντὶ τοῦ ψευδοπλάστης.] — ψευδολόγος. R. V. μιαρός. *Br*. θρασὺς, ἰσχυρός. *Vict*. ξυγκολλητὴς : Συρραφεύς. *Vict*.

447. εὑρησιεπὴς : Ἐφευρετὴς λόγων. *A*. περίτριμμα δικῶν : Τετριμμένος περὶ τὰς δίκας. *Br*.

448. κύρβις : Ὁ περίεργος, ὃν οὐκ ἔστι λαθεῖν· (ἕνεκεν γὰρ μνήμης ἀνέγραφον εἰς τὰς κύρβιας). κύρβις δὲ σανὶς ἔνθα οἱ νόμοι γεγραμμένοι ἦσαν. ἢ οὕτως. ἡδέως ἂν ὁτιοῦν ὑπομείναιμι, ἵνα δόξω τοῖς πολλοῖς λόγων ἔμπειρος εἶναι καὶ νόμους εἰδέναι. R. V. κύρβις : Νόμων πλήρης. *Br*.

(τὸ δὲ κρόταλον ἀντὶ τοῦ εὔγλωττος καὶ εὔστομος ὡς τὰ κρόταλα.) — πολυλόγος. *Br*.

κίναδος, ἀπατητικός. εἴρηται δὲ ἀπὸ μεταφορᾶς τῆς ἀλώπεκος. κοινῶς δὲ θηρίον τὸ κίναδος, οὐχ ὥς τινές φασιν πᾶν ἑρπετόν. R. (τὸ δὲ κίναδος εἶδός τι θηρίου, ὡς καὶ Δημοσθένης ἐν τῷ περὶ στεφάνου [p. 307, 23] « τοῦτο δὲ καὶ φύσει κίναδος τἀνθρώπιόν ἐστιν. » οἱ δὲ πᾶν μὲν θηρίον κίναδος ἀξιοῦσι καλεῖσθαι, ἰδίως δὲ τὴν ἀλώπεκα. κακοῦργος οὖν, φησίν, ὡς ἀλώπηξ.) [τινὲς δὲ, κίναδος, ζῷον μικρὸν, τὸ αἰδοῖον εἰσωθοῦν καὶ ἐξωθοῦν.] πανοῦργος. *Br*.

τρύμη : Ὁ τετρημένος σφόδρα καὶ πεπερονημένος ἐν τοῖς πράγμασιν, ὃν ἡμεῖς τρύπανόν φαμεν. [τρῦμα δὲ καὶ τρῆμα τὴν ὀπήν φαμεν.] θέλει δὲ εἰπεῖν εὔτονος ὡς τρύπανον. [τρύμη οὖν τρύπανον, ὡς πάντων περιγενόμενος. ἢ τριὸς καὶ ταλαίπωρος. ἢ τρυμαλιά. — λεπτολόγος. *Br*.]

449. μάσθλης ἰδίως ὁ μεμαλαγμένος λῶρος καὶ ἔκλυτος. μάσθλης οὖν ἐνταῦθα ὁ πολυγνώμων (καὶ μηδὲν βέβαιον μηδὲ σταθερὸν γινώσκων. ἢ ὁ ἱμαντώδης καὶ μαστιγίας, ἀπὸ μεταφορᾶς τοῦ μεμαλαγμένου ἱμάντος, ἢ οὕτως εὔτονος ὡς ἱμάς). λέγει οὖν τὸν ὀλισθηρὸν καὶ διαβατικόν. — μεμαλαγμένος. *Br*.

εἴρων : Ὁ πάντα παίζων καὶ διαχλευάζων, εἰρωνευόμενος, ἀπατεὼν, ὑποκριτής.

γλοιὸς : (Τὸ αὐτὸ δηλοῖ τῷ μάσθλης. εἴληπται δὲ ἡ μεταφορὰ ἀπὸ τοῦ ἐν τοῖς βαλανείοις ἐλαίου πεπηγότος, ὅπερ τοὺς ἐπιλαμβανομένους διολισθάνειν πέφυκε. τοιοῦτος οὖν καὶ ὁ πρεσβύτης εὔχεται γενέσθαι τοὺς τρόπους, ἵνα ὥσπερ διολισθάνειν καὶ φεύγειν δύνηται τοὺς δανειστάς. καὶ μέχρι δεῦρο τοὺς τῇ γνώμῃ σκάζοντας καὶ μηδὲν σταθερὸν φρονοῦντας, καὶ ἄλλο μὲν ἐπαγγελλομένους, ἄλλο δὲ φρονοῦντας καὶ πράσσοντας, διὰ τὸ τῆς γνώμης ὀλισθηρὸν καὶ ἄπιστον γλοιοὺς καλοῦμεν.) [ἢ γλοιὸς λέγεται ὁ ῥύπος τοῦ ἐλαίου. λέγει οὖν τὸν ῥυπαρὸν τοὺς τρόπους. Ἄλλως. γλοιὸς ἐπὶ τοῦ ῥυπαροῦ καὶ μιαροῦ καὶ μικρολόγου παραλαμβάνεται. καὶ γὰρ ὁ ῥυπαρὸς διὰ τὴν ἄσκησιν σύνεγγύς πώς ἐστι τῷ γλοιῷ. ἐπὶ δὲ τὸ ἦθος μετενεχθὲν τὸν μοχθηρὸν δηλοῖ καὶ ὀλισθηρὸν καὶ εὐμετάβολον.] γλοιὸς, μιαρὸς καὶ ῥυπαρὸς καὶ μικρολόγος. R. γλίσχρος. *Br*.

450. κέντρων : Τουτέστι χαλεπὸς καὶ φρικτὸς, καθὸ καὶ τοὺς ἡνιόχους κεντροτύπους καλοῦμεν, τοὺς τοῖς κέντροις τοὺς ἵππους τύπτοντας. (κέντρων λέγεται καὶ ὁ κλέπτης διὰ τὸ βασανιζομένοις τοῖς κλέπταις καὶ κέντρα προσφέρεσθαι.) [κέντρων δέ ἐστι τὸ ἐπισασσόμενον τοῖς ὄνοις ἐκ πολλῶν καὶ διαφόρων συρραφὲν σακκίων. καὶ ἐπίσαγμα τῶν ὄνων. Ἄλλως. οἱ ἐκ πολλῶν συνηθροισμένοι ἐπὶ τοιαῦτά τινα τοῖς ὑποζυγίοις ῥιπτούμενα καλοῦνται κέντρωνες. οἱ δὲ τὸν λοίδορον ἀκούουσιν· οἱονεὶ κεντροτύπος, ὁ κεκεντρωμένος καὶ φρικτός. — πλήκτων. *Br*.]

στρόφις : Ἀπὸ τοῦ στροφέως ἡ μεταφορά. οἷον εὔστροφος καὶ εὐκίνητος ἐν τοῖς πράγμασι. — στρέφων τὰ πράγματα. ἀργαλέος : Λυπηρός. *Br*. ἀκαταγώνιστος. R.

451. ματιολοιχός : Οἱ μὲν τὸν λίχνον, οἱ δὲ τὸν

μικρολόγον, ἐπεὶ μάτιον τὸ ἐλάχιστον εἰώθασι λέγειν. οἱ δὲ τὸν μάταια βουλευόμενον καὶ λοχῶντα. (οἱ δὲ τὸν κρουσιμέτρην. μάτιον γὰρ εἶδος μέτρου. ὀξύνει δὲ Ἡρωδιανός.) — σμικρολόγος, φειδωλὸς, καὶ οὐ προιέμενός τι τῶν αὐτοῦ. *Br.* ματτιολοιχός : Ἐκ μεταφορᾶς τῶν μασσώντων. *LB.*

453. δρώντων ἀτεχνῶς : ἀκριβῶς. οἱ φιλόσοφοι. R.

455. ἀπ' ἐμοῦ χορδὴν τοῖς φιλοσόφοις παραθέτωσαν. χορδὴ δὲ τὸ λεπτὸν ἔντερον. ὑπερβολὴ δὲ τὸ τοιοῦτον. R.V.

456. φροντισταῖς : φιλοσόφοις. V. εἰς ἑστίασιν. *Vict.*

(456). λῆμα μὲν πάρεστι : Ἐπέκθεσις τῆς διπλῆς ἀμοιβαία, ἐκ κώλων κ', ὧν τὸ πρῶτον τροχαϊκὸν δίμετρον ἀκατάληκτον. τὸ δεύτερον τροχαϊκὸν τρίμετρον καταληκτικόν. τὸ γ' δακτυλικὸν πενθημιμερές. τὸ δ' ἀναπαιστικὸν πενθημιμερές. τὸ πέμπτον τροχαϊκὸν δίμετρον βραχυκατάληκτον, ὃ καλεῖται Φερεκράτειον ἀτελές. τὸ ἕκτον ἰαμβικὴ βάσις. τὸ ἕβδομον ἀναπαιστικὸν δίμετρον βραχυκατάληκτον. τὸ ὄγδοον ὅμοιον. τὸ ἔνατον ἰαμβικὸν πενθημιμερὲς, ὃ προῦχον καλεῖται. τὸ δέκατον ὅμοιον τῷ τρίτῳ. τὸ ἑνδέκατον ὅμοιον τῷ ἕκτῳ. τὸ δωδέκατον τροχαϊκὸν πενθημιμερές. τὸ τρισκαιδέκατον ἀναπαιστικὴ βάσις. τὸ τεσσαρεσκαιδέκατον ὅμοιον τῷ ἐνάτῳ. τὸ πεντεκαιδέκατον δακτυλικὸν ἑφθημιμερές, ὃ Ἀλκμάνειον καλεῖται. τὸ ἑκκαιδέκατον ὅμοιον τῷ τετάρτῳ. τὸ ἑπτακαιδέκατον ὅμοιον τῷ τρίτῳ. τὸ ὀκτωκαιδέκατον ὅμοιον τῷ ἐνάτῳ. τὸ ἐννεακαιδέκατον, ὃ παρατέλευτον ὀνομάζεται, δακτυλικὴ βάσις. τὸ εἰκοστὸν ὅμοιον τῷ πεντεκαιδεκάτῳ. — λῆμα : Φρόνημα, ἀξίωμα. *Vict.* ἀντὶ τοῦ φρόνημα. R.

458. ἀλλ' ἕτοιμον : ἀλλὰ τολμηρόν. R.

459. οὐρανόμηκες : Μέγιστον· [παρὰ τὸ [Il. K, 212] « ἐπουράνιον κλέος εἴη. » πάλιν δὲ ὡς φιλόσοφος ἀπὸ τοῦ οὐρανοῦ τὴν λέξιν παρήγαγε, διὰ τὸ διδάσκειν τὰ οὐράνια.]

465. τοῦτο : τὸ εὐδαιμονῆσαι δηλονότι. R. τὸ ζῆσαι βίον τοιοῦτον. *Vict.*

469. [ἀνακοινοῦσθαι : Τὸ ἀνακοινοῦσθαι πρὸς τὸ πράγματα σύναπτε καὶ ἀντιγραφάς. εἰκότως δὲ εἶπε τῇ σῇ φρενὶ, δεικνὺς ἐντεῦθεν, ὡς ἄλλος μὲν ἂν τις οὐδενὸς ἄξια ταῦτα ἐλογίσατο, σὺ δὲ πλείστου ἄξια. Vict.]

(471). πράγματα κἀντιγραφὰς : Οὕτως ἐκάλουν τὰς δίκας διὰ τὰς ἀντιθέσεις καὶ λύσεις τῶν ἐπιφερομένων. [τὸ δὲ ἑξῆς, ἀνακοινοῦσθαι τὰ πράγματα καὶ τὰς ἀντιγραφάς.]

(474.) ἄξια σῇ φρενὶ : Τὰ ἄξια πράγματα σὺν τῇ σῇ φρενὶ βουλευσομένους.

(476). νῦν ὁ Σωκράτης λέγει, μᾶλλον δὲ ὁ χορός· εἴωθε γὰρ μετὰ τὸ ᾆσαι ἐπάγειν δίστιχα· ὡς ἂν ᾄδῃ τὸ ἀλλ' ἐγχείρει. V. [ἀλλ' ἐγχείρει : Ἐν ἐκθέσει δίστιχον ἀναπαιστικὸν τετράμετρον καταληκτικόν. εἰώθασι γὰρ μετὰ τὰς τοιαύτας περιόδους ἐπάγειν δίστιχον. ἐπὶ τῷ τέλει τῆς μὲν ἐπεκθέσεως δύο συνήθως διπλαῖ ἔξω νενευκυῖαι, τῆς δὲ διστιχίας παράγραφος. καλεῖται δὲ ταῦτα πολυσχημάτιστα, διὰ τὸ διάφορα δέχεσθαι μέτρα. τὰ δ' ἐφεξῆς λϐ' ἰαμβικά εἰσιν ἀκατάληκτα τρίμετρα· ὧν τελευταῖον

χώρει, τί κυπτάζεις ἔχων περὶ τὴν θύραν;

ἐπὶ τῷ τέλει κορωνίς. — ἐγχείρει : Ἀρχὴν ποίει. *Vict.*]

481. τειχομαχεῖν μοι διανοεῖ : πρὸς τὰς μηχανὰς ὑπήντησε. R.V. [ἐντεῦθεν παρίστησι τὴν ἑαυτοῦ διάνοιαν. τὸ γὰρ μηχανὰς οὐχ ὡς ὁ Σωκράτης, οὕτω καὶ αὐτὸς ἐνόησεν, ἀλλ' εἰς τειχομαχικὰ ὄργανα. ἐξεπίτηδες καὶ ὁ ποιητὴς ταύτην τὴν λέξιν ἔθηκεν. Junt. ἐντεῦθεν παρίστησι τὴν ἑαυτοῦ ἄνοιαν· τὸ γὰρ μηχανὰς οὐχ ὡς Σωκράτης εἶπεν, αὐτὸς ἐνόησεν, ἀλλ' εἰς τειχομαχικὰ ὄργανα. ἐξεπίτηδες δὲ ὁ ποιητὴς ταῦτα ποιῶν διλημμάτους τίθησι λέξεις. Vict.]

484. ὀφείλεται : Χρεωστεῖταί μοι δάνεισμα παρ' ἑτέρου. *Br.* κεχρεώστηται. R.

486. ἔχεις ἐπιτηδειότητα ἐν τῷ λέγειν. R.V.

487. [ἀποστερεῖν δ' ἔνι : Πρὸς τὸ ὁμοιοκατάληκτον, καὶ πρὸς τὸ ἑαυτοῦ ὁ γέρων βούλευμα. τοῦτο γὰρ αὐτῷ σπουδάζεται τὸ ἀποστερεῖν τοὺς δανειστάς.]

488. ἀμέλει : Παρέλκει. (Ἀττικὴ δὲ ἡ φράσις. ἀντὶ τοῦ, μὴ ἀθύμει.)

490. [συναρπάσει : Ἀντὶ τοῦ συναρπάσῃ. πρὸς τὸ ὑφαρπάσαι ἔπαιξεν, ἐπειδὴ καὶ οἱ κύνες ἁρπάζοντες ἐσθίουσι.]

496. ἀκαρῆ : ἀντὶ τοῦ ὀλίγον χρόνον. R.V. δικάζομαι : Εἰς δικαστήριον ἀπέρχομαι. *Vict.*

497. ἴθι νῦν κατάθου : Ἀντὶ τοῦ ἄγε. ὅπερ δὲ ἐπὶ τῶν μυουμένων τὰ μυστήρια, ἀποδῦσαι αὐτὸν τὴν ἐσθῆτα βούλεται. [ὡς μέλλων δὲ ἐκεῖνος τύπτεσθαι, φησὶν, ἠδίκηκά τι; ὁ δὲ τερατευόμενος ὡς ἐπὶ τῶν μυουμένων, γυμνὸν εἰσάγει αὐτόν.]

[ἴθι νῦν, κατάθου θοιμάτιον : Ἔθος ἦν τοῖς τότε φιλοσόφοις ἐν χιτώνιον μόνον ἐνδεδυμένους καὶ ἡμιγύμνους καθημένους φιλοσοφεῖν. κατὰ τοῦτο οὖν τὸ ἔθος κατάθου, εἶπεν ὁ Σωκράτης τῷ Στρεψιάδῃ, τὸ ἱμάτιον, ἤγουν ἀπόδυσαι. ὁ Στρεψιάδης δὲ ὑπολαβὼν ὅτι ἀποδύσασθαι τοῦτο κελεύει, ἵνα τὸ ἱμάτιον αὐτοῦ δῆθεν ἀφέληται, ἢ γυμνωθέντα τούτου ἱμάσι τύψῃ, διὸ καὶ ἠδίκηκά τι, φησὶ, καὶ διὰ τοῦτο βούλει ἀφαιρεῖσθαί μου τὸ ἱμάτιον; Vict.]

498. νομίζεται : ἀντὶ τοῦ νόμιμόν ἐστιν. R.

499. ἀλλ' οὐχὶ φωράσων : (Ἔθος ἦν τοὺς εἰσιόντας εἰς οἰκίαν τινὸς ἐπὶ τῷ ἐρευνῆσαι γυμνοὺς εἰσιέναι, ἵνα μή τι ὑπὸ τὰ ἱμάτια κρύψαντες λάθωσιν, ἢ ἵνα μὴ ὑπὸ ἔχθρας λάθωσιν ὑποβαλόντες τὸ ζητούμενον καὶ ζημίας αἴτιοι τούτῳ γένωνται.) οἱ γὰρ μέλλοντες εἰσιέναι, ἵνα ἐπιθεάσωνται χρήματα τοῦ δημοσίου γενόμενα, ἢ κατ' ἔρευναν, γυμνοὶ εἰσίασιν, ἵνα μή τι ὑπὸ τὰ ἱμάτια κρύψωσι. — εἰσέρχομαι : Καὶ δεῖμα ἐντεῦθεν γυμνὸν εἰσιέναι, μήπως κρατηθῶ. *Vict.* ὡς μέλλων τύπτεσθαι τοῦτό φησι. R.

504. ἡμιθνὴς γενήσομαι : Ἐπεὶ ἰσχνὸς καὶ ὠχρὸς

τὴν ἰδέαν ὁ Χαιρεφῶν, ἅτε φιλοσοφίᾳ συντετηκώς· ὅθεν νυκτερὶς ἐκαλεῖτο καὶ πύξινος. [ἰστέον ὅτι ἰσχνὸς καὶ ὠχρὸς τὴν ἰδέαν ὁ Χαιρεφῶν ἦν, ἅτε φιλοσοφίᾳ συζῶν, καὶ ἐκ ταύτης συντετηκὸς ἔχων τὸ σῶμα. διὸ καὶ νυκτερὶς ἐκαλεῖτο, διὰ τὸ ἰσχνόν. Br. ἡμιθνής : Ἡμιμαθής. *Cant.* 3. ὤφειλεν εἰπεῖν ἡμιμαθὴς γενήσομαι, ἐπεὶ περὶ μαθήσεως ὁ λόγος. ἀλλ' ἐπειδὴ τὸ μὲν τελείως μαθεῖν ἐστι τῷ Στρεψιάδῃ ζωή, διὰ τὸ ἐκ τούτων δυνήσεσθαι τοὺς δανειστὰς ἀποκρούσασθαι, τὸ μηδόλως μαθεῖν οἱονεὶ θάνατος, διὰ τὸ μέλλειν ἀποδοῦναι τὰ χρέα· ἀντὶ τοῦ εἰπεῖν ἡμιμαθὴς ἡμιθνὴς εἶπε. Cant. 3.]

506. σπεύσας εἰς φροντιστήριον. R.

(507). μελιτοῦτταν : Πλακοῦντα μέλιτι δεδευμένον. ἔφερον δέ, ὡς ἐδόκουν, τοῖς ὄφεσιν.

508. ὥσπερ ἐς Τροφωνίου : [Ὁ Τροφώνιος ἐγένετο λιθοξόος ἄριστος, ὃς κατεσκεύασεν ἱερὸν ἐν τῇ Λεβαδείᾳ τῆς Βοιωτίας ὑπὸ γῆν, καὶ καλεῖται Τροφωνίου. ἐκεῖ οὖν οἱ μυούμενοι καθέζονται ἐπὶ τοῦ στόματος γυμνοί, καὶ ἁρπάζονται ὑπό τινων πνευμάτων, καὶ φέρονται ὑπὸ τὴν γῆν. ἐπειδὴ δὲ ἀπαντῶσι δαίμονες καὶ ὄφεις καὶ ἄλλα τινὰ ἑρπετά, βαστάζουσι πλακοῦντά τινα καὶ ῥίπτουσιν ἐπὶ τῷ ἐκφυγεῖν. καὶ μετὰ τὴν μύησιν δι' ἄλλου στόματος ἀναρριπτοῦνται. Ἄλλως.] (οὕτως ὁ Χάραξ ἐν τῷ δ' « Ἀγαμήδης ἄρχων Στυμφήλου τῆς « Ἀρκαδίας ἐγάμει Ἐπικάστην, ἧς παῖς ἦν Τροφώνιος « σκότιος. οὗτοι τοὺς τότε πάντας ὑπερεβάλλοντο εὐ« τεχνίᾳ, τόν τε ἐν Δελφοῖς Ἀπόλλωνος ναὸν ἠργολά« βησαν· ἐν Ἤλιδι δὲ ταμιεῖον χρυσοῦν κατεσκεύασαν « Αὐγείᾳ· ᾧ καταλείψαντες ἁρμὸν λίθινον, νυκτὸς εἰσ« ιόντες ἔκλεπτον τῶν χρημάτων ἅμα Κερκυόνι, ὃς « ἦν γνήσιος Ἀγαμήδους καὶ Ἐπικάστης υἱός. ὡς δὲ « ἠπόρει λίαν Αὐγείας, ἐπιδημήσαντα Δαίδαλον αὐ« τόσε κατὰ φυγὴν Μίνωος ἐλιτάνευσεν ἐξιχνεῦσαι τὸν « φῶρα. ὁ δὲ παγίδας ἔστησεν, αἷς περιπεσὼν Ἀγα« μήδης ἀναιρεῖται. Τροφώνιος δὲ τὴν κεφαλὴν αὐτοῦ « τεμὼν πρὸς τὸ μὴ γνωρισθῆναι, ἅμα Κερκυόνι « φεύγει εἰς Ὀρχομενόν. Αὐγείου δὲ κατὰ κέλευσιν « Δαιδάλου πρὸς τὴν τῶν αἱμάτων ἔκλυσιν ἐπιδιώ« κοντος, καταφεύγουσιν ὁ μὲν Κερκυὼν εἰς Ἀθήνας, « ὡς Καλλίμαχος [fr. 143]

« ὅς ῥ' ἔφυγεν μὲν
« Ἀρκαδίην, ἡμῖν δὲ κακὸς παρενάσσατο γείτων.

« ὁ δὲ ἕτερος εἰς Λεβάδειαν τῆς Βοιωτίας, οὗ κατω« ρυχὴν ποιησάμενος οἴκησιν διετέλει. τελευτήσαντος « δὲ αὐτοῦ μαντεῖον ἀτρεκὲς ἐφάνη αὐτόσε. καὶ θύουσιν « αὐτῷ ὡς θεῷ. περιέλιπε δὲ υἱὸν Ἄλκανδρον. » Ἄλλως. ἐν [μὲν] τοῖς [παλαιοῖς] ἀντιγράφοις οὕτως εὗρον. πρῶτον μὲν ὅτι οἱ περὶ Ἀγαμήδην υἱοὶ Ἀπόλλωνος καὶ Ἐπικάστης· οἱ δὲ Διὸς καὶ Ἰοκάστης· οἱ δὲ Ἐργίνου. εἶτα ὡς Δαίδαλος μὲν τὸ τεχνίον ἐποίησεν, αὐτοὶ δὲ κεκλοφότες ἑάλωσαν· καὶ τῷ ἑτέρῳ φεύγοντι διέσχεν ἡ γῆ καὶ ἐδέξατο περὶ Λεβάδειαν. ὕστερον δὲ Βοιωτοῖς λιμώττουσιν ἔχρησεν ὁ θεὸς Τροφώνιον τιμᾶν. οἱ δὲ ἀγνοοῦντες ὅπη εἴη τὸ μνῆμα, σμήνει μελισσῶν περιέτυχον ἐξ ὑπορρῶγός τινος ἀνιουσῶν· καὶ στοχασάμενοι τοῦτον εἶναι τὸν τόπον, ἔκριναν ἐκεῖσε δεῖν τινα κατελθεῖν [θεασόμενον]· ὃς εὑρὼν δύο δράκοντας, προσήνεγκε μελιτούττας καὶ οὐκ ἠδικήθη. ἐξ οὗ τὸ ἔθος ἐγένετο. οἱ δὲ βουλόμενοι χρηστηριασθῆναι, ἁγνεύσαντες ὡρισμένως καὶ στολῇ κεκοσμημένοι θεοπρεπεῖ, κατίασι τοὺς πλακοῦντας ἔχοντες, πρὸς τὸ βάλλειν τοῖς ὄφεσι καὶ μὴ ἀδικηθῆναι ὑπ' αὐτῶν. καὶ πολλοὶ μὲν αὐθημερὸν ἀνεπέμφθησαν δι' αὐτοῦ τοῦ στομίου, οἱ δὲ καὶ διὰ πλειόνων ἡμερῶν.) [ἐν δὲ τοῖς νεωτέροις οὕτως· ὁ Τροφώνιος ἀνὴρ ἦν πάνυ φιλόδοξος. ποιήσας οὖν ἐν Λεβαδείᾳ τῆς Βοιωτίας ὑπόγειον οἴκημα, εἰσελθὼν ἐμαντεύετο, καὶ λιμαγχονηθεὶς ἀπέθανεν. ἐγκατοικῆσαν δὲ δαιμόνιόν τι τὰς μαντείας ἐτέλει. εἰσήρχοντο οὖν ἐντὸς οἱ χρησόμενοι, ἔχοντες ἐν ταῖν χεροῖν πόπανα, ἵνα τοῖς ἐκεῖ ἐμφιλοχωροῦσιν ὄφεσι διδόντες, μηδὲν ὑπ' αὐτῶν δυσχερὲς πάσχωσιν. ὁ δὲ εἰσιὼν ἐκεῖσε λοιπὸν οὐκ ἔτι ἐγέλα διὰ τὴν τῶν ὄφεων ἔκπληξιν. ὅθεν καὶ παροιμία ἐπὶ τῶν ἀγελάστων καὶ συνωφρυωμένων, ἐς Τροφωνίου μεμάντευται.] — χρηστήριόν ἐστιν ἐν Λεβαδείᾳ, ὃ τινὲς Καταβάσιον καλοῦσιν. στόμιον γάρ τί ἐστιν, ὡς τὰ ἄκρα δύνασθαι μόνα τῶν ποδῶν χωρῆσαι. οἱ οὖν τῷ θεῷ χρώμενοι, ἁγνεύσαντες πρῶτον ὡρισμένας ἡμέρας καὶ κοσμήσαντες ἑαυτοὺς ἱερῷ τινι σχήματι καὶ ἀμφοτέραις ταῖς χερσὶ τοιαύτας μάζας λαβόντες, οὕτω καθίζουσιν ἐπὶ τὸ στόμιον καὶ αἰφνίδιον ἁρπάζουσι καὶ καταδύνουσιν ὑπὸ τῆς γῆς. τὰς δὲ μάζας λαμβάνουσιν ὑπὲρ τοῦ μὴ ἀδικηθῆναι ὑπὸ τῶν συναντωμένων ὄφεων, ἀλλ' ἐκείνας αὐτοῖς παραβάλλειν τροφήν. ἐν Λεβαδείᾳ ἱερὸν ἐστὶ Τροφωνίου, ὅπου ὄφις ἦν ὁ μαντευόμενος, ᾧ οἱ κατοικοῦντες πλακοῦντας ἔβαλλον μέλιτι δεδευμένους. R.

509. τί κυπτάζεις ἔχων : Ἀττικῶς περιττεύει τὸ ἔχων. τὸ δὲ κυπτάζεις ἀντὶ τοῦ στραγγεύει καὶ διατρίβεις οὕτως ἐνταῦθα. — κυπτάζεις : Χρονίζεις, διατρίβεις. *Vict.*

[περὶ τὴν θύραν : Βαρέως διακείμενος εἰς τὸ εἰσιέναι δι' αὐτῆς.]

510. [ἀλλ' ἴθι χαίρων : Τοῦτο διὰ τὸ εἰσάγεσθαι τὸν χορὸν ἐξιόντων τῶν ὑποκριτῶν ὀνομάζεται κορωνίς. διὰ δὲ τὸ προτίθεσθαι τῆς παραβάσεως κατὰ τὸ ἔθος, ὀνομάζεται κομμάτιον, κώλων ὀκτώ. ὧν τὸ μὲν πρῶτον ἀναπαιστικὸν δίμετρον ἀκατάληκτον, ἢ χοριαμβικὸν δίμετρον ὑπερκατάληκτον ἐπιμεμιγμένον δισπονδείῳ. τὸ δεύτερον ἀναπαιστικὸν μονόμετρον. τὸ τρίτον καὶ τὸ ἑξῆς καὶ τὸ ἕβδομον καὶ τὸ μετ' αὐτὸ χοριαμβικὰ δίμετρα καταληκτικὰ εἰς ἀμφίβραχυν περαιούμενα, ἢ βακχεῖον, διὰ τὸ ἀδιάφορον, Ἀριστοφάνεια καὶ αὐτὰ καλούμενα. τὸ πέμπτον χοριαμβικὸν δίμετρον ἀκατάληκτον. τὸ ἕκτον ἀπὸ ἰαμβικῆς βάσεως εἰς χοριαμβικὴν ὑπερκατάληκτον.

τὸ συστηματικὸν τόδε ἐκ κώλων συνίσταται η'. τὸ α' χοριαμβικὸν δίμετρον ἐκ χοριάμβου, σπονδείου καὶ

ἀμφιμάκρου. τὸ β′ δακτυλικὸν μονόμετρον. τὸ γ′ χοριαμβικὸν μονόμετρον ἐκ χοριάμβου καὶ βακχείου. τὸ δ′ ὅμοιον τῷ γ′. τὸ ε′ ἐκ β′ χοριάμβων. τὸ ς′ ἐκ διιάμβου, χοριάμβου καὶ συλλαβῆς. τὸ ζ′ ἐκ χοριάμβου καὶ ἀμφιμάκρου. τὸ η′ ἐκ χοριάμβου καὶ βακχείου. εἶτα ἡ παράβασις ἐκ τροχαϊκῶν τετραμέτρων καταληκτικῶν με′ συνισταμένη, ὧν τελευταῖος

ἐς τὰς ὥρας τὰς ἑτέρας εὖ φρονεῖν δοκήσεται.

λέγεται δὲ τροχαϊκὸν τοῦτο τὸ μέτρον, οὐχ ὅτι μόνον τροχαίους ἔχει, ἀλλ' ἐκ τοῦ πλεονάζοντος καὶ μάλισθ' ὅτι ἐκ παντὸς τὸν ζ′ πόδα τὸν πρὸ τῆς καταληκτικῆς συλλαβῆς τροχαῖον ἔχει. παράβασις δὲ λέγεται τοῦτο τὸ σύστημα, ὅτι οἱ ποιηταὶ ὡς ἐκ στόματος τοῦ χοροῦ ἐξέφαινον πρὸς τοὺς θεατὰς, ἃ ἐβούλοντο γενέσθαι αὐτοῖς ὡς οἰκείοις προσώποις τοῖς χοροῖς κεχρημένοι, ὅπερ καὶ νῦν οὗτος ποιεῖ δι' αἰτίαν τοιαύτην· νόμος ἦν Ἀθηναίοις μήπω τινὰ ἐτῶν λ′ γεγονότα μήτε δρᾶμα ἀναγινώσκειν ἐν θεάτρῳ, μήτε δημηγορεῖν. τούτῳ τῷ νόμῳ καὶ ὁ κωμικὸς οὗτος εἰργόμενος πρότερον διὰ τὸ μὴ τριακονταετὴς ἔτι ὑπάρχειν, ποιῶν δράματα διὰ Φιλωνίδου καὶ Καλλιστράτου ἀνεγίνωσκεν εἰς τὸ θέατρον, ὧν ἓν ἦν τὸ τῶν Δαιταλέων λεγόμενον, ἐν ᾧ δύο εἰσήγαγε μειράκια διαλεγόμενα, σῶφρόν τε καὶ αἰσχρόν. καὶ πολλοῖς τῶν θεατῶν ἐπῃνέσθη, οὐ μέντοι καὶ νενίκηκεν ἐν τούτῳ ὁ ποιητής. ἐπιβὰς δὲ ἤδη τοῦ λ′ ἔτους, καὶ τοῦτο δὴ τὸ τῶν Νεφελῶν ποιήσας δι' ἑαυτοῦ διδάσκει, καὶ αἰτεῖ παρὰ τῶν θεατῶν, ἃ δεῖ γενέσθαι αὐτῷ, ἤτοι τὸ νικῆσαι τῷ δράματι. Vict. ἴθι : Πορεύου, ἐλθέ. *Vict.*]

511. κομμάτιον χοροῦ. R.

514. ἀντὶ τοῦ γηράσας. R.

516. [χρωτίζεται : Ἀντὶ τοῦ χρωματίζεται. αὐτὸς δὲ ὁ χρωματισμὸς εἰς πρόσωπον γίνεται. αὐτὸς γὰρ κατὰ νοῦν ἐχρωματίζετο, διὰ τοῦτο ἐπήγαγε, τὴν αὑτοῦ φύσιν, ἵν' ᾖ ὅλον καὶ μέρος, διὰ μὲν τοῦ χρωματίζεται νοουμένου τοῦ ὅλου, διὰ δὲ τοῦ τὴν αὑτοῦ φύσιν, τοῦ μέρους. Junt., Vict.] πλησιάζεται. R.

517. ἐπασκεῖ : Παιδεύεται. *Vict.*

518. ὦ θεώμενοι : [Ἡ παράβασις δοκεῖ μὲν ἐκ τοῦ χοροῦ λέγεσθαι. εἰσάγει δὲ τὸ ἑαυτοῦ πρόσωπον ὁ ποιητής.] παράβασις δέ ἐστιν ὅταν ἐκ τῆς προτέρας στάσεως ὁ χορὸς μεταβὰς οὕτως ἀπαγγέλλῃ πρὸς τὸν δῆμον ἀφορῶν. (εἴδη δὲ παραβάσεων ἑπτά· ἁπλᾶ μὲν τρία, κατὰ δὲ σχέσιν τέσσαρα. τὰ μὲν οὖν ἁπλᾶ ἐστι ταῦτα· κομμάτιον· παράβασις ὁμωνύμως, ἣ καὶ ἀνάπαιστος καλεῖται, ἐπεὶ πολλάκις ἐν ταύτῃ τῷ ἀναπαίστῳ χρῆται· πνῖγος, ὃ καὶ μακρόν. τὰ δὲ κατὰ σχέσιν, στροφὴ, ἀντίστροφος, ἐπίρρημα, ἀντεπίρρημα. ἡ μὲν οὖν στροφὴ καὶ ἀντίστροφος συνεμπίπτουσι κατὰ τὸ μέτρον καὶ τὰ κῶλα· πάλιν τὸ ἐπίρρημα καὶ τὸ ἀντεπίρρημα. [τινὲς δὲ προστιθέασι καὶ ᾠδὴν καὶ ἀντῳδήν. ἔχουσι γὰρ καὶ ταῦτα σχέσιν πρὸς ἄλληλα.] ἡ μὲν οὖν παράβασις ἡ ἐκ τούτων συγκειμένη τελεία ἐστί. εἰσὶ δὲ καὶ ἀτελεῖς παραβάσεις, ὧν ἐστι καὶ αὕτη.) [ἑπτὰ δὴ ὄντων τῶν τῆς παραβάσεως μερῶν, ἐφ' ἕκαστον τῶν ἀπολελυμένων τριῶν τίθεται ἡ παράγραφος. οὐχ ἧττον δὲ καὶ ἐπὶ τοῦ μέλους καὶ τοῦ ἐπιρρήματος, ἂν μηδὲν ἀποδιδῶται. ἐὰν δὲ ἐνῇ τὰ ἀνακυκλούμενα, τό τε ἀντίστροφον τοῦ μέλους καὶ τὸ ἀντεπίρρημα, ἐπὶ τοῦ ἐπιρρήματος τίθεται ἡ ἔσω νενευκυῖα διπλῆ ὑπὲρ τοῦ δηλῶσαι ὅτι ἐστὶ τὰ ἀνταποδιδόμενα· ἐπὶ δὲ τοῦ ἀντεπιρρήματος ἡ ἔξω νενευκυῖα. ἐν δὲ τοῖς ἀποδιδομένοις πάλιν ἐφ' ἑκάστης στροφῆς παράγραφος. ἐπὶ δὲ τοῦ τελευταίου κώλου δύο διπλαῖ, ἡ μὲν κατ' ἀρχὰς, ἡ δὲ κατὰ τὸ τέλος. ἀμφότεραι μέντοι ἔξω νενευκυῖαι, δηλοῦσαι ἡμῖν ὅτι ἀνταποδίδοται. τὸ δὲ μέτρον ἀσύστατον Εὐπολίδειον καλούμενόν, στίχων τροχαϊκῶν τετραμέτρων καταληκτικῶν με′, ὧν τελευταῖος

ἐς τὰς ὥρας τὰς ἑτέρας εὖ φρονεῖν δοκήσετε.

τὸ δὲ τροχαϊκὸν μέτρον κατὰ πᾶσαν μὲν χώραν δέχεται τροχαῖον καὶ σπονδεῖον, πλὴν τῆς παρατελεύτου, μὴ ὄντος τοῦ μέτρου χωλοῦ. καὶ κατὰ μὲν τὰς περιττὰς τρίβραχυν καὶ δάκτυλον, εἰ τύχοι. τῶν δ' ἀρτίων τὰς μὲν ἑτέρας ἀνάπαιστον, καὶ οὓς ἔφην ἐγχωρεῖν πάσῃ χώρᾳ. ἰδίως δὲ τὴν τετάρτην ἐν τούτοις ἴαμβον. ἐπὶ τῷ τέλει παράγραφος. ἐχρῆν δὲ τὴν λέξιν ὑπὸ τοῦ χ σημειοῦσθαι. ἐχρήσατο γὰρ μετοχῇ ἀντὶ ὀνόματος.]

κατερῶ : Ἀργόν. ἐρῶ. ἐλεύθερος : Μετὰ παρρησίας. *Vic.*

519. [νὴ τὸν Διόνυσον : Ἐπεὶ ἐν Διονυσίοις παρῆλθε τὸ δρᾶμα. καὶ γὰρ ἐν τοῖς Διονυσιακοῖς ἀγῶσι τὰ δράματα ἤγετο καὶ ἐδιδάσκετο. — τὸν Διόνυσον : Συνίζησις. *Vict.*]

520. [οὕτω νικήσαιμ' ἔγωγε : Διπλῆ εἴσθεσις εἰς τὴν παράβασιν. οὐχ ἡ αὐτὴ δέ ἐστιν, οὐδὲ τοῦ αὐτοῦ μέτρου τῇ ἐν ταῖς Νεφέλαις πρώταις, ἀλλ' ὡς ὀλίγῳ πρότερον εἴρηται, τοῦ καλουμένου Εὐπολιδείου.]

522. ἀναγεῦσ' ὑμᾶς : Ἀντὶ τοῦ διδάξαι τὸ δρᾶμα. ὡς ἐπὶ βρωμάτων δὲ λέγει. — ἀναγεῦσαι : Δεῖξαι ὑμῖν ταύτην. *LB.* ἠξίωσα : Ἀξίους ἔκρινα τῆς κωμῳδίας ἐκείνης. ἀναγεῦσαι : Φαγεῖν. ἣ παρέσχε μοι : Εἰς ἣν πολλὰ ἐμόγησα. *Vict.* ἥτις. πόνον. R.

524. [ὑπ' ἀνδρῶν : Τῶν κριτῶν. τοῦτο ἐπὶ τῶν προτέρων Νεφελῶν.] — ἀνδρῶν φορτικῶν : Βασκάνων, κριτῶν. *Vict.*

525. [ταῦτ' οὖν ὑμῖν μέμφομαι : Ἐπεὶ οὐ Κρατίνου, ἀλλ' Ἀμειψίου δεύτερος ὤφθη.]

528. [οἷς ἡδὺ καὶ λέγειν : Ἀντὶ τοῦ ἐλλογίμοις ἢ οἷς ἐπιδείκνυσθαι ἡδύ ἐστιν.]

529. σώφρων τε χὠ : Πρῶτον δρᾶμα γράψας ἐξέθηκεν ὁ ποιητὴς τοὺς Δαιταλεῖς, ἐν ᾧ σῶφρον μειράκιον εἰσάγει καὶ ἕτερον ἄχρηστον. ηὐδοκίμησε δὲ σφόδρα ἐν τούτῳ τῷ δράματι. — καταπύγων : Κίναιδος, ἀσελγής. δα... νος μαλακός. *Vict.*

ἄριστ' ἠκουσάτην : Ἀντὶ τοῦ ηὐδοκίμησαν. οἱ γὰρ ἐνίκησαν, ἐπεὶ δεύτερος ἐκρίθη ἐν τῷ δράματι. [διόπερ

ἐστὶ μὲν αὐτὸ πρῶτον τῶν δραμάτων, ὑπὸ δὲ αἰδοῦς οὐ δι' ἑαυτοῦ ἐπεδείξατο αὐτό.]

530. κοὐκ ἐξῆν πώ μοι : Οὔπω ἐπέτρεπον ἐμαυτῷ τὸ λέγειν διὰ τὴν αἰδῶ. οὐ γὰρ δι' ἑαυτοῦ ἐξ ἀρχῆς καθῆκε τὰ δράματα ὁ ποιητὴς, εὐλαβὴς ὤν. ἀπὸ δὲ τῶν Ἱππέων ἤρξατο δι' ἑαυτοῦ εἰσιέναι.

531. [ἐξέθηκα : Ἀπὸ μεταφορᾶς τῶν λάθρα τικτουσῶν καὶ φοβουμένων γνωσθῆναι γυναικῶν, καὶ διὰ τοῦτο ἔξω ῥιπτουσῶν τὰ βρέφη, ἵν' ἰδών τις ἀνέλοιτο. Εὐριπίδης [Pikon. 25]

δίδωσι βουκόλοισιν ἐκθεῖναι βρέφος.

λέγει οὖν Ἀριστοφάνης, ὡς ἐπειδὴ παρανόμως ταύτην τὴν κωμῳδίαν ἔτεκον, ὥσπερ τι βρέφος ἔξω ἔρριψα.]

παῖς δ' ἑτέρα : Φιλωνίδης καὶ Καλλίστρατος. ἐπεὶ οὐ δι' ἑαυτοῦ ἐδίδαξε τοὺς Δαιταλεῖς, πρῶτον αὐτοῦ δρᾶμα. [τὸ δὲ, ἀνείλετο λαβοῦσα, ἢ ἐκ παραλλήλου ὡς τὸ, « ἁγνεύσας ἐκάθηρεν· » ἢ τὸ μὲν λαβοῦσα, διὰ τὴν ἐκ τῆς γῆς ὑπὸ τῶν χειρῶν ἄρσιν, τὸ δὲ ἀνείλετο διὰ τὴν ἀναδοχὴν καὶ εἰσποίησιν. — δηλονότι ὁ Φιλωνίδης καὶ ὁ Καλλίστρατος, οἱ ὕστερον γενόμενοι ὑποκριταὶ τοῦ Ἀριστοφάνους. Br. ἀνείλετο : Ἀνεδέξατο. *Vict.*]

532. ἐξεθρέψατε : Ἄριστον καὶ καλὸν ἐκρίνατε. κἀπαιδεύσατε : Ἐπῃνέσατε. *Vict.*

533. πιστὰ παρ' ὑμῖν : Ἐξ ἐκείνου τοῦ χρόνου φίλα μοί ἐστι τὰ πρὸς ὑμᾶς καὶ πισταὶ συνθῆκαι. R. V. — ἤγουν μεγάλη πίστις ἐστί μοι πρὸς ὑμᾶς καὶ πληροφορία. εἴρηται δὲ ἐκ μεταφορᾶς τῶν τὰς φιλίας δι' ὅρκου ποιούντων. Junt., Vict.

534. νῦν οὖν Ἠλέκτραν : [Παρ' Αἰσχύλῳ ἐν Χοηφόροις ἡ Ἠλέκτρα ἐκ τοῦ βοστρύχου ἐπιγινώσκει τὸν Ὀρέστην ἐληλυθότα. ὥσπερ ἡ Ἠλέκτρα, φησὶν, οὕτω καὶ ἡ κωμῳδία κατὰ ζήτησιν ἦλθεν τῶν θεατῶν τῶν τότε. ἐπιγνώσεται γὰρ ἐάν τι σύμβολον ἐκείνων ἴδῃ, καὶ τὸν ἔπαινον.] Αἰσχύλου φέρεται δρᾶμα Χοηφόροι, ἐν ᾧ Ἠλέκτρα παραγενομένη εἰς τὸν τάφον τοῦ πατρὸς ἐκ τοῦ πλοκάμου τὸν ἀδελφὸν ἐγνώρισεν. καὶ ἡ κωμῳδία αὕτη τοὺς θεατὰς ἐκείνης τῆς κωμῳδίας, ἀδελφὴ αὐτῆς οὖσα, ἐπιγνώσεται, ἐὰν ἴδῃ. [ἡ Χρυσόθεμις ἀπελθοῦσα θῦσαι τῷ πατρὶ, καὶ τὸν Ὀρέστου πλόκαμον ἐνταῦθα εὑροῦσα, εἶπε τοῦτο τῇ Ἠλέκτρᾳ. ἡ δὲ ἀπελθοῦσα ἐγνώρισεν αὐτὸν ὄντα Ὀρέστου· εἰ καὶ Σοφοκλῆς τοῦτο οὐ λέγει. λέγει οὖν ὁ ποιητὴς, ὅτι, εἰ ἐπαινεθήσεται παρ' ὑμῶν ἡ νῦν κωμῳδία, γνώσεται ὅτι ὑμεῖς ἐστὲ οἱ καὶ τὴν πάλαι αὐτῆς ἀδελφὴν ἐπαινέσαντες. Junt.]

535. θεαταῖς οὕτω σοφοῖς : Ἤγουν καθὼς εἰς τὸ δρᾶμα ἐκεῖνον ἐφάνητε. *Vict.*

536. [τἀδελφοῦ τὸν βόστρυχον : Ὃ ἐστι σύμβολον καὶ ἔπαινον ἐκείνων ἐπιγνώσεται, ἐὰν ἴδῃ.

538. οὐδὲν ἦλθε : Παρέλκει τὸ δεν· ὡς καὶ παρ' Ὁμήρῳ « οὐδὲν ἔτισε. » θέλει δὲ εἰπεῖν, οὐκ ἦλθε συνήθως.]

σκύτινον : Εἰσῄεσαν γὰρ οἱ κωμικοὶ διεζωσμένοι δερμάτινα αἰδοῖα γελοίου χάριν. [θέλει δὲ εἰπεῖν αὐτοὺς φορτικῶς χαριεντιζομένους. — σκύτινον : Δερμάτινον ἱμάτιον μακρὸν, καθώς τινες ἕτεροι κωμικοὶ ποιοῦσιν. *Vict.*]

539. ἐρυθρὸν : Διχῶς. ἔδει γὰρ εἰπεῖν ἢ ἐρυθρὸν ἐξ ἄκρου, ἢ ἐξ ἄκρου παχύ. τοιαῦτα γὰρ οἱ κωμικοὶ πρὸς γέλωτα ἐποίουν.

540. ἔσκωψα τοὺς φαλακροὺς : Τοῦτο διὰ τὸν Εὔπολιν. Br.

οὐ κόρδαχ' εἵλκυσε : [Τρία εἴδη ὀρχήσεως· ἐμμέλεια μὲν τραγικὴ, σίκυνις σατυρικὴ, κόρδαξ κωμικὴ, ἥτις αἰσχρῶς κινεῖ τὴν ὀσφῦν.] ἔστι δὲ ὀρχήσεως κωμικῆς εἶδος ἀσχήμονος. εἰσὶ δὲ τρία εἴδη ὀρχήσεως· ἐμμέλεια μὲν τραγικῆς, σικιννὶς δὲ σατυρικῆς, κόρδαξ δὲ κωμικῆς. R. V. κόρδακα τὸ λεγόμενον ἰδιωτικῶς καρυδᾶν λέγει. τὸ δὲ εἵλκυσεν ἀντὶ τοῦ ἐσώτερον εἰσήγαγε νοεῖ. Br. τὸν λεγόμενον ἰδιωτικῶς καριδᾶν λέγει. τὸ δὲ εἵλκυσεν ἀντὶ τοῦ ἐν τῷ θεάτρῳ εἰσήγαγε νόει. Br. κόρδαχ' εἵλκυσεν : Ἀσεμνῶς ὠρχήσατο. *Vict.* τρία εἴδη ὀρχήσεως, ὡς καὶ Ἡσύχιος ὁ Ἰλλούστριος φησὶν, ἐμμέλεια, κτλ. Cant. 2.

541. [οὐδὲ πρεσβύτης ὁ λέγων : Ὡς Εὔπολις ἐν τοῖς Προσπαλτίοις. ἢ ὡς εἰς τοῦτο τὸ μέρος εὐεπίφορον ὄντα τὸν Ἕρμιππον.]

542. τύπτει τὸν παρόντ' ἀφανίζων : Τοῦτο εἰς Ἕρμωνα λέγει τὸν ὑποκριτήν. καὶ γὰρ ἐκεῖνος τοῦ γελᾶν χάριν τοὺς ἐγγὺς ἑστῶτας ἔτυπτε τῇ βακτηρίᾳ. — ἀφανίζων πονηρὰ σκώμματα : τὰ φαῦλα σκώμματα, ὅ ἐστι τὰς εὐτελῶς πεπλασμένας κωμῳδίας ἀφανεῖς ποιῶν, τουτέστι περικαλύπτων τῷ γέλωτι καὶ τῇ παιδιᾷ. ἢ οἷον ἐπιτρίβων τὰ σκώμματα καίπερ πονηρὰ ὄντα. R. ἐκτὸς δὲ ἑαυτοῦ ποιήσας τὰ πονηρὰ σκώμματα τούτοις τοῖς γελοίοις χρῆται. ἔδει δὲ εἰς τὸ χρήσιμον τῶν Ἀθηναίων τὰ πονηρὰ σκώμματα λέγειν, δι' ὧν ἐπαιδεύοντο οἱ κακῶς πράττοντες. V. [Ἰστέον δὲ ὅτι πάντα ὅσα ἂν λέγῃ, εἰς ἑαυτὸν τείνει. τοὺς μὲν γὰρ φάλητας εἰσήγαγεν ἐν τῇ Λυσιστράτῃ, τὸν δὲ κόρδακα ἐν τοῖς Σφηξὶ, τοὺς δὲ φαλακροὺς ἐν Εἰρήνῃ, τὸν δὲ πρεσβύτην ἐν Ὄρνισι, τὰς δὲ δᾷδας καὶ τὸ ἰοὺ ἰοὺ ἐν Νεφέλαις τοπρῶτον. — ἵν' ᾖ γέλως : Τοῦτο φησὶ διὰ τὸν Ἕρμιππον, καὶ τὸν Σιμέρμωνα τὸν τούτου ὑποκριτήν. Br. — οὐδὲ πρεσβύτης : Ὁ Σιμέρμων. *Cant.* 3. Σιμέρμων τις ἕτερος κωμικὸς ἔν τινι αὐτοῦ δράματι εἰσῆξε πρεσβύτην τινὰ βακτηρίαν κρατοῦντα. Cant. 3.]

543. (οὐδ' εἰσῆξε δᾷδας : Οὐκ ἔστι δῆλος ἐνταῦθα τίνι παρονειδίζει· ἀλλ' ἴσως ἑαυτῷ, ἐπεὶ πεποίηκεν ἐν τῷ τέλει τοῦ δράματος καιομένην τὴν διατριβὴν Σωκράτους, καί τινας τῶν φιλοσόφων λέγοντας ἰοὺ ἰού. ἐν δὲ ταῖς πρώταις Νεφέλαις τοῦτο οὐ πεποίηκε. ποιεῖ δὲ αὐτὸ μετὰ λόγου, οὗτοι δὲ ἀκαίρως.)

544. ἀλλ' αὑτῇ : [Τῇ ἐπινοίᾳ τῆς ὑποθέσεως καὶ οἰκονομίᾳ καὶ τῇ χάριτι τῶν ἐπῶν θαρροῦσα.] τοῖς ἔπεσιν, τοῖς μέτροις. ὅτι καὶ τὰ μέτρα ἔπη καλοῦσι. R. πιστεύουσα : Θαρροῦσα. ἐλήλυθεν : Εἰς τὸ θέατρον. *Vict.*

545. (οὐ κομῶ : Ἀντὶ τοῦ οὐ μέγα φρονῶ οὐδὲ σεμνύνομαι. χαριέντως δὲ λέγει, ἐπεὶ φαλακρὸς ἦν.) — κομῶ : Ἐπαίρομαι. *Vict.*

546. (δὶς καὶ τρὶς : Καίτοι καὶ αὕτη δευτέρα εἰσήχθη, ἀλλ' ἴσως διάφορος. δοκοῦσι δὲ οἱ πολλοὶ κωμικοὶ ἀπὸ τῶν αὐτῶν λημμάτων τὰ αὐτὰ εἰσάγειν δράματα.)

547. καινὰς : Ἀντὶ τοῦ νέας καὶ οὐ τὰς αὐτὰς πάλιν. R. νέας. σοφίζομαι : Σοφὸς φαίνομαι, ἢ μηχανῶμαι. *Vict.*

549. ὃς μέγιστον ὄντα : Ὁ Κλέων ἀποθνήσκει ἐπὶ Ἀμεινίου. (πρὸ τούτου δέ ἐστιν Ἴσαρχος, ἐφ' οὗ αἱ πρῶται Νεφέλαι εἰσήχθησαν. ὁ μέντοι Ἀνδροτίων ἐπὶ Ἀλκαίου φησὶ τοῦ μετὰ Ἀμεινίαν τὸν Κλέωνα τελευτῆσαι δυσὶν ἔτεσιν ὕστερον τῆς τῶν Νεφελῶν διδασκαλίας.) εἰκότως οὖν ὡς ἔτι περιόντι τῷ Κλέωνι λοιδορεῖται ὁ Ἀριστοφάνης οὐ μόνον ἐν τοῖς προκειμένοις, ἀλλὰ καὶ ἐν τοῖς ἑξῆς « ἢν Κλέωνα τὸν λάρον δώρων ἑλόντες καὶ κλοπῆς. » [ὥσπερ ζῶντος αὐτοῦ διαλέγεται ἐν οἷς φησι « Κλέωνα τὸν λάρον. » καὶ Ἀνδροτίων δέ φησιν αὐτὸν ἐπὶ Ἀλκαίου τεθνάναι δυσὶν ἔτεσιν ὕστερον Ἰσάρχου, ἐφ' οὗ αἱ πρῶται Νεφέλαι ἐδιδάχθησαν. πῶς οὖν δύναται καὶ τοῦ Μαρικοῦ μεμνῆσθαι, ὃς ἐδιδάχθη μὲν πρὸ τῶν Νεφελῶν, ὡς καὶ νῦν αὐτός φησιν; ἐκεῖ δὲ ὁ Εὔπολις ὡς τεθνηκότος Κλέωνος μέμνηται. ἢ ἐπεὶ οὐ φέρονται αἱ διδασκαλίαι τῶν δευτέρων Νεφελῶν, οὐδὲν δυνάμεθα διαρθρῶσαι, εἰ Εὔπολις ἐπλάσατο τὴν Κλέωνος τελευτὴν ἐν Μαρικᾷ.]

[ἔπαισ' ἐς τὴν γαστέρα : Ἔτυψα. ἔγραψε γὰρ κατ' αὐτοῦ τοὺς Ἱππέας. — ἔπαισα : Ἔτυψα, ἢ ὅτι γαστρίμαργος ἦν, ἢ διὰ τὸ σφετερίζεσθαι πολλὰ τῶν κοινῶν. *Vict.*]

550. κοὐκ ἐτόλμησ' αὖτις : Ἀντὶ τοῦ ἠρκέσθην τῇ μιᾷ κωμῳδίᾳ.

ἐπεμπήδησα : Δεύτερον ἐκωμῴδησα. *Vict.*

551. λαβὴν : Ἀρχήν. R. ἀφορμὴν μέμψεως. *Vict.*

552. κολετρῶσ' ἀεὶ : Ἀντὶ τοῦ κατὰ κόλου τύπτουσιν. ἀντὶ τοῦ καταπατοῦσιν, ἀπὸ τῶν τὰς ἐλαίας καταπατούντων. οἱ δὲ τὸ ἐνάλλεσθαι τῇ κοιλίᾳ [καὶ τύπτειν εἰς τὴν γαστέρα. κόλον γὰρ τὸ παχὺ ἔντερον]. δῆλον δὲ ὅτι πρότερος ὁ Μαρικᾶς ἐδιδάχθη τῶν δευτέρων Νεφελῶν. [Ἐρατοσθένης δέ φησι Καλλίμαχον ἐγκαλεῖν ταῖς διδασκαλίαις, ὅτι φέρουσιν ὕστερον τρίτῳ ἔτει τὸν Μαρικᾶν τῶν Νεφελῶν, σαφῶς ἐνταῦθα εἰρημένου ὅτι πρότερον καθεῖται. λανθάνει δ' αὐτόν, φησίν, ὅτι ἐν μὲν ταῖς διδαχθείσαις οὐδὲν τοιοῦτον εἴρηκεν, ἐν δὲ ταῖς ὕστερον διασκευασθείσαις εἰ λέγεται, οὐδὲν ἄτοπον. αἱ διδασκαλίαι δὲ δῆλον ὅτι τὰς διδαχθείσας φέρουσι. πῶς δ' οὐ συνεῖδεν ὅτι καὶ ἐν τῷ Μαρικᾷ προτετελεύτηκε Κλέων, ἐν δὲ ταῖς Νεφέλαις [581] λέγεται

εἶτα τὸν θεοῖσιν ἐχθρὸν βυρσοδέψην.]

κολετρῶσ' : Ὑβρίζουσι. *Br.* ὃ φασὶν ἰδιωτικῶς κλοτζοκοποῦσι (τζαλαπατοῦσι *D.* κλοτζοκουποῦσιν *E.*). ι.

553. τὸ δρᾶμα ἐν ᾧ τὸν Ὑπέρβολον Εὔπολις ἐκωμῴδει Μαρικᾶς ἐκαλεῖτο, Cant. 2. παρείλκυσεν : Εἰς τὸ θέατρον εἰσήγαγεν. *Br.*, *Vict.*

554. ἐκστρέψας : Ἅπαντα τὰ ἐμά, φησίν, ἔλαβε, προσθεὶς γραῦν μεθύσην, τὴν δοκοῦσαν μητέρα εἶναι τοῦ Ὑπερβόλου. [Εὔπολις δὲ ἐν τοῖς Βάπταις τοὐναντίον φησίν, ὅτι συνεποίησεν Ἀριστοφάνει τοὺς Ἱππέας. λέγει δὲ τὴν τελευταίαν παράβασιν. φησὶ δὲ « κἀκείνους τοὺς Ἱππέας | ξυνεποίησα τῷ φαλακρῷ τούτῳ κἀδωρησάμην. »] — ἐκστρέψας — κακῶς : συλήσας. V. μεταβαλών. *Vict.*

555. γραῦν μεθύσην : Τὴν μητέρα Ὑπερβόλου. ἣν : Γραῦν. *Vict.*

556. [ἣν Φρύνιχος : Κωμῳδεῖται ποιητὴς ὁ Φρύνιχος, ὃς εἰσήγαγε γραῦν ἐσθιομένην ὑπὸ κήτους κατὰ μίμησιν Ἀνδρομέδας, διὰ γέλωτα τῶν θεωμένων. ἴσως δὲ νῦν ἐν ὑπερβολῇ, αὐτὴν τὸ κῆτος ἤσθιεν.]

557. εἶθ' Ἕρμιππος : Ἕρμιππος μὲν δρᾶμα οὐκ ἐποίησεν εἰς Ὑπέρβολον. ἔοικε δὲ τὰ εἰς τὰς Ἀρτοπώλιδας λεχθέντα κατ' αὐτοῦ σημαίνειν.

558. ἐρείδουσιν : Καὶ γὰρ Πλάτων ὅλον δρᾶμα ἔγραψεν εἰς Ὑπέρβολον. *R. V.* ἑδραιοῦσι τὰς ἑαυτῶν κωμῳδίας. *Vict.*

(559). τῶν ἐγχέλεων : Ἀντὶ τοῦ τῶν λέξεων εἰπεῖν, ἐγχέλεων ἔφη, παρόσον ἐν τοῖς Ἱππεῦσιν [864] ἐμνήσθη τῶν ἐγχέλεων,

ὅπερ γὰρ οἱ τὰς ἐγχέλεις θηρώμενοι πέπονθας.

[τὸ δὲ διὰ παραβολῆς εἰκάζειν τῆς πόλεως τὰ πράγματα ἐξ αὐτοῦ φησιν εἰληφέναι τοὺς ἄλλους ὁ Ἀριστοφάνης.]

560. τούτοισι γελᾷ : Οἷον, εἴ τις ἐκείνοις τέρπεται καὶ ἡδέως ἀκούει, τοῖς ἐμοῖς μὴ προσίτω. — ἥδεται. *Vict.*

561. εὑρήμασι : Νοήμασι καὶ ποιήμασι. *Vict.*

562. εὖ φρονεῖν : Παρ' ὑπόνοιαν. δέον γὰρ εἰπεῖν, ἐλεύσεσθε, ἐπήνεγκεν, ὅτι φρόνιμοι δόξετε εἶναι καὶ εὖνοί μοι καὶ εὖ φρονοῦντές μοι. [διὸ ἐπισημειοῦσθαι τὴν λέξιν ἔδει τὸ χ.] — ἐς τὰς ὥρας τὰς ἑτέρας : Εἰς τοὺς μετὰ ταῦτα ἐνιαυτούς. *Vict.*

563. [ὑψιμέδοντα μὲν : Τοῦτο ᾠδὴ καὶ στροφὴ ὀνομάζεται, διὰ τὸ στροφήν τινα ποιεῖσθαι τὸν χορὸν ἀπὸ τοῦ πρὸς τοὺς θεατὰς ὁρᾶν καὶ ᾄδειν, εἰς ἕτερον ἀφορῶντα μέρος. ἔστι δὲ ὡς ἐπιτοπλεῖστον εἰς θεοὺς ἡ ᾠδή. ἔστι δὲ ἡ παροῦσα στροφὴ κώλων ιϛ΄. ὧν τὸ πρῶτον χοριαμβικὸν δίμετρον ἀκατάληκτον, ἐπιμεμιγμένον διιάμβῳ. τὸ β΄ ὅμοιον. τὸ τρίτον δίμετρον καταληκτικόν, ἐπιμεμιγμένον βακχείῳ, ὃ καλεῖται ἑφθημιμερές. τὸ τέταρτον καὶ τὸ πέμπτον τῷ πρώτῳ ὅμοια. τὸ ἕκτον τρίμετρον ἐκ διιάμβου, χοριάμβου καὶ βακχείου. τὸ ἕβδομον δακτυλικὸν τετράμετρον. τὸ ὄγδοον δακτυλικὸν πεντάμετρον. τὸ ἔνατον δίμετρον, ἐξ ἐπιτρίτου τρίτου καὶ χοριάμβου. τὸ δέκατον ὅμοιον, ἐκ δισπονδείου καὶ χοριάμβου, ἢ δακτυλικὸν ἑφθημιμερές, τῆς σι ἀντὶ μακρᾶς λογιζομένης. τὸ ἑνδέκατον ἀντισπαστικὸν δίμε-

τρον ἀκατάληκτον, τὸ καλούμενον Γλυκώνειον, ἐκ διτροχαίου καὶ διιάμβου, ὡς ἔχει τὰ Γλύκωνος

κάπρος ἡνίχ' ὁ μαινόλης
Κύπριδος θάλος ὤλεσε.

τὸ δυοκαιδέκατον ἀντισπαστικὸν δίμετρον καταληκτικόν, τὸ καλούμενον Φερεκράτειον ἑφθημιμερές, ἐξ ἐπιτρίτου τετάρτου καὶ βακχείου, ὡς ἔχει τὰ Φερεκράτους

ἄνδρες πρόσχετε τὸν νοῦν
ἐξευρήματι καινῷ,
συμπτύκτοις ἀναπαίστοις.

καλεῖται δὲ ταῦτα πολυσχημάτιστα, διὰ τὸ διάφορα δέχεσθαι μέτρα. ἐπὶ τῷ τέλει παράγραφος [καὶ διπλῆ ἔσω νενευκυῖα *Junt.*], δηλοῦσα ἔχειν ἀνταπόδοσιν. — ὕμνος εἰς τοὺς θεοὺς ἀπὸ χοροῦ. *Vict.*]

564. [Ἄλλως. τὸν Δία ἐπικαλοῦνται, ὃν οἱ φιλόσοφοι εἶναι οὐκ ἔφασκον, ἀλλὰ ταύτας εἶναι τὸ πᾶν διεβεβαιοῦντο. εἰκότως οὖν καὶ διὰ τούτων σκώπτει τοὺς φιλοσόφους. ὃν γὰρ εἶναι οὐκ ἐδόξαζον, αἱ νομιζόμεναι ὑπ' αὐτῶν Νεφέλαι τοῦτον ἐπικαλοῦνται. — Ζῆνα : Τὸν Δία. χορὸν : Ἤτοι εἰς ἡμᾶς ἐλθεῖν. *V.cl.*]

565. κικλήσκω : Ἀπὸ τοῦ κλῶ τοῦ σημαίνοντος τὸ καλῶ γέγονε κλήσω ὁ μέλλων, καὶ πλεονασμῷ τοῦ κ καὶ ἀναδιπλασιασμῷ κικλήσκω, ὡς τρώσω τιτρώσκω. *Vict.*

566. τόν τε μεγασθενῆ : Ἔθος τοῖς ποιηταῖς τὴν ἀρχὴν τῶν ποιημάτων ἀπὸ τοῦ Διὸς ποιεῖν. ἐν πρώτοις οὖν, φησί, τὸν Δία ὑμνήσωμεν, μετὰ δὲ τοῦτον τὸν Ποσειδῶνα, καὶ αὐτὸς τὴν Ὁμηρικὴν τάξιν τῆς ἡλικίας δηλῶν.

[ταμίαν : Ἤγουν φύλακα. τὸν Ποσειδῶνα φησίν, ὅς τούς τε σεισμοὺς καὶ τὰς ἐν θαλάσσῃ τρικυμίας ποιεῖ· τὰς μέν, ὡς κύριος ὢν τῶν ἀνέμων· σείει δὲ τὴν γῆν διὰ τῶν αὐτῶν τούτων ἀνέμων, εἰσιόντων εἰς τοὺς ἀδήλους πόρους αὐτῆς. Br. ταμίαν : Φύλακα. *Vict.*]

567. γῆς τε καὶ ἁλμυρᾶς : Δοκεῖ γὰρ ὁ Ποσειδῶν οὐ τὴν θάλασσαν κινεῖν μόνον, ἀλλὰ καὶ τὴν γῆν. καλῶς δὲ μετὰ τὸν Δία τὸν Ποσειδῶνα πεποίηκεν ὑμνούσας τὰς Νεφέλας· ἔχει γὰρ καὶ οὗτος κοινωνίαν τινὰ πρὸς αὐτάς, τῆς ὑγρᾶς οὐσίας δεσπόζων.

568. ἄγριον : Ἰσχυρότατον. μοχλευτήν : Κινητήν. *Vict.*

569. μεγαλώνυμον : Μεγαλόδοξον· ἐν τούτῳ γὰρ αἱ νεφέλαι συνίστανται. *Vict.*

570. Αἰθέρα : τὸν ἀέρα λέγει· ὁ γὰρ αἰθὴρ ἀνέφελος, καὶ βιοθρέμμων ὁ ἀήρ, οὐχ ὁ αἰθήρ· καὶ τὰ ζῷα ἐν τῷ ἀέρι ἔχει τὸ ζῆν. V.R. [ἀντὶ τοῦ ἀέρα· ὁ γὰρ αἰθὴρ διακαὴς ὢν ἀνέφελός ἐστι. καὶ ἐκ τοῦ βιοθρέμμονος δῆλον ὅτι ἀήρ, οὐχὶ αἰθήρ. ἢ ἐπειδὴ τὰ ζῷα ἐν τῷ ἀέρι ἔχει τὴν ζωήν. βιοθρέμμονα δέ, ἐπειδὴ ἀρδεύει τὴν γῆν.]

βιοθρέμμονα : Τὸν βίου καὶ ζωῆς παρεκτικόν. *Vict.*

571. τόν θ' ἱππονώμαν : Τὸν ἥλιον, (τὸν ἐλαύνοντα καὶ νωμῶντα τὸ ἅρμα, καὶ τοὺς ἵππους ἡνιοχοῦντα). εἰκότως δὲ τῶν θεῶν τούτων ἐμνημόνευσεν, ἐπειδὴ αἱ νεφέλαι ἐξ αὐτῶν συνεστάναι δοκοῦσιν· ἀπὸ μὲν Διὸς ὅτι γενάρχης, ἀπὸ Ποσειδῶνος, ὅτι τῆς ὑγρᾶς οὐσίας δεσπότης, ἀπὸ δὲ Ἡλίου, ὅτι δοκεῖ διάπυρος ὢν ἕλκειν εἰς ἑαυτὸν τὴν τῆς θαλάσσης ὑγρότητα, ἐξ ἧς αἱ νεφέλαι. — τὸν ἵππους κινοῦντα ἥλιον. *R.* τὸν ἥλιον τὸν τοὺς ἵππους κινοῦντα. *Vict.*

573. πέδον : Ἔδαφος. *Vict.*

575. [ὦ σοφώτατοι θεαταὶ : Τοῦτο ἐπίρρημα ὀνομάζεται, διὰ τὸ ἐπιρρέπειν αὖθις τὸν χορὸν πρὸς τοὺς θεατάς, καὶ χρηστά τινα συμβουλεύειν αὐτοῖς, ἢ σκώπτειν τοὺς πονηρούς. ἔστι δὲ ἐκ στίχων τροχαϊκῶν τετραμέτρων καταληκτικῶν, ὧν τελευταῖος

ἐπὶ τὸ βέλτιον τὸ πρᾶγμα τῇ πόλει συνοίσεται.

ἐπὶ τῷ τέλει διπλῆ ἔσω νενευκυῖα, δηλοῦσα ἔχειν ἀνταπόδοσιν.]

580. μηδενὶ ξὺν νῷ : Μηδεμιᾷ διανοίᾳ γινομένῃ καὶ κρίσει, ἀλλ' ἀσυμφόρως καὶ ἀκαίρως καὶ μετὰ μηδενὸς λογισμοῦ, οἷον προπετῶς. [ἐκ τῶν πρώτων δὲ Νεφελῶν ἐστι ταῦτα. τεθνεὼς γὰρ ἦν νῦν ὁ Κλέων.]

βροντῶμεν ἢ ψεκάζομεν : Δῆλον ἐντεῦθεν ποιοῦσαι, ὡς οὐκ ἀποδεχόμεθα ταύτην, ὡς ἀλυσιτελῆ τῆς πόλεως. *Br.*

581. βυρσοδέψην : Σκυτοτόμον τὸν τὰς βύρσας θεραπεύοντα καὶ μαλάσσοντα καὶ ἐμβρέχοντα. *Vict.*

582. τὰς ὀφρῦς συνήγομεν : Συννέφειαν ἐποιήσαμεν καὶ ἐχαλεπαίνομεν ἢ ἐστυγνάζομεν. [Ἄλλως. ἐπεὶ ὁ Κλέων τοιοῦτος. εἶπε δὲ ἀνωτέρω, ὅτι πάντας μιμοῦνται. β

583. (βροντὴ δ' ἐρράγη : Παρὰ τὰ ἐν Τεύκρῳ Σοφοκλέους

οὐρανοῦ δ' ἄπο
ἤστραψε, βροντὴ δ' ἐρράγη δι' ἀστραπῆς.)

584. (ἡ Σελήνη δ' ἐξέλιπεν : Ἐπειδὴ ἔκλειψις ἐγένετο σελήνης τῷ προτέρῳ (τῷ β' V.) ἔτει ἐπὶ Στρατοκλέους βοηδρομιῶνι.)

585. τὴν θρυαλλίδα : Τουτέστι τὰς ἀκτῖνας εἰς ἑαυτὸν συνέστειλεν. ἔκλειψις γὰρ ἡλίου ἐγένετο κατά τινα τύχην, Κλέωνος χειροτονουμένου. (ἀπὸ τῶν λύχνων ἡ μεταφορά. φησὶ δὲ οὐχ ὡς τοῦ ἡλίου ἐκλείψαντος, ἀλλ' ὡς ἀπειλοῦντος ἐκλείψειν, εἰ στρατηγήσει Κλέων. τοῦτο δὲ) παρὰ τὸ Ὁμηρικὸν [Od. M, 383]

δύσομαι εἰς Ἀΐδαο, καὶ ἐν νεκύεσσι φαείνω.

(587). δυσβουλίαν : Τὴν οὐκ ὀρθῶς βουλήν. ἀποτυχόντος, φασί, Ποσειδῶνος τῆς χώρας, τὸ κακῶς βουλεύεσθαι Ἀθηναίοις ἤσκητο· τὴν δὲ Ἀθηνᾶν παρασχεῖν δωρεὰν τὸ κακῶς βουλευθὲν ἀποκλῖναι καλῶς. καὶ ἦν τοῦτο λεγόμενον ἐπιχώριον. καὶ Εὔπολις

ὦ πόλις πόλις,
ὡς εὐτυχὴς εἶ μᾶλλον ἢ καλῶς φρονεῖς.

[Ἄλλως. φασὶν ὅτι Ποσειδῶν ἡττηθεὶς τῇ Ἀθηνᾷ δυσ-

βουλίαν ἐπέβαλεν Ἀθηναίοις, Ἀθηνᾶν δὲ τὰ βουλευόμενα καλῶς μεταβάλλειν.]

589. ἅττ' ἂν ὑμεῖς : Ὅσα οἱ Ἀθηναῖοι κακῶς ἐβουλεύσαντο, δι' ὑπερβάλλουσαν εὐτυχίαν εἰς τὸ χρήσιμον ἀπέβαινε καὶ εἰς τὸ καλόν. [αἰνίττεται δὲ εἰς Ἀθηνᾶν.]

590. ξυνοίσει : Λυσιτελήσει, ὠφελήσει. *Br*.

591. τὸ λάρον : Τὸν ἁρπακτικόν, ὅτι καὶ ὁ λάρος τοιοῦτος. καὶ ἐν Ἱππεῦσι [956]

λάρος κεχηνὼς ἐπὶ πέτρας δημηγορῶν.

[ταῦτα δὲ ἀπὸ τῶν προτέρων Νεφελῶν. τότε γὰρ ἔζη ὁ Κλέων. ἐπὶ δὲ τούτων τέθνηκε. καὶ γὰρ Εὔπολις μετὰ θάνατον Κλέωνος τὸν Μαρικᾶν ἐποίησεν. καὶ μὴν ὡς μετὰ θάνατον Κλέωνος φαίνεται γεγραφὼς τὸ δρᾶμα, ὅπου γε τοῦ Μαρικᾶ Εὐπόλιδος μέμνηται, ὃς ἐδιδάχθη καθ' Ὑπερβόλου μετὰ τὸν Κλέωνος θάνατον. ταῦτα δὲ ὡς ἔτι ζῶντος Κλέωνος λέγεται. δῆλον οὖν ὅτι κατὰ πολλοὺς τοὺς χρόνους διεσκεύασε τὸ δρᾶμα· καὶ ταῦτα μὲν οὐ πολλῷ ὕστερον· ἐν οἷς δὲ Εὐπόλιδος μέμνηται καὶ τῶν εἰς Ὑπέρβολον κωμῳδιῶν, πολλῷ.]

594. ξυνοίσεται : Συνδραμεῖται. *Br*.

595. μετὰ τὸν Ἥλιον τὸν Ἀπόλλωνα ὑμνεῖ. ὁ αὐτὸς δὲ Ἥλιος καὶ Ἀπόλλων. δῆλον καὶ ἐκ τοῦ αὖτε ἀντὶ τοῦ πάλιν· ὥσπερ γὰρ ἀναλαμβάνων πρὸς τὸ ἄνω λέγει. τὸ δὲ ἀμφί μοι αὖτε ἐκ τῶν Τερπάνδρου προοιμίων. καὶ γὰρ ἐκεῖνος οὕτως ἤρξατο « ἀμφί μοι αὖτις ἄνακτα. » καὶ τὸ προοιμιάζεσθαι δὲ ἀμφιανακτίζειν ἔλεγον. ἀντῳδὴ ἢ καὶ ἀντιστροφή. *R*. ἀμφί μοι ἄναξ : [Ἡ ἀντῳδὴ αὕτη καὶ ἀντιστροφὴ ὁμοία ἐστὶ τῇ ᾠδῇ καὶ στροφῇ κατά τε τὰ κῶλα καὶ τὰ μέτρα. μιμεῖται δὲ τῶν διθυράμβων τὰ προοίμια. συνεχῶς γὰρ χρῶνται ταύτῃ τῇ λέξει· διὸ καὶ ἀμφιάνακτας αὐτοὺς ἐκάλουν. ἔστι δὲ Τερπάνδρου « ἀμφ' ἐμοὶ ἄνακτα ἑκατηβόλον. » λείπει δὲ τὸ ἔσο, ἢ τὸ χόρευσον, ἤ τι τοιοῦτον. καὶ τὸ προοιμιάζεσθαι δὲ ἀμφιανακτίζειν ἔλεγον. εἰκότως δὲ μετὰ τὸν Ἥλιον ἀνυμνοῦσι τὸν Ἀπόλλωνα. ὅτι δὲ ὁ αὐτός ἐστιν Ἥλιος καὶ Ἀπόλλων, δῆλον. τὸ δὲ αὖτε, ἀντὶ τοῦ πάλιν. ὥσπερ γὰρ ἀναλαμβάνων πρὸς τὸ ἄνω λέγει ἀντίστροφον.] (ἔφαμεν γὰρ ἐν τοῖς χορικοῖς γίνεσθαι τὰς στροφὰς καὶ τὰς ἀντιστρόφους καὶ τὰς ἐπῳδούς, ἅ τινες καλοῦσιν ἐπιρρήματα. κἀνταῦθα οὖν τὴν ἀντίστροφον ἐπήγαγεν ὁ ποιητής, ὥσπερ ἀναστρέφων ἐπὶ τὸ ἐξ ἀρχῆς μέλος, ὅθενπερ ἐξετράπη εἰς τὸ ἐπίρρημα. ἀρξάμενος γὰρ ὑμνεῖν τοὺς θεοὺς καὶ παραγενόμενος μέχρι τοῦ Ἡλίου, ἐπήγαγε τὴν ἐκτροπήν, τουτέστι τὸ ἐπίρρημα. ἀπὸ τοῦ « ὦ σοφώτατοι θεαταί, δεῦρο τὸν νοῦν προσέχετε. » οὔτε γὰρ ἡ διάνοια τοῖς προειρημένοις ἀκόλουθος οὔτε τὸ μέτρον τοῦ λόγου. πάλιν οὖν ἐπανατρέχων ἐπὶ τὸν ὕμνον, τῇ τῶν θεῶν χρῆται ἐπαναστροφῇ. εἰ οὖν τις τὰ ἐν μέσῳ ἅπαντα ὑφελὼν ἐπὶ ταῦτα ἔλθοι, οὐδὲν ἂν οὔτε ὁ λόγος οὔτε ὁ νοῦς ἐπιζητήσειεν, ἀλλὰ μᾶλλον ἡ ἀκολουθία οὕτω φυλάττοιτο, τόν θ' ἱππονώμαν, ὃς ὑπερλάμπροις ἀκτῖσι, καὶ τὰ ἑξῆς, ἀμφί μοι αὖτε Φοῖβ' ἄναξ. φησὶν οὖν, ἀλλὰ σου πάλιν, ὦ Ἄπολλον, ἕξομαι, καὶ τῶν σῶν ἐπαίνων. οὐ μὴν ἁπλῶς ἐπὶ τὴν ἀντίστροφον ἐλθών, θεοῦ τινος ἐμνημόνευσεν, ἀλλὰ μετὰ τὸν Ἥλιον ἑξῆς τὸν Ἀπόλλωνά φησιν, ἐπεί φασί τινες τὸν Ἥλιον τὸν αὐτὸν εἶναι τῷ Ἀπόλλωνι.) [ὅτι δὲ τῷ λόγῳ τούτῳ καὶ ὁ ποιητὴς κατακολουθῶν μετὰ τὸν Ἥλιον ἐπὶ τὸν Ἀπόλλωνος ἔρχεται ὕμνον, φανερὸν ποιεῖ αὐτός, λέγων, ἀμφί μοι αὖτε Φοῖβ' ἄναξ· τουτέστι πάλιν. οὐδαμοῦ γὰρ νῦν τοῦ Ἀπόλλωνος μέμνηται. τί οὖν ἔδει μνημονεῦσαι αὐτοῦ αὖτε, εἰ μὴ τῆς προειρημένης διανοίας εἴχετο; τὸ δὲ μέτρον ἀντῳδὴ καὶ ἀντιστροφή. ἔστι δὲ τὸ μέτρον καὶ ἡ ποσότης ὁμοία τῇ στροφῇ. ὡμοίωται δὲ καὶ τὸ ἐπίρρημα καὶ τὸ ἀντεπίρρημα.]

αὖτε : Πάλιν. ἤγουν ἔσο ἢ χόρευσον. *Vict*.

596. [Κυνθίαν ἔχων : Περιφραστικῶς τὴν Κύνθον. ἔστι δὲ ὄνομα ὄρους. τὸ ὑψικέρατα ἀντὶ τοῦ ὑψηλήν. μεταπλασμὸς δέ ἐστιν ἀντὶ τοῦ ὑψικέρατον.]

599. [ἥ τε Ἐφέσου : Μετὰ τὸν Ἀπόλλωνα εὐθὺς τὴν Ἄρτεμιν, ἧς ἱερὰ ἡ Ἔφεσος.] — πάγχρυσον δὲ οἶκον λέγει, τὸν πολυτελέστατον ναόν· ὃς ἦν εἷς τῶν θεαμάτων. Junt., Vict.

600. ἐν ᾧ κόραι : Ἔνθα σε αἱ Λυδῶν παρθένοι τιμῶσιν, ὦ Ἄρτεμι. (τῆς γὰρ Λυδίας τοπαλαιὸν ἡ Ἔφεσος ἦν.)

(604). σὺν πεύκαις : Μετὰ δᾴδων. παρὰ τὸ Εὐριπίδειον [Hypsipylæ prolog.]

Διόνυσος, ὃς θύρσοισι καὶ νεβρῶν δοραῖς
[καθαπτὸς ἐν πεύκαισι Παρνασὸν κάτα
πηδᾷ χορεύων παρθένοις σὺν Δελφίσιν].

σελαγεῖ : Μετὰ λαμπάδων καὶ πυρσῶν χορεύει. διάπυρος γὰρ ὁ θεός. καὶ ὁ Ζεὺς διὰ πυρὸς τῇ Σεμέλῃ συνῆλθεν. οὐ γὰρ ἀργῶς ταῦτα ὁ ποιητὴς παρέλαβεν.

605. Βάκχαις Δελφίσι : (Ταῖς τὴν Δελφικὴν χώραν κατοικούσαις.) κἀκεῖ γὰρ ἐτιμᾶτο ὁ Διόνυσος. — ἐμπρέπων : Διαπρέπων. *Vict*.

606. [κωμαστής : Ὅτι καὶ μεθύοντες βακχεύονται, καὶ ὥσπερ ἐκμαίνονται. — τρυφῶν μετ' ᾠδῆς. *Vict*.

607. ἡνίχ' ἡμεῖς : Τὸ ἀντεπίρρημα τοῦτο ὅμοιόν ἐστι τῷ ἐπιρρήματι. [καὶ τοῦτο γὰρ ἐκ στίχων ἐστὶ τροχαϊκῶν τετραμέτρων καταληκτικῶν εἴκοσι. ἐνταῦθα μέντοι ὁ ἐπὶ τῆς τετάρτης χώρας ἴαμβος ἐξέλιπεν. ἐπὶ τῷ τέλει διπλῆ ἔξω νενευκυῖα.]

608. [ξυντυχοῦσα : Οὐκ ἔστιν ἐνταῦθα τὸ συντυχοῦσα ἀντὶ τοῦ συναντήσασα, ὥς τινες οἴονται, συντάσσοντες πρὸς τοῦτο τὸ ἡμῖν· ἀλλὰ τὸ συντυχοῦσα λέγε ἀντὶ τοῦ κατὰ τύχην φανεῖσα καὶ εὑρεθεῖσα, συντάσσων τὸ ἡμῖν πρὸς τὸ ἐπέστειλεν. ἐντυγχάνει γὰρ τῷδε ὁ δεῖνα, λέγε· συντυγχάνει δέ, ἀντὶ τοῦ κατὰ τύχην συμβαίνει. καὶ Θουκυδίδης, « οὕτω ποι ξυντυχόν, » ἤτοι συμβάν. οἱ δὲ ἄλλως λέγοντες ἁμαρτάνουσιν. Br.]

609. πρῶτα μὲν χαίρειν : Τὸν Κλέωνά φασιν ἀπὸ τῆς Πύλου καὶ Σφακτηρίας τοῖς Ἀθηναίοις ἐπιστέλλοντα,

χαίρειν προθεῖναι· ὅθεν γέγονεν ἐν χρήσει. [Πλάτων μέντοι ἐν ἀρχῇ τῶν ἐπιστολῶν τὸ εὖ πράττειν προὔθηκεν. οἱ δὲ Πυθαγόρειοι τὸ ὑγιαίνειν. [Lucianus De lapsu sal. c. 5 :] « καὶ τό γε τριπλοῦν τρίγωνον, τὸ δι' ἀλλήλων τὸ πεντάγραμμον, ᾧ συμβόλῳ πρὸς τοὺς ὁμοδόξους ἐχρῶντο, ὑγεία πρὸς αὐτῶν ὠνομάζετο. »] (Ἄλλως. ἀρχαῖον ἦν ἔθος προτάσσειν ἐν ταῖς ἐπιστολαῖς χαίρειν. οὐ γὰρ, ὥς τινες, Κλέων οὕτως πρῶτος ἐπέστειλεν Ἀθηναίοις ἐκ Σφακτηρίας.)

614. φῶς Σεληναίης : Τῆς σελήνης γὰρ φαινούσης οὐχ ἅπτουσι λύχνον. R. Ἀττικῶν ἐστιν κτητικὰ λαμβάνειν ἀντὶ πρωτοτύπων, ὡς καὶ παρθενικὴ ἡ παρθένος. Vict.

615. ἄλλα τ' εὖ δρᾶν : Καὶ εἰς ἄλλα ὑμᾶς φησιν εὐεργετεῖν, οὐ παρατηρεῖν δὲ ὑμᾶς ἀκριβῶς τὰς κατὰ σελήνην ἡμέρας.

616. κυδοιδοπᾶν : Ἀντὶ τοῦ συνταράττειν, ἀπὸ τοῦ κυδοιμοῦ. (γίνεται δὲ ἐξ ἑκατέρου. ἐὰν μὲν διὰ τοῦ κ, παρὰ τὸ κυκᾶν, ἐὰν δὲ διὰ τοῦ δ, παρὰ τὸν κυδοιμόν.) [ταράσσειν, ἀνατρέπειν. καὶ γὰρ ἐν τῇ πρώτῃ ἡμέρᾳ τεταγμένον ἦν τὸν Δία τιμᾶν, ἐν δὲ τῇ δευτέρᾳ τὸν Ποσειδῶνα, καὶ τοὺς ἄλλους θεοὺς καθεξῆς. οὗτοι δὲ, ὅτε ἔδει τῷ Διὶ θύειν, τῷ Ποσειδῶνι ἔθυον· ὅτε δὲ τῷ Ποσειδῶνι, ἑτέρῳ θεῷ ἔθυον. καὶ διὰ τοῦτο λέγει τὸ κυδοιδοπᾶν. Br. κυδοιδοπᾶν γίνεται ἀπὸ τοῦ κύδος ἀρσενικῶς, ὃ σημαίνει τὴν λοιδορίαν, καὶ τοῦ ὄψ, ὀπὸς, ἡ φωνή. γίνεται οὖν κυδοπᾶν καὶ Ἀττικῷ διπλασιασμῷ μετὰ τῆς τοῦ ι προσθήκης κυδοιδοπᾶν. κύδος γὰρ ἀρσενικῶς τὴν λοιδορίαν, ἐξ οὗ καὶ τὸ κυδάζω, τὸ λοιδορῶ, ὡς παρὰ Σοφοκλεῖ [Aj. 722]

κυδάζεται τοῖς πᾶσιν Ἀργείοις ὁμοῦ.

κῦδος δὲ οὐδετέρως ἡ δόξα, ἐξ οὗ καὶ κύδιστος, ὁ ἐνδοξότατος. Vict.]

618. ψευσθῶσιν : Ἀποτύχωσιν, [ἢ μὴ δέξωνται τὰς θυσίας εὐτάκτως].

619. κατὰ λόγον τῶν ἡμερῶν : Ἀντὶ τοῦ εὐτάκτως καὶ ὡρισμένως. διὰ γὰρ τὸ πλανᾶσθαι τὴν τάξιν [τῶν ἡμερῶν], καὶ τὰς ἑορτὰς ὑπερβαίνειν δεήσει.

621. ἀπαστίαν : Νηστείαν (καὶ ἀγευστίαν, παρὰ τὸ πάσασθαι). — νηστείαν, ἀσιτίαν. *Br.* ἀπὸ δὲ τοῦ πενθεῖν διαβάλλει τοὺς ποιητάς. V.

622. [Μέμνων δὲ καὶ Σαρπηδὼν υἱοὶ ὄντες Διὸς, ἀποθανόντες ἐν Τροίᾳ, οὕτω παρὰ θεοῖς ἐτιμήθησαν, τοῦ πατρὸς νομοθετήσαντος, ὡς τὴν ἡμέραν, καθ' ἣν ἀπέθανον, ἐν πένθει καὶ νηστείᾳ τοὺς θεοὺς διάγειν κατ' ἔτος.]

623. λαχὼν Ὑπέρβολος : Εἰς τὴν σύνοδον τῶν Ἀμφικτυόνων πεμφθῆναι εἰς τὴν Πυλαίαν. κατὰ πόλιν δ' ἔπεμπον τοὺς θύσοντας, καὶ συνεδρεύσοντας· καὶ ἦσαν οἱ πεμπόμενοι Πυλαγόραι καὶ ἱερομνήμονες. λέγουσι δὲ ὅτι Πυλάδης πρῶτος ἐκρίθη ἐπὶ τῷ Κλυταιμνήστρας φόνῳ, καὶ ἐξ αὐτοῦ τοὔνομα σχεῖν τὸν τόπον. ἀπῄεσαν δὲ εἰς Δελφοὺς ἐπίσκοποι τῶν ἀναλισκομένων ἐν ταῖς θυσίαις. [Ἱερομνήμονας ἔπεμπον εἰς Πυλαίαν καὶ Πυλαγόρας. Ἀριστοφάνης Θεσμοφοριαζούσαις [fr. 300]

ἀγαθὰ μεγάλα τῇ πόλει
ἥκειν φέροντάς φασι τοὺς Πυλαγόρας
καὶ τὸν ἱερομνήμονα.

καὶ εἰσὶν οἷον ἱεροὶ γραμματεῖς. μνήμονας γὰρ τούτους ἐκάλουν. [Hom. Od. Θ, 163 :]

φόρτου τε μνήμων καὶ ἐπίσκοπος ᾖσιν ὁδαίων.]

624. τῆτες : Ἐν ἐκείνῳ τῷ ἔτει. R. ἐν τῷδε τῷ ἔτει. οἱ δὲ Δωριεῖς σατές φασιν. ὅθεν σατανίους πυροὺς, τοὺς μὴ τελεσφοροῦντας, ἀλλὰ πρὸ ὥρας θεριζομένους. Junt., Vict.

τῆτες ἱερομνημονεῖν : Ἐξέπεμπον γὰρ οἱ Ἀθηναῖοι εἰς Δελφοὺς ἱερομνήμονας, οἳ τῶν τοῦ θεοῦ ἱερῶν προεστήκεσαν. παρ' ἱστορίαν δὲ εἶπεν τὸ τῆτες. οὐδεὶς γὰρ ἱστορεῖ ἐν ἐκείνῳ τῷ ἔτει ἱερομνήμονα εἶναι Ὑπέρβολον, ἐν ᾧ αἱ Νεφέλαι ἐδιδάχθησαν. οὐδέπω γὰρ διέπρεπε Κλέωνος ἔτι ζῶντος. μετὰ γὰρ τὸν ἐκείνου θάνατον ἠξιώθη.

625. [μᾶλλον γὰρ οὕτως εἴσεται : Τότε γὰρ μαθήσεται, ὅτι καλόν ἐστι ζῆν αὐτὸν, ὡς πρότερον, καὶ ὡς ἀνάξιος ἦν.]

627. μὰ τὴν ἀναπνοὴν : [Ὑποχωρήσαντος τοῦ χοροῦ εἰσίασιν αὖθις οἱ ὑποκριταί. ἔστιν οὖν ἡ παροῦσα εἴσθεσις τῆς διπλῆς ἐκ στίχων ἰαμβικῶν τριμέτρων ἀκαταλήκτων ογ', ὧν τελευταῖος

οἵαν δίκην τοῖς κόρεσι δώσω τήμερον.

ἐπὶ τῷ τέλει διπλῇ ἔξω νενευκυῖα.] πάλιν εἰς ἀθεότητα τὸν Σωκράτην διαβάλλει διὰ τῆς πολυθεΐας. δυσφορεῖ δὲ ὁ Σωκράτης ἐπὶ τῇ τοῦ Στρεψιάδου ἀμαθίᾳ. (ἐντεῦθέν φασι τὸν Ἀριστοφάνη χαριζόμενον τοῖς περὶ Ἄνυτον καὶ Μέλητον γεγραφέναι τὸ δρᾶμα, διαβάλλοντα εἰς ἀθεΐαν τὸν Σωκράτην διὰ τῆς πολυθεΐας. *** ὅτι πολὺ λείπεται τοῖς χρόνοις εἴπομεν. διαβάλλει οὖν ἁπλοϊκῶς τοὺς φιλοσόφους, ἐπεὶ καὶ ὁ Σωκράτης προεῖπε [423] μὴ ἡγεῖσθαι θεοὺς, πλὴν τὸ Χάος καὶ τὴν γλῶτταν καὶ τὸν Ἀέρα, τρία ταυτί.) — ἀναπνοὴν λέγει τὴν τοῦ ἀέρος ἀνάπνευσιν, ἣν ἀναπνέουσιν ἄνθρωποι· χάος δὲ τὸν τόπον, ἐν ᾧ ὁ ἀήρ. *Br.*

629. [σκαιὸν : Ἀντὶ τοῦ μωρόν. ἢ οὕτως. σκαιοὺς ἔλεγον τοὺς ἀμαθεῖς καὶ δυσπαρακολουθήτους.] — ἄπορον : Ἀφυῆ. σκαιὸν : Ἀπαίδευτον, φαυλόνουν. *Br.* ἀπαίδευτον. *R. V.*

630. σκαλαθύρματ' ἄττα : Λεπτὰ καὶ μικρὰ παντάπασι νοήματα καὶ μαθήματα, σκαριφήματα. (ἡ δὲ λέξις σύνθετος ἀπὸ τοῦ σκαλεύματα καὶ ἀθύρματα, οἷον παίγνια καὶ μηδενὸς ἄξια.) [ἐκ τούτου δὲ διαβάλλει Σωκράτη, ὡς εὐτελῆ εἰσιν ἃ διδάσκει, καὶ οὐδενὸς ἄξια λόγου. — μικρὰ καὶ εὐτελῆ παίγνια. *Br.*]

633. [ἔξει : Ἀντὶ τοῦ ἔξελθε. ἔστιν εἴω τὸ πορεύομαι. οὗ παράγωγον εἶμι. ὁ παρατατικὸς εἶν, εἶς, εἶ.

καὶ ὥσπερ ἐν τοῖς εἰς ω τὸ τρίτον πρόσωπον τοῦ ὁριστικοῦ παρατατικοῦ δεύτερόν ἐστι προστακτικὸν, οὕτω καὶ ἐν τοῖς εἰς μι σχηματίζουσιν οἱ Αἰολεῖς καὶ οἱ Ἀθηναῖοι. οἷον [Il. Φ, 313] « ἵστη μέγα κῦμα » ἀντὶ τοῦ ἵσταθι. Ἀριστοφάνης [Av. 1310]

καὶ τοὺς κοφίνους ἅπαντας ἐμπίμπλη πετρῶν.

ἀντὶ τοῦ ἐμπίμπληθι. οὕτως οὖν καὶ ἐκ τοῦ εἶ τρίτου προσώπου τοῦ ὁριστικοῦ παρατατικοῦ ἐν συνθέσει, ἔξει, προστακτικόν. ἢ ἀπὸ τοῦ εἴω. οὗ ὁ δεύτερος ἀόριστος ἷον, ἷες, ἷε· καὶ μετὰ τῆς ἐξ, ἔξιε, καὶ κατὰ μετάθεσιν καὶ συναίρεσιν, ἔξει. ὡσαύτως καὶ μετὰ τῶν λοιπῶν προθέσεων μέτει καὶ δίει· πλὴν τοῦ πάρει, καὶ σύνει. ἐνταῦθα γὰρ αἱ προθέσεις τῷ εἶ ἀντὶ τοῦ ὑπάρχεις συνδοιάζονται.]

ἀσκάντην δὲ τὸν σκίμποδά φησιν, ἢ δίφρου τι εἶδος· οἱ δὲ τὸν κράβατον. — τὸν σκάμνον, τὸν σκίμποδα. *Br.*

635. ἀνύσας : σπεύσας. *V.*

636. ὥσπερ ἡμεῖς ἐρωτῶμεν τοὺς παῖδας. V.

638. πότερα περὶ μέτρων : [Καλῶς διέστησεν. οὐ γὰρ εἴ τι μέτρον ἐστὶν, ἤδη καὶ ἔπος. εἴ τι δὲ ἔπος, ἤδη πάντως καὶ ῥυθμὸς καὶ μέτρον. σημειωτέον δ' ὅτι καὶ ταῦτα τῶν κυκλικῶν μαθημάτων.] διαφέρει δὲ μέτρον καὶ ῥυθμός. καὶ ὅτι πατὴρ μέτρου ὁ ῥυθμὸς, καὶ ὅτι ἀρχαία ἡ τῶν μέτρων καὶ ῥυθμῶν διδασκαλία.

639. περὶ τῶν μέτρων : (Λείπει τὸ θέλω μαθεῖν. διαβολὴ δὲ τὸ πᾶν, ὅτι τὰ μὴ οἰκεῖα τῇ τέχνῃ ἐπαγγέλλεται διδάσκειν. οὔτε γὰρ ποιητής ἐστιν οὔτε μουσικός.) ὡς ἄγροικος δὲ ὁ πρεσβύτης ἀπεκρίνατο ὡς ἐπὶ τῶν γεωργικῶν δεξάμενος. [ἀκούσας περὶ μέτρων ὁ Στρεψιάδης, τὸ δημοτικὸν μέτρον, ᾧ μετροῦσι τὰ σπέρματα, σκαιῶς ὑπείληφεν, διὸ, περὶ μέτρων, φησὶν, ἔγωγε. καὶ ἐκ τούτου διαβάλλει τὸν Σωκράτην, ὅτι τὰ μὴ οἰκεῖα τῇ τέχνῃ ἐπαγγέλλεται διδάσκειν. οὔτε γὰρ ποιητὴς ἦν οὔτε μουσοποιός. D.]

640. ἀλφιταμοιβοῦ : Τοῦ ἀντικαταλλάσσοντος καὶ πιπράσκοντος ἄλφιτα. ἢ τοῦ ἀμείβοντος ἀντὶ ἀργυρίου ἄλφιτα. [οὕτω καὶ ἀργυραμοιβοὶ οἱ ἀντὶ ἀργυρίου κέρματα ἀμείβοντες.]

(παρεκόπην : Ἐζημιώθην· ἀντὶ τοῦ ἐπλάνησέ με τῇ μέτρων ποσότητι δύο χοίνικας. — ἠπατήθην. *Vict.*)

641. κάλλιστον μέτρον : [Διαβάλλει Σωκράτη. οὐ γὰρ ποιητικὴν ἢ μουσικὴν ἐπηγγέλλετο διδάσκειν. ὁ δὲ τὰ προσόντα μὴ λέγων, χαριζόμενος δὲ τὰ μὴ προσόντα, ἀμφοτέρων ἐκεῖνος ἀποστερεῖται; ὁ τοὺς λόγους ἀμφοτέρων ἀποφαίνων ἀλλοτρίους καὶ ἀπείρους.] — εἴδη μέτρων, οἷς καὶ Ἀρχίλοχος κέχρηται ἐν τριμέτροις καὶ τετραμέτροις. R. V.

643. ἡμιεκτέου : Πρὸς τὸ τετράμετρον ἀπήντησε. τὸ γὰρ ἡμίεκτον μέτρον ἐστὶ τεσσάρων. ὁ γὰρ μέδιμνος μέτρα ἔχει μη', ὁ δὲ ἑκτεὺς η', τὸ δὲ ἡμίεκτον δ'. R. V. [Τοῦ τετραχοινίκου. ὁ γὰρ μέδιμνος χοίνικας ἔχει μη'. τούτων τὸ ἕκτον ὀκτώ. τὸ ἥμισυ τοῦ ἕκτου, τουτέστι τῶν ὀκτὼ, τὰ τέσσαρα. ὃ καλεῖται τετράμετρον. ὁ οὖν ἡμίεκτος τέσσαρας ἔχει χοίνικας. ἔπαιξε δὲ πάλιν εἰπὼν, οὐδὲν κάλλιον ἡγοῦμαι ἡμιεκτέου μέτρου· τουτέστι τεσσάρων χοινίκων. τούτου οὖν τὸ ἕκτον ἐστὶν ὀκτὼ χοίνικες. τὸ δὲ ἡμίεκτον, τουτέστι τὸ δωδέκατον τῶν ὀκτὼ πρὸς τοῖς τεσσαράκοντα, χοίνικες τέσσαρες.] (παρατηρητέον δὲ ὅτι διὰ τοῦ ε δεῖ λέγειν ἡμιεκτέον, καὶ οὐ κατὰ τὴν κοινὴν χρῆσιν ἡμιεκταῖον.)

644. περίδου νῦν ἐμοὶ : Ἀντὶ τοῦ συνθήκας ποίησον. [παρὰ τὸ Ὁμηρικὸν [Il. Φ, 485]

δεῦρό γε νῦν τρίποδος περιδώμεθα.

γίνεται δὲ οὕτω· δίδημι τὸ δεσμεύω. ὁ μέλλων διδήσω, ὁ δεύτερος ἀόριστος ἔδην, ὁ μέσος ἐδέμην ἔδεσο, καὶ ἀποβολῇ τοῦ σ ἔδεο καὶ ἔδου· καὶ τὸ προστακτικὸν δοῦ καὶ περίδου. καὶ Ὅμηρος [Il. Λ, 105] « δίδη μόσχοισι λύγοισιν. » ὡς ἄγροικος δὲ πάλιν ὁ πρεσβύτης ἀπεκρίνατο. ὁ μὲν γὰρ τὸ τῶν ποιημάτων ἔλεγε μέτρον, ὁ δὲ ὡς ἐπὶ τῶν γεωργικῶν ἐδέξατο.]

645. [εἰ μὴ τετράμετρον : Πρὸς τὸ τετράμετρον ἀπήντησε. τὸ ἡμιεκτέον μέτρον ἐστὶ τέσσαρα, ὡς πλεονάκις ἴσως τοῦ δέοντος εἴρηται.]

647. [ταχὺ δ' ἂν : Ἐν εἰρωνείᾳ. λέγει δὲ εἰς τὸ κιθαρίζειν. ταχὺ δυνηθείης, φησὶ, μεταλαμβάνειν τὸ κιθαρίζειν.]

649. κομψὸν : Πιθανὸν καὶ εὔχαριν ἐν συνόδῳ καὶ τῇ πρὸς ἑτέρους κοινωνίᾳ. [πιθανὸν καὶ ἀστεῖον φαίνεσθαι τοῖς συνοῦσιν.] — πιθανὸν καὶ ἡδύν. *Br.*

650. ἐπαΐειν : αἰσθάνεσθαι καὶ νοεῖν. R. V.

651. κατενόπλιον : Εἶδος ῥυθμοῦ πρὸς ὃν ὠρχοῦντο σείοντες τὰ ὅπλα. Ἄλλως. ἐνόπλιον, τὸν ἀμφίμακρον, ὃς καὶ Κουρητικὸς καλεῖται ἀπὸ τοῦ τὰ εἰς τοὺς Κούρητας μέλη τούτῳ τῷ μέτρῳ κεχρῆσθαι. (Ἄλλως. ἀριθμητικὸν ἢ γεωμετρικόν. ἔστι δὲ ῥυθμοῦ καὶ κρούματος εἶδος τὸ κατὰ δάκτυλον, ᾧ χρῶνται οἱ αὐληταὶ πρὸ τοῦ νόμου.) — ὁ κατὰ δάκτυλον, ῥυθμός ἐστιν ὁ ἐν ἴσῳ λόγῳ. ὁ δὲ ἐνόπλιος καὶ προσοδιακὸς λεγόμενος ὑπό τινων σύγκειται ἐκ σπονδείου καὶ πυρριχίου καὶ τροχαίου καὶ ἰάμβου. συνεμπίπτει δὲ οὗτος ἤτοι τριποδίᾳ ἀναπαιστικῇ, ἢ βάσεσι δυσὶν, Ἰωνικῇ καὶ χοριαμβικῇ.

653. τίς ἄλλος : [Τὴν παρατροπὴν ἐατέον μεταξὺ τοῖν δυοῖν, ὡς ἐν τοῖς πλείστοις σχεδὸν φέρεται. ὁ πρότερος Σωκράτους

τίς ἄλλος ἀντὶ τουτουὶ τοῦ δακτύλου;

καὶ τάχα ἂν εἴη λέγων τῷ γέροντι, ἕτερόν τινα εἶναι δάκτυλον νομίζεις ἢ τοῦτον; δεικνὺς αὐτῷ ἕνα τῶν δακτύλων τῶν αὐτοῦ. ὅταν γὰρ περὶ ῥυθμῶν, οὐ περὶ τούτου τοῦ δακτύλου φησὶν, ἀλλὰ περὶ ἑτέρου. ὡς γὰρ ἄγροικος καὶ οὗτος ἐρεῖ οὐδὲν ἧττον δείξειν τὸν μέσον δάκτυλον ἀσελγαινόμενος. ἐὰν δὲ περιαίρηται, ἀμφότεροι ἔσονται τοῦ γέροντος ἀσυνδέτως εἰρημένοι. Ἄλλως.] δείκνυσι τὸν μέσον δάκτυλον αἰσχρῶς. λέγει οὖν

ὡς οὐκ ἔστιν οὐδεὶς ἀντὶ τούτου τοῦ δακτύλου. καὶ γὰρ παιδίῳ μοι ὄντι ὁ αὐτὸς ἦν καὶ νῦν δὲ γεγηρακότι. — τουτουὶ : Τὴν πόστην αὐτοῦ ἔδειξε. *Vict.*

655. ἀγρεῖος : Ἄγροικος καὶ ἀμαθής. R. ἄγροικος. *Vict.* ὦ οἰζυρέ : Ὀϊζυρὸς καὶ οἰζυρὸς, ὁ ταλαίπωρος καὶ ἄθλιος, καὶ οἰζύς, ἡ ταλαιπωρία. LB. ὦ 'ζυρέ : Ὥσπερ ἀπὸ τοῦ αἶ θρηνητικοῦ μορίου καὶ ἐπιρρήματος γίνεται ῥῆμα αἰάζω, τὸ θρηνῶ, καὶ ἐξ αὐτοῦ αἶας καὶ αἰανὸς, ὁ σκοτεινὸς, οὕτως καὶ ἀπὸ τοῦ οἴ θρηνητικοῦ ἐπιρρήματος γίνεται μὲν τὸ οἰμώζω, καὶ ἐξ αὐτοῦ οἰμωγὴ, ὁ θρῆνος, γίνεται δὲ καὶ τὸ οἴζω, ὃ σημαίνει τὸ θρηνῶ, κατὰ δὲ διάλυσιν καὶ μετὰ πλεονασμοῦ ὀϊζύω, καὶ ἐξ αὐτοῦ ὀϊζυρὸς καὶ ὀϊζύς. Vict.

657. ὃν εἶπεν ἥττονα. R.

661. κύων, ἀλεκτρυών : Καὶ ταῦτα γελοίου χάριν παρείληπται. ἢ καὶ πρὸς τὴν ἀθεότητα τοῦ Σωκράτους, ὅτι καὶ κατὰ τούτων ὤμνυεν. (ἔπαιξε δὲ τὸν ἀλεκτρυόνα ὡς τετράπουν καταριθμήσας, ἵν' ἡ ἀφορμὴ τοῦ λοιποῦ παιγνίου ἐκ τούτου γενήσεται.)

663. [ἀλεκτρυόνα κατὰ ταυτὸν : Οὐκ ἂν ἄλλως λέγοιτο τοῦτο, εἰ μὴ ἐν ἔθει ἦν τότε καὶ τὴν θήλειαν ἀλεκτρυόνα λέγειν. σαφὲς δὲ γίνεται ἐν Ἀμφιαράῳ

γύναι, τί τὸ ψοφῆσάν ἐσθ'; ἀλεκτρυὼν
τὴν κύλικα καταβέβληκεν. οἰμώζουσά γε.

καὶ ἐν τῷ Πλάτωνος Δαιδάλῳ

ἐνίοτε πολλαὶ τῶν ἀλεκτρυόνων βίᾳ
ὑπηνέμια τίκτουσιν ᾠὰ πολλάκις.

καὶ

ὁ δὲ παῖς ἔνδον τὰς ἀλεκτρυόνας σοβεῖ.]

(οἱ Ἀττικοὶ οὕτω καὶ τὰς θηλείας ἐκάλουν, ὡς καὶ Θεόπομπος. λέγουσι δ' αὐτὴν καὶ ἀλεκτρύαιναν.) — τῷ αὐτῷ ὀνόματι. R. V.

667. νὴ τὸν Ἀέρα : Μιμεῖται καὶ αὐτὸς τοὺς φιλοσόφους, καὶ κατὰ τοῦ ἀέρος ὄμνυσιν.

669. διαλφιτώσω : Πᾶσαν ἀλφίτων πληρώσω (τὴν κάρδοπον. κάρδοπον δέ φησι) μαγίδα, ἐν ᾗ τοὺς ἄρτους ἔματτον, ἢ σκαφίδιον ἐν ᾧ ἀναμάττειν καὶ ἀναφυρᾶν ἔθος τὰ ἄλφιτα. R. V.

670. ἰδοὺ, φησὶ, διήμαρτες ἕτερον, τὴν καρδόπην εἰπὼν κάρδοπον· κοινῶς γὰρ κέκλιται. V.

672. τῶν πολιτευομένων εἷς ἦν ὁ Κλεώνυμος. ὡς γυναικιζόμενον δὲ αὐτὸν οἱ τῆς ἀρχαίας κωμῳδίας ποιηταὶ διαβάλλουσι. φησὶν οὖν, τὴν κάρδοπον ἀρσενικῶς καλεῖς, δέον θηλυκῶς· ὥσπερ Κλεώνυμον ἄρρενα καλοῦσί τινες, οὐδὲν διαφέροντα τὴν αἰσχύνην τῶν γυναικῶν. — πῶς δὴ, φράσον : Ἢ πρὸς τὸ φράσον στίξον καὶ τὸ λοιπὸν κατ' ἐρώτησιν λέγε, ἢ τὸ ὅλον ἓν ἔστω. Cant. 1.

674. ταυτὸν δύναταί σοι : Ἀντὶ τοῦ ὁμοιοκατάληκτά ἐστι. ἅμα δὲ ὅτι καὶ γυναικώδης ὁ Κλεώνυμος, (ἄλλως τε ὅτι καὶ ταυτὸν γένος σημαίνει διὰ τὴν κατάληξιν).

676. ἐπειδὴ πένης ἦν ὁ Κλεώνυμος (καὶ παράσιτος), διασύρει αὐτὸν ὡς ἀποροῦντα μάκτρας καὶ θυείᾳ χρώμενον. (μικρὰ γὰρ ἡ θυεία, ἡ δὲ κάρδοπος μεγάλη. ἔχει δὲ ἀδηφαγίας διαβολήν. τοῦτο κατὰ Κλεωνύμου. τρόπον γὰρ μάκτρας ἔστω σοι, φησὶ, Κλεώνυμος.)

678. τὴν Σωστράτην : Πάλιν ἐνταῦθα ὁ ποιητὴς σκώπτει τὸν Σώστρατον, Σωστράτην εἰπὼν, διότι λίαν ἀσελγὴς ἦν καὶ θηλυδρίας. Junt., Victor.

680. [χαρδόπη, Κλεωνύμη : Τοῦτον ἤδη ὡς κίναιδον διασύρει, ἐπεὶ ῥίψασπις καὶ δειλός. ἐν ἐρωτήσει δὲ ὁ λόγος, καὶ λείπει τὸ ὡς· ἵν' ᾖ, ἐκεῖνο δ' ἦν ὀρθῶς ὡς καρδόπη καὶ Κλεωνύμη λέγειν. ὅμοιον δὲ ἦν τὸ λέγειν καρδόπην, ὡς Κλεωνύμην.]

684. αὗται πόρναι ἦσαν. V.

686. οὗτοι ἐπὶ μαλακίᾳ διαβάλλονται. R. V.

687. ὦ ἄθλιε· τὸ μὲν γὰρ κατηγορεῖ τύχης, τὸ δὲ φύσεως. V.

688. οὐκ ἄρρεν' ἐν ὑμῖν ἐστιν : Οὐκ ἄρρενα ταῦτα ὑμεῖς ἡγεῖσθε. *Εἰ*

691. (γυναῖκα τὴν Ἀμυνίαν : Πρὸς τὴν κατάληξιν τοῦ ὀνόματος ἔπαιξεν εἰς διαβολὴν τοῦ ἀνδρός. ἐνταῦθα μὲν εἰς δειλίαν μόνον καὶ μαλακίαν. Κρατῖνος δὲ ἐν Σεριφίοις ὡς ἀλαζόνα καὶ κόλακα καὶ συκοφάντην. Εὔπολις δὲ ὡς παραπρεσβευτὴν, ὅπερ καὶ ἐν τοῖς Σφηξὶ [1271] φαίνεται.)

694. [κατακλινεὶς : Τοῦτο κοινόν. τὸ γὰρ κατακλιθεὶς Ἀττικόν. — Ἰωνικῶς δὲ κατακλινθείς. Junt.]

695. ἐκφρόντισόν τι : Σκέψαι τι τῶν σοι συμφερόντων καὶ ἐννοήθητι.

696. [μὴ δῆθ' ἱκετεύω : Παρεπιγραφή· ποιήσει γὰρ τὸ προσταχθέν. εἶτα καταβρωθεὶς ἀρνηθήσεται.]

(698). οὐκ ἔστι παρὰ ταῦτ' ἄλλα : [Εἰ μὴ ἐπὶ τοῦ ἀσκάντου σκέψῃ.] τοῦτο, φησὶ, πάντως δέδοκται καὶ οὐκ ἂν ἐάσαιμί σε, φησὶν, ἕτερόν τι ποιῆσαι.

699. (ἀντὶ τοῦ σήμερον. καὶ τήμερος) ὁ σημερινός. καὶ ἔστι τεταγμένον ἐπὶ σώματος, τὸ δὲ τήμερον ἐπὶ χρόνου λέγεται. καὶ ἐν Ὁλκάσιν « ἰὼ Λακεδαῖμον, τί ἄρα πείσῃ τήμερα, » ἀντὶ τοῦ σημερινή.

700. φρόντιζε δὴ καὶ διάθρει : Ἐκάθισεν αὐτὸν ἐπὶ τοῦ ἀσκάντου. τὸ δὲ δή ἰσοδυναμεῖ τῷ νῦν. [ἔκθεσις τῆς διπλῆς ἀμοιβαία ἐκ στίχων καὶ κώλων δύο πρὸς τοῖς εἴκοσιν· ὧν τὸ πρῶτον δίμετρον ἐκ διιάμβου καὶ χοριάμβου. τὸ δεύτερον δίμετρον ἐκ χοριάμβου καὶ βακχείου. τὸ τρίτον ἰαμβικὸν πενθημιμερές. τὸ τέταρτον ἐκ διιάμβου καὶ χοριάμβου τρίμετρον βραχυκατάληκτον. τὸ πέμπτον ἐκ διιάμβου καὶ διτροχαίου ταυτοπαθές. τὸ ἕκτον τρίμετρον ἐκ διιάμβων καὶ κατὰ τὸ μέσον χοριάμβου. τὸ ἕβδομον ἰαμβικὸν δίμετρον ἀκατάληκτον. τὸ ὄγδοον δίμετρον ἀντισπαστικὸν βραχυκατάληκτον, ἢ ἐκ δυοῖν βακχείοιν ἀκατάληκτον. τὰ ἑξῆς δύο ἰαμβικὰ τρίμετρα. τὰ δὲ μετὰ ταῦτα ἀναπαιστικὰ δίμετρα καταληκτικὰ εἰς δισύλλαβον· πλὴν τοῦ πεντεκαιδεκάτου, μονομέτρου ὄντος. ὁμοίως καὶ τοῦ ἑπτακαιδεκάτου καὶ εἰκοστοῦ πρώτου (ἀναπαιστικαὶ γὰρ βάσεις) καὶ τοῦ τελευταίου ἀναπαιστικοῦ μὲν ὄντος

ἐφθημιμεροῦς, παροιμιακοῦ δὲ, ὡς πολλάκις εἴρηται, καλουμένου. ἔστι δὲ καὶ ταῦτα πολυσχημάτιστα. ἐπὶ τῷ τέλει δύο διπλαῖ ὡς ἐν τοῖς προφθᾶσιν. ἰστέον δὲ ὅτι τὰς ἐκθέσεις τῶν διπλῶν οὐκ ἀεὶ διὰ τοῦ αὐτοῦ μέτρου ἐκφέρουσιν, ἀλλὰ καὶ δι' ἑτέρου· ἔστι δ' ὅτε καὶ διὰ διαφόρων, ὡς κἀνταῦθα.] ἀντὶ τοῦ βλέπε. R. βλέπε. V. διάθρει : Ἀντὶ τοῦ ἀνάκρινε καὶ δοκίμαζε.

701. πάντα τρόπον : Τουτέστιν, ἐπὶ πολλὰ τὴν διάνοιάν σου τρέπε.

702. στρόβει : Περίφερε τῇδε κἀκεῖσε, πυκνόν τι καὶ συνετὸν ποιήσας φρόνημα καὶ σκεψάμενος.

πυκνώσας : Συναγαγὼν πάντα τὸν νοῦν σου. E.

703. εἰς ἄπορον πέσῃς : (Ἐπειδὰν δὲ, φησὶν, εἴς τι ἄπορον πέσῃς, ταχέως ἐπ' ἄλλο νόημα φρενὸς πήδα. ἄπορον δὲ, οὗ πόρον καὶ λύσιν οὐκ ἔστιν εὑρεῖν. καθάπτεται δὲ τοῦ Σωκράτους, ὡς καὶ αὐτοῦ ἐπὶ ταῖς ζητήσεσιν οὕτω ποιοῦντος. ὅταν γὰρ στενοχωρῆται καὶ ἀπορῇ, μεθίσταται εἰς ἕτερον. ὁ γὰρ ὑποτιθέμενος ἄλλῳ δῆλον ὅτι αὐτὸς ἐν πείρᾳ γενόμενος τῶν ὅσα λέγει ὑποτίθεται. Ἄλλως.) οὗ πόρον οὐκ ἔστιν εὑρεῖν. φησὶ δὲ ὅτι, ἐὰν ἡ διάνοια εἰς ζήτημα ἄπορον ἐμπέσῃ, μετάβηθι ἐπὶ ἄλλο. σκώπτειν δὲ διὰ τούτων βούλεται τὸν Σωκράτην ὡς χλευαζόμενον ἐν ταῖς συζητήσεσι καὶ μεθιστάμενον ὑπὸ στενοχωρίας. R.V.

707. ἰατταταῖ : Καταπονούμενος ὑπὸ τῶν κόρεων στενάζει ὁ Στρεψιάδης. [ἔστι δὲ παρεπιγραφή. κατακλιθεὶς γὰρ καὶ μὴ δυνάμενος ὑπενεγκεῖν, παρεκάλει.]

βακχεῖον δίρυθμον. B.

710. οἱ Κορίνθιοι : Ἴσως μὲν ὅτι κατ' ἐκεῖνον τὸν καιρὸν ἐπέκειντο αὐτοῖς οἱ Κορίνθιοι, ἅμα δὲ ὅτι παρὰ τὸ κόρις πεποίηνται οἱ Κορίνθιοι. παίζων οὖν παρονομάζει ἅμα μὲν πρὸς τὸ τῶν κόρεων ὄνομα, ἅμα δὲ διὰ τὸν πόλεμον καὶ ὅτι ἐχθροὶ ἦσαν Ἀθηναίων οἱ Κορίνθιοι. — δέον οἱ κόρεις εἰπεῖν, Κορίνθιοι εἶπεν· ἐπειδὴ οἱ Ἀθηναῖοι καὶ οἱ Κορίνθιοι κατ' ἐκεῖνο καιροῦ πόλεμον εἶχον καὶ οἱ Κορίνθιοι τὰ τῆς Ἀττικῆς ἐδῄουν. Br.

712. [ψυχὴν ἐκπίνουσιν : Ἰστέον ὅτι τρεῖς ψυχάς φασι. τὴν αὐξητικὴν, ἥτις ἐστὶ κοινὴ τῶν ἀνθρώπων, τῶν ἀλόγων ζώων καὶ τῶν φυτῶν· τὸ αἷμα, ὅπερ ἐστὶ μόνων τῶν ζώων· καὶ τὴν λογικὴν, ἥτις ἐστὶ μόνων τῶν ἀνθρώπων. Junt. αἷμα. *Br.*]

717. πῶς δυνατὸν, φησὶ, μὴ ἀλγεῖν. R.

719. φρούδη δ' ἐμβάς : Μέχρι τοῦ εὐτελοῦς κτήματος. τοῦτο δὲ εἶπε διὰ τὸ ὑπολύσασθαι τὰς ἐμβάδας, ὅτε καὶ ἀπεδύσατο ὡς μέλλων εἰσιέναι εἰς τὸ φροντιστήριον. [Ἄλλως. οὐκ εἶπεν ὄπισθεν ὅτι τὰς ἐμβάδας ὑπελύσατο ὁ Στρεψιάδης, ὅτε εἰσῄει τὸ ὑπὲρ γῆν ἐκεῖνο φροντιστήριον, ἀλλὰ μόνον, ὅτι ἐξεδύσατο τὸ ἱμάτιον. καὶ οὐδὲν θαυμαστὸν, εἰ τὸ γεγονὸς μὲν τότε παρῆκε, νῦν δὲ λέγει· τουτέστι τὸ ὑπολύσασθαι τὰς ἐμβάδας. ὃ δὲ ἐκεῖ εἶπεν, ἤγουν τὸ ἀποδύσασθαι τὸ ἱμάτιον, νῦν οὐ λέγει. Junt.]

721. φρουρᾶς ᾄδων : Οἱ γὰρ φρουροῦντες πρὸς τὸ ἀποσοβεῖν τὸν ὕπνον καὶ τὴν ἀγρυπνίαν αὐτῶν [παραμυθεῖσθαι] ᾖδον. καὶ οὕτως ἦν λεγόμενον ἐπὶ τῶν ἀγρυπνούντων, φρουρᾶς ᾄδειν. [Ἄλλως. ἐκ τοῦ παρεπομένου τοῖς φρουροῖς. εἰώθασι γὰρ ἑαυτοῖς ᾄδειν ἀποπερισπῶντες τὸν ὕπνον.] (φρουρᾶς ᾄδων : Οἷον διαγρυπνῶν περὶ τὴν φρουράν. δισσὴ δέ ἐστιν ἡ γραφὴ, φρουρᾶς ᾄδων καὶ φρουρὰς ἰδών. καὶ τὸ μὲν φρουρᾶς ᾄδων ἀντὶ τοῦ συνεχῶς ᾄδων φρουρᾶς, τὸ δὲ φρουρὰς ἰδὼν ἀντὶ τοῦ φυλάττων, ἐπειδὴ φύλακες ἦσαν τῶν τοῦ φροντιστηρίου θυρῶν.) [Ἄλλως. τὸ φρουρᾶς ᾄδειν παροιμία ἐστὶν ἐπὶ τῶν ἀγρυπνούντων καὶ φροντιζόντων πάνυ λεγομένη. οἱ γὰρ ἐπιτραπέντες ἐν νυκτὶ τινὰ φυλακὴν ᾄδουσιν, ἵνα μὴ ὑπὸ τοῦ ὕπνου καταμαλθακισθέντες ἐκλίπωσιν ὃ φυλάσσουσιν. εἰκότως δ' ἐνταῦθα ἡ παροιμία ἐλήφθη. καὶ γὰρ αὐτὸς ἐν τῇ κλίνῃ κείμενος οὐκ ἐκοιμᾶτο, ἀλλ' ἐφρόντιζεν. ἀστείως δὲ πάνυ καὶ τὸ φροῦδος εἴρηκεν ὁ ποιητὴς, ἐκ τῶν δύο λέξεων συνθήκης, τοῦ φρουρᾶς καὶ τοῦ ᾄδων, σχηματίσας αὐτό. Junt. ἕνεκα. παροιμία ἐπὶ τῶν ἀγρυπνούντων. *Br.*]

726. ἀπόλωλ' ἀρτίως : Ὑπὸ τῶν κόρεων δηλονότι. ἐπειδὴ Σωκράτης εἶπεν ἀπολεῖ, ὅ ἐστι, μέλλεις ἀπολέσθαι, οὗτος λέγει, ὅτι ἀπόλωλ' ἤδη.

727. οὐ μαλθακιστέον πρὸς τὰ τῶν κόρεων δήγματα. R.V.

729. κἀπαιόλημ' : Κίνημα, ἀποπλάνημα καὶ ἀπάτην τινὰ, πανούργημα. ἢ οὕτως. δεῖ σε, φησὶ, καλύψασθαι καὶ σκέψασθαι. ἐπεὶ οἱ εἴς τι τείνοντες τὸν ὀφθαλμὸν ἀποπλανῶνται τὴν γνώμην. [ἀπαιόλημα γίνεται ἀπὸ τοῦ αἰόλλω, ὃ δηλοῖ τὸ ταχέως καὶ δίκην ἀέλλης κινῶ· ἀφ' οὗ Ὅμηρος αἰολοπώλους τοὺς Φρύγας καλεῖ, ἤγουν ταχυίππους, ἢ ποικίλως ἱππαζομένους. Junt. ἀπάτη καὶ πανουργία. *Br.* κἀπαιόλημα : Αἴολος ποικίλος ἢ εὐκίνητος ἀπὸ τοῦ αἰολεῖν, ὅ ἐστι κινεῖν. *Vict.*] ἐπιβάλοι : ἀντὶ τοῦ καλύψειε. R.

730. ἀρναχίδων : Ἀρναχὶς λέγεται τὸ τοῦ ἀρνοῦ κώδιον. ἔπαιξε δὲ πρὸς τὸ ἀρνεῖσθαι. δέον γὰρ εἰπεῖν, τίς ἄν με περιβάλοι ἀπὸ ἀρναχίδων γενόμενον περιβόλαιον, ἔπαιξε παρονομάσας ἀπὸ τοῦ ἀρνὸς καὶ τοῦ ἀρνεῖσθαι. τὸ δὲ ἀποστερητίδα ἅμα μὲν ἀπὸ τοῦ ἀποστερεῖν, ἅμα δὲ καὶ ἀντὶ τοῦ περιβόλαιον. [ἀρναχὶς, τὸ τοῦ ἀρνὸς κώδιον. παίζει δὲ ἐνταῦθα, γνώμην ἐξ ἀρναχίδων εἰπὼν ἀποστερητίδα, ἤγουν γνώμην ἐξ ἀρνήσεως καὶ ἀποστερήσεως. ὤφειλε δὲ εἰπεῖν· τίς ἂν δῆτ' ἐπιβάλοι καὶ ἐπιθήσει σκέπασμα ἐξ ἀρναχίδων, ὡς ἂν γνώμην εὕροιμι ἀποστερητικήν; ὁ δὲ παίξας οὕτως ἐξήνεγκεν. Br.]

731. ἔρχεται πάλιν ἐπ' αὐτὸν ὁ Σωκράτης. R.

(733). ἔχεις τι : [Ἐπειδὴ προεῖπεν αὐτῷ, ἀναρτήσας τὴν φροντίδα, ὡς ἐπὶ ὀρνιθοθήρου εἶπε τὸ ἔχεις.] ὡς ἐπὶ τῶν ἀγρευόντων ἤτοι ὄρνιν, ἢ ἰχθῦν, εἶπε τὸ ἔχεις τι, ἀντὶ τοῦ συνείληφάς τι; ἀναρτῆσαι γὰρ αὐτῷ ἐκέλευσε τὴν διάνοιαν καὶ τὴν φροντίδα. Ἄλλως. χαριέντως τὸ ἔχεις τί, τῇ τῶν ἀγρευτῶν λέξει χρώμενος. τοῖς γὰρ ἁλιεῦσιν ἢ ὀρνιθαγρευταῖς οὕτω φασὶν, ἔχεις τί.

734. ἢ τὸ πέος : (Παρεπιγραφή.) δεῖ γὰρ αὐτὸν κα-

θίζεσθαι ἔχοντα τὸ αἰδοῖον (καὶ μιμεῖσθαι τὸν δερμύλλοντα ἑαυτόν).

736. τι φροντιεῖς : Φροντίζω, τὸ φροντίδα ἔχω, κοινῶς μὲν γενικῇ συντάσσεται· Ἀττικῶς δὲ μετὰ αἰτιατικῆς, ὡς ἐνταῦθα, ἢ ἐν τῷ [190] « βολβοὺς ζητεῖτε; μὴ τοῦτο φροντίζετε. » Junt.

737. [αὐτὸς ὅ τι βούλει : Διαβάλλει αὐτὸν, ὡς μὴ παρέχοντα εὕρημα τοῖς μαθηταῖς.]

740. σχάσας : Ἀντὶ τοῦ καταπαύσας, στήσας, ἀτρεμίσας. καὶ Πίνδαρος [Pyth. 10, 79] « κώπην σχάσας » ἀντὶ τοῦ τὴν εἰρεσίαν καταπαύσας. ἔνιοι δὲ σχάσας ἀντὶ τοῦ ἁπλώσας. [ὄπισθεν μὲν [108] ἔλεγε παθητικῶς σχασάμενος, νῦν δὲ σχάσας. ἔοικε δὲ ἀμφότερα ἐν χρήσει. ἔστι δὲ καὶ σχάζειν τὸ τέμνειν τὴν φλέβα, ὡς Ξενοφῶν [Hist. Gr. 5, 4, 58] « σχάζει τὴν παρὰ τῷ σφυρῷ φλέβα. » Cant. 3.]

741. λεπτὴν : Ἀντὶ τοῦ ἀκριβῆ. ἔνθεν καὶ λεπτολόγος. περιφρόνει δὲ ἀντὶ τοῦ ἐρεύνα.

742. διαιρῶν : Ἀντὶ τοῦ ἀναπτύσσων καὶ δοκιμάζων καὶ διακρίνων τὰ ποιήματα καὶ οἷον διαίρεσιν αὐτῶν ποιῶν. σκοπῶν δὲ ἀντὶ τοῦ ἀκριβῶς καὶ ἐπιμελῶς καταμερίζων περὶ οὗ ἂν τὴν σκέψιν ποιῇ. [Ἄλλως. ὡς ἐπὶ τῶν μίμων ἐχρήσατο. ὡσεὶ ἔλεγε κατὰ κεφάλαιον ἐκζητῶν. — ὁ γὰρ σκεπτόμενος οὕτω, διαιρεῖ τὴν βουλήν· οἷον, εἰ τόδε ποιήσω, τόδε ἀπαντήσει· καὶ εἰ τόδε, τόδε. Junt., Vict.]

743. ἔχ' ἀτρέμα: Ἐφ' ἡσυχίας μένε· ὡς αὐτοῦ κινουμένου διὰ τοὺς κόρεις. τὸ δὲ κἂν ἀπορῇς τι τῶν νοημάτων ἀντὶ τοῦ κἂν ἀπορῇς εἰς νόημά τι. [Ἄλλως. ἰστέον ὅτι οἱ Ἀττικοὶ πάντα τὰ ἑνικά τε καὶ πληθυντικὰ τρίτα πρόσωπα τῶν ῥημάτων καὶ τὰς τῶν ὀνομάτων δοτικὰς τῶν πληθυντικῶν συμφώνου καὶ φωνήεντος ἐπιφερομένου μετὰ τοῦ ν γράφουσιν, ὡς ἔστι σαφῶς συμβαλεῖν ταῖς τοῖς πάλαι σοφοῖς πεπονημέναις ἐντυγχάνοντα βίβλοις. οἱ δὲ Ἴωνες δίχα τοῦ ν. τούτοις οὖν καὶ ἀμφοτέροις οἱ ποιηταὶ παρακολουθοῦντες, καὶ δὴ καὶ τῇ ἀνάγκῃ τοῦ μέτρου ἑπόμενοι, πολλάκις συμφώνου μὲν ἐπιφερομένου μετὰ τοῦ ν γράφουσι· πολλάκις δὲ καὶ φωνήεντος ἐπιφερομένου δίχα τοῦ ν. τοιοῦτον δή τι τῇ τοῦ μέτρου ἀνάγκῃ καὶ ἐν τοῖς ν καὶ εἰς ς λήγουσιν ἐπιρρήμασι ποιεῖν εἰώθασιν, οἷον τὸ πρόσθεν, νέρθεν, ὑπένερθεν· τὸ οὕτως, αὖθις, πολλάκις, εὐθύς, ταχύς, ἀτρέμας, καὶ τοῖς ὁμοίοις. τοῦτο δὲ οὕτως ἔχον εὑρήσεις ἀκριβῶς σκοπῶν. Junt.]

744. ἀντὶ τοῦ καὶ δεύτερον ἐπίστησον περὶ τῶν αὐτῶν καὶ τρίτον. ζυγώθρισον δὲ ἀντὶ τοῦ ἴσωσον. Ἄλλως. ἔασον τὸ ἀπορούμενον· ἔπειτα πάλιν ἀνασκοπεῖν καὶ οἷον ἀνοίγειν ἀποπειρῶ. τὸ γὰρ ἀναζυγοῦν ἐστι τὸ ἔξωθεν ἀνοίγειν τὴν θύραν. ἔνιοι δὲ τὸ ζυγώθρισον, ἀντὶ τοῦ συνάρμοσον, σύμπηξον.

745. (κίνησον αὖθις : Ὑποτίθεται πῶς δεῖ φροντίζειν, καὶ τίνα τρόπον. φησὶν οὖν ἐὰν ὑπεισέλθῃς, ἔτι μὴ ἀμελήσῃς, ἀλλὰ πολλάκις αὐτὸ μέτελθε· καὶ οὕτως εἰς ἓν συμφορήσας τὴν ἀρίστην γνώμην ἑλοῦ.)

[ζυγώθρισον : Ἀπὸ τοῦ ζυγὸς γίνεται καὶ τοῦ ἀθερίζω, τὸ ἀποδοκιμάζω, ζυγοαθέρισον, καὶ κατὰ συγκοπὴν τοῦ ε, καὶ κρᾶσιν τοῦ ο καὶ α εἰς ω μέγα, ζυγώθρισον. Junt. σκόπησον, μελέτησον· μεταφορικῶς. *Br.*]

746. ὦ Σωκρατίδιον : Ὡς ἐνθυμηθείς τι ἀνίσταται καὶ βοᾷ.

749. γυναῖκα φαρμακίδ' : Διαβάλλονται οἱ Θετταλοὶ ὡς γόητες. καὶ μέχρι νῦν γε φαρμακίδες παρ' ἡμῖν αἱ Θετταλαὶ καλοῦνται. φασὶ δὲ ὅτι Μήδεια φεύγουσα κίστην ἐξέβαλε φαρμάκων ἐκεῖ καὶ ἀνέφυσαν. τὸ δὲ Θεττάλην Ἀττικοὶ βαρύνουσιν οἱ κατὰ Μένανδρον, ὡς δαμάλην.

751. λοφεῖον στρογγύλον : Τὴν τοῦ κατόπτρου θήκην. ἢ τὴν θήκην τοῦ λόφου τῆς περικεφαλαίας. περιφερὴς δὲ αὕτη. — λοφεῖον : Ἀγγεῖον. *Br.*

752. ὥσπερ κάτοπτρον : Ὁ γὰρ τῆς σελήνης κύκλος στρογγυλοειδής, καθάπερ τὰ ἔσοπτρα. καὶ φασὶ τοὺς περὶ τὰ τοιαῦτα δεινοὺς τούτῳ κατάγειν τὴν θεόν. ἔστι δὲ καὶ Πυθαγόρου παίγνιον διὰ κατόπτρου τοιοῦτον. πληροσελήνου τῆς σελήνης οὔσης, εἴ τις εἰς ἔσοπτρον ἐπιγράψειεν αἵματι ὅσα βούλεται, καὶ προειπὼν ἑτέρῳ στῆναι κατόπιν αὐτοῦ, δείκνυσι πρὸς τὴν σελήνην τὰ γράμματα, κἀκεῖνος ἀτενίσας ὁ πλησίον εἰς τὸν τῆς σελήνης κύκλον, ἀναγνοίη πάντα τὰ ἐν τῷ κατόπτρῳ γεγραμμένα ὡς ἐπὶ τῆς σελήνης γεγραμμένα.

754. μηκέτ' ἀντέλλοι : Πρὸς τὸ προειρημένον ὑπ' αὐτοῦ [17]

ὁρῶν ἄγουσαν τὴν σελήνην εἰκάδας.

[τελουμένης γὰρ σελήνης οἱ τόκοι ἐδίδοντο. εἰ γοῦν οὐκ ἀνατέλλοι, πῶς ἂν οἱ δανεισταὶ γνόντες τὸν μῆνα τελούμενον ἀπαιτήσαιεν τοὺς τόκους; Junt.]

755. (τιητί δή : Παράλληλα. καὶ παρ' Ὁμήρῳ [Il. Ψ, 409] « τίη λείπεσθε φέριστοι; »)

756. [ἀργυρίων : Οὕτως ἡ γραφὴ ἀργυρίων παρὰ Φρυνίχῳ κεῖται· ὅτι οἱ κωμικοὶ πληθυντικῶς φασίν, οἱ δὲ ῥήτορες ἑνικῶς. καὶ Σώφρων πληθυντικῶς « ἀργυρίων δεήσῃ. »]

757. προβαλῶ : Προθήσω, εἰς ὃ δεῖ σε μηχανὴν εὑρεῖν. Junt.

758. εἴ σοι γράφοιτο : Εἰ κατηγοροίη κατηγορίαν πέντε σε δυναμένην ζημιῶσαι τάλαντα. Ἀττικῶς δὲ τοῦ ἀριθμοῦ τὸ πέντε ἐφύλαξε. [Ἄλλως. ἰστέον ὅτι ἐν τοῖς δικασταῖς οἱ δανεισταὶ ἐρχόμενοι ἔλεγον, ὡς ὁ δεῖνα αὐτοῖς ὀφείλει. εἶτα ὁ τοῦ δικαστηρίου γραμματεὺς ἔγραφε τοῦτο. καὶ μετὰ ταῦτα ὁ ὀφείλων καλούμενος ἀπῃτεῖτο τὸ δάνειον. Junt.]

759. ποίῳ τρόπῳ. R.

761. εἶλε τὴν γνώμην : Ἀπόκλειε, ἔφελκε. ὅθεν [ap. Hom. Il. N, 572] ἰλλάσιν. R. V. — εἰλῶ, τὸ στρέφω παρὰ τοῖς κοινοῖς, περισπωμένως. εἴλω δὲ, βαρυτόνως, παρὰ τοῖς ποιηταῖς. Junt. στρέφε. *D. E.* εἶλλε : Ἀπόκλειε. *A.*

762. ὑποχάλα : Ὥσπερ ἀπὸ ὕψους τινὸς καταβίβαζε. Cant. 3.

763. μηλολόνθην : [Οὕτω γράφουσιν οἱ ἀκριβέστεροι. τινὲς δὲ λέγουσιν ὅτι ζωΰφιόν ἐστι χρυσίζον κανθάρῳ ὅμοιον, ὃ λαμβάνοντες οἱ παῖδες ἀποδεσμοῦσι λίνῳ καὶ ἐκπεταννύουσιν. Ἄλλως. τὸν χρυσοκάνθαρον. οὕτως οὖν, φησὶ, δῆσόν σου τὴν γνώμην ἵν', ὅταν ἁρπάσῃς ἐκ τοῦ ἀέρος τὴν γνώμην, πάλιν ἐπισπάσῃ αὐτήν. — μηλολόνθην : Χρυσοκάνθαρον, ζίναν. *Br*.] εἶδος ζωϋφίου τινὸς παρὰ τὸν κάνθαρον, ὃ τοῖς ἄνθεσιν ἐπικαθέζεται. ταύταις οὖν εἰς παιδιὰν ἐχρῶντο Ἀθήνησι παῖδες, λίνον τοῦ ποδὸς ἐξαρτῶντες καὶ ξυλήφιον, ὅπερ οὐκ ἐξισχύουσιν ἀνακουφίσαι εἰς τὸν ἀέρα· ἔχοντες ἐξουσίαν πάλιν αὐτὰς κυνηγετῆσαι. λέγει δὲ τὸν χρυσοκάνθαρον. R. V.

764. ἀποφυγήν. R.

765. τὰ γὰρ καλὰ ἐπαινεῖ ὁ διδάσκαλος. V.

766. [τοῖσι φαρμακοπώλαις : Φαρμακοπῶλαι κυρίως οἱ τὰ φάρμακα πιπράσκοντες, τά τε λυσιτελοῦντα καὶ τὰ θανάσιμα. παρὰ τοῖς παλαιοῖς δὲ καὶ οἱ τοὺς τιμαλφεῖς (τουτέστι πολυτίμους) λίθους πιπράσκοντες, φαρμακοπῶλαι ἐλέγοντο. οὐδεὶς γὰρ τῶν τοιούτων λίθων, ὃς οὐκ ἔχει καινοτέραν δύναμιν. Junt.] τὸν κρύσταλλον. R. V.

768. τὴν ὕαλον λέγεις : Κατασκεύασμά ἐστιν ὑάλου τροχοειδὲς, εἰς τοῦτο τεχνασθὲν, ὅπερ ἐλαίῳ χρίοντες καὶ ἡλίῳ θερμαίνοντες, προσάγουσι θρυαλλίδα καὶ ἅπτουσι. τοῦτο οὖν, φησὶν, εἰ ὑφάψαιμι διὰ τῆς ὑέλου, καὶ προσαγάγοιμι τῇ δέλτῳ τὸ πῦρ τῇ τοῦ γραμματέως, ἀφανίσαιμι τὰ γράμματα τῆς δίκης. (ὅτι δὲ ὕαλος θηλυκῶς, καὶ διὰ τοῦ α. διὸ τὸ χ. Ὅμηρος δὲ οὐκ οἶδε τὸ ὄνομα, ἀλλὰ παρ' αὐτῷ καὶ τοῖς ἀρχαίοις ἤλεκτρος μέν ἐστιν, ὕαλος δὲ οὔ.) [Ἄλλως. ὕαλον ἡμεῖς μὲν ἀρτίως τὸ ἐκ βοτάνης τινὸς κεκαυμένον καὶ διὰ πυρὸς τηκόμενον εἰς κατασκευὴν ἀγγείων τινῶν λέγομεν. οἱ παλαιοὶ δὲ τὴν διαφανῆ λίθον, τὸν ἰδιωτικῶς λεγόμενον κρύον, ἐοικότα δὲ ὑάλῳ. Junt.]

770. ὁ γραμματεὺς : ὁ γράφων τὰ λεγόμενα ἐν ταῖς δίκαις, ὃν νῦν καλοῦμεν ἐκσκέπτορα. R. V.

773. νὴ τὰς Χάριτας : Πάλιν ἑτέρῳ ὅρκῳ κέχρηται ὁ Σωκράτης. V. [οὐχ ἁπλῶς ὄμνυσι κατὰ τῶν Χαρίτων. ὀπίσω γὰρ τῆς Ἀθηνᾶς ἦσαν γλυφεῖσαι αἱ Χάριτες ἐν τῷ τοίχῳ, ἃς ἐλέγετο ὁ Σωκράτης γλύψαι. τὸ γὰρ πρῶτον λιθογλύφος ἦν τὴν τέχνην. αἰνίττεται οὖν αὐτοῦ τοῦ Σωκράτους εἰς τὴν πρώτην τέχνην. — Ἄλλως. τῷ μὲν φαινομένῳ ἀρεσκόμενος Σωκράτης δείκνυται τῷ τοῦ Στρεψιάδου νοήματι, καὶ ὄμνυσι τὰς Χάριτας, ὅτι σοφῶς τοῦτο τὸ νόημα ἐπενόησε τὸ τῆς τοῦ χάρτου τεφρώσεως. Χαρίτων γὰρ ἔργα καὶ δῶρα σοφία. ἐσχηματισμένως δὲ τοῦ Σωκράτους καθάπτεται ὁ ποιητὴς, κωμῳδῶν τοῦτον ὡς λιθοξόον. Σωφρονίσκου γὰρ λιθοξόου ἦν υἱὸς Σωκράτης, καὶ τῆς λαξευτικῆς μετέσχε τέχνης, καὶ ἀνδριάντας λιθίνους ἐλάξευε, καὶ ἀγάλματα δὲ τῶν τριῶν Χαρίτων εἰργάσατο, Πειθοῦς, Ἀγλαΐας καὶ Θαλείας· καὶ ἦσαν ὄπισθεν τῆς Ἀθηνᾶς ἐγγεγλυμμένα τῷ τοίχῳ. Junt.]

[οἴμ' ὡς ἥδομαι : Ὁ ἄγροικος ὡς ἤδη νενικηκὼς διὰ τὸ τῆς εὑρέσεως τοῦτο λέγει. καὶ γὰρ ἐν τῇ συνηθείᾳ πολλάκις λέγομεν τὸ οἴμοι χαίροντός τινος. V. τὸ οἴμοι καὶ ὤμοι ποτὲ μὲν ἐπ' εὐφροσύνῃ κείμενον εὕρηται, ποτὲ δὲ ἐπὶ λύπης. καὶ ἐπ' εὐφροσύνῃ μὲν, ὡς ἐνταῦθα, οἴμ' ὡς ἥδομαι· καὶ [926] « ὤμοι σοφίας ἐμνήσθης. » ἐπὶ δὲ λύπης ὡς τὸ, οἴμοι τάλας· καὶ [Plut. 850]

οἴμοι κακοδαίμων, ὡς ἀπόλωλα δείλαιος.

καὶ [infra 928]

ὤμοι μανίας τῆς σῆς, πόλεώς τε.

Junt.]

774. (διαγέγραπται : Κατέξυσται, ἀνῄρηται. ἀπὸ τῆς τοῦ γραμματέως δέλτου, ὅπου αἱ δίκαι ἀνεγράφοντο, καὶ αἱ εἰσαγωγαὶ τῶν δικῶν.) — ἀπήλειπται, ἠφάνισται. *Br*.

(776). ἀντιδικῶν : [Κατηγορῶν καὶ ἐναντιουμένων.] τοῖς γὰρ γραψαμένοις καὶ μὴ ἀποδείξασιν ἐπεβάλλετο χρηματικὴ ζημία, καὶ εἰ μὴ κατὰ τὸ ὡρισμένον ἐξέτισεν, ὑπερήμερος γενόμενος ἐξετίννυε τὸ τετραπλοῦν. οἱ δὲ μὴ ἔχοντες ἐκτῖσαι καθείργνυντο ἐν τῷ δικαστηρίῳ. πολλοὶ δὲ τοῦτο πεπόνθασιν, ὡς ὁ ῥήτωρ ἐν τῷ κατὰ Ἀριστογείτονος. — ἀποστρέψαις : Ἀποδιώξαις. ἀντιδικῶν : Ἀντεγκαλῶν, ἀντιλέγων. *Br*.

777. ὀφλήσειν : καταδικασθῆναι. R.

778. εὐκολώτατα καὶ εὐχερῆ. V.

781. λείπει τὸ καλῶς λέγω. R. V.

783. ὑθλεῖς : ἀντὶ τοῦ φλυαρεῖς· ὕθλος γὰρ ὁ φλύαρος. R. V. τὸ δὲ ἄπερρ' ἀντὶ τοῦ φθείρου. V. ληρεῖς, φλυαρεῖς. *Br*. ὑθλεῖς : Ὕθλος, φλυαρία, μωρία, λήρότης. ἄπερρ' : Ἀποφθείρου, πορεύου μετὰ φθορᾶς. Vict. ἄπαιρε : Ἄπελθε. *D*.

784. ἀντὶ τοῦ διὰ τί. τὸ δὲ ὅτι περιττόν. R. V.

786. ἀνακρίνει αὐτὸν εἰ μέμνηται. R. V.

788. τίς ἦν ἐν ᾗ : Τὴν κάρδοπόν φησιν. ὥσπερ ἐπιλαθόμενος ταῦτα λέγει.

790. [ἐπιλησμότατον : Ἰδίως ἐπιλησμονέστατον Ἄλεξις δὲ λέγει ἐπιλήσμη, Κρατῖνος ἐπιλησμόνη.]

792. ὑπερβατόν· ἀπολοῦμαι γάρ. V. γλωττοστροφεῖν τὴν γλῶτταν στρέφειν καὶ ποικίλον ἐν τῷ λέγειν καθεστηκέναι. R. V. — τὴν γλῶτταν στρέφειν, δι' ἧς ἂ τοὺς δανειστὰς ἀποκρούσωμαι. Junt., Vict.

799. εὐσωματεῖ : Ἐκ τοῦ ἐναντίου συγκατατίθεται· δέον γὰρ ἂν μανθάνειν τοιοῦτον ὑγιαίνοντα. εἰ μὴ ἄρ τοῦτο λέγει, ὅτι φοβοῦμαι αὐτόν. — ναὶ, ἄκων ἐπιτρέπω *B*. ἀντὶ τοῦ ἰσχυρότερός μού ἐστι τὸ σῶμα. R. V.

800. εὐπτέρων : (Ἡ μεταφορὰ ἀπὸ τῶν ὀρνέων, τῶν μετεώρων καὶ ὑπερηφάνων. ἢ εὐπτέρων τῶν τιμίων καὶ εὐγενῶν. ἢ τῶν φρονουσῶν τὰ Κοισύρας, ἀντὶ τοῦ μέγα φρονουσῶν. Ἄλλως.) ἢ εὐγενῶν, ἀπὸ τῶν ὀρνέων, ἢ κούφων καὶ ὧν ὁ λογισμὸς ἵπταται. ἢ τὴν Κοισύραν τὴν Μεγακλέους ἀστεϊζόμενος ὡς δραπέτης αὐτῆ

αὐτοὺς διασύρειν θέλει. — εὐπτέρων : Εὐγενῶν, ἐπηρμένων. τῶν Κοισύρας : Ἐκ ταύτης γὰρ ἡ τούτου γυνὴ κατήγετο. *Br.* ἐκ ταύτης τῆς Κοισύρας ἡ τούτου γυνή. καὶ διὰ τοῦτο εὐγένιζεν ἑαυτήν. *D.*

801. ἀτὰρ μέτειμι : Καὶ δὴ μετέλθω, μεταχειρίσομαι, εἴ πως δυνηθῶ πεῖσαι αὐτόν. Junt., Vict. μέτειμι : Μετελεύσομαι. *Vict.*

802. ἐξελῶ : Ἐξελάσω. *Br.*

803. πρὸς τὸν Σωκράτην τοῦτό φησι. R. V.

804. χορίαμβος δίμετρος ἀκατάληκτος. χορίαμβος δίμετρος δικατάληκτος. ἴαμβος πενθημιμερής. ἀπὸ χοριάμβου βάσεως εἰς χορίαμβον. ἴαμβος δίμετρος καταληκτικός. ἴαμβος δίμετρος ἀκατάληκτος. ἀπὸ χοριάμβου βάσεως εἰς ἴαμβον. χοριαμβικὸν τρίμετρον ἀκατάληκτον. χορίαμβος ἑφθημιμερής. V. [κορωνὶς καὶ εἴσθεσις χοροῦ μεσῳδικὴ κώλων διαφόρων δέκα. τούτων τὸ μὲν πρῶτον δίμετρον ἀντισπαστικὸν ἐκ διτροχαίου καὶ παλιμβακχείου. τὸ δεύτερον ἐξ ἀντισπάστου καὶ ἀμφιβράχεος. τὸ τρίτον ἐξ ἐπιτρίτου τρίτου καὶ ἰάμβου δίμετρον βραχυκατάληκτον. τὸ τέταρτον δίμετρον ἐκ διτροχαίου καὶ ἀμφιβράχεος. τὸ πέμπτον τροχαϊκὸν δίμετρον ἀκατάληκτον, ἀδιαφόρου τῆς τελευταίας οὔσης. τὸ ἕκτον ἰαμβικὸν δίμετρον ἀκατάληκτον. τὸ ἕβδομον ἐκ χοριάμβου καὶ διιάμβου δίμετρον. τὸ ὄγδοον χοριαμβικὸν τρίμετρον ἀκατάληκτον. τὸ ἔνατον ὅμοιον τῷ ἕκτῳ, ἐχούσης ἀνάπαιστον τῆς ἀρχούσης. τὸ δέκατον χοριαμβικὸν δίμετρον καταληκτικόν· εἴτ᾿ οὖν ἐκ χοριάμβου καὶ βακχείου.]

807. (ἀντὶ τοῦ ἕτοιμός ἐστι) μισθούς σοι χορηγεῖν οὓς ἂν θέλῃς. R. V.

809. ἐκπεπληγμένου : Ἀντὶ τοῦ, ἐπαινοῦντος. λείπει δὲ τὸ σέ. οἱονεὶ ἐκπλήκτου καὶ μέγα φρονοῦντος. — ἐξεστηκότος καὶ ἄγαν προθυμουμένου. *E.*

810. ἐπηρμένου : Μετεώρου καὶ ἑτοίμου πᾶν ποιήσειν, ὃ ἂν κελεύῃς. *E.*

[811. γνοὺς ἀπολέψεις : Οἱ λέγοντες τὸ γνοὺς ἀντὶ τοῦ αἴσθησιν λαβών, ἵνα συντάσσωσι τὴν γενικήν, οὐ καλῶς λέγουσιν. ἔστι γὰρ αὕτη ἡ γενικὴ πρὸς τὸ ἀπολάψεις, οὕτω· σὺ δὲ ἀπολάψεις (ἀντὶ τοῦ ἀποκέρδησον) ταχέως ὅ τι πλεῖστον δύνασαι ἀνδρὸς ἐκπεπληγμένου καὶ φανερῶς ἐπηρμένου. εἶτα ὕστερον ἐπάξεις τὸ γνούς, ἀντὶ τοῦ, οὕτως ἔχοντα αὐτὸν νοήσας. ἔστι δὲ ἀπολάψεις ἐνταῦθα ἀντὶ τοῦ προστακτικοῦ. δείκνυται γὰρ ἐκ τῆς κατασκευῆς, ὅτι τοῦτο αἱ Νεφέλαι αὐτῷ ἐπιτάττουσιν. Junt., E. ἀπολάψεις : Ἀποκέρδησον, ἐμφορηθῇς. *Br.*]

ἀπολέψεις : [Ἀπολεπίσεις. ἐὰν δέ, ὡς ἐν τοῖς πολλοῖς, ἀπολάψεις, ἐκπίῃς· ἀπὸ τῶν κυνῶν ἡ μεταφορά, ἣ ὅσα λάπτοντα πίνει. καταστρέφει δὲ εἰς τὸ] ἀποκερδανεῖς, ἢ ἀφαρπάσεις, ἀποσπάσεις. Ὅμηρος [Il. Π, 161]

λάψοντες γλώσσῃσιν [ἀραιῇσι μέλαν ὕδωρ].

812. [φιλεῖ γάρ πως : Ἔθος ἔχει, συμβαίνει γὰρ ἄλλως ἀποβαίνειν ἢ προσδοκᾷ τις. ἀντὶ τοῦ, εὐμετάβλητοί εἰσιν οἱ ἐξ ἐπιθυμίας ἀλόγου τινὶ συμβαλόντες. εὐμετάβολοι γὰρ αἱ τῶν τοιούτων ἀνδρῶν γνῶμαι. ἀσύμβουλοι δέ, φησίν, ὅτι καὶ ταχέως μεταβαλλόμενοι ἐπιθυμίας ἥττους ἁλίσκονται.]

814. [οὔτοι μὰ τὴν Ὁμίχλην : Κορωνὶς ἑτέρα ὁμοία, οἱ δὲ στίχοι ἰαμβικοὶ τρίμετροι ἀκατάληκτοι οε'. ὧν τελευταῖος

πρὸς πάντα τὰ δίκαι᾿ ἀντιλέγειν δυνήσεται.

ἐπὶ τῷ τέλει κορωνίς, καὶ ἑξῆς τὸ χοροῦ· ὤφειλε γὰρ κἀνταῦθα θεῖναι χορόν, ἄχρις ἂν οἱ λόγοι ἐξέλθωσι.] ὡς μύστης γεγενημένος τῶν φιλοσόφων τὴν Ὁμίχλην ὄμνυσι, μιμούμενος αὐτούς. V.

815. κίονας : Ἀντὶ τοῦ τοὺς λίθους τῆς Μεγακλέους οἰκίας· οὗτοι γὰρ μόνοι κατελείφθησαν αὐτῷ πάντα καταφαγόντι. R. [ὡς ἅπαντα καταφαγόντος τοῦ Μεγακλέους. ὡς εἰ ἔλεγε τὸν πλοῦτον. ἐμφαίνει δὲ διὰ τούτων ὡς οὐδὲν αὐτῷ κατελείφθη, εἰ μὴ ἡ αὐλὴ Μεγακλέους. λέγει δὲ ὅτι πάντα κατηναλωκὼς καταλέλοιπε τοὺς λίθους τῆς οἰκίας· αἰνίττεται οὖν εἰς τὴν ἀσωτίαν τοῦ υἱοῦ, ὅτι πάντα κατηνάλωσεν αὐτοῦ, καὶ οὐδὲν ἔτι ὑπολείπεται. — Ἄλλως. ἐντεῦθεν δῆλον ὅτι ἐν κίοσιν ἵστατο ὁ οἶκος αὐτοῦ. δείκνυται δὲ ὅτι μόνοι οὗτοι ὑπελείφθησαν αὐτῷ τῶν ἄλλων καταναλωθέντων παρ᾿ αὐτοῦ. Junt.]

817. οὐκ εὖ φρονεῖς : Εἴ γε καὶ αὐτὸς ἐπετιμήθη ἐπὶ τούτοις παρὰ Σωκράτους. ταῦτα δὲ πειρᾶται διδάσκειν τὸν υἱόν, καταγελῶν αὐτοῦ ὡς μὴ δεόντως μήτε Δία ὀμνύντος μήτε νομίζοντος. [τοῦ δὲ Δία τὸ α ἐκτείνεσθαί φησι Σύμμαχος Ἀττικῶς. ἐνδεῖ δὲ τὸ χ.]

819. τηλικουτονί : Οἷον, τελείαν ἔχοντα τὴν ἡλικίαν, καὶ ὀφείλοντα πάντα εἰδέναι. — σὲ ἤδη τελείαν ἔχοντα ἡλικίαν. *Vict.*

821. ἀρχαϊκά : Ἀντὶ τοῦ μωρά, εὐήθη, λῆρα. — ἀρχαῖοι οἱ μωροὶ ἐκαλοῦντο ἀπὸ τῶν ἐπὶ τοῦ Κρόνου ἐκείνων ἀρχαίων καὶ ἀπραγμόνων ἀνδρῶν. Junt.

824. ὅπως δὲ τοῦτο : Ὡς ἐπὶ τούτῳ φθονούντων τῶν διδασκάλων. ἢ ὡς καὶ αὐτὸς παρηγγέλθη [143] « νομίσαι δὲ ταῦτα χρὴ μυστήρια. » — Ἄλλως. τηρεῖ τὰς παραινέσεις ἃς παρῄνεσεν αὐτῷ πρότερον μαθητὴς Σωκράτους. ὅρα. *Br.*

825. [ἰδοὺ τί ἐστι : Πλησιάσας αὐτῷ φησὶ τὸ ἰδού.]

829. [αἰβοῖ : Γελῶν λέγει τὸ αἰβοῖ. ἔστι δὲ ἐπίρρημα σχετλιαστικόν.]

830. ὁ Μήλιος : Παρ᾿ ἱστορίαν. Ἀθηναῖος γὰρ ὁ Σωκράτης· ἀλλ᾿ ἐπεὶ Διαγόρας, Μήλιος ὤν, διεβάλλετο ὡς θεομάχος, καὶ τὸν Σωκράτη δὲ ὡς ἄθεον διαβάλλει, διὰ τοῦτο Μήλιον αὐτὸν εἶπεν. (Ἄλλως. Ἀρισταγόρας ἐγένετο Μήλιος διθυραμβοποιός, ὃς τὰ ἐν Ἐλευσῖνι μυστήρια ἐξορχησάμενος καὶ ἐξειπὼν ἀσεβέστατος ἐκρίθη. ἀπ᾿ ἐκείνου οὖν τοὺς Μηλίους ἐπὶ ἀσεβείᾳ κωμῳδοῦσι. [οἱ δὲ Μήλιον, τὸν καταπραΰνοντα τῇ διδαχῇ τὰς ψυχὰς τῶν μαθητῶν. οἱ δὲ τὸν κομῶντα, τὸν δια-

σύν.] Ἄλλως. ὁ Μήλιος : Τινὲς ἐξεδέξαντο τὸν τὰς τῶν εἰσιόντων ψυχὰς ὀξύνοντα πρὶν εἰσελθεῖν ἠγριωμένας· ἀπὸ μεταφορᾶς τῶν ἀλόγων θηρίων, μῆλα γὰρ τὰ θρέμματα. οἱ δὲ εἰς τὸ δασὺ καὶ αὐχμηρὸν νοοῦσιν αὐτό. οἱ δὲ παρέλαβον οὕτως. Διαγόρας ὁ Μήλιος, ὃς τὸ μὲν πρότερον ἦν θεοσεβής, παρακαταθήκην δὲ ὑπό τινος ἀποστερηθείς, ἐπὶ τὸ ἄθεος εἶναι ἐξέδραμεν, ἐφ' ᾧ οἱ Ἀθηναῖοι ἀγανακτήσαντες, τὴν Μῆλον ἐκάκωσαν.) [Ἄλλως. Διαγόρας γέγονέ τις βλάσφημος εἰς τὸ θεῖον, Μήλιος. καί ποτε, φασίν, ἐν πανδοχείῳ εὑρεθείς, καὶ μὴ εὑρὼν ξύλα, ἀλλ' ἄγαλμα Ἡρακλέους· ἄγε, φησί, τρισκαιδέκατον ἡμῖν ἐπιτέλει ἄεθλον, καὶ ἕψησον τὸν φακόν. — ἄλλοι δέ φασιν ὡς οὗτος ὁ Διαγόρας διδάσκαλος ἦν Σωκράτους. LB., Cant. 2.] — ψυλλῶν δὲ ἴχνη λέγει γινώσκειν τὸν Χαιρεφῶντα διὰ τὴν ζήτησιν, [145] ψύλλαν ὁπόσους ἅλλοιτο τοὺς αὑτῆς πόδας. R.V.

839 Ἀττικῶς τὸ μανιῶν ἀντὶ τοῦ (τῆς) μανίας. R. V. τὸ δὲ χυλῶσιν ἀντὶ τοῦ μαινομένοις. V.

833. [πείθειν : Οὐκ ἔστι τὸ πείθειν ἀντὶ τοῦ πείθεσθαι, ὥς τινές φασιν, ἵνα τὴν δοτικὴν συντάξωσιν· ἀλλ' ἔστιν ἡ τοιαύτη δοτικὴ πρὸς τὸ ἐλήλυθας, οὕτω. σὺ δὲ εἰς τοσοῦτον τῶν μανιῶν ἐλήλυθας ἀνδράσι χολῶσιν ὥστε πείθειν αὐτούς σέ. τουτέστιν, οὕτω τῆς αὐτῶν μανίας μετέσχες, ὥστε καὶ πείθειν σε περὶ τῶν ματαίων. C.]

834. ἀντὶ τοῦ εὐφήμει καὶ μηδεμίαν εἴπῃς περὶ αὐτῶν ἁμαρτίαν. λείπει ἡ εἰς, ἵν' ᾖ εἰς ἄνδρας δεξιούς. V. ἀντὶ τοῦ εὐφήμει καὶ μηδὲν εἴπῃς περὶ αὐτῶν βλάσφημον. R. φλαῦρον : ἀντὶ τοῦ κακόν. R.V.

835. ὑπὸ τῆς φειδωλίας : (Ὡς κομῶντας διαβάλλει τοὺς φιλοσόφους. ταῦτα δὲ ἐποίουν οἱ φιλόσοφοι διὰ καρτερίαν. ὁ δέ φησιν ὅτι οὐ διὰ ἀρετὴν ταῦτ' ἐποίουν, ἀλλὰ διὰ σμικρολογίαν. ἃ γοῦν ὑπ' ἐγκρατείας ἐποίουν οὗτοι, οὗτος ὑπὸ φειδωλίας φησίν.) δοκῶν ἐπαινεῖν, ψέγει. ἀντὶ γὰρ τοῦ εἰπεῖν καρτερίας εἶπε φειδωλίας.

838. καταλούει μου : [Ἐντρυφᾷς, καταναλίσκεις τὴν περιουσίαν. τὸ δὲ καταλούει, καταναλίσκεις εἰς λουτρά. ἤδη γὰρ ὥσπερ τεθνεῶτός μου καταλούει. Ἄλλως. δαψιλῶς ἀναλίσκεις μου τὸν βίον. ἐκ μεταφορᾶς τῶν ἐκχυνομένων ὑδάτων ἐν τοῖς βαλανείοις. ἢ ἐντρυφᾷς, ὡς καὶ τοῦ βαλανείου διὰ τρυφὴν ὄντος.] ἔθος ἦν μετὰ τὸ ἐκκομισθῆναι τὸ σῶμα καθαρμοῦ χάριν ἀπολούεσθαι τοὺς οἰκείους τοῦ τεθνεῶτος. λέγει δὲ ὅτι εἰς τρυφὴν καταναλίσκεις. (τὴν δὲ κατά πρόθεσιν εἰς ἐπίτασιν παραλαμβάνουσιν, ὡς ἐπὶ τοῦ καταφαγεῖν. οὕτως δὲ ἐπὶ τοῦ καταλούει μου τὸν βίον.) βίον δὲ τὴν περιουσίαν. ἢ εἰς λουτρὰ καταναλίσκεις. — καταλούει : Δαπανᾷς, ἀφανίζεις. *Br*.

841. ἄληθες : Ἐὰν μὲν προπαροξυτόνως, αὐτὸ τὸ ἀληθὲς λέγει, ἐὰν δὲ ὀξυτόνως, τὸ πρᾶγμα δηλοῖ τὸ μετέχον τῆς ἀληθείας. — ἀντὶ τοῦ ἀληθῶς πάνυ. οὕτω λέγει ἐπὶ τοῦ ἐπιρρηματικοῦ. R.V.

842. ἀντὶ τοῦ ἀναίσθητος, ἀνόητος, παχὺς εἰς τὸ νοεῖν. R.V.

844. (οἴμοι τί δράσω : Πρὸς τὸν πατέρα δικάσομαι καὶ δείξας αὐτὸν μαινόμενον, οὕτω τὴν μανίαν παύσω.)

845. παρανοίας : Ἀντὶ τοῦ κατηγορήσω αὐτοῦ ὡς παραφρονοῦντος. — παρανοίας : Παραφροσύνης. εἰσαγαγὼν : Εἰς δικαστήριον. ἕλω : Νικήσω, λαβῶ. *Br*.

846. σοροπηγοῖς : [Τουτέστι τοῖς ποιοῦσι σοροὺς τοῖς νεκροῖς. χλευάζει δὲ τὸν πατέρα ὡς πρεσβύτην καὶ γειτονεύοντα τῷ θανάτῳ. Ἄλλως. τοῖς σοροποιοῖς.] τοῖς τὰς σοροὺς τῶν ἀποθνησκόντων ποιοῦσι. τουτέστιν ἄλλην ἴασιν οὐκ ἔχει ἢ τὸν θάνατον· καὶ δέον αὐτῷ πρὸς τὴν ταφὴν τὰ ἐπιτήδεια κατασκευάζειν, ἵνα ποιήσωσιν αὐτῷ σορὸν δηλονότι ἐγγὺς ὄντι θανάτου. — τοῖς νεκροθάπταις· ἄξια γὰρ θανάτου πράττει. *Br*.

850. ἀντὶ τοῦ οὕτως καλέσῃς.

853. τοὺς γηγενεῖς : Διὰ τὸ νεκρώδεις αὐτοὺς εἶναι καὶ ὠχρούς. ἢ ἀσεβεῖς καὶ θεομάχους, διὰ τοὺς γίγαντας. — γηγενεῖς αὐτοὺς καλεῖ, ὡς ὑπὸ γῆν διατρίβοντας, ὥσπερ μύας· ἢ ὡς ἀσεβεῖς καὶ θεομάχους. τοιοῦτοι γὰρ ἦσαν καὶ οἱ γίγαντες. Br.

855. ὑπὸ τοῦ πλήθους τῶν ἐτῶν, ἀντὶ τοῦ ὑπὸ τοῦ γήρως. προεῖπε γὰρ [129] « πῶς οὖν γέρων ὢν κἀπιλήσμων (καὶ βραδὺς λόγων ἀκριβῶν σκινδαλμοὺς μαθήσομαι); » R. V.

857. καταπεφρόντικα : Εἰς τοὺς φροντιστὰς ἀνάλωσα. [ὡς εἰ ἔλεγε, καταπεφρόνηκα. ἢ] εἰς τὴν παίδευσιν καταδεδαπάνηκα. — τοῖς φροντισταῖς ἀφῆκα. *E*.

858. τέτροφας : Κατέφαγες, ἐτράφης. *Br*.

859. ὥσπερ Περικλέης : [Περικλῆς πολλῶν ὄντων χρημάτων ἐν τῇ ἀκροπόλει, εἰς τὸν πόλεμον τὰ πλεῖστα ἀνάλωσε. φασὶ δὲ ὅτι καὶ λογισμοὺς διδούς, τάλαντα εἴκοσιν ἁπλῶς εἶπεν εἰς τὸ δέον ἀνηλωκέναι. φησὶ δὲ Ἔφορος ὅτι μετὰ ταῦτα μαθόντες οἱ Λακεδαιμόνιοι Κλεανδρίδην μὲν ἐδήμευσαν, Πλειστοάνακτα δὲ ιε' ταλάντοις ἐζημίωσαν, ὑπολαβόντες δωροδοκήσαντας αὐτούς, διὰ τὸ φείσασθαι τῆς λοιπῆς Ἀθηναίων γῆς, ὑπὸ τῶν περὶ τὸν Περικλέα, μὴ θελήσαντα γυμνῶς εἰπεῖν ὅτι δέδωκα τοῖς Λακεδαιμονίων βασιλεῦσι τὸ ἐνδεές. Ἄλλως. Περικλῆς, Ἀθηναίων στρατηγός, χρήματα τοῦ δημοσίου λαβὼν εἰς τὸ κατασκευάσαι ὁλόχρυσον ἄγαλμα τῇ Ἀθηνᾷ, ἐλεφάντινον ποιήσας, τὰ πολλὰ ἐσφετερίσατο, συμποιησάμενος μετὰ Φειδίου τοῦ πλάστου. ἐπεὶ δὲ κατακρινόμενος ὡς πλεῖστα ἀναλώσας ἠρωτᾶτο ποῦ ἀνηλώθη, ὑπὸ μεγαλονοίας ἔλεγεν, εἰς τὸ δέον ἀνήλωσα. Ἄλλως. Περικλῆς τοῖς ἐφόροις Λακεδαιμονίων Κλεανδρίδῃ καὶ Πλειστοάνακτι χρήματα δέδωκεν ὑπὲρ προδόσεως, καὶ τούτων ἀπαιτούμενος ὑπὸ τῆς πόλεως λόγον, οὐκ ἀξιῶν ἑαυτόν τε καὶ τοὺς Λακεδαιμονίους καταισχύνειν, ἔλεγεν, εἰς τὸ δέον ἀνήλωσα. τοῦτο δὲ γνόντες οἱ Λακεδαιμόνιοι τὸν μὲν Κλεανδρίδην ἐφόνευσαν, τὸν δὲ Πλειστοάνακτα δεκαπέντε ταλάντοις ἐζημίωσαν, οἰηθέντες αὐτούς, διὰ τὸ φείσασθαι τῆς λοιπῆς Ἀθηναίων γῆς, δωροδοκήσαντας ἐκ τῆς Ἀττικῆς ἀναχωρῆσαι. Περικλῆς Ἀθηναίων στρατηγὸς λόγον ἀπαιτούμενος ὑπὲρ χρημάτων καὶ δεδωκὼς χρήματα Κλεανδρίδῃ τῷ

ἁρμοστῇ Λακεδαιμονίων ἐπὶ προδοσίᾳ, τοῦτο οὐκ ἐδήλου, ἀλλ' εἰς τὸ δέον ἔλεγεν ἀναλῶσαι ταῦτα. R. V.

860. εἶτα τῷ πατρὶ : Προτρεπόμενος αὐτὸν τρίτον τὸ αὐτὸ λέγει. V. ἀντὶ τοῦ, ἔχεις ἀπολογίαν ὅτι πατρὶ πειθόμενος ἥμαρτες. σφάληθι καὶ ἁμάρτανε δι' ἐμέ. — ἴθι βάδιζ' : Πορεύου, παραγενοῦ. *Vict.*

862. Οὕτως Ἀττικοὶ βαρύνουσιν ἐξέτει. V. τραυλίσαντι : ἀντὶ τοῦ ψελλίζοντι, ἄσημον φωνὴν προϊέντι. ἡλιαστικὸν δέ, ἀντὶ τοῦ ἐκκλησιαστικόν. (ἡλιαία δέ, τὸ δικαστήριον, διὰ τὸ ὑπαίθριον εἶναι καὶ τῷ ἡλίῳ βάλλεσθαι.) οὐχ ἵστατο δὲ ὁ τῶν δικαστῶν μισθός.

864. Διασίοις : [Ἑορτὴ τοῦ Διός. ἅμαξις δέ, τὸ μικρὸν ἁμάξιον, ἢ πλακοῦντος εἶδος.] Διάσια, ἑορτὴ τοῦ Διὸς παρ' Ἀθηναίοις. ἅμαξις δὲ πλακοῦντος εἶδος, ἣν νῦν κοπτὴν φαμέν. Σύμμαχος δὲ τὸ μικρὸν ἁμάξιον. ταῦτα γὰρ τοῖς παιδίοις ἠγόραζον. R. V.

865. ἦ μὴν σὺ τούτοις : [Προαναφωνεῖ αὐτῷ ἃ μέλλει ποιήσειν.] ἀντὶ τοῦ λυπηθήσῃ ποτέ, ἐὰν μάθω δηλονότι. (τοῦτο δὲ λέγει πεισθεὶς τῷ πατρί. διὸ καὶ ὁ πατὴρ ἐπιφέρει, εὖ γ' ὅτι ἐπείσθης.)

868. νηπύτιος γάρ : Ἀντὶ τοῦ νήπιος. ἐπεκτείνει δὲ τὸ ὄνομα ὁ Σωκράτης, ἵνα καταπλήξῃ τὸν νεώτερον (νῦν εἰσελθόντα). — νηπύτιος : Ἄφρων, ἀνόητος. *Vict.*

870. (ἐφ' ὧν κρέμανται οἱ φιλόσοφοι.) Ἄλλως. τῶν ὀργάνων τῶν ἀστρονομικῶν καὶ γεωμετρικῶν. κρέμαται γὰρ ἐν τῷ φροντιστηρίῳ. οὕτω μέν, εἰ κρεμαστῶν γράφεται. τῶν κρεμαστρῶν δηλονότι τετριμμένος εἴης ἀεὶ κρεμάμενος.

872. [ἰδοὺ κρέμαιό γε : Διώκων ὁ Σωκράτης τῇ φωνῇ ἐρεῖ μιμούμενος, ὅτι κακῶς τῷ στόματι εἶπε τὸ κρέμαιό γε.]

873. καὶ τοῖσι χείλεσι διερρυηκόσι : Ὡς μωρὸν καὶ ἀπαίδευτον καὶ ἀνόητον διακεχηνόσι τοῖς χείλεσι (τῇ φωνῇ μιμούμενος ὁ Σωκράτης φησί). — διακεχηνόσι. *Br.*

875. κλῆσιν : Τὴν μαρτυρίαν. χαύνωσιν δὲ τὴν λύσιν τῶν δικῶν, οἷον ἀπάτην καὶ κενὰ ῥήματα ἀναπείθοντα τοὺς ἀκούοντας. (Ἄλλως. χαύνωσιν ἀναπειστηρίαν, ὅταν τοῦ ἀντιδίκου προβάλλοντος λόγους πιθανούς, εἰς τοὐναντίον τις αὐτοὺς περιτρέψῃ, καὶ χαύνους καὶ ἀσθενεῖς ποιήσῃ, διὰ τῶν λόγων αὐτοῦ ἀναπείσας τοὺς δικαστάς, ὡς ἄρ' ἀληθῆ λέγει.)

876. [καί τοι ταλάντου : Ἀξιοπιστεύονται οἱ διδάσκαλοι λέγοντες, ἔλαττον τοσοῦδε οὐ λαμβάνω ἐπὶ τούτῳ τῷ ἀναγνώσματι. καὶ ἐπαγέλλονται προνοήσασθαι τῶν καινῶν μαθημάτων, ὅσων προνοοῦσι μάλιστα.]

877. θυμόσοφός ἐστι : Ἀντὶ τοῦ εὐφυής, εὐμαθής, ἐκ τοῦ ἰδίου θυμοῦ σοφὸς καὶ οὐκ ἐκ μαθήσεως.

878. δεικτικῶς ἀντὶ τοῦ μικρόν. R. V.

879. ἀντὶ τοῦ οἰκίας ἐποίει ἀπὸ πηλοῦ, οἷα εἰώθασιν οἱ παῖδες ποιεῖν. R. V.

880. σκυτίνας : δερματίνας. R. V.

881. σιδίων : Ἐκ τῶν λεπύρων τῶν ῥοιῶν. τὰ παιδία ἐκ μὲν τῶν δερμάτων περιέτεμνε τροχοὺς καὶ ἁμάξια, ἐκ δὲ τῶν ῥοιῶν ὅταν καταφάγωσι τὰ ἐντός, ἐκ τῶν λεπύρων βατράχια ἔγλυφεν. [εἶτα τὸ πῶς δοκεῖς, θαυμάζων προφέρεται καθ' ἑαυτόν. βούλεται δὲ αὐτὸν ὡς ἐκ παιδὸς ἀποδεῖξαι εὐφυᾶ, καὶ γλύφειν ἀστείως δυνάμενον.] — τὸ δὲ πῶς δοκεῖς ὡς θαυμάζων λέγει. R. V.

882. μαθήσεται : Γνώσεται, ὅντινα δεῖ μαθεῖν. R.

883. τὸν ἥττονα : Ὃς τἄδικα λέγων ἀνατρέπει τὸν κρείττονα. *Vict.*

885. ἐὰν δὲ μὴ οἷός τ' ᾖ τοὺς δύο μαθεῖν, παντὶ τρόπῳ τὸν ἄδικον μαθήσεται. R. V.

886. ἀντὶ τοῦ αὐτοὶ οἱ λόγοι διδάξουσιν αὐτόν. V.

(889). χώρει δευρί. δεῖξον σαυτὸν : Διπλῆ καὶ κορωνὶς ἀποχωρησάντων τῶν ὑποκριτῶν. μέλος δὲ τοῦ χοροῦ οὐ κεῖται, ἀλλὰ γέγραπται μὲν ἐν μέσῳ χοροῦ, καὶ ἕπεται εἴσθεσις ἀναπαιστικὴ τῶν ὑποκριτῶν· διὸ καὶ τὰ πρόσωπα οὐ τελείας ἔχει τὰς συζυγίας. ἔστι δὲ τὰ πάντα κῶλα οδ', ὧν τὰ πρῶτα δ' ἀναπαιστικά. ὑπόκεινται ἐπὶ τῆς σκηνῆς ἐν πλεκτοῖς οἰκίσκοις οἱ λόγοι δίκην ὀρνίθων μαχόμενοι. τὸ τοῦ χοροῦ πρόσωπον ἐκλέλοιπεν. ἐπιγραφὴ δὲ φέρεται χοροῦ. ὁ δὲ κρείττων λόγος καὶ ὁ ἥττων διαλέγονται. [Ἄλλως. χώρει δευρὶ : Εἴσθεσις διπλῆς κατὰ σχῆμα δικανικὸν ἐκ κώλων ἀναπαιστικῶν με'. ὧν τὸ κη' τὸ λε' καὶ τὸ λθ' μονόμετρα ἀκατάληκτα. τὰ δὲ λοιπὰ πάντα δίμετρα ἀκατάληκτα, τῶν δύο προσώπων ὡς ἐπιτοπλεῖστον δίμετρον κῶλον ἀποτελούντων, ὧν τὸ τελευταῖον

κλαύσει· τὴν χεῖρ' ἐπιβάλλεις,

ἑφθημιμερές. ἰστέον δὲ ὅτι τὸ κη' κῶλον τετράβραχυν ἔχει, ἤτοι προκελευσματικὸν τὸν πρῶτον πόδα ἀντὶ ἀναπαίστου. διαλύεται γὰρ ἡ μακρὰ τοῦ ἀναπαίστου εἰς δύο βραχείας· ὡς καὶ τοῦ ἰάμβου καὶ τοῦ τροχαίου καὶ τῶν λοιπῶν τετρασυλλάβων ποδῶν. ἐπὶ τῷ τέλει διπλῆ ἔξω νενευκυῖα.] ὁ κρείττων λόγος καὶ ὁ ἥττων διαλέγονται. R.

891. (ἴθ' ὅποι χρῄζεις : Ἴθι, πορεύου. πάντα δὲ ἐκ Τηλέφου Εὐριπίδου.

ἴθ' ὅποι χρῄζεις· οὐκ ἀπολοῦμαι
τῆς σῆς Ἑλένης οὕνεκα.)

892. ἐν τοῖς πολλοῖσι : Ἐνώπιον πολλῶν. *Br.* σ' ἐν τοῖς πολλοῖσι : Ἐνώπιον πολλῶν παρόντων. *Vict.*

896. [γνώμας καινὰς : Ὡς παρορωμένου τοῦ δικαίου παρὰ Ἀθηναίοις. διὸ καὶ μωροὺς αὐτοὺς εἶπεν.]

897. διὰ τουτουσὶ : Διαβάλλει τοὺς Ἀθηναίους ὡς ἀδικίᾳ χαίροντας, τὸ δὲ δίκαιον παρορῶντας. E.

905. τὸν πατέρα οὐκ ἀπώλεσε δήσας : ἐρωτηματικῶς, ὅτι παιδοκτόνος ἦν. R. V. τὸν πατέρα αὐτοῦ Κρόνον οὐκ ἔφθειρε δεσμεύσας. *Harl.* 5.

906. αἰβοῖ : γελᾷ ὁ δίκαιος. R. V.

907. δότε μοι λεκάνην : (Ὡς ναυτιῶν ὑπὸ τῆς ἐκείνου ψυχρίας.) λείπει τὸ ἵνα ἐμέσω. χολὴ γάρ μοι ἐπιπλέει διὰ τὰ αὐτοῦ ῥήματα. — χωρεῖ : Αὔξει, προβαίνει. δότε μοι λεκάνην : Ἵν' ἐμέσω. *Br.*

908. τυφογέρων : Ἐσχατόγηρως ἢ ὑπερήφανος. τὸ δὲ ἀνάρμοστος ἀνακόλουθος, μηδενὶ ἁρμοζόμενος. V. μάταιος γέρων, κενόδοξος. ἀνάρμοστος : Ἀηδής, ἀνεπιτήδειος. *Br*. ἄρρυθμος, ἀηδής, ἄμουσος. *Vict*.

909. ἀναίσχυντος : Ἀναιδής. *Vict*.

910. ῥόδα μ' εἴρηκας : Ἀντὶ τοῦ, ἐμοὶ τὰ ὑπὸ σοῦ εἰρημένα ῥόδα ἐστί.

βωμολόχος : Ἀντὶ τοῦ κακοῦργος καὶ ἀσεβής. παρὰ τοὺς λοχῶντας τὰ ἐν τοῖς βωμοῖς ἐπιτιθέμενα θύματα, (ἢ τοὺς θύοντας, ἵνα αἰτήσαντες λάβωσί τι). [βωμολοχία δὲ κυρίως ἡ περὶ τὸ ἐν παιδιᾷ ἡδὺ, ὡς Ἀριστοτέλης ἐν δευτέρῳ Ἠθικῶν [c. 7], ὑπερβολή. βωμολόχοι τοίνυν οἱ ἐν τοῖς βωμοῖς ἐρχόμενοι, καὶ ἀντὶ τοῦ τὸ θεῖον εὐχαῖς ἐξιλεοῦν πολλοῖς τισι λόγοις χρώμενοι καὶ ματαίοις.]

911. κρίνεσιν : Οὕτως ἔκλινεν ὡς ἀπὸ τοῦ τὸ κρίνος, ὡς τὸ τεῖχος. τινὲς δέ φασι μεταπλασμὸν εἶναι. — κρίνεσι : Κρίνον κοινῶς· κρίνος Ἀττικῶς, καὶ κλίνεται τοῦ κρίνεος, νους. ἡ δοτικὴ τῶν πληθ. τοῖς κρίνεσίν ἐστι. πατραλοίας : Πατροτύπτης. *Vict*.

913. πρὸ τοῦ γ' : Πρὸ τοῦ χρυσῷ. μολίβδῳ δὲ, ἀτιμίᾳ· ὡς νυνὶ μᾶλλον τῶν κακῶν ἀνθούντων. διὸ καὶ ἐκεῖνος ἐπιφέρει

νῦν δέ γε κόσμος τοῦτ' ἔστιν ἐμοί.

915. ἀρχαῖος : λῆρος. R.V.

916. διὰ σὲ δὲ φοιτᾶν : Τοῦ αὐτοῦ δεῖ πάντα εἶναι τοῦ ἥττονος λόγου. οὐ θέλει γάρ, φησὶ, τὰ μειράκια διὰ τὴν σὴν εὐήθειαν φοιτᾶν, ὡς μαθησόμενα τὰ χρήσιμα μαθήματα. — λείπει τὸ πρὸς ἐμέ. R.

920. αὐχμεῖς : Ῥυπαρὸς εἶναι δοκεῖς. ὡς τοῦ δικαίου παρορωμένου. R. V. πτωχεύεις. αἰσχρῶς : Ἀτίμως. *Vict*. εὖ πράττεις : ἀντὶ τοῦ καλῶς λέγεις. R.V.

919. Τήλεφος εἶναι : Διαβάλλει Εὐριπίδην, ὡς πτωχὸν εἰσενεγκόντα τὸν Τήλεφον, περὶ οὗ καὶ κωμῳδεῖται. [Ἄλλως. ὁ Τήλεφος βασιλεὺς ἦν Μυσίας, ὃν πλανηθέντων, ὅτε εἰς Τροίαν ἀπήρχοντο, τῶν Ἑλλήνων καὶ δῃούντων τὴν αὐτοῦ γῆν ἀντὶ τῆς Τροίας, Ἀχιλλεὺς ἔτρωσεν· καὶ πάλιν ἀποροῦντα τοῦ θεραπεύσοντος, τῆς Πυθίας, ὁ τρώσας ἰάσεται, ἀνελούσης, παραγενόμενον εἰς Θετταλίαν τῷ χρησμῷ πεισθεὶς θεραπείας ἠξίωσε. δυστυχήσαντα δὲ ὕστερον πεποίηκεν Εὐριπίδης ἐν δράματι πήραν ἔχοντα καὶ προσαιτοῦντα. ἀντὶ δὲ τοῦ εἰπεῖν, ἄρτους καθαροὺς ἢ ξηροὺς τρώγων, Πανδελετείους γνώμας εἶπε, διαβάλλων αὐτὸν κατ' ἄμφω, καὶ ὡς ἄτιμον καὶ ὡς πανοῦργον. ἐπὶ γὰρ πανουργίᾳ διεβεβόητο ὁ Πανδέλετος. συκοφάντης δὲ ἦν καὶ φιλόδικος γράφων ψηφίσματα. Πανδελετείους οὖν οὕτως εἶπεν ἀντὶ ἄρτων πανουργίαν σιτούμενος μέμνηται τοῦ Πανδελέτου καὶ Κρατῖνος Χείρωσιν. οὗτος καὶ ψηφίσματα ἔγραψε. διαβάλλει δὲ τοὺς ῥήτορας ὡς ἐκ τῶν πτωχῶν πλουτοῦντας.] Πανδελετείους : Δυστρόπους. ὁ Πανδέλετος τῶν περὶ τὰ δικαστήρια ἐστὶ διατριβόντων (δικαστῶν ἢ καὶ) συκοφαντῶν (ἤγουν ὁ φιλοδίκαιος καὶ γράφων ψηφίσματα.) ἀντὶ τοῦ εἰπεῖν ξηροὺς ἄρτους γνώμας (καινὰς) εἶπεν. R.V. παρ' ὑπόνοιαν ἀντὶ τοῦ ἄρτους. *Vict*.

928. (λυμαινόμενον : Ἀντὶ τοῦ ἐνυβρίζοντα. οὕτως δὲ αὐτοῖς σύνηθες συντάσσειν, οὐχὶ, τὰ μειράκια λυμαινόμενον·) [πρὸς ὃ καὶ τὸ χ.]

929. ἀντὶ τοῦ οὐκ ἐῶ σε διδάξαι. τὸ δὲ Κρόνος ἀντὶ τοῦ ἀρχαῖος, λῆρος. — ἄφρων. *Br*. τοῦτον : Τὸν Φειδιππίδην. Κρόνος : Μωρὸς, ἀφυής. *Vict*.

930. διδάξω. R.

933. ταῦτά φησιν ἐπιλαβόμενος τοῦ μειρακίου. R. V. ἐπιβάλλεις : Αὐτῷ. *Vict*.

934. [παύσασθε μάχης : Ἔκθεσις τῆς διπλῆς συστηματικὴ, εἰς δύο περιόδους διῃρημένη ἐκ κώλων ὁμοίων ἀναπαιστικῶν ιε'· ὧν τῆς πρώτης περιόδου κῶλα δίμετρα ἀκατάληκτα ε'. καὶ ἐν ἐκθέσει ἕτερα δύο ὅμοια δίμετρα ἀκατάληκτα. τῆς δὲ δευτέρας περιόδου κῶλα ὀκτώ· ὧν τὸ πρῶτον μονόμετρον ἀκατάληκτον. τὰ ἑξῆς ἓξ δίμετρα ἀκατάληκτα· τὸ δὲ τελευταῖον ἑφθημιμερὲς, ὃ καλεῖται παροιμιακόν. ἐπὶ τῷ τέλει τοῦ πρώτου συστήματος παράγραφος· ἐπὶ δὲ τῷ τέλει τοῦ δευτέρου δύο διπλαῖ, ἡ μὲν ἐν ἀρχῇ τοῦ κώλου, ἡ δὲ κατὰ τὸ τέλος.]

936. τῷ δικαίῳ φησί. R.

937. τῷ ἀδίκῳ. R.

939. κρίνας φοιτᾷ : Ἀντὶ τοῦ φοιτήσει. ἐὰν δὲ ᾖ φοιτᾶν μετὰ τοῦ ν, λείπει ποιήσω τὸν παῖδα φοιτῆσαι τῷ ἐλλογιμωτέρῳ. — κρίνας : Ἐκλεξάμενος ἕνα ὑμῶν παρ' αὐτῷ. *Vict*.

940. ἀντὶ τοῦ ἄγε δή. R.

941. ἐκ τῶν αὐτοῦ. R.

943. ἀντὶ τοῦ μικροῖς. R.

947. ὑπ' ἀνθρηνῶν : Οἱ ποιηταὶ τὰς μελίσσας οὕτω συνεχῶς λέγουσιν. ὁ δὲ Ἀριστοτέλης [Hist. an. 9, 40, 42 συγγενῆ τῇ μελίσσῃ τὴν ἀνθρήνην φησί. (κοινότερον δὲ ἐπὶ τῶν μελισσῶν τὰς ἀνθρήνας λέγουσιν. ἔστι δὲ εἶδος μελίσσης, ὅμοιον σφηξί.)

949. [νῦν δείξετον : Εἴσθεσις μέλους χοροῦ προῳδικὴ, στροφῆς λόγον ἔχουσα. ἔχει γὰρ καὶ ἀντιστροφὴν τὸ

ὦ καλλίπυργον σοφίαν,

ἐκ κώλων χοριαμβικῶν διαφόρως κεκολλημένων δέκα. ὧν τὸ πρῶτον δίμετρον ἀκατάληκτον ἐξ ἐπιτρίτου τρίτου καὶ χοριάμβου. τὸ δεύτερον ἐκ χοριάμβου καὶ ἀμφιβράχεος. τὸ τρίτον ἐκ διιάμβου καὶ χοριάμβου. τὸ τέταρτον ἐκ χοριάμβου καὶ βακχείου. τὸ πέμπτον ἀντιστρόφως τῷ πρώτῳ ἐκ χοριάμβου καὶ ἐπιτρίτου τρίτου. τὸ ἕκτον ἐξ ἀντισπάστου καὶ κρητικοῦ εἴτ' οὖν ἀμφιμάκρου. τὸ ἕβδομον χοριαμβικὸν τρίμετρον βραχυκατάληκτον. τὸ ὄγδοον ἐξ ἀντισπάστου καὶ ἰάμβου, διὰ τὸ ἔχειν τὸν ὅλον πόδα τὸν τετρασύλλαβον καὶ τὸ ἥμισυ αὐτοῦ, τὰς δύο δηλαδὴ συλλαβὰς, ἡμιόλιον καλούμενον. τὸ ἔνατον ἐκ χοριάμβου καὶ διιάμβου. τὸ δέκατον ἐκ χοριάμβου καὶ ἀμφιβράχεος.]

τὼ πισύνω : Οἱ πίσυνοι. R. οἱ θαρροῦντες. φροντίσι : Σκέψεσι. γνωμοτύποις : Ταῖς κατὰ νοῦν τυπουμέναις. *Br.*

956. ἀνεῖται : Κεῖται, δέδοται· νῦν πρόκειται ἡμῖν ὑπὲρ ἁπάσης τῆς σοφίας κινδυνεῦσαι. ἤγουν παράστασις καταλέλειπται.

959. στεφανώσας : Κοσμήσας. λέγει δὲ τοῦτο πρὸς τὴν δίκαιον. R. V.

958. [λέξω τοίνυν : Εἴσθεσις διπλῆς περιοδικῆς ἀμοιβαίας μονοστροφικῆς ὑφ' ἓν, διὰ τὸ εἰς μῆκος ἐκτείνεσθαι τὴν περίοδον ἐκ στίχων ἀναπαιστικῶν τετραμέτρων καταληκτικῶν μζ', ὧν τελευταῖος

ἦρος ἐν ὥρᾳ χαίρων ὁπόταν πλάτανος πτελέᾳ ψιθυρίζῃ.

τοῦτο δὲ τὸ μέτρον Ἀριστοφάνειον καλεῖται. ἐπὶ ταῖς ἀποθέσεσι παράγραφος· ἐπὶ δὲ τῷ τέλει διπλῆ, ἔξω νενευκυῖα.] — ταῦτα ἄγαν Ἀριστοφάνης ἀπεδέχετο ὡς εὖ πεποιημένα. V.

962. λέγων ἤνθουν : Εὐδοκίμησα λέγων.

963. γρύξαντος : Μουγγρίσαντος. *Br.*

964. [εἰς κιθαριστοῦ : Οὕτως Ἀττικοί. ἐσπούδαζον γὰρ περὶ τὴν κιθάραν οἱ Ἀθηναῖοι τότε μὴ φροντίζοντες τοῦ καλύπτεσθαι.] — ἀπὸ κοινοῦ τὸ ἔδει. V.

965. (κωμήτας : Τὸ χ, ὅτι κωμήτας τοὺς ἐκ τοῦ αὐτοῦ ἀμφόδου καὶ τόπου ἔλεγεν.)

[κριμνώδη : Ἀντὶ τοῦ παχεῖαν σύστασιν ἔχοντα· παρὰ τοὺς κρίμνους. οὗτοι γὰρ παχύτεροι τῶν ἀλεύρων. κρίμνος γὰρ εἶδος ἀλεύρου.] κριμνώδη : ἀντὶ τοῦ μεγάλα. V. ψυχρότατα. *B.*

[κριμνώδη : Γράφεται καὶ κριμνώδη καὶ κρυμώδη. καὶ κριμνώδη μὲν ἤγουν μέγιστα καὶ παχέα δίκην κρίμνων, ἤγουν κριθῶν. οἱ δὲ κρίμνον φασὶ τὸ παχύτερον τῶν ἀλεύρων· τὰ γὰρ παχύτερα τῶν ἀλεύρων καὶ πιτυρώδη καὶ κριθώδη. εἰ δὲ γράφεται κρυμώδη, ἀντὶ τοῦ ψυχρότερα. Victor.] κριμνώδη : κρίμμα εἶδος ἀλεύρου, ἐξ οὗ ἡ παιπάλη γίνεται, ὅ ἐστι τὸ ἄλευρον. καὶ τὸ λευκαίνειν παλύνειν. Ὅμηρος [Il. K, 7] « ὅτε « πέρ τε χιὼν ἐπάλυνεν ἀρούρας. » R. V.

966. (τὼ μηρὼ μὴ ξυνέχοντας : Ἀντὶ τοῦ, μὴ σφίγγοντας, οἷον ἀνειμένως διάγοντας καὶ μὴ ἐκθλίβοντας τὰ αἰδοῖα ἐκ τοῦ συνέχειν τοὺς μηρούς.)

967. Παλλάδα : Ἀρχὴ ᾄσματος Φρυνίχου, ὡς Ἐρατοσθένης φησί. Φρύνιχος δὲ αὐτοῦ τούτου τοῦ ᾄσματος μνημονεύει ὡς Λαμπροκλέους ὄντος,

Παλλάδα περσέπολιν κλῄζω πολεμαδόκον ἁγνάν,
παῖδα Διὸς μεγάλου δαμάσιππον.

τὸ δὲ, τηλέπορόν τι βόαμα, καὶ τοῦτο μέλους ἀρχή. φασὶ δὲ μὴ εὑρίσκεσθαι ὅτου ποτ' ἐστίν. ἐν γὰρ ἀποσπάσματι ἐν τῇ βιβλιοθήκῃ εὑρεῖν Ἀριστοφάνη. τινὲς δέ φασι Κυδίου τινὸς Ἑρμιονέως, « τηλεπορόν τι βόημα λύρας. » (σημαίνει δὲ τηλέπορον ὀρθόν τι καὶ ὑψηλόν.) [Ἄλλως. οὕτως Ἐρατοσθένης. Φρύνιχος αὐτοῦ τούτου τοῦ ᾄσματος μέμνηται ὡς Λαμπροκλέους ὄντος, τοῦ Μίδωνος υἱοῦ ἢ μαθητοῦ. ἔχει δὲ οὕτως,

Παλλάδα περσέπολιν κλῄζω, πολεμαδόκον ἁγνάν,
παῖδα Διὸς μεγάλου δαμάσιππον.

καὶ κατὰ Λαμπροκλέα ὑποτίθησι κατὰ λέξιν. τὸ δὲ, τηλέπορον βόημα, Κυδίου τοῦ Ἑρμιονέως κιθαρῳδοῦ, ἀπό τινος τῶν ᾀσμάτων « τηλέπορόν τι βόαμα λύρας. »]

968. τὴν ἁρμονίαν : Τὴν κιθάραν, ὡς συντόνου οὔσης τῆς παλαιᾶς ἁρμονίας, οὐκ ἀνειμένης, ὡς οἱ νέοι ἐπενόησαν.

969. βωμολοχεύσαιτ' : (Ἀγοραῖόν τι εἴποι ἢ εὐτελές. τὸ δὲ κάμψειέν τινα καμπὴν,) οἱονεὶ κεκλασμένῃ τῇ φωνῇ τὴν ᾠδὴν προενέγκοιτο. — βωμολοχεύσαιτ' : Φλυαρήσαι. κάμψειεν : Ἐν κεκλασμένῃ τῇ φωνῇ τὴν ᾠδὴν παραφέροι, παρηχήσειε παρήχησιν τοῦ μέλους. *Br.*

971. κατὰ Φρῦνιν : Ὁ Φρῦνις κιθαρῳδὸς Μυτιληναῖος. οὗτος δὲ δοκεῖ πρῶτος κιθαρίσαι παρ' Ἀθηναίοις καὶ νικῆσαι Παναθηναίοις ἐπὶ Καλλίου ἄρχοντος. ἦν δὲ Ἀριστοκλείδου μαθητής. ὁ δὲ Ἀριστοκλείδης κιθαρῳδὸς ἦν ἄριστος. [τὸ γένος ἦν ἀπὸ Τερπάνδρου. ἤκμασε δ' ἐν τῇ Ἑλλάδι κατὰ τὰ Μηδικά. παραλαβὼν δὲ τὸν Φρῦνιν αὐλῳδοῦντα κιθαρίζειν ἐδίδαξεν. ὁ δὲ Ἴστρος Ἱέρωνος αὐτόν φησι μάγειρον ὄντα σὺν ἄλλοις δοθῆναι τῷ Ἀριστοκλείδῃ. ταῦτα δὲ σχεδιάσαι ἔοικεν· εἰ γὰρ ἦν γεγονὼς δοῦλος καὶ μάγειρος Ἱέρωνος, οὐκ ἂν ἀπέκρυψαν οἱ κωμικοὶ, πολλάκις αὐτοῦ μεμνημένοι ἐφ' οἷς ἐκαινούργησε κλάσας τὴν ᾠδὴν παρὰ τὸ ἀρχαῖον ἔθος, ὡς Ἀριστοφάνης φησὶ καὶ Ἀριστοκράτης. καθὸ πρῶτος τὴν ἁρμονίαν ἔκλασεν ἐπὶ τὸ μαλθακώτερον. ἦν δὲ γύννις καὶ ψυχρός.]

972. [πολλὰς : Πληγὰς δηλονότι.]

973. ἐν παιδοτρίβου : Εἰς τὸν τόπον ὅπου γυμνάζονται οἱ παῖδες καὶ διατρίβουσιν.

προβαλέσθαι : Τουτέστιν, εὐκόσμως καθεσθῆναι· ὡς μηδὲν τοῖς περιεστῶσιν ὑποδεῖξαι ἄκοσμον. — ἐνδύσθαι, περιβαλέσθαι. προαγαγεῖν, προτείνειν. *Br.*

974. ἀπηνές : Ἀναίσχυντον, ἀπαίδευτον, *Br.* σκληρόν. *Vict.*

975. συμψῆσαι : [Ἀντὶ τοῦ συγχέαι τὴν κόνιν, ὡς μὴ σημεῖον ἢ τύπον ἀπολείπεσθαι ταῖς καθέδραις. ἐν γὰρ ψάμμῳ λεπτοτάτῃ ἐγυμνάζοντο.] κατέψων τὸν τόπον ὅπου ἐκαθέζοντο, ἵνα μὴ σημεῖον τῆς ἥβης ἑαυτῶν καταλείψωσι τοῖς ἐρασταῖς. [παρεγίνοντο γὰρ ὥστε γυμνοὺς ὁρᾶν τοὺς ἐρωμένους.] — καθομαλίσαι τὴν κόνιν. *Br.*

976. εἴδωλον : Τύπον. τῆς ἥβης : Τῶν αἰδοίων. *Br.*

978. χνοῦς : Χνοῦς τὰ λεπτὰ τῶν ἀχύρων, καὶ χνοῦς λέγεται τοῦ γενειᾶν ἀρξαμένου. *Vict.* μήλοισιν : Κυδωνίοις. *C.* προβάτοις. *Br.*

979. φυρασάμενος : Μηκύνας τῇ μεταβολῇ. *Br.* μαλάξας, μολύνας. *Vict.*

980. προαγωγεύων : Μαυλίζων. προαγωγὸς γὰρ ἡ μαυλίστρια. V. μαστροπεύων. *Br.*

981. κεφάλαιον τῆς ῥαφανῖδος : [Ὡς θερμὸν καὶ διεγεῖρον πρὸς τὰ ἀφροδίσια, παρῃτοῦντο ταῦτα. κεφάλαιον δὲ τὸ πρὸς τοῖς φύλλοις καυλῶδες.] ἀντὶ τοῦ κεφαλήν. οὐκ ἔτεμνον δὲ κατὰ μῆκος, ὡς νῦν, ἀλλὰ κατὰ κύκλον.

983. κιγλίζειν : [Ἀντὶ τοῦ, λιπαροὺς ὄρτυγας τρώγειν, κίγλας ἐσθίειν. ἢ ἀτάκτως γελᾶν καὶ ἀμέτρως.] λιπαροὺς ὄρτυγας ἐσθίειν, ἤγουν κίγλας. ἄλλοι δὲ ἀτάκτως γελᾶν. R. V.

984. Τεττίγων ἀνάμεστα : [Ἀρχαῖον τὸ τοὺς τέττιγας ἀναπλέκειν, τουτέστι τοὺς κρωβύλους. Ἄλλως. οἱ ἀρχαιότατοι τῶν Ἀθηναίων τέττιγας χρυσοῦς ἐν τοῖς τῶν τριχῶν πλέγμασιν εἶχον, διότι οἱ τέττιγες μουσικοὶ ὄντες, ἀνάκεινται τῷ Ἀπόλλωνι, ὃς ἦν πατρῷος τῇ πόλει.] τὰ δὲ Διιπόλεια τῶν ἀρχαιοτάτων ἑορτῶν, τὰ καὶ Διάσια. — οὕτως δὲ ἐλέγετο ἃ τῷ πολιεῖ Διὶ ἐθύετο. R. V. —τοὺς δὲ τέττιγας παρέλαβεν, ἐπειδὴ οἱ παλαιοὶ κατὰ τὴν ἀναπλοκὴν τῶν τριχῶν χρυσῷ ἐχρῶντο τέττιγι, τεκμήριον τοῦ φαίνεσθαι ὅτι αὐτόχθονες εἶεν (οἱ Ἀθηναῖοι, ὡς καὶ οἱ τέττιγες. καὶ Θουκυδίδης [1, 6.] « καὶ οἱ πρεσβύτεροι αὐτοῖς τῶν εὐδαιμόνων οὐ πολὺς « χρόνος ἐπειδὴ χιτῶνάς τε λινοῦς ἐπαύσαντο φοροῦν« τες, καὶ χρυσῶν τεττίγων ἐν ἕρσει κρωβύλων ἀναδού« μενοι τῶν ἐν τῇ κεφαλῇ τριχῶν. »)

985. Κηκείδου : Διθυράμβων ποιητὴς πάνυ ἀρχαῖος. μέμνηται δὲ αὐτοῦ Κρατῖνος ἐν Πανόπταις. [Κυκήδου : Κυκήδης παλαιὸς ἦν ποιητὴς, ἀφελὴς καὶ ἄχαρις. L. B. — τὰ δὲ Βουφόνια παλαιὰ ἑορτὴ, ἥν φασιν ἄγεσθαι μετὰ τὰ μυστήρια, ὅτε καὶ βοῦν θύουσιν εἰς ὑπόμνησιν τοῦ πρώτου φονευθέντος βοὸς ἐν ἀκροπόλει, ἀψαμένου τοῦ πελάνου ἐν τῇ ἑορτῇ τῶν Διιπολίων.] ἑορτὴ ἔτι παρὰ Ἀθηναίοις ἐπιτελουμένη τῇ Ἀθηνᾷ. V. (Ἄλλως.) ἑορτὴ Ἀθηναίων πάνυ ἀρχαία. ἐν γὰρ τοῖς Διιπολείοις φασὶ βοῦν τὸ πόπανον καταφαγεῖν τὸ παρεσκευασμένον εἰς τὴν θυσίαν, καὶ τούτου χάριν βοῦν θύουσιν ἐν τοῖς Διιπολείοις, διὰ τὸν βοῦν τὸν φαγόντα τὸ πόπανον καὶ τυθέντα. [Θαύλωνα δέ τινα, ὡς εἶχε, τῷ πελέκει ἀποκτεῖναι τὸν βοῦν, καθὰ καὶ Ἀνδροτίων μέμνηται διὰ τῆς τετάρτης.]

986. Μαραθωνομάχους : Τοὺς ἐν Μαραθῶνι τροπωσαμένους τὴν Δαρείου στρατιὰν, ἣν Δᾶτις ὁ τούτου στρατηγὸς ἤγαγεν οὖσαν περὶ πεντήκοντα μυριάδας. τὸ δὲ ἐντετυλίχθαι, τὸ ἐναντίον τῷ γυμνοῦσθαι. οὐκ ἐγκεκαλύφθαι.

988. Ὥστε μ' ἀπάγχεσθαι : Τότε δηλονότι. *Br*. πνίγεσθαι. *D*.

ὀρχεῖσθαι : Ὠρχοῦντο τοῖς Παναθηναίοις ἐν ὅπλοις οἱ παῖδες. διὰ δὲ τὸ ἀπρεπὲς, φησὶ, προέχοντες τῶν αἰδοίων τὴν ἀσπίδα. (ὡσανεὶ τούτων ἐν τῇ πομπῇ ἀσπιδοφορούντων δέον περικαλύπτεσθαι τὴν αἰσχύνην. ηὔξησε δὲ τὴν διαβολὴν εἰς τὴν ἀσπίδα τῆς θεοῦ.)

989. τῆς κωλῆς : Τοῦ ποδός· ἕτεροι δέ φασι τοῦ αἰδοίου. *Br*.

[Τριτογενείης : Εἶδος ὀρχήσεως, ἢ καλεῖται ἐνόπλιος· διὰ δὲ τὸ εἰς Ἀθηνᾶν ταύτην τελεῖσθαι Τριτογένεια κέκληται· τριτὼ γὰρ ἡ κεφαλὴ παρ' Αἰολεῦσιν. ἐγεννήθη δὲ Ἀθηνᾶ ἐκ τῆς κεφαλῆς τοῦ Διός. ἐτέλουν δὲ ταύτην τὴν ὄρχησιν οἱ πρότερον μὲν ὡπλισμένοι καὶ τὴν ἀσπίδα ἐν πλαγίῳ φέροντες· οἱ ὕστερον δὲ ἔμπροσθεν τῶν ποδῶν ἔφερον. σημειωτέον δὲ, φασὶ, τὴν σύνταξιν. πρῶτον γὰρ πληθυντικῶς εἰπὼν, εἰς ἑνικὸν ἀποδέδωκεν. ἐν δὲ τοῖς παλαιοῖς τῶν ἀντιγράφων, ἀμέλει τῆς Τριτογενείης, εὕρηται.]

991. μισεῖν ἀγορὰν : Ἀντὶ τοῦ μαθήσῃ μισεῖν τὴν ἐκκλησίαν. R. ἐνταῦθα γὰρ οἱ πανοῦργοι διατρίβουσιν. βαλανείων ἀπέχεσθαι : Πάνυ γὰρ οἱ πόρνοι λουτροῖς ἐχρῶντο. *E*.

993. ὑπανίστασθαι : Ὑπαναχωρεῖν. *Br*. προϊοῦσι : Προερχομένοις. *D*. θάκων : ἀττικῶς ἀντὶ τοῦ θώκων. λέγει δὲ ὅτι τοὺς πρεσβυτέρους προτιμᾶν, καὶ τὸ μὴ ἀπαίδευτα ποιεῖν εἰς τοὺς σαυτοῦ γονέας. V.

994. (μὴ παρὰ τοὺς σεαυτοῦ : Ἀντὶ τοῦ, μὴ παρὰ γνώμην τῶν σῶν γονέων.) — ἀπαίδευτα ποιεῖν παρὰ τοὺς αὐτοῦ γονέας.

995. (ὅτι τῆς αἰδοῦς : Ὅπερ μέλλει τῆς αἰδοῦς τὰ ἀγάλματα πληρώσειν. τὸ δὲ ἀναπλήσειν ἀντὶ τοῦ ἀφανίζειν. — τῆς αἰδοῦς ἄγαλμα, ἡ αἰδὼ περιφραστικῶς. ἄγαλμ' ἀναπλάσσειν : Τύπον ἐργάσεσθαι. *E*.) ἀφανίσειν. R. ἀναπλήσειν : Τυπώσειν, ἐργάσασθαι. *C*. ἀναπλάσσειν : Ποιήσειν τύπωσιν. *LB*. ἀναπλήσειν : Πληρώσειν. *Vict*. ἀναπλάσειν : Ἤγουν τυπώσειν, ἐργάζεσθαι. Victorius, ex vetusto codice.

[ὅτι μ. τῆς αἰδοῦς τἄγ. ἀναπλήσειν : Ἐμὲ τὸν κρείττω λόγον αἱροῦ φησί· καὶ ἐπιστήσῃ τὸ καὶ τό· τὸ δ' αἴτιον τῆς ἐπιστήμης ταύτης, ὅτι μέλλεις ἐπιμελήσεσθαι καὶ τιμήσειν τὴν αἰδῶ, εἰ ἐμὲ αἱρῇ καὶ τὸ ἄγαλμα αὐτῆς ἀναλαβὼν ὡς ἀμελούμενον τελειώσειν ἐν σεαυτῷ δηλονότι, ὥσπερ εἰ καὶ ἄλλου οὑτινοσοῦν θεοῦ ἄγαλμα ἐν τῇ σῇ καρδίᾳ ἔστησας ὥστε σέβειν αὐτό· τούτῳ ὅμοιον καὶ Δημοσθένης [p. 780, 22] φησὶν ἐν τούτοις « δίκης καὶ « εὐνομίας καὶ αἰδοῦς εἰσὶ πᾶσιν ἀνθρώποις βωμοί· οἱ « μὲν κάλλιστοι καὶ ἁγιώτατοι ἐν αὐτῇ τῇ ψυχῇ ἑκά« στου καὶ τῇ φύσει· οἱ δὲ καὶ κοινοὶ τοῖς πᾶσι τιμᾶν « ἱδρυμένοι. » Manuel Moschopulus.]

996. εἰσάγειν : Ἑαυτόν. *E*.

997. μήλῳ βληθεὶς : Ἀντὶ τοῦ ἔρωτι. — οὕτως γὰρ ἔλεγον οἱ παλαιοὶ τὸ πτοῆσαι καὶ εἰς ἔρωτα ἀγαγεῖν, μήλῳ βάλλειν. R. V. [μηλοβολεῖν γὰρ ἔλεγον τὸ εἰς ἀφροδίσια δελεάζειν· ἐπεὶ καὶ τὸ μῆλον Ἀφροδίτης ἐστὶν ἱερόν.] — τὸ δὲ ἀποθραυσθῇς ἀντὶ τοῦ ἐκπέσῃς. V. ἀποθραυσθῇς : Ἀποπέσῃς. *B*, *Vict*.

998. Ἰαπετὸν : Λῆρον, μωρόν. R. V. ὁ δὲ Ἰαπετὸς εἷς τῶν Τιτάνων. V. ἀρχαῖον, μωρόν. *Br*. ἀρχαῖον, μωρὸν καὶ ὑπέργηρων. ὁ γὰρ Ἰαπετὸς θεὸς ἦν πρὸ τοῦ Κρόνου. *Vict*.

999. τὴν ἡλικίαν, τοῦ πατρὸς δηλονότι. τὸ δὲ ἐνεοττοτροφήθης, ἀντὶ τοῦ ἐτράφης. V. μνησικακῆσαι : Εἰς μνησικακίαν ἐμβαλεῖν. *Vict*. ἐνεοττοτροφήθης : Ὥσπερ νεοσσὸς ἐτράφης. *Br*. ἐτράφης δίκην νεοττῶν. *Vict*.

1001. τοῖς Ἱπποχράτους : Ὑώδεις τινὲς καὶ ἀπαίδευτοι κωμῳδοῦνται, καὶ τάχα ἂν εἴησαν προκέφαλοί τινες, ὡς ἐν Γεωργοῖς καὶ ἐν Τριφάλητι. (καὶ Εὔπολις ἐν Δήμοις

Ἱπποκράτους τε παῖδες ἐκβόλιμοί τινες,
βληχητὰ τέκνα κοὐδαμῶς τοῦ νῦν τρόπου.)

τὰ δὲ ὀνόματα αὐτῶν Τελέσιππος, Δημοφῶν, Περικλῆς.

(βλιτομάμαν : Μωρόν. καὶ γὰρ τὸ βλίτον μωρὸν εἶναι δοκεῖ λάχανον.) [εἰκότως δὲ εἶπε καλοῦσι, καὶ οὐ καλέσουσι, πρὸς τὸ εἴξεις. διότι μὲν γὰρ ἅπαξ ἔμελλεν ὅμοια πείσεσθαι, εἴξεις εἶπε· διότι δὲ μετὰ τὴν ὁμοίωσιν οὕτως ἀεὶ ἔμελλε καλεῖσθαι, καλοῦσιν εἴρηκε.] — βλιτομάμμαν : Μαλακογνώμονα. *Vict.*

1003. στωμύλλων : φλυαρῶν R. τριβολεκτράπελα : Ἐκ τοῦ τρίβειν καὶ ἐκτράπελος σύγκειται. ἀντὶ τοῦ σκληρὰ καὶ ἀπαίδευτα, καὶ ἀπόβλητα [καὶ ἀνώμαλα]. — οὐδαμινά, φευκτά. *Br.*

1004. γλισχραντιλογεξεπιτρίπτου : Ἐκ τοῦ γλίσχρου καὶ ἀντιλογίαν ἔχοντος καὶ ἐπιτρίπτου σύγκειται, οἷον τοῦ δυναμένου ἐπιτρῖψαι. — γλίσχρου καὶ ἀντιλογίαν ἔχοντος κατατετριμμένην. *Br.*

1005. ἀλλ' εἰς Ἀκαδημίαν : (Ἐνταῦθα διέτριβον οἱ φιλόσοφοι. ἦν δὲ γυμνάσιον), [ἀπὸ Ἑκαδήμου τινός, καταλείψαντος τὴν κτῆσιν ἑαυτοῦ πρὸς ἐπισκευὴν τοῦ τόπου. περὶ αὐτὸν δ' ἦσαν αἱ ὄντως ἱεραὶ ἐλαῖαι τῆς θεοῦ, αἳ καλοῦνται μορίαι· ἐξ ὧν τὸ ἔλαιον τῶν Παναθηναίων. τὸν δὲ στέφανον τοῦ καλάμου προέκρινεν, ὡς ἁπλούστερον ὄντα καὶ ἀπερίεργον· ἢ ὅτι αὐτῷ στέφονται οἱ Διόσκουροι.]

ὑπὸ ταῖς μορίαις : [Αἱ ἱεραὶ ἐλαῖαι τῆς Ἀθηνᾶς ἐν τῇ ἀκροπόλει μορίαι ἐκαλοῦντο. λέγουσι γὰρ ὅτι Ἁλιρρόθιος, ὁ παῖς Ποσειδῶνος, ἠθέλησεν ἐκκόψαι αὐτάς, διὰ τὸ τῆς ἐλαίας εὑρεθείσης κριθῆναι τῆς Ἀθηνᾶς τὴν πόλιν. ὁ δὲ ἀνατείνας τὸν πέλεκυν καὶ ταύτης ἀποτυχὼν ἔπληξεν ἑαυτὸν καὶ ἀπέθανε. καὶ διὰ τοῦτο μορίαι αἱ ἐλαῖαι ἐκλήθησαν. ἢ διὰ τὸ πάντα ἄνθρωπον κεκτημένον ἐλαίας ἀναγκάζεσθαι μέρος τι παρέχειν εἰς τὰ Παναθήναια. κέραμον γὰρ ἐλαίου ἐλάμβανον οἱ νικῶντες.] κυρίως μορία λέγεται ἡ ἱερὰ ἐλαία τῆς θεοῦ. ἐπεφύτευτο δὲ ἐν τῷ γυμνασίῳ δένδρα. ἔθος δὲ τοῖς ἀσκουμένοις ἀλειψαμένοις ἐν τῷ ἡλίῳ τρέχειν.— Ἄλλως. ἡττηθεὶς τῆς Ἀθηνᾶς ὁ Ποσειδῶν ἐπὶ τῇ τῆς ἐλαίας ἐπιδείξει, ἔπεμψε τὸν υἱὸν αὐτοῦ Ἁλιρρόθιον ταύτην τεμοῦντα. ὁ δὲ ἀνατείνας τὸν πέλεκυν, ταύτης μὲν ἠστόχησε· τὸν δὲ πόδα αὐτοῦ πλήξας ἐτελεύτησε, καὶ οὕτω μορία ἡ ἐλαία ἐκλήθη, ὡς μόρου παρεκτική. ἦν δὲ ἡ Ἀκαδημία σχολεῖόν τι ἐν Ἀθήναις, ἐλαίαις καὶ ἄλλοις τισὶ δένδρεσι κατάσκιον. Junt. Vict.]

1006. καλάμῳ λευκῷ : Λιτὸς γὰρ καὶ ἀπερίεργος ὁ τοιοῦτος στέφανος. ἦν δὲ τῶν Διοσκούρων ἴδιον στεφανοῦσθαι καλάμῳ. — τὸ δὲ ἡλικιώτου ἀντὶ τοῦ συμπράκτορος. V.

1007. μίλακος : Εἶδος βοτάνης. [παρέμιξε τὸ ἀπραγμοσύνης. ἀπραγμοσύνη δὲ φυτόν, ὡς Ἀριστοφάνης ὁ γραμματικός, ἐν Ἀκαδημίᾳ φυόμενον. ἡ λεύκη δὲ ὁμοία πλατάνῳ. Ἄλλως.] ἀπραγμοσύνη εἶδος ἄνθους· οἷον πάσης εὐωδίας ὄζων καὶ ἀσφαλείας. ἢ ἀπραγμοσύνης, ἀντὶ τοῦ πολυπραγμοσύνης. τὸ δὲ ψιθυρίζει, ἀντὶ τοῦ πνέοντος ἀνέμου μαλακοῦ καὶ ἠρέμα διὰ τῶν φύλλων εἰσιόντος. ὥσπερ προσλαλεῖ τὰ δένδρα, ὅπερ ψιθυρίζειν λέγεται. καὶ Θεόκριτος [I, I] « ἁδύ τι τὸ ψιθύρισμα. » — φυλλοβολούσης : Τὰ φύλλα ῥιπτούσης. *Vict.*

1009. [ἢν ταῦτα ποιῇς : Ἔκθεσις τῆς διπλῆς ἐκ κώλων ὁμοίων ἀναπαιστικῶν δεκαπέντε· ὧν τὰ μὲν ιγ' δίμετρα ἀκατάληκτα· τὸ τεσσαρακαιδέκατον μονόμετρον, ὃ παρατέλευτον ὀνομάζεται. τὸ τελευταῖον ἐφθημιμερές, ὃ καλεῖται παροιμιακόν, ὡς εἴρηται. ἐπὶ τῷ τέλει δύο διπλαῖ, ἡ μὲν ἐν ἀρχῇ, ἡ δὲ κατὰ τὸ τέλος τοῦ κώλου, ἔξω νενευκυῖαι.]

1010. οἷς λέγω. R.

1013. (γλῶτταν βαιὰν : Μικράν, ὥστε μὴ φλυαρεῖν. τὸ δὲ πυγὴν μεγάλην, ἢ γέλωτος χάριν, ἢ διὰ τὴν τρυφὴν ἕξεις πυγὴν μεγάλην. πόσθην δὲ τὸ αἰδοῖον. [αἰνίττεται δὲ εἰς τοὺς Ἀθηναίους.] τοῦτο δὲ σωφροσύνης σύμβολον).— πόσθην : Ψωλήν. *Br.*

1016. [χροιὰν ὠχρὰν : Διὰ τὴν ἀταξίαν.] — ὠχρὰν : Κίτρινον. *Br.*

1017. ὤμους μικροὺς : [Γράφεται καὶ λεπτούς, καὶ λευκούς.] οἷοι τῶν ἀγυμνάστων καὶ ἀργῶν.

1018. κωλῆν : Μηρόν. *Br.*

1019. ψήφισμα μακρόν : Τὸ ἐκ πολυλογίας συγκείμενον. [ἀντὶ τοῦ μεγάλῳ ψηφίσματι γράψεις.] — δικορραφίαν. *Br.*

1022. τῆς Ἀντιμάχου : Οὗτος εἰς θηλύτητα κωμῳδεῖται καὶ εὐμορφίαν. ἔστι δὲ καὶ ἕτερος ἐπὶ πονηρίᾳ κωμῳδούμενος. [τρίτος ὁ Ψακάδος λεγόμενος· τέταρτος ὁ τραπεζίτης, οὗ μέμνηται Εὔπολις ἐν Δήμοις· πέμπτος ἱστοριογράφος. τάχα δὲ ὁ αὐτός ἐστι τῷ εὐμόρφῳ.] — οὗτος λίαν πόρνος ἦν. *Br.*

1023. τῆς μαλακίας. V.

1024. [ὦ καλλίπυργον : Ἑτέρα εἴσθεσις μέλους χοροῦ μεσῳδικὴ ἀντίστροφος, ὁμοία τῇ προρρηθείσῃ στροφῇ, ἐκ κώλων χοριαμβικῶν ἐπιμεμιγμένων, ὡς τὰ τῆς στροφῆς καθ' ἕκαστον ἐχόντων δέκα· πλὴν τοῦ πέμπτου ἐξ ἐπιτρίτου καὶ διιάμβου συγκειμένου, καὶ τοῦ ἑβδόμου ἐκ χοριάμβου, ἰάμβου καὶ ἀντισπάστου. ἐν ἐκθέσει δὲ στίχοι δύο ἰαμβικοὶ τετράμετροι καταληκτικοί, ὅμοιοι τοῖς ἑξῆς. ἐπὶ τῷ τέλει δύο διπλαῖ ἔξω νενευκυῖαι, ἡ μὲν ἐν ἀρχῇ, ἡ δὲ κατὰ τὸ τέλος.] ὑψηλοτάτην, μεγάλην. R.V.

1030. πρὸς ταῦτα οὖν, ὦ πανοῦργον ἔχων μοῦσαν. λέγει πρὸς τὸν ἄδικον. V. ἀντὶ τοῦ πανοῦργον. R.

1033. ἀνήρ : Ὁ δίκαιος δηλονότι. ἐν ἀνδρῶν γὰρ σχήματι εἰσήχθησαν. R. V. οὗτος, ἤγουν ὁ δίκαιος. *Vict.*

1034. δεῖν : Χρείαν εἶναι. *Vict.* ἀντὶ τοῦ μεγάλων. R.

1036. [καὶ μὴν πάλ' ἔγωγ' ἐπνιγόμην : Εἴσθεσις ἑτέρας διπλῆς ἀμοιβαίας ἐκ στίχων ἰαμβικῶν τετραμέτρων καταληκτικῶν μθ'. ὧν τελευταῖος

ἕξει τίνα γνώμην λέγειν τὸ μὴ εὐρύπρωκτος εἶναι.

τὸ δὲ μέτρον Ἱππωνάκτειον. ἐπὶ τῷ τέλει διπλῆ ἔξω νενευκυῖα.]

1037. συνταράξαι : Ἀνατρέψαι. *Vict.*

1038. ἐγὼ γὰρ ἥττων : Ὅτι ποιῶ αὐτοὺς ἡττηθῆναι. [ἢ ὅτι τὰ ἥττονα λέγω ἐπὶ τὸ πάντας ἡττᾶσθαι.]

1039. τοῖς φιλοσόφοις. R.

1040. καὶ τοῦτο : Τὸ τινὰ λαβόντα δίκην τῷ ἀδίκῳ λόγῳ νικᾶν. [τὸ δὲ σκέψαι πρὸς τὸν Φειδιππίδην. — οὐδέποτε οἱ Ἀττικοὶ τὸ πλεῖν ἀντὶ τοῦ πλέον μόνον ἐκφέρουσιν, εἰ μὴ παραθήσουσι καὶ τὸ ἢ ἀντὶ τοῦ παρό. Harl. 5.] — στατήρων : εἶδος νομίσματος. R.

1042. αἱρούμενον : Προκρίνοντα. *Vict.* πρὸς τὸν παῖδά φησιν ὅτι ἀπὸ τῶν αὐτοῦ ἐλέγξω αὐτόν. R. V.

1046. κάκιστόν ἐστι : Ἐψοῖ γὰρ καὶ χαυνοῖ τὰ σώματα. δειλότατον δὲ εἶπεν. ἐκλύει γάρ· — δειλὸν ποιεῖ τὸν ἄνδρα : Μαλακίας γὰρ αἴτιον. *E.*

1047. μέσον ἔχω λαβών σε ἄφυκτον : Ἔχω εὐθὺς μέσον λαβών. ἡ μεταφορὰ ἀπὸ τῶν παλαιστῶν τῶν λαμβανομένων εἰς τὸ μέσον καὶ ἡττωμένων. τὸ δὲ εὐθὺς ἀντὶ τοῦ ἐν ἀρχῇ. — ἐπίσχες : Σαυτὸν δηλονότι, ἤτοι καρτέρησον. μέσον : Κατά. ἄφυκτον : Οὐ φυγεῖν δυνάμενον. *Vi.*

1050. Ἡράκλεια λουτρά : (Ἴβυκός φησι τὸν Ἥφαιστον κατὰ δωρεὰν ἀναδοῦναι τῷ Ἡρακλεῖ λουτρὰ θερμῶν ὑδάτων· ἐξ ὧν τὰ θερμά τινές φασιν Ἡράκλεια λέγεσθαι. οἱ δέ φασιν ὅτι τῷ Ἡρακλεῖ μογήσαντι ἡ Ἀθηνᾶ θερμὰ λουτρὰ ἐπαφῆκεν· ὡς Πείσανδρος

τῷ δ' ἐν Θερμοπύλῃσι θεὰ γλαυκῶπις Ἀθήνη
ποίει θερμὰ λοετρὰ παρὰ ῥηγμῖνι θαλάσσης.) —

Ἡρακλεῖ πολλὰ καμόντι περὶ Θερμοπύλας Ἀθηνᾶ θερμὰ λουτρὰ ἀναδέδωκεν. Πείσανδρος· « τῷ δ' ἐν — θαλάσσης. » R.

1053. ἃ τῶν νεανίσκων : Ὡς ταῦτα τῶν ἀγυμνάστων νεανίσκων λαλούντων· τῶν εὐγενῶν δηλονότι.

1057. ὅτι τὸ ἂν περισσόν ἐστιν Ἀττικῶς. R. V.

1059. χρῆναι δηλονότι. R.

1063. ὁ γοῦν Πηλεὺς : [Ὅτε ἀφῆκεν αὐτὸν Ἄκαστος μεταξὺ θηρίων, οἱ θεοὶ δεδώκασιν αὐτῷ ξίφος πρὸς ἄμυναν τῶν θηρίων. τινὲς δὲ ἐπὶ τῷ Πελίου ἀγῶνί φασι τὸν Πηλέα λαβεῖν διὰ σωφροσύνην Ἡφαιστότευκτον μάχαιραν. Ἄλλως. ὁ Πηλεὺς ἐγένετο σωφρονέστατος. καί ποτε Ἱππολύτης τῆς γυναικὸς Ἀκάστου ἐρασθείσης αὐτοῦ καὶ μὴ δυνηθείσης πεῖσαι, ἀλλὰ διαβολῇ χρησαμένης, ὡς ἄρα ἐπεχείρησε βιάσασθαι αὐτήν, ὁ Ἄκαστος μαθὼν καὶ λαβὼν αὐτὸν εἰς ἐρημίαν, καὶ τῶν ὅπλων γυμνώσας, ἀφῆκεν αὐτὸν καὶ ἀνεχώρησεν, εἰπών, Εἰ δίκαιος εἶ, σωθήσῃ· ὡς δὲ ἔμελλεν ὑπὸ θηρίων διαφθείρεσθαι, οἱ θεοὶ μάχαιραν αὐτῷ ἐχαρίσαντο Ἡφαιστότευκτον δι' Ἑρμοῦ, καὶ οὕτως ἔφυγε τὸν κίνδυνον. Ἄλλως.] Πηλεὺς Φῶκον τὸν ἀδελφὸν κατὰ πατέρα σὺν Τελαμῶνι δολοφονήσας, φεύγει εἰς Φθῖαν πρὸς Εὔρυτον τὸν Ἄκτορος, ὑφ' οὗ καὶ καθαίρεται. ἐκεῖθεν ἐπὶ τὴν θήραν τοῦ Καλυδωνίου κάπρου ἐλθών, Εὐρύτῳ ἐντυγχάνει καὶ κτείνει τοῦτον ἄκων. πάλιν οὖν ὁ Πηλεὺς ἐκ Φθίας φυγὼν ἐς Ἰωλκὸν πρὸς Ἄκαστον ἀφικνεῖται, καὶ καθαίρεται ὑπ' αὐτοῦ. Ἀστυδάμεια δὲ, ἡ Ἀκάστου γυνὴ, ἐρασθεῖσα Πηλέως καὶ μὴ πείσασα αὐτὸν διὰ σωφροσύνην συνελθεῖν αὐτῇ, καταψεύδεται αὐτοῦ πρὸς Ἄκαστον ὡς ἀποπειραθέντος αὐτῆς. ὁ δὲ κτεῖναι μὲν, ὃν καθῆρεν, οὐκ ἠβουλήθη, — ἐκβάλλει δὲ αὐτὸν εἰς τὸ Πήλιον, ὅπως ὑπὸ θηρίων βρωθείη. οἱ δὲ θεοὶ διὰ τὴν σωφροσύνην δεδώκασιν αὐτῷ μάχαιραν πρὸς τὸ ἀπαλέξειν τὰ θηρία. R.V. [ἄγει δὲ αὐτὸν εἰς θήραν εἰς τὸ Πήλιον. ἀποκοιμηθέντα δὲ αὐτὸν Ἄκαστος καταλιπὼν, καὶ τὴν μάχαιραν ὑπὸ τὴν κόπρον τῶν βοῶν κρύψας ἐπανέρχεται. ὁ δὲ ἐξαναστὰς καὶ μὴ εὑρὼν τὴν μάχαιραν ἤμελλεν ἀπόλλυσθαι καταλειφθεὶς ὑπὸ τῶν Κενταύρων. σώζεται δὲ ὑπὸ Χείρωνος· ὃς καὶ τὴν μάχαιραν ἐκζητήσας δίδωσιν αὐτῷ.]

1065. Ὑπέρβολος : Ὡς λυχνοπώλης γὰρ κωμῳδεῖται ἐν πολλοῖς. τὸ δὲ πλεῖν ἀντὶ τοῦ πλέον, ὡς δέον δεῖν. ἡ συναίρεσις Ἀττική. V. [οὗτος λυχνοποιὸς ὢν, πάνυ πανοῦργος ἦν. οὐ γὰρ χαλκῷ μόνον ἐχρῆτο πρὸς τὴν τῶν λύχνων κατασκευὴν, ἀλλὰ καὶ μόλιβδον ἐνετίθει, ἵνα πολὺ βάρος ἔχοντες πλείονος ἄξιοι ὦσι· καὶ οὕτως ἠπάτα τοὺς πριαμένους.]

1068. κᾆτ' ἀπολιποῦσά γ' αὐτὸν : Φασὶν ὅτι τοὺς γινομένους παῖδας ἐκ τοῦ Πηλέως ἡ Θέτις λαμβάνουσα περιέκαιε τὸ θνητὸν αὐτῶν σῶμα, βουλομένη αὐτοὺς ἀθανάτους ποιεῖν· καὶ πολλοὺς ἔκαυσε· καὶ τὸν Ἀχιλλέα οὖν τεκοῦσα ἐπέθηκεν εἰς τὸ πῦρ· καὶ γνοὺς ὁ Πηλεὺς ἐβόησεν. ἡ δὲ λυπηθεῖσα ἐχωρίσθη.

τρυφητής, γαμητής. R.

1070. σιναμωρουμένη : Ἀντὶ τοῦ συνεχῶς ἀνδρὶ συνουσιάζουσα πρὸς μίξιν, τουτέστι γαμουμένη. σινάμωρον γὰρ τὸ πορνικόν. R. V. κρόνιππος δὲ ἀντὶ τοῦ ἀρχαῖος, παρ' ὅσον ὁ Κρόνος ἀρχαῖος. V. [ἀνδρὶ συνουσιάζουσα πρὸς μίξιν. σινάμωρος δὲ, ἡ μεμορημένη. σίνος δὲ, τὸ αἰδοῖον· ὅθεν καὶ Σιληνός. σινάμωρον οὖν τὸ πορνικόν, κρόνιππος δὲ, ὁ μέγας λῆρος· κατ' ἐπίτασιν λαμβανομένου τοῦ ἵππου. — συνουσιαζομένη. *Br.*]

1072. λείπει τὰ κακά. ἐὰν σωφρονῇς. R. V.

1073. κοττάβων : Ἀντὶ τοῦ τῶν συμποσίων. R. V. [ἐν συμποσίῳ παίγνιον. ἦν δὲ τοιοῦτον· ἐτίθεσαν λέβητα, καὶ τὸ λείψανον τοῦ πόματος ἐνέβαλον, καὶ κτύπον μέγαν ἀπετέλουν ἐν τούτοις.] κιχλισμῶν δὲ ἀντὶ τοῦ γελώτων ἀδιαφόρων. R.V.

1076. τὸ εἶεν λέγεται ἀπόθεσις λόγου. R. V.

1077. (ἀδύνατος γὰρ : Οὐ γὰρ δυνατὸς εἶ λόγοις νικῆσαι αὐτοὺς ἐναντίον.)

1078. σπατάλα. τὸ αἰσχρὸν νόμιζε μὴ αἰσχρὸν εἶναι. R.

1080. ἐπανενεγκεῖν : Τὴν αἰτίαν. *Vict.*

1081. ἀντὶ τοῦ ἡττᾶται. R.

1083. ἢν ῥαφανιδωθῇ : Οὕτω γὰρ τοὺς ἁλόντας μοιχοὺς ᾔκιζον. ῥαφανῖδας λαμβάνοντες ἔβαλλον εἰς τοὺς πρωκτοὺς αὐτῶν, καὶ παρατίλλοντες αὐτοὺς θερμὴν τέφραν ἐπέπασσον, βασάνους ἱκανὰς ἐργαζόμενοι.

1084. τίνα γνώμην : Ἀντὶ τοῦ, ποίαν ἕξει γνώμην μὴ εὐρύπρωκτος εἶναι.

1085. [ἢν δ' εὐρύπρωκτος : Ἔκθεσις τῆς διπλῆς ἀμοιβαίας· ἧς προτίθενται στίχοι ἰαμβικοὶ τρίμετροι ἀκατάληκτοι τέσσαρες. τὰ δὲ λοιπὰ κῶλά εἰσιν ἰαμβικὰ ὀκτωκαίδεκα δίμετρα ἀκατάληκτα. τὸ μέντοι ὄγδοον καὶ δυοκαιδέκατον τρίμετρα, καὶ τὸ ἑνδέκατον πενθημιμερές. τὸ πεντεκαιδέκατον καὶ ἑπτακαιδέκατον μονόμετρα. τὸ δὲ τελευταῖον ἑφθημιμερές. ἐπὶ τῷ τέλει δύο διπλαῖ ἔξω νενευκυῖαι· ἡ μὲν ἐν τῇ ἀρχῇ, ἡ δὲ κατὰ τὸ τέλος.] ἀντὶ τοῦ οὐδέν. R.

1086. τοῦ εἶναι εὐρύπρωκτος· R.

1087. ἢν τοῦτο : Εἰς τοῦτο. ἐὰν εἰς τοῦτο νικηθῇς παρ' ἐμοῦ, ὅτι οὐδέν ἐστι κακὸν τὸ εἶναι εὐρύπρωκτος, (τί εἴπῃς;) — τοῦτο : Εἰς τοῦτο. ἐμοῦ : Ὑπό. *Vict.*

1089. συνηγοροῦσιν ἐκ τίνων : Ἀντὶ τοῦ τίνες εἰσὶν οἱ ῥήτορες; R. V.

1091. τραγῳδοῦσιν : Εἰς Φρύνιχόν φασιν αὐτὸν ἀποτείνειν τὸν τραγικὸν χορευτήν· ἐπεὶ διεβάλλετο ἐπὶ μαλακίᾳ διὰ ποικιλίαν σχημάτων.

1096. τῶν σωφρόνων καὶ τῶν εὐρυπρώκτων θεατῶν σκόπει πότεροι πλείους. R. V.

1103. ὦ κινούμενοι : Τοῦτο ἄδηλον πότερον ὁ κρείττων λόγος φησίν, ὁμολογῶν ἡττᾶσθαι, ἢ ὁ νεανίσκος, ὁ τῶν λόγων κριτής· ὃ καὶ μᾶλλον. ἔτι γὰρ ἐν τοῖς ἑξῆς ὁ κρείττων λόγος φαίνεται αὐτῷ συνάχθεσθαι, παραδοθέντι μανθάνειν τῷ ἑτέρῳ. — συνουσιαζόμενοι. *B.* ὦ εὐρύπρωκτοι. *Vict.*

1104. θοἰμάτιον : Τὸ ἱμάτιον δίδωσιν, ἵνα [ἐξ ἑτοίμου καὶ] εὐχερῶς αὐτομολήσῃ πρὸς αὐτούς, [καὶ μὴ ἐμποδίζοιτο τῷ δρόμῳ].

1105. [τί δῆτα; πότερον : Σύστημα κατὰ περικοπὴν ἀνομοιομερὲς στίχων ἰαμβικῶν τριμέτρων ἀκαταλήκτων ὀκτώ. ἐν ἐκθέσει δὲ κῶλα ἰαμβικὰ δίμετρα καταληκτικὰ ἤτοι ἑφθημιμερῆ. ἔχει δὲ τὸ δεύτερον κῶλον τὸν δεύτερον πόδα τρίβραχυν ἤτοι χορεῖον. ἐπὶ τῷ τέλει παράγραφος. — ἐπάγεσθαι : Ἀπελθεῖν. *D.*]

1107. δίδασκε : ἀντὶ τοῦ παίδευε· οἱ γὰρ διδασκόμενοι ἐκολάζοντο. R.V.

1108. στομώσεις : Ἀντὶ τοῦ ὀξυνεῖς, ὡς ἐπὶ σιδήρου φησὶ μεταφορικῶς ἀντὶ τοῦ ἀκονήσεις. ἡ μεταφορὰ ἀπὸ τῶν μαχαιρῶν. θατέρα δὲ ἀντὶ τοῦ τὸ μὲν ἕτερον μέρος τῆς γνάθου (οἷαν δικιδίοις), τουτέστι δυνατὴν καὶ ἔμπειρον δικῶν. ὑποκοριστικῶς δὲ τὸ δικιδίοις.

1110. εἰς τὰ ἄδικα, εἰς τὰ ἐμφιλόσοφα. V.

1111. τὸ ἀμέλει παρέλκει. δεξιὸν : οὕτως ἔλεγον πάντας τοὺς πεπαιδευμένους. R.V. κομιεῖ : Λήψῃ. *Vict.*

1112. ἀπὸ κοινοῦ τὸ κομιεῖ. R.

1115. [τοὺς κριτὰς ἃ κερδανοῦσιν : Κἀνταῦθα παράβασίς ἐστιν. ἔχει δὲ οὐ πάντα τὰ μέρη τῆς παραβάσεως, ἀλλὰ μόνον τὸ ἐπίρρημα, ἐν ᾧ ἔθος ἢ χρηστὰ συμβουλεύειν τῇ πόλει, ἢ σκώπτειν τοὺς πονηρούς. τίθενται γὰρ οὐ μόνον τέλειαι παραβάσεις, ἀλλὰ καὶ μέρη τινὰ αὐτῶν. ἔστι δὲ τὸ παρὸν ἐπίρρημα ἐκ στίχων τροχαϊκῶν τετραμέτρων καταληκτικῶν ις'· ὧν τελευταῖος

κἂν ἐν Αἰγύπτῳ τυχεῖν ὢν μᾶλλον ἢ κρῖναι κακῶς.]

τόνδε τὸν χορὸν : Τὸν τῶν Νεφελῶν. τοὺς κριτὰς ἀντὶ τοῦ οἱ κριταί. Ὅμηρος [Od. A, 275] « μητέρα δ' εἴ οἱ θυμὸς ἐποτρύνει [γαμέεσθαι] » ἀντὶ τοῦ ἡ μήτηρ.

1116. ὠφελῶσ' ἐκ τῶν δικαίων : Συναγωνίζωνται καὶ συλλαμβάνωνταί τι κατὰ τὸ δίκαιον. ἵνα δὲ μὴ χάριτι δοκῇ νικᾶν καὶ τὴν ψῆφον φέρειν, ἀλλὰ ταῖς ἀληθείαις, προσέθηκε τοῦτο.

1117. νεᾶν : Ἀροτριᾶν. ἐν ὥρᾳ : Εὐκαίρως. *Br.* ἀντὶ τοῦ ἀροτριᾶν καὶ σπείρειν. R.V. ἐν ὥρᾳ : ἀντὶ τοῦ ἐν καιρῷ. V.

1119. τεκούσας : (Χαριέντως εἶπε τὸ τεκούσας καὶ φυλάξαι ἐπὶ τῆς βλαστήσεως τῆς ἀμπέλου. λίαν γάρ εἰσιν εὐχερεῖς.) αὐχμὸν τὴν ξηρασίαν. τὸ δὲ πιέζειν ἀντὶ τοῦ καταπονεῖν, ἀφανίζειν.

1125. σφενδόναις : [Ὅτι ἡ χάλαζα ὡς λίθος ἐστίν.] ἡ μεταφορὰ ἀπὸ τῶν λίθων καὶ τῶν σφενδονῶν. θέλει δὲ τὴν χιόνα εἰπεῖν. οὐκ ἀκύρως δὲ τὸ παιήσομεν, ἐπειδὴ ἀνθούντων τῶν καρπῶν ἡ χιὼν γίνεται. — ἀποκεκόψονται : Ἀφ' ἡμῶν. *B.*

1126. ζημία γὰρ τοῖς πλινθεύουσιν, ἐπειδὰν ὑετὸς γένηται. R.V.

1127. τὰς ἐν τῇ στέγῃ κεραμίδας. V.

1129. [τὴν νύκτα : Ὅτε ἀνάγκη ἐστὶ μετελθεῖν τὴν νύμφην.]

1130. ἐν Αἰγύπτῳ : [Ὡς ἐπὶ κατάρας], ἐπεὶ ὡς λῃστευομένη διεβάλλετο ἡ Αἴγυπτος. ἢ βουλήσεται πορρωτάτω εἶναι, ὅπου αὐτὸν οὐ βλάψει ὁ ὑετός· ἐπεὶ ἐν Αἰγύπτῳ δοκεῖ μὴ ὕειν, ὥς φησιν Ἡρόδοτος [3, 10] (« ὕσθησαν γὰρ τότε αἱ Θῆβαι, οὐδαμὰ πρότερον ὑσθεῖσαι. ») R.V. [ἐπεὶ μὴ ὕειν δοκεῖ αὐτόθι, ὡς Ἡρόδοτος. ἐκεῖ οὖν θελήσει τυχεῖν, ἔνθα μὴ βλαβήσεται ἐκ τῶν Νεφελῶν, ὡς πορρωτάτω τῆς πατρίδος. ἢ ὡς ἐπὶ κατάραν. ἐπεὶ καταρᾶται. ἐλέγετο γὰρ λῃστεύεσθαι ἡ Αἴγυπτος. Αἰσχύλος

δεινοὶ πλέκειν τοι μηχανὰς Αἰγύπτιοι.

καὶ Θεόκριτος ἐν Ἀδωνιαζούσαις [47]

οὐδεὶς κακοεργὸς
δαλεῖται τὸν ἰόντα παρέρπων Αἰγυπτιστί.

καὶ αἰγυπτιάζειν τὸ ὕπουλα πράττειν.]

1131. πέμπτη : [Κορωνὶς εἰσιόντων τῶν ὑποκριτῶν καὶ ἔκθεσις παρὰ τοὺς τετραμέτρους. ἔστι γὰρ τὰ ἑξῆς ἰαμβικὰ τρίμετρα κγ'.] ἐξέρχεται δὲ ὁ Στρεψιάδης ἀριθμῶν τὰς ἡμέρας. οὕτω δὲ ἠρίθμουν Ἀθηναῖοι· — ἀπὸ τῆς νουμηνίας ὁμοίως ἡμῖν ἀριθμοῦσιν, α' β' γ' δ' ἕως

ι'· εἶτα ια' ιϐ', τρίτη ἐπὶ δέκα, τετάρτη ἐπὶ δέκα ἕως εἰκάδος. εἶτα ἣν ἡμεῖς εἰκάδα πρώτην, δεκάτην φθίνοντος αὐτοί φασιν, εἶτα ἐνάτην ἕως ἕνης τε καὶ νέας. τὴν δευτέραν εἰκάδα καὶ ἐνάτην φθίνοντος Ἀθηναῖοι ἐκάλουν καὶ τὴν τρίτην ὀγδόην καὶ τὴν τετάρτην ἑϐδόμην καὶ τὴν πέμπτην ἕκτην καὶ τὴν ἕκτην πέμπτην καὶ τὴν ἑϐδόμην τετάρτην καὶ τὴν ὀγδόην τρίτην καὶ τὴν ἐνάτην εἰκάδα δευτέραν φθίνοντος, εἶτα τὴν τριακάδα ἕνην τε καὶ νέαν, ἐν ᾗ οἱ τόκοι ἀπῃτοῦντο. R.V. [τὰς μὲν ἀπὸ νουμηνίας ὁμοίως ἡμῖν, λέγοντες πρώτη ἱσταμένου, δευτέρα ἱσταμένου, μέχρι τῶν δέκα· μεθ' ἣν πρώτην ἐπὶ δέκα, εἶτα δευτέραν ἐπὶ δέκα. καὶ ἑξῆς ἄχρι εἰκοστῆς· ἡ αὐτὴ δὲ καὶ εἰκάς· μεθ' ἣν ἑνδεκάτην φθίνοντος, ἢ δεκάτην, ἢ ἐνάτην, ἢ ὀγδόην, ὡς ἔτυχεν ἔχων ὁ μήν· καὶ ἑξῆς ἀναλύοντι ἄχρι δευτέρας. οὕτω γὰρ Ἀθηναῖοι ἠρίθμουν, οὐ προστιθέντες, ἀλλ' ἀφαιροῦντες καὶ ἀναλύοντες μέχρι τριακάδος, Σόλωνος ἡγησαμένου, πρὸς τὰ τῆς σελήνης φῶτα οὕτω μειούμενα. μετὰ δὲ δευτέραν ἀκτέον ἕνην, τουτέστι τὴν τελευταίαν τοῦ μηνὸς ἡμέραν. Ἄλλως. πέμπτη, τετράς: οὐ προσέθηκε τὸ φθίνοντος. οὕτω γάρ, φασίν, Ἀθηναῖοι μετροῦσιν· ἀπὸ πρώτης ἕως δευτέρας προστιθέασι τὸ ἱσταμένου· ἀπὸ τρισκαιδεκάτης ἕως ἐννεακαιδεκάτης τὸ ἐπὶ δέκα. εἶτα ἡ μεγάλη εἰκάς. ἀπὸ εἰκοστῆς πρώτης ἕως εἰκοστῆς ἐνάτης τὸ φθίνοντος, τὴν δὲ τριακοστήν, ἕνην τε καὶ νέαν, ἐπεὶ μετέχει τοῦ τε παλαιοῦ καὶ τοῦ νέου φωτός. ταυτὸν δὲ καὶ Δημητριάδα προσηγόρευσαν. τὴν οὖν εἰκοστὴν δευτέραν ἐκάλουν ἐνάτην φθίνοντος· τὴν εἰκοστὴν τρίτην ὀγδόην· τὴν εἰκοστὴν τετάρτην ζ'· τὴν εἰκοστὴν πέμπτην ς'· τὴν εἰκοστὴν ἕκτην ε'· τὴν εἰκοστὴν ἑϐδόμην δ'· τὴν εἰκοστὴν ὀγδόην γ'· τὴν εἰκοστὴν ἐνάτην β'· εἶτα τὴν τριακοστὴν ἕνην τε καὶ νέαν, ἐν ᾗ οἱ τόκοι ἀπῃτοῦντο, ἐπεὶ ἐν αὐτῇ συντελεῖται ὁ μήν, καὶ ἀρχὴν ἔχει τοῦ ἑτέρου μηνὸς τῆς σελήνης. ὥστε ἡ μὲν εἰκοστὴ ἕκτη παρ' αὐτοῖς πέμπτη ἀκούει, ἡ δὲ εἰκοστὴ ἑϐδόμη τετρὰς λέγεται.]

1134. ἕνη καὶ νέα: Οὕτω παρ' Ἀθηναίοις ἡ παρ' ἡμῖν τριακάς, ἡ νεομηνία· ἐπειδὴ συμϐαίνει ἐν αὐταῖς καὶ λήγειν τὴν σελήνην καὶ γεννᾶσθαι. τότε δὲ μὴ ταχέως ἀποδιδόντας τοὺς τόκους ἢ τὰ δάνεια ἀπῄτουν, ὡς ὑπερώρους γενομένους. διὸ λυπεῖσθαί φησιν ὁρῶν ἐνισταμένην ἕνην καὶ νέαν. πέμπτη δὲ αὕτη ἐστὶ ς' φθίνοντος. [ἕνη καὶ νέα, ἡ νουμηνία. διὰ μὲν οὖν τὸ παρελθεῖν τὸν μῆνα, ἕνη, διὰ δὲ τὴν ἀρχήν, νέα. Ἄλλως. ἡ καλουμένη νουμηνία, διὰ τὸ τοῦ μὲν παρελθόντος μηνὸς εἶναι τέλος, ἀρχὴν δὲ τοῦ ἐνισταμένου. τὰς δὲ τριάκοντα ἡμέρας τῆς σελήνης εἰς τρεῖς δεκάδας Ἀθηναῖοι διαιροῦσι· καὶ τὴν μὲν πρώτην ὡς ἡμεῖς ἀπαριθμοῦνται, τὴν δὲ δευτέραν οὕτως· πρώτη ἐπὶ δέκα, δευτέρα ἐπὶ δέκα, ἄχρι τοῦ θ'. τὴν γὰρ εἰκάδα οὕτω καλοῦσι. τὴν δὲ εἰκάδα πρώτην ὑστέραν εἰκάδα· καὶ τὴν μετ' αὐτὴν θ' φθίνοντος, ἕως β' φθίνοντος, ἥτις ἐστὶν κθ'. τὴν δὲ τριακάδα ἕνην τε καὶ νέαν φασί.]

1136. θείς μοι πρυτανεῖα: Τὰς γὰρ δεκάτας τοῦ χρέους καταϐάλλοντες τοῖς πρυτάνεσιν εἰσῆγον τοὺς χρεώστας. (πρυτανεῖα δὲ τὰ νῦν καλούμενα παρὰ Ῥωμαίοις σπόρτουλα.)

1142. ὀλίγον γάρ μοι μέλει: Ἀντὶ τοῦ, οὐδὲ ὀλίγον φροντίζω λοιπὸν τῶν δανειστῶν διὰ τὸ μεμαθηκέναι δηλαδὴ τὸν υἱὸν τὸν ἥττω λόγον, ᾧ περιεγένετο τῶν δίκαια λεγόντων. — δικαζέσθων: Ἀντὶ τοῦ δικαζέσθωσαν κατὰ ἀποκοπήν. *Vict.*

1145. ἠμί: Φημί, ἐνίημι. *Vict.*

1146. πρῶτον λαϐέ: Θύλακον αὐτῷ ἐπιδίδωσιν ἀλφίτων. καὶ γὰρ ἄνω [669] εἶπε

διαλφιτώσω σου κύκλῳ τὴν κάρδοπον.

[τουτονί: Τὸν θύλακον, ὅς ἐστι μεστὸς ἀλφίτων. *C.* τὸν πλακοῦντα. *D.*]

1147. ἐπιθαυμάζειν: Ἀντὶ τοῦ δώροις τιμᾶν. R. θαυμαστῶς τιμᾶν καὶ δεξιοῦσθαι. Junt., *Br.* θαυμάζειν: Θαυμαστῶς τιμᾶν καὶ ἀξιοῦσθαι. *Vict.*

1149. (ἀρτίως: Ὅτι διαφέρει τὸ ἄρτι τοῦ ἀρτίως παρὰ Ἀττικοῖς. ἄρτι μὲν γὰρ ἀντὶ τοῦ νῦν, ἀρτίως δὲ ἀντὶ τοῦ πρὸ ὀλίγου.)

1150. [Ἀπαιόλη: Πέπλακεν ὄνομα δαίμονος, σωματοποιήσας αὐτήν, παρὰ τὸ ἀπαιολεῖν καὶ κινεῖν καὶ στερεῖν· ἤ τινα τοιαύτην, ὡς ἂν εἴποι τις, ὦ Ἀδικία. Ἀριστοφάνης δὲ ὀξύνεσθαί φησι τὴν ἐσχάτην, Ἀπαιολή. τὸ δὲ ὥστε πρὸς τὸ μεμάθηκε. τὸ γὰρ ὦ παμϐασίλεια διὰ μέσου.] ἀποστέρησις. R.

1152. ἐρωτηματικῶς. R.

1154. βοάσομ' ἄρα: [Διπλῆ καὶ εἴσθεσις εἰς μέλος ἀμοιϐαῖον τῶν ὑποκριτῶν εἰκοσάκωλος. τὸ μὲν πρῶτον ἐξ ἰαμϐικῆς βάσεως, τῶν ἄρα δύο βραχειῶν ἀντὶ μιᾶς μακρᾶς λογιζομένων, καὶ τροχαϊκοῦ πενθημιμεροῦς. τὸ δεύτερον ἐξ ἰαμϐικῆς βάσεως καὶ τροχαϊκοῦ ἑφθημιμεροῦς. τὰ δὲ ἑξῆς δύο ἰαμϐικὰ τρίμετρα ἀκατάληκτα. μεθ' ἃ δακτυλικὰ πενθημιμερῆ τρία. τὸ ὄγδοον ἐξ Ἰωνικοῦ ἀπὸ μείζονος καὶ χορείου δίμετρον. τὸ ἔνατον ἐξ ἐπιτρίτων τρίτων δίμετρον ὑπερκατάληκτον. τὸ δέκατον ἐκ διτροχαίου καὶ ἀντισπάστου, εἴτε ἐπιτρίτου τετάρτου καὶ διιάμϐου. τὰ ἑξῆς δύο χοριαμϐικὰ δίμετρα βραχυκατάληκτα. τὸ τρισκαιδέκατον ἐκ χοριάμϐου καὶ σπονδείου. τὸ ιδ' σπονδειακὴ ταυτοποδία. τὸ ιε' ἐκ παίωνος τετάρτου καὶ ἰάμϐου. τὸ ις' ἀναπαιστικὸν δίμετρον ἀκατάληκτον. τὸ ιζ' δακτυλικὸν δίμετρον ἀκατάληκτον. τὸ ιη' ὅμοιον τῷ ιε'. τὰ ἑξῆς δῆλα. ζητητέον δὲ περὶ πάντων ἀκριϐέστερον.] παρὰ τὰ ἐκ Πηλέως Εὐριπίδου. ἐπιφέρει γὰρ

ἰώ, πύλαισιν ἤ τις ἐν δόμοις;

(καὶ Φρύνιχος Σατύροις

βοάσομαί τἄρα τὰν ὑπέρτονον
βοάν.

ὑπέρτονον δέ, μεγάλην, ὑπέροχον. φησὶ δέ, εἰ οὕτως ὁ παῖς ἐκπεπαίδευται, μέγιστον ὑπὸ χαρᾶς ἐκϐοήσομαι. εἴρηται δὲ διαλέκτῳ Δωρίδι.)

1156. ὦ 'βολοστάται : Δανεισταί. *Vict.*

1156. τἀρχαῖα : Τὰ κεφάλαια. *C. D.* τ' ἀρχεῖα : Οἱ γὰρ πρῶτοι τόκοι παρατεθέντος τοῦ δανείου κεφάλαια γιγνόμενοι τόκους ἄλλους γεννῶσι. *Vict.*

1160. ἀμφήκει γλώττῃ : Ὡς ἀπὸ εὐθείας τῆς ἀμφήκης. ἀκολούθως τῷ [1108]

εὖ μοι στομώσεις αὐτόν.

ἀμφήκει : Ἀμφοτέρωθεν ἠκονημένη. *Vict.*

1161. πρόβολος : [Προβαλλόμενος,] προστάτης, τεῖχος, ἀσφάλεια. R. V.

1162. ἀνιαρὸς : Βλαβερός. *D.*

1163. λυσανίας : Λύων τὰς τοῦ πατρὸς ἀνίας. ἐκτεταμένως δὲ προενεκτέον τὴν πρώτην καὶ τὴν τρίτην συλλαβήν. [πρὸς δὲ τὴν ὀνοματοποιίαν τὸν Σοφοκλέα μυκτηρίζει λέγοντα

Ζεὺς νόστον ἄγοι τὸν νικομάχαν,
καὶ παυσανίαν κατ' Ἀτρειδᾶν.]

1165. ὁ Εὐριπίδης ἐν τῷ τῆς Ἑκάβης δράματι δι' αὐτῆς φησιν· [172 sq.] ὦ παῖ παῖ, Πολυξένη δηλονότι, ἔξελθ', ἔξελθ' οἴκων. LB.

1170. τὸ ἰοῦ ἰοῦ ἐπὶ χαρᾶς περισπᾶται. (Ἄλλως. ἰοῦ ἰοῦ. διπλῇ, εἶτα καὶ) εἴσθεσις. εἰς προαναφώνησιν τὸ ἰοῦ ἰοῦ, καὶ ἴαμβοι τρίμετροι ε' ἐν εἰσθέσει. R. V.

1171. χροίαν : Ὡς ἐκ τῆς ἀσκήσεως ὠχριάσαντος. οἱ Ἀττικοὶ δὲ παροξύνουσι τὴν χρόαν.

1172. ἰδεῖν εἶ : λείπει ἡ εἰς· ἵν' ᾖ, εἰς τὸ ἰδεῖν. [ἐξαρνητικὸς δὲ ἀρνεῖσθαι δυνάμενος. — ἰδεῖν. Εἰς τὸ ἰδεῖν. *Vict.*]

1174. ἀτεχνῶς : Ἄγαν ἀκριβῶς. ἐπανθεῖ δὲ, πλεονάζει, ἀκμάζει. — ἐπανθεῖ : Ἀκμάζει : *Vict.*

τί λέγεις σύ : Τῷ περὶ τὴν συνήθειαν καὶ ἀνὰ χεῖρα ἐχρήσατο. εἰώθαμεν γὰρ ἐν ταῖς τῶν ἐναντίων διαλέξεσι λέγειν, τί λέγεις σύ; ὅτε γὰρ τοὺς ἐναντίους καταπλῆξαι βουλοίμεθα, τῇ τοιαύτῃ φωνῇ χρώμεθα· οἵ τε ἀναισχυντοῦντες παρὰ Ἀθηναίοις ἀνθιστάμενοι ἔλεγον, τί λέγεις σύ;

1176. βλέπος : Ἀντὶ τοῦ πανοῦργον τὸ βλέμμα. οἱ γὰρ Ἀθηναῖοι ἐπὶ πανουργίᾳ καὶ ἀναιδείᾳ διεβάλλοντο. (τὸ δὲ χ πρὸς τὸν σχηματισμὸν τῆς λέξεως.) — Ἀττικὸν βλέπος : Ἤγουν βλέμμα καὶ ἦθος, οἷον οἱ Ἀθηναῖοι ἔχουσι, δριμὺ καὶ τιτανῶδες. διαβάλλει δὲ αὐτοὺς ὡς θρασεῖς καὶ ἑτοίμους προδήλως εἰς τὸ ἀδικεῖν. LB.

1178. διὰ τὰ χρέα. R.

1179. ἔνη γάρ ἐστιν : Ἀντιλέγει τῷ ὁμολογουμένῳ, ὅτι οὐκ ἔστιν ἔνη καὶ νέα μία ἡμέρα, ἀλλὰ δύο, ἔνη μὲν ἡ τριακὰς, νέα δὲ ἡ νουμηνία. καὶ οὕτως ὁ Σόλων τὰς μὲν κλήσεις τῶν δικῶν τῇ τριακάδι φησὶ γίνεσθαι, ὅπως ὁ κληθεὶς εἰς δίκην ἔχῃ ὅλην τὴν τριακάδα εἰς τὸ σκέψασθαι τὰ περὶ ἑαυτοῦ, ὥστε ἐν ταυτῷ καὶ τὰ πρυτανεῖα θεῖναι ἐν τῷ δημοσίῳ.

1181. ἀπολοῦντ' ἄρ' : Ζημιώσονται ταῦτα ἅπερ ἀναλώσουσι. [σοφίζεται δὲ ὅτι οὐ δύναταί εἶναί τις ἡμέρα ἡ αὐτὴ ἔνη καὶ νέα.]

οὐ γάρ ἐσθ' ὅπως : Ἀδύνατον τὰς δύο ἡμέρας μίαν γενέσθαι, καὶ δείκνυσιν ὅτι οὐ τῆς μιᾶς ἡμέρας τὰ δύο ὀνόματα, ἀλλὰ τὸ μὲν τῆς τριακάδος ἡ ἔνη, τὸ δὲ τῆς νουμηνίας ἡ νέα.

1184. [γραῦς τε καὶ νέα : Διὰ τοῦτο τὸ παράδειγμα τῆς γυναικὸς ἔθηκε, διὰ τὸ τὴν ἔνην ἀρχαίαν καὶ παλαιὰν καὶ ὥσπερ τέλος τοῦ ὄπισθεν μηνὸς ἡγεῖσθαι, νέαν δὲ τὴν πρώτην, ἀφ' ἧς ὁ μὴν ἄρχεται.]

1187. ὁ Σόλων ὁ παλαιὸς : Ἀρχὴ ἐστὶν αὕτη τῆς τοῦ νόμου διηγήσεως. Σόλων δὲ ὁ νομοθέτης. ἀπομιμεῖται δὲ τοὺς ῥήτορας τοὺς τὰ μὲν ὀνόματα τῶν νομοθετῶν λέγοντας, μὴ μέντοι τοὺς νόμους εἰδότας.

1188. τουτὶ μὲν : Οὐκ ἀνασχόμενος ὁ Στρεψιάδης ἀκοῦσαι πάντα τὸν λόγον ἐκ περικοπῆς τοῦτό φησι, τὸ, οὐδέν ἐστι τοῦτο πρὸς τὴν ἔνην τε καὶ νέαν.

1189. τὴν κλῆσιν : Τὴν ἐν ταῖς δίκαις (εἰσαγωγήν). καλοῦνται γὰρ εἰς τὸ δικαστήριον.

1191. ἵν' αἱ θέσεις : Αἱ καταβολαὶ τῶν πρυτανείων· ὅπερ μισθὸς ἦν τῆς εἰσαγωγῆς τῆς δίκης. ἐδίδοτο γὰρ δραχμὴ τῷ δημοσίῳ.

1192. ἵν' ὦ μέλε : [Ἵνα, φησὶ, παρόντες οἱ ἐναγόμενοι, εἰ συνειδοῖεν ἑαυτοῖς ἀδικοῦσι καὶ ὀφείλουσι, τοῦ δικάζεσθαι ἀπαλλάττοιντο, διαλυσάμενοι πρὸς τοὺς δανειστὰς διὰ τῆς τῶν τόκων ἀποδόσεως· εἰ δὲ μὴ οἰκείᾳ ἀποδοῖεν γνώμῃ, ὑπὸ τοῦ δικαστηρίου λυποῖντο. εἰς σκέψιν οὖν αὐτοῖς, φησὶν, ἐδίδοτο ἡ τριακοστή. Ἄλλως.] ἵνα πρὸ μιᾶς ἡμέρας παραστάντες οἱ κατηγορούμενοι διαλυθῶσιν· εἰ δὲ μὴ, τῇ νουμηνίᾳ δικάζοιντο. εἰς σκέψιν οὖν αὐτοῖς, φησὶν, ἐδίδοτο ἡ τριακάς.

1194. ἀντὶ τοῦ ἄνευ δίκης R.V.

1195. ὑπανιῷντο : Ἀντὶ τοῦ μετὰ βίας ἀπαιτοῖντο, μαστίζοιντο.

1196. διὰ τί οὐκ ἔμεινε τὸ ἔθος, ἀλλὰ τῇ τριακάδι καταβάλλουσι, δέον τῇ νουμηνίᾳ;

1197. [ἔνῃ τε καὶ νέᾳ : Ἀποδεικτικὸς τόπος, ὅτι ἔνη καὶ νέα λέγεται ἡ τριακάς. ἀντιδιέσταλκε γὰρ πρὸς νουμηνίαν. ἀρχαὶ δὲ, οἱ ἄρχοντες.] (πρυτανεῖα δὲ, τὰ διδόμενα ὑπὸ τῶν δικαζομένων τῷ δημοσίῳ ἀργύρια.)

(1198). [ὅπερ οἱ προτένθαι : Οὐκέτι γὰρ δίδοται αὐτοῖς ἡ σκέψις ἡ πρὸ μιᾶς, ἀλλ' εὐθὺς ἐπὶ τὸ καταβαλεῖν ὁρμῶσιν. εἰκὸς γὰρ αὐτοὺς ἀποσκεπτομένους τῇ ἐνδοσίμῳ τριακοστῇ, καταβάλλειν χωρὶς δίκης τὸ χρέος, καὶ μηκέτι τούτους λαμβάνειν τὰ πρυτανεῖα. διὰ τοῦτο τοίνυν προέλαβον τὴν προθεσμίαν ὑπὸ τοῦ ἐπιθυμητικῶς ἔχειν, ὑπὸ τοῦ κερδαίνειν ἡττώμενοι.] προτένθαι δὲ οἱ προλαμβάνοντες τὰ ὄψα, πρὶν εἰς τὴν ἀγορὰν κομισθῆναι, [καὶ μεταπιπράσκοντες πλείονος· οἱ νῦν μετάβολοι καλούμενοι· ἢ λίχνοι, ἢ ἀκρατεῖς]. — οἱ πρὸ καιροῦ τῶν σφαγίων ἀπογευόμενοι. R. V. λαίμαργοι. *Br.* προτένθαι : Τένθης, λίχνος καὶ γαστρίμαργος. Αἰλιανός. τένθης καὶ ὀψοφάγος· τένθειν δὲ τὸ ἐσθίειν. *Vict.*

1199. [ὅπως τάχιστα : Τοῦτο οὕτω συντάξεις· ὅπως

τάχιστα ὀφελοίατο καὶ λάβοιεν τὰ πρυτανεῖα, διὰ τοῦτο προύτενθευσαν καὶ προὔλαβον ἡμέρᾳ μιᾷ. δοκοῦσι γάρ μοι παθεῖν ὅπερ οἱ προτένθαι. ἐποίησε δὲ τὴν σύνταξιν ἀσαφῆ τῷ προτάξαι τὴν κατασκευήν. E.]

(ὀφελοίατο : Λάβοιεν.)

1200. πρoὐτένθευσαν : (Προελιχνεύσαντο. προέλαβον τὴν προθεσμίαν ὑπὸ τοῦ ἐπιθυμητικῶς ἔχειν, ἢ ὑπὸ τοῦ κερδαίνειν ἡττώμενοι.) προὐθέσμευσαν ἡμέραν μίαν. — ἐλαιμάργησαν, προέλαβον. *Br.*

1201. ἀβέλτεροι : Ἀντὶ τοῦ ἀνόητοι. βέλτερος γὰρ ὁ φρόνιμος. [ἢ ἀπαίδευτοι. πρὸς δὲ τοὺς θεατὰς ποιεῖται τὸν λόγον. διὰ γὰρ τοῦ μωροῦ δοκιμάζεται ὁ φρόνιμος. — ἀμαθεῖς. *Br.*]

1202. κέρδη : Τρυφή, γέλως, ἀπάτη. λίθοι : Ἀναίσθητοι. *Br.*]

1205. [ἀριθμὸς : Μάταιον πλῆθος. (πρόβατ' ἄλλως : Ἁπλούστατοι μάτην. ἀμφορῆς : Μεγαρικὰ σεσωρευμένα. *Br.* ἀμφορεῖς νενοισμένοι : Ἐστερημένοι οἴνου ἢ φρονήσεως. *LB.* νενασμένοι : Ναίω, νήω ἢ νάσσω· μέλλων νάσω, νέναχα, νένασμαι, νεναχὼς ἡ μετοχή. *Vict.*] ματαίως κέραμοι σεσωρευμένοι. νηῆσαι γὰρ τὸ σωρεῦσαι. R.V̄.

1208. τὸ τέλειον ᾀστέον μοι ἐγκώμιον. R.

1206. μάκαρ ὦ Στρεψίαδες : Ὡς ἄγροικος περὶ τὴν κλητικὴν ἐσφάλη· ἔδει γὰρ εἰπεῖν ὦ Στρεψιάδη. ἔπαιξεν οὖν παρὰ τὴν ἀναλογίαν.[ἔκθεσις δὲ τῆς διπλῆς περιοδικὴ εἰς μέλος μονοστροφικὸν τοῦ ὑποκριτοῦ ὀκτάκωλος· ὧν τὸ πρῶτον Ἰωνικὸν ἀπ'[ἐλάσσονος δίμετρον καταληκτικόν· εἰ δὲ βούλει, ἀναπαιστικὸν πενθημιμερές. τὸ δεύτερον Ἰωνικὸν ἀπὸ μείζονος ἑφθημιμερὲς ἀντὶ Ἰωνικοῦ ἔχον ἐπίτριτον τρίτον. τὸ τρίτον ἰαμβικὸν δίμετρον ἀκατάληκτον. τὸ τέταρτον ὅμοιον τῷ δευτέρῳ. τινὲς δὲ ταῦτα τὰ τρία ἀπὸ ἰαμβικῆς βάσεως καὶ τροχαϊκῆς καταχλεῖδος. τὸ πέμπτον ἰαμβικὸν ἑφθημιμερές. τὸ ς' Ἰωνικὸν τρίμετρον καταληκτικὸν ἐκ διτροχαίου καὶ ἐπιτρίτου τρίτου καὶ Κρητικοῦ· εἰ δὲ βούλει, τροχαϊκὸν τρίμετρον καταληκτικὸν ἰάμβου κατὰ τὴν τετάρτην χώραν, ὡς ἐπὶ τῆς παραβάσεως, τιθεμένου. ἢ τὸ μὲν πέμπτον Ἰωνικὸν δίμετρον ἀκατάληκτον, τὸ δ' ἕκτον ἐξ ἰαμβικοῦ πενθημιμεροῦς καὶ δοχμίου συζυγίας. συνῆψε τῇ λέξει καὶ ἑτέραν διαίρεσιν τὴν εἰς ἰαμβικὸν τρίμετρον ὑπερκαταληκτικὸν καὶ δόχμιον. τὸ ἕβδομον Ἰωνικὸν δίμετρον ὑπερκατάληκτον, ἐξ Ἰωνικοῦ καὶ διτροχαίου· ἢ ἰαμβικὸν δίμετρον ἀκατάληκτον. τὸ ὄγδοον Ἰωνικὸν ἡμιόλιον, ἐκ διτροχαίου καὶ σπονδείου· ἢ τροχαϊκὸν ἰθυφαλλικόν. ἐπὶ τῷ τέλει δύο διπλαῖ ἔξω νενευκυῖαι· ἡ μὲν ἐν ἀρχῇ, ἡ δὲ κατὰ τὸ τέλος. ἔστι δὲ καὶ ταῦτα πολυσχημάτιστα κατὰ τὸν εἰρημένον τρόπον.]

1209. φήσουσι τοῦτο τὸ μάκαρ ὦ Στρεψιάδες καὶ οἱ φίλοι καὶ οἱ δημόται. R.

1214. [κορωνὶς ὁμοία ταῖς ῥηθείσαις. οἱ δὲ στίχοι ἰαμβικοὶ τρίμετροι ἀκατάληκτοι με', ὧν τελευταῖος

ὀτιὴ 'κάλεσας εὐηθικῶς τὴν κάρδοπον.

ἐπὶ τῷ τέλει κορωνίς.]

οὗτος δανειστὴς Στρεψιάδου Πασίας, ἄγων σὺν ἑαυτῷ μάρτυρα, ᾧ διαλέγεται ἀσχάλλων ἐπὶ τῷ μὴ κεκομίσθαι ἅπερ ἐδάνεισε χρήματα. φησὶν οὖν, οὐ χρὴ ῥᾳδίως ἄλλοις προΐεσθαι τὰ ἑαυτοῦ χρήματα. ἐμφαντικῇ δὲ λέξει ἐχρήσατο, οὔτε διδόναι φήσας· ὁ γὰρ δῶρόν τι λαβὼν οἶδε τάχα τῷ διδόντι χάριν· οὔτε χρῆσαι εἰπών· ὁ γὰρ δανείσας ἐπ' ὠφελείᾳ δίδωσί τινι, ἀλλ' εὗρεν ὄνομα τὸ προϊέναι, μόνον οὐχὶ τὴν δύναμιν τοῦ ῥέπτειν καὶ σκορπίζειν ἔχον. — τὸ δὲ προϊέναι, προδιδόναι καὶ κιχρᾶν. οὔτε δὲ χαρίσασθαι ἔφη· οὐδὲ γὰρ ἐχαρίσατο· οὔτε δανεῖσαι, ἀλλὰ προϊέναι, ὃ τὸ ῥῖψαι καὶ ἀπολέσαι. V.

1216. ἀπερυθριᾶσαι : [Ἀντὶ τοῦ, ἀρνησάμενον μὴ χρῆσαι, ἢ χρήσαντα πράγματα ἔχειν.] ἀπαναισχυντῆσαι εἰπόντα ὅτι οὐκ ἔχω. — ἀπερυθριάσαι ἐκ τοῦ μὴ διδόναι δάνειον, μᾶλλον ἢ λαβεῖν ὕστερον ὀχλήσεις ἐν τῇ ἀπαιτήσει. *Br.*

1217. ὅτε : Ἐπεί. *Br.*

1218. τῷ μάρτυρί φησιν ὅτι καλῶ σε εἰς δικαστήριον μαρτυρήσοντα. R. V.

1219. ὅτι ἀπαιτεῖ φίλον, ὃ συμβαίνειν εἴωθεν. V. δημότῃ : ἀπὸ τοῦ αὐτοῦ δήμου τῷ μάρτυρι δηλονότι. R.

1220. κατηγορεῖ Ἀθηναίων, ὡς περὶ τὰς δίκας ἀεὶ διατριβόντων. *Br.* ὅτι φιλοπράγμονες οἱ Ἀθηναῖοι. R. V.

1222. ἐς τὴν ἕνην τε καὶ νέαν : Εἰς δικαστήριον δηλονότι. ὑπερβατὸν δέ· ἀλλὰ καλοῦμαι Στρεψιάδην εἰς τὴν ἕνην τε καὶ νέαν. ἀπὸ κοινοῦ δὲ τὸ καλοῦμαι.

1223. τοῦ χρήματος : Λείπει χάριν, ἢ περί, Ἀττικῶς. ἕνεκεν τοῦ χρήματος, οἷον τοῦ πράγματος, [ἐρωτηματικῶς. εἶτα ἀποκρίνεται ὁ δανειστής, τῶν δώδεκα μνῶν, καὶ τὰ ἑξῆς.]

1225. τὸν ψαρὸν : Τὸν τὸ χρῶμα τοιοῦτον, ἢ τὸν ταχὺν, ἀπὸ τοῦ ψαίρειν· ὅθεν καὶ αἰψηρός. — ποικίλον. *Br.* λευκόν. *D.*

οὐκ ἀκούετε : Αὐτοῦ διαβάλλοντός με. *C.* αὐτὸν διαβάλλοντά με. *D.*

1226. ἱππικήν : Ταῦτα λέγει ὡς συκοφαντούμενος ὑπ' αὐτοῦ. R. V.

1228. νὴ τὸν Δί' : Ναὶ ὤμνυον δηλονότι. *Vict.* ἐξηπίστατο : Ἦν μαθών. *Harl.*

1229. τὸν ἀκατάβλητον : Τὸν ἀήττητον· τὸν μηδὲν καταβάλλοντα. [πρὸ δὲ τοῦ, μὰ τὸν Δία, τὸ ναὶ ληπτέον ἔξωθεν, οὕτως· ναὶ ὤμνυον· οὐ γὰρ ἠπίστατο μὰ τὸν Δία ὁ Φειδιππίδης· καὶ τὰ ἑξῆς.]

1230. ἔξαρνος : Ἐξαρνούμενος. *Vict.*

1231. τῆς μαθήσεως· διὰ τοῦτο γὰρ ἔμαθον. V.

1233. ἵν' ἂν : Ἀντὶ τοῦ ὅπου ἂν σε κελεύσω ἐγώ. V. ὅπου τὸ ἵνα μεθερμηνευτικόν ἐστι. *Br.*

1235. προσκαταθείην : Τουτέστι καὶ ζημιωθείην ἂν τρεῖς ὀβολοὺς, ἵνα ἐπιτρέψῃς μοι ὀμόσαι τοὺς θεούς· οὕτω καταφρονῶ τοῦ ὅρκου. θεοὶ γὰρ οὐκ εἰσί. [τὸ δὲ

ἐξῆς, καὶ προσκαταθείην ἂν τριώβολον, ὥστε ὀμόσαι νὴ Δία. — κἂν προσκαταθείην : Μὰ τὸν Δία καὶ προκαταθείην ἂν ἤτοι προκαταβάλοιμι τρ. Cant. 3.]

1237. διασμηχθεὶς : Ὡς ἐπὶ κεράμου ἢ ἀσκοῦ τὸν λόγον ποιεῖται, οἵτινες σμηχόμενοι ἁλσὶ βελτίονες γίνονται· ἅμα δὲ ὅτι τοὺς παραφρονοῦντας διαβρέχομεν ἁλσὶ καὶ ἐλαίῳ, καὶ ὠφελοῦνται. (Ἄλλως. ὡς παχύδερμον αὐτὸν χλευάζει. τὰ γὰρ παχέα ὑπὸ πιμελῆς τῶν δερμάτων ἁλσὶ μαλαττόμενα εὐρύτερα γίνεται. ὄναιτο οὖν, φησίν, ἀποκαθαρθεὶς τὴν παχύτητα. ἡ μεταφορὰ ἀπὸ τῶν βυρσῶν. ταῦτα δὲ λέγει ἤτοι ἀσκὸν ἢ ἀγγεῖον χαλκοῦν βαστάζων.) [ὡς ἐπ' ἀγγείου ἢ ἀσκοῦ· τινὲς δέ, ὡς ἐπὶ οἴνου. οἱ γὰρ δεχόμενοι ἅλας οὐ τρέπονται. Ἄλλως. τὴν μεταφορὰν εἴληφεν ἀπὸ τῶν κεράμων καὶ τοῦ οἴνου, οἷς ἅλες βάλλονται ὑπὲρ τοῦ μὴ ἐξίστασθαι μηδὲ ὀξίζειν εὐχερῶς. ἢ ἐπεὶ τοὺς ὑπὸ μέθης ὥσπερ παραφρονοῦντας ὑποβρέχειν εἰώθαμεν ἐλαίῳ ἁλσὶ μεμιγμένῳ. ὡς οὖν τοῦ δανειστοῦ μὴ καθεστηκότος, ἀλλὰ καὶ παραφρονοῦντος, ὡς ἐπὶ ὡμολογημένοις ἐξαρνός ἐστιν, οὕτω τῇ μεταφορᾷ ἐχρήσατο. φησὶν οὖν, οὐ τὰ τυχόντα οὗτος ὠφεληθείη διαβρεχθεὶς ἁλσίν. — καθαρθείς· τὰ γὰρ πασσόμενα κρέα δυσωδίας καὶ σκωλήκων καθαίρεται. Θ.]

1238. ἓξ χοᾶς χωρήσεται ὁ ἐγκέφαλος αὐτοῦ. ἅμα δὲ ἐπὶ κεράμου ἢ ἀσκοῦ ἔμεινε μεταφορᾶς, ὃς ἐὰν σμηχθῇ, πλέον χωρεῖ τῶν ἐμπεφρακότων ἀποβεβλημένων. R. V. [ἓξ χοᾶς : Πάλιν χλευάζει ὡς ἐπὶ ἀμφορέως καὶ οἴνου. ἢ πρὸς τὰ ἀνωτέρω, ἂν σμηχθῇ, πλέον χωρήσει. ὥσπερ λήκυθος ἢ ἀσκός, ἢ ἄλλο τι τῶν τοιούτων. πλέον γὰρ χωρεῖ τῶν ἐμπεφρακότων ἀποβεβλημένων. χοεὺς δέ ἐστιν εἶδος μέτρου, ᾧ μετροῦσι τὸν οἶνον. ὃ καὶ κλίνεται χοέως, ὡς Πηλέως· ὡς καὶ ἐν Ἱππεῦσι [95] φησὶν

ἀλλ' ἐξένεγκέ μοι ταχέως οἴνου χοᾶ

ἐνταῦθα δὲ τὸ χοᾶς, εἰ μὲν περισπᾶται, ἐκ τούτου τοῦ χοεύς ἐστι, κατὰ ποιητικὴν ἄδειαν. χοῆς γὰρ ὤφειλεν εἰπεῖν ὡς ἱππῆς. εἰ δὲ βαρύνεται, ἐξ ἑτέρας ἐστὶν εὐθείας, ἥτις ἐστὶν ἡ χοὴ θηλυκῶς, καὶ κλίνεται τῆς χοῆς.

1240. καταπροίξει : Καταφρονήσεις· παρὰ τὴν προῖκα. δωρεὰν ἐπεγχανῇ μοι.]

ἥσθην : Παρεπιγραφή ἐστι. γελῶν γὰρ τοῦτό φησιν. ἐκκαχάζει γὰρ τῆς προσηγορίας ἀκούσας τοῦ Διός, γέλωτα τὸν ἐκείνου τιθέμενος ὅρκον. ταῦτα δέ φησιν, ἐπεὶ δεδίδακται μήτε τὸν Δία μήτε τοὺς ἄλλους ἡγεῖσθαι θεούς, ἀλλὰ ἢ τὰς Νεφέλας καὶ τὸν Δῖνον, ὡς ἔφησεν ὁ Σωκράτης.

1241. τοῖς εἰδόσιν : Ἀντὶ τοῦ, ἐμοὶ τῷ εἰδότι. [ἢ τοῖς ἐπιστήμοσι καὶ εἰδόσιν, ὅτι ὁ Ζεὺς οὐδείς ἐστι. διὸ καὶ γέλωτος ποιητικὸς ὁ Ζεὺς ὁ παρὰ σοί.]

1242. ἀντὶ τοῦ ὑπὲρ ὧν ἐβλασφήμησεν. V.

1246. εἰπὲ μόνον τὸ δοκοῦν σοι. R. V. [ἀποδώσειν σοι : Τινὲς τοῦτο τοῦ κλητῆρος εἶναι λέγουσιν. ἢ εἰσελθόντος τοῦ Στρεψιάδου ὁ δανειστής φησι πρὸς τὸν μάρτυρα.] τῷ μάρτυρί φησιν ὁ δανειστὴς εἰσελθόντος τοῦ Στρεψιάδου. R. ὁ μάρτυς φησὶ τῷ Πασίᾳ εἰσελθόντος τοῦ Στρεψιάδου, ὅτι τί σοι δοκεῖ δράσειν ὁ Στρεψιάδης. εἰσέρχεται δὲ ἐκβάλλειν κάρδοπον, ἵνα αὐτῷ διαλεχθῇ καθὼς ἐδιδάχθη ὑπὸ τοῦ Σωκράτους. V.

1248. (τουτὶ τί ἐστιν : Εἰσελθὼν ὁ Στρεψιάδης προῆλθε πάλιν τῆς οἰκίας, σκαφίδιον ἢ μαγίδιον ἐξαγαγών. ἀνερωτᾷ οὖν αὐτὸν καὶ πυνθάνεται, ὅ τί ποτε αὐτὸ προσαγορεύοι. ὁ δὲ συνήθως τοῦτό φησιν ἀρσενικῶς, κάρδοπος. οὗτος δὲ ὑπὸ τοῦ Σωκράτους καρδόπην αὐτὸ δεδίδακται λέγειν. ἵνα οὖν ἀμαθῆ καὶ ἀπαίδευτον ἀπὸ τοῦ πρώτου ἀποδείξῃ τὸν δανειστήν, οὕτω φησίν.) ἐξ ὧν ἔμαθε παρὰ Σωκράτους. R.

1252. οὐχ ὅσον γέ μ' εἰδέναι : (Ἀντὶ τοῦ ὡς νομίζω.) ἐν ὅσῳ ἐν ἐμαυτῷ εἰμι καὶ οἶδά τι.

1253. ἀπολιταργιεῖς : Ἀντὶ τοῦ ἀποδραμεῖ, ἀποσκιρτήσεις ἀπὸ τῆς θύρας. ἔνεστι δὲ ἐν τῇ λέξει τὸ ἀργόν, ὅπερ ἐστὶ τὸ ταχύ, καὶ τὸ λίαν. οὐ ταχέως οὖν, φησίν, ἀποδραμεῖ. λιταργισμοὺς δὲ ἐκάλουν καὶ τὰ σκιρτήματα. — ὑποχωρήσεις, ἀπέλθῃς. *Br.*

1255. θήσω πρυτανεῖα : Γραφὴν κατὰ σοῦ ποιήσομαι. ἐν γὰρ τῷ πρυτανείῳ ἐτίθεσαν τὰς τῶν δικῶν γραφάς.

1256. προσαποβαλεῖς : Ἀντὶ τοῦ ζημιωθήσῃ καὶ τὰ πρυτανεῖα πρὸς ταῖς δώδεκα μναῖς. [ὅ ἐστι τὸ δέκατον τοῦ τιμήματος τῆς δίκης· ὅπερ καλεῖται συνωνύμως παρακαταβολή.] — ἀπολέσεις, φησί, καὶ τὰ ἐπὶ τῇ γραφῇ ἀναλώματα, μάτην αὐτὰ ποιήσας, διὰ τὸ περιέσεσθαί σου τὸν υἱόν μου λέγοντα τὸν ἀδικώτερον λόγον. V.

1258. ὅτι ἣν ἔδει σε καρδόπην, εἴρηκας κάρδοπον. εὐηθικῶς δὲ ἀντὶ τοῦ ἀπαιδεύτως. R. V. εἴρηκας ἀνοήτως. ὡς δὲ βέβαιον ἔχων τὸ νικῆσαι κατειρωνεύεται αὐτοῦ. V.

1259. [Ἰώ μοί μοι : Κορωνὶς ἑτέρα ὁμοία. οἱ δὲ στίχοι ἰαμβικοὶ τρίμετροι ἀκατάληκτοι μγ΄. ὧν προτίθεται κῶλα δύο· τὸ πρῶτον ἀντισπαστικὸν μονόμετρον ἀκατάληκτον· τὸ δεύτερον ἰαμβικὸν μονόμετρον βραχυκατάληκτον. ὁ δὲ τελευταῖος τούτων

αὐτοῖς τροχοῖς τοῖς σοῖσι καὶ ξυνωρίσιν.

ἐπὶ τῷ τέλει κορωνίς.]

1261. τῶν Καρκίνου : Ἐπεὶ τραγικῶς ἀνεφώνησε τὸ ἰώ μοί μοι. οἱ δὲ Καρκίνου παῖδες Ξενοκλῆς καὶ Ξενότιμος, καὶ ὁ μὲν χορευτής, Ξενοκλῆς δὲ τραγῳδίας ποιητής. παρ' ὑπόνοιαν δὲ εἶπε, δέον παίδων. [Ἄλλως. φασὶν ὡς ὁ Καρκίνος οὗτος ποιητὴς ὢν τραγικός, εἰσήγαγέ τινας τῶν θεῶν ἔν τινι δράματι δεινοπαθοῦντας. Junt., Vict. δαιμόνων : Δαίμονες οἱ θεοί, δαήμονές τινες ὄντες ἢ ζα . . . . ροι ἢ ἀπὸ τοῦ πάντα μερίζεσθαι, δάσσεσθαι. *Vict.*

1263. οἷον κατὰ σαυτοῦ νῦν χώρει καὶ μὴ καθ' ἡμῶν. R. V.

1264. ὦ σκληρὲ δαῖμον : Ταῦτα Ξενοκλέους ἐστὶν ἐκ

τοῦ Λικυμνίου. λέγεται δὲ ὑπ' Ἀλκμήνης Λικύμνιον τεθνηκέναι ὑπὸ Τληπολέμου. διὸ καὶ ἐπιφέρει « τί δαί « σε Τληπόλεμός ποτ' εἴργασται κακόν; » Εὐφρόνιος παρὰ Ξενοκλεῖ φησιν εἶναι τὸ χρυσάντυγες, ἐξ οὗ παραπεποιῆσθαι τὸ θρασυάντυγες. τοῦτο, ἐπεὶ ἐμνήσθη αὐτοῦ ἀπὸ τοῦ πατρός. [Ἄλλοι δὲ τραγικὸν ὑποκριτὴν εἶναι τὸν Τληπόλεμον, συνεχῶς ὑποκρινόμενον Σοφοκλεῖ. εἰκότως δὲ τούτοις ὁ δανειστὴς χρῆται. διὰ γὰρ ἱπποτροφίαν ἐπτώχευσεν. — θρασυάντυγες : Ἄντυξ, ἅρματος περιφέρεια. *Vict.*]

1267. ὦ 'τᾶν : Ὦ σὺ, ὦ ἑταῖρε, ὦ οὗτος, ὦ μακάριος, πρόσρημα τιμητικῆς λέξεως· λέγεται δὲ καὶ ἐπὶ εἰρωνείᾳ πολλάκις. *Vict.*

1269. λείπει τὸ ἐμοί. κακῶς : ἀτυχῶς. R.

1271. κακῶς ἄρ' εἶχες : Διὰ τὸ ἄνω εἰρηκέναι, ἰώ μοί μοι, καὶ, ἀνὴρ κακοδαίμων, ἐπήγαγε τὸ ὄντως.

1272. ἐξέπεσον : Τῶν χρημάτων. ἦν δὲ καὶ οὗτος περὶ ἱππικὴν ἔχων. R. V. [ἵππους γ' ἐλαύνων : Καὶ τοῦτο ἐκ παρῳδίας. ἅμα δὲ καὶ αὐτὸς ἱπποτροφῶν ἐδυσπράγησεν.]

1273. ὥσπερ ἀπ' ὄνου : Πρὸς τὸ ἀπὸ ἵππου ἀπὸ ὄνου εἶπε καὶ ἅμα πρὸς τὸ ληρεῖς. ἐπὶ γὰρ τῶν κατὰ μηδένα λόγον πραττόντων εἰώθασι τὸ ἀπὸ ὄνου λέγειν τὴν παροιμίαν. τινὲς δὲ ἀπὸ νοῦ λέγουσιν. R. V. [ἐπὶ τῶν ἀλόγως πραττόντων ἡ παροιμία καὶ μὴ δυναμένων ὄνοις χρῆσθαι, μήτι γε δὴ ἵπποις. ὁ μέντοι Πλάτων ἐν τρίτῳ Νόμων [p. 701, c] τὴν τελευταίαν περισπᾷ ἀπὸ νοῦ λέγων οὕτως « καὶ μὴ καθάπερ ἀχάλινον κεκτημένον τὸ « στόμα, βίᾳ ὑπὸ τοῦ λόγου φερόμενον κατὰ τὴν πα« ροιμίαν, ἀπὸ νοῦ πεσεῖν. » ἢ ἔπαιξε πρὸς τὸ ὑπ' αὐτοῦ εἰρημένον, καὶ δέον εἰπεῖν ἀπὸ τοῦ νοῦ, εἶπεν, ἀπ' ὄνου. Ἄλλως. γράφεται καὶ ἀπ' ὄνου καὶ ἀπὸ νοῦ. κεῖται δὲ παροιμία ἀπ' ὄνου. φασὶ γὰρ ὅτι δύο τινὲς περιτυχόντες ὄνῳ ἐν ἐρημίᾳ, φιλονεικοῦντες πρὸς ἀλλήλους περὶ τοῦ τίς αὐτὸν λήψεται, ἔλαθεν αὐτοὺς ἄμφω ἀπολέσαντας αὐτόν. τούτων γὰρ μαχομένων ἀνεχώρησε τὸ ζῷον.]

1277. προσκεκλήσεσθαι : (Ἀντὶ τοῦ διὰ μαρτύρων ἀχθήσεσθαι.) εἰς τὸ δικαστήριον κληθήσεσθαι. (ἀπὸ κοινοῦ δὲ τὸ δοκεῖς.)

1279. καινὸν αἰεὶ τὸν Δία : [Νέον ὕδωρ ὕειν νομίζεις, φησὶν, ἢ πάλιν ἀντεπαγόμενον αὐτὸ ὑπὸ τοῦ ἡλίου;] ὡς ταῦτα μαθὼν παρὰ Σωκράτους κατὰ τὸ σιωπώμενον. V.

1286. τί θηρίον : [Τινὲς τὸ θηρίον πρὸς τὸν δανειστὴν λέγουσιν εἰρῆσθαι. ἀντὶ τοῦ, ὦ θηρίον, τί ἐστιν ὁ τόκος.] ἐπεὶ γέννημα φαμὲν ἐπὶ θηρίου καὶ τόκον.

1289. προβαίνοντος, ἀναλισκομένου. R. V.

1290. [τὴν θάλατταν : Τί δῆτά ἐστιν ἃ νομίζεις; καὶ τοῦτο δὲ ἔμαθε κατὰ τὸ σιωπώμενον.]

1292. οὐ λυσιτελεῖ τοῖς ἐπὶ γῆς πλείονα εἶναι τὴν θάλατταν. R. V.

1297. τὸ ἀμυντήριον. R. V.

1298. ὦ σαμφόρα : Ταῦτα ἔοικεν ὁ μάρτυς λέγειν τῷ δανειστῇ. R. V. ἀντὶ τοῦ οὐκ ἀναχωρεῖς; V. [τινὲς τοῦτο Στρεψιάδου· τινὲς ὅλον τοῦ κλητῆρος. ἀντὶ τοῦ, ὦ κλῆτορ. ὡς ἵππῳ αὐτῷ διαλέγεται.]

1299. σειραφόρον ἀντὶ τοῦ παρήορον. καὶ πρὸς μὲν τὸ ἐπὶ ἅλων τὸ σύ, πρὸς δὲ τὸ ἐπιαλῶ τὸ σέ. καὶ ἔστιν ἡ γραφὴ δισσὴ, ἐπὶ ἅλων καὶ ἐπιαλῶ. καὶ πρὸς μὲν τὸ περισπώμενον ἐπιαλῶ εἴη ἂν ἀπειλητικῶς λέγων, οὐκ ἄξεις καὶ ὁρμήσεις σεαυτὸν ἐντεῦθεν, ἐπεὶ ἁλῶ σε, ὅπερ ἐστὶν ἐλάσω σε καὶ διώξω σε κεντῶν ὑπὸ τὸν πρωκτὸν ὥσπερ ἵππον παρήορον· πρὸς δὲ τὴν ἑτέραν γραφὴν οὕτως ἠθικῶς λέγοντος, οἷον ἀπάξεις σὺ τὸν σειραφόρον εἰς μυλῶνα ἐπὶ τὸ ἀλοᾶν, ἀντὶ τοῦ ἄπαγέ σου τὸν ἵππον κἀκεῖθεν τραφήσῃ. τινὲς δὲ οὕτως, ἄξεις ἐπιβαλών. [Ἄλλως. ἐπιαλῶ μέλλων ἀπὸ τοῦ ἰάλλω. λέγει δὲ ἐπιπέμψω σε. ἐν ἤθει δὲ τὸ ἄξεις λέγει· οὐκ ἀπάξῃ ποτ' ἐντεῦθεν καὶ πορεύσῃ. τὸ δὲ ἐπιαλῶ, ἀντὶ τοῦ ἐπιπέμψω σε. συμβουλεύει δὲ αὐτῷ ἀλοάσαντα μισθῷ πορεύεσθαι, ἵνα τρέφειν ἔχῃ τοὺς ἵππους. σειραφόρος δὲ, ὁ ἔξω τοῦ ζυγοῦ. Ἄλλως. ἐὰν μὲν οὗτος ὁ λόγος ᾖ ἠθικὸς, ἀπέρχῃ, ἢ ὑποβαλῶ τὴν μάστιγα κεντῶν σε ὑπὸ τὸν πρωκτὸν, ὡς σειραφόρον· ἐὰν δὲ ἐπὶ ἅλω, οὕτως, ἀπέρχῃ ἐπὶ ἅλωνα κεντῶν σου τὸν σειραφόρον, ἐπὶ τὸ ἐργαζόμενον ἐκεῖθεν τραφῆναι· οὐδὲν γὰρ ἐντεῦθεν λήψῃ. οἱ δὲ οὕτως· ἐπιβαλών σοι τὴν μάστιγα καὶ δέρων τὸν πρωκτὸν, ἄξω σε. ἀπὸ μεταφορᾶς τῶν κεντουμένων ἵππων βραδέων ὑπὸ τῶν ἡνιόχων. — ἐπεὶ ἁλῶ : Κινήσω, συντρίψω. *B. D.* συντρίψω. *E.* ἐπί σ' ἀλῶ : Συντρίψω. C.

1300. (ὑπὸ τὸν πρωκτὸν σὲ : Μήποτε οὐκ ἔστι σέ, ἀλλὰ σύ· εἰ μὴ ἄρα λέγει, ἄξεις σεαυτὸν ὡς τὸν σειραφόρον, ὅπου αὐτὸς ἐργάζῃ.)

1302. ξυνωρίσιν : Ξυνωρὶς, ἅρμα ἵππων ἐζευγμένον. *Vict.* λείπει ἡ σύν. R.

1303. ἐν εἰσθέσει κῶλα τρία, ὧν τὸ πρῶτον Ἰωνικὸν ἡμιόλιον. R. V. [κορωνὶς καὶ εἴσθεσις μέλους ἐξιόντων ὑποκριτῶν μονοστροφικοῦ ἐκ κώλων ιη'. ὧν τὸ πρῶτον ἰαμβικὸν τρίμετρον βραχυκατάληκτον τοῦ « φλαύρων » ποδὸς ἀνθ' ὅλης ἰαμβικῆς κειμένου διποδίας. τὸ δεύτερον ἐκ διιάμβου καὶ Ἰωνικοῦ ἀπ' ἐλάσσονος δίμετρον ἀκατάληκτον, ἢ ἰαμβικὸν ἐφθημιμερές. τὸ τρίτον ἰαμβικὸν δίμετρον ἀκατάληκτον. τὸ τέταρτον ὅμοιον, ἢ ἐκ παιώνων δευτέρων. τὸ ε' χοριαμβικὸν ἐξ ἐπιτρίτων τρίμετρον καταληκτικόν. τὸ ς' τροχαϊκὸν δίμετρον καταληκτικὸν ἤτοι ἐφθημιμερές. τὸ ζ' ὅμοιον, τρίμετρον μέντοι. τὸ η' χοριαμβικὸν τρίμετρον βραχυκατάληκτον. τὸ θ' ἀντισπαστικὸν ἐξ ἐπιτρίτου τρίτου καὶ πρώτου ὅμοιον. τὸ δέκατον ἰαμβικὸν δίμετρον βραχυκατάληκτον. τὸ ια' καὶ ιβ' ὅμοια τῷ τρίτῳ. τὸ ιγ' χοριαμβικὸν πενθημιμερές. εἰ δὲ βούλει, δακτυλικὸν δίμετρον. τὰ ἑξῆς τρία ἀντισπαστικὰ ἐφθημιμερῆ Φερεκράτεια, τροχαϊκῆς κατὰ τὴν πρώτην χώραν κειμένης ταυτοποδίας. τὸ παρατέλευτον ὅμοιον τῷ τρίτῳ· μεθ' ὃ ἰαμβικὸν δίμετρον καταληκτικὸν, ἤτοι ἐφθημιμερές. ἐπὶ τῷ τέλει κορωνίς.] (οἷον τὸ πραγμάτων ἐρᾶν : Αἰνίττεται εἰς τὸν Στρεψιάδην, καὶ λέγει ὅτι δεινόν ἐστι καὶ ἀηδὲς τὸ ἀτόπων ἐρᾶν.) ἰστέον δὲ ὅτι ἐκεῖνοι διαλεχθέντες ἀπεληλύθασιν.

ὁ δὲ Χορὸς ὢν ἐπὶ τῆς σκηνῆς ταῦτα διέξεισι περὶ τοῦ Στρεψιάδου, προαναφωνῶν διὰ τούτων καὶ αἰνιττόμενος, ἃ μέλλει πείσεσθαι ὁ Στρεψιάδης ὑπὸ τοῦ υἱοῦ. — φλαύρων : Φαύλων, κακῶν, πονηρῶν. *Vict.*

1308. πρᾶγμ' : ἀντὶ τοῦ κακόν. R. V.

1309. τὸν σοφιστὴν : Τὸν φιλόσοφον, ἢ τὸν παῖδα, ἢ τὸν γέροντα. ἀπὸ τοῦ σοφίζεσθαι. — τὸ ὧν ἀντὶ τοῦ ἀνθ' ὧν. R. V.

1311. αὐτὸν ἀντὶ τοῦ Στρεψιάδην. R.

1317. οἷς ἀντιταχθῇ καὶ ἀντιλέγει. R.

1320. ἴσως ἴσως : Εὔξεται παρ' αὐτοῦ ἀδικούμενος καὶ δεινὰ πάσχων, τέλεον ἄφωνον αὐτὸν εἶναι.

βουλήσεται : Ἐπεὶ μείζω κακὰ πείσεται ἢ φέρειν οἷός τε εἶναι. *B. C.*

1321. ἰοὺ ἰού : [Κορωνὶς ἑτέρα εἰσιόντων αὖθις τῶν ὑποκριτῶν. οἱ δὲ στίχοι ἰαμβικοὶ τρίμετροι ἀκατάληκτοι κγ'. ὧν προτίθεται κῶλον ἰαμβικὸν μονόμετρον. ὁ δὲ τελευταῖος τούτων

καὶ μὴν ὅ τι καὶ λέξεις ἀκοῦσαι βούλομαι.

ἐπὶ τῷ τέλει κορωνίς. κέχρηται δὲ προαναφωνήσει τῷ ἰοὺ ἰού. τινὲς δὲ ἁπλοῦν τὸ ἰού φασίν.] (σχετλιάζων ἔξεισιν ὁ πρεσβύτης, ὡς ὑπὸ τοῦ παιδὸς τετυμμένος. δῆλον δὲ ὅτι πάντα ταῦτα διαπέπλασται αὐτῷ τῆς πρὸς Σωκράτη διαβολῆς χάριν, δεικνύναι διὰ τούτων φιλοτιμουμένῳ, ὅτι μηδὲν χρηστὸν διδάσκει τοὺς νέους, ἀλλὰ πᾶν τοὐναντίον πονηρούς, ὁπότε καὶ περὶ τοὺς γεγεννηκότας τοιοῦτοι γίνονται, καθίστησι.)

1323. πάσῃ τέχνῃ : Ἀντὶ τοῦ παντὶ τρόπῳ, πάσῃ δυνάμει. τὸ δὲ ἀμύνειν καὶ ἀμυνάθειν λέγουσι. ἀπὸ τούτου οὖν ἐσχημάτισται. — ἀμυνάθετε : Βοηθήσατε. *E.* ἀμυνάθειν, ἀμύνειν, βοηθεῖν. *Vict.*

1327. πατραλοῖα : Οὐ μόνον πατραλοίας, ἀλλὰ καὶ πατραλῴας εὕρηται. Cant. 1.

(1328). καὶ πλείω : Ἀντὶ τοῦ χείρονα [καὶ πλείω τούτων] εἰπέ.

1330. λακκόπρωκτε : Εὐρύπρωκτε. *Br.*

1336. ἀντὶ τοῦ κατὰ πολύ. R.

1338. ἐδιδαξάμην : Ἀντὶ τοῦ ἐδίδαξα. παθητικὸν ἀντὶ ἐνεργητικοῦ. δύναται δὲ εἶναι μεσότητος (Ἀττικῶς), ἀντὶ τοῦ ἐξεπαίδευσα [δι' ἑτέρου. τὸ γὰρ ἐδίδαξα δι' ἑαυτοῦ. — ἤγουν εἰς διδάσκαλον ἔπεμψα. ἔστι δὲ κατ' εἰρωνείαν. *Br.*]

1340. μέλλεις : Ἔμελλες. *D.*

1345. [σὸν ἔργον : Εἴσθεσις χοροῦ, στροφῆς μὲν λόγον ἔχουσα διὰ τὸ ἔχειν καὶ ἀντίστροφον τὸ

οἶμαί γε τῶν νεωτέρων,

ᾗ οὐδὲν διενήνοχε· προῳδικὴ δέ, διὰ τὸ προτίθεσθαι καὶ προᾴδεσθαι τῆς διπλῆς. ἡ διπλῆ καὶ εἴσθεσις εἰς ἐπῳδικὴν τριάδα ἢ τετράδα κώλων ἕξ, ὧν τὰ μὲν περιττὰ ὅμοια τοῖς ἀνωτέρω, τὰ δὲ ἄρτια Ἰωνικά, ἡμιόλια διὰ τὸ ἔχειν πρὸς τῷ ὅλῳ καὶ τὸ ἥμισυ τοῦ Ἰωνικοῦ καλούμενα, ἀδιαφοροῦντα τὴν πρώτην συλλαβήν. τὸ μέντοι τελευταῖον, ὃ καὶ ἐπῳδός, ὡς ἐπὶ τῷ τέλει τῆς ᾠδῆς τιθέμενον, λέγεται, ἀντ' Ἰωνικοῦ ἐπίτριτον ἔχει. ἐν ἐκθέσει δὲ στίχοι δύο ἰαμβικοὶ τετράμετροι καταληκτικοί, ὅμοιοι τοῖς ἑξῆς. ἔθος γάρ ἐστι προτιθέναι τῆς διπλῆς διστιχίαν μετὰ τὴν περίοδον τῆς κορωνίδος ἢ τῆς ᾠδῆς. ἐπὶ τῷ τέλει παράγραφος καὶ διπλῆ ἔξω νενευκυῖα.]

φροντίζειν : Βουλεύεσθαι. ὅπῃ δ' ἂν ἀντὶ τοῦ ὁποίῳ τρόπῳ. R. V.

1347. πεποίθειν : Ἐθάρρει. *Br.*

1348. τολμηρός. R.

1349. ἀλλ' ἔστιν τι ἐφ' ᾧ θαρρεῖ. R.

1352. πρὸς χορόν : [Πρὸς ἐμέ.] οὕτως ἔλεγον πρὸς χορὸν λέγειν, ὅτε τοῦ ὑποκριτοῦ διατιθεμένου τὴν ῥῆσιν, ὁ χορὸς ὠρχεῖτο. διὸ καὶ ἐκλέγονται ὡς ἐπιτοπλεῖστον ἐν τοῖς τοιούτοις τὰ τετράμετρα, ἢ τὰ ἀναπαιστικά, ἢ τὰ ἰαμβικά, διὰ τὸ ῥᾳδίως ἐμπίπτειν ἐν τούτοις τὸν τοιοῦτον ῥυθμόν.

1353. καὶ μὴν ὅθεν γε : [Κορωνὶς καὶ στίχοι ὅμοιοι τῷ διστιχίῳ λγ'. ὧν τελευταῖος

ἐξέφερον ἂν καὶ προὐσχόμην σε· σὺ δέ με νῦν ἀπάγχων.

μεθ' ὃν τρία κῶλα ἰαμβικὰ δίμετρα ἀκατάληκτα, καὶ στίχος ὅμοιος τοῖν ἄνω.]

1354. ἑστιᾶσθαι ἐστὶ τὸ εὐωχεῖσθαι. οὐχὶ δὲ τὸ παρά τινι πάντως ἔλεγον. R. V.

1355. [λύραν λαβόντα : Ἐν τοῖς συμποσίοις κύκλῳ τοῖς ἑστιωμένοις ὁ ἑστιάτωρ διδοὺς λύραν ἐκέλευεν ᾆσαι ᾠδήν.]

1356. ᾆσαι Σιμωνίδου : Ἀρχὴ ᾠδῆς εἰς Κριὸν τὸν Αἰγινήτην « ἐπέξαθ' ὁ Κριὸς οὐκ ἀεικέως. » φαίνεται δ' εὐδοκιμεῖν καὶ διαφανὴς εἶναι. R. V. [τοῦτο τὸ μέλος Σιμωνίδου ἐξ ἐπινίκου

ἐπέξαθ' ὁ κριὸς οὐκ ἀεικέως.

ἦν δὲ παλαιστὴς Αἰγινήτης. Ἄλλως. τῇ πρὸς τὸ ζῷον κοινωνίᾳ τῆς λέξεως συνέπλεξε τὰς κοινωνίας ὁ ποιητὴς λέγων « ἐπέξαθ' ὁ κριὸς οὐκ ἀεικέως, ἐλθὼν « εἰς δένδρον ἀγλαὸν Διὸς τέμενος. » φαίνεται δὲ εὐδοκιμεῖν καὶ διαφανὴς εἶναι. τὸ δὲ ἐπέχθη καὶ διὰ τοῦ ε ψιλοῦ ἀπὸ τοῦ πέκω, καὶ διφθογγογραφεῖται. — τοῦτο τὸ μέλος ἐκ τῶν τοῦ Σιμωνίδου ἐστίν. ἐκεῖνος γὰρ οὕτω φησὶν « ἐπέξαθ' ὁ καιρὸς οὐκ ἀκαίρως. » ἦν δὲ ὁ κριὸς οὗτος παλαιστὴς Αἰγινήτης. LB., Harl. 5.] ὡς ἐπέχθη : ὡς ἐχάρη. R. V.

1357. ἀρχαῖον : [Μωρόν. παραιτοῦνται δὲ οἱ φιλόσοφοι τὸ κιθαρίζειν ἐν τῷ πίνειν. κάχρυς δέ, ἀντὶ τοῦ κριθὰς πεφρυγμένας. ᾄδουσι δὲ αἱ ἀλήθουσαι ὑπὲρ τοῦ παραπέμψασθαι τὸν κάματον.] οὐδενὸς λόγου ἄξιον, ληρῶδες, (ἀνόητον). R. V.

1358. ὡσπερεὶ κάχρυς : Καθάπερ τινὰ γυναῖκα κριθὰς ἀλοῦσαν. διαβάλλει δὲ λεληθότως τὸ τῶν γυναικῶν γένος, αἷς ἔργον πίνειν (καὶ ἕτερόν τι διαπραττομέναις) — κάγχρυς : Πεφρυγμένας κριθάς. *Br.*

1360. ὡσπερεὶ τέττιγας : Πολύλαλον γὰρ τὸ ζῷον. R. V. παρεποίησε τὸ ᾄδειν, καί φησιν ὅτι τὸ ᾄδειν φλυαρεῖν. ὡς τέττιγας καὶ οὐδὲν ἄλλο ἢ ὡς γυναῖκας ᾄδειν ἀλετρευούσας. — τρέφοντα. Θ.

1364. ἀλλὰ μυρρίνην : [Μυρρίνης γὰρ κλάδον κατέχοντες ᾖδον τὰ Αἰσχύλου, ὥσπερ τὰ Ὁμήρου μετὰ δάφνης.] παρὰ τὰ Αἰσχύλου « οὕνεκ' ἐκεῖ ἄνθεα λειμώνια. » [Ἄλλως.] Δικαίαρχος ἐν τῷ περὶ μουσικῶν ἀγώνων « ἔτι δὲ κοινόν τι πάθος φαίνεται συνακολουθεῖν τοῖς διερχομένοις εἴτε μετὰ μέλους εἴτε ἄνευ μέλους, ἔχοντάς τι ἐν τῇ χειρὶ ποιεῖσθαι τὴν ἀφήγησιν. οἵ τε γὰρ ᾄδοντες ἐν τοῖς συμποσίοις ἐκ παλαιᾶς τινος παραδόσεως κλῶνα δάφνης ἢ μυρρίνης λαβόντες ᾄδουσιν. »

1365. σκώπτει καὶ Αἰσχύλον καὶ Σιμωνίδην. V.

1366. ἐγὼ γὰρ : Οὐκ ᾄσω δηλαδή. *C.*

1367. ἀσύστατον : Οὐ συνεστῶτα οὐδὲ πυκνὸν, ἀλλ' ἀραιὸν ἐν τῇ ποιήσει καὶ κομπώδη. τὰ γὰρ ῥήματα Αἰσχύλου φαντασίαν μὲν ἔχει, βασανιζόμενα δὲ οὐδεμίαν ἔχει πραγματείαν. (ἀσύστατον δὲ, οἷον ἀδιάθετον, ἀπιθάνους συνιστάντα τοὺς μύθους.) — ἄνισον. Θ. *Brunck.*

στόμφακα : συνθέτῳ λέξει ἐχρήσατο ἀπὸ τοῦ στόματος καὶ τοῦ ὄμφακος, ἵν' ᾖ λέγων ὄμφακα ἐν τῷ στόματι ἔχοντα. V. [σκληρόν· παρὰ τὸ στόμα καὶ τὸν ὄμφακα· οἷον τραχύν. κρημνοποιὸν δὲ,] μεγάλας λέξεις ποιοῦντα. — στόμφακα : Μεγαλορρήμονα. κρημνοποιόν : Σκληρολέκτην. Θ. *Br.*

1368. ὀρεχθεῖν : Κινεῖν καὶ συνταράττεσθαι. R. V. κινηθῆναι πρὸς ὀργήν. Θ. ὀρέχθει μίμημά ἐστι τραχέος ἤχου γινομένου ἐν τῷ σφάζεσθαι βοῦν. Θεόκριτος δὲ [11, 43] ἐπὶ θαλάσσης τὴν λέξιν τίθησι, καθ' ὁμοιότητα τοῦ [Hom. Od. E, 402] « ῥόχθει δὲ μέγα κῦμα. » δῆλον δὲ ὅτι καὶ ἐπὶ πατάγου καρδίας ἡ λέξις τίθεται. Vict.

1370. [τὰ σοφὰ ταῦτα : Ἢ ἀντὶ τοῦ ἔπη ἐπινοητέον, ἢ δέον εἰπεῖν, οἵπερ εἰσὶν οἱ σοφοὶ οὗτοι ποιηταὶ, ὁ δὲ πρὸς οὐδέτερον ἔτρεψεν· ὥσπερ καὶ ἐν Βατράχοις [89] ποιεῖ λέγων

οὔκουν ἕτερ' ἐστὶ μειρακύλλια
τραγῳδίας ποιοῦντα.]

1371. ὡς ἐκίνει ἀδελφὸς : Τὴν Κανάκην ὁ Μακαρεύς. τὸ δὲ ἀλεξίκακε διὰ μέσου ἀναπεφώνηται. σημειοῦται δὲ τὸν Εὐριπίδου Αἴολον. ἐκεῖ γὰρ οἱ ἀδελφοὶ τὰς ἀδελφὰς γαμοῦσιν. Ἄλλως. (γέγραπται Εὐριπίδου Αἴολος δρᾶμα οὕτως καλούμενον, ἐν ᾧ παρήγαγε Μακαρέα, τὸν παῖδα τοῦ Αἰόλου, φθείραντα Κανάκην τὴν ἀδελφήν. ἐπεὶ δὲ παρ' Ἀθηναίοις ἔξεστι γαμεῖν τὰς ἐκ τῶν πατέρων ἀδελφὰς, εἰς αὔξησιν τοῦ ἀδικήματος προσέθηκε τὴν ὁμομητρίαν. εἶτα εὐφυῶς ἐσχετλίασεν, ἐπάγων τὸ ἀλεξίκακε· τουτέστιν, ἀποτρόπαιε, καὶ ὦ τὰ δεινὰ ἀπείργων. ἴδιον γὰρ Ἡρακλέους τὸ ἐπίθετον.) — ὅτι συνῆν ἀθέσμως. Θ.

1373. ἐξαράττω : Κρούω αὐτόν· λοιδορῶ, πλήττω πολλοῖς κακοῖς.

1375. ἀντεβάλλομεν, ἐφιλονεικοῦμεν. R. V.

1376. κἀσπόδει : Ἔτυπτε. συνέτριβε. R. συνέτριβεν, ἐκονιόρτου, ἐσπόδου. V. κονιορτοῦ ἐπλήρου. *Vict.*

1379. Λείπει φοβοῦμαι. R.

1380. λείπει τύπτομαι. R.

1381. τραυλίζοντος : Ψελλίζοντος καὶ μηδὲν ἔναρθρον λαβοῦντος. — νοοίης [νοοεῖς R.] δὲ ἀντὶ τοῦ ἔχεις ἐν τῷ νῷ. R. V.

1382. (βρῦν : Ἄσημος φωνὴ παιδίων, ὁπόταν πιεῖν ζητῇ.)

[πιεῖν παρέσχον : Οὐ μόνον ἐπέχω, τὸ κωλύω, ἀλλὰ καὶ τὸ δίδωμι. ὥσπερ γὰρ οὐδὲν ἕτερόν ἐστι τὸ παρέχω, τὸ δίδωμι, ἢ παρά σοι ἔχω τι, οὕτω καὶ ἐπέχω ἀντὶ τοῦ ἐπί σοι ἔχω τι. ἡ γὰρ παρά καὶ ἡ ἐπί ταυτοσήμαντά εἰσιν. D.]

1384. κακκᾶν : Ἀφοδεύειν τὰ παιδία. πρίν σε εἰπεῖν, προέτεινόν σε ἀπὸ τῆς κλίνης καὶ ἔξω τῶν ἱματίων, ἵνα ἀποπατήσῃς. R. V.

1388. ὑπὸ τῶν πληγῶν. R.

1390. αὐτοῦ : αὐτόθι. R.

1392. πηδᾶν : Ὁρμᾶν. *Vict.* ἀντὶ τοῦ εἰς ἅ. R.

1396. [λάβοιμεν ἂν : Οὕτως ἀφανισθήσεται πληγαῖς, ὡς νομίσαι ἡμᾶς τὸ δέρμα καὶ τοῦ δέρματος ἐρεβίνθου λεπτότερον αὐτοὺς ἔχειν.]

[ἀποροῦσί τινες ἐνταῦθα, πῶς οὕτω δέον εἰπεῖν, τὸ δέρμα τῶν γεραιτέρων λάβοιεν ἂν οἱ νέοι, ὁ χορὸς λάβοιμεν εἶπεν· λύοντές τινες τὴν ἀπορίαν, εἰς ψυχρὰν λύσιν τὸν λόγον ἀποδιδόασιν. ἀλλὰ σὺ οὕτω λέγε· οἶμαι τὰς καρδίας τῶν νεωτέρων πηδᾶν καὶ ὁρμᾶν ἐν ἐκείνῳ, ὅπερ Φειδιππίδης λέξει, λεγόντων δηλονότι καθ' ἑαυτοὺς τῶν νεωτέρων τάδε· εἰ γὰρ ταῦτα οὗτος ἐξειργασμένος, εἶτα λαλῶν καὶ δημηγορῶν ἀναπείσει τὸν πατέρα, ὅτι ἀληθῆ πεποίηκε, τὸ δέρμα τῶν γεραιτέρων λάβοιμεν ἂν, ἤγουν ἐκδείροιμεν αὐτοὺς, ἀλλ' οὐδὲ τοῦ ἐρεβίνθου αὐτῶν, ἤγουν τοῦ αἰδοίου, φεισαίμεθα ἂν δηλονότι· οὕτω τὸ λάβοιμεν ἀπὸ τῶν νέων νόει. *Vict.*]

1396. ἐρεβίνθου : αἰδοίου. *Br.*

1397. μοχλευτὰ : Μοχλοὶ, κλεῖθρα· μοχλεύειν, κινεῖν. *Vict.*

1399. [ὡς ἡδὺ καινοῖς : Εἴσθεσις ἑτέρας διπλῆς ἀμοιβαίας ἐκ στίχων ἰαμβικῶν τετραμέτρων καταληκτικῶν με'· ὧν τελευταῖος

τὴν μητέρ' ὥσπερ καὶ σὲ τυπτήσω. τί δῆτα φῄς σύ.

ὁ μέντοι ἑπτακαιδέκατος τρίμετρος ἴαμβός ἐστιν. ἐπὶ τῷ τέλει διπλῆ ἔξω νενευκυῖα.]

1400. τῶν καθεστώτων : Τῶν ὡρισμένων. R.V. ἱσταμένων, πολιτευομένων. Θ. ὑπερφρονεῖν : Ὑπερηφανεῖν. V. ἡ ὑπέρ ἀντὶ τῆς κατά. R.V.

1401. προσεῖχον : Προσεκόλλων. Θ.

1402. ἐξαμαρτεῖν : Βαρβαρίσαι, σφαλῆναι. *Vict.*

1403. τούτων : Τῆς ἱππικῆς. R.V. τῶν κατὰ τὴν ἱππικήν. Θ.

1404. λεπτολογίαις. Θ. ταῖς τῶν φιλοσόφων. R.V. φροντίσιν. Θ.

1406. ἵππων φρόντιζε. R. V.

1407. τέθριππον : Ἅρμα. Θ. *Br*. ἐπιτριβῆναι ἀντὶ τοῦ βλαβῆναι. R.

1408. ἀπέσχισας : Ἐκώλυσας, ἀπεχώρισας. R.V. ἀπέκοψας. Θ. μέτειμι : Μετελεύσομαι. Θ. *E*.

1410. ἔγωγέ σ' εὐνοῶν : Ναὶ ἔγωγε ἔτυπτον εὐνοῶν σου, ἵνα καλῆς ἀναγωγῆς τύχῃς. *Vict*.

1413. ἀθῷον : Ἀμέτοχον. *Vict*.

1415. κλάουσι παῖδες : Παρὰ τὰ ἐξ Ἀλκήστιδος Εὐριπίδου [694]

χαίρεις ὁρῶν φῶς· πατέρα δ' οὐ χαίρειν δοκεῖς;

τί ἔτι δή; Ἤγουν τί τοῦτό ἐστιν. *Vict*.]

1416. τοῦτο τοὔργον : Τὸ τύπτεσθαι. R. τὸ τύπτειν. V. τὸ κλαίειν. *Br*.

1417. δὶς παῖδες οἱ γέροντες : Παῖδες γὰρ ὄντες ἄφρονες ἦσαν, ὑπεργηράσκοντες δὲ πάλιν ληροῦσι καὶ παιδίων φρένας ἔχουσι. R.V. [παῖδές τε γὰρ τὴν ἀρχὴν ἦσαν ἄφρονες, καὶ νῦν ὑπὸ τοῦ τῶν ἐτῶν πλήθους παρατραπέντος αὐτοῖς τοῦ λογισμοῦ παῖδές εἰσι, τῷ νῷ πάλιν ληροῦντες. καὶ Σοφοκλῆς Πηλεῖ

Πηλέα τὸν Αἰάκειον οἰκουρὸς μόνη
γεροντανωγῶ κἀναπαιδεύω πάλιν·
πάλιν γὰρ αὖθις παῖς ὁ γηράσκων ἀνήρ.

καὶ Θεόπομπος

δὶς παῖδες οἱ γέροντες ὀρθῷ τῷ λόγῳ.

καὶ Πλάτων

ἆρ', ὡς ἔοικε, δὶς γένοιτ' ἂν παῖς γέρων;

καὶ Ἀντιφῶν « γηροτροφία γὰρ προσέοικε παιδοτροφίᾳ. »]

1419. ὅσῳπερ : Οἱ παῖδες ἐξαμαρτάνοντες συγγνώμης μᾶλλον ἄξιοι διὰ τὸ νέον τῆς ἡλικίας. τὸ δὲ ἧττον ἀντὶ τοῦ μηδ' ὅλως.

1420. ἀντὶ τοῦ μηδὲ ὅλως. R.

1421. οὔκουν ἀνὴρ : Ἀντὶ τοῦ οὐκ ἦν ἀνήρ. ἐν ἠθικῇ ἐρωτήσει.

1423. ἧττον τί δῆτ' ἔξεστι κἀμοὶ : Ἀντὶ τοῦ οὐχ ἧττον τοῦ παλαιοῦ νομοθέτου. [παρὰ δέ τινι τῶν νεωτέρων κατὰ λέξιν οὕτως· ἀποροῦσι πάντες ἐνταῦθα περὶ τοῦ ἧττον. τὸ δὲ, ὡς ἐγῷμαι, τοιοῦτόν ἐστιν. εἰπὼν γάρ, καὶ λέγων ἔπειθε τοὺς παλαιοὺς, ἐπήγαγεν ἧττον· δεικνὺς ὡς εἰ καὶ ἔπειθεν, ἀλλ' ἧττον ἢ ἐγὼ αὐτὸς νῦν· ἐπειδὴ καὶ τὰ δίκαια καὶ τὰ μὴ λέγων ὁμοίως νικῶ. οἱ δὲ τὸ ἧττον πρὸς τὸ τί δῆτα συνάπτοντες ψυχροί τινές εἰσιν. ἢ τὸ ἧττον μὴ πρός τι σύναπτε, ἀλλὰ μόνον λέγε κατ' ἐρώτησιν· οὔκουν ἀνὴρ ἦν ὁ θεὶς τὸν νόμον τοῦτον ὡς σὺ καὶ ἐγὼ, καὶ λέγων ἔπειθε τοὺς παλαιούς; ἧττον; ἀντὶ τοῦ, οὐδαμῶς τοῦτο οὕτως ἔχει. ἢ ὥσπερ ἐν τῷ πρώτῳ τὸ ἧττον πρὸς τὸ ἔπειθε συνήψαμεν, οὕτω καὶ πρὸς τὸ λέγων συναπτέον, οὕτω· καὶ λέγων ἧττον καὶ ἔλαττον, ἢ ἐγὼ νῦν, ἔπειθε τοὺς παλαιούς.]

1425. πρὶν τὸν νόμον τεθῆναι, ὃν τίθημι δηλονότι. R.

1426. ἀφίεμεν : Συγχωροῦμεν. ἀντὶ τοῦ τυπτῆσαι ἡμᾶς. R.V. [συγκεκόφθαι : Τυφθῆναι ἡμᾶς. κατακοπῆναι ταῖς μάστιξι.]

1427. βοτὰ : Τὰ βοσκόμενα τὴν πόαν. R.V. βοσκήματα, θρέμματα. *Vict*.

1429. πλὴν ὅτι ψηφίσματα : [Ἀντὶ τοῦ, δικαστήρια οὐκ ἄγουσιν.] εἰς τὸ φιλόδικον τῶν Ἀθηναίων αἰνίττεται.

1430. διὰ τί δή. R. V.

1432. Σωκράτει δοκοίη : τῷ ἐμῷ διδασκάλῳ δηλονότι. R. V. [ἀπορήσας λύσεως, ἐπὶ τὴν τοῦ Σωκράτους δόκησιν ἀνάγει πιστοτέραν οὖσαν. τὰ δὲ πρόσωπα οὕτως· ἀπὸ τοῦ οὐ ταὐτὸν ἕως τοῦ δοκοίη τοῦ νέου ἐστίν. ἵν' ᾖ τοῦ πρεσβύτου τὸ, πρὸς ταῦτα· τουτέστιν, ἅ σοι νῦν περὶ τῶν ἀλεκτρυόνων εἶπον· τὸ, καὶ πῶς, τοῦ Φειδιππίδου λέγοντος. ἐν δέ τισιν ὁ νέος τὸν, οὐ ταὐτόν, καὶ ἑξῆς στίχον εὕρηται λέγων· τὰ δ' ἑξῆς μέχρι τοῦ, ἢν δὲ μὴ γένηται, Στρεψιάδης. οἷον, καὶ πῶς ἐμαυτὸν αἰτιάσομαι; ἔξεστι γάρ μοι τύπτειν σε· ὥσπερ καὶ σοί, ἐὰν ἔχῃς υἱόν.]

1436. ἐγχανὼν : Καταγελάσας *R. V. Vict*.

(1437). ἐμοὶ μὲν : Τοὺς τρεῖς τοὺς ἑξῆς ὁ πρεσβύτης πρὸς τοὺς θεατάς. [ἐπιεικῆ δὲ, ὅμοια, πρέποντα.]

1438. κἄμοιγε : Κἄμοιγε συγχωρεῖν ὑμᾶς δοκεῖ τοῖς παισὶ, ἅ ἐστι πρέποντα ποιεῖν εἰς ἡμᾶς. *Br*. — τὰ ἀκόλουθα καὶ ὅμοια συγχωρεῖν τοῖς νέοις, τύπτειν ἡμᾶς.

1440. ἀπὸ γὰρ ὀλοῦμαι : Ἐὰν μὴ προσχῶ γάρ, ἀπολοῦμαι τυπτόμενος παρὰ σοῦ. R. V. οὐ βούλομαι. *Br*.

1444. [τοῦθ' ἕτερον αὖ : Ἔκθεσις τῆς διπλῆς ἐκ κώλων ἰαμβικῶν ὀκτώ· ὧν τὸ πρῶτον δίμετρον ἀκατάληκτον, τὸ β' δίμετρον καταληκτικὸν, ἤτοι ἑφθημιμερές. τὰ ἑξῆς τρία ὅμοια τῷ πρώτῳ. τὸ ἕκτον τρίμετρον ἀκατάληκτον. τὸ ἕβδομον δίμετρον ἀκατάληκτον. τὸ τελευταῖον τῷ πρώτῳ ὅμοιον. Ἄλλως. διπλῆ καὶ μέλος ἀμοιβαῖον, οὗ ἡ ἀρχὴ,

τοῦθ' ἕτερον αὖ μεῖζον,

τέλος δὲ,

καὶ τὸν λόγον τὸν ἥττω.

ἔστι δὲ ἰαμβικὰ τρίμετρα ἀκατάληκτα τρία· καὶ τὸ πρῶτον ἰαμβεῖον τετράμετρον καταληκτικόν. τινὲς δὲ διαιροῦσι τοῦτο εἰς δύο, ἐπειδὴ καὶ τὰ πρόσωπα κεχωρισμένα εἰσί· καὶ γίνεται μεσῳδικὴ τριὰς, δύο ἑκατέρωθεν ἔχουσα κῶλα. τινὲς δὲ τὸ μέσον τετράκωλον.]

1452 [ταυτὶ δι' ὑμᾶς : Ἐν ἐκθέσει ἴαμβοι τρίμετροι ἀκατάληκτοι μα'. ὧν τελευταῖος

ἐμοὶ ποιήσω, καὶ σφόδρ' εἰσ' ἀλαζόνες.

εἶτα ἀναφώνημα, τὸ ἰοὺ ἰού· καὶ πάλιν ἴαμβοι ιε'. καὶ τελευταῖον τοῦ δράματος ἀναπαιστικὸν τετράμετρον καταληκτικόν· ἐφ' ᾧ κορωνὶς ἡ καὶ τὸ δρᾶμα ἀποπερατίζουσα.]

1453. ἀντὶ τοῦ ἐπιτρέψας. R. V.

1456. τότε : Ὅτε τὴν ἀρχὴν προσῆλθον ὑμῖν. *E.*

1457. ἐπείσατε, ἠπατήσατε. R. V.

1464. [ὦ φίλτατε : Λείπει τὸ υἱὲ ἢ παῖ. τοῦτο γὰρ ἐπιγράφεται. πρὸς γὰρ τὸν υἱὸν μετέβη.]

1468. πατρῷον Δία : [Πατρῷος Ζεὺς καὶ Ἀπόλλων ἐν Ἀθήναις τιμῶνται, ὁ Ζεὺς μὲν μετὰ τὴν ἐν Ἀρκαδίᾳ, ἢ ὡς ἕτεροι, μετὰ τὴν ἐν Κρήτῃ ἀνατροφὴν, ὅτε πρῶτον ταῖς Ἀθήναις ἐπέστη καὶ ἐφάνη τοῖς πατράσιν αὐτῶν, οἵτινες ταύτῃ τῇ προσηγορίᾳ τετιμήκασιν αὐτόν. Ἀπόλλων δὲ, ὅτι Ἐρεχθέως θυγατέρα ἔγημε τὴν Κρέουσαν, ἐξ ἧς γίνεται ὁ Ἴων. ὡς πρόγονον οὖν αὐτὸν ἐτίμων καὶ οἱ ἄρχοντες ὅτε ἐχειροτονοῦντο. ἐκ γὰρ τοῦ μὴ εἰδέναι ξένους αὐτοὺς ἐνόμιζον. Ἄλλως.] οὕτω τιμᾶται παρ' Ἀθηναίοις Ζεὺς πατρῷος καὶ Ἀπόλλων, διὰ τὸ πρώτους ὑποδέξασθαι τὸν θεὸν εἰς τὴν χώραν καὶ θυσίας συντελέσαι κατὰ φρήτρας καὶ δήμους καὶ συγγενείας μόνους τῶν Ἑλλήνων.

1469. ἰδού γε Δία : Ἐξ ὧν ὁ πατὴρ ἐπελάβετο αὐτοῦ ἀνωτέρω, ἐκ τούτων καὶ αὐτὸς πειρᾶται τοῦ πατρὸς λαμβάνεσθαι.

1473. (διὰ τουτονὶ τὸν Δῖνον : Ὡς ἀγάλματος Δίνου ὄντος ἐν τῇ διατριβῇ Σωκράτους ὀστρακίνου.)

1474. χυτρεοῦν : Δεικτικῶς τὸ ἐν τῷ φροντιστηρίῳ μηχάνημα ὀστράκινον ὥσπερ σφαῖραν. R. V. [ὀστράκινον, εὐτελὲς, χύτρας ἄξιον. R. καυκίον τι πήλινον ἔφερε καλούμενον δῖνον. Θ. — τὸ ἐν τῷ φροντιστηρίῳ μηχάνημα ὀστράκινον περιφερὲς ὡς χύτραν ὠνοματοποίησεν, καὶ ὄνομα αὐτῷ ἔθετο χυτρεοῦν. τουτέστι, μάταιον, εὐτελὲς, χύτρας ἄξιον. ὡς ὀστρακίνου ἀγάλματος ὄντος πρὸ τῆς διατριβῆς. — χυτρεοῦντ' : Χυτρεοῦς, ὁ τροχὸς ἐν ᾧ ἐργάζονται τὰς χύτρας. Harl. 5.]

1477. ὅτ' ἐξέβαλον : Ταῦτα εἰς διαβολὴν Σωκράτους, ἐκβαλόντος τὰ δαιμόνια.

1478. ἀλλ' ὦ φίλ' Ἑρμῆ : Τοῦτο οἱ κλέπται πρὸς τὸν Ἑρμῆν ἔλεγον, ὅτε ἁλισκόμενοι ἐκολάζοντο, αἰτούμενοι αὐτὸν ἐλθεῖν αὐτοῖς εἰς βοήθειαν. ᾤοντο γὰρ διὰ τὸ μὴ τεθυκέναι αὐτῷ, ὡς ἐφόρῳ κλεπτικῆς ὄντι, εἰς ταῦτα περιπεσεῖν τὰ δεινά.

1480. παρανοήσαντος : Τῇ ἀδολεσχίᾳ τῶν φιλοσόφων ὑπαχθέντος καὶ πεισθέντος. R. V. οὕτως δὲ οἱ Ἀττικοὶ ἐκτείνουσι τὸ α. V. [Ἀντὶ τοῦ, ἀνοητεύσαντος παρὰ τὸ πρέπον καὶ πεισθέντος. ἀδολεσχία δὲ, ἡ τῶν ἀκαδῶν ὁμιλία. — φλυαρίᾳ τῇ τοῦ Σωκράτους. *Br.*

1482. διωκάθω : Κατηγορήσω, διώξω. R.V. λείπει ποίησον. R.

1483. ὡς τοῦ Ἑρμοῦ ἀνανεύσαντος. R. ἀντὶ τοῦ κατηγορεῖν. R. V.

1485. δοῦλος αὐτοῦ. R.

1486. ἀντὶ τοῦ δίκελλαν. R. V.

1488. ἀντὶ τοῦ τὴν στέγην. R.

1489. ἀντὶ τοῦ ἐπιβάλῃς αὐτοῖς τὴν οἰκίαν. R. V.

1493. ἰοὺ ἰού : Ἰαμβικὸν μονόμετρον ἀκατάληκτον. *Vict.* μαθητὴς Σωκράτους. V. εἷς τῶν φιλοσόφων. R. V.

1494. ἰέναι : Πέμπειν. *Vict.*

1496. διαλέγομαι, ὥσπερ καὶ ὁ Σωκράτης ἔφη [225] « ἀεροβατῶ καὶ περιφρονῶ τὸν ἥλιον. » R. V.

1500. σμινύη : Δίκελλα, ἀξίνη. *Vict.* μὴ προδῷ : Θραυσθεῖσα. *E.* ἀντὶ τοῦ μὴ κλασθῇ. R. V.

1501. ἀντὶ τοῦ κλάσω τὸν τράχηλον. R.

1503. πρὸς τοὺς λόγους αὐτῶν. R. V.

1505. ἕτερος φιλόσοφος. ὑπὸ τοῦ καπνοῦ δηλονότι. R. V.

1507. τῆς σελήνης τὴν ἕδραν : [Ἀντὶ τοῦ, τὰς κινήσεις τῆς σελήνης. ἕδραν δὲ εἶπεν, εἰς τὸ αἰσχρὸν ἀποτείνων τὸν λόγον. τὴν ἐπιφοράν.] ἐπὶ τίνος ὀχεῖται καὶ πῶς καὶ διὰ τί μένει.

τὰς ἕδρας : Στηρίξεις. *E.* τὴν στήριξιν. *D.*

1508. δίωκε : Πρὸς τὸν οἰκέτην. R. πρὸς τὸν Ξανθίαν ὁ Ἑρμῆς. V. ὡς τῶν φιλοσόφων φευγόντων διὰ τὸ πῦρ. τὸ δὲ, ὡς ἠδίκουν, γράφεται καὶ, οὓς ἠδίκουν.

1510. τό γε τήμερον : Οἷον ἀρκετῶς ἔχει ἡ τήμερον ἡμέρα. [ὡς ἀπὸ τοῦ ποιητοῦ δὲ ὁ λόγος.]

ΣΦΗΚΕΣ.

ΥΠΟΘΕΣΕΙΣ.

Φιλοκλέων Ἀθηναῖος φιλόδικος ὢν τὴν φύσιν ἐφοίτα περὶ τὰ δικαστήρια συνεχῶς. Βδελυκλέων δὲ ὁ τούτου παῖς ἀχθόμενος ταύτῃ τῇ νόσῳ καὶ πειρώμενος τὸν πατέρα παύειν, ἐγκαθείρξας τοῖς οἴκοις καὶ δίκτυα περιβαλὼν ἐφύλαττε νύκτωρ καὶ μεθ' ἡμέραν. ὁ δὲ ἐξόδου αὐτῷ μὴ προκειμένης ἔκραζεν. οἱ δὲ συνδικασταὶ αὐτοῦ σφηξὶν ἑαυτοὺς ἀφομοιώσαντες παρεγένοντο, βουλόμενοι διὰ ταύτης τῆς τέχνης ὑποκλέπτειν τὸν συνδικαστήν· ἐξ ὧν καὶ ὁ χορὸς συνέστηκε καὶ τὸ δρᾶμα ἐπιγέγραπται. ἀλλ' οὐδὲν ἤνυον οὐδὲ οὗτοι. πέρας δὲ τοῦ νεανίσκου θαυμάζοντος τίνος ἕνεκα ὁ πατὴρ οὕτως ἥττηται τοῦ πράγματος, ἔφη ὁ πρεσβύτης τὸ πρᾶγμα εἶναι σπουδαῖον καὶ σχεδὸν ἀρχῆς τὸ δικάζειν. ὁ δὲ παῖς ἐπειρᾶτο τὰς ὑποψίας ἐξαιρεῖν τοῦ πράγματος, νουθετῶν τὸν γέροντα. ὁ δὲ πρεσβύτης μηδαμῶς νουθετούμενος οὐ μεθίει τοῦ πάθους· ἀλλ' ἀναγκάζεται ὁ νέος ἐπιτρέπειν αὐτῷ φιλοδικεῖν, καὶ ἐπὶ τῆς οἰκίας τοῦτο ποιεῖ, καὶ τοῖς κατὰ τὴν οἰκίαν δικάζει. καὶ δύο κύνες ἐπεισάγονται πολιτικῶς παρ' αὐτῷ κρινόμενοι· καὶ κατὰ τοῦ φεύγοντος ἐκφέρειν συνεχῶς τὴν ψῆφον μέλλων ἀπατηθεὶς ἄκων τὴν ἀποδικάζουσαν φέρει ψῆφον. περιέχει δὲ καὶ δικαιολογίαν τινὰ τοῦ χοροῦ ἐκ τοῦ ποιητικοῦ προσώπου, ὡς σφηξὶν ἐμφερεῖς εἰσὶν οἱ τοῦ χοροῦ, ἐξ ὧν καὶ τὸ δρᾶμα. οἳ ὅτε μὲν ἦσαν νέοι, πικρῶς ταῖς δίκαις ἐφήδρευον, ἐπεὶ δὲ γέροντες γεγόνασι, κεντοῦσι τοῖς κέντροις. ἐπὶ τέλει δὲ τοῦ δράματος ὁ γέρων ἐπὶ δεῖπνον καλεῖται, καὶ ἐπὶ ὕβριν τρέπεται, καὶ κρίνει αὐτὸν ὕβρεως ἀρτόπωλις· ὁ δὲ γέρων πρὸς αὐλὸν καὶ ὄρχησιν τρέπεται, καὶ γελωτοποιεῖ τὸ δρᾶμα.

Τοῦτο τὸ δρᾶμα πεποίηται αὐτῷ οὐκ ἐξ ὑποκειμένης ὑποθέσεως, ἀλλ' ὡσανεὶ γενομένης. πέπλασται γὰρ τὸ ὅλον. διαβάλλει δὲ Ἀθηναίους ὡς φιλοδικοῦντας, καὶ σωφρονίζει τὸν δῆμον ἀποστῆναι τῶν δικῶν, καὶ διά τοι τοῦτο καὶ τοὺς δικαστὰς σφηξὶν ἀπεικάζει κέντρα ἔχουσι καὶ πλήττουσι. πεποίηται δ' αὐτῷ χαριέντως. ἐδιδάχθη ἐπὶ ἄρχοντος Ἀμεινίου διὰ Φιλωνίδου ἐν τῇ πθ' ὀλυμπιάδι. δεύτερος ἦν, εἰς Λήναια. καὶ ἐνίκα πρῶτος Φιλωνίδης Προαγῶνι, Λεύκων Πρέσβεσι τρίτος.

II.

ΑΡΙΣΤΟΦΑΝΟΥΣ

ΓΡΑΜΜΑΤΙΚΟΥ.

Φιλοῦντα δικάζειν πατέρα παῖς εἵρξας ἄφνω
αὐτός τ' ἐφύλαττεν ἔνδον οἰκέται θ', ὅπως
μὴ λανθάνῃ μηδ' ἐξίῃ διὰ τὴν νόσον.
ὁ δ' ἀντιμάχεται παντὶ τρόπῳ καὶ μηχανῇ.
εἶθ' οἱ συνήθεις καὶ γέροντες, λεγόμενοι
σφῆκες, παραγίνονται βοηθοῦντες σφόδρα
ἐπὶ τῷ δύνασθαι κέντρον ἐνιέναι τισὶ
φρονοῦντες ἱκανόν. ὁ δὲ γέρων τηρούμενος
συμπείθετ' ἔνδον διαδικάζειν καὶ βιοῦν,
ἐπεὶ τὸ δικάζειν κέκρικεν ἐκ παντὸς τρόπου.

SCHOLIA IN VESPAS.

1. (Οὗτος τί πάσχεις : Προλογίζουσι δύο οἰκέται, ἀποδυσπετοῦντες πρὸς τὴν φυλακὴν τοῦ γέροντος δεσπότου. Ἄλλως. κατ' ἀρχὴν στίχοι ἴαμβοι τρίμετροι ἀκατάληκτοι σκθ', ὧν τελευταῖος

πολλῶν δικαστῶν σφηκιὰν διασκεδῶ.)

2. φυλακὴν καταλύειν : (Οὕτω λέγουσι τὸ ἀποκοιμηθῆναι ἐπὶ τῆς φυλακῆς, φυλακὴν καταλύειν νυκτερινήν, ἤγουν καταλιπεῖν τὴν τάξιν βούλομαι. Ἄλλως. ἀντὶ τοῦ μελετῶ καθεύδειν, οἷον νυστάζω.) — χαριεντιζόμενος ἀντὶ τοῦ φυλάσσειν τοῦτό φησι, παρόσον οὐ διαγρυπνεῖν δύναται. Σύμμαχός φησιν, οὕτως οἶμαι λέγειν τὸ ἀποκοιμᾶσθαι ἐπὶ τῆς φυλακῆς, καταλιπεῖν τὴν τάξιν. διδάσκομαι δὲ ἀντὶ τοῦ μελετῶ καθεύδειν, νυστάζω. R.

3. προὔφειλες : (Οὐδὲν ἄλλο ἐκ τοῦ προὔφειλες ἐκδεκτέον ἢ μόνον τὸ ὤφειλες. ἐχρεώστεις τι μέγα κακὸν ταῖς πλευραῖς σου καὶ θέλεις αὐτὸ ἀποδοῦναι.) — προὔφειλες ταῖς πλευραῖς κακὸν μέγα, ὅπερ ἀποδώσεις μαστιγωθεὶς δηλονότι. R.

4. (κνώδαλον : Κυρίως ἐπὶ τοῦ θαλαττίου θηρίου. εἴρηται δὲ καὶ ἐπὶ τοῦ χερσαίου κνώδαλον, παρὰ τὸ κυσὶν ἁλίσκεσθαι.)

5. ἀπομερμηρίσαι : μέρμηρα ἡ μέριμνα καὶ ἡ φροντὶς καὶ ὁ πρὸς ἕω ὕπνος. (ἐκ δὲ τούτου τὸ καθευδῆσαι. οἱ

γὰρ καθεύδοντες ἀποτίθενται τὰς μερίμνας. καὶ πρὸς τὸν ὄρθρον δὲ γίνεταί τις ὕπνος ἐν ταῖς ἐπιστάσεσιν ἐλαφρὸς, ὃν τούτῳ τῷ ὀνόματι καλοῦσι.)

6. (παρακινδύνευε : Παρ' ὑπόνοιαν εἶπε. δέον εἰπεῖν κατακοιμῶ, εἶπε παρακινδύνευε. ἐπεὶ ἤμελλε μαστίζεσθαι, ἐὰν κοιμηθῇ, ἐκ τοῦ ἑπομένου εἶπε τὸ προηγούμενον.)

8. (κορυβαντιᾷς : Μαίνῃ. παρόσον οὗτοι οἱ δαίμονες μανίας καὶ ἐκθειασμοῦ εἰσιν ἐμποιητικοί. ὀνειδίζει δὲ καὶ οὗτος αὐτῷ οἷς ἐλοιδορεῖτο αὐτὸν, φάσκων κινδυνεύειν ὕπνῳ περιπεσόντι.)

9. ἐκ Σαβαζίου : Πρὸς τὸ κορυβαντιᾷς εἶπε τὸ Σαβαζίου. ἐκεῖνος δὲ ἐπεὶ παραφρονεῖς συμβουλεύων κοιμᾶσθαι. — κορυβαντιᾷν τὸ Κορύβασι κατέχεσθαι. τελετὴ δέ τις ἦν τῶν Κορυβάντων. ἔνιοι δὲ ὅτι ἀπὸ τῶν δακρύων τοῦ Διὸς ἐγένοντο. πάντες ὁμολογοῦσι τῆς Ῥέας μὲν ὀπαδοὺς αὐτοὺς γενονέναι, φύλακας δὲ τοῦ Διός. R. (Σαβάζιον δὲ τὸν Διόνυσον οἱ Θρᾷκες καλοῦσι, καὶ Σαβοὺς τοὺς ἱεροὺς αὐτῶν. παίζει δὲ, ὡσεὶ ἔλεγε, βάρβαρός τις καὶ σκληρὸς ὕπνος. βουκολεῖς δὲ τρέφεις.)

12. Μῆδός τις : Ἢ πρὸς τὸ Σαβάζιος εἶπε καὶ αὐτὸς τὸ Μῆδος. ἢ ἀντὶ τοῦ ἐχθρὸς, ἐπεὶ καὶ ἐστρατεύσατο εἶπε· πολέμιοι γὰρ Ἕλλησιν οὗτοι.

13. ἐπίχαλκον : Τὴν ἔξωθεν χαλκῆν. τοῦτο δὲ προσέθηκε διὰ τὴν ὁμωνυμίαν τὴν πρὸς τὸ ἑρπετόν. δοκεῖ δέ μοι τὴν ἀσπίδα τὸ ὅπλον ἀπὸ τοῦ τοιούτου ὠνομάσθαι ζῴου, διὰ τὸ εἰς κύκλους πολλοὺς ἑλισσόμενον καθεύδειν. κυκλικαὶ γὰρ ἦσαν αἱ ἀσπίδες τῶν παλαιῶν, ὡς Αἰσχύλος [Sept. 496]

> ἅλω δὲ πολλὴν ἀσπίδος κύκλον λέγω,
> ἔφριξα δινήσαντος.

οὕτω δὲ τὸ ζῷον ὠνόμασται ἀπὸ τοῦ α ἐπιτατικοῦ μορίου, καὶ τοῦ σπίζω τὸ ἐκτείνω, διὰ τὸν ὀξὺν αὐτοῦ συριγμόν. ἢ διὰ τὸ τοῦ σώματος αὐτοῦ μῆκος. ἀνεκὰς δὲ ἀντὶ τοῦ ἄνω πάνυ ἑκὰς καὶ εἰς ὕψος.

19. ἀποβαλεῖν Κλεώνυμον : Μετὰ τῶν ἄλλων εἰς ἃ κωμῳδεῖται δειλὸς λέγεται καὶ ῥίψασπις εἶναι. (παρ' ὑπόνοιαν δὲ κωμῳδεῖ αὐτόν.)

(20. οὐδὲν ἄρα γρίφου : Ἀντὶ τοῦ παροινίου ζητήματος. οἷον, δύναταί τις γρῖφον ποιῆσαι καὶ ἀπὸ τῶν Κλεωνύμου πράξεων. ἑπτὰ δὲ ἀναγράφει αὐτῶν γένη ὁ Κλέαρχος ἐν τῷ περὶ γρίφων συντάγματι. γρῖφοι δὲ λέγεται τὰ ἐν τοῖς συμποσίοις προβαλλόμενα αἰνιγματώδη ζητήματα.)

21. (τοῖς συμπόταις : Ἐν γὰρ τοῖς συμποσίοις προεβάλλοντο οἱ γρῖφοι πρὸς λύσιν.)

22. (ὅτι ταυτόν : Ἐν τῷ ὅτι περιττεύει τὸ ο Ἀττικῶς. τὸ γὰρ σημαινόμενον ἀντὶ τοῦ τί ταυτὸν ἐν γῇ ἐν ἐρωτήσει. καὶ ἔστιν ὁ λόγος οὕτως· τί τὸ αὐτὸ θηρίον ἐν παντὶ τόπῳ δυστυχεῖ περὶ τὰ πολεμικὰ, καὶ ἐν γῇ καὶ ἐν ναυμαχίᾳ; θηρίον δὲ ὁ ἀετὸς πανταχοῦ περιιπτάμενος, ᾧ παραβάλλει τὸν Κλεώνυμον.) — ὅτι ταυτὸν ἐν γῇ. παρόσον ὁ ἀετὸς διὰ τοῦ ἀέρος πέτεται καὶ διὰ τῆς θαλάττης καὶ ἐπὶ τῆς γῆς. R.

θηρίον τὴν ἀσπίδα : Οὐκ ἀπεικότως θηρίον αὐτὸν εἶπεν, ἐπεὶ μακρὸς καὶ ἄρρυθμος ὁ Κλεώνυμος.

27. δεινὸν γὰρ τὸ ὄναρ ἐστὶ τὸ ῥίψασπι, δεινὸν δὲ καὶ τὸ ῥῖψαι τὴν ἀσπίδα πρᾶγμα. πρὸς ἑκάτερον πέπαιχεν. R. (δεινόν γέ που 'στ' ἄνθρωπος : Τοῦτό φησιν· οἶδα ὅτι δεινὸν πρᾶγμα ἰδεῖν ἄνθρωπον ἀποβαλεῖν τὴν ἀσπίδα.)

29. (τοῦ σκάφους ὅλου : Ἀεὶ οἱ ποιηταὶ τὰς πόλεις πλοίοις παραβάλλουσι. καὶ Σοφοκλῆς.)

30. (λέγε νῦν ἀνύσας : Τὸ ἀνύσας Ἀττικοὶ δασύνουσι. τρόπιν δὲ,) ὡσανεὶ ἔλεγε τὴν ῥίζαν, (ἐπεὶ τῶν δρυόχων ἡ τρόπις ἵσταται πρώτη. Ἄλλως. τρόπιν ἀντὶ τοῦ τὸ μέρος, ἀπὸ μεταφορᾶς τοῦ σκάφους. οἱ δὲ τὴν ἀρχήν. ἔπαιξε δὲ πρὸς τὸ σκάφος.)

32. (ἐκκλησιάζειν : Εἰς ἐκκλησίαν συνάγειν. πρόβατα δὲ τοὺς Ἀθηναίους φησὶ, διαβάλλων τὸ προβατῶδες αὐτῶν. παλαιὸν δὲ ἦν ἔθος τοὺς ἐντίμους γέροντας τριβωνοφοροῦντας ἐκκλησιάζειν μετὰ βακτηρίας.)

34. (τοῖσι προβάτοις μοὔδόκει : Τὸ πλῆρες τοῖς προβάτοισί μοι ἐδόκει. καὶ ἔκθλιψις καὶ κρᾶσις. φάλαινα δὲ θηρίον θαλάττιον. πανδοκεύτρια δὲ ἡ πάντα δεχομένη καὶ καταπίνουσα, ἢ πάντα ἐπιτηροῦσα. κωμῳδεῖ δὲ πανταχοῦ τὸν Κλέωνα, σκώπτων ὡς ἅρπαγα καὶ πολλὰς μηχανὰς ἐπινοοῦντα εἰς τὸ κερδαίνειν. ἐμπεπρησμένης δὲ ἀντὶ τοῦ ἐμπεφυσημένης καὶ παχείας. πρῆσαι γὰρ τὸ φυσῆσαι. καὶ τοῦτο δὲ εἰς τὸ κρακτικὸν τοῦ Κλέωνος. πολλαχοῦ γὰρ ὡς τοιοῦτον αὐτὸν διασύρει, φάσκων [Eq. 137] « κυκλοβόρου φωνὴν ἔχων. » καὶ Παφλαγόνα παρὰ τὸ παφλάζειν τῇ φωνῇ.)

35. (πανδοκεύτρια : Ἡ πάντα δεχομένη. λέγει δὲ τὸν Κλέωνα.)

φάλαινα : Φάλαινα ἡ ἐν τῇ κεφαλῇ θρὶξ καὶ ἰχθὺς κητώδης. *Vict.*

36. ἐμπεπρησμένης : Πεφυσημένης. πρῆσαι γὰρ τὸ φυσῆσαι. ὁ Κλέων ἐχρῆτο φωνῇ χαλεπῇ, καθάπερ καὶ ἑτέρωθι [infra 1034] « φωνὴν δ' εἶχεν χαράδρας « ὄλεθρον τετοκυίας. » ἦν δὲ καὶ τὴν ὄψιν ἀργαλέος. δοκεῖ δὲ ἀσέμνως οὗτος πρῶτος δημηγορῆσαι. R. (ἐμπεφυσημένης, παχείας. πρῆσαι γὰρ τὸ φυσῆσαι. ἔνθεν καὶ ὁ πρηστήρ. καὶ Ὅμηρος [Il. Σ, 471] « εὔπρηστον ἀϋτμὴν ἐξανιεῖσαι. »)

38. ὄζει κάκιστον : Ὅτι βυρσοπώλης ὁ Κλέων. R. V. Vict.

39. τρυτάνην : Ζυγὸν ἢ σταθμόν. *V. Vict.*

40. βόειον τὸ ἀναίσθητον. R.

41. (τὸν δῆμον ἡμῶν βούλεται : Πρὸς τὸν δῆμον καὶ τὸ ἵστη τὸ διιστάναι ἐπήγαγεν. ἀντὶ τοῦ διαχωρίσαι. Ἄλλως. παρὰ τοὺς τόνους δὲ ἔπαιξε, μίξας πρὸς τὰ σημαινόμενα. ἄλλως τε δὲ καὶ ἀφ' ἱστορίας τοῦτό φασι. καὶ γὰρ πρὸ δύο ἐτῶν τῆς διδασκαλίας τούτου τοῦ δράματος, Λακεδαιμονίων περὶ εἰρήνης πρεσβευσαμένων ὁ Κλέων ἀπήλασε τοὺς πρέσβεις.)

42. ἐδόκει δέ μοι Θέωρος : (Οὗτος ὡς κόλαξ κωμῳδεῖται.) — τὸν Θέωρον εἰς κόλακα καὶ μοιχὸν καὶ πονηρὸν κωμῳδοῦσιν. R.

43. (κόρακος ἔχων : Καὶ ὡς ἅρπαγα αὐτὸν σκώπτων, ἐπήνεγκε τὸ κόρακος κεφαλὴν ἔχει. ὁ αὐτὸς δὲ ὡς πονηρὸς καὶ μοιχὸς κωμῳδεῖται.)

44. (Ἀλκιβιάδης : Τοῦτον διαβάλλει ὡς τραυλόν. οἱ δὲ τραυλοὶ τὸ λ ἀντὶ τοῦ ρ λέγουσιν.)

45. ἀντὶ τοῦ ὁρᾷς. Θέωλος ἀντὶ τοῦ Θέωρος. κόλακος ἀντὶ τοῦ κόρακος. R.

46. (ἐτραύλισεν : Ὁ τραυλισμὸς τοῦ στίχου εἰς τὸ Θέωρος, ἐπειδὴ προείρηται κόλαξ. ὅτι δὲ Ἀλκιβιάδης τραυλὸς, δῆλος τὸ λ ἀντὶ τοῦ ρ λέγων.)

47. (ἀλλόκοτον : Τερατῶδες, ξένον, ἄτοπον, [ἀλλοφυές]. ὁ δὲ λόγος· δεινόν ἐστι τοῦτο τὸ ἐνύπνιον, Θέωρος γινόμενος κόραξ.)

49. (εἶτ' ἐγένετ' ἐξαίφνης : Διὰ τοῦτο φησὶ καλὸν, ὅτι ἄνθρωπος ὢν κόραξ ἐγένετο. διὸ καὶ ἐπιφέρει

ἀρθεὶς ἀφ' ἡμῶν ἐς κόρακας οἴχεται.

ἐπίτηδες δὲ τοῦτο εἶπεν, ὅπως ἂν τὸ βλάσφημον εὐκαίρως κατ' αὐτοῦ δόξῃ λέγειν.)

54. τὴν ὑπόθεσιν τοῦ δράματος. R.

55. ὑπειπὼν : Ἀντὶ τοῦ προειπὼν, ὥσπερ καὶ τὸν προγραμμὸν ὑπογραμμὸν καλοῦσιν. V.

58. (Μεγαρόθεν : Ἢ ὡς ποιητῶν ὄντων τινῶν ἀπὸ Μεγαρίδος ἀμούσων, καὶ ἀφυῶς σκωπτόντων, ἢ ὡς τῶν Μεγαρέων γελώντων καὶ ἄλλως φορτικῶς γελοιαζόντων. Εὔπολις Προσπαλτίοις

τὸ σκῶμμ' ἀσελγὲς καὶ Μεγαρικὸν σφόδρα.

κεκλαμμένον : Ἀποσπασθέντα. γράφεται δὲ κεκλαμμένον Δωρικῶς ἀπὸ μετοχῆς τῆς κλαπεὶς, ὡς τραφείς. ὥσπερ οὖν τεθραμμένον, οὕτω κεκλαμμένον ἔφη.)

58. φορμίδες ἀγγεῖά τινα πλεκτὰ εἰς σῦκα ἢ ἕτερόν τι τοιοῦτον. R. (ἐκ φορμίδος : Φορμὶς κυρίως ἡ ψίαθος, νῦν δὲ ἡ σπυρίς. ὡς τῶν ἄλλων ποιητῶν διὰ ψυχρότητα ποιήσεως διὰ βόλου καρύων ὑποστελλομένων τὴν κακίαν τοῦ δράματος.)

59. δυϊκόν. R. δοῦλοι ῥίπτοντες. V.

60. (οὔθ' Ἡρακλῆς τὸ δεῖπνον : Ἐν τοῖς πρὸ τούτου δεδιδαγμένοις δράμασιν εἰς τὴν Ἡρακλέους ἀπληστίαν πολλὰ προείρηται. ποιοῦσι δὲ τὸν Ἡρακλέα γελοίου χάριν κεκλημένον εἰς δεῖπνον καὶ δυσχεραίνοντα διὰ τὸ βραδέως αὐτῷ παρατιθέναι τὰ ὄψα.)

61. ἐνασελγαινόμενος : Οἷον κατ' Εὐριπίδην πολλὰ λέξομεν ἀσελγῆ. R. (κατακωμῳδούμενος, ὑβριζόμενος. κατ' αὐτοῦ γὰρ καθῆκε τὰς Θεσμοφοριαζούσας. φησὶν οὖν, οὐ δεύτερον ταυτολογήσω περὶ αὐτοῦ, ὡς οἱ ἄλλοι· οὐ μόνον δὲ ἐν τούτῳ τῷ δράματι εἰσῆκται οὕτως Εὐριπίδης, ἀλλὰ καὶ ἐν τῷ Προαγῶνι καὶ ἐν τοῖς Ἀχαρνεῦσιν.)

62. (οὐδ' εἰ Κλέων γ' ἔλαμψεν : Τοῦτό φησιν ὡς τοῦ Κλέωνος ἀπὸ δυσγενῶν ἐκλάμψαντος, ὃν ἐκωμῴδησεν ἐν τοῖς Ἱππεῦσι, καθεὶς κατ' αὐτοῦ τὸ δρᾶμα. καὶ φησὶν, οὐ πάλιν αὐτὸν κωμῳδήσει ἑτέραν δι' αὐτὸν κωμῳδίαν ποιούμενος. μυττωτεύσομεν δὲ ἀντὶ τοῦ συντρίψομεν, δριμύξομεν, ἐκπικρανοῦμεν. μετενήνεκται δὲ ἀπὸ τῶν σκορόδων. μυττωτὸν γάρ ἐστι κυρίως τὸ ἐκ σκορόδων καὶ τυροῦ καὶ ὄξους τρίμμα, καὶ οὕτως ὠνομάσθη ἀντὶ τοῦ μυσωτόν τι ὄν· παρὰ τὸ μυσάττεσθαι αὐτοῦ τὴν ὀσμὴν, καὶ τροπῇ Ἀττικῇ τοῦ σ εἰς τ καὶ πλεονασμῷ μυττωτός. εἴγε καὶ ὁ Καλλίμαχος [fr. 282] φησὶ « ἵν' ἐτρίψαντο μυσωτόν. »)

64. (ἀλλ' ἔστιν ἡμῖν λογίδιον : Ὑπόθεσις ἔχουσα περιπέτειαν. λογίδιον δὲ εἶπε, μετριάζων. διὸ ἐπιφέρει· ὑμῶν αὐτῶν οὐχὶ δεξιώτερον. ἀντὶ τοῦ, ἧττον τῆς ὑμῶν σοφίας.)

66. (φορτικῆς : Ἀντὶ τοῦ οἰκτρᾶς τῆς ὑπ' ἄλλων λεγομένης, ἐν ᾗ φορτικά τινα εἰσάγουσιν.)

68. (ὁ μέγας : Οὐ τῇ ἡλικίᾳ, ἀλλὰ τῇ ἐξουσίᾳ καὶ τῇ σεμνότητι. τὸ δὲ ἄνω δεικτικῶς φησιν ἐπὶ ὑπερῴου. ὁρᾶται γὰρ ὁ Βδελυκλέων ἐπὶ ὑπερῴου καθήμενος.)

71. (νόσον γὰρ ὁ πατὴρ ἀλλόκοτον : Ξένην καὶ παρηλλαγμένην αὐτῷ, παρόσον ὁ μὲν φιλόδικος, ὁ δὲ τοῦτο βδελυττόμενος.)

73. (τοπάζετε : Εἰκάζετε, ὑπονοεῖτε, φησὶ, ποίῳ πάθει ἥττηται. γράφεται δὲ καὶ ἀπροσώπως, τοπάζεται.)

74. (Ἀμυνίας μέν : Ὧδε μὲν ὡς φιλόκυβος κωμῳδεῖται, ἐν δὲ Σεριφίοις Κρατίνου ὡς κόλαξ καὶ ἀλαζὼν καὶ συκοφάντης.)

75. φιλόκυβος οὗτος. τινὲς ἀμοιβαῖα. χαριέστερον δὲ λέγεσθαι αὐτὰ συνεχῶς πρὸς ἑνὸς. . . . ἄδηλον δὲ εἰ καὶ ἐν Νεφέλαις τούτου μέμνηται. R.

77. (ἀλλὰ φιλο μέν ἐστι : Ἀντὶ τοῦ εἰπεῖν ἀρχὴν τοῦ ὀνόματος φησὶ τοῦ κακοῦ. τὸ φιλο δὲ εἶπε, παρόσον Φιλοκλέων ἐκαλεῖτο. πεποιημένον δὲ τοῦτο παρὰ τὸ φιλεῖν τὰς Κλέωνος πράξεις. φιλόδικος δὲ οὗτος καὶ συκοφάντης.)

78. πρὸς Δερκύλον : (Οὗτος ὡς κάπηλος ἢ μεθυστὴς, πρὸς ὃν Σωσίας τις διαλέγεται. Ἄλλως.) ὁ Δερκύλος κωμικὸς ὑποκριτής. (δύο δὲ εἰσὶ Σωσίαι, ὁ μὲν Πυθίδος, ὁ δὲ Παρμένωνος.)

80. (αὕτη γε χρηστῶν ἀνδρῶν : Ὡς μεθυστὴς ὁ οἰκέτης ἐπαινεῖ τὴν μέθην.)

(81). Σκαμβωνίδης : Ἀπὸ δήμου τῆς Λεοντίδος φυλῆς ὁ Σκαμβωνίδης. ἐπτόηται δὲ οὗτος περὶ τὰς θυσίας καὶ μαντείας .

82. (φιλοθύτην αὐτόν : Φιλοθύται εἰσὶν οἱ δεισιδαίμονες, καὶ θύουσιν ἀεὶ τοῖς θεοῖς, νομίζοντες ἐκ τούτου ἀβλαβεῖς ἔσεσθαι.

ἢ φιλόξενον : Ὁ μὲν πρὸς τὸν ἀγαθὸν τρόπον εἶπε τὸ φιλόξενος, ὁ δὲ ὡς κύριον ἥρπασε. καὶ γὰρ ὁ Φιλόξενος ἐκωμῳδεῖτο ὡς πόρνος. Εὔπολις Πόλεσιν

ἔστι δέ τις θήλεια Φιλόξενος ἐκ Διομείων.

καὶ Φρύνιχος Σατύροις.)

83. (μὰ τὸν κύν' ὦ Νικόστρατε : Οὕτως διὰ δεισιδαιμονίαν ὤμνυον. ἢ τάχα μιμεῖται τοὺς φιλοσόφους εἰς κύνα καὶ χῆνα ὀμνύοντας.)

85. (ἄλλως φλυαρεῖτε : Ἀντὶ τοῦ μάτην φλυαρεῖτε. εἴρηται δὲ ἀπὸ μεταφορᾶς τῶν λεβήτων. ἀπὸ τοῦ φλύειν, ὅ ἐστι καχλάζειν, καὶ ἐκ τούτου τὸν ἀφρὸν ἀποβάλλειν. καὶ Ὅμηρος [Il. Φ, 361] « ἀνὰ δ' ἔφλυε καλὰ ῥέεθρα. »)

88. φιληλιαστής : Ἀντὶ τοῦ φιλόδικος, ἀπὸ τοῦ μεγίστου δικαστηρίου τῆς Ἡλιαίας, ὅπερ οὕτω καλεῖται διὰ τὸ ἐν ὑπαιθρίῳ εἶναι καὶ ἡλίῳ βάλλεσθαι. – φιλοδικαστής. ἦσαν δὲ ἡλιασταὶ τὸν ἀριθμὸν φ'. ἐδίδοτο δὲ αὐτοῖς χρόνον μέν τινα δύο ὀβολοί, ὕστερον δὲ Κλέων στρατηγήσας τριώβολον ἐποίησε ἀκμάζοντος τοῦ πολέμου τοῦ πρὸς Λακεδαιμονίους. R.

90. ἢν μὴ 'πὶ τοῦ πρώτου : Ξύλον ὃ ἡμεῖς βάθρον. καὶ ἐν Ἀχαρνεῦσιν [25] « (ἐλθόντες ἀλλήλοισι) περὶ πρώτου ξύλου. »

91. (οὐδὲ πασπάλην : Ἀντὶ τοῦ οὐδὲ βραχύ. πρὸς Λυκόφρονα δὲ, ὅτι ἀδιορίστως ἀποδέδωκεν ἐλάχιστόν τι. τινὲς δέ φασιν ὅτι μαγνίτην κέγχρον πασπάλην φασί.) — τὸ τῆς κέγχρας ἄλευρον. τιθέασι δὲ καὶ ἐπὶ τοῦ τυχόντος. R.

92. (κἂν ἄχνην : Τὸ λεπτομερὲς τοῦ στάχυος. καὶ Ὅμηρος [Il. E, 499]

ὡς δ' ἄνεμος ἄχνας φορέει ἱερὰς κατ' ἀλωάς.)

93. (περὶ τὴν κλεψύδραν : Ἀντὶ τοῦ περὶ τὸ δικαστήριον. κλεψύδρα γὰρ ἀγγεῖον τετρημένον, ἐν ᾧ ὕδωρ ἔβαλλον καὶ εἴων ῥεῖν ἄχρι τινὸς ὀπῆς, καὶ οὕτως ἔπαυον τὸν ῥήτορα. τοῦτο δὲ ἐποίουν διὰ τὸ φλυαρεῖν τὸν λέγοντα καὶ ἐμποδίζειν ἄλλοις θέλουσι λέγειν, ἵνα τὰ σπουδαῖα λέξας ἐξέλ[illegible].)

95. (τοὺς τρεῖς ξυνέχων : Τούτοις γὰρ κατέχουσι τὰς ψήφους οἱ δικασταὶ, τῷ μεγάλῳ καὶ τῷ λιχανῷ καὶ τῷ μέσῳ.)

96. (νουμηνίᾳ : Κατὰ νουμηνίαν γὰρ ἔθος εἶχον λιβανωτοὺς ἐντιθέναι τοῖς ἀγάλμασι.)

(98). τὸν Πυριλάμπους : Μέμνηται τούτου καὶ Εὔπολις ἐν Πόλεσιν « καὶ τῷ Πυριλάμπους ἆρα Δήμῳ κυψέλη | ἔνεστιν. » ἦν δὲ καὶ εὔμορφος ὁ Δῆμος. ἐπέγραφον δὲ οἱ Ἀθηναῖοι τὰ τῶν καλῶν ὀνόματα οὕτως· ὁ δεῖνα καλός. [ἔγραφον δὲ καὶ ἐν τοίχοις καὶ ἐν θύραις, καὶ ὅπου τύχῃ.] καὶ οὗτος, φησὶν, ὡς ἐρωμένου ἑαυτοῦ τοῦ κημοῦ ἔγραφε, κημὸς καλός.

99. (κημὸς καλός : Κημὸς καλεῖται τὸ τοῖς καδίσκοις ἐπιτιθέμενον, δι' οὗ τὰς ψήφους καθίεσαν, ἵνα μὴ ὀλισθάνωσιν. ἔστι δὲ πλέγμα τι δικτυῶδες καὶ ἠθμῶδες, ἄνωθεν πλατὺ, κάτωθεν στενόν.) — κημός ἐστι πλέγμα τι, δι' οὗ τὴν δικαστικὴν ψῆφον καθίεσαν. Πυριλάμπους δὲ υἱὸς ἦν Δῆμος ὄνομα, τὴν ὥραν κάλλιστος. ἔθος δὲ ἦν τοῖς ἐρασταῖς ἐπιγράφειν πανταχοῦ τὸ τῶν παιδικῶν ὄνομα. R.

101. (ὀψ' ἐξήγειρεν : Ἐν ὑπερβολῇ τοῦτο. ἐμέμφετο γὰρ τῷ ἀλέκτορι, φησὶ, καὶ ταῦτα ἑσπέρας κράζοντι, ὡς βραδέως αὐτὸν ἐγείρει.)

102. ὑπευθύνων : Τῶν δικαζομένων. *Vict.*

103. (ἀπὸ δορπηστοῦ : Λυκόφρων ἀπὸ ἀρίστου. οἱ δὲ ἄλλοι πάντες δόρπα τὰ δεῖπνα. — ἀπὸ δείπνου. V.

ἐμβάδας : Εἶδος ὑποδήματος. διὰ τὸ φιλοδικαστὴς εἶναι οὐ καθεύδει, φησὶν, ἐν τῷ οἴκῳ αὐτοῦ μετὰ τὸ δειπνῆσαι, ἀλλ' εὐθὺς ἀναστὰς ἀπὸ τῆς τραπέζης, καὶ ζητήσας τὰς ἐμβάδας, καὶ ὑποδησάμενος, ἀπέρχεται ἐν τῷ δικαστηρίῳ καὶ καθεύδει.)

104. ἐν τῷ δικαστηρίῳ. V. (πρῲ πάνυ : Ἀντὶ τοῦ πρὸ τοῦ δέοντος καιροῦ ἀπιὼν ἀπονυστάζει ἐπιπίπτων τῷ κίονι. λεπὰς δὲ κογχύλιόν τι ταῖς πέτραις προσπηγνύμενον.)

106. τιμῶν τὴν μακράν : (Προείρηται ὑπὲρ τοῦ τοὺς δικαστὰς ἐν πινακίῳ, ἤτοι ἐπὶ σανίδος κηρῷ ἀληλιμμένης, ὁπότε καταλαμβάνοιέν τινα τῷ τολμήματι, ἕλκειν μακρὰν γραμμὴν, ὁπότε δὲ ἀπολύοιεν, βραχεῖαν. καὶ ἑξῆς [167] « δότε μοι ξίφος ὅπως τάχιστα, ἢ πινάκιον τιμητικόν. » τοῦτο δὲ ἐποίουν μετὰ τὸ ἀποβλέψαι εἰς τὰς ψήφους τὰς ἐν τῇ κάλπιδι. εἰ γὰρ ἑώρων τὰς μελαίνας πλείους, ἐχάραττον τῷ ὄνυχι τὴν μακρὰν, εἰ δὲ τὰς λευκὰς, τὴν βραχεῖαν. ὅτε δὲ πλείους ἦσαν αἱ λευκαὶ, ὁ διώκων ἐνίκα, ὁ φεύγων δ', ἢν πλείους αἱ μέλαιναι, κατεκρίνετο.) — εἰώθασιν οἱ καταδικαζόμενοι ἐν τῷ γραμματιδίῳ μακρὰν γραμμὴν ἕλκειν. R.

107. (ὁ βομβυλιός : Ζῷον μελίττῃ ὅμοιον· καὶ ὅτι κηρὸν ποιεῖ.) — ποιοῦσιν οἱ βομβυλιοὶ κηρία. R.

108. (ὑποπεπλασμένος : Πεπληρωμένος τοὺς ὄνυχας κηροῦ ὑπὸ τῶν χαραγμάτων. γράφεται ἀναπεπλασμένος.)

110. (αἰγιαλὸν ἔνδον ἔχων : Ὡς ἐπὶ ζῴου ἔφη τὸ τρέφει. οἷον, ἐγέμισε τὴν οἰκίαν ψήφων.) — ὅτι πλεῖστα ἦσαν δικαστήρια Ἀθήνησιν. R. παίζει. ἀντὶ τοῦ ἔχει. R.

111. (νουθετούμενος : Παρὰ τὰ Εὐριπίδου ἐκ Σθενεβοίας

τοιαῦτ' ἀλύει νουθετούμενος ἔρως.)

ἀλύει : Ἀλύω, ἀδημονῶ, ἀθυμῶ, ἀπορῶ. σημαίνει δὲ ἐνίοτε τὸ ἀλύω καὶ τὸ χαίρω. *Vict.*

116. τριβώνιον : Ὃ οἱ δικασταὶ φοροῦσιν. *Vict.*

119. (ἐκορυβάντιζεν : Ὡς μαινόμενος καὶ κατεχόμενος ὑπὸ θείου. ἀντὶ τοῦ, τὰ τῶν Κορυβάντων ἐποίει αὐτῷ μυστήρια, ἐπὶ καθαρμῷ τῆς μανίας.)

120. (εἰς τὸ Καινὸν ἐμπεσών : Τόπος ἐν τῷ δικαστηρίῳ οὕτω λεγόμενος. εἰσὶ δὲ δ', Παράβυστον, Καινὸν, τρίγωνον, Μέσον. τελούμενος οὖν, φησὶ, τὰ μυστήρια τῶν Κορυβάντων, παρ' οὐδὲν αὐτὰ θέμενος, κατέχων τὸ τύμπανον, ὥρμησεν εἰς τὸ δικαστήριον.)

121. τελεταῖς : Ἐπινοίαις. *Vict.*

123. (εἰς Ἀσκληπιοῦ : Ἐκεῖ γὰρ ἱερόν ἐστιν. ὡς νοσοῦντα οὖν ἐκεῖ ἔφερεν.)

124. ἐπὶ τῇ κιγκλίδι : (Ἀντὶ τοῦ, ἐν τῷ δικαστηρίῳ

ὁ πατήρ.) κιγκλὶς γὰρ ἡ θύρα τοῦ δικαστηρίου, (ἣν καὶ καγκελωτὴν καλοῦσι. κνεφαῖος δὲ, ἔτι σκότους ὄντος, καὶ μήπω γενομένης ἡμέρας, ὅτε ἐν τῷ δικαστηρίῳ ἀπῆλθεν).

125. (ἐντεῦθεν οὐκ ἔτ' αὐτόν : Ἀπ' ἐκείνου τοῦ χρόνου, μετὰ ταῦτα.

ἐξεφρείομεν : Ἐξεφέρομεν.)

126. (ὑδρορροῶν : Οἱ κοῖλοι τόποι, δι' ὧν χωρεῖ τὸ ὕδωρ τὸ ἐξ ὑετῶν.)

128. (ἐνεβύσαμεν : Ἐπληρώσαμεν, ἐφράξαμεν. Ὅμηρος [Od. Δ, 134] « νήματος ἀσκητοῖο βεβυσμένον. »

κἀπακτώσαμεν : Ἐφράξαμεν, ἐπληρώσαμεν. πακτῶσαι γὰρ τὸ σφηνῶσαι.)

(129). ὡσπερεὶ κολοιός : Τοῖς γὰρ ἐν τῷ οἴκῳ κολοιοῖς [καὶ τοῖς ἄλλοις ὀρνέοις] πηγνύουσι πάτταλον, ἵνα εἰς αὐτοὺς ἅλλοιντο.

133. (Φιλοκλέων : Ἰδίως εἶπε τῇ φράσει τῷ υἱῷ ὄνομα Βδελυκλέων καὶ τῷ πατρὶ ὄνομα Φιλοκλέων.)

135. (ἔχων τρόπους : Ἀντίπτωσίς ἐστιν· εὐθεῖα γάρ ἐστιν ἀντὶ δοτικῆς τῆς ἔχοντι. συνήθως δὲ ὀφρύαγμο ἀπὸ τοῦ ὀφρῦς, ἢ φρύαγμα, καὶ σεμνὸν ἀντὶ τοῦ ὑπερήφανον.) — σύνθετον παρὰ τὴν ὀφρὺν καὶ φρύαγμα καὶ τὸ σεμνόν. R.

136. (καθεύδετε : Ἐν ἀπειλητικῇ φωνῇ τοῦτό φησιν.)

139. (εἰς τὸν ἰπνόν : Ἰπνὸς κυρίως ἡ κάμινος, νῦν δὲ τὸ μαγειρεῖόν φησιν, ἐν ᾧ λαθὼν αὐτοὺς ὁ Φιλοκλέων εἰσῆλθεν καὶ εἰς τρύπην ὑπέδυ.)

140. (μυσπολεῖ : Καταδύεται, ὡς μῦς φοιτᾷ. οὕτως οἱ Ἀττικοὶ ὑπὸ μίαν λέξιν. Ἄλλως. πρὸς τὴν λέξιν, ὅτι ἀπὸ τῶν μυῶν ἔοικεν ὠνοματοπεποιῆσθαι, τὸ διερευνᾶσθαι κρύφα.)

141. κατὰ τῆς πυέλου : (Αἱ γὰρ πύελοι τρώγλας εἶχον ἐπὶ τὴν ὁδὸν πρὸς τὸ τὸ ὕδωρ ἐξέρχεσθαι. Ἄλλως. ἡ πύελος ἔχει τρώγλην, δι' ἧς ἀπολουόμενον ἐκχέουσι τὸ θερμόν. παίζει δὲ καὶ τοῦτο ὡς ἐπὶ μυός.) — ἐν τῷ αὐτῷ εἶχον καὶ τὴν πύελον καὶ τὸ λουτρόν. R.

142. οἰκέτης. R.

143. (κάπνη : Ἡ καπνοδόχη. ἔστι δέ τι σωληνοειδὲς ἐπὶ τῶν μαγειρείων, δι' οὗ ὁ καπνὸς ἔξεισιν. ὡς οὖν τοῦ Φιλοκλέωνος πειρωμένου δι' αὐτῆς ἐξελθεῖν καὶ κτύπον ποιήσαντος τοῦτό φησι. ταῦτα δὲ πάντα κωμικά ἐστι τοῦ γελοίου χάριν.)

144. Φιλοκλῆς. R.

145. (συκίνῳ : Ὅτι καὶ οἱ δικασταὶ δριμύτατοι καὶ ὁ γέρων. καπνοποιὸν γὰρ τὸ σύκινον ξύλον. καὶ ὅτι ὁ ἐκ τῶν συκίνων ξύλων καπνὸς δριμύτατος καὶ Ἀριστοτέλης φησὶν ἐν Προβλήματι.)

147. (οὐκ ἐσερρήσεις γε : Ὡς ἂν τῷ καπνῷ φησιν, οὐκ εἰσελεύσει μετὰ φθορᾶς;

ποῦσθ' ἡ τηλία : Τῇ κάπνῃ βούλεται ἐπιθεῖναι πῶμα τὴν τηλίαν. τηλία δὲ, σανὶς βαθεῖα, ἐν ᾗ τὰ ἄλφιτα ἐν τῇ ἀγορᾷ ἐπίπρασκον.)

148. (φέρ' ἐπαναθῶ σοι καὶ ξύλον : Οὐ τῷ πατρὶ ταῦτα λέγει, ἀλλὰ τῇ κάπνῃ. ἢ πρὸς τὴν τηλίαν, ἵνα ἐπιθῇ αὐτῇ ξύλον εἰς βάρος, διὰ τὰς τοῦ πατρὸς μηχανάς.)

149. (ἐνταῦθα νῦν : Ἀποκλείσας τὴν διέξοδον τοῦ μὴ δυνηθῆναι αὐτὸν εἰσελθεῖν ταῦτά φησι.)

151. ὅστις πατρὸς νῦν καπνίου : Τὸν ὑπεκλυόμενον οἶνόν φασί τινες καπνίαν λέγεσθαι. ἐν δὲ τοῖς περὶ Κρατίνου διώρισται, εἰ τὸν ἀπόθετον ἢ καὶ παλαιόν. (διὸ Ἐκφαντίδην Καπνίαν καλοῦσιν. Ἄλλως. ἅμα πρὸς τὸ καπνῷ εἰκακέναι ἑαυτόν. εἶπε γὰρ, καπνὸς ἐγώ. ἅμα δὲ καὶ κάπνη εἶδος ἀμπέλου ξηρότατον καὶ δριμύτατον οἶνον ποιούσης, ὁμοίως καπνῷ ποιοῦντα δάκρυα. τινὲς δὲ καπνίαν οἶνον ἐν Βενεβεντῷ τῆς Ἰταλίας γίνεσθαί φασί. καὶ καπνία ἡ ἄμπελος.) — παίζει. R.

153. πρὸς τὴν θύραν, ἵνα αὐτὴν τηρήσω. V.

155. (ἐκτρώξεται : Ἀντὶ τοῦ τὸν μοχλὸν φύλαττε, ὅπως μὴ τὸ κλεῖθρον φαγὼν ἐξέλθῃ.

βάλανον : Τὸν μοχλόν. κυρίως δὲ τὸ εἰς τὸν μοχλὸν σιδήριον, ὃ καλοῦμεν μάγγανον. καὶ βάλανοι τὰ μάγγανα τῆς κλειδώσεως. καὶ βεβαλάνωται [Av. 1159] ἀντὶ τοῦ κεκλείδωται. καὶ βαλανάγρα ἡ κλεὶς, παρὰ τὸ ἀγρεύειν τὴν βάλανον.)

157. Δρακοντίδης : Πονηρὸς οὗτος (καὶ πλείσταις καταδίκαις ἐνεχόμενος, ὡς Πλάτων Σοφισταῖς. Καλλίστρατος δὲ ἕνα τῶν λ' φησὶν, εἰ μὴ ὁμώνυμος. ἔστι γὰρ οὗτος ὁ τὸ περὶ τῶν λ' ψήφισμα περὶ ὀλιγαρχίας γράψας, ὡς Ἀριστοτέλης ἐν Πολιτείαις.)

160. ἀποσκλῆναι : Ἀποθανεῖν, ἀποξηρανθῆναι. *Vict.*

164. ὀδὰξ τὸ δίκτυον : Νῦν πάλιν διὰ τοῦ δικτύου φαίνεται ἄνω παρὰ τὴν καπνοδόχην.

165. (ἀλλ' οὐκ ἔχεις ὀδόντας : Ἔπαιξεν, ἐπεὶ γέρων ἦν. οἱ δὲ γέροντες ἀποβάλλουσι τοὺς ὀδόντας.)

167. τιμητικόν : (Καταδικαστικὸν, ὅπου τὴν μακρὰν χαράσσοντες κατεδίκαζον, ἢ τὴν μικρὰν, καὶ ἀπέλυον,) — εἰς ὃ ἐτίμων καὶ τὰς μακρὰς λεγομένας εἷλκον ἐν τοῖς ἐπάνω. R.

169. (ἀποδόσθαι : Πωλῆσαι.)

170. (κανθηλίοις : Ὄνοις μεγάλοις.)

τὰ ἐπιτιθέμενα αὐτῷ κανθήλια. R. τοῖς κανθηλίοις : Λείπει ἡ σύν. *Vict.*

171. (νουμηνία γάρ ἐστιν : Ἔθος ἦν Ἀθήνησιν ἐν νουμηνίᾳ πιπράσκειν.)

173. (τὸν ὄνον ἔξαγε : Τοῖς οἰκέταις φησί.)

174. ὑπέβαλε. πανούργως. V.

175. εἷς τῶν οἰκετῶν. R. ἀλλ' οὐκ ἔσπασεν : Οὐκ ἐπέτυχε· παρὰ τὴν παροιμίαν [Thesm. 928]

αὕτη μὲν ἡ μήρινθος οὐδὲν ἔσπασεν.

(ἐλέγετο δὲ ἐπὶ τῶν πείρᾳ καθιέντων ἄγκιστρον μετὰ σχοίνου, καὶ μὴ ἐπιτυγχανόντων ἰχθύος τινός.)

176. τῇ προφάσει. V. τὴν πρόφασιν. G.

178. παρακύψαι : Φυλαττόμενος ὑπ' ἐμοῦ δῆτα. *Vict.*

(179.) κάνθων, τί κλάεις : Ὡς βαρουμένου τοῦ ὄνου. ἔφερε γὰρ τὸν γέροντα [ὑποκρεμασθέντα λάθρα], κατὰ μίμησιν τοῦ Ὀδυσσέως ὑπὸ τοῦ κριοῦ φερομένου, [ἐφ'

φτε διαδρᾶσαι τὸν Κύκλωπα, ὅτε τὰ πρόβατα ἐξῆγε τοῦ σπηλαίου, ἐφαπτόμενος αὐτῶν τῆς ῥάχεως πρὸς τῇ θύρᾳ τοῦ σπηλαίου καθήμενος, ἵνα μὴ λαθὼν ἐξέλθῃ κύπτων ὁ Ὀδυσσεύς.] τοῦτο δὲ λαθὼν ἐποίησεν ὁ γέρων. διὸ πρὸς βαρυνόμενόν φησι τὸν ὄνον.

κάνθων : Ὑποκοριστικῶς ὁ ὄνος. *Vict.*

184. (Οὖτις νὴ Δία : Ὅτι καὶ ὁ Ὀδυσσεὺς Οὖτις παρ' Ὁμήρῳ ἐκαλεῖτο.)

185. (ἀπὸ Δρασιππίδου : Πέπλακε τὸ ὄνομα ἀπὸ τοῦ ἀποδρᾶσαι, ὥσπερ ἀπὸ φυλῆς, ἢ ἀπὸ γένους φάσκων.)

188. ἵν' : ὅπου. R. (ἰνδάλλεται : Φαίνεταί μοι ὅμοιος εἶναι πώλῳ κλητῆρος. Ἄλλως.) οἱ γὰρ πῶλοι ὑποδύνουσι τὰς μητέρας καὶ θηλάζουσιν.

(189). πωλίῳ : Ἀντὶ τοῦ ὄνου, ἢ ἡμιόνου, κλητῆρος εἶπεν εἰς φιλοδικαστήν. ἀντὶ τοῦ πώλῳ ὑποκοριστικῶς. [κλητῆρες δὲ οἱ καλοῦντες εἰς τὸ δικαστήριον πάντας. σημαίνει δὲ ἡ λέξις καὶ τὸν μάρτυρα.]

190. ἥσυχον : Ἄνευ θορύβου. *Vict.*

191. περὶ ὄνου σκιᾶς : Παροιμία ἐπὶ τῶν περὶ μηδενὸς χρησίμου φιλοτιμουμένων. R. παροιμία ἴση τῷ περὶ μηδενός. καὶ Δημοσθένης. V. (παροιμία ἐστὶν ἐπὶ τῶν τὰ ἀνόητα φιλονεικούντων, ἣν μετήνεγκε νῦν ὁ πρεσβύτης. ἔστι δὲ ἀπὸ τοιαύτης αἰτίας. φασί ποτε ἐν Ἀθήναις τινὰ δεηθέντα ὀνηλάτου μισθώσασθαι ὄνον ἐπὶ τῷ τὰ φορτία μόνον βαστάσαι ἐπὶ τὰ Μέγαρα. καὶ δὴ οὕτω δόξαν αὐτοῖς, ἐπιθέντες τὰ φορτία ὥδευον. μεσημβρίας δὲ γενομένης καὶ τῶν ὑπὸ κύνα καυμάτων σφοδρῶς αὐτοῖς ἐπικειμένων, οὐχ εὑρίσκοντες σκέπην, καθεῖλε τὰ φορτία ἀπὸ τοῦ ὄνου ὁ δεσπότης αὐτῶν, καὶ δι' αὐτῶν ἑαυτῷ σκιὰν ἐποίησε. πρὸς ὃ μαχόμενος ὁ ὀνηλάτης ἔλεγεν ὄνον μεμισθωκέναι ἐπὶ τῷ φορτία φέρειν, οὐ σκιὰν παρέξειν. ὁ δὲ ἔλεγε μεμισθῶσθαι, ὅπως ἂν ὡς βούλοιτο χρῷτο. ἐκ δὲ ταύτης τῆς φιλονεικίας μηδὲν οὔσης εἰς δικαστήριον κατηνέχθησαν. ὅθεν ἡ παροιμία.)

192. (πόρρω τέχνης : Ἀντὶ τοῦ οὐκ ἀπὸ τέχνης τινὸς πονηρὸς εἶ, οὐδ' ἀπὸ μελέτης, ἀλλὰ φύσει. παράβολος δὲ ἀντὶ τοῦ οὐ γνήσιος.) — λέγουσι τινὲς καὶ πονηρὰ κρέα ἀντὶ τοῦ σαπρά. R.

παράβολος : Ὁ τολμηρός. *Vict.*

194. (ὅταν, φησὶ, τραφῇς ὑπ' ἐμοῦ ὑπογάστριον. ἀπὸ μέρους δὲ τὴν τροφὴν ἁπλῶς λέγει. ἢ ὅτι ὄνους ἔτρωγον ἐν Ἀθήναις, καὶ τοὺς μισθοὺς λαμβάνοντες οἱ δικασταὶ ὠνοῦντο τὰ ὑπογάστρια. λείπει δὲ ἡ παρά. παρὰ γέροντος ἡλιαστικοῦ, οἷον ἐκ τῆς ἡμετέρας σπουδῆς καὶ τέχνης.)

ἀλλ' ἴσως ὅταν φάγῃς : Λείπει τὸ γνώσῃ με. *Vict.*

(195). ὑπογάστριον : [Ἐπεὶ πωλάριον ἐμιμεῖτο ἐπὶ τῷ ὄνῳ, τὸ ὑπογάστριον πρὸς τοῦτο. ἐχρῶντο δὲ τοῖς ὀνείοις. ἀντὶ τοῦ εἰπεῖν] ὑπογάστριον ὄνου ἢ βοὸς, ἔχεις γνῶναι ἄριστόν με ὄντα, εἰ καὶ μὴ νῦν με οἶδας. ἐπεὶ δικαστής ἐστιν, ἔφη γέροντος ἡλιαστικοῦ ἀντὶ τοῦ ὄνου.

196. (ὤθει τὸν ὄνον : Τὸ πρῶτον πρὸς τὸν οἰκέτην, τὸ δὲ ἕτερον πρὸς τὸν πατέρα, ὤθει σεαυτόν.)

197. καὶ Κλέων : (Ἐπεὶ δοκεῖ Κλέων μισθοὺς πορίζειν τοῖς δικασταῖς.) -- ἐπεὶ ἐδόκει ὁ Κλέων μισθοὺς πορίζεσθαι τῷ λεπτῷ δήμῳ. R.

199. (ὤθει σὺ πολλούς : Ἤγουν ἐπίθες λίθους ἐπὶ τὴν θύραν, ἵνα μὴ εὐκόλως ἀνοίγῃ.)

200. (καὶ τὴν βάλανον : Τὴν εἰς τὸν μόχλον βάλανον ἔμβαλε εἰς τὸ πῆγμα δηλονότι, τουτέστι κλεῖσον τῷ κλειδίῳ.)

201. καὶ τῇ δοκῷ : Ἐμβαλεῖν παρακελεύεται καὶ τὴν δοκὸν, [τουτέστι τὸν ἀντιβάτην] πρὸς τὴν θύραν, (αὐτῇ δὲ τῇ δοκῷ τὸν ὅλμον. κατὰ φύσιν δὲ ἦν μᾶλλον εἰπεῖν, καὶ τὴν δοκὸν προσθείς).

202. (προσκύλιε : Οὐκ εἶπε βάστασον, ἀλλὰ κύλιε, δηλῶν τὸ μέγεθος τοῦ ὅλμου, ὅν φησι κάτω πρὸς τῇ ἀρχῇ τοῦ ἀντιβάτου προσθεῖναι.)

203. (τὸ βώλιον : Ἡ βῶλος ὑποκοριστικῶς. ἐν ὅσῳ δὲ ἕλκει ἐκ τῆς στέγης, ἔπεσε κατ' αὐτοῦ μικρὸς λίθος.)

206. ὀροφίας : Παρὰ τὸ μῦς ὀροφίας. (λέγονται δὲ μῦς ὀροφίαι καὶ ὄφεις οἱ περὶ τὰς ὀροφὰς διάγοντες καὶ ταύτας περιτρώγοντες.)

207. (στρουθὸς ἀνὴρ γίνεται : Ἐπειδὴ ἀναπηδᾷ ὁ γέρων, ταῦτά φησιν ὁ οἰκέτης.)

209. σοῦ σοῦ : Ἀποσοβοῦσι τὸν γέροντα, σοῦ, ὡς εἰώθαμεν τὰ ὄρνεα σοβεῖν.

210. Σκιώνην : (Φιλόχορος ἐπὶ Ἰσάρχου φησὶ πρὸ ἐνιαυτοῦ Βρασίδαν ἀποστῆσαι Σκιωναίους τῶν Ἀθηναίων.) Ἀθηναίους δέ φασι λ' τριήρεις πρότερον πέμψαντας Σκιώνην περιτειχίσαι, [ὕστερον δὲ μαθόντας ἀποστῆναι αὐτῶν, ἀποστεῖλαι στρατὸν καὶ πολιορκῆσαι καὶ ἀποτειχίσαι αὖθις ὡς τὸ πρότερον]. (ἔστι δὲ χωρίον Θρᾴκης πολέμιον Ἀθηναίοις, ἣν ἐφρούρουν ἐπιεικῶς, ἣν πολιορκήσαντες ἀπετείχισαν.)

(ἀντὶ τούτου : Ἀντὶ τοῦ πατρὸς τούτου, ἵνα ᾖ ὁ οἰκέτης λέγων περὶ τοῦ πατρὸς τοῦ Βδελυκλέωνος.)

213. (ὅσον στίλην : Ὅτι σημαίνει τὸ ἐλάχιστον. Καλλίστρατος δὲ, νομισμάτιόν τι ἐλάχιστον.)

ὅσον ὅσον στίλην : Τὸ οὐδὲν καὶ τὸ τυχόν. ἔστι δὲ ὁ σταλαγμός. *Vict.*

214. (ἀλλ' ὦ πόνηροι : Πρὸς τοὺς οἰκέτας τὸ ὦ πόνηροι.)

215. παρακαλοῦντες τουτονί : Ἀντὶ τοῦ ἐκκαλοῦντες. (οὐχ ὡς ἐν τῇ συνηθείᾳ ἐπὶ τοῦ ἀξιοῦν. τοῦτο δέ φησιν εὐκαίρως βουλόμενος τὴν εἴσοδον τοῦ χοροῦ ποιῆσαι. ἐκ γὰρ φιλοδίκων ἀνδρῶν συνέστηκεν.) — ἡ παρά ἀντὶ τῆς ἐξ. V.

216. ὄρθρος βαθύς : Βαθεῖα νύξ. *Vict.*

217. ὀψέ : μετὰ τὸν καιρὸν τὸν δέοντα. *V. Vict.*

218. ἀντὶ τοῦ καλοῦσι. V.

219. μινυρίζοντες : ᾄδοντες. *V. Vict.*

220. (ἀρχαιομελι σιδωνοφρυνιχήρατα : Παρὰ τὸ μέλι, ὅπερ ἐστὶν ἡδὺ, καὶ τὴν Σιδῶνα καὶ τὸν Φρύνι-

χων καὶ τὰ ἐρατὰ ἔμιξεν, οἷον ἀρχαῖα μέλη Φρυνίχου ἐρατὰ καὶ ἡδέα, καθάπερ μέλι περιέχοντα τὸ τῆς Σιδῶνος ὄνομα. Φρύνιχος δὲ ἐγένετο τραγῳδίας ποιητής, ὃς ἔγραψε δρᾶμα Φοινίσσας, ἐν ᾧ μέμνηται Σιδωνίων. τὰ δὲ μέλη εἶπε διὰ τὴν γλυκύτητα τοῦ ποιητοῦ. Ἄλλως. ὅτι δι᾽ ὀνόματος ἦν καθόλου μὲν ὁ Φρύνιχος ἐπὶ μελοποιίᾳ, μάλιστα δὲ τὸ ἐκ τῶν Φοινισσῶν αὐτοῦ τὸ « καὶ Σιδῶνος προλιπόντα ναόν. » ἢ « Σιδώνιον ἄστυ λιπόντες. » πεποίηται δὲ ἡ λέξις παρὰ τὸ ἀρχαῖον καὶ τὸ μέλος καὶ τὸ Σιδὼν καὶ τὸ Φρύνιχος καὶ τὸ ἐρατόν. Ἀρίσταρχος δέ φησι γεγενῆσθαι ἀπὸ τοῦ μέλι καὶ τοῦ Σιδῶνος καὶ τοῦ Φρυνίχου καὶ τοῦ ἐρατόν.)

222. βαλλήσομεν : Οὕτω λέγουσιν ἐπεκτείνοντες καὶ ἄλλα πολλά, οἷον παιήσομεν. ὡς ἀπὸ περισπωμένου δέ ἐστι τοῦ βαλλῶ. V. Vict.

223. ὀργίσῃ : Παροξύνῃ. *Vict.*

224. (ὅμοιον σφηκιᾷ : Ἀντὶ τοῦ σφηκώδεις εἰσὶ καὶ κεντρώδεις. ἐν σχήματι γὰρ σφηκῶν εἰσάγονται.)

σφηκιᾷ : Συστήματι σφηκῶν. Vict.

225. ἐκ τῆς ὀσφύος : (Ὅτι ἐν σχήματι σφηκῶν εἰσάγει τὸν χορόν, προβάλλοντα ἐκ τῆς ὀσφύος κέντρον τι ὀξύτατον. πεποίηκε δὲ τοῦτο διὰ τὸ τοὺς γέροντας καὶ τοὺς δικαστὰς ὀξυχόλους εἶναι καὶ δίκην σφηκῶν τιτρώσκειν τοῖς λόγοις.) — ἐπειδὴ ὁ χορὸς τῶν γερόντων ἔρχεται ὡς σφῆκες διεσκευασμένοι καὶ κέντρον ἔχουσι. R.

ὀσφύος : Ὀσφῦς ὁ παρὰ πλευροῖς διάκενος τόπος. *Vict.*

227. φέψαλοι : Σπινθῆρες, οἷον πῦρ πνέουσιν. *V. Vict.* σπινθῆρες. R.

230. (ὦ Κωμία βραδύνεις : Ἀντὶ τοῦ ἐβράδυνας εἰς τὸ δικαστήριον ἐλθεῖν. οἱ τοῦ χοροῦ δὲ ἀλλήλοις ἐγκελευόμενοι τὴν πάροδον ποιοῦνται. ὄνομα δὲ γέροντος ὁ Κωμίας. καὶ ἴσως πεποίηται παρὰ τὴν κώμην. κύνειος δὲ εὔτονός τις καὶ ἰσχυρός. Χαρινάδης δὲ ὄνομα γέροντος.) — ἀντὶ τοῦ ταύρειος κύνειος εἶπεν παρ᾽ ὑπόνοιαν. ἀσθενέστεροι δὲ οὗτοι τῶν βοείων. Χαρινάδης εὑρίσκεται περὶ δικαστήρια καὶ δίκας. R. εὔτονός τις καὶ ἰσχυρός. (ἤδη δὲ καὶ παροιμιακὸν γέγονε.) R. V.

233. (Κονθυλεῦ : Κονθύλη δῆμος τῆς Ἀττικῆς τῆς Πτολεμαΐδος φυλῆς, ἢ Πανδιονίδος.)

234. (Χάβης : Οὕτως Ἡρωδιανὸς ἐν τῷ τρίτῳ τῆς καθόλου παρατίθεται τὸ ὄνομα διὰ τοῦ β Χάβης. τὸ δὲ Φλυεὺς ἀπὸ δήμου. — τῆς Πτολεμαΐδος φυλῆς δῆμος ἡ Φλύη. V.

235. (πάρεσθ᾽ ὃ δὴ λοιπόν : Ὅ ἐστιν ὑπόλοιπον ἡμῶν ἥκομεν. οἷον τὸ λοιπὸν καὶ τὸ λείψανον τοῦ συστήματος ἡμῶν πάρεστι. τοῦτο δ᾽, ἐπειδὴ ἐν νυκτὶ τὴν πορείαν ἐποιοῦντο.)

238. (τῆς ἀρτοπώλιδος : Παρ᾽ ὑπόνοιαν τοῦτο, δέον εἰπεῖν, τοὺς πολεμίους ἐχειρωσάμεθα, ἢ λόχον τινὰ ἐποιήσαμεν.

τὸν ὅλμον : Ὡς ξυλίνου ὄντος τοῦ ὅλμου. καὶ Ἡσίοδος [Op. 421] « ὅλμον μὲν τριπόδην τάμνειν. » Ἄλλως. ὅλμον τὸ μαγειρικὸν ἐργαλεῖον, καὶ ὁ τρίπους τοῦ Ἀπόλλωνος. καὶ ὁλμειὸς στρογγύλος λίθος, εἰς ὃν κόπτουσιν ὄσπρια καὶ ἄλλα τινά.)

(239). τοῦ κορκόρου : Πρὸς τὸν Λυκόφρονα, κόρκορον λέγοντα ἰχθύδιόν τι. ἠπάτηται δέ, ὥς φησιν Ἐρατοσθένης. ἔστι γὰρ λάχανόν τι ἄγριον [καὶ εὐτελὲς] ἐν Πελοποννήσῳ, ὡς καὶ ἡ παροιμία « καὶ κόρκορος ἐν λαχάνοισι. » τὸ δὲ κατασχίσαντες, αὐτὸν τὸν ὅλμον δηλονότι· οὐ γὰρ τὸν κόρκορον.

240. (ὡς ἔσται Λάχητι νυνί : Ἡ δίκη, ἡ τιμωρία, ἢ τοιοῦτόν τι. τοῦτο δέ φησιν, ὡς τοῦ Κλέωνος εἰς δίκην ἐπαγαγόντος τὸν Λάχητα. στρατηγῆσαι δὲ αὐτόν φησι Δημήτριος ἐπὶ ἄρχοντος Εὐκλέους πρὸ τριῶν ἐτῶν εἰς Σικελίαν πεμφθέντα μετὰ νεῶν Λεοντίνοις βοηθήσοντα. οἱ δὲ περὶ τὸν Φιλόχορον διαδέξασθαι αὐτόν φασι Σοφοκλέα καὶ Πυθόδωρον, οὓς καὶ φυγῇ ζημιωθῆναι. εἰκὸς γοῦν μετακληθῆναι αὐτὸν ἐπὶ τὴν κρίσιν, ἧς νῦν ὁ κωμικὸς μνημονεύει.)

241. (σίμβλον δέ φασι : Σίμβλον κυρίως εἰσὶν αἱ θῆκαι, ἔνθα αἱ μέλισσαι ἀποτίθενται τὸ μέλι. ὡς τοῦ Λάχητος δὲ τὰ δημόσια σφετερισαμένου καὶ πλουτήσαντος. — ὁ αὐτὸς δὲ καὶ ὡς φαλακρὸς κωμῳδεῖται. V.

242. (χθὲς οὖν Κλέων : Κατ᾽ ἐπιταγὴν δὲ τοῦ στρατηγοῦ καὶ οἱ δικασταὶ ἐκαλοῦντο. ὥρα δὲ νῦν οὐχ ὁ καιρός, ἀλλὰ ταχέως.)

(**243**). ἡμερῶν ὀργὴν τριῶν : Παρὰ τὸ κηρύττεσθαι σιτία ἡμερῶν τριῶν τοῖς στρατιώταις ἔπαιξε. [κολουμένους δὲ κατὰ αὐτοῦ κολάσοντας.]

248. ὦ πάτερ πάτερ : Παρέπονται αὐτοῖς παῖδες λύχνον φέροντες, (καὶ πιθανῶς, ἵνα ἡ ὀρχήστρα πληρωθῇ. παῖς δέ τις προηγούμενος μετὰ λύχνου προεωρακὼς πηλόν. τὸ δὲ μέτρον ἐντεῦθεν ἤλλαξεν. ἔστι γὰρ μικτόν, συντεθὲν ἔκ τε ἰαμβικοῦ διμέτρου ἀκαταλήκτου καὶ ἰθυφαλλικοῦ. ὁ δὲ ἰθύφαλλος τροχαϊκὴν συζυγίαν ἔχει δίμετρον βραχυκατάληκτον, τουτέστι τρεῖς τροχαίους).

249. (κάρφος χαμάθεν : Ἐν κάρφει γὰρ ἠρέμα τις προμύσσει. πρὸς τοὺς παῖδας δέ φησι, τοὺς προπέμποντας αὐτόν.) — πρόμυξον, ἐκ τῆς μύξης προάγαγε. R.

250. ἀλλὰ τῳδί μοι : (Δεικτικῶς τῷ λιχανῷ δακτύλῳ. προμύσσειν δὲ εἰς τὸ ἔμπροσθεν βαλεῖν τὸ ἐλλύχνιον.) — τὸν δάκτυλον δείκνυσιν, ἵνα μὴ κάμψας ζητῇ. R.

251. τί δὴ μαθών : (Ὡς τοῦ παιδὸς τῷ δακτύλῳ ἐπισπασαμένου τὸ ἐλλύχνιον, καὶ ἐν τοσούτῳ ἐλαίου ἐκχυθέντος, εἷς τῶν πρεσβυτῶν, ὃς καὶ πατὴρ ἦν τοῦ παιδίου, ἀγανακτήσας κονδύλους αὐτῷ δίδωσιν. Εἰς τὸ αὐτό. τοῦτο εἰπὼν δίδωσιν αὐτῷ κόνδυλον.) — ἅμα κόνδυλον τῷ παιδαρίῳ δίδωσι διὰ τὸ νεώτερον ὄντα μὴ φροντίζειν. R.

253. (οὐ γὰρ δάκνει σ᾽ ὅταν δέῃ : Οὐ γὰρ λυπεῖ σε τὸ ἔλαιον πολλοῦ πιπρασκόμενον. οὐ γὰρ αὐτὸς ἀγοράζεις. πατρὸς δὲ υἱὸς σμικρολόγου.)

257. (τυρβάσεις : Ἀντὶ τοῦ ταράξεις. ὁ δὲ ἀτταγᾶς

ὀρνεόν ἐστιν εὑρισκόμενον ἐν τοῖς ἕλεσι καὶ τερπόμενον ἐν τοῖς πηλώδεσι τόποις καὶ τέλμασιν. ἡμεῖς δὲ ἀτταγῆνα αὐτὸν φαμέν.)

258. ἐν τῷ δικαστηρίῳ δηλονότι. ὡς παραινῶν δὲ λέγει ὅτι μὴ λυποῦ ὅτι ἐτυπτήθης· καὶ γὰρ μείζονάς σου κολάζω. V.

260. ἀντὶ τοῦ εἴσω ἡμερῶν τεσσάρων πάντως ὑετὸς γίνεται· μύκης δέ ἐστιν ὁ περὶ τὰς θρυαλλίδας σπινθὴρ, ὃς διὰ τὴν περιέχουσαν ἰκμάδα ἀποπηδᾷ τοῦ λύχνου, πολεμούμενος τῷ ἐναντίῳ. V.

261. τὸν Δία ὑετόν. V.

262. (οὑτοιὶ μύκητες : Φασὶν ὅτι ὑετοῦ μέλλοντος γενέσθαι οἱ περὶ τὴν θρυαλλίδα τοῦ λύχνου σπινθῆρες ἀποπηδῶσιν, οὓς μύκητας νῦν λέγει, ὡς τοῦ λύχνου ἐναντιουμένου τῷ νοτερῷ ἀέρι. καὶ Ἄρατος [976]

ἢ λύχνοιο μύκητες ἐγείρονται περὶ μύξαν,
νύκτα κατὰ νοτίην.

τινὲς δέ φασι τὸν μύκητα ζωΰφιόν τι εἶναι λεπτότατον πάνυ σκνιψὶ ἐοικὸς, ὃ δι' ὑπερβολὴν λεπτότητος τῆς ψύξεως τῆς περὶ τὸν ἀέρα θᾶττον ἀντιλαμβανόμενον περὶ τὸν λύχνον ἵπταται, θέρμης ἐπιθυμοῦν, καὶ περικροῦον ἐν τῷ λύχνῳ ποιεῖ σπινθῆρας· ὅθεν τεκμαίρονται τὸν ὑετόν. καὶ Καλλίμαχος [fr. 47] « ἄδην ἐγένοντο μύκητες. »)

263. φιλεῖ : Ἤγουν ὁ Ζεύς. *Vict.*

264. δεῖται δὲ καὶ τῶν καρπίμων : ὅσα μή ἐστι τῶν καρπῶν πρώϊμα. V. μάλιστα δ' ὅσα μὴ πρώϊμά ἐστι τῶν καρπῶν δεῖται ὕδατος. R. (ἐμφαίνει διὰ τούτων τὸ γεωργικὸν ἦθος, εὖ μάλα δεικνύων ὅτι μέλει αὐτοῖς τῶν καρπίμων. — διῃρημένως χρῶνται τῇ τοιαύτῃ διαστολῇ. δέονται, φασὶν, οἱ καρποὶ τοῦ ὑετοῦ, καὶ μάλιστα οἱ μὴ πρὸ καιροῦ σπαρέντες. V.)

266. γενόμενοι περὶ τὸν οἶκον τοῦ Φιλοκλέωνος ὑπομιμνήσκονται αὐτοῦ, καὶ μὴ ἑωρακότες αὐτὸν μεθ' ἑαυτῶν διαλέγονται περὶ αὐτοῦ. V.

268. (ἐφολκὸς ἦν : Ἐφολκὶς κυρίως λέγεται ἡ λέμβος, ἤτοι ἡ μικρὰ ναῦς ἡ ὑφ' ἑτέρας νεὼς ἑλκομένη, διὰ βραδυτῆτα. φησὶ γοῦν κἀνταῦθα ὅτι οὐχ ὑπό τινος ἑλκόμενος ἐξήρχετο, ἀλλὰ πρῶτον ἡγεῖτο ἡμῶν. νυνὶ δὲ τί παθὼν οὐκ ἐξέρχεται;)

269. τοῦ μελοποιοῦ τὰ μέλη ᾖδεν. ἦν δὲ καὶ τραγικός. V.

270. [στάντες : Πρὸ τῶν θυρῶν τοῦ Φιλοκλέωνος στάντες οἱ τοῦ χοροῦ τὸ στάσιμον ᾄδουσι μέλος. τῶν γὰρ χορικῶν μελῶν τὰ μέν ἐστι παροδικὰ, ὡς τὸ [Nub. 276] « ἀέναοι νεφέλαι, ἀρθῶμεν φανεραί, » καὶ τὸ προειρημένον ἐνταῦθα « Χώρει πρόβαιν' ἐρρωμένως. » τὰ δὲ στάσιμα, ὡς τὸ παρόν. καὶ παρ' Αἰσχύλῳ [Prom. 397] « στένω σε τᾶς οὐλομένας τύχας, Προμηθεῦ. » τὰ δὲ προῳδικὰ, τὰ δὲ μεσῳδικὰ, τὰ δὲ ἐπῳδικὰ, περὶ ὧν προείρηται τίνος χάριν οὕτω καλοῦνται, τὰ δὲ ἐξοδικὰ ἢ ὑποχωρητικὰ, ἅπερ ἐπὶ τῇ ἐξόδῳ τοῦ δράματος ᾄδεται, ὡς ἐν τῷ Πλούτου δράματι τὸ « οὐκέτι νῦν γ' εἰκὸς μέλλειν οὐδ' ἡμᾶς, ἀλλ' ἀναχωρεῖν εἰς τοὔπισθεν. δεῖ γὰρ κατόπιν τούτων ᾄδοντας ἕπεσθαι. »]

271. ἐπειδὴ ἥδετο τοῖς ᾄσμασι, τοῦτο κατ' αὐτὸν ἀπατήσας βούλεται κατενέγκαι. V.

274. (μῶν ἀπολώλεκε τὰς ἐμβάδας : Ἐκ τοῦ εἰκότος τὴν τοῦ γέροντος ἐπὶ τὰ ἔνδον διατριβὴν τεκμαίρεται. βουβωνιῴη δὲ τὸν βουβῶνα ἀλγοίη.)

278. οὐκ ἄν τις ἀναπεῖσαι αὐτὸν ἠδύνατο εἰς ἕτερόν τι, φιληδοῦντα τῇ ἡμῶν διατριβῇ. V.

279. (ἀλλ' ὁπόταν : Ἤγουν ὁπότε μεταστῆσαι τοῦ δικάζειν παρεκάλει αὐτόν τις, ὅπως ἂν μὴ αἰδεσθείη διὰ τῶν ὀφθαλμῶν, κάτω κύπτων, λίθον ἕψεις ἔλεγε. παροιμία δέ ἐστιν ἐπὶ τῶν ἀδυνάτων γενέσθαι τὸ λίθον ἕψεις, ὡς καὶ τὸ πλίνθον πλύνεις, καὶ χύτραν ποικίλλεις, καὶ εἰς ὕδωρ γράφεις, καὶ Αἰθίοπα λευκαίνεις, καὶ κατὰ θαλάττης σπείρεις, καὶ τὰ τοιαῦτα.)

281. (διὰ τὸν χθεσινὸν ἄνθρωπον : Πάλιν στοχάζεται ἑτέραν πρόφασιν τῆς ἀπολείψεως αὐτοῦ, ὡς κρινομένου τινὸς καὶ διαφυγόντος τὴν καταδίκην ἀναξίως καὶ ἐκ τούτου ὀδυνηθέντα καὶ κακωθέντα ἀπολειφθῆναι.)

(283). τὰ 'ν Σάμῳ : [Τὰ περὶ Σάμου ἐννεακαιδεκάτῳ ἔτει πρότερον ἐπὶ Τιμοκλέους ἄρχοντος γέγονε.] Μιλησίων γάρ ποτε καὶ Σαμίων μαχομένων Ἀθηναῖοι παρακληθέντες ὑπὸ Μιλησίων εἰς συμμαχίαν ἐπεστράτευσαν κατὰ τῶν Σαμίων, Περικλέους ἡγουμένου τοῦ Ξανθίππου. κακῶς δὲ διατεθέντες Σάμιοι ἐπεχείρησαν πρὸς τὸν βασιλέα τῶν Περσῶν ἐπελθεῖν. καὶ δὴ τοῦτο μαθόντες Ἀθηναῖοι τριήρεις πολεμικὰς κατ' αὐτῶν κατεσκεύασαν, Περικλέους εἰσηγησαμένου αὐτῶν. τοῦτο δὲ μαθόντες Σάμιοι μηχανήν τινα κατασκεύασαν κατ' αὐτῶν, ἣν μαθόντες Ἀθηναῖοι ὑπό τινος Καρυστίωνος ἐφυλάξαντο, καὶ Σαμίους μὲν κακῶς διέθηκαν, τὸν δὲ Καρυστίωνα ἐτίμησαν σφόδρα μετὰ τοῦ γένους καὶ τῆς αὐτῶν πολιτείας ἠξίωσαν. ὡς οὖν τινος ἐξαπατήσαντος καὶ εἰπόντος ἑαυτὸν εἶναι τὸν μηνυτὴν τοῦ σκαιωρήματος τῶν Σαμίων, καὶ διὰ τοῦτο ἀπολυθέντος, φησὶν ὠδυνῆσθαι τὸν Φιλοκλέωνα, ὡς ταῖς καταδίκαις μᾶλλον χαίροντα. — τὰ περὶ Σάμον ιθ' ἔτει πρότερον ἐπὶ Τιμοκλέους γέγονε καὶ ἐπὶ τοῦ ἑξῆς Μορυχίδου. οὐδὲν κωλύει τὸν ἐχθὲς κρινόμενον ἀναμιμνήσκειν τοὺς δικαστὰς ἰδίας τινὸς εὐεργεσίας παλαιᾶς γεγενημένης. Ἀθηναῖοι δὲ Μιλησίους ἐπαγαγόμενοι ἐκάκωσαν τὴν Σάμον καὶ ἔμφρουρον ἐποίησαν, τὴν δημοκρατίαν καταστήσαντες διὰ Περικλέους. Σάμιοι δὲ ἀπέστησαν πρὸς βασιλέα. καὶ τότε οἱ Ἀθηναῖοι τελέως αὐτοὺς κατεπολέμησαν, ἵνα πάλιν προσηγγέλθη Περικλεῖ ὅτι Φοίνισσαι νῆες παρεῖεν βοηθοῦσαι Σαμίοις. τοῦτον ἂν εἴη λέγειν πρὸς τοὺς δικαστὰς ἀπηγγελκέναι καὶ ὠφελῆσαι τὴν πόλιν. V.

286. (ἀλλ' ὦ 'γάθ' ἀνίστασο : Πρὸς τὸν Φιλοκλέωνα φησί. παχὺς δὲ πλούσιος. ἐκ δὲ τοῦ ἐναντίου λεπτοὺς τοὺς πένητας φησίν.)

288. ἄδηλον εἰ ὃν προεῖπε Λάχητα ἢ ἄλλον τινὰ κριθησόμενον. V.

289. ἐγχυτριεῖς : (Ἀντὶ τοῦ φονεύσεις. ἐκ τοῦ παρεπομένου.) — ἀποκτενεῖς. μετενήνοχεν δὲ ἀπὸ τῶν ἐν ταῖς χύτραις ἐκτιθεμένων βρεφῶν. R. ἀπὸ τῶν ἐκτιθεμένων παιδίων ἐν χύτραις. διὸ καὶ Σοφοκλῆς ἀποκτεῖναι χυτρίζειν ἔλεγεν ἐν Πριάμῳ, καὶ Αἰσχύλος Λαΐῳ καὶ Φερεκράτης. ὅθεν καὶ ἐγχυτριστρίας ἐκάλουν τὰς διακονουμένας τὰ βρέφη. καὶ νῦν οὖν ὡς ἐπὶ ἀπωλείας τοῦ κριθησομένου ἔθηκε τὴν λέξιν. παρ' ὅσον τὰ ἐκτιθέμενα ἢ εἰς ὄρος ἢ εἰς ἔρημον τόπον βάλλεται. V.

290. (ὕπαγε : Εἰς τὴν οἰκίαν δηλονότι, ὡς καταστα-θέντων αὐτῶν. παπία δὲ πάτερ.)

297. (οὐκ ἂν μὰ τὸν Δία : Ὠνήσομαι δηλονότι ἰσχάδας, εἰ κρεμασθέντες ἀπάγξοισθε.)

300. (μισθαρίου : Τοῦτό φησιν) ὡς τριωβόλου τοῦ δικαστικοῦ ὄντος μισθοῦ, — ἵνα ἕκαστος τούτων ὀβολοῦ λογίσηται πιπρασκόμενος. ἦν μὲν γὰρ ἄστατον τὸ τοῦ μισθοῦ. ποτὲ γὰρ διωβόλου ἦν, ἐγίνετο δὲ ἐπὶ Κλέωνος τριώβολον. Φρύνιχος « τριώβολον ὅσον ὑπερηλιάζομαι. » V.

301. ὡς τριωβόλου ὄντος τοῦ μισθοῦ, ἀφ' οὗ τὸ τρίτον ἀναλίσκεται εἰς ἄλφιτα, τουτέστιν εἷς ὀβολὸς, καὶ τὸ ἄλλο ξύλα, καὶ τὸ τρίτον ὄψον. V.

302. (σῦκά μ' αἰτεῖς : Τουτέστι τρυφᾶν βούλει. ὅτι τρυφήν φασι τὸ ἐσθίειν ἰσχάδας.) — ἐν ἐρωτήσει ταῦτα καὶ ἤθει. V.

306. νῷν : Τῷ δυϊκῷ ἐχρήσατο οὐ κακῶς· παῖδες γάρ εἰσι καὶ πατέρες ὡς ἓν πρόσωπον πρὸς ἕν. V.

πόρον Ἕλλας : Νῦν πόρον τὸν πορισμόν φησιν. ἐπήνεγκε δὲ παρὰ τὸ Πινδαρικὸν [fr. 197]. τὸ Ἕλλας ἱερὸν « Πανδείματοι μὲν ὑπὲρ πόντιον Ἕλλας πόρον ἱερόν. » — Ἄλλως. ὁ Πίνδαρος τὸν πλοῦν τοῦ Ἑλλησπόντου· νῦν δὲ πορισμόν. V.

313. (πράγματα βόσκειν : Ὁ λόγος ἐκ Θησέως Εὐριπίδου. ἐκεῖ γὰρ ταῦτα λέγουσιν οἱ ταττόμενοι παῖδες εἰς βορὰν τῷ Μινωταύρῳ. τὸ δὲ ἑξῆς, τὸ ἀνόνητον ἄρα, Ἱππόλυτός ἐστιν ὁ λέγων ἐκεῖ « ἀνόνητον ἄγαλμα, πάτερ, οἴκοισι τεκών. » — ἄγαλμα γὰρ ὁ υἱὸς τῷ πατρὶ, ἐφ' ᾧ ἀγάλλεται. ἄγαλμα λέγεται ἐφ' ᾧ τις ἀγάλλεται. ὡς αὐτοῦ δὲ βαστάζοντος ἔλεγε θύλακον. V.

315. [θυλάκιον : Ὡς αὐτοῦ βαστάζοντος θύλακον.]

319. (ὑπὸ τῶνδε : Ὑπὸ τῶν οἰκετῶν.)

321. (ἐπὶ τοὺς καδίσκους : Τοὺς ἐν τῷ δικαστηρίῳ κάδους, ἐν οἷς τὰς ψήφους καθίεσαν, ὑποκοριστικῶς λέγει. ὀνομάζει δὲ ἀπὸ μέρους τὸ δικαστήριον, ὡς καὶ πρότερον κλεψύδραν αὐτὸ εἴρηκεν, ἀπὸ τοῦ κειμένου ἐν αὐτῷ ἀγγείου, πρὸς ὃ οἱ ῥήτορες ἔλεγον.

ἐπὶ τοὺς καδίσκους : Τοὺς κάδους ὅπου αἱ ψῆφοι. καδίσκους εἶπεν ὑποκοριστικῶς τὰς κάλπεις, ἔνθα τὰς ψήφους καθίεσαν δικάζοντες. ἐκ τούτου δὲ δηλοῖ τὴν ἐπὶ τὸ δικαστήριον ἄφιξιν.)

322. (κακόν τι ποιῆσαι : Καταδικάσαι τινά.)

324. (καπνὸν ἐξαίφνης : Ὥστε διὰ βραχύτητα τῶν ὀπῶν τὴν ἔξοδον ποιήσασθαι.)

325. ἢ τὸ Σέλλου : Ἐπεὶ καπνὸν εἶπεν, ἐπήνεγκε τούτους ὡς πτωχαλαζόνας, οὓς λέγουσι καπνοὺς, Π‥ξενίδην καὶ Αἰσχίνην τὸν Σέλλου. καὶ ἐν Ὄρνισι [1126] μέμνηται Προξενίδου ὡς ἀλαζονικοῦ.

326. (ψευδαμάμαξυν : Εἶδος ἀμπέλου ἡ ἀμάμαξυς, ἣν λέγουσιν ἀναδενδράδα. ὅλον δὲ εἴρηται παρὰ τὸ ψεύδεσθαι τὸν Αἰσχίνην καὶ ψοφώδη κομιδῇ λέγειν. καὶ τὸ ξύλον γὰρ τῆς ἀμαμάξυος καιόμενον ψόφον ἀποτελεῖ. διατινθαλέῳ δὲ διαθέρμῳ.) — θερμῷ. V.

329. (σπόδισον ταχέως : Πλῆξον, καῦσον ὡς ἐν σποδῷ.)

330. (κᾄπειτ' ἀνελών μ' ἀποφυσήσας : Τῶν γὰρ ἀπανθρακιζομένων ἰχθύων ἀποφυσῶσι τὴν σποδόν. ἢ παρόσον ἐν τῷ ὀπτᾶν φυσῶσιν, ἵνα πλέον ἐγερθῇ τὸ πῦρ καὶ θᾶττον γένηται.)

331. (εἰς ὀξάλμην : Ὡς ἐπὶ ἰχθύων ὀπτῶν ὀξάλμῃ ἐσθιομένων.)

332. (τὰς χοιρίνας : Ἐν τῷ τῶν Ἱππέων δράματι εἴρηται [ad v. 1150] ὅτι χοιρίναις ἐχρῶντο πρὸ τῶν ψήφων οἱ δικασταί. ἦσαν δὲ κόγχαι τινὲς, ὥς φησιν Ἐπαφρόδιτος ἐν ταῖς λέξεσι. — τὰς δικαστικὰς ψήφους. εἰσὶ δὲ ὥσπερ κογχύλια λεπτὰ, οἷς πρότερον ἐχρῶντο ἀντὶ ψήφων οἱ δικασταὶ πρὸ τῆς εὑρέσεως τῶν κυάμων. οἱ δέ φασι καὶ παρὰ τὰς πέτρας αὐτὰς ἔχειν τὴν ὀνομασίαν, ἐξ ὧν ἐκλέγονται τὰ κογχύλια. χοιρίδες δὲ αἱ πέτραι. V.)

333. (ταῦτά σ' εἴργων : Τὸ εἶναι σὺν ἡμῖν καὶ δικάζειν. ὕφεσθε δὲ ὑποχαλᾶτε. ἐκ μεταφορᾶς τῶν πλοίων.)

338. (τοῦ δ' ἐφέξειν : Γράφεται καὶ ὑφέξειν, οἷον τί ὑπισχνούμενός σοι ἐπίσχει σε, ἢ τίνος χάριν; παρὰ δὲ τοῖς τραγικοῖς ἔφεξις ἡ πρόφασις. τί προφασιζόμενος συγκλείει σε; καὶ τὸ παρ' Ὁμήρῳ [Od. Φ, 70] « οὐδέ τιν' ἄλλην μύθου ποιήσασθαι ἐπισχεσίην ἐδύνασθε »). — τίνος ἕνεκεν. R.

341. (ἐγὼ δ' οὐ βούλομαι : Δείκνυσιν ἐντεῦθεν τὸ φιλόδικον αὐτοῦ. χανεῖν δὲ ἀντὶ τοῦ εἰπεῖν.)

342. (ὁ Δημολογοκλέων : Ὁ τύραννος καὶ ἀρχοντιῶν. συνέθηκε τὴν λέξιν ἐκ τοῦ δήμου καὶ τοῦ λόγου καὶ τοῦ Κλέωνος, δηλῶν τὸ ἀρχικὸν, καθάπερ ἐν τῷ δήμῳ ἄρχειν. τοῦτο δὲ εἴρηκε διὰ τὸ τὸν Κλέωνα πολυλόγον εἶναι καὶ τοῖς λόγοις ἐξαπατᾶν τὸν δῆμον. ἐπὶ δὲ τὸ αὐτὸ ἦθος κατενήνεκται, ἐπεὶ ὁ χορὸς τοῦ Κλέωνος ἐτύγχανεν.)

343. (ὅτι λέγεις : Ὅτι ἀληθὲς λέγεις περὶ τῶν τριήρων, οἷον παρρησίαν ἄγεις περὶ τοῦ δήμου. μελετᾷ δὲ ὁ χορὸς κακουργίαν, φάσκων, ἐπειδὴ ὑπὲρ χρησίμου τῆς πόλεως λέγεις, εἰσηγούμενος περὶ τριηραρχίας, ἐγκλείει σε. τινὲς δὲ οὕτως· εἴ τι εἴποις κακὸν περὶ τῶν νεῶν, τοῦτο ἀληθές ἐστι. διαβάλλει δὲ τοῦτον. οὐ γὰρ περὶ νεῶν ἐστιν ὁ λόγος, ἀλλὰ περὶ τοῦ μὴ δικάζειν αὐτόν. ξυνωμότας δὲ ἔλεγον τοὺς ἐπὶ καταλύσει τοῦ δήμου συνερχομένους. δεῦρο δὲ πρὸς ἡμᾶς.)

346. τῶν ἐπὶ καταλύσει τοῦ δήμου. R.

349. (οὕτω κιττῶ : Ἐπιθυμῶ, ἀπὸ τῶν ἀρτίως τικτουσῶν γυναικῶν καὶ ἐπιθυμουσῶν τινῶν. εἴρηται δὲ

ἐκ τοῦ ὀρνέου τῆς κίττης, ὅπερ ἐπιθυμητικῶς ἔχον τῶν ἀκροδρύων ταχέως δυσαρεστεῖται, ἐξ ὧν δ' ἂν ἐσθίοι, καὶ πάλιν ἑτέρων ἐπιθυμεῖ, καὶ μεταβάσεις ποιεῖται εἰς ἕκαστον τῶν δένδρων.

διὰ τῶν σανίδων : Τῶν δρυφάκτων τῶν ταβλωτῶν τοῦ δικαστηρίου, ἵνα λέγῃ ἐπιθυμῶ ἐν τῷ δικαστηρίῳ ἐλθεῖν. ἢ σανίδων φησὶ τῶν περιεχουσῶν τὰ ὀνόματα τῶν εἰσαχθησομένων εἰς τὸ δικαστήριον, ποῖον δεήσει πρῶτον εἰσαχθῆναι καὶ κατὰ τάξιν.)

351. ὅτι τὸ παλλάδιον δι' ὑδρορρόας εἰσῆλθον οἱ περὶ τὸν Ὀδυσσέα. R.

352. οὐδ' εἰ σέρφῳ : (Ὅτι ἐν Ὄρνισι [82] τινὲς τὸ « εὕδει καταφαγὼν μύρτα καὶ σέρφους » ἐξηγοῦνται καρπὸν τὸν σέρφον. ἔστι δὲ θηρίδιόν τι μικρόν. Κράτης δὲ μύρμηκα φησὶ τὸν σέρφον. οἱ δὲ ζωΰφιον κωνωπῶδες, ἀφ' οὗ ἡ παροιμία

ἔνεστι κἀν μύρμηκι κἀν σέρφῳ χολή·

παρεγγυῶσα μηδὲ τῶν μικρῶν καταφρονεῖν.) — σέρφῳ : παροιμία « οὐδὲ μύρμηκι ὁδός ἐστι. » R.

353. (ὀπίαν δ' οὐκ ἔστι : Παρὰ τὴν ὀπὴν τὸ ὄνομα. καὶ τυρὸν δὲ λέγουσι ὀπίαν τὸν τῷ ὀπῷ τῆς συκῆς πηγνύμενον.)

354. (μέμνησαι δῆθ' : Ὑπομιμνήσκει αὐτὸν παλαιᾶς πράξεως τόλμαν.)

355. (ὅτε Νάξος ἑάλω : Τὴν Νάξον ἐπιτετήρηκε πρὸς τὸν γέροντα. ἑάλω γὰρ ἐπὶ Πεισιστράτου. τοῦ δὲ ἑάλω ἐκτείνουσι τὸ α συνήθως. ἔστι δὲ μία τῶν Κυκλάδων νῆσος.)

357. ἰσχυρότερος (ἰσχυρὸς G.) ἐτύγχανον. V.

361. σκοπιωροῦνται : Κατοπτεύουσι καὶ παραφυλάττουσιν. (Ἕρμιππος δὲ καὶ ἐπὶ τοῦ ἀπὸ τῆς σκοπῆς θεωρεῖν.)

364. ἔχοντ' ὀβελίσκους : Τὸ πλῆρες ἔχοντε, δυϊκῶς. δύο γάρ εἰσιν οἱ [ἔχοντες ὀβελίσκους καὶ] τηροῦντες. V. Vict.

365. [ἀλλὰ νῦν ἐκπόριζε : Ἡ ἀμοιβαία αὕτη στροφὴ ἔοικεν εἶναι ἀντιστροφὴ τῆς ἄνω ῥηθείσης ὁμοίας στροφῆς, ἀλλ' ἔστιν ἐλλιπής. στίχων γάρ ἐστι καὶ κώλων ὀκτώ, ὧν τὸ πρῶτον τροχαϊκὸν τετράμετρον καταληκτικόν. τὸ β' ἰαμβικὸν δίμετρον ἀκατάληκτον καὶ τὸ ς'. τὰ δ' ἄλλα ὅμοια τῷ πρώτῳ. ἐπὶ τῷ τέλει κορωνίς.]

366. (ἕως γὰρ ὦ μελίττιον : Ὄρθρος γάρ, ὦ προσφιλέστατον μελίττιον. δηλοῦσι γὰρ ὅτι ἡμέρα γέγονεν.)

ἕως : Ἕως ὄρθρος ἡμέρα, ἀπὸ τοῦ ἕως ταύτῃ ἡμᾶς κατακεκλεῖσθαι, ἢ διὰ τὸ ἵεσθαι ἐν αὐτῇ. *Vict.*

368. (ἡ δέ μοι Δίκτυννα : Πρὸς τὴν Ἄρτεμιν τοῦτο, ἐπειδὴ ἀγρευτὶς ἦν. παρὰ δὲ τὸ ὄνομα γελοιάζει. παρὰ γὰρ τὸ δίκτυον ἐπήγαγε τὸ Δίκτυνναν Ἄρτεμιν ἵλαον ἔσεσθαι.)

369. (ἄνοντος : Ἀντὶ τοῦ ἀνύοντος τὰ πρὸς σωτηρίαν καὶ εὑρίσκοντος. τὸ δὲ ἄνοντος γίνεται παρὰ τὸ ἄνω βαρύτονον, οὗ τὸ τρίτον τοῦ παθητικοῦ ἐνεστῶτος ἄνεται. ὡς τὸ [Il. K, 251] « μάλα γὰρ νὺξ ἄνεται. »)

370. (ἔπαγε τὴν γνάθον : Ἀντὶ τοῦ δάκε τῇ γνάθῳ τὸ δίκτυον. τοῖς δικτύοις ἔπαγε τὴν γνάθον καὶ διάκοψον αὐτά.)

371. δακεῖν : Ἀντὶ τοῦ δηχθῆναι καὶ λυπηθῆναι. ἀντὶ τοῦ ἐκφυγεῖν σώσαντα τὴν καρδίαν. *Vict.*

375. (τὸν περὶ ψυχῆς : Ἤγουν ἐκφυγεῖν σώσοντα τὴν ψυχήν.)

376. (ἵν' εἰδῇ μὴ πατεῖν : Καὶ τοῦτο ὡς φιλόδικος. ἔγκλημα δὲ ἦν ὑβρίσαι τὰ μυστήρια. ἢ οὖν πάλιν πλέκει αὐτῷ, ἢ δείκνυσιν ὡς οὐ χρὴ τὰ μυστήρια εὐτελίζειν, οὕτως οὐδὲ ταῦτα ποιεῖν.)

πατεῖν : Ὑβρίζειν. *Vict.*

377. τὰ ταῖν θεαῖν ψηφίσματα : Ἀντὶ τοῦ τὰ ταῖν θεαῖν μυστήρια εἰπεῖν, ψηφίσματα εἶπεν, ὡς δέον οὐχ ἧττον περὶ ταῦτα ἢ περὶ ἐκεῖνα ἐσπουδακέναι. καθίμα δὲ ὑποχύλα.) — ἀντὶ τοῦ ὄργια. R.

379. καθίμα : Χάλα. *Vict.*

380. καὶ τὴν ψυχὴν ἐμπλησάμενος : Ὡς παράστημά τι τοῦ Διοπείθους ἔχοντος μανιῶδες. ἦν δὲ ὁ Διοπείθης ῥήτωρ. (μήποτε δὲ οὗτός ἐστιν ὁ καὶ παρὰ Φρυνίχῳ.)

381. καλαμᾶσθαι : (Ἀναρπάσαι, ἀπὸ τῶν τὴν καλάμην [τῶν σπερμάτων] ἀνασπώντων, ἕνεκα στέγης τῶν οἰκημάτων. ἢ ἀντὶ τοῦ ἀνιμᾶν, ὡς οἱ τοῖς καλάμοις τοὺς ἰχθύας ἀνέλκοντες.) — ἀπὸ μεταφορᾶς τῶν ἰχθύων τῶν ἑλκομένων καλάμοις. R. — (τὸν πρινώδη δὲ τὸν σκληρόν· ἀπὸ τοῦ ξύλου τοῦ πρίνου.) — παρόσον πρίνου καὶ σχοίνου καὶ ἐλαίας θερμότατον πῦρ. R. (μανθάνετε δὲ σκοπεῖτε. τὸ δὲ ἤν τι πάθω, ἀντὶ τοῦ ἐὰν συμβῇ με πεσόντα ἀποθανεῖν.)

385. δράσω τοίνυν : Βούλεται εἰπεῖν τι αὐτοῖς. καὶ μανθάνετε : Ἀντὶ τοῦ οἴδατε τί ποιήσατε. *Vict.*

386. ἀνελόντες καὶ κλαύσαντες : Ἐὰν συμβῇ με πεσόντα ἀποθανεῖν, ἐν τῷ δικαστηρίῳ με θάψατε. δρύφακτοι γὰρ ξύλινοι θώρακες, τὰ διαφράγματα, ἢ τὰ περιτειχίσματα, ἢ κιγκλίδες, περιφράγματα, τὰ νῦν ταβλωτὰ καλούμενα, τὰ τῶν οἰκοδομημάτων ἐξέχοντα ξύλα. ἐνταῦθα δὲ τὰ ταβλώματα τοῦ δικαστηρίου, διὰ τὸ ἐκ σανίδων καὶ ξύλων τῶν ἐκ δρυὸς εἶναι κατεσκευασμένα. λέγει δὲ ἀπὸ μέρους τὸ δικαστήριον.)

389. πρὸς τοῖς δικαστηρίοις Λύκος ἥρως ἵδρυτο. ἔθυον δὲ αὐτῷ καὶ ἀπένεμον δικαστικὸν μισθόν. R. (ὦ Λύκε δέσποτα : Παρὰ τοῖς δικαστηρίοις τὸ τοῦ Λύκου ἡρῷον. ὅθεν φασὶν εἰρῆσθαι Λύκου δεκάς. Ἄλλως. Λύκου ἡρῷον πρὸς τῷ δικαστηρίῳ ἦν, ᾧ ἐμέριζον, ὅτε δικαστήρια ἦν, τὸν παρὰ τοῖς λαχοῦσι τῶν Ἀθηναίων δικάζειν δικαστικὸν μισθὸν τριώβολον.)

κεχάρησαι : Χαίρει οἷς καὶ ἐγώ. *Vict.*

390. φευγόντων : Τῶν κατηγορουμένων. *Vict.*

392. παρὰ τὸν κλάοντα καθῆσθαι : Ὡς τῶν καταδικασθέντων εὐθὺ πρὸς τὸ ἡρῷον ἀποκλαόντων. εὐφημότερον δὲ λέγουσιν ἀντὶ τοῦ κλάων καθῆστο.

394. κάννας : (Τὰς ψιάθους. λέγεται δὲ καὶ κάννης καὶ κλίνεται τοῦ κάννητος. ὡς) ψιάθοις δὲ περιπεφρα-

γμένου τοῦ ἡρῴου καὶ ἐστεγασμένου (φησὶν, οὐ παρὰ κάννας οὐρήσω. τουτέστιν οὐκ ἐνυβρίσω σου τὸ ἡρῷον, ἀλλὰ τιμήσω). — Ἄλλως. ὅταν θυσιάσωσι, περιφράσσουσι ψιάθους καννάβίνας. κάννας δὲ ἔφη τὰς ψιάθους. V.

399. (ἀνάβαιν' ἀνύσας : Τῷ οἰκέτῃ φησὶ, διὰ τοῦ ἑτέρου μέρους ἀνάβαινε.)

καὶ ταῖσι φυλλάσι : Ἐπεὶ κλάδοις τισὶ παρακελεύεται παίειν αὐτὸν τοῖς πρὸ τῆς οἰκίας, διὰ τοῦτο ταῖς εἰρεσιώναις εἶπε. τὸ δὲ πρύμναν κρούσασθαί φασί τινες λέγεσθαι, ὅταν μετακαθίσαντες οἱ ἐρέται ἐλαύνωσιν (ὀπίσω) ἐπὶ τὴν πρύμναν, ὅταν εἰς λιμένα εἰσέρχωνται, ἵνα τὴν πρύμναν (εἰς γῆν ἔχωσι νεύουσαν, καὶ τὴν πρῷραν ἔξω, ὅπως ἂν εὐτρεπὴς εἴη εἰς ἔξοδον ἡ ναῦς. τοῦτο οὖν φησι, παῖε αὐτὸν τοῖς κλάδοις, ὅπως ἂν ἀνακρούσηται τὴν πρύμναν, τουτέστιν εἰς τοὐπίσω ἀναδράμῃ. ἀνακρούειν γάρ ἐστι τὰς κώπας τὸ ἐπέχειν τοῦ δρόμου τοῦ εἰς τὸ ἔμπροσθεν τὴν ναῦν. εἰρεσιώναις δὲ ἁπλῶς τοῖς ξηροῖς κλάδοις.)

400. τῆτες : Ἐπ' ἔτος. *Vict.*

401. (ὦ Σμικυθίων : Τοὺς τοῦ χοροῦ ἐξ ὀνόματος καλεῖ. κολαζόμεθα δὲ ἀντὶ τοῦ κολάζομεν.)

404. τὸ τῶν σφηκῶν σύστημα. V.

408. ἀποδυσάμενοι διδόασι τοῖς παιδίοις τὰ ἱμάτια, ἵνα ὀρχήσωνται εὐκόλως. R.

411. ἄνδρα μισόπολιν : Τὸν Βδελυκλέωνα. *Vict.*

412. κἀπολούμενον : ὀφείλοντα ἀπολεῖσθαι. *V. Vict.*

415. [ὦ 'γαθοὶ τὸ πρᾶγμα : Εἴσθεσις διπλῆς ἀμοιβαίας ἐκ στίχων μη', ὧν οἱ πρῶτοι τρεῖς τροχαϊκοὶ τετράμετροι καταληκτικοί. οἱ ἑξῆς δύο ἀντισπαστικοὶ τρίμετροι ἀκατάληκτοι ἐπιμεμιγμένοι ἐπιτρίτοις καὶ διιάμβοις. οἱ ἑξῆς τούτων ὀκτὼ τροχαϊκοὶ τετράμετροι ὅμοιοι τοῖς πρώτοις. οἱ τούτων ἑξῆς β' ἀντισπαστικοὶ τρίμετροι ὅμοιοι τοῖς ῥηθεῖσιν. ὁ β' δὲ τὸν β' ἔχει πόδα πεντασύλλαβον. οἱ ἑξῆς δὲ πάντες τροχαϊκοὶ τετράμετροι καταληκτικοὶ, ὧν τελευταῖος

εἴπερ ἔτυχον τῶν μελέων Φιλοκλέους βεβρωκότες.

ἐπὶ ταῖς ἀποθέσεσι παράγραφος. ἐπὶ δὲ τῷ τέλει διπλῆ ἔξω νενευκυῖα.]

ἀλλὰ μὴ κεκράγατε : Ταῦτα, ἵνα ἀποδὺς ὀρχήσηται ὁ χορὸς καὶ ἀπέλθωσιν οἱ παῖδες.

416. ἐς τὸν οὐρανόν : [Λείπει] κεκράξομαι. *V. Vict.*

418. θεοσεχθρία : Θεομισητία. V. (καὶ Ἄρχιππος ἐν Πλούτῳ « οἴμοι. τί ἔστι; μῶν ἔδωκε; τί σ' ἔδακεν; « κατὰ μὲν οὖν ἔφαγε, κἀπέβρυξε τίς ἡ πανουργία τε « καὶ θεοσεχθρία. » ταῦτα δέ φησιν, ὡς τοῦ Κλέωνος καὶ τοῦ Θεώρου προστατῶν αὐτῶν ὄντων.) — περὶ Θεώρου καὶ Γοργίου ἐν τοῖς πρὸ τούτου εἴρηται. V.

421. (ἐν δίκῃ τὸν Γοργίου : Ἐν τῇ δίκῃ. ἀντὶ τοῦ δικάζοντες. οὗτος δὲ ὁ Γοργίας κωμῳδεῖται ὡς προδότης καὶ βάρβαρος.)

425. (σμῆνος οἷον : Κυρίως τὸ πλῆθος τῶν μελισσῶν. ἐπιτηδείως δὲ καὶ ἐνταῦθα τοῦτο εἶπεν, ὅτι σφηκῶδες τὸ σύστημα τῶν γερόντων.)

427. ἀντὶ τοῦ κέντρα. V.

429. (τὰς χελώνας : Ὅτι μᾶλλον μακαρίσεις τὰς χελώνας τοῦ σοῦ δέρματος. αἱρῇ χελώνης δέρμα ἔχειν, ἵνα μὴ τρωθῇ. ὀστώδες γὰρ ἔχουσι δέρμα αἱ χελῶναι, ὥστε ἀντέχειν πρὸς τὰς πληγάς.)

433. (ὦ Μίδα καὶ Φρύξ : Ὀνόματα οἰκετῶν.)

435. (εἰ δὲ μὴ 'ν πέδαις παχείαις : Εἰ δὲ μὴ βοηθήσετε, δέον εἰπεῖν, ἐν πέδαις κάμψεσθε, ὁ δὲ εἶπεν, οὐδὲν ἀριστήσετε. ἀντὶ τοῦ δεσμευθέντες οὐδὲν μέλλετε φαγεῖν.)

436. οἶδα θρίων τὸν ψόφον : Ὅτι παρὰ τὴν παροιμίαν

πολλῶν ἐγὼ θρίων ψόφους ἀκήκοα.

τὰ γὰρ θρῖα καιόμενα ψοφεῖ. εἴρηται δὲ ἡ παροιμία ἐπὶ τῶν δι' ἀπειλῆς θόρυβον καὶ κόμπον ἐμποιούντων διακενῆς.

437. ἔν τί σοι : Κέντρον. *Vict.*

438. ὦ Κέκροψ : Ὁ Φιλοκλέων ἑλκόμενος ὑπὸ τῶν οἰκετῶν, τὸν οἰκιστὴν τῆς πόλεως ἐπικαλεῖται. εἰσὶ δὲ οἵ φασι τὸν Κέκροπα διφυᾶ γεγονέναι, καὶ τὰ κάτω ὄφεως ἐσχηκέναι. καὶ διὰ τοῦτο πρὸς τὸ ὄνομα κεχαριέντισται.

439. ἀνδρῶν βαρβάρων : Τῶν οἰκετῶν. *Vict.*

(440). οὓς ἐγὼ 'δίδαξα : Μή ποτε καὶ τοῦτο παροιμιακόν. ἀντὶ δὲ τοῦ εἰπεῖν πέττειν καὶ διαρτίζειν, κλάειν εἶπεν.

ἐς τὴν χοίνικα : Ὅτι εἰς τὴν χοίνικα τέσσαρες μεγάλοι ἄρτοι γίνονται, μικροὶ δὲ η'. δι' ὧν δὲ αὐτοὺς ὑπομιμνήσκει παλαιᾶς εὐεργεσίας, διὰ τούτων αὐτοὺς ἐλέγχει [ὡς μαστιγίας καὶ ἀνδραποδώδεις. οὐ γὰρ μόνον τὸ μέτρον, ἀλλὰ καὶ τὰς πέδας σημαίνει τὸ ὄνομα].

442. τούτω : Δυϊκῶς τὸ τούτω, ἵν' ᾖ ἐπὶ τῶν οἰκετῶν. *Vict.*

443. ἀντὶ τοῦ χειροῦνται. R.

444. (κἀξωμίδων : Ἱμάτια δουλικὰ καὶ ἑτερομάσχαλα.)

445. καὶ κυνᾶς : Ταῖς κυνείαις περικεφαλαίαις πρὸς τὸν ὄμβρον ἐχρῶντο. καὶ ἐν ταῖς Νεφέλαις [268] ὁ πρεσβύτης τὸν ὄμβρον φοβούμενος

τὸ δὲ μὴ κυνῆν οἴκοθεν ἐλθεῖν ἐμὲ τὸν κακοδαίμον' ἔχοντα.

446. (ὥστε μὴ ῥιγῶν : Ἀντὶ τοῦ ῥιγοῦν. Δώριον δὲ τοῦτο κατακρατῆσαν παρὰ Ἀττικοῖς.)

449. (τοὺς βότρυς κλέπτοντα : Ὡς παλαιῶν ἀναμιμνήσκων αὐτὸν εὐεργεσιῶν, παρὰ τὴν ὑπόνοιαν αἰκίαν εἰς αὐτὸν γινομένην λέγει, δεικνὺς καὶ ἐν τούτῳ τὸ σκληρὸν αὐτοῦ.)

453. (ἀλλὰ τούτων μέν : Ἀντὶ τοῦ ὑπὲρ τούτων. ἢ δυϊκῶς χωρὶς τοῦ ν ἀντὶ τοῦ οὗτοι.)

455. (κάρδαμα : Ἀντὶ τοῦ δριμύτατα. τοιαῦτα γὰρ τὰ κάρδαμα. τῦφε δὲ καίων δίωκε. ὁ γὰρ καπνὸς ἐνόχλει τὰς μελίσσας καὶ τοὺς σφῆκας.)

458. σοῦσθε : (Ὁρμᾶσθε, πορεύεσθε.) — τοὺς σφῆκας ἀπελαύνουσι σοῦσθε λέγοντες. R.

459. (καὶ σὺ προσθεὶς Αἰσχίνην : Ἀντὶ τοῦ καπνὸν εἰπεῖν ἢ πῦρ, Αἰσχίνην εἶπεν, ἐπεὶ Καπνὸς ἐκαλεῖτο. Ἄλλως. παίζει παρὰ τὸν Σέλλου Αἰσχίνην, καπνώδη διὰ τὴν ἀλαζονείαν. ἀντὶ δὲ τοῦ εἰπεῖν Σέλλου, ἔπαιξεν ἐπεκτείνας Σελαρτίου, ἵνα πάλιν ὡς καπνὸν κωμῳδήσῃ καὶ ψευδόπλουτον, παρὰ τὸ σέλας. ὁ γὰρ καπνὸς τοῦ σέλαος γέννημα.) — ἐπειδὴ οἱ σφῆκες φοβοῦνται τὸν καπνόν. V.

462. τῶν μελέων Φιλοκλέους βεβρωκότες : Ὡς αὐστηροῦ κατὰ τὴν μελοποιίαν ὄντος. R. (ὡς τοῦ Φιλοκλέους ἀγρίου ὄντος ἐν τῇ μελοποιίᾳ. ὁ Σοφοκλῆς γὰρ ἡδύς· διὸ καὶ μέλιττα ἐκαλεῖτο. ἔπαιξεν οὖν, ὡσεὶ εἶπεν· εἴπερ τὴν πικρίαν αὐτοῦ καὶ τὴν σκληρότητα εἶχον, οὐκ ἂν αὐτοὺς ῥᾳδίως διέφυγες, ὡς τοῦ Φιλοκλέωνος ὄντος σκληροῦ σφόδρα καὶ τραχυτάτου.)

463. (οὐκ αὐτὰ δῆλα : Οὐκ αὐτή, φησίν, ἡ τυραννὶς ἐπιδήλως κατὰ τοῦ δήμου ἐστὶ καὶ καθ' ἡμῶν.)

465. ὑπιοῦσα : Ὑπεισερχομένη ἡ τυραννίς. *Vict.*

466. (πονωπόνηρε : Ὦ ἀσκήσει καὶ μελέτῃ πεπονημένε τῆς τυραννίδος. τὸ δὲ Κομηταμυνία συνέθηκεν παρὰ τὸ κομᾶν, ὅπερ ἐστὶ φρονεῖν μέγα· ἐκ δὲ τούτου δηλοῖ τὸ λακωνίζειν, παρόσον μέγα ἐφρόνουν οἱ Λάκωνες εἰς ἀνδρίαν· καὶ παρὰ τὸν Ἀμυνίαν, ὃς διεβάλλετο ὡς μισόδημος. ἀμφότερα οὖν τὰ τῆς συνθέσεως εἰς οὐδὲν τείνει. ἢ ὡς ἐναντίον ὄντα τῆς πόλεως καὶ τύραννον.) ὡς πονηρὸν ὄντα τὸν Ἀμυνίαν καὶ κομῶντα. R.

467. τοῦ δικάζειν. V.

469. (λόγον εὐτράπελον : Ἀπολογίαν πιθανὴν καὶ εὖ τετραμμένην.)

470. (αὐτὸς ἄρχων : Προκατάρχων τῆς τυραννίδος μόνος. κατοξείας δὲ σφοδρᾶς καὶ ὀξείας.)

471. κατόξείας : Τῆς σφοδρᾶς καὶ τῆς ὀξείας. *Vict.*

475. (καὶ ξυνὼν Βρασίδᾳ : Ἀντὶ τοῦ λακωνίζων. ὅτι οἱ λακωνίζοντες τοιαῦτα ἐπετήδευον, ὥστε μακρὰ τὰ κράσπεδα φορεῖν, ὅ ἐστι τοὺς κροσσούς. φαίνεται οὖν τὸ λεγόμενον εἶναι ὡς λακωνίζων. καὶ Βρασίδας γὰρ στρατηγὸς Λακεδαιμονίων. ἐκ στεμμάτων δὲ ἀντὶ τοῦ ἐξ ἐρίων. οὐχ ἱμάτια δέ, ἀλλὰ κράσπεδα στεμμάτων. τοιαῦτα γὰρ φοροῦσιν οἱ Λάκωνες.) — ὅτι ἀρχαῖοι στέφανοι κατὰ τὸ ὄπισθεν μέρος κράσπεδα εἶχον. R.

478. ἐκστῆναι τὸ παράπαν τοῦ πατρός : Ἀντὶ τοῦ μὴ ἔχειν τὸν πατέρα. *V. Vict.*

479. (ναυμαχεῖν : Δέον εἰπεῖν μάχεσθαι.)

480. οὐδὲ μέν γ' οὐδ' ἐν σελίνῳ : (Παροιμία ἐπὶ τῶν μηδὲ κατὰ τοὐλάχιστον διηνυκότων οἷς ἐπέθεντο. μετενήνεκται δὲ ἀπὸ τῶν κήπων. ἐν γὰρ τοῖς λεγομένοις περικήποις τὰ σέλινα καὶ πήγανα κατεφύτευον. βούλεται οὖν λέγειν, οὔπω οὐδὲ ἀρχὴν ἔχεις τοῦ πράγματος, καθάπερ οἱ ἐν τοῖς κήποις εἰσιόντες ἐν τοῖς σελίνοις εἰσίν. Ἄλλως. ἀντὶ τοῦ ἐν γυμνικῷ ἀγῶνι, ἤγουν οὐκ ἐν παιδιᾷ·) παρόσον τὰ βρέφη γεννηθέντα εὐθὺς ἐν σελίνοις ἐτίθεσαν. (τὸ δὲ πήγανον εἶπεν, ἐπειδὴ καὶ σέλινον προέταξεν. ὅθεν καὶ ἡ παροιμία « οὐδ' ἐν σελίνοις εἰσί. » φησὶν οὖν ὅτι οὔπω σοι οὐδὲ ἀρχὴ γέγονε τῶν παρ' ἡμῶν ἐσομένων.)

481. τῶν τριχοινίκων ἐπῶν : Ἀντὶ τοῦ τῶν εὐτελῶν. (τὰ τοιαῦτα παρὰ τὰς φωνὰς παίζει, φορτικοῦ ὄντος ἀγοραίοις, ἐφ' οἷς μάλιστα τῶν ποιητῶν σκώπτουσιν Ἄρχιππον. Ἄλλως. ἀντὶ τοῦ τῶν εὐτελῶν στίχων. τοῦτο δέ φησιν, ἐπεὶ ἐξ εὐτελοῦς παροιμίας ἤρξατο τῆς τῶν κήπων. τριχοινίκων οὖν ἀντὶ τοῦ τριῶν χοινίκων ἀξίων. ξυνήγορος δὲ ῥήτωρ. καταντλῇ δὲ καταχέῃ, κατηγορῇ.)

482. ξυνήγορος : Ὁ ῥήτωρ. *Vict.*

483. (καὶ ξυνωμότας : Ὡς αὐτῶν συνεχῶς λεγόντων ὅτι ταῦτα τυραννίς ἐστι καὶ ξυνωμοσία. οὐδὲν ἄλλο, φησί, μεμελέτηται ὑμῖν εἰ μὴ ταῦτα. δέρεσθαι δὲ καὶ δέρειν ἐπὶ τοῦ τύπτεσθαι.)

ξυνωμότας : Πληθυντικὸν ἀντὶ ἑνικοῦ. *Vict.*

486. (ἕως ἄν τί μου : Ἀντὶ τοῦ ἕως ἂν λείψανόν μου ὑπολείπηται.)

ἕως — ἄν τί μου λοιπὸν ᾖ : Ἀντὶ τοῦ ἕως λείψανόν μου ὑπολείπεται. *Vict.*

488. ὅστις ἐπὶ τυραννίδ' ἐστάλης : Ὅστις ἐστάλης ἐπὶ τῷ τυραννῆσαι ἡμῶν. *Vict.*

490. (πεντήκοντ' ἐτῶν : Ἀντὶ τοῦ εἰς πεντηκοστὸν ἔτος καὶ ἐκ πολλοῦ χρόνου οὐκ ᾔδειν τοῦτο τὸ ὄνομα τῆς τυραννίδος.)

491. (ἀξιωτέρα : Εὐωνοτέρα καὶ ἐν ἀγορᾷ εἰθισμένη λέγεσθαι. κυλίνδεται δὲ περιφέρεται.)

493. ὀρφῶς : Εἶδος ἰχθύος. τὸ ὀρφὼς καὶ λαγὼς περισπῶσιν Ἀττικοί. R. (ἐν τοῖς πλείστοις ὀρφῶς, ἔν τισι δὲ ὀρφούς. μήποτε δὲ καὶ τὸ ἑνικὸν τοῦ ἰχθύος οὕτως ἔλεγον, ὀρφώς, ὡς λαγὼς καὶ ταώς. μεμβρὰς δὲ εἶδος ἀφύας.)

496. (ἥδυσμά τι : Πρὸς τὸ γήτειον, ὅτι ἥδυσμά ἐστιν· οὐχ ὡς ἔν τισιν ἀναγραφαῖς τῶν λέξεων, ἀνθερίκῳ τι ὅμοιον. ἐν Ἱππεῦσι δὲ [674] εἴρηται περὶ αὐτοῦ. ἔστι γὰρ εἶδος βοτάνης παρεοικὸς πράσῳ.)

497. (παραβλέψασά φησι : Τῷ ἑτέρῳ ὀφθαλμῷ αὐτόν φησι χαλεπῶς ὑποβλεψαμένη φησί, σοῦ ἐστι τοῦτο φαγεῖν, ὡς οὐκ ἄξιον ἡγουμένη τὸν τυχόντα φαγεῖν γήτειον.)

499. (ἢ νομίζεις τὰς Ἀθήνας : Φησὶν ὅτι διὰ σὲ φύουσιν αἱ Ἀθῆναι ἡδύσματα.)

502. (εἰ τὴν Ἱππίου καθίσταμαι : Ἀντὶ τοῦ εἰ καταστῆσαι βούλομαι ἐμαυτῷ τυραννίδα. οὗτος δὲ τύραννος δεινός, τοῦ πατρὸς Πεισιστράτου τυραννικώτερος. ὁ δὲ Ἱππίας ἐτυράννησεν, οὐχ ὁ Ἵππαρχος. κοινῶς δὲ πάντες οἱ Πεισιστρατίδαι τύραννοι ἐλέγοντο. παίζει δὲ ἅμα πρὸς τὸ τῆς συνουσίας σχῆμα. Ἄλλως. χαλεπὴ γὰρ ἡ Ἱππίου τυραννὶς ἐδόκει γεγονέναι, πολὺ τῆς τοῦ πατρὸς Πεισιστράτου χείρων. μνημονεύει δὲ αὐτοῦ καὶ ἐν Λυσιστράτῃ [619]. εἰκότως δὲ τεσσάρων ὄντων κατ' ἐνίους τῶν Πεισιστρατιδῶν, τὸν Ἱππίαν παρέλαβεν. πρεσβύτατος γὰρ ἦν αὐτὸς καὶ τὴν τυραννίδα εἶχε, καθὰ καὶ

Θουκυδίδης [1, 20; 6, 54] φησί. δοκεῖ δὲ ἡ τυραννὶς καταστῆναι, ὥς φησιν Ἐρατοσθένης, ἐπὶ ἔτη ν′, τοῦ ἀκριβοῦς διαμαρτάνων, Ἀριστοτέλους μὲν τεσσαράκοντα καὶ ἓν φήσαντος, Ἡροδότου δὲ [5, 65] ἓξ καὶ τριάκοντα. κελητίζειν δὲ κυρίως τὸ κέλητα ἐλαύνειν. Ὅμηρος [Il. O, 679)

ὡς δ' ὅτ' ἀνὴρ ἵπποισι κελητίζειν εὖ εἰδώς.)

505. ὀρθροφοιτοσυκοφα.. : (Παρὰ τὸ ὀρθρεύειν καὶ φοιτᾶν καὶ συκοφαντεῖν καὶ ἐν δίκαις ταλαιπωρεῖν.) ὑφ' ἓν ὅλον. R.

506. (ζῆν βίον γενναῖον : Πρὸς τοὺς ἀψευδεῖς ποιήσαντάς τι τὸν Μόρυχον τῶν πολιτικῶν πεποίηκε πραγμάτων, ἀγνοήσαντας ὅτι τρυφερὸς καὶ ἡδύβιος κωμῳδεῖται. ἢ καὶ νῦν ἐν εἰρωνείᾳ. αἰτίαν δὲ μέμψιν καὶ ἔγκλημα.) — εὐγενῆ καὶ τρυφηλόν φασι τὸν Μόρυχον. V. Μόρυχος εἰς ὀψοφαγίαν καὶ ἡδυπάθειαν ἐκωμῳδεῖτο. ἐν Εἰρήνῃ [1008] φησίν. R.

507. (ταῦτα δρᾶν : Τὸ ἑξῆς, ἀπαλλαχθέντα τούτων πάντων ταῦτα δρᾶν.)

508. (ὀρνίθων γάλα : Παροιμία ἐπὶ τῶν λίαν εὐδαιμονούντων καὶ πάντα κεκτημένων, ὡς καὶ ἐκ τῶν ἀδυνάτων πόρους κομίζεσθαι. ἀδύνατον γὰρ ἐξ ὀρνίθων γάλα ποτὲ λαβεῖν. οἱ δὲ εὐδαιμονοῦντες καὶ τοῦτο, εἰ βουληθεῖεν, πορίσαιντο. βατὶς δὲ εἶδος ἰχθύος. καὶ βατιοσκόποι οἱ ὀψοφάγοι.)

ὀρνίθων γάλα : Οὕτως ἐπὶ τῶν σπανίων ἔλεγον. *Vict.*

510. βατίσιν : Εἶδός ἐστιν ἰχθύων. Vict.

511. (πεπνιγμένον : Δέον εἰπεῖν ἡψημένον, φησὶ πεπνιγμένον. ἀπὸ τοῦ συμβαίνοντος ὑπὸ τῶν δικαστῶν τοῖς δικαζομένοις.)

515. (καταγελώμενος μὲν οὖν : Αἰσθάνῃ καταγελώμενος ὑπ' ἀνδρῶν, οὓς οὐχὶ μόνον τιμᾷς καὶ σέβεις ὡς βελτίους, ἀλλὰ καὶ ὡς δεσπόταις ὑποτάττῃ. λέγει δὲ τοὺς δημαγωγούς, ὧν προστάξει δικάζουσιν, ὑφ' ὧν καὶ τὸν μισθὸν λαμβάνουσιν.) — οὐκ αἰσθάνῃ. περὶ τῶν δημαγωγῶν λέγει ὅτι ὀλίγον τι τῷ λεπτῷ ὄχλῳ μισθοδοτοῦντες τὰ μέγιστα αὐτοὶ ἐκέρδαναν. R.

517. (ἀλλὰ δουλεύων λέληθας : Ὅτι πρὸς τὰς ὑποσχέσεις τῶν δημαγωγῶν ἐδίκαζον καὶ ὑπηρέται ἦσαν αὐτῶν πρὸς τὸ ἐκείνων βούλημα δικάζοντες.)

520. καρπουμένῳ τὴν Ἑλλάδα : (Τοὺς φόρους γὰρ ἐλάμβανον οἱ Ἀθηναῖοι. ὁ δὲ λόγος·) τί σοι ἐκ τούτου Ἀθηναίῳ ὄντι πλέον γίνεται τὸ δικαστικὸν μόνον λαμβάνοντι; (οἱ γὰρ δημαγωγοὶ πάντα λαμβάνουσιν.)

521. τοῖς θεαταῖς (τῷ θεράποντι G.) δικάσαι καὶ ἐγὼ βούλομαι (ἐβουλόμην G.) V. G.

522. (ἄφετε νῦν ἅπαντες : Πρὸς τοὺς σφῆκάς φησιν ὅτι ἄφετε αὐτόν. ἢ πρὸς τοὺς οἰκέτας τοὺς κατέχοντας τὸν Φιλοκλέωνα.)

524. τῇ διαίτῃ : Τῇ κρίσει. *Vict.*

525. (μηδέποτε πίοιμ' : Δέον εἰπεῖν, ἄκρατον ἀγαθοῦ δαίμονος, τὸν μισθὸν εἶπεν, ὑπεμφαίνων τὸ φιλόδικον.

ἀγαθοῦ δαίμονος : Καὶ ἐν Εἰρήνῃ [300] « νῦν γὰρ ἡμῖν πάρεστιν ἁρπάσαι ἀγαθοῦ δαίμονος. » ἔθος δὲ ἦν, ὁπότε μέλλοι ἡ τράπεζα αἴρεσθαι, ἀγαθοῦ δαίμονος ἐπιρροφεῖν, ὡς Θεόπομπός φησιν. ὁ δὲ Ἀπολλόδωρος καὶ ὅτι τὸ ποτήριον μεστὸν πάλιν ἀπεπλήρουν, δεδήλωκεν ἐν τῇ δ′ τῶν περὶ Σώφρονος.)

528. (ἐκ θημετέρου : Ἐκ τοῦ ἡμετέρου. τοῦτο δὲ πρὸς τὸν Φιλοκλέα, τὸν ἐκ τῆς αὐτῆς ἡμῖν παλαίστρας.)

527. ὅπως : τὸ πλῆρες τοῦ λόγου φανήσῃ καινόν τι λέγων. R.

528. ὅπως φανήσῃ : Λείπει γενναῖος, ἐγκρατής. *V. Vict.*

529. (ἐνεγκάτω μοι : Ὁ παῖς τοῦτό φησιν, ὡς ἐν τῇ κίστῃ γραμματείου τινὸς ὄντος, ὅπου τὰ κεφάλαια τῶν ὑπὸ τοῦ πατρὸς λεγομένων ἀνεγέγραπτο. ἵνα, φησί, λαβὼν χάρτην, ἀναγράψαιμι τῶν λεγομένων τὰ κεφάλαια.)

530. τὰ περὶ τοῦ δεῖν ἐκ παντὸς δικάζειν. R.

531. μὴ οὕτω λέγειν ὡς ὁ νεανίσκος. R.

(μὴ κατὰ τὸν νεανίαν : Τινὲς τοῦτο πρὸς τὰ ἄνω, ὅπως φανήσῃ μὴ κατὰ τόνδε λέγειν, ἀλλὰ δηλονότι πραγματικώτερον αὐτοῦ καὶ βέλτιον.)

538. μνημόσυνα : (Εἰς τὸ μνημονεῦσαι ἀπογράψομαι.) — τὰ κεφάλαια τῶν ὑπὸ τοῦ πατρὸς λεγομένων. R.

539. τὸ τέλειον φατέ, ἐὰν ἡττηθῶ. V.

540. τὸ σύστημα. V.

541. (οὐδ' ἀκαρῆ : Οὐδὲ βραχύ. οὐδὲ τὸ τυχόν.)

542. ὅτι τῷ σκώπτειν ὁμοίως ἡμῖν κέχρηται. οὐδὲν δὲ ἀναγκαῖον· δύναται γὰρ ἀντὶ τοῦ γέλωτα παρέχοντες. V.

544. (θαλλοφόροι : Ἐν τοῖς ὑπομνήμασιν οὕτω γέγραπται. θαλλοφόροι, ἀντὶ τοῦ ἐργάται. [Od. P, 224 :] « θαλλόν τ' ἐρίφοισι φορῆναι. » οἱ γέροντες γὰρ τὰ τοιαῦτα ἐν ἀγρῷ οἰκονομοῦσιν. εὐχερεῖς δέ εἰσι περὶ ὧν μηδὲν ἔσχον εἰπεῖν σαφὲς ἀποσχεδιάζοντες. θαλλοφόρους γὰρ ἔφη, βουλόμενος τοὺς γέροντας δηλῶσαι, ἐπειδὴ ἐν τοῖς Παναθηναίοις οἱ γέροντες θαλλοὺς ἔχοντες ἐπόμπευον. ὡς οὖν εἰς οὐδὲν ὄντων χρησίμων αὐτῶν ἔξω τοῦ θαλλοφορεῖν, οὕτως αὐτοὺς ἐπέσκωψεν. ὁ μέντοι Δικαίαρχος ἐν τῷ Παναθηναϊκῷ οὐκ οἶδα ἐξ ὅτου ποτὲ καὶ τὰς γραῦς ἐν τοῖς Παναθηναίοις ὑπείληφε θαλλοφορεῖν, πολλῶν ἀλλήλοις ὁμολογούντων περὶ τοῦ μόνους τοὺς πρεσβύτας θαλλοφορεῖν, Ξενοφῶντος μὲν ἐν τῷ Συμποσίῳ [4, 17], Φιλοχόρου δὲ ἐν τῇ δευτέρᾳ, ὅς γε καὶ τὸν καταδόντα τὸ ἔθος Ἐριχθόνιον συνίστησι. μνημονεύει τοῦ ἔθους Κρατῖνος μὲν ἐν Δηλιάσι, Φερεκράτης δὲ ἐν Ἐπιλήσμοσιν.

ἀντωμοσιῶν : Τῶν δικῶν. ἀντωμοσίαι δὲ ἐκαλοῦντο, ὅταν ὁ ἐγκαλούμενος περὶ κλοπῆς ἐν τῷ δικαστηρίῳ ὀμωμόκῃ πρὸ δίκης, καὶ ὁ ἐνάγων δὲ αὐτὸν ἀντομωμόκῃ αὐτὸν εἶναι τὸν λῃστήν. καὶ οὗτοι λοιπὸν μάρτυρες ἐκαλοῦντο.) — τὸ ἔγκλημα ἔλεγον ἀντωμοσίαν διὰ τὸ ἀντομνύναι τοὺς ἀδικοῦντας. R.

545. κελύφη : (Ἀντὶ τοῦ καλύμματα δικῶν, ἢ τῶν

ἐγκλημάτων. κελύφη δὲ τὰ τῶν ᾠῶν καλύμματα. ὡσεὶ ἔλεγεν ἀποβλήματα δικῶν.) — τῶν τραγημάτων λεπύριον, ἢ ὄστρακον. R.

546. (ἀλλ' ὦ : Ὁ χορὸς παραθαρσύνων τὸν Φιλοκλέωνα ταῦτά φησι. — ἀντὶ τοῦ ἀρχῆς. V.)

548. (ἀπὸ βαλβίδων : Ἀπ' ἀρχῆς εὐθέως. ἀπὸ μεταφορᾶς τῶν σταδιοδρομούντων. βαλβὶς γάρ ἐστιν ἡ ἀφετηρία. ἦν δὲ αὕτη γραμμὴ ἐφ' ἧς εἱστήκεσαν, ἕως ἂν ἀποσημανθῇ ὁ δρόμος αὐτοῖς.)

551. (τρυφερώτερον : Τρυφῆς δεόμενον. καλῶς δὲ ἡ προσθήκη τοῦ γέροντος. ἀσθενεῖς γὰρ περὶ τὰς ἡδονὰς οἱ γέροντες.)

552. φράγμασι τοῦ δικαστηρίου. V. τοῖς δικαστικοῖς. Rav.

554. ἐμβάλλει μοι τὴν χεῖρα : Ὃ ποιοῦσι τοῖς δικασταῖς οἱ θωπευτικῶς προσιόντες, ἠρέμα ἐφαπτόμενοι τῆς χειρὸς ἐν τῷ ἀσπάζεσθαι, (διὰ τὸ μέλλειν κρίνεσθαι ἐπὶ δημοσίων κλοπῇ προκαταλαμβάνοντες).

555. (οἰκτροχοοῦντες : Οἰκτρῶς χέοντες. καὶ Ὅμηρος [Od. T, 521]

ἥ τε πολὺ τρωχῶσα χέει πολυηχέα φωνήν.)

557. νῦν τὸ ἀγοράζων ὡς ἡμεῖς λέγει. V.

558. (ὃς ἔμ' οὐδ' ἂν ζῶντ' ᾔδει : Ὅστις οὐδ' ἂν λόγου με ἠξίωσεν, εἰ μὴ εὐηργετήθη ὑπ' ἐμοῦ.)

559. (τουτὶ περί : Ἐν τῷ γραμματείῳ ὁ Βδελυκλέων ἀπογράφεται ὅτι ἀντιβολοῦνται οἱ δικασταὶ, ὡς καὶ ἄνω εἴρηκεν, ἵν' ἔχῃ τοῦτο εἰς κατηγορίαν αὐτῶν. ἀπομορχθεὶς δὲ, ἀποβαλών.)

561. (ἔνδον τούτων ὧν φάσκω : Ἀντὶ τοῦ ἃ ἔξωθεν ἐπαγγέλλομαι ποιεῖν, ἔνδον οὐ ποιῶ. τοιοῦτοι γὰρ οἱ δικασταί· παραχρῆμα μὲν ἐπαγγέλλονται, ὕστερον δὲ ἀρνοῦνται.)

563. (κακὰ πρὸς τοῖς οὖσιν : Ἐν σχήματι εἴρηκε μεταβὰς ἀπὸ τοῦ πληθυντικοῦ εἰς τὸ ἑνικόν. ὁ δὲ νοῦς, ἕως ἂν οὗτοι τὰ κακὰ τὰ ἡμέτερα ἀποφήνωσι τοῖς ἑαυτῶν ἴσα. Ἄλλως. ἀντὶ τοῦ τοσαῦτα λέγουσιν, ἕως ἂν ἀποδείξωσιν ἑαυτοὺς πένητας ὡς ἐγώ.)

566. (Αἰσώπου τι γελοῖον : Αἴσωπος τραγῳδίας ἐγένετο ὑποκριτὴς γελοιώδης. — Αἰσχύλου δὲ ἦν ὑποκριτής. V. — προπερισπωμένως δὲ τὸ γελοῖον.)

568. (εὐθὺς ἀνέλκει : Εἰς τὸ βῆμα. διὰ δὲ τὸν οἶκτον οἱ δικαζόμενοι τοῦτο ἐποίουν, ἵνα κἀνταῦθα ἐλεηθῶσιν.)

570. (ἅμα βληχᾶται : Ποιὰν φωνὴν ἀφίησιν ἐλεεινήν. ἐκ δὲ τῆς ἀσήμου φωνῆς δηλοῖ τὴν βραχεῖαν τῶν παίδων ἡλικίαν.)

571. τῆς εὐθύνης ἀπολῦσαι : Τῆς δίκης παρεκβάλλων. *V. Vict.*

572. (εἰ μὲν χαίρεις ἀρνὸς φωνῇ : Παίζει ταῦτα, ἐπεὶ ἐκεῖνοι οὕτως λέγουσιν· εἰ μὲν ἄρσενά τις ἔχει, εἰς τοὺς ἄρσενας ἀπίτω· εἰ δὲ θήλεα, τὰς θηλείας κατοικτειράτω. λείπει δὲ τὸ ἐλέησον καὶ ἀπόλυσον.)

573. (χοιριδίοις : Ἴσως ὅτι χοῖρος προσαγορεύεται τὸ γυναικεῖον αἰδοῖον.)

574. τὸν κόλλοπ' ἀνεῖμεν : Κόλλοπα τὴν νευράν. τὸ τοῦ ταύρου τραχηλιαῖον. σκληρότατον τοῦτο. θέλει οὖν εἰπεῖν τὸ στερεώτατον τῆς ὀργῆς. R. (Ἀντὶ τοῦ τὴν τάσιν τῆς ὀργῆς, ἢ τὸ στερεώτατον τῆς ὁρμῆς, ἀπὸ τοῦ κατὰ τὸν τένοντα κόλλοπος. ἔστι δὲ δέρμα στερεώτατον. ἢ καὶ παρὰ τὸν τένοντα [τῆς χορδῆς] κάλλοπα τὸν κόλλοπα. Ἄλλως. κόλλοπες λέγονται οἱ πασσαλίσκοι τῆς κιθάρας, εἰς οὓς ἀποδεσμοῦνται αἱ νευραὶ, καὶ τείνονται στρεφομένων. ὀργῆς οὖν κόλλοπα ἀντὶ τοῦ τὴν τάσιν τῆς ὀργῆς.) — ὀργῆς ὀλίγον χαλῶμεν. V.

575. (καταχήνη : Κατάγελως, καταφρόνησις.) — γρ. καὶ πλούτου. R.

577. (καὶ τἀγαθά μοι μέμνησο : Καὶ μέμνησο, φησὶν, εἰπεῖν, ἃ ἔχεις φάσκων ἄρχειν τῆς Ἑλλάδος. ἐπειδὴ ἔλεγεν ὁ Φιλοκλέων ὅτι οἱ δικασταὶ ἄρχουσιν τῆς Ἑλλάδος.)

578. (παίδων τοίνυν δοκιμαζομένων : Πρὸς τὸ ἔθος. Ἀριστοτέλης δέ φησιν ὅτι ψήφῳ οἱ ἐγγραφόμενοι δοκιμάζονται οἱ νεώτεροι μὴ ἐτῶν ιη' εἶεν. ἴσως δ' ἂν περὶ τῶν κρινομένων παίδων εἰς τοὺς γυμνικοὺς ἀγῶνας λέγοι, οὐχ ὡς ἐν δικαστηρίῳ κρινομένων, ἀλλ' ὑπὸ τῶν πρεσβυτέρων. Ἄλλως. τῶν γὰρ παίδων τὴν ἡλικίαν δοκιμάζοντες τὰ αἰδοῖα ἐσκόπουν διὰ τὸ δεῖσθαι αὐτῶν εἰς τὸ χρησιμεύειν ἐν ταῖς λειτουργίαις.)

579. κἂν Οἴαγρος : Ὅτι τραγικὸς ὑποκριτὴς (ὁ Οἴαγρος εἴρηται πρότερον. ὡς θαυμάζων δὲ αὐτόν φησιν, ὅτι κἂν ἐκεῖνος ὁ μέγας καταδικασθῇ. ἐκ τῆς Νιόβης δέ. καὶ γὰρ ὑπεκρίθη τὴν Νιόβην ἢ Σοφοκλέους ἢ Αἰσχύλου. ἐπίχειρα δὲ μισθοὺς, τὰ ἀπὸ τῶν χειρῶν κέρδη.)

(582). ἐν φορβειᾷ : Φορβειαί εἰσι τὰ δέρματα τὰ περὶ τὰ στόματα τῶν αὐλητῶν προσδεσμευόμενα, ὅπως ἂν σύμμετρον τὸ πνεῦμα πεμπόμενον ἡδεῖαν τὴν φωνὴν τοῦ αὐλοῦ ποιήσῃ. ὃ δὲ λέγει, τοῦτό ἐστιν· ἐπὰν νικήσῃ αὐλητὴς, ἀντίδοσιν τούτου προπέμπει ἡμᾶς μετὰ τοῦ αὐλοῦ. ἔθος δὲ ἦν ἐν ταῖς ἐξόδοις τῶν τῆς τραγῳδίας χορικῶν προσώπων προηγεῖσθαι αὐλητὴν, ὥστε αὐλοῦντα προπέμπειν, ὅπερ ἔλαβεν εἰς ἰδιότητα τῶν δικαστῶν ὁ Φιλοκλέων, ὅτι οὕτως περὶ τὸ στόμα εἶχον οἱ δικασταί.

583. (ἐπίκληρον : Ἐπίκληρος λέγεται ἡ νῦν μονοκληρονόμος καλουμένη.)

ὁ πατὴρ τινι ἐκδοθῆναι καταλιπὼν τὴν θυγατέρα. V.

585. καὶ τῇ κόγχῃ : (Τοῖς σημείοις.) ὡς κόγχας ἐπιτιθέντων ταῖς σφραγῖσιν, ἀσφαλείας ἕνεκα. (κόγχῃ δὲ τῷ κογχυλίῳ τῷ ἐπικειμένῳ ταῖς σφραγῖσι, διὰ τὸ μὴ ἀφανίζεσθαι τοὺς τύπους αὐτῆς.)

586. (ἔδομεν ταύτην : Ἐκδίδομεν αὐτήν φησι, τῷ δωροδοκοῦντι ἡμᾶς.)

587. ἀνυπεύθυνοι : Ἔνοχοι, ὑποκείμενοι. *Vict.*

588. (μακαρίζω : Λείπει ἡ κατά. κατὰ τοῦτό σε, φησὶ, μακαρίζω, τὸ ἀνεγκλήτως πράττειν.)

589. ἀνακογχυλιάζων : Πρὸς τὴν κογχύλην πέπαιχεν. (λέγουσι δὲ βραχέως τὴν δ' συλλαβὴν τοῦ ἀνακογχυλιάσαι. λέγει δὲ ἀντὶ τοῦ καταλύων.)

590. (ἔτι δ' ἡ βουλὴ χὠ δῆμος : Ἡ βουλὴ καὶ ὁ δῆμος, ὅταν ἀπορήσῃ πράγματος, τοῖς δικασταῖς ἐπιτρέπει.)

(592). Εὔαθλος : Εὔαθλος ῥήτωρ συκοφάντης, οὗ μνημονεύει καὶ ἐν Ἀχαρνεῦσι καὶ ἐν Ὁλκάσιν οὕτως « ἔστι « τις πονηρὸς ἡμῖν τοξότης συνήγορος, ὥσπερ Εὔα- « θλος. » μνημονεύει δὲ αὐτοῦ καὶ Πλάτων ἐν Πεισάνδρῳ καὶ Κρατῖνος ἐν Θρᾴτταις. κολακώνυμον δὲ εἶπε τὸν Κλεώνυμον. εἴρηται δὲ ὅτι κόλαξ [καὶ ῥίψασπις]. τὸ δὲ οὐχὶ προδώσειν ἡμᾶς, ἐπεὶ λέγουσι τὰ τοιαῦτα οἱ ῥήτορες, ὡς ὑπὲρ ἡμῶν ἀγωνίζομαι καὶ οὐχὶ προδώσω τὴν πόλιν.

594. (κἂν τῷ δήμῳ γνώμην : Ὅτι ὁ δημηγορῶν ἐν τῷ δήμῳ, φησὶν, οὐκ ἰσχύει τῆς νίκης τὴν ψῆφον, ἄνευ τῆς κρίσεως τῶν δικαστῶν, εἰ μὴ πρότερον πρὸς μίαν δίκην δικάσαντες οἱ δικασταὶ παρεῖεν καὶ ἐπιτρέψειεν.

κἂν μὴ εἴπῃ τὰ δικαστήρια : Οἷον μηκέτι ἔχειν τὴν ἐξουσίαν ἄδικον ποιῆσαι, ἀλλ' ἅπαξ κριθῆναι ὑπὲρ τούτων, καὶ μὴ γενέσθαι ὑπερβολιμόν τινι ποιήσασθαι ἐπὶ τῶν γνωμῶν καὶ τῶν ψηφισμάτων, ἀλλὰ τὸ ἅπαξ κριθὲν κύριον εἶναι.)

598. (αὐτός : Κατ' ἐξοχὴν τὸ αὐτός. κεκραξιδάμας δὲ ὁ τῇ βοῇ δαμάζων.)

599. (Εὐφημίου : Ὅτι Εὐφήμιος τῶν ἄγαν ἐπὶ κολακείᾳ διαβαλλομένων ἐστὶν, ᾧ παρείκασε τὸν Θέωρον διὰ κολακείαν τὰ ὑποδήματα τῶν δικαστῶν ἀποψῶντα καὶ ἀλείφοντα. μετῆκται δὲ ἀπὸ τῶν ἀγγείων. κυρίως γὰρ περικωνῆσαί ἐστι τὸ πισσῶσαι τὰ κεράμια.

600. περικωνεῖ : Κύκλῳ περιψᾷ. *Vict.*

603. ἔμπλησο : Κορέσθητι. *Vict.*

604. πρωκτὸς λουτροῦ : ἐπὶ τῶν βιαζομένων εἰς κακὸν αὐτοῖς. καὶ παροιμία ἐπὶ τῶν μὴ δυναμένων νίψασθαι τῆς κοιλίας φερομένης συνεχῶς. R. (παροιμιακὸν τοῦτο ἐπὶ τῶν ἐπὶ κακῷ τῷ ἑαυτῶν νικώντων. ἢ ἐπὶ τῶν ἀεὶ μολυνομένων καὶ βιαζομένων καθαίρεσθαι. ὁ γὰρ πρωκτὸς πλυνόμενος περιγίνεται τῆς καθάρσεως, καὶ ἔτι μολύνεται καὶ μᾶλλον ἐν τῇ ῥύσει τῆς γαστρός. εἴρηται δὲ ἀπὸ τῶν τὴν γαστέρα φερομένην ἐχόντων καὶ ἐν τῷ ἀπολούεσθαι νικωμένων τῇ φορᾷ. Ἄλλως. Εὐφρόνιος μὲν, ὡς τῆς εἰκόνος αὐτοῦ ματαίας οὔσης, ὅτι ματαίων ἐπιθυμεῖς. καὶ γὰρ τὸ μέρος ἐκεῖνο πλυνόμενον ἔτι μολύνεται. Καλλίστρατος δέ φησι· παροιμία, πρωκτὸς λουτροῦ περιγίνῃ, ἐπὶ τῶν βιαζομένων εἰς κακὸν ἑαυτούς. ὡς εἴ τις βιάζοιτο μὴ ἀποπλύνεσθαι.)

606. (ὅταν οἴκαδ' ἴω : Ὅτι παλαιὰ ἡ διὰ γυναικῶν τημελία, καὶ οὕτως ἐτημέλουν τοὺς πατέρας καὶ γέροντας, ὥστε μετὰ τὸ νίψαι ἀλείφειν τοὺς πόδας. Εὐφρόνιος δὲ καὶ τοὺς παρ' Ὁμήρῳ λιπαροὺς πόδας οὕτως ἀποδιδόναι τινάς φησι.)

εἰσήκονθ' : Προσιόντα. *Vict.*

609. (ἐκκαλαμᾶται : Ἀποσπᾷ, ἀπὸ τῶν διὰ καλάμου τοὺς ἰχθύας ἀγρευόντων.)

παππάζουσ' : Παππίαν καλοῦσα. *Vict.*

610. (φυστὴν μᾶζαν : Φυστὴ μᾶζα ἡ ἐξ ἀλφίτων καὶ οἴνου. ὀξυτόνως δὲ, ὥς φησιν Ἡρωδιανός.)

612. ἔντραγε : Ἐντρύφησον. *Vict.*

613. παραθήσει — καταρασάμενος : Τὸ ἐπαχθὲς τῶν οἰκετῶν σημαίνει. τονθορύσας : Γογγύσας. ἔστι δὲ ποιὰ φωνή. *Vict.* ἀριστοποιήσῃ. V.

615. τάδε κέκτημαι : Τὰ ἐκ τοῦ δικαστηρίου χρήματα. σκευὴν δὲ ἀντὶ τοῦ πανοπλίαν. βελέων δὲ ἀλεωρὴν σκέπην.

616. τὸν ὄνον : (Εἶδος ἀγγείου. ἴσως δὲ διὰ τὸ διάπλασμα ἔχειν ὄνου μορφήν.) — τινὲς τὸν οἶνον, ἀντὶ τοῦ οἰνηρὸν ἀγγεῖον. R.

617. οὗτος δέ : (Ὁ ὄνος. ἔπαιξε δὲ ὡς πρὸς τὸ ζῷον. βρωμᾶσθαι δέ ἐστι τὸ πεινῶντα τὸν ὄνον ὀγκᾶσθαι. δῖνος δέ ἐστιν ἀγγεῖόν τι κεράμειον οἴνου οἷον πρόχυμα, βάσιν οὐκ ἔχον, ἀλλὰ κάτωθεν ὑπότροχον.) στράτιον δὲ τὸ εἰς πολλοὺς [τῶν στρατευομένων] διῆκον. (ἐχρῶντο γὰρ καὶ κήρυξιν ἐν τοῖς στρατεύμασιν.)

κλίνας : Ἀνακλιθείς. *Vict.*

621. (ἅπερ ὁ Ζεύς : Ἃ τῷ Διὶ εἰώθασι λέγειν.)

626. (κἂν ἀστράψω : Φόβον κατ' ἀρχὴν δείξω. ποππύζουσιν : Ἔθος γὰρ ταῖς ἀστραπαῖς ποππύζειν. παρὰ δὲ τὰ εἰωθότα λέγεσθαι ὑπὸ τῶν ἀνθρώπων ἐπὶ τοῦ ὑπερβάλλοντος φόβου λέγει, ὅτε βρονταὶ καὶ ἀστραπαὶ γίνονται, παίζων.)

631. ἀντὶ τοῦ καλῶς. V.

634. ἀλλ' ἐρήμας : Παροιμία, (οὐκ ἐρήμας τρυγήσεις,) ἐπὶ τῶν ἀδεῶς τι πραττόντων, ὡς μηδενὸς αὐτοῖς ἀντιπράττοντος, ἐρήμας τρυγήσειν. (ἔστι δὲ ἀπὸ τῶν τὰς ἀμπέλους τηρούντων ἀφροντίστως.)

636. (καλῶς γὰρ ᾖδειν : Ἐν εἰρωνείᾳ. τοὐναντίον γὰρ παραδηλοῖ, πειθόμενος οὕτως πιθανώτατα ἔμελλον ἐρεῖν.

ταύτῃ κράτιστος : Τῷ αὐτῷ τρόπῳ ἐν τῷ δημηγορεῖν. ἤτοι ταύτῃ τῇ γνώμῃ, ὅτι τοῦ δικάζειν βέλτιόν ἐστι τὸ ἔνδον καθέζεσθαι. ἢ ἀπὸ μεταφορᾶς τῶν πυκτῶν τῶν κατὰ τὴν ἑτέραν χεῖρα τὴν δύναμιν ἐχόντων.)

638. (ὡς δὲ πάντ' ἐπελήλυθεν : Θαυμάζει ὁ χορὸς τοῦ Φιλοκλέωνος τὴν κατάστασιν.)

639. (δικάζειν : Δέον εἰπεῖν οἰκεῖν, δικάζειν δὲ ἔφασαν ὡς φιλόδικοι.)

δικάζειν : Ἀντὶ τοῦ εἰπεῖν, οἰκεῖν. *Vict.*

642. σκορδινᾶται : Σκορδινᾶσθαι ἐστὶν ὃ ποιοῦσιν οἱ ἐξ ὕπνου ἀνιστάμενοι, (καὶ μετὰ χάσμης τὰ μέλη ἐκτείνοντες. φησὶν οὖν ὅτι χασμᾶται καὶ διατείνεται ὑπὸ τῆς ἀθυμίας.) — οὐκ ἔχει ἑαυτόν. V.

643. σκύτη βλέπειν : Ὃ ἐστι πληγάς σοι ἐμβαλῶ. — καὶ τοῦτό φασι παροιμ. ἐπὶ τῶν ἐγγιζόντων κακῶς τινι. R. (παροιμία δὲ ἐλέγετο ἐπὶ τῶν δειλιώντων. Ἄλλως. μέμνηται τῆς παροιμίας Εὔπολις ἐν Χρυσῷ γένει. φησὶ γὰρ

ἀτεχνῶς μὲν οὖν τὸ λεγόμενον, σκύτη βλέπει.

εἴρηται δὲ ἐπὶ τῶν ὑποψιαστικῶς διακειμένων πρὸς τὰ μέλλοντα κακά. πεπᾶναι δὲ μαλάξαι, ὑποχαλάσαι.)

647. μὴ πρὸς ἐμοῦ λέγοντι : Ἀντὶ τοῦ μὴ ὑπὲρ

ἰδοῦ, ὦ ἀπαντῶντι καὶ λέγοντι. (πάντως γὰρ κατὰ τοῦ δικάζειν ἔμελλε λέγειν.)

648. μαλάκην ἀγαθὴν : Νεανικωτέραν μαλάκην. καὶ Ὅμηρος δὲ [Od. Γ, 111] θηλυκῶς λέγει « ἢ ῥα μαλακὴν στιχάει. »

649. κατερείξαι : Καταθραῦσαι. ἀφ' οὗ καὶ τὸ ἐρεικτὸν ἀξιοῦσί τινες, ἀπὸ μεταφορᾶς τῶν ἐρεικομένων ὀσπρίων. ὅθεν καὶ τὸ [Il. N, 441] « ἐρεικόμενος περὶ δουρί. » εἴρηται δ' ἐν ταῖς Βατράχοις [506].

650. δεινῆς γνώμης : Ἀντὶ τοῦ μείζονος ἢ κατὰ κωμῳδίαν ἐστὶ τὸ ἰᾶσθαι νόσον παλαιὰν ἐγγενομένην ἐν τῇ πόλει. λέγει δὲ τὸ φιλόδικον. ἐντετακυῖαν δὲ ἐγγενηθεῖσαν, ἢ ἐμφωλεύουσαν.

652. μὴ πατέριζε : Πατέρα καλεῖ. ἔμελλε δὲ εἰπεῖν· σοὶ πάντα δυνατά ἐστιν, ὦ Ζεῦ, καὶ διακόψεν ὁ Φιλοκλέων.)

654. κἂν χρῇ : (Κἂν ὡς ἀνδροφόνος λογισθῶ καὶ τῶν θυσιῶν μὴ μεταλάβω. πρὸς τὸ ἔθος δέ,) ὅτι οἱ ἀνδροφόνοι οὐ μεταλαμβάνουσι θυσιῶν.

655. χαλάσας : Παυσάμενος τῆς ὀργῆς. ἔθος γὰρ τοῖς ὀργιζομένοις αἴρειν τὰς ὀφρῦς.)

656. μὴ ψήφοις : Ὡς πρὸς τὸ φιλόδικον εἶπεν. φαύλως δὲ ἀντὶ τοῦ ἁπλῶς. R. (πολλαχοῦ δῆλον ὅτι ψήφοις ἐλογίζοντο οἱ παλαιοί, ἀφ' οὗ τὸ ψηφίζειν. νῦν δὲ καὶ ταῖς δικαστικαῖς ψήφοις, πρὸς ὃ παίζει. τὸ δὲ φαύλως ἀντὶ τοῦ ἁπλῶς, ἀφελῶς. ὡς φιλόδικος δὲ εἶπε ψήφοις.)

658. κἄξω τούτου : Καὶ τὴν ἔξω διδομένην τοῖς δικασταῖς δραχμήν. ἑκατοστὰς δὲ τὰς ὑπὸ τοῦ τέλους χορηγουμένας ἀπὸ τῶν πόλεων. — δικασταὶ λείπει. R.

659. πρυτανεῖα : Ἃς κατέβαλλον δέκατας τῶν χρεῶν οἱ δανεισταὶ ὑπὲρ παραστάσεως τῶν χρεωφειλετῶν, ὅπως ἂν ἀπαιτήσωσιν ἅπερ ἦσαν τελη. καὶ τὰ ὑπὸ τῶν μετάλλων τοῦ ἀργυρίου εἰσοδιαζόμενά φησι. καὶ τὰ ἀπὸ τῆς ἀγορᾶς καὶ τῶν λιμένων τέλη ὑποσημαίνεται.

δημιόπρατα : Ἐδήμευον γὰρ τινας καὶ τὰς οὐσίας αὐτῶν κοινὰς ἐποίουν.)

660. τάλαντ' ἐγγύς : Τὸ ἐγγὺς ἀντὶ τοῦ ὁμοῦ. τοὺς ἐξακισχιλίους γάρ φησιν ἑκατὸν πεντήκοντα τάλαντα τοῦ ἐνιαυτοῦ.

662. οὐ γὰρ πλείους κατενάσθησαν τῶν ἕξ. V.

663. ἑκατὸν ἔτ' που καὶ ν' : Εἰς ι' μῆνας λογίζεται τὸν ἐνιαυτόν, ὡς τῶν β' εἰς ἑορτὰς προχωρούντων. ἑκάστου γὰρ τριώβολον τῆς ἡμέρας, (ιε' τοῦ μηνὸς) τάλαντα ἐποίει, ὡς ἐκ τῶν ἑξῆς δῆλον γίνεται.

666. ἐς τουτουσί : Εὖ τὸ μὴ ὡς ἔτυχεν εἰπεῖν τὸ πλῆθος, ἀλλὰ τὴν ἀταξίαν προσυπεμφαίνεται. παρατηρεῖς δὲ ἀπατηλεῖς, κολακεύεις. — εἰς τοὺς δημαγωγοὺς καὶ δικαστὰς καὶ λέγοντας τὸ οὐχὶ προδώσω. ἀπατηλεῖς καὶ κολακεύεις καὶ θεραπεύεις. R.

669. οἱ δῶρ' ἔχοντες ἢ οἱ στρατηγοὶ ὅτι δωροδοκοῦσι. οὐκ ὀλίγα λαμβάνουσιν, ἀλλὰ ν' τάλαντα, ἀντὶ τοῦ πολλά. V.

671. τοὺς ἀντέλεσας : Τὰ περιττὰ καὶ ἄχρηστα. (ἀντέλιξοι γὰρ τῆς μηλωτῆς οἱ πόδες, οὓς ποδεῶνας καλοῦσι, καὶ οὕτω ἄχρηστα.

675. ἐκ κηθαρίου : Συρρακα. τὸ ἱκανὸν πλῆθος τῶν δικαστῶν τὸ τυσσαριάκες, ἐξ εὐτελῶν τρεφόμενον. κηθάριον γάρ πλέγμα ἐστὶ καινοπλοκές, ἐκτιθέμενον τῇ κληρωτηρίῳ τῶν ψήφων. λαγαριζόμενον δὲ τὰ λάγαρα ἐσθίοντα, ὅ ἐστιν εὐδαπάνητα καὶ εὐτελῆ τινα. ἢ κηθάρια τὰ ἐξίδαρα, ἐξ ὧν τοὺς κύβους ῥίπτουσιν. πλεκτὰ δὲ ἦν ταῦτα. Ἄλλως. ἐκ κηθαρίου : Τὰ ἐκπέταλα τρύβλια, ἃ Εὐφρόνιος κηθία. μικρὸν οὖν ῥοφοῦντα ἐκ τρυβλίου καὶ τρωγαλίζοντα, οἷον κυάμους καὶ ὅσα τοιαῦτα. οὐκ ἔστι δέ, ἀλλ' ἀγγεῖον πλεκτόν, εἰς ὃ τὰς ψήφους καθιᾶσι, τὸ κηθίον, οἷον ὡς ἀπὸ τοῦ ψηφηφορεῖν μόνον. καὶ Χαῖρις δὲ τὸ κηθίον τρυβλίου τι εἶδος. καὶ τὸ λαγαρίζειν, τὸ ἀποστρέφοντα θηλάζειν. μήποτε μέντοι καὶ πρὸς τὴν τῶν κύβων παιδιὰν ὁμοίως ἐχρῶντό τινι βάλλοντες ἐξ αὐτοῦ. καὶ γὰρ Ἕρμιππος ἐν Θεοῖς

καὶ πρὸς κύβους ἔστηκ' ἔχων τὸ κήθιον.

τὸ δὲ λαγαρίζεσθαι ἕτερόν τι ἔοικεν ἐμφαίνειν. Φερεκράτης Μυρμηκανθρώποις. — ἀντὶ τοῦ σαλεύειν ἅμα ποδ' ὁμαλῶς καὶ τῆς ἀφορμῆς τὸν χοῦν κατὰ τῆς κεφαλῆς καταμηνύονται λαγαριζόμενοι. V. — Ἴσως ἂν οὖν λέγοι ἔστι ἐκ τῶν ἀγγείων τῆς ψήφου ἀποξύοντα τὸν μισθὸν καὶ ἐξ ἄγγους τινὸς πλεκτοῦ, οἷον ὁ κάρταλος, τρωγαλιζόμενον, ὡς ἂν πένητα. λαγαριζόμενον δὲ ἀντὶ τοῦ ἀποξύοντα, ὡς ἀπὸ τῶν δικαστικῶν ἀγγείων. ταῦτα δὲ ὡς παρὰ πένητων.

675. Κόννου ψῆφον : Κόννος κιθαρῳδὸς ἦν νέος. ἔστι δὲ παροιμία ἐπὶ τῶν μηδὲν ἀξίων. Καλλίστρατος δὲ παροιμίαν φησί, Κόννου θρῖον παρ' ἣν παίζει. Εὐφρόνιος δέ, ὅτι ἐλέγθη διὰ τὸ ἥδιόν τινα τὸν Κόννον εἶναι. οἱ δὲ Κόννον λέγουσι τὸν κιθαριστήν. μήποτε δὲ οὐδὲ ὅλως ἐστὶ Κόννος, ἀλλὰ Κοννᾶς, ὃν προενεκτέον ὡς Μίδας. Κόννου ψῆφος, οἷον τὸ μηδέν. Ἄλλως. Κόννος, εὐτελής. Κόννος γὰρ τὰ πατρῷα κατέφαγε καὶ πένης ἦν. ψῆφον δὲ εἶπε διὰ τὸ περὶ δικαστοῦ λέγειν.)

676. ὄρχας : Κεράμεια ἀγγεῖα, ὑποδεκτικὰ ταρίχων, δύο ὦτα ἔχοντα. — τὸν καρπὸν φησι. V.

[δάπιδας : Τὰς ψιλὰς καὶ μὴ μαλλωτὰς δάπιδας λέγουσι, καὶ δάπισι τοῖς τάπησιν. ἐν δέ τισι τῶν ἀντιγράφων δάπισιν εὕρηται ἐν τῷ Πλούτῳ [527] « οὐδ' ἐν δάπισιν ἔσται καταδαρθεῖν, » ἀντὶ τοῦ τάπησιν.]

677. ἔριαους : Παρὰ τοῦ ἀγγελίου κοσμον. Vict.

678. πιτυλεύσας : Πιτυλος καλεῖται ἡ καταβολὴ τῆς κώπης. (τοῖς ἐρητοῖσι δέ, τοῖς ἰχθύσιν.) — τοῖς μικροῖς ἰχθύσι. V.

680. ἄγλιθας : Αἱ κεφαλαὶ τῶν σκορόδων. ἐξηγεῖται δὲ τὰς ἄγλιθας. προεῖπε γὰρ

οὐδεὶς οὐδὲ σκορόδου κεφαλὴν τοῖς ἐρητοῖσι δίδωσιν.

ἄγλιθας δὲ καὶ τὸ μετεπεμψάμην ἀντὶ τοῦ μετεπεμψάμην. Εὐχαρίδης δὲ ὄνομα παραπωλητοῦ.)

681. οὐ φανεροποιῶν. V.

684. (τοὺς τρεῖς ὀβολούς : Τὸν φόρον λέγει, ἀφ' ὧν ἐδίδοτο τὸ τριώβολον. τοῦτο δὲ ἄλλοτε ἄλλως ἐδίδοτο, τῶν δημαγωγῶν τὰ πλήθη κολακευόντων, ὥς φησιν Ἀριστοτέλης ἐν Πολιτείαις. κατάπυγον δὲ πεπορνευμένον.)

687. (Χαιρέου υἱός : Οἷον οὐδὲ γνήσιος πολίτης. τὸν γὰρ Χαιρέαν Εὔπολις ἐν Βάπταις ὡς ξένον κωμῳδεῖ.) — οὐ λέγει τὸ ὄνομα αὐτοῦ. V.

688. (τρυφερανθείς : Ἀντὶ τοῦ μαλακῶς σταθείς.)

τρυφερανθείς : Τρυφερωθείς. *Vict.*

689. τοῦ ὡρισμένου καιροῦ. V.

690. τὸ τριώβολον οὐ κομιεῖται : Ὡς ἔθους ὄντος πρὸς σημεῖόν τι ἐκκείμενον ἀθροίζεσθαι τοὺς δικαστάς. (ἐν ἤθει δὲ ταῦτα.)

691. (αὐτὸς δὲ φέρει τὸ συνηγορικόν : Ὑπὲρ τοῦ συνηγορῆσαι. ἐλάμβανον γὰρ οἱ ῥήτορες δραχμὴν, ὅτε συνηγόρουν ὑπὲρ τῆς πόλεως, ἢ ὑπὲρ ἄλλου τινός. ἐκ τούτου δὲ φαίνεται ὅτι μισθοφόρος ἦν ἡ ἀρχή. κληρωτοὺς δὲ γενομένους δέκα συνηγόρους Ἀριστοτέλης φησίν.)

693. κακουργήσαντε. V.

694. (χᾆθ' ὡς πρίονα : Ὡς οἱ πρίζοντες διαφιλονεικοῦσι, τίς πρὸς ἑαυτὸν ἑλκύσει.) — ἐσπουδακότες. V.

695. (σὺ δὲ χασκάζεις : Ἀντὶ τοῦ ἐπιτηρεῖς, πότε ἔλθῃ ὁ κωλακρέτης καὶ ἐνέγκῃ σοὶ τὸ τριώβολον. κωλακρέτης δὲ καλεῖται ὁ κατέχων τὰ χρήματα τῆς πόλεως, ὁ ταμίας τοῦ δικαστικοῦ μισθοῦ καὶ τῶν εἰς θεοὺς ἀναλωμάτων. νόμος δὲ ἦν τὰ ὑπολειπόμενα τῆς θυσίας τοὺς ἱερέας λαμβάνειν, ἅ εἰσιν οἷον δέρματα καὶ κωλαῖ. ἐπιτηρεῖς, φησὶ, τὸν ταμίαν, πότε τὸν μισθὸν λήψῃ.)

696. τὸν θῖνα ταράττεις : (Ἐκ βυθοῦ με κινεῖς. ἀντὶ τοῦ τὴν καρδίαν. Εὐφρόνιος δὲ καὶ σεσημειῶσθαί φησιν ὅτι τὸν θῖνα ἀρσενικῶς ὡς καὶ Ὅμηρος εἴρηκεν, παρόσον καὶ ὁ θὶς ἐν βάθει τοῦ πελάγους κεῖται καὶ τὸ θυμικὸν ἐν τῇ καρδίᾳ.) — θῖνα τὴν καρδίαν ὡς ἄνεμος τὴν ἄμμον. R.

697. (κοὐκ οἶδ' ὅτι χρῆμα : Εἰς τί με διαθήσεις. τοῦτο δέ φησιν ὡς ἤδη ἡττώμενος καὶ δεδοικὼς, ὅτι ἐπὶ ξίφους τὰ τῆς δημηγορίας ἦν αὐτῷ.)

699. δημιζόντων : Τῶν τὸν δῆμον ἀπατώντων. (ἐγκεκύκλησαι δὲ μεταβέβλησαι.)

701. (πλὴν τοῦθ' ὃ φέρεις : Τοῦτο ὃ φορεῖς ἱμάτιον. ἐκ γὰρ τοῦ τριωβόλου τρεφόμενοι, καὶ εἰς κατασκευὴν ἱματίου θησαυρίζοντες ὀλίγον, διὰ πολλοῦ χρόνου μόγις συνάγουσι τὴν πλήρη τιμὴν τοῦ ἱματίου. τὸ δὲ ἀχαρῆ ἐπίρρημα ἀντὶ τοῦ βραχὺ καὶ οἰκτρόν.

καὶ τοῦτ' ἐρίῳ σοι : Ἀπὸ μεταφορᾶς τῶν τὰ ὦτα ἀλγούντων, καὶ δι' ἐρίου ἐπισταζομένων ἔλαιον κατὰ βραχύ.)

702. ὥσπερ ἄλευρον : (Ἡ εἰκὼν) ἀπὸ τῶν σφόδρα ἀρρωστούντων. (οἱ γὰρ κατὰ μικρὸν βουλόμενοι βάλλειν ἐρίῳ ἐνστάζουσι.)

704. (τιθασευτήν : Ἓν σ διὰ τὸ μέτρον. τὸν θεραπεύοντά σε καὶ τρέφοντα καὶ κολακεύοντα.)

ἐπισίζῃ : Λυκόφρων καὶ οἱ περὶ Ἐρατοσθένη τὸ ἐπαφιέναι τὰς κύνας ἐπισίζειν. ἀπὸ τῆς ἐπιφθέγξεως οὖν ἐπισίζειν καὶ τὸ ἐπιρρύξαι ἐφορμῆσαι ὁμοίως τῇ φωνῇ.

707. (πόλεις χίλιαι : Ἀντὶ τοῦ πολλαί. τῷ ἀπηρτισμένῳ ἀριθμῷ ἐχρήσατο. ἢ καὶ ἀπὸ ἱστορίας τὸ τοιοῦτον ἔλαβεν.)

709. (δύο μυριάδες : Ἐκ πολλῶν φαίνεται περὶ τοσοῦτον ἀριθμὸν τὸ Ἀθηναίων πλῆθος προΐστασθαι. καὶ Δημοσθένης γάρ φησιν [p. 785, 24] « εἰσὶ δ' ὁμοῦ δισ- « μύριοι πάντες Ἀθηναῖοι. »)

ἐν πᾶσι λαγῴοις : Ἐν κρέασι λαγῶν, ἐν ἀγαθοῖς πᾶσι. (τοῦτο γὰρ δηλοῖ τὸ ἐν πᾶσι λαγῴοις. ἀντὶ τοῦ ἐν τρυφῇ.)

710. καὶ πύῳ καὶ πυριάτῃ : (Πυριάτης τὸ πυρίεφθον ὑπό τινων προσαγορευόμενον, ὃ κατασκευάζουσιν ἐκ τοῦ πρώτου γάλακτος μετὰ τὸν τόκον.

πυὸν δαινύμενοι κἀμπιπλάμενοι πυριάτην.

ὅθεν) τισὶν ἔδοξε πυὸν μὲν εἶναι τὸ πρῶτον γάλα (οὑτωσὶ λαμβανόμενον), πυριάτην δὲ τὸ ἑφθὸν γάλα. (ὁ δὲ Παλαμήδης τὸ αὐτὸ λέγων εἶναι γράφει. ἔθος δὲ τοῖς ποιηταῖς παραλλήλαις λέξεσιν ἰσοδυναμούσαις χρῆσθαι. — πύῳ : Πύον τὸ πρῶτον γάλα, ὃ πήγνυται ἑψόμενον. *Vict.*)

711. (τοῦ 'ν Μαραθῶνι : Ἐκεῖ γὰρ οἱ Ἀθηναῖοι ἐνίκησαν τοὺς Μήδους.)

712. ἐλαιολόγοι : Εὐτελεῖς γὰρ οἱ τὰς ἐλαίας (μισθοῦ) συνάγοντες.

713. νάρκῃ : Νάρκη, μυρμηκίασις, ὀκνηρία. *Vict.*

714. καὶ τὸ ξίφος οὐ δύναμαι : (Ὥσπερ ὁ Μενέλαος.) τοῦτον γάρ φασιν ὁρμήσαντα ἐπὶ τὴν Ἑλένην ἀποβαλεῖν τὸ ξίφος. ἡ δὲ ἱστορία παρ' Ἰβύκῳ (καὶ Εὐριπίδῃ. παίζει δὲ, ἐπειδὴ ξίφος ᾔτησε, καὶ ὁρᾷ ἑαυτὸν κατακρατηθέντα.)

715. (αὐτοὶ τὴν Εὔβοιαν : Οἱ ῥήτορες τῷ λόγῳ καὶ τὴν Εὔβοιαν διδόασιν. Ἄλλως. τὴν Εὔβοιάν φασιν αὐτοὶ κατανενεμηκέναι ὑμῖν καὶ κλῆρον ἑκάστῳ μεδίμνων ν'. ἐν τοιούτῳ σχήματι εἴρηκεν.)

718. (ξενίας φεύγων : Τοιοῦτόν ἐστι, παρόσον ἐν ταῖς διανομαῖς τῶν πυρῶν ἐξητάζοντο πικρῶς οἵ τε πολῖται καὶ μὴ, ὥστε δοκεῖν ξενίας φεύγειν εἰς κρίσιν καθισταμένους. φησὶν οὖν ὁ Φιλόχορος αὖθίς ποτε τετρακισχιλίους ἑπτακοσίους ξ' ὀφθῆναι παρεγγράφους, καθάπερ ἐν τῇ προκειμένῃ λέξει δεδήλωται. τὰ περὶ τὴν Εὔβοιαν δύναται καὶ αὐτὰ συνᾴδειν ταῖς διδασκαλίαις. πέρυσι γὰρ ἐπὶ ἄρχοντος Ἰσάρχου ἐστράτευσαν ἐπ' αὐτὴν, ὡς Φιλόχορος. μήποτε δὲ περὶ τῆς ἐξ Αἰγύπτου δωρεᾶς ὁ λόγος, ἣν Φιλόχορός φησι Ψαμμήτιχον πέμψαι τῷ δήμῳ ἐπὶ Λυσιμαχίδου μυριάδας τρεῖς, πλὴν τὰ τοῦ ἀριθμοῦ οὐδαμῶς συμφωνεῖ, ἑκάστῳ δὲ Ἀθηναίων πέντε μεδίμνους. τοὺς γὰρ λαβόντας γενέσθαι μυρίους τετρακισχι-

λίους διακοσίους μ'. Ἄλλως. σιτοδείας ποτὲ γενομένης ἐν τῇ Ἀττικῇ, Ψαμμήτιχος ὁ τῆς Λιβύης βασιλεὺς ἀπέστειλε σῖτον τοῖς Ἀθηναίοις αἰτήσασιν αὐτόν. τῆς δὲ διανομῆς γενομένης τοῦ σίτου ξενηλασίαν ἐποίησαν Ἀθηναῖοι, καὶ ἐν τῷ διακρίνειν τοὺς αὐθιγενεῖς εὗρον καὶ ἑτέρους τετρακισχιλίους ἑπτακοσίους ἑξήκοντα ξένους παρεγγεγραμμένους. τοῦτο οὖν φησι, καὶ ἐν τῷ ἐρευνᾶσθαι μόγις ἔλαβες πέντε μεδίμνους, ἐγκαλούμενος ὡς ξένος, καὶ τούτους οὐδὲ ὑφ' ἓν ἐν συντομίᾳ, ἀλλὰ κατὰ μέρος, κατὰ χοίνικα ἕνα, οὐδὲν διαφέροντος τοῦ σίτου κριθῶν, ὡς κακοῦ σίτου διανεμηθέντος. Εἰς τὸ αὐτό. ὡς λιμοῦ γενομένου καὶ τῶν ξένων διακριθέντων, τουτέστι δοκιμαζομένων, εἰ πολίτης εἴη ἢ μή.)

721. στομφάζοντας : Ἀλαζονευομένους εἰς τὸ στόμα. R. ἀλαζονευομένους ἢ ἐπαγγελῶντας. V.

722. ἐκ παντὸς τρόπου. V.

724. (κωλακρέτου : Περιφραστικῶς τὸν δικαστικὸν μισθόν. παρ' ὑπόνοιαν δὲ, δέον εἰπεῖν ζῴου τινός.) — πάντα σοι, φησὶ, δίδωμι πλὴν ἀπὸ δημοσίων τροφῆς. Ven.

725. (πρὶν ἂν ἀμφοῖν : Κατὰ τὸ

μηδὲ δίκην δικάσῃς, πρὶν ἂν ἀμφοῖν μῦθον ἀκούσῃς.

ὑγιῶς δὲ νῦν τὸ ἀμφοῖν κεῖται. τοὺς σκίμπωνας δὲ τὰς βακτηρίας. ἀτενὴς δὲ μανικὸς, διὰ τὸ ἀεὶ ἀτενὲς βλέπειν τοὺς μανίᾳ κατεχομένους. ἀτενῆ τὸν μανικὸν νῦν εἴρηκεν. ἠγριωμένοι γάρ εἰσι καὶ ὕφαιμοι τῶν τοιούτων οἱ ὀφθαλμοί.)

728. συγχορευτὰ, ὅ ἐστι συνεργέ. V.

730. ἀτεράμων : (Οἱονεὶ μὴ τεράμων, ἀλλὰ) σκληρός. (ἔνθεν δὲ) καὶ ἀτέραμνα (ὄσπρια φαμὲν), τὰ μὴ ἑψόμενα διὰ σκληρότητα· παρὰ τὸ [Il. Γ, 142] « τέρεν κατὰ δάκρυ χέουσα » (καὶ Πλάτων [Leg. 9, p. 853, D.] κέχρηται τῇ λέξει, κερασβόλους καὶ ἀτεράμνους λέγων τοὺς σκληροὺς διὰ τούτων « μή τις γένηται τῶν πολιτῶν κερασβόλος, ἢ ἀτέραμνος. » φασὶ γὰρ τὰ κατὰ τῶν κεράτων βληθέντα σπέρματα ἀτέραμνα γίνεσθαι.)

734. (ἐμφανής : Ἴσον τῷ ἐναργὴς, οὐχὶ τῷ φαινόμενος.)

737. ὃν ἄλικα Ῥωμαῖοι καλοῦσιν. V.

738. (σισύραν : Σισύρα καλεῖται παρὰ μὲν τισιν ἡ βαίτη. ἔστι δὲ περιβόλαιον ἐκ δερμάτων συνερραμμένων προβατείων ἐχόντων τὰ ἔρια. οἱ δὲ ἀκριβέστεροί φασι χλαῖναν παλαιὰν εἶναι ἁπλοΐδα. τὴν αὐτὴν δὲ καὶ σισύραν καλοῦσι καὶ σισύρναν.

740. ὀσφύν : Τὸν παρὰ πλευρὸν διάκενον τόπον. *Vict.*

743. (νενουθέτηκεν αὐτόν : Ὁ χορὸς ἀναδέχεται τὸ πρόσωπον τοῦ Φιλοκλέωνος. μετέγνω, φησὶν, ἐπὶ τοῖς πεπραγμένοις αὐτῷ πάλαι.)

751. (κείνων ἔραμαι : Ἐξ Ἱππολύτου Εὐριπίδου [230].

κεῖθι : Ἐν τοῖς δικαστηρίοις.)

752. τίς ἀψήφιστος : Ἔνθα ἐν ταῖς δημοσίαις δίκαις εἰς ταυτὸ συναγόμενοι οἱ δικασταὶ, τοῦ κήρυκος τὴν κληρωτρίδα προσφέροντος, ἔβαλον τὰς ψήφους. ἔνιοι δὲ ἔσθ' ὅτε ὑπὸ φιληδίας κατεῖχον αὐτάς. Ἄλλως. ἐνίοτε μὲν, φησὶν, ἔφερον στάμνον καὶ ἐνέβαλλον καθήμενοι οἱ δικασταὶ τὰς ψήφους, ἐνίοτε δὲ καὶ αὐτοὶ ἐγειρόμενοι ἔβαλλον. τοῦτο οὖν λέγει, ὁ μὴ ἐψηφοφορηκὼς ἐγερθεὶς βαλλέτω.

757. πάρες ὦ σκιερά : Ἀντὶ τοῦ ὦ ἀσθενής. R. παρὰ τὰ ἐκ Βελλεροφόντου παίζει ταῦτα· « πάρες, (ὦ σκιερὰ « φυλλὰς, ὑπερβῶ κρηναῖα νάπη. τὸν ὑπὲρ κεφαλῆς « αἰθέρ' ἰδέσθαι σπεύδω, τίν' ἔχει στάσιν Εἰνοδία. »)

759. (κλέπτοντα : Ἀπειλεῖ καταδικάσειν τὸν Κλέωνα, εἰ λάβοι αὐτὸν ἐγκαλούμενον περὶ κλοπῆς. τὸ δὲ ὅλον βούλεται διαβάλλειν τὸν δικαστικὸν τρόπον ὡς σκληρὸν καὶ ἄπιστον, ὁπότε οὐδὲ τῷ Κλέωνι, ἀφ' οὗ τὸ ὄνομα ἔχει ὁ Φιλοκλέων, πιστόν τι φυλάττει.)

763. (Ἅδης διακρινεῖ : Ἐν Κρήσσαις Εὐριπίδου ὁ Ἀτρεὺς πρὸς τὴν Ἀερόπην. κρινεῖ ταῦτα.)

764. (κεχάρηκας ποῶν : Ἀπὸ ῥήματος περισπωμένου τοῦ χαιρῶ, οὗ ὁ μέλλων χαιρήσω.)

768. ἡ σηκίς : (Σηκίδα τὴν κατ' οἶκον θεράπαιναν λέγουσι. καὶ σεσημειῶσθαι τινὰς ὡς ἀπεκδεχομένων τινῶν τὴν σηκίδα ὄνομα.) — ἡ διάκονος, ἡ θεράπαινα. οἱ δὲ ὄνομα. R.

769. (ταύτης ἐπιβολήν : Λείπει δραχμήν. ταύτης τῆς δίκης μίαν μόνην δραχμὴν ἐπιβολὴν ψηφιεῖ. ἐπιβολὴν δὲ ἐπιτίμιον ζημίαν, παρὰ τὸ ἐπιβάλλειν.)

ψηφιεῖ : Καταδικάσεις. μίαν μόνην : Λείπει δραχμήν. *Vict.*

771. ἐξέχῃ : Ἀνίσχῃ, ἀνατέλλῃ. *Vict.*

772. (εἵλη κατ' ὄρθρον : Ἕλη ἡ τοῦ ἡλίου αὐγὴ, δασέως, ληφθέντος δὲ διὰ τοῦ ι, ψιλῶς. — καὶ εἱρκτὸν καὶ ἐπὶ τοῦ ὀδὸν καὶ οὐδόν. V. — γράφεται δὲ καὶ κατ' ὀρθὸν ἐν πολλοῖς. καὶ ἐξηγούμενος Καλλίστρατός φησι, κατὰ τὸ ὀρθῶς ἔχον· οὐχὶ ἐν τῷ δικαστηρίῳ. τὸ δ' ἡλιάσῃ (μήποτε δὲ ψιλῶς προενεκτέον) παρὰ τὴν Ἡλιαίαν, πρὸς ἥλιον δικάσειν. ἅμα δὲ παίζει παρὰ τὴν τοῦ ἡλίου ὀνομασίαν. ψυχρῶς δὲ πέπαιχε, φησὶν ὁ Δίδυμος, πρὸς τοὔνομα. ἐπειδὴ γὰρ εἵλη λέγεται ἡ τοῦ ἡλίου αὐγὴ, Ἡλιαία δὲ τὸ δικαστήριον, παίζων ἔφησε πρὸς τὸ φιλόδικον ὅτι ἐπειδὰν ἀνάσχῃ ὁ ἥλιος, ἡλιάζειν ἐνέσται σοι. οὕτως δὲ οἱ Ἀττικοὶ διὰ τοῦ ι εἵλην λέγουσιν. οὕτως Δίδυμος. δικάσεις, φησὶ, πρὸς τὸν ἥλιον καθήμενος. ἔπαιξε δὲ παρὰ τὴν Ἡλιαίαν, τὸ μέγιστον δικαστήριον, ὃ ταύτης τῆς ὀνομασίας ἔτυχε διὰ τὸ ἐν ὑπαίθρῳ αὐτὸ ἀναπεπταμένον βάλλεσθαι τῷ ἡλίῳ.)

774. ὕοντος : Ὕοντος τοῦ θεοῦ καὶ νίφοντος, γνώσῃ καθήμενος πρὸς τὸ πῦρ τὴν δίκην.

(κἂν ἔγρῃ : Κἂν βραδέως ἀπὸ τῆς κοίτης ἀναστῇς, οὐδεὶς ἀποκλείσει σε τοῦ δικαστηρίου, ὡς βραδέως ἥκοντα.)

775. θεσμοθέτης : Ὅτι καὶ θεσμοθέτης παρετύγχανε καὶ ἔβλεπε τὰ δικαστήρια. ι. V. (Ἄλλως.

ἐπειδὴ θεσμοθέται καὶ δέκατος ὁ γραμματεὺς κληροῦσι τοὺς δικαστὰς τοὺς τῆς αὐτῆς φυλῆς ἕκαστος. Ἄλλως. ἀρχῆς ὄνομα ὧν τοῖς ψηφίσμασιν ἐχειροτονοῦντο οἱ δικασταί. καὶ ἦρχον αὐτῶν οὕτως, ὡς καὶ δύνασθαι ἐκβαλεῖν καὶ μὴ ἐᾶν εἰσιέναι εἰς τὸ δικαστήριον. εἶπε δὲ καὶ ἑκάστη φυλὴ πρὸς ἕνα εἰς τὸ τοὺς νόμους εἰσηγεῖσθαι.)

778. (δάκνων σεαυτόν : Ἐπειδὴ ἐνίοτε ἀπὸ πείνης ὁ δικαστὴς τὸν λέγοντα καταδικάζει.)

779. (πῶς οὖν διαγινώσκειν : Ἐπειδὴ εἶπεν αὐτῷ ὁ Βδελυκλέων, δύνασθαι δικάζοντα ἐπὶ τῆς οἰκίας ἐσθίειν, φησὶ, πῶς δυνήσομαι ἐσθίων δοκιμάσαι τὰ λεγόμενα;)

783. (ἀναμασώμενοι : Ἀντὶ τοῦ διαλογιζόμενοι. νοούμενον πρὸς τὸ χρειῶδες ἐνταῦθα παρέλαβεν ἐπὶ τοῦ ἐσθίοντος. Ἄλλως. ἐκ μεταφορᾶς τῶν ἀναπεμπαζόντων τὴν τροφὴν ζῴων καὶ αὖθις ἀναμασωμένων τὸ ἀναμασώμενοι εἴρηκεν.)

787. Λυσίστρατος : Σκωπτικός. (καὶ ἐν Ἀχαρνεῦσι [855] « Λυσίστρατός τ' ἐν ἀγορᾷ Χολαργέων ὄνειδος. » ἔστι δὲ καὶ ἕτερος Λυσίστρατος, παῖς Μακαρέως, σκωπτόμενος εἰς κιναιδίαν. Ἄλλως. δυοῖν γὰρ δικασταῖς ἐδίδοτο δραχμὴ μία, καὶ οὕτως ἐμερίζοντο πρὸς τρεῖς ὀβολούς. ὡς τοῦ Λυσιστράτου ἅμα αὐτῷ εἰληφότος δραχμὴν ὑπὲρ τοῦ δικαστικοῦ μισθοῦ, καὶ ἐμπεπιστευμένου κερματίσαι αὐτὴν, ὥστε μερίσασθαι, καὶ παρασχόντος αὐτῷ ἀντὶ ἀργυρίου λεπίδας, ἀγαπητῶς ἔχει τὸ μόνος λαμβάνειν τοὺς μισθούς.)

788. (δραχμὴν μετ' ἐμοῦ λαβών : Καθὸ εἰς δύο ἡ δραχμὴ ἐδίδοτο καὶ αὐτοὶ διῃροῦντο κερματίζοντες, ἵνα μὴ οἱ κωλακρέται κέρμα εἰσφέρωσιν.)

789. ἐν τοῖς ἰχθύσιν : Ἐν τοῖς ἰχθυοπωλίοις. (ἀπὸ τῶν πωλουμένων τοὺς πωλοῦντας εἰπών. λοπίδας δὲ ἃς ἡμεῖς λεπίδας καλοῦμεν.)

(790). κεστρέων : Κεστρεὺς εἶδός ἐστιν ἰχθύος, [ὁ λεγόμενος κέφαλος,] μεγάλην λεπίδα ἔχον καὶ παχεῖαν, ὡς ὑπόνοιαν αὐτὴν ἔχειν ἀργυρίου.

791. κἀγὼ 'νέκαψα : Ἐνέκαψα, ἐνέθηκα τῷ στόματι, νομίζων εἶναι ἀργύριον. (πολλοῖς γάρ ἐστιν ἔθος ἐν τῷ στόματι φυλάττειν τὸ ἀργύριον.)

(ᾠόμην λαβεῖν : Ὅτι δηλοῖ τὸν λεπτὸν, ὁποῖός τις ἦν. ἦν δὲ ἀργυρᾶ νομίσματα. ὀσφρόμενος δὲ τῆς δυσωδίας αἰσθόμενος.)

794. (ἀλεκτρυόνος μ' ἔφασκεν : Ἐπεὶ πάντα πέττουσιν οἱ ἀλεκτρυόνες θερμοτάτην κοιλίαν ἔχοντες.)

796. (ταχὺ γοῦν καθέψεις : Τοὺς ὀβολοὺς ἀργυροῦς εἴρηκεν, ὡς καὶ ἡμεῖς λέγομεν χαλκοῦς, ἀργύρου ὄντος. ἤ, καθότι τρεῖς ὀβολοὶ ὄντες ἀργυροῦν τριώβολον ἐγένοντο.) — ὅτι καὶ ὀβολοὶ ἀργυροῖ ἦσαν. R.

(ἦ δ' ὅς λέγων : Ἀντὶ τοῦ ἔφη. καὶ ἔστιν ἀπὸ τοῦ ἠμί. κέχρηται δὲ αὐτῷ συνεχῶς ὁ Πλάτων ἐπὶ μέλλοντος μόνου· οἱ δὲ κωμικοὶ καὶ ἐπὶ τῶν ἄλλων χρόνων.)

798. (ταῦθ' ἥξω : Τὰ πρὸς τὸ σχῆμα τοῦ δικαστηρίου ἐπιτηδεύει.)

799. ὅρα τὸ χρῆμα : Ταῦτα πρὸς ἑαυτὸν, τοῦ υἱοῦ εἰσελθόντος. οὐκ ἐπ' ἀληθείᾳ δὲ ταῦτά φησιν, ὅτι χρησμὸς ἐδόθη, ἀλλὰ πρὸς τὸ φιλόδικον αὐτῶν παίζει.

τὰ λόγια : Οἱ χρησμοὶ τοῦ Ἀπόλλωνος. V.

804. Ἑκάταιον : (Ἱερὸν Ἑκάτης, ὡς τῶν Ἀθηναίων πανταχοῦ ἱδρυομένων αὐτὴν ὡς ἔφορον πάντων καὶ κουροτρόφον. Ἑκάταιον οὖν Ἑκάτης ἄγαλμα, τὸ Ἑκατήσιον λεγόμενον. τῇ προσῳδίᾳ) Καλλίστρατος ὡς ἐπινίκιον. (ἐν τισι γὰρ εὕρηται Ἑκατεῖον.)

807. (ἀμὶς μέν : Οὐρητρὶς, οὐρηρὸν ἀγγεῖον. οὐρητιάσῃς δὲ οὐρῆσαι βουλήσῃ, ἢ στραγγουρίας περιπέσῃς νοσήματι.)

810. (στραγγουρίας : Φυσικῶς τοῦτο εἶπεν. συμβαίνει γὰρ τοὺς ἐπέχοντας τὰ οὖρα στραγγουριᾶν.)

811. (προσέστηκε φακῇ : Ὥσπερ τὸ συκῆ ἀπὸ συκέα περισπῶσι, καὶ τὸ ἀμυγδαλῆ ἀπὸ τοῦ ἀμυγδαλέα, οὕτω καὶ φακῆ ἀπὸ τοῦ φακέα.)

814. ῥοφήσομαι : Ὡς καὶ φακῆς ῥοφήματος διδομένου τοῖς ἀσθενοῦσιν, (ἔπαιξεν, ἐπεὶ οἱ νοσοῦντες χυλὸν πτισάνης ῥοφοῦσι).

815. (τί τὸν ὄρνιν : Ὡς καὶ ἀλεκτρυόνα ἐξαγαγόντος τοῦ Βδελυκλέωνος.)

817. (ᾄδων : Κυρίως τὸ ᾄδειν ἐπὶ τοῦ ἀλεκτρυόνος, κοκκύζειν δὲ ἐπὶ τοῦ κόκκυγος.)

819. (θηρῷον : Τὸ ἱερὸν τοῦ ἥρωος Λύκου. πόλιν δὲ καὶ τοῦτο ὡς φιλόδικος.)

820. πάρεστι τουτί : Πινάκιον κομίζει, ἐν ᾧ γεγραμμένος ἦν ὁ Λύκος.

821. (χαλεπὸν ἄρ' ἦσθ' ἰδεῖν : Ὡς δυσμόρφου γεγραμμένου τοῦ ἥρωος.)

822. οἷός περ ἡμῖν : (Ἄρρυθμος καὶ μακρός. προείρηται γὰρ ὅτι φαῦλος ἦν τὴν ὄψιν καὶ κακοσύνθετος τὸ σῶμα ὁ Κλεώνυμος. τοῦτο δὲ εἶπε) καθὸ καὶ χαλεπὸς ἦν δημαγωγός. ῥίψασπις δὲ ἦν.

823. (οὐδ' αὐτός : Ἐπειδὴ ῥίψασπις ὁ Κλεώνυμος. εἶχον δὲ καὶ οἱ ἥρωες πανοπλίαν. καὶ δῆλον ἐκ τῶν Δαιταλέων.)

830. ἄνευ δρυφάκτου : Δρύφακτος τὸ παρατεινόμενον [ὡς εἴρηται] ξύλον τοῖς δικασταῖς.

831. ὃ πρῶτον ἡμῖν : Ἀπὸ τῶν θυόντων. ἐκεῖνοι γὰρ πρῶτον τὸ ἧπαρ ἐπισκοποῦνται, εἶτα σπλῆνα καὶ τὰ λοιπά. — ἡμῖν τοῖς δικασταῖς. V.

833. (τό γε παρ' αὐτίκ' ἔνδον : Τὸ παραυτὰ εὑρισκόμενον ἀντὶ τοῦ δρυφάκτου.)

834. (τί ποτε τὸ χρῆμα : Τοῦτο ὁ νεανίσκος. φιλοχωρία δὲ,) ὡσεὶ ἔλεγε τὸ ἐπιχωριάζειν. (δεινὸν, φησὶ, τὰ ἐπιχώρια φιλεῖν, ὅπου καὶ οὗτος τὰ ἐν δικαστηρίῳ φιλεῖ πάντα.)

835. (βάλλ' ἐς κόρακας : Ἔξεισιν ὁ οἰκέτης κυνὶ ἐγκαλῶν. λείπει δὲ οὐδεὶς ὤφειλεν, ἢ χαλεπὸν, ἢ δεινόν.)

836. (οὐ γὰρ ὁ Λάβης ἀρτίως : Ἔσωθέν τις τούτων. τῷ δὲ κυνὶ ὄνομα Λάβης ἀπὸ τοῦ λαμβάνειν θηρία. τυρὸν δὲ ἥρπασεν οὗτος. ἀξιοῦσι δέ τινες ὡς παρὰ γράμμα κωμῳδεῖσθαι Λάχητα τὸν στρατηγήσαντα

περὶ Σικελίαν ἐπὶ δωροδοκίᾳ, καὶ τὰ ἑξῆς ἐπὶ ταύτην λέγεσθαι τὴν ὑπόνοιαν. ὅτι δὲ νοσφιστὴς καὶ ὑπὸ ἄλλων κωμῳδεῖται προείρηται. τοῦτο δὲ κομψόν ἐστιν. οὐ πάνυ δὲ οἰκεῖον δοκεῖ, ἐπεὶ κἂν παρεδήλωσεν αὐτό. ἀλλ' ἔοικεν ὁ Λάβης ὠνοματοπεποιῆσθαι ἁπλῶς, καθάπερ ὁ Δάκης ὁ παρὰ Τηλεκλείδῃ ἐν Πρυτάνεσι,

Δάκης τίς ἐστιν ὅντιν' ἀνθρώπων ὁρᾷς.

ἰπνὸς δὲ ὁ φοῦρνος. κυρίως μὲν ἡ κάμινος, ἢ ὁ φανὸς, καταχρηστικῶς δὲ ἡ ἐσχάρα. καὶ ἴπνια τὰ ἀποκαθάρματα τοῦ ἰπνοῦ. ἢ τὰ πρὸς τὴν κάμινον ἐπιτήδεια καύσιμα. Καλλίμαχος δὲ [fr. 216] τὴν κόπρον τῶν ζῴων,

σὺν δ' ἀμυδὶς φορυτόν τε καὶ ἴπνια λύματ' ἄειρεν.)

838. τροφαλίδα : Τροφαλὶς κυρίως ὁ κύκλος τοῦ τροχοῦ. πολὺς δὲ τυρὸς ἐν Σικελίᾳ. R. (οἱ μὲν τὸν ἐπιμήκη τυρὸν, οἱ δὲ τροχὸν τυροῦ. πολυθρέμμων δὲ ἡ Σικελία, διὸ τυρὸν πολὺν καὶ κάλλιστον ἔχει.)

841. ἀλλ' ἅτερός φησι κύων : Νῦν τὰ μὲν πρόσωπα τῶν κυνῶν ἐστι, τὰ δὲ πράγματα πολιτικά. εἰσάγει γάρ τινα κλέπτην κατηγορούμενον ὑπὸ πολίτου ἑτέρου. φανεροὶ δὲ ἦσαν τοῖς τότε (ἀφ' ὧν λέγει δήμων). ἅμα δὲ ὡς κυνώδεις αὐτοὺς διαβάλλει.

843. τῷ πατρὶ, ἢ αὐτοὺς τοὺς κύνας. R.

844. χοιροκομεῖόν ἐστιν ἀγγεῖόν τι (καννωτὸν), ὅπου οἱ χοῖροι τρέφονται. (Ἑστίας δὲ, ἐπεὶ ἐπὶ τῆς ἑστίας τρέφουσι χοίρους. εἰσφέρει δὲ τοῦτο ἀντὶ δρυφάκτου, ἢ κιγκλίδος. ἐν τῇ Λυσιστράτῃ [1073] κλοιὸν μᾶλλον ἢ πάσσαλον ἐμφαίνει, ὡς καὶ τούτου ὁμοίως λεγομένου, ὅπου ὁ χοῖρος δέδεται. Ἄλλως. ἔξεισιν ὁ ἕτερος τῶν οἰκετῶν ἀντὶ δρυφάκτων χοιροκομεῖον ἔχων. ἔστι δὲ τὸ καλούμενον ζωγρεῖον καννωτὸν, ὅπου οἱ χοῖροι τρέφονται.)

846. (ἀφ' Ἑστίας ἀρχόμενος : Ἐν γὰρ ταῖς σπονδαῖς ἀφ' Ἑστίας ἄρχονται, καὶ οὕτως ἐκ τῶν ἄλλων θεῶν. ὡς ἐν κωμῳδίᾳ δὲ ὁ θεράπων παίζει φήσας, ἐπιτρίψω τινά. ἐπὶ γὰρ τοῦ χοιροκομείου μέλλει δικάζειν ὁ Φιλοκλέων καὶ καταδικάζειν ὡς φιλόδικος. ἔστι δὲ παροιμία, ἀφ' Ἑστίας ἄρχου. μετενήνεκται δὲ ἀπὸ τῶν περὶ τὰ ἱερὰ καθημένων. τῇ γὰρ Ἑστίᾳ τὰς ἀπαρχὰς ἔθος ἦν ποιεῖσθαι. — καὶ Σοφοκλῆς ἐν Χρύσῃ « ὦ πρῷρα λοιβῆς Ἑστία κλύεις τάδε; » V. — μῦθον δὲ συνέθηκεν Ἀριστόκριτος οὕτως ἔχοντα. μετὰ γὰρ τὸ καταλυθῆναι τὴν τῶν Τιτάνων ἀρχὴν, τὸν Δία δεξάμενον τὴν βασιλείαν, ἐπιτρέπειν Ἑστίᾳ λαβεῖν ὅ τι βούλοιτο. τὴν δὲ πρῶτον μὲν παρθενίαν αἰτῆσαι, μετὰ δὲ τὴν παρθενίαν ἀπαρχὰς θυομένων αὐτῇ νέμεσθαι πρώτῃ παρὰ τῶν ἀνθρώπων. κέχρηται δὲ τῇ παροιμίᾳ καὶ Πλάτων ἐν Εὐθύφρονι [p. 3, A] « βουλοίμην ἄν, ὦ « Σώκρατες, ἀλλ' ὀρρωδῶ μὴ τοὐναντίον γένηται. ἀτε« χνῶς γὰρ ἀφ' Ἑστίας δοκεῖ μοι ἄρχεσθαι κακουργεῖν « τὴν πόλιν, σὲ ἐπιχειρῶν ἀδικεῖν. ») — τινα : τὸν καταδικασθέντα δηλονότι. R.

847. ἐπειδὴ συνετίμων οἱ δικασταί. R.

848. (τὰς σανίδας : Σανίδας φησὶν ἐν αἷς ἔγραφον τὴν μακρὰν ἢ τὴν βραχεῖαν τῆς δίκης. γραφὰς δὲ νῦν ἀντὶ τοῦ τὸ γραφεῖον ἐν ᾧ ἔγραφον.)

849. (οἴμοι διατρίψεις : Ἐπειγόμενος εἰς τὸ δικάζειν φησὶ, δύναμαι καὶ χωρὶς γραφείου δικάσαι, τοῖς ὄνυξι τὴν τοῦ γραφείου τάξιν ἀποπληρῶν.)

850. ἀλοκίζειν : ἀροτριᾶν. (ἀλοκίζειν τὸ τῷ ὄνυχι γράφειν εἰς τὸ τιμητικὸν πινάκιον, οὕτως εἴρηκεν, οἷον αὔλακας σχίζειν.)

852. (ὁ πρῶτός ἐστιν : Ὁ κατηγορῶν. ὡς φιλόδικος δὲ φαντάζεται εἰσαγωγήν τινος πρώτου.)

853. (ὅτιὴ 'πιλαθόμην : Πάλιν ὑπερθέσεως καιρὸν πορίζων, φησὶν ἐπιλελῆσθαι τοὺς καδίσκους.)

855. ἀρυστίχους : (Ἀρύστιχος καὶ ἄρυστις καὶ ἀρυστὴρ) ἀγγεῖόν ἐστιν ᾧ ἔστιν ἀρύσασθαι, (κοτύλη, ἢ κύαθος. εἶχον δὲ, φησὶν, αὐτοὺς πρὸς τὴν διαψήφισιν. ἀρυστίχους δὲ οὓς ἐνίοτε κοτυλίσκους. Ἄλλως. ἀρυστίχους τοὺς οἰνοχόους εἴρηκεν, ἀπὸ τοῦ ἀρύειν· ἔνθεν καὶ ἀρύταινα. ἔλεγον δὲ καὶ ἔφηβον τὸ τοιοῦτον σκεῦος. ἥβην γὰρ οἱ παλαιοὶ τὸ τέρπεσθαι κατὰ τὰς εὐωχίας προσηγόρευον. καὶ ὁ ποιητὴς τοίνυν ἀπὸ ταύτης τῆς αἰτίας τὴν Ἥβην συνεστήσατο, καὶ διὰ τοῦτο τοῖς θεοῖς οἰνοχοοῦσαν παρεισήγαγεν, οἰκείαν τῇ τεταγμένῃ ὑποθέσει τὴν λειτουργίαν αὐτῇ προσμερίζων.)

857. (κλεψύδρας : Κλεψύδρα κρήνη ἐν τῇ Ἀττικῇ, ἥτις Ἐμπεδὼ προσηγορεύετο. σημαίνει δὲ τὸ σκεῦος νῦν.)

858. ἡδὶ δέ : (Μήποτε) τὸ αἰδοῖον (αὐτῷ) δείκνυσιν (ὁ πρεσβύτης, ὅτι οὐρεῖ ὡς ἡ κλεψύδρα. ἀμὶς γὰρ αὐτῷ παράκειται).

859. κἀπιχωρίως : (Οἷον σκωπτικῶς καὶ φλυάρως.) ἐπιχώριον γὰρ ἦν αὐτοῖς τὸ (σκώπτειν καὶ) παίζειν, (ἐκ πολλῆς εἰδήσεως τοῦ Ἑλληνισμοῦ).

861. (μυρρίνας : Μυρρίναις γὰρ ἐστεφανοῦντο οἱ ἄρχοντες. και μυρρινῶν, ἀρχῆς ἐπιθυμῶν).

862. (ὅπως ἂν εὐξώμεσθα : Ὡς ἐπὶ μεγίστου πράγματος τερατεύεται. οἱ γὰρ ἐπιχειροῦντες εἴς τι πρᾶγμα εἰώθασι τοῖς θεοῖς εὐχὰς ποιεῖν καὶ θυσίας.)

863. [καὶ μὴν ἡμεῖς ἐπὶ ταῖς σπονδαῖς : Ἡ ἀμοιβαία αὕτη περίοδος ἔοικεν ἐκθέσει διπλῆς· διὸ καὶ τὸ παρατέλευτον ἔχει κῶλον. ἔστι γοῦν περιόδων τριῶν, καὶ εἰσὶ τῆς πρώτης περιόδου κῶλα τέσσαρα, ὧν τὸ πρῶτον ἀναπαιστικὸν τρίμετρον ἀκατάληκτον. τὰ ἑξῆς δύο δίμετρα ἀκατάληκτα. τὸ τέταρτον δίμετρον καταληκτικὸν, ἤτοι ἑφθημιμερὲς, ὃ καλεῖται παροιμιακόν. μεθ' ὃ ἐν εἰσθέσει ἰαμβικὸς τρίμετρος ἀκατάληκτος. τῆς δευτέρας περιόδου κῶλα ἕξ, ὧν τὸ πρῶτον ὅμοιον, τὸ δεύτερον ἑφθημιμερὲς, τὰ ἑξῆς τρία δίμετρα ἀκατάληκτα, τὸ ἕκτον πενθημιμερές. τῆς τρίτης περιόδου ἀναπαιστικὰ κῶλα δέκα, ὧν τὰ πρῶτα τέσσαρα τετράμετρα καταληκτικὰ, τὸ ε' καὶ ς' τρίμετρα ἀκατάληκτα, τὸ ζ' καὶ τὸ η' δίμετρα ἀκατάληκτα, τὸ θ' ἀναπαιστικὴ βάσις, ὃ καὶ παρατέλευτον ὀνομάζεται, τὸ δὲ ι' τὸ « τὴν ἀκαλήφην ἀφελέσθαι, » δίμετρον καταληκτικόν. ἐφ' ἑκάστῃ πε-

ριόδῳ παράγραφος. ἐπὶ τῷ τέλει αἱ συνήθεις δύο διπλαῖ ἔσω νενευκυῖαι.]

865. (φήμην ἀγαθήν : Συνευξόμεθα, ὥστε ταῦτα γενέσθαι.)

867. (καὶ τοῦ νείκους : Ἐκ τῆς φιλονεικίας εἰς φιλίαν ἐτράπητε.)

874. (ἰήιε Παιάν : Ὡς ἐπὶ κακῶν λήξει τὸν Παιᾶνα ὕμνον ᾄδουσιν.)

875. (γεῖτον ἀγυιεῦ : Περὶ τοῦ ἀγυιέως Ἀπόλλωνος Διευχίδας οὕτως γράφει, « ἐν δὲ τῷ ἰατρῷ τοῦτο διαμένει, καὶ ἔτι καὶ νῦν ἐστιν ὡς ἀγυιεὺς τῶν Δωριέων οἰκησάντων ἐν τῷ τόπῳ ἀνάθημα. καὶ οὗτος καταμηνύει ὅτι Δωριέων ἐστὶ τὰ τῶν Ἑλλήνων. τούτοις γὰρ ἐπὶ τὰς στρατιὰς φάσματος οἱ Δωριεῖς ἀπομιμούμενοι τὰς ἀγυιὰς ἱστᾶσιν ἔτι καὶ νῦν τῷ Ἀπόλλωνι. » Ἄλλως. πρὸ τῶν θυρῶν ἔθος εἶχον κίονας εἰς ὀξὺ λήγοντας ὡς ὀβελίσκους ἱδρύειν εἰς τιμὴν Ἀπόλλωνος ἀγυιέως.)

878. (ἀντὶ σιραίου : Μὴ σίραιον, ἀλλὰ μέλι παραμίξας. σίραιον δὲ τὸ ἡψημένον γλεῦκος, βραχὺ δ' ἔχον παράπικρον, ὅταν καθεψηθῇ.)

884. (τὴν ἀκαλήφην : Τὴν λεγομένην κνίδην, ἣν προσφέροντες τῷ σώματι κνηστιᾶν αὐτὸ ποιοῦμεν. Ἄλλως. μεταφορικῶς τὸ τραχὺ καὶ δηκτικόν, ἣν καὶ ἀκαλήφην λέγεσθαί φησι Κράτης ἐν Φοινίσσαις. ἔστι δὲ καὶ θαλάττιος ἰχθὺς οὕτω λεγόμενος ἀκαλήφη.)

886. τῶν παρ' ἡμῶν σοι εἰρημένων, ἢ τῶν παρὰ σοῦ ἡμῖν λεχθέντων (ῥηθέντων *G.*) V.

887. εὖνοι : Προπερισπωμένως, εἴτε τοῦ εὔνους ἐστί. V.

890. (τῶν γενναιοτέρων : Εἰ μὲν γενναιοτέρων, τῶν σπουδαίων· εἰ δὲ νεωτέρων, τῶν ὁμηλίκων.)

891. Βδελυκλέων μιμεῖται τὸν κήρυκα. V.

892. (ὡς ἡνίκ' ἂν λέγωσιν : Ἔθος γὰρ ἦν πρὸ μὲν τῆς καταστάσεως τῶν ῥητόρων κηρύττειν τοὺς δικαστάς, ὁπότε δὲ ἤρχοντο τῶν δικῶν, οὐκέτι εἴων εἰσιέναι τοὺς ὑστεροῦντας δικαστάς. ἁλώσεται δὲ καταδικασθήσεται.) — οὐκ εἰσφρήσομεν : οὐ συγχωρήσομεν εἰσελθεῖν. *R. V. Vict.*

893. ἁλώσεται : Ὡς μέλλων καταδικασθῆναι. *Vict.*

895. (κύων Κυδαθηναιεύς : Ἔπαιξε παρὰ τὸν κύνα, Κυδαθηναιᾶ φάσκων αὐτόν. ὡς ἐπὶ ἀνθρώπων δὲ ποιεῖται τὴν κατηγορίαν.

Κυδαθηναιεὺς : Ἀπὸ δήμου τῆς Πανδιονίδος φυλῆς, Αἰξωνεὺς δὲ ἀπὸ δήμου τῆς Κεκροπίδος.)

897. οὕτω κατεγράφοντο καὶ ἔλεγον τὴν τιμωρίαν. οὗτος δὲ ὡς ἐπὶ κυνὸς εἶπε τὸ κλοιός, ὅπερ ἐστὶ τὸ ξύλον τὸ ἐμβαλλόμενον εἰς τὸν τένοντα τοῦ κυνός. V. κλῳὸς σύκινος : Οὕτως οἱ Ἀττικοὶ τὸν κλοιὸν κλωὸν ἔλεγον. (σύκινον δὲ διὰ τὸ βραχὺ τοῦ ξύλου. Ἄλλως. τὸ κολλάριον τὸ παρ' ἡμῖν λεγόμενον, ᾧ εἰώθασι τοὺς κύνας προσδεσμεύειν ἐγ τοῖς ἀγροῖς. ἔστι δὲ ξύλινον.) — κλῳός : Κλοιὸς μέρος τι τῆς νεώς, ἢ περιτραχήλιος δεσμός. *Vict.*

898. (θάνατος μὲν οὖν κύνειος : Παίζει ὡς ἐν κωμῳδίᾳ καταδικάζων τὸν Λάβητα κυνείῳ θανάτῳ, ἅμα δὲ ὅτι καὶ χαλεπός ἐστιν ὁ τοῦ κυνὸς θάνατος. δυσχερῶς γὰρ ἀφίησι τὸ πνεῦμα.)

900. (ὡς δὲ καὶ κλέπτον βλέπει : Ἀντὶ τοῦ κλεπτικόν. κλέπτον δὲ βαρέως Ἀττικοί, καθὰ καὶ Εἰρηναῖός φησιν.)

901. (οἷον σεσηρώς : Οἱ γὰρ κύνες μετὰ τὸ φαγεῖν σεσήρασιν. οἱ δὲ σεσηρότες κύνες.)

σεσηρώς : Σεσηρὼς, κεχηνὼς, διηνοιγμένον, ἀνοικτὸν ἔχων τὸ στόμα. *Vict.*

902. (ποῦ δ' οὑδιώκων : Τὸ πλῆρες, ποῦ δὲ ὁ διώκων. ἐκτείνουσι μέντοι καὶ τὸ ὁ ἄρθρον. Εὔπολις Αἰξὶ « τὴν « πανδοκεύτριαν γὰρ ἀνὴρ ὁ γλάμων | ἔχει. »)

903. (αὖ αὖ : Ὁ κύων λέγει ὑπακούων, οἷον ὅτι ὧδε εἰμί. μιμεῖται δὲ τὴν φωνὴν τοῦ κυνὸς διὰ τοῦ αὖ αὖ.

πάρεστιν ἕτερος : Ἀντὶ τοῦ ὁ κατήγορος. ὁ Φιλοκλέων δέ φησι πρὸς τὸν Λάβητα ὅτι πάρεστιν ὁ κατήγορός σου, ἐν ἤθει.)

904. ὑλακτεῖν : Συνηγορεῖν τῷ κυνί. *Vict.*

905. τῷ Κυδαθηναιεῖ φησι. V.

907. ὁ συνηγορῶν τῷ Κυδαθηναιεῖ. V.

909. καὶ τὸ ῥυππαπαί : (Καὶ τὸ ναυτικόν. διὰ δὲ Χάρητα πάλιν τοῦτο λέγει. ἴσως γὰρ καὶ τὸ ναυτικὸν στράτευμα ἠδίκησεν. ἔστι δὲ ἐπίρρημα τὸ ῥυππαπαὶ ναυτικόν, ὃ ἐν τῇ κωπηλασίᾳ φασίν, ὡς ἐγκέλευσμα. Ἄλλως. συμβολικῶς) τὸ ναυτικόν. τοῦτο γὰρ ἐπιφώνημά ἐστι ναυτικόν. (ὡς τῶν ἐρετῶν δὲ καὶ ναυτῶν περὶ πλείστου ποιουμένων τὸν τυρόν.)

911. κατεσικέλιζε : (Τὸν Σικελικὸν κατήσθιεν,) ἐπειδὴ Σικελικὸν ἔφη τὸν τυρόν. (παίζει δὲ ἀντὶ τοῦ ἤσθιε καὶ ἐκορέσθη. ἐν τῷ σκότῳ δὲ, ἐπειδὴ ἐν μέρει τῆς δύσεως ἡ Σικελία. ἐνήρυγε δὲ ἠρεύξατο.)

ἐμυκᾶτο, ἔπτυεν. *Vict.*

914. (ὁ βδελυρός : Τὸ ἑξῆς, κατεσικέλιζεν ὁ βδελυρός. ἔνιοι δὲ τὸ ὁ βδελυρὸς τῷ Φιλοκλέωνι διδόασι.)

916. κἀμοὶ — τῷ κυνί : καθὸ δικαστὴς καὶ κυνώδης. πτωχὸς γάρ. *R. Vict.*

917. (οὐδὲ τῷ κοινῷ γέ μοι : Τῷ κοινῷ ἀντὶ τοῦ τῷ κοινωνῷ. οἱ δὲ τῷ κοινῷ ἐπὶ τῶν καλουμένων οὐδὲ μέχρι κοινοῦ λόγου. ἔστι δὲ τὰ μὲν πρὸ τούτων τοῦ θεράποντος, τὰ δὲ τοῦ γέροντος.)

918. (ἧττον τῆς φακῆς : Ἔπαιξεν ὡς ῥοφῶν φακῆν. τὸ δὲ ἄνδρα παίζων εἴρηκεν.)

(924). ὅστις περιπλεύσας : Ἀντὶ τοῦ τὴν Σικελικὴν [θάλασσαν], διὰ τὰς νήσους. παρ' ὑπόνοιαν δὲ εἶπε διὰ τὸν Χάρητα, ὅτι ἐν Σικελίᾳ ὢν τοὺς Σικελιώτας πάντας ἐπραίδευεν. ἀντὶ τοῦ ὅστις περιελθὼν τὸν τυρὸν ἀφείλετο. δέον δὲ εἰπεῖν τὴν θάλασσαν [ἢ τὴν Σικελίαν] ἔπαιξε παρὰ τὴν ὑπόνοιαν. θυεία δὲ ἡ ἴγδις, ἀγγεῖον εἰς ὃ ἐμβάλλοντές τινα ἀρτύματα τρίβομεν καὶ λειοῦμεν, ὡς ἑτέρωθι [Pac. 228] Ἀριστοφάνης

καὶ θυείαν ἑσπέρας
ὑπερφυᾶ τὸ μέγεθος εἰσηνέγκατο,
καὶ τρίβειν ἐν αὐτῇ τὰς πόλεις βουλεύεται

925. (τὸ σκῖρον ἐξεδήδοκεν : Σκῖρον τὸ ῥυπῶδες τὸ ἐπὶ τῶν τυρῶν, ὡς Εὔπολις Χρυσῷ γένει « λοιπὸς γὰρ « οὐδείς. τροφαλὶς ἐκείνη ἐφ' ὕδωρ βαδίζει σκῖρον ἠμ- « φιεσμένη. » ἀπὸ τούτου καὶ τὰ λίαν προσεχόμενα ἐνεσκιρῶσθαι λέγεται.)

(926). ἐμοὶ δέ γ' οὐκ ἔστ' : Ὅτι λέγεται καὶ γῆ σκιρρὰς, λευκή τις [ὡς γύψος], καὶ Ἀθηνᾶ Σκιρρὰς, ὅτι τῇ λευκῇ χρίεται. πρὸς τὴν ὁμωνυμίαν οὖν. Ἄλλως. ἐμοὶ δέ γε οὐκ ἔστιν, οἷον οὐκέτι ἔχω οὐδὲ ἐκκλάσαι τὴν ὑδρίαν ἐκ τῆς λατύπης, ἀλλὰ πᾶσα ἀνάλωται. εἰώθασι δὲ τὰ ῥήγματα τῶν ὑδριῶν τῇ λατύπῃ διαπλάττειν. ὑδρία δὲ τὸ ἀγγεῖον ἰωτογραφούμενον, ὑδρεία δὲ τὸ ὑδρεύεσθαι διὰ διφθόγγου.

927. (οὐ γὰρ ἄν ποτε τρέφειν δύναιτ' ἄν : Ἀντὶ τοῦ εἷς οἶκος οὐ δύναται τρέφειν τοὺς δύο κύνας. εἴρηται δὲ παρὰ τὴν παροιμίαν, μία λόχμη δύο ἐριθάκους οὐ τρέφει. Ἄλλως. παροιμία, οὐ τρέφει μία λόχμη δύο ἐριθάκους. ἔστι δὲ ὄρνεον ὑπὸ μέν τινων καλούμενον ἐριθεὺς, ὑπὸ δὲ ἑτέρων ἐρίθυλος, ὑπὸ τῶν πλειόνων ἐρίθακος.)

930. (οὐ κεκλάγξομαι : Ἐὰν, φησὶ, μὴ καταδικάσῃς αὐτὸν, οὐκέτι κραυγάσω. διὰ γὰρ τῆς βοῆς οἱ κύνες φρουροῦσιν.)

933. (κλέπτον τὸ χρῆμα : Ἀντὶ τοῦ κλεπτικόν. ἔπαιξε δέ. ἢ ἐν κωμῳδίᾳ εἴρηται τἀνδρὸς καὶ οὐ κυνός.)

934. (ὦ 'λεκτρυών : Ὑπέρκειται γὰρ τοῦ δικαστηρίου αὐτοῦ ἀλεκτρυὼν, ὡς ἐν τοῖς ἄνω ἐδήλωσεν. καταμύει δὲ ἐπινεύει. οὐρῆσαι δὲ θέλων ἀμίδα αἰτεῖ.)

936. (τοὺς μάρτυρας γάρ : Ὅσα ἐν τῷ μαγειρείῳ τυγχάνει ἐργαλεῖα, τοῦ γελοίου χάριν ἄξαι φησὶ ταῦτα εἰς μαρτυρίαν αὐτοῦ. καὶ ὅτι ἐν τῷ μαγειρείῳ ἡρπάγη ὁ τυρός.)

939. προσκεκαυμένα : Τὰ εἰς τὸ καίεσθαι ἐπιτήδεια. *Vict.*

941. (οἴμ' ἐγὼ χεσεῖσθαι : Πρὸς τὸ οὐρῆσαι ἐπήνεγκε τὸ χεσεῖσθαι ποιήσω τὸν Λάβητα. ὡς φιλόδικος δὲ ἀπειλεῖ καταδικάσαι αὐτόν.)

943. (ἀλλ' ὀδὰξ ἔχει : Οἷον οὐδὲν φθέγγεται, ἀλλὰ τοὺς ὀδόντας δηκτικῶς κατέχει ὁ κύων. Ἄλλως. διασπαράξαι βούλει τοῖς ὀδοῦσι τὸν κύνα, ἵν' ᾖ τὸ ἔχει δευτέρου προσώπου Ἀττικοῦ.)

947. ὅπερ ποτὲ φεύγων ἔπαθεν : (Θουκυδίδην λέγει τὸν Μελησίου) [Ἀλωπεκῆθεν]. τοῦτον δὲ ἐξωστράκισαν Ἀθηναῖοι τὰ ι' ἔτη κατὰ τὸν νόμον· (οὐ ξένον δὲ, ὅτι ἑτέρωθι μὲν ἐξωστρακίσθαι φησὶν αὐτὸν, νῦν δὲ φεύγειν. εἶδος γάρ τι φυγῆς ἐστιν ὁ ὀστρακισμός. ἐν δὲ τοῖς εἴδεσι περιέχεται τὰ γένη. καὶ τὸ μὲν ἐξωστρακίσθαι φεύγειν ἄν τις εἰκότως εἴποι, τὸ δὲ φεύγειν οὐκέτι ἐξωστρακίσθαι.) διαφέρει γὰρ φυγὴ ὀστρακισμοῦ, καθὸ τῶν μὲν φευγόντων αἱ οὐσίαι δημεύονται, τῶν δὲ ὀστρακισμῷ μεταστάντων οὐκέτι (κύριος ὁ δῆμος. καὶ τοῖς μὲν καὶ τόπος ἀπεδίδοτο καὶ χρόνος, τοῖς δὲ οὐδέτερον τούτων. ὅτι δὲ ὁ Ἀθηναίων δῆμος ἀειφυγίαν αὐτοῦ καταγνοὺς ἐδήμευσε τὴν οὐσίαν, καὶ πρὸς Ἀρταξέρξην ἧκε φεύγων, σαφὲς ποιεῖ Ἰδομενεὺς διὰ τοῦ β' τὸν τρόπον τοῦτον, « οἱ « μέντοι Ἀθηναῖοι αὐτοῦ καὶ γένους ἀειφυγίαν κατέγνω- « σαν, προδιδόντος τὴν Ἑλλάδα, καὶ αὐτοῦ ἡ οὐσία ἐδη- « μεύθη. » Ἄλλως. Θουκυδίδης Μελησίου υἱὸς Περικλεῖ ἀντιπολιτευσάμενος. τέσσαρες δέ εἰσι Θουκυδίδαι Ἀθηναῖοι, ὁ ἱστοριογράφος καὶ ὁ Γαργήττιος καὶ ὁ Θετταλὸς καὶ οὗτος ῥήτωρ ἄριστος τυγχάνων, ὃς κατηγορηθεὶς ἐν τῷ δικάζειν οὐκ ἠδυνήθη ἀπολογήσασθαι ὑπὲρ ἑαυτοῦ, ἀλλ' ὥσπερ ἐγκατεχομένην ἔσχε τὴν γλῶτταν, καὶ οὕτω κατεδικάσθη, εἶτα ἐξωστρακίσθη. Ἄλλως. πρὸς τὴν ἱστορίαν. μήποτε ὁ Περικλεῖ ἀντιπολιτευσάμενος. τοῦτο δὲ Φιλόχορος μὲν ἱστορεῖ. ὃς οὐδὲ πάντη γνώριμος ἐγένετο· ἀλλ' οὐδὲ παρὰ τοῖς κωμικοῖς, διὰ τὸ ἐπ' ὀλίγον στρατείας ἀξιωθέντα μετὰ Κλέωνος ἐπὶ Θρᾴκης φυγῇ καταψηφισθῆναι. ἔνιοι δὲ, ὧν καὶ Ἀμμώνιος τοῦ Στεφάνου, * * * καὶ τοῦτο δὲ ὑπίδοι τις, ὥσπερ προείρηται. ὁ γενόμενος ὀστρακισμὸς ἐμφαίνει τὸν Μελησίου καὶ τὸν ὀστρακισθέντα. Θεόπομπος μέντοι ὁ ἱστορικὸς τὸν Πανταίνου φησὶν ἀντιπολιτεύσασθαι Περικλεῖ, ἀλλ' οὐκ Ἀνδροτίων, ἀλλὰ καὶ αὐτὸς τὸν Μελησίου.)

948. δέον εἰπεῖν τὴν γλῶσσαν. V.

949. (πάρεχ' ἐκποδών : Λακτίσας τὸν κύνα, φησὶν, ἀναχώρει.) τοὺς συκοφάντας λύκους καλεῖ.

953. (ξυνωμότης : Προδότης. ὡς ἐπὶ ἀνθρώπου δὲ εἶπεν.)

955. (οἷός τε : Δυνατός ἐστι, φησὶ, προβάτων προΐστασθαι.)

956. τὸν τυρὸν εἰ κατεσθίει : Ἄλλῳ τρόπῳ, φησὶ, βλάπτει. *Vict.*

959. κιθαρίζειν γὰρ οὐκ ἐπίσταται : (Ὡσεὶ εἶπεν· οὐδὲν ἄλλο ἐπίσταται πλὴν τὸ κλέπτειν.) παρὰ τὴν παροιμίαν « πεζῇ βαδίζω, νεῖν γὰρ οὐκ ἐπίσταμαι. » (οὐδὲν δὲ πρὸς ἔπος. δέον γὰρ εἰπεῖν ὑπὸ πείνης τοῦτο ποιεῖ, ὁ δὲ παρ' ὑπόνοιαν τοῦτο ἐπήγαγεν.)

960. ἀπὸ κοινοῦ τὸ ἐπίστασθαι. V.

961. κακουργῶν ἐνέγραφ' ἡμῖν : ὡς γραπτὸν δεδωκότος λόγον τοῦ ἀπολογουμένου κυνός. *R. V. Vict.*

962. (τῶν μαρτύρων : Ἀπολογουμένων δηλονότι.)

963. τυρόκνηστι : Τὴν ἀπολογίαν. V. (ὡς πρὸς τὸν Χάρητα πάλιν καὶ τοῦτο, ὡς ἐν κωμῳδίᾳ.)

964. (ταμιεύουσα : Ἐν τῷ ταμείῳ οὖσα. ἐν τούτοις καὶ ὅλῳ τῷ τρόπῳ τῆς δίκης ἐχαρακτήρισε τὰς ἐν ταῖς εὐθύναις τῶν ἀρχόντων ἀπολογίας.)

965. (κατέκνησας : Ἀντὶ τοῦ ἔτεμες, ἐμέρισας τοῖς στρατιώταις, ἃ ἔλαβες τυρία. ὡς ἐπὶ δημοσίου δὲ πράγματος ἀξιοπιστίαν περιποιεῖται τῇ μαρτυρίᾳ, διὰ τοῦ στρατιώταις εἰπεῖν τετμηκέναι.)

968. (καὶ τραχήλι' ἐσθίει : Τὰ ἄκρα καὶ τὰ εὐτελῆ κρέα. ἐν τοῖς ὑπομνήμασι δὲ γέγραπται περὶ τῶν τραχηλίων οὕτως· τὰ ἀποβαλλόμενα τῶν ὄψων, ὡς μικρὰ κλέπτοντος αὐτοῦ. πεπλάνηται δέ. ἔστι δὲ τραχήλιόν τι βραχὺ τελέως, παραπλήσιον τοῖς κυρηβίοις, τουτέστι πιτύροις, τοῖς ἀπὸ τῶν κριθῶν ἀποβρέγμασι, τοῖς ἀχύροις. λέγονται δὲ καὶ ἀρσενικῶς οἱ τράχηλοι. ἔστι δὲ

εὐτελὲς προσόψημα ἐν λοπαδίσκοις σκευαζόμενον. Ἄλλως. τὰ κεφάλαια τῶν ἰχθύων, ὡς ἀκανθώδη. καὶ Φερεκράτης ἐν Ἐπιλήσμοσιν « ὅστις παρέθηκε κράνην. » χαρακτηρίζει δὲ τοὺς μικροκλέπτας ἐν τοῖς ἑξῆς. τοὺς οἴκοι μένοντας τῶν πολιτῶν, καὶ ἁρπάζοντας.)

969. (καὶ τὰς ἀκάνθας : Ἅμα μὲν ἐπὶ τοῦ κυνὸς, εὐτελέσι τε χρωμένου καὶ πανταχῇ φοιτῶντος, ἅμα δὲ καὶ ὡς ἐπὶ στρατηγοῦ προϊόντος. καὶ Λάχης γὰρ εἷς τῶν ἐξιόντων στρατηγῶν ἐγένετο ἐν ταῖς ἐξόδοις.)

970. (ὁ δ' ἕτερος οἷός ἐστιν : Ὁ κατήγορος. εἴη δ' ἂν ὁ Κλέων, ὅν φησιν ἐνδομυχοῦντα τὰ τῆς πόλεως κατεσθίειν. τοὺς οἴκοι οὖν μένοντας τῶν πολιτῶν καὶ ἁρπάζοντας χαρακτηρίζει.)

973. (αἰβοῖ : Ὡς μαλαχθεὶς ὁ γέρων δυσαρεστεῖται, κακόν τι νομίζων αὐτὸ εἶναι, διὰ τὸ ἄηθες εἶναι αὐτῷ.)

975. οἰκτείρατ' αὐτόν : Τὸν γέροντα. ὦ πάτερ : Ὡς πρὸς δικαστήριον ὁ λόγος. *Vict.*

976. καὶ μὴ διαφθείρητε : Ὡς πρὸς τὸ δικαστήριον ὁ λόγος καὶ τὸν γέροντα.

(ποῦ τὰ παιδία : Ὅτι καὶ τὰ παιδία κλαίει ἐν τοῖς δικαστηρίοις τῶν κατηγορουμένων. καὶ ἀνωτέρω δὲ εἶπεν.)

977. (κνυζόμενα : Παρακλαίοντα. ὡς ἐπὶ κυνῶν δὲ εἶπε. κνυζηθμὸς γὰρ λέγεται ποιά τις ἐπὶ κυνῶν φωνή.)

979. κατάβα κατάβα : Ὅτι συνήθως οὕτως ἔλεγον ἐν τοῖς δικαστηρίοις κατάβηθι. R. (εἰώθασι γὰρ λέγειν οἱ δικασταὶ, ὅταν ἀπολύωσι καὶ πείθωσι τοῖς λόγοις, μηκέτι λέγε. πολλάκις γὰρ εἰπόντες τὸ κατάβα ἐξηπάτησαν.)

982. ἀντὶ τοῦ λόγων ἀκοῦσαι καὶ ἐλεῆσαι εἶπε ῥοφῆσαι. V.

983. ἐγὼ γὰρ ἀπεδάκρυσα : (Κοινόν τι παθὼν ὁ πρεσβύτης, καὶ ἐπιδακρύσας τῷ τῶν παίδων ὀδυρμῷ, αἰτιᾶται ὡς ἐκ τῆς φακῆς τοῦτο πεπονθὼς, καὶ οὐκ ἐξ ἰδίας προαιρέσεως.) φησὶν οὖν ὅτι τὸ ῥοφεῖν κακοῦ μοι ἐγένετο αἴτιον. ἠμβλύνθην γὰρ τῆς ὁρμῆς. (οὐδέποτε γὰρ τὴν γνώμην μου οὐδενὶ εἶπον, εἰ μὴ νῦν, ὅτι ἐρρόφησα τὴν φακῆν. ἅμα δὲ καὶ ὅτι οἱ ἐσθίοντες τὴν φακῆν ἀβουλήτως δακρύουσι θερμῆς οὔσης αὐτῆς.)

(ἀπεδάκρυσα : Διὰ τὴν θερμασίαν. ἐδάκρυσα, φησὶν, ὅτι παρὰ τὸ ἔθος ἐποίησα, ἢ ὑπεχάλασα τῆς ὀργῆς καὶ γνώμην ἐμὴν εἶπον.)

γνώμην ἐμήν : ἀντὶ τοῦ κατὰ γνώμην ἐμήν. *R. Vict.*

985. (χαλεπὸν εἰδέναι : Οὐκ οἶδα ἀκριβῶς.)

986. (ἐπὶ τὰ βελτίω : Εἰς τὸ ἐλεῆσαι μᾶλλον ἢ καταδικάσαι.)

987. τηνδὶ λαβὼν τὴν ψῆφον : Τὴν τετρυπημένην αὐτῷ δείκνυσι ψῆφον. δύο γὰρ ἀμφορεῖς εἰσὶν, ὧν ὁ μὲν κύριος λεγόμενος χαλκοῦς, εἰς ὃν τὴν κυρίαν ψῆφον καθίεσαν οἱ δικασταὶ, ἢ καταδικάζοντες, ἢ ἀπολύοντες. ὁ δὲ ἕτερος ξύλινος, εἰς ὃν τὰς ἀκύρους καθίεσαν. ὁπότε δὲ πάντες διεψηφίσαντο, εἰς τὸν χαλκοῦν κάδον διηριθμοῦντο αἱ ψῆφοι, καὶ κατεδίκαζον μὲν αἱ τετρυπημέναι, ἀπέλυον δὲ αἱ πλήρεις. δεῖται οὖν αὐτοῦ, ἵνα τὴν τετρυπημένην εἰς τὸν ὕστερον τὸν ἄκυρον καταθῇ καὶ ἀπολύσῃ τὸν ἀπολογούμενον. φαίνονται δὲ συνήθως καλοῦντες τὸν κύριον ἀμφορέα πρότερον, τὸν δ' ἕτερον ἄκυρον (ὕστερον. Ἄλλως. εἰς τὸν ὕστερον δὲ καδίσκον τὴν ἀποδοκιμάζουσαν ἐνέβαλον ψῆφον.)

988. (μύσας παρᾷξον : Ἐπειδὴ παρὰ τὴν προαίρεσιν αὐτοῦ ἀναπείθει αὐτὸν ῥῖψαι τὴν ψῆφον εἰς τὸν ἄκυρον κάδον, φησὶν αὐτῷ· μύσας τοῦτο ποίησον, ὡς ἀτόπου αὐτῷ τούτου φαινομένου.)

990. πρὸς τὴν ψῆφον. R.

991. ὅδ' ἔσθ' ὁ πρότερος : (Ὁ καδίσκος, ὅπου αἱ τῶν καταδικαζομένων ψῆφοι ἐβάλλοντο. Ἄλλως. ἐναλλάσσει τὰς χεῖρας, περιφέρων τὰς ὑδρίας, ἵνα ἀγνοήσας ἀποδοκιμάσῃ εἰς τὸν ὕστερον καδίσκον τὴν ἀποδοκιμάζουσαν ἐμβαλὼν ψῆφον. Ἄλλως.) μιμεῖται τοὺς ἐν τῷ δικαστηρίῳ πολλάκις ἀπατῶντας. (ἑστῶτος γὰρ τοῦ τε κατηγοροῦντος καὶ τοῦ ἀπολογουμένου, ῥάβδον κατέχει παρεστὼς ὁ κῆρυξ, ἢ θεσμοθέτης, καὶ τούτῳ ἐπιτίθησι τοὺς καταψηφισθέντας, ἵνα μὴ ἕτερος ἀνθ' ἑτέρου ἀπαχθῇ. Ἄλλως. βάλλων ὁ Φιλοκλέων τὴν ψῆφόν φησι· καθῆκα δὲ εἰς τὸν πρότερον.)

(αὑτη 'ντευθενί : Δύο καδίσκοι τῶν ψήφων ἦσαν, εἷς μὲν ὁ ἐλέου, ὁ ὀπίσω, ἕτερος δὲ, ὁ ἔμπροσθεν, θανάτου. παρασκευάζεται οὖν εἰς τὸν τοῦ ἐλέου ἐμβαλεῖν τὴν ψῆφον. ἀλλάσσει γὰρ τοὺς τόπους αὐτῶν ὁ Βδελυκλέων, ἵνα ἀπατηθεὶς ὁ πατὴρ βάλῃ εἰς τὸν τοῦ ἐλέου.)

993. (φέρ' ἐξεράσω : Ἀντὶ τοῦ εἰς τὴν γῆν μεταβαλῶ τὰς ψήφους. ἔρα γὰρ ἡ γῆ. βούλεται δὲ ἀριθμῆσαι τὰς ψήφους.)

994. (ἐκπέφευγας ὦ Λάβης : Ὡς ἀριθμηθεισῶν τῶν ψήφων καὶ τῶν ἀπολυουσῶν πλειόνων οὐσῶν.)

996. ποῦ 'σθ' ὕδωρ : Ὡς παρειμένου αὐτοῦ ψυχρὸν ὕδωρ αἰτεῖ. (ἀκούσας γὰρ τὸ ἐκπέφευγας ὁ Φιλοκλέων ἐλιποψύχησεν. ὅσον γὰρ ἐπ' αὐτῷ ἦν καταδικασθείς.)

997. (ὄντως ἀπέφυγεν : Ὑπεξελύθη, γενόμενος ἐκτὸς τιμωρίας τοῦ φεύγοντος.)

999. ξυνείσομαι : Συγγνῶ. *Vict.*

1001. (σύγγνωτέ μοι : Ὡς μέγα τι ἀτόπημα πράξας ἀπολογεῖται τοῖς θεοῖς.)

1005. (ἐπὶ δεῖπνον, εἰς ξυμπόσιον : Ἕν ἐστιν ἐπὶ δεῖπνον εἰς συμπόσιον. οὕτω γὰρ ἐκάλουν, ὥστε μόνον εἶναι τὸν οἶνον κοινὸν, τὰ δὲ λοιπὰ ἑαυτοῦ κομίζειν οὕτω κληθέντα. πανθοινίαν δὲ ἔλεγον, ὥς φησιν Εὐφρόνιος, ὁπότε εἰς κοινὸν κατατιθέντες τὰ κομισθέντα δεῖπνα πάντες ἀπέλαυον.)

1007. κοὐκ ἐγχανεῖται : (Οὐκ ἐγγελάσει σοι, φησὶν, ὁ Ὑπέρβολος, ὁρῶν σε ταπεινόν τε καὶ οἰκτρὸν ἐκ τοῦ δικάζειν καὶ τρεῖς ὀβολοὺς λαμβάνειν καὶ ἀεὶ πένεσθαι.) ὑπὲρ τῆς πονηρίας δὲ Ὑπερβόλου εἴρηται. (καὶ νῦν δὲ ὀλίγα παραγράψομεν. Ἀνδοκίδης φησὶ τοίνυν « περὶ Ὑπερβόλου λέγειν αἰσχύνομαι· οὗ ὁ μὲν πατὴρ

« ἐστιγμένος ἔτι καὶ νῦν ἐν τῷ ἀργυροκοπείῳ δουλεύει « τῷ δημοσίῳ, ὡς δὲ ξένος ὢν καὶ βάρβαρος λυχνο- « ποιεῖ. » Θεόπομπος δέ φησι καὶ τὸν νεκρὸν αὐτοῦ καταποντωθῆναι, γράφων ὅτι « ἐξωστράκισαν τὸν « Ὑπέρβολον ἓξ ἔτη· ὁ δὲ καταπλεύσας εἰς Σάμον καὶ « τὴν οἴκησιν αὐτοῦ ποιησάμενος, ἀπέθανε. καὶ τούτου « τὸν νεκρὸν εἰς ἀσκὸν ἀγαγόντες εἰς τὸ πέλαγος κα- « τεπόντωσαν. »)

1009. [ἀλλ' ἴτε χαίροντες : Τοῦτο κομμάτιον καλεῖται, ὅπερ ἐστὶ προκήρυγμα τῆς παραβάσεως. ἔστι δὲ κώλων χοριαμβικῶν ἐπιμεμιγμένων ἐπιτρίτοις καὶ βακχείοις καὶ παλιμβάκχοις ζ', ὧν τὸ πρῶτον τρίμετρον καταληκτικὸν, τὸ δεύτερον δίμετρον ἀκατάληκτον, τὸν πρῶτον ἔχον πόδα πεντασύλλαβον· τὸ τέταρτον δίμετρον ἀκατάληκτον, ὅμοιον τῷ β', τὸ ε' ὅμοιον τῷ πρώτῳ. τὰ δὲ λοιπὰ ὡς τὸ δεύτερον. ἐπὶ τῷ τέλει παράγραφος.]

1013. (μὴ πέσῃ φαύλως : Φυλάττεσθε, φησὶ, μὴ ἐκφαυλισθῆναι τὴν διδασκαλίαν τοῦ δράματος τούτου. καὶ πρὸ ἑνὸς γὰρ ἐνιαυτοῦ τὰς πρώτας Νεφέλας διδάξας ἀπεκρίθη. — μὴ εὐτελῶς ὀφθείη ἢ ματαίως ῥηθῇ. ὑπὲρ τοῦ ποιητοῦ δὲ ὁ χορός φησι. V.)

1015. (εἴπερ καθαρόν : Παρρησιαστικὸν, εἰλικρινὲς, γνήσιον.)

1017. (πολλ' αὐτοὺς εὖ πεποιηκώς : Διὰ τὸ ἐν τοῖς δράμασιν αὐτοῦ ἐλέγχειν τὰς κλοπὰς ἑκάστου.)

1018. (τὰ μὲν οὐ φανερῶς : Οὐκ ἐκ τοῦ φανεροῦ, φησὶν, ἐπικουρεῖ ὁ ποιητὴς τοῖς θεαταῖς ὑμῖν, ἀλλὰ δι' ἑτέρων ποιητῶν λάθρα, ἐπειδὴ διὰ Φιλωνίδου καὶ Καλλιστράτου καθίει τινὰ τῶν δραμάτων. πρῶτον γὰρ δρᾶμα δι' ἑαυτοῦ καθῆκε τοὺς Ἱππέας.)

1019. τὴν Εὐρυκλέους μαντείαν : Εὐρυκλῆς μάντις δι' ἑτέρων ἑαυτὸν ποιῶν κατάδηλον. φασὶν οὖν ὅτι ὥσπερ Εὐρυκλῆς οὕτως κἀγὼ ἐδίδουν ἑτέροις. R. (οὗτος ὡς ἐγγαστρίμυθος λέγεται Ἀθήνησι τἀληθῆ μαντευόμενος διὰ τοῦ ἐνυπάρχοντος αὐτῷ δαίμονος. τοιοῦτον οὖν, φησὶ, καὶ ὁ ποιητὴς τρόπον ἐποίησεν εἰς τὰ δράματα, ἑτέροις διακόνοις χρώμενος, ὡς εἰ εἶπεν ἔργον ποιήσας τῶν ἐχόντων ἀγαθὸν δαίμονα. ἐγγαστρῖται δὲ καὶ Εὐρυκλεῖδαι ἐκαλοῦντο ἐντεῦθεν πάντες οἱ μαντευόμενοι, ἀπὸ Εὐρυκλέους [πρῶτον] τοῦτο ποιήσαντος. τὸ δὲ, εἰς ἀλλοτρίας γαστέρας ἐνδὺς, ἀντὶ τοῦ εἰπεῖν, ὅτι πρότερον ἄλλοις ἐδίδου τὰς κωμῳδίας.)

1021. (κινδυνεύων καθ' ἑαυτόν : Διὰ γὰρ τὸν κίνδυνον οὐδεὶς ὑπεκρίθη τοὺς Ἱππέας.)

1024. (οὐκ ἐκτελέσαι φησίν : Οἷον, οὐ τέλεον ἐπαρθῆναι, φησὶν, ἠθέλησε καὶ οὐκ ἐπὶ τέλος ἔδοξεν αὐτῷ ἐλθεῖν οὔτε τῆς ποιήσεως οὔτε τῶν ἐπαίνων.)

(1025). οὐδὲ παλαίστρας : Οὐδὲ εἰ προσῆλθεν αὐτῷ τις ἐξώλης, ἀναστραφεὶς καὶ δεόμενος μὴ κωμῳδεῖσθαι ἐμαλάττετο οὐδὲ ἐπείθετο. Ἄλλως. δι' Εὔπολιν. ἐν Αὐτολύκῳ δὲ τοιαῦτά φησι. [τοῦτο δὲ καὶ ἐν Εἰρήνῃ (762) οὕτω·] περιῄει τὰς παλαίστρας σεμνυνόμενος, καὶ τοῖς παισὶν ἑαυτὸν δῆλον ποιῶν τῆς νίκης ἕνεκα.

1026. (παιδικὰ ὀξυτόνως. ἔστι δὲ οὐδέτερον πληθυντικόν. τοῦτο δέ τινες ἐπ' ἀγαθοῦ ἔρωτος, τινὲς ἐπ' αἰσχροῦ λαμβάνουσι. τὸ δὲ παιδικὰ ἐρώμενον.)

1028. (ἵνα τὰς Μούσας : Τουτέστι τὰ δράματα. εἰ γὰρ μὴ καταδήλους ποιήσῃ τοὺς τοιούτους, ἀλλ' ἐπικρύψῃ, οἱονεὶ μαστροποὶ τῶν τοιούτων εὑρεθήσονται.)

1029. (ἀνθρώποις : Ἀλλὰ τέρασι, φησὶ, καὶ δαίμοσιν. ὀργὴν δὲ γενναῖον φρόνημα.)

1031. (τοῖς μεγίστοις ἐπιχειρῶν : Δηλοῖ ὅτι αἱ διδασκαλίαι ἴσως φέρουσι τοὺς Ἱππεῖς πρώτους ὑπ' αὐτοῦ καθιεμένους. περὶ Κλέωνος γὰρ αἰνίσσεται.)

1081. (ξυστάς : Ὡς ἐπὶ τῶν παλαιόντων.) — τῷ Κλέωνι λέγει. V.

1032. Κύννης. : Κύννα πόρνη. [Eq. 765 :] « μετὰ Κύνναν καὶ Σαλαβακχώ. » Ἐρατοσθένην δὲ ἀγνοήσαντα τὴν Κύνναν ὅτι πόρνη, (οἱ μέν τινες προφέρεσθαί φασι κυνὸς, ὡς ἐπ' ἀναιδοῦς, οἱ δὲ πυρός· οὐκ εὖ. θέλων οὖν παραβαλεῖν τὸν Κλέωνα κυνὶ διὰ τὸ ἀναιδὲς, ἑτέρως ἐσχημάτισεν. ἐλιχμῶντο δὲ ἔλειχον.)

1034. (φωνὴν δ' εἶχε χαράδρας : Ἐπειδὴ πλέον τι τοῦ χειμάρρου εἰς τραχύτητα καὶ ἀνωμαλίαν εἶχεν. Φερεκράτης ἐν Ἐπιλήσμοσι « κἂν μὲν σιωπῶ, φέρεται, « πνίγεται, καί φησι, τί σιωπᾷς; ἂν δ' ἀποκριθῶ, οἴ- « μοι τάλας, φησὶ, χαράδρα κατελήλυθεν. »)

1035. (φώκης δ' ὀσμήν : Εἰς κακοσμίαν αὐτὸν διαβάλλει, διὰ τὸ βυρσοδέψην αὐτὸν εἶναι. Ὅμηρος [Od. Δ, 442]

φωκάων ἁλιοτρεφέων ὀλοώτατος ὀδμή.

καὶ [406]

πικρὸν ἀποπνείουσαι ἁλὸς πολυβενθέος ὀδμήν.

Λαμίας ὄρχεις : Λάμια θηρίον, ἀπὸ τοῦ ἔχειν μέγαν λαιμὸν, λαίμιά τις καὶ λάμια. δραστικοὶ δὲ οἱ ὄρχεις. εἰδωλοποιεῖ δέ τινας ὄρχεις Λαμίας. θῆλυ γάρ. Δοῦρις δ' ἐν β' Λιβυκῶν ἱστορεῖ γυναῖκα καλὴν γενέσθαι τὴν Λάμιαν, μιχθέντος δὲ αὐτῇ Διὸς, ὑφ' Ἥρας ζηλοτυπουμένην ἃ ἔτικτεν ἀπολλύναι. διόπερ ἀπὸ τῆς λύπης δύσμορφον γεγονέναι, καὶ τὰ τῶν ἄλλων παιδία ἀναρπάζουσαν διαφθείρειν.

πρωκτὸν δὲ καμήλου : Θερμόπρωκτος γὰρ ἡ κάμηλος καὶ λάγνος. κάμιλος δὲ τὸ παχὺ σχοινίον διὰ τοῦ ι.)

1036. δωροδοκηθῆναι ὑπὸ τοῦ Κλέωνος. V.

1037. ἀντὶ τοῦ Κλέωνος. οὐχ ἅμα δὲ ἐκωμῴδησεν ἐκεῖ λέγων ἐν ταῖς Νεφέλαις. ἠπιάλους δὲ τοὺς φιλοσόφους φησίν. ἠπίαλοι δέ εἰσιν οἱ ῥιγοπύρετοι. V.

1038. (τοῖς ἠπιάλοις : Ἠπίαλος τὸ πρὸ τοῦ πυρετοῦ κρύος. Ἀριστοφάνης Νεφέλαις καὶ Θεσμοφοριαζούσαις [fr. 315] « ἅμα δ' ἠπίαλος πυρετοῦ πρόδρομος. » Δίδυμος δέ φησι, δαίμων, ὃν Ἠπιάλην καὶ Τῖφυν καὶ Εὐόπαν καλοῦσι. τὸ δὲ πυρετοῖσιν ἐπήνεγκεν ἀπὸ τοῦ πάθους. Ἄλλως. τοὺς βλάπτοντας τὴν πόλιν λέγει ἠπιάλους καὶ πυρετούς. ταῦτα δὲ εἴδη πυρετῶν. ὥσπερ οὖν οὗτοι βλάπτουσι τὰ σώματα, οὕτω καὶ οὗτοι τὴν πόλιν.)

(πέρυσιν : Πέρυσι γὰρ τὰς Νεφέλας ἐδίδαξεν, ἐν αἷς τοὺς περὶ Σωκράτην ἐκωμῴδησεν. ἠπιάλους δὲ αὐτοὺς ὠνόμασεν, ὡς ὠχρότητα παρασκώπτων. ἐν δὲ τοῖς Ἱππεῦσι τὸν Κλέωνα, οὓς πρὸ τῶν Νεφελῶν καθῆκε. τὸ δὲ τοὺς πατέρας ἦγχον λέγει διὰ τὸν ἥττονα λόγον, τὸν πατραλοίαν. ἢ διὰ τὸν ὑπ' αὐτοῦ, ὥς φησι, πέρυσιν εἰσαχθέντα ἐν Νεφέλαις τύπτοντα τὸν πατέρα αὐτοῦ.) — τοῦτο πρὸς τὸν ὑπ' αὐτῶν ἥττονα λόγον, ᾧ πατραλοίας χρώμενος εἰσάγεται ἐν Νεφέλαις. V.

1039. ὅτι νύκτωρ ἐσκέπτοντο. V.

1041. προκλήσεις : [Παρὰ τὸ προκαλεῖσθαι, ὅπερ ἐστὶν εἰς συμβάσεις καὶ συνθήκας καὶ διαλλαγὰς παρακαλεῖν.] ἐπὶ τῷ προκαλεῖσθαι εἰς δίκας. R.

1042. (ὡς τὸν πολέμαρχον : Ὄνομα ἀρχῆς. οὐ τοῖς πολίταις τοῦτο προσῆψεν, ἀλλὰ τοῖς ξένοις. αἱ γὰρ ξενικαὶ δίκαι ἐπὶ τοῦ πολεμάρχου εἰσήγοντο· οἱ δὲ καὶ βοηθείας δεόμενοι ἐπὶ τὴν ἀρχὴν κατέφευγον τοῦ πολεμάρχου. ἀλλὰ καὶ οἱ κατηγοροῦντες γονέων κακώσεως πρὸς τὸν πολέμαρχον ἐδικάζοντο, κἀκεῖνος ἔκρινεν. Ἄλλως. πολέμαρχος, ἄρχων, πρὸς ὃν κατηγγυῶντο τοὺς ξένους.)

1044. (πέρυσι καταπρούδοτε : Ὅτι πέρυσι διδάξας τὰς πρώτας Νεφέλας ἡττήθη. περιττὴ δὲ ἡ κατά.)

1045. (ἃς ὑπὸ τοῦ μή : Τὰς καινὰς διανοίας ἀγνοήσαντες, ὑπὸ τοῦ μὴ νοεῖν, παρεκρίνατε. ἀναλδεῖς δὲ ταπεινάς, ἀσθενεῖς.) — ἀφανεῖς, ξηράς. R.

(1050). εἴπερ ἐλαύνων τοὺς ἀντιπάλους : Ἀντὶ τοῦ ἐπιχειρῶν καὶ ἐπιτρέχων. τὸ δὲ συνέτριψεν ἀπὸ τῶν ἐρετῶν ἐπήγαγε, τῶν ὑπὸ ῥύμης συντριβόντων τὰς κώπας. [νικήσας, φησὶ, τοὺς ἀντιπάλους, τὴν ἐλπίδα τῆς νίκης ἀπώλεσε, τοῦτο γὰρ ἐπίνοιαν λέγει, παρακριθεὶς ὑπὸ τῶν κακῶς κρινάντων.] ὃ δὲ βούλεται εἰπεῖν, ὅτι οὐ χεῖρον ἐπαινεθήσεται παρὰ τοῖς σοφοῖς τοὺς ἀνταγωνιζομένους αὐτῷ νικῶν. ἔνιοι δέ φασιν ὡς ἀπὸ τῶν ἀτυχῶς ἡνιοχούντων καὶ συντριβόντων τὰ ἅρματα τὴν μεταφορὰν ἐδέξατο, ἐπειδὴ πρὸς τὸ παρελαύνων ἐπήνεγκε τὸ ξυνέτριψε. τὰ νοήματα δὲ τὰ ἐπινοήματα τῶν δραμάτων.

1051. πνῖγος τὸ καὶ μακρόν. V.

1053. κἀξευρίσκειν : καινὰς ἐπινοίας καὶ ὑποθέσεις. *V. Vict.*

1057. (μετὰ μήλων : Εἰώθασι γὰρ μῆλα εἰς τὰς κιβωτοὺς βάλλειν ὡς χάριν εὐοσμίας.) — Ἀττικὸν τὸ σχῆμα ἀντὶ τοῦ ἱμάτια. V.

1059. (δεξιότητος : Δεξιοὶ δόξετε εἶναι. ἀντὶ τοῦ εἰπεῖν δὲ, ὀσμῆς, δεξιότητος εἶπεν, ὡς πρὸς τὸ πρᾶγμα.)

1060. ὦ πάλαι ποτ' : (Ὁ χορὸς πρὸς ἑαυτὸν,) παρὰ τὸ

πάλαι ποτ' ἦσαν ἄλκιμοι Μιλήσιοι.

1062. ἐν τούτῳ τῷ πολεμεῖν. V.

1063. (πρὶν ταῦτα : Τὰ πρὶν κατορθώματα ἀπώλετο. Δίδυμός φησιν ὡς παρῴδησε ταῦτα ἐκ τῶν τοῦ Τιμοκρέοντος τοῦ Ῥοδίου.)

1065. (αἵδ' ἐπανθοῦσι τρίχας : Ἢ τότε αὐτοὺς δείξουσιν οὗτοι τοὺς κροτάφους. οἱ δὲ διαιροῦσιν ἀπ' ἄλλης ἀρχῆς τοῦτο, οἵδ' ἐπανθοῦσι τρίχας, ἵν' ᾖ περὶ τῶν νεωτέρων ὁ λόγος. καὶ γὰρ τὰ ἑξῆς περὶ αὐτῶν φησι.)

1066. ἐκ τοῦ ὑπολοίπου τοῦ γήρους. V.

1068. (γῆρας εἶναι κρεῖττον : Διαβάλλει τοὺς νέους ὁ ποιητὴς μὴ δυναμένους κατὰ τοὺς ἀρχαίους κωμῳδεῖν. κικίννους δὲ ἔλεγον τὰς περιεστεμμένας καὶ τετημελημένας τρίχας. σχῆμα δὲ τὴν σκευὴν καὶ τὸν κόσμον.)

1071. (εἴτις ὑμῶν ὦ θεαταί : Τοῦτό ἐστιν ἐπίρρημα. τὸ δὲ ἐπίρρημα ὡς ἐπίπαν ὀκτωκαίδεκα στίχων ἢ ιϛ′ ἢ ις′. ἐνθάδε δὲ εἴκοσι.)

1072. διεσφηκωμένον : Εἰς σφῆκας διεσκευασμένον. ταῦτα δὲ πρὸς τὴν σκευὴν, ἣν περιέθετο ὁ χορὸς, τὴν τῶν σφηκῶν ποικιλίαν μιμούμενος, περὶ τοῦ σχήματος ἀπολογούμενός φησιν. Ἄλλως. διαδεδεμένον. (κρεῖττον δὲ μέσον σφήκωμα φαινόμενον. ἔχουσι γὰρ κεντρίδας, ὡς εἰς σφῆκας σχηματιζόμενοι.)

1073. τοῦ κέντρου. V.

1074. (ῥᾳδίως ἐγὼ διδάξω : Ὁ στίχος Εὐριπίδου ἐκ Σθενεβοίας. τὸ δὲ ἦ [v. 1091] ἀντὶ τοῦ ἦν Ἀττικὸν, ὡς τὸ « ἦ παρεσκευασμένος » ἐν Πλούτῳ [77]. τοὐρροπύγιον δὲ τὸ ἐγκεκεντρωμένον λέγει.)

1078. (ὁ βάρβαρος : Τὴν ἐν Μαραθῶνι κατὰ τοῦ Δαρείου νίκην λέγει.) — συνεχῶς εἰσάγονται τῶν Μηδικῶν μεμνημένοι, ὥστε τὰ γενόμενα παίδων ὄντων ἑαυτοῖς ἀνατιθέναι ἐπὶ τῷ τοὺς νέους καταπλήττεσθαι. V.

1080. τἀνθρήνια : Νῦν τὰ τῶν σφηκῶν κηρία. (κυρίως δὲ τὰ τῶν ἀνθρηνῶν σμήνη.) ἀνθρήνας δὲ οἱ μὲν τὰς μελίσσας, οἱ δὲ ἕτερον ζῷον κηροποιὸν παραπλήσιον σφηκί. (Ἄλλως. οἱ τόποι ὅπου κατοικοῦσιν οἱ σφῆκες. δέον δὲ ἦν εἰπεῖν τὰς οἰκίας.) — μενοινῶν : Φροντίζων, μεριμνῶν, προθυμῶν. *Vict.*

1081. τὸ τοῦ Ἀχαιοῦ ἀπὸ Μώμου δράματος. V.

1082. (θυμὸν ὀξίνην : Ἀντὶ τοῦ δριμεῖαν ὀργήν.)

1083. τὴν χελύνην ἐσθίων : Ἀντὶ τοῦ τὰ χείλη. οἱ γὰρ ὀργιζόμενοι ἐνδάκνουσι τὰ χείλη.

(1084). ὑπὸ δὲ τῶν τοξευμάτων : Τῶν πεμπομένων ὑπὸ τῶν βαρβάρων. τῷ γοῦν ἀπαγγείλαντι, [ὡς ὑπὸ τῶν τοξευμάτων τῶν βαρβάρων οὐκ ἦν ἰδεῖν τὸν οὐρανὸν,] Λεωνίδας ὁ τῶν Λακεδαιμονίων στρατηγὸς εἶπεν· ἀγαθὰ ἀγγέλλεις, ὦ ξένε, εἰ ὑπὸ σκιὰν μαχούμεθα.

1086. γλαῦξ : Τὸ γλαῦξ ὄνομα, φησὶν Εὐφρόνιος, οἱ Ἀττικοὶ μὲν περισπῶσιν, οἱ δὲ Δωριεῖς ὀξύνουσιν. γλαῦκα δὲ τὴν Ἀθηνᾶν καλεῖ. (Ἄλλως. φασὶ κατὰ τὸ ἀληθὲς γλαῦκα διαπτᾶσθαι τὴν νίκην τοῖς Ἀθηναίοις ἀπαγγέλλουσαν.)

1087. θυννάζοντες : Κεντοῦντες (ὡς τοὺς θύννους τοῖς τριόδουσι, μεταφορικῶς).

θυλάκους : Θυλάκους φασὶν εἶναι τὰ περὶ τοῖς σκέλεσι καὶ τοῖς μηροῖς Περσικά. (εἴδη βρακίων παρὰ Πέρσαις. θυννάζοντες εἰς τοὺς θυλάκους, ἀντὶ τοῦ εἰσπηδῶντες εἰς τὰς ἀναξυρίδας.)

1088. (κεντούμενοι : Τοῦτο πρὸς τὴν ὁμοιότητα τῶν σφηκῶν.)

1091. (ἄρα δεινός : Ἡ ἀντῳδὴ καὶ ἀντιστροφὴ ὁμοία ἐστὶ τῇ ᾠδῇ. καὶ αὕτη γὰρ κώλων ἐστὶ καὶ στίχων ια', καὶ τὰ μὲν τροχαϊκὰ, τὰ δ' ἔχει ἰαμβικὰ, πλὴν ἐν τῷ ζ' κώλῳ τὸν τρίτον ἔχει πόδα χορεῖον. ἐπὶ τῷ τέλει αἱ συνήθεις δύο διπλαῖ. τὸ δὲ ἦ κἀνταῦθα ἀπὸ τοῦ ἔα κατὰ κρᾶσιν ἦ ἀντὶ τοῦ ὑπῆρχον ἐγώ.)

1094. (οὐ γὰρ ἦν ἡμῖν : Τὸ φροντὶς ἐνταῦθα συνάπτεται.)

1096. (ῥῆσιν εὖ λέξειν : Ὡς οἱ νῦν ἀσκοῦσι μόνον τὸ εὖ λέγειν, οὐ τὰ πολεμικά.)

1098. (πολλὰς πόλεις : Ἴσως ὑπὸ Μήδους γενομένας Ἀθηναίων.)

1101. [πολλαχοῦ : Τὸ ἀντεπίρρημα ὅμοιόν ἐστι τῷ ἐπιρρήματι, καὶ τοῦτο ἐκ τῶν εἰωθότων στίχων τροχαϊκῶν, ὑφ' ὃ διπλῆ ἔξω νενευκυῖα.]

1108. οἱ δὲ παρὰ τοὺς ἕνδεκα : (Ἐτήρουν οἵδε τοὺς δεδεμένους. οὗτοι δὲ νῦν θεσμοφύλακες καλοῦνται. Ἄλλως.) ἡ τῶν ἕνδεκα ἀρχὴ τοὺς μὲν ὁμολογοῦντας καὶ ἀνδραποδιστὰς καὶ λωποδύτας θανάτῳ ἐκόλαζον, τοὺς δὲ ἀρνουμένους εἰς δικαστήριον εἰσῆγον. (εἰσῆγον δὲ καὶ τὰς ἐνδείξεις.) ἔνδειξις δέ ἐστι δίκη, ὥς φησιν ὁ Παλαμήδης, κατὰ τῶν τὰ δημόσια πωλούντων.

1109. (οἱ δ' ἐν ᾠδείῳ : Ἔστι τόπος θεατροειδὴς, ἐν ᾧ εἰώθασι τὰ ποιήματα ἀπαγγέλλειν, πρὶν τῆς εἰς τὸ θέατρον ἀπαγγελίας. τοῦτο δέ φησι δεικνὺς ὅτι εἰς πάντα τόπον εὑρήσει τις δικαστὰς ἐν τῇ Ἀττικῇ. Ἄλλως. τοῦτο οὐ πρὸς ἀλήθειαν, ἀλλὰ πρὸς τὸ πλῆθος τῶν δικῶν. τάχα δὲ καὶ τὰς διαίτας δηλοῖ.)

1110. (συμβεβυσμένοι : Πυκνώσαντες ἑαυτοὺς καὶ κάμψαντες διὰ τὸ γῆρας. Ἄλλως. τὸ πυκνὸν πρὸς τὸ ξυμβεβυσμένοι. παίοντες δὲ μόλις τῇ βακτηρίᾳ, ὡς ἂν γέροντες. ἢ ὑπὸ τοῦ συμπεπυκνῶσθαι. ἐδίδοντο δὲ καὶ βακτηρίαι τοῖς δικασταῖς ὁμόχροοι τοῖς δικαστηρίοις, ὅπου ἑκάστους εἰσελθόντας δικάζειν ἔδει, ἵνα τὸν διαμαρτάνοντα ἀπελέγξῃ τὸ χρῶμα.)

1111. (ὥσπερ οἱ σκώληκες ἐν τοῖς κυττάροις : Τουτέστιν ἠρέμα, ὡς οἱ σκώληκες, διὰ τὸ γῆρας. κύτταροι δὲ αἱ τῶν κηρίων κοιλότητες. ἔστι δὲ ἡ πυελὶς ἡ περικειμένη ταῖς βαλάνοις. Ἄλλως. καὶ τῶν σφηκῶν τὰ κοῖλα καὶ τὰ τῆς πεύκης καὶ τὰ τῆς πίτυος προανθοῦντα στροβίλια, καὶ ὁ πυθμὴν, καὶ ἡ κατάτρησις. οἱ δὲ καὶ τὰ ἐν τοῖς κηροῖς τρήματα, ἢ τὰ κοῖλα ἄγγη, καὶ τῶν αἰδοίων τοὺς βαλάνους.)

1114. (ἀλλὰ γὰρ κηφῆνες : Τοὺς ἐπὶ τοῦ βήματος λέγει ῥήτορας. κηφῆνες δέ εἰσιν οἱ ἄρσενες τῶν μελισσῶν, οἵτινες οὔτε κέντρα ἔχουσιν, οὔτε κηρία ἐργάζονται, ἀλλὰ τὰ τῶν μελισσῶν ἔργα ἐσθίουσιν. Ἡσίοδος [Op. 302]

κηφήνεσσι κοθούροις ἴκελος ὁρμὴν,
οἵτε μελισσάων κάματον τρύχουσιν ἀεργοὶ
ἔσθοντες.)

1116. ὡσανεὶ ἔφη τὸν γόνον τῶν μελισσῶν. R.

1119. (φλύκταιναν : Φύσκαν ἐν τῇ χειρὶ ἐκ τοῦ κωπηλατεῖν.)

1120. ἔμβραχυ : Καθάπαξ, ἢ παντάπασι τὸ ἔμβραχυ, Ἀττικὴ συνήθεια, (οὐδὲν πλέον δηλοῦσα ἢ τὸ βραχὺ, ὡς ἐμφαγεῖν τὸ φαγεῖν. καὶ παρ' Εὐριπίδῃ [Phoen. 730] τὸ ἐνδυστυχῆσαι ἀντὶ τοῦ δυστυχῆσαι).

1122. οὔτοι ποτὲ ζῶν : (Καυνάκην ἀμφιάσαι βούλεται τὸν πατέρα ὁ υἱὸς, ἀφελόμενος τὸ τριβώνιον.) φησὶν οὖν ὅτι τὸν τρίβωνα οὐκ ἀφαιρῶ (ἐμαυτοῦ. τὸν γὰρ τρίβωνα περισπάσας θέλει αὐτὸν καυνάκην ἐνδῦσαι. καυνάκης δὲ χλαῖνα Περσικὴ ἀλεεινὴ, παρὰ τὸ ἀλεαίνεσθαι. ὁ δὲ Παλαμήδης φησίν· καυνάκης ἐστὶ Περσικὸν ἱμάτιον, ἔχον ἐκ τοῦ ἑτέρου μέρους μαλλούς.) [Ἄλλως. καυνάκης εἶδος ἱματίου, ὅπερ καὶ περσίδα καλοῦσιν. οἱ δὲ σισύραν Θυμαιτίδα, ὅπερ ἔοικε Μορύχου σάγματι. σάγμα δὲ ἡ θήκη τοῦ ὅπλου, ὡς ἐν τοῖς ἑξῆς. ἐπεστρατεύσατο δὲ, σφοδρῶς ἐπῆλθε τοῖς ἡμετέροις μαχεσόμενος σώμασι.] μήποτε τὸν πνεύσαντά φησι βορέαν ἐπὶ τῷ Ἀρτεμισίῳ καὶ διαφθείραντα τὸν τῶν βαρβάρων στόλον. καλῶς δὲ ἐπεστρατεύσατο. πολὺς γὰρ ἐπελθὼν κατέδυσεν αὐτῶν τὰ σκάφη, (βοηθῶν Ἀθηναίοις).

1126. οὐδαμῶς μοι ξύμφορον : Οὐ λυσιτελεῖ μοι, φησὶ, πολυτελῆ ἀμφιέννυσθαι. (καὶ γὰρ πρώην ἰχθύδια ἐσθίων ὀπτὰ, καταστάξαντος ζωμοῦ ἐπὶ τὸ ἱμάτιον, τριώβολον ἔδωκα τῷ γναφεῖ μισθὸν, τουτέστι τῷ πλύνοντι τὰ ἱμάτια.)

1128. ἐπὶ τὸ ἱμάτιον. R.

1132. (τριβωνικῶς : Ἐὰν μὲν τριβωνικῶς, ὥσπερ τριβώνιον τετριμμένῳ καὶ ἀσθενήσαντι. ἐὰν δὲ γεροντικῶς,) ὡς πρέπει γέροντι.

1133. (φυτεύειν : Γεννᾶν.)

1134. ἀποπνῖξαι : (Διὰ τὸ καῦμα τὸ ἀπὸ τῆς καυνάκης.) — ὑπὸ κρύους δηλονότι παρὰ τὴν ὑπόνοιαν. καινὸν δὲ λαμβάνει ἱμάτιον. R.

1136. (τουτὶ τὸ κακόν : Τὸ καινὸν παρ' ὑπόνοιαν. ἐπεὶ καινὸν παραλαμβάνει ἱμάτιον.)

1137. (οἱ δὲ καυνάκην : Ἔοικε τὸ βαρβαρικὸν εἶναι φόρημα.)

1138. ἐγὼ δὲ σισύραν : Ἀπὸ δήμου. φαίνεται καὶ ἡ σισύρα βαπτή. R. (σισύραν εἶπε οὐ τὸ μαλλωτὸν στρῶμα, ἀλλὰ βαίταν. ἔστι δὲ ἡ ἀπὸ δερμάτων συρραπτομένη χλανίς. Θυμαιτίδα δὲ εἶπεν ἀπὸ δήμου τῆς Ἱπποθοωντίδος φυλῆς, ὡς ἐκεῖ τῶν βαιτῶν γινομένων, ἀπὸ Θυμοίτου ἥρωος. μήποτε δὲ γραπτέον Θυμοιτίδα.)

1139. (εἰς Σάρδεις : Εἰς Σάρδεις γὰρ ἐπωλεῖτο τὰ Περσικὰ ἱμάτια. Σάρδεις δὲ πόλις Λυδίας ὑπὸ Πέρσαις, ἀναγκαίως οὖν Περσικὰ ἐφόρουν.)

1141. (οὐ τοίνυν γ', ἀτάρ : Οὐκ ἦλθον εἰς Σάρδεις.)

1142. (Μορύχου σάγματι : Μόρυχος ὠχρός. σάγματι δὲ τῷ μαλλωτῷ σάγῳ, ᾧ ἐχρῆτο ὡς τρυφερὸς πλείονι θάλπει χρώμενος. Ἄλλως. τῶν περὶ τρυφὴν ἐσπουδακότων ὁ Μόρυχος. σάγματι δὲ, ἐπεὶ παχέα. ἴσως ὡς ἐκείνου παχεῖ σάγματι χρωμένου. Ἐκβάτανα δὲ πόλις

Περσῶν. κρόκη δὲ ῥοδάνη καὶ κροκύφαντος, ὅτι διὰ κρόκης ὑφαίνεται.)

1144. (χόλιξ : Χόλιξ λέγεται τὸ τοῦ βοὸς ἔντερον μαλλωτὸν, ὅ ἐστιν ὁ ἐκ κρόκης μαλλός. Ἄλλως. τὰς ἐξοχὰς τῶν κρόκων εἰκάζει χόλικι. τοῦτο δὲ Ἀρτεμίδωρος λέγει, τὰς ἐπὶ τῆς κοιλίας λεγομένας χολάδας. Εὐφρόνιος δὲ οὐ τὰ ἔντερα καθ' αὑτὸ, ἀλλὰ πᾶν σὺν τῷ λίπει καὶ τοῖς ὑμέσιν.)

1148. ἐριώλην : Ἐρίων ἀπώλειαν, (παρὰ τὸ τὰ ἔρια ἀναλῶσαι).

1151. (κατήρυγε : Κατέπνευσεν, ὡς ἐπὶ τῶν μετὰ τροφὴν ἐρευγομένων.)

1156. (διερρυηκέναι : Πρὶν συμπεσεῖν ἀπὸ τῆς ὀπτήσεως τὰ κρέα μου. ἐμβάδας τὰ δικαστικὰ ὑποδήματα.)

1158. τὰς Λακωνικάς : ἀστειότεραι γὰρ αὗται. R. (ἀνδρεῖα ὑποδήματα. ἢ ἀστειότερα· ὡς αὐτὸς Ἀριστοφάνης ἐν Θεσμοφοριαζούσαις [142]

ποῦ τὸ πέος; ποῦ χλαῖνα; ποῦ Λακωνικαί;

ὁ δὲ Φιλοκλέων ἀποσείεται αὐτὰς, ὡς ἐχθρῶν Ἀθηναίοις τῶν Λακεδαιμονίων. καττύματα δὲ δέρματά τινα ἰσχυρὰ καὶ σκληρὰ, ἅπερ τοῖς σανδαλίοις καὶ ἄλλοις ὑποδήμασιν ὑποβάλλεται.)

1161. (ἔνθες : Ἔνθες τὸν πόδα σου εἰς τὴν Λακωνικὴν ἀνύσας, καὶ περιπάτει ἐρρωμένως. ἔνθες ἀντὶ τοῦ ὑπόδυσαι. ἅμα μὲν πρὸς τὸ ὑπόδημα, ἅμα δὲ πρὸς τὴν χώραν.)

1163. εἰς τὴν πολεμίαν : ἅμα μὲν πρὸς τὸ ὑπόδημα, ἅμα δὲ πρὸς τὴν χώραν. R. (ὁ μὲν εἶπε τὴν Λακωνικὴν ἐμβάδα, ὁ δὲ ὑπενόησε λέγειν αὐτὸν τὴν χώραν.)

1167. (χίμετλον : Ὅτι κυρίως νῦν τὸ ἀπὸ τοῦ ψύχους ἐπὶ τῶν δακτύλων τραῦμα. λέγεται δὲ καὶ μέρος τι τοῦ ποδὸς, περὶ ὃ τὸ πάθος. καὶ ὅτι χίμετλον οὐ λέγουσιν ἑνικῶς, πληθυντικῶς δὲ χίμετλα. παρ' ὑπόνοιαν δὲ ἀντὶ τοῦ εἰπεῖν ἀγαθὸν οὐδὲν λήψομαι. ὅστις τὰ τῶν γερόντων οὐ λήψομαι.)

1169. διασαλακώνισον : (Ἁβρύνθητι καὶ διαθρύφθητι.) οἱ δὲ λυκώνισον ἀπὸ Λύκωνος μαλακοῦ, τοῦ Αὐτολύκου πατρός. (Ἄλλως. ἔοικεν ἐμφαίνεσθαι τῷ ὀνόματι τὸ σαλακωνεύεσθαι, τουτέστι τὸ σαλεύειν τὸν πρωκτόν. ἔν τισι μὲν διαλυκώνισον. ἐν δὲ τῇ Ἀρτεμιδώρου συναγωγῇ διαλακώνισον. αἰτία δὲ τοῦ λεξειδίου ἡ συνήθεια. μήποτε γὰρ καὶ πεποίηται ὑπ' αὐτοῦ. εἰ δὲ μὴ ἀπεσχεδίασται τὸ διαλυκώνισον, τάχα ἂν λέγοιτο ἀπὸ Λύκου πεντάθλου. φαίνεται γάρ τις καὶ μαλακώτερος γενέσθαι. Ἀμειψίας « εἰ μὴ θανοῦσιν ἐστί τις τιμὴ καταβῶμεν. » οἱ μὲν τὸν πένταθλον αὐτὸν Λύκωνα. ὁμοίως δ' ἐστὶ καὶ παρ' Ἑρμίππῳ ἐν τοῖς Τετραμέτροις « ὕστερον δ' αὐτὸν « στρατηγὸν, οὓς ἀνειλωτημένην ! καὶ κασαλβάζουσαν « εἶδον καὶ σεσαλακωνισμένην. » Ἄλλως. ἁβρῶς καὶ μαλθακῶς σαυτὸν διακίνησον. ἀπό τινος Σαλάκωνος τρυφηλοῦ. τινὲς δὲ σαλακωνίσαι φασὶ τὸν πρωκτὸν κίσηρεῶς κινῆσαι. σαῦλον δὲ καλεῖται τὸ φαῦλον καὶ διερρυηκός.)

1172. ὅτῳ δοθιῆνι : Ἀπροσλόγως παίζει. (καὶ τοῦτο τῷ διασαλακωνίσαι ὅμοιον. ἢ πρὸς τὸν πατέρα ἀμόρφως ἠμφιεσμένον τὴν καυνάκην καὶ ἀναρμόστως, ὡς καὶ τὸ σκόροδον τῷ δοθιῆνι ἀνάρμοστον ὡς εἰς θεραπείαν. δοθιὴν δὲ φῦμα φλυκταίνῃ ἐοικός.)

1173. σαυλοπρωκτιᾶν : Σαλεύειν τὸν πρωκτόν. σαῦλον δὲ τὸ κοῦφον.

1177. πρῶτον μὲν, ὡς ἡ Λάμια : Ὅτι οὐκ οὖσαν τὴν Λάμιαν ὑποτίθεται. (διὸ τὸ χ.) τοῦτο δὲ ἐν μύθῳ λέγεται.

1178. (Καρδοπίων : Καὶ τοῦτο ἀρχὴ μύθου. Δίδυμος· ὁ Καρδοπίων ζητητέος. οὐδαμοῦ κωμῳδεῖται. ἀλλ' Ἀγκυλίων, ἐπὶ τῷ τὴν μητέρα διατιθέναι. λείπει δὲ ἔτυψεν.) — ὡς ὁ Καρδοπίων τὴν μητέρα : Λείπει ἐτύπτησεν. *Vict.*

1182. μῦς καὶ γαλῆ : (Πρὸς τὴν συνήθειαν, ὅτι τὸν μῦθον προέταττον οὕτως, οἷον, ἦν οὕτω γέρων καὶ γραῦς. καὶ Πλάτων ἐν Φαίδρῳ [p. 237, B] « ἦν οὕτω δὴ παῖς, « μᾶλλον δὲ μειρακίσκος· τούτῳ δ' ἦσαν ἐρασταὶ πάνυ « πολλοί. » Ἄλλως.) ἀρχὴ μύθου μῦς καὶ γαλῆ. (τοῦτο δὲ πρὸς τὸ κατ' οἰκίαν εἰρημένον τῷ Βδελυκλέωνι, οἰόμενος περὶ μυθαρίων αὐτὸν λέγειν.)

1183. Θεογένης : (Ὁ Θεογένης οὗτός ἐστιν) ὁ Ἀχαρνεὺς, ὃν καὶ ἐπὶ τῷ μεγάλα ἀποπατεῖν κωμῳδοῦσιν. — δῆλον δὲ ἐν ταῖς Ὥραις. V.

1184. τῷ κοπρολόγῳ : Μεγαλοφυὴς γὰρ ὢν καὶ ἀλαζὼν παρῃτεῖτο ὡς μικρὰ ταῦτα ἀκοῦσαι.

1187. (ὡς ξυνεθεώρεις : Ἐμφαίνει μὲν ὡς περὶ γενναίων τινῶν καὶ λαμπρῶν. Ἀνδροκλέα δὲ Κρατῖνος Σεριφίοις φησὶ δοῦλον καὶ πτωχὸν, ἐν δὲ Ὥραις ἡταιρηκότα Ἀριστοφάνης τὸν αὐτόν· Τηλεκλείδης δὲ ἐν Ἡσιόδοις καὶ Ἐκφαντίδης βαλλαντιοτόμον. ὁ δὲ Κλεισθένης ἐπὶ μαλακίᾳ γνωριμώτατος, ἕτερος δὲ γενναῖος ἢ λαμπρὸς Κλεισθένης οὐ πάνυ. Ἄλλως. δέον αὐτὸν εἰπεῖν ἐπίσημα ὀνόματα, τούτους εἶπεν, ἵνα αὐτοὺς διαβάλλῃ.)

1189. πλὴν ἐς Πάρον : Ἔπαιξεν ἀντὶ τοῦ ὅτε εἰς Πάρον ἐστρατευσάμην. R. (ἀντὶ τοῦ μισθωτὸς ὢν στρατιώτης. τὸ δὲ Πάριον τοῦ Πόντου πόλις. καὶ παροιμία

ἐν Παρίῳ ψυχρὸν μὲν ὕδωρ, καλαὶ δὲ γυναῖκες.)

(δύ' ὀβολὼ φέρων : Ἀντὶ τοῦ μισθοφορῶν τοσούτου. Πάρον δὲ οἱ μὲν τόπον, οἱ δὲ κατὰ παιδιὰν εἰρῆσθαι κωμικὴν τὴν Πάρον. ἰκρίοις δὲ θεωροῦντες τοὺς δύο ὀβολοὺς παρεῖχον τοῖς ἀρχιτέκτοσιν.)

1191. Ἀσκώνδα καλῶς : (Τὸ χ.) ὅτι περὶ τοῦ Ἐφουδίωνος [ὡς] ἀληθῶς ἱστορεῖ. (Ἄλλως. ὅτι κατεψευσμένοι φαίνονται οὗτοι παγκρατιασταὶ ἐπὶ παιδιᾷ. ὁ δὲ Ἀσκώνδας καὶ ἐξ αὐτοῦ τοῦ ὀνόματος. εἰ μὴ ἄρα ὁ Ἐφουδίων ἐστὶν ὁ ἐν ταῖς Ὀλυμπιάσι φερόμενος Ἐφουδίων Μαινάλιος οθ'.)

1196. θώραχ' ἔχων : Τὸν πολεμικὸν ὑπενόησε [χιτῶνα, τοῦ Βδελυκλέωνος τὸ στῆθος εἰπόντος. θώραξ γὰρ καὶ τὸ στῆθος δηλοῖ, παρὰ τὸ τὸ θεῖον ὠρεῖν, του-

τέστι φυλάτταιν τὸ διανοητικόν, ὅ ἐστιν ἐν ἡμῖν θεῖον. ὅθεν καὶ τὸ θωρήξασθαι, ὡς ἐν Ἀχαρνεῦσιν [1132] εἴρηται, οὐ μόνον τὸ καθοπλισθῆναι, ἀλλὰ καὶ τὸ μεθυσθῆναι σημαίνει, διὰ τὸ θερμαίνειν τὸ στῆθος. καὶ ἀκροθώρηκας τοὺς ἀκρομεθύσους ἐκάλουν. φησὶν οὖν, πῶς ἂν μαχέσαιτο παγκράτιον καθωπλισμένος; ἐπειδὴ νόμος ἦν τοὺς γυμναστὰς γυμνοὺς εἰς τὸν ἀγῶνα εἰσέρχεσθαι.]

1197. (παρ' ἀνδράσι ξένοις: Ἔθος γὰρ ἐπὶ τοῖς ξένοις καυχᾶσθαι.)

1198. (σεαυτοῦ: Ὁ αὐτὸς σεαυτῷ περιεποιήσω.)

1201. Ἐργασίωνος: Γεωργοῦ. θηλυκῶς δὲ ἐπὶ τῶν ἀμπέλων (ἡ χάραξ, ἀρσενικῶς δὲ ἐπὶ τῶν πρὸς πολιορκίαν. χάραξ δέ ἐστι τὸ λεπτὸν ξύλον, ᾧ προσδεσμοῦσι τὴν ἄμπελον, ἵνα μὴ ὑπὸ τῶν ἀνέμων συντριβῇ.)

1203. λαμπάδα ἔδραμες: (Εἰ οἶδας σεαυτὸν λαμπαδοδρομήσαντα.) ὅτι γὰρ καὶ ἠγωνίζοντο δρόμῳ λαμπάδας ἔχοντες ἐν τῷ Κεραμεικῷ φανερόν.

1206. (Φάϋλλον: Εἴρηται περὶ Φαΰλλου ἐν τοῖς Ἀχαρνεῦσιν [213]. ὁ βούπαις δὲ ἡλικίας ὄνομα, ὁ νέος ἔφηλιξ.)

1207. (εἷλον διώκων: Ἀντὶ τοῦ εἰπεῖν ὅτι ἐνίκησα δρόμῳ, πάλιν περὶ δίκης φησί. δρομεὺς δὲ ἄριστος ὁ Φάϋλλος. ξυνουσιαστικὸς δὲ κοινωνικός.)

1211. ὡδὶ κελεύεις: Νεανικῶς. φαίνεται ὅτι πρὸς τῷ στόματι τὰ γόνατα ἔχων κατεκλίθη. (γυμναστικῶς δὲ, παλαιστρικῶς. χύτλασον δὲ, διάχυσον σεαυτὸν, ὑγρῶς ἄλειψαι. χυτλάζειν δὲ τὸ μιγνύναι καὶ διαχεῖν. χύτλα δὲ κυρίως τὸ ὑγροῦ ἔτι ἀπὸ ὕδατος ὄντος τοῦ σώματος ἀλείψασθαι. καὶ χύτλον τὸ ὑδρέλαιον.)

1214. (ἐπαίνεσόν τι τῶν χαλκωμάτων: Ὡς οἱ ἐν συμποσίοις ἀνακείμενοι πρὸ τοῦ προσφάγια εἰσενεχθῆναι ἐπαινοῦσι τὰ ἐν τῇ οἰκίᾳ σκεύη, καὶ τὴν οἰκίαν, καὶ τὰ ἐν τῇ αὐλῇ.)

1215. κρὲξ ὄρνεον παραπλήσιον γεράνῳ. R.

1216. (ὕδωρ κατὰ χειρός: Λείπει τὸ αἴτησον. οὕτως δὲ ἔθος λέγειν, ὕδωρ κατὰ χειρὸς, πρὸ τοῦ εἰσαχθῆναι τὴν τράπεζαν· μετὰ δὲ τὸ δειπνῆσαι, ἀπονίψασθαι δὸς ὦ παῖ.)

1218. (ἐνύπνιον ἑστιώμεθα: Ὅτι εἴρηται μὲν τὰ ἐν συμποσίῳ, οὐ μὴν γεγένηται, ὡς ὄνειρόν φησιν ἑορακέναι.)

1221. Ἀκέστορος: Ἐπεὶ καὶ αὐτὸν τὸν Ἀκέστορα ξένον κωμῳδοῦσι τὸν τραγικὸν, (ὃς ἐκαλεῖτο Σάκας. Θεόπομπος Τισαμενῷ οὐ κοινῶς ξένον, ἀλλὰ Μυσόν·

τὸν δὲ Μύσιον
Ἀκέστορ' ἀναπέπεικεν ἀκολουθεῖν ἅμα.

καὶ Μεταγένης Φιλοθύτῃ ὁμοίως

ὦ πολῖται, δεινὰ πάσχω. τίς πολίτης δ' ἐστὶ νῦν
πλὴν ἄρ' ἡ Σάκας ὁ Μυσὸς καὶ τὸ Καλλίου νόθον;

1222. (τὰ σκόλι' ὅπως δέξῃ καλῶς: Ἀρχαῖον ἔθος ἑστιωμένους ᾄδειν ἀκολούθως τῷ πρώτῳ, εἰ παύσαιτο τῆς ᾠδῆς, τὰ ἑξῆς. καὶ γὰρ ὁ ἐξ ἀρχῆς δάφνην ἢ μυρρίνην κατέχων ᾖδε Σιμωνίδου ἢ Στησιχόρου μέλη ἄχρις οὗ ἤθελε, καὶ μετὰ ταῦτα ᾧ ἐβούλετο ἐδίδου, οὐχ ὡς ἡ τάξις ἀπῄτει. καὶ ἔλεγεν ὁ δεξάμενος παρὰ τοῦ πρώτου τὰ ἑξῆς, κἀκεῖνος ἐπεδίδου πάλιν ᾧ ἐβούλετο. διὰ τὸ πάντας οὖν ἀπροσδοκήτως ᾄδειν καὶ λέγειν τὰ μέλη, σκολιὰ εἴρηται, διὰ τὴν δυσκολίαν. Ἄλλως. ὅπως παραδέξῃ. ἐν κύκλῳ γὰρ ᾖδον τὰ σκολιὰ, ἅ εἰσι παροίνιοι ᾠδαί.)

1223. (ὡς οὐδείς γε Διακρίων: Ὡς εἰς ταύτην ἑαυτὸν ἀναπέμπων τὴν τάξιν τοῦ πολιτεύματος. κατὰ γὰρ τοὺς Σόλωνος νόμους τρεῖς ἦσαν αἱ τάξεις, μία μὲν τῶν Παραλίων, ὧν προειστήκει Μεγακλῆς, ἑτέρα δὲ τῶν Πεδιέων, ὧν προειστήκει Λυκοῦργος, τρίτη δὲ τῶν Διακρίων, ὧν προειστήκει Πεισίστρατος. τὴν δὲ χώραν τὴν Διακρίαν Πανδίονά φασι τοῖς υἱοῖς διανείμαντα τὴν ἀρχὴν Λύκῳ δοῦναι, Αἰγεῖ δὲ τὴν περὶ τὸ ἄστυ, Πάλλαντι δὲ τὴν παραλίαν, Νίσῳ δὲ τὴν Μεγαρίδα.)

1227. (οὐχ οὕτω γε πανοῦργος: Τοῦτο εἶπεν, ὡς διαδεχόμενος αὐτὸν κατὰ τὴν τάξιν τῶν τὰ σκόλια λεγόντων. οὐδὲν δὲ τοῦτο πρὸς τὸ ἑξῆς τοῦ σκολίου, ἀλλ' εἰς τὸν δῆθεν λέγοντα Κλέωνα αἰνίττεται.)

1234. (ἄνθρωφ' οὗτος ὁ μαινόμενος: Παρὰ τὰ Ἀλκαίου « ὤνηρ οὗτος ὁ μαιόμενος τὸ μέγα κράτος, ἀν« τρέψει τάχα τὰν πόλιν· ἁ δ' ἔχεται ῥοπᾶς. » ἀντὶ τοῦ ζητῶν μέγα κράτος. οὕτω δὲ Αἰολεῖς.)

1235. (ἀνατρέψεις: Ἀνατρέψεις ταχέως τὴν πόλιν, ἥτις πρὸς τοῦτο ῥέπει. ἐκ τῶν Ἀλκαίου δὲ παρῳδεῖ εἰς Κλέωνα ὡς μαινόμενον.)

1239. Ἀδμήτου λόγον: Καὶ τοῦτο ἀρχὴ σκολίου. (ἑξῆς δέ ἐστι)

τῶν δειλῶν ἀπέχου γνοὺς ὅτι δειλῶν ὀλίγα χάρις.

(καὶ ἐν Πελαργοῖς

ὁ μὲν ᾖδεν Ἀδμήτου λόγον πρὸς μυρρίνην,
ὁ δ' αὐτὸν ἠνάγκαζεν Ἁρμοδίου μέλος.

Ἡρόδικος δὲ ἐν τοῖς κωμῳδουμένοις καὶ τὸν Ἄδμητον ἀναγέγραφε παραθεὶς τὰ τοῦ Κρατίνου ἐκ Χειρώνων

Κλειταγόρας ᾄδειν, ὅταν Ἀδμήτου μέλος αὐλῇ.

Ἀπολλώνιος δὲ ὁ Χαίριδος, ὡς Ἀρτεμίδωρός φησι, περὶ μὲν τῆς Κλειταγόρας τῆς ποιητρίας, ὅτι ὡς ἀνδρώνυμον ἀναγέγραφε Κλειταγόραν, Ἀμμώνιος ἀπελέγχει αὐτὸν, περὶ δὲ τοῦ Ἀδμήτου παρεῖχεν. αὐτὸς δέ φησι Φανόδημον λέγειν, ὅτι φυγὰς ἐκ Φερῶν Ἄδμητος ἦλθε πρὸς Θησέα μετ' Ἀλκήστιδος καὶ Ἱππάσου τοῦ νεωτάτου τῶν παίδων καὶ κατῳκίσθη παρ' αὐτοῦ ἐν τῇ αὐτοῦ χώρᾳ· εἰς ὃν τὸ σκόλιον.) [τινὲς δέ φασιν ὡς Ἀλκήστιδος ὑπεραποθανούσης Ἀδμήτου τοῦ ἀνδρὸς αὐτῆς, σκόλια καὶ πενθήρη πρὸς αὐτὸν ᾔδοντο μέλη, μέχρις ἂν ἡ Κόρη ἀνέπεμψεν Ἄλκηστιν· ὡς δ' Εὐριπίδης, Ἅδῃ μαχεσάμενος Ἡρακλῆς. οἱ δέ φασιν ὡς ἔθος ἦν τὸν μὴ δυνάμενον ἐν τοῖς συμποσίοις ᾆσαι δάφνης κλῶνα ἢ μυρρίνης λαβόντα πρὸς τοῦτον ᾄδειν. ἔνιοι δέ φασιν

ὡς ἐκ τοῦ ἐναντίου προσηγορεύθησαν σκολιὰ τὰ παροίνια μέλη. ἁπλᾶ γὰρ αὐτὰ ἐχρῆν εἶναι καὶ εὔκολα, ὡς παρὰ πότον ᾀδόμενα. οὐκ εὖ δὲ τοῦτο· τὰ γὰρ δύσφημα ἐπὶ τὸ εὐφημότερον μεταλαμβάνεται, οὐ μὴν τοὔμπαλιν· ἀλλ' ὅτι οὐκ ἀπὸ τοῦ ἑξῆς ἡ λύρα τοῖς συμπόταις ἐδίδοτο, ἀλλ' ἐναλλάξ, διὰ τὴν σκολιὰν τῆς λύρας περιφορὰν σκολιὰ ἐλέγετο.]

1240. (τούτῳ τι λέξεις σκολιόν : Κολακικὸν τὸ σκολιὸν καὶ παρὰ Θεώρου. τοῦτο οἱ μὲν Ἀλκαίου, οἱ δὲ Σαπφοῦς· οὐκ ἔστι δέ, ἀλλ' ἐν τοῖς Πραξίλλης φέρεται παροινίοις.)

1241. (ἀλωπεκίζειν : Πανουργεῖν, κολακεύειν. οὐδὲν δὲ τοῦτο πρὸς τὸ σκολιὸν τὸ εἰρημένον ὑπὸ Θεώρου, ἀλλ' ὡς κόλακα διαβάλλει αὐτόν.)

1244. (ἀνὴρ σοφός : Ὡς εἰ μὴ σοφὸς, οὐδὲ μουσικός.)

1245. Κλειταγόρᾳ τε : (Κλειταγόρας μέλος λέγουσι τὸ εἰς αὐτὴν) Κλειταγόραν, ἥτις ἐγένετο ποιήτρια, (Θετταλή τις γυνή. Ἁρμοδίου μέλος τὸ εἰς Ἁρμόδιον, καὶ Ἀδμήτου τὸ εἰς Ἄδμητον. ἐκ σκολιοῦ τινός ἐστιν. Ἀθηναίοις δὲ Θετταλοὶ συνεμάχησαν ἐν τῷ πρὸς τοὺς τυράννους πολέμῳ.)

1246. (πολλὰ δὲ διεκόμισας : Τοῦτο, φησὶν, ἐπάξω πρὸς τὸ σκολιὸν Αἰσχίνου, ἐπεὶ κομπαστὴς ἦν.)

1250. (εἰς Φιλοκτήμονος : Φιλοκτήμων ἄσωτος οὗτος καὶ συνεχῶς δεῖπνα ἐποίει.)

1251. τὸ δεῖπνον Χρυσέ : Μεταβαλεῖν θέλει τοὺς τρόπους τὸν πρεσβύτην. (εἰ γάρ πού τις ἐκαλεῖτο εἰς ἄριστον, ἢ εἰς δεῖπνον, τὸ ἄριστον ἢ τὸ δεῖπνον ἑαυτοῦ ἔφερε.) τὸ ὄνομα δὲ τοῦ θεράποντος Χρυσός. (πατάξαι : γράφεται καὶ καταράξαι ἀντὶ τοῦ καταβαλεῖν τὴν θύραν.)

1256. οὐδὲν πείσει ἂν συνῇς (ἀνδράσιν addit G.) ἀστείοις. R. V.

1257. παρῃτήσαντο : Οἷον παρεμυθήσαντο τὸν ἀδικηθέντα, (ἢ ἐρρύσαντο τῆς δίκης, καὶ ἀπέλυσαν τῆς αἰτίας. καὶ παρῃτεῖτο ἀντὶ τοῦ ἐλιπάρει, παρεκάλει, παρ' Ἡροδότῳ [5, 33] « ὁ δὲ ἐλθὼν παρῃτεῖτο τὸν Πέρ« σην· τυγχάνων δὲ οὐδενὸς ὧν ἐδέετο, αὐτὸς ἔλυ« σεν. »)

1259. (Αἰσωπικὸν γέλοιον : Μῦθοι οὗτοι ἐγένοντο. καὶ οἱ μὲν Αἰσωπικοὶ περὶ τῶν τετραπόδων ἦσαν, οἱ δὲ Συβαριτικοὶ περὶ τῶν ἀνθρωπίνων. οὗτοι δὲ οἱ μῦθοι πολιτικοὶ ἦσαν. τὸ δὲ ἑξῆς· ἔλεξας ἐν τῷ συμποσίῳ λόγον, ὃν ἔμαθες, Αἰσωπικὸν ἢ Συβαριτικόν. ἀφεὶς δὲ, ὁ παθὼν δηλονότι.)

1264. ἀπαλλάττονται. V.

1265. (πολλάκις δὴ 'δοξα : Ὁ ποιητὴς ταῦτα λέγει ἀπὸ προσώπου τοῦ χοροῦ. παραβατικὰ δὲ τὰ μελύδρια.) παραβατικά. εἶτα τὸ ἀντεπίρρημα. R.

1267. ἀλλ' Ἀμυνίας : Κομήτης ὁ Ἀμυνίας, (Προνάπου υἱός. ὁ γὰρ Σέλλος οὐκ ἦν αὐτοῦ πατὴρ, ἀλλ' Αἰσχίνου. ἵνα οὖν καὶ τὸν Ἀμυνίαν καὶ τὸν Αἰσχίνην κωμῳδήσῃ ὡς πένητας, τοῦτο εἶπεν. ὁ δὲ κρωβύλος ἐστὶν εἶδος πλοκῆς ἐπ' ἀνδρῶν εἰς ὀξὺ ληγούσης. ἐκ τοῦ προειρημένου δὲ προσληπτέον τὸ σκαιός μοι ἔδοξε. Σέλλου δὲ εἶπεν, ἐπειδὴ πένης Αἰσχίνης ὁ Σέλλου. ἐκ τῶν κρωβύλου δὲ, ὅτι κομήτης, ὡς ἔμπροσθεν εἶπε.) — κατὰ κοινοῦ τὸ σκαιός. V.

1268. (ἀντὶ μήλου καὶ ῥοιᾶς : Τῶν ἐπὶ τῶν δαψιλῶν ὄψων. οἷον, ὅτι οὐκ εἶχον ταῦτα, καὶ ἀντὶ τούτων αὐτὸν εἶδον.)

1270. (ἧπερ Ἀντιφῶν Ἀντιφῶν : τοῦ Ἀνδοκίδου, περὶ οὗ προείρηται. καὶ οὗτος δὲ πένης ἦν ὁ Ἀντιφῶν.)

1271. (ἐς Φάρσαλον : Φάρσαλος πόλις Θεσσαλίας. καὶ Εὔπολις ἐμφαίνει τὴν πρεσβείαν ἐν ταῖς Πόλεσιν « χἀμυνίας ἐκεῖνος ἀμέλει κλαύσεται, | ὅτι ὢν ἄγροι« κος ἵσταται πρὸς τῷ μύρῳ· | ὅτι θεῶν ἕνεκα ἔπλευσε « κακὸς ὢν εἴσεται. » Πενέστας δὲ λέγεσθαί φασι τὸ θητικὸν παρὰ τοῖς Θετταλοῖς. ἔθνος δὲ ἦν πάλαι ἀπὸ Πενέστου τὴν ἐπωνυμίαν ἔχον, ὃς ἀνέφερε τὸ γένος εἰς Θεσσαλὸν τὸν Ἡρακλέους. δέον οὖν εἰπεῖν μετὰ τῶν πολιτευομένων συνῆν, εἶπε μετὰ τῶν Πενεστῶν, ἀντὶ τοῦ μετὰ τῶν πενήτων. καταλελυμένον γὰρ ἦν ἐκεῖνο τὸ σύστημα τῶν Πενεστῶν, καὶ λοιπὸν οἱ πένητες καὶ οἱ Θῆτες Πενέσται ἐκαλοῦντο.)

1275. (ὦ μακάρι' Αὐτόμενες : Ὁ Αὐτομένης ἔσχε τρεῖς υἱοὺς, τὸν μὲν κιθαρῳδὸν, τὸν δὲ ὑποκριτὴν, τὸν δὲ τῷ στόματι αἰσχρουργοῦντα.)

1276. ὅτι χειρ. : Μάλιστα. *Vict.*

1278. (κιθαραοιδότατον : Τῇ λέξει καὶ Εὔπολις κέχρηται ἐν Χρυσῷ γένει « ὦ κατάλαβρ', ὦ κιθαραοιδότατε. »)

1279. (τὸν δ' ὑποκριτὴν : Οὐκ ἔστι σαφὲς τίς τῶν ὑποκριτῶν Αὐτομένους ἐστὶν υἱός.

ἀργαλέον ὡς σοφόν : Ἀντὶ τοῦ δυσχερὲς εἰπεῖν, ὅπως ἦν σοφός.)

1280. θυμοσοφικώτατον : (Θυμόσοφοι λέγονται) ὅσοι ἀφ' ἑαυτῶν εὐφυεῖς εἰσιν.

1272. (ὃν ποτ' ὤμοσε : Τίς ὤμοσεν, εἰ μὴ ἄρα ὁ πατήρ. Ἀρίγνωτον δὲ λέγει τὸν κιθαρῳδόν. δῆλον δὲ ἐκ τοῦ Ἀριφράδην λέγεσθαι υἱὸν Αὐτομένους καὶ ἀδελφὸν Ἀριγνώτου.) — ὅτι δὲ φίλως ἐῴκει ἔχειν πρὸς τὸν Ἀρίγνωτον, ἐν τοῖς Ἱππεῦσι [1278] δῆλον. ὁ πατὴρ αὐτῶν Αὐτομένης. ἔστρεφε τὸν λόγον. V.

μετὰ τοῦτο διάλειμμα στίχων ἀνάστατον εἶναι. τῶν πλείστων δὲ εὗρον ἕνδεκα. μετὰ τὸ διάλειμμα ἐν πολλοῖς φέρεται στίχου ἑνὸς καὶ τρίτου ὅμοσου προσπίπτει. Ἡλιόδωρος, μετὰ τὸν στίχον τὸν « γλωττοποιεῖν εἰς τὰ πορνεῖ 'εἰσιόνθ' ἑκάστοτε » εἰσὶ τόποι ἑπτὰ ἔχοντες στιγμὰς, καὶ ἀλόγως, ὧν ἐκ προχείρου μὲν εὑρεῖν τὸν λόγον οὐκ ἔστι. τὰ δὲ τοιαῦτα πολλάκις εἶπον ὅτι ὑπολαμβάνω ἐν τοῖς πρώτοις ἀντιγράφοις φθαρέντα, ὅτι μὲν τοσαῦτα ἦν τὸν ἀριθμὸν γνωσθῆναι, οὐ μὴν τίνα. V.

1284. (εἰσί τινες : Ἄδηλον πότερον τῆς Καλλιστράτου εἰς τὴν βουλὴν εἰσαγωγῆς καὶ νῦν μιμνήσκεται, ὅτι αὐτὸν Κλέων εἰσήγαγεν, ἢ ἑτέρας κατ' αὐτοῦ γενομένης Ἀριστοφάνους, καὶ μὴ εἰσαγωγῆς, ἀλλὰ ἀπειλῆς

τικῶς, ὅπερ καὶ μᾶλλον ἐμφαίνεται. ἐκεῖνό τε γὰρ ἐναντιώτατον ἀρχαιότερον ἔσται, νῦν τε ὡς περὶ αὐτοῦ λέγει. ἔκλεψεν ἀντὶ τοῦ ἐκλάκισεν. — ὑπέκρουσεν. Vict.

1285. ἡνίκα Κλέων : Ἐπέκειτο γὰρ αὐτῷ ὁ Κλέων ὅτι ἐκωμῳδεῖτο ὑπ' αὐτοῦ. ἄδηλον δὲ εἰ μετὰ τὸ διδάξαι τοὺς Ἱππέας λέγει.

1289. ὅσον δὲ μόνον εἰδέναι : Ἀντὶ τοῦ τοσοῦτον δὲ μόνον κρατεῖν, εἴ ποτε θλιβόμενος ὑπὸ Κλέωνος σκώψω αὐτόν.

1290. ὑπό τι μικρὸν ἐπιθήκισα : (Ταῦτα ἐννοῶν φησιν, ὅτι τύπτομαι ὑπ' αὐτοῦ, καὶ οὐδενὶ μέλει, μέχρι αὐτὸν ἐκολάκευσα.) — ἰδὼν ὅτι βοηθεῖν οὐδείς, γελᾶσαι δὲ μόνον σπεύδουσιν, ἐπιθήκισα καὶ ὑπῆλθον αὐτόν. R.

1291. ἐξηπάτησεν ἡ χάραξ : (Παροιμία, ὅταν ὑπὸ τοῦ σωζομένου το σῶζον ἀπατηθῇ, ἢ ὅταν ἐξαπατηθῇ τις πιστεύσας. ἔστιν οὖν παροιμία ἀπὸ τῶν καλάμων τῶν προσδεσμουμένων ταῖς ἀμπέλοις, οἳ ἐνίοτε ῥιζοβολήσαντες ὑπεραύξονται τῶν ἀμπέλων. νυνὶ δὲ ἠπάτησα ὑπὲρ τοῦ ποιῆσαι λέγεσθαι τὰς κωμῳδίας.) ἐψηφίσατο γὰρ ὁ Κλέων μηκέτι δεῖν κωμῳδίας ἐπὶ τῷ θεάτρῳ εἰσάγεσθαι, ὅτι δὴ ξένων παρόντων πολίτας ἔσκωπτον. (Ἄλλως. ὅτι πολλάκις τὰ μεγάλα ἀπεσφάλη τῆς ἰδίας δόξης, πιστεύσαντα ἑαυτὰ τοῖς μικροῖς.)

1292. ἰὼ χελῶναι : (Ὁ οἰκέτης ἐξέρχεται τυπτηθεὶς ὑπὸ Φιλοκλέωνος.) — ἀποδέχεται τὰς χελώνας ὡς παχυδέρμους καὶ μὴ αἰσθανομένας πληγῶν, ἑαυτὸν δὲ θρηνεῖ ὡς λεπτόδερμον. Ἄλλως. ὅτι κοινῶς καὶ τὸ ὄστρακον δέρμα ἔλεγεν, καθὸ καὶ ὀστρακόδερμα καλοῦσιν αὐτὰ οἱ περὶ Ἀριστοτέλη. V.

1294. καὶ νουβυστικῶς : Ἀντὶ τοῦ συνετῶς, (νοῦ πεπληρωμένως, παρὰ τὸ νοῦς καὶ τὸ βύσαι, ὅ ἐστι πληρῶσαι. [Od. Δ, 134 :] « νήματος ἀσκητοῖο βεβυσμένον. » κεῖται καὶ ἐν Ἐκκλησιαζούσαις [441].)

1295. (κεράμῳ τὸ νῶτον : Ὡς περὶ ὀρόφου στέγης διαλέγεται. ἔνιοι δὲ στιζόμενος γράφουσιν, οἷον κεντούμενος. ἐὰν δὲ σταζόμενος γράφηται, καὶ οὕτως ἔσται παρὰ τῶν ψακάδων· οὕτως πυκνὰ τυπτόμενος.) — τὸ δὲ στιζόμενος ἀντὶ τοῦ κεντούμενος. R. (στέγειν δὲ ἀντὶ τοῦ συνέχειν. ὅθεν καὶ ἡ στέγη ἡ περιέχουσα.)

1297. κἂν ᾖ γέρων : Ὡς γέροντος ὄντος τοῦ οἰκέτου. *Vict.*

1302. (οἱ περὶ Φρύνιχον : Τῶν κολάκων ἂν εἴη Φρύνιχος ὁ ποιητής. ὁ δὲ Σύμμαχός φησιν, εὐλογώτατον ἂν εἴη τὸν τραγικὸν ὑποκριτὴν Φρύνιχον.)

1306. (ὥσπερ καχρύων : Ὥσπερ ὄνος κριθῶν κορεσθείς. — ὅτε γὰρ κορέννυνται, μᾶλλον σκιρτῶσιν. V.)

1309. (ἔοικας ὦ πρεσβῦτα : Δίδυμός φησιν ὅτι ἀδιανόητα σκώπτει ἐνταῦθα. τὸ δὲ τρυγὶ ὡς πρὸς γεγηρακότα λέγει.)

1310. (κλητῆρί τ' : Διὰ τὸ φιλοδικαστὴν εἶναι, καὶ ὅτι ὡς ἐπίπαν γέροντας παρελάμβανον κλητῆρας. τὸ δὲ λοιπὸν παιδιᾶς ἕνεκεν, ἢ οὐδὲν πρὸς ἔπος, παρὰ τὴν παροιμίαν, ὄνος εἰς ἀχυρῶνα ἀπέδρα. ὁ δὲ ἀχυρὸς παρ' Εὐπόλιδι ἐν Χρυσῷ γένει, ὅπου καὶ τὸ Πλάτωνος παράκειται ἐξ Ἀδώνιδος.

1311. ὁ δ' ἀνακραγών : Καὶ ταῦτα ἀπροσλόγως, ἐπεὶ καὶ τῷ ἀποδεδρακότι ἀπροσλόγως ἐκεῖνος εἶπεν.

1312. τὰ θρῖα τοῦ τρίβωνος : Ἐπεὶ ἐνίοτε ὥσπερ φύλλα ἐμποικίλλουσι. Σθένελος δὲ τραγικός, ὃς διὰ πενίαν τὴν τραγικὴν ἀπέδοτο σκευὴν κακῶς πράττων ἐν τῇ τέχνῃ. περὶ τούτου γέγραπται ἐν Γηρυτάδῃ· « καὶ πῶς ἐγὼ Σθενέλου φάγοιμ' ἂν ῥήματα; εἰς ὄξος ἐμβαπτόμενος, ἢ ξηροὺς ἅλας. » — Πλάτων Σκευαῖς « ἄξαι μόνον οὐκ ἂν ἄκρον τῷ μορσίμῳ, ἵνα σου πατήσω τὸν Σθένελον μάλ' αὐτίκα. » V. — οὗτος δ' ἐλαύνων ἐπὶ τοῖς τείχεσιν ἐνδεικνύμενος διεχλεύαζεν. διακεκαρμένῳ δὲ ἀφῃρημένῳ, πωλήσαντι. διεμύλλαινε δὲ ἀντὶ τοῦ ὑπερηφάνως τὰ χείλη διέστρεφεν ὡς χλευάζων καὶ μὴ ἡσθεὶς τῷ λελεγμένῳ.)

1317. ἐπὶ τῷ κομᾷς : Ἐπεὶ κομήτης ὁ Θούφραστος. ἔστι δὲ καὶ τῶν κολάκων. (ἢ μέγα φρονεῖς. ἐν μέρει δέ, καθ' ἕκαστον.)

1321. (οὐδὲν εἰκότας : Οὐδὲν ἁρμόζοντας τῷ πράγματι.)

1324. ὅδ' ἱ δὲ δὴ σφαλλόμενος : Κινούμενος ὑπὸ μέθης.

1326. ἄνεχε, πάρεχε : (Μετὰ λαμπάδων ἔρχεται καὶ μετὰ αὐλητρίδος, ἀποστάσας αὐτὴν ἐκ τοῦ συμποσίου. ὁ δὲ νοῦς παρὰ τὴν ἐν Τρῳάσι [308] Κασάνδραν « ἄνεχε, πάρεχε, φῶς φέρω, σέβω, φλέγω. » οὕτω πάντες. ὅμως ὑστερεῖ ἡ τῶν Τρῳάδων κάθεσις ἔτεσιν ἑπτά.) — ἐκ Τρῳάδων Εὐριπίδου. Κασάνδρα φησὶν « ἄνεχε πάρεχε, φῶς φέρω, φλέγω, σέβω. » R.

1328. (ἐπακολουθούντων ἐμοί : Ἠκολούθουν γὰρ αὐτῷ τινες τῶν τυφθέντων ὑπ' αὐτοῦ.)

1329. (εἰ μὴ 'ρρήσεσθε : εἰ μὴ ἀναχωρήσετε. τὸ ὑμᾶς δὲ πρὸς τὸ φρυκτούς. τὸ δὲ οἷον ἀντὶ τοῦ οἵως. τὸ δὲ ἑξῆς, οἵως ὑμᾶς ὡς ἰχθύδια πεφρυγμένα τῇ δαΐδι φρυκτοὺς σκευάσω ὀπτήσας. προσκαλούμενοι, εἰς τὸ δικαστήριον δηλονότι.)

1335. (ἰῆ ἰεῦ : Χλευαστικὸν ἐπίρρημα τοῦτο. καταφρονεῖ λοιπὸν καὶ τῶν δικαστικῶν ῥημάτων. τὸ γὰρ καλούμενοι ἀπορρίπτει.)

1339. (βάλλε κημούς : Βάλλε ἐς κόρακας τὰ δικαστικὰ σκεύη.)

1341. ἀνάβαινε δεῦρο : Ἑταίρα τις ἠκολούθει αὐτῷ, ἣν ἔλαχεν ἐκ τοῦ συμποσίου, ᾗ καὶ προσβάλλει καὶ πειρᾶν ἄρχεται.

χρυσομηλολόνθιον : Ἐπί τινος μετεώρου ὁ γέρων ἐφεστὼς προσκαλεῖται προσκοριζόμενος τὴν ἑταίραν. χρυσομηλολόνθιον δὲ ζωΰφιόν ἐστι κατὰ κάνθαρον, ξανθόν, ὃ καὶ κατέχοντες οἱ παῖδες δεσμεύουσιν ἐκ τοῦ ποδὸς καὶ ἀφιᾶσι [πρὸς τὸν ἀέρα]. (Ἄλλως. πρὸς τὴν ἑταίραν ὁ γέρων, παρὰ τὸ μηλολόνθιον χρυσίζοντα ἔχειν τὰ πτερά. οὐ γὰρ οἶμαι τὸ χρυσόμηλον γνωρίζεσθαι, εἰ δὲ μή, σύνθετον ἂν εἴη ἐκ τούτων.)

1342. σχοινίου : (Ἴσως τοῦ πέους. παίζει δέ. σαπρὸν

δὲ παλαιόν. γέρων γὰρ ἦν. ὑφειλόμην δὲ, ἔκλεψα ἐκ τῶν συμποτῶν.) — τοῦ αἰδοίου. R.

1346. μέλλουσαν ἤδη λεσβιεῖν : Τὸ λεσβιεῖν ἐπὶ τοῦ αἰσχροῦ τάττεται, (ἐπειδὴ οἱ Λέσβιοι αἰσχρουργοῦσι τῷ στόματι μολυνόμενοι). παρὰ τὸ ἱστορούμενον, ὅτι παρὰ Λεσβίοις τοῦτο πρῶτον γυνὴ ἔπαθε. (καὶ παρὰ Θεοπόμπῳ ἐν Ὀδυσσεῖ « ἵνα μὴ τὸ παλαιὸν τοῦτο καὶ « θρυλούμενον | δι' ἡμετέρων στομάτων | εἴπω σό- « φισμ' ὅ φασι παῖδας Λεσβίων | εὑρεῖν. » Στράττις ἐν Τρωΐλῳ « ἢ μήποτ', ὦ παῖ Ζηνὸς, ἐς ταυτὸν μόλῃς· | « ἀλλὰ παραδοὺς τοῖς Λεσβίοις χαίρειν ἔα. » καὶ ἐν Πυτίσῳ « ἐγὼ δ' ἅτ' ἐλπίνικος, ὀργισθεὶς ἔφη, | τῷ « στόματι δράσω τοῦθ', ὅπερ * * *. »)

1348. φιαλεῖς : (Τῷ ἔργῳ ἐπιβαλεῖς. Ὅμηρος [Od. X, 49] « αὐτὸς γὰρ ἐπίηλεν τάδε ἔργα. » ἀντὶ τοῦ ἐπεβάλλετο. — Φρύνιχος Ἐφιάλτῃ « ὄνομα δέ τῳ τοῦτ' « ἦν ἔσωθεν γῆν τε μὴ ἔστω φιάλτης ἀνδραγαθίας οὕ- « νεκα ἔτι ἐπιαλὰς χρηστὰ λ^{c} ἀπωλόμην. » ἐν δὲ Τριφάλητι Ἀριστοφάνης « κοὐδέν' ἄνδρ' εἰς ἄτοπον οὐδ' ἂν « ἐπιήλαμεν. » δύναται καὶ τὸ προθυμεῖσθαι. « οὐ γὰρ ἐπίηλε τάδε ἔργα » ἀντὶ τοῦ προεθυμήθη. V. — καὶ φιαλοῦμεν τουτέστι τῷ ἔργῳ ἐπιβαλοῦμεν, ἐπὶ τοῦτο ὁρμήσομεν· φιαλεῖν γὰρ τὸ ἄρχεσθαι τοῦ πράγματος. ὁ αὐτὸς Ἀριστοφάνης [Pac. 431] « ἄγε δὴ σὺ ταχέως ὕπεχε « τὴν φιάλην, ὅπως | ἔργῳ φιαλοῦμεν, εὐξάμενοι « τοῖσιν θεοῖς. Ἄλλως. ») φιαλεῖν μὲν κυρίως τὸ τῇ φιάλῃ πίνειν, νῦν δ' ἴσως καὶ κακεμφάτως.

1349. ἐγχανεῖ ἐπὶ τῶν καταγελώντων. ἅμα δὲ καὶ κακεμφάτως. V.

1350. (πολλοῖς γὰρ ἤδη χἀτέροις : Ἤτοι τὸ αἰσχρὸν χἀτέροις εἰργάσω, ἢ ἐκφεύγεις ἐμέ. καὶ γὰρ ἄλλοις αὐτὸ ἐποίησας.)

1351. ἐὰν δὲ γένῃ : Μιμεῖται τοὺς νεανίσκους λέγοντας [πρὸς τὰς ἑταίρας καὶ ὀμνύντας], ἐάν μου ὁ πατὴρ ἀποθάνῃ, δώσω σοι πάντα [καὶ συνοικήσω μετὰ σοῦ].

1353. λυσάμενος ἔξω : (Ἀντὶ τοῦ ἐλευθερώσας ἐν τοῦ πορνοβοσκείου.) τὰ γυναικεῖα αἰδοῖα χοίρους λέγουσιν.

1355. καὶ φυλάττομαι σφόδρα : Καθὸ δὶς παῖδες οἱ γέροντες. (ἢ παρ' ὑπόνοιαν οἱ παῖδες ταῦτα λέγουσιν.) ἀπὸ τοῦ υἱοῦ υἵδιον ὡς ἀπὸ τοῦ πατρὸς πατρίδιον.

1357. κυμινο. : Παίζει ἐνταῦθα, σμικρολόγον αὐτὸν καὶ ὀξύθυμον λέγων. κυμινοπρίστας γὰρ τοὺς φειδωλοὺς καὶ σμικρολόγους ἐκάλουν. συνέθηκε δὲ τὴν λέξιν μετὰ τοῦ καρδάμου διαβάλλων αὐτὸν ὡς ὀξύθυμον. — παίζει παρὰ τὸ κύμινον, ὅ ἐστι δριμύτατον, καὶ τὸ σμικρολόγον, πρίστας γὰρ τοὺς μικρολόγους ἐκάλουν, καὶ παρὰ τὸ κάρδαμον, ὅπερ ἐστὶ δριμὺ, τὴν σύνθεσιν ποιήσας, εἰς μικρολογίαν διαβάλλων αὐτὸν καὶ ὡς ὀξύθυμον. V.

1358. (περί μου δέδοικε : Δι' ἐμοῦ φειδωλός ἐστιν, ἵνα μὴ ἐν ἐξουσίᾳ ἔχων τὰ χρήματα διαφθείρω.)

1359. πατὴρ γὰρ οὐδείς : Ἀστείως. (εἰώθασι γὰρ οἱ παῖδες λέγειν, μόνος εἰμὶ τῷ πατρί. ἀντὶ δὲ τοῦ εἰπεῖν υἱὸς εἶπε πατὴρ παίζων.)

1361. δετάς : Τὰς λαμπάδας. (ὡς ἀπὸ τοῦ δέω δετή ῥηματικῶς, [ἡ συνδεδεμένη ἐκ παπύρων]. καὶ Ὅμηρος [Il. Λ, 554] « καιόμεναί τε δεταί. » τωθάσω δὲ σκώψω· πρὸ τῶν μυστηρίων δὲ ὅτι οἱ μεμυημένοι τοὺς μέλλοντας μυεῖσθαι δεδίττονται.) — τοῖς γὰρ μυστηρίοις ἐσκώπτοντο. τοὺς γὰρ μέλλοντας μυεῖσθαι προλαβόντες δεδίττονται. R. V.

1364. τυφεδανέ : (Ἐπεὶ) τυφογέροντας εἰώθασι λέγειν τοὺς παραληροῦντας καὶ ἀξίους τετύφθαι. χοιροθλὶψ δὲ ὁ τὸ γυναικεῖον αἰδοῖον ἀποθλίβων. (ἢ παρὰ τὰς χοιρίνας, ὡς φιλοδικαστὴν τὰς χοιρίνας πιέζοντα κωμῳδῶν.)

τἀναντία λοιδορεῖται ὁ γέρων τῷ υἱῷ. R. V.

1365. ὡραίας σοροῦ : (Παρὰ τὴν ὑπόνοιαν οἷον κόρης.) καὶ τοῦτο δὲ ἀντεστραμμένως εἰς γέροντα τὴν αὐλητρίδα [πειρῶντα].

1367. (ἐξ ὄξους δίκην : Ἀντὶ τοῦ εἰπεῖν χρέα, ἢ ἕτερόν τι, δίκην εἶπε. μισῶν οὖν τὰς δίκας λοιπὸν αὐτὸς ὁ Φιλοκλέων, ὡς εἰς ὕβρεις ταῦτα λέγει τῷ υἱῷ.)

1368. (τὴν αὐλητρίδα : Τὸ γένος τοῦ γελοίου παρὰ Ἀριστοφάνους ἐντεῦθεν ἀρξάμενον.)

1370. ἀπὸ τύμβου πεσών : Καὶ τοῦτο ὡς εἰς γέροντα, ἀντὶ τοῦ, ἀπὸ νοῦ καταπεσών. (Ἄλλως. ἐπεὶ ὡς νέος διαλέγεται. εἰώθασι δὲ οἱ νέοι γέρουσι τοῦτο λέγειν.)

1371. (ἡ Δαρδανίς : Ἐπεὶ ἀπὸ Δαρδανίας φέρονται αἱ αὐλητρίδες.)

1372 ταύτῃ δὲ παρὰ τοῦ γέροντος εἴληφε τὰς δᾷδας. Ven.

1373. ἐστιγμένην : Ἐστιγμένην (λέγει τὴν δᾷδα) ἐζωγραφημένην· ἔγραφον γὰρ καὶ ἐκόσμουν τὰς λαμπάδας. — παρὰ τοῦ γέροντος εἴληφε τὰς δᾷδας. διεστιγμένης, διερρηγμένης περὶ τοῦ γυναικείου αἰδοίου. R. (ἢ ὡς Θρᾷσσαν καὶ Δαρδανίδα τὴν αὐλητρίδα φησὶν ἐστιγμένην, διὰ τὸ κεκαλλωπισμένην εἶναι, καὶ διὰ τὸ κατέχειν δᾷδας.)

1374. (τί δὲ τὸ μέλαν : Περὶ τοῦ γυναικείου αἰδοίου ἐρωτᾷ τετριχωμένου.)

1375. (ἡ πίττα : Ἐπεὶ καὶ αἱ δᾷδες καιόμεναι πίτταν ἀποτελοῦσιν.)

1377. ὄζος : (Κλάδος. ἅμα καὶ) παρὰ τὸ ὀδωδέναι.

1378. ἀπὸ τοῦ εἶμι τὸ εἶ. R. V.

1382. Ὀλυμπίασιν : Νῦν προπαροξύνεται. λέγει γὰρ περὶ τοῦ τόπου. [ἐὰν περὶ πράγματος ᾖ δηλοῦσα ἡ λέξις, οἷον ὡς εἰ λέγοι τις, δέκα Ὀλυμπιᾶσιν ἐφεξῆς ἐνίκησεν ὁ δεῖνα, προπερισπᾶται. γίνεται γὰρ τὸ μὲν ἀπὸ τοῦ Ὀλυμπία Ὀλυμπίασι, τὸ δὲ ἀπὸ τοῦ Ὀλυμπιὰς Ὀλυμπιᾶσι. καὶ ὅτι τὰ εἰς ι λήγοντα τῶν ἐπιρρημάτων ζητεῖ τὸν πρῶτον τοῦ ὀνόματος τόνον, οἷον Ὀλυμπιὰς Ὀλυμπιᾶσι, πλὴν τῶν διὰ τοῦ οθεν. ἐκεῖνα γὰρ ἐνήλλαξεν, οἷον ἵππος ἱππόθεν. σεσημείωται τὸ οἴκοθεν.] — ἄρχεται κατὰ τὰ προστάγματα τοῦ υἱοῦ σοφίζεσθαι. V.

1383. ἐπεὶ παρῄνεσεν αὐτῷ ὁ υἱὸς πρότερον διηγηματικὸς εἶναι. R. V.

1386. (ὑπώπια : Τὰ εἰς τὴν ὄψιν πλήγματα ἐνταῦθα. εἴρηται δ' ἐν ἄλλοις [ad Acharn. 551, Pac. 541] ἀκριβέστερον.)

1388. ἴθι μοι παράστηθ', ἀντιβολῶ : Γυνή τις ὑβρισμένη ὑπὸ τοῦ γέροντος δεῖται τοῦ υἱοῦ (βοηθῆσαι αὐτῇ. Δίδυμος δὲ ἀρτόπωλις λέγει). — γυνή τις πρὸς μάρτυρα. R.

1391. κἀπιθήκην : Τοὺς ἔξωθεν τοῦ φορτίου προσθήκην ὄντας.

1394. (λόγοι διαλλάξουσιν : Μιμεῖται τὰ εἰρημένα ὑπὸ τοῦ υἱοῦ.)

1396. (καταπροίξει : Οὐ μὴ καταφρονήσεις, παρὰ τὴν προῖκα. τουτέστιν οὐ δωρεάν μου ἐγχανῇ. καὶ τοῦτο δὲ ἐν ἄλλοις [ad Nub. 1240, Eq. 435].) — ἄνοια. R. V.

1397. (θυγατέρος : Ὅτι οὐκ Ἀττικῶς εἴρηται τὸ θυγατέρος, ἀλλ' Ἰωνικῶς. τὰ φορτία δὲ τοὺς ἄρτους.)

1402. γυνή. R.

1403. (ὦ κύον κύον : Τὴν ἀρτόπωλιν κύνα εἶπεν. ὑλακτούσης σου, φησίν, οὐ φροντίζω, ὦ κύον. πυροὺς δὲ σίτους, ὥστε ἄρτους ποιῆσαι. ἐπεὶ ἀρτόπωλις.)

1407. (πρὸς τοὺς ἀγορανόμους : Τοὺς ἐπισκοποῦντας τὰ τῆς πόλεως ὤνια, καὶ διοικοῦντας αὐτά, ὡς ἐν Ἀχαρνεῦσιν [723].) — τοὺς τῶν ὠνίων προστάτας. V.

1408. (κλητῆρα : Μάρτυρα. τουτέστι τὸν εἰς τὸ δικαστήριον καλοῦντα ὑπηρέτην. Χαιρεφῶντα δὲ τὸν) πύξινον Σωκράτους ἑταῖρον (τὸν φιλόσοφόν φησι. πάλιν δ' αὐτὸν εἰς ὠχρότητα διαβάλλων εἰσάγει μαρτυροῦντα τῇ ἀρτοπώλιδι.)

1410. Ἑρμιονεὺς μελοποιὸς Λᾶσος. V. μελοποιὸς ὁ Λᾶσος. R

1411. ἀντὶ τοῦ οὐδέν μοι μέλει τοῦ Σιμωνίδου. V.

1413. Ἰν' ᾖ ὠχρᾷ, ὡς οἱ κεχρημένοι θάψῳ. εἰσήγαγε δὲ Εὐριπίδης τὴν Ἰνὼ ὠχρὰν ὑπὸ τῆς κακοπαθείας. καὶ ὁ Χαιρεφῶν δὲ τοιοῦτος ἄλλος ἔοικε θαψίᾳ. ὠχρὸς γὰρ ὁ Χαιρεφῶν καὶ ἡ θάψος τοιαύτη. ἀλλὰ καὶ παρὰ τὸ θάπτεσθαι καλῶς πέπαικται. V. [θαψίνῃ : Ὠχρᾷ. τοιαύτη γὰρ ἡ θάψος, ὅπερ παρ' ἡμῖν χρυσόξυλον λέγεται. Θεόκριτος [2, 88]

> καί μευ χρὼς μὲν ὁμοῖος ἐγίνετο πολλάκι θαψῷ.

παρὰ δ' Εὐριπίδῃ γέγραπται ἡ Ἰνὼ κρεμαμένη καὶ ὠχρὰ ὑπὸ τῆς κακοπαθείας. πέπαικται δὲ καλῶς παρὰ τὸ θάπτεσθαι.]

1414. ἀντὶ τοῦ ὑπὸ Εὐριπίδου ἐκ τῶν ποδῶν ἡ Ἰνὼ κρέμαται. R. V.

1417. ὤμοι κακοδαίμων : (παραγίνεταί) τις ἀνὴρ Εὐριπίδης (ὀνομασμένος, κατηγορῶν τοῦ Φιλοκλέωνος ὕβρεως, καὶ κατήγορον ἐπαγόμενος).

1429. (οὐ τρίβων : Οὐκ ἔμπειρος. καὶ ἐν Νεφέλαις [869]

> καὶ τῶν κρεμαθρῶν οὐ τρίβων τῶν ἐνθάδε.)

1431. ἔρδοι τίς : (Ἕκαστος, φησίν, ἣν οἶδε τέχνην ἐργαζέσθω.) καὶ ταῦτα δὲ ἐν ταῖς παροιμίαις φέρεται.

(1432). εἰς τὰ Πιττάλου : Εἰς ἰατροῦ, [φησίν, ἀπότρεχε] θεραπευθησόμενος τὰς πληγάς. ἰατρὸς γὰρ ὁ Πίτταλος.

1433. (ὅμοιά σου : Ὁ Βδελυκλέων ταῦτά φησι πρὸς τὸν κατήγορον.)

1434. (ἃ 'ν : Τὸ ἐντελὲς ἃ ἄν.)

1436. κατέαξ' ἐχῖνον : Χύτρας εἶδος ὁ ἐχῖνος. V. [ἄγγος τι χαλκοῦν, ἢ καὶ ἐκ κεράμου, εἰς ὃ καθιᾶσιν οἱ διαιτηταὶ τὰ γραμματεῖα τῶν μαρτυριῶν, ἅ τινες ἐμαρτύρησαν, καὶ κατασημηνάμενοι μετὰ ταῦτα, εἰ ἐγκληθείη ἡ δίαιτα, τοῖς δικασταῖς ἐπεδίδουν. τοῦ δ' ἄγγους τούτου καὶ Δημοσθένης μνημονεύουσι καὶ Ἀριστοτέλης. ἔστι δέ τι καὶ ζῷον χερσαῖον καὶ θαλάττιον ὄστρεον. καὶ μὲν δὴ καὶ ἡ γαστὴρ τοῦ βοός.]

1438. ναὶ τὰν Κόραν : (Τὴν Περσεφόνην.) [τουτέστι τὸν κόρον, τὴν πρὸς τὸ τρέφεσθαι μέχρι κόρου ὕλην. τοῖς δὲ περὶ Σικελίαν τὸ κατὰ Κόρης ὀμνύειν ἐνεφιλοχώρει. ἐντεῦθεν γὰρ ὁ Ἅδης αὐτὴν ἁρπάσαι μυθεύεται, ὡς οἱ τὰ τοιαῦτά γε ἀλληγορῆσαι δεινοί, διὰ τὸν γινόμενον ἐπὶ χρόνον τινὰ τῶν σπερμάτων κατὰ γῆς ἀφανισμόν.] δωρίζει δὲ ἐπίτηδες. [ἐπίδεσμον δὲ τὸν ἐπὶ τῇ πληγῇ δεσμόν.]

1440. (καὶ τὰ) ἕλκη ἐπέδησας. R. V.

1445. (κλητῆρες ἐπιλείψουσι : Ἐπιλείψουσι μάρτυρες τοὺς κατηγοροῦντας.)

1446. Αἴσωπον οἱ Δελφοί : (Ὁ μὲν Βδελυκλέων ἀράμενος τὸν πατέρα αὐτοῦ Φιλοκλέωνα, εἴσω κομίζει. ὁ δὲ φερόμενος πλάττει μῦθον. διηγεῖται γὰρ τὸν περὶ Αἰσώπου λόγον·) ὅν φασιν ἐλθόντα ποτὲ εἰς τοὺς Δελφοὺς ἀποσκῶψαι αὐτούς, ὅτι μὴ ἔχοιεν γῆν, ἀφ' ἧς ἐργαζόμενοι διατρέφοιντο, ἀλλὰ περιμένοιεν ἀπὸ τῶν θεοῦ θυμάτων διαζῆν. οἱ δὲ Δελφοὶ χαλεπήναντες φιάλην ἱερὰν τοῖς Αἰσώπου σκεύεσιν ὑπέβαλον. ὁ μὲν δὴ οὐκ εἰδὼς τὴν ἐς Φωκίδα φέρουσαν ὥρμησεν ὁδόν. οἱ δ' ἐπιδραμόντες, καὶ φωράσαντες, ἱεροσυλίας αὐτοῦ κατηγόρουν. ὁ δ' ἐπὶ πέτραν οὐ πάνυ πόρρω τοῦ ἱεροῦ καὶ τῆς πόλεως ἀγόμενος, ἀφ' ἧς νόμιμον ἦν τοὺς ἱεροσύλους ῥιπτεῖσθαι, τὸν περὶ τοῦ κανθάρου μῦθον αὐτοῖς διηγήσατο· οὗ γε καὶ ἐν Εἰρήνῃ [129] μέμνηται διὰ τούτων ὁ ποιητής

> ἐν τοῖσιν Αἰσώπου λόγοις ἐξηυρέθη
> μόνος πετεινῶν εἰς θεοὺς ἀφιγμένος.

ἐκεῖ δὲ τὰ εἰκότα λεχθήσεται.

1449. ὡς κάνθαρος ἀνῆλθεν ὡς καὶ ἐν Εἰρήνῃ. R.

1451. [ζηλῶ σε τῆς εὐτυχίας : Τὰ τοιαῦτα εἴδη καλεῖται κατὰ σχέσιν. ἔστι γοῦν ἡ παροῦσα στροφὴ κώλων χοριαμβικῶν ἐπιμεμιγμένων ἐπιτρίτοις διτροχαίοις διιάμβοις δισπονδείοις ἰωνικοῖς καὶ παίωσι ιβ'. καὶ ἡ ἀντιστροφὴ τοσούτων, ὧν τὸ μὲν δεύτερον καταληκτικὸν ἤτοι ἑφθημιμερές, τὰ δὲ λοιπὰ πάντα δίμετρα ἀκατάληκτα, τὰ μὲν τετρασυλλάβους ἔχοντα πόδας, τὰ δὲ πεντασυλλάβους. διαλύονται γὰρ αἱ μακραὶ συλλαβαὶ

ὥσπερ ἐπὶ τῶν ἰάμβων καὶ τροχαίων, ὡς εἴρηται, εἰς δύο βραχείας, οὕτω καὶ ἐπὶ τῶν τετρασυλλάβων ποδῶν. εὕρηται γὰρ καὶ χορίαμβος πεντασύλλαβος, καὶ διίαμβος, καὶ διτρόχαιος, καὶ ἰωνικὸς, καὶ παίων. ἐπὶ τῷ τέλει τῆς μὲν στροφῆς παράγραφος, τῆς δὲ ἀντιστροφῆς κορωνίς.]

1455. (ἐπὶ τὸ τρυφερόν : Οἷον ἐπὶ τὸ τρυφᾶν μαλακῶς.) — μεταπείσεται τὸ τρυφᾶν καὶ μαλακὸν καὶ ἐπιμάλακον. V.

1460. (γνώμαις ἑτέρων : Οἷον, μεταπεισθέντες ἐκ παραινέσεως ἑτέρων.)

1465. (φιλοπατρίαν : Διὰ τὸ ὑπὲρ τῆς πατρίδος ἠγωνίσθαι, ἢ τοῦ πατρός.)

1467. (ἀγανῷ : Ἱλαρῷ, καλῷ κἀγαθῷ· οἱ δὲ ἀθανάτῳ. ἔνθεν καὶ ἀγανοφροσύνη, προσήνεια, πρᾳότης. Ὅμηρος [Il. B, 164] « σοῖς ἀγανοῖς ἐπέεσσιν. »)

1473. γρ. κατακηλῆσαι, ἵνα σημαίνῃ τὸ ἐξαπατῆσαι μεταπεισθέντας ἐπὶ τὸ βέλτιον. V.

1475. (εἰσκεκύκληκεν : Εἰσήνεγκεν, εἰσήγαγεν.)

1478. (οὐδὲν παύσεται : Ἀντὶ τοῦ οὐ παύσεται, ὡς παρ' Ὁμήρῳ [Il. A, 412] « ὅτ' ἄριστον Ἀχαιῶν οὐδὲν ἔτισεν » ἀντὶ τοῦ οὐκ ἔτισεν.)

1479. (Θέσπις : Ὁ κιθαρῳδός. οὐ γὰρ δὴ ὁ τραγικός.)

1480. χρόνους : (Ἀρχαίους, μωρούς, λήρους, ἀναισθήτους.) — τὸν νοῦν πρὸς τὸν Κρόνον ἀποδεῖξειν ἀρχαίους τὴν ἐπίνοιαν. R. V.

1482. τίς ἐπαυλείοισιν : Ὀρχούμενος ὁ γέρων παρατραγικεύεται. σχήματος δὲ τοῦ τραγῳδικοῦ.

1487. τινὲς ἀπὸ τοῦ πλευρὰν λυγίσαντος Φιλοκλέωνα λέγειν ἕως τοῦ σφόνδυλος ἀχεῖ. V.

(λυγίσαντος : Συστρέψαντος, περιαγαγόντος. ἡ μεταφορὰ ἀπὸ τῶν παλαιόντων.) [Θεόκριτος [1, 97]

τύ θην τὸν ἔρωτα κατεύχεο Δάφνι λυγιξεῖν;
ἆρ' οὐκ αὐτὸς ἔρωτος ὑπ' ἀργαλέω ἐλυγίχθης;]

1489. σφόνδυλος : Τράχηλος. *Vict.*

(σφόνδυλος : Ἴσως αἰσχρόν τι πεποίηκε.

πῖθ' ἐλλέβορον : Ἐπισημειοῦται τὴν λέξιν κἀνταῦθα τὸ χ, ὅτι τὸ μὲν πῖθι ἐπὶ φαρμάκου λέγουσι. καὶ

λαγὼν ταράξας πῖθι τὸν θαλάσσιον.

τὸ δὲ πίε ἐπὶ τοῦ ποτοῦ. ἐκ δὲ τοῦ ἐλλεβόρου καὶ ἐλλεβοριᾶν, τὸ ἐλλεβόρου δεῖσθαι, ὡς Καλλίας φησί, καὶ ἐλλεβορίζειν.)

1490. πτήσσει Φρύνιχος : Παροιμία ἐπὶ τῶν κακόν τι πασχόντων, ἀπὸ Φρυνίχου τοῦ τραγικοῦ. ὑποκρινόμενον γὰρ αὐτὸν τὴν Μιλήτου ἅλωσιν οἱ Ἀθηναῖοι δακρύσαντες ἐξέβαλον δεδοικότα καὶ ὑποπτήσσοντα. [πτήσσειν δὲ κυρίως τὸ φεύγειν καὶ φοβεῖσθαι. λέγεται δ' ἐπὶ τῶν ὀρνίθων.]

1491. τάχα βαλλήσεις : (Ῥίψεις, λίθους δηλονότι, ὀρχούμενος.) — ἀντὶ τοῦ βληθήσῃ, νικηθήσῃ. R.

1492. σκέλος : Ὑψηλὴν φοράν. R. V. καὶ παρ' Εὐπόλιδι ἐκλακτίζειν. V.

(σκέλος οὐράνιον : Ὧν αὐτοῦ ἐπάραντος τὸ σκέλος καὶ ἐπιδείξαντος τὸν πρωκτόν.) — εἰς ὕψος. R.

1496. (κοτυληδών : Εὐκίνητος ἡ κοτύλη μου στρέφεται.)

1497. ἀλλὰ μανικὰ πράγματα : Εἰπόντος αὐτοῦ ὅτι νῦν δὴ ἐκλέλυμαι, χαλαρᾶς γενομένης τῆς κοτύλης, ἐπάγει ὁ παῖς ὅτι οὐκ ἐκλύσεως, ἀλλὰ μανίας ἐστὶ πράγματα.

1499. ἀντὶ τοῦ εἰς ὄρχησιν ἀγωνισάμενος. V.

1502. (ὁ μέσατος : Οὐ τὸν τραγικὸν λέγει Μέσατον. Ἄλλως. ἀντὶ τοῦ μέσος, καὶ Μένανδρος Καρχηδονίῳ. ἀκριβῶς δὲ ἔοικε λέγειν. τέσσαρες μὲν δή εἰσιν· ἀλλ' οἱ τρεῖς χορευταί, Ξενοκλῆς δὲ ποιητής. καταλέγει αὐτοὺς σαφῶς Φερεκράτης. τῶν τριῶν οὖν μέσος.)

1503. (ἐμμελείᾳ κονδύλου : Ἐμμέλεια τραγικὴ ὄρχησις. ὡς εἰ ἔλεγεν ἐμμέλεια ᾠδῆς· εἶπε δὲ κονδύλου. δίδωμι αὐτῷ, φησί, κόνδυλον, καὶ ἀπολῶ αὐτόν. μικρὸς γάρ ἐστι καὶ λεπτός.)

1504. (ἐν τῷ ῥυθμῷ γάρ : Ἀντὶ τοῦ οὐδὲν οἶδε τοῦ ῥυθμοῦ. Καρκινίτης δὲ υἱὸς Καρκίνου. ὠψώνηκα δὲ εἶπεν, ὡς ὀψοφάγον αὐτὸν διαβάλλων.)

(1507) πλήν γε Καρκίνους : Παρὰ τοὺς καρκίνους τοὺς [λεγομένους] παγούρους.

1508. καὶ ὁ ποιητὴς αὐτῷ. V.

1509. (ὀξὶς ἢ φάλαγξ : Εἶδος ἀγγείου ὀξηροῦ ἡ ὀξίς. Ἄλλως. εἰς σμικρὸν τὸν Ξενοκλέα. καὶ τὸ φαλάγγιον μικρὸν καὶ συνεστραμμένον. δῆλον δὲ ἐκ τῶν Φερεκράτους Ἀγρίων « καὶ καρκίνος μέν τις ἦν ὁ Θωρυκίου « υἱός. ἦσαν δὲ αὐτῷ τρεῖς τινες μικροί, κομῆται τότε « καὶ νῦν εἰσὶ μικροὶ καὶ κομῆται. φίλαρχοι τότε παῖδες « ἦσαν ὄντες νῦν φιλαρχικώτεροι. μὰ τὸν Δί' οὐ τρεῖς « τε ἐκεῖνοί εἰσιν οἱ τέτταρες. »)

1510. ὁ πιννοτήρης : Περὶ Ξενοκλέους ὁ λόγος. διαβάλλει αὐτὸν ὡς ἀδηφάγον. (πιννοτήρης δὲ οὐκ ἄλλως, ἀλλ' ἐπεὶ καρκίνιόν τί ἐστι σύννομον καὶ ἀεὶ ταύτῃ προσδεχόμενον. Σοφοκλῆς Ἀμφιαράῳ

ὁ πιννοτήρης τοῦδε μάντεως χοροῦ.

Ἄλλως.) πίννα ὄστρεόν ἐστι. (τοῦτο ὑποδέχεται καρκίνος· καὶ ὅταν εἰσέλθῃ μικρὸν ἰχθύδιον, δάκνει τὴν πίνναν, καὶ συστέλλει τὸ ὄστρακον, καὶ ἐναποκλείει τὸ ἰχθύδιον. — Ἄλλως. οἱ μὲν ζῷόν τι λέγουσι σύννομον τῷ καρκίνῳ τὸν πιννοτήρην, οἱ δὲ αὐτὸν τὸν καρκίνον, ὡς ἐπιτηροῦντα τὴν πίνναν. φασὶ γὰρ ὅτι ἡ μὲν πίννα πρὸς τὰς ἀκτῖνας πεσοῦσα τοῦ ἡλίου ἀνοίγνυσι τὸ ὄστρακον καὶ τὴν θέρμην εἰσδέχεται, ὁ δὲ ἐπιτηρῶν εἰσέρχεται καὶ δάκνει αὐτήν, ἡ δὲ συστέλλει τὸ ὄστρακον καὶ βιβρώσκεται ὑπ' αὐτοῦ.)

1513. τῶν ὀρχίλων : Ὄρχιλος εἶδος ὀρνέου μικροῦ. ἐκ τούτου δ' αὐτῶν ὑπεμφαίνει τὸ βραχὺ καὶ κατωφερές. (ἅμα μὲν πρὸς τὴν λαγνείαν, ἅμα δὲ καὶ πρὸς τὴν ὄρχησιν. ἐμφαίνει δὲ αὐτοὺς καὶ μεγάλα αἰδοῖα ἔχοντας.)

1515. ἅλμην κύκα : Ὡς πρὸς ἰχθῦς ὁ λόγος· ὅτι ἅλμη, ὅτι πάντως ζωμός. καὶ τοῦτο πρὸς τὸ πολυφάγον αὐτῶν. ἵνα γὰρ τὰ κρέα μὴ σήπηται μένοντα, πάττεται ...

ἅλμη. (Ἄλλως. ἐπειδὴ ἅλμην παρασκευάζουσιν ἐπὶ τῷ φαγεῖν ἰχθύδια, ἢ καρκίνους. ὡς καρκίνοις οὖν αὐτοῖς χρώμενός φησιν, ὅτι παρασκεύασον ἅλμην, ἵνα ἐὰν αὐτοὺς νικήσω, ὀπτήσω αὐτοὺς καὶ φάγω.)

1516. ἐπ' ὀλίγον συσταλῶμεν. R.

1517. βεμβικίζωσιν : (Διακινήσωσιν. ὡς καρκίνοις δ' ὁ χορὸς αὐτοῖς διαλέγεται.) — περιάγωσιν. R.

1524. (καὶ τὸ Φρυνίχειον : Δῆλον ὡς σημειῶδές τι ἦν τὸ Φρυνίχειον, τὸ εἰς ὕψος ἐν τῇ ὀρχήσει ἐκλακτίζειν.) — καὶ οὐκ ἄλλως αὐτὸ Εὔπολις εἶπεν. V.[τὸ δὲ ὤζωσιν ἀντὶ τοῦ θαυμαστικόν τι λέγωσι. σύνθετον δέ ἐστιν ὡς τὸ οἰμώζειν καὶ κλώζειν, ἀπὸ τοῦ ω θαυμαστικοῦ.] — τὸ δὲ ὤζειν τῶν παρηγμένων ἐστὶν ὢ λέγειν, καὶ τὸ οἰμώζειν καὶ κλώζειν. ἐπίφθεγμα θαυμαστικὸν λέγωσιν οἱ θεαταί, ὡς παρὰ τὸ οἴμοι οἰμώζω. V.

1529. πλῆξον σεαυτὸν εἰς τὴν γαστέρα, ὃ ποιοῦσι πηδῶντες. V.

1530. ῥῖπτε σκέλος : Εὐφρόνιος οὕτω φησὶν ὀνομάζεσθαι σχῆμά τ' τραγικῆς ὀρχήσεως. (βέμβικες δὲ περιφοραί, περιαγωγαί.)

1531. (καὐτὸς γὰρ : Ὁ Καρκίνος, φησί, προσέρχεται. πρὸς τοῦτο γὰρ καὶ τὸ Ποντομέδων.)

1534. τοῖσι τριόρχαις : (Ἔπαιξε διὰ τὸ τρεῖς εἶναι. ἔστι δὲ ὁ τριόρχης ὄρνεον.)

1535. (ἐξάγετ', εἴ τι φιλεῖτε : Ἐξάγετε, φησίν, ἑαυτοὺς ἔξω.) — εὐχερῶς δὲ, ὡς ἐν τέλει, τὴν ἔξοδον τῶν προσώπων βούλεται ποιῆσαι. V.

1536. (οὐδείς πω πάρος : Εἰσέρχεται γὰρ ὁ γορὸς ὀρχούμενος, οὐδαμῶς δὲ ἐξέρχεται.)

ΕΙΡΗΝΗ.

ΥΠΟΘΕΣΕΙΣ.

I.

(Τρυγαῖος ἄγροικος πρεσβύτης Ἀθήνησιν ὀχούμενος ἐπὶ κανθάρου ὑπὲρ τῆς Ἑλλάδος εἰς τὸν οὐρανὸν ἀναφέρεται. γενόμενος δὲ κατὰ τὴν τοῦ Διὸς οἰκίαν ἐντυγχάνει τῷ Ἑρμῇ, καὶ ἀκούει ὅτι μετοικισαμένων τῶν θεῶν εἰς τὰ τοῦ οὐρανοῦ ἀνωτάτω διὰ τὴν τῶν Ἑλλήνων ἀλληλοκτονίαν, ἐνοικισάμενος ὁ Πόλεμος εἰς ἄντρον τὴν Εἰρήνην εἶρξας λίθους ἐπιφορήσεις, καὶ νῦν μέλλει τὰς πόλεις ἐμβαλὼν ἐν θυείᾳ τρίβειν. καὶ μέχρι μέν τινος ἐναγώνιος γίνεται· ἐπεὶ δὲ μεταπεμπομένου τοῦ Πολέμου παρὰ Ἀθηναίων δοίδυκα Κλέωνα καὶ παρὰ Λακεδαιμονίων Βρασίδαν ἑκάτεροι χρήσαντες ἀπολωλεκέναι εἰς Θρᾴκην ἔφασαν, ἀναθαρρεῖ· καὶ ἐν ᾧ περὶ κατασκευὴν δοίδυκος ὁ Πόλεμος γίνεται, κηρύττει τοὺς δημιουργούς, ἔτι δὲ καὶ ἐμπόρους ἅμα μοχλοὺς καὶ σχοινία λαβόντας παραγενέσθαι. συνδραμόντων δὲ πολλῶν ἐν χοροῦ σχήματι προθύμως ἀφέλκει τε τοὺς λίθους ἀπὸ τοῦ ἄντρου, καὶ καθικετεύσας τὸν Ἑρμῆν συλλαβέσθαι ἐξάγει πρὸς τὸ φῶς τὴν Εἰρήνην. ἀσμένως δὲ τῆς θεοῦ πᾶσιν ὀφθείσης, καὶ παρ' αὐτὴν εὐθέως Ὀπώρας τε καὶ Θεωρίας ἀναφανεισῶν, συμπαρὼν ὁ Ἑρμῆς ἀνιστορούσης τι τῆς Εἰρήνης καὶ πυνθανομένης τὰ περὶ τὸν Τρυγαῖον διασαφεῖ τὰ δέοντα· πάλιν ἀποφαινομένης πρὸς τοῦτο μηνύει, προδιελθόντος αὐτοῦ καὶ περὶ τῆς ἀρχῆς τοῦ πολέμου καὶ δι' ἃς αἰτίας συνέστη, Φειδίου τε καὶ Περικλέους μνησθέντος. τὰ λοιπὰ τοῦ δράματος ἐπὶ τῆς γῆς ἤδη περαίνεται, καὶ ὁ μὲν χορὸς περὶ τῆς. τοῦ ποιητοῦ τέχνης χἀτέρων τινῶν πρὸς τοὺς θεατὰς διαλέγεται, ὁ δὲ Τρυγαῖος, καθὰ συνέταξεν ὁ Ἑρμῆς, τὴν μὲν Θεωρίαν τῇ βουλῇ συνέστησεν, αὐτὸς δὲ τὴν Ὀπώραν γαμεῖν διαγνοὺς τὴν Εἰρήνην ἱδρύεται, καὶ οὖσα ἐν τῷ προφανεῖ πρὸς εὐωχίαν τρέπεται. τοὐντεῦθεν οἵ τε τῶν εἰρηνικῶν ὅπλων δημιουργοὶ χαίροντες καὶ οἱ τῶν πολεμικῶν τοὔμπαλιν κλάοντες. εἰσάγεται δὲ καὶ ἐπὶ τέλει τοῦ λόγου παιδία τινὰ τῶν κεκλημένων ἐπὶ τὸ δεῖπνον λέγοντα ῥήσεις γελωτοποιούς. τὸ δὲ δρᾶμα τῶν ἄγαν ἐπιτετευγμένων. τὸ δὲ κεφάλαιον τῆς κωμῳδίας ἐστὶ τοῦτο· συμβουλεύει Ἀθηναίοις σπείσασθαι πρὸς Λακεδαιμονίους καὶ τοὺς ἄλλους Ἕλληνας. οὐ τοῦτο δὲ μόνον ὑπὲρ εἰρήνης Ἀριστοφάνης τὸ δρᾶμα καθῆκεν, ἀλλὰ καὶ τοὺς Ἀχαρνεῖς καὶ τοὺς Ἱππέας καὶ Ὁλκάδας, καὶ πανταχοῦ τοῦτο ἐσπούδακεν, τὸν δὲ Κλέωνα κωμῳδῶν τὸν ἀντιλέγοντα καὶ Λάμαχον τὸν φιλοπόλεμον ἀεὶ διαβάλλων. διὸ καὶ νῦν διὰ τούτου τοῦ δράματος εἰρήνης αὐτοὺς ἐπιθυμεῖν ποιεῖ, δεικνὺς ὁπόσα μὲν ὁ πόλεμος κακὰ ἐργάζεται, ὅσα δὲ ἀγαθὰ ἡ εἰρήνη ποιεῖ. οὐ μόνος δὲ περὶ εἰρήνης συνεβούλευσεν, ἀλλὰ καὶ ἄλλοι πολλοὶ ποιηταί. οὐδὲν γὰρ συμβούλων διέφερον· ὅθεν αὐτοὺς καὶ διδασκάλους ὠνόμαζον, ὅτι πάντα τὰ πρόσφορα διὰ δραμάτων αὐτοὺς ἐδίδασκον. ἐνίκησε δὲ τῷ δράματι ὁ ποιητὴς ἐπὶ ἄρχοντος Ἀλκαίου ἐν ἄστει. πρῶτος Εὔπολις Κόλαξι, δεύτερος Ἀριστοφάνης Εἰρήνῃ, τρίτος Λεύκων Φράτορσι. τὸ δὲ δρᾶμα ὑπεκρίνατο Ἀπολλόδωρος, ἡνίκα ἑρμῆν λοιοκρότης.)

II.

Ἤδη τῷ Πελοποννησιακῷ πολέμῳ κεκμηκότας τοὺς Ἀθηναίους καὶ τοὺς σύμπαντας Ἕλληνας Ἀριστοφάνης ἰδών, ἱκανὸς γὰρ διιππεύκει πολεμούντων αὐτῶν χρόνος, τὸ δρᾶμα συνέγραψε τοῦτο, προτρέπων τὰς πόλεις καταθέσθαι μὲν τὴν πρὸς αὑτὰς φιλονεικίαν, ὁμόνοιαν δὲ καὶ εἰρήνην ἀντὶ τῆς πρότερον ἔχθρας ἑλέσθαι. παρεισάγει τοίνυν γεωργόν, Τρυγαῖον τοὔνομα, μάλιστα τῆς εἰρήνης ἀντιποιούμενον. ὃς ἀσχάλλων ἐπὶ τῷ πολέμῳ εἰς οὐρανὸν ἀνελθεῖν ἐβουλεύσατο πρὸς τὸν Δία, πευσόμενος παρ' αὐτοῦ δι' ἣν αἰτίαν οὕτως ἐκτρύχει τὰ τῶν Ἑλλήνων πράγματα, τοσοῦτον ποιήσας πόλεμον αὐτοῖς. ὃν δὴ διαποροῦντα τίνα τρόπον τὴν εἰς οὐρανὸν πορείαν ποιήσει, παρεισάγει τρέφοντα κάνθαρον ὡς ἀναπτησόμενον εἰς οὐρανὸν δι' αὐτοῦ, Βελλεροφόντου δίκην. προλογίζουσι δὲ οἱ δύο θεράποντες αὐτοῦ, οἷς καὶ ἐκτρέφειν προσετέτακτο τὸν κάνθαρον, δυσφοροῦντες ἐπὶ τοῖς αὐτοῦ σιτίοις. ἡ δὲ σκηνὴ τοῦ δράματος ἐκ μέρους μὲν ἐπὶ τῆς γῆς, ἐκ μέρους δὲ ἐπὶ τοῦ οὐρανοῦ. ὁ δὲ χορὸς συνέστηκεν ἔκ τινων ἀνδρῶν Ἀττικῶν γεωργῶν.

III.

Φέρεται ἐν ταῖς διδασκαλίαις δεδιδαχὼς Εἰρήνην ὁμωνύμως ὁ Ἀριστοφάνης. ἄδηλον οὖν, φησὶν Ἐρατοσθένης, πότερον τὴν αὐτὴν ἀνεδίδαξεν, ἢ ἑτέραν καθῆκεν, ἥτις οὐ σώζεται. Κράτης μέντοι δύο οἶδε δράματα γράφων οὕτως « ἀλλ' οὖν γε ἐν τοῖς Ἀχαρνεῦσιν, ἢ « Βαβυλωνίοις, ἢ ἐν τῇ ἑτέρᾳ Εἰρήνῃ. » καὶ σποράδην δέ τινα ποιήματα παρατίθεται, ἅπερ ἐν τῇ νῦν φερομένῃ οὐκ ἔστιν.

IV.

(ΑΡΙΣΤΟΦΑΝΟΥΣ

ΓΡΑΜΜΑΤΙΚΟΥ.

Τῷ Διὶ φράσαι σπεύδων τὰ κατ' ἀνθρώπους * *
Τρυγαῖος θέλων * * ὡς τοὺς θεοὺς
ἐξέτρεφεν ὄρνιθας· ὡς δ' ἀνέπτη, κατέλαβεν
Ἑρμῆν μόνον ἄνω. κᾆτ' ἐπιδείκνυσιν φράσας
τὸν πόλεμον βρύθηται ἀπηρτημένον
ἀέριος ἕτοιμόν τ' ὄντα πρὸς κακουχίαν,
τὴν πρότερον Εἰρήνην δὲ κατορωρυγμένην
ἱκέτευσαν οἱ κατ' ἀγροὺς ἀνάπαλιν ποεῖν.
τὸ μὲλ βαδ' ἐπένευσε, καὶ τότε
ἀπάγουσιν αὐτὴν τὴν ἐκ βερέθρου καὶ τἀγαθά.)

SCHOLIA IN PACEM.

[Ἡ εἴσθεσις τοῦ δράματος ἐξ ἰαμβείων π' συνήθων. τὸ μέντοι ξ' μονόμετρον ἀκατάληκτον. ἐπὶ ταῖς ἀποθέσεσι καὶ τῷ τέλει παράγραφος.]

Τοῦ δράματος πρῶτοι τρίμετροι ἴαμβοι ἀκατάληκτοι π', ὧν τελευταῖος «ἱππηδὸν ἐς τὸν ἀέρ' ἐπὶ τοῦ κανθάρου.» μετὰ δὲ πεντήκοντα ὀκτὼ ἐστι προαναφώνημα τὸ ἔα ἔα, καὶ τὰ ἑξῆς ἰαμβικά. V.

1. αἶρε ἀντὶ τοῦ φέρε. καὶ παρ' Ὁμήρῳ [Il. ζ, 264] ἀξιοῦσι τὸ αἶρε ἀντὶ τοῦ διδόναι καὶ προσφέρειν λέγεσθαι ἐν τῷ «μή μοι οἶνον ἄειρε.» R. V. δύο δέ εἰσιν οἰκέται. ὧν ὁ μὲν τρέφει τὸν κάνθαρον, ὁ δὲ ἕτερος μάττει. ὁ τρέφων οὖν λέγει πρὸς τὸν μάττοντα. — ἐπαναδίπλωσις δὲ τὸ σχῆμα τοῦ λόγου· δὶς γὰρ τῇ αὐτῇ λέξει κέχρηται. V.

μᾶζαν : Μᾶζα κυρίως ἡ τροφὴ ἡ ἀπὸ γάλακτος καὶ σίτου, παρὰ τὸ μάζεσθαι. τὸ δὲ μᾶζαν προπερισπαστέον, τουτέστι τροφήν. καταχρηστικῶς δὲ τῇ λέξει κέχρηται· οὐ γὰρ τὴν ἐξ ἀλφίτων φυραθεῖσαν νῦν θέλει δηλοῦν· οὐ γὰρ αὕτη κανθάρων τροφή· ἀλλὰ τὸ ἀποπάτημα, λέγω δὴ τὴν κόπρον· τοιαύτη γὰρ ἡ τῶν κανθάρων τροφή. πίτυρα δέ τινα ῥυπαρὰ μάττουσιν οἱ οἰκέται. κόπρον γὰρ φυρᾶν ἀπίθανον.

ὡς τάχιστα : Ἢ τάχος, ἢ διὰ ταχέων. — διὰ δὲ τοῦ σπουδαίου τοῦ παρὰ τῶν οἰκετῶν πρὸς τὸν κάνθαρον ἐμφαίνει τὴν περὶ αὐτὸν τοῦ δεσπότου μεγίστην φροντίδα. R. V. κάνθαρος δὲ εἶδος ζώου παρὰ τὰς σίλφας τὸ μέγεθος. — ἀναβιβαστέον δὲ τὸν τόνον· οὕτω γὰρ Ἀττικοί. R. V.

2. (ἰδού : Παρεπιγραφή· ὁ γὰρ ἕτερος τῶν οἰκετῶν τὸ προσταχθὲν ποιῶν αὐτῷ παραφέρει καὶ ἐπιδίδωσι τὴν τροφήν.

τῷ κάκιστ' ἀπολουμένῳ : Διὰ γὰρ τὸ ἀνάγκην ἔχειν ἅπτεσθαι καὶ ψηλαφᾶν τῆς κόπρου ἀπεχθάνεται πρὸς τὸν κάνθαρον.)

3. μήποτ' αὐτῆς μᾶζαν : Οὐχ ὡς ὄντως τρώγοντος, ἀλλὰ πρὸς τὸ μυθευόμενον ἔπαιξεν. ὡς ἐπίτηδες γὰρ πεπλασμένα ἐστὶ τὰ τῶν ὄνων ἀποπατήματα.

5. νῦν δὴ : οὕτως Ἀττικοὶ ἀντὶ τοῦ ἀρτίως. (ἐν ἐρωτήσει τὸν λόγον νῦν προσάγει. ἐκείνου γὰρ αἰτήσαντος μᾶζαν ἑτέραν, φησὶν αὐτός, ἣν γὰρ νῦν αὐτῷ προσέφερες οὐ κατέφαγεν; ὥστε πῶς; διόπερ ἐκείνου ἀρνουμένου μὴ βεβρωκέναι τὸν πρότερον πέλεθον, τὸν κάνθαρον προστίθησι καὶ τὴν αἰτίαν, ὡς περικυλίσας ἐνέκαψεν.)

6. ἄλλο φαγεῖν καὶ ἄλλο καταφαγεῖν καὶ ἄλλο καταπιεῖν. φαγεῖν μὲν γὰρ τὸ τάξει, καταφαγεῖν δὲ τὸ ἀθρόως, καταπιεῖν δὲ τὸ μηδὲ μασώμενον ἐσθίειν. τὸ οὖν ἀδηφάγον τοῦ ζῴου δεικνὺς λέγει ὅτι οὐ κατέφαγεν ἀλλὰ κατέπιεν μηδὲ μασησάμενος.

7. περικυλίσας : (Περιελκύσας καὶ περισύρας. ἔθος δὲ τοῖς κανθάροις τὰς ὀνίδας περικυλίειν.) λέγεται ὁ κάνθαρος εἰς ὄνθον ἀποσπερματίζειν καὶ οὕτω περιστρέφειν τοῖς ποσὶν, ἕως ὅταν ἐγγυμνασθὲν τὸ σπέρμα ἀποδοθῇ καὶ ἐγγεννήσῃ. θῆλυς γὰρ κάνθαρος οὐ γίνεται, ἀλλὰ πάντες ἄρρενες γεννῶνται.

τοῖν ποδοῖν : Πρὸς τὴν τάξιν τῶν ποδῶν ἀκολούθως τὸ δυϊκόν. — καὶ ἐν Νεφέλαις [150] ἐπὶ τῆς ψύλλης «ἐνέβαψεν εἰς τὸν κηρὸν αὐτῆς τὼ πόδε.» καὶ παρὰ τῷ ποιητῇ τεσσάρων ἵππων ὄντων τῷ Ἕκτορι, δύο μὲν δεξιῶν, δύο δὲ ἀριστερῶν, πρὸς σύνταξιν ἀκολούθως ἐπήνεγκε [Il. Θ, 186] «νῦν μοι τὴν κομιδὴν ἀποτίνετον.» R. V.

9. (κοπρολόγοι : Τοῦτο ἤτοι πρὸς τοὺς ἄλλους ῥήτορας καίτοι χαριεντιζόμενος ἀποτείνεται, διαβάλλων αὐτοὺς ὡς μυσαροὺς καὶ λοιδόρους, ἢ διότι τὰς κόπρους τοῖς οἰκέταις προσετέτακτο βαστάζειν εἰς τροφὴν τοῦ κανθάρου. τοὺς συνεργοὺς οὖν τῶν ὁμοδούλων εἰς ἐπικουρίαν καλεῖ.

προσλάβεσθε : Βοηθήσατε. συνέχει γὰρ τῇ μιᾷ τὴν ῥῖνα, τῇ δὲ ἑτέρᾳ μάττει. ζητεῖν οὖν ἔοικε τοὺς διαδεξομένους.)

10. ἀποπνιγέντα : Συνέχει γὰρ τὰς ῥῖνας διὰ τὸ φυρᾶν τὴν κόπρον ὑπὲρ τοῦ μὴ ὀδωδέναι αὐτῷ. μήτε οὖν διεξιόντος ἔτι τοῦ πνεύματος μήτε τοῦ ἔξωθεν ἀέρος σπωμένου, ἀλλ' ἀποκεκλεισμένων τῶν ῥινῶν τῇ θλίψει τῶν δακτύλων, ἀνάγκη στενοχωρουμένου τοῦ πνεύματος πνίγεσθαι αὐτόν.

11. ἑτέραν ἑτέραν : (Οἱ Ἀττικοὶ καὶ ἐπὶ πολλῶν λέγουσι τὸ ἑτέραν. ἡμεῖς δὲ ἐπὶ δευτέρας μόνης.) ἐπὶ τῆς τρίτης ἑτέραν εἶπεν. (ὅλως δὲ ἡ παρατετηρημένη ἐπί τε τοῦ ἑτέρου καὶ ἄλλου διαφορὰ παρ' Ἀττικοῖς οὐκ ἔστιν.)

ἡταιρηκότος : Ἐπειδὴ ἐκείνων δοκεῖ ἡ κόπρος τετρῖφθαι ὡς ἡταιρηκότων. ἐκ δὲ τοῦ ἑτοίμως καὶ προχείρως προσενεγκεῖν διαβάλλει τοὺς Ἀθηναίους, ὡς πολλῶν καὶ ποιούντων [τοιαῦτα] παρ' αὐτοῖς καὶ παθόντων.

ἴσως ἵνα τοῦ τρίβειν ἀπαλλαγῇ διὰ τὸ τὴν τῶν παίδων τετριμμένην εἶναι καὶ ἑτοίμην ἐκ τῶν χρωμένων. R. V.

13. (ἑνὸς μὲν ὤνδρες ἀπολελύσθαι : Τοῦ τρίβειν καὶ φυρᾶν τὴν κόπρον. ἐκέρδανα, φησὶ, διὰ τὸ μὴ ἴσως χρήζειν ἔτι τοιούτου πόνου τὴν τοῦ ἠταιρηκότος τούτου παιδὸς κόπρον, ἀλλ' ὥσπερ ἑτοίμην καθεστηκέναι τρίβειν καὶ ἀνατετρίφθαι ὑπὸ τῶν χρωμένων.)

(14). οὐδεὶς φαίη : Οὐ γὰρ ἄν τις ὑποπτεύσειε διὰ τὸ φυρᾶν ἐμὲ ἤδη καὶ τὴν κόπρον ἐσθίειν. — δυοῖν οὖν ὄντων τῶν περὶ ἐμὲ δυσχερῶν, τῆς τε δυσωδίας ἣν ἀπὸ τοῦ μαλάσσειν καὶ φυρᾶν τὴν κόπρον συνέβαινε πάσχειν, καὶ τῆς περὶ τῆς τροφῆς ὑποψίας, ἤδη φανερῶς τοῦ ἑνὸς ἀπαλλαγεὶς, τοῦ μηκέτι καταναγκάζεσθαι φυρᾶν τὴν κόπρον, ἡγοῦμαι ἀπηλλάχθαι φησὶ καὶ τῆς ὑπονοίας τῆς ἐπὶ τῇ τροφῇ· οὐδένα γὰρ ὑμῶν πιστεύειν οἴομαι ὅτι ἔτι μάττων καὶ φυρῶν ἤδη καὶ ἐσθίω. δῆλον δὲ ὅτι πίτυρα ἦν· ἀπίθανον γὰρ κόπρον μάττειν. Ἄλλως. V. εἰώθασι γὰρ ἅμα τῷ μάττειν ἐσθίειν· — ἀφ' οὗ καὶ τὴν παυσικάπην ἐπενόησαν, τροχοειδές τι, δι' οὗ τὸν τράχηλον εἶρον πρὸς τὸ μὴ δύνασθαι τὴν χεῖρα προσάγειν. μέμνηται δὲ ἐν Ἥρωσιν Ἀριστοφάνης· « παύσειν ἔοιχ' ἡ παυσικάπη κάπτοντά σε. » V.

17. ὑπερέχειν : Ἀντὶ τοῦ ἀντέχειν καὶ περιγίνεσθαι τῆς ὀσμῆς. ἀπὸ μεταφορᾶς τῶν πλοίων, ἅπερ κινδυνεύει τῆς ἀντλίας πληρωθείσης. βούλεται δὲ εἰπεῖν ὅτι νικῶμαι μάττων. — Ἄλλως. μεταφορικῶς ἀπὸ τοῦ τόπου τῆς νεὼς ἐξ οὗ τὸ ὕδωρ ἀρύουσιν. φησὶν οὖν ὅτι οὐ δύναμαι ὑποφέρειν, ὡς καὶ αὐτοῦ τοῦ ὕδατος ὑπεράνω μου γεγενημένου. διὰ δὲ τούτου τὴν ἀδηφαγίαν τοῦ κανθάρου δηλοῖ, ὡς ὑπερκεράσαντος ὕδατος τῆς ἀντλίας. V.

18. ἀντὶ τοῦ τὴν σκάφην. ταῦτα δὲ εἰπὼν προσφέρει τὸ ἀγγεῖον ἔνθα ἐφύρα. R.

19. ἀπόφερε τὴν ἀντλίαν καὶ σεαυτόν. R. V.

20. (ὑμῶν δέ γ' εἴ τις : Πρὸς τοὺς ἀκροατὰς τὸν λόγον ὁ ποιητὴς ἄγαν εὐφυῶς ποιεῖται.)

21. μὴ τετρημένην : Διὰ τὸ μὴ ὀσφραίνεσθαι τῆς κόπρου τῶν μυκτήρων ἀποκεκλεισμένων.

24. ὗς καὶ κύων. κοπροφάγα τὰ ζῷα. R.

ὥσπερ ἂν χέσῃ τις : Ἀντὶ τοῦ ἄτριπτον. ἀνθρώπων δηλονότι. ὥσπερ ἂν χέσῃ τις, φησὶν, οὕτως ἐσθίει τὰ ἀποπατήματα καὶ ὗς καὶ κύων, μὴ δεόμενοι τοῦ μάττεσθαι αὐτά.

26. φαύλως ἐρείδει : ἁπλῶς καὶ ἀπεριέργως μασᾶται. (ἢ συντόνως ἐσθίει. ἡ δὲ μεταφορὰ ἀπὸ τῶν ἐρεττόντων καὶ ἐπερειδομένων ταῖς κώπαις. ἐρείδειν δέ φασιν οἱ Ἀττικοὶ πᾶν ὁτιοῦν συντόνως γινόμενον. τὸ δὲ βρενθύεται,) ἀντὶ τοῦ σεμνύνεται καὶ ἐπαίρεται (Ald. V. μέγα φρονεῖ.) — οἱ μὲν ἀπὸ βρένθους τοῦ φυτοῦ, οἱ δὲ μύρου εἶδος, ᾧ χρίονται αἱ γυναῖκες καὶ ἐπ' αὐτῷ μέγα φρονοῦσιν. V.

28. ὥσπερ γυναικὶ γογγύλην : Αἱ γὰρ γυναῖκες, ἵνα μὴ δοκοῖεν πολυφάγοι εἶναι, ἐκ τῆς πυκνότητος τῆς μάζης, μικρᾶς εἶναι δοκούσης, ὀλιγοφαγίας δόξαν ἐμφαίνουσι, στρογγύλας αὐτὰς ποιοῦσαι τὰς μάζας. (γογγύλῃ δὲ παρείκασεν αὐτὰς, ἐπειδὴ καὶ αἱ γογγύλαι στρογγύλαι παρ' αὐτοῖς. ἔστι δὲ λαχάνου εἶδος, ὃ παρά τισι ῥάφανον καλεῖται. — Ἄλλως. ὡς τῶν γυναικῶν ἑαυταῖς ἐπιμελέστερον τριβουσῶν, ὥστε μὴ διακεχύσθαι τὴν μᾶζαν διὰ τὸ ἄτριπτον εἶναι, ἀλλὰ συνεστράφθαι. παρατετήρηκε δὲ ταῦτα καὶ Σώφρων καὶ Καλλίμαχος. V. γόγγυλος ἐστὶ λίθος.)

(29). ἀλλ' εἰ πέπαυται : Εἰ τῆς τροφῆς ἐπαύσατο δηλονότι κορεσθεὶς ὑπ' αὐτῆς. — νῦν δὲ τῇ ἐδωδῇ ἐχρήσατο παρὰ τὸ ὀδωδέναι τὴν κόπρον. πρὸς τὸν κάνθαρον λέγει πιθανῶς διὰ τὸ θαυμάζειν μὴ ὁρῶσι τοῖς θεαταῖς παρίστησι. V. παρὰ τὸ ὀδωδέναι ἐχρήσατο. R.

30. (παροίξας : Ὀλίγον διανοίξας τὴν θύραν, ὥστε ἰδεῖν μὲν τὰ ὑπ' αὐτοῦ πραττόμενα, μὴ ὁραθῆναι δὲ ὑπ' αὐτοῦ. δῆλον δὲ ὅτι καὶ τοῦτο παρεπιγραφή ἐστι· δεῖ γὰρ αὐτὸν ἠρέμα ἀνοῖξαι καὶ κατανοῆσαι εἴτε ἐσθίει ὁ κάνθαρος εἴτε πέπαυται.)

31. ἔρειδε : Ἡ μεταφορὰ ἀπὸ τῶν ἐρεττόντων, ὅταν προσερείδωσι σφοδρῶς τῇ θαλάττῃ τὰς κώπας. V.

32. τέως ἕως : Ὅτι ἐκ παραλλήλου κεῖται τὸ ἕως καὶ τέως, καὶ ὅτι εἰς ὑπόδειγμα χρήσιμον. Ἄλλως. παρατηρητέον ὅτι ἐνταῦθα διαφόρως ἐχρήσατο τέως καὶ ἕως. ἔστι δὲ χρήσιμα εἰς ὑπόδειγμα. V.

33. οἷον δὲ κύψας : Οἷον ἐγκύψας. διὰ δὲ τοῦ σχήματος τὴν ἀδηφαγίαν αὐτοῦ δηλοῖ. — καὶ γὰρ τῶν ἀνθρώπων καὶ τῶν θρεμμάτων οἱ μάλιστα τοῖς ἐδέσμασιν ἐγκεκυφότες καὶ προσκείμενοι δοκοῦσιν ἀπλήστως καὶ περισπουδάστως ἐσθίειν. V.

34. (ὥσπερ παλαιστὴς : Τῇ μεταφορᾷ ἐχρήσατο καὶ διὰ τὸ τοὺς κανθάρους μιμεῖσθαι τοὺς παλαιστὰς διαιρουμένους ἐν τῷ κυλίειν τὴν κόπρον. — Ἄλλως. ὁμοῦ μὲν ὡς τῶν παλαιστῶν ἀδηφαγούντων, ὁμοῦ δὲ τὸ ἐπιφερόμενον οἰκείως τῶν παλαιστῶν ἐμνημόνευσε καὶ τῇ εἰκόνι ἐχρήσατο. δοκοῦσι γὰρ οἱ κάνθαροι, ἐπειδὴ ἐφέλκονται τὰς κόπρους, τῶν παλαιστῶν μιμεῖσθαι τὸ σχῆμα, ᾧ ἐν ἀρχῇ χρῶνται τῆς πάλης. V. παραβαλὼν δὲ) ἀντὶ τοῦ χαλάσας τοὺς ἐμπροσθίους ὀδόντας, ὥσπερ καὶ χαλάσαι κώπην λέγουσι παραβαλεῖν.

36. ὥσπερ οἱ τὰ σχοινία : (Οὕτως ἐστὶ, φησὶ, κινούμενος, ὥσπερ οἱ ἐργαζόμενοι τὰ σχοινία τὰ μεγάλα τῶν πλοίων, ὅτι ἐργαζόμενοι τῷ σώματι καὶ ὅλῃ τῇ ψυχῇ καὶ τῇ δυνάμει ἐργάζονται ἐν τῷ πλέκειν· οὕτως ὅλῃ τῇ δυνάμει ὁ κάνθαρος, φησὶν, ἐσθίει κινούμενος. Ἄλλως. ἐπεὶ οἱ σχοινοπλόκοι συμπεριάγονται τῇ τῶν σχοινίων συμπλοκῇ διὰ τῆς τροχιλίας. παρέλκων· καὶ γὰρ ἐκεῖνοι δεῦρο κἀκεῖ ἐν τῇ πλοκῇ περιφέρουσι τὴν κεφαλήν. Ἄλλως.) κινῶν γὰρ καὶ μεταβάλλων ἐσθίει ὁ κάνθαρος, ὥσπερ οἱ τὰ ὄργανα στρέφοντες τῶν σχοινίων. V. R.

τὸν αὐτὸν τρόπον, ἢ οὕτως, ὁμοίως ἑλίσσων τὰς χεῖρας.

διὰ δὲ τὸ ἐφέλκεσθαι αὐτοὺς τὰς κόπρους ἀνάγκη τὸ σχῆμα τοῦτο ποιεῖν καὶ ἑνὶ παρ' ἑνὶ ἐφέλκεσθαι τῶν ποδῶν. χεῖρας δὲ ἐκάλεσε τοὺς ἐμπροσθίους πόδας. V.

(37). συμβάλοντες : Συμπλέκοντες (συνδέοντες V.). τούτους δὲ ἐκάλουν καὶ σχοινιοσυμβόλους (σχοινιοσυνδέτας V.).

38. καὶ κάκοσμον : Δικαίως τὰ τοιαῦτα ἐστιώμενα κάκοσμά ἐστι. — βορόν : οὕτως ὀξυτόνως ἀντὶ τοῦ ἀδηφάγον. R. V.

39. χὤτου ποτ' ἐστὶ : Ἐπεὶ ἓν ἕκαστον τῶν ὀρνέων ἀνάκειται θεῷ τινὶ, ὡς ἀετὸς τῷ Διὶ καὶ ἡ γλαὺξ τῇ Ἀθηνᾷ, (τίνος οὗτός ἐστιν;) οὐκ ἔστιν οὖν, φησὶ, τῆς Ἀφροδίτης, ἐπεὶ αὕτη μὲν μύροις χαίρει, ὁ δὲ δυσώδης ἐστίν.

ἀναφρόδιτον γὰρ τὸ ζῷον. V.

προσβολὴ : Ἡ ζημία, ἡ τοῦ δαίμονος ὀργή. ἀντὶ τοῦ ζῷον εἰπεῖν, ζημίαν εἶπε, καταρώμενος ἑαυτῷ.

40. μύροις μὲν γὰρ ἡ θεὸς ἥδεται. διὸ καὶ τοὺς ὗας ἀλλοτρίους εἶναί φαμεν τῆς θεοῦ, βορβορώδεις γὰρ, προσφιλεῖς δὲ τὰς πελειάδας διὰ τὸ τιθασὸν καὶ καθαρὸν αὐτῶν. R. V.

41. ἑξῆς δὲ μετὰ τὴν Ἀφροδίτην τῶν Χαρίτων ἐμνημόνευσε. δοκεῖ γάρ πως κοινωνία εἶναι τούτων τῶν θεῶν· οὐδὲν γὰρ ἐπαφρόδιτον, ὃ μὴ ἐστι Χαρίτων. V. Ἀφροδίτης μὲν γὰρ καὶ Χαρίτων πολλὴ κοινωνία. R.

τίνος ἄρα. V.

42. Διὸς καταιβάτου : Ἀντὶ τοῦ Διὸς ἂν εἴη. καταιβάτης δὲ τιμᾶται ὁ Ζεὺς παρὰ τοῖς Ἀθηναίοις. παρὰ τὸ καταβιβάζειν τοὺς κεραυνούς. ἢ ἀπὸ τῶν κεραυνῶν τῶν ἄνωθεν πιπτόντων. ἢ ἀπὸ τοῦ καταβαίνειν δι' ἔρωτα τῶν χθονίων γυναικῶν. παίζει δὲ καταιβάτην αὐτὸν καλῶν, ἐπεὶ σκάτοις τρέφεται ὁ κάνθαρος.

43. οὐκοῦν ἂν ἤδη τῶν θεατῶν : Ἐνταῦθα θέλων τὴν ὑπόθεσιν δηλῶσαι, σκώπτει τοὺς Ἀθηναίους ὡς φιλολοιδόρους. φησὶ γὰρ, πάντως τις τῶν θεατῶν βλέπων τὸν κάνθαρον, ἀνίσταται λέγων πρὸς τί τὸν κάνθαρον πεποίηκεν Ἀριστοφάνης; (εἶτα ἄλλος ἐλλόγιμος εἶναι δοκῶν, λέγει, πάντως τὸν Κλέωνα θέλει σκῶψαι ὁμοίως ὄζοντα αὐτῷ. ταῦτα δὲ λέγει τοὺς θεατὰς διαλέγεσθαι πρὸς ἀλλήλους πρὶν μαθεῖν τὴν ὑπόθεσιν. ἰστέον δὲ ὡς βυρσοπώλης ἦν ὁ Κλέων, αἱ δὲ βύρσαι δύσοσμοι.)

45. πρὸς αὐτόν τις. V.

46. Ἑλληνικὸς, Ἀθηναῖος. Ἴων γὰρ ἀρχαῖος Ἀθηναῖος. R.

47. διὰ τὸ δύσοσμον. καὶ γὰρ αἱ βύρσαι δύσοσμοι. βυρσοπώλης δὲ ὁ Κλέων. ἐπειδὴ οἱ βυρσοδέψαι κάκιστον ὀδώδασιν. αἰνίττεται δὲ ἀντὶ τοῦ δηλοῖ. ἰδίως δὲ τὸ αἰνίττεσθαι δηλοῖ τὸ λεληθότως περί τινος λέγειν. R. ἐξ ἀφορμῆς θέλει εἰπεῖν τὴν ὑπόθεσιν διὰ τὸ δύσοσμον. καὶ γὰρ αἱ βύρσαι δύσοσμοι. βυρσοπώλης δὲ ὁ Κλέων. V.

48. τὴν σπατίλην ἐσθίει : Ἀντὶ τοῦ ἤσθιεν· ἀποθανὼν γὰρ ἦν ὁ Κλέων· σπατίλη δὲ λέγεται ἡ ἀνθρωπίνη κόπρος. διαβάλλει οὖν τὸν Κλέωνα ὡς σκατοφάγον. Ἄλλως. τὰ μικρὰ ξύσματα τὰ ἐκβαλλόμενα ὑπὸ τῶν σκυτέων. πῶς δὲ ἤσθιεν ὁ Κλέων ἤδη τεθνηκώς; Ἐρατοσθένης γὰρ ἐπὶ Θρᾴκης τὸν θάνατον Βρασίδου καὶ Κλέωνος ὀκτὼ μησὶ προγεγονέναι φησί· καὶ αὐτὸς δὲ ἐν τούτοις [v. 269] φησίν « ἀπόλωλεν Ἀθηναίοις ἀλετρίβανος. » ῥητέον οὖν ὅτι τὸ ἐσθίει ἀντὶ τοῦ ἤσθιεν. Ἄλλως. σπάτος τὸ δέρμα, σπατίλη δὲ ὁ ῥύπος τοῦ δέρματος. V.

49. οὐχ ὡς πίνοντος τοῦ κανθάρου, ἀλλ' ὡς ἐπὶ ἱπποτροφίας. R.

52. τοῖς ὑπερβαίνουσι τὴν τῶν ἀνδρῶν ἡλικίαν. ἢ τοῖς ὑπερηφάνοις. ἢ τοῖς τούτων ἰσχυροτέροις καὶ μᾶλλον ἀκμάζουσι. καὶ Ὅμηρος ἠνορέῃ. V.

55. οὐχ ὅνπερ ὑμεῖς : Διαβάλλει αὐτοὺς ὡς μαινομένους μανίαν δικανικήν.

59. τὸ κόρημα : Τὸ κόσμητρον, τὸ σάρον, (ᾧ εἰώθασιν ἀποκαθαίρειν τὸ πλῆθος τῶν ἐν τοῖς οἴκοις ῥύπων). μὴ κκόρει δὲ ἀντὶ τοῦ παῦσαι ἔρημον οἰκητόρων ποιῶν διὰ τῶν πολέμων. — ἦν δὲ καὶ ἀρά τις αὕτη τοῖς ἀρχαίοις, ὥς που καὶ ὁ Μένανδρός φησι « πολλάκις ἐκκορηθείης σύ γε; » βουλόμενος τὸ ἄρδην ἀπολέσθαι σημᾶναι. R. V.

62. τί δρασείεις : Ἀντὶ τοῦ δρᾶν διανοῇ. [εἰσιὼν δὲ ταῦτά φησιν ὁ Τρυγαῖος. τοῦτο δὲ ὄνομα κύριον, ὃ ὁ μὲν Ἡρωδιανὸς προπερισπᾷ, οἱ δὲ λοιποὶ ὡς τὸ Τίμαιος προπαροξύνουσι.]

Τρύγαιος (ὄνομα κύριον) ἀπὸ ῥήματος τῆς δευτέρας συζυγίας τῶν περισπωμένων. καὶ προαναπέμπει τὸν τόνον. ὡς ἀπὸ τοῦ τιμῶ Τίμαιος, οὕτως ἀπὸ τοῦ τρυγῶ Τρύγαιος. ὁ δὲ Ἡρωδιανὸς προπερισπᾷ τὸ Τρυγαῖος. R. V.

63. λήσεις σεαυτὸν : Ἀντὶ τοῦ, ἀγνοεῖς τέλεον ἀπολέσας τὰς πόλεις. ἐκκοκκίσας δὲ ἀντὶ τοῦ ἐρημώσας καὶ ἀφανίσας. ἀπὸ μεταφορᾶς τῶν ῥοιῶν τῶν τοὺς κόκκους ἐκβαλλουσῶν. — ὥσπερ (γὰρ) αἱ πόλεις σκέπαι τῶν ἀνθρώπων εἰσὶν, οὕτω καὶ αἱ ῥοιαὶ τῶν κόκκων. καλῶς οὖν ἐχρήσατο τῇ μεταφορᾷ, καὶ μάλιστα ἄγροικος ὢν (ὡς πρέπον ἑαυτῷ τοῦτο εἴρηκεν). R. V. (Τρυγαῖος δέ ἐστιν ὁ ταῦτα λέγων ἄνθρωπος γεωργός.)

66. τῶν μανιῶν : Ἀντὶ τοῦ, τῆς μανίας. — καὶ ἐν Νεφέλαις [832] « σὺ δ' εἰς τοσοῦτον τῶν μανιῶν ἐλήλυθας. » R. V. (λέγεται δὲ καὶ ἑνικῶς ἡ μανία μ' ἐπέρχεται, ὡς ἐπιτοπλεῖστον δὲ πληθυντικῶς.)

68. εὐθὺ τοῦ Διός : Ἀντὶ τοῦ πρὸς τὸν Δία. καὶ διὰ τούτου τὴν ὑπερηφανίαν αὐτοῦ δηλοῖ. — οὐκ ἀρκεῖ ὅτι ἐπὶ κανθάρου ἐπιβῆναι τοῦ οὐρανοῦ προσδοκᾷ, ἀλλὰ καὶ εὐθὺ τοῦ Διὸς ἐβούλετο ἐλθεῖν, ὅ ἐστι πρὸς τὸν Δία, ὥσπερ εἰς ὡρισμένον τινὰ διατρίβοντος αὐτοῦ τόπον καὶ μὴ πάντα πληροῦντος τὸν οὐρανόν. R. V.

70. [ἀνερριχᾶτο : Τὸ πρὸς τοίχους ἀναβαίνειν καὶ χερσὶ καὶ ποσὶν, ἀναρριχᾶσθαι φασί. γίνεται δὲ ἐκ τοῦ ἀράχνης ἀραχνιῶ, καὶ ἐν ὑπερβιβασμῷ ἀναρριχῶ.]

πρὸς τὸ ὕψος ἀνέβαινε. πρὸς δένδρα καὶ τοίχους ἢ σχοίνιον ταῖς χερσὶ καὶ τοῖς ποσὶν ἀναρριχᾶσθαι λέγε-

ται. (φησὶ δὲ Ἐρατοσθένης Κυρηναίους οὕτω λέγειν.) εἴρηται δὲ ἀπὸ τῶν ἀρρίχων· εἶδος γάρ ἐστι κοφίνων, οὓς εἰώθασι διὰ σχοινίων ἀνιμᾶν. ἢ ἀπὸ τῶν ἀραχνῶν, καὶ ἔστιν οἷον ἀραχνᾶσθαι. αἱ δὲ ἀράχναι πολλάκις νήθουσι κατὰ τὰς ἐναερίους ὁδούς. R. V. Ἄλλως. καὶ τὸ ἀναρριχᾶσθαι δὲ τοῖς Ἀττικοῖς παρὰ τὸ ἀρχαῖόν ἐστι γενόμενον ἀραχνιῶ, καὶ ἐν ὑπερθέσει τῶν στοιχείων ἀναρριχῶ, τοῦ μὲν ν εἰς τὴν χώραν τοῦ ρ τεθέντος, τοῦ δὲ ι ἀμοιβαίως, καὶ τοῦ ρ εἰς τὴν χώραν τοῦ ν, τοῦ δὲ χ πλησίον τοῦ ω. ταῦτα Ἡρωδιανὸς ἐν τῷ ς΄ τῆς καθόλου. Ἄλλως. τὸ ταῖς χερσὶ καὶ τοῖς ποσὶ βιαζόμενον εἰς ὕψος ἀναβαίνειν ἀναρριχᾶσθαι ἔλεγον. Ἑλλάνικος « ἀναρριχῶνται δὲ ὥσπερ οἱ πίθηκοι ἐπ' ἄκρα τὰ δένδρα. » Ἄλλως. ἀνιέναι ἐπειρᾶτο εἰς τὸν οὐρανόν. ἐναργεῖ δὲ λέξει ἐχρήσατο τῷ ἀναρριχᾶται, ἐπεὶ διὰ τῶν χειρῶν δοκοῦσι μάλιστα ἀνέρχεσθαι ἐρειδόμενοι αὐταῖς καὶ ἑλισσόμενοι οἱ διὰ κλιμάκων τὴν ἄνοδον ποιούμενοι. V.

71. τῆς κεφαλῆς : Παρατετήρηται τοῦτο πολλάκις τὸ σχῆμα· Ἀττικοὶ γὰρ ἐπὶ γενικῆς τάττουσιν. V.

72. ἐκφθαρεὶς : Ἐξελθών. οὕτω δὲ ἔλεγον τὸ ἐπὶ κακῷ ἐξελθεῖν που.

(73). Αἰτναῖον μέγιστον κάνθαρον : Ὑπερμεγέθη· μέγιστον γὰρ ὄρος ἡ Αἴτνη. ἢ ὅτι διάφοροι κάνθαροι ἐκεῖ εὑρίσκονται. — Ἄλλως. μεγάλοι λέγονται εἶναι κατὰ τὴν Αἴτνην κάνθαροι. μαρτυροῦσιν δὲ οἱ ἐπιχώριοι. Ἐπίχαρμος ἐν Ἡρακλεῖ τῷ ἐπὶ τὸν ζωστῆρα « Πυγμαρίων λοχαγὸς ἐκ τῶν κανθάρων τῶν μειζόνων, « οὕς φασι τὴν Αἴτνην ἔχειν. » τρόπον δέ τινα καὶ Αἰσχύλος ἐπιχώριος· λέγει δὲ ἐν Σισύφῳ πετροκυλιστῇ « Αἰτναῖός ἐστι κάνθαρος βίᾳ πόνων. » Σοφοκλῆς Δαιδάλῳ « ἀλλ' οὐ μὲν δὴ κάνθαρος τῶν Αἰτναίων πάντως. » λέγει δὲ πάντως εἰκάζων εἰς μέγαν. Πλάτων ἐν Ἑορταῖς « ὡς μέγα μέντοι πάνυ τὴν Αἴτνην ὄρος εἶναί φασι « τεκμαίρου, ὅθεν τρέφεσθαι τὰς κανθαρίδας τῶν ἀν- « θρώπων ἐστὶν λόγος οὐδὲν ἐλάττους. » V. ἢ ἀντὶ τοῦ μέγαν ὡς τὴν Αἴτνην. ἢ ὅτι οἱ Αἰτναῖοι ἵπποι διαβόητοι καὶ τὸν δρόμον ἀξιόλογοι καὶ τὰ ζεύγη ἐπαινετοί. — καὶ Πίνδαρός φησιν [fr. 33] « ἀλλ' ἀπὸ τῆς ἀγλαοκάρπου Σικελίας ὄχημα. » V.

75. καταψῶν : (Καταπραΰνων, ὥσπερ πῶλον καταψῶντες ταῖς χερσὶν ὁμαλίζομεν.) — ἀντὶ τοῦ κολακεύων, πραΰνων. R.

πωλίον : (Πῶλος καὶ ἵππος. πῶλοι δὲ κυρίως τὰ γεννήματα τῶν ἵππων καὶ τῶν ἄλλων κτηνῶν. ἅπερ ἔθος ἔχομεν ψηλαφᾶν καὶ κολακεύειν οἱ ἄνθρωποι.) — ὑποκοριστικῶς. R.

76. ὦ Πηγάσιον : Παρὰ τὰ ἐκ Βελλεροφόντου Εὐριπίδου. ἐκεῖνος γὰρ διὰ Πηγάσου τοῦ πτερωτοῦ ἐπεχείρει εἰς τὸν οὐρανὸν ἀνελθεῖν. « ἄγ' ὦ φίλον μοι Πηγάσου πτερόν. »

διὰ τούτων τὴν περὶ τὸν δεσπότην πλέον ἄνοιαν καὶ μανίαν δείκνυσι, τιμίῳ ἵππῳ παραβάλλοντα αὐτὸν ἀποφαινόμενος τὸν κάνθαρον. καὶ χάριν περιποιεῖ πολλὴν τῷ ποιήματι. V.

78. (διακύψας ὄψομαι : Βούλεται παραγενέσθαι καὶ θεάσασθαι. δῆλον δὲ ὅτι ἐκ τοῦ παρακῦψαι καὶ ἰδεῖν τὸ λοιπὸν μετέωρον αἰρόμενον πρὸς τὸν δεσπότην ταῦτά φησιν ὡς φοβούμενος.)

80. μετέωρος δὲ αἴρεται ἐπὶ μηχανῆς. τοῦτο δὲ καλεῖται ἑώρημα. ἐν αὐτῇ δὲ κατῆγον τοὺς θεοὺς καὶ τοὺς ἐν ἀέρι λαλοῦντας. V.

81. ἐπὶ τοῦ κανθάρου : Τῇ ἐπαγωγῇ τοῦ κανθάρου τὸ γελοῖον μᾶλλον ἔδειξε καὶ τὸ ἀπίθανον ἤλεγξεν· οὐ γὰρ οἷόν τε ἱππεύειν ἐπὶ κανθάρου.

82. [ἥσυχος : Τὰ ἑξῆς ιθ΄ κῶλα ἀναπαιστικά, πλὴν τοῦ ι΄, δίμετρα ἀκατάληκτα. ἐπὶ τῷ τέλει παράγραφος. ὁ δὲ Τρυγαῖος ἐπιβεβηκὼς τῷ κανθάρῳ ταῦτά φησιν.]

διπλῆ καὶ εἴσθεσις εἰς περίοδον ἀναπαιστικὴν τῶν ὑποκριτῶν Τρυγαίου καὶ τοῦ οἰκέτου ἐννεακαιτριακοντάμετρον εἴκοσι κώλων. ἔχει μονόμετρον τὸ δέκατον. Ἄλλως. V. ἀναγκαίως αὐτῷ παραινεῖ μὴ διώκειν εὐθὺς ἀπ' ἀρχῆς τὰ μετέωρα τῶν ἀερίων, ἀλλ' ἱδρώσαντα πρῶτον, ἵνα τὸ πυρῶδες κατάστημα τοῦ αἰθέρος ὑπομεῖναι δυνηθῇ τῇ νοτίδι παραμυθούμενος. R. V.

ἠρέμα κάνθων : (Κάνθων κυρίως ὁ ὄνος, νῦν δὲ ὑποκοριστικῶς ὦ κάνθαρε. ὁ Τρυγαῖός ἐστιν ἔνδοθεν ταῦτα λέγων καὶ παρακελευόμενος, ἐπιβεβηκὼς ἤδη τῷ κανθάρῳ καὶ μετέωρος ἀρθείς, ὥσπερ εὐλαβούμενος μὴ ἐξορπάσῃ αὐτόν. καὶ τοῦτο δὲ γελοίου χάριν παρείληπται τῷ ποιητῇ. φησὶν οὖν ἀτρέμα μοι πέτου, ὦ κάνθων, ὡς δεδιώς. κάνθωνας δὲ ἔλεγον τοὺς ὄνους, νῦν δ' ἔπαιξε τὸ κάνθων παρὰ τὸν κάνθαρον.) κάνθαρος λέγεται παρὰ τὸν κάνθωνα, τουτέστι τὸν ὄνον καὶ παρὰ τὸν ὀρὸν τουτέστι τὸ σπέρμα. φασὶ γὰρ ὅτι ὁ κάνθαρος οὕτω τίκτεται· ἐπὰν εὕρῃ ὄνου κόπρον στρογγύλην, μένει κυλίων τοῖς ποσὶ καὶ ἐν τῷ κυλίειν ἀποσπερμαίνει, καὶ ἐκ τούτου ὁ κάνθαρος ζῷον γίνεται. — ὅθεν καὶ τὴν ὀνομασίαν ἔχει παρὰ τὸν κάνθωνα τὸν ὄνον καὶ παρὰ τὸν ὀρὸν τὸ σπέρμα, κάνθορός τις ὤν. ἢ παρὰ τὸν θορόν, ὃ δηλοῖ τὸ σπέρμα. ἢ ὁ θορὼν παρὰ τὸν κάνθωνα ἀντὶ τοῦ παρὰ τὴν κόπρον τοῦ ὄνου. ἢ ἐκ τοῦ κάνθωνος ὁρούων. V.

88. μή μοι σοβαρῶς : (Μὴ ἐκθύμως ἄγαν μηδὲ σπουδαίως. τὰ δὲ τῶν ἵππων πλεονεκτήματα περιτίθησι τῷ κανθάρῳ· ἁβρύνεσθαι γὰρ καὶ γαυριᾶν αὐτόν, ὃ μάλιστα τοῖς καλλιστεύουσι τῶν ἵππων ἔθος.) — Ὅμηρος [Il. Z, 506] « ὡς δ' ὅτε ἵππος ἀκοστήσας ἐπὶ φάτνῃ » καὶ [509] « κυδιόων, ὑψοῦ δὲ κάρη ἔχει. » οὕτως οἱ σοβαροὶ θέουσιν ἵπποι. τοῦτο καὶ ἱππικῆς ἔμπειρος οὐ βούλεται αὐτὸν ἀθρόως διαδραμεῖν. V.| ἐπιβεβηκὼς τῷ κανθάρῳ τοῦτο λέγει. τὸ δὲ εὐθὺς ἀπ' ἀρχῆς λέγει ὡς ἵππους ἔμπειρος οὐ βούλεται αὐτὸν ἀθρόως διαδραμεῖν. R.

σοβαρῶς : Σεσοβημένος βαρέως. καὶ ἐν Νεφέλαις [406] ἐπὶ τοῦ κεραυνοῦ « σοβαρῶς χωρεῖ διὰ τὴν πυκνότητα. » V.

86. πρὶν ἂν ἰδίῃς : Ἀντὶ τοῦ πρὶν ἱδρώσῃς. Ὅμηρος [Od. Υ, 204] — « ἴδιον ὡς ἐνόησα. » καὶ τὸ καῦμα ἱδάλιμον, ἱδρῶτος περικαυστικόν. V. οἱ γὰρ ἵπποι ἐν μὲν τῇ ἀρχῇ οὐκ εἰσὶν ὀξεῖς ἐν τῷ δρόμῳ. καμόντες δὲ καὶ ἱδρώσαντες διαλυθέντων τῶν μελῶν ὀξύτεροι γίνονται. — τὸ δὲ σοβαρῶς μὴ ἄγαν σπουδαίως πέτου. R.

87. καὶ μὴ πνεῖ μοι : Μὴ βδέσῃς. ἐκ γὰρ τῆς ἄνω πνοῆς καὶ τοῦ ἱδρῶτος ἡ δυσωδία μᾶλλον ηὔξετο τοῦ κανθάρου. (δῆλον δὲ ὅτι καὶ αὐτὸ πρὸς τὰς τροφὰς αἰνίττεται.)

90. ὦ δέσποτ' ἄναξ : Διὰ τὸ μετάρσιον αὐτὸν ἦρθαι καὶ προσδοκᾶν ἐπιβήσεσθαι τοῦ οὐρανοῦ θειοτέρᾳ αὐτὸν ἐτίμησε φωνῇ ἄνακτα εἰπών.

92. μετεωροκοπεῖς : (Ποῦ δὴ) περὶ τὰ μετέωρα πέτει, καὶ μάτην καὶ ὡς ἔτυχε κάμνεις. μετεωροκοπεῖν δέ ἐστι κυρίως τὸ τῷ πλάτει τῆς κώπης ματαίως τὴν θάλατταν τύπτειν. — ἔφη δὲ καὶ ἐν ταῖς Νεφέλαις [360] μετεωρολέσχας τοὺς φιλοσόφους, ὅτι τὰ οὐράνια περινοοῦσιν. μετενήνεκται δὲ ἡ λέξις παρὰ τὸ [Eq. 830] « τί θαλασσοκοπεῖς καὶ πτερυγίζεις; » V.

93. (παλαμησάμενος : Μηχανησάμενος καὶ ἐγχειρήσας, ἀπὸ τῆς παλάμης, ᾗ τὰ πολλὰ κατασκευάζομεν.)

95. τί πέτει : Παρὰ προσδοκίαν, ὡσανεὶ ἔλεγε τί κάμνεις. ἀπὸ κοινοῦ δὲ τὸ μάτην, ἵν' ᾖ τί μάτην πέτει.

96. φλαῦρον : Ἀντὶ τοῦ φλύαρον, ἀηδές, δύσφημον.

97. ὀλολύζειν : Τὸ μετὰ κραυγῆς εὔχεσθαι. — Ὅμηρος [Il. Ζ, 301] « αἱ δ' ὀλολυγῇ πᾶσαι. » Ἄλλως. εὔχεσθαι. καὶ Εὐριπίδης Ἐρεχθεῖ « ὀλολύζετ', ὦ γυναῖκες, ὡς ἔλθῃ θεὰ χρυσῆν ἔχουσα γοργόν' ἐπίκουρος πόλει. » V.

99. λαύρας : Λαύρας ἐκάλουν τὰς στενὰς ῥύμας, ἔνθα πᾶσα ἀκαθαρσία ἐστὶν, ἢ τοὺς ῥυπαροὺς τόπους. ἀποφράξαι οὖν παρακελεύεται καὶ πάντας τοὺς κοπρῶνας, ἵνα μὴ προσπνέοντα ἐρεθίσωσι τὸν κάνθαρον. μετέωρος δὲ ὢν ἐπὶ τοῦ κανθάρου ταῦτά φησι.

102. [οὐκ ἔσθ' ὅπως : Τὰ ἑξῆς ιϐ' ἰαμβεῖα, ὧν ἐπὶ τῷ τέλει παράγραφος.]

107. γράψομαι : Ἀντὶ τοῦ κατηγορήσω. παίζει δὲ διὰ τὸ φιλόδικον τῶν Ἀθηναίων λέγων καὶ τοῦ Διὸς κατηγορήσω ὡς προδιδόντος τὴν Ἑλλάδα τοῖς Πέρσαις. τοῦτο δὲ λέγει ὅτι Λακεδαιμονίοις ἐβοήθουν οἱ Πέρσαι ἐν τῷ πολέμῳ τῷ Πελοποννησιακῷ. — ταῦτα δ' ἂν εἴη λέγων διὰ τοὺς αὐτομολοῦντας τῷ Μήδῳ καὶ ἀπαγγέλλοντας τὰ τῶν Ἀθηναίων πράγματα, οὓς καὶ λαμβάνοντες ἐκόλαζον. R. V.

(108). Μήδοισιν αὐτὸν : Λεληθότως τῶν Ἑλλήνων καθάπτεσθαι βούλεται, ὡς συνορώντων μὲν τὴν βλάβην, καὶ ὅτι ὑπὲρ τῶν πολεμίων ἐστὶ, διαφθείρεσθαι δὲ αὐτοὺς ἐώντων. ἄλλως τε καὶ φοβεῖν αὐτοὺς βούλεται, δεικνὺς ὅτι ἐφεδρεύοντας ἔχουσι πολεμίους τοὺς βαρβάρους, — καὶ ὅτι περ μετὰ πολλῶν χρημάτων καὶ πόνων ποιεῖν ἐκείνους ἔδει, ὥστε ἐμβαλεῖν εἰς φιλονεικίαν καὶ διάστασιν τὸ Ἑλληνικὸν, ταῦτα ἐπ' οὐδενὶ κέρδει ποιοῦσιν ἑαυτοῖς. ἃ γὰρ ὑπὲρ τῶν πολεμίων πράττεται, ταῦτα οὐκ ἄδηλον ὅτι κατὰ τῶν πραττόντων γίνεται. V.

109. (οὐδέποτε ζῶντος ἐμοῦ : Οὔτε πορεύσῃ οὔτε γράψῃ ζῶντος ἐμοῦ.)

111. (οὐκ ἔστι παρὰ ταῦτα : Οὐκ ἔστιν ἄλλως γενέσθαι, εἰ μὴ ἀνελθεῖν εἰς οὐρανούς.)

110. [ὦ παιδία : Διπλῆ καὶ εἴσθεσις εἰς περίοδον.]

(ἀπέρχεται : Δηλονότι ἀπέπτη. ὁ δὲ οἰκέτης πρὸς τοὺς παῖδας ἐκείνου λέγει, πῶς καὶ αὐτοὶ δυνηθεῖεν πεῖσαι τὸν πατέρα μὴ ἀναπτῆναι.)

114. ὦ πάτερ : Σύστημα ἕτερον εἰς δύο διῃρημένον περιόδους. ἔστι δὲ τετράκωλον, καὶ ἕκαστον δακτυλικὸν, τὸ μὲν πρῶτον καὶ δεύτερον καταληκτικὸν, τὸ δὲ τρίτον καὶ τέταρτον ἀκατάληκτον. ἀναπαιστικὸν δὲ αὐτὸ οὔ φαμεν, ἐπεὶ ἀπό τινος τύχης οὐδὲ ἀνάπαιστον ἔσχεν, ἀλλὰ πάντας δακτύλους πλὴν τριῶν συλλαβῶν. V. [καὶ εἰσὶ τῆς μὲν πρώτης περιόδου δακτυλικὰ τετράμετρα τέτταρα, καὶ ἐν ἐκθέσει ἐπικὸν ἕν, μεθ' ὃ τὰ τῆς δευτέρας περιόδου ὅμοια πέντε. ἐπὶ ταῖς ἀποθέσεσι παράγραφος.] τὰ τοιαῦτα παραχορηγήματα καλοῦσιν, οἷα νῦν τὰ παιδία ποιεῖ καλοῦντα τὸν πατέρα. εἶτα πρὸς οὐδὲν ἔτι τούτοις χρήσεται. — τὸ δὲ ἦ ῥ' ἔτυμός γε εἴρηται παρὰ τὰ ἐξ Αἰόλου Εὐριπίδου « ἆρ' ἔτυμον φάτιν ἔγνων, Αἴολον εὐνάζειν τέκνα φίλτατα. » R. V.

117. ἐς κόρακας : Δέον εἰπεῖν εἰς οὐρανόν. οἱ δὲ, ἀντὶ τοῦ μετὰ τῶν ὀρνέων. ἅμα δὲ καὶ ἐφ' ὕβρει. ἐδόκει γὰρ ἀνωφελῶς ἀπιέναι, ὥσπερ οἱ εἰς τὸ σκότος ἀπιόντες. — Ἄλλως. πολλάκις εἴπομεν ὅτι εἰς κόρακας ἔλεγον οἱ παλαιοί, καὶ τὴν ἐπὶ τούτῳ ἱστορίαν διηγησάμενοι [ad Nub. 133]. ἀστείως δὲ, ἐπειδὴ δοκεῖ νῦν ἀναπτῆσθαι αὐτοῖς. τὸ δὲ μεταμώνιος οἱ μὲν ἐξεδέξαντο ματαίως καὶ πρὸς οὐδὲν χρήσιμον, οἱ δέ φασιν ἰδίως μεταμώνιον τὸν ἑτέρωθεν μετέωρον σημαίνειν, πιστούμενοι τοῦτο παρὰ Σιμωνίδου οὕτως εἰπόντος « κονία δὲ παρὰ τροχὸν μεταμώνιος ἠέρθη. » V. ματαίως, πρὸς οὐδὲν χρήσιμον. παρὰ τὴν ὑπόνοιαν δὲ ἐπήγαγεν. R. Ἄλλως. γελοίως, ἐπειδὴ ἤμελλε πρὸς τοὺς ὄρνιθας πορεύεσθαι. V. R. μεταμώνιος : Μάταιος ἀνεμοφόρητος, ἀχρεῖος. *Vict.*

119. καὶ τοῦτο πρὸς τὸ ἐξ Αἰόλου Εὐριπίδου ἔπος « δοξάσαι ἔστι, κόραι· τὸ δ' ἐτήτυμον οὐκ ἔχω εἰπεῖν. » R. V. δοξάσαι οὖν ἀντὶ τοῦ ὑπονοῆσαι, εἰκάσαι.

121. ψακὰς : Τὸ σμικρότατον, ὃ καὶ νιφὰς καλεῖται. Ἄλλως. μηδὲ ὀβολοῦ ὄντος ἡμῖν διὰ τὸν πόλεμον. — γεωργὸς γάρ ἐστι· διὸ καὶ τῇ ψακάδι ἁρμοδίως ἐχρήσατο. R. V.

(123). κολλύραν : Κολλύρα τὸ ἔλαττον τοῦ ἄρτου, [τινὲς δὲ τὴν κολλύραν εἶδος ἄρτου], ὃ τοῖς παιδίοις διδόασιν. ἔπαιξε δὲ παρὰ τὸ λεγόμενον « εἰ δὲ οἶνον αἰτεῖ, κόνδυλον αὐτῷ δός, » ὑπὲρ τοῦ ἐθίζειν τοὺς παῖδας μηδέν τι περιττὸν ζητεῖν. — καὶ πρὸς τῇ κολλύρᾳ ἀντὶ τοῦ ὄψου κόνδυλον. ἔπαιξε δὲ παρὰ τὸ λεγόμενον. Ἄλλως. V. φαίνεται τὸ ἐπὶ τῶν παιδίων λεγόμενον ἀρχαῖον ὄν· ἢν δ' οἶνον αἰτῇ, κονδύλους αὐτῷ δίδου, ὑπὲρ τοῦ ἐθίζειν τοὺς παῖδας μηδέν τι περιττὸν αἰτεῖν.

(Δημήτριος ὁ Ζηνοδότειος μεταγράφει κάνδυλον.) εἶδος δέ ἐστι πλακοῦντος. ἀλλὰ διὰ τὸ ὄψον περιττὴ ἡ μεταγραφή. R. V.

124. [καὶ τίς πόρος σοι : Εἴσθεσις διπλῆς ἀμοιβαίας ἰαμβείων λ' διπλῇ ἔξω νενευκυίᾳ περατουμένων.]

διπλῆ καὶ εἴσθεσις εἰς στίχους ἰαμβικοὺς τριμέτρους ἀκαταλήκτους κε'. V. πόρος ἀντὶ τοῦ διάβασις. R.

125. ναῦς μὲν γὰρ : Ἀμηχανοῦμεν, φησὶν, ἐνθυμούμεναι πῶς εἰς οὐρανὸν παραγενήσῃ· οὐ γὰρ νεὼς ἐπιβὰς εἰς οὐρανὸν ἀνέλθῃς.

ὁ λόγος ἐκ Σθενεβοίας Εὐριπίδου. τινὲς δὲ οἴονται ἐκ Βελλεροφόντου παρῳδῆσαι. ἔστι δὲ ἐν Σθενεβοίᾳ παρὰ [τῷ] τραγικῷ οὕτως « πέλας δὲ ταύτης δεινὸς ἵδρυται κράτος ἔνθηρος ἢ λῃστὴς φρουρεῖται κλύδωνι δεινῷ καὶ βροτοστόνῳ βρέμει πτηνὸς πορεύσει. » V.

126. οὐ ναυσθλώσομαι : Οὐ νεὼς ἐπιβήσομαι. κυρίως δὲ τὸ ναῦν μισθώσασθαι. (λέγεται δὲ καὶ πετεινὸν καὶ πτηνόν. πῶλον δὲ λέγει τὸν κάνθαρον.) — διχῶς δὲ ἡ ἀνάγνωσις. ἢ ἀρνητικῶς, οὐ πλεύσομαι· ἢ οὕτως, ποῦ δὲ περαιωθήσομαι, ὡς εἰς ναῦν. R. V.

129. (ἐν τοῖσιν Αἰσώπου : Τοῦ μυθοποιοῦ. φέρεται γὰρ αὐτοῦ μῦθος, ἐχθρεῦσαι ἀετὸν καὶ κάνθαρον ἐκ τοῦ ἑκάτερον αὐτῶν θατέρου τὰ ᾠὰ διασπᾶν.)

130. μόνος πετεινῶν : Ὁ λόγος τοιοῦτός ἐστιν. ἁρπάζοντος τοῦ ἀετοῦ τοὺς νεοττοὺς τοὺς τοῦ κανθάρου, καὶ ὁ κάνθαρος τὰ ᾠὰ τοῦ ἀετοῦ ἐκκλέψας ἐξεκύλισεν ἕως τοσούτου, ἕως ἦλθε πρὸς τὸν Δία. κατηγοροῦντος δὲ τοῦ ἀετοῦ προσέταξεν ὁ Ζεὺς τῷ ἀετῷ ἐν τῷ αὐτοῦ (τοῦ Διὸς) κόλπῳ νεοττεύειν. ἐπειδὴ δὲ τὰ ᾠὰ εἶχεν ὁ Ζεὺς, περιίπτατο τὸν Δία ὁ κάνθαρος, ὁ δὲ ἐκλαθόμενος ἀνέστη ὡς σοβήσων ἐκ τῆς κεφαλῆς αὐτὸν, καὶ κατέαξε τὰ ᾠά. — ὁ δὲ λόγος πρὸς τοὺς ἀδίκους ἐστὶν, ὅτι οὐδεμία ἐστὶν αὐτοῖς ἀσφάλεια, οὐδ' ἂν εἰς τὸν κόλπον τοῦ Διὸς καταφύγωσι, διαφεύξονται τὴν τιμωρίαν. R. V.

134. (ᾤ' : Τὸ πλῆρες ᾠά.

κἀντιτιμωρούμενος : Ὁ κάνθαρος· πρῶτος γὰρ ὁ ἀετὸς ἠδίκησεν αὐτὸν φαγὼν τὰ νεοττία.)

136. τραγικώτερος : Πρακτικώτερος ἢ ἀξιοπιστότερος, [ἢ ἀτυχέστερος]. αἰνίττεται δὲ εἰς τὸν Πήγασον καὶ τὸν Βελλεροφόντην Εὐριπίδου.

137. ὦ μελέα : Δυϊκῶς. λέγει δὲ πρὸς ἄμφω τὰ παιδία. — τοῦτο δὲ λέγει, ὅτι εἰ εἶχον τὸν Πήγασον, δύο τροφῶν εἶχον φροντίζειν, τῆς τε ἐκείνου καὶ τῆς ἐμῆς. τὰ γὰρ ἐμὰ ἀφοδεύματα ἐσθίων τρέφεται ὁ κάνθαρος. V.

141. ἐξολισθεῖν : [Πῶς διανήξασθαι δυνήσεται,] ἐπεὶ τὰ πλεῖστα τῶν ὀρνέων ἐμπεσόντα εἰς ὕδωρ ἐννήχεσθαι οὐ δύναται. — διὰ τοῦτο καὶ τὰ πλεῖστα οὐ κολυμβᾷ. — Ἄλλως. τοὺς τραγικοὺς παίζει διὰ τὰ περὶ Ἰκάρου λεγόμενα. ἢ ἐπεὶ δοκεῖ ὁ Βελλεροφόντης τὴν τοῦ Προίτου γυναῖκα μετὰ τὴν τῆς Χιμαίρας ἀναίρεσιν ἐπανελθὼν εἰς Κόρινθον ἀπατῆσαι ὡς ἕξων γυναῖκα, καὶ ἐπιβιβάσας τοῦ Πηγάσου εἰς μέσην ῥῖψαι τὴν θάλασσαν. V.

142. πηδάλιον : Τὸ αἰδοῖον δείκνυσι παίζων. — πηδάλιον δέ ἐστι τὸ νῦν καλούμενον αὐχένιον. R V.

143. Ναξιουργὴς κάνθαρος : Στοχάσασθαι ἔστιν οὐδὲν πλέον ἢ ὅτι πλοῖα ἦν οὕτω λεγόμενα, κάνθαροι, ἐν Νάξῳ γινόμενα, ὡς νῦν σίλφας τινὰ λέγουσιν ἀκατίων εἴδη. ἀλλὰ καὶ Σαμιακὸν τρόπον φησὶν ὁ Κρατῖνος. καὶ ὅτι θαλασσοκρατοῦντές ποτε Νάξιοι ἐχρῶντο αὐτοῖς τοῖς κανθάροις ἐπὶ πλέον. μᾶλλον δὲ οὕτω δεκτέον. κάνθαρον μὲν πρὸς τὰ προκείμενα εἴρηκεν, τὸ δὲ Ναξιουργὴς οὕτως. τῶν γὰρ πλοίων τὰς εὑρούσας πόλεις τὰς ἀρχιτεκτονίας ἐκάλουν οἱ πρότεροι ἐπωνύμους, οἷον τοὺς νῦν λέμβους Ναξιουργεῖς ὠνόμαζον. ἐκ τοῦ αὐτοῦ δὲ εἶναι καὶ τὸ Κνιδιουργεῖς καὶ τὸν κέρκυρον ἀπὸ Κερκύρας καὶ τὸν πάρωνα ἀπὸ Πάρου. ἄντικρυς δὲ Μένανδρος ἐν Ναυκλήρῳ κάνθαρον εἶπε πλοῖον εἶναι. ἔστι δὲ καὶ εἶδος ποτηρίου. — Ἄλλως. V. εἶδος πλοίου ὁ κάνθαρος, ὡς αἱ τριήρεις. διὰ τούτων δὲ βούλεται δεῖξαι ὡς πανταχοῦ χρειώδης αὐτῷ ὁ κάνθαρος. R. V.

145. ἐν Πειραεῖ : Ἀπὸ Κανθάρου ἐπιχωρίου ἥρωος οὕτω λιμὴν ἐκαλεῖτο ἐν τῷ Πειραεῖ. ἔχει δὲ Πειραεὺς λιμένας γ'. R. (ὁ Πειραεὺς λιμένας ἔχει τρεῖς, πάντας κλειστούς.) εἷς μὲν οὖν ὁ Κανθάρου λιμὴν (οὕτω) καλούμενος (ἀπό τινος ἥρωος Κανθάρου), ἐν ᾧ τὰ νεώρια, εἶτα τὸ Ἀφροδίσιον, εἶτα κύκλῳ τοῦ λιμένος στοαὶ ε'. — μέρος τοῦ Πειραιῶς, ὡς Καλλικράτης φησὶν ἢ Μενεκλῆς ἐν τῷ περὶ Ἀθηνῶν γράφων οὕτως « ἔχει δὲ ὁ Πειραιεὺς λιμένας τρεῖς, πάντας κλειστούς. εἷς μέν ἐστιν ὁ Κανθάρου λιμὴν καλούμενος, ἐν ᾧ τὰ νεώρια ἑξήκοντα, εἶτα Ἀφροδίσιον, εἶτα κύκλῳ τοῦ λιμένος στοαὶ πέντε. » Ἄλλως. μήποτε ὅπου ἡ τῶν τοιούτων πλοίων στάσις ἦν, οὕτως ἐκράτησε καλεῖσθαι. τῷ ὄντι γάρ ἐστιν ἐν τῇ Ἀττικῇ κώμη λεγομένη οὕτως, κανθάρου λιμὴν, οὐχὶ κάνθαρος, ὡς Φιλόχορος ἱστορεῖ, ἀπὸ ἥρωος ἐπιχωρίου τινός. οἰκείως δὲ τούτου ἐμνημόνευσε, καίτοι πλέονας λιμένας ἔχοντος τοῦ Πειραιῶς, διὰ τὸ ζῷον ᾧ ἐποχεῖτο. V.

147. πρὸς τοὺς θεατὰς ὁ λόγος. V. λόγος ἡ ὑπόθεσις. λέγει δὲ περὶ Φιλοκτήτου (καὶ Βελλεροφόντου). κωμῳδεῖ δὲ τὸν Εὐριπίδην ὡς χωλοποιόν. R. V. — Ἄλλως. τοῦτο πρὸς Εὐριπίδην ἀποτείνεται, ἐπειδὴ ἐκεῖνος δρᾶμα ἐποίησε τὸν Βελλεροφόντην, ἐν ᾧ χωλὸν εἰσήγαγεν αὐτὸν διὰ τὸ πεπτωκέναι ἀπὸ τοῦ Πηγάσου, βουλόμενον εἰς οὐρανὸν ἀνελθεῖν. δεῖ σε οὖν, φησὶ, προσέχειν μὴ πεσὼν διαθραυσθῇς καὶ γένῃ τραγῳδία.

152. ὀσφρήσεται : Διασύρων τὴν ὅλην τοῦ κανθάρου πραγματείαν τοῦτό φησι. ποῖαι γὰρ ῥῖνές εἰσι κανθάρου, ἵνα καὶ ὀσφρανθῶσιν; R. V.

153. κατωκάρα : [Κατωφερῶς.] ὅτι τὸ ἐπὶ τῆς κεφαλῆς πεσεῖν οὕτω λέγουσιν Ἀττικοὶ, (οὐ διῃρημένως ἀλλ') ὑφ' ἕν. — Πίνδαρος [fr. 134] « οἱ μὲν κατωκάρα δεσμοῖσι δέδενται. » — Ἄλλως. ἐπίρρημά ἐστι σύνθετον, καὶ σὺν τῷ ι γράφει Ἡρωδιανός. οἱ δὲ, τὴν κεφαλὴν κάτω ποιήσας ῥίψει με βουκοληθεὶς καὶ δελεασθεὶς τῇ ὀδωδῇ τῶν ἀποπατημάτων. τοῦτο δὲ ἀπὸ τῶν ἵππων εἴληπται·

πολλοὶ γὰρ αὐτῶν τὸν τρόπον τοῦτον εἰώθασι ποιεῖν, ἀποσείεσθαι τοὺς ἐπιβάτας. V.

(154). ἀλλ' ἄγε Πήγασε : Μετὰ τὸ παρακελεύσασθαι τῷ ὄχλῳ καὶ τοῖς ἑαυτοῦ παιδίοις κατὰ μηδὲν ἐρεθίσαι τὸν κάνθαρον, τότε παρακελεύεται αὐτῷ. — καὶ τάδε ἐκ τοῦ Βελλεροφόντου « ἴθι χρυσοχάλιν', αἴρων πτέρυγας. » τὸν κάνθαρον τῷ Πηγάσῳ ἀπεικάζων. διπλῆ καὶ εἴσθεσις εἰς περίοδον ἀναπαιστικὴν τοῦ πρεσβύτου ὀκτωκαιτριακοντάμετρος ιθ' κώλων. V. [εἴσθεσις δὲ τῆς διπλῆς ἐκ στίχων ἀναπαιστικῶν διμέτρων ἀκαταλήκτων, πλὴν τοῦ τελευταίου. τοῦτο γὰρ ἐφθημιμερές. ὑφ' ὃ αἱ συνήθεις δύο διπλαῖ. ἐν ἐκθέσει δὲ ἰαμβεῖα ζ'. ἐπὶ τῷ τέλει κορωνίς.]

155. ψαλίων : Τῶν χαλινῶν. — στομίων, χαλινῶν. R.

156. (φαιδροῖς ὠσὶν : Πραέσι, μὴ ὀρθοῖς. τοῦτο γὰρ πάσχουσιν οἱ ἵπποι, ὥσπερ παροξυνόμενοι εἰς ἄκρατον δρόμον.)

159. ῥύμας, τόπους. R.

162. κάκκης : Ἀντὶ τοῦ κακίας. ἔχει καὶ τὸ κακέμφατον. παρατηρητέον δὲ ὅτι καὶ οἱ ἀρχαῖοι τὴν ἀκαθαρσίαν κάκκην ἔλεγον, καὶ μάλιστα τὸ δύσοσμον ἀποπάτημα.

163. ἀντὶ τοῦ θνητῶν καὶ ἐπιγείων πάντων. R.V.

165. παρὰ ταῖς πόρναις : Πορνεῖον γὰρ ἦν ἐκεῖσε. ἐμπόριον γάρ ἐστιν, καὶ διὰ τὸ κατωφερὲς τῶν ναυτῶν ἐκεῖσε ἔτρεχον αἱ πόρναι.

166. οὐ κατορύξεις : Ἀντὶ τοῦ οὐ συγχώσεις καὶ ἀποκρύψεις (τὴν σαυτοῦ κόπρον). — ἐπιφορήσεις δὲ, ἐπάξεις καὶ ἐπιβαλεῖς. λείπει κόνιν. R. Ἀττικῶς ἐν σχήματι εἶπεν. ἢ λείπει κόνιν. V.

168. ἕρπυλλον : Εἶδος ἄνθους σαμψύχῳ ὅμοιον. μάλιστα δὲ παρὰ τοῖς ὕδασι θάλλει. — μέμνηται καὶ Θεόφραστος. R.V. Ἄλλως. βοτάνη εὔοσμος, ἣν εἰώθασι παρὰ τοὺς τάφους φυτεύειν. Ἄλλως. εἶδός τι πολύρριζον φυταρίου. τοῦτό φασι καὶ λέγεσθαι ἕρπυλλον παρὰ τὸ ἕρπειν ταῖς ῥίζαις. τοῦτο δὲ συμβουλεύει ἐπιφυτεῦσαι τῷ ἀποπατήματι ὡς δυνάμενον διὰ τῶν ῥιζῶν περικαλύψαι αὐτὸ καὶ ἀφανίσαι τὴν δυσωδίαν ὑπὸ τῆς εὐωδίας. ἔστι γὰρ καὶ εὐωδές. V.

169. καὶ μύρον ἐπιχεῖς : Καὶ ἐπιβάλλεις μύρον εἰς αὔξησιν. διὰ τὸ τελέως ἀφανισθῆναι τὴν ὀσμήν. — παρείληφε τοῦτο, διόπερ οὐδ' ἀτελῶς ἠρκέσθη ὀλίγον τῆς γῆς ἐπιβαλεῖν, ἀλλ' ἐπήγαγεν ἐκ πολλῶν. V.

171. ἡ πόλις ἡ Χίων : Ἅμα μὲν ὡς Χίων διὰ μαλακίαν εὐρυτέρων ὄντων καὶ ἑτοίμων πρὸς τὸ ἀποπατεῖν, ἅμα δὲ ὡς ἐκ πάσης προφάσεως τῶν Ἀθηναίων συκοφαντούντων καὶ ζημιούντων τὰς πόλεις, καὶ λεγόντων ὅτι Χῖος ἦν ὁ ἀποπατῶν, καὶ διὰ τοῦτο ὁ κάνθαρος ἔπεσεν ἐπὶ τὴν ὀσμήν. ἢ μᾶλλον αὐτὸς κωμῳδεῖ διὰ τὸ ὑπονοεῖν αὐτοὺς ἀποστήσεσθαι τῶν Ἀθηναίων. — Ἄλλως. τούτους ὡς ἀκρασίαν μαλακίας ἔχοντας σκώπτει. καὶ οἱ πάντες δὲ Ἴωνες τοιοῦτοί εἰσιν, οἱ δὲ Χῖοι ἐξαιρέτως. V.

174. πρόσεχε τὸν νοῦν : (Τουτέστιν ἀληθῆ λέξω, ἐπεὶ τὰ πρῶτα διασύρων δοκεῖ τὸν Βελλεροφόντην.) πρὸς δὲ τὸν ἐν τῷ θεάτρῳ μηχανοποιόν φησι.

175. γρ. καὶ πρᾶγμα. λέγει δὲ τὴν γαστέρα. R.V.

180. [πόθεν βροτοῦ : Κορωνὶς καὶ εἴσθεσις ἀμοιβαία ἐξ ἰαμβείων νς'. ἐπὶ τῷ τέλει κορωνίς.]

διπλῆ καὶ εἴσθεσις εἰς ἰάμβους τριμέτρους ρκς', ὧν τὸ τελευταῖον « καὶ νησιώτας· δεῦρ' ἴτ' ὦ πάντες λεῴ. » ἐπ' ἐνίοις δὲ ἀντιγράφοις μετὰ στίχους να' ἐστὶ κωλάριον τόδε « τί φησι; » καὶ μετ' ἄλλους λη' [v. 268] τόδε « ἰὴ ἰή. » V.

πόθεν βροτοῦ με : (Ἀντὶ τοῦ αἴσθησις ἀνθρώπου εἰσελήλυθεν, ἡ ὀσμή, ἡ φωνή, ἐλλειπτικῶς κατὰ τοὺς Ἀττικούς. ὁ δὲ Ἑρμῆς ἐστιν ὁ ταῦτα λέγων, ἤδη Τρυγαίου προσπεπελακότος τῷ οὐρανῷ.) — θεασάμενος τὸν κάνθαρον ὁ Ἑρμῆς καὶ ἐκπλαγείς φησι τὸ ἄναξ Ἡράκλεις. λείπει ὀσμὴ ἢ φωνή. R.V.

181. ἱπποκάνθαρος : Ἔπαιξε παρὰ τὸ ἱπποκένταυρος. R.V.

185. τοῦτο μάλιστα μὲν πρὸς τὸ ὑπὸ τοῦ Ἑρμοῦ εἰρημένον « ὦ μιαρὲ καὶ παμμιαρὲ καὶ μιαρώτατε » δοκεῖ ἐξ ἐκείνων λελέχθαι, τὸ δὲ ἀληθὲς τὴν ἀφορμὴν ἐκ τοῦ Σκείρωνος παρ' Ἐπιχάρμου ἔχει, ἐπεὶ κἀκεῖνος πεποίηκε τὸν φορμὸν ἐρωτηθέντα « τίς ἐστι μήτηρ » ἀποκρινόμενον ὅτι σηκίς, καὶ « τίς ἐστι πατήρ » εἰπόντα σηκίς, καὶ « τίς ἀδελφός » ὁμοίως σηκίς. ἀλλ' ἐκεῖνος μὲν ἔδοξε πρὸς τὸ ἐρωτώμενον καὶ τὸ ἑξῆς ἀποκρίνεσθαι· ἔστι γάρ τις τοῖς φορμοῖς συγγένεια πρὸς τὰς σηκίδας. ἐνταῦθα δὲ οὐκέτι κατὰ τὸ συγγενὲς οὗτος ἀπεκρίθη. V.

190. Τρυγαῖος Ἀθμονεὺς : Τὸ μὲν ὄνομα Τρυγαῖος παρὰ τὸ τρυγᾶν πεποίηται, ἁρμόζον γεωργῷ. τὸ δὲ Ἀθμονεὺς ἀπὸ δήμου Ἀττικῆς. — οἱ δὲ τῆς Ἀτταλίδος φυλῆς, οἱ δὲ τῆς Κεκροπίδος. V.

δεξιὸς : Ἐδόκουν γὰρ οἱ γεωργοὶ καὶ μάλιστα οἱ δεξιοὶ, ἀπραγμοσύνην ἀσπάζεσθαι.

192. τὰ κρέα : Ὅτι κατὰ συστολὴν ἔλεγον, οὐ μόνον, ὥς φασί τινες, ἐν ἐκτάσει τὰ κρέα. ὡς πρὸς λίχνον δὲ τὸν Ἑρμῆν ταῦτα λέγει.

193. δειλακρίων : Ἀπὸ τῶν κρεῶν συνῆψε τὸ ὄνομα, οἷον ὦ ἄκρως δειλὲ, ἤγουν ἐπίπονε. (ἰδὼν γὰρ τὰ κρέα καὶ λαβὼν αὐτὰ εὐθὺς κατακέκλασται, καὶ τὴν ὀργὴν μεταβαλλόμενος ἐλεεῖ αὐτόν.) — συνέπλεξεν οὖν τοῖς κρέασι τὸ δειλόν. ἀπὸ τῶν κρεῶν. V.

γλίσχρον : ἀντὶ τοῦ ἐπιθυμητὰ, ἀπὸ τοῦ γλίχεσθαι. (γλίσχρωνας δὲ τοὺς ἀτυχεῖς εἰώθασι λέγειν, καὶ γλισχρίαν τὴν ἀτυχίαν, [καὶ γλίσχρως ὀλισθηρῶς]. νῦν οὖν ἀντὶ τοῦ ἐπίπονε.)

194. ὡς οὐκέτ' εἶναί σοι δοκῶ : Ὅτι φιλοτίμως εἰς τὸν οὐρανὸν ἀνέβην.

195. ἰὴ ἰὴ ἰή : Τὸ μῆκος σημαίνων τοῦτό φησι. πρόσφθεγμα δέ ἐστι καταφρονοῦντος.

196. ὅτ' οὐδὲ μέλλεις : Οὐ μόνον, φησὶν, οὐκ εἶ πλησίον τῶν θεῶν, ἀλλ' οὐδὲ μέλλεις. μετῴκησαν γὰρ δι' ὑμᾶς, (ὅτι οὐ βλέπετε εἰρήνην).

198. ἰδοὺ γῆς : Χλευάζων φησὶν ὅτι εἶπε ποῖ γῆς, ἐν οὐρανῷ αὐτῶν οἰκούντων.

199. κύτταρον : (Κυττάρους καλοῦσι τὰς τῶν σφηκῶν κατατρήσεις. μεταφορικῶς δὲ τὸ κοιλότατον καὶ μυχαίτατον εἶπε τοῦ οὐρανοῦ. ὁ δὲ λόγος εἰς τὰ ἔσχατα καὶ ἀπόκρυφα μέρη τοῦ οὐρανοῦ.) — τινὲς δὲ κύτταρόν φασι τὸ ὑψηλότατον τοῦ οὐρανοῦ. λέγουσι γὰρ κοῖλον εἶναι τὸν οὐρανὸν ὥσπερ τοῦ ᾠοῦ τὴν λεπίδα. R. V. Λυκόφρονά φησιν Ἐρατοσθένης τὸ κύτταρον λέγειν ἐν ᾧ αἱ φηγοὶ ἐγκάθηνται, οὐκ ὀρθῶς. κυττάρους γὰρ καλοῦσι τὰς τῶν κηρίων καὶ σφηκῶν κατατρήσεις, ὡς καὶ ἐν τοῖς Σφηξὶν [1111] εἴρηκεν « ὥσπερ οἱ σκώληκες ἐν τοῖς κυττάροις κινούμενοι. » Θεόφραστος δὲ [H. Pl. 3, 3, 8] κυρίως λέγει προάνθησίν τινα τῆς πεύκης καὶ τῆς πίτυος, ἥτις ἐστὶν ὥσπερ στάχυς μικρὸς ἐκ μεγάλων πυρῶν ξηραινόμενος δὲ θυλακοῦται καὶ ἀποπίπτει. οἷον οὖν ἀγγειῶδες. κύτταρον δὲ οὐρανοῦ λέγοι ἂν νυνὶ μεταφορικῶς τὸ κοιλότατον καὶ μυχαίτατον· προεῖπε γὰρ ὅτι πόρρω πάνυ ἀπῳκισμένοι εἰσὶν οἱ θεοί. ὁ δὲ λόγος, εἰς τὰ ἔσχατα καὶ ἀπόκρυφα μέρη ἀπεληλύθασι τοῦ οὐρανοῦ. V.

202. χυτρίδια : Καὶ ταῦτα γελοίου χάριν. (καὶ ἐπιδιασύρων ταῦτά φησιν.) — μέγας γὰρ δὴ πλοῦτος, εἰ ἐν σκευαρίοις ἐστὶ τοῖς θεοῖς ἡ περιουσία. R. V. — ἀμφορεῖς δὲ ἐκάλουν τὰ μέτρα.

205. (ἵν' ἦσαν αὐτοὶ : Ὅπου ᾤκουν πρότερον καὶ διέτριβον οἱ θεοί, κατῴκισαν τὸν πόλεμον.)

206. τῷ πολέμῳ δηλονότι. R.

207. (ἀνῳκίσαντο : Ἀντὶ τοῦ ἀπῳκίσαντο καὶ ἀνεχώρησαν, ὡς ἂν μὴ παρεῖεν αὐτοῖς τὰ δυσχερῆ.)

ἀνωτάτω : Ἀντὶ τοῦ ἁπάντων ἀνωτάτω ὅσον δυνατὸν ἦν.

210. (τοῦ δ' εἵνεχ' ἡμᾶς : Τίνος χάριν καθ' ἡμῶν τοσαύτην ἔσχον ὀργήν.)

211. ἐκείνων πολλάκις : (Τῶν θεῶν ἢ) τῶν Λακεδαιμονίων. (ὅτι πολλάκις Λακεδαιμόνιοι βουλόμενοι εἰρήνην ἦλθον καὶ οὐκ ἐδέξασθε.)

212. σπονδὰς ποιούντων : (Τῶν θεῶν πρυτανευόντων ὑμῖν τὴν εἰρήνην ἀεί. — σφόδρα δὲ Ὁμηρικῶς τῶν μὲν ἀγαθῶν καὶ τῆς εἰρήνης δοτῆράς φησι τοὺς θεούς, τοῦ δὲ πολέμου οὐκέτι. [Od. A, 32 :] « οἷον δὴ νῦν βροτοὶ θεοὺς αἰτιῶνται· ἐξ ἡμέων γάρ φασι κάκ' ἔμμεναι, οἱ δὲ καὶ αὐτοὶ σφῇσιν. » V. ἢ ἐπειδὴ ἐν ταῖς σπονδαῖς ἐπιμαρτύρονται τοὺς θεούς. R. V. οἱ λακωνικοὶ : Ὡς φιλοπολέμων ὄντων τῶν Λακωνικῶν καὶ τὴν εἰρήνην οὐ προσιεμένων πρώτων ἐμνήσθη.

ἐκ πολλῶν μὲν καὶ ἄλλων δῆλον ὅτι παρὰ τὸν Πελοποννησιακὸν πόλεμον συνετάχθη τοῦτο τῷ ποιητῇ τὸ δρᾶμα· δῆλον δὲ μάλιστα τοῦτο πεποίηκε νῦν φανερῶς τοῦ πολέμου τούτου μνημονεύσας. χρησίμως δὲ τῶν Λακώνων πρῶτον εἰς ἀδικίαν ἐμνημόνευσεν ὡς φιλοπολέμων ὄντων ἐκείνων ἀεὶ καὶ τὴν εἰρήνην οὐ προσιεμένων. εἰ γὰρ ἔτυχε τοὺς Ἀθηναίους προτάξας, πρῶτον μὲν εὐθὺς ἀπήχθετο τοῖς ἀκούουσιν, ἔπειτα διαβολὴν ἂν ἀπειργάσατο κατὰ τῆς πόλεως οὐ τὴν τυχοῦσαν. καὶ γὰρ εἰ μετὰ ταῦτα μνημονεύει καὶ τῶν Ἀθηναίων ὡς καὶ αὐτῶν ἀποπεμπομένων τὴν εἰρήνην, ὁπότε κρατήσειαν, ἀλλ' οὖν ἧττων ἡ διαβολή, μάλιστα τῷ τὸν πρῶτον λόγον λεχθέντα τῶν ἀκουόντων πλήττειν τὰς ἀκοάς. ἔπειτα τὸ ἀμύνεσθαι τοῖς ἴσοις τοὺς προηδικηκότας συγγνωστὸν παρὰ πᾶσι, κἂν τούτῳ τὴν αἰτίαν δικαίως ἀποφερομένων τῶν προηδικηκότων. τὸ αὐτὸ δὲ δὴ καὶ τὸ « Θουκυδίδης συνέγραψε τὸν πόλεμον τῶν Πελοποννησίων καὶ Ἀθηναίων, » ἵνα αὐτῶν μᾶλλον τὸ ἔργον ᾖ. V.

214. ναὶ τὼ σιώ : Τοὺς Διοσκούρους οἱ Λακεδαιμόνιοι σιοὺς ἔλεγον, ὡς Ἀθηναῖοι θεὼ Δήμητραν καὶ Περσεφόνην. — ἔθος δὲ τοῖς Λακεδαιμονίοις ἐπὶ τοῦ νὴ τὼ θεὼ τρέπειν τὸ θ εἰς τὸ σ καὶ τὸ ε εἰς τὸ ι. R. V.

(νῦν ἀττικίων : Ἀντὶ τοῦ τοιοῦτό τι ἔλεγον. ἐὰν μὲν γὰρ οἱ Λακεδαιμόνιοι μικρὸν ἐν τῇ μάχῃ κρατήσωσιν, εὐθέως λέγουσι, νὴ τοὺς θεούς, νῦν οἱ Ἀθηναῖοι δώσουσι δίκας. καὶ πάλιν ἐὰν οἱ Ἀθηναῖοι νικήσωσιν, εἶτα Λακεδαιμόνιοι ἔλθωσιν εἰρήνην ποιῆσαι βουλόμενοι, εὐθέως ἀντιλέγουσιν Ἀθηναῖοι, ἐξαπατῆσαι ἡμᾶς βούλονται, ἵνα ποιήσωμεν εἰρήνην, ἐπειδὴ νικῶμεν· διὸ οὐ δεῖ πεισθῆναι ἡμᾶς. σκώπτει δὲ τὸ ὑπερήφανον τῶν Ἀθηναίων.)

215. (ἀττικωνικοί : Οὕτως ἔλεγον ἐνυβρίζοντες καὶ εὐτελίζοντες καὶ εἰς ἧττον φέροντες ὑποκοριστικῶς τοὺς Ἀθηναίους ἐν τῷ ὀνόματι, ἐν ᾧ καὶ Ἴωνες ἔγκεινται. παίζει δέ, ἐπειδὴ εἶπεν ἄνω Λακωνικοὶ ὑποκοριστικῶς· διὰ τοῦτο καὶ Ἀττικωνικοί.)

218. (νὴ Δί' οὐχὶ πειστέον : Ἐχρῆν μᾶλλον αὐτοὺς τὴν πάτριον ὀμόσαι, λέγω δὲ τὴν Ἀθηνᾶν· καὶ γὰρ τοὺς Λακεδαιμονίους τοὺς πατρίους αὐτῶν ἐποίησεν ὀμόσαντας θεούς. πλὴν εἰδέναι δεῖ, διὰ τοῦτο πεποίηκεν ὀμνύντας αὐτοὺς διὰ τὸ αὔξειν καὶ ἀποσεμνύνειν τὰ τῶν Ἀθηναίων πράγματα καὶ ἐν τούτῳ ἐπαίρων τοὺς Ἀθηναίους, ὡς οὐχ Ἀθηνᾷ μόνῃ χρήσαιντο συμμάχῳ, ἀλλὰ καὶ Διί.)

219. κἢν ἔχωμεν τὴν πόλιν : Οἱ μὲν πολλοὶ ταύτην ἐξέβαλον τὴν ἀνάγνωσιν, ἵν' ᾖ δηλούμενον, καὶ πάλιν ἥξουσι τῆς εἰρήνης δεόμενοι τυχεῖν οἱ Λακεδαιμόνιοι, ἐὰν ἀσφαλῶς κατέχωμεν τὴν πόλιν. ἔστι δὲ ἀμφίβολος ἡ ἐξήγησις αὕτη, ποίαν πόλιν βούλεται, πότερον τῶν Λακεδαιμονίων ἢ τὰς Ἀθήνας. ἐν ἀντιγράφῳ δὲ εὗρόν ποτε « ἢν ἔχωμεν τὴν Πύλον, » καὶ οὐκ ἄκαιρος αὕτη ἡ γραφή, ἐπεὶ καὶ ἀληθείας ἔχεται κατὰ πάντα, καὶ διὰ τοὺς ληφθέντας τριακοσίους ἐν Σφακτηρίᾳ, καὶ διὰ τὸ ἐπιτείχισμα ὅπερ Ἀθηναῖοι κατέστησαν ἐν Πύλῳ, καὶ ὅτι ληφθείσης αὐτῆς περὶ εἰρήνης πρῶτοι Λακεδαιμόνιοι πρὸς Ἀθηναίους ἐπρέσβευσαν. Ἄλλως. οὐχ ὡς ὡρισμένην τινὰ πόλιν, ἀλλ' ὡς, ἐπειδὰν πόλιν τῶν Πελοποννησίων προσκείμενοι πιέζωσι, ταῦτα λεγόντων αὐτῶν. V.

220. ἡμεδαπὸς ἀντὶ τοῦ ἡμέτερος. R.

226. ἐπέβαλεν, ἐπεσώρευσεν. ὅπλον γὰρ πολέμου καὶ ὁ λίθος. R. ἐπεφόρησεν, ἐπεσώρευσεν.

228. θυεία ἀγγεῖον εἰς ὃ ἐμβάλλοντες τινὰ (ἀρτύματα) τρίβομεν καὶ λειοῦμεν. — τὸ δὲ τρίβειν ἀντὶ τοῦ ἐν πολέμῳ βούλεται τὰς πόλεις ἐπὶ πολὺ διατρίβειν, καὶ ἅμα μὲν παρὰ τὸ τρίβειν ἐν θυείᾳ μυττωτόν, ἅμα δὲ παρὰ τὸ ἐπιτρίβειν καὶ ὥσπερ αὐτοὺς δαπανᾶν. R. V.

232. καὶ γὰρ ἐξορμᾶν κατ' ἐμὴν γνώμην καὶ ὡς οἴομαι ἑτοίμως ἔχει. εἰώθασι γὰρ καὶ πληθυντικῶς τῇ συντάξει χρῆσθαι ταύτῃ· καὶ γὰρ ἐξιέναι μέλλε κατὰ γνώμας τὰς ἐμάς. V.

234. φέρ' αὐτὸν ἀποδρῶ : Νοεῖν δεῖ τὸν Τρυγαῖον ἀποβεβηκότα τοῦ κανθάρου ἐπὶ τῆς σκηνῆς ταῦτα λέγειν. — ἔστι δέ τι καὶ ἄντρον ἐπὶ τῆς σκηνῆς. R.

236. θυείας : Ἀντὶ τοῦ εἰπεῖν σάλπιγγος, θυείας εἶπεν.

236. ἰὼ βροτοὶ : [Κορωνὶς ἑτέρα ἑτέρων εἰσιόντων ὑποκριτῶν. οἱ δὲ στίχοι ὅμοιοι τοῖς προφθάσασι ξγ'. καὶ ἐν ἐκθέσει τροχαϊκοὶ τοῖς ἑξῆς ὅμοιοι δύο. ἐπὶ τῷ τέλει κορωνίς, ἐξιόντων τῶν ὑποκριτῶν.] ὁ Πόλεμος ἐξέρχεται θέλων τρίψαι μυττωτόν. σκευὴ δὲ αὕτη ἐκ τυροῦ καὶ σκορόδου καὶ μέλιτος (καὶ πράσου). — τινὲς δέ φασι τὸν Δία ταῦτα λέγειν. V.

237. τὰς γνάθους ἀλγήσετε : Ἢ τριβόμενοι ἐν τῇ θυείᾳ, ἢ τὸν μυττωτὸν ἐσθίοντες, ὃν τρίβειν παρασκευάζεται ὁ Πόλεμος. ἐπειδὴ ἀπὸ τοῦ δικαστηρίου ἐσθίουσιν, (πολέμου δὲ ὄντος ἀργεῖ τὰ δικαστήρια. λέγει οὖν ἀντὶ τοῦ εἰπεῖν λιμώττοντες). — διὰ τὸν πόλεμον τοῦτό φησιν· ἐν γὰρ τῷ πολέμῳ λιμώττουσι καὶ διὰ χρόνου ἐσθίουσι, καὶ συμβαίνει ἐκ τῆς ἀργίας τοῦ μὴ ἐσθίειν πάσχειν αὐτοὺς τὰς γνάθους ὕστερον ἐσθίοντας. V.

241. ὁ δεινὸς : Συμβολικὸν ἀπὸ τῶν διὰ δειλίαν ἀποπηδώντων. ταῦτα δέ φησι θεασάμενος τὸν Πόλεμον μείζονα τὴν ὑπόνοιαν ἔχοντα τῆς πείρας τῆς διὰ τῆς ὄψεως.

(ταλαυρίνος : Ὑπομονητικὸς, καρτερικὸς ἐν τῇ μάχῃ.)

242. Πρασιαὶ : Πόλις Λακωνική. ἅμα δὲ πράσα ἐμβάλλων ταῦτά φησιν. — ἔστι δὲ καὶ τῆς Ἀττικῆς ἐπίνειον, ὥς φησι Θουκυδίδης [7, 18; 8, 96] καὶ Φιλόχορος. μή ποτε δὲ οὐχ οὕτως ἔχον· οὐκ ἂν γὰρ ἔλεγεν ἑξῆς « οὐδὲν πρὸς ἡμᾶς αἱ Πρασιαί. » V.

πεντάκις : Ἀντὶ τοῦ πολλάκις. V.

245. οὐδὲ ἡμῖν πρᾶγμα : Πρὸς τὴν ὁμωνυμίαν φησὶ τῶν ἐν τῇ Λακωνικῇ Πρασιῶν, ὅτι ἡμεῖς τοῦ κακοῦ τούτου ἀλλότριοι ἐσμέν.

246. ὦ Μέγαρα : (Σκόροδα ἐμβάλλων ταῦτά φησιν.) ἡ γὰρ Μεγαρικὴ γῆ σκοροδοφόρος. σύμμαχοι δὲ Λακεδαιμονίων Μεγαρεῖς. καὶ ὅτι πᾶσα ἡ τοῦ πολέμου πρόφασις δι' αὐτοὺς δοκεῖ γεγονέναι (χάριν τοῦ τὸ πινάκιον συνθέντος τὸ κατ' αὐτῶν εἰς τὴν Περικλέους χάριν, ὥστε μήτε γῆς μήτε λιμένων Ἀττικῶν ἐπιβαίνειν τοὺς Μεγαρεῖς. εἰκότως οὖν εἰς τὸ κεχαρισμένον τοῖς Ἀθηναίοις τοὺς τούτων ἐχθροὺς παρεισάγει ἐκ τοῦ πολέμου συντριβομένους εἰς τέλεον.) ἅμα δὲ ταῦτα λέγων ὁ Πόλεμος, σκόροδα βάλλει εἰς τὴν θυείαν, ὅθεν καὶ τὸ ἑξῆς οἰκείως ἐπαχθήσεται, τὸ ἀπαξάπαντα (καταμεμυττωτευμένα).

248. βαβαὶ βαβαιάξ : Σχετλιαστικὸν ἀντὶ τοῦ φεῦ φεῦ. δέον δὲ εἰπεῖν τὰ σκόροδα, παρ' ὑπόνοιαν εἶπε τὰ κλαύματα.

249. κλαύματα : Ἀντὶ τοῦ σκόροδα. (οὕτω δὲ εἶπε προσκαταριώμενος.) τοῖς δὲ ἐσθίουσι τὰ σκόροδα δάκρυα ἔπεισι διὰ τὴν δριμύτητα. διό φησιν « ὡς δριμέα τοῖσι Μεγαρεῦσι. »

250. Σικελία : Ταῦτα πάντα παρεπιγραφή ἐστι. τυρὸν δὲ ἐμβάλλων Σικελίας μέμνηται· πολὺς γὰρ ἐκεῖ τυρός. οὐκ ἄδηλον δὲ ὅτι καὶ ταύτης τὸ πλέον μέρος πολέμιον ἦν τοῖς Ἀθηναίοις. ἔνθα καὶ τὴν μεγάλην ἐδυστύχησαν ἧτταν.

251. ὅτι πόλιν εἶπε τὴν Σικελίαν νῆσον οὖσαν. καὶ Ὅμηρος πολλάκις τὰς νήσους πόλεις καλεῖ, ὡς τὸ [Il. Ξ, 230] « Λῆμνον δ' εἰσαφίκανε πόλιν θείοιο Θόαντος. καὶ Πίνδαρος δὲ [Nem. 7, 13] περὶ τῆς Αἰγίνης « ἁ μὲν πόλις Αἰακιδᾶν. » καὶ Εὐριπίδης [Ion. 297] Εὔβοι' Ἀθήναις ἐστί τις γείτων πόλις. » V.

διακναισθήσεται : Ἀντὶ τοῦ διαφθαρήσεται. (ὡς ἐπὶ τυροῦ τοῦτο. Ὅμηρος [Il. Λ, 639] « ἐπὶ δ' αἴγειον κνῆ τυρὸν κνήστι χαλκείῃ. ») διακναίειν δέ ἐστι κυρίως τὸ ξύειν τυρὸν τῇ κνήστιδι. — δεῖ δὲ νοεῖν ὅτι πάλιν ἐνταῦθα τυρὸν ἐπιξύων καὶ εἰς τὴν θυείαν ἐμβάλλων ταῦτα λέγει. V.

252. φέρ' ἐπιχέω : Εὐφυέστατα τοῖς Ἀθηναίοις χαρίζεται, σεμνολογῶν τὰ κατ' αὐτούς. ὅσῳ γὰρ μέλι τιμιώτερον τῶν σκορόδων καὶ τῶν πράσων, τοσούτῳ ἀμείνων καὶ ἡ τοῦτο γεωργοῦσα γῆ. εἰπὼν δὲ τοῦτο ὁ Πόλεμος μέλι εἰς τὴν θυείαν βάλλει. — Ἄλλως. θέασαι ὅτι καὶ ἡμεῖς εὐφυῶς, εἴγε μὴ σφαλῶμεν, παρετηρήσαμεν ἐν τοῖς προλαβοῦσι τὴν ἐξήγησιν, εἴγε μειοῦν μὲν ἐν παντὶ σπουδάζει τὰ Λακωνικά, αὔξειν δὲ τὰ Ἀττικά. ἀμέλει κἀνταῦθα ποιῶν τοῦτο φαίνεται. διὸ τοῖς τε Λακεδαιμονίοις καὶ τοῖς ἐκείνων συμμάχοις ἐπαρώμενός τι φαῦλον, οἷον ἐπὶ μὲν τῶν Πρασιῶν « ἰὼ Πρασιαὶ τρισάθλιαι καὶ πεντάκις καὶ πολλάκις, ὡς ἀπολεῖσθε τήμερον, » καὶ ἐπὶ τῶν Μεγάρων « ὡς ἐπιτρίψεσθε αὐτίκα » καὶ « ἰὼ Σικελία καὶ σὺ δὲ ὡς ἀπόλλυσαι » καὶ « οἷα πόλις τάλαινα διακναισθήσεται· » ὁπότε περὶ Ἀθηνῶν δὲ λέγει, μηδὲν δυσχερὲς μηδὲ βλάσφημον ἐπήγαγέν τι, ὁποῖον περὶ ἐκείνων φασὶν αὐτὸν εἰρηκέναι. V.

253. παραινῶ σοι : Ἐν πολλοῖς κεῖται τὸ σοί. τάχα δὲ οὐκ ὠφελεῖ διὰ τὸ μέτρον εἶναι, εἰ μὴ ἄρα τὴν αι κοινὴν λάβοιμεν. V.

254. (τετρώβολον : Ἀντὶ τοῦ πολυτίμητον.· οὕτω δὲ λέγουσι τὸ τετρωβολιαῖον, τουτέστι τὸ τετρωβόλου πωλούμενον.)

(φείδου τἀττικοῦ : Οἷον φειδώ τινα καὶ πρόνοιαν ποίει

τοῦ Ἀττικοῦ.) — τουτέστι συντήρει καὶ διαφύλαττε τὸ Ἀττικόν. οὐκ ὀκνεῖν γὰρ ἔδει καὶ δεῖσθαι ὑπὲρ αὐτοῦ τοῦ θεοῦ. V.

256. (οὑτοσὶ γὰρ κόνδυλος : Παρεπιγραφή· ἅμα γὰρ τῷ εἰπεῖν δίδωσιν αὐτῷ τὸν κόνδυλον.)

258. ἀντὶ τοῦ δριμύ. R.

(259). ἀλετρίβανον : Οἱ μὲν δασέως παρὰ τὸ τοὺς ἅλας τρίβειν, οἱ δὲ ψιλῶς παρὰ τὸ ἀλεῖν. [καὶ δοῖδυξ μὲν Ἀττικόν, ἀλετρίβανος δὲ Ἀσιανόν. λέγεται δὲ καὶ ἀλότριψ, ὡς ἐν ἐπιγράμματι (Aristonis Anth.Pal.6, 306) « καὶ τοῦτον δικάρανον ἀλότριβα. » καὶ ἀλετρὶς ἡ μυλωθρὸς παρὰ Καλλιμάχῳ (fr. 232).] — Κράτης παρατηρεῖν ἀξιοῖ πρὸς τοὺς λέγοντας ὅτι ὁ μὲν δοῖδυξ Ἀττικός, ὁ δὲ ἀλετρίβανος Ἀσιανός, καὶ σκυτοδέψης μὲν Ἀττικός, βυρσοδέψης δὲ Ἀσιανός. V.

260. χθὲς εἰσῳκίσμεθα : Συμβαίνει γὰρ τοῖς νεωστὶ εἰσῳκισμένοις μὴ εὐπορεῖν πάντων τῶν ἀναγκαίων.

261. οὐκοῦν παρ' Ἀθηναίους : Πάλιν λεληθότως σεμνολογεῖ τοὺς Ἀθηναίους ὡς αὐτόχθονας (καὶ γηγενεῖς), ἐκ τοῦ εὑρίσκεσθαι παρ' αὐτοῖς τὰ τῶν πάλαι εἰσῳκισμένων, ὧν ἠπόρουν οἱ νεωστὶ εἰσῳκισμένοι.

263. (ἀνθρώπια : Ὑποκοριστικῶς. τοῦτο πρὸς τὴν παροῦσαν συμφορὰν μειῶν αὐτούς.)

267. ἀλλ' ὦ Διόνυσ' : Ὡς οἰκείῳ θεῷ εὔχεται τῆς Ἀττικῆς, καὶ κυρίῳ τῶν ἐν τῷ θεάτρῳ καὶ τῶν ἐν τῇ εἰρήνῃ ἀγομένων.

268. (τὸ δεῖνα γὰρ ἀπόλωλ' : Διὰ τούτου τὸ ῥηθησόμενον ἀηδὲς ἐκφεύγει εὐθέως λέγειν. ὅτε γάρ τι δυσχερὲς μέλλομεν λέγειν, εἰώθαμεν τοῦτο προτάσσειν, ὡς μὴ εὐθυρημονοῦντες.)

270. ὁ βυρσοπώλης : (Τοῦτο αἰνίττεται πρὸς τὸν Κλέωνα, καὶ) ὅτι μετὰ τὴν Κλέωνος τελευτὴν εἰσῆκται τὸ δρᾶμα· ἤδη γὰρ τεθνήκει. (ὡς δὴ αἴτιον τοῦ πολέμου καὶ ὡς αὐτὸν συνέχοντα τὸν πόλεμον, ὡς καὶ Θουκυδίδης ἱστορεῖ.)

271. εὖ γ' ὦ δέσποινα : (Οὕτως τὴν θεόν. τὰς δὲ γυναῖκας Ἀττικάς, ἵνα μὴ ὁμωνύμως. Ἄλλως. ταύτῃ εὔχεται ὅτι τῶν Ἀθηναίων ἱερὰ ἡ θεός.) τὸ δὲ ἑξῆς, εὖ γε ποιῶν ἀπώλετο ἐκεῖνος, εἴπερ πρὸ τοῦ ἀπολέσαι τὰ πράγματα ἡμῶν ἀπώλετο.

272. τῷ χρησίμῳ τῇ πόλει. R.

273. ἢ πρίν γε τὸν μυττωτὸν : Ἀντὶ τοῦ πρὶν ἡμῖν τὸν πόλεμον ἐπεγεῖραι. ὡς αἴτιον δὲ αὐτὸν τοῦ πολέμου διαβάλλει. — ὡς καὶ Θουκυδίδης ἱστορεῖ. R.

275. (ἀνύσας τι : Ἀπελθὼν ὁ Κυδοιμὸς ἐπανῆλθε, καὶ οὕτως τὴν ἐρώτησιν αὐτῷ προσφέρει ὁ Πόλεμος.

ἀνύσας τι : Ἀντὶ τοῦ ἤνυσάς τι καὶ διεπράξω καὶ φέρων ἥκεις.)

276. τί πεισόμεσθα : Τί ἄρα παθεῖν μέλλομεν. ἢ ἐν ποίῳ κινδύνῳ καθεστήκαμεν.

277. ἐν Σαμοθρᾴκῃ : Ἐν Σαμοθρᾴκῃ ἦσαν τελεταί τινες, ἃς ἐδόκουν τελεῖσθαι πρὸς ἀλεξιφάρμακά τινα κινδύνων. ἐν δὲ τῇ Σαμοθρᾴκῃ τὰ τῶν Κορυβάντων ἦν μυστήρια καὶ τὰ τῆς Ἑκάτης. καὶ διαβόητον ἦν τὸ Ζήρινθον ἄντρον, ἔνθα τὴν Ἑκάτην ὀργιάζειν ἐλέγετο, καὶ τελετὰς ἦγον αὐτῇ τινὰς καὶ κύνας ἔθυον. (καὶ ὁ τὴν Ἀλεξάνδραν πεποιηκὼς [v. 77] μέμνηται « Ζήρινθον ἄντρον καὶ κυνοσφαγοῦς θεᾶς λιπὼν ἐρυμνὸν κτίσμα Κυρβάντων Σάον. » ἐν κινδύνοις δὲ γενόμενοι ἐπεκαλοῦντο τοὺς δαίμονας, οἷς ἐδόκουν μεμυῆσθαι, ἐπιφανῆναι καὶ ἀλεξῆσαι.)

278. μεμυημένος : Τὰ μυστήρια τῶν Καβείρων. δοκοῦσι δὲ οἱ μεμυημένοι ταῦτα (δίκαιοί τε εἶναι καὶ) ἐκ δεινῶν σώζεσθαι καὶ ἐκ χειμώνων.

279. ἀποστραφῆναι : (Ὃ ἡμεῖς) διαστραφῆναι (λέγομεν. ἀντὶ τοῦ) κλασθῆναι τοῦ μετιόντος τὸν δοίδυκα. — Ἄλλως. ἐναντίαν αὐτῷ τὴν εἰς τὸ δεύτερον γενέσθαι ὁδόν, ὥστε μηκέτι αὐτὸν ὑποστρέψαι. Ἄλλως. εὐξώμεθα οὖν, φησί, τοῦ Κυδοιμοῦ τοὺς πόδας, ὥστε μὴ δυνηθῆναι ἐπανελθεῖν αὐτὸν μηδὲ χωλεύοντα, μηδὲ κομίσαι τὸν ἀλετρίβανον. V.

280. καὶ πάλιν. ἦλθεν γὰρ μηδὲν ἀγόμενος, δι' ὃ ἀσχάλλει. R. V.

282. καὶ τοῖς Λακεδαιμονίοισιν : Ὁ Βρασίδας ὁ Τέλλιδος παῖς, ὃς ἦν Λακεδαιμονίων στρατηγός. καὶ οὗτος δὲ ἀνθίστατο τῇ εἰρήνῃ. ἐτελεύτησε δὲ ἐν Θρᾴκῃ.

283. (εἰς τἀπὶ Θρᾴκης χωρία : Καὶ γὰρ εἰς συμμαχίαν πεμφθεὶς ὁ Βρασίδας ἐπὶ Θρᾴκην, κατὰ τὸν αὐτὸν χρόνον Κλέωνι τελευτᾷ.)

284. χρήσαντες : Ἐν Ἀμφιπόλει γὰρ τῆς Θρᾴκης μονομαχήσαντες ὅ τε Κλέων καὶ ὁ Βρασίδας ἀλλήλους ἀνεῖλον.

285. Διοσκόρω : Οὗτοι παρὰ τοῖς Λακεδαιμονίοις ἐτιμῶντο. διὸ νῦν αὐτῶν μέμνηται, ὅτι Βρασίδου τοῦ Λακεδαιμονίου ἐμνήσθη, ἐπὶ δὲ Κλέωνος τῆς Ἀθηνᾶς.

288. ἐγὼ δὲ δοίδυκ' εἰσιὼν : Ἐγὼ ἀλετρίβανον εἰσιὼν ποιήσομαι.

289. τὸ Δάτιδος μέλος : Δᾶτις σατράπης Περσῶν, εὐδοκιμήσας κατά τινα χρόνον (πολεμῶν), ἑλληνίζειν δὲ βουλόμενος εἶπεν ἥδομαι καὶ χαίρομαι, καὶ ἐβαρβάρισεν· ἔδει γὰρ εἰπεῖν χαίρω. ἅμα δὲ οὗτος εἶπε πρὸς τὸ ὁμοιοκατάληκτον. [οὐκ εἴρηται δὲ τὸ χαίρομαι· αὐτὸ γὰρ τὸ χαίρω αὐτοπαθὲς ὂν προϋφήρπασεν αὐτοῦ τὸ σημαινόμενον. λέγεται δὲ τὸ τοιοῦτο δατισμός.] — στοχάζεται ὅτι εἴη ἂν διαμνημονευόμενος περὶ Δάτιδος τοῦ Πέρσου, ὅτι εἶπέ ποτε παρά τινα συνουσίαν ἥδομαι καὶ χαίρομαι, ἑλληνίσαι τι θέλων. καὶ γὰρ καὶ παρὰ παλαιοτέρου τινὸς ἐμφαίνεται. εἴη δὲ ὕπαρχος τοῦ βασιλέως τῶν ἐλθόντων ἐπὶ Μαραθῶνα, ὃν καὶ φυγεῖν φασὶ πολὺν χρυσὸν καταλιπόντα. Ἄλλως. Δᾶτις τῶν ἐν Μαραθῶνι παραταξαμένων Ἀθηναίοις στρατηγὸς Δαρείου, ὅν φασιν ἀντιποιήσασθαι τῆς Ἀττικῆς ὡς ἰδίας· ἀπὸ Μήδου γὰρ τοῦ Μηδείας καὶ Αἰγέως ἐδόκει εἶναι. Ἄλλως. Δᾶτις σατράπης Περσῶν βασιλέως, ὅστις συνεχέστερον πρεσβευόμενος εἰς Ἀθήνας ἠράσθη τῆς αὐτῶν πολιτείας, καὶ μείνας ἐκεῖ ἐβούλετο ἑλληνίζειν τῇ ὁμιλίᾳ, καὶ ἐβαρβάριζεν καὶ τοὺς τρόπους καὶ τοὺς λόγους. V. τι-

νὲς (δε, Δᾶτιν λέγουσι τον τραγικὸν, κακῶς ὑπονοοῦντες· ἐκεῖνος γὰρ υἱὸς ἦν Καρκίνου οὗτος δὲ ὕπαρχος Περσῶν. R. V.

295. ἀντὶ τοῦ στρατηγόν. R.

296. καλῶς τοὺς χρῄζοντας τῆς εἰρήνης καλεῖ εἰς συμμαχίαν. δημιουργοὶ δὲ λέγονται κοινῶς οἱ δημόσιά τινα ἐργαζόμενοι· νῦν δὲ τοὺς ἀρχιτέκτονας λέγει, ἵνα ἐντέχνως ἑλκυσθῇ ἡ Εἰρήνη. Ἄλλως. V. πάντες γὰρ οὗτοι τῶν ἔργων ἐκωλύοντο πολέμου ὄντος καὶ ἠδικοῦντο, οἱ μὲν γεωργοὶ κωλυόμενοι γεωργεῖν, οἱ δὲ ἔμποροι ὑφ' ὧν ἂν περιέτυχον πονηρῶν, οἱ δὲ τέκτονες ἀναγκαζόμενοι ναυπηγεῖν τριήρεις, οἱ δὲ δημιουργοὶ στρατεύεσθαι καὶ φρουρεῖν ἀναγκαζόμενοι, οἱ δὲ μέτοικοι εἰσπραττόμενοι μετοίκιον, καὶ οἱ ξένοι ἀπελαυνόμενοι, καὶ οἱ νησιῶται τοὺς φόρους εἰσπραττόμενοι καὶ ναῦς παρέχοντες. ἢ οὖν τούτων χάριν ἐμνημόνευσεν αὐτῶν, ἢ βουλόμενος δεῖξαι ὅτι ἐπιβλαβὴς καθόλου ὁ πόλεμος. R. V.

299. ἐργαλείων ἐμνημόνευσεν ἐπίτηδες εἰς τὸ ἀνελκύσαι τοὺς λίθους τοὺς ἐπὶ τῷ ὀρύγματι, ἐν ᾧ ἦν Εἰρήνη, ὡς ἔφη ὁ Ἑρμῆς, (ἵνα ἐλευθερώσῃ αὐτήν). R. V. (ἅμας δὲ τὰς πυράμας. ἐργαλεῖά τινα ἐπιτήδεια πρὸς τὸ ἀνορύττειν.) [καὶ παροιμία « ἅμας ἀπῄτουν, οἱ δ' ἀπηρνοῦντο σκάφας. »]

(300). ἀγαθοῦ δαίμονος : Φασὶ γὰρ ὅτι δειπνήσαντες μὲν ἐπερρόφουν ἀγαθοῦ δαίμονος, ἀπαλλάττεσθαι δὲ μέλλοντες ἔπινον Διὸς σωτῆρος. ὡσεὶ ἔλεγε, νῦν γὰρ σπεῖσαι ἢ πιεῖν πάρεστιν ἡμῖν ἀγαθοῦ δαίμονος πόμα. — Ἄλλως. ἀντὶ τοῦ νῦν γὰρ ἔστιν ἡμῖν ὑπὲρ ἀγαθῆς τύχης καμεῖν καὶ ἁρπάσαι τὴν Εἰρήνην. V.

301. [δεῦρο πᾶς χώρει : Εἴσθεσις διπλῆς ἀμοιβαίας. οἱ δὲ στίχοι εἰσὶ τροχαϊκοὶ τετράμετροι καταληκτικοὶ λη'. καὶ ἡ ἔκθεσις ταύτης κώλων ὁμοίων τροχαϊκῶν ζ'. ὧν τὰ ε' δίμετρα ἀκατάληκτα. τὸ ς' παρατέλευτον. τὸ ζ' ἐφθημιμερὲς ἰαμβικόν. ὑφ' ὃ αἱ συνήθεις δύο διπλαῖ.]

διπλῆ καὶ εἴσθεσις εἰς στίχους τροχαϊκοὺς τριμέτρους καταληκτικοὺς β', οὓς ἔτι ὁ πρεσβύτης λέγει. ὑφ' οὓς κορωνὶς τοῦ χοροῦ εἰσελθόντος, καὶ στίχοι ὁμοίως τροχαϊκοὶ τετράμετροι καταληκτικοὶ λς', ὧν τελευταῖος « μᾶλλον ἢ τὸ γῆρας ἐκδύς. » V.

302. ὦ Πανέλληνες : Λεληθότως εἰς ὁμόνοιαν αὐτοὺς περιάγει, (ὁμοφρονῆσαι πάντας τοὺς Ἕλληνας ἀξιῶν καὶ ὁμοθυμαδὸν τῆς εἰρήνης ἀντιλαβέσθαι. διὰ τοῦτο καὶ μιᾷ προσηγορίᾳ αὐτοὺς περιέλαβε, δηλῶν τὸ συγγενὲς, καὶ δυσωπῶν αὐτοὺς ὡς οὐδὲ τῇ ὀνομασίᾳ διακεκριμένοι πολεμοῦσι πρὸς ἑαυτούς.)

(303). καὶ κακῶν φοινικικῶν : Οἷον αἱματωδῶν, ἀπὸ τῆς τοῦ αἵματος χροιᾶς. Ὅμηρος « φοινίσσετο δ' αἵματι γαῖα. » λείπει δὲ τὸ ἡσυχάσομεν. Ἄλλως. τῶν πολεμικῶν· φοινικὶς δὲ χλαμὺς πολεμική. — ἢ ἀντὶ τοῦ ναυμαχικῶν· Φοίνικες γὰρ λέγονται κρατεῖν ἐν ταῖς ναυμαχίαις. V.

304. μισολάμαχος : Ἀλλοτρία τῶν Λαμάχου τρόπων· φιλοπόλεμος γὰρ οὗτος, ὡς καὶ ἐν Ἀχαρνεῦσί φησιν. V.

308. φιλαμπελωτάτην : Συντόμως ἐκ τῆς ἀμπέλου τὴν περὶ τὰς γεωργίας ἐπιμέλειαν ἐδήλωσεν εἰρήνης οὔσης· πολέμου γὰρ ὄντος τὸ ἐναντίον ἠμελοῦντο. R. Ven.

310. ἐκζωπυρήσετε : Ἀντὶ τοῦ ἀνάψετε τὸν πόλεμον ἤδη κατεσβεσμένον. ἐκζωπυρῆσαι δέ ἐστι κυρίως τὸ ἐκ μικροῦ πυρὸς φυσῶντα μεγάλην φλόγα κινῆσαι. — (Ἄλλως. ἀνεγείρητε.) ἡ δὲ μεταφορὰ ἀπὸ τῶν ἀνθράκων· καὶ ὁ πόλεμος γὰρ καυστικός. R. V.

312. οὐ γὰρ ἦν ἔχοντας ἥκειν : Οὐ γὰρ, φησὶ, πολεμικὸν ἦν τὸ κήρυγμα, ἀλλ' εἰρηνικόν. ἐκ τοῦ παρακολουθοῦντος δὲ τὸν πόλεμον δηλοῖ. — ἀντὶ τοῦ πολεμεῖν. οἱ γὰρ πολεμοῦντες πρὸς τρεῖς ἡμέρας λαμβάνουσι σιτία εἰς τὸν πόλεμον. ἔθος γὰρ ἦν τοῖς στρατηγοῖς ἀναλογιζομένοις πόσας ἡμέρας ἔμελλον πολέμῳ σχολάζειν καὶ ἔξω κατέχειν τὸν στρατὸν, κηρύσσειν τοσούτων ἡμερῶν σιτία ἐπάγεσθαι, τριῶν μόνων ἡμερῶν ἐκ δημοσίων αὐτοῖς χορηγούντων. R. V.

313. (εὐλαβεῖσθε : Νῦν πρὸ ὀφθαλμῶν ἔχετε, φησὶ, καὶ δεδίττεσθε τὸν Κλέωνα, μὴ ἐμποδὼν τῇ εἰρήνῃ γένηται.) — καὶ Πλάτων δὲ ὁ κωμικὸς Κέρβερον αὐτὸν ὠνόμασεν. V.

φασὶ χωρὶς τοῦ ν τὸ κάτωθεν ἐπίρρημα λέγεσθαι, ἵνα ᾖ Δωριέων μᾶλλον οἰκεῖον. χρῆται δὲ τῷ ὁμοίῳ καὶ Πίνδαρος [Pyth. 4, 180] « ἄντροθε γὰρ νέομαι παρὰ Χαρικλοῦς καὶ Φιλίνας. » V.

314. μὴ παφλάζων : Παφλάζειν ἐστὶ τὸ λαλοῦντά τινα κρατεῖσθαι καὶ ἀνακόπτεσθαι. ὡς οὖν τοῦ Κλέωνος οὕτω διαλεγομένου τοῦτό φησιν. ἢ διὰ τὸ ταραχῶδες τοῦ Κλέωνος ἐχρήσατο τῷ παφλάζειν, κυρίως σημαίνοντι τὴν κεκινημένην θάλατταν.

ἐνθάδ' ἦν : Τουτέστιν ὅτε ἔζη, (ὁπηνίκ' ἦν σὺν ἡμῖν).

315. μὴ ἑλκύσαι : Ὅτι περιττὸν τὸ μή. ἤρκει γὰρ εἰπεῖν ὅτι ἐμποδὼν γένηται ὥστε ἐξελκύσαι. ὅμοια καὶ τὰ τοιαῦτα, ἀπαγορεύω σοι μὴ ἐξιέναι.

317. [ἰοὺ ἰοὺ : Ἡδομένων ἐστὶ τοῦτο, διὸ περισπᾶται. ὡς τοῦ χοροῦ τοῦτο λέγοντος.]

τὸ ἰοὺ ἰού τινες τοῦ χοροῦ φασὶν εἶναι, κατὰ στίχον εἶναι φάσκοντες τὸ ἀμοιβαῖον· καὶ οὕτω καὶ τῶν ἡδομένων ἐστὶ τὸ λέγειν αὐτό. ἐὰν οὖν εἴη τοῦ χοροῦ, περισπᾶται. R. V.

324. οὐ σχηματίζειν : Οὐ κατὰ τὴν ἐμὴν προαίρεσιν, φησίν, ἡ ὄρχησις γίνεται, ἀλλ' ἤδη διὰ τὴν ἄσχετον ἡδονὴν αὐτόματα χορεύει μου τὰ σκέλη. — χρησίμως δὲ πρὸς τὸ πεῖσαι αὐτοὺς τὴν εἰρήνην ἑλέσθαι οὕτως ὑπεράγαν αὐτῇ χαίροντα πεποίηκε τὸν χορόν. R. V.

328. (ἓν μὲν οὖν τουτί μ' ἔασον : Ἓν σκέλος, δεικτικῶς. ὑφ' ἡδονῆς δὲ ὁ χορὸς εἰς ὄρχησιν ἐτράπη. ἓν μόνον, φησὶν, ἔασόν με σχῆμα ποιῆσαι.)

333. (ὥστε μὴ λυπεῖν : Ἐμὲ δηλονότι. συγχωρῶ,

φησί, τοῦτο ὑμῖν, ὥστε μετὰ τοῦτο μηκέτι ἐνοχλεῖσθαί μοι.)

335. πέπορδα : Ἡ μεταφορὰ ἀπὸ τῶν ὄνων· χαίροντες γὰρ πέρδονται.

336. ἢ τὸ γῆρας ἐκδὺς : Ἥδομαι, φησίν, ἐκφυγὼν τὴν ἀσπίδα ἢ ἐκδὺς τὸ γῆρας. ἡ μεταφορὰ ἀπὸ τῶν ὄφεων.

343. (ἐς πανηγύρεις θεωρεῖν : Πέμπεσθαι θεωροὺς ἐς τὰς πανηγύρεις. θεωροὺς δὲ ἐκάλουν τοὺς ἀπὸ τῶν πόλεων δημοσίως ἐκπεμπομένους συνθύσοντας καὶ συμπανηγυρίσοντας.)

343. κοτταβίζειν : (Παίζειν. εἰς χαλκᾶς δὲ φιάλας, αἳ καλοῦνται λάταγες, ἀνέρριπτον ἐμβάλλοντες τὸ πόμα. καὶ εἰ ἐγένετο μείζων ψόφος, ἐδόκουν ὑπὸ τῶν ἐραστῶν ἐρᾶσθαι. — κότταβος λέγεται τὸ λεῖμμα τοῦ ποτηρίου, ὃ ἐμβάλλουσιν εἰς τὰς λάταγας. V. Ἄλλως. κότταβος) παίγνιον ἦν παρὰ Ἀθηναίοις τοιοῦτον. ῥάβδος ἦν μακρὰ πεπηγμένη ἐν τῇ γῇ, καὶ ἑτέρα ἐπάνω αὐτῆς κινουμένη ὡς ἐπὶ ζυγίου. εἶχε δὲ πλάστιγγας δύο ἐξηρτημένας καὶ κρατῆρας δύο ὕδατος ὑποκάτω τῶν πλαστίγγων, καὶ ὑπὸ τὸ ὕδωρ ἀνδριὰς ἦν χαλκοῦς κεχρυσωμένος. τοῦτο δὲ ἦν ἐν τοῖς συμποσίοις. καὶ πᾶς τῶν παιζόντων ἀνίστατο ἔχων φιάλην γέμουσαν ἀκράτου, καὶ μηκόθεν ἱστάμενος ἔπεμπεν ὅλον τὸν οἶνον ὑπὸ μίαν σταγόνα εἰς τὴν πλάστιγγα, ἵνα γεμισθεῖσα βαρυνθῇ καὶ κατέλθῃ καὶ κατελθοῦσα κρούσῃ εἰς τὴν κεφαλὴν τοῦ ἀνδριάντος τοῦ ὑπὸ τὸ ὕδωρ κεχρυμμένου, καὶ ποιήσῃ ἦχον. καὶ εἰ μὲν μὴ ἐκχυθῇ ἐκ τοῦ οἴνου, ἐνίκα καὶ ᾔδει ὅτι φιλεῖται αὐτὸς ὑπὸ τῆς ἐρωμένης· εἰ δὲ μή, ἡττᾶτο. ἐλέγετο δὲ ὁ ἀνδριὰς ὁ ὑπὸ τὸ ὕδωρ κεχρυμμένος μάνης.

344. συβαρίζειν : Ἀντὶ τοῦ τρυφᾶν, ἀπὸ τῆς Συβαριτικῆς τρυφῆς· (φασὶ γὰρ τοὺς Συβαρίτας πολυτελέσι χρῆσθαι τραπέζαις. ἔστιν οὖν ἀντὶ τοῦ τρυφᾶν. ἢ παρὰ τὰ Συβάρεια ἐπιφθέγματα, ἅπερ ἐστὶ παρ' Ἐπιχάρμῳ.) — Καλλίστρατος τρυφᾶν, ἀπὸ τῆς Συβαριτικῆς τρυφῆς· Ἀρτεμίδωρος ἁπλῶς θορυβεῖν. καὶ Φρύνιχος « πολὺς δὲ συβαρισμὸς αὐλητῶν ἦν. » φασὶ δὲ τοὺς Συβαρίτας εἰς τοσοῦτον τραπέζῃ πολυτελεῖ χρῆσθαι, ὥστε καὶ εἰς παροιμίαν φέρεσθαι ἐκνενίκηκεν ἡ Συβαριτικὴ τράπεζα, ἡ πολυτελὴς καὶ δαψιλής. V.

(346). εἰ γάρ μοι γένοιτο : [Κορωνὶς καὶ εἴσθεσις χοροῦ μονοστροφικὴ στίχων καὶ κώλων ιε'. ὧν ὁ πρῶτος τροχαϊκὸς τετράμετρος καταληκτικός. τὸ β' ἐφθημιμερές. ὁ τρίτος παιωνικὸς τετράμετρος ἀκατάληκτος ἐκ παιώνων καὶ κρητικῶν. καὶ ὁ ι' καὶ ιγ'. οἱ ἑξῆς δύο ὅμοιοι τῷ πρώτῳ. τὸ ς' δὲ καὶ η' τῷ β'. τὸ ζ' παιωνικὸν δίρρυθμον. καὶ τὸ θ' καὶ τὸ ιβ' καὶ ιδ'. τὸ δὲ ια' δίμετρον τροχαϊκόν. τὸ τελευταῖον παιωνικὸν τρίρρυθμον. ὑφ' ὃ κορωνίς.] — διπλῆ καὶ εἴσθεσις τῶν ὁμοίων ἑκκαίδεκα κώλων, ὧν ὁ μὲν πρῶτός ἐστι στίχος τροχαϊκὸς ἐκκείμενος, καὶ δεύτερος ἐν ἐκθέσει κώλων παιωνικῶν τετράρρυθμος ἀκατάληκτος, κἂν ἐπεκθέσει τροχαϊκοὶ β' τετράμετροι καταληκτικοὶ κῶλα ς', ὧν τὰ β' παιωνικὰ δίρρυθμα, τὸ δὲ τρίτον τροχαϊκὸν ἐφθημιμερές, τὰ δὲ λοιπὰ τοῖς τρισὶν ὅμοια ἕκαστος ἑκάστῳ. εἶτα ἐν ἐκθέσει στίχος τροχαϊκὸς ὁ « ἐς Λύκειον κἀκ Λυκείου σὺν δορὶ σὺν ἀσπίδι, » κἂν ἐκθέσει κῶλα δ' παιωνικὰ τρίμετρα δίρρυθμα, τὸ δὲ δ' τρίρρυθμον τὸ « εἴλετ' ἀγαθή τις ἡμῖν τύχη. » διπλῆ· ἕπεται γὰρ μέλος, οὗ ἡ μὲν προῳδός ἐστιν ἐκ διστιχίας ὁμοίως ἐκκειμένης καὶ ἐν ἐκθέσει κώλων λζ' τροχαικῶν μετα διμετρων ἀκαταλήκτων ε'. καταληκτικὰ δὲ τὰ τελευταῖα, μονόμετρον δὲ τὸ τελευταῖον. ἔστι δὲ τὸ τέλος « ἰοὺ ἰοὺ κεκραγέναι. » V.

εἰκότως εἰπὼν ὅσα αὐτοῖς ἀγαθὰ ἐκ τῆς εἰρήνης ὑπάρχει, πάλιν ἐπανέδραμεν εἰς τὰ τοῦ πολέμου δυσχερῆ, προτρεπόμενος αὐτοὺς εἶξαι τῷ Τρυγαίῳ. V.

(347). στιβάδας ἃς ἔλαχεν : Ἰδίως στιβάδας τὰς χαμευνίδας ἐκάλουν οἱ παλαιοί. ὅπερ ἦν πάσχειν ἐπάναγκες τοῖς πολεμοῦσιν, ὑπαιθρίους ταλαιπωρεῖν καὶ χαμαικοιτεῖν. στιβάδας οὖν, ἐπεὶ οἱ στρατιῶται χαμαικοιτοῦσι. λέγεται δὲ ὁ Φορμίων νικῆσαι ναυμαχίαις β' Λακεδαιμονίους στρατηγήσας. λιτὸς δὲ οὗτος καὶ στρατιωτικός. τὸ δὲ ἃς ἔλαχεν, ἀντὶ τοῦ ἃς ὑπέμεινε Φορμίων. — φιλοπόλεμος γὰρ καὶ αὐστηρὸς ὁ Φορμίων. στιβάδας δέ, ἐπεὶ οἱ στρατιῶται χαμαικοιτοῦσιν. ἀναγράφεται δὲ ὁ Φορμίων δυσὶ ναυμαχίαις νικῆσαι Λακεδαιμονίους στρατηγήσας. λιτὸς δὲ οὗτος καὶ στρατιωτικός. διὸ καὶ στιβάδας εἶπε Φορμίωνος. οἱ γὰρ τὰ πολεμικὰ ἐξασκησάμενοι ὑπὸ γυμνασίων καὶ πόνων εἰώθασι χαμαικοιτεῖν. καὶ Διονύσιος ἐν Ταξιάρχοις παρ' Εὐπόλιδι μανθάνων παρὰ τῷ Φορμίωνι τοὺς τῶν στρατηγῶν καὶ πολέμων νόμους φησίν, « ὡς οὐκέτ' ἂν * * φάγοιμι στιβάδας ἐξ ὅσου 'φυγον. » ὁ Φορμίων δὲ οὗτος Ἀθηναῖος τῷ γένει, υἱὸς Ἀσωπίου, ὃς καθαρῶς στρατηγήσας πένης ἐγένετο. ἀτιμωθεὶς δὲ τῷ μὴ δύνασθαι τὰς ρ' μνᾶς τῆς εὐθύνης ἀποδοῦναι, ἐν ἀγρῷ διέτριβεν, ἕως Ἀκαρνᾶνες στρατηγὸν αὐτὸν ᾔτουν. ὁ δὲ οὐχ ὑπήκουσε, φάσκων μὴ ἐξεῖναι τοῖς ἀτίμοις. ὁ δὲ δῆμος βουλόμενος λῦσαι τὴν ἀτιμίαν ἀπεμίσθωσεν αὐτὸν τῶν ρ' μνῶν τοῦ Διονυσίου, ὡς Ἀνδροτίων ἐν γ' Ἀττικῶν. αὐτοῦ μέμνηται ὁ κωμικὸς ἐν Ἱππεῦσι [565] καὶ Νεφέλαις [Lysistr. 804] καὶ Βαβυλωνίοις, Εὔπολις Ἀστρατεύτοις. ὁ δὲ δεύτερος ἦν κωφός· μέμνηται, καὶ Στράττις Ἀταλάντῃ. τρίτος μοιχός· Κρατῖνος * * *. τέταρτος Κροτωνιάτης ἀρχαῖος· Κρατῖνος Τροφωνίῳ. πέμπτος ἀρχαῖος Ἀθηναῖος, μετὰ Σόλωνα ἄρξας· Εὔπολις ἐν Δήμοις. Ἄλλως. ἃς ὑπέμεινε Φορμίων. πολλάκις δὲ εἴρηται περὶ τούτου ὅτι ἀγαθὸς ἐγένετο στρατηγός. ἐν δὲ τοῖς Ταξιάρχοις φέρεται ὡς ἐπίπονος. V.

352. (πολὺ νεώτερον : Ἐπειδὴ γέρων ὁ χορός, οἱ δὲ γέροντες πραγμάτων καταδεέστεροι. λέγει δὲ ὅτι πολὺ νεώτερον ἔχοντα τρόπον θεάσῃ με, ὅ ἐστι παίζοντα.)

353. ἱκανὸν χρόνον : ιγ' γὰρ ἔτη εἶχον πολεμοῦντες. (πολλήν, φησί, θλῖψιν ὑπεμείναμεν εἰς τὸ Λύκειον

421. (ἄλλαι τέ σοι πόλεις : Τοῦτο φησίν, ἵνα μὴ δόξῃ καταισχύνειν τὸ ἀξίωμα τῶν Ἀθηναίων, ὡς διὰ τὸ ἀποκαμεῖν μόνων ἐρώντων τῆς εἰρήνης. οὐ μόνοι γὰρ αὐτοί, φησί, τὸν Ἑρμῆν τιμήσουσιν, ἀλλὰ καὶ πᾶσαι αἱ πόλεις τῆς εἰρήνης τυγχάνουσαι, διὰ τὸ χρησιμεύειν τῷ βίῳ τῶν ἀνθρώπων.)

422. (ἀλεξικάκῳ : Καὶ τὸ ἐπὶ τῷ Ἡρακλεῖ μόνῳ σοὶ ἐπιθήσομεν. ἀλεξίκακος γὰρ Ἡρακλῆς παρὰ τοῖς ἀνθρώποις ἐτιμᾶτο. Ἄλλως. καὶ Ἀπόλλωνα καὶ Ἡρακλέα ἀλεξικάκους τιμῶσι. φησὶν οὖν, οὔτε Ἀπόλλωνι οὔτε Ἡρακλεῖ θύσομεν ὡς ἀλεξικάκοις, ἀλλὰ σοί.)

424. (δῶρον δίδωμι : Τοῦτο παρεπιγραφή. τοῦτο γὰρ εἰπὼν φιάλην χρυσῆν δίδωσιν αὐτῷ.)

425. οἴμ' ὡς ἐλεήμων : Δέον εἰπεῖν ἥττων, φησὶν ἐλεήμων. χρυσίδα δὲ τὴν φιάλην. παρ' ὑπόνοιαν δέ. ἀντὶ τοῦ εἰπεῖν τῆς πόλεως εἰμὶ ἀεὶ ἐλεήμων, ἢ τῆς Ἑλλάδος, ἢ τῶν ἀνθρώπων, εἶπε τῶν χρυσίδων, διὰ τὴν χρυσῆν φιάλην.

426. ὑμέτερον ἐντεῦθεν : (Διπλῆ καὶ ἐν εἰσθέσει στίχοι τροχαϊκοὶ τετράμετροι καταληκτικοί. εἶτα ἐν ἐκθέσει παρὰ τοῖς τετραμέτροις στίχοις ἰαμβικοὶ β', κἂν ἐπεκθέσει κῶλα β', ὧν τὸ μὲν ἐκ διπλοῦ σπονδείου, τὸ δὲ ἐκ τοῦ δευτέρου τροχαίου, καὶ αὐτοῦ διπλοῦ. τὰ δὲ ἑξῆς ἰαμβεῖα μέχρι τοῦ « ὑπότεινε δὴ πᾶς καὶ κάταγε τοῖσιν κάλως. » ἐπὶ τῷ τέλει κορωνίς. ὁ Ἑρμῆς δὲ ταῦτα παρακελεύεται. ταχέως δὲ πεποίηκεν αὐτὸν μεταβαλλόμενον τὴν προαίρεσιν, ἵνα μᾶλλον αὐτὸν δείξῃ ἥττονα τοῦ λήμματος.) — ἄμη γεωργὸν ὄργανον. R.

429. δημιουργικῶς : Ἀντὶ τοῦ τεκτονικῶς· τοὺς γὰρ τέκτονας δημιουργοὺς ἔλεγον.

431. ἄγε δὴ σὺ ταχέως : Ἄγε, φησί, πρότερον σπεῖσον τοῖς θεοῖς, ἵνα οὕτω τοῦ ἔργου ἐξώμεθα.

432. ἔργῳ φιαλοῦμεν : (Οἷον, ἐπιθῶμεν τῇ φιάλῃ ἐπὶ τῶν ἔργων, ἢ) ἔργῳ ἐπιβαλοῦμεν, ἐπὶ τοῦτο ὁρμήσομεν. εἴρηται δὲ καὶ ἐν τοῖς Σφηξί [1339]. (παίζει δὲ παρὰ τὴν φιάλην τὴν δῶρον αὐτῷ δοθεῖσαν. ἢ ὅτι φιάλλειν κυρίως ἐστὶ τὸ ἄρχεσθαι πράγματος. Ἄλλως. τοῦ ἔργου ἐπιλαβώμεθα καὶ προθυμηθῶμεν, ἢ ἐπὶ τοῦτο ὁρμήσωμεν καὶ σπείσωμεν καὶ εὐφρανθῶμεν.)

433. σπονδὴ σπονδή : Τοῦτο ἀξιοῦσι τὸν Ἑρμῆν λέγειν σπένδοντα.

435. (σπένδοντες εὐχώμεσθα : Δοκεῖ διὰ τούτων αἰνίττεσθαι τὴν ὑπὸ Μελησίππου λεχθεῖσαν ἀπειλήν. ἐν ἀρχῇ γὰρ τοῦ Πελοποννησιακοῦ πολέμου πεμφθεὶς πρεσβευτὴς ὁ Μελήσιππος ὑπὸ Λακεδαιμονίων εἰς τὰς Ἀθήνας, ὡς οὐχ ὑπήκουσαν οἱ Ἀθηναῖοι, ἠξίου ἀπαλλαττόμενος λοιπὸν καὶ γενόμενος ἐπὶ τοῖς ὁρίοις εἰπεῖν ὡς ἥδε ἡ ἡμέρα πολλῶν καὶ μεγάλων κακῶν τοῖς Ἕλλησιν ἄρξει. ἐπεὶ οὖν τῶν τοῦ πολέμου κακῶν λοιπὸν ἀπαλλαχθήσεσθαι ἔμελλον, εἰς τοὐναντίον πάλιν ὁ ποιητὴς μετέστρεψε τὸν λόγον τὸν ὑπ' ἐκείνου ῥηθέντα. διπλῆ δὲ καὶ ἐν ἐκθέσει στίχοι ἰαμβικοὶ τρίμετροι ἀκατάληκτοι κδ', ὧν τελευταῖος « ὑπότεινε δὴ πᾶς. »)

437. ξυλλάβοι τῶν σχοινίων : Ἀντιλάβοιτο. σχοινίοις γὰρ αὐτὴν καταχωσθεῖσαν ἀνεῖλκον.

438. μὴ λαβεῖν ποτ' ἀσπίδα : (Μηκέτι πανοπλίαν βαστάσαι.) ἀντὶ τοῦ ἀπεῖναι τῶν κακῶν τοῦ πολέμου. (χρησίμως δὲ νῦν ἀντιπαρατίθησι τοῖς τοῦ πολέμου δυσχερέσι τὰ τῆς εἰρήνης ἡδέα, προτρεπόμενος καὶ εἰς ἔρωτα αὐτῆς φέρων αὐτούς.)

440. καὶ σκαλεύοντ' ἄνθρακας : Ἀντὶ τοῦ, ζωπυροῦντα τοὺς ἄνθρακας, (οἷον ἐν ἀγρῷ διατρίβοντα. ἐπεὶ οὗτοι ὀπτῶσι βαλάνους καὶ σκαλεύουσι τοὺς ἄνθρακας ἐν τῷ ὀπτᾶν.) ἢ τὸ γυναικεῖον αἰδοῖον ἄνθρακα εἶπεν.

441. ὅστις δὲ πόλεμον : Δύο πρόσωπα ταῦτά φησιν, ὧν ὁ μὲν εὔχεται, ὁ δὲ ἕτερος ἀκόλουθα τῇ εὐχῇ καταρώμενος λέγει.

443. ἐκ τῶν ὀλεκράνων : (Ὀλέκρανον) τινὲς τὸν ἀγκῶνα, οὐκέτι δὲ τὸ ἐν τῇ καμπῇ τῆς χειρὸς ὀξύ. ἐπώδυνος δὲ ὁ τόπος οὗτος τοῖς τρωθεῖσιν εἰς αὐτόν. (Ἄλλως. ἀκίδας τὰ βέλη λέγει. ἐπιστῆσαι δὲ ἄξιον τί ποτε αὐτῷ ταῦτα βούλεται· οὐ γὰρ τοξόται οἱ Λακεδαιμόνιοι, ἀλλὰ τῇ συστάδην μάχῃ μᾶλλον χαίροντες. ὀλέκρανα δὲ λέγονται τὰ τῶν ὀλενῶν κρανία, τουτέστι τῶν χειρῶν. δῆλον οὖν ὅτι τὸ ὀξὺ καὶ ἐπικαμπὲς τῶν χειρῶν λέγει, ὃν ἀγκῶνα φαμέν.)

444. (κεἴ τις ἐπιθυμῶν ταξιαρχεῖν : Οἱ πρότεροι στίχοι πρὸς τὴν ἄνω κατάραν λέγονται. εἶθ' ἕτερον συνάπτει, πάσχοι γε τοιαῦτα. ὥστε καὶ παραγραφὴν εἶναι, ὥστε ἐκείνου προειπόντος κατάραν, ὁ ἕτερος τὸν λόγον ἐκδεξάμενος ἐπιφέρει, ὅπερ καὶ ἐν ταῖς ἑξῆς κατάραις σαφέστερον φησίν.)

446. Κλεώνυμος : Τουτέστιν ἀσχημονοίη ῥίπτων τὴν ἀσπίδα. ῥίψασπις γὰρ ὁ Κλεώνυμος, ὡς καὶ ἐν τοῖς Σφηξὶ [19] λέγει φανερώτατα.

447. κάπηλος ἀσπίδων : Οὐκ αὐτὸς ἀσπίδας ποιῶν, ἀλλὰ παρ' ἄλλων λαμβάνων καὶ πωλῶν. καπήλους γὰρ φασι πάντας τοὺς μεταβόλους.

448. (ἵν' ἐμπολᾷ βέλτιον : Ἵνα πιπράσκῃ πλείονος. ἢ ἵνα πορίζῃ πλεῖον. συνήθως δὲ νῦν τὸ ἐμπολᾷ ἀντὶ τοῦ πωλεῖ. πολλάκις δὲ ἐπὶ τοῦ ἀγοράζειν, ὡς ἑξῆς « ἐμπολήσαντές τι χρηστὸν εἰς ἀγρὸν ταρίχιον. » τὸ δὲ κριθὰς μόνας, ἀντὶ τοῦ μὴ ἄλφιτα, ἀλλ' αὐτὰς τὰς κριθάς.)

450. κεἴ τις στρατηγεῖν : Δοκεῖ ταῦτα εἰς Ἀλκιβιάδην αἰνίττεσθαι, ὥς πού φησι καὶ Θουκυδίδης [6, 12] ἐν τῇ Νικίου δημηγορίᾳ (καὶ ἐν τῇ αὐτοῦ Ἀλκιβιάδου, τὸν μὲν Νικίαν παραινοῦντα τοῖς Ἀθηναίοις ποιῶν, μὴ πειθομένους αὐτῷ πόλεμον ἄρασθαι τοσοῦτον, οὕτως λέγων « εἴτε τις ἄρχειν ἄσμενος αἱρεθείς, παραινεῖ ἐκ« πλεῖν ὑμῖν ταὐτοῦ μόλις σκοπῶν, ἄλλως τε καὶ νεώ« τερος ἔτι ὢν εἰς τὸ ἄρχειν, ὅπως θαυμασθῇ μὲν ἀπὸ « τῆς ἱπποτροφίας, διὰ πολυτέλειαν καὶ ὠφεληθῇ, ἐκ « τῆς ἀρχῆς δὲ τούτῳ παράσχητε τῷ τῆς πόλεως κιν« δύνῳ ἰδίᾳ ἀπολαμπρύνασθαι. » αὐτὸν δὲ τὸν Ἀλκιβιάδην, ὅτι βούλεται στρατηγεῖν μὴ ἀρνούμενον διὰ τούτων [ib. 16] « καὶ προσῆκόν μοι μᾶλλον ὦ Ἀθη-

« ναῖσι ἑτέρων ἄρχειν· ἀνάγκη γὰρ ἐντεῦθεν ἄρξασθαι, « ἐπειδή μου Νικίας καθήψατο· καὶ ἄξιος νομίζω εἶναι. »)

451. ἢ δοῦλος αὐτομολεῖν : Πάλιν πρὸς Ἀλκιβιάδην, ἐπεὶ πρὸς Λακεδαιμονίους φυγὼν αἴτιος ἐγένετο τοῦ Δεκέλειαν αὐτοὺς ἐπιτειχίσαι, διὸ καὶ δοῦλον αὐτὸν καλεῖ, (διὰ τὴν Κοισύραν, ἥτις δούλη ἦν, ὥς φησιν ἐν Νεφέλαις.)

452. ἐπὶ τοῦ τροχοῦ γ' ἕλκοιτο : Οἱ γὰρ δοῦλοι σφαλλόμενοι ἐπὶ τροχοῦ δεσμούμενοι καὶ συρόμενοι ἐτύπτοντο ἀνακλώμενοι ἐν αὐτῷ.

453. [ἰὴ παιὼν : Ἐφύμνιον εἰς Ἀπόλλωνα. τὴν δὲ αἰτίαν Καλλίμαχος ᾖσε διὰ τούτων· « Πυθῶ τοι κα- « τιόντι συνήντετο δαιμόνιος θὴρ, αἰνὸς ὄφις, τὸν μὲν « σὺ κατήναρες, ἄλλον ἐπ' ἄλλῳ βάλλων ὠκὺν ὀϊστὸν, « ἐπηΰτησε δὲ λαὸς, ἰὴ ἰὴ Παιῆον, ἵει βέλος. »]

454. ἐπεὶ ἐν τῷ παιὼν ἔγκειται τὸ παίειν. R.

456. Ἑρμῇ, χάρισιν, ὥραις : Δικαίως προέταξε τὸν Ἑρμῆν ὡς αἴτιον τῆς ἀναγωγῆς τῆς Εἰρήνης. καὶ τῶν ἑξῆς δὲ εἰκότως ἐμνήσθη ὡς ἁρμοδίων αὐτῇ· ἐν γὰρ τῇ εἰρήνῃ τούτων ἀπολαύουσι πάντες. (Ὥραις δὲ ταῖς τοῦ ἔτους, ὧν οὐδεὶς ἐν πολέμῳ ἀπολαύει, καὶ τῶν ἐν αὐταῖς ἔργων.)

457. Ἄρει δὲ : Πρὸς τοὺς οἰομένους τῶν νεωτέρων τὸν αὐτὸν εἶναι Ἄρεα καὶ Ἐνυάλιον, κατ' ἐπίθετον. τινὲς δὲ Ἄρεως καὶ Ἐνυοῦς τὸν Ἐνυάλιον. οἱ δὲ Κρόνου καὶ Ῥέας. (Ἀλκμᾶνα δὲ λέγουσιν ὁτὲ μὲν τὸν αὐτὸν λέγειν, ὁτὲ δὲ διαιρεῖν. εἰκότως δὲ τούτοις μὴ δεῖν θύειν μετὰ τὴν εἰρήνην· ὑπεναντίοι γὰρ καὶ ἀλλότριοι τῆς εἰρήνης.) — ἀντὶ τοῦ οὗτοι ἐναντίοι εἰσὶ τῇ εἰρήνῃ. Rav.

459. ὦ εἶα : (Διπλῆ καὶ εἴσθεσις ἀμοιβαίων τοῦ χοροῦ καὶ τοῦ ὑποκριτοῦ ἐν ἐπεκθέσει καὶ παρεκθέσει. Ἄλλως. ἡ ἀμοιβαία αὕτη στροφὴ κώλων ἐστὶ ιδ', ἔχει δὲ ἑξῆς καὶ ἀντιστροφὴν ἐξ ὁμοίων ἀρχομένην κώλων. καὶ ἔστι τὸ μὲν πρῶτον τρισύλλαβον κατὰ παλιμβάκχειον. τὸ δὲ β' παίων πρῶτος. τὸ δὲ γ' ὅμοιον τῷ πρώτῳ. τὸ δὲ δ' ἤτοι δακτυλικὸν διπλοῦν, ἢ τροχαϊκὸν πενθημιμερὲς εἴη ἂν, ἢ ἡμιόλιον ἐκ παίωνος· τὸ μέντοι τῆς ἀντιστροφῆς κρητικὸν ἔχει. τὸ ε' διπλοῦς παλιμβάκχειος. τὰ ς', ζ' ἀναπαιστικὰ δίμετρα. τὸ η' ἐφθημιμερὲς ὅμοιον. τὰ θ', ι' παιωνικὰ μονόμετρα ἐκ κρητικῶν. τὰ ια', ιβ', ιγ' ἀναπαιστικὰ δίμετρα ἐπιμεμιγμένα ἰάμβοις, τὰ δὲ τῆς ἀντιστροφῆς καὶ δακτύλοις. τὸ ιδ' ὅμοιον ἐφθημιμερές. ὑφ' ὃ ἡ ἔσω διπλῆ διὰ τὴν ἀνταπόδοσιν.) τὸν Ἑρμῆν καὶ ταῦτα ἐξάρχειν θέλουσι. μιμεῖται δὲ τοὺς βαρβαριστὶ ἐξέλκοντας. δεῖ οὖν νοεῖν ὅτι ταῦτα ἀνὰ μέρος λέγεται, τὸ μὲν τοῦ Ἑρμοῦ κελεύοντος καὶ ἕλκοντος, τὸ δὲ τῶν ἑλκόντων ὑπακουόντων. (Ἄλλως. ὁ Ἑρμῆς ἐπιτάττει τοῖς ἕλκουσι, καὶ ἅμα τοῖς μὴ ἕλκουσιν ἐπιτιμᾷ. οἱ δὲ χαίροντες τῇ εἰρήνῃ ἀποκρίνονται.)

462. ἔτι μάλα : Ἔτι σφοδρότερον ἢ προθυμότερον.

464. οὐχ ὁμοθυμαδὸν ἕλκουσι. V.

465. οἷ' ὀγκύλλεσθ' : (Οἷα, φησὶν,) ἐπερείδεσθε μὲν τῷ σχοινίῳ προσποιούμενοι ἕλκειν, οὐχ ἕλκετε δέ. ἢ τὸν ὄγκον παραβάλλεσθε καὶ ἀλαζονεύεσθε καὶ ὑπερηφανεύεσθε. ἢ ὡς φιλοπόλεμοι δὲ οὐχ εἷλκον (ἢ ὡς ἔκσπονδοι).

466. οἰμώξεσθ' : Ὅτι μηδὲν αὐτοῖς μέλει τῆς εἰρήνης. ἐπὶ γὰρ Ἀλκαίου σπονδάς φησι γεγονέναι Φιλόχορος πεντηκονταετεῖς Ἀθηναίοις καὶ Λακεδαιμονίοις καὶ τοῖς συμμάχοις πλὴν Βοιωτῶν καὶ Κορινθίων καὶ Ἠλείων.

(469). ἄγετον, ξυνέλκετον : [Ὁ χορὸς] πρὸς τὸν Ἑρμῆν καὶ τὸν Τρυγαῖον.

470. ἕλκω κἀξαρτῶμαι : Ἔμφασιν πολλὴν ἔχουσιν οἱ λόγοι αὐτοῦ, ἐμφαίνοντες τὴν σπουδὴν τὴν περὶ τὸ ἕλκειν, ὅπου γε καὶ συναρτᾶσθαί φησι τῷ ἔργῳ, ἀντὶ τοῦ ἐμπεπάρθαι.

472. πῶς οὖν οὐ χωρεῖ : Ὁ Ἑρμῆς τοῦτό φησιν ἀπελέγχων αὐτοὺς, ὅτι λέγουσιν ἕλκειν καὶ οὐχ ἕλκουσιν.

473. [ὦ Λάμαχ' ἀδικεῖς : Διπλῆ καὶ στίχοι τρίμετροι ἰαμβικοὶ ιγ'. ἐπὶ τῷ τέλει παράγραφος.]

474. τῆς σῆς μορμόνος : Παρὰ τὴν Μορμὼ καὶ παρὰ τὴν Γοργόνα, ἣν εἶχεν ὁ Λάμαχος (ἐπίσημον). οὕτως δὲ ἔλεγον τὸ ἐκφόβητρον, καὶ τὰ προσωπεῖα τὰ αἰσχρὰ μορμολύκεια, ἀφ' οὗ καὶ τὰ τραγικὰ καὶ τὰ κωμικά. (καὶ ἐν Ἀμφιαράῳ « ἀφ' οὗ κωμῳδικὸν μορμολύκειον ἔγνων. ») — περὶ δὲ Λαμάχου εἴρηται πολλάκις ὅτι φιλοπόλεμος ἦν. V.

475. (οὐδὲν Ἀργεῖοι : Ὡς τῶν Ἀργείων ἐπαμφοτεριζόντων μήποτε δοκοίη αὐτοῖς. διὸ καὶ Φιλόχορός φησι πολεμοῦντας πάλιν πρὸς Κορινθίους προσλαμβάνεσθαι καὶ τοὺς Ἀργείους.)

476. ἀλλ' ἢ κατεγέλων : (Ἐπεὶ Ἀργεῖοι κατεγέλων Λακεδαιμονίων καὶ Ἀθηναίων ἀλλήλοις μαχομένων, ἐπείπερ παρ' ἀμφοτέρων λαμβάνοντες χρήματα ἐπολέμουν.) ἐνετρύφων οὖν τοῖς ἐκ τοῦ πολέμου διαφθαρεῖσιν. αἰνίττεται δὲ εἰς τοὺς Ἀργείους, ἐν τούτῳ τῷ πολέμῳ ἐπαμφοτερίζοντας· διὸ καὶ πολλὰ ἐκωμῳδοῦντο.

477. διχόθεν : Ὡς τῶν Ἀργείων ἐπαμφοτεριζόντων, καὶ ἀποκλινόντων, ὁπότε δοκοίη αὐτοῖς, καὶ πρὸς Λακεδαιμονίους. — καὶ ὁ Φιλόχορός φησι, πολεμοποιοῦντας πάλιν τοὺς Κορινθίους προσλαμβάνεσθαι καὶ τοὺς Ἀργείους. R. V. ἀπεμφαίνει οὖν καὶ ταῦτα διχόθεν μισθοφοροῦντες. (ἥρμοττε γὰρ μᾶλλον οὕτως εἰπεῖν, ὅτι οὐ προθυμοῦνται πρὸς τὴν εἰρήνην, καὶ ταῦτα μάλιστα πάντων τρυχόμενοι ἐν τῷ πολέμῳ. μή τι οὖν ἐν ἴσῳ τούτων εἴρηκε, διὰ τὸ διχόθεν μισθοφορεῖν. περὶ δὲ Ἀργείων καὶ Φερεκράτης ἐν Αὐτομόλοις « οὗτοι γὰρ « ἡμῖν οἱ κακῶς ἀπολούμενοι | ἐπαμφοτερίζουσ' ἐμπο- « δὼν καθήμενοι. »)

479. ἆρ' οἶσθ' ὅσοι γ' αὐτῶν : Καὶ ὁ Θουκυδίδης [4, 117] ἱστορεῖ, λέγων μάλιστα τῆς εἰρήνης ἀντιποιεῖσθαι τοὺς Λακεδαιμονίους διὰ τοὺς ληφθέντας αὐτῶν ἐν Σφακτηρίᾳ. λέγει γὰρ οὕτως « τοὺς γὰρ δὴ ἄνδρας περὶ πλείονος ἐποιοῦντο κομίσασθαι, ἕως ὅτε ὁ Βρασίδας εὐτύχει. » καὶ ἐν ἄλλοις [5, 15], (« ταῦτα οὖν ἀμ-

σοτέροις αὐτοῖς λογιζομένοις ἐδόκει ποιητέα εἶναι ἡ ξύμβασις, καὶ οὐχ ἧττον τοῖς Λακεδαιμονίοις, ἐπιθυμίᾳ τῶν ἀνδρῶν τῶν ἐκ τῆς νήσου κομίσασθαι. ἦσαν γὰρ οἱ Σπαρτιᾶται αὐτῶν πρῶτοί τε καὶ ὁμοίως σφίσι συγγενεῖς. ἤρξαντο μὲν οὖν καὶ εὐθὺς μετὰ τὴν ἅλωσιν αὐτῶν πράσσειν. ἀλλ' οἱ Ἀθηναῖοι μὲν οὔπω θέλοντες ἐξυφαιρουμένοις ἐπὶ τῇ ἴσῃ καταλύεσθαι, μάλιστα δὲ οἱ τῶν δεδεμένων συγγενεῖς ἐνῆγον καὶ ἐσπούδαζον, ὡς ἂν εἰρήνη γένηται. » Ἄλλως.) ταῦτα οὐ μόνον διὰ τὸ κεκμηκέναι τῷ πολέμῳ, ἀλλὰ καὶ διὰ τοὺς ἐν Σφακτηρίᾳ τριακοσίους τοὺς δεδεμένους τῷ ξύλῳ τῆς ποδοκάκης τοῦ νῦν καλουμένου κούσπου.

480. ἀλλ' ὁ χαλκεὺς οὐκ ἐᾷ : Ὅτι ἐδέδεντο καὶ περιέκειντο αὐτοῖς πέδαι.

481. οὐδ' οἱ Μεγαρῆς : Ὡς καὶ τούτων βαρέως φερόντων ὅτι ἔκσπονδοι ἐγένοντο, βουλομένων δὲ τὴν εἰρήνην διὰ τὸ μάλιστα πεπιέσθαι τῷ λιμῷ καὶ τῷ πολέμῳ. (τοῦτο δὲ οἱ καλῶς ἐξηγούμενοι τοῦ Τρυγαίου φασίν.)

482. γλισχρότατα : Ὅτι γλίσχρος ἐπὶ δυστυχίᾳ ἐλέγετο. σαρκάζοντες δὲ, ἤτοι ἐξισχνούμενοι καὶ ἠτονηκότες καὶ διὰ τὸν λιμὸν ἕλκοντες μόλις, (ἢ οὕτως, ἕλκοντες κατὰ τὸν τῶν κυνιδίων τρόπον, οἳ τὰ ὀστέα περιτρώγοντες καὶ οὐκ ἔχοντες ἐμφορηθῆναι ὑπ' αὐτῶν τῷ δοκεῖν ἐσθίουσι. φανερὸν δέ ἐστιν ὅτι ἐπίτηδες χαριζόμενος πάλιν τοῖς Ἀθηναίοις διέσυρεν οὕτως τοὺς Μεγαρεῖς, πρῶτον μὲν αὐτοὺς κυσὶ παραβαλὼν, ἔπειτα τῷ ὑποκοριστικῷ καὶ τῇ σμικρότητι τῶν κυνιδίων εἰς πλείονα καταγαγὼν ταπεινότητα. πάνυ γὰρ καὶ διαπρυσίως ἐμισοῦντο ὑπὸ τῶν Ἀθηναίων δι' ὃν εἰρήκαμεν τρόπον. καλῶς δ' ἂν ἔχοι τοῦτο τηρῆσαι πρὸς τὸ Ἱππωνάκτειον οὕτως ἔχον « σαρκῶν κύων λιμῷ. » οὐ γάρ ἐστι τῶν σαρκῶν, ὥσπερ ἀξιοῦσι τῶν ἐξηγησαμένων τινές. παντάπασι γὰρ ἂν εἴη αὐτὸ ὑπεναντίον ἑαυτῷ. ἔργον γὰρ τοῦ λιμοῦ οὐ σάρκας ἐμποιεῖν, ἀλλὰ τοὐναντίον ἀπισχνοῦν τὰ σώματα καὶ τῶν σαρκῶν παραιρεῖσθαι τὸν ὄγκον.)

σαρκάζοντες : Οἷον ὑποσεσηρότες καὶ διανοίγοντες, ὥσπερ τὰ κυνίδια, ὅταν προσλιπαρῇ τινὰ καὶ ἀφέλκῃ τοῖς ὀδοῦσι. τὸ δὲ « ὑπὸ τοῦ γε λιμοῦ ἐξολωλότες, » ὅτι ὡς λιμώττοντες ἀεὶ Μεγαρεῖς παίζονται. διὰ τοῦτο γὰρ καὶ τοὺς παῖδας ἐπίπρασκον τοὺς ἑαυτῶν. καὶ ἐπεθύμουν μὲν τῆς εἰρήνης, διὰ δὲ τοὺς Ἀθηναίους ἀνεβάλλοντο αὐτὴν, ὥς φησι Θουκυδίδης.

483. (ὑπὸ τοῦ γε λιμοῦ : Λιμώττειν αὐτοὺς λέγει, ἐπειδὴ ὅτε μὲν εἰρήνη ἦν, εἰσήρχοντο εἰς τὴν Ἀττικὴν καὶ ἀπετρέφοντο διὰ τὸ πωλεῖν καὶ συναλλάσσειν· νῦν δὲ πολέμου ὄντος ἐφοβοῦντο εἰσελθεῖν εἰς τὴν Ἀττικὴν καὶ ἀγοράσαι ὧν ἔχρῃζον· ἐξ αὐτῶν γὰρ ἐγένετο ἡ αἰτία τοῦ πολέμου. ἐξ Ἀττικῆς δὲ ὠνοῦντο τὰς τροφὰς διὰ τὸ καὶ πλησιάζειν αὐτῇ, καὶ διὰ τὸ ὀλίγην παντάπασιν ἔχειν χώραν τὴν γεωργουμένην. εἰκὸς οὖν ἦν τοὺς Ἀθηναίους ἐπεξιόντας αὐτοῖς κωλύειν τὴν παρ' αὐτοῖς γῆν γεωργεῖν. ἢ ὅτι εἰς πολιορκίαν κατέστησαν αὐτοὺς οἱ Ἀθηναῖοι τὴν Νισαίαν τειχίσαντες, — ὅπερ πρὸς τῇ θαλάττῃ τῶν Μεγαρέων ἐπίνειον ἦν, ἀπέχον οὐ πολὺ διάστημα ἀπὸ τῆς τῶν Μεγαρέων πόλεως. ἐπάναγκες οὖν αὐτοὺς λιμώττειν. σαρκάζειν δέ ἐστι κυρίως τὸ τὸν κύνα πεινῶντα τὰ λεπτὰ τῶν σαρκῶν τοῦ ὀστέου ἀπογλύφειν. V.)

484. ἅπαντας δεῖ ὁμονοεῖν. V.

486. ὦ εἶα : [Ἡ ἀμοιβαία αὕτη ἀντιστροφὴ τῆς ῥηθείσης ἐστὶ στροφῆς, καὶ εἰσὶ τὰ κῶλα καὶ ταύτης ὅμοια ἐκείνοις· ἐν τισὶ δὲ καὶ ἑτέρους δέχεται πόδας τοῦ αὐτοῦ μέτρου ὄντος. ἐπὶ τῷ τέλει αἱ ἀμφοτέρωθεν ἔξω διπλαῖ.] δύο διπλαῖ· ἕπεται γὰρ ἡ ἀντίστροφος τῇ προτέρᾳ περικοπῇ ἀμοιβαία δ' κώλων, ἔχουσα καὶ τὴν εἰς τὰ πρόσωπα διαίρεσιν ὁμοίαν, οὗ ἡ ἀρχὴ « ὦ εἶα, » τέλος δὲ « ἀλλ' εἴσ' οἱ κωλύουσιν. » V.

492. οὐ δεινὸν καὶ ἄτοπον τοὺς μὲν ἐξ ἡμῶν τῆς εἰρήνης ὀρέγεσθαι διὰ τοῦτο, τοὺς δὲ ἀντιπράττειν. καλῶς δὲ τοῖς ὀνόμασιν ἐχρήσατο, τῷ τείνειν καὶ τῷ ἀντισπᾶν. V. ἀντὶ τοῦ ἐναντιοῦσθαι. R.

493. ἐπειδὴ ἀπ' ἀμφοτέρων τῶν μερῶν μισθὸν ἐλάμβανον καὶ κατετέλουν. R. V.

496. ὡς κακόνοι τινές εἰσιν ἐν ὑμῖν : Οἷον ἐχθροὶ καὶ κακὸν νοῦν ἔχοντες πρὸς τὴν εἰρήνην.

497. κιττῶντες : Ἀπὸ μεταφορᾶς τῶν κυουσῶν γυναικῶν. ἤγουν ἐπιθυμοῦντες, καὶ ἐπειδὴ ἀδηφάγον καὶ παμφάγον ὄρνεον ἡ κίττα, περίεργον δὲ καὶ εἰς ἐπιθυμίαν. κιττᾶν οὖν τὸ ἐπιθυμεῖν. ἀπὸ τῶν γυναικῶν τῶν ἐν ἐπιθυμίᾳ γινομένων ἐδεσμάτων τινῶν μετὰ τὸ συλλαβεῖν.

500. [ἄνδρες Μεγαρῆς : Ἕτερον σύστημα κατὰ περικοπὴν ἀνομοιομερὲς ἰαμβείων η'. καὶ ἐν εἰσθέσει ἕτερον ἀμοιβαῖον στίχων ὁμοίων καταληκτικῶν τετραμέτρων δ'. ἐπὶ ταῖς ἀποθέσεσι παράγραφος.]

οὐκ ἐς κόρακας : Ἀντὶ τοῦ μετὰ φθορᾶς βαδίσετε. πολλάκις δὲ εἰρήκαμεν ὅτι ἐπὶ κατάρας τίθεται τὸ ἐς κόρακας.

502. τοῖς σκορόδοις : (Ἀντὶ τοῦ δριμύτητι, ὅτι πολλὰ σκόροδα παρὰ Μεγαρεῦσι.) αἰτίαν εἶχον οἱ Μεγαρεῖς ὡς ἀρχηγοὶ γενέσθαι τοῦ πολέμου διὰ τὴν ἁρπαγὴν τῶν πορνῶν Ἀσπασίας καὶ τὴν ἐπὶ τούτοις ὀργὴν Περικλέους καὶ τὸ ψήφισμα, ὡς ἐν Ἀχαρνεῦσι [527] φησίν.

504. ἐντεῦθεν : Ἐκ τούτου τοῦ μέρους. λέγει δὲ τοῦ μὴ θέλειν ποιεῖν τὴν εἰρήνην.

505. οὐδὲν γὰρ ἄλλο δρᾶτε : Παρὰ προσδοκίαν εἶπεν οὐ πρὸς τὴν εἰρήνην, ἀλλὰ πρὸς τὸ φιλόδικον αὐτῶν. ἀντὶ τοῦ εἰπεῖν, οὐδὲν γὰρ ἄλλο δρᾶτε πλὴν φωνεῖτε οὐδὲν ἕλκοντες. Ἄλλως. οὐδὲν πρὸς τὴν εἰρήνην τοῦτο, ἀλλ' εἰς φιλονεικίαν αὐτοὺς διαβάλλει. φησὶν οὖν ἐν οὐδενὶ ἱκανοί ἐστε πλὴν ἐν τῷ δικάζειν. καλῶς δὲ τοὺς Ἀθηναίους ἀπέσκωψεν, ἵνα μὴ τὸ πᾶν διαβάλῃ ποίημα ὡς ἐν πᾶσιν αὐτοῖς χαρίζεσθαι προαιρούμενος καὶ ἀποκρύπτων αὐτῶν τὰς αἰτίας, ὅπερ ἂν ἔδοξε ποιεῖν μηδὲ χαριεντισάμενος καὶ πρὸς αὐτούς.

ὅρα τοίνυν πῶς ἀμφότερα διαπράττεται, καὶ τὸ ἀδιάφορον τῶν σκωμμάτων ἀποκρύπτων τὰ μείζονα· ἐπεὶ εἶγε καὶ αὐτῶν καθάπτεσθαι ἐβούλετο, εἰ καὶ μηδὲν ἕτερον εἶχε κατὰ τῶν Ἀθηναίων εἰπεῖν, ἐγγύθεν γοῦν ἠδύνατο ἀπὸ τῶν Μεγαρέων λαβεῖν, μνημονεύσας τοῦ κατ' αὐτῶν ψηφίσματος, ὅπερ μετ' ὀλίγον ποιήσει. ἀλλ' ἐπειδὰν εἰς ἐκεῖνα γενώμεθα, τὴν ἀρετὴν τοῦ ποιητοῦ δείξομεν, λέγοντες τὴν αἰτίαν, δι' ἣν οὐ νῦν ἐμνημόνευσεν, ἀλλὰ τότε. V.

507. πρὸς τὴν θάλατταν : (Ἴσως διὰ τούτου τῆς πρὸς τοὺς Πέρσας νίκης ὑπομιμνήσκει αὐτούς, ἀναφέρων ὡς ὅτι καὶ ἐπ' ἐκείνων τῶν χρόνων ἐθαλασσοκράτουν Ἀθηναῖοι. Ἄλλως.) καθ' ὃ ἐπιβαίνοντες ἔτεμνον τὴν Λακωνικὴν καὶ τὴν ἄλλην Πελοπόννησον. ἀποχωρεῖτε οὖν, φησί, καὶ ἀποπλέετε εἰς τὰ ἴδια καὶ ὀλίγον τῆς κατὰ θάλατταν βίας ἐνδότε. ἐθαλασσοκράτουν γὰρ τότε. — Ἄλλως. ἐπειδὴ γὰρ Ἀθηναῖοι πρὸς τῇ θαλάσσῃ εἰσίν, ἐκώλυον τοῖς μεσογείοις ἔχειν τὰ ἀναγκαῖα. φησὶ δὲ ὅτι, εἰ θέλετε εἰρηνεῦσαι πρὸς τὴν ἑαυτῶν χώραν καὶ τὸν ἴδιον τόπον καὶ τὸν παρὰ θάλατταν, ὑποχωρήσατε καὶ μὴ τῶν ἀλλοτρίων ἀντιποιεῖσθε· τῶν μεσογείων δῆλον ὅτι ἤθελον καὶ τῆς γῆς κρατεῖν. V.

509. χωρεῖτε : Τοὺς μὲν ἄλλους πάντας τοῦ ἕλκειν ἀπέστησεν ὁ Ἑρμῆς, τοῖς γεωργοῖς μόνοις ἐπιτρέψας ἕλκειν. διό, φησί, νῦν προκόπτει τὸ ἔργον.

512. ἄγε νῦν : [Κορωνὶς καὶ εἴσθεσις χοροῦ μονοστροφικὴ κώλων η'. ὧν τὸ μὲν α' ἀναπαιστικὴ βάσις. τὸ δεύτερον ὅμοιον δίμετρον. τὰ γ', δ', ς' ἰαμβικὰ δίμετρα. τὸ ε' ὅμοιον ἑφθημιμερές. τὸ ζ' παιωνικὸν τρίμετρον ὑπερκατάληκτον ἐκ παλιμβακχείων καὶ κρητικῶν. τὸ η' δίμετρον ὑπερκατάληκτον ὅμοιον. ὑφ' ὃ κορωνίς.] διπλῆ καὶ εἴσθεσις εἰς περίοδον κώλων η' ἀμοιβαίων τοῦ χοροῦ καὶ τοῦ ὑποκριτοῦ. τὸ πρῶτον ἀναπαιστικὸν διπλοῦν. τὸ β' ἰαμβικὸν ἑφθημιμερές. τὸ γ' καὶ τὸ δ' ἰαμβικὸν δίμετρον ἀκατάληκτον. ζ' καὶ η' ὁμοίως. καὶ μὴν ὁμοῦ 'στιν ἤδη ἀντὶ τοῦ ἐγγύς. R.

515. ἀντὶ τοῦ ἕλκωμεν. R.

517. ὦ εἶα ὦ εἶα : Ἀνηνέχθη ἡ Εἰρήνη. οὕτω δὲ εἰώθασιν οἱ ἐπιστατοῦντες ἐπέχειν τὴν ὁρμὴν τῶν ἑλκόντων.

520. [ὦ πότνια : Εἴσθεσις διπλῆς ἀμοιβαίας στίχων να'. ὧν οἱ μὲν λγ' ἰαμβικοὶ τρίμετροι ἀκατάληκτοι. οἱ δὲ ἑξῆς ιη' τροχαϊκοὶ τετράμετροι καταληκτικοί. ἐπὶ ταῖς ἀποθέσεσι παράγραφος. ἐπὶ δὲ τῷ τέλει ἡ ἔξω διπλῆ.]

(βοτρυόδωρε : Βότρυς δωρουμένη. ὦ εὐφραντοποιέ. ἐπεὶ ἐν εἰρήνῃ φύονται αἱ ἄμπελοι. οἰκεῖον δὲ τοῖς γεωργοῖς καὶ τὰ παρ' αὐτῶν ἐπίθετα, βοτρυόδωρε καὶ μυριάμφορε, οἷον βότρυς δωρούμενον. μυριάμφορον δέ, τίμιον καὶ πολυπληθῆ, μυρίων ἀμφορέων ἄξιον. ἢ μυρία κεράμια χωρῆσαι δυνάμενον. ἀπὸ δὲ τῶν ληνῶν καὶ πίθων τῇ μεταφορᾷ ἐχρήσατο.)

522. οὐ γὰρ εἶχον οἴκοθεν : Ἄξιον σοῦ ἐπαίνου οὐκ εἶχον οἴκοι. ἐπαύξησις δὲ τῶν παρελθόντων κακῶν, εἴ γε μέχρι καὶ τῶν τοιούτων ἐστέρηται ῥημάτων.

523. χαῖρ' ὀπώρα : Ὡς καὶ τούτων σὺν τῇ Εἰρήνῃ ἀνελθουσῶν. ὑποτίθεται δὲ αὐτὰς ὡς πόρνας.

526. ἀστρατείας : Ἀντὶ τοῦ εἰρήνης, ἐπεὶ ἐν εἰρήνῃ οὐ στρατεύονται. θέλων δὲ εἰπεῖν εὐωδίας ἢ ἄλλου τοιούτου, τοῦτο παρ' ὑπόνοιαν εἶπε.

527. γυλίου : [Ἀγγεῖον στρατιωτικόν, εἰς ὃ τὰς τροφὰς ἄγονται οἱ στρατιῶται.] πλέγματος στρατιωτικοῦ σκευοφόρου πρὸς τὸ μὴ κατάγνυσθαι. φησὶν οὖν ὅτι οὐ ταυτὸν ὄζωδεν ὁ γύλιος καὶ ἡ θεωρία. καὶ διὰ τούτων δὲ σύγκρισιν ποιεῖται τῶν τῆς εἰρήνης καλῶν καὶ τῆς ἐν τῷ πολέμῳ ταλαιπωρίας. πλέγμα τι στρατιωτικόν, ἐν ᾧ ἀπετίθεντο τυρὸν καὶ ἐλαίας καὶ κρόμμυα. ἔστι δὲ καὶ ζῷον, οὗ μέμνηται Σώφρων Ἡράκλεις πνῖγος γύλιόν τι. ἔστι δὲ ὁ καλούμενος ὑπό τινων χοιρογρύλλιος.

528. πλέκος : Ἐσχημάτισται ὡς ἀπὸ τοῦ βλέπω βλεπτός καὶ Ἀττικῶς βλέπος, καὶ ὡς ἀπὸ τοῦ ῥέω ῥέος. ἔστι δὲ Εὐριπίδου ἐκ Τηλέφου τὸ « ἀπέπτυσ' ἐχθροῦ φωτὸς ἔχθιστον τέκος. » V.

529. κρομμυοξυρεγμίας : Ἀπεψίας· (δριμεῖα γὰρ καὶ ἀηδὴς ἡ τοιαύτη ἐρυγή. ἀπὸ δὲ τῶν κρομμύων καὶ τῆς ὀξύτητος καὶ τῆς ἐρυγῆς συνέθηκε τὴν λέξιν. ταῦτα γὰρ εἰώθασι κομίζειν εἰς τὸν πόλεμον.) — ἐξ ὧν δυσώδης καὶ ὁ γύλιος. ἢ καὶ ὅτι ἐπὶ πολὺ ἐγκαλυπτόμενος ὁ γύλιος ἐκ τῶν διαφόρων ὄψων τε καὶ ζωμῶν ὀξίδος σύμμικτόν τινα ὀσμὴν ὄζωδεν, οὐχ ὡς ἡ Θεωρία. V.

530. Διονυσίων : Ἀντὶ τοῦ πλήθους καὶ πολλῶν Διονυσίων. ἐν γὰρ εἰρήνῃ συνεχῶς ἦν ἡ θέα.

531. αὐλῶν, τραγῳδιῶν : Ἐπεὶ καθόλου μὲν ὁ αὐλὸς ἐν εὐωχίαις ἀεὶ καὶ θαλίαις ἐξετάζεται. ἐν δὲ τοῖς ἱσταμένοις χοροῖς, οὓς συνίστασαν οἱ χορηγοὶ διὰ τῶν Διονυσίων, πάντως καὶ αὐλητὰς ἔδει προσιέναι, ὡς Δημοσθένης ἐν τῷ κατὰ Μειδίου [p. 520] μαρτυρεῖ οὕτως λέγων· « εἰ μὴ Τηλεφάνης ὁ αὐλητὴς ἀνδρῶν βέλτιστος περὶ ἐμὲ ἐγένετο. »

(Σοφοκλέους μελῶν : Ὅτι ἡδέα τὰ μέλη Σοφοκλέους. — περιέργως δέ τινες εἰς τὰ ἐν τῷ Ἰνάχῳ περὶ τοῦ ἀρχαίου βίου καὶ τῆς εὐδαιμονίας. « εὐδαίμονες οἱ τότε γέννας ἀφθίτου θείας λαχόντες. » V. θέσται δὲ πῶς τὸν μὲν Σοφοκλέα καὶ τοῖς ὀνόμασιν ἐπ[illegible]ι, τὸν δὲ Εὐριπίδην σμικρύνει, ἐκεῖ μὲν λέγων Σ[illegible]λέους μελῶν, ἐνταῦθα δὲ ἐπυλλίων Εὐριπίδου.)

κιχλῶν : Αἱ κίχλαι εἶδος στρουθῶν. δοκοῦσι δὲ πρὸς τρυφὴν ἐκ τῶν ἄλλων πτηνῶν περισπούδαστοι εἶναι μᾶλλον. ἀεὶ δὲ τὸν Σοφοκλέα σεμνολογεῖν βούλεται, οὐ φιλῶν αὐτὸν ὅσον Εὐριπίδην μισῶν. τὸ κάλλιστον οὖν τῶν ἐδεσμάτων μετὰ τὴν ἐκείνου μνήμην εὐθὺς ἐπήγαγεν, ἐνδεικνύμενος ὡς πάντων τῶν ἄλλων ἀναγκαιότερα τὰ αὐτοῦ ποιήματα τῇ χρήσει τῶν κιχλῶν παραβαλλόμενα.

534. (δικανικῶν : Τοιαῦτα γάρ· δικανικώτερα τὰ Εὐριπίδου, ἔχοντα πεύσεις καὶ ἀποκρίσεις. ἢ ἐπεὶ τὰ

Εὐριπίδεια ἀντιλογίας πολλὰς ἔχει καὶ δικαζομένους εἰσάγει.)

528. τρυγοίπου : Διυλιστῆρος ἢ πλέγματος, ἔνθα ἐκ τοῦ ληνοῦ εἰώθασιν ἐκπιέζειν. καὶ ἔστιν ἡ εὐθεῖα τρύγοιπος προπαροξυτόνως, οὐχ ὁ τρυγοίπης, ὡς οἴονταί τινες. V.

(προβατίων βληχωμένων : Πάλιν ἐπὶ τὰ τῆς θεωρίας ἐπανέδραμεν ἐγκώμια. δεῖ οὖν ἀπὸ κοινοῦ νοεῖν ὅτι μετὰ τῶν ἄλλων προεῖπε καὶ τοῦ ὄζειν.)

536. (κόλπου γυναικὸς : Ἐπεὶ ὅταν πολὺ σταῖς κομίζωσιν, ὀλίγον τι κολπώσασαι τοῦ χιτῶνος ἐκ περιζώματος ἐκεῖ ἐντιθέασιν. Ἄλλως. πολλάκις γὰρ ἐν εἰρήνῃ ὑπὸ κόλπους φέρουσί τι, καὶ πάλιν εἰρήνης οὔσης αἱ γυναῖκες ἀδεῶς εἰς τοὺς ἀγροὺς ἐξέρχονται καὶ ἀνθολογοῦσιν. γράφεται εἰς ἰπνόν· ἰπνὸς δέ, ὃ ἡμεῖς καμίνιον καλοῦμεν.)

537. δούλης μεθυούσης : Ὑπερβολὴ εὐωχίας ὅτι καὶ οἱ δοῦλοι μεθύουσιν (ἐν εἰρήνῃ).

ἀνατετραμμένου χοός : ἀνακαμφθέντος ἢ κενωθέντος εἰς γῆν, ὡς οἱ ἐν τοῖς πότοις σφαλλόμενοι ὑπὸ μέθης ἐν τῷ ὑπηρετεῖν ἢ παίζειν τὰ τοιαῦτα εἰώθασι ποιεῖν.

538. (ἄλλων πολλῶν : Μετὰ τὸ κατὰ μέρος πάντα εἰπεῖν ἐπήγαγε καὶ τὸ γενικόν, ἵνα καὶ ἄλλων πολλῶν δόξαν παράσχηται.)

540. ἁπλουστέρως ἐκδεκτέον τοῦτο· ἔστι γὰρ ἐν οὐρανῷ τὰ πράγματα. V.

541. (ὑπωπιασμέναι : Σφοδρῶς πληγεῖσαι ὑπὸ τοῦ πολέμου περὶ τὰ ὑπώπια, ἅ ἐστιν ὑπὸ τῶν ὄψεων τὰ ὀγκώματα καὶ κρούσματα, ἅπερ κορδύλας φασίν.) — διὰ τοῦ ἁπαξάπασαι πάλιν τοὺς Ἀθηναίους θεραπεύει, ἵνα μὴ οὗτοι μόνον ἀλλὰ καὶ πάντες ἐπταικέναι δόξωσιν, ἄλλως τε καὶ αὔξησις τοῦ κακοῦ, εἰ μὴ μέρος ἔβλαψε τῶν Ἑλλήνων ὁ πόλεμος, ἀλλ' ἁπλῶς εἰπεῖν ἁπάσας τὰς πόλεις. V.

542. καὶ κυάθοις : Τοῖς κυάθοις προσθλῶσι τὰ ὑπώπια. ἐπεὶ ἐν ὀξυβάφοις χαλκοῖς τὰ ὑπώπια ἀνατρίβοντες ἢ τοιούτοις τισὶν ἀφανῆ ποιοῦσι. — καὶ Ἀπολλοφάνης ἐν Ἰφιγέροντι « κύαθον λάβοιμι τοῖς ὑπωπίοις. » R. V. (Ἄλλως. ὀξύβαφα χαλκᾶ πυρώσαντες καὶ ἐπιθέντες ἐθεράπευον τοὺς ἐκ τῶν πληγῶν μώλωπας.)

(544). ἵνα γνῷς : Ἵνα [διαγνῷς καὶ] διακρίνῃς ἐκ τοῦ ἱλαροὺς εἶναι καὶ κατηφεῖς, ποίαν τις αὐτῶν τέχνην μεταχειρίζεται. οἱ μὲν γὰρ τὰ πολεμικὰ ἀσκοῦντες ἀχθόμενοι τοῖς παροῦσιν, καὶ ὅτι ἀργοὶ ἔσονται, στυγνοί εἰσιν ἢ κατηφεῖς, οἱ δὲ τὰ εἰρηνικὰ ἱλαροί.

546. τίλλονθ' ἑαυτὸν : Τίλλειν ἑαυτὸν λέγεται τὸ τῶν ἑαυτοῦ τριχῶν ἐπιλαμβάνεσθαι καὶ σπαράττειν τὰς κόμας. προσφορώτατα οὖν τὸν λοφοποιὸν τῇ κεφαλῇ καὶ ταῖς θριξὶν αὐτοῦ ἐποίησε λωβώμενον, ἐπεὶ καὶ ὁ λόφος τῆς κεφαλῆς ἐστὶ σκεπαστήριον.

549. ἐσκιμάλισε : Τῷ μέσῳ δακτύλῳ συναρμόσας τὸν μέγαν καὶ πλήξας ἐφυβρίζει. (Ἄλλως. ἀντὶ τοῦ κατεδακτύλισε· σκιμαλίσαι γάρ ἐστι κυρίως τὸ τὸν δάκτυλον εἰς τὸν πρωκτὸν τοῦ ὀρνέου βαλεῖν. οὐ μόνον δὲ τοῦτο, ἀλλὰ καὶ ὅταν βουλόμενοι ἐφυβρίσαι τινὰ τὸν μέσον δάκτυλον ἐντείνοντες καὶ τοὺς λοιποὺς συνάγοντες δείξωσιν αὐτῷ.)

553. (ὡς τάχιστ' ἄνευ δορατίου : Παρὰ τὰ τοῦ πολέμου κακά. πρώην γὰρ οὐδεὶς δίχα σιδήρου ἐξῄει εἰς τὸν ἀγρὸν ὑφορώμενος τοὺς πολεμίους· νῦν δὲ εἰρήνης οὔσης παρακελεύεται μὴ βαστάσαι σίδηρον.)

554. σαπρᾶς : Παλαιᾶς καὶ ἀρχαίας. (κυρίως μὲν σαπρὸν οἱ παλαιοὶ ἔλεγον τὸ σεσηπὸς διὰ τὸν χρόνον. χρῶνται δὲ αὐτῷ καὶ ἀντὶ τοῦ ἀρχαίου καὶ παλαιοῦ.)

555. παιωνίσας : Εὐξάμενος καὶ τοῖς θεοῖς χάριν ὁμολογήσας. παιὼν γάρ ἐστιν ὕμνος εὐχαριστήριος.

556. (ὦ ποθεινὴ : Οἱ γεωργοὶ ταῦτά φασι πεισθέντες τῷ κηρύγματι.)

558. ἃς ἐγὼ 'φύτευον νεώτερος : Περισπούδαστα γὰρ πᾶς ἡγεῖται ἅπερ ἂν αὐτὸς ἐργάσηται. διὰ τούτου δὲ τὸν πολὺν τοῦ πολέμου χρόνον δηλοῖ, ὅτι νεώτερος ὢν ἐφύτευσε τὰς συκᾶς, ἃς οὐκ εἶδε γηράσας. καὶ οὐκ ἀρκεσθεὶς τούτῳ ἐπήγαγε πολλοστῷ χρόνῳ.

561. τὰς γοργόνας : (Πᾶν σκεῦος ἁρμόζον ἐν πολέμῳ.) — ταῦτα πάλιν εἰς τὸν Λάμαχον αἰνίττεται. R. V.

562. εἶθ' ὅπως λιταργιοῦμεν : (Εἶτα μετὰ τὸ εὔξασθαι τῇ θεῷ.) ἀντὶ τοῦ συντόνως δραμούμεθα. (παρὰ τὸ λίαν ἀργόν.)

563. ἀγοράσαντες χρήσιμόν τι. R.

564. ὦ Πόσειδον : Ὁ Ἑρμῆς ὁρῶν τοὺς ἀγροίκους εἰς ἀγρὸν ἐξιόντας φησὶ τὸ ὦ Πόσειδον.

565. (καὶ γοργὸν : Ἐπεὶ διὰ χρόνου ἐξιόντες ἔσπευδον.)

μᾶζα καὶ πανδαισία : Πανδαισία ἡ δαψιλὴς καὶ παντοία εὐωχία. μᾶζα δέ ἐστιν ὁ στρυφνὸς ἄρτος. Ἄλλως. ὅταν γὰρ εἰς κοινὸν ἑστιῶνται, ἑκάστου φέροντος ἑαυτῷ δεῖπνον, πυκνὰ (πάντα) φαίνεται, πῇ μὲν τὰ προσφάγια φερόντων, πῇ δὲ αὐτῶν ἑστιωμένων. Ἄλλως. φασὶ γὰρ πᾶν δεῖπνον, ἐν ᾧ ἕκαστος αὐτῷ κομίζων εἰς κοινὸν κατατίθεται καὶ πάντες πάντων μετέχουσι. (τὸ δὲ στῖφος αὐτῶν εἰκάζει ἀλφίτοις καὶ μάζῃ διὰ τὸ πυκνόν. καὶ ἐπειδὴ πυκνοῦνται, ὅπου μὲν τὰ ἄλφιτα, ὅπου δὲ οἱ ἑστιώμενοι. πανδαισίαν δὲ τὴν ποικίλην καὶ ἐκ διαφόρων ὄψων εὐωχίαν, ὅταν ἕκαστος τὰ ἑαυτοῦ ὄψα ἀνενέγκῃ καὶ καθῆται εἰς τὸ κοινόν, ἢ ὅταν πολλῶν προκειμένων ἐδεσμάτων λάβῃ τις ὃ θέλει. οἱ δὲ πανδαισίαν λάχανόν τι, ἔχον παντοῖον ἔδεσμα. τὸ δὲ ὅλον, πυκνὸν οὖν ὥσπερ μᾶζα καὶ πανδαισία.)

566. ἡ γὰρ σφῦρα : Νοῆσαι δεῖ τὸν χορὸν σφύρας ἔχοντα, αἷς βωλοκοποῦσι, καὶ θρίνακας καὶ σκεύη ἄλλα γεωργικά, δι' ὧν τὰς βώλους τῆς γῆς ἔμελλον θραύσειν.

567. θρίνακες : Τὰ πτύα, (ἐργαλεῖον ᾧ ἀποχωρίζουσι τῶν σπερμάτων τὰ ἄχυρα.) [παρέοικε δὲ ἐν ταῖς ἅλωσι πρὸς τὸν ἄνεμον. ἐπαίρουσι δὲ τὰ ἄχυρα ὑπὲρ τοῦ ἀποπτῆναι καὶ καθαρισθῆναι τὸν πυρὸν ἢ τὰς κριθὰς ἢ ἄλλο τι τῶν τοιούτων γεννημάτων.]

568. μετόρχιον : Τὸ μεταξὺ τῶν ὄρχων. ὄρχοι δὲ καλοῦνται τὰ μέσα τῶν ἐλαιῶν καὶ τῶν ἀμπέλων. Ἀλ-

λως. μετόρχιόν ἐστι τὸ μεταξὺ τῶν συμφύτων πεδίον, ἐν ᾧ ἢ σῖτος ἢ ἄλλο τι ἐσπαρται. παίζων οὖν εἶπεν ὅτι ἠδύνατό τις διασχίσας αὐτοὺς ποιῆσαι μετόρχιον, ἐπειδὴ πολλοί εἰσι μεταξύ, ἵνα αὐτοὶ ἀντὶ τῶν φυτῶν γένωνται. Ἄλλως. τινὲς τὸ ὄρχιον τὸ μεταξὺ τῶν φυτῶν. Ἄλλως. μετόρχιον τὸ μεταξὺ τῶν χωρίων, ὅπερ λέγεται ὄρχος. καλῶς ἄν τις, φησί, μεταστήσειε τὰ φυτὰ ἀπὸ τῶν ἀρουρῶν τῶν σπειρομένων.

570. διὰ χρόνου γήδιον : Ὑποκοριστικῶς ἀντὶ τοῦ τὴν γῆν. τριαινοῦν δὲ ἠρέμα σκάπτειν καὶ ἐπισύρειν τὰς βώλους ὑπὲρ τοῦ κατακρύπτειν τὰ σπέρματα.

571. (ἀλλ' ἀναμνησθέντες : Διπλῆ καὶ μέλος ἀμοιβαῖον. τὸ μέν, τοῦ ὑποκριτοῦ, δεκακώλῳ τροχαϊκῷ. οὗ ἐν εἰσθέσει ἐννέα ἀκατάληκτα, δίμετρα τὰ ὀκτώ, μονόμετρον δὲ τὸ παρατέλευτον. καὶ ἐν ἐκθέσει στίχοι τροχαϊκοὶ τετράμετροι καταληκτικοί.) [Ἄλλως. ἡ ἔκθεσις αὕτη τῆς διπλῆς κώλων ἐστὶν ὁμοίων τροχαϊκῶν ια'. ὧν τὸ η' μονόμετρον, τὰ δὲ λοιπὰ δίμετρα ἀκατάληκτα. τὸ τελευταῖον ἐφθημιμερές. ὑφ' ὃ αἱ ἀμφοτέρωθεν ἔξω διπλαῖ.]

574. παλασίων : Τῶν πεπατημένων ἰσχάδων. τινὲς δὲ τῶν παλάθων· παλάθη δὲ εἶδος βοτάνης.

576. ἀντὶ τοῦ νέου οἴνου. R.

577. τῆς ἰωνιᾶς : Ἰωνιὰ λέγεται ἡ φυτεία τῶν ἴων, ὡς καὶ ἡ τῶν ῥόδων ῥοδωνιά, ὅπου τὰ ῥόδα φύεται. Ἄλλως. ἄνθος ἐστὶ τὸ ἴον, διάφορον μορφὴν ἔχον· ἃ μὲν γὰρ αὐτῶν ἐστι πορφυρᾶ, ἃ δὲ λευκά, ἃ δὲ μέλανα. καὶ ἐν τούτῳ τῶν ἴων τὸ θαυμαστόν ἐστιν, ὅτι τῇ ποικιλίᾳ τῆς ὄψεως αὐτὰ καθ' ἑαυτὰ δύναται λειμῶνα πληροῦν.

578. τῶν τ' ἐλαῶν : Παρατηρητέον ὅτι τῶν ἄλλων καρπῶν καὶ φυτῶν ἁπλῶς μνημονεύσας, ἐπὶ τῶν ἐλαῶν ἐπήγαγε τὸ ὧν ποθοῦμεν. καὶ ἴσως ἢ ἐπεὶ δῶρον τῆς Ἀθηνᾶς, ἢ ὅτι εὔφορός ἐστιν ἡ Ἀττικὴ ἐξαιρέτως εἰς τὸν τῆς ἐλαίας καρπόν.

582. χαῖρε, Χαῖρ' ὦ φίλτατε : [Κορωνὶς καὶ εἴσθεσις χοροῦ μονοστροφικὴ κώλων κα'. ὧν τὰ α', ζ', ιε' τροχαϊκὰ ἐφθημιμερῆ. τὰ β', ς', ιδ' δίμετρα ἀκατάληκτα. τὰ γ', η' ὅμοια, Ἰωνικὰ μέντοι ἀπὸ μείζονος. τὰ δ', θ', ιη' δακτυλικὰ πενθημιμερῆ. τὰ ε', ια', ιβ', ις', ιζ' παιωνικὰ δίμετρα ἀκατάληκτα. τὸ ι' ὅμοιον, ἰαμβικὸν μέντοι. τὸ ιγ' παιωνικὸν ἐφθημιμερές. τὸ ιθ' ἀναπαιστικὸν δίμετρον ἀκατάληκτον. ὁ κ', κα'. ἐν ἐκθέσει στίχοι εἰσὶ τροχαϊκοὶ τετράμετροι καταληκτικοὶ ὅμοιοι τοῖς ἐν τῇ εἰσθέσει τῆς διπλῆς ἀμοιβαίας μη'. ἐπὶ τῷ τέλει τῶν μὲν τοῦ χοροῦ κορωνίς, τῆς δὲ διπλῆς ἡ ἔξω διπλῆ. ἐπὶ μέντοι ταῖς ἀποθέσεσιν ἡ συνήθης παράγραφος.] διπλῆ καὶ τοῦ χοροῦ κῶλα γ' τροχαϊκά. ἔστι δὲ τὸ ὅλον τροχαϊκὸν ἑξάμετρον. τινὲς γράφουσιν ἐδάμημεν καί φασι τὰ μὲν β' τροχαϊκὰ ἀκατάληκτα, τὸ δὲ γ' τροχαϊκὸν καταληκτικόν. εἶτ' ἐν ἐκθέσει παιωνικὸς τετράμετρος καταληκτικὸς καὶ ἐν ἐκθέσει τετράμετρος καταληκτικὸς τροχαϊκός. εἶτα ἐν ἐκθέσει δ' κῶλα, ὧν τὰ γ' παιωνικὰ δίρρυθμα, τὸ δὲ παρατέλευτον ἰαμβικὸν δίμετρον.

φιλτάθ' : Τὸ τέλειον φιλτάτη, σκληρῶς τοῦ η συναλειφθέντος. R. V.

583. ὅτι ἀπὸ πλήθους εἰς ἑνικὸν ἦλθεν. V.

584. δαιμονίως, σφοδρῶς. R. V.

585. (ἀνερπύσαι : Ἀπελθεῖν. ἰδίως δὲ ἕρπειν τὸ τῇ γαστρὶ εἰλεῖσθαι, ὅθεν καὶ ἑρπετόν.)

588. ἦσθα γὰρ τὸ μέγιστον : Ἐπεὶ ἡ εἰρήνη πλεῖω πάντων τοῖς γεωργοῖς συμφέρει.

593. κἀδάπανα καὶ φίλα : Ἐκ τῶν ἀγρῶν γὰρ οὗτοι πάντα εἶχον αὐτόματα. ἐν δὲ τῷ πολέμῳ ὠνοῦντο καὶ ἐδαπάνων. (τινὲς δὲ γράφουσι μετὰ τοῦ ι, ἵνα τὸ νοούμενον ᾖ, δαπάνῃ τε τρυφῶμεν. βέλτιον δὲ χωρὶς τοῦ ι ἀναγινώσκειν, ἵν' ᾖ λέγων μηδὲν ἀναλίσκοντες, διὰ τὸ ἔχειν πάντα ἐκ τῶν ἀγρῶν, ἢ ὅτι ἐν τῇ εἰρήνῃ πολλὰ πάνυ καὶ τιμῆς ἐλαχίστης εὑρίσκεται.)

595. χίδρα : Χίδρον τὸ ἀπὸ ἐλύμου γινόμενον ὄσπριον, ἔδεσμα περὶ Καρίαν, ἤτοι τὸ ἀπὸ χλωρῶν κριθῶν, οἱ δὲ εἶδος βοτάνης. ἐκ δὲ τούτου δηλοῖ τὴν εὐετηρίαν. (Ἄλλως. ἐρεικτὰ ἐκ κριθῆς νέας γινόμενα.) — Ἄλλως. νῦν ἁπλῶς εὐκαρπία. οὕτω καὶ καλοῦσι τὸ ἐκ πυρῶν ἀληλεσμένων βρῶμα καὶ τὰ ἐκ νεαρῶν κριθῶν ἄλευρα. V.

603. τἀμὰ δὴ ξυνίετε : Πρὸς ταῦτα καὶ Κρατῖνος ἐν Πυτίνῃ πεποίηκεν (« ὦ λιπερνῆτες πολῖται, τἀμὰ δὴ ξυνίετε. » ἔστι δὲ πρὸς τὰ Ἀρχιλόχου « ὦ λιπερνῆτες πολῖται, τἀμὰ δὴ ξυνίετε ῥήματα. » ὁ Ἑρμῆς δέ ἐστιν ὁ λέγων πρὸς τὸ ἐρωτηθὲν ὑπὸ τοῦ χοροῦ, δι' ἣν αἰτίαν τοσοῦτον ἀπέστη αὐτῶν ἡ θεὸς χρόνον. καὶ φησὶ πρῶτον αἴτιον γεγονέναι Φειδίαν.)

605. Φειδίας : Φιλόχορος ἐπὶ Θεοδώρου ἄρχοντος ταῦτά φησι. καὶ τὸ ἄγαλμα τὸ χρυσοῦν τῆς Ἀθηνᾶς ἐστάθη εἰς τὸν νεὼν τὸν μέγαν, ἔχον χρυσίου σταθμὸν ταλάντων μδ', Περικλέους ἐπιστατοῦντος, Φειδίου δὲ ποιήσαντος. καὶ Φειδίας ὁ ποιήσας, δόξας παραλογίζεσθαι τὸν ἐλέφαντα τὸν εἰς τὰς φολίδας, ἐκρίθη. καὶ φυγὼν εἰς Ἦλιν ἐργολαβῆσαι τὸ ἄγαλμα τοῦ Διὸς τοῦ ἐν Ὀλυμπίᾳ λέγεται, τοῦτο δὲ ἐξεργασάμενος ἀποθανεῖν ὑπὸ Ἠλείων ἐπὶ Πυθοδώρου, ὅς ἐστιν ἀπὸ τούτου ἕβδομος, περὶ Μεγαρέων εἰπών, ὅτι καὶ αὐτοὶ κατεβόων Ἀθηναίων παρὰ Λακεδαιμονίοις, ἀδίκως λέγοντες εἴργεσθαι ἀγορᾶς καὶ λιμένων τῶν παρ' Ἀθηναίοις. οἱ γὰρ Ἀθηναῖοι ταῦτα ἐψηφίσαντο Περικλέους εἰπόντος, τὴν γῆν αὐτοὺς αἰτιώμενοι τὴν ἱερὰν τοῖς θεοῖς ἀπεργάζεσθαι. λέγουσι δέ τινες ὡς Φειδίου τοῦ ἀγαλματοποιοῦ δόξαντος παραλογίζεσθαι τὴν πόλιν καὶ φυγαδευθέντος, ὁ Περικλῆς φοβηθεὶς διὰ τὸ ἐπιστατῆσαι τῇ κατασκευῇ τοῦ ἀγάλματος καὶ συνεγνωκέναι τῇ κλοπῇ, ἔγραψε τὸ κατὰ Μεγαρέων πινάκιον καὶ τὸν πόλεμον ἐπήνεγκεν, (ἵνα ἀπησχολημένοις Ἀθηναίοις εἰς τὸν πόλεμον μὴ δῷ τὰς εὐθύνας, ἐγκαλέσας Μεγαρεῦσιν ὡς τὴν ἱερὰν ὀργάδα ταῖν θεαῖν ἐργασαμένοις. ἄλογος δὲ φαίνεται ἡ κατὰ Περικλέους ὑπόνοια, ἑπτὰ ἔτεσι πρότερον τῆς τοῦ πολέμου ἀρχῆς τῶν περὶ Φειδίαν γενομένων. ὁ Φειδίας, ὡς Φιλόχορος φησιν, ἐπὶ Θεοδώρου ἄρχον-

τος τὸ ἄγαλμα τῆς Ἀθηνᾶς κατασκευάσας ὑφείλετο τὸ χρυσίον ἐκ τῶν δρακόντων τῆς χρυσελεφαντίνης Ἀθηνᾶς, ἐφ' ᾧ καταγνωσθεὶς ἐζημιώθη φυγῇ· γενόμενος δὲ εἰς Ἦλιν, καὶ ἐργολαβήσας παρὰ τῶν Ἠλείων τὸ ἄγαλμα τοῦ Διὸς τοῦ Ὀλυμπίου, καὶ καταγνωσθεὶς ὑπ' αὐτῶν ὡς νοσφισάμενος ἀνηρέθη.)

606. (εἶτα Περικλέης φοβηθεὶς : Εἶτα ὁ Περικλῆς δεδιὼς μὴ τῆς τύχης κοινωνήσῃ αὐτῷ, τουτέστιν εὐλαβούμενος μὴ καὶ αὐτὸς ζημιωθῇ φυγῇ. ἐδόκει γὰρ ὁ Περικλῆς συνεγνωκέναι τῇ κλοπῇ, ἐπεὶ καὶ ἐργεπιστατεῖν ὑπὸ τῶν Ἀθηναίων κεχειροτόνηται. φοβηθεὶς οὖν αὐτοῦ διελεγχθῆναι τὰς κλοπὰς, ἐκίνησε τὸν Πελοποννησιακὸν πόλεμον, ἐλπίσας ταραχῆς γενομένης καὶ περὶ τὸν πόλεμον ἀπασχοληθέντων τῶν Ἀθηναίων εὐθύνας μὴ παρασχεῖν.) — τοῦ Φειδίου. R.

607. τὸν αὐτοδὰξ : Τὸν ἐμπεσόντα καὶ δάκνοντα, αὐθάδη, ὀργίλον. ἐπεὶ οἱ ὀργίλοι δάκνουσι τοῖς ὀδοῦσι. (οὐδὲν ἢ δάκνειν βλέποντα.)

609. ἐμβαλὼν σπινθῆρα : Ἐπεὶ ψήφισμα περὶ τῶν Μεγαρέων ὁ Περικλῆς ἔγραψε, μήτε γῆς μήτε λιμένων αὐτοὺς ἐπιβαίνειν Ἀττικῶν, εἰ δὲ μὴ, τὸν ληφθέντα ἀγώγιμον εἶναι. (ἐφ' ᾧ κινηθεῖσα πᾶσα ἡ Ἑλλὰς τὸν πόλεμον ἐποίησε. τινὲς δέ φασιν ὅτι ἔπλεξεν αὐτοῖς, καὶ κατηγόρησεν αὐτῶν ὡς ἁρπασάντων γυναῖκας Ἀθηναίων ἐν ἑορτῇ, συμβουλεύσας πολεμεῖσθαι.)

610. ἐξεφύσησε γὰρ : Ἐξεκίνησεν, ἐτάραξεν. ἑξῆς δὲ ἀπὸ τοῦ σπινθῆρος τὸ φυσῆσαι ἔλαβε. καπνῷ δὲ τροπικῶς εἰπὼν, ἐπέμεινε διόλου τῇ τροπῇ.

612. (ὡς δ' ἅπαξ τὸ πρῶτον : Οἰκείως πρὸς τοὺς γεωργοὺς λέγων τοιαύταις τροπαῖς ἐχρήσατο· συμβαίνει γὰρ ἐν τῇ συνθέσει τῶν πίθων ἕνα διαρραγῆναι, καὶ τούτου τὰ ὄστρακα πλησιάζοντα διαρρῆξαι ἕτερον, καὶ τοῦτον πάλιν τὸν ἐγγὺς, ὥστε πολλὴν γενέσθαι τὴν βλάβην. τὸ δὲ λεγόμενον τοιοῦτόν ἐστιν, ὡς ἅπαξ ἐκινήθη καὶ συνεταράχθη τὰ πράγματα τοῦ πολέμου γενομένου, οὐκέτι ἦν οὐδὲ εἷς ὃς ἠδύνατο αὐτὰ παῦσαι, καὶ οὕτως ἡ εἰρήνη παραπώλετο.)

613. (καὶ πίθος πληγεὶς : Τοῦτο λόγον οὐκ ἔχει, ἀλλ' ἐξ αὐτοῦ δηλοῖ τοὺς πίθους ὑπὸ τῶν πολεμίων κατάγνυσθαι.)

616. (προσήκοι : Συγγενὴς εἴη. τὸ γὰρ προσήκοι λέγεται ἐπὶ τῶν συγγενῶν. διὰ τοῦτο ἐπήνεγκεν, οὖσα συγγενὴς ἐκείνου. συγγενῆ δὲ αὐτόν φησιν, ἐπεὶ ἅμα τῷ φυγεῖν αὐτὸν ἡ εἰρήνη ἀνεχώρησεν.)

618. (οὖσα συγγενὴς : Ἐπεὶ προεῖπεν, « οὐδ' ὅπως αὐτῇ προσήκοι Φειδίας ἠκηκόειν, » πρὸς τὸ προσήκοι τὸ συγγενὲς ἐπήγαγε· προσήκοντες γὰρ λέγονται οἱ συγγενεῖς. τὸ δὲ ἠκηκόειν, οὕτω διὰ τοῦ η Φρύνιχος ἀναγινώσκει, συγγενῆ δὲ εἶπε τὸν Φειδίαν τῆς εἰρήνης, καθὸ τεχνίτης ὁ Φειδίας, εὔμορφος δὲ εἰσάγεται ἡ Εἰρήνη οὖσα. ὡς πρὸς τὸν Φειδίαν οὖν ἡ καλὰ ξόανα ποιοῦσα.)

619. (κᾆτ' ἐπειδὴ 'γνωσαν : Ὅρα τοῦ ποιητοῦ τὴν οἰκονομίαν, καὶ ἐκπλαγήσῃ αὐτόν. πάντα γὰρ τρόπον ἦλθεν ἐν ἀρχῇ τοῦ ποιήματος μὴ προσκροῦσαι τοῖς Ἀθηναίοις, φάσκων ἑτέρους εἶναι τοῦ πολέμου αἰτίους, Βοιωτούς τε καὶ Μεγαρεῖς, οἵ, φησὶ, πρῶτοι τὴν εἰρήνην ἐσκορόδισαν. νῦν δὲ πάλιν τοὺς Ἀθηναίους ἀποφαίνεται αἰτιωτάτους τοῦ πολέμου, δι' ὧν τὸν Περικλέα φησὶ γράψαι τὸ κατὰ Μεγαρέων ψήφισμα, καὶ ἀδικουμένους τοὺς συμμάχους εἰς ἀπόστασιν κεχωρηκέναι. τί οὖν ἡ τοῦ ποιητοῦ τέχνη; ὅτε μὲν δέος ἦν τῆς εἰρήνης αὐτοὺς ἐπιτυχεῖν, ἐπὶ τοὺς ἄλλους ἀνήνεγκε τὴν αἰτίαν· ὅτε δὲ αὐτοῖς λοιπὸν κατὰ γνώμην προκεχώρηκε τὰ πράγματα, φήμη δὲ τὸ τῆς εἰρήνης τυχεῖν, ἤδη καὶ πρὸς αὐτοὺς παρρησιάζεται, οὐκ ὀνειδίσαι βουλόμενος αὐτοῖς, ἤδη γὰρ ἔγνωσαν ὄντως εἶναι αἴτιοι, ἀλλ' ἀποστῆσαι προαιρούμενος αὐτοὺς τῶν τοιούτων ἐθῶν, ὡς ἂν μὴ τοῖς αὐτοῖς ἐμμένοντες δύσνους ἔχωσι τοὺς ὑπηκόους.)

620. (σεσηρότας : Ἀπὸ τῶν κυνῶν ἡ μεταφορά· ὅταν γὰρ ὀργίζωνται, σεσήρασιν ἀλλήλοις.)

621. (τοὺς φόρους : Ἐδόκουν γὰρ οἱ Ἀθηναῖοι ἐν καιρῷ τοῦ πολέμου ἀπηνεῖς εἶναι πρὸς τοὺς φόρους οὓς ἐτέλουν οἱ ὑπήκοοι.)

623. (αἰσχροκερδεῖς : Ὅτι αἰσχροκερδεῖς καὶ σμικρολόγοι οἱ Λάκωνες, πρόδηλον καὶ ἐκ τοῦ χρησμοῦ, « ἁ φιλοχρηματία Σπάρταν ὀλεῖ, ἄλλο δὲ οὐδέν. » ἦσαν δὲ καὶ περὶ τοὺς ξένους ἀπάνθρωποι, καὶ οὐκ ἐξῆν ξένῳ τινὶ ἀεὶ τῆς Σπάρτης ἐπιβαίνειν, ἀλλ' ὡρισμέναις ἡμέραις.

διειρωνόξενοι : Ἐξαπατῶντες τοὺς ξένους, καὶ ψευδόμενοι δι' εἰρωνείας καὶ ὑποκρίσεως. καὶ οὐδὲν θαυμαστὸν ἐνταῦθα ἐποίουν, παρ' οἷς καὶ ὁ τῆς ξενηλασίας κεῖται νόμος.)

627. (τὰς κράδας κατήσθιον : Καὶ αὐτοὶ ἀντέκοπτον τὰς συκᾶς, ὥσπερ ἐκεῖνοι τὰς ἀμπέλους ἡμῶν. Ἄλλως. κράδη εἶδος συκῆς. ἔστι δὲ καὶ μηχανή. κατήσθιον δὲ ἀντὶ τοῦ κατέκοπτον.)

628. τὴν κορώνεων : Κορώνεως ὡς φιβάλεως. ἔστι δὲ εἶδος συκῆς. καὶ ἐν Ἀχαρνεῦσι [802]. ταύτην δὲ καὶ κοράκειον λέγουσιν· ὁ γὰρ καρπὸς αὐτῆς κόρακι ἔοικε κατὰ τὸ χρῶμα.

629. (ἐξεθρεψάμην : Ὡς ἐπὶ παιδίου εἶπεν ἢ ἀνθρώπου τὸ ἐξεθρεψάμην, ἐφ' ᾧτε ἱκανὴν διάθεσιν καὶ στοργὴν ἐμποιῆσαι. ἢ ἵνα φαίνηται ἀγανακτῶν ἐν λόγοις.)

631. (ἑξμέδιμνον κυψέλην : Ἓξ μεδίμνους χωροῦσαν κυψέλην. ἔστι δὲ εἶδος ἀγγείου ἢ μέτρου δεκτικὸν πυρῶν ἢ κριθῶν. οὕτως δὲ εἴρηται διὰ τὸ κεκρύφθαι αὐτοῦ τὴν ὕλην· ἔστι γὰρ σκοτεινόν. διαφέρει δὲ πρὸς τὴν κυψελίδα, ἥτις ἐστὶν ὁ ἐν τοῖς ὠσὶ ῥύπος. οὐ μόνον δὲ πλεκταὶ ἦσαν αἱ κυψέλαι, ἀλλὰ καὶ κεραμέαι. διὸ λίθῳ φησὶν αὐτὴν κλασθῆναι.)

632. οὑργάτης λεὼς : Διὰ γὰρ τὰς συνεχεῖς τῶν πολέμων εἰσβολὰς ἐσκευαγωγήσαντο εἰς τὴν πόλιν οἱ ἀπὸ τῶν ἀγρῶν.

633. πωλούμενος οὐκ ἐλάνθανεν : Ἐὰν μὲν ᾖ οὐκ

ἐλάνθανε, σεμνολογεῖ λεληθότως αὐτοὺς ὡς μᾶλλον συνιέναι δυναμένους τὰς κατὰ τῆς πόλεως βλάβας τῶν ἐν τῇ πόλει τραφέντων, καὶ ταῦτα ἀγροίκους ὄντας. ἐὰν δὲ οὐκ ἐμάνθανε, φησὶν ὅτι οὐδὲ ὁ ἄγροικος λεὼς μετοικισθεὶς εἰς τὰς πόλεις συνίει τῆς τῶν προδιδόντων πονηρίας, ἀλλ' ἠγνόησεν ὑπὸ τῶν πολιτευομένων πωλούμενος. καθάπερ οἱ συνήθως ἀπ' αὐτῶν ἀπατώμενοι.

634. ἄνευ γιγάρτων : [Τῆς σταφυλῆς. διὰ τὸ ἀποστερεῖσθαι τῆς συνήθους διαίτης, καὶ ἀνακεχωρηκέναι ἐκ τῶν ἀγρῶν, καὶ ἐπιθυμεῖν αὐτῶν.] ἐξ ἀμφοτέρων δηλοῦται ἀπεστερημένος τῶν ἀγρῶν καὶ ἐπιθυμιῶν αὐτῶν. οἱ γὰρ ἀγροῖκοι κόπτοντες τὰ γίγαρτα μετὰ τῶν ἰσχάδων ἐσθίουσιν.

636. ἀσθενοῦντας : Ἀντὶ τοῦ ἐν ἐνδείᾳ ὄντας. τὴν γὰρ τύχην ἰδίως νόσον καλοῦσι.

κἀποροῦντας ἀλφίτων : Φαίνονται ὅτι συνελθόντες εἰς τὸ ἄστυ ἐπένοντο μὴ γεωργοῦντες.

637. διχροῖς : (Δικράνοις. [Callimach. fr. 246 :] « δίκρανον ἤρυγε φιτρὸς ἐπαιρόμενον. » ἔδει δὲ εἰπεῖν) ξύλοις, ὁ δὲ εἶπε κεχράγμασιν, ἐπειδὴ οἱ ῥήτορες δημηγοροῦντες τῇ κραυγῇ ἔπειθον μὴ ποιῆσαι εἰρήνην. (Ἄλλως. ξύλοις ἀπώθουν τὴν Εἰρήνην καὶ ἐξέβαλον. κατασκευάζεται δὲ τὰ τοιαῦτα ξύλα, ἃ καλεῖται δίκρανα, ἐπὶ τοῦ ἀγροῦ, δύο χηλὰς ἔχοντα παρεοικότα τοῖς ξυλευομένοις. τοιούτοις οὖν, φησὶ, διχροῖς τὴν Εἰρήνην ὤθουν.)

638. πολλάκις φανεῖσαν : Μετὰ γὰρ τὰ ἐν Πύλῳ ἐπρέσβευσαν περὶ διαλλαγῶν οἱ Λακεδαιμόνιοι· οἱ δὲ Ἀθηναῖοι οὐ προσεῖχον.

640. τὰ Βρασίδου : Ἀντὶ τοῦ τὰ Λακεδαιμονίων. ἅμα δὲ ὅτι ἐπὶ αὐτοῦ πολλοὶ τῶν ὑπηκόων προσεχώρουν.

642. (ὠχριῶσα : Οὐ παρὰ τὸ φοβουμένη ὠχριῶσα, ἀλλ' ἴσον τῷ ἀσθενοῦσα, ἀπὸ μεταφορᾶς τῶν νοσούντων. οὕτω γὰρ εἶπε φοβουμένη· τὸ γὰρ ἑξῆς τοῦτο δηλοῖ.)

643. ἅττ' ἂν διαβάλοι : Ἀντὶ τοῦ εἰπεῖν παραβάλοι, ὡς ἐπὶ τροφῆς, διαβάλοι εἶπε διὰ τοὺς διαβάλλοντας.

644. οἱ δὲ τὰς πληγὰς : Τὸ ἑξῆς, οἱ δὲ ξένοι ὁρῶντες τὰς πληγὰς ἃς ἐτύπτοντό τινες τῶν δημοτῶν (παρὰ τῶν δημαγωγῶν), χρυσίον προσέφερον τοῖς ταῦτα ποιοῦσι. λέγει δὲ τοῖς ῥήτορσιν.

645. ἐβύουν : Ἀντὶ τοῦ ἐπλήρουν, ἔφραττον.

648. ὁ βυρσοπώλης : (Ἐπεὶ μάλιστα ὁ Κλέων ἐνίστατο τῇ εἰρήνῃ. σεσημείωται δὲ ὅτι νεκροὺς κωμῳδεῖ. διὸ, ἐπειδὴ ἐμνήσθη αὐτοῦ ὁ Ἑρμῆς, παῦε παῦε φησὶν ὁ Τρυγαῖος.) ἀποθανὼν γὰρ ἦν, καὶ οὐκ ἦν ἐξὸν τεθνηκότας κωμῳδεῖν.

650. σὸς : Ὅτι χθόνιος ὁ Ἑρμῆς καὶ καταιβάτης παρὰ Ῥοδίοις καὶ Ἀθηναίοις.

651. (ἅττ' ἂν οὖν λέγῃς : Διπλῆ καὶ εἴσθεσις εἰς μέλος τροχαϊκὸν, οὗ πέντε μέν ἐστι κῶλα δίμετρα ἀκατάληκτα, τὸ δὲ ϛ' ἐφθημιμερές. ἐν ἐκθέσει δὲ ἰαμβεῖον. ὑφ' ὃ αἱ ἀμφοτέρωθεν ἔξω διπλαῖ.)

652. (εἰ πανοῦργος ἦν : Λεληθότως κωμῳδεῖ αὐτὸν ὡς τοιοῦτον πάλιν, καὶ ταῦτα παραινῶν ἐκεῖνον μὴ λοιδορεῖν αὐτόν.)

657. ἀλλ' ὅτι σιωπᾷς : Πρὸς τὴν Εἰρήνην φησί· κωφὸν γὰρ εἰσάγει τὸ πρόσωπον.)

658. (ἀλλ' οὐκ ἂν εἴποι : Διπλῆ καὶ εἴσθεσις παρὰ τὸ τετράμετρον εἰς ἰαμβικὰ τρίμετρα οϛ'. μετὰ δὲ τὰ λε' ἐστι προαναφώνημα τὸ ὦ ὦ.)

659. (ὀργὴν γὰρ αὐτοῖς : Ἀττικῶς ἀντὶ τοῦ ὀργίζεται. λείπει δὲ ἡ ὑπέρ, ὑπὲρ ὧν ἔπαθεν.)

662. μισοπορπακιστάτη : Ἀντὶ τοῦ μισοπόλεμε, παρὰ τὸν πόρπακα. πόρπαξ δὲ κατά τινας μὲν ὁ ἀναφορεὺς τῆς ἀσπίδος, ὡς δέ τινες, τὸ διῆκον μέσον τῆς ἀσπίδος σιδήριον, ᾧ κρατεῖ τὴν ἀσπίδα ὁ στρατιώτης.

663. (εἶεν, ἀκούω : Ὡς τῆς Εἰρήνης καλεσάσης τὸν Ἑρμῆν καὶ λαλησάσης αὐτῷ. τὸ δὲ ἐπικαλεῖς ἀντὶ τοῦ ἐγκαλεῖς.)

665. ἐλθοῦσά φησι : Φιλόχορός φησιν οὕτως « Λακεδαιμόνιοι περὶ διαλύσεων ἔπεμψαν πρέσβεις πρὸς « Ἀθηναίους, σπονδὰς ποιησάμενοι πρὸς τοὺς ἐν Πύλῳ, « καὶ τὰς ναῦς αὐτῶν παραδόντες οὔσας ξ'. Κλέωνος « δὲ ἀντειπόντος ταῖς διαλύσεσι, στασιάσαι λέγεται τὴν « ἐκκλησίαν. ἐρωτῆσαι δὲ συνέβη τὸν ἐπιστάτην. ἐνί« κησαν δὲ οἱ πολεμεῖν βουλόμενοι. » (Ἄλλως.) μετὰ τὰ ἐν Πύλῳ. ἐπὶ Κλέωνος γὰρ πρεσβευσαμένων Λακεδαιμονίων, ἐστασίασαν ἐν τῇ ἐκκλησίᾳ, ὡς Φιλόχορός φησι. (μετὰ τὰ ἐν Πύλῳ καὶ τοὺς αἰχμαλώτους οὓς ἔλαβεν ὁ Κλέων, ἔπεμψαν Λακεδαιμόνιοι πρὸς Ἀθηναίους ἐπαγγελλόμενοι δώσειν τὰς τριήρεις ἃς εἰλήφεσαν τῶν Ἀθηναίων ἐν τῷ πολέμῳ, ἅμα δὲ καὶ περὶ εἰρήνης καὶ σπονδῶν. ἀντεῖπεν οὖν τότε Κλέων, καὶ τοῦ ἐπιστάτου τρίτον ἐρωτήσαντος τὴν βουλὴν τί βούλεται, εἰρήνην ἢ πόλεμον, εἵλετο ἡ βουλὴ τὸν πόλεμον συνεστάναι.)

666. (κίστην πλέαν : Πλήρη κυτίδα. κυτίδας δὲ ἐκάλουν τὰς κίστας. πλέαν δὲ προσέθηκεν, ὅτι ἐξῆν τοῖς Ἀθηναίοις τότε ἐκ περιουσίας τὴν εἰρήνην ποιήσασθαι, οὕτω λαμπρῶς τῷ πολέμῳ κεκρατηκόσι.)

667. ἀποχειροτονηθῆναι τρὶς : Ὡς τρὶς ἀποχειροτονηθείσης. καὶ διὰ τούτων δὲ σεμνύνει τοὺς Ἀθηναίους, ὡς ἐξουσίαν ἐσχηκότας ποιῆσαι εἰρήνην.

669. ἐν τοῖς σκύτεσι : (Διὰ τὴν δειλίαν. παροιμία « ἐπὶ σκύτη βλέπει. » ἢ σκύτη ἀντὶ τοῦ πρὸς τὰ πολεμικά. ἢ πρὸς τὸν Κλέωνα, ὅτι σκυτεὺς ἦν.) ἀντὶ τοῦ ἐν τῷ φόβῳ τοῦ Κλέωνος (ὁ νοῦς ἦν ἡμῶν).

673. εὐνούστατος μὲν ἦν : Ὅτι ῥίψασπις καὶ δειλὸς ἦν.

675. ψυχήν γ' ἄριστος : Τοῦτο μετὰ εἰρωνείας, ὡς δηλοῖ καὶ τὸ ἑξῆς, καὶ ὅτι κατέλιπε τὸν λόγον μηδὲν αὐτῷ ἐπαγαγών.

678. οὐκ ἦν ἄρ' οὗπέρ φησιν : Οὔτε γνήσιος ἦν τῷ

πατρί, ἀλλὰ καὶ ῥίψασπις ἦν. τὰ δύο οὖν αὐτῷ προστρίβεται.

678. ἀποβολιμαῖος : Ἅμα καὶ παρὰ τὸ ἀποβαλεῖν τὰ ὅπλα, καὶ παρὰ τὸ ὑποβολιμαῖος εἶναι.

680. [ὅστις κρατύνει. τοῦ λίθου δὲ] ἀντὶ τοῦ βήματος. ὅστις νῦν διέπει τὰ τῆς πολιτείας καὶ διαπρέπει. πύκνα δέ φησι τὸ ἐν τῇ Ἀττικῇ δικαστήριον. R. V.

681. Ὑπέρβολος νῦν : Ὅτι μετὰ τὸν Κλέωνα Ὑπέρβολος ἐπολιτεύσατο. (Χρέμητος δὲ υἱὸς ἦν Ὑπέρβολος, ἀδελφὸς δὲ Χάρωνος, λυχνοπώλης, φαῦλος τοὺς τρόπους. οὗτος μετὰ τὴν τοῦ Κλέωνος δυναστείαν διεδέξατο τὴν δημαγωγίαν. ἀπ' αὐτοῦ δὲ πρώτου ἤρξαντο Ἀθηναῖοι φαύλοις παραδιδόναι τὴν πόλιν καὶ τὴν δημαγωγίαν, πρότερον δημαγωγούντων πάνυ λαμπρῶν πολιτῶν. προείλετο δὲ τοὺς τοιούτους ὁ δῆμος, ἀπιστῶν διὰ πόλεμον τὸν πρὸς Λακεδαιμονίους τοῖς ἐνδόξοις τῶν πολιτῶν, μὴ τὴν δημοκρατίαν καταλύσαιεν. ἐξωστρακίσθη δὲ οὗτος, οὐ διὰ δυνάμεως φόβον καὶ ἀξιώματος, ἀλλὰ διὰ πονηρίαν καὶ αἰσχύνην τῆς πόλεως. ἐν Σάμῳ δὲ διατρίβων, ὑπὸ τῶν Ἀθηναίων ἐχθρῶν ἐπιβουλευθεὶς ἀπέθανε, καὶ τὸν νεκρὸν αὐτοῦ εἰς σάκκον βαλόντες ἔρριψαν εἰς τὸ πέλαγος.)

682. περιάγεις : Ἀποστρέφεται ἀκούσασα τοῦ Ὑπερβόλου τὸ ὄνομα ἡ Εἰρήνη, ἀχθεσθεῖσα ἐπ' αὐτῷ, ὅτι καὶ αὐτὸς κακὸς ἦν. R. V.

684. ἐπεγράψατο : Ἀντὶ τοῦ ἐχειροτόνησε, κατέστησεν. (ἡ δὲ μεταφορὰ ἀπὸ τῶν μετοίκων τοὺς προστάτας προγραφόντων ἑαυτοῖς.)

686. (γυμνὸς ὢν : Προεστῶτος δηλονότι.)

688. (περιεζώσατο : Οἱ γὰρ γυμνοὶ ἐπιθυμοῦσι κἂν περιζώματος τυχεῖν. ὁ δὲ νοῦς, δι' ἀνάγκην τέως τοῦτον ἐζώσατο μὴ ἔχουσα πολυτελέστερον.)

690. (πῶς οὖν ξυνοίσει : Ἐν ἴσῳ εἴρηκε τοῦτο τῷ πῶς ταῦτα ἡ πόλις οἰκονομήσει καὶ θήσεται. τὸ δὲ ἑξῆς, πῶς συνοίσει τῇ πόλει ταῦτα; ἐρωτᾷ.)

691. (ἐψηλαφῶμεν : Ἀπὸ τοῦ συμβεβηκότος εἴληφε τὸ ἐψηλαφῶμεν· οἱ γὰρ ἐν σκότῳ ζητοῦντες, τοῦ ζητουμένου τὴν ἀκριβῆ ὄψιν οὐχ ὁρῶντες, ψηλαφῶντες ἀνευρίσκουσιν αὐτό.)

692. πρὸς λύχνον βουλεύσομεν : Ὅτι λυχνοπώλης ὁ Ὑπέρβολος. τινὲς δέ φασιν αὐτὸν Σύρον. καὶ Κρατῖνος δὲ ἐν Πυτίνῃ « Ὑπέρβολον δ' ἀποσβέσας ἐν τοῖς λύχνοισι γράψον. »

695. ὅ τι πράττει Σοφοκλῆς : Γελοῖα ταῦτα. ὡς γὰρ περὶ σπουδαίων τὴν ἔμφασιν ποιούμενος ἐπήνεγκεν, ὅτι περὶ Σοφοκλέους ἐπύθετό μου.

697. ἐκ τοῦ Σοφοκλέους γίνεται : (Ὅτι ἐπὶ μισθῷ ἔγραψε τὰ μέλη. καὶ γὰρ) Σιμωνίδης δοκεῖ πρῶτος σμικρολογίαν εἰσενεγκεῖν εἰς τὰ ᾄσματα καὶ γράψαι ᾆσμα μισθοῦ. τοῦτο δὲ καὶ Πίνδαρος ἐν τοῖς Ἰσθμιονίκαις [2, 1] φησὶν αἰνιττόμενος· (« οἱ μὲν πάλαι, ὦ « Θρασύβουλε, φῶτες, οἳ χρυσαμπύκων ἐς δίφρον Μοι« σᾶν ἔβαινον, κλυτᾷ φόρμιγγι συναντόμενοι, ῥίμφα « παιδείους ἐτόξευον μελιγάρυας ὕμνους. ἁ μοῦσα γὰρ « φιλοκερδής οὔ ποτ' ἦν οὐδ' ἐργάτις, οὐδ' ἐπέρναντο « γλυκεῖαι ποτὶ Τερψιχόρας ἀργυρωθεῖσαι πρόσωπα « μαλθακόφωνοι ἀοιδαί. ») τὸ μέντοι περὶ κιβωτῶν ἐπὶ Σιμωνίδου λεγόμενον, ὅτι παρακειμένας εἶχε δύο, τὴν μὲν κενήν, τὴν δὲ μεστήν, καὶ τὴν μὲν κενὴν χαρίτων ἔλεγεν εἶναι γνώριμον, πλὴν τοῦτο λόγῳ περιφερόμενον εὑρίσκεται. καθ' ἱστορίαν γὰρ οὐδεὶς εἴρηκεν. (Ἄλλως.) ὁ Σιμωνίδης διεβέβλητο ἐπὶ φιλαργυρίᾳ. καὶ τὸν Σοφοκλέα οὖν διὰ φιλαργυρίαν ἐοικέναι τῷ Σιμωνίδῃ. λέγεται δὲ καὶ ὅτι ἐκ τῆς στρατηγίας τῆς ἐν Σάμῳ ἠργυρίσατο. (χαριέντως δὲ πάνυ τῷ αὐτῷ λόγῳ διέσυρε β. . . . . τοῦ ἰαμβοποιοῦ, καὶ μέμνηται ὅτι σμικρολόγος ἦν· ὅθεν Ξενοφάνης κίμβικα αὐτὸν προσαγορεύει. καὶ Σοφοκλέα καὶ Σιμωνίδην διέσυρεν ὡς μικρολόγους. ἀλλὰ μήποτε ἐδόκει Σοφοκλῆς περὶ τοὺς μισθοὺς καὶ τὰς νεμήσεις ὀψέ ποτε φιλοτιμότερος γεγονέναι.)

698. γέρων ὢν : (Ἀρχαῖος καὶ παλαιός. οἷον γηράσας φιλάργυρος ἐγίνετο.) — μετὰ τὰ ζ' ἔτη βεβίωκεν. πῶς οὖν γέρων; R.

699. κἂν ἐπὶ ῥιπὸς πλέοι : Ἀντὶ τοῦ φρυγάνου, (ψιάθου. λέγοιτο δ' ἂν ἐπὶ φιλοκερδεῖ. λέγεται δὲ καὶ ἄλλως « θεοῦ θέλοντος κἂν ἐπὶ ῥιπὸς πλέοις. » ῥὶψ δέ ἐστιν ἱμαντῶδες φυτόν, παρὰ τὸ ῥέπω ῥέψ καὶ ῥίψ, καὶ ῥίπεσι τοῖς τῆς ἰτέας κλάδοις.)

701. (ἐνέβαλον : Ἀντὶ τοῦ ἐπῆλθον τῇ πόλει.)

702. (ὡρακιάσας : Οἷον ὠχριάσας, ἢ ἐκλυθείς, ἢ λιποψυχήσας, ἢ ἀθυμήσας. ὡς φιλοπότην δὲ διαβάλλει πάλιν τὸν Κρατῖνον, μετὰ ἐκλύσεως ἐσκοτωμένον. ᾧ ἴσως ἀκολουθεῖ καὶ τὸ ὠχριᾶν. τοιοῦτοι δὲ οἱ λιποψυχοῦντες· τρέπεται γὰρ αὐτῶν ἡ χροιά. Ἄλλως. Λυκόφρων τὸ ὡρακιᾶν ἀντὶ τοῦ ὠχριᾶν. Ἐρατοσθένης δὲ τὸ ὑπὸ ἐκλύσεως ἐσκοτῶσθαι, ᾧ ἴσως ἀκολουθεῖ τὸ ὠχριᾶν. ὅτι δὲ φίλοινος ὁ Κρατῖνος, καὶ αὐτὸς ἐν τῇ Πυτίνῃ σαφῶς λέγει.)

704. χἄτερα πόσ' ἄττ' οἴει : Ὥσπερ ἐκπλαγείσης τῆς εἰρήνης ἐπήγαγε τὸ καὶ ἕτερα τοιαῦτα γεγονέναι ἐν τῇ πόλει.

706. ἴθι νυν : Μίαν τῶν συνανελθουσῶν τῇ Εἰρήνῃ πρὸς γάμον αὐτῷ δίδωσι. προειρήκαμεν δὲ ὅτι συνανειλκύσθησαν αὐτῇ ἥ τε Ὀπώρα καὶ ἡ Θεωρία. ἦσαν δὲ ἑταῖραι.

708. (ἐκποοῦ σαυτῷ : Οὐκ εἶπε τοὺς παῖδας, ἀλλὰ τοὺς βότρυς διὰ τὴν Ὀπώραν.)

710. διὰ χρόνου τί σοι δοκῶ : Ὅτι οἱ διὰ χρόνου ἐσθίοντες ὀπώραν πολλὴν βλάπτονται, καὶ οἱ συνουσιάζοντες συνεχῶς. ἐπεὶ οὖν ἐδόκει Ὀπώρα εἶναι καὶ ἡ πόρνη, πρὸς ἀμφότερα ἔπαιξεν.

711. κατελάσας : Συνουσιάσας. *Vict.*

712. βληχωνίαν : Βλήχωνά φασιν Ἀττικοὶ διὰ τοῦ β, οὐχὶ διὰ τοῦ γ. οἱ δὲ πολλὴν ὀπώραν ἐσθίοντες, ἐὰν κυκεῶνα βληχωνίαν πίνωσιν, οὐ βλάπτονται. βρέχοντες οὖν γλήχωνα ἐπιπίνουσι, διὰ τὸ ὑπὸ τοῦ ὀποῦ τὴν καρδίαν κατεσθίεσθαι. ἵνα οὖν ἡ δριμύτης ἀποστυφῇ, γλήχωνα ἐλάμβανον. (Ἄλλως. οἱ ὀπώραν πολλὴν

ἐσθίοντες κυκεῶνα πίνουσιν ὑπὲρ τοῦ πῆξαι τὴν τροφὴν καὶ μὴ ναυτιᾶν· καὶ γὰρ τὸ πολὺ τῆς ὀπώρας προσίσταται τῷ στομάχῳ. Ἄλλως. τοὺς ὑπὸ τῆς ὀπώρας βαρυνομένους ἰᾶσθαί φασιν, εἰ ἀποβρέξαντες γλήχωνα εἰς ὕδωρ πίοιεν· ἰᾶσθαι γὰρ οὕτω τοὺς τῆς καρδίας πόνους.)

713. (τὴν θεωρίαν : Τοῖς μὲν γεωργοῖς φέρουσα τὴν Ὀπώραν ἔδωκε, τῇ δὲ βουλῇ τὴν Θεωρίαν ἀπένειμεν· ἐδόκει γὰρ ἡ βουλὴ τῆς θεωρίας.)

715. τῆς θεωρίας : Ἡ γὰρ βουλὴ τὰς θεωρίας ἐξέπεμπε. — λείπει δὲ τὸ ἕνεκεν. R. (τινὲς δὲ στίζουσιν εἰς τὸ βουλὴ, καὶ συνάπτουσι τὸ σὺ τῆς Θεωρίας ὅσον ζωμὸν ῥοφήσεις ἡμερῶν τριῶν, ὡς ψηφιουμένης τῆς βουλῆς θῦσαι βοῦς ἐπὶ τούτοις.)

716. (ἡμερῶν τριῶν : Ἐπὶ γ' γὰρ ἡμέρας ἐψηφίσατο ἡ βουλὴ βοῦς θύειν. ἀφ' ὧν καὶ ἕτερα ζῷα.)

717. χόλικας : Τὰ τῶν βοῶν παχέα ἔντερα· ταῦτα γὰρ οὐχ ἱεροῦντο, ὡς τὸ ἄλλο σῶμα. τινὲς δὲ χολικάς φασιν εἶδος ἰχθύος.

722. (ἀστραπηφορεῖ : Ὁ στίχος ἐκ Βελλεροφόντου Εὐριπίδου. παρὰ τὸ ἀστραπαῖς ὑπηρετεῖν.)

724. τὴν τοῦ Γανυμήδους : Ἀντὶ τοῦ τὴν κόπρον. ὅτι οὗτος μόνος θνητὸς ἐν θεοῖς. τινὲς δὲ διὰ τὸ ἐν ἀρχῇ [11] ῥηθῆναι αὐτῷ « ἑτέραν ἑτέραν παιδὸς ἡταιρηκότος· » ἐδόκει γὰρ καὶ ὁ Γανυμήδης ἐρώμενος εἶναι Διός.

726. (παρὰ τὴν θεὸν : Τινὲς οὐ παρὰ τὴν Εἰρήνην, λέγουσι γὰρ ἐν τῷ οὐρανῷ μεῖναι καὶ ἐκεῖθεν ἐνεργεῖν, ὥσπερ καὶ τὸν Πόλεμον· οὐδαμοῦ γὰρ αὐτῆς μέμνηται ἐν τοῖς ἑξῆς ὡς κατελθούσης. παρὰ τὴν θεὸν οὖν τὴν Ἀθηνᾶν· ἄγαλμα γὰρ ἦν ἐν τῷ θεάτρῳ τῆς Ἀθηνᾶς.)

δεῦρ' ὦ κόραι : Τῇ Εἰρήνῃ καὶ τῇ Θεωρίᾳ καὶ τῇ Ὀπώρᾳ λέγει.

727. (ἕπεσθον ἅμ' ἐμοὶ : Κατέλυσε τοῦ οὐρανοῦ τὴν ὑπόκρισιν. κάτεισι γὰρ ἐπὶ τὴν ὀρχήστραν κλίμαξιν. ἐχόμενος δὲ τῆς Εἰρήνης καταβαίνει ὁ πρεσβύτης ἐπὶ τὴν ὀρχήστραν. ἴσως δὲ καὶ ὁ χορὸς ἀνῆλθεν εἰς τὴν ἀναγωγὴν τῆς Εἰρήνης.)

728. (ἐστυκότες : Ἔδει εἰπεῖν ἑστῶτες. τὸ δὲ ἐστυκότες ἐχρήσατο διὰ τὴν Εἰρήνην, ὥσπερ διὰ τὸ γαμηθῆναι αὐτῶν τὴν μὲν τῷ Τρυγαίῳ, τὴν δὲ τῇ βουλῇ. πόρναι γὰρ εἰσιν ἐσκευασμέναι.)

729. (ἀλλ' ἴθι χαίρων : Ὁ χορὸς μένων ποιεῖ παράβασιν οὐ τελείαν, ἀλλὰ κομμάτιον μέν ἐστι τοῦ χοροῦ. ὧν τετράμετρα καταληκτικὰ τέσσαρα μὲν ἐν ἐκθέσει παρὰ ταύτας. ὅτι εἰσὶν ἀναπαιστικοὶ τελευταῖοι τροχαϊκοὶ κάτισοι τοῖς ἄλλοις. Ἄλλως. ἡ παράβασις αὕτη οὐκ ἔστι τελεία. τοῦ γὰρ ἐπιρρήματος καὶ ἀντεπιρρήματος ἐστέρηται. ἔστι τοίνυν τὸ μὲν κομμάτιον στίχων ἀναπαιστικῶν τετραμέτρων καταληκτικῶν ε'. τὸ δὲ μακρὸν στίχων ὁμοίων λγ'. ἡ δ' ἔκθεσις κώλων δέκα διμέτρων πλὴν τοῦ τελευταίου καταληκτικῶν. ἐπὶ πᾶσι παράγραφος.)

(τὰ σκεύη : Τὰς ἅμας, τὰ σχοινία. γυμνὸν γὰρ ποιοῦσι τὸν χορὸν οἱ κωμικοὶ ἀεὶ, ἵνα ὀρχῆται.)

730. (κυπτάζειν : Κρυφιμαίως διατρίβειν καὶ κρύπτεσθαι.)

733. χρῆν μὲν τύπτειν : (Νῦν παραβάσει κέχρηται ὁ χορὸς, μηδὲν περὶ τοῦ προκειμένου λέγων ἢ τὸν ποιητὴν ἐπαινῶν. παράβασιν ἐκάλουν ἀπὸ τοῦ παραβαίνειν τὸν χορὸν ἀπὸ τῆς νενομισμένης στάσεως εἰς τὴν καταντικρὺ τοῦ θεάτρου ὄψιν, ὁπότε ἐβούλετο ὁ ποιητὴς διαλεχθῆναί τι ἔξω τῆς ὑποθέσεως ἄνευ τῶν ὑποκριτῶν πρὸς τὸ θέατρον διὰ τοῦ χοροῦ. ἐστρέφετο δὲ ὁ χορὸς καὶ ἐγίνοντο στοῖχοι δ'. εἶτα διελθόντες τὴν καλουμένην παράβασιν ἐστρέφοντο πάλιν εἰς τὴν προτέραν στάσιν. δῆλον δὲ ποιοῦσιν αὐτοὶ οἱ ποιηταὶ, τὸ στρέφεσθαι σημαίνοντες καὶ τὸ παραβαίνειν. Πλάτων ἐν τῷ Παιδαρίῳ « εἰ μὲν μὴ λίαν ὦ ἄνδρες ἠναγκαζό« μην | στρέψαι δεῦρ', οὐκ ἂν παρέβην εἰς λέξιν τοιάνδ' « ἐπῶν, » ἄμφω σημάνας, καὶ τὸ στρέφεσθαι καὶ τὸ παραβαίνειν. Κρατῖνος δὲ ἐν τῇ Πυλαίᾳ δηλοῖ ὅτι ἓξ ἐστι ζυγὰ τοῦ χοροῦ. ὁ δὲ νοῦς,) ἐχρῆν μὲν, εἴ τις κωμῳδοποιητὴς ἑαυτὸν ἐπῄνει παραβάσει χρώμενος, τοὺς ῥαβδούχους ἐκείνους τύπτειν αὐτὸν ὡς ἀπρεπές τι μεταχειριζόμενον. εἰ δὲ πρέπον ἐστὶν, ὦ Μοῦσα, ἑαυτὸν ἐπαινέσαι τινὰ, φησὶν ὁ διδάσκαλος ἡμῶν, τουτέστιν ὁ Ἀριστοφάνης, ἄξιος εἶναι πολλῆς τιμῆς, ὅστις, Ἀριστοφάνης, ἄριστος γεγένηται. ἦσαν δὲ ἐπὶ τῆς θυμέλης ῥαβδοφόροι τινὲς, οἳ τῆς εὐκοσμίας ἐμέλοντο τῶν θεατῶν. ἢ ῥαβδούχους εἶπε τοὺς κριτὰς τοῦ ἀγῶνος, οὓς ὁ ποιητὴς αἰσυμνήτας εἶπεν.

735. παραβὰς ἐν τοῖς ἀναπαίστοις : Πᾶσαν παρέκβασιν ἀναπαίστους λέγει.

736. παρὰ τὰ Σιμωνίδου ἐκ τῶν ἐλεγείων· « εἰ δ' ἄρα τιμῆσαι, θύγατερ Διὸς, ὅστις ἄριστος δήμῳ Ἀθηναίων ἐξετέλεσσα μόνος. » V.

740. ἐς τὰ ῥάκια : Ὡς τοιαῦτα εἰσαγόντων τῶν ἄλλων κωμικῶν, (ῥακοφοροῦντας). αἰνίττεται δὲ εἰς Εὔπολιν.

καὶ τοῖς φθειρσὶν : Ἀντὶ τοῦ εὐτελεῖς ἄνδρας καὶ ἀδόξους.

741. τούς θ' Ἡρακλέας : (Μάττειν τὸ πολλὰ ἐσθίειν. ἀπὸ τῆς ματτομένης ζύμης. αἰνίττεται δὲ ταῦτα εἰς Εὔπολιν, ὃς ἐποίησεν Ἡρακλέα πεινῶντα καὶ Διόνυσον δειλὸν καὶ Δία μοιχὸν καὶ δοῦλον κλαίοντα. τινὲς δέ φασιν εἰς Κρατῖνον αἰνίττεσθαι, ὡς τοιαῦτα ποιοῦντα δράματα. ἐπεπόλασε δὲ ταῦτα τότε τὰ λήμματα. καὶ αὐτὸς δὲ ὁ Ἀριστοφάνης ὡς γαστρίμαργον τὸν Ἡρακλέα κωμῳδεῖ καὶ ἐν Ὄρνισι καὶ ἐν Αἰολοσίκωνι. καὶ ἐν τοῖς Σφηξὶ [8υ] περὶ τούτων φησὶ, τοῦ τε Ἡρακλέους καὶ τοῦ δούλου. ἐπεπόλαζε γὰρ τότε ταῦτα, Ἡρακλῆς πεινῶν καὶ Διόνυσος δειλὸς καὶ μοιχὸς Ζεὺς,) ὥστε καὶ αὐτοὺς (δοκεῖν) ἄχθεσθαι. Κρατῖνος « ὑπὸ δ' Ἡρα« κλέους πεινῶντος ἄγει καὶ σκώπτοντες ταῦτα οὐ « βοιωτόν ἐστι. » περὶ δὲ τῶν δούλων καὶ ἐν Βατράχοις φησίν.

745. ἵν' ὁ σύνδουλος σκώψας : Ἀντὶ τοῦ, καὶ τούτους τοὺς δούλους ἐξέφερον κλάοντας τούτου ἕνεκα, ἵνα ὁ σύνδουλος χλευάζων ἀνέρηται αὐτόν.

746. ὑστριχίς : Ἡ ἐξ ὑείων τριχῶν μάστιξ. (ἔστι δὲ καὶ ὑστριχὶς θηρίον τρίχας ἔχον ὑός, ἃς ἐν τῷ διώκεσθαι ἐξακοντίζει κατὰ τῶν διωκόντων.)

(εἰσέβαλεν : Ἀπὸ μεταφορᾶς τῶν τὰς πόλεις πορθούντων τὸ εἰσέβαλεν. καὶ ἔμεινεν ἐν τῇ τροπῇ. κυρίως γὰρ εἰσβαλεῖν ἐστι τὸ πολεμίους τινὰς εἰσελθεῖν εἰς πόλιν.)

747. διὰ τὸ πλῆθος τῶν πληγῶν. R.

748. (βωμολοχεύματα : Τουτέστι βωμολόχα σκώμματα, ὅ ἐστι σκώπτοντας εὐτελεῖς τινὰς καὶ ἀσθενεῖς ἄνδρας.)

749. ἐποίησε τέχνην : Ταῦτα καὶ Φερεκράτης ἐποίησε τὸν Αἰσχύλον λέγοντα ἐν τοῖς Κραπατάλοις « ὅστις γ' αὐτοῖς παρέδωκα τέχνην μεγάλην ἐξοικοδομήσας. »

κἀπύργωσεν : Ἀντὶ τοῦ (ὕψωσεν, ηὔξησεν, ἐμεγάλυνε καὶ ἠσφαλίσατο, καὶ ἐπὶ τὸ σεμνότερον τὰ ποιήματα ἤγαγεν. καὶ ἐν ἄλλοις [Ran. 1004] περὶ αὐτοῦ φησιν « ἀλλ' ὦ πρῶτος τῶν Ἑλλήνων πυργώσας ῥήματα σεμνά. »

750. (οὐκ ἀγοραίοις : Οὐ κατημαξευμένοις.)

752. ἀλλ' Ἡρακλέους ὀργήν : (Ἐνδόξως πάλιν παρέλαβεν αὐτὸς τὸν Ἡρακλῆν. λέγει γάρ, οὐ κατὰ τοὺς ἄλλους ποιητὰς μετρίους τινὰς καὶ φαύλους λοιδορεῖν καὶ κωμῳδεῖν προειλόμην, ἀλλ' ὥσπερ Ἡρακλῆς τοὺς μεγάλους ἄθλους ὑπέστη, οὕτω κἀγὼ τοὺς ἀρίστους καὶ μέγα δυναμένους παρ' ὑμῖν κωμῳδεῖν εἱλόμην.) Ἡρακλέα γὰρ μιμούμενος, οὐκ εὐτελεῖς ἄνδρας κωμῳδεῖν ἐπεχείρει.

753. διαβὰς βυρσῶν ὀδμάς : Ὡσανεὶ ἔλεγε ποταμοὺς ἢ χαράδρας. ταῦτα δὲ διὰ δὲ τὸν Κλέωνα· εἰκὸς γὰρ ἦν αὐτὸν ἀπειλεῖν τῷ Ἀριστοφάνει διὰ τὰς ὕβρεις. τὸ βαρβαρῶδες δὲ τοῦ Κλέωνος δηλοῖ διὰ τοῦ βαρβαροθύμους· Παφλαγὼν γὰρ ἦν. (τοῦ Ἡρακλέους δὲ μνημονεύσας, ἑξῆς τὸ βυρσῶν ὀσμὴν ἐπήγαγεν, ἐπεὶ δοκεῖ ὁ Ἡρακλῆς τὴν Αὐγέου κόπρον ἐκκεκαθαρκέναι.)

755. οὗ δεινόταται : Ἐρατοσθένης ἀγνοήσας τὰ κατὰ τὴν Κύνναν, κυνὸς γράφει, (κυνὸς ὡς ἀκτῖνες ἔλαμπον). Κύννα δὲ καὶ Σαλαβακχὼ πόρναι Ἀθήνησι. (Ἄλλως. τὴν ἀναίδειαν αὐτοῦ καὶ τὴν τραχύτητα τῶν τρόπων δείκνυσι διὰ τῶν ὄψεων, ὡς καὶ Ὅμηρος [Il. A, 104] « ὄσσε δέ οἱ πυρὶ λαμπετόωντι ἐΐκτην. » τῆς δὲ Κύννης μέμνηται καὶ ἐν τοῖς Ἱππεῦσι [765] λέγων « καὶ Κύνναν καὶ Σαλαβακχώ. » Ἄλλως. Κύννα ἑταίρα ἐστίν. δῆλον δὲ ὅτι καὶ ἀναιδὴς καὶ πόρνης ὀφθαλμοὺς εἶχεν.)

756. ἑκατὸν δὲ κύκλῳ : (Ὡσεὶ ἔλεγεν ὄφεων.) εἰκὸς γὰρ σύστημα τὸν Κλέωνα ἔχειν κολάκων. χαράδρα δέ ἐστι διῶρυξ πηλοῦ μεστή. ὄλεθρον δὲ εἶπεν, οὐχ ὕδωρ ἔχουσα. δέον δὲ εἰπεῖν ἐλιχμῶντο, ἐλιχνῶντο εἶπε διὰ τὸ λίχνον τῶν κολάκων. Ἄλλως. εἰκὸς γὰρ σύστημα τὸν Κλέωνα ἔχειν μέγα δυνάμενον τῶν ὑποτρεχόντων αὐτὸν καὶ θεραπευόντων. ὁ δὲ εἶπεν, ὡσεὶ ἔλεγεν δρακόντων ἑκατὸν κεφαλαῖς αὐτὸν καθωπλίσθαι, καὶ τοῦτο πρὸς ἕνα τῶν Ἡρακλέους αἰνιττόμενος ἄθλων, τὴν ἑκατοντακέφαλον ὕδραν. (καὶ γὰρ Τυφῶνα αὐτὸν εἶπεν ἐν τοῖς Ἱππεῦσι [511]· τοσαύταις δὲ ἐκεῖνος κεφαλαῖς ὥπλιστο. ἢ διὰ τοὺς περὶ αὐτὸν κόλακας.)

757. χαράδρας : Ἀντὶ τοῦ χειμάρρου ποταμοῦ. κατάγουσι δὲ οὗτοι παντοῖα μετὰ τοῦ ῥεύματος. οὐκ εἶπε δὲ πηλόν, ἀλλ' ὄλεθρον.

758. φώκης δ' ὀσμήν : Θαλάσσιον ζῷον ἡ φώκη. Ὅμηρος [Od. Δ, 442] « φωκάων ἁλιοτρεφέων ὀλοώτατος ὀδμή. »

λαμίας ὄρχεις : Δραστικοὶ γὰρ οἱ ὄρχεις. Δίδυμος δέ· εἰδωλοποιεῖ τινας ὄρχεις Λαμίας· θῆλυ γάρ. ἐντεῦθεν καὶ Λάμος ἡ πόλις τῶν Λαιστρυγόνων. (λέγεται δὲ ἡ Λάμια Βήλου καὶ Λιβύης θυγάτηρ, ἧς ἐρασθῆναι τὸν Δία φασίν, μεταγαγεῖν δὲ αὐτὴν ἀπὸ Λιβύης εἰς Ἰταλίαν, ἀφ' ἧς καὶ πόλις ἐν Ἰταλίᾳ Λάμια προσαγορεύεται. ἔνθεν αὐτῇ συνελθὼν ὁ Ζεύς, οὐκ ἔλαθε τὴν Ἥραν, ἥτις ζηλοτυποῦσα τὴν Λάμιαν τὰ γινόμενα αὐτῆς τέκνα ἀνῄρει ἀεί. ἡ δὲ ἀποθνησκόντων τῶν τέκνων αὐτῆς βαρυνομένη, τὰ τῶν ἄλλων παιδία διὰ φθόνον ὑποκλέπτουσα ἀνῄρει. διὰ τοῦτο καὶ τὰς τίτθας ἐκφοβούσας τὰ βρέφη καλεῖν ἐπ' αὐτοῖς τὴν Λάμιαν. μυθεύεται δὲ ὡς ἄϋπνος αὕτη διατελεῖ βουλήσει Ἥρας, ἵνα καὶ ἡμέρας καὶ νύκτας ἐν τῷ πένθει ᾖ, ἕως οὗ αὐτὴν ἐλεήσας ὁ Ζεὺς ἀφαιρετοὺς αὐτῆς τοὺς ὀφθαλμοὺς ἐποίησεν, ὅπως ἂν ἐν αὐτῇ ᾖ ἐξαιρεῖσθαι καὶ πάλιν θεῖναι. λέγεται δὲ ἐσχηκέναι παρὰ Διὸς καὶ τὸ μεταμορφοῦσθαι εἰς ὅ τι οὖν βούλοιτο. οὕτως εὗρον ἐν ὑπομνήματι. ἀλλόκοτον δέ τι τέρας ὑποστήσασθαι βούλεται τὸν Κλέωνα· τὴν γὰρ Λάμιάν φησιν ἄγριον εἶναι ζῷον καὶ δύσοσμον καὶ ἀνήμερον. οὐκ ἀρκεσθεὶς δὲ τούτοις αὐτὸν εἰκάσαι μόνοις, προσέθηκε καὶ ἄπλυτον, ἵνα μᾶλλον αὐξήσῃ τὴν περὶ τὸν Κλέωνα δυσοσμίαν.)

759. τοιοῦτον ἰδὼν τέρας : Εἰρηκὼς τῶν σκωμμάτων αὐτοῦ τὸ κατ' εἶδος, ἔσκωψεν αὐτὸν πάλιν ἐπὶ τὸ γενικὸν ἀναδραμών, δι' οὗ τέρας αὐτὸν καλεῖ μείζονα δόξαν τῶν προειρημένων ἐγκαταλιπὼν ἔχειν τοῖς ἀκηκοόσι περὶ αὐτοῦ.

762. παῖδας ἐπείρων : (Ὡς τῶν ἄλλων ἐξιόντων καὶ δεομένων καὶ νέων καὶ τῶν παίδων εἰς τὸ σπουδάζειν αὐτοῖς, ἵνα νικήσωσιν.) εἰώθασι δὲ καὶ παιδεραστεῖν ἁβρυνόμενοι τῇ νίκῃ. αἰνίττεται δὲ εἰς Εὔπολιν (καὶ τοὺς περὶ αὐτόν, ὡς παίδων ἐρῶντας καὶ παλαίστρας περιερχομένους).

764. (παῦρ' ἀνιάσας : Ὡς τῶν νικώντων ταῦτα ποιούντων καὶ εἰς ὕβριν ἐξελκομένων. ὀλίγα κωμῳδήσας ἢ οὐδὲν λυπήσας. ὁμοίως τῷ [Il. E, 800] « ἦ ὀλίγον οἷ παῖδα ἐοικότα γείνατο Τυδεύς. »)

765. (πρὸς ταῦτα χρεών : Διὰ ταῦτα ὑμᾶς ἀξιῶ συλλαμβάνεσθαι, ἢ δι' αὐτὰ τὰ δίκαια.)

767. καὶ τοῖς φαλακροῖσι : Τοῦτο εἰς ἑαυτόν· φαλακρὸς γὰρ ἦν ὁ Ἀριστοφάνης. τρωγαλίων δὲ ἀντὶ τοῦ

τῶν τραγημάτων. οὕτω γὰρ ἐκάλουν τὰ τραγήματα οἱ παλαιοί.

772. καὶ μὴ ἀφαίρει γενναιοτάτου : Μηδὲν ἀφαίρει τῶν παρακειμένων, ἀλλὰ πάντα παράθες. τὸ δὲ σχῆμα Ἀττικόν, τὸ γενικὴν εἰπεῖν ἀντὶ αἰτιατικῆς, ὡς καὶ νῦν εἶπε τῶν τρωγαλίων ἀντὶ τοῦ τὰ τρωγάλια.

773. λείπει ἡ ἕξ. R.

774. λαμπρὸν διὰ τὴν φαλακρότητα. ἢ εὐπαρρησίαστον. V. διαλαμπρόν. R.

(775). Μοῦσα σὺ μὲν πολέμου : Τὸ χ πρὸς τὴν ἀλλαγὴν τοῦ μέτρου. αὕτη δὲ πλοκή ἐστι καὶ ἔλαθεν. σφόδρα δὲ γλαφυρὸν εἴρηται, καὶ ἔστι Στησιχόρειος.

μοῦσα σὺ μὲν : [Ἡ ᾠδὴ αὕτη καὶ στροφὴ κώλων ἐστὶ κϐ'. τοσούτων δὲ καὶ ἡ ἀντῳδὴ καὶ ἀντιστροφή. οὐ γὰρ διήρηνται, ἀλλ' ἐχόμεναι εἰσὶν ἀλλήλων, ἐπεὶ οὐ κεῖται μεταξὺ τὸ ἐπίρρημα. τὰ μὲν οὖν α', ϛ', ιδ', ιϛ', ιθ', κα' δακτυλικὰ πενθημιμερῆ. τὰ δὲ β', δ' προσοδιακὰ δίμετρα ἀκατάληκτα ἐκ παίωνος β' καὶ χοριάμβου. τὸ δὲ γ' τροχαϊκὸν ἰθυφαλλικόν. τὸ ε' ἰαμβικὸν πενθημιμερές. τὸ δὲ ζ' ἀκατάληκτον δίμετρον. τὰ η', θ', ια' δακτυλικὰ τρίμετρα. τὸ ι' τροχαϊκὴ βάσις. τὰ ιϐ', ιγ' χοριαμβικὰ εἰς βακχεῖον περαιούμενα δίμετρα. τὸ ιε' ἀναπαιστικὸν δίμετρον βραχυκατάληκτον. τὰ ιζ', κ' ἀναπαιστικαὶ βάσεις. τὸ ιη' δακτυλικὸν δίμετρον. τὸ τελευταῖον ἰαμβικὸν ἑφθημιμερές. ἐπὶ τῷ τέλει τῆς μὲν στροφῆς παράγραφος, τῆς δ' ἀντιστροφῆς κορωνίς.] — διπλῆ καὶ μεταβολὴ εἰς μονοστροφικὴν δυάδα ἐννεακαίδεκα κώλων ἔχουσα τὰς περιόδους, ὧν τὸ α' δακτυλικὸν πενθημιμερὲς, τὸ β' περίοδος προσοδικὴ ἑνδεκάσημος ἢ δωδεκάσημος· τὸ γ' ἰθυφαλλικὸν καὶ τὸ δ' ὅμοιον. τὸ ε' πενθημιμερὲς, ὃ καλοῦσιν ἰαμβέλεγον. τὸ ϛ' ἰαμβικὸν δίμετρον ἀκατάληκτον. τὸ ζ' δακτυλικὸν τρίπουν εἰς δισυλλαβίαν. τὸ η' δακτυλικὸν ὅμοιον. τινὲς δὲ συνάπτουσι τὸ η' καὶ τὸ θ' καὶ γίνεται ἐγκωμιολογικὸν εἰς διπενθημιμερὲς, ὃ καὶ ἄμεινον. τὰ ἑξῆς ι', ια', ιϐ', ὡς μὲν κεκώλισται, ἔστι χορίαμβος ἑφθημιμερὴς, συνῆπται δέ. δύναται δὲ τὸ α' αὐτῶν μετατεθῆναι ἐκ τῆς ἑξῆς συλλαϐῆς, τὰ δὲ λοιπὰ ἑνωθῆναι. τὸ δὲ ιγ' δακτυλικὸν ἑφθημιμερές. τὸ ιδ' ἀναπαιστικὸν τρίπουν. τὸ ιε' δακτυλικὸν τετράπουν εἰς τρισυλλαβίαν. τὸ ιϛ' διπλοῦν εἰς δισυλλαβίαν. τὸ ιζ' δακτυλικὸν τετράπουν. τὸ ιη' δακτυλικὸν πενθημιμερές. τὸ ιθ' εἰς ἰαμβικὸν δίμετρον καταληκτικόν. V.

778. κλείουσα θεῶν τε γάμους : Ὅτι σύνηθες ἦν τοῖς παλαιοῖς ᾄδειν θεῶν τε καὶ ἡρώων γάμους. σημειοῦται δὲ ταῦτα ὁ μόχθος πρὸς τοὺς ἀθετοῦντας τὴν ἐν Ὀδυσσείᾳ Ἄρεως καὶ Ἀφροδίτης μοιχείαν.

Καρκίνος : Τραγῳδίας ποιητὴς, (ὃς εἶχε ταπεινούς τινας παῖδας). Καρκῖνος τραγῳδοποιός. ἐν δὲ τῷ ἀντιγράφῳ (παροξύτονον) εὗρον τὸ Καρκίνος. ἴσως οὖν συνέστειλεν αὐτὸ, ὡς καὶ Ἄρατος. παῖδες δὲ Καρκίνου τρεῖς, Ξενοκλῆς, Ξενότιμος, Ξέναρχος. τραγικοὶ δὲ οὗτοι χορευταὶ, οἵτινες διὰ τὴν σμικρότητα τῶν σωμάτων ὄρτυγες ἐκαλοῦντο.

788. (ὄρτυγας οἰκογενεῖς : Δέον ὄρνιθας οἰκογενεῖς εἰπεῖν, ὄρτυγας εἶπε, πρᾶγμα τῆς φύσεως ἀλλότριον, πλὴν εἰ μὴ ὡς μαχίμους διαβάλλει τοὺς παῖδας τοῦ Καρκίνου· φιλεριστικὴ γὰρ τῶν ἀρρένων ὀρτύγων ἡ φύσις. οἰκογενεῖς δὲ ἀντὶ τοῦ ἡμέρους, ἐν οἴκῳ τεθραμμένους. προείρηται δὲ περὶ τῶν Καρκίνου υἱῶν, ὅτι μικροί. ἀεὶ μέντοι τὸ ὄρτυγας ἐκτείνεται, νῦν δὲ διὰ τὸ μέτρον συνέσταλται.)

γυλιαύχενας : (Αὐχένας οὐκ ἔχοντας, καθάπερ ὁ γύλιος. ὡς μικροὺς δὲ καὶ γογγυλώδεις σκώπτει. ἐχόρευον δὲ οὗτοι τῷ πατρί. Ἄλλως.) μακροτραχήλους· γύλιος γὰρ πλέγμα ἐστὶ στρατιωτικὸν ἐπίμηκες, τουτέστιν εἰς ὀξὺ λῆγον. κολοβὸν οὖν εἰκὸς εἶναι τὸ ὅλον σῶμα. καὶ μόνον τὸν τράχηλον μακρόν. (Ἄλλως. γύλιος πλεκτόν τι σκεῦος στρατιωτικὸν, στενόστομον, ἐν ᾧ τὰ σιτία ἐμβάλλουσι. διαβάλλει δὲ αὐτοὺς ὡς λεπροὺς καὶ λεπτοὺς, καὶ μακροὺς τραχήλους ἔχοντας. ἐν τοῖς ἐπιφερομένοις δὲ ἐξηγήσεται ὅ τι ἐστὶ τὸ γυλιαύχενας. ὀρχηστὰς δὲ, εἰσέφερε γὰρ αὐτοὺς ὁ πατὴρ ἐν τοῖς δράμασιν ὀρχουμένους.)

790. ναννοφυεῖς : Νάννοι λέγονται οἱ κολοβοὶ τῶν ἀνθρώπων· οἱ δὲ κολοβοὶ τῶν ἵππων ἴννοι λέγονται.

σφυράδων ἀποκνίσματα : Ἀντὶ τοῦ ταπεινοὺς καὶ μικροὺς, οὐδὲ ὅλας σφυράδας. σφυράδες δέ εἰσι τὰ τῶν αἰγῶν καὶ προβάτων ἀποκατήματα. (Εὔπολις Αἰξί « σφυράδων πολλῶν ἀναμέστη. » Ἄλλως. ἡ σφυρὰς κυάμου ἔχει τὸ μέγεθος· ταύταις οὖν ἀπεικάζει αὐτούς. μᾶλλον δὲ οὐδὲ ταύταις, ἀλλὰ τοῖς ἀποκνίσμασιν αὐτῶν καὶ ἀποτμήμασιν. εὐτελίζει οὖν αὐτοὺς διὰ τὸ βραχύ· ἡ γὰρ τοῦ μικροῦ μερὶς μικρὰ οὐδὲν ἂν εἴη.)

792. μηχανοδίφας : Ἀπὸ μέρους τοῦτο· Ξενοκλῆς γὰρ ὁ Καρκίνου δοκεῖ μηχανὰς καὶ τερατείας εἰσάγειν ἐν τοῖς δράμασι. Πλάτων Σοφισταῖς « Ξενοκλῆς ὁ « δωδεκαμήχανος ὁ Καρκίνου παῖς τοῦ θαλαττίου. » (Ἄλλως. μηχανοδίφας εἶπεν αὐτοὺς, ἐπειδὴ πολλάκις ὡς τραγῳδοὶ μηχανὰς εἰσέφερον, ἡνίκα θεοὺς ἐμιμοῦντο ἀνερχομένους ἢ κατερχομένους ἐκ τοῦ οὐρανοῦ ἢ ἄλλο τι τοιοῦτον.)

794. ὃ παρ' ἐλπίδας : (Τοῦτο πρὸς τὸ ἄνω « μήτ' ἔλθῃς αὐτοῖς συνέριθος. ») καὶ γὰρ εἶπεν ὁ πατὴρ γαλῆν τινὰ (τῆς) ἑσπέρας ἀπάγξαι τὸ δρᾶμα αὐτοῦ, ὅπερ εἶχε παρὰ προσδοκίαν, τουτέστιν ὃ μετὰ μόχθου συνεγράψατο. διαβάλλει δὲ αὐτὸν ὡς νόθον περὶ τὰ κλέμματα. Ἄλλως. δρᾶμα ἐποίησε τοὺς Μύας· διὰ τοῦτο καὶ γαλῆν εἶπεν ἀπάγξαι.

796. (γαλῆν τῆς ἑσπέρας : Ἀντὶ τοῦ ὑπὸ τῆς γαλῆς τὸ δρᾶμα ἀπαγχθῆναι. δρᾶμα γὰρ ποιήσας ὁ Καρκίνος ἢ ὁ Ξενοκλῆς παρῆλθε μέγα καυχώμενος ἐπ' αὐτῷ, καὶ παρελθὼν ἡττήθη. ὡς ἡττηθέντος οὖν εἶπεν, ἐν ᾧ μεγάλας εἶχεν ἐλπίδας δρᾶμα. ἐπειδὴ δὲ αἱ γαλαῖ τοὺς μῦς νυκτὸς πνίγουσι, παρὰ τοῦτο παίζει.)

797. (τοίαδε χρὴ Χαρίτων : Τῇ στροφῇ ἀποδέδωκε τὴν ἀντίστροφον· πάλιν γὰρ ἐπὶ τὸν οἰκεῖον ἐπανέδραμεν ἔπαινον, φάσκων ὅτι διὰ ταῦτα πάντα χρὴ τοὺς

θεατὰς μετὰ πάσης εὐνοίας ἀποδέχεσθαι τὰ ὑπ' αὐτοῦ ποιήματα. ἴδωμεν οὖν τὴν στροφὴν τί ἐστι καὶ πῶς τὴν ἀντίστροφον ἐπήγαγε. κἀν ταῖς Νεφέλαις δὲ εἶπον ὅτι δεῖ πάντως ἀνταποδίδοσθαι τῇ στροφῇ τὴν ἀντίστροφον, εἶτα ἀμφοτέραις ἐπαγαγεῖν τὴν ἐπῳδόν· ἐκ τούτων γὰρ τὰ χορικὰ συνεστάναι, στροφῆς, ἀντιστρόφου, ἐπῳδοῦ. ἀντίστροφος δὲ εἴρηται παρὰ τὸ ἀναστρέφειν ἐπὶ τὸν ἐξ ἀρχῆς νοῦν τοῦ λόγου, μεταξὺ λεγομένων τῶν περιττῶν, καὶ ὥσπερ ἐντεθειμένων καὶ δυναμένων ὑπεξαιρεῖσθαι, οὐδὲν ἧττον τῆς ἀκολουθίας σωζομένης. ἔχει δὲ οὕτως « ἀνδρῶν τε δαῖτας καὶ θα- « λίας μακάρων. σοὶ γὰρ τάδ' ἐξ ἀρχῆς μέλει. » εἶτα « τοιάδε χρὴ Χαρίτων. » διὰ μέσου δὲ τὰ περὶ τῶν Καρκίνου παίδων. ἔστι δὲ παρὰ τὰ Στησιχόρου ἐκ τῆς Ὀρεστείας « τοιάδε χρὴ Χαρίτων δαμώματα καλλικό- « μων ὑμνεῖν, Φρύγιον μέλος ἐξευρόντας ἁβρῶς ἦρος « ἐπερχομένου. » δαμώματα δὲ) τὰ δημοσίᾳ ᾀδόμενα.

800. (ὅταν ἠρινὴ : Καὶ αὕτη πλοκὴ Στησιχόρειος. φησὶ γὰρ οὕτως « ὅταν ἦρος ὥρᾳ κελαδῇ χελιδών. »)

803. Μόρσιμος μηδὲ Μελάνθιος : Τραγικοὶ ποιηταὶ ἀμφότεροι. ὁ δὲ Μόρσιμος Φιλοκλέους τοῦ τραγικοῦ υἱός, πονηρὸς καὶ ἄμετρος. ὁ δὲ Μελάνθιος κωμῳδεῖται εἰς μαλακίαν καὶ ὀψοφαγίαν. καὶ πολὺ μᾶλλον ἐν τοῖς Κόλαξιν Εὔπολις αὐτὸν ὡς κίναιδον διαβάλλει καὶ κόλακα. ἀλλὰ καὶ ὡς (λευκὰς ἔχοντα καὶ) λεπρὸν Ἀριστοφάνης ἐν Ὄρνισιν [150] « ὃς οὐκ ἰδὼν βδελύττομαι τὸν Λέπρεον ἀπὸ Μελανθίου. »

808. (ἀδελφός τε καὶ αὐτὸς : Ὡς καὶ τοῦ ἀδελφοῦ τοῦ Μελανθίου τραγικοῦ ὄντος ἀσήμου. Εἰς τὸ αὐτό. δέχονταί τινες ὡς καὶ τοῦ ἀδελφοῦ τοῦ Μελανθίου τραγικοῦ ποιητοῦ ὄντος, ἀσήμου δέ. οὐκ ἀνάγκη δὲ διαιρεῖν καὶ ποιεῖν, πρὸς τὸ τὸν χορὸν εἶχε, τὸ ἀδελφός τε καὶ αὐτός. ἀλλὰ τὰ μὲν πρῶτα ἰδίᾳ περὶ τοῦ Μελανθίου μέχρι τοῦ χορὸν εἶχεν. ἀπ' ἄλλης δὲ ἀρχῆς περί τε αὐτοῦ καὶ τοῦ ἀδελφοῦ, τὰ εἰς ὀψοφαγίαν. ὅτι γὰρ ὁ Μελάνθιος ὀψοφάγος, προείρηται. καὶ παρ' Εὐπόλιδι ἐν Ἀστρατεύτοις.)

809. (ἄμφω : Στικτέον εἰς τὸ ἄμφω. ὅτι μὲν γὰρ τραγικοὶ ἀμφότεροι, Μελάνθιος καὶ ὁ τούτου ἀδελφός, δῆλον· τὸ δὲ Γοργόνες καὶ ὀψοφάγοι ἐπὶ Μελανθίου μόνου· τοιοῦτος γὰρ οὗτος διαβάλλεται. τινὲς δὲ εἰς τὸ εἶχον στίζουσιν, ἵνα Μελάνθιος μὲν ἔχῃ τὸν χορόν, ἀμφότεροι δὲ ὦσιν ὀψοφάγοι.)

811. βατιδοσκόποι : Βάτις εἶδος ἰχθύος. ἢ καθόλου οἱ ἰχθύες. ἅρπυιαι δὲ ἅρπαγες τῶν ἰχθύων· ἅρπυια γὰρ ἁρπακτικὸν ζῷον.

812. γραοσόβαι : Ἀπὸ τῶν ἰχθύων ἀποσοβοῦντες τὰς γραΐδας, ὡς μὴ ἀγοράζειν. ἢ γραΐσι συγκοιμώμενοι· σοβάδας γὰρ τὰς πόρνας λέγουσιν. Εὔπολις « παρὰ τῇδε σὺ τῇ σοβάδι κατηγάγου. » (ὡς γραοφίλους δὲ αὐτοὺς εἰσάγει, καὶ περὶ γραῶν ἔρωτας ἐπτοημένους. ἀντὶ τοῦ γραῦς ὀχεύοντες.)

τραγομάσχαλοι : Ἀντὶ τοῦ δύσοσμοι· οἱ γὰρ ἄρρενες τῶν αἰγῶν τοιοῦτοι.

ἰχθυολῦμαι : Οἱ Ἀθηναῖοι τοὺς ἰχθῦς εἶχον ὡς μέγα ἔδεσμα.

815. καταχρεμψαμένη : (Μέγα) καταπτύσασα (αὐτῶν, ὦ Μοῦσα, τῶν προειρημένων ποιητῶν καὶ τῶν παίδων τοῦ Καρκίνου).

816. ἀφῆκε τὸ ῥῆμα καὶ τὸ ἀντεπίρρημα. R.

819. ὡς χαλεπὸν : (Κορωνίς· προΐασι γὰρ οἱ ὑποκριταί. καὶ τὰ πρῶτα ἰαμβικὰ τρίμετρα ἀκατάληκτα λ'ς. ἐπὶ τῷ τέλει κορωνίς.) ὁ Τρυγαῖός ἐστι κατελθὼν ἐκ τοῦ οὐρανοῦ καὶ λοιπὸν τῇ οἰκίᾳ πλησιάσας, καὶ τὸν κόπον, ὃν ὑπέστη, διηγεῖται.

822. κακοήθεις πάνυ : Ἀνθυπήλλαξεν ἀντὶ τοῦ εἰπεῖν μικρότεροι, παρ' ὑπόνοιαν διαβάλλων Ἀθηναίους ὡς κακούργους. δοκεῖ δὲ καὶ τοῖς ἄνω τὰ κάτω μικρὰ φαίνεσθαι.

824. ἐπυθόμην τινὸς : Ἀντὶ τοῦ εἰπεῖν ὡς νομίζω, ὡς περὶ ἄλλου φησί.

829. ψυχὰς δύ' ἢ τρεῖς : Διαβάλλει αὐτοὺς ὡς μετεώρους, ἐπεὶ περὶ τῶν νεφελῶν λέγουσι πολλά. (συνεχῶς δὲ κωμῳδοῦσι τοὺς διθυραμβοποιοὺς ὡς ἐκ τοῦ ἀέρος καὶ τῶν νεφελῶν σπῶντας τὰς λέξεις, διὰ τὸ συνθέτους εἶναι παρ' αὐτοῖς.)

830. ἀναβολὰς : Τὰς ἀρχὰς τῶν ᾀσμάτων. Ὅμηρος [Od. A, 155] « ἤτοι ὁ φορμίζων ἀνεβάλλετο καλὸν ἀείδειν. »

831. τὰς ἐνδιαεριαυερινηχέτους : Κωμῳδεῖ τοὺς διθυραμβοποιοὺς ὡς ἀπὸ τοῦ ἀέρος ἀρχομένους, (καὶ λέξεις τινὰς αὐτῶν διαβάλλει τῶν διθυραμβοποιῶν ὡς τοιαῦτα λεγόντων. Δίδυμος δὲ πεπλάνηται λέγων αὐερινηχέτους· οὐ γὰρ λέγουσιν αὐέρα οὗτοι. συνεχῶς δὲ αὐτοὺς κωμῳδοῦσιν ὡς ἀέρας καὶ νεφέλας καὶ τὰ ἐκ τούτων σύνθετα ποιοῦντας. μήποτε δὲ οὐκ ἀορίστως μόνον, ἀλλὰ καί τινος τῶν διθυραμβοποιῶν λέξεις τινὰς χλευάζει. Ἄλλως.) τὰ προοίμια τῶν διθυραμβοποιῶν ὡς ἐπιτοπλεῖστον ἀπᾴδοντά ἐστι καὶ οὐδὲν πρὸς τὸ πρᾶγμα δηλοῖ. τὸ δὲ τοιοῦτον μετεώρων ἀνδρῶν.

835. Ἴων ὁ Χῖος : Διθυράμβων καὶ τραγῳδίας καὶ μελῶν ποιητής. ἐποίησε δὲ ᾠδήν, ἧς ἡ ἀρχὴ « ἀοῖον ἀεροφοίταν ἀστέρα μείναμεν, ἀελίου λευκῇ πτέρυγι πρόδρομον. » φαίνεται δὲ τετελευτηκὼς ἐκ τούτων. παίζων οὖν ὁ Ἀριστοφάνης ἀοῖον αὐτόν φησιν ἀστέρα κληθῆναι. περιβόητος δὲ ἐγένετο. ἔγραψε δὲ καὶ κωμῳδίας καὶ ἐπιγράμματα (καὶ παιᾶνας καὶ ὕμνους καὶ σκολιὰ καὶ ἐγκώμια καὶ ἐλεγεῖα, καὶ καταλογάδην τὸν πρεσβευτικὸν λεγόμενον, ὃν νόθον ἀξιοῦσιν εἶναί τινες καὶ οὐχὶ αὐτοῦ. φέρεται δὲ αὐτοῦ καὶ κτίσις καὶ κοσμολογικὸς καὶ ὑπομνήματα καὶ ἄλλα τινά. καὶ πάνυ δόκιμος ἦν. φασὶ δὲ αὐτὸν ὁμοῦ διθύραμβον καὶ τραγῳδίαν ἀγωνισάμενον ἐν τῇ Ἀττικῇ νικῆσαι, καὶ εὐνοίας χάριν προῖκα Χῖον οἶνον πέμψαι Ἀθηναίοις. Σωκράτους δὲ τοῦ φιλοσόφου ἔστιν εἰς αὐτὸν λόγος λεγόμενος Ἴων. μέμνηται αὐτοῦ καὶ Καλλίμαχος ἐν τοῖς Χωλιάμβοις, ὅτι πολλὰ ἔγραψεν.) [ὡς δ' ἦλθεν ἐνθάδε, ἀντὶ τοῦ εἰς

τὸν οὐρανὸν, ἀπέθανεν.] — εἰς τὸν οὐρανόν. ἀπέθανε γάρ. ἀοῖον δὲ τὸν ἑῷον. R.

837. (Ἀοῖον αὐτὸν : Ὅτι ὁ μὲν Ἴων ἤδη τεθνήκει, δῆλον. οὐκ ἄδηλον δέ ἐστι ὅτι πρὸς τὸ ὑπ' αὐτοῦ ἔν τινι τῶν διθυράμβων λελεγμένον τὸ ἀοῖος ἀστὴρ παίζει.)

839. οἱ καόμενοι : Οἱ σπινθηρίζοντες, οἱ καλούμενοι διάττοντες, (οἱ ἐν τῷ λάμπειν τοὺς σπινθῆρας πέμποντες.)

841. ἰπνοὺς : Οὓς νῦν ἡμεῖς λαμπτῆρας ἢ φανοὺς καλοῦμεν. (τοὺς νῦν φανοὺς καλουμένους λύχνους τινάς φασι λέγειν τῶν παλαιῶν, τὰς δὲ λαμπάδας τοὺς τραγικοὺς φανοὺς ἢ πανοὺς διὰ τοῦ π.)

842. (ταυτηνὶ λαβὼν : Ἐλέγετο ὅτι δύο πόρνας εἶχε τῇ Εἰρήνῃ συναφθείσας, τήν τε Ὀπώραν καὶ τὴν Θεωρίαν, ὧν τὴν μὲν Ὀπώραν ἔδωκε τοῖς γεωργοῖς, τῇ δὲ βουλῇ τὴν Θεωρίαν. τούτων οὖν τὴν μὲν Ὀπώραν τοῖς οἰκέταις ὁ Τρυγαῖος δίδωσιν ἀπαγαγεῖν εἰς τὴν οἰκίαν, ὡς αὐτὸς αὐτὴν γαμήσων, καὶ παρακελεύεται τὰ πρὸς τοὺς γάμους αὐτῆς εὐτρεπίσαι. τὴν δὲ Θεωρίαν αὐτός φησιν ἀπομόσας δώσειν τῇ βουλῇ. ἴσως δὲ ἡ Εἰρήνη ἐν τῷ οὐρανῷ ἔμεινεν· οὐδαμοῦ γὰρ ποιεῖται αὐτῆς μνήμην ὡς κατελθούσης.)

843. ἀντὶ τοῦ κατακλύζεσθαι ποίησον, ὅ ἐστι γέμισον ὕδατος. R. V.

844. προστακτικόν ἐστι τὸ στόρνυ καὶ ἔστιν ὁ τε σύνδεσμος. R. V.

846. τὴν Θεωρίαν. R.

849. πορνοβοσκοῦσι : Πιθανῶς ἐδήλωσεν ὅτι πόρναι ἦσαν ἡ Ὀπώρα καὶ ἡ Θεωρία.

850. οὐκ, ἀλλὰ : Οὐχ ὡς ἐν ἀποφάσει, ἀλλ' ὡσεὶ εἶπεν, ἀλλ' οὐχὶ κἀκεῖ τινές εἰσιν ἀπὸ τούτων; ἐπεὶ πῶς ἀπαρνησάμενος συντίθεται πάλιν.

851. ἄγε νυν : Ὁ θεράπων λέγει ἄγε νυν ἴωμεν τῇ Ὀπώρᾳ, εἶτα ἐρωτᾷ τὸν δεσπότην περὶ τῆς Ὀπώρας.

854. λείχειν ἄνω : Τοῦτο καὶ τὸ ἑξῆς διὰ τὸ κακέμφατόν τινες παραιτοῦνται, (ὅτι ἐπαμφοτεριζόντως λέλεκται, καὶ πρὸς τὸ πρᾶγμα καὶ πρὸς τὸ ἀσελγές).

855. εἰς τὸ κακέμφατον τῆς πόρνης λέγεται. R.V.

856. εὐδαιμονικῶς : [Στροφὴ ἀμοιβαία κώλων ζ'. ἔχει δὲ καὶ ἀντιστροφὴν τὸ « ἦ χρηστὸς ἀνήρ. » καὶ εἰσὶ τοῦ μὲν χοροῦ τὰ κῶλα Ἰωνικὰ ἀπὸ μείζονος, τὰ μὲν β' δίμετρα ἀκατάληκτα, τὸ δὲ γ' ἡμιόλιον· ὁ δὲ τοῦ ὑποκριτοῦ στίχος ἰαμβικὸς τετράμετρος καταληκτικός. καὶ αὖθις τὰ τοῦ χοροῦ τρία τοῖς ἄνω κάτισα κώλοις. ὑφ' ἃ παράγραφος καὶ ἡ ἔσω διπλῆ. ἑξῆς δ' ἐν εἰσθέσει σύστημα κατὰ περικοπὴν στίχων ἰαμβικῶν τετραμέτρων καταληκτικῶν ε'. ὑφ' οὓς κορωνίς.] διπλῆ· ἔπεται γὰρ μέλος ἀμοιβαῖον τοῦ χοροῦ καὶ τοῦ ὑποκριτοῦ, οὗ ἐστι πρῶτον ἐν ἐκθέσει κῶλα γ' τοῦ χοροῦ, ὧν τὸ μὲν α' καὶ τὸ β' Ἰωνικὸν ἀπὸ μείζονος ἐφθημιμερῆ συνημμένα, τὸ δὲ γ' Ἰωνικὸν καὶ αὐτὸ ἡμιόλιον. ὁ δὲ τοῦ ὑποκριτοῦ στίχος, τετράμετρος ὅμοιος τοῖς ἄνω. ταῦτα δύναται εἶναι στροφὴ καὶ ἀντίστροφος. τὰ δὲ ἑξῆς εἰς ἐπῳδόν. εἰσὶ δὲ τοῦ χοροῦ στίχοι ὅμοιοι τοῖς ἄνω ἰαμβικοὶ τετράμετροι καταληκτικοί. δύο δὲ ἐν ἐκθέσει στίχοι ἴαμβοι τετράμετροι καταληκτικοί. V. εὐδαιμονικῶς ὁ πρεσβύτης τὰ νῦν πράττει ὅσον ἐστὶν ἰδεῖν. R.V.

857. τὰ νῦν τάδε : Ἀττικοὶ οὕτως ἔλεγον ἀντὶ τοῦ νῦν. R. Ἀττικῶς οὕτως ἔλεγε ἀντὶ τοῦ νῦν. V.

861. ἀντὶ τοῦ γενόμενος. R. οἷον πάλιν ἀνανεάζων. V.

862. μυραλοιφίαις ἀληλιμμένος. V.

863. τῆς Ὀπώρας. οἶμαι, φησὶ, πάλιν νέος εἶναι, ὡς προεῖπον. V.

864. εὐδαιμονέστερος : Ἀντὶ τοῦ κακοδαιμονέστερος, ἐν εἰρωνείᾳ. στροβίλους δέ φησι τούτους ἢ διὰ τὸ τραχὺ τοῦ σώματος, ἢ πρὸς τὸ τοῦ Καρκίνου ὄνομα παίζων· ὀστρακόδερμοι γὰρ οἱ καρκίνοι, καθάπερ καὶ οἱ στρόβιλοι, [τουτέστιν οἱ κοχλίαι ἢ οἱ θαλάττιοι κήρυκες]. ἢ διὰ τὸ ἐν τῇ ὀρχήσει στροβεῖσθαι, (ἐπειδὴ καὶ οἱ στρόβιλοι κώνου ἐπέχουσι δίκην). Ἄλλως. στρόβιλός ἐστιν ἡ συστροφή. στροβίλους οὖν εἶπε καθ' ὃ καὶ ἀλλαχοῦ [v. 789] γυλιαύχενας.

865. παρατηρητέον ὅτι οὐκ ἐπὶ ἁρμάτων μόνον ἔλεγον ὄχημα. R. V.

867. παραγραμμίσαι μοι δοκεῖ τοῦ γελοίου χάριν, ἀντὶ τοῦ πίνειν τε καὶ καθεύδειν. V.

868. [ἡ παῖς λέλουται : Κορωνὶς ἑτέρα εἰσιόντων τῶν ὑποκριτῶν ἐξ ἰαμβείων μα'. ἐπὶ τῷ τέλει κορωνίς.]

869. σησαμῆ : (Παρὰ τὸ ἐν τοῖς γάμοις ἔθος. ἐδόκουν γὰρ ἐν τοῖς γάμοις σήσαμον διδόναι, ὅς ἐστι) πλακοῦς γαμικὸς ἀπὸ σησάμων πεποιημένος, διὰ τὸ πολύγονον, ὥς φησι Μένανδρος. (σησαμοῦς δὲ καὶ σησαμῆ διαφέρει· σησαμοῦς μὲν εἶδος πλακοῦντος, σησαμῆ ἣν φαμεν ἡμεῖς σησαμίδα. [Av. 159 :] « σήσαμα δὲ καὶ μήκωνες καὶ σισύμβρια. » φύλλα οἷς στεφανοῦνται οἱ νυμφίοι. καὶ σησαμοῦντια πόπανα.)

872. πρὸς οὐδὲν τὸ τι. V.

874. ἐπαίσαμεν : Συνουσιάζομεν, ἠλαύνομεν. πόρνη γάρ ἐστιν. ἐν Βραυρῶνι δὲ δήμῳ τῆς Ἀττικῆς πολλαὶ πόρναι. ἐκεῖ δὲ καὶ τὰ Διονύσια ἤγετο, καὶ καθ' ἕκαστον δῆμον, ἐν οἷς ἐμέθυον. μεθύοντες δὲ πολλὰς πόρνας ἥρπαζον. R. V.

875. καὶ μόλις ταύτης ἐγκρατεῖς γεγενήμεθα. V.

876. πρωκτοπεντετηρίδα : Παρόσον διὰ πενταετηροῦς χρόνου ἤγοντο αἱ θεωρίαι τῶν Διονυσίων.

879. εἰς Ἴσθμια : Οἱ γὰρ θέλοντες θεωρεῖν προκαταλαμβάνουσιν ἑαυτοῖς τόπους. εἰς Ἴσθμια δὲ εἴρηκεν, ἅμα ὅτι καὶ ἀγὼν Ἰσθμιακὸς, καὶ διὰ τὴν στενότητα τοῦ αἰδοίου τῆς πόρνης. διὸ καὶ εἶπε « τῷ πέει σκηνὴν ποιῶ. » στενὸς δὲ καὶ ὁ Ἴσθμος. πάσας δὲ τὰς πανηγύρεις θεωρίας ἐκάλουν. R. V.

(στενοῦ γὰρ ὄντος τοῦ τόπου πάντες προλαβεῖν σπεύδουσιν, ἐπεὶ οὐχ εὑρίσκουσι ξενίαν. πιθανῶς δὲ οὔτε Ὀλύμπια οὔτε Πύθια εἶπεν. Ἄλλως.) εἰς τῶν θεατῶν τὰ ἰσχία τῆς Θεωρίας καταλαμβάνει καὶ ἐφάπτεται περιφέρων τὸν δάκτυλον. ἅμα οὖν πρὸς τὴν Θεωρίαν τὰ Ἴσθμια. ἐπιτιμᾷ δὲ ὁ δεσπότης ὡς ἁπτομένῳ τῶν

ἰσχίων αὐτῆς. περιγράφειν γάρ ἐστι τὸ περιορίζειν ἁπτόμενον. (τῷ δακτύλῳ περιέγραφε τὰ ἰσχία. Ἄλλως. τὸ λεγόμενον τοιοῦτόν ἐστι. προκαταλαμβάνω θήκην ἐμαυτῷ ταῖς ἡδοναῖς. ἐπεὶ δ' ἐν Ἰσθμῷ διὰ τὴν τοῦ τόπου στενοχωρίαν οὐκ ἔστι ξενίας ἐπιτυχεῖν εὐχερῶς, ἔθος τῇ πανηγύρει τῶν Ἰσθμίων πρόπαλαι καταλαμβάνειν τὰς σκηνὰς τοῖς πανηγυρίζειν βουλομένοις.) R. V.

διττὴ ἡ ἑρμηνεία. πρός τε τὴν Θεωρίαν καὶ πρὸς τὴν γυναῖκα. V.

παρεπιγραφή· ἁπτόμενος γὰρ αὐτῆς τῆς πυγῆς καὶ θαυμάζων καὶ τοῖς θεαταῖς ἐπιδεικνύμενος τὸ αἰδοῖον. πενταετηρίδα δὲ προσέθηκε τὸ ἔργον τῆς θεωρίας· διὰ πενταετοῦς γὰρ ἐπιτελοῦνται τὰ Διονύσια. ἢ ὅτι διὰ πέντε ἐτῶν εἶδον τὴν θεωρίαν. V.

881. ὁ δυνάμενος φυλάξαι τὴν Θεωρίαν, ἕως αὐτὴν παραδῷ τῇ βουλῇ. R.

882. τοὺς θεατὰς ἢ τὸ βουλευτήριον. R.

883. τεχνικῶς περὶ τῆς θεωρίας διαλεγόμενος ἐκείνου ἀνθάπτεται· ἅμα καὶ ὅτι ἐν ταῖς θεωρίαις ζωμοὶ γίνονται ἀπὸ τῶν βοῶν τῶν θυομένων, ἅμα δὲ ὅτι λείκτης διεβάλλετο ὁ Ἀριφράδης καὶ μεμηνὼς ἐπὶ γυναιξίν. ὡς φοινικιστὴς γὰρ λοιδορεῖται, ὅπερ καὶ ἐκ τοῦ προσπεσὼν δηλοῖ. R. V.

ἔφην ὅτι ὡς ἀρρητοποιὸν αὐτὸν διαβάλλει. ὁρᾷς οὖν ὡς ἐπαμφοτεριζούσαις χρῆται ταῖς λέξεσιν, ὡς καὶ ἐπὶ τῆς θεωρίας διαλεγόμενος κἀκείνου καθαπτόμενος. ἐκλάψεται δὲ, ἐκπίεται καὶ ἐκροφήσει. καὶ τὸ σχῆμα δὲ τῆς αἰσχρουργίας διὰ τοῦ προσπεσὼν δείκνυσιν. V.

886. τὰ σκεύη : Ἀντὶ τοῦ τὰ μαγειρεῖα, διὰ τὸ θύειν ἐν ταῖς πανηγύρεσιν. ἢ πρὸς τὴν Θεωρίαν λέγει φέρουσάν τινα εἰρήνης καὶ γεωργίας σύμβολα. R. V.

887. πρυτάνεις : (Τῆς γὰρ βουλῆς ἐπρυτάνευον δέκα, ἄλλοι δέ φασιν ὀκτώ.) τὸν λόγον ἀπέτεινε λοιπὸν πρὸς τὴν βουλὴν ὡς παραδιδοὺς τὴν Θεωρίαν. R. V.

890. ἀνάρρυσις : Ἀνάρρυσις μία τῶν Ἀπατουρίων ἡμέρα. Ἀπατούρια δὲ ἑορτὴ παρ' Ἀθηναίοις (τὸ συμβὰν δηλοῦσα τῇ προσηγορίᾳ. καὶ ἀναρρύειν τὸ ἐπιθύειν, ἀντὶ τοῦ θυσίαν ἐπιτελεῖν. τρεῖς δὲ ἦσαν αἱ ἡμέραι τῶν Ἀποτουρίων, δόρπεια, κουρεῶτις, ἀνάρρυσις. τὴν δ' αἰτίαν καίπερ ἐν ἄλλοις [ad Eq. 146] ῥηθεῖσαν ἡμῖν οὐ χεῖρον κἀνταῦθα θεῖναι. Ἀθηναίων γὰρ περὶ Κελαινῶν πρὸς Βοιωτοὺς πόλεμον ἀραμένων, Ξάνθος Βοιωτὸς προεκαλέσατο τὸν Ἀθηναίων βασιλέα Θυμοίτην. καὶ οὗτος μὲν οὐκ ἐδέξατο, Μελάνθιος δέ τις Ἀρκὰς τὸ γένος, ἐν Ἀττικῇ ὢν καὶ οἰκῶν, ὑπέστη τὸ μονομάχιον. καὶ κατελθόντων αὐτῶν εἰς τὸ ἀφωρισμένον πεδίον ἐπὶ τὸ μονομαχῆσαι, ὁ Μελάνθιος δόλῳ ἀναιρεῖ τὸν Ξάνθον. προσιόντι γὰρ αὐτῷ ἔφη « ἀδικεῖς, ὦ « Ξάνθε, μόνος φήσας παραγενέσθαι καὶ δεύτερος πα« ραγενόμενος. » ἐφ' ᾧ στραφεὶς ὁ Ξάνθος, ὡς θεασόμενος τὸν ἥκοντα, ἐτρώθη παρὰ Μελανθίου καὶ ἀπώλετο. ἀφ' οὗ καὶ τὴν ἑορτὴν Ἀθηναῖοι ταύτην ἄγουσιν, ἀπὸ τῆς ἀπάτης Μελανθίου Ἀπατούρια προσαγορεύσαντες. τινὲς δέ φασι τὸν Διόνυσον παραστῆναι τῷ Ξάνθῳ σὺν ἀγροικικῷ σχήματι, ὃν θεασάμενος Μελάνθιος τὰ εἰρημένα διεπράξατο· ὅθεν καὶ αὐτῷ ἦγον τὴν ἑορτὴν ταύτην.)

(πόλεμος γὰρ τοῖς Ἀθηναίοις) συνέστη πρὸς Βοιωτούς. ἡγεῖτο δὲ τῶν μὲν Βοιωτῶν Ξάνθος, ἐβασίλευε δὲ τῶν Ἀθηναίων Θυμοίτης κατ' ἐκεῖνο καιροῦ τῇ ἡλικίᾳ ἤδη γέρων. ὁ οὖν Ξάνθος ὁ τῶν Βοιωτῶν προσκαλέσατο εἰς μονομαχίαν τὸν Θυμοίτην, ἐφ' ᾧ, εἰ μὲν αὐτὸς νικήσει, κρατήσει καὶ τῆς τῶν Ἀθηναίων ἀρχῆς, εἰ δὲ ὁ Θυμοίτης, καὶ τῆς τῶν Βοιωτῶν. (ὁ οὖν Θυμοίτης οὐ βουλόμενος διὰ τὸ γῆρας, ἵνα μὴ διὰ τὴν αὐτοῦ ἀσθένειαν ἡ πατρὶς ἄλλῳ δουλεύσῃ, ἀνεκήρυξε τῷ μονομαχοῦντι τὴν ἀρχήν.) R. V.

891. (τοὐπτάνιον : Τὸ μαγειρεῖον, ὅπου τῇ βουλῇ σκευάζεται μετὰ τὰς θυσίας κρέα, ὅπερ καὶ μᾶλλον. Ἄλλως. τὸ αἰδοῖον αὐτῆς δείκνυσι. τὸ κεκάπνικε δὲ, ἐπειδὴ μέλαν ἐστὶ διὰ τὰς τρίχας. καὶ αὕτη διαφέρει ἡ ἐξήγησις τοῦ λέγοντος αὐτὴν ἀποκνευματίσαι, ἣν καὶ ἐπλάσαντο τὴν ἄλλην μὴ νοήσαντες.)

892. καὶ κεκάπνικ' : Ὡς ἀποκνευματισάσης. τὸ δὲ κεκάπνικεν ὡς ἐπὶ ὀπτανίου.

893. τὰ λάσανα : Ὅτι οὕτως οἱ χυτρόποδες. ἐπεὶ δὲ εἶπε τὸ ὀπτάνιον, ἐπήγαγε καὶ τὰ λάσανα. δηλοῖ δὲ τοὺς δασεῖς αὐτῆς μηρούς. δηλοῖ δὲ καὶ τὰ μαγειρεῖα, ὅπου τῇ βουλῇ σκευάζεται μετὰ τὰς θυσίας κρέα.

894. (ἐξέσται ποιεῖν : Οὐδὲν εὐφυέστερον τῆς παρενθέσεως, ἵνα ἐπὶ πλέον χρήσασθαι δυνηθῇ τοῖς μέσοις ῥήμασιν.)

896. ἐπὶ γῆς παλαίειν : (Ἅπαντα ὡς ἐπὶ συνουσίας σχημάτων καὶ θεωρίας.) — ὡς ἐπὶ συνουσίᾳ λέγει. R.

898. πὺξ ὁμοῦ : Παρὰ τὸ λεγόμενον « πὺξ ὁμοῦ καὶ τῷ σκέλει. » παρὰ προσδοκίαν οὖν ἀντὶ τοῦ τῷ σκέλει, δεικνύς τε τὰ μὲν ὡς ἐπὶ παλαισμάτων, τὰ δὲ ὡς ἐπὶ γυναικείων σχημάτων.

899. ἱπποδρομίαν : Τὸ γὰρ παλαιὸν ταῖς ὑστέραις ἡμέραις τὰς ἱπποδρομίας ἦγον ἐν τοῖς ἀγῶσι.

900. κέλης κέλητα : Παρὰ τὴν συνουσίαν καὶ τοὺς κέλητας ἵππους, οἵ εἰσι μονάτορες.

901. ἅρματα : Ἀντὶ τοῦ εἰπεῖν σώματα ἅρματα εἶπε. τῇ δὲ τρίτῃ τῶν Ἀπατουρίων ἱπποδρομία ἤγετο. — ἀνατετραμμένα ἀντὶ τοῦ περικείμενα ἀλλήλοις τὰ σώματα. R.

902. (προσκινήσεται : Ὅρα τὸ ἀστεῖον οἷον· δῆλον γάρ ἐστιν ὃ διὰ τῆς τροπῆς λέγει.)

904. (καμπαῖς : Συστροφαῖς. καὶ κάμπιος δρόμος ὁ οὐκ εὐθὺς καὶ ἁπλοῦς, ἀλλὰ καμπὰς ἔχων.)

905. (ἀλλ' ὦ πρυτάνεις : Τοῖς πρυτάνεσιν ἔθος ἦν προσαγαγεῖν τοὺς δεομένους εἰς τὴν βουλήν. καὶ δῆλον ὅτι ἐδωροδοκοῦντο παρὰ τῶν χρῃζόντων προσελθεῖν, καὶ εἰ μέν τις αὐτοὺς ἐχρημάτιζε, προθύμως συνεπελαμβάνοντο, τοὺς δὲ προῖκα προσιέναι θέλοντας οὐκέτι μετ' ἴσης σπουδῆς προσῆγον. σκώπτει γοῦν αὐτοὺς ὡς ἥττους ὄντας λήμματος.)

907. ἀλλ' οὐκ ἂν εἴ τι προῖκα : Τοῖς πρυτάνεσιν ἔθος

ἦν προσάγειν τοὺς δεομένους προσόδου ἐν τῇ βουλῇ. ἐδωροδοκοῦντο δὲ παρὰ τῶν δεομένων. τὴν δὲ ἐκεχειρίαν ἅμα μὲν ὡς προφασιζομένων « ὅτι ἐκεχειρία ἐστίν, οὐ δυνάμεθα σήμερον προσαγαγεῖν » καὶ μὴ προσαγόντων τῇ βουλῇ τοὺς μὴ δεδωκότας αὐτοῖς τῶν δεομένων, ἅμα δὲ πρὸς τὸ ὑπέχειν τὴν χεῖρα ἐπὶ τῷ λαβεῖν. (ἀναβάλλονται γὰρ ἐπὶ τῶν μηδὲν διδόντων οὕτως. ἐκεχειρία δὲ ἡ ἀνοχὴ τοῦ πολέμου, παρὰ τὸ ἀπέχειν τὰς χεῖρας· νῦν δὲ παίζει τὸ ἔχειν τι ἐν τῇ χειρὶ παρὰ τῶν δεομένων.)

908. ἀλλ' εὗρον ἄν σ' ὑπέχοντα : Ἀλλὰ κατέλαβόν σε ὑπέχοντα τὴν χεῖρα ἑτοίμην πρὸς τὸ λῆμμα. ἐπειδὴ ἐκεχειρίαι τότε πρὸς τοὺς Λάκωνας ἦσαν αὐτοῖς, πρὸς τοῦτο ἔπαιξεν, ἅμα καὶ σκώπτων αὐτοὺς ὡς ἥττους λήμματος.

(τὴν ἐκεχειρίαν : Ἐκεχειρία ἡ ἀνοχή, ὅτι δεῖ τὰς χεῖρας ἐπέχειν τῶν ἔργων. νῦν δὲ παίζει πρὸς τὸ ἔχειν τι ἐν τῇ χειρὶ παρὰ τῶν δεομένων. παρὰ τὴν χεῖρα δὲ παίζει, ἐπεὶ εἰώθασι λέγειν « ἐκεχειρία ἐστίν, οὐ δυνάμεθα σήμερον εἰσάγειν. »)

909. [χρηστὸς ἀνήρ : Ἰδοὺ ἡ ἀντιστροφὴ τῆς « εὐδαιμονικῶς » στροφῆς, ἄλλα τε ὅσα ἐκείνη καὶ τὸ κατὰ περικοπὴν ἔχουσα σύστημα. ἐπὶ τῷ τέλει αἱ ἀμφοτέρωθεν ἔξω διπλαῖ τῆς ἀντιστροφῆς· τὰ γὰρ τετράμετρα τῶν ἰαμβείων παραγράφῳ περατοῦται.]

(πολίτης ἐστίν : Οὔτε συμπολίτην οὔτε συνδημότην λέγουσιν. ὁ μέντοι Εὐριπίδης που [Heraclid. 826] λέγει « ὦ συμπολῖται τῇ τε βοσκούσῃ χθονὶ καὶ τῇ τεκούσῃ « νῦν τιν' ἀρκέσαι χρεών. »)

916. λεπαστὴν : Εἶδος ποτηρίου μεῖζον ἢ κύλιξ. οὕτως ὁ Σύμμαχος. ὁ δὲ Παλαμήδης τὸ πιθάριον ἐκδέχεται.

920. δημότην : Ἀντὶ τοῦ δημοτικόν.

922. [ἄγε δὴ τί νῷν : Κορωνὶς ἑτέρα ὁμοία τῇ ῥηθείσῃ, ἧς οἱ μὲν ιζ' στίχοι ἰαμβικοὶ τρίμετροι ἀκατάληκτοι. ὁ ιη' ὅμοιος τετράμετρος καταληκτικός. τὰ ἑξῆς δύο κῶλα ἀναπαιστικὰ δίμετρα. ὧν τὸ μὲν ἀκατάληκτον, τὸ δ' οὔ. ὁ τελευταῖος ἰαμβικὸς τετράμετρος ἀκατάληκτος. ὑφ' ὃν κορωνίς.]

διπλῆ καὶ ἔκθεσις εἰς ἰάμβους τριμέτρους ἀκαταλήκτους ιζ'. V.

923. χύτραις ἱδρυτέον : (Ὁτὲ μὲν ταῖς χύτραις ὄσπρια ἧψον, ὁτὲ δὲ ἄλλο τι πολυτελὲς ἱερεῖον, καὶ οὕτως ἵδρυον, καὶ πρὸς τὸ θυόμενον ἔλεγον, βοὶ ἱδρύεσθαι ἢ αἰγὶ ἢ προβάτῳ, ἢ οἷον ἂν ᾖ τὸ ἱερεῖον, ὥσπερ ἐν Πλούτῳ. Ἄλλως. ἔθος εἶχον Ἑρμᾶς ἱδρύοντες πρὸ τῶν θυρῶν, καὶ ἄλλα τινὰ ἀγάλματα θεοῦ, ὑπὲρ τοῦ μὴ βραδύνειν παρὰ τὴν ἀνάστασιν, χύτραις ἀθάρας ἱδρύεσθαι καὶ ἄλλοις τισίν. Ἄλλως.) ὁπότε μέλλοιεν βωμοὺς καθιδρύειν ἢ ἄγαλμα θεοῦ, ἕψοντες ὄσπρια ἀπήρχοντο τούτων, τοῖς ἀφιδρυμένοις χαριστήρια ἀπονέμοντες τῆς πρώτης διαίτης, ὡς οὗτος εἶπεν ἐν Δαναΐσι « μαρτύ« ρομαι δὲ Ζηνὸς ἑρκείου χύτρας, μεθ' ὧν ὁ βωμὸς οὗ« τος ἱδρύθη ποτέ. » ποτὲ δὲ καὶ πολυτελεστέρῳ ἱερείῳ ἀφιδρύοντο· φησὶ δὲ καὶ ἐν τοῖς ἑξῆς [1000] « εἰρήνην « εἵλοντο καὶ ἱδρύσανθ' ἱερείῳ. » (μεμφόμενοι δὲ ὡς πολυτίμητον οὖσαν ἄλλαις ἱερωσύναις αὐτὴν ἱδρύσαντο « ὡς οἱ μὲν νέφος ὀξὺ ἀπωσάμενοι πολέμοιο εἰρήνην « εἵλοντο, καὶ ἱδρύσανθ' ἱερείῳ. ») ἐν δὲ τῷ Πλούτῳ [1198] « τὰς χύτρας αἷς τὸν θεὸν ἱδρυσόμεθα, λαβοῦσα ἐπὶ « τῆς κεφαλῆς φέρε. »

924. χύτραισιν ὥσπερ μεμφόμενοι : Ἠγανάκτησαν ἀκούσαντες ἐν χύτραις ἱδρύεσθαι τὴν Εἰρήνην, ὡς εὐτελοῦς οὔσης τῆς θυσίας ἐκ τῶν ἄλλων. διὸ φασὶν ἄλλαις ἱερωσύναις αὐτὴν ὡς πολυτίμητον θεραπεύσωμεν. ἐν δὲ τοῖς ἑξῆς ἱερείῳ φησὶ ἱδρύσασθαι αὐτὴν οὕτως· « ὡς οἱ « μὲν νέφος ἐχθρὸν ἀπωσάμενοι πολέμοιο εἰρήνην εἵ« λοντο, καὶ ἱδρύσανθ' ἱερείῳ. »

Ἑρμίδιον : Ἀντὶ τοῦ εὐτελές. ὡς τοῦ Ἑρμοῦ χύτραις ἱδρυμένου ἐπὶ πολύ, ὡς μέμφεσθαι αὐτόν.

925. λαρινῷ βοΐ : (Ἐπειδὴ ἑώρα αὐτοὺς πρὸς τὴν διὰ τῶν χυτρῶν καθίδρυσιν ἀχθεσθέντας, ἄλλον τρόπον τῆς καθιερώσεως ὑποτίθεται, καὶ φησίν, βούλεσθε λαρινῷ βοΐ; περὶ δὲ τῶν λαρινῶν βοῶν Λύκος μὲν ὁ Ῥηγῖνος ἐπὶ ταῖς πρὸς Ἀλέξανδρόν φησιν ἀπὸ Λαρίνου τινὸς βουκόλου ταύτην αὐτοὺς τὴν προσηγορίαν ἐσχηκέναι. εἰσὶ δέ τινες οἳ παρὰ τὸν λάρον ἀξιοῦσιν αὐτοὺς οὕτω καλεῖσθαι. οἱ δὲ τὴν ρι συλλαβὴν δασύνουσιν, ἵν' ᾖ λαρινοὺς τοὺς μεγαλορίνους· ἐν δὲ τῇ Χαονίᾳ φασὶ τοιούτους εἶναι βοῦς, οὓς καὶ Κεστρίνους καλοῦσιν. Ἄλλως.) ἀντὶ τοῦ μεγάλῳ καὶ εὐτραφεῖ. τοὺς δὲ ἠπειρωτικοὺς βοῦς οὕτω λέγουσιν ἀπό τινος Λαρίνου βουκόλου, παραλαβόντος παρὰ Ἡρακλέους τὰς Γηρυόνου βοῦς, (καὶ θρέψαντος εἰς εὐεξίαν. τοῦτο δὲ Ἡρωδιανὸς ὀξύνει ἐν τῷ ζ' τῆς καθόλου, λαρινός ὡς ἀληθινός, ὥστε περισπαστέον τὴν δοτικὴν λαρινῷ).

926. βοηθεῖν : Ἐπὶ μάχην δραμεῖν. — πρὸς τὴν ἀρχὴν τῶν ὀνομάτων τοῦ βοΐ καὶ βοηθεῖν ἔπαιξεν. R.

928. Θεαγένους ὑηνία : Ἀντὶ τοῦ μωρία, ἀμαθία. διεβάλλετο γὰρ ὁ Θεαγένης εἰς μαλακίαν, καὶ ὡς ὑώδης καὶ δύσοσμος καὶ πένης. (ἦν δὲ ἐκ Πειραιῶς. ἐδόκει δὲ καὶ πένης εἶναι, θρύπτεσθαι δὲ ἐπὶ πλούτῳ. ἦν δὲ τὸ σῶμα παχὺς καὶ χοιρώδης. τὴν δὲ ὑηνίαν, τὴν δυσωδίαν, ἐκ τῶν ὑῶν, οἵπερ διαφόροις ἐδέσμασι χρώμενοι δυσώδη ἀποπατοῦσι, καὶ εἰς βορβόρους δὲ κυλίονται. ἔστι δὲ καὶ ἄλλος Θεαγένης, ὁ εἰς Ὅμηρον γράψας, ὃς καὶ ἐπὶ μαλακίᾳ διεβάλλετο, καὶ ἄλλοι πολλοί.)

930. Ἰωνικὸν : Οἱ γὰρ Ἴωνες δισυλλάβως λέγουσιν ὄϊς, οἱ δὲ Ἀττικοὶ μονοσυλλάβως καὶ τὰς οἶς καὶ πολλὰ τοῦ αὐτοῦ γένους. οἱ Ἀττικοὶ συναιροῦντες τὸν ὄϊν οἶν. οἱ γὰρ Ἴωνες πολλὰ διῃρημένως φασίν.

932. οἱ καθήμενοι ὑπὸ τοῦ δέους : Ἵνα ἐπιστένωσι τῷ εἰσηγουμένῳ πόλεμον. τὸ γὰρ οἲ ὀδυρομένων ἐστὶν ἐπίφθεγμα καὶ δυσχεραινόντων. (Δίδυμος δὲ ἐν ἐκτάσει. οἱ γὰρ φοβούμενοι οὕτω λέγουσιν.)

935. ἀμνοὶ τοὺς τρόπους : Εὐήθεις, δειλοὶ ὡς οἱ κριοί. ἢ πραεῖς καὶ μαλακοί. τὸ γὰρ ἄρρεν πρόβατον,

(τῷ χορτινῷ σώζεται : Ἤτοι ὅτι τῶν σπλάγχνων καὶ τῶν ἐντοσθίων ὑφαιρουμένων δοκοῦσι μέρος τι τοῦ ἱερείου κερδαίνειν οἱ θύοντες.)

1024. σχίζας : Σχίζας κυρίως ἔλεγον οἱ παλαιοὶ τὰ ἐπὶ ταῖς θυσίαις τιθέμενα ξύλα, ὡς καὶ Ὅμηρος [Od. Γ, 459] « καῖε δ' ἐπὶ σχίζῃς ὁ γέρων. »

1026. (μαντικῶς τὸ φρύγανον : Οἱ γὰρ ἀπὸ τοῦ πυρὸς μαντευόμενοι τὰ φρύγανα ὑποτιθέασιν εἰς τὸ ἐξάψαι κατὰ τὴν ἐπιστήμην τὴν ἑαυτῶν.)

1027. πῶς δ' οὐχὶ : Τοῦτό φησιν, ἐπεὶ ὑπέβαλε φρύγανα πρὸς τὸ ἀνάψαι, ὡς οἱ μάντεις. αὐτοὶ γὰρ ἑαυτοῖς καὶ τὰ φρύγανα τιθέασι πρὸς ἐπιστήμην ἑαυτῶν.

ὅσα χρὴ : Τί γὰρ οὐ ποιεῖς ὅσα χρὴ τοὺς ἐπιστήμονας;

1029. ἀντὶ τοῦ ὁπόσα χρή. R.

1030. εὐπόρῳ πρὸς τὸ ἐπινοεῖν. R.

1031. (Στιλβίδην : Ὁ Στιλβίδης εὐδόκιμος καὶ περιβόητος μάντις, τῶν τοὺς παλαιοὺς χρησμοὺς ἐξηγουμένων. ἀστειότατα δὲ τοῦτο παρέπλεξε. Ἄλλως. τὴν φλόγα, παρὰ τὸ στίλβειν, ἅμα δὲ καὶ παρὰ τὸν μάντιν Στιλβίδην, ὃν φησι Φιλόχορος ἀκολουθῆσαι ἐν Σικελίᾳ, ἡνίκα ἐπολέμουν Ἀθηναῖοι καὶ εἰς Σικελίαν ἐστράτευον. μέμνηται δὲ αὐτοῦ καὶ Εὔπολις Πόλεσιν « ὡς « οὖν τίν' ἔλθω δῆτά σοι τῶν μάντεων; πότερος ἀμείνων ἀμφοτέρων, ἢ Στιλβίδης; »)

πιέζει : Ἀντὶ τοῦ λυπεῖ, ὡς λοιπὸν ἐκείνου ἀπορουμένου διὰ τὸ τοῦτον εὐδοκιμῆσαι.

1032. καὶ παιδὸς οὐδὲν δεήσει : Ἐμαυτῷ, φησίν, ὑπηρετῶ, καὶ χρεία οὐκ ἔσται παιδός. φιλοτιμεῖται δὲ περὶ τὰς ὑπηρεσίας κατὰ πάντα τὸν Στιλβίδην πλεονεκτῶν καὶ θύων καὶ ὑπηρετῶν. [Hic desinunt scholia Ravenn.] Ἄλλως. φιλοτιμεῖται περὶ τὰς ὑπηρεσίας, ἵνα κατὰ πάντα τὸν Στιλβίδην πλεονεκτεῖν δοκῇ, καὶ θύων καὶ ὑπηρετῶν. ἐγὼ οὖν, φησίν, οἴσω καὶ τράπεζαν, ὡς μὴ δεῖσθαι παιδός.

1039. ταυτὶ δέδραται : [Κορωνὶς εἰσιόντων ἑτέρων ὑποκριτῶν. οἱ δὲ στίχοι εἰσὶ πζ', ὧν οἱ μὲν κδ' ἰαμβικοὶ τρίμετροι ἀκατάληκτοι, οἱ ἑξῆς μα' δακτυλικοὶ ἑξάμετροι. ἑξῆς τούτων κῶλον ὅμοιον ἐκ σπονδείων. οἱ ἑξῆς δέκα δακτυλικοὶ ἑξάμετροι. μεθ' οὓς ἰαμβεῖα ιβ', ὧν τελευταῖον « οὐκ ἀποπετήσαι θᾶττον εἰς Ἐλύμνιον. » ἐπὶ ταῖς ἀποθέσεσι παράγραφος. ἐπὶ τῷ τέλει κορωνίς.] διπλῇ καὶ ἔκθεσις εἰς ἰάμβους τριμέτρους ἀκαταλήκτους κδ'. V. δέδραται δὲ ἀντὶ τοῦ δέδαρται. καὶ Ὅμηρος [Il. Ψ, 169] « περὶ δὲ δρατὰ σώματα νήει. » ὁ δὲ λόγος, ταῦτα πάντα παρεσκεύασται καὶ πέπρακται.

1040. θυλήματα : Τὰ τοῖς θεοῖς ἐπιθυόμενα ἄλφιτα. ἐπιρραίνεται δὲ οἴνῳ καὶ ἐλαίῳ. Τηλεκλείδης Στερροῖς « ὦ δέσποθ' Ἑρμῆ, κάπτε τῶν θυλημάτων. »

1044. δάφνῃ τις ἐστεφανωμένος : Οἱ ἱερεῖς καὶ οἱ μάντεις δάφνῃ ἐστεφανοῦντο εἰς γνώρισμα τῆς τέχνης.

1045. ὡς ἀλαζὼν : Ὡς ἀπὸ τῆς ὄψεως ἀλαζὼν φαίνεται.

1046. Ἱεροκλῆς : Ὡς ἀπὸ τοῦ ὀνόματος αὐτοῦ γινωσκομένου μᾶλλον ἤπερ ἀπὸ τῆς τέχνης. Ἄλλως. οὗτος μάντις ἦν καὶ χρησμολόγος, τοὺς προγεγενημένους χρόνους ἐξηγούμενος. ὡς ἀφυῆ δὲ καὶ [οὐκ] ἀκριβῆ μάντιν αὐτὸν κωμῳδεῖν βούλεται. καὶ ὅρα πῶς καθαρῶς· ἐκείνου γὰρ εἰπόντος ὅτι μάντις τις πρόεισιν, ὁ ἕτερος οὐ συγκατέθετο, ἀλλ' ἔφησεν οὐ μὰ Δί' ἀλλ' Ἱεροκλῆς ἐστιν. ὡς ἀπὸ τοῦ ὀνόματος αὐτοῦ γινωσκομένου μᾶλλον ἢ τῆς τέχνης. καὶ Εὔπολις Πόλεσιν « Ἱερόκλεες, βέλτιστε χρησμῳδῶν ἄναξ. »

1047. οὑξ Ὠρεοῦ : Διαβάλλει αὐτὸν ὡς οὐ πολίτην ἀλλ' Εὐβοέα. διὸ δηλοῖ ὅτι ὡς ξένος οὐκ εὐνοεῖ τῇ Εἰρήνῃ. Ὠρεὸς δὲ Εὐβοίας πόλις, ἣν Ὅμηρος Ἱστιαίαν φησίν.

1048. δῆλός ἐσθ' οὗτός γ' ὅτι : Προείπομεν γὰρ περὶ Εὐβοέων ὡς ἂν ἧσσον προθυμουμένων τῇ εἰρήνῃ.

1050. κατὰ τὴν κνῖσαν : Ὡς διὰ προφάσεως τοῦ σχήματος τῆς μαντείας ἐπεισπηδῶντος τοῦ Ἱεροκλέους καὶ μετέχοντος τῶν εὐωχιῶν.

1051. μὴ νῦν ὁρᾶν δοκῶμεν : Μὴ προσποιησώμεθα αὐτὸν ἑωρακέναι, μηδ' αὐτῷ προσλαλήσωμεν, ἵνα ἀπορηθεὶς παρέλθῃ μηδὲν ἐνοχλήσας ἡμῖν.

1052. τίς ἡ θυσία : Ἱεροκλῆς ἐπιστὰς ἄκλητος, καὶ ταῦτα περιεργαζόμενος, τίνι οὖν, φησί, τῶν θεῶν;

1053. ὄπτα σὺ σιγῇ : Ἀπαλλαγῆναι αὐτὸν ποιεῖ, μὴ προσέχων μηδὲ ἀκηκοέναι προσποιούμενος. οἷον μηδὲν ἀποκρίνῃ πρὸς τὸ ἐρωτηθέν.

ἀπὸ τῆς ὀσφύος : Ἐπὶ τοῦ βωμοῦ τὰ σπλάγχνα ὄπτα ἐν σιγῇ. λέγει οὖν, ἀπὸ τῆς ὀσφύος τὸν ὀβελίσκον ἀπάγαγε. οἷον πρόσεχε μὴ ἅψῃ αὐτῆς· ταύτῃ γὰρ μαντεύονται. Εἰς τὸ αὐτό. ἀναχώρει ἀπὸ τῶν ἱερείων καὶ ἀφίστασο, φησίν.

1054. ἡ κέρκος ποιεῖ : Ἡ οὐρὰ καλὰ σημαίνει. ἔθος γὰρ εἶχον τὴν ὀσφῦν καὶ τὴν κέρκον ἐπιτιθέναι τῷ πυρί, καὶ ἐξ αὐτῶν σημείοις τισὶ κατανοεῖν εἰ εὐπρόσδεκτος ἡ θυσία, καὶ ἄλλα τινὰ πρὸς τὰ νεύματα σημεῖα λαμβάνειν, περὶ ὧν τὴν θυσίαν ἐποίουν.

1056. τἀπάργματα : Τὰς ἀπαρχάς, ἃς εἰώθασιν οἱ ἱερεῖς λαμβάνειν. ὁ Ἱεροκλῆς ταῦτα σημαίνει.

1058. πολλὰ πράττεις : Οἷον πολλὰ περιεργάζῃ καὶ πολυπραγμονεῖς.

1060. γλῶττα χωρὶς τέμνεται : Καὶ τοῦτο παροιμιακὸν ἀπὸ Ὁμήρου [Od. Γ, 332] « ἀλλ' ἄγε τάμνετε μὲν γλώσσας, » ὥς φησι Καλλίστρατος. καὶ τοῦτο δὲ Ἱεροκλέους πρὸς τὸ ἔθος. προειρήκαμεν δὲ ὅτι χρησμολόγος Ἱεροκλῆς· διόπερ νῦν χρησμοῦ τινὸς αὐτὸν προσάγει μνημονεύοντα.

1063. ἐς κεφαλήν σοι : Ὡς καταρασαμένου αὐτοῦ καὶ βλασφημήσαντος φησίν, εἰς τὴν κεφαλὴν ἔλθοι τὸ δεινόν, τουτέστι σεαυτῷ μάντευσαι ὅπερ εἶπας δυσχερές. Ἄλλως. μιμεῖται τοὺς χρησμολόγους· ἔστι γὰρ καὶ ὁ Ἱεροκλῆς χρησμολόγος. διόπερ νῦν χρησμοῦ τινος μνημονεύει.

1064. οὐκ ἀΐοντες : Οὐ νοοῦντες. οἵτινες διὰ τὴν

ἀβουλίαν τὴν ἑαυτῶν τῆς τῶν θεῶν οὐ συνίενται προνοίας.

1066. χαροποῖσι : Φοβεροῖς. πιθήκοις δὲ τοῖς Λακεδαιμονίοις. ἀντὶ τοῦ εἰπεῖν λέουσιν.

1066. αἰβοῖ αἰβοῖ : Παρεπιγραφή· ἀκούσαντες γὰρ τοῦ χρησμοῦ ἐγέλασαν. γέλωτος γάρ ἐστι τοῦτο τὸ μίμημα.

1067. καὶ κέπφοι : Εὐηθες ζῷον ὁ κέπφος, οὗ μέμνηται καὶ Νίκανδρος [Alexiph. 170] καὶ Ἄρατος [184] περὶ τῶν διοσημιῶν διαλεγόμενος, καὶ Καλλίμαχος ἐν τοῖς ἰάμβοις [fr. 81]. ἐκ δὲ τῆς θαλάσσης ζῆν αὐτὸν λέγουσιν, ἐσθίοντα τὸν ἀφρόν. εἶναι δὲ αὐτὸν πολὺν μὲν ἐν τοῖς πτεροῖς, ὀλίγον δὲ ἐν τοῖς κρέασι, καὶ κεκραγέναι ὠδίνοντα· ὅθεν γενέσθαι τὴν παροιμίαν « κέπφος ὠδίνει, » ἐπὶ τῶν ἐπαγγελλομένων μὲν μεγάλα, μηδὲν δὲ ἄξιον τῆς ἐπαγγελίας ποιούντων.

τρήρωνες : Οὐχ ἐπὶ τοῦ κέπφου, ἀλλὰ καθ' αὑτό. κέπφοι γὰρ οἱ κοῦφοι [ἀπὸ τῶν ὀρνέων], ὅθεν καὶ τοὺς ἐλαφροὺς ταῖς φρεσὶ κέπφους καλοῦμεν.

1068. ὧν δόλιαι ψυχαί : Ἀεὶ τοὺς Λακεδαιμονίους εἰς τοῦτο κωμῳδοῦσιν. καὶ Εὐριπίδης [Androm. 447] « Σπάρτης ἔνοικοι, δόλια βουλευτήρια. »

1069. θερμὸς ὁ πλευμῶν : Κεκαυμένος. ἐσθίοντες γὰρ τὰ σπλάγχνα θερμὰ ὄντα, τοῦτό φασι πρὸς Ἱεροκλέα. Ἀττικῶς δὲ διὰ τοῦ λ ὁ πλεύμων.

1070. νύμφαι : Αἱ ἔφοροι τῆς μαντικῆς νύμφαι. οὕτω δὲ εἶπεν, ὡσεὶ ἔλεγεν ἐξεπαίδευον.

1071. Βάκις : Χρησμολόγος ὁ Βάκις. Βάκιδες δὲ τρεῖς, ὧν πρεσβύτατος ἐξ Ἐλεῶνος τῆς Βοιωτίας, ὁ δὲ δεύτερος Ἀττικός, τρίτος δὲ ὁ Ἀρκὰς ἐκ πόλεως Καφύης, ὃς καὶ Κύδας ἐκαλεῖτο καὶ Ἀλήτης, ὥς φησι Φιλητᾶς ὁ Ἐφέσιος. Θεόπομπος δὲ ἐν τῇ θ' τῶν Φιλιππικῶν ἄλλα τε πολλὰ περὶ τούτου τοῦ Βάκιδος ἱστορεῖ παράδοξα, καὶ ὅτι ποτὲ τῶν Λακεδαιμονίων τὰς γυναῖκας μανείσας ἐκάθηρεν, Ἀπόλλωνος τούτοις τοῦτον καθαρτὴν δόντος. ἔστι δὲ καὶ ἐπίθετον Πεισιστράτου.

1072. βακίζων : Εἰ μὴ παύσαιο μεμνημένος Βάκιδος, Βάκιδος μνημονεύων.

1074. τοῖς ἁλσί γε : Ἐπίτηδες ἀποκεκοφὼς τὸν λόγον λέγει. φησὶ δὲ τὰ κρέα χρῆναι πρότερον τοῖς ἁλσὶ πασθῆναι τὰ ὀπτηθέντα.

1076. ὑμεναιοῖ : Εἰς γάμους ἄγοιτο. τὸ ἀδύνατον δὲ εἶπε παρὰ τὸ « ὡς οὐκ ἔστι λέουσι καὶ ἀνδράσιν ὅρκια « πιστά, οὐδὲ λύκοι τε καὶ ἄνδρες ὁμόφρονα θυμὸν « ἔχουσιν. »

1077. ὡς ἡ σφονδύλη : Σίλφη τίς ἐστιν ἡ σφονδύλη, βδέλλῃ προσομοία, δυσώδης ὄντως. ἄρχεται δὲ ἀδιανόητα λέγειν τοὺς χρησμῳδοὺς μιμούμενος καὶ τῶν χρησμῶν τὰ λοξά.

1078. χὴ κώδων : Παρὰ τὸ κραυγαστικόν, ἡ κύων τὸ ζῷον. ἔστι δὲ ἀδιανόητον καὶ τοῦτο. παρὰ τὴν παροιμίαν « ἡ κύων σπεύδουσα τυφλὰ τίκτει. » τὸ δὲ ἀκαλανθὶς ὑφ' ἕν. ἔστι δὲ ἀκαλανθὶς εἶδος ὀρνέου, ἃ τινὲς βασιλικοὺς ὀνομάζουσι. κώδων δὲ εἶπεν, ὅτι λάλον τὸ ζῷον. ταῦτα δὲ πάντα ἐπίτηδες ἀδιανοήτως ἔφρασεν, τὸ ἀσαφὲς τῶν χρησμῶν μιμούμενος, ἐπεὶ καὶ παρ' ἱστορίαν λελέχθαι δοκεῖ· οὐδὲν γὰρ τῶν ζῴων ὅτι μὴ κύων μόνον, σπεύδουσα τὰς ὠδῖνας, τοὺς κύνας τίκτει τυφλούς.

ἀκαλανθὶς : Ὄνομα κυνὸς ἐπισήμου, οἱ δὲ ὀρνέου. ὁ δὲ νοῦς τοιοῦτος, ὡς φυσικῶς ἀπαράλλακτα τὰ εἰρημένα, οὕτως ἀμετάτρεπτα τὰ λεγόμενα. διό, φησί, τὴν εἰρήνην οὐκ ἔδει γενέσθαι.

1081. ἢ διακαυνιάσαι : Ἢ διακληρώσασθαι πότεροι ἐξ ἡμῶν τέλεον διαφθαρήσονται. καῦνον γὰρ τὸν κλῆρόν φασι. καὶ ἐν ἄλλοις [fr. 543] « πόσος ἐσθ' ὁ καῦνος; » τὸ δὲ λεγόμενον τοιοῦτόν ἐστιν· οὐκ ἐχρῆν ἡμᾶς, φησίν, καταθέσθαι τὸν πόλεμον οὐδὲ ἐσπεῖσθαι, ἀλλὰ προσμεῖναι ἕως ἂν εἷς ἐξ ἡμῶν ἄρδην ἀπόληται. Ἄλλως. καυνιάσαι, κληρωθῆναι. καῦνον γὰρ λέγουσι τὸν κλῆρον. ὁ δὲ νοῦς, ἔδει ἡμᾶς μὴ εἰρήνην ἄγειν, ἀλλὰ κληρωθῆναι ἐπὶ τῷ γνῶναι τίνες ἡμῶν δυστυχήσουσι καὶ τῶν πολεμίων. καὶ Κρατῖνος Πυτίνῃ « ἀπὸ προτέρου τὸν καῦνον ἀριθμήσεις. » Ἄλλως. ἀντὶ τοῦ κληρωθῆναι. ὡς τῶν Καυνίων μάλιστα χρωμένων, ὡς καὶ σιφνιάζειν καὶ λεσβιάζειν.

1082. κοινῇ τῆς Ἑλλάδος : Ἐξ ἀρχῆς γὰρ οἱ Λακεδαιμόνιοι τῆς γῆς ἐκράτουν, οἱ δὲ Ἀθηναῖοι τῆς θαλάσσης.

1083. οὔ ποτε ποιήσεις τὸν καρκίνον : Οὔτε τοὺς Λακεδαιμονίους δηλονότι ὀρθὰ καὶ ἁπλᾶ φρονεῖν.

1084. οὔποτε δειπνήσεις : Ὅτι καὶ οἱ χρησμολόγοι μετεῖχον τῆς ἐν πρυτανείῳ σιτήσεως, δῆλον ἐκ τοῦ Λάμπωνος, ὃς τούτου ἠξίωτο. φησὶν οὖν, οὐκέτι ἔσται πόλεμος. τούτου γὰρ μὴ ὄντος οὐδὲν ἐλάμβανεν οὗτος ἐκ τοῦ δημοσίου· ἐπὶ γὰρ τοῦ πολέμου χρεία τῶν μάντεων.

1085. ἐπὶ τῷ πραχθέντι : Ἐπὶ τῷ γενέσθαι τὴν εἰρήνην.

1086. τὸν τραχὺν ἐχῖνον : Οὐδὲ ὑμεῖς φιλίαν πρὸς Λακεδαιμονίους. Ἄλλως. κάλλιστα πάμπαν τὸ εἰρημένον εἰς τὸ αὐτῶν μετήνεγκε πρόσωπον. οὐκοῦν, φησίν, οὔτε ἡμᾶς πείσαις ἄν ποτε μεταδοῦναί σοί τινος οὔτ' ἠπίους σοι γεγονέναι, ὥσπερ οὐκ ἄν ποτε λεῖος ὁ τραχὺς ἐχῖνος γένοιτο.

1090. ὡς οἱ μὲν : Ἀστείως πάνυ παρέπλεξε τὰ Ὁμήρου.

1091. ἱδρύσανθ' ἱερείῳ : Οὐ χύτραις, ὡς ἄνω ἔλεγον.

1093. ὁδὸν ἡγεμόνευον : Τῆς θυσίας ἠρξάμην.

1094. κώθωνα : Νῦν τὸ ποτήριον, ἀλλαχοῦ δὲ κάνθαρον. διὰ δὲ τὸ ἠπορῆσθαι τὸν μάντιν ἐκ τῆς θυσίας αὐτὸν μηδὲν ταύτης ἀποκερδῆσαι, ἀλλὰ μηδὲ σπονδῆς μετασχεῖν, τοῦτο ἔπαιξε. κώθωνα δὲ λέγει τὸν νῦν λεγόμενον κύαθον.

1095. Σίβυλλα : Οὐ γὰρ κεῖται ταῦτα παρὰ Σιβύλλῃ τῇ χρησμολόγῳ. Ἄλλως. τὰ ἔπη φησὶ ταῦτα

μὴ ἐπιγινώσκειν, μόνα δὲ εἰδέναι τὰ Σιβύλλεια. οὐ γὰρ κεῖται ταῦτα παρὰ Σιβύλλῃ.

1098. ἐπιδημίου : Τὸ ἐπιδημίου οὐκ ἔστι πρὸς τὰ προκείμενα, πρὸς ἀλλοχώρους γὰρ ἦν ὁ πόλεμος, ἀλλὰ μᾶλλον πρὸς τὸ πολέμου ἔραται. εἰ μὴ ἄρα τῇ τῶν Ἑλλήνων ὀνομασίᾳ ἐπιδήμιος δόξει Λακεδαιμονίοις καὶ Ἀθηναίοις ὁ πόλεμος.

1101. ὡς οὗτος φοβερὸς : Ἀντὶ τοῦ εἰπεῖν ὁ ἴκτινος· χαλεπὸς γὰρ οὗτος τοῖς σπλάγχνοις. Ἄλλως. εἰώθασι γὰρ οἱ μάντεις μετὰ τὴν ἔκβασιν τῶν πραγμάτων λέγειν ὅτι προῄδειν τοῦτο τὸ ἐσόμενον. πρὶν δὲ γενέσθαι οὔτε προΐσασιν οὐδὲν οὔτε λέγουσιν.

1103. βαλανεύσω : Διακονήσω, ὑπουργήσω, καὶ ἐγχέω ἐμαυτοῦ τῶν σπονδῶν. ἀπὸ τῶν ἑαυτοῖς ἐπιχεόντων ὕδωρ, ἢ τὰς βαλάνους κρυπτόντων τῷ πυρί. Ἄλλως. κυρίως ἐπὶ τοῦ τὰς βαλάνους ὀπτᾶν· νῦν δὲ ἁπλῶς ὀπτεύσω. τὸ δὲ σπονδὴ σπονδή παρεπιγραφὴ ἐν εἰσθέσει κώλου δισπονδείου.

1109. πρόσφερε τὴν γλῶτταν : Κἀκ τούτου δηλοῖ ὅτι ἰδίᾳ τετμημένη προσεφέρετο ἡ γλῶττα παρὰ τῶν παλαιῶν.

ἀπένεγκε : Ἀπόπεμπε. ἤτοι μὴ γευσαμένην τῶν σπλάγχνων μηδὲ μετασχοῦσαν τῆς σπονδῆς, ὡς βλάσφημα καὶ πονηρὰ μαντευομένην.

1112. πρίν κεν λύκος οἶν ὑμεναιοῖ : Ἀντεμπαίζουσιν αὐτῷ, αὐτοὺς τοὺς στίχους ἀποκρινόμενοι πρὸς αὐτὸν κατὰ τὰς ἀξιώσεις αὐτοῦ, οὓς ὀλίγῳ πρότερον αὐτοῖς εἶπεν, οὐκ ἐπιτρέποντος ἤδη τὴν εἰρήνην γενέσθαι.

1113. ἄλλως : Ἀντὶ τοῦ μάτην· οὐ γὰρ πείσεις.

1115. συσπλαγχνεύετε : Συγγεύεσθε τῶν σπλάγχνων.

1118. ἀλλ' ἁρπάσομαι : Παρεπιγραφή· ταῦτα γὰρ εἰπὼν χλευάζει καὶ ἀναιδῶς ἁρπάζει. καὶ ἐπιδραμόντες κατέλαβον καὶ ἐτύπτησαν.

1119. τὸν Βάκιν : Τὸν Βάκιδος χρησμοὺς λέγοντα. τυπτόμενος δὲ λέγει ὁ Ἱεροκλῆς μαρτύρομαι.

1120. τένθης : Λίχνος· τένθειν γὰρ τὸ ἐσθίειν.

1123. ἐλάμβαν' αὐτὸς : Ὡς τῶν μάντεων ἐξαπατώντων καὶ οὐ δεόντως κερδαινόντων καὶ λαμβανόντων τὰ κώδια.

ἐκβολβιῶ : Ἐξορύξω. ἀπὸ τῶν τοὺς βολβοὺς χαμόθεν ἐκβαλλόντων ἡ μεταφορά· ὑπὸ γῆς γὰρ ὄντες κἀκεῖνοι ὀρύσσονται.

1125. ὁ κόραξ : Κόρακα εἶπεν, ἐπειδὴ ἥρπαζεν.

1126. Ἐλύμνιον : Καλλίστρατός φησι τόπον Εὐβοίας τὸ Ἐλύμνιον. Ἀπολλώνιος δὲ ναόν φησιν εἶναι πλησίον Εὐβοίας. νυμφικὸν δέ τινες αὐτό φασιν, ὅτι ὁ Ζεὺς τῇ Ἥρᾳ ἐκεῖ συνεγένετο. μέμνηται καὶ Σοφοκλῆς « πρὸς πέτραις Ἐλυμνίαις, » καὶ ἐν Ναυπλίῳ « νυμφικὸν Ἐλύμνιον. »

1127. [ἥδομαι : Κἀνταῦθα παράβασίς ἐστιν, ἀλλ' οὐκ ἔχει πάντα τὰ μέρη, μόνην δὲ τὴν ᾠδὴν καὶ στροφήν, τὸ ἐπίρρημα, τὴν ἀντῳδὴν καὶ ἀντιστροφήν, καὶ τὸ ἀντεπίρρημα. ἔστι γοῦν τῆς παρούσης ᾠδῆς καὶ στροφῆς τὰ κῶλα ιγ'. τὰ α', θ' χοριαμβικὰ ἡμιόλια. τὰ β', γ', δ', ε' ὅμοια ἑφθημιμερῆ ἐξ ἐπιτρίτων. τὸ ϛ' ἀντισπαστικὸν Γλυκώνειον. τὸ ζ' ὅμοιον ὑπερκατάληκτον. τὸ η' παιωνικὸν δίμετρον ἀκατάληκτον. τὰ ι', ια' τροχαϊκὰ δίμετρα ἀκατάληκτα· τὰ γὰρ λοιπὰ ἑφθημιμερῆ. τὸ τελευταῖον παραγραφέσθω, καὶ τῇ ἔσω διπλῇ σημειούσθω. τῇ αὐτῇ καὶ τὸ ἐπίρρημα· τοῦτο δὲ δῆλον ὡς τροχαϊκῶν ἐστὶ τετραμέτρων ιϛ', ἔχον καὶ ἐν ἐκθέσει κῶλα ὅμοια τρία, πλὴν τοῦ τρίτου, δίμετρα ἀκατάληκτα. ὡσαύτως δὲ καὶ τὸ ἀντεπίρρημα. ὑφ' ὃ ἡ ἔξω διπλῆ.]

κορωνίς. εἰσελθόντων τῶν ὑποκριτῶν ὁ χορὸς μόνος καταλιπεὶς διαπεραίνεται συζυγίαν ὁμοιομερῆ τριαδικὴν οὐ πυκνῶς γενομένην. αἱ πλεκταὶ ἐπιρρηματικαὶ δυαδικαί εἰσιν, αὕτη δὲ ἔχει μελικὴν μὲν πρώτην ιγ' κώλων, στιχικὴν δὲ ιϛ' στίχων, ᾧ μάλιστα φιλοχωρεῖ Ἀριστοφάνης, καὶ ὕστερος τρίκωλος. τὸ α' παιωνικὸν δίρρυθμον. τὸ β' καὶ γ' δ' ἐξ ἰαμβικῆς βάσεως καὶ τροχαϊκῆς κλειδός. τὸ ε' καὶ ϛ'. τρίρρυθμος δὲ καὶ δίρρυθμον ζ' η' θ'. ἐν μὲν τῇ β' περικοπῇ ἐστι παιωνικὸν τρίρρυθμόν τε καὶ δίρρυθμα. δύο δὲ ἐν τῇ στροφῇ. τὸ ι' ια' ιβ' ιγ' τροχαϊκὰ δίμετρα, δύο μὲν ἀκατάληκτα, δύο δὲ καταληκτικά. V.

1129. ταῦτα γὰρ εἰς πόλεμον αἴρουσι. V.

1131. πρὸς τὸ πῦρ : Ἀλλὰ συμπίνω καὶ εὐωχοῦμαι [πρὸς τὸ πῦρ], τουτέστι μέσον τῆς οἰκίας καθεζόμενος.

διέλκων : Διάγων παρὰ τῇ ἑστίᾳ, ἅμα τε θερμαινόμενος καὶ τῆς τοῦ θερμοῦ διακονίας πλησίον ὤν.

1134. δανότατα : Ξηρότατα τῷ θέρει καὶ εὐκαυστότατα, ἃ μήτε καπνὸν ποιεῖ καὶ εὐκόλως ὑφάπτεται. V.

1136. κἀνθρακίζων : Φρύγων τὸν ἐρέβινθον, καὶ ξηρὸν ποιῶν. ταῦτα γὰρ ἐσθιόμενα προτρέπεται εἰς ποτόν.

1137. τὴν φηγὸν : Φηγὸς εἶδος φυτοῦ, ὃ τὰς ἀγρίας βαλάνους φασὶ φέρειν. περιεσταλμένως δὲ τὸ αἰδοῖον βούλεται λέγειν, ἐπεὶ καὶ αὐτό τινες βάλανον καλοῦσιν.

1143. ἐμπιεῖν ἐμοί : Τοῦ θεοῦ ὕοντος ἀρέσκει μοι τὸ σχολάζειν τῷ ποτῷ.

1144. ἄφαυε : Φρύξον. τινὲς γράφουσι ἄφαυσον, ἀντὶ τοῦ ζέσον.

1146. τῶν τε πυρῶν : Ἀντὶ τοῦ ἐμβαλοῦσα καὶ μίξασα καὶ τῶν πυρῶν σὺν αὐτοῖς· δοκοῦσι γὰρ ἐφέλκεσθαι τὸ ποτόν. τὸ δὲ ἔξελε ἀντὶ τοῦ πρόελε, ἀνάλεξον τὰ σῦκα.

1147. οἰναρίζειν : Τὸ ἀποφυλλίζειν· οἴναρα γὰρ τὰ φύλλα τῆς ἀμπέλου. τινὲς δὲ γράφουσιν ἀμπελουργεῖν, οὐκ ὀρθῶς. οἰναρίζειν δὲ τὰς οἴνας ἐργάζεσθαι, καὶ οἴναρα τὰ φύλλα.

1148. τυντλάζειν : Πηλοπατεῖν· τύντλος γὰρ ὁ πηλός. ἢ ἀντὶ τοῦ βωλοκοπεῖν. παρδακὸν δὲ δίυγρον· οὕτω

γὰρ καὶ Ἀρχίλοχος καὶ παρὰ Σιμωνίδῃ τῷ Ἀμοργίῳ « σὺν παρδακοῖσιν εἵμασιν σεσαγμένοις. »

1149. σπίνῳ : Σπίνος εἶδος στρουθοῦ.

1150. πυός : Ὁ πυὸς ὀξυτόνως καὶ ἀρσενικῶς ἐν τῷ ιε' τῆς καθόλου φησίν. Ἄλλως. τὸ πρῶτον γάλα, ὃ καὶ ἑψόμενον πήγνυται, ὃ καὶ ἡμεῖς χυτρίτην λέγομεν. τὸ μεταβεβληκὸς αἷμα. τὸ γαλακτῶδες ὑγρόν. γάλα νέον μετὰ χθεσινοῦ γάλακτος ἀμελχθέν.

1154. Αἰσχινάδου : Ὡς τοῦ Αἰσχινάδου μᾶλλον τῶν ἄλλων ἔχοντος καρπίμους μυρρίνας. ἢ ἀπὸ τῶν καρπῶν Αἰσχινάδου. ἢ ἀπὸ τοῦ σχίνου. τῆς δὲ μυρρίνης ἡ μὲν στεφανωτὶς, ἡ δὲ κάρπιμος, ὥς φησι Θεόφραστος [H. Pl. 5, 8, 3]. [ἢ ὄνομα κύριον αὐλητοῦ, ἢ φίλου. βωσάτω δὲ βοησάτω.]

1158. τἀρόματα : Τὰ ἀροτριάματα, παρὰ τὸ ἀροτριοῦν. τὰ προηροτριωμένα. λέγουσι δὲ ἔνιοι καὶ τὰ ἄλφιτα καὶ τὸν λιβανωτὸν ἀρώματα, ὡς παρ' Εὐπόλιδι « καὶ εὐθὺ τῶν ἀρωμάτων, » ἀντὶ τοῦ τῶν ἀλφίτων. ἐκτείνεται δὲ διὰ τὴν συναλοιφήν.

1159. [ἡνίκ' ἂν : Ἡ ἀντῳδὴ αὕτη καὶ ἀντιστροφὴ κώλων ἐστὶν ὁμοίων τοῖς τῆς στροφῆς ιγ' καὶ ἰσομέτρων. ἐπὶ τῷ τέλει αἱ δύο διπλαῖ.]

ἀχέτας : Ὁ τέττιξ διηχεῖ παρὰ τὸ Ἡσιόδειον [Op. 580] « ἦμος δὲ σκόλυμός τ' ἀνθεῖ καὶ ἠχέτα τέττιξ. » ὁ δὲ Ἀρίσταρχος οὔ φησι τοὺς ᾄδοντας ἀρσενικῶς λέγεσθαι, τὰς δὲ θηλείας οὕτως. »

1162. τὰς Λημνίας : Εἶδος ἀμπέλου Λημνία, ὡς ἱστορεῖ Ἀνδροτίων ἐν τῷ γεωργικῷ.

1164. φῖτυ : Σπέρμα, καὶ φιτῦσαι γεννῆσαι. καὶ τὸ γέννημα φίτυμα. Εὔπολις Αὐτολύκῳ « ἀτὰρ ἤγαγες καινὸν φίτυμα βοῶν. » πρῷον δὲ πρώϊμον, δισυλλάβως. — φῖτυ τὸ σπέρμα, τὸ γένος. καὶ γάρ εἰσι φυτὰ πρὸ τοῦ καιροῦ τοὺς καρποὺς παρέχοντα, καὶ καλοῦνται πρώϊμα. καὶ Σοφοκλῆς « οὔτ' ἄλλο φῖτυ πρῷον » λέγει, ὅ ἐστι πρώϊμον καὶ ὥριμον. V.

1166. φήληκα : Τὸν ὄλινθον. λέγει δὲ αὐτὰ ὁ Καλλίστρατος. κυρίως μὲν οὖν ὁ ἤδη σκληρὸς καὶ πάρωρος. ὁ ὄψιν μὲν πεπάνσεως ἔχων, ἄωρος δὲ ὤν. καὶ μήποτε φήληξ τίς ἐστιν ὁ ἀπατεὼν καὶ ψευδόμενος τῇ ὄψει εἰς βρῶσιν. καὶ φῆλος ὁ ἀπατεών. Μένανδρος Ἁλιεῖ « δύ' οἰκίας φηλῶν γερόντων. » καὶ φηλώματα ἐξαπάτας, παρ' Ἀντιφῶντι. — οὗτος δὲ ἐπὶ τοῦ ὠμοῦ σύκου κέχρηται, εἰπὼν οἰδαίνοντα· οἰδαίνεται γὰρ ὅτε ἄρχεται πεπαίνεσθαι. καὶ ἐν Ταγηνισταῖς δὲ τῇ λέξει κέχρηται. V.

1167. κἀπέχω : Τῷ στόματι προσάγω. καὶ Ὅμηρος [Il. I, 489] « ὄψου ἄσαιμι προταμὼν καὶ οἶνον ἐπισχών. »

1169. κυκῶμαι : Κυκεῶνας ἐσθίω. ἄνω [v. 712] τῷ πότῳ τῷ ἐπὶ τῆς γλήχωνός φησι χρῆσθαι πρὸς τὴν ὀπώραν, νῦν δὲ τῷ θύμῳ χρῶνται. μετὰ δὲ τὸ τὴν ὀπώραν φαγεῖν κυκεῶνα πίνουσι, καὶ οὐ βλάπτονται, ἀλλὰ καὶ παχεῖς γίνονται.

1170. γίνομαι παχὺς : Ἐπειδὴ ἀργοῦσιν οἱ γεωργοὶ τότε τοῦ ἀμητοῦ, ὡς Ἡσίοδός φησιν [Op. 608] « δμῶας ἀναψύξαι φίλα γούνατα. »

1173. φοινικίδα : Περικεφαλαίαν φοινικῷ χρώματι βεβαμμένην. οἱ δὲ κόκκινα περιβλήματα. Ἄλλως. ταῖς φοινικίσι μᾶλλον ἐχρῶντο Λακεδαιμόνιοι, ἵνα μὴ αἰσθάνωνται τοῦ αἵματος διὰ τὴν ὁμοιότητα, καὶ ἵνα τρωθέντες μὴ γνωσθῶσι τοῖς πολεμίοις. ὀξεῖαν δὲ ἀντὶ τοῦ εὔχρουν καὶ ἐρυθρὰν πάνυ.

1174. Σαρδιανικὸν : Διαφέρουσι γὰρ αἱ Λυδικαὶ βαφαί. — καὶ Ὅμηρος [Il. Δ, 141] « ὡς δ' ὅτε τις ἐλέφαντα γυνὴ φοίνικι μιήνῃ. » καὶ Σαπφὼ « πόδα δὲ ποικίλος « μάσθλης ἐκάλυπτε, Λύδιον καλὸν ἔργον. » V.

1176. Κυζικηνικόν : Εἰς κιναιδίαν διαβάλλεται, ὥστε μηδὲ τῶν ἀναγκαίων διὰ τὴν εὐρύτητα κρατεῖν δύνασθαι, — ὡς καὶ Εὔπολις ἐν Πόλεσιν « ἡ δ' ὑστάτη « ποῦ 'σθ'; ἥδε Κύζικος πλέα στατήρων. | ἐν τῇδε τοίνυν τῇ πόλει φρουρῶν ἐγώ ποτ' αὐτὸς | γυναῖκ' ἐβίνουν « κολλύβου καὶ παῖδα καὶ γέροντα | κἀξῆν ὅλην τὴν « ἡμέραν τὸν κύσθον ἐκκορίζειν. » Ἄλλως. τουτέστι κατασχημονεῖ. οἱ γὰρ Κυζικηνοὶ ἐπὶ δειλίᾳ καὶ θηλύτητι ἐκωμῳδοῦντο. V.

1177. ὥσπερ ξουθὸς : Ὡς φοινικᾶ πτερὰ ἔχοντα δηλοῖ. ὅτι τοῦ παρ' Αἰσχύλῳ πολλάκις κληθέντος ἱππαλεκτρυόνος, ὃν ἀεὶ κωμῳδοῦσιν, ἐν Μυρμιδόσι μέμνηται. — Ἄλλως. ὁ Αἰσχύλος « ἀπὸ δ' αὖτε ξουθὸς « ἱππαλεκτρυὼν στάζει κηρο.... θεν τῶν φαρμάκων πο« λὺς πόνος. » θέλει δὲ εἰπεῖν ὅτι πρῶτος φεύγει ὡς ἵππος καὶ ὄρνεον. V.

1178. ἐγὼ δ' ἕστηκα λινοπτώμενος : Ἐγὼ δ' ἕστηκα ἐν τῷ αὐτῷ τόπῳ παρατηρῶν καὶ περιβλεπόμενος, ὅπου ἂν ταχθῶ. λινόπτας γάρ φησιν Ἀριστοτέλης τοὺς τὰ θηρευτικὰ λίνα φυλάττοντας, ὡς καὶ οἰνόπτας τοὺς οἰνοφύλακας. ἀπείρως δὲ ἀπὸ τῶν εἰς τὰ λίνα πιπτόντων ὀρνίθων. οἱ δὲ περιεργότερον τὸ λίαν κατεπτηχέναι, τοῦτο λινοπτᾶσθαι λέγουσιν.

1181. ἐξαλείφοντες : Ὅτι τοὺς μὲν ἐξήλειφον, τοὺς δὲ ἐνέγραφον εἰς τὸν κατάλογον τῶν πολεμίων.

1182. οὐ γὰρ ᾔδειν : Ἀττικῶς ἀντὶ τοῦ ᾔδει, ὡς τὸ [Plut. 696] « ὁ δὲ θεὸς ὑμῖν οὐ προσῄειν. » — ἐνταῦθα τῷ πρώτῳ ἀντὶ τοῦ τρίτου προσώπου ἐχρήσατο· τὸ γὰρ ὀρθὸν ἦν « οὐ γὰρ ᾔδει ἐξιών. » V.

1183. πρὸς τὸν ἀνδριάντα : Εἷς ἐστι τῶν ιϐ' ἀνδριάντων ἐν οἷς ἐγράφοντο οἱ στρατιωτικοὶ κατάλογοι καὶ τὰ κηρύγματα. εἶδεν οὖν, φησὶ, τὸ ἑαυτοῦ ὄνομα γεγραμμένον ἐν τῷ ἀνδριάντι τοῦ Πανδίονος. — Ἄλλως. ἑκάστης φυλῆς ἐπώνυμος ἦν ἀνδριὰς τοῦ τῶν φυλῶν ἐξηγησαμένου, Αἰαντίδος, Θησηΐδος, Ἀκαμαντίδος καὶ τῶν λοιπῶν, ἔνθα ἐτίθεντο τὰ ὀνόματα τῶν ἐπ' ἐξόδῳ καταλελεγμένων. Ἄλλως. τόπος Ἀθήνησιν παρὰ πρυτανεῖον, ἐν ᾧ ἑστήκασιν ἀνδριάντες, οὓς ἐπωνύμους καλοῦσιν. ἐπειδὰν οὖν κατάλογον δεήσῃ γενέσθαι στρατείας, προσγράφοντες τὰ ὀνόματα τῶν καταλεγομένων ἐπὶ ἑνὸς προτιθέασι τούτων τῶν ἀνδριάντων, ὑπὲρ τοῦ φανερὸν ἐκεῖσε γενέσθαι τοῖς κα

ταλεγομένοις. τούτων οὖν τῶν ἐπωνύμων καὶ ὁ Πανδίονός ἐστιν ἀνδριάς. φησὶν οὖν, ἐξαίφνης ἐπιστάς τις τούτῳ τῷ τόπῳ, καὶ θεασάμενος ἑαυτὸν ἐγγεγραμμένον, εἰς ἀμηχανίαν καὶ ἀπορίαν περιίσταται, κατεπειγούσης τῆς ἐξόδου καὶ αὐτὸς ἀπαράσκευος ὤν. V.

1184. ὀπὸν : Ἀντὶ τοῦ πικρίαν καὶ δριμύτητα ὁρῶν. καὶ ὀπὸς δὲ τὸ τῶν δένδρων δάκρυον, καὶ τὸ ἀποστάλαγμα τοῦ γάλακτος.

1186. ἀντὶ τοῦ εἰπεῖν ἐχθροὶ τὸ παρ' ὑπόνοιαν ἐπήνεγκε. V.

1188. αὕτη ἐστὶν ἡ τρίκωλος καὶ αὕτη τροχαϊκή, ἀλλὰ διμέτρων δύο μὲν ἀκαταλήκτων, ἑνὸς δὲ καταληκτικοῦ. V.

1189. οἴκοι λέοντες : Παροιμία παρὰ τοὺς ἐν τῇ Ἀσίᾳ Λάκωνας ἀτυχήσαντας, « οἴκοι λέοντες, ἐν Ἐφέσῳ δὲ Λάκωνες. »

1191. ἰοὺ ἰοὺ : Κορωνὶς εἰσιόντων τῶν ὑποκριτῶν. οἱ δὲ στίχοι εἰσὶν ἰαμβικοὶ τρίμετροι ἀκατάληκτοι ση'. τὸ μέντοι πρῶτον μονόμετρόν ἐστιν. [ἐπὶ ταῖς ἀποθέσεσι παράγραφος, ἐπὶ δὲ τῷ τέλει κορωνίς.]

1193. ἔχ' ἀποκάθαιρε τὰς τραπέζας ταυτηΐ : Περικεφαλαίαν δίδωσιν, ἵνα τοῖς λόφοις ἀπομάττῃ τὴν τράπεζαν. ἔστι δὲ παρεπιγραφή.

1194. ὄφελός ἐστ' αὐτῆς ἔτι : Πεπαυμένου γὰρ τοῦ πολέμου οὐκ ἔστιν οὐδεμία χρεία τῶν πολεμικῶν σκευῶν.

1196. τὰς ἀμύλους : Ἄμυλοι πλακοῦντές τινες, οἱ δὲ ζωμοὶ πλακουντώδεις. ὃν νῦν ἀμύλατόν φασιν.

1196. κολλάβους : Εἶδος ἄρτων. εἰσὶ δὲ μικροὶ ἀρτίσκοι, ἐκ τῶν μεγάλων κεκολλαβισμένοι, οὓς καθάπαξ ἄρτους οὐκ ἠξίουν καλεῖν. καὶ ἐν Βατράχοις [507] μέμνηται « ἄρτους ἔπειτα κολλάβους. » σχήματος δέ ἐστιν ὄνομα, ὥσπερ κολλύραν λέγουσί τινες.

1200. οὐδὲ κολλύβου : Εἶδος εὐτελοῦς νομίσματος. ἀντὶ τοῦ οὐδὲ ὀβολοῦ.

1202. τοὺς κάδους εἰς τοὺς ἀγρούς : Πιπράσκει δηλονότι, καδοποιὸς δὲ ἦν ὁ σὺν αὐτῷ.

1203. τῶν δρεπάνων : Χαλκεὺς ὢν δῶρον δρέπανον αὐτῷ δίδωσιν εἰρήνῃ πρέπον, καὶ ὁμολογεῖ χάριν ὡς τῆς τέχνης αὐτοῦ χρηματιζούσης.

1204. καὶ τῶνδ' ὅ τι βούλει : Σαφῶς ἄγαν ἐπὶ τοῦ τέλους τοῦ δράματος τὸ κέντρον ἐγκατέλιπε τοῖς ἀκροωμένοις, ἐκ τούτων δηλῶν καὶ κρίνων τά τε τοῦ πολέμου ἔργα καὶ τὰ τῆς εἰρήνης αὐτοῖς ἄγων ὑπ' ὄψιν, ἵνα εἰς ὃ βούλεται μᾶλλον αὐτοὺς ἀγάγῃ. τὴν δὲ καταστολὴν τοῦ δράματος ἐποίησεν ὁμοίαν τοῖς Ἀχαρνεῦσιν, ἐπεὶ κἀκεῖ τῷ μὲν πρυτανεύσαντι τὴν εἰρήνην δῶρα δίδοται παρὰ πάντων ὡς εἰπεῖν τῶν Ἑλλήνων, τῷ δὲ Λαμάχῳ οὐδέν.

1210. προθέλυμνον : Ὅ ἐστιν, ἄρδην ἀπώλεσάς με τὴν εἰρήνην προξενήσας. φαίνεται δὲ καὶ οὗτος καὶ ἄλλοι τὸ προθέλυμνον ἀντὶ τοῦ πρόρριζον ἀκούειν. [καὶ παρ' Ὁμήρῳ (Il. I, 541) « πολλὰ δ' ὅγε προθέλυμνα. »] Ἀρίσταρχος δὲ τὸ συνεχὲς καὶ ἄλλο ἐπ' ἄλλῳ δηλοῦσθαί φησι [Il, N. 130 :] « φράξαντες δόρυ δουρί, σάκος σάκεϊ προθελύμνῳ. » καὶ [O, 470] « σάκος θέτο τετραθέλυμνον, » τουτέστι τέσσαρας ἐπ' ἀλλήλων ἔχον πτύχας. καὶ ὁ λοφοποιὸς δὲ ἐναντία τοῦ δρεπανουργοῦ φρονῶν, ἔρχεται καταβοῶν Τρυγαίου ὡς πεποιηκότος εἰρήνην, καὶ μηδὲν χρησιμευούσης τῆς τέχνης αὐτοῦ.

1211. λοφᾷς : Λόφους πολλοὺς ἔχεις ἐν πράσει. ὄνομα δὲ πεποίηκε νοσήματος ἀπὸ τοῦ πράγματος, ὡς λέγομέν τινα ὑδεριᾶν, ποδαγρᾶν, σπληνιᾶν, [χαλαζᾶν]. σημαίνει δὲ τὸ πλῆθος ἔχειν λόφων.

1215. αἰσχύνομαι : Ἐλάχιστον γάρ ἐστιν ὃ μέλλω δοῦναι τίμημα.

1216. τὸ σφήκωμα : Τόπος τῆς περικεφαλαίας ὅπου τὰ πτερὰ δέδεται. Ἄλλως. τὸ πλέγμα, οἷον ὅτι ἐπιμελῶς τοῖς ἱμᾶσιν ἐνδέδεται. καὶ Ὅμηρος [Il. P, 52] « πλοχμοί θ' οἳ χρυσῷ τε καὶ ἀργύρῳ ἐσφήκωντο. »

1219. ἔνεγκε τὰς ἰσχάδας : Ὅτι οὐ μόνον πρὸς γενικὴν εἶπεν, ἀλλὰ καὶ πρὸς αἰτιατικὴν λέγει.

1222. τριχορρυεῖτον : Οἷον οὐκ ἐπιμελῶς συνδεδεμένοι εἰσίν· ὑπὸ τοῦ χρόνου γὰρ ἐσάπησαν. καὶ αἱ τρίχες τῶν ἵππων αἱ ἐν τοῖς λόφοις ῥέουσιν.

1224. θώρακος κύτει : Περιφραστικῶς εἶπεν ἀντὶ τοῦ θώρακα. τινὲς δὲ τὸ κοῖλον τῶν θωράκων. εἰσὶ γάρ τινες τῶν θωράκων ἁλυσειδωτοί. τινὲς δέ φασιν ὅτι ἀνειμένοι οἱ ὀρθοὶ καὶ τεταμένοι, οὓς εἰς θυσίαν ὑπέδυνον.

1225. ἐνημμένῳ : Συντεθειμένῳ, ἐρραμμένῳ. ἄλλος δέ ἐστιν οὗτος ὀλοφυρόμενος, ὅτι μὴ δύναται αὐτὸν τῆς ἀξίας ἀποδόσθαι τιμῆς.

1227. ἀλλ' αἶρέ μοι τοῦτόν γε : Ὅτι καὶ ἐνταῦθα ἐπὶ τοῦ πρόσφερε καὶ ἐπὶ αἰδοῦς. ἴσως δὲ διὰ τὸ εἰπεῖν τῆς ἰσωνίας τοὺς Ἴωνας σκώπτει, ὡς ἁβρῶς διαιτωμένους καὶ πολλὰ ἀποπατοῦντας, ὡς δηλοῖ τὸ ἑξῆς.

τῆς ἰσωνίας : Τῆς ἴσης τιμῆς, καὶ ὅσου σοι καθέστηκεν ἢ ἐπώλησας ἄλλῳ.

1227. ἐναποπατεῖν γάρ ἐστ' ἐπιτήδειος πάνυ : Δηλονότι οὐκ ἔστιν ἁλυσειδωτός, ἀλλ' ὁ λεγόμενος στατός. εἰκάζει δὲ αὐτὸν λασάνῳ ὀρθῶς σταθέντι, ἐπεὶ τὰ ἄνω παραπλήσια τοῖς χείλεσιν ἔχει τοῦ λασάνου.

1230. τρεῖς λίθους : Καὶ γὰρ παροιμία « τρεῖς εἰσὶν ἱκανοὶ πρωκτὸν ἀπομάξαι λίθοι. » τινὲς δὲ προστιθέασι καὶ τοῦτο, ὥς φασιν, « ἂν ὦσι τραχεῖς, ἂν δὲ λεῖοι, τέτταρες. » Ἄλλως. ἔνιοί φασι τοῦτο λελέχθαι, ἐπεὶ οἱ χέζοντες τρεῖς λίθους παρατιθέασι, καὶ ὥσπερ λάσανον ὑπ' αὐτῶν ποιοῦσιν. ἀναγκαιοτέρα δὲ ἡ πρώτη ἐστὶν ἐξήγησις.

1231. ποίᾳ δ' ἀποψήσει : Διὰ ποίου μέρους ἀπομάξασθαι τὸν πρωκτὸν δυνήσῃ;

1232. διὰ τῆς θαλαμιᾶς : Διὰ τῆς ἐκβολῆς τῆς χειρὸς τῆς ἐν τῷ θώρακι τὴν αὐτοῦ χεῖρα καθῆκεν. θαλαμιὰ δὲ εἴρηται παρὰ τὸ ἐοικέναι νεὼς τρυπήματι· κυρίως γὰρ ἡ κάτω τῆς νεὼς τρώγλη θαλαμιὰ λέγεται.

1234. ἵνα μή γ' ἀλῶ : Τοῦτό φησιν εἰς τοὺς τριηράρχας, ὅτι ἀπέφραττόν τινα τρυπήματα, ἵνα τὸν μισθὸν τῶν ναυτῶν κερδαίνοιεν, ἐκ δὲ τῆς ὄψεως τῶν

τρυπημάτων μὴ ἐλέγχωνται. γελοίως οὖν ἀμφοτέραις ταῖς χερσί φησιν ἀποψῆσαι τὸν πρωκτὸν, ἵνα μὴ ὡς οἱ τριηράρχαι κρύπτων τρῆμα τῆς νεὼς ἁλῷ. ἠναγκάζοντο γὰρ οἱ ναύκληροι τοσούτους ναύτας μισθοῦσθαι ὅσα εἶχε τρυπήματα ἡ τριήρης. Ἄλλως. ἐπεὶ οἱ τριήραρχοι λαμβάνοντες τὸν μισθὸν τοῦ πληρώματος ἀπέφραττον τὰ τρυπήματα τῶν ἐρετμῶν, ἵνα μὴ ἐλέγχωνται κλέπτοντες ἐρέτας ἐκ τοῦ τὰς θαλαμιὰς εἶναι κενάς. ἑξῆς δὲ τοῦτο ἀστείως ἐπήγαγεν, διὰ τὸ προειρημένον ὑπ' αὐτοῦ « τῃδὶ διεὶς τὴν χεῖρα διὰ τῆς θαλαμιᾶς. »

1225. ἔπειτ' ἐπὶ δεκάμνῳ : Καὶ ὑπομενεῖς, φησὶ, τοσοῦτον ἀργύριον αὐτοῦ διδοὺς ὥστε λασάνῳ ἀγγείῳ χρήσασθαι.

1230. θλίβει τὸν ὄρρον : Μιμεῖται τοὺς ἐπ' ἀληθείᾳ ἐνδυομένους τοὺς θώρακας καὶ διὰ τὸ μὴ ὠνεῖσθαι θλίβειν λέγοντας τὸν τράχηλον ἢ τοὺς ὤμους. τοιαῦτα δέ φασι βουλόμενοι διακόψαι τὸ τίμημα. ὄρρος δέ ἐστιν ὁ ὑποκείμενος τοῖς σφαιρώμασι τόπος. δῆλον δὲ ὅτι λαβὼν τὸν θώρακα ἐπεκάθισεν αὐτῷ ὡς λασάνῳ, ἵνα μᾶλλον κινήσῃ γέλωτα.

1242. μόλιβδον ἐς τουτὶ : Ἀντὶ τοῦ μολίβδῳ τὸν κώδωνα τῆς σάλπιγγος πληρώσας. τὸν κώδωνα δὲ τῆς σάλπιγγος συμβουλεύει αὐτῷ πωμάσαι μολίβδῳ, καὶ ἐν μέσῳ ἐνεῖραι ῥάβδον, ἵνα γένηται κατακτὸς ὁ κότταβος. ξύλον γὰρ αἰωρήσαντες ἐκ τοῦ μέσου καθάπερ πλάστιγγα, ἐξ ἑκατέρων τῶν μερῶν ἐξῆπτον ἐλλύχνια καὶ κυμβεῖα κοῖλα, καί τι ἀγγεῖον ἐτίθεσαν ὕδατος πλῆρες. εἶτα καθάπερ ἐπὶ τρυτάνης τὸ ἕτερον βαρύνοντες μέρος προΐζειν ἐποίουν, ὥστε πληροῦσθαι τὰ ἐλλύχνια. εἶτα τὸ ἕτερον πάλιν βαρύνοντες μέρος, ἀνάγκην ἐποίουν ἀνεγειρομένῳ καὶ ἀναπηδῶντι τῷ πεπληρωμένῳ ἐκ τῶν ἐλλυχνίων ἀναπέμπειν τὸ ὕδωρ. ὑπέκειτο δὲ τὰ κυμβεῖα τοῖς ἐλλυχνίοις, ὥστε εἰς ταῦτα πάλιν ἐμπίπτειν τὸ ὕδωρ, καὶ ὁ τῶν πλειόνων ἐπιψαύσας κυμβείων ἐδόκει νικᾶν. κάτακτοι δὲ ἐκλήθησαν ἀπὸ τοῦ κατάγειν καὶ αὖ πάλιν ἀνάγειν τὸν κότταβον. περὶ μὲν οὖν τῆς ῥάβδου καὶ Ἕρμιππος εἶπεν ἐν Στρατιώταις « ῥάβδον ὄψει τὴν κοτταβικὴν, ἐν τοῖς ἀχυροῖσι κυλινδομένην. » μέμνηται δὲ καὶ Φερεκράτης ἐν Παννυχίδι τῶν κυμβείων καὶ τοῦ κατακτοῦ κοττάβου. περὶ δὲ τῆς πάντων τούτων κατασκευῆς καὶ χρήσεως ἐξῆκται καὶ ἐν ταῖς ἐκλογαῖς. Ἄλλως. τὸν κώδωνα τῆς σάλπιγγος συμβουλεύει αὐτῷ πωμάσαι μολίβδῳ, καὶ ἐν μέσῳ ἐνεῖραι ῥάβδον. οὕτω γὰρ ἡ χαλκῆ λάταξ ἐν μέσῳ ἐτίθετο ἠρτημένη, ὥς φασιν, ἀπὸ τῆς ὀροφῆς, ἀπὸ τοῦ αὐλοῦ τοῦ μέσου, ὥστε ἀποκοτταβίζειν εἰς αὐτήν. νῦν δὲ καὶ ἀγγεῖον κότταβον εἴρηκε. κατακτὸν δὲ ἀπὸ τοῦ κατάγειν ἄνωθεν τῇ χειρί.

1244. τῶν κατακτῶν κοττάβων : Διττὸς ὁ τρόπος τῶν κοττάβων, ὧν ὁ μὲν ἕτερος τοιοῦτος· ἵστασαν ξύλον τι λυχνίῳ παραπλήσιον ἐν μέσῳ τοῦ συμποσίου, καὶ ἀπ' ἐκείνου ἤρτητο ἀγγεῖον ὅμοιον ὀξυβάφῳ, εἰς ὃ τὸ καταλειπόμενον ἐν τῷ ποτηρίῳ ἠκόντιζον, καὶ ὁ ἐπιτυχὼν ἐνίκα. ὁ δὲ ἕτερος τοιοῦτος· κατὰ τοῦ συμποσίου ἐτίθεσαν ἀγγεῖον ὅμοιον λεκάνῃ, ὕδατος πλῆρες, καὶ ἐν τῷ ἀγγείῳ τούτῳ ὅμοιόν τι ποτήριον περιεπήγνυσαν, καὶ κύκλῳ τῆς λεκάνης μυρσίνας, καὶ ἔβαλλον εἰς τὸ ποτήριον ἐκεῖνο τὸ ἀπολειπόμενον, καὶ ὁ καταδύσας τὸ ποτήριον ἐνίκα. νῦν δὲ αὐτὸ τὸ ἀγγεῖον κότταβον εἴρηκεν ἀπὸ τοῦ κατάγειν. Ἄλλως. τῶν κοττάβων δύο ἦσαν εἴδη, ἓν μὲν τοῦ κατακτοῦ λεγομένου. ἦν δὲ οἷον λυχνίον ὑψηλὸν, ἔχον ἐν αὐτῷ πρόσωπον, ὃ μάνην ἐκάλουν, ἐφ' οὗ ἔδει πεσεῖν καταβαλλομένην τὴν πλάστιγγα. ἕτερον δὲ ἀγγεῖόν τι ἐοικὸς λουτῆρι πλῆρες ὕδατος, ἐν ᾧ ὀξύβαφον ἦν ἐπιπλέον τὸ πλῆθος, ὅπερ καταδύειν τοῖς λάταξιν ἐπειρῶντο. Ἄλλως. κότταβος Ἀθήναιος ἐν τῷ ιε' [p. 666] φησὶν ὅτι Σικελική τις ἐστὶ παιδιὰ, πρώτων εὑρόντων Σικελῶν, ὥς φησιν Κριτίας ὁ Καλλαίσχρου ἐν τοῖς ἐλεγείοις « κότταβος ἐκ Σικελῆς ἐστὶ χθονὸς, ἐκπρεπὲς ἔργον. » Δικαίαρχος δὲ ὁ Μεσσήνιος, Ἀριστοτέλους μαθητὴς, ἐν τῷ περὶ Ἀλκαίου καὶ τὴν λάταγα αὐτὴν εἶναί φησι Σικελικὸν ὄνομα. λατάγη δέ ἐστι τὸ ὑπολειπόμενον ἐκ τοῦ ἐκποθέντος ποτηρίου ὑγρὸν, ὃ συνεστραμμένῃ τῇ χειρὶ ἄνωθεν ἐρρίπτουν οἱ παίζοντες εἰς τὸ κοττάβιον. κότταβος δὲ ἐκαλεῖτο καὶ τὸ τιθέμενον ἆθλον τοῖς νικῶσιν ἐν τῷ πότῳ, καὶ τὸ ἄγγος εἰς ὃ ἐνέβαλλον τοὺς λάταγας, ὡς Κρατῖνος ἐν Νεμέσει δείκνυσιν. ὅτι δὲ καὶ χαλκοῦν ἦν, Εὔπολις ἐν Βάπταις λέγει· « χαλκῷ περὶ κοττάβῳ. » Πλάτων δὲ ἐν Διῒ κακουμένῳ παιδιᾶς εἶδος παροίνιον τὸν κότταβον εἶναι ἀποδίδωσιν, ἐν ᾗ ἐξίσταντο καὶ τῶν σκευαρίων οἱ διακυβεύοντες. ἐκάλουν δὲ ἀγκύλην τὴν τοῦ κοττάβου πρόεσιν, διὰ τὸ ἐπαγκυλοῦν τὴν δεξιὰν χεῖρα ἐν τοῖς ἀποκοτταβισμοῖς. καὶ ἀγκυλητοὺς ἔλεγον κοττάβους. ὅτι δὲ ἆθλον προέκειτο τῷ προεμένῳ, προείπομεν. ἐλέγοντο δέ τινες καὶ κατακτοὶ κότταβοι. ἦν δὲ λύχνιον ἀγόμενον, πάλιν τε συμπῖπτον, ὑψηλὸν ἔχον τὸν μάνην καλούμενον, ἐφ' ᾧ τὴν καταβαλλομένην ἐπιπεσεῖν πλάστιγγα, ἐντεῦθεν δὲ ἐμπίπτειν εἰς λεκάνην ὑποκειμένην πληγεῖσαν τῷ κοττάβῳ. καί τις ἦν ἀκριβὴς εὐχέρεια τῆς βολῆς. τοῦ δὲ μάνου πολλοὶ μέμνηνται. ἦν δὲ ἕτερον εἶδος παιδιᾶς τῆς ἐν λεκάνῃ. αὕτη δὲ ὕδατος πληροῦται. ἐπέκειτο δὲ ἐπ' αὐτῇ ὀξύβαφα κενὰ, ἐφ' ἃ βάλλοντες τὰς λάταγας ἐκ καρχησίων ἐπειρῶντο καταδύειν. ἀνῃρεῖτο δὲ τὰ κοττάβια ὁ πλείω καταδύσας. ὅτι δὲ τῶν ἐρωμένων ἐμέμνηντο ἀφιέντες ἐπ' αὐτοῖς τοὺς λεγομένους κοττάβους, δῆλον ποιεῖ Ἀχαιὸς ἐν Λίνῳ καὶ Καλλίμαχος· « πολλοὶ καὶ φιλέοντες ἀκόντιον ἧκον ἔραζε οἰνοπόται Σικελὰς ἐκ κυλίκων λάταγας. » Σικελὰς δὲ αὐτὰς οὐκ ἀπεικότως ὠνόμασεν, ἐπεὶ, ὡς προείπομεν, Σικελῶν τὸ εὕρεμα, καὶ ἐσπούδασται σφόδρα παρ' αὐτοῖς ὁ κότταβος.

1247. σπαρτίοις ἠρτημένην : Τὸ μεσαίτατον, φησὶν, ἔκδησον σπάρτῳ, ἵνα τρυτάνη γένηται ἐκ τοῦ τῆς αὐλοῦ σάλπιγγος.

1250. οὗτος κράνη κομίζει δύο. V.

1251. ὅτ' ἀντέδωκα : Τότε με ἀπώλεσας, ὅτε καὶ ἀντὶ τούτων μνᾶν ἔδωκα.

1254. συρμαίαν μετρεῖν : Οἱ μὲν ἀξιοῦσι χυλὸν βοτάνης εἶναι τὴν συρμαίαν, ᾗ χρῶνται Αἰγύπτιοι πρὸς διάρροιαν, τινὲς δὲ τὸν λεγόμενον ζύθον, ὡς καὶ φησὶ Δίδυμος. Ἄλλως. φαίνονται τοῦ χυλοῦ τῆς συρμαίας πίνειν οἱ Αἰγύπτιοι πρὸς διάρροιαν, ὡς Δίδυμος. ἀλμαίαν ἐκ ῥαφανίδων Αἰγυπτιακὴν, πρὸς κάθαρσιν ἐπιτήδειον.

1258. λαβάς : Ὠτάρια τοῖς κράνεσιν, ἵνα γένωνται κάδοι. δείκνυσι δὲ τὰ ὦτα αὐτοῦ καὶ ἔστι παρεπιγραφή.

1261. τούτῳ γ' ἐγὼ τὰ δόρατα : Ἀττικῶς εἶπε τούτῳ ὠνήσομαι, ἀντὶ τοῦ παρὰ τούτου ὠνήσομαι.

1265. τὰ τῶν κεκλημένων εἰς δεῖπνον. V.

1267. ἅττ' ᾄσεται : Τὸ ἑξῆς, δοκεῖ δέ μοι ἵνα δεῦρο προοιμιάσηταί τινα μέλη ᾆσαι καὶ προμελετῆσαι.

1270. νῦν αὖθ' ὁπλοτέρων ἀνδρῶν : Οὐδὲν ἀστειότερον τῆς εὑρέσεως. δύο γὰρ δῆθεν ἵστησι παιδία ᾄδοντα, ἵνα ἀφορμὴν σχῇ τοῖς πατράσιν αὐτῶν ὀνειδίσαι, καὶ διαβαλεῖν τὸν μὲν ὡς φιλοπόλεμον ὄντα, τὸν δὲ ὡς ῥίψασπιν. πρῶτον οὖν πεποίηκε τὸ τοῦ φιλοπολέμου ᾆδον παιδίον, καὶ θέασαι ὡς πρόσφορα αὐτῷ περιέθηκε πράγματα. ἀρχὴ δὲ τῶν Ἐπιγόνων Ἀντιμάχου.

1271. ὁπλοτέρους : Παρὰ τὸ ὅπλον παίζει.

1283. ἔκλυον : Ἀπέλυον, ἐξέλυον. εἶτα ἐν ἐκθέσει στίχοι ἰαμβικοὶ τρίμετροι ἀκατάληκτοι β'. — εἶτα ἐν εἰσθέσει ἐπικοὶ δύο. V.

1286. θωρήσσοντ' : Ἀντὶ τοῦ ἔπινον, παρὰ τὸ εἰς τὸν θώρακα πέμπειν τὸν οἶνον.

ἄσμενοι οἶμαι : Πρὸς τὸ πεπαυμένοι, οὐ πρὸς τὸ θωρήσσοντο. εἰ μὴ ὅτι ὁμωνύμως θωρήσσεσθαι ἔλεγον καὶ τὸ πίνειν παρὰ τὸν θώρακα, ὅτι ἐν αὐτῷ τὸ ὑγρὸν λέγεται εἶναι.

1288. εἶτα ἐν ἐκθέσει στίχοι ἰαμβικοὶ τρίμετροι ἀκατάληκτοι γ'. εἶτα πούς σπονδεῖος καὶ ἐν εἰσθέσει ἐπικοὶ β'. καὶ στίχοι ἰαμβικοὶ τρίμετροι ἀκατάληκτοι δ'. V. καὶ ἐλεγεῖον Ἀρχιλόχου καὶ στίχοι ἐπικοὶ β'. — καὶ στίχοι ἰαμβικοὶ τετράμετροι καταληκτικοὶ β'. ἴαμβος δίμετρος ἀκατάληκτος. V.

1290. Λαμάχου : Τοῦ ἀεὶ βουλομένου μάχεσθαι. ἔπαιξε δὲ παρὰ τὸ τέλος τοῦ Λάμαχος ὀνόματος. τὸ δὲ αἰβοῖ γελῶν λέγει.

1293. ἐπεὶ μισοπόλεμος ὁ Κλεώνυμος. ὅτι δειλὸς καὶ ῥίψασπις ὁ Κλεώνυμος, πολλάκις εἰρήκαμεν. V.

1297. οὐ πράγματ' ᾄσεις : Οὐδὲν τῆς εἰρωνείας ἥδιον· καὶ γὰρ ὡς κιναιδιζόμενον τὸν Κλεώνυμον κωμῳδεῖν βούλεται.

1298. [ἀσπίδι μὲν Σαΐων : Ἀρχιλόχου ἐστὶ τὸ δίστιχον. οὕτως δὲ ἐγράφη ἐπὶ τῇ ἀπορρίψει τῆς ἀσπίδος. ἐπιτηδείως δὲ καὶ ἐνταῦθα πρὸς ῥίψασπιν εἴρηται. Ἄλλως. Ἀρχίλοχος ποιητὴς ἦν καὶ πάντας διέβαλλεν. ὅθεν καὶ Πίνδαρος Πυθικῶν [2, 99] « εἶδον κατὰ γὰρ « ἑκὰς ὄντα πολλὴ ψογερὸν Ἀρχίλοχον βαρυλόγοις ἔχθεσι « πιαινόμενον. » Ἄλλως. οὗτος ὁ Ἀρχίλοχος ἐξῆλθεν εἰς πόλεμον ἐν τῇ πρὸς Σαΐους μάχῃ· ἔστι δὲ ἔθνος Θρᾴκης· καὶ φοβηθεὶς ἔφυγε ῥίψας ἑαυτοῦ τὰ ὅπλα. αὐτὸν οὖν διαβάλλων λέγει.]

1300. πόσθων : Ὑποκοριζόμενοι οὕτως ἔλεγον τὰ παιδία. ἢ οὕτω λέγεται τοῦ βρέφους τὸ αἰδοῖον. ὦ αἰσχρέ.

εἰς τὸν σαυτοῦ πατέρ' ᾄδεις : Εἰς τὸν Κλεώνυμον, ὅτι ῥίψασπις.

1301. καὶ τοῦτο Ἀρχίλοχος.

1306. φλᾶν : Κατακαίειν. δῆλον δὲ ὅτι τὰ πολεμικὰ ἢ συντρίβειν καὶ γεωργεῖν ἢ τρώγειν.

κενὰς παρέλκειν : Ἀπὸ μεταφορᾶς τῶν ἐρεττόντων μὴ βαπτόντων τὰς κώπας, ἀλλὰ τῷ δοκεῖν κενὰς περιφερόντων. παρακελεύεται δὲ τοῖς ἐπὶ δεῖπνον ἥκουσι γενναίως ἐσθίειν.

1309. σμώχετ' : Ἐσθίετε, τρίβετε· τὸ γὰρ ἐκλαμπρύνειν σμώχειν λέγεται.

1310. ὅτι παροιμία ἐστίν. καὶ οὕτως « οὐδὲν ἔργον ἐστὶν ἀνδρῶν λευκῶν, ἢν μή τι καὶ μάχωνται. » ἔτι δὲ οὕτως « οὐδὲν λευκῶν ἀνδρῶν ἔργον εἰ μὴ σκυτοτομεῖν. »

1316. κορωνίς. εἰσίασι γὰρ οἱ ὑποκριταὶ καὶ εἰσὶν οἱ πρῶτοι ἐν ἐπεκθέσει στίχοι ἀναπαιστικοὶ δ'.

1319. Ὑπέρβολον : Στρατηγὸς φιλοπόλεμος. εἴρηται δὲ παρ' ὑπόνοιαν.

1320. διπλῆ καὶ ἐν ἐπεισθέσει περίοδος ἑπτακαιδεκάμετρος θ' κώλων, ὅτι ἔχει μονόμετρον τὸ ε'.

1325. παρὰ τὰ Ἡσιόδου [Op. 232] « αἱ δὲ γυναῖκες τίκτουσιν. » τοῦτο γὰρ εὐετηρίας σημεῖον, τὸ τίκτειν γυναῖκας. τῶν γὰρ ἀνδρῶν ἐν εἰρήνῃ ὄντων αἱ γυναῖκες συλλαμβάνονται.

1329. διπλῆ καὶ ἐπὶ τέλει μονοστροφικῶν περίοδος πεντακώλων Ἰωνικῶν διμέτρων δύο καταληκτικῶν, τριῶν δὲ βραχυκαταλήκτων. εἶτα ἐν ἐπεισθέσει τοῦ χοροῦ τὸ ἴσον. καὶ πάλιν τὰ ε' τοῦ αὐτοῦ μέτρου τοῦ χοροῦ.

1333. ἐν τούτοις φέρονται κατά τινας παραγραφαί, ἵνα ὁ χορὸς ἀνὰ μέρος αὐτὰ λέγῃ.

1335. ἔν τισιν οὐ φέρεται διὰ τὰ μέτρα.

1340. ἀντὶ ζεύγους αἴρουσιν αὐτὴν οἱ χορευταὶ ἀναλαβόντες.

1344. ἐντεῦθεν ἐν τοῖς ἀντιγράφοις οὐ φέρεται οὐ πεντάκωλα ἀκολούθως ὡς φέρεται καὶ ἐνταῦθα ἐστί.

1345. πράγματ' : τὰ τοῦ πολέμου δηλονότι.

1346. γεωργοῦντες.

1348. τὸ αἰδοῖον λέγει τοῦ νυμφίου, τουτέστι τοῦ Τρυγαίου.

1349. τὸ τῆς Ὀπώρας αἰδοῖον λέγει· ἅμα δὲ καὶ πρὸς τὸ ὄνομα τῆς Ὀπώρας τὸ σῦκον λέγει.

1353. ὑφ' ἃ κορωνὶς τοῦ δράματος. ὑμὴν ὑμέναι' ὦ. οὕτως Ἡλιόδωρος.

1355. πρὸς τοὺς θεατάς.

ΟΡΝΙΘΕΣ.

ΥΠΟΘΕΣΕΙΣ.

I.

Δύο εἰσὶν Ἀθήνηθεν ἐκκεχωρηκότες πρεσβῦται διὰ τας δίκας. πορεύονται δὲ πρὸς τὸν Τηρέα ἔποπα γενόμενον, πευσόμενοι παρ' αὐτοῦ ποία ἐστὶ πόλις εἰς κατοικισμὸν βελτίστη. χρῶνται δὲ τῆς ὁδοῦ καθηγεμόσιν ὀρνέοις, ὁ μὲν κορώνῃ, ὁ δὲ κολοιῷ. ὀνομάζονται δὲ ὁ μὲν Πεισθέταιρος, ὁ δὲ Εὐελπίδης, ὃς καὶ πρότερος ἄρχεται. ἡ σκηνὴ ἐν Ἀθήναις. τὸ δρᾶμα τοῦτο τῶν ἄγαν δυνατῶς πεποιημένων.

Ἐδιδάχθη ἐπὶ Χαβρίου διὰ Καλλιστράτου ἐν ἄστει, ὃς ἦν δεύτερος τοῖς Ὄρνισι, πρῶτος Ἀμειψίας Κωμασταῖς, τρίτος Φρύνιχος Μονοτρόπῳ. φοβερὰ δὲ τότε τοῖς Ἀθηναίοις τὰ πράγματα. τό τε γὰρ ναυτικὸν ἀπώλετο περὶ Σικελίαν, Λάμαχος οὐκ ἔτι ἦν, Νικίας ἐτεθνήκει, Δεκέλειαν ἦσαν τειχίσαντες Λακεδαιμόνιοι, Ἆγις ὁ Λακεδαιμονίων στρατηγὸς περιεκάθητο τὴν Ἀττικήν, Ἀλκιβιάδης τὰ Λακεδαιμονίων ἐφρόνει καὶ ἐκκλησιάζων συνεβούλευε τὰ χρηστὰ Λακεδαιμονίοις. ταῦτα αἱ Ἀθηναίων συμφοραί, διὰ ταῦτα αἱ Ἀθηναίων φυγαί. καὶ ὅμως οὐκ ἀπείχοντο τοῦ κακοπραγμονεῖν καὶ συκοφαντεῖν.

II.

Τῆς τῶν Ἀθηναίων πολιτείας τὸ μέγιστον ἦν κλέος αὐτόχθοσι γενέσθαι, καὶ αὕτη φιλοτιμία πρώτη τὸ μηδέπω μηδεμιᾶς πόλεως φανείσης αὐτὴν πρῶτον ἀναβλαστῆσαι. ἀλλὰ τῷ χρόνῳ ὑπὸ προεστώτων πονηρῶν καὶ πολιτῶν δυσχερῶν ἀνετέτραπτο, καὶ διωρθοῦτο πάλιν. ἐπὶ οὖν τοῦ Δεκελεικοῦ πολέμου, πονηρῶν τινῶν τὰ πράγματα ἐγχειρισθέντων, ἐπισφαλὴς γέγονεν ἡ παρ' αὐτῶν κατάστασις. καὶ ἐν μὲν ἄλλοις δράμασι διὰ τῆς κωμῳδικῆς ἀδείας ἤλεγχεν Ἀριστοφάνης τοὺς κακῶς πολιτευομένους, φανερῶς μὲν οὐδαμῶς, οὐ γὰρ ἐπὶ τούτου ἦν παρρησία, λεληθότως δέ, ὅσον ἀνῆκεν ἀπὸ κωμῳδίας προσκρούειν. ἐν δὲ τοῖς Ὄρνισι καὶ μέγα τι διανενόηται. ὡς γὰρ ἀδιόρθωτον ἤδη νόσον τῆς πολιτείας νοσούσης καὶ διεφθαρμένης ὑπὸ τῶν προεστώτων, ἄλλην τινὰ πολιτείαν αἰνίττεται καὶ προεστῶτας ἑτέρους ὡσανεὶ τῶν ὄντων κακῶν καθεστώτων· οὐ μόνον δὲ τοῦτο, ἀλλὰ καὶ τὸ σχῆμα ὅλον καὶ τὴν φύσιν, εἰ δέοι, συμβουλεύει μετατίθεσθαι πρὸς τὸ ἠρεμαίως βιοῦν. καὶ ἡ μὲν ἀπόστασις αὕτη. τὰ δὲ κατὰ θεῶν βλάσφημα ἐπιτηδείως ᾠκονόμηται. καινῶν γάρ φησι τὴν πόλιν προσδεῖσθαι θεῶν, ἀφροντιστούντων τῆς κατοικίας Ἀθηνῶν τῶν ὄντων καὶ παντελῶς ἠλλοτριωκότων αὐτοὺς τῆς χώρας. ἀλλ' ὁ μὲν καθόλου στόχος τοιοῦτος. ἕκαστον δὲ τῶν κατὰ μέρος οὐκ εἰκῇ, ἀλλ' ἄντικρυς Ἀθηναίων καὶ τῶν παρ' αὐτοῖς ἐγχειριζομένων τὰ κοινὰ ἐλέγχει τὴν φαύλην διάθεσιν, ἐπιθυμίαν ἐγκατασπείρων τοῖς ἀκούουσιν ἀπαλλαγῆναι τῆς ἐνεστώσης μοχθηρᾶς πολιτείας. ὑποτίθεται γὰρ περὶ τὸν ἀέρα πόλιν, τῆς γῆς ἀπαλλάσσων· ἀλλὰ καὶ βουλὰς καὶ συνόδους ὀρνίθων, ταῖς Ἀθηναίων δυσχεραίνων. ἀλλὰ καὶ ὅσα παίζει, ἐπίσκοπον, ἢ ψηφισματογράφον, ἢ τοὺς λοιποὺς εἰσάγων, οὐχ ἁπλῶς, ἀλλὰ γυμνοῖ τὰς πάντων προαιρέσεις, ὡς αἰσχροκερδείας ἕνεκεν χρηματίζονται. εἶθ' ὕστερον καὶ τὸ θεῖον εἰς ἀπρονοησίαν κωμῳδεῖ. τὰ δὲ ὀνόματα τῶν γερόντων πεποίηται, ὡς εἰ πεποιθοίη ἕτερος τῷ ἑτέρῳ καὶ ἐλπίζοι ἔσεσθαι ἐν βελτίοσι. τινὲς δέ φασι τὸν ποιητὴν τὰς ἐν ταῖς τραγῳδίαις τερατολογίας ἐν μὲν ἄλλοις διελέγχειν, ἐν δὲ τοῖς νῦν τὴν τῆς Γιγαντομαχίας συμπλοκὴν ἕωλον ἀποφαίνων, ὄρνισιν ἔδωκε διαφέρεσθαι πρὸς θεοὺς περὶ τῆς ἀρχῆς.

Ἐπὶ Χαβρίου τὸ δρᾶμα καθῆκεν εἰς ἄστυ διὰ Καλλιστράτου· εἰς δὲ Λήναια τὸν Ἀμφιάραον ἐδίδαξε διὰ Φιλωνίδου. λάβοι δ' ἄν τις τοὺς χρόνους ἐκ τῶν πέρυσι γενομένων ἐπὶ Ἀριμνήστου τοῦ πρὸ Χαβρίου. Ἀθηναῖοι γὰρ πέμπουσι τὴν Σαλαμινίαν, τὸν Ἀλκιβιάδην μεταστελλόμενοι ἐπὶ κρίσει τῆς τῶν μυστηρίων ἐκμιμήσεως. ὁ δὲ ἄχρι μὲν Θουρίου εἵπετο τοῖς μεθήκουσιν, ἐκεῖθεν δὲ δρασμὸν ποιησάμενος εἰς Πελοπόννησον ἐπεραιώθη. τῆς δὲ μετακλήσεως μέμνηται καὶ Ἀριστοφάνης, ἀποκρύπτων μὲν τὸ ὄνομα, τὸ δὲ πρᾶγμα δηλῶν ἐν οἷς γέ φησι [v. 146] « μηδαμῶς ἡμῖν παρὰ θάλατταν, ἵν' ἀνακύψεται, κλητῆρ' ἄγουσ' ἕωθεν ἡ Σαλαμινία. »

III.

[Δύο πρεσβῦται Ἀθηναίων Πεισθέταιρος καὶ Εὔελπις τὴν συκοφαντίαν φεύγοντες τὴν Ἀθήνησι, μετανίστασθαι δοκιμάζουσι καὶ κολοιὸν καὶ κορώνην πριάμενοι παραγίνονται πρὸς ὄρνιθας τῆς παρ' αὐτοῖς ἐπιθυμοῦντες διαγωγῆς. οἱ δὲ ὄρνιθες τὸ μὲν πρῶτον ἀρνεῖσθαί φασιν, εἰ μετὰ ἀνθρώπων πολεμίων ὄντων οἰκήσουσι· μαθόντες δὲ ὕστερον, ἃ ὠφεληθήσονται, συγχωροῦσι μένειν αὐτούς. οἱ δὲ πόλιν κτίσαντες ἐν τῷ ἀέρι, Νεφε-

λακοκκυγίαν ὠνόμασαν. ἀλλ' οὐδὲ ταύτην ἀνενόχλητον ἐῶσιν οἱ Ἀθηναῖοι. μάντεις γὰρ καὶ χρησμολόγοι φοιτῶσι, λαβεῖν τι βουλόμενοι· ἐν οἷς καὶ Μέτων. οὗτοι δὲ πάντες ἀποπέμπονται ἄπρακτοι. τελευταῖον δὲ καὶ θεοί, διὰ τὸ μὴ ἐᾶσθαι τὸν καπνὸν τῶν ἱερείων ἀνιέναι, λιμῷ φθειρόμενοι πρεσβεύονται πρὸς τοὺς ὄρνιθας. ὁ δὲ σκοπὸς τοῦ δράματος, διασῦραι πάλιν τοὺς Ἀθηναίους ὡς φιλοδίκους. ἡ δὲ σκηνὴ ἐν πέτραις καὶ ὀρνέοις. ἐγράφη δὲ μετὰ τὸν Ἀλκιβιάδην ὑπὸ τῆς Σαλαμινίας νεὼς μεταπεμφθῆναι, διὰ τὴν περικοπὴν τῶν Ἑρμῶν, καὶ φυγεῖν εἰς Λακεδαίμονα.]

IV.

ΑΡΙΣΤΟΦΑΝΟΥΣ

ΓΡΑΜΜΑΤΙΚΟΥ.

Διὰ τὰς δίκας φεύγουσιν Ἀθήνας δύο τινές·
οἳ πρὸς τὸν ἔποπα, τὸν λεγόμενον Τηρέα,
ἐλθόντες ἠρώτων ἀπραγμόνων πόλιν.
εἷς δ' ὄρνις ἔποπι συμπαρὼν μετὰ πλειόνων
πτηνῶν διδάσκει, τί δύνατ' ὀρνίθων γένος,
καὶ πῶς ἐάν περ κατὰ μέσον τὸν ἀέρα
πόλιν κτίσωσι, τῶν θεῶν τὰ πράγματα
αὐτοὶ παραλήψοντ'. ἐκ δὲ τοῦδε φαρμάκου
πτέρυγάς τ' ἐποίουν· ἠξίωσαν δ' οἱ θεοί,
ἐπίθεσιν οὐ μικρὰν ὁρῶντες γενομένην.

SCHOLIA IN AVES.

1. Ὀρθὴν κελεύεις: [Ἡ εἴσθεσις τοῦ παρόντος δράματος εὐθὺς ἐξ ἀμοιβαίων ἄρχεται προσώπων. οἱ δὲ στίχοι εἰσὶν ἰαμβικοὶ τρίμετροι ἀκατάληκτοι ση', ὧν τελευταῖος

ἔσβαινε κἀνέγειρε τὴν ἀηδόνα.

ἐν εἰσθέσει δὲ μετὰ τὸν ρξα' στίχον κῶλον ἰαμβικὸν μονόμετρον βραχυκατάληκτον, καὶ μετὰ τὸν ρζγ' ἕτερον ὅμοιον μονόμετρον ἀκατάληκτον. ἐπὶ τῷ τέλει διπλῆ ἔξω νενευκυῖα.] τοῦτο λέγει ὁ τὸν κολοιὸν φέρων ὡς ἐν ἀπόπτῳ δένδρου τινὸς ὄντος καὶ τοῦ κολοιοῦ σημαίνοντος κατ' ἐκεῖνο πορεύεσθαι. πεποίηται δὲ τὰ ὀνόματα τῶν πρεσβυτέρων, τῷ μὲν παρὰ τὸ πείθεσθαι, τῷ δὲ παρὰ τὸ εὖ ἔχειν τῶν ἐλπίδων. — ὡς ἐν ἀπόπτῳ τινὸς δένδρου ὄντος, καὶ τοῦ κολοιοῦ σημαίνοντος δῆτα μετ' ἐκεῖνο πορευθῆναι. *Br.*

2. ἥδε δ' αὖ κρώζει: Τοῦτο ὁ τὴν κορώνην φέρων, ὡς εἰς τοὐναντίον τῷ κολοιῷ παρακελευομένης πορεύεσθαι. τὸ γὰρ πάλιν ἀντὶ τοῦ εἰς τοὐπίσω. καὶ ἐν ἄλλοις. κράζει εἰς τοὐπίσω ἄπελθε. πλανύττομεν: Πλανώμεθα. κωμικῶς δὲ ἐκτέταται. — ἥδε δ' αὖ: Κορώνη κελευομένη εἰς τοὐναντίον. *Br.*

4. προφορουμένω: Δεῦρο κἀκεῖσε πορευόμενοι εἰς τἀναντία. προφορεῖσθαι γὰρ λέγεται τὸ παραφέρειν τὸν στήμονα τοῖς διαζομένοις. — ἄλλως: μάτην. *R. Br.* ι προφορουμένω: Ὧδε κἀκεῖσε πορευόμενοι. *Br.*

5. τὸ δ' ἐμέ: Οὐχ εὔηθες. *Br.*

6. (πλεῖν ἢ χίλια: Ἀττικὴ ἡ κρᾶσις τοῦ πλέον πλεῖν.)

7. [τὸ δ' ἐμὲ κολοιῷ: Ὅτι ὁ μὲν κολοιὸν ἐκράτει, ὥστε δεῖξαι αὐτῷ δῆθεν τὴν πρὸς τὰ ὄρνεα ὁδόν· ὁ δὲ κορώνην διὰ τὴν χρείαν. διὸ καὶ μέμφονται ἑαυτοῖς, ὅτι δὴ τοῖς ὀρνέοις πιστεύσαντες μακρὰν διήνυσαν καὶ οὔπω τὸ ζητούμενον εὗρον. Ἀττικῷ δὲ ἔθει εἴρηται ταῦτα ἀναπόδοτα, ὡς καὶ ἐν Νεφέλαις [268]

τὸ δὲ μὴ κυνῆν οἴκοθεν ἐλθεῖν ἐμὲ τὸν κακοδαίμον' ἔχοντα.

νοεῖται γὰρ ἔξωθεν τὸ οὐκ εὔηθες, ἢ οὐ μωρίας πλέον, ἤ τι τοιοῦτο. — τὸ δ' ἐμέ: Οὐ μωρίας πλέων. *Br.*]

8. ἀποσποδῆσαι: Ἀντὶ τοῦ ἀφανίσαι. ἀπὸ τῆς σποδοῦ· αὕτη γὰρ ἀφανίζει τὴν προϋπάρξασαν ὕλην τῶν ξύλων. (ἢ ἀποκροῦσαι, ἀφανίσαι, τυπτόμενον ἐκβαλεῖν.)

10. ἐντευθενὶ τὴν πατρίδ': Ἐρωτηματικῶς. δύναιο δ' ἂν ἐντεῦθεν τὴν πατρίδα ἰδεῖν, (τουτέστι) τὰς Ἀθήνας. ὡς πολὺ δὲ ἀφεστηκότων ταῦτά φησιν.

11. Ἐξηκεστίδης: Τοῦτον ὡς ξένον διαβάλλουσι καὶ πλάνον (τὰς ὁδοὺς γινώσκειν). οἱ γὰρ ξένοι μᾶλλον ἴσασι τὰς ὁδούς. (τοῦτο δ' ἂν εἴη μεμνημένος καὶ ἐν τοῖς ἔπειτα, διὰ τούτων [764]

εἰ δὲ δοῦλός ἐστι καὶ Κάρ, ὥσπερ Ἐξηκεστίδης.

ἔστι δὲ καὶ ἕτερος *** « ἔχων λύραν ἔργον Εὐδόξου τιταίνει ψίθυρον εὐήθη νόμον. » μέμνηται δὲ αὐτοῦ καὶ Πολέμων ἐν τῷ δευτέρῳ περὶ τῆς Ἀθήνησιν Ἐρατοσθένους ἐπιδημίας λέγων. ὁ δὲ Ἐξηκεστίδης, κιθαρῳδὸς πυθιονίκης. νικᾷ δὲ καὶ τὸν τῶν Καρνείων ἀγῶνα τὸν ἐν Λακεδαίμονι, καὶ Παναθήναια δίς. Ἄλλως. ὁ Ἐξηκεστίδης ὡς ξένος κωμῳδεῖται. καὶ Φρύνιχος Μονοτρόπῳ

μεγάλους πιθήκους οἶδ' ἑτέρους τινὰς λέγειν,
Λυκέαν, Τελέαν, Πείσανδρον, Ἐξηκεστίδην.
ἀνωμάλους εἶπας πιθήκους ***
ὁ μέν γε δειλός, ὁ δὲ κόλαξ, ***
ὁ δὲ νόθος.)

12. σὺ μὲν ὦ τᾶν: Παίζων φησί. τουτέστι τὴν εἰς τὸ οἴμοι ὁδὸν βάδιζε.

13. (οὐκ τῶν ὀρνέων: Ἀντὶ τοῦ ὀρνεοπώλων. Δίδυμος δέ, δεινὰ φάσκειν αὐτοὺς ἐκ τῶν ὀρνέων πεπονθέναι, ἐπεὶ Ὀρνεαὶ τῆς Λακωνικῆς εἰσι. πρὸ δὲ ἐτῶν δ' κακῶς περὶ Μαντίνειαν ἀπήλλαξαν, ὡς καὶ τοὺς στρατηγοὺς ἀποβαλεῖν Λάχητα καὶ Νικόστρατον, καθὰ καὶ Ἀνδροτίων φησίν. Ἄλλως. ὅτι οὕτως ἔλεγον καὶ ἐπὶ τῶν τόπων, ἀντὶ τοῦ ὀρνεοπωλίων, [ὡς τῶν χυτρῶν, ἀντὶ τοῦ χυτροπωλίων]. ἡ δὲ ἀναφορὰ πρὸ τὸ Ὁμηρικὸν [Od. N, 407] « δήεις τόν γε σύεσσι παρήμενον, » τουτέστι συφεοῖς. ἑξῆς οὖν ἐπάγει « αἱ δὲ νέμονται πὰρ κόρακος πέτρῃ. »)

14. ὁ πιναχοπώλης : Ἀντὶ τοῦ ὁ ὀρνεοπώλης. ὅτι τὰ λιπαρὰ τῶν ὀρνέων ἐπὶ πινάχων τιθέντες ἐπώλουν. ἢ πίναξ εἶδος ὀρνέου. — τούτου δὲ καὶ ἐν τοῖς ἑξῆς [1077] μέμνηται « ἢν ἀποκτείνῃ τις ὑμῶν Φιλοκράτη τὸν στρούθιον, » ὃς ὄρνεα πωλεῖ. R.

15. ὃς τώδ' ἔφασκε νῷν : (Οἱ μέν φασιν αὐτὸν διασύρειν τὸν Αἰσώπειον λόγον καὶ δέον εἰπεῖν τῶν ἀνθρώπων, λέγειν ἐκ τῶν ὀρνέων, οἱ δὲ οὕτως· ὃς ἔφασκε μᾶλλον τῶν ἄλλων ὀρνέων δύνασθαι προηγήσασθαι τῆς ὁδοῦ, καὶ δεῖξαι ἡμῖν αὐτὸν ἐκ τῶν ὀρνέων, οἷον ἐκ τοῦ συστήματος τῶν ὀρνέων ἐν ταυτῷ ὄντων. Ἄλλως. ἔφασκεν ὁ Φιλοκράτης. τὸ δὲ νῷν, τουτέστιν ἡμῖν, δειχτικῶς. σημαίνει ἡμῖν ἐκ τῶν ὀρνέων, τουτέστι διὰ τῶν ὀρνέων, ὅπου τὸν Ἔποπα εὑρήσομεν. γράφεται καί, ὡς τώδε, καὶ διαιροῦσι τινὲς καὶ προστιθέασι τὸ ἑξῆς, τό, ἐκ τῶν ὀρνέων ἀπέδοτο τὸν κολοιὸν καὶ τὴν κορώνην. βιαίως γὰρ πρὸς τοῦτο εἰρῆσθαι σημανεῖν ἡμῖν τὸν Ἔποπα ὅς ἐστι, δείξαντα ἐκ τῶν ὀρνέων. παρ' ὑπόνοιαν δὲ εἴρηκε τό, ὃς ὄρνις ἐγένετο ἐκ τῶν ὀρνέων. ἔδει γάρ, ἐκ τῶν ἀνθρώπων.) — ὄρνις ἐγένετο ἐκ τῶν ὀρνέων. ἔδει εἰπεῖν ἐκ τῶν ἀνθρώπων. τινὲς δὲ στίζουσιν εἰς τὸ ἐγένετο, εἶτα ἐκ τῶν ὀρνέων ἀπέδοτο τὸν κολοιὸν καὶ τὴν κορώνην. ἢ οὕτως· ὃς ἔλεγε φράσειν τὸν Τηρέα ἐκ τῶν ὀρνέων καὶ δείξειν ὅστις ἐστὶν ἐκ τῶν ἄλλων ὀρνέων. Rav.

17. τὸν μὲν Θαρρελείδου : (Σύμμαχος, Ἀσωπόδωρον. καὶ γὰρ οὗτος ἐπὶ σμικρότητι ὑπὸ Τηλεκλείδου κεκωμῴδηται, καὶ ὁ κολοιὸς μικρὸς ὢν ἐκ τῶν πτερῶν τὴν σύστασιν ἔχει. Ἄλλως. ἄδηλον εἰ Ἀσωπόδωρον λέγει, ὃς κωμῳδεῖται ἐπὶ σμικρότητι σώματος. ἦν δὲ καὶ ὁ Θαρρελείδης μικρός. Ἄλλως.) οἱ μὲν πλείους ὑπειλήφασιν υἱόν τινα Θαρρελείδου βραχὺν καὶ παραπλήσιον κολοιῷ κωμῳδεῖσθαι. οὐκ ἔχομεν δὲ υἱὸν αὐτοῦ διὰ τῆς κωμῳδίας εἰπεῖν. μήποτε οὖν, φησί, κατὰ περίφρασιν εἴρηκε Θαρρελείδου κολοιόν, ἐν ἴσῳ τῷ Θαρρελείδης, ὅς ἐστι κολοιώδης. ἢ ὡς κολοιοὺς αὐτὸν πωλοῦντα διαβάλλει. (Ἄλλως. ὁ τοῦ Θαρρελείδου υἱὸς ἐγένετο κολοιός.) — τὸν μὲν Θαρρελείδου : Υἱόν. *Brunck.*

19. τώδ' οὐκ ἄρ' ἤστην : Τινὲς διὰ τοῦ ι ἴστην ἀντὶ τοῦ ᾔδεσαν. τουτέστιν οὐδὲν ᾔδεσαν ἔξω τοῦ δάκνειν. ἢ ἀντὶ τοῦ ἦσαν. τουτέστιν οὐδὲν ἄλλο ἦσαν ἢ δάκνειν. — οὐδὲν ἄλλο πλὴν δάκνειν : Στίχος [40]

« Ἀθηναῖοι δ' ἐπὶ τῶν δικῶν
ᾄδουσι πάντα τὸν βίον. » R.

20. [καὶ νῦν τί κέχηνας : Ὡς τοῦ κολοιοῦ κεχηνότος. κατὰ τῶν πετρῶν δέ, ὅπου ἐστὶ τόπος πετρώδης.]

22. ἢ δὲ μὰ Δί' ἐνταῦθα : Ἐδεινοποίησεν ὡς πανταχόθεν ἀποκεκλῃμένης τῆς ὁδοῦ. [ἄλλῳ δὲ ὀνόματι κέχρηται.]

23. ἡ δ' ἡ κορώνη : Ὡς ἤδη φθεγξαμένης αὐτῆς. δύναται καὶ ἐρωτηματικῶς καὶ ἀποφαντικῶς. τινὲς γράφουσιν, οὐδὲ ἡ κορώνη. [βρύχουσα δέ, δάκνουσα παρὰ τὴν βορὰν, οἱονεὶ βορύχουσα.]

26. βρύχουσ' : ἐσθίουσα. R.

(28). ἐς κόρακας ἐλθεῖν : Παίζει. ἐπεὶ εἰς τὰ ὄρνεα βούλεται ἀπελθεῖν. [ἐν λόγῳ δέ, ἐν τῇ ὑποθέσει.]

31. τὴν ἐναντίαν Σάκᾳ : Οὗτος ἐστιν Ἀκέστωρ, τραγῳδίας ποιητής. ἐκαλεῖτο δὲ καὶ Σάκας, διὰ τὸ ξένος εἶναι. Σάκαι δὲ ἔθνος Θρᾳκικόν. (Θεόπομπος δὲ καὶ τὸν πατέρα αὐτοῦ Σάκαν προσηγόρευσεν Τισαμενόν. ὁ δὲ αὐτὸς καὶ Μυσὸν ἐκάλεσεν. εἰς δὲ τὴν ποίησιν αὐτὸν κεχλευάκασι Καλλίας μὲν ἐν Πεδήταις « καὶ Σάκας, ὃν οἱ χοροὶ μισοῦσι. » Κρατῖνος δὲ ἐν Κλεοβουλίναις « Ἀκέστορα γὰρ ὅμως εἰκὸς λαβεῖν πληγάς, ἐὰν μὴ συστραφῇ τὰ πράγματα. »)

34. οὐ σοβοῦντος : Ὡς ἐπὶ ὀρνέων τοῦτό φησι. [πάντες γὰρ σοβοῦσι τὰ ὄρνεα.]

35. ἀνεπτόμεσθ' ἐκ τῆς πατρίδος : Τὸ μὲν ἀνεπτόμεσθα ἀπὸ μεταφορᾶς τῶν ὀρνέων, τὸ δὲ ἀμφοῖν τοῖν ποδοῖν ἀντὶ τοῦ ἀμφοῖν τοῖν πτεροῖν. (ἢ ἐκ τῶν νεων, αἳ οὐριοδρομοῦσαι ἀμφοῖν τοῖν ποδοῖν πλέουσιν.) ὁ δὲ νοῦς, παντὶ σθένει, (ὅ ἐστι τελέως. προληπτικῶς δὲ τῇ τῶν ὀρνέων χρῶνται μεταφορᾷ, ὡς καὶ αὐτοὶ ὀλίγον ὕστερον ὀρνιθωθησόμενοι.)

38. ἐναποτῖσαι χρήματα : Παρ' ὑπόνοιαν ἀντὶ τοῦ ἐμβιῶναι καὶ ἐνοικεῖν, εἶπεν ἐναποτῖσαι χρήματα. εἰς τὸ φιλόδικον τῶν Ἀθηναίων, ὅτι συκοφαντούμενοι πολλοὶ ἀπέτινον χρήματα.

39. (οἱ μὲν γὰρ οὖν τέττιγες : Παρὰ τοῦτο καὶ ὁ Φιλήμων « ἡ μὲν χελιδὼν τὸ θέρος, ὦ γύναι, λαλεῖ. » τὸ δὲ ἐπὶ τῶν κραδῶν, ὅτι ἀπὸ ἑνὸς τὰ ἄλλα πάντα δένδρα ἐμφαίνει.) [κράδη δὲ ἡ συκῆ.] — ἀπὸ ἑνὸς τὰ ἄλλα δένδρα ἐμφαίνει. R.

42. τόνδε τὸν βάδον : (Ἐν παιδιᾷ παρεσχημάτισται. ὡς ἀπὸ τοῦ πατεῖν πάτος, οὕτως ἀπὸ τοῦ βαδίζειν βάδος. Ὅμηρος [Il. Z, 202] « πάτον ἀνθρώπων ἀλεείνων. » Ἄλλως. εἴρηται μὲν ὁ βάδος· ὅμως γε μὴν οἱ κωμικοὶ παίζειν εἰώθασι τὰ τοιαῦτα, ὡς Εὔπολις Χρυσῷ γένει « τισοφῶν ὦ ῥαψῳδέ. ») — τὴν πορείαν. R.

43. κανοῦν δ' ἔχοντε : Τὰ πρὸς θυσίαν κομίζουσιν, ἵνα οἰκίσαντες ἐπὶ τῇ ἱδρύσει θύσωσιν. ὅτι δὲ χύτραις ἵδρυον εἴρηται ἐν Εἰρήνῃ [923]. Δίδυμος δέ φησιν ἀμυντήρια αὐτοὺς τῶν ὀρνέων βαστάζειν, ἀντὶ ὅπλου μὲν τὸ κανοῦν, ἀντὶ δὲ περικεφαλαίας τὴν χύτραν, ἵνα μὴ ἐφιπτάμενα τὰ ὄρνεα τύπτῃ αὐτούς. τὰς δὲ μυρρίνας πρὸς τὸ ἀποσοβεῖν.

45. ὅπου καθιδρυθέντες : Τοῦτο πρὸς τὰ ἔμπροσθεν, « ἀνεπτόμεθα ἐκ τῆς πατρίδος ἀμφοῖν τοῖν ποδοῖν. » εἶτα ἐφεξῆς, κανοῦν δ' ἔχοντες, καὶ τὰ ἑξῆς. τὰ δὲ ἄλλα μεταξὺ εἴρηται.

47. λείπει τὸ γενόμενον. R.

48. ὅπου. R.

50. ἄνω τι φράζει : Ὡς ἄνω αὐτῆς νευούσης ἐπί τινα τόπον ὑψηλόν.

54. [τῷ σκέλει θένε τὴν πέτραν : Πρὸς τὴν τῶν παι-

δων συνήθειαν τοῦτο λέγει. φασὶ γὰρ ἐκεῖνοι πρὸς ἀλλήλους ἰδόντες ὄρνεα, δὸς τὸ σκέλος τῇ πέτρᾳ καὶ πεσοῦνται τὰ ὄρνεα. τὸ δὲ ἀλλ' οἶσθ' ὃ δρᾶσον Ἀττικὴ φράσις. πρὸς δὲ τὸ εἰρημένον παίζων αὖθις εἶπε, σὺ δὲ τῇ κεφαλῇ.]

57. τὸν Ἔποπα παῖ καλεῖς : Οὐ πιθανὸν, φησὶν, ἐπὶ οἰκίαν ὀρνέου ἐλθόντα παῖ παῖ καλεῖν. οὐ γάρ εἰσιν ἄνθρωποι, ὥστε καὶ παῖδας ἔχειν.

58. ἐποποῖ : Σύμμαχος καὶ Δίδυμος προπαροξύνουσιν, ἀπὸ τοῦ οἱ ἔποποι· οἱ δὲ περισπῶσιν, ἵν' ᾖ ἐπίρρημα ἀντὶ τοῦ ἐποπιστί. εἰ δὲ προπαροξύνοιτο, δῆλον ὅτι ἐσχημάτισται ἀπὸ εὐθείας τῆς ἔποπος.

60. [τίνες οὗτοι : Τροχίλος εἷς τῶν ὀρνέων ὑπακούει οἰκέτης τοῦ ἔποπος.]

61. [τοῦ χασμήματος : Ἐπεὶ πρόσωπον ὀρνέου ἐποίησεν ὁ ὑποκριτὴς ἔχοντος τὸ ῥάμφος κεχηνὸς, διὰ τοῦτο εἶπεν χασμήματος.]

62. ὀρνιθοθήρα : Νομίζει τοὺς ἄνδρας διὰ τὸ θηρᾶσαι τὰ ὄρνεα ἐληλυθέναι.

63. οὕτως τί δεινὸν : Τὸ κάλλιον ἀντὶ ἀπολύτου κεῖται. ἀντὶ τοῦ οὐδὲ καλὸν λέγειν, τὸ ἡμᾶς ὑποπτεύεσθαι τοιούτους εἶναι. ἑωρακὼς δὲ αὐτὸν φοβούμενον ταῦτά φησιν. (οὕτω δεινὸν πρᾶγμά ἐστιν οἱ ὀρνιθοθῆραι. οὐκ ὤφειλες οὐδὲ ἡμῖν εἰπεῖν.) οἱ δὲ ἐν ἤθει τὸν λόγον ἀκούουσιν οὕτω· οὑτωσί τι δεινὸν οὐδὲ κάλλιον λέγειν, τουτέστιν οὕτω τι δεινὸν ἔχομεν ἐκ τῆς ὄψεως, ὥστε ὀρνιθοθῆραι νομίζεσθαι. οὐδὲ λέγειν σε τοῦτο κάλλιόν ἐστιν ὅτι ἐσμὲν ὀρνιθοθῆραι.

65. Ὑποδεδιὼς : Ὄνομα ἔπλασεν ὀρνέου Ὑποδεδιώς. — ὡς ἐν Λιβύῃ πολλῶν καὶ ἐκτραπέλων ὄντων ὀρνέων. R. (Λιβυκὸν δὲ, ἐπεὶ οἱ Λίβυες βάρβαροι καὶ δειλοί. ἢ ἐπεὶ πολύορνις ἡ Λιβύη.)

(66). τὰ πρὸς ποδῶν : [Ὑπὸ τοῦ φόβου ἀδιανόητα ἐφθέγξατο. ἢ φησιν, ἐρώτα τὰ πρὸς ποδῶν σου ὄρνεα, εἰ βούλει, περὶ ἐμοῦ. ἢ ἀπὸ τῶν ποδῶν ἡμῶν, ὅτι ὄρνεα ἐσμὲν, μάνθανε. Ἄλλως.] γράφεται καὶ μὴν ἐρώτα πρὸς ποδῶν, ὅτι σαφέστερον. καὶ τάχα ἂν εἴη κατὰ τὴν παλαιὰν σημασίαν γεγραμμένον τὸ ἔρου ἔρω, μετελήφθη δὲ εἰς τὸ ω. ἔν τισι δὲ γράφεται, καὶ μὴν ἐρώτα πρὸς τίνων. ἢ καὶ οὕτω, καὶ μὴν ἐρώτα πρὸς ποίων, ἀντὶ τοῦ πρὸς τίνων ἐσμὲν ὀρνέων ἐρώτα καὶ τίσι προσήκομεν. ἔστι δὲ τὸ ὅλον λόγον οὐκ ἔχον καὶ ἔτι τὸ καὶ μὴν ἀκαίρως ἔσται λεγόμενον. κάλλιον οὖν τὰ πρὸς ποδῶν, πυνθάνου τῶν ποδῶν ὅτι ὄρνεα ἐσμέν. λέγει δὲ ὡς ὑπὸ τοῦ δέους ἐναφεικώς.

68. Ἐπικεχοδὼς : Καὶ τοῦτο ὡς ὄνομα ὄρνιθος ἔπαιξε παρὰ τὸ φαίνεσθαι αὐτοῦ τὸ σκῶρ. φασιανὸς δὲ συκοφάντης, παρὰ τὸ φαίνειν μετὰ φασιανῶν εὑρισκόμενος.

69. τί θηρίον πότ' εἶ : Δέον εἰπεῖν ὄρνεον, πρὸς τὸ τεραστικὸν τοῦ σώματος θηρίον εἶπεν.

70. ὄρνις ἔγωγε δοῦλος : Σημείωσαι ὅτι καὶ τὴν εὐθεῖαν τοῦ ὄρνις ἐκτείνουσιν Ἀττικοί.

71. ἀλεκτρυόνος : Φυσικόν ἐστι τοῦτο ἐν ταῖς συμβολαῖς τῶν ἀλεκτρυόνων, τοὺς ἡττηθέντας ἕπεσθαι τοῖς νενικηκόσι. (καὶ Θεόκριτος [22, 72]

ὀρνίθων φοινικολόφων τοιοίδε κυδοιμοί.)

76. Φαληρικὰς ἀφύας : (Ὅτι πληθυντικῶς λέγουσι τὰς ἀφύας. Ἀρίσταρχος δὲ οὐκ ἀποδέχεται πληθυντικῶς, διὸ τὸ χ.) Φαληρεὺς δὲ, λιμὴν τῆς Ἀττικῆς.

78. ἔτνους δ' ἐπιθυμεῖ : Ἀθάρας. (τορύνη δὲ λέγεται τὸ κινητήριον τῆς χύτρας. σημειωτέον δὲ ὅτι τορύνη πανταχοῦ ἐκτέταται εἰ μὴ παρ' Εὐπόλιδι.)

79. τροχίλος ὄρνις οὑτοσί : Παρὰ τὸ τρέχω. ἐπεὶ συνεχῶς εἶπε τὸ τρέχω, πέπαιχε τροχίλος εἰπών. ἔστι δὲ καὶ ὄρνεον τροχίλος. καὶ λέγεται εἶναι δριμύ. ἀξιοῦσι δέ τινες τὴν μέσην ὀξύνειν.

82. μύρτα καὶ σέρφους : Σέρφος σκωληκῶδες ζωύφιον, (ἢ μυρμηκῶδες. ταῦτα δὲ νέμονται τὰ ὄρνεα. καὶ ἡ παροιμία « ἔνεστι κἀν μύρμηκι κἀν σέρφῳ χολή. » Νικοφῶν ἐν Ἀφροδίτης Γοναῖς

ἅπερ ἐσθίει ταυτὶ τὰ πονήρ' ὀρνίθια,
σέρφους ἴσως, σκώληκας, ἀκρίδας, πάρνοπας.)

μύρτα δὲ ὁ τῆς μυρσίνης καλεῖται καρπὸς, ὅς ἐστιν οἰκεῖος ὄρνισιν εἰς τὸ ἐσθίειν.

86. κακῶς σύ γ' ἀπόλοιο : Πρὸς τὸν θεράποντα τοῦ ἔποπος λέγει εἰσελθόντα (καὶ κεχηνότα).

87. [ὑπὸ τοῦ δέους : Ἰδὼν γὰρ τὸν δοῦλον κεχηνότα ἐφοβήθη.]

89. ἀντὶ τοῦ φοβούμενος. R.

90. [ἀπέπτατο : Εἰς τὸ αὐτὸ κατήντησε τοῦ γελοίου χάριν.]

91. [ὡς ἀνδρεῖος εἶ : Ὡς πολύ. ἐν εἰρωνείᾳ δέ.]

92. ἄνοιγε τὴν ὕλην : Δέον εἰπεῖν τὴν θύραν ἢ τὸν οἶκον τὴν ὕλην εἶπεν. καὶ γὰρ ἐν ὕλαις διάγουσιν οἱ ὄρνεις.

94. τίς ἡ πτέρωσις : Ἐπειδὴ ὁρῶσι ξένην ὄψιν τοῦ ἔποπος, καταπλήττονται. ἔστι γὰρ τῇ πτερώσει τὸ ὄρνεον κατάπυκνον, καὶ τρεῖς ἔχον ἄκρας ἐν τῷ λόφῳ. — ἐπεὶ τρεῖς λόφους ἔχει ὁ ἔποψ. R.

(95). τίνες εἰσί μ' οἱ ζητοῦντες : Εὐθὺς οἰωνιζόμενοι εἰώθασι λέγειν πρὸς τὸ, τίς ὁ ζητῶν θεοῦ τινὸς ὄνομα, ἢ ὑγείαν, ἤ τι τοιοῦτον. καὶ νῦν οὖν ἔφη, [τίνες οἱ ζητοῦντές με, πρὸς ὃ ἐπάγει,] οἱ δώδεκα θεοί. τὸ δὲ ἑξῆς παρ' ὑπόνοιαν, ἐπεὶ ἔκσκευος φαίνεται αὐτοῖς.

98. εἴξασιν ἐπιτρῖψαί σε : Δύναται μὲν ἐπὶ τοῦ ἔποπος λέγειν, οὗτοι ζητοῦσί σε ἐπιτρῖψαι διὰ τὴν ὄψιν· δύναται δὲ καὶ ἐφ' ἑαυτῶν λέγειν, ἐοίκασιν οὗτοι ἡμᾶς ἐπιτετριφέναι ὧδε ἐλθόντας. ἐκφοβεῖ γὰρ αὐτοὺς τὸ προσωπεῖον. [τὸ δὲ εἴξασιν, ἢ ἐοίκασιν ἢ παρεγένοντο.]

99. τὸ τοῦ ὀρνέου πρόσωπον. R.

100. τοιαῦτα μέντοι : Ἐν γὰρ τῷ Τηρεῖ Σοφοκλῆς ἐποίησεν αὐτὸν ἀπωρνιθωμένον καὶ τὴν Πρόκνην. ἐν ᾧ ἔσκωψε πολλὰ τὸν Τηρέα.

102. πότερον ὄρνις : (Ἔπαιξε. δέον εἰπεῖν ἀνθρω-

πος, ταῶς εἶπεν. ὀξύνεται δὲ καὶ περισπᾶται.) ὁ μῦθος δὲ λέγει τὸν Ἄργον εἰς ταῶνα μεταβεβλῆσθαι. διὰ τοῦτό φησι, πότερον ὄρνις εἶ σὺ ὁ λεγόμενος Τηρεὺς παρὰ τὸ τηρεῖν τὴν Ἰώ, ἢ ταῶς. τὸ δὲ ὄνομα περισπῶσιν οἱ Ἀττικοί. — ὄρνις ἢ ταῶς : Ὡς ἐοικότος ὄρνιθος. πρὸς τὸ μέγεθος δὲ τοῦτο λέγει ἢ διὰ τὴν ποικίλην ἐσθῆτα ἣν ἐνεδύσατο. Ἄλλως. ἔπαιξε τὸ γενικὸν εἰπών, εἶτα ἐπήγαγε τὸ εἰδικόν. V.

104. ἐξερρύηκε : Παρόσον ἄνθρωπος ἐξελήλυθε, μὴ ἔχων πτερὰ πλὴν τῆς κεφαλῆς ὄρνιθος ἐπτερωμένης.

106. ὡς ἐπὶ τῶν φυτῶν. R.

107. [νῷ βροτώ : Πρὸς τὴν παράθεσιν τῶν λέξεων, ὅτι ἐκ παραλλήλου ἡ διαφορὰ δηλοῦται. τὸ δὲ χ πρὸς τὸ συνεχὲς τῶν δυϊκῶν.]

108. ὅθεν αἱ τριήρεις αἱ καλαί : Ἀντὶ τοῦ ἐξ Ἀθηνῶν. (μέγα γὰρ ἐφρόνουν Ἀθηναῖοι ἐπὶ ναυμαχίᾳ.)

109. Ἡλιαστά : Δικασταί. ἀπὸ τοῦ μεγάλου δικαστηρίου τῆς Ἡλιαίας. οὕτως δὲ ἐκλήθη, διὰ τὸ ἐν ὑπαίθρῳ εἶναι τόπῳ καὶ ὑπὸ τοῦ ἡλίου βάλλεσθαι.

μὴ ἀλλὰ θατέρου τρόπου : Πέπονθε. κεῖται δὲ ἀντὶ τοῦ οὐχ, ἀλλὰ θατέρου τρόπου, τουτέστι μισόδικοι.

110. μισόδικοι. τὸ μισόδικον. R.

111. ὀλίγον ζητῶν : Τοῦτο λέγει, ὅτι οἱ ἄγροικοι μόνοι εἰσὶν οἱ μὴ φιλοδικασταί, ὡς ὀλίγων ὄντων τῶν μισοδίκων καὶ τούτων ἀγροίκων. ἀεὶ δὲ τούτους τε καὶ τοὺς ἱππεῖς ἐπαινεῖ. ἅμα καὶ ὅτι τὰ σπανίζοντα τῶν σπερμάτων μᾶλλον παρὰ τοῖς ἀγροίκοις εὑρίσκεται.

113. ἀντὶ τοῦ εἰς ὁμιλίαν ἐλθεῖν. R.

120. διὰ ταῦτα. R.

121. εὔερον : (Οἷον μαλακὴν ὥσπερ σισύραν εὐέριον. Πλάτων Ὑπερβόλῳ « καὶ τοσοῦτον εὐερίας ἀπολέ« λαυχ' Ὑπέρβολος, ὥστ' αὐχμότατός ἐστι. » Κρατῖνος Πυλαίᾳ « γλῶσσαν εὐέρων βοτῶν. » λέγει δὲ περὶ τῶν προβάτων.) — ἀντὶ τοῦ εὐάερον. τοιαῦτα γὰρ ζητοῦσιν οἱ μετοικιζόμενοι. ἢ ὃ βαλεῖν ἀπὸ μεταφορᾶς τοῦ ἐρίου. R.

(122). σισύραν : Σισύρνα καὶ σισύρα καὶ σίσυς διαφέρουσι. σισύρα μὲν γάρ ἐστι τὸ ἐξ αἰγείων δερμάτων ἔτι τὰς τρίχας ἔχον σκέπαστρον. τὴν δὲ σισύρναν οἱ κατὰ Λιβύην λέγουσι τὸ ἐκ τῶν κῳδίων ῥαπτόμενον ἀμπεχόνιον. σίσυς δέ ἐστι παχὺ ἱμάτιον καὶ εὐτελές, πρὸς δὲ καὶ μικρόν, ἐπιτήδειον εἰς ἓν ἅπτεσθαι, οἷον ἐξωμίδιον. — σισύρα χλαίνης εἶδος εὐτελοῦς, οἷον ἁπλοΐδος ἢ ἐξωμίδος ἢ τοιούτου τινός. Ἀριστοφάνης ἐν Νεφέλαις [10] « ἐν πέντε σισύραις. » V. ὁ δὲ Ἐρατοσθένης ὡς ἐστι βαίτη, καθάπερ τὸ δένδρον τὸ αὐτὸ καὶ ἄνδραχνον καὶ ἀνδρόχνην καλοῦμεν, οὕτως ᾤοντο σισύραν καὶ σίσυν ἐπὶ τοῦ αὐτοῦ ἐκδέχεσθαι, καὶ τρίτην προσλαμβάνουσι σισύρνην οἱ κατὰ Λιβύην τὸ ἐκ τῶν κῳδίων, τὸ ἀμπεχόνιον καλούμενον. — καὶ τὴν σισύραν βαίτην ὑπέλαβον εἶναι τινές. τὸ δὲ οὐχ ἔστιν ἀληθές, ἀλλὰ χλαίνης εἶδος εὐτελοῦς, οἷον ἐξωμίδα ἢ διπλοΐδα ἢ τοιοῦτόν τι. οὕτως ἐν τῷ λεξικῷ. V.

ἐγκατακλιθῆναι : Οὕτως Ἀττικοί, ὡς ἐν Νεφέλαις [694] « ἀλλὰ κατακλινεὶς δευρί. » τὸ δὲ κλινθῆναι κοινόν. — μαλθακήν : μαλακήν. λέγει δὲ τὴν τῶν προβάτων. V.

123. τῶν Κραναῶν : Τῶν Ἀθηνῶν, διὰ τὸ τραχὺ καὶ λεπτόγεων. (ἢ ἀπὸ Κραναοῦ βασιλέως.)

124. (προσφορωτέραν δὲ νῷν : Ἀντὶ τοῦ ἡμῖν ἐπιτηδείαν, ἄλλην ζητοῦμεν.)

125. ἀριστοκρατεῖσθαι : Ἀντὶ τοῦ ὀλιγαρχεῖσθαι. Ἀριστοκράτης δὲ, Σκελλίου υἱός, ἐπεβούλευσεν εἰς κατάλυσιν τῷ δήμῳ. (Ἄλλως. ἀρίστους κεχριμένους θέλεις ἔχειν ἄρχοντας τοῦ δήμου καὶ τῆς πόλεως, οἵα ἡ παρὰ Λακεδαιμονίοις πολιτεία ἦν. ἡ γὰρ τῶν Ἀθηναίων δημοκρατία ἦν.)

126. καὶ τὸν Σκελλίου : Παρὰ τὸ ὄνομα πέπαιχεν, ἐπεὶ Ἀριστοκράτης Σκελλίου ἦν υἱός, ὃν ὁ ῥήτωρ Δημοσθένης (ἔγραφεν. ἀριστοκρατία δὲ ἡ ὀλιγαρχία). οὕτως οὖν, φησί, μισῶ τὴν ἀριστοκρατίαν, ὅτι καὶ τὸν Ἀριστοκράτην μισῶ, ὅτι κέκληται τῷ ὀνόματι τούτῳ.

129. ἐπὶ τὴν θύραν μου πρωΐ : Νῦν οὐ τὴν πρωΐαν λέγει, ἀλλ' ἴσον τῷ ἐν ὥρᾳ πρῴ. (οὕτως γάρ ἐστι τὸ πρωΐ. διὸ ὀξύνεται. τὸ δὲ πρῷ περισπᾶται.) — οὕτω μονοσυλλάβως λέγουσι. Εὔπολις Βάπταις « ἐκεῖ γὰρ ἑξῆς ἀγαθὰ πολλὰ δὴ πρῴ. » R.

132. (λουσάμενα πρῴ : Οὕτως Ἀττικοί. ὀξύνεται δὲ καὶ τὸ ι ἔχει ἀπὸ τοῦ πρωΐ γενόμενον, ὡς ἀπὸ βαρείας καὶ ὀξείας ὄν, ὡς τὸ ἑσταώς ἑστώς.)

134. μή μοι τότε γ' ἔλθῃς : Παροιμία ἐπὶ τῶν μὴ συνερχομένων τοῖς φίλοις ἐν κινδύνοις. παίζει δὲ εἰς τὸ ἐναντίον. ἡ γὰρ παροιμία ἐστί, « μή μοι τότ' ἔλθῃς, ὅταν ἐγὼ πράττω καλῶς. »

135. ταλαιπώρων : Ἐν εἰρωνείᾳ.

139. ὦ Στιλβωνίδη : Ὦ λαμπρὲ καὶ ἀπὸ βαλανείων κεκαλλωπισμένε. — ἢ ἁπλῶς ὄνομα κύριόν τινος λέγει. R. ἢ Στίλβωνος παῖ. διασύρει δὲ τοῦτον, ὡς παῖδα ἔχοντα.

141. οὐκ ἔκυσας, οὐ προσεῖπας : Ἀντὶ τοῦ περιεπλέξω. ὁ μὲν γὰρ τὰς τῆς γαστρὸς τρυφὰς ἐβούλετο, ὁ δὲ τὰς αἰσχρὰς ἡδονάς. προσηγάγου δὲ, ἀντὶ τοῦ πρὸς ἑαυτὸν ἔλαβες εἰς συνουσίαν.

[142]. ὠρχιπέδησας : Ἀντὶ τοῦ τῶν ὄρχεων ἥψω καὶ κατέσχες αἰσχρῶς. (δειλακρίων δὲ, δειλότατε, κακόδαιμον.) ἐν ἤθει δὲ, ἢ ἀληθῶς λέγει.

145. παρὰ τὴν ἐρυθρὰν θάλασσαν : Ἡ ἐρυθρὰ θάλασσα παρὰ τὸν ἀνατολικὸν Ὠκεανόν. [κατὰ δὲ ἄλλους τὴν εὐδαίμονα Ἀραβίαν λέγει.]

147. ἡ Σαλαμινία : Δύο εἰσὶ νῆες παρὰ τοῖς Ἀθηναίοις ὑπηρέτιδες, ἡ Πάραλος καὶ ἡ Σαλαμινία. ὧν ἡ μὲν Σαλαμινία τοὺς ἐκκαλουμένους εἰς κρίσιν ἦγεν, ἣν ἐπ' Ἀλκιβιάδην φησὶ πεμφθῆναι Θουκυδίδης, ἡ δὲ Πάραλος τὰς θεωρίας ἀπῆγεν, τουτέστι τὰ εἰς θυσίαν πεμπόμενα. — ἀντὶ τοῦ μάρτυρα. R.

149. τί οὐ τὸν Ἠλεῖον Λέπρεον : Καθ' ὑφαίρεσιν τοῦ ι τὸ Λέπρειον εἶπεν. ἔστι δὲ τῆς Τριφυλίας πλησίον, πόλις τῆς Πελοποννήσου. Λέπρεον δὲ Δίδυμός φησιν

ὠνομάσθαι ἢ διὰ τὸ τὴν χώραν αὐτῶν λέπειν· διαφαίνονται γὰρ ἐκ τῆς ὀρεινῆς πέτρας γὰρ εἶναι αὐτόθι ποικίλας τῷ χρώματι καὶ διαλεύκους, ὁμοίας τοῖς τὰς ὄψεις λεπρῶσι, καὶ διὰ τοῦτο οὕτως ὠνομάσθαι ἐκ τοῦ πάθους· (ἢ διὰ τὸ τοὺς πρώτως οἰκήσαντας τὴν πόλιν ταύτῃ τῇ νόσῳ κατεσχῆσθαι. τοὺς οὖν πλησιοχώρους Λεπρεώτας αὐτοὺς καλεῖν. τοὺς δὲ, μὴ βουλομένους δοκεῖν ἄχθεσθαι τῷ ὀνόματι, Λέπρεον τὴν πόλιν καλέσαι. οὐδετέρως γὰρ λέγεται ἡ πόλις τὸ Λέπρεον. ὁ δὲ ἀρσενικῶς εἶπεν.)

180. [ὃς οὐκ ἰδὼν : Ἀλλ' ἐξ ἀκοῆς μαθών. πλεονάζει δὲ τὸ ὅς.]

151. ἀπὸ Μελανθίου : (Μελάνθιος ὁ τραγικὸς κωμῳδεῖται λεπρὸς καὶ κακοπράγμων. κωμῳδεῖται γὰρ εἰς μαλακίαν καὶ ὀψοφαγίαν. Πλάτων δὲ αὐτὸν ἐν Σκευαῖς ὡς λάλον σκώπτει. Καλλίας Πεδήταις

τίς ἄρα τοὺς Μελανθίου τῷ γνώσομαι,
οὓς ἂν μάλιστα λευκοπρώκτους εἰσίδῃς.)

εἶχε Μελάνθιος λέπραν. ἐκωμῳδεῖτο δὲ καὶ εἰς μαλακίαν.

152. ἀλλ' εἰσὶν ἕτεροι : Λείπει τόποι. Ὀποῦς δὲ πόλις Λοκρίδος, (ἧς μέμνηται Ὅμηρος ἐν τῷ καταλόγῳ [531] « Ὀπόεντά τε Καλλίαρόν τε. ») — Ὀπουντίους δὲ τοὺς τυφλούς φασι. R.

153. (ἀλλ' ἔγωγ' Ὀπούντιος : Οὗτος συκοφάντης πονηρὸς καὶ μονόφθαλμος. ἔπαιξεν οὖν ὅτι οὐκ ἂν γενοίμην τυφλός. Ἄλλως. ὅτι ἑτερόφθαλμός τις ἦν, ὅθεν οὕτω τοὺς τυφλούς φασιν.)

156. ἐς τὴν τριβήν : Ἀπὸ μεταφορᾶς τῶν εὐυφῶν ἱματίων, τῶν ὑπουργούντων εἰς τρίψιν καὶ φόρεσιν πολλοῦ χρόνου. (Ἄλλως. ὡς ἐπὶ ἐσθῆτος ἡ μεταφορὰ, ἀντὶ τοῦ, εἰς τὴν διατριβήν.)

157. ἄνευ βαλλαντίου : Ἀντὶ τοῦ, ἄνευ ἀργυρίου καὶ δαπάνης.

158. κιβδηλίαν : Τὸν ἐκ τοῦ ἀργύρου ῥύπον. μοχθηρίαν καὶ ζηλοτυπίαν. ἅμα δὲ ὅτι τὰ νομίσματα κίβδηλα λέγεται παρὰ τὸ ὑπὸ Χίων δεδηλῆσθαι. [Ἄλλως. κίβδηλα ἐλέγετο νομίσματα τὰ ὑπὸ Χίων δεδηλημένα, ἤτοι βεβλαμμένα, κατὰ τροπὴν τοῦ χ εἰς κ. Ἀθηναῖοι γὰρ καὶ Χῖοι πρὸς ἀλλήλους ἐμάχοντο, διὸ τὰ Χίων νομίσματα μετὰ τοῦ χ στοιχείου Ἀθηναῖοι ἐγχαράξαντες ἀπεστρέφοντο, καὶ ἐκάλουν αὐτὰ χίβδηλα ὡς διὰ τοῦ χ στοιχείου δῆλα ὄντα. παραλαβοῦσα δὲ ἡ συνήθεια τὴν φωνὴν τὸ δεδολωμένον νόμισμα κίβδηλον ὠνόμασεν, ἐναλλάξασα τὰ στοιχεῖα πρὸς τὸ εὐγλωττότερον.]

159. εἴδη φυταρίων. R. V.

160. σισύμβρια : Φύλλα τινὰ οἷς στεφανοῦνται οἱ νυμφίοι.

161. [νυμφίων βίον : Ἢ ὅτι οἱ γαμοῦντες στεφανοῦνται, ἢ ὅτι ἡδυπαθοῦσι πρὸς τὰς τῶν γάμων ἡμέρας.]

162. φεῦ φεῦ : Ἔστι μὲν καὶ σχετλιαστικὸν καὶ θαυμαστικὸν, νῦν δὲ θαυμαστικόν.

165. [περιπέτεσθε : Ἀντὶ τοῦ, ἕνα τόπον ἔχετε.]

κεχηνότες : Ὡς μωροί. τὸ γὰρ κεχηνέναι ἐπὶ τῶν ἀνοήτων παραλαμβάνεται.

166. (αὐτίκα : Οἷον εὐθέως. ἅμα τῷ πυθέσθαι, ὅτι τις ἄστατος, εὐθέως ἄτιμον νομίζουσιν.)

167. τοὺς πετομένους ἢν ἔρῃ : Ἀντὶ τοῦ, περὶ τῶν πετομένων. ἔστι δὲ Ὁμηρικὸν [Il. Z, 239] τὸ σχῆμα· « εἰρόμεναι παῖδάς τε κασιγνήτους τε. » ὁ δὲ Τελέας σκωπτικὸς ἄνθρωπος. λέγει δὲ ὅτι, ἦν τις ἐρωτήσῃ περὶ τῶν πετομένων, τίς ὄρνις οὗτος, ὁ Τελέας ἐρεῖ ταῦτα. οὗτος δὲ διεβάλλετο ὡς εὐμετάβλητος τοὺς τρόπους. πρὸς γὰρ τῇ κιναιδίᾳ καὶ δειλίᾳ καὶ ὀψοφαγίᾳ (καὶ νοσφισμῷ) καὶ πονηρίᾳ ὀνειδίζουσι τὸν Τελέαν.

168. (τίς ὄρνις οὗτος ὁ Τελέας : Πλάτων Σύρφακι ἐπὶ τοῦ Τελέου

νοεῖ μὲν ἕτερ', ἕτερα δὲ τῇ γλώττῃ λέγει.

κωμῳδεῖται δὲ εἰς πολλά. Σύμμαχος δὲ πρὸς οὐδὲν, ἢ ὅτι Τελέας ὄρνεον, ἐπεὶ καὶ ἐν τοῖς ἑξῆς [885] ὀρνεόν τι καταλέγει « τελέᾳ καὶ τετράδι καὶ ταῶνι καὶ βασιλίσκῳ. ») — διαβάλλει τὸν Τελέαν ὡς πλανήτην. V.

169. ἀστάθμητος : Ἄνισος. ἄστατος. *Vict.*

170. (ἀτέκμαρτος : Οἷον, σημεῖον διὰ τῆς πτήσεως οὐκ ἐμφαίνων. μωμᾷ δὲ, ψέγεις.) — δόλιος. R.

172. [μίαν πόλιν : Καλεῖ νῦν πόλιν τὸ περιέχον ἅπαν.]

175. βλέπε νῦν ἄνω : Ὡς καὶ τὰ ἐν κύκλῳ ἰδεῖν. [διαστραφήσομαι δὲ,] τὸν τράχηλον κλάσω.

179. ὀρνίθων πόλος : (Τὸ μέν τι παραφράζει τὸ προειρημένον τῶν ὀρνίθων, ὅτι ἔστι τόπος τις αὐτῶν ἐν ᾧ διατρίβουσι, τὸ δὲ καὶ πρὸς τὸν σχηματισμὸν τοῦ ὀνόματος παίζει, τόπος καὶ πόλος. ἑξῆς δὲ ἐτυμολογεῖ αὐτὸν ἀπὸ τοῦ πολεῖσθαι. πόλον γὰρ οἱ παλαιοὶ οὐχ ὡς οἱ νεώτεροι σημεῖόν τι καὶ πέρας ἄξονος, ἀλλὰ τὸ περιέχον ἅπαν. Εὐριπίδης Πειρίθῳ « καὶ τὸν Ἀτλάντιον φρουρῶν πόλον, » ὡς αὐτοῦ τε περιπολουμένου καὶ δι' αὐτοῦ πάντων ἐρχομένων.) — πόλος παρὰ τὸ πολεῖσθαι ἐν αὐτῷ πάντα. R.

180. θαυμάζει τὴν λέξιν. R. V.

181. ὅτι δὲ πολεῖται : Ὑπετυμολογεῖν βούλεται τὸν πόλον.

183. ἢν δ' οἰκίσητε τοῦτο : Οἱονεὶ τὸ μέσον τοῦ οὐρανοῦ καὶ τῆς γῆς ἐὰν περιτειχίσητε.

184. κεκλήσεται πόλις : Ἔπαιξε παρὰ τὸ πόλος σχηματίσας τὴν πόλιν.

185. ὥσπερ παρνόπων : [Εὐχείρωτοι γὰρ οἱ πάρνοπες. ἔστι δὲ] εἶδος ἀκρίδων. οἱ δὲ κωνώπων λέγουσι.

186. (τοὺς δ' αὖ θεοὺς : Ἐν τοῖς Πελοποννησιακοῖς κατὰ πάντων Μηλίων Νικίαν πέμψαντες Ἀθηναῖοι, ἐπὶ τοσοῦτον ἐπολιόρκησαν αὐτοὺς, ὥστε λιμῷ διαφθεῖραι. τῷ δὲ πρώτῳ ἔτει Νικίας Μῆλον παρεστήσατο, οὐ μόνον μηχανῶν προσαγωγῇ, ἀλλὰ καὶ λιμῷ, διὰ τὸ ἀποστῆναι αὐτῶν, πρώην ὑποτελῆ οὖσαν.)

λιμῷ Μηλίῳ : Ἀντὶ τοῦ μεγίστῳ. Μῆλος δέ ἐστι

πόλις Θεσσαλίας. καὶ οἱ Μήλιοι πολιορκούμενοι ὑπὸ Ἀθηναίων λιμῷ ἐπιέσθησαν καὶ παραδεδώκασιν ἑαυτούς, [ὡς Θουκυδίδης ἐν τῇ πέμπτῃ].

189. Βοιωτοὺς δίοδον αἰτούμεθα : (Πολέμιοι ἦσαν οἱ Βοιωτοὶ τῶν Ἀθηναίων, συμβαλόντες Λακεδαιμονίοις διὰ Δεκέλειαν μαχομένοις. ὅτε οὖν θέλουσιν Ἀθηναῖοι εἰς Πυθὼ ἀπελθεῖν, δηλοῦσι Βοιωτοῖς παρακαλοῦντες ὑποχωρῆσαι τῆς ὁδοῦ. Ἄλλως.) τινές φασι μεταξὺ Πυθοῦς καὶ Ἀττικῆς εἶναι τὴν Βοιωτίαν, καὶ οὐχ οἷόν τε εἶναι ἀπελθεῖν Ἀθηναίους εἰς Πυθὼ, εἰ μὴ παρέλθωσι Βοιωτίαν. παίζει δέ· τότε γὰρ μόνον δίοδον ζητοῦσιν, ὅταν στράτευμα διάγῃ· ὅταν δὲ ὀλίγοι καὶ εἰρηνικῶς ἢ καθ' ἕνα, οὐκέτι.

192. καὶ τοῦ χάους : Χάους ἀντὶ τοῦ ἀέρος νῦν, ὡς Ἴβυκος « ποτᾶται δ' ἐν ἀλλοτρίῳ χάει. » διαφρήσετε, διαφορήσετε, διαπέμψετε. — Πυθῶδε : Πυθὼ ἡ τοῦ Ἀπόλλωνος πόλις· [Hom. Od. Θ, 80 :] « Πυθοῖ ἐν ἠγαθέῃ. » *Vict.*

194. μὰ νεφέλας : Νεφέλη [οὐ μόνον ἡ καπνώδης τῆς γῆς ἀναθυμίασις, ἀλλὰ καὶ] εἶδος δικτύου θηρευτικοῦ. οὕτω δὲ τὰ προστυχόντα ὤμνυον, μὰ κρήνας, μὰ γῆν, μὰ ποταμούς.

199. βαρβάρους ὄντας : Ἀντὶ τοῦ ἀφώνους ἢ ἀνηκόους ἀνθρώπων καὶ μὴ εἰδότας αὐτῶν τὴν φωνήν. (ἵνα δὲ μὴ θαυμάσῃ ἀκούσας, σὺ αὐτοῖς διηγήσῃ ὀρνέοις οὖσι, φησὶν, ὅτι νοοῦσιν ἐξ ἐμοῦ διδαχθέντες.)

202. ἐς τὴν λόχμην : Λόχμη δασὺς τόπος. πλαγία σύμφυτος καὶ λοχμώδης.

203. ἀηδόνα : Τὴν Πρόκνην γαμετὴν οὖσαν, ἥτις εἰς ἀηδόνα μετεβλήθη.

204. (καλοῦμεν αὐτούς : Ἐν σχήματι εἴρηκεν ἀπὸ ἑνικοῦ εἰς τὸ πληθυντικόν. καὶ πρὸς τὸ σχῆμα τὸ χ.)

209. ἄγε σύννομέ μοι : Ὡς μετέχουσα τοῦ αὐτοῦ βίου καὶ τῆς αὐτῆς νομῆς. τοῦτο δὲ ὡς ἐπὶ ὀρνέων. μελικῶς δὲ ἄρχεται. (τὸ δὲ μέτρον ἐστὶ καταληκτικὸν ἀναπαιστικὸν δίμετρον,) [κώλων ιδ'. ὧν τὰ ιϐ' δίμετρα ἀκατάληκτα. τὸ ιγ' ἀναπαιστικὴ βάσις, ἤτοι μονόμετρον ἀκατάληκτον παρατέλευτον. τὸ δὲ τελευταῖον ἐφθημιμερές. ὑφ' ὃ αἱ συνήθεις διπλαῖ. ἑξῆς δὲ κῶλον ἰαμβικὸν μονόμετρον καταληκτικόν. μεθ' ἃ τρίμετρα ἀκατάληκτα, ὧν ἐπὶ τῷ τέλει παράγραφος.]

210. ἀντὶ τοῦ ᾆσον. R.

212. πολύδακρυν Ἴτυν : Τὸν Ἴτυλον, ὡς Ὅμηρος λέγει. R. (τὸν Ἴτυν διακόψασα παρέθηκε τῷ πατρὶ πρὸ τῆς ἀπορνεώσεως.) [Ἄλλως. ἐπειδὴ ὁ Ἴτυς υἱὸς ἦν Τηρέως καὶ Πρόκνης τῆς αὐτοῦ γαμετῆς. Πανδίων γὰρ ὁ τῶν Ἀθηναίων βασιλεὺς Πρόκνην τὴν ἑαυτοῦ θυγατέρα εἰς γάμον ἐκδίδωσι τῷ Τηρεῖ Θρᾳκῶν δυναστεύοντι. ὁ δὲ μετὰ τοὺς γάμους ἀφικνεῖται πρὸς Θρᾴκην μετὰ Πρόκνης, ἐξ ἧς ἔσχεν Ἴτυν. μετὰ δὲ χρόνον συχνὸν ποθούσης τὴν ἀδελφὴν Φιλομήλαν τῆς Πρόκνης ἰδεῖν, ὁ Τηρεὺς Ἀθήναζε ἀπελθὼν καὶ λαβὼν καθ' ὁδὸν αὐτὴν διεκόρευσε, καὶ τὴν γλῶτταν αὐτῆς ἀπέτεμεν, μὴ δῆλα θείη τὰ πραχθέντα τῇ Πρόκνῃ. οὐ μὴν ἀλλ' ὑφαίνουσα διὰ γραμμάτων ἐδήλωσέ τὸ συμβάν. Πρόκνη μὲν οὖν μαθοῦσα τὴν συμφορὰν, σφάξασα τὸν υἱὸν Ἴτυν εἰς βρῶσιν παρέθηκε τῷ Τηρεῖ. ὁ δὲ γνοὺς, ἐδίωκεν αὐτὰς ξίφει ποῦ ποῦ φθεγγόμενος. Φιλομήλα μὲν δὴ Τηρεὺς ἦν βοῶσα τῷ φόβῳ, Πρόκνη δὲ τὸν Ἴτυν θρηνοῦσα Ἴτυ Ἴτυ ἐλεεινῶς ἐφθέγγετο. τοῦ δὲ Διὸς ἐλεοῦντος ἡ μὲν Πρόκνη εἰς ἀηδόνα, ἡ δὲ Φιλομήλα εἰς χελιδόνα μεταβληθεῖσαι, ἔτι γε μὴν καὶ ὁ Τηρεὺς εἰς ἔποπα, ταῦτα φθέγγονται μέχρι καὶ νῦν ἕκαστος, ἅ γε μετὰ τὴν συμφορὰν μὲν πρὸ τῆς ἀπορνεώσεως δέ. ἐλελιζομένη δὲ, θρηνοῦσα.] — ἀντὶ τοῦ στρεφομένη. R. (διεροῖς δὲ), διύγροις ἐκ τῶν δακρύων. [μῖλαξ δὲ εἶδος βοτάνης.]

216. ἠχὼ : Ἡ ἱερὰ ἠχὼ ἀνέρχεται. τὸ δὲ χωρεῖ ἀντὶ τοῦ χωρήσει. — μῖλαξ εἶδος φυτοῦ. R. V.

217. τοῖς σοῖς ἐλέγοις : Ἀντὶ τοῦ τοῖς θρήνοις. εἴρηται δὲ ἀπὸ τοῦ ἒ ἒ λέγειν. (Δίδυμος δέ φησιν ὅτι οἱ πρὸς αὐλὸν ᾀδόμενοι θρῆνοι. τὸν γὰρ αὐλὸν πένθιμον ὑπειλῆφθαι.)

218. [ἀντιψάλλων : Ἀντὶ τοῦ ἀνακρούων. ψαλμὸς δὲ κυρίως ὁ τῆς κιθάρας ἦχος.]

222. αὐλεῖ : Τοῦτο παρεπιγέγραπται, δηλοῦν ὅτι μιμεῖταί τις τὴν ἀηδόνα ὡς ἔτι ἔνδον οὖσαν ἐν τῇ λόχμῃ. [κατεμελίτωσεν ἀντὶ τοῦ] ἡδύτητος ἐπλήρωσεν.

225. οὐ σιωπήσεις : Πρὸς ἀλλήλους διαλέγονται.

228. ἐποποὶ ποποπό : [Εἴσθεσις μέλους ἑτέρου περιοδική, εἰς τέσσαρας στροφὰς διαιροῦσα τὰς περιόδους, ὧν ἡ πρώτη στροφὴ κώλων δέκα. ὧν τὸ πρῶτον ἰαμβικὸν δίμετρον ἀκατάληκτον, ἔχον τὸν πρῶτον πόδα ἀνάπαιστον, τὸν δὲ δεύτερον τρίβραχυν. ἑξῆς δύο καὶ τὸ πέμπτον τρίμετρα ἀκατάληκτα. τὸ τέταρτον δίμετρον. τὸ ἕκτον ἀναπαιστικὸν ὁμοίως κατὰ τὴν τετάρτην χώραν προκελευσματικὸν ἔχον. τὰ ἑξῆς τροχαϊκὰ δίμετρα πλὴν τοῦ τελευταίου καταληκτικά.] ταῦτα δεῖ ὀξυτόνως προφέρεσθαι τῇ φωνῇ, ὥστε ὀρνέου ἦχον προφαίνεσθαι κατὰ μίμησιν.

229. ἰὼ ἰτὼ ἰτώ : Προσκαλεῖται τοὺς ὄρνιθας, ἵνα συμβουλεύσῃ τὴν πόλιν κτίσαι. τὸ δὲ ὅλον εὐκαίρως ὁ ποιητὴς βούλεται τὸν χορὸν εἰσάξαι τῶν ὀρνέων.

230. γυίας : Ὁδοὺς, πλέθρα. φῦλα : Γένη. *Vict.*

231. κριθοτράγων : Ἀντὶ τοῦ κριθοφάγων. καινῶς δὲ εἶπεν· οὐ γὰρ πᾶν ὄρνεον κριθὰς ἐσθίει.

232. οἱ γέρανοι. V.

233. γῆρυν : Φωνήν. *Vict.*

234. ὅσα τ' ἐν ἄλοκι : Ἐν τῇ τομῇ τοῦ ἀρότρου. ἀντὶ τοῦ περὶ τὴν βῶλον τῆς αὔλακος.

235. ἀμφιτιττυβίζετε : Ποιὸν ἦχον ἀποτελεῖτε.

237. [τιὸ τιό : Ἡ δευτέρα στροφὴ κώλων ιγ'. ὧν τὸ πρῶτον ἀναπαιστικὸν δίμετρον ἀκατάληκτον ἐκ τετραβραχέων. τὸ β' ὅμοιον καθαρόν. τὸ τρίτον ὅμοιον, ἔχον τὸν τρίτον καὶ τέταρτον πόδα τετράβραχυν, τὸν δὲ τέταρτον τρίβραχυν. τὸ ε' ὅμοιον, τὸν α' καὶ β' ἔχον πόδα τετράβραχυν. τὸ ἕκτον ὅμοιον, τὸν τρίτον ἔχον πόδα τετράβραχυν. τὰ ἑξῆς ἓξ τροχαϊκὰ δίμετρα ἀκατάληκτα ἐπιμεμιγμένα τριβράχεσιν. τὸ δὲ ιγ', τὸ ἀτ-

ταγᾶς ἀτταγᾶς, τροχαϊκὸν δίμετρον βραχυκατάληκτον, εἰ δὲ βούλει, παιωνικὸν ἐκ κρητικῶν.]

μιμούμενος πάλιν τὴν φωνὴν τῶν ὀρνέων καλεῖ αὐτὰ ὁ ἔποψ. — ὁμοίως δὲ καὶ ταῦτα ὀξυτονητέον. Rav., qui hinc usque ad v. 304 scholia omittit.

238. ἐπὶ κισσοῦ κλάδεσιν : Ἀντὶ τοῦ τοῖς κλάδοις. ἀπ' εὐθείας δὲ τῆς κλάδος, ὡς τὸ τέκος.

240. κοτινοτράγα : Κότινον ἐσθίοντα, τουτέστι ἀγριέλαιον.

κομαροφάγα : Κόμαρον ἐσθίοντα.

244. ὅσα θ' ἑλείας : Ἑλώδεις τόπους στενούς. τοὺς ἑλείους στενοὺς τόπους. ἀπὸ τοῦ ὁ ἕλειος. τὰς ὀξυστόμους δὲ, τὰς ὀξὺ ᾀδούσας.

245. ἐμπίδας : Ζῷόν ἐστιν ἐν ὕδασι γινόμενον ὅμοιον τῷ κώνωπι, μεῖζον δὲ τῇ περιοχῇ, κατὰ τὸ μέσον λευκῷ περιεζωσμένον. [κάμπτετε δὲ, καταβάλλετε, ἐσθίετε. ἐρόεντα δὲ ἀντὶ τοῦ ἐπιθυμητικὸν, ὡς χαρίεντα. Μαραθῶνος δὲ, ὅτι ἐν Μαραθῶνι πολὺ τὸ ὄρνεον.]

249. ἀτταγᾶς : Ὁ ἀτταγᾶς ὁ ἔχων τὸν λειμῶνα τοῦ Μαραθῶνος. τὰ γὰρ λιμνώδη καὶ ἕλεια χωρία καταβόσκεται ὁ ἀτταγᾶς. [ἡ τρίτη στροφὴ κώλων ὀκτὼ δακτυλικῶν τετραμέτρων, πλὴν τοῦ ζ'. τοῦτο γὰρ δακτυλικὴ βάσις.]

250. ὧν τ' ἐπὶ πόντιον : Ὁ τέ περιττός. ἔστι δὲ παρὰ τὰ Ἀλκμᾶνος

ὅς τ' ἐπὶ κύματος ἄνθος ἅμ' ἀλκυόνεσσι ποτᾶται.

διὸ καὶ Δωρικῶς εἴρηται. τὸ δ' ἑξῆς, ὧν τε φῦλα ἐπὶ πόντιον οἶδμα θαλάσσης ἅμ' ἀλκυόνεσσι ποτᾶται. [ἡ δὲ ἀλκυὼν θαλάσσιόν ἐστιν ὄρνεον. καὶ ἱστορίαν δὲ τοιαύτην περὶ αὐτῶν φασιν, ὡς ἀπ' ἀνθρώπων ἀπωρνεώθη. ἔστι δὲ ἡ Κήϋκος τοῦ Τραχινίων βασιλέως γυνή. οἳ ὄλβῳ μεγίστῳ ἐπαρθέντες, εἰς τοσοῦτον ἦλθον φρυάγματος, ὡς ἀπαξιοῦν τοῖς ἰδίοις ὀνόμασι καλεῖσθαι καὶ ὁ μὲν ἐκάλεσεν αὐτὴν Δία, ἡ δὲ Ἥραν. καί ποτε ἐν θαλάσσῃ αὐτοῦ πλέοντος ὁ Ζεὺς ὀργισθεὶς αὐτόν τε διέφθειρε καὶ τὴν ναῦν. ἡ δὲ ἄγαν περιπαθῶς ὠδύρετο τὸν τοῦ ἀνδρὸς θάνατον παρὰ τῷ αἰγιαλῷ, ἣν ἐλεήσας ὁ Ζεὺς ἀπωρνέωσε. καὶ ἐκεῖνον δὲ εἰς ὄρνεον μετέβαλεν, ὃν κηρύλον καλοῦσιν. ἐθρήνει δὲ τῶν ᾠῶν αὐτῆς ἐν τῇ θαλάσσῃ κλωμένων. διὸ κατὰ Διὸς οἶκτον ιδ' ἡμέρας ἀλκυονίτιδας καλουμένας εὐδιεινὰς ἔχει τοῦ ἔτους, ἐν αἷς τίκτουσα ἐκβάλλει τοὺς νεοττούς.]

252. τὰ νεώτερα : Ἀπαγγέλματα δηλονότι ἢ πράγματα.

254. [ταναοδείρων : Μακροτραχήλων. τὸ μερικὸν δὲ ἐπὶ πάντων ἔταξεν. οὐ γὰρ πάντα ταναόδειρα τὰ ὄρνεα.]

256. καινὸς γνώμην : Νέαν γνώμην εἰσηγούμενος.

259. [ἀλλ' ἴτ' ἐς λόγους : Ταῦτα τὰ πέντε κῶλα ἔοικεν ἐπῳδοῦ. καὶ εἰσὶ τὰ μὲν δύο τροχαϊκὰ δίμετρα ἀκατάληκτα. τὸ τρίτον ἰαμβικὸν ἐκ τριβράχεων. τὸ δ' παιωνικὸν ἐκ κρητικῶν διρρύθμων. τὸ πέμπτον ἰαμβικὸν ἐφθημιμερὲς ἐκ τριβράχεων. ἐφ' ἑκάστης στροφῆς παράγραφος. ἐπὶ δὲ τῷ τέλει κορωνίς.]

261. κικκαβαῦ : τὰς γλαῦκας οὕτω φωνεῖν λέγουσιν. ὅθεν καὶ κικκαβὰς αὐτὰς λέγουσιν. ἔστι δὲ ἱερὰ τῆς Ἀθηνᾶς. οἱ δὲ κικυμίδας, ὡς Καλλίμαχος [fr. 318] « χάρτ' ἀγαθὴ κικυμίς. » καὶ Ὅμηρος δὲ [Il. Ξ, 291]

χαλκίδα κικλήσκουσι θεοί, ἄνδρες δὲ κύμινδιν.

τὴν γλαῦκα ἀπὸ τῆς μορφῆς χαλκίδα, ἐπειδὴ χαλκίζει τῷ χρώματι. Ἄλλως. μίμημα τοῦτο ποιᾶς φωνῆς τῆς γλαυκός. ἔστι δὲ ἱερὰ τῆς Ἀθηνᾶς. διὸ καὶ εἶδος αὐτῆς πολὺ ἐν τῇ Ἀττικῇ καὶ εἰς τιμὴν τῆς θεοῦ ἐν τοῖς νομίσμασιν ἐγχαράττουσι τὴν γλαῦκα. διὰ τὸ χαλκῶδες δὲ ἔχειν τὸ πτερὸν λέγεται καὶ χαλκίς. λέγεται καὶ κύμινδις.

266. ἐμβὰς ἐπῶζε : Ἐπῴζειν ἐστὶ τὸ ἐπὶ τοῖς ᾠοῖς καθεζόμενα τὰ ὄρνεα κράζειν. [ἐνταῦθα δὲ ἀντὶ τοῦ ἐκρύπτετο.] χαραδριὸς δέ ἐστιν εἶδος ὀρνέου μεταβαλλομένου εἰς τὰ προκείμενα. διχῶς δέ · ἐπὶ μὲν τοῦ ὀρνέου, χαραδριὸν ὀξυτονητέον · εἰ δὲ ἐπὶ τῆς χαράδρας, βαρυτονεῖται. ἐπεὶ, φασὶ, καὶ αἱ χαράδραι τρόπον τινὰ διὰ τῶν ῥευμάτων μελῳδίας ποιοῦνται.

χαραδριὸν μιμούμενος : Εὐφρόνιος ἐκ τοῦ χαραδριὸν μιμούμενος ἀξιοῖ δέχεσθαι ἀποκεκρυμμένος. ἐπεὶ γὰρ τοὺς ἰκτερικοὺς ὠφελεῖ ὁ χαραδριὸς ὀφθεὶς, οἱ πωλοῦντες αὐτὸν, φασὶ, κρύπτουσιν, ἵνα μὴ πρὸ τοῦ ὠνήσασθαί τις ἰαθῇ παρέργως. — Ἄλλως. καὶ μὴν καλύπτει ὡς χαραδριὸν περνάς. V. Ἀνδρέας δέ φησι τῶν ἰκτερικῶν οὐ τοὺς ἰδόντας, ἀλλὰ τοὺς φαγόντας ἀπαλλάττεσθαι τοῦ πάθους.

267. τοροτίξ : Οἱ μὲν καὶ τοῦτο τοῦ ἔποπος λέγουσιν εἶναι, οἱ δὲ ὄρνιθός τινος περιιπταμένου. [καὶ τοῦτο δὲ τῶν εἰρημένων ὀρνέων.]

268. [ἀγάθ' ἀλλ' οὑτοσὶ : Κορωνὶς αὖθις ἑτέρα εἰσιόντων τῶν ὑποκριτῶν. οἱ δὲ στίχοι τροχαϊκοὶ τετράμετροι καταληκτικοὶ μ', ὧν τελευταῖος

καὶ βλέπουσιν εἰς σὲ κἀμέ. τοῦτο μὲν κἀμοὶ δοκεῖ.

ἐν ἐκθέσει δὲ μετὰ τὸν λζ' στίχον κῶλα ἰαμβικὰ δίμετρα ἀκατάληκτα β'. ἐπὶ τῷ τέλει κορωνίς.]

καὶ δή τις ὄρνις : Τοῦτο ἀποδέδωκε πρὸς τὰ ἄνω ἃ εἶπεν ὁ ἕτερος « ἄλλως ἄρ' οὔποψ. » [ταῶς δὲ Ἀττικῶς περισπᾶται.]

270. οὗτος αὐτὸς : [Ἀντὶ τοῦ ὁ ἔποψ] ἐρεῖ ἡμῖν.

272. καλός γε καὶ φοινικιοῦς : Ἦν γὰρ φοινικόπτερος. λέγεται οὖν ἀντὶ τοῦ πυρρός. περισπᾶται δὲ τῷ λόγῳ τῶν εἰς ους ἁπλῶν. καὶ [ἔστι] παρὰ τὴν φοίνικος γενικὴν φοινικόεις καὶ φοινικίεος ἐν ὑπερθέσει καὶ φοινικιοῦς ἐν συναιρέσει.

275. ἔξεδρον χώραν ἔχων : Ἐκ τῆς Σοφοκλέους δευτέρας Τυροῦς ἀρχὴ

τίς ὄρνις οὗτος ἔξεδρον χώραν ἔχων;

ὡς εἰ εἶπε χροιάν. ἔξεδρον δὲ, παρηλλαγμένην. [Σοφοκλῆς (Phil. 212) « οὐκ ἔξεδρος, ἀλλ' ἔντοπος ἀνήρ. »]

276. ὁ μουσόμαντις · Ὁ κομπώδης. τοιοῦτοι γὰρ οἱ μάντεις καὶ οἱ ποιηταί.

ἄτοπος ὄρνις : Τοῦτο εἶπεν εἰς τὸ τερατῶδες τοῦ ὄρνιθος ἀφορῶν οὐδὲν πρὸς τὸ προκείμενον. παρὰ τὰ ἐξ Ἠδωνῶν Αἰσχύλου « τίς ποτ' ἔσθ' ὁ μουσόμαντις, ἄλαλος, ἀβρατεὺς ὃν σθένει. » — ὀρειβάτης : Τῷ ὄρει βαίνων. *Vict.*

277. Μῆδός ἐστιν : Ὡς τῶν Μήδων ὡς ἐπὶ τὸ πολὺ ἐπὶ τῶν καμήλων ὀχουμένων ἐπὶ τῇ τῶν πολέμων ἐξόδῳ. τοὺς δὲ Ἐκβατάνων ὄρνεις Περσικούς φασι πρὸς τὸ ξένον τῆς θέας. ζητεῖται δὲ εἰ ὄντως καλεῖταί τις ὄρνις μῆδος.

279. λόφον κατειληφώς : Ἀντὶ τοῦ λόφον ἔχων. ἀπὸ τῶν ἐν τοῖς πολέμοις. τοῦτο δέ φησιν ἐπεὶ ἕτερός τις ὄρνις ἀναφαίνεται λόφον ἔχων ὡς ὁ ἔποψ. διαβάλλει δὲ τὸν Φιλοκλέα ὡς ὀξυκέφαλον.

281. οὗτος μέν ἐστι Φιλοκλέους : Οὗτος ὁ Φιλοκλῆς ἔποπα ἐσκεύασεν ἐν τῇ Πανδιονίδι τετραλογίᾳ, οὗ ἡ ἀρχὴ « σὲ τῶν πάντων δεσπότην λέγω. » Ἄλλως. Φιλοκλεῖ ἐστι δρᾶμα Τηρεὺς ἢ Ἔποψ. Ἄλλως. ὁ Σοφοκλῆς πρῶτον τὸν Τηρέα ἐποίησεν. εἶτα Φιλοκλῆς. διὰ τοῦτο δὲ εἶπεν, ἐγὼ δὲ πάππος, ἀντὶ τοῦ πρὸ αὐτοῦ ἐγράφην. τοῦτο δὲ θέλων κωμῳδῆσαι Καλλίαν ὡς ἀπολέσαντα πάντα τὰ χρήματα. Ἄλλως. ἐν ἐνίοις ὑπομνήμασιν, ὅτι προκέφαλός ἐστιν ὁ Φιλοκλῆς ὡς ὁ ἔποψ. ἀλλ' οὐδαμοῦ κεκωμῴδηται. εἴη ἂν οὖν τὸν ἔποπα ἐσκευοποιηκὼς τῇ Πανδιονίδι τετραλογίᾳ, ἣν καὶ Ἀριστοτέλης ἐν ταῖς Διδασκαλίαις ἀναγράφει. ἔστι δὲ ὁ Φιλοκλῆς τραγῳδίας ποιητής, καὶ Φιλοπείθους υἱὸς ἐξ Αἰσχύλου ἀδελφῆς. ὅσοι δὲ Ἁλμίωνος αὐτόν φασιν, ἐπιθετικῶς λέγουσι διὰ τὸ πικρὸν εἶναι. ἅλμη γὰρ ἡ πικρία. γεγόνασι δὲ Φιλοκλεῖς δύο τραγῳδιῶν ποιηταί· εἷς μὲν ὁ Φιλοκλέους ἀπόγονος· ἐκείνου μὲν γὰρ υἱὸς Μόρσιμος· τούτου δὲ Ἀστυδάμας, ἐκ τούτου δὲ Φιλοκλῆς καὶ ἕτερος ὁ κατὰ τὴν αὐτὴν ἡλικίαν περιπεπτωκὼς τῷ νεωτέρῳ Φιλοκλεῖ.

283. Ἱππόνικος Καλλίου : Ὁ Ἱππονίκου Καλλίας ἐδόκει τὰ πατρῷα διεσπαρκέναι εἰς ἀσέλγειαν. κωμῳδεῖται δὲ εἰς ἀσέλγειαν καὶ ὡς ληφθεὶς μοιχεύων ἀπέτισε χρήματα. κεκωμῴδηκε δὲ αὐτὸν ἱκανῶς Εὔπολις ἐν τοῖς Κόλαξι. Ἄλλως. λέγεται καταψεύδεσθαι τῶν ὑπομνημάτων, ὅτι οἱ Ἱππόνικοι καὶ οἱ Καλλίαι ἄνωθεν ἐκ διαδοχῆς ἀπὸ πατέρων ἐπὶ παῖδας καθήκουσιν. ὅπερ ἐστὶ ψεῦδος. ὁ πρῶτος γοῦν Καλλίας Φαινίππου πατρός ἐστιν, ὁ νενικηκὼς ἵππῳ τὴν τετάρτην καὶ πεντηκοστὴν ὀλυμπιάδα.

286. τίλλεται : Τὸ τίλλεται ἀπὸ τῶν ὀρνέων. νῦν δὲ ἴσον τῷ πλούσιος τὸ γενναῖος. καὶ πρὸς τὴν πορνοκοπίαν τοῦ Καλλίου, καὶ ὅτι μοιχεύων χρήματα ἐδίδου. — γενναῖος : Πολὺν ἔχων ὄλβον. *Vict.*

288. κατωφαγᾶς : Ὅτε βαρύνεται, ἐπίθετον· ὅτε δὲ περισπᾶται, κύριον. ἴσως δὲ ἀπὸ τοῦ καταφαγεῖν τὸ ὄνομα πεποίηκε, διὰ τὴν τοῦ Κλεωνύμου πολυφαγίαν.

290. οὐκ ἀπέβαλε τὸν λόφον : Τὸν τῆς περικεφαλαίας. ὡς ῥίψασπις καὶ δειλὸς διαβάλλεται Κλεώνυμος.

292. ἐπὶ τὸν δίαυλον ἦλθον : Ἐπεὶ οἱ διαυλοδρομοῦντες μεθ' ὅπλων τρέχουσιν ἔχοντες λόφον ἐπὶ τῆς κεφαλῆς. Ἄλλως. δίαυλος λέγεται ὁ διττὸν ἔχων τὸν δρόμον ἐν τῇ πορείᾳ, τὸ πληρῶσαι τὸ στάδιον καὶ ὑποστρέψαι. δολιχοδρόμοι δὲ οἱ ἑπτὰ τρέχοντες, διὸ καὶ δολιχοδρόμοι. οἱ γὰρ σταδιοδρόμοι διπλοῦν ποιοῦνται τὸν δρόμον. Ἄλλως. ὁπλίτην δρόμον· μεθ' ὅπλων γὰρ ἠγωνίζοντο. [Ἄλλως. δίαυλος, ὁ διστάδιος τόπος ἢ μέτρον πήχεων σ'. δίαυλος καὶ ἡ μακρὰ περίοδος. ὀκτὼ δέ εἰσιν ἀγωνίσματα, στάδιον, δίαυλος, δόλιχος, ὁπλίτης, πυγμή, παγκράτιον, πάλη καὶ ἅλμα.]

ὥσπερ οἱ Κᾶρες μὲν οὖν : [Ὡς τῶν Καρῶν τὰ ἐχυρὰ καταλαμβανόντων, διὰ τὸ στρατιωτικοὺς εἶναι. ἢ ὅτι ἐν πέτραις ᾤκουν ὑπὲρ ἀσφαλείας, ἢ ὅτι λόφον ἔχουσιν ἐπὶ τῶν κρανῶν.] Ἄλλως. γενναιότατοι οἱ Κᾶρες τὰ πολεμικὰ καὶ τοὺς λόφους καταλαμβάνοντες ἐν τοῖς πολέμοις. θαλασσοκρατήσαντές τε πολλὰ μέρη τῆς οἰκουμένης κατέλαβον. καὶ τοὺς λόφους ᾤκουν, ὡς ἂν ἐχυρωτέρους, ὅθεν καὶ Καρικαὶ καὶ καραπόλεις ἐλέγοντο αἱ οἰκήσεις.

296. πετομένων τὴν εἴσοδον : Τὸν οὐρανὸν ἢ τὸν ἀέρα. εἴσοδος δὲ λέγεται ᾗ ὁ χορὸς εἴσεισιν εἰς τὴν σκηνήν. καὶ ἐν ταῖς Νήσοις

τί σὺ λέγεις; εἰσὶν δὲ ποῦ;
αἱδὶ κατ' αὐτὴν ἣν βλέπεις τὴν εἴσοδον.

297. οὑτοσὶ πέρδιξ : Ἀπὸ τούτου ἡ καταρίθμησις τῶν εἰς τὸν χορὸν συντεινόντων προσώπων κδ', ἐν περιττῷ ληφθέντων τῶν προκατειλεγμένων. ὁ δὲ τραγικὸς ιε' πρόσωπα ἔχει. ἐντεῦθεν ἀριθμήσας εὑρήσεις τὰ εἰκοσιτέσσαρα πρόσωπα, ἐξ ὧν ὁ κωμικὸς χορὸς συνίσταται.

299. ὅστις ἐστὶ κηρύλος : Εὐφρόνιός φησι τοὺς Δωριεῖς λέγειν, « βάλε δὴ βάλε κηρύλος εἴην· » τοὺς δὲ Ἀττικοὺς κείρυλον. φησὶ δὲ Δίδυμος, τὸ κατὰ φύσιν ὄνομα κείρυλος λέγεσθαι. Ἀντίγονος δέ φησι τοὺς ἄρσενας τῶν ἀλκυόνων κηρύλους λέγεσθαι, οὓς καὶ γηράσκοντας αἱ θήλειαι βαστάζουσι τοῖς πτεροῖς. μήποτε παρὰ τὸ κείρειν ἐσχημάτικεν. ὁ δὲ Σποργίλος ἦν κουρεύς. μνημονεύει αὐτοῦ Πλάτων ἐν Σοφισταῖς

τὸ Σποργίλου κουρεῖον, ἔχθιστον τέγος

τοῦτο οὖν ἔστω σημεῖον τοῦ καὶ τὸν κηρύλον ἴσως παρὰ τὸ κείρειν ἠτυμολογηκέναι τὸν Ἀριστοφάνην. ἀντέθηκεν οὖν αὐτῷ κουρέα. [Ἄλλως. ὁ ἄρσην ἀλκυὼν κηρύλος λέγεται. ἐν δὲ ταῖς συνουσίαις ἀποθνήσκει. ὁ δὲ Σποργίλος κουρεὺς ἦν. διαβάλλει δὲ αὐτὸν ὡς εὐτελῆ.]

301. τίς γλαῦκ' Ἀθήναζε : Παροιμία. τὸ δὲ χ, ὅτι ἤλλαξε τὸ τοπικόν. ἔδει γὰρ ἐξ Ἀθηνῶν, οὐκ εἰς Ἀθήνας εἰπεῖν. οὐ προσποιεῖται δὲ, ὅτι οὐκ ἐν Ἀθήναις τὰ πράγματα. Ἄλλως. παροιμία ἐπὶ τῶν μάτην ἐπισωρευόντων τινὰ ἐπὶ τοῖς προϋπάρχουσιν, οἷον εἴ τις ἐν Αἰγύπτῳ σῖτον ἐπαγάγοι, ἢ ἐν Κιλικίᾳ κρόκον. ἐνταῦθα οὖν, ἐπεὶ Ἀθήνηθέν ἐστιν ἡ γλαὺξ, κατὰ τὴν παροιμίαν λέγει, τίς εἰς Ἀθήνας γλαῦκ' ἀνήνοχεν; Δήμων δέ φησιν ὅτι οὐ τοῦ ζῴου μόνον πληθύνοντος ἐν τῇ πόλει, ἀλλὰ

καὶ τοῦ νομίσματος. καὶ ὅτι οὐκ ἐν ἀργύρῳ μόνῳ, ἀλλὰ καὶ ἐν χαλκῷ χαράσσουσι τὴν γλαῦκα. διὸ τὴν παροιμίαν εἰρῆσθαι. μήποτε δὲ ἐπὶ τοῦ ζῴου εἰκός ἐστι λεχθῆναι μόνου.

302. κορυδὸς, ἐλεᾶς : Ὁ κορυδὸς παρὰ Ἀριστοτέλει κορύδων λέγεται, εἰ μὴ ἕτερός ἐστι. ποικίλα γὰρ τὰ ὀνόματα. ὁ δὲ ἐλεᾶς μήποτε ἐλείας ἐστὶν ἐν τοῖς Καλλιμάχου ἀναγραφόμενος. φησὶ γὰρ « ἔλεια μικρὸν, φωνῇ ἀγαθόν. » ἀναγέγραπται δὲ καὶ ἡ ὑποθυμὶς καὶ ὁ νέρτος καὶ ὁ ἐρυθρόπους καὶ ἡ πορφυρὶς καὶ ὁ δρύοψ καὶ ἡ ἀμπελίς.

303. κεβλήπυρις : Μήποτε οὐχ ἕν ἐστιν, ἀλλὰ δύο, φησὶν ὁ Σύμμαχος. καὶ ἐν τοῖς Καλλιμάχου γὰρ ἀναγέγραπται κέβλη. εἶτα μύρμηξ Ἑρμίππου τετραμέτροις. « καὶ Θεμιστοκλέους τὸν πρωνός τις ὢν κεβλήπυρίς « τις ὀνομάζεται. » ὥστε ἐνθάδε ἢ ἐκεῖ ἡμάρτηται τὸ ἓν παρὰ τῇ γραφῇ. Ἄλλως. οὐ δύναται δύο εἶναι, διὰ τὸν ἀριθμὸν τῶν εἰκοσιτεσσάρων.

304. πορφυρὶς : Ἡ πορφυρὶς ἀναγέγραπται, κερχνῆς δὲ οὐκ ἀναγέγραπται, ἀλλὰ κέρχνη. [καὶ ἡ κολυμβὶς δὲ φαίνεται καὶ ὁ δρύοψ, καὶ ἡ ἀμπελίς.] Δίδυμος δὲ τὸν μικρὸν ἱέρακά φησι.

307. οἷα πιππίζουσιν : Κατὰ μίμησιν τῶν ὀρνέων πεποίηται ἡ λέξις. λέγει δὲ οὗτος καὶ τὸ ποτίζειν πιπίζειν.

310. [ποποποποπο : Εἴσθεσις περιόδου ἀμοιβαίας τοῦ χοροῦ καὶ τοῦ ὑποκριτοῦ κώλων στίχων ιη'. ὧν τὰ πρῶτα τρία κῶλα τοῦ χοροῦ ἀναπαιστικὰ πενθημιμερῆ ἐπιμεμιγμένα τετραβράχεσιν. ὁ δ' τροχαϊκὸς τετράμετρος καταληκτικός. τὰ ἑξῆς πάλιν τρία κῶλα τοῦ χοροῦ. ἀναπαιστικὴ βάσις ἕκαστον τούτων. ἐπιμεμιγμένα καὶ ταῦτα τετραβράχεσιν. οἱ ἑξῆς πάλιν δύο τροχαϊκοὶ τετράμετροι καταληκτικοί. τὸ ἑξῆς τοῦ χοροῦ κῶλον ἀναπαιστικὴ βάσις. οἱ δὲ ἑξῆς ζ' τροχαϊκοὶ τετράμετροι καταληκτικοὶ, ὧν τελευταῖος

κἄστὸν ἤδη που παρ' ἡμῖν; εἰ παρ' ἡμῖν εἴμ' ἐγώ.]

315. [τίνα λόγον : Ἀπὸ κοινοῦ τὸ πάρει.]

317. κοινὸν ὠφελήσιμον : Ἀντὶ τοῦ κοινωφελῆ. ἀσφαλῆ δὲ, τουτέστιν ἀληθῆ καὶ σφαλῆναι μὴ δυνάμενον.

318. λεπτὼ λογιστὰ : Ἀφίκοντο λεπτοὶ εἰς τὸ λογίσασθαι.

319. ποῦ πᾶ : Διαταράσσονται οἱ ὄρνιθες ἀκηκοότες ἄνδρας παρεῖναι. ὑποπτεύουσι γὰρ αὐτοὺς εἶναι ὀρνιθοθήρας.

321. ἔχοντε πρέμνον : Στέλεχος καὶ ῥίζαν. πράγματος [δὲ πελωρίου,] ὅ ἐστι χρήσιμόν τι εἰσηγούμενοι.

322. ὦ μέγιστον ἐξαμαρτὼν : Ἐπεὶ ἀνθρώπους ἐδέξατο θηρευτὰς τῶν ὀρνίθων. Ἄλλως. τῶν ἐξημαρτημένων ἐξότε ἐτέχθην.

324. τῆς συνουσίας : Τῆς ἡμῶν τῶν ὀρνέων κοινωνίας καὶ διαγωγῆς.

326. εἰ παρ' ὑμῖν εἰμ' ἐγώ : Εἰ ἐγὼ παρ' ὑμῖν εἰμι, καὶ ἐκεῖνοι παρ' ἐμοί εἰσιν.

327. [ἔα ἔα : Εἴσθεσις ἑτέρα μέλους χοροῦ στροφῆς λόγον ἔχουσα. ἔχει γὰρ καὶ ἀντίστροφον τὴν, ἰὼ ἰώ, ἐκ κώλων ἀναπαιστικῶν καὶ παιωνικῶν ὀκτώ. ἧς προτίθεται κῶλον ἰαμβικὸν ἤτοι ἰαμβικὴ βάσις. εἰσὶ δὲ τὰ μὲν ἀναπαιστικὰ μεμιγμένα προκελευσματικοῖς, τὰ δὲ παιωνικὰ πεντασυλλάβοις. διαλύονται γὰρ καὶ τῶν παιώνων εἰς βραχείας αἱ μακραί. τὸ μὲν οὖν πρῶτον καὶ τρίτον ἀναπαιστικὰ δίμετρα βραχυκατάληκτα. τὸ δὲ δεύτερον καὶ τέταρτον ὅμοια τῷ δευτέρῳ. τὸ πέμπτον ἑφθημιμερές. τὸ ἕκτον καὶ ζ' παιωνικὰ τετράμετρα καταληκτικά. τὸ δὲ ὄγδοον ὅμοιον ἑφθημιμερές. ἐν ἐκθέσει δὲ στίχοι τροχαϊκοὶ τετράμετροι καταληκτικοὶ τρεῖς. τὸν τρίτον δὲ ἀναπληροῖ τὸ ἑξῆς πρόσωπον εἰσερχόμενον. ἑξῆς δὲ σύστημα ἐν εἰσθέσει τροχαϊκῶν τετραμέτρων καταληκτικῶν δ'. ἐπὶ τῷ τέλει τῆς μὲν στροφῆς παράγραφος καὶ διπλῆ ἔσω νενευκυῖα, τοῦ δὲ συστήματος μόνη παράγραφος.]

329. ὁμότροφα : Οἷον τὴν αὐτὴν ἡμῖν κατανομὴν νεμόμενα.

331. παρέβη μὲν θεσμοὺς : Ὡς τούτου νενομοθετημένου αὐτοῖς τὸ μὴ συνεῖναι ἀνθρώποις.

336. ὕστερος λόγος : Ὅ ἐστιν ὕστερον αὐτῷ μαχησόμεθα. ὡς παρ' Ὁμήρῳ [Il. A, 140]

ἀλλ' ἤτοι μὲν ταῦτα μεταφρασόμεσθα καὶ αὖθις.

338. διαφορηθῆναι : Διασπασθῆναι.

339. αἴτιος μέντοι σὺ : Ἀλλήλοις ἀντεγκαλοῦσιν οἱ πρεσβῦται ἀμηχανοῦντες ἐκφυγεῖν πως τὸ παρὸν κακόν.

343. [ἰὼ ἰώ : Εἴσθεσις χοροῦ ἑτέρα ἀντίστροφος τῆς ἤδη ῥηθείσης στοφῆς, ἐκ κώλων ὁμοίων καὶ στίχων η'. εἰσὶ δὲ τὰ μὲν ε' ἀναπαιστικὰ ἀναλόγως τοῖς τῆς στροφῆς. τὰ δὲ τρία παιωνικὰ, ὡς καὶ τὰ τῆς στροφῆς. ἐν εἰσθέσει δὲ στίχοι δύο τροχαϊκοὶ τετράμετροι καταληκτικοὶ ὅμοιοι τοῖς ἑξῆς. ἐπὶ τῷ τέλει διπλαῖ ἔξω νενευκυῖαι. Ἄλλως. ἔπαγε : Παρακελεύονται ἑαυτοῖς ὡς ἐν πολεμικῇ παρατάξει, βουλόμενοι κατ' αὐτῶν ὁρμῆσαι.]

346. [ἐπίβαλε περί τε κύκλωσαι : Ὡς ὅπλον πανταχοῦ. τοῦτο γὰρ τὸ πάντα γε τὴν πτῆσιν τὴν ἐπὶ φόνῳ γενομένην περίαγε.]

348. καὶ δοῦναι ῥύγχει φορβάν : [Ἀσκληπιάδης φησὶν ἀπὸ Ἀνδρομέδας εἶναι, ὡς καὶ τὸ « σὰ γὰρ ταῦτα πάντα καὶ ἐκεῖσε δεῦρο. » γράφεται καὶ ῥάμφει. ὅπερ βέλτιον. ῥάμφος γὰρ ἐπὶ ὀρνέου. ἐπὶ δὲ χοίρου ῥύγχος. Ἄλλως.] παρὰ τὸ Εὐριπίδου ἐξ Ἀνδρομέδας « ἐκθεῖναι κήτει φορβάν, » ὡς Ἀσκληπιάδης, τὰ μηδέπω διδαχθείσης τῆς τραγῳδίας παρατιθέμενος, ὡς καὶ τὸ [v. 423] « σὰ γὰρ ταῦτα πάντα καὶ τὸ τῇδε καὶ τὸ κεῖσε, » παρὰ τὰ ἐκ τῶν μηδέπω διδαχθεισῶν Φοινισσῶν [278] φησὶν « κἀκεῖσε καὶ τὸ δεῦρο, μὴ δόλος τις ᾖ. » καὶ ὅλως πολὺ παρὰ πᾶσι τὸ τοιοῦτον.

349. οὔτε γὰρ ὄρος : Εἰς ἃ μάλιστα ἀπόφευξίς τις ἐστὶν ἀσφαλής.

353. ἐπαγέτω τὸ δεξιὸν κέρας : Ἀντὶ τοῦ προηγείσθω τὸ δεξιὸν μέρος. ὡς ἐπὶ πολέμου δὲ τοῦτό φησι. [τῶν γὰρ ταγμάτων τὸ μὲν μέσον, μέτωπον, ὃ ἐκ πολλοῦ πλήθους συνίσταται, τῶν δ' ἑκατέρωθεν τὸ μὲν δεξιὸν, τὸ δ' ἀριστερὸν ὀνομάζεται.]

357. ὅτι μένοντε : Ἐπεὶ μὴ δυνάμεθα φυγεῖν, κἂν μαχεσώμεθα μένοντες.

λαμβάνειν τε τῶν χυτρῶν : Φοβεῖται γὰρ τὴν χύτραν τὰ ὄρνεα διὰ τὸ μέλαν αὐτῶν.

358. γλαῦξ μὲν οὐ πρόσεισι νῷν : Οὐ διὰ τὴν χύτραν οὐ πρόσεισιν, ὡς Εὐφρόνιος· τοῦτο γὰρ κοινῶς πάντα τὰ ὄρνεα φοβεῖ· ἀλλὰ διὰ τὸ Ἀττικὸν εἶναι τὸ ζῷον· Ἀττικοὶ δὲ καὶ αὐτοί.

359. τοῖς δὲ γαμψώνυξι : Τοῖς ὑποκύφους ἔχουσιν ὄνυχας.

τὸν ὀβελίσκον ἁρπάσας : Πῆξον αὐτὸν πρὸς τὴν χύτραν.

361. ἢ τρύβλιον : Ὅτι τὸ τρύβλιον μεῖζον τοῦ ὀξυβάφου.

363. ὑπερακοντίζεις σύ γ' ἤδη : Νικᾶς. ἐκ μεταφορᾶς τῶν τοῖς ἀκοντίοις ἀγωνιζομένων.

Νικίαν : Φρονιμώτατα γὰρ λιμῷ Μηλίους ἀνεῖλεν.

364. ἐλελελεῦ : Ἐπίφθεγμα πολεμικὸν τὸ ἐλελεῦ. οἱ προσιόντες γὰρ εἰς πόλεμον τὸ ἐλελεῦ ἐφώνουν μετά τινος ἐμμελοῦς κινήσεως. καθὸ καὶ Ἀχαιὸς Ἐρετριεὺς ἐν τῷ Φιλοκτήτῃ ποιεῖ τὸν Ἀγαμέμνονα παραγγέλλοντα τοῖς Ἀχαιοῖς.

365. ἕλκε, τίλλε : Καὶ Κρατῖνος « σφάττε, δεῖρε, κόπτε » τὴν χύτραν δὲ, εἰς ἣν ἐπερείδονται, δεικνύντες ὅτι καταφρονοῦσιν αὐτῆς.

368. καὶ φυλέτα : Συμπατριῶτα. ὅτι καὶ ἡ Πρόκνη Ἀττικὴ ἦν Πανδίονος θυγάτηρ.

369. μᾶλλον ἡμεῖς ἢ λύκων : Μᾶλλον λύκων φεισόμεθα ἤπερ τούτων. ἔστι καὶ παροιμιῶδες. ἐπεὶ τὸ παλαιὸν τοὺς λύκους ἀπέκτεινον ἐν τῇ Ἀττικῇ, καὶ νόμος ἦν λυκοκτονεῖν. διὸ ὁ μὲν φονεύων τέκνον λύκου τάλαντον ἐλάμβανεν, ὁ δὲ τέλειον δύο. ὅθεν καὶ τὸν Ἀπόλλωνα λύκειον [καὶ λυκοκτόνον] φασίν.

374. τοῖσι πάπποις τοῖς ἐμοῖς : Ὅπερ ἐστὶν ἐκ προγόνων ἐχθροὶ ἡμῖν ὄντες. καὶ Μένανδρος

οὐχ ὅθεν ἀπωλόμεσθα σωθείημεν ἄν.

375. ἀλλ' ἀπ' ἐχθρῶν δὴ πολλὰ : Φοβούμενος γάρ τις τοὺς ἐχθροὺς ὠφελεῖται παρ' αὐτῶν. ὁ γὰρ τῶν ἐχθρῶν φόβος πολλὰ χρήσιμα ἔσθ' ὅτε διδάσκει πρὸς φυλακὴν καὶ πρόνοιαν. [καὶ ὑπ' ἀνάγκης ἐχθρῶν συνωθούμενοι μηχανάς τινας σοφωτάτας εἰς ἑαυτῶν φυλακὴν ἐπινοοῦσιν οἱ ἄνθρωποι.]

379. ναῦς τε κεκτῆσθαι μακράς : Τὰς τριήρεις. ταῦτα δὲ εἰς Συρακουσίους αἰνίττεται, οἳ ἐνίκησαν Ἀθηναίους, διὰ τὸ ταπεινὰς ἔχειν τὰς πρῴρας.

381. ἔστι μὲν λόγων ἀκοῦσαι : Τὸ ἑξῆς, ἔστι μὲν χρήσιμον τὸ ἀκοῦσαι πρῶτον ἐφ' ὅτῳ ἐληλύθασιν.

383. ἄναγ' ἐπὶ σκέλος : Ἀντὶ τοῦ ὑπαναχώρει ὀλίγον ὑπὸ πόδα. παρὰ τὸ [Il. Λ, 547] « γόνυ γουνὸς ἀμείβων. » τοῦτο δὲ ὡς ὑποποδισάντων αὐτῶν ὑπὸ τοῦ δέους.

384. [καὶ δίκαιόν γ' ἔστι : Τοῦτο ὁ ἔποψ πρὸς τοὺς ὄρνιθας, ἐπειδὴ ἔφασαν εἰς λόγους βούλεσθαι ἐλθεῖν τοῖς ἀνθρώποις.]

386. [μᾶλλον εἰρήνην ἄγουσιν : Ἔκθεσις τῆς διπλῆς ἐκ κώλων ὁμοίων τροχαϊκῶν ἐπιμεμιγμένων ἀναπαίστοις καὶ χορείοις ιε' διμέτρων πλὴν τοῦ τελευταίου ἀκαταλήκτων, ὑφ' ὃ αἱ συνήθεις δύο διπλαῖ.]

τὴν χύτραν : Ἔξωθεν τὴν σύν· σὺν τῷ τρυβλίῳ. τῷ δὲ ὀβελίσκῳ ἐχρῶντο ἀντὶ δόρατος. καὶ τὸν ὀβελίσκον δὲ, φησὶν, ὅστις ἐστὶν ἡμῶν δόρυ, ἐντὸς τῶν ὅπλων χρὴ λοιπὸν ἔχειν. λέγει δὲ ἀντὶ τοῦ τῶν χυτρῶν. ἔθος δὲ εἶχον ἔσω τῶν ἀσπίδων ἔχειν τὰ δόρατα.

387. ἀντὶ τοῦ χάλα αὐτά. V.

388. καὶ τὸ δόρυ χρὴ τὸν ὀβελίσκον : Τὸν ὀβελίσκον ὅστις ἐστὶν ἡμῖν δόρυ, χρὴ περιπατεῖν ἔχοντας ἐντὸς, μὴ πόλιν γένηται πόλεμος.

390. τῶν ὅπλων ἐντὸς : Κέχρηται τῇ λέξει ἀντὶ τῶν ἱματίων, ὡσανεὶ εἶπε, καὶ ἔχειν τὸ δόρυ παρὰ τὴν ἀσπίδα. οὕτω γὰρ ποιοῦσιν οἱ πολέμιοι, τοῦ μὴ ἐξόπλους εἶναι, ἀλλὰ καθωπλίσθαι.

παρὰ τὴν χύτραν : Τουτέστι δεῖ καὶ μὴ φοροῦντας ἐγγύθεν αὐτὴν ἔχειν. παραινεῖ οὖν μήτε παντάπασιν ἀμελεῖν, μήτε φανερῶς πολεμεῖν.

392. ὡς οὐ φευκτέον νῶϊν : Ὡς οὔτε φεύγειν οὔτε ἀπαρασκεύαστοι εἶναι.

394. κατορυχθησόμεθα : Ἔπαιξεν εἰς τὴν χύτραν. ἀντὶ τοῦ ἐνταῦθα ὀρυχθήσομαι, ἐπεὶ οἱ ἐν πολέμῳ ἀναιρούμενοι ἐν τῷ Κεραμεικῷ ἐθάπτοντο.

395. ὁ Κεραμεικὸς δέξεται : Οἱ ἐν πολέμῳ ἀναιρούμενοι ἐν τῷ Κεραμεικῷ ἐθάπτοντο, ὡς Μενεκλῆς καὶ Καλλικράτης [ἐν τοῖς] περὶ Ἀθηνῶν συγγράμμασί φασιν οὕτω « καλεῖται δὲ καὶ ὁ τόπος οὗτος ἅπας Κεραμεικός. « ἔστι γὰρ ὁ αὐτὸς δῆμος. βαδίζουσι δὲ ἔνθεν καὶ ἔνθεν « εἰσὶ στῆλαι ἐπὶ τοῖς δημοσίᾳ τεθαμμένοις. " εἰσὶ δὲ « οὗτοι οἱ ὑπὸ τοῦ δήμου πεμφθέντες, οἳ ἐν αὐτῇ τῇ χώρᾳ « ὑπὲρ τῆς πόλεως τετελευτήκασιν. " ἔχουσι δὲ αἱ στῆ« λαι ἐπιγραφὰς ποῦ ἕκαστος ἀπέθανεν. » — λέγει δὲ παρ' ὑπόνοιαν τὰς χύτρας. R.

399. Ὀρνεαῖς : Παρὰ τὰ ὄρνεα ἔπαιξεν. ἔστι δὲ τῆς Ἀργείας πόλις, ἧς Ὅμηρος [Il. B, 571] μνημονεύει λέγων « Ὀρνειάς τ' ἐνέμοντο. » ἴσως δὲ, ὅτι ἐν Ὀρνεαῖς μάχη ἐγένετο Λακεδαιμονίων καὶ Ἀργείων. [γελοῖον δὲ τὸ, φήσομεν ἀποθανεῖν.]

400. [ἄναγ' ἐς τάξιν : Εἴσθεσις μέλους χοροῦ, ἐπῳδικὴ μὲν διὰ τὸ μετὰ τὴν διπλῆν τίθεσθαι, προῳδικὴ δὲ διὰ τὸ προτίθεσθαι ἑτέρας περιόδου κώλων ἀναπαιστικῶν ς'. ὧν τὰ μὲν τέσσαρα δίμετρα ἀκατάληκτα. τὸ ε' ἀναπαιστικὴ βάσις. τὸ ἕκτον ἑφθημιμερές. ἐν ἐκθέσει δὲ κῶλον ἰαμβικὸν δίμετρον ἀκατάληκτον ὅμοιον τοῖς ἑξῆς. ὑφ' ὃ κορωνίς.]

401. καὶ τὸν θυμόν κατάθου : (Ὡσεὶ ὁπλίτῃ ἐγκε-

λεύων τὸ δόρυ καταθέσθαι παρὰ τὴν ἀσπίδα.) — ὁ χορὸς ἐγκελεύεται ἑαυτῷ παῦσαι τῆς ὀργῆς. R.

402. παρὰ τὴν ὀργὴν : Παρὰ τὸ Ὁμηρικὸν [Il. Γ, 135]

ἀσπίσι κεκλιμένοι, παρὰ δ' ἔγχεα μακρὰ πέπηγεν.

οἷον ὅπλα μὴ ἔχων, θυμῷ πολέμει (μόνῳ).

407. [καλεῖς δὲ τοῦ κλύειν θέλων : Εἴσθεσις περιόδου ἀμοιβαίας κώλων κζʹ ἰαμβικῶν διμέτρων μὲν πλὴν τοῦ ἑνδεκάτου καὶ κδʹ τριμέτρων ὄντων, ἀκαταλήκτων δὲ πλὴν τοῦ τελευταίου· τοῦτο γὰρ ἐφθημιμερές. ἔτι γε μὴν τῶν δʹ, εʹ, ςʹ, ζ, ηʹ ἀντισπαστικῶν διμέτρων διιάμβοις ἐπιτρίτοις ἐπιμεμιγμένων καὶ σπονδείοις πλὴν τοῦ ζʹ ἀκαταλήκτων· τοῦτο γὰρ φερεκράτειον· ἔτι τῶν κʹ, καʹ, κβʹ, κγʹ παιωνικῶν ἐφθημιμερῶν. τὰ δὲ τοιαῦτα δῆλον ὡς ἀσυνάρτητα. ἐπὶ τῷ τέλει παράγραφος.]

409. σοφῆς ἀφ' Ἑλλάδος : Ἢ ὅτι σοφῶν οἰκητήριον ἡ Ἀττική, ἢ καθὸ οἱ βάρβαροι ἐφρόνουν περὶ Ἑλλήνων ὡς νοερωτάτων.

414. ἀντὶ τοῦ ὅλον, ἢ εἰς τὸ πᾶν τῆς ζωῆς. R. V.

416. πέρα κλύειν : Ἤγουν ἀνεπίδεκτα τῇ ἀκοῇ· ἔστι δὲ καὶ συμφορὰ πέρα τοῦ κλύειν. *Vict.*

417. ὁρᾷ τί κέρδος : Γράφεται καὶ δίχα τοῦ ι, ἵνα ᾖ προστακτικόν. γράφεται δὲ καὶ μετὰ τοῦ ι, ἵνα ᾖ ἐρωτηματικόν. ὡς ὁ λόγος, ὁρᾷ τις αὐτῶν ὠφέλειαν διαγωγῆς μᾶλλον παρ' ἡμῖν οὖσαν, ἢ κατὰ κράτησιν ἐχθρῶν, ἢ φίλους ὠφελῆσαι. ἐν οἷς μάλιστα ἥδονται οἱ ἄνθρωποι. σημειωτέον ὅτι ἑνικὸν εἶπεν ἐπὶ τῶν δύο, [καὶ τὸ κρατεῖν συνέταξεν αἰτιατικῇ].

419. ὁ η ἀντὶ τοῦ και. οὕτω τινὲς, ἵνα ᾖ οὗ ἐὰν ᾖ καιρός. R.

424. ἀντὶ τοῦ πάντα τὰ ἐν τῷ κόσμῳ σά ἐστι καὶ τὸ τῇδε καὶ τὸ ἐκεῖσε. τὸν οὐρανὸν καὶ τὴν γῆν λέγει. (τὸ δὲ τῇδε καὶ τὸ ἐκεῖσε, τοῦτο ἐκ τῶν μηδέπω διδαχθεισῶν Φοινισσῶν [272] φησὶ « κἀκεῖσε καὶ τὸ δεῦρο, μὴ δόλος τις ᾖ. » καὶ ὅλως πολὺ παρὰ πᾶσι τὸ τοιοῦτον. προσβιβᾷ δὲ, συνεφαρμόζει.)

425. προσβιβάζειν τὸ κατ' ὀλίγον πείθειν. ἢ ἐφαρμόζει, συμβιβάζει. R.

427. ἄφατον ὡς φρόνιμος : Ὡς ἄφατον, φησὶ, καὶ μέγιστον φρονῶν ἐρεῖ ταῦτα. ἢ ἀντὶ τοῦ μεγάλως.

429. κίναδος : Ἀπὸ κοινοῦ τὸ ἔνεστιν αὐτοῖς. τὸ δὲ κύρμα, ἀντὶ τοῦ ἐπιτυγχάνοντες ἐν πᾶσιν. Ἄλλως. [κίναδος ἀντὶ τοῦ] πάνυ φρόνιμος. κίναδος γὰρ ἡ ἀλώπηξ.

430. σόφισμα, κύρμα : Ἐπίτευγμα παρὰ τὸ κυρεῖν. Ἄλλως. ἔντευγμα, σπάραγμα τοῦ νοῦ. τρίμμα δὲ, ὁ τετριμμένος ἐν τοῖς πράγμασιν. Ἄλλως. κύρμα πολλοῖς ἐγκεκυρηκὼς πράγμασι.(παιπάλημα δὲ πολλὰς ἐκτροπὰς καὶ διόδους ἔχον. κυρίως δὲ τὸ λεπτὸν ἄλευρον.)

433. ἀνεπτέρωμαι : Οἰκεῖον ὄρνισι τὸ ἀνεπτέρωμαι ἀντὶ τοῦ μετηώρημαι.

434. ἄγε δὴ σὺ καὶ σὺ : Πρὸς τὸν Εὐελπίδην φησὶν ὁ ἔποψ. ἄμεινον δὲ πρὸς τοὺς θεράποντας, ὡς ἐν τοῖς ἑξῆς [656] « ἄγε δὴ, Ξανθία καὶ Μανόδωρε. » [εἴσθεσις δ' ἑτέρας περιόδου στίχων ἰαμβικῶν τριμέτρων ἀκαταλήκτων ιζʹ. ὧν ἐπὶ τῷ τέλει παράγραφος.]

436. εἰς τὸν ἰπνὸν εἴσω πλησίον : Ἰπνὸς μὲν ἡ κάμινος. καταχρηστικῶς δὲ ἡ ἐσχάρα. ἐπιστάτης δὲ χαλκοῦς τρίπους χυτρόποδος ἐκτελῶν χρείαν. οἱ δὲ πήλινον Ἥφαιστον πρὸς ταῖς ἑστίαις ἱδρυμένον ὡς ἔφορον τοῦ πυρός. ἔνιοι δὲ καὶ ξύλον ἐπίμηκες πεπασσαλωμένον, ὅθεν ἐξαρτῶσι τὰ μαγειρικὰ σκεύη. (Ἄλλως. ἐπιστάτην Καλλίστρατος τὸ τῇ ἐσχάρᾳ ἐπιτιθέμενον ξύλον. οἱ δὲ πυριστάτην πλαττόμενον τινα ξύλινον ἐν ταῖς ἐσχάραις, ὡς παρὰ ταῖς καμίνοις τὸν Ἥφαιστον ἀναπλάττουσιν. Ἄλλως. ὁ ἐπιστάτης ξύλον ἐστὶ κόρακας ἔχον, ἐξ οὗ κρεμῶσι τὰ μαγειρικὰ ἐργαλεῖα. οἱ δὲ, τρίποδα χαλκοῦν, ᾧ ἐπιτιθέασι τὸν λέβητα καὶ ὑποκαίουσιν. οἱ δὲ, ἀνδριάντα πήλινον πρὸς ταῖς ἐσχάραις.

437. σὺ δὲ τούσδ' ἐφ' οἷς : Σὺ τοὺς λόγους δίδαξον καὶ φράσον, ἐφ' οἷς τούτους ἤγειρα ἐγώ. [τοῦτο δὲ πρὸς τὸν ἕτερον τοῖν ἀνδροῖν.]

440. ἥνπερ ὁ πίθηκος τῇ γυναικὶ διέθετο : (Σύμμαχος· Αἰσωπείου λόγου ἢ τοιούτου τινὸς ἔοικε μεμνῆσθαι. Καλλίστρατος δὲ τοσοῦτόν φησιν, ἐκ διηγηματίου τινὸς εἱλκύσθαι. καὶ Δίδυμος,) ὅτι αἰσχρός τις ἦν τὴν ὄψιν συνεχῶς τῇ γυναικὶ διαπληκτιζόμενος, συνέθετο ἐπὶ φίλων μήτε τύπτειν μήτε τύπτεσθαι μήτε δάκνειν αὐτὸν φιλοῦντα, μήτε δάκνεσθαι. οἷον, σὺ μὲν οὐχ ἑλκύσεις τῶν ὀρχιπέδων, οὐδὲ ἐγὼ τῶν τριχῶν. ἔοικε δὲ Παναίτιον κωμῳδεῖν, (ὃν καὶ ἐν Νήσοις « καταλιπὼν Παναίτιον πίθηκον. » ἔνθα καὶ μαγείρου πατρὸς αὐτὸν λέγει). πίθηκον δὲ αὐτὸν εἶπε διὰ τὸ πανοῦργον. — μαχαιροποιὸν δὲ τὸν μαχαίρας ἐργαζόμενον, (ὡς μάγειρον. καὶ γὰρ ἐν Νήσοις μαγείρου πατρὸς αὐτόν φησιν. ἢ καὶ αὐτόθι μαχαιροποιόν φησιν). R. V. (Ἄλλως. ὁ Παναίτιος μάγειρος μικροφυὴς ἦν.) διαβάλλει δὲ αὐτὸν ὡς καταλαβόντα τὴν γυναῖκα ἑαυτοῦ μοιχευομένην. ἐδυναστεύετο γὰρ ὑπ' αὐτῆς μεγάλης οὔσης.

442. μήτ' ὀρχιπέδων ἕλκειν : Μὴ διασπᾶν τοὺς ὄρχεις, μὴ ὀρύττειν τὸν πρωκτόν. τὸν πρωκτὸν γὰρ δεικνύς φησιν, οὔτι που τόν. — Ἄλλως. τοῦτο ὁ ἔποψ ἢ ὁ χορὸς δεικνὺς τὸν πρωκτόν. ὡς ἐν κωμῳδίᾳ δὲ ταύτην πρώτην τιμωρίαν ὁρίζεται. R. V.

444. διατίθεμ' ἐγώ : Ὑπισχνοῦμαι, συντίθεμαι.

445. ὄμνυμ' ἐπὶ τούτοις πᾶσιν : Ἀντὶ τοῦ εὔχομαι. (οὐχ ὄμνυσι γὰρ, ἀλλ' εὔχεται. ὄμνυμι μένειν ἐν τούτοις. χαριέντως δὲ εὐχόμενος ὑπὲρ τῆς νίκης, ὄμνυμί φησι τὸ νικᾶν. Ἄλλως. ἔκριναν εʹ κριταὶ τοὺς κωμικούς. οἱ δὲ λαμβάνοντες τὰς εʹ ψήφους εὐδαιμόνουν.)

446. ἔσται ταυταγί : Ἐπειδὴ περὶ νίκης εὔχεται, ποιεῖ αὐτὸν ὁ ποιητὴς εὐφημοῦντα, ἔσται ταυταγί.

447. (εἰ δὲ παραβαίην : Πιθανῶς ὡς ἔλαττόν τι

ἔξων, εἰ μὴ πᾶσι νικῴη. ἐποιωνιζόμενος δὲ αὐτῷ τὴν νίκην ταῦτα λέγει.)

448. ἀκούετε λεῴ : Κῆρυξ ἐστὶν ἢ Πεισθέταιρος. ὁ λόγος ὡς ἐπὶ πολεμίων σπεισαμένων. κήρυγμα εἰρήνης κηρύσσει. παίζει δὲ εἰς τοὺς χυτροφόρους ὁπλίτας φάσκων. τὸ δὲ νυνμενὶ, ἀντὶ τοῦ νυνὶ μέν. πολλαχοῦ δὲ οὕτω χρῶνται.

449. πορεύεσθαι. R.

450. (ὅ τι ἂν προγράφωμεν : Ἐπὶ τὰς στρατείας οὕτω προέγραφον. ἡ δὲ μεταφορὰ ἀπὸ τῶν φυλάρχων, οἵτινες προγράφουσι τοὺς στρατευσίμους ἐν πίνακι.)

ἐν τοῖς πινακίοις : Ἐπεὶ ἔθος ἦν τοὺς ταξιάρχους διὰ κήρυκος ἀπαγγέλλειν τοῖς ἑαυτῶν στρατιώταις τὰ δεδογμένα, οἷον ποῖ δεῖ πορεύεσθαι καὶ πόσων ἡμερῶν δεῖ σιτία προνοεῖσθαι.

451. [δολερὸν μὲν ἀεὶ : Εἴσθεσις μέλους χοροῦ λόγον στροφῆς ἔχουσα. ἔχει γὰρ καὶ ἀντίστροφον τὴν « πολὺ δὴ πολὺ δή. » ἔστι δὲ καὶ ἐπῳδικὴ μὲν διὰ τὸ μετὰ τὴν περίοδον τίθεσθαι· προῳδικὴ δὲ διὰ τὸ προτίθεσθαι ἑτέρας διπλῆς κώλων καὶ στίχων θ'. ὧν ὁ πρῶτος ἀσυνάρτητος ἐξ ἀναπαιστικῶν διμέτρων βραχυκαταλήκτων, καὶ ἰαμβικῆς βάσεως διὰ τὴν ἀδιάφορον. ὁ δεύτερος ἀσυνάρτητος ἐξ ἰαμβικοῦ διμέτρου βραχυκαταλήκτου καὶ ἀναπαιστικῆς βάσεως. ὁ τρίτος ἀναπαιστικὸς πενθημιμερής. ὁ δ' ἀσυνάρτητος ἐκ τροχαϊκοῦ πενθημιμερῆς καὶ ἀναπαιστικοῦ ὁμοίου. ὁ πέμπτος ὅμοιος τῷ γ'. ὁ ϛ' ἀναπαιστικὸς δίμετρος βραχυκατάληκτος. ὁ ζ' ἀσυνάρτητος ἐξ ἀναπαιστικῆς βάσεως καὶ τροχαϊκοῦ ἰθυφαλλικοῦ. ἐν εἰσθέσει δὲ στίχοι ἀναπαιστικοὶ τετράμετροι καταληκτικοὶ δύο ὅμοιοι τοῖς ἐπὶ τῆς ἑξῆς εἰσθέσεως ξα'. ὀφείλει δὲ εἶναι καὶ ἐν τοῖς εἰρημένοις κώλοις διάλειμμα μικρὸν, ἵνα δοκῶσιν ἐκ δύο κώλων συγκεῖσθαι, συνάπτωνται δὲ εἰς ἕνα στίχον. ἐπὶ τῷ τέλει τῆς μὲν στροφῆς παράγραφος καὶ ἔσω νενευκυῖα. ἐπὶ δὲ τῆς εἰσθέσεως ἔξω διπλῆ.]

454. παρορᾷς : Παρεπινοεῖς ἢ εὑρίσκεις.

456. παραλειπομένην ὑπ' ἐμῆς φρενὸς : [Ἐγκαταλειπομένην,] ἣν ἡμεῖς οὐ νοοῦμεν. [ἔν τισι δὲ οὐ κεῖται τὸ φρενός. ἀξυνέτου δὲ, ἀνοήτου.]

461. (ὡς τὰς σπονδὰς : Ὅτι πρὸ καταγνώσεως, φησὶν, οὐ παρασπονδήσομεν.)

462. (καὶ μὴν ὀργῶ νὴ τὸν Δία : Ἐπιθυμητικῶς ἔχω. ἀπὸ τῶν ἀλφίτων. ὁμοῦ γὰρ ἐφύρων, εἶτα εἰς μάκτρας διενέμοντο. τὸ δὲ ἑξῆς παίζει, ὡς περὶ δείπνου λέγων, καίτοι λόγῳ μέλλων αὐτοὺς εὐωχεῖν.)

(καὶ προπεφύραται : Ηὐτρέπισται. ἡ μεταφορὰ ἀπὸ τῶν ἄλευρα φυρώντων, εἶτα μάζας ποιούντων.) [διαμάττειν δὲ, διαπλάττειν.]

463. φέρε παῖ τὸν στέφανον : Τοῖς γὰρ εὐωχουμένοις περιέκειντο στέφανοι, καταψύχοντες τὸ κρανίον (ἀπὸ τῆς τοῦ οἴνου θέρμης).

465. μέγα καὶ λαρινὸν : (Διὰ τούτου πολλῇ τῇ τροπῇ ἐπέμεινε τῆς εὐωχίας. ὡς ἐπὶ βοὸς δὲ τοῦτό φησιν, ὡς ἐν Λαρίσσῃ μεγάλων βοῶν γενομένων. ἔστι δὲ πόλις Θεσπρωτίας. Ἄλλως. λαρινὸν) ἀντὶ τοῦ λιπαρόν. ἐκ μεταφορᾶς τῶν βοῶν. λέγονται γάρ τινες λαρινοὶ βόες οἱ λιπαροί. ἢ μεγάλοι, ἀπὸ Λαρινοῦ τινος βοσκοῦ εὐμεγέθους. νέμονται δὲ τὴν ἤπειρον, οὖσαι τῶν Γηρυόνος βοῶν ἀπόγονοι. (θραύσει δὲ, πραϋνεῖ.) — πείσει, καταπραϋνεῖ, καταπαύσει. V.

471. (οὐδ' Αἴσωπον πεπάτηκας : Ὅτι τὸν λογοποιὸν Αἴσωπον διὰ σπουδῆς εἶχον. ἦν δὲ ὁ Αἴσωπος Θρᾷξ. ἠλευθερώθη δὲ ὑπὸ Ἴδμονος τοῦ κωφοῦ. ἐγένετο δὲ πρῶτον Ξάνθου δοῦλος. ὁ δὲ κωμικὸς Πλάτων καὶ ἀναβιῶσαί φησιν αὐτὸν ἐν τοῖς Λάκωσιν οὕτως « καὶ μὴν ὀμοσόν μοι μὴ τεθνάναι, ψυχὴν δ' ἀνήκειν ὥσπερ Αἰσώπου ποτέ. » τῶν δὲ μύθων οἱ μὲν περὶ ἀλόγων ζῴων εἰσὶν Αἰσώπειοι, οἱ δὲ περὶ ἀνθρώπων Συβαριτικοί. εἰσὶ δέ τινες οἳ τοὺς βραχεῖς καὶ συντόμους λέγουσι Συβαρίτιδας, καθάπερ Μνησίμαχος ἐν Φαρμακοπώλῃ. διὰ σπουδῆς δὲ εἶχον τὸν Αἴσωπον. καὶ Ἀριστοτέλης ἐν τῇ Σαμίων πολιτείᾳ εἰπόντα φησὶν αὐτὸν μῦθον ηὐδοκιμηκέναι. φαίνονται τὸ τοιοῦτον ἅπαν Αἰσώπῳ ἀνατιθέντες. τὸ δὲ πατῆσαι ἴσον ἐστὶ τῷ ἐνδιατρῖψαι, ὡς τὸ ἀφικέσθαι που λέγομεν. Ἄλλως. ἀντὶ τοῦ ἀνέγνως. ταῦτα μὲν κωμικώτερον παίζει. τὸν δὲ κορυδὸν ἔνιοι κορυδαλὸν λέγουσι. γῆς δὲ ἱερὸν ὄρνιν νομίζουσιν εἶναι.)

476. (ἐν τῇ κεφαλῇ κατορύξαι : Ἐπεὶ λόφον ἔχει ἡ κορυδός. θηλυκῶς δὲ εἴρηκε τὴν κορυδόν. Πλάτων δὲ ἀρσενικῶς.)

476. [τεθνεὼς Κεφαλῆσι : Προσέπαιξε τὸν δῆμον. Κεφαλῆς γὰρ δῆμος τῆς Ἀκαμαντίδος φυλῆς.]

479. (ῥύγχος βόσκειν σε : Οἷον, μωρὸν ἑστάναι μάτην ῥύγχος ἔχοντα. ἢ ὡς ἐν κωμῳδίᾳ φησὶ μεῖζόν τι ὀφείλεις ἔχειν ῥύγχος. πάλιν δὲ ἀντὶ τοῦ ῥάμφος.)

480. τῷ δρυκολάπτῃ : Ὄρνεον ἐν ταῖς δρυσὶν εὑρισκόμενον, ζητοῦν σκώληκας, (ὃ καὶ πολλάκις ἀνορύττον καταβάλλει). ἐπεὶ οὖν ἡ δρῦς τοῦ Διός ἐστιν, ἔπαιξε παρὰ τὴν δρῦν, ἥ ἐστιν ἱερὰ τοῦ Διός. ἢ ἐπεὶ ἐκ ξύλου τὸ σκῆπτρον. δρῦς δὲ παρὰ τοῖς ἀρχαίοις πᾶν ξύλον.

484. Δαρείου καὶ Μεγαβάζου : Δαρεῖος βασιλεὺς ἦν, Μεγάβαζος δὲ σατράπης, (πορθήσας Μέμφιδα). οὗτος σατράπης Δαρείου ὁ τὴν Αἴγυπτον ἑλών. οὗ μνημονεύει Θουκυδίδης ἐν τῇ πρώτῃ [c. 109] γράφων οὕτως « Μεγάβαζον τὸν Ζωπύρου πέμπει ἄνδρα Πέρσην μετὰ πολλῆς στρατιᾶς, ὃς ἀφικόμενος κατὰ γῆν, τούς τε Αἰγυπτίους καὶ τοὺς συμμάχους μάχῃ ἐκράτησε καὶ ἐκ Μέμφιδος ἤλασε τοὺς Ἕλληνας. »

485. ὥστε καλεῖται Περσικὸς : Μήποτε τὸν ἀλεκτρυόνα καὶ ἐν τοῖς πρόσθε Μῆδον ὄρνιν καλεῖ, ἐπεὶ καὶ τοὺς Πέρσας Μήδους ἔλεγον.

486. ἀντὶ τοῦ περιέρχεται, περιέπει. R.

487. τὴν κυρβασίαν : Τοῦτο ἐξ ἱστορίας εἴληφε. πᾶσι γὰρ Πέρσαις ἐξῆν τὴν τιάραν φορεῖν, ἀλλ' οὐκ ὀρθὴν, ὡς Κλείταρχος ἐν τῇ δεκάτῃ. μόνοι δὲ οἱ τῶν Περσῶν βασιλεῖς ὀρθαῖς ἐχρῶντο. (τὴν δὲ ἐπὶ κεφαλῆς κίδαριν. ἔστι δὲ αὕτη, καθὰ προείπομεν, τιάρα. τοῖς μὲν ἄλλοις

εἶδος καὶ ἐπτυγμένην καὶ προβάλλουσαν εἰς τὸ μέτωπον ἔχειν, τοῖς δὲ βασιλεῦσιν ὀρθήν.)

489. ὄρθριον ᾄσῃ : Καλῶς τὸ ᾄσῃ. κοκκύζει γὰρ κυρίως, ὅτ' ἂν παρ' ἑαυτῷ μετὰ νίκην τῆς μάχης ᾄσῃ.

491. τορνευτασπιδο. : [Οἱ ποιοῦντες τὰς λύρας καὶ τὰς ἀσπίδας.] — ἔμποροι R.

493. Φρυγίων ἐρίων : Ἡ ἀπὸ Φρυγίας, ἢ ἀπὸ δήμου. ἐκεῖ γὰρ ἁπαλὰ καὶ καλὰ ἔρια.

494. ἐς δεκάτην γάρ ποτε : Ὅτι τὴν δεκάτην εἱστίων ἐπὶ τοῖς τικτομένοις, καὶ ἐν αὐτῇ τὰ ὀνόματα ἐτίθεντο τοῖς παισί. (καθάπερ Εὐριπίδης ἐν Αἰγεῖ « τί σε μάτηρ ἐν δεκάτᾳ τόκου ὠνόμαζεν. » ὁ δὲ Ἀριστοτέλης [Hist. an. 7, 12] ἐν ταῖς ἑβδόμαις φησὶν ἐπιτίθεσθαι τὰ ὀνόματα, γράφων οὕτως « τὰ πλεῖστα δὲ ἀναιρεῖται πρὸς τὴν « ἑβδόμην. διὸ καὶ τὰ ὀνόματα τότε τίθενται, ὡς πι- « στεύοντες τότε μᾶλλον τῇ σωτηρίᾳ. ») [τοῦ δὲ ὑπέπινε περιττὴ ἡ ὑπό.] — περιττεύει ἡ ὑπό. R.

495. ἀντὶ τοῦ ἀρχὴν εἶχον τοῦ ὕπνου. R.

496. [Ἁλιμοῦντάδε : Δῆμος τῆς Λεοντίδος φυλῆς.]

498. [ὁ δ' ἀπέβλισε θοἰμάτιον : Ἀντὶ τοῦ ἀφείλετο. ἡ μεταφορὰ ἀπὸ τῶν κηρίων, ἢ ἀπὸ τῶν γάλα ἀμελγόντων.]

501. προκυλινδεῖσθαι : Ἔαρος ἀρχομένου ἰκτῖνος φαίνεται εἰς τὴν Ἑλλάδα. ἐφ' ᾧ ἡδόμενοι κυλίνδονται (ὡς ἐπὶ γόνυ. παίξας οὖν ὡς βασιλεῖ φησι τὸ κυλινδεῖσθαι). ἴδιον γὰρ βασιλέως τὸ γονυπετεῖσθαι ὑπὸ ἀνθρώπων. Ἄλλως. (τοὺς ἀνθρώπους δηλονότι. τὸ διὰ μεταβολὴν δὲ καιροῦ γινόμενον εἰς βασιλικὴν ἐπέτρεψε τιμήν.) οἱ γὰρ ἰκτῖνοι τὸ παλαιὸν ἔαρ ἐσήμαινον. οἱ πένητες οὖν ἀπαλλαγέντες τοῦ χειμῶνος ἐκυλινδοῦντο καὶ προσεκύνουν αὐτούς.

503. ὀβολὸν κατεβρόχθισα : Ἀντὶ τοῦ κατέπιον, φησίν, ὃν εἶχον ἐν τῷ στόματι ὀβολόν, ἵνα ὠνήσωμαι ἄλφιτα, προσκυλιόμενος τῇ τοῦ ἰκτίνου ἐπιφανείᾳ.

505. κόκκυ : Ποιὰ φωνὴ τὸ κόκκυ. ἢ ἀντὶ τοῦ ὀλίγον. ἔστι δὲ [μόνως] παροξυτόνως. πρὸ θερισμοῦ δὲ φαίνεται ὁ κόκκυξ ἐν τῇ Φοινίκῃ. Ἡσίοδος [Op. 484] « ἦμος κόκκυξ κοκκύσῃ. »

507. κόκκυ, ψωλοί : Παρὰ τὴν παροιμίαν, ὅτι ἐπὶ τῶν Αἰγυπτίων ἦσαν ψωλοὶ πολλοί. καὶ ὅτ' ἂν ὁ κόκκυξ εἴπῃ κόκκυ, τότε ὅλοι ἅμα τῇ φωνῇ ἐξήρχοντο εἰς τὸ πεδίον. (Ἄλλως. τὸ αἰδοῖον. ἐπίτηδες δὲ συνήγαγε τὰς δύο λέξεις, ἵνα εἴπῃ αἰσχρῶς καὶ γέλωτα κινήσῃ. ἔστι δὲ παροιμία παρὰ Φοίνιξι « κόκκυ ψωλοὶ πεδίονδε » ἀντὶ τοῦ κόκκυγος κράζοντος τὰ πεδία θερίζομεν.)

510. ἐπὶ τῶν σκήπτρων : Ἐπεὶ εἰώθασιν ἐν τοῖς σκήπτροις ἐπὶ τοῦ ἄκρου ἐκτυποῦν ὄρνιθας εἰς κόσμον.

μετέχων ὅ τι δωροδοκοίη : Ἵνα μετέχῃ τῆς αὐτῆς δωρεᾶς. ἐν γὰρ τοῖς σκήπτροις τῶν βασιλέων ἦν ἀετός. ἔστι δὲ δῶρα μὲν τὰ ἐπὶ δωροδοκίᾳ διδόμενα, δωρεὰ δὲ ἐπὶ τιμῆς.

512. ὁπότ' ἐξέλθῃ Πρίαμος : Ἐν ταῖς τραγῳδίαις (φησὶν) ὑποκρίνεταί τις τὸ Πριάμου βασιλικὸν πρόσωπον, ἐγ… σκήπτρου, τὸν Λυσικράτην τηρῶν μὴ δωροδοκήσῃ. οὗτος δὲ στρατηγὸς ἐγένετο Ἀθηναίων κλέπτης τε καὶ πανοῦργος. διεβάλλετο δὲ δωροδόκος. (ἔνιοι δὲ τραγικὸν αὐτόν φασι κλέπτην, καὶ σφόδρα ἄσημον.)

(ἐν τοῖς τραγῳδοῖς : Ὅτι καὶ νῦν τὸν χορὸν τῶν τραγικῶν. ἐποίουν δὲ ἐπὶ τῶν σκήπτρων ὡς ἐπίπαν ἀετούς.)

515. ὄρνιν ἔχων ἐπὶ τῆς κεφαλῆς : Δέον εἰπεῖν ἐπὶ τοῦ σκήπτρου εἶπεν ἐπὶ τῆς κεφαλῆς. (οὕτω γὰρ ὁ Πίνδαρος [Pyth. 1, 11] « εὕδει δ' ἀνὰ σκάπτρῳ Διὸς αἰετός. » καὶ Σοφοκλῆς « ὁ σκηπτροβάμων αἰετός, κύων Διός. » ἢ) ἐπειδὴ εἰώθεσαν τὰ ἀφιερωμένα ἑκάστῳ θεῷ ὄρνεα ἐπὶ κεφαλῆς ἱδρύεσθαι. τῆς Ἀρχηγέτιδος Ἀθηνᾶς τὸ ἄγαλμα γλαῦκα εἶχεν ἐν τῇ χειρί. ὁ δὲ Ἀπόλλων τὸν ἱέρακα ὡς μαντικὸν ὄρνεον καὶ ὡς θεράπων τοῦ Διός. ἐπεὶ μικρότερος τοῦ ἀετοῦ ὁ ἱέραξ.

520. οὕτως καὶ τῶν θεῶν εὐδαιμονέστεροι οἱ ὄρνεις. R.

521. Λάμπων δ' ὄμνυσι : (Τῶν εἰκῇ δαιμόνων. ὅτι πρῶτοι οἱ Σωκρατικοὶ ἐπετήδευσαν οὕτως ὀμνύναι. Σωσικράτης γὰρ ἐν τῷ β' τῶν Κρητικῶν οὕτως φησὶ « Ῥαδάμανθυς δὲ δοκεῖ διαδεξάμενος τὴν βασίλειαν « δικαιότατος γεγενῆσθαι πάντων ἀνθρώπων. λέγεται « δὲ αὐτὸν πρῶτον οὐδένα ἐᾶν ὅρκους ποιεῖσθαι κατὰ « τῶν θεῶν, ἀλλ' ὀμνύναι κελεῦσαι χῆνα καὶ κύνα καὶ « κριόν, καὶ τὰ ὅμοια. ») ὁ δὲ Λάμπων θύτης ἦν καὶ χρησμολόγος καὶ μάντις· (ᾧ καὶ τὴν εἰς Σύβαριν τῶν Ἀθηναίων ἀποικίαν ἔνιοι περιάπτουσιν, αὐτὸν ἡγήσασθαι λέγοντες Ἀθηναῖον ὄντα σὺν ἄλλοις θ'.) ὤμνυε δὲ κατὰ τοῦ χηνὸς ὡς μαντικοῦ ὀρνέου. ἔτυχε δὲ καὶ τῆς ἐν πρυτανείῳ σιτήσεως. (Ἄλλως. ὅτι οὗτος χρησμολόγος. ἔζη δὲ ἐπὶ τῆς τῶν Ὀρνίθων διδασκαλίας, οὐχ, ὥς τινες, ἐτεθνήκει. πολλῷ γὰρ ὕστερον Κρατῖνος ἐν τῇ Νεμέσει οἶδεν αὐτὸν ζῶντα.)

523. Μανᾶς : Ἀπὸ τοῦ Μάνης. πρὸς δὲ τὰ ἀνδράποδα καὶ ὄνομα εἶπε δουλικόν. ὡσεὶ ἔλεγε τοὺς δούλους Μανᾶς. οὕτω γὰρ ἐκάλουν τοὺς οἰκέτας πολλάκις.

524. ἀντὶ τοῦ μανιώδεις βάλλουσιν ὑμᾶς τοῖς λίθοις. R. V.

526. ὀρνιθοθηρευτής.

527. ῥάβδους : [Γράφεται σταυρούς.] ἔστι δὲ εἶδος δικτύου, ὃ χρίουσιν ἰξῷ.

528. δίκτυα : Ἀντὶ τοῦ θηρατικὰ δίκτυα. καὶ αἱ πηκταὶ δὲ εἶδος δικτύου.

530. βλιμάζοντες : (Ὅτι νεωτερικὴ ἡ λέξις. Καλλίστρατος ἀντὶ τοῦ ψηλαφᾶν. ἔοικε δὲ πλέον τι σημαίνειν, τὸ μετὰ συντονίας. Ἄλλως.) βλιμάζειν κυρίως τὸ τοῦ ὑπογαστρίου καὶ τοῦ στήθους ἅπτεσθαι, ὅπερ ἐποίουν οἱ τὰς ὄρνιθας ὠνούμενοι, οἱονεὶ θλιβομάζειν. Δίδυμος δὲ, βλιμάζοντες, ἀντὶ τοῦ κακοῦντες. ἀποτίλλουσι γὰρ καὶ κατεσθίουσιν.

531. οὗτοι δὲ οὐ μόνον ὑμᾶς ἕψουσιν, ἀλλὰ καὶ συντρίβουσιν. R. V.

533. ἀλλ' ἐπικνῶσιν : Ἀντὶ τοῦ ἐπιβάλλουσι συν-

τρίψαντες. παρὰ τὸ κναίειν, τὸ διαφθείρειν. σίλφιον δὲ ῥίζα ἡδύοσμος πρὸς ἄλφιτα. λέγει δὲ τὸ ἐν Λιβύῃ γενόμενον. θεραπεύει δὲ πολλὰ καὶ ἔστι πολυτίμητον. καὶ ἐν Πλούτῳ [924] φησὶν

οὐδ' ἂν εἰ δοίης γέ μοι
τὸν Πλοῦτον αὐτὸν καὶ τὸ Βάττου σίλφιον.

535. κατάχυσμα : Ζωμὸν, παρὰ τὸ χεύεσθαι. γλυκὺ δὲ, μέλιτι δεδευμένον. (Ἄλλως. οὐδὲν πλέον ἢ κατάχυσμα, ὥστε ἀπὸ τούτου καὶ τὰ καταχύσματα λέγεσθαι.)

536. κατεσκέδασαν : κατέχεαν. R.V.

538. ὥσπερ κενεβρίων : Κατὰ ἐναλλαγὴν τῶν στοιχείων ἀντὶ τοῦ νεκριμαίων. ὡς τῶν θνησιμαίων κρεῶν ποικιλωτέρας ἀρτύσεως δεομένων. (Ἄλλως. τὰ θνησιμαῖα κρέα οὕτως ἐκάλουν. [fr. 559 :] « οὐκ ἔσθ' ᾧ κενέβρειον ὅταν θύσῃ. »)

539. [πολὺ δὴ : Εἴσθεσις μέλους χοροῦ, ἐπῳδικὴ μὲν διὰ τὸ μετὰ τὴν διπλῆν τίθεσθαι· προῳδικὴ δὲ διὰ τὸ προτίθεσθαι ἑτέρας διπλῆς. ἔστι δὲ καὶ ἀντίστροφος τῆς προρρηθείσης στροφῆς, διὰ τὸ καὶ αὐτὴν ἐκ κώλων συγκεῖσθαι καὶ στίχων ἀσυναρτήτων θ', ὁμοίων ἐκείνῃ. ἔχει δὲ καὶ ἐν ἐκθέσει τοὺς συνήθεις δύο στίχους ἀναπαιστικοὺς ὁμοίους τοῖς ἑξῆς ξα', διπλῇ ἔξω νενευκυίᾳ περατουμένους. ἐπὶ τῷ τέλει δύο διπλαῖ ἔξω νενευκυῖαι.]

χαλεπωτάτους λόγους : Ἀντὶ τοῦ λυπηροὺς, χαλέψαι δυναμένους.

540. (ἐμῶν πατέρων : Ἐρεθισθέντες ὑπὸ τῶν πρεσβυτῶν καταβοῶσι τῶν πατέρων ὡς ἀπολεσάντων τὴν βασιλείαν.)

543. ἐπ' ἐμοῦ : Εἰς ὅσον αὐτοὺς ἐγὼ χρόνον διεδεχόμην.

547. τὰ νεόττια : Ὡσεὶ εἶπεν ἐμὲ καὶ τὰ τέκνα μου ἀνατίθημί σοι ὥστε διοικεῖν. (ταῦτα δὲ εἰώθασι πρὸς τοὺς εὐήθεις τῶν ἀνθρώπων λέγειν.)

550. ὅτι ὀφείλετε μίαν πόλιν ἔχειν. R. V.

551. τὸ μεταξὺ λέγει γῆς καὶ οὐρανοῦ. R

552. πλίνθοις ὀπταῖς : Φασὶ γὰρ τὴν Βαβυλῶνα ἀπὸ ὀπτῶν πλίνθων οἰκοδομηθῆναι, καὶ ἀντὶ γύψου ἀσφάλτῳ συνδεθῆναι τὰς πλίνθους. ἡ Σεμίραμις δὲ ἔκτισε τὴν Βαβυλῶνα.

553. [ὦ Κεβριόνα : Ὀρνεόν τί φησι τὸν κεβριόνην. ἔπαιξε δὲ, ὡσεὶ ἔλεγεν, « ὦ θεοὶ, ὡς σμερδαλέον τὸ πόλισμα. » ἐπιτηδείως δὲ τὸν πορφυρίωνα παρέλαβεν, καὶ ὅτι ὄρνις καὶ ὅτι εἷς τῶν γιγάντων ὅμοιος τῷ Κεβριόνῃ, ὃν ἐχειρώσατο ἡ Ἀφροδίτη. ἐπίτηδες οὖν τῶν θεομάχων ἐμνήσθη, ἐπεὶ καὶ αὐτοὶ θεομαχήσουσιν.]

555. γνωσιμαχήσῃ : Γνωσιμαχῆσαί ἐστι τὸ γνόντα τινὰ ὅτι πρὸς κρείττους αὐτῷ ἡ μάχη ἡσυχάσαι.

556. ἱερὸν πόλεμον : Ὁ ἱερὸς πόλεμος ἐγένετο Ἀθηναίοις πρὸς Βοιωτοὺς βουλομένους ἀφελέσθαι Φωκέων τὸ μαντεῖον. νικήσαντες δὲ Φωκεῦσι πάλιν ἀπέδωκαν, ὡς Φιλόχορος (ἐν τῇ δ') λέγει. δύο δὲ ἱεροὶ πόλεμοι γεγόνασιν, οὗτός τε καὶ ὁπότε Φωκεῦσιν ἐπέθεντο Λακεδαιμόνιοι. (ἐν ἐνίοις τῶν ὑπομνημάτων ταῦτα λέγεται· ἱερὸν πόλεμον λέγει, καθὸ πρὸς θεοὺς ἔσοιτο. ἅμα δὲ τοῦ ἱεροῦ πολέμου μνημονεύει τοῦ γενομένου Ἀθηναίοις πρὸς Φωκέας ὑπὲρ τοῦ ἐν Δελφοῖς ἱεροῦ. ἐσχεδίασται δὲ ὑπ' αὐτῶν. οὐ γὰρ πρὸς Φωκέας ὑπὲρ τούτου ἐπολέμησαν, ἀλλ' ὑπὲρ Φωκέων, διὰ τὸ πρὸς Λακεδαιμονίους ἔχθος. γεγόνασι δὲ δύο πόλεμοι ἱεροί. πρότερος μὲν Λακεδαιμονίοις πρὸς Φωκεῖς ὑπὲρ Δελφῶν. καὶ κρατήσαντες τοῦ ἱεροῦ Λακεδαιμόνιοι τὴν προμαντείαν παρὰ Δελφῶν ἔλαβον. ὕστερον δὲ τρίτῳ ἔτει τοῦ πρώτου πολέμου Ἀθηναίοις πρὸς Λακεδαιμονίους ὑπὲρ Φωκέων. καὶ τὸ ἱερὸν ἀπέδωκαν Φωκεῦσι, καθάπερ καὶ Φιλόχορος ἐν τῇ δ' λέγει. καλεῖται δὲ ἱερὸς, ὅτι περὶ τοῦ ἐν Δελφοῖς ἱεροῦ ἐγένετο. ἱστορεῖ περὶ αὐτοῦ καὶ Θουκυδίδης [I, 112] καὶ Ἐρατοσθένης ἐν τῷ θ' καὶ Θεόπομπος ἐν τῷ κε'.)

558. [Ἀλκμήνας : Διὰ τοῦ πληθυντικοῦ ηὔξησε τὴν διαβολήν.]

559. [καὶ τὰς Ἀλόπας : Ἀλόπη Κερκυόνος θυγάτηρ, ἧ καὶ Ποσειδῶνος υἱὸς Ἱπποθόων.]

562. θύειν ὄρνισι : Πρὸ τῶν θεῶν. [τὸ λοιπὸν δὲ, εἰς τὸ ἔμπροσθεν. προσνείμασθαι δὲ] μερίσαι καὶ προσοικειῶσαι ἕκαστον ὄρνιν ἑκάστῳ θεῷ, ἱέρακα Ἀπόλλωνι καὶ τὰ ἑξῆς.

565. ἢν Ἀφροδίτῃ θύῃ πυρούς : Πυροὺς λέγει τῇ Ἀφροδίτῃ θύειν, ἐπεὶ οἱ ἑφθοὶ πυροὶ πρὸς συνουσίαν ἐγερτικοί. ἡ δὲ φαληρὶς ὄρνεόν ἐστι λιμναῖον (εὐπρεπές. ἐσχημάτισε δὲ παρὰ τὸν φαλλόν).

566. ἢν δὲ Ποσειδῶνι : (Γράφεται, Ποσειδῶνι βοῦν τις θύῃ.) νῆττα δὲ παρὰ τὸ νήχεσθαι, ἐπεὶ ἔνυδρον τὸ ζῷον. καὶ τῷ Ποσειδῶνι δὲ ἐν ὑγρῷ ἡ δίαιτα.

567. [ἢν δ' Ἡρακλεῖ θύῃ τις : Τὸν λάρον διὰ τὴν ἀδηφαγίαν Ἡρακλεῖ προσανάπτει. ναστὸς δὲ, μέγας πλακουντώδης ἄρτος. ὁ δὲ Ἀσκληπιάδης φησὶν εὐτελῆ πλακοῦντα. μελιτούττας δὲ, μέλιτι δεδευμένας. τὸ δὲ πλῆρες, ναστοὺς καὶ μελιτούττας. λείπει γὰρ ὁ καί σύνδεσμος.]

568. ὀρχίλος ὄρνις : [Διὰ τὰς μοιχείας τοῦ Διὸς τὸν ὄρνιν παρέλαβεν.] ἐπλάσατο τὸ ὄνομα τοῦ ὄρνιθος. ἐπεὶ κατωφερὴς ὁ Ζεὺς καὶ μοιχὸς, διὰ τοῦτο ὀρχίλον παρείληχεν διὰ τοὺς ὄρχεις. τὸ δὲ σέρφον ἔνορχιν, ὡς κριὸν ἔνορχιν. δῆλον δὲ ἐντεῦθεν ὅτι οὐχ, ὡς οἴονταί τινες, σπέρμα τι ὁ σέρφος. [ἔστι δὲ ζῷον μυρμηκῶδες.]

570. ἥσθην σέρφῳ : Ὡς καταφρονῶν αὐτοῦ φησι. καὶ δωρίζειν πολλάκις ἐπιτηδεύουσιν. — σέρφῳ : Σέρφος μύρμηξ πτερωτός. *Vict.*

571. ἀντὶ τοῦ εὐτελεῖς ὄρνιθας. R.

574. αὐτίκα Νίκη πέταται : Νεωτερικὸν τὸ τὴν Νίκην καὶ τὸν Ἔρωτα ἐπτερῶσθαι. Ἄρχεννον γάρ φασι, τὸν Βουπάλου καὶ Ἀθήνιδος πατέρα, οἱ δὲ Ἀγλαοφῶντα, τὸν Θάσιον ζωγράφον, πτηνὴν ἐργάσασθαι τὴν Νίκην, ὡς οἱ περὶ Καρύστιον τὸν Περγαμηνόν φασιν.

575. Ἶριν δέ γ' Ὅμηρος : Ὅτι ψεύδεται παίζων.

οὐ γὰρ ἐπὶ Ἴριδος, ἀλλ' ἐπὶ Ἀθηνᾶς καὶ Ἥρας [Il. E, 778]

αἱ δὲ βάτην τρήρωσι πελειάσιν ἴθμαθ' ὁμοῖαι.

(ο δὲ ἐν ἑτέρ ις ποιήμασιν Ὁμήρου φασὶ τοῦτο φέρεσθαι. εἰσὶ γὰρ αὐτοῦ καὶ ὕμνοι.)

579. σπερμολόγων : Ὄνομα ὀρνέων, ἃ ἐκ τοῦ ὀρύττειν τὰ σπέρματα καὶ ἐσθίειν οὕτως ἐκλήθη. — καταφαγεῖν. R.

580. παρεχέτω, παρόσον εὑρετίς ἐστι τῶν καρπῶν. Ven.

581. οὐκ ἐθελήσει : Ἀντὶ τοῦ οὐ δυνήσεται· Ὅμηρος [Il. Φ, 366] « οὐδ' ἔθελει προρέειν. »

582. οἱ δ' αὖ κόρακες : Ἐπιβεβούλευται, φησί, τοῖς ἀνθρώποις, ἐὰν μὴ τιμήσωσιν ὑμᾶς. τοὺς γὰρ βοῦς ἐπὶ γεωργίαν χρειώδεις ὄντας ἀνθρώποις τυφλοῦτε καὶ τὰ πρόβατα, (ἐξ ὧν τὴν ἐσθῆτα ἔχουσι). — καταροῦσι : Καταρέσθαι, διαλύειν. Vict.

583. ἐπὶ πείρᾳ : Ἀντὶ τοῦ ἐπὶ βλάβῃ. ἢ ἵνα πειραθῶσιν ἡμῶν εἰ θεοὶ ἐσμέν.

584. μισθοφορεῖ δέ : Ὅτι οἱ ἰατροὶ μισθῷ ἰατρεύουσι. R. V. ὁ δέ ἀντὶ τοῦ γάρ. (τοῦτο δὲ εἶπεν) ἐπεὶ Λαομέδοντα τῆς τειχοδομίας μισθὸν ᾔτησεν

588. τὰς οἰνάνθας : Οἰνάνθη ἡ πρώτη ἔκφυσις τῆς σταφυλῆς. [καὶ Εὐριπίδης [Phœn. 236] « οἶναν θ' ἃ καθαμέριον στάζεις τὸν πολύκαρπον οἰνάνθας ἱεῖσα βότρυν. »]

589. [γλαυκῶν λόχος : Γλαὺξ εἶδος ὀρνέου. λόχος δὲ τὸ σύστημα. ὅπερ ἄνω ἔφη νέφος.]

(καὶ κερχνήδων : Μήποτε καὶ ἐν τοῖς πρόσθεν οὐχὶ κερχνὴς γραπτέον, ἀλλὰ κερχνηὶς σὺν τῷ ι, ὡς Νηρηίς. νῦν γὰρ κερχνηίδων εἶπεν.) [κνῖπες δὲ εἴδη ζωϋφίων μικρά.]

598. γαῦλον κτῶμαι : Γαῦλος Φοινικικὸν σκάφος, καὶ νῦν προπερισπωμένως, ἐπὶ δὲ τοῦ ἀγγείου ὀξυτόνως. Καλλίμαχος [fr. 217]

(Κυπρόθε Σιδόνιός με κατήγαγεν ἐνθάδε γαῦλος.)

Ἄλλως. γαῦλος, πλοῖόν τι φόρτιμον, ὡς καὶ σκάφη ἀπὸ τῶν σκευῶν. Ὅμηρος [Od. I, 223] « γαυλοί τε σκαφίδες τε. » ὡς αἱρετωτέρου δὲ ὄντος τῶν ἄλλων πάντων καὶ ἀκινδύνου τοῦτό φησι.

601. πλὴν εἴ τις ὄρνις : [Παροιμία ἐστίν, οὐδείς με θεωρεῖ, πλὴν ὁ παριπτάμενος ὄρνις. Ἄλλως.] παροιμία τοῦτο, οὐδεὶς οἶδε τί ὡμίλησα, πλὴν ὁ παριπτάμενος ὄρνις. τοῦτο ἐλέγετο ἐπὶ τῶν ἀγνώστων.

602. τὰς ὑδρίας : Ἐν ὑδρίαις γὰρ ἔκειντο οἱ θησαυροί.

603. πῶς δ' εἰς γῆρας : Ἀντὶ τοῦ πῶς εἰς πολυχρονιότητα προκόψουσιν.

609. οὐκ οἶσθ' ὅτι πέντε γενεὰς : Καλῶς καὶ τοῦτο παρὰ τὸ Ἡσιόδειον [fr. 50] παίζει

ἐννέα τοι ζώει γενεὰς λακέρυζα κορώνη.

614. [οὐδὲ θυρίδας : Τοὺς ναοὺς ὡς τοῖς θεοῖς. θάμνοις δέ,] συμφύτοις τόποις. — πρινιδίοις : ἀντὶ τοῦ πρίνοις. R. V. (σεμνοῖς δέ, τοῖς τιμίοις.)

617. (δένδρον ἐλαίας : Ὅτι εὕρημα θεῶν. Ἀθηνᾶς γάρ.)

618. κοὐκ εἰς Δελφοὺς : Ἔνθα τὰ μαντεῖά εἰσιν, ἐν μὲν Δελφοῖς τὰ τοῦ Ἀπόλλωνος, ἐν δὲ Λίβυσι τὰ τοῦ Ἄμμωνος.

620. [ταῖσι κομάροις : Ὅτι τὰς μὲν κομάρους θηλυκῶς φησιν, ἀρσενικῶς δὲ τοὺς κοτίνους. εἴδη δὲ δένδρων ταῦτα.)

626. [ὦ φίλτατ' ἐμοὶ : Κορωνὶς καὶ εἴσθεσις χοροῦ, ἐπῳδικὴ μὲν διὰ τὸ μετὰ τὴν διπλῆν τίθεσθαι, προῳδικὴ δὲ διὰ τὸ προτίθεσθαι ἑτέρας περιόδου στίχων καὶ κώλων ιβ'. ὧν ὁ πρῶτος καὶ δεύτερος καὶ ια' καὶ ιβ' ἀναπαιστικοὶ τετράμετροι καταληκτικοί. ὁ τρίτος ἀσυνάρτητος ἐξ ἀναπαιστικῶν πενθημιμερῶν· ἐξ ἀναπαιστικοῦ πενθημιμεροῦς αἰολικοῦ διὰ τὸ ἔχειν τὸν πρῶτον πόδα ἴαμβον καὶ τροχαϊκοῦ ὁμοίου πενθημιμεροῦς. ὁ τέταρτος ὅμοιος. τὸ ε' ἀναπαιστικὸν πενθημιμερὲς τὸν δεύτερον ἔχον πόδα τετράβραχυν. τὸ ς' τροχαϊκὸν δίμετρον ἀκατάληκτον τὸν πρῶτον ἔχον πόδα τρίβραχυν. τὸ ζ' ἀναπαιστικὴ βάσις. τὸ η' τροχαϊκὸν ἑφθημιμερὲς τὸν πρῶτον ἔχον πόδα τρίβραχυν. ὁ θ' ἰαμβικὸς τρίμετρος βραχυκατάληκτος. ὁ δέκατος ἀσυνάρτητος ἐξ ἰαμβικῆς βάσεως καὶ τροχαϊκοῦ ἰθυφαλλικοῦ. ἐπὶ τῷ τέλει κορωνίς.]

ἐξ ἐχθίστου : Ἀπὸ τῆς ἔχθρας εἰς φιλίαν μεταπίπτων.

628. ἐπαυχήσας : Ἀντὶ τοῦ μεγαλοφρονήσας διὰ τῶν σῶν λόγων.

629. ἐπηπείλησα : Ἐπαγγειλάμενος ὤμοσα.

637. (τἀμὰ τρίψειν : Χαριέντως εἶπε τρίψειν ὡς ἐπὶ ἐσθῆτος.)

638. [καὶ μὴν μὰ τὸν Δία : Εἴσθεσις περιόδου ἀμοιβαίας ἐκ στίχων ἰαμβικῶν τριμέτρων ἀκαταλήκτων εἴκοσι. ὧν τελευταῖος

καὶ Μανόδωρε λαμβάνετε τὰ στώματα.

ἐν εἰσθέσει δὲ στίχοι ἀναπαιστικοὶ τετράμετροι. ἐπὶ ταῖς ἀποθέσεσι παράγραφος.]

639. οὐδὲ μελλονικιᾶν : Ὅτι βραδὺς ἦν περὶ τὰς ἐξόδους, καὶ ὡς οἱ διαβάλλοντες, οὐχὶ προνοητικὸς ἦν, ἀλλ' ἀμελητής. τινὲς δέ φασι διὰ τὸ προνοητικὸν καὶ μὴ προπετὲς τοιοῦτον αὐτὸν εἶναι. — ὁ Νικίας υἱὸς Ἀλκιβιάδου, ὃς ἀνεβάλλετο ἀπελθεῖν εἰς Σικελίαν. R. V.

640. ἀλλ' ὡς τάχιστα δεῖ τι δρᾶν : Ὁ ἔποψ παρακελεύεται αὐτοῖς εἰς τὴν νοσσιὰν εἰσελθεῖν, ἵνα αὐτῶν ἀποστάντων σχοίη καιρὸν ἡ παράβασις. [τὸ δὲ κάρφη καὶ φρύγανα ἐκ παραλλήλου τὸ αὐτό.]

645. Κριῶθεν : Γράφεται καὶ Θρίηθεν καὶ ἔστι δῆμος τῆς Οἰνηίδος, ἐὰν δὲ Κριῶθεν, τῆς Ἀντιοχίδος. Ἄλλως. Κριὸς δῆμος τῆς Ἀντιοχίδος φυλῆς, ἀπὸ Κριοῦ τινος ὠνομασμένος. ἀναγράφει δὲ τοὺς ἐπωνύμους τῶν δήμων καὶ φυλῶν Πολέμων.

648. ἐπανάκρουσαι : [Ἐπανάκαμπτε. ἡ μεταφορὰ ἀπὸ τῶν τὰς ἡνίας ἀνακρουομένων ἢ τὰς ναῦς. Ἄλλως.] ἀντὶ τοῦ ὑπόστρεψον, ἐπάνιθι. ἐπανάκρουσις δέ ἐστι κυρίως τὸ ἐπισχεῖν τὴν ἐπερχομένην ναῦν μεθ' ὁρμῆς· εἰς τὸν ὅρμον, ἵνα μὴ προσελθοῦσα θραυσθῇ. καὶ νῦν δὲ τὸ πάλιν ἐπὶ τοῦ ὀπίσω. ἀπὸ τῶν εἰς τοὔμπροσθεν ἐρεσσόντων. ἢ ἀντὶ τοῦ ᾄσας πρὸ τούτου πάλιν ᾆσον καὶ ἐπανάλαβε.

649. πρὸς ἀλλήλους τοῦτό φησι. R.

651. ὅρα νῦν ὡς ἐν Αἰσώπου λόγοις : Ὅτι σαφῶς ἀνετίθεσαν Αἰσώπῳ τοὺς λόγους, καὶ τοῦτον τὸν παρὰ τῷ Ἀρχιλόχῳ λεγόμενον, καίτοι πρεσβυτέρῳ ὄντι.

654. μηδὲν φοβηθῇς : Ἐπειδὴ μετὰ ὀρνίθων ὄντες ἀπορνιθωθῆναι ἔμελλον, προκατασκευάζει δι' ὧν ἔμελλον τούτου τυχεῖν. [τὸ δὲ οὕτω ἀντὶ τοῦ ἐπὶ ταύταις ταῖς συνθήκαις. παίσωμεν δὲ, χορεύσωμεν.]

656. ὀνόματα τῶν οἰκετῶν μετὰ τῶν πρὸς ὄρνιθας ἀφικομένων. R. V.

659. ἀντὶ τοῦ μουσικήν. R. V.

660. ἀντὶ τοῦ συγχορεύσωμεν αὐτῇ. R. V. ἀγαγών. R.

661. [ὦ τοῦτο μέντοι : Εἴσθεσις ὁμοίας ἑτέρας περιόδου ἐκ στίχων ἰαμβικῶν τριμέτρων ἀκαταλήκτων ιε'. ἐπὶ τῷ τέλει κορωνὶς, ἐξιόντων τῶν ὑποκριτῶν. ἐκβίβασον δὲ, ἔκβαλον, ἐξάγαγε.]

662. ἐκ τοῦ βουτόμου : Φυτάριον παραπλήσιον καλάμῳ, ὃ ἐσθίουσιν οἱ βόες. Ἄλλως. φυτάριον παραποτάμιον, (ὃ τοῖς βουσὶ παρασκευάζουσι). τοῦτο δὲ λέγεται, ὡς τῆς Πρόκνης ἐγκρυπτομένης τῇ ὕλῃ. [αὐτοῦ δὲ, αὐτόθι, ἐν τῷ θεάτρῳ.]

664. ποικίλον γὰρ καὶ ἄξιον θέας. R. V.

667. ὦ Ζεῦ πολυτίμηθ' : Ἑταιρίδιον πρόσεισι, τὰ ἄλλα μὲν κεκαλλωπισμένον, τὴν δὲ κεφαλὴν ὄρνιθος ἔχον ὡς ἀηδόνος.

668. ὡς δ' ἁπαλὸν : Ἅμα λέγων ψηλαφᾷ αὐτήν. (διαμηρίζοιμ' ἂν, συνουσιάσαιμι.)

670. ὅσον δ' ἔχει τὸν χρυσὸν : Ἅμα πρὸς τὸ ποικιλόδειρον τοῦ ὀρνέου καὶ πρὸς τὸν πολὺν κόσμον τῆς ἑταίρας.

672. ῥύγχος ὀβελίσκοιν ἔχει : Εἰς ὀξὺ γὰρ λήγει ἡ κεφαλὴ ὡς ὀβελίσκος.

673. ἀπολέψαντα χρὴ : Ἀντὶ τοῦ ἀφελόντα τὸ προσωπεῖον. ὡς ἐν θυμέλῃ γὰρ προσωπεῖον ἐξῆλθεν ἔχουσα. τῇ τροπῇ δὲ ἐχρήσατο. [δέον δὲ εἰπεῖν φαγεῖν, εἶπε φιλεῖν.]

676. ὦ φίλη, ὦ ξουθὴ : [Τὸ πρὸ τῆς παραβάσεως τουτὶ κομμάτιον κώλων ἐστὶν ἀσυναρτήτων θ'. ὧν τὸ α' χοριαμβικὸν ἑφθημιμερές. τὸ β' ἡμιόλιον. τὰ γ', ς', ζ', η' ἀντισπαστικὰ γλυκώνεια. τὰ δ', θ' ἑφθημιμερῆ. τὸ ε' ἡμιόλιον. ἐπὶ τῷ τέλει παράγραφος.] (ἔλυσεν Ἀριστοφάνης τὸ ζήτημα, εἰ ἡ ὄρνις προγενεστέρα τοῦ ἄρρενος, ἢ ὁ ἄρρην τῆς ὄρνιθος.) ὡς πρὸς τὴν ἀηδόνα δὲ δοκεῖ λέγειν. φυσικώτερον δέ τινες πρὸς τὴν Μοῦσαν, ἀπὸ τοῦ μουσικοῦ ὀρνέου. — εὐμορφοτάτη. R.

679. ὡσεὶ ἔλεγε συγχορεύτρια. R. V.

682. ἀλλ' ὦ καλλιβόαν κρέκουσα : Ὡς αὐλὸς γάρ ἐστι φθεγγομένη. ἢ ἐξῆλθεν ἔχουσα αὐλόν. τὸ δὲ κρέκουσα νῦν ἀντὶ τοῦ λαλοῦσα. κυρίως γὰρ τὸ τὴν κιθάραν κρούειν. πολλάκις πρὸς αὐλὸν λέγουσι τὰς παραβάσεις.

683. ἠρινοῖς : Ἐαρινοῖς εἶπε, παρόσον τῷ ἔαρι ἐν τῇ Ἀττικῇ φαίνονται ἀηδόνες. τὸ δὲ ὅλον πάλιν πρὸς τὴν Μοῦσαν. ὅτι τῷ ἔαρι ἐν ἄστει τελοῦσι τὰ Διονύσια.

685. [ἄγε δὴ φύσιν : Ἡ παροῦσα παράβασις ἐκ στίχων ἐστὶ λη', δῆλον δὲ ὡς ἀναπαιστικῶν τετραμέτρων καταληκτικῶν. ἐπὶ τῷ τέλει παράγραφος.

ἀμαυρόβιοι : Γράφεται καὶ ἡμερόβιοι.] — ἀμαυρόβιοι : Ἀσθενεῖς, ἤγουν ἀμαυρὸν βίον ἔχοντες καὶ ἀσθενῆ. Vict.

φύλλων γενεᾷ προσόμοιοι : Μετάβασις ἀπὸ τῶν ἔσω πρὸς τὸ θέατρον καὶ ἔστιν ἀνάπαιστος. ὡς θεοὶ δὲ ἐσόμενοι προευτελίζουσι τοὺς ἀνθρώπους, παρὰ τὸ Ὁμηρικὸν [Il. Z, 146]

οἵη περ φύλλων γενεὴ, τοιήδε καὶ ἀνδρῶν.

687. ταλαοὶ : Ὡς τληπαθεῖς καὶ τὰ καθημερινὰ εἰδότες, μὴ προορώμενοι δὲ τὰ μέλλοντα. ἔνιοι δὲ τὸ ταλαοὶ διαιροῦσιν ὥστε εἶναι ἀλαοί.

691. φύσιν : Καλῶς φύσιν εἶπεν οἰωνῶν, γένεσιν δὲ θεῶν.

692. Προδίκῳ παρ' ἐμοῦ : Ὅτι οὐκ ὀρθῶς Καλλίμαχος τὸν Πρόδικον ἐν τοῖς ῥήτορσι καταλέγει. σαφῶς γὰρ ἐν τούτοις φιλόσοφος. μέμνηται δὲ τούτου καὶ ἐν Νεφέλαις [: 60].

693. (Χάος ἦν καὶ Νὺξ : Ταῦτα οὐκ ἀναγκαῖον ἀπευθύνειν πρὸς τὰ Ἡσιόδου ἢ πρός τινα ἄλλου τινὸς γενεαλόγου.)

695. τίκτει πρώτιστον ὑπηνέμιον : Ὑπηνέμια καλεῖται τὰ δίχα συνουσίας καὶ μίξεως. καὶ τοῦτο δὲ οὐχ ὡς ἔτυχεν αὐτῷ προσέρριπται, ἀλλὰ ἀπὸ ἱστορίας τῆς κατὰ τοὺς Διοσκούρους. φασὶ γὰρ ἐξ ᾠοῦ αὐτοὺς γεγονέναι. καὶ ὅτι σύνηθες αὐτοῖς μᾶλλον ἀνεμιαῖον λέγειν. καὶ Πλάτων ἐν Θεαιτήτῳ [p. 151, E] « γόνιμον ἀνεμιαῖον τυγχάνει. »

697. εἰκὼς ἀνεμώκεσι δίναις : Ταῖς τοῦ ἀνέμου ὠκείαις συστροφαῖς ἐοικὼς, οἷον ταχύς. ἡ δὲ ὅλη σύστασις, ὅτι ἐκ τοῦ πτερωτοῦ Ἔρωτος τὰ ὀρνεά ἐστιν. ἀτόπως μὴν καὶ ἀπιθάνως τῇ γενεαλογίᾳ κέχρηται.

703. (ἐσμὲν Ἔρωτος : Λείπει υἱοί.)

704. καὶ τοῖσιν ἐρῶσι : Σύμμαχος, διὰ τὸ τοὺς ἐραστὰς ὄρνιθας εὐγενεῖς χαρίζεσθαι τοῖς ἐρωμένοις. Δίδυμος δὲ, ἐπεὶ ἡ σίττη καὶ εἴ τι τοιοῦτον ὄρνεον δεξιὰ πρὸς ἔρωτας φαίνεται. « ἐγὼ μὲν, ὦ Λεύκιππε, δεξιὴ σίττη. »

706. πολλοὺς δὲ καλοὺς : Ἀντὶ τοῦ μετὰ τὴν νεότητα ἠναγκάσαμεν ἀκαίρως ἑταιρεῖν. (ἀπομωμοκότας δὲ) ἀποταξαμένους. διεμήρισαν δὲ, συνουσίασαν. — τὰς συνουσίας μετέδωκαν. R.

707. [ὁ δὲ Περσικὸν ὄρνεον : Τὰ πολυτελῆ πάντα, οἷς μόνος βασιλεὺς ἐχρῆτο, ἐκαλεῖτο Περσικά. καὶ νῦν

οὐχ ἰδίως τις ὄρνις Περσικός. τινὲς δὲ τὸν ἀλεκτρυόνα, οἱ δὲ τὸν ταῶ.]

709. πρῶτα μὲν ὥρας : Παρὰ τὰ Ἡσιόδου [Op. 448]

φράζεσθαι δ' εὖτ' ἂν γεράνου φωνὴν ἐπακούσῃς
[ὑψόθεν ἐκ νεφέων ἐνιαύσια κεκληγυίης,]
ἥ τ' ἀρότοιό τε σῆμα φέρει καὶ χείματος ὥρην.

711. καὶ πηδάλιον τότε : Καὶ τοῦτο παρὰ τὸ Ἡσιόδειον [ib. 45]

αὐτίκα πηδάλιον μὲν ὑπὲρ καπνοῦ καταθεῖο.

καὶ [ib. 627]

πηδάλιον δ' εὐεργὲς ὑπὲρ καπνοῦ κρεμάσασθαι.

712. εἶτα δ' Ὀρέστῃ : Ὀρέστης μανίαν προσποιούμενος ἐν τῷ σκότει τοὺς ἀνθρώπους ἀπέδυεν.

713. ἰκτῖνος αὖ μετὰ ταῦτα : Ἐν Ἑλλάδι κατὰ ἔαρος φαίνεται ἰκτῖνος, ὅτε κουρεύεται τὰ θρέμματα. πέκειν δέ, κουρίζειν.

715. ληδάριον : Θερίστριον ἢ εὐτελὲς ἱμάτιον θερινόν. σημείωσαι δὲ ὅτι ἐν συστολῇ τὸ πρίασθαι.

717. ἐλθόντες γὰρ πρῶτον : Μαντευσάμενοι γὰρ πρῶτον ἐκ τῶν ὀρνεομάντεων οὕτως ἐπὶ τὰ ἔργα χωροῦσι.

719. ὄρνιν τε νομίζετε : Πάντα γὰρ οἰωνοὺς καλοῦσι καὶ τὰ μὴ ὄντα.

721. σύμβολον ὄρνιν : Καὶ γὰρ ταῦτα συμβόλους ἐποίουν τὰ πρῶτα συναντῶντα καὶ ἐξ ἀπαντήσεως τι προσημαίνοντα. ταῦτα δὲ πάντα Δήμητρος ἐκάλουν, ὥς φησι Φιλόχορος.

θεράποντ' ὄρνιν : Ἐπεὶ πολλάκις εἰώθασί τινες τῶν θεραπόντων καλοὺς παῖδας λέγειν καὶ καλλωπίζειν.

ὄνον ὄρνιν : Λέγεται γάρ τι τοιοῦτον, ὡς συμβόλου ἐρωτώμενος περὶ ἀρχόντων, εἶδεν ὄνον ἐκ πτώματος ἀναστάντα. ἀκούσας δὲ ἑτέρου λέγοντος, ὅπως τὰς ὄνος ὃν ἀνέστη, ὁ δὲ ἔφη, ὁ νοῦν ἀναστήσεται, καὶ ἀνέστη.

723. [ἢν οὖν : Ἔκθεσις τοῦ μακροῦ ἐκ κώλων ὁμοίων ἀναπαιστικῶν ιδ', ὧν τὰ μὲν ιβ' δίμετρα ἀκατάληκτα, τὸ ιγ' ἀναπαιστικὴ βάσις, ὃ καὶ παρατέλευτον ὀνομάζεται, τὸ τελευταῖον ἑφθημιμερές, ἐφ' ᾧ παράγραφος.] τοὺς ὄρνιθας. R.

724. μάντεσι, Μούσαις : Ὥστε χρῆσθαι ἡμῖν καὶ εἰς μουσικὴν καὶ εἰς μαντείαν. πολλὰ γὰρ τῶν ὀρνέων μουσικά.

726. ταῖς ὥραις. R. V. — χειμῶνι : Ὅτι καὶ ἀνέμους καὶ καιροὺς προσημαίνουσιν. [μετρίῳ δὲ πνίγει,] συμμέτρῳ καύματι. λέγει δὲ τὸ ἔαρ.

729. ὥσπερ ὁ Ζεύς : Νεφεληγερέτης γάρ.

731. πλουθυγίειαν : Ἔμιξε τὰ δύο. διὸ μάλιστα οἱ ἄνθρωποι χαίρουσι καὶ δοκοῦσι τὸν βίον ἐπανορθοῦσθαι, ἐκ τούτου ἔμφασιν εὐδαιμονίας ἐμφαίνων.

733. γέλωτα : Καὶ τὰς ἄλλας ἡδονάς, δι' ὧν γέλως ἐστὶ καὶ χορεῖα καὶ θαλία. V. et R qui καὶ χορεῖαι καὶ εὐ

734. γάλα τ' ὀρνίθων : Τοῦτο ἐκ παροιμίας ἐπὶ τῶν λίαν εὐδαιμονούντων καὶ πάντα κεκτημένων. Ἄλλως. τοῦτο ἐπὶ τῶν σπανίων εἴρηται. τὰ σπάνια οὖν, φησί, καὶ δυσεύρετα τῶν ἀγαθῶν παρέξομεν.

735. κοπιᾶν : Ἐν τῷ πλεονάζειν γενόμενοι τῶν ἀγαθῶν ἀπολαύσετε ἀλλήλων.

737. Μοῦσα λοχμαία : Ἡ στροφὴ καὶ ἡ ἀντ. κώλων ἐστὶ ἰαμβικῶν καὶ ἀναπαιστικῶν κ'. ὧν τὸ πρῶτον πενθημιμερές, τὸ β' ἑφθημιμερὲς τοῦ α' ποδὸς ἐξασήμου, τὸ γ' τροχαϊκὸν εὐριπίδειον, τὸ δ' ἀναπαιστικὸν προσοδιακὸν καλούμενον, περὶ οὗ εἴρηται ἐν τῇ παραβάσει τῶν Νεφελῶν ἱκανῶς. τὸ ε' ὅμοιον τῷ β'. τὸ ς' ὅμοιον τῷ δ', οὐκ ἐκ παιῶνος δευτέρου ἀρχόμενον ὡς ἐκεῖνο, ἀλλ' ἐκ δακτύλου. τὸ ζ' ὅμοιον τῷ β'. τὸ η' δίμετρον ἀκατάληκτον. τὸ θ' ἀναπαιστικὸν δίμετρον ἀκατάληκτον, καὶ τὸ ι'. τὸ ια' ἀντισπαστικὸν δίμετρον τῆς ἐπιπλοκῆς. τὸ ιβ' ὅμοιον. τὸ ιγ' χοριαμβικὸν δίμετρον ἀκατάληκτον, ἐκ διαλλασσομένων χοριάμβων, τοῦ α' ἐξασυλλάβου, τοῦ δὲ δευτέρου πεντασυλλάβου. τὸ ιδ' τροχαϊκὸν δίμετρον ἀκατάληκτον. τὸ ιε' δακτυλικὸν ἑφθημιμερές. τὸ ις' ἰαμβικὸν ἑφθημιμερές. τὸ ιζ' ὅμοιον τῷ πρώτῳ πενθημιμερὲς ἐκ διαλλασσομένου χοριάμβου. ἐπὶ τῷ τέλει διπλῆ ἔσω νενευκυῖα διὰ τὴν ἀνταπόδοσιν. εἰσὶ δὲ καὶ ταῦτα πολυσχημάτιστα.

Μοῦσα λοχμαία : Τὴν ἀηδόνα λέγει, οἷον λοχμαίαν. Δίδυμος, ὅτι ἐγκεκρυμμένοι ἐν ταῖς λόχμαις εἰώθασιν ᾄδειν. ὁ λόγος δὲ ἀπὸ τοῦ ποιητοῦ. Ἄλλως. ἀντὶ τοῦ μέλος ὡς ἔοικεν. οἰκείως λοχμαίαν Μοῦσαν καλοῦσι, διὰ μέσου τε τῆς φωνῆς μίμημα καὶ ἐκμίμησιν τῆς τῆς ἀνθρωπικῆς. ἔστι δὲ τὸ ἑξῆς οὕτως· Μοῦσα λοχμαία ποικίλη, μεθ' ἧς ἐγὼ νόμους ἱεροὺς ἀναφαίνω. ξουθῆς δὲ εἶπε παρόσον τὰ πλεῖστα τῶν ὀρνέων ξουθὰ φαίνεται.

745. Πανὶ νόμους : Ἐπεὶ νόμιος ὁ θεὸς καὶ ὄρειος, καὶ τῶν ὀρνέων δὲ ἐν ὄρεσιν αἱ διατριβαί. [σεμνῇ δὲ μητρί.] τῇ Ῥέᾳ.

748. ἔνθεν : Ἀπὸ τῶν ἐμῶν ποιημάτων ὥσπερ ἡ μέλιττα ἀπεβόσκετο.

749. Φρύνιχος ἀμβροσίων : Φρύνιχος τραγῳδίας ποιητής, ὃς ἐπὶ μελοποιίαις ἐθαυμάζετο. τέσσαρες δὲ ἐγένοντο Φρύνιχοι. ὁ μὲν εἷς οὗ νῦν μνημονεύει, Πολυφράδμονος παῖς, ποιητὴς ἡδὺς ἐν τοῖς μέλεσιν. ὁ ἕτερος, Χοροκλέους παῖς, ὑποκριτής. τρίτος, Φρύνιχος ὁ κωμικός, οὗ μέμνηται Ἕρμιππος ἐν Φορμοφόροις ὡς ἀλλότρια ὑποβαλλομένου ποιήματα. τέταρτος δέ ἐστιν Ἀθηναῖος τὸ γένος ὁ στρατηγήσας τὰ περὶ Σάμον καὶ Ἀστυόχῳ προσθέμενος, ἐπιχειρήσας δὲ τῇ τοῦ δήμου καταλύσει περὶ ὧν ἐν τοῖς Βατράχοις [ad 1300] ἱκανῶς εἰρήκαμεν.

753. [εἰ μετ' ὀρνίθων : Εἰ μετ' ὀρνίθων τις διάγειν βούλεται θέλων, τὸ λοιπὸν ὡς ἡμᾶς ἐλθέτω.]

754. [διαπλέκειν : Ἢ διαποικίλλειν ἢ διάγειν.]

755. [τῷ νόμῳ : Νόμον νῦν οὐ πάντα τὸν γεγραμμένον φησίν, ἀλλὰ τὸ ἔθος.]

760. αἶρε πλῆκτρον εἰ μάχει : (Πλῆκτρον) ὅπλον ἀμυντήριον. ἡ μεταφορὰ ἀπὸ τῶν ἀλεκτρυόνων. κἀκεῖνοι γὰρ ἔχουσι πλῆκτρα ἐν οἷς μάχονται. ἃ ἡμεῖς κέντρα λέγομεν τῶν ὀρνίθων, ἐκεῖνοι πλῆκτρα. πλῆκτρα δέ εἰσι ἔμβολα χαλκᾶ τὰ ἐμβαλλόμενα τοῖς πλήκτροις τῶν ἀλεκτρυόνων.

761. [ἀτταγᾶς : Ὁ ἀτταγᾶς γὰρ κατάστικτός ἐστι ποικίλοις πτεροῖς.]

762. Σπινθάρου : Οὗτος κωμῳδεῖται ὡς βάρβαρος καὶ Φρὺξ, [ἔτι δὲ καὶ ὁ Φιλήμων]. — φρυγίλος δὲ ὄνομα ὀρνέου. R. V.

764. Ἐξηκεστίδης : Πολλαχοῦ προείπομεν ὅτι ξένος οὗτος. πολλαχοῦ δὲ καὶ παρὰ τοῖς ἄλλοις κωμῳδεῖται. νῦν δὲ ὅτι Κάρ.

765. φυσάτω πάππους : Εὐφρόνιός φησι πάππον ὀρνεόν τι εἶναι. πρὸς τὸ ὄνομα οὖν παίζει, ὅτι εἰ ἀναβάς τις πρὸς ἡμᾶς γενήσεται πάππος, ἕξει ἀποδεικνύναι φράτορας, ὅ ἐστι συγγενεῖς. οἱ γὰρ εὐθυνόμενοι ὡς ξένοι ὀφείλουσι τοὺς ἰδίους πάππους ἀποδεικνύναι ἐκ φατρίας ἄνωθεν ὄντας. Καλλίμαχος οὐκ ἀναγράφει τὸν πάππον. (τρίτη δὲ μοῖρά ἐστι τῆς φυλῆς ἡ φρατορία, οὕστινας τριττὺν λέγει.)

766. εἰ δ' ὁ Πεισίου προδοῦναι : (Οὐδὲν σαφὲς ἔχομεν τίς ὁ Πεισίου, οὐδὲ περὶ τῆς προδοσίας. ὅτι δὲ τῶν λίαν πονηρῶν ἐστι δηλοῖ Κρατῖνος ἐν Χείρωσι, Πυλαίᾳ, Ὥραις. εἴη δ' ἄν τι συμπεπραχὼς τοῖς ἑρμοκοπίδαις ὁ Πεισίου, οἵτινες, ὡς Φιλόχορός φησιν, ἐπὶ Χαβρίου θάνατόν τε κατεγνώσθησαν καὶ τὰ ὀνόματα αὐτῶν ἐστηλιτεύθη καὶ ἐδημεύθη, καὶ τῷ κτείναντι κατ' ἄνδρα ἐκηρύχθη τάλαντον. Ἄλλως.) οἱ μὲν τὸν Πεισίαν ἕνα εἶναι τῶν ἑρμοκοπιδῶν, (οἱ δὲ τὸν υἱὸν αὐτοῦ. ἐτηροῦντο δὲ οὗτοι, ὅπως ἂν δοῖεν τῆς περικοπῆς τιμωρίαν.) εἰ οὖν, φησὶν, ὁ υἱὸς Πεισίου ὅμοιος βούλεται εἶναι τῷ πατρὶ, γενέσθω πέρδιξ πανοῦργος. (Κρατῖνος Χείρωσι

καὶ πρῶτον μὲν παρὰ ναυτοδικῶν ἀπάγω τρία κνώδαλ' ἀναιδῆ, Πεισίαν, Ὀσφύωνα, Διιτρέφη.)

767. τοῦ πατρὸς νεόττιον : (Ὡς καὶ τοῦ πατρὸς αὐτοῦ τοιούτου ὄντος, ἀποδρᾶναι ἀπὸ τῆς τοῦ πατρὸς πανουργίας. Ἄλλως.) ὁ πέρδιξ ὄρνεον πανοῦργον, ὅπερ ἐξαπατᾷ τοὺς θηρεύοντας αὐτό. εἰ οὖν, φησὶ, καὶ ὁ υἱὸς αὐτοῦ τοιοῦτος βούλεται γενέσθαι, πέρδιξ γενέσθω ὅμοιος τῷ πατρί.

768. ἐκπερδικίσαι : (Διὰ τὸ πέρδικα αὐτὸν γενέσθαι. εἴρηται δὲ ἀπὸ τοῦ τοὺς πέρδικας) καταλαμβανομένους ὑπ' ἀνθρώπων, μηχανᾶσθαι τοιαύτην σωτηρίαν. λαμβάνοντες γὰρ κάρφη τοῖς ποσὶν, ὑπτίους ἑαυτοὺς ῥίπτουσι καὶ οὕτως ἐπικαλύπτουσι καὶ ἐκκλίνουσι. (Ἄλλως. ἀντὶ τοῦ φυγεῖν. διαβάλλει δὲ ὡς κατεγνωσμένον καὶ φυγῇ ζημιωθέντα. οἱ δὲ πέρδικες πανοῦργοι ὄντες εὐχερῶς διαδιδράσκουσι τοὺς θηρευτὰς, [πολλάκις ὕπτιοι γενόμενοι καὶ ἐπιβάλλοντες ἑαυτοῖς κάρφη]. φησὶν οὖν ὅτι καὶ παρ' ἡμῖν γενόμενος δύναται πάλιν φεύγειν. Ἄλλως. ἐξάγων τοὺς νεοσσοὺς ὁ πέρδιξ εἰς κατανυκτὴν ἐπὰν ἄνθρωπον ἴδῃ, συρίζει· οἱ δὲ ὑπτίους ἑαυτοὺς τιθέασιν, ὡς μηδὲ ψηλαφῶντά τινα ἐπιγνῶναι. εἶτα ὀλίγον προελθόντος τοῦ ἀνδρὸς, πάλιν συρίζει ὁ πατήρ· οἱ δὲ ἐξίπτανται. τοῦτο οὖν ἐστι τὸ ἐκπερδικίσαι. Ἄλλως. Δίδυμος ἐν τῷ περὶ διεφθορυίας λέξεως οὕτως. ἐπὰν ἴδῃ τὸν θηρευτὴν ἡ πέρδιξ, προκυλινδεῖται αὐτοῦ ἐπισπωμένη πρὸς ἑαυτήν. ὡς δὲ γίνεται περὶ τὸ ἀγρεῦσαι αὐτὴν, οἱ νεοσσοὶ φεύγουσιν, εἶτα καὶ αὐτὴ διαδρᾶσα ὕστερον αὐτοὺς συνάγει.) — ἐκπερδικίσαι : Ἤγουν ἐκφυγεῖν. *Vict.*

769. [τοιάνδε : Ἡ ἀντῳδὴ καὶ ἀντιστροφὴ ὁμοία καθ' ἕκαστόν ἐστι τῇ στροφῇ καὶ ἀντιστροφῇ. ἐπὶ τῷ τέλει αἱ συνήθεις δύο διπλαῖ.]

772. [κρέκοντες : Ἀντὶ τοῦ ἠχοῦντες. διὰ γὰρ τῆς τῶν πτερῶν κινήσεως ὕμνουν τὸν Ἀπόλλωνα.] — ἴακχον : Ἐβόων. *Vict.*

774. (παρ' Ἕβρον : Ποταμὸν Θρᾴκης τὰ ῥεύματα ἔχοντα ἐκ Ῥοδόπης τοῦ Θρᾳκικοῦ ὄρους.) — ἐν δὲ τοῖς ποταμοῖς ποιοῦνται τὰς διατριβὰς τὰ ὄρνεα. V.

778. [νήνεμος αἴθρη : Οἷον, ὑπὸ τῆς εὐαερίας λῆξις κυμάτων ἐγένετο. τοῦ γὰρ ἀέρος εὐδιεινοῦ ὄντος καὶ ἡ θάλασσα ἡσύχασεν.] — Ἄλλως. ἀντὶ τοῦ ἡσύχασεν ἡ θάλασσα κυμαίνουσα κατακηρουμένη. Vict.

780. ἀντὶ τοῦ ἐκτύπησεν. R.

782. ἄνακτας : Ἀντὶ τοῦ τοὺς θεούς. ἔνθεν καὶ ἀνάκτορα τὰ ἱερά.

783. Ὀλυμπιάδες : Αἱ κατοικοῦσαι ἐν τῷ Ὀλύμπῳ. *Vict.*

784. εὐφήμησαν. R.

785. [οὐδὲν ἔστ' ἄμεινον : Τὸ ἀντεπίρρημα ὅμοιον τῷ ἐπιρρήματι. ἐπὶ τῷ τέλει διπλῆ ἔξω νενευκυῖα.]

787. χοροῖσι τῶν τραγῳδῶν : Ὡς μακρῶν ὄντων τούτων.

789. [ἐφ' ἡμᾶς : Ἐπὶ τὸ θέατρον.]

790. εἴτε Πατροκλείδης : Δοκεῖ ὁ Πατροκλείδης πολιτικὸς εἶναι καὶ λόγιος, ἄλλως δὲ κατασχημονῶν τῶν στρωμάτων, διὸ καὶ χεσᾶς ἐλέγετο. ἐξίδισε δὲ, ἐξετίλησεν, ἀπεπάτησεν.

793. εἴ τε μοιχεύων τις ὑμῶν ἐστιν, ὅστις τυγχάνει : ἀντὶ τοῦ, μοιχὸς ὅστις ἐστὶν ὑμῶν. R. V.

794. ἐν βουλευτικῷ : Οὗτος τόπος τοῦ θεάτρου, ὁ ἀνειμένος τοῖς βουλευταῖς, ὡς καὶ ὁ τοῖς ἐφήβοις ἐφηβικός. παρ' ὑμῶν δὲ, ἐκ τοῦ θεάτρου.

798. ὡς Διιτρέφης γε : Εὐφρόνιος τὰ περὶ τῷ τραχήλῳ τῆς πυτίνης κρεμάμενα ἱμαντάρια ἑκατέρωθεν πτερὰ καλεῖσθαι, καὶ ὅτι οὗτος πυτίνας ἔπλεκεν. ἀμάρτυρα δὲ ἀμφότερα. τινὲς εἰς πένητα εἰρῆσθαι διὰ τὸ ἀνυπόκριτον, ὡσεὶ ἔφη, μηδὲν ἔχων ἄλλο ἀλλ' ἢ πίθου πόδας, ἢ χύτρας ὀμφαλούς. ὅτι δὲ ἦν νεόπλουτος οὗτος ἐνεφαίνετο καὶ ἐν τοῖς Ἥρωσι (« κἀπὸ τῆς Διιτρέφους τραπέζης, » εἰ μὴ ἐν εἰρωνείᾳ), καὶ πανταχοῦ ἅρπαξ καὶ πονηρὸς καὶ πολυπράγμων. (Πλάτων δὲ ἐν Ἑορταῖς καὶ ξένον « τὸν μαινόμενον, τὸν Κρῆτα, τὸν μόγις

λεύων τὸ δόρυ καταθέσθαι παρὰ τὴν ἀσπίδα.) — ὁ χορὸς ἐγκελεύεται ἑαυτῷ παῦσαι τῆς ὀργῆς. R.

402. παρὰ τὴν ὀργὴν : Παρὰ τὸ Ὁμηρικὸν [Il. Γ, 136]

ἀσπίσι κεκλιμένοι, παρὰ δ' ἔγχεα μακρὰ πέπηγεν.

οἷον ὅπλα μὴ ἔχων, θυμῷ πολέμει (μόνῳ).

407. [καλεῖς δὲ τοῦ κλύειν θέλων : Εἴσθεσις περιόδου ἀμοιβαίας κώλων κζ' ἰαμβικῶν διμέτρων μὲν πλὴν τοῦ ἑνδεκάτου καὶ κδ' τριμέτρων ὄντων, ἀκαταλήκτων δὲ πλὴν τοῦ τελευταίου· τοῦτο γὰρ ἐφθημιμερές. ἔτι γε μὴν τῶν δ', ε', ς', ζ, η' ἀντισπαστικῶν διμέτρων διιάμβοις ἐπιτρίτοις ἐπιμεμιγμένων καὶ σπονδείοις πλὴν τοῦ ζ' ἀκαταλήκτων· τοῦτο γὰρ φερεκράτειον· ἔτι τῶν κ', κα', κϐ', κγ' παιωνικῶν ἐφθημιμερῶν. τὰ δὲ τοιαῦτα δῆλον ὡς ἀσυνάρτητα. ἐπὶ τῷ τέλει παράγραφος.]

409. σοφῆς ἀφ' Ἑλλάδος : Ἢ ὅτι σοφῶν οἰκητήριον ἡ Ἀττική, ἢ καθὸ οἱ βάρβαροι ἐφρόνουν περὶ Ἑλλήνων ὡς νοερωτάτων.

414. ἀντὶ τοῦ ὅλον, ἢ εἰς τὸ πᾶν τῆς ζωῆς. R. V.

416. πέρα κλύειν : Ἤγουν ἀνεπίδεκτα τῇ ἀκοῇ· ἔστι δὲ καὶ συμφορὰ πέρα τοῦ κλύειν. *Vict.*

417. ὁρᾷ τί κέρδος : Γράφεται καὶ δίχα τοῦ ι, ἵνα ᾖ προστακτικόν. γράφεται δὲ καὶ μετὰ τοῦ ι, ἵνα ᾖ ἐρωτηματικόν. ὡς ὁ λόγος, ὁρᾷ τις αὐτῶν ὠφέλειαν διαγωγῆς μᾶλλον παρ' ἡμῖν οὖσαν, ἢ κατὰ κράτησιν ἐχθρῶν, ἢ φίλους ὠφελῆσαι. ἐν οἷς μάλιστα ἥδονται οἱ ἄνθρωποι. σημειωτέον ὅτι ἑνικὸν εἶπεν ἐπὶ τῶν δύο, [καὶ τὸ κρατεῖν συνέταξεν αἰτιατικῇ].

419. ὁ η ἀντὶ τοῦ και. οὕτω τινὲς, ἵνα ᾖ οὗ ἐὰν ᾖ καιρός. R.

424. ἀντὶ τοῦ πάντα τὰ ἐν τῷ κόσμῳ σά ἐστι καὶ τὸ τῇδε καὶ τὸ ἐκεῖσε. τὸν οὐρανὸν καὶ τὴν γῆν λέγει. (τὸ δὲ τῇδε καὶ τὸ ἐκεῖσε, τοῦτο ἐκ τῶν μηδέπω διδαχθεισῶν Φοινισσῶν [273] φησὶ « κἀκεῖσε καὶ τὸ δεῦρο, μὴ δόλος τις ᾖ. » καὶ ὅλως πολὺ παρὰ πᾶσι τὸ τοιοῦτον. προσϐιϐᾷ δὲ, συνεφαρμόζει.)

425. προσϐιϐάζειν τὸ κατ' ὀλίγον πείθειν. ἢ ἐφαρμόζει, συμϐιϐάζει. R.

427. ἄφατον ὡς φρόνιμος : Ὡς ἄφατον, φησὶ, καὶ μέγιστον φρονῶν ἐρεῖ ταῦτα. ἢ ἀντὶ τοῦ μεγάλως.

429. κίναδος : Ἀπὸ κοινοῦ τὸ ἔνεστιν αὐτοῖς. τὸ δὲ κύρμα, ἀντὶ τοῦ ἐπιτυγχάνοντες ἐν πᾶσιν. Ἄλλως. [κίναδος ἀντὶ τοῦ] πάνυ φρόνιμος. κίναδος γὰρ ἡ ἀλώπηξ.

430. σόφισμα, κύρμα : Ἐπίτευγμα παρὰ τὸ κυρεῖν. Ἄλλως. ἔντευγμα, σπάραγμα τοῦ νοῦ. τρίμμα δὲ, ὁ τετριμμένος ἐν τοῖς πράγμασιν. Ἄλλως. κύρμα πολλοῖς ἐγκεκυρηκὼς πράγμασι.(παιπάλημα δὲ πολλὰς ἐκτροπὰς καὶ διόδους ἔχων. κυρίως δὲ τὸ λεπτὸν ἄλευρον.)

433. ἀνεπτέρωμαι : Οἰκεῖον ὄρνισι τὸ ἀνεπτέρωμαι ἀντὶ τοῦ μετηώρημαι.

434. ἄγε δὴ σὺ καὶ σὺ : Πρὸς τὸν Εὐελπίδην φησὶν ὁ ἔποψ. ἄμεινον δὲ πρὸς τοὺς θεράποντας, ὡς ἐν τοῖς ἑξῆς [656] « ἄγε δὴ, Ξανθία καὶ Μανόδωρε. » [εἴσθεσις δ' ἑτέρας περιόδου στίχων ἰαμβικῶν τριμέτρων ἀκαταλήκτων ιζ'. ὧν ἐπὶ τῷ τέλει παράγραφος.]

436. εἰς τὸν ἰπνὸν εἴσω πλησίον : Ἰπνὸς μὲν ἡ κάμινος. καταχρηστικῶς δὲ ἡ ἐσχάρα. ἐπιστάτης δὲ χαλκοῦς τρίπους χυτρόποδος ἐκτελῶν χρείαν. οἱ δὲ πήλινον Ἥφαιστον πρὸς ταῖς ἑστίαις ἱδρυμένον ὡς ἔφορον τοῦ πυρός. ἔνιοι δὲ καὶ ξύλον ἐπίμηκες πεπασσαλωμένον, ὅθεν ἐξαρτῶσι τὰ μαγειρικὰ σκεύη. (Ἄλλως. ἐπιστάτην Καλλίστρατος τὸ τῇ ἐσχάρᾳ ἐπιτιθέμενον ξύλον. οἱ δὲ πυριστάτην πλαττόμενον τινὰ ξύλινον ἐν ταῖς ἐσχάραις, ὡς παρὰ ταῖς καμίνοις τὸν Ἥφαιστον ἀναπλάττουσιν.) Ἄλλως. ὁ ἐπιστάτης ξύλον ἐστὶ κόρακας ἔχον, ἐξ οὗ κρεμῶσι τὰ μαγειρικὰ ἐργαλεῖα. οἱ δὲ, τρίποδα χαλκοῦν, ᾧ ἐπιτιθέασι τὸν λέϐητα καὶ ὑποκαίουσιν. οἱ δὲ, ἀνδριάντα πήλινον πρὸς ταῖς ἐσχάραις.

(437). σὺ δὲ τούσδ' ἐφ' οἷς : Σὺ τοὺς λόγους δίδαξον καὶ φράσον, ἐφ' οἷς τούτους ἤγειρα ἐγώ. [τοῦτο δὲ πρὸς τὸν ἕτερον τοῖν ἀνδροῖν.]

440. ἥνπερ ὁ πίθηκος τῇ γυναικὶ διέθετο : (Σύμμαχος· Αἰσωπείου λόγου ἢ τοιούτου τινὸς ἔοικε μεμνῆσθαι. Καλλίστρατος δὲ τοσοῦτόν φησιν, ἐκ διηγηματίου τινὸς εἱλκύσθαι. καὶ Δίδυμος,) ὅτι αἰσχρός τις ἦν τὴν ὄψιν συνεχῶς τῇ γυναικὶ διαπληκτιζόμενος, συνέθετο ἐπὶ φίλων μήτε τύπτειν μήτε τύπτεσθαι μήτε δάκνειν αὐτὸν φιλοῦντα, μήτε δάκνεσθαι. οἷον, σὺ μὲν οὐχ ἑλκύσεις τῶν ὀρχιπέδων, οὐδὲ ἐγὼ τῶν τριχῶν. ἔοικε δὲ Παναίτιον κωμῳδεῖν, (ὃν καὶ ἐν Νήσοις « καταλιπὼν Παναίτιον πίθηκον. » ἔνθα καὶ μαγείρου πατρὸς αὐτὸν λέγει). πίθηκον δὲ αὐτὸν εἶπε διὰ τὸ πανοῦργον. — μαχαιροποιὸν δὲ τὸν μαχαίρας ἐργαζόμενον, (ὡς μάγειρον. καὶ γὰρ ἐν Νήσοις μαγείρου πατρὸς αὐτόν φησιν. ἢ καὶ αὐτόθι μαχαιροποιόν φησιν). R. V. (Ἄλλως. ὁ Παναίτιος μάγειρος μικροφυὴς ἦν.) διαϐάλλει δὲ αὐτὸν ὡς καταλαϐόντα τὴν γυναῖκα ἑαυτοῦ μοιχευομένην. ἐδυναστεύετο γὰρ ὑπ' αὐτῆς μεγάλης οὔσης.

442. μήτ' ὀρχιπέδων ἕλκειν : Μὴ διασπᾶν τοὺς ὄρχεις, μὴ ὀρύττειν τὸν πρωκτόν. τὸν πρωκτὸν γὰρ δεικνύς φησιν, οὔτι που τόν. — Ἄλλως. τοῦτο ὁ ἔποψ ἢ ὁ χορὸς δεικνὺς τὸν πρωκτόν. ὡς ἐν κωμῳδίᾳ δὲ ταύτην πρώτην τιμωρίαν ὁρίζεται. R. V.

444. διατίθεμ' ἐγώ : Ὑπισχνοῦμαι, συντίθεμαι.

445. ὄμνυμ' ἐπὶ τούτοις πᾶσιν : Ἀντὶ τοῦ εὔχομαι. (οὐχ ὄμνυσι γὰρ, ἀλλ' εὔχεται. ὄμνυμι μένειν ἐν τούτοις. χαριέντως δὲ εὐχόμενος ὑπὲρ τῆς νίκης, ὄμνυμί φησι τὸ νικᾶν. Ἄλλως. ἔκριναν ε' κριταὶ τοὺς κωμικούς. οἱ δὲ λαμϐάνοντες τὰς ε' ψήφους εὐδαιμόνουν.)

446. ἔσται ταυταγί : Ἐπειδὴ περὶ νίκης εὔχεται, ποιεῖ αὐτὸν ὁ ποιητὴς εὐφημοῦντα, ἔσται ταυταγί.

447. (εἰ δὲ παραϐαίην : Πιθανῶς ὡς ἔλαττόν τι

ἔθος καὶ ἐπτυγμένην καὶ προβάλλουσαν εἰς τὸ μέτωπον ἔχειν, τοῖς δὲ βασιλεῦσιν ὀρθήν.)

489. ὄρθριον ᾄσῃ : Καλῶς τὸ ᾄσῃ. κοκκύζει γὰρ κυρίως, ὅτ' ἂν παρ' ἑαυτῷ μετὰ νίκην τῆς μάχης ᾄσῃ.

491. τορνευτασπιδο. : [Οἱ ποιοῦντες τὰς λύρας καὶ τὰς ἀσπίδας.] — ἔμποροι R.

493. Φρυγίων ἐρίων : Ἡ ἀπὸ Φρυγίας, ἢ ἀπὸ δήμου. ἐκεῖ γὰρ ἁπαλὰ καὶ καλὰ ἔρια.

494. ἐς δεκάτην γάρ ποτε : Ὅτι τὴν δεκάτην εἱστίων ἐπὶ τοῖς τικτομένοις, καὶ ἐν αὐτῇ τὰ ὀνόματα ἐτίθεντο τοῖς παισί. (καθάπερ Εὐριπίδης ἐν Αἰγεῖ « τί σε μάτηρ ἐν δεκάτᾳ τόκου ὠνόμαζεν. » ὁ δὲ Ἀριστοτέλης [Hist. an. 7, 12] ἐν ταῖς ἑβδόμαις φησὶν ἐπιτίθεσθαι τὰ ὀνόματα, γράφων οὕτως « τὰ πλεῖστα δὲ ἀναιρεῖται πρὸς τὴν « ἑβδόμην. διὸ καὶ τὰ ὀνόματα τότε τίθενται, ὡς πι- « στεύοντες τότε μᾶλλον τῇ σωτηρίᾳ. ») [τοῦ δὲ ὑπέπινε περιττὴ ἡ ὑπό.] — περιττεύει ἡ ὑπό. R.

495. ἀντὶ τοῦ ἀρχὴν εἶχον τοῦ ὕπνου. R.

496. [Ἁλιμοῦντάδε : Δῆμος τῆς Λεοντίδος φυλῆς.]

498. [ὁ δ' ἀπέβλισε θοἰμάτιον : Ἀντὶ τοῦ ἀφείλετο. ἡ μεταφορὰ ἀπὸ τῶν κηρίων, ἢ ἀπὸ τῶν γάλα ἀμελγόντων.]

501. προκυλινδεῖσθαι : Ἔαρος ἀρχομένου ἰκτῖνος φαίνεται εἰς τὴν Ἑλλάδα. ἐφ' ᾧ ἡδόμενοι κυλίνδονται (ὡς ἐπὶ γόνυ. παίξας οὖν ὡς βασιλεῖ φησι τὸ κυλινδεῖσθαι). ἴδιον γὰρ βασιλέως τὸ γονυπετεῖσθαι ὑπὸ ἀνθρώπων. Ἄλλως. (τοὺς ἀνθρώπους δηλονότι. τὸ διὰ μεταβολὴν δὲ καιροῦ γινόμενον εἰς βασιλικὴν ἐπέτρεψε τιμήν.) οἱ γὰρ ἰκτῖνοι τὸ παλαιὸν ἔαρ ἐσήμαινον. οἱ πένητες οὖν ἀπαλλαγέντες τοῦ χειμῶνος ἐκυλινδοῦντο καὶ προσεκύνουν αὐτούς.

502. ὀβολὸν κατεβρόχθισα : Ἀντὶ τοῦ κατέπιον, φησίν, ὃν εἶχον ἐν τῷ στόματι ὀβολὸν, ἵνα ὠνήσωμαι ἄλφιτα, προσκυλιόμενος τῇ τοῦ ἰκτίνου ἐπιφανείᾳ.

506. κόκκυ : Ποιὰ φωνὴ τὸ κόκκυ. ἢ ἀντὶ τοῦ ὀλίγον. ἔστι δὲ [μόνως] παροξυτόνως. πρὸ θερισμοῦ δὲ φαίνεται ὁ κόκκυξ ἐν τῇ Φοινίκῃ. Ἡσίοδος [Op. 484] « ἦμος κόκκυξ κοκκύσῃ. »

507. κόκκυ, ψωλοί : Παρὰ τὴν παροιμίαν, ὅτι ἐπὶ τῶν Αἰγυπτίων ἦσαν ψωλοὶ πολλοί. καὶ ὅτ' ἂν ὁ κόκκυξ εἴπῃ κόκκυ, τότε ὅλοι ἅμα τῇ φωνῇ ἐξήρχοντο εἰς τὸ πεδίον. (Ἄλλως. τὸ αἰδοῖον. ἐπίτηδες δὲ συνήγαγε τὰς δύο λέξεις, ἵνα εἴπῃ αἰσχρῶς καὶ γέλωτα κινήσῃ. ἔστι δὲ παροιμία παρὰ Φοίνιξι « κόκκυ ψωλοὶ πεδίονδε » ἀντὶ τοῦ κόκκυγος κράζοντος τὰ πεδία θερίζομεν.)

510. ἐπὶ τῶν σκήπτρων : Ἐπεὶ εἰώθασιν ἐν τοῖς σκήπτροις ἐπὶ τοῦ ἄκρου ἐκτυποῦν ὄρνιθας εἰς κόσμον.

μετέχων ὅ τι δωροδοκοίη : Ἵνα μετέχῃ τῆς αὐτῆς δωρεᾶς. ἐν γὰρ τοῖς σκήπτροις τῶν βασιλέων ἦν ἀετός. ἔστι δὲ δῶρα μὲν τὰ ἐπὶ δωροδοκίᾳ διδόμενα, δωρεὰ δὲ ἐπὶ τιμῆς.

512. ὁπότ' ἐξέλθῃ Πρίαμος : Ἐν ταῖς τραγῳδίαις (φησὶν) ὑποκρίνεταί τις τὸ Πριάμου βασιλικὸν πρόσωπον, ἔχων ὄρνιν ἐπὶ τοῦ σκήπτρου, τὸν Λυσικράτην τηρῶν μὴ δωροδοκήσῃ. οὗτος δὲ στρατηγὸς ἐγένετο Ἀθηναίων κλέπτης τε καὶ πανοῦργος. διεβάλλετο δὲ δωροδόκος. (ἔνιοι δὲ τραγικὸν αὐτόν φασι κλέπτην, καὶ σφόδρα ἄσημον.)

(ἐν τοῖς τραγῳδοῖς : Ὅτι καὶ νῦν τὸν χορὸν τῶν τραγικῶν. ἐποίουν δὲ ἐπὶ τῶν σκήπτρων ὡς ἐπίπαν ἀετούς.)

515. ὄρνιν ἔχων ἐπὶ τῆς κεφαλῆς : Δέον εἰπεῖν ἐπὶ τοῦ σκήπτρου εἶπεν ἐπὶ τῆς κεφαλῆς. (οὕτω γὰρ ὁ Πίνδαρος [Pyth. 1, 11] « εὕδει δ' ἀνὰ σκάπτρῳ Διὸς αἰετός. » καὶ Σοφοκλῆς « ὁ σκηπτροβάμων αἰετὸς, κύων Διός. » ἢ) ἐπειδὴ εἰώθεσαν τὰ ἀφιερωμένα ἑκάστῳ θεῷ ὄρνεα ἐπὶ κεφαλῆς ἱδρύεσθαι. τῆς Ἀρχηγέτιδος Ἀθηνᾶς τὸ ἄγαλμα γλαῦκα εἶχεν ἐν τῇ χειρί. ὁ δὲ Ἀπόλλων τὸν ἱέρακα ὡς μαντικὸν ὄρνεον καὶ ὡς θεράπων τοῦ Διός. ἐπεὶ μικρότερος τοῦ ἀετοῦ ὁ ἱέραξ.

520. οὕτως καὶ τῶν θεῶν εὐδαιμονέστεροι οἱ ὄρνεις. R.

521. Λάμπων δ' ὄμνυσι : (Τῶν εἰκῇ δαιμόνων. ὅτι πρῶτοι οἱ Σωκρατικοὶ ἐπετήδευσαν οὕτως ὀμνύναι. Σωσικράτης γὰρ ἐν τῷ β' τῶν Κρητικῶν οὕτως φησὶ « Ῥαδάμανθυς δὲ δοκεῖ διαδεξάμενος τὴν βασίλειαν « δικαιότατος γεγενῆσθαι πάντων ἀνθρώπων. λέγεται « δὲ αὐτὸν πρῶτον οὐδένα ἐᾶν ὅρκους ποιεῖσθαι κατὰ « τῶν θεῶν, ἀλλ' ὀμνύναι κελεῦσαι χῆνα καὶ κύνα καὶ « κριὸν, καὶ τὰ ὅμοια. ») ὁ δὲ Λάμπων θύτης ἦν καὶ χρησμολόγος καὶ μάντις· (ᾧ καὶ τὴν εἰς Σύβαριν τῶν Ἀθηναίων ἀποικίαν ἔνιοι περιάπτουσιν, αὐτὸν ἡγήσασθαι λέγοντες Ἀθηναῖον ὄντα σὺν ἄλλοις θ'.) ὤμνυε δὲ κατὰ τοῦ χηνὸς ὡς μαντικοῦ ὀρνέου. ἔτυχε δὲ καὶ τῆς ἐν πρυτανείῳ σιτήσεως. (Ἄλλως. ὅτι οὗτος χρησμολόγος. ἔζη δὲ ἐπὶ τῆς τῶν Ὀρνίθων διδασκαλίας, οὐχ, ὥς τινες, ἐτεθνήκει. πολλῷ γὰρ ὕστερον Κρατῖνος ἐν τῇ Νεμέσει οἶδεν αὐτὸν ζῶντα.)

522. Μανᾶς : Ἀπὸ τοῦ Μάνης. πρὸς δὲ τὰ ἀνδράποδα καὶ ὄνομα εἶπε δουλικόν. ὡσεὶ ἔλεγε τοὺς δούλους Μανᾶς. οὕτω γὰρ ἐκάλουν τοὺς οἰκέτας πολλάκις.

524. ἀντὶ τοῦ μανιώδεις βάλλουσιν ὑμᾶς τοῖς λίθοις. R. V.

526. ὀρνιθοθηρευτής. R.

527. ῥάβδους : [Γράφεται σταυρούς.] ἔστι δὲ εἶδος δικτύου, ὃ χρίουσιν ἰξῷ.

528. δίκτυα : Ἀντὶ τοῦ θηρατικὰ δίκτυα. καὶ αἱ πηκταὶ δὲ εἶδος δικτύου.

530. βλιμάζοντες : (Ὅτι νεωτερικὴ ἡ λέξις. Καλλίστρατος ἀντὶ τοῦ ψηλαφᾶν. ἔοικε δὲ πλέον τι σημαίνειν, τὸ μετὰ συντονίας. Ἄλλως.) βλιμάζειν κυρίως τὸ τοῦ ὑπογαστρίου καὶ τοῦ στήθους ἅπτεσθαι, ὅπερ ἐποίουν οἱ τὰς ὄρνιθας ὠνούμενοι, οἱονεὶ θλιβομάζειν. Δίδυμος δὲ, βλιμάζοντες, ἀντὶ τοῦ κακοῦντες. ἀποτίλλουσι γὰρ καὶ κατεσθίουσιν.

531. οὗτοι δὲ οὐ μόνον ὑμᾶς ἕψουσιν, ἀλλὰ καὶ συντρίβουσιν. R. V.

533. ἀλλ' ἐπικνῶσιν : Ἀντὶ τοῦ ἐπιβάλλουσι συν-

τρίψαντες. παρὰ τὸ κναίειν, τὸ διαφθείρειν. σίλφιον δὲ ῥίζα ἡδύοσμος πρὸς ἄλφιτα. λέγει δὲ τὸ ἐν Λιβύῃ γενόμενον. θεραπεύει δὲ πολλὰ καὶ ἔστι πολυτίμητον. καὶ ἐν Πλούτῳ [924] φησὶν

οὐδ' ἂν εἰ δοίης γέ μοι
τὸν Πλοῦτον αὐτὸν καὶ τὸ Βάττου σίλφιον.

535. κατάχυσμα : Ζωμὸν, παρὰ τὸ χεύεσθαι. γλυκὺ δὲ, μέλιτι δεδευμένον. (Ἄλλως. οὐδὲν πλέον ἢ κατάχυσμα, ὥστε ἀπὸ τούτου καὶ τὰ καταχύσματα λέγεσθαι.)

536. κατεσκέδασαν : κατέχεαν. R.V.

538. ὥσπερ κενεβρίων : Κατὰ ἐναλλαγὴν τῶν στοιχείων ἀντὶ τοῦ νεκριμαίων. ὡς τῶν θνησιμαίων κρεῶν ποικιλωτέρας ἀρτύσεως δεομένων. (Ἄλλως. τὰ θνησιμαῖα κρέα οὕτως ἐκάλουν. [fr. 550 :] « οὐκ ἔσθ' ᾧ κενέβρειον ὅταν θύσῃ. »)

539. [πολὺ δὴ : Εἴσθεσις μέλους χοροῦ, ἐπῳδικὴ μὲν διὰ τὸ μετὰ τὴν διπλῆν τίθεσθαι· προῳδικὴ δὲ διὰ τὸ προτίθεσθαι ἑτέρας διπλῆς. ἔστι δὲ καὶ ἀντίστροφος τῆς προρρηθείσης στροφῆς, διὰ τὸ καὶ αὐτὴν ἐκ κώλων συγκεῖσθαι καὶ στίχων ἀσυναρτήτων θ', ὁμοίων ἐκείνῃ. ἔχει δὲ καὶ ἐν ἐκθέσει τοὺς συνήθεις δύο στίχους ἀναπαιστικοὺς ὁμοίους τοῖς ἑξῆς ξα', διπλῇ ἔξω νενευκυίᾳ περατουμένους. ἐπὶ τῷ τέλει δύο διπλαῖ ἔξω νενευκυῖαι.]

χαλεπωτάτους λόγους : Ἀντὶ τοῦ λυπηροὺς, χαλέψαι δυναμένους.

540. (ἐμῶν πατέρων : Ἐρεθισθέντες ὑπὸ τῶν πρεσβυτῶν καταβοῶσι τῶν πατέρων ὡς ἀπολεσάντων τὴν βασιλείαν.)

543. ἐπ' ἐμοῦ : Εἰς ὅσον αὐτοὺς ἐγὼ χρόνον διεδεχόμην.

547. τὰ νεόττια : Ὡσεὶ εἶπεν ἐμὲ καὶ τὰ τέκνα μου ἀνατίθημί σοι ὥστε διοικεῖν. (ταῦτα δὲ εἰώθασι πρὸς τοὺς εὐήθεις τῶν ἀνθρώπων λέγειν.)

550. ὅτι ὀφείλετε μίαν πόλιν ἔχειν. R. V.

551. τὸ μεταξὺ λέγει γῆς καὶ οὐρανοῦ. R

552. πλίνθοις ὀπταῖς : Φασὶ γὰρ τὴν Βαβυλῶνα ἀπὸ ὀπτῶν πλίνθων οἰκοδομηθῆναι, καὶ ἀντὶ γύψου ἀσφάλτῳ συνδεθῆναι τὰς πλίνθους. ἡ Σεμίραμις δὲ ἔκτισε τὴν Βαβυλῶνα.

553. [ὦ Κεβριόνα : Ὀρνεόν τί φησι τὸν κεβριόνην. ἔπαιξε δὲ, ὡσεὶ ἔλεγεν, « ὦ θεοὶ, ὡς σμερδαλέον τὸ πόλισμα. » ἐπιτηδείως δὲ τὸν πορφυρίωνα παρέλαβεν, καὶ ὅτι ὄρνις καὶ ὅτι εἷς τῶν γιγάντων ὅμοιος τῷ Κεβριόνῃ, ὃν ἐχειρώσατο ἡ Ἀφροδίτη. ἐπίτηδες οὖν τῶν θεομάχων ἐμνήσθη, ἐπεὶ καὶ αὐτοὶ θεομαχήσουσιν.]

555. γνωσιμαχήσῃ : Γνωσιμαχῆσαί ἐστι τὸ γνόντα τινὰ ὅτι πρὸς κρείττους αὐτῷ ἡ μάχη ἡσυχάσαι.

556. ἱερὸν πόλεμον : Ὁ ἱερὸς πόλεμος ἐγένετο Ἀθηναίοις πρὸς Βοιωτοὺς βουλομένους ἀφελέσθαι Φωκέων τὸ μαντεῖον. νικήσαντες δὲ Φωκεῦσι πάλιν ἀπέδωκαν, ὡς Φιλόχορος (ἐν τῇ δ') λέγει. δύο δὲ ἱεροὶ πόλεμοι γεγόνασιν, οὗτός τε καὶ ὁπότε Φωκεῦσιν ἐπέθεντο Λακεδαιμόνιοι. (ἐν ἐνίοις τῶν ὑπομνημάτων ταῦτα λέγεται· ἱερὸν πόλεμον λέγει, καθὸ πρὸς θεοὺς ἔσοιτο. ἅμα δὲ τοῦ ἱεροῦ πολέμου μνημονεύει τοῦ γενομένου Ἀθηναίοις πρὸς Φωκέας ὑπὲρ τοῦ ἐν Δελφοῖς ἱεροῦ. ἐσχεδίασται δὲ ὑπ' αὐτῶν. οὐ γὰρ πρὸς Φωκέας ὑπὲρ τούτου ἐπολέμησαν, ἀλλ' ὑπὲρ Φωκέων, διὰ τὸ πρὸς Λακεδαιμονίους ἔχθος. γεγόνασι δὲ δύο πόλεμοι ἱεροί. πρότερος μὲν Λακεδαιμονίοις πρὸς Φωκεῖς ὑπὲρ Δελφῶν. καὶ κρατήσαντες τοῦ ἱεροῦ Λακεδαιμόνιοι τὴν προμαντείαν παρὰ Δελφῶν ἔλαβον. ὕστερον δὲ τρίτῳ ἔτει τοῦ πρώτου πολέμου Ἀθηναίοις πρὸς Λακεδαιμονίους ὑπὲρ Φωκέων. καὶ τὸ ἱερὸν ἀπέδωκαν Φωκεῦσι, καθάπερ καὶ Φιλόχορος ἐν τῇ δ' λέγει. καλεῖται δὲ ἱερὸς, ὅτι περὶ τοῦ ἐν Δελφοῖς ἱεροῦ ἐγένετο. ἱστορεῖ περὶ αὐτοῦ καὶ Θουκυδίδης [1, 112] καὶ Ἐρατοσθένης ἐν τῷ θ' καὶ Θεόπομπος ἐν τῷ κε'.)

558. [Ἀλκμήνας : Διὰ τοῦ πληθυντικοῦ ηὔξησε τὴν διαβολήν.]

559. [καὶ τὰς Ἀλόπας : Ἀλόπη Κερκυόνος θυγάτηρ, ἧ καὶ Ποσειδῶνος υἱὸς Ἱπποθόων.]

562. θύειν ὄρνισι : Πρὸ τῶν θεῶν. [τὸ λοιπὸν δὲ, εἰς τὸ ἔμπροσθεν. προσνείμασθαι δὲ] μερίσαι καὶ προσοικειῶσαι ἕκαστον ὄρνιν ἑκάστῳ θεῷ, ἱέρακα Ἀπόλλωνι καὶ τὰ ἑξῆς.

565. ἢν Ἀφροδίτῃ θύῃ πυροὺς : Πυροὺς λέγει τῇ Ἀφροδίτῃ θύειν, ἐπεὶ οἱ ἑφθοὶ πυροὶ πρὸς συνουσίαν ἐγερτικοί. ἡ δὲ φαληρὶς ὄρνεόν ἐστι λιμναῖον (εὐπρεπές. ἐσχημάτισε δὲ παρὰ τὸν φαλλόν).

566. ἢν δὲ Ποσειδῶνι : (Γράφεται, Ποσειδῶνι βοῦν τις θύῃ.) νῆττα δὲ παρὰ τὸ νήχεσθαι, ἐπεὶ ἔνυδρον τὸ ζῷον. καὶ τῷ Ποσειδῶνι δὲ ἐν ὑγρῷ ἡ δίαιτα.

567. [ἢν δ' Ἡρακλεῖ θύῃ τις : Τὸν λάρον διὰ τὴν ἀδηφαγίαν Ἡρακλεῖ προσανάπτει. ναστὸς δὲ, μέγας πλακουντώδης ἄρτος. ὁ δὲ Ἀσκληπιάδης φησὶν εὐτελῆ πλακοῦντα. μελιτούττας δὲ, μέλιτι δεδευμένας. τὸ δὲ πλῆρες, ναστοὺς καὶ μελιτούττας. λείπει γὰρ ὁ καί σύνδεσμος.]

568. ὀρχίλος ὄρνις : [Διὰ τὰς μοιχείας τοῦ Διὸς τὸν ὄρνιν παρέλαβεν.] ἐπλάσατο τὸ ὄνομα τοῦ ὄρνιθος. ἐπεὶ κατωφερὴς ὁ Ζεὺς καὶ μοιχὸς, διὰ τοῦτο ὀρχίλον παρείληχεν διὰ τοὺς ὄρχεις. τὸ δὲ σέρφον ἔνορχιν, ὡς κριὸν ἔνορχιν. δῆλον δὲ ἐντεῦθεν ὅτι οὐχ, ὡς οἴονταί τινες, σπέρμα τι ὁ σέρφος. [ἔστι δὲ ζῷον μυρμηκῶδες.]

570. ἥσθην σέρφῳ : Ὡς καταφρονῶν αὐτοῦ φησι. καὶ δωρίζειν πολλάκις ἐπιτηδεύουσιν. — σέρφῳ : Σέρφος μύρμηξ πτερωτός. *Vict.*

571. ἀντὶ τοῦ εὐτελεῖς ὄρνιθας. R.

574. αὐτίκα Νίκη πέταται : Νεωτερικὸν τὸ τὴν Νίκην καὶ τὸν Ἔρωτα ἐπτερῶσθαι. Ἄρχεννον γάρ φασι, τὸν Βουπάλου καὶ Ἀθήνιδος πατέρα, οἱ δὲ Ἀγλαοφῶντα, τὸν Θάσιον ζωγράφον, πτηνὴν ἐργάσασθαι τὴν Νίκην, ὡς οἱ περὶ Καρύστιον τὸν Περγαμηνόν φασιν.

575. Ἶριν δέ γ' Ὅμηρος : Ὅτι ψεύδεται παίζων.

οὐκ ἰδίως τις ὄρνις Περσικός. τινὲς δὲ τὸν ἀλεκτρυόνα, οἱ δὲ τὸν ταῶ.]

709. πρῶτα μὲν ὥρας : Παρὰ τὰ Ἡσιόδου [Op. 448]

φράζεσθαι δ' εὖτ' ἂν γεράνου φωνὴν ἐπακούσῃς
[ὑψόθεν ἐκ νεφέων ἐνιαύσια κεκληγυίης,]
ἥ τ' ἀρότοιό τε σῆμα φέρει καὶ χείματος ὥρην.

711. καὶ πηδάλιον τότε : Καὶ τοῦτο παρὰ τὰ Ἡσιόδειον [ib. 45]

αὐτίκα πηδάλιον μὲν ὑπὲρ καπνοῦ καταθεῖο.

καὶ [ib. 627]

πηδάλιον δ' εὐεργὲς ὑπὲρ καπνοῦ κρεμάσασθαι.

712. εἶτα δ' Ὀρέστῃ : Ὀρέστης μανίαν προσποιούμενος ἐν τῷ σκότει τοὺς ἀνθρώπους ἀπέδυεν.

713. ἰκτῖνος αὖ μετὰ ταῦτα : Ἐν Ἑλλάδι κατὰ ἔαρος φαίνεται ἰκτῖνος, ὅτε κουρεύεται τὰ θρέμματα. πέκειν δέ, πεκάζειν.

715. ληδάριον : Θερίστριον ἢ εὐτελὲς ἱμάτιον θερινόν. σημείωσαι δὲ ὅτι ἐν συστολῇ τὸ πρίασθαι.

717. ἐλθόντες γὰρ πρῶτον : Μαντευσάμενοι γὰρ πρῶτον ἐκ τῶν ὀρνεομαντειῶν οὕτως ἐπὶ τὰ ἔργα χωρεῖτε.

719. ὄρνιν τε νομίζετε : Πάντα γὰρ οἰωνοὺς καλοῦσι καὶ τὰ μὴ ὄρνεα.

721. (σύμβολον ὄρνιν : Καὶ γὰρ ταῦτα συμβόλους ἐποίουν τὰ πρῶτα συναντῶντα καὶ ἐξ ἀπαντήσεώς τι προσημαίνοντα. ταῦτα δὲ πάντα Δημήτερι ἀνέκειτο, ὥς φησι Φιλόχορος.)

θεράποντ' ὄρνιν : Ἐπεὶ πολλάκις εἰώθαμέν τινας τῶν θεραπόντων καλόποδας λέγειν καὶ καλοιωνίστους.

ὄνον ὄρνιν : Λέγεται γάρ τι τοιοῦτον, ὥς τις συμβολικὸς ἐρωτώμενος περὶ ἀρρώστου, εἶδεν ὄνον ἐκ πτώματος ἀναστάντα, ἤκουσε δὲ ἑτέρου λέγοντος, βλέπε τοὺς ὄνος ὃν ἀνέστη. ὁ δὲ ἔφη, ὁ νοσῶν ἀναστήσεται. καὶ ἀνέστη.

722. [ἦν οὖν : Ἔκθεσις τοῦ μακροῦ ἐκ κώλων ὁμοίων ἀναπαιστικῶν ιδ'. ὧν τὰ μὲν ιβ' δίμετρα ἀκατάληκτα, τὸ ιγ' ἀναπαιστικὴ βάσις, ὃ καὶ παρατέλευτον ὀνομάζεται, τὸ τελευταῖον ἑφθημιμερές, ἐφ' ᾧ παράγραφος.]
τοὺς ὄρνιθας. R.

724. μάντεσι, Μούσαις : Ὥστε χρῆσθαι ἡμῖν καὶ εἰς μουσικὴν καὶ εἰς μαντείαν. πολλὰ γὰρ τῶν ὀρνέων μουσικά.

725. ταῖς τροπαῖς. R. V. — χειμῶνι : Ὅτι καὶ ἀνέμους καὶ καιροὺς προσημαίνουσιν. [μετρίῳ δὲ πνίγει,] συμμέτρῳ καύματι. λέγει δὲ τὸ ἔαρ.

728. ὥσπερ ὁ Ζεύς : Νεφεληγερέτης γάρ.

731. πλουθυγιείαν : Ἔμιξε τὰ δύο, διὸ μάλιστα οἱ ἄνθρωποι χαίρουσι καὶ δοκοῦσι τὸν βίον ἐπανορθοῦσθαι, ἐκ τούτου ἔμφασιν εὐδαιμονίας ἐμφαίνων.

733. γάλα τ' ὀρνίθων : Καὶ τὰς ἄλλας ἡδονάς, δι' ὧν γέλως ἐστὶ καὶ χορεία καὶ θαλία. V. et R. qui καὶ χορεῖαι καὶ θαλίαι.

732. γάλα τ' ὀρνίθων : Τοῦτο ἐκ παροιμίας ἐπὶ τῶν λίαν εὐδαιμονούντων καὶ πάντα κεκτημένων. Ἄλλως. τοῦτο ἐπὶ τῶν σπανίως ἐχόντων. τὰ σπάνια οὖν, φησί, καὶ δυσπόριστα τῶν ἀγαθῶν παρέξομεν.

734. κοπιᾶν : Ἐν τῇ ἀπραγμοσύνῃ γενόμενοι τῶν ἀγαθῶν ἀπολαύσεσθαι μάλιστα.

737. Μοῦσα λοχμαία : Ἡ στροφὴ καὶ ᾠδὴ αὕτη κώλων ἐστὶ διαφόρων καὶ ἀσυναρτήτων ιϛ'. ὧν τὸ πρῶτον πεντασυλλαβές. τὸ β' ἑφθημιμερὲς τοῦ α' ποδὸς ἐξασυλλάβου. τὸ γ' τροχαϊκὸν εὐριπίδειον. τὸ δ' ἀσυνάρτητον προσοδιακὸν καλούμενον, περὶ οὗ εἴρηται ἐν τῇ παραβάσει τοῦ Νεφελῶν δράματος. τὸ ε' ὅμοιον τῷ β'. τὸ ϛ' ὅμοιον τῷ δ', οὐκ ἐκ παίωνος δευτέρου ἀρχόμενον ὡς ἐκεῖνο, ἀλλ' ἐκ δακτύλου. τὸ ζ' ὅμοιον τῷ β', τὸ η' δοχμιακὸν ἀκατάληκτον. τὸ θ' ἀναπαιστικὸν δίμετρον ἀκατάληκτον. καὶ τὸ ιδ'. τὸ ι' ἀσυνάρτητον ὅμοιον τοῖς ἔμπροσθεν. τὸ ι' ὅμοιον. τὸ ια' χοριαμβικὸν δίμετρον ἀκατάληκτον, ἐκ διαλελυμένου χοριάμβου, τοῦ α' ἑξασυλλάβου, τοῦ δὲ δευτέρου πεντασυλλάβου. τὸ ιβ' τροχαϊκὸν δίμετρον ἀκατάληκτον. τὸ ιγ' δακτυλικὸν ἑφθημιμερές. τὸ ιε' ἰαμβικὸν ἑφθημιμερές. τὸ ιϛ' ὅμοιον τῷ πρώτῳ πενθημιμερὲς ἐκ διαλελυμένου χοριάμβου. ἐπὶ τῷ τέλει διπλῇ, ἔσω νενευκυῖα διὰ τὴν ἀνταπόδοσιν. εἰσὶ δὲ καὶ ταῦτα πολυσχημάτιστα.]

Μοῦσα λοχμαία : (Τὴν ἑαυτῶν λέγει, οἷον λοχμαίαν. Δίδυμος, ὅτι ἐνδιατρίβουσιν ἐν ταῖς λόχμαις εἰώθασι φωνεῖν. ὁ λόγος δὲ ἀπὸ τοῦ ποιητοῦ. Ἄλλως.) ἀντὶ τοῦ μέλος ὡς ὄρνιθος. οἰκείως λοχμαίαν Μοῦσαν καλοῦσι, διὰ μέσου τὸ τῆς φωνῆς μίμημα καὶ ἐπιμίγνυσι τῷ τῆς ἀνθρωπείας. ἔστι δὲ τὸ ἑξῆς οὕτως· Μοῦσα λοχμαία ποικίλη, μεθ' ἧς ἐγὼ νόμους ἱεροὺς ἀναφαίνω. ξουθὴς δὲ εἶπε παρόσον τὰ πλεῖστα τῶν ὀρνέων ξουθὰ φαίνεται.

745. Πανὶ νόμους : Ἐπεὶ νόμιος ὁ θεὸς καὶ ὄρειος, καὶ τῶν ὀρνέων δὲ ἐν ὄρεσιν αἱ διατριβαί. [σεμνῇ δὲ μητρί,] τῇ Ῥέᾳ.

749. ἔνθεν : Ἀπὸ τῶν ἐμῶν ποιημάτων ὥσπερ ἡ μέλιττα ἀπεβόσκετο.

750. Φρύνιχος ἀμβροσίων : Φρύνιχος τραγῳδίας ποιητής, ὃς ἐπὶ μελοποιίαις ἐθαυμάζετο. τέσσαρες δὲ ἐγένοντο Φρύνιχοι. ὁ μὲν εἷς οὗ νῦν μνημονεύει, Πολυφράδμονος παῖς, ποιητὴς ἡδὺς ἐν τοῖς μέλεσιν. ὁ ἕτερος, Χοροκλέους παῖς, ὑποκριτής. τρίτος, Φρύνιχος ὁ κωμικός, οὗ μέμνηται Ἕρμιππος ἐν Φορμοφόροις ὡς ἀλλότρια ὑποβαλλομένου ποιήματα. τέταρτος δέ ἐστιν Ἀθηναῖος τὸ γένος ὁ στρατηγήσας τὰ περὶ Σάμον καὶ Ἀστυόχῳ προσθέμενος, ἐπιχειρήσας δὲ τῇ τοῦ δήμου καταλύσει. περὶ ὧν ἐν τοῖς Βατράχοις [ad 1299] ἱκανῶς εἰρήκαμεν.)

753. [εἰ μετ' ὀρνίθων : Εἰ μετ' ὀρνίθων τις διάγειν βούλεται ἡδέως, τὸ λοιπὸν ὡς ἡμᾶς ἐλθέτω.]

754. [διαπλέκειν : Ἢ διαποικίλλειν ἢ διάγειν.]

755. [τῷ νόμῳ : Νόμον νῦν οὐ πάντα τὸν γεγραμμένον φησίν, ἀλλὰ τὸ ἔθος.]

οὐχ ἰδίως τις ὄρνις Περσικός. τινὲς δὲ τὸν ἀλεκτρυόνα. οἱ δὲ τὸν ταῶ.]

709. πρῶτα μὲν ὥρας : Παρὰ τὰ Ἡσιόδου [Op. 446]

φράζεσθαι δ' εὖτ' ἂν γεράνου φωνὴν ἐπακούσῃς
[ὑψόθεν ἐκ νεφέων ἐνιαύσια κεκληγυίης,]
ἥ τ' ἀρότοιό τε σῆμα φέρει καὶ χείματος ὥρην.

711. καὶ πηδάλιον τότε : Καὶ τοῦτο παρὰ τὸ Ἡσιόδειον [ib. 45]

αὐτίκα πηδάλιον μὲν ὑπὲρ καπνοῦ καταθεῖο.

καὶ [ib. 627]

πηδάλιον δ' εὐεργὲς ὑπὲρ καπνοῦ κρεμάσασθαι.

712. εἶτα δ' Ὀρέστῃ : Ὀρέστης μανίαν προσποιούμενος ἐν τῷ σκότει τοὺς ἀνθρώπους ἀπέδυεν.

713. ἰκτῖνος αὖ μετὰ ταῦτα : Ἐν Ἑλλάδι καιρῷ ἔαρος φαίνεται ἰκτῖνος, ὅτε κουρεύεται τὰ θρέμματα. πέκειν δὲ, ποκάζειν.

715. ληδάριον : Θερίστριον ἢ εὐτελὲς ἱμάτιον θερινόν. σημείωσαι δὲ ὅτι ἐν συστολῇ τὸ πρίασθαι.

717. ἐλθόντες γὰρ πρῶτον : Μαντευσάμενοι γὰρ πρῶτον ἐκ τῶν ὀρνεομάντεων οὕτως ἐπὶ τὰ ἔργα χωρεῖτε.

719. ὄρνιν τε νομίζετε : Πάντα γὰρ οἰωνοὺς καλοῦσι καὶ τὰ μὴ ὄρνεα.

721. (σύμβολον ὄρνιν : Καὶ γὰρ ταῦτα συμβόλους ἐποίουν τὰ πρῶτα συναντῶντα καὶ ἐξ ἀπαντήσεώς τι προσημαίνοντα. ταῦτα δὲ πάντα Δημήτερι ἀνέκειτο, ὥς φησι Φιλόχορος.)

θεράποντ' ὄρνιν : Ἐπεὶ πολλάκις εἰώθαμέν τινας τῶν θεραπόντων καλόποδας λέγειν καὶ καλοιωνίστους.

ὄνον ὄρνιν : Λέγεται γάρ τι τοιοῦτον, ὡς συμβολικὸς ἐρωτώμενος περὶ ἀρρώστου, εἶδεν ὄνον ἐκ πτώματος ἀναστάντα, ἀκήκοε δὲ ἑτέρου λέγοντος, βλέπε πῶς ὄνος ὢν ἀνέστη. ὁ δὲ ἔφη, ὁ νοσῶν ἀναστήσεται. καὶ ἀνέστη.

723. [ἦν οὖν : Ἔκθεσις τοῦ μακροῦ ἐκ κώλων ὁμοίων ἀναπαιστικῶν ιδ'. ὧν τὰ μὲν ιβ' δίμετρα ἀκατάληκτα. τὸ ιγ' ἀναπαιστικὴ βάσις, ὃ καὶ παρατέλευτον ὀνομάζεται. τὸ τελευταῖον ἑφθημιμερές. ὑφ' ὃ παράγραφος.] τοὺς ὄρνιθας. R.

724. μάντεσι, Μούσαις : Ὥστε χρῆσθαι ἡμῖν καὶ εἰς μουσικὴν καὶ εἰς μαντείαν. πολλὰ γὰρ τῶν ὀρνέων μουσικά.

725. ταῖς τροπαῖς. R. V. — χειμῶνι : Ὅτι καὶ ἀνέμους καὶ καιροὺς προσημαίνουσιν. [μετρίῳ δὲ πνίγει,] συμμέτρῳ καύματι. λέγει δὲ τὸ ἔαρ.

728. ὥσπερ ὁ Ζεύς : Νεφεληγερέτης γάρ.

731. πλουθυγιείαν : Ἔμιξε τὰ δύο, διὸ μάλιστα οἱ ἄνθρωποι χαίρουσι καὶ δοκοῦσι τὸν βίον ἐπανορθοῦσθαι, ἐκ τούτου ἔμφασιν εὐδαιμονίας ἐμφαίνων.

732. γέλωτα : Καὶ τὰς ἄλλας ἡδονὰς, δι' ὧν γέλως ἐστὶ καὶ χορεία καὶ θαλία. V. et R. qui καὶ χορεῖαι καὶ εὐωχίαι.

733. γάλα τ' ὀρνίθων : Τοῦτο ἐκ παροιμίας ἐπὶ τῶν λίαν εὐδαιμονούντων καὶ πάντα κεκτημένων. (Ἄλλως. τοῦτο ἐπὶ τῶν σπανίων ἔταττον. τὰ σπάνια οὖν, φησί, καὶ δυσεύρετα τῶν ἀγαθῶν παρέξομεν.)

734. κοπιᾶν : Ἐν πλησμονῇ γενόμενοι τῶν ἀγαθῶν ἀπειρηκέναι μέλλετε.

737. [Μοῦσα λοχμαία : Ἡ στροφὴ καὶ ᾠδὴ αὕτη κώλων ἐστὶ διαφόρων καὶ ἀσυναρτήτων ις'. ὧν τὸ πρῶτον πενθημιμερές. τὸ β' ἑφθημιμερὲς τοῦ α' ποδὸς ἐξαβράχεος. τὸ γ' τροχαϊκὸν εὐριπίδειον. τὸ δ' ἀσυνάρτητον προσῳδιακὸν καλούμενον, περὶ οὗ εἴρηται ἐν τῇ παραβάσει τοῦ Νεφελῶν δράματος. τὸ ε' ὅμοιον τῷ β'. τὸ ς' ὅμοιον τῷ δ', οὐκ ἐκ παίωνος δευτέρου ἀρχόμενον ὡς ἐκεῖνο, ἀλλ' ἐκ δακτύλου. τὸ ζ' ὅμοιον τῷ β', πλὴν βραχυκατάληκτον. τὸ η' ἀναπαιστικὸν δίμετρον ἀκατάληκτον. καὶ τὸ ιδ'. τὸ θ' ἀσυνάρτητον ὅμοιον τοῖς ῥηθεῖσι. τὸ ι' ὅμοιον. τὸ ια' χοριαμβικὸν δίμετρον ἀκατάληκτον, ἐκ διαλελυμένων χοριάμβων, τοῦ α' ἑξασυλλάβου, τοῦ δὲ δευτέρου πεντασυλλάβου. τὸ ιβ' τροχαϊκὸν δίμετρον ἀκατάληκτον. τὸ ιγ' δακτυλικὸν ἑφθημιμερές. τὸ ιε' ἰαμβικὸν ἑφθημιμερές. τὸ ις' ὅμοιον τῷ πρώτῳ πενθημιμερὲς ἐκ διαλελυμένου χοριάμβου. ἐπὶ τῷ τέλει διπλῆ ἔσω νενευκυῖα διὰ τὴν ἀνταπόδοσιν. εἰσὶ δὲ καὶ ταῦτα πολυσχημάτιστα.]

Μοῦσα λοχμαία : (Τὴν ἑαυτῶν λέγει, οἷον λοχμίδα. Δίδυμος, ὅτι ἐγκεκρυμμένοι ἐν ταῖς λόχμαις εἰώθασι φωνεῖν. ὁ λόγος δὲ ἀπὸ τοῦ ποιητοῦ. Ἄλλως.) ἀντὶ τοῦ μέλος ὡς ὄρνιθος. οἰκείως λοχμαίαν Μοῦσαν καλοῦσι. διὰ μέσου τὸ τῆς φωνῆς μίμημα καὶ ἐπιμίγνυσι τῷ τῆς ἀνθρωπείας. ἔστι δὲ τὸ ἑξῆς οὕτως· Μοῦσα λοχμαία ποικίλη, μεθ' ἧς ἐγὼ νόμους ἱεροὺς ἀναφαίνω. ξουθῆς δὲ εἶπε παρόσον τὰ πλεῖστα τῶν ὀρνέων ξουθὰ φαίνεται.

745. Πανὶ νόμους : Ἐπεὶ νόμιος ὁ θεὸς καὶ ὄρειος, καὶ τῶν ὀρνέων δὲ ἐν ὄρεσιν αἱ διατριβαί. [σεμνᾷ δὲ μητρί,] τῇ Ῥέᾳ.

749. ἔνθεν : Ἀπὸ τῶν ἐμῶν ποιημάτων ὥσπερ ἡ μέλιττα ἀπεβόσκετο.

750. Φρύνιχος ἀμβροσίων : Φρύνιχος τραγῳδίας ποιητής, ὃς ἐπὶ μελοποιίαις ἐθαυμάζετο. τέσσαρες δὲ ἐγένοντο Φρύνιχοι. ὁ μὲν εἷς οὗ νῦν μνημονεύει, Πολυφράδμονος παῖς, ποιητὴς ἡδὺς ἐν τοῖς [illegible] Χοροκλέους παῖς, ὑποκριτής. τρίτος, [illegible] μικός, οὗ μέμνηται Ἕρμιππος ἐν [illegible] λότρια ὑποβαλλομένου ποιήματα. [illegible] Ἀθηναῖος τὸ γένος ὁ στρατηγήσας [illegible] Ἀστυόχῳ προσθέμενος, ἐπιχειρ[illegible] καταλύσει. περὶ ὧν ἐν τοῖς Βατρ[illegible] εἰρήκαμεν.)

752. [εἰ μετ' ὀρνίθων : [illegible] βούλεται ἡδέως, τὸ λο[illegible]

754. [διαπλέκειν : [illegible]

755. [τῷ νόμῳ [illegible] μένον φησίν, ἀλ[illegible]

759. αἶρε πλῆκτρον εἰ μάχει : (Πλῆκτρον) ὅπλον ἀμυντήριον. ἡ μεταφορὰ ἀπὸ τῶν ἀλεκτρυόνων. κἀκεῖνοι γὰρ ἔχουσι πλῆκτρα ἐν οἷς μάχονται. ἃ ἡμεῖς κέντρα λέγομεν τῶν ὀρνίθων, ἐκεῖνοι πλῆκτρα. πλῆκτρα δέ εἰσι ἔμβολα χαλκᾶ τὰ ἐμβαλλόμενα τοῖς πλήκτροις τῶν ἀλεκτρυόνων.

761. [ἀτταγᾶς : Ὁ ἀτταγᾶς γὰρ κατάστικτός ἐστι ποικίλοις πτεροῖς.]

762. Σπινθάρου : Οὗτος κωμῳδεῖται ὡς βάρβαρος καὶ Φρὺξ, [ἔτι δὲ καὶ ὁ Φιλήμων]. — φρυγίλος δὲ ὄνομα ὀρνέου. R. V.

764. Ἐξηκεστίδης : Πολλαχοῦ προείπομεν ὅτι ξένος οὗτος. πολλαχοῦ δὲ καὶ παρὰ τοῖς ἄλλοις κωμῳδεῖται. νῦν δὲ ὅτι Κάρ.

765. φυσάτω πάππους : Εὐφρόνιός φησι πάππον ὀρνεόν τι εἶναι. πρὸς τὸ ὄνομα οὖν παίζει, ὅτι εἰ ἀναβάς τις πρὸς ἡμᾶς γενήσεται πάππος, ἕξει ἀποδεικνύναι φράτορας, ὅ ἐστι συγγενεῖς. οἱ γὰρ εὐθυνόμενοι ὡς ξένοι ὀφείλουσι τοὺς ἰδίους πάππους ἀποδεικνύναι ἐκ φατρίας ἄνωθεν ὄντας. Καλλίμαχος οὐκ ἀναγράφει τὸν πάππον. (τρίτη δὲ μοῖρά ἐστι τῆς φυλῆς ἡ φρατορία, οὕστινας τριττὺν λέγει.)

766. εἰ δ' ὁ Πεισίου προδοῦναι : (Οὐδὲν σαφὲς ἔχομεν τίς ὁ Πεισίου, οὐδὲ περὶ τῆς προδοσίας. ὅτι δὲ τῶν λίαν πονηρῶν ἐστι δηλοῖ Κρατῖνος ἐν Χείρωσι, Πυλαίᾳ, Ὥραις· εἴη δ' ἄν τι συμπεπραχὼς τοῖς ἑρμοκοπίδαις ὁ Πεισίου, οἵτινες, ὡς Φιλόχορός φησιν, ἐπὶ Χαβρίου θάνατόν τε κατεγνώσθησαν καὶ τὰ ὀνόματα αὐτῶν ἐστηλιτεύθη καὶ ἐδημεύθη, καὶ τῷ κτείναντι κατ' ἄνδρα ἐκηρύχθη τάλαντον. Ἄλλως.) οἱ μὲν τὸν Πεισίαν ἕνα εἶναι τῶν ἑρμοκοπιδῶν, (οἱ δὲ τὸν υἱὸν αὐτοῦ. ἐτηροῦντο δὲ οὗτοι, ὅπως ἂν δοῖεν τῆς περικοπῆς τιμωρίαν.) εἰ οὖν, φησίν, ὁ υἱὸς Πεισίου ὅμοιος βούλεται εἶναι τῷ πατρὶ, γενέσθω πέρδιξ πανοῦργος. (Κρατῖνος Χείρωσι

καὶ πρῶτον μὲν παρὰ ναυτοδικῶν ἀπάγω τρία κνώδαλ' ἀναιδῆ,
Πεισίαν, Ὀσφύωνα, Διιτρέφη.)

767. τοῦ πατρὸς νεόττιον : (Ὡς καὶ τοῦ πατρὸς αὐτοῦ τοιούτου ὄντος, ἀποδρᾶναι ἀπὸ τῆς τοῦ πατρὸς πανουργίας. Ἄλλως.) ὁ πέρδιξ ὄρνεον πανοῦργον, ἐπεὶ [illegible] [illegible] τοὺς θηρεύοντας αὐτό. εἰ οὖν, φησί, [illegible]
αὐτοῦ τοιοῦτος βούλεται γενέσθαι, [illegible]
ὅμοιος τῷ πατρί.

768. ἐκπερδικίσαι : (Διὰ τὸ π[illegible]
εἴρηται δὲ ἀπὸ τοῦ τοὺς πέρδ[illegible]
ὑπ' ἀνθρώπων, μηχανᾶσθαι [illegible]
[illegible]ντες γὰρ κάρφη τοῖς π[illegible]
καὶ οὕτως ἐπικαλύπτου[illegible]
ἀντὶ τοῦ φυγεῖν. δι[illegible]
φυγῇ ζημιωθέντα.
[illegible] χερῶν διαδιδράσ[illegible]
[illegible] καὶ [illegible]
[illegible] παρ' ἡμ[illegible]
[illegible]

θρωπον ἴδῃ, συρίζει· οἱ δὲ ὑπτίους ἑαυτοὺς τιθέασιν, ὡς μηδὲ ψηλαφῶντά τινα ἐπιγνῶναι. εἶτα ὀλίγον προελθόντος τοῦ ἀνδρὸς, πάλιν συρίζει ὁ πατήρ· οἱ δὲ ἐξίπτανται. τοῦτο οὖν ἐστι τὸ ἐκπερδικίσαι. Ἄλλως. Δίδυμος ἐν τῷ περὶ διεφθορυίας λέξεως οὕτως. ἐπὰν ἴδῃ τὸν θηρευτὴν ἡ πέρδιξ, προκυλινδεῖται αὐτοῦ ἐπισπωμένη πρὸς ἑαυτήν. ὡς δὲ γίνεται περὶ τὸ ἀγρεῦσαι αὐτὴν, οἱ νεοσσοὶ φεύγουσιν, εἶτα καὶ αὐτὴ διαδρᾶσα ὕστερον αὐτοὺς συνάγει.) — ἐκπερδικίσαι : Ἤγουν ἐκφυγεῖν. *Vict.*

769. [τοιάνδε : Ἡ ἀντῳδὴ καὶ ἀντιστροφὴ ὁμοία καθ' ἕκαστόν ἐστι τῇ στροφῇ καὶ ἀντιστροφῇ. ἐπὶ τῷ τέλει αἱ συνήθεις δύο διπλαῖ.]

772. [κρέκοντες : Ἀντὶ τοῦ ἠχοῦντες. διὰ γὰρ τῆς τῶν πτερῶν κινήσεως ὕμνουν τὸν Ἀπόλλωνα.] — ἴακχον : Ἐβόων. *Vict.*

774. (παρ' Ἕβρον : Ποταμὸν Θρᾴκης τὰ ῥεύματα ἔχοντα ἐκ Ῥοδόπης τοῦ Θρᾳκικοῦ ὄρους.) — ἐν δὲ τοῖς ποταμοῖς ποιοῦνται τὰς διατριβὰς τὰ ὄρνεα. V.

778. [νήνεμος αἴθρη : Οἷον, ὑπὸ τῆς εὐαερίας λῆξις κυμάτων ἐγένετο. τοῦ γὰρ ἀέρος εὐδιεινοῦ ὄντος καὶ ἡ θάλασσα ἡσύχασεν.] — Ἄλλως. ἀντὶ τοῦ ἡσύχασεν ἡ θάλασσα κυμαίνουσα καταχηρουμένη. Vict.

780. ἀντὶ τοῦ ἐκτύπησεν. R.

782. ἄνακτας : Ἀντὶ τοῦ τοὺς θεούς. ἔνθεν καὶ ἀνάκτορα τὰ ἱερά.

783. Ὀλυμπιάδες : Αἱ κατοικοῦσαι ἐν τῷ Ὀλύμπῳ. *Vict.*

784. εὐφήμησαν. R.

785. [οὐδὲν ἔστ' ἄμεινον : Τὸ ἀντεπίρρημα ὅμοιον τῷ ἐπιρρήματι. ἐπὶ τῷ τέλει διπλῆ ἔξω νενευκυῖα.]

787. χοροῖσι τῶν τραγῳδῶν : Ὡς μακρῶν ὄντων τούτων.

789. [ἐφ' ἡμᾶς : Ἐπὶ τὸ θέατρον.]

790. εἴτε Πατροκλείδης : Δοκεῖ ὁ Πατροκλείδης πολιτικὸς εἶναι καὶ λόγιος, ἄλλως δὲ κατασχημονῶν τῶν στρωμάτων, διὸ καὶ χεσᾶς ἐλέγετο. ἐξίδισε δὲ, ἐξετίλησεν, ἀπεπάτησεν.

[illegible] [illegible]ων τις ὑμῶν ἐστιν, ὅστις τυγχάνει :
[illegible] ; ἐστὶν ὑμῶν. R. V.
[illegible] : Οὗτος τόπος τοῦ θεάτρου, ὁ
[illegible]ταῖς, ὡς καὶ ὁ τοῖς ἐφήβοις ἐφη-
[illegible] τοῦ θεάτρου.
[illegible] Εὐφρόνιος τὰ περὶ τῷ τραχήλῳ
[illegible]ρια ἑκατέρωθεν πτερὰ
[illegible] ἔπλεκεν. ἀμάρτυρα
[illegible]θαι διὰ τὸ ἀνυπόκρι-
[illegible] ἀλλ' ἢ πίθου πόδας,
[illegible]πλουτος οὗτος ἐνεφαί-
[illegible] ἀπὸ τῆς Διιτρέφους τρα-
[illegible] καὶ πανταχοῦ ἅρπαξ καὶ
[illegible] Πλάτων δὲ ἐν Ἑορταῖς
Κρῆτα, τὸν μόγις

15.

Ἀττικόν. » Ἄλλως. οὗτος θάλλινα ποιῶν ἀγγεῖα ἐπλούτησε καὶ ἱππάρχησε καὶ ἐφυλάρχησεν.)

πυτιναῖα μόνον ἔχων : Ὄρνεον μικρὸν ἡ πυτίνη. R. ὄρνεον μικρόν. πυτίνη δὲ πλέγμα ἐστίν. V.

799. εἶτ' ἐξ οὐδενὸς μεγάλα πράττει : (Παρὰ τὰ γραφέντα ἐκ Μυρμιδόνων Αἰσχύλου.) λέγει δὲ ὅτι [ἀρτίως] μέγας ὄρνις γέγονε καὶ οὐχ ὁ τυχών.

800. ἱππαλεκτρυών : Ἀντὶ τοῦ βουλευτής. ὁ γὰρ ἀλεκτρυὼν ἐν τοῖς ὄρνισιν ἐντιμότατος.

801. [ταυτὶ τοιαυτί : Κορωνὶς εἰσιόντων αὖθις τῶν ὑποκριτῶν. οἱ δὲ στίχοι ἰαμβικοὶ τρίμετροι ἀκατάληκτοι ν'. μετὰ δὲ τὸν ιθ' στίχον κῶλον ἰαμβικὸν μονόμετρον ἀκατάληκτον. ἐπὶ τῷ τέλει κορωνίς.] [ἐξῆλθον μὲν οἱ δύο ἐπτερωμένοι καὶ ἀλλήλων χλευάζοντες τὰ σχήματα.]

803. ὠκυπτέροις : Τῶν πτερῶν τὰ μὲν καλεῖται πτίλα, τὰ δὲ πτερά, τὰ δὲ ὠκύπτερα.

805. εἰς εὐτέλειαν : Εὐτελῶς γεγραμμένῳ χηνί.

806. ἀποτετιλμένῳ : Ἀντὶ τοῦ ἀποκεκαρμένῳ. δύο δὲ εἴδη κουρᾶς, σκάφιον καὶ κῆπος. (τὸ μὲν οὖν σκάφιον, τὸ ἐν χρῷ· ὁ δὲ κῆπος τὸ πρὸ μετώπου κεκοσμῆσθαι.)

807. [ταυτὶ μὲν ᾐκάσμεθα : Διεσκέμμεθα.]

κατὰ τὸν Αἰσχύλον : Ἐκεῖνος γὰρ Λιβυστικὴν αὐτὴν καλεῖ παροιμίαν·

ὅδ' ἐστὶ μύθων τῶν Λιβυστικῶν λόγος,
πληγέντ' ἀτράκτῳ τοξικῷ τὸν αἰετόν,
εἰπεῖν ἰδόντα μηχανὴν πτερώματος·
τάδ' οὐχ ὑπ' ἄλλων, ἀλλὰ τοῖς αὑτῶν πτεροῖς
ἁλισκόμεσθα.

πεποίηκε γὰρ ὁ Αἰσχύλος ἀετὸν τετρωμένον λέγοντα ταῦτα, ἐπειδὴ εἶδε τὸ βέλος ἐπτερωμένον καὶ ἐμπεπαρμένον αὐτῷ. καὶ ἡμεῖς οὖν, φησίν, οὐχ ὑπ' ἄλλων πάσχομεν ταῦτα, ἀλλὰ τῇ ἑαυτῶν γνώμῃ.

808. [τοῖς αὑτῶν πτεροῖς : Ὅλον τοῦτο ἐκ Μυρμιδόνων Αἰσχύλου. τὸ δὲ, οὐχ ὑπ' ἄλλων, ἀλλὰ τοῖς αὑτῶν πτεροῖς ἁλισκόμεθα, ἀντὶ τοῦ, ἑαυτοῖς ταῦτα πεποιήκαμεν.]

809. ἄγε δὴ τί χρὴ δρᾶν : Ἔν τισιν ὅλον ἕν. ἐν ἐνίοις δὲ τὸ ἄγε δὴ τοῦ ἔποπος.

810. μέγα : Παράδοξον, ὃ οὐκ ὠνόμασταί ποτε.

τοῖς θεοῖς : Τοῖς ὄρνισι δηλονότι.

815. ἔοικε καὶ ἐκ τούτων Σπάρτη πόλις καλεῖσθαι τότε. V.

816. οὐδ' ἂν χαμεύνην : (Δίδυμός φησιν, οὐδ' ἂν σπάρτον, ᾧ χρησαίμην,) οὕτω μισῶ τὴν Σπάρτην. χαμεύνη δὲ, ταπεινὴ κλίνη. ὅθεν καὶ τὸ ὄνομα εἴληφεν. Ἄλλως. οὐδ' ἂν τὴν χαμεύνην ὀνομάσαιμι σπάρτην, εἴ γε κειρίας ἔχοιμι, καὶ μὴ σπαρτίον δεήσαι μοι αὐτῇ ἐντεῖναι. [ἡ δὲ χαμεύνη εὐτελής ἐστιν.] ἡ δὲ κειρία εἶδος ζώνης ἐκ σχοινίων, παρεοικὸς ἱμάντι, ᾗ δεσμοῦσι τὰς κλίνας.

819. ἀντὶ τοῦ ὑπερήφανον. R.V. Νεφελοκοκκυγίαν : Παρὰ τὰς νεφέλας καὶ τὸν κόκκυγα. ἔστι δὲ εἶδος ὀρνέου. χαῦνον δὲ ἀντὶ τοῦ πλατὺ καὶ μέγιστον. τὰ γὰρ χαῦνα εἰς πλάτος ἁπλοῦται.

822. ἵνα καὶ τὰ Θεαγένους : Προείρηται ὅτι πένης οὗτος, ἔλεγε δὲ ἑαυτὸν πλούσιον. εἰσὶ δὲ ἄλλοι δύο Θεαγένεις, εἷς μὲν ὁ περὶ Ὁμήρου γράψας, ἕτερος δὲ ὁ ἐπὶ μαλακίᾳ σκωπτόμενος. (Ἄλλως. λέγεται ὅτι μεγαλέμπορός τις ἐβούλετο εἶναι, περαίτης ἀλαζών, ψευδόπλουτος. ἐκαλεῖτο δὲ καπνὸς, ὅτι πολλὰ ὑπισχνούμενος οὐδὲν ἐτέλει. Εὔπολις ἐν Δήμοις.)

823. τά τ' Αἰσχίνου γε ἅπαντα : Καὶ οὗτος πένης, θρυπτόμενος καὶ αὐτὸς ἐπὶ πλούτῳ, καὶ λέγων ἑαυτὸν πλούσιον. ἦν δὲ Αἰσχίνης Σελλοῦ. ἔλεγον δὲ ἐκ μεταφορᾶς τοὺς τοιούτους Σελλούς. καὶ τὸ ἀλαζονεύεσθαι δὲ σελλίζειν.

824. τὸ Φλέγρας πεδίον : Ἔξωθεν ὑπακουστέον τὸν ἢ διασαφητικὸν σύνδεσμον. βέλτιον, φησὶ, πιστεύειν τὰ χρήματα τούτων ἐν Νεφελοκοκκυγίᾳ ἀποκεῖσθαι, ἢ εἰς τὸ Φλέγρας πεδίον. διαβάλλει δὲ αὐτὸ ὡς κἀκεῖνο πεπλασμένον ὑπὸ τῶν ποιητῶν. ἔστι δὲ τῆς Θρᾴκης πεδίον. Δίδυμος δέ φησι, διὰ τὴν ὁμοιότητα τῶν ὀνομάτων τῆς Φλέγρας καὶ τῆς Νεφελοκοκκυγίας.

825. καθ' ὑπερηκόντισαν : Δέον εἰπεῖν κατεπολέμησαν, φησὶ τοῖς ἀλαζονεύμασιν αὐτῶν ὑπερεβάλοντο αὐτούς.

827. τῷ ξανοῦμεν τὸν πέπλον : Τῇ Ἀθηνᾷ πολιάδι οὔσῃ πέπλος ἐγίνετο παμποίκιλος, ὃν ἀνέφερον ἐν τῇ πομπῇ τῶν Παναθηναίων.

(828). τί οὐκ Ἀθηναίαν : Ὅτι τὴν θεὸν οὕτως ἔλεγον Ἀθηναίαν. διὸ καὶ τὴν πολῖτιν οὐκ Ἀθηναίαν, φεύγοντες τὴν ὁμωνυμίαν, [ἀλλ' ἀστήν. φαίνονται μέντοι καὶ τὴν πολῖτιν Ἀθηναίαν λέγοντες πανταχοῦ].

829. καὶ πῶς ἂν ἔτι γένοιτο : Ἐὰν τὴν Ἀθηνᾶν στήσωμεν πολιοῦχον γυναῖκα οὖσαν.

831. οὗτος διεβάλλετο ὡς γυναικώδης. R. ὡς γυναικώδης οὗτος κωμῳδεῖται. V.

832. τῆς πόλεως τὸ Πελαργικόν : Ὅτι Ἀθήνησι τὸ Πελαργικὸν τεῖχος (ἐν τῇ ἀκροπόλει), οὗ μέμνηται Καλλίμαχος [fr. 283] « Τυρσηνῶν τείχισμα Πελαργικόν. »

833. ὄρνις ἀφ' ἡμῶν : (Μήποτε νῦν) τὸν ἀλεκτρυόνα λέγει. (Μῆδος γὰρ λέγεται. Ἄρεως δὲ νεοττὸς, ἐπεὶ ἄλκιμος καὶ μάχιμος.)

835. Ἄρεως νεοττός : (Νεοττοί τινες ἀλεκτρυόνες λέγονται ὡς καὶ Μηδικοί. ἴσως δέ τις ἦν καλὸς παῖς νεοττός τοὔνομα, πρὸς ὃν παίζει, ὦ νεοττὲ δέσποτα. οὕτω Δίδυμος. Ἄλλως.) ἐπεὶ μάχιμος ὁ ἀλεκτρυών. φασὶ δὲ αὐτὸν ἄνθρωπον ὄντα κατασταθῆναι ὑπὲρ Ἄρεως ἐν τῷ οἴκῳ Ἡφαίστου, τηρεῖν αὐτοῦ τὴν ἄφιξιν διὰ τὴν μοιχείαν τῆς Ἀφροδίτης. ὁ δὲ ἀπεκοιμήθη. φωραθεὶς οὖν ὁ Ἄρης, εἰς τὸ τοιοῦτον αὐτὸν μετέβαλεν ὄρνεον ὡς ἠμεληκότα τῆς φυλακῆς. [ὁ δὲ μεμνημένος, τὴν ὥραν ἐκείνην ἄρχεται ᾄδειν, τὴν τοῦ ἡλίου προαισθόμενος ἄνοδον, καθ' ἣν ὁ Ἥφαιστος εἰώθει ἐπανήκειν οἴκαδε.]

836. ὥσθ' ὁ θεὸς ἐπιτήδειος : Δίδυμός φησι τὸ Πελαργικὸν τεῖχος ἐπὶ πετρῶν κεῖσθαι. (Ἄλλως. τὸ Πελαργικὸν καὶ αὐτὸ τραχύ. ἀλλὰ διὰ τί ἐπιτήδειος ἐπὶ πετρῶν οἰκεῖν, εἴπερ ἀλεκτρυών ἐστιν, εἰ μὴ τὸν πελαργὸν, ἅμα παίζων καὶ πρὸς τὸ ὄνομα; ἀλλὰ διὰ τί Περσικὸν, ἢ Ἄρεος νεοττός;)

839. χάλικας : Λίθους. V.

ἀποδὺς ὄργασον : Κυρίως πίσσωσαι. ὀργὴ γὰρ παρ' Ἴωσιν ἡ πίσσα. (σημαίνει δὲ καὶ τὸ σπαργᾶν ὀργίζεσθαι. νῦν δὲ ἀντὶ τοῦ μάλαξον. Εὔπολις Προσπαλτίοις « ἢ πηλὸν ὀργάζειν τινά. »)

840. (κατάπεσ' ἀπὸ τῆς κλίμακος : Τοῦτο ἔκθλιψιν πέπονθε τοῦ κατάπεσε δευτέρου ἀορίστου. οὐ γὰρ ἐν χρήσει τὸ ἔπεσα, ἵνα καὶ τὸ πέσον.)

841. τὸ πῦρ ἐγκρυπτ' ἀεί : (Ἵνα σχῇ αὐτὸ, εἰ χρεία γενήσεται φυλακῆς.) εἰώθασι γὰρ ἐν ταῖς φυλακαῖς πυρκαϊὰς καίειν.

842. κωδωνοφορῶν : Οἱ περίπολοι οἱ τὰς φυλακὰς περισκοποῦντες ἐρχόμενοι ἐπὶ τοὺς φύλακας κώδωνας εἶχον, καὶ διὰ τούτων ἐψόφουν, πειράζοντες τὸν καθεύδοντα, καὶ ἵνα οἱ φυλάττοντες ἀντιφθέγγωνται. (μήποτε δὲ παρακωμῳδεῖ τὸν Εὐριπίδου Παλαμήδην οὐ πρὸ πολλοῦ δεδιδαγμένον.)

843. εἰς θεοὺς ἄνω : Ἐπεὶ μεταξὺ γῆς καὶ οὐρανοῦ ἐστιν ὁ ἀήρ.

846. οἴμωζε παρ' ἐμέ : Παίζων τοῦτό φησιν, ἐπειδὴ εἶπεν αὐτῷ παρ' ἐμέ.

849. πομπεύσοντα. R.

850. τὴν χέρνιβα : Ἀντὶ τοῦ τὸ ὕδωρ. [Δημοσθένης [p. 618] « καὶ χερνίβων καὶ κανῶν ἀψόμενον. » εἴη δ' ἂν ἀπὸ εὐθείας τῆς χέρνιψ.]

851. [ὁμορροθῶ : Κορωνὶς καὶ εἴσθεσις μετὰ χοροῦ καὶ στροφὴ κώλων διαφόρων θ'. ὧν τὸ α' περίοδος ἐξ ἰαμβικῆς βάσεως καὶ τροχαϊκῆς καταληκτικῆς. τὰ ἑξῆς τρία τροχαϊκὰ, τὸ μὲν ἑφθημιμερὲς, τὸ δὲ πενθημιμερὲς, τὸ δ' ἀκατάληκτον δίμετρον, ὡς καὶ τὸ ὄγδοον. τὸ ς' ἀναπαιστικὴ βάσις. τὸ ζ' ἰαμβικὸν ἑφθημιμερὲς καὶ τὸ θ'. τινὲς δὲ προστιθέασι καὶ « ᾠδάν. » ὑφ' ὃ κορωνίς.]

(ὁμορροθῶ : Σοφοκλέους ἐκ Πηλέως, ἀντὶ τοῦ, τὸ αὐτὸ φρονῶ. ὁμορροθεῖν δὲ κυρίως τὸ ἅμα καὶ συμφώνως ἐρέσσειν. νῦν δὲ ἀντὶ τοῦ συνεργῶ τῇ εἰς θεοὺς θυσίᾳ.)

852. συμπαραινέσας ἔχω : Ἀντὶ τοῦ συμπαρῄνεσα.

853. προσόδια μεγάλα : (Ἀπὸ τῶν προσόδων.) οὕτω δὲ ἔλεγον τὰς προσαγομένας τοῖς θεοῖς πομπὰς, καὶ προσόδια τὰ εἰς πανηγύρεις τῶν θεῶν ποιήματα παρὰ τῶν λυρικῶν λεγόμενα.

857. Πυθιὰς βοά : Βοᾷ ὁ αὐλητής. εἴρηται ὅτι ἐπὶ ταῖς θυσίαις ηὔλουν. Ἄλλως. ἡ μετ' αὐλοῦ γινομένη βοή. τὸ Πύθιον μέλος. ἔνθεν καὶ πυθαύλης γίνεται. οὕτω δὲ ἔλεγον τὸν παιᾶνα. καὶ τοῦτο δὲ ἐκ Πηλέως.

858. Χαῖρις ᾠδάν : Ὡς αὐτομάτως ἐπιόντος αὐτοῦ ταῖς εὐωχίαις. ἦν δὲ [ὁ Χαῖρις οὗτος] κιθαρῳδὸς ψυχρὸς καὶ γέγονεν αὐλητής. μνημονεύει δὲ αὐτοῦ καὶ Φερεκράτης ἐν Ἀγρίοις « φέρ' ἴδω κιθαρῳδὸς τίς « κάκιστος ἐγένετο; (ὁ Πεισίου Μέλης. μετὰ δὲ Μέ- « λητα τίς; ἔχ' ἀτρέμ', ἐγῷδα, Χαῖρις. » ἔστι καὶ) ἕτερος αὐλητής, οὗ μνημονεύει Κρατῖνος ἐν Νεμέσει.

859. [παῦσαι σύ : Εἴσθεσις συστηματικὴ ἀμοιβαίας ἐξ περιόδους ἔχουσα. τῆς δὲ πρώτης στίχοι τρεῖς ἰαμβικοὶ ἀκατάληκτοι. καὶ ἐν ἐκθέσει ἕτερος ὁμοίως. ὑφ' ὃν παράγραφος.] ἔξεισιν ἱερέα καὶ αὐλητὴν ἔχων.

861. [οὔπω κόρακ' εἶδον : Ἴσως ὡς μέλανα σκώπτει. ἔοικε δὲ ὁ αὐλητὴς διεσκευάσθαι εἰς κόρακα. φόρβιον δέ ἐστι τὸ περικείμενον τῷ στόματι τοῦ αὐλητοῦ δέρμα, ἵνα μὴ σχισθῇ τὸ χεῖλος αὐτοῦ.]

(ἐμπεφορβιωμένον : Φορβειά ἐστιν ὁ χαλινός. Ἡρωδιανὸς ἐν τῇ βίβλῳ φησὶ τῆς Ὀδυσσειακῆς προσῳδίας τὸ φορβειά διὰ τῆς ει διφθόγγου γράφεσθαι καὶ ὀξυτόνως.)

864. [δράσω τάδ'· ἀλλά : Ἡ δευτέρα περίοδος κώλων καὶ στίχων ἐστὶ δέκα. ὧν ὁ πρῶτος ἰαμβικὸς τρίμετρος ἀκατάληκτος. τὸ β' ἀντισπαστικὸν τρίμετρον ἀκατάληκτον ἐξ ἐπιτρίτων καὶ σπονδείου. τὸ γ' ὅμοιον ἐξ ἐπιτρίτων καὶ αὐτὸ τρίμετρον βραχυκατάληκτον. τὸ τέταρτον ὅμοιον δίμετρον ἀκατάληκτον. τὸ ε' καὶ ς' δίμετρα βραχυκατάληκτα τροχαϊκά. ὁ ζ' ὅμοιος τῷ α', τὸν β' ἔχων πόδα χορεῖον. τὸ η' ὅμοιον τῷ γ'. τὸ θ' ἀναπαιστικὸν ἑφθημιμερές. τὸ ι' Ἰωνικὸν ἀπὸ μείζονος τρίμετρον βραχυκατάληκτον. ἐν ἐκθέσει δ' ἴαμβος τῷ πρώτῳ ὅμοιος. ὑφ' ὃν παράγραφος.]

865. τῇ Ἑστίᾳ τῇ ὀρνιθείῳ : Ἐμιμήσατο τὰ τῶν ἀνθρώπων ἤθη. καὶ γὰρ ἔθος ἀπὸ τῆς Ἑστίας ἀπάρχεσθαι (ἐν ταῖς θυσίαις). ἔμιξε δὲ τὰ ἐπίθετα τῶν θεῶν τοῖς ὀρνέοις, Ἑστίᾳ ὀρνιθείῳ καὶ ἰκτίνῳ ἑστιούχῳ.

869. (ὦ σουνιέρακε : Ἐπεὶ περὶ ὀρνίθων ὁ λόγος, ἀντὶ τοῦ Σουνιάρατε. φαίνεται δὲ εἶναι Ποσειδῶνος τὸ ἐπίθετον. καὶ ἐν Ἱππεῦσι [560] « ὦ δελφίνων μεδέων Σουνιάρατε. » παρὰ τὸ ἐν τῷ Σουνίῳ ἄκρῳ τῆς Ἀττικῆς τὰς εὐχὰς καὶ τὰς ἀρὰς δέχεσθαι.) [Πελαργικὲ δὲ, ἀντὶ τοῦ Πελασγικέ. ἅμα δὲ ἴσως καὶ παρὰ τὸν πελαργὸν, καὶ ὅτι ὁ Ποσειδῶν πελάγους ἔφορος.]

873. οὐκέτι Κολαινίς : (Παρὰ τὴν τῆς φωνῆς ὁμοιότητα Ἀρτέμιδι ἐπώνυμον ἡ κολαινίς. Μεταγένης δὲ ἐν Αὔραις « τίς ἡ Κολαινὶς Ἄρτεμις; ἱερεὺς γὰρ ὢν τετύχηκα τῆς Κολαινίδος. » φησὶ δὲ Ἑλλάνικος Κόλαινον Ἑρμοῦ ἀπόγονον ἐκ μαντείου ἱερὸν ἱδρύσασθαι Κολαινίδος Ἀρτέμιδος. καὶ Φανόδημος ἐν τῇ δ'. Εὐφρόνιος δέ φησιν ὅτι ἐν Ἀμαρύνθῳ ἡ Κολαινὶς, διὰ τὸ τὸν Ἀγαμέμνονα θῦσαι αὐτῇ ἐκεῖ κριὸν κόλον. ἐπὶ ταύτης δὲ Καλλίμαχος [fr. 76] λέγει

τὴν ὠγαμέμνων, ὡς ὁ μῦθος, εἵσατο,
τῇ καὶ λίπουρα καὶ μόνωπα θύεται.

τοῦτο δὲ μήποτε ἐσχεδίασται. οἱ γὰρ Μυρρινούσιοι Κολαινίδα ἐπονομάζουσι τὴν Ἄρτεμιν, ὥσπερ Πει-

ραιεῖς τὴν Μουνυχίαν, Φιλαΐδαι δὲ τὴν Βραυρωνίαν. — Ἄλλως.) ἔπαιξε πάλιν. κόλαινον γὰρ εἶδος ὀρνέου, διό φησιν Ἄρτεμιν ὀρνιθείαν καλεῖσθαι. ἔστι γὰρ. καὶ Ἄρτεμις Κολαινίς. R.V.

Ἀκαλανθὶς Ἄρτεμις : Ἡ κύων, παρὰ τὸ αἰκάλλειν ἴσως τοὺς γνωρίμους, ὑλακτεῖν δὲ τοὺς ξένους. ὅθεν κώδωνα προσαγορεύει αὐτὴν Ἀριστοφάνης ἐν Εἰρήνῃ [1078], ὅτι ἐπειγομένη τυφλὰ τίκτει. ἔστι δὲ καὶ εἶδος ὀρνέου ἀκαλανθίς.

874. [καὶ φρυγίλῳ : Ἡ τρίτη περίοδος κώλων καὶ στίχων ἐστὶν ἑπτά. ὧν τὸ α' χοριαμβικὸν δίμετρον ἀκατάληκτον. τὸ β' δακτυλικὸν πενθημιμερές. τὸ γ' ἑφθημιμερές. τὸ δ' ἰαμβικὸν τρίμετρον ἀκατάληκτον. τὸ ε' ἀναπαιστικὸν δίμετρον ὑπερκατάληκτον, ἔχον τὸν β' πόδα τρίβραχυν, εἰ δὲ βούλει, Ἰωνικὸν ἀπ' ἐλάττονος, τρίμετρον καταληκτικὸν ἐκ παίωνος. τὸ ϛ' ἀναπαιστικὸν δίμετρον ἀκατάληκτον. τὸ ζ' ἰαμβικὸν ἑφθημιμερές. ἐν ἐκθέσει ἴαμβος τρίμετρος ἀκατάληκτος. ὑφ' ὃν παράγραφος].

καὶ φρυγίλῳ Σαβαζίῳ : (Παίζει πρὸς τὸ ὄνομα, ἐπεὶ οἱ Φρύγες τὸν Σαβάζιον τιμῶσι. τίς δέ ἐστιν οὗτος ὁ θεὸς ὁ Ἡρακλεώτης περὶ Ἡρακλείας ἐν τῷ β' φησὶν οὕτως « φαίνεται γὰρ ἐξ ὧν εὑρίσκομεν συλ« λογιζόμενοι πολλαχόθεν ὅτι Διόνυσος καὶ Σαβάζιος « εἷς ἐστι θεός, τυχεῖν δὲ τῆς προσηγορίας ταύτης παρὰ « τὸν γινόμενον περὶ αὐτὸν θειασμόν. τὸ γὰρ εὐάζειν « οἱ βάρβαροι σαβάζειν φασίν. ὅθεν καὶ τῶν Ἑλλήνων « τινὲς ἀκολουθοῦντες τὸν εὐασμὸν σαβασμὸν λέγου« σιν. » Ἄλλως.) παίζει πρὸς τὸ ὄνομα, ἐπεὶ Φρύγες τὸ εὐάζειν σαβάζειν φασὶ καὶ ἐκ τούτου Σαβάζιον τὸν Διόνυσον λέγουσι. σάβους δὲ ἔλεγον καὶ τοὺς ἀφιερωμένους αὐτῷ τόπους καὶ τοὺς βάκχους τοῦ θεοῦ. ὁ αὐτὸς δὲ Ὕας καὶ Εὔαιος καλεῖται. (ἔστι δὲ καὶ εἶδος ὀρνέου, ὃ καλεῖται φρυγίλος. παρὰ τοῦτο οὖν ἔπαιξε τὸν Διόνυσον ὀρνίθειον φάσκων τιμᾶσθαι. Ἄλλως. ἐπεὶ Φρυγῶν ὁ θεός. καὶ ἐν Ὥραις

τὸν Φρύγα, τὸν αὐλητῆρα, τὸν Σαβάζιον.)

(875). καὶ στρουθῷ μεγάλῃ : Ὅτι καὶ ἐπὶ τῆς στρουθοκαμήλου τὸ μεγάλη προσετίθεσαν. ἔπαιξε δὲ διὰ τὸ μέγεθος [τῇ Ῥέᾳ ταύτην προσεικάσας.]

877. Κυβέλῃ : Κυβέλην φασὶ τὴν Ῥέαν, παρὰ τὰ Κύβελα ὄρη. ὀρεία γὰρ ἡ θεός. διὸ καὶ ἐποχεῖται λεόντων ζεύγει. τὸ δὲ μῆτερ Κλεοκρίτου, παρ' ὑπόνοιαν ἐπήγαγεν, βουλόμενος αὐτὸν διαβάλλειν ὡς στρουθόποδα, τουτέστι μεγαλόπουν. ἐκωμῳδεῖτο δὲ ὡς ξένος καὶ δυσγενής. Σύμμαχος προείρηκεν ὅτι ξένος καὶ τάχα ὑποκριτής. νῦν δὲ ἐμφαίνεται, ὅτι καὶ τὴν ὄψιν στρουθώδης. ὁ δὲ Δίδυμος μητέρα Κλεοκρίτου, ὅτι ὡς (γυναικίας καὶ) κίναιδος κωμῳδεῖται. ἐν δὲ τοῖς μυστηρίοις τῆς Ῥέας μαλακοὶ πάρεισι. καὶ ἴσως ἕτερος ἂν εἴη τοῦ παρ' Εὐπόλιδος ἐν Δήμοις καὶ Κόλαξι.

(στρουθὲ μῆτερ : Ἡρωδιανὸς ἐν τῷ [Il. Λ, 186]

βάσκ' ἴθι Ἶρι ταχεῖα τὸν Ἕκτορι μῦθον ἔνισπε

ἐπιμερισμῷ φησι τὸν Χάρητα λέγειν βαρύνειν Ἀττικοὺς τὸ στροῦθος, ὁμοίως καὶ ἐν τῷ ἑκκαιδεκάτῳ τῆς καθόλου λέγων καὶ Τρύφωνα μεμνῆσθαι ἐν δευτέρῳ περὶ Ἀττικῆς προσῳδίας.)

880. Χίοισιν ἥσθην : Καὶ τοῦτο ἀφ' ἱστορίας ἔλαβεν. ηὔχοντο γὰρ Ἀθηναῖοι κοινῇ ἐπὶ τῶν θυσιῶν ἑαυτοῖς τε καὶ Χίοις, ἐπειδὴ ἔπεμπον οἱ Χῖοι συμμάχους εἰς Ἀθήνας, ὅτε χρεία πολέμου προσῆν. (καθάπερ Θεόπομπος ἐν τῷ ιϛ' τῶν Φιλιππικῶν φησιν οὕτως « οἱ « δὲ πολλοὶ τοῦ ταῦτα πράττειν ἀπεῖχον. ὥστε τὰς εὐ« χὰς κοινὰς καὶ περὶ ἐκείνων καὶ σφῶν αὐτῶν ἐποιοῦντο, « καὶ σπένδοντες ἐπὶ ταῖς θυσίαις ταῖς δημοτελέσιν « ὁμοίως ηὔχοντο τοῖς θεοῖς Χίοις διδόναι τἀγαθὰ καὶ « σφίσιν αὐτοῖς. » λέγει δὲ περὶ τῆς Χίου καὶ Εὔπολις ἐν Πόλεσιν

αὕτη Χίος, καλὴ πόλις.
πέμπει γὰρ ὑμῖν ναῦς μακράς, ἄνδρας θ' ὅταν δεήσῃ,
καὶ τἄλλα πειθαρχεῖ καλῶς, ἄπληκτος ὥσπερ ἵππος.

τὰ αὐτὰ τοῖς Θεοπόμπου καὶ Θρασύμαχός φησιν ἐν τῇ μεγάλῃ τέχνῃ. ὁ δὲ Ὑπερίδης ἐν τῷ Δηλιακῷ καὶ ὅτι Χῖοι ηὔχοντο Ἀθηναίοις δεδήλωκεν.)

882. [καὶ ἥρωσι καὶ ὄρνισιν : Ἡ τετάρτη περίοδος κώλων καὶ στίχων ὀκτώ. ὁ α' ἀντισπαστικὸς τετράμετρος βραχυκατάληκτος. ὁ β' Ἰωνικὸς ἀπὸ μείζονος τρίμετρος καταληκτικός. τὸ γ' ὅμοιον δίμετρον ὑπερκατάληκτον ἐκ παίωνος. τὸ δ' ὅμοιον δίμετρον ἀκατάληκτον. τὸ ε' χοριαμβικὸν δίμετρον καταληκτικόν, εἰ δὲ βούλει, δακτυλικὸν τρίμετρον. τὸ ϛ' ὅμοιον δακτυλικὸν ἑφθημιμερές. τὸ ζ' χοριαμβικὸν τρίμετρον καταληκτικόν. τὸ ὄγδοον ἰαμβικὸν πενθημιμερές. ὑφ' ὃ παράγραφος.]

883. καὶ πελεκᾶντι : Μήποτε πελέκας προενεκτέον ὡς ἀλίβας. ὁ δὲ πελεκῖνος τῷ πελεκᾶντι προσέρριπται. πελεκὰν μέντοι πελεκάνος κοινῶς, πελεκᾶς πελεκᾶντος Ἀττικῶς. πελεκᾶς πελεκᾶ Δωρικῶς.

884. καὶ φλέξιδι : Ἐπισκεπτέον περὶ τούτων ἐκ τῆς τῶν ζῴων ἱστορίας, τίς ὁ τέτραξ καὶ φλέξις καὶ ἐλασᾶς. ἡ γὰρ βάσκα καὶ καταρράκται εἰσὶ παρὰ Καλλιμάχῳ ἀναγεγραμμέναι. (καὶ ἀντὶ ἐδωλίου εἰδώλιος.) ὁ δὲ αἰγίθαλλος, οὔτ' ἐρισάλπιγξ. ἔστι δὲ ὑπὸ τὸν ἱέρακα. οὕτως δὲ ὠνομάσθη, ὥς τινες, παρὰ τὸ ἐξ αἰγὸς τεθηλακέναι.

889. [παῦ' ἐς κόρακας : Ἡ πέμπτη περίοδος ἐκ στίχων ἐστὶν ἰαμβικῶν τριμέτρων ἀκαταλήκτων ϛ'. ἐπὶ τῷ τέλει παράγραφος.]

890. [ἐπὶ ποῖον : Τοῦτο εἰς διαβολὴν τοῦ χορηγοῦ, ὅτι μικρὸν δέδωκεν ἱερεῖον.]

891. ἁλιαιέτους : Εἶδος ἀετοῦ [ὁ ἁλιαίετος] ἐν θαλάσσῃ διαιτώμενος.

893. ἄπελθ' ἀφ' ἡμῶν καὶ σὺ καὶ τὰ στέμματα : Πρὸς τὸν ἱερέα λέγει, ὡς μικροῦ ὄντος τοῦ ἱερείου καὶ μὴ δυναμένου πρὸς τὴν θυσίαν αὐτουργῆσαι.

895. [εἶτ' αὖθις αὖτ' ἄρα σοι : Ἡ ϛ' περίοδος ἐν ἐκθέσει κώλων ἐστὶν ὀκτώ. τὸ α' χοριαμβικὸν δίμετρον

καταληκτικόν. τὸ β′ τροχαϊκὸν ἑφθημιμερές. τὸ γ′ δακτυλικὸν δίμετρον τοῦ β′ ποδὸς προκελευσματικοῦ. τὸ δ′ τροχαϊκὸν δίμετρον ἀκατάληκτον τῶν α′ καὶ β′ ποδῶν χορείων. τὸ ε′ ὅμοιον ἐκ χορείων. τὸ ϛ′ τροχαϊκὸν ἰθυφαλλικὸν τοῦ α′ ποδὸς χορείου. ὁ ζ′ ἰαμβικὸς τρίμετρος ἀκατάληκτος. τὸ η′ Ἰωνικὸν ἀπ' ἐλάττονος δίμετρον ὑπερκατάληκτον. ἐπὶ τῷ τέλει αἱ συνήθεις δύο διπλαῖ.]

898. εἰ καὶ ἑνὶ μόνῳ ἀρκέσει τὸ θῦμα. R.

899. μάκαρας ἕνα τινά : Εἰπὼν πληθυντικῶς ἔλαβε τὸ ἑνικὸν λέγων ἕνα.]

902. γένειόν ἐστι καὶ κέρατα : Ἐπὶ τῶν ἱερείων τῶν μὴ ἐχόντων σάρκας τοῦτό φησιν. ἔστι δὲ παροιμιῶδες, ὡσεὶ ἔλεγε, τρίχες καὶ κέρατα.

903. [θύοντες εὐξώμεσθα : Εἴσθεσις ἑτέρας περιόδου ἀμοιβαίας κώλων καὶ στίχων ιη′. ὧν οἱ α′, ε′, θ′, ι′ καὶ οἱ τελευταῖοι ἓξ ἴαμβοι. οὗτοι μὲν ἀκατάληκτοι τρίμετροι. ὁ δὲ δ′ ἑφθημιμερής. ὁ δεύτερος χοριαμβικὸς τρίμετρος καταληκτικός, τὸν πρῶτον ἔχων πόδα πεντασύλλαβον. τὸ γ′ τροχαϊκὸν πενθημιμερές. ὁ ϛ′ Ἰωνικὸς τετράμετρος βραχυκατάληκτος. τὰ ζ′, ια′ δακτυλικά, τὸ μὲν πενθημιμερές, τὸ δὲ τρίμετρον καταληκτικὸν εἰς δισυλλαβίαν. τὰ η′, ιβ′ ἀναπαιστικὰ ἑφθημιμερῆ. ἐπὶ τῷ τέλει παράγραφος.]

904. Νεφελοκοκκυγίαν τὴν εὐδαίμονα : Ἔρχεταί τις ποιητὴς ὡς ἐπὶ νεοκτίστου πόλεως ἐγκώμια λέξων.

911. δοῦλος ὢν κόμην ἔχεις : Διὰ τὸ θεράπων, δοῦλος εἶπεν. ἦν δὲ τῶν ἐλευθέρων τὸ κομᾶν.

913. περισσὰ τινὲς ταῦτα. R. (θεράποντες ὀτρηροί : Ἐπειδὴ ὀτρηροὶ ἐπὶ τῶν θεραπόντων λέγεται. ἐπεπίστευτο δὲ καὶ ὁ Μαργίτης τοῦ Ὁμήρου εἶναι. ἐν ᾧ εἴρηται

Μουσάων θεράπων καὶ ἑκηβόλου Ἀπόλλωνος.)

915. οὐκ ἐτὸς ὀτρηρὸν : Παίζει παρὰ τὸ ὀτρηροί, ὅτι τετρημένον ἦν αὐτοῦ καὶ τὸ ἱμάτιον.

918. κύκλιά τε πολλὰ : Τὰ τὴν αὐτὴν ὑπόθεσιν ἔχοντα, ταῦτα κύκλια ἔλεγον. ἀντὶ τοῦ ἃ αἱ παρθένοι ᾖδον. κύκλια δὲ καλοῦνται μέλη, τὰ ἐπεκτεταμένα. ἔστι δὲ διηγηματικόν. (Ἄλλως. ἀντὶ τοῦ κατάτεχνα. ποικίλα οἷον ὕμνους, παιᾶνας, προσόδια, καὶ τὰ λοιπὰ τούτοις παραπλήσια. προπερισπωμένως δὲ τὸ ὄνομα, τὰ παρθενεῖα. ἔστι δὲ τὰ εἰς παρθένους ᾀδόμενα.)

920. [ταυτὶ σὺ : Ἐντεῦθεν διαιρεῖται τὰ πρόσωπα εἰς συστηματικὰς περιόδους ἀμοιβαίας η′. καὶ ἔστιν ἡ πρώτη περίοδος στίχων ἰαμβικῶν τριμέτρων δ′. ἡ β′ στίχων καὶ κώλων ζ′. ὧν ὁ πρῶτος χοριαμβικὸς τρίμετρος καταληκτικός. τὸ β′ ὅμοιον δίμετρον ἀκατάληκτον, τὸν δεύτερον ἔχων πόδα πεντασύλλαβον. τὸ τρίτον περίοδος ἐξ ἰαμβικῆς καὶ τροχαϊκῆς βάσεως. τὸ δ′ ἀσυνάρτητον ἐξ ἀναπαιστικῆς καὶ ἰαμβικῆς βάσεως. τὸ ε′ τροχαϊκὴ βάσις ἐκ χορείων. τὸ ϛ′ ἰαμβικὸν δίμετρον βραχυκατάληκτον εἰ δὲ βούλει, Ἰωνικὸν ἑφθημιμερές. τὸ ζ′ Ἰωνικὸν δίμετρον ἀκατάληκτον. ὑφ' ὃ παράγραφος.]

922. οὐκ ἄρτι θύω : Πρὸς τὸ ἔθος. εἴρηται δὲ πρότερον ὅτι ἐπὶ ἐνεστῶτος. σαφὲς δὲ ὅτι τὰ ὀνόματα τῶν παίδων ἐτίθεσαν τῇ δεκάτῃ.

924. ἀλλά τις ὠκεῖα Μουσάων : Ἡ τῶν Μουσῶν φάτις ταχεῖά ἐστιν, ὡς ἵππος ὠκεῖα. ἤτοι δὲ καθολικῶς λέγει, ἐπεὶ πτερόεντα τὰ ἔπη καὶ ταχέως διαγγέλλοντα τὰ πράγματα, ἢ πρὸς ἑαυτὸν ταχέως γράφοντα τὰ ποιήματα.

926. σὺ δ' ὦ πάτερ κτίστορ : Ἐκ τῶν Πινδάρου ὑπορχημάτων [fr. 71] « ξύνες ὅ τι λέγω ζαθέων ἱερῶν ἐπώνυμε πάτερ κτίστορ Αἴτνας. » ἐπειδὴ ὁ Ἱέρων ἔκτισεν αὐτήν.

929. παίζει πρὸς τὸ Πινδαρικόν. τῇ γὰρ κεφαλῇ ἐπινεύουσιν οἱ βασιλεῖς. R. V.

930. ἐμὶν τεΐν : Χλευάζει τῶν διθυραμβοποιῶν τὸν συνεχῆ ἐν τοῖς τοιούτοις Δωρισμόν, καὶ μάλιστα τὸν Πίνδαρον, συνεχῶς λέγοντα ἐν ταῖς αἰτήσεσι τὸ ἐμίν.

931. [τουτὶ παρέξει : Ἡ τρίτη περίοδος στίχων ἐστὶν ἰαμβικῶν τριμέτρων ἀκαταλήκτων πέντε. ἐπὶ τῷ τέλει παράγραφος.]

933. σὺ μέντοι σπολάδα : Πρὸς τὴν σπολάδα, ὅτι διφθέρα ὁποιαοῦν. Σοφοκλῆς Αἴαντι Λοκρῷ « καταστίκτου « κυνὸς σπολὰς Λίβυσσα παρδαληφόρον δέρος. » Καλλίστρατος δέ, οἷον ἔφαπτον δερμάτινον. Εὐφρόνιος δέ, χιτῶνα δερμάτινον. παρήχθη δὲ ἴσως ἐκ τοῦ ἐπιφέρεσθαι, (οὐκ ἐξὸν ἐνεζῶσθαι διφθέραν. τὸ δὲ Σοφόκλειον ἐπὶ τοῦ δέρματος εἴρηται τοῦ κρεμαμένου πρὸς τῇ τοῦ Ἀντήνορος οἰκίᾳ.)

935. πάντως δέ μοι ῥιγῶν : Ὡς μὴ ἀρκουμένου αὐτοῦ μόνῃ τῇ σπολάδι ὁ Πεισθέταιρός φησι, μετὰ τὸ ἀποδύσασθαι τὸν ἱερέα. τὸ δὲ ῥιγῶν Δωρικόν ἐστι κατὰ τροπὴν τοῦ ο εἰς ω, ῥιγοῦν ῥιγῶν.

936. [τόδε μὲν οὐκ ἀέκουσα : Ἡ δ′ περίοδος κώλων ἐστὶ παιωνικῶν μεμιγμένων κρητικοῖς καὶ παλιμβακχείοις τεσσάρων. ὧν τὸ α′ τρίμετρον καταληκτικόν. τὸ β′ τρίμετρον βραχυκατάληκτον, τοῦ β′ ποδὸς παλιμβάκχου. τὸ τρίτον δίμετρον ἀκατάληκτον διὰ τὴν ἀδιάφορον. ἐν ἐκθέσει δὲ στίχος ἰαμβικὸς τρίμετρος ἀκατάληκτος. ἐπὶ τῷ τέλει παράγραφος. ἑξῆς δ' ἡ ε′ περίοδος κώλων ἀναπαιστικῶν πέντε. ὧν τὸ πρῶτον δίμετρον καταληκτικόν, τοῦ πρώτου ποδὸς πεντασυλλάβου. τὸ β′ πενθημιμερές, ὃ καλεῖται δοχμαϊκόν. τὸ τρίτον Ἰωνικὸν τρίμετρον ἀκατάληκτον, τοῦ πρώτου ποδὸς πεντασυλλάβου. τὸ δ′ ὅμοιον. τὸ ε′ δίμετρον βραχυκατάληκτον παιωνικόν. ἐπὶ τῷ τέλει παράγραφος.]

940. ὡς ἐπιμένοντος τοῦ ποιητοῦ καὶ ἐνοχλοῦντος αὐτοῖς τοῦτό φησι. V.

(941. Νομάδεσσι γὰρ ἐν Σκύθαις : Καὶ ταῦτα παρὰ τὰ ἐκ Πινδάρου [fr. 72]. ἔχει δὲ οὕτως « Νομάδεσσι « γὰρ ἐν Σκύθαις ἀλᾶται Στράτων, ὃς ἁμαξοφόρητον « οἶκον οὐ πέπαται. » λαβὼν δὲ ἡμιόνους παρ' Ἱέρωνος

ἥτει αὐτὸν καὶ ἅρμα. δῆλον δὲ ὅτι χιτῶνα αἰτεῖ πρὸς τῇ σπολάδι.)

[942]. ἀλᾶται Στράτων : (Ἀλᾶται ἔφη,) ἐπειδὴ οἱ Σκύθαι τῷ χειμῶνι διὰ τὸ ἀφόρητον αὐτοῦ ἐπὶ ἁμαξῶν τὰ πράγματα βάλλοντες ἑαυτῶν ἀπαίρουσιν εἰς ἄλλην χώραν. ὁ μὴ ἔχων δὲ ἐκεῖσε ἅμαξαν ἄτιμος παρ' αὐτοῖς κρίνεται.

944. ἀκλεὴς ἔβα σπολάς : Ἀκλεής, φησίν, ἡ σπολὰς ἄνευ χιτῶνος (οὖσα. ἀτιμότερος ἀνήρ. πέπαται δέ, κέκτηται).

946. [ξυνίημ' ὅτι βούλει : Ἡ ἕκτη περίοδος ἡνωμένη οὖσα κώλων καὶ στίχων ἐστὶν η'. ὧν οἱ πρῶτοι τέσσαρες ἰαμβικοὶ τρίμετροι ἀκατάληκτοι. μίαν γὰρ τὰ δύο πρόσωπα τὴν τοιαύτην ποιεῖ περίοδον. τὰ δὲ ἑξῆς τέσσαρα ἀναπαιστικὰ κῶλα. ὧν τὸ α' ἑφθημιμερές. τὸ β' ἀναπαιστικὴ βάσις. τὸ τρίτον δίμετρον βραχυκατάληκτον, τῶν πρώτων δύο ποδῶν ὄντων προκελευσματικῶν. τὸ δ' ὅμοιον τῷ δευτέρῳ. ὑφ' ὃ παράγραφος.]

χιτωνίσκον : Τὸ ὑποκοριστικὸν τοῦ χιτῶνος. ἐπεὶ ἀρσενικῶς μόνως χιτὼν λέγεται, ἐπὶ δὲ θηλυκοῦ χιτώνιον.

947. τῷ Εὐέλπιδι λέγει. R. V.

949. [κὰς τὴν πόλιν : Ἀπελθὼν ποιήσω τὰ ποιήματα εἰς τὴν πόλιν.]

950. διαβάλλει τοὺς ποιητὰς ὡς τῷ κόμπῳ τῶν λέξεων ἀπατῶντας, μηδὲν δὲ λέγοντας. R.V.

951. τρομεράν, κρυεράν : Ἐπειδὴ ἐν τῷ ἀέρι τὸ πλάσμα τῆς οἰκοδομῆς ὑποτίθεται, παίζων φησὶ τὸ τρομεράν, μέν, διὰ τὸ ἀστήρικτον· κρυερὰν δέ, τὴν κρύους μεταλαμβάνουσαν, διὰ τὸ ἐπ' αὐτὴν καταράσσειν καὶ τὴν δρόσον καὶ τὴν ψυχρότητα.

952. νιφοβόλα πέδια : Ἀντὶ τοῦ νιφοβόλον καὶ πολύπορον ὁδὸν κατὰ μεταπλασμόν. μεταπλασμῷ δὲ ἐχρήσατο εἰπὼν νιφοβόλα ὡς ἀπὸ τῆς νιφοβόλος εὐθείας. ἐπειδὴ δοκεῖ ἐν τῷ ἀέρι οἰκοδομεῖσθαι, παρὰ τὸ βάλλεσθαι ὑπὸ τοῦ νιφετοῦ ἔπαιξεν. ἐπίτηδες δὲ ἀδιανοήτως λέγει, ὅπως διὰ τοῦ ὄγκου τῶν λέξεων δοκῇ τινα φαντασίαν ἔχειν.

954. νὴ τὸν Δία : [Ἡ ζ' περίοδος ἐν ἐκθέσει στίχων ἐστὶν ἰαμβικῶν τριμέτρων ε'. ἐπὶ τῷ τέλει δύο διπλαῖ ἔξω νενευκυῖαι.] πρὸς τὸν ἱερέα φησὶ περίελθε καὶ περίρραινε.

957. πεπύσθαι : Ἀκοῦσαι· πέπυσμαι, ἀκήκοα, ἔμαθον, ἴδον. *Vict.*

959. [εὐφημία 'στω : Εἴσθεσις περιόδου ἀμοιβαίας στίχων λς'. ὧν οἱ πρῶτοι ὀκτὼ ἰαμβικοὶ τρίμετροι, οἱ ἑξῆς δύο ἀσυνάρτητοι παντελῶς καὶ πολυσχηματιστοι, ἀτάκτως τοὺς πόδας κειμένους ἔχοντες. μιμεῖται γὰρ τὸ ἀσυνάρτητον τῶν χρησμῶν. οἱ δ' ἄλλοι ὡς οἱ πρῶτοι. οἱ μέντοι χρησμοὶ ἐπικοί. ἐπὶ ταῖς ἀποθέσεσι καὶ τῷ τέλει παράγραφος.] ἔπαιξε πρὸς τὸ εὐφημία εἰπὼν τὸ μή.

961. [μὴ φαύλως φέρε : Ἀντὶ τοῦ μὴ ἀηδίζου ἐπὶ τῷ χρησμῷ.]

962. ὡς ἔστι Βάκιδος : Τρεῖς Βάκιδες, ὡς Φιλητᾶς ὁ Ἐφέσιός φησιν, οὕτως. Σίβυλλαι δὲ τρεῖς ἐγένοντο. ὧν ἡ μέν ἐστιν, ὡς διὰ τῆς ποιήσεώς φησιν, Ἀπόλλωνος ἀδελφή. δευτέρα δὲ ἡ Ἐρυθραία. τρίτη δέ, ἡ Σαρδιανή. καὶ Βάκιδες ὁμοίως τρεῖς, ὁ μὲν ἐξ Ἐλεῶνος τῆς Βοιωτίας, ὁ δὲ Ἀθηναῖος, ὁ δὲ Ἀρκάς. Θεόπομπος δὲ ἐν τῇ ἐνάτῃ τῶν Φιλιππικῶν ἄλλα τε πολλὰ περὶ τοῦ Βοιωτοῦ Βάκιδος ἱστορεῖ παράδοξα καὶ ὅτι ποτὲ τῶν Λακεδαιμονίων μανείσας (τὰς γυναῖκας) ἐκάθηρεν, Ἀπόλλωνος αὐτοῖς τοῦτον καθαρτὴν δόντος.

966. ἀλλ' οὐδὲν οἷόν ἐστ' ἀκοῦσαι : Ἀλλ' οὐδὲν κωλῦόν ἐστι καὶ νῦν ἀκοῦσαι τῶν χρησμῶν. οὕτως γὰρ ἔλεγον τὰ λυσιτελοῦντα, οὐδὲν οἷον, οὐδὲν κωλῦον.

968. τὸ μεταξὺ Κορίνθου : Παρὰ τὸν λεγόμενον χρησμὸν

εἰ τὸ μέσον κτήσαιο Κορίνθου καὶ Σικυῶνος.

ἐπεὶ καὶ ἡ πόλις μεταξὺ οὐρανοῦ καὶ γῆς ἵδρυται. Ἄλλως. Αἰσώπῳ τῷ μυθογράφῳ χρωμένῳ περὶ πλούτου ὁ θεὸς εἶπεν,

εἰ τὸ μέσον κτήσαιο Κορίνθου καὶ Σικυῶνος.

εὔφορος γὰρ αὕτη ἡ χώρα. τὸ δὲ ὅλον παίζει. — λύκους δὲ τοὺς γέροντάς φησι μιμεῖσθαι τὸ ἀσυνάρτητον τῶν χρησμῶν. R. V.

971. Πανδώρᾳ : Τῇ γῇ. ἐπειδὴ πάντα τὰ πρὸς τὸ ζῆν δωρεῖται. (ἀφ' οὗ καὶ ζείδωρος καὶ ἀνησιδώρα.)

974. ἀντὶ τοῦ γέγραπται ἐν τῷ χρησμῷ. R. λαβέ, φησί, καὶ σκόπησον. R. V.

978. αἰετὸς ἐν νεφέλῃσιν : Οὐχ ἁπλῶς τοῦτό φησιν, ἀλλ' ὅτι χρησμὸς ἦν τοῖς Ἀθηναίοις δεδομένος τοσοῦτον αὐξηθήσεσθαι ὅσον αἰετὸς τῶν ἄλλων ὀρνέων ἐν ταῖς νεφέλαις προὔχει. τοῦτον καὶ αὐτὸν εἰς τὸν Πεισθέταιρον πλάττεται, ὅπως ἄν τι λάβῃ. (τούτου δὲ καὶ ἐν τοῖς Ἱππεῦσι μέμνηται, ὡς εἰς τὴν πόλιν δοκοῦντος εἰρῆσθαι ἐν τοῖς Βάκιδος.)

982. ἀντὶ τοῦ ἐμνημόνευσα. R.V.

983. αὐτὰρ ἐπὴν ἄκλητος : Τῷ αὐτῷ μέτρῳ ἀναπλάττεται καὶ αὐτὸς χρησμόν.

984. σπλαγχνεύειν : Σπλάγχνων μεταλαβεῖν.

988. μήτ' ἢν Λάμπων ᾖ : Χρησμολόγος ὁ Λάμπων. μήτε, φησίν, ἐὰν αὐτὸς ᾖ ὁ Λάμπων, φείδου αὐτοῦ, ἐὰν λέγῃ, ὅτι καὶ ὡς αἰετὸς γενήσῃ. (Ἄλλως. εἴρηται [ad v. 521] περὶ Λάμπωνος. ὁ δὲ Διοπείθης νῦν μὲν ὡς χρησμολόγος, ἑτέρωθι δὲ ὡς κυλλὸς καὶ δωροδόκος. Σύμμαχος δὲ καὶ μανιώδη φησί.) Σύμμαχος ὅτι Διοπείθης ὁ ῥήτωρ ὑπομανιώδης ἦν, ὡς Τηλεκλείδης ἐν Ἀμφικτύοσι δῆλον ποιεῖ. (παράκειται δὲ καὶ τὰ Φρυνίχου ἔμπροσθεν ἐν Κρόνῳ

ἀνὴρ χορεύει, καὶ τὰ τοῦ θεοῦ καλά.
βούλει Διοπείθη μεταδράμω καὶ τύμπανα;

καὶ Ἀμειψίας ἐν Κόννῳ « ὥστε ποιοῦντες χρησμοὺς εὖ « αὐτοὶ |διδόασ' ᾄδειν |Διοπείθει τῷ παραμαινομένῳ. »)

992. [ἥκω παρ' ὑμᾶς : Εἴσθεσις ὁμοίας ἑτέρας περιόδου ἐκ στίχων ἰαμβικῶν τριμέτρων ἀκαταλήκτων ξ'. ὧν τελευταῖος

θύσοντες εἴσω τοῖς θεοῖσι τὸν τράγον.

μετὰ μέντοι τὸν μθ' κῶλον ἰαμβικὸν μονόμετρον βραχυκατάληκτον καὶ μετὰ τὸν νϐ' ἀσυνάρτητοι δύο. ὧν ὁ πρῶτος σύγκειται ἐξ ἀναπαιστικῆς βάσεως καὶ τροχαϊκῆς ὁμοίας βάσεως. ὁ δέ τοι νδ' σύγκειται ἐξ ἰαμβικοῦ ἐφθημιμεροῦς καὶ τροχαϊκῆς βάσεως. ὁ δὲ νε' ἐξ ἰαμβικοῦ πενθημιμεροῦς καὶ ἀναπαιστικῆς βάσεως. ἐπὶ τῷ τέλει κορωνὶς ἐξιόντων τῶν ὑποκριτῶν.]

994. Δίδυμος οὕτω, πρὸς τί ὑποδέδεται τὸ δεξιόν; τίς ἐστιν ἡ ἐπίνοια τῆς ὁδοῦ. R.V. (τίς ὁ κόθορνος ? Οἷον, τί ὑποδησάμενος πάρει; οὕτω Σύμμαχος πρὸς τὸ τί ὑποδέδεται τῷ δεξιῷ.)

997. Μέτων : Μέτων ἄριστος ἀστρονόμος καὶ γεωμέτρης. τούτου ἐστὶν ὁ ἐνιαυτὸς ὁ λεγόμενος Μέτωνος. φησὶ δὲ Καλλίστρατος ἐν Κολωνῷ ἀνάθημά τι εἶναι αὐτοῦ ἀστρολογικόν. (Εὐφρόνιος δὲ, ὅτι τῶν δήμων ἦν ἐκ Κολωνοῦ. τοῦτο δὲ ψεῦδος. Φιλόχορος γὰρ Λευκονοέα φησὶ αὐτόν. τὸ δὲ τοῦ Καλλιστράτου δῆλον. ἴσως γὰρ ἦν τι καὶ ἐν Κολωνῷ. ὁ δὲ Φιλόχορος ἐν Κολωνῷ μὲν αὐτὸν οὐδὲν θεῖναι λέγει, ἐπὶ Ἀψεύδους δὲ τοῦ πρὸ Πυθοδώρου ἡλιοτρόπιον ἐν τῇ νῦν οὔσῃ ἐκκλησίᾳ, πρὸς τῷ τείχει τῷ ἐν τῇ πνυκί. μήποτε οὖν τὸ χωρίον, φασί τινες, ἐκεῖνο πᾶν, ᾧ περιλαμβάνεται καὶ ἡ πνὺξ, Κολωνός ἐστιν, οὗ ἕτερος ὁ μίσθιος λεγόμενος. οὕτως μέρος τι νῦν σύνηθες γέγονε τὸ Κολωνὸν καλεῖν τὸ ὄπισθεν τῆς μακρᾶς στοᾶς, ἀλλ' οὐκ ἔστι. Μελίτη γὰρ ἅπαν ἐκεῖνο, ὡς ἐν τοῖς ὁριαμοῖς γέγραπται τῆς πόλεως. ἴσως δὲ ἐν Κολωνῷ κρήνην τινὰ κατεσκευάσατο. φησὶν ὁ Φρύνιχος Μονοτρόπῳ « τίς δ' ἐστὶν ὁ μετὰ ταῦτα « ταύτης φροντιῶν; Μέτων ὁ Λευκονοεὺς, ὃ τὰς κρή« νας ἄγων. » καθεῖται δὲ καὶ ὁ Μονότροπος ἐπὶ τοῦ αὐτοῦ Χαβρίου, ὡς εἴρηται. Ἄλλως. ἴσως ἐν τῷ Κολωνῷ κρήνην τινὰ κατεμηχανήσατο, ἢ ἄγαλμα, ἢ ἀνάθημα ἀστρολογικὸν κατεσκευάσατο αὐτῷ.) [ὅτι δὲ Κολωνὸς ἦν τῶν δήμων ψεῦδος. Φιλόχορος δὲ Λευκονέα φησὶν αὐτόν. οὗτος δέ ἐστιν Μέτων οὗ ὁ ἐνιαυτὸς ὁ λεγόμενος Μέτωνος.]

1001. [κατὰ πνιγέα μάλιστα : Ὥσπερ, φησὶ, πνιγεὺς περίκειται τῇ γῇ. τὰ δὲ ἑξῆς ἀδιανόητα. πνιγεὺς δὲ ὁ κρίβανος ἢ ἡ κάμινος.]

προτιθεὶς οὖν : Δίδυμος· τοιοῦτος ἀὴρ ἐστι τῇ γῇ περικείμενος, ὅμοιος πνιγεῖ, καθαπερεὶ πῶμά τι περικείμενος. τὰ δὲ ἑξῆς, φησὶ Σύμμαχος, ἐπίτηδες ἀδιανόητα.

1003. διόλου ἀνοηταίνει. R.

1005. ὁ κύκλος : Παίζει. ἀδύνατον γὰρ τὸν κύκλον γενέσθαι τετράγωνον.

1007. λείπει τὸ ἵνα, ὥσπερ ἀστέρες. R.

1008. [αὐτοῦ κυκλοτεροῦς : Ἵνα τοῦ μέσου κυκλοτεροῦς ὄντος, αἱ ὁδοὶ αὐτῷ παρεκταθῶσιν ὡς ἀκτῖνες ἀστέρων.]

1009. ἄνθρωπος Θαλῆς : (Ἐν σαρκασμῷ φησιν. ἔστι δὲ) ὁ Θαλῆς οὗτος εἷς τῶν ἑπτὰ φιλοσόφων, ἐπὶ γεωμετρίᾳ διαβεβοημένος. (Ἀθηναῖοι περισπῶσιν, ἡ δὲ κοινὴ βαρύνει. καὶ ὅτε μὲν περισπᾶται, Θαλοῦ ἐστὶν ἡ γενική· ὅτε δὲ βαρύνεται, Θάλητος.)

1011. κἀμοὶ πειθόμενος : Ὡς φίλος σοι συμβουλεύω ὑπαναχωρῆσαι ἔνθεν.

1013. ξενηλατοῦνται : Περὶ τῆς ἐν Λακεδαίμονι ξενηλασίας Θεόπομπός φησιν ἐν τῇ τρίτῃ καὶ τριακοστῇ. ποτὲ γὰρ ἐκεῖσε σιτοδείας γενομένης, ξενηλασία γέγονεν, ὡς Θεόπομπος ἐν τῇ λς' φησίν. — ξενηλατοῦνται : Ἀπελαύνονται. *Vict.*

1014. μῶν στασιάζετε : Ἆρα μὴ εἰς ἀλλήλους μάχεσθε.

1016. σποδεῖν : Τύπτειν. R. συντρίβειν. *Vict.*

1017. [ὡς οὐκ οἶδ' ἄρ' εἰ φθαίης : Οὐκ οἶδα εἰ φθαίης ἀπιέναι, πρὶν ἀποτυμπανισθῆναι. ἅμα δὲ τύπτει αὐτόν.]

1018. [ἐγγὺς αὑταιί : Αἱ πληγαί. ἅμα δὲ λέγων τύπτει αὐτόν.]

1020. οὐκ ἀναμετρήσει : Ὅτι γεωμέτρης. ἅμα δὲ, οὐ μέτρια φρονήσεις πλάττειν τινὰ ἀρχὴν καινήν. οὐδεμία γὰρ Ἀθήνησι.

1021. ποῦ πρόξενοι : Προξένους ἐκάλουν τοὺς τεταγμένους εἰς τὸ ὑποδέχεσθαι τοὺς ξένους τοὺς ἐξ ἄλλων πόλεων ἥκοντας.

τίς ὁ Σαρδανάπαλος : Οὗτος υἱὸς Ἀνακυνδαράξου βασιλεὺς Νίνου Περσικῆς Χώρας, ὃς ἐν μιᾷ ἡμέρᾳ Ταρσὸν καὶ Ἀγχιάλην ἔκτισεν, ἐκτράπελος ταῖς τρυφαῖς. φασὶ γὰρ αἰσχρῶς αὐτὸν καλλωπίζεσθαι καὶ μυρίζεσθαι τοῖς τε οἰκείοις μὴ ὁρᾶσθαι εἰ μὴ εὐνούχοις καὶ κόραις. πεπυρπολημένου δὲ τοῦ οἴκου, ἔνδον εὑρεθεὶς, ἀπέθανεν. Ἀπολλόδωρος δὲ ταῦτα φησίν· ἐγγεγράφθαι ἐν τῷ τάφῳ αὐτοῦ Ἀσσυρίοις γράμμασιν « Σαρδανάπαλος « Ἀνακυνδαράξου παῖς Ταρσόν τε καὶ Ἀγχιάλην ἔδει« μεν ἐν μιᾷ ἡμέρᾳ. ἔσθιε, πῖνε, ὄχευε, ὡς τἄλλα οὐ« δενός ἐστιν ἄξια. » (ὁ δὲ Ἑλλάνικος ἐν τοῖς Περσικοῖς δύο φησὶ Σαρδαναπάλους γεγονέναι. Ἄλλως. Περσῶν βασιλεὺς, ὃς ἐν τρυφῇ ὡρίζετο τὴν εὐδαιμονίαν. λέγεται δὲ περὶ αὐτοῦ ὅτι ἐν μιᾷ ἡμέρᾳ δύο πόλεις ἔκτισε τῆς Κιλικίας, Ταρσὸν καὶ Ἀγχιάλην. ἦν δὲ τῷ βίῳ τρυφηλὸς καὶ τῷ εἴδει ἐκτράπελος, καὶ τῷ σχήματι ἀλλόκοτος. διὸ λέγουσιν ἐν τῷ τάφῳ αὐτοῦ ἐπιγεγράφθαι τοῦτο τὸ ἐπίγραμμα

εὖ δεδαὼς ὅτι θνητὸς ἔφυς, ὃν θυμὸν ἄεξε
τερπόμενος θαλίῃσι. θανόντι τοι οὔ τις ὄνησις.
καὶ γὰρ ἐγὼ σποδός εἰμι Νίνου μεγάλης βασιλεύων.
ταῦτ' ἔχω, ὅσσ' ἔφαγον καὶ ἐφύβρισα, καὶ μετ' ἐρώτων
τέρπν' ἔπαθον. τὰ δὲ πολλὰ καὶ ὄλβια κεῖνα λέλειπται·
ἡ δὲ σοφὴ βιότοιο παραίνεσις οὐδέποτ' ἐσθλή,
κεκτήσθω δ' ὁ θέλων σοφίης τὸν ἀπείρονα πλοῦτον.)

1022. ἐπίσκοπος ἥκω : Πλάττει καινὴν ἀρχήν. οὐ

γὰρ ἦν Ἀθήνησι. λαχὼν δὲ, ἀντὶ τοῦ κληρωθεὶς ταύτην τὴν ἀρχήν.

1028. Φαρνάκῃ : Στρατηγὸς Περσῶν ὁ (Φαρνάκης) Φαρναβάζου. ἀλαζονικῶς οὖν σκήπτεται κοινωνίαν ἔχειν μετ' ἐκείνου.

1029. ῥαπίσας αὐτὸν ταῦτα λέγει. R.

1032. παίζει πρὸς τὸ παρ' αὐτοῦ εἰρημένον. R. [τὼ κάδω : Τοὺς κάδους τοὺς ἀμφορικοὺς, εἰς οὓς τὰς ψήφους καθιᾶσιν.]

1033. [ἤδ' ἐπισκόπους : Τὸ ὅλον ἤδη.]

1035. προέρχεται οὗτος καθ' ἑαυτὸν μελετῶν νόμους οὓς ἐβούλετο ὡς πρὸς νεοκατασκεύαστον πόλιν μισθῷ πωλεῖν. V.

1037. οὓς νομορήτορας φαμὲν, οἱ τοὺς νόμους ἐπὶ μισθῷ πωλοῦσιν. V.

1040. περισπωμένως ὡς Μηλιᾶς. λέγει γὰρ τοὺς πολίτας. τὸ τέλειον Νεφελοκοκκυγιέας. ἐν κράσει. V.

1041. ἀντὶ τοῦ νόμοις. V.

1042. ὑπὸ τῷ Ἄθῳ ἡ Ὀλόφυξος πόλις. πρὸς οὓς καὶ προστάγματα ἔπεμπον Ἀθηναῖοι. V.

1043. [Ὀτοτύξιοι : Ἀπὸ τοῦ ὀτοτύζειν ἐσχημάτισεν.]

1046. (καλοῦμαι : Γράφομαι, εἰς τὸ δικαστήριον καλῶ.)

1047. τότε γίνεται τὸ περὶ ὕβρεων δικαστήριον. ὡς ἐν τούτῳ τῶν ἐναγομένων ξένων ἀπὸ τῶν πόλεων καλουμένων. οὐκ ἦν δὲ, ἀλλ' ὁ Μαιμακτηριών, ὡς Φιλέταιρος ἐν Μησὶ δηλοῖ « τίς ἐστι Μαιμακτηριών; μὴν δικάσιμος. » V. (ἔδει εἰπεῖν Μαιμακτηριῶνα· εἰς τοῦτον γὰρ ἦσαν αἱ κρίσεις.)

1049. ὡς τούτου τοῦ ἐγκλήματος ὄντος τὸ μὴ εἰσδέχεσθαι τὸν ταττόμενον ἄρχοντα δικαστήν. V.

1050. (κατὰ τὴν στήλην : Κατὰ τὴν δημοσίαν ἀναγραφήν.) — ὅτι τὰ ψηφίσματα καὶ τοὺς νόμους ἐν ταῖς στήλαις ἔγραφον. V.

1053. (διασκεδῶ : Ἀποπατήσας ἀπαλλάττεται τοῦ συκοφάντου.)

1054. κατέχεσας. R. ἀπεπάτησας, ἀπέτιλας. V.

1057. θύσοντες εἴσω : Σκήπτεται ποιεῖν ἔνδον τὴν θυσίαν, ἵνα μὴ σφάξῃ τὸ πρόβατον.

1058. (ἤδη μοι τῷ παντόπτᾳ : Εἰώθασι μετὰ τὴν τελείαν παράβασιν ἐπιρρηματικὴν ποιεῖσθαι συζυγίαν, ὥσπερ καὶ ἐν Ἱππεῦσι πεποίηκεν. Ἄλλως. δευτέρα παράβασις, ὡς ἐν Ἱππεῦσιν.) [Ἄλλως. ἡ παράβασις αὕτη οὐκ ἔχει πάντα τὰ μέρη, ἀλλὰ μόνα τέσσαρα, τὴν ᾠδὴν καὶ στροφὴν, τὸ ἐπίρρημα, τὴν ἀντῳδὴν καὶ τὸ ἀντεπίρρημα. ἔστι γοῦν ἡ ᾠδὴ καὶ στροφὴ κώλων καὶ στίχων δακτυλικῶν καὶ παιωνικῶν ιδ'. τὰ α', ε', ς', ζ' δακτυλικὰ ἑφθημιμερῆ. τὰ β', γ', δ', ι', ια' τετράμετρα. τὰ δ' ἄλλα παιωνικὰ, τετράμετρα μὲν ἀκατάληκτα τὰ η', θ'. τὸ δὲ ιβ' τρίμετρον. τὸ δὲ ιγ' δίμετρον. τὸ δὲ ιδ' ἑφθημιμερὲς ἐκ κρητικῶν. ὑφ' ὃ παράγραφος, καὶ διπλῆ ἔσω νενευκυῖα.]

1059. παντάρχᾳ : Ἑρμηνεύει τὸ παντόπτᾳ. *R. Vict.*

1063. κτείνων παμφύλων : Τὰ μικρὰ λέγει τὰς μυίας. καὶ θηρίοις γὰρ πολέμιοι ὄρνιθες, ὡς λαγωοῖς ἀετός.

1066. (νῦν) κάλυκες καταχρηστικῶς πάντα τὰ ἀκρόδρυα. R. V.

1069. ἑρπετὰ καὶ δάκετα : Καὶ τὰ ἄλλα δάκετα, ὥσπερ εἰ τύχοι ὁ σκορπίος. [δάκετα δὲ, θηρία ἰοβόλα.]

1072. ἐπαναγορεύεται : Καὶ λέγεται, καὶ ἀνακηρύττεται. *Vict.*

1073. Διαγόραν τὸν Μήλιον : Οὗτος μετὰ τὴν ἅλωσιν Μήλου ᾤκει ἐν Ἀθήναις, τὰ δὲ μυστήρια ηὐτέλιζεν, ὡς πολλοὺς ἐκτρέπειν τῆς τελετῆς. τοῦτο οὖν ἐκήρυξαν κατ' αὐτοῦ Ἀθηναῖοι καὶ ἐν χαλκῇ στήλῃ ἔγραψαν, ὥς φησι Μελάνθιος ἐν τῷ περὶ μυστηρίων. Ἄλλως. ταῦτα ἐκ τοῦ ψηφίσματος εἴληφεν. οὕτως γὰρ ἐκήρυξαν, τῷ μὲν ἀποκτείναντι αὐτὸν τάλαντον λαμβάνειν, τῷ δὲ ἄγοντι δύο. ἐκηρύχθη δὲ τοῦτο διὰ τὸ ἀσεβὲς αὐτοῦ, ἐπεὶ τὰ μυστήρια πᾶσι διηγεῖτο κοινοποιῶν αὐτὰ καὶ μικρὰ ποιῶν καὶ τοὺς βουλομένους μυεῖσθαι ἀποτρέπων, καθάπερ Κρατερὸς ἱστορεῖ. (ἐκκεκήρυκται δὲ μάλιστα ὑπὸ τὴν ἅλωσιν τῆς Μήλου. οὐδὲν γὰρ κωλύει πρότερον. Μελάνθιος δὲ ἐν τῷ περὶ μυστηρίων προφέρεται τῆς χαλκῆς στήλης ἀντίγραφον, ἐν ᾗ ἐπεκήρυξαν καὶ αὐτὸν καὶ τοὺς ἐκδιδόντας Πελλανεῖς. ἐν ᾗ γέγραπται καὶ ταῦτα· ἐὰν δέ τις ἀποκτείνῃ Διαγόραν, τὸν Μήλιον, λαμβάνειν ἀργυρίου τάλαντον· ἐὰν δέ τις ζῶντα ἀγάγῃ, λαμβάνειν δύο.)

1074. (ἄν τε τῶν τυράννων τίς : Τινὲς, τινά. ὡσεὶ ἔλεγέ τινα τῶν ἀνηκόντων αὐτῷ, ὃς ἐὰν φονεύσῃ.)

1075. τῶν τεθνηκότων : [Τῶν ἐπὶ θανάτῳ φευγόντων.] ἐν τοῖς ὑπομνήμασιν οὕτω γέγραπται· ἐν ὑπερβολῇ καὶ τοὺς τεθνηκότας ἀποκτείνειν ὥστε μηδ' ἐν * * * πλαγιάζονται δὲ ἐν τῇ ἀμφιβολίᾳ. λέγει γὰρ, ἐάν τις τινὰ τῶν τοῖς τυράννοις προσηκόντων ἀποκτείνῃ, τάλαντον λήψεται· οἷον γύναιον, ἀδελφὸν, τέκνον, τοὺς συνωμοσίους καὶ συμπράξαντας τῇ τυραννίδι.

1076. ἀνειπεῖν : Κηρύξαι καὶ ἀναγορεῦσαι. *Vict.*

1077. τὸν Στρούθιον : Ἄνω [16] εἶπεν ἐκ τῶν ὀρνέων. Στρούθιον δὲ εἶπεν, ὡς Μήλιον. διὸ καὶ οὕτω προενεκτέον. [συνείρων δὲ, εἰς ὁρμαθὸν συντιθείς.]

1079. σπίνους : Εἶδος ὀρνέου ὁ σπίνος. τρία δὲ αὐτοὺς λυπεῖ, ὅτι θηρεύει, ὅτι πωλεῖ, ὅτι ζ' τοῦ ὀβολοῦ ὡς εὐτελίζων αὐτούς.

1081. τοῖς τε κοψίχοισιν : Οἱ κόψιχοι γὰρ ᾠοτοκοῦντες κεντοῦσι τὰ ᾠά. οἱ οὖν ὀρνιθοθῆραι πτερὰ αὐτοῖς ἐμβάλλουσι πρὸς τὸ ἀμβλῦναι τὰ ῥάμφη τῇ μαλακότητι τῶν πτερῶν. ἢ ἵνα μὴ κορυζῶσιν, ἢ μετὰ τὸ σφάξαι πτερὰ ἐπιβάλλουσιν, ὥστε ἐξ αὐτῶν αὐτοὺς κρεμαμένους ὁραθῆναι πᾶσιν. ἐμφαντικὸν δὲ πλήθους τὸ ἐγχεῖ. [ἐγχεῖ τὰ πτερὰ βιαίως ἀντὶ τοῦ διείρει.] εἴροντες γὰρ διὰ τῶν ῥινῶν καὶ κρεμῶντες ἐπώλουν.

1083. παλεύειν : Ἀντὶ τοῦ θηρεύειν, (προκαλεῖσθαι). εἰώθασιν ἐκτυφλοῦντές τινα τῶν ὀρνέων ἱστάναι ἐν δικτύῳ, ὅπως τῇ φωνῇ προσκαλοῖτο τὰ ὁμοιογενῆ. καὶ τοῦτο γλωσσηματικὸν παλεύειν ἔλεγον. (Ἄλλως.

θηρεύειν καὶ προκαλεῖσθαι βοσκόμενα. οὐ περὶ τῶν κοψίχων δὲ τοῦτο, ἐπεὶ δεδεμένους ἂν εἶπεν, ἀλλὰ μετέθη ἐπὶ περιστερὰς, ἢ φάττας.)

1087. θηράσατε. R.

1088. [εὔδαιμον φῦλον : Ἡ ἀντῳδὴ καὶ ἀντιστροφὴ ὁμοία ἐστὶ τῇ ᾠδῇ καὶ στροφῇ. καὶ αὕτη γὰρ κώλων καὶ στίχων ἐστὶ ιδ΄. καὶ τὰ μὲν ἔχει δακτυλικὰ ἰσόμετρα τοῖς ἐκείνης, τὰ δὲ παιωνικὰ ἐπιμεμιγμένα κρητικοῖς. ἐπὶ τῷ τέλει αἱ συνήθεις δύο διπλαῖ ἔξω νενευκυῖαι.] ἐν σχήματι εἴρηται ὁ λόγος, εὔδαιμον φῦλον, οἳ χειμῶνος. πρὸς γὰρ τὸ σημαινόμενον τοῦ φύλου πληθυντικὸν ὂν ἔφη τὸ οἵ.

1090. οὐκ ἀμφιέννυνται. R.

1091. οὐδ' αὖ θερμὴ : Τινὲς τὸ πνίγους κατὰ γενικὴν φάσιν, ἵνα ᾖ, οὐδὲ ἡ θέρους θερμασία ἐπίκειται ἡμῖν.

1094. φύλλων ἐν κόλποις : Ὡσεὶ ἔλεγεν ὑπὸ τὰ φύλλα.

1095. ὁ τέττιξ δηλονότι. τρία δὲ γένη τεττίγων, αἱ μὲν γὰρ ἀχέται καὶ ἄρσενες, αἱ δὲ κερκῶπαι αἱ θήλειαι, ἕτερον δὲ γένος σίγιον καλεῖται παρὰ τὴν σιωπήν. V.

1096. [ὑφ' ἡλίῳ μανεὶς : Τέρπεται γὰρ καὶ ἐπιμαίνεται τῷ ἡλίῳ ὁ τέττιξ.]

1099. ἐαρινά. R. V. παρθένια : (Διὰ τὸ ἐπιμελῶς τὰς γυναῖκας καὶ τὰς παρθένους) τὰ μύρτα ἐσθίειν. (λευκότροφα δὲ, ἀντὶ τοῦ) λευκὰ καὶ τρυφερά. τοιαῦτα γάρ εἰσι μήπω πεπανθέντα.

1100. ἀντὶ τοῦ κεχαριτωμένα ἄνθη. R. V. πλεονάζει δὲ ὁ τέ. V.

1102. τοῖς κριταῖς : Πολλάκις ἐν ταῖς παραβάσεσι καὶ οἱ ποιηταὶ λέγουσι τινὰ εἰς τὰ ἑαυτῶν χρήσιμα, διὰ τοῦ χορικοῦ προσώπου, ὡς νῦν πρὸς τοὺς κριτὰς ἀποτείνει τὸν λόγον, ὅπως ἂν αὐτῷ ψηφίσωνται τὴν νίκην.

1104. πολλῷ τῶν Ἀλεξάνδρου : Τοῦ Πάριδος, ὧν ἔλαβε παρὰ Ἀφροδίτης. ἀπὸ κοινοῦ δὲ τὸ δώσομεν.

1106. (γλαῦκες ὑμᾶς : Ἀντὶ τοῦ νομίσματα. ἡ γὰρ γλαὺξ ὀρνεόν ἐστιν Ἀθηνᾶς. ὅπερ πάνυ τιμῶντες Ἀθηναῖοι διὰ τὴν θεὸν, ἐν τοῖς τετραδράχμοις ἐνεχάραξαν νομίσμασιν. αἰνίττεται δὲ καὶ εἰς τὸ φιλάργυρον τῶν Ἀθηναίων. Ἄλλως. ἡ γλαὺξ ἐπὶ χαράγματος ἦν τετραδράχμου, ὡς Φιλόχορος. ἐκλήθη δὲ τὸ νόμισμα τὸ τετράδραχμον τότε ἡ γλαύξ. ἦν γὰρ γλαὺξ ἐπίσημον καὶ πρόσωπον Ἀθηνᾶ, τῶν προτέρων διδράχμων ὄντων, ἐπίσημόν τε βοῦν ἐχόντων.) — ἐπεὶ ἐν Λαυρίῳ μέταλλα ἦν ἀργυρίου Ἀθήνησι. V.

1108. κἀκλέψουσι : Δέον εἰπεῖν καὶ λεπίσουσι. λεπίζουσαι γὰρ τὸ ᾠὸν ἐκφέρουσι τὰ νεόττια.

1110. ἐρέψομεν : Διὰ τὰ ἐν τοῖς ναοῖς ἀετώματα. ἀντὶ τοῦ στεγάσομεν πρὸς ἀετώματα. τὰς γὰρ τῶν ἱερῶν στέγας πτερὰ καὶ ἀετοὺς καλοῦσιν, ὥς φησιν Ἴων ἐν Ἀγαμέμνονι.

1111. [κἂν λαχόντες ἀρχίδιον : Ὑποκοριστικῶς τὴν ἀρχήν. διαβάλλει δὲ αὐτοὺς ὡς ἅρπαγας.]

1112. ὀξὺν ἱερακίσκον : Ἀντὶ τοῦ ἁρπαγὴν ὀξεῖαν. Δίδυμος, τάχος ὡς ἱέρακος, ἵνα ταχέως φύγῃ.

1113. πρηγορεῶνας : Δίδυμος τοὺς βρόγχους τῶν ὀρνέων κυρίως τοὺς λεγομένους προλόβους, ὅτι συλλέγεται ἐν αὐτοῖς τὰ σιτία. λέγεται δὲ καὶ ἐπὶ ἀνθρώπων πρηγορεὼν πάλιν ὁ βρόγχος. ἑκάτερον δὲ ἀπὸ τοῦ προαθροίζειν ἐκεῖ τὴν τροφήν.

1114. ἂν δὲ μὴ κρίνητε : Ἐὰν δὲ μὴ ἡμᾶς κρίνητε νικᾶν, ἐπίθεσθε ὥσπερ οἱ ἀνδριάντες μηνίσκους ἐπὶ ταῖς κεφαλαῖς. ποιοῦσι γὰρ ἔνιοι, ὥστε μὴ ἐφάπτεσθαι τὰ ὄρνεα. Ἄλλως. μηνίσκους, σκεπάσματα (τῶν ἀνδριάντων), ἅπερ ἐπιτιθέασι ταῖς κεφαλαῖς τῶν ἀνδριάντων διὰ τὸ μὴ ἀποπατεῖν κατ' αὐτῶν τὰ ὄρνεα. φησὶν οὖν, ὅτι μέλλομεν ὑμῶν καταπατεῖν. — κατασκευάσατε. V.

1116. [μήνην : Μηνίσκον. μήνῃ γὰρ ἔοικε.]

1118. [τὰ μὲν ἱέρ' ἡμῖν : Κορωνὶς εἰσιόντων αὖθις τῶν ὑποκριτῶν. οἱ δὲ στίχοι ἰαμβικοὶ τρίμετροι ἀκατάληκτοι ο΄, ὧν τελευταῖος

τόξευε πᾶς τις. σφενδόνην τίς μοι δότω.

ἐπὶ τῷ τέλει κορωνίς.]

τὰ μὲν ἱέρ' ἡμῖν ἐστιν : Τὰ ἐν τοῖς θύμασι σύμβολα. *R. Vict.*

(1121). ἀλλ' οὑτοσὶ τρέχει : Σύμμαχος· οὕτω συντόνως τρέχει ὡσεὶ Ὀλυμπιακὸς σταδιοδρόμος, [ἢ ἀπὸ τοῦ παραρέοντος ποταμοῦ. ἀντὶ τοῦ, δίκην ῥεύματος ταχέως φερόμενος]. ὁ δὲ Δίδυμος, παρὰ τὸ Πινδάρου [Nem. I, 1] « ἄμπνευμα σεμνὸν Ἀλφειοῦ. » διχῶς δέ τινες, ἄλφειον πνέων.

1126. Προξενίδης καὶ Θεαγένης : Ἐκ τούτων πιστοῦται τὸ ἀνυπόστατον τοῦ τείχους, ἐπειδὴ καπνοὶ ἦσαν καὶ κομπασταὶ καὶ μόνον ὑπόσχεσις. τοιαύτη δὲ καὶ ἡ τοῦ τείχους οἰκοδομή.

ὁ Κομπασεὺς : Ἔπαιξε παρὰ τὸν κόμπον. προείρηται δὲ περὶ αὐτῶν ἀμφοτέρων ὅτι κομπασταί. Τηλεκλείδης δὲ ἐν Ἡσιόδοις ὡς παρειμένον τῷ σώματι κωμῳδεῖ αὐτόν.

1128. ὅσον ὁ δούριος : Οὐ πιθανὸν κοινῶς λέγειν αὐτὸν, ἀλλὰ περὶ τοῦ χαλκοῦ τοῦ ἐν ἀκροπόλει. ἀνέκειτο γὰρ ἐν ἀκροπόλει δούριος ἵππος ἐπιγραφὴν ἔχων « Χαιρέδημος Εὐαγγέλου ἐκ Κοίλης ἀνέθηκε. » δύναται δὲ καὶ ὁ ἐν Ἰλίῳ λαμβάνεσθαι. ἐν ἀκροπόλει χαλκοῦς ἵππος ἀνέκειτο κατὰ μίμησιν τοῦ Ἰλιακοῦ.

1131. [τοῦ μάκρους : Σημείωσαι ὅτι τὸ μάκρος λέγει.]

1133. Αἰγύπτιος πλινθοφόρος : Οἱ Αἰγύπτιοι ἐκωμῳδοῦντο ὡς ἀχθοφόροι. καὶ ἐν Βατράχοις [1406] « οὓς « οὐκ ἂν ἄραιντ' οὐδ' ἑκατὸν Αἰγύπτιοι. » Ἄλλως. ὅτι ἴδιον τῶν Αἰγυπτίων ἐνόμισαν τὸ ἀχθοφορεῖν.

1137. γέρανοι θεμελίους : Διὰ τὸ ἐν ὕψει πέτεσθαι, καὶ τῇ εἰς εὐθὺ ὁρμῇ τὴν ἐπὶ τὰ κάτω θέαν ἐμποδί-

ζεσθαι, λίθους βαστάζουσιν, ὅπως κάμνουσαι τῇ πτήσει ῥίπτοιεν, καὶ αἴσθοιντο πότερον ἐπὶ γῆς ἢ ἐπὶ θαλάττης φέρονται. καὶ εἰ μὲν ἐπὶ θαλάττης ἥκοι ὁ λίθος, ἀνύουσι τὴν ὁδόν· εἰ δὲ ἐπὶ γῆς, ἀναπαύονται.

θεμελίους : Ἤγουν προσήκοντας θεμελίῳ. *Vict.*

καταπεπωκυῖαι λίθους : Ἐπεὶ αἱ γέρανοι λίθους καταπίνουσι καὶ ἐπὶ τὴν Αἴγυπτον παραγίνονται.

1138. τούτους δ' ἐτύκιζον : Τύκος ἐργαλεῖόν τι ᾧ τοὺς λίθους περικόπτουσι καὶ ξέουσιν. ἐπιτήδειον οὖν ἔργον ταῖς μακρὸν ἐχούσαις ῥύγχος. κρὲξ δὲ εἶδος ὀρνέου, ὀξὺ πάνυ τὸ ῥύγχος καὶ πριονῶδες ἔχον.

1139. πελαργοὶ μυρίοι : Διὰ τὸ Πελαργικὸν τεῖχος τοὺς ἀπὸ Τυρρηνίας ἥκοντας ἀναστῆσαι.

1141. οἱ χαραδριοὶ : Ὠνοματοπεποίηται τὸ ὄρνεον παρὰ τὸ ἐν ταῖς χαράδραις διατρίβειν.

1142. ἐρωδιοὶ λεκάναισι : Παρὰ τὴν ἔραν πέπαιχεν, ἐπεὶ ὁ πηλὸς ἐκ τῆς ἔρας, τουτέστι τῆς γῆς. ταῦτα δὲ ὡς ἐν κωμῳδίᾳ ἐσχημάτισται. τὸ μὲν κοινὸν λακάνη παρὰ τὸ λα ἐπιτατικὸν καὶ τὸ χαίνω, τὸ δὲ Ἀττικὸν λεκάνη.

1145. οἱ χῆνες ὑποτύπτοντες : Διὰ τὸ πλατύποδας τῶν ἄλλων μᾶλλον εἶναι τοὺς χῆνας.

1147. [τί δῆτα πόδες : Παρὰ τὴν παροιμίαν

τί δῆτα χεῖρες οὐκ ἂν ἐργασαίατο;]

1148. καὶ νὴ Δί' αἱ νῆτται : Ἡ νῆτται εἶδος ὀρνέου, ἔχον τὴν πτέρωσιν ἐκ φύσεως ὥσπερ ζώνην λευκήν. παρὰ τοῦτο οὖν ἔπαιξεν ἐζωσμένην εἰρηκὼς αὐτήν. ὑπαγωγέα δὲ τὸν ξυστῆρά φησι. πλατὺ δέ ἐστι σίδηρον, ᾧ ξέουσι τὸν πηλόν. (Ἄλλως. τινὲς τῶν νησσῶν ἔχουσι πτέρωσιν ὡς ζώνην ἐν κύκλῳ λευκήν.)

1150. (ἔχουσαι κατόπιν : Ὥσπερ παιδία βαστάζουσαι αὐτόν. ὡς εἰώθασι βαστάζειν τὰ παιδία. ἀσαφῶς δὲ λέγει. λέγει γὰρ τὰς χελιδόνας τὸν ὑπαγωγέα ἐπὶ τῶν ὤμων αὐτὰς κομίζειν, τὸν δὲ πηλὸν ἐν τοῖς στόμασι. καὶ ποιοῦσι τοῦτο, ὅταν τὰς νεοσσιὰς κατασκευάζωσιν. ὁ δὲ ὑπαγωγεύς, ὥς τινες, σιδηροῦν τι οἷον πτυΐδιον, ᾧ χρῶνται οἱ κονιαταί. οἱ δὲ, ἐργαλεῖον οἰκοδομικὸν, ᾧ ἀπευθύνουσι τὰς πλίνθους πρὸς ἀλλήλας. τινὲς δὲ αὐτὸ παράξυστον καλοῦσιν. εἰ μὴ ἄρα πηλόν τινα ὑπαγωγέα καλοῦσι. τοιοῦτον γάρ τι καὶ Ἕρμιππος ἐν τοῖς Τριμέτροις ἐμφανίζει.)

1156. πελεκᾶντες : Παρὰ τὸ πελεκᾶν τὰ ξύλα, τῷ ὀνόματι τοῦ ὄρνιθος πιθανῶς παίζων ἐχρήσατο. καὶ ὅτι ῥάμφος ἔχει μέγα.

1158. τεθύρωται. R.

1159. καὶ βεβαλάνωται : Ἀντὶ τοῦ κεκλείδωται, βάλανοι δὲ λέγονται τὰ μάγγανα τῆς κλειδώσεως.

1160. ἐφοδεύεται : Ἀντὶ τοῦ διοδεύεται. τὸ δὲ κωδωνοφορεῖται [ἀντὶ τοῦ δοκιμάζεται] ἡ τῶν φυλάκων φρουρά.

1161. φρυκτωρίαι : (Αἱ διὰ τῶν πύργων φυλακαί. παρὰ τὸν πυρσὸν καὶ τὸ ὠρεύειν.) — οἱ ἐπὶ τῶν πύργων πυρσοί. R.

1163. ἀπονίψομαι : Ην γὰρ ἀπὸ πηλοῦ ἢ κονίας ὡς ἀπὸ τῶν ἔργων.

τἄλλα δρᾶ : Ἀντὶ τοῦ πρᾶττε, προστακτικῶς.

1169. πυρρίχην βλέπων : Ἔνοπλον καὶ πολεμικόν τι. ἐνόπλιος γὰρ ὄρχησις ἡ πυρρίχη. — ἐσθεῖ : Εἰστρέχει. V.

1173. εἰς τὸν ἀέρα : Δέον εἰπεῖν εἰς τὴν πόλιν.

1174. ἡμεροσκόπους : Τοὺς ἐν ἡμέρᾳ φρουροῦντας.

1177. (τοῦτ' ἴσμεν : Πρὸς τὴν ἐν Ἰλιάδι [A, 424]. γραφὴν τὴν « χθιζὸς ἔβη μετὰ δαῖτα. » οὕτως ἀξιοῦσιν Ἀριστοφάνην γράφειν.)

περιπόλους : Τοὺς φύλακας, ἢ ζητητάς. ἀπὸ τοῦ περιπολεῖν. τὸ δὲ ἑξῆς, οὐκ ἐχρῆν περιπόλους πέμψαι.

1179. ἱπποτοξότας : Ἀπὸ μὲν τοῦ ἵππου τὴν ὀξεῖαν αὐτῶν πτῆσιν δηλοῖ, ἀπὸ δὲ τοῦ τόξου τὸ ἐπικαμπὲς τῶν ὀνύχων.

1180. ἠγκυλωμένος : Ἀγκύλη εἶδος ἀκοντίου.

1181. κύμινδις : Τὴν κύμιδιν οὐκ ἀνέγραψεν ὁ Καλλίμαχος. μήποτε οὖν κίσινδις γραπτέον. ὁ δὲ τριόρχης εἶδος ἱέρακος.

1182. ῥύμη : Φορᾷ βιαίᾳ.

1183. δονεῖται : Κινεῖται, ταράσσεται, σαλεύει. *Vict.*

1185. ὥστε ἐλπίζειν τὴν ἅλωσιν. V.

1188. [πόλεμος αἴρεται : Εἴσθεσις χοροῦ ἐπῳδικὴ κώλων τροχαϊκῶν ἐπιμεμιγμένων χορείοις ἤτοι τριβράχεσι καὶ δακτύλοις πενθημιμερῶν η'. ὧν τὰ μὲν πρῶτα τρία καὶ παιωνικά, εἰ βούλει, ποιήσει ἡμιόλια. τὸ τέταρτον τροχαϊκὸν ἐκ δακτύλου πενθημιμερές. τὸ πέμπτον καὶ ἕκτον ἰθυφαλλικά. τὸ ζ' καὶ η' τροχαϊκὰ πενθημιμερῆ. ἐν ἐκθέσει δὲ ἰαμβικὰ τρία. ὧν τὸ πρῶτον δίμετρον ἀκατάληκτον. οἱ δὲ δύο τρίμετροι ἀκατάληκτοι. ἐπὶ τῷ τέλει κορωνίς.]

πόλεμος αἴρεται : Διὰ τὴν ὑπερβολὴν ἀντὶ τοῦ ἐγείρεται καὶ μετεωρίζεται. — ἔν τισι δὲ τῶν ἀντιγράφων εἰς δύο κῶλα διῄρηται τὸ ἕν, ἐν δὲ ἄλλοις συνῆπται. Ven.

1189. φατὸς : Λεκτός. *Vict.*

1192. ἀέρα περινέφελον : Τὴν ἀορασίαν, τὸ σκότος.

1197. πεδαρσίου : Μετεώρου, πετομένου. παρὰ τὸ ἐκ τοῦ πέδου αἴρεσθαι.

1199. αὕτη σὺ : [Κορωνὶς εἰσιόντων αὖθις τῶν ὑποκριτῶν. οἱ δὲ στίχοι ἰαμβικοὶ τρίμετροι ἀκατάληκτοι ξγ'. ὧν τελευταῖος

καταιθαλώσεις τῶν νεωτέρων τινά.

ἐπὶ τῷ τέλει κορωνίς.] — πρὸς τὴν Ἶρίν φησι καταλαβὼν αὐτήν. V.

1213. πλοῖον ἢ κυνῆ : Πλοῖον μὲν, καθὸ ἐπτέρωται καὶ ἐξωγκωμένον ἔχει τὸν χιτῶνα, καὶ τὰ πτερὰ διαπέπταται ὡς κῶπαι. κυνῆ δὲ, ὅτι ἔχει περικεφαλαίαν τὸν πέτασον, ὡς ὁ Ἑρμῆς ἄγγελος ὢν παρὰ Σοφοκλεῖ ἐν Ἰνάχῳ τῆς Ἴριδος « γυνὴ τίς ἥδε; κυκλὰς Ἀρκάδος κυνῆς. » φασὶ δὲ καὶ κυνέαν τὸν πέτασον λέγεσθαι ἐν

Πελοποννήσῳ. (Ἄλλως. πέτασον γὰρ ἐπὶ τῆς κεφαλῆς φορεῖ ὡς ὁ Ἑρμῆς, πρὸς ὃν τὴν κυνῆν εἶπε. καὶ Πελοποννήσιοι δὲ τὸν πέτασον κυνῆν καλοῦσι. πλοῖον δὲ διὰ τὸ ἐν δρόμῳ αὐτῆς κεκολπῶσθαι τὸν χιτῶνα. ἢ ἐπεὶ πτερωτὸς ἦν. αἱ δὲ νῆες ἀντὶ πτερῶν τὰς κώπας ἔχουσι.)

1204. Πάραλος ἢ Σαλαμινία : Αὗται ἱεραὶ τριήρεις δημόσιαι, ἐπὶ τὰς τῆς πόλεως χρείας πεμπόμεναι καὶ ταχυναυτοῦσαι. (Ἄλλως. ἐπεὶ ταχεῖαν αὐτὴν εἶπεν. αὗται δὲ αἱ τριήρεις, ὡς ἂν ὑπηρέτιδες οὖσαι, ταχεῖαι ἦσαν, Πάραλος καὶ Σαλαμινία. ἐὰν δὲ δασέως ἐν ἄρθρου μέρει, ἔσται ἡ αὐτὴ Πάραλος καὶ Σαλαμινία.)

1206. ἀναπτάμενος τριόρχος : Ἐπεὶ ἑταίρα ἦν, ἔπαιξε τὸ τριόρχος.

1210. διὰ ποίων πυλῶν. R.

1212. ἡμεροφύλακες γὰρ οἱ κολοιοί. R. V

1213. σφραγῖδ' ἔχεις παρὰ τῶν πελαργῶν : Οἷον σύμβολον ἐπὶ τῷ συγχωρηθῆναι παρελθεῖν. — ὡς τῶν πελαργῶν φυλάκων ὄντων. V.

1214. ὑγιαίνεις μέν : Ὑγιαίνεις, φησί, καὶ οὐ μαίνῃ τοιαῦτα ἐρωτῶν;

1215. ἐπέβαλεν ὀρνίθαρχος : Πρὸς τὸ ἐπέβαλεν, ὅτι καὶ νῦν ἐπὶ τοῦ συνουσιάσαι, ὃ καὶ ἐνόμισε λέγειν ἡ Ἶρις, διὸ παραιτεῖται.

1218. γῆς ἀλλοτρίας καὶ τοῦ χάους : Ἀντὶ τοῦ ἀέρος, διὰ τὸ κεχύσθαι εἰς ἄπλωμα.

1222. πασῶν Ἰρίδων : Ἀντὶ τοῦ ὑπὲρ τὰς ἄλλας Ἴριδας. παίζει δὲ ἢ ὡς τοῦ ἀέρος ποικίλας Ἴριδας ποιοῦντος, ἢ ἀντὶ τοῦ εἰπεῖν θεαινῶν.

[1223]. τῆς ἀξίας : (Λείπει) τιμωρίας.

1225. ἀντὶ τοῦ ὥς γ' ἐμοὶ δοκεῖ. R. V.

1227. ἀκολασταίνετε : Ἀκόλαστα καὶ ἄτακτα πράξετε.

1228. ἐν μέρει τῶν κρειττόνων : Ἀντὶ τοῦ κατά τι μέρος ἡμῖν ὑποταγῆναι ὀφείλετε. — Ἄλλως. δεῖ πείθεσθαι ἡμῖν τοῖς κρείττοσιν. V.

1229. τὼ πτέρυγε ποῖ ναυστολεῖς : Ἔπαιξεν ὡς ἐπὶ νεῶν. [ποῦ] παρασκευάζῃ καὶ ἐπὶ ποίαν ὁδὸν τὴν πτῆσιν ἔχεις.

1232. ἐπ' ἐσχάραις : Ἤγουν ἐπάνω. *Vict.*

1237. ἀλλὰ μὰ Δί' οὐ τῷ Διί : Ἔπαιξε πάλιν μὰ Δία εἰπὼν ὡς ἐν κωμῳδίᾳ.

1240. Διὸς μακέλλῃ : Τοῦτό φησι παρὰ τὸ Σοφόκλειον

χρυσῇ μακέλλῃ Ζηνὸς ἐξαναστραφῇ.

μακέλλη : Δίκελλα πλατεῖα. *Vict.*

1242. Λικυμνίαις βολαῖς : (Ὁ μὲν Καλλίμαχος γράφων οὕτως « Λικυμνίαις βολαῖς » φησὶ « ταύτης τῆς διδασκαλίας οὐ μέμνηται. ») ἐν δὲ ἐνίοις τῶν σχολικῶν ὑπομνήμασι ταυτὶ γέγραπται, « ἴσως ὁ Λικύμνιος ἐνεπύρισε τινῶν οἰκίας. » ἐν δὲ τοῖς ἐπιγεγραμμένοις Ἀπολλωνίου ταῦτα γέγραπται (ὅτι ἡμίφλεκτόν τινα εἰσάγει εἰς τοιοῦτό τι κεκεραυνωμένον ἀπὸ τῆς περιστάσεως ἐκείνης. εἴη δ' ἂν τοῦ Εὐριπίδου μεμνημένος ἀγγέλου τοῦ ἐν τῷ Λικυμνίῳ. λέγει γὰρ ἐπὶ τελευτῆς ἐκεῖνος.) ἐν Λικυμνίῳ δράματι Εὐριπίδου εἰσήχθη τις κεραυνοβολούμενος.

1243. (τῶν παφλασμάτων : Ἐκπρησμῶν, ἀναζεμάτων.)

1245. μορμολύττεσθαι : Ἀντὶ τοῦ ἐκφοβεῖν. R. V.

1246. εἴ με λυπήσει πέρα : Ἀντὶ τοῦ (πέρα τοῦ) δέοντος. (παρατραγῳδεῖ καὶ αὐτός.)

[1247]. καὶ δόμους Ἀμφίονος : Ἐκ Νιόβης Αἰσχύλου. (ἐξέρριπται δὲ τὸ Ἀμφίονος ἐκ παρῳδίας.)

1248. κεραυνοφόρον γὰρ τὸ ζῷον. R. V.

1250. [παρδαλᾶς : Παρδάλεων δοράς. ἔπαιξε πρὸς τὴν πτέρωσιν αὐτῶν. κοάνεοι γάρ εἰσι.]

1252. εἷς τῶν γιγάντων ἐγένετο ὁ Πορφυρίων καὶ ὄνομα ὄρνιθος. V. — εἷς Πορφυρίων : Ὁ γίγας ὁ τῷ Διὶ πολεμήσας. ὃν ἐχειρώσατο Ἀφροδίτη.

1254. διαμηριῶ : Συνουσιάσω, ὡς ἐπὶ κόρης. *Vict.*

1256. τριέμβολον : Πολλάκις ἐμβαλεῖν δυνάμενον. μήποτε δὲ καὶ πλοίου τις ἦν κατασκευή. καὶ γὰρ δεκέμβολον Αἰσχύλος εἶπε τὴν τοῦ Νέστορος ναῦν ἐν Μυρμιδόσιν. — τριέμβολον οὖν. ἔστι δὲ ἐπίφθεγμα τάχους. R. V.

1258. εὐρὰξ πατάξ : (Ἐπιρρήματά τινα ἀνέπλασεν εἰς τὸ κακέμφατον.) ἔπλασεν ἐπίφθεγμα παρὰ τὸ εὐρέως σοι μιγήσομαι καὶ τὸ πατάξαι. ὅθεν καὶ χαμαιτύποι αἱ πόρναι. (καὶ Μένανδρος « πρώην ἄρας ἐπάταξα. »)

1261. (καταιθαλώσεις : Ταῦτα πρὸς τὴν Ἶριν λέγει ὡς ἑταιρίδιον. καταιθαλώσεις οὖν τῷ ἔρωτι.) — ἅμα δὲ πρὸς τὰ προκείμενα πρὸ ὀλίγου ὑπ' αὐτῆς. V.

1262. [ἀποκεκλήκαμεν : Κορωνὶς καὶ εἴσθεσις μέλους χοροῦ μεσῳδικὴ κώλων παιωνικῶν ϛ'. ὧν τὸ πρῶτον καὶ δεύτερον δίμετρα βραχυκατάληκτα, ἤτοι ἡμιόλια. τὸ γ' δίμετρον καταληκτικόν, ἤτοι ἐφθημιμερές. τὸ δ' ὅμοιον τῷ α'. τὸ ε' ὅμοιον τῷ γ'. τὸ δὲ ἕκτον δίμετρον ἀκατάληκτον διὰ τὴν ἀδιάφορον. ἔν τισι δὲ δύο κῶλα συνῆπται ταῦτα. ἐν ἐκθέσει δὲ στίχος ἰαμβικὸς τρίμετρος ἀκατάληκτος ὅμοιος τοῖς ἑξῆς. ἐπὶ τῷ τέλει κορωνίς.]

ἀποκεκλήκαμεν : Ἀπηγορεύσαμεν. — ἔν τισι δὲ κατὰ δύο κῶλα συνῆπται ταῦτα. R. V.

1267. τῇδε : Ἐνθάδε. *Vict.* ἀντὶ τοῦ ἐν τούτῳ τῷ τόπῳ ἐν ᾧ ἐστιν ἡ πόλις αὕτη. λέγει δὲ τὸν ἀέρα. τὸ ἑξῆς ἱερόθυτον καπνόν. R. V.

1269. δεινόν τε τὸν κήρυκα : Τοῦτο Ἀττικὸν τὸ σχῆμα. εἰσὶ γὰρ αἰτιατικαὶ ἀντὶ εὐθειῶν. ἀντὶ τοῦ ὁ κῆρυξ. ἐνδεῖ δὲ τὸ σχῆμα. ἔδει γάρ, ὁ κῆρυξ εἰ μὴ νοστήσει. [εἴσθεσις δὲ τῆς διπλῆς ἀμοιβαίας τῶν ὑποκριτῶν. οἱ δὲ στίχοι ἰαμβικοὶ τρίμετροι ἀκατάληκτοι μδ'. ὧν τελευταῖος

ἐγὼ δ' ἐκείνων τοὺς προσιόντας δέξομαι.

ἐπὶ τῷ τέλει διπλῆ ἔξω νενευκυῖα.]

1271. (ὠ Πεισθέταιρ' : Ἄγγελος πεμφθεὶς εἰς ἀνθρώπους ἐξ ὀρνίθων ὑποστρέφει λέγων, ὅτι πάντες ἥδονται οἱ ἄνθρωποι ὄρνιθας κρατεῖν.)

1273. ὢ κατακέλευσον : Οἱονεὶ σιωπὴν κήρυξον. οἱ γὰρ κελευσταὶ πολλάκις σιωπὴν παραγγέλλειν εἰώθασιν, σιώπα λέγοντες καὶ ἄκουε, καὶ τὰ ὅμοια. οὕτω Δίδυμος. Ἄλλως. ἐπεὶ πολλάκις εἴρηκεν ὢ καὶ οὐκ ἐπίσχει αὐτὸν ὁ Πεισθέταιρος, ὁ ἄγγελός φησι κατακέλευσον, ὥσπερ τοῖς ἐρέσσουσι, (καὶ ὢ, λέγει, παύσασθαι παρακελευσαί μοι. οὕτω Σύμμαχος). — κατακέλευσον : Σιγὴν πρόσταξον. *Vict.*

1281. ἐλακωνομάνουν : Τῆς τῶν Λακώνων ἤρων πολιτείας. (τοῦτο δὲ εἶπε διὰ τὸ ὑπερέχειν τοὺς Λάκωνας τῷ πολέμῳ τότε.) ἄρχεται δὲ διαβάλλειν. διαβάλλει δὲ καὶ τὸν Σωκράτην ὡς ῥυπαρὸν καὶ πένητα.

1282. ἐκόμων, ἐπείνων : (Εἰπὼν τὸ ἐκόμων καὶ τὰ ἑξῆς, ἐπιτηδείως ἐπάγει τὸ ἐσωκράτουν. τοιοῦτοι γὰρ οἱ φιλόσοφοι. ἐκόμων δὲ καὶ οἱ Λάκωνες ὡς τρυφῶντες.)

1283. σκυτάλι' ἐφόρουν : (Σκυτάλη ἤτοι Λακωνικὴ ἐπιστολὴ ἢ βακτηρία. ἐφόρουν γὰρ βαρείας βακτηρίας οἱ Λάκωνες. τοῦ δὲ σκυτάλιον τὸ α ἐκτείνεται, ὡς ἐν Ὁλκάσιν, ἔνθα καὶ τὸ Νικοφῶντος ἐξ Ἀφροδίτης Γονῶν παρετέθη « οὐκ ἐς κόρακας τὼ χεῖρ' ἀποίσεις « ἐκποδὼν ἀπὸ τοῦ σκυταλίου τε καὶ τῆς διφθέρας. » οὕτω Σύμμαχος. ὁ δὲ Δίδυμος σκυτάλια τὰς βακτηρίας, αἷς τὰ σκύταλα τύπτουσιν, ὅ ἐστι τοὺς τραχήλους *** « ἢ παύσει βάκτρῳ χαλίνῳ σκύταλα Φρὺξ ἀνήρ. » Ἄλλως.) σκυτάλη ἐστὶ Λακωνικὴ ἐπιστολή. οὗτοι γὰρ μέλλοντες πέμπειν στρατηγὸν εἰς τὸν πόλεμον, ἐποίουν δύο ῥάβδους ἰσοπήχεις καὶ ἰσομήκεις, καὶ τὴν μὲν τῷ στρατηγῷ μέλλοντι ἐξιέναι εἰς πόλεμον ἐδίδουν, τὴν δὲ παρ' αὐτοῖς εἴων. καὶ ὅτε βούλοιντο ἀπόρρητόν τι σημᾶναι τῷ ἀπόντι στρατηγῷ, ταύτῃ λευκὸν δέρμα περιειλίξαντες, ἔγραφον εἰς αὐτό. ὁ δὲ στρατηγὸς λαβὼν αὐτὸ καὶ περιελίξας τῇ παρ' αὐτῷ ῥάβδῳ ἀνεγίνωσκε.

(σκυτάλι' ἐφόρουν : Πάλιν ἀντὶ τοῦ ἐλακώνιζον. καὶ ὅτι Λακωνικὸν τὸ τῆς σκυτάλης.) [ἔγραφον δὲ οὐ μόνον ταῖς σκυτάλαις ἐγχαράσσοντες τὰς ἐπιστολάς, ἀλλὰ καὶ βακτηρίαις.]

1288. κατῆραν εἰς τὰ βιβλία : Ἔπαιξεν εἰς τὸ φιλόδικον, εἰπὼν εἰς τὰ βιβλία ἀντὶ τοῦ εἰς τὰ ψηφίσματα. Ἄλλως. ὡς ἐπὶ ὀρνίθων καθεζομένων. δέον δὲ εἰπεῖν εἰς τοὺς λειμῶνας.

1289. εἶτ' ἀπενέμοντ' ἐνταῦθα : Ἐνταῦθα συναληλιμμένον ἀμφίβολόν ἐστιν. ὃ καὶ ἐπιτετήδευκε. διελόντι δὲ τὸ μέν ἐστιν ἐνέμοντο, τὸ δέ, ἀπενέμοντο, τουτέστιν ἀνεγίνωσκον.

1290. ἀντὶ τοῦ τῶν ὀρνίθων ἐπιθυμοῦσιν, ὅ ἐστιν ἐρημίας. R.

1292. Πέρδιξ μὲν εἷς κάπηλος : Ὁ μὲν Πέρδιξ σαφῶς ὄνομα κύριον. Μενίππῳ δὲ ἐπώνυμον ἦν χελιδών. τὸ δὲ ἑξῆς κατὰ τὸ οἰκεῖον εἴληπται, τῷ Ὀπουντίῳ λέγω τὸ κόραξ, ὅτι ἅρπαξ καὶ ἀναιδής. ὅτι δὲ καὶ μονόφθαλμος οὗτος προείρηται. οὐ πάντως δὲ ὡς ἐπώνυμον. Ἄλλως. κάπηλος ἀντὶ τοῦ μάγειρος. ἔσχατε δὲ οὗτος. εἴρηται δὲ ἐν τοῖς πρόσθεν, ὅτι χωλὸς οὗτος ὁ Πέρδιξ. ἀφ' οὗ φασὶ τὴν παροιμίαν, Πέρδικος σκέλος, ἐπὶ τῶν λεπτοπόδων. Ἄλλως. ὁ Πέρδιξ ὄνομα καπήλου. χωλὸς δὲ ἦν οὗτος. μνημονεύει δὲ αὐτοῦ καὶ ἐν Ἀναγύρῳ· καὶ μὴν χθές γ' ἦν Πέρδιξ χωλός. (τούτου δὲ πολλοὶ μέμνηνται. ἀπὸ τούτου δέ φασι τὴν παροιμίαν, Πέρδικος σκέλος, ἧς καὶ Ἀριστοφάνης ἐν ταῖς ἀμέτροις παροιμίαις μνημονεύει.)

[1293]. Μενίππῳ δ' ἦν χελιδὼν : Διὰ τὸ ἱπποτρόφον εἶναι (καὶ καυτηρίᾳ τοῦτον χρῆσθαι) οὕτως ὠνομάσθη.

1294. Ὀπουντίῳ δ' ὀφθαλμὸν : (Δίδυμος·) ὡς τοιούτου τὴν ὄψιν ὄντος μνημονεύει αὐτοῦ καὶ μέγα ῥύγχος ἔχοντος (καὶ ὁ τὰς Ἀταλάντας γράψας, καὶ Εὔπολις ἐν Ταξιάρχοις. Σύμμαχος· φαίνονται τὸν Λυκοῦργον Αἰγύπτιον εἶναι νομίζοντες ἢ τὸ γένος, ἢ τοὺς τρόπους. Φερεκράτης Ἀγρίοις « οἶμαι δ' αὐτὸν κινδυνεύειν εἰς « τὴν Αἴγυπτον οἴκους λέξεις, ἵνα μὴ συνέχῃ τοῖσι « Λυκούργου πατριώταις. » μήποτε οὖν εἰς τὸ αὐτὸ καὶ Κρατῖνος Δηλιάσι « τούτοισι δ' ὄπισθεν ἴτω δίφρον « φέρων Λυκοῦργος | ἔχων καλάσιριν. » ὁ δὲ καλάσιρις, χιτὼν πλατύσημος. φησὶ δὲ Κηφισόδημος ὅτι Αἰγυπτίων ἡ λέξις. διαβάλλει δὲ αὐτὸν ἢ ὡς ξένον, ἢ ὡς πονηρόν.)

1295. κορυδὸς : Μήποτε ὀξυκέφαλος ἦν εἰς τὸ ἄνω καὶ ὀρνιθώδης τὴν κεφαλήν. ὅτι δὲ αἰσχρὸς ἦν καὶ ἐν Θεσμοφοριαζούσαις [168] δηλοῖ.

χηναλώπηξ : Πανοῦργος ἦν. διὸ ἀλώπηξ. καὶ ὅτι ἀναίσθητος καὶ φθονερὸς καὶ πονηρός. ὁ δὲ Δίδυμος Θεαγένη καὶ Φιλοκλέα φησὶν ὀρνιθώδεις εἶναι.

1296. Ἶβις Λυκούργῳ : Ἢ ὡς Αἰγυπτίῳ, ἢ ὡς μακροσκελεῖ. Ἶβις δὲ ὄρνεον πλεονάζον ἐν Αἰγύπτῳ.

Χαιρεφῶντι : Ὁ Χαιρεφῶν μέλας καὶ ὠχρὸς προείρηται. (νυκτερὶς δὲ καὶ παρὰ τοῖς ἄλλοις.) οὗτος δ' ἂν εἴη Χαιρεφῶν ὁ Σωκρατικός.

1297. Συρακοσίῳ δὲ κίττα : (Οὗτος γὰρ τῶν περὶ τὸ βῆμα.) καὶ Εὔπολις ὡς λάλον ἐν Πόλεσι διασύρει (« Συρακόσιος δ' ἔοικεν, ἡνίκ' ἂν λέγῃ, τοῖς κυνιδίοισι « τοῖσιν ἐπὶ τῶν τειχίων. ἀναβὰς γὰρ ἐπὶ τὸ βῆμ' ὑλα« κτεῖ περιτρέχων. » δοκεῖ δὲ καὶ ψήφισμα τεθεικέναι μὴ κωμῳδεῖσθαι ὀνομαστὶ τινά, ὡς Φρύνιχος ἐν Μονοτρόπῳ φησί· ψῶρ' ἔχε Συρακόσιον. ἐπιφανὴς γὰρ αὐτῷ καὶ μέγα τύχοι. ἀφείλετο γὰρ κωμῳδεῖν οὓς ἐπεθύμουν. διὸ πικρότερον αὐτῷ προσφέρονται.)

Μειδίας δ' ἐκεῖ ὄρτυξ : ** Ὁ μὲν Δίδυμος οὕτως. ὁ δὲ Ἀμμώνιος ᾠήθη ἐξ ἐπιθέτου Μειδίαν ὄρτυγα καλεῖσθαι. γελοίως διὰ τὸ κυβευτὴν εἶναι καὶ ἐν γύρῳ τοὺς ὄρτυγας κόπτειν, (οὕτως αὐτὸν νῦν Ἀριστοφάνης προσεῖπε. δηλοῖ δὲ τοῦτο Ἀριστοφάνης [ἐν Περιαλγεῖ « χρηστὸν] μὴ κατὰ Μειδίαν ὀρτυγοκόπον. » λέγει δὲ ἐν Ποαστρίαις ὁ αὐτός, ὡς καὶ περὶ ἀλέκτορας αὐτοῦ ἐσπουδακότος. διαβάλλεται δὲ εἴς τε πονηρίαν, ὡς Πλάτων ἐν Νίκαις, καὶ κλοπὴν δημοσίων, ὡς Μεταγένης ἐν Ὁμήρῳ, καὶ συκοφαντίαν. κόβαλός τε ἐλέγετο εἶναι καὶ πτωχαλαζών, ὡς Φρύνιχος ἐν Ἐφιάλτῃ. ὁ δὲ Σύμ-

μαχος, ἧκεν, ἐώκει. ὄρτυγα δὲ λέγει, ὅτι ὀρτυγοκόπος ἦν, περὶ οὗ προείρηται. φέρεται δὲ ἐν τοῖς πλείστοις, ὑπὸ στυφοκόμπου. καὶ σαφὲς οὐδέν ἐστιν εὑρεῖν. Διονύσιος δὲ ὁ Ζώπυρος γράφει, ὑπ' ὀρτυγοκόμπου, καὶ ἐξηγεῖτο, ὅτι ἔγκειται τὸ μ. θέλει γὰρ εἰπεῖν τῶν ὀρτυγοκόμπων, ἐπεὶ καὶ αὐτὸς τῶν ὀρτυγοκόμπων.)

1299. [στυφόκομπος ὁ μάχιμος ὄρτυξ. παρὰ τὸ στερεῶς κόπτειν. (ὄνομα ὀρνέου ἔπλασε) παρὰ τὸ κολάπτειν τὴν κεφαλήν, ὃ συμβαίνει τοῖς ὄρτυξιν.]

1301. ὅπου χελιδών : Εἰς τὰ Σιμωνίδου μέλη αἰνίττεται « κυανέα χελιδών.»

1302. [ἢ πηνέλοψ : Ὁ πηνέλοψ νήττῃ μέν ἐστιν ὅμοιον, περιστερᾶς δὲ μέγεθος. μέμνηται δὲ αὐτοῦ Στησίχορος καὶ Ἴβυκος· Ἄλλως. τὰ μὲν ἄλλα ἐν συμπληρώματι. ὁ δὲ πηνέλοψ μείζων μὲν ἢ κατὰ νῆτταν, ὅμοιος δέ.]

1303. ἢ πτέρυγες ἢ (πτεροῦ) τι καὶ ὅπου μέρος τι πτεροῦ ἢ μόριον ὀρνέου ὑπῆρχεν ἐν ποιήματι, ᾖδον αὐτό.

1309. (τὰς ἀρρίχους : Τὸ χ διὰ τὸ θηλυκῶς εἰπεῖν τὰς ἀρρίχους, ἡ ἀρρίχη. ἐξηγοῦνται δέ τινες κόφινον. ἡγητέον οὖν ἐκ μὲν τοῦ αὐτοῦ γένους εἶναι, διάφορον δέ τι. λέγουσι δὲ καὶ νῦν σωράκων τι εἶδος ἀρρίχους.)

1310. ταῦτα πρὸς τὸν Μανῆν λέγει. εἰς τὸ χορηγεῖν τοῖς βουλομένοις ὀρνιθωθῆναι. R. [ἐμπίπλη πτερῶν : Πρὸς τὸ χορηγεῖν τοῖς βουλομένοις ὀρνιθωθῆναι τῶν ἀνθρώπων εἴρηται ταῦτα. Ἄλλως. ἐμπίπλη.] (Ἀττικόν. ἦν γὰρ τὸ κοινὸν ἀπὸ τοῦ πίπλημι πίπλαθι, ὡς ἵσταθι. ὅμοιον δέ ἐστι καὶ τὸ

Κύκλωψ τῆ πίε οἶνον, —

παρὰ τῷ ποιητῇ [Od. I, 347]. Ἀττικοὶ γὰρ οὐ τρέπουσιν ἐπὶ τῶν εἰς μι τὸ μ εἰς τὸ θ ἐν τοῖς προστακτικοῖς, καὶ συστέλλουσι τὴν παραλήγουσαν ὡς ἡ κοινή, ἵστημι ἵσταθι, καὶ πίμπλημι πίμπλαθι, ἀλλὰ τελείαν ἀποβολὴν τῆς μι ποιούμενοι πίμπλη καὶ ἵστη λέγουσιν, ὥσπερ καὶ ἀπὸ τοῦ τῆμι τὸ τῆ.) — γέμισον. ἔστι δὲ Ἀττικῶς. R.

1313. [ταχὺ δ' ἂν πολυάνορα : Ἡ ἀμοιβαία αὕτη περίοδος ἔοικεν ἐκθέσει διπλῆς, κώλων οὖσα ἀναπαιστικῶν καὶ ἰαμβικῶν ιζ'. ὧν τὸ πρῶτον ἀναπαιστικὸν δίμετρον ἀκατάληκτον. τὸ β' ἰαμβικὸν δίμετρον καταληκτικόν, ἤτοι ἑφθημιμερές, ὃ καλεῖται Ἀνακρεόντειον. τὸ γ' ὅμοιον. τὸ δ' ὅμοιον τῷ α'. τὸ ε' ὅμοιον τῷ β'. τὸ ς' καὶ τὸ ζ' ἀναπαιστικὰ πενθημιμερῆ. τὰ η', θ', ιγ' ὅμοια τῷ α', τὰ δ' ἄλλα τῷ β'. ἐπὶ τῷ τέλει αἱ συνήθεις διπλαῖ.]

1316. ἐμᾶς πόλεως : Λείπει ἀνθρώπους. ἕνεκα τῆς πόλεως τῆς ἐμῆς, φησί, κατέχουσιν οἱ ἔρωτες τοὺς ἀνθρώπους, ἀντὶ τοῦ, ἐρῶσιν οἱ ἄνθρωποι τῆς ἐμῆς πόλεως.

1317. (θᾶττον φέρειν : Τοὺς κοφίνους τῶν πτερῶν. δῆλον δὲ ὅτι ταῦτα πρὸς τὸν Μανῆν.)

1323. ὡς βλακικῶς : Ἀντὶ τοῦ βραδέως. Πεισθέταιρος πρὸς τὸν Μανῆν.

1326. σὺ δ' αὖτις ἐξόρμα : Ἀποστρέφει τὸν λόγον ὁ χορὸς πρὸς τὸν Πεισθέταιρον εἰσιόντα ἐπεῖξαι τὸν οἰκέτην. τὸ δὲ ἑξῆς ὅρμα αὐτὸν ὡδί.

1329. Μανῆς γάρ ἐστι δειλός : Ἀποφαντικῶς ἀντὶ τοῦ δείλαιος. πρὸς ἄλλον δὲ λέγει τύπτων τὸν Μανῆν. [εἴσθεσις δὲ χοροῦ, ἐπῳδικὴ μὲν διὰ τὸ μετὰ τὴν διπλῆν τίθεσθαι, προῳδικὴ δὲ διὰ τὸ προτίθεσθαι ἑτέρας περιόδου, κώλων ἀναπαιστικῶν ε'. ὧν τὰ α', β' πενθημιμερῆ· τὰ γ', δ' δίμετρα ἀκατάληκτα. τὸ ε' ἰαμβικὸν ἑφθημιμερές. ἐν ἐκθέσει δὲ τρίμετρα δύο. ἐπὶ τῷ τέλει κορωνίς.]

1331. διάθες τάδε κόσμῳ : Ἀντὶ τοῦ διάκρινον τὰ πτερὰ κατὰ τάξιν ἑκάστῳ ἀνδρὶ προσοικειώσας. (μουσικὰ δὲ λέγει) κύκνων καὶ ἀηδόνων, ὅτι μάλιστα εὔφωνά ἐστι. μαντικὰ δὲ κοράκων καὶ ἀετῶν καὶ τῶν λοιπῶν, ὅσοις οἰωνίζεται. (θαλάττια δὲ) λάρων καὶ αἰθυιῶν καὶ τῶν ὁμοίων.

1333. ὅπως πτερώσῃς ἕκαστον ἁρμοδίως. R. V.

1335. οὔτοι μὰ τὰς κερχνῆδας : Τύπτων τὸν δοῦλον τὸν Μανῆν ταῦτα λέγει ὁ Πεισθέταιρος. — σχήσομαι : Ἀνέξομαι. *R. Vict.*

1337. γενοίμαν αἰετὸς : [Εἴσθεσις ἑτέρας περιόδου κώλων καὶ στίχων λζ'. ὧν τὰ α' δύο ἀναπαιστικὰ δίμετρα ἀκατάληκτα. τὸ τρίτον ἰαμβικὸν ἑφθημιμερές. τὸ ς' κῶλον μονόμετρον βραχυκατάληκτον. οἱ δ' ἄλλοι τρίμετροι. ἐπὶ ταῖς ἀποθέσεσι καὶ τῷ τέλει παράγραφος.] ἐν τοῖς Καλλιστράτου, ταῦτα ἐξ Οἰνομάου τοῦ Σοφοκλέους. πρόσεισι πατραλοίας ἀκηκοὼς τὰ ἐν ὄρνισιν νόμιμα, ὅτι ἐξὸν τὸν πατέρα τύπτειν. — λέγει δὲ ταῦτα ὑφ' ἡδονῆς ὁ παμπόνηρος. R.

1338. ἀτρυγέτου : Ἀκάρπου ἐπὶ ἀβύσσου καὶ ἠπείρου. *Vict.*

1339. λίμνας : Καὶ οὗτος λίμναν τὴν θάλασσαν εἴρηκεν.

1340. οὐ ψευδαγγελής : Οὐ ψευδῆ ἀπηγγελκέναι. — ἐπειδὴ ἐν τοῖς προτέροις ἔφη ὁ ἄγγελος πολλοὺς ἥξειν ἀνθρώπους. V.

1342. αἰβοῖ : Οὐ μόνον ἐπὶ σχετλιασμοῦ τὸ αἰβοῖ, ἀλλὰ καὶ ἐπὶ ἡδονῆς, ὡς καὶ νῦν.

(οὐκ ἔστιν οὐδὲν τοῦ πέτεσθαι : Μετὰ τοῦτον ἑνὸς στίχου φέρουσί τινες διάλειμμα, καὶ Ἀριστοφάνης πλήρωμα οὕτως

ἐρῶ δ' ἐγώ τι τῶν ἐν ὄρνισιν νομῶν.)

1346. πολλοὶ γὰρ ὀρνίθων : Γῦπες γὰρ καὶ κόρακες περὶ νεκροὺς νέμονται, οἱ δὲ λάροι τὴν θάλατταν. ποίας οὖν νομῆς τῶν πλησίων ἐπιθυμεῖς;

1348. ὡς πατραλοίας τοῦτον ἀποδέχεται τὸν νόμον. τοιοῦτοι δὲ οἱ ἀλεκτρυόνες. V.

1349. τὸν ὄρνιν ἐκεῖνον. V.

1350. ἀντὶ τοῦ πλήττει. R. V.

1352. τὰ χρήματα αὐτοῦ. V.

1354. ἐν ταῖς τῶν πελαργῶν κύρβεσιν : Κύρβεις χαλκαῖ σανίδες ἔνθα τοὺς νόμους γράφουσι. κατὰ δὲ ἐνίους,

ἄξονες τρίγωνοι ἐν οἷς ἦσαν οἱ τῶν πόλεων νόμοι γεγραμμένοι καὶ αἱ δημοσίαι ἱεροποιίαι, (καθάπερ καὶ Ἀριστοτέλης ἐν τῇ τῶν Ἀθηναίων πολιτείᾳ φησὶ καὶ Ἀπολλόδωρος. κύρβεις δὲ ἤτοι παρὰ τὸ κεκορυφῶσθαι εἰς ὕψος ἀνατεταμένον, ἢ ἀπὸ τῶν κορυβάντων. ἐκείνων γὰρ εὕρημα, ὥς φησι Θεόφραστος ἐν τῷ περὶ εὐσεβείας.) φησὶ δὲ Ἀριστοτέλης ἀληθῆ εἶναι τὸν περὶ τῶν πελαργῶν λόγον. ὁμοίως δὲ αὐτοῖς ποιεῖν καὶ τοὺς ἀερόποδας. διὸ καὶ ἐν τοῖς σκήπτροις ἀνωτέρω μὲν πελαργὸν τυποῦσι, κατωτέρω δὲ ποτάμιον ἵππον, δηλοῦντες ὡς ὑποτέτακται ἡ βία τῇ δικαιοπραγίᾳ. οἱ γὰρ πελαργοί, δικαιοπραγεῖς ὄντες, ἐπὶ πτερῶν βαστάζουσι τοὺς πατέρας γεγηρακότας· οἱ δὲ ἱπποπόταμοι ζῷον ἀδικώτατον.

1360. ἀντὶ τοῦ οὐδενὸς κακοῦ ἀπολαύσεις, οὐδὲν πείσῃ. R.

1361. ὥσπερ ὄρνιν ὀρφανόν : Ὡς μὴ ἔχοντα πατέρα. θάρρει οὖν. οὐ γὰρ θρέψεις τὸν πατέρα. ἢ ὅτι καὶ οὕτως ἐστὶν ὄρνις καλούμενος.

1363. ἔμαθον ὅτε παῖς ἦ : [Ἀντὶ τοῦ ἦν Ἀττικῶς.] — γράφεται καὶ ἦν. αἱρετώτερον δὲ τὸ ἦ ἀντὶ τοῦ ἔα. V. Σύμμαχος· καθοπλίζει αὐτὸν τῇ μὲν πτέρυγι ὡς ἀσπίδι, τῷ δὲ πλήκτρῳ ὡς ξίφει, τῷ δὲ λόφῳ ὡς περικεφαλαίᾳ. Δίδυμος δέ· ἀντὶ μὲν τῆς πτέρυγος ἀσπίδα δίδωσιν αὐτῷ, ἀντὶ δὲ τοῦ πλήκτρου ξίφος. ἦλθε γὰρ ὡς ἀλεκτρυὼν πτερωθῆναι, ἐπεὶ ἐκεῖνοι τοὺς πατέρας τύπτουσι.

1365. [πλῆκτρον : Ὅπερ περιετίθεσαν τοῖς ἀλεκτρυόσι χαλκοῦν ἐν τῷ μάχεσθαι. καὶ παροιμία, αἶρε πλῆκτρον ἀμυντήριον. κἀκεῖνοι γὰρ ἔχουσι πλῆκτρα, οἷς μάχονται.]

πλῆκτρον θητέρᾳ : ξίφος ἢ δόρυ αὐτῷ δίδωσι. *V. Vict.*

1367. φρούρει, στρατεύου : Συμβουλεύει αὐτῷ ποιεῖν ἃ πρέπει νέοις (καὶ μὴ μάτην ἐκ τοῦ δημοσίου τρέφεσθαι). Ἄλλως. παρακελεύεται αὐτῷ στρατεύεσθαι καὶ μισθὸν λαμβάνειν, καὶ ἐκ τούτου ἀποτρέφεσθαι. μισθοῦ γὰρ στρατεύονται ὑπὲρ ἄλλων πόλεων. κωμῳδεῖ δὲ Ἀθηναίους ὡς μὴ στρατεύοντας.

1369. εἰς τἀπὶ Θρᾴκης : Ἐπεὶ συνεχεῖς ἐγίνοντο αἱ στρατιαὶ ἐπὶ Θρᾴκης τοῖς Ἀθηναίοις. ἢ ὅτι ἱερόν ἐστι χωρίον τοῦ Ἄρεως ἡ Θρᾴκη.

1372. ἀναπέτομαι δὴ : [Ἡ ἀμοιβαία αὕτη περίοδος προῳδῷ χοροῦ ἔοικε, κώλων καὶ στίχων οὖσα ἀναπαιστικῶν καὶ ἰαμβικῶν ι', ἐπιμεμιγμένων τετραβράχεσιν. ὧν τὸ α' ἀναπαιστικὸν πενθημιμερὲς τοῦ α' ποδὸς τετραβράχεος. τὸ β' δίμετρον καταληκτικὸν εἰς δισύλλαβον. τὸ τρίτον δίμετρον βραχυκατάληκτον. οἱ δ', ζ', η' ἰαμβικοὶ τρίμετροι ἀκατάληκτοι. τὸ ε' ἀναπαιστικὴ βάσις καταληκτικὴ εἰς δισύλλαβον. τὸ ϛ' ὅμοιον τῷ γ' τὸ θ' ἰαμβικὸν δίμετρον ἀκατάληκτον. τὸ ι' ἀναπαιστικὸν πενθημιμερές.] (ταῦτα παρὰ τὰ Ἀνακρέοντος « ἀναπέτομαι δὴ πρὸς Ὄλυμπον πτερύγεσσι κούφαις « διὰ τὸν ἔρωτ'· οὐ γὰρ ἐμοὶ παῖς ἐθέλει συνηβᾶν. » διὸ καὶ τὸ χ ἔχουσι οἱ δύο στίχοι.) — Κινησίας διθυραμβοποιός. R.

1374. ἄλλοτ' ἐπ' ἄλλαν : Τὸ ἀπ' ἄλλων εἰς ἄλλα μέλη τρέπεσθαι βούλεται δηλοῦν.

1376. τουτὶ τὸ πρᾶγμα φορτίου : Διὰ τὸ συνεχῶς αὐτὸν λέγειν πέτομαι (καὶ πτερύγεσσι). — εἰς τὸ ἀδιανόητον. ἐκ δὲ τῶν αὐτοῦ Κινησίου περιπλοκὴν ἔχει. V.

τὴν τῶν ὀρνίθων δῆλον· ἐπίτηδες δὲ ὡς ἀσαφῆ αὐτὸν διασύρει. *Vict.*

1377. σώματί τε νέαν ἐφέπων : Τινὲς ἐπέων. ἐπίτηδες ἀδιανοητεύεται, θέλων διαβαλεῖν τὰ Κινησίου ποιήματα ὡς ἀδιανόητα.

ἀσυνάρμοστον τὸ κῶλον τοῦτο προσέρραπται. ἔδει γὰρ εἰπεῖν, ἀφόβῳ σώματι (πέτομαι γενεὰν ὀρίθων ἐφέπων), ἀντὶ τοῦ μετιών. — τὴν τῶν ὀρνίθων δηλονότι. R.

1378. φιλύρινον : Καλλίστρατος χλωρόν. ἡ γὰρ φιλύρα χλωρόν. χλωρὸς δὲ καὶ οὗτος. Εὐφρόνιος κοῦφον, ὡς ἂν διθυραμβοποιὸν εὐτελῆ, καὶ κοῦφα ποιοῦντα. τοιοῦτον γὰρ τὸ ξύλον κοῦφον καὶ ἐλαφρόν. διαβάλλει δὲ αὐτὸν καὶ ὡς χωλὸν (διὰ τοῦ « πόδα σὺ κυλλόν. »)

1379. τί δεῦρο πόδα σὺ κυλλὸν : Ὅτι πολλάκις τὸ μὲν κυλλὸν ἐπὶ τοῦ ποδὸς ἔτασσον, ὡς ὁ ποιητὴς [Il. Φ, 331] « ὄρσεο κυλλοπόδιον. » τὸ δὲ χωλὸν ἐπὶ τῆς χειρὸς, ὡς Εὔπολις

ὅτι χωλός ἐστι τὴν ἑτέραν χεῖρ' οὐ λέγεις.

(καὶ Εὐφρόνιος μὲν χωλὸν εἶναι τὸν Κινησίαν φησίν. ἢ τάχα, ἐπεὶ πολλάκις ἐστὶ παρ' αὐτοῖς ποδὶ κούφῳ, ἢ ποδὶ λευκῷ, ἢ πόδα τιθείς, ἤ τι τοιοῦτον, τὸ κυλλὸν προσέθηκεν. Ἄλλως. Δίδυμος μὲν κύκλον, ἐπεὶ κυκλίων ᾀσμάτων ποιητής ἐστι, κυλλὸν δὲ, ἐπεὶ χωλός ἐστιν. εἴρηται δὲ περὶ αὐτοῦ ἐν Βατράχοις [ad v. 1436]. ὁ δὲ Ἀριστοτέλης ἐν ταῖς Διδασκαλίαις δύο φησὶ γεγονέναι. Σύμμαχος οὕτως. Εὐφρόνιος· ἐπειδὴ κυλλὸς ἦν ὁ Κινησίας. τοῦτο δὲ οὐκ ἔστιν εὑρεῖν. ἀλλ' ἐπειδὴ πολὺ παρ' αὐτοῖς ἐστι τὸ ποδὶ λευκῷ, καὶ ποδὶ κούφῳ, καὶ πόδα τιθείς, ἤ τι τοιοῦτον, τὸ κυλλὸν προσέθηκεν.) — τὸ δὲ ἀνακύκλον ἐπειδὴ κυκλίων ᾀσμάτων ποιητής ἐστι. R.

1381. λιγύφθογγος ἀηδών : Λιγύφθογγος ἔφη διὰ τὸν μόχθον καὶ τὸν θρῆνον τὸν ἡδυτάτως ἐξ αὐτῆς εἰς τὸν παῖδα γινόμενον. [γράφεται λιγύμυθος, ἢ λιγύμοχθος.]

1382. [παῦσαι μελῳδῶν : Εἴσθεσις περιόδου ἀμοιβαίας στίχων καὶ κώλων κη'. ὧν οἱ μὲν πρῶτοι ια' ἰαμβικοὶ τρίμετροι ἀκατάληκτοι. τὰ ἑξῆς ὀκτὼ κῶλα ἀναπαιστικὰ ἐπιμεμιγμένα χορείοις ἢ τριβράχεσι καὶ προκελευσματικοῖς ἤτοι τετραβράχεσιν. ὧν τὰ δ' δίμετρα ἀκατάληκτα. τὸ ε' τρίμετρον βραχυκατάληκτον. τὰ δὲ ἑξῆς τρία δίμετρα ἀκατάληκτα. οἱ ἑξῆς δὲ τούτων

θ' στίχοι ἰαμβικοὶ τρίμετροι ἀκατάληκτοι. ἐπὶ τῷ τέλει κορωνίς.]

1383. ὑπὸ σοῦ πτερωθεὶς : Βούλομαι, φησὶ, πτερωθῆναι ὑπὸ σοῦ, ἵνα διὰ τοῦ ἀέρος πετόμενος ἐξεύρω εἰς τὰ προοίμια λέξεις νιφοβόλους καὶ ἀεροδονήτους. (παίζει δὲ πρὸς τὰ ποιήματα τῶν διθυραμβοποιῶν· ἔθος γὰρ αὐτοῖς τοιαῦτα ἐπίθετα λέγειν. ἅμα δὲ καὶ πρὸς τὸ κοῦφον αὐτῶν.)

μεταρσιος : Ἐπηρμένος, ὑψωθείς. *Vict.*

1385. ἀναβολὰς : Προοίμια. R. V. λέξεις. *Vict.*

1387. κρέμαται μὲν οὖν : Οἷον ὕλη ἐστὶ τῶν ποιημάτων ἡμῶν ἡ τῶν νεφελῶν σύστασις.

1390. καὶ πτεροδόνητα : [Ἀντὶ τοῦ ταχέα.] ταῦτα γὰρ συμβαίνει τῷ ἀέρι. ὅθεν φησὶ τὰς λέξεις αὐτοὺς θηρᾶσθαι.

1393. ἅπαντα γὰρ δίειμί σοι : Ἅπαντα γάρ σοι τὰ περὶ τοῦ ἀέρος διεξέρχομαι. πλείστη γὰρ αὐτῶν ἡ λέξις τοιαύτη, ὁ δὲ νοῦς ἐλάχιστος, ὡς ἡ παροιμία « καὶ διθυράμβων νοῦν ἔχεις ἐλάττονα. »

1395. ὠόπ : Παρακελεύεται αὐτῷ παύσασθαι τοῦ ᾄδειν, ὡς οἱ ἐρέσσοντες. κέλευσμα γάρ ἐστι τὸ ὠὸπ τῶν ἐρεσσόντων καταπαῦον τὴν κωπηλασίαν.

τὸν ἁλαδρόμον : Τὸν εἰς ἅλα δρόμον. λείπει γὰρ ἡ εἰς. ἔνια τῇ συνθέσει ἀδιανόητα ποιοῦσι. ταῦτα δὲ οὐδὲ ταῖς λέξεσι συνετά. χλευάζει δὲ τοὺς διθυραμβοποιούς.

1397. καταπαύσω : Τοῦτο (ἅμα) λέγων ὁ Πεισθέταιρος παίει αὐτόν.

1398. στείχων : Βαδίζων. *Vict.*

1399. σῶμα : Τὸ ἐμόν. *Vict.*

1400. ἀλίμενον αἰθέρος : Τὴν τέλος οὐκ ἔχουσαν, οὐδὲ ὅρμον, ἀπὸ μεταφορᾶς τῶν νεῶν. τρόπον γὰρ πελάγους δοκοῦσι διανήχεσθαι τὸν ἀέρα οἱ ὄρνιθες.

1401. χαρίεντά γ' ὦ πρεσβύτα : Ἔτι Κινησίας φησὶ τοῦτο πρὸς τὸν γέροντα τὸν Πεισθέταιρον τὸν τύψαντα αὐτόν. Ἄλλως. ἐπειδὴ κινεῖ αὐτὸν ὡς ἰσχνὸν ὄντα τῷ σώματι. λέγει δὲ ὅτι χαριέντως ἐσοφίσω, ἵνα τῷ κινεῖσθαι δοκῇς ἔχειν πτερά.

1402. [πτεροδόνητος γενόμενος : Ἀντὶ τοῦ πτεροῖς πληχθείς. παίζει δὲ πρὸς τὰ εἰρημένα.]

1403. τὸν κυκλιοδιδάσκαλον : Ἀντὶ τοῦ διθυραμβοποιόν. εἴρηται γὰρ ὅτι ἐγκύκλια διδάσκουσιν. (Ἀντίπατρος δὲ καὶ Εὐφρόνιος ἐν τοῖς ὑπομνήμασί φασι τοὺς κυκλίους χοροὺς στῆσαι πρῶτον Λᾶσον τὸν Ἑρμιονέα, οἱ δὲ ἀρχαιότεροι Ἑλλάνικος καὶ Δικαίαρχος, Ἀρίονα τὸν Μηθυμναῖον, Δικαίαρχος μὲν ἐν τῷ περὶ Διονυσιακῶν ἀγώνων, Ἑλλάνικος δὲ ἐν τοῖς Κραναϊκοῖς.)

1404. ὡς ταῖσι φυλαῖς : Ἑκάστη γὰρ φυλὴ Διονύσου τρέφει διθυραμβοποιόν.

1406. Λεωτροφίδῃ : Ἐπειδὴ καὶ οὗτος τῶν σφόδρα λεπτῶν. ἢ ὅτι καὶ οὗτος διθυραμβοποιὸς κοῦφος. φησὶν οὖν, βούλει τῷ Λεωτροφίδῃ τὴν Κεκροπίδα φυλὴν διδάσκειν; ἀπὸ γὰρ ταύτης ἦν ὁ Λεωτροφίδης. τινὲς δὲ, ὅτι κοῦφος καὶ χλωρὸς ἦν, ὡς ἐοικέναι ὄρνιθι. Θεόπομπος δὲ ἐν ταῖς Καπηλίσι

Λεωτροφίδης ὁ τρίμετρος (ὡς λεοντῖνος
εὔχρως τε φάναι καὶ χαρίεις ὥσπερ νεκρός).

Ἄλλως. ἐπειδὴ καὶ οὗτος τῶν σφόδρα λεπτῶν. καὶ ὁ Κινησίας δέ. Ἕρμιππος Κέρκωψιν

(ἀνάπηρά σοι θύουσιν ἤδη βοΐδια
Λεωτροφίδου λεπτότερα καὶ Θουμάντιδος.)

θέλεις οὖν καὶ τῷ Λεωτροφίδῃ χορὸν ὀρνέων διδάξαι;

1410. ὄρνιθες τίνες οἵδε : Συκοφάντης τις πενόμενος καὶ εἰς τὴν ἑαυτοῦ πενίαν ᾄδων ἐπειδὴ μηδὲν εἶχεν, ἐκ πρώτων λόγων συκοφαντεῖ τοὺς ὄρνιθας, ὡς ἐναντίως ἐχόντων τὸ σχῆμα τῆς φύσεως τῶν ὀρνέων. εἴη δ' ἂν εἰς τὸ σχῆμα τοῦ πρεσβυτέρου ἀφορῶν. Ἄλλως. τινὲς παρὰ τὸ Ἀλκαίου « (ὄρνιθες τίνες οἵδ') ὠκεανῶ « γᾶς ἀπὺ περράτων ἦνθον, πανέλοπες ποικιλόδειροι « τανυσίπτεροι, » καὶ παρὰ τὸ Σιμωνίδου « ἄγγελε κλυτὰ ἔαρος ἁδυόδμου κυανέα χελιδοῖ. »

1412. ἀντὶ τοῦ οὐ φαύλως κακόν. R.

1413. ὀχληρὸς ὤν. R.

1415. ποικίλα μάλ' αὖθις : (Τοῦτό φησι) πρὸς τὸ ῥυπαρὸν καὶ ποικίλον τοῦ ἱματίου αὐτοῦ.

1417. (οὐκ ὀλίγων χελιδόνων : Ἐπεὶ συνεχῶς χελιδόνας λέγει, τοιοῦτόν τι φησίν· ἔαρος χρῄζει. παλαιὸν γὰρ χιτῶνα ἔχει. μετείληφε δὲ τὸν νοῦν τῆς παροιμίας, μία χελιδὼν ἔαρ οὐ ποιεῖ.)

1418. τίς ὁ πτερῶν : Πρὸς τὸ σχῆμα ᾧ χρῶνται συνεχῶς οἱ νεώτεροι συγγραφεῖς. (τίς ὁ πτερῶν,) ἀντὶ τοῦ τίς πτεροῖ.

1420. [πτερῶν πτερῶν δεῖ : Παρὰ τὸ Αἰσχύλου ἐκ Μυρμιδόνων « ὅπλων ὅπλων δεῖ. »]

1421. μῶν εὐθὺ Πελλήνης : Ἐπεὶ ἐν Πελλήνῃ ἐν τοῖς Ἡραίοις ἆθλον ἐτίθετο χλαῖνα. [χλαῖναι δὲ διαφέρουσαι ἐν Πελλήνῃ γίνονται.] οἱ δὲ, ὅτι Ἑρμαῖα ἄγεται ἐν Πελλήνῃ τῆς Ἀχαΐας καὶ τοῦτο ἔπαθλον τίθεται.

1422. (κλητήρ εἰμι : Κλητὴρ λέγεται ὁ καλῶν εἰς τὸ δικαστήριον πάντας. σημαίνει δὲ ἡ λέξις καὶ τὸν μάρτυρα. νησιωτικὸς δὲ ὁ τοὺς τὰς νήσους οἰκοῦντας συκοφαντῶν καὶ εἰς δικαστήριον ἄγων.)

1424. πραγματοδίφης : Πράγματα ἐρευνῶν καὶ ζητῶν. *Vict.*

1425. περισοβεῖν : Περιίπτασθαι καὶ εἰς δικαστήριον καλούμενος.

1426. ὑπαὶ πτερύγων τί : Ἀντὶ τοῦ μετὰ πτερύγων. Ἡσίοδος [Scut. 283]

τοί γε μὲν οὖν γελόωντες ὑπ' αὐλητῆρος ἕκαστος.

Ἀρχίλοχος « ᾄδων ὑπ' αὐλητῆρος. » Ἄλλως. ἀντὶ τοῦ σοφώτερόν φησι τὸ μετὰ πτερύγων καλεῖν.

[1427]. λησταί : Οἱ πειραταί. (καὶ Ὅμηρος [Od. Γ, 73] « οἷά τε ληϊστῆρες. »)

1429. ἀνθ' ἕρματος : Ἀντὶ τοῦ λίθου. ἐπεὶ αἱ γέρανοι

ἐν τῷ στόματι ψήφους ἔχουσιν. Ἄλλως. πολλάκις γὰρ καὶ στηρίγματος ἕνεκα περιφέρουσι τοὺς λίθους αἱ γέρανοι πρὸς τὸ μὴ παραφέρεσθαι ἀνέμοις.

1432. οὐκ ἐπίσταμαι : Ἀντὶ τοῦ οὐ δύναμαι. (εἴρηται δὲ παρὰ τὴν παροιμίαν

πεζῇ βαδίζω· νεῖν γὰρ οὐκ ἐπίσταμαι.)

1436. ἢ δικορραφεῖν : Κατασκευάζειν δίκας. *Vict.*

1442. ὁ Διιτρέφης : Ἐπεὶ πλούσιος καὶ δυνάμενος ἱπποτροφεῖν οὗτος. εἴρηται δὲ περὶ αὐτοῦ ἀνωτέρω [700], ὅτι ὁ Διιτρέφης πυτινοπλόκος ὢν γέγονε φύλαρχος καὶ ἵππαρχος. Ἄλλως. ἵππαρχος γὰρ γενόμενος καὶ εὐτυχήσας συνεβούλευε καὶ ἄλλοις ἱππαρχεῖν.

1444. ἄλλος δέ τις. R.

1453. ἐπεὶ ἁρπακτικά. R.

[1456]. κᾆτ' ἐγκεκληκὼς : (Ἔγκλημα κατ' αὐτῶν γραψάμενος βραδυτῆτος. ἐνθαδὶ δὲ, ἤγουν) εἰς τὸ δικαστήριον.

1456. κᾆτ' αὖ πέτωμαι πάλιν : [Ἵνα πάλιν πετασθεὶς ἐν ταῖς νήσοις ταχέως ἄλλους] προκαλέσωμαι.

1457. ὅπως ἂν ὠφλήκῃ : Ἀντὶ τοῦ καταδικασθείη, [πρὶν φθάσαι ἐν τῇ Ἀττικῇ]. τοιοῦτόν τι θέλει λέγειν· ἵνα καλεσάμενός τινα εἰς δίκην, σὺ μὲν ὡς ἂν πετόμενος φθάσῃς πρὸ αὐτοῦ, εἶτα καταδικάσας αὐτὸν ἐξ ἐρήμου, πάλιν ἐπὶ τὰ αὐτοῦ πέτῃ, ἐν ὅσῳ ἐκεῖνος πλέων ἐνθάδε παραγίνεται.

1459. κᾄπειθ' ὁ μὲν πλεῖ : Ἵνα, φησὶν, ἐκεῖσε ὢν, ὑπεύθυνος καὶ ἑτέρας δίκης ὁ ξένος γένηται ὑπὸ τοῦ βράδους, σοῦ φθάσαντος αὐτὸν ἐνθάδε.

1461. βέμβικος οὐδὲν διαφέρειν : Εὔστροφον καὶ εὐκίνητον δεῖ εἶναι. ὁ δὲ βέμβιξ ἐργαλεῖόν ἐστιν, ὃ μάστιγι στρέφουσιν οἱ παῖδες. ἢ παίγνιον τῶν παίδων ὡς τροχὸς, ὃς μάστιγι δερόμενος στρέφεται.

1463. Κορκυραῖα : Λέγεταί τις Κορκυραία μάστιξ. συνεχῶς δὲ παρὰ Κορκυραίοις ἀταξίαι γίνονται. διὰ τὸ στασιάζειν οὖν ἐπεπόλασε παρ' αὐτοῖς ἡ μάστιξ, ὥστε διπλαῖς χρῆσθαι μεγάλαις (καὶ ἐλεφαντοκώποις. Ἄλλως. λέγεταί τις Κορκυραία μάστιξ. Φρύνιχος Σατύροις « Κορκυραῖαι δ' οὐδὲν ἐπιβάλλουσι μάστιγες. » ὥστε καὶ εἰς παροιμίαν ἤδη ἐλθεῖν. Ἀριστοτέλης δὲ τὸ Κερκυραία μάστιξ λέγων φησὶν οὕτως· « διὸ καὶ τὰς « κώπας αὐτῶν ἐλεφαντίνας ἐποιήσαντο καὶ τῷ μεγέ« θει περιττάς. ὅθεν ἡ Κορκυραία ἐπεπόλασε μάστιξ, « καὶ εἰς παροιμίαν ἦλθε. » ταῦτα δὲ λέγων τύπτει αὐτόν.) — ἢ ὅτι οἱ Κορκυραῖοι χαλεπῶς τύπτουσιν. εἰπὼν δὲ τοῦτο τύπτει αὐτόν. R.

[1464]. πτερῶ μὲν οὖν : (Δυϊκῶς.) ἀντὶ τοῦ πτερὰ τὼ μάστιγε παρέλαβεν. ἴσως δὲ διπλῆ ἦν.

1465. ἀντὶ τοῦ στρέφεσθαι. R.

1467. οὐκ ἀπολιβάξεις : Συντόνως ἀναχωρήσεις. Junt. λιβὰς ἡ σταγών· ἧς οὐδὲν ταχύτερον ἐν τῷ πίπτειν. ἢ οὐκ ἐς κόρακας καὶ Λιβύην ἀποφθερεῖ.

1468. στρεψοδικοπανουργίαν : Διχῶς, στρουθοδικοπανουργίαν. ἀναχωρήσαντος δὲ αὐτοῦ τοῦτό φησι. συνέθηκε δὲ τὴν λέξιν παρὰ τὸ στρεβλὸν ἦθος καὶ συκοφαντικὸν αὐτοῦ καὶ τὴν δίκην καὶ τὴν πανουργίαν.

1470. [πολλὰ δὴ καὶ καινὰ : Ἡ στροφὴ αὕτη κώλων ἐστὶ τροχαϊκῶν καὶ ἰαμβικῶν ιβ', καὶ ἡ ἀντιστροφὴ τοσούτων. καὶ ἰαμβικὰ μὲν δίμετρα τὰ ς', ιβ'. τὰ δ' ἄλλα τροχαϊκὰ, τῇ μὲν δίμετρα, τῇ δ' Εὐριπίδεια. ἐπὶ τῷ τέλει τῆς μὲν στροφῆς παράγραφος, τῆς δὲ ἀντιστροφῆς κορωνίς.]

1471. ἀντὶ τοῦ ἐπτήμεν εἰς πολλὰ, καὶ παράδοξα εἴδομεν καὶ θαυμάσια. βούλεται δὲ κωμῳδῆσαί τινας.

1473. ἔστι γὰρ δένδρον πεφυκὸς : Δένδρῳ αὐτὸν ἀπεικάζει ἢ ὡς μέγαν ἢ ὡς ἀναίσθητον καὶ ξύλινον, ὡς ὁ ποιητὴς [Il. N, 437]

ἀλλ' ὥστε στήλην ἢ δένδρεον ὑψιπέτηλον.

ἔπαιξε δὲ ὡς ἐπὶ ὀρνίθων νεμομένων περὶ τὰ δένδρα. εἶτα διηγούμενος ποῖον εἶδεν ἔκτοπον δένδρον, ἐπάγει τὸν Κλεώνυμον. καρδίας δὲ ἀπωτέρω, ὡς ἄν τις εἴποι, μικρὸν ἀπωτέρω πόλεως. ἅμα δὲ καὶ εἰς τὸ ἀκάρδιον καὶ ἀνόητον αὐτοῦ.

1474. καρδίας ἀπωτέρω : Διὰ τὸ μακρὸν εἶναι καὶ δειλόν. ἅμα δὲ Καρδία ἐστὶν ὄνομα πόλεως. μιμεῖται οὖν τοποθεσίαν. ἢ καὶ ὡς ξένον αὐτὸν κωμῳδεῖ. Καρδία γὰρ πόλις Θρᾴκης, ἧς οἱ πολῖται Καρδιανοί. Ἄλλως. ἐν μὲν τῇ εἰρήνῃ μέγας καὶ λαμπρὸς, ἐν δὲ τῷ πολέμῳ ῥίψασπις. (διὸ καὶ καρδίας αὐτὸν εἶπεν ἀπωτέρω, τουτέστιν καρδίαν οὐκ ἔχοντα.)

1478. τοῦτο μὲν ἦρος : Τῷ γὰρ Μουνυχιῶνι μηνὶ τοῦ ἔαρος δικάζονται αἱ πρὸς τοὺς ξένους δίκαι.

1480. τοῦτο δὲ χειμῶνος : (Ὅτι ἔν τισι τὰ δύο κῶλα ἕν ἐστι, λέγω ἀπὸ « τοῦτο δὲ χειμῶνος » ἕως τοῦ, φυλλορροεῖ.) ἐπειδὴ ῥίψασπις ὁ Κλεώνυμος. ἔπαιξε δὲ πάλιν, ἐπεὶ τὰ δένδρα φυλλορροοῦσιν.

1485. [ἔνθα τοῖς ἥρωσι : Διὰ τὸ ὄνομά φησιν αὐτὸν τοῖς ἥρωσι συνδιάγειν.]

1487. ξύνεισι πλὴν τῆς ἑσπέρας : Ἀντὶ τοῦ, (τῇ) σκοτίᾳ. πέποιηται δὲ ἀπὸ τοῦ Σκυθῶν ἐρημία. χαριέντως δὲ τοῦτο, ὅτι σκότους ὄντος Ὀρέστης ὁ Τιμοκράτους λωποδυτεῖ τοὺς προστυγχάνοντας. τὰς νύκτας γὰρ μόνας ἐλῄστευεν Ὀρέστης.

1489. ἐντυγχάνειν αὐτόν. R.

1490. εἰ γὰρ ἐντύχοι τις ἥρωϊ : Ἥρωα αὐτόν φησι διὰ τὴν ὁμωνυμίαν τὴν πρὸς τὸν Ἀγαμέμνονος υἱὸν Ὀρέστην. οἱ ἥρωες δὲ δυσόργητοι καὶ χαλεποὶ τοῖς ἐμπελάζουσι γίνονται, καθάπερ Μένανδρος ἐν Συνεφήβοις. * * * ὅτι ἀγαθὸν γάμον χειμῶνος ὁ θεὸς δίδωσιν, οὐδ' ἥρωσιν εἰς τοῦτο δύναμιν, ἀλλ' ἀποπλήκτους μὲν ποιεῖν δύνανται, τὸ δὲ ὠφελὲς οὐ κέκτηνται. διό μοι δοκοῦσι καὶ οἱ τὰ ἡρῷα παριόντες σιγὴν ἔχειν, (ὡς Μυρτίλος ἐν Τιτανόπασί φησίν. ὁ δὲ Ὀρέστης λωποδύτης).

1493. πάντα τὰ 'πιδέξια : Ὀφθαλμοὺς καὶ κεφαλήν. οἷον τὰ δεξιὰ τῆς ὄψεως. ἐπλήττοντο γὰρ οἱ συντυγ-

χάνοντες αὐτῷ. ἅμα δὲ, ἐπεὶ οἱ ἐντυγχάνοντες νυκτὸς ἥρωσι διέστρεφον τὰς ὄψεις.

1494. οἴμοι τάλας : [Κορωνὶς εἰσιόντων αὖθις τῶν ὑποκριτῶν. οἱ δὲ στίχοι ἰαμβικοὶ τρίμετροι ἀκατάληκτοι νη'. τὸ μέντοι ις' κῶλόν ἐστιν ἰαμβικὸν μονόμετρον ἀκατάληκτον. ἐπὶ ταῖς ἀποθέσεσι παράγραφος, ἐπὶ δὲ τῷ τέλει κορωνίς.] ὁ Προμηθεὺς ἀπαγγέλλει αὐτῷ τινὰ συγκεκαλυμμένος.

ὅπως μή μ' ὄψεται : Ἤγουν δέδοικα. *Vict.*

1498. πηνίκ' ἔστιν ἄρα : Ἀντὶ τοῦ, ποία ὥρα ἐστὶ τῆς ἡμέρας. τοῦτο δὲ εἶπεν, ἐπεὶ ὥρας ἐξήταζον, οὐ καιρούς.

1500. ἢ περαιτέρω : Πλείω ἔμπροσθεν μετὰ τὸ τέλος ἄλλο. *Vict.* ἢ νύξ. R.

1502. ἀπαιθριάζει : Ἀντὶ τοῦ σκορπίζει, εὐδίαν ἄγει. συννεφεῖ δὲ ἀντὶ τοῦ συνάγει τὰ νέφη. οὐχ ὁρᾷ γὰρ ὁ Ζεὺς αὐτὸν νεφῶν ὄντων.

1503. οὕτω μὲν ἐκκαλύψομαι : Κεκαλυμμένος ὢν ἐκκεκάλυπται, καὶ ὁρᾷ αὐτὸν ὁ πρεσβύτης. ἔπαιξε δὲ, ὡς γὰρ ἐκείνου εἰρηκότος ὅτι ξυννεφεῖ τὰς νεφέλας, καὶ οὐκ ὄψεταί σε, φησὶν ἐκκεκαλύψομαι. ἢ ὡς ἐν κωμῳδίᾳ, ὡς καλόν τι ἀκούσας τὸ οἴμωζε, ἀποκαλύπτεται φανερὸν αὐτὸν δεικνύς.

1504. (ὦ φίλε Προμηθεῦ : Γνωρίζει αὐτὸν ἀποκαλυφθέντα.)

1506. ἀπὸ γὰρ ὀλέσεις : Μέλλεις διαφθερεῖν. *Vict.* ὁ Ζεὺς δηλονότι. R.

1508. τουτὶ λαβών μου τὸ σκιάδειον : Κατασκεύασμά τι τὸ σκιάδιον, ὅπερ ἔχουσιν αἱ κανηφόροι ἀπιοῦσαι εἰς τὰ Ἐλευσίνια ὑπὲρ τοῦ μὴ καίεσθαι ὑπὸ τοῦ ἡλίου. δίδωσι δὲ αὐτῷ τοῦτο, ἵνα καλύψῃ αὐτὸν καὶ μὴ ὁραθῇ ὑπὸ τοῦ Διός. — ἐν τοῖς Ἀτταλίοις εὗρον σκιάδιον καὶ ἐν τῷ παλαιῷ τῷ ἐμῷ. V. ὑπέρεχε ἀντὶ τοῦ κάλυπτε. V.

1512. ἀντὶ τοῦ καλύπτου τὸ σκιάδειον. R.

1514. πηνίκ' ἄττ' ἀπώλετο : [Ὅτι] οὐκ Ἀττικὸν τὸ πηνίκ' ἄττ' ἀπώλετο', (οὐδὲ ἀρχαϊκὸν, οὐδὲ ἀκριβές). ἔστι δὲ ἀντὶ τοῦ, πότε δῆτα. παρέλκει γὰρ τὸ ἄττα νῦν. ἀλόγως γὰρ κεῖται. οὔτε γὰρ τὸ τινά σημαίνει οὔτε τὸ ἅτινα. οὐδενὶ γὰρ τούτων ἁρμόζει τὸ πηνίκα.

1520. θυηλῶν : Θυσίων. *Vict.*

1521. πεινῶντες ὥσπερ Ἰλλυριοὶ : [Δίδυμος· ὥσπερ βάρβαροι.] ἀνέπλασε δέ τι γένος θεῶν βαρβάρων Τριβαλλῶν ἀνώτατον, οἷον ὥσπερ ἐπὶ τῶν ἀνθρώπων βάρβαρα ἔθνη πορρωτάτω καθεστήκασι. περὶ δὲ Θρᾴκην εἰσὶν οἱ Ἰλλυριοί. τινὲς δὲ Περσίδος φασὶν αὐτούς. οἳ γεωργεῖν μὲν οὐκ ἔχουσι γῆν, ληστεύοντες δὲ τρέφονται. [τὸ δὲ κεκριγότες μίμησίς ἐστιν οὐκ εἰς τὸν ἦχον, ἀλλ' εἰς τὴν ἀσάφειαν τῶν βαρβαρικῶν διαλέκτων.]

κεκριγότες : Οἷον, ποιὰν φωνὴν ἀποτελοῦντες ἀπὸ λιμοῦ οἱ Τριβαλλοὶ θεοί. ἢ τὸ κεκριγότες εἰς τὴν ἀσάφειαν τῆς φωνῆς αὐτῶν. κρίγη γὰρ ὁ τῶν ἀποθνησκόντων τρισμὸς τοῖς ὀδοῦσι γινόμενος. ἀνωτέρω δέ φησιν αὐτοὺς οἰκεῖν, ὡς τῶν Ἑλλήνων ἀνωτέρω οἰκοῦσι καὶ πορρωτέρω οἱ βάρβαροι.

1522. ἐπιστρατεύσειν φασὶν : Ἔφασαν, φησὶν, οἱ Τριβαλλοὶ πολεμεῖν πρὸς τὸν Δία, ἵνα παρέξῃ αὐτοῖς τὴν δίοδον τῶν ἐμπορίων. παίζει δὲ εἰς τὸν νομιζόμενον τετειχίσθαι ἀέρα μεταξὺ, ὡς ἐκείνων ἀποκεκλεισμένων.

1527. ὅθεν ὁ πατρῷος : Ὅτι κατ' ἔλλειψίν ἐστι τοῦ Ἀπόλλωνος. δέον γὰρ εἰπεῖν ὁ πατρῷος Ἀπόλλων ἢ ἄλλος τις τῶν θεῶν. πατρῷον δὲ τιμῶσιν Ἀπόλλωνα Ἀθηναῖοι, ἐπεὶ Ἴων, ὁ πολέμαρχος Ἀθηναίων, ἐξ Ἀπόλλωνος καὶ Κρεούσης τῆς Ξούθου ἐγένετο. — ὅτι βάρβαρος Ἐξηκεστίδης προείρηται. R. V.

1530. (τοὐπιτριβείης : Παρὰ τὸ Τριβαλλός φησι παίζων γεγονέναι τὸ ἐπὶ ὕβρει ἐπιτριβείης.)

1536. καὶ τὴν Βασίλειαν σοι γυναῖκ' ἔχειν : Σωματοποιεῖ τὴν Βασίλειαν αὐτὸ τὸ πρᾶγμα ὡς γυναῖκα. Εὐφρόνιος, ὅτι Διὸς θυγάτηρ ἡ Βασιλεία. καὶ δοκεῖ τὸ κατὰ τὴν ἀθανασίαν αὐτῇ οἰκονομεῖν, ἣν ἔχει καὶ παρὰ Βακχυλίδῃ ἡ Ἀθηνᾶ τῷ Τυδεῖ δώσουσα τὴν ἀθανασίαν. ἔστι δὲ καὶ παρὰ Κρατίνῳ ἡ Βασιλεία. ἔνιοι δὲ αὐτὴν ἀθανασίαν καλοῦσι.

1541. [τὴν λοιδορίαν : Ὡς καὶ τοῦτο ἓν τῶν πολλῶν. εἰς αὔξησιν δὲ τῆς κωμῳδίας τοῦτό φησι.]

τὸν κωλακρέτην : [Τὸν ταμίαν τῶν πολιτικῶν χρημάτων.] Ἀριστοφάνης ὁ γραμματικὸς τούτους ταμίας εἶναί φησι τοῦ δικαστικοῦ μισθοῦ. οὐ μόνον δὲ τούτου τὴν ἐπιμέλειαν ἐποιοῦντο, ὥς φησιν, ἀλλὰ καὶ τὰ εἰς θεοὺς ἀναλισκόμενα διὰ τούτων ἀνηλίσκετο, ὡς Ἀνδροτίων γράφει οὕτως « τοῖς δὲ ἰοῦσι Πυθῶδε θεωροῖς τοὺς « κωλακρέτας διδόναι ἐκ τῶν ναυκληρικῶν ἐφόδιον ἀρ- « γύρια, καὶ εἰς ἄλλο ὅ τι ἂν δέῃ ἀναλῶσαι. ταμίαι δὲ « ἦσαν, καὶ προεστῶτες τῆς δημοσίας σιτήσεως. »

τὰ τριώβολα : [Μέγνυσ. καὶ ἐκ τῶν ὄντων παρὰ τοῖς Ἀττικοῖς. οὐχ εἱστήκει δὲ αὐτοῖς τὸ τριώβολον. πολλαχοῦ γὰρ καὶ δύο ὀβολοὺς εἰλήφασιν.] — τὰ τριώβολα, ἅπερ ἐλάμβανον οἱ κριταὶ οἱ ἐν ἡλιαίᾳ κρινοντες εἰς μισθόν. R.

1546. ἀπανθρακίζομεν : Ἀντὶ τοῦ, ἄνθρακας ἐσθίομεν. ἔστι δὲ εἶδος ἰχθύος λεπτὸν, ὅπερ ὀπτῶντες ἐσθίουσιν. Ἄλλως. ὀπτὰς ἐσθίομεν. ἢ ἄνθρακας ζωπυροῦμεν. ὡς ἐν κωμῳδίᾳ δὲ τοῦ εὐτελεστέρου ἐμνήσθη, ἐπὶ ἄλλων μέγιστα ἰσχύοντος τοῦ πυρός.

1548. (θεομισὴς ἔφυς : Ὁ μέν φησι τῷ Προμηθεῖ ἴσον τι τῷ ὑπὸ θεῶν μισούμενος, διὸ καὶ ὀξυτόνως ἀναγνωστέον, ὁ δὲ τὸ ἕτερον δέχεται μισῶν θεοὺς, ὡς ὁ Τίμων ἀνθρώπους.)

1551. (δοκῶ κανηφόρῳ : Ταῖς γὰρ κανηφόροις σκιάδειον καὶ δίφρον ἀκολουθεῖ τις ἔχουσα. Ἑρμίππου Θεῶν « ὥσπερ αἱ κανηφόροι λευκοῖσιν ἀλφίτοισιν ἐν- « τετριμμένοις. ἐγὼ δ' ἐνέκαψα λανθάνων τὴν διφρο- « φόρον. » Νικοφῶντος Ἐγχειρογαστόρων « γεννα * * * « αὐτὸς ὀλίγον ἄναγε ἀπὸ τῆς διφροφόρου. χρηστὸς εἶ « καὶ κόσμιος. »)

1552. καὶ τὸν δίφρον γε διφροφόρει : Ἐπειδὴ εἶπεν,

ἵνα δόξω ἀκολουθεῖν κανηφόρῳ, λέγει παίζων, καὶ δίφρον βάσταζε.

1553. πρὸς δὲ τοῖσι Σκιάποσιν : [Ἡ παροῦσα στροφὴ κώλων ἐστὶ τροχαϊκῶν ἐπιμεμιγμένων χορείοις καὶ σπονδείοις ς'. καὶ ἡ ἀντιστροφὴ τοιούτων. ἐπὶ τῷ τέλει τῆς μὲν στροφῆς παράγραφος, τῆς δ' ἀντιστροφῆς κορωνίς.] ταῦτα ἐξήγησίς ἐστι τῶν ἀνωτέρω. γένος δέ ἐστι περὶ τὸν δυτικὸν ὠκεανὸν πρὸς τῇ κεκαυμένῃ ζώνῃ· ὡς ἀψύχους δὲ διασύρει τοὺς φιλοσόφους (καὶ ὡς ἐπὶ σκιᾶς βαδίζοντας). Ἄλλως. τούτους ἔχειν βήματα φασὶ τοῦ παντὸς σώματος μείζονα· διὰ δὲ τὸ μὴ ἔχειν οἴκους, ἀλλ' ὑπὸ τοῦ καύματος ἀναλίσκεσθαι, τετραποδηδὸν βαδίζοντας ἀνορθοῦν τὸν ἕτερον τῶν ποδῶν, καὶ κατασκιάζειν τὸ λοιπὸν σῶμα. τοῦτο γὰρ αὐτοῖς ἐχαρίσατο ἡ φύσις, ἴσης οὔσης τῆς γῆς αὐτῶν καὶ τραχείας καὶ κατάδυσιν μὴ ἐχούσης εἰς ἀποφυγὴν τοῦ καύματος.

1555. ψυχαγωγεῖ Σωκράτης : Ἐπειδὴ λιτοὶ (οἱ φιλόσοφοι) εἰσι καὶ ἄτροφοι, διὰ τοῦτο τοὺς Σκιάποδας παρέλαβεν. μυθευόμενον δέ τι καὶ τοῦτο τὸ γένος ἐστίν. ἄλουτον δὲ εἶπε τὴν λίμνην, καθὸ ἀλουτοῦντες καὶ ῥυποφοροῦντες ἐφιλοσόφουν οἱ περὶ τὸν Σωκράτην.

1556. ἔνθα καὶ Πείσανδρος : Οὗτος δειλὸς ἦν. ἦλθεν οὖν ψυχὴν ἰδεῖν θέλων, ἐπεὶ οὐκ εἶχεν, ὡς Εὔπολις ἐν Ἀστρατεύτοις « Πείσανδρος εἰς Πακτωλὸν ἐστρατεύετο, « κἀνταῦθα τῆς στρατιᾶς κάκιστος ἦν ἀνήρ. » ἁπανταχοῦ δὲ ἦν δειλός. ἦν δὲ καὶ τὸ σῶμα εὐεκτής, ὡς Ἕρμιππος ἐν Ἀρτοπώλισιν (« ἐνέβαινε σιγῇ Πείσανδρος μέγας « αὐτὸς ὥσπερ Διονυσίοισιν οὑπὶ τῶν ξύλων, ἐλαίας ἔρει« σιν ὄνον κανθήλιον. » καὶ δωροδοκῆσαί φησιν αὐτὸν Ἀριστοφάνης Βαβυλωνίοις διὰ τούτων « ἢ δῶρ' αἰτοῦν« τες ἀρχὴν πολέμου πορίσειεν μετὰ Πεισάνδρου. ») δύο δέ εἰσι Πείσανδροι, καθάπερ Εὔπολις ἐν Μαρικᾷ φησιν

ἄκουε νῦν Πείσανδρος ὡς ἀπόλλυται.
ὁ στρεβλός; οὐκ ἀλλ' ὁ μέγας οὑνοκίνδιος.

καὶ Πλάτων ἐν Πεισάνδρῳ περὶ ἀμφοτέρων λέγει.

1559. σφάγι' ἔχων : (Ταῦτά φησιν) ὡς ἐπὶ τῶν ἀνακαλουμένων τὰς ψυχὰς ἐξ Ἅδου.

κάμηλον ἀμνόν τιν' : Ἔπαιξεν εἰς τὸ Ὀνοκίνδιον αὐτοῦ εἰπὼν ἀμνὸν καμήλου· ἔστι γὰρ παμμεγέθης· δέον εἰπεῖν ἢ ἀρνειοῦ ἢ ἄλλου τινός.

[1562]. κᾆτ' ἀνῆλθ' αὐτῷ : Ἐκ τῶν χθονίων ἀνῆλθεν. (ὡς αὐτοκλήτως δὲ παραβάλλοντα αὐτὸν εἰς τὰ δεῖπνα διαβάλλει.)

1563. [πρὸς τὸ λαῖμα τῆς καμήλου : Εὐφρόνιος, τὸν λαιμόν. καὶ γὰρ προείρηκεν ἧς λαιμοὺς τεμών. οἱ δέ, ὅτι τὸ αἷμα. παραπεποίηκε δὲ παρὰ τὸ λαιμόν. ἔστι καὶ παρὰ Μενάνδρῳ ἐν Δαρδάνῳ

καὶ λαῖμα βακχεύει λαβὼν τὰ χρήματα.

γράφεται δὲ καὶ δέρμα. εἴρηται δὲ ἐκείνοις οὐδὲν σαφές, τοῖς γράφουσι δέρμα. οἱ δὲ ὅρμημα τὸ λαῖμα. ἔτι μέντοι τῶν περὶ τὴν Ἀσίαν τινὲς ἐπὶ τῶν ἀναιδῶν καὶ εὐτόλμων οὕτω λέγουσιν. ὅπερ συμφωνότερόν ἐστι τῷ παρὰ Μενάνδρῳ.]

1564. [Χαιρεφῶν ἡ νυκτερίς : Ἐπεὶ οὔτε νυκτερὶς ἡμέρας οὔτε οἱ φιλόσοφοι φαίνονται. καταδεδυκότες γὰρ φιλοσοφοῦσι.]

1565. τὸ μὲν πόλισμα : [Κορωνὶς εἰσιόντων αὖθις τῶν ὑποκριτῶν. οἱ δὲ στίχοι ἰαμβικοὶ τρίμετροι ἀκατάληκτοι ρκα'. ὧν τελευταῖος

ἀλλὰ γαμικὴν χλαμίδα δότω τις δεῦρό μοι.

μετὰ δὲ τὸν ζ δ' στίχον κῶλά ἐστιν ἀντισπαστικὰ ς', ἐπιμεμιγμένα διιάμβοις, δισπονδείοις καὶ ἐπιτρίτοις, ἐφθημιμερῆ, πλὴν τοῦ πρώτου. ἐπὶ ταῖς ἀποθέσεσι παράγραφος. ἐπὶ δὲ τῷ τέλει κορωνίς.] [πρέσβεις παρὰ τῶν θεῶν Ποσειδῶν καὶ Ἡρακλῆς καὶ εἷς ἐκ τῶν βαρβάρων θεῶν ἦλθον.]

1567. οὗτος τί δρᾷς : Τοῦτο λέγει τῷ βαρβάρῳ τῷ συμπαρόντι αὐτῷ εἰς τὴν πρεσβείαν ὁ Ποσειδῶν, ὡς οὐκ ἐπιτηδείως περιστελλομένῳ τὴν ἐσθῆτα, ἀλλ' ἐπ' ἀριστερὰ περιβαλλομένῳ, ὥσπερ οἱ Θρᾷκες.

1569. Λαισποδίας εἶ τὴν φύσιν : Ὅτι τὴν κνήμην εἶχε σαθρὰν ὁ Λαισποδίας καὶ μέχρι τῶν κάτω περιεβάλλετο. [καὶ οἱ βάρβαροι δὲ τὰ σκέλη περιβέβληνται.] Λαισποδίας δὲ καὶ Δαμασίας ὡς κακόκνημοι διαβάλλονται. μνημονεύει δὲ αὐτῶν καὶ Εὔπολις ἐν Δήμοις

ταδὶ δὲ τὰ δένδρα Λαισποδίας καὶ Δαμασίας
αὐταῖσι ταῖς κνήμαισιν ἀκολουθοῦσί μοι.

τοῦτον δὲ τὸν Λαισποδίαν καὶ στρατηγῆσαί φησι Θουκυδίδης ἐν η' [86]. μέμνηται δὲ αὐτοῦ Φρύνιχος ἐν Κωμασταῖς, ὡς πολεμικοῦ γεγονότος. (Φιλύλλιος δὲ ἐν ταῖς Πλυντρίαις ὡς φιλοδίκου. εἶχε δὲ καὶ περὶ τὰς κνήμας αἰτίας τινάς, ὥς φησι Στράττις ἐν Κινησίᾳ. διὸ καὶ κατὰ σκελῶν ἐφόρει τὸ ἱμάτιον, ὡς Θεόπομπος ἐν Παισί. Δημήτριον δὲ πάντες τὸν Ἰξίονα λέγουσιν ἐν ταῖς Ἀττικαῖς λέξεσιν ὡς γλῶσσαν ἐξηγεῖσθαι, ὅτι λαισποδίας ἐστὶν ὁ ἀκρατὴς περὶ τὰ ἀφροδίσια, ὥστε καὶ κτήνη σποδεῖν.)

1570. ὦ δημοκρατία : Ἔμιξεν ὡς ἐπὶ Ἀθηναίων. ἐπεὶ ἰσοτιμίας οὔσης συμβαίνει δημώδεις ἅμα τοῖς ἀξιοπίστοις ἀποστέλλεσθαι, ὥσπερ καὶ νῦν ὁ βάρβαρος εἰς μηδὲν χρήσιμον σὺν Ποσειδῶνι καὶ Ἡρακλεῖ ἀπεστάλη. [φησὶν οὖν, προάγεις ἡμᾶς ὦ δημοκρατία, ὅτι τοῦτον ἐχειροτόνησαν οἱ θεοί.] — προβιβᾷς : Προάγεις. *Vict.*

1571. ταῦτα θαυμάζων λέγει, ἐπειδὴ γέρων ἦν ὁ Πεισθέταιρος. R.

1577. [ᾑρήμεσθα : Ἐχειροτονήθημεν.]

1578. [διπλασίως : Τοσοῦτον οὐ φροντίζω διαλλαγῶν.]

1582. ἐπικνῶ : Ἀντὶ τοῦ ἐπίβαλλε. — ἐπίτριβε. *Vict.*

σίλφιον : Εἶδος βοτάνης ἡδυόσμου, καὶ μάλιστα τὸ Κυρηναϊκόν. τὸ δὲ ὅλον πρόσκνισμα τοῦ Ἡρακλέους ποιῶν ὁ Πεισθέταιρος, δοκεῖ πρὸς μάγειρον οἰκεῖον διαλέγεσθαι ἐπὶ τῷ εὐτρεπίσαι δεῖπνον.

(1584). ἐπανιστάμενοι : Ἐπανάστασιν ποιησάμενοι ὡς ἀγρίων ὀρνίθων ἐπιθεμένων τυραννίδι καὶ εἰς βορὰν παραδεδομένων. [αὐτοῖσι δὲ, ἤγουν τοῖς κρέασιν.]

1589. [ἔλαιον οὐκ ἔνεστιν : Ἀντὶ τοῦ, οὐκ ἐλεοῦμεν, οὐ πειθόμεθα.]

1590. (λιπαρά γ' εἶναι πρέπει : Δοκεῖ, ἔοικε. τοῦτο δὲ ὁ Ἡρακλῆς λέγει ἔξωθεν τοῦ λόγου οἰκείως τῇ γαστριμαργίᾳ.)

1591. (ἡμεῖς τε γὰρ : Λοιπὸν εἰσηγεῖται ὁ Ποσειδῶν ὡς οὐκ ἀγαθόν ἐστι τὸ πολεμεῖν.)

1593. (ἐν τοῖς τέλμασιν : Ἀντὶ τοῦ, ἐν τοῖς φρέασι. κυρίως δὲ τὸ πηλῶδες καὶ μὴ ἔχον ὕδωρ.)

1594. (ἀλκυονίδας : Ἀντὶ τοῦ, εὔδιον ὅλον τὸν χειμῶνα. οὐχ ὡς νῦν ἑπτὰ τοῦ χειμῶνός εἰσιν, ὥς φασί τινες, αἱ ἀλκυονίδες.)

1595. (αὐτοκράτορες : Τούτων τῶν δογμάτων κρατοῦντες.)

1597. νῦν τ' ἐθέλομεν εἰ δοκεῖ : Μιμεῖται τοὺς Ἀθηναίους οἷα πρὸς τοὺς βασιλεῖς λέγουσι. τὸ δὲ ἑξῆς (οὕτω)· νῦν ἐθέλομεν, εἰ δοκεῖ, σπονδὰς ποιεῖσθαι.

1598. ἐάν τι δίκαιον : Εἰ ὅλως καὶ νῦν ἐπιγνώσεσθε τὸ δίκαιον.

1600. εἰς τοὐπίσω. R.V.

1603. ἐμοὶ μὲν ἀπόχρη ταῦτα : Ἐπαρκεῖ καὶ καλῶς ἔχει τὰ σκῆπτρα λαβεῖν ὑμᾶς. τοῦτο δὲ ὁ Ἡρακλῆς λέγει πεπεισμένος διὰ τὸ ἄριστον.

ἀπόχρη : Ἀρεστὰ φαίνονται. *Vict.*

1604. τί ὦ κακόδαιμον : Ἐπιπλήττει αὐτῷ ὁ Ποσειδῶν, ὡς διὰ τὴν γαστριμαργίαν προδιδόντα τὸν Δία.

1607. κάτω : Κάτω τοῦ οὐρανοῦ ὑμᾶς ὄντας, καὶ λέγει πῶς.

1608. οἱ βροτοὶ (δηλονότι). λανθάνοντες. R.V.

1609. ἐπιορκοῦσιν : Ψευδῶς ὀμνύουσιν ὑμᾶς. *Vict.*

1611. τὸν κόρακα καὶ τὸν Δία : Ἀντὶ τοῦ τοὺς ὄρνιθας καὶ τοὺς θεούς. ἀφ' ἑνὸς γὰρ τοὺς πάντας δηλοῖ.

1613. θένων : Τύπτων. *Vict.*

1614. νὴ τὸν Ποσειδῶ : Τοῦτο ὁ Ποσειδῶν λέγει μηδέπω ἐμφανίσας ἑαυτὸν, καὶ γελοίως καθ' ἑαυτοῦ ὄμνυσι.

1615. ναβαισατρεῦ : Βαρβαρίζων συγκατατίθεται ὁ βάρβαρος θεός. αἱ γὰρ ἄσημοι φωναὶ ἀντὶ συγκαταθέσεως.

1619. εὐξάμενος : Ὑποσχεθείς. διασοφίζηται : Ἐξαπατᾷ. *Vict.*

1620. μενετοὶ θεοὶ : Ἀνεξίκακοι καὶ οὐκ εὐθέως τιμωρούμενοι. Ἄλλως. παροιμία αὕτη μενετοὶ θεοὶ, οὐκ ἀπατηλοί. οἷον ἐπίμονοι καὶ βέβαιοι, οὐκ εὐεξαπάτητοι. μισητίαν δὲ οἱ μὲν περὶ Ἀριστοφάνη τὴν εἰς τὰ ἀφροδίσια ἀκρασίαν. καὶ τὸ « περὶ σφυρὸν παχεῖα μισητὴ γυνή » οὕτως ἐξηγοῦνται. μήποτε μέντοι γενικώτερόν ἐστιν ἀπληστία, ὃ καὶ νῦν ἐμφαίνεται.

1623. λούμενος : Ἀντὶ τοῦ λουόμενος. *Vict.*

1624. καταπτάμενος ἴκτινος κ. τ. λ. : Ἵνα καὶ ἁρπάσῃ ἴκτινος ἱμάτιον. *Vict.*

1625. ἀνοίσει : Ἀνάξει. *Vict.*

1628. ὁ Τριβαλλός : Ἀντὶ τοῦ, ὦ Τριβαλλέ. κατ' ἐρώτησιν δὲ [ὁ λόγος. δέον δὲ] εἰπεῖν, δοκεῖ σοι συνθέσθαι. Ἄλλως. ὁ Τριβαλλός. ἔοικε τοῦ Ποσειδῶνος εἶναι τοῦτο. πιθανῶς δέ· εἰώθασι γὰρ τοῖς βαρβάροις διαλεγόμενοι τῷ σχήματι ἐσπουδασμένως λοιδορεῖν ἢ καταρᾶσθαι.

1634. ἐγχωρῶ ἔχειν ὡς ἔχει. Ἄλλως. οὐ τῆς γυναικὸς αὐτοῦ ἐροῦμεν. R. V.

1636. ὀλίγον μοι μέλει : Ἀντὶ τοῦ, οὐ φροντίζω. Ὅμηρος [Il. E, 800] « ἦ ὀλίγον οἱ παῖδα. » R.

1637. [τὸ κατάχυσμα χρὴ ποιεῖν γλυκύ : Τὸν ζωμὸν διὰ μέλιτος ποίει. πάλιν δὲ ἐρεθίζει τὸν Ἡρακλέα.]

1638. [ἀνθρώπων Πόσειδον : Παίζει, δέον εἰπεῖν τῶν θεῶν. περὶ δὲ γυναικὸς μιᾶς, ἤγουν τῆς Βασιλείας.]

1641. ὦ 'ζύρ' : Ἄθλιε. *Vict.*

1646. περισοφίζεται : Ἐξαπατᾷ. *Vict.*

1647. δεῦρ' ὡς ἔμ' ἀποχώρησον : Ὅτι ὅμοιον τῷ τόπῳ ἐκείνῳ

> δεῦρ' ἐλθὲ, σὺν σοὶ τἄλλα βούλομαι φράσαι.

1648. διαβάλλεταί σ' ὁ θεῖος : Ὅτι τῷ διαβάλλεται χρῶνται ἐπὶ τοῦ ἐξαπατᾶν, ὡς καὶ Ἄρχιππος ἐν Πλούτῳ

> ἔστιν δέ μοι καλῶς πρόφασις εὑρημένη·
> τὸν γὰρ γέροντα διαβαλοῦμαι τήμερον.

παρόμοιον δὲ καὶ τὸ Ὁμηρικὸν [Il. Δ, 6] « παραβλήδην ἀγορεύων. » καὶ παρ' Ἀλκαίῳ « παραβάλλεταί σε. »

1649. ἀκαρῆ : Μικρὸν, ὀλίγον. μέτεστι : Μετουσία ὑπάρχει. *Vict.*

1653. ἐπίκληρον εἶναι τὴν Ἀθηναίαν : Εἰ μὴ ἦν γνησιωτέρα. ἐπίκληρος δέ ἐστιν ἡ μὴ ἔχουσα ἀδελφοὺς ἑτέρους συγκληρονόμους, ἀλλὰ μονοκληρονόμος οὖσα. νόμος ἦν Ἀθηναίοις, γνησίας μὲν οὔσης θυγατρὸς, νόθου δὲ υἱοῦ, μὴ κληρονομεῖν τὸν νόθον τὰ πατρῷα. καὶ νῦν οὖν, φησὶν, εἰ μὴ σὺ νόθος ἦς, οὐκ ἂν ἦν Ἀθηνᾶ ἐπίκληρος. (παίζει δέ.) τοὐναντίον γὰρ, υἱῶν ὄντων γνησίων, οὐκ ἂν εἴη θυγάτηρ ἐπίκληρος. εἰσὶ δὲ καὶ τῷ Διὶ γνήσιοι υἱοὶ, Ἄρης καὶ Ἥφαιστος. ἀλλὰ ἐπαίνῳ τῆς Ἀθηνᾶς καὶ τῆς πόλεως τοῦτό φησιν, οὐ προσποιούμενος περὶ τῶν γνησίων.

1654. οὖσαν : Καὶ ταῦτα. *Vict.* γνησίων : Παίζει, δέον εἰπεῖν νόθων. R. V.

1656. νόθῳ 'ξαποθνήσκων : (Γράφεται νοθεῖα ὡς πρεσβεῖα. εἰ τὰ μὲν χρήματα ἐμοὶ, φησὶν, ὡς νόθῳ καταλείψει, τὴν δὲ ἀρχὴν τοῖς γνησίοις.) νόμος ἦν Ἀττικὸς, τοῖς νόθοις μέχρι πέντε μνῶν καταλιμπάνειν. ἢν οὖν ἐμοὶ μὲν τὰ χρήματα ἐάσῃ, ἐκείνοις δὲ τὴν ἀρχήν. προπερισπωμένως δὲ ἀναγνωστέον τὸ νοθεῖα. τὸ ἀργύριον γὰρ τοῖς νόθοις διὰ χειρὸς ἐδίδουν, ἐπειδὴ οὐκ ἐξῆν αὐτοῖς συγκληρονομεῖν.

1657. ἐπαίρει : Συνεπείθη. *Vict.*

1661. ἀγχιστείαν : Μετουσίαν τῆς οὐσίας. δοκεῖ δὲ πλάττεσθαι νόμον Σόλωνος. — ἀγχιστείαν : Μετοχὴν καὶ κοινωνίαν τῆς οὐσίας. *Vict.*

1662. γνησίων : Ὁ ἐξ ἰσονομιῶν ἴδιος, οἰκεῖος. *Vict.*

1669. ἐς τοὺς φράτορας : Πάλιν ὡς ἐν κωμῳδίᾳ μετήγαγε τὰ Ἀθηναίων ἔθη ἐπὶ τοὺς θεούς. διὰ γὰρ τοῦ ἐγγραφῆναι εἰς τὰς φατρίας σύμβολον εἶχον τῆς εὐγενείας οἱ Ἀθηναῖοι. (Ἄλλως. εἰς τοὺς τῆς ἡλικίας νόμους. ἢ εἰς τοὺς φυλέτας. ἐπειδὴ τὰ ὀνόματα τῶν ξένων γράφεται εἰς τοὺς πίνακας.)

1671. τί δῆτ' ἄνω κέχηνας : Ὡς τοῦ Ἡρακλέους εἰς τὸν οὐρανὸν ἀναβλέψαντος μετ' ὀργῆς φησι, τί δῆτ' ἄνω βλέπεις, ὡς τυπτήσων τινά; τινὲς δὲ οὕτως· τί δῆτα ἐς τὰ ἄνω πράγματα ἀποβλέπεις αἰκισθησόμενος, ἐάν τι πάθῃ ὁ πατὴρ, ὑπὸ τῶν γνησίων; — αἰκίαν : Ἤγουν μάστιγα, ἤγουν ἀφορμὴν αἰκίσαι καὶ μαστίξαι τινά. *Vict.*

1678. καὶ μεγάλα : Τὴν καλὴν καὶ μεγάλην κόρην Βασιλείαν γαμεῖν. — Δίδυμος οὕτως, εἰ μὴ ὀρνιθιάζει. R. V.

1680. μὰ τὸν Δί' οὐχ οὗτός γε : Μὰ τὸν Δία, φησὶν, οὐ λέγει παραδοῦναι, ἀλλὰ βαδίζειν καὶ ἀναχωρεῖν. οὕτω δὲ αὐτό φησι βαρβάρως καὶ δυσφράστως, ὥσπερ αἱ χελιδόνες. καὶ Αἰσχύλος τὸ βαρβαρίζειν χελιδονίζειν (φησὶ) καὶ Ἴων ἐν Ὀμφάλῃ τοὺς βαρβάρους, χελιδόνας ἀρσενικῶς φησιν, (ὡς Ἡρωδιανὸς ἐν τῷ πρώτῳ τῆς καθόλου φησίν. τὸ δὲ βασιλιναῦ εἰς τὸ βάσιν μετέβαλεν ὁ Ποσειδῶν, παρόσον τὴν δευτέραν ἐξέτεινε. τὸ τελευταῖον κρατήσας ὁ Ἡρακλῆς ἐξ αὐτοῦ κρίνει αὐτὸν, θέλων παραδοῦναι αὐτὸν τὴν Βασιλείαν τοῖς ὄρνισιν.)

1681. ὥσπερ αἱ χελιδόνες : Σύμμαχος· οὐκ ἔστιν ὁ τούτου νοῦς φανερός. οὐδέν τι δύναται ἴδιον τῶν χελιδόνων ἡ βάδισις, αἵ γε μηδὲ πορείᾳ χρῶνται ὡς τὰ ἄλλα τῶν ὀρνέων, καὶ μάλιστα τὰ μὴ πτητικά. ὁ δὲ Δίδυμος οὕτω· καταλλήλως εἶχεν, εἰ ἔλεγεν ὡς τὰς χελιδόνας. θέλει δὲ λέγειν, εἰ μὴ βαδίζει πρὸς τὰς χελιδόνας, διὸ καὶ ἐποίσει

οὐκοῦν παραδοῦναι ταῖς χελιδόσι λέγει.

ἐπεὶ καὶ αὐτὸς πρὸς αὐτὰς βαδίζει εἰς Νεφελοκοκκυγίαν.

[1688]. οὑτοιί : (Οἱ ὄρνιθες.) εὐκαίρως, φησὶν, κατεκόπησαν οἱ ὄρνιθες οὗτοι διὰ τὸ ἄριστον τῶν παρόντων γάμων.

1691. τενθείαν : σιναμωρίαν καὶ λιχνότητα. R. V. Vict. Λαιμαργίαν. *Vict.*

1692. εἶ : Πορεύῃ. *Vict.*

1694. ἔστι δ' ἐν Φαναῖσιν : [Εἴσθεσις χοροῦ ἐπῳδικὴ κώλων τροχαϊκῶν ὀκτὼ ἐφθημιμερῶν καὶ ἀκαταλήκτων διμέτρων. ἐπὶ τῷ τέλει κορωνίς.] ἐν ταῖς ἐκκλησίαις νῦν, φησὶν, εἰσί. παίζει δὲ, διασύρων τῶν Ἀθηναίων τοὺς συκοφάντας, παρὰ τὸ φαίνειν καὶ συκοφαντεῖν αὐτοὺς περὶ τὰ δικαστήρια. καὶ ἄλλως δὲ Φαναὶ τῆς Χίου χωρίον. καὶ Κλεψύδρα κρήνη ἐν ἀκροπόλει. παρὰ τοὺς ἐγχειρογάστορας δὲ πεποίηται. Ἄλλως. κρήνη ἐν ἀκροπόλει ἡ Κλεψύδρα, ἧς Ἴστρος ἐν τῇ ιϛ' μέμνηται, τὰ παρὰ τοῖς συγγραφεῦσιν ἀναλεγόμενος. οὕτως δὲ ὠνόμασται, ἐπειδὴ ἀρχομένων τῶν ἐτησίων πληροῦται, παυομένων δὲ λήγει, ὁμοίως τῷ Νείλῳ, ὥσπερ καὶ τὴν ἐν Δήλῳ κρήνην. εἰς ταύτην δέ φησιν ἡματωμένην φιάλην πεσοῦσαν ὀφθῆναι ἐν τῷ Φαληρικῷ ἀπέχοντι σταδίους εἴκοσι. φασὶ δὲ αὐτὴν ἀπέραντον βάθος ἔχειν, τὸ δὲ ὕδωρ ἁλμυρόν. ἔπαιξε δὲ πάλιν διασύρων τοὺς Ἀθηναίους ὡς φιλοδίκους, ἐπεὶ καὶ ἐν τῷ δικαστηρίῳ ἐστὶ κλεψύδρα, κατασκεύασμά τι ὥσπερ ὡρονομικόν.

1696. [ἐγγλωττογαστόρων : Παρὰ τοὺς ἐγχειρογάστορας πέπαικται.]

1699. συκάζουσί τε : Ὡς ἐπὶ γεωργῶν. συκάζειν γάρ ἐστι τὸ σῦκα ἐκλέγειν ἀπὸ τῶν συκῶν καὶ τὸ συκοφαντεῖν. ἐνέμεινε δὲ τῇ τροπῇ.

1701. Γοργίαι τε καὶ Φίλιπποι : ὁ Φίλιππος καὶ ὁ Γοργίας οὗτοι ῥήτορες λάλοι εἰσίν. ηὔξησε δὲ τῷ πληθυντικῷ τὴν κατηγορίαν. Γοργίαν δὲ νῦν λέγει τὸν ῥήτορα οὗ Πλάτων μνημονεύει. ἦν δὲ καὶ ἕτερος ἰατρὸς, οὗ μνημονεύει Ἀλκαῖος ἐν Ἐνδυμίωνι. τοῦ δὲ Φιλίππου καὶ ἐν Γεωργοῖς μνημονεύει Ἀριστοφάνης. R. V. Leid. οὗτοι ὡς βάρβαροι κωμῳδοῦνται. R. *Vict.*

1705. ἡ γλῶττα χωρὶς : Σύμμαχος· πρὸς τὸ ἔθος, ὅτι μετὰ τῶν σπλάγχνων ἔτεμνον τὴν γλῶτταν. καὶ παρ' Ὁμήρῳ. οὗτος δὲ διὰ τὴν πονηρίαν τῶν δικαιολόγων φησὶν ἐκβεβλῆσθαι χωρὶς τὴν γλῶτταν. Δίδυμος δέ· ἐν ταῖς θυσίαις χωρὶς ἡ γλῶττα ἐτέμνετο, οὐ μετὰ τῶν ἄλλων σπλάγχνων. καὶ Ὅμηρος [Od. Γ, 332] « ἀλλ' ἄγε τάμνετε μὲν γλώσσας. » ἐγένετο δὲ τοῦτο δι' ἄλλην αἰτίαν. οὕτως δὲ βούλεται λέγειν, ὅτι ἐξεβλήθη ἐκ τῶν σπλάγχνων διὰ τοὺς ῥήτορας ἡ γλῶσσα, ἐπεὶ ταύτῃ τοὺς ἄλλους κακοποιοῦσιν. Ἄλλως. (ἀντὶ τοῦ, ὀφείλει τέμνεσθαι ἡ γλῶσσα καὶ χωρίζεσθαι τοῦ λοιποῦ σώματος.)

1706. [ὦ πάντ' ἀγαθὰ : Ἡ συστηματικὴ αὕτη εἴσθεσις ἐξ ἰάμβων ἐστὶ τριμέτρων ιδ'. ἐπὶ τῷ τέλει παράγραφος. εἴη δ' ἂν οὗτος ὁ ἄγγελος θεράπων συναναβεβηκὼς τῷ Πεισθεταίρῳ.] — ὦ μείζω λόγου : ἃ μηδὲ λόγος ἰσχύει φράσαι. *R. Vict.*

1713. οὐ φατὸν : Οὐ δυνατὸν λέγειν. *Vict.*

1714. Διὸς βέλος : Τῆς βασιλείας. λαβὼν γὰρ τὸν ταμίαν τοῦ κεραυνοῦ καὶ αὐτὸν ἄγει. [εἰώθασι γὰρ τῷ κεραυνῷ ἐξ ἑκατέρου μέρους πτερὰ προσφύειν.]

1715. ὀσμὴ δ' ἀνωνόμαστος ἐς βάθος : [Εἰς τὸ ὕψος τοῦ οὐρανοῦ.] (ἀνωνόμαστος δὲ,) ἀντὶ τοῦ πολλὴ καὶ λόγῳ οὐ δυναμένη ὀνομασθῆναι. — ἀνωνόμαστος : Ἄρρητος. *Vict.*

1717. διαψαίρουσι : Πρὸς τὴν τῆς λέξεως διαίρεσιν. διαψαίρειν δὲ τὸ ἡσυχῇ διακινεῖσθαι καὶ ψοφεῖν καὶ ψαίρειν ἱστίον λέγομεν. [πλεκτάνην δὲ,] τὴν εἴλησιν. αἱ δὲ αὖραι διακινοῦσι τὴν πλεκτάνην τοῦ καπνοῦ τῶν

θυμιαμάτων. λείπει δὲ τὸ πνέουσι. — διαψαίρουσι : Ψαίρειν, τινάσσειν, ῥιπίζειν, ἀσθενῶς τι ποιεῖν, ψαίειν, σύρειν. *Vict.*

1718. ὀδὶ δὲ καὐτός ἐστιν : Ὁ καπνός. *Vict.*

1720. ἄναγε, δίεχε : [Εἴσθεσις μέλους χοροῦ εἰς δύο περιόδους διῃρημένη κώλων ιϐ΄. εἰσὶ δὲ τῆς μὲν πρώτης τροχαϊκὰ ϛ΄ ἐπιμεμιγμένα χορείοις καὶ ἰάμϐοις. ὧν τὰ α΄, β΄, δ΄, ε΄ δίμετρα ἀκατάληκτα. τὸ γ΄ πενθημιμερές. τὸ ϛ΄ ἑφθημιμερές. τῆς δὲ δευτέρας ἐξ ἀναπαιστικῶν τὰ μὲν α΄, δ΄ δίμετρα ἀκατάληκτα. τὰ δὲ β΄, ε΄ ἀναπαιστικὴ βάσις. τὸ γ΄ πενθημιμερές. τὸ ϛ΄ ἑφθημιμερές. ἐπὶ ταῖς ἀποθέσεσι παράγραφος.] ἀντὶ τοῦ ὕμνει αὐτόν. χλευάζει δὲ παρὰ τὰ ἐκ Τρῳάδων Εὐριπίδου [308] « ἄνεχε, πάρεχε, φῶς φέρε. »

1731. [Ἥρᾳ ποτ' Ὀλυμπίᾳ : Τὰ τοιαῦτα εἴδη καλεῖται τριὰς ἐπῳδική, καὶ εἰσὶ τῆς μὲν στροφῆς τὰ κῶλα ι΄, καὶ τὰ τῆς ἀντιστροφῆς τοσαῦτα. εἰσὶ δὲ πάντα Ἰωνικὰ ἀπὸ μείζονος ἑφθημιμερῆ παντοίοις σύμμικτα ποσί. τῆς δ' ἐπῳδοῦ κῶλα ϛ΄ ἀναπαιστικὰ δίμετρα πλὴν τοῦ τελευταίου ἀκατάληκτα. ἐπὶ τῷ τέλει τῆς μὲν στροφῆς καὶ ἀντιστροφῆς παράγραφος, τῆς δὲ ἐπῳδῆς κορωνίς.] — καλῶς τὸ ἐπιθαλάμιον γέγραπται. R. V. Vict.

1734. ἀντὶ τοῦ συνήγαγον. R. V.

1735. ἐν τοιούτῳ βασιλικῷ. R. V.

1736. εἴρηται περὶ τούτου ἐν τοῖς Μενανδρείοις ὅτι ἐν τοῖς γάμοις ᾔδετο.

1737. ὁ δ' ἀμφιθαλὴς : Ἀμφοτέροις τοῖς γονεῦσι θάλλων καὶ μηδενὸς ὠρφανισμένος. Ἄλλως. ὁ Ἔρως, φησί, παράνυμφος ἦν τοῦ Διὸς καὶ τῆς Ἥρας. πάροχοι γὰρ λέγονται οἱ παράνυμφοι, (παρὰ τὸ) παροχεῖσθαι τοῖς νυμφίοις. ἐπ' ὀχήματος γὰρ τὰς νύμφας ἄγουσιν.

1739. παλιντόνους : Ὀπισθοτόνους ἢ τοὺς ἐπὶ θάτερα τρεπομένους. *Vict.*

1740. πάροχος γάμων : Συνακόλουθος. *Vict.*

1744. τῶν περὶ τὸν Δία. R. V.

1745. καὶ τὰς χθονίας κλῄσατε : Εὐφρόνιος, τὰς φοβεράς. πάντα γὰρ τὰ δεινὰ τῆς γῆς γενεαλογοῦσιν. οἱ δέ, τὰς μέγαν ἦχον ἀποτελούσας. ἢ τὰς ἀπὸ τῆς γῆς γινομένας. ὅτε γὰρ ἠχεῖ ἡ γῆ, ἀναπέμπει τὸν ἦχον εἰς τὸν οὐρανόν, καὶ δοκοῦσιν οἱ ἄνθρωποι ἐξ οὐρανοῦ γίνεσθαι τὰς τοιαύτας βροντάς. ἢ τὰς μέχρι τῆς γῆς ἀκουομένας, ἢ τὰς τὴν γῆν κινούσας. — ἀντὶ τοῦ ὑμνήσατε. R. V.

1748. [ὦ μέγα χρύσεον : Εἴσθεσις ἑτέρα μέλους χοροῦ εἰς δύο διῃρημένη περιόδους κώλων ιη΄. ὧν τῆς πρώτης περιόδου ἀναπαιστικὰ ϛ΄, πλὴν τοῦ γ΄ καὶ τελευταίου ἀκαταλήκτων. τῆς δευτέρας κῶλα ιϐ΄. τὸ α΄ δακτυλικὸν τρίμετρον ἀκατάληκτον. τὰ β΄, ϛ΄, θ΄, ια΄ ἰαμϐικὰ καταληκτικὰ δίμετρα. τὰ γ΄, δ΄, ε΄, ζ΄, ι΄, ιϐ΄ τροχαϊκὰ ἑφθημιμερῆ. τὸ η΄ ἰαμϐικὸν ἑφθημιμερές. ἐπὶ τῷ τέλει κορωνὶς ἡ καὶ τὸ δρᾶμα περατοῦσα.]

1749. ἀντὶ τοῦ ὦ κεραυνέ. R. V.

1751. αἷς ὅδε νῦν χθόνα σείει : Ὁ Ζεὺς δηλονότι, ἢ ὁ Πεισθέταιρος λαϐὼν τὴν Βασιλείαν.

1758. ὄρεξον ὦ μάκαιρα : Πρὸς τὴν Βασιλείαν φησὶ ὁ Πεισθέταιρος. εὐκαίρως δὲ τὴν κωμικὴν ὄρχησιν ποιεῖται.

1759. (καὶ πτερῶν ἡμῶν : Οἱ γὰρ ὄρνιθες πτεροῖς ἀντὶ χειρῶν ἐχρῶντο.)

1761. ἀντὶ τοῦ βαστάζω. R. V.

1764. τήνελλα : Τὸ τήνελλα μίμησίς ἐστι φωνῆς κρούματος αὐλοῦ ποιᾶς ἀπὸ τοῦ ἐφυμνίου οὗ εἶπεν Ἀρχίλοχος εἰς τὸν Ἡρακλέα μετὰ τὸν ἆθλον Αὐγέου « τήνελλα ὦ καλλίνικε, χαῖρε ἄναξ Ἡράκλεες, αὐτός τε κἰόλαος, αἰχμητὰ δύω. » δοκεῖ δὲ πρῶτος Ἀρχίλοχος νικήσας ἐν Πάρῳ τὸν Δήμητρος ὕμνον ἑαυτῷ τοῦτον ἐπιπεφωνηκέναι.

ΛΥΣΙΣΤΡΑΤΗ.

ΥΠΟΘΕΣΕΙΣ.

I.

Λυσιστράτη τις Ἀθήνησι τῶν πολιτίδων καὶ τῶν Πελοποννησίων, ἔτι δὲ καὶ Βοιωτίων γυναικῶν σύλλογον ἐποιήσατο, διαλλαγὰς μηχανωμένη τοῖς Ἕλλησιν· ὀμόσαι δὲ ἀναπείσασα μὴ πρότερον τοῖς ἀνδράσι συνουσιάζειν, πρὶν ἂν πολεμοῦντες ἀλλήλοις παύσωνται, τὰς μὲν ἐξωπίους ἐμπριλὰς καταλιποῦσα ὀπίσω, αὐτὴ δὲ πρὸς τὰς κατειληφυίας τὴν ἀκρόπολιν μετὰ τῶν οἰκείων ἀπαντᾷ. συνδραμόντων δὲ πρεσβυτῶν πολιτῶν μετὰ λαμπάδων καὶ πυρὸς πρὸς τὰς πύλας, τὴν ἀναστολὴν ποιεῖται ἐξελθοῦσα, καὶ προβούλου τινὸς μετ' ὀλίγον παραβιάσασθαι μετὰ τοξοτῶν ὁρμήσαντος, εἶτα δὲ ἀποκρουσθέντος καὶ διαπυνθανομένου τί βουλόμεναι ταῦτα δεδράκασι, τὸ μὲν πρῶτόν φασιν ὅτι ἐγκρατεῖς γενόμεναι τοῦ ἀργυρίου μὴ ἐπιτρέψουσι τοῖς ἀνδράσιν ἀπὸ τούτου πολεμεῖν, δεύτερον δὲ ὅτι πολὺ ἄμεινον ταμιεύσονται καὶ τὸν παρόντα πόλεμον τάχιστα καταπαύσουσιν. οὗτος μὲν οὖν καταπλαγεὶς τοῦ θράσους ὡς τοὺς συμπροβούλους οἴχεται, ταῦτα μὴ παύσας· οἱ δὲ γέροντες ὑπομένοντες ταῖς γυναιξὶ λοιδοροῦνται. μετὰ ταῦτα αὐτῶν τινες αὐτομολοῦσαι μάλα γελοίως δι' ἀκρασίαν ὡς τοὺς ἄνδρας ἁλίσκονται· ἐγκαρτεροῦσι δὲ Λυσιστράτης ἱκετευούσης. Κινησίας τις τῶν πολιτῶν, ἀκρατῶς ἔχων τῆς γυναικός, παραγίνεται· ἡ δὲ χυτροτομοῦσα αὐτὸν ἐπαγγέλλεται μέν, τὰ περὶ τῶν διαλλαγῶν δὲ σπουδάζει. ἀφικνοῦνται δὲ καὶ παρὰ Λακεδαιμονίων περὶ σπονδῶν κήρυκες, ἐμφανίζοντες ἅμα καὶ τὰς προτέρας γυναῖκας. συνταχθέντες δὲ σφίσιν οἱ Ἀθηναῖοι πρέσβεις αὐτοκράτορας ἀποστέλλουσιν. οἱ μὲν γέροντες εἰς ταυτὸν ταῖς γυναιξὶν ἀποκαταστάντες ἕνα χορὸν ἐκ τῆς διχορίας ἀποστέλλουσι· καὶ Λυσιστράτη τοὺς παραγενομένους πρὸς αὐτὴν ἐκ Λακεδαίμονος πρέσβεις ὀργῶντας διαλλάττεσθαι προσέλκει· καὶ ἑκατέρους ἀναμνήσασα τῆς παλαιᾶς εἰς ἀλλήλους γενομένης εὐνοίας διαλλάττει ἐν φανερῷ, καὶ ξενίσασα κοινῇ παραδίδωσι τὰς γυναῖκας ἑκάστοις ἄγεσθαι. ἐδιδάχθη ἐπὶ Καλλίου ἄρχοντος τοῦ μετὰ Κλεόκριτον ἄρξαντος. εἰσῆκται δὲ διὰ Καλλιστράτου.

II.

ΑΡΙΣΤΟΦΑΝΟΥΣ

ΓΡΑΜΜΑΤΙΚΟΥ.

Λυσιστράτη καλέσασα τὰς πολίτιδας,
ὑπέθετο φεύγειν μηδὲ μίγνυσθ' ἄρρεσιν,
ὅπως γενομένης νῦν στάσεως ἐμφυλίου,
τὸν πρὸς Λάκωνας πόλεμον αἴρωσιν λόγῳ
μένωσί τ' οἴκοι πάντες. ὡς δὲ συνέθετο,
τινὲς μὲν αὐτῶν τὴν ἀκρόπολιν διεκράτουν,
τινὲς δ' ἀπεχώρουν. αἵ τ' ἀπὸ Σπάρτης πάλιν
ταυτὸν διεβουλεύοντο. κῆρυξ ἔρχεται
λέγων περὶ τούτων. τῆς δ' ὁμονοίας γενομένης,
σπονδὰς θέμενοι τὸν πόλεμον ἐξώρισαν.

SCHOLIA IN LYSISTRATAM.

(Ἐκλήθη Λυσιστράτη παρὰ τὸ λῦσαι τὸν στρατόν.)

1. ἀλλ' εἴ τις Βακχεῖον : Καὶ γὰρ πολλὰς ἑορτὰς αἱ γυναῖκες ἔξω τῶν δημοτελῶν ἦγον ἰδίᾳ συνερχόμεναι.

2. ἢ 'ς Πανός : Πανὶ ὠργίαζον (αἱ γυναῖκες μετὰ κραυγῆς). καὶ Μένανδρος ἐν Δυσκόλῳ « σιωπῇ φασι « τούτῳ τῷ θεῷ οὐ δεῖν προσιέναι. »

ἢ 'πὶ Κωλιάδ' : Κωλιάδος Ἀφροδίτης ἱερόν (ἐστιν) ἐν τῇ Ἀττικῇ. ὁ δὲ τόπος καλεῖται Κωλιάς· ἔστι γὰρ ἐγκείμενος ὁμοίως ἀνθρώπου κώλῳ. καὶ οἱ ἐνοικοῦντες Κώλιοι. ἔνθα ὄστρακα κάλλιστα. καὶ ἡ Γενετυλλὶς δὲ γυναικεία θεὸς περὶ τὴν Ἀφροδίτην ἀπὸ τῆς γενέσεως τῶν παίδων ὠνομασμένη.

5. κωμῆτις : Ἀντὶ τοῦ γείτων. κῶμαι δὲ τὰ ἄμφοδα. ὅθεν καὶ τὸ ἐπικωμάσαι.

8. τοξοποιεῖν : Ἀντὶ τοῦ ἐσκυθρωπακέναι. ἀπὸ τοῦ παρακολουθοῦντος. τοιοῦτον γὰρ τὸ πρόσωπον τῶν ἐν μερίμνῃ ὄντων. Ὅμηρος [Il. O, 102]

οὐδὲ μέτωπον ἐπ' ὀφρύσι κυανέῃσιν ἰάνθη.

(καὶ Σοφοκλῆς « ὡς ἂν Διὸς μέτωπον ἐκταθῇ χαρᾷ. »)

13. (εἰρημένον : Ἀντὶ τοῦ εἰρημένου. Ἀττικῶς.)

14. φαύλου : Εὐτελοῦς.

17. ἐκύπτασεν : Ἀντὶ τοῦ ἐστράγγευσεν. κυπτάζειν ἐστὶ τὸ περί τι πονεῖν καὶ διατρίβειν. κομψῶς δὲ τῇ ἀμφιβολίᾳ καὶ χαριέντως ἐχρήσατο, καθὰ καὶ Σώφρων « ἐνθάδε κυπτάζουσι πλεῖσται γυναῖκες. »

20. ἀναγκαῖα.

22. συγκαλεῖς : Συνήγαγες.

23. μῶν καὶ παχύ : Ὡς πρὸς τὸ αἰδοῖον.

25. οὐχ οὗτος ὁ τρόπος : Ἀντὶ τοῦ οὐ κατὰ τοῦτον τὸν τρόπον λέγω τὸ πρᾶγμα εἶναι μέγα καὶ παχὺ, καθ' ὃν σὺ ὑπονοεῖς.

27. ἐρριπτασμένον : Γεγυμνασμένον καὶ ηὑρημένον. ὥστε μεριμνῶσάν με ῥιπτάζεσθαι καὶ στρέφεσθαι. τοιοῦτοι γὰρ οἱ μεριμνῶντες. βέλτιον δὲ ἀπὸ τῶν κύβων τὴν μεταφορὰν νοεῖν (ἀνερριμμένων, ὅπως ἂν ἔλθοι. καὶ γὰρ ἐπὶ τῶν κύβων ἀναβάλλομεν, μέχρις ἂν ἔλθῃ τὸ προκείμενον βληθῆναι).

31. ἐπ' ὀλίγου γὰρ εἴχετο : Ἀντὶ τοῦ μικρὰν ἔχουσι τὴν ἀφορμὴν τῆς σωτηρίας.

33. ἢ μηκέτ' εἶναι μηδὲ Πελοποννησίους : Μὴ πεισθέντας ἡμῖν (μήτε τοὺς Ἀθηναίους μήτε τοὺς Πελοποννησίους). ὡς φιλόπατρις δὲ ἀπεσιώπησε τοὺς Ἀθηναίους.

34. μηκέτ' εἶναι νὴ Δία : Πρὸς τοὺς Λακεδαιμονίους ἀπήντησε.

36. ἀλλ' ἄφελε τὰς ἐγχέλεις : Ἐν γὰρ τῇ Κωπαΐδι λίμνῃ μέγισταί εἰσιν ἐγχέλεις, ᾤκουν τε τὴν Βοιωτίαν καὶ οἱ λεγόμενοι Ἐγχελεῖς, περὶ ὧν Ἑλλάνικος ἐν τοῖς Βοιωτιακοῖς φησίν. Ἄλλως. ἐπειδὴ ἀπὸ Κωπαΐδος λίμνης Βοιωτίας φέρονται ἐγχέλεις Ἀθήναζε.

37. οὐκ ἐπιγλωττήσομαι : Οὐ φλυαρήσω. οὐ βλασφημήσω.

38. ἀλλ' ὑπονόησον : Ὅτι ἀπολοῦνται δηλονότι.

41. ἡμεῖς : Αἱ Ἀττικαί.

42. ἐξηνθισμέναι : Ἄνθη φοροῦσαι. τοῖς ἄνθεσι κεκοσμημέναι, οἷον ψιμυθίῳ καὶ φύκει καὶ τοῖς ὁμοίοις.

45. καὶ Κιμβερίκ' ὀρθοστάδια : Κιμβερικὰ, ἢ Κιμβερινὰ, ὡς Ταραντῖνα, εἶδος ἐνδύματος, ἀπὸ τόπου. ὀρθοστάδια δὲ οἱ στατοὶ χιτῶνες, οἱ δὲ συρόμενοι συρτοί.

περιβαρίδας : Ὑποδήματος εἶδος αἱ περιβαρίδες, ὡς Θεόπομπος ἐν Σειρῆσιν « ὑποδοῦ λαβὼν τὰς περιβαρίδας. »

48. χἤγχουσα : Τὸ πλῆρες καὶ ἡ ἄγχουσα. ἔστι δὲ εἶδος βοτάνης, ἧς ἡ ῥίζα ἐρυθρὰ, ᾗ ἐρυθραίνουσι τὰ πρόσωπα αἱ γυναῖκες.

διαφανῆ : Οὐ τὰ λαμπρὰ, ἀλλὰ τὰ ἰσχνὰ, δι' ὧν διαφαίνεται τὰ σώματα τῶν γυναικῶν.

46. ταῦτ' αὐτὰ γάρ τοι : Ταῦτα γάρ ἐστι τὰ ὑποδήματα καὶ τὰ ἐνδύματα, ἃ σώζειν ἡμᾶς προσδοκῶ.

51. (κροκωτὸν ἄρα : Εἰ ἄρα οὕτως ἔχει, καλλωπισθήσομαι καὶ γραῦς οὖσα.)

55. οὐ γὰρ μὰ Δί' ἀλλὰ πετομένας : Οὐ μετὰ βραδυτῆτος ἥκειν ἔδει, ἀλλὰ πετομένας.

56. ὄψει τοι σφόδρ' αὐτὰς Ἀττικάς : Ὡς τῶν Ἀθηναίων ἀεὶ μελλόντων. καὶ τὰς γυναῖκας (γοῦν) ὄψει Ἀττικὰς ἀκριβῶς, οἷον μελλούσας ἐν τῷ πράγματι.

58. ἀλλ' οὐδὲ παράλων : (Τῶν ἐν παράλῳ οἰκουσῶν. παραλία γὰρ μοῖρα τῆς Ἀττικῆς·) διῄρητο γὰρ εἰς δ' μερίδας τὸ παλαιὸν ἡ Ἀττική· Πανδίων γὰρ διαδεξάμενος τὴν Κέκροπος βασιλείαν, προσκτησάμενος δὲ καὶ τὴν Μεγαρίδα, ἔνειμε τὴν χώραν τοῖς παισὶν εἰς δ' μοίρας· Αἰγεῖ μὲν τὴν παρὰ τὸ ἄστυ μέχρι Πυθίου, Πάλλαντι δὲ τὴν Παραλίαν, Λύκῳ δὲ τὴν Διακρίαν, Νίσῳ δὲ τὴν Μεγαρίδα.

59. (οὐδ' ἐκ Σαλαμῖνος : Ἡ Σαλαμὶς μοῖρα τῆς Μεγαρίδος.)

60. ἐπὶ τῶν κελήτων : Κέλης εἶδος πλοιαρίου μικροῦ. καὶ ἵππος δὲ κέλης ὁ γυμνός. λέγει οὖν ὅτι ἐν πλοίῳ εἰσὶν ἐρχόμεναι. ἀφ' οὗ νῦν κακεμφάτως ἐπὶ τῶν Σαλαμινίων τὸ αἰδοῖον φησί. ναυτικοὶ δὲ οἱ Σαλαμίνιοι, (ἐπεὶ καὶ νησιῶται).

62. τὰς Ἀχαρνέων : Εἰκότως, ἐπεὶ πολεμικοὶ οἱ Ἀχαρνεῖς. Ἄλλως. εἰκότως, ἐπεὶ ὁ δῆμος τῶν Ἀχαρνέων ἐτετίμητο, διὰ τοῦτο τὰς ἐκεῖθεν προσδοκᾷ γυναῖκας. ὁ δὲ Θεογένης κομπαστὴς Ἀχαρνεύς. ἐπειδὴ δὲ κέλητα εἶπεν, ἐπήγαγεν ἀκάτιον.

64. ἀκάτιον τὸ Ἑκάτης ξόανον. R.

67. Ἀναγυρουντόθεν : Δῆμός τις Ἀττικῆς, ἀπὸ Ἀναγύρου ἥρωος.

68. παρὰ τὴν παροιμίαν, κινήσω τὸν ἀνάγυρον. ἔστι δὲ πόα δυσώδης.

71. ἀντὶ τοῦ μεγάλου. R.

73. δεῖ : Ἀντὶ τοῦ δέει.

74. ὀλίγου γ' : Ἀντὶ τοῦ πρὸς βραχὺν χρόνον.

80. σφριγᾷ : Εὐσθενεῖ, εὐσωματεῖ.

81. εἰς ἐκεῖνο τείνει ὅτι εὐημέρουν τότε οἱ Λάκωνες. R

ναὶ σιώ : Τοὺς Διοσκόρους λέγει. Λακωνικῶς δὲ φθέγγεται, ὡς αἱ Ἀττικαὶ νὴ τὼ θεώ, (ἤτοι τὴν Κόρην καὶ τὴν Δήμητρα).

82. γυμνάδδομαι : Ἐν γὰρ τῷ γυμνάζεσθαι πηδᾶν εἰώθασι, καὶ οἱ πόδες ἅπτονται τῆς πυγῆς τοῦ πηδῶντος.

83. ὡς δὲ καλόν : Ὡς ἐκείνης ἁψαμένης αὐτῆς. τὰ γὰρ ἱερεῖα μέλλοντες θύειν ψηλαφῶσιν, εἰ λιπαρά ἐστι.

84. ψηλαφᾶτε R.

87. ποθ' ὑμέ : Ἀντὶ τοῦ πρὸς ὑμᾶς.

88. καλόν γ' ἔχουσα τὸ πεδίον : Λέγεται γὰρ ἡ Βοιωτία εὐπεδιὰς εἶναι.

89. κομψότατα : Κομψῶς ἔχουσα τὸ αἰδοῖον. ἁπτομένη δὲ αὐτοῦ τοῦτό φησι.

βληχώ γε : Τὴν λεγομένην βλήχωνα. παίζει δὲ εἰς τὸ γυναικεῖον αἰδοῖον αἰνιττομένη. Ἀττικοὶ δὲ διὰ τοῦ β λέγουσι τὴν βληχώ.

90. χαΐα : Ἀντὶ τοῦ ἀγαθὴ μὲν, Κορινθία δέ. παίζει δὲ παρὰ τὸ κεχηνέναι.

91. Κορινθία : Πόρνη, διὰ τὴν Λαΐδα. ἀγαθὴ μὲν, οὐ σώφρων δὲ, ἐπεὶ ἡ Κόρινθος πληθύει ταῖς πόρναις.

92. τἀντευθενί : ἁπτομένη τῶν δύο φύσεων ταῦτά φησι. R.

93. ξυναλίαξε : Συνήθροισε.

94. μυσιδδέτω : Λεγέτω, τί θέλει ἡμᾶς.

100. εὖ γὰρ οἶδ' : Ὅτι διὰ τὸν πόλεμον οὐδεὶς πάρεστι.

103. φυλάττων Εὐκράτην : Στρατηγὸς Ἀθηναίων ὁ Εὐκράτης, κωμῳδεῖται δὲ ὡς δωροδόκος καὶ προδότης καὶ ξένος.

105. ἐκ τᾶς ταγᾶς : Ἐκ τῆς τάξεως.

106. πορπακισάμενος : Οἷον περονησάμενος. ἀντὶ τοῦ (ἀπολαβὼν τὴν ἀσπίδα) ἅμα τῷ παρεῖναι ἄπεισιν.

107. ἀλλ' οὐδὲ μοιχοῦ : Σκώπτει δὲ συνεχῶς Μιλησίους καὶ κωμῳδεῖ ὡς μοιχούς, ἐπειδὴ ἀπέστησαν τῶν Ἀθηναίων, καὶ πολλοὶ ἄλλοι τῶν νησιωτῶν.

φεψάλυξ : Οἷον ζωπύρημα καὶ σπινθήρ.

109. ὄλισβον : Αἰδοῖον δερμάτινον. καὶ τοῦτο εἰς τὰς Μιλησίας. παίζει δὲ ὡς τοῖς ὀλίσβοις χρωμέναις.

110. σκυτίνη ἐπικουρία : Παρὰ τὴν παροιμίαν, συκίνη ἐπικουρία, ἐπὶ τῶν ἀσθενῶν. ὁ δὲ εἰς τὴν σκυτίνην μετέβαλε. σκύτινοι γὰρ οἱ ὄλισβοι. εἰσὶ δὲ δερμάτινα αἰδοῖα, οἷς χρῶνται αἱ χῆραι γυναῖκες.

113. τοὔγκυκλον : Τὸ περιβόλαιον, (ἢ) τὸ ζωνάριον.

114. ἐκπιεῖν : Παρ' ὑπόνοιαν. δέον εἰπεῖν μάχεσθαι, ἐκπιεῖν εἶπε.

115. ψῆττα : Ὄρνεόν ἐστι τετμημένον κατὰ τὸ μέσον, ὡς οἱ σφῆκες. λέγει οὖν ὅτι κἂν συμβῇ τέμνεσθαι τὸ ἥμισύ μου, βούλομαι.

117. Ταΰγετον : Ὄρος Λακωνικῆς τὸ Ταΰγετον.

118. ἔλσοιμ' : Τὸ σ ἀντὶ τοῦ θ· ἔλθοιμι. ὡς δυσχεροῦς ὄντος τοῦ τόπου.

125. τί μοι μεταστρέφεσθε : Ὡς ἀηδισθεισῶν αὐτῶν καὶ μεταστραφεισῶν ἐπὶ τῷ λόγῳ.

126. τί μοι μυᾶτε : Ὥσπερ μύες καταδύεσθε, καὶ σκαρδαμύττετε, ἢ μύλλετε, ἢ μυκτηρίζετε. μυᾶν γὰρ τὸ τὰ χείλη πρὸς ἄλληλα συνάγειν.

132. παρατεμεῖν θ' ἥμισυ : Πρὸς τὸ παρ' αὐτῆς εἰρημένον.

133. ἀλλ' ἄλλ' ὅτι βούλει : Ἄλλο κέλευε, μὴ μέντοι δίχα συνουσίας ἡμᾶς εἶναι.

135. οὐδὲν γὰρ οἷον : Ἀντὶ τοῦ κωλῦον. οὕτως Ἀττικοί.

138. οὐκ ἐτὸς ἀφ' ἡμῶν εἰσίν : Ἀντὶ τοῦ οὐ ματαίως, ἀλλὰ δικαίως. εἰς τὴν Σοφοκλέους δὲ Τυρὼ ταῦτα συντείνει ἐκθεῖσαν τὰ τέκνα εἰς σκάφη.

139. οὐδὲν γάρ ἐσμεν πλὴν Ποσειδῶν : Ἀντὶ τοῦ πλὴν τῷ βουλομένῳ μίγνυσθαι. ὁ γὰρ Ποσειδῶν κατά τινας λαβὼν εἰς σκάφος Μελανίππην συνῆλθεν. ἔστι δὲ καὶ παροιμία ἐπὶ τῶν κυλινδομένων τῷ αὐτῷ πράγματι, ἄλλο δὲ μηδὲν νοεῖν ἀνεχομένων. (ὁ δὲ νοῦς· οὐδὲν ἐσμέν, εἰ μὴ συνουσιάζειν καὶ τίκτειν. ὁ γὰρ Ποσειδῶν ἐμίγη τῇ Τυροῖ καὶ ἐγέννησε Νηλέα καὶ Πελίαν.)

140. σὺ γὰρ ἐὰν γένῃ : Τῇ Λαμπιτοῖ λέγει.

143. γυναῖκας ὑπνῶν : Κοιμᾶσθαι. Ἀττικὸν τὸ ὑπνῶν. τὸ γὰρ κοινὸν ὑπνοῦν.

145. μόνη τούτων γυνή : Μόνη γυνὴ δυναμένη μηχανὴν εὑρεῖν.

146. εἰ δ' ὡς μάλιστ' ἀπεχοίμεθα : Εἰ δ' ἀπεχοίμεθα τοῦ πέους, διὰ τοῦτο εἰρήνη γενήσεται; — τὸ ἀπέχεσθαι τῆς τῶν ἀνδρῶν συνουσίας. R. Bar.

148. νὴ τὼ θεώ : Τὴν Κόρην καὶ Δήμητρα λέγει, ὡς Ἀττική.

149. (ἐντετριμμέναι : Καλλωπισθεῖσαι, τὰς ὄψεις τριβεῖσαι.)

150. τοῖς ἀμοργίνοις : Οἱ μὲν χρώματος εἶδος τὴν ἀμόργην, οἱ δὲ ἀπὸ νήσου Ἀμοργοῦ τοὺς Ἀμοργίνους χιτῶνας, ὡς τὰ Θηραῖα ἀπὸ Θήρας νήσου.

151. δέλτα : Ἀντὶ τοῦ τὸ αἰδοῖον τὸ γυναικεῖον. τοιοῦτον γὰρ τὸ σχῆμα.

152. πλεκοῦν : Συνουσιάζειν, παρὰ τὸ πλέκεσθαι.

155. ὅγ' ὧν Μενέλαος : Ἡ ἱστορία παρὰ Ἰβύκῳ. (τὰ δὲ αὐτὰ καὶ Λέσχης ὁ Πυρραῖος ἐν τῇ μικρᾷ Ἰλιάδι.) καὶ Εὐριπίδης [Androm. 628] « ἀλλ' ὡς ἐσεῖδες μαστὸν ἐκβαλὼν ξίφος, φίλημ' ἐδέξω. »

μᾶλα πᾶ : Τοὺς μαστοὺς μῆλα φησίν.

157. ἢν ἀφίωσ' : Ἐὰν παρίδωσιν οἱ ἄνδρες. R.

158. (τὸ τοῦ Φερεκράτους : Ἐὰν ἡμᾶς παρίδωσιν οἱ ἄνδρες, τότε πάλιν ἐξέσται ὀλίσβοις χρήσασθαι, καὶ ἀποδέρειν τὰ ἀποδεδαρμένα σκύτη. Φερεκράτης ἐν δράματι εἶπε τοῦτο, ἔνθεν τάσσεται ἡ παροιμία ἐπὶ τῶν ἄλλο πασχόντων αὖθις ἐφ' οἷς πεπόνθασιν.)

κύνα δέρειν : Σχῆμά ἐστιν ἀκόλαστον εἰς τὸ αἰδοῖον. ἐν δὲ τοῖς σωζομένοις (Φερεκράτους) τοῦ κωμικοῦ τοῦτο οὐχ εὑρίσκεται.

159. (τὰ μεμιμημένα : Ἐπεὶ τῷ ὀλίσβῳ χρῶνται ἀντὶ τοῦ αἰδοίου. φλυαρία φησὶ τὰ ἀπὸ τῶν ἄλλων. λέγει δὲ τὰ εἰρημένα Φερεκράτους.)

160. εἰς τὸ δωμάτιον : Εἰς τὸ κοιτώνιον.

162. παρέχειν χρή : Συνουσιάζειν δηλονότι. τουτέστιν οὐκ ἐκ προαιρέσεως, ἀλλ' ἄνευ ἡδονῆς.

165. ἀπεροῦσιν : Ἀπαγορεύσουσιν καὶ παύσονται τοῦ πολέμου.

166. ξυμφέρῃ : Ἀντὶ τοῦ ἁρμόζηται.

170. Ἀσαναίων : Ἀθηναίων.

ῥυχάχετον : Τὸν θόρυβον καὶ συρφετόν.

171. μὴ πλαδδιῆν : (Μὴ παραφρονεῖν.) μὴ πολεμεῖν, μὴ πλησιάζειν.

173. οὐχ ἇς σποδᾶς : Οὐκ ἂν ἄγοιεν εἰρήνην οἱ Ἀθηναῖοι, ἕως ἂν θαλασσοκρατῶσιν καὶ τὸ ἀργύριον τὸ ἄβυσσον ᾖ παρὰ τῇ θεῷ ἐν τῇ ἀκροπόλει. καὶ γὰρ ἀληθῶς ἀπέκειτο χίλια τάλαντα. (ἤρξαντο οὖν κινεῖν αὐτὰ ἐπὶ Καλλίου ἄρχοντος, ἐφ' οὗ εἰσήχθη τὸ δρᾶμα, ὥς φησι Φιλόχορος ἐν Ἀτθίδι.)

σποδᾶς : Ἀντὶ τοῦ σπουδῆς.

175. ἀλλ' ἔστι καὶ τοῦτ' εὖ παρεσκευασμένον : Τὸ λαβεῖν τὸ ἀργύριον ἀπὸ τοῦ ἱεροῦ τῆς θεοῦ.

179. θύειν δοκούσαις : Προσποιουμέναις θύειν.

180. πάντα γ' ἔχοι : Πάντα δ' ἔχοι καλῶς. καὶ τάδε γὰρ ἃ λέγεις καλῶς ἔχει.

183. ὡς ὁμιώμεθα : Ἀντὶ τοῦ ὅπως ὀμόσωμεν.

184. Σκύθαινα : Τὴν ὑπηρέτιν λέγει. Σκύθας γὰρ

καὶ τοξότας ἐκάλουν τοὺς δημοσίους ὑπηρέτας ἀπὸ τῆς ἀρχαίας χρήσεως.

188. (ὥσπερ φασὶν Αἰσχύλος ποτέ : Παρὰ τὰ ἐν Αἰσχύλῳ ἐν Ἑπτ' ἐπὶ Θήβαις [42]

> ἄνδρες γὰρ ἑπτὰ θούριοι λοχαγέται
> ταυροσφαγοῦντες εἰς μελάνδετον σάκος.)

189. μηλοσφαγούσας : Ἀντὶ τοῦ ταυροσφαγούσας μηλοσφαγούσας εἶπεν. εἰ μὴ ἄρα μῆλα πάντα τὰ τετράποδα.

191. εἰ λευκόν ποθεν ἵππον : Πρὸς τὸ αἰδοῖον παίζει τὸ λευκὸν ἵππον. λευκὸν μέν, ὅτι φάλης τὸ αἰδοῖον λέγεται, φάλιον δὲ τὸ λευκόν· ἵππον δέ, ἐπεὶ καὶ κέλης λέγεται. ἢ παίζει κατὰ τὸν τύπον τῶν Ἀμαζόνων. γυναῖκες γὰρ οὖσαι λευκοὺς ἵππους ἔθυον.

195. κύλικα μεγάλην ὑπτίαν : Παίζει. ἐπεὶ καὶ ἡ ἀσπὶς ὑπτία τίθεται.

196. Θάσιον οἴνου σταμνίον : Ἐπιεικῶς λέγουσιν οἱ Ἀττικοὶ τὰ Θάσια κεράμια σταμνία.

197. μὴ 'πιχεῖν ὕδωρ : Δέον εἰπεῖν, μὴ λύειν τὴν εἰρήνην, εἶπε μὴ ἐπιχεῖν ὕδωρ, ἀλλ' ἄκρατον πιεῖν, εἰς μέθην κωμῳδῶν τὰς γυναῖκας.

200. κεραμέων ὅσος : Ὡς μεγάλης οὔσης τῆς κύλικος παίζει.

202. τοῦ κάπρου : Ἀντὶ τοῦ αἰδοίου. ἐπειδὴ οἱ ὀμνύοντες εἰώθασιν ἐφάπτεσθαι τοῦ ἱερείου.

205. κἀποπυττίζει : Ἀπορρεῖ. ταῦτα δὲ λέγει μιμουμένη τοὺς θυοσκόους. (τουτέστι τοὺς ἱερεῖς). ταῦτα γὰρ ἐπέλεγον τοῖς θύμασιν εὐφημίας χάριν.

206. ἡδὺ προσόζει. R.

208. μὰ τὴν Ἀφροδίτην : Ἐπεὶ ἡ ὀμνύουσα πρώτη ἔμελλε καὶ πρώτη πιεῖν, τοῦτό φησιν, ὅτι κλήρῳ πᾶσαι ἔλαχον. ἐμπεδώσατε. ἀσφαλίσατε.

216. ὑπολύεταί μου τὰ γόνατα : Εἰρηκυῖα τὸν ἕνα στίχον . . . . . μνησθεῖσα ὅτι χωρίζεται τοῦ ἀνδρὸς, λέγει τὸ ὑπολύεταί μου τὰ γόνατα. ταῦτα φησὶν μία ὀμνύουσα, τῆς Λυσιστράτης προβαλλομένης τὸν ὅρκον.

217. ἀταυρώτη διάξω : Οἷον ἁγνὴ καὶ ἄμικτος. ταῦρον γὰρ τὸ αἰδοῖον λέγουσιν. ἄζευκτος γάμου καὶ ἀζυγής. καὶ βοῶπις ἡ Ἥρα καὶ Ζυγία καὶ Γαμηλία. ἐπεὶ οἱ ταῦροι κατωφερεῖς.

221. (ἐπιτυφῇ : Ἐπικαυθῇ καὶ πυρωθῇ ἐπ' ἐμοί.)

227. κακῶς παρέξω : Συνουσιάσαι αὐτῷ δηλονότι, (καὶ οὐ συντερφθήσομαι).

229. τὰ Περσικά : Εἶδος ὑποδήματος. ἐκ δὲ τούτου τοὺς πόδας οὐκ ἀνατενῶ, ἐν τῇ στέγῃ συνουσιάζουσα.

231. οὐ στήσομαι λέαινα : Ἀντὶ τοῦ ὡς λέαινα. σχῆμα δέ ἐστιν ἀκόλαστον καὶ ἑταιρικόν. τυρόκνηστις δὲ (ἡ) μάχαιρα. ἐπὶ δὲ ταῖς λαβαῖς τῶν μαχαιρῶν ἐλεφάντινοι λέοντες γλύφονται ὀκλάζοντες, ὅπως μὴ ἀποθραύοιντο αὐτῶν οἱ πόδες, εἰ ὀρθοὶ ἑστῶτες γλύφοιντο. λέγει οὖν, ὅτι οὐκ ἐπὶ ἀνδρὶ στήσομαι πορνεύουσα, ὡς λέαινα ἐπὶ τυροκνήστιδος.

233. ἀντὶ τοῦ ἀσφαλῆ φυλάττουσα. R. Bar.

237. ἐρωτηματικῶς λέγει. R.

238. καθαγίσω : Οἷον καύσω, καθιερώσω.

τὸ μέρος, ὦ φίλη : Καταλείψομαι μέρος, ὅπως ἡ φιλία ἐντεῦθεν ἄρξηται.

240. τίς ἁ ὀλολυγά : Ὀλολυξασῶν τῶν ἐν ἀκροπόλει γυναικῶν (τοῦτο λέγει).

244. τασδὶ δ' ὁμήρους : Τὰ ἐν συνθέσει διδόμενα ἐνέχυρα ὁμήρους ἐκάλουν.

τασδί : Τὰς θεραπαίνας φησί.

245. τῇ ἀκροπόλει φησί. R.

246. συνεμβάλωμεν : Συνέλθωμεν αὐταῖς, ὥστε τοὺς μοχλοὺς τοῦ ναοῦ βαλεῖν.

247. ἀντὶ τοῦ καθ' ἡμῶν. R.

250. ὡς ἀνοῖξαι τὰς πύλας : Ἐπὶ τῷ ποιῆσαι εἰρήνην.

252. ἀντὶ τοῦ μάτην. R.

253. ἄμαχοι : Ἀκαταμάχητοι καὶ δειναί.

χορὸς ἀνδρῶν γερόντων : Ἡ Στρυμόδωρος.

262. ἔχειν βρέτας : Κατέχειν τὸ ἅγιον βρέτας τῆς Ἀθηνᾶς.

263. λαβεῖν : Ἀντὶ τοῦ καταλαβεῖν.

265. πακτοῦν : Κλείειν, ἀσφαλίζεσθαι.

266. Φιλοῦργε : Ἐὰν ᾖ Φιλοῦργε ὡς πανοῦργε, ὄνομα κύριον· ἐὰν δὲ ὀξυτόνως, ἐπίθετον.

267. τὰ στελέχη τῶν ξύλων. R.

268. ἐνεστήσαντο : Ἔκριναν ποιῆσαι.

269. σωρεύσαντες. R. Bar.

270. ὑπὸ ψήφου μιᾶς : Ἀπὸ μιᾶς γνώμης καὶ κρίσεως.

τὴν Λύκωνος : Τὴν Ῥοδίαν λέγει οὕτω καλουμένην, τὴν Αὐτολύκου μὲν μητέρα, γυναῖκα δὲ Λύκωνος, ἐπ' αἰσχροῖς κωμῳδουμένην. Εὔπολις Πόλεσιν « ὥσπερ ἐπὶ τὴν Λύκωνος ἔρρει πᾶς ἀνήρ. »

272. ἐγχανοῦνται : Ἐπεγγελάσουσι.

273. Κλεομένης : Λακεδαιμόνιος ὢν στρατηγὸς, ἐπιστρατεύσας τῇ Ἀττικῇ μετά τινων Ἀθηναίων ἐπὶ τυραννίδι, τὴν ἀκρόπολιν κατέσχε. πολιορκηθεὶς δὲ ὑπὸ τῶν Ἀθηναίων καὶ ἀφεθεὶς ὑπόσπονδος, ἀπιὼν οἴκαδε πάλιν Ἐλευσῖνα κατέσχε. τῶν δὲ μετὰ Κλεομένους Ἐλευσῖνα κατασχόντων Ἀθηναῖοι τὰς οἰκίας κατέσκαψαν καὶ τὰς οὐσίας ἐδήμευσαν, αὐτῶν δὲ θάνατον ἐψηφίσαντο. καὶ ἀναγράψαντες εἰς στήλην χαλκῆν ἔστησαν ἐν πόλει παρὰ τὸν ἀρχαῖον νεών.

275. ἀψάλακτος : Ἀπαθὴς, ἀτιμώρητος.

276. Λακωνικὸν πνέων : Ἰσχυρόν. ἢ τὰ Λακώνων φρονῶν.

277. παραδοὺς ἐμοί : Τῷ δήμῳ τὰ ὅπλα παραδούς.

279. ἀπαράτιλτος : Ἀντὶ τοῦ δασὺς καὶ ἄκοσμος τὰς τρίχας.

282. ἐφ' ἑπτακαίδεκ' ἀσπίδας : Ὅτι τὰς τάξεις ἀσπίδας ἔλεγον, (καὶ αὐτὸς πάλιν Ἀριστοφάνης ἐν Βαβυλωνίοις

> ἵστασθ' ἐφεξῆς πάντες ἐπὶ τρεῖς ἀσπίδας.)

ἐπὶ τάξεσιν ἑπτακαίδεκα καθεύδων, ὥστε τὸ βάθος τῆς φρουρᾶς ἑπτακαίδεκα κατέχειν ἀσπίδας.

283. τασδὶ δὲ τὰς Εὐριπίδῃ : Τὰς γυναῖκας. μισογύνης γὰρ ὁ Εὐριπίδης καὶ πολλὰ κατ' αὐτῶν λέγων.

284. τολμήματος : Ἐκείνου περιεγενόμην, τῶν δὲ γυναικῶν τοῦ τολμήματος οὐ περιγένωμαι;

285. μή νυν : Ἀντὶ τοῦ μὴ δή. τρόπαιον δὲ τὸ ἐν Μαραθῶνι τὸ κατὰ Περσῶν. (ἡ γὰρ Μαραθὼν τῆς Τετραπόλεως μέρος. τὰ δὲ λοιπὰ Οἰνόη, Προβάλινθος, Τρικόρυθος.)

286. ἀλλ' αὐτὸ γάρ μοι τῆς ὁδοῦ : Ἀντὶ τοῦ πλησίον γεγόναμεν τῆς ἀκροπόλεως. καὶ οὗτός ἐστιν ὁ μεταξὺ ὀλίγος τόπος ὁ λειπόμενος.

288. τὸ σιμόν, οἷ σπουδὴν ἔχω : (Τὸ πρὸς τὴν ἀκρόπολιν.) τὸ σιμὸν ὄνομα χωρίου περὶ τὴν ἀκρόπολιν. (τὸ σιμόν) ἀντὶ τοῦ πρόσαντες. ἢ ὄνομα χωρίου. (καὶ ἐν Βαβυλωνίοις « μέσην ἔρειδε πρὸς τὸ σιμόν. » καὶ Πλάτων ἐν Νίκαις

τουτὶ προσαναβῆναι τὸ σιμὸν δεῖ.)

289. ἐξαμπρεύσομεν : Τὸ τῷ ἕλκοντι ζεύγει βοηθεῖν ἀμπρεύειν λέγεται. καὶ ἄμπρον τὸ διῆκον σχοινίον.

ἐξαμπρεύσομεν : Ἕλξομεν τὸ ξύλον τοῦτο ἄνευ ὄνου.

291. ἐξιπώκατον : Θλίβουσιν, ἢ ἐθλίψατον. τὼ ξύλω δυϊκῶς.

293. φυσητέον : Ἐν χύτρᾳ πῦρ εἶχον δι' ἀνθράκων.

294. μή μ' ἀποσβεσθὲν λάθῃ πρὸς τῇ τελευτῇ τῆς ὁδοῦ : Μὴ μετὰ τὸ διελθεῖν τὴν ὁδὸν σβεσθῇ.

φῦ φῦ : Φυσᾷ τῷ στόματι. (τοῦτο δὲ παρεπιγραφή.)

298. τὼ 'φθαλμὼ δάκνει : Δάκνει μου τοὺς ὀφθαλμοὺς ὥσπερ κύων. παρὰ τὰς λήμας δὲ τὸ Λήμνιον πέπαιχεν. ἔστι δὲ παρὰ τὴν παροιμίαν, Λήμνιον κακόν, παρὰ τὰς Λημνιάδας γυναῖκας.

299. (Λήμνιον τὸ πῦρ : Ἀντὶ τοῦ πάνυ γενναῖον. ἢ ἀπὸ τῶν Λημνίων γυναικῶν, πορνῶν οὐσῶν. ἢ ἀπὸ τῶν καμίνων τοῦ Ἡφαίστου.)

300. πάσῃ μηχανῇ : Ἀντὶ τοῦ κατὰ πάντα τρόπον.

301. (ἔβρυκε τὰς λήμας : Λήμας νῦν τοὺς ὀφθαλμούς. ἔστι δὲ κυρίως ἡ τῶν ὀφθαλμῶν ἀκαθαρσία.)

302. σπεῦδε πρόσθεν ἐς πόλιν : Ὡς πρός τινα λέγει.

304. φῦ φῦ : Φυσᾷ πάλιν.

307. εἰ τὼ μὲν ξύλω : Δυϊκῶς πάλιν τὼ ξύλω. λέγει δὲ ἃ ἐβάσταζε ξύλα.

308. τὸν φανὸν ἐγκαταθέντες : Φανὸν μὲν πᾶν τὸ φαῖνον ἐκάλουν. ἐκ δὲ τῶν ἀμπελίνων τὰς λαμπάδας κατεσκεύαζον εἰς ἔξαψιν, ὡς καὶ ἐν Λημνίαις φησί.

309. κριηδόν : Δίκην κριοῦ. κριὸς γὰρ χαλκοῦν μηχάνημα, ὃ τοῖς τείχεσι προσφέρουσιν οἱ βάρβαροι.

312. φεῦ τοῦ καπνοῦ : Ὑπὸ τοῦ καπνοῦ ἀδικούμενος τοῦτό φησι.

313. τῶν ἐν Σάμῳ στρατηγῶν : Δίδυμος καὶ Κρατερός φασι ταῦτα αἰνίττεσθαι εἰς Φρύνιχον τὸν Στρατωνίδου. ἐκακοηθεύσατο γὰρ πρὸς τὸν δῆμον ἐν Σάμῳ στρατηγῶν· ὥστε ἐψηφίσατο κατ' αὐτοῦ ὁ δῆμος δημόσια εἶναι τὰ Φρυνίχου χρήματα καὶ τῆς θεοῦ τὸ δέκατον μέρος, καὶ τὴν οἰκίαν κατεσκάφθαι αὐτοῦ. καὶ ἄλλα πολλὰ κατ' αὐτοῦ ἔγραψεν ἐν στήλῃ χαλκῇ. καὶ ἐν Βατράχοις [689]

καὶ τις ἥμαρτε σφαλείς τι Φρυνίχου παλαίσμασιν.

Ἄλλως. οἱ ἐν Σάμῳ στρατηγοῦντες ἐδυστύχησαν πάνυ. λέγει οὖν, τίς ἐκείνων συλλάβοιτο τοῦ ξύλου, ἵνα πλέον δυστυχήσῃ.

314. ταυτὶ μὲν ἤδη τὴν ῥάχιν : Ὡς ἀποθέμενος λέγει τὰ ξύλα.

317. ξυγγενοῦ : Σύνελθε.

ἐν πόλει : Ἐν τῇ ἀκροπόλει.

318. θέσθαι τρόπαιον ἡμᾶς : Κατὰ τῶν γυναικῶν.

320. ὥσπερ πυρὸς καομένου : Γυναῖκές τινες ὑδροφοροῦσαι παρακελεύονται ἀλλήλαις. αἱ δὲ λοιπαί εἰσιν ἐν τῇ ἀκροπόλει.

321. πέτου πέτου : Νῦν ἐστιν ἡμιχόριον τὸ λέγον ἐκ γυναικῶν εἰσερχομένων ἄνωθεν, ἵνα καὶ τὸ ὕδωρ αὐτῶν καταχέωσιν ἄνωθεν. τὸ δὲ ἄλλο ἡμιχόριον ἐξ ἀνδρῶν κάτωθεν ἐπερχομένων ταῖς ἐν τῇ ἀκροπόλει εἰς πολιορκίαν.

πέτου, πέτου Νικοδίκη : Ὀνόματα γυναικῶν τῶν ἐν τῇ ἀκροπόλει.

323. λείπει πυρί. R.

326. μῶν ὑστερόπους : Μὴ ὕστερον τοῦ καιροῦ ἦλθον εἰς τὸ βοηθῆσαι.

327. νῦν : Ἀρτίως.

κνεφαία : Ὀρθρία. ἢ ἀόρατος. ἢ ἑσπερία.

ὑδρίαν. R.

329. καὶ πατάγου χυτρείου : Ἀντὶ τοῦ κεραμέου. ἐκ μέρους τὸ πᾶν. οὐ γὰρ χύτραις βάπτουσι. συντρίβεται δὲ τὰ κεράμια παρὰ ταῖς κρήναις.

330. ὠστιζομένη : Ὠθουμένη, στενοχωρουμένη. στιγματίαις δὲ δούλαις. ἀπὸ τοῦ στίζεσθαι.

332. ἀραμένη : Ἐπάρασα τὴν ὑδρίαν.

335. τυφογέροντας : Τετυφωμένους γέροντας.

336. ἕρρειν : Ἐπέρχεσθαι.

στελέχη : Ξύλα.

337. ὥσπερ βαλανεύσοντας : Ὥσπερ βαλανεῖον ὑποκαύσοντας.

338. ἐς πόλιν : Εἰς τὴν ἀκρόπολιν.

ἐς τριτάλαντον βάρος : (Ὡς) τριῶν ταλάντων βάρος.

341. ἅς ὦ θεά : Πρὸς τὴν Ἀθηνᾶν εὔχεται.

343. Ἑλλάδα καὶ πολίτας : Ἀπὸ κοινοῦ τὸ ἴδοιμι.

345. πολιοῦχε, σὰς ἔσχον ἕδρας : Τὸν ναόν σου κατέλαβον.

349. φέρειν ὕδωρ μεθ' ἡμῶν : Ἀντὶ τοῦ ἐπικουρεῖν ἡμῖν καὶ συσβεννύειν.

350. μοχθηροί. R.

353. μάχεται. R.

364. τί βδύλλεθ' ἡμᾶς : Τί εὐτελίζετε. ἢ φοβεῖσθε καὶ τρέμετε.

367. περικατάξαι αὐταῖς τὸ ξύλον. R. Bar.

360. (εἰ νὴ Δία τὰς γνάθους : Εἴ τις ἠπείλησε τύπτειν καθάπερ Ἱππῶναξ τὸν Βούπαλον.)

361. ἐκκοκκιῶ : (Οἷον αἱματώσω,) ἐκβαλῶ. ἡ μεταφορὰ ἀπὸ τῶν ῥοιῶν. — ὡς πρὸς τὰς γραίας ὁ τῶν γερόντων χορός. R.

365. Στρατύλλιδος : Ἀντὶ ἐμοῦ.

367. βρύκουσα : Ἐσθίουσα, δάκνουσα. — ἐξαμήσω : οἷον ἐξανύσω, ἐξοίσω. R.

368. οὐκ ἔστ' ἀνὴρ Εὐριπίδου : Ὅτι κατὰ γυναικῶν εἶπε. φησὶ γὰρ

κακῶν δὲ πάντων τέκτονες σοφώταται.

370. αἰρώμεθ' ἡμεῖς θοὔδατος τὴν κάλπιν : Ἵνα σβέσωμεν τὸ πῦρ.

372. ὦ τύμβε : Ὡς πρὸς γέροντα εἶπεν. ἀντὶ τοῦ ὦ ταφῆναι ἄξιε. [Hinc ad v. 406 nulla scholia in cod. Rav.]

(376. οὐκ οἶδά σ' εἰ τῇδ' ὡς ἔχω : Οὐκ οἶδα ἐγὼ εἰ ταύτῃ σε τῇ λαμπάδι ὀπτήσω. κυρίως δὲ σταθεύειν τὸ μὴ λίαν κατοπτᾶν, ἀλλὰ τῷ πυρὶ ἡσύχως χλιαίνειν τὸ κρέας. καὶ ἐν Ἀχαρνεῦσι [1041] « τὰς σηπίας σταθεύσω. » τὸ γὰρ μικρὸν οὖν καίειν σταθεύειν λέγεται.

377. ῥύμμα : Τὸ παρ' ἡμῖν σμῆγμα, ἢ νίτρον. ἢ ῥύμμα, ἀντὶ τοῦ ῥύπον.

378. καὶ ταῦτα νυμφικόν : Περὶ γαμηλίων λουτρῶν Μένανδρος ἐν Κρητί φησι καὶ ἐν Ὑποβολιμαίῳ. ἐκ δὲ τοῦ ἐναντίου εἰς γέροντα εἶπε νυμφικόν.

379. ἤκουσας αὐτῆς τοῦ θράσους : Πρὸς ἑταῖρον αὐτοῦ.

380. ἡλιάξεις : Δικάσεις. καὶ Ὅμηρος [Il. Α, 232] « νῦν ὕστατα λωβήσαιο. » φονεύσω γάρ σε.

381. σὸν ἔργον ὦ 'χελῷε : Τὸ ὕδωρ ἅμα καταχέουσι. ταῖς κάλπισι δὲ παρακελεύονται.

382. μῶν θερμὸν ἦν : Ἡ ἐπιχέουσα αὐτοῦ τὸ ὕδωρ λέγει.

384. ἄρδω σ' ὅπως : Ποτίζω σε, ἵνα νεάσῃς, ἐπεὶ γέρων ἦν. τὸ γὰρ ὕδωρ αὔξει τὰ φυτά.

385. ἀλλ' αὗός εἰμι : Ἐπὶ τοῦ ὕδατος δηλονότι τρέμει ὁ γέρων.

386. συγχλιανεῖς : Θερμανεῖς.

387. ἐξέλαμψεν : Ἐφανερώθη ἡ ἀταξία καὶ ἡ κακία τῶν γυναικῶν. προβούλευμα δὲ τάγμα ἐν Ἀθήναις. εἷς οὖν αὐτῶν ἔρχεται.

388. χὠ τυμπανισμός : Ὃ βούλεται δηλῶσαι, τοῦτό ἐστιν, ὅτι οὗτός ἐστιν ὁ τυμπανισμὸς καὶ ὁ Ἀδωνισμός, οὗ ἤκουον ἐν τῇ ἐκκλησίᾳ. τοῦτο δὲ ἔλεγεν ἐν τῇ ἐκκλησίᾳ ὁ Δημόστρατος, πλεῖν εἰς Σικελίαν. ἐν δὲ τῷ αὐτὸν λέγειν γυνή τις τὸν Ἄδωνιν ὀρχουμένη αἶ αἶ φησὶν ὑμνοῦσα. αὐτῆς δὲ ὀρχουμένης ὁ Δημόστρατος, ἔτι ἐν τῇ ἐκκλησίᾳ ὑπάρχων, ἔλεγε καταλέγειν Ζακυνθίων ὁπλίτας. πάλιν δὲ ἡ γυνὴ ἐν γειτόνων ἐπὶ τοῦ τέγους πεπτωκυῖα, ἔλεγε κόπτεσθαι τὸν Ἄδωνιν. ὁ δὲ Δημόστρατος ἐβιάζετο ἐξ αὐτῶν θρυλουσῶν καὶ μὴ ἐωσῶν αὐτὸν δημηγορεῖν.

Σαβάζιοι : Οἱ ὀργιασμοὶ τοῦ Σαβαζίου, ὃν οἱ μὲν τὸν αὐτὸν τῷ Διονύσῳ ὑπειλήφασι· τυχεῖν δὲ τῆς προσηγορίας ταύτης διὰ τὸν γινόμενον περὶ αὐτὸν εὐασμόν. τὸ γὰρ εὐάζειν οἱ βάρβαροι σαβάζειν ἔλεγον. ὅτι δὲ εἷς ἐστιν ὁ θεὸς Σαβάζιος καὶ Διόνυσος πολλοὶ μαρτυροῦσι κωμικοί.

389. ὅ τ' Ἀδωνιασμός : Ἑορτὴν γὰρ ἐπετέλουν τῷ Ἀδώνιδι αἱ γυναῖκες καὶ κήπους τινὰς εἰς τὰ δώματα ἀνέφερον. τινὲς δὲ ἐκ τούτου τὸ δρᾶμα Ἀδωνιαζούσας ἐπιγράφουσιν οὐ καλῶς. παρὰ πολλοῖς δὲ ὀργιάζονται αἱ γυναῖκες θεοὺς οὐ δημοτελεῖς οὐδὲ τεταγμένους.

392. πλεῖν εἰς Σικελίαν : Ὡς Σικελίας πολεμούσης αὐτοῖς.

ἡ γυνή : Ἡ ἐν γειτόνων. L.

394. Ζακυνθίων : Ἔθνος περὶ τὴν Κεφαληνίαν, σύμμαχον Ἀθηναίων.

395. ἡ δ' ὑποπεπτωκυῖα : Ὁ μὲν κατέλεγεν στρατιώτας εἰς πόλεμον, ὁ δὲ ἐπόρνευε.

396. ὁ δ' ἐβιάζετο : Ὑπὸ τῶν γυναικῶν ἐξηνάγκαζε τὴν φωνὴν αὐτοῦ, ὥστε ἐξακουσθῆναι ἐν τῇ ἐκκλησίᾳ, τοσούτου ὄντος ψόφου τῶν γυναικῶν ἐν τοῖς δώμασιν.

397. Χολοζύγης : Δημόστρατος Βουζύγης ἐλέγετο, ὃν Χολοζύγην εἶπε διὰ τὸ μελαγχολᾶν. καὶ Εὔπολις δὲ ἐν Δήμοις ὡς μανιώδη αὐτὸν λέγει

τί κέκραγας ὥσπερ Βουζύγης ἀδικούμενος;

καὶ ἄλλοι.

402. ὥσπερ ἐνεουρηκότας : Ἵνα ἀποβάλωνται τὸ ὕδωρ.

403. τὸν ἁλυκόν : Τὸν θαλάσσιον. τινὲς δὲ ὑπονοοῦσιν ἀπὸ πόλεως Πελοποννησίων Ἀλύκου, ἔνθα τιμᾶται ὁ Ποσειδῶν.

404. ξυμπονηρευώμεθα : Ὁρῶντες αὐτὰς πονηρὰ πραττούσας ἀνεχόμεθα.)

407. οἳ λέγομεν : Οἵτινες ἡμεῖς.

ἐν τῶν δημιουργῶν : Εἰς τὰ τῶν δημιουργῶν.

408. τὸν ὅρμον ὃν ἐπεσκεύασας : Ἀντὶ τοῦ ὅρμου Ἀττικῶς. ὡς πρός τινα ἀπό τινος.

410. βάλανος : Ἡ περόνη. ταῦτα δὲ πάντα εἰς τὸ κακέμφατον λαμβάνεται.

412. πάσῃ τέχνῃ : Παντὶ τρόπῳ.

413. τὸν βάλανον : δύο ἐννοίας ἔχει, τοῦ αἰδοίου καὶ τοῦ ψελίου. R. Bar.

417. τὸ δακτυλίδιον πιέζει τὸν ζυγόν : Μέρος τοῦ σανδαλίου. ἀντὶ τοῦ ὑπὸ τοῦ ζυγοῦ ὁ δάκτυλος ἁπαλὸς ὢν πιέζεται θλιβόμενος. νῦν δὲ ἀμφιβόλως εἴρηκεν. ζυγὸς δὲ καλεῖται ὁ περικείμενος τοῖς γυναικείοις σανδαλίοις ἱμὰς κατὰ τοὺς δακτύλους πρὸς τὸ συνέχειν ἐζυγωμένον τὸν πόδα.

419. (χάλασον : Πρὸς τὸ κακέμφατον.)

420. (εἰς τοιαυτὶ πράγματα : Εἰς τὰς νῦν ὕβρεις.)

421. ἐκπορίσας : Συλλέξας. πρόβουλοι δὲ πρὸς τοῖσδε ᾑρέθησαν ἄλλοι κ', εἰσηγησόμενοι τὰ δοκοῦντα (βέλτιστα) τῇ πολιτείᾳ μετὰ τὴν ἐν τῇ Σικελίᾳ συμφοράν.

424. (κώπης : Κωπηλάται) — δέοντος. R.

426. τί κέχηνας ὦ δύστηνε : Πρός τινα (λέγει) τῶν δημοσίων ὑπηρετῶν.

427. ἀλλ' ἢ καπηλεῖον σκοπῶν : Ὡς μεθύσῳ λέγει.

434. (δεῖ : Ἀντὶ τοῦ δῆσον.)

437. (οὐ ξυναρπάσῃ μέσην : Ὡς τοῦ δημοσίου φεύγοντος.)

439. νὴ τὴν Πάνδροσον : Θυγατέρες Κέκροπος Πάνδροσος καὶ Ἀγραύλη. ἐκ τῆς Πανδρόσου δὲ καὶ ἡ Ἀθηνᾶ Πάνδροσος καλεῖται.

(ταύτῃ : Τῇ Λυσιστράτῃ.)

443. νὴ τὴν Φωσφόρον : Τὴν Ἄρτεμιν οὕτως ἐκάλουν, ἐπεὶ δᾳδοῦχος. ἡ αὐτὴ γὰρ τῇ Ἑκάτῃ. — ἢ ἐπεὶ καὶ τῇ σελήνῃ ἡ αὐτή. R.

444. κύαθον αἰτήσεις : Ἵνα προσθῇς ταῖς γνάθοις· οὕτως ὑπωπιασθήσῃ ὑφ' ἡμῶν. γεμίζουσι γὰρ κύαθον θερμοῦ, καὶ προσκολλῶσι τοῖς οἰδήμασι καὶ θεραπεύεται.

447. νὴ τὴν Ταυροπόλον : (Οὕτω) τὴν Ἄρτεμιν ἐκάλουν. τὴν δὲ αἰτίαν Ἀπολλόδωρος ἐν τῷ περὶ θεῶν ἐκτίθεται. ἔστι δ' ὅτε καὶ τὴν Ἀθηνᾶν οὕτω καλοῦσιν· ὡς Ξενομήδης ἱστορεῖ.

448. ἐκκοκκιῶ : (Ἀνατιλῶ,) ἀνασπάσω. ἀπὸ μεταφορᾶς τῶν ῥοιῶν. (στενοκωκύτους δὲ) ἐφ' αἷς στενάξεις τιλλόμενος.

451. (ὦ Σκύθαι : Ὦ ὑπηρέται.)

453. ὅτι καὶ παρ' ἡμῖν εἰσι : Παρὰ ταῖς γυναιξὶν ὑπάρχουσι δ' λόχοι. τοῦτο δέ φησιν, ὅτι καὶ παρὰ Λακεδαιμονίοις τέσσαρες ὑπάρχουσι λόχοι, οἷς κέχρηται ὁ βασιλεύς.

(τέτταρες λόχοι : Ἀργότερον τὰ Λακώνων ἔοικεν ἐξειργάσθαι ὁ ποιητής. λόχοι γὰρ οὐκ εἰσὶ τέτταρες ἐν Λακεδαιμονίᾳ, ἀλλὰ ε', Ἔδωλος, Σίνις, Ἀρίμας, Πλοάς, Μεσσοάγης. ὁ δὲ Θουκυδίδης [5, 38] ζ' φησί, χωρὶς τῶν Σκιριτῶν.)

457. λεκιθολαχανοπώλιδες : Ὠὰ γὰρ πωλοῦσι καὶ λάχανα καὶ ὄσπρια.

460. ὡς ἤδη κειμένων αὐτῶν. R.

461. παύσασθ', ἐπαναχωρεῖτε : (Τοῦτο) ὡς τῶν ἀνδρῶν πεφευγότων.

462. οἴμ' ὡς κακῶς πέπραγέ μου : Ἀντὶ τοῦ ἡττήθησαν καὶ ἠτύχησαν οἱ σύμμαχοί μου.

466. ἐάνπερ πλησίον κάπηλος ᾖ : Ἔπαιξε διὰ τὸ φίλοινον, ὅτι πίνουσαι παροινοῦσιν.

470. κονίας : (Νίτρου, ἢ ῥύπου.) — μὴ κεκονιμένοις ὥστε λοῦσαι. R.

472. χυλοιδιᾶν ἀνάγκη : Τὰ περὶ τὸν ὀφθαλμὸν μέρη κοῖλα (οἰδεῖν). καὶ παρὰ Θεοκρίτῳ [1, 38] « δηθὰ χυλοιδιόωντες. » — τὴν ὄψιν οἰδεῖν. R.

475. ὥσπερ σφηκιά : Ἀπὸ τῶν μελιττῶν μετενήνοχε. βλίττειν γὰρ κυρίως τὸ ἐκπιέζειν μέλι.

(βλήττῃ : Κινήσει, ἐρεθίσει.)

477. τοῖσι κνωδάλοις : Τοῖς θηρίοις. κυρίως δὲ τοῖς θαλαττίοις. κνώδαλα γὰρ τὰ ἐν τῇ ἁλὶ κινούμενα. καταχρηστικῶς καὶ Ὅμηρος [Od. P, 317] « κνώδαλον ὅττι δίοιτο. »

482. ἀκρόπολιν ἱερὸν τέμενος : Ἀπὸ κοινοῦ τὸ κατέλαβον.

484. ἀλλ' ἀνερώτα : Ἀναπαιστικὸν τὸ μέτρον.

485. ἀκωδώνιστον : Ἀπείραστον, ἀβασάνιστον. κωδωνίσαι γὰρ τὸ διαπειραθῆναι. μετῆκται δὲ ἀπὸ τῶν περιπολούντων καὶ κώδωσι διαπειρωμένων εἰ ἐγρηγόρασιν οἱ ἐπὶ ταῖς φυλακαῖς τεταγμένοι. οἱ δὲ ὑπομνηματισταὶ ἀπὸ τῶν ὀρτύγων φασὶ μετῆχθαι τὴν λέξιν. τοὺς γὰρ ὑπομείναντας τὸν ἦχον τοῦ κώδωνος ἐπιτηδείως ἔχειν πρὸς μάχην. ἔνιοι δέ φασι καὶ τοὺς ἵππους κώδωσιν ἐξετάζειν.

487. τὴν πόλιν : Τὴν ἀκρόπολιν.

489. (καὶ τἄλλα γε : Λείπει διὰ χρήματα.)

490. ἵνα γὰρ Πείσανδρος : Ὁ γὰρ Πείσανδρος ποτὲ προειστήκει τῆς πολιτείας μετὰ Θηραμένους καὶ Φρυνίχου. κωμῳδοῦσι δὲ αὐτὸν καὶ ὡς δωροδόκον, ὡς καὶ ἐν Βαβυλωνίοις Ἀριστοφάνης. ἦν δὲ καὶ δειλός. ἔστι δὲ καὶ ἄλλος Πείσανδρος, ὁ Ὀνοκίνδιος, ὡς Εὔπολις διακρίνει τὴν ὁμωνυμίαν ἐν Μαρικᾷ.

493. διχῶς, ὑμῖν. R.

499. (ὡς σωθήσει κἂν μὴ βούλῃ : Τὸ ὡς προσέλαβεν ἀντὶ τοῦ ἀλλὰ μήν. διὸ τὸ χ.)

501. καὶ μὴ δέομαι : Καὶ εἰ μὴ δέομαι σωθῆναι.

506. σαυτῇ κρώξαις : Ἀπὸ μεταφορᾶς τῶν ὀρνέων τῶν δυσοιωνίστων.

509. οὐκ ἠρέσκετέ γ' ἡμᾶς : (Τὸ) σχῆμα Ἀττικόν. — ὡς τὸ ἐνοχλῶ. R.

511. κακῶς ὑμᾶς βουλευσαμένους : Τὸ ἑξῆς, ἐγινώσκομεν ὑμᾶς κακῶς βουλευσαμένους.

512. εἶτ' ἀλγοῦσαι τἄνδοθεν : Τὴν μὲν καρδίαν λυπούμεναι, γελῶσαι δέ.

513. τί βεβούλευται : Τὸ ἑξῆς, τί βεβούλευται (ἐν) τῷ δήμῳ.

514. τί δέ σοι τοῦτ' ἦδ' ὃς ἀνήρ : Ἔφη ἀνήρ τις. καὶ ἐπὶ πλήθους τούτῳ ἐχρῶντο καὶ ἐπὶ θηλυκοῦ καὶ ἀρσενικοῦ, ὡς τὸ ὦ τᾶν.

519. εἰ μὴ τὸν στήμονα : Εἰ μὴ εὑρεθείης, φησί, νήθουσα τὸν στήμονα. (τὸ δὲ νήσω) ἀντὶ τοῦ νήσεις.

520. πόλεμος δ' ἄνδρεσσι μελήσει : Παρὰ τὸ Ὁμηρικόν [Il. Z, 492].

524. οὐκ ἔστιν ἀνὴρ ἐν τῇ χώρᾳ : Λείπει ἔφη. οὐκ ἔστι πολέμιος ἐν τῇ χώρᾳ. μὰ Δί' οὐ δῆθ', ἕτερός τις ἔφη. ἢ οὐκ ἔστιν ἀνὴρ ἐν τῇ Ἀττικῇ λόγου ἄξιος ἡμῖν. Ἄλλως. ἀντὶ τοῦ ἄλλος τις ἔφη, οὐ μὰ τὸν Δία οὐκ ἔστιν ἀνὴρ ἐν τῇ πόλει.

526. ποῖ γάρ : Ἀντὶ τοῦ πότε γάρ.

530. καὶ ταῦτα κάλυμμα φορούσῃ : Καλύμματα φοροῦσιν, ἐπειδὴ παρρησίαν οὐκ ἔχουσι καὶ πόλιν φυλάττουσιν. ἀντὶ τοῦ, οὐδὲ τῆς τριχὸς κυριεύουσιν.

κάλυμμα : Κόσμιον περὶ τὴν κεφαλήν.

531. ἀλλ' εἰ τοῦτ' ἐμπόδιόν σοι : Εἰς τὸ σιωπῆσαι.

536. ἐζωσμένος ὡς γυνή. R.

537. κυάμους τρώγων : Ἢ δικάζων, ἵνα μὴ κοιμηθῇς. γέρων γὰρ εἶ.

539. αἴρεσθ', ὦ γυναῖκες : (Ἀναχωρήσατε ἀπὸ τῶν καλπίδων. ταῦτα λέγουσι διὰ μέσου ἕως τοῦ προσώπου Λυσιστράτης.) — εἰσάγει αὐτὰς ὀρχουμένας ἐν τῇ σκηνῇ. παρακελεύονται γὰρ ἀλλήλαις αἱ ὑδροφόροι τῶν καλπίδων ἀναχωρῆσαι, ὅπως ἐν τῷ μέρει ὀρχήσωνται. R.

542. οὔτε τὰ γόνατα κόπος : Ἀντὶ τοῦ οὐδὲ τὰ γόνατά μου ἔλαβε καματηρὸς πόνος.

543. ἐθέλω δ' ἐπὶ πᾶν ἰέναι : Πᾶν πρᾶγμα ποιῆσαι πανταχοῦ.

548. ἀρετὴ φρόνιμος : Ἀντὶ τοῦ φρονίμη.

549. ἀλλ' ὦ τηθῶν : Τήθας ἐκάλουν τὰς μάμμας, τηθίδας δὲ τὰς θείας, τὰς πατρὸς ἢ μητρὸς (ἀδελφάς). τήθας δὲ καὶ τὰς τροφούς. εἰσὶ δὲ καὶ ὄστρεα θαλάσσια. (καὶ) Ὅμηρος [Il. II, 747] « πολλοὺς ἂν κορέσειεν ἀνὴρ ὅδε τήθεα διφῶν. » ἀκαλήφας δὲ λέγουσι μὲν καὶ τὰς θαλασσίας, λέγουσι δὲ καὶ τὰς κνίδας Ἀττικοί. καὶ κνίδη μὲν ὅσον ἁπαλή ἐστιν, ἐπὰν δὲ σχῇ τὰς μητέρας, τουτέστι τὰς τοῦ σπέρματος σφαίρας, ἀκαλήφη λέγεται. ἀκαλήφας οὖν τὰς γραίας ἐκάλεσεν, ἐπειδὴ στερραὶ ἦσαν καὶ γενναῖαι. καὶ γὰρ τὸ φυτάριον δάκνει. ἐπεὶ οὖν εἶπε τηθῶν, εἶπε μητριδίων. μητριδίας δὲ λέγουσι τὰς ἐχούσας τὸ σπέρμα τῆς βοτάνης τῆς ἀκαλήφης· δάκνουσι δὲ αὗται. τοιαῦται γὰρ ἦσαν καὶ αἱ γραῖαι δριμεῖαι.

μητριδίων ἀκαληφῶν : Δριμυτάτων. — λείπει παῖδες. R.

550. καὶ μὴ τέγγεσθε : Ἀντὶ τοῦ βλάπτεσθε καὶ μεταβλήθητε. ἔτι γὰρ κρατοῦμεν τῶν ἀνδρῶν. ἀλλήλαις δὲ παρακελεύονται.

553. κᾆτ' ἐντέξῃ τέτανον : Παράσχῃ τὴν τάσιν τοῦ αἰδοίου. ὅταν γὰρ στῇ (τὸ αἰδοῖον), ὡς ῥόπαλον γίνεται.

556. ἀγοράζοντας : Ἐν (τῇ) ἀγορᾷ διατρίβοντας. τινὰ δὲ τὸ « νὴ τὴν Παφίαν Ἀφροδίτην » τοῦ προβούλου, ἵν' ᾖ κατ' εἰρωνείαν. τινὰ δὲ καὶ συνάπτουσιν (αὐτὸ) τοῖς ὀπίσω. (χύτραις δὲ καὶ λαχάνοις ἀντὶ τοῦ) χυτροπωλίοις καὶ λαχανοπωλίοις.

558. Κορύβαντες : Ἔνιοι τοὺς Κούρητας καὶ Κορύβαντας τοὺς αὐτοὺς ὑπειλήφασιν. ἦσαν δὲ Διὸς τροφεῖς οὗτοι καὶ φύλακες. τινὲς δὲ αὐτοὺς δέκα φασίν, ἄλλοι δὲ ἐννέα. ἦσαν δὲ τῆς Ῥέας παῖδες.

562. εἰς τὸν χαλκοῦν ἐμβαλλόμενον : Εἰς χαλκῆν περικεφαλαίαν. (λέκιθος δὲ, ἐπεὶ ἔοικε λεκίθῳ ᾠοῦ.)

563. πέλτην : Ἀσπίδα.

564. ἐδεδίσκετο : Ἐφόβει.

ἰσχαδόπωλιν : Ἰσχὺν μὴ ἔχουσαν.

δρυπέτεις : Τὰς ἐπὶ τῶν δένδρων πεπανθείσας ἐλαίας φασὶ δρυπέτεις. νῦν δὲ ἐπὶ τῶν ἰσχάδων.

566. φαύλως πάνυ : Εὐχερῶς.

567. κλωστήρ : Νῦν τὸ νῆμα κλωστήρ.

575. τὴν οἰσπωτήν : Τοῦ ἐρίου ὁ ῥύπος οἰσπωτὴ λέγεται. καὶ Κρατῖνος Διονυσαλεξάνδρῳ « οὐχ, ἀλλὰ « βόλιτα χλωρὰ κᾠσπώτην πατεῖν. »

576. τοὺς τριβόλους : Τοὺς μοχθηρούς. ἔστι δὲ ἀκανθῶδες φυτόν.

577. συνισταμένους : Συμπεπλεγμένους καὶ πιλοῦντας. ἀπὸ μεταφορᾶς τῶν ἐρίων· ὥσπερ γὰρ πολλάκις τὸ ἕτερον τῷ ἑτέρῳ κολλᾶται ἐρίῳ, καὶ διαχωρίζουσιν αὐτὰ ἀπ' ἀλλήλων, οὕτως, φησίν, ἐπὶ τῶν κεκολλημένων ταῖς ἀρχαῖς ὀφείλετε ἀποχωρίζειν, καὶ εὔνοιαν πρὸς ἀλλήλους ἔχειν ἅμα.

συνισταμένους : Συνηγόρους.

καὶ πιλοῦντας : Τοὺς θλίβοντας εἰς τὴν πολιτείαν ἑαυτούς.

578. ἐπὶ ταῖς ἀρχαῖσι : Ἐπ' ἐλπίδι τοῦ ἄρχειν. τουτέστιν ἐνδύνοντας ἑαυτοὺς καὶ συναθροιζομένους, καὶ θλίβοντας εἰς τὴν πολιτείαν. τῶν γὰρ ἐρίων οἱ μαλλοὶ ἔχουσι τὰς κορυφὰς πεπιλημένας, καὶ ἐπὰν τιλθῶσι, διαλύεται ὁ μαλλός. πρὸς ἑκάτερον οὖν καὶ τὰς κορυφὰς πεπιλημένας τοῦ ἐρίου ἐν τῷ πόκῳ, καὶ τὰς κεφαλὰς τῶν πονηρῶν καὶ συνισταμένων τοῖς πράγμασι (διαλῦσαι χρή).

τὰς κεφαλάς : Ὡς τὰ ἄκρα τῶν ἐρίων.

581. καὶ τούτους ἐγκαταμίξαι : Αἱ γὰρ γυναῖκες ἐργαζόμεναι ἀφ' ἑκάστου ἐρίου λαμβάνουσιν ἕν τι καὶ μιγνύουσιν ἄλλοις. — ἕκαστον γὰρ τῶν ἐρίων χωρίζεται καὶ ὕστερον πάντα μίγνυται. R.

(ἐγκαταμίξαι : Ἐπιτίμους ποιῆσαι.)

582. ἀντὶ τῆς πόλεως. R.

583. κατάγματα : Τὰ τῶν ἐρίων κατασπάσματα οὕτω ἐκάλουν.

586. τολύπην : Συναγωγήν.

587. καὶ τολυπεύειν : Ὡς ἐπὶ τῶν ἐρίων. ἐπέμεινε τῇ τροπῇ.

589. πλεῖν ἢ διπλοῦν : Τὸ ἐντελὲς πλέον. πλέον, φησίν, ἢ διπλοῦν τὸν πόλεμον φέρομεν, γεννῶσαι τὰ παιδία.

590. μὴ μνησικακήσῃς : Ἀντὶ τοῦ μὴ μνησθῇς τῶν κακῶν λέγουσα ὅτι τοὺς παῖδας ἔτι νεωτέρους ὄντας ἐκπέμπουσιν εἰς πόλεμον.

592. καὶ θἠμέτερον : Ἀντὶ τοῦ τὸ καθ' ἡμᾶς.

593. περὶ τῶν δὲ κορῶν : Κορῶν περισπωμένως. οὐκ ἔστι γὰρ τριγενές.

597. ὀττευομένη : Ἀντὶ τοῦ κληδονιζομένη, περὶ γάμου χρησμῳδουμένη. αἱ γὰρ χῆραι συνεχῶς μαντεύονται πότε γαμηθήσονται.

599. ἀποθνήσκεις : Ὦ πρόβουλε·

600. χωρίον ἐστί : Εἰς τὸ ὑποδέξασθαί σου τὸ σῶμα· οἷον ἔστι τόπος οὗ τεθήσει.

601. μελιτοῦτταν : Ἡ μελιτοῦττα ἐδίδοτο τοῖς νεκροῖς, ὡς εἰς τὸν Κέρβερον, καὶ ὀβολὸς μισθὸς τῷ πορθμεῖ, καὶ στέφανος ὡς τὸν βίον διηγωνισμένοις.

καὶ δημάξω : Γράφεται καὶ δὴ μάξω. δημάζω ἀντὶ

τοῦ παίζω. παρ' ὃ καὶ τὸ δημοῦσθαι. κάλλιον (δὲ οὕτως). ὅσον οὔπω μάξω μελιτοῦτταν.

603. καὶ ταυτασί : Τὰς ταινίας, ἃς τοῖς νεκροῖς ἔπεμπον οἱ φίλοι. ἐν ἄλλῳ δὲ εὗρον, τὰς δραχμὰς, εἰς μισθὸν τῷ πορθμεῖ.

606. τίνος δέει. R.

607. σὺ δὲ κωλύεις ἀνάγεσθαι : Τὸν Χάρωνα δηλονότι ἀναπλεῖν.

609. τοῖς προβούλοις : Τοῖς ἄλλοις δηλονότι τοῖς κ' τοῖς ἐκ τῆς συναρχίας. οὐ γάρ ἐστιν εἷς ὁ πρόβουλος.

610. ὡς ἔχω : Βεβρεγμένον.

611. ὅτ' οὐχὶ προὐθέμεσθά σε : Τοὺς νεκροὺς γὰρ οἱ ἀρχαῖοι προετίθεσαν πρὸ τῶν θυρῶν καὶ ἐκόπτοντο.

612. ἀλλ' ἐς τρίτην : Ἐπειδὴ τῇ τρίτῃ τὸ τῶν νεκρῶν ἄριστον ἐκφέρεται.

613. τὰ τρίτ' ἐπεσκευασμένα : Ἀντὶ τοῦ τὰ τρίτα σου ποιούμενα.

615. ἀλλ' ἐπαποδυώμεθ' : Ἀντὶ τοῦ ἐπιχειρήσωμεν.

616. ὄζειν ταδὶ μειζόνων : Τὰ τῶν γυναικῶν πράγματα.

619. τῆς Ἱππίου τυραννίδος : Τεσσάρων ὄντων τῶν Πεισιστρατιδῶν, εἰκότως τοῦ Ἱππίου μόνου ἐμνημόνευσεν. πρεσβύτατος γὰρ ἦν οὗτος τῶν ἄλλων καὶ τὴν τυραννίδα ὑπέθετο, καθάπερ Θουκυδίδης [6, 54] φησί. κατέσχε δὲ ἡ τυραννὶς ἐπὶ ἔτη γ', οἱ δὲ δ', Ἡρόδοτος δὲ ϛ'. Ἄλλως. οὗτος τύραννος ἦν, ὃς ἐποίησε τοὺς Ἀθηναίους κατωνάκας φορεῖν, ὅπως μὴ δυνηθῶσι προενεγκεῖν τὰς χεῖρας. τοῦτον δὲ κατέλυσαν οἱ Λακεδαιμόνιοι.

622. ἐς Κλεισθένους : Ἐπεὶ οὗτος γυναικώδης ὁ Κλεισθένης καὶ ὡς γυναικῶν συναθροιζομένων παρ' αὐτῷ.

624. τὰ χρήμαθ' ἡμῶν : Τὰ ἐν ἀκροπόλει.

629. λύκῳ κεχηνότι : Ὥσπερ οὐδεὶς δύναται πιστεῦσαι λύκῳ χαίνοντι. ἡ παροιμία ἐπὶ τῶν μάτην χαινόντων. (ἢ ἐπὶ τῶν ἀλλότρια ἁρπαζόντων.) ὃν γὰρ τρόπον λύκοις οὐκ ἔστι πίστις, οὐδὲ τούτοις.

630. ἀλλὰ ταῦθ' ὕφηναν : Ἀλλ', ὦ ἄνδρες, ταῦτα ἐποίησαν αἱ γυναῖκες ἵνα τυραννήσωσιν.

632. ἐν μύρτου κλαδί : (Ἀντὶ τοῦ κλάδῳ, κατὰ μεταπλασμόν. Ἄλλως.) πρὸς τὸ κομμάτιον, ὅτι ἐκ τοῦ σκολιοῦ ἐστιν ὅτι ἐν μυρσίνῳ κλάδῳ τὸ ξίφος φορέσομεν, ὥσπερ Ἁρμόδιος καὶ Ἀριστογείτων. οὗτοι γὰρ ἀπὸ τῶν μυρσίνων κλάδων τὰ ξίφη ἀνασπάσαντες τὸν τύραννον κατέβαλον.

633. ἀγοράσω τ' ἐν τοῖς ὅπλοις : (Ἀντὶ τοῦ ἐν τῇ ἀγορᾷ διατρίψω μετὰ Ἀριστογείτονος.) — ἀντὶ τοῦ ἐγγύς. R.

634. γίνεται : Λείπει βοηθός. R. L.

635. χλευάζει ὅτι καὶ αὐτοὶ γέροντες. R.

636. οὐ γὰρ εἰσιόντας : Ἀπὸ τῶν πληγῶν τῶν παρ' ἡμῶν ἀλλοῖος γενήσῃ. R. L.

642. ἠρρηφόρουν : Οἱ μὲν διὰ τοῦ α, ἀρρηφορία, ἐπειδὴ τὰ ἄρρητα ἐν κίσταις ἔφερον τῇ θεῷ αἱ παρθένοι. οἱ δὲ διὰ τοῦ ε ἐρσεφορία. τῇ γὰρ Ἕρσῃ πομπεύουσι, τῇ Κέκροπος θυγατρὶ, ὡς ἱστορεῖ Ἴστρος·

643. εἶτ' ἀλετρὶς ἦ : Ἦ ἀντὶ τοῦ ἦν, ὑπῆρχον. γίνονται δέ τινες τῶν εὖ γεγονυιῶν ἀλετρίδες τῇ θεῷ παρθένοι, αἵτινες τὰ εἰς τὴν θυσίαν πόπανα ἀλοῦσι· καὶ ἔστιν ἔντιμον τοῦτο. ἦσαν δὲ καὶ ἱεροὶ μυλῶνες.

ἦ : Ἔα καὶ κατὰ συναίρεσιν ἦ.

644. οὖσά τ' ἀρχηγέτι : Τῇ δεσποίνῃ Ἀρτέμιδι, ἢ Δήμητρι.

645. ἄρκτος ἦ Βραυρωνίοις : (Ἄρκτον μιμούμεναι τὸ μυστήριον ἐξετέλουν. αἱ ἀρκτευόμεναι δὲ τῇ θεῷ κροκωτὸν ἠμφιέννυντο, καὶ συνετέλουν τὴν θυσίαν τῇ Βραυρωνίᾳ Ἀρτέμιδι καὶ τῇ Μουνυχίᾳ, ἐπιλεγόμεναι παρθένοι, οὔτε πρεσβύτεραι δέκα ἐτῶν οὔτ' ἐλάττους πέντε. ἐπετέλουν δὲ τὴν θυσίαν αἱ κόραι ἐκμειλισσόμεναι τὴν θεὸν, ἐπειδὴ λιμῷ περιπεπτώκασιν οἱ Ἀθηναῖοι, ἄρκτον ἡμέραν ἀνῃρηκότες τῇ θεᾷ. οἱ δὲ τὰ περὶ τὴν Ἰφιγένειαν ἐν Βραυρῶνι φασίν, οὐκ ἐν Αὐλίδι. Εὐφορίων

Ἀρχίαλον Βραυρῶνα κενήριον Ἰφιγενείας·

δοκεῖ δὲ Ἀγαμέμνων σφαγιάσαι τὴν Ἰφιγένειαν ἐν Βραυρῶνι, οὐκ ἐν Αὐλίδι. καὶ ἄρκτον ἀντ' αὐτῆς οὐκ ἔλαφον φονευθῆναι. ὅθεν μυστήριον ἄγουσιν αὐτῇ. Ἄλλως.) ἄρκτος τις δοθεῖσα εἰς τὸ ἱερὸν τῆς Ἀρτέμιδος ἡμερώθη. ποτὲ οὖν μία τις παρθένος ἔπαιξε πρὸς αὐτῇ, καὶ ἐξύσθη ἡ ὄψις αὐτῆς ὑπὸ τῆς ἄρκτου. καὶ λυπηθεὶς ὁ ἀδελφὸς αὐτῆς ἀνεῖλε τὴν ἄρκτον. ἡ δὲ Ἄρτεμις ὀργισθεῖσα ἐκέλευσε παρθένον πᾶσαν μιμήσασθαι τὴν ἄρκτον πρὸ τοῦ γάμου, καὶ περιέπειν τὸ ἱερὸν κροκωτὸν ἱμάτιον φοροῦσαν. καὶ τοῦτο ἀρκτεύεσθαι ἐλέγετο. — οἱ δὲ καὶ λοιμώδη νόσον τοῖς Ἀθηναίοις ἐμπεσεῖν. καὶ ὁ θεὸς εἶπεν λύσιν τῶν κακῶν ἔσεσθαι, ἐὰν τῆς τελευτησάσης ἄρκτου ποινὰς ἀρκτεύειν τὰς ἑαυτῶν παρθένους ἀναγκάσωσι. δηλωθέντος δὲ τοῦ χρησμοῦ τοῖς Ἀθηναίοις, ἐψηφίσαντο μὴ πρότερον συνοικίζεσθαι ἀνδρὶ παρθένον, εἰ μὴ ἀρκτεύσειεν τῇ θεῷ. R.

646. κἀκανηφόρουν ποτ' οὖσα : Ταῖς πομπαῖς ἐκανηφόρουν αἱ παρθένοι. ἐφόρουν δὲ καὶ λοπάδας τινὰς ὁλοχρύσους.

647. ἔχουσ' ἰσχάδων ὁρμαθόν : Οὕτως ἐπόμπευον καὶ ὁρμαθοὺς ἔχουσαι τῶν ἰσχάδων.

651. τοὐράνου γάρ μοι μέτεστιν : Τοῦ ἐράνου φησὶ μετέχω. ἄνδρας γὰρ εἰσφέρω εἰς τοῦτο, καθὸ τίκτουσιν ἄνδρας αἱ γυναῖκες. ἐγένετο δὲ ἐπὶ τῶν Μηδικῶν ψήφισμα, ὥστε ἕκαστον κατὰ δύναμιν συμβάλλεσθαι εἰς τὰ κοινὰ χρήματα.

τοὐράνου : Τοῦτό φησιν ὅτι τρέφομεν τοὺς πολεμοῦντας. R. L.

εἰσφέρω : Ἀντὶ τοῦ γεννῶ.

653. τὸν ἔρανον τὸν λεγόμενον παππῷον ἐκ τῶν Μηδικῶν : Ὡς αὐτῶν τὰ Μηδικὰ χρήματα δαπανησάντων. — παρέταξεν Ἀριστείδης δοῦναι τοῖς συμμάχοις εἰ ἐπὶ τοὺς βαρβάρους πολεμοῖεν. R.

654. (εἶτ' ἀναλώσαντες : Τὸ εἶτα παρέλκει.)

656. ἆρα γρυκτόν ἐστιν : Ἆρα γρύξαι ὀφείλετε, ἢ παρρησίαν ἄγειν. ἀψήκτῳ δὲ ἀκαταμάκτῳ, ἢ σκληρῷ καὶ ἀμαλάκτῳ. κοθόρνῳ δὲ τῷ ὑποδήματι.

660. κἀπιδώσειν μοι δοκεῖ : Ἀντὶ τοῦ προσθήκην σχήσειν.

663. τὴν ἐξωμίδα : Εὐτελὲς ἱμάτιον.

664. ἐντεθριῶσθαι: Ἐντετυλίχθαι, ἐσκευάσθαι. μετενήνεκται δὲ ἀπὸ τοῦ λεγομένου θρίου σκευάσματος, ὃ ἐν σύκου φύλλοις εἱλεῖται.

665. λυκόποδες : Λυκόποδας ἐκάλουν, ὡς μὲν Ἀριστοτέλης, τοὺς τῶν τυράννων δορυφόρους. τοὺς γὰρ ἀκμάζοντας τῶν οἰκετῶν ἐπὶ τῇ τοῦ σώματος φυλακῇ ἔβαλλον. λυκόποδες δὲ ἐκαλοῦντο, ὅτι διὰ παντὸς εἶχον τοὺς πόδας λύκων δέρμασι περικεκαλυμμένους, ὥστε μὴ ἐπικαίεσθαι ἐκ τοῦ περιέχοντος. τινὲς δὲ λυκόποδας, διὰ τὸ ἔχειν ἐπὶ τῶν ἀσπίδων ἐπίσημον λύκον. (ὁ δὲ Ἀριστοφάνης ἔφη τοὺς νῦν λεγομένους Ἀλκμαιωνίδας, οὗτοι γὰρ πόλεμον ἀράμενοι πρὸς Ἱππίαν τὸν τύραννον καὶ τοὺς Πεισιστρατίδας ἐτείχισαν τὸ Λειψύδριον.)

666. Λειψύδριον : Χωρίον τῆς Ἀττικῆς περὶ τὴν Πάρνηθον, εἰς ὃ συνῆλθόν τινες ἐκ τοῦ ἄστεος, ὥς φησιν Ἀριστοτέλης ἐν Ἀθηναίων πολιτείᾳ.

667. ὅτ' ἦμεν ἔτι : Λείπει νεώτεροι.

669. κἀναπτερῶσαι : Ἐλαφρύνασθαι καὶ ἀνθῆσαι.

673. λιπαρᾶς χειρουργίας : Ἀντὶ τοῦ τόλμης. λιπαρὲς ἔλεγον τὸ προσεχὲς, ἐκ τοῦ λίαν παρεῖναι. φησὶν οὖν ὅτι οὐκ ἀφέξονται προσεχοῦς ἔργου αἱ γυναῖκες.

675. Ἀρτεμισία Λυγδάμιδος θυγάτηρ τὸ γένος Ἐφεσία, ἥτις συνεμάχησε Ξέρξῃ κατὰ τῆς Ἑλλάδος καὶ ἱκανῶς ἠνδραγάθησεν.

676. διαγράφω τοὺς ἱππέας : Περιαιρῶ, ἀπὸ μεταφορᾶς τῶν δικαζόντων, οἳ ἐχάρασσον τοὺς κατεγνωσμένους. (ἐκ δὲ τούτου εὐτελεῖς ἡγήσομαι αὐτούς.) νικηθήσονται γὰρ ὑπὸ τῶν γυναικῶν.

677. κἄποχον : Τουτέστι δυνάμενον ἐποχεῖσθαι. — παίζει δὲ πρὸς τὴν συνουσίαν.

679. ἃς Μίκων ἔγραψε : Ποικίλη στοὰ Ἀθήνησιν οὕτω λεγομένη διὰ τὴν ἐνοῦσαν γραφήν. ἔνθα πεποίηκεν ὁ Μίκων τῶν Ἀμαζόνων τὴν μάχην. ἦν δὲ Φανόχου υἱὸς, Ἀθηναῖος. ἔστι δὲ καὶ ἕτερος Μίκων εἰς πενίαν κωμῳδούμενος.

680. τὸν κύφωνα λέγει. R.

682. ζωπυρήσεις : Ἀντὶ τοῦ ἀνεγείρῃς.

683. λύσω τὴν ἐμαυτῆς ὗν : Ὗν τὴν φύσιν λέγει, τὴν ὀργήν.

684. καὶ ποιήσω τήμερον : Ποιήσω σε δερόμενον ἐπικαλεῖσθαι εἰς βοήθειαν τοὺς δημότας.

686. πεκτούμενον : Τιλλόμενον, ξεόμενον.

687. ἀλλὰ χἡμεῖς, ὦ γυναῖκες : Μιμοῦνται τοὺς τῶν ἀνδρῶν λόγους.

688. ὡς ἄν : Ὅπως ἄν.

τὐτοδὰξ ὠργισμένων : Πάνυ ὠργισμένων.

690. ἵνα μήποτε φάγῃ : Ἵνα μὴ εἰς ὥραν ἔλθῃ. παίζει δὲ ἀπὸ τῶν εὐτελῶν. ἵνα μὴ δικάσῃ μηδὲ πολεμήσῃ. εἰς γὰρ τὸν πόλεμον φέρουσι σκόροδα. οἱ δὲ δικασταὶ τρώγουσι κυάμους, ἵνα μὴ κοιμηθῶσιν. ὅθεν [Eq. 41] « κυαμοτρὼξ, ἀκρόχολος. »

694. (ὑπερχολῶ γάρ : Διὰ μέσου τὸ ὑπερχολῶ γάρ.)

695. αἰετὸν τίκτοντα : Λείπει τὸ ὡς. παροιμία, ἧς μέμνηται καὶ ἐν Εἰρήνῃ [133]. τὰ γὰρ ᾠὰ τῶν ἀετῶν οἱ κάνθαροι κυλίοντες διαφθείρουσιν. — ἐπεὶ τοὺς κανθάρους οἱ ἀετοὶ ἀναλέγονται. R. L.

697. Ἰσμηνία : Ὄνομα γυναικός.

698. οὐδ' ἢν ἑπτάκις σὺ ψηφίσῃ : Οἱ γὰρ γέροντες ἀεὶ ἐψηφίζοντο κελεύοντες τί πρακτέον καὶ τί μή.

700. παιγνίαν : Ἑορτήν.

701. λείπει ταῖς ἐμαῖς. R. τὴν ἑταίραν : Τὸ χ (ἐνταῦθα)· ὅτι τὴν γυναῖκα ἑταίραν εἶπεν ὡς ἑταῖρον τὸν συνήθη καὶ φίλον.

703. ἐκ Βοιωτῶν ἔγχελυν : Παρὰ προσδοκίαν πέπαιχεν. ἐν γὰρ τῇ Κωπαΐδι λίμνῃ μέγισται ἐγχέλεις (γίνονται).

703. διὰ τὰ σὰ ψηφίσματα : Τὰ ψηφίσματα κωλύοντα.

706. ἄνασσα πράγους : Ἐκ Τηλέφου Εὐριπίδου.

707. γυνὴ πρὸς Λυσιστράτην. R.

713. ἀλλ' αἰσχρὸν εἰπεῖν : Ἐξ Εὐριπίδου.

715. ᾗ βράχιστον τοῦ λόγου : Ἀντὶ τοῦ ἵνα συντόμως εἴπω.

719. ἱκανή. R.

720. διαλέγουσαν : Διορύττουσαν. κακεμφάτως.

721. ᾗ τοῦ Πανός ἐστι ταὐλιον : Ὅπου. ἐν τῇ ἀκροπόλει ἱερόν ἐστι τοῦ Πανός.

722. κατειλυσπωμένην : Εἰλυσπᾶσθαι κυρίως τὸ ἐπὶ γῆς ἕρπειν, ὥσπερ οἱ ὄφεις καὶ οἱ σκώληκες. (ἀπὸ τοῦ εἰλεῖν καὶ σπᾶσθαι. τροχιλία δέ ἐστιν ὁ τροχὸς τοῦ ξύλου τοῦ φρέατος, δι' οὗ ἱμῶσι. δεδήλωται δὲ περὶ τούτου καὶ ἐν Ὁλκάσι.)

723. τὴν δ' ἐπὶ στρουθοῦ μίαν : Παρ' ὅσον τὸ ὄρνεον θερμὸν εἰς συνουσίαν.

725. ἐς Ὀρσιλόχου χθές : Ὀρσίλοχος πορνοβοσκὸς καὶ μοιχὸς, καὶ ἐπὶ θηλύτητι κωμῳδεῖται.

729. ἔριά μοι Μιλήσια : Ὡς τῆς Μιλήτου καλὰ ἐχούσης ἔρια.

730. ὑπὸ τῶν σέων : (Τῶν) σητῶν. πρὸς τὴν κλίσιν δὲ τῶν σέων· ὅτι ἀπὸ τῆς σεὺς εὐθείας.

732. ὅσον διαπετάσασα : Διαπετάσασα τὰ ἔρια. εἰς τὸ κακέμφατον δὲ αἰνίττεται.

734. ἢν τούτου δέῃ : Τοῦ ἀπολέσθαι. (ἢ) κἂν δέῃ ἀπελθεῖν, καὶ χρῄζεις μὴ ἀπέλθῃς.

735. τῆς ἀμόργιδος : Τῆς λινοκαλάμης. ἔστι δὲ ἡ ἄμοργις ὅμοιον ἀλεπίστῳ λίνῳ. περιλεπίζουσι δὲ αὐτὸ καὶ ἐργάζονται. ἔστι δὲ σφόδρα λεπτὸν, ὑπὲρ τὴν βύσσον, ἢ τὴν κάρπασον· ἅμα δὲ καὶ ἐπὶ τοῦ ἀνδρείου αἰδοίου παίζει, ὅτι καὶ βάμμα γίνεται ἐξ αὐτῆς ἐρυθρόν.

736. (αὖθ' ἡτέρα : Αὕτη ἄλλη τῆς ἄλλης κακίων.)

737. τὴν ἄλοπον : Ἀλέπιστον καὶ ἀκάθαρτον. πρὸς τὴν ὑπόνοιαν.

738. (Χώρει πάλιν δεῦρο : Ἐπὶ τὴν ἀκρόπολιν.)

739. ἐγὼ δ' ἀποδείρασα : Ἀποπλύνασα. δηλοῖ δὲ καὶ τὸ κακέμφατον.

743. ἕως ἂν εἰς ὅσιον : Ἀντὶ τοῦ εἰς βέβηλον καὶ μὴ ἱερὸν, ἀλλ' ὅσιον εἰς τοκετόν. ἐπειδὴ ἐν τῇ ἀκροπόλει ἦσαν. παρθένος δὲ ἡ θεός. περικεφαλαίαν εἶχεν ὥστε δοκεῖν κύειν.

746. ὡς τὴν μαῖαν : Ἀντὶ τοῦ ὡς πρός.

748. ἄρρεν παιδίον : Ἁπτομένη τῆς γαστρὸς αὐτῆς τοῦτο φησί.

755. εἰσβᾶσα ταύτην ὥσπερ : Ὅτι ἐν κοιλώμασι τίκτουσιν.

757. οὐδ' ἀμφιδρόμια : Δέον παιδίου, εἶπε κυνῆς. κυνῆν γὰρ εἶχε προσποιουμένη κύειν. ἀμφιδρόμια δὲ ἡ δεκάτη ἡμέρα τῶν τικτομένων παιδίων, ἐν ᾗ τὰ ὀνόματα αὐτοῖς τιθέασι περιδραμόντες κειμένοις.

758. οὐδὲ κοιμᾶσθ' ἐν πόλει : Ἐν τῇ ἀκροπόλει. τοῦτο δὲ ἑτέρα γυνή φησιν.

759. ἐξ οὗ τὸν ὄφιν εἶδον : Τὸν ἱερὸν δράκοντα τῆς Ἀθηνᾶς, τὸν φύλακα τοῦ ναοῦ.

762. τῶν τερατευμάτων : Τῶν προφάσεων καὶ πλασμάτων.

763. ἡμᾶς δ' οὐκ οἴει : Οὐ νομίζεις κἀκείνους ποθεῖν ἡμᾶς.

770. χελιδόνες : Αἱ γυναῖκες δηλονότι. χρησμός.

771. φαλήτων : Τῶν μορίων.

772. τὰ δ' ὑπέρτερα νέρτερα : Τὰ ἐπικρατέστερα εὐτελέστερα ποιήσει, τοὺς ἄνδρας δηλονότι.

773. ἐπάνω κατακεισόμεθα : Ἐρωτᾷ ἐπάνω τοῦ αἰδοίου. κακεμφάτως δὲ ἐδέξατο.

774. (διαστῶσι : Διχῶς ἀποστῶσι.)

776. καταπυγωνέστερον : Μαλακώτερον καὶ πορνικώτερον τῶν χελιδόνων, τουτέστι τῶν γυναικῶν.

785. (ἦν νεανίσκος Μειλανίων : Μήποτε παρὰ τὴν ἱστορίαν εἴρηκεν. οὐ γὰρ Μειλανίων ἔφευγε μᾶλλον, ἀλλ' ἡ Ἀταλάντη. ἐπίτηδες δὲ τοῦτο ὁ τῶν ἀνδρῶν χορὸς ἱστορεῖ.)

789. ἐλαγοθήρα : Ἐκυνηγέτει, λαγοὺς ἐθήρα.

790. πλεξάμενος ἄρκυς : Εἶδος δικτύου. λίνα κυνηγετικά.

795. κατὰ κοινοῦ τὸ μισοῦμεν τὰς γυναῖκας.

796. οἱ σώφρονες : Ἐσμὲν, βδελυττόμεθα.

798. κρόμμυόν τ' ἄρ' οὐκ ἔδει : Οἷον κλαύσει καὶ χωρὶς κρομμύων. ἢ κατὰ τὸ εἰρημένον ἄνω, ἵνα μήποτε φάγῃ σκόροδα καὶ κυάμους μέλανας. ἢ ὅτι δακρύεις καὶ χωρὶς τοῦ κρόμμυον ἐσθίειν. ἢ οὐ πολεμήσεις.

799. τὸ σκέλος ἢ τὸ αἰδοῖον. R.

800. οἷον τιλθήσῃ. R.

801. καὶ Μυρωνίδης γὰρ ἦν : Δύο Μυρωνίδαι ἦσαν, ὡς ἐν ταῖς Ἐκκλησιαζούσαις [303] δεδήλωται. ἐνθάδε τοίνυν μέμνηται τοῦ ἐν Οἰνοφύτοις νικήσαντος.

802. μελάμπυγός τε : Τοὺς λευκοπύγους ὡς γυναικώδεις ἐκωμῴδουν.

804. ὡς δὲ Φορμίων : Φορμίων, στρατηγὸς, σφόδρα εὐδόκιμος, Ἀσωπίου υἱός. ὡς τριχώδης δὲ καὶ αὐτὸς καὶ μελαίνας πυγὰς ἔχων ἐκωμῳδεῖτο.

807. τῷ Μελανίωνι : Σοὶ τῷ γέροντι.

808. Τίμων ἦν τις : Τίμων οὗτος ἦν ὁ λεγόμενος μισάνθρωπος, ὅν φησι Νεάνθης ἀπὸ ἀχράδος πεσόντα χωλὸν γενέσθαι, μὴ προσιέμενον δὲ ἰατροὺς ἀποθανεῖν σαπέντα. καὶ μετὰ τὴν τελευτὴν αὐτοῦ τὸν τάφον ἄβατον γενέσθαι ὑπὸ θαλάσσης περιρραγέντα, ἐν ὁδῷ τῇ ἐκ Πειραιῶς εἰς Ζωστῆρα καὶ Σούνιον φερούσῃ.

809. ἀντὶ τοῦ ἄβατος καὶ ἄστατος. R. — ἀΐδρυτος ἀβάτοισιν : Οἷον ἀκάνθαις τετριχωμένος, σκληρός. Ἄλλως. σκόλοψι καὶ παττάλοις ἠσφαλισμένος.

810. τὸ πρόσωπον περιειργασμένος : Ἀντὶ τοῦ σκυθρωπός.

811. ἀπορρώξ : Διὰ τὴν μισανθρωπίαν.

815. πολλὰ καταρασάμενος : Ἐπιεικὴς ἦν καὶ ἔφευγε τοὺς πονηρούς.

817. ὡς εἰ ἡμεῖς ὑμᾶς.

821. κατ' ἐρώτησιν.

822. ἢ εἰρωνείᾳ φησίν, ἢ ἀληθῶς ἐφοβήθη.

823. λακτίσω.

824. τὸ γυναικεῖον αἰδοῖον.

826. ὅτι ἀπεψιλωμένον φησί.

832. μαινόμενον τῷ ἔρωτι.

834. τουτέστι τῆς αὐτῆς ὁδοῦ καὶ διανοίας.

835. Χλόης Δήμητρος ἱερὸν ἐν ἀκροπόλει, ἐν ᾧ οἱ Ἀθηναῖοι θύουσι μηνὸς Θαργηλιῶνος, ὡς Φιλόχορός φησιν ἐν ϛ'.

838. κωμῳδεῖ Κινησίαν ὡς κατωφερῆ εἰς συνουσίαν. ἦν δὲ διθυραμβοποιός.

839. πέπαιχεν παρὰ τὸ κινεῖν.

840. παραλογίζεσθαι καὶ τὰ ταύτην παρακολουθοῦντα πλὴν ὧν συνωμοσάμεθα μὴ ποιεῖν, τουτέστι συνουσιάζειν.

841. εἰς ἣν ὠμόσαμεν.

844. σύν σοι ὀπτήσω τῷ ἔρωτι ἀπὸ μεταφορᾶς τῶν κρεῶν.

847. λείπει τὸ ἐγγύς.

ὁ ἐντὸς τῶν φυλασσουσῶν γυναικῶν.

849. ἐν ἡμέρᾳ σκοποῦσα.

852. παίζει πρὸς τὸ πέος ὡς ἀπὸ δήμου τινός. ἢ ἵνα διαβάλῃ αὐτὸν ξένον καὶ Θρᾷκα.

855. διαπαίζει τὰς γυναῖκας ὡς ἐρώσας τοῦ κινεῖν.

διὰ στόματος.

857. ἀντὶ τοῦ φυλαττέσθω.

861. ἐν ἐρωτήσει.

862. τὸ αἰδοῖον δείκνυσιν.

863. ἢ ἀργύριον ἢ μερίδα.

864. ἀπὸ τοῦ τείχους κατελθοῦσα ὅπου ἐφύλασσον αἱ ἡμεροσκόποι.

873 τὸ πλῆρες αὐτόσε οὐ καταβήσομαι ἀπὸ τῆς ἀκροπόλεως.

876. οὐδενὸς χρήζων. ὑπὸ τοῦ ἔρωτος δηλονότι.

877. ἀντὶ τοῦ μὴ ἀπέλθης.

878. πρὸς τὸν παῖδα λέγει.

881. οἷον ἄτροφον ἀπὸ τῆς θηλῆς τοῦ μαστοῦ. μὴ θηλασθέν.

883. ἀντὶ τοῦ διὰ τὸ παιδίον.

886. ποθεινότερον, πραότερον.

887. ἀλαζονικῶς θρύπτεται. ἡ δὲ μεταφορὰ ἀπὸ τοῦ βρενθίου μύρου.

888. τὸ ἐντελὲς ῥητά ἐστιν.

889. διὰ τὸ ὡραῖον αὐτοῦ.

890. τῇ μαμμίᾳ : Ἀντὶ τοῦ ἐμοί.

893. μὴ πρόσαγε τὴν χεῖρά μοι : Ὡς αὐτοῦ ἁπτομένου αὐτῆς αἰσχρῶς.

896. ὀλίγον μέλει σοι : Ἀντὶ τοῦ οὐδὲ ὀλίγον μέλει σοι.

τῆς κρόκης φορουμένης : Διαφορουμένης, διασπωμένης.

898. ἀνοργίαστά σοι : Ἀτέλεστά σοι. ἀντὶ τοῦ οὐκ ὠργίασας τῇ Ἀφροδίτῃ.

900. πρὸς Λάκωνας. R.

903. νῦν δ' ἀπομώμοκα : Ἀντὶ τοῦ ὁρκωμοσίαν πρὸς τὰς γυναῖκας πεποίηκα.

ἀπομώμοκα : Πρὸς σέ. L.

906. καί τοι σ' οὐκ ἐρῶ : Οὐ κρύπτω τὸν ἐμὸν πόθον.

907. ἐναντίον τοῦ παιδίου : Οὐκ ἀποτόμως παραιτεῖται, ἀλλὰ διὰ προφάσεως πλείονος ἐρεθίζει. — ἐκοιμήθης. R.

908. ὦ Μανῆ : Οἰκέτης ὁ Μανῆς.

911. ὅπου τὸ Πανὸς καλόν : Ἐπεὶ ἐρωτικὸς ὁ Πάν. πλησίον δὲ τοῦ Πανείου ἡ Κλεψύδρα ἦν κρήνη.

913. λουσαμένη τῇ Κλεψύδρᾳ : Ἐν τῇ ἀκροπόλει ἦν κρήνη ἡ Κλεψύδρα, πρότερον Ἐμπεδὼ λεγομένη. ὠνομάσθη δὲ Κλεψύδρα, διὰ τὸ ποτὲ μὲν πλημμυρεῖν, ποτὲ δὲ ἐνδεεῖν. ἔχει δὲ τὰς ῥύσεις ὑπὸ γῆν, φέρουσα εἰς τὸν Φλεγρεώδη λειμῶνα. — εἰς τὴν ἀκρόπολιν. R.

917. μὰ τὸν Ἀπόλλω : Οὐκ ἔστιν ὅρκος γυναικῶν.

920. κἀγὼ 'κδύομαι : Λείπει τὸ ἱμάτιον.

923. αἰσχρὸν γὰρ ἐπὶ τόνου γε : Ἀντὶ τοῦ ἐπὶ ἐπιτόνου. λείπει γὰρ ἡ ἐπί. δηλοῖ δὲ ἐπὶ δέρματος. (καὶ) Ὅμηρος [Od. M, 423] « ἐπίτονος βέβλητο. »

925. καὶ δὴ 'κδύομαι : Λείπει τὸ ἱμάτιον.

928. Ἡρακλῆς ξενίζεται : Παροιμία ἐπὶ τῶν βραδυνόντων. οἱ γὰρ ὑποδεχόμενοι τὸν Ἡρακλέα βραδύνουσιν. ἀδηφάγος γὰρ ὁ ἥρως.

929. ἀνιστὰς ἀναπήδησον : Ἵνα προσκεφάλαιον αὐτῷ θῇ.

930. ἅπαντα δῆτα : Κατ' ἐρώτησιν.

933. σισύραν οὐκ ἔχεις : Διφθέραν, ἱμάτιον πυκνόν. ἄκναπτον ἱμάτιον καὶ παχὺ ἡ σισύρα.

936. ἄνθρωπος ἐπιτρίψει με : Ἀντὶ τοῦ ἡ γυνὴ ἡ ἄνθρωπος (εἶπε).

937. ἀλλ' ἐπῆρται τοῦτό γε : Τὸ αἰδοῖον δείκνυσι. παρ' ὑπόνοιαν δὲ ἀπήντησε.

943. εἰ μὴ διατριπτικόν γε : Παρὰ τὸ διατρίβειν καὶ ἀναβάλλεσθαι. οἷον διατριβῆς γέμον καὶ βραδυτῆτος· ἐπεὶ καὶ τριβόμενα ἔνια τῶν μύρων ἡδίω γίνεται. (ἅμα δὲ καὶ πρὸς τὴν διατριβὴν λέγει.)

944. τάλαιν' ἐγώ : Τοῦτο φησὶν ἵνα πάλιν ἀπέλθῃ. (οὐ τὸ Σύριον.) Ῥόδιον δὲ μύρον τὸ ἀπὸ τῆς Ῥόδου· ὃ καλοῦμεν ἡμεῖς ῥόδινον.

947. τὸν ἀλάβαστρον : Τὴν μυροθήκην.

ἀλλ' ἕτερον ἔχω : Τὸ αἰδοῖόν φησι.

948. μή μοι φέρε : Τοῦ μύρου.

951. σπονδὰς ποιεῖσθαι ψηφιεῖ : Τοῦτο εἰρηκυῖα ἡ γυνὴ ἄπεισι.

952. ἀπολώλεκέ με : Ὁ ἀνὴρ ἀπελθούσης τῆς γυναικὸς ὀδύρεται.

953. κἀποδείρασ' οἴχεται : Εἰς τὸ αἰσχρόν.

955. ψευσθείς : Ἀντὶ τοῦ ἀπατηθείς.

956. πῶς ταύτην παιδοτροφήσω : Ὡς θυγατρὸς αὐτῷ ἑπομένης. κακεμφάτως δὲ καὶ ἐπὶ τοῦ αἰδοίου δύναται ἀκούεσθαι.

957. ποῦ κυναλώπηξ : (Ὁ Φιλόστρατος.) καὶ ἀλλαχοῦ [Eq. 1069] « Φιλόστρατος ἡ κυναλώπηξ. » ὡς πορνοβοσκοῦ ὄντος τοῦ Φιλοστράτου. βούλεται δὲ τίτθην μισθώσασθαι, ἵνα θρέψῃ τὸ παιδίον.

962. ποῖος γὰρ ἢ νεφρὸς ἀντίσχοι : Πῶς δυνήσῃ σαυτὸν ἐπισχεῖν, οὕτως ἠρεθισμένος.

963. ποία ψυχή : Παρὰ τὰ ἐξ Ἀνδρομέδας « ποῖαι λιβάδες, ποία σειρήν; »

ποῖος ἂν ὄρρος : Ἀντὶ τοῦ πρωκτός.

966. τοὺς ὄρθρους : Ἀντὶ τοῦ ἐν τοῖς ὄρθροις.

973. θωμούς : Σωροὺς ξύλων. θωμοὶ δὲ λέγονται οἱ τῶν πυρῶν σωροί. τυφὼς δὲ ἡ ἐξ ἀναθυμιάσεως τῆς γῆς συστροφή, πρὶν ἐκπυρωθῆναι τὸν ἀέρα.

974. μεγάλῳ τυφῷ : Μεγάλῳ καύσωνι.

980. πᾷ τᾶν Ἀσανᾶν : Ἀντὶ τοῦ ποῦ τῶν Ἀθηνῶν ἐστιν ἡ γερουσία, τουτέστιν ἡ ἐκκλησία, καὶ ἡ σύνοδος. διατεταμένος δὲ ἦλθεν. ἀπὸ κοινοῦ δὲ ποῦ εἰσὶ καὶ οἱ πρυτάνεις, οἷς θέλω τι νέον εἰπεῖν.

982. Κονίσαλος : Δαίμων πριαπώδης ὁ Κονίσαλος· ἐκ τοῦ μὴ ὀκνεῖν καὶ ἐπὶ κόνεως μίγνυσθαι.

983. ὦ κυρσάνιε : (Ἀντὶ τοῦ ὦ νεανία, ὦ ἔφηβε. ἢ) ἀντὶ τοῦ εὐτελέστατε. κυρσὸς γὰρ εὐτελὲς λάχανον.

985. κἄπειτα δόρυ δῆτα : Διὰ τὸ τὸ αἰδοῖον αὐτοῦ μέγα εἶναι, ἐξέτεινε τὰ ἱμάτια τῇ χειρί. ὁ δὲ εἶπε δόρυ ἔχεις.

986. (οὐ τὸν Δία : Οὐ μὰ τὸν Δία.)

988. (παλεός γα νὴ τὸν Κάστορα : Ὥσπερ τὸ πήγανον ἔνιοι ἀφαιρέσει τοῦ π ἤγανον λέγουσιν, οὕτως ἐνταῦθα κατὰ τὸ ἐναντίον πλεονάζει τὸ π. ἠλεός, ἀλεός, παλεός. τουτέστι λῆρος καὶ μάταιος.)

990. μηδ' αὖ πλαδδείη : Μηδὲ πλησίον γένοιτό μοι τὸ στύειν.

991. τί δ' ἐστί σοι τοδί : Τὸ αἰδοῖον δείκνυσι.

σκυτάλα Λακωνικά : Ξύλον ἐστὶν εἰς δύο τεμνόμενον. καὶ τὸ μὲν ἓν δίδοται τῷ στρατηγῷ ἐξερχομένῳ, τὸ δὲ ἄλλο κεῖται ἐν τῇ πόλει.

992. εἴπερ γε χ' αὕτη 'στι : Καὶ ὁ Ἀθηναῖος δείκνυσιν αὐτῷ τὸ ἑαυτοῦ αἰδοῖον.

995. ὀρσά : Ἀντὶ τοῦ ὀρθή.

πᾶα, πᾶσα, οὕτως Ἡρωδιανὸς ἐν τῷ περὶ παθῶν.

996. Πελλάνας δὲ δεῖ : Ὄνομα γυναικὸς ἑταίρας. ἦν γὰρ παρ' αὐτοῖς πόρνη Πελλήνη τοὔνομα. ἐπιθυμοῦσιν οὖν τῆς πόρνης, ἤγουν τῆς πόλεως Πελλήνης. ἀντεποιοῦντο γὰρ αὐτῆς οἱ Λάκωνες.

997. ἀπὸ τοῦ : Ἀπὸ τίνος.

998. ἀπὸ Πανός : Κατ' ἐρώτησιν.

οὐκ. ἀλλ' ἀρχὰ μέν : Ὁ νοῦς· ἤρξατο τὸ κακὸν τοῦτο διδόναι ἡμῖν ἡ Λαμπιτώ. οἰῶ δὲ (κατ' αὐτοὺς) ἀντὶ τοῦ οἴομαι.

1000. ἅπερ : Ὥσπερ.

ἀπὸ μιᾶς ὑσπλαγίδος : (Ἀφέσεως. βαλβῖδος.) ἀπὸ μιᾶς ἀφετηρίας, ἤγουν ἀπὸ ἑνὸς κανόνος καὶ καμπτῆρος.

1001. ἀπήλων : Ἀπήλασαν.

ὑσσάκων : Τῶν γυναικείων μορίων.

1002. ἂν γὰρ τὰν πόλιν : Τὸ τέλειον ἀνά.

1003. ἅπερ : Ὥσπερ.

ἅπερ λυχνοφορίοντες : Οἱ γὰρ λυχνοφοροῦντες κεκύφασι διὰ τὸν ἄνεμον.

1004. οὔτε τῶ μύρτω σίγειν : Οὐδὲ θίγειν τοῦ γυναικείου μορίου.

1007. τουτὶ τὸ πρᾶγμα : Οἱ Ἀθηναῖοι πρὸς τὸν κήρυκα.

1013. ποτάομαι : Δραμοῦμαι. πετήσομαι.

1014. γυναικὸς ἀμαχώτερον : Ἐν ἄλλῳ Κινησίας ἦν ὁ λέγων.

1019. ἀλλ' ὅταν βούλῃ σύ : Ἀπὸ κοινοῦ βεβαίαν φίλην ἔχειν με. καὶ ἔξωθεν ὑπακουστέον τὸ ἔχε.

1020. γυμνὸν ὄνθ' οὕτως : Γυμνὸς γὰρ ἦν.

1023. καὶ τότ' ἀπέδυν ἐγώ : Ἀντὶ τοῦ ἀπεδύσαντο κατὰ τῶν γυναικῶν.

1024. (εἶτ' οὐ καταγέλαστος εἶ : Εἶτα οὐ καταγελασθήσῃ.)

1025. τόδε τὸ θηρίον : Τὴν ἐμπίδα.

1026. ἐξεῖλον : Ἀντὶ τοῦ ἐξέλοιμι.

1027. τοῦτ' ἄρ' ἦν : Ἡ ἐμπὶς δηλονότι.

δακτύλιος ουτοσί : Δίδωσιν αὐτῇ δακτύλιον, ἵνα ἐξενέγκῃ τὴν ἐμπίδα τοῦ ὀφθαλμοῦ.

1028. ἐκσκάλευσον : Ἐξένεγκε.

1032. οὐκ ἐμπὶς ἥδ' ἐστὶ Τρικορυσία : Ἐμπὶς ζῷον κώνωπι παραπλήσιον. ὡς ἐν Τρικορύθῳ πολλῶν ἐμπίδων γινομένων. ἔστι γὰρ ἀλσώδης καὶ κάθυγρος. ἢ ἐπεὶ πονηροί εἰσιν οἱ Τρικορύσιοι.

1033. ἀπὸ μεταφορᾶς τῶν τὰ φρέατα ὀρυττόντων εἰς βάθος ὡς φρέαρ ἀνώρυττέν φησι. R.

1037. κολακευτικαί. R.

1038. κἄστ' ἐκεῖνο τοὔπος : Ἐν παροιμίᾳ τοῦτο ἔλεγον « κακὸν γυναῖκες, ἀλλ' ὅμως, ὦ δημόται, οὐκ ἔστιν οἰκεῖν οἰκίαν ἄνευ κακοῦ. » καὶ Ἡσίοδος [Op. 58] « ἑὸν κακὸν ἀμφαγαπῶντες. »

1043. οὐ παρασκευαζόμεσθα : Λέγει ὅτι ὦ ἄνδρες οὐ παρασκευαζόμεσθα εἰπεῖν κακῶς τινά, ἀλλὰ μᾶλλον καλῶς. ὡς ἀπὸ τοῦ ποιητοῦ δέ ἐστιν.

1047. ἱκανὰ γὰρ τὰ κακά : Τὸν πόλεμον λέγουσιν. ἱκανῶς γὰρ ἐκακοπράγουν ἤδη μετὰ τὰ ἐν Σικελίᾳ.

1049. καὶ τὰ παρακείμενα : Τὴν τῶν γυναικῶν καὶ ἀνδρῶν στάσιν λέγει τὰ παρακείμενα.

1050. λεγέτω τίνος δέεται. R.

1053. ἔσω ἡμῖν ἐστιν. R.

1055. κἄν ποτ' εἰρήνη φανῇ : Δηλονότι οὐδὲν αὐτοῖς προήσονται.

1057. ἀντὶ τοῦ κερδάνῃ. R.

ἀντὶ τοῦ ἀποδῷ παρ' ὑπόνοιαν. R.

1058. Καρυστίους : Κάρυστος πόλις Εὐβοίας. διαβάλλονται δὲ ὡς μοιχοὶ οἱ Καρύστιοι.

1064. ἐν ἄλλῳ γενέσθαι ἀντὶ τοῦ ἔξεστι. R.

1066. τὸ ἐλθεῖν. R.

1071. τοῦτο εἰς γέλωτα εἶπεν. R.

1072. παρ' ὑπόνοιαν, δέον ἀνεῳχθήσεται. R.

1073. ἔχοντες πώγωνας.

1074. διὰ τὴν τοῦ αἰδοίου ἐξοχήν. (τοῦτο δέ φασιν, ἐπεὶ καθελκόμενα εἶχον τὰ ἱμάτια, ὥστε δόξαι ἀγγεῖά τινα ἔχειν αὐτούς.) τὸ δὲ χοιροκομεῖον ἔοικε πλεκτὸν ἀγγεῖον εἶναι, ἐν ᾧ τοὺς νέους ἔτρεφον χοίρους περιδήσαντες. νῦν δὲ λέγει τὸν πάτταλον, ἐν ᾧ δεσμεύουσι τοὺς χοίρους καὶ τρέφουσιν. ἐπεὶ οὖν ἐντεταμένοι ἦλθον, ᾔκασεν αὐτοὺς παττάλοις.

1078. νενευρωμένη δὲ συμφορά : Τὴν ἔντασιν τοῦ αἰδοίου λέγει. νεῦρον γὰρ (τὸ αἰδοῖον).

1079. χεῖρον φαίνεται : Ἀντὶ τοῦ, χεῖρον τῆς τάσεως τοῦ Ἑρμοῦ φαίνεται. τουτέστι χεῖρον τέταται τοῦ Ἑρμοῦ. ἐπειδὴ ὁ Ἑρμῆς πριαπῶδες ἔχει τὸ αἰδοῖον καὶ ἐντέταται μεγάλως.

1080. ὅπα, ὅπου. σέλει, θέλει. ἐλσών, ἐλθών. ἀντὶ τοῦ, πάντα πράττων τις ἀγέτω ἡμῖν εἰρήνην.

1083. ὥσπερ παλαιστάς : Οἱ γὰρ ἀσκοῦντες παῖδες συστέλλουσι τὰ ἱμάτια, ὅπως μὴ προστρίβωνται (τὰ αἰδοῖα) καὶ μιανθῇ τὰ ἱμάτια. τοὺς δὲ Ἀθηναίους λέγει τεταμένους. φαίνονται δὲ οἱ ἀσκοῦντες παῖδες, ὡς μὴ παρατρίβοιντο τὰ αἰδοῖα εἰς ὑπόμνησιν (τῆς) συνουσίας ἀφιστάναι τὰ ἱμάτια ἑαυτῶν.

1085. ἀσκητικὸν τὸ χρῆμα τοῦ νοσήματος : Ἀντὶ τοῦ μέγα. διὰ τὴν ἐπιθυμίαν τῆς εἰρήνης εἶπε τοῦ νοσήματος.

1087. δείκνυσιν. R.

1088. ὁμοία. R.

1089. σπασμός: Τέτανος. — οἱ γὰρ σπασμὸν ἔχοντες περὶ τὸν ὄρθρον αἴσθονται σφόδρα. R. Bar.

1090. συγκόπτοντες, τὰ ἱμάτια συστέλλοντες. R.

1092. οὐ Κλεισθένη βινήσομεν : Οὗτος Σιβυρτίου παῖς ἐπὶ θηλύτητι κωμῳδούμενος.

1093. εἰ σωφρονεῖτε : Τοῦτο φησίν· εἰ μὴ περιβαλεῖσθε, ἀλλὰ φανερὰ ἕξετε τὰ αἰδοῖα, ἀκρωτηριάσει τις ὑμᾶς τῶν Ἑρμοκοπιδῶν. ἐξ οὗ δῆλον ὅτι μετὰ τὸ εἰσελθεῖν ἀπεγυμνώθησαν φορτικῶς πάνυ.

1094. Ἑρμοκοπιδῶν : Παρόσον οἱ Ἑρμοκοπίδαι ἠκρωτηρίασαν τοὺς Ἑρμᾶς, ὅτε ἐπὶ Σικελίας ἔμελλον πλεῖν (πρὸ ἐτῶν τεσσάρων τῆς καθέσεως τούτου τοῦ δράματος. τὴν δὲ αἰτίαν ταύτην οἱ μὲν τοῖς περὶ Ἀλκιβιάδην προσέγραφον, ὡς Θουκυδίδης· οἱ δὲ Κορινθίοις, ὡς Φιλόχορος. μόνον δὲ φησὶν οὐ περικοπῆναι τὸν Ἀνδοκίδου Ἑρμῆν.)

1099. ἄνδρες οἱ Ἑρμοκοπίδαι. ἐκδεδαρμένους, τὰ αἰδοῖα ἀνατεταμένους.

1100. οἱ Βοιωτοὶ πρὸς τοὺς Λάκωνας.

1105. παίζει, μὴ μόνον Λυσιστράτην. παρὰ τὸ λύειν τὸν στρατόν.

κἂν λῆτε : κἂν βούλησθε. διαβάλλει τινά.

1110. τῷ σῷ πόθῳ, τῇ σῇ θέλξει. ἴυγξ ὄρνεόν ἐστιν ἐπιτήδειον πρὸς τὰς τῶν φίλτρων κακίας.

1113. μὴ συνόντας ἀλλήλοις μήτε πεῖραν ἑαυτῶν δεχομένους· ὀργῶντας, πρὸς εἰρήνην.

1114. ὡς πρός τινα ἐξυπηρετουμένην ἣν καλεῖ Διαλλαγήν. καὶ ὅλως ἐκ τοῦ μέρους τούτου Λυσιστράτη ἢ διαλλαγαὶ κέκληται τὸ δρᾶμα.

1117. ὡς σκληρῶν ὄντων τῶν Ἀθηναίων ἐν μάχαις.

1119. σκώπτει αὐτοὺς ὡς μαινομένους ἐπὶ τῷ ἔρωτι. τῆς σάθης, τοῦ αἰδοίου.

1121. ἄν σοι δῷη ἢ τὴν χεῖρα ἢ ἄλλο τι.

1123. ὦ Ἀθηναῖοι.

1125. ὁ στίχος ἐκ σοφῆς Μελανίππης Εὐριπίδου.

1127. οὐ πεπαίδευμαι κακῶς.

1129. τοὺς αὐτοὺς θεοὺς τιμῶντες οὐχ ὁμονοοῦμεν ἀλλήλοις.

1131. τοὺς αὐτοὺς ἀγῶνας ἄγομεν, Ὀλύμπια καὶ Πύθια. Ἄλλως. ἐν Πύλαις ἀντὶ τοῦ ἐν Θερμοπύλαις. ἔπεμπον γὰρ εἰς τὴν Πυλαϊκὴν πανήγυριν τοὺς λεγομένους ἱερομνήμονας. ὅλος ὁ ἴαμβος λέλεκται ἐξ Ἐρεχθέως.

1132. εἰ δέον ἐστί μοι μακρολογεῖν.

1133. ὡς τῶν Λακώνων χρωμένων συμμάχοις βαρβάροις.

1137. εἰς σύμβασιν αὐτοὺς καὶ φιλίαν προτρεπομένη ἄρχεται τοῦ αὐτοὺς ὑπομιμνήσκειν ὧν ἦσαν ἐξ ἀλλήλων εὖ πεπονθότες. οἱ μὲν γὰρ Ἀθηναῖοι καταπονουμένους αὐτοὺς ὑπὸ Μεσσηνίων διέσωσαν, οἱ δὲ Λακεδαιμόνιοι καθεῖλον τὴν τῶν Πεισιστρατιδῶν τυραννίδα βοηθοῦντες Ἀθηναίοις.

1138. ταῦτα καὶ οἱ συντεταχότες τὰς Ἀτθίδας ἱστοροῦσιν περὶ τῶν Λακεδαιμονίων· ὁ δὲ Φιλόχορός φησι καὶ τὴν ἡγεμονίαν τοὺς Ἀθηναίους λαβεῖν διὰ τὰς κατασχούσας τὴν Λακεδαίμονα συμφοράς.

ὁ στρατηγὸς Λακεδαιμονίων.

1141. σημαίνει ὅτι πόλεμος ἦν αὐτοῖς πρὸς Μεσσηνίους.

1142. σείων μέγα, ὁ Ποσειδῶν. σεισμοὶ γὰρ συχνοὶ ἐγένοντο ὅτε ὁ πόλεμος συνειστήκει.

1144. Κίμων, μετὰ τὴν ἐν Πλαταιαῖς μάχην ιϐ' ἔτει ὕστερον. ταῦτα ἦν ἐπὶ Θεαγενίδου. καὶ γὰρ τοῦ Ταϋγέτου τι παρερράγη καὶ τὸ ᾠδεῖον καὶ ἕτερα καὶ οἰκίαι πλεῖσται, καὶ Μεσσήνιοι ἀποστάντες ἐπολέμουν καὶ οἱ εἵλωτες ἐπέστησαν, ἕως Κίμων ἐλθὼν διὰ τὴν ἱκετηρίαν ἔσωσεν αὐτούς.

1148. ὡς πρὸς γυναῖκα. λέγει δὲ τὴν γῆν τῆς Ἀττικῆς λιπαρὰν εἶναι.

1149. ἀφήσειν τῆς μέμψεως οἴει.

1152. καὶ γὰρ τῶν Θετταλῶν οἱ πλεῖστοι ἐβοήθουν Ἱππίᾳ.

1153. Ἀριστοτέλης φησὶ μετὰ τὸν Ἱππάρχου θάνατον χρησμὸν γενέσθαι τοῖς Λάκωσιν καταλύειν τὴν τυραννίδα, τῆς Πυθίας, ὡς οἱ Ἀλκμαιωνίδαι ἐμισθώσαντο τὸν ἐν Δελφοῖς νεὼν οἰκοδομεῖν, συνεχῶς τοῦτο χρώσης αὐτοῖς μαντευομένοις, ἕως πρότερον μὲν Ἀγχιμόλιον ἔπεμψαν κατὰ θάλασσαν, ἀποκρουσθέντος δὲ αὐτοῦ ὀργισθέντες οἱ Λάκωνες Κλεομένη τὸν βασιλέα σὺν μείζονι ἐξέπεμψαν στόλῳ, καὶ νικήσας τοὺς Θετταλοὺς εἰσῆλθεν εἰς τὴν Ἀττικὴν καὶ τὸν Ἱππίαν συνέκλεισεν εἰς τὸ Πελαργικὸν τεῖχος, ἕως οἱ παῖδες τῶν τυράννων ἐξιόντες ἑάλωσαν.

1157. ἀγαθωτέραν.

1162. ἡμεῖς θέλομεν, ἐάν τις ἡμῖν θελήσῃ ἀποδοῦναι τὸ ἔγκυκλον, τουτέστι τὴν Πύλον, διὰ τὴν τῶν τειχῶν περιβολήν.

1164. ἀντὶ τοῦ ψηλαφῶμεν καὶ ἐπιθυμοῦμεν.

1166. ἀντὶ τοῦ οἰκήσομεν.

1169. ταῦτα οἱ Λακεδαιμόνιοι ἐδόκουν οὐκ ἐπιτηδείως ἔχειν. ἔστι δὲ ὁ Ἐχινοῦς κόλπος. λιμήν ἐστιν ὄπισθεν τοῦ Ἐχινοῦντος.

1170. σκέλη τόπος οὕτω καλούμενος τῆς Μεγαρίδος. σημαίνει δὲ καὶ τὸ κακέμφατον. οἱ δὲ τὰ Μεγαρικὰ τείχη.

1171. ὦ μαινόμενε.

1173. ἀπαλλαγεὶς τοῦ πολέμου γυμνὸς βούλομαι γεωργεῖν, ἀντὶ τοῦ θέλω τὴν εἰρήνην.

1174. ἀντὶ τοῦ κόπρον ἄγειν πρῶτον, ὡς μὴ εὐπορούντων αὐτῶν ἀροσίμης γῆς.

1176. δρᾶν ταῦτα, τὰ τῆς γεωργίας.

1180. κατ' ἐρώτησιν.

1181. τοῖς ἐμοῖς.

τοὺς Καρυστίους ὡς μοιχοὺς κωμῳδοῦσιν. ἦσαν δὲ Ἀθηναίων σύμμαχοι.

1184. ἀντὶ τοῦ ὧν εἴχομεν ἐδεσμάτων ἐν τῇ κίστῃ.

1189. ἀποκοπή ἐστι τοῦ ἄλλου χοροῦ, ὡς παρ' Εὐπόλιδι ἐν Κόλαξι.

πορφυρῶν περιβολαίων.

1194. χρυσοφοροῦσι γὰρ αἱ κανηφόροι.

1198. εὖ ἐσφραγίσθαι ὅσα εὑρίσκει ἔνδον.

1200. ῥύπους : τὰς σφραγῖδας· ἐκ πηλοῦ γὰρ ὑπῆρχον.

1202. παίζουσα λέγει μηδὲν εἶναι ἔνδον. περιβλεπόμενος δὲ, φησίν, οὐδὲν εὑρήσει.

1204. εἰ δέ τινι.

1208. ἀντὶ τοῦ πυροὺς ὑποκοριστικῶς.

1209. μέγας.

1211. θυλάκους. πλέγμα δεκτικὸν ἄρτων.

1212. ὁ δοῦλος.

1213. γέλωτος χάριν.

1216. ἐπικωμάζει λαμπάδα ἔχων. δεῖ δὲ νοεῖν ὅτι πρὸς τὴν θυρωρὸν λέγει.

1218—1220. τὸ πρᾶγμα, τὸ ὑμᾶς καῦσαι. ὑμῖν τοῖς θεαταῖς τελειώσομεν τὸ δρᾶμα. φορτικὸν μέν ἐστιν εἰσελθεῖν εἰς τὴν σκηνὴν μετὰ λαμπάδος καὶ καταφλέξαι τινά· εἰ δὲ βούλεσθε, ὦ θεαταὶ, καὶ τοῦτο ποιήσομεν προσχαριζόμενοι ὑμῖν.

1222. ἀντὶ τοῦ τὸν ἐγκέφαλον ἢ τὰς τρίχας καιομένας.

1225. ἐξέρχεταί τις τῶν Ἀθηναίων ἀπὸ τοῦ συμποσίου.

1227. σκώπτει τοὺς Ἀθηναίους ὅτι νήφοντες μὲν κακῶς βουλεύονται, μεθύοντες δὲ καλῶς διαπράττονται.

1237. Τελαμῶνος : (Ἀρχή τινος σκολίου « παῖ Τελαμῶνος αἰχμητά, » περὶ οὗ δεδήλωται ἤδη.) ὁ δὲ νοῦς ὅτι τὰ ἐναντία λέγομεν ἑαυτοῖς καὶ πράττομεν. ὅταν γάρ τις ᾄσῃ ἀπὸ τῶν σκολίων Πινδάρου, λέγομεν ὅτι δεῖ μᾶλλον ᾄδειν ἀπὸ Κλειταγόρας τῆς ποιητρίας· ἡ γὰρ Κλειταγόρα ποιήτρια ἦν Λακωνικὴ, ἧς μέμνηται καὶ ἐν Δαναΐσιν Ἀριστοφάνης.

1239. αὖθις ἔρχονται πάλιν : Τουτέστι συνήχθησαν πάλιν. ἦν γὰρ θεράπων διασκορπίσας αὐτοὺς τῇ λαμπάδι.

1242. ὦ Πολυχαρίδα : Πιθανώτερόν ἐστι, Βοιωτῶν αὐτὸν εἶναι. ἀλλὰ γὰρ ἐν τοῖς πρέσβεσιν οὐδαμοῦ παρέδωκεν, ὅτι καὶ ἕτεροι παρῆσαν. γυναῖκες μὲν γὰρ ἐληλύθασι καὶ Κορίνθιαι καὶ Βοιώτιαι ἐπὶ τῆς πρεσβείας. οὐ λέγει δὲ Λάκων, ἀλλὰ Λάκωνες. ἀπίθανον δέ ἐστι μὴ παρεῖναι τοὺς παραληψομένους τὴν Βοιωτίαν καὶ τὴν Κορινθίαν. ἡ μὲν γὰρ Λαμπιτὼ εἰς Λακεδαίμονα ᾤχετο.

1243. ἵν' ἐγὼ διποδιάξω γε : Τοῖς δύο ποσὶ χορεύσω. εἶδος δὲ ὀρχήσεως ἡ διποδία, ἧς μέμνηται καὶ Κρατῖνος ἐν Πλούτοις « ἄρξει γὰρ αὐτοῖς διποδία καλῶς. » — τοὺς αὐλοὺς, ἀπὸ τοῦ φυσᾶν. R.

1247. ὅρμαον : Ἄρχεται τῇ ἰδίᾳ διαλέκτῳ τοὺς αὐλοὺς φυσᾶν ὁ Λάκων. ὁ δὲ νοῦς· ὅρμησον, ὦ μνημοσύνη, τῷ ἐφήβῳ τὴν σὴν μοῦσαν. κυρσανίους δὲ καλοῦσιν οἱ Λάκωνες τὰ μειράκια, καὶ τοὺς εὐτελεῖς ἀνθρώπους παρ' αὐτοῖς. (λείπει δὲ ἡ εἰς πρόθεσις, εἰς τοὺς κυρσανίους.)

ἀντὶ τοῦ μέλλοντας ὀρχεῖσθαι. R.

1249. μοῦσαν. R.

1250. τοὺς Ἀθηναίους. R.

1251. ἐπ' Ἀρτεμισίῳ : Ἄκρα ἐστὶν Εὐβοίας τὸ Ἀρτεμίσιον, ἔνθα ἐπολέμησαν τῷ Ξέρξῃ οἱ Ἀθηναῖοι.

1252. τὸ πλῆρες θεοείκελοι ἐμάχοντο, θεοῖς ὅμοιοι προέκρουον καὶ ἐμάχοντο. R.

1253. πρὸς τὰ πλοῖα. R.

1254. Λεωνίδας στρατηγὸς Λακεδαιμονίων. R.

1255. ᾆπερ τὼς κάπρως : Ὥσπερ τοὺς κάπρους· συνεβοήθουν γὰρ κατὰ Περσῶν τοῖς Ἀθηναίοις οἱ Λακεδαιμόνιοι.

1257. πολὺς δ' ἀμφὶ τὰς γένυας : Πρὸς τὸ παρὰ τῷ Ἀρχιλόχῳ « πολλὸς δ' ἀφρὸς ἦν περὶ στόμα. » καὶ Σοφοκλῆς [El. 1219]. Αἰσχύλος δὲ « ἀφρὸς βορᾶς βροτείας ἐρρύη κατὰ στόμα. » — ἀντὶ τοῦ ἤνθει. R.

1259. ἔπαιξεν. ἐπὶ δειλίᾳ δὲ αὐτοὺς κωμῳδεῖ ὡς ἐναφιέντας.

1260. ἦσαν γὰρ οἱ Πέρσαι οὐκ ἐλάσσονες τῶν ψάμμων.

1262. θηροκτόνε.

1263. παρθένε θεά.

1266. τῶν πανούργων ῥητόρων.

1274. παραδίδωσι λοιπὸν μετὰ ταῦτα τοῖς μὲν Λάκωσι τὰς Λακαίνας, τοῖς δὲ Ἀθηναίοις τὰς ὁμοφύλους.

1276. ἐπ' εὐτυχίαις.

1281. ἐπὶ δὲ Δίδυμον : Ἀπὸ Διδύμου τῆς Μιλήτου τόπου Διδυμαῖος Ἀπόλλων καλεῖται. ἢ ὅτι δύο εἰσὶ χοροὶ, ὁ τῶν Λακώνων καὶ ὁ τῶν Ἀθηναίων.

1283. μετὰ τῶν βακχῶν. βλέπει. R.

1285. ἀντὶ τοῦ φλέγοντα διὰ τῶν κεραυνῶν. R.

1286. ὑμνήσατε. Ἥραν. ἢ τὴν Ἀριάδνην. R.

1287. δαίμονας : Ἄλλους. καὶ τοὺς ἄλλους θεοὺς κάλεσον.

1289. τῆς εἰρήνης.

1296. ἐπὶ νέα νέαν : ἐπὶ νεώτερα πράγματα, νέαν μοῦσαν.

1297. ἐκλιποῦσα μοῦσα.

1299. κλείουσαι καὶ ὑμνοῦσαι.

1300. οὕτω χαλκιοίκου Ἀρτέμιδος ἱερὸν ἐν Λακεδαίμονι. ἢ Ἀθηνᾶς. διχῶς. ἄνασσαν Ἀθήνην. χαλκίοικος δὲ ἡ Ἀθηνᾶ τιμᾶται ἐν Σπάρτῃ.

1301. ἀγαθούς.

1302. παίζουσιν.

1303. ἄγε. ἐπίφθεγμα παρακελευστικόν.

1306. ᾗτινι οἱ χοροὶ τῶν θεῶν μέλουσιν.

1308. ᾗ τε, ὅπου. ἢ ὡς εἴτε ὥσπερ.

1310. λείπει τὸ κτύπον.

1311. ἀνακινοῦσαι.

1313. θυρσαδδωᾶν : Ὥσπερ αἱ τῶν βακχῶν. ἀντὶ τοῦ θυρσαζουσῶν καὶ παιζουσῶν, παρὰ τὸ δονεῖν τοὺς θύρσους.

1316. παραμπυκίδδετε : Παραπλέκετε, ποικίλλετε. ἀντὶ τοῦ σκέπασον τῇ ἄμπυκι.

1317. οἷον πήδα. R.

1318. ὡς ἔλαφος. R.

1319. χορωφελέταν : Ἀντὶ τοῦ, ποίει κρότον ὠφελοῦντα τὸν χορόν.

1320. καὶ τὰν σιὰν δ' αὐτάν : Καὶ τὴν θεὰν Ἀθηνᾶν.

ΘΕΣΜΟΦΟΡΙΑΖΟΥΣΑΙ.

SCHOLIA IN THESMOPHORIAZUSAS.

Προλογίζει Μνησίλοχος κηδεστὴς Εὐριπίδου.

ὁ χορὸς ἐκ θεσμοφοριαζουσῶν.

καὶ τοῦτο τὸ δρᾶμα τῶν κατ' Εὐριπίδου πεποιημένων. ἀπὸ δὲ τῶν θεσμοφορίων τὰς θεσμοφοριαζούσας γυναῖκας ἐπέγραψεν, ἀφ' ὧν καὶ ὁ χορός.

Εὐριπίδου γυνὴ μὲν Χοιρίλη, μήτηρ δὲ Κλειτώ.

1. ἐπεὶ εἰώθασιν ἀπὸ χειμῶνος εὔχεσθαι ἔαρ, τῷ δὲ ἔαρι χελιδόνες φαίνονται, οὗτος δὲ ὥσπερ ἐχειμάσθη περιαγόμενος ὑπὸ Εὐριπίδου ἀλύοντος. τοῦτο ἔφη ἐν ἤθει οἷον πότε ἀπαλλαγήσομαι του κακου τουτου, ὥσπερ οἱ ἐκ χειμῶνος ἐπιθυμοῦντες ἔαρ ἀφικέσθαι.

2. ἀλοῶν : Ἔξωθεν ἐν κύκλῳ περιάγων ὡς οἱ ἐν ταῖς ἅλωσι. καὶ τὸ τύπτειν ἀλοᾶν λέγουσιν ἀπὸ τῶν κοπτόντων τοὺς στάχυας.

3. οἷόν τε : δυνατὸν, ἐρωτηματικῶς.

5. ὁ μὲν τραγικώτερον καὶ ὑψηλότερον φράζει, ὁ δὲ ταπεινότερον ἢ δεῖ ἀκούει.

11. ταῦτα τῶν φυσικῶν λόγων. χωρὶς, τοῦ ἀκούειν καὶ ὁρᾶν.

12. ἀντὶ τοῦ εἰπεῖν τοῦ ἀκούειν καὶ ὁρᾶν εἶπε τοῦ μήτ' ἀκούειν μήθ' ὁρᾶν.

16. ἐπεὶ ὁ αἰθὴρ δοκεῖ τρέφειν ἡμᾶς. κινούμενα : οὐδὲν γὰρ δίχα κινήσεως γίνεται. ξυνετέκνου δὲ ἀντὶ τοῦ ἐτεκνοποίει.

17. ἀντίμιμον : ὅμοιον. λείπει τὸ περιφερές.

18. λείπει ὡς.

21. διὰ τούτου ὑπονοεῖ Εὐριπίδου εἶναι ἐκεῖνο τὸ « σοφοὶ τύραννοι τῶν σοφῶν ξυνουσίᾳ. » ἔστι δὲ Σοφοκλέους ἐξ Αἴαντος Λοκροῦ. ἢ οὖν ἐπίτηδες, ἵνα καὶ τοὺς ἄλλους ἐξαπατήσῃ, ἢ συνέμπτωσις Σοφοκλεῖ καὶ Εὐριπίδῃ ἐγένετο. οἷόν γε πού 'στιν αἱ σοφαί : καὶ διὰ τούτου φαίνεται ὑπονοῶν Εὐριπίδου εἶναι τὸ « σοφοὶ τύραννοι τῶν σοφῶν συνουσίᾳ. » ἔστι δὲ Σοφοκλέους ἐξ Αἴαντος Λοκροῦ. ἐνταῦθα μέντοι ὑπονοεῖ μόνον, ἐν δὲ τοῖς Ἥρωσιν ἄντικρυς ἀποφαίνεται. καὶ Ἀντισθένης καὶ Πλάτων [Rep. 8, p. 568, A; Theag. p. 125, D] Εὐριπίδου αὐτὸ εἶναι ἡγοῦνται, οὐκ ἔχω εἰπεῖν ὅ τι παθόντες. ἔοικε δὲ ἤτοι πεπλανημένος ἢ συνεξαπατῆσαι τοὺς ἄλλους, ὥσπερ ὑπονοοῦσί τινες συμπτώσεις τῷ τε Σοφοκλεῖ καὶ τῷ Εὐριπίδῃ, ὥσπερ καὶ ἐπὶ ἄλλων τινῶν. τὸ μέντοι δρᾶμα ἐν ᾧ Εὐριπίδης ταῦτα εἶπεν οὐ σώζεται.

24. ἵνα μὴ περιπατήσῃ μετ' αὐτοῦ.

25. πρόσεχε ἀντὶ τοῦ μνῆσαι.

27. λείπει ἡ διά, οἷον σιωπῶ διὰ τὸ θύριον. ἔπαιξε δέ.

31. οἱ περὶ Ἀρίσταρχον καὶ Δίδυμόν φασιν εἶναι τοιοῦτον Ἀγάθωνα. ἐγὼ δὲ οὐχ ἡγοῦμαι, ἀλλ' ἐπειδὴ βούλεται κωμῳδεῖν τὸν Ἀγάθωνα ὡς μήτε καρτερὸν μήτε μέλανα, τοῦτο εἶπεν. ἢ ἄσημόν τινα.

32. ἐπειδὴ οὐ πάλαι ἤρξατο διδάσκειν, ἀλλὰ τρισὶν πρὸ τούτων ἔτεσιν.

33. διαβάλλει τὸν Ἀγάθωνα πάλιν ὡς λεῖον καὶ ἀποτίλλοντα αὐτοῦ τὰς τρίχας τοῦ πώγωνος.

36. κρυβῶμεν. κυρίως δὲ πτήσσειν ἐστὶ τὸ φεύγειν καὶ φοβεῖσθαι.

38. ὅτε γὰρ δρᾶμα ποιῆσαι ἤθελον, πρότερον θυσίας ἐποίουν.

λείπει τὸ ὡς. ὡς ἔοικε.

39. παρὰ τοῖς τραγικοῖς οὕτω λέγεται, πᾶς ἔστω λαός.

41. ὁ ἱερὸς χορός.

43. ἐπεχέτω.

45. ἐπίρρημα ἐπὶ θαυμασμοῦ λαμβανόμενον.

48. ἀναδιπλασιάζει τὴν λέξιν.

52. προοίμια. κυρίως δὲ δρύοχοί εἰσιν οἱ ἐντιθέμενοι πάτταλοι ναυπηγουμένης νεώς.

53. ὡς ἀπὸ τῶν οἰκοδομούντων.

54. ὡς ἐπὶ τεκτόνων.

μέλη κολλᾷ.

55. ὄνομα ἀντὶ ὀνόματος τίθησιν.

56. ὡς ἐπιπηγνύντος καὶ συντιθέντος.

μεταστρέφει.

57. χωνεύει.

58. τοῖς φραγμοῖς τῶν οἴκων.

60. ἀντὶ τοῦ ἐπὶ τοῦ θριγκοῦ.

61. συγκάμψας.

62. ὡς εἰς χόανον τὸν πρωκτὸν ἐμβαλεῖν.

68. ὡς ἀπὸ τῶν λυόντων τὸν κηρὸν ἐν τῷ ἡλίῳ. ἐπειδὴ δύσκαμπτοι αἱ στροφαί. καὶ Ἀριστοφάνης [Nub. 971] τὰς δυσκολοκάμπτους αὐτάς φησιν. εἴρηται δὲ καὶ διὰ τὴν φωνὴν, ἐπεὶ λέγεταί τι κάμπτειν καὶ ἐν ταῖς ᾠδαῖς.

71. στενάζει φοβούμενος τὰς γυναῖκας.

74. τὸ σημεῖον· οὐ μόνον κηδεστὴς ὁ ἐκδιδοὺς, ἀλλὰ καὶ ὁ λαμβάνων.

80. ταῦτο τῶν ζητουμένων ἐστὶ, πῶς καὶ τρίτην καὶ μέσην εἶπεν. ια' γὰρ ἄνοδος, εἶτα ιβ' νηστεία, εἶτα τρισκαιδεκάτη καλλιγένεια, ὥστε μέση μὲν εἶναι δύναται, τρίτη μὲν οὐ, ἀλλὰ δευτέρα. ἀλλ' οὐδὲ ψυχρεύεσθαί τις δύναται λέγων ὅτι τρίτη ἡ τρισκαιδεκαταία, ὡς ἑκταία ἑκατηβόλος σελάνα, ἑκκαιδεκαταία· ἡ γὰρ μέση οὐκ ἔστιν ιγ', ἀλλὰ δωδεκάτη. ἡ λύσις οὖν ἥδε. δεκάτῃ ἐν Ἁλιμοῦντι Θεσμοφόρια ἄγεται, ὥστε τρι.ην

μὲν ἀπὸ δεκάτης ιϐʹ εἶναι, μέσην δὲ μὴ συναριθμουμένης τῆς δεκάτης. τοῦτο δὲ αἰνιγματῶδες κατὰ Καλλιμάχου ἄν τις φαίη, ἔνθα μὲν τρίτη λέγεται, συναριθμεῖν τὴν ιʹ, ἔνθα δὲ μέση, μηκέτι συναριθμεῖν. καὶ ὅπου γε λιμώττουσιν, ἀστεϊζόμενοι τὴν μέσην τῶν Θεσμοφορίων ἄγειν φασίν, ἐπεὶ αὕτη ἡ νηστεία. ἑνδεκάτη Πυανεψιῶνος ἄνοδος. δωδεκάτη νηστεία, ἐν ᾗ σχολὴν ἄγουσαι ὑπόκεινται αἱ γυναῖκες ἐκκλησιάζουσαι περὶ Εὐριπίδου. τρισκαιδεκάτη καλλιγένεια. γʹ οὖν συναριθμουμένης ιʹ, μέσην δὲ τῆς ἀνόδου καὶ τῆς καλλιγενείας.

82. κἀν θεσμοφόροιν : Ἀττικὴ σύνταξις καὶ δυϊκὴ, ἀντὶ τοῦ ἐν τῷ τῶν θεσμοφόρων ἱερῷ, Δήμητρος καὶ Περσεφόνης.

93. ἀεὶ γὰρ τὸν Εὐριπίδην ὡς πανοῦργον διαϐάλλει.

94. εἶδος πλακοῦντος ὁ πυραμοῦς. οὗτος δὲ ἐτίθετο τοῖς διαπαννυχίζουσιν ἔπαθλον, καὶ ὁ ἐγρηγορὼς ἕως πρωΐας ὡς νικῶν αὐτὸν ἐλάμϐανε. νῦν οὖν ταύτῃ τῇ μεταφορᾷ ἐχρήσατο ὡς νικῶντος αὐτοῦ τῇ πανουργίᾳ πάντας, ἤτοι τὰς γυναῖκας.

96. ἐπὶ ἐκκυκλήματος γὰρ φαίνεται.

98. Κυρήνην : Τὴν ἑταίραν, περὶ ἧς πολλάκις φησί. τοιοῦτον δὲ τὸν Ἀγάθωνα καὶ οἱ ἄλλοι κωμῳδοῦσιν.

100. ὡς λεπτὰ καὶ ἀγκύλα ἀνακρουομένου μέλη τοῦ Ἀγάθωνος· τοιαῦται γὰρ αἱ τῶν μυρμήκων ὁδοί. μεταξὺ δὲ τῶν δυοῖν ἀξιοῦσί τινες γράφειν μινυρισμὸς, ὡς πολλὰ τοιαῦτα παρεπιγράφεται.

101. ὁ Ἀγάθων ὑποκριτικὰ μέλη τέως ποιεῖ. ἀμφότερα δὲ αὐτὸς ὑποκρίνεται.

μονῳδεῖ ὁ Ἀγάθων ὡς πρὸς χορὸν, οὐχ ὡς ἐπὶ σκηνῆς, ἀλλ' ὡς ποιήματα συντιθείς. διὸ καὶ χορικὰ λέγει μέλη αὐτὸς πρὸς αὐτὸν, ὡς χορικὰ δέ. χθονίαις δὲ τῇ Δήμητρι καὶ τῇ Κόρῃ.

106. εὐπίστως ἔχω πρὸς τὸ τοὺς θεοὺς ὑμνῆσαι καὶ εὐλογῆσαι.

109. ὃς τὴν Ἴλιον ἐτείχισεν.

117. τὴν παρθένον.

121. τῇ Φρυγίᾳ ἁρμονίᾳ ἡρμοσμένα.

καὶ τὰ κρούματα τοῦ Ἀπόλλωνος κιθάρας σέϐομαι, ἐπειδὴ εἶπε κάτω « κιθάραν ματέρα ὕμνων. » Ἀσιάδα δὲ τὴν κιθάραν λέγει.

122. ὀρχήματα.

123. τὸ σέϐομαι κοινόν.

125. εὐτόνῳ. προεῖπε γὰρ ὅτι ἐκ παρθένων ἐστὶν ὁ χορός. ἢ ἄρσενι βοᾷ δοκίμῳ, ἐπεὶ Ἀπόλλων ἐστὶν ὁ κιθαρίζων. τῆς οὖν κιθάρας ἄρσενι βοᾷ δοκίμου οὔσης φῶς ἔσσυτο. ἐπάγει δὲ σημεῖον τοῦ παρὰ Ἀπόλλωνος λελέχθαι.

τῇ θαυμαστῇ φωνῇ καὶ δεδοκιμασμένῃ.

126. τῆς κιθάρας φῶς ἔσσυτο τοῖς σοφοῖς· ἀπὸ γὰρ τῆς κιθάρας ἐδιδάχθησαν οἱ παλαιοὶ ᾄδοντες καὶ γράφοντες ποιήματα. ἢ τῇ Λητοῖ λαμπρότατα ὄμματα λέγει.

πάλιν δὲ φῶς ἐγένετο αἰφνης ἀπὸ τῆς ἡμετέρας φωνῆς· ἄνευ γὰρ κιθάρας ἢ ἄνευ ἀνδρὸς τοῦ διδάσκοντος οὐ μαθήσεταί τις.

127. ἀντὶ τοῦ ἐνθουσιαστικῆς.

129. ὀλολύζει. παρεπιγραφὴ τοῦτο· εἰπόντος γὰρ τοῦ Ἀγάθωνος ὁ κηδεστὴς τοῦ Εὐριπίδου ὀλολύζει εἰς τὴν θηλύτητα αὐτοῦ καὶ μόνον οὐχὶ γυναικὸς εὐχήν.

130. δαίμων ἡ Γενετυλλὶς περὶ τὴν Ἀφροδίτην. φασὶ δὲ παρὰ τὴν γέννησιν πεποιῆσθαι τὸ ὄνομα. τινὲς δὲ περὶ τὴν Ἄρτεμίν φασιν αὐτὰς τῶν τοκετῶν ἐφόρους, καὶ πάλιν παρὰ τὴν γέννησιν τὸ ὄνομα πεποιῆσθαι.

131. ποικίλον καὶ ἡδύ. ἔστι δὲ εἶδος φιλήματος πολλαῖς γλώτταις μεμιγμένον. γλῶττα δέ ἐστι καὶ ἡ λέξις· κυρίως δὲ κατεγλωττισμένον ἐστὶ τὸ ἔγγλωττον φίλημα.

135. τὴν τετραλογίαν λέγει Λυκουργίαν, Ἠδωνοὺς, Βασσαρίδας, Νεανίσκους, Λυκοῦργον τὸν σατυρικόν. λέγει δὲ ἐν τοῖς Ἠδωνοῖς πρὸς τὸν συλληφθέντα Διόνυσον « ποδαπὸς ὁ γύννις; »

137. ἐντεῦθεν τὴν ἀρχὴν Εὔϐουλος ἐποιήσατο τοῦ Διονυσίου, τὰ ἀνόμοια τῶν ἐν τῇ Διονυσίου οἰκίᾳ καταλέγων· ἐπὶ πλέον μέντοι. ἡ κιθάρα.

139. ζωνάριον.

141. γρ. σύ τ' αὐτός.

ἀντὶ τοῦ τρέφῃ· τὸ γὰρ τρέφει Ἀττικόν.

142. ἀνδρεῖα ὑποδήματα.

144. στοχάζομαί γε ἐκ τῆς μελοποιίας οἷος ἄν τις εἴης.

147. ἀντὶ τοῦ οὐκ ἐλυπήθην.

152. ἀντὶ τοῦ τὴν σκέψιν.

154. γυναικεῖα δράματα λέγεται ἐν οἷς ὁ χορὸς ἐκ γυναικῶν ἐστιν, ἀνδρεῖα δὲ ἐν οἷς ἐξ ἀνδρῶν.

158. ἐπεὶ ὡς ἐπίπαν ἐστυκότας τοὺς σατύρους εἰσάγουσιν.

160. ἀγροῖκον καὶ πώγωνα μέγαν ἔχοντα.

161. Ἴϐυκος ὁ Ῥηγῖνος καὶ Ἀνακρέων ὁ ἀπὸ Τέω (αὕτη δὲ πόλις τῆς Ἰωνίας), καὶ Ἀλκαῖος ὁ Λέσϐιος μέλη ἔγραψαν πρὸς λύραν.

162. ἔγχυμον ἐποίησαν. ἐν ἐνίοις δὲ Ἀχαιὸς γέγραπται, καὶ τὰ παλαιότερα ἀντίγραφα οὕτως εἶχεν. Ἀριστοφάνης δέ ἐστιν ὁ μεταγράψας Ἀλκαῖος· περὶ γὰρ παλαιῶν ἐστιν ὁ λόγος, ὁ δὲ Ἀχαιὸς νεώτερος. τὸ δὲ λεγόμενον ὑπὸ Διδύμου πρὸς Ἀριστοφάνην, ὅτι οὐ δύναται Ἀλκαίου μνημονεύειν (οὐ γὰρ ἐπεπόλαζε, φησὶ, τὰ Ἀλκαίου διὰ τὴν διάλεκτον), λελήρηται ἄντικρυς. καὶ ἐν τῷ πρὸ τούτου δράματι, τοῖς Ὄρνισι, παρῴδηται τὸ « ὄρνιθες τίνες οἵδ' ὠκεανῶ γᾶς ἀπὺ περράτων » οὕτως « ὄρνιθες τίνες οἵδ' οὐδὲν ἔχοντες » καὶ ἐν Σφηξὶν « ὡνὴρ οὗτος ὁ μαιόμενος τὸ μέγα κράτος. » ἀλλαχοῦ δὲ ὁ Δίδυμός φησιν, ἡ μὲν γραφὴ δύναται μένειν, οὐκ ἂν δὲ τούτου τοῦ μελοποιοῦ μέμνηται, πάλιν τὸ αὐτὸ λέγω ὅτι οὐκ ἐπεπόλαζε τὰ μέλη, ἀλλ' Ἀλκαίου τοῦ κιθαρῳδοῦ, οὗ καὶ Εὔπολις ἐν Χρυσῷ Γένει μέμνηται « ὦ Ἀλκαῖε Σικελιῶτα Πελοποννήσιε. » τί δὲ ἐνταῦθα κιθαρῳδοῦ, περὶ ποιητοῦ ὄντος τοῦ λόγου;

163. ἁϐρῶς.

164. Φρύνιχος ὁ τραγικὸς, ἐπεὶ Ἀθηναῖος ἦν.

168. ἐκ τούτου . . . . καὶ ἐν τοῖς Ὄρνισιν [1295] οὐκ ἄλλοθεν κορυδὸν αὐτὸν ὠνόμασεν ἀλλ' ἢ ὅτι μικρὸς καὶ αἰσχρός. καὶ Τηλεκλείδης Ἡσιόδοις « ἀλλ' ἡ τάλαινα « Φιλοκλέα * * * * οὖν, εἰ δ' ἐστὶν Αἰσχύλου φρόνημ' « ἔχων. »

τραγῳδίας ποιητὴς αἰσχρὸς τὸ πρόσωπον καὶ σιμὸς καὶ μικρὸς τὸ σῶμα.

173. κακὸς ἤμην.

177. σοφοὺς μᾶλλον ἔλεγον καὶ σοφιστὰς τοὺς περὶ μουσικὴν καὶ ποιητικήν.

179. μεγάλῃ καὶ θαυμαστῇ.

190. γέρων γὰρ τότε Εὐριπίδης ἦν· ἕκτῳ γοῦν ἔτει ὕστερον τελευτᾷ.

194. ἐξ Ἀλκήστιδος Εὐριπίδου [694].

199. ἐκφεύγειν.

203. ἐὰν τοῦτο ποιήσωμεν.

214. ἀληθῶς.

215. τὰ γένεια. ταῦτα δὲ ἔλαβεν ἐκ τῶν Ἰδαίων Κρατίνου.

220. παρὰ τὸ δουροδόκης ὡς πολλὰ αυ . .

221. ἵνα ἀποτεταμένης αὐτῆς καλ . . . νεν.

224. ἀντὶ τοῦ εἰς τῶν Ἐρινύων. ἄσυλον γὰρ εἶχον οἱ καταλαμβάνοντες τὰ ἱερὰ τῶν Ἐρινύων.

227. τὴν μίαν κομῶν γνάθον, τὴν ἑτέραν ἐψιλωμένος.

231. ὅτι τὸ μύζειν παρῆκται ἀπὸ τοῦ μῦ πολλοῖς ἄλλοις ὁμοίως. μύζειν δέ ἐστι τὸ τοῖς μυκτῆρσι ποιὸν ἦχον ἀποτελεῖν.

232. ψιλὴ τάξις ἐστὶν ἀγεννεστάτη, ἥτις βάλλεται ἔμπροσθεν τοῦ στρατοπέδου γυμνὴ οὖσα ὅπλων, καὶ ἐὰν ταραχὴ γένηται, ἐκείνη πρώτη ἀναιρεῖται. τοῦτο δὲ λέγει, ἐπεὶ ἐψίλωται.

235. διαβάλλει τοῦτον ὡς ξυρούμενον.

236. μετὰ γὰρ τὸ τυθῆναι τὰ δελφάκια φλογίζονται, ἵνα ψιλωθῶσιν.

242. ὡς εἰ ἔλεγεν οἰκίαν.

245. ἄσβολος καλεῖται ἡ αἰθάλη τοῦ πυρός.

246. τράμις ὁ πρωκτός.

254. δέον εἰπεῖν μύρου εἶπε ποσθίου. πόσθιον δέ ἐστι τὸ αἰδοῖον τοῦ ἀνδρός. διαβάλλει δὲ αὐτὸν ὡς μετ' αὐτοῦ ἑταιρίζοντα.

258. ὅτι τὴν περίθετον οὕτως. καὶ τοῦτο δὲ εἰς μαλακίαν, ἵνα λανθάνῃ νυκτὸς καὶ ὡς γυνὴ πάσχῃ. λέγουσι δὲ περίθετον πρόσωπον, ὡς Ἀριστομένης ἐν Γόησιν « παντευχίαν δὲ τοῦ θεοῦ ταύτην λαβεῖν καὶ « περίθετον πρόσωπον, ὃ λαβὼν ἕσταθι. »

259. πάντα ἔχουσα τὰ τοιαῦτα ἐν ἑαυτῇ.

261. τῆς κλίνης. στρῶμα δίδωσιν αὐτῷ.

βάθριόν τι ἡ κλινὶς εἰστεταμένον. δῆλον δὲ ὅτι τὸ ἔγκυκλον ἱμάτιον, ὁ δὲ κροκωτὸς ἔνδυμα.

263. χαῦνα. διαβάλλει δὲ πάλιν τὸν Ἀγάθωνα ὡς χαῦνον.

268. ὡς γυνὴ λαλήσεις.

272. ἐκ τῆς Μελανίππης Εὐριπίδου.

273. Ἱπποκράτης ἐγένετο Ἀθηναῖος, ὃς εἶχεν υἱοὺς * * διεβάλλετο δὲ σὺν αὐτοῖς ὡς ἀπαίδευτος.

274. ὅτι κατὰ δύναμιν τῆς λέξεως, ἀντὶ τοῦ ἀθρόους πάντας. τὸ γὰρ ἄρδην ὅμοιόν ἐστι τῷ φοράδην ἐνέγκαι· ἡ γὰρ ἄρσις τοῦτο δηλοῖ. εἰ μὴ νῦν τοῦτο βούλεται, πάντας ὁμοῦ αἴρω.

276. ἐπειδὴ ἐν Ἱππολύτῳ [608] τοῦτο εἶπεν Εὐριπίδης, νῦν εὐλαβούμενος λέγει ὅτι ἡ φρήν σου ὀμώμοκε καὶ οὐχ ἡ γλῶττα.

277. παρεπιγραφή. ἐκκυκλεῖται ἐπὶ τὸ ἔξω τὸ θεσμοφόριον.

278. ὅτε ἔμελλε γίνεσθαι ἐκκλησία, σημεῖον ἐτίθετο. οὕτως οὖν καὶ τῶν γυναικῶν μελλουσῶν ἐκκλησιάζειν σημεῖον τίθεται.

279. μιμεῖται τὴν φωνὴν γυναικός.

282. δυϊκόν. τὸ ἐντελὲς περικαλλέε.

289. ὡς τῆς θυγατρὸς αὐτοῦ κατ' ἐπίκλησιν οὕτω καλουμένης. οἷον βοίδιον ἢ χρυσίον ἢ μύρτιον. ἴσως δὲ τὸ αἰδοῖον τὸ γυναικεῖον αἰνίττεται.

280. ἀναισθήτου καὶ μωροῦ, ἵνα κρατῇ αὐτοῦ.

291. τὸν παιδαρίσκον. ἴσως δὲ παρὰ τὴν πόσθην αὐτὸ συνέθηκεν. ἀντὶ τοῦ κατωφερῆ τὸν νοῦν μου ποίησον.

295. γυνὴ μιμουμένη κήρυκα.

πεζῇ εὐφημίᾳ χρῶνται οἱ κωμικοὶ, ἐπειδὰν εὐχὴν ἢ ψήφισμα εἰσάγωσιν.

298. ὡς ἀνδρὶ τῆς Περσεφόνης.

δαίμων περὶ τὴν Δήμητραν, ἣν προλογίζουσαν ἐν ταῖς ἑτέραις Θεσμοφοριαζούσαις ἐποίησεν.

299. εἴτε τῇ γῇ εἴτε τῇ ἑστίᾳ, ὁμοίως πρὸ τοῦ Διὸς θύουσιν αὐτῇ.

310. ἀπὸ κοινοῦ εὔχεσθε.

312. ὁ χορὸς ἀπὸ γυναικῶν θεσμοφοριαζουσῶν.

324. τὸν ὑπὸ τῶν ἀνέμων κινούμενον. πᾶσαν δὲ κίνησιν καλοῦσιν οἶστρον.

327. ἡ τοῦ Ἀπόλλωνος.

329. ἐπὶ τὸ τελεστικὰ τὰ πράγματα γενέσθαι.

εἰς τέλος ἄγοιμεν τὰ δόξαντα.

336. φιλίαν σπένδει.

339. ἐκ τῆς κατάρας τῆς ἐπὶ τοῖς Πεισιστρατίδαις γενομένης ταῦτα παρέμιξεν. ἔοικέ τινα παραμιγνύναι τῶν ἐφ' Ἱππίᾳ ψηφισθέντων.

341. κατεῖπε πρὸς τὸν δεσπότην.

345. ἵνα αὐτῇ συγγένηται.

346. ἢ καὶ δέχεται δῶρα παρ' ἑταίρας ἐπὶ τῷ προδιδόναι καὶ συγχωρῆσαι αὐτῇ τὸν φίλον. γράφεται ἔν τισιν ἑταίρα καὶ ἔστιν ἕτερος νοῦς. Ἄλλως. ἐὰν μὲν ἄνευ τοῦ ι γρ. ἑταίρα, οὕτως· ἢ δέχεται δῶρα ὑπὲρ τοῦ ἑταίρα οὖσα προδιδόναι τὸν φίλον. ἐὰν δὲ σὺν τῷ ι, προδιδοῦσάν τινα ἑταίραν τὸν ἑαυτῆς φίλον.

347. τοῦ διξέστου. χοὺς γὰρ δύο ξέσται, χοεὺς δὲ ἕξ.

350. καταρᾶσθε.

365. ὅσαις δὲ προσήκει τὰ ἄριστα λέγειν, ταύτας νικᾶν λεγούσας.

359. ὑφ' ἡμῶν.

363. δηλοῖ ἐνταῦθα ὅτι λέγουσι καὶ ὁμοίως ἡμῖν τὰ ἀπόρρητα, οὐ μόνον ἀπηγορευμένων.

365. ἀντὶ τοῦ εἰπεῖν πολεμίους εἶπε Μήδους. κατ' ἐξοχὴν δὲ εἴρηται, ὥσπερ καὶ παρ' Ὁμήρῳ [Il. N, 1] « Ζεὺς ἐπεὶ οὖν Τρῶάς τε καὶ Ἕκτορα. »

370. συμμαχεῖν.

373. ἐπιστάτις ἐστὶν ἡ Τιμόκλεια. ἀρχή δέ τίς ἐστιν ἐπιστάτις, ἥτις ἀνισταμένη συμβουλεύει περὶ πολέμου ἢ εἰρήνης ἢ περὶ ἄλλου τινός.

376. ἐν γὰρ ταῖς ἄλλαις ἡμέραις περὶ τὰς θυσίας γίνονται. — ᾗ, ὅπου. *Pal.*

377. χρηματίζειν ἐστὶ τὸ λόγους διδόναι ἀλλήλοις.

380. ἀντὶ τοῦ στέφανον· ἔθος γὰρ ἦν τοῖς λέγουσι στεφανοῦσθαι πρῶτον. τὸ δὲ περίθου, ὅπερ ἡμῖν σύνηθες ἐπίθου λέγειν.

383. καλλιλεξία. γυνή.

386. ὑβριζομένας.

389. ἐπιχρίει, ἐπιξύει. σμῆξαι δέ ἐστι τὸ τὸν ῥύπον ἐπιξῦσαι.

μεταφορικῶς ἀπὸ τοῦ σμήχειν, οἷον ἐπιτρίβει· σφοδρὰν γάρ τινα τρίψιν καὶ τὴν σμῆξιν εἶναι. τάχα δὲ καὶ τὴν σμώδιγγα εἰρῆσθαι ἀπὸ τούτου. Διόδωρος οὐ μεταφορικὴν, ἀλλ' ἐξ ἔθους γλωσσηματικὴν, καὶ μὴ εἶναι ἐπιτρίβειν ἀλλὰ τύπτειν ἢ σκώπτειν τὸ σμώχειν. Ἄλλως. ἐπισμῇ : καὶ παρὰ Κρατίνῳ ἐστὶν ἐν Κλεοβουλίναις τὸ ἐπισμῇ. ἔστι δὲ λοιδορία, ἀπὸ τοῦ καθάπτεσθαι τῶν σμωμένων.

393. ὁ Σύμμαχός φησι παρὰ τὸ πιπίζειν τὸν οἶνον. ἐγὼ δὲ οὐχ ὁρῶ τὸ πιπίζειν ἐπὶ ταύτης τῆς ἐννοίας παρὰ τοῖς Ἀττικοῖς κείμενον, ἀλλὰ κατὰ μίμησιν φωνῆς λεγόμενον. ἄμεινον οὖν, ὥσπερ παιδοπίπης λέγεται, οὕτω καὶ οἰνοπίπης. Ἄλλως. τὰ πλεῖστα οἰνοπίπους ἔχει ἀντὶ τοῦ τὰς μεθύσους ἀπὸ τοῦ πιπίζειν, ὅπερ ἐστὶν ἐκμύζειν.

395. ὡς ἔτι ἰκρίων ὄντων ἐν τῷ θεάτρῳ καὶ ἐν ταῖς ἐκκλησίαις ἐπὶ ξύλων καθημένων. πρὶν γὰρ γενέσθαι τὸ θέατρον, ξύλα ἐδέσμευον καὶ οὕτως ἐθεώρουν.

397. ἀντὶ τοῦ ἐν ὅλοις αὐτοῦ τοῖς δράμασι.

401. νεωτέρων καὶ ἐρωτικῶν τὸ στεφανοπλοκεῖν.

πρὸς τὸ ἔθος, ὅτι ἐστεφανηπλόκουν αἱ παλαιαί. Σαπφὼ « αυταόρα αιστεφανηπλόκουν. »

402. περιερχομένη.

403. ἀντὶ τοῦ εἰς τίνα τὸν νοῦν ἐχούσης σου κατέαγεν ἡ χύτρα.

ὡς διὰ τὸ ἐρᾶν μὴ προσεχουσῶν ἐπεφώνουν ταῦτα οἱ ἄνδρες, εἰ ἡ γυνή τι ἐκ τῶν χειρῶν ἀφίοι.

404. ἐκ Σθενεβοίας Εὐριπίδου. διαβάλλει δὲ ὡς μοιχοὺς τοὺς Κορινθίους.

409. ὅτε τίκτουσιν αἱ γυναῖκες.

410. πρὸς τοὺς γέροντας διαβέβληκεν, οἳ πρὸ τοῦ τὰς μείρακας ἤγοντο.

412. ἀντὶ τοῦ διὰ τὸν ἴαμβον τοῦτον. πᾶν γὰρ μέτρον οἱ παλαιοὶ ἔπος ἐκάλουν.

416. ἠπειρωτικούς.

417. φόβον ἀπὸ τῶν προσωπείων.

419. ἐκ τοῦ ταμείου λαβεῖν.

420. ὅτι ἑνικῶς τὸ ἄλφιτον.

423. τὰ γὰρ ἀρχαῖα μονοβάλανά φασιν εἶναι. γομφίους δὲ, οὓς ἡμεῖς ὀδόντας. Μένανδρος Μισουμένῳ « Λακωνικὴ κλείς ἐστιν ὡς ἔοικέ μοι περιοιστέα. » καί φασιν ὅτι ἔξωθεν περικλείεται μοχλοῦ παρατιθεμένου ἤ τινος τοιούτου, ὥστε τοῖς ἔνδον μὴ εἶναι ἀνοῖξαι.

περιβόητοί εἰσιν αἱ Λακωνικαὶ κλεῖδες.

425. σφραγίδιον παραπλήσιον ᾧ ἐσφράγιζεν ὁ ἀνήρ.

427. ξύλα ὑπὸ θριπῶν βεβρωμένα, οἷς ἐσφράγιζον. θρῖπες δὲ εἶδος σκωλήκων.

428. ἐξάψαντας ἑαυτῶν.

429. ταράττειν καὶ κινεῖν.

441. διὰ τὸ εὐμήχανον ἐν τοῖς δράμασι λέγεσθαι τὸν Ξενοκλέα πρὸς τὰς τῆς γυναικὸς μηχανὰς παρελήφθη. χλευάζων δὲ λέγει οὐκ ἀπὸ σπουδῆς, ὡς ἐπὶ συμμέτρου. Ἄλλως. ὁ τραγῳδοποιός. ἤτοι δὲ διαβάλλει αὐτὸν ὡς ἀφυᾶ.

442. φανερῶς.

445. ὑπὸ Εὐριπίδου.

448. διὰ μυρρινῶν στεφάνους ποιοῦσα.

449. ἀντὶ τοῦ πρότερον.

458. οὓς ἡμεῖς ἐκδοτικοὺς λέγομεν.

459. φρόνημα.

469. ἐπίτηδες ὁ κηδεστὴς ὑπὲρ τὰς ἄλλας γυναῖκας γυναικίζεται, ἵνα διὰ τούτου λάθῃ.

472. ἀντὶ τοῦ μόναι.

οὐδεμία ἐκφέρουσα τοὺς λόγους πρὸς τοὺς ἄνδρας.

473. διὰ τί.

481. ἔξυεν ἠρέμα, παρὰ τὸ κνᾶν.

485. λείπει τὸ ἔφη.

486. ἐλελίσφακον. ὡς ἐπιτήδεια παῦσαι στρόφον.

487. ἵνα ὀλισθηρὸς γενόμενος μὴ ψοφῇ.

489. ἀγυιεὺς οὕτω καλούμενος Ἀπόλλων τετράγωνος.

491. τῶν νῦν καλουμένων σταβλίτων ἢ βουρδωναρίων, τῶν τοὺς οὐρῆας κομούντων.

495. διὰ γὰρ τὸν πρὸς Πελοποννησίους πόλεμον ἐφύλαττον Ἀθηναῖοι τὰ τείχη.

499. στολῆς εἶδος.

500. ὅτι καὶ συστολαῖς βιαίοις χρῶνται καὶ ἐκτάσεσι. καὶ ἄνω [176] « ἀλλ' ὧνπερ οὕνεκ' ἦλθον ἀλλ' εἰπεῖν βούλομαι. »

505. ὅτι ἐν χύτρᾳ τὰ παιδία ἐξετίθεσαν.

506. τὸ στόμα πεπληρωμένον. καὶ ἄλλως οὐ γάλα πρότερον τοῖς βρέφεσιν ἐδίδοσαν, ἀλλὰ μέλι ἀπολείχειν. Μένανδρος δὲ οὐκ ὀρθῶς ποιεῖ τὰ ἀρτίτοκα γάλακτος δεόμενα.

500. δέον εἰπεῖν « τὸ βρέφος τὸ ἦτρον τῆς μήτρας ἐλάκτισεν » εἶπε τῆς χύτρας, ἐπειδὴ ἐν χύτρᾳ εἰσῆλθε

τὸ παιδίον. τὸ κάλυμμα τῆς μήτρας, ὃ καλοῦμεν ἔλυτρον.

516. Θεόφραστος τὴν προάνθησίν φησι τῆς πίτυος καὶ τῆς πεύκης. Ἐρατοσθένης ἀγγεῖον τοῦ σφηκὸς ἢ τῆς μελίσσης, ὅπου οἱ σκώληκες ἔπεισιν. ἀλλ' οὐδὲ οὕτως πάνυ σώζεται ἡ ἀκολουθία. δεῖ οὖν χωρίζειν ἑκάτερον οὕτως, καὶ ὡς στρεβλὸν καὶ ὥσπερ κύτταρον, προσόμοιον κυττάρῳ πλήρει καὶ ἔχοντι τὸν σκώληκα. Ἄλλως. κύτταρος καλεῖται τὰ κοιλώματα τῶν μελικηρίδων· ὁμοίως δὲ καὶ τὸ πῶμα τῆς βαλάνου, ὅπου ἐγκάθηται ἡ βάλανος, ὅπερ νῦν ἀκουστέον· περὶ γὰρ αἰδοίου λέγει.

519. παρὰ τὰ ἐκ Τηλέφου Εὐριπίδου « εἰ δὴ θυμούμεθα παθόντες οὐδὲν μᾶλλον ἢ δεδρακότες. »

529. ἐκ τῶν εἰς Πράξιλλαν ἀναφερομένων « ὑπὸ παντὶ λίθῳ σκορπίον ὦ 'ταῖρε φυλάσσεο. » καὶ ἑτέρα « πάντα λίθον κίνει. »

531. τοῦτο ἰαμβικὸν τετράμετρον καταλῆγον.

532. εἰ μὴ ἄλλη γυνή.

533. κατὰ τῆς Ἀγραύλου ὤμνυον, κατὰ δὲ τῆς Πανδρόσου σπανιώτερον· κατὰ δὲ τῆς Ἕρσης οὐχ εὑρήκαμεν.

536. συντιμωρεῖσθαι αὐτὸν βουλόμεναι, ἐπειδὴ ἐπὶ σκηνῆς εἰσίν.

547. τοῦτο μόνον τὸ τετράμετρον ἰαμβεῖον ἀνάπαιστον ἔχει τὸν καταλήγοντα. ἄξιον οὖν αὐτὸν τηρῆσαι.

556. ξύστρας.

557. κατεχρήσατο εἰποῦσα σιφωνίζομεν σῖτον. κυρίως γὰρ σιφωνίζειν τὸ τὰ ὑγρὰ ἀποσπᾶν.

560. κατέκοψεν.

τοῦτο διὰ τὴν Κλυταιμνήστραν, οὐκ ἀπὸ ἱστορίας.

561. οὐκ ἀπὸ ἱστορίας παλαιᾶς εἴληφεν, ἀλλ' ὡς ἐν τῇ Ἀττικῇ τούτου γενομένου.

562. ὡς καὶ τούτου πάλιν γενομένου.

564. ὡς καὶ τούτου πάλιν γενομένου.

565. ἐπιτετήδευκεν ὑφαρπάζουσαν τὴν ἑτέραν ποιῆσαι τὸν λόγον, ἐπεὶ ἔλειπε τὸ λαβεῖν.

563. ὡς τὼ χεῖρε. οὐκέτι δὲ τοῖν θεοῖν, ἀλλὰ ταῖν θεαῖν.

567. ὅτι ἐπὶ γυναικείων τριχῶν ὡς τὸ πολὺ, καὶ ὅτι παρετυμολογεῖ τὸν πόκον οὐ κακῶς. Λυκόφρων δὲ ἁπλῶς τὰς τρίχας. ἐμπλοκὴ δέ τις φαίνεται, καὶ ὡς πλοκαμῖδες σπανίως ποτὲ ἐπὶ ἀνδρὸς λέγεται.

572. ἀντὶ τοῦ ἐγγὺς παρὰ τοῖς Ἀττικοῖς. καὶ Μένανδρος « ἔστιν δ' ὁμοῦ τὸ χρῆμα. »

574. τὰ αὐτά μοι πράττουσα.

575. ἐψίλωτο γὰρ ὁ Κλεισθένης τὰς γνάθους γυναικωδῶς.

576. προΐσταμαι.

578. πρὸ ὀλίγου.

585. ὅτι ἀναπέμψαι κυρίως. διὸ καὶ ἄνοδος ἡ πρώτη λέγεται, παρ' ἐνίοις καὶ κάθοδος, διὰ τὴν θέσιν τῶν θεσμοφορίων. ἐπεὶ καὶ ἄνοδον τὴν εἰς τὸ θεσμοφόριον ἄφιξιν λέγουσιν· ἐπὶ ὑψηλοῦ γὰρ κεῖται τὸ θεσμοφόριον.

600. ἀντὶ τοῦ κεκρυμμένος. καλοῦνται μὲν γὰρ καὶ κρύπται παρὰ Πλάτωνι τῷ φιλοσόφῳ [Leg. 1, 633, A] καὶ παρ' Εὐριπίδῃ καὶ ἐν ταῖς τῶν Λακεδαιμονίων πολιτείαις. καὶ ἐν Θάσῳ ἀρχή τις κρύπται. ἁπλῶς ἀντὶ τοῦ κεκρυμμένος.

602. ὦ προστάτα.

603. Μνησίλοχος τοῦτο διὰ τὸ μέλλειν ἔρευναν γίνεσθαι.

612. ἀντὶ τοῦ οὐρεῖ.

616. ἐπισχετικὰ γάρ ἐστιν οὔρου τὰ κάρδαμα καὶ πτύσματος. καὶ διὰ τοῦτό φασι τοὺς Πέρσας αὐτοῖς χρῆσθαι. ὅτι μὲν γὰρ χρῶνται καὶ Ξενοφῶν φησι [Cyrop. 1, 2, 16.] « φυλάττονται πολλὰ οὐρεῖν, ὥσπερ καὶ « πτύειν καὶ ἀπομύττεσθαι. »

620. Κοθωκίδαι δῆμος τῆς Οἰνηΐδος φυλῆς.

622. οἱ μὴ δυνάμενοί τι λέγειν τοιαῦτα λέγουσιν.

623. καὶ τοῦτο πρὸς τὴν ἄνοδον, ἐπειδὴ ἄνοδος ἦν πρὸς τὸ ἱερόν.

624. φίλη συνδίαιτος. σκηνὰς γὰρ ἑαυταῖς ἐποίουν τὸ ἱερόν.

630. διαβάλλει πάλιν τὰς γυναῖκας ὡς μεθύσους.

631. ἀλλήλας ἐδεξιούμεθα.

633. μὴ εὑρίσκων τί εἴπῃ ὁ κηδεστής φησιν ὅτι ἀντὶ ἀμίδος σκάφιον ᾔτησεν ἡ Ξένυλλα. ἀμὶς δέ ἐστιν οὐροδόχον ἀγγεῖον.

641. ἀντὶ τοῦ στεῖρα.

646. οὐκ ἐνταῦθά γε. παρατετήρηται καὶ πρότερον.

648. ἐπεὶ τὰς ναῦς διὰ τοῦ Ἰσθμοῦ εἷλκον Κορίνθιοι, ὥστε μὴ περιέρχεσθαι. τοῦτο δὲ διισθμονίσαι ἐκάλουν.

649. ἀντὶ τοῦ διὰ ταῦτα.

656. τῶν ἐγκύκλων ἀποδυσαμένας.

657. ἐπεὶ μόνων γυναικῶν ἐστιν ἡ ἐκκλησία.

περιδραμεῖν.

658. τὴν ἐκκλησίαν παρὰ τὸ πυκνοῦσθαι τοὺς ὄχλους. ἐπεποίηντο γὰρ ἐκκλησίαν. τὰς δὲ σκηνὰς διὰ μέσου εἴρηκε. καὶ γὰρ πρὸς τῇ πυκνὶ σκηναὶ ἦσαν, ὡς καὶ αὐτὸς Ἀριστοφάνης μέμνηται τούτου.

664. παρακαθεζόμενος.

680. ἀντὶ τοῦ διάπυρος ὢν ταῖς μανίαις.

682. γελοίως εἶπεν, ὡς Ἀλέξανδρος « ἦσαν ἄνθρωποι πέντε καὶ γυναῖκες τρεῖς. » πέπαικται οὖν τοῦτο ὡς ἐν κωμῳδίᾳ.

684. ἀποδίδωσιν.

688. ..... ἁρπάζει παιδίον μιᾶς γυναικὸς, καὶ καταφεύγει ἐν τῷ ἱερῷ, λέγων ὅτι ἐάν με τύψητε, κατασφάξω τοῦτο τὸ παιδίον. ἀντὶ δὲ παιδίου ἀσκὸν οἴνου λαμβάνει, καὶ αὐτὸν ἐνδύει κροκωτὸν, καὶ ποιεῖ αὐτῷ χεῖρας καὶ πόδας, καί φησιν αὐτὸ παιδίον. διαβάλλει δὲ τὰς γυναῖκας ὡς ἐν ταῖς μάχαις αὐτῶν τοὺς ἀσκοὺς τῶν οἴνων κατέχουσιν.

693. τῶν βωμῶν, ἀπὸ τοῦ τὰ μηρία ἐπάνω ἀποκεῖσθαι. ἐκ δὲ τοῦ περιεχομένου τὸ περιέχον εἶπεν.

697. τροπαῖον προπερισπωμένως ἀναγνωστέον παρὰ

Ἀριστοφάνει καὶ παρὰ Θουκυδίδῃ, τρόπαιον δὲ προπαροξυτόνως παρὰ τοῖς νεωτέροις ποιηταῖς.

701. παροιμία.

710. ἐκ τῶν ἀνδρῶν φησὶν, ὅθεν οὐκ ἔξεστιν. ὁ Σύμμαχος· γελοίως φησὶν ὅθεν ἥκεις φαύλως ἥκεις. ἥκεις, φησὶν, εἰς τὰς χεῖρας ἡμῶν, ὅθεν οὐ φεύξῃ.

714. τοῦτο τὸ παθεῖν.

717. κάθηται ἐπὶ βωμοῦ ὡς ἱκετεύων, ἡρπακώς τινος θυγάτριον· φαίνεται δὲ ἀσκὸν ἔχων.

726. πρὸς τὰς γυναῖκας.

728. ὄνομα κύριον δούλης τὸ Μανία. καὶ ἐκτεταμένον ἔχει τὸ α.

729. σπινθῆρα.

730. εἶδος ἱματίου. ἠμφίεσται δὲ ὡς παιδίον καὶ ὑποδήματα ἔχει ὁ ἀσκός.

734. ὁ ἀσκός. εἶδος δὲ ὑποδημάτων αἱ Περσικαί.

735. ὦ μέθυσοι.

738. ἅπαντα γὰρ ἕνεκα τοῦ πιεῖν ἐνέχυρα τίθεται καὶ πιπράσκεται.

742. ἀλλ' οὐ δέκα μῆνας κυοῦσιν αἱ γυναῖκες, ἀλλ' ἐννέα. εἰώθασι δὲ οὕτω πλήρει ἀριθμῷ χρῆσθαι ἀντὶ τῶν ἐννέα μηνῶν.

743. τρεῖς κοτύλας οἴνου χωροῦν.

746. τοῦτο πάλιν ὡς ἐπὶ ἀσκοῦ· ἀντὶ γὰρ τοῦ εἰπεῖν ἔτη εἶπε χοᾶς.

750. εἰώθασι λέγειν, ἐάν τις ἐν Διονυσίοις ἢ Διασίοις ἢ Σκίροις μικρόν τι προσεναγισμάτων φησὶν ευ᾿. ἅμα δὲ ὅτι καὶ περὶ οἴνου ἐστὶν ὁ λόγος. Ἄλλως. ουτο... λέγοντος ἃ δὲ ἔχει ἐκ Διονυσίων ἢ Ἀπατουρίων, τὸν ὑπερπίπτοντα τῶν μηνῶν ἀριθμὸν οὕτω δηλοῖ τις.

τοῦτο ἔθος ἦν Ἀττικοῖς, λέγειν τὰ ἔτη κατὰ τὸν ὑπερπίπτοντα ἀριθμὸν ἀπὸ τῶν Διονυσίων.

754. τοῦτο αἱματοδεκτικὸν ἀγγεῖον, ὃ εἶπεν ὁ ποιητὴς ἄμνιον.

756. τοῦτο ἅμα εἰπὼν ἐκχέει τὸν οἶνον ὁ κηδεστὴς ἐν τῷ βωμῷ.

758. ἀπὸ ἔθους. ἐκδερματώσαντες γὰρ τὰ ἱερεῖα διδόασι τὰ δέρματα ταῖς ἱερείαις. ἐκχέας οὖν τὸν οἶνον χαρίζεται αὐτῇ τὸν ἀσκόν.

760. ἐνταῦθα ἀπέδωκεν ὁ Ἀριστοφάνης τὸ ὄνομα τῆς γυναικὸς, ἧς ἥρπασε τὸ παιδίον ἤτοι τὸν ἀσκὸν ὁ κηδεστής.

768. ὁ Εὐριπίδης.

771. ὁ γὰρ Εὐριπίδης ἐν τῷ Παλαμήδει ἐποίησε τὸν Οἴακα τὸν ἀδελφὸν Παλαμήδους ἐπιγράψαι εἰς τὰς ναῦς τὸν θάνατον αὐτοῦ, ἵνα φερόμεναι αὗται ἔλθωσιν εἰς τὸν Ναύπλιον τὸν πατέρα αὐτοῦ καὶ ἀπαγγείλωσι τὸν θάνατον αὐτοῦ. ὥσπερ Οἴαξ τῷ Ναυπλίῳ γράφει ἐν τῷ Παλαμήδει Εὐριπίδου. ὁ γὰρ Οἴαξ ἐγχαράττει πολλαῖς πλάταις τὰ περὶ τὸν Παλαμήδην καὶ ἀφίησιν εἰς θάλασσαν, ὥστε μιᾷ γέ τινι τὸν Ναύπλιον προσπεσεῖν.

773. πᾶν ἐφ' ᾧ τις ἀγάλλεται. πινάκια δὲ ἦσαν ἀνακείμενα. πίνακες γὰρ ἦσαν ἐν τῷ ἱερῷ, καὶ ἀπὸ τούτων λαβὼν γράφει, καὶ ῥίπτει αὐτὰς λέγων « ἀπέλθετε, σημάνατε Εὐριπίδῃ. »

777. ἄνυσιν ἔχοντι καὶ ἐπίνοιαν.

779. σμίλης λέγει ἀντὶ τοῦ γραφείου.

ὁλκοὺς λέγει τὰ σημεῖα, ἐπειδὴ ἕλκομεν γράφοντες.

781. ὡς Εὐριπίδην γράφων, ἐν ᾧ τὸ ρ. ἐν τῷ γράφειν τὸ τοῦ Εὐριπίδου ὄνομα τοῦτό φησιν.

785. τῇ παραβάσει χρησάμεναι.

790. μήτε καταληφθῆναι παρακύπτουσαν.

804. πέπλασται τὰ ὀνόματα, ἐπεὶ εὐδοκίμουν οἱ Ἀθηναῖοι τότε τῷ ναυτικῷ. Χαρμῖνος δὲ περὶ Σάμον συνεστρατήγησε κατὰ τὸν καιρὸν τοῦτον τοῖς περὶ Φρύνιχον. Ναυσιμάχη δὲ πόρνη καὶ Σαλαβακχώ. Ἄλλως. συνεμάχησε γὰρ Φρυνίχῳ ἐν Θρᾴκῃ ὁ Χαρμῖνος, καὶ ἴσως οὐδὲν ἀξιόλογον ἔπραξεν. διὸ λέγει « δῆλα τὰ ἔργα. »

805. Κλεοφῶντα λέγει τὸν λυροποιόν. διαβάλλει δὲ αὐτὸν ὡς κίναιδον.

806. πόρνης ὄνομα.

808. καὶ ἡ Εὐβούλη πέπλασται. τὸ δὲ ὅλον τί βούλεται, οὐκ ἔστι σαφές. ἀλλ' οὐδὲ παρὰ Πλάτωνι ἐν τῷ Ὑπερβόλῳ· λέγει γάρ τι περὶ τοῦ ἐπιλαγχάνειν τοῖς βουλευταῖς « εὐτυχεῖς ὦ δέσποτα. τί δ' ἔστι; βουλεύειν « ὀλίγου 'λαχες πάνυ. ἀτὰρ οὐ λαχὼν ὅμως ἔλαχες, « ἢν νοῦν ἔχῃς. πῶς ἢν ἔχω νοῦν; ὅτι πονηρῷ καὶ « ξένῳ ἐπέλαχες ἀνδρί· * * * οὐδέπω γὰρ ἐλευθέρῳ. » καὶ ἐν ταὐτῷ « ἄπερρ'· ἐγὼ δ' ὑμῖν τὸ πρᾶγμα δὴ « φράσω. Ὑπερβόλῳ (βουλῆς γὰρ) ἄνδρες ἐπέλαχον. » τὸ βουλεῦσαι βουλείαν ἔλεγον.

811. λέγει ἀπὸ συμμάχων ἢ στρατείας. τὸ δὲ ζεύγει ἀντὶ τοῦ ἁμάξαις ἐκφέρειν δεῖ. * * διὸ καὶ οὐκ εἶπεν οὕτως πεντήκοντα, ἀλλὰ κατὰ πεντήκοντα, τὸ συνεχὲς ἐκφαίνων.

823. σκέπασμά τι ἐπὶ τῆς κεφαλῆς βαλλόμενον, ἢ μέρος τοῦ ἱστίου.

825. τὴν κάμακα τῆς λόγχης λέγει. οἱ μέν φασι κανόνα αὐτὸν λέγειν τὸ ξύλον τῆς λόγχης, οἱ δὲ τὸν κανόνα τῆς ἀσπίδος.

826. τῷ σιδήρῳ.

828. συνέχεεν καὶ οὗτος ὡς Εὔπολις πολλάκις· στρατιὰ μὲν γὰρ τὸ πλῆθος, στρατεία δὲ ἡ στράτευσις.

829. τὴν ἀσπίδα λέγει· σκιάζει γὰρ τὸν ἄνδρα. αἰνίττεται δὲ καὶ εἰς Κλεώνυμον.

834. ἀμφότεραι ἑορταὶ γυναικῶν, τὰ μὲν Στήνια πρὸ δυεῖν τῶν Θεσμοφορίων Πυανεψιῶνος θ', τὰ δὲ Σκίρα λέγεσθαί φασί τινες τὰ γινόμενα ἱερὰ ἐν τῇ ἑορτῇ ταύτῃ Δήμητρι καὶ Κόρῃ. οἱ δὲ, ὅτι ἐπὶ Σκίρῳ θύεται τῇ Ἀθηνᾷ.

838. εἶδος κουρᾶς δουλικῆς. τὸ ἑξῆς. ὑστέραν τῆς τὸν ἀνδρεῖον τεκούσης. ἀντὶ τοῦ μιᾶς γυναικὸς ὑστέραν. ἐὰν δὲ ὑστάτην, ἁπάντων ὑστάτην.

840. πολλάκις εἶπον ὅτι προβάλλει ὁ Ὁμηρικὸς ἐν τῷ πρὸς Πολύβιον προτατικῷ τίς ἡ Ὑπερβόλου μήτηρ.

οὐκ ἔχομεν δὲ εἰπεῖν. εἰ δὲ χρὴ τὰ τοιαῦτα ζητεῖν, ζητείτωσαν καὶ τὴν ἑξῆς, τὴν Λαμάχου· τὸν γὰρ πατέρα μόνον οἶδα Λαμάχου, Ξενόφαντον.

841. ἐπαινεῖ τὸν Λάμαχον νῦν· ἤδη γὰρ ἐτεθνήκει ἐν Σικελίᾳ τετάρτῳ ἔτει πρότερον.

846. τυφλὸς, διεστραμμένος τὴν ὄψιν. Σώφρων « Πολοτέρα τᾶν κορωνᾶν. »

848. ἄνω γὰρ ἐκέχρητο τῇ ἐκ Παλαμήδους ἐπινοίᾳ.

850. ὑπόγυον δεδιδαγμένην.

852. τὸ κοικύλλειν, φασὶν, ἐπὶ τοῦ περιβλέπεσθαι δύναται καὶ ἐνθάδε. βέλτιον δὲ ἐπὶ τοῦ κακοτεχνεῖν. τὸ δὲ ἔχων παρέλκει Ἀττικῷ ἔθει.

855. ἐξ Ἑλένης Εὐριπίδου πολλὰ τούτων.

857. μέλανα καὶ συρμαΐζόμενον. ἡ δὲ συρμαία κρίθινόν ἐστι πότημα.

861. ἐπὶ πονηρίᾳ διαβάλλεται. τινὲς δὲ καὶ πατέρα αὐτῷ φασὶν ἀληθῶς εἶναι τοῦτον.

863. τῆς γυναικείας μιμήσεως.

868. ὅτι πονηροὶ οἱ κόρακες, καὶ ὅτι μέχρι νῦν οὐκ ἐσπάραξάν σε.

869. σαίνει τὸ ᾆσμα.

870. σύνηθες τὸ σχῆμα. Μένανδρος « οἶσθ' ὃ ποίησον. » Σοφοκλῆς Πηλεῖ « μὴ ψεῦσον ὦ Ζεῦ· μή μ' ἕλῃς ἄνευ δορός. » « οἶσθ' οὖν ὃ δρᾶσον » Εὐριπίδης Πολυΐδῳ.

871. ὁ Εὐριπίδης ἀναλαμβάνει τὸ πρόσωπον τοῦ Μενελάου καὶ ὑποκρίνεται.

876. Πρωτέας οὕτω καλούμενος Ἀθηναῖος, ὃς ἐτεθνήκει πρόπαλαι.

878. διαβάλλει τὴν Αἴγυπτον ὡς ἀλίμενον καὶ ὡς κίνδυνον ἐμποιοῦσαν ταῖς ναυσίν.

882. ἐκ τῆς θαλάσσης.

897. ἣν εἶπεν Ὅμηρος [Od. Θ, 366] Εἰδοθέαν.

898. ἀπὸ δήμου τῆς Αἰγηΐδος φυλῆς, ἔνθα τὸ Εὐρυσθέως ἀπόκειται σῶμα ἐν τῷ ἀκρωτηρίῳ. ἐπίρρημα δὲ τὸ Γαργηττόθεν.

902. τὰς κόρας σου ἀντιπροσώπους μοι στρέψον.

903. ἐπειδὴ ξυρηθεὶς ἦν.

910. δέον εἰπεῖν ἐκ τῶν ὄψεων, εἶπεν ἐκ τῶν ἰφύων. ἴφυον δέ ἐστιν εἶδος ἀγρίου λαχάνου, ὅτι Εὐριπίδης λαχανοπώλιδος Κλειτοῦς υἱὸς ἦν δηλονότι.

913. καὶ ταῦτα ἐκ τῆς Ἑλένης, καὶ καθόλου τὰ πλεῖστα.

915. ταῦτα λέγει ἀκολουθῶν αὐτῷ καὶ βουλόμενος ἐκφυγεῖν.

917. τὸ χ παράκειται τῷ στίχῳ. καί φησι Καλλίστρατος ** οὐ τῇ λαμπάδι εἶπεν, ἀλλὰ νὴ τῇ δᾳδὶ, ὡς δῆλον εἶναι ὅτι ἑκατέρως ἔλεγον. ἀνάξιος δὲ ἂν εἴη ὁ Καλλίστρατος πιστεύεσθαι ὡς ἂν περὶ διδασκάλου τοῦ Ἀριστοφάνους λέγων.

921. οὐ κυρίως, ἀλλ' οἷον κοινόβουλος.

922. ἐπανουργεῖτε, ὡς δὴ τῶν Αἰγυπτίων πανούργων ὄντων.

926. ἕως ζῶ.

928. ἡ σπάρτος. ἀντὶ τοῦ ἡ μηχανή. παροιμία ἐπὶ τῶν ἐπιχειρούντων τι ποιεῖν καὶ ἀποτυγχανόντων.

935. ἐπεὶ ἄνω αἰγυπτιάζειν αὐτοὺς ἔφη, οἱ δὲ Αἰγύπτιοι λινοποιοί εἰσιν. ὁ πανοῦργος. ἀπὸ μεταφορᾶς τῶν τὰ ἔρμενα βαπτόντων.

940. πρὸς σανίσιν ἐδεσμεύοντο πολλάκις, ὡς καὶ Κρατῖνος δηλοῖ. « ἐπίτρεψον οὖν τῷ τοξότῃ » φησὶ « γυμνόν με πρὸς τῇ σανίδι δῆσαι. »

941. μετὰ κροκωτοῦ τοῖς κόραξιν ἑστίασιν παρέχων. ἀντὶ τοῦ ἑστίασιν παρέχων. Ἀττικὴ δὲ ἡ σύνταξις, ὅτι τὸ ἑστιᾶν καὶ δοτικῇ συντάσσουσιν, ὡς καὶ παρ' Εὐπόλιδί ἐστιν ἐν Αὐτολύκῳ θατέρῳ « ὥστ' οὔτ' ἐκεῖ οὔτ' « ἐνθάδε δεῖ ξενίζεσθαι. »

944. ὅτι ἐνδυσάμενος καὶ ἐλθὼν εἰς τὰς γυναῖκας κατάδηλος ἐγενόμην.

947. τὸ παίξωμεν οἱ Ἀττικοὶ παίσωμεν ἔλεγον, καὶ τὸ παίσωμεν πάλιν παίξωμεν. καὶ [Hom. Od. Ψ, 131] « πολυπαίγμονος ὀρχηθμοῖο. »

948. ὅταν τὰ μυστήρια αὔξωμεν, φησὶν, τῶν θεῶν. λέγει δὲ Δημήτρας καὶ Περσεφόνης. Ἄλλως. ὅταν τὰς τελετὰς αὔξωμεν· τοῖς γὰρ ὕμνοις ἐπαίρομεν αὐτάς. καὶ τοῦτο ἐστὶ τὸ ἀνέχωμεν.

949. Παύσων ὁ ζωγράφος εἰς πενίαν διαβάλλεται, καὶ διὰ τοῦτο εἶπε νηστεύει.

968. ὅτι ἐν θεάτρῳ ἦσαν.

ἐπειδὴ μέλλουσιν ἐλθεῖν εἰς τὴν ᾠδήν.

969. τὸν Ἀπόλλωνα.

971. τὴν παρθένον.

973. Ἥρα τελεία καὶ Ζεὺς τέλειος ἐτιμῶντο ἐν τοῖς γάμοις ὡς πρυτάνεις ὄντες τῶν γάμων. τέλος δὲ ὁ γάμος. διὸ καὶ προτέλεια ἐκαλεῖτο ἡ θυσία ἡ πρὸ τῶν γάμων γινομένη.

977. ἔφορος γὰρ τῶν θρεμμάτων ὁ θεός.

986. τορῶς καὶ τρανῶς λέγε τὴν ᾠδήν.

1001. ἀντὶ τοῦ πρὸς τὴν αἰθρίαν. βαρβαρίζει δὲ ὁ τοξότης.

1003. ἀντὶ τοῦ δρῶ. τοῦτο δὲ εἰπὼν πλέον αὐτὸν ἐπισφίγγει.

1007. πορμός ἀντὶ τοῦ φορμὸς, ψίαθος.

ἀντὶ τοῦ ἵνα φυλάξω σε.

1009. ὁρῶ Εὐριπίδην προσιόντα.

1011. ἀντὶ τοῦ ὡς Περσεύς.

1012. Ἀνδρομέδαν : πιθανῶς· συνδεδίδακται γὰρ τῇ Ἑλένῃ.

1015. παρὰ τὰ ἐξ Ἀνδρομέδας Εὐριπίδου « φίλαι παρθένοι, φίλαι μοι. » τὰ δὲ ἐπιφερόμενα πρὸς τὸ αὐτὸ χρήσιμον.

1018. πάλιν ἐξ Ἀνδρομέδας.

πρὸς τὴν ἠχὼ Ἀνδρομέδα λέγει « προσαιδουσσαι τὰς « ἐν ἄντροις ἀπόπαυσον ἔασον ἀχοῖ με σὺν φίλαις γόου « πόθον λαβεῖν. »

διὰ τὸ λαμβάνειν ἀποσπάσματα ἀσύνδετον τὸ ὅλον γίνεται.

1021. ὡς ἐν κωμῳδίᾳ.

1022. παρὰ τὸ τοῦ χοροῦ ἐν Ἀνδρομέδᾳ « ἄνοικτος « ὅς τεκών σε τὴν πολυπονωτάτην βροτῶν μεθῆκεν « Ἅδᾳ πατρὸς ὑπερθανεῖν. »

1024. τὴν τηρήσασαν αὐτὸν ἐν τοῖς θεσμοφορίοις.

1025. δέον εἰπεῖν ἐσώθην, ἀπωλόμην εἶπε χάριν γέλωτος.

1030. πάλιν ἐξ Ἀνδρομέδας. τὸ δὲ ἐπιφερόμενον σκώπτοντός ἐστι τοὺς Ἀθηναίους ὡς φιλοδίκους.

1031. παρὰ τὴν ψηφοθήκην. οὐ δικάζω, φησὶν ὁ γέρων.

1033. ἐπεὶ ὀψοφάγος καὶ γαστρίμαργος ὁ Γλαυκέτης, ὡς ἐν Εἰρήνῃ [1008] δηλοῦται.

1034. καὶ τοῦτο ἐξ Ἀνδρομέδας.

1040. ἀπὸ κοινοῦ λάβωμεν πέπονθα ἄνομα πάθεα. καὶ ταῦτα ἐξ Ἀνδρομέδας.

δεομένη τοῦ βαρβάρου. προεῖπε δὲ « γοᾶσθέ μ' ὦ γυναῖκες. » γρ. καὶ φῶτα ἀντομένα· καὶ τοῦτο ἔχει νοῦν πρὸς τὰ ἑξῆς, φῶτ' ἀντομέναν, ὅς ἔμ' ἀπεξύρησε πρῶτον.

1041. ἀντὶ τοῦ πολυδακρύτου.

1044. ἀντὶ τοῦ κροκωτὸν ἀμφέδυσεν.

1050. ἴσως τὸν ἥλιον ἀστέρα ἐκάλεσεν, ἢ μᾶλλον τὸν κεραυνόν.

1051. διχῶς, τὸν ἄθλιον.

1054. λείπει ἔσχον, ἐκ τῶν δαιμόνων τὰ ἄχη ἔσχον. σκοτεινήν.

1056. ὑποκρίνεται Εὐριπίδης τὸ πρόσωπον τῆς Ἠχοῦς. πατὴρ γὰρ τῆς Ἀνδρομέδας ὁ Κηφεύς.

1059. εἰωθυῖα γελᾶν, γελάστρια. ἐπεὶ εἰσήγαγε κακοστένακτον τὴν Ἠχὼ ὁ Εὐριπίδης ἐν τῇ Ἀνδρομέδᾳ, εἰς τοῦτο παίζει. ἐζήλωσε δὲ αὐτὸν Πτολεμαῖος ὁ Φιλοπάτωρ ἐν ᾗ πεποίηκε τραγῳδίᾳ Ἀδώνιδι, περὶ ἧς ὁ ἐρώμενος αὐτῷ Ἀγαθοκλῆς γέγραφεν, ὁ ἀδελφὸς τῆς ἐρωμένης αὐτοῦ πάλιν Ἀγαθοκλείας.

1060. ἐπεὶ πέρυσιν ἐδιδάχθη ἡ Ἀνδρομέδα.

1064. ἠρέμα ὁ κηδεστὴς τοῦτο πρὸς τὸν Εὐριπίδην.

1065. ὁ Μνησίλοχος ὡς Ἀνδρομέδα.

τοῦ προλόγου Ἀνδρομέδας εἰσβολή.

1068. πορείαν.

1069. τοῦτο ἡ ἠχὼ λέγει.

1070. καὶ τοῦτο ἐκ τοῦ προλόγου.

1072. λείπει μέλλουσα τυχεῖν.

1073. φλυαροῦσα.

1077. τὸ πλῆρες ὠγαθή.

1083. χωρὶς τοῦ ε γράφεται· ὁ γὰρ Σκύθης βαρβαρίζει.

1085. ἀντὶ τοῦ σοὶ κακόν.

1086. πόθεν ἡ φωνή; θαυμάζει τὴν ἠχώ.

1089. καταγελᾷς μοι.

1090. τοῦτο ὁ χορὸς ἢ ὁ γέρων.

1094. ἀντὶ τοῦ οὐ χαιρήσεις.

1095. λαλεῖς.

1096. κάτεχε.

1097. τὴν λάλον καὶ κατάρατον γυναῖκα.

1098. εἰς Περσέα ἐξ Ἀνδρομέδας τρία τὰ πρῶτα. καὶ λοιπὸν ἐπέζευξε τὰ ἑξῆς.

1099. ἐλέγετο γὰρ ὁ Περσεὺς εἰς τοὺς πόδας ἔχειν τὰ πτερά.

1102. τί λέγει περὶ τῆς κεφαλῆς τοῦ Γόργου τοῦ γραπτέως, ἐπεὶ προεῖπεν ἐκεῖνος « Γοργόνος κάρα κομίζων. » ὁ δὲ Γόργος γραμματεύς, ἀλλὰ καὶ βάρβαρος.

1105. πάλιν ἐξ Ἀνδρομέδας « ἔα, τίν' ὄχθον τόνδ' « ὁρῶ περίρρυτον ἀφρῷ θαλάσσης, παρθένου τ' εἰκώ « τινα. »

1109. ἀποθανουμένη τολμᾷς λαλῆσαι.

1114. δείκνυσιν αὐτῷ τὸ αἰδοῖον.

1118. οὐ ζηλῶ σε, φησίν, εἰ ἐρᾷς.

1119. εἰ μὴ τὸν νῶτον ἦν, φησί, πρὸς τῇ σανίδι, ἀλλὰ πρὸς ἡμᾶς ἐτέτραπτο, οὐκ ἄν σοι ἐφόντισα ἀπαγαγόντι περανεῖν.

1127. ἔλεγε τὸ ξιφομάχαιρα ὡς δρεπανομάχαιρα.

1130. παρὰ τὰ ἐκ Μηδείας [298].

1151. ὅπου.

1168. λάθρα ποιεῖτε.

1170. Ἀττικῶς ἀντὶ τοῦ πεπείσμεθα.

1172. Εὐριπίδης ἐν σχήματι προαγωγοῦ γραός.

ἑταίρας ὄνομα Ἐλάφιον ὡς Χρυσίον, . . ον καὶ τὰ ὅμοια.

1174. σημειωτέον τοῦτο. σημαίνει δὲ τὸ ἁβρῶς βαδίζειν. ἡ αὐλητρίς.

1175. βαρβαρικὸν καὶ Περσικὸν ὄρχημα ὄκλασμα καλεῖται, περὶ οὗ Ἰόβας μακρὸν πεποίηται λόγον ἐν τοῖς περὶ τῆς θεατρικῆς ἱστορίας, ὥστε λελύσθαι τὴν Σελεύκου πρότασιν. προτείνει γὰρ ἐν τῷ πρὸς Ζήνωνα προτατικῷ τὸ Περσικὸν ὄρχημα.

1176. διχῶς, κωμοδρίαν.

1180. κατὰ δέρμα.

1185. ὡς στέριφα τὰ τιτθία.

1186. πρὸς τὴν αὐλητρίδα.

1187. πρὸς τὸ πέος λέγει ἐπιπλήττων ἐντεινομένῳ.

1190. οὐχὶ φιλήσειν.

1197. τὴν τοξοθήκην. συβήνη αὐλοθήκη. λέγουσι δὲ καὶ τὸν φαρετρεῶνα συβήνην.

1199. παρακελεύεται αὐτῷ τηρεῖν τὸν γέροντα, αὐτὸς δὲ εἰσέρχεται μετὰ τῆς ὀρχηστρίδος.

1202. ἐπειδὴ τῶν δόλων ἔφορος ὁ Ἑρμῆς.

1203. τὴν τοξοθήκην καὶ τὰ ὄργανα τῆς ὀρχηστρίδος.

1205. δραμῇ.

1214. ἐξηπάτησε. παρὰ τοῖς Ἴωσιν. ὁ αὐτὸς ἐν Ὄρνισιν [1048] « διαβάλλεταί σ' ὁ θεῖος. »

ἑαυτῷ παρακελεύεται.

1218. ὁ χορὸς ἐμπαίζει τῷ Σκύθῃ, ἵνα μὴ διώκων

καταλάβῃ αὐτούς· συνέθετο γὰρ Εὐριπίδης ἐλθὼν φιλίαν πρὸς αὐτάς.

πηκτίς ὄργανον κιθαρῳδικόν. ἔφερεν δὲ τοῦτο· ἦν γὰρ μετ' αὐτῆς ἡ αὐλητρίς.

1222. ποίαν ὁδὸν, φησὶ, περιπατήσω.

1224. ὡς αὐτοῦ τὴν ὁδὸν ἐκείνην θέλοντος ἀπελθεῖν, οἵαν ἀπῆλθον οἱ περὶ τὸν Εὐριπίδην.

1226. ἐπιδραμών.

1227. πέπαικται.

1230. ἡ Δημήτηρ καὶ ἡ Περσεφόνη.

ΒΑΤΡΑΧΟΙ.

ΥΠΟΘΕΣΕΙΣ.

I.

Διόνυσός ἐστι μετὰ θεράποντος Ξανθίου κατὰ Εὐριπίδου πόθον εἰς Ἅδου κατιών· ἔχει δὲ λεοντῆν καὶ ῥόπαλον, πρὸς τὸ τοῖς ἐντυγχάνουσιν ἔκπληξιν παρασχεῖν. ἐλθὼν δὲ ὡς τὸν Ἡρακλέα πρότερον, ἵνα ἐξετάσῃ τὰ κατὰ τὰς ὁδοὺς, ᾗ καὶ αὐτὸς ἐπὶ τὸν Κέρβερον ᾤχετο, καὶ ὀλίγα ἄττα περὶ τῶν τραγικῶν τούτῳ διαλεχθεὶς ὁρμᾷ πρὸς τὸ προκείμενον. ἐπεὶ δὲ πρὸς τῇ Ἀχερουσίᾳ λίμνῃ γίνεται, ὁ μὲν Ξανθίας, διὰ τὸ μὴ συννεναυμαχηκέναι τὴν περὶ Ἀργινούσας ναυμαχίαν, ὑπὸ τοῦ Χάρωνος οὐκ ἀναληφθεὶς πεζῇ τὴν κύκλῳ πορεύεται. ὁ δὲ Διόνυσος δύο ὀβολῶν περαιοῦται, προσπαίζων ἅμα τοῖς κατὰ τὸν πόρον ᾄδουσι βατράχοις καὶ γελωτοποιῶν. μετὰ ταῦτα ἐν Ἅδου τῶν πραγμάτων ἤδη χειριζομένων οἵ τε μύσται χορεύοντες ἐν τῷ προφανεῖ καὶ τὸν Ἴακχον ᾄδοντες ἐν χοροῦ σχήματι καθορῶνται, ὅ τε Διόνυσος μετὰ τοῦ θεράποντος εἰς ταὐτὸν ἔρχεται τούτοις. τῶν δὲ προηδικημένων ὑπὸ Ἡρακλέους προσπλεκομένων τῷ Διονύσῳ, διὰ τὴν ἐκ τῆς σκευῆς ἄγνοιαν, μέχρι μέν τινος οὐκ ἀγελοίως χειμάζονται, εἶτα μέντοι γε ὡς τὸν Πλούτωνα καὶ τὴν Περσέφατταν παραχθέντες ἀλεώρας τυγχάνουσιν. ἐν δὲ τούτῳ ὁ μὲν τῶν μυστῶν χορὸς περὶ τοῦ τὴν πολιτείαν ἐξισῶσαι καὶ τοὺς ἀτίμους ἐντίμους ποιῆσαι χἀτέρων τινῶν πρὸς τὴν Ἀθηναίων πόλιν διαλέγεται. τὰ δὲ λοιπὰ τοῦ δράματος μονόκωλα, ἄλλως δὲ τερπνὴν καὶ φιλόλογον λαμβάνει σύστασιν. παρεισάγεται γὰρ Εὐριπίδης Αἰσχύλῳ περὶ τῆς τραγικῆς διαφερόμενος, τὸ μὲν ἔμπροσθεν Αἰσχύλου παρὰ τῷ Ἅδῃ βραβεῖον ἔχοντος, τότε δὲ Εὐριπίδου τῆς τιμῆς ἀντιποιησαμένου καὶ τοῦ τραγῳδικοῦ θρόνου. συστήσαντος δὲ τοῦ Πλούτωνος αὐτοῖς τὸν Διόνυσον διακούειν, ἑκάτερος αὐτοῖν λόγους πολλοὺς καὶ ποικίλους ποιεῖται, καὶ τέλος πάντα ἔλεγχον καὶ πᾶσαν βάσανον οὐκ ἀπιθάνως ἑκατέρου κατὰ τῆς θατέρου ποιήσεως προσαγαγόντος, κρίνας παρὰ προσδοκίαν ὁ Διόνυσος τὸν Αἰσχύλον νικᾶν, ἔχων αὐτὸν ὡς τοὺς ζῶντας ἀνέρχεται. οὐ δεδήλωται μὴν ὅπου ἐστὶν ἡ σκηνή· εὐλογώτατον δ' ἐν Θήβαις· καὶ γὰρ ὁ Διόνυσος ἐκεῖθεν καὶ πρὸς τὸν Ἡρακλέα ἀφικνεῖται Θηβαῖον ὄντα.

Τὸ δὲ δρᾶμα τῶν εὖ πάνυ καὶ φιλολόγως πεποιημένων. ἐδιδάχθη ἐπὶ Καλλίου τοῦ μετὰ Ἀντιγένη διὰ Φιλωνίδου εἰς Λήναια. πρῶτος ἦν· δεύτερος Φρύνιχος Μούσαις· Πλάτων τρίτος Κλεοφῶντι. οὕτω δὲ ἐθαυμάσθη τὸ δρᾶμα διὰ τὴν ἐν αὐτῷ παράβασιν, ὥστε καὶ ἀνεδιδάχθη, ὥς φησι Δικαίαρχος.

II.

ΑΡΙΣΤΟΦΑΝΟΥΣ

ΓΡΑΜΜΑΤΙΚΟΥ.

Μαθὼν παρ' Ἡρακλέους Διόνυσος τὴν ὁδὸν
πρὸς τοὺς κατοιχομένους πορεύεται, λαβὼν
τὸ δέρμα καὶ τὸ σκύταλον, ἀναγαγεῖν θέλων
Εὐριπίδην· λίμνην τε διέβαινεν κάτω
καὶ τῶν βατράχων ἀνέκραγεν εὔφημος χορός.
ἔπειτα μυστῶν ἐκδοχή. Πλούτων δ' ἰδὼν
ὡς Ἡρακλεῖ προσέκρουσε διὰ τὸν Κέρβερον.
ὡς δ' ἀνεφάνη, τίθεται τραγῳδίας ἀγὼν,
καὶ δὴ στεφανοῦταί γ' Αἰσχύλος. τοῦτον δ' ἄγει
Διόνυσος εἰς φῶς, οὐχὶ μὰ Δί' Εὐριπίδην.

III.

[ΘΩΜΑ ΤΟΥ ΜΑΓΙΣΤΡΟΥ.

Διόνυσος Εὐριπίδου πόθῳ ληφθεὶς καὶ οὐχ οἷός τ' ὢν ἄλλως θεραπεῦσαι τὸν ἔρωτα, εἰς Ἅδου κατελθεῖν ἠβουλήθη, ὅπως ἐκεῖ τούτῳ ἐντύχῃ. ἐπεὶ δὲ τῆς ὁδοῦ ἄπειρος ἦν, ἔγνω δεῖν εἰς Ἡρακλέα πρόσθεν ἐλθεῖν. οὗτος γὰρ πάλαι, κελεύσαντος Εὐρυσθέως, Κερβέρου χάριν εἰς Ἅδου κατῄει. ἐλθὼν δὲ καὶ πυθόμενος περὶ τῆς ὁδοῦ, ἤκουσε παρ' αὐτοῦ, ὅπως ἄρα δεῖ κατελθεῖν, χαριεντισαμένου πρὸς αὐτὸν πρότερον. Διόνυσος δὲ καὶ πρὶν ἀπαντῆσαι πρὸς Ἡρακλέα, κατ' αὐτὸν ἐσκευάσθη, λεοντῆν ἐνδεδυμένος καὶ ῥόπαλον φέρων. ὡς οὖν ἤκουσε παρ' Ἡρακλέους περὶ τῆς ὁδοῦ, μεθ' ἑαυτοῦ δοῦλόν τινα ἔχων Ξανθίαν, ἐχώρει πρὸς Ἅδην, καὶ πρῶτον μὲν ἐντυγχάνει τῇ Ἀχερουσίᾳ λίμνῃ, καὶ ὁρᾷ ἐν αὐτῇ τὸν Χάροντα μετὰ σκάφους, δι' οὗ τοὺς τεθνεῶτας εἰς Ἅδου ἐπέρα. καὶ ὁ μὲν Ξανθίας οὐκ ἐπέβη τοῦ σκάφους, διὰ τὸ μὴ τὴν ἐν Ἀργινούσαις ναυμαχῆσαι μάχην· πεζῇ δὲ περιῄει τὴν λίμνην. Διόνυσος δὲ ἐπιβὰς, καὶ τῶν ἐν αὐτῇ βατράχων ἀκούσας μέλη παρὰ τὸν πλοῦν, διαπεραιοῦται, καὶ αὖθις Ξανθίᾳ συγγίνεται, καὶ σὺν αὐτῷ πάλιν ἀψάμενος τῆς ὁδοῦ εὑρίσκει,

ἃ Ἡρακλῆς αὐτῷ προειρήκει, δυσχερῆ τινα θεάματα· καὶ τοὺς μύστας παρ' αὐτὰς τὰς πύλας τοῦ Ἅδου χορεύοντας. εἶτα ὡς Ἡρακλῆς εἰσελθὼν, καὶ μεταξὺ πολλῶν τούτῳ συμβάντων, παραγίνεται πρὸς Πλούτωνα, καὶ ὅτου χάριν ἧκεν εἰπὼν, ἔσχεν ὑπακούοντα Πλούτωνα, οὐχ ἵν' Εὐριπίδην ἀναγάγῃ, ἀλλ' ἵν' ἀγωνισαμένων Αἰσχύλου καὶ Εὐριπίδου, ὅστις τούτων ἄριστος τὰ εἰς τέχνην φανείη, τοῦτον αὐτὸς εἰληφὼς ἀνενέγκῃ πρὸς βίον. τούτου δὲ γενομένου, καὶ κρείττονος ἀναφανέντος Αἰσχύλου, Διόνυσος τοῦτον λαβὼν ἀνῆλθε.

Τὸ δὲ δρᾶμα τῶν εὖ καὶ φιλοπόνως πεποιημένων. Ἐδιδάχθη δὲ ἐπὶ Καλλίου ἄρχοντος, τοῦ μετὰ Ἀντιγένη. οὕτω δὲ ἐθαυμάσθη διὰ τὴν ἐν αὐτῷ παράβασιν, καθ' ἣν διαλλάττει τοὺς ἐντίμους τοῖς ἀτίμοις καὶ τοὺς πολίτας τοῖς φυγάσιν, ὥστε καὶ ἀνεδιδάχθη, ὥς φησι Δικαίαρχος.]

IV.

[ΣΚΟΠΟΣ ΤΟΥ ΠΑΡΟΝΤΟΣ ΔΡΑΜΑΤΟΣ.

Ὁ παρὼν ποιητὴς, ὡς ἐν τῷ δράματι τοῦ Πλούτου τῷ τότε τῶν Ἀθηνῶν ἄρχοντι ὁπωσδήποτε χαριζόμενος, τότε τὸν Πλοῦτον ἀναβλέψαι φησὶ καὶ πλουτῆσαι τοὺς ἀγαθούς· τῶν Νεφελῶν δὲ τὸ δρᾶμα κατὰ τὸ φαινόμενον γράψας κατὰ Σωκράτους, κατὰ παντὸς συνετάξατο φιλοσόφου καὶ μετεωρολέσχου καὶ φυσικοῦ· [Σωκράτης γὰρ μετερχόμενος τὴν ἠθικὴν φιλοσοφίαν, κατεγέλα μεταρσιολογίας καὶ φυσικῆς, ὡς γράφει Ξενοφῶν ἐν τοῖς Ἀπομνημονεύμασι, θεολογίας δὲ ὡς ἀκαταλήπτου πάντη ἀπείχετο· ὡς οὖν τὸ δρᾶμα τοῦ Πλούτου ὑπὲρ τοῦ τότε ἄρχοντος Ἀθηνῶν ἀσυμφανῶς ξυνετάξατο, κατὰ παντὸς δὲ φιλοσόφου μεταρσιολέσχου καὶ ψευδοτύπου τὸ δρᾶμα τῶν Νεφελῶν·] οὕτω καὶ τήνδε τὴν κωμῳδίαν τῶν Βατράχων κατὰ παντὸς ὑποψύχρου καὶ ὑποξύλου καὶ ἀφυοῦς καὶ ἀτεχνότατα γράφοντος, τῷ μεμηνέναι δὲ οὐ συνιέντος ἑαυτὸν ὄντα βάρβαρον, οἰομένου δὲ μὴ μόνον ἰσοῦσθαι, ἀλλὰ καὶ τὰ κρείττονα φέρεσθαι τῶν λίαν ἐπιστημόνων. ὡς τῷ ὑπὲρ φύσιν Ὁμήρῳ τις ἀνώνυμος ἤριζε Σάτυρος, Ἡσιόδῳ δὲ Κέρκωψ, ἢ πλέον εἰπεῖν, Εὔρυτος μὲν τοξικῇ, Μαρσύας δὲ μουσικῇ τῷ Ἀπόλλωνι· Σειρῆσι δὲ καὶ Μούσαις Θάμυρις ὁ μαινόμενος· ἢ ὡς ὁ Αἰγύπτιος Σῶφις καὶ ὁ Θετταλὸς Σαλμωνεὺς ταῖς οὐρανίαις ἀντιπαταγοῦντες βρονταῖς καὶ τοῖς κεραυνοῖς δῆθεν ἀνταστράπτοντες. κατὰ τοιούτου παντὸς μὴ συνιέντος ἑαυτὸν, [ἐξομοιουμένου δὲ φιληταῖς ἀλογίστοις καθάρμασι, δίκην βατράχων βοῶσι θορυβωδέστατα,] τὸ τοιοῦτον ὁ ποιητὴς ἐξέθετο δρᾶμα. Διασκευὴ δὲ καὶ ἔκθεσις τοιάδε τοῦ δράματος· πλάττεται τῷ ποιητῇ δυσφορῶν ὁ Διόνυσος διὰ τὸ ἐν τοῖς Διονυσίοις μὴ εἶναι τραγικὸν ἢ κωμικὸν δεξιὸν ποιητήν. ὅθεν καὶ βουληθεὶς κατιέναι εἰς ᾅδου, ὡς Εὐριπίδην ἐκεῖθεν ἀνάξειεν, ἐπὶ Διονυσιακοῖς τοῖς κοθόρνοις, καὶ λεοντῆν καὶ ῥόπαλον ἔχων τρόπῳ τοῦ Ἡρακλέους, μετὰ Ξανθίου οἰκέτου, ὄνῳ ἐποχουμένου, τοῖς ὤμοις δὲ ἀνάφορον φέροντος, ὃ ἀλλακτὸν δημωδεστέρως καλεῖται, εἰς Θήβας ἢ Τίρυνθα, πόλιν τοῦ Ἄργους, ἀφικνεῖται πρὸς Ἡρακλέα, ὁδοὺς τὰς εἰς ᾅδου χρήζων μαθεῖν ἐξ αὐτοῦ καὶ πανδοχεῖα καὶ ἐκτροπὰς, ἅτε τοῦ Ἡρακλέους εἰς ᾅδου πρὶν κατελθόντος ἐπ' ἀναγωγῇ τοῦ Κερβέρου· εἰ καὶ δυσὶ γενεαῖς προγενέστερος ἦν Ἡρακλέους ὁ Διόνυσος. παρ' οὗ μαθὼν ὅσων ἔχρῃζεν, ἀπάρχεται τῆς πορείας. παρὰ τὴν λίμνην δὲ πεφθακὼς τὴν Ἀχερουσίαν, αὐτὸς μὲν ὁ Διόνυσος δυσὶν ὀβολοῖς περαιοῦται τῷ Χάρωνι, Ξανθίας δ', ἀνθ' ὧν τῇ περὶ Ἀργινούσας οὐκ ἐναυμάχησε ναυμαχίᾳ, τῷ Χάρωνι μὴ ἀναληφθεὶς πεζῇ τὴν λίμνην κύκλῳ περιπορεύεται· καὶ τί δεῖ λεπτολογεῖν τὸ πᾶν τοῦ συγγράμματος τέλος; Διόνυσος ξενίζεται Περσεφόνῃ καὶ Πλούτωνι, καὶ κρίσιν ποιησάμενος ποιητῶν, Εὐριπίδου καὶ Αἰσχύλου, καὶ ἄριστον τῷ ὄντι Αἰσχύλον νομίσας, καὶ παρὰ προσδοκίαν τοῦτον λαβὼν ἀλλ' οὐκ Εὐριπίδην, αὖθις ἐς τοὺς ζῶντας ἀνέρχεται.]

SCHOLIA IN RANAS.

Ὁ Ξανθίας ἐπὶ ὄνου παράγεται καθεζόμενος, ἔχων ἐπὶ τῶν ὤμων ἀνάφορον, ὅπου ἦν τὰ στρώματα. (εὐθὺς ἐν τῇ εἰσβολῇ διαβάλλει τούς τε κωμῳδοὺς ὡς γελοίοις χρωμένους καὶ παρατρέποντας τοὺς θεατὰς ἀπὸ τῆς ἀκριβείας.)

1. τῶν εἰωθότων : Ἀντὶ τοῦ τῶν ἐθίμων, ἡ μετοχὴ ἀντὶ τοῦ ὀνόματος· καὶ Ὅμηρος [Od. A, 213]

τὸν δ' αὖ Τηλέμαχος πεπνυμένος

ἀντὶ τοῦ πινυτός. — εἰωθότων : Τῶν συνήθων διαλέγεσθαι εἰς ἡδονὴν τοῦ θεάτρου. Θ. τῶν συνήθων. *Br.*

2. θεώμενοι : Οἱ θεαταί. Θ. *Br.*

3. νὴ Δί' ὅ τι βούλει γε : Ἴδιον αὐτοῦ τὸ εἰς ταῦτα ὀλισθαίνειν· ὡς καὶ ἐν δευτέραις Θεσμοφοριαζούσαις [fr. 307] ὁ θεράπων φησὶν

ὡς διά γε τοῦτο τοὔπος, οὐ δύναμαι φέρειν
σκεύη τοσαῦτα, καὶ τὸν ὦμον θλίβομαι.

ἐνταῦθα δέ φησιν ὅτι οὐ δύναμαι ἀνέχεσθαι τοῦ θλίβομαι λεγομένου.

4. πάνυ γάρ ἐστ' ἤδη χολή : Ἀντὶ τοῦ πολύ. τὸ δὲ πολὺ, κἂν ᾖ γλυκὺ, πικρόν ἐστιν. (Ἄλλως. ὡσανεὶ ἔλεγε ναυτία, διὰ τὸ ἐπιδαψιλεύειν τὴν παιδιὰν ταύ-

την. συνεχῶς γὰρ εἰσῆγον τοὺς τὰ τοιοῦτα λέγοντας.) — χολή : Λύπη. *D.*

5. ἀντὶ τοῦ χωρὶς τοῦ εἰπεῖν θλίβομαι. R. ἀντὶ τοῦ ἄνευ εἰπεῖν πιέζομαι. V.

6. γέλοιον Ἀττικῶς, γελοῖον δὲ κοινόν. ἡ δὲ σημασία ἡ αὐτή.

8. μεταβαλλόμενος : Ἀντὶ τοῦ μεταφέρων, μετατιθεὶς ἀπὸ ὤμου εἰς ὦμον. τἀνάφορον δὲ ξύλον ἀμφίκοιλον, ἐν ᾧ τὰ φορτία ἐξαρτήσαντες οἱ ἐργάται βαστάζουσι. — μεταθέμενος τὸ ἐπὶ ὤμου φορτίον. Θ. χεζητιᾷς : Μέλλεις ἀποπατεῖν. *Vict.*

9. (μηδ' ὅτι τοσοῦτον : Μὴ οὕτω ποιήσαιμι καίτοι ἄχθος τοσοῦτον φέρων.)

10. ἀποπαρδήσομαι : Εἰς τὸ αὐτὸ κατήντησεν ὡς δῆθεν ἄκων. — καθαιρήσει : Καταβιβάσει ἀπὸ τοῦ ὤμου. Θ. *Vict.* καθαίρω παροξυτόνως τὸ ἀποπλύνω, καθαιρῶ δὲ περισπωμένως τὸ καταβάλλω. Θ. Vict.

11. πλήν γ' ὅταν μέλλω 'ξεμεῖν : Οἷον, εἰ ὅλως λέγεις, τότε εἰπὲ, ὅτε μέλλω ἐξεμεῖν, ἵνα ἅπαξ ἐμέσω καὶ μὴ καὶ τότε ὅτε λέγεις. Ἄλλως. τότε, φησὶ, λέγε, ἐὰν θέλῃς, ἐπιτηρήσας, ὅτε μέλλω ἐξεμεῖν. ῥᾷστα γὰρ ἂν ἐξεμέσαιμι, ἐὰν εἴπῃς.

13. Φρύνιχος : Δίδυμός φησιν ὅτι νῦν Φρυνίχου τοῦ κωμικοῦ μέμνηται, ὡς παρ' ἕκαστα ἐν ταῖς κωμῳδίαις φορτικευομένου. ἔστι δὲ πατρὸς Εὐνομίδου. κωμῳδεῖται δὲ καὶ ὡς ξένος, καὶ ἐπὶ φαυλότητι ποιημάτων, καὶ ὡς ἀλλότρια λέγων καὶ ὡς κακόμετρα. εἰσὶ δὲ καὶ ἄλλοι τρεῖς Φρύνιχοι. (Φρύνιχος δὲ ὁ κωμικὸς οὐδὲν τούτων ἐποίησεν ἐν τοῖς σωζομένοις αὐτοῦ· εἰκὸς δὲ ἐν τοῖς ἀπολωλόσιν εἶναι αὐτοῦ τοιοῦτόν τι.)

14. Λύκις : Κωμῳδίας ποιητής. ὡς ψυχρὸς κωμῳδεῖται· λέγει δὲ αὐτὸν καὶ Λύκον· οὗ οὐδὲν φέρεται. (Ἄλλως. ὁ δὲ νοῦς, εἴπερ ποιήσω μηδὲν ὧν οὗτοι εἰώθασι ποιεῖν τοῖς σκευοφοροῦσιν· ἵνα τὸ φέρουσι σημαίνῃ πτῶσιν δοτικήν. Ἄλλως.) τριχῶς λέγεται. ἢ γὰρ σκευηφοροῦσιν, ἢ σκεύη φέρουσιν, ἢ [σκευοφοροῦσιν. ἀντὶ τοῦ] σκευοφόρους ἄνδρας ποιοῦσιν. ἔστι δὲ βεβιασμένος ὁ λόγος, εἴπερ ποιήσω μηδὲν ὧν οὗτοι ποιοῦσι, σκευηφοροῦντας εἰσάγοντες μετὰ πολλῶν. περιλείπεται οὖν ἀκούειν ἁπλῶς ὧν οὗτοι εἰώθασι ποιεῖν τοῖς σκευηφοροῦσιν, ἵνα τὸ σκευηφοροῦσι σημαίνῃ πτῶσιν δοτικήν. — καὶ αὐτὸς ὡς κακὸς ποιητὴς κωμῳδεῖται. V.

15. σκευοφοροῦσ' : Τοῖς. *E.* καὶ οὗτοι οἱ τρεῖς κωμικοὶ εἰσὶ ποιηταὶ, σκευοφοροῦντας εἰσάγοντες ἐν ταῖς κωμῳδίαις καὶ αἰσχρὰ ποιοῦντας. E.

17. τῶν πράξεων τῶν ἀπατηλῶν. Θ. εἰρωνεία. πανουργευμάτων, ἀπατηλῶν ποιημάτων. M.

18. πλεῖν ἢ 'νιαυτῷ : Παρὰ τὸ Ὁμηρικὸν [Od. T, 360]

αἶψα γὰρ ἐν κακότητι βροτοὶ καταγηράσκουσιν.

καὶ τὸ [Od. O, 357] « ἐν ὠμῷ γήραϊ θῆκε. » διὰ τὴν αἰτίαν οὖν γηράσκω, φησίν.

19. ἆρ' ὁ τράχηλος οὑτοσὶ : Ὁ Ξανθίας ἀχθόμενος ἐφ' ᾧ βαστάζει φόρτῳ λέγει.

20. ὑπὸ τοῦ φορτίου ἐρεῖ. Θ.

21. ἀλαζονεία. R. V. ἡμετέρα ἀτιμία αὐτοῦ ἀλαζονεία καὶ ἔπαρσις. Θ.

22. υἱὸς Σταμνίου : [Δέον εἰπεῖν υἱὸς Διὸς Σταμνίου εἶπε παρ' ὑπόνοιαν, ἐπειδὴ ὁ οἶνος ἐν σταμνίῳ βάλλεται. ὁ δὲ Διόνυσος εἰς τὸν οἶνον ἀλληγορεῖται.] (σταμνία καὶ στάμνους τοὺς ἀμφορεῖς τοῦ οἴνου φασίν. παίζει δὲ ἅμα καὶ πρὸς τὸ σχῆμα ὅτι υἱός εἰμι σταμνίου. Ἄλλως.) ἔπαιξεν, ἐπεὶ ὁ κέραμος ἐν ἑαυτῷ βαστάζει τὸν οἶνον ὥσπερ παῖδα καὶ τρέφει.

23. τοῦτον δ' ὀχῶ : Ὀχεῖσθαι ποιῶ· ἐπὶ τοῦ ὄνου γὰρ ἦν καθήμενος ὁ Ξανθίας· [νοεῖται δέ τι καὶ αἰσχρόν· ἀντὶ τοῦ, ἐπιβαίνω αὐτόν. — ὀχῶ μὲν ἐνεργητικῶς τὸ ἀφροδισιάζω καὶ ὀχεύω τὸ αὐτὸ, καὶ τὸ πρᾶγμα ὀχεία. ὀχοῦμαι δὲ παθητικῶς ἤτοι ἐπιβάτης εἰμὶ καὶ ἐφ' ἵππου κάθημαι ἢ ἑτέρου τινός. καὶ ἀπὸ τούτου ὄχημα τὸ ἅρμα. Οἱ δὲ Ἀττικοὶ τὸ ὀχεῖν ἐνεργητικὸν καὶ ἐπὶ τοῦ ὀχεῖσθαι ποιεῖν ἐκλαμβάνουσι καὶ ἐπιβάτην καθιστάναι ἕτερον, ὡς καὶ ὁ Ἀριστοφάνης ἐνταῦθα « τοῦτον δ' ὀχῶ » ἀντὶ τοῦ ὀχεῖσθαι ποιῶ. Θ.]

25. ὀχεῖ : ἀντὶ τοῦ βαστάζει. R. V. ἐπ' ὀχήματος φέρῃ. *Vict.*

28. οὐ δῆθ' ὅ γ' ἔχω 'γὼ καὶ φέρω : Ἐπάνω γὰρ τοῦ ὄνου καθεζόμενος ὁ οἰκέτης, ἐβάσταζε τὸ ἀνάφορον. τινὲς εἰς τὸ φέρω δύο στιγμὰς ποιοῦσιν, ἀφαιροῦντες τοῦ μὰ τὸν Δί' οὐ τὴν μίαν στιγμήν.

30. πιέζεται : Κατηνέχθη ὅμως καὶ αὐτὸς ἐπὶ τὸ πιέζομαι.

32. ἐν τῷ μέρει σὺ τὸν ὄνον : Ἀντὶ τοῦ, κατά τι μέρος, (ἢ ἐν τῷ ἴσῳ μέρει) κατὰ τὴν ἀμοιβὴν βάστασον τὸν ὄνον.

33. (τί γὰρ ἐγὼ οὐκ ἐναυμάχουν : Πρὸς τοὺς χρόνους, ὅτι τῷ προτέρῳ ἔτει ἐπὶ Ἀντιγένους περὶ Ἀργίνουσαν ἐνίκων ναυμαχίᾳ οἱ Ἀθηναῖοι συμμαχούντων δούλων, προκακωθέντες ἄλλαις ναυμαχίαις, οὕστινας ἠλευθέρωσαν· πρὸς τοῦτο οὖν χαριεντιζόμενος λέγει, ὅτι εἴπερ ἐνεναυμαχήκειν, κἂν ἀφείμην ἐλεύθερος. ὥστε οἰμώζειν ἂν ἔλεγόν σοι. ἡ δὲ Ἀργίνουσα, πόλις τῆς Αἰολίδος, ἀντικρὺ δὲ Λέσβου κειμένη καὶ Μαλίας καλουμένης ἄκρας.)

35. (κατάβα πανοῦργε : Τὸ χ, ὅτι κατάβα φησί. πρὸς τοὺς ἀξιοῦντας, ὅτι κατάβηθι λέγεται μόνως. τὸ δὲ πανοῦργε, ἡμεῖς μὲν μετριώτερον φαμὲν, Ἀττικοὶ δὲ ἐπὶ σφοδρᾶς βλασφημίας.)

38. ὡς Κενταυρικῶς : (Πρῶτον μὲν ἕως τούτου ὑπακούων τῷ Διονύσῳ λέγει ὁ Ἡρακλῆς, ἐνήλαθ' ὅστις· εἶτα τὴν ὄψιν καταπλαγεὶς τὸ μὲν ἀκόλουθον οὐκ ἀνεπλήρωσεν, εἰπὼν ὅστις ἐστίν, ἀλλὰ θαυμάσας ἐπηρώτησε τίς εἴη.) ἀντὶ τοῦ ἀκόσμως καὶ ὑβριστικῶς, ὅτι καὶ οἱ Κένταυροι ὑβρισταί. καὶ τοῦτο οἶδεν Ἡρακλῆς ἐκ τῆς πρὸς αὐτοὺς μάχης. τινὲς δὲ ἀντὶ τοῦ μαλακῶς. εἰρωνεύεται γὰρ ὁ Ἡρακλῆς. ὁ γὰρ Διόνυσος μαλακὸ

καὶ τρυφηλός. — Κενταυρικῶς : Λίαν ἀγρίως, δίκην Κενταύρων. Θ. ἀτάκτως. *Vict.*

30. ὅστις : Ἦν. *Vict.* πρός τινα τῶν ἑαυτοῦ παίδων τοῦτό φησιν, οὔπω τῆς θύρας ἀνοιγείσης. Vict.

40. ὁ παῖς : Ὁ Διόνυσος νεύει πρὸς τὸν Ξανθίαν, καὶ λέγει μειρακευόμενος, ὡς δείσαντος αὐτὸν τοῦ Ἡρακλέους. καθόλου γὰρ τοιοῦτον εἰσάγουσι τὸν Διόνυσον, ὡς ὄντα δειλὸν, (μόνον δὲ καυχηματίαν). — ὁ παῖς : Ὦ παῖ. *E.*

41. μὴ μαίνοιό γε : Δίδυμος ἀντὶ τοῦ, μὴ μανείης. πιθανώτερον δὲ ἀντὶ τοῦ, ὑπέλαβέ σε μαίνεσθαι ὁ Ἡρακλῆς. Ἄλλως. μὴ οὕτω μανείης, ὡς ὑπολαβεῖν σε τὸν Ἡρακλέα φοβηθῆναι.

46. ἐπὶ κροκωτῷ : Διονυσιακὸν φόρεμα ὁ κροκωτός. ἐφόρει δὲ λεοντῆν, ἵνα ᾖ φοβερὸς ὡς Ἡρακλῆς. Ἡρακλέους γὰρ φόρεμα ἡ λεοντῆ. [κροκωτῷ, γυναικείῳ ἐκ πήνης ἐνδύματι.] — γυναικείῳ ἐνδύματι ἐκ μετάξης. Θ. *E.*

47. τίς ὁ νοῦς ἀντὶ τοῦ τί ὁ νοῦς θέλει εἶναι. V. ποία διάνοια. G.

κόθορνος : Τινὲς ὅτι ὁ κόθορνος εἰς ἀμφοτέρους τοὺς πόδας ἁρμόζει, οἱ δὲ ὅτι ἀνδράσι καὶ γυναιξὶν ἁρμόττει. (ἔνθεν καὶ Θηραμένης κόθορνος ἐλέγετο, ὅτι τοῖς καιροῖς καθομιλεῖν δύναται. ὁ δὲ Ξενοφῶν ἐν Ἑλληνικοῖς [2, 3, 31] ἀμφοτέροις τοῖς ποσὶν ἁρμόζειν αὐτόν φησιν. ἐκπλήττεται δὲ ὁ Ἡρακλῆς ὁρῶν τὴν ἄτοπον ταύτην σκευὴν, καὶ ὅτι τὰ ἄμικτα ἔμιξεν. ὁ μὲν γὰρ κροκωτὸς καὶ ὁ κόθορνος γυναικεῖά ἐστιν, ἡ δὲ λεοντῆ καὶ τὸ ῥόπαλον ἀνδρῷα.)

48. ἐπεβάτευον Κλεισθένει : Παίζει. λέγεται γὰρ καὶ ἐπὶ νεὼς τὸ ἐπιβατεύειν καὶ ἐπὶ συνουσίας κατὰ μεταφορὰν τῶν ἀλόγων ζῴων, ἃ ἐπιβαίνοντα συνουσιάζει. Ἄλλως. Κλεισθένης ὁ Σιβυρτίου ἐπ' αἰσχρότητι κωμῳδεῖται. ἦν δὲ λεῖος τὸ γένειον· διὸ καὶ εὐνούχῳ εἰκάζει αὐτόν. (Ἄλλως. τὸν Κλεισθένην καὶ ἐπὶ τοῦ πασχητιᾶν κωμῳδοῦσιν. ἐμφαίνει οὖν ὅτι εἰ κατὰ στρατείαν ἀπεδήμουν, μετὰ Κλεισθένους ἂν ἐστρατευσάμην. καὶ τὸ ἐπεβάτευον ἐκείνῳ, κακεμφάτως. ἐστρατήγησε δὲ νεωστὶ καὶ ἐνίκησεν οὗτος.)

49. κατεδύσαμεν : Ἐβυθίσαμεν εἰς τὴν θάλασσαν. *Victor.*

51. σφῶ νὴ τὸν Ἀπόλλω : Θαυμάζων (καὶ ἀπιστῶν) λέγει ὁ Ἡρακλῆς τὸ σφῶ. τινὲς δὲ εἰς τὸν Ἀπόλλω δύο στίζουσι καὶ εἰς τὸ ἐξηγρόμην.

κᾆτ' ἔγωγ' ἐξηγρόμην : Σκώπτει τὸν Διόνυσον. καὶ ἐγὼ, φησὶν, ἀνέστην ἐξ ὀνείρου· δηλῶν ὅτι ὄναρ ταῦτα ἔπραξεν. οἱ δέ φασιν ὡς ὁ Διόνυσος ταῦτα λέγει, κᾆτ' ἔγωγ' ἐξηγρόμην, ὡς τῶν ἐπίτηδες ψευδομένων ἐπιλεγόντων τοῦτο, καθ' ὃ δηλοῦται ὅτι ἐνυπνίῳ ἔοικε τὸ λεγόμενον. οἱ δὲ τῷ Ἡρακλεῖ προσνέμουσι τοῦτο, οἱ δὲ τῷ Ξανθίᾳ. καὶ τὸ, νὴ τὸν Ἀπόλλω, τῷ Διονύσῳ. μόνον γὰρ τὸ σφῶ λέγειν τὸν Ἡρακλῆν.] — σφῶ : Ὑμεῖς οἱ θηλυμανεῖς. ἐξηγρόμην : Ἐξηγειρόμην ἐξ ὕπνου. Θ. *Br.*, *Vict.* ἐξ ὕπνου. *E.* τὸ ἐξηγρόμην λέγει δεικνὺς αὐτὸν, ὅτι ὀνείρατα φθέγγεται. E.

53. τὴν Ἀνδρομέδαν : (Τῶν καλλίστων Εὐριπίδου δρᾶμα ἡ Ἀνδρομέδα.) διὰ τί δὲ μὴ ἄλλο τι τῶν πρὸ ὀλίγου διδαχθέντων καὶ καλῶν, Ὑψιπύλης, Φοινισσῶν, Ἀντιόπης; ἡ δὲ Ἀνδρομέδα ὀγδόῳ ἔτει προεισῆλθεν. ἀλλ' οὐ συκοφαντητὰ ἦν τὰ τοιαῦτα.

54. ἐπάταξε : Ἔπληξε. *Vict.*

55. μικρὸς ἡλίκος Μόλων : (Παίζει. ἔστι γὰρ μεγαλόσωμος ὁ Μόλων. Ἄλλως.) Δίδυμός φησιν ὅτι δύο Μόλωνές εἰσιν, ὁ ὑποκριτὴς καὶ ὁ λωποδύτης· καὶ μᾶλλον τὸν λωποδύτην λέγει, ὅς ἐστι μικρὸς τὸ σῶμα. Τιμαχίδας δὲ τὸν ὑποκριτὴν λέγεσθαι νυνὶ Μόλωνα.

56. γυναικὸς οὐ δῆτα : Τινὲς ἀπὸ τοῦ γυναικὸς ἀμοιβαῖα ποιοῦσι, τινὲς δὲ ὅλον φασὶ τὸν Ἡρακλέα λέγειν, λογιζόμενον τίνος ἠράσθη Διόνυσος. τοῦ δὲ Διονύσου εἰπόντος τὸ ἀτταταῖ, ὁ Ἡρακλῆς ὑποπτεύει ἀνδρὸς ἐρασθῆναι Κλεισθένους τὸν Διόνυσον.

57. (ἀτταταί : Γράφεται ἀππαπαί. διὰ τούτου συγκαταθεμένου τοῦ Διονύσου καὶ ὁ Ἡρακλῆς ἐπήνεγκε, μὴ τοῦ Κλεισθένους, διὰ τὸ, ἐπεβάτευον Κλεισθένει.) — ξυνεγένου : Αἰσχρῶς ἡνώθης. *Vict.*

58. (οὐ γὰρ ἀλλ' ἔχω κακῶς : Ἀντὶ τοῦ καὶ γὰρ ἀλλά. τὸ ἀλλὰ παρέλκει Ἀττικῶς. ἀντὶ τοῦ, ἔχω γὰρ κακῶς.) — Ἄλλως. οὐ γὰρ ἀλλά ἀντὶ τοῦ καὶ γὰρ ἀλλά. Καλλίμαχος « οὐ γὰρ ἀλλ' ἥκω. » V. οὐ γὰρ τοῦτό ἐστι. *C.* οὐ γὰρ τούτου ἐπιθυμῶ, ὃ λέγεις· ἀλλὰ κακῶς ἔχω. *D.*

59. ἐπιθυμία ἢ ἀγάπη. V.

61. δι' αἰνιγμῶν : Ἀντὶ τοῦ δι' ἀσαφείας. R. V. αἰνιγμάτων. Θ.

63. ἔτνους : Ὀσπρίου πισίνου. ὡς ἀδηφάγον δὲ τὸν Ἡρακλέα κωμῳδοῦσι. (τὸ δὲ ἔτνος εἶδος ἀθάρας.) [οἱ δὲ ἀνδρεῖοι καὶ πρὸς τὰς μάχας θαυμαστοὶ ἔτνος ἐσθίουσιν ὡς συντελοῦν αὐτοῖς πλεῖστα, ὡς οἱ περὶ ταῦτα δεινοὶ λέγουσιν.]

64. ἑτέρᾳ φράσω : Διδάσκω οἵως ἐρῶ, ὑποβαλὼν σοι τὸν ἔρωτα τοῦ ἔτνους. ἀντὶ τοῦ ἄλλῳ τινὶ ὑποδείγματι, οἷον ἄλλῳ τρόπῳ. ἔστι δὲ τὸ ἡμιστίχιον ἐξ Ὑψιπύλης Εὐριπίδου.

67. (καὶ ταῦτα τοῦ τεθνηκότος : Τινὲς βούλονται ἓν πρόσωπον λέγειν ὅλον. τινὲς δὲ διορίζουσι τὸ τοῦ τεθνηκότος· ὡς τοῦ Ἡρακλέους λέγοντος αὐτό. οὕτω γὰρ καὶ αἱ διδασκαλίαι φέρουσι, τελευτήσαντος Εὐριπίδου τὸν υἱὸν αὐτοῦ δεδιδαχέναι ὁμώνυμον ἐν ἄστει Ἰφιγένειαν τὴν ἐν Αὐλίδι, Ἀλκμαίωνα, Βάκχας.)

71. αὐτοῦ γὰρ τοῦ Διονύσου ἐστὶν ὁ ἀγών.

72. (οἱ μὲν γὰρ οὐκ ἔτ' εἰσὶν : Εὐριπίδου ἐξ Οἰνέως

σὺ δ' ὧδ' ἔρημος ξυμμάχων ἀπόλλυσαι·
οἱ μὲν γὰρ οὐκ ἔτ' εἰσίν, οἱ δ' ὄντες κακοί.)

73. (τί δ' οὐκ Ἰοφῶν : Υἱὸς Σοφοκλέους ὁ Ἰοφῶν. ἠγωνίσατο δὲ καὶ ἐνίκησε λαμπρῶς ἔτι ζῶντος τοῦ πατρὸς αὐτοῦ. διὸ ἀμφιβάλλει μήποτε τοῦ Σοφοκλέους εἴη εἰρηκὼς τραγῳδίαν.)

76. ἐπαινέσας αὐτὸν ὁ Ἀριστοφάνης ὅτι τοῦτο καὶ μόνον ἐστὶ λοιπὸν ἀγαθὸν, προελθὼν ἔψεξεν αὐτόν. V. [ὅπως ἔχει : Εἴτε αὐτοῦ δηλονότι τὰ ποιήματα εἴτε τοῦ πατρὸς αὐτοῦ Σοφοκλέους. τοιαύτη γὰρ περὶ αὐτοῦ τοὺς πολλοὺς δόξα κατεῖχε.] (πρότερον δὲ, τῇ ἡλικίᾳ, ἢ τιμιώτερον.)

78. οὔ, πρίν γ' ἂν Ἰοφῶντα : Κωμῳδεῖται γὰρ ὁ Ἰοφῶν ὁ υἱὸς Σοφοκλέους ὡς τὰ τοῦ πατρὸς λέγων ποιήματα. (Ἄλλως. οὐ μόνον ἐπὶ τῷ ταῖς τοῦ πατρὸς τραγῳδίαις ἐπιγράφεσθαι κωμῳδεῖται, ἀλλ' ἐπὶ τῷ καὶ ψυχρὸς καὶ μαλακὸς εἶναι.) — Νικοστράτης δὲ υἱὸς ἦν. φασὶ δὲ ὅτι καὶ Ἀρίστων τοῦ Σοφοκλέους νόθος υἱὸς ἐγεγόνει ἔκ τινος Θεωρίδος Σικυωνίας. V. τὸ δὲ κωδωνίσω ἀντὶ τοῦ δοκιμάσω, ὅτι τινὰ τῶν ὀρνέων δοκιμάζεται τῷ τοῦ κώδωνος ψόφῳ. (καὶ τοὺς ἵππους οὕτως ἐδοκίμαζον κώδωσιν εἰ ψοφοδεεῖς εἶεν, καὶ τοὺς ὄρτυγας. οἱ γὰρ ὑπομένοντες τὸν ἦχον τοῦ κώδωνος ἐπιτηδείως ἔχουσι πρὸς μάχην. τινὲς δὲ ἀπὸ τῶν ἀγγείων τῶν σαθρῶν, ἐπεὶ οὕτω δοκιμάζουσι διακρούοντες. τινὲς δὲ ἀπὸ τῶν φυλακῶν. βέλτιον δὲ τὸ ἐπὶ τῶν ἵππων καὶ τῶν ἀγγείων· τὰ δὲ ἄλλα ἐσχεδίασται. Ἄλλως. ἡ μεταφορὰ ἀπὸ τῶν ἵππων τῶν κώδωνι δοκιμαζομένων εἰ θόρυβον ὑπομένειν δύνανται. Δημήτριος δὲ προσλαμβάνει καὶ ὅτι κατὰ τὰς φυλακὰς εἰ ἐγρηγόρασι κώδωσι διεσήμαινον, ὅπως ἂν φθέγγωνται.)

79. κωδωνίσω : Δοκιμάσω, ἐκ μεταφορᾶς τῶν νομισμάτων. *C.* διακηρύξω. *D.* δοκιμάσω, ἐξετάσω. *Vict.*

82. εὔκολος : Ἁπλοϊκὸς καὶ ἐλευθέριος. τοιοῦτος δὲ ὁ Σοφοκλῆς. — μαλακογνώμων. Θ. *Vict.*

83. Ἀγάθων δὲ : Οὗτος τραγῳδίας ποιητὴς (Ἀθηναῖος, υἱὸς Τισαμενοῦ). κωμῳδεῖται δὲ εἰς θηλύτητα. (ἦν δὲ καὶ κωμῳδοποιὸς τοῦ Σωκρατικοῦ διδασκαλείου.)

84. ποθεινὸς τοῖς φίλοις : Γράφεται δεξιός. φίλοις δὲ ἀντὶ τοῦ τοῖς σοφοῖς. οὗτος δὲ ἀγαθὸς ἦν τὸν τρόπον καὶ τὴν τράπεζαν λαμπρός. καὶ φασὶν ὅτι τὸ Πλάτωνος συμπόσιον ἐν ἑστιάσει αὐτοῦ γέγραπται, πολλῶν ἅμα φιλοσόφων παρ' αὐτῷ καταχθέντων.)

85. ἐς μακάρων εὐωχίαν : Ἢ ὡς περὶ τετελευτηκότος λέγει, ὡσανεὶ εἶπε τὰς μακάρων νήσους· ἢ ὅτι Ἀρχελάῳ τῷ βασιλεῖ μέχρι τῆς τελευτῆς μετὰ ἄλλων πολλῶν συνῆν ἐν Μακεδονίᾳ, καὶ μακάρων εὐωχίαν ἔφη τὴν ἐν τοῖς βασιλείοις διατριβήν. [τοῦτο δὲ παρ' ὑπόνοιαν.]

86. Ξενοκλῆς : Υἱὸς Καρκίνου, ὃς κωμῳδεῖται ὡς ἄξεστος ἐν τῇ ποιήσει (καὶ ἀλληγορικός). ἀδελφοὶ δὲ αὐτοῦ Ξενόκλειτος, Ξενότιμος, Δᾶτις. (εἰσὶ δὲ, ὥς φασι, δύο Ξενοκλεῖς τραγῳδοὶ γεγονότες. τρίτος δέ ἐστι τούτοις ὁμώνυμος, πολιτικὸς, φαύλου μὲν πατρὸς, τῶν δὲ δήμων Χολαργεύς.)

87. Πυθάγγελος δέ : Τραγῳδίας ποιητὴς μοχθηρὸς καὶ ἄσημος. ὁ Ξανθίας δὲ ὑπομνησθεὶς τῆς Πυθαγγέλου φωνῆς φησὶν ὅτι οὐ φροντίζετέ μου Πυθαγγέλου καὶ ταῦτα (φροντίζοντες καὶ) μνημονεύοντες. (καλῶς δὲ καὶ πικρῶς ἔδειξεν ὡς δοῦλος τὸ προκείμενον.)

91. (λαλίστερα : Πολυλογώτερα. εἰς τοῦτο γὰρ Εὐριπίδης ἐκακίζετο.) πλεῖν ἢ σταδίῳ : πλέον ἢ σταδίῳ Εὐριπίδου φλυαρότερα. R. V. τοῦτο δὲ ὡς ἐπὶ δρόμου, καθὼς καὶ ἐν τῇ συνηθείᾳ λέγομεν. V. ἀντὶ τοῦ λάλοι καὶ πιθανολόγοι. *R. V.*

92. ἐπιφυλλίδες : Κυρίως δὲ ἐπιφυλλίδες· οὕτω λέγεται τὰ βοτρύδια τὰ μετὰ τὸ πατεῖσθαι τῶν στεμφύλων ἐξερχόμενα. ταῦτα δὲ οὐ χρήσιμα. Ἄλλως. V. τὰ ἐπικείμενα τοῖς μεγάλοις βότρυσι βοτρύδια. (Καλλίστρατος δὲ, τὰ αὐτὰ καθ' ἑαυτὰ μικρά.) κέκληται δὲ οὕτως, διὰ τὸ τοῖς φύλλοις καλύπτεσθαι. (ἢ τὰ πρὸς αὐτοῖς τοῖς φύλλοις. Ἄλλως. ἐπιφυλλίδες εἰσὶ τὰ ἐν τοῖς βότρυσιν ἐν ἀρχῇ περιττώματα. οἱ δέ φασι τὰ ἐν κορυφαῖς τῶν κλημάτων. ταῦτα γὰρ οὐχ ὑποκάτω τῶν φύλλων, ὡς οἱ βότρυες, ἀλλ' ἐπάνω φύονται. δείκνυσι δὲ ἐντεῦθεν ὡς οὐδὲν περὶ λόγους εἰσί.

93. χελιδόνων μουσεῖα : Παρὰ τὰ ἐν Ἀλκμήνῃ Εὐριπίδου

πολὺς δ' ἀνεῖρπε κισσὸς, εὐφυὴς κλάδος,
χελιδόνων μουσεῖον.

ἀντὶ τοῦ βάρβαρα καὶ ἀσύνετα. καὶ γὰρ ἡ χελιδὼν ἐπὶ τῶν βαρβάρων καὶ ἐν τοῖς ἑξῆς [680] « οὗ περιβρέμεται Θρῃκία χελιδών. — » τὸ χελιδόνων μουσεῖα παροιμία ἐπὶ τῶν πολυλόγων καὶ ἐπαχθῶν ταττομένη. τοιοῦτον γὰρ τὸ τῶν χελιδόνων γένος, πλέον διὰ τὸ πολὺ τῆς ᾠδῆς ἀνιῶν τοὺς ἀκούοντας ἢ διὰ τὸ μέλος εὐφραῖνον. καὶ ἐν τοῖς ἑξῆς « οὗ περιβρέμεται Θρῃκία χελιδών. » Θ. a m. rec.

94. [ἃ φροῦδα : Ἀφανῆ ὑπὸ τῆς χαρᾶς.

ἢν μόνον : Ἤγουν, εἴπερ ἅπαξ τοὺς περιεστῶτας ἐπαινέτας σχοῖεν τῶν δραμάτων.]

95. [προσουρήσαντα : Εὐθυδρομήσαντα, εὐδοκιμήσαντα ἐν τραγῳδίας δράματι ἐπαινεθέντα. — οὐρίζω, τὸ ἀπὸ τοῦ οὔρου ἀνέμου. οὐρῶ, τὸ ἀπὸ τοῦ οὔρου, τοῦ ἐκκρινομένου ὑγροῦ. προσουρήσαντα οὖν, τὸ βραχύν τινα χρόνον διατρίψαντα, καὶ τῶν αὐτῶν λήρων ἐκχέαντα τῇ τραγῳδίᾳ. C.]

96. γόνιμον δὲ ποιητὴν : Ἀντὶ τοῦ φυσικόν τινα καὶ μὴ βεβιασμένον. ἢ γεννητικόν.

99. παρακεκινδυνευμένον : Ἀντὶ τοῦ ὑψηλὸν, βλάσφημον, (καὶ ὀγκῶδες.) [παράδοξον, ἀσύνηθες.]

100. αἰθέρα Διὸς : Εὐριπίδου ἐκ Μελανίππης

ὄμνυμι δ' ἱρὸν αἰθέρ', οἴκησιν Διός.

τὸ δὲ χρόνου πόδα ἐστὶν ἐξ Ἀλεξάνδρας « καὶ χρόνου « προὔβαινε πούς. »

102. γλῶτταν δ' ἐπιορκήσασαν : Παρὰ τὰ ἐξ Ἱππολύτου Εὐριπίδου [612]

ἡ γλῶσσ' ὀμώμοχ', ἡ δὲ φρὴν ἀνώμοτος.

103. σὲ δὲ ταῦτ' ἀρέσκει : Ἀντὶ τοῦ σοί Ἀττικῶς. (σημειωτέον δὲ ὅτι οἱ Ἀττικοὶ κέχρηνται τῷ τοιούτῳ σχηματισμῷ. ὡς καὶ Εὐριπίδης ἐν Βάκχαις [503] « καταφρονεῖ με καὶ Θήβας ὅδε. »)

μάλα πλεῖν ἢ μαίνομαι : Οἱ μὲν βραχύνουσιν, ἵνα τοῦ η ἔκθλιψις εἶναι δοκῇ, οἱ δὲ ἐκτείνουσι τὸ α, κρᾶσιν πιστεύοντες εἶναι τοῦ η καὶ τοῦ α βραχέος εἰς τὸ α μακρόν. V. [μᾶλλον ἢ μαίνομαι. οἱ μέν, φασὶν, ἐκτείνουσιν· οἱ δὲ συστέλλουσι.] (μεταλαμβάνεται δὲ εἰς τὸ μὲν οὖν, ἢ οὐχ· ἀλλὰ καὶ μᾶλλον. ἡ γὰρ μή ἀπαγόρευσις παρὰ τοῖς παλαιοῖς ἀντὶ τῆς οὐ ἀρνήσεως παραλαμβάνεται. Ἄλλως. ἀλλὰ πλέον ἢ μαίνομαι ἐπ' αὐτῷ· τουτέστιν, ὑπερβαλλόντως μοι ἀρέσκει.)

104. κόβαλα : Ἀντὶ τοῦ κακοῦργα καὶ ἀνελεύθερα. (Δίδυμος, κατεστωμυλμένα, ἀπατητικά. καὶ κακοβούλους, κοβάλους.)

105. (μὴ τὸν ἐμὸν οἴκει : Καὶ τοῦτο παρὰ τὸ ἐν Ἀνδρομάχῃ

μὴ τὸν ἐμὸν οἴκει νοῦν, ἐγὼ γὰρ ἀρκέσω.)

106. καὶ μὴν ἀτεχνῶς γε : Ἀντὶ τοῦ ἀληθῶς ἢ ὅλως καὶ συνόλως, καὶ ἔστιν οἷον ἀδόλως. τέχνας γὰρ ἔλεγον οἱονεὶ τοὺς δόλους. [Hom. Od. Θ, 296 :] « ἀμφὶ δὲ δεσμοὶ τεχνήεντες ἔχυντο. »

107. δειπνεῖν με δίδασκε : [Τοῦτο γὰρ ἐπίστασαι, ἐκεῖνο δ' οὔ.] ταῦτά με, φησὶ, δίδασκε, καὶ μὴ κρῖνε τραγῳδίας. ὅτι ἀδηφάγος ὁ Ἡρακλῆς.

113. κρήνας : [Γράφεται κρημνούς. ἐκτροπαὶ δὲ, ἐκνεύσεις τῶν ὁδῶν,] ὅπου τις ἐκτραπῆναι δύναται. (διὰ τὸ ἐκτρέπεσθαι τῆς ὁδοῦ καὶ κρύπτεσθαι, ὅταν ταραχή τις γένηται τῶν νεκρῶν.) [ὅσα δὲ οἱ ὁδοιποροῦντες ἐπάνω τῆς γῆς εὑρίσκουσι καθ' ὁδὸν, ταῦτα καὶ αὐτὸς οἰόμενος καὶ ὑπὸ γῆν εἶναι, ἐρωτᾷ περὶ τούτων.]

115. ἐπειδὴ ῥυπαρὸς οὗτος ὁ τόπος· ὅπου δὲ ῥυπαρία, κόρεις εἰσίν. V.

116. ὁ Ἡρακλῆς πρὸς τὸν Ξανθίαν τὸ ὦ σχέτλιε. R. ὁ Ἡρακλῆς ἀκούσας τοῦ Ξανθίου λέγοντος ὅτι περὶ ἐμοῦ οὐδεὶς λόγος, πρὸς αὐτὸν ποιεῖται τὸν λόγον ὅτι καὶ σὺ τολμήσεις καταβῆναι. V.

118. ἀντὶ τοῦ διὰ ποίας ὁδοῦ. V.

119. μήτε θερμὴν : Μήτε ὅπου ἐστὶ καῦμα μήτε δυσχείμερον ὁδὸν εἴπῃς.

121. θρανίου : Θράνους καὶ θρανάτια ταπεινά τινα διφρίδια καὶ ὑποπόδια λέγονται· καὶ ἡ παρὰ τῷ ποιητῇ θρῆνυς· ἐφ' ὧν ἱστάμενοι οἱ ἀπαγχόμενοι ἀρτῶσιν ἑαυτοὺς, ἀπολακτίζοντες αὐτά. τοῦ δὲ κάλω ἡ εὐθεῖα ὁ κάλως.

122. πνιγηρὰν λέγεις : Πρὸς τὸν πνιγμὸν τῆς ἀγχόνης καὶ ὥσπερ ὁδοῦ καυματώδους. Ἄλλως. V. καυματώδη· ἅμα μὲν ἀντὶ τοῦ θερμήν· πνιγεὺς γὰρ ἡ κάμινος· ἅμα δὲ ὅτι πνίγει τῷ χρόνῳ τὸ σχοινίον καὶ τὸ θρανίον.

123. σύντομος : Ὅτι οὐ μόνον ἐπίτομον λέγουσιν, ἀλλὰ καὶ σύντομον. τετριμμένην δὲ, ἅμα μὲν ὡς ἐπὶ ὁδοῦ [κατημαξευμένης], ἅμα δὲ καὶ πρὸς τὸ κώνειον διὰ θυείας τρίβεσθαι.

125. ψυχράν γε καὶ δυσχείμερον : (Καὶ ὡς ἐπὶ ὁδοῦ ψυχρᾶς, καὶ ὅτι κατὰ ψύξιν φονεύει τὸ κώνειον.) [πήγνυσι δὲ, εἶπε, τἀντικνήμια.] ἀπὸ τῶν ποδῶν γὰρ οὗτος ὁ θάνατος ἄρχεται, πρώτους αὐτοὺς καταψύχων. [ὡς τοῦ ζωτικοῦ αἵματος περὶ τὴν καρδίαν συστελλομένου.]

127. κατάντη : Οὕτως Ἀττικοὶ ἀντὶ τοῦ κατωφερῆ. εὐκολώτεραι γὰρ καὶ ταχύτεραι αἱ τοιαῦται ὁδοί.

128. ὡς ὄντος γε μὴ βαδιστικοῦ, ἐμοῦ δηλονότι ταχέως βαδίζειν μὴ δυναμένου. V. ὀξύποδος ἐμοῦ. R.

131. ἀφιεμένην τὴν λαμπάδα : Τοὺς λαμπαδιστὰς ἀγῶνας. λαμπαδηδρομίαι δὲ γίνονται τρεῖς ἐν τῷ Κεραμεικῷ, Ἀθηνᾶς, Ἡφαίστου, Προμηθέως. Κεραμεικὸς τόπος Ἀθήνησιν ὅπου συνετέλουν οἱ Ἀθηναῖοι κατὰ ἐνιαυτὸν λαμπαδοῦχον ἀγῶνα. πρὸς δὲ τῷ τόπῳ τούτῳ πύργον τινὰ ὑπάρχειν φασίν. ἐφ' ὃν συμβουλεύει αὐτὸν ἀναβάντα θεωρεῖν τὴν λαμπάδα, καὶ ὅταν οἱ πρῶτοι λαμπαδίζοντες ἀφεθῶσι, καὶ αὐτὸν ἀπὸ τοῦ πύργου ἀφεῖναι ἑαυτὸν κάτω.

133. εἶναι, τόθ' εἶναι : (Ἀντὶ τοῦ ἀφεῖναι τοὺς δρομεῖς. τινὲς δὲ γράφουσιν εἴητε, ἀντὶ τοῦ ἀφείητε, οἱ δρομεῖς δηλονότι.) τοῦτο δὲ γνωριμώτερον ἔχει τὸν νοῦν, ἐπειδὰν οἱ θεώμενοι εἴπωσιν ἀφείητε, δηλονότι οἱ τρέχοντες, καὶ σὺ σαυτόν. (γράφεται δὲ ἐν πολλοῖς εἶναι, ἀντὶ τοῦ εἴητε. μήποτε τὸ δεύτερον εἶναι, τὸ ἐς καὶ σὺ σαυτὸν, ἁμαρτανομένου τοῦ προτέρου. λέγοι δ' ἄν τις καὶ τοῦτο λόγον ἔχειν· ὡς τῶν θεωμένων ἐπικελευόντων τῷ τὸ σημεῖον ἀφιέντι κατὰ τὸ ἀρχαῖον σχῆμα, οὕτως εἶναι). [Ἄλλως. ὅτι ἐν τῇ ἀφέσει τῆς λαμπάδος σημεῖον ἦν τοῖς μέλλουσι δραμεῖν, ὡς δεῖ τοῦ δρόμου κατάρξασθαι. ἦν δὲ τοῦτο πρὸ τοῦ εὑρεθῆναι παρὰ Τυρσηνοῖς τὴν σάλπιγγα. — εἶναι, τόθ' εἶναι : Τὸ εἶναι σημαίνει καὶ τὸ χορευσθῆναι, ὡς ἐν τῷ « ἐξ ἔρον ἕντο, » καὶ ἔστι δασυνόμενον ὡς ἀπὸ τοῦ ἴω καὶ ἧμι τὸ πληρῶ. σημαίνει δὲ καὶ τὸ ἀφεῖναι καὶ πέμψαι, καὶ τοῦτο δασυνόμενον ὁμοῖον ὡς ἐνταῦθα. κανονίζεται δὲ οὕτως· ἵημι τὸ πέμπω, ὁ μέλλων ἥσω, ὁ β' ἀόριστος ἦν, ἡ μετοχὴ εἷς, ἕντος, καὶ τὸ ἀπαρέμφατον εἶναι. *Vict.*

134. ἀλλ' ἀπολέσαιμ' ἂν ἐγκεφάλου : (Καὶ γὰρ ὁ ἐγκέφαλος τῶν ἀνθρώπων ἔχει ὑφ' ἑαυτὸν ὑμένας ἐοικότας τοῖς τῆς συκῆς φύλλοις. Ἄλλως.) Ἀρίσταρχος, πρὸς τὸ σχῆμα, φησὶ, τοῦ ἐγκεφάλου. ἔστι γὰρ ὥσπερ δύο θρῖα συγκείμενα. θρῖα δὲ, τὰ τῆς συκῆς φύλλα, καὶ τὰ θρῖα δὲ οὕτως σκευάζεται. λέγεται δὲ ἀπὸ τοῦ κατειλεῖσθαι τοῖς τῆς συκῆς φύλλοις. ἡ δὲ σκευασία ἐστὶ, στέαρ, μέλι, ᾠὰ, σεμίδαλις. εἰώθασι δὲ καὶ τὸν ἐγκέφαλον ὀπτᾶν κατειλήσαντες τοῖς τῆς συκῆς φύλλοις, ἢ μετὰ τῆς ἄλλης τοῦ θρίου κατασκευῆς, ἢ καὶ μόνον, πρὸς ὃ καὶ παρέθηκε τὸ θρῖον.

138. ἄβυσσος : Ἣν οὐδὲ βυθὸς χωρῆσαι δύναται. Ἴωνες δὲ τὸν βυθὸν βυσσόν φασι.

139. τυννουτωΐ σε : Συνάγων τοὺς δακτύλους φησίν· ἀντὶ τοῦ μικρῷ. ὁμοίως δὲ καὶ τυτθὸν, τὸ νήπιον, ἀντὶ τοῦ τιτθόν· τὸ ἔτι παρὰ τοῖς τιτθίοις καθεστηκός. φοβεῖ

δὲ αὐτὸν, ἐπίτηδες σμικρύνων τὸ πλοῖον. — τύννος τὸ μικρὸν, ὁμοίως καὶ τυτθόν. R.

140. δύ' ὀβολὼ μισθὸν λαβών : Οὐχ ὡς τοῦτο λαμβάνοντος, ἀλλὰ πρὸς τὸν δικαστικὸν μισθὸν, ὅτι δύο ὀβολῶν ἦν. ἅμα δὲ διὰ τὸ λεγόμενον, ὅτι τοῖς νεκροῖς ἐπὶ τοῦ στόματος βάλλουσι δύο ὀβολοὺς, καὶ ὅτι τὸ δικαστικὸν μισθάριον δύο ὀβολοὶ ἦσαν. ἐπιφέρει γοῦν

ὡς μέγα δύνασθον πανταχοῦ τὼ δύ' ὀβολώ.

ἦν δὲ καὶ τριώβολον, τοῦτο τῶν στρατηγῶν κολακείας χάριν προστιθέντων. ἐπὶ δὲ Ἀριστοφάνους καὶ δραχμὴν ἦν λαβεῖν.

141. ἀντὶ τοῦ μεγάλην δύναμιν ἔχουσιν. R.

142. Θησεὺς ἤγαγε : Ὅτε κατῆλθε μετὰ Πειρίθου [εἰς Ἀϊδωνέα, ἁρπάσαι βουλομένου τὴν κόρην τῆς Δήμητρος Περσεφόνην. ἢ διὰ τὸ θητεύειν τὸν Χάρωνα διαπορθμεύοντα.]

144. μή μ' ἔκπληττε : Μή μ' εἰς ἔκπληξιν καὶ φόβον ἔμβαλε· οὐ γάρ μ' ἀποστήσεις τῆς ὁρμῆς. *C.* δειμάτου : Ἐκφόβει. *Vict.*

146. καὶ σκῶρ ἀεὶ νῶν : Ὅτι τινές φασι τῷ σκώρ πρῶτον κεχρῆσθαι Στράττιν ἐν Ἀταλάντῃ δράματι· ψεῦδος δὲ, πολλῷ γὰρ ὕστερον τῶν Βατράχων δεδίδακται ἡ Ἀταλάντη Στράττιδος. — νῶν δὲ ἀντὶ τοῦ ῥέον, νᾶον νῶν. σκῶρ δὲ ἀποπάτημα, χέσμα. κειμένους δὲ ἀντὶ τοῦ κολαζομένους. R. V. νῶν : Ῥέον. *C.* νᾶον *D.* σκῶρ : Κόπρον. *Vict.*

149. ἠλοίησεν : Ἔτυψεν. *R. Br.*, *Vict.* ἐφαρύτωσεν. ἢ γεραιὰν γνάθον ἔκρουσε. V.

151. ἢ Μορσίμου : Τραγῳδίας ποιητὴς ὑπόψυχρος. (ἔστι δὲ Φιλοκλέους υἱός. ἦν δὲ ὀφθαλμῶν ἰατρὸς ἀγαθός. ἦν δὲ καὶ σμικρός. υἱὸν δὲ ἔσχεν Ἀστυδάμαντα.) — ἀντὶ τοῦ θανάσιμόν τινα λόγον ἔγραψεν, οἷα νῦν πολλὰ γίνονται τοῖς φαρμακοῖς. V.

153. τὴν Κινησίου : Κινησίας διθυραμβοποιός· ὃς ἐποίησε πυρρίχην. ἢ ὅτι ἐν τοῖς χοροῖς πολλῇ κινήσει ἐχρῆτο. (τινὲς δὲ οὐ γράφουσι τὸν, νὴ τοὺς θεοὺς, στίχον, ἀλλ' ἀφαιροῦσιν αὐτὸν καὶ τὸν ἑξῆς οὕτω γράφουσιν

ἢ πυρρίχην τις ἔμαθε τὴν Κινησίου.

διὸ καὶ Ἀριστοφάνης παρατίθησι τὸ ἀντίσιγμα καὶ τὸ σίγμα. Ἄλλως. ὁ Κινησίας ἐπραγματεύσατο κατὰ τῶν κωμικῶν, [ὡς εἶεν ἀχορήγητοι. ἦν δὲ καὶ τὸ σῶμα ὀκνηρὸς καὶ κατεσκελετευκώς. δοκεῖ δὲ καὶ] κατησχημονηκέναι τοῦ τῆς Ἑκάτης ἀγάλματος. διὸ καὶ ἐν τοῖς ἑξῆς [366] φησιν

ἢ κατατιλᾷ τῶν ἑκαταίων, κυκλίοισι χοροῖσιν ὑπᾴδων..

ἦν δὲ Θηβαῖος, μελοποιὸς κάκιστος, ὃς ἐν τοῖς χοροῖς ἐχρῆτο πολλῇ κινήσει.)

156. τοὺς τόπους τῶν μυρρίνων. R. μυρρινὼν ὁ τόπος τῶν μυρρίνων. V. τόπους μεστοὺς μυρινῶν. Θ.

158. οἱ μεμυημένοι : [Λόγος γὰρ ἐκράτει παρ' Ἀθηναίοις ὡς ὁ τὰ μυστήρια διδαχθεὶς μετὰ τὴν ἐνθένδε τελευτὴν θείας ἠξιοῦτο τιμῆς. διὸ καὶ πάντες πρὸς τὴν μύησιν ἔσπευδον.] — οἱ εἰδότες τὰ μυστήρια· R. οἱ τὰ μυστήρια διδαχθέντες. Θ.

159. ὄνος ἄγων μυστήρια : Τοῖς μυστηρίοις ἐξ ἄστεως εἰς Ἐλευσῖνα διὰ τῶν ὄνων φέρουσι τὰ εἰς τὴν χρείαν· ὅθεν ἡ παροιμία, διὰ τὸ κακοπαθεῖν μάλιστα τοὺς ὄνους ἀχθοφοροῦντας. ὡς ἂν οὖν ὅμοιόν τι πάσχων διὰ τὸ πιέζεσθαι τῷ ἐπικειμένῳ ἄχθει, τὴν παροιμίαν μίγνυσιν.

160. (ἀτὰρ οὐ καθέξω : Ἅμα τῷ λόγῳ ῥίπτει τὰ σκεύη, ἵνα ὕστερον φαίνηται γελοιότερος, κελευόμενος ἆραι τὰ σκεύη. λέγει γοῦν, πρὶν καὶ καταθέσθαι, εἰπόντος, σὺ δὲ τὰ στρώματα αὖθις λάμβανε.)

165. τῷ Ξανθίᾳ φησὶν ὁ Διόνυσος. V.

168. τῶν νεκρῶν δηλονότι τῶν ἐπὶ τὸ ἀπελθεῖν μελλόντων εἰς τὸν Ἅδην. V. ἐκ τοῦ κόσμου πρὸς τὸν Ἅδην, ἢ τῶν ἐκφερομένων τῆς πόλεως, ἀφ' οὗ καὶ ἐκφορὰ, ἐπὶ τὸν Ἅδην, ὃ κοινῶς ἐξόδιον λέγεται. Θ.

169. ἐὰν δὲ μὴ 'ὕρω : Ἀντὶ τοῦ, ἐὰν δὲ μὴ εὕρω. γράφεται καὶ ἔχω, ἤγουν, ἐὰν μὴ ἔχω ἀργύριον· ἵνα λείπῃ τὸ ἀργύριον.

171. πρὸς τὸν βασταζόμενον νεκρόν. R. V.

173. πόσ' ἄττα : Ἀντὶ τοῦ, πόσα σκεύη ἔχετε. γελοίως δὲ ὁ βασταζόμενός φησιν, ἀσθενῶς δὲ ἐρεῖ. ἡ δραχμὴ δὲ, ἐξ ὀβολῶν. δώδεκα οὖν ὀβολοὺς αἰτεῖ.

174. (ὑπάγεθ' ὑμεῖς : Ἀντὶ τοῦ ἀναχωρεῖτε. ἀποστρέφεται δὲ αὐτοὺς ὁ νεκρὸς, μὴ βουλόμενος σκευηφορεῖν, διὰ τὸ ἐλάχιστον εἶναι τὸν μισθόν. τὸ δὲ, ὑπάγετε ὑμεῖς τῆς ὁδοῦ, ὁ νεκρός φησι πρὸς τοὺς νεκροφόρους.)

175. ἐὰν ξυμβῶ τί σοι : Ἐὰν ξυμβῶ σοι ἀντὶ τοῦ ἵνα ξυμφωνήσω σοί τι. (ἔλεγον δὲ τὸ ἵνα ἀντὶ τοῦ ἐάν. καὶ Ὅμηρος [Il. H, 353] « ἵνα μὴ ῥέξομεν ὧδε. »)

177. ἐννέ' ὀβολούς : Ἀντὶ τοῦ μίαν ἥμισυ δραχμήν· ἡ γὰρ δραχμὴ ἓξ ὀβολοί. R. Θ. μίαν ἥμισυ δραχμὴν δίδωσιν ὁ Διόνυσος. V. ἀναβιῴην νῦν : (Ὀχλούμενος ὑπ' αὐτῶν τοῦτο λέγει. ἐν ἤθει δὲ ἐκ τοῦ ἐναντίου ἡμῖν· οἷον ἀπολοίμην. οἱ δὲ, ὅτι χαλεπὸν ἦν τότε τὸ ζῆν, ὥστε ἄμεινον εἶναι τὸ τεθνάναι. εἰς κατάραν οὖν λαμβάνει τὸ ἀναζῆσαι ἐν Ἀθηναίοις. κατηγορίαν δὲ ἔχει οὐ τὴν τυχοῦσαν. Ἄλλως. ἐν ἤθει, ἐπεὶ ἁπλῶς ὁ) ἀνθρώπινος βίος μοχθηρός. ἢ ὅτι τότε Ἀθηναίων δυστυχούντων οἱ ἀπολλύμενοι ἐμακαρίζοντο.

178. ἀντὶ τοῦ βαστάσω. V. ἐγὼ βαστάζω. R.

180. ὠὸπ, παραβαλοῦ : Ἐλατικὸν ἐπίφθεγμα τὸ ὠόπ. τὸ δὲ παραβαλοῦ ἀντὶ τοῦ ὅρμισον τῇ γῇ τὴν ναῦν. ἐν τῇ νηὶ γὰρ ὁ Χάρων λέγει. — πλησίασον τὸ σκάφος τῷ λιμένι. *Br.*

181. (τοῦτο λίμνη νὴ Δία : Τοῦτο οἱ μέν φασι τὸν Διόνυσον λέγειν, οἱ δὲ τὸν Ξανθίαν. ἐνταῦθα δὲ τοῦ πλοίου ὀφθέντος ἠλλοιῶσθαι χρὴ τὴν σκηνὴν καὶ εἶναι κατὰ τὴν Ἀχερουσίαν λίμνην τὸν τόπον ἐπὶ τοῦ λογείου, ἢ ἐπὶ τῆς ὀρχήστρας, μηδέπω δὲ ἐν Ἅδου.)

184. χαῖρ' ὦ Χάρων : Δημήτριός φησιν Ἀχαιοῦ ὅλον εἶναι ἐκ τοῦ Αἴθωνος. λέγουσι δ' αὐτὸ οἱ σάτυροι,

Χαῖρ' ὦ Χάρων χαῖρ' ὦ Χάρων χαῖρ' ὦ Χάρων.

ἤ που σφόδρα θυμοῖ. Ἄλλως. πιθανὸν ὑπονοεῖν τρεῖς τοῦτο λέγοντας, ἀσπαζομένους τὸν Χάρωνα, Διόνυσον, Ξανθίαν καὶ τὸν νεκρόν. δεῖ γὰρ ὑπονοῆσαι βούλεσθαι καὶ αὐτὸν συνεμβαίνειν αὐτοῖς.

185. [τίς εἰς ἀναπαύλας : Εἰς ἀναπαύσεις γὰρ ἐκ κοσμικῶν ὀχλήσεων χωροῦσιν οἱ μεθιστάμενοι.]

186. τίς εἰς τὸ Λήθης πεδίον : Τοῦτο κηρύσσει ὁ Χάρων. ὡς τόπους δὲ καταλέγει. ἐκ δὲ τοῦ δευτέρου τὸ ἀδύνατον τῶν καθ' Ἅδου δηλοῖ, τοῦ (ἧς ὄνου πόκας ἀντὶ τοῦ) ἢ εἰς ὄνου πόκας. ἀδύνατον γὰρ πόκας ἀποκείρασθαι τῶν ὄνων. φαίνεται δὲ καὶ παροιμιῶδες ἤδη εἶναι. τὸ δὲ Λήθης πεδίον, Δίδυμός φησι, χωρίον ἐν Ἅδου διατετύπωκεν (οὕτω λεγόμενον, ὡς καὶ τὸν Αὐαίνου λίθον ἔπλασεν ἀπὸ τοῦ τοὺς νεκροὺς αὐαίνεσθαι καὶ ἀλίβαντας εἶναι. ὄνου δὲ πόκας τὸ ἄχρηστον· οὐδὲ γὰρ αἱ τοῦ ὄνου πόκες χρησιμεύουσιν. ἡ παροιμία δὲ λέγεται ἐπὶ τῶν ἀνηνύτων, ἐν ᾧ τρόπῳ φαμὲν καὶ τὸ χύτραν ποικίλλεις, καὶ κόπρον ἀναθυμιᾷς. ἀνήνυτα δὲ καὶ τὰ ἐν Ἅδου· διὰ τοῦτο οὖν ὄνου πόκας ἀνέπλασε ποιητικῶς.) — ἢ 'ς ὄνου πόκας : Εἰς τὸ μηδέν. *Vict.*

187. ἢ 'ς Κερβερίους : (Τινὲς καὶ παρ' Ὁμήρῳ [Od. Λ, 14] γράφουσιν « ἐνθάδε Κερβερίων » ἀντὶ τοῦ Κιμμερίων· ἢ μᾶλλον τοὺς Κιμμερίους φασί. παίζει δὲ παρὰ τὸν Κέρβερον. — ὄνομα τόπου κηρύσσει ὁ Χάρων. Κερβερίους δὲ τοὺς Κιμμερίους λέγει. R. περαιωθῆναι μὲν ἐκεῖ οὐκ ἔστι, κατάβασις δὲ εἰς Ἅδου ἐκεῖ, ὡς μυθεύεται. V.

188. σχήσειν : Ὁρμίσειν. V. ἐλλιμενίσειν. *E.*

189. [ἐς κόρακας : Παίζει ἐνταῦθα εἰπὼν ἐς κόρακας. Ἀθήνησι γὰρ τόπος ἦν οὕτω καλούμενος, οὐχὶ ἐν Ἅδου. ἢ τοῦτο λέγει, ἐπειδὴ καὶ οἱ ἐκεῖσε ῥιπτόμενοι εἰς ἀπώλειαν ἤρχοντο.]

ναὶ μὰ Δία σοῦ γ' εἵνεκα : Παρόσον οὕτως οἱ ναῦται εἰώθασι λέγειν χαριζόμενοι τῷ ἐπιβάτῃ.

191. εἰ μὴ νεναυμάχηκε : (Τὴν περὶ Ἀργίνουσαν φησὶ ναυμαχίαν. ἦσαν γὰρ οἱ δοῦλοι τότε ναυμαχήσαντες, περὶ οὐδενὸς ἄλλου ἢ περὶ τῶν ἰδίων κρεῶν, τουτέστι σωμάτων. φησὶν οὖν, οἷον οὐ περὶ χρημάτων καὶ πατρίδος, ἀλλὰ περὶ τοῦ ἰδίου σώματος. κρέας γὰρ τὸ σῶμα. φέρεται δὲ καὶ ἄλλη γραφή· τὴν περὶ τῶν νεκρῶν. εἴη δ' ἂν λέγων περὶ τῆς ἐν Ἀργινούσαις ναυμαχίας, ἐν ᾗ ἐνίκων μὲν οἱ Ἀθηναῖοι, τοὺς νεκροὺς δὲ ἐκωλύθησαν ἀνελέσθαι ὑπὸ χειμῶνος. ἐξ οὗ καὶ τῶν δέκα στρατηγῶν ἀπώλοντο καταδικασθέντες οἱ ὑπομείναντες ἕξ. ἐπεὶ οὖν συνεναυμάχουν καὶ οἱ δοῦλοι, τοιοῦτό τι λέγει, δοῦλον οὐκ ἄγω, εἰ μὴ ἀνῄρηται τοὺς ἐκ τῆς θαλάσσης νεκρούς. οὐκ ἔχει δὲ νοῦν τὸ λεγόμενον. ναυμαχίας γὰρ οὐδεμιᾶς ἔδει πρὸς τὴν ἀναίρεσιν. χειμῶνι δὲ ἐκωλύθησαν. Ἄλλως· διὰ τί τὸν δοῦλον μόνον ἀπελαύνει, ἀλλ' οὐχὶ καὶ τῶν ἐλευθέρων εἴ τις μὴ ἀνῄρηται τοὺς νεκρούς; παρίησι γὰρ τὸν Διόνυσον. ἢ εἴη ἂν λέγων νεκροὺς τοὺς Ἀθηναίους, διὰ τὸ ἐσχάτως τότε πράττειν. Ἄλλως.) διάφοροι αἱ γραφαί· οἱ μὲν γὰρ κρεῶν, ὡς Ἀρίσταρχος φησὶν ἐπὶ τῶν σωμάτων λαμβάνεσθαι πολλάκις, καὶ παρὰ τῷ Σοφοκλεῖ ἐν Χρύσῃ

τοιοῦτος ὢν ἄρξειε τοῦδε τοῦ κρέως.

ἐνθάδε οὖν εἰ μὴ νεναυμάχηκε περὶ τῆς ψυχῆς τῆς ἑαυτοῦ· ὡς ποτὲ τῶν Ἀθηναίων ἐν περιστάσει γενομένων καὶ ὑπὲρ τῶν ψυχῶν ἀγωνιζομένων, προσλαβεῖν τοὺς δούλους καὶ ὕστερον ἐλευθερίας ἀξιῶσαι. ἕτεροι δέ φασιν αἰνίττεσθαι τὴν περὶ Ἀργινοῦσαν ναυμαχίαν, ἣν διὰ τοὺς νεκροὺς ἠγωνίσαντο, τὴν δευτέραν γραφὴν αἱρούμενοι. — τὴν περὶ τῶν κρεῶν : Τῶν νεκρῶν σωμάτων. *D.*

193. (οὐκοῦν περιθρέξει : Περικυκλεύσεις. ὁ Χάρων πρὸς τὸν δοῦλον. ἀντὶ τοῦ οὐ λαμβάνω σε.) [ἀντὶ δὲ τοῦ τρέχων, γράφεται καὶ κύκλῳ.]

194. παρὰ τὸν Αὐαίνου λίθον : Παρὰ τὸ αὔους τοὺς νεκροὺς εἶναι, ὡς ὄντος τινὸς ἐν ᾅδου οὕτως λεγομένου λίθου. (φασὶ δὲ αὐαίνου λίθον τινὰ λέγεσθαι Ἀθήνησι, παρ' ὃν οἰκείως ἀπὸ τοῦ αὐαίνου παρήχθη, ἐπειδὴ οἱ πολὺν χρόνου περιμείναντές τινας εἰώθασι λέγειν, αὖος γέγονα περιμένων. ἔοικε δὲ θρυλούμενον τοῦτο ἤδη. Ἄλλως. τοῦτο ἀναπλάττει ἀπὸ τοῦ τοὺς νεκροὺς ξηροὺς εἶναι καὶ ἀλίβαντας. ἀμφίβολον δὲ, πότερον ἀπὸ τῆς εἰς ος εὐθείας, ἢ ἀπὸ τῆς εἰς ης. Ἄλλως. τὸ μὲν φαινόμενον λίθος ἦν Αὐαίνου καλούμενος, τὸ δ' ἀληθὲς οὕτως ἔχει· παρὰ τὸν λίθον αὐαίνου καὶ ξηραίνου. ἢ ὅπου ξηραίνονται οἱ νεκροί.)

196. τῷ ξυνέτυχον : Ἀντὶ τοῦ, τίνι οἰωνῷ συνέτυχον ἐκ τῆς οἰκίας ἰών; δύναται δὲ τοῦτο καὶ ὁ Διόνυσος καὶ ὁ Ξανθίας λέγειν. — ξυνέτυχον : Συνήντησα. ἐξιών : Τῆς οἰκίας. *Vict.*

197. (κάθιζ' ἐπὶ κώπην : Τοῦτο ἀκούσας ὁ Διόνυσος ἐπάνω τῆς κώπης ἐκάθισε.) — κάθιζ' ἐπὶ κώπην : Ἤγουν ἐπὶ τῷ μεταχειρίζεσθαι ταύτην· ὁ δὲ παρανοήσας ἐπάνω ταύτης ἐκάθισεν. C. ὁ μὲν Χάρων, κάθιζε ἐπὶ κώπην, εἴρηκε τοῖς ἐν τῷ σκάφει, ὥστε μεταχειρίζεσθαι ταύτην καὶ κωπηλατεῖν. ὁ δὲ Διόνυσος παρανοήσας ἐκάθισεν ἐπάνω τῆς κώπης· διὸ καὶ ἐπιπλήττεται παρὰ τοῦ Χάρωνος. Vict.

199. τοπικὸν τὸ οὗ. R.

200. γάστρων : Γαστρίμαργε. (εἰσάγουσι γὰρ τὸν Διόνυσον προγάστορα καὶ οἰδαλέον ἀπὸ τῆς ἀργίας καὶ οἰνοφλυγίας.)

202. πρὸς τὰ ῥεύματα ἀντιβάς. R. V. μὴ φλυαρήσῃς ἔχων : Καὶ Πλάτων Εὐθυδήμῳ [p. 294, E] « ὅτι ἔχων « φλυαρεῖς, καὶ ἀρχαιότερος εἶ τοῦ δέοντος. » Junt. ἔχων : Περισσόν. *C.*

203. ὁ κἆτα ἀντὶ τοῦ καί. R. V.

204. ἀθαλάττωτος : (Θέλει εἰπεῖν,) μὴ ὢν ναυτικός. (ἀθαλάττωτος δὲ καὶ ἀσαλαμίνιος ταυτόν ἐστιν. Ἄλλως. ἢ διὰ τὴν περὶ Σαλαμῖνα ναυμαχίαν, ἢ ὅτι ἡ μὲν ἑτέρα τῶν ὑπηρετίδων νεῶν Σαλαμινία ἐκαλεῖτο, ἡ δ' ἑτέρα Πάραλος.) — ἀπὸ τῆς νεὼς ἡ ὀνομασία. R. ἀμέτοχος θαλάττης. μὴ ναυμαχήσας περὶ Σαλαμῖνα. τὰ κατὰ Ξέρξου δὲ οἶμαι. Θ.

208. [ὠὸπ, ὄπ, ὠὸπ, ὄπ : Εἴσθεσις μέλους χοροῦ μονοστροφική· ἧς προτίθεται τὸ τοιοῦτον κῶλον δακτυλικὸν ὂν δίμετρον ἀκατάληκτον. κατὰ γὰρ μονοποδίαν μετρεῖται τὰ δακτυλικά. τὰ δὲ τοῦ χοροῦ κῶλά εἰσι δυοκαίδεκα, ὧν τὸ πρῶτον καὶ δεύτερον τροχαϊκὰ ἐφθημιμερῆ, τὸν πρῶτον ἔχοντα πόδα τρίβραχυν ἤτοι χορεῖον. εἰ δὲ βούλει, παιωνικὰ δίμετρα ἀκατάληκτα, ἐκ παίωνος τετάρτου καὶ διιάμβου. τὰ ἑξῆς δύο χοριαμβικὰ δίμετρα καταληκτικά, ἤτοι ἐφθημιμερῆ. τὸ πέμπτον τρίμετρον καταληκτικόν. τὸ ἕκτον μονόμετρον, ἡ ἰαμβικὴ βάσις. τὸ ἕβδομον δίμετρον ὑπερκατάληκτον Ἰωνικὸν ἀπὸ μείζονος. τὸ ὄγδοον χοριαμβικὸν τρίμετρον ἀκατάληκτον, τοῦ μὲν πρώτου ποδὸς πενταουλλάβου τῆς πρώτης μακρᾶς εἰς δύο βραχείας διαλυομένης ἐκ χορείου καὶ ἰάμβου· ὅθεν ἴσως καὶ χοριαμβικὸν ἐκλήθη· τοῦ δὲ δευτέρου Ἰωνικοῦ ἀπὸ μείζονος, τοῦ δὲ τρίτου διιάμβου. τὸ ἔνατον χοριαμβικὸν δίμετρον ἀκατάληκτον. τὸ ἑξῆς ὅμοιον. τὸ παρατέλευτον τρίμετρον ἀκατάληκτον· ὃ καλεῖται προσῳδιακόν, διὰ τὸ τὸν πρῶτον ἔχειν πόδα Ἰωνικὸν ἀπὸ μείζονος. τὸ τελευταῖον ὡς τὸ πρῶτον. ἐπὶ τῷ τέλει κορωνίς.] (ὠόπ : ἐλατικὸν ἐπίφθεγμα. ναυτικῶς οὖν κελεύων ταῦτά φησι.)

209. (βατράχων παραχορήγημα. ἐπίφθεγμα δὲ ποιὸν τοῦτο.) κέχρηται δὲ αὐτῷ ὡς ἐφυμνίῳ ὁ τῶν βατράχων χορός. (Ἄλλως. ταῦτα καλεῖται παραχορηγήματα, ἐπειδὴ οὐχ ὁρῶνται ἐν τῷ θεάτρῳ οἱ βάτραχοι, οὐδὲ ὁ χορός, ἀλλ' ἔσωθεν μιμοῦνται τοὺς βατράχους. ὁ δὲ ἀληθῶς χορὸς ἐκ τῶν εὐσεβῶν νεκρῶν συνέστηκεν.) ἐλλείπει ὁ καί, ἵν' ᾖ λιμνῶν καὶ κρηνῶν τέκνα. καὶ γὰρ ἐν κρήναις γίνονται καὶ εὑρίσκονται οἱ βάτραχοι.

212. τὴν μετ' αὐλῶν κοινήν. R. V. ὁμόηχον. Θ.

213. δεῦτε ἵνα. Θ. ἐμὰν ἀοιδὰν : Τὸ ἡμέτερον μέλος, ἢ ὃν εἰώθαμεν ὕμνον ἡμεῖς προσφέρειν. Θ. Junt.

216. Διὸς Διόνυσον ἐν Λίμναις : [Λείπει παῖδα.] (ἀπὸ τῶν ἑαυτῶν λιμνῶν μεταφέρουσιν ἐπὶ τὸν ἐν Λίμναις Διόνυσον λεγόμενον. Λίμναι δὲ χωρίον τῆς Ἀττικῆς, ἐν ᾧ Διονύσου ἱερόν.) Λίμνη τόπος ἱερὸς Διονύσου, ἐν ᾧ καὶ οἶκος καὶ νεὼς τοῦ θεοῦ. R. Καλλίμαχος ἐν Ἑκάλῃ [fr. 280] « Λιμναίῳ δὲ χοροστάδας ἦγον ἑορτάς. » — Νῦσα δὲ τόπος τῆς Ἀραβίας, ἔνθα γεννᾶται ὁ Διόνυσος. τὸ ἰαχήσαμεν ἀντὶ τοῦ ἰαχοῦμεν. V. τὸν ἐν Νύσῃ χώρᾳ Αἰθιοπίας γεννηθέντα υἱὸν δηλονότι. Θ. [Νύσιος δὲ ὁ Διόνυσος τοῖς Ἰνδοῖς ὀνομάζεται ἀπὸ τῆς ἐν Ἰνδοῖς Νύσης· οὐ μόνον δὲ Ἰνδοῖς, ἀλλὰ καὶ πᾶσι τοῖς πρὸς ἀκτῖνα ἔθνεσιν, ὥς φησι Φιλόστρατος ἐν τῷ Ἀπολλωνίου τοῦ Τυανέως βίῳ (p. 51).] κραιπαλόκωμος : ὁ κωμάζων ἐν κραιπάλοις τοῖς ἱεροῖς. V. τοῦτο μετωνυμία καλεῖται· ὁ κατὰ μέθην γινόμενος ὕμνος.

218. τοῖς ἱεροῖσι Χύτροισι : Χύτροι ἑορτὴ παρ' Ἀθηναίοις. ἄγεται δὲ παρὰ ταύτην τὴν αἰτίαν, ἣν καὶ Θεόπομπος ἐκτίθεται γράφων οὕτως « διασωθέντας οὖν τοὺς « ἀνθρώπους, ᾗπερ ἐθάρρησαν ἡμέρᾳ, τῷ ταύτης ὀνό« ματι προσαγορεῦσαι καὶ τὴν ἑορτὴν ἅπασαν. ἔπειτα « θύειν αὐτοῖς ἔθος ἔχουσι, τῶν μὲν Ὀλυμπίων θεῶν « οὐδενὶ τὸ παράπαν, Ἑρμῇ δὲ χθονίῳ καὶ τῆς χύτρας, « ἣν ἕψουσι πάντες οἱ κατὰ τὴν πόλιν, οὐδεὶς γεύεται « τῶν ἱερέων. τοῦτο δὲ ποιοῦσι τῇ ἡμέρᾳ, καὶ τοὺς « τότε παραγενομένους ὑπὲρ τῶν ἀποθανόντων ἱλάσα« σθαι τὸν Ἑρμῆν. » ἤγοντο δὲ ἀγῶνες αὐτόθι οἱ Χύτρινοι καλούμενοι, καθά φησι Φιλόχορος ἐν τῇ ἕκτῃ τῶν Ἀτθίδων.

219. [ἑαυτῶν τέμενος λέγουσι τὸ ἐν Λίμναις τοῦ Διονύσου ἱερόν.] [πρὸς δὲ τὴν ὁμωνυμίαν, ὅτι ἐν Λίμναις εἰσὶν οἱ βάτραχοι. λίμναι δὲ καὶ τὸ ἱερόν. ἐφεξῆς δὲ σύστημα καὶ περίοδος ἀμοιβαία ἑπτάκωλος ἰαμβικῶν διμέτρων ἀκαταλήκτων, πλὴν τοῦ κώλου, ᾧ κέχρηνται ὡς ἐφυμνίῳ ὁμοίου τῷ πρώτῳ τοῦ μέλους αὐτῶν. ἐπὶ τῷ τέλει παράγραφος.]

222. ἐγὼ δέ γ' ἀλγεῖν ἄρχομαι : Ὁ Διόνυσος (λέγει) δεινοπαθῶν ἐπὶ τῷ κωπηλατεῖν· ὄρρον δέ, τὸν καλούμενον ταῦρον. μέρος δέ ἐστι τῆς πυγῆς. Ἡρωδιανὸς δὲ (καὶ τῷ λόγῳ καὶ κατὰ τὴν διάλεκτον) βαρέως.

223. [ὦ κοὰξ, κοάξ : Διὰ τὸ συνεχὲς αὐτῶν ἐπίφθεγμα, παίζων λέγει· ὄρρον δέ, τὸν λεγόμενον ταῦρον, τὸ μεταξὺ τῶν διδύμων. Καλλίστρατος, τὴν ὀσφῦν καὶ τὸ ἱερὸν ὀστοῦν. Δίδυμος, τὴν τράμιν, οὐχ ὥς τινες τὸ ἰσχίον. ἔνθεν καὶ τὸ ὀρρωδεῖν, τὸν ὄρρον ἱδροῦν. Ὅμηρος [Od. Υ, 204] « ἴδιον ὡς ἐνόησα. » τοῦτο γὰρ πάσχουσιν οἱ φοβούμενοι.] τὸ ὀρροπύγιον ἢ τὸ ἰσχίον. δεινοπαθεῖ δὲ ὁ Διόνυσος ἐπὶ τῷ κωπηλατεῖν. ὄρρον δὲ τὸν καλούμενον ταῦρον. ἔστι δὲ μέρος τῆς πυγῆς. Ἄλλως. ὄρρον τὸν λεγόμενον ταῦρον· οἱ δὲ τὴν ὀσφῦν καὶ τὸ ἱερὸν ὀστοῦν. πῶς οὖν ἐν Λυσιστράτῃ [964] διώρισται « ποία δ' ὀσφύς, ποῖος δ' ὄρρος »; τῇ προφορᾷ δὲ Τιμαχίδας ὀρρόν ὡς ὀρθόν. Δίδυμος δὲ τὴν τράμιν φησίν, οὐχ ὥς τινες τὸ ἰσχίον. ἐτυμολογεῖται δὲ τὸ ὀρρωδεῖν· οἱ γὰρ δεδοικότες ἰδίουσι τὸν ὄρρον. V.

226. (ἀλλ' ἐξόλοισθ' αὐτῷ κοάξ : Σὺν αὐτῷ δηλονότι τῷ κοάξ. Ὅμηρος [Il. Φ', 8] « ἀλλ' αὐτοῖς ἵπποισι καὶ ἀνδράσιν. »)

228. [εἰκότως : Εἴσθεσις μέλους ἑτέρου μονοστροφικοῦ ἐκ κώλων διαφόρων ὀκτώ· ὧν τὸ πρῶτον τροχαϊκὸν τρίμετρον βραχυκατάληκτον. τὸ δεύτερον Ἰωνικὸν τρίμετρον ἀκατάληκτον, τοῦ πρώτου ποδὸς παίωνος τετάρτου, τῶν δὲ ἑξῆς διτροχαίων. τὸ τρίτον χοριαμβικὸν δίμετρον βραχυκατάληκτον ἐκ παίωνος τετάρτου καὶ τροχαϊκῆς συζυγίας. τὸ τέταρτον δίμετρον ἀκατάληκτον ἐκ παίωνος τετάρτου καὶ διτροχαίου. τὸ πέμπτον χοριαμβικὸν δίμετρον ὑπερκατάληκτον ἐκ παίωνος τετάρτου καὶ ἰαμβικῶν συζυγιῶν ἤτοι διιάμβων. τὸ ἕκτον δίμετρον ἀκατάληκτον, ἔχον ἄμφω τὼ πόδε ἑξασυλλάβω. τὸ ἕβδομον ἰαμβικὸν δίμετρον ἀκατάληκτον. τὸ τελευταῖον δῆλον. ἐπὶ τῷ τέλει κορωνίς.]

(εἰκότως οὐδὲν ἄλλο ἐσμὲν ἢ) κοάξ· αὐτὸ γὰρ

τοῦτο πράττομεν. [ἢ εἰκότως ἀλγεῖς τὸν ὄρρον. πολυπραγμονεῖς γάρ.]

ὦ πολλὰ πράττων : [Ὦ πολυπραγμονῶν.] ἤτοι ὅτι οὐχ ἡσυχίαν ἔχων πλεῖ, ἀλλὰ χλευάζει αὐτούς· ἢ ὅτι καὶ εἰς Ἅδου ὑπέμεινεν ἐλθεῖν. ἢ ὦ πολλὰ περιεργαζόμενε.

230. καὶ κεροβάτας : [Ὁ εἰς τὰ κέρατα τῶν ὀρῶν βαίνων· ἢ ὁ ἐπὶ κέρατος βαίνων. ἢ] ἐπειδὴ χηλὰς ἔχειν δοκεῖ τράγου. διὸ καὶ αἰγοβάταν καὶ τραγοβάμονα λέγουσιν. — ἢ οἷον κερατοβάτης. Ἄλλως. ὁ βαίνων ἐπὶ τῶν κεράτων. κέρατα δέ φασι τὰ ἀκρωτήρια. V. Δίδυμος δέ φησιν, ἤτοι ὅτι κέρατα ἔχει, ἢ οἷον κεροβάτης, τὴν βάσιν ἔχων κερατίνην· εἴπερ ἱστορεῖται τὰ κάτω τράγου ἔχων. ὥστε ἀπὸ τῶν ποδῶν κεροβάτης. — Ἄλλως. διὰ τὸ κεκερατωμένην ἔχειν τὴν βάσιν. οὕτω γὰρ ὠνύχωται ὥστε δοκεῖν κεκερατῶσθαι. οὕτω γοῦν καὶ αἰγίπους. V.

231. καλαμόφθογγα : [Ἐξ οὗ ἡ σῦριγξ.] ὅτι οἱ ἀρχαῖοι καλάμῳ ἀντὶ κερατίου ἐχρῶντο. ἢ ᾔδεσαν μὲν τὸ κέρας, ἀνέφερον δὲ τῷ ὀνόματι ἐπὶ τὴν ἀρχαίαν χρῆσιν, ὡς καὶ χορδὰς λέγομεν ἔτι νῦν τὰς ἐκ τῶν νεύρων, ὅτι τὸ παλαιὸν ἐντέριναι ἦσαν. Ἄλλως. ἐπεὶ σύριγγι ἥδεται ὁ Πάν, ἥτις ἐστὶν ἐκ καλάμων. — ἠχώδη δὲ ἡδὺ ἀπὸ τῆς λύρας ἀνεπέμπετο, ἢ ὅτι κάλαμος πάλαι ἀντὶ τοῦ κέρατος ὑπετίθετο τῇ λύρᾳ. καὶ διὰ τοῦτο ἐκ συνηθείας κάλαμον καλοῦσι τὸ κέρας, ὡς Σοφοκλῆς ἐν Αἰχμαλωτισι « ὑφῃρέθη σοῦ κάλαμος ὡσπερεὶ λύρας. » V. [δόνακος δέ, τοῦ λεπτοκαλάμου, μέλος ἀποτελοῦντος τῇ τοῦ ἀνέμου συγκρούσει. ἐν εἰσθέσει δὲ κῶλα πέντε· ὧν τὰ τρία ἰαμβικὰ δίμετρα ἀκατάληκτα, τὸ τέταρτον δῆλον. τὸ πέμπτον χοριαμβικὸν τρίμετρον ἐξ ἐπιτρίτων βραχυκατάληκτον.]

234. ἐν λίμναις : ἐν τοῖς ὕδασι. R.

(236). φλυκταίνας : Τὰ τῶν χειρῶν ἐπαναστήματα ἀπὸ τοῦ κωπηλατεῖν. — Ἄλλως. τὰ ἕλκη, τὰ οἰδήματα τὰ ἀπὸ καύσεως, ἃ καὶ φῷδας καλοῦσι. νυνὶ δὲ ἀπὸ τοῦ κωπηλατεῖν. V. λείπει δὲ ἐν ταῖς χερσί. — τὸ δὲ ἰδίει ἀντὶ τοῦ ἱδροῖ. καὶ Ὅμηρος [Od. Υ, 204] « ἴδιον ὡς ἐνόησα. » V. ἱδρώττει. Θ.

240. πρὸς τοὺς βατράχους φησὶ διὰ τὸ φιλεῖν ᾠδήν. R.

241. [μᾶλλον μὲν οὖν : Εἴσθεσις μέλους ἑτέρου μονοστροφικοῦ ἐκ κώλων διαφόρων δέκα· ὧν τὸ πρῶτον χοριαμβικὸν τρίμετρον ἐξ ἐπιτρίτων καὶ κρητικοῦ. τὸ β′ τροχαϊκὸν δίμετρον ἀκατάληκτον. τὸ τρίτον ὅμοιον, τοῦ τρίτου ποδὸς τριβράχεος ἢ χορείου. τὸ τέταρτον ὅμοιον καθαρόν· τὸ πέμπτον ἐπιχοριαμβικὸν δίμετρον ἀκατάληκτον ἐκ παίωνος τετάρτου καὶ χοριάμβου. τὸ ἕκτον ὅμοιον σπονδειοκατάληκτον τῷ δευτέρῳ ποδί. τὸ ἕβδομον ἰαμβικὸν δίμετρον ὑπερκατάληκτον. τὰ ἑξῆς δύο τῷ δευτέρῳ πέφυκεν ὅμοια. τὸ τελευταῖον δῆλον. ἐπὶ τῷ τέλει κορωνίς.]

εἰ δήποτ' εὐηλίοις : Ἀντὶ τοῦ θερμαῖς. R. V. ὅτι ἐν τῷ χειμῶνι φοβούμενοι φεύγουσι καὶ ἀποσιωπῶσιν, ἐν δὲ τῷ θέρει ἄφοβοί εἰσιν. — ἢ ὅτι νηνεμίας οὔσης ᾄδουσιν οἱ βάτραχοι καὶ ὅταν τύχῃ ἀνέφελος ὁ ἀήρ. V. ἡλίου γὰρ ὄντος καὶ θαυμαστῆς οὔσης αἰθρίας τὸ τῶν βατράχων γένος ἄνω καὶ κάτω χωρεῖ καὶ πρὸς τὴν γῆν ἔσθ' ὅτ' ἐκφέρεται. Vict.

243. [ἡλάμεσθα : Ἐπηδήσαμεν, ὡρμήσαμεν. κύπειρος δὲ εἶδος βοτάνης.]

244. [καὶ φλέω : Φλέως λοχμῶδες φυτόν, οὗ μνημονεύει Θεόφραστος, παραδηλῶν ὅτι ποτάμιος βοτάνη ἐστὶν ὡς τὸ βούτομον. μέμνηται αὐτοῦ καὶ ἐν Ἀμφιαράῳ

πόθεν ἂν λάβοιμι βύσμα τῷ πρωκτῷ φλέων;]

(κύπειρον καὶ φελεὺς εἴδη βοτανῶν. τοῦ δὲ φέλεως γεγεμισμένον ἦν τὸ ὄρος τῆς Ἀττικῆς, ἀφ' οὗ καὶ ὁ δῆμος ἐκλήθη. Ἄλλως. κύπειρον καὶ φελεὺς εἴδη εἰσὶν ἀνθέων φυόμενα παρὰ χείλη ποταμῶν. ἢ ὅτι λοχμῶδες φυτὸν ὁ φελεύς, οὗ μνημονεύει Θεόφραστος, ὅτι ποτάμιός ἐστι βοτάνη καθάπερ καὶ τὸ βούτομον. V.

245. νηκτικὸν γὰρ τὸ ζῷον. V.

246. (ἢ Διὸς ὄμβρον φεύγοντες : Τὸν ἥλιον καὶ τὴν ἀλέαν διώκουσιν οἱ βάτραχοι, τὸν δ' ὄμβρον φεύγουσιν, ἴσως ἐπεὶ τῶν χειμάρρων ποταμῶν πληρουμένων ἐκ τοῦ Διὸς ὄμβρου παρασύρονται.)

247. ἔνυδρον ἐν βυθῷ χορείαν : Τὴν νῆξιν χορείαν εἶπε. καὶ οὐ φθέγγεται μὲν ἐν τῷ βυθῷ, ἀλλ' ἄνω κέκραγεν. ἁπλούστερον δὲ εἶπεν.

248. τὴν πηδητικήν. R.Θ.M. αἰόλαν : Ποικίλην. Θ. *Vict.*

249. πομφολυγοπαφλάσμασιν : [Ἐν φύσκαις ῥηγνυμέναις καὶ ἦχόν τινα ἀποτελούσαις. ἢ ἐν ταῖς δίναις τῶν ὑδάτων. πομφόλυγες γὰρ αἱ φλυκταινώδεις δῖναι. τοῦτο δέ φησιν, ἐπειδὴ τῶν ἐξ ὑετοῦ σταγόνων πιπτουσῶν ἐν τῷ πηγῶν ἢ λιμνῶν ὕδατι πομφόλυγες ἤτοι φύσκαι συνιστάμεναι, αὐτίκα διαφθειρόμεναι ἦχον ἀποτελοῦσί τινα.] — πομφόλυγές εἰσι τὰ ἐπαναστήματα τῶν ὑδάτων. Ἄλλως. βοήμασι καὶ κεκράγμασι. πομφόλυξ δὲ καλεῖται ἡ σταγὼν τοῦ ὑετοῦ· καταπεσοῦσα γὰρ ἠχεῖ. V.

251. [τουτὶ παρ' ὑμῶν : Ἡ ἀμοιβαία αὕτη ἔκθεσις τῶν μελῶν τρισὶ διαιρεῖται περιόδοις· καὶ εἰσὶ τῆς μὲν πρώτης περιόδου κῶλα πέντε· ὧν τὸ μὲν πρῶτον δίμετρον ἀκατάληκτον καθαρὸν ἰαμβικόν. τὸ δεύτερον τροχαϊκὸν δίμετρον ὅμοιον. τὸ τρίτον ὅμοιον τοῦ δευτέρου τρίβραχυν ἔχοντος ἢ χορεῖον. τὸ τέταρτον ὅμοιον ἑφθημιμερές. τὸ τελευταῖον δῆλον.]

[τὸ λέγειν βρεκεκὲξ παρ' ὑμῶν ἔμαθον.] — τοῦτο ἀφ' ὑμῶν λαμβάνω, ὅ ἐστιν ἀντὶ τοῦ ἀφαιροῦμαι, ἵνα μὴ λέγητε τὸ κοάξ. V.

252. [δεινά γ' ἄρα πεισόμεσθα : Πάθοιμεν ἂν ἐκ τῆς βοῆς, ἣν ἐπὶ τοσοῦτον παρατενοῦμεν, ἐφ' ὅσον οἷοί τε ὦμεν.] — εἰ μέλλεις ἀφαιρεῖσθαι ἡμῶν δηλονότι τὸ βρεκεκέξ. V. εἰ κωλύσεις ἡμᾶς τοῦ βοᾶν. *Vict.*

257. [οἰμώζετ', οὐ γάρ μοι μέλει : Τῆς δευτέρας

περιόδου τὰ κῶλα ὁμοίως πέντε τοῖς ἄνω καθ' ἕκαστον ὁμοίως ἔχοντα. ὁ μέντοι πρῶτος τοῦ τρίτου κώλου ποὺς τρίβραχύς ἐστι.] δεῖ νοεῖν ὡς οἱ βάτραχοι ὑπὸ σκηνήν εἰσιν, ἀλλ' οὐκ ἐν τῷ φανερῷ. ἡ μέντοι φωνὴ αὐτῶν ἐξακούεται, ὥσπερ καὶ αὐτοὶ κατὰ τὴν λίμνην ἠχοῦσιν. ἐπεὶ οὖν διαλελοίπασι καὶ χορὸς ἐγεγόνει, διὰ τοῦτο λόγον ἐποίησεν ὁ Διόνυσος, ἔμελλον ἄρα ὑμᾶς παύσειν. θηλυκῶς δὲ τὴν φάρυγγα λέγει.

260. χανδάνῃ : Ἀντὶ τοῦ δύνηται καὶ ἐξισχύῃ. R.V. χωρῇ. δι' ἡμέρας : Δι' ὅλης ἡμέρας. Θ. *Vict.*

263. [οὐ νικήσετε : Τῆς τρίτης περιόδου τὰ κῶλα ὀκτώ· ὧν τὰ μὲν πέντε ὅμοια πάντως τοῖς ἄνω πλὴν τοῦ τετάρτου τὸν δεύτερον πόδα τρίβραχυν ἔχοντος. τὸ δὲ ἕκτον καὶ ὄγδοον ἰαμβικὰ τρίμετρα ἀκατάληκτα. τὸ γὰρ ἕβδομον δῆλον. ἐπὶ τῷ τέλει κορωνίς.]

264. ἀντὶ τοῦ ἐπὶ τούτῳ τῷ λέγειν βρεκεκεκέξ. πάντως ἀντὶ τοῦ παντελῶς. ἔξωθεν δὲ προσληπτέον τὸ νικήσεις. R.V.Θ. M.

268. ἔμελλον ἄρα : Σιωπῶσιν οἱ βάτραχοι καὶ ἕτερος Χορὸς εἰσέρχεται, ὡς προείπομεν, ὁ τῶν μυστῶν, ὅς ἐστιν ἀναγκαῖος.

269. [ὦ παῦε παῦε : Κορωνὶς ἀμοιβαία εἰσιόντων τῶν ὑποκριτῶν. οἱ δὲ στίχοι ἰαμβικοὶ τρίμετροι ἀκατάληκτοι μς'. ὧν τελευταῖος

ἀλλ' ἠρεμεὶ πτήξαντες ἀκροασώμεθα.

μετὰ δὲ τὸν μϐ' κῶλον ἰαμβικὸν ἐφθημιμερὲς τὸ, αὐλεῖ τις ἔνδον· ὃ κατὰ παρεπιγραφήν φασι κεῖσθαι· ὡς καὶ ἑξῆς τὸ, διαύλιον προσαυλεῖ. ἐπὶ τῷ τέλει κορωνίς.] — παῦσαι τῆς κωπηλασίας, παραβαλοῦ δὲ τῷ πλοίῳ. R.V.Θ.M. ἢ παῦε τῆς ὁμιλίας. τῷ δὲ πλοίῳ παραβαλοῦ. πρὸς τὴν γῆν δὲ φθάσας φησὶ ταῦτα. M. παῦε, ὦ Διόνυσε, τῆς κωπηλασίας. πλησίασον τὴν ναῦν τῷ λιμένι. Θ. . παραβαλοῦ τῷ κωπίῳ : Πλησίασον τὴν ναῦν τῷ λιμένι διὰ τοῦ κωπίου. *Vict.*

270. ἀπόδος τὸν ναῦλον : Καλλίστρατος ὅτι τὸν ναῦλον ἀρσενικῶς, καὶ οὐχὶ τὸ ναῦλον εἰώθασι λέγειν. διασώζεται δὲ (καὶ ἔν τισιν) ἡ γραφή. καὶ ἔστι παρὰ τοῖς νεωτέροις καὶ ἡ ναῦλος « ἡ ναῦλος ἡμῖν τῆς νεὼς ὀφείλεται. » οὐ μόνον δὲ ἀρσενικῶς, ἀλλὰ καὶ διὰ δύο λλ λέγεται ναῦλλος καὶ ναῦλλον.

ἔχε δή : Ἀντὶ τοῦ κράτει. ἐν Ἅδου λοιπὸν τὰ πράγματα.

271. ἦ Ξανθίας : Ὄντως ὑπάρχει ὁ Ξανθίας, ὃν ὁρῶ; *Br.*

272. ἰαῦ : [Μίμημά ἐστι συριγμοῦ.] — τοῦτο ὁ Ξανθίας φησί. R.V.

274. μεταβέβληται ἡ σκηνὴ καὶ γέγονεν ὑπόγειος. μεταβέβληται δὲ καὶ ὁ Χορὸς τῶν βατράχων εἰς τοὺς μύστας. ἵνα δὲ κωμῳδήσῃ τοὺς Ἀθηναίους ὡς τοιούτους σκώπτει τοὺς ἐν τῷ θεάτρῳ, λέγων ὅτι καὶ νῦν ὁρῶ ἐνταῦθα τοὺς πατραλοίας. V.

275. ὁ Ἡρακλῆς δηλονότι. R. ἀντὶ τοῦ ὁ Ἡρακλῆς. Ven.

276. καὶ νυνί γ' ὁρῶ : Τοὺς ἐν τῷ θεάτρῳ πειόρκους ὁρᾶν φησιν.

280. ἠλαζονεύετο : Ἀντὶ τοῦ ἐψεύδετο. καὶ Μένανδρος « ἀλλ' ἀλαζὼν καὶ θεοῖσιν ἐχθρός. »

281. γενναῖον. R.Θ. γενναῖον, ἰσχυρὸν, πολεμικόν. M. ἐπιδεικνύμενος. Θ.

282. οὐδὲν γὰρ οὕτω γαῦρον : Παρὰ τὰ ἐκ Φιλοκτήτου Εὐριπίδου

οὐδὲν γὰρ οὕτω γαῦρον ὡς ἀνὴρ ἔφυ.

κενοδοξῶν. R.M. κομπαστικόν. Θ.

284. ἀγώνισμα : Ἄθλου κατόρθωσιν ἀξίαν.

286. ἐξόπισθε νῦν ἴθι : Ὡς φοβούμενος ὁ Διόνυσος ταῦτα λέγει· ὅθεν δὲ αἰσθάνεται τοῦ ψόφου, ἐκεῖθεν αὐτὸν ἄγει καὶ προβάλλει.

291. (φέρ' ἐπ' αὐτὴν ἴω : Ὡς κατωφεροῦς τοῦ Διονύσου ἐπιτηδείως.)

293. Ἔμπουσα τοίνυν : Φάντασμα δαιμονιῶδες ὑπὸ Ἑκάτης ἐπιπεμπόμενον. καὶ οἱ μέν φασιν αὐτὴν μονόποδα εἶναι, καὶ ἐτυμολογοῦσιν οἱονεὶ ἑνίποδα (διὰ τὸ ἑνὶ ποδὶ κεχρῆσθαι)· οἱ δὲ ὅτι ἐξηλλάττετο τὴν μορφήν. δοκεῖ δὲ καὶ ταῖς μεσημβρίαις φαντάζεσθαι, ὅταν τοῖς κατοιχομένοις ἐναγίζωσιν. ἔνιοι δὲ τὴν αὐτὴν τῇ Ἑκάτῃ, ὡς Ἀριστοφάνης ἐν τοῖς Ταγηνισταῖς (« χθονία θ' Ἑκάτη σπείρας ὄφεων ἐλελιζομένη. » εἶτα ἐπιφέρει « τί καλεῖς τὴν Ἔμπουσαν; »)

294. καὶ σκέλος χαλκοῦν ἔχει : Τῷ χαλκῷ προσέθηκε τὸ βολίτινον ἐπίτηδες. ἔνιοι δὲ ὄνου σκέλος λέγουσι. διὸ καὶ παρά τισι καλεῖσθαι ὀνόκωλον· τὸ δὲ ὅλον, φησὶ Κράτης, ἔοικέ τι εἶναι φάντασμα παντοδαπὸν γινόμενον. τινὲς ἓν πρόσωπον ὅλον λέγουσι. R.V.Θ. βολίτινον δὲ, ὄνειον. βόλιτος γὰρ κυρίως τὸ τῶν ὄνων ἀποπάτημα. [τὸ αὐτὸ δὲ καὶ βόλϐιτος.]

297. ἱερεῦ διαφύλαξον : Ἱερέως τινὸς ἀκολουθοῦντος αὐτῷ μέμνηται. R.V.Θ.M. (ἐν προεδρίᾳ κάθηται ὁ τοῦ Διὸς ἱερεύς. ἀποροῦσι δέ τινες πῶς ἀπὸ τοῦ λογείου περιελθὼν καὶ κρυφθεὶς ὄπισθεν τοῦ ἱερέως τοῦτο λέγει. φαίνονται δὲ οὐκ εἶναι ἐπὶ τοῦ λογείου, ἀλλ' ἐπὶ τῆς ὀρχήστρας, ἐν ᾗ ὁ Διόνυσος ἐνέϐη, καὶ ὁ πλοῦς ἐπετελεῖτο, ὥστε μηκέτι ὁμοίως λόγον εἶναι, ἀλλὰ μὴν οὐ διὰ παντὸς ὄπισθε δεῖ γενέσθαι αὐτόν. Ἄλλως. V. παρὰ ταῖς θέαις προεδρίᾳ ἐτετίμητο ὁ ἱερεὺς τοῦ Διονύσου. πρὸς συνήθειαν οὖν καλεῖ ὁ Διόνυσος τὸν ἱερέα. Ἄλλως. ἤδη γὰρ ἦν τῶν μεμυημένων κατὰ τὴν σκηνὴν γενόμενος.)

[οἱ δέ φασιν ἄτοπον εἶναι νομίζειν ἀκολουθεῖν αὐτοῖς ἱερέα· μὴ γὰρ ἐμφαίνεσθαι· τὸ δ' ἀληθὲς οὕτως ἔχειν· οἱ μεγάλοις κακοῖς περιπίπτοντες, πρὸς ἱερεῖς ἐρχόμενοι, ἱκέτευον αὐτοὺς εὐχὰς ὑπὲρ αὐτῶν ποιεῖσθαι εἰς ἀπαλλαγήν. κατὰ οὖν μίμησιν ἐκείνων καὶ οὗτος νῦν λέγει. ἔχειν δέ φασι καὶ λόγον εἶναί τινος τὸν στίχον ποιητοῦ νῦν διασυρόμενον.]

298. Ἡράκλεις : Εἶχε γὰρ σχῆμα Ἡρακλέους ὁ Διόνυσος. ἢ καὶ ὡς ἀλεξίκακον Ἡρακλέα καλεῖ.

299. μ' ὤνθρωπε : (Πρὸς τὸ συνεχὲς τῆς ἀρχῆς τοῦ δευτέρου στίχου· διότι ἀπὸ συναλοιφῆς ἄρχεται.) εὐλαβεῖται δὲ καταφανὴς γενέσθαι ὁ Διόνυσος.

300. τοῦτό γ' ἔθ' ἧττον θατέρου : Πιθανῶς τὸ τοῦ δειλοῦ ἦθος, τὸ μηδαμῶς θέλειν φανερὸν γενέσθαι. θέλει δὲ εἰπεῖν ὅτι τοῦτο χεῖρόν ἐστι τοῦ ἑτέρου.

301. ἴθ' ᾗπερ ἔρχει : Τοῦτο ἔμφασιν παρέχει, ὡς προερχομένου αὐτοῦ πρότερον ὄπισθεν τοῦ ἱερέως ὄντος.

302. πεπράγαμεν : Ἐπάθομεν. *Br.*

303. Ἡγέλοχος : Τραγῳδίας ὑποκριτής, ὃν καὶ ἐν τῷ Ὀρέστῃ Εὐριπίδου, προστάντος αὐτῷ τοῦ πνεύματος ἐν τῷδε τῷ στίχῳ [269]

ἐκ κυμάτων γὰρ αὖθις αὖ γαλῆν' ὁρῶ·

(αἰφνιδίως ὀφθῆναι συνελόντα τὴν συναλοιφήν.) τοῦτον δὲ καὶ ὡς ἀτερπῆ τὴν φωνὴν Πλάτων σκώπτει. — ὅτι Ἡγέλοχος ὁ τραγικὸς ὑποκριτὴς ὢν τοῦ Εὐριπίδου Ὀρέστην ὑποκρινόμενος οὕτω προηνέγκατο ὥστε μὴ ὑποχωρῆσαι ἐκ τῆς συναλοιφῆς τὸ γαληνά, ἀλλὰ διαχωρῆσαι μᾶλλον, ὥστε δόξαι τὴν γαλῆν αὐτὸν εἰπεῖν. διὸ καὶ ἐνθάδε πειρατέον οὕτω προφέρεσθαι. ἐν ἐνίοις μέντοι τῶν Εὐριπίδου εὐκρινῶς γράφεται γαληνά. ὡς δ' ἀξιοῦσί τινες Ἀττικοὶ γαλῆν περισπῶσι λέγοντες ὡς χρυσῆν. πῶς ἔδοξεν ὁ Ἡγέλοχος ἐκ τῆς συναλοιφῆς γαλῆν εἰπεῖν; τὸ μὲν γὰρ περισπωμένως προενέγκασθαι οὐ πιθανόν. μήποτε οὖν οὐκ ἔλεγον οὕτως, ἀλλὰ γαλῆν. ὡς ἀηδὴς δὲ τὴν φωνὴν κωμῳδεῖται ὁ Ἡγέλοχος. V. ἔστι δὲ παροιμία ἐπὶ τῶν διαφυγόντων τὰ λυπηρά. οἱ δὲ λέγοντες ποιήτριαν εἶναι τὸν Ἡγέλοχον Ἀθήνησι τούτῳ συνεχῶς χρωμένην τῷ ἔπει καὶ ἄλλ' ἄττα τῶν αὐτοσχεδίως συντιθέντων οὐκ ἀνεκτὰ τερατεύονται. — ἀποροῦσιν ἐνταῦθα πῶς ἐν Εὐριπίδου μὲν Ἠλέκτρᾳ τοῦθ' εὕρηται, ὁ δὲ λέγει, ὥσπερ Ἡγέλοχος. Cant. 2.

308. (ὁδὶ δὲ δείσας : Ὁ τοῦ Διονύσου ἱερεύς. πυρρὸς γὰρ ἦν κατὰ φύσιν. παρ' ὑπόνοιαν δὲ τὸ ἐπυρραίασε πρὸς τὸ ὠχρίασεν. Ἀρίσταρχος δέ φησιν ἐφ' ἑαυτοῦ λέγειν τὸν Ξανθίαν· καὶ γὰρ διότι πυρρὸς, οὕτως ἐπικεκλῆσθαι, καθάπερ Πυρρίας καὶ Σμικρίνης· ὁ δὲ Ἰξίων, ἐπί τινος τῶν καθημένων, ξανθὸν τὸ χρῶμα ὄντος. ἐν ἔθει γὰρ εἶναι διασκώπτειν τοὺς ἀκροωμένους, ὡς καὶ Πλάτων ἐν Παιδαρίῳ ποιεῖ. Εὔπολις δὲ τὸν τοῦ Διονύσου ἱερέα ὀνομάζει αἰγίπυρρον ἀντὶ τοῦ πυρρόν. τὸ γὰρ ἄνθος ἔχειν φησὶ Δημήτριος ἱκανῶς ἐρυθρόν.) — ἐκκαλύψας τὸ αἰδοῖον εἶπε τοῦτο πρὸς τὸ ἐπυρρίασε παίζων. πυρρὸν γὰρ ἦν καὶ τὸ αἰδοῖον. V. ὑπερεπυρρίασε : Ἐξεκαύθη κατὰ τὸ πρόσωπον. Θ. *Br.*

311. αἰθέρα Διὸς : Ἀντὶ τοῦ τὸν Εὐριπίδην· αὐτοῦ γὰρ ὁ ἴαμβος. ἢ τὴν ἐπιθυμίαν Εὐριπίδου τοῦ ταῦτα λέγοντος. R. V. Θ. M. πρὸς τὸ ἄνω εἰρημένον. αὐτὸς γὰρ αἴτιος τοῦ ταῦτα παθεῖν τὸν Διόνυσον. (V. Θ. M.) καὶ γὰρ δι' αὐτὸν κατῆλθεν εἰς Ἅδου. V.

312. κατήκουσας : Περισσὴ ἡ κατά. R. V.

αὐλεῖ τις ἔνδοθεν : Παρεπιγραφή. σημαίνει γὰρ ὅτι ἔσωθέν τις ηὔλησε μὴ ὁρώμενος τοῖς θεαταῖς.

314. [αὔρα τις : Μακροκαταληκτεῖ. τὰ γὰρ εἰς ρα εἰ μὲν μονοφθόγγῳ παραλήγει, μακροκαταληκτεῖ, πῆρα. εἰ δὲ διφθόγγῳ, βραχυκαταληκτεῖ· πλὴν τοῦ αὔρα, καὶ Φαίδρα παρ' Εὐριπίδῃ [Hipp. 48]

Φαίδρα· τὸ γὰρ τῆσδ' οὐ προτιμήσω καλόν.]

ἀποροῦσι τινὲς ἐνταῦθα, πῶς οὐ θέρμη δᾴδων εἶπεν, ἀλλὰ αὔρα. καὶ φαμὲν, ὅτι τοῦτο λέγει δεικνὺς, ὅτι καὶ δᾷδας οἱ μύσται ἔφερον, καὶ θεία πνοή τις ἐξ αὐτῶν ἐφέρετο. Junt.

μυστικωτάτη : Τῶν ἐν Ἐλευσῖνι μυστηρίων. τινὲς δὲ εἰς τὸ μυστικωτάτη δύο ποιοῦσιν.

315. ἠρέμα : Ἡσύχως. *Br.* πτήξαντες : Συστείλαντες ἑαυτούς. *C.*

316. Ἴακχ', ὦ Ἴακχε : (Ἡ πάροδος τῆς ᾠδῆς ταύτης τοῦ τῶν μυστῶν χοροῦ κώλων ἐστὶν ἀντισπαστικῶν δύο διμέτρων βραχυκαταλήκτων. ἑξῆς δὲ τούτων σύστημα ἀμοιβαῖον ἐκ στίχων ἰάμβων τριμέτρων ἀκαταλήκτων πέντε.) — μετεβλήθη ὁ χορὸς εἰς μύστας. R. V.

319. ἔφραζε : Ὁ Ἡρακλῆς. V. R.

320. ὅνπερ Διαγόρας : Διαγόρας μελῶν ποιητὴς ἄθεος, ὃς καὶ καινὰ δαιμόνια εἰσηγεῖτο, ὥσπερ Σωκράτης. (καὶ ὁ μὲν Ἀρίσταρχος Διαγόρου νῦν μνημονεύειν φησὶν οὐχ ὡς ᾄδοντος αὐτοῦ τοὺς θεούς, ἀλλ' ἐν εἰρωνείᾳ κειμένου τοῦ λόγου, ἀντὶ τοῦ χλευάζοντος, ἐξορχουμένου. ἀνακινεῖ οὖν τοὺς Ἀθηναίους ὁ κωμικός· ὅθεν καὶ οἱ Ἀθηναῖοι ὡς διαχλευάζοντος τοὺς θεοὺς καταψηφισάμενοι ἀνεκήρυξαν τῷ μὲν ἀναιρήσοντι ἀργυρίου τάλαντον, τῷ δὲ ζῶντα κομίσαντι δύο. ἔπειθον δὲ καὶ τοὺς ἄλλους Πελοποννησίους, ὡς ἱστορεῖ Κρατερὸς ἐν τῇ συναγωγῇ τῶν ψηφισμάτων. ἦν δὲ οὗτος Τηλεκλύτου παῖς, Μήλιος τὸ γένος, τὸν χρόνον κατὰ Σιμωνίδην καὶ Πίνδαρον. οἱ δὲ τὸ δι' ἀγορᾶς περισπῶσιν, ὡς Ἀπολλόδωρος ὁ Ταρσεὺς, καί φασιν — Ἴακχον λέγειν, ὃν ᾄδουσιν ἐξ ἄστεως διὰ τῆς ἀγορᾶς ἐξιόντες εἰς Ἐλευσῖνα. γέγονε δὲ καὶ ἕτερος κωμῳδούμενος ἐπὶ μεγέθει. Ἕρμιππος ἐν Μοίραις

μείζων γὰρ ἢ νῦν δή 'στι, καὶ δοκεῖ γέ μοι,
ἐάν τι τούτων ἐπιδίδωται ἡμέρας
μείζων ἔσεσθαι Διαγόρου.

V. [Ἄλλως. διθυραμβοποιὸς ὁ Διαγόρας ποιητὴς, συνεχῶς Ἴακχε Ἴακχε ᾄδων. ἢ κωμικὸς διθυραμβικὰ, τουτέστι Διονυσιακὰ δράματα ποιῶν.]

324. [Ἴακχ' ὦ πολυτιμήτοις : Ὠδὴ καὶ στροφὴ κώλων ιδ'· ὧν τὸ πρῶτον ἀντισπαστικὸν δίμετρον ἀκατάληκτον· ὃ καλεῖται Γλυκώνειον. τὸ δεύτερον δίμετρον καταληκτικὸν, ἢ ἐξ ἀντισπάστου καὶ βακχείου. τὸ τρίτον ὅμοιον ὁποτερῳοῦν τῶν ἐν τῇ παρόδῳ. τὸ τέταρτον ἐκ διτροχαίου ἀντισπαστικοῦ καὶ βακχείου, Ἀλκαϊκὸν, φασὶ, καλούμενον. τὸ πέμπτον Ἰωνικὸν δίμετρον ἀκατάληκτον ἀνακλώμενον καθ' Ἡφαιστίωνα καλούμενον, ἀντ' Ἰωνικῶν παίωνα τρίτον καὶ ἐπίτριτον δεύτερον ἔχον. τὰ ἑξῆς δύο τὸν αὐτὸν τρόπον. τὸ ὄγδοον Ἰωνικὸν ἀπ' ἐλάττονος πενθημιμερές. τὸ ἔνατον

ἐξ ἀντισπάστου καὶ βακχείου δίμετρον, ἢ ἑφθημιμερές. τὰ ἑξῆς δύο Ἰωνικὰ ἐκ παιώνων τρίτων καταληκτικὰ ἢ ἐκ παίωνος καὶ, εἰς ὃν συναιρεῖται, βακχείου. τὸ δωδέκατον Ἰωνικὸν ἀπ' ἐλάττονος δίμετρον καθαρόν. τὸ τρισκαιδέκατον καθαρὸν μὲν, καταληκτικὸν δέ. τὸ τελευταῖον, ὡς τὸ δωδεκαιδέκατον, ἐπιμεμιγμένον μέντοι ἐπιτρίτῳ δευτέρῳ, ἢ διτροχαίῳ. ἐπὶ τῷ τέλει παράγραφος καὶ διπλῆ ἔξω νενευκυῖα. ἑξῆς δὲ τριστιχία ἰαμβικὴ παραγράφῳ τερματιζομένη· μεθ' ἣν ἀντῳδὴ καὶ ἀντιστροφὴ, παραπλησίως καθ' ἕκαστον σχεδὸν τῇ τε ποσότητι καὶ ποιότητι τῶν κώλων ἔχουσα τῇ στροφῇ. ἐφ' ἧς τῷ τέλει δύο διπλαῖ ἔξω νενευκυῖαι, ἡ μὲν ἐν ἀρχῇ, ἡ δὲ κατὰ τὸ τέλος.]

Ἴακχ' ὦ πολυτιμήτοις : Μία τῶν μυστηρίων ἐστὶν ἡ εἰκὰς, ἐν ᾗ τὸν Ἴακχον ἐξάγουσι. πολυτιμήτοις δὲ ἐν ἕδραις, καθὸ συνίδρυται τῇ Δήμητρι ὁ Διόνυσος. εἰσὶ γοῦν οἵ φασι Περσεφόνης αὐτὸν εἶναι· οἱ δὲ τῇ Δήμητρι συγγενέσθαι. ἄλλοι δὲ ἕτερον Διονύσου εἶναι τὸν Ἴακχον, οἱ δὲ τὸν αὐτόν. τινὲς δέ φασι, πολυτιμήτοις ἐν ἕδραις, καθὸ φιλοτιμότεροί εἰσιν οἱ μεμυημένοι ἐν Ἅδου, ὡς σαφὲς ποιεῖ ἐν Εἰρήνῃ [375]

δεῖ γάρ μυηθῆναί με πρὶν τεθνηκέναι.

ναίων : Κατοικῶν. *Vict.*

326. ἀνὰ λειμῶνα χορεύσων : Ἐν τοῖς λειμῶσι τὰς χορείας ἐποιοῦντο διὰ τὰ ἄνθη, χορεύοντες ἐν τῷ προφανεῖ ἐν χοροῦ σχήματι. — ἀνὰ λειμῶνα : Διὰ γὰρ τὰ ἄνθη ἐν λειμῶσι τὰς χορείας ἐποιοῦντο. *Vict.*

327. θιασώτας : Τοὺς χορευτάς. R. συγχορευτάς. Θ. οὕτω λέγει, οὐχ ὥς τινες, συνθιασώτας. V.

328. τινάσσων : Κινῶν. Θ. *Vict.*

329. βρύοντα : Ἀνθοῦντα. V. θάλλοντα. Θ. *Vict.*

330. στέφανον μύρτων : Μυρσίνῳ στεφάνῳ ἐστεφανοῦντο οἱ μεμυημένοι, οὐχ, ὥς τινες νομίζουσι, κισσίνῳ. ὁ δὲ Ἀπολλόδωρος καὶ τοὺς θεσμοθέτας φησὶ διὰ τοῦτο μυρσίνῃ στέφεσθαι, ὅτι οἰκείως ἔχει πρὸς τὸ φυτὸν ἡ θεὸς καὶ ὅτι τοῖς χθονίοις ἀφιέρωται. — ἡ μυρσίνη ᾠκείωται τοῖς χθονίοις θεοῖς, Διονύσου δεδωκότος, ὅτε ἀνήγαγε τὴν Σεμέλην. τρία γὰρ αὐτῷ ᾠκείωται, κισσὸς, ἄμπελος, μυρσίνη. μυθολογοῦσι δ' ἐν Σάμῳ μόνῃ θεῶν μὴ προσφέρεσθαι τῇ Ἥρᾳ. ἐπεὶ γὰρ, ὥς φασιν, ἐξῃτεῖτο τὴν ψυχὴν τῆς Σεμέλης τοὺς κάτω θεοὺς, καθάπερ ἦν ἐπηγγελμένον, ὑποσχέσθαι λέγουσιν αὐτῇ τὸν Ἅδην τοῦτο δράσειν, τοῦ Διονύσου τῶν μάλιστα τερπόντων αὐτῷ ἀντίψυχον ἀντ' ἐκείνης πέμψαντος· τὸν δὲ Διόνυσον πυθόμενον τὰ παρὰ τῶν κάτω θεῶν ἐπεσταλμένα σοφίσασθαι πρὸς ταῦτα καὶ τριῶν ὄντων αὐτῷ μάλιστα ἠγαπημένων, τοῦ τε κισσοῦ καὶ τῆς ἀμπέλου καὶ τῆς μυρσίνης, ἀποστεῖλαι τοῖς κάτω θεοῖς αὐτήν. δηλοῖ δὲ καὶ Ἰοφῶν ὁ τραγικός. V.

331. λείπει γέραιρε ἢ αὔξανε. ἀκόλαστον δὲ τὴν μὴ δεομένην κολάσεως, τὴν ἀναμάρτητον, ἣν οὐκ ἄν τις κολάσειε χορείαν. R. V. Θ. M. τὴν ἱεράν. *R. V.*

ἀκόλαστον : Μανιώδη, βακχικὴν, ὁσίαν· οὐ γὰρ δὴ αἰσχρὰν καὶ ἀσελγῆ. τὸ δὲ ἐγκατακρούων πρὸς τὸ ὁσίοις μύσταις. — ἀκόλαστον : Μὴ κολάσεως ἀξίαν ἤγουν μέμψεως. *Vict.*

335. ἀντὶ τοῦ χαρίτων πεπληρωμένην, ὅ ἐστι κεχαριτωμένην. R. V.

336. λείπει γεραίρων. R.

338. τοῦτο εἶπε διὰ τὸ κρεοφαγεῖν ἐν τοῖς Θεσμοφορίοις καὶ ὅτι Δήμητρι καὶ Κόρῃ θύουσι τὸ ζῷον. R. ἐπειδὴ ἐν τοῖς Δημητρίοις χοῖροι θύονται. V. Θ. ἔνιοι δέ φασιν οὕτω λέγειν τοὺς Ἀττικοὺς περισπωμένως τὸ κρεῶν. οὐκ ἄλογος δὲ ἡ περισπωμένη· γέγονε γὰρ τὸ πάθος ἐν αὐτῇ τῇ γενικῇ, κρεάων ὡς γεράων, εἶτα κρεῶν ὡς γερῶν. τοῦτο δὲ εἶπε διὰ τὸ χοιροσπαθεῖν τοῖς Θεσμοφορίοις. θύουσι γὰρ ἐν τοῖς μυστηρίοις τοῦ Διονύσου καὶ τῆς Δήμητρος τὸν χοῖρον, διότι λυμαντικός ἐστιν ἀμφοτέρων. V. Θ.

[χοιρείων κρεῶν : Παρόσον χοῖροι τῇ Δήμητρι καὶ τῷ Διονύσῳ ἐθύοντο, ὡς λυμαντικοὶ τῶν θεοῖν δωρημάτων. εἰκότως δ' ἐν ᾅδου ὢν ἐπιβοᾶται τὴν Περσεφόνην.] — χοιρείων κρεῶν : Πνοὴ δηλονότι. *Vict.*

339. χορδῆς λάβῃς : Ἡ εἴλησις ἡ τῶν ἐντέρων ἐστὶ χορδή. ἣν εἰλητὸν καλοῦμεν ἡμεῖς.

340. ἔγειρε φλογέας : Νοητέον οὕτως, ἔγειρε φλογέας λαμπάδας ἐν χερσὶ τινάσσων. [ἥκεις γὰρ νυκτέρου τελετῆς φωσφόρος ἀστήρ.]

343. φωσφόρος ἀστήρ : Τὸ μυστηριακὸν πῦρ φωσφόρον λέγουσι. λέγει δὲ, ἐπεὶ τὴν νύκτα λέγουσιν αἰνιγματωδῶς, διὰ τὸ λαθεῖν τοὺς ἀμυήτους. ἢ ὅτι ἐν νυκτὶ ἄγεται τὰ μυστήρια. (ἀξιοῦσι δέ τινες αὐτὴν τὴν λαμπάδα φωσφόρον ἀστέρα λέγειν. ὁ δὲ λόγος κολοβός ἐστιν, εἰ μὴ τὸ τινάσσων ἀντὶ τοῦ τινασσόμενος λαμβάνεται.) [ἐν δέ τισιν ἐκλέλοιπε τὸ τινάσσων. Ἴακχ', ὦ Ἴακχε, ἀναλόγως τῇ στροφῇ γράφουσι καὶ τὸ χερσίν εἰς τὸ ἔγειρε συνάπτουσιν· ἥκεις γὰρ κατὰ ἀναστροφήν. νύκτωρ δ' ἐτελεῖτο τὰ μυστήρια. ὧν τῆς τελετῆς οὐ μόνον χορευτὴς, ἀλλὰ καὶ ἔξαρχος ἦν ὁ Διόνυσος. καὶ μὲν δὴ Διονύσου ἐν Ἐλευσῖνι ἱερόν ἐστι καὶ ἐν Διονυσίοις ἐτελεῖτο τὰ μυστήρια.]

344. φλέγεται δὲ λειμών : Λειμὼν γὰρ ἀνάκειται καὶ ἄνθη ἀνειμένα τοῖς μύσταις ἐν τῷ πεδίῳ. δηλοῖ δὲ καὶ Σοφοκλῆς. — φλέγεται : καταλάμπεται. *R. V. C.* φέγγεται : Καταλάμπεται. *B.*

345. διὰ τὴν χαρὰν νεάζουσιν οἱ γέροντες. ἡ δὲ δύναμις ἐν γόνασιν, ὡς καὶ ὁ ποιητὴς λέγει. — ὡς τῶν μυστῶν ὄντων γερόντων. V.

346. ἀντὶ τοῦ τὸ βαρὺ τῆς ἡλικίας καὶ τοῦ γήρως. V. [χρονίων τ' ἐτῶν : Εἰ μὲν οὕτω γράφεται, Ἰωνικόν ἐστι πενθημιμερὲς ἐκ παίωνος τρίτου ἀναλόγως τῷ ἐν τῇ στροφῇ ὀγδόῳ. εἰ δὲ χρόνους τ' ἐτῶν, ὡς ἐν τοῖς πλείοσιν, ἰαμβικὴ ταυτοποδία. — ζητεῖται ἐνταῦθα, πῶς εἶπεν ἐνιαυτοὺς ἐτῶν, ἐπεὶ ἔτος καὶ ἐνιαυτὸς ταὐτόν. λύεται δὲ παρὰ τῶν παλαιῶν οὕτως· τὸ ἰαύειν ποτὲ μὲν ἐπὶ ὕπνου καὶ ἀνακλίσεως τίθεται, ὡς παρ' Ὁμήρῳ « τῇ παριαύων τερπέσθω, » ἤγουν παρακλί-

μενος· ὡς ἐπὶ πολὺ δὲ ἡ λέξις ἐπὶ διατριβῆς καὶ ἀργίας λέγεται, ὅθεν καὶ ἐνιαυτὸς ὁ μακρὸς καὶ πολλὴν ἔχων διατριβήν. διὸ καὶ τὸ ἐτέων ἐνιαυτοὺς ἀντὶ τοῦ διατριβὰς ἐξειλήφασιν. Vict. ἐνιαυτοὺς : Διατριβάς. *Vict.*]

350. λαμπάδι : ἅπτων τῇ λαμπάδι. R. V. φλέγων : Λάμπων. Θ. *Vict.* προβάδην : προβαίνων τῷ ῥυθμῷ. R. V.

351. πάνθηρον ἕλειον : Προσληπτέον τὸ εἰς. ἔξαγε εἰς τὸ πάνθηρον καὶ ἕλειον δάπεδον. πάνθηρον δὲ παντοδαπῶν θηρίων δεκτικόν. τινὲς δὲ ἀναγινώσκουσιν ἐπ' ἀνθηρόν. — ἀνθηρὸν : Ἀνθῶν πλῆρες. *Br.* ἕλειον : ἑλῶδες. R. V.

352. Τὴν εὐωχίαν, τὴν εὐτονίαν, τὴν χορείαν. V. χοροποιὸν ἥβην λέγει ἢ τὴν αὐτοῦ τοῦ Διονύσου ἡλικίαν τὴν τοὺς χοροὺς καθιστῶσαν, ἢ τοὺς χορεύοντας μύστας. C. ἥβαν : Ἡμᾶς χορευτάς. μάκαρ : Ὦ. *Vict.*

354. εὐφημεῖν χρὴ : Ἀρίσταρχος ἐπὶ τούτων λέγει τὸν χορὸν μεμερίσθαι (εἰς μερικὰ ἀνάπαιστα, ἄλλα δὲ ἀμείβεσθαι τὸν χορόν. καὶ τί ἄρα συνεῖδεν ὁ Ἀρίσταρχος; δύναται δὲ καὶ ἐνσύζυγον εἶναι τὸ λεγόμενον, πολλαχοῦ δὲ μεμερίσθαι καὶ εἰς διχορίαν τὸ λοιπὸν, ὥστε εἰς δώδεκα καὶ δώδεκα διαμεμερίσθαι.) [Ἄλλως. εὐφημεῖν χρὴ, στροφὴ καὶ εἴσθεσις χοροῦ ἐπιρρηματική. ἔθος γὰρ ἐν τῷ ἐπιρρήματι χρηστὰ συμβουλεύειν τῇ πόλει, ἢ ἐλέγχειν τοὺς πονηρευομένους. ἐκ στίχων ἀναπαιστικῶν τετραμέτρων καταληκτικῶν ὀκτωκαίδεκα, ὧν τελευταῖος

καὶ παννυχίδας τὰς ἡμετέρας, αἳ τῇδε πρέπουσιν ἑορτῇ.

ἐπὶ τῷ τέλει παράγραφος. ὁ δὲ λόγος ἀπὸ τοῦ ποιητοῦ, καίτοι δοκῶν εἶναι χοροῦ. ἰστέον δὲ ὅτι εἰ καὶ διὰ τοὺς ἐν Ἅδου μύστας φαίνεται λέγειν, ἀλλὰ τῇ ἀληθείᾳ διὰ τοὺς ἐν Ἐλευσῖνι. ἐνταῦθα καὶ ὑφίστατο ἡ σκηνὴ τοῦ δράματος.] — κἀξίστασθαι : ἐκχωρεῖν. V.

356. μὴ ἐμυήθη. ὄργια δὲ τὰ μυστήρια. R.

357. μήτε Κρατίνου : Πρὸς τοὺς περὶ Ἀρίσταρχον οἰομένους ὅτι ταῦρος ἦν αὐτοῖς τὸ ἔπαλθον. εἴρηται δὲ παρὰ τὸ Σοφοκλέους ἐκ Τυροῦς « Διονύσου τοῦ ταυροφάγου. » ἢ ὅτι φίλοινος ἦν καὶ διὰ τοῦτο ἐπίθετον τοῦ Διονύσου αὐτῷ περιτιθέασιν. (οἱ δὲ ἔτι περιεργότερον ὅλον τὸν λόγον ἀποδιδόασι. μήτε Κρατίνου βακχεῖ' ἐτελέσθη, ἅ ἐστι τοῦ μοσχοφάγου Διονύσου.) ἢ τολμηρόν· (ἀπὸ τῶν βακχῶν). τολμηροὺς γὰρ διέσυρε τοὺς Ἀθηναίους ἐν τοῖς δράμασι. βωμολόχοις δὲ, τοῖς πρὸς χάριν λέγουσι καὶ ἀπὸ κολακείας. ἀπὸ δὲ τῶν λοχώντων περὶ τοὺς βωμοὺς καὶ βουλομένων τι λαβεῖν μετενήνεκται ἡ λέξις. οὗτοι γὰρ ἐπὶ τῶν βωμῶν πολλὰ λιπαροῦσι κολακεύοντες λαβεῖν τι παρὰ τῶν θυόντων. [τινὲς δὲ, τοῦ ταῦρον ἔπαθλον λαμβάνοντος. ἢ τοῦ λαιμάργου.] — μηδὲ Κρατίνου : τινὲς βούλονται τὴν φιλονεικίαν αὐτοῦ δηλοῦσθαι ἐκ τοῦ ταυροφάγου, ὅ ἐστι Διονύσου. ταυρόκερως γὰρ ὁ θεός. Εὐριπίδης [Bacch. 918]

καὶ ταῦρος ἡμῖν πρόσθεν ἡγεῖσθαι δοκεῖ.

οἱ δὲ οὕτως. μηδὲ Κρατίνου βακχεῖα ἐτελέσθη, ἅ ἐστι τοῦ ταυροφάγου Διονύσου, ἀπὸ τοῦ συμβαίνοντος ταῖς βάκχαις. διέσπων γὰρ βοῦς καὶ ἤσθιον ὠμὰ κρέα. Ἀπολλώνιος δέ φησι ταυροφάγον τὸν Διόνυσον ἀπὸ τῶν διδομένων τοῖς διθυράμβοις βοῶν. V.

359. ὁ ἐναντιούμενος τῷ δυσκόλῳ. R. ὁ ἐναντίος τῷ δυσκόλῳ. V.

360. τοῦτο πρὸς τοὺς ῥήτορας. R. V.

361. ἤγουν πρὸ τῆς πόλεως. δῶρα λαμβάνει. R.

362. ἢ προδίδωσι φρούριον : (Πρὸς τοὺς ποιήσαντας τοὺς Φερεκράτους Πέρσας. τὰ γὰρ ἀπόρρητα ἤκουσαν ὡς νῦν ἡμῖν ἔθος. διὸ καὶ ἐντεῦθεν λοιδορεῖται τῷ Θωρυκίωνι καὶ αὐτὸς ὅσον μὴ οἶδεν. ἀπόρρητα δὲ ἔλεγον τὰ ἀπειρημένα ἐξάγεσθαι. ἐν γοῦν τούτοις ἐπιφέρει ἀσκώματα καὶ λίνα καὶ πίτταν. δῆλον ὅτι οὐδὲν ἔδει ἀποπέμπειν τούτων ἐξ Αἰγίνης, ὧν Θωρυκίων τὰ ἀπόρρητα Ἀθήνηθεν ἀποπέμπει. ὅτε οὖν πρὸς τοὺς Πελοποννησίους ἦν ὁ πόλεμος, ἀπόρρητον ἦν τὰ πρὸς ναυπηγίαν ἐξάγειν. ἤτοι δὲ ὁ Θωρυκίων ἐξ Αἰγίνης ὤν, ἢ εἰς Αἴγιναν ἐξάγων. καθὸ δὴ κοινὸν ἐμπόριον ἡ Αἴγινα.) οὗτος ταξίαρχος ἦν ἐν τοῖς Πελοποννησιακοῖς τῶν Ἀθηναίων, ὃς πίσσαν ἔπεμψε τοῖς ἀντιπάλοις εἰς τὸ ἀνάψαι τὴν ἑαυτοῦ πόλιν. ὅθεν γνωσθεὶς ἐκωμῳδεῖτο ἐπὶ προδοσίᾳ. (τινὲς δὲ Θορυκίων γράφουσιν, ἀντὶ τοῦ τὰ τῶν Θορυκίων μιμούμενος.) — τἀπόρρητ' : τὰ τῆς πόλεως μυστήρια. R.

363. εἰκοστολόγος : Τὰ εἰκοστὰ ἐν τῇ κρίσει συνάγων. — ἐπεὶ οἱ στρατηγοὶ ἀπῄτουν τὰς εἰκοστὰς τῶν λιμένων καὶ τῶν νήσων καὶ οὕτως ἀνήλισκον εἰς τὰ πολεμικά. V.

364. ἀσκώματα : Εἰς διφθέρας γὰρ τὰς διανοίας τὰς ἑαυτοῦ γράψας ἔπεμπε τοῖς πολεμίοις ἐν τῇ Λακωνικῇ. (ἄσκωμα δερμάτιόν τι, ᾧ ἐν ταῖς τριήρεσι χρῶνται, καθ' ὃ ἡ κώπη βάλλεται.) — δέρματα. *Br.*

(Ἐπίδαυρον : Πόλιν Λακωνικήν.)

365. (ἢ χρήματα : Κῦρος γὰρ Λυσάνδρῳ ἔπεμψε χρήματα τότε εἰς πόλεμον δανείου χάριν.)

366. τῶν τῆς Ἑκάτης μυστηρίων. R. V. τοῦτο δὲ εἰς Κινησίαν τὸν διθυραμβοποιόν· οὗτος γὰρ ᾄδων κατετίλησε τῆς Ἑκάτης. R. Κινησίαν τὸν διθυραμβοποιὸν κωμῳδεῖ, ὃς εἰσήνεγκεν ἐν δράματι τὴν Ἑκάτην καὶ κατετίλησεν αὐτῆς. ἢ ἐπειδὴ ἠρυθρίασε ποίημα γράψας εἰς Ἑκάτην. V. Θ. M. [ἢ κατατιλᾷ : Ἤγουν ἀσεβῶς διάκειται περὶ τὰ τῆς Ἑκάτης ἀγάλματα, ὅτε πανηγυρίζει. Κινησίας δὲ τοῦτο πεποίηκε.] — ἢ κατατιλᾷ τῶν Ἑκαταίων, ἤτοι κατὰ τῶν ἀγαλμάτων τῆς Ἑκάτης κόπρον ἐκκρίνει διάρρυτον, τουτέστι ὑγρὰν, ὑπᾴδων τοῖς χοροῖς κυκλίοις ἤγουν λυρικοῖς ποιήμασιν. Vict.

367. τοῦτο εἰς Ἀρχῖνον. μήποτε δὲ καὶ εἰς Ἀγύρριον. μέμνηται δὲ τούτων καὶ Πλάτων ἐν Σκευαῖς καὶ Σαννυρίων ἐν Δανάῃ. οὗτοι γὰρ προϊστάμενοι τῆς δημοσίας τραπέζης τὸν μισθὸν τῶν κωμῳδῶν ἐμείωσαν κωμῳδηθέντες. V. M. [ἢ τοὺς μισθοὺς : Οὓς ἔλαβε παρὰ τῆς

βουλῆς αὐτοῖς παρασχεῖν. λέγει δὲ διὰ τὸν Ἀρχῖνον.]

368. [τελεταῖς : Τὸ τέλος ἐξαχῶς λέγεται· σημαίνει γὰρ τὸ στρατιωτικὸν σύνταγμα, τὸ τῶν πραγμάτων πέρας, τὴν ταῖς πόλεσιν φοιτῶσαν πρόσοδον, τὸ ἀξίωμα, ὡς Εὐριπίδης [Sophocles Antig. 67]

τοῖς ἐν τέλει βεβῶσι πείσομαι.

τὸ δαπάνημα, ὡς ὁ αὐτὸς

μάτην γὰρ οἴκῳ σὸν τόδ' ἐκβαίη τέλος.

καὶ τὴν μυστικὴν καὶ οὕτω τελοποιὸν ἑορτήν. ὅθεν καὶ ἡ τελετὴ λέγεται καὶ τελεῖσθαι, τὸ μυεῖσθαι καὶ τελούμενοι, οἱ τὰ μυστικὰ ἤτοι θεῖα διδασκόμενοι. Θ. a m. sec. Vict.]

369. (τούτοισιν ἀπαυδῶ : Παρὰ τὴν τοῦ ἱεροφάντου καὶ δᾳδούχου πρόρρησιν τὴν ἐν τῇ ποικίλῃ στοᾷ.)

372. χώρει νῦν : [Εἴσθεσις ἑτέρα μέλους μονοστροφικοῦ διαιρεθέντος τοῦ χοροῦ, ἐκ κώλων ἀναπαιστικῶν :', ὧν τὰ μὲν ἄκρα καὶ τὸ δ' καὶ ε' δίμετρα ἀκατάληκτα, τὸ δὲ δεύτερον καὶ ἕκτον ἐφθημιμερῆ. τὸ τρίτον καὶ τὸ ὄγδοον δίμετρα βραχυκατάληκτα. τὰ δὲ λοιπὰ τρίμετρα καταληκτικὰ εἰς συλλαβήν. ἑξῆς δὲ στίχοι δύο ἀναπαιστικοὶ τετράμετροι καταληκτικοὶ ὡς ἐξ ἑτέρας στροφῆς. ἐπὶ τῷ τέλει παράγραφος.] ἐντεῦθεν Ἀρίσταρχος ὑπενόησε μὴ ὅλου τοῦ χοροῦ εἶναι τὰ πρῶτα. τοῦτο δὲ οὐκ ἀξιόπιστον. πολλάκις γὰρ ἀλλήλοις οὕτω παρακελεύονται (οἱ περὶ τὸν χορόν). — τῶν καθ' Ἅδου. οἱ τοῦ χοροῦ δὲ μύσται ἀλλήλοις παρακελεύονται. R.

374. ἐγκρούων : (Βαίνων εὐρύθμως. ἢ ἀντὶ τοῦ ἐκβάλλων.) — ἤτοι βάλλων ἢ βαίνων. R.

376. ἠρίστηται : Ἄριστον γεγένηται τὸ τῆς τελετῆς. ἔμβα δὲ, ἀντὶ τοῦ χόρευε.

377. χόρευε. R. V.

378. αἰρεῖς τὴν Σώτειραν : (Οἷον ὑψώσεις τοῖς ἐπαίνοις.) ἔστιν Ἀθήνησι Ἀθηνᾶ Σώτειρα λεγομένη, ᾗ καὶ θύουσιν. — χὤπως αἴρεις : Σκόπει ὅπως μεγαλύνεις. C. χὤπως αἴρῃς : Καὶ σκόπει ὅπως ὑψώσῃς. *D.*

379. μέλπω μολπάζω ὡς τρέχω τρόχω τροχάζω. V.

380. εἰς νέωτα. R. V.

381. ὁ γὰρ πόλεμος αὐτῷ ἐλυσιτέλει. R. V. M.

382. ἕτερον τρόπον. R. V.

384. Δήμητερ : [Εἴσθεσις ἑτέρα μέλους μονοστροφικοῦ ἐκ κώλων ἰαμβικῶν δέκα· ὧν τὸ πέμπτον καὶ τὸ δέκατον ἐφθημιμερῆ Ἀνακρεόντια, τὰ δὲ λοιπὰ δίμετρα ἀκατάληκτα, ὧν τελευταῖον « - κήσαντα ταινιοῦσθαι. » ἑξῆς δὲ ὡς ἐξ ἑτέρας στροφῆς κῶλα τέσσαρα, ὧν τὸ πρῶτον καὶ τὸ τρίτον ἰαμβικά· τὸ μὲν τρίμετρον, τὸ δὲ δίμετρον. τὰ δὲ λοιπὰ τροχαϊκὰ δίμετρα βραχυκατάληκτα, ἰθυφαλλικὰ καλούμενα Ἀρχιλόχεια. ἐπὶ τῷ τέλει παράγραφος.] — δίμετρα ἀκατάληκτα ἰαμβικά. ἕως τοῦ « τίς σὰς παρήειρε φρένας. » V. M.

388. παῖσαι : Ὅπερ ἡμεῖς παῖξαι. Ὅμηρος [Od. Θ, 251] « παίσατε, ὥς χ' ὁ ξεῖνος. » — παῖσαι : Ἀντὶ τοῦ παῖξαι Ἀττικῶς. *Vict.*

393. ταινιοῦσθαι : Ἀντὶ τοῦ στεφανοῦσθαι. ταινία γὰρ τὸ ῥάμμα τοῦ στεφάνου.

395. τὸν ὡραῖον : Τὸν κατὰ καιρὸν φαινόμενον Διόνυσον· [ἐπεὶ τὸν καιρὸν τοῦ ἔαρος τὰς ἑορτὰς αὐτοῦ ἦγον, καὶ τὰ κωμικὰ δράματα ἐν ταύταις εἰσήγετο.] — ἄγ' εἶα : Τοῦτο λέγει, ἐπειδὴ, ὅτε ὥδευον, ἀπὸ τοῦ Κεραμεικοῦ εἰς Ἐλευσῖνα προέπεμπον τὸν Διόνυσον. Vict.

396. ξυνοδευτήν. V.

398. [Ἴακχε : Εἴσθεσις ἑτέρου μέλους διαιρεθέντος αὖθις τοῦ χοροῦ, ἐκ κώλων ὀκτωκαίδεκα· ὧν τὰ μὲν α', β', δ', ς', ιβ', ιγ', ιε' τρίμετρα καταληκτικά· τὰ δὲ γ', η', θ', ιδ' δίμετρα ἀκατάληκτα. τὰ δὲ ε', ια', ις' καὶ τὸ τελευταῖον τρίμετρα ἀκατάληκτα. τὰ ζ' καὶ ι' ἐφθημιμερῆ. τὸ δὲ ιζ' τετράμετρον καταληκτικόν. ἐν ταῖς ἀποθέσεσι τῶν συστημάτων παράγραφος.]

μεμιγμένως λέγει τὰ μὲν πρὸς τὸν Ζαγρέα Ἴακχον, τὰ δὲ πρὸς τὸν Διόνυσον. V.

399. συνακολούθει : Τοῦτο, ἐπεὶ ὁδεύουσιν ἀπὸ τοῦ Κεραμεικοῦ εἰς Ἐλευσῖνα προπέμποντες τὸν Διόνυσον. [τὸ δὲ ἄνευ πόνου πολλὴν ὁδὸν περαίνεις, ἀντὶ τοῦ, μεθ' ἡμῶν ὢν ῥᾳδίαν πάνυ τὴν ὁδὸν ποιήσεις. ἢ ὅτι ἐν τοῖς ναοῖς διατρίβων, εἰ φανείης ἡμῖν ἐξαίφνης ἐπικαλεσαμένοις, ἐνταῦθα δείξεις τὰς ὁδοὺς ἄνευ πόνου τοῖς θεοῖς ποιεῖσθαι. πάντα γὰρ αὐτοῖς εὐπετῆ. — πάντα γὰρ εὐπετῆ φασὶ τοῖς θεοῖς. Cant. 2.]

400. τὴν Δήμητραν. V.

401. περαίνεις : Εἴρηται γὰρ ὅτι ἐξ ἄστεως μέχρι Ἐλευσῖνος πολλὴν ὁδὸν πορεύεται. V. ἀπὸ ἄστεως μέχρι Ἐλευσῖνος. R. τελεῖς, διέρχῃ. εἴρηται γὰρ ὅτι ἐξ ἄστεος εἰς Ἐλευσῖνα ἐπορεύοντο. *Vict.*

404. σὺ γὰρ κατεσχίσω : Ἴσον τῷ διὰ σὲ κατεσχίσθη. εἴρηται γὰρ ὁ αὐτὸς Ἴακχος τῷ Διονύσῳ κατά τινας. τῷ δὲ Διονύσῳ αἱ κωμῳδίαι ἀνάκεινται. ἔοικε δὲ παρεμφαίνειν ὅτι λιτῶς ἤδη ἐχορηγεῖτο τοῖς ποιηταῖς. (ἐπὶ γοῦν τοῦ Καλλίου τούτου φησὶν Ἀριστοτέλης ὅτι σύνδυο ἔδοξε χορηγεῖν τὰ Διονύσια τοῖς τραγῳδοῖς καὶ κωμῳδοῖς· ὥστε ἴσως ἦν τις καὶ περὶ τὸν Ληναϊκὸν ἀγῶνα συστολὴ, χρόνῳ δ' ὕστερον οὐ πολλῷ τινι καὶ καθάπαξ περιεῖλε Κινησίας τὰς χορηγίας· ἐξ οὗ καὶ Στράττις ἐν τῷ εἰς αὐτὸν δράματι ἔφη σκηνῇ μὲν τοῦ χοροκτόνου Κινησίου.) — ἢ οὕτως. κατηρτίσω καὶ σχιστὰ ὑποδήματα φορέσαι ἐποίησας. R.

406. καὶ τὸ ῥάκος : Ἔτι δύναται καὶ ταῦτα τὴν αὐτὴν ἔννοιαν ἔχειν. ῥάκος δὲ οἱ μὲν τὸ τριβώνιον, οἱ δὲ τὸ προσωπεῖον, ὅτι ῥάκεσι κατακολλᾶται. — ἐπὶ εὐδαιμονίᾳ πρὸς τὸ εὐτελεῖν. R. V.

407. ὅτι σύνηθες ἦν τὸ ἐπιλέγειν, ὁπότε ἐπαινοῖέν τι ἢ συνομολογοῖεν, καὶ Εὔπολις Κόλαξι. καὶ ἐν τοῖς πρόσθεν κεῖται. V. M.

408. ἀπὸ τοῦ ἄστεως μέχρι Ἐλευσῖνος. V.

410. ἀντὶ τοῦ πρὸ ὀλίγου, ἀρτίως. R.

411. συνεχόρευον γὰρ καὶ αἱ γυναῖκες. R. V.

414. [καὶ μετ' αὐτῆς : Τοῦτο πρὸς τὸ ἄνω τὸ, συμ-

παιστρίας. μετ' αὐτῆς τῆς συμπαιστρίας δηλονότι.]

415. κἄγωγε πρός : Τινὲς τοῦτο τοῦ Διονύσου φασὶ μεταξὺ παρεμβάλλοντος λέγειν.

416. [βούλεσθε δῆτα : Στροφὴ καὶ εἴσθεσις χοροῦ ἐπιρρηματικὴ ἐκ κώλων πεντεκαίδεκα ἰαμβικῶν ἑφθημιμερῶν, πλὴν τοῦ γ', ϛ', θ', ιϐ', καὶ τελευταίου τριμέτρων ἀκαταλήκτων. ἐπὶ τῷ τέλει παράγραφος. τὸ δὲ πρὸς λαγνείαν ἐπιρρεπὲς ἀμφοτέρων σκώπτων, τοῦ τε δεσπότου καὶ τοῦ δούλου, τοῦτό φησιν. ὁ δὲ Ἀρχέδημος ὡς ξένος παρ' αὐτοῦ κωμῳδεῖται. νόμος γὰρ ἦν τοὺς ἐξ ἀλλοδαπῆς Ἀθήνησι κατοικεῖν ἐθέλοντας εἰς πολίτας, ἐνταῦθα χρόνον ὀλίγον διατρίψαντας ἐγγράφεσθαι. ὅπερ Ἀρχέδημος οὐκ ἐποίησε. δέον οὖν εἰπεῖν ὅτι οὐκ ἐπολιτογραφήθη, ὥστε τοὺς πολίτας ὥσπερ συγγενεῖς ἔχειν, οὐκ ἔφυσεν, εἶπεν. ἑξῆς δὲ ταύτης τῆς στροφῆς ἐν εἰσθέσει σύστημα κατὰ περικοπὴν ἀμοιϐαῖον ἐκ κώλων ἀναλόγως τῇ στροφῇ κειμένων· ὧν τὸ τελευταῖον παραγράφῳ σημειοῦται.]

418. οὐκ ἔφυσε φράτορας : (Ἀντὶ τοῦ εἰπεῖν, οὐκ ἔφυσεν ὀδόντας, εἶπε φράτορας, ἵνα ὡς ξένον διαϐάλῃ. ἡ δὲ παροιμία, ἑπτέτης ὢν ὀδόντας οὐκ ἔφυσεν. Ἄλλως.) ἀντὶ τοῦ εἰπεῖν ὀδόντας φραστῆρας, φράτορας εἶπε, τουτέστι συγγενεῖς. ἡ μεταφορὰ ἀπὸ τῶν παίδων, οἵτινες ὄντες περὶ τὰ ἑπτὰ ἔτη ἔχουσι πάντας τοὺς ὀδόντας. λέγει οὖν ὅτι χρονίσας ἐν ταῖς Ἀθήναις οὐκ ἠδυνήθη ἀναγραφῆναι εἰς τοὺς πολίτας. οὗτος ὡς ξένος κωμῳδεῖται. καὶ Εὔπολις Βάπταις « ἐπιχώριος δ' ἔστ' ἢ ξένης ἀπὸ χθονός; »

419. ἀντὶ τοῦ ἄρχει τοῦ δήμου. R. V.

420. ἐν τοῖς ἄνω νεκροῖς : Οὐχ ὡς Ἀπολλώνιος πρὸς τὴν ἐξήγησιν τὴν

εἰ μὴ νεναυμάχηκε τὴν περὶ τῶν κρεῶν,

ὅτι διὰ τὴν κακοπραγίαν νεκροὺς τοὺς Ἀθηναίους λέγουσι· ψυχρὸν γάρ· ἀλλὰ πιθανῶς οἱ κάτω τοὺς ζῶντας ἄνω νεκρούς φασιν, (ὅτι κατετρίϐησαν ἐν τοῖς κακοῖς ὑπὸ τῶν στρατηγῶν). [Ἄλλως. νεκροὺς τοὺς Ἀθηναίους λέγει ἢ διότι τὸ ἀρχαῖον φρόνημα ἀποϐεϐλήκασιν· ἢ διότι οἱ ἐν τῷ κόσμῳ ἄνθρωποι, εἰ καὶ ζῶσιν, ἀλλὰ τοῖς τοῦ βίου ματαίοις ἐγκυλινδούμενοι, δεινότερα τῶν τεθνηκότων πάσχουσι ζῶντες κολαζόμενοι· ἢ διότι πολλοῖς κακοῖς ὑπὸ τῶν δημαγωγῶν κατατριϐόμενοι ἀναισθήτως ἔχουσιν ὡς νεκροί, αὐτοὺς ἀτιμωρήτους ἐῶντες. χάριεν δὲ τὸ ὑπὸ τῶν νεκρῶν τοὺς ζῶντας καλεῖσθαι νεκρούς.] — ἵνα διαϐάλῃ τοὺς Ἀθηναίους ὡς ἀσθενεῖς καὶ νεκρούς. V.

421. τῆς ἐκεῖθεν μοχθηρίας : Ἀντὶ τοῦ εἰπεῖν, δημαγωγίας, ἢ πολιτείας, μοχθηρίας εἶπεν, χαριέντως πρὸς τὰ κακὰ αὐτῶν. — τὰ πρῶτα ἔχων. R. V.

422. τὸν Κλεισθένη : Διαϐάλλει τὸν Κλεισθένη ὡς φαυλόϐιον, καὶ πρὸς τοῦ Σεϐίνου πορνευόμενον. διὸ καὶ δεινοπαθοῦντά φησιν ἐπὶ τῇ τούτου τελευτῇ. — τὸν Κλεισθένην : Ἀντὶ τοῦ τὸν Καλλίαν. R. τὸν Καλλίαν. *C. V.* ὑποτίθεται υἱὸν Κλεισθένους, οὗ τὸ ὄνομα οὐκ εἶπε. καθ' ὁμοιότητα γὰρ τοῦ πατρὸς ἐν ταῖς ἐρημίαις καὶ περὶ τὰς ταφὰς καὶ τοὺς τάφους κακῶς ἔπασχεν. Ven.

423. ἐν ταῖς ταφαῖσι : (Ταφαί, ὅπου οἱ ἐν πολέμῳ ἐνδόξως τετελευτηκότες μετὰ τιμῆς ἐθάπτοντο δημοσίᾳ. Ἄλλως.) τοῖς κατὰ τὸν πόλεμον ἀποθανοῦσι δημοσίᾳ τάφους προὐτίθεσαν. τὸ οὖν τίλλειν τὰς τρίχας καὶ κόπτεσθαι ἅμα μὲν ὡς ἐπὶ τετελευτηκότι (ἀναγκαίως), ἅμα δὲ εἰς μαλακίαν καὶ τὸ κόπτεσθαι κακεμφάτως.

427. Σεϐῖνον, ὅστις ἐστὶν Ἀναφλύστιος : Ὀνοματοποιεῖ τοῦτο, ὡς πρὸς τὴν μαλακίαν Κλεισθένους, (παρὰ τὸ αἰσχρόν). πιθανῶς δὲ τὸ ὅστις ἐμφαίνει οὐ τὸν ὑπὸ ἑνὸς μόνον περαινόμενον. πέπλασται δὲ αὐτῷ ὥσπερ ὁ Σεϐῖνος, οὕτω καὶ ὁ Ἀναφλύστιος. ἀναφλᾶν γὰρ ἔλεγον τὸ μαλάσσειν τὸ αἰδοῖον. — καὶ ὑποσύρειν τὸ καλύπτον τὴν βάλανον δέρμα. βάλανος δέ ἐστι τὸ ἄκρον τῆς πόσθης. *Vict.* (καὶ Σεϐῖνος ἴσως παρὰ τὸ βινεῖν. ἔστι δὲ καὶ Σεϐῖνος ὠνομασμένος παρὰ Πλάτωνι ποιητῇ.) ἔστι δὲ καὶ δῆμος Ἀττικῆς Ἀναφλύστιος.

429. (τουτονὶ τὸν Ἱπποϐίνου : Παρεγραμμάτισε διὰ τὴν ἀσέλγειαν παρὰ τὸ Ἱππονίκου εἰς πορνομανῆ. τὸ δὲ ἵππος πολλαχοῦ ἐπὶ τοῦ μεγάλου λαμβάνουσιν· ἱππόπορνε. κωμῳδεῖται δὲ καὶ ὁ Καλλίας ὡς σπαθῶν τὴν πατρικὴν οὐσίαν, καὶ μάλιστα ἐπὶ γυναιξὶ μεμηνώς. ἢ τοῦ κτηνοϐάτου). — τοῦτον : Ὃν πάντες ἴσασι δηλονότι. *C.*

430. ἐνημμένον : Ἐνδεδυμένον. Θ. *Vict.*

431. Διόνυσος. ἄλλοι δὲ Ξανθίας. ἐρωτᾷ. R.

434. μηδὲν : Τὸ δεν παρέλκει. R. V.

435. ἐρωτήσῃς με. R.

436. τὸ ὅμοιον καὶ ἐν Γηρυτάδῃ. V.

437. αἴροι' ἂν : Λάϐοις ἄν. Θ. E. τὰ στρώματα δηλονότι. V.

439. ἀλλ' ἢ Διὸς Κόρινθος : (Παροιμία ἐπὶ τῶν τὰ αὐτὰ συνεχῶς λεγόντων.) τῶν Μεγαρέων ἀποστάντων Κορινθίων, ἀπεστάλη κῆρυξ πολλάκις λέγων ὅτι οὐκ ἀνέξεται ὑμῶν ὁ τοῦ Διὸς Κόρινθος· καὶ ἐπέμενέ τε τὸ αὐτὸ λέγων, ἕως οἱ Μεγαρεῖς σικχανθέντες ἔλεγον, παῖε παῖε τὸν Διὸς Κόρινθον, καὶ παροιμία ἐλέχθη ἐπὶ τῶν ταυτολογούντων ἀεὶ καὶ ταὐτὸ πραττόντων. ὁ δὲ Διὸς Κόρινθος, παῖς Διός, βασιλεὺς Κορίνθου. Μεγαρεῖς δὲ ὑποτελεῖς ἦσαν Κορινθίοις. — παροιμία ἐστὶν ἐπὶ τῶν τὰ αὐτὰ λεγόντων. προφέρονται δὲ παρὰ τὸν Διὸς Κόρινθον. καὶ Πίνδαρος μνημονεύει τῆς παροιμίας ἐν Νεμεονίκαις. Μεγαρεῖς ὑποτελεῖς ἦσαν τοῖς Κορινθίοις καὶ ἀπαιτούμενοι, φησίν, ἀεὶ ὑπὸ τοῦ κήρυκος ταῦτα λέγοντος, οὐ τιμᾶτε τὸν Διὸς Κόρινθον. ὁ δὲ Διὸς Κόρινθος παῖς Διὸς βασιλέως Κορίνθου. οἱ δὲ ἀπέκτειναν αὐτὸν ἐπιφωνοῦντες παῖε παῖε τὸν Διὸς Κόρινθον. ἔνθεν ἡ παροιμία ἐπὶ τῶν τὰ αὐτὰ λεγόντων καὶ πραττόντων. Ἄλλως. Μεγαρεῖς συνῴκουν Κορινθίοις καὶ πολλὰ πάσχοντες κακῶς ὑπ' αὐτῶν ἀπέστησαν. εἶτα πρὸς αὐτοὺς ἀπελθόντες πρέσϐεις ἠξίουν ἐπανελθεῖν

καὶ συνεχῶς ἔλεγον, ὁ Διὸς Κόρινθος ὑμᾶς ποθεῖ, ὁ Διὸς Κόρινθος δι' ὑμᾶς λυπεῖται, καὶ συνεχῶς τὸ ὁ Διὸς Κόρινθος ἔλεγον, ὅθεν εἰς παροιμίαν ἦλθεν ἐπὶ τῶν τὸ αὐτὸ ποιούντων. Ἄλλως. Κόρινθος παῖς ἦν τοῦ Διὸς, ἔκτισε δὲ τὴν Κόρινθον. καὶ ἀποθανόντα τοῦτον ἐσέβοντο οἱ Κορίνθιοι. Κερκυραῖοι δὲ ἄποικοι ὄντες Κορινθίων καὶ ὑποτελεῖς ὄντες τῇ μητροπόλει ὕστερον ἀφωσιώθησαν. καὶ οἱ Κορίνθιοι ἐπικηρυκευόμενοι πρὸς αὐτοὺς ἔλεγον, μνήσθητε τοῦ Διὸς Κορίνθου. καὶ οὕτως ἀπειρηκότες οἱ Κερκυραῖοι ἀπήλασαν τὸν κήρυκα λέγοντες παῖε παῖε τὸν Διὸς Κόρινθον. V.

440. ὁ λόγος πρὸς τὸν χορόν. R.

[χωρεῖτε νῦν : Εἴσθεσις ἑτέρου μέλους προῳδικὴ διαιρεθέντος αὖθις τοῦ χοροῦ, καὶ τοῦ μὲν τὴν προῳδὴν ᾄσαντος, τοῦ δὲ τὴν ἀντιστροφήν. καὶ εἰσὶ τῆς μὲν προῳδῆς τὰ κῶλα ὀκτώ. τὸ πρῶτον Ἰωνικὸν ἀπὸ μείζονος τρίμετρον καταληκτικὸν, τοῦ δευτέρου ποδὸς ἑξασυλλάβου. τὰ β', δ' καὶ τελευταῖον παιωνικὰ δίμετρα καταληκτικὰ ἐκ παίωνος πρώτου, ἢ τετάρτου, καὶ βακχείου, ἢ ἀμφιβράχεος. τὸ τρίτον ἰαμβικὸν δίμετρον ἀκατάληκτον. τὸ πέμπτον καὶ ἕβδομον ἐπιχοριαμβικὰ δίμετρα ἀκατάληκτα ἐκ διιάμβου, ἢ ἐπιτρίτου τρίτου, καὶ χοριάμβου. τὸ ἕκτον τροχαϊκὸν ἰθυφαλλικόν. τῆς δὲ στροφῆς τὰ κῶλα ἓξ καὶ τὰ τῆς ἀντιστροφῆς τοσαῦτα. ὧν τὰ πρῶτα ἰαμβικὰ δίμετρα ἀκατάληκτα. τὰ δεύτερα καταληκτικὰ ἤτοι ἑφθημιμερῆ. τὸ μέντοι τῆς ἀντιστροφῆς τρίβραχυν ἔχει τὸν δεύτερον πόδα· ἔνθα καὶ ἀντὶ τοῦ ἱλαρὸν, ἱερὸν γράφεται. τὰ τρίτα Ἰωνικὰ ἀπὸ μείζονος δίμετρα καταληκτικὰ ἐκ παίωνος δευτέρου καὶ κρητικοῦ ἤτοι ἀμφιμάκρου. τὰ πέμπτα καὶ τὰ ἕκτα ὁμοίως. τὰ μέντοι τῆς ἀντιστροφῆς ἀντ' Ἰωνικῶν ἔχει παίωνας δευτέρους. τὰ τελευταῖα Ἰωνικὰ ἡμιόλια ἤτοι δίμετρα βραχυκατάληκτα. ἐπὶ τῷ τέλει τῆς μὲν προῳδοῦ καὶ τῆς στροφῆς παράγραφος, τῆς δὲ ἀντιστροφῆς κορωνίς.]

(χωρεῖτε : Δύνανται πάντες οἱ κατὰ τὸν χορὸν ἀλλήλοις παρακελεύεσθαι, καὶ μὴ εἰς ἀμοιβαῖα διαιρεῖσθαι. ἀλλὰ τοῦτο εἰς οὐδὲν φαίνοιτο ἂν οἰκονομούμενος.)

441. ἤτοι Κόρης ἢ Δήμητρος. R.

443. οἷς μέτεστιν, οἷς ὅσιον. R.

446. τῇ Δήμητρι καὶ τῇ Κόρῃ τὸ φέγγος οἴσων. R. V. Θ. M.

448. πολυρρόθους : Πολυήχους. *Bar.*

450. τὸν ἡμέτερον : Ἀντὶ τοῦ κατὰ τὸν ἡμέτερον τρόπον καὶ ὡς ἔθος ἔχομεν παίζοντες.

453. Μοῖραι οἱ θεσμοί. R. M.

456. ὅσοι μεμυήμεθ' : Ἀντὶ τοῦ ἐμυσταγωγήθημεν. μυστήρια δὲ ἐκλήθη παρὰ τὸ τοὺς ἀκούοντας μύειν τὸ στόμα, [καὶ μηδενὶ ταῦτα ἐξηγεῖσθαι. μύειν δέ ἐστι τὸ κλείειν τὸ στόμα]. — τοῖς μυσταῖς. R. V.

459. καὶ τοὺς ἰδιώτας : Ἀντὶ τοῦ, τοὺς ἰδίους, τοὺς πολίτας. ἀντέστραπται δὲ τοῦτο τὸ ἴδιον ἀντὶ τοῦ ἰδιωτικοῦ, καὶ οὕτω πολλάκις εἴρηται. σημειωτέον δὲ ὅτι καὶ ἰδιώτης λέγεται ὁ πρὸς γένος ἴδιος καὶ ὁ ἀμαθής. — ἀντὶ τοῦ ἰδίους. ἐν παραγωγῇ ἴδιος ἰδιώτης. V. καὶ ἰδιώτας : Τὸ ἰδιωτικὸν κατὰ τοὺς παλαιοὺς τέσσαρα σημαινόμενα ἔχει. σημαίνει γὰρ τοὺς ἰδίους ἢ συγγενεῖς ἢ πολίτας, ὡς ἐνταῦθα. σημαίνει καὶ τὸν ἀμαθῆ. ἐλέγοντο καὶ ἰδιωτικὰ τὰ ἀντιδιαστελλόμενα πρὸς τὰ θεῖα, ἤτοι τὰ ἀνθρώπινα, ὡς ὅταν φῶμεν θεῖα χρήματα καὶ ἰδιωτικά. καὶ τέταρτον τὸ ἀντιδιαστελλόμενον πρὸς τὸ δημοτικόν. Vict.

460. [ἄγε δὴ : Κορωνὶς εἰσιόντων αὖθις τῶν ὑποκριτῶν. οἱ δὲ στίχοι ἰαμβικοὶ τρίμετροι ἀκατάληκτοι οδ'. ὧν τελευταῖος

ἐμοῦ δεηθείης ἂν, εἰ θεὸς θέλει.

ἐπὶ τῷ τέλει κορωνίς.]

ἐπανάληψις τὸ τίνα. R. V.

461 ὡς ἐπὶ ξένων. R.

462. ἀντὶ τοῦ ἅψαι. V. ἅψαι. Ἀττικῶς. Θ.

463. τὸ φρόνημα. R. V. Θ.

465. εἷς τῶν ἐν Ἅδου λέγει. τινὲς δὲ τὸν Αἰακὸν λέγουσιν ἀποκρίνασθαι· ὅπερ ἀπίθανον. V.

467. παραπλήσιά ἐστι τούτοις τὰ ἐν τῷ Θησεῖ πεποιημένα παρ' Εὐριπίδῃ. ἐκεῖ γὰρ τοιοῦτος ἦν σπουδάζων καὶ τοιαῦτα λέγει πρὸς τὸν Μίνωα. διστάσαι δὲ ἄν τις μὴ καὶ ταῦτα μιμεῖται Ἀριστοφάνης. προείρηται ὅτι πολὺς ἐν τούτῳ τῷ γένει ἐστὶν Ἀριστοφάνης. V.

468. ἀντὶ τοῦ ἀπέδρασας. R. V.

469. ἀλλὰ νῦν ἔχει μέσος : Ἀντὶ τοῦ, μέσον ἐλήφθης. τοῦτο δὲ ἐκ μεταφορᾶς τῶν ἀθλητῶν. τὸ ἔχει δὲ, οὕτως Ἀττικοὶ, ἀντὶ τοῦ ἔχῃ· ἀπὸ τοῦ ἔχομαι δευτέρου προσώπου.

470. μελανοκάρδιος : Διὰ τὸ τῆς λέξεως φοβερὸν εἶπε μελανοκάρδιος πέτρα. οὐ γὰρ ἔχει καρδίαν ἡ πέτρα. [ἐκ μεταφορᾶς τῶν ἀγρίων ἀνθρώπων, οὓς διὰ τὴν ἐνοῦσαν αὐτοῖς ἀγριότητα μελανοκαρδίους φασί.] — ἐκ Θησέως Εὐριπίδου. Θ. (καὶ τὰ μὲν ἑαυτῷ πλάττων λέγει, τὰ δὲ ἐξ Εὐριπίδου, πρὸς φόβον Διονύσου.)

472. περίδρομοι : Οἷον πανταχοῦ δυνάμενοι περιστρέφεσθαι· λέγει δὲ τὰς Ἐρινύας.

473. (Ἔχιδνά θ' ἑκατοντακέφαλος : Ὁ τόπος οὗτος παρὰ τὰ ἐν Θησεῖ Εὐριπίδου

κάρα τε γάρ σου συγχεῶ κόμαις ὁμοῦ,
ῥανῶ τε πεδόσ' ἐγκέφαλον, ὀμμάτων δ' ἄπο
αἱμοσταγεῖς πρηστῆρες ὕσονται κάτω.)

474. πνευμόνων : Ἀττικοὶ τὸν πνεύμονα πλεύμονα λέγουσιν, ὡς καὶ τὸ νίτρον λίτρον. R. V. Cant. 2.

475. Ταρτησία μύραινα : Μύραινα, δαίμων φοβερά· παρὰ τὸ μύρεσθαι. παρὰ τὰ ἐν τῷ Θησεῖ Εὐριπίδου. Ταρτησίαν δὲ εἶπε μύραιναν πρὸς τὸ ἐκπληκτικώτερον, διὰ τὸ ἐκτετοπισμένον. λέγουσι δὲ Ταρτησίαν γαλῆν, ἀντὶ τοῦ μεγάλην. ἡ δὲ Τάρτησος Ἰβηρικὴ πόλις περὶ τὴν Ἄορνον λίμνην. μύραινα δὲ ἰχθὺς θαλάσσιος. ἀντὶ δὲ τοῦ εἰπεῖν ἔχιδναν, μύραιναν εἶπε. (τὸ γὰρ Στυγὸς ἐπὶ πλησίον εἶπε τούτοις. ἔστι δὲ ταῦτα ἐν Θησεῖ πεποιημένα Εὐριπίδῃ· ἐκεῖ γὰρ τοιοῦτός ἐστι σπουδάζων ὁ Εὐριπίδης οἷος ἐνταῦθα παίζων.)

477. Γοργόνες Τιθράσιαι : Ἀπὸ δήμου τῆς Ἀττικῆς πονηροῦ. οὐχ εἰκῇ δὲ τοῦτο εἶπεν, ἀλλ' ἐοίκασι τὸν δῆμον τοῦτον διαβάλλειν ὡς κακοπράγμονα. εἰσὶ δὲ οὗτοι ἀπὸ Τίθραντος τοῦ Πανδίονος παιδὸς ἐπώνυμοι. εἰς δὲ τὴν Αἰγηίδα φυλὴν κατανενέμηνται. Ἄλλως. Τιθράσιος, τόπος τῆς Λιβύης, ἔνθα αἱ Γοργόνες διέτριβον). — διασπαράξωσι. τόπος τῆς Λιβύης. R.

478. ἀντὶ τοῦ νικήσω.

479. οὗτος, τί δέδρακας : Ἰδὼν ὁ Ξανθίας διὰ τὸν φόβον ἀποπατήσαντα τὸν Διόνυσον, φησίν, οὗτος, τί δέδρακας; τὸ δὲ κάλει θεὸν τινὲς οὕτως ἀποδεδώκασιν. ἐν τοῖς Ληναϊκοῖς ἀγῶσι τοῦ Διονύσου ὁ δᾳδοῦχος κατέχων λαμπάδα, λέγει, καλεῖτε θεόν. καὶ οἱ ὑπακούοντες βοῶσι, « Σεμελήϊ' Ἴακχε πλουτοδότα. » ἢ πρὸς τὸ ἐν ταῖς θυσίαις ἐπιλεγόμενον. ἐπειδὰν γὰρ σπονδοποιήσωνται, ἐπιλέγουσιν, ἐκκέχυται, κάλει θεόν· πρὸς ὃ ἐξείλεκται εἰς τοῦτο. Ἄλλως. κάλει θεόν : Πρὸς βοήθειαν κάλει θεόν. οὐ γὰρ Διόνυσος θεὸς ἦν, ὅτι εἶπεν αὐτῷ, κάλει θεόν. τοῦτο δὲ ὡς ἐν κωμῳδίᾳ πέπλασται. [Ἄλλως. εἰώθασιν οἱ μεγάλοις κακοῖς περιπίπτοντες θεὸν ἐπικαλεῖσθαι πρὸς ἀρωγὴν θυσίας τινὸς ὑποσχέσει. δείκνυσι δὲ ἐντεῦθεν ὡς ὁ Διόνυσος οὐκ ἔστι θεός, ὡς ἐν κωμῳδίᾳ παίζων. τὸ δὲ ἐγκέχοδα ἀπὸ τοῦ χέζω μέσος παρακείμενος.]

481. ἀλλ' ὡρακιῶ : Ἀντὶ τοῦ ὠχριῶ, φροντίζω. ὥρα γὰρ ἡ φροντίς. ἐκ δὲ φροντίδος ἐκλύεταί τις. (ὡρακιᾶσαι δὲ λέγεται τὸ ὑπὸ φόβου ὠχριᾶσαι· [ἀπὸ τοῦ τὴν ὥραν αἰκίζειν. τοῦτο δὲ Σοφοκλῆς εἶπεν ἐν Ἀμφιαράῳ σατυρικῷ. τὸ ὠχριᾶσαι] θλιβομένης τῆς καρδίας. τοῦτο δὲ πολλοῖς γίνεται.)

483. ποὔστιν : Ὁ Διόνυσος φοβούμενος λέγει, ποῦ ἐστιν ἡ καρδία μου; — ποῦ 'στιν ἡ καρδία σου; ὦ χρυσοῖ θεοί, ἐνταῦθ' ἔχεις τὴν καρδίαν, ἔνθα μου τὴν χεῖρα προσήγαγες; C.

484. ἐνταῦθ' ἔχεις τὴν καρδίαν : [Ἔνθα μου τὴν χεῖρα προσήγαγες· ἤγουν περὶ τὸν πρωκτόν.] λαμβάνει ὁ Διόνυσος τὴν χεῖρα τοῦ Ξανθίου, καὶ προστίθησιν εἰς τὸν πρωκτόν. ὁ δὲ τίθησι τὸν σπόγγον εἰς τὸ αἰδοῖον αὐτοῦ γέλωτος χάριν.

487. πῶς δειλὸς : (Δειλός εἰμι ἐγώ, ὅτι ᾔτησά σε σπογγίαν;) τοῦτο δὲ ὡς θαυμάζων ἑαυτὸν ὁ Διόνυσος λέγει, ὅτι οὐκ ἂν ἄλλος ᾔτησέ σε, ὦ Ξανθία, σπόγγον, ἀλλ' ἐσιώπησεν ἄν. (τοῦ γὰρ δειλοῦ τὸ οἰκεῖον σιωπᾶν, οὐ τὸ λαλεῖν.) [τὸ δὲ ἐγὼ ἢ μόνον κατ' ἐρώτησιν, ἢ καθ' ὁμαλισμὸν μέχρι τοῦ δειλός.]

489. (ὀσφραινόμενος : Οἱ τῷ φόβῳ ἐκλυόμενοι ὀσφρήσει τὸν πόνον παύουσιν. ὁ δὲ πόνος αὐτοῖς ἐκ καρδίας γίνεται.)

490. ἀπεψησάμην : [Κατεμαξάμην.] (ἀποψᾶν λέγουσι τὸ ἐκμάσσειν. καὶ ἐν Πλούτῳ [818] « ἀποψώμεσθα δ' οὐ λίθοις ἔτι. ») — ψῶ σημαίνει πέντε. τὸ λεπτύνω, ἐξ οὗ καὶ ψιλὸν στρατιώτην λέγομεν τὸν ἄοπλον καὶ γυμνόν. τὸ ψαύω καὶ προσεγγίζω, ἐξ οὗ καὶ ψώρα καὶ τὸ ἀπεψησάμην. τὸ τέμνω, ἐξ οὗ καὶ ψωμὸς ὁ εἰς μικρὰ τεμνόμενος. τὸ συντρίβω, ἐξ οὗ καὶ ψώχοντες τοὺς στάχυας ἀντὶ τοῦ ταῖς χερσὶ συντρίβοντες. καὶ ψῶ τὸ καίω, ἐξ οὗ καὶ ψολόεις δαλὸς ὁ κεκαυμένος καὶ ψολόεις εἶδος κεραυνοῦ. Θ.

491. ἴθι νῦν : Τὸ ἴθι ἀντὶ τοῦ ἄγε. (συνωνυμοῦσι γὰρ τὸ δεῦρο, ὃ σημαίνει καὶ τὸ ἄγε.)

ληματιᾷς : Λῆμά ἐστι τὸ φρόνημα. ληματιᾷς οἷον μέγα φρονεῖς. (γράφεται καὶ ληματίας, χωρὶς τοῦ ι, οἷον μεγαλόφρων καὶ ἰσχυρός.)

496. [ἀφοβόσπλαγχνος : Ἄφοβος. ἐπειδήπερ ὁ φόβος, ὥς φασιν, ἐν τοῖς σπλάγχνοις ἐστίν. ἢ ὅτι ἡ καρδία ἐν τοῖς σπλάγχνοις, περὶ ἣν ὁ φόβος γίνεται.]

497. (ἀνὰ μέρος) ἐν ἴσῃ μερίδι. R. V.

498. φέρε δὴ ταχέως : Οὐδαμῶς, φησίν, ὀφείλεις λέγειν, ἀλλὰ καὶ διδόναι, ἵνα σοι πιστεύσω, ὅτι ἀληθῶς ἐπαγγέλλῃ μοι αὐτὰ διδόναι.

499. εἰς τὸν Ἡρακλειοξανθίαν : Αὐτὸς Ξανθίας ἐκαλεῖτο. παραπλήσια δὲ ὅπλα τοῖς Ἡρακλέους εἶχε. συμμιγνὺς οὖν τὰ δύο [ὁμοῦ] εἶπεν Ἡρακλειοξανθίαν.

501. οὐχ Μελίτης μαστιγίας : Ἀντὶ τοῦ, ὁ ἐκ Μελίτης Ἡρακλῆς. ἐν γὰρ Μελίτῃ δήμῳ τῆς Ἀττικῆς ἐμυήθη Ἡρακλῆς τὰ μικρὰ μυστήρια. ἔστι δὲ ἐκεῖ καὶ ἱερὸν Ἡρακλέους. ἐκλήθη δὲ ἀπὸ Μελίτης νύμφης, ᾗ ἐμίγη ὁ Ἡρακλῆς. μαστιγίαν δὲ ὡς πρὸς δοῦλον. (παρὰ δὲ τὴν ὑπόνοιαν σκώπτει, ἐπειδὴ ἐν Μελίτῃ ἐστὶν ἐπιφανέστατον ἱερὸν Ἡρακλέους ἀλεξικάκου, ὁ δὲ Ξανθίας ἀντιμετείληφε τὴν τοῦ Ἡρακλέους σκευήν. τὸ δὲ τοῦ Ἡρακλέους ἄγαλμα ἔργον Γελάδου τοῦ Ἀργείου, τοῦ διδασκάλου Φειδίου. ἡ δὲ ἵδρυσις ἐγένετο κατὰ τὸν μέγαν λοιμόν· ὅθεν καὶ ἐπαύσατο ἡ νόσος, πολλῶν ἀνθρώπων ἀπολλυμένων. Ἀπολλώνιος δὲ οὐ κακῶς ὑπονενοῆσθαί φησι τὸ κωμῳδεῖσθαί τινα. ἴσως δὲ ὅτι ἦρχε, διὰ τοῦτο οὐκ ὠνομάσθη. ἢ ὀλίγον πρότερον [429] εἰρῆσθαι. Καλλίας γὰρ ὁ Ἱππονίκου ἐν Μελίτῃ ᾤκει. παρεικάζει δὲ αὐτὸν ἅμα τῷ Ἡρακλεῖ, ἅμα χλευάζων διὰ τὸ λεοντῇ ἐν ταῖς μάχαις χρῆσθαι, ὡς ἐν τοῖς ὀπίσω

κύσθου λεοντῆν ναυμαχεῖν ἐνημμένον.

ἐπεὶ εἴ γε ὄντως ἐπὶ τὸν Ἡρακλέα ἀνέφερε, τί μᾶλλον εἶπε τὸ ἐκ Μελίτης, καὶ μὴ ἐξ ἄλλου δήμου; πανταχοῦ γὰρ Ἡράκλεια ἐπιφανῆ. σύνηθές τε οὐχ οὕτω λέγειν ἐπὶ θεῶν, οὐχ Μελίτης, ἀλλ' ὁ ἐν Μελίτῃ, ὡς καὶ Ζεὺς ὁ ἐν Ὀλυμπίᾳ· ἐπὶ δὲ ἀνθρώπων, ἐκ Μελίτης, ἐξ Οἴου, ἐκ Κοθωκιδῶν. πῶς δὲ καὶ παλαιότερον εἶναι Ἀριστοφάνους τὸ ἄγαλμα, εἰ ἀκμάζοντος τοῦ λοιμοῦ ἱδρύθη; σχεδὸν γὰρ μειρακίσκος ἤδη ἥπτετο τῶν ἀγώνων.)

503. θεράπαινα Περσεφόνης (Ἅδου R.) λέγει ταῦτα πρὸς τὸν Ξανθίαν ἔχοντα τὴν λεοντῆν. R. V. Θ. θεράπων, ὡς δέ τινες φασίν, δούλη (οἱ δέ φασιν δούλην G.) Περσεφόνης. V.

504. ἡ Κόρη δηλονότι. R.

505. κατερικτῶν χύτρας : Τῶν κατακεκομμένων ὀσπρίων, ἢ τῶν κυάμων τῶν σχιζομένων. (λέγει δὲ τὰ

σχιζόμενα ὄσπρια, τοὺς κυάμους),[τὰ ἐρειχόμενα. καὶ τὴν ἐρίγμην δὲ ἐντεῦθεν ἐτυμολογοῦσί τινες.]

506. ἔτνος ἐστὶν ἀθάρα μετὰ γάλακτος. R. [ἔτνους : Ὃ νῦν φάβα οἱ ἰδιῶται καὶ οἱ ἄγροικοι, τὸ διαλελυμένον ὑπὸ τῆς ἑψήσεως καὶ τῆς τορύνης. τορύνη δὲ, ὁ χυτρόπους. Ἄλλως. πρῶτον εἰπὼν καθολικῶς κατερικτῶν, ἤτοι κατεσχισμένων ὀσπρίων, ἐπειδὴ οὐδὲν ἄλλο τῶν ὀσπρίων σχίζομεν ἀλλ' ἢ τοὺς κυάμους, ὅταν ἔτνος ποιῆσαι θέλωμεν, ἐπήγαγε τὸ ἔτνους. ἔχαιρε γὰρ τούτῳ πάνυ ὁ Ἡρακλῆς. ἢ τὸ ἔτνους ἑρμηνεία τοῦ κατερικτῶν.]

507. κολλάβους : Λέγει τοὺς ἄρτους, τοὺς ἐοικότας τὴν πλάσιν τοῖς κολλάβοις τῆς κιθάρας. οἱ δὲ εἶδος πλακοῦντος τετραγώνου, ἢ ἄρτου μικροῦ, παρὰ τὸ ἐκ μεγάλων κολλυβίζεσθαι. [Ἄλλως. ἄρτοι νέοι ἐκ πυρῶν. καὶ οἱ λάσταυροι ὑπὸ Σικυωνίων λέγονται. καὶ ἡ νευρὰ τοῦ ὀργάνου.] — τὰ γὰρ ὀπτὰ καλὰ τὰ ἐξ ἀνθράκων ὀπτώμενα. V. Θ. τοὺς λεγομένους κόλλικας. φασὶ δὲ κολλάβους καὶ τὰ τῆς μουσικῆς ἰδιωτικῶς λεγόμενα καβάλια. Θ.

508. ἐπαινῶ : Οὐ βούλομαι εἰσελθεῖν. *Vict.*

511. ἔφρυγε : Ἐτηγάνιζε. *Vict.* (κῷνον) ἀντὶ τοῦ καὶ οἶνον. R.

512. πάνυ καλῶς : (Παραιτούμενοι οἱ παλαιοὶ ἔλεγον, κάλλιστ' ἐπαινῶ, καὶ, ἐπῄνουν. νῦν οὖν παραιτούμενος εἰσιέναι φησὶν ὁ θεράπων,) ἀντὶ τοῦ ἔασον.

ληρεῖς ἔχων : Τοῦτο λέγει κρατῶν αὐτὸν ὁ Διόνυσος, καὶ μὴ συγχωρῶν αὐτὸν εἰσελθεῖν ἅμα τῇ θεραπαίνῃ τῆς Περσεφόνης. περιττὸν δὲ τὸ ἔχων.

513. [καὶ γὰρ αὐλητρὶς : Αὕτη ἡ κατασκευὴ πρὸς τὸ, ἀλλ' εἴσιθ' ἅμ' ἐμοί.]

514. τὸ τέλειον ἧδε. V.

515. εἰσάγεται καταφερὴς Διόνυσος. V.

[516]. ἡβυλλιῶσαι : (Ἡβῶσαι καὶ αἰσχρῶς τίλλουσαι τὸ αἰδοῖον. ἢ) ἀντὶ τοῦ ἀκμάζουσαι τὴν ἡλικίαν.

[ἄρτι παρατετιλμέναι : Ἐκ τούτου δείκνυται ὅτι παρέτιλλον, καὶ οἱονεὶ ἐξέδερον ἢ ἔτυπτον τὸ γυναικεῖον αἰδοῖον. οὕτως γὰρ πάλαι ἐψίλουν. καὶ δορίαλος τὸ γυναικεῖον αἰδοῖον, ὡς παρὰ τῷ αὐτῷ ποιητῇ [fr. 336] αἱ γυναῖκες τὸν δορίαλον φράγνυνται. » τίλλουσι δὲ τὰς τρίχας αἱ νεόνυμφοι. ἢ ἐσπασμέναι τὰς ἐπανθούσας τῷ προσώπῳ τρίχας, καὶ τὰς τῶν ὀφρύων. κρεῖττον γάρ ἐστι τοῦτο τοῦ ξυρεῖν.] — παρατετιλμέναι : λείπει τὰς τρίχας. R. αἱ γὰρ μελλόνυμφοι τίλλουσι τὰς τρίχας. R. V. Θ.

517. [τεμάχη : Τὰ κόμματα τῶν ἰχθύων.]

518. [ἀφαιρεῖν : Ἀντὶ τοῦ κόπτειν, ἢ διαιρεῖν ἐκ τῶν ὀβελίσκων, ἢ κλέπτειν.

ἐσῄρετο : Νῦν ἀντὶ τοῦ εἰσεφέρετο.]

520. αὐτὸς : Ἀντὶ τοῦ ὁ δεσπότης.

521. τῷ Διονύσῳ φησί. R. ὁ Ξανθίας πρὸς τὸν Διόνυσον. μετεστόλισται γὰρ ὁ Διόνυσος εὐλαβηθεὶς καὶ περιβέβληται τὴν τοῦ Ξανθίου στολήν. V.

522. ἐπίσχες : Κρατεῖ τὸν Ξανθίαν ὁ Διόνυσος. [τὸ δὲ οὔτι που, ἢ ἀντὶ τοῦ ἆρα· ἢ πρὸς τὸ οὔτι που στικτέον. τὸ δὲ λοιπὸν κατ' ἐρώτησιν λέγε. οὔτι που, ἤγουν οὐδαμῶς σπουδὴν ποιεῖς· ἤγουν ἀληθὲς τοῦτο ἐνόμισας, ὅτι σε παίζων Ἡρακλέα ἐσκεύασα;] ἆρα, φησὶ, νομίζεις σεαυτὸν Ἡρακλέα εἶναι, ἐπεὶ ἐποίησα παίζων (σχῆμά σε παραπλήσιον ἔχειν τοῦ Ἡρακλέους, διὰ τὴν λεοντῆν καὶ τὸ ῥόπαλον;)

526. οὐ δήπου μ' ἀφελέσθαι διανοεῖ : Ἀντὶ τοῦ ὄντως διανοῇ, ὥστε ἀφελέσθαι με τὰ ὅπλα. ἡ γὰρ οὐ ἄρνησις συγκατάθεσιν δηλοῖ.

527. οὐ τάχ' ἀλλ' ἤδη ποῶ : Οὐδ' ὅλως, φησὶ, διανοοῦμαι, ἀλλ' ἤδη αὐτὰ ἀφαιροῦμαι· οἷον, οὐ διστάζω. — ἐπεὶ εἶπε σπουδάσεις, λέγει οὐ σπουδάσω λόγοις ἀλλ' ἔργῳ. V.

528. τὴν λεοντῆν. V.

529. ἀνατίθημι. R.V.

530. τὸ προσδοκῆσαι σεαυτὸν Ἡρακλέα εἶναι. V.

534. ταῦτα μὲν πρὸς ἀνδρός ἐστιν : [Εἴσθεσις μέλους χοροῦ προῳδικὴ στροφῆς λόγον ἔχουσα, (ἔχει γὰρ καὶ ἀντίστροφον, τὸ, νῦν σὸν ἔργον ἐστίν) ἐκ κώλων τροχαϊκῶν ι', ὧν τὰ γ', ϛ', θ', δίμετρα καταληκτικὰ, ἤτοι ἑφθημιμερῆ Εὐριπίδεια, τὰ δὲ λοιπὰ ἀκατάληκτα· πλὴν τοῦ τελευταίου τετραμέτρου ὄντος καταληκτικοῦ. ἑξῆς δὲ σύστημα κατὰ περικοπὴν ἀνομοιομερὲς, ἀναλόγως τῇ στροφῇ τῇ τε ποσότητι καὶ ποιότητι τῶν κώλων. ἐπὶ τῷ τέλει ἑκατέρου παράγραφος καὶ ἔσω νενευκυῖα διπλῆ, διὰ τὴν ἀνταπόδοσιν.] ταῦτα λέγει ὁ χορὸς διὰ τὸν Διόνυσον· ἐπειδὴ οὗτος, ὅτε ἐφοβήθη διὰ τὰς τοῦ διακόνου ἀπειλὰς, τὸν Ξανθίαν ἐποίησεν ὡς δεσπότην, ἑαυτὸν δὲ δοῦλον. ὅτε δὲ ὁ θεράπων τοῦ Ἅιδου ἀπήγγειλε τῷ Ξανθίᾳ, ὅτι ἡ κόρη (δεῖπνον καὶ) ὄψα ἐποίησε, δεσπότην πάλιν ἑαυτὸν ποιεῖ, τὸν δὲ Ξανθίαν δοῦλον. ἀποδέχεται δὲ τὸν Διόνυσον ὁ χορὸς ὡς μὴ μένοντα ἐπὶ τοῖς αὐτοῖς.

535. ἀντὶ τοῦ εἰς πάντα τετριμμένος. R.

536. (μετακυλίνδειν : Ὅμοιον τῷ ἐν Ἀλκμήνῃ Εὐριπίδου

> οὐ γάρ ποτ' εἴων Σθένελον ἐς τὸν εὐτυχῆ
> χωροῦντα τοῖχον τῆς δίκης ἀποστερεῖν.)

[παροιμία δέ ἐστι, πρὸς τὸν εὖ πράττοντα τοῖχον ῥέπειν, ἐπὶ τῶν περὶ τὸ λυσιτελοῦν αὐτοῖς ἀεὶ στρεφομένων. εἴρηται δὲ ἐκ μεταφορᾶς τῶν ἐπιβατῶν τῆς νεώς, ὅταν θατέρου μέρους αὐτοῖς κατακλυζομένου, πρὸς τὸ ἕτερον οὗτοι μεθίστανται.] — τὴν μεταφορὰν εἶπεν ὡς ἐπὶ τοῦ ἐπιβάτου· ὅταν γὰρ ταραχθῇ ἡ θάλασσα καὶ κινδυνεύῃ τὸ πλοῖον, ὁ ἐπιβάτης σωφρονῶν τὸν μὲν ἕτερον τοῖχον ἐᾷ, εἰς δὲ τὸν ἕτερον μετακυλίνδει ἑαυτόν. V.

537. τὸ καλῶς πρᾶττον μερος. R.

538. ἢ γεγραμμένην : Ἀντὶ τοῦ, μηδὲν ἀνύοντα· ὅτι ἀκίνητον τὸ ἐπιγεγραμμένον τῇ εἰκόνι.

539. μεταστρέφειν : Μεταστρέφεσθαι. *C.*

τὸ ἡδύτερον καὶ εὖ ἔχον. V.

541. Θηραμένης : Οὗτος τῶν τὰ πολιτικὰ πραττόντων. σκώπτει δὲ αὐτὸν ὡς εὐμετάβολον ὄντα καὶ πρὸς τὸν καιρὸν ἁρμόζοντα. οὗτος δὲ γέγονεν ὁ Θηραμένης διδάσκαλος Ἰσοκράτους, (στρατηγὸς δὲ καὶ ὑποκριτὴς εὐμετάβλητος, Ἅγνωνος παῖς, Στειριεὺς τῶν δήμων. τούτῳ πολλὰ μὲν καὶ ἄλλα παρηνενόμηται, δύο δὲ τὰ μέγιστα καὶ σχετλιώτατα, ἥ τε τῶν ἐν Ἀργεννούσῃ στρατηγῶν ἀπαγωγή, ἣν αὐτὸς συνεστήσατο μετὰ Καλλιξένου, καὶ ἡ τῶν λ' ἐπὶ καταλύσει τοῦ δήμου κατάστασις. τοιγάρτοι τῆς τοῦ βίου προαιρέσεως ἐπαξίας τῆς τελευτῆς ἔτυχεν· ὑπὸ γὰρ αὐτῶν τῶν λ' ἀνῃρέθη, Κριτίου κρίναντος αὐτόν. ἔνιοι δέ φασι καὶ καταφυγόντα αὐτὸν ἐπὶ τὴν ἑστίαν ἀποσπασθῆναι. τοῦτον διὰ τὴν ποικιλίαν τοῦ ἤθους Κόθορνον ἐκάλουν, ἐπειδὴ ἑκατέρᾳ στάσει τῇ τῶν πολιτευομένων ἑαυτὸν παρετίθει, καθομιλῶν τοῖς καιροῖς καὶ τὸ συμφέρον ἑαυτοῦ τοῦ πιστοῦ προτάσσων, ἐπειδὴ καὶ ὁ κόθορνος ἀνδράσι καὶ γυναιξὶ πρὸς τὰς ὑποδέσεις ἁρμόττει. δοκεῖ δὲ οὗτος καὶ τὰ τρία ψηφίσασθαι ἐπιζήμια, ἢ δεσμεύεσθαι ἐν τῷ ξύλῳ, ἢ πιεῖν κώνειον, ἢ ἐκφυγεῖν. δοκεῖ δὲ ἀπὸ Κέω τῆς νήσου εἶναι, οὐκ εἶναι δὲ γνήσιος, ἀλλὰ ποιητὸς υἱὸς τοῦ Ἅγνωνος. ὁ Θουκυδίδης δὲ [8, 68] αὐτὸν ἐπαινεῖ.) [Ἄλλως. ὁ Θηραμένης οὗτος ἀνὴρ πανοῦργος ἦν, καὶ πρὸς τοὺς καιροὺς μεταβαλλόμενος. Χῖοι γὰρ καὶ Κῖοι πόλεμον εἶχον πρὸς ἀλλήλους. ὅτε οὖν παρὰ Χίοις ἦν, Χῖον ἑαυτὸν ἐκάλει· ὅτε δὲ παρὰ Κίοις, Κῖον· τῇ δὲ ἀληθείᾳ Χῖος ἦν.]

542. ἐν στρώμασι Μιλησίοις : Ἐκεῖ γὰρ ἐν Μιλήτῳ καλὴ ἡ τῶν στρωμάτων ἐργασία. (καὶ τὰ Μιλήσια στρώματα ποικίλα καὶ ἁπαλὰ γίνεται καὶ διάφορα.) [εἰς τρυφὴν δὲ οἱ Μιλήσιοι διαβάλλονται, καὶ εἰς τὸ στολῆς πολυτελές· ἐσθῆτές τ' ἐνταῦθα κατεσκευάζοντο ποικίλαι καὶ τάπητες· ὡς καὶ Θεόκριτος [15, 125]

πορφύρεοι δὲ τάπητες ἄνω μαλακώτεροι ὕπνου,
ἁ Μίλατος ἐρεῖ χὠ τὰν Σαμίαν καταβόσκων.]

ἀμίδα δὲ, τὴν οὐρητρίδα, τὸ οὐρηρὸν ἀγγεῖον.

543. ἀνατετραμμένος : Ἀνακείμενος καὶ φιλῶν ὀρχηστρίδα. R.V. ἄνω χάσκων. V. ἀνακεκλιμένος καὶ ἐξηπλωμένος. κινῶν : Συνουσιάζων. *E.*

544. ἐγὼ δὲ πρὸς τοῦτον : Ὁρῶν γὰρ ὁ Διόνυσος συνιόντα τῇ ὀρχηστρίδι τὸν Ξανθίαν, καὶ ὥσπερ ἐρεθιζόμενος τοῦ αἰδοίου ἐδραττόμην (φησὶν) ἀντὶ τοῦ ἐμαυτοῦ, ὁ δὲ Ξανθίας γνοὺς ἅτε καὶ αὐτὸς πρότερος τὰ αὐτὰ ποιῶν ἐπάταξεν ἄν με.

545. τοῦ 'ρεβίνθου : Τοῦ αἰδοίου. τὸ δὲ ὅλον, ὡς ταῦτα τοῦ Ξανθίου ποιοῦντος, ἐπειδὰν διακονῇ τῷ Διονύσῳ, καὶ διὰ τοῦτο ἐπιγνόντος ἂν αὐτὰ, εἰ ἀνὰ μέρος ἐποίει ὁ Διόνυσος. — ἢ κυρίως ἐρεβίνθου· εἰώθασι γὰρ οἱ δοῦλοι ἐν τοῖς τῶν δεσποτῶν πότοις εἰς παραμυθίαν ἑαυτῶν τοιαῦτα περιφέρειν. V.

548. τοὺς χοροὺς τοὺς προσθίους : Ἀντὶ τοῦ εἰπεῖν ὀδόντας, εἶπεν χορούς. Διόνυσος γάρ ἐστιν ὁ τῶν χορῶν προστάτης. τὸ δὲ ὅλον παρὰ τὴν ὑπόνοιαν.

549. Πλαθάνη, Πλαθάνη : [Κορωνὶς ὁμοία εἰσιόντων τῶν ὑποκριτῶν. οἱ δὲ στίχοι ἰαμβικοὶ τρίμετροι ἀκατάληκτοι μα', ὧν τελευταῖος

δέχομαι τὸν ὅρκον κἀπὶ τούτοις λαμβάνω.]

πανδοκεύτρια πρὸς Πλαθάνην θεράπαιναν ἑαυτῆς λέγει. εἰσάγει δὲ τὸν Ἡρακλέα νῦν βεβρωκότα τι. (554) ἀνημιωβολιμαῖα δὲ, ἀντὶ τοῦ, ἕκαστον αὐτῶν ἥμισυ ὀβολοῦ ἦν, ἄξιον ἡμιωβολίου. (ἢ ὠμὰ ὄντα κατὰ τὸ ἥμισυ. Ἄλλως. ὅτι ἰδίως ἐπὶ τοῦ ἀνημιωβολίου πωλούμενα. ἀπὸ δὲ συντάξεως ὀνόματα γίνεται καλὸς καὶ ἀγαθὸς, καλοκαγαθία· θεοῖς ἐχθρὸς, θεοεχθρία· οὕτως ἀν' ἡμιωβόλιον, ἀνημιωβολιαῖον. δηλοῖ δὲ ἡμιωβόλου ἄξια. ἐπισημειοῦσθαι δὲ τὴν λέξιν ἔδει τῷ χ. ἀνάβραστα δὲ,) ζεστὰ, ἡψημένα. — ζεστὰ, παρὰ τὸ βράσσειν. V.

ἀνημιωβολιαῖα : Ἄξιον ἡμίσεος ὀβολοῦ ἓν ἕκαστον. *C.* παλαιόν : Ὅτι ὥσπερ ἀπὸ τοῦ καλὸς καὶ ἀγαθὸς σύνθετον ὄνομα γίνεται καλοκαγαθία, καὶ ἀπὸ τοῦ θεὸς καὶ τοῦ ἐχθρὸς θεοεχθρία, οὕτω καὶ ἀπὸ τοῦ ἥμισυ καὶ τοῦ ὀβολὸς, ἡμιωβολιαῖον, τὸ ἡμιοβόλου ἄξιον. διὸ καὶ ἐπισημειοῦσθαι τὴν λέξιν τῷ χ. Cant. 2.

550. ὅτε ἦλθεν ἐπὶ τὸν Κέρβερον. V.

551. ἡ ἑτέρα πανδοκεύτρια. R.

552. τῷ Διονύσῳ δηλονότι. R.V.

554. ἀντὶ τοῦ ὁ Διόνυσος. ὁ Ξανθίας δὲ ἠρέμα λαλεῖ. V.

555. [ληρεῖς ὦ γύναι : Οὐ δείκνυται Ἡρακλῆς σκορόδων γευσάμενος. διὸ πρὸς ταύτην φησὶ, ληρεῖς, ὦ γύναι.]

556. [οὐμενοῦν με προσεδόκας : Οὐ προσεδόκας με γνῶναί σε, ἐπειδὴ κόθορνος τοῦ Διονύσου ἐστὶν, οὐ τοῦ Ἡρακλέους.] — κοθόρνους τὰ ὑποδήματα. R.V.

558. τὸ τάριχος : Οὕτως ἔλεγον οἱ Ἀττικοὶ, οὐδετέρως. ἐπελαθόμην δὲ, φησὶν, εἰπεῖν τὸ τάριχος.

559. νέον, ἁπαλόν. V.

560. αὐτοῖς τοῖς ταλάροις : Ἔτι ὄντα, φησὶν, ἐν τοῖς μικροῖς καλαθίσκοις. — ταλάροις : Τυροβόλοις. Borg. τοῖς μικροῖς καλαθίοις, ὅπου ὁ τυρός ἐστι. R. αὐτοῖς : Σύν. ταλάροις : Καλαθίσκοις. λέγει δὲ τὰ λεγόμενα ἰδιωτικῶς τυροβόλια. *C.*

561. ἀπῄτουν. V. Θ.

562. κἀμυκᾶτο (κἀπεμυκᾶτο E.) : Ἐπεβριμήσατο. *D. E.* πικρὸν ἐβρυχᾶτο, ἐμήνιεν. R. V. Θ. M.

563. οὗτος ὁ τρόπος πανταχοῦ : Τὸ τρώγειν καὶ μὴ διδόναι, φησὶ, τὸν μισθόν. τοῦτο δὲ ὁ Ξανθίας, ἐπαίρων κατὰ τοῦ Διονύσου τὰς γυναῖκας.

564. (μαίνεσθαι δοκῶν : Καὶ παρ' Εὐριπίδῃ μαινόμενος Ἡρακλῆς καὶ σπῶν τὸ ξίφος. πρὸς τοῦτο οὖν παίζει.)

565. ἀντὶ τοῦ δείσασαι δυϊκῶς. R.V.

566. κατήλιφα : Τὴν μεσόδομον, (ἢ τὴν κλίμακα). — κλίμακα. *Br.* σανίδα, ἐν ᾗ πάντα τὰ πωλούμενα τιθέασιν, εἰς ἣν ἀναβαίνοντες οἱ κατοικίδιοι ὄρνις ἐκεῖ κοιμῶνται. νομίζουσι δὲ Ἡρακλέα τὸν Διόνυσον εἶναι

ὡς ἡρπακότα τὰ χρειώδη καθ' Ἅδου, ὅτε κατῆλθεν ἐπὶ τὸν Κέρϐερον. V.

567. τὰς ψιάθους : Οἷον καὶ τὰ στρώματα τοῦ πανδοκείου. ἐν δὲ τῷ Καλλιστράτῳ γέγραπται τοὺς ψιάθους, καὶ ὅτι σεσημείωται τοῦτο, ὅτι ἀρσενικῶς εἶπε. — ὅτι ὧδε ἀρσενικῶς, ὧδε δὲ θηλυκῶς, διὸ τὸ χ. V. Θ. (τὸ δὲ, ἀλλ' ἐχρῆν τι δρᾶν, δύναται καὶ ἡ γυνὴ λέγειν, ἀντὶ τοῦ τιμωρήσασθαι.) — ἐχρῆν ὑμᾶς τι δρᾶν περὶ αὐτόν. *Br*.

569. τὸν προστάτην Κλέωνα : Ἦν γὰρ ἀποθανὼν τότε. τὰ δὲ δράματα καθ' ᾅδου νῦν. Κλέωνα δὲ τὸν βυρσοδέψην, εἰς ὃν γέγραφε τοὺς Ἱππέας. Ὑπέρϐολον δὲ, εἰς ὃν καὶ Εὔπολις ἔγραψε τὸν Μαρικᾶν. ἀπώλετο δὲ περὶ τὴν Σάμον, πολεμούντων αὐτῷ τῶν Σαμίων.

570. ἐάνπερ ἐπιτύχῃς : Ὡς καὶ τοῦ Ὑπερϐόλου τεθνηκότος. παρατηρητέον δὲ ὅτι τέσσαρες ἐπὶ σκηνῆς διαλέγονται.

573. [φορτία :- Ψωμοὺς, κρέα, τυροὺς, καὶ τἄλλα. τινὲς δὲ ἤκουσαν τὰ κόπρια φορτικῶς.]

574. τινές φασι τὸν Διόνυσον λέγειν τοῦτον τὸν στίχον. R. ὄρυγμα ἐν Ἀθήναις, εἰς ὃ ἐϐάλλοντο οἱ κακοῦργοι. V.

576. κόλικας : Ἢ ἄρτους, ἢ ἔντερα. τὸ δὲ φ, οὐ πρὸς τὸ δρέπανον, ἀλλὰ πρὸς τὸν λάρυγγα.

κατέσπασας δὲ ἀντὶ τοῦ κατεϐρόχθισας.

578. ἐκπηνιεῖται : Ἃ ἔφαγεν ἡμῶν, ἀφελκύσει. ἀπὸ τῶν τὴν κρόκα μηρυομένων εἰς πηνία. (Ἄλλως. ἐξελκύσει ἀπὸ τοῦ πηνίου. Ὅμηρος [Il. Ψ, 762] « πηνίον ἐξέλκουσα. ») [ἢ ἐξάξει. ἀπὸ μεταφορᾶς τῆς κατὰ μικρὸν ἐκ τοῦ σκώληκος ἐξαγομένης πήνης. εἰ δὲ διὰ τῆς οι διφθόγγου γράφεται, μετὰ τιμωρίας ἀπαιτήσει.] τὸ ἐκποινιεῖται ἢ διὰ τοῦ ο καὶ ι γράφεται, ἀντὶ τοῦ μετὰ τιμωρίας ἀπαιτήσει. ἢ διὰ τοῦ η, ἵν' ᾖ ἀντὶ τοῦ ἐξάξει. ἐπειδὴ καὶ τὴν μέταξαν καταρχὰς ἐκ τοῦ σκώληκος ἐξάγομεν κατὰ μικρόν. πήνη δὲ ἡ μέταξα. C. E. ἐξελκύσει. *D.* ἐκποινιεῖται : Μετὰ τιμωρίας λάϐοι. *E.*

προσκαλούμενος : Ἀντὶ τοῦ ἐγκαλῶν, εἰς δικαστήριον ἕλκων, (κατηγορῶν αὐτοῦ).

579. (κάκιστ' ἀπολοίμην : Ἐνταῦθα φοϐούμενος ὁ Διόνυσος ὑποκρίνεται φιλίαν πρὸς Ξανθίαν, ἵνα πάλιν Ἡρακλῆς γένηται, καὶ αὐτὸς Ξανθίας κελευόμενος ὑπὸ Διονύσου.)

582. [καὶ πῶς ἂν Ἀλκμήνης : Ἅπερ πρὸς αὐτὸν ὁ Διόνυσος πρότερον ἔλεγε, ταῦτα λέγει καὶ αὐτὸς εἰρωνευόμενος καὶ παίζων.]

588. γλάμων : (Ὁ ἔχων λήμας, ὁ ἀκάθαρτος), [παρόσον ἐρώμενος, φασὶν, ἦν Διονύσου.] Καλλίστρατός φησιν ὅτι οὕτως ἐκαλεῖτο Γλάμων, ὡς Χάρων. ἄλλοι δὲ, τὸν λημῶντα καὶ δίυγρον τοὺς ὀφθαλμούς. Σοφοκλῆς ἐν Μάντεσιν ἐπί τινων ὀρνέων « τοὺς γλαμυροὺς κατὰ φορϐάν. »

589. κἀπὶ τούτοις λαμϐάνω, ἐπὶ τῷ μὴ ἀφαιρεῖσθαί με τὸ Ἡρακλέους σχῆμα. V.

590. νῦν σὸν ἔργον : [Εἴσθεσις μελῶν χοροῦ περιοδικὴ καὶ ἀντίστροφος ὁμοία τῇ προρρηθείσῃ, καὶ τὸ σύστημα τοῖς αὐτοῖς τῶν ἐν τῇ στροφῇ κατά τε ποσότητα καὶ ποιότητα κώλοις συγκείμενον ἔχουσα. ἧς ἐπὶ τῷ τέλει παράγραφος. τοῦ δὲ συστήματος δύο διπλαῖ, ἡ μὲν ἐν ἀρχῇ, ἡ δὲ κατὰ τὸ τέλος] — ὁ χορὸς πρὸς τὸν Ξανθίαν. R. V. (τὸ δὲ ἑξῆς·) νῦν σὸν ἔργον ἐστὶν ἀνανεάζειν.

593. ἀντὶ τοῦ Ἡρακλέους. R. V. μωραίνων ληφθήσῃ. V.

594. παραληρῶν : [Ἀγενές τι ποιῶν, καὶ οὐ τῆς Ἡρακλέους σκευῆς ἄξιον.] — οὐδὲν πλέον τοῦ ληρῶν. R. V.

596. ἀντὶ τοῦ μαλακισθείς. R. V. ἀντὶ τοῦ ἂν εἴπῃς τι. V.

603. ὀρίγανον : [Ἀντὶ τοῦ δριμύ. τοιοῦτον γὰρ τὸ φυτόν.] — πρὸς τὸ ἄνω. δεῖν δὲ ἔοικε δριμὺ βλέπειν. R. V.

604. ἀντὶ τοῦ φοϐεῖσθαι. R. V.

605. ξυνδεῖτε ταχέως : [Κορωνὶς αὖθις ἑτέρα εἰσιόντων τῶν ὑποκριτῶν. οἱ δὲ στίχοι ἰαμϐικοὶ τρίμετροι ἀκατάληκτοι ξε'· ὧν τελευταῖος

πρότερον ποιῆσαι πρίν με τὰς πληγὰς λαϐεῖν.

ὁ ξ' μέντοι ἰαμϐικὸς ἐφθημιμερής. εἶτα κῶλον ἀντισπαστικὸν ἐξ ἐπιτρίτου πρώτου ἡμιόλιον. μεθ' ὃ μονόμετρον ὑπερκατάληκτον ἐξ ἐπιτρίτου τετάρτου, καὶ Ἰωνικὸν ἀπ' ἐλάσσονος ἡμιόλιον. ἐπὶ τῷ τέλει πάντων κορωνίς.] τὸν κλέψαντα τὸν κύνα τὸν Κέρϐερον.

[606]. ἥκει τῳ κακόν : Ὁ Διόνυσος τοῦτο λέγει, ὅπερ καὶ ὁ Ξανθίας περὶ αὐτοῦ ἀνωτέρω. ἀμέλει δώσει δίκην. (ἡσυχῆ δὲ ταῦτα λέγει.)

607. μὴ πρόσιτον : (Οὐκ εὖ οὐδὲ κυρίως τὸ πρόσιτον προκαλεῖται. δύναται δὲ ἄλλοις μὲν λέγειν τὸ πρόσιτον ἑπομένοις αὐτῷ, ἄλλους δὲ ἔτι καλεῖν.) ὧν καὶ τὰ ὀνόματα εἴρηκεν ὡς δούλων, ἢ τοξοτῶν βαρϐάρων. τινὲς δέ φασιν, ἐκ τοῦ, εἶεν καὶ μάχει, τὸν παρὰ τοῦ Πλούτωνος ἐξελθόντα λέγειν ἕως τοῦ, κλέπτοντα τἀλλότρια. τὸ δὲ μάλλ' ὑπερφυᾶ, τὸν Διόνυσον λέγειν. εἶτα πάλιν τὸν παρὰ τοῦ Πλούτωνος, σχέτλια μὲν οὖν καὶ δεινά. ἔνιοι δέ φασι πάντα αὐτὸν λέγειν τὸν Πλούτωνα, ἀγανακτοῦντα ἐπὶ τῷ τύπτεσθαι τοὺς ἀκολούθους ὑπὸ Ξανθίου, ἀπὸ τοῦ εἶεν καὶ μάχει, ἕως τοῦ, σχέτλια μὲν οὖν καὶ δεινά. — εἶεν ταῦτα ἃ λέγεις καὶ μάχῃ ἡμῖν. *Br*.

610. εἶτ' οὐχὶ δεινὰ : [Εἶτ' οὐχὶ δεινὰ, κλέπτοντα τοῦτον τἀλλότρια πρὸς τούτῳ τύπτειν;] — δεινὰ ἀντὶ τοῦ μεγάλα. R. V. οὐ δεινὸν, φησὶν, ὅτι καὶ τύπτει κλέψας; R.

611. (μάλ' ὑπερφυᾶ : Τιμαχίδας βραχέως ἀξιοῖ προφέρεσθαι, οὐ πιθανῶς, συναλοιφῆς οὔσης ἐκ τοῦ μή καὶ ἀλλά. ὅτι γὰρ τῷ μή πολλαχῇ ἀντὶ τοῦ οὐ χρῶνται, πολλάκις εἴρηται.)

614. ἀντὶ τοῦ τυχόν. R. V.

615 σοι : Χάριν σου. *C.* γενναῖον : Ἀντὶ τοῦ εὐγενές. R. V.

616. βασάνιζε γὰρ τὸν παῖδα : Λέγεται βασανίζειν καὶ τὸ χωρὶς πληγῶν ἀνακρίνειν, ἀπὸ τῆς βασάνου λίθου. — τὸν Διόνυσον. V.

618. ἐν κλίμακι δήσας : Τὸ ἐν πρὸς τὸ δήσας, ἀντὶ τοῦ ἐνδήσας κλίμακι. ἀντὶ τοῦ, εἰς κλίμακα δήσας, ὡς Ὅμηρος [Il. A, 593] « κάππεσον ἐν Λήμνῳ. » ἀντὶ τοῦ εἰς τὴν Λῆμνον.

619. ὑστριχίδι : Ἐκ δέρματος μετ' αὐτῶν τῶν τριχῶν μάστιξ. R. V. ἐξ ὑείων τριχῶν μάστιγι. *Br.*

621. ὀπτὰς πλίνθους. V. πλὴν πράσῳ μὴ τύπτε τοῦτον : Ἐπεὶ οἱ ἐλεύθεροι πρὸ τούτου πράσοις ἐδέροντο καὶ σκορόδοις. (τὸ δὲ χ πρὸς τὸ ἔθος τοῦ τύπτειν. οἱ δὲ ὅτι διώρισται τὸ πράσον ἀπὸ τοῦ γητείου. τινὲς γὰρ οἴονται εἶναι τὸ τοῦ πράσου φύλλον. δύναται μὲν οὖν ἐν ἤθει τὰ ὄντως χαλεπὰ προσθεὶς, ἐπιφέρειν· πλὴν μὴ τούτοις αὐτὸν τύπτε, ἅπερ ἐστὶν ἐλαφρότατα. δύναται δὲ καὶ ἄντικρυς· βασάνιζε πανταχῶς αὐτὸν, μὴ ἐν παιδιᾷ, μηδὲ ὡς τοὺς ἐλευθέρους παῖδας τῷ ἐκκαυλήματι τοῦ πράσου τύπτουσιν ἢ τοῦ γητείου.)

623. κἄν τι πηρώσω : Ἐὰν βλάψω μέρος τοῦ σώματος τοῦ παιδίου τύπτων, τὴν τιμὴν λήψῃ.

625. μὴ δῆτ' ἔμοιγε : Οἷον ἄνευ τιμῆς, οὐδὲν θέλω ὑπὲρ αὐτοῦ. [τινὲς δὲ, μὴ δῆτ' ἐμέ γε, τοῦτον δὲ βασάνιζ' ἀπαγαγών. αὐτὸν μὲν οὖν. εἶναι δὲ καὶ ὅλον τοῦ Ξανθίου.] — μὴ δῆτ' ἔμοιγε πηρώσῃς αὐτὸν, ἀλλ' ἀπαγαγὼν αὐτὸν, οὕτως ὡς ἔφην βασάνιζε. *E.*

626. ἢ κατά ἀντὶ τῆς ὑπό. R.

627. κατάθου : Ἀπειλῶν τῷ Διονύσῳ λέγει τὸ κατάθου.

628. μηδὲν ψεῦδος : Ὁ γὰρ τόπος οὐ δέχεται ψεῦδος, ὅπου πᾶσα κρίσις. τὸ δὲ ἀγορεύω ἐν ὀργῇ λέλεκται.

632. ταῦτ' ἀκούεις : Ὁ παρὰ τοῦ Πλούτωνος τοῦτό φησι τῷ Ξανθίᾳ. ἀντὶ τοῦ, ὄντως εἶ δοῦλος.

636. οὐ καὶ σὺ τύπτει : Τὸ τύπτει δεύτερον πρόσωπον, Ἀττικῶς. — [ὁ Διόνυσος πρὸς τὸν Ξανθίαν] ὅτι Ἡρακλέα σαυτὸν λέγεις. R. V. τινές φασι τοῦ Ξανθίου ὅλον εἶναι. (τινὲς δὲ, τοῦ Διονύσου πρὸς τὸν Ξανθίαν.) [Θεὸς γὰρ ὁ Ἡρακλῆς, ὃν ὁ Ξανθίας ἐμιμεῖτο.]

638. ἢ προτιμήσαντά τι : Φροντίσαντα τῶν πληγῶν, Ἀττικῶς. ἢ ἐπιστραφέντα, τοῦ δακρῦσαι ἢ ἀποιμῶξαι ἕνεκα. — προτιμήσαντα : Φροντίσαντα, ἢ αἴσθησιν λαβόντα. *Br.*

[644]. παρακινήσαντα : Κινηθέντα, ἢ σαλευθέντα, (ἐκτραπέντα τοῦ καθεστηκότος. ἢ αἰσθανθέντα, παρόσον ὁ αἰσθανόμενος μάστιγος κινεῖται.) — ἀποκινήσαντ' : Ἐκτραπέντα τοῦ καθεστηκότος. *E.*

645. ἤδη 'πάταξά σ' : Πιθανὸν τὸν Ξανθίαν πρῶτον τύπτεσθαι. (οὕτω γὰρ καὶ τὸ « οὐ μὰ Δί' ἀλλ' ἐφρόντισα, ὁπόθ' Ἡράκλεια τἀν Διομείοις. » τινὲς [μὲν ὅτι Ξανθίας]. εἰς αὐτὸν [γὰρ] ἐλεύσεται, ἅτε δὴ Ἡρακλέα τέως ὄντα. τινὲς δὲ, ὅτι Διόνυσος. ἔχει δὲ καὶ τοῦτο λόγον, ὅτι θεράπων νῦν ἐστιν ὁ Διόνυσος καὶ πρῶτος τύπτεται.) προσποιεῖται γοῦν (ὁ ἕτερος) μὴ αἰσθάνεσθαι, λέγων, οὐδ' ἐμοὶ δοκεῖς.

646. πηνίκα : Ὡς μὴ αἰσθανόμενος καὶ αὐτὸς ὁ Διόνυσος λέγει· πότε με ἔτυψας.

647. κᾆτα πῶς οὐκ ἔπταρον : Οὐκ ᾐσθόμην. ὁ γὰρ πταρμὸς κεφαλῆς κίνησις καὶ αἴσθησις. ἢ ἐπεὶ οἱ θιγόντες τοῦ μυκτῆρος λεπτῷ κάρφει πτάρνυνται, ἢ ὀσφραίνονται προσενεγκόντες. οὕτω, φησὶν, ἥψατό μου ἡ πληγὴ, ὃν τρόπον ἅπτεται κάρφος μυκτῆρος.

649. οὔκουν ἀνύσεις : Οὐ σπεύσεις· αὐτὸς ὁ μαστιγούμενος ἐπικελεύων τῷ τύπτοντι.

651. τἀν Διομείοις : Δῆμος τῆς Αἰγηΐδος φυλῆς, ἀπὸ Διόμου (ἐρωμένου) τοῦ Ἡρακλέους. ἔστι δὲ Ἡράκλειον αὐτόθι. περὶ οὗ καὶ Ῥιανός φησι δηλῶν, ὅτι Δίομος Ἡρακλῆς ἐγένετο. — τοῦτο ὡς ἀλγήσας φησί. R.

652. ἐπὶ τὸν ἕτερον, ἵνα τύψῃ αὐτόν. R. ἄνθρωπος ἱερός : Ἀποδέχεται αὐτὸν ὁ τύπτων ὡς δερόμενον καὶ φροντίζοντα τῶν μυστηρίων. [τυπτόμενος γὰρ θείας τελετῆς μέμνηται.]

653. τὸ ἰοὺ ἰού ὡς αἰσθόμενος ὁ Διόνυσος λέγει. R. ἱππέας ὁρῶ : Ὡς θαυμάζων ἱππέων ἔφοδον. προφάσεις δὲ ἐξευρίσκουσι γελοίως.

654. κρομμύων ὀσφραίνομαι : Τοῦτο γὰρ συμβαίνει, τὸ δακρύειν ἀκουσίως, τοῖς ὀσφραινομένοις κρομμύων. — ταῦτα γὰρ παρεκτικὰ δακρύων. Θ.

655. (ἔπειτα προτιμᾷς οὐδέν : Καὶ νῦν οἷον οὐκ ἐπιστρέφῃ. δύναται δὲ τὸ αὐτὸ πρόσωπον λέγειν ὅλον.)

657. τὴν ἄκανθαν ἔξελε : Ὁ Ξανθίας ἀλγήσας λέγει. R. ἐπάρας (τὸν πόδα) τὴν πτέρναν δείκνυσι.

658. τί τὸ πρᾶγμα τουτί : Ὡς δυσκρίτως ἔχων τοῦτο λέγει ὁ Αἰακός.

659. (Ἄπολλον, ὅς που : ᾎδειν προσποιεῖται αἰσθόμενος ὁ Διόνυσος. οἱ γὰρ ἀλγοῦντες τοὺς θεοὺς ἀνακαλοῦνται.)

661. (ἴαμβον Ἱππώνακτος : Ὡς ἀλγήσας καὶ συγκεχυμένος οὐκ οἶδε τί λέγει· ἐπεὶ οὐχ Ἱππώνακτος, ἀλλ' Ἀνανίου. ἐπιφέρει δὲ ὁ Ἀνανίας αὐτῷ

ἢ Νάξον, ἢ Μίλητον, ἢ θείαν Κλάρον
ἴκου καθ' ἱέρ', ἢ Σκύθας ἀφίξεαι.)

662. τὰς λαγόνας σπόδει : Κάθαιρε. σποδεῖν γὰρ κυρίως τὸ τοὺς βωμοὺς καθαίρειν.

664. ὁ ἕτερος τῶν τυπτομένων λέγει. R.

665. (ὃς Αἰγαίου πρῶνας : Παρὰ τὰ Σοφοκλέους ἐκ Λαοκόωντος « Πόσειδον, ὃς Αἰγαίου μέδεις πρῶνας, ἢ « γλαυκᾶς μέδεις εὐανέμου λίμνας, ἐφ' ὑψηλαῖς σπιλάδεσσι στομάτων. »)

668. ἀμφότεροι γὰρ ὠδυνήθησαν. R. V.

670. ὁ ᾍδης. R. ὁ Πλούτων. Θ. τὸν θεὸν ἐξ ὁμῶν. R. V.

675. [Μοῦσα χορῶν ἱερῶν : Κἀνταῦθα παράβασίς ἐστιν, ἀλλ' οὐκ ἔχει πάντα μέρη τῆς παραβάσεως, ἀλλὰ μόνα τὰ τέσσαρα, τὴν ᾠδὴν, τὸ ἐπίρρημα, τὴν ἀντῳ-

δὴν, τὸ ἀντεπίρρημα. ἔστι γοῦν ἡ παροῦσα ᾠδὴ ἐκ κώλων πολυσχηματίστων ιβ′. ὧν τὸ πρῶτον τετράμετρον βραχυκατάληκτον ἀσυνάρτητον προσοδιακὸν ἀναπαιστικὸν καλούμενον, ἢ δακτυλικὸν τετράμετρον ἀκατάληκτον. τὸ δεύτερον ἀναπαιστικὸν δίμετρον καταληκτικόν. τὸ τρίτον ὅμοιον τρίμετρον ἀκατάληκτον, κατὰ τὴν τρίτην χώραν τῆς μὲν ᾠδῆς ἀμφιβράχεος, τῆς δ' ἀντῳδῆς κρητικοῦ κειμένου. τὸ τέταρτον χοριαμβικὸν, τοῦ δευτέρου ποδὸς ὄντος διτροχαίου, τρίμετρον βραχυκατάληκτον. τὸ ε′ ἀναπαιστικὸν δίμετρον ἀκατάληκτον. τὸ ϛ′ δίμετρον ἐξ Ἰωνικοῦ ἀπὸ μείζονος καὶ χοριάμβου ἀκατάληκτον. τὸ δὲ τῆς ἀντῳδῆς ἐκ διιάμβου καὶ διτροχαίου, τὸ ἕβδομον δακτυλικὸν πενθημιμερές. τὸ ὄγδοον χοριαμβικὸν ἡμιόλιον, συνίζησιν ἔχον εἰς τὸ Θρηϊκία, διὰ τὸ ἡμιόλιον εἶναι τὸ τῆς ἀντῳδῆς ἐκ διτροχαίου. τὸ ἔνατον ὅμοιον τῷ πέμπτῳ καὶ τὸ δέκατον. τὸ ἑνδέκατον μονόμετρον ὑπερκατάληκτον. τὸ δωδέκατον τροχαϊκὸν δίμετρον βραχυκατάληκτον ἰθυφαλλικόν. ἡ δὲ ἀντῳδὴ ἰσόμετρος. ἐπὶ τῷ τέλει τῆς μὲν ᾠδῆς παράγραφος καὶ διπλῆ ἔσω νενευκυῖα· τῆς δὲ ἀντῳδῆς δύο διπλαῖ ἔξω νενευκυῖαι, ἡ μὲν ἐν ἀρχῇ τοῦ κώλου, ἡ δὲ κατὰ τὸ τέλος.] — Μοῦσα : Τερψιχόρη. Θ.

679. Κλεοφῶντος : Κλεοφῶν στρατηγὸς τῶν Ἀθηναίων· καὶ εἰς τοῦτον τὸν δημαγωγὸν ὅλον δρᾶμα φέρεται Πλάτωνος καὶ ἐπιγράφεται ὁμωνύμως αὐτῷ Κλεοφῶν. τοῦτον δὲ κωμῳδεῖ ὡς ξένον καὶ ἀμαθῆ καὶ φλύαρον (καὶ δυσγενῆ. Θρᾶκα γὰρ αὐτὸν ἔλεγεν. ἀντεποιεῖτο δὲ τῶν πρωτείων τῆς πόλεως).

681. (Θρηκία χελιδὼν : Ἵνα διαβάλλῃ αὐτὸν ὡς βάρβαρον. κωμῳδεῖται δὲ ὡς υἱὸς Θράσσης. οὗτος δὲ ἦν ὁ καλούμενος Κλεοφῶν ὁ λυροποιός. καὶ Πλάτων ἐν Κλεοφῶντι δράματι βαρβαρίζουσαν πρὸς αὐτὸν πεποίηκε τὴν μητέρα. καὶ αὐτὴ δὲ Θρᾷσσα ἐλέγετο.) χελιδὼν δὲ, ἀπαιδευσία. ἀηδόνιον δὲ νόμον, παρόσον ἡ ἀηδὼν τὸν ἑαυτῆς υἱὸν Ἴτυν θρηνεῖ. καὶ τοῦτον ἐπίκλαυτον ᾄδειν λέγει συνειδότα ἑαυτῷ δεινότατα περὶ τὴν πόλιν πεπανουργηκότι.] — ἀντὶ τοῦ ἀπαιδευσία. σκώπτει δὲ αὐτὸν ὡς Θρᾷκα. R. V.

684. γοερὸν, θρηνητικόν. R.

685. χἂν ἴσαι γένωνται : Αἱ ψῆφοι δηλονότι [αἱ λευκαὶ καὶ αἱ μέλαιναι]. ὑπερβολικῶς δὲ εἶπεν, ὅταν γὰρ ἴσαι αἱ ψῆφοι γένωνται, ἀπολύεται ὁ κατηγορούμενος. πρὸς τὸ ἔθος δὲ, ὅτι ὁ φεύγων ἀπολύεται ἴσων τῶν ψήφων ἐνεχθεισῶν, ἀπὸ τοῦ κατὰ τὸν Ὀρέστην γενομένου. Εὐριπίδης ἐν Ἰφιγενείᾳ τῇ ἐν Ταύροις [1469]

ἐξέσωσά σε
καὶ πρίν γ' Ἀρείοις ἐν πάγοις ψήφους ἴσας
κρίνασ', Ὀρέστα.

686. παράβασις τοῦ χοροῦ πρὸς τοὺς θεατάς. ἐπίρρημα. V. τὸν ἱερὸν χορὸν δίκαιόν ἐστι : Τὸ τοιοῦτον παράβασις καλεῖται, ἅπερ ἔλεγον ἐπιστρέφοντες πρὸς τοὺς θεωμένους. ἔστι δὲ ὁ τρόπος ὅταν καταλιπὼν τὰ ἑξῆς τοῦ δράματος ὁ ποιητὴς συμβουλεύσῃ τοῖς θεωμένοις, ἢ ἄλλο τι ἐκτὸς λέγῃ τῆς ὑποθέσεως. [σύγκειται δὲ ἐκ στίχων τροχαϊκῶν τετραμέτρων καταληκτικῶν κ′. ὧν τελευταῖος

ὑστέρῳ χρόνῳ πότ' αὖθις εὖ φρονεῖν οὐ δόξομεν.

ἐπὶ τῷ τέλει διπλῆ ἔσω νενευκυῖα διὰ τὴν ἀνταπόδοσιν.]

688. ἐξισῶσαι τοὺς πολίτας : Τουτέστιν, ἐντίμους ποιῆσαι τοὺς ἀτιμωθέντας. τοιαύτη γὰρ κατάστασις ἐνειστήκει, καθ' ἣν ἐφυγαδεύθησάν τινες τῶν πολιτῶν καὶ ἄτιμοι ἐγένοντο. — δημοκρατίαν ποιῆσαι. R. Θ. M. (Ἄλλως.) ἴσως κἀνταῦθα περὶ τῶν δ′ λέγει στρατηγῶν, οἷον, καὶ εἴ τις ἥμαρτε σφαλεὶς, ἀπολογησάσθω κατακληθείς. δείματα δὲ τὰς ἀτιμίας λέγει, τοὺς φόβους ἀφελεῖν ἀπὸ τῶν εὐλαβουμένων. — τὰ δείματα : Τοὺς φόβους τοῦ ἐπικειμένου πολέμου. *Vict.* τὸ δὲ Φρυνίχου παλαίσμασιν, ἐπεὶ ὁ τραγικὸς Φρύνιχος ἐν Ἀνταίῳ δράματι περὶ παλαισμάτων πολλὰ διεξῆλθεν, ὡς πρόκειται. ἔθος δὲ ἔχουσιν οἱ κωμικοὶ παρακωμῳδεῖν τοὺς τραγικοὺς, ὅταν πολλάκις καὶ συνεχῶς χρῶνται τοῖς αὐτοῖς. [Ἄλλως. στρατηγοῦντος αὐτοῦ ἡττήθησαν Ἀθηναῖοι, καὶ πολλοὶ αὐτῷ προσεκρούσθησαν, ὡς προδόντι τὸν πόλεμον. τινὲς δὲ τοῦτον κωμικὸν ποιητὴν λέγουσιν, ὃς κινουμένους τοὺς χοροὺς εἰσῆγε καὶ παλαίοντας.] ἐγένετο δὲ στρατηγὸς, ἐφ' οὗ πολλοὶ ἥμαρτον τῶν στρατηγῶν καὶ ἄτιμοι ἐγένοντο.

690. τοῖς ἡμαρτηκόσιν. R. V. ἐγγενέσθαι : Εἰς φιλίαν ἐλθεῖν. *Vict.*

692. (εἶτ' ἄτιμον φημὶ χρῆναι, ἕως τοῦ, κἀντὶ δούλων δεσπότας : Ἐπειδὴ τοὺς συνναυμαχήσαντας δούλους ἐλευθέρους ἐποίησαν. καὶ Πλαταιᾶς δὲ εἶπεν, ὡς καὶ τῶν Πλαταιέων ἀφέντων ἐλευθέρους τοὺς συνναυμαχήσαντας περὶ Σαλαμῖνα.)

694. καὶ Πλαταιᾶς : (Ἀντὶ τοῦ Πλαταιέας.) τοὺς συνναυμαχήσαντας δούλους Ἑλλάνικός φησιν ἐλευθερωθῆναι, καὶ ἐγγραφέντας ὡς Πλαταιεῖς συμπολιτεύσασθαι αὐτοῖς, διεξιὼν τὰ ἐπὶ Ἀντιγένους τοῦ πρὸ Καλλίου. (Καλλίστρατός φησιν οὐ συναλοιφὴν εἶναι, ἀλλὰ διάλεκτον ἰδίαν, σημαίνουσαν τὸ δέον εἶναι.) [ἢ ὁμοίους ἡγεῖσθαι τοῖς ἐν Πλαταιᾶσι τὸ Ξέρξου νενικηκόσι πεζόν.]

695. οὐ μέμφομαι ὑμῖν. V. M.

697. λείπει τούτοις. R.

698. χοἱ πατέρες ἐναυμάχησαν : Ἴσως περὶ τῶν δ′ στρατηγῶν λέγει τῶν σωθέντων ἐκ τῶν δέκα τῶν περὶ Ἀργέννουσαν ναυμαχησάντων. κατεδικάσθησαν γὰρ αὐτοὶ μὴ ἀνελόμενοι τοὺς νεκρούς. καὶ οἱ μὲν ἓξ ὑπομείναντες θανάτῳ ἐκολάσθησαν, οἱ δὲ λοιποὶ δ′ ἔφυγον· οὓς Ἀριστοφάνης κατακαλεῖσθαί φησι δεῖν καὶ ἐπιδίκους εἶναι. (ἡ δὲ Ἀργίνουσα κώμη ἦν τῆς Αἰολίδος. συμβαλόντες γὰρ ἐνίκησαν Ἀθηναῖοι Λακεδαιμονίους καὶ νικήσαντες ἐπανῆλθον. ἐν δὲ τῇ ὁδῷ χειμῶνι περιπεσόντες πολλοὶ τεθνήκασιν αὐτῶν καὶ τούτους ἐάσαντες οἱ στρατηγοὶ ἐπανῆλθον οἱ ι′. καὶ οἱ μὲν ἓξ ἐκολάσθησαν,

οἱ δὲ δ' ἔφυγον. ἴσως δὲ καὶ ἐν τῷ, εἴτις ἥμαρτε Φρυνίχου παλαίσμασι, περὶ τῶν αὐτῶν δ' λέγει· οἷον, καὶ εἴτις ἥμαρτε σφαλεὶς, ἀπολογησάσθω καταχληθείς.)

703. εἰ δὲ ταῦτ' ὀγκωσόμεθ' : Ἐὰν δὲ ὡς μεγάλα ἁμαρτήματα ὑπερφονήσωμεν καὶ μὴ θελήσωμεν ἀνεῖναι τοῖς συνναυμαχήσασι. [ὑπερφρονήσωμεν, ἀλαζονευθῶμεν, μεγαλαυχήσωμεν.]

704. κυμάτων ἐν ἀγκάλαις : (Δίδυμός φησι παρὰ τῷ Αἰσχύλῳ. ἔστι δὲ ὄντως παρὰ Ἀρχιλόχῳ

ψυχὰς ἔχοντες κυμάτων ἐν ἀγκάλαις.

θέλει δὲ εἰπεῖν,) καὶ ταῦτα ὄντες ἐν πολλοῖς κινδύνοις. ἐνειστήκει γὰρ ὁ Πελοποννησιακὸς πόλεμος.

705. [ὑστέρῳ : Ὅτε βλαβησόμεθα τῷ πολέμῳ.]

706. (εἰ δ' ἐγὼ ὀρθῶς ἰδεῖν : Τοῦτο Ἴωνός ἐστιν ἐκ Φοίνικος ἢ Καινέως « εἰ δ' ἐγὼ ὀρθὸς ἰδεῖν βίον ἀνέρος, ὦ πολιῆται. » θέλει δὲ εἰπεῖν ὅτι εἰ δύναμαι κρίνειν.) [οἰμώξεται δὲ, τιμωρηθῆναι ὀφείλει. τὸ δὲ οὐ πολὺν, σύναπτε εἰς τὸ χρόνον.] — ἐπιστήμων καὶ δυνατός. R.

707. πολύν : Συναπτέον εἰς τὸ χρόνον. Θ. ὁ πίθηκος : Ὁ ἐοικὼς κατὰ τὴν ἡλικίαν πιθήκῳ. Θ. *Vict.*

709. ὁ μικρὸς : [Τῷ σώματι δηλονότι.] [φαίνεται δὲ ὁ Κλειγένης περὶ τὰ πολιτικά. καὶ τῶν πλουσίων μέν ἐστι, ξένος δὲ καὶ βάρβαρος οὗτος.]

710. ὁπόσοι κρατοῦσι : Δέον εἰπεῖν, ὁπόσης κρατοῦσι γῆς, οὐκ εἶπεν, ἀλλ' ἐπήνεγκεν, ὅσα παρέχεται βαλανεὺς τοῖς λουομένοις σμήγματα. — οἱ βαλανεῖς τοῖς λουομένοις ἐχορήγουν σμήγματα· τοῦτον δὲ ὡς βαλανέα ἐξάγει. V. Θ. M.

711. κυκησιτέφρου κτλ. : Ταῦτα τοιαῦτα καθάρματά ἐστιν, οἷς οἱ λουόμενοι χρῶνται τῶν βαλανέων πωλούντων. γίνεται δὲ κυκησίτεφρον ἀπὸ τοῦ κυκῶ, τὸ ταράσσω, καὶ τοῦ τέφρα. Vict.

712. καὶ Κιμωλίας γῆς : Μία τῶν Κυκλάδων αὕτη ἡ νῆσος (ἡ Κιμωλία), νιτροποιὸς γῆ, (ἐξ ἧς τὸ νίτρον ἢ τῶν Ἐρυθρῶν τῆς Ἰωνίας ἀκρωτήριον, φέρον ἄμμον στυπτικήν). τὸν οὖν Κλειγένην ἐν τοιούτῳ ἤθει λέγει· ὥσπερ εἰ ἔλεγε, πονηρότατός ἐστι πάσης γῆς, ὁπόσης οἱ βαλανεῖς κρατοῦσι, Κιμωλίας καὶ τέφρας καὶ τῆς λοιπῆς τῆς τοιαύτης. — ἔστι δὲ εἶδος λευκῆς γῆς. R.

714. εἰδὼς δὲ τάδε : Ἃ πείσεται, οὐκ ἄοπλος διάγει, ἀλλ' ἐν χειρὶ ξύλον ἀεὶ φέρει, μήποτε καὶ ἀποδυθῇ. πολλοὶ γὰρ αὐτῷ ἀπειλοῦσι. *Br.* ἀντὶ τοῦ βιώσεται ὅτι οἰμώξεται. R.

715. οὐκ εἰρηνικὸς : Ἀντὶ τοῦ οὐχ ἥσυχος, ἀλλ' οἷον ἔνοπλος. εἰδὼς δὲ, φησὶ, τάδε, προσεποιεῖτο πρόφασιν καὶ μανίαν, εἰδὼς ὅτι μισεῖται παρὰ τῶν πολιτῶν. διὸ καὶ βακτηρίαν ἔχων περιῄει, δι' ἧς ἠμύνετο τοὺς ἐπερχομένους αὐτῷ. — ἵνα μή ποτε κ. τ. λ. : Πολλοὶ γὰρ αὐτῷ ἀπειλοῦσι. *Vict.*

717. [πολλάκις ἡμῖν ἔδοξε : Τὸ ἀντεπίρρημα ὅμοιον κατὰ πάντα τῷ ἐπιρρήματι, ἐκ στίχων κ' τροχαϊκῶν τετραμέτρων καταληκτικῶν συγκείμενον, ὧν ὁ τελευταῖος

ἤν τι καὶ πάσχητε, πάσχειν τοῖς σοφοῖς δοκήσετε.

ἐπὶ τῷ τέλει διπλῆ ἔξω νενευκυῖα.]

τὸ αὐτὸ πέπονθεν ἡ πόλις εἰς τοὺς χρηστοὺς τῶν ἀνθρώπων καὶ εἰς τὸ ἀρχαῖον νόμισμα. ὥσπερ γὰρ τῷ παλαιῷ νομίσματι οὐ χρώμεθα καλῷ ὄντι, ἀλλὰ τῷ καινῷ κακῷ ὄντι, οὕτω καὶ τοῖς ἀρχαίοις ἀνθρώποις οὐ χρώμεθα καλοῖς οὖσι, τοῖς δὲ νῦν στρατηγοῖς κακοῖς οὖσι χρώμεθα. — πεπονθέναι : Ἀντὶ τοῦ πεποιηκέναι. διαβάλλει τοὺς Ἀθηναίους ὡς φιλοπονήρους. R.

720. (εἴς τε τἀρχαῖον νόμισμα : Τῷ προτέρῳ ἔτει ἐπὶ Ἀντιγένους Ἑλλάνικός φησι χρυσοῦν νόμισμα κοπῆναι. καὶ Φιλόχορος ὁμοίως τὸ ἐκ τῶν χρυσῶν Νικῶν.)

721. (οὐ κεκιβδηλευμένοις : Ἀντὶ τοῦ, οὐ κακούργοις, οὐδὲ κεκαπηλευμένοις, ἀλλὰ καθαροῖς. τοῖς παλαιοῖς δηλονότι ἀνδράσι.)

723. κεκωδωνισμένοις : Δεδοκιμασμένοις, (*ἐκλελεγμένοις ἀκριβῶς*). — χαραχθεῖσιν, ἐξητασμένοις καὶ δεδοκιμασμένοις. Θ.

725. τοῖς πονηροῖς χαλκίοις : (Τοῖς χαλκοῖς κτίσμασι,) τοῖς ἀδοκίμοις καὶ μεμιγμένοις χαλκῷ. ὡς ἐπὶ νομισμάτων. (χαλκία δὲ ὡς χρυσία ἔλεγον τῷ σχήματι, χαλκᾶ σκεύη. νῦν δὲ ὡς κακὸν νόμισμα τὸ χρυσοῦν οὕτως εἶπεν. δύναιτο δ' ἂν καὶ τὸ χαλκοῦν λέγειν. ἐπὶ γὰρ Καλλίου χαλκοῦν νόμισμα ἐκόπη.

726. (χθές τε καὶ πρώην : Ἀντὶ τοῦ καινοῖς. ὡς ἐπὶ νομίσματος δὲ τῷ κόμματι.)

730. προσελοῦμεν : Ἀντὶ τοῦ προπηλακίζομεν, ἐλαύνομεν, ἐκβάλλομεν. — προσελοῦμεν : Ὑβρίζομεν, ἀτιμάζομεν. *Br.* ἀτιμάζομεν. *Vict.* προσελεῖν τὸ ὑβρίζειν Ἀττικοὶ φασίν. E. προσελεῖν τὸ ὑβρίζειν. *Vict.*

καὶ πυρρίαις : Ἀντὶ τοῦ δούλοις. ὄνομα γὰρ δούλου ὁ Πυρρίας. [ἀπό τινος δούλου Πυρρίου, ὡς καὶ Ξανθίας ἀπὸ Ξανθίου τινός. ὧν ὁ μὲν πυρρὸς ἦν τὴν κόμην, ὁ δὲ ξανθός. φαρμακοῖσι δὲ,] τοῖς λεγομένοις καθάρμασιν. — καθάρμασιν. *Br.* φαρμακοῖσι, καθάρμασι. τοὺς γὰρ φαύλους καὶ παρὰ τῆς φύσεως ἐπιβουλευομένους εἰς ἀπαλλαγὴν αὐχμοῦ ἢ λιμοῦ ἤ τινος τῶν τοιούτων ἔθυον, οὓς ἐκάλουν καθάρματα. C.

736. χρῆσθαι δηλονότι. R. ἐξ ἀξίου γοῦν τοῦ ξύλου : Παρὰ τὴν παροιμίαν, ἀπὸ καλοῦ ξύλου κἂν ἀπάγξασθαι. θέλει οὖν λέγειν, βέλτιόν ἐστι χρῆσθαι τοῖς γενναίοις στρατηγοῖς καὶ δεδοκιμασμένοις ἢ τοῖς φαύλοις. κἂν γὰρ δέῃ παθεῖν, κρεῖττον ἀπ' ἀγαθοῦ ἢ φαύλου πάσχειν.

738. νὴ τὸν Δία τὸν Σωτῆρα : [Αἰακὸς ἢ] Πλούτωνος οἰκέτης πρὸς τὸν τοῦ Διονύσου Ξανθίαν. [κορωνὶς δὲ εἰσιόντων αὖθις τῶν ὑποκριτῶν. οἱ δὲ στίχοι ἰαμβικοὶ τρίμετροι ἀκατάληκτοι ος'. ὧν τελευταῖος

ἐσπουδάκωσι, κλαύμαθ' ἡμῖν γενήσεται.]

740. [βινεῖν : Συνουσιάζειν, γαμεῖν. ὅτι οἱ κομίζον-

τες τὴν ἡλικίαν τὸ συνουσιάζειν ἀρχὰς ἔχουσι τοῦ βίου. ἄλλοι δὲ παρὰ τὸ βύειν δεδώκασιν.]

741. ἐξελέγξαντ' ἄντικρυς: (Γράφεται ἐξελεγχθέντα.) λείπει δὲ τὸ θαυμάζω, ἢ τοιοῦτόν τι. — φανερῶς. R. V.

743. [οἴμωζε μέν τ' ἄν : Ἀντὶ τοῦ ἔφευγον καὶ εἴων αὐτὸν οἰμώζειν, εἰ ἔτυψέ με.]

τοῦτο μέντοι δουλικόν : Τὸ λοιδορεῖν τὸν δεσπότην ἀπόντα.

745. μάλ' ἐποπτεύειν δοκῶ : (Σύμμαχος οὕτως αὐτῇ τῇ λέξει φαίνεται συνεχῶς λέγειν· εὐφημοῦντες τὴν τῶν μυστηρίων ἐποπτείαν.) οἱ τὰ μυστήρια παραλαμβάνοντες, μύσται καλοῦνται. οἱ δὲ παραλαβόντες τὰ μυστήρια τῷ αὖθις ἐνιαυτῷ ἐφορῶσιν αὐτὰ καὶ ἐποπτεύουσι, καὶ ἐποπτεύοντες χαίρουσιν ἐπὶ τῷ πολλὰ πράττειν. (ὁ δὲ νοῦς·) ὅταν, φησὶ, λάθρα καταράσωμαι τῷ δεσπότῃ, λίαν οὕτως ἥδομαι, ὡς δοκεῖν μυστήρια ἐποπτεύειν καὶ ἑορτάζειν. τὸ δὲ μάλλ' εἶπεν ἀντὶ τοῦ οὐκ ἀλλά· ἐν οἵῳ τρόπῳ λέγομεν, οὐχ οἷον ἥδομαι, ἀλλ' ὑπερήδομαι. [ἔστι δὲ καὶ ἄλλη γραφὴ, μάλα γ' ἐποπτεύειν δοκῶ. ἔτι δὲ καὶ, μάλ' ἐποπτεύειν μοι δοκῶ. τονθορύζων δὲ, ψιθυρίζων, ἠρέμα γογγίζων, ἢ λάθρα φθεγγόμενος, ὑποτρέμων, τὰ χείλη κινῶν. τὸ δὲ, πολλὰ πράττων, ἢ ἀντὶ τοῦ, χαίρεις τονθορύζων, ἡνίκα πολλὰ μοχθῇς κελεύοντος τοῦ δεσπότου, νοητέον· ἢ οὕτω, τί δὲ χαίρεις πολλὰ πράττων, ἤγουν πάσχων, ἢ μοχθῶν· ἵν' ᾖ ὁ τοῦ Αἰακοῦ λόγος κατ' εἰρωνείαν. ἢ τοῦ οἰκέτου λέγοντος οὕτω· χαίρω ὡς μὰ τὸν Δία οὐδὲν ἄλλο οἶδα, εἰς ὃ χαίρω ἐγώ.]

749. πολλὰ πράττων : Πάσχων. *D.*

750. Ὁμόγνιε Ζεῦ : Τὴν ὁμοιότητα θαυμάζων, λέγει· οἷον, ὦ ὁμοιότητος. (τὸ δὲ παρακούων, οὐχ ὡς ἡμεῖς εἰώθαμεν λέγειν, καταφρονῶν τῶν λεγομένων παρὰ τῶν δεσποτῶν, ἀλλ' ἴσως τὸ λάθρα ἐπακροώμενος. ἔνθεν καὶ ὑπακουστὰς οἱ Ἀττικοί φασι.) [τὸ δὲ, πλεῖν ἢ μαίνομαι, ἀντὶ τοῦ, ἐξανίσταμαι ἑαυτοῦ ἐκ τῆς ἀξίας.]

752. τοῖς θύραζε : Τοῖς ἐκτός. *Br.*

753. κἀκμιαίνομαι : Οὕτως ἔλεγον τὸ ἀποσπερματίζειν, ὡς οἱ ὀνειρώττοντες. τοῦτο οὖν φησιν, ὅτι ἥδομαι ὡσανεὶ ἀποσπερματίζων. — ἀποσπερματίζω. ἁγνισμὸν λογίζομαι. *Br.*

756. ὁμομαστιγίας : [Ὥσπερ φαμὲν ἑταιρεῖος Ζεὺς καὶ ὁμόγνιος καὶ ἱκέσιος καὶ ξένιος, καὶ ὅσα τοιαῦτα, οὕτω καὶ δούλιος, ὁ τῶν δούλων ἔφορος. ἐπεὶ δὲ οἱ δοῦλοι μάστιξιν ὑπόκεινται καὶ πληγαῖς, διὰ τοῦτο ὁμομαστιγίας εἶπεν. ἢ βουλόμενος εἰπεῖν, ὃς ἡμᾶς νῦν εἰσήγαγε, παίζων παρ' ὑπόνοιαν εἶπεν ὁμομαστιγίας. Ἄλλως.] ἀντὶ τοῦ εἰπεῖν ὁμόγνιος, (ὡς ἔμπροσθεν, ἢ ὁμάδελφος,) εἶπεν ὁμομαστιγίας, οἷον ὁμόδουλος. στικτέον δὲ ἐπὶ τοῦ μαστιγίας. μέλλων γὰρ αὐτοῦ πυνθάνεσθαι περί τινος πράγματος δουλικοῦ, σιωπᾷ, ἀκούσας ἔνδον γενομένου θορύβου, περὶ οὗ καὶ ἑξῆς πυνθάνεται. οὐ γὰρ ὁρκίζει αὐτὸν κατὰ τοῦ Διὸς, ἵνα εἴπῃ αὐτῷ περὶ τῆς ἔνδον βοῆς. δύναται δὲ συνάπτεσθαι καὶ ἀπὸ τοῦ, καί μοι φράσον, μέχρι τοῦ, χὠ λοιδορησμός.

761. νόμος τις ἐνθάδ' ἐστὶ : Ἀπό τινος νόμος ἐστὶν ἐν τῷ ᾅδῃ, τὸν βελτίονα ἄνδρα τῶν ἑαυτοῦ συντέχνων ἐγγὺς τοῦ Πλούτωνος καθέζεσθαι.

762. τῶν μεγάλων. R.

764. (σίτησιν αὐτὸν : Ταῦτα μεταφέρει ἀπὸ τῶν ἐν τῇ Ἀττικῇ ἐθῶν εἰς τὰ καθ' ᾅδου.)

765. [τοῦ Πλούτωνος ἑξῆς : Ἀντὶ τοῦ, ἐγγὺς τοῦ θρόνου τοῦ Πλούτωνος.]

767. τῷ εὑρισκομένῳ σοφῷ. R.

772. [βαλαντιητόμοις : Τοῖς τὰ βαλάντια τέμνουσιν, ἃ ἐν ταῖς ζώναις ἀπῃωρημένα φέρουσιν ἄνθρωποι.]

774. ἀντὶ τοῦ πλῆθος τῶν τοιούτων ἐστὶν ἐν Ἅιδου. R.

775. τῶν ἀντιλογιῶν : Παρίστησιν αὐτοῦ τὸ περὶ τοὺς λόγους σαθρόν. καὶ ἐν ἄλλοις [fr. 542] « στρεψίμαλλος τὴν τέχνην Εὐριπίδης. »

λυγισμῶν : Καμπῶν. [γράφεται λογισμῶν, τουτέστι] παραλογισμῶν. τὸ δὲ κάμπτειν, ἅμα μὲν πρὸς τὰ μέλη, ἅμα δὲ πρὸς τὸ ἐξελίττειν καὶ ἀναδύεσθαι. Ὅμηρος [Il. Λ, 105] « δίδη μόσχοισι λύγοισι. » Δίδυμος δὲ, λυγισμῶν, [ἀπὸ τῶν συνδέσεων τοῦ λόγου].

776. [ὑπερεμάνησαν : Ἀντὶ τοῦ, λίαν ἐχάρησαν. τούτων γὰρ οἱ τοιοῦτοι ὀρέγονται, ἵν' ὁπότε φωραθῶσι κλέπτοντες, διὰ τούτων τοὺς κεκρατηκότας φεύγωσι. διαβάλλει δὲ Εὐριπίδην ἐνταῦθα ὡς λίαν πανοῦργον καὶ τὰ τοιαῦτα ἐν τοῖς δράμασιν ἐπιτηδεύοντα.]

778. οὐκ ἐβάλλετο : Λίθοις δηλονότι. εἶτα οὐκ ἐλιθοβολεῖτο, φησὶ, τοῦτο ποιήσας.

781. οὐράνιόν γ' ὅσον : Ἀντὶ τοῦ, πολὺ (καὶ μεγάλως ἐβόησαν).

783. ὀλίγον τὸ χρηστόν ἐστιν : Δείκνυσιν ὡς πρὸς τὸ θέατρον. μιγνύει δὲ τὰ ἐνθάδε τοῖς ἐκεῖ. νῦν γὰρ οὐ καθ' Ἅιδου ἔφη.

789. ὁ Σοφοκλῆς. R.

790. (κἀκεῖνος ὑπεχώρησεν αὐτῷ τοῦ θρόνου : Καλλίστρατος, οὐχ ὡς παραδεδωκότος Αἰσχύλου τὸν θρόνον τῷ Σοφοκλεῖ, ἀλλ' ὡς παραδεδεγμένου αὐτὸν καὶ ὑποκεχωρηκότος.)

791. (Κλειδημίδης : Καλλίστρατος, ὅτι ἴσως Σοφοκλέους υἱὸς οὗτος. Ἀπολλώνιος δὲ, ὅτι Σοφοκλέους ὑποκριτής. τοῦτο δὲ πόθεν, σκέψασθε. διαβάλλει δὲ καὶ Κλειδημίδην ὡς κακόξενον.)

792. ἔφεδρος : Κριτής. *Br.* ἔφεδρος, ὁ μαχομένων τινῶν παρακαθήμενος, καὶ μέλλων τῷ νενικηκότι μαχήσασθαι. Br.

793. (ἕξειν κατὰ χώραν : Ἀντὶ τοῦ, ἐάσειν οὕτως ὡς εὗρεν Αἰσχύλον καθέζεσθαι.)

795. ἀντὶ τοῦ ἄρτι. R.

ζυγοστατηθήσεται. V.Θ.

798. μειαγωγήσουσι τὴν τραγῳδίαν : Μεῖον λέγουσι τοὺς ὑπὲρ τῶν υἱῶν εἰς τὰ Ἀπατούρια [δῖς] ὑπὸ τῶν πατέρων εἰσφερομένους, διὰ τὸ ἐπιφωνεῖν τοὺς φράτορας ἐπὶ τοῦ σταθμοῦ τοῦ ἱερείου, μεῖον μεῖον. ὅτι δὲ ἵστατο, Ἀριστοφάνης ἐν Δράμασι δεδήλωκε. τοῦτο δὲ κέκληται κουρεῖον, ἀπὸ τῶν κούρων, ὑπὲρ ὧν ἐθύετο.

μεῖον δὲ, διὰ τὴν προειρημένην αἰτίαν. καὶ ἐπιζήμιόν τι τοῖς ἧττον εἰσάγουσιν ἀπεδέδοτο, καθάπερ αὐτός φησιν Ἀριστοφάνης

(ἀλλ' εὔχομαι 'γωγ' ἑλκύσαι σε τὸν σταθμὸν,
ἵνα μή με προσπράττωσι γραῦν οἱ φράτορες.)

μειαγωγὸς δὲ ἐλέγετο ὁ προάγων τὸ ἱερεῖον, (ὅτι μεῖον τὸ ἱερεῖον ἔλεγον, τὸ παριστάμενον ὑπὲρ τῶν εἰς τοὺς φράτορας εἰσφερομένων. μεῖον δὲ ἐκλήθη ἀπὸ τοῦ συμβαίνοντος. ἔδει γὰρ αὐτὸ ἔλαττον ἔχειν σταθμοῦ τινος ὡρισμένου διὰ τοὺς φιλοδοξοῦντας. οἱ δὲ φράτορες, ἵνα μείζονας νέμωνται μερίδας, ἐπεφώνουν, οὐκ ἐῶντες ἱστάναι, διὰ τοῦ μεῖόν ἐστιν.) [Ἄλλως. ἐάν τις εἰσάγῃ εἰς τοὺς ἰδίους φράτορας υἱὸν ἐν ἡλικίᾳ γενόμενον, παρίστη αὐτοῖς ἐπὶ ὡρισμένῳ σταθμῷ ἱερεῖον, πρὸς ὃν ἔδει προσάγειν, καὶ οὐκ ἐξῆν μεῖζον παρασχεῖν. ὅτε δὲ ἐντεθείη τὸ ἱερεῖον εἰς τὸν ζυγὸν, περιεστῶτες ἐβόων, μεῖον μεῖον· τοῦτο δηλονότι ἔλαττόν ἐστι. παρὰ τοῦτο οὖν λέγει καὶ μειαγωγεῖν τὴν τραγῳδίαν, τουτέστι πρὸς τὸν ζυγὸν προσάξουσι καὶ στήσουσιν.] (Ἄλλως. ἐπεὶ εἰώθασι προσφέρειν οἱ εἰς τοὺς φράτορας γραφόμενοι πρόβατον, καὶ οἱ ἱστάμενοι ἔλεγον, μεῖον μεῖον. καὶ τὸν εἰσάγοντα μειαγωγὸν ἐκάλουν.) — μειαγωγήσουσι : ὡς πρόβατον στήσουσι. R. V. ζυγοστατήσουσι. *Br.*

799. τοὺς κανόνας : Κυρίως τὸ ἐπάνω τῆς τρυτάνης ὃν καὶ εἰς ἰσότητα ταύτην ἄγον.

800. καὶ πλαίσια : Τὰ τῶν ξύλων τετράγωνα. — ὥσπερ πλινθία, ἐν οἷς πλινθεύουσι. τὸ δὲ ξύμπηκτα πρὸς οὐδὲν, ἀλλ' οἷον περιττὰ καὶ σοφά. τοῦτο δὲ πρὸς Εὐριπίδην. R. V. Θ. M. καὶ διαμέτρους τοὺς διαβήτας ὡς Ὅμηρος [Il. B, 765] « σταφύλην ἐπὶ νῶτον ἐΐσας. » V. [πλαίσιον γὰρ, πλινθίον τετράγωνον. Ἀφθόνιος [p. 103, 16 W.]· καὶ τὸ σχῆμα πλαίσιον τυγχάνει τοῦ μηχανήματος. διάμετρος δὲ, ἡ ἐν τῷ κύκλῳ κέντρον τέμνουσα μέσον γραμμή. διαβήτης, σταφύλη· ὅπερ ἐστὶν ὄνομα παρὰ τοῖς ἀρχιτέκτοσιν ἐπὶ τῆς καθιεμένης μολύβδου τιθέμενον. Ὅμηρος « σταφύλην ἐπὶ νῶτον ἔχουσα. » οὐδὲν δὲ ἀλλ' οἷον περιττὰ καὶ σοφά. ἢ διὰ τούτων δείκνυσιν ὅτι παντοδαπῶς ἐξετασθήσεται.] — ξύμπηκτα : Ἡνωμένα. *Br.*

801. ἀπὸ (ἀντὶ V.) τοῦ καθιεμένου μολίβδου. R. V.

804. ταυρηδὸν : Τοιοῦτος γὰρ τῷ σχήματι ὀργιζόμενος ὁ Αἰσχύλος.

807. οὔτε γὰρ Ἀθηναίοισιν : Ἀντὶ τοῦ οὐκ ἤρεσκεν. R. [ὡς φαύλων περὶ τὰς ἀποκρίσεις ὄντων οὐκ ἐστοίχησεν.] — ξυνέβαινεν : Ἔχαιρεν, ἀπεδέχετο αὐτούς. *Brunck.*

808. [τοὺς τοιχωρύχους : Τοὺς προσέχοντας Εὐριπίδῃ πονηρούς.]

809. λῆρόν τε τἄλλ' ἡγεῖτο : [Ἀντὶ τοῦ, τοὺς ἄλλους.] Ἀθηναίους μὲν συνετοὺς ἡγεῖτο, πονηροὺς δὲ τοὺς πλείστους. διὸ μὴ ἐπιτρέψαι αὐτοῖς τὴν κρίσιν. τοὺς δὲ ἄλλους ἀνθρώπους λῆρον ἡγεῖτο πρὸς τὴν τοιαύτην ἐξέτασιν.

811. αὐτοῦ γὰρ ὁ ἀγών. R.

812. ὡς ὅταν γ' οἱ δεσπόται : Ὅταν γὰρ οἱ δεσπόται σπουδάζωσι θᾶττόν τι ἀπαρτισθῆναι, ἐπιπλήττουσι τοῖς δούλοις, ἵνα θᾶττον ἐνεργῶσιν.

814. [ἦπου δεινὸν ἐριβρεμέτας : Κορωνὶς καὶ εἴσθεσις μέλους χοροῦ μονοστροφική, τέσσαρας περιόδους ὁμοίους ἔχουσα. τὰ κῶλα δ' ἑκάστης περιόδου εἰσὶν ἑπτὰ ἰσόμετρα. ὧν τὰ μὲν πρῶτα καὶ τρίτα καὶ πέμπτα δακτυλικά. ἀλλὰ τὰ μὲν ἑφθημιμερῆ, τὰ δὲ πέμπτα πενθημιμερῆ. τὰ δεύτερα καὶ τέταρτα καὶ ἕκτα ἀναπαιστικὰ ἑφθημιμερῆ. τὰ δ' ἕβδομα τροχαϊκὰ ἑφθημιμερῆ Εὐριπίδεια. μετροῦνται μέντοι καὶ κατὰ δύο δακτυλικοὺς ἑξαμέτρους καὶ ἕνα πεντάμετρον καὶ ἕνα τροχαϊκὸν δίμετρον καταληκτικόν.]

ἦπου δεινὸν ἐριβρεμέτας : Ὁ Αἰσχύλος πρὸς τὸ βροντῶδες τῶν ῥημάτων καὶ κομπῶδες· οἷά ἐστι κἀκεῖνα ἐν ἀρχῇ τοῦ Προμηθέως

χθονὸς μὲν ἐς τηλουρὸν ἥκομεν πέδον,
Σκύθην ἐς οἶμον, ἄβροτον εἰς ἐρημίαν.
Ἥφαιστε, σοὶ δὲ χρὴ μέλειν ἐπιστολὰς,
ἅς σοι πατὴρ ἐφεῖτο, τόνδε πρὸς πέτραις
ὑψηλοκρήμνοις τὸν λεωργὸν ὀχμάσαι,
ἀδαμαντίνων δεσμῶν ἐν ἀρρήκτοις πέδαις.

καὶ πάλιν

ἀδαμαντίνου νῦν σφηνὸς αὐθάδη γνάθον
στέρνων διαμπὰξ πασσάλευ' ἐρρωμένως.

ἐριβρεμέτας : Ὁ μεγαλόφωνος Αἰσχύλος. *Br.*

815. τὸν ὀξέως λαλοῦντα. R. V.

θήγοντος ὀδόντας : Ἀπὸ μεταφορᾶς εἶπε τῶν χοίρων, οἳ ὅταν εἰς μάχην παρασκευάζωνται, τοῦτο ποιοῦσι. στροβήσεται δὲ, ἀντὶ τοῦ ταραχθήσεται.

816. Εὐριπίδου. R.

817. ταραχθήσεται. R.

818. ὑψιλόφων τε λόγων : Τῶν τοῦ Αἰσχύλου· διὰ τὸ ὑψηλόν. [τουτέστι μετεώρων, μεγάλων.] χαρακτηρίζει δὲ ἀμφοτέρους, Εὐριπίδην καὶ Αἰσχύλον.

819. σκινδαλμῶν τε παραξόνια : Σκινδαλμὸς κυρίως τὸ περὶ τὸν φλοιὸν τοῦ καλάμου ξέσμα. παραξόνια δὲ, οἷον κινδυνώδη καὶ παράβολα, περὶ τὸν τροχὸν ἑλκόμενα. (καὶ ἄνω [99] ἔφη ἐπ' αὐτοῦ τοῦ Εὐριπίδου « τοιουτονί τι παρακεκινδυνευμένον. » Ἄλλως. παραξόνια, κινδυνώδη·) ἀπὸ τοῦ ἄξονος. ἀεὶ γὰρ τὸ μέρος τοῦτο κινδυνεύει. σμιλεύματα δὲ, τὰ ἐκβαλλόμενα ἀπὸ σμίλης. ἀντὶ τοῦ διαγλύμματα, ἐρεθίσματα. — σκινδαλμῶν : Λεπτολογιῶν. *Br.* φιλονεικήματα. R.

820. [φρενοτέκτονος : Τοῦ ἐκ τῆς αὐτοῦ φρενὸς τεκταινομένου καὶ συντεθέντος Αἰσχύλου. ταῦτα δὲ λέγει, ἐπειδὴ τοιούτοις ὀνόμασιν Αἰσχύλος ἐκέχρητο κτύπον ἀποτελοῦσι. τὸ δὲ ἑξῆς, φωτὸς ἀμυνομένου, τουτέστι τοῦ Εὐριπίδου ἀμυνομένου τὰ ἱπποβάμονα ῥήματα τοῦ φρενοτέκτονος ἀνδρός· τουτέστι τοῦ Αἰσχύλου.]

821. παρὰ τὴν βάσιν τῶν ἵππων. R.

822. φρίξας δ' αὐτοκόμου : Ὡσεὶ εἶπεν, ὀργισθεὶς ὥσπερ σῦς·

πᾶν δέ τ' ἐπισκύνιον κάτω ἕλκεται.

(εἰς ἓν δὲ συνήγαγεν ὁμοῦ ἀμφοτέρας τὰς Ὁμηρικὰς εἰκόνας, τήν τε ἐπὶ τοῦ λέοντος, [ἐν τῷ, λασιαύχενα χαίταν,] καὶ τὴν ἐπὶ τοῦ συός.)

823. [ἐπισκύνιον ξυνάγων : Ὅμηρος [Il. P, 136]

πᾶν δέ τ' ἐπισκύνιον κάτω ἕλκεται, ὄσσε καλύπτων·

τὸ περὶ τὰς ὀφρῦς δέρμα· κατὰ μετάθεσιν τοῦ λ εἰς ν. σκῦλος γὰρ λέγεται τὸ δέρμα· ἔνθεν καὶ σκυλοδέψης, ὡς βυρσοδέψης. τὸ ἐπάνω τῶν ὀφθαλμῶν μέρος ἤτοι δέρμα. τὸ συνοφρύωμα τοῦ μετώπου. ὅθεν καὶ σκύζεσθαι, τὸ ὀργίζεσθαι, διὰ τὸ ἐνδιάθετον γίνεσθαι τοῦτο τὸ μέρος τοῖς ὀργιζομένοις, καὶ ἐπισκύσαι, τὸ χαλεπῆναι· ἀπὸ τοῦ τὸ ἐπισκύνιον καθέλκειν τοὺς χαλεπαίνοντας. Junt. ἐπισκύνιον ξυνάγων : Συστέλλων. *C.* ἐπισκύνιον ξυνέχων : Συνάγων, ὥσπερ οἱ θυμούμενοι θῆρες. *D.*]

[824.] γομφοπαγῆ : Ἀκριβέστατα, πολυσύνθετα, (σκληρὰ, καὶ ἦχον ποιοῦντα, ὥσπερ αἱ κεχαρφωμέναι σανίδες).

πιναχηδὸν ἀποσπῶν : Ἀποσπῶν τὰ ῥήματα ὥσπερ πίνακας ἀπὸ πλοίων, οὐχ ὡς Εὐριπίδης, σκινδαλμούς. πιναχίδες δὲ αἱ μεγάλαι σανίδες τῶν πλοίων, [δίκην σανίδων τῶν ἐκ νεὼς ἀποσπωμένων ἐν τρικυμίᾳ].

825. γηγενεῖ φυσήματι : Ἀντὶ τοῦ μεγάλῳ, ὥστε σεισμοὺς ποιεῖν. ἀρχαία γὰρ ὑπόνοια τὸ ὑπὸ πνευμάτων (κατεχομένην) σείεσθαι τὴν γῆν.

826. λίσπη : Τῷ τόνῳ ὡς κίστη. Ἀπολλώνιος δὲ ὀξύνει ὡς ψιλή. λίσπη δὲ ἡ ἐκτετριμμένη καὶ λεία. οὕτω γὰρ λέγονται οἱ τοιοῦτοι ἀστράγαλοι· ἀφ' οὗ καὶ οἱ λίσποι τὰ ἰσχία. Καλλίστρατος δὲ θηρίδιον λεπτὸν σφόδρα· ἀφ' οὗ καὶ οἱ τὰ ἰσχία λεπτοὶ λίσποι λέγονται. Ἄλλως. λίαν ἐκτετριμμένη καὶ ὀλισθηρὰ γλῶσσα· διὰ τὸ ἐν τοῖς λόγοις εὐαπόφυκτον. [Ἄλλως. λίσπους καλοῦσι τοὺς ὑφ' ἡμῶν καλουμένους στρυφνοὺς ἀστραγάλους. οἱ τοιοῦτοι δὲ δυστροπικοί εἰσιν ἐν τῷ παίζειν. λέγει δὲ τὴν Εὐριπίδου. πρὸς δὲ τὸ ἱπποβάμονα, καὶ τὰ λοιπὰ, τὸ κινοῦσα χαλινοὺς εἶπε. φθονεροὺς δὲ, ὡς φθονουμένου τοῦ Εὐριπίδου ἐπὶ σοφίᾳ. δαιομένη δὲ, διαμερίζουσα, διαιροῦσα, κατατέμνουσα τὰ Αἰσχύλου ῥήματα. καταλεπτολογήσει δὲ, τὴν τοῦ Αἰσχύλου λεπτολογίαν λεπτῶς βασανίσει ὁ Εὐριπίδης.]

828. διαμερί[illegible]ουσα, διαιροῦσα. R.

τὴν τοῦ Αἰ[illegible]ου λεπτολογίαν καταλεπτολογήσει ὁ Εὐριπίδης. R.

829. (πλευμόνων πολὺν πόνον : Τὰ γὰρ τοιαῦτα ῥήματα μετὰ πολλοῦ ἐξέρχονται πόνου.)

830. οὐκ ἂν μεθείην : [Γράφεται καὶ μεθείμην. κορωνὶς δὲ εἰσιόντων τῶν ὑποκριτῶν. οἱ δὲ στίχοι ἰαμβικοὶ τρίμετροι ἀκατάληκτοι με΄. ὧν τελευταῖος

ὑμεῖς δὲ ταῖς Μούσαις τι μέλος ἐπᾴσατε.

ἐπὶ τῷ τέλει χορωνίς.] — πρὸς τὸν Αἰσχύλον Εὐριπίδης. R.

832. [αἰσθάνει γὰρ τοῦ λόγου : Ὃν λέγει, ὡς οὐ παραχωρήσει σοι τοῦ θρόνου, φάσκων εἶναί σου κρείττων.]

833. ἀποσεμνυνεῖται : Ἀντὶ τοῦ, ἀπονοεῖται σιωπῶν. ὑπερηφανεῖ πάλιν, ὅπερ ἐποίει ζῶν. Ἄλλως. σεμνότητος γὰρ ἕνεκα ἐπιπολὺ ἐσιώπα Αἰσχύλος, ἐν τοῖς θεάτροις εἰσιών. — σεμνῶς ἑαυτὸν σχηματίσει. *Br.*

834. ὡς τοῦ Αἰσχύλου τερατευομένου ἐν ταῖς ἀρχαῖς τῶν δραμάτων. R.

835. λείπει κατ' αὐτοῦ. R.

837. ἀγριοποιὸν : Ἀγρίους εἰσάγοντα καὶ ὠμοὺς τοὺς ἥρωας.

838. (ἀπύλωτον στόμα : Φρύνιχος, ἀθύρωτον. οἱ δὲ γράφουσιν ἀπύλωτον, ἀντὶ τοῦ ἀνεῳγμένον καὶ πύλην μὴ ἔχον, μὴ χαλιναγωγούμενον, μηδὲ κρατούμενον.)

839. ἀπεριλάλητον : Ἤτοι οὐκ εἰδότα λαλεῖν, ἢ οἷον οὐκ ἄν τις περιλαλήσαι. (κομποφακελορρήμονα δὲ,) βαρυρρήμονα, [σκληρὰ καὶ συνδεδεμένα ἔπη λέγοντα]. φάκελοι γὰρ τὰ βαρέα [καὶ συνδεδεμένα] φορτία τῶν ξύλων. — σκληρὰ καὶ συνδεδεμένα ἔπη λέγοντα. *Br.*

840. ἄληθες ὦ παῖ : (Ἐν ἐρωτήσει. ἀντὶ τοῦ, ὄντως δὴ σύ. (ὅτι δὲ λαχανοπώλιδος υἱὸς ἦν Κλειτοῦς ὁ Εὐριπίδης, (Ἀλέξανδρός φησιν. εἴρηται δὲ ὁ στίχος παρὰ τὰ Εὐριπίδου)

ἄληθες ὦ παῖ τῆς θαλασσίας θεοῦ.

βαρυτονητέον δὲ τὸ ἄληθες. [ἀρουραίας δὲ, διότι τὰ λάχανα ἐκ τῆς γῆς φύεται.]

842. [πτωχοποιὲ : Ὁ τὸν Τήλεφον τὸν βασιλέα Μυσῶν πτωχὸν ποιήσας. στωμυλιοσυλλεκτάδη δὲ, ὁ πολυλογίας συνάγων.] — ἀντὶ τοῦ στωμύλα ῥήματα συλλέγων. R. Θ. πολυλογίας συλλέγων. *Br.* [ῥακιοσυρραπτάδη δὲ, ὁ τὰ ῥάκη συρράπτων καὶ ἐνδύων τοὺς βασιλεῖς. ἢ ὁ τὰ τῶν ἄλλων ποιητῶν συλλέγων καὶ οἰκεῖα ἑαυτοῦ λογιζόμενος.] — τὰ ῥάκη συλλέγων. R.

844. [σπλάγχνα θερμήνῃς : Θυμὸς γάρ ἐστι ζέσις τοῦ περὶ τὴν καρδίαν αἵματος, δι' ὄρεξιν ἀντιλυπήσεως κινούμενος. ἡ ὀργὴ ἐναρχομένη. κότος δὲ, ὀργὴ θυμὸν ἐπιτηροῦσα. μῆνις δὲ ὀργὴ εἰς παλαίωσιν ἀποτιθεμένη. χόλος δὲ, ὀργὴ διοιδοῦσα. ὀργὴ δὲ, ἐπιθυμία τιμωρίας τοῦ ἠδικηκέναι δοκοῦντος (ἤγουν προσηκόντως. Vict.).] ἡ λύπη μεθ' ὑπολήψεως τοῦ ὀλιγωρεῖσθαι.

846. τὸν χωλοποιὸν : Διὰ τοὺς τρεῖς, Βελλεροφόντην, Φιλοκτήτην, Τήλεφον.

847. ἄρν' ἄρνα μέλαιναν : Ὡς τοιαύτης γινομένης θυσίας τῷ Τυφῶνι ἐπὶ τῷ λῆξαι τὰς καταιγίδας. — ἄρν' ἄρνα μέλαιναν : Τοιαῦτα γὰρ ἔθυον τῷ Τυφῶνι, ὁπότε στροβιλώδης ἐκινήθη ἄνεμος. τῶν γὰρ τοιούτων οὗτός ἐστιν ἔφορος. εἰκότως δὲ μέλαιναν, καὶ οὐ λευκὴν, ἐπειδὴ καὶ ὁ Τυφὼς μέλας. Br.

848. τυφὼς γὰρ ἐκβαίνει : (Οἷον ἀθρόως ἐκβαίνειν μέλλει.) τοὺς δὲ καταιγιδώδεις ἀνέμους τυφὼς καλοῦσι. τούτῳ ἐνόμιζον μέλανα ἄρνα σφάζειν, ὅπως λήξῃ τὸ πνεῦμα. εἰς τὸν Αἰσχύλον δὲ τοῦτο.

849. ὦ Κρητικὰς μὲν : (Ἐν γὰρ τοῖς Κρησὶν Ἴκαρον μονῳδοῦντα ἐποίησε. καὶ) οἱ μὲν εἰς τὴν τοῦ Ἰκάρου μονῳδίαν ἐν τοῖς Κρησί. θρασύτερον γὰρ δοκεῖ εἶναι τὸ πρόσωπον. Ἀπολλώνιος δὲ, ὅτι δύναται καὶ εἰς τὴν Ἀερόπην τὴν ἐν ταῖς Κρήσσαις εἰρῆσθαι· ἣν εἰσήγαγε πορνεύουσαν. οἶμαι δὲ διὰ τὰ ἐν τῷ Αἰόλῳ. Τιμαχίδας δὲ, διὰ τὴν (ἐν τοῖς Κρησὶ) μῖξιν Πασιφάης πρὸς τὸν ταῦρον. [Ἄλλως. ἐκ τῶν ἐν τῷ Αἰόλῳ Κανάχης καὶ Μακαρέως, ἢ, ὥς τινες, Δανάης καὶ Μεγαρέως ἀδελφῶν. ἐδόκει γὰρ τοῖς παλαιοῖς πάνυ ἐναγὲς εἶναι ταῖς ἀδελφαῖς μίγνυσθαι. ἢ ὅτι ἡ Φαίδρα, ἧς τὸ πάθος ἐδραματούργησε, Κρῆσσα ἦν. καὶ γάμους ἀνοσίους λέγει, διὰ τὸ αὐτὴν ἐρασθῆναι μὲν Ἱππολύτου, ὃν ὁ Θησεὺς ἐξ Ἱππολύτης ἔσχε, μιᾶς τῶν Ἀμαζόνων, μὴ δυνηθεῖσαν δὲ τελέσαι τὸν ἔρωτα διὰ τὴν Ἱππολύτου σωφροσύνην, ἀγχόνῃ χρήσασθαι.]

852. πόνηρον ἐνταῦθα ἢ τὸν κακὸν νοεῖ, εὕρηται γὰρ καὶ οὕτως, ἢ τὸν γεωργόν. Cant. I.

854. ἵνα μὴ κεφαλαίῳ : Ἀντὶ τοῦ ἀδρῷ. καὶ ἐν Νεφέλαις [981] κεφάλαιον ῥαφανῖδος,

οὐδ' ἐλέσθαι δειπνοῦντ' ἐξῆν κεφάλαιον τῆς ῥαφανῖδος.

κεφαλαίῳ : Καθολικῷ καὶ μεγάλῳ. *Br.* κεφάλαιόν ἐστι τὸ πρὸς τὰ φύλλα καυλῶδες. οὐκ ἔτεμον δὲ κατὰ μῆκος ὡς νῦν, ἀλλὰ κατὰ κύκλον τὰς ῥαφανῖδας. *Vict.*

855. ἐκχέῃ τὸν Τήλεφον : Ὡσανεὶ ἔφη τὸν ἐγκέφαλον. ἰδιώτατα δὲ τὸν Τήλεφον κωμῳδεῖ.

857. ἔλεγχ' αὐτὸν, ἐλέγχου παρ' αὐτοῦ. *C. D.*

859. ὥσπερ πρῖνος : Ὅτι ἡ πρῖνος καιομένη ψόφον ποιεῖ. — ἔστι δὲ ἡ πρῖνος ξύλον πικρότατον. R. V. Θ.

861. ὡς ἐπὶ ἀλεκτρυόνων. R. V.

862. τὰ κεφάλαια. R.

864. κἄτι μάλα τὸν Τήλεφον : Ὡσεὶ ἔφη, καὶ ὃν κωμῳδεῖς Τήλεφον, εἰς μέσον φέρε.

868. ὅτιὴ ποίησις οὐχὶ συντέθνηκεν : Ἐπεὶ τὰ Αἰσχύλου ἐψηφίσαντο διδάσκειν. κομπῶδες δὲ τοῦτο ἔφη. τῶν γὰρ δυνατῶν καὶ μετὰ θάνατον ᾄδονται τὰ ποιήματα. — ὅτιὴ : Διότι. ποίησις : Ἡ. *D.*

869. τούτῳ δὲ συντέθνηκε : Συναποθανοῦσα πάρεστιν ἐνθάδε ἐν τῷ ᾅδῃ, καὶ ἕξει αὐτὴν ξύμμαχον.

871. ὑμεῖς δὲ ταῖς Μούσαις : Πρὸς τὸν χορόν. ἴσον τῷ προᾴσατε, ὡς ὑπογραμμὸς, προγραμμός τις ὤν.

875. [Διὸς ἐννέα : Κορωνὶς καὶ εἴσθεσις ἐπῳδικὴ διὰ τὸ μετὰ τὴν κορωνίδα τίθεσθαι, ἐκ κώλων ἀναπαιστικῶν μὲν διμέτρων ἐφθημιμερῶν κατὰ τὰς περιττὰς χώρας, κατὰ δὲ τὰς ἀρτίας ἀντισπαστικῶν ἡμιολίων ἐξ ἐπιτρίτου τετάρτου, ἢ καὶ πεντασυλλάβου, πλὴν τοῦ τρισκαιδεκάτου ἰαμβικοῦ καθαροῦ ὄντος ἐφθημιμεροῦς· ἐφ ᾧ κορωνίς. ἑξῆς δὲ σύστημα κατὰ περικοπὴν ἀμοιβαῖον. οἱ δὲ στίχοι ἰαμβικοὶ τρίμετροι ἀκατάληκτοι δέκα· ὧν τελευταῖος

ὀρθῶς μ' ἐλέγχειν, ὧν ἂν ἅπτωμαι λόγων.

ἐπὶ τῷ τέλει παράγραφος.] — ἀντὶ τοῦ θυγατέρες. R. Ven.

876. περὶ Αἰσχύλου. R. V.

877. γνωμοτύπων : [Τῶν τὰς οἰκείας γνώμας διὰ τῶν λόγων τυπούντων. ἢ τῶν τύπους αὐτὰς τοῖς ὕστερον καταλιμπανόντων. ἢ] τῶν ταῖς γνώμαις ἀλλήλους τυπτόντων.

ὀξυμερίμνοις : Τοῖς μετὰ σκέψεως εὑρισκομένοις καὶ ἀσαφέσι.

881. ῥήματα καὶ παραπρίσματα : Τὰ μὲν ῥήματα πρὸς τὸν Αἰσχύλον, τὰ δὲ παραπρίσματα πρὸς τὸν Εὐριπίδην λεπτολόγον ὄντα.

886. Δήμητερ ἡ θρέψασα : Παρόσον Ἐλευσίνιος τῶν δήμων ἦν ὁ Αἰσχύλος. [ἢ ὅτι ἐν τοῖς Ἐλευσινίοις ἐτελεῖτο τὰ δράματα τοῦ Αἰσχύλου. ἔστι δὲ τοῦτο τὸ ἔπος Αἰσχύλου.]

887. λείπει ποίησον ἢ δός. R. M.

888. τὸν καρπόν. R. (καλῶς : Ὅτι καὶ νῦν τὸ καλῶς ἐπὶ παραιτήσει. ἀποστρεφόμενος δὲ καὶ παραιτούμενος ὁ Εὐριπίδης λέγει τὸ καλῶς.)

889. ἕτεροι γάρ εἰσιν οἷσιν εὔχομαι : Ἅτε δὴ Σωκρατικὸς ὢν καινὰ δαιμόνια ἔπλασεν.

890. ὡς ἐπὶ νομισμάτων. R.

891. (τοῖσιν ἰδιώταις θεοῖς : Τινὲς ἐν τῷ θεοῖς δύο τιθέασιν, ἵνα ἓν ᾖ τὸ, ἴδιοί τινές σοι κόμμα καινόν.)

892. αἰθὴρ ἐμὸν βόσκημα : (Καὶ Σωκράτης ἐν Νεφέλαις [627]

μὰ τὴν ἀναπνοὴν, μὰ τὸ χάος, μὰ τὸν ἀέρα.)

χαρακτηρίζει δὲ Εὐριπίδην, εὐεπίφορον ὄντα ἐπὶ τὸ ὀνομάζειν αἰθέρα. στρόφιγξ δὲ, ἀπὸ τοῦ στρέφειν αὐτὸν καὶ πανουργεύεσθαι. — ἀντὶ τοῦ στροφὴ, κίνησις. R. [μυκτῆρες δὲ ὀσφραντήριοι, ὡς συντελούντων τῶν μυκτήρων εἰς τὴν φωνήν.]

894. λείπει τὸ ποιήσατε R. δότε ἢ θελήσατε. Θ.

895. [καὶ μὴν ἡμεῖς : Κορωνὶς καὶ εἴσθεσις χοροῦ προῳδικὴ, ὅτι προτίθεται τῆς διπλῆς, ἐκ κώλων τροχαϊκῶν ιδ'· ὧν τὰ μὲν α', β', ε', ϛ', η', θ', ια', ιβ', ιδ' δίμετρα ἀκατάληκτα, τὰ δ' ἄλλα ἐφθημιμερῆ, πλὴν τοῦ παρατελεύτου μονομέτρου ἀκαταλήκτου ὄντος. ἐπὶ τῷ τέλει κορωνίς.]

896. [λόγων ἐμμέλειαν : Ὅτι καταχρηστικῶς νῦν τὴν εὐρυθμίαν. κυρίως γὰρ ἡ μετὰ μέλους τραγικὴ ὄρχησις. οἱ δὲ, ἡ πρὸς τὰς ῥήσεις ὑπόρχησις.] — ἔπιτε : ἐπέλθετε. *R. D.*

897. δαΐαν ὁδὸν : Ἀγωνιστικὴν, ἔμπειρον, (ἀπὸ τοῦ δαῆναι). — ἢ φιλόνεικον. R. ἤγουν μαθεῖν. *Vict.* ἐπὶ τούτοις δὲ δαΐαν ὁδὸν, ἔμπειρον. ἢ ἀντὶ τοῦ φιλόνεικον.

900. (προσδοκᾶν οὖν : Ἔθος τοῖς ποιηταῖς προλέγειν,

ἃ εἰς τὸ ἑξῆς λέγειν μέλλουσι. κἀνταῦθα οὖν οὗτος τοῦτο ποιεῖ.)

902. κατερρινημένον : Ἐξεσμένον. ῥίνη γὰρ ἐργαλεῖον τεκτονικὸν, (ᾧ ῥινοῦσιν. ἢ εὐτελὲς, ὅτι ἐξευτελίζομεν τῇ ῥινί). — τὸν Εὐριπίδην. R.V.

903. αὐτοπρέμνοις : Δυσκόλοις, προρρίζοις, ἢ μεγάλοις. — τὸν Αἰσχύλον. V.

904. ἀλινδήθρας : (Συναγωγὰς, στροφὰς, λεπτολογίας, πλοκὰς τοῦ Εὐριπίδου.) — ἀλινδῆθραι ἀπὸ τοῦ ἀλίζω, τὸ συναθροίζω. Vict. κυλίστρας. R.

906. [ἀλλ' ὡς τάχιστα : Εἴσθεσις διπλῆς ἀμοιβαίας ἐκ στίχων ἰαμβικῶν Ἱππωναχτείων τετραμέτρων καταληκτικῶν ξϛ'· ὧν τελευταῖος

πέπτωκεν ἔξω τῶν κακῶν, οὐ Χῖος, ἀλλὰ Κῷος.

ἐπὶ τῷ τέλει διπλῇ ἔξω νενευκυῖα.]

907. ἴδιον τὸν ἐμὸν χαρακτῆρα. R

908. ἐν τοῖς τελευταίοις. R.

910. παρὰ Φρυνίχῳ τραφέντας : (Ἀπατεὼν γὰρ, ὡς ἀφελέστερος ὁ Φρύνιχος. νῦν δὲ) Φρύνιχον λέγουσι τὸν τραγῳδοποιητήν. τοῦτον δὲ ἐπαινοῦσιν εἰς τὴν μελοποιίαν. νυνὶ δὲ ὡς ἀφελοῦς ὄντος αὐτοῦ μνημονεύει ὁ Ἀριστοφάνης. ἦν δὲ πρὸ Αἰσχύλου.

911. ἐγκαλύψας : Ὡς αὐτοῦ εἰσφέροντος ἐν δράματι τινὰ κεκαλυμμένον. ὁ Ἀχιλλεὺς δὲ καθήμενός ἐστι καὶ οὐκ ἀποκρινόμενος παρ' Αἰσχύλῳ ἐν δράματι ἐπιγραφομένῳ Φρυξὶν ἢ Ἕκτορος λύτροις. οὐδὲν δὲ ὁ Ἀχιλλεὺς φθέγγεται. (Ἄλλως. εἰκὸς τὸν ἐν τοῖς Φρυξὶν Ἀχιλλέα ἢ Ἕκτορος λύτροις· ἢ τὸν ἐν Μυρμιδόσιν, ὃς μέχρι τριῶν ἡμερῶν οὐδὲν φθέγγεται.)

913. (οὐδὲ τουτί : Εἰκὸς αὐτὸν ἀποκροτοῦντα τῷ δακτύλῳ δεικνύειν τὸ οὐδὲ τουτί.) [τὸ δὲ, οἱ δ' ἐσίγων, ὁ Ἀχιλλεὺς, φασὶ, καὶ ἡ Νιόβη.]

914. σωρούς. R̄.

916. καί με τοῦτ' ἔτερπε : Μᾶλλον τῇ σιωπῇ ἐτερπόμην ἢ τοῖς νῦν λαλοῦσιν. ὅτι οἱ πολλοὶ ἐν σκηνῇ ἐλάλουν.

917. πρὸς τὸν Διόνυσον. R.

918. ὁ δεῖνα : Ὅτι ἐπὶ δείξεως. δείκνυσι γὰρ τὸν Αἰσχύλον παρόντα.

920. διήει : Ἀνύοιτο (ἂν, εἰς τέλος ἂν ἦλθεν).

921. [ὦ παμπόνηρος : Ἢ ἐγὼ, ἢ αὐτὸς νόει. καὶ πρὸς μὲν τὸν Διόνυσον, ὢ παμπόνηρος ἐγὼ, ὁ εἰς πάντα πονηρευόμενος καὶ πάντα ἐξετάζων, οἷα ἐφενακιζόμην ὑπ' αὐτοῦ ἐπὶ τούτῳ· πρὸς δὲ τὸν Αἰσχύλον, στίξον εἰς τὸ παμπόνηρος, καὶ τὸ ὢ ἀντὶ τοῦ φεῦ· ὢ παμπόνηρος ὑπάρχει αὐτὸς, ταῦτα πονηρευόμενος εἰς ἀπάτην τῶν θεατῶν.] — ὑπὸ τοῦ Αἰσχύλου. R.

922. τί σκορδινᾷ : Οὕτως ἔλεγον τὸ παρὰ φύσιν τὰ μέλη ἐκτείνειν, σκορδινᾶσθαι. γίνεται δὲ περὶ τοὺς ἐγειρομένους ἐξ ὕπνου, ὅταν χασμώδεις ὄντες ἐκτείνωσι τὰ μέλη· ὅπερ συμβαίνει καὶ περὶ τοὺς ἄλλως πως βασανιζομένους καὶ διαστρεφομένους τὰ μέλη. — σκορδονιᾷ : Δριμύτατα βλέπεις. δριμέα γὰρ τὰ σκόροδα. Cant. 1.

924. βόεια : [Μεγάλα καὶ κτύπου πλέα, ὀφρῦς ἔχοντα,] ὑψηλὰ καὶ ὑπερήφανα.

925. μορμορωπὰ : Καταπληκτικὰ, φοβερά. ἐκ μεταφορᾶς τῆς μορμοῦς, τῆς τὰ βρέφη φοβούσης.

926. ἄγνωτα τοῖς θεωμένοις : (Ἀπὸ τοῦ ἄγνωτος. οὐ γὰρ παρασχηματίζεται ἀπὸ τοῦ ἀγνὼς εἰς οὐδέτερον γένος, ὥς φησιν Ἡρωδιανός.) — ἄγνωστα. R.

928. ἢ Σκαμάνδρους : Χαρακτηριστικὸν καὶ τοῦτο· ὅτι πολὺς Αἰσχύλος ἐν τῷ ποταμοὺς καὶ ὄρη λέγειν.

929. γρυπαιέτους : Ἐπίσημα ἀσπίδος ἀλλόκοτα. (εἰώθασι γὰρ ζωγραφεῖν εἰς τὰς ἀσπίδας ἀετούς.) ζητεῖται δὲ, ποῦ μᾶλλον τὸ ἢ συναπτέον· εἰς τὸ, ἢ 'π' ἀσπίδων ἐπόντας· ἢ τοῖς ἄνω· ἢ τῷ γρυπαιέτους χαλκηλάτους. — Ἄλλως· ἐπὶ ἀσπίδων ὄντας. R.

931. ἤδη ποτ' ἐν μακρῷ : Παρὰ τὸ ἐξ Ἱππολύτου [378]

ἤδη πότ' ἄλλως νυκτὸς ἐν μακρῷ χρόνῳ.

932. προείρηται ὅτι ἐκ τῶν Μυρμιδόνων ἐστὶν ἐπὶ νεὼς « ἐπὶ δ' αἰετὸς ξουθὸς ἱππαλεκτρυών. » τὸ δὲ ἵππος ἐπὶ τοῦ μεγάλου. R. ἱππαλεκτρυόνα : Γράφεται κολοκτρυόνα, ὡς γένος τι Περσικὸν ἀττελάβοις ὅμοιον. [Ἄλλως. ἱππαλεκτρυὼν εἰ καὶ τοῖς φιλοσόφοις ἀπηγόρευται μὴ εἶναι, ἀλλ' ἐστὶ τῇ ἀληθείᾳ ζῷον θαλάσσιον, ὃν καί τις τῶν καθ' ἡμᾶς εὑρὼν κατὰ τύχην ἐξιόντα ἀπεκτονὼς καὶ πᾶσι νεκρὸν δείξας, ἐνέγραφεν ἐν τῇ σημαίᾳ αὐτοῦ καὶ τῇ ἀσπίδι, ὡς ἂν καὶ τοῖς μὴ εἰδόσιν ὁ ἆθλος κηρύττοιτο. τινὲς δὲ τὸ ἵππος ἐπὶ τοῦ μεγάλου.]

934. Ἔρυξιν : Οὗτος γὰρ ὡς ἄμορφος καὶ ἀηδὴς διαβάλλεται. — ἵνα διαβάλλῃ αὐτὸν ὡς ἄμορφον. R. V. Θ. M. οὗτος γὰρ ὡς κτηνοβάτης ἐκωμῳδεῖτο, ἢ ὡς ἀηδής. Θ.

937. ὥσπερ σύ. R.

938. παραπετάσμασι : [Ταῖς σκηναῖς,] τοῖς Περσικοῖς βήλοις, [ἢ βηλοθύροις.]

939. ἐγὼ δηλονότι. R.

940. κομπώδη οὖσαν. R.V.

941. ἔξυσα. R.

942. [ἐπυλλίοισιν : Ἀντὶ τοῦ λογίοις μικροῖς· ὡς δὲ βρέφος βρεφύλλιον, καὶ εἶδος εἰδύλλιον· οὕτω καὶ ἔπος ἐπύλλιον.]

περιπάτοις : Εἰώθασι γὰρ οἱ κακούμενοι περιπατεῖν. ἢ ἀντὶ τοῦ διατριβαῖς. ὡς ἐπὶ ἀσθενοῦντος δὲ διαλέγεται. [ἐκ μεταφορᾶς τῶν λεπτυνομένων σωμάτων διὰ τῆς καθάρσεως.]

[τευτλίοισι : Εἰώθασιν οἱ τῶν ἰατρῶν παῖδες τὰς τῶν σωμάτων καθάρσεις διὰ περιπάτων καὶ τεύτλων λευκῶν καὶ ἑτέρων ποτῶν ποιεῖσθαι. τὸ δὲ ἐπυλλίοις ἀντὶ τοῦ λογίοις μικροῖς. Cant. 1. 2. μικροῖς : Γράφεται λευκοῖς.]

943. χυλὸν διδοὺς : Οὐκ ἀπὸ πτισάνης, ἀλλ' ἀπὸ ἠθῶν ἀνδρῶν καὶ βιβλίων. [γράφεται δὲ καὶ ἀπηθῶν, ἀντὶ τοῦ ἐκλεγόμενος. μονῳδίαις δὲ, γυμνάσμασι μονῳδικοῖς.]

944. Κηφισοφῶντα : Ὅτι ἐδόκει δοῦλος ὢν ὁ Κηφισοφῶν συμπονεῖν αὐτῷ, καὶ μάλιστα τὰ μέλη, ὃν καὶ συνεῖναι τῇ γυναικὶ αὐτοῦ κωμῳδοῦσιν. (ἕτερος δέ ἐστι Κηφισοφῶν ὁ καὶ τὸ ψήφισμα εἰσενεγκὼν ὑπὲρ τοῦ εἰρχθῆναι τῆς ἐν πρυτανείῳ σιτήσεως.)

946. τὴν ὑπόθεσιν. R.

947. [ἢ τὸ σαυτοῦ : Ὅτι δυσγενὴς ὁ Εὐριπίδης. ἐπῶν δέ, τῶν ἰαμβείων. ἔπη γὰρ καὶ αὐτὰ καλοῦσιν.]

948. [ἀργόν : Ὥσπερ σὺ τὴν Νιόβην καὶ τὸν Ἀχιλλέα ἐποίησας μηδὲν λέγοντας.]

949. ἡ γυνή τέ μοι χὠ δοῦλος : Ἀντὶ τοῦ τὰ αὐτά. καὶ εἰς τοῦτο κωμῳδεῖται ὁ Εὐριπίδης, ὅτι διαφόροις τοῖς προσώποις ἀνοικείους λόγους περιτίθησιν.

950. ὅτι καὶ παρθένος ἐν τραγῳδίαις λέγει. R. V.

951. [ταῦτα : Τὸ τοὺς δούλους τοῖς δεσπόταις ἰσοτίμους ποιεῖν.]

952. δημοκρατικόν : Τὰ περὶ δημοκρατίας καὶ ἰσότητος, φησίν, ἔασον. ἐμὸν γάρ ἐστι μᾶλλον ἐμπεριπατῆσαι περὶ τούτου, οὐ σόν. παρόσον ἡσυχίας καὶ εἰρήνης ὁ θεὸς αἴτιος. (ἔασον οὖν ὦ τᾶν· ὀρθῶς γάρ σου κατηγορεῖ ἐπὶ τῇ πάντων ἀδολεσχίᾳ ὁ Αἰσχύλος, καὶ οὐκ ἂν ἔχοις ἐμπεριπατῆσαι οὐδὲ ἐπαινέσαι σεαυτὸν ἐπὶ τούτῳ.) [Ἄλλως. οὐ δεῖ σε, φησί, ζητεῖν ὅπως ἂν ἀποδείξῃς ὡς κάλλιστα τοῦτο ἐποίεις. οὐ γὰρ καλὸν ἐξ ἴσου τοὺς δούλους τοῖς δεσπόταις παρρησιάζεσθαι. περίπατος δὲ διατριβή.]

954. τοὺς ἐν δράματι. R.

956. γωνιασμούς : Πλαγιασμούς, ἀπάτας. καχυποτοπεῖσθαι δέ, ἀντὶ τοῦ κακὰ ὑπονοεῖν, ἐάν τις εἰς αὐτοὺς τεχνάσηται. — ἀποφυγὰς καὶ ἀπαγωγάς. R. M.

958. κάχ' ὑποτοπεῖσθαι : Τὸ τέλειον κακὰ ὑπονοεῖν. R. V. ὑπονοεῖν, ἐάν τις εἰς αὐτοὺς τεχνάσηται. *E*.

960. εἰ κακῶς ἔλεγον. R. V.

961. οὐκ ἐκομπολάκουν : Κενοὺς οὐκ ἐποίουν ψόφους. οὐκ ἔλεγον κομπώδη ὡς ὁ Αἰσχύλος. — ἐμεγαλορρημόνουν. Θ.

962. ἀπὸ τοῦ φρονεῖν ἀποσπάσας : Οὐ τὴν φρόνησιν αὐτῶν ἀφειλόμην, ἀπὸ τοῦ φρονεῖν καὶ συνεῖναι τὸ λεγόμενον ἀποσπάσας αὐτούς.

963. [Κύκνους : Ὅτι δύο Κύκνοι ἐγένοντο· ὁ μὲν Ἄρεος υἱός, ὁ ὑφ' Ἡρακλέους φονευθείς, ὡς ἐν τῇ Ἀσπίδι Ἡσίοδος, ὁ δὲ Ποσειδῶνος, ὁ ὑπ' Ἀχιλλέως· ὡς καὶ Πίνδαρος ἱστορεῖ.]

κωδωνοφαλαροπώλους : Ἀπολλώνιός φησιν ὅτι παρήνεγκε χρωμένους κώδωσί τινας. [κώδωνας ἐν τοῖς φαλάροις καὶ χαλινοῖς τῶν ἵππων ἔχοντας.]

965. Φορμίσιος : Δίδυμός φησιν ὅτι Φορμίσιος δραστικὸς ἦν καὶ τὴν κόμην τρέφων καὶ φοβερὸς δοκῶν εἶναι. διὸ καὶ Αἰσχύλου μαθητὴν αὐτόν φησιν εἶναι. βαθὺς δὲ ἦν καὶ καθίει τὸν πώγωνα. κωμῳδεῖται δὲ καὶ εἰς δωροδοκίαν.

Μεγαίνετός θ' ὁ Μάνης : Ὁ Μεγαίνετος, ὅτι οὐ πάντως βάρβαρος, ἀλλ' ἀναίσθητος καὶ οὐκ ἀστεῖος. αὐθάδης δὲ οὗτος καὶ τῶν στρατηγιώντων ἐστὶ καὶ ἄλλως θρασύς. τινὲς δὲ δούλων ὀνόματα. — Μεγαίνετός θ' ὁ Μάγνης : Ἀμφότεροι βάρβαροι. *A*.

966. σαλπιγγολογχυπηνάδαι : Σάλπιγγας καὶ λόγχας καὶ ὑπήνας ἔχοντες. τοῦτο δὲ εἰς τὸν Φορμίσιον ἀποτείνει — ὡς μέγαν ἔχοντα πώγωνα. εἶπε δὲ συνθέτως τὸ μὲν ἀπὸ τοῦ πολέμου, τὸ δὲ ἀπὸ τοῦ πώγωνος. R. V. Θ. M.

σαρκασμοπιτυοκάμπται : Ὡς σαρκάζοντας μὲν καὶ προσποιουμένους τὰ πολεμικά, οὐκ ἀληθῶς δὲ τοιούτους· ἰσχύος δὲ ἐπιμελουμένους. διὸ καὶ τὸν Μεγαίνετον Μάνην εἶπεν, οὐ πάντως βάρβαρον, ἀλλ' ἀναίσθητον. ἐπίτηδες δὲ ἐχρήσατο τοῖς συνθέτοις διὰ τὸ Αἰσχύλου ἦθος. — ἀντὶ τοῦ μεγάλαι. R. V. [Ἄλλως. σαρκασμοπιτυοκάμπτης συνετέθη παρὰ τὸ σαρκασμὸς καὶ τὸ πίτυς καὶ τὸ κάμπτω. ἔστι δὲ σαρκασμὸς εἰρωνεία δακνηρὰ καὶ βαρύτης, ὅθεν καὶ τὴν κλῆσιν ἔχει ὡς οἷα τι θηρίον σαρκὶ ἐμφυέν. ἄλλοι δὲ σαρκασμοὺς νοοῦσι τοὺς μαλακοὺς καὶ φθορεῖς ἀπὸ τοῦ τὰς σάρκας κάμπτειν, ἤτοι συνθλίβειν δίκην πίτυος. ἔστι δὲ καὶ πιτυοκάμπτης φάρμακον φθοροποιόν, ὡς ἐν τοῖς νόμοις εὕρηται. Victor. βυκινοκονταρογέναι. μαλακοὶ καὶ φθορεῖς. Θ.]

967. Θηραμένης : Ὡς ἀστεῖος (καὶ πιθανός), Κλειτοφῶν δὲ ὡς ἀργὸς ἐκωμῳδεῖτο. νῦν δὲ ὡς παλίμβολον καὶ πανοῦργον βούλεται τοῦτον ἀποδεῖξαι, καὶ παραπλήσιον Θηραμένει. — ὁ ἀστεῖος. R.

970. οὐ Χῖος, ἀλλὰ Κεῖος : (Ὅτι δοκεῖ προσγεγράφθαι τῇ πολιτείᾳ, Ἅγνωνος αὐτὸν ποιησαμένου, ὡς Εὔπολις Πόλεσιν. Ἀρίσταρχος δὲ ὡς γεγραμμένου Κῷος ἐξηγεῖται· ὅτι πρὸς τὸ Κῷος εἰσήγαγε τὸ Χῖος. τὸν γὰρ ἀντίστροφον τῷ Χίῳ λέγεσθαι.) τοῦτο οὖν φησιν, ὅτι οὐδέποτε κακοβολεῖ ὁ Θηραμένης ὡς ἐν ἀστραγάλοις, ἀλλ' ἐπιτυγχάνει. ἐπιπλήττει δὲ αὐτῷ ὁ Δημήτριος, ὡς τελέως ἀγνοοῦντι ὅτι Κεῖος ἦν. (παραλείπει δὲ ὅμως καὶ αὐτὸς ὅτι οὐδὲν ἧττον παρὰ τὴν ὑπόνοιαν εἴρηται ἀντὶ τοῦ Κῷος Κεῖος. Δίδυμος δέ φησιν ὅτι δύναται καὶ τῆς παροιμίας μεμνῆσθαι, οὐ Χῖος, ἀλλὰ Κεῖος, παρόσον ποικίλος τις ὢν καὶ ἀγχίστροφος, καθωμιλεῖ τοὺς καιρούς, πρὸς τὸ κρεῖττον μέρος ἀεὶ διδοὺς ἑαυτόν. Κῷος δὲ ἐλέγετο εἶναι.)

971. τοιαῦτα μέντοι 'γὼ φρονεῖν : Τὸ πλῆρες μέντοι ἐγώ. [εἴσθεσις τῆς διπλῆς εἰς δύο περιόδους διῃρημένη, ἐκ κώλων ἰαμβικῶν διμέτρων ἀκαταλήκτων κα΄. εἰσὶ δὲ τῆς μὲν πρώτης περιόδου κῶλα θ΄, τῆς δὲ δευτέρας κῶλα δυοκαίδεκα. ὧν τὰ η΄, ια΄, ιβ΄, καταληκτικά εἰσιν. ἐπὶ τῷ τέλει τῆς μὲν πρώτης περιόδου παράγραφος, τῆς δὲ δευτέρας δύο διπλαῖ, ἡ μὲν ἐν ἀρχῇ τοῦ κώλου, ἡ δὲ κατὰ τὸ τέλος, ἀμφότεραι ἔξω νενευκυῖαι.]

973. τῇ τραγῳδίᾳ. R. V.

974. διαγινώσκειν. R. V.

976. καὶ τὰς οἰκίας : Προσέχειν τῇ οἰκίᾳ καὶ οὐ πολέμοις.

980. ἐκ τῆς λεπτολογίας Εὐριπίδου μεμαθηκὼς καὶ πεπαιδευμένος. R. V.

983. ποῦ 'στιν ἡ χύτρα : Ταῦτα πάντα μικροπρεπείας παραδείγματα.

985. τὸ πινάκιον. οἱ δέ φασι τὸ σαλτζάριον. Θ.

986. τέθνηκέ μοι : Ἀντὶ τοῦ κέκλασται, (ἢ ἀπώλετο. πρὸς τὰς λέξεις Εὐριπίδου).

988. τῆς ἐλάας : Μέχρι καὶ τῶν εὐτελῶν ἐρωτῶσιν. (ἐλάα δὲ ὁ καρπὸς τῆς ἐλαίας. καταχρηστικῶς δὲ θάτερον ἀντὶ θατέρου λαμβάνεται.)

990. Μαμμάκυθοι : (Ἀρίσταρχός φησιν ὠνοματοπεποιῆσθαι. πῶς οὖν, Δημήτριός φησιν, εἰ μὴ σύνηθες αὐτοῖς τὸ ὄνομα, οὗ καὶ δρᾶμα ὅλον οὕτως ἐπιγέγραπται Μαμμάκουθοι; ὅ τινες Πλάτωνος λέγουσιν. Ἄλλως.) ἀντὶ τοῦ μαμμόθρεπτοι. Δίδυμος, ὅτι Μαμμάκυθος καὶ Μελητίδης ἐπὶ μωρίᾳ διεβέβληντο, καθάπερ καὶ ὁ Βουταλίων καὶ ὁ Κόροιβος. (Μελιτίδην δὲ, τὸν εὐήθη· παρὰ τὸ μέλι. ἢ καὶ γέγονέ τις οὕτω μωρός.)

992. τάδε μὲν λεύσεις φαίδιμ' : [Κορωνὶς καὶ εἴσθεσις χοροῦ, ἐπῳδικὴ μὲν διὰ τὸ μετὰ τὴν διπλῆν κεῖσθαι, προῳδικὴ δὲ διὰ τὸ προτίθεσθαι ἑτέρας διπλῆς, ἐκ κώλων ιγ'. ὧν τὸ α' ἀναπαιστικὸν δίμετρον ἀκατάληκτον. τὸ β' ἰαμβικὸν τρίμετρον ἀκατάληκτον. τὰ γ', ς', ιγ' τροχαϊκὰ ἐφθημιμερῆ. τὰ δὲ λοιπὰ ἀκατάληκτα καὶ δίμετρα, πλὴν τοῦ μονομέτρου παρατελεύτου. ἐν ἐκθέσει δὲ στίχοι δύο ἀναπαιστικοὶ τετράμετροι καταληκτικοὶ, ὅμοιοι τοῖς ἑξῆς διπλῆς ἀμοιβαίας εἰσθέσεως ἑβδομήκοντα κώλοις, ὧν τελευταῖον

καὶ μινθῶσαι τὸν ξύσσιτον κἀκβάς τινα λωποδυτῆσαι.

ἐπὶ τῷ τέλει τῆς μὲν προῳδικῆς κορωνίς· τῶν δὲ τετραμέτρων διπλῆ ἔξω νενευκυῖα.] πρὸς τὸν Αἰσχύλον ὁ χορὸς ἀπὸ τῶν αὐτοῦ. ἔστι δὲ ἀρχὴ αὕτη Μυρμιδόνων Αἰσχύλου. τοῦτο δὲ παρὰ τὴν ὑπόνοιαν.

995. ἐκτὸς οἴσει : (Ἀντὶ τοῦ, ἐκτὸς τῶν ὡρισμένων λόγων.) ἐμφαίνει δέ τι ὡρισμένον λέγειν, καὶ μάλιστα ὡς ἐπ' ἄκρου ἱπποδρόμου ἐλαῖαι ἦσαν, καθ' ἃς ἐξεφέροντο οἱ ὑποπίπτοντες κατὰ τὸν δρόμον. θέλει δὲ εἰπεῖν, ἐκτὸς τοῦ προκειμένου. ἢ ἐπεὶ εἶπεν ὁ Διόνυσος

τίς τῆς ἐλάας παρέτραγεν;

παρὰ τὸ παρέτραγε παίζων ὁ χορὸς τοῦτό φησι

μή σ' ὁ θυμὸς ἁρπάσας
ἐκτὸς οἴσῃ τῶν ἐλαῶν.

[Ἄλλως. ἐν τῷ τέλει τοῦ τόπου οὗ ἐτελεῖτο ὁ δρόμος, ἐλαῖαι στιχηδὸν ἵστανται, οὖσαι κατάντημα τοῦ δρόμου, καὶ οὐδεὶς ἐπέκεινα τούτων ἐχώρει. ὅστις οὖν πέρα τοῦ δέοντος ἔπραττέ τι, ἔλεγον ὡς ἐκτὸς τῶν ἐλαιῶν φέρεται. ἐπεκράτησε δὲ εἰς παροιμίαν.] — σημείωσαι δὲ ὅτι μὴ μόνον ἐλαία, ἀλλὰ καὶ ἐλάα παρὰ ποιηταῖς τε καὶ λογογράφοις εὕρηται. Cant. 1.

1000. [χρώμενος τοῖς ἱστίοις : Λείπει ὁ καί. ἔστι γὰρ, καὶ ἄκροισι χρώμενος.] [τοῦτο δὲ εἴρηκεν ἐκ μεταφορᾶς τῶν πλεόντων, οἳ, ὅταν πνεῦμα σφοδρὸν ἐμπνεύσῃ, συστέλλουσι τὰ ἱστία, ἵνα μὴ τῇ βιαίᾳ τούτου φορᾷ ἀνατραπείη τὸ σκάφος. χαλῶντες δὲ ἤδη κατὰ μικρὸν ἄγουσι τὴν ναῦν εἰς τὸ πρόσω τοῦ πλοῦ. ἄκροισι δὲ τοῖς ἐν ἄκρῳ δεχομένοις τὸ πνεῦμα καὶ μὴ κατὰ τὸ μέσον.]

1001. ἐπάξεις τὸν λόγον κατ' αὐτοῦ. R.V.

1004. [πυργώσας : Ἔτι ὁ χορὸς αὐξήσας καὶ μεγάλα οὖν εἰπών.]

1006. τραγικὸν λῆρον : (Παρ' ὑπόνοιαν,) ἀντὶ τοῦ τέχνην. τραγικὸν δὲ, ὅτι ἀλλήλους διαβάλλουσι κωμικοὶ καὶ τραγικοί.

1011. ἐκ χρηστῶν καὶ γενναίων : Ἀλλ' ἀπὸ καλῶν κακοὺς καὶ αἰσχροτέρους ἐποίησας. μοχθηροὺς δὲ, ἀντὶ τοῦ αἰσχροτέρους.

1012. (τεθνάναι· μὴ τοῦτον ἐρώτα : Οὐδὲ τοῦτο συκοφαντητέον, ὅτι νεκρὸν λέγει τεθνάναι. ἴσως γὰρ πρὸς τὸ γελοῖον ἐπιτετήδευται.) γελοίου χάριν εἶπεν. ἤδη γὰρ ἀπέθανε.

1014. διαδρασιπολίτας : Ἀντὶ τοῦ, δειλούς. μὴ ἀποδιδράσκοντας τὴν πολιτείαν.

1015. κοβάλους : [Ἐκ παραλλήλου κοβάλους καὶ] πανούργους.

1017. ἑπταβοείους : Ἀντὶ τοῦ μεγάλους· ἀπὸ μεταφορᾶς τῆς ἀσπίδος τοῦ Αἴαντος.

1018. [κρανοποιῶν : Κράνη καὶ λόφους διηγούμενος ἀφανιεῖ με τῷ πατάγῳ τῶν ὀνομάτων.]

1021. τοὺς ἑπτ' ἐπὶ Θήβας : Οἱ Πέρσαι πρότερον δεδιδαγμένοι εἰσίν· εἶτα οἱ ἑπτὰ ἐπὶ Θήβας. νῦν δὲ τὸ ὕστερον πρότερον εἶπε. (πλὴν οὐδὲ τῷ ποιητῇ ἐγκλητέον.) οὐδὲ γάρ ἐστιν ἀκριβῶσαι τὸ τοιοῦτον, οὐδὲ τοῖς ἀπελέγχουσιν αὐτόν.

1023. (Θηβαίους γὰρ πεποίηκας : Δῆλον ὡς οὐ φίλων ὄντων τοῖς Ἀθηναίοις τῶν Θηβαίων, ἀλλὰ διαφερομένων.) — ἀνδρειοτέρους : Τῶν Ἀργείων, ὧν πολὺ κατὰ πόλεμον κλέος. Θ. *Br.*

(1025). ἀλλ' ὑμῖν αὔτ' ἐξῆν : Ὑμῖν ἐξῆν τοῖς Ἀθηναίοις μιμήσασθαι [καὶ ἀσκεῖν τὰ πολεμικά]. — αὔτ' : Τὰ πολεμικά. *Br.*

οὐκ ἐπὶ τοῦτο : Ἀλλ' εἰς ἐγκλήσεις καὶ δικορραφίας· κατηγορεῖ δὲ Ἀθηναίων ἐντεῦθεν.

1026. (τοὺς Πέρσας : Αἰσχύλου δρᾶμα οὕτω καλούμενον. τὸ δὲ εἶτα, καὶ τὸ μετὰ τοῦτο, οὐ θέλουσιν ἀκούειν πρὸς τὰς διδασκαλίας, ἀλλ' ἐν ἴσῳ τῷ καὶ τοῦτο ἐδίδαξα καὶ τὸ ἕτερον.)

1028. ἐχάρην γοῦν ἡνίκ' ἤκουσα : Ἐν τοῖς φερομένοις Αἰσχύλου Πέρσαις οὔτε Δαρείου θάνατος ἀπαγγέλλεται οὔτε χορὸς τὰς χεῖρας συγκρούσας λέγει ἰαυοῖ, ἀλλὰ τὰ μὲν πράγματα ὑπόκειται ἐν Σούσοις καὶ περίφοβός ἐστιν ἡ μήτηρ Ξέρξου ἐξ ὀνείρου τινός· χορὸς δὲ Περσῶν γερόντων διαλεγόμενος πρὸς αὐτὴν, εἶτα ἄγγελος ἀπαγγέλλων τὴν περὶ Σαλαμῖνα ναυμαχίαν καὶ τὴν Ξέρξου φυγήν. (Χαῖρις δέ φησι τὸ Δαρείου ἀντὶ τοῦ Ξέρξου. σύνηθες γὰρ τοῖς ποιηταῖς ἐπὶ τῶν

υἱῶν τοῖς τῶν πατέρων ὀνόμασι χρῆσθαι. πρὸς ὃν ἔστιν εἰπεῖν ὅτι ἐν τῷ δράματι [207] λέγεται

Ξέρξης μὲν αὐτὸς ζῇ τε καὶ βλέπει φάος.

Ἡρόδικος δέ φησι διττὰς γεγονέναι τὰς καθέσεις, καὶ τὴν τραγῳδίαν ταύτην περιέχειν τὴν ἐν Πλαταιαῖς μάχην. δοκοῦσι δὲ οὗτοι οἱ Πέρσαι ὑπὸ τοῦ Αἰσχύλου δεδιδάχθαι ἐν Συρακούσαις, σπουδάσαντος Ἱέρωνος, ὥς φησιν Ἐρατοσθένης ἐν γ' περὶ κωμῳδιῶν. Ἄλλως. Δίδυμος, ὅτι οὐ περιέχουσι θάνατον Δαρείου οἱ Πέρσαι τὸ δρᾶμα. διὸ τινὲς διττὰς καθέσεις τουτέστι διδασκαλίας τῶν Περσῶν φασι, καὶ τὴν μίαν μὴ φέρεσθαι. τινὲς δὲ γράφουσι Δαρείου τοῦ Ξέρξου. οἱ δὲ ὅτι τοῖς κυρίοις ἀντὶ τῶν πατρωνυμικῶν κέχρηνται, καὶ ὅτι ὁ Ξέρξης, οἱ δὲ, ὅτι εἴδωλον Δαρείου φθέγγεται, ἐκείνου τεθνηκότος δηλονότι.)

1032. Ὀρφεὺς γὰρ τελετάς θ' ἡμῖν : Ὅτι πολλὴ δόξα κατεῖχε περὶ Ὀρφέως, ὡς τελετὰς συντετάχοι.

1033. Μουσαῖος δὲ : Τὸν Μουσαῖον παῖδα Σελήνης καὶ Εὐμόλπου Φιλόχορός φησιν. οὗτος δὲ παραλύσεις καὶ τελετὰς καὶ καθαρμοὺς συνέθηκεν. ὁ δὲ Σοφοκλῆς χρησμολόγον αὐτόν φησι.

Ἡσίοδος δὲ : Ὡς πρώτου ὄντος Ἡσιόδου μέμνηται.

1035. (χρήστ' ἐδίδαξε : Τινὲς συναλοιφὴν λέγουσιν. χρηστὰ δὲ ἀντὶ τοῦ χρήσιμα.)

1036. (καὶ μὴν οὐ Παντακλέα : Διαβάλλει τὸν Παντακλέα ὡς ἀμαθῆ ἐν τῷ ὁπλίζεσθαι. μέμνηται δὲ τούτου καὶ Εὔπολις ἐν Χρυσῷ γένει « Παντακλέης σκαιός. »)

1037. ἐπόμπευεν. R.

1038. τὸ κράνος πρῶτον περιδησάμενος : Δέον ἐπιδήσαντα τὸν λόφον τότε τὸ κράνος περιθέσθαι. καὶ Ὅμηρος [Il. Γ, 336] ἐμφαίνει τοῦτο

κρατὶ δ' ἐπ' ἰφθίμῳ κυνέην εὔτυκτον ἔθηκεν,
ἵππουριν, (δεινὸν δὲ λόφος καθύπερθεν ἔνευε).

1039. [Λάμαχος ἥρως : Ὁ Λάμαχος οὗτος ἄριστος ἦν τὰ πολεμικά. ἦν δὲ ἐπὶ τῶν χρόνων Αἰσχύλου καὶ Ἀριστοφάνους, στρατηγὸς Ἀθηναίων. μέμνηται δὲ τούτου καὶ ἐν Ἀχαρνεῦσιν. ὅθεν δὲ, ἤγουν ἐκ τοῦ Ὁμήρου.]

1040. ἀπομαξαμένη : Τὸ ἀπομαξαμένη ἀπὸ μεταφορᾶς εἴρηται τῶν σπόγγῳ ἤ τινι τοιούτῳ σώματός τινος ἰκμάδα ἀφαιρουμένων, καὶ τοῦτο νοτίδος πληρούντων, ὥσπερ ἦν ἐκεῖνο τὸ σῶμα πρότερον διάβροχον. *Vict.*

1042. ἀντεκτείνειν : Ἀνταποδιδόναι, ὁμοιοῦν, ἐξισοῦν.

1043. οὐ Φαίδρας : Διὰ τὸν Ἱππόλυτον, δρᾶμα Εὐριπίδου. Σθενέβοια δέ ἐστιν, ἣν Ὅμηρος Ἄντειαν λέγει, ἥτις ἠράσθη τοῦ Βελλεροφόντου. [οὗ μὴ ὑπακούοντος κατεψεύσατο πρὸς τὸν ἴδιον ἄνδρα Προῖτον ὡς βιαζομένη. καὶ ὃς ἔπεμψε τοῦτον εἰς τὸν πενθερὸν αὐτοῦ ἀναιρεθησόμενον. ἐλθόντος οὖν ἐκεῖσε Βελλεροφόντου καὶ καθαροῦ φανέντος, μὴ φέρουσα τὴν αἰσχύνην ἡ Σθενέβοια κωνείῳ ἐχρήσατο.]

1047. ὥστε καὐτόν σε : Ἵνα διαβάλῃ τὴν γυναῖκα τοῦ Εὐριπίδου. [τὸ δὲ ἃ γὰρ εἰς τὰς ἀλλοτρίας ἐποίεις, διπλῶς νοητέον· ἢ ὅτι τὰς τῶν ἄλλων μοιχεύων γυναῖκας καὶ αὐτὸς ὑφ' ἑτέρων τουτὶ πέπονθας· ἢ ἃ ἐποίεις περὶ τὰς ἑτέρας, λέγω δὴ Φαίδραν καὶ Σθενέβοιαν, μοιχευομένας αὐτὰς λέγων, τούτοις ἐπλήγης. ἀντὶ τοῦ, καὶ αὐτὸς τὴν γυναῖκα μεμοίχευσαι.] — μεμοίχευσαι γὰρ τὴν γυναῖκα. *Br.*

1051. κώνεια πίνειν : Ὅτι πληθυντικῶς (εἶπε) κώνεια, ἕνεκα τοῦ πολλὰς εἶναι. ἦν δὲ καὶ ἑνικῶς εἰπεῖν. τάχα μέντοι μᾶλλον πρὸς τὸ περὶ γυναικῶν ἱστορούμενον. πολλαὶ (γὰρ) τὴν Σθενέβοιαν μιμησάμεναι πιοῦσαι κώνειον ἐτελεύτησαν.

1054. τοῖς μὲν γὰρ παιδαρίοισιν : Ὁ διδάσκαλος τοῖς μικροῖς· ὁ δὲ ποιητὴς τοῖς ἡβῶσι.

1056. ἀντὶ τοῦ χρήσιμα. R.

1057. καὶ Παρνασσῶν : Οἷον ῥήματα ὄρεσι παραπλήσια. ὁ δὲ Λυκαβηττὸς ὄρος τῆς Ἀττικῆς, Παρνασσὸς δὲ Φωκίδος. [ἢ τὸ Λυκαβηττοὺς καὶ Παρνασσῶν μεγέθη Αἰσχύλος ἔν τινι τῶν αὐτοῦ πεποίηκε δραμάτων. ἔστι δὲ Λυκαβηττὸς ὄρος Ἀθηναίων.]

1058. συμμέτρως. R. μετρίως. V.

1059. (γνωμῶν καὶ διανοιῶν : Σημειωτέον ὅτι πρὸς γενικὴν ἔταξε τὸ ἴσα.)

1060. ἀξιοπιστοτέροις. R.

1062. ἃ 'μου χρηστῶς : [Τὸ λέγειν τοὺς ἥρωας μείζω ῥήματα, καὶ πρὸς τὰς μεγίστας διανοίας καὶ τοὺς λόγους τοιούτους προάγειν.] — ἅπερ ῥήματα. Venet.

1063. ῥάκι' ἀμπίσχων : Διὰ Οἰνέα καὶ Τήλεφον καὶ τοὺς ἄλλους.

1066. περιειλλόμενος : Ἀντὶ τοῦ περιειληθεὶς ἢ συστραφείς. εἴλλειν γὰρ τὸ συστρέφειν.

1067. οὔλων ἐρίων : Ὁ Διόνυσός φησιν, οἷον ἐνδεδυμένος ἔνδοθεν ἐρίων χιτῶνα. περιείληται γὰρ ῥάκη προσποιούμενος εἶναι πένης. — λείπει τὸ πένεσθαι. Rav.

1068. παρὰ τοὺς ἰχθῦς ἀνέκυψε : Ἀντὶ τοῦ παρὰ τὰ ἰχθυοπώλια. τὸ δὲ τοιοῦτον Ἀττικόν. Εὔπολις

περιῆλθον ἐς τὰ σκόροδα καὶ τὰ κρόμμυα.

φησὶν (οὖν) ὅτι ἀναφαίνεται περὶ τὰ ἰχθυοπώλια ἀγορασείων· ἀντὶ τοῦ τρυφῶν εὑρίσκεται.

1069. (στωμυλίαν : Σκώμματα, κολακείαν, πανουργίαν.)

1071. τῶν μειρακίων στωμυλλομένων : Ἄπειροι οὗτοι ἐκκλησίας. φησὶν οὖν ὑπὸ Εὐριπίδου διατραφέντας ἐπὶ τὸ λέγειν ὁρμῆσαι. παράλους δὲ τοὺς κωπηλάτας. Πάραλος γὰρ καὶ Σαλαμινία τριήρεις εἰρηναρχικαί. κοινῶς δὲ παράλους τοὺς ἐκ τῶν τριήρων ναύτας.

οὐ γὰρ ἴδιόν τι λέγοι ἂν περὶ τῆς παράλου τριήρους νεώς. ἄτιμοι δὲ οὗτοι ἦσαν.

1073. ῥυππαπαὶ : Ἐπίφθεγμα ναυτικὸν, παρασκευαστικὸν κωπηλασίας τὸ ῥυππαπαῖ. — ἐπιφώνημα ναυτικόν. *Br*.

1074. τῷ θαλάμακι : τῷ κωπηλατοῦντι ἐν τῷ κάτω μέρει τῆς τριήρους. οἱ δὲ θαλάμακες ὀλίγον ἐλάμβανον μισθὸν, διὰ τὸ κολοβαῖς χρῆσθαι κώπαις παρὰ τὰς ἄλλας τρεῖς τάξεις τῶν ἐρετῶν, ὅτι μᾶλλον εἰσιν ἐγγὺς τοῦ ὕδατος. (ἦσαν δὲ τρεῖς τάξεις τῶν ἐρετῶν· καὶ ἡ μὲν κάτω, θαλαμῖται, ἡ δὲ μέση ζυγῖται, ἡ δὲ ἄνω θρανῖται. θρανίτης οὖν, ὁ πρὸς τὴν πρύμναν· ζυγίτης ὁ μέσος· θαλάμιος ὁ πρὸς τὴν πρῷραν. καὶ θαλαμία ὀπὴ, δι' ἧς ἐξέρχεται ἡ κώπη. οἷον οὖν παρὰ τῷ συγκαθέδρῳ παρδεῖν.)

1075. (μινθῶσαι : Διοσφρᾶναι, δυσοσμίας ἀναπλῆσαι, μιᾶναι, ῥυπῶσαι. μίνθη δὲ τὸ παρ' ἡμῖν ἡδύοσμον. οἱ δὲ τὸν θύμον.) [ἢ κόπρον αἰγῶν.]

1076. [νῦν δ' ἀντιλέγει : Εἴσθεσις τῆς διπλῆς εἰς δύο περιόδους διῃρημένης ἐκ κώλων ὁμοίων ἀναπαιστικῶν κγ'. ὧν τὰ μὲν πρῶτα δύο κῶλα δίμετρα ὄντα ἀκατάληκτα τῇ διπλῇ συνάπτεται. τῆς δὲ πρώτης περιόδου εἰσὶ κῶλα ια' ἀκατάληκτα, πλὴν τοῦ τελευταίου ἑφθημιμεροῦς. ὁμοίως δὲ καὶ τὰ τῆς δευτέρας ἔχει. τὸ μέντοι παρατέλευτον ἀναπαιστικὴ ἐστι βάσις. ἐπὶ τῷ τέλει τῆς μὲν πρώτης περιόδου παράγραφος, τῆς δὲ δευτέρας δύο διπλαῖ, ἡ μὲν ἐν ἀρχῇ τοῦ κώλου, ἡ δὲ κατὰ τὸ τέλος.]

ἀντιλέγει ὁ πάραλος καὶ οὐ κωπηλατεῖ. R.

1080. [καὶ τικτούσας : Ἔγραψε γὰρ τὴν Αὔγην ὠδίνουσαν ἐν ἱερῷ.]

1081. [τοῖσιν ἀδελφοῖς : Ὡς αἱ τοῦ Αἰόλου θυγατέρες.]

1082. καὶ φασκούσας οὐ ζῆν : Ἔστι μὲν παρὰ τὰ ἐκ Φρίξου Εὐριπίδου

τίς δ' οἶδεν, εἰ τὸ ζῆν μέν ἐστι κατθανεῖν,
τὸ κατθανεῖν δὲ ζῆν;

ἀλλ' ὁ λέγων ἐστὶ Φρίξος, οὗτος δὲ ὡς παρὰ γυναικὸς εἰρημένον αὐτὸ λέγει. (ἰδεῖν οὖν χρὴ, μήποτε τὸν αὐτὸν γοῦν παρ' Εὐριπίδῃ γυνὴ λέγῃ, καὶ μήποτε τὸ ὑπὸ τῆς τροφοῦ ἐν Ἱππολύτῳ λεγόμενον

ἀλλ' ὅ τι τούτου φίλτρον ἄλλο,
σκότος ἀμπίσχον κρύπτει νεφέλαις

καὶ τὰ ἑξῆς.)

1084. ἀνεμεστώθη : Ἀνεπληρώθη τῶν γραμματεύειν βουλομένων καὶ μὴ στρατεύεσθαι. ἢ καὶ ἐπὶ κακοπραγμοσύνῃ τοὺς γραμματεῖς διαβάλλει. « ὄλεθρος γραμματεὺς συκοφαντῶν. » [Ἄλλως. ἐπειδὴ ἀφέντες τὰ γενναῖα πράγματα φορολόγοι γεγένηνται· οἱ δὲ μετιόντες τὸν λόγον κέρδους ἕνεκα τούτοις εἵποντο. δημοπιθήκους δὲ τοὺς πανούργους περὶ τὸν δῆμον, ὡς τὸ ζῷον ὁ πίθηκος. ἢ τοὺς τὸν δῆμον κολακεύοντας καὶ πείθοντας.]

1087. λαμπάδα δ' οὐδεὶς : (Ἔδει γὰρ λαμπαδουχεῖν ἐν Ἡφαιστείοις καὶ Παναθηναίοις.) ἐν Ἀθήναις ἐστὶ γυμνάσιον, ἐν ᾧ ἐλαμπαδηφόρουν οἱ γυμναζόμενοι. ὅτι τῆς λαμπάδος ἀγὼν Ἀθήνησιν ἤγετο, Προμήθεια, Ἡφαίστεια, Παναθήναια.

1089. [ἀπεφαυάνθην : Ἐξηράνθην.]

1092. ἐν ἑνὶ λευκοπίων ἀντὶ τοῦ λιπαρός. ἀντὶ τοῦ ὀπίσω ὤν. R.

1093. χᾦθ' οἱ Κεραμῆς : (Οἱ τὸν Κεραμεικὸν οἰκοῦντες.) δῆμος δὲ Ἀθηναίων. ἐκεῖ γὰρ ὁ ἀγὼν ἐγίνετο. (καὶ ἐν Πλούτῳ πρώτῳ « τῶν λαμπαδηφόρων τε πλεῖ« στον αἰτίαν τοῖς ὑστάτοις πλατειῶν. » τοῦτο δέ φησιν Εὐφρόνιος, ὅτι ἀπὸ τοῦ ἐν τῷ Κεραμεικῷ ἀγῶνος τῆς λαμπάδος, καὶ τοὺς ὑστάτους τρέχοντας ἀπὸ τῶν ἀγοραίων τύπτεσθαι πλατείαις ὑπὸ τῶν νεανίσκων χερσί· καὶ λέγονται αἱ τοιαῦται Κεραμεικαὶ πληγαί. ἐμφαίνεται δὲ ἀπὸ τούτων ὅτι παρὰ τοῖς Κεραμεικοῖς τοῦτο μάλιστα γίνεται.) πύλαις δὲ ταῖς εἰσόδοις (τοῦ ἀγῶνος). — ταῖς εἰσόδοις τοῦ δρόμου. Θ.

1096. ταῖς πλατείαις : (Ταῖς πλατείαις) Χερσὶ δηλονότι. ἢ μάστιξιν. ἢ οὕτω λεγομέναις Κεραμεικαῖς πληγαῖς πλατείαις.

1098. ἀνεχώρει καὶ ἔφευγεν. R.

1099. [μέγα τὸ πρᾶγμα : Ἡ παροῦσα στροφὴ καὶ ἀντιστροφὴ κώλων ἐστὶν ἑκατέρα δέκα ἐπιμεμιγμένων τριβράχεσιν· ὧν τὰ α', γ', ς', ι' τροχαϊκὰ τετράμετρα καταληκτικά· τὰ δὲ λοιπὰ δίμετρα ἀκατάληκτα. τὸ μέντοι ζ τῆς στροφῆς ἀναπαιστικὸν πενθημιμερὲς, καὶ τὸ ἑξῆς δίμετρον βραχυκατάληκτον. ἐπὶ τῷ τέλει τῆς μὲν στροφῆς παράγραφος· τῆς δὲ ἀντιστροφῆς κορωνίς.]

1100. διακρίνειν. R. V. Θ.

1011. φιλονεικήσῃ. R. V.

1102. ἀντιλέγειν. R.V. σαφῶς, ἀκριβῶς. R.

1103. μὴ 'ν ταὐτῷ κάθησθον : Ἀντὶ τοῦ μὴ ἐν τῷ αὐτῷ τόπῳ καὶ λόγῳ καὶ τρόπῳ τὰς ἀντιλογίας ποιεῖσθε.

1104. εἰσβολαὶ : Ἀφορμαὶ, ἀρχαὶ, φιλονεικίαι, εἴσοδοι.

1106. ἐπέρχεσθε, ἐπιπορεύεσθε. R.V. ἀναδέρετον : Ἀνακαλύπτετε. *C.D.* ἀνακαλύπτετε, καὶ εἰς τὸ μέσον προφέρετε. *E. Cant.* 1.

1108. κἀποκινδυνεύετον : Κινδυνεύοντες λέγετε, τουτέστι τολμῶντες.

1112. [οὐχ ἔθ' οὕτω : Ὡς τῶν Ἀθηναίων οὐχ ὁμοίως πρότερον γεγυμνασμένων ἐν τοῖς ποιητικοῖς σοφίσμασιν.]

1114. τὰ δεξιὰ : Δεξιοὺς νομίζουσι τοὺς ἐστρατευμένους καὶ ἐπαίνου ἀξίους· τοὺς δὲ διαδιδράσκοντας τὰς στρατείας φιλοδίκους εἶναι καὶ συκοφάντας. ἢ τὸ ἐναντίον, ἵνα ᾖ, πάντες οἱ ἀμαθεῖς ἔξω ἐστρατευμένοι εἰσίν.

[ἐν εἰρωνείᾳ δεξιά.]

1116. παρηκόνηνται : Παρωξυμμένοι εἰσὶν οἱ θεαταὶ (δηλονότι).

[ἐκ μεταφορᾶς τῶν ξιφῶν, ἅπερ ἀκονῶσιν εἰς μάχην ἐρχόμενοι οἱ ἄνθρωποι. οἰκειοῦται δὲ ἐνταῦθα ὁ Ἀριστοφάνης τοὺς θεατάς.]

1119. [καὶ μὴν ἐπ' αὐτούς : Κορωνὶς ἑτέρα εἰσιόντων τῶν ὑποκριτῶν. οἱ δὲ στίχοι ἰαμβικοὶ τρίμετροι ἀκατάληκτοι ρλδʹ. ὧν τελευταῖος

μελοποιὸν ὄντα καὶ ποιοῦντα ταῦτ' ἀεί.

ἐπὶ τῷ τέλει κορωνίς.] — εἰς τὰ προοίμια δηλονότι. ὁ γὰρ πρόλογος μέρος πρῶτον τῆς τραγῳδίας. R.

1121. τοῦ δεξιοῦ : (Ἀντὶ τοῦ ἐπιδεξίου.) ἐν εἰρωνείᾳ δὲ τοῦτό φησι.

1122. γράφεται καὶ ῥημάτων. R.

1124. (ἐξ Ὀρεστίας : Τετραλογίαν φέρουσι τὴν Ὀρέστειαν αἱ διδασκαλίαι, Ἀγαμέμνονα, Χοηφόρους, Εὐμενίδας, Πρωτέα σατυρικόν. Ἀρίσταρχος καὶ Ἀπολλώνιος τριλογίαν λέγουσι, χωρὶς τῶν σατυρικῶν.)

1126. πατρῷ' ἐποπτεύων : Τὸ πατρῷα κεκίνηκε τὴν ἀμφιβολίαν. ἤτοι γὰρ τοῦ ἐμοῦ πατρὸς Ὀρέστης φησίν, ἢ τὰ καθ' Ἅδου λέγει πατρῷα κράτη τοῦ Ἑρμοῦ, καθ' ὃ καὶ χθόνιος ὁ Ἑρμῆς, [ὁ ἐκ πατρὸς ἔχων τὰς ἐν τῷ κόσμῳ βασιλείας ἐπιτηρεῖν. δέον δὲ εἰπεῖν πατρόθεν, πατρῷα εἶπε πρὸς τὸ κράτη. δῆλον δὲ ἐκ τοῦ, « πατρῷον τοῦτο κέκτηται γέρας. »]

1127. [σωτὴρ γενοῦ μοι : Ἐπὶ τοῦ παρόντος ἀγῶνος, ὃν ἀγωνίζομαι, θέλων τιμωρῆσαι τῷ πατρί.]

1130. (ἀλλ' ἢ τρία : Ἔξωθεν προσληπτέον τὸ ἔπη, ἢ ἰαμβεῖα.)

1133. [προσοφείλων : Χρεωστῶν αὐτῷ καὶ ἑτέραν μέμψιν πρὸς τῇ προτέρᾳ, ἢ τιμωρηθῆναι.]

1136. ὁρᾷς ὅτι ληρεῖς : Ὁ Αἰσχύλος φησὶ πρὸς τὸν Διόνυσον, ὡς ἀπατώμενον ὑπὸ Εὐριπίδου. διὸ ἐπιφέρει Διόνυσος, « ἀλλ' ὀλίγον γέ μοι μέλει. »

ἀλλ' ὀλίγον γέ μοι : Οὐ μέλει μοι ὑβριζομένῳ, ἀλλὰ καταφρονῶ σου. οὐ φροντίζω, φησί, κἂν λέγῃς ὅτι ἥμαρτεν.

1144. [οὐ δῆτ' ἐκεῖνον : Τὸν δόλιον δηλονότι, ἀλλὰ τὸν Ἐριούνιον.]

πρὸς τὴν ἐκδοχὴν τοῦ Ἐριουνίου, ὅτι οὐκ ὀρθῶς. (Ἀρίσταρχος δέ φησι τῶν ἐξηγήσεων τοῦ στίχου τὴν προτέραν κατὰ τὸν ποιητὴν εἶναι, ἣν ὁ Εὐριπίδης ἔφη. τὰ τοῦ ἐμοῦ πατρὸς κράτη ἐποπτεύων, ὃς κρατηθεὶς ὑπὸ τῶν περὶ Αἴγισθον ἀπώλετο.)

1146. τοῦτο κέκτηται : Τὸ εἶναι χθόνιον, ὡς νῦν ὁ πατήρ. [ἢ] τὸ ἐποπτεύειν τὰ ὑποχθόνια.

1149. οὕτω γ' ἂν εἴη πρὸς πατρὸς τυμβωρύχος : Οἷον τυμβωρύχου πατρός. [ἐπειδὴ ὁ χθόνιος λέγεται μὲν καὶ ὁ γήϊνος· λέγεται δὲ καὶ ὁ ὑπὸ γῆν· τὰ δ' ὑπὸ γῆν οἱ κλέπται ζητοῦσι.] τοῦτο ὁ Διόνυσος λέγει, ὑποτεμνόμενος τὸν Εὐριπίδου λόγον, διὰ τὸ ὑπερσπεύδειν, ὡς καὶ Ἀρίσταρχός φησιν. οὕτω γὰρ εἰκότως Αἰσχύλος ἐπήγαγε

Διόνυσε πίνεις οἶνον οὐκ ἀνθοσμίαν.

1150. Διόνυσε πίνεις οἶνον : (Οἷον κραιπαλᾷς [ἱκανῶς] καὶ ληρεῖς, σκληρὸν οἶνον πιών, ἀλλ' οὐχ ἡδὺν οὐδὲ ἁπαλόν.) οἷον, μεθύεις· ἵνα μὴ κατ' ἐρώτησιν λέγῃ, ἀλλ' ἐν ἀποφάνσει. (ἀνθοσμίας δὲ ὁ εὐώδης, ἐγκειμένου τοῦ ἄνθους καὶ τῆς ὀσμῆς. καὶ γέγονε παράγωγον ἀνθόσμιος καὶ ἀνθοσμίας.) [ἢ οὕτως· ἃ οὐκ ἀποδέχῃ ἀκούεις φληνάφους φημὶ καὶ λόγους ἀπρεπεῖς.]

1151. σὺ δ' ἐπιτήρει τὸ βλάβος : (Ὦ βλάψεις αὐτὸν ἐν τῇ κατηγορίᾳ, ἢ) τὸ ἁμάρτημα.

1154. τὸ ἥκω, φησί, ταυτόν ἐστι τῷ κατέρχομαι. R. V.

1159. μάκτραν, εἰ δὲ βούλει, κάρδοπον : (Εἴρηται ἐν τοῖς πρόσθεν ὅτι τοῦτο ἀρχαιότερόν ἐστι τὸ τὰς μεταλήψεις τῶν λέξεων τῶν ἰσοδυναμουσῶν ἐπιτηδεύειν. Πλάτων Ποιητῇ « ὁρᾶτε τὸ διῆρες ὑπερῷον. ») [ὡς τὸ παρ' Ὁμήρῳ [Il. Λ, 163]

Ἕκτορα δ' ἐκ βελέων ὕπαγε Ζεύς, ἔκ τε κονίης,
ἔκ τ' ἀνδροκτασίης ἔκ θ' αἵματος ἔκ τε κυδοιμοῦ.

καὶ τὸ [Il. Η, 279]

μηκέτι παῖδε φίλω πολεμίζετε, μηδὲ μάχεσθον,

πρὸς Ἕκτορα καὶ Αἴαντα μονομαχοῦντας ἀπὸ τοῦ Ἰδαίου κήρυκος εἰρημένον. καὶ τὸ [Od. Υ, 241]

μνηστῆρες δ' ἄρα Τηλεμάχῳ θάνατόν τε μόρον τε
ἤρτυον.

καὶ τὸ [Il. Β, 8] « βάσκ' ἴθι οὖλε Ὄνειρε· » καὶ « βάσκ' ἴθι Ἶρι ταχεῖα. »]

1161. ταῦτ' : Οὕτως.

1162. κατὰ τί λέγεις διαφορὰν ἔχειν. R. V.

1163. (ἐλθεῖν μὲν εἰς γῆν : Ἐλθεῖν μὲν εἰς τὴν πόλιν, ὅταν μετῇ τινι τῆς πατρίδος, ὅταν δὲ φυγὰς ἔλθῃ, τότε καὶ κατέρχεται. ἰδίως δὲ ἐπὶ τῶν φυγάδων χρῶνται τῷ κατέρχεται.) — ᾧ ἐξουσία ἐστὶ τῆς πατρίδος. R. V.

1168. οὐ πιθών : Διὰ τοῦ ι γραπτέον καὶ ὀξυτονητέον τὸ πιθών, ἵνα ᾖ δευτέρου ἀορίστου καὶ μέλλοντος. [τοῦτο δὲ ὅτι οἱ τὰς διώξεις ποιοῦντες οἱ αὐτοὶ τοὺς ὑπομείναντας ἐπανάγουσι.]

1171. σὺ δ' ἐς τὸ κακὸν : Ἀντὶ τοῦ παρατήρει τὸ κακῶς λεγόμενον. (τὸ δέ, τύμβου δ' ἐπ' ὄχθῳ, τὰ ἑξῆς τοῦ προλόγου.)

1176. ἐξικνούμεθα : Ἀντὶ τοῦ ἀκουόμεθα, [εἰσακουσθῆναι δυνάμεθα]. — παραγινόμεθα. V.

1178. κἄν που δὶς εἴπω ταυτὸν : Κἄν τι ἐλάχιστον ῥῆμα ἢ περισσὸν εὕρῃς καὶ παρέλκον ἐν τῷ λόγῳ.

ἀπὸ τῆς στοιβῆς τῶν φορτίων.

στοιβὴν : Σωρείαν λέξεων ἑνοῦσαν ἔξω τοῦ πρέποντος, παρὰ τὸ πρέπον. *Br.*

1180. οὐ γὰρ μοὐστίν : Γνῶναι πρὸ τοῦ ἀκοῦσαι. *Br.* ἀντὶ τοῦ πάνυ γάρ. R.

1182. ἦν Οἰδίπους : Ἐξ Ἀντιγόνης Εὐριπίδου. [ἔστι δὲ ἀρχὴ τοῦ δράματος.]

1185. ἀποκτενεῖν τὸν πατέρα : [Παρὰ τὰ Εὐριπίδου] ἐν Φοινίσσαις [18] εἰρημένα περὶ Οἰδίποδος καὶ Λαΐου. (καὶ ὁ χρησμὸς δὲ οὕτως ἔχει.)

[πρὶν καὶ γεγονέναι : Ἡ τὸ φῦναι καὶ γεγονέναι ἐκ παραλλήλου ἐστίν· ἢ σύναπτε τὸ φῦναι πρὸς τὸ ἔφη· τὸ δὲ γεγονέναι πρὸς τὸ ἀποκτενεῖν. εἰ δέ τις εἴποι ὡς μετὰ τὸ γεννηθῆναι καὶ εἰς ἀνδρὸς ἡλικίαν ἐλθεῖν τοῦτον ἀπέκτεινεν, ἐροῦμεν ὅτι ἐξ οὗ ἐσπάρη μετὰ τῶν ἀνῃρημένων ἦν ὁ Λάϊος. τὸ δὲ ἐπαύσατο οὐκ ἐπὶ τοῦ ἀεὶ δυστυχοῦντος, ἀλλ' ἐπὶ τοῦ πρόσθεν μὲν εὐδαιμονοῦντος, ὕστερον δὲ προσκεκρουκότος τῇ τύχῃ.]

1190. χειμῶνος ὄντος : Τοῦτο ἔχει διασκευὴν παρ' αὐτῷ, τὸ χειμῶνος ὄντος. τὸ δὲ ἐν ὀστράκῳ, ἐπεὶ ἐν χύτραις ἐξετίθεσαν τὰ παιδία. διὸ καὶ χυτρίζειν ἔλεγον. [ἤρρησε δὲ ἀπὸ τοῦ ἐρρεῖν τοῦ σημαίνοντος τὸ μετὰ φθορᾶς ἐλθεῖν.] — ἤρρησεν : Μετὰ φθορᾶς ἦλθεν. *Br.*

1196. μετ' Ἐρασινίδου : (Εἷς) τῶν περὶ Ἀργέννουσαν στρατηγησάντων δυστυχῶς. ἀπέθανε δὲ δημοσίᾳ, οὗτός τε καὶ οἱ ὑπομείναντες, Θράσυλλος, Περικλῆς, Λυσίας, Ἀριστοκράτης, Διομέδων, ὥς φησι Φιλόχορος. (Δημήτριος δέ φησι, περιττότερόν τι γενέσθαι τῷ Ἐρασινίδῃ, τὸ καὶ κλοπῆς κατηγορηθῆναι τῶν περὶ Ἑλλήσποντον χρημάτων.)

1198. ξέσω, δοκιμάσω. R.

1202. ποεῖς γὰρ οὕτως : Οὕτω γὰρ τοὺς λόγους ποιεῖς ὡς πάντα προσδέχεσθαι. (ὅτι μικροπρεπὲς τὸ κωδάριον. οὐχ οὕτω δὲ θύλακον· ἀλλ' ἐάν τις ποιήσῃ θυλάκιον, ἐγχωρεῖ).

1206. (Αἴγυπτος, ὡς ὁ πλεῖστος ἔσπαρται λόγος : Ἀρχελάου αὕτη ἐστὶν ἡ ἀρχή, ὥς τινες ψευδῶς. οὐ γὰρ φέρεται νῦν Εὐριπίδου λόγος οὐδεὶς τοιοῦτος. οὐ γάρ ἐστι, φησὶν Ἀρίσταρχος, τοῦ Ἀρχελάου, εἰ μὴ αὐτὸς μετέθηκεν ὕστερον, ὁ δὲ Ἀριστοφάνης τὸ ἐξ ἀρχῆς κείμενον εἶπε.)

1211. Διόνυσος, ὃς : Ὑψιπύλης ἡ ἀρχή. [κάθαπτος δὲ ἀντὶ τοῦ πυρφόρος, φωτεινὸς, διὰ τὰς δᾷδας. Ἄλλως.] (κάθαπτος : Τιμαχίδας, ὡς ταρακτὸς, καθειμένος. τὸ δὲ ἑτέρως λεγόμενον δηλοῖ τὸ οἷον καθάπτεσθαι.)

1213. (πηδᾷ χορεύων : Προσήρτησε τὸ, ληκύθιον ἀπώλεσεν. τὸ δὲ λοιπὸν τοῦ ἰάμβου « παρθένοις σὺν Δελφίσιν. »)

1219. ἢ δυσγενὴς ὢν : Τὸ λοιπὸν τοῦ ἰάμβου « πλου« σίαν ἀροῖ πλάκα. » (Σθενεβοίας δὲ ἡ ἀρχή. διαβάλλει δὲ τὴν ὁμοειδίαν τῶν εἰσβολῶν τῶν δραμάτων. [ὑφέσθαι δὲ,] ὑποχωρῆσαι, εἶξαι. [ὑποχαλάσαι. ἐνδοῦναι.]

1220. ὡς ἐπὶ ἀνέμου σφοδροῦ λέγει. R.

1223. τὸ λέγειν τὸ ληκύθιον. R.

1224. [κἀπέχου : Τουτέστι, σκόπει μὴ τοιοῦτόν τι εἴπῃς, ὡς προσαφθῆναι τούτῳ δύνασθαι λήκυθον.]

1225. Σιδώνιόν ποτ' ἄστυ : Τοῦ δευτέρου Φρίξου Εὐριπίδου ἡ ἀρχή. [τὸ λοιπὸν δὲ τοῦ στίχου « ἵκετ' ἐς Θήβης πέδον. »]

1227. ἀποπρίω τὴν λήκυθον : (Ἤτοι πρὸς Εὐριπίδην ὁ λόγος, ὅτι ἀγόρασον παρ' Αἰσχύλου τὴν λήκυθον· ἢ πρὸς Αἰσχύλον, ὥστε πωλῆσαι.) ὡσεὶ εἶπεν, ὤνησαι αὐτὴν καὶ ἀπόδος ἀντὶ τῆς ἀπολωλυίας. τὸ δὲ πρίω ἐν ἴσῳ τῷ ὤνησαι. ἀλλ' ἐν τοῖς ἑξῆς φησιν Εὐριπίδης, ἐγὼ πρίωμαι τῷδε; ὥστε ματαία ἡ παρατήρησις τῷ Συμμάχῳ.

1229. ἐγὼ πρίωμαι τῷδε : (Ἀντὶ τοῦ, ἀγοράσω τὴν λήκυθον καὶ ἀποδώσω τὴν ἀπολωλυῖαν; δῆλον γέγονεν ὅτι τὸ ἀποπρίω ἀντὶ τοῦ ἐξώνησαι. λέγει δὲ τοῦτο, ἐπειδὴ συνεχῶς ἐκεῖνος, ληκύθιον ἀπώλεσεν. τὸ δὲ πρίωμαι) ἴσον τῷ ὠνήσωμαι.

1233. θοαῖσιν ἵπποις : Τὸ δὲ λοιπὸν τοῦ ἰάμβου « Οἰνομάου γαμεῖ κόρην. » [Ἰφιγενείας δὲ τῆς ἐν Ταύροις ἡ ἀρχὴ αὕτη.]

1235. ἀπόδος πάσῃ τέχνῃ : Λήκυθον αὐτῷ ἀπόδος ἀντὶ τῆς ἀπολομένης. ἐπιλέγει δὲ, λήψει ὀβολοῦ πάνυ καλήν. [διὰ τούτων δὲ ὁ Διόνυσος ἐμφαίνει ὡς ἐπειδὴ ἐν τοῖς προλόγοις τοῖς σοῖς ἀποδίδοται ἡ λήκυθος, ὥσπερ δοκεῖς αὐτὴν ὀφείλειν Αἰσχύλῳ. οὐκοῦν ἀγοράσας ταύτην ἀπόδος αὐτῷ.] — ἀντὶ τοῦ πώλησον. R. V.

1238. Οἰνεύς ποτ' ἐκ γῆς : (Ἔστι μὲν ἐκ Μελεάγρου μετὰ ἱκανὰ τῆς ἀρχῆς. ἡ δὲ ἀρχὴ τοῦ δράματος

Καλυδὼν μὲν ἥδε γαῖα Πελοπίας χθονός.)

[τὸ δὲ λεῖπον τοῦ στίχου « οὐκ ἔθυσεν Ἀρτέμιδι. » Οἰνεὺς δὲ τῆς αὐτοῦ γῆς εὐφορησάσης ἀπαρχὰς πᾶσι θεοῖς θύσας, Ἀρτέμιδι οὐκ ἔθυσεν. ὅθεν ὀργισθεῖσα σῦν μέγαν κατὰ τῆς χώρας αὐτοῦ ἀφῆκεν, ἵνα ταύτην λυμήνηται. ἐπὶ τοῦτον τὸν κάπρον τοὺς ἀρίστους ἐκ τῆς Ἑλλάδος πάντας συνεκάλεσεν, καὶ τῷ κρατύναντι τὸν θῆρα τὴν δορὰν δώσειν ἀριστεῖον ὑπέσχετο. συνελθούσης δὲ μετὰ τῶν ἀριστέων καὶ Ἀταλάντης τῆς Σχοινέως, κοινῇ τὸν κάπρον περιέστησαν ἅπαντες. ἐπεὶ δὲ τὸ δέρας τῇ Ἀταλάντῃ πρώτῃ τὸν κάπρον τοξευσάσῃ ὁ Μελέαγρος χαριζόμενος ἔδωκε, καὶ οἱ πρὸς μητρὸς αὐτοῦ θεῖοι, ἀγανακτοῦντες εἰ τὰ ἀριστεῖα γυνὴ λήψεται, τὸ δέρας μὲν Ἀταλάντης ἀφείλοντο, ὑπὸ δὲ Μελεάγρου ἐφονεύθησαν, ὀλίγον ὕστερον καὶ αὐτοῦ, τῆς μητρὸς ἐπὶ τῇ ἀναιρέσει τῶν ἀδελφῶν λυπηθείσης, καὶ ἀναψάσης τὸν Μοιρῶν δαλὸν, ἀποθανόντος.]

1240. διχῶς, πολύβοτρυν. R.

1243. πρὸς τοδὶ γὰρ εἰπάτω : Εἰς ὃ μέλλω λέγειν, εἰπάτω τὸ ληκύθιον. [ἀκόλουθον τοῦ εἰπέ προστακτικοῦ τὸ τρίτον εἰπέτω, ὡς λεγέτω· τοῦ δὲ εἶπον, εἰπάτω, ὡς γράψον γραψάτω.]

1244. Ζεὺς ὡς λέλεκται : Μελανίππης (τῆς σοφῆς ἡ) ἀρχή.

1245. (ἐρεῖ γὰρ, ληκύθιον ἀπώλεσεν : Ἐπεὶ οὐ προσέθηκε τῷ ἡμιστιχίῳ τὸ ληκύθιον ἀπώλεσε, πεποίηκε τὸν Διόνυσον ὥσπερ ὑφαρπάζοντα τὸν λόγον.)

1247. ὥσπερ τὰ σῦκα : Σῦκα λέγει τὰ συκώματα, ἢ ἕλκος γινόμενον ἐπὶ τοῖς ὀφθαλμοῖς, σῦκον καλούμενον. (Ἄλλως. τὰ ὑπὸ τῶν ἰατρῶν συκώματα λεγόμενα σῦκα ἔφη.) — σῦκον, εἶδος παθήματος ἀεὶ ἐν τοῖς ὀφθαλμοῖς καὶ οὐκ ἐν ἄλλῳ τινὶ μέρει τοῦ σώματος φυόμενον· ὅ φασιν ἰδιωτικῶς συκάμινον. Junt.

1248. [τράπου : Τοῦτο ἢ πρὸς τὸν Αἰσχύλον δι' Εὐ-

ριπίδην, ἢ πρὸς Εὐριπίδην δι' Αἰσχύλον· εἰ καὶ Εὐριπίδης τὸν λόγον προήρπασε. τὸ δὲ ταὔτ' ἀεί ἀντὶ τοῦ ταυτά. διὰ δὲ τὴν συναλοιφὴν ἀναβιβάζεται ὁ τόνος. οὐ δεῖ δὲ περισπᾶν, ὡς ἐν τῷ Πλούτῳ εἴρηται.]

1251. [τί ποτε πρᾶγμα : Κορωνὶς καὶ εἴσθεσις χοροῦ ἐπῳδικὴ διὰ τὸ κεῖσθαι μετὰ τὴν κορωνίδα (ἐνίοτε δὲ καὶ μετὰ τὴν διπλῆν, ὡς πολλάκις εἴρηται), ἐκ κώλων ἀντισπαστικῶν ἐπιμεμιγμένων ἐπιτρίτοις καὶ διιάμβοις καὶ διτροχαίοις δέκα. ὧν τὸ πρῶτον δίμετρον ἀκατάληκτον ἐκ πεντασυλλάβου ἀντισπάστου· ὃ καλεῖται γλυκώνειον. τὸ δεύτερον ἐκ παίωνος τετάρτου καὶ διιάμβου ὅμοιον. τὸ τρίτον τοῦ πρώτου ποδὸς πεντασυλλάβου καταληκτικόν. τὸ τέταρτον ἐκ διτροχαίου καὶ ἐπιτρίτου τρίτου ἀκατάληκτον. τὸ ε' ὅμοιον τῷ β'. τὸ ἕκτον ἐκ διτροχαίου καὶ ἐπιτρίτου πρώτου. τὸ ζ' ὅμοιον τῷ β'. τὸ η' καταληκτικὸν ἐκ διτροχαίου καὶ βακχείου ἢ ἀμφιβράχεος. τὸ θ' ὅμοιον τῷ β'. τὸ ι' ὅμοιον τῷ ὀγδόῳ. ἑξῆς δὲ ἐν ἐκθέσει στίχοι ἰαμβικοὶ τρίμετροι ἀκατάληκτοι γ'. ἑξῆς δὲ τίθεται κῶλον ἰαμβικὸν ἑφθημιμερές, τὸ, διαύλιον προσαυλεῖ. ὅπερ κατὰ παρεπιγραφὴν τίθεται. ὥσπερ καὶ τὸ, αὐλεῖ τις ἔνδον· καὶ ἄλλα πολλά. φασὶ δὲ διαύλιον λέγεσθαι ὅταν ἡσυχίας πάντων γενομένης ἔνδον ὁ αὐλητὴς ᾄσῃ. ἐπὶ τῷ τέλει τῆς μὲν στροφῆς κορωνίς. τοῦ δὲ συστήματος παράγραφος.]

1256. τῶν μέχρι νῦν ὄντων ποιητῶν. R.

1259. τὸν βακχεῖον ἄνακτα : Τὸν Αἰσχύλον, οἷον τὸν ἄριστον μελοποιόν, τὸν ὥσπερ ἐκβακχεύοντα ἐν τῇ ποιήσει. ὁ γὰρ Εὐριπίδης ἔρχεται ἐπὶ τὰ μέλη αὐτοῦ. — τὸν ἔνθεον ἄρχοντα τῶν μελῶν, τὸν ἐκβακχεύοντα ἐν τῇ ποιήσει. *Br.*

1262. εἰς ἓν γὰρ αὐτοῦ πάντα : Εἰς τὸ αὐτὸ τέλος περατούμενα πάντα· ἐπεὶ κἀκεῖνος εἶπεν, ἀπὸ ληκυθίου σου τοὺς προλόγους διαφθερῶ.

1263. καὶ μὴν λογιοῦμαι : Ἀντὶ τοῦ ἀριθμήσω, ψηφίσω. (ἐπεὶ προεῖπεν Εὐριπίδης, εἰς ἓν συγκεφαλαιώσομαι αὐτοῦ πάντα τὰ μέλη. Ἐρατοσθένης δὲ τῶν ψευδαττικῶν τινὰς γράφειν φησί, τὼ ψήφω λαβών, ἵνα καὶ τὰ πεπλασμένα δράματα, ἐν οἷς τὸ παράπαν τοῦτο ἠγνόηται, δοκῇ μὴ σεσολοικίσθαι.) — λογαριάσω. Θ.

1264. (διαύλιον προσαυλεῖ τις.) τοῦτο παρεπιγραφή, ὥσπερ καὶ ἄλλα πολλάκις. φασὶ δὲ διαύλιον λέγεσθαι ὅταν ἡσυχίας πάντων γενομένης ἔνδον ὁ αὐλητὴς ᾄσῃ. R. V.

Φθιῶτ' Ἀχιλεῦ : Εὐριπίδης ἐστὶ τὰ Αἰσχύλου λέγων. ἔστι δὲ ἐκ Μυρμιδόνων Αἰσχύλου. R. V. Θ. M. [τοῦτο ἀπὸ τῶν πρέσβεων πρὸς Ἀχιλλέα Αἰσχύλος πεποίηκεν. ἔστι δὲ ἐκ Μυρμιδόνων. προφέρει καὶ Εὐριπίδης εἰς γέλωτα ἄλλα ἐξ ἄλλων δράματα συναγαγών. διὸ καὶ ἀσαφῆ, μίαν ἁρμονίαν οὐκ ἔχοντα. οὐκ ἄρα τὰ μὴ ξυνετὰ ζητητέον. ἀνδροδάϊκτον δὲ, τὴν ἀνδρῶν φόνον ποιοῦσαν. τὰ δὲ τοιαῦτα εἴδη καλεῖται ἀλλοιόστροφα, ὡς Ἡφαιστίων [c. ν, p. 126] φησίν· ὅσα πάντως διαιρεῖται ἢ κατὰ πρόσωπον ἀμοιβαῖον, ἢ χορῷ πρὸς ὑποκριτὴν ἀπόκρισιν. ἔστι δὲ τῆς μὲν ᾠδῆς ταύτης τὰ κῶλα ἀναπαιστικὰ ε'. ὧν τὸ πρῶτον τρίμετρον καταληκτικὸν εἰς συλλαβήν, ὃ καλεῖται Αἰολικόν, διὰ τὸ ἴαμβον ἔχειν τὸν πρῶτον πόδα. τὸ δεύτερον καὶ τὸ ε' δίμετρα ὑπερκατάληκτα. τὸ γ' πενθημιμερές. τὸ τέταρτον ἑφθημιμερές, ὃ καλεῖται, ὡς εἴρηται, παροιμιακόν. ἐπὶ τῷ τέλει παράγραφος. τοῦ δὲ συστήματος τὰ κῶλα ὅμοια πέντε, πλὴν τοῦ τετάρτου τῷ δευτέρῳ τῆς ᾠδῆς ὁμοίου, ἑφθημιμερῆ. ἐπὶ τῷ τέλει παράγραφος. τῆς δὲ ἑξῆς ᾠδῆς τὰ κῶλα ἕξ. τὸ πρῶτον δακτυλικὸν ἑφθημιμερές. τὸ β' ἀναπαιστικὸν ἑφθημιμερές. τὸ γ' καὶ τὸ ς' ὡς τὸ β' τῆς ἄνω ᾠδῆς. τὸ δ' δακτυλικὸν τετράμετρον. ἔστι δὲ κῶλον ἐκ χοροῦ, ὡς ἀνέγνων ἐν Ἀγαμέμνονι δράματι Αἰσχύλου. τὸ ε' ὅμοιον δίμετρον. ἔστι δὲ ἡμιτελὲς ἐνταῦθα. τὸ γὰρ τέλειόν ἐστιν, « αἴσιον ἀνδρῶν ἐκτελέων· » ὅπερ ἑφθημιμερές ἐστιν. ἐπὶ τῷ τέλει παράγραφος. ἑξῆς δὲ σύστημα κατὰ περικοπὴν ἀνομοιομερὲς στίχων ἰαμβικῶν τριμέτρων ἀκαταλήκτων ἕξ. ἐπὶ τῷ τέλει παράγραφος. ὁ μέντοι ἕκτος στίχος ἔν τισιν οὐ κεῖται· οἷον, ἴθι δὴ πέραινε.]

1266. Ἑρμᾶν μὲν πρόγονον : Ἐκ τῶν Αἰσχύλου Ψυχαγωγῶν. (προφέρεται δὲ οὐκ ἐφεξῆς τὰ αὐτὰ μέλη αὐτοῦ, ἀλλ' ὡς ἔτυχεν ἄλλο ἄλλοθεν, καὶ ἐπιλέγει τὸ ἰήκοπον), [κυρίως ἐκείνων τῶν στίχων ὄν, τοῦ, Φθιῶτ' Ἀχιλλεῦ.]

[τοῦτο ἐκ τῶν Αἰσχύλου Ψυχαγωγῶν. τὸ δὲ Ἑρμᾶν μὲν τίομεν λέγουσιν οἱ Ἀρκάδες διὰ ταῦτα· ἐν τῇ Κυλλήνῃ, ἥ ἐστιν ὄρος Ἀρκαδίας, ἐτιμᾶτο ὁ Ἑρμῆς. διὰ γοῦν τὴν ἐξ ἀμνημονεύτων χρόνων τιμὴν ὡς πρόγονος τούτοις ἐδόκει. ᾄδουσι δὲ καί τινα ἱστορίαν μυθώδη. λίμναν δὲ λέγει τὴν Στυμφαλίδα, ἐν Ἀρκαδίᾳ γὰρ καὶ αὕτη. Cant. 1.]

1267. ἰστέον ὅτι τὸ ἰήκοπον οὐ πελάθεις ἐπ' ἀρωγάν παίζων πανταχοῦ ἐπιφέρει, κυρίως ἐκείνων τῶν ἰαμβείων ὄν, τοῦ, Φθιῶτ' Ἀχιλεῦ. Barocc.

1270. (κύδιστ' Ἀχαιῶν : Ἀρίσταρχος καὶ Ἀπολλώνιος, ἐπισκέψασθε πόθεν εἰσί. Τιμαχίδας δὲ ἐκ Τηλέφου Αἰσχύλου. Ἀσκληπιάδης δὲ ἐξ Ἰφιγενείας.)

1274. εὐφημεῖτε μελισσονόμοι : Ἐξ Ἱερειῶν Αἰσχύλου. R. V. [οἱ διανέμοντες τὰ τῆς πόλεως, ἢ οἰκοῦντες ἐν τῇ πόλει.] — εὐφήμως λέγετε οἱ δίκην μελισσῶν νεμόμενοι ἐν τῷδε τῷ τῆς θεᾶς ἄλσει. *Br.*

1276. [ἰήκοπον : Τινὲς ἀξιοῦσι τὸ ἰή ψιλοῦν, ὅταν μὴ ᾖ ἐν ὕμνῳ. ἐκεῖ γὰρ δασύνεται. ὡς ἐφυμνίῳ δὲ κέχρηται τῷ ἰήκοπον οὐ πελάθεις.]

1276. ὅσιον κράτος : (Ἐν τοῖς πλείστοις αἴσιον. Ἀσκληπιάδης τὸ ὅσιον. ἔστι δὲ) ἐξ Ἀγαμέμνονος Αἰσχύλου [104]. βουβωνιῶ δὲ ἀντὶ τοῦ φλεγμαίνω τοὺς βουβῶνας. — ὅσιον : Ἁγίαν καὶ δικαίαν ἐπικράτησιν. *Cant.* 1.

1278. ἐπεὶ συνεχῶς εἶπε τὸ ἰήκοπον. Θ.

1279. λείπει τὸ ἀπελθεῖν. R. V.

1281. στάσιν μελῶν : Στάσιμον μέλος, ὃ ᾄδουσιν ἱστάμενοι οἱ χορευταί. — σύνοδον, διήγησιν. R. V.

1282. ἐκ τῶν κιθαρῳδικῶν νόμων : Τιμαχίδας γράφει, ὡς τῷ ὀρθίῳ νόμῳ κεχρημένου τοῦ Αἰσχύλου καὶ ἀνατεταμένως. — ἀντὶ τοῦ ξένην τραγῳδίαν. R. Ven.

1283. ἔν τισι οὐ κεῖται. V.

1285. [ὅπως Ἀχαιῶν : Ὠδὴ κώλων ιδ΄. ὧν τὸ πρῶτον ἰαμβικὸν ἑφθημιμερές. τὸ β΄ ἀναπαιστικὸν ἑφθημιμερές. τὸ δ΄ δακτυλικὸν πενθημιμερές. τὸ ε΄ Φερεκράτειον. τὸ ζ΄ τρίμετρον ἀκατάληκτον. τὸ η΄ δίμετρον. τὸ ι΄ ὅμοιον τῷ α΄. τὸ ια΄ ὅμοιον τῷ β΄. τὸ ιδ΄ ἀντισπαστικὸν δίμετρον ἀκατάληκτον ἐπιμεμιγμένον διτροχαίῳ. ἐπὶ τῷ τέλει παράγραφος. τὸ δ΄ ἐφύμνιον δίμετρον ἰαμβικὸν ἀκατάληκτον.]

Εὐριπίδης ὁμοίως τὰ Αἰσχύλου χορικὰ μέλη διεσπασμένως λέγει ἐξ ἄλλων καὶ ἄλλων δραμάτων. [τοῦτο μέντοι ἐξ Ἀγαμέμνονος. δίθρονον δὲ κράτος, αὐτόν τε καὶ τὸν Μενέλαον. ἀκμὴν δὲ τὴν νεότητα. ἔστι δὲ ἀναπόδοτον.] — καὶ τοῦτο ἐξ Ἀγαμέμνονος. R. V.

1286. (τὸ φλαττοθραττόφλατ : Τοῦτο λέγει χλευάζων ὡς ἀσυνετοποιόν. τινὲς δὲ καὶ σημειοῦνται αὐτὸ, ὅτι τῶν διορθωτῶν τινὲς περιεῖλον τὰς τοιαύτας ἐν τοῖς μέλεσι προσθέσεις.) [Σφίγγα δὲ δυσαμερίαν, τὴν ἐπὶ κακῷ χρόνῳ Θηβαίοις φανεῖσαν, πάροχον θανάτου. ταῦτα δὲ ἐκ Σφιγγὸς Αἰσχύλου. θούριος δὲ ὄρνις, ἡ πολεμοῦσα Θηβαίοις τύχη. τὸ δὲ ξὺν δορὶ καὶ χειρὶ πράκτορι, ἐξ Ἀγαμέμνονος, ἐκ τῆς συνεπείας τοῦ « κύριός εἰμι θροεῖν. » ἐπειδὴ δὲ οἱ τῆς Σφιγγὸς πόδες λεοντώδεις ἦσαν, ὁ δὲ τοῦ λέοντος ὄνυξ δίκην δόρατος πλήττει, διὰ τοῦτο δόρατι εἶπεν.]

1291. ἐπιτυχεῖν. R. V. Θ.

καὶ τοῦτο ἐξ Ἀγαμέμνονος. R. V. ἀντὶ τοῦ ἀναισχύντοις. R. [ἰταμαῖς κυσὶ : Τοῖς ἁρπακτικοῖς ἀετοῖς. ταῦτα δὲ ὡς ἀσαφῆ πάρελθε.] — διὰ τοῦ ἀέρος φοιτώσαις. V.

1294. (τὸ συγκλινὲς ἐπ' Αἴαντι : Τιμαχίδας φησὶ τοῦτο ἐν ἐνίοις μὴ γράφεσθαι. Ἀπολλώνιος δέ φησιν ἐκ Θρῃσσῶν αὐτὸ εἶναι.)

1296. [τί τὸ φλαττόθρατ : Σύστημα κατὰ περικοπὴν ἀνομοιομερὲς στίχων ἰαμβικῶν τριμέτρων ἀκαταλήκτων ιγ΄. ἐπὶ τῷ τέλει παράγραφος.]

ἐκ Μαραθῶνος : (Ἐπεὶ ὁ φλέως ἄνθος ἐν Μαραθῶνι, ὃν οἱ ἰδιῶται φλόμον.) διὰ τὸ ἔχειν τὸ φλατ ἐν ἀρχῇ παρόμοιον τῷ φλέῳ. ὡς ἐν Μαραθῶνι οὖν τοῦ φλέω πολλοῦ ὄντος· ἑλώδης γὰρ ὁ τόπος.

1297. ἱμονιοστρόφου : (Οἷον σχοινιοστρόφου μέλη, ἃ εἰκὸς ἄνδρα ὕδατα ἀρυόμενον ᾄδειν.) ἱμονιὰ γὰρ καλεῖται τὸ τῶν ἀντλημάτων σχοινίον, καὶ τὸ ᾆσμα, ὃ ᾄδουσιν οἱ ἀντληταὶ, ἱμαῖον. (Καλλίμαχος [fr. 42]

ἀείδει καὶ πού τις ἀνὴρ ὑδατηγὸς ἱμαῖον.)

1298. ἀλλ' οὖν ἐγὼ μὲν ἐς τὸ καλὸν μετήνεγκα : Ἐγώ, φησίν, εἰς τὸ καλὸν ἐκ τοῦ καλοῦ αὐτὰ μετήνεγκα. (ἐκ γὰρ τοῦ κιθαρῳδικοῦ καλοῦ ὄντος εἰς τὸ τραγῳδικὸν μετήνεγκα, ἵνα μὴ εἰς ταὐτὰ τοῖς ὑπὸ Φρυνίχου μέλεσι προεισηγμένοις ἐμπίπτω.) ἀποδέχονται δὲ πάντες τοῖς μέλεσι τὸν Φρύνιχον ἐπιτυγχάνοντα.

1299. (ἤνεγκον : Διχῶς ἔλεγον· ἤνεγκον μὲν ἀπὸ τοῦ ἐνέγκω· ἤνεγκα δὲ ἀπὸ τοῦ ἐνείκω.)

ἵνα μὴ τὸν αὐτὸν Φρυνίχῳ : Ἵνα μὴ τὰ αὐτὰ τῷ Φρυνίχῳ μελοποιῶ. ἦν δὲ οὗτος μελοποιὸς ἡδύς. ὁ δὲ λόγος, ἐκ τῶν κιθαρῳδικῶν εἰς τὸ τραγικὸν (γένος) μετήνεγκα. τοῦτο γὰρ ὁ Εὐριπίδης προεῖπεν.

1302. σκολίων : Σκολιὰ λέγονται τὰ παροίνια ᾄσματα. τὰ δὲ Καρικὰ αὐλήματα (καὶ μέλη) θρηνώδη ἐστίν. [ἢ Καρικῶν, βαρβαρικῶν, δουλικῶν.]

Μελήτου : Προείρηται ὅτι τραγικὸς ποιητὴς ὁ Μέλητος. οὗτος δέ ἐστιν ὁ Σωκράτην γραψάμενος. κωμῳδεῖται δὲ καὶ ὡς ψυχρὸς ἐν τῇ ποιήσει καὶ ὡς πονηρὸς τὸν τρόπον. [χορείων δὲ, μικροπρεπῶν, καὶ οἷα ἐν τοῖς χοροῖς ᾄδουσι. λύριον δὲ τὴν μικρὰν λύραν,] ὥστε ψᾶλαι τὰ Εὐριπίδου.

1305. ἢ τοῖς ὀστράκοις : [Ἀπορίᾳ λύρας ὄστρακα τινὲς λαμβάνοντες ἦχον μὲν ἀπετέλουν, πάνυ δὲ ἄσημον. διαβάλλει δὲ ἐντεῦθεν Εὐριπίδην ὡς κακὸν μελοποιόν. Ἄλλως.] ὅτι φαίνονταί τινες ἀγοραῖοι κρούοντες τοῖς ὀστράκοις καὶ προσᾴδοντες τῷ κρούματι τῷ διὰ τούτων. λέγεται δὲ εἰς τὴν Ὑψιπύλην ταῦτα, (ἢ καθόλου τὴν μοῦσαν αὐτοῦ. ἐπιλέγει γὰρ « δεῦρο μοῦσα Εὐριπίδου. » Δίδυμος δὲ προστίθησιν ὅτι εἰώθασιν ἀντὶ λύρας κογχύλια καὶ ὀστράκια κρούοντες ἔνρυθμόν τινα ἦχον ἀποτελεῖν τοῖς ὀρχουμένοις.)

1308. αὕτη ποθ' ἡ Μοῦσα : Ἐν ἐρωτήσει λέγει. αὕτη οὐκ ᾐσχροποίει; (καὶ ἐν Σφηξὶν [1346] ἐπὶ τῆς αὐλητρίδος

μέλλουσαν ἤδη λεσβιεῖν τοὺς ξυμπότας.)

λεσβιάζειν δὲ τὸ παρανόμως πλησιάζειν. διεβάλλοντο γὰρ ἐπὶ τούτῳ οἱ Λέσβιοι. (καὶ ἐν τῷ εἰς Φερεκράτην ἀναφερομένῳ Χείρωνι

δώσει δέ τοι γυναῖκας ἑπτὰ Λεσβίδας.
καλὸν τὸ δῶρον, ἑπτ' ἔχειν λαικαστρίας.)

1309. ἀλκυόνες : Χαρακτηρίζει τὰ Εὐριπίδου μέλη ὡς ἐκλελυμένα. [ἀλκυόνες δὲ ἐπάνω τοῦ τῆς θαλάσσης ὕδατος καθήμεναι τὰ αὐτῶν ᾠὰ ἐν τῷ βυθῷ κείμενα θερμαίνουσι. καθ' ὃν δὲ καιρὸν τοῦτο ποιοῦσιν, ἀλκυονίτιδες αὗται αἱ ἡμέραι καλοῦνται, καὶ ἔστιν ἐν αὐταῖς μεγίστη ἡσυχία ἀνέμων τε καὶ κυμάτων. οἱ δέ φασιν ὡς ἐν τῷ ἄκρῳ τῆς θαλάσσης ἐπὶ τῆς ψάμμου τοῦτο ποιοῦσι.]

1310. κύμασι στωμύλλετε : Διὰ τοῦ στωμύλλετε πάλιν εἰς αὐτὸν παίζει. ἐξ ἄλλων δὲ καὶ ἄλλων Εὐριπίδου δραμάτων κόμματα συντίθησι καὶ οὐδὲν κατὰ τὸ ἑξῆς λέγει μέλος. (ἔστι δὲ τὸ προεγκείμενον ἐξ Ἰφιγενείας τῆς ἐν Αὐλίδι.)

1311. τέγγονται νοτεραῖς : Τὸ ἑξῆς, νοτίαις ῥανίσι πτερύγων χρόα δροσιζόμεναι.

1314. εἰειειειειει : Ἡ ἐπέκτασις τοῦ εἰ εἰ εἱλίσσετε κατὰ μίμησιν (εἴρηται) τῆς μελοποιίας.

φάλαγγες : [Αἱ λεγόμεναι καματηραί.] (ἀράχνιόν τι ἡ φάλαγξ. λέγουσι δὲ καὶ τῶν δακτύλων τὰ ἄρθρα φάλαγγας, ἅπερ νῦν μᾶλλον λέγει.)

1315. ἱστότονα : [Τοὺς ἱστοὺς, οὓς ἐν τῷ ἀέρι οἱ ἀράχναι ὑφαίνουσι. λάμβανε δὲ ἀπὸ κοινοῦ εἰς τὰς μελέτας τὸ εἱλίσσετε οὕτως· καὶ εἱλίσσετε μελέτας κερκίδος ἀοιδοῦ· τουτέστιν, ὥσπερ αἱ ὑφάντριαι διὰ τῶν κερκίδων γυναῖκες ἐν τῷ ὑφαίνειν ᾄδουσιν, οὕτω καὶ ὑμεῖς ὦ ἀράχναι. πηνίσματα δὲ, ὑφάσματα. τὸ δὲ κερκίδος ἐκ Μελεάγρου Εὐριπίδου. τὸ δὲ, ἵν' ὁ φίλαυλος, ἐξ Ἠλέκτρας (438).] φίλαυλος δὲ ὁ τοὺς αὐλοὺς καὶ τὰ μέλη ποιῶν. αἰνίττεται δ' ἴσως εἰς τὸν Ἀριόνιον μῦθον. κυανεμβόλοις δὲ ταῖς ἐν τῷ μέλανι βυθῷ χορούσαις.

1316. καὶ ταῦτα Εὐριπίδου. ἔστι δὲ ἀσυνάρτητα. V.

1320. οἰνάνθας : Παρὰ τὸ ἐξ Ὑψιπύλης Εὐριπίδου « οἰνάνθα τρέφει τὸν ἱερὸν βότρυν. » ἡ πρώτη δὲ ἔκφυσις τῆς ἀμπέλου οἰνάνθη λέγεται. [καὶ τὸ, περίβαλ' ὦ τέκνον, ἐξ Ὑψιπύλης.] — ὁ οἶνος. R.

1323. ὁρᾷς τὸν πόδα τοῦτον : (Ὡς καὶ τοιαῦτα ἀμοιβαῖα ἐν τοῖς μέλεσιν ἐπιτηδεύοντος Εὐριπίδου.) καὶ ταῦτα δὲ αὐτὸς προστίθησιν ἀναμωκώμενος Εὐριπίδην, ὡς τὰ τοιαῦτα ἐν τοῖς μέλεσιν αὐτοῦ ἐπιτηδεύοντα. [πόδα δὲ, τὸν ῥυθμὸν, ἢ τὸ μέλος· ἀπὸ μέρους.]

1328. Κυρήνης μελοποιῶν : Κυρήνη τις ἑταίρα ἐπίσημος, δωδεκαμήχανος ἐπικαλουμένη, διὰ τὸ τοσαῦτα σχήματα ἐν τῇ συνουσίᾳ ποιεῖν. ἔστι δὲ (παρὰ τὰ) ἐξ Ὑψιπύλης (Εὐριπίδου « ἀνὰ τὸ δωδεκαμήχανον ἄντρον. ») [ἐκ δὲ τοῦ λέγειν, ἀνὰ τὸ δωδεκαμήχανον Κυρήνης, ἤγουν ἀνὰ τὰς δώδεκα ἐκείνης αἰσχρὰς μηχανὰς, δείκνυσιν αὐτὸν πάνυ φαυλότατον.]

1331. ὦ Νυκτὸς κελαινοφανὴς : [Φασὶν ὡς πάντα ταῦτα τὰ ἔπη ἔκ τινος δράματός ἐστιν Εὐριπίδου.] (Ἀσκληπιάδης,) παρὰ τὰ ἐξ Ἑκάβης Εὐριπίδου [68], (ἐν μιμήσει δηλονότι. οὕτω γὰρ παραγέγραπται) « ὦ στεροπὰ Διὸς, ὦ σκοτία νὺξ, (τί ποτ' αἴρομαι ἔννυχος οὕτω;) » [πρόσπολον δὲ, ὑπηρέτην. ψυχὴν δὲ, ὡς φαινόμενον· ἄψυχον δὲ, ὡς ἄϋλον καὶ εὐθέως οἰχόμενον. νυκτὸς δὲ παῖδα ἐνταῦθα εἴρηκε, καίτοι ἐν Ἑκάβῃ μελανοπτερύγων ὀνείρων εἰπὼν τὴν γῆν μητέρα.] — ἀντὶ τοῦ μέλαινα. R.

1333. πρόμολον : Πρόδρομον καὶ θανάτου σημαντικόν. *E. Cant.* 1. [μελανονεκυείμονα δὲ, μέλανα καὶ νεκρικὰ ἱμάτια φοροῦντα ὡς θανάτου σημαντικόν.]

1337. [μεγάλους ὄνυχας ἔχοντα : Ὡς πάνυ τὰς ψυχὰς σπαράττοντα.]

1338. (ἀλλά μοι ἀμφίπολοι : Ἀπολλώνιος παρὰ τὰ ἐκ τῶν Τημενιδῶν.) — Ἀπολλώνιος ἀπὸ τῶν Εὐμενίδων φησὶν εἶναι. Cant. 1.

1340. Ὄνειρον ἀποκλύσω : Καὶ τοῦτο μιμεῖται ὁ Αἰσχύλος. τοῦτο δὲ λέγει παρόσον ἀποδιοπομπεῖσθαι εἰώθασι τοὺς χαλεπωτάτους τῶν ὀνείρων. ἀπρόσπλοκα ταῦτα καὶ ἀσυνάρτητα σὺν τοῖς ἑξῆς πᾶσι. [τὸ δὲ ὄναρ, ὃ εἶδε, τοιοῦτον εἶναι δοκεῖ, ὡς γυνή τις ἐκ γειτόνων οὖσα αὐτῇ, Γλύκη καλουμένη, τὸν ἀλεκτρυόνα αὐτῆς ἁρπάσασα ᾤχετο. ἐπικαλεῖται δὲ τὸν Ποσειδῶνα ὡς πλησίον τῆς θαλάσσης ἰδοῦσα τὸν ὄνειρον.]

1344. Νύμφαι ὀρεσίγονοι : Ἐκ τῶν Ξαντριῶν Αἰσχύλου, (φησὶν Ἀσκληπιάδης· εὗρε δὲ Ἀθήνησιν ἔν τινι τῶν διασωθέντων· « Νύμφαις * * * * θεαῖσιν ἀγείρω, « Ἰνάχου Ἀργείου ποταμοῦ παισὶν βιοδώροις. » ἔοικε δὲ τὸ ὅλον ἐπιτηδεύειν ἀνυπότακτα. ἄλλως οὐδὲ παρ' Αἰσχύλου ἥρμοζε τὰ τοιαῦτα λαμβάνεσθαι.) [τὸ δὲ Μανία ξύλλαβε, νῦν λέγει διὰ τὸν ἄτοπον ὄνειρον, εὐχομένη μανίας τυχεῖν, ἵνα μηδενὸς τούτων αἰσθάνοιτο. τὸ δὲ ἐγὼ δ' ἁ τλάμων, πρὸς τὸ, φρούδη Γλύκη, ἔχει τὴν ἀκολουθίαν. κνεφαῖος δὲ, ἑωθινή. κνέφας γὰρ τὸ λυκόφως.]

1348. ἀντὶ τοῦ ἄτρακτον κλώθουσα. R. V. Θ.

1350. εἰς ἀγορὰν φέρουσα : Πάλιν ἐπὶ πενίαν καὶ μικροπρέπειαν αὐτὸν κωμῳδεῖ.

1353. ὅτι ἐν τοῖς μέλεσι δὶς τὰ αὐτὰ λέγει Εὐριπίδης.

1356. ἀλλ' ὦ Κρῆτες, Ἴδης : Τοὺς Κρῆτας λέγει. ἔστι δὲ ἐκ Κρητῶν Εὐριπίδου. R. V. Θ. M. [οὐ μόνον ἐν Τροίᾳ, ἀλλὰ καὶ ἐν Κρήτῃ Ἴδη ἐστὶν, ὡς καὶ ὁ Λυκόφρων φησίν. ἐπεὶ δὲ ἐν Κρήτῃ ἦν ἡ τοῦτο λέγουσα, διὰ τοῦτο λέγει, Ἴδης τέκνα τὰ τόξα λαβόντες ἐπαμύνατε. Δίκτυνναν δὲ λέγει τὴν Ἄρτεμιν διὰ ταῦτα, ἐπειδὴ τῶν κυνηγετῶν ἐστι τὸ δίκτυα φέρειν. ἔφορος δὲ κυνηγίας ἡ Ἄρτεμις. φασὶ δὲ ὅτι νύμφη τις Βριτόμαρτις καλουμένη, θηρεύουσά ποτε δικτύοις τισὶ κατὰ τύχην ἐνέπεσε, καὶ ὑπὸ Ἀρτέμιδος ῥυσθεῖσα, Δικτύννης Ἀρτέμιδος ἱερὸν ἱδρύσατο. Ἑκάτην δὲ καὶ Ἄρτεμιν οἱ μὲν τὴν αὐτήν φασιν, οἱ δὲ ἄλλην καὶ ἄλλην· ὡς κἀνταῦθα. ταῦτα δὲ παρὰ τὰ ἐκ Κρητῶν Εὐριπίδου.]

1358. τὰ κῶλα : Τοὺς πόδας ὑμῶν. *Br.*

[1360]. κυνίσκας : Ἀντὶ τοῦ τὰς κύνας. (ὡς φιάλας καὶ φιαλίσκας· διπύρους δὲ, ἀντὶ τοῦ διπλᾶς.)

1361. ἢ ἀντὶ τοῦ διαπύρους. ἢ ὅτι λαμπάδας ἔχει διττάς. V. διακαεῖς, ἢ διπύρους, ἤτοι διπλᾶς. *C.*

1363. εὕρω, ἐρευνήσω, φωράσω. R. ἐρευνήσω, εὕρω, θεωρήσω. V. Θ.

1367. τὸ γὰρ βάρος : Τινές φασιν ἕως τῶν ἐνταῦθα τὸν Αἰσχύλον λέγειν, τὰ δὲ ἑξῆς τὸν Διόνυσον.

1369. τυροπωλῆσαι : Πρὸς γὰρ τὸν σταθμὸν ἐπωλεῖτο ὁ τυρός. — τυροπωλῆσαι τέχνην : Τυροπωλικῶς ζυγῆσαι. Θ. *E.*

1370. [ἐπίπονοί γ' οἱ δεξιοί : Κορωνὶς καὶ εἴσθεσις μέλους χοροῦ προῳδική, διὰ τὸ προτίθεσθαι τῆς κορωνίδος, ἐκ κώλων τροχαϊκῶν ἐπιμεμιγμένων χορείοις καὶ ἰάμβοις η'. ὧν τὰ γ' ἑφθημιμερῆ· τὰ δ' ἄλλα δίμετρα ἀκατάληκτα, πλὴν τοῦ τελευταίου ἰθυφαλλικοῦ ὄντος. ἐπὶ τῷ τέλει κορωνίς.] — οἱ εὐπαίδευτοι. R. σπουδαῖοι, μηχανικοί, οἱ ἐπιτήδειοι, οἱ φρόνιμοι. Θ.

1374. μὰ τὸν : Ἐλλειπτικῶς ὀμνύει. καὶ οὕτως ἔθος

ἐστὶ τοῖς ἀρχαίοις ἐνίοτε μὴ προστιθέναι τὸν θεὸν [εὐλαβείας χάριν]. εἰώθεισαν δὲ τοῖς τοιούτοις ὅρκοις χρῆσθαι ἐπευφημιζόμενοι, ὥστε εἰπεῖν μὲν μὰ τὸν, ὄνομα δὲ μηκέτι προσθεῖναι. (καὶ Πλάτωνα δὲ τῷ τοιούτῳ κεχρῆσθαι. λέγει δὲ, οὐχ ἂν ἐπειθόμην, οὐδὲ εἴ τίς μοι ἔλεγε τῶν ἐπὶ τοῦ πράγματος τυχόντων.) [τὸ δὲ ἐπιτυχόντων, ἀντὶ τοῦ συνελθόντων. ἡ ἐπί ἀντὶ τῆς σύν.] — μὰ τὸν : Δέον εἰπεῖν μὰ τὸν Δία, μὰ τὸν εἶπε μόνον. καὶ ἔστι τοῦτο εὐλαβείας ἴδιον, τὸ πεφεισμένως καὶ ἐλλειπτικῶς τοῦ ὅρκου ἅπτεσθαι. E.

1378. [Ἴθι νῦν παρίστασθον : Κορωνὶς ἑτέρα εἰσιόντων τῶν ὑποκριτῶν. οἱ δὲ στίχοι ἰαμβικοὶ τρίμετροι ἀκατάληκτοι ριε΄· ὧν τελευταῖος

νὴ τὸν Δί' οὐ γὰρ ἄχθομαι τῷ πράγματι.

ἐπὶ τῷ τέλει κορωνίς.]

παρὰ τὼ πλάστιγγ' : (Παρὰ τοῖς νῦν λεγομένοις ζυγίοις. τὸ δὲ σχῆμα Ἀττικὸν, ὡς τὼ χεῖρε, τὼ πόλει καὶ νὴ τὼ σιώ.) πλάστιγξ δὲ τὸ κατηρτημένον τοῦ ζυγοῦ μέρος, ᾧ ἐπιτίθεται τὰ ζυγά. — τὸ ἰδού ἀμφότεροί φασι. R.

1380. κοκκύσω : Συρίσω, σύνθημα δῶ, [δίκην ἀλεκτρυόνος βοήσω. τὸ δὲ « εἴθ' ὤφελεν » ἀρχὴ τοῦ Μηδείας δράματος Εὐριπίδου.]

1383. βούνομοι : Ὑπὸ βοῶν καταστρεφόμεναι ἤγουν κατανεμόμεναι. ἔστι δὲ ἐκ Φιλοκτήτου Αἰσχύλου.

1386. ἐριοπωλικῶς : Ὡς οἱ τὰ ἔρια πωλοῦντες, βρέχουσιν αὐτὰ, ἵνα βαρύνωσιν ἐν τῷ σταθμῷ. [τὸ δὲ, « οὐκ ἔστι πειθοῦς, » ἐξ Ἀντιγόνης Εὐριπίδου. τὴν δὲ πειθὼ χρῆμα νοῦν οὐκ ἔχον φησὶν, ὅτι τὸ πείθειν ποικιλία καὶ στροφὴ λόγων ἐστὶ, παράγουσα τοὺς ἀκούοντας, καὶ οὐκ ἀληθὴς διάνοια. τὸ δ' ἑξῆς ἐκ Νιόβης Αἰσχύλου.]

1390. ἥν' ἰδού : Ἠνὶ ἰδοὺ ἐκ παραλλήλου. Θ. *Vict.*

1400. βέβληκ' Ἀχιλλεὺς : Ἀρίσταρχός φησιν ἀδεσπότως τοῦτο προφέρεσθαι, ὡς Εὐριπίδου πεποιηκότος κυβεύοντας ἐν τῷ Τηλέφῳ, οὓς καὶ περιεῖλε. (μήποτ' οὖν ἐκεῖθεν ἦν. μᾶλλον δὲ ἐσχεδιακὼς ἂν εἴη Ἀριστοφάνης. οὐδὲ γὰρ τὸν Εὐριπίδην τοῦτο προφερόμενον. ἀλλὰ τὸν Διόνυσον χλευάζοντα. τινὲς δὲ, ὅτι ἐν τῷ Φιλοκτήτῃ ἦν ὁ τόπος. οἱ δὲ ἐν τῇ Ἰφιγενείᾳ τῇ ἐν Αὐλίδι. ἐμφαίνει δὲ καὶ Εὔπολις τοῦτο εἰδὼς

ἀποφθαρεὶς δὲ δύο κύβω καὶ τέτταρα.

τοῦτο δὲ Διόνυσος ὑποβάλλει αὐτῷ χλευάζων.) [Ἄλλως. ἐκ Μυρμιδόνων. πεποίηκε γὰρ αὐτοὺς κυβεύοντας. ἔθος δὲ τοῖς κυβεύουσιν οὕτω λέγειν, β', δ', γ', ε'. τοῦτο δὲ λέγει ὁ Διόνυσος δεικνὺς ὡς Αἰσχύλος νενίκηκε. τὸ δὲ σιδηροβριθὲς, ἐκ Μελεάγρου. τὸ δὲ, ἐφ' ἅρματος γὰρ ἅρμα, ἐκ Γλαύκου Ποτνιέως Αἰσχύλου. τὸ δὲ ἐξηπάτηκεν εἶπεν ἐκ μεταφορᾶς τῶν παλαιστῶν. ἐκεῖνοι γὰρ ἀπατῶντες τοὺς ἀντιπάλους νικῶσιν.]

1401. σφῷν : Γρ. καὶ νῷν. R.

1402. ἐκ Μελεάγρου Εὐριπίδου. R.

1403. ἐκ Γλαύκου Αἰσχύλου. R.

1406. [ἑκατὸν Αἰγύπτιοι : Πολλαχοῦ ὡς ἀχθοφόρων τῶν Αἰγυπτίων μέμνηται.]

1408. (Κηφισοφῶν : Καὶ διὰ τούτου δηλοῖ πάλιν σχεδόν τι τὸ συναμφότερον, ὡς Κηφισοφῶν συνεποίει τὰ δράματα, καὶ τὴν γυναῖκα αὐτοῦ εἶχεν. Ἄλλως. οὐχ ὡς μόνον συμποιοῦντος αὐτῷ τοῦ Κηφισοφῶντος τὰ δράματα, ἀλλὰ καὶ ὡς συνόντος αὐτοῦ τῇ γυναικί.) [οἱ δὲ γράφοντες χὠ Κηφισοφῶν, εἶναι δ' ἀξιοῦντες ἀνάπαιστον τὸν τελευταῖον πόδα, σκεψάσθωσαν εἰ ἡ προπαραλήγουσα συστέλλεται.]

1413. τὸν μὲν γὰρ ἡγοῦμαι σοφὸν : Τὸν Αἰσχύλον σοφὸν, ἥδομαι δὲ τῷ Εὐριπίδῃ. R. σοφὸν μὲν Εὐριπίδην λέγει, ἥδεσθαι δὲ τῷ Αἰσχύλῳ. οὕτως Ἀρίσταρχος. ἄλλοι δὲ τὸ ἐναντίον, καὶ ἑκατέρῳ συνηγορεῖν καὶ μάλιστα, ὅτι ἥδεται Εὐριπίδῃ, ὡς καὶ ἐν ἀρχῇ προεῖπεν.

1414. οὐδὲν ἄρα πράξεις : Ἀπολλώνιος τοῦ Πλούτωνος τοῦτο εἶναί φησι, (καὶ γίνεται πρόσωπα ἐν τῇ σκηνῇ δ'). τινὲς δὲ τοῦ χοροῦ.

1417. πύθεσθε : Ἀκούσατε. *Br.*

1418. τοῦ χάριν : Οὐκ ἔστιν ἄλλου προσώπου τὸ τοῦ χάριν, ἀλλ' ὁ Διόνυσος ἑαυτῷ ἀνθυποφέρει.

1422. πρῶτον μὲν οὖν περὶ Ἀλκιβιάδου : Περὶ τῆς δευτέρας αὐτοῦ λέγει ἀποχωρήσεως, ἣν ἑκὼν ἔφυγε, κατελθὼν μὲν ἐπὶ Ἀντιγένους πρὸ ἐνιαυτοῦ τῶν Βατράχων, διὰ δὲ τὸ πιστεῦσαι Ἀντιόχῳ τῷ κυβερνήτῃ τὸ ναυτικὸν καὶ ἡττηθῆναι ὑπὸ Λυσάνδρου δυσχερανθεὶς ὑπ' Ἀθηναίων. (Ἄνδρων δὲ διαφέρεται πρὸς Ξενοφῶντα περὶ τῆς καθόδου. Καλλίστρατος δέ φησιν ὅτι οὗτος ἦν ὁ καιρὸς, καθ' ὃν ἑκὼν ἔφυγεν ὁ Ἀλκιβιάδης. ὁ δὲ Ἀρίσταρχός φησι, καθ' ὃν ἐκπεσὼν ἐν Λακεδαίμονι διατρίβων ἔπεισε Λακεδαιμονίους Ἀθηναίοις Δεκέλειαν ἐπιτειχίσαι· τελέως δὲ πταίουσι. λέγει οὖν περὶ τῆς δευτέρας ἀποχωρήσεως, ἣν ἑκὼν ἔφυγε. γεγόνασι δὲ Ἀλκιβιάδαι τέσσαρες.) [δυστοκεῖ δὲ λέγει ἀντὶ τοῦ ἀγανακτεῖ καὶ κακῶς πάσχει, ἐκ μεταφορᾶς τῶν δυστοκουσῶν γυναικῶν. ἢ δυστοκεῖ λέγει ἀντὶ τοῦ, κακὰ γεννήματα προάγει. Ἀλκιβιάδης γὰρ φύσει Ἀθηναῖος ὢν ἔφυγε μὲν καὶ πρόσθεν διά τινα αἰτίαν ἐκ πόλεως, κατελθὼν δὲ ὕστερον καὶ ναύαρχος καταστὰς ἐνεπιστεύσατο τὸ ναυτικὸν Ἀντιόχῳ· οὗ καὶ ὑπὸ Λυσάνδρου ἡττηθέντος φοβηθεὶς Ἀλκιβιάδης μεταχωρεῖ πρὸς Λακεδαιμονίους, οὓς καὶ πείθει Ἀθηναίοις ἐπιτειχίσαι Δεκέλειαν. ἡ δὲ Δεκέλεια χώρα ἐν τῇ Ἀττικῇ, ἧς τειχισθείσης μέγας ἦν κίνδυνος Ἀθηναίοις μὴ δυναμένοις ἐξελθεῖν.] — πρὸς τοὺς ποιητὰς ὁ . . . . . . R.

1425. (ποθεῖ μὲν, ἐχθαίρει δὲ : Παρὰ τὰ ἐκ τῶν Ἴωνος Φρουρῶν, ὅπου ἡ Ἑλένη πρὸς τὸν Ὀδυσσέα φησὶ

σιγᾷ μὲν, ἐχθαίρει δὲ, βούλεταί γε μήν.

ὁ δὲ λόγος, ποθεῖ μὲν ὡς δραστήριον, μισεῖ δὲ ὡς τυραννικόν.) [ἢ ὡς εἰς Λακεδαιμονίους χωρήσαντα.]

[illegible]

[illegible]

[illegible] εἰς τὴν Ἀττικήν. [illegible] ὅλως [illegible]

[illegible] : Καὶ [illegible] κατὰ τὴν [illegible] εἰς τὴν Ἀττικήν, μὴ [illegible] ἀλλ' [illegible] τῇ [illegible] κατὰ γῆν [illegible]

σθαι, τὸν δὲ διὰ θαλάσσης, τοῦτον ἡγεῖσθαι πόρον. (ἢ καὶ οὕτως· ἕνα μὲν πόρον ἡγεῖσθαι χρημάτων, τὸ ναῦς ὡς πλείστας ἔχειν· τὸν δὲ ἄλλον πόρον, ὃς ἂν ἔξω τῆς γῆς ᾖ, τοῦτον ἀπορίαν νομίζειν· οἷον τὰ θεωρικὰ, ἢ δικαστικὰ, ἢ ἐκκλησιαστικά. συμβουλεύει οὖν πᾶσαν τὴν ἐν τούτοις γινομένην δαπάνην ταῖς ναυσὶν ἀφορίσαι. πρὸς ταύτην δὲ τὴν ἔννοιαν καὶ τὸ ἐπιφερόμενον ἀκόλουθον. φησὶ γὰρ ὁ Διόνυσος, « πλήν γ' ὁ δικαστὴς αὐτὰ καταπίνει μόνος, » ὡς πολλῶν ὄντων τῶν δαπανωμένων εἰς τὸν δικαστικὸν μισθόν.) τοῦτο δὲ παρ' ὑπόνοιαν εἶπε. [νοεῖται μὲν γὰρ κατὰ τὸ φαινόμενον, ὅτι ἐγὼ μόνος ὁ δικάζων ὑμῖν κατὰ νοῦν ταῦτα λαμβάνω καὶ ἀποδέχομαι· τῇ δὲ ἀληθείᾳ κατηγορίαν Ἀθηναίων ἐμφαίνει, ὡς δικορραφούντων καὶ μισθοὺς πολλοὺς περὶ τὰς δίκας διδόντυιν. τὸ δὲ κρίνοις ἄν τινὲς τὸν Πλούτωνα λέγειν ἀξιοῦσιν. αἱροῦ δὲ τοὺς φίλους ἀντὶ τοῦ ἐμὲ λάβε.]

1469. οὓς ὤμοσας : Πρὶν κατελθεῖν. *C.*

1470. τοὺς φίλους : Ἐμέ. *Br.*

1471. ἡ γλῶττ' ὀμώμοκε : Παρὰ τὰ ἐξ Ἱππολύτου [611]

ἡ γλῶττ' ὀμώμοχ', ἡ δὲ φρὴν ἀνώμοτος.

1475. τί δ' αἰσχρὸν ἢν μὴ : Παρὰ τὰ ἐξ Αἰόλου Εὐριπίδου

τί δ' αἰσχρὸν, ἢν μὴ τοῖσι χρωμένοις δοκῇ;

1478. τὸ πνεῖν δὲ δειπνεῖν : Παρὰ τὰ ἐκ Φρίξου Εὐριπίδου. τὸ δὲ κώδιον προσέθηκεν, ἐπειδὴ καθεύδειν ἔφη. [Ἄλλως. τοῦτο ἐκ Πολυΐδου δράματος

τίς οἶδεν, εἰ τὸ ζῆν μέν ἐστι κατθανεῖν,
τὸ κατθανεῖν δὲ ζῆν, ὑπνοῦν δὲ τὸ κατθανεῖν.

Ἀριστοφάνης δέ φησι

τὸ πνεῖν δὲ δειπνεῖν καὶ τὸ καθεύδειν κώδιον.

πεποίηκε δὲ τοῦτο, ἐπειδὴ ὁ Διόνυσος οὐδὲν ἕτερον ἠγάπα ἢ δειπνεῖν καὶ καθεύδειν ἐν μαλακοῖς στρώμασιν, οἷά ἐστιν τὰ ἐκ κωδίων.]

1481. τῷ ἑστιᾶσαι· ὡς ἀδηφάγος. τρυφερὸς γάρ. Ven.

1482. [μακάριον : Κορωνὶς καὶ εἴσθεσις χοροῦ ἐπῳδικὴ, διὰ τὸ μετὰ τὴν κορωνίδα κεῖσθαι, ἐκ κώλων τροχαϊκῶν ἐπιμεμιγμένων χορείοις καὶ ἰάμβοις καὶ ἀναπαίστοις διμέτρων ὀκτωκαίδεκα· ὧν τὰ μὲν α', β', γ', η', ι', ια', ιβ', ιδ', ιε' καταληκτικὰ ἤτοι ἑφθημιμερῆ Εὐριπίδεια, ἢ ληκύθια· τὰ δ' ἄλλα ἀκατάληκτα, πλὴν τοῦ θ' καὶ τελευταίου βραχυκαταλήκτων ἰθυφαλλικῶν. ἐπὶ τῷ τέλει κορωνίς.] λείπει τὸ πρᾶγμα, ἵν' ᾖ, μακάριον τὸ πρᾶγμα. [φίλους δὲ νῦν ὡς καὶ ἡμεῖς. πολλαχοῦ δὲ τοὺς συγγενεῖς καὶ ἀναγκαίους.] — ξύνεσιν : Ἀντὶ τοῦ φρόνησιν. R. V.

1491. (χάριεν οὖν : Ὅτι νῦν τὴν πρὸς Σωκράτην ἑταιρίαν δηλοῖ. Παναίτιος δὲ ὅλα ταῦτα περὶ ἑτέρου Σωκράτους φησὶ λέγεσθαι, τῶν περὶ σκηνὰς φλυάρων, ὡς Εὐριπίδης.) [Ἄλλως. τὸν Σωκράτη ἐνταῦθα κατηγορεῖ. ζῶν γὰρ οὗτος ὡς πολυλόγος κατηγορεῖτο, ὅτι πολλοὺς λόγους ἐν τοῖς ἐργαστηρίοις καὶ τραπέζαις διεξήρχετο περὶ φιλοσοφίας. λέγει οὖν ὅτι καλόν ἐστι, μὴ μετ' αὐτοῦ τινα διάγειν, ἀφέντα τοὺς ποιητὰς τοιούτους ὄντας ὡς καὶ μετὰ θάνατον ἀναβιοῦν αὖθις δύνασθαι· οὗ νῦν Αἰσχύλος ἔτυχε.]

1497. καὶ σκαριφισμοῖς : (Συνεστυμμένοις καὶ στυγνοῖς. παρόσον οὐκ ἀνειδέοις οἱ φιλόσοφοι διαλέγονται. ἢ) οἷον σκαρισμοῖς καὶ λεπτολογίαις, εὐτελείαις, σκιαγραφίαις. σκαριφεύειν γὰρ τὸ τοὺς ζωγράφους ὑποτυπῶσαι (πρῶτον τοὺς γραφομένους). [καὶ σκαριφήσασθαι ἐπὶ τοῦ ἐπισεσυρμένως τι ποιεῖν, καὶ μὴ κατὰ τὴν προσήκουσαν ἀκρίβειαν σκιαγραφεῖν. εἰσὶ δὲ καὶ οἱ φιλόσοφοι λόγοι ὥσπερ σκιαὶ καὶ αἰνίγματα διὰ τὸ ἀερῶδες αὐτῶν καὶ λεπτόν.] (Ἴσως δὲ ἐντεῦθεν καὶ τὸ ἐν τῇ συνηθείᾳ σκάριφος,) [ἤγουν τὸ κάρφος, καὶ φρύγανον· μᾶλλον δὲ ἡ γραφίς]. — σκαρηφισμοῖσι : Σκιαῖς. *C.*

1499. παραφρονοῦντος ἀνδρός : Λείπει τὸ ἐστίν, (ὡς καὶ τὸ Ὁμηρικὸν [Od. Δ, 834]

εἰ δ' ἤδη τεθνᾶσι, καὶ εἰν Ἀίδαο δόμοισι.

λείπει γὰρ κἀνταῦθα τὸ ἐστί.)

1500. [ἄγε δὴ χαίρων : Ἔκθεσις τοῦ δράματος, ὃ καὶ ἐπίλογος καλεῖται, ἐκ κώλων διμέτρων ἀναπαιστικῶν κζ'· ὧν τὰ ς', ια', ιε', κδ', κζ' ἑφθημιμερῆ· τὰ δὲ λοιπὰ ἀκατάληκτα, πλὴν τῶν η' καὶ ιγ' μονομέτρων. ἐφ' ἑκάστης περιόδου τέλει καὶ συστήματος παράγραφος.]

1501. τὴν ἡμετέραν : [Πάντως γὰρ οἱ θεοὶ αὐτὴν φιλοῦμεν διὰ τὴν πρὸς ἡμᾶς εὐσέβειαν.] — τοῦτο ἔφη ὁ Πλούτων, ἐπεὶ προσήκει ἡ Ἀττικὴ Δήμητρι καὶ Κόϻη. V. Θ. M.

1504. καὶ δὸς τουτὶ Κλεοφῶντι : Ἴσως σχοινίον ἐπιδίδωσιν αὐτῷ ὁ Πλούτων πρὸς ἀγχόνην, ἤ τι τοιοῦτον σύμβολον θανάτου. ὡς ξένος δὲ ὁ Κλεοφῶν κωμῳδεῖται. [ἢ ὅτι γέρων ὢν ἔμελλε μετ' ὀλίγον τεθνήξεσθαι. ἢ ὡς ἀγχόνης ἄξια ἔπραττε.]

1505. καὶ τούτοις τοῖσι πορισταῖς : [Τοῖς φορολόγοις.] (τούτους λέγει, τοὺς περὶ πόρου χρημάτων εἰσηγουμένους. εἴη δ' ἂν σχοινίον, ὃ ἐπιδίδωσιν αὐτοῖς.)

1506. (Μύρμηκί θ' ὁμοῦ ; Ὀνόματα κύρια. ἐπὶ πονηρίᾳ δὲ οὗτοι ἐκωμῳδοῦντο. οὐ πάντως δὲ ὁ Μύρμηξ τῶν ποριστῶν ἐστιν, ἀλλὰ δὴ οἴονται ἀπὸ ἄλλης ἀρχῆς· οὐδὲ γὰρ ὁ Νικόμαχος. ἀλλὰ ἤτοι ὁ τραγικὸς ὑποκριτής, ἢ ὁ πολίτης, περὶ ὧν προείρηται. τί δ' ἂν εἴη διδούς; τάχα βρόχους πρὸς ἀγχόνην, ἤ τι τοιοῦτον.) [ξυμποδίσας δὲ, συνδήσας τοὺς πόδας.]

1512. τοῦ Λευκολόφου : (Εἴη ἂν οὗτος ὁ τοῦ Λευκολοφίδου, οὗ καὶ Πλάτων μέμνηται ἐν τῷ Πρωταγόρᾳ [p. 315, E]. ἦν γὰρ τῶν περὶ τοὺς καιροὺς τούτους στρατηγούντων· ἡγεῖτο δὲ τοῦ μέρους τοῦ ναυτικοῦ. τάχα δ' ἂν οὗτος εἴη, ὃν καὶ παρεγγεγραμμένον λέγουσιν. οἱ-

καῖον γὰρ αὐτοῦ τὸ, στίξας αὐτούς· ἦν γὰρ ξένος. Ἄλλως.) στρατηγὸς ἦν τοῦ ναυτικοῦ. καὶ Εὔπολις μέμνηται ἐν Πόλεσιν οὕτως περὶ τοῦ Ἀδειμάντου

οὐκ ἀργαλέον δῆτ' ἐστὶ πάσχειν τοῦτ' ἐμὲ
τὸν Λευκολοφίδου παῖδα τοῦ Πορθάονος;

1516. τῷ Σοφοκλεῖ δηλονότι ὁ Εὐριπίδης. R.

1517. [ἣν δ' ἄρ' ἐγώ ποτε : Ἀπαγορεύει ὡς οὐκ ἔτι πάλιν εἰς Ἅδου ἀφίξεται.]

1523. [μηδ' ἄκων : Οἷον, μηδὲ εἴ τινες ἄκοντα τοῦτον λαβόντες καθίσαι ἐθελήσουσι.]

1524. [φαίνετε : Πρὸς τὸν χορόν. ἀντὶ τοῦ, ἀνάπτετε ὦ μύσται.]

1528. πρῶτα μὲν εὐοδίαν : [Ἡ τελευταία ἔκθεσις τοῦ δράματος ἐκ στίχων ἐστὶ δακτυλικῶν ϛʹ. ἐπὶ τῷ τέλει κορωνὶς ἡ καὶ τὸ δρᾶμα ἀποπερατοῦσα. εὐοδίαν δὲ, εὐκολίαν περὶ τὴν ὁδόν. ταῦτα δὲ] (παρὰ τὰ ἐν Γλαύκῳ Ποτνιεῖ Αἰσχύλου « εὐοδίαν μὲν πρῶτον ἀπὸ στόματος χέομεν. ») — ἀντὶ τοῦ Αἰσχύλου. R.

1531. [παυσαίμεθ' ἄν : Τὸ παυσαίμεθα εἶπεν ὁ χορὸς, διότι τῷ μὲν δοκεῖν ἐν Ἅδου ἦν, τὸ δ' ἀληθὲς Ἀθήνησιν, ἔνθα ἐπαίζετο τὸ δρᾶμα. ξυνόδων δὲ, συμπλοκῶν, ἃς ἡ πόλις νυνὶ πάσχει.] — τῶν πολεμικῶν ἀργαλέων. R.

1532. Κλεοφῶν δὲ μαχέσθω : Παρόσον, ὡς Ἀριστοτέλης φησὶ, μετὰ τὴν ἐν Ἀργινούσαις ναυμαχίαν Λακεδαιμονίων βουλομένων ἐκ Δεκελείας ἀπιέναι ἐφ' οἷς ἔχουσιν ἑκάτεροι καὶ εἰρήνην ἄγειν ἐπὶ τοῦ Καλλίου, Κλεοφῶν ἔπεισε τὸν δῆμον μὴ προσδέξασθαι, ἐλθὼν εἰς τὴν ἐκκλησίαν μεθύων καὶ θώρακα ἐνδεδυκὼς, οὐ φάσκων ἐπιτρέψειν ἐὰν μὴ πάσας ἀφῶσι τὰς πόλεις οἱ Λακεδαιμόνιοι. οὗτος δὲ ὁ Κλεοφῶν ὡς ξένος κωμῳδεῖται· οὗ καὶ ἄνω [στη] ἐμνήσθη, εἰπὼν « φιλοτιμότεραι Κλεοφῶντος, ἐφ' οὗ χείλεσιν ἀμφιλάλοις δεινὸν ἐπιβρέμει Θρηκία χελιδών. » μαχέσθωσαν οὖν, φησὶ, Κλεοφῶν καὶ οἱ ἄλλοι, ὅσοι τούτῳ ὅμοιοί εἰσι ξένοι, ἐν ταῖς πατρίσιν αὐτῶν, καὶ μὴ ἐν τῇ Ἀττικῇ κινείτωσαν πολέμους· οὐ γάρ ἐστιν αὐτῶν πατρὶς αὕτη.

1533. (πατρίοις ἐν ἀρούραις : Ἐν ταῖς ἑαυτῶν ἀρούραις. κωμῳδεῖ δὲ αὐτοὺς ὡς ξένους.)

ΕΚΚΛΗΣΙΑΖΟΥΣΑΙ.

ΥΠΟΘΕΣΕΙΣ.

α.

Αἱ γυναῖκες συνέθεντο πάντα μηχανήσασθαι εἰς τὸ δόξαι ἄνδρες εἶναι, καὶ ἐκκλησιάσασαι πεῖσαι παραδοῦναι σφίσι τὴν πόλιν, δημηγορησάσης μιᾶς ἐξ αὐτῶν. αἱ δὲ μηχαναὶ τοῦ δόξαι αὐτὰς ἄνδρας εἶναι τοιαῦται. πώγωνας περιθέτους καὶ ἀνδρείαν ἀναλαμβάνουσι στολὴν, προνοήσασαι καὶ προασκήσασαι τὸ σῶμα αὐτῶν, ὡς ὅτι μάλιστα ἀνδρικὸν εἶναι δόξαι. μία δὲ ἐξ αὐτῶν Πραξαγόρα λύχνον ἔχουσα προέρχεται κατὰ τὰς συνθήκας καὶ φησὶν « ὦ λαμπρὸν ὄμμα. »

II.

(ΑΡΙΣΤΟΦΑΝΟΥΣ

ΓΡΑΜΜΑΤΙΚΟΥ.

Ἐν τοῖς Σκίροις τὰ γύναι' ἔκρινεν ἐν στολαῖς
ἀνέρων προκαθίζοντα, γενομένης ἐκκλησίας,
περιθέμεναι πώγωνας ἀλλοτρίων τριχῶν.
ἐποίησαν οὕτως. ὑστεροῦντες οὖν στολαῖς
ἄνδρες γυναικῶν ἐκάθισαν· καὶ δὴ μία
δημηγορεῖ περὶ τοῦ λαβούσας τῶν ὅλων
τὴν ἐπιτροπὴν βέλτιον ἄρξειν μυρίῳ·
ἐκέλευσέ τ' εἰς κοινὸν φέρειν τὰ χρήματα
καὶ χρῆσθ' ἅπασιν ἐξ ἴσου ταῖς οὐσίαις
καὶ ταῖς γυναιξὶ μετατίθεσθαι τοὺς νόμους.)

SCHOLIA IN ECCLESIAZUSAS.

1. Ὦ λαμπρὸν : Πραξαγόρα λύχνον ἔχουσα προέρχεται. (ὑποπτεύεται δὲ ὁ ἴαμβος ἢ τοῦ Ἀγάθωνος ἢ τοῦ Δικαιογένους, διὰ τὰς ἑταίρας ἐγκαθιζομένας. ὃ πρὸς οὐδὲν εἶπεν, ἀλλὰ μόνον ὅτι τὰς ἑταίρας δεῖ πως.) βούλεται δὲ εἰπεῖν ὅτι τοὺς ἄνδρας προλάβωμεν εἰς τὴν ἐκκλησίαν.

τοῦ τροχηλάτου : Διὰ τὸν κεράμεον τροχόν. καταχρηστικῶς δὲ εἶπεν· οὐ γὰρ ἐν τροχῷ ἐλαύνεται, ἀλλὰ τύπῳ γίνεται.

2. κάλλιστα : Ἡ ἔννοια, κάλλιστα τοῖς σοφοῖς εὑρημένον, τοῖς εὖ σκεπτομένοις. οἱ δὲ τοῖς φύλαξιν, ὅτι μετὰ λύχνων σκοποῦσιν. (ῥύμης δὲ τῆς ὁρμῆς.)

6. ὁρμὰ φλογός : Σύμβολον ἡμῖν δίδου περὶ τῶν συγκειμένων διὰ τῆς φλογός.

10. χορδουμένων : Κινουμένων. τοῦτο δὲ λέγει, ἐπεὶ οἱ συνουσιάζοντες κινοῦνται.

12. ἀπορρήτους μυχούς : Τὸ αἰδοῖον λέγει τῆς γυναικὸς, διὰ τὸ μηδένα αὐτὸ βλέπειν.

13. (ἀφαύων : Ἀποξυρῶν.)

τρίχα : Τοῦ αἰδοίου τὴν ἐπικειμένην τρίχα.

14. στοάς : Τὰ ταμιεῖα στοὰς λέγουσι. καὶ γὰρ παραμήκη. — ἐν αἷς ὁ σῖτος. R.

18. Σκίροις : Σκίρα ἑορτή ἐστι τῆς Σκιράδος Ἀθηνᾶς, Σκιροφοριῶνος ιβ'. οἱ δὲ Δήμητρος καὶ Κόρης. ἐν ᾗ ὁ ἱερεὺς τοῦ Ἐρεχθέως φέρει σκιάδειον λευκὸν, ὃ λέγεται σκῖρον.

22. ἃς Σφυρόμαχος : (Γράφεται) ἃς Κλεόμαχος. (καὶ) φασὶ Κλεόμαχον τραγικὸν ὑποκριτήν. οὗτος φαίνεται ὑποκρινόμενός ποτε εἰρηκέναι ἕδρας ἐν δράματι καὶ ἐσκῶφθαι διὰ τὸ κακέμφατον. ὁ δὲ Σφυρόμαχος ψήφισμα εἰσηγήσατο, ὥστε τὰς γυναῖκας καὶ τοὺς ἄνδρας χωρὶς καθέζεσθαι καὶ τὰς ἑταίρας χωρὶς τῶν ἐλευθέρων.

26. θαἰμάτια, τὰ ἱμάτια. R.

30. ὥρα βαδίζειν : Μία τῶν ἐρχομένων γυναικῶν πρὸς τὴν Πραξαγόραν ταῦτα λέγει. — κῆρυξ ὁ ἀλέκτωρ. R.

34. θρυγονῶσα : Ἡσύχως κνῶσα.

36. ὑποδουμένη : Τὰ ὑποδήματα βάλλουσα. κνίσμα σου τὸν ἠρεμαῖον κνισμόν.

38. Σαλαμίνιος : Ὡς ναυτικῶν ὄντων τῶν Σαλαμινίων καὶ κατωφερῶν. δύναται δὲ καὶ ἀπὸ τῆς Σαλαμινίας νεὼς νοεῖσθαι τὸ Σαλαμίνιος, ὡς ἀπὸ τῆς Παράλου Παράλιος.

45. κἀρεβίνθων : Ὑποπίνοντες γὰρ ἔκαπτον φρυκτοὺς ἐρεβίνθους.

46. τὴν Σμικυθίωνος : (Λείπει) γυναῖκα.

47. ἐμβάσιν : Ἐμβὰς ἀνδρεῖον ὑπόδημα.

48. κατὰ σχολήν : ἀντὶ τοῦ μόλις ἢ ἀψοφητί. R. L.

49. Γευσιστράτην : Παρὰ τὴν Λυσιστράτην εἴρηται.

50. τὴν λαμπάδα : Τὴν δᾷδα λέγει διὰ τὸ νύκτα εἶναι.

53. ἔστ' ὄφελος : Ἀντὶ τοῦ αἱ εὐγενεῖς.

56. τριχίδων : Λέγει τῶν καλουμένων νῦν θρισσῶν. αὗται δὲ ἐσθιόμεναι βῆχα ἀνεγείρουσιν.

60. ἔχω τὰς μασχάλας : Ἔθρεψαν γὰρ τρίχας, ἵνα ὅταν χειροτονῶσι, δοκῶσιν ἄνδρες εἶναι.

61. λόχμης : ἀντὶ τοῦ συμφύτου τόπου. R.

64. πρὸς τὸν ἥλιον : Ὥστε μέλαινα γενέσθαι ὡς ἀνήρ.

65. ἔρριψα : Ξυρὸν ἔρριψα, ἵνα μὴ βλέπουσα αὐτὸ ἐρεθιζοίμην πρὸς ξυράν.

71. Ἐπικράτους : (Οὗτος εἰς δασύτητα κωμῳδεῖται.) ἦν δὲ ῥήτωρ καὶ δημαγωγός. οὗτος μέγαν πώγωνα ἔχων, ἐπεκαλεῖτο σακεσφόρος. καὶ Πλάτων ὁ κωμικός φησιν

ἄναξ ὑπήνης Ἐπίκρατες σακεσφόρε.

74. Λακωνικάς : Εἶδος ὑποδήματος.

77. Λαμίου : Λάμιός τις πένης καὶ ἀπὸ ξυλοφορίας ζῶν. (διὸ καὶ βακτηρίαν ἐξενέγκασα αὐτοῦ φησιν εἶναι. κωμῳδεῖται γὰρ καὶ ὡς δεσμοφύλαξ. ἀρσενικῶς δὲ Λαμίαν. ὑπὲρ ἧς ὁ Κράτης λέγει ἐν τῷ ὁμωνύμῳ δράματι, ὅτι σκυτάλην ἔχουσα ἐπέρδετο.)

78. ὧν πέρδεται : Ἀντὶ τοῦ ὧν φέρει. ἢ ἴσως ὑπὸ τοῦ βάρους ἐπέρδετο. — τὸ σκύταλον τὸ ῥόπαλον. R. Γ.

80. (τὴν τοῦ πανόπτου : Τοῦ τὴν Ἰὼ φυλάττοντος. αἰνίττεται δὲ ὡς ὄντος αὐτοῦ δεσμοφύλακος. ἀναφέρει δὲ τοῦτον ἐπὶ τὸν παρὰ Σοφοκλεῖ ἐν Ἰνάχῳ Ἄργον.)

81. εἴπερ τις ἄλλος : Ὡς οὐδεὶς ἄλλος τὸν δῆμον. βουκολεῖν δὲ ὡς τὴν Ἰὼ ὁ Ἄργος ἐν Ἰνάχῳ Σοφοκλέους. R.

87. ὑπὸ τῷ λίθῳ : Ὑπὸ τῷ βήματι.

88. ταυτί γε τοι : Γυνὴ ἔρχεται φέρουσα καὶ ξαίνουσα ἔρια, πρὶν ἀπελθεῖν ἐκεῖσε.

89. πληρουμένης : Οἷον ἕως συνάγονται. φθάσαι γάρ, φησί, δεῖ, καὶ μὴ μεῖναι ἕως πληρωθῇ.

94. παραφῆναι : Παραδεῖξαι ὡς πρὸς ἄνδρας.

96. ὑπερβαίνουσαν : Ἐπὶ τὸ βῆμα ἀναβαίνουσαν.

97. Φορμίσιος : (Καὶ) οὗτος δασὺς (ἦν). αἰνίττεται δὲ τὸ (γυναικεῖόν) αἰδοῖον.

100. ἀντὶ τοῦ ὅτε καθήμεθα. R.

102. Ἀγύρριος : Ὁ Ἀγύρριος στρατηγὸς θηλυδριώδης, ἄρξας ἐν Λέσβῳ. καὶ τὸν μισθὸν δὲ τῶν ποιητῶν συνέτεμε, (καὶ πρῶτος ἐκκλησιαστικὸν δέδωκεν). ὁ δὲ Πρόνομος αὐλητὴς μέγαν ἔχων πώγωνα, Ἀγύρριος δὲ εὐρύπρωκτος. οὗτος οὖν τὸν Προνόμου ἔχων πώγωνα λανθάνει ὢν γυνή.

106. τούτου γέ τοι : Νὺξ γὰρ ὑπόκειται ἔτι. ὑπερβατόν· καὶ τὸ ἑξῆς· τούτου γέ τοι ἕνεκα τοσοῦτον τόλμημα τολμῶμεν, νὴ τὴν ἐπιοῦσαν ἡμέραν, ἥν πως παραλαβεῖν.

109. νῦν μὲν γάρ : Παρὰ τὴν παροιμίαν

ὑπ' ἀργύριον ᾗ πάντα θεῖ κἀλαύνεται.

ὅ ἐστιν οὔτε ἀνέμοις οὔτε κώπαις πλέομεν.

110. (καὶ πῶς γυναικῶν : Ἐκ τραγῳδίας τοῦτο.)

113. σποδοῦνται : Κινοῦνται.

114. (κατὰ τύχην : Ἤγουν κατὰ συνουσίαν.)

115. ἡ 'μὴ 'μπειρία : Ἀντὶ τοῦ ἡ ἀπειρία.

116. ἐπίτηδες : Ἀντὶ τοῦ ἐκ σπουδῆς. R. Γ.

117. ἅτινα. R.

118. περιδουμένη : Περιδεσμεύουσα τὴν τριχίνην γενειάδα. γένειον γὰρ ὁ τόπος.

121 περίδοι : Περίθες.

122. περιδήσομαι : Ὅτι καὶ οἱ δημαγωγοὶ ἐστέφοντο.

124. (τάλαν : Παρέλκει τὸ τάλαν.)

125. καταγέλαστον : Τὸ ἡμᾶς πώγωνας ἔχειν.

126. σηπίαις : (Σηπία εἶδος ἰχθύος.) ἀπρόσλογος δὲ ἡ εἰκασία. — λευκαὶ γὰρ αἱ σηπίαι. R. ἐσταθευμέναις δὲ, ἐξ ἐπιπολῆς ὀπτηθείσαις. (σταθεύειν γὰρ τὸ μὴ λίαν ὀπτῆσαι. ἢ χλιανθείσαις πυρί.)

128. περιστίαρχος : Ὁ τῶν καθαρσίων προηγούμενος ἐν ταῖς ἐκκλησίαις. περίστια γὰρ τὰ καθάρσια.

τὴν γαλῆν : εἰς τὴν λεπτότητα τοῦ δελφακίου. R. Γ.

129. Ἀρίφραδες : Ὡς ἀναμεμιγμένου αὐταῖς. λοιδορεῖται δὲ πρὸς γυναῖκας αἰσχρὸς ὢν κιθαρῳδός.

131. στεφανοῦνται γὰρ οἱ δημηγοροῦντες. Γ.

132. πρὸς τὸ τῶν γυναικῶν φίλοινον. R. Γ.

133. ἐστεφανωσάμην : ἐπεὶ καὶ οἱ ἐν τοῖς συμποσίοις ἐστεφανοῦντο. R. Γ.

137. οὐ μόνον ζωρὸν, ἀλλὰ καὶ εὔζωρον, ἄκρατον. R.

138. ἀντὶ τοῦ ἐνθυμουμένων. R. Γ.

139. μεθυόντων ἐστὶ : Μανικά. διαβάλλει τοὺς Ἀθηναίους ὡς ἀεὶ κακὰ βουλευομένους.

145. μὴ ἔχειν τοῦτον τὸν πώγωνα. R. Γ.

146. ἀφαυανθήσομαι : Ξηρανθήσομαι.

148. ἐργάζεται : Τὸ πρᾶγμα ἀνύεται. λέγει δὲ ὅτι λοιπὸν πρωΐας ἐγένετο.

150. διερεισαμένη : Οἷον διαπηξαμένη, ἀσφαλισαμένη.

151. (τῶν ἠθάδων : Τῶν ἔθος ἐχόντων λέγειν.)

152. ἥσυχος : ἀντὶ τοῦ ἥσυχα τάδε τοιαῦτα ἐστί. Rav.

153. (ἐμὴν μίαν : Λείπει γνώμην.)

155. μὰ τὼ θεώ : (Ἐπειδὴ γυναικῶν ὁ ὅρκος.) παίζει. οὐ γὰρ δεῖ σε, φησὶν, ὑποκρινομένην ἄνδρα γυναικεῖον ὅρκον ὀμνύναι τὰς θεάς.

162. ἀκριβωθήσεται : Ἀκριβῶς μελετηθήσεται.

167. Ἐπίγονόν γ' ἐκεῖνον : Οὗτος κωμῳδεῖται ὡς μαλακὸς καὶ ὡς μετὰ γυναικῶν ἀεὶ εὑρισκόμενος.

169. ἀποφθείρου, πορεύου μετὰ φθορᾶς. R. Γ.

171 τὸν στέφανον. R.

172. ἀντὶ τοῦ κατορθῶσαι. R.

175. τὰ τῆς πόλεως : Ἐντεῦθεν ἡ ὑπόκρισις τῆς δημηγορίας.

185. οὗτος πονηρός ἐστι. R.

188. τοὺς μισθοφορεῖν : Τοὺς μισθοὺς βουλομένους λαβεῖν. καὶ γὰρ παρὰ τῶν δημαγωγῶν λαμβάνουσι, καὶ ὁ μὴ λαβὼν μισεῖ θέλων λαβεῖν.

193. τὸ συμμαχικόν : Τὸ πρὸς τοὺς συμμάχους δίκαιον. R. Γ. ἡ μὲν γνώμη τίς ἦν καὶ ὑπὸ τίνος ἄδηλον. περὶ δὲ τοῦ συμμαχικοῦ Φιλόχορος ἱστορεῖ ὅτι πρὸ δύο ἐτῶν ἐγένετο συμμαχία Λακεδαιμονίων καὶ Βοιωτῶν.

196. ὁ τοῦτ' ἀναπείσας : Κόνωνα λέγει.

198. γεωργοῖς : Ἐβαροῦντο γὰρ (ταῖς) τριηραρχίαις.

199. Κορινθίοις : Ἦσαν γὰρ διάφοροι. τὸ δὲ σοί ὡς πρὸς τὸν δῆμον.

201. Ἱερώνυμος σοφός.: Κατ' εἰρωνείαν. ὁ γὰρ Ἀργεῖος σοφὸς, ὁ δ' Ἱερώνυμος ἀμαθής. ταῦτα δὲ εἰς τὸ κωμῳδῆσαί τινας. τὸ δὲ Ἀργεῖος ὄνομα κύριον.

203. Θρασύβουλος: (Οὗτος αὐθάδης καὶ δωροδόκος,) ὑπερόπτης (ὢν) τοῦ δήμου, ἠβούλετο δι' αὐτοῦ πάντα πράττεσθαι.

204. διὰ τὸ ἀνήρ. R.

206. (τὰ δημόσια γὰρ μισθοφοροῦντες: Ὅπως μὲν αὐτοὶ κερδανεῖτε, σκοπεῖσθε· ὅπως δὲ φροντίσετε περὶ τῶν κοινῶν, ἐξ ὧν μισθοφορίαι, ἀμελεῖτε τοῦ κοινοῦ.)

208. Αἴσιμος: Χωλὸς ἄτιμος καὶ ἀμαθής. — ἄτιμος οὗτος καὶ χωλός. τὸ δὲ κοινὸν ὅτι τὸ κοινὸν ἀμελεῖτε. σκοπεῖσθε δὲ, τί κερδανεῖτε. R.

209. (σωθήσεσθ' ἔτι: Παρέλκει τὸ ἔτι παρὰ τοῖς Ἀττικοῖς.)

212. (ταμίαις: Ἐφόροις, φύλαξι, διοικητρίαις.)

216. βάπτουσι: Πλύνουσι. — οὐδὲν καινοτομοῦσι, φησί. R.

217. ἁπαξάπασαι: ἀντὶ τοῦ πᾶσαι. τὰ δὲ τοιαῦτα Ἀττικά. μεταπειρωμένας: μεταβαινούσας, μεταβαλλομένας ἀπὸ πράγματος εἰς πρᾶγμα. R.

220. εἰ μή τι καινὸν ἄλλο: Ἀντὶ τοῦ, εἰ μὴ ἐπολυπραγμόνει καὶ καινὰς ἔφερε πολιτείας. — ἀντὶ τοῦ, εἰ ἐφύλαττε τὸν ἀρχαῖον νόμον. R.

φρύγουσι: Λείπει τὸ κριθάς. ἐπιτρίβουσι, μοιχεύουσιν, ἢ ἐν τῷ μηδὲν πράττειν.

226. παροψωνοῦσιν: Ἀντὶ τοῦ λάθρα ὀψωνοῦσιν.

227. εὔζωρον: Ἄκρατον.

230. μὴ περιλαλῶμεν: Μὴ φλυαρῶμεν.

232. σκεψάμενοι: Οἷον ἐκ τῶν ἐπαγομένων λογισάμενοι.

236. πορίζειν: Εὑρίσκειν, συνάγειν.

239. τὰ δ' ἄλλα: Μετὰ τὸ ἐάσω στικτέον. τὸ δὲ ταῦτα, οἷον ταῦτα συμβουλεύων.

243. ἐν πυκνί: Ἀντὶ τοῦ ἐν τῇ ἐκκλησίᾳ. ὡς ἀποκεκρυμμένων ἐκείνων τῶν μερῶν καὶ δυναμένων ἐκεῖ κρύπτεσθαι ἐπὶ τῆς φυγῆς τῶν τριάκοντα.

245. (ὦ μέλ' ἦσθα: Παρέλκει τὸ μέλε.)

246. οὐ ματαίως καὶ ἐτωσίως. δεινὴ καὶ σοφὴ, ἱκανὴ ἐν τῷ λέγειν. R. αὐτόθεν: Ἀπὸ τοῦ παρόντος χρόνου.

248. Κέφαλός σοι: Δημαγωγὸς οὗτος ἕτερος, οὐχ ὃν λέγει Δημοσθένης, ἀλλὰ λοίδορος.

252. τρύβλια: Εἶδος ὀξυβάφου τὸ τρύβλιον.

253. κεραμεύειν: Ἀπὸ κοινοῦ τὸ κεραμεύειν, ἀντὶ τοῦ κατεργάζεσθαι. ἦν δὲ κεραμέως πατρὸς ὁ Κέφαλος. ἔλεγον δὲ κεραμεύειν καὶ τὸ κακῶς ποιεῖν τὰ κοινά.

254. Νεοκλείδης ὁ γλάμων: Ἐκωμῳδεῖτο ὡς συκοφάντης καὶ ξένος καὶ κλέπτης. ὁ λημῶν· ὁ ἔχων τοὺς ὀφθαλμοὺς μεστοὺς ἀκαθαρσίας.

255. ἐς κυνὸς πυγήν: Παροιμία παιδικὴ ἐπὶ τῶν ὀφθαλμιώντων, ἐς κυνὸς πυγὴν ὁρᾶν καὶ τριῶν ἀλωπέκων.

256. ὑποκρούσωσί σε: Ὑποβάλλωσί σε. λαμβάνωνταί σου.

257. πολλῶν κρουμάτων: Καὶ μετὰ τούτου ἔπαιξε πρὸς τὴν ὁμωνυμίαν τῆς συνουσίας.

259. ἐξαγκωνιῶ: Τοὺς ἀγκῶνας ὑπὸ ταῖς πλευραῖς ποιήσω. οὐδέποτε γὰρ οὕτω μέση ληφθήσομαι. (Ἄλλως. παραδώσω, ἵνα τῶν χειρῶν ἕλῃ με, καὶ μὴ μέσην ἄρας με γνῷ ὅτι γυνή εἰμι ἐκ τῶν τιτθίων.)

260. ὡδὶ, οὕτως. R.

263. τίνι. (262) ἔσκεπται. R.

265. αἴρειν τὼ σκέλη: Ἐν τῇ συνουσίᾳ· λέγει τὰς χεῖρας αἴρειν, ὥσπερ οἱ ῥήτορες οἱ κρινόμενοι.

267. ἐξωμισάσαις: Ἄχρι τῶν ὤμων γυμνωσάσαις.

269. ὑποδεῖσθε: Ὑποδεσμεύσατε.

274. ἀκριβῶς ποιήσετε. R.

276. ἐπαναβάλεσθε: ἀντὶ τοῦ περιστολίσασθε. R.

280. προΐωμεν αὐτῶν: Προηγησώμεθα τῶν λοιπῶν γυναικῶν.

281. ἄντικρυς: ἀντὶ τοῦ αὐτίκα. R.

284. ὑπαποτρέχειν: Ὀπίσω τρέχειν.

πάτταλον: Τὸ τυχόν. οἱ γὰρ ὕστερον ἐλθόντες οὐκ ἐλάμβανον τὸ ἐκκλησιαστικόν.

285. τὸ ἄνδρας. R.

286. ἐκπέσῃ. R.

288. (ἐνδούμεναι: Καταδυόμεναι εἰς τηλικαύτην τόλμαν λάθρα.)

289. (χωρῶμεν: Τοῦτ' ἐστὶ τὸ μέλος ὃ εἶπεν ἔνδον αὐταῖς τὸ ἀγροικικόν.)

291. πρῷ μονοσυλλάβως. ἀντὶ τοῦ ἔτι κνέφους ὄντος.

κεκονιμένος: οἷον σπουδάζων πάνυ καὶ σχεδὸν κόνεως πεπληρωμένος. R.

292. ὑπότριμμα: Ἀντὶ τοῦ δριμύ. οἱ γὰρ δικάζοντες ὀφείλουσι δριμεῖς εἶναι.

στέργων: Ἡδόμενος σκορόδοις. καὶ τοῦτο ἀγροικικὸν ἐμφαίνει.

293. ἀναπλάττει ὀνόματα. R.

295. μηδὲν παραχορδιεῖς: Παρὰ ῥυθμὸν ποιήσεις, μηδὲν παραφθέγξῃ, ἀλλὰ δεῖ εἰπεῖν ὅπως. σύμβολον δέ τι δηλοῖ φανερὸν ἤδη.

296. ἀντὶ τοῦ σεαυτόν. R.

297. πλησίον ἀλλήλων. R.

298. ὁπόσ' ἂν: Ὁπόσ' ἂν δέῃ χειροτονεῖν τὰς ἡμετέρας φίλας. R.

300. ὅρα δ' ὅπως: Ὁρᾷ ἄνδρας προσιόντας ἐν τῇ ἐκκλησίᾳ.

302. ἔνθα οἱ στέφανοι πλέκονται. ὡς διὰ τὴν εὐτέλειαν τοῦ μισθοῦ δικάζειν θελόντων. R.

303. Μυρωνίδης: Τῶν εὐδοκιμούντων οὗτος ὁ στρατηγός.

304. παρεγίνετο. R.

306. ἐν ἀσκιδίῳ: Πρὸς τὸ ἀρχαῖον ἔθος σεσημείωται.

310. πηλοφοροῦντες: Ὡς χειροτέχναι καὶ μισθωτοί.

317. ὁ Κοπρεαῖος: Βούλεται εἰπεῖν ὡς ὅτι ἠπειγόμην ἀποπατῆσαι.

318. ἡμιδιπλοΐδιον : Τὸ γυναικεῖον ἱμάτιον, ἢ ἀναβόλαιον γυναικῶν.

319. περσικάς : Εἶδος ὑποδημάτων.

ὑφέλκομαι : Ἀντὶ τοῦ περιδεσμεύομαι, ὑποδέδεμαι.

320. ἐν καθαρῷ : Οἷον ἐν ἐρημίᾳ.

330. Κινησίας : οὗτος μαλακός. R.

332. (κροκώτιον : Ὑποκοριστικῶς. εἴρηται δ' ἐν Βατράχοις [46], ὅτι ἔνδυμά ἐστι Διονυσιακὸν ὁ κροκωτός. ἐνταῦθα δὲ δῆλον ὡς γυναικεῖον. ἀμπισχόμενος δὲ) περιβεβλημένος.

337. ἐκτετρύπηκεν : ἀντὶ τοῦ λάθρα ἐξῆλθεν. R.

338. νεώτερον : Καινὸν καὶ ἄτοπον.

346. (κοθόρνῳ : Κόθορνος εἶδος ὑποδήματος, ἁρμόζον ἀμφοτέροις ποσί.)

347. (τὴν σισύραν : Τὸ μαλλωτὸν στρῶμα. φανὴ δὲ λαμπρά, καθαρά.)

349. γνώμην ἐμήν : Οἷον κατὰ τὴν ἐμὴν γνώμην καὶ οἴησιν.

350. ὅσον ἐμὲ εἰδέναι. R.

351. ἱμονιάν : Ἱμονιὰ καλεῖται τὸ σχοινίον, ἐν ᾧ ἀρύονται τοῦ ὕδατος. ταῦτα δὲ λέγει, ὡς αὐτοῦ μακρὰ ἀποπατοῦντος καὶ χέζοντος.

355. ἀχράς τις : Στένωσιν τῇ γαστρὶ παρέχει (ὁ λεγόμενος παρ' ἡμῖν ἄπιος. οὕτω γὰρ καὶ Πλάτων ἐν Νόμοις ἀπίους εἴρηκεν. οὐ μόνον δὲ, ἀλλὰ καὶ παρ' Ἀλέξιδι· καὶ ἐν Ἀγρίοις Φερεκράτει,

πρὶν ἀνακυκῆσαι τοὺς ἀπίους ἁρπαζέτω.

ἐπέχει δὲ τὴν γαστέρα ἡ ἀχράς.)

356. Θρασύβουλος : Οὗτος ἀντιλέγειν μέλλων τοῖς Λακεδαιμονίων πρέσβεσι περὶ σπονδῶν ἐληλυθόσιν, εἶτα δωροδοκήσας, ἀχράδας προσεποιήσατο βεβρωκέναι, καὶ μὴ δύνασθαι λέγειν.

357. οἷον ἐπίκειται καὶ θλίβει. R.

359. ἀλλ' ὅταν φάγω : (Ἀγωνιῶ δὲ, ἐὰν φάγω, οὕτω τὴν γαστέρα στενούμενος,) εἰς ποῖον τόπον χωρήσει ἡ ἔνδον κόπρος.

361. (βεβαλάνωκεν : Ἐκλείδωσεν. βάλανος γὰρ τὸ εἰς τὸν μοχλὸν σιδήριον, ὃ καλοῦμεν μάγγανον. ταῦτα δ' εἴρηται καὶ ἐν ἄλλοις.)

362. Ἀχραδούσιος : παρὰ τὴν Ἀχράδα. ἔστι δὲ δῆμος τῆς Ἱπποθοωντίδος φυλῆς Ἀχερδούς. R.

365. Ἀμύνων : Ῥήτωρ ἡταιρηκὼς, οὐκ ἰατρὸς ὁ Ἀμύνων.

366. Ἀντισθένην : ἰατρὸς θηλυδριώδης. καὶ οὗτος τῶν καταπρώκτων. R.

367. σφιγμάτων. R.

369. Εἰλείθυια : Ἐπεὶ αἱ ὠδίνουσαι ἐπικαλοῦνται τὴν Εἰλείθυιαν. καὶ αὐτὸς οὖν στενοχωρούμενος ἐπικαλεῖται αὐτήν.

370. κατεχόμενον ὑπὸ τῆς κόπρου. R.

371. σκωραμίς : (Ἀμὶς μὲν ἐν ᾧ οὐροῦσι,) σκωραμὶς (δὲ) ἐν ᾧ ἀποπατοῦσιν.

372. (οὗτος τί ποιεῖς : Ἀνήρ τις ἐπανιὼν ἀπὸ τῆς ἐκκλησίας Χρέμης.)

378. ἡ μίλτος : Κατὰ γὰρ τὴν ἀγορὰν ἐσόβουν εἰς ἐκκλησίαν τοὺς Ἀθηναίους μεμιλτωμένῳ σχοινίῳ. (μίλτος δὲ χρώματος εἶδος ἐρυθροῦ. καὶ Ὅμηρος [Il. B, 637] « νῆες μιλτοπάρῃοι. » προσέρραινον δὲ, προσέβαλον. θύλακον δὲ ἀρτοθήκην σημαίνειν καὶ ἐν Πλούτῳ ζητητέον. αἰσχύνομαι, φησὶν, ἐπεὶ κενὸς ἔσται.)

379. ἔβαλλον κύκλῳ. R.

382. τῶν ἀλφίτων, ἐπεὶ κενός ἐστι. R.

385. σκυτοτόμοι : Ἐπειδὴ οἱ σκυτοτόμοι ἐν σκιᾷ καθεζόμενοι ἐργάζονται, τοῦτο ἔφη.

386. οὐ γὰρ : καὶ γάρ. R.

390. τὸ δεύτερον : Ὁ γὰρ ἀλεκτρυὼν τρίτον κοκκύζει.

392. ἀποίμωξόν με : Παρὰ τὸ ἐξ Αἰσχύλου Μυρμιδόνων

Ἀντίλοχ', ἀποίμωξόν με τοῦ τεθνηκότος
τὸν ζῶντα μᾶλλον.

393. τἀμὰ γὰρ διοίχεται : Ἀντὶ τοῦ ἀπόλωλα.

396. ἐν ὥρᾳ : Ἀντὶ τοῦ ὄρθρου.

398. παρείρπυσεν : Ὡς ἐπὶ ὄφεως εἶπεν, ἐπειδὴ τυφλὸς ἦν.

402. οὐκ ἐσώσατο : ἀντὶ τοῦ οὐκ ἔσωσε. R.

404. ὀπῷ : Πάνυ γὰρ δριμύτατος ὁ ὀπός. τιθύμαλλος δὲ εἶδος βοτάνης δριμυτάτης. ἴσως δὲ αὕτη παρὰ Λάκωσιν εὑρίσκεται. εἰώθασι δὲ οἱ ἰατροὶ καὶ πατρίδας ὑπ' ἀλαζονείας τῶν βοτανῶν ὀνομάζειν, (οἷον Κυρηναϊκὸν ὀπὸν καὶ Σμυρναϊκόν. ἦν μέντοι διαβόητος καὶ ὁ Λακωνικὸς τιθύμαλλος).

408. πένης οὗτος. R.

416. ἥλιος τραπῇ : Εἰς χειμερινὴν δηλονότι τροπήν.

417. πλευρῖτις : εἶδος νοσήματος. R.

423. ἀντέλεγεν. R.

424. τοῖς πένησι. R.

425. κλάειν μακρά : Τοῦτο λέγει γέλωτος χάριν.

426. Ναυσικύδους : Οἱ μὲν ὅτι ἀλφιταμοιβός. οἱ δὲ ὅτι πένης· οἱ δὲ ὅτι οἱ ἀλφιταμοιβοὶ τοῦ Ναυσικύδους τοῦτο ἀπέλαυσαν.

428. γυναικώδης οὗτος. R.

433. ἀνεβορβόρυξαν : Ἀνετάραττον.

νοῦν γὰρ εἶχον, νὴ Δία : Αἱ γυναῖκες εἰς ἄνδρας σκευασθεῖσαι.

440. ἄλλως ἀντὶ τοῦ ματαίως. τοῦτο δὲ ὡς ἐν ἐρωτήσει. R.

441. νουβυστικὸν : Νοῦ πεπληρωμένον.

443. ἀντὶ τοῦ τοὺς Ἀθηναίους. R.

446. συμβάλλειν : Μεταδιδόναι, κιχρᾶν.

449. ἀποδιδόναι. R.

450. τὸ ἀποστερεῖν. R.

452. εἰς ἀγορὰν φέρειν. R.

453. βλάπτειν. R.

467. φήμ' ἐγώ : Ὡς φιλούντων αὐτῶν τὰ μὴ γενόμενα καινοποιεῖν.

465. τοῖσιν ἡλίκοισι : Ἀντὶ τοῦ τοῖς γέρουσι.

471. ἀηδές. R.

473. λόγος τέ τοι τίς ἐστι : Λέγεται, ὅτε Ποσειδῶν καὶ Ἀθηνᾶ ἐφιλονείκησαν περὶ τῆς Ἀττικῆς, νικῆσαι τὴν Ἀθηνᾶν. καὶ φασὶν ἡττηθέντα τὸν Ποσειδῶνα καὶ λυπηθέντα καταρᾶσθαι τῇ πόλει, καὶ λέγειν αὐτὸν ὅτι γένοιτο τοὺς Ἀθηναίους ἀεὶ κακῶς βουλεύεσθαι, ἀκούουσαν δὲ τὴν Ἀθηνᾶν προσθεῖναι ὅτι κακῶς βουλεύεσθαι καὶ ἐπιτυγχάνειν.

478. (ἔμβα, χώρει : Ἐξέρχεται ὁ χορὸς ἀπὸ τῆς ἐκκλησίας.)

482. τὸ ἀνδρεῖον. R.

483. ψόφον ποιῶν. R.

498. παραβλέπουσα : Μὴ ἀτενίζουσα, φησίν, ἀλλὰ τῷ ἑτέρῳ ὀφθαλμῷ βλέπουσα.

499. ἧπερ ἦσθα : ἀντὶ τοῦ ὡς ἦσθα. R.

502. σάκον λέγει τὸν πώγωνα.

507. τὰ ὑποδήματα. R.

508. συναπτούς : Τὰς συναπτούσας καὶ δεσμευούσας τὰ ὑποδήματα.

511. παρερπύσασα : Ἠρέμα εἰσελθοῦσα.

519. ἐν τῇ ἐκκλησίᾳ. R.

520. ἀνὴρ Πραξαγόρας. R.

523. ἐξερευνῆσαι. R.

531. ὠδινούσης. R.

533. μηδὲν κλέψας ἔνδοθεν. R.

534. ἥτις μετεκάλεσέ με. R.

536. τὸ γυναικεῖον ἱμάτιον. R.

537. προκείμενον : Νεκρόν.

538. στεφανώσασα : Εἰώθασι γὰρ ἐπὶ τῶν νεκρῶν τοῦτο ποιεῖν.

540. ἀλεαίνοιμι : Θερμανοίμην.

544. ἵνα σε μιμησαμένη σώσαιμι τὸ ἱμάτιον. R.

547. πυρῶν ἑκτέα : Τριωβόλου ἴσως ἦν. λέγει οὖν ὅτι οἴκοι μένων τὸ τριώβολον ἀπολώλεκεν. R.

550. προσποιουμένη ἐρωτᾷ ἐπίτηδες εἰ γέγονεν ἡ ἐκκλησία ὡς ἀγνοοῦσα. R.

554. οἷον ἐντρυφῶσα διὰ τὴν ἐξουσίαν. R.

556. Ἀττικόν ἐστιν ἀντὶ τοῦ πάντων. R.

562. ἄλλος Βλέπυρος ἐλθών. R.

563. μηδ' ἀφέλῃς μου τὸν βίον : Διοικοῦσα μετὰ τῶν ἄλλων γυναικῶν.

567. μὴ 'νεχυραζόμενον : Τὴν ἑαυτοῦ οὐσίαν. ἔθος γὰρ ἦν τοῖς δικαζομένοις ἐνέχυρα διδόναι τὴν ἑαυτῶν οὐσίαν.

574. πολίτην : Τὸν τῆς πόλεως. R.

587. ἄλλης ἀρχῆς : ἀντὶ τοῦ ἄρχειν τὸ καινοτομεῖν. R.

592. οἷον μηδὲ τὸ τυχόν. R.

595. (σπέλεθον : Κόπρον. καὶ ἀλλαχοῦ [Ach. 1169]

κατεάξαι βουλόμενος ἐν σκότῳ λάθοι
τῇ χειρὶ σπέλεθον ἀρτίως κεχεσμένον.)

596. ἔφθης μ' ὑποκρούσας : Ὅτι ὑπεκρούσω καὶ ἠρώτησας πρότερόν μου.

599. θρέψομεν. R.

602. δαρεικὸς εἶδος νομίσματος. R.

603. διὰ τὸ ἐπιορκεῖν. R.

605. ἐν πενίᾳ δράσει : Ἀντὶ τοῦ, οὐδεὶς αἰσχρόν τι δράσει, ἢ ἐργάσεταί τι, παρακειμένων ἀφθόνως ἅπασιν.

611. σκαλαθῦραι : Συνουσιάσαι.

612. τῶν κοινῶν χρημάτων. R.

616. συνουσιάζειν. R.

617. αἱ φαυλότεραι : αἱ ἄμορφοι. R.

620. οὐκ ἐπιλείψει : οὐκ ἀρκέσει. ἐκεῖσ' : πρὸς τὰς εὐμόρφους. R.

622. τὸ περὶ τούτων μάχεσθαι. R.

625. τὸ τοὺς ἀμόρφους. R.

627. τόποις. R.

630. ἡ Λυσικράτους : σιμὸς καὶ αἰσχρὸς ὁ Λυσικράτης. R.

631. καταχήνη : Κατάγελως.

632. τῶν πλουσίων. R. Γ.

633. γεροντικόν τι καὶ εὐτελὲς ὑπόδημα. R.

640. ἀγνὼς ᾖ : ὁ πατήρ. R.

643. λείπει ὁ καί σύνδεσμος. R

644. οὗτοι αἰσχροί. R.

647. Ἀρίστυλλος : αἰσχροποιὸς οὗτος. R.

648. καλαμίνθης : Δυσώδης βοτάνη (ἡ καλαμίνθη) καὶ ὄφεις ἐλαύνει καιομένη.

649. γενέσθαι ἀντὶ τοῦ ἐγενήθη. R.

652. δεκάπουν : Ἡ τοῦ ἡλίου σκιά, ὅταν ᾖ δέκα ποδῶν. θέλει οὖν εἰπεῖν, ὅτε γίνεται τὸ ὀψινόν.

657. ὡς πρὸς φιλόδικον τοῦτο ὁ χορός. R.

658. γνώμην ἐθέμην : Οἷον κἀμοὶ τοῦτο δοκεῖ σύμφορον εἶναι τὸ μὴ εἶναι δικαστήρια.

663. τῆς αἰκίας : τῆς ὕβρεως. R.

665. ἀπὸ τῆς μάζης : Ἀπὸ τῆς τροφῆς, φησίν, ἧς λαμβάνει ἀπὸ τοῦ δημοσίου, δίδωσι τὴν ζημίαν.

667. οὐδ' αὖ : ἐρωτηματικῶς. μετὸν : μέτεστι. R.

670. αὐτὸς δώσει : Ὁ ἀποδυόμενος ἑκών, ἐξὸν αὐτῷ βέλτιον λαβεῖν.

672. ἕνεκα τίνος. καὶ οἱ κυβευταὶ γὰρ δίκην παρεῖχον. R.

673. τὴν καθ' ἑκάστην τροφήν. R.

677. βῆμα : ὁ λίθος ἐν τῷ δικαστηρίῳ. R.

681. κληρωτήρια : Τὰς κληρωτὰς ἀρχάς.

683. γράμματι δειπνεῖ : Δέον εἰπεῖν δικάζειν, εἶπε δειπνεῖν.

685. βασίλειον : ἐπεὶ τὸ βασίλειον ἀπὸ τοῦ β ἄρχεται. R.

ἐς τὴν παρὰ ταύτην : Τοὺς θῆτας, τοὺς μισθωτοὺς εἰς τὸ Θησεῖον· ἐπεὶ πάλιν ἀπὸ τοῦ θῆτα ἄρχεται.

687. τὸ κάππασιν ἀπὸ τοῦ κ. διὸ ἐπὶ τῶν ἐκ τοῦ κ ἔφη.

691. σὺν αὐτῷ τῷ στεφάνῳ. R

ριπίδην, ἢ πρὸς Εὐριπίδην δι' Αἰσχύλον· εἰ καὶ Εὐριπίδης τὸν λόγον προήρπασε. τὸ δὲ ταὔτ' ἀεί ἀντὶ τοῦ ταυτά. διὰ δὲ τὴν συναλοιφὴν ἀναβιβάζεται ὁ τόνος. οὐ δεῖ δὲ περισπᾶν, ὡς ἐν τῷ Πλούτῳ εἴρηται.]

1251. [τί ποτε πρᾶγμα : Κορωνὶς καὶ εἴσθεσις χοροῦ ἐπῳδικὴ διὰ τὸ κεῖσθαι μετὰ τὴν κορωνίδα (ἐνίοτε δὲ καὶ μετὰ τὴν διπλῆν, ὡς πολλάκις εἴρηται), ἐκ κώλων ἀντισπαστικῶν ἐπιμεμιγμένων ἐπιτρίτοις καὶ διιάμβοις καὶ διτροχαίοις δέκα. ὧν τὸ πρῶτον δίμετρον ἀκατάληκτον ἐκ πεντασυλλάβου ἀντισπάστου· ὃ καλεῖται γλυκώνειον. τὸ δεύτερον ἐκ παίωνος τετάρτου καὶ διιάμβου ὅμοιον. τὸ τρίτον τοῦ πρώτου ποδὸς πεντασυλλάβου καταληκτικόν. τὸ τέταρτον ἐκ διτροχαίου καὶ ἐπιτρίτου τρίτου ἀκατάληκτον. τὸ ε' ὅμοιον τῷ β'. τὸ ἕκτον ἐκ διτροχαίου καὶ ἐπιτρίτου πρώτου. τὸ ζ' ὅμοιον τῷ β'. τὸ η' καταληκτικὸν ἐκ διτροχαίου καὶ βακχείου ἢ ἀμφιβράχεος. τὸ θ' ὅμοιον τῷ β'. τὸ ι' ὅμοιον τῷ ὀγδόῳ. ἑξῆς δὲ ἐν ἐκθέσει στίχοι ἰαμβικοὶ τρίμετροι ἀκατάληκτοι γ'. ἑξῆς δὲ τίθεται κῶλον ἰαμβικὸν ἐφθημιμερές, τὸ, διαύλιον προσαυλεῖ. ὅπερ κατὰ παρεπιγραφὴν τίθεται. ὥσπερ καὶ τὸ, αὐλεῖ τις ἔνδον· καὶ ἄλλα πολλά. φασὶ δὲ διαύλιον λέγεσθαι ὅταν ἡσυχίας πάντων γενομένης ἔνδον ὁ αὐλητὴς ᾄσῃ. ἐπὶ τῷ τέλει τῆς μὲν στροφῆς κορωνίς. τοῦ δὲ συστήματος παράγραφος.]

1256. τῶν μέχρι νῦν ὄντων ποιητῶν. R.

1259. τὸν βακχεῖον ἄνακτα : Τὸν Αἰσχύλον, οἷον τὸν ἄριστον μελοποιόν, τὸν ὥσπερ ἐκβακχεύοντα ἐν τῇ ποιήσει. ὁ γὰρ Εὐριπίδης ἔρχεται ἐπὶ τὰ μέλη αὐτοῦ. — τὸν ἔνθεον ἄρχοντα τῶν μελῶν, τὸν ἐκβακχεύοντα ἐν τῇ ποιήσει. *Br*.

1262. εἰς ἓν γὰρ αὐτοῦ πάντα : Εἰς τὸ αὐτὸ τέλος περατούμενα πάντα· ἐπεὶ κἀκεῖνος εἶπεν, ἀπὸ ληκυθίου σου τοὺς προλόγους διαφθερῶ.

1263. καὶ μὴν λογιοῦμαι : Ἀντὶ τοῦ ἀριθμήσω, ψηφίσω. (ἐπεὶ προεῖπεν Εὐριπίδης, εἰς ἓν συγκεφαλαιώσομαι αὐτοῦ πάντα τὰ μέλη. Ἐρατοσθένης δὲ τῶν ψευδαττικῶν τινὰς γράφειν φησί, τὼ ψήφω λαβών, ἵνα καὶ τὰ πεπλασμένα δράματα, ἐν οἷς τὸ παράπαν τοῦτο ἠγνόηται, δοκῇ μὴ σεσολοικίσθαι.) — λογαριάσω. Θ.

1264. (διαύλιον προσαυλεῖ τις.) τοῦτο παρεπιγραφή, ὥσπερ καὶ ἄλλα πολλάκις. φασὶ δὲ διαύλιον λέγεσθαι ὅταν ἡσυχίας πάντων γενομένης ἔνδον ὁ αὐλητὴς ᾄσῃ. R. V.

Φθιῶτ' Ἀχιλεῦ : Εὐριπίδης ἐστὶ τὰ Αἰσχύλου λέγων. ἔστι δὲ ἐκ Μυρμιδόνων Αἰσχύλου. R. V. Θ. M. [τοῦτο ἀπὸ τῶν πρέσβεων πρὸς Ἀχιλλέα Αἰσχύλος πεποίηκεν. ἔστι δὲ ἐκ Μυρμιδόνων. προφέρει καὶ Εὐριπίδης εἰς γέλωτα ἄλλα ἐξ ἄλλων δράματα συναγαγών. διὸ καὶ ἀσαφῆ, μίαν ἁρμονίαν οὐκ ἔχοντα. οὐκ ἄρα τὰ μὴ ξυνετὰ ζητητέον. ἀνδροδάϊκτον δέ, τὴν ἀνδρῶν φόνον ποιοῦσαν. τὰ δὲ τοιαῦτα εἴδη καλεῖται ἀλλοιόστροφα, ὡς Ἡφαιστίων [c. 9, p. 126] φησίν· ὅσα πάντως διαιρεῖται ἢ κατὰ πρόσωπον. ἀμοιβαῖον, ἢ χοροῦ πρὸς ὑποκριτὴν ἀπόκρισιν. ἔστι δὲ τῆς μὲν ᾠδῆς ταύτης τὰ κῶλα ἀναπαιστικὰ ε'. ὧν τὸ πρῶτον τρίμετρον καταληκτικὸν εἰς συλλαβήν, ὃ καλεῖται Αἰολικόν, διὰ τὸ ἴαμβον ἔχειν τὸν πρῶτον πόδα. τὸ δεύτερον καὶ τὸ ε' δίμετρα ὑπερκατάληκτα. τὸ γ' πενθημιμερές. τὸ τέταρτον ἐφθημιμερές, ὃ καλεῖται, ὡς εἴρηται, παροιμιακόν. ἐπὶ τῷ τέλει παράγραφος. τοῦ δὲ συστήματος τὰ κῶλα ὅμοια πέντε, πλὴν τοῦ τετάρτου τῷ δευτέρῳ τῆς ᾠδῆς ὁμοίου, ἐφθημιμερῆ. ἐπὶ τῷ τέλει παράγραφος. τῆς δὲ ἑξῆς ᾠδῆς τὰ κῶλα ἕξ. τὸ πρῶτον δακτυλικὸν ἐφθημιμερές. τὸ β' ἀναπαιστικὸν ἐφθημιμερές. τὸ γ' καὶ τὸ ς' ὡς τὸ β' τῆς ἄνω ᾠδῆς. τὸ δ' δακτυλικὸν τετράμετρον. ἔστι δὲ κῶλον ἐκ χοροῦ, ὡς ἀνέγνων ἐν Ἀγαμέμνονι δράματι Αἰσχύλου. τὸ ε' ὅμοιον δίμετρον. ἔστι δὲ ἡμιτελὲς ἐνταῦθα. τὸ γὰρ τέλειόν ἐστιν, « αἴσιον ἀνδρῶν ἐκτελέων· » ὅπερ ἐφθημιμερές ἐστιν. ἐπὶ τῷ τέλει παράγραφος. ἑξῆς δὲ σύστημα κατὰ περικοπὴν ἀνομοιομερὲς στίχων ἰαμβικῶν τριμέτρων ἀκαταλήκτων ἕξ. ἐπὶ τῷ τέλει παράγραφος. ὁ μέντοι ἕκτος στίχος ἔν τισιν οὐ κεῖται· οἷον, ἴθι δὴ πέραινε.]

1266. Ἑρμᾶν μὲν πρόγονον : Ἐκ τῶν Αἰσχύλου Ψυχαγωγῶν. (προφέρεται δὲ οὐκ ἐφεξῆς τὰ αὐτὰ μέλη αὐτοῦ, ἀλλ' ὡς ἔτυχεν ἄλλο ἄλλοθεν, καὶ ἐπιλέγει τὸ ἰήκοπον), [κυρίως ἐκείνων τῶν στίχων ὄν, τοῦ, Φθιῶτ' Ἀχιλλεῦ.]

[τοῦτο ἐκ τῶν Αἰσχύλου Ψυχαγωγῶν. τὸ δὲ Ἑρμᾶν μὲν τίομεν λέγουσιν οἱ Ἀρκάδες διὰ ταῦτα· ἐν τῇ Κυλλήνῃ, ἥ ἐστιν ὄρος Ἀρκαδίας, ἐτιμᾶτο ὁ Ἑρμῆς. διὰ γοῦν τὴν ἐξ ἀμνημονεύτων χρόνων τιμὴν ὡς πρόγονος τούτοις ἐδόκει. ᾄδουσι δὲ καί τινα ἱστορίαν μυθώδη. λίμναν δὲ λέγει τὴν Στυμφαλίδα, ἐν Ἀρκαδίᾳ γὰρ καὶ αὕτη. Cant. 1.]

1267. ἰστέον ὅτι τὸ ἰήκοπον οὐ πελάθεις ἐπ' ἀρωγάν παίζων πανταχοῦ ἐπιφέρει, κυρίως ἐκείνων τῶν ἰαμβείων ὄν, τοῦ, Φθιῶτ' Ἀχιλεῦ. Barocc.

1270. (κύδιστ' Ἀχαιῶν : Ἀρίσταρχος καὶ Ἀπολλώνιος, ἐπισκέψασθε πόθεν εἰσί. Τιμαχίδας δὲ ἐκ Τηλέφου Αἰσχύλου. Ἀσκληπιάδης δὲ ἐξ Ἰφιγενείας.)

1274. εὐφημεῖτε μελισσονόμοι : Ἐξ Ἱερειῶν Αἰσχύλου. R. V. [οἱ διανέμοντες τὰ τῆς πόλεως, ἢ οἰκοῦντες ἐν τῇ πόλει.] — εὐφήμως λέγετε οἱ δίκην μελισσῶν νεμόμενοι ἐν τῷδε τῷ τῆς θεᾶς ἄλσει. *Br*.

1275. [ἰήκοπον : Τινὲς ἀξιοῦσι τὸ ἰή ψιλοῦν, ὅταν μὴ ᾖ ἐν ὕμνῳ. ἐκεῖ γὰρ δασύνεται. ὡς ἐφυμνίῳ δὲ κέχρηται τῷ ἰήκοπον οὐ πελάθεις.]

1276. ὅσιον κράτος : (Ἐν τοῖς πλείστοις αἴσιον. Ἀσκληπιάδης τὸ ὅσιον. ἔστι δὲ) ἐξ Ἀγαμέμνονος Αἰσχύλου [104]. βουβωνιῶ δὲ ἀντὶ τοῦ φλεγμαίνω τοὺς βουβῶνας. — ὅσιον : Ἁγίαν καὶ δικαίαν ἐπικράτησιν. *Cant.* 1.

1278. ἐπεὶ συνεχῶς εἶπε τὸ ἰήκοπον. Θ.

1279. λείπει τὸ ἀπελθεῖν. R. V.

1427. μισῶ πολίτην : Αὕτη Εὐριπίδου ἡ γνώμη, μὴ καταδέχεσθαι καθάπαξ Ἀλκιβιάδην. (χαρακτηρίζει δὲ αὐτὸν ἅμα. ταῦτα δέ φησιν Εὐριπίδης περὶ) Ἀλκιβιάδου, ὡς ὄντος αὐτοῦ τοιούτου, βραδέως μὲν ὠφελοῦντος τὴν πατρίδα, ταχέως δὲ βλάπτοντος.

1432. μάλιστα μὲν λέοντα : (Μάλιστα μὲν) μὴ ἀνατρέφειν φρόνημα, ἐὰν δὲ ἀνατρέφῃ, μὴ ἐρεθίζειν, ἀλλὰ τιθασῶσαι. ὥστε ὁ μὲν Εὐριπίδης συμβεβούλευκε μὴ δέχεσθαι, ὁ δὲ Αἰσχύλος τοιαύτην τινὰ διάνοιαν, ἢ μὴ καταδέξασθαι, ἢ καταδεξαμένους τροποφορεῖν. (ἔν τισι δὲ μετὰ τὸ πρῶτον παραγραφή· ὥστε εἶναι τὸ μὲν πρῶτον ὁμολογουμένως Αἰσχύλου, τοὺς δὲ ἑξῆς ἄδηλον τίνος. ἢ γὰρ Εὐριπίδης δίς ἐστιν ἀποφηνάμενος, ἢ ὁ Διόνυσος ἀντὶ τοῦ ἀκούειν ἐκείνου αὐτὸς λέγων καὶ ταῦτα, ἐπεξεργαζόμενος τὸ παρ' Αἰσχύλου λεγόμενον· ἢ ὁ χορός. ἔν τισι δὲ ἑνός ἐστι τὰ τρία, τοῦ Αἰσχύλου πρῶτον μὲν ἀποφατικῶς λέγοντος, τὰ δὲ ἑξῆς δύο μαλακώτερον ὑποτιθεμένου.)

1434. σοφῶς μὲν ὁ Αἰσχύλος, σαφῶς δὲ ὁ Εὐριπίδης. R.

1437. εἴ τις πτερώσας Κλεόκριτον Κινησίᾳ : Ὁ Κινησίας λεπτὸς ἦν, ὁ δὲ Κλεόκριτος μοχθηρός. φησὶν οὖν ὅτι (εἴ τις ἀντὶ πτερῶν) Κλεοκρίτῳ Κινησίαν παραβάλοι, ὥστε φέρεσθαι μεταρσίους, συμβήσεται αὐτοὺς ὀλέσθαι αὐροφορήτους γενομένους. [Ἄλλως. εἴ τις πτερώσας : Ὡς λεπτὸς σφόδρα ὢν κωμῳδεῖται καὶ ὡς ξένος καὶ ὡς κόλαξ. ἐμνήσθη δὲ καὶ τοῦ Κινησίου ὡς τούτου καὶ τοῦ Κλεοκρίτου ὁμοφρονούντων. ἀθετεῖ δὲ τοὺς πέντε ἐφεξῆς στίχους ἕως τοῦ

ῥαίνοιεν εἰς τὰ βλέφαρα τῶν ἐναντίων

Ἀρίσταρχος. ὅτι φορτικώτεροί εἰσι καὶ εὐτελεῖς, διὰ τοῦτο ὑποπτεύονται. Ἀπολλώνιος δὲ οὐ διὰ τοῦτο, ἀλλ' ὅτι οὐ πρὸς τὴν ὑπόθεσιν ἔχουσί τι. ἐρομένων δὲ αὐτῶν ἑκάτερος μίαν γνώμην λέγει.]

1440. κατέχοντες ὀξίδας : Ὀξυβάφους κατέχοντες ῥαίνοιεν ὄξει τοὺς πολεμίους. (ὀξίδες δὲ κεράμια μικρά. ἢ εἶδος λοπάδος ἡ ὀξίς. ταῦτα δὲ ἠθετημένα μετρίως ἄν τις νομίσειεν ἐνδιεσκευάσθαι. καὶ γάρ ἐστι φορτικά. τὰ δὲ ἑξῆς κείμενα πρέποντα καὶ τῷ ποιητῇ καὶ τῇ ὑποθέσει.) [ὅταν, φησὶν, οὓς νῦν ἔχομεν παρεωραμένους καὶ δοκοῦμεν ἐχθροὺς τῆς πόλεως, τούτους ἐπανάγωμεν εἰς τὸ ἀρχαῖον ἀξίωμα, καὶ πιστοὺς νομίσωμεν· οἷς δὲ νῦν χρώμεθα ὡς πιστοῖς, τούτους ἀπίστους καὶ φθορέας τῆς πόλεως ἡγώμεθα, σωθείη ἡ πόλις. τοῦτο δὲ λέγει, διότι τοὺς καλοὺς καὶ λυσιτελοῦντας ἄνδρας τῇ πόλει ἀφέντες, ὡς καὶ ὄπισθεν ἐν τῇ παραβάσει ἔφη, μοχθηροῖς καὶ φαύλοις ἐχρῶντο πρὸς τὰ κοινά.]

1445. ἀμαθέστερόν πως εἰπὲ : [Ἀγροικότερον καὶ παχύτερον.] ἀπαιδευτότερον, ἢ κοινότερον. παρὰ τὴν παροιμίαν

σαφέστερόν μοι κἀμαθέστερον φράσον.

1451. εὖ γ' ὦ Παλάμηδες : [Πρὸς τὸν Εὐριπίδην ὅτι εἰκὸς ἐκ Παλαμήδους πεπλάσθαι ταῦτα.] [ἢ ἐπειδὴ ὁ Παλαμήδης μηχανικὸς καὶ ἐφευρετὴς ἦν. εὗρε δὲ καὶ οὗτος μηχανὴν σωτηρίας τῇ πόλει. διὰ τοῦτο Παλαμήδην τοῦτον καλεῖ.]

1452. (ταυτὶ πότερ' αὐτὸς : Συναθετεῖται τοῖς ἄνω καὶ οὗτος. μένων γὰρ ἀκυροῖ τὴν ἐκείνων ἀθέτησιν, ἐν ᾗ φαίνεται τὰ μὲν πρότερα Αἰσχύλος λέγων, τὰ δὲ ἑξῆς Εὐριπίδης.)

1453. (τὰς δ' ὀξίδας Κηφισοφῶν : Τιμαχίδας πόρρωθεν ἐκ λαχανοπώλιδός φησι τὸν Εὐριπίδην διὰ τὰς ὀξίδας.)

1455. [πόθεν : Ἀρνητικῶς ἴσον τῷ οὐδαμῶς. πρὸς βίαν δὲ, πρὸς ἀνάγκην· ἐπειδὴ τούτους ὁ καιρὸς ἤγαγεν.]

1456. ἐν ἐρωτήσει. R.

1459. ᾗ μήτε σισύρα :(Χλαίνης εἶδος εὐτελοῦς, οἷον ἐξωμίδα ἢ ἁπλοΐδα ἤ τι τοιοῦτον.) [καὶ ἀλλαχοῦ (Eccl. 421)

χειμῶνος ὄντος τρεῖς σισύρας ὀφειλέτω.

τινὲς δὲ ἱμάτιον τραχὺ καὶ παχὺ, περιβόλαιον ἀγροικικὸν, δουλικὸν, παλαιόν· ἢ χιτὼν δερμάτινος. Βορέῃ δὲ λέγουσιν Ἡλίῳ τε τοιαύτην ἔριν γενέσθαι, ὁπότερος ἀνδρὸς ἀγροίκου ὁδοιποροῦντος τὴν σισύραν ἐκδύσῃ.] ὁ δὲ νοῦς, μήτε χρηστὸς μήτε ὀχληρὸς πολίτης συμφέρει. πρὸς δὲ τὴν διαφοράν. ἔν τισι καὶ σισύρα καὶ σισύρνα ἐκ τρίτου τὸ αὐτὸ, πλὴν ὅτι ἡ μὲν σισύρα δοκεῖ βαίτη εἶναι ἐκ δερμάτων αἰγείων, ἡ δὲ χλαῖνα ἀπὸ ἐρίων.

1460. [εἴπερ ἀναδύσει : Ἐπανέλθῃ ἐκ τῆς δυστυχίας ὥσπερ ἐκ βυθοῦ. εἴρηται δὲ ἐκ μεταφορᾶς τῶν βυθιζομένων νηῶν.]

1461. [ἐκεῖ φράσαιμ' ἂν : Ἐν τῷ βίῳ. ἐπιθυμῶν δὲ ἀναβιῶναι τοῦτο λέγει.]

(1462). ἀλλ' ἐνθάδ' ἀνίει τἀγαθά : [Ἀντὶ τοῦ ἀνάπεμπε.] παρὰ τὴν παροιμίαν

ἐκεῖ βλέπουσα, δεῦρ' ἀνίει τἀγαθά.

1463. τὴν γῆν ὅταν νομίσωσι : Τὴν Περικλέους γνώμην λέγει. (εἰ τὴν μὲν Ἀττικὴν ὡς πολεμίαν ἐάσουσι τέμνεσθαι, ἢ καὶ οὐ τέμνουσι, τὴν δὲ Λακωνικὴν περιπλεύσουσιν. Ἄλλως. ἐπὶ τὴν Περικλέους φέρεται γνώμην, ὃς συνεβούλευσε περιπλεῖν τὴν πολεμίαν, μὴ μάχεσθαι δὲ τεμνομένης τῆς Ἀττικῆς.) [Ἄλλως. τοιαύτην γνώμην καὶ Περικλῆς συνεβούλευσεν Ἀθηναίοις, Λακεδαιμονίων εἰσβαλλόντων εἰς τὴν Ἀττικὴν, μέγα βοήσας ἀπὸ τοῦ βήματος, ὡς οὐκ ἂν ἄλλως ἔσται τοῖς πράγμασι σωτηρία, εἰ μὴ τὸ κατὰ γῆν μάχεσθαι τούτοις ἀφέντες περιπλευσούμεθα Λακεδαίμονα πλήθει νεῶν.]

1465. πόρον δὲ τὰς ναῦς : Καὶ τοῦτο κατὰ τὴν Περικλέους γνώμην, ὃς ἐκέλευεν Ἀθηναίοις, ἐμβαλόντων Λακεδαιμονίων εἰς τὴν Ἀττικὴν, μὴ ἐπεξιέναι, ἀλλ' εἴσω τείχους μένειν, αὐτοὺς δὲ διὰ τῶν πλοίων ἐπιέναι τῇ Λακωνικῇ. τὸν οὖν κατὰ γῆν πόρον ἀπορίαν ἡγεῖ-

68. ἔρριψα : Ξυρὸν ἔρριψα, ἵνα μὴ βλέπουσα αὐτὸ ἐρεθιζοίμην πρὸς ξυράν.

71. Ἐπικράτους : (Οὗτος εἰς δασύτητα κωμῳδεῖται.) ἦν δὲ ῥήτωρ καὶ δημαγωγός. οὗτος μέγαν πώγωνα ἔχων, ἐπεκαλεῖτο σακεσφόρος. καὶ Πλάτων ὁ κωμικός φησιν

ἄναξ ὑπήνης Ἐπίκρατες σακεσφόρε.

74. Λακωνικάς : Εἶδος ὑποδήματος.

77. Λαμίου : Λάμιός τις πένης καὶ ἀπὸ ξυλοφορίας ζῶν. (διὸ καὶ βακτηρίαν ἐξενέγκασα αὐτοῦ φησιν εἶναι. κωμῳδεῖται γὰρ καὶ ὡς δεσμοφύλαξ. ἀρσενικῶς δὲ Λαμίαν. ὑπὲρ ἧς ὁ Κράτης λέγει ἐν τῷ ὁμωνύμῳ δράματι, ὅτι σκυτάλην ἔχουσα ἐπέρδετο.)

78. ὢν πέρδεται : Ἀντὶ τοῦ ὢν φέρει. ἢ ἴσως ὑπὸ τοῦ βάρους ἐπέρδετο. — τὸ σκύταλον τὸ ῥόπαλον. R. Γ.

80. (τὴν τοῦ πανόπτου : Τοῦ τὴν Ἰὼ φυλάττοντος. αἰνίττεται δὲ ὡς ὄντος αὐτοῦ δεσμοφύλακος. ἀναφέρει δὲ τοῦτον ἐπὶ τὸν παρὰ Σοφοκλεῖ ἐν Ἰνάχῳ Ἄργον.)

81. εἴπερ τις ἄλλος : Ὡς οὐδεὶς ἄλλος τὸν δῆμον. βουκολεῖν δὲ ὡς τὴν Ἰὼ ὁ Ἄργος ἐν Ἰνάχῳ Σοφοκλέους. R.

87. ὑπὸ τῷ λίθῳ : Ὑπὸ τῷ βήματι.

88. ταυτί γε τοι : Γυνὴ ἔρχεται φέρουσα καὶ ξαίνουσα ἔρια, πρὶν ἀπελθεῖν ἐκεῖσε.

89. πληρουμένης : Οἷον ἕως συνάγονται. φθάσαι γάρ, φησί, δεῖ, καὶ μὴ μεῖναι ἕως πληρωθῇ.

94. παραφῆναι : Παραδεῖξαι ὡς πρὸς ἄνδρας.

96. ὑπερβαίνουσαν : Ἐπὶ τὸ βῆμα ἀναβαίνουσαν.

97. Φορμίσιος : (Καὶ) οὗτος δασὺς (ἦν). αἰνίττεται δὲ τὸ (γυναικεῖον) αἰδοῖον.

100. ἀντὶ τοῦ ὅτε καθήμεθα. R.

102. Ἀγύρριος : Ὁ Ἀγύρριος στρατηγὸς θηλυδριώδης, ἄρξας ἐν Λέσβῳ. καὶ τὸν μισθὸν δὲ τῶν ποιητῶν συνέτεμε, (καὶ πρῶτος ἐκκλησιαστικὸν δέδωκεν). ὁ δὲ Προνόμος αὐλητὴς μέγαν ἔχων πώγωνα, Ἀγύρριος δὲ εὐρύπρωκτος. οὗτος οὖν τὸν Προνόμου ἔχων πώγωνα λανθάνει ὢν γυνή.

106. τούτου γέ τοι : Νὺξ γὰρ ὑπόκειται ἔτι. ὑπερβατόν· καὶ τὸ ἑξῆς· τούτου γέ τοι ἕνεκα τοσοῦτον τόλμημα τολμῶμεν, νὴ τὴν ἐπιοῦσαν ἡμέραν, ἥν πως παραλαβεῖν.

109. νῦν μὲν γάρ : Παρὰ τὴν παροιμίαν

δι' ἀργύριον ἢ πάντα θεῖ κἀλαύνεται.

ὅ ἐστιν οὔτε ἀνέμοις οὔτε κώπαις πλέομεν.

110. (καὶ πῶς γυναικῶν : Ἐκ τραγῳδίας τοῦτο.)

112. σποδοῦνται : Κινοῦνται.

114. (κατὰ τύχην : Ἤγουν κατὰ συνουσίαν.)

115. ἡ 'μὴ 'μπειρία : Ἀντὶ τοῦ ἡ ἀπειρία.

116. ἐπίτηδες : Ἀντὶ τοῦ ἐκ σπουδῆς. R. Γ.

117. ἅτινα. R.

118. περιδουμένη : Περιδεσμεύουσα τὴν τριχίνην γενειάδα. γένειον γὰρ ὁ τόπος.

121. περίδου : Περίθες.

122. περιδήσομαι : Ὅτι καὶ οἱ δημαγωγοὶ ἐστέφοντο.

124. (τάλαν : Παρέλκει τὸ τάλαν.)

125. καταγέλαστον : Τὸ ἡμᾶς πώγωνας ἔχειν.

126. σηπίαις : (Σηπία εἶδος ἰχθύος.) ἀπρόσλογος δὲ ἡ εἰκασία. — λευκαὶ γὰρ αἱ σηπίαι. R. ἐσταθευμέναις δὲ, ἐξ ἐπιπολῆς ὀπτηθείσαις. (σταθεύειν γὰρ τὸ μὴ λίαν ὀπτῆσαι. ἢ χλιανθείσαις πυρί.)

128. περιστίαρχος : Ὁ τῶν καθαρσίων προηγούμενος ἐν ταῖς ἐκκλησίαις. περίστια γὰρ τὰ καθάρσια.

τὴν γαλῆν : εἰς τὴν λεπτότητα τοῦ δελφακίου. R. Γ.

129. Ἀρίφραδες : Ὡς ἀναμεμιγμένου αὐταῖς. λοιδορεῖται δὲ πρὸς γυναῖκας αἰσχρὸς ὢν κιθαρῳδός.

131. στεφανοῦνται γὰρ οἱ δημηγοροῦντες. Γ.

132. πρὸς τὸ τῶν γυναικῶν φίλοινον. R. Γ.

133. ἐστεφανωσάμην : ἐπεὶ καὶ οἱ ἐν τοῖς συμποσίοις ἐστεφανοῦντο. R. Γ.

137. οὐ μόνον ζωρὸν, ἀλλὰ καὶ εὔζωρον, ἄκρατον. R.

138. ἀντὶ τοῦ ἐνθυμουμένων. R. Γ.

139. μεθυόντων ἐστὶ : Μανικά. διαβάλλει τοὺς Ἀθηναίους ὡς ἀεὶ κακὰ βουλευομένους.

145. μὴ ἔχειν τοῦτον τὸν πώγωνα. R. Γ.

146. ἀφαυανθήσομαι : Ξηρανθήσομαι.

148. ἐργάζεται : Τὸ πρᾶγμα ἀνύεται. λέγει δὲ ὅτι λοιπὸν πρωΐας ἐγένετο.

150. διερεισαμένη : Οἷον διαπηξαμένη, ἀσφαλισαμένη.

151. (τῶν ἠθάδων : Τῶν ἔθος ἐχόντων λέγειν.)

152. ἥσυχος : ἀντὶ τοῦ ἥσυχα τάδε τοιαῦτα ἐστί. Rav.

153. (ἐμὴν μίαν : Λείπει γνώμην.)

155. μὰ τὼ θεώ : (Ἐπειδὴ γυναικῶν ὁ ὅρκος.) παίζει. οὐ γὰρ δεῖ σε, φησίν, ὑποκρινομένην ἄνδρα γυναικεῖον ὅρκον ὀμνύναι τὰς θεάς.

162. ἀκριβωθήσεται : Ἀκριβῶς μελετηθήσεται.

167. Ἐπίγονόν γ' ἐκεῖνον : Οὗτος κωμῳδεῖται ὡς μαλακὸς καὶ ὡς μετὰ γυναικῶν ἀεὶ εὑρισκόμενος.

169. ἀποφθείρου, πορεύου μετὰ φθορᾶς. R. Γ.

171 τὸν στέφανον. R.

172. ἀντὶ τοῦ κατορθῶσαι. R.

175. τὰ τῆς πόλεως : Ἐντεῦθεν ἡ ὑπόκρισις τῆς δημηγορίας.

185. οὗτος πονηρός ἐστι. R.

188. τοὺς μισθοφορεῖν : Τοὺς μισθοὺς βουλομένους λαβεῖν. καὶ γὰρ παρὰ τῶν δημαγωγῶν λαμβάνουσι, καὶ ὁ μὴ λαβὼν μισεῖ θέλων λαβεῖν.

193. τὸ συμμαχικόν : Τὸ πρὸς τοὺς συμμάχους δίκαιον. R. Γ. ἡ μὲν γνώμη τίς ἦν καὶ ὑπὸ τίνος ἄδηλον. περὶ δὲ τοῦ συμμαχικοῦ Φιλόχορος ἱστορεῖ ὅτι πρὸ δύο ἐτῶν ἐγένετο συμμαχία Λακεδαιμονίων καὶ Βοιωτῶν.

196. ὁ τοῦτ' ἀναπείσας : Κόνωνα λέγει.

198. γεωργοῖς : Ἐβαροῦντο γὰρ (ταῖς) τριηραρχίαις.

199. Κορινθίοις : Ἦσαν γὰρ διάφοροι. τὸ δὲ σοί ὡς πρὸς τὸν δῆμον.

201. Ἱερώνυμος σοφός: Κατ' εἰρωνείαν. ὁ γὰρ Ἀργεῖος σοφὸς, ὁ δ' Ἱερώνυμος ἀμαθής. ταῦτα δὲ εἰς τὸ κωμῳδῆσαί τινας. τὸ δὲ Ἀργεῖος ὄνομα κύριον.

203. Θρασύβουλος: (Οὗτος αὐθάδης καὶ δωροδόκος,) ὑπερόπτης (ὢν) τοῦ δήμου, ἠβούλετο δι' αὐτοῦ πάντα πράττεσθαι.

204. διὰ τὸ ἀνήρ. R.

206. (τὰ δημόσια γὰρ μισθοφοροῦντες: Ὅπως μὲν αὐτοὶ κερδανεῖτε, σκοπεῖσθε· ὅπως δὲ φροντίσετε περὶ τῶν κοινῶν, ἐξ ὧν μισθοφορίαι, ἀμελεῖτε τοῦ κοινοῦ.)

208. Αἴσιμος: Χωλὸς ἄτιμος καὶ ἀμαθής. — ἄτιμος οὗτος καὶ χωλός. τὸ δὲ κοινὸν ὅτι τὸ κοινὸν ἀμελεῖτε. σκοπεῖσθε δὲ, τί κερδανεῖτε. R.

209. (σωθήσεσθ' ἔτι: Παρέλκει τὸ ἔτι παρὰ τοῖς Ἀττικοῖς.)

212. (ταμίαις: Ἐφόροις, φύλαξι, διοικητρίαις.)

216. βάπτουσι: Πλύνουσι. — οὐδὲν καινοτομοῦσι, φησί. R.

217. ἁπαξάπασαι: ἀντὶ τοῦ πᾶσαι. τὰ δὲ τοιαῦτα Ἀττικά. μεταπειρωμένας: μεταβαινούσας, μεταβαλλομένας ἀπὸ πράγματος εἰς πρᾶγμα. R.

220. εἰ μή τι καινὸν ἄλλο: Ἀντὶ τοῦ, εἰ μὴ ἐπολυπραγμόνει καὶ καινὰς ἔφερε πολιτείας. — ἀντὶ τοῦ, εἰ ἐφύλαττε τὸν ἀρχαῖον νόμον. R.

φρύγουσι: Λείπει τὸ κριθάς. ἐπιτρίβουσι, μοιχεύουσιν, ἢ ἐν τῷ μηδὲν πράττειν.

226. παροψωνοῦσιν: Ἀντὶ τοῦ λάθρα ὀψωνοῦσιν.

227. εὔζωρον: Ἄκρατον.

230. μὴ περιλαλῶμεν: Μὴ φλυαρῶμεν.

232. σκεψάμενοι: Οἷον ἐκ τῶν ἐπαγομένων λογισάμενοι.

236. πορίζειν: Εὑρίσκειν, συνάγειν.

239. τὰ δ' ἄλλα: Μετὰ τὸ ἐάσω στικτέον. τὸ δὲ ταῦτα, οἷον ταῦτα συμβουλεύων.

243. ἐν πυκνί: Ἀντὶ τοῦ ἐν τῇ ἐκκλησίᾳ. ὡς ἀποκεκρυμμένων ἐκείνων τῶν μερῶν καὶ δυναμένων ἐκεῖ κρύπτεσθαι ἐπὶ τῆς φυγῆς τῶν τριάκοντα.

245. (ὦ μέλ' ἦσθα: Παρέλκει τὸ μέλε.)

246. οὐ ματαίως καὶ ἐτωσίως. δεινὴ καὶ σοφὴ, ἱκανὴ ἐν τῷ λέγειν. R. αὐτόθεν: Ἀπὸ τοῦ παρόντος χρόνου.

248. Κέφαλός σοι: Δημαγωγὸς οὗτος ἕτερος, οὐχ ὃν λέγει Δημοσθένης, ἀλλὰ λοίδορος.

252. τρύβλια: Εἶδος ὀξυβάφου τὸ τρύβλιον.

253. κεραμεύειν: Ἀπὸ κοινοῦ τὸ κεραμεύειν, ἀντὶ τοῦ κατεργάζεσθαι. ἦν δὲ κεραμέως πατρὸς ὁ Κέφαλος. ἔλεγον δὲ κεραμεύειν καὶ τὸ κακῶς ποιεῖν τὰ κοινά.

254. Νεοκλείδης ὁ γλάμων: Ἐκωμῳδεῖτο ὡς συκοφάντης καὶ ξένος καὶ κλέπτης. ὁ λημῶν· ὁ ἔχων τοὺς ὀφθαλμοὺς μεστοὺς ἀκαθαρσίας.

255. ἐς κυνὸς πυγήν: Παροιμία παιδικὴ ἐπὶ τῶν ὀφθαλμιώντων, ἐς κυνὸς πυγὴν ὁρᾶν καὶ τριῶν ἀλωπέκων.

256. ὑποκρούσωσί σε: Ὑποβάλλωσί σε. λαμβάνωνταί σου.

257. πολλῶν κρουμάτων: Καὶ μετὰ τούτου ἔπαιξε πρὸς τὴν ὁμωνυμίαν τῆς συνουσίας.

259. ἐξαγκωνιῶ: Τοὺς ἀγκῶνας ὑπὸ ταῖς πλευραῖς ποιήσω. οὐδέποτε γὰρ οὕτω μέση ληφθήσομαι. (Ἄλλως. παραδώσω, ἵνα τῶν χειρῶν ἕλῃ με, καὶ μὴ μέσην ἄρας με γνῷ ὅτι γυνή εἰμι ἐκ τῶν τιτθίων.)

260. ὡδὶ, οὕτως. R.

263. τίνι. (262) ἔσκεπται. R.

265. αἴρειν τὼ σκέλη: Ἐν τῇ συνουσίᾳ· λέγει τὰς χεῖρας αἴρειν, ὥσπερ οἱ ῥήτορες οἱ κρινόμενοι.

267. ἐξωμισάσαις: Ἄχρι τῶν ὤμων γυμνωσάσαις.

269. ὑποδεῖσθε: Ὑποδεσμεύσατε.

274. ἀκριβῶς ποιήσετε. R.

276. ἐπαναβάλεσθε: ἀντὶ τοῦ περιστολίσασθε. R.

280. προΐωμεν αὐτῶν: Προηγησώμεθα τῶν λοιπῶν γυναικῶν.

281. ἄντικρυς: ἀντὶ τοῦ αὐτίκα. R.

284. ὑπαποτρέχειν: Ὀπίσω τρέχειν.

πάτταλον: Τὸ τυχόν. οἱ γὰρ ὕστερον ἐλθόντες οὐκ ἐλάμβανον τὸ ἐκκλησιαστικόν.

285. τὸ ἄνδρας. R.

286. ἐκπέσῃ. R.

288. (ἐνδούμεναι: Καταδυόμεναι εἰς τηλικαύτην τόλμαν λάθρα.)

289. (χωρῶμεν: Τοῦτ' ἐστὶ τὸ μέλος ὃ εἶπεν ἔνδον αὐταῖς τὸ ἀγροικικόν.)

291. πρῷ μονοσυλλάβως. ἀντὶ τοῦ ἔτι κνέφους ὄντος.

κεκονιμένος: οἷον σπουδάζων πάνυ καὶ σχεδὸν κόνεως πεπληρωμένος. R.

292. ὑπότριμμα: Ἀντὶ τοῦ δριμύ. οἱ γὰρ δικάζοντες ὀφείλουσι δριμεῖς εἶναι.

στέργων: Ἡδόμενος σκορόδοις. καὶ τοῦτο ἀγροικικὸν ἐμφαίνει.

293. ἀναπλάττει ὀνόματα. R.

295. μηδὲν παραχορδιεῖς: Παρὰ ῥυθμὸν ποιήσεις, μηδὲν παραφθέγξῃ, ἀλλὰ δεῖ εἰπεῖν ὅπως. σύμβολον δέ τι δηλοῖ φανερὸν ἤδη.

296. ἀντὶ τοῦ σεαυτόν. R.

297. πλησίον ἀλλήλων. R.

298. ὁπόσ' ἂν: Ὁπόσ' ἂν δέῃ χειροτονεῖν τὰς ἡμετέρας φίλας. R.

300. ὅρα δ' ὅπως: Ὁρᾷ ἄνδρας προσιόντας ἐν τῇ ἐκκλησίᾳ.

302. ἔνθα οἱ στέφανοι πλέκονται. ὡς διὰ τὴν εὐτέλειαν τοῦ μισθοῦ δικάζειν θελόντων. R.

303. Μυρωνίδης: Τῶν εὐδοκιμούντων οὗτος ὁ στρατηγός.

304. παρεγίνετο. R.

306. ἐν ἀσκιδίῳ: Πρὸς τὸ ἀρχαῖον ἔθος σεσημείωται.

310. πηλοφοροῦντες: Ὡς χειροτέχναι καὶ μισθωτοί.

317. ὁ Κοπρεαῖος: Βούλεται εἰπεῖν ὡς ὅτι ἠπειγόμην ἀποπατῆσαι.

693. διόδους : Τὰς ὁδούς. ἀπὸ τοῦ διοδεύειν.

694. συναντῶσαι. R.

702. οἱ ἀμορφότεροι. R.

705. ἀντὶ τοῦ τοῖς ἀμόρφοις. R.

708. διφόρου συκῆς : Ἢ παρὰ τὴν δίκην τὸ διφόρου, ἢ ὅτι καὶ δίφοροί εἰσι. τοῦτο δὲ ἵνα κνησμὸν αὐτοῖς τὸ φύλλον ἐμποιῇ.

713. δυναμένην μεγάλα βοῆσαι. ὡς κήρυκα. R.

714. ᾑρημένην : κεχειροτονημένην. R.

724. κατωνάκη : (Ἱμάτιόν ἐστιν ἐκ τῶν κάτω μερῶν νάκος, τουτέστι διφθέραν, περιερραμμένον. ἐνταῦθα δὲ) δουλικὸς καὶ ἀνελεύθερος χιτών.

729. προχειριοῦμαι : Εὐτρεπίσω. — κἀξετάσω : ἀναζητήσω, ἐρευνήσω. R.

730. κιναχύρα : Ὄνομα δούλης.

731. τῶν χρημάτων : ἀντὶ τοῦ καλλίστην πάντων τῶν χρημάτων μου. R.

732. ἐντετριμμένη : Ἀντὶ τοῦ σμηχθεῖσα, ἢ εἰδυῖα. στρέψασα δὲ κλέψασα. — κανηφορῇς : τὰ κανίσκια ἔχουσα. R.

733 κλέψασα. R.

734. διφροφόρος : Ἡ τὸ σελλίον (ἢ τὸ καθιστήριον) βαστάζουσα.

ἡ χύτρα δεῦρ' ἔξιθι : Ὡς ἐν κωμῳδίᾳ καὶ τὴν χύτραν ἔξω καλεῖ χάριν γέλωτος.

736. μελαίνεται : Ὡς τοῦ Λυσιστράτου φαρμάκῳ μελαίνοντος αὐτοῦ τὰς πολιάς.

737. κομμώτρια : (Ἐμπλέκτρια, ἡ κοσμοῦσα τὰς γυναῖκας.) — ἣν καλοῦμεν νῦν κουρίδα. R.

739. κιθαρῳδός : Ἡ ἀλετρίς.

740. ἀναστήσασα : ἀλήθουσα. R.

741. ἀωρὶ νύκτωρ : ὄρθρου. R. τὸν ὄρθριον νόμον : Οὕτω καλούμενος νόμος κιθαρῳδικὸς ὁ ὄρθριος.

742. τὰ κηρία : Ἴσως τοὺς κηρῶνας λέγει.

743. καθίστη πλησίον : Τοὺς τῆς ἐλαίας κλάδους, ὡς ἐν πομπῇ.

747. ἀντὶ τοῦ οὐδὲ ὀλίγον. R.

748. ἐξερευνήσω. R.

750. τὰ χρήματα. R.

751. πρὸς ἔπος : Ἀντὶ τοῦ ὡς ἔτυχεν, ἕνεκα μηδενός.

753. μετοικίσαι θέλων. R.

756. κατὰ τάξιν. R.

757. πέμπεται : Κῆρυξ οὗτος ὅστις τὰ πιπρασκόμενα ἐκήρυττε. τὸ δὲ πομπὴν ὅτι ὡς ἐν πομπῇ αὐτὰ ἐξάγει.

768. (ἀβέλτερον : Ἀνόητον, ἀσύνετον.)

781. διδόναι τἀγαθά : Ἐπειδὴ ὡς ἐπιτοπλεῖστον τὰ ἀγάλματα τῶν θεῶν ὑπτίας τὰς χεῖρας ἔχουσιν.

784. ὦ δαιμόνι' ἀνδρῶν : (Τοῦτό φησιν) ἀνὴρ ὁ θέλων καταθεῖναι.

794. εἰ γένοιτο : Εἰ γένοιτό τι σύμβολον, οὐκ ἐπιτελοῦσι τὰ δόξαντα.

794. εἰ μὴ 'χοιμ' ὅποι : Ἐὰν ἐμβραδύνων, μηδὲ ὅπη καταθῶ αὐτὰ εὕρω.

796. εἰς τρίτην. R.

798. παρ' ὑπόνοιαν τοῦτο. R.

806. πένης οὗτος καὶ εὐρύπρωκτος. R.

809. Καλλίμαχος : Καὶ οὗτος πένης καὶ χαμαιδιδάσκαλος. (αὐτοῖσι δὲ σὺν αὐτοῖς.)

810. Καλλίου : Καλλίας τις ἐγένετο πλούσιος, ὃς εἰς πόρνας τὴν ἑαυτοῦ οὐσίαν κατηνάλωσε, καὶ λοιπὸν πένης ἐγένετο.

813. ψηφίσματα : Ἐψηφίσαντο γὰρ αὐτοὺς εὐωνοτέρους εἶναι, καὶ τὸ ψήφισμα ἄκυρον γέγονε.

825. τῆς τεσσαρακοστῆς : Οὗτος ἔγραψε τεσσαρακοστὴν εἰσενεγκεῖν ἀπὸ τῆς οὐσίας εἰς τὸ κοινόν.

828. ταυτολογία καὶ λῆροι. R.

831. φυλάξομαι : Ὥστε ἐπιμέλειαν ἡμῶν ποιεῖσθαι.

833. ἀνάφορον : Ξύλον ἀμφίκοιλον, ἐν ᾧ τὰ φορτία ἐξαρτήσαντες οἱ ἐργάται βαστάζουσιν.

834. κοινῇ πάντες ἀστοὶ γεγενήμεθα. R. Γ.

835. ἀντὶ τοῦ πρὸς αὐτήν. Ἀττικὰ γάρ ἐστι τὰ τοιαῦτα. R.Γ.

838. ἐπινενασμέναι : Πεπληρωμέναι.

840. σισυρῶν : Τῶν μαλλωτῶν στρωμάτων. (δαπίδων δὲ) τῶν ταπήτων.

842. ῥιπίζεται : Ἀντὶ τοῦ ὀπτᾶται. τὸ γὰρ πῦρ οἱ ἄνθρωποι ἐρρίπιζον, ἵνα ὀπτήσωσιν.

844. (τραγήματα δὲ) τὰ τρωγάλια λέγει. (ἔτνος δὲ) εἶδος ἀθάρας ἀπὸ φασηλίων.

846. Σμοιός : Κύριον ὄνομα. αἰσχροποιὸς εἰς γυναῖκας, καὶ ἱππεύσας πρότερον, καὶ τοῖς ναύταις διανέμων τὰ τρύβλια·

848. κονίποδα : Στενὸν σανδάλιον.

852. διοίγετε διχῶς. R.

853. ἀνὴρ ὁ μὴ καταθείς. παρέλκεται τὸ ἔχων. Ἀττικὸν γὰρ τὸ τοιοῦτον. R.

862. ἢν δὲ κωλύσωσιν : Ἐξ ὧν πρώην αὐτὸς μὴ βουλόμενος τὴν οὐσίαν καταθεῖναι ἐπηρώτα.

864. εἰς τὸ αὐτό. R.

865. εἰς δικαστήριον. R.

867. ὁ καταθείς. R.

868. παμπησίαν : Τὴν πᾶσαν κτῆσιν.

869. ξυμβαστάσω. ὁ μὴ καταθείς. R.

871. προσποιῇ : Μὴ προσποιῇ διαφέρειν.

873. σὺν τοῖσδε. R.

874. τῶν ματτομένων : Τῶν προσοψημάτων.

880. μινυρομένη : Ἀντὶ τοῦ ἠρέμα ᾄδουσα.

883. τῶν Ἰωνικῶν : Τῶν τρυφηλῶν. Ἴωνες (γὰρ) τρυφηλοί.

888. προσελκύσαι. R.

888. ἐπιβαρές. R.

890. ἡ γραῦς τῷ αἰδοίῳ λέγει. R.

893. ᾄδει ἡ γραῦς. R.

895. τὸ ἔμπειρον. R.

896. ταῖς γραΐσι. R.

900. ἀντᾴδει ἡ νέα τῇ γραΐ. R.

903. ταῖς παρειαῖς. R.

904. γραῦ : Ἢ τὰς πολιάς σου παραλέλεξαι. ἢ ἐπλέξω τὰς τρίχας μίαν παρὰ μίαν.

905. ἐσμήχθη ψιμυθίῳ. R.

906. τρῆμα : (Ἢ τὸ τοῦ κόσμου λέγει, ἢ αὐτὸ τὸ τρῆμα, τὸ αἰδοῖον.) εἶδος κοσμίου τὸ ἐπίκλιντρον. ὄφιν ἢ τὸ ζῷον ἢ ἐπὶ τοῦ αἰδοίου.

915. ἀλλ' ὦ μαῖα : Πρὸς τὴν γραῦν. (ὀφθαγόραν δὲ) τὸ αἰδοῖον.

918. τὸν ἀπὸ Ἰωνίας : Ὡς μαλακῶν ἐκείνων ὄντων.

920. λάβδα : Λαικάζουσιν οἱ Λέσβιοι ἀπὸ τοῦ ἄρχοντος στοιχείου.

922. τἀμὰ δὲ παίγνια : Ἀντὶ τοῦ τοὺς ἐμοὺς ἐραστάς.

923. τὴν ἡλικίαν. νικήσεις. R.

926. ἐπ' ἐκφοράν γε : Ὅτι τῶν γραϊδίων ἐκφέρουσι τὴν οὐσίαν οἱ ἐρώμενοι. — καινὸν, ὅτι οὐκ ἐπ' ἐκφοράν. R.

929. ἡ 'γχουσα : Ἡ ἄγχουσα βοτάνη δηλονότι, ᾗ ἐχρῶντο εἰς τὰ πρόσωπα αἱ γυναῖκες.

932. Γέρης : Φαλακρὸς οὗτος καὶ πένης. οὐ γὰρ παρὰ τὸ γῆρας.

933. ὁ Ἐπιγένης. R.

936. ἀπέρχομαι : Ἵνα αὐτὸν ἐρεθίσω. — ἡ νεωτέρα. Rav.

940. ἄμορφον. R.

943. τὰ 'πὶ Χαριξένης : Εὐήθης καὶ μωρὰ ἡ Χαριξένη.

964. πολὺς ἢ ὑπὲρ τὸ δέον. R.

966. ταῦτα εἰποῦσα εἰσέρχεται. R.

968. ὑπὸ τοῦ ἔρωτός φησι. R.

963. φίλον : ἀντὶ τοῦ ὦ φίλη. R.

964. πληκτίζεσθαι : διατύπτεσθαι. R.

973. μέλημα : ἀντὶ τοῦ τίμιον. R.

974. καλλώπισμα. R.

977. ἡ γραῦς ἐξελθοῦσα. R.

979. Ἀναφλύστιον : Παρὰ τὸ ἀναφλᾶν παίζει.

984. εἴκοσι γάρ : Ἀπὸ τῶν δικῶν. ἔλεγον γὰρ ἀεὶ τὰ πρὸ τόσων ἐτῶν δικάζομεν.

987. Παιτοί : Ἔθνος μέν ἐστι Θρᾳκικόν. ἔπαιξε δὲ παρὰ τὸ παισίν.

988. τὸν πρωκτὸν λέγει. R.

991. κρησέραν : Τὸ περιβόλαιον τῶν κοφίνων. ἔστι δὲ δι' ἔρωτος. τοῦτο οὖν ὡς πρὸς γραῦν.

996. ζωγραφεῖ : Τοιαῦτα γάρ τινα ἐν τοῖς μνήμασιν ἔγραφον.

998. ἔγωγε νὴ Δία : Βούλομαί σε ἀπιέναι ἐπὶ θάνατον. πρὸς γὰρ τοῦτο παίζει.

999. μὰ τὴν Ἀφροδίτην : Ὡς ἑταίρα οὖσα τοῦτό φησι.

1002. τί δῆτα κρεάγρας : Τοῦτο ὅτι στερρῶς αὐτοῦ εἴχετο ὡς κρεάγρα.

1007. τὴν πεντακοσιοστήν : Εἰ μὴ ὑπὲρ ἐμοῦ κατέβαλες τὴν πεντακοσιοστήν. νόμος γὰρ τοῦ μὴ φέροντος τὴν οὐσίαν δημοσίαν εἶναι.

1020. ἀνατί : Μὴ τιμωρουμένας ὑπὲρ τῆς βίας. — τοῦ πέους. R.

1021. προκρούστης : Ἐπεὶ πολλάκις εἴρηται τὸ κρούειν.

1023. ἐὰν ἀπὸ σοῦ ἀφαιρῆταί με. R.

1025. ὑπὲρ μέδιμνον : Νόμος ἦν ταῖς γυναιξὶ μὴ ἐξεῖναι ὑπὲρ μέδιμνόν τι συναλλάσσειν. οὐκ ἔσονται οὖν, φησὶν, οἱ ἄνδρες οὐδενὸς ὑπὲρ μέδιμνον κύριοι, ἐπειδὴ ἀντέστραπται ἡ πολιτεία.

1026. ὀμόσαι ὡς οὐκ ἂν δυναίμην. R.

1027. ἔμπορος : Προφασίσομαι εἶναι ἔμπορος, ὡς ἐπὶ κινδυνευόντων, ἐπειδὴ οὐκ ἐστρατεύοντο οἱ ἔμποροι.

1029. Διομήδεια : Ὅτι Διομήδης ὁ Θρᾷξ, πόρνας ἔχων θυγατέρας, τοὺς παριόντας ξένους ἐβιάζετο αὐταῖς συνεῖναι, ἕως οὗ κόρον σχῶσι καὶ ἀναλωθῶσιν οἱ ἄνδρες· ὡς καὶ ὁ μῦθος ἵππους ἀνθρωποφάγους εἶπεν.

1032. ταινίωσαι : Στεφάνωσαι ὡς οἱ νεκροί.

1033. κατάθου τοὔστρακον πρὸ τῆς θύρας : πρὸ τῆς θύρας τὰ καλούμενα ἀρδάνια. R.

1034. στεφάνην : Εἶδος κοσμίου. διαπεσεῖσθαι δὲ, τεθνήξεσθαι.

1035. κηρίνων : στεφάνων. R.

1036. διαπεσεῖσθαι : τεθνήξεσθαι. διαρρυῆναι. R.

1042. Οἰδιπόδων : Ἐπειδὴ ὁ Οἰδίπους τὴν μητέρα ἐγάμησε.

1043. ὦ μισητή. R.

1048. παχεῖαν τὴν χάριν : Κακεμφάτως.

1050. τῶν νόμων. R.

1053. χεῖρον. R.

1054. ὁ νεώτερος. R.

1056. ἔμπουσά τις : Ἣν καλοῦμεν νῦν ὀνοσκελίδα. θέλει οὖν εἰπεῖν δαίμονα.

1057. φλύκταιναν : Ἤτοι ὡς ἐχούσης τῆς γραὸς κροκωτὸν, ἢ ὡς ἕλκος ἐχούσης.

1058. μαλακίων : ἀντὶ τοῦ εἰπεῖν μαλακὰ εἶπε μαλακίων. ὑποκοριστικὰ δὲ τὰ τοιαῦτα. R.

1063. μὴ πλέον : Τουτέστι, μὴ πλέον με ἀναγκάσῃς συνελθεῖν ἤπερ βούλομαι. τὸ δὲ κἀγώ ἴσως διὰ τὴν ἀνωτέρω ἱστορίαν περὶ τῶν Διομήδους θυγατέρων εἰρημένην.

1065. ἀξιόχρεως : ἀξιολόγους. R.

μή μοι : ἄλλη γραῦς τρίτη πρὸς τὸν νεώτερον. R.

1070. χεῖρον. R.

1071. διαβάλλει αὐτὴν ὡς ἄμορφον. μαστός. R.

1073. παρὰ τῶν πλειόνων : Παρὰ τῶν νεκρῶν.

1074. δύο γὰρ αὐτὸν κατεῖχον. R.

1086. πορθμῆς : Ἐπειδὴ οἱ πορθμῆς τοὺς παριόντας ἀναγκάζουσιν εἰς τὰ ἴδια πλοῖα ἐμβαίνειν.

1087. ἀπεκναίετε : Διεφθείρετε.

1089. κατὰ τὸ Καννώνου : Ψήφισμα γεγράφει κατεχόμενον ἑκατέρωθεν ἀπολογεῖσθαι τὸν κατ' εἰσαγγελίαν κρινόμενον. (Κρατῖνος δὲ καὶ πρὸς κλεψύδραν κελεῦσαι. Ξενοφῶν δὲ εἰς τὸ βάραθρον ἐμβληθέντα ἀποθανεῖν καὶ τὴν οὐσίαν ἀπολέσαντα.)

1090. διαλελειμμένον : Μέσον εἰλημμένον.

1092. βολβῶν χύτραν : Ἐπιτήδειοι γὰρ πρὸς συνουσίαν οἱ βολβοί.

1101. Φρύνην : Φρύνη ἀρχαία γυνή. οἱ δὲ ῥυτίς. λήκυθος δὲ, ᾠδηκυῖα.

1106. κασαλβάδοιν : (Κασαλβὰς ἡ πόρνη, ἀφ' οὗ ποιεῖ. αἱ γὰρ πόρναι καλοῦσι μὲν οὐκ ἔχουσαι τοὺς ἐραστάς· σοβοῦσι δὲ τοὺς ὄντας, ἵνα ἄλλους λάβωσι. παρὰ τὸ καλεῖν οὖν καὶ τὸ σοβεῖν.) — τῶν πορνῶν, ὡς ἐπὶ κινδύνου καὶ θαλάττης. R.

1111. διὰ τὴν αἰτίαν καὶ πρόφασιν. R.

1119. ἀμφορείδια : τὰ κεράμεια. R.

1121. (τὸ ἄνθος. καὶ ὁ Κρατῖνος ἐν τοῖς ἰδίοις τὰς θείας μορφὰς ἐν ἀρχῇ φανείσας.)   ὡς ἐπὶ τῶν ἀνθῶν εἶπε τὸ ἀπανθήσαντα. ἀντὶ τοῦ ξηρανθέντα.

1123. εὐφρανεῖ τὰ ἀμφορείδια. R.

1124. ἐπιλεγομένας ἡμᾶς τὰς . . . . τερα. R.

1126. δεσποίνης. R.

1133. οὐ δεδείπνηκας μόνος : Παρ' ὑπόνοιαν. ἔδει γὰρ εἰπεῖν ὅτι μόνος εὐτυχεῖς τῶν πολιτῶν.

1138. τασδὶ τὰς μείρακας : Τὰς τοῦ χοροῦ.

1148. ἀληθῶς λέγει ὅτι οἴκοι γενόμενοι εὕροιεν τί δειπνήσειαν. R.

1151. διατρίβεις ἔχων : Τὸ ἔχων παρέλκεται. Ἀττικὸν γὰρ τὸ τοιοῦτο. R.

1158. μὴ τὸν κλῆρον : Ἐπεὶ τοῦ πρώτου εἰπόντος ὥσπερεὶ ἐμιαίνετο.   τὰ ποιήματα δὲ τῶν ἑξῆς λεγόντων.

1159. προείληχα : Ὅτι πρῶτος, εἶπεν, ἐκληρώθην. (τὸ χρῆμα δρᾶν.) ἀντὶ τοῦ ἐξιέναι.

1165. ῥυθμός ἐστι Κρητικός.

1169. γαλῆ εἶδος ἰχθύος.

1174. ἀπὸ τῶν τραγανῶν καὶ τῶν πτερῶν.

σιραίῳ βαφέντα, ὅ ἐστιν ἑψήματι, ὃ ἡμεῖς γλυκεδίῳ

1177. (κόνισαι : Γυμνάσθητι.)

1178. ἰσχυρῶς καὶ δεύτερον δειπνεῖν δυνηθείης.

ΠΛΟΥΤΟΣ.

ΥΠΟΘΕΣΕΙΣ.

I.

[Βουλόμενος Ἀριστοφάνης σκῶψαι τοὺς Ἀθηναίους ἀδικίᾳ καὶ συκοφαντίᾳ καὶ τοῖς τοιούτοις συνόντας, καὶ διὰ τοῦτο πλουτοῦντας, πλάττει πρεσβύτην τινὰ γεωργὸν Χρεμύλον τοὔνομα, δίκαιον μὲν ὄντα καὶ τοὺς τρόπους χρηστὸν, πένητα δὲ ἄλλως· ὃς μετά τινος αὑτῷ θεράποντος ἐλθὼν εἰς Ἀπόλλω ἐρωτᾷ περὶ τοῦ ἰδίου παιδὸς, εἰ χρὴ τουτονὶ τρόπων χρηστῶν ἀμελήσαντα ἀδικίας ἀντιποιεῖσθαι καὶ ταὐτὰ τοῖς ἄλλοις ἐπιτηδεύειν, ἐπειδήπερ οἱ μὲν τοιοῦτοι ἐπλούτουν, οἱ δὲ τὰ ἀγαθὰ πράττοντες πένητες ἦσαν, καθάπερ αὐτὸς οὗτος ὁ Χρεμύλος. ἔχρησεν οὖν αὐτῷ ὁ θεὸς σαφὲς μὲν οὐδὲν, ὅτῳ δὲ ἐξιὼν ἐντύχοι, τούτῳ ἕπεσθαι. καὶ ὃς γέροντι ἐντυγχάνει τυφλῷ, ἦν δὲ οὗτος ὁ Πλοῦτος, καὶ ἀκολουθεῖ κατὰ τὰς μαντείας, μὴ εἰδὼς ὅστις οὗτός ἐστι. δυσχεραίνων δὲ ἐπὶ τούτῳ καθ' ἑαυτὸν ὁ θεράπων μόλις αὐτὸν ἐρωτᾷ τίνος ἕνεκα τούτῳ ἀκολουθοῦσι. καὶ ὁ Χρεμύλος λέγει αὐτῷ τὴν μαντείαν. ἔπειτα μανθάνουσι παρ' αὐτοῦ Πλούτου ὅστις ἐστὶ καὶ ὅτου χάριν τυφλὸς ἐγεγόνει παρὰ τοῦ Διός. οἱ δὲ ἀκούσαντες ἥσθησάν τε καὶ βουλὴν ἐβουλεύσαντο ἀπαγαγεῖν αὐτὸν εἰς Ἀσκληπιοῦ καὶ τὴν τῶν ὀφθαλμῶν θεραπεῦσαι πήρωσιν. καὶ ἵνα τὰ ἐν μέσῳ παρῶ, τάς τε τοῦ Βλεψιδήμου ἀντιλογίας καὶ τῆς Πενίας αὐτῆς, ἀπήγαγόν τε αὐτὸν ὅτι τάχιστα καὶ ὑγιᾶ ἐπανήγαγον οἴκαδε, ἐπλούτησάν τε ἱκανῶς οὐκ αὐτοὶ μόνον, ἀλλὰ καὶ ὅσοι βίου χρηστοῦ πρόσθεν ἀντεχόμενοι πένητες ἦσαν. ἐπιγέγραπται δὲ τὸ δρᾶμα Πλοῦτος Ἀριστοφάνους.]

II.

Πρεσβύτης τις Χρεμύλος πένης ὢν τὴν οὐσίαν ἀφικνεῖται εἰς θεοῦ· ἐρωτᾷ δὲ τὸν θεὸν πῶς ἂν εἰς ἔκδηλον ἁβρόν τε μετασταίη βίον. τοιόνδε δὲ ἐγγεγύηται ὁ χρησμός. χρᾷ γὰρ αὐτῷ ὁ θεὸς ἐξιόντι τοῦ ναοῦ, τούτῳ ἕπεσθαι, ᾧ πρώτῳ συντύχῃ. καὶ δὴ τυφλῷ γέροντι συντυχὼν εἵπετο πληρῶν τὸν χρησμόν. ἦν δὲ Πλοῦτος οὗτος. ὕστερον δὲ προσδιαλεχθεὶς αὐτῷ εἰσάγει εἰς Ἀσκληπιοῦ, ἰασόμενος αὐτὸν τῆς πηρώσεως, καὶ οὕτω πλούσιος γίνεται. ἐφ' ᾧ δυσχεράνασα ἡ Πενία παραγίνεται λοιδορουμένη τοῖς τοῦτο κατορθώσασι· πρὸς ἣν καὶ διάλογος οὐκ ἀφυὴς γίνεται, συγκρινομένων τῶν φαύλων τῆς Πενίας καὶ τῶν τοῦ Πλούτου ἀγαθῶν ὑπὸ Βλεψιδήμου καὶ Χρεμύλου. πολλῶν τε ἄλλων ἐπεισρεόντων, ἐν τῷ ὀπισθοδόμῳ τῆς Ἀθηνᾶς ἀφιερώσαντο Πλούτου ἰνδάλματα. τὰ μὲν οὖν τῆς ὑποθέσεως ταῦτα. προλογίζει δὲ θεράπων, δυσχεραίνων πρὸς τὸν δεσπότην, ὅτι τυφλῷ καὶ γέροντι κατακολουθεῖν οὐκ ᾐσχύνετο.

III.

Πρεσβύτης τις Χρεμύλος πένης ὢν καὶ ἔχων υἱὸν, κατανοήσας ὡς οἱ φαῦλοι τὸ τηνικαῦτα εὖ πράττουσιν, οἱ δὲ χρηστοὶ ἀτυχοῦσιν, ἀφικνεῖται εἰς θεοῦ, χρησόμενος πότερον τὸν παῖδα σωφρόνως ἀναθρέψειε, καὶ ὅμοιον ἑαυτῷ τοὺς τρόπους διδάξειεν (ἦν γὰρ οὗτος χρηστὸς), ἢ φαῦλον, ὡς τῶν φαύλων τότε εὐπραγούντων. ἐλθὼν οὖν εἰς τὸ μαντεῖον, περὶ μὲν ὧν ἤρετο· οὐδὲν ἤκουσεν, προστάττει δὲ αὐτῷ, ᾧ τινι πρῶτον ἐξιὼν συντύχῃ, ἀκολουθεῖν. καὶ τὰ λοιπὰ ὡσαύτως.

IV.

Ἐδιδάχθη ἐπὶ ἄρχοντος Ἀντιπάτρου, ἀνταγωνιζομένου αὐτῷ Νικοχάρους μὲν Λάκωσιν, Ἀριστομένους δὲ Ἀδμήτῳ, Νικοφῶντος δὲ Ἀδώνιδι, Ἀλκαίου δὲ Πασιφάῃ. τελευταίαν δὲ διδάξας τὴν κωμῳδίαν ταύτην ἐπὶ τῷ ἰδίῳ ὀνόματι, καὶ τὸν υἱὸν αὐτοῦ συστῆσαι Ἀραρότα δι' αὐτῆς τοῖς θεαταῖς βουλόμενος, τὰ ὑπόλοιπα δύο δι' ἐκείνου καθῆκε, Κώκαλον καὶ Αἰολοσίκωνα.

V.

[Ἰστέον δὲ ὅτι τὰ τοῦ δράματος πρόσωπα πεπλασμένα εἰσὶ παρὰ τοῦ ποιητοῦ. Χρεμύλος γὰρ ἀπὸ τοῦ χρέος καὶ τοῦ αἱμύλλω τὸ ἀπατῶ εἴρηται, ὁ ἀπατῶν δηλαδὴ τοὺς χρεωφειλέτας διὰ πενίαν. καὶ τὸ Καρίων ἐξελληνιζόμενον τὸν δοῦλον δηλοῖ· Κᾶρες γὰρ οἱ δοῦλοι, ὅθεν καὶ ἡ παροιμία, ἐν Καρὸς αἴσῃ, ἤτοι ἐν δούλου τάξει. καὶ τὸ Βλεψίδημος δὲ ἤτοι πτωχὸς, ὁ βλέπων ἀεί ποτε εἰς τὸν δῆμον.]

21.

VI.

ΑΡΙΣΤΟΦΑΝΟΥΣ

ΓΡΑΜΜΑΤΙΚΟΥ.

Μαντεύεται δίκαιος ὤν τις καὶ πένης
εἰ μεταβαλὼν πλούτου τυχεῖν δυνήσεται.
ἔχρησεν ὁ θεὸς συνακολουθεῖν ᾧπερ ἂν
ἀνέρι περιτύχῃ. Πλοῦτος ὀπτάνεται τυφλός.
γνοὺς δ' αὐτὸν, ἤγαγ' οἴκαδ', ἄλλους δημότας
καλέσας μετασχεῖν· εἶθ' ὑγιάσαι τὰς κόρας
ἔσπευδον· εἰς Ἀσκληπιοῦ δ' ἀπήγαγον.
ἡ δ' ἄφνω Πενία διεκώλυσεν.
οὕτως ἀναβλέψαντος αὐτοῦ, τῶν κακῶν
οὐδεὶς ἐπλούτει, τῶν δ' ἀγαθῶν ἦν τἀγαθά.

SCHOLIA IN PLUTUM.

[Ἡ εἴσθεσις τοῦ δράματος ἄρχεται ἐκ συστηματικῆς περιόδου, καὶ ἐξ ἀμοιβαίων. οἱ δὲ στίχοι εἰσὶν ἰαμβικοὶ τρίμετροι ἀκατάληκτοι. ὧν τελευταῖος, « τί γὰρ ἂν τις οὐχὶ πρὸς σὲ τἀληθῆ λέγοι. » ἐπὶ ταῖς ἀποθέσεσι παράγραφος. ἐπὶ δὲ τῷ τέλει κορωνὶς, καὶ ἑξῆς τούτων τὸ χοροῦ. ὤφειλε γὰρ χορὸν θεῖναι καὶ διατρῖψαι μικρὸν, ἄχρις ἂν ὁ Καρίων συμμίξῃ τοῖς γέρουσιν. Ὁρῶν ὁ Καρίων τὸν ἑαυτοῦ δεσπότην Χρεμύλον μετὰ τὸ ἐξελθεῖν τοῦ μαντείου τυφλῷ ἀνδρὶ ἑπόμενον, σχετλιάζων καὶ δυσφορῶν φησὶν τὸ ὡς ἀργαλέον ἤτοι τὴν ἀρχήν. Σχόλιον τοῦ λογιωτάτου μαγίστρου, ex cod. Parisino.]

1. (Τοῦ ὡς πέπλεκται ἡ διάνοια ἐκ τοῦ θαυμασμοῦ καὶ σχετλιασμοῦ. τὸ γὰρ ὡς ἐπίρρημα ἐπαμφοτερίζει, ἢ ἐνταῦθα εἴληπται ἐπιτάσεως δηλωτικόν. ἀπαυδᾷ δὲ οὐ διὰ τὴν τύχην, ἀλλὰ διὰ τὸ ἐπαχθὲς τῶν δεσποτῶν.)

ὡς ἀργαλέον : Ὁ θεράπων δυσφορεῖ τοῦ δεσπότου ἑπομένου τυφλῷ ἀνδρί. τὸ δὲ ἀργαλέον, χαλεπὸν, δύσκολον, δυσχερές. εἴρηται δὲ παρὰ τὸ ἄλγος ἀλγαλέον καὶ κατὰ τροπὴν τοῦ λ εἰς ρ ἀργαλέον· (ὡς ποδαλγία, ποδαργία. ἢ ἔργον παρὰ τοῖς παλαιοῖς τὸ δυσχερές· ἐκ τούτου παράγωγον ἀργαλέον· ὡς ἀπὸ τοῦ ἔπω ἀπύω.) — ὡς ἀργαλέον : Ἀργαλέον τὸ βαρὺ καὶ δύσκολον καὶ λυπηρόν· ἀπὸ τοῦ ἄλγος ἀργαλέον ὡς ποδαλγία, ποδαργία· ἢ ἐκ τοῦ ἔργου τὸ δύσκολον, ἀφ' οὗ καὶ τὸ ἐργῶδες, κατὰ παραγωγὴν ἐργαλέον καὶ ἀργαλέον. ἀργαλέον τὸ μετέχον ἄλγους· ὥσπερ καὶ θαρσαλέον τὸ μετέχον θράσους. Dv. ὡς ἀργαλέον : δύσκολον, δυσχερές. R. λίαν δύσκολον καὶ βαρύ. Θ. *et cod. Nanian. in Catalogo p.* 477. ἐστιν : Ὑπάρχει. θεοὶ : Ὦ. Nan.

[ὦ Ζεῦ : Τὸν Δία παρέλαβε κατ' ἐξοχὴν τῶν ἄλλων θεῶν, ὡς τὸ [Hom. Il. N, 1]

Ζεὺς δ' ἐπεὶ οὖν Τρῶάς τε καὶ Ἕκτορα νηυσὶ πέλασσε.]

[κἀκεῖ γὰρ τὸν Ἕκτορα ὀνομάζων κατ' ἐξοχὴν παρείληφε.] — προτάττει τὸν Δία θεῶν κρείττονα ὄντα. Θ.

2. δοῦλον γενέσθαι : Χαλεποῦ ὄντος (φύσει) τοῦ δουλεύειν, χαλεπώτερον γίνεται, ἐὰν καὶ ἀνοήτῳ τις δεσπότῃ ὑπηρετῇ. — δοῦλον : Τινὰ ἄνθρωπον ὑπάρξαι. Θ. *Nan.* παραφρονοῦντος : μαινομένου. *Nan.* μαινομένου, οὐκ εἰδότος τί δεῖ ποιεῖν. Θ. δεσπότου : Αὐθέντου. Nan.

παραφρονοῦντος : Ἤγουν μαινομένου, οὐκ εἰδότος τί δεῖ ποιεῖν, ἤτοι ἀνοηταίνοντος καὶ μωροῦ, παρὰ τὸ εἰκὸς φρονοῦντος. ἡ γὰρ παρά ἐνταῦθα τὴν ἔξω σχέσιν δηλοῖ. Junt.

Τὸ ὅλον οὐ πρὸς τὴν τύχην ἐστίν· οὐ γὰρ ὅτι δοῦλός ἐστι λυπεῖται· ἀλλὰ πρὸς τὴν διαφορὰν τῶν κεκτημένων ἔθηκε καὶ παραφρονοῦντος. G.

3. τὸ ἦν ἀπόστροφον λαμβάνει, ὅ ἐστιν ἀντίστροφον. ἔστι δὲ ὥσπερ καὶ ἄλλως τοὐναντίον δρῶν. καὶ τοῦτο γὰρ ἀντίστροφον δέχεται. ἔστι γὰρ τὸ ἐναντίον δρῶν. ἡ δὲ ἀπόστροφος ἀντίστροφος καλεῖται. Ἀρίσταρχος γὰρ τοῦτο σημειοῦται. ὅ ἐστιν παρ' ἡμῖν ἀπόστροφος, ἀντίστροφος αὐτῷ καλεῖται. G.

τὰ : Περισσὸν Ἀττικῶς. Θ.

λέξας τύχῃ : Περιφραστικῶς, ἀντὶ τοῦ λέξῃ. Θ. *Junt.*

4. [μὴ δρᾶν ταῦτα : Οἱ γράφοντες ταὐτὰ οὐ καλῶς γράφουσιν· εὕρηται γὰρ ἐν πολλοῖς τῶν παλαιῶν ἀντιγράφων τὸ ταῦτα, καὶ ἔστι κρεῖττον ἐκείνου.] — ἃ ὁ θεράπων λέξει. γράφεται ταὐτά. Θ. ταὐτὰ : Ὅμοια τῷ ἔχοντι αὐτόν. *A. B. D.* Θ. ταὐτὰ : Καὶ τὰ ὅμοια. *Harl.* 6.

5. μετέχειν ἀνάγκη : (Πρὸς) τὸ ποιητικὸν [Hom. Od. P, 322]

ἥμισυ γάρ τ' ἀρετῆς ἀποαίνυται εὐρύοπα Ζεὺς
ἀνέρος, εὖτ' ἄν μιν κατὰ δούλιον ἦμαρ ἕλῃσι.

τί γὰρ κακώτερον τοῦ τὰ ἐναντία ἑαυτῷ διαπράττεσθαί τινα, ἐν τῷ μὴ ποιεῖν ἃ βούλεται, ἀλλὰ καὶ τῆς τῶν ἄλλων ἀφροσύνης ἀνέχεσθαι;

[τῶν κακῶν : Τῶν ἀφροσυνῶν ὧν ὁ δεσπότης ἔχει· ἤγουν τῶν πληγῶν, αἳ τοῖς ἀπειθοῦσι τοῖς δεσπόταις ὀφείλονται. εἰώθασι δὲ οἱ Ἀττικοὶ τὰ ἄρθρα πλεονάζειν. ὥσπερ οὖν ἐν τῷ « τὰ βέλτιστα » περισσὸν ἦν Ἀττικῶς τὸ ἄρθρον, οὕτω κἀνταῦθα τὸ « τῶν. » καὶ ἐν τοῖς ἑξῆς τὸ « τό, » ὡς ἐν τῷ « τὸ ποῖον. » τὸ δὲ [v. 8] « ταῦτα » τὸ δεύτερον οὐκ ἔστιν ἀντὶ τοῦ ταύτῃ, ὡς οἴονταί τινες, ἀλλ' ἀντὶ τοῦ ταῦτα πάλιν Ἀττικῶς.] — τῶν ἐκ τοῦ δεσπότου πληγῶν καὶ τιμωριῶν. Θ.

6. τοῦ σώματος γὰρ : Οἷον, αὐτὸν ἑαυτοῦ τὸν δοῦλον οὐκ ἐᾷ κρατεῖν· μάλιστα γὰρ κύριος τοῦ σώματος ἕκαστος αὐτὸς ἑαυτοῦ. — σώματος : Τοῦ οἰκείου. οὐκ ἐᾷ : Οὐκ ἀφίησι. Θ.

7. κρατεῖν : Ἐξουσιάζειν. Junt.

ὁ δαίμων : Ἡ τύχη. *R.* Θ. *Junt. Dv.*

(τὸν ἐωνημένον : Ἀντὶ τοῦ τὸν ὠνησάμενον, ἀπὸ

τοῦ ὠνοῦμαι. λέγεται γὰρ καὶ ἡ ἐφεξῆς τοῦ ῥήματος κλίσις. τοῦ δὲ ὀνόματος τὸ πληθυντικὸν οὐκ ἔστιν ὠνησάμενοι. διὸ μεταβαλόντες αὐτὸ ἐπὶ ἑτέραν φωνὴν πριάμενοι λέγουσιν Ἀττικοί.) — τὸν ἀγοράσαντα. Θ. Ἄλλως. διχῶς εὕρηται τὸ ἐώνημαι· καὶ ἐπὶ τοῦ ἠγορακότος καὶ ἐπὶ τοῦ ἠγορασμένου· καὶ ἐπὶ τοῦ μὲν ἠγορακότος ὡς ἐνταῦθα· ἐπὶ δὲ τοῦ ἠγορασμένου, ὡς παρὰ Συνεσίῳ [Epist. 3] » ἡ γὰρ Λαῒς ἀνδράποδον ἦν Ὑκκαρικὸν ἐκ Σικελίας ἐωνημένον. » Junt.

8. τοῦτο παρεπιγραφὴ λέγεται. R.

(καὶ ταῦτα μὲν δὴ ταῦτα : Καὶ ταῦτα μὲν δὴ τοῦτον ἔχει τὸν τρόπον· ἔστι δὲ τὸ σχῆμα ἀποθετικὸν τῆς πρώτης διανοίας.) — κύκλος. Θ.

τῷ δὲ Λοξίᾳ : Τῷ Ἀπόλλωνι· ἤτοι τῷ λοξὴν ἴαν πέμποντι· λοξὰ γὰρ μαντεύεται ὁ θεός. ἢ τῷ λοξὴν πορείαν ποιουμένῳ· ὁ αὐτὸς γάρ ἐστι τῷ ἡλίῳ. — τῷ Ἀπόλλωνι· ἐπειδὴ πλάγιος ἐν τῷ ζωδιακῷ φέρεται ὁ αὐτὸς ἥλιος ὤν· ἢ ἐπεὶ πολλοὺς καὶ ἀσαφεῖς τοὺς χρησμοὺς δίδωσι. V. τῷ δὲ Λοξίᾳ : Ἢ τῷ Ἀπόλλωνι λοξὰ μαντευομένῳ· ἢ ἐπειδὴ ὁ Ἀπόλλων εἰς τὸν ἥλιον ἀλληγορεῖται, Λοξίαν τοῦτον εἴποις, ὡς λοξὴν τὴν πορείαν ποιούμενον. Dv.

9. ὃς θεσπιῳδεῖ : Ἐτραγικεύσατο τῇ φράσει. ἡ δὲ Πυθία ἐπὶ τρίποδος καθημένη χρησμῳδεῖ. καλεῖται δὲ τὸ μέρος, ἐν ᾧ κάθηται, ὅλμος. Ἄλλως. τρίποδι χρῆται ὁ Ἀπόλλων μαντευόμενος διὰ τοὺς τρεῖς καιροὺς τῶν πραγμάτων. Ὅμηρος [Il. A, 70]

ὃς ᾔδη τά τ' ἐόντα, τά τ' ἐσσόμενα πρό τ' ἐόντα.

τινὲς φασὶν οὕτω κτήσασθαι [τὸν Ἀπόλλωνα] τὸν τρίποδα. ἁλιεῖς [ἐν Μιλήτῳ τινὲς] μισθῷ βόλον ἔρριπτον, ἵνα τὸ ἀναφερόμενον εἴη τοῦ ἀγοράσαντος τὸν βόλον. συμβέβηκε γοῦν ἀντὶ ἰχθύων τρίποδα χρυσοῦν περιλαβεῖν αὐτοὺς τῷ δικτύῳ. ἐφιλονείκουν οὖν περὶ αὐτοῦ, οἱ μὲν ἁλιεῖς, ὡς ἰχθῦς πεπράκασιν, οὐ τρίποδα· οἱ δὲ ἀγοράσαντες ἔλεγον, ὡς πᾶν τὸ ἀνιὸν καὶ πᾶν ὅ τι τύχοι ὠνήσαντο. οὕτως οὖν αὐτῶν φιλονεικούντων, ἔδοξεν ἐρωτῆσαι τὸν Ἀπόλλωνα. ὁ δὲ ἀνεῖλεν αὐτοῖς ταῦτα,

ἔκγονε Μιλήτου, τρίποδος πέρι Φοῖβον ἐρωτᾷς·
ὃς σοφίῃ πάντων πρῶτος, τούτου τρίποδ' αὐδῶ.

προσήγαγον οὖν αὐτὸν τοῖς ἑπτὰ σοφοῖς· ἕκαστος δὲ τούτων παρῃτεῖτο σοφὸς εἶναι, διόπερ ἐγνώκασιν, ὡς σοφωτέρῳ πάντων, ἀναθεῖναι αὐτὸν τῷ Ἀπόλλωνι· ὅθεν φασὶν ἐσχηκέναι αὐτὸν τὸν τρίποδα. [ἡ δὲ λέξις ἠτυμολόγηται ἢ παρὰ τὸ θέσπιν ᾠδήν, ἢ παρὰ τὸ τὴν Θέμιν ἐκεῖ τὰς μαντείας ἄγειν.] (χρυσοῦς δέ ἐστιν ὁ τρίπους, ὅτι τιμία ἡ ὕλη· καὶ οἱ διδόμενοι χρησμοὶ τίμιοι.)

[οὕτω φασὶν ἐσχηκέναι τὸν Ἀπόλλωνα τὸν τρίποδα. ἁλιεῖς μισθῷ δίκτυον ἐν θαλάττῃ ἔριπτον, ἵνα τὸ ἀγρευθὲν εἴη τοῦ τὸν μισθὸν διδόντος αὐτοῖς. συμβεβήκει γοῦν ἀντὶ ἰχθύων τρίποδα χρυσοῦν περιλαβεῖν αὐτοὺς τῷ δικτύῳ. φιλονεικούντων οὖν τῶν τε ἁλιέων καὶ τοῦ μισθώσαντος, καὶ τῶν μὲν λεγόντων ὡς οὐ τρίποδα πεπράκασιν, ἀλλ' ἰχθῦς, τοῦ δὲ ὡς πᾶν ὅ τι τύχοι· ἔχρησεν οὖν ὁ Ἀπόλλων, τῷ σοφῷ τοῦτον ἀνενεγκεῖν. ἀγαγόντες οὖν τοῦτον ἐπὶ τοὺς ἑπτὰ φιλοσόφους, ἐπεὶ ἀπηρνεῖτο εἷς ἕκαστος μὴ εἶναι σοφὸς, ἀνέθηκαν τῷ Ἀπόλλωνι εἰκότως· μάντις γὰρ ὢν, τοὺς τρεῖς χρόνους εἶδε, τά τ' ὄντα τά τ' ἐσόμενα πρό τ' ἐόντα. Par. μαντεύεται καὶ χρησμοδοτεῖ καὶ θείας φωνὰς λέγει. χρυσηλάτου : Ἐκ χρυσοῦ πεποιημένος. Θ.]

11. ὅτι ἰατρὸς ὢν καὶ μάντις : Τῶν δυοῖν ἀρετῶν τοῦ θεοῦ μέμνηται κατὰ τὸ παρὸν, θεσπίσεώς τε καὶ τῆς κατὰ τὴν ἰατρικὴν ἐπιστήμης. [εὐκαίρως δὲ τούτων τὴν μνήμην ἐποιήσατο· ἰατρικῆς μὲν, ὅτι ἀνίατον ἀπέπεμψε τὸν δεσπότην, καὶ τὴν μὴ προσοῦσαν περιῆψε μελαγχολίαν. θεσπίσεως δὲ, διὰ τὸ προσεχὲς (τῆς ἐκεῖθεν ἐξόδου). τὴν δὲ μουσικὴν κατέλιπε, μὴ χρείαν αὐτῆς ἔχων.] (τριῶν οὐσῶν τεχνῶν, ὧν μετεῖχεν ὁ θεὸς, νῦν μέμνηται μαντείας καὶ ἰατρικῆς, παρῆκε δὲ τὴν μουσικὴν, ὡς ἐπὶ τοῦ παρόντος μὴ χρείαν αὐτῆς ἔχων· ἢ διὰ τοῦ σοφός τὴν μουσικὴν αἰνίττεται. πρὸς τὸ χάριεν οὖν διαβάλλει τὸν θεὸν, ὅτι τῶν ἄλλων ἰατρὸς ὢν, οὐκ ἰάτρευσεν αὐτὸν, ἐξέπεμψε δὲ πρὸς τούτῳ καὶ τῆς προσούσης αὐτῷ συνέσεώς τε καὶ σοφίας ἀπεστέρησεν, ἐκταράξας διὰ τῆς μαντείας. τοῦτο οὖν ἔοικε λέγειν, ὅτι διὰ τῶν ἑαυτοῦ μᾶλλον οἰκείων ἔβλαψε τὸν δεσπότην.)

[ἰατρὸς ὢν καὶ μάντις : Οὐ μόνον ἰατρὸν καὶ μάντιν φασὶ τὸν Ἀπόλλωνα, ἀλλὰ καὶ μουσικόν· τὸ μὲν μουσικὸν παρῆκε, διὰ τὸ μὴ χρείαν ἔχειν· τῆς δὲ ἰατρικῆς καὶ μαντικῆς ἐμνήσθη, τῆς μὲν, ὅτι ἔδει ὡς ἰατρὸν νοσοῦντα τὸν αὐτοῦ δεσπότην θεραπεῦσαι, ἀλλὰ μὴ εἰς μανίαν μᾶλλον κινῆσαι· τῆς δὲ μαντικῆς, ὅτι οὐκ ἔχρησεν αὐτῷ, ἃ ἐβούλετο, ἀλλὰ μάτην ἀπέπεμψεν. Dv.] τὸ ὥς φασιν ὡς ἀπιστῶν φησιν ἐξ ὧν αὐτὸς ἐπειράθη. R.

12. ψεύδεται ὁ δοῦλος· οὐ γὰρ ἀληθῆ λέγει ὅτι μελαγχολᾷ μου ὁ δεσπότης, ἐπεὶ ἐκεῖνος κατὰ πρόσταξιν τοῦ θεοῦ τοῦτο ἐποίει. οὐ μὴν ἀληθῆ ἦν. V.

μελαγχολῶντα : Χολᾶν παρὰ τοῖς Ἀττικοῖς τὸ μαίνεσθαι· παρὰ δὲ τοῖς κοινοῖς τὸ θυμοῦσθαι. Junt.

15. οἱ γὰρ βλέποντες : Τὸ εὔηθες καὶ μανικὸν κατηγορεῖ τοῦ δεσπότου ἐκ τοῦ κατὰ τὸν περίπατον ἐναντίου· ἡγεῖσθαι γὰρ προσῆκεν, οὐχ ἕπεσθαι τυφλῷ. — τὸ εὔηθες ἢ μανικὸν τοῦ δεσπότου λέγει ἐκ τῆς ἐναντιώσεως· ἡγεῖσθαι γὰρ προσῆκεν, οὐχὶ ἕπεσθαι τυφλῷ. Ἄλλως. τὸ εὔηθες ἢ μανικὸν κατηγορεῖ τοῦ δεσπότου ἐκ τῆς κατὰ τὸν περίπατον ἐναντίον τῷ δέοντι σχέσεως. V.

ἡγούμεθα : Ἡγοῦμαι τὸ προοδοποιῶ, πρὸς δοτικὴν ἀποδιδόμενον δοκεῖ κατὰ τὴν σύνταξιν ἐλλειπῶς ἔχειν· εἰ γὰρ κατὰ τὸ πλῆρες λεχθείη, γενικῇ ἂν καὶ αὐτὸ συνταχθείη, οἷον, ἡγοῦμαί σοι τῆς ὁδοῦ. Junt.

16. κἀμὲ προσβιάζεται : Ἤγουν, σὺν τῷ ἀκολουθεῖν αὐτὸν τῷ τυφλῷ κἀμὲ τοῦτο ποιεῖν ἀναγκάζει. Junt. δηλονότι ἀκολουθεῖν. R.

17. ἀποκρινομένου : Τοῦ τυφλοῦ ἢ τοῦ Χρεμύλου. *D.* τοῦ τυφλοῦ ἀπόκρισιν διδόντος. Borg. τὸν Πλοῦτον φησίν. μὴ ἀποκρινομένου τὸ παράπαν οὐδὲ ὀλίγον. V. οὐδὲ γρῦ : βραχύ. ἔστι δὲ ὄνυχος ῥύπος. τινὲς δὲ παρὰ τὸν γρυλισμὸν, τουτέστι τὴν φωνὴν τῶν χοίρων. ἢ εἶδος μικροῦ νομίσματος· γρῦ γὰρ τὸ μικρὸν καὶ βραχύτατον. ὅθεν καὶ γρύτη τὰ λεπτὰ σκεύη· καὶ γρυτοπώλης, ὅπερ οὐκ εἴρηται παρὰ τοῖς παλαιοῖς, ἀλλ' ἀντὶ τούτου ῥυποπώλης καὶ γρυτάρης. κέχρηται δὲ τῇ λέξει ἐπιτείνων τὸ στεγανὸν τῆς ἀποκρίσεως ἀπὸ τοῦ πρὸς τοὺς ὄνυχας ῥύπου, ὃς μικρὸς καὶ εὐτελής. ὅταν δὲ θέλωμεν ἐκφαυλίσαι τινὰ, φαμὲν οὐδὲ γρῦ φθέγγεσθαι, ἀντὶ τοῦ οὐδὲ τὸ τυχόν· οὐδὲ γὰρ ἔχει τινὰ σύστασιν ὁ τοῦ ὄνυχος ῥύπος, πλὴν ὅσον ἀπὸ τῆς θέας μόνον δοκεῖ τι. εἴρηται δὲ ἀπὸ μεταφορᾶς τῶν πολυκτημόνων ἀνθρώπων, ὡς ὄχλον διὰ τοῦτο ἐχόντων. τὸ δὲ σχῆμα παρ' ὑπόνοιαν. — οὐδὲ γρῦ : Οὐδ' ὁτιοῦν. γρῦ ὁ ῥύπος τοῦ ὄνυχος· καὶ τὰ μικρὰ τῶν γρύλων, ἤτοι τῶν χοίρων. ἀπὸ τούτου δὲ λέγεται ἐπὶ οὐδαμινοῦ πράγματος· ὅταν οὖν θέλωμεν φαυλίσαι τινὰ, λέγομεν ὅτι οὐδὲ γρῦ φθέγγεται, ἀντὶ τοῦ, οὐδὲ τὸ τυχόν· οὐδὲ γὰρ ἔχει τινὰ σύστασιν ὁ τοῦ ὄνυχος ῥύπος, πλὴν ὅσον ἀπὸ τῆς θέας μόνον. Dv.

18. ὅπως σιγήσομαι : Τὸ ὅπως μεταληπτικῶς ἀντὶ τοῦ ὅτι. ἔστι μὲν γὰρ τὸ ὅπως ἀντὶ τοῦ ὡς, τὸ δὲ ὡς ἀντὶ τοῦ ὅτι. ἀντὶ τοῦ, οὐδαμῶς σιωπήσω, κατὰ περίφρασιν Ἀττικήν. Junt.

20. πράγματα : Τὰς ὀχλήσεις φησὶν ἐκ μεταφορᾶς τῶν πολυκτημόνων ἀνθρώπων, ὡς ὄχλον διὰ τούτων ἐχόντων. Junt. δώσω ὀχλήσεις. Dv. ἀντὶ τοῦ ἐνοχλήσεις. Ven.

21. οὐ γάρ με τυπτήσεις : (Ἔθος τὸν εἰς θεοὺς ἀπιόντα στεφανοῦσθαι, καὶ ἀνεύθυνον εἶναι.) πρὸς τὸ ἔθος, ὅτι καὶ ἀνακομιζόμενοι ἐκ τοῦ μαντείου ἐστεφανηφόρουν. [ἔθος ἦν εἰς τὸν Ἀπόλλω ἀπιόντας μετὰ στεφάνων ἐντεῦθεν ἀναχωρεῖν. ὡς οὖν στέφανον ἔχων ὁ Καρίων παρρησιάζεται πρὸς τὸν δεσπότην καὶ τοῦτο φησίν. P.] (Ἄλλως.) ἡ στεφανηφορία διακόσμησις τοῖς εἰς τὸν θεὸν ἀπιοῦσιν ἰσοτίμως δούλοις τε καὶ ἐλευθέροις ἐδίδοτο, οὐδὲν πλεονεκτήματος τεκμήριον ἐλευθέροις δωρουμένη· οὐδὲ μὴν δούλοις ὀνειδίζουσα τὸ τῆς τύχης ὑποδεές. ἔπαιξε δὲ ἅμα χαριέντως καὶ δυσωπητικῶς ὁ Καρίων· καὶ ὡς στέφανον ἔχων παρρησιάζεται καὶ τοῦτό φησι. — τὸ δὲ τυπτήσεις Ἀττικόν ἐστιν ἀπὸ τοῦ τυπτέω ἀχρήστου θέματος. Junt.

22. καθίκοιτο γὰρ ἂν οὕτω μᾶλλον τῆς κεφαλῆς. δέχεται γὰρ τὸ σκέπας τὸ ἐν ταῖς καλύψεσι τὸν τῶν προσπιπτόντων φόρτον πληγῶν. ἤτοι τοῖς τοῦ στεφάνου περιθέμασι στερισκόμενος· ἢ ἵνα μᾶλλον ἀλγῇς δεχόμενος τὰς τῶν πληγῶν καταγωγὰς, διὰ τὸ γυμνὸν καθικνεῖσθαι τῆς κεφαλῆς. τὸ δὲ σχῆμα τοῦ λόγου παρ' ὑπόνοιαν. V.

23. λῆρος, οὐ γὰρ παύσομαι : [Εἰ μὲν ἐμφανῶς « τὸ λῆρος » πρὸς τὸν δεσπότην εἶπεν, ἀντὶ τοῦ πα[illegible]γία εἶπεν· εἰ δὲ τὸ « οὐ γὰρ παύσομαι, πρὶν ἂν φράσῃς μοι, » εἰς ἐπήκοον αὐτοῦ εἶπε, τὸ δὲ « λῆρος » καθ' ἑαυτὸν, οὕτως εἴποις· λῆρος καὶ φλύαρος εἶ ταῦτα λέγων.] — τινὲς δέ φασιν ἐσχηματισμένως εἰρῆσθαι ἀντὶ τοῦ λῆρος, ἤγουν μαντικός. Junt. (ἀντὶ τοῦ ληρεῖς, ὅ ἐστι φλυαρεῖς. Ἄλλως.) χαριέντως καὶ τὸν σκοπὸν ἤνυσε καὶ ὑβρίζειν οὐκ ἔδοξε, καίτοι λυπούμενος. ἐπεὶ τὸν δεσπότην ἔμελλεν ὑβρίζειν, εὐστόχως οὐκ εἶπε ληρεῖς, ἀλλὰ λῆρος ἀορίστως. R. V.

26. [πάνυ σφόδρα : Ὅτι σύνηθες Ἀττικοῖς παράλληλα τιθέναι τὰ ἰσοδυναμοῦντα· δηλοῦται δὲ ἕν τι ἐξ ἀμφοτέρων. οὕτως ἔχει καὶ τὸ « τυχὸν ἴσως. »] — Ἄλλως. εἶπεν ἀμφότερα καὶ τὸ πάνυ καὶ τὸ σφόδρα δηλῶν τὴν ὑπερβολὴν τῆς εὐνοίας. τὸ δὲ πυνθάνομαι, τὸ ἐρωτῶ καὶ τὸ ἀκούω· ὧν τὸ μὲν πρὸς γενικὴν συντάσσεται, τὸ δὲ ἀκούω πρὸς ἀπαρέμφατον, ἢ πρὸς αἰτιατικήν. Junt.

27. κλεπτίστατον : Κερδαλέον, συνετόν· ἀντὶ τοῦ φρονιμώτατον, πανουργότατον. Ὅμηρος [Od. T, 396] « κλεπτοσύνῃ τε. » Ἄλλως. ἀντὶ τοῦ εἰπεῖν ἡγοῦμαί σε εὐνούστατον καὶ φρονιμώτατον, τὸ παρ' ὑπόνοιαν ἐπήγαγε κωμικῶς παίζων. V. [τὸ σχῆμα παρ' ὑπόνοιαν· ἀντὶ τοῦ εἰπεῖν εὐνούστατον, παίζων κωμικῶς ἅμα καὶ χαριεντιζόμενος διὰ τὸ τῆς κωμῳδίας μειδιαστικὸν, ἅμα δὲ καὶ τὸν οἰκέτην ποιεῖ ἀποδοχῆς τε τυγχάνοντα καὶ χλεύης ἐκ τοῦ δεσπότου· ἦν γὰρ ἐλπὶς συμφώνως τῷ πρώτῳ λεχθήσεσθαι τὸ δεύτερον· ἢ ἀντὶ τοῦ κερδαλέον καὶ συνετόν. Ὅμηρος [Il. A, 132] « κλέπτε νόῳ » ἀντὶ τοῦ παραλογίζου. εἰώθαμεν δὲ καὶ ἐν τῇ κοινῇ συνηθείᾳ κλέπτην τὸν φρόνιμον λέγειν· ἢ μυστηριακώτατον· τὰ γὰρ μυστήρια κρυφίως γίνονται.] — Ἄλλως. δέον οὕτως εἰπεῖν, πιστότατον ἡγοῦμαί σε καὶ εὐνούστατον, ὁ δὲ παρ' ὑπόνοιαν κλεπτίστατον εἶπεν. ἀεὶ γὰρ οἱ δοῦλοι τὰ τῶν δεσποτῶν ὑφαιροῦνται. Junt.

[κλεπτίστατον : Ἢ ὅτι τὸν φρόνιμον οἱ Ἀττικοὶ κλέπτην ἐκάλουν. ἢ ἀπὸ μεταφορᾶς τῶν κλεπτῶν τοῦτο φησί. φρονιμώτεροι γὰρ οἱ κλέπτοντες ἑαυτῶν γίνονται, ὅταν κλέπτωσιν, ἀναγκαζόμενοι παντὶ τρόπῳ συγκαλύπτειν ὅπερ ἔδρασαν. ὡς καὶ ἡ ἐτυμολογία δείκνυσι τοῦ ὀνόματος. κλέπτης γὰρ ἀπὸ τοῦ καλύπτω ἐτυμολογεῖσθαι δοκεῖ. B. φρονιμώτατον. *D.*]

28. καὶ δίκαιος ὢν ἀνήρ : Ἕπεται τῷ θεοσεβεῖ τὸ δίκαιον εἶναι, γνώρισμα γὰρ αὐτοῦ τοῦτο. ὁ γὰρ θεοσεβὴς, ἃ τῷ θεῷ ἐστι φίλα, ταῦτα πράττει. Junt.

29. ἦν : ἀντὶ τοῦ ἤμην Ἀττικῶς. (αἰνίττεται δὲ πρός τι τοῦ δράματος ὁ σκοπός.) R.V.

30. ἱερόσυλοι, ῥήτορες : Τινὲς οὐ στίζουσιν εἰς τὸ ἱερόσυλοι· οἱ ῥήτορες (γὰρ) ὡς φαῦλοι διεβάλλοντο· διὸ εἶπεν ἱερόσυλοι ῥήτορες.

31. καὶ συκοφάνται : Λιμοῦ γενομένου ἐν τῇ Ἀττικῇ τινὲς λάθρα τὰς συκᾶς τὰς ἀφιερωμένας τοῖς θεοῖς ἐκαρποῦντο· μετὰ δὲ ταῦτα εὐθηνίας γενομένης, κατηγόρουν τούτων τινὲς, καὶ ἐκεῖθεν συκοφάνται λέγονται. [Ἄλλως. ἀπείρητο Ἀθήνησι μὴ ἐξάγειν

ἐντεῦθεν ἄλλοσέ που σῦκα· βουλομένων οὖν τινων ἐξενεγκεῖν, ἱστάμενοι ἐν ταῖς τῶν πυλῶν ἐξόδοις ἄνδρες πανοῦργοι τὸ τούτων ἐξήλεγχον τέχνασμα, ὃ περὶ τὴν ἐξαγωγὴν ἐποίουν. ἐκαλοῦντο οὖν οὗτοι συκοφάνται, ὡς τὰ σῦκα φαίνοντες. ἐπεκράτησεν οὖν ἐξ ἐκείνου τοὔνομα πρὸς πάντας τοὺς πανούργους.] — εὕρηται δὲ περὶ τούτου καὶ ἑτέρα ἱστορία πάνυ ψυχρά. P. πείθομαι : Πιστεύω. *Dv.*

32. [ἐπερησόμενος οὖν : Ἐπερωτήσων τὸν Ἀπόλλωνα. ὡς τὸν θεόν δὲ, πρὸς τὸν θεόν. τὸ δὲ ἑξῆς, ᾠχόμην οὖν πρὸς τὸν θεὸν, ἐπερησόμενος καὶ ἐρωτήσων, νομίζων τὸν βίον μὲν ἐμοῦ αὐτοῦ τοῦ ταλαιπώρου σχεδὸν ἄντικρυς ἐκτετοξεῦσθαι καὶ κεκενῶσθαι, πευσόμενος δὲ καὶ ἐρωτήσων, εἰ χρὴ μεταβαλόντα τοὺς τρόπους τὸν υἱὸν, ὃς μόνος μοι τυγχάνει, εἶναι πανοῦργον, ἄδικον, μηδεὲν ὑγιὲς (ὁ γὰρ ἄδικος καὶ ἅρπαξ οὐχ ὑγιαίνει τῇ ψυχῇ) ὡς νομίσας τοῦτο αὐτὸ συμφέρειν ἐν τῷ παρόντι βίῳ. εἶπε δὲ τὸ πευσόμενος κατ' ἐπανάληψιν, ἐπειδὴ ἐπερησόμενος προειπὼν ἔθηκε διὰ μέσου, τὸν ἐμὸν μὲν, μέχρι τοῦ βίον.] — ὡς : Εἰς. *Cant.* 1. 2. ἀντὶ τοῦ πρὸς τὸν θεόν. V.

33. τὸν ἐμὸν μὲν αὐτοῦ : Ἀντὶ τοῦ ἐμοῦ αὐτοῦ Ἀττικῶς. Junt.

[τοῦ ταλαιπώρου : Τοῦ τλητικοῦ, ἢ τοῦ τετληκότος. ταλαίπωρος δὲ παρὰ τὸ τλῆναι τὸν πῶρον, ὅ ἐστι πένθος. ὅτι δὲ πῶρος πένθος ἐστὶ, καὶ Ἀντίμαχός φησι,

πῶρός τοι ἀλόχοισι καὶ οἷς τεκέεσσιν ἕκαστος.]

34. ἐπερωτῶν πρὸς τὸν Ἀπόλλωνα ᾠχόμην, τὸν ἐμὸν, φησὶ, βίον νομίζων ἐκτετοξεῦσθαι, ὅ ἐστιν ἐξαναλωθῆναι, ἀπὸ μεταφορᾶς τῶν τοξευόντων καὶ ἐκδαπανώντων τὴν φαρέτραν. Ἄλλως. ἀντὶ τοῦ ἐξοίχεσθαι πρὸς ἀπόληξιν τῆς ἐν αὐτῷ διατριβῆς ἐκπίπτοντα. Ἄλλως ἀπολέσθαι· ἀπὸ τῶν τοξευομένων, ἢ τῶν ὅλα τὰ βέλη ἀφιέντων τοξοτῶν. V. ἐκκενωθῆναι. *V.* ἐγγὺς ἀπωλείας εἶναι διὰ τὸ γῆρας. V. ἐκτετοξεῦσθαι : Τετελειῶσθαι, ἀνηλῶσθαι, ἐκ μεταφορᾶς τῶν τοξευόντων, ὅταν τὴν φαρέτραν κενώσωσιν. Junt. ἐκκεκενῶσθαι, ἀνηλῶσθαι· ἀπὸ μεταφορᾶς τῶν ἐν τῇ τοξείᾳ ἀναλισκόντων τὰ βέλη. R. ὑπολαμβάνων κατηναλῶσθαι, ἠφανίσθαι τὴν περιουσίαν. *Br.* ἐκ μεταφορᾶς εἴρηται τοῦτο τῶν τοξοτῶν, ὅταν τοξεύοντες πάντας τοὺς ἑαυτῶν οἰστοὺς ἀφήσωσιν. B.

35. τὸν δ' υἱόν : Ἀντὶ τοῦ περὶ τοῦ υἱοῦ Ἀττικῶς. καὶ Μένανδρος ἐν Περικειρομένῃ, τὸ δὲ κεφάλαιον οὔπω λογίζομαι τὸν δεσπότην. V.

36. πευσόμενος : Ἐρωτήσων. *Dv.* τοὺς δικαίους. R.

37. διαβάλλει τὸ δίκαιον τῶν Ἀθηναίων. Ἄλλως. ἀντὶ τοῦ μηδὲν τῶν δικαίων φρονεῖν αὐτόν. V. εἰς τὸ φιλόδικον τῶν Ἀθηναίων σκώπτει. V. (a m. sec.) R.

39. ἔλακεν ἐκ τῶν στεμμάτων : Ἡ λέξις Εὐριπίδου. ἀντὶ τοῦ ἔχρησε. G. (τραγικώτερον δὲ τοῦτο ἐξ Εὐριπίδου, διασύρων τὸν Εὐριπίδην. οἱ γὰρ τρίποδες δάφνῃ ἦσαν ἐστεμμένοι καὶ ἡ προφῆτις. Ἄλλως.) ἀπὸ τῶν στεμμάτων τῆς προφήτιδος· ἐστεφανηφόρει γὰρ ἡ Πυθία (δάφνῃ. τινὲς δὲ καὶ θεσφάτων. Ἄλλως. γράφεται σκεμμάτων,) ἐπεὶ οἱ μαντευόμενοι ἐγγράφῳ ἀνακοινώσει πρὸς τὸν θεὸν τὰς πεύσεις ἐποιοῦντο, γεγραφότες ἐν πυκτίῳ τὸ κατὰ προαίρεσιν αὐτοῖς κείμενον, στεφάνῳ τε ἀμφιέσαντες ἁβρῷ, τῇ μαντιπόλῳ ἐχειροτόνουν· ἡ δὲ ἐντυχοῦσα σύμφωνον τοῖς προτεινομένοις ἐποιεῖτο τὴν ἀπόκρισιν. οἱ δὲ, ὅτι ἐν μέσῳ τῶν στεφάνων καθημένη ἔλεγεν ἡ Πυθία· ἢ ὅτι δάφνῃ ἔστεπτο ὁ τρίπους, ἐφ' οὗ καθῆστο ἡ Πυθία· καὶ ἀλλαχοῦ [Eq. 1016] « ἴαχεν ἐξ ἀδύτοιο διὰ τριπόδων ἐριτίμων. » — Ἄλλως. στέφανοι ἐπὶ τοῦ τρίποδος ἔκειντο, οὓς ἡ Πυθία ἐν τῇ κεφαλῇ φοροῦσα ἐμαντεύετο. [ἢ τὸν τρίποδα λέγει διὰ τὸ κυκλοτερὲς αὐτοῦ. Dv.] ἦν δὲ ἡ Πυθία γυνὴ, ἥτις, ὥς φασιν, ἐπικαθημένη τῷ τρίποδι τοῦ Ἀπόλλωνος, καὶ διαιροῦσα τὰ σκέλη πονηρὸν κάτωθεν ἀναδιδόμενον πνεῦμα διὰ τῶν γεννητικῶν ἐδέχετο μορίων, καὶ οὕτω μανίας πληρουμένη, καὶ τὰς τρίχας λύουσα, καὶ ἀφρὸν ἐκ τοῦ στόματος ἀποπέμπουσα, καὶ τἄλλα πάντα ποιοῦσα, ὅσα οἱ μαινόμενοι ποιεῖν εἰώθασιν, τὰ τῆς μαντείας, ἢ μᾶλλον μανίας, ἐφθέγγετο ῥήματα· ἢ καὶ δαίμων τις ἦν οὕτω καλούμενος πύθων, ἀφ' οὗ ἡ Πυθία παρωνομάζετο· ἢ καὶ αὐτὸς ὁ Ἀπόλλων Πύθιος ὀνομαζόμενος, διὰ τὸ τοῖς πυνθανομένοις χρησμοὺς διδόναι περὶ ὧν ἂν βούλοιντο. Junt.

40. [πεύσει : Οἱ Ἀττικοὶ τὰ τῶν παθητικῶν χρόνων δεύτερα πρόσωπα ἀεὶ διὰ διφθόγγου γράφουσιν. ὡς καὶ ἐνταῦθα καὶ ἐν τοῖς ἑξῆς εὑρήσεις· οὗτος γὰρ, εἴπερ τις, τῇ Ἀττικῇ διαλέκτῳ χρῆται. ἡ δὲ κοινὴ διάλεκτος μόνου τοῦ βούλει καὶ ὄψει, καὶ οἴει τὰ ἐνεργητικὰ μὴ ἐν χρήσει εὑροῦσα, τῇ Ἀττικῇ ἑπομένη συνηθείᾳ ἀεὶ διὰ διφθόγγου τὰ τρία ταῦτα ἐκφέρει. ἀπαγορευτικοῦ δὲ ἢ αἰτιολογικοῦ μορίου τεθέντος, οἱ Ἀττικοὶ οὐχ οὕτω τὰ δεύτερα πρόσωπα ἐκφέρουσιν, ὡς εἴρηται, ἀλλ' ὑποτακτικῶς.]

εἶπε : Ἐμαντεύσατο. V.

41. ἐξιών : Ἐκ τοῦ ἱεροῦ δηλονότι. R. V.

42. μὴ μεθίεσθαί μ' ἔτι : Τὸ μεθίημι ἐνεργητικῶς πρὸς αἰτιατικὴν συντάσσεται· ὡς Συνέσιος [Epist. 4, p. 161, D] « μεθῆκε τὸ πηδάλιον ἐκ τῶν χειρῶν. » παθητικῶς δὲ πρὸς γενικὴν, ὡς ἐνταῦθα. Junt. μὴ μεθίστασθαι μηδὲ ἀναχωρεῖν. V.

43. πείθειν : Ἐκεῖνον· πείθειν δ' ἐκεῖνον ἐμοὶ ξυνακολουθεῖν ἕως εἰς τὸν οἶκον. Dv. ξυνακολουθεῖν : Σὺν αὐτῷ πορεύεσθαι. *Cant.* 2.

44. τῷ ξυναντᾶς : Τούτῳ συναντίσας. Dv. τῷ : Τίνι. *E.*

45. οὐ ξυνίης : Οὐ νοεῖς. R. οὐ γινώσκεις. V.

τὴν ἐπίνοιαν : (Τὸ αἴνιγμα,) τὴν γνώμην καὶ τὴν κληδόνα. R. V.

46. σκαιότατε : ἀπαίδευτε. *V.* Θ. *Br.*

47. τὸν ἐπιχώριον τρόπον : Τὴν ἐπιχώριον πολιτείαν (τῶν Ἀθηναίων). αἰνίττεται δὲ αὐτῶν ἤτοι τῆς πολι-

τείας τὸ ἰταμόν τε καὶ δυσοικονόμητον. — μετέρχεσθαι τὸ τῆς χώρας ἔθος. Θ.

48. τῷ τοῦτο κρίνεις : Τίνι σημείῳ τοῦτο κρῖναι θέλεις. V. ποίῳ σημείῳ. R. ἐν τίνι πράγματι καὶ σημείῳ. Θ.

καὶ τυφλῷ : (ἤτοι) πρὸς τὸν Πλοῦτον αἰνιττόμενος, ἢ τὸν πηρὸν τῷ νῷ· (νοῦς γὰρ ὁρᾷ καὶ νοῦς ἀκούει. καὶ καθάπερ ὁ τυφλὸς τὴν πορείαν εὐθεῖαν οὐ ποιεῖται. πρὸς τὸ Ὁμηρικὸν δὲ [Od. Θ, 195]

καί κ' ἀλαός τοι ξεῖνε διακρίνειε τὸ σῆμα.

τυφλῷ δὲ οὐχὶ ὀφθαλμοὺς, ἀλλὰ τὴν καρδίαν, ὅ ἐστιν ἀνοήτῳ. παροιμία δ' ἐστὶ, τυφλῷ δῆλα τὰ μαρτύρια. τὸ δὲ ἑξῆς, ὅτι σφόδρα ἐστὶ τοῦτο συμφέρον, τὸ μηδὲν ὑγιὲς ἀσκεῖν.) — Ἄλλως. παροιμία ἐστὶ, τῷ τυφλῷ δῆλον, ἐπὶ τῶν πάνυ σαφεστάτων λεγομένη· τὰ γὰρ τοῖς τυφλοῖς δῆλα τοῖς βλέπουσι σαφέστατα σφόδρα. λέγει δὲ, ὡς ὁ κελεύσας σε τυφλῷ ἀνδρὶ ἐπακολουθεῖν δῆλόν σοι ἐντεῦθεν καθίστησιν, ὡς καὶ τυφλὸς ἂν γνοίη τοῦτο, ὡς ὃ πάντες μετέρχονται, τοῦτο δεῖ καὶ τὸν σὸν υἱὸν μετελθεῖν. ἢ ὅτι ἐπειδὴ πάντες τὴν ἄδικον πολιτείαν μετέρχονται, εἰπέ σοι ὁ Ἀπόλλων, ὡς ᾧ ἂν ἐντύχοις, πάντως τοιοῦτος ἔσται· καὶ ἀκολούθει αὐτῷ, ἤγουν τὴν αὐτὴν αὐτῷ καὶ σὺ μετέρχου ὁδόν. Junt. δηλονοτιὴ : Φανερὸν γὰρ ὅτι. γνῶναι : Νοῆσαι. *Dv.* φανερόν ἐστιν ὅτι καὶ τυφλῷ νοῆσαι δοκεῖ τοῦτο. *Br.* φανερόν ἐστι... τυφλῷ εἰς τὸ νοῆσαι. Θ.

49. σφόδρα... συμφέρον : Ὅτι λίαν ὠφέλιμον. Θ.

50. ἀσκεῖν ὑγιὲς : Μετέρχεσθαι δίκαιον. Θ.

51. ῥέπει : Φέρεται, ἀποβλέπει, ἐκ μεταφορᾶς τοῦ ζυγοῦ. Junt. ὥσπερ ζυγοῦ εἶπεν. R. ἀντὶ τοῦ ἐπιφέρεται. μεταφορικῶς ἀπὸ τοῦ ζυγοῦ. V.

54. ὁ Πλοῦτος, τίνος ἕνεκεν ἐπὶ τὸ αὐτὸ ἀπήντησεν, εἰς τὸ ἱερὸν τοῦ Ἀπόλλωνος ἐν Δελφοῖς. V. εἰς Δελφούς. R. τίνος χάριν ἦλθεν εἰς τὸ χρηστήριον τοῦ Ἀπόλλωνος. καὶ τίνος χρείαν εἶχεν σὺν ἡμῖν εἰς Δελφούς. Θ.

55. τὸν χρησμὸν ἡμῶν, ὅτι νοεῖ : Καὶ Πλάτων Νόμων η' [p. 837, E] « τὸν δὲ νόμον ὑμῶν ὅ τι νοεῖ περὶ τὰ τοιαῦτα οὐδέν με ἐξετάζειν δεῖ. » Junt. ὅ τι σημαίνει. R.

57. ἢ τἀπὶ τούτοις : Τὰ ἐπὶ τῇ ἀπειλῇ· καὶ γὰρ ἡ πεῦσις ἄνω ἀπειλητική. λέγει οὖν, βέλτιόν σοί ἐστιν ἐξειπεῖν λόγῳ πεισθέντα ἢ βιασθέντα· ἢ ὡς μὴ λέγοντός σου, βίαιόν τι διαπράξομαι. Ἄλλως. ἢ τἀπὶ τούτοις : Ἤγουν τὰ ἀκόλουθα τοῖς μὴ ἐθέλουσιν ἑαυτοὺς ἐκφαίνειν. τὰ δὲ ἐστὶ πληγαὶ καὶ τραύματα.

λέγειν χρὴ : Τὸ λέγειν ἐπὶ τοῦ προφορικοῦ λόγου λέγεται, καὶ ἀπὸ τούτου ἐπὶ τοῦ ὀνομάζειν καὶ ἐπὶ τοῦ φράζειν. Junt. πρὸ τοῦ τυφθῆναί σε. Θ.

58. οἰμώζειν : Οἰμώζω, τὸ θρηνῶ. ἀφ' οὗ οἰμωγὴ, ὁ θρῆνος, καὶ οἴμωγμα οὐδετέρως παρ' Αἰσχύλῳ [Sept. 8]

οἰμώγμασίν θ' ὧν Ζεὺς ἀλεξητήριος.

ἐκ τούτου δοκεῖ καὶ οἴμοι θρηνητικὸν ἐπίρρημα γίνεσθαι. Ms. ap. Br.

60. σκαιῶς : Ἀπαιδεύτως, σκληρῶς, ἀποτόμως. Θ.

61. τουτῳ πρὸς τὸν Πλοῦτον. πρόσκεισαι. εὐσεβοῦς, δικαίου. ἀποστροφὴ τὸ σχῆμα. Θ. ἀντὶ τοῦ εὐσεβοῦς. (ἀπὸ μέρους δὲ ἀγαθοῦ.) R. V.

62. κλάειν : Ἀττικῶς ἀντὶ τοῦ κλαίειν. Borg.

63. δέχου τὸν ἄνδρα καὶ τὸν ὄρνιν : Τὴν κληδόνα, (τὴν μαντείαν,) καὶ τὸ σύμβολον. οὕτως ὁ Ῥόδιος Ἀπολλώνιος [1, 304] « μηδ' ὄρνις ἀεικελίη πέλε νηΐ. » κοινῶς γὰρ πᾶν σύμβολον ἐκφευκτικὸν ἢ προτρεπτικὸν ὄρνιν καλοῦσιν. ὄρνις, ἐπιφώνησις, πταρμὸς, καὶ τὰ τοιαῦτα, ὡς αὐτὸς ἐν Ὄρνισι [720] ἐδήλωσεν. Ἄλλως. τὴν μαντείαν τοῦ Ἀπόλλωνος ὄρνιν λέγει, ἐπειδήπερ οἱ παλαιοὶ οὐ μόνον διὰ τῶν ἄλλων, ἀλλὰ καὶ δι' ὀρνέθων ἐμαντεύοντο. — καὶ ὅτι οἱ παλαιοὶ πᾶν τὸ ἐπὶ σημείῳ καὶ τεκμηρίῳ τινὶ παραλαμβανόμενον ὄρνιν ἐκάλουν, ἀπὸ μεταφορᾶς καὶ τὸ μάντευμα καὶ τὸ σύμβολον. Junt.

64. [μὰ τὴν Δήμητρα : Εἰκότως ταύτην ὅρκον λαμβάνει ὡς γεωργός· ἡ γὰρ Δημήτηρ τῆς γῆς ἔφορος.] — διὰ τὸ μὴ φράσαι οὐκέτι χαιρήσεις. V.

65. ἢν μὴ φράσῃς : Ἐὰν μὴ εἴπῃς. *Br.*

66. ὦ τᾶν : Ἀντὶ τοῦ ὦ ἑταῖρε. τινὲς δὲ λέγουσιν ὅτι οὐ πρὸς ἕνα μόνον τὸ ὦ τᾶν, ἀλλὰ καὶ πρὸς δύο. καὶ Κρατῖνος « ἆρά γε, ὦ τᾶν, ἐθελήσετε. » [Ἄλλως. ὦ τᾶν, ὦ φίλοι, πληθυντικῶς νοητέον. ἢ ἀντὶ τοῦ ὦ φίλε. ἵν' ᾖ τὸ μὲν ὦ τᾶν πρὸς μόνον τὸν Χρεμύλον· οὗτος γὰρ αὐτῷ ἠπείλει· τὸ δὲ ἀπαλλάχθητον πρὸς ἀμφοτέρους· ἐπειδὴ καὶ ἄμφω τούτῳ ἠνώχλουν. ὃ καὶ κρεῖττον. εἰώθαμεν γὰρ ἐν τῇ κοινῇ συνηθείᾳ ἔστιν ὅτε τοὺς λόγους οὕτω ποιεῖσθαι.]

πώμαλα : Ἀντὶ τοῦ οὐδαμῶς· ἔστι δὲ Ἀττικόν· (ἔστι γὰρ ἐπίρρημα ἀρνήσεως.)

67. (καὶ μὴν ὃ λέγω : Τινὲς ἓν πρόσωπον αὐτὸ εἶναι λέγουσι τοῦ δούλου ἀπὸ τοῦ πώμαλα ἕως τοῦ ἐκτραχηλισθῇ πεσών.)

70. ἐκτραχηλισθῇ : Τὸν τράχηλον κατακλασθῇ (R. V.), ἐκσπονδυλισθῇ. Junt.

72. ἀλλ' ἢν πύθησθέ μ' ὅστις εἴμ' ἐγώ : Οὕτω τὴν αἰτιατικὴν ἀντὶ γενικῆς, καὶ ἀντὶ δοτικῆς τὴν αἰτιατικὴν Ἀττικοὶ λέγουσιν, [ὡς Θουκυδίδης [1, 28] « εἰ οὖν τί σε τούτων ἀρέσκει, πέμπε ἄνδρα πιστὸν ἐπὶ θάλατταν. » καὶ Σοφοκλῆς [Aj. 584]

οὐ γάρ μ' ἀρέσκει γλῶσσά σου τεθηγμένη.

ἀντὶ τοῦ οὐ γάρ με.] ὡς ἐπὶ ἀψύχου τὸ ἀναθείς. ἢ διὰ τὸ τυφλὸν αὐτὸν εἶναι.

74. ἐὰν βούλῃ γε σύ : [Τοῦτο διττῶς νοητέον. νὴ τοὺς θεοὺς ἀφήσομέν σε, ἂν βούλῃ γε σὺ εἰπεῖν ὅστις εἶ. ἢ οὐκ ἀφήσομεν, ἐὰν βούλῃ σὺ μὴ εἰπεῖν ὅστις εἶ.] — ἐὰν βούλῃ καὶ δοκῇ σοι, ἀφήσομέν σε. τοῦτο γὰρ προσληπτέον. V. ἡμεῖς γ', ἐὰν βούλῃ, ἀπολύομεν. τοῦτο δέ φασιν ἀπολύσαντες αὐτόν. Ἄλλως. ἐὰν δὲ σοὶ δοκῇ, τουτέστι τὸ ἀπολυθῆναι. προσληπτέον τὸ ἀφήσομεν. V. a manu sec.

75. μέθεσθε παροξυτόνως οἱ Ἀττικοὶ λέγουσιν. R.

Εἰρηναῖός φησι παροξυτόνως Ἀττικοὺς λέγειν τὸ μέθεσθε. V.

ἠνὶ : Ἰδού. *Du., Br.* μέθεσθε ἀντὶ τοῦ ἀπολείφθητε καὶ πόρρω γίνεσθε. κανόνισον· ἵημι τὸ καταλείπω, ὁ μέλλων ἥσω. ὁ δεύτερος ἀόριστος ἧν. ὁ μέσος ἕμην, ἕσο, καὶ τὸ προστακτικὸν ἕσο, καὶ ἐκβολῇ τοῦ σ, καὶ κράσει τοῦ ε καὶ ο εἰς ου δίφθογγον οὗ, καὶ μετὰ τῆς μετά προθέσεως καὶ συγκοπῆς καὶ τροπῆς τοῦ ψιλοῦ εἰς δασύ, μεθοῦ, μεθέσθω, μέθεσθον, μεθέσθων, μέθεσθε, μεθέσθωσαν. P.

77. [ἦ παρεσκευασμένος : Τὸ ἦ ἄνευ τοῦ ν ἀντὶ τοῦ ἦμην. οἱ γὰρ Ἀττικοὶ τὸ ἦν καὶ ὑπῆρχον ἐγὼ ἦ φασιν, οὕτως· ἀπὸ τοῦ εἰμὶ τὸ ὑπάρχω γίνεται ὁ παρατατικὸς εἶν διὰ διφθόγγου· (ὡς καὶ ἀπὸ τοῦ εἴδημι ᾔδειν· P.) καὶ διαλύσει Ἰωνικῇ τῆς ει διφθόγγου εἰς ε καὶ α γίνεται ἔα, ὡς καὶ τὸ ᾔδεα, καὶ τὸ τιθεῖσι τιθέασιν. ἡ χρῆσις δὲ παρ' Ὁμήρῳ [Il. E, 887], ὡς τὸ « οὐ γὰρ ἀμενηνὸς ἔα· » εἶτα κιρνῶντες τὸ ε καὶ α εἰς η, ἦ φασίν, ὡς καὶ ἐνταῦθα καὶ ἐν τοῖς ἑξῆς εὑρήσεις.] — ἀντὶ τοῦ ἦμην. R. τινὲς ἄνευ τοῦ ν αὐτὸ γράφουσι τὸ η μόνον ἀφιέντες. ἀντὶ τοῦ ἦμην, κατ' ἔλλειψιν τοῦ ν. οἱ δὲ ὅτι ἐπὶ τρίτου προσώπου τίθεται τὸ ῥῆμα. ὅτι δὲ τάσσεται καὶ κατὰ τοῦ ἦμην δῆλον ἐκ τοῦ Ὁμήρου [Il. Ω, 426; Od. T, 315] « εἴποτ' ἔην γε. » V.

78. μιαρώτατε ἀνδρῶν ἁπάντων : (Πεφυλαγμένως ποιεῖται τὴν πρὸς τοὺς θεοὺς ὑπέρθεσιν, ἵνα μὴ θεῶν ὑπερτιθεὶς, κἀκείνους πάθει ὑποτάξῃ. ἢ ὅτι ἐν σχήματι ἀνδρὸς ἐφάνη ὁ Πλοῦτος.) δεῖ δὲ ἐννοεῖν τὸν Πλοῦτον ῥυπῶντα καὶ ταπεινὸν ὄντα τὸ σχῆμα.

79. [εἶτ' ἐσίγας : Εἰ μὲν οὕτω τὴν σύνταξιν τρέψεις, τὸ εἶτα ἀργὸν ἐρεῖς, καθὼς ἐν ταῖς ἀποδόσεσι τῶν μετοχῶν ποιεῖν εἰώθαμεν. ὦ μιαρώτατε ἀνδρῶν ἁπάντων, ὢν Πλοῦτος εἶτα ἐσίγας. εἰ δὲ τὸ εἶτα ἐν ἀρχῇ θήσεις, οὐκ ἀργὸν νοήσεις. εἰώθαμεν γὰρ ἐν τοῖς τῆς βαρύτητος σχήμασιν ἐν ἀρχαῖς πολλάκις τιθέναι τὸ εἶτα, οὕτως· εἶτα ὦ μιαρώτατε ἀνδρῶν ἁπάντων ὢν Πλοῦτος ἐσίγας;]

83. αὐτότατος : Ἡ αὐτότατος ἀντωνυμία πέπαικται κωμικῶς. τὰ γὰρ ἀόριστα τῶν πραγμάτων ἀνεπίτατα. εἰ οὖν ἡ ἀντωνυμία ἐπὶ οὐσίας παραλαμβάνεται, κατὰ τοῦτο ἐπίτασιν οὐ δέχεται, ὡς τὰ ἄλλα μέρη. [Ἄλλως. ἔπαιξεν αὐτότατος ὑπερθετικῶς εἰπών, ἵνα δείξῃ, ὡς ἀληθῶς αὐτός ἐστιν· ὥσπερ καὶ τὸ μονώτατος. ἰστέον δὲ ὅτι τὸ μὲν μονώτατος εὕρηται ἐν τοῖς λογοποιοῖς, τὸ δὲ αὐτότατος οὔ.] — αὐτότατος οὐ λέγεται, ὡς οὐδὲ ἐγώτατος ἀπὸ τοῦ ἐγώ. τοῦ γελοίου δὲ χάριν οὕτω πέπαικται. Θ.

84. τὸν Πατροκλέα κωμῳδεῖ ὡς Ἀθηναῖον μὲν καὶ πλούσιον, σκνιπὸν δὲ καὶ φειδωλόν. ἦν δὲ τραγῳδίας ποιητής, ἄλλως δὲ καὶ κακόβιος καὶ φιλοχρήματος, ὡς καὶ ἐν τοῖς Πελαργοῖς εἴρηται περὶ τούτου, ὅστις ἕνεκεν τῆς φειδωλίας οὐδένα εἴα προσίεσθαι φυλακῆς ἕνεκα τῶν χρημάτων καὶ γλίσχρου βίου. (ἦν δὲ οὗτος εἷς τῶν τὸν Λακωνικὸν ζηλούντων βίον. Ἄλλως. οὗτος ὁ Πατροκλῆς Ἀθηναῖος φιλοχρήματος, ὃς ἐφύλαττε τὰ χρήματα καὶ ἦν ῥυπαρὸς τῷ βίῳ καὶ ηὔχμει.) — ἐκ Πατροκλέους : Ἐκ τῆς οἰκίας τοῦ Πατροκλέους. *Brunck.*

86. τουτὶ δὲ τὸ κακὸν : Ἤγουν τὴν τύφλωσιν. *Br.*

87. φθονῶν : Φθόνος παρὰ τοῖς φιλοσόφοις, ἡ ἐπ' ἀλλοτρίοις ἀγαθοῖς λύπη, ἤτοι ἡ ζηλοτυπία, ὡς ἐνταῦθα· παρὰ δὲ τοῖς ῥήτορσιν ἡ μέμψις, ὡς Εὐριπίδης [Hec. 288] « ἀποκτείνειν φθόνος γυναῖκας. » Junt.

88. ἐγὼ γὰρ ὢν μειράκιον : Τοῦτό φησιν, ἵνα τὸ προπετὲς τῆς ῥήσεως ἀναφέρῃ ἐπὶ τὸ ἐξημμένον καὶ δόξῃ συγγνώμην ἔχειν ἡ ἁμαρτία, ὅτι μειράκιον ὢν ἠπείλησε. καὶ μὴν οὐκ ἔστιν ἁμάρτημα τὸ τοὺς μὲν φαύλους καταλιπεῖν ὁμολογῆσαι, καταλαβεῖν δὲ τοὺς χρηστούς. πῶς οὖν ὁ Ζεὺς νοούμενος εἰς τὸ πρῶτον αἴτιον, καὶ μᾶλλον βουλόμενος τοὺς ἀγαθοὺς εὖ πράττειν, ἐτύφλωσε τὸν Πλοῦτον εἰπόντα τοῦτο; λέγομεν οὖν, ὅτι εἰ πάντως τοῖς ἀγαθοῖς καὶ τοῖς ἀρετὴν ἀσκοῦσι παρείπετο τὸ πλουτεῖν, πάντες ἂν διὰ τὸ πλουτεῖν μετῄεσαν τὴν ἀρετήν, οὐ δι' αὐτὴν τὴν ἀρετήν. ὁ δὲ Ζεὺς βουλόμενος τοὺς ἀνθρώπους οὐ διά τι χρήσιμον καὶ ἐπωφελὲς τὴν ἀρετὴν μετιέναι, ἀλλὰ δι' αὐτὴν τὴν ἀρετήν, τοῖς ταύτην ἀσκοῦσι καὶ ἀποτυχίαν χρημάτων ἔσθ' ὅτε δίδωσιν ἐν τῷ βίῳ, ἵνα ἕκαστος ἐφίηται τῆς ἀρετῆς δι' αὐτὴν τὴν ἀρετήν, καὶ μὴ διὰ τὸ ἐλπίζειν ὅτι πάντως διὰ τῆς ἀρετῆς εὐπορήσει χρημάτων.

90. ὁ δέ μ' ἐποίησε τυφλόν : Ἐπεὶ ἔμελλεν ἀνατρέπειν τοὺς ἀδίκους, οὐκ εἴασεν ὁ Ζεύς. τῷ μὲν γὰρ Πλούτῳ συνέφερεν, ὅτι καλῶς αὐτῷ ἐχρῶντο, ἐκεῖνοι δὲ οὔ. V. παρῴδηται ἐκ τῶν Ἡσιόδου [Op. 42]

κρύψαντες γὰρ ἔχουσι θεοὶ βίον ἀνθρώποισιν.

ἢ ὅτι ἀνόσιος ὁ διὰ τῆς ἀρετῆς τοῦ πλούτου φόρτος τοῖς δικαίοις, εἰ χαυνωθεῖεν ἐκ περιουσίας.

93. [διὰ τοὺς χρηστούς γε : Ἰστέον ὅτι ἡ διά πρόθεσις οὐ μόνον γενικῇ συντάσσεται, ὅταν δηλοῖ ἐνέργειαν, ἀλλὰ καὶ αἰτιατικῇ, ὡς ἐνταῦθα· εὑρήσεις δὲ τοῦτο καὶ ἐν πολλοῖς τῶν λογοποιῶν. καὶ μὴν ὅταν δηλοῖ αἰτίαν, αἰτιατικῇ μὲν ὡς ἐπὶ τὸ πολὺ συντάσσεται· ἀλλὰ καὶ πρὸς γενικὴν εὕρηται σπανίως.]

94. ὁμολογῶ σοι : Ἀντὶ τοῦ συναινῶ σοι. R. συμφωνῶ σοι, ὅμοιά σοι λέγω ἐν τούτῳ· εὑρίσκεται δὲ καὶ πρὸς αἰτιατικήν. Junt.

φέρε, τί οὖν; ἄγε δή. ἔστι δὲ μετάβασις τοῦ λόγου. R. V.

96. ἤδη : ἀντὶ τοῦ λοιπὸν ταχέως. R. V.

97. ὡς : ἀντὶ τῆς πρός. V.

98. πολλοῦ γὰρ αὐτοὺς : Διὰ τὸν ἐπιχώριον τρόπον· ταῦτα γὰρ εἰς τὴν τῶν Ἀθηναίων φησὶ πολιτείαν, ἀποσκώπτων [αὐτοὺς] ὡς πονηρούς.

99. καὶ θαῦμά γ' οὐδέν : Οὐδέν φησι παράδοξον, εἰ τυφλὸς ὢν οὐχ ἑώρακας — αὐτούς, ἐπεὶ καὶ ἐγὼ βλέπω μέν, ἀλλὰ νῦν γε αὐτοὺς οὐχ ὁρῶ. V.

100. ἴστον : ἀντὶ τοῦ ἐγνώκατε. τὸ δὲ ἴστον δυϊκόν. ἀντὶ τοῦ ἴσασατε· ἐγνώκατε γάρ. V.

101. ἀντεχόμεθά σου, ἐπειδὴ Πλοῦτος εἶ.

103. καὶ σύ γ', ἀντιβολῶ : Πεποίηται παρὰ τὸ ἄντομαι καὶ βάλλω τὸ ἀντιβολῶ. [ἔχει δὲ τὴν ὁρμὴν πρὸς τὸ « ἀλλὰ πολλῷ μᾶλλον ἑξόμεθά σου. » τὸ δὲ οὐκ ἠγόρευον ὥσπερ διὰ μέσου.] τὸ δὲ πιθοῦ περισπᾶται· ἔστι γὰρ δεύτερος ἀόριστος, (ὡς καὶ ἡ γραφὴ δηλοῖ καὶ τὸ μέτρον βούλεται). τούτους δὲ οἱ Ἀττικοὶ περισπῶσι καὶ ἡ χρῆσις ἠκολούθησε τῇ διαλέκτῳ. ἡ γὰρ ἀναλογία βαρύνει, ὥς φησιν Ἀπολλώνιος.

106. μὰ τὸν Δία : Τὸ μὰ τὸν Δία ἢ πρὸς τὸ ὄπισθεν σύναπτε, καὶ μόνον λέγε, ἵν' ᾖ βεβαιωτικὸν τοῦ οὐχ εὑρήσεις, ἢ πρὸς τὸ ἐπαγόμενον σύναπτε. Junt., P.

109. ἀτεχνῶς : Ἀντὶ τοῦ ἁπλῶς, καθάπαξ, (ὅ ἐστιν ἑνὶ λόγῳ, ἀληθῶς. τέχνη γὰρ ὁ δόλος παρὰ τοῖς Ἀττικοῖς· τὸ δὲ ἄνευ δόλου ἀληθές.) ὁ γὰρ τόνος διαστέλλει τὸ σημαινόμενον, τήν τε τῆς τέχνης στέρησιν καὶ τὸ διάφορον τῆς χρήσεως. ἀτεχνῶς οἱονεὶ ἀτενῶς μετὰ περισσοῦ τοῦ χ. (Ἄλλως. ἁπλῶς, ἄνευ τέχνης· ἐκ μεταφορᾶς τῶν ἀθλητῶν τῶν μὴ τέχνῃ νικώντων, ἀλλὰ δυνάμει. ἢ καθάπαξ, ἢ ἀδόλως. ἐὰν δέ τις παρὰ τὴν τέχνην λέγῃ τι ἢ ποιῇ, οὐκέτι περισπωμένως, ἀλλὰ βαρυτόνως· ἀτέχνως ποιεῖς, ἀτέχνως λέγεις. ὁ δὲ νοῦς, κἂν φύσει τις ᾖ χρηστὸς, ἐπὶ τὸ χεῖρον μεθίσταται ὑπὸ τῶν χρημάτων.)

[ὑπερβάλλουσι : Ὑπερβάλλω καὶ ὑπερβάλλομαι τὸ αὐτὸ, ὡς ποιῶ καὶ ποιοῦμαι· καὶ συντάσσεται πρὸς μὲν τὸ πρόσωπον αἰτιατικῇ, πρὸς δὲ τὸ πρᾶγμα δοτικῇ, οἷον, ὑπερβάλλω τὸν δεῖνα λόγῳ. ὑποβάλλω δὲ λόγους, ἀντὶ τοῦ ὑποτίθημι· ὅθεν καὶ τὸ « ὑποβλήδην » παρ' Ὁμήρῳ [Il. A, 292]· καὶ ὑποβάλλω βρέφος· ὅθεν καὶ τὸ ὑποβολιμαῖος· καὶ ὑποβάλλομαι παθητικῶς, ἀντὶ τοῦ ὑπόκειμαι· καὶ ὑποβάλλεται ἡ θεμέλη τῷ τοίχῳ ἀντὶ τοῦ ὑποτίθεται· καὶ ὑποβάλλεται ὁ χόρτος τῇ στρωμνῇ. προβάλλω τὸ εἰς τοὔμπροσθεν τίθημι, ἀφ' οὗ πρόβολοι· προβάλλομαι δὲ μάρτυρα. Junt]

ὑπερβάλλουσι τῇ μοχθηρίᾳ : Τῇ κακίᾳ ἐπὶ τὸ χεῖρον μεθίστανται ὑπὸ τῶν χρημάτων. Junt.

[111]. ἀλλ' ἁπαξάπαντες : (Δύο μέρη τοῦ λόγου τὸ ἁπαξάπαντες.) οὐ φησὶ πάντες, ἀλλ' ὁμοῦ πάντες. τὸ γὰρ ἅπαξ ἐπὶ ἐπιτάσεως λαμβάνεται. (ὑφ' ἓν δὲ ταῦτα τάττει· καὶ προφέρονται ὡς δηλαδὴ, ἁπαξαπλῶς.)

113. ὅρμησόν σου τὸν νοῦν, καὶ ὅρα ἵνα μάθῃς. V.

115. τῆς ὀφθαλμίας : Ἀντὶ τοῦ τῆς πηρώσεως· ἰδίως δὲ ὀφθαλμίαν τὴν πήρωσιν τῶν ὀφθαλμῶν φησι· διὸ καὶ ἐν τῷ δευτέρῳ μεταπεποίηται

τῆς συμφορᾶς ταύτης σε παύσειν ἧς ἔχεις.

[Ἄλλως. ὀφθαλμία κυρίως ἡ κατὰ τοὺς ὀφθαλμοὺς ἀπὸ νοσήματός τινος γινομένη βλάβη, ἥτις καὶ ἰάσιμός ἐστιν· ἐνταῦθα δὲ ἀντὶ τῆς τυφλώσεως παρείληπται· τύφλωσις γάρ ἐστιν ἡ παντελὴς τῆς ὁράσεως στέρησις. Junt.]

119. ὁ Ζεὺς μὲν οὖν εἰδὼς τὰ τούτων : Τὰ τῶν ἀνθρώπων πάντα εἰδὼς, ἐπεὶ οὐδὲν αὐτὸν λανθάνει· μεταπεποίηται δὲ καὶ τοῦτο ἐν τῷ δευτέρῳ. — Ἄλλως εἰ μὲν γράφεται μῶρ' ἔμ' εἰ, οὕτω συνταχθήσεται, ὁ Ζεὺς μὲν εἰδὼς τὰ τούτων μῶρα ἔπη, εἰ πύθοιτο ἐμὲ ἀναβλέψαντα, ἐπιτρίψεταί με. εἰ δὲ μῶρ' ἔπη, τὸ πύθοιτ' ἂν διὰ μέσου ἔσται· τουτέστι, γνοίη ἂν ταῦτα καὶ οὐδὲν αὐτὸν λήσεται. Junt.

121. περινοστεῖν ἐᾷ : Ἀπὸ τόπου εἰς τόπον μεταβαίνειν. R. ἀντὶ τοῦ περιπατεῖν τὸν σφαλλόμενον καὶ καταπίπτοντα. V. (νόστος κυρίως μὲν ἡ ἀπ' ἀλλοδαπῆς οἴκαδε ἐπάνοδος, καταχρηστικῶς δὲ καὶ ἡ ἀπὸ τόπου [εἰς τόπον μετάβασις καὶ] πορεία.)

[περινοστεῖν ἐᾷ : Περιέρχεσθαι ἀφίησιν, ἀπὸ τόπου εἰς τόπον μεταβαίνειν· ἡ περὶ ἐνταῦθα τὸ κύκλιον δηλοῖ· τυφλὸν γὰρ ὄντα εἰκὸς μὴ ὀρθῶς βαδίζειν αὐτόν. ὑπονοστεῖν δὲ ἀντὶ τοῦ ὑποχωρῆσαι. Dv.]

122. ὀρρωδῶ πάνυ : [Φοβοῦμαι, ἀπὸ τοῦ ὄρρου, ὅ ἐστι μεσοπύγιον τῆς περιστερᾶς· ἔστι γὰρ τρομερὸν τὸ μέρος.] ὀρρωδεῖν κυρίως μὲν ἐπὶ τοῦ τῶν ἀλόγων δέους πεποίηται δὲ παρὰ τὸ σείοντα τὴν οὐρὰν δηλοῦν τὸ δέος. ἢ παρὰ τὸ ἐγκρύπτειν τούτῳ τῷ μέρει τὰ αἰδοῖα κατὰ τὴν τοῦ δέους διάθεσιν. ἢ ὅτι τῶν φοβουμένων εἴωθεν ὁ ὄρρος πρῶτος ἱδροῦν. — ὀρρωδῶ λέγεται τὸ φοβοῦμαι, ἐκ μεταφορᾶς τῶν ζώων τῶν διὰ τῆς οὐρᾶς δεικνύντων τὸ δέος. εἴωθε γὰρ ταῦτα φοβηθέντα συνάγειν τὴν οὐρὰν ἐντὸς τῶν μηρῶν. ἢ ὅτι τῶν φοβουμένων εἴωθεν ὁ ὄρρος πρῶτος ἱδροῦν. P. ὄρρος δέ ἐστι τὸ ἐπάνω τῆς πυγῆς ὀστοῦν, ἐξ οὗ ἡ οὐρὰ τῶν ζώων φύεται. (ὃ καὶ ὀρροπύγιον λέγεται. P.) Junt., P.

123. (ἀληθες : Ἴσον ἐστὶ τῷ ὄντως. ἀξιοῦσι δὲ ὀξύνειν τὴν πρώτην, ὅταν τοῦτο δηλοῖ· ἔστι δὲ ἐπίρρημα θαυμασμοῦ, ἀντὶ τοῦ ἀληθῶς λέγεις.)

125. τοὺς κεραυνοὺς : Τὰ μέγιστα ἀμυντήρια τοῦ Διός· ἐκ δὲ τούτων τὴν δύναμιν αὐτοῦ λέγει.

126. κἂν μικρὸν χρόνον : Τὸ κἂν δηλοῖ τὸ καὶ ἐάν· (νῦν δὲ ἐπὶ τῆς συνηθείας, ὃ σπανίως εὕρηται.)

127. (ἆ, μὴ λέγ' : Ἐπίρρημα ἐπιτιμητικόν.) [ἐπίρρημα τοῦτο ἐκπληκτικόν. Dv. πόνηρε δὲ, ἤγουν γεωργὲ, ἢ ἄθλιε· εὕρηται γὰρ καὶ οὕτως μετατιθεμένου τοῦ τόνου Ἀττικῶς. — ὦ πονηρὲ : Ὅτι πόνηρος ὁ γεωργὸς ἀπὸ τοῦ πονεῖν. πόνηρος ὁ ἀσθενὴς ἀπὸ τοῦ αἴρειν πόνους. πόνηρος ὁ κακότροπος ἀπὸ τοῦ εἴρειν ἢ πλέκειν πόνους. Borg.]

132. ὅτι μάρτυρος τάξιν ἀναπληροῖ ὁ δοῦλος. εἰπὼν δὲ ὁδί τὸν Πλοῦτον δείκνυσι. V.

133. θύουσι δ' αὐτῷ : Ὅπερ ἐπὶ τῶν δυναστευόντων ἀνθρώπων συμβαίνει, τοῦτο ἐπὶ τοῦ Διὸς μετήγαγεν. — θύω σφαγιάζω, ὡς τὸ θύω βοῦν, καὶ συντάσσεται αἰτιατικῇ. θύω δὲ ἀντὶ τοῦ θυσίαν ποιῶ, καὶ συντάττεται δοτικῇ. P. τουτονί : τὸν Πλοῦτον δηλονότι. V.

134. ἄντικρυς : Δι' ἐναντίας, φανερῶς. ὁ δὲ ποιητὴς [Il. Γ, 359] ἐκτεταμένως λέγει καὶ δίχα τοῦ σ, « ἀντικρὺ δὲ παραὶ λαπάρην. »

136. ὅτι τί δή : Ἤγουν, πῶς ἂν τὸ τιμᾶσθαι τὸν Δία καὶ βασιλεύειν τῶν θεῶν παύσω; ἤγουν. πῶς ἄρα. ἢ

διὰ τίνα τρόπον τοῦτ' ἔλεξας. Junt. ἤγουν τὸ τιμᾶσθαι τὸν Δία καὶ βασιλεύειν τῶν θεῶν πῶς οὖν παύσει, ἀντὶ τοῦ διατί ἢ πῶς ἄρα. P. ὅτι τί δή : Διατί. *Br.* ἀντὶ τοῦ διὰ τί ἢ πῶς ἄρα. V.

137. θύσειεν : Ὅτι καὶ ἐπὶ τοῦ θυμιάσαι τὸ θύειν. ἐπὶ μὲν γὰρ τοῦ βοὸς σφάξειεν, ἐπὶ δὲ τοῦ ψαιστοῦ θύσειεν. ψαιστὸν δὲ κυρίως ἄλευρον ἐλαίῳ δεδευμένον· καταχρηστικῶς δὲ καὶ τὸ πόπανον. — Ἄλλως. εἶδος πλακοῦντος ἐξ ἀλφίτων γενομένου. V.

138. ψαιστὸν : Ἔστιν ἄλευρον ἐλαίῳ δεδευμένον. ἔστι δὲ τὸ κοινῶς λαλάγκιον.

139. ὅπως; οὐκ ἔσθ' ὅπως : Τὸ πρῶτον ὅπως εἰ μὲν καθ' ὑποστιγμὴν νοεῖς, ἀντὶ τοῦ πῶς νοήσεις· εἰ δὲ κατὰ ἀπόφασιν, ἀντὶ τοῦ ὅτι.

140. δήπουθεν : Ἀπό τινος πόρου. *C.*

141. τἀργύριον : Ἄργυρος ἡ οὐσία τοῦ ἀργύρου. ὥσπερ καὶ χρυσὸς ἡ οὐσία τοῦ χρυσοῦ. τὸ δὲ ἀπὸ τούτου κέρμα ἀργύριον καὶ χρυσίον. P.

142. καταλύσεις : Καταλύω τὸ ἀφανίζω, καὶ διαλύω, ὃ καὶ μεταβαίνει συντασσόμενον μετὰ αἰτιατικῆς, ὡς κἀνταῦθα. καὶ ὁ Φάλαρις [Ep. 5] « εἰ βούλεσθε τὸν πρὸς ὑμᾶς καταλῦσαι πόλεμον. » καταλύω καὶ τὸ ἀναπαύομαι ἀμεταβάτως, ἀφ' οὗ καὶ κατάλυμα, ἡ ἀνάπαυσις. Junt. τὴν δύναμιν... καταλύσεις : Τὴν βασιλείαν ἀφανίσεις, ἣν ἐκεῖνός σε λυπῇ. P.

143. [φήμ' ἐγὼ : Ὅτε ἀναβιβάζεται ὀξεῖα, πάλιν ὀξεῖα ὀφείλει τίθεσθαι· οὐ μὴν περισπωμένη· ἄτοπον γάρ, ὥσπερ ἐνταῦθα τὸ φήμ' ἐγώ· καὶ τὸ χρήστ' ἔδρασε· καὶ τὸ δεῖν' ἄττα· καὶ τὰ τοιαῦτα. ἀλλὰ καὶ ὅτε περισπωμένη ἔν τινι λέξει κεῖται μονοσυλλάβως, εἰ μὲν πρὸ δύο συλλαβῶν ἐστι τόνος, ἐγκλινέσθω· οἷον [Ran. 525], οὔτοι που σπουδὴν ποιεῖς, [Pl. 399] οὐκ ἔστι πω τὰ πράγματα ἐν τούτῳ· εἰ δὲ πρὸ τριῶν συλλαβῶν ἐστιν ὁ τόνος, ἄτοπον τὴν περισπωμένην ἀναβιβάζειν καὶ ὀξεῖαν ποιεῖν, ὡς ἐν τῷ [Pl. 177] ἕνεκα σοῦ μύθους λέγει, καὶ τοῖς τοιούτοις· χρὴ γὰρ ἀκίνητον τηρεῖν τὴν περισπωμένην, καὶ μὴ διὰ τὸν πρὸς τὴν ἀνάγνωσιν κρότον ἄτοπά τινα καὶ ἀνάρμοστα πάνυ καινοτομεῖν· ἔνθα δὲ ἀνάγκη τίς ἐστι, καὶ οὐκ ἂν ἄλλως ἔχῃ ῥηθῆναι, οὐ καινόν ἐστι καινοτομῆσαί τι· οἷον ἐπὶ τοῦ μέμνηταί μου, καὶ τῶν τοιούτων. ἄνευ δ' ἀνάγκης τοιαῦτα καινοτομεῖν, οὔ μοι δοκεῖ λόγον ἔχειν.]

144. τὸ καλὸν ἐπὶ τοῦ ἐραστοῦ λέγεται, τὸ χάριεν ἐπὶ ἡδονῆς· τὸ δὲ λαμπρὸν ἐπὶ ὄψεως. P.

145. χάριεν : οἱ Ἀττικοὶ πρὸ δύο ἀναπέμπουσι· τὸ δὲ πρὸ μιᾶς κοινὸν χαρίεν. R.V.

146. ἅπαντα τοῦ πλούτου ἐστὶν ὑπήκοα καὶ ὑποτεταγμένα. Ἄλλως. οὐδὲν γὰρ ἐν ἀνθρώποις ἄνευ ἀργυρίου πράττεται. V.

τῷ πλουτεῖν : Τῷ πλούτῳ. *P.*

147. διὰ μικρὸν ἀργυρίδιον : Καλῶς τὸ μικρόν. οὔτε γὰρ πολυτίμητοι οὔτε ἀξιόπιστοι οἱ δοῦλοι. (ἐξηυτέλισε δὲ ἑαυτὸν πρὸς τὸ ἐπιτυχεῖν τοῦ σκοποῦ.) [διαφέρει δὲ ἡ ἔγωγε τῆς ἐγώ τῷ τὴν μὲν ἔγωγε ἐπὶ ἀρχῆς μόνον τίθεσθαι, καί ἐστιν Ἀττική· τὴν δὲ ἐγώ καὶ ἐν τῇ ἀρχῇ καὶ μεταξύ, καί ἐστι κοινή. τὸ δὲ ἴσως ἢ διστακτικόν, ἢ ἐπίσης τοῖς ἄλλοις. — τὸ δὲ « γε τοι » ἢ ἀντὶ τοῦ δέ, ἢ ἀντὶ τοῦ γάρ, ὃ καὶ κρεῖττον. εὕρηται δὲ καὶ ἐν πολλοῖς τῶν λογοποιῶν, ὡς ἐξετάζων εὑρήσεις. Λιβάνιος γάρ φησι [Epist. 1044] « σὺ δὲ οὕτω πικρὸς « ὥστε καιροῦ παραπεσόντος ἐτιμωρήσω. Ἰούλιός γε « τοι τῶν μὲν ἄλλων γράμματα ἐκόμισε, παρὰ σοῦ δὲ « σιγῆς αἰτίαν. » Junt.]

148. δοῦλος γεγένημαι : πρότερον ὢν ἐλεύθερος. R.

149. τάς γ' ἑταίρας : Δηλοῖ ὡς ἀπὸ τῆς Λαΐδος· Κορινθία γὰρ ἦν. τὰ δὲ ὀνόματα αὐτῶν Λαΐς, Κυρήνη, Λέαινα, Σινώπη, Μυρρίνη, Σχιώνη. R. τὰς πόρνας· πολλαὶ γὰρ ἐν Κορίνθῳ εἰσὶ πόρναι, Σινώπη, Λαΐς, Κυρήνη, Λέαινα. ἄλλοι δὲ λέγουσιν ἐπισήμους πόρνας ἐν Κορίνθῳ εἶναι. τὸ δὲ πειρῶν ἀντὶ τοῦ πειράζων ἐστὶ καὶ παρακαλῶν. V. πόρνας. Λαΐς, Κύρκη, Λέαινα, Σινώπη, Πυρήνη, Σικιώνη. *P.* ἡ Λαΐς πρώτη ἑταιρὶς ἐν Κορίνθῳ. Dv.

150. πειρῶν : Προσβάλλων ἢ συνουσιάζων. τοῦτο γὰρ δηλοῖ τὸ πειρῶν. R. δοκιμάζων, προσβάλλων. P.

151. οὐδὲ προσέχειν τὸν νοῦν : Οὐ μόνον ὅτι οὐ θέλουσι σὺν αὐτοῖς βιῶσαι, ἀλλ' οὐδὲ προσδιαλέγονται. — προσέχειν τὸν νοῦν : Προσκολλᾶν τοῖς λεγομένοις ἐκείνῳ δηλονότι. P.

152. τὸν πρωκτὸν : Ἤγουν εὐθὺς εἰς αὐτὸν τὸν πειρῶντα τρέχειν καὶ περιπλέκεσθαι *P.* τὸν πρωκτὸν αὐτάς : Πρὸς τὸ ἐρεθίζειν αὐτούς. ἄτοπον δὲ τὴν γυναῖκα τὸ ἔμπροσθεν μόριον ἐπισείειν. σφόδρα δὲ ἄσεμνον τὸ βαδίζουσαν ἐγκρούειν τῷ πρωκτῷ. — πρωκτὸν : Κῶλος. *Dv.*

153. κεκράτητο παρὰ τοῖς παλαιοῖς ἡ τιμωρία τῆς παιδικῆς φύσεως ἀσχημοσύνης. διὸ καὶ οἱ ἐρωτικῶς γεγραφότες περὶ παίδων ἔτυχον διὰ βίου. V.

ἐνταῦθα διασύρει τὴν τῶν Ἀθηναίων διαγωγήν, ὅτι ἦσαν ἀρσενοκοῖται καὶ φαῦλοι. Dv.

154. οὐχ ὅτι ἀγαπῶσιν αὐτούς· ἄπιστοι γάρ εἰσιν. R. V.

155. χρηστοὺς : Οὐ τοὺς σεμνοὺς καὶ ἐπιεικεῖς φασι τοῦτο ποιεῖν, ἀλλὰ τοὺς ἀσελγεῖς, τοὺς ἀναιδῶς τὸ κακὸν πράττοντας. P.

ὅτι ἀρσενικῶς ὁ πόρνος καὶ θηλυκῶς· ζητείσθω δὲ εἰ καὶ οὐδετέρως. (πόρνοι λέγονται οἱ κακὰ βουλευόμενοι κατά τινων ἀνθρώπων, διὰ τὸ πονεῖν αὐτοὺς ποιεῖν οἷς κακά τινα βουλεύονται.) R.V.

156. αἰτοῦσιν : Αἰτοῦμαι τὸ αὐτό, ὥσπερ ποιῶ καὶ ποιοῦμαι· πλὴν ὅτι τὸ μὲν αἰτῶ τὸ ἁπλῶς ζητῶ, τὸ δὲ αἰτοῦμαι τὸ μεθ' ἱκεσίας. Junt.

τί δαί : Σύνδεσμος ἐρωτηματικός· διὰ τὴν ἔκτασιν δὲ διὰ διφθόγγου γράφεται.

157. ἵνα ὁ μὲν ἱππικήν, ὁ δὲ θηρευτικὴν μεταδιώκει. ἀγαθὸν δὲ ἄγαν θέοντα. V...... ἵππου· ὁ δὲ θηρευτικήν..... διώκῃ. λόγῳ ἑτέρῳ διὰ τὸ αἰτεῖν ἵππον ἢ τοιοῦ-

τόν τι. R. ἀγαθὸν : Ἐπιτήδειον εἰς δρόμον, ἤγουν ἄγαν θέοντα, ἀρετὴ γὰρ ἵππου τοῦτο. P.

158. αἰσχυνόμενοι : Αἰσχύνομαι ἐγὼ ἀμεταβάτως· αἰσχύνω δὲ ἕτερον. Par.

159. ὀνόματι : Ἵππου ἢ ἄλλου τινὸς καλύπτουσι τὴν κακίαν. Dv. ὀνόματι : Τοῦ ἵππου. P. (περιπέττουσι : Διὰ τὸ τῷ προσθέτῳ κοσμεῖσθαι κόσμῳ. ὁ αὐτὸς Θεσμοφοριαζούσαις [fr. 310]

> ὅσ' ἦν περίεργ' αὐταῖσι τῶν φορημάτων,
> ὅσαις τε περιπέττουσιν αὑτὰς προσθέτοις.

μοχθηρίαν δὲ τὴν τοῦ ἀργυρίου ἐπιθυμίαν, ἢ τὴν τῆς αἰτήσεως τοῦ ἀργυρίου. τὸ δὲ περιπέττειν ἤτοι ἀπὸ τοῦ περιπετάσματος εἴρηται, ἢ ἀπὸ μεταφορᾶς τῶν τῇ ζύμῃ τὰ ἄλφιτα περιλαμβανόντων καὶ τούτοις περικαλυπτόντων τινά. ἐκεῖνοι γὰρ τὰ καταλιμπανόμενα ἀφ' ἑκάστου ἄρτου μιγνύντες ποιοῦσιν ἄρτον. φησὶν οὖν ὅτι εἰώθασι καταχρῆσθαι τῷ ὀνόματι τοῦ ἵππου εἰς τὴν μοχθηρίαν.) — Ἄλλως. περιβάλλουσι τὴν μοχθηρίαν, ὡς τὴν φιλαργυρίαν κοσμῆσαι. περικαλύπτουσι καὶ ἀφανίζουσι καὶ διά τινος ὀνόματος περικαλύπτουσι τὴν ἀσέλγειαν. V. δι' ὀνόματος ἑτέρου περικαλύπτουσι τὴν ἐπιθυμίαν τοῦ ἀργυρίου. Br. περιπέττουσι : Σκέπουσι. P. μοχθηρίαν : Τὴν τοῦ ἀργυρίου ἐπιθυμίαν, τὴν βδελυρίαν καὶ τὴν κακίαν αὐτῶν. P.

160. τέχναι δὲ πᾶσαι διὰ σὲ : Οἷον μηχαναί, πλοίων κατασκευαί. — τέχναι λέγονται τὰ τῶν ἀνθρώπων σοφίσματα, οἷον χαλκευτικὴ καὶ τεκτονική, χρυσοχοϊκὴ καὶ ὅσαι ἄλλαι τοιαῦται. τέχνη λέγεται καὶ ἡ μηχανή, καὶ ὁ δόλος, ἀφ' ἧς καὶ τεχνάζομαι ἀντὶ τοῦ δολιεύομαι καὶ μηχανῶμαι. σοφίσματα δὲ λέγουσι. Θ. Junt. τὰ διὰ λόγων μαθήματα. — τέχναι λέγονται τὰ τῶν ἀνθρώπων ἐπιτηδεύματα, χαλκευτική, χρυσοχοϊκὴ καὶ ὅσα τὰ τοιαῦτα. τέχνη λέγ. καὶ ἡ μ. κ. ὁ δ. ἀφ' ἧς τεχνάζομαι λέγεται ἀντὶ τοῦ δολιεύομαι καὶ μηχ. σοφίσματα τὰ διὰ λόγων μαθήματα. σοφίσματα ἐφευρέσεις τεχνῶν ἢ εἰδῶν μὴ προϋπαρχόντων. οὐ γὰρ πάντα ἦν εὑρημένα. P. τέχναι : Ἐπιστῆμαι. σοφίσματα : Ὑπὸ σοφίας μηχανήματα. P.

161. ἔσθ' εὑρημένα : Τὴν σύνταξιν πρὸς τὸ οὐδέτερον τελευταῖον ἀπέδωκε· λέγω δή, τὸ εὑρημένα πρὸς τὸ σοφίσματα. — εἰσὶν ἐπινενοημένα. ἕνεκα τοῦ λαβεῖν τι δηλονότι. P.

162. σκυτοτομεῖ : Ἀντὶ τοῦ σκυτοτόμος ἐστὶ, ὁ τέμνων τὰ σκύτη. P. ὑποδήματα ῥάπτει. V.

163. χαλκεύει : Χαλκεύς ἐστι. τεκταίνεται : Τέκτων ἐστί. P.

164. χρυσοχοεῖ : Χρυσοχόος ἐστὶ, χρυσὸν ἀπὸ σοῦ δεξάμενος. P.

165. τὰ ἱμάτια συλῶν· λῶπος γὰρ τὸ ἱμάτιον λέγεται. ὁ δὲ τοιχωρυχεῖ· μειδιασμοῦ ἕνεκα παραπλέκει ἅμα τὰ γελοῖα καὶ τὰ ἀστεῖα. R. λωποδυτεῖ : Κλέπτης ἐστὶ συλῶν τὰ ἱμάτια. τοιχωρυχεῖ : Τοίχους οἴκων διορύττει, τὰ ἐντὸς τούτων ὑφαιρεῖσθαι σπουδάζων. p. τρυπᾷ τοῖχον. Dv.

166. κναφεύει : Διαφόρως μὲν διὰ τοῦ κ, διὰ τὴν ἐν τῇ κνήστι ξέσιν. γναφεύει δὲ παρὰ τὴν τοῦ φάρους γνάψιν. Ἄλλως. V. Ἀττικὸν μὲν τὸ διὰ τοῦ κ, κοινὸν δὲ τὸ διὰ τοῦ γ. οἱ παλαιοὶ δὲ Ἀττικοὶ διὰ τοῦ κ παρὰ τὸ κνάφος. ἔστι δὲ ἀκανθῶδές τι, ᾧ ξύουσι τὰ ἱμάτια. οἱ δὲ νεώτεροι διὰ τοῦ γ παρὰ τὴν γνάψιν. (κναφεὺς μὲν παρὰ τὸ κνῶ, ὃ σημαίνει τὸ ξύω. Ὅμηρος [Il. Λ, 638] « ἐπὶ δ' αἴγειον κνῆ τυρὸν κνήστι χαλκείῃ. » γναφεὺς δὲ παρὰ τὴν τοῦ φάρους γνάψιν, ἥτις ἐστὶ παρὰ τὸ γάνος τὸ λαμπρόν.) — κναφεύει : Γναφεύω, τὸ τὰ δέρματα ξέω. γναφεῖον, ὁ τόπος, ὥσπερ κουρεῖον. γνάφαλλα, τὰ ἀποξέσματα. καὶ γναφεύς, ὁ γνάφων. ἀπὸ τοῦ γνάφω, γναφεύω· ἄρδω, ἀρδεύω. πάντα οἱ Ἀττικοὶ ταῦτα διὰ τοῦ κ γράφουσι. τὸ κναφεύει Ἀττικῶς διὰ τὸ κ. κοινῶς διὰ τὸ γ. κνάφος ἐστὶν ἀκανθῶδες φυτόν, ᾧ ξύουσι τὰ ἱμάτια. τὸ διὰ τοῦ γ, παρὰ τὴν γνάψιν· τὸ δὲ διὰ τοῦ κ, ἀπὸ τοῦ κνῶ, τὸ ξύω, γίνονται. καὶ Ὅμηρος « ἐπὶ δ' αἴγειον κνῆ τυρόν. » γναφεὺς δὲ παρὰ τὴν τοῦ φάρους γνάψιν, ἥτις ἐστὶ παρὰ τὸ γάνος, τὸ λαμπρόν. C. Ἀττικόν ἐστι τὸ κναφεύειν, ἤγουν πλύνειν, παρὰ τὸ καινὰ φαίνειν τὰ λευκανθέντα. οἱ δὲ νεώτεροι καὶ γναφεύειν γράφουσι, παρὰ τὸ γάνος, τὸ λαμπρόν. Cant. 2. 3. 4. κναφεὺς μὲν ἐπὶ ἱματίων λέγεται· γναφεὺς δὲ ἐπὶ δερμάτων. Taur. κναφεύει : Διὰ τοῦ κνάφου τὰ ἱμάτια καλλωπίζει. ἔστι δὲ κνάφος εἶδος ἀκάνθης. P. βάπτει ἢ λευκαίνει. Dv. κώδια : Δέρματα. P.

167. ἕτερος δὲ τὰς βύρσας ἕψει. λέγονται δὲ βύρσαι τὰ δερμάτια τῶν βοῶν. P.

168. ἁλοὺς : Κρατηθείς. P. (διὰ σέ γε, ὦ Πλοῦτε, ὁ ἁλούς γε μοιχὸς παρατίλλεται, ἵνα δοὺς χρυσὸν ἀπολυθῇ. λέγει οὖν, ὅταν ὁ μοιχὸς μὴ ἔχῃ ἀργύριον, διὰ σέ, ὦ Πλοῦτε, παρατίλλεται. παρατίλλουσι γὰρ ἵνα λάβωσι χρυσὸν καὶ ἀπολυθῶσιν. Ἄλλως.) διασείεται, τὰς τρίχας τοῦ πρωκτοῦ τίλλεται· αὕτη γὰρ ὥριστο δίκη τοῖς μοιχοῖς πένησιν, ἀποραφανίδωσις καὶ παρατιλμοί. οἱ γὰρ πλούσιοι χρήματα παρέχοντες ἀπελύοντο. παρατίλλεται οὖν, φησι, διὰ τὸ ἀπορεῖν σοῦ καὶ μὴ δύνασθαι χρήμασι λυτροῦσθαι (τὴν φυγήν). δημοσίᾳ γὰρ ταῦτα ἔπασχον. — παρατίλλεται : Ἤγουν τὰς περὶ τὸν πρωκτὸν τρίχας ἀφαιρεῖται. . ἤγουν διὰ τὸ μὴ ἔχειν ἀργύριον δοῦναι εἰς ἀπαλλαγήν, τὰς ὑπογαστρίους παρατίλλεται τρίχας, καὶ τέφραν ζέουσαν περιπάσσεται. P.

170. μέγας δὲ βασιλεὺς : Τὸν τῶν Περσῶν λέγει· [οὕτως γὰρ ἔλεγον] αὐτὸν διὰ τὸ πλείονι δυνάμει χρῆσθαι τῇ Περσικῇ. [κομᾷ δὲ εἶπεν, τουτέστι, σεμνύνεται τῇ περιουσίᾳ τῆς ἀρχῆς, ἀπὸ τῶν μέγα φρονούντων τῇ κόμῃ.]

μέγας βασιλεὺς : Τὸν τῶν Περσῶν βασιλέα, ὡς πάσης τῆς Ἀσίας ἄρχοντα, μέγαν ἐκάλουν. p.

κομᾷ : Ἐπαίρεται, θάλλει. P. κομᾷ τις ἀντὶ τοῦ κό-

μην ἔχει. καὶ κομᾷ τις τῷ πλούτῳ, καὶ κομᾷ τις διὰ τὸν πλοῦτον. *P.*

171. ἐκκλησία δὲ : ["Ινα πόρον εὕρῃ χρημάτων.] [ἐκκλησιάζομεν γὰρ ἢ τῶν ἰδίων τι σῶσαι βουλόμενοι, ἢ τῶν ἀλλοτρίων σφετερίσασθαι. διαβάλλει δὲ τὸ ἐπὶ φιλοδικίᾳ τῶν Ἀθηναίων τριώβολον.] — διώβολον γὰρ ἐδίδοτο εἰσιοῦσιν εἰς τὴν ἐκκλησίαν βουλεύεσθαι περὶ πόρων. διαβάλλει δὲ τὸ φιλόδικον τῶν Ἀθηναίων. V.

ἐκκλησία : Ἡ συνέλευσις κριτῶν. *Dv.* ἐκκλησία γίγνεται : Συνάθροισις ἵσταται. *P.* ἐλάμβανον γὰρ οἱ δικάζοντες καθ' ἑσπέραν τριώβολον.

172. τὰς τριήρεις : Οἱ γὰρ εὔποροι τῶν τριηραρχῶν πλείονας ναύτας ἔτρεφον, καὶ διὰ τοῦτο ἐπλήρουν τὰς ναῦς, οἱ δὲ πένητες οὐδαμῶς.

τριήρεις : Τὰς ναῦς τὰς ἐχούσας τρεῖς κώπας, ὃ φασι κοινῶς τριτζέριον. Θ.

πληροῖς : Πεπληρωμένας ναυτῶν δεικνύεις. *P.* ὁ γὰρ τῶν ναυτῶν μισθὸς καὶ τὰ τούτων ἐφόδια ἐκ πλούτου γίνεται. P.

173. τὸ δ' ἐν Κορίνθῳ : (Φασὶ τοὺς Κορινθίους διὰ τὸ τῶν Ἀθηναίων ἐπικρατὲς συμμαχίᾳ κεχρῆσθαι τῇ ξενικῇ δυνάμει. ἣν δὲ καταστήσας ἐν Κορίνθῳ τοὺς ξένους Κόνων ὁ Ἀθηναίων στρατηγὸς, καθελὼν Λακεδαιμονίους, ὅπως φυλάττοι τὴν ἔφοδον αὐτῶν. Ἄλλως. ὡς τῶν Ἀθηναίων δι' ἑαυτῶν μὴ βουλομένων πολεμεῖν πρὸς Κορινθίους διὰ τὸν κίνδυνον, μισθουμένων δὲ ξένους εἰς τὸν πόλεμον καὶ τρεφόντων αὐτούς. τοῦτο δὲ ἐν τοῖς πολλοῖς τῶν πολέμων διεπράττοντο. Ἄλλως. ὡς ἀεὶ ξενικόν τι ἐχόντων Κορινθίων, καὶ οὐχ ὡς ἔνιοι κατὰ τὸν χρόνον τοῦτον· δῆλον δὲ ἐκ τοῦ ἐν δευτέρῳ φέρεσθαι, ὃς ἔσχατος ἐδιδάχθη ὑπ' αὐτοῦ εἰκοστῷ ἔτει ὕστερον· εἰ μὴ, ὅπερ εἰκὸς, ἐκ τοῦ δευτέρου Πλούτου τοῦτο μετενήνεκται. ἐκεῖ γὰρ ὀρθῶς ἔχει. ἤδη γὰρ ὁ Κορινθιακὸς πόλεμος συνέστη τρισὶν ἢ τέτρασιν ἔτεσι πρότερον τοῦ Ἀντιπάτρου, ἐφ' οὗ ἐδιδάχθη, καὶ τὸ συμμαχικὸν ἐπανήθροιστο ἐν Κορίνθῳ· τὸ δὲ Λακεδαιμόνιον ἐν Σικυῶνι. Ἄλλως. μετὰ τὸν πόλεμον τὸν Πελοποννησιακὸν καὶ αὐτοὶ οἱ σύμμαχοι τῶν Λακεδαιμονίων συνεκρότησαν πόλεμον κατ' αὐτῶν· συνέλαβον δὲ αὐτοῖς Ἀθηναῖοι, καὶ ἔσχον τὴν Κόρινθον ὁρμητήριον, εἰς ἣν ἔπεμψαν ξενικὸν στράτευμα, καὶ αὐτοὶ ἔτρεφον αὐτό. τοῦ δὲ στρατεύματος ἦρχεν Ἰφικράτης ὁ στρατηγός.) — Ἄλλως. τούτου καὶ Δημοσθένης ἐν α' Φιλιππικῶν [p. 46, 19] μέμνηται « ὅτι καὶ πρότερόν ποτ' « ἀκούω ξενικὸν τρέφειν ἐν Κορίνθῳ τὴν πόλιν, οὗ Πο« λύστρατος ἡγεῖτο καὶ Ἰφικράτης καὶ Χαβρίας καὶ « ἄλλοι τινὲς, καὶ ὑμᾶς αὐτοὺς συστρατεύεσθαι· καὶ « οἶδα ἀκούων ὅτι Λακεδαιμονίους παραταττόμενοι μεθ' « ὑμῶν ἐνίκων οὗτοι οἱ ξένοι καὶ ὑμεῖς μετ' αὐτῶν. » V. τινὲς δέ φασι Κορινθίοις ἀδικουμένοις ὑπὸ Λακεδαιμονίων συμμάχους πέμψαι Ἀθηναίους, οὓς ἔτρεφον Κορίνθιοι. [Ἄλλως. διπλῶς ᾄδεται ἡ ἱστορία· ἢ ὅτι Κορίνθιοι Λακεδαιμονίους ὑφορώμενοι ἐμισθοῦντό τινας τῶν Ἀθηναίων εἰς τὴν αὐτῶν φυλακήν· ἢ Ἀθηναίους ἐφοβοῦντο, ἵνα μὴ ὑπ' αὐτῶν δουλαγωγηθεῖεν, καὶ διὰ τοῦτο ξένους τινὰς ἐν Κορίνθῳ ἔτρεφον, ἀσφαλείας ἕνεκα.] — ξενικὸν : Τὸ ἀπὸ ξένης ἐλθὸν, στράτευμα δηλονότι. *P.*

174. ὁ Πάμφιλος δὲ : [Ὁ Πάμφιλος οὗτος καὶ ὁ Βελονοπώλης ἀμφότεροι δανεισταὶ Ἀθήνησιν. ἀντὶ τοῦ εἰπεῖν πλουτοῦσιν εἶπεν οὐχὶ κλαύσονται;] [ὁ Πάμφιλος δὲ δημαγωγὸς ἦν καὶ ἔκλεπτε τὰ τοῦ δήμου, ὡς καὶ Πλάτων φησὶν Ἀμφιαράῳ « καὶ νὴ Δί' εἰ Πάμφιλόν γε « φαίης κλέπτειν τὰ κοινὰ, ἅμα τε συκοφαντεῖν. » οὗτος οὖν ἁλοὺς ἐπὶ κλοπῇ τῶν δημοσίων χρημάτων, ἀθρόως ἐξέπεσε δημευθεὶς, ταύτην δίκην πεπονθώς.] τινὲς δὲ τὸν Βελονοπώλην παράσιτόν φασι τοῦ Παμφίλου· δυστυχοῦντος οὖν τοῦ Παμφίλου ἀνάγκη καὶ αὐτὸν συνδυστυχεῖν. — Πάμφιλος, ὅστις γεγένηται κλέπτης τῶν δημοσίων, οὐσίαν ἐδημεύθη. ἐκ τούτων δὲ ἐσπουδακότα πλουτεῖν κλαύσεσθαί φησιν ἁλόντα ἐπὶ κλοπῇ δημοσίων. κωμῳδεῖται δὲ καὶ ὡς δειλός. Ἄλλως. δημαγωγὸς ἦν καὶ κλέπτης τῶν τοῦ δήμου. ὁ δὲ Ἀγύρριος ἐπὶ μαλακίᾳ διαβάλλεται καὶ εἰς θρασύτητα κωμῳδεῖται. V. Πάμφιλος : Κλέπτης. κλαύσεται : Κλαύσει καὶ τιμωρηθήσεται. *P.*

ὁ Πάμφιλος δημαγωγὸς ἦν ἐν Ἀθήναις, καὶ ἐνοσφίζετό τινα τῶν δημοσίων χρημάτων. ἐπεὶ οὖν ἔμελλε φωραθήσεσθαι καὶ δώσειν δίκην ὡς κεκλοφὼς τὰ δημόσια, κωμῳδεῖ αὐτόν. εἶχε οὗτος ὁ Πάμφιλος καί τινα κόλακα παράσιτον βελονοπώλην καλούμενον, ὃς ἔμελλε παραπολαύσειν τῷ Παμφίλῳ τῶν κακῶν. P.

175. Ἀριστόξενος ἐλέγετο παράσιτος. οὗτος πρότερον βελονοπωλῶν, ὕστερον δὲ πεπλούτηκε καὶ ἀλαζονευόμενος. εὑρέθη δὲ καὶ οὗτος μετὰ τοῦ Παμφίλου κλέπτων. ὁ τὰς βελονοθήκας πωλῶν. V. παράσιτος τοῦ Παμφίλου. *P.*

176. Ἀγύρριος δὲ : Οὗτος πλούσιος ὢν πολλὰ πάνυ ἤσθιε. παρέπεται δὲ καὶ τοῖς τρυφῶσι καὶ πολλὰ ἐσθίουσι τὸ πέρδεσθαι. ἢ ὡς εὐρύπρωκτον αὐτὸν, ἢ ὡς τοῦτο ποιοῦντα αὐτὸν ὅτε πασχητιᾷ. V. [Ἀθηναῖος οὗτος ἐπὶ μαλακίᾳ τοσοῦτον διαβάλλεται, ὡς καὶ πορδὰς ἀφιέναι. καὶ εἰς θρασύτητα δὲ τὸν Ἀγύρριον κωμῳδοῦσι. πέρδεται δὲ, στρηνιᾷ πλουτῶν, ἐπεὶ τοῖς πολυφάγοις παρέπεται τὸ πέρδεσθαι.] — Ἀγύρριος πένης ὢν καὶ μὴ ἔχων ὅθεν τὸν βίον πορίζεσθαι, ἐκορδάκιζέ τε καὶ ἔπερδε, καὶ ἕτερα αἰσχρὰ ἐποίει, ἵνα λάβοι ἀργύριον. ἢ τοῦτο λέγει, ὅτι πορνευόμενος τοῦτο ἐποίει. P. πέρδεται : Κλάνει. *Dv.*

177. Φιλέψιος : Οὗτος πένης (ὢν λέγων ἱστορίας ἐτρέφετο). τερατώδης δὲ καὶ λάλος διαβάλλεται, [ὡς ὁ Πλάτων ὁ κωμικός]. — Ἄλλως. οὗτος ὡς λάλος καὶ πονηρὸς κωμῳδεῖται. λαλῶν δὲ ἱστορίας καὶ μύθους καὶ παίγνια οὕτως ἐτρέφετο. V. μύθους λέγει : Ἱστορίας πλάττει, μυθοπλαστεῖ. *P.* Φιλέψιος καὶ οὗτος πένης ἦν, συντιθεὶς οὖν μύθους χαρίεντας, ἔθαλε τοὺς ἀκούοντας καὶ οὕτω τὴν τροφὴν αὐτῷ ἐπορίζετο. P.

178. ἡ ξυμμαχία : Ἐπὶ Ἀμάσιδος Αἰγυπτίων βασι-

λέως ἐν σιτοδείᾳ ὄντες οἱ Ἀθηναῖοι ἔπεμψαν πρὸς αὐτὸν αἰτοῦντες σῖτον· καὶ ἔπεμψεν αὐτοῖς ἱκανόν. ἐκ τούτου Ἀθηναῖοι ἔπεμψαν τοῖς Αἰγυπτίοις συμμαχίαν εἰς τὸν πρὸς Πέρσας πόλεμον, καὶ εἶχον φιλίαν καὶ συμμαχίαν πρὸς ἀλλήλους. ὕστερον μέντοι ἐλύθη, καὶ συνεμάχησαν οἱ Ἀθηναῖοι τοῖς βασιλέως στρατηγοῖς κατὰ τῶν Αἰγυπτίων Ἰφικράτους ἡγουμένου. [ἦσαν γὰρ ἄμφω αὐτοῖς φίλοι. διὸ καὶ Ψαμμίτιχος λέγεται πέμψαι πυρῶν μυριάδας τρεῖς. Ἄλλως. Ψαμμίτιχος χαλεπὸς Αἰγυπτίων τύραννος καὶ σκαιότατος, Βούσιριν ὑπερηκοντικώς, οὗ καταψηφισάμενοι οἱ ἀρχόμενοι πρεσβεύουσι πρὸς Ἀθηναίους, διὰ σίτου ἀποπομπῆς ἀμοιβαῖον αἰτοῦντες, καὶ ἀμείλικτον ἄρχοντα τοῦτον ἐκβαλόντες. Ἄλλως. ὅτε Ξέρξης ἐπ' Αἰγυπτίους ἐστρατεύετο, οἱ Ἀθηναῖοι συμμαχίαν αὐτοῖς ἀπέστειλαν.] — ὁ Ξέρξης ἐπ' Αἰγυπτίους ἐστράτευσεν, οἱ δὲ Ἀθηναῖοι συνεμάχησαν αὐτοῖς. Ἄλλως. Καμβύσης βασιλεὺς τῶν Αἰγυπτίων· τούτῳ Ψαμμίτιχος πόλεμον συνεκρότησεν, Αἰγύπτιοι δὲ ἔπεμψαν πρὸς Ἀθηναίους καὶ εἰλήφασι συμμαχίαν. σίτου δὲ ἔπεμψε τοῖς Ἀθηναίοις μυριάδας τριάκοντα. V. [Ἄλλως. Ἰνάρως ὁ τῶν Αἰγυπτίων βασιλεὺς ἀπέστησε τοῦ βασιλέως Ξέρξου μοῖράν τινα τῆς Αἰγύπτου, καὶ χρήματα πέμψας (τοῖς Ἀθηναίοις ἔλαβε συμμάχους. Junt.), οἵτινες καὶ διαπεράσαντες εἰς τὴν Αἴγυπτον, καὶ ἔν τινι τῶν τοῦ Νείλου στομάτων ἀναπλεύσαντες, προσέσχον τοῖς ἕλεσι. Μεγάβαζος δὲ ὁ τοῦ βασιλέως Περσῶν στρατηγὸς τὸν ποταμὸν διακόψας καὶ ἀλλαχόσε τρέψας εἷλεν ἐκείνους ἐπὶ ξηρᾶς καὶ ἀπέκτεινεν.] — διὰ σὲ : Ἐγένετο δηλ. *Par.*

179. ἐρᾷ δὲ Λαῒς : [Ὅτι Ἀριστοφάνης οὐ λέγει σύμφωνα κατὰ τοὺς χρόνους· ληφθῆναι γάρ φασιν αὐτὴν ἐν Σικελίᾳ πολιχνίου τινὸς ἁλόντος ὑπὸ Νικίου ἑπτέτιν· ὠνηθῆναι δὲ ὑπὸ Κορινθίου τινὸς καὶ πεμφθῆναι δῶρον τῇ γυναικὶ εἰς Κόρινθον.*** ἵνα δὴ ἐπὶ Χαβρίου τὶς ταῦτα γενέσθαι δῷ, ὅτε εὖ ἔπραττον Ἀθηναῖοι ἐν Σικελίᾳ. ἔστι δὲ ἕως Διοκλέους ἔτη ιδʹ, ὥστε ἄλογον διὰ ὀνόματος αὐτὴν ἐπαίρειν. ἐμφαίνει δὲ καὶ Πλάτων ἐν τῷ Φάωνι ἑπτακαιδεκάτῳ ἔτει ὕστερον διδαχθέντι ἐπὶ Φιλοκλέους, ὡς μηκέτι αὐτῆς οὔσης. δύναται μέντοι καὶ αὐτῆς ζώσης λέγεσθαι. Φιλωνίδην δὲ οὐ τὸν ποιητήν φησι τὸν ἐν τοῖς Ἀριστοφανείοις ἐγγεγραμμένον δράμασιν, ὡς οἱ περὶ Καλλίστρατον ἐν τῇ ὁμωνυμίᾳ πλανηθέντες· ἀλλὰ παιδιᾶς ἕνεκεν τὸν αἴσχιστον καὶ ἀπαίδευτον. κωμῳδεῖται δὲ ὡς εὔπορος καὶ ὡς μέγας τῷ σώματι καὶ ἠλίθιος. Νικοχάρης Γαλατείᾳ·

τί δῆτ', ἀπαιδευτότερος εἶ Φιλωνίδου
τοῦ Μελιτέως;

περὶ δὲ τοῦ μεγέθους Φιλύλλιός φησιν

ἥτις κάμηλος ἔτεκε τὸν Φιλωνίδην.

καὶ Πλάτων δὲ Λαΐῳ φησὶν

οὐχ ὁρᾷς, ὅτι
Φιλωνίδην που τέτοκεν ἡ μήτηρ ὄνον
τὸν Μελιτέα κοὐκ ἔπαθεν οὐδέν;

καὶ Θεόπομπος Ἀφροδισίοις

ὄνος μὲν ὠγκᾶθ' ὁ Μελιτεὺς Φιλωνίδης·
ὄνῳ μιγείσης μητρὸς ἔβλαστε τῇ πόλει.

δόξειε δ' ἂν ἐρᾶσθαι τῆς Λαΐδος ἐκείνης ὑπαγομένης αὐτόν. οὐ γὰρ ἐκείνου ἠράσθη Λαῒς, ἣ Διογένης ὁ φιλόσοφος ἐπιγράφει τῆς Ἑλληνικῆς ἀκρασίας τὸ τρόπαιον.] Φιλωνίδης οὗτος πλούσιος ἐν Κορίνθῳ. τούτου δὲ προσεποιεῖτο ἐρᾶν διὰ τὸν πλοῦτον Λαῒς. αὕτη δὲ θυγάτηρ ἦν Τιμάνδρας, ἥτις ἐξ Ὑκκάρων τῆς Σικελίας ἦν. [ταύτην δὲ Φιλοξένῳ τῷ διθυραμβοποιῷ δέδωκε Διονύσιος ὁ ἐν Σικελίᾳ τύραννος. εἰς Κόρινθον οὖν ἦλθεν ἅμα Φιλοξένῳ, καὶ ἐπίσημος ἐκεῖ ἐγένετο, καὶ ἐφιλήθη ὑπὸ πάντων, καὶ περιβόητος ἦν ἑταιρίς. λέγουσι δὲ ὅτι ἅμα Ἀλεξάνδρῳ ἀπεδήμησεν εἰς Πέρσας ἐκ Κορίνθου. ἡ δὲ Λαῒς ἐπισημοτέρα γέγονε τῆς μητρὸς ἐν Κορίνθῳ. ὕστερον δὲ καὶ αὐτὴ ἀπεδήμησεν εἰς Θεσσαλίαν, ἔνθα Εὐρυλόχου τινὸς ἢ Ἀριστονίκου ἠράσθη, παρ' ᾧ καὶ ἐβίωσε τὸν λοιπὸν χρόνον. αὐτῆς δὲ πολλαὶ τῶν Θετταλῶν ἠράσθησαν, καὶ τῷ ἔρωτι τὰ πρόθυρα αὐτῆς οἴνῳ ἔρραινον. καὶ φασὶν, ὅτι ζηλοτυποῦσαι αἱ Θετταλαὶ γυναῖκες ἐφόνευσαν αὐτὴν ξυλίναις χελώναις τύπτουσαι ἐν τῷ ἱερῷ τῆς Ἀφροδίτης, πανηγύρεως οὔσης, ἐν ᾗ ἄνδρες οὐ παρεγίνοντο. διὸ τούτου ἕνεκα λοιμὸς κατέλαβε τὴν Θετταλίαν, ἕως ὕστερον ἱερὸν ἐποίησαν ἀνοσίας Ἀφροδίτης, ἐπειδὴ αἱ γυναῖκες ἐν τῷ ἱερῷ ἀνόσιον τετολμήκασι φόνον.]

ἐρᾷ : Ἔρωτα ἔχει. *P.*

Φιλωνίδου : Φιλωνίδης ἀνήρ τις ἦν πλούσιος, οὗτινος ἀμόρφου ὄντος, διὰ τὰ χρήματα ἐρᾷ Λαῒς αὐτοῦ, ἡ ἐν Κορίνθῳ ᾀδομένη πόρνη. P.

180. ὁ Τιμοθέου δὲ πύργος : (Οὗτος εἰς τοσοῦτον ἤρθη τύχης, ὥστε καὶ ἐν ὄψει τούτῳ τὴν δαίμονα φαίνεσθαι. κατασκευάσας δὲ πύργον οὐκ ἀπὸ τύχης ἔφη κατεσκευακέναι, ἀλλ' ἀπ' ἀνδρείας. ὀργισθεῖσα δὲ ἡ τύχη πένητα αὐτὸν ἐποίησεν. οὐκ εἴασε δὲ εἰπεῖν, διὰ τὸν πλοῦτον ἐγένετο, ἀλλ' ἐπήγαγε παρ' ὑπόνοιαν ἐμπέσοι γέ σοι. Ἄλλως.) ὁ Τιμόθεος πλούσιος, ἅμα δὲ καὶ ὄλβιος ἀνὴρ, στρατηγὸς Ἀθηναίων, τεῖχος οἰκοδομήσας εἰς τοσοῦτον ἤρθη τύχης, ὡς τὴν δαίμονα φαίνεσθαι ἐν ὄψει τούτῳ. καὶ ἐν Ἀθήναις δὲ ἐν εἰκόσιν ἐποίουν αὐτὸν κοιμώμενον οἱ ζωγράφοι, καὶ τὰς τύχας φερούσας αὐτῷ (εἰς δίκτυα πόλεις καὶ πορθοῦντα αὐτὰς, αἰνιττόμενοι) τὴν εὐδαιμονίαν (αὐτοῦ. ἀλαζονευόμενος δὲ ἐπὶ τῇ εὐτυχίᾳ ὁ Τιμόθεος ἔφη μᾶλλον αὐτοῦ εἶναι ἢ τῆς τύχης τὰ πραττόμενα. διὸ καὶ ἠτύχηκεν ὕστερον, νεμεσησάσης αὐτῷ τῆς Τύχης. πολλοὶ δὲ Τιμόθεοι κωμῳδοῦνται· νῦν δὲ τοῦ στραγηγοῦ μέμνηται, ὃς ὑψηλὸν πάνυ πύργον ἐποίησεν ὡς πλούσιος.)

ὁ Τιμοθέου δὲ πύργος : Οὐκ ἐγένετο διὰ σέ. *Dv. P.* ὁ Τιμόθεος στρατηγὸς ἦν Ἀθηναίων, ὃς εἰς τοσοῦτον ἦλθε τῆς τύχης, ὥστε οἱ ζωγράφοι, αἰνιττόμενοι αὐτοῦ τὴν εὐδαιμονίαν, ἐν δικτύῳ ἐζωγράφησαν φέρειν

αὐτὸν τὰς πόλεις. ἀλαζονευσάμενος δὲ ὕστερον ἠτύχησε. ἐποίησε δὲ πύργον πολυτελέστατον ἐν Ἀθήναις. P.

ἐμπέσοι γέ σοι : Παρ' ὑπόνοιαν τοῦτό φησι, δέον εἰπεῖν θαυμαστὸς καὶ μέγας. — ἐμπέσοι : Τοῦτο παρ' ὑπόνοιαν. / v. ἀντὶ τοῦ· εἴθε ἐπάνω σοῦ πεσεῖται. σχῆμα παρ' ὑπόνοιαν. P.

181. αἱ πράξεις πᾶσαι... ἐνεργοῦνται. *P.*

182. μονώτατος γὰρ εἶ σὺ : Λυκοῦργος κατὰ Λεωκράτους [p. 169, 3] « τοιγαροῦν [μονώτατοι ἐπώνυμοι τῆς χώρας εἰσί. » Junt. ὡς αὐτότατος πέπαικται. R. αἴτιος : Πρόξενος, πάροχος. *P.*

183. διὰ σὲ ἡ κλοπὴ καὶ τὰ λοιπά· διὰ σὲ καὶ τὰ κάλλιστα ἐν τοῖς ἀνθρώποις. Dv. καὶ τῶν καλῶν : Καλὸς ἐπὶ τῷ σώματι, ἀγαθὸς ἐπὶ ψυχῇ. Borg.

184. κρατοῦσι γοῦν : [Χρήμασι γὰρ ἐπισπῶνται συμμάχους καὶ περιγίνονται.] — οἱ γὰρ πλούσιοι φέροντες χρήματα καὶ παρέχοντες ἐπισπῶνται βοήθειαν καὶ νικῶσι. V. ἄρχουσι. *Dv.* νικῶσι. *P.* (τὸ ἑκάστοτε) ἀντὶ τοῦ ἀεί· οὐ γὰρ λέγεται πάντοτε. R.V.

185. ἐπικαθέζηται : Ἀπὸ μεταφορᾶς τῶν ζυγῶν· ἐπικαθέζεσθαι γὰρ τὸ βαροῦν λέγομεν. — ἐνυπάρχει. *P.*

186. τοσαῦτα : Ὅσα λέγεται. *P.*

187. ναὶ μὰ Δία : Ὅτι καὶ ἐπὶ κατωμοτικοῦ τὸ μὰ Δία, ὅταν αὐτοῦ προτάσσηται τὸ ναί.

188. ὥστ' οὐδὲ τῶν ἄλλων, φησί, πάντων ἡμῖν ἐστι κόρος, τοῦ πλούτου δὲ οὐδαμῶς. ἂν γάρ τις κτήσηται δέκα, θέλει ποιῆσαι δεκαπέντε. V. μεστός : Κεχορτασμένος. *Dv.* πεπληρωμένος. *P.*

189. τῶν μὲν γὰρ ἄλλων ἐστὶ : Παρὰ τὸ Ὁμηρικὸν [Il. N, 636]

πάντων μὲν κόρος ἐστὶ καὶ ὕπνου καὶ φιλότητος.

ἄλλων : Πραγμάτων ὑπάρχει πλήρωσις, κόρος. *P.* πλησμονή : Χορτασία. *Dv.*

190. ἔρωτος : (Ὁ δοῦλος λέγει) τὰ πρὸς τὴν γαστέρα, πρὸς τὸ θυμῆρες τῆς κωμῳδίας τοῖς [ὑπὸ τοῦ δεσπότου λεγομένοις] σπουδαίοις ταῦτα παραπλέξας. — ὅρα πῶς ὁ δεσπότης τὰ πρέποντα αὐτῷ λέγει, ὁ δοῦλος τὰ συμφέροντα αὐτῷ. *Dv.*

τραγημάτων : Τὰ μετὰ τὴν εὐωχίαν τῇ τραπέζῃ τιθέμενα καλοῦσι τραγήματα· ὅθεν καὶ παροιμία, ἐκ τραγημάτων τὴν εὐωχίαν· λέγεται δὲ ἡ παροιμία ἐπὶ τῶν ἀπὸ τῶν ἡττόνων τὰ μείζω θαυμαζόντων. Junt. τρωγαλίων. *P.*

191. πλακούντων : Χλανιδίων. Θ. *P.* ἀνδραγαθίας : Τροπαιουχίας. *P.*

192. φιλοτιμίας : Δόξης, ἐπιδείξεως. μάζης : Ἄρτου μὴ ὄντος ἄζου. στρατηγίας : Ἡγεμονίας στρατοῦ. *P.*

φακῆς : Φακῆ θηλυκῶς ἡ ἑψηθεῖσα, ἀρσενικῶς δὲ ὁ ἀνέψητος. [περισπᾶται δέ, ὥσπερ συκῆ, ἀμυγδαλῆ, καὶ τὰ τοιαῦτα. Θεόκριτος [10, 54]

κάλλιον, ὦ 'πιμελητὰ φιλάργυρε, τὸν φακὸν ἕψειν.]

193. μεστός : Πεπληρωμένος. V.

194. τάλαντα : Ἰστέον, ὅτι ἡ δραχμὴ ἓξ ὀβολοί εἰσίν· ἡ δὲ μνᾶ ἑκατὸν δραχμαί· τὸ δὲ τάλαντον ὀγδοήκοντα μναῖ. καὶ ὁ στατὴρ τὶ νόμισμα. Dv. τάλαντον λέγεται τὸ ἀπὸ θεοῦ δωρηθέν τινι δῶρον, ἤγουν ἡ σοφία, ἢ πλοῦτος, ἢ ἄλλο τι τοιοῦτον. λέγεται τάλαντον καὶ τὸ νόμισμα. λέγεται τάλαντον καὶ σταθμὸς χρυσοῦ πεποσωμένος. P.

195. [ἑκκαίδεκα : Οἱ γράφοντες ἑξκαίδεκα, καὶ φάσκοντες οὕτω κάλλιον γράφειν, ἐπεὶ οὐκ ἔστιν ἐξ πρόθεσις, ἵνα συμφώνου ἐπαγομένου ἐκ γένηται, οὐ καλῶς, οἶμαι, λέγουσι· καὶ δῆλον ἀπό τε τοῦ ἕκτου καὶ τοῦ ἐκτός, καὶ ἀπὸ τοῦ ἑκτικοῦ λεγομένου πυρετοῦ· οὐ γὰρ μόνον ἐν τῇ προθέσει τὸ ξ τρέπεται, ἀλλὰ καὶ ἐν ἑτέροις, ὡς δηλοῖ τὰ εἰρημένα· τὸ γὰρ ἑκτικὸν ἐκ τῆς ἕξεως γέγονε, καὶ τὸ ἐκτὸς ἐκ τοῦ ἔξω, καὶ τὸ ἕκτον ἀπὸ τοῦ ἕξ.]

196. ἀνύσῃ : Ἀναπληρώσῃ. *Dv.* εἰς τέλος ἀγάγῃ ἢ λάβῃ. βούλεται : Λαβεῖν. *P.*

197. ἥ φησιν : Εἰ μὴ λάβοι. *P.* βιωτὸν : Βιώσιμον τὴν ζωήν. P. οὐκ εἶναι βιώσιμον, ἄξιον ζωῆς. Dv. εἰ μὴ λάβῃ, λέγει μὴ εἶναι αὐτῷ τὸ ζῆν ἡδύ. V.

198. ἀντὶ τοῦ δέ. R.V. φαίνεσθον : Τοῦ Χρεμύλου εἰπόντος μόνου, δυϊκῶς ὁ Πλοῦτος ἴσως εἶπεν, ὅτι Ἀττικὸν ἔθος ἐστί. Ἄλλως. ἀντὶ τῆς ἑνικῆς πτώσεως ἐπήγαγεν, ὅτι ἡ σύνταξις Ἀττική. V. φαίνεσθον : Δοκεῖτε. πάνυ : Σύναπτε τοῦτο πρὸς τὸ εὖ. *P.*

199. [πλὴν ἓν μόνον δέδοικα : Τυφλὸς γὰρ ὢν οὐ δύναμαι ἐπελθεῖν, εἰ καί μοι τοσαύτη δύναμίς ἐστι. δέον οὖν ἐστιν ἀναβλέψαι με. — καὶ δέδοικα μὲν ἐγὼ ἀμεταβάτως, δεδίττω δὲ ἕτερον πρὸς αἰτιατικὴν συντασσόμενον. Junt. τοῦ πέρι : Ἀντὶ τοῦ ἕνεκεν τίνος δέδοικας; *P.*]

200. ὅπως : Ἀντὶ τοῦ πῶς. δύναμιν : Ἰσχύν. *P.* δέδοικα ἔχων δὴ τὴν δύναμιν, ἣν ὑμεῖς φατὲ ἔχειν με, πῶς γενήσομαι ταύτης κύριος. μεγάλη γάρ τίς ἐστι καὶ δυσκόλως ἄν τις κτήσαιτο ταύτην ἐξουσιαστικῶς. τοῦτο δέδοικα, ὅπως, ἤγουν πῶς, γενήσομαι δεσπότης τῆς δυνάμεως ταύτης ἣν ὑμεῖς φατέ. Br.

201. δεσπότης : Ἐγκρατής. V. κύριος. *P.*

202. νὴ τὸν Δί', ἀλλὰ καὶ λέγουσιν : Οὐ σὺ μόνος λέγεις σαυτὸν δειλόν, ἀλλὰ καὶ πάντες. τοῦτο δὲ εἶπεν, ἐπειδὴ ὁ Πλοῦτος εἶπεν, πλὴν ἓν μόνον δέδοικα. [τὸ δὲ νὴ τὸν Δία κατωμοτικῶς] ἀντὶ τοῦ ἔσῃ κύριος τῆς δυνάμεως. — οὐ μόνον σὺ λέγεις δῆλον, ὅτι δειλὸς εἶ, ἀλλὰ πάντες. *P.*

203. (δειλότατον ἔσθ' ὁ πλοῦτος : Ἐπεὶ ἀγωνιᾷν αὐτοῖς ἔδοξεν εἰ δύναται τὴν δύναμιν ἣν φασιν αὐτὸν ἔχειν. λέγεται δὲ περὶ τῶν πλουσίων ὅτι δειλοὶ διὰ τὸ ἀγωνιᾷν περὶ τῶν χρημάτων. αἰνίττεται δὲ εἰς Εὐριπίδην· ἐκεῖνος γάρ φησιν [Phœn. 600]

δειλὸν δ' ὁ πλοῦτος καὶ φιλόψυχον κακόν.)

[ἀναφέρεται δὲ ἐπὶ θεὸν ἡ τῶν χρωμένων κατηγορία.]

204. οὕτως οἱ Ἀττικοὶ διπλασιάζουσιν. ἀσφαλίζονται δὲ οἱ πλούσιοι τὰς οἰκίας αὐτῶν. καὶ ὅτι οἱ πλούσιοι

δειλοί, μή πως ἀπολέσωσι τὸν πλοῦτον. Ἄλλως. V. περὶ πολλοῦ γὰρ ποιοῦνται τῶν οἰκιῶν τὴν ἀσφάλειαν οἱ πλούσιοι· καί τις τῶν κωμικῶν φησι

τί ποτ' ἐστὶ χλωρόν, ἀντιβολῶ, τὸ χρυσίον;
δέδοικ' ἐπιβουλευόμενον ὑπὸ πάντων ἀεί.

πρόχλωρον γὰρ δοκεῖ εἶναι. Ἄλλως. οἱ γὰρ εὔποροι τῷ φόβῳ τοῦ μὴ ληφθῆναι τὰ χρήματα δειλότεροι γίνονται. τὸ ἐπ' ἐκείνων οὖν μετήνεγκεν ἐπὶ τὸν Πλοῦτον.

διέβαλ' : Ἐσυκοφάντησεν. *Dv.* διέστρεψεν, διέσυρεν. *P.* εἰσδὺς : Λάθρα ὑπεισελθών· τοῦτο γὰρ τὸ εἰσδὺς σημαίνει. R.V. εἰσελθών. *P.*

206. [ἀπαξάπαντα : Ἀντὶ τοῦ τέλεον. τὸ δὲ ἑξῆς, εἶτα εὑρὼν ἀπαξάπαντα κατακεκλεισμένα.]

207. ἐὰν λάβῃ. διότι ἐπρονοησάμην, ἐκάλεσέ με δειλόν. V. πρόνοιαν : Τὴν πρόγνωσιν, τὴν περὶ ἐμῶν προμήθειαν. *P.* τύχη λέγεται ἐπὶ τῶν συμβαινόντων καλῶν ἢ κακῶν, μηδενὸς βουλευομένου περὶ αὐτῶν· πρόνοια δὲ ἐπὶ θεοῦ, ἀπὸ τοῦ προνοεῖσθαι. P.

208. μελέτω : Φροντὶς ἔστω σοι. ὡς : Ὅτι. *P.*

209. ἀνὴρ πρόθυμος : Ἐὰν προθυμηθῇς καλῶς μετελθεῖν ταῦτα τὰ πράγματα, ὥστε τοῖς μὲν δικαίοις συνεῖναι, τοῖς δὲ πονηροῖς μηδαμῶς. — πρόθυμος : Σπουδαῖος. πράγματα : Ἃ ἡμεῖς βουλόμεθα ποιῆσαι. *Par.*

210. ἀποδείξω : Ἀποφανῶ. ὀξύτερον τοῦ Λυγκέως : (Τοῦ ἀδελφοῦ Ἴδα, ὡς δ' αὐτὸς ἐν Δαναΐσι φησίν, υἱὸς Αἰγύπτου. ἐροῦμεν δ' ἐκεῖ τὰ περὶ αὐτοῦ· ἐπεὶ δοκεῖ παρ' ἱστορίαν λέγειν.) τοσοῦτον δὲ ὀξυωπέστατος ἦν, ὡς καὶ δι' ἐλάτης ἰδεῖν Κάστορα δολοφονήσαντα τὸν ἀδελφόν, ὥς φησι Πίνδαρος [Nem. 1, 115]. [καὶ Ἀπολλώνιος δέ φησι περὶ αὐτοῦ ἐν τοῖς Ἀργοναυτικοῖς [1, 154]

εἰ ἐτεόν γε πέλει, κλέος, ἀνέρα κεῖνον
ῥηϊδίως καὶ νέρθεν ὑπὸ χθονὸς αὐγάζεσθαι.]

(γεγόνασι δὲ Λυγκεῖς διάφοροι· εἷς παῖς Αἰγύπτου· καὶ ἄλλος Ἀφαρέως παῖς, ὁ Λάκων, λέγεται Λυγκεύς, οὗ μέμνηται καὶ Θεόκριτος ἐν τῷ εἰς Διοσκούρους ὕμνῳ [22, 137],

[τὼ μὲν ἀναρπάξαντε δύω φερέτην Διὸς υἱὼ
δοιὰς Λευκίπποιο κόρας· δοιὼ δ' ἄρα τώγε
ἐσσυμένως ἐδίωκον ἀδελφεὼ υἷ' Ἀφαρῆος
γαμβρὼ μελλογάμω Λυγκεὺς καὶ ὁ καρτερὸς Ἴδας.]

ὃς ἐλέγετο εἶναι πάνυ ὀξυδερκέστατος, ὥστε καὶ τὰ ὑπὸ γῆν ὁρᾶν. οὕτω μὲν μυθολογοῦσι· πρὸς δὲ τὸ πιθανὸν τοῦ λόγου ἐπινενόηται, ὅτι πρῶτος οὗτος εὗρε μέταλλα χρυσοῦ καὶ σιδήρου καὶ τῶν ἄλλων· ἐν δὲ τῇ μεταλλεύσει λύχνους μεταφέρων ὑπὸ τὴν γῆν, τοὺς μὲν κατέλιπεν ἐκεῖσε, αὐτὸς δὲ ἀνέφερε τὸν χαλκὸν καὶ τὸν σίδηρον, καὶ τὰ λοιπά· ἔλεγον οὖν οἱ ἄνθρωποι ὅτι Λυγκεὺς καὶ τὰ ὑπὸ γῆν ὁρᾷ καὶ καταδύνων ἀργύριον ἀναφέρει.)

211. τὸ ποιῆσαί με βλέψαι· θεοῦ γὰρ δεῖται τὸ τοιοῦτον ἔργον. *P.* Θ.

212. καλῶς ἐλπίζω. *P.*

213. Πυθικὴν σείσας δάφνην : Φασὶν ὡς πλησίον τοῦ τρίποδος δάφνη ἵστατο, ἣν ἡ Πυθία, ἡνίκα ἐχρησμῴδει, ἔσειεν. Junt. μαντικήν. V. οὕτω γὰρ μαντεύεται. R.V.

214. κἀκεῖνος : Ὁ Ἀπόλλων. R.V. Θ. ξύνοιδε : Συγγινώσκει. φήμ' ἐγώ : Ναί. *P.*

215. ὁρᾶτε : Σκέψασθε. V. μήπως ὁ Ζεὺς ἀκούσας χαλεπήνῃ. μὴ φροντίζετε μηδέν : Μηδενὸς ἔχετε φροντίδα. *P.*

218. χἄτεροι : Καὶ ἕτεροι ἡμῖν. συνίζησις. Θ.

219. οὐκ ἦν ἄλφιτα : Ἀντὶ τοῦ (οὐκ ἦν) χρήματα, ἀπὸ μέρους τὸ πᾶν· ἀπὸ γὰρ τῶν ἀλφίτων τὴν περιουσίαν δηλοῖ. R. Junt. ἢ ἀπὸ τοῦ προηγουμένου τὸ ἑπόμενον. Junt.

220. παπαί, πονήρους εἶπας : Τὸ παπαί σχετλιαστικὸν ἐνταῦθα. πονήρους δέ, ἐπιπόνους, ἀτυχεῖς, ἀθλίους· ἢ τοῦ πόνου φροντίζοντας. ἴσον τῷ ἀσθενεῖς, ἀπράκτους. ὡς φαμέν, πονήρως ἔχει τὰ πράγματα ἡμῖν. [στικτέον δὲ εἰς τὸ πονήρους· σημαίνει γὰρ νῦν τὸ ἐπιπόνους.] — πονήρους : Γεωργοὺς ἀσθενεῖς. πόνηρον : Γεωργόν. *Dv.* ξυμμάχους : Βοηθούς. *P.*

221. οὐκ, ἤν γε πλουτήσωσιν : Οὐκ ἔσονται, φησί, μοχθηροὶ καὶ ἐπίπονοι ἅπαξ πλουτήσαντες. — πλουτῶ ἀμεταβάτως, ἀντὶ τοῦ πλοῦτον ἔχω· καὶ πλουτῶ μεταβατικῶς πρὸς αἰτιατικήν, οἷον πλουτῶ ἀρετήν· καὶ πλουτῶ μεταβατικῶς πρὸς γενικήν, ὡς παρὰ Λιβανίῳ, « πλουτῶ ῥημάτων, » ἤγουν ἕνεκα τῶν ῥημάτων. Junt. οὐκ : Οὐκ ἀσθενεῖς ἔσονται. πλουτήσωσιν : Πλοῦτον σχῶσι. *P.*

πάλιν : Ὡς καὶ πρώην. Junt.

222. πρὸς τὸν θεράποντά φησι τὸ ἴθι. τοῦτον δὲ ἀποστέλλει τοῦ καλέσαι τοὺς φίλους αὐτοῦ πένητας ὄντας καὶ δικαίους, ὅπως καὶ αὐτοὶ τοῦ πλούτου μεταλάβωσι καὶ μὴ κακῶς τὸν βίον διάγωσι. V. ἀλλ' ἴθι : Τὸ ἴθι ῥῆμα μὲν ὂν μετὰ μέλλοντος μετοχικοῦ συντάσσεται, οἷον, ἴθι ποιήσων τόδε· ἐπίρρημα δὲ παρακελευσματικόν, ὥσπερ τὸ ἄγε, μετὰ προστακτικοῦ, οἷον, ἴθι ποίησον τόδε. Junt. ἄπιθι πρὸς τὸν θεράποντα φησίν. *P.*

223. τοὺς ξυγγεώργους : (Ξυγγέωργος) βαρυτόνως· σύνθετον γάρ, ὡς πάγκαλος, πάνσοφος. τὰ γὰρ εἰς ος ὀξύτονα συντιθέμενα βαρύνεται. R. Junt.

224. ταλαιπωρουμένους : (Ταλαιπώρως καὶ δυστυχῶς διακειμένους.) τοῦτο γὰρ εἶπεν διὰ τὸ δύσεργον τῆς Ἀττικῆς· πετρώδης γάρ ἐστιν. R. V. κακοπαθοῦντας. Θ. κοπιῶντας, ταλαιπώρους. *P.*

225. ὅπως : Ἵνα. ἴσον : Κατά, ἤγουν ἐπίσης. παρών : Παραγενόμενος. *P.*

226. ἡμῖν μετάσχῃ : Ὥσπερ μεταλαμβάνω τούτου καὶ τοῦτο φαμέν, οὕτω καὶ τὸ μετέχω διπλῶς συντάσσεται· καὶ ὅτε μέν ἐστι γενική, τὸ μετά ἔχει τὴν δύνα-

μιν· ὅτε δὲ αἰτιατικὴ, τὸ ἔχω, ἢ τὸ λαμβάνω. Junt. μετάσχῃ : Κοινωνήσῃ. *P.*

227. καὶ δή : Ἤδη. *P.* τοῦτο τὸ κρεάδιον : Ὃ ἔρχεται ἀπὸ τῆς θυσίας ἔχων ἐκ τῶν Δελφῶν. οἱ γὰρ ἐκ θυσίας ἰόντες, ἔφερον ἐξ αὐτῆς τοῖς οἰκείοις κατὰ νόμον τινά. Ἄλλως. ὅπερ ἧκον ἄγοντες λοιπασθὲν ἀπὸ τῆς θυσίας. ἔνιοι δὲ, τὸ λεβήτιον. — κρεάδιον : Τὴν χύτραν. Θ. *Dv. Br. P.* κρεάδιον τὴν χύτραν λέγει, ἐν ᾗ τὰ κρέα ἕψονται καὶ κατεσθίονται, καὶ δαπανῶνται ἑψόμενα, ἣν ἐν τῇ ὁδῷ ἔφερον χρείας ἕνεκα. P.

229. τῶν ἐξερχομένων ἀπὸ τῆς οἰκίας εἰσαγαγέτω. *P.*

230. ἐμοὶ μελήσει τὸ εἰσενέγκαι, φησὶ, τὸ κρέας. τὸ δὲ ἀνύσας Ἀττικὸν ἀντὶ τοῦ ἄνυσον, σπούδασον. Ἀττικοὶ δὲ δασύνουσιν αὐτό. V. [ἐμοὶ μελήσει : Τοῦ εἰσενέγκαι, φησὶ, τὸ κρεάδιον. τὸ δὲ ἀνύσας ἀντὶ τοῦ ἄνυσον.] — μελήσει : Διὰ φροντίδος ἔσται. ἀνύσας : Σπεύσας. *P.*

230. σὺ δ', ὦ κράτιστε : Τὸ κράτιστε ἤτοι ἐγκωμιάζων φησὶν, ἢ ὅτι προεδίδαξεν, ὡς καὶ θεῶν ὁ Ζεὺς δι' αὐτὸν βασιλεύει. R. V. Θ. Junt. Ἄλλως. παρεπιγραφὴ, ὅτι εἰς τὴν οἰκίαν ἔφθασαν. τοὺς δὲ λόγους πάντας ἐκείνους ἐρχόμενοι ἐν τῇ ὁδῷ ἔλεγον. Junt.

232. δεῖ : Ἐνδέχεται. *P.*

233. καὶ δικαίως κἀδίκως : Τὸ δικαίως ἄλλως προσείρηται ἀντὶ τοῦ πάσῃ τέχνῃ καὶ μηχανῇ καὶ παντὶ τρόπῳ· τὸ δὲ ἀδίκως ἁπλῶς ἔρριπται, οὐκ ἀπειλητικῶς δὲ, ἀλλὰ μειλικτικῶς προσαγγέλλει. ἢ ὅτι γελοίου χάριν, ἢ μεταβληθεὶς τοὺς τρόπους. ἀντὶ τοῦ παντὶ τρόπῳ. οὕτως Ἀττικοί. V. [τὸ ἀδίκως ἁπλῶς ἔρριπται, οἷον πάσῃ τέχνῃ. οὐ γὰρ ὑπόκειται αὐτῷ, ἄδικος οὗτος· οὐκ ἀπειλητικῶς δὲ, ἀλλὰ μειλικτικῶς προσαγγέλλει.] (Ἄλλως.) ἀντὶ τοῦ παντὶ τρόπῳ· οὕτως Ἀττικοί. — παντὶ τρόπῳ. *P. Vict.*

234. ἄχθομαι : Ἀντὶ τοῦ φορτικὸν ἡγοῦμαι. V. βαρύνομαι. εἰσιὼν : Εἰσελθὼν, εἰσερχόμενος. Θ. εἰσερχόμενος. *P.*

235. ὡς τοῦ Πλούτου ἰδίαν διοίκησιν μὴ ἔχοντος. αὐτοῦ δὲ πώποτε ἀντὶ τοῦ αὐτόθι, τοπικὸν ἐπίρρημα. λέγει δὲ αὐτοῦ τοῦ εἰσελθεῖν. V. ἀλλοτρίαν : Ξένην. πάνυ : Τοῦτο πρὸς τὸ ἄχθομαι συναπτέον. *P.* Θ.

236. αὐτοῦ : Τοῦ εἰσέρχεσθαι. Θ. *Dv.* εἰσελθεῖν. *P.* ὥσπερ κατηγορῶ σου τόδε φαμὲν, οὕτω καὶ ἀπολαύω σου τόδε. ἰστέον δὲ ὅτι τὸ πώποτε ποτὲ μὲν τὴν δύναμιν ἔχει τοῦ ποτέ, ποτὲ δὲ, τοῦ πῶς. P.

237. φειδωλὸν : Φειδωλός ἐστιν ὁ φεύγων τὸ δοῦναι, ὁ περίψηφος. τινὲς δὲ παρὰ τὸ φείδομαι καὶ τὸ δοῦναι, (φειδωδός τις ὢν, καὶ τροπῇ τοῦ δ εἰς λ φειδωλός). — φειδωλὸν : Φειδόμενος ἔνθα οὐ δεῖ. *P.* εἰσελθὼν τύχω : Εἰσέλθω. *Vict.*

238. κατώρυξεν : Κατορύξας ἔκρυψεν ἐμέ. *P.* κατέχωσε. *Dv.* κατορύττω τι τὸ φανερὸν κρύπτω. ἀνορύττω δὲ τὸ κρυπτόμενον εἰς φῶς ἕλκω. P.

239. κἄν τις προσέλθῃ χρηστὸς : Ἵνα τὴν ὑπερβολὴν τῆς φιλαργυρίας σημάνῃ προκεκριμένης καὶ τῶν χρηστῶν φίλων.

240. αἰτῶν : Ζητῶν. *P.* ἀργυρίδιον : Ἢ δανείου χάριν ἢ δωρεὰν ἁπλῶς. Θ. *P.*

241. ἔξαρνός ἐστι : Ἀπαρνεῖται. *P.* ἰδεῖν : Βλέψαι. *Vict.*

242. παραπλῆγα : (Ἄφρονα,) μωρὸν, (ἀπὸ τῶν κρουμάτων τῶν διαπεπτωκότων τοῦ ἐναρμονίου λυρισμοῦ). ἀληθῶς γὰρ ἡ ἀσωτία πεπληγμένη ἐστὶ διάνοια. — ἐν κακίᾳ μανικὸν καὶ ἀκόλαστον. Θ. μανικόν. *Dv.*

παραπλὴξ ὁ παραπαίων ἤτοι ὁ μαινόμενος, ὁ παρακεκομμένος τὴν φρόνησιν. καταπλὴξ δὲ ψοφοδεὴς, ὁ δεδοικὼς τὰ πάντα. P.

243. παραβεβλημένος : Ἐκδεδομένος. *P.*

244. θύραζ' : Ἐκτὸς τῆς θύρας. ἐν ἀκαρεῖ : Ὀλίγῳ· Θ. *P.* ἐπ' ὀλίγῳ. R. ἐν ἀκαρεῖ : Ἐν ὀλίγῳ. ἐπίρρημα τὸ ἀκαρεὶ, ἐξ οὗ παρῆκται τὸ ἀκαρὲς ἐπιρρηματικὸν ὄνομα. V. (πεποίηται δὲ παρὰ τὸ ἄτμητον τοῦ χρόνου, ὡς καὶ τῆς κειρομένης τριχός. ἀκαρὲς δὲ τὸ ἄτμητον Ἄλλως.) τῷ ἐλαχίστῳ, ὃ οὐχ οἷόν τε διακεῖραι καὶ διακόψαι διὰ τὸ βραχύτατον τοῦ χρόνου. πεποίηται δὲ ἀπὸ τῶν μικρῶν τριχῶν τῶν διὰ βραχύτητα μὴ δυναμένων καρῆναι. (Ἄλλως. ἐπίρρημα τὸ ἀκαρῶς, ἀφ' οὗ τὸ ἀκαρὲς ἐπιρρηματικὸν ὄνομα. ὅπερ δὲ πάσχουσιν ἐκεῖνοι δι' ἀσωτίαν γυμνούμενοι, τοῦτο εἰς ἑαυτὸν ἐπήγαγε.)

245. μετρίου : Ἐλευθέρου, μέτρον καὶ τάξιν ἔχοντος ἐν τῷ βίῳ. Θ. P. (μετρίου γὰρ ἀνδρὸς : Τουτέστι, ταῦτα πάσχεις, ἐπεὶ οὐδέποτε μετρίου ἀνδρὸς ἐπέτυχες.)

246. τούτου τοῦ τρόπου : Τῆς μετριότητος δηλονότι. πως εἴμ' ἀεί : Εἰμὶ καταπολύ. Θ. *P.* πῶς εἴμ' ἀεί : (Τὸ πῶς θαυμαστικόν ἐστι·) θαυμάζει γὰρ αὐτὸν ὡς ἀεί ποτε σύμμετρον ὄντα. (μετρίου δὲ λέγει ἀνδρὸς, τοῦ διαμετροῦντος ἑαυτὸν τῷ ζῆν.)

247. φειδόμενος : Ἀρετῆς γάρ ἐστι τῷ δέοντι καιρῷ ἁρμοζόμενον καὶ φείδεσθαι καὶ δαπανᾶν. — φειδόμενος : Ἀκριβολογούμενος τῶν χρημάτων. ὡς οὐδεὶς ἀνήρ : Χαίρει. *P.*

248. ἀναλῶν : Ἀντὶ τοῦ δαπανῶν. V. Χαίρω, ἡνίκ' ἂν τοῦ φείδεσθαι χρεία ᾖ. *P.* ἡνίκ' ἂν τούτου δέῃ : Τὸ ἡνίκ' ἂν τούτου δέῃ κοινῶς λάμβανε, καὶ πρὸς τὸ ἀναλῶν, καὶ τὸ φειδόμενος. Junt.

249. ὡς ἰδεῖν σε βούλομαι : (Οὐχ ἵνα ὁ Πλοῦτος ἴδῃ τὴν γυναῖκα καὶ τὸν υἱὸν, τυφλὸς γὰρ ἦν, ἀλλ') ἵνα ἐκεῖνοι τὸν Πλοῦτον ἴδωσιν· οὕτω γὰρ πρέπει. Ἀττικὸν δὲ τὸ πλεονάζειν τοῖς ἄρθροις. — δεῦρο εἰσέλθωμεν. ὡς : Ὅτι· Θ. *P.*

250. μόνον : Μονογενῆ. *P.*

251. ὃν ἐγὼ : Δείκνυσιν, ὡς καὶ τῶν παίδων αὐτῶν πλέον τὸν πλοῦτον φιλοῦσιν οἱ ἄνθρωποι. P. Vict. πείθομαι : Χαριέντως τοῦτό φησιν· οἶδα γὰρ ὅτι καὶ τέκνων προτιμᾷς τὸν πλοῦτον. — ἢ ὅτι σε φιλῶ μάλιστα μετὰ τὸν υἱόν.

252. τί γὰρ ἄν τις : Ἡ κατασκευὴ αὕτη, ἢ τί γὰρ ἄν τις, πρὸς τὸ, ὃν ἐγὼ φιλῶ μάλιστα μετὰ σέ, τὸ δὲ πείθομαι διὰ μέσου τῷ Πλούτῳ εἴρηται. Junt. τί γὰρ ἄν : Διατί. P.

253. [ὦ πολλὰ δὴ τῷ δεσπότῃ : Εἴσθεσις διπλῆς ἀμοιβαίας ἐκ στίχων ἰαμβικῶν ἐννέα πρὸς τοῖς τεσσαράκοντα, ἄχρι τοῦ, « ἐγὼ δὲ τὴν Κίρκην, » ὧν οἱ μὲν με' τετράμετροί εἰσι καταληκτικοὶ, οἱ δὲ, « βληχώμενοί τε προβατίων, » καὶ, « αἰγῶν τε κιναβρώντων μέλη, » ἔτι δὲ, « ἡγούμενον τοῖς προβατίοις, » καὶ « εἰκῆ δὲ καταδαρθέντα που, » τέσσαρες ὄντες, δίμετροί εἰσιν ἀκατάληκτοι. καὶ τὸ μὲν τετράμετρον Ἱππωνάκτειον καλεῖται, διὰ τὸ κατακόρως αὐτὸν τούτῳ χρήσασθαι. οἷόν ἐστι καὶ τὸ [Hipponactis ap. Hephæst. p. 30] « εἴ μοι γένοιτο παρθένος καλή τε καὶ τέρεινα. » τὸ δὲ δίμετρον Ἀνακρεόντειον, οἷόν ἐστι τὸ, « καὶ μαίνομαι κοὐ μαίνομαι. » ἐφ' ἑκάστῳ συστήματι παράγραφος· ἐπὶ δὲ τῷ τέλει τῶν στίχων διπλῆ ἔξω νενευκυῖα. ἰστέον ὅτι, ὅτε τίθεται ἐν τοῖς ἀμοιβαίοις τῶν ὑποκριτῶν προσώποις ἐν ἐκθέσει κῶλά τινα μετὰ τὴν περίοδον τῶν στίχων τοῦ αὐτοῦ μέτρου ὄντα, ἢ καὶ ἑτέρου (εὕρηται γὰρ καὶ οὕτως) ὁ τοιοῦτος σχηματισμὸς καλεῖται διπλῆ, διὰ τὸ μετὰ τὴν συμπλήρωσιν τούτων τὸ σημεῖον ἐκτὸς τίθεσθαι τῆς διπλῆς· ὅπερ τριγώνου πλαγίου σχήματι ἔοικεν τῆς βάσεως μόνης λιπούσης· μεθ' ἣν οὐδὲ χοροῦ πάροδος ἀεὶ γίνεται, ἀλλὰ σπανίως. ὅτε δὲ οὐ τίθεται κῶλα τοιαῦτα, ἀλλ' ἐν οἷς ἤρξαντο στίχοις, ἐν τούτοις οἱ ὑποκριταὶ παύονται, τὸ τοιοῦτο καλεῖται κορωνὶς, διὰ τὸ μετὰ τὴν συμπλήρωσιν τούτων τὸ σημεῖον τῆς κορωνίδος τίθεσθαι· ὅπερ γραμμή τίς ἐστι βραχεῖα, καμπήν τινα ὑποκάτω ἔχουσα· ἧς ἑξῆς ἀεὶ τίθεται κορωνὶς ἑτέρα χοροῦ, ἐπισφραγίζουσα οἷον τὰ ῥηθέντα. ἐν δὲ ταῖς στροφαῖς καὶ ἀντιστροφαῖς καὶ τῇ μεταξὺ τούτων τῶν ὑποκριτῶν περιόδῳ παράγραφος τίθεται, ὡς Ἡφαιστίων φησὶν, ἧς τὸ σχῆμα γραμμή τίς ἐστι βραχεῖα, ὥσπερ τινὰ στιγμὴν ἐν τῷ ἄκρῳ ἔχουσα. δῆλα δέ ἐστι τὰ τοιαῦτα σχήματα καὶ ἐν τῷ βιβλίῳ κείμενα· μεθ' ὧν ἐστι καὶ ὁ ἀστερίσκος, οὗ τὸ σχῆμα ἀστέρι ἔοικεν. Ἡφαιστίων δέ φησιν [p. 133] ὅτι κατὰ τὴν Ἀριστοφάνειον ἔκδοσιν ὁ ἀστερίσκος ἐπὶ ἑτερομετρίας ἐτίθετο μόνης. χρώμεθα δὲ, φησὶ, τῇ κορωνίδι ἐν τοῖς δράμασιν κατὰ τρόπους τρεῖς· ἤτοι ὅταν, τῶν ὑποκριτῶν εἰπόντων τινὰ καὶ ἀπαλλαγέντων, καταλείπηται ὁ χορός· ἢ ἔμπαλιν· ἢ ὅταν μετάβασις ἀπὸ τόπου εἰς τόπον γίνεσθαι δοκῇ τῆς σκηνῆς· τῇ δὲ παραγράφῳ ἤτοι κατὰ πρόσωπα ἀμοιβαῖα, ἔν τε τοῖς ἰαμβικοῖς καὶ τοῖς χορικοῖς, μεταξὺ τῆς τε στροφῆς καὶ τῆς ἀντιστρόφου. ἐὰν μέντοι ἡ στροφὴ ἐξ ἀμοιβαίων τυγχάνῃ συγκειμένη, οὐκ ἐξαρκεῖ πρὸς τὸ δηλῶσαι, ὅτι πεπλήρωται ἡ στροφὴ, ἡ παράγραφος, ἐπιφερομένης ἄλλης στροφῆς, ἐπεὶ καὶ ἐφ' ἑκάστου κώλου οὐδὲν ἧττον τίθεται· ἀλλὰ κεῖται καὶ ἡ ἔσω νενευκυῖα διπλῆ· τοῦτο δὲ, ἐὰν ἀντίστροφος ἐπιφέρηται, ὡς, ἐάν γε μεταβολὴ μόνον ᾖ στροφῶν, ἡ ἔξω βλέπουσα τίθεται.]

253. πολλὰ : Πολλάκις. ταυτὸν : Ὅμοιον. P. θύμος ἐστὶ τὸ ἀγριοκρόμυον, ᾧ δι' ἄκραν ἀπορίαν χρῶνται οἱ πένητες. ἔχει δὲ τὸ υ βραχύ. τὸ δὲ θυμὸς, ὃ δηλοῖ τὴν ψυχὴν, μακρόν. P. εἶδος βοτάνης. πρὸς τὸν χορὸν τῶν γεωργῶν. V. ταὐτὸν θύμον : Ἀντὶ τοῦ, τῆς αὐτῆς πενίας μετασχόντες· θύμος γὰρ εἶδος βοτάνης εὐτελοῦς. τινὲς δέ φασιν ὅτι παρῴδηται ἐκ τῶν Ἡσιόδου [Op. 41]

οὐδ' ὅσον ἐν μαλάχῃ τε καὶ ἀσφοδέλῳ μέγ' ὄνειαρ.

ἀντὶ τοῦ, ὦ δίκαιοι, τὰ εὐτελῆ θέλοντες ἐσθίειν διὰ τὸ μὴ ἐθέλειν ἀδικεῖν· ἅμα δὲ καὶ τὸ τραχὺ (καὶ ἄκαρπον) τῆς γῆς διαβάλλει. (οὐδετέρως δὲ τὸ θύμον λέγεται καὶ βραχυπαραλήκτως καὶ βαρυτόνως· ἐκτεινόμενον γὰρ καὶ ὀξυνόμενον καὶ ἀρσενικῶς κλινόμενον δηλοῖ τὴν ψυχήν.)

254. δημόται : Ἤτοι οἱ ἀπὸ τοῦ αὐτοῦ δήμου. τοῦ πονεῖν ἐρασταὶ : Τοῦ κοπιᾶν ἐπιθυμηταί. P.

255. ἴτ', ἐγκονεῖτε : Ἀντὶ τοῦ ἐνεργεῖτε, ταχύνατε (ἐπεὶ οἱ τρέχοντες κόνεως πληροῦνται. ἢ ἀπὸ τῶν ἀθλητῶν· ἐν κόνει γὰρ ἐκείνων τὸ ἔργον. ἢ ὅτι πρὸ τοῦ τῆς κόνεως ἅψασθαι νικῶσιν.) — πρόσιτε, κόνιν ἐγείρετε, ὅτι ὁ καιρὸς οὐχὶ βραδύνειν ἐστί. P.

(ὁ καιρὸς οὐχὶ μέλλειν : Οὐ τοῦ μέλλειν καὶ ἀναβάλλεσθαι καιρός ἐστιν, ἀλλὰ τοῦ σπεύδειν καὶ κόνιν πέμπειν.)

256. ᾗ δεῖ παρόντ' : Καθ' ἣν ἀκμεῖ δεῖ παρόντας βοηθεῖν. P.

257. οὐκοῦν : Τὸ λοιπόν. ὁρμωμένους : Κινουμένους. πάλαι : Πρὸ ὥρας. P. πάλαι προθύμως : Συντόνως, δεικτικῶς. (τὸ δὲ πάλαι οὐ μόνον βραδυτῆτός ἐστιν ἐπίρρημα, ἀλλὰ καὶ ταχυτῆτος.)

258. ὡς εἰκός ἐστιν : Ὁρμᾶν. ἀσθενεῖς : Ἀδυνάτους. ἤδη : Ἀπὸ τοῦ νῦν. P.

259. ἀξιοῖς : Ἄξιον κρίνεις. ἴσως : Ὁμοίως. P. ὁμοίως σοι τρέχειν. Θ. ἴσως με θεῖν : Ἐξίσου σοι τρέχειν. τὸ δὲ λοιπὸν ἐν ὑπερβατῷ· καίτοι γε ἐξῆν εἰπεῖν, καὶ ταῦτα πρὶν φράσαι μοι.

260. ὅτου : Οὗτινος. P.

261. οὐκοῦν πάλαι δήπου : (Σύνδεσμος ἀποδεικτικός· τοὺς γέροντας δὲ παίζει μηδὲν εἰπὼν, καὶ ὑποκρίνεται εἰρηκέναι, διὰ τὸ αὐτῶν τὰ ὦτα γήρᾳ πεπηρῶσθαι.) ἐπεγγελᾷ οὖν τῷ ἀμυδρῷ τῶν αἰσθήσεων διὰ τὸ γῆρας. — Ἄλλως. δέον ἔλεξα εἰπεῖν πρὸς τὸ πάλαι, ὁ δὲ λέγω εἶπε δεικνὺς, ὡς οὐχ ἅπαξ, ἀλλὰ πάλαι καὶ νῦν λέγει. παίζων δὲ ὁ θεράπων τοῦτό φησιν· οὐ γὰρ προεῖπεν αὐτοῖς τίνος χάριν αὐτοὺς καλεῖ. Junt. δήπου λέγω : Θέλων ὡς κωφοὺς διαβαλεῖν φησίν. ἀκούεις : Ἐμοῦ. P.

262. φησιν : Ὑπισχνεῖται. P.

263. ψυχροῦ βίου : Ἤτοι τοῦ ταλαιπώρου. ἢ ἐπιμεμφόμενος διὰ τὸ γῆρας τοῦτό φησιν, [ἀντὶ τοῦ εὐτελοῦς· τὸ δὲ ἑξῆς, ὑμᾶς ἅπαντας ἀπαλλαγέντας ψυχροῦ καὶ δυσκόλου βίου ζήσειν.] — ψυχροῦ : Νεκροποιοῦ· τοιοῦτος γὰρ ὁ τῶν πενήτων. δυσκόλου : Δυσποριστου. ἀπαλλαγέντας : Ἐλευθερωθέντας. P.

264. τί δέ ἐστιν... ὅ φησιν : Ὅπερ ὑπισχνεῖται. *P.*

265. φέρων ἦλθεν ἐνταῦθα. *P.* ἀφῖκται : Παραγέγονε. *Vict.* πόνηροι : Γεωργοί. *Dv. P.*

266. ῥυπῶντα : Αὐχμοῦ μεστόν. ἔστι καὶ ῥυπόω, ῶ, καὶ ῥυπάω, ὡς ἐνταῦθα, καὶ ῥυπαίνω. Junt. ῥύπον ἔχοντα. V.

κυφὸν : Κυρτόν. ἄθλιον : παρὰ τὸ ἆθλον, ἐπίπονον. R.V. ῥυσὸν δὲ, ῥυτίδας ἔχοντα. (μαδῶντα : φαλακρόν. V.) νωδὸν δὲ, ὀδόντας μὴ ἔχοντα διὰ τὸ γῆρας· οὐ γὰρ δὴ ἄφωνον· λαλεῖ γοῦν ὁ Πλοῦτος· [ψωλὸν δὲ, ἀσχήμονα κατὰ παρέκτασιν τοῦ μορίου· μαδῶντα δὲ, φαλακρὸν, καθόλου τρίχας μὴ ἔχοντα.]

μυδῶντα : Γράφεται καὶ μυδῶντα καὶ μαδῶντα. καὶ μυδῶντα μὲν ἀντὶ τοῦ δυσώδη ἀποπέμποντα· μαδῶντα δὲ ἀντὶ τοῦ κόμην μὴ ἔχοντα. Junt.

ῥυπούμενον, ζαρομάγουλον, κυρτὰν, ὡς κουκινὸν ἐξεματισμένον, ῥυτίδας ἔχοντα, φαλακρὸν, κυφὸν ἢ κυρτόν. Θ. ῥυπῶντα : Ἐρρυπωμένον. κυφὸν : Κυρτόν. *P.* κεκυμμένον. *Vict.* ἄθλιον : Δυστυχῆ. ῥυσὸν : Ῥυτίδας ἔχοντα. μαδῶντα : Φαλακρόν. νωδόν : Ἐστερημένον ὀδοῦ. *P.* ἐστερημένον ὀδόντων. Θ.

267. ψωλὸν : Εἰς τὸ αἰσχρὸν μεταβέβηκε. τουτέστιν ἀσχήμονα κατ' ἐπέκτασιν τοῦ μορίου. καλῶς δὲ τὸ οἶμαι, ἐπειδὴ τὰ μὲν ἄλλα πάθη τοῦ σώματος εἰς ὄψιν ἑώρα, τοῦτο δὲ κρυφῇ ὂν καὶ μὴ ὁρῶν αὐτὸ ἀπὸ εἰκασμοῦ λέγει. V. ψωλὸν : Κηλήτην. *B.* Θ. *P.* ἀσχημόνως κηλήτην. *C.* ἐσπασμένον. *D.* ὡς μετὰ τῶν ἄλλων κακῶν καὶ τὸ τῆς κήλης πάθος ἔχει τὸ γῆρας, χαυνωθέντος τῷ χρόνῳ τοῦ σώματος. — διαβάλλει ὁ ποιητὴς αὐτῶν τὴν κωφότητα· ἕτερα γὰρ εἰπόντος, ἕτερα ἀκούειν ἔδοξαν. μὴ λάβῃς δὲ ἔξωθεν τὴν διά εἰς τὸ ἐπῶν. ἀλλ' ἔστιν ἡ γενικὴ πρὸς τὸ χρυσόν. ὡς φαμὲν σωρὸν χρημάτων. τὸν γὰρ χρυσὸν ἀγγείλας ἐπῶν, ἀντὶ τοῦ ἔπη λέξας χρυσὸν παριστῶντα. P.

268. ὦ χρυσὸν ἀγγείλας ἐπῶν : Ἀττικὴ ἡ σύνταξις· ἀντὶ τοῦ, ὦ πλοῦτον ἐκ τῶν ἐπῶν ἀγγείλας· ἢ ἀντὶ τοῦ, ὦ τιμιώτατον εἰπὼν λόγον.

ἀγγείλας : Εἰπὼν, μηνύσας. ἐπῶν : Διὰ τῶν. *P.*

269. δηλοῖς γὰρ αὐτὸν σωρὸν ἥκειν χρημάτων ἔχοντα : (Ὡς πολύπειροι συνῆκαν τὴν τοῦ Πλούτου [ἐν μύθοις οὕτως ἔχουσαν] ὑπογραφήν.) κυρίως δὲ σωρὸς τὸ ἐκ μικρῶν σπερμάτων συναγόμενον πλῆθος, παρὰ τὸ σῶ (ὅ ἐστι σώζω) συνάγω· (σορὸς δὲ θηλυκῶς ἐπὶ τοῦ τάφου καὶ διὰ τοῦ ο μικροῦ· ἐπὶ δὲ τῶν καρπῶν ἀρσενικῶς καὶ διὰ τοῦ ω μεγάλου.) καλῶς οὖν ἀπὸ τῶν καρπῶν φαίνονται εἰρηκότες· οἱ γὰρ εὐθηνοῦντες καὶ πλούσιοί εἰσιν. ἢ ὡς γεωργοὶ ταύτῃ κέχρηνται τῇ παραβολῇ. — δηλοῖς : Παριστᾷς. αὐτὸν : Τὸν σὸν δεσπότην. σωρὸν : Πλῆθος ἐλθεῖν χρημάτων φέροντα. *P.*

270. πρεσβυτικῶν μὲν οὖν : Διὰ τὸ τῷ γήρᾳ ἕπεσθαι ταῦτα τὰ συμπτώματα· [ἀπὸ κοινοῦ δὲ τὸ δηλῶ.] — πρεσβυτικῶν : Μᾶλλον μὲν οὖν... *P.*

271. μῶν : Μὴ οὖν. V. φενακίσας : Φενάκη τὸ προκόμιον, οἷον τοῦ φαινομένου κρανίου τὸ ἄκος, καὶ σκέπη. — Ἄλλως. φενακίσας, ἀπατήσας· φενακισμὸς γὰρ ἡ ἀπάτη. V. ἄλλως δὲ κεφαλῆς τριχῶν πενομένης ἄκος. φενάκη δὲ κυρίως ἡ προσθετὴ καὶ ἐπιτηδευτὴ κόμη, ἀπὸ τῶν κατερρυηκυιῶν γυναικῶν, καὶ οὕτως ἀπατουσῶν διὰ τῆς ἐπεισάκτου κόμης. — μῶν ἀξιοῖς : Ἆρα ἄξιον κρίνεις... φενακίσας : Ἀπατήσας. ἀπαλλαγῆναι : Ἐλευθερωθῆναι. *P.*

272. (ἀζήμιος : Ἀντὶ τοῦ ἀβλαβής· κυρίως δὲ ζημία ἡ τῆς ζωῆς μείωσις, ἢ τὸ ἐν τῇ ζωῇ μιαρόν. βακτηρία δὲ, ἤτοι ἡ τὴν βάσιν ποιοῦσα ἑδραίαν· ἢ βατηρία τίς οὖσα, ἡ τῆς βάσεως αἰτία, κατὰ πλεονασμὸν τοῦ κ. Ἄλλως. πάντες οἱ γέροντες ἐν ταῖς Ἀθήναις δύο βακτηρίας ἐβάσταζον. ἣν δὲ προειρηκὼς, ἀσθενεῖς γέροντας ἤδη. εἶχον δὲ ἢ διὰ τὸ ἐπερείδεσθαι αὐτῇ, ἢ διὰ τὸ ἀμύνασθαι ταύτῃ μὴ δυναμένους χερσί.) — ἀζήμιος : Ἀθῷος. ἔχοντος : Φέροντος, βαστάζοντος. *P.*

273. πάντως γὰρ : Ἀληθῶς γὰρ νομίζετέ με τοιοῦτον ἄνθρωπον τῇ φύσει εἰς ἅπαντα, καὶ οὐδὲν ὑγιὲς εἰπεῖν. — πάντως : Κακῶς κρίνετε. *P.* τοιοῦτον : Ἀπατεῶνα. *Dv.*

274. ὑγιὲς : Οὐδὲν (πρᾶγμα) ὑπολαμβάνετε ἀληθὲς ἐμὲ εἰπεῖν. *P.*

275. ὡς σεμνὸς : Κατ' εἰρωνείαν. οὑπίτριπτος : Ὁ ἄξιος ἐπιτρίψεως, τῆς ἀπωλείας. *P.* ἐπιτριβῆναι ἄξιος. *Vict.* αἱ κνῆμαι : Οἱ ἄντζες. *Dv.* οὑπίτριπτος : Ὁ ἐπιτρίψεως καὶ βλάβης ἄξιος. ἐπιτρῖψαι γὰρ τὸ διαφθεῖραι. κυρίως δὲ χοίνικας καλοῦσι πᾶν περιφερὲς ὡς καὶ τὸ μέτρον. συμπλέκει δὲ οὐχ ὡς ἕτερον σημαῖνον, ἀλλὰ τὸ μὲν ὡς γένος, τὸ δὲ ὡς εἶδος. ὅτι τῷ εἴδει καὶ τὸ γενικόν. αἱ γὰρ χοίνικες πέδαι εἰσί τινες. πέδας δὲ τὰς ἁλύσεις, αἳ ἐξήρτηνται τούτοις καὶ ἐμποδίζουσι τὴν πορείαν. τὸ δὲ ἰοὺ ἰού ὡς τῶν πεπεδημένων οὕτω σχετλιαζόντων. V.

276. τὰς χοίνικας καὶ τὰς πέδας : Ἐν τῷ εἰδικῷ καὶ τὸ γενικὸν ἐπήγαγεν· αἱ γὰρ χοίνικες πέδαι τινές εἰσιν· χοῖνιξ δὲ πᾶν περιφερές· διὸ καὶ τὸ μέτρον χοῖνιξ καλεῖται. — χοίνικας : Τὰ δεσμὰ, καὶ τὰς ἰδιωτικῶς λεγομένας κλάπας. ποθοῦσαι : Ὀνειδίζει αὐτὸν ὡς δοῦλον. Θ. *P.*

277. σορῷ : Μνήματι. V. τάφῳ. λαχὸν : Κληρωθέντος τοῦ γράμματός σου ἀττικοῦ. Θ. *P.* λαχόντος. *D.* ἐν τῇ σορῷ νυνὶ λαχὸν : Δέον εἰπεῖν αὐτὸν ἐν τῷ δικαστηρίῳ σου τὸ γράμμα ἔλαχεν, εἶπεν ἐν τῇ σορῷ, ἐπεὶ γέρων. οἱ δὲ γέροντες πλησίον εἰσὶ τῆς σοροῦ. V. παρὰ τοῖς Ἀθηναίοις δέκα ἦσαν φυλαί. ἔθος οὖν ἀπὸ πασῶν τῶν φυλῶν δικαστὰς καθίζειν· εἶτα ἀπὸ μιᾶς ἑκάστης ἐλάμβανον ἄνδρας πέντε τοὺς ἐπισημοτέρους· καὶ πάλιν ἐκ τῶν πέντε ἕνα τὸν κλήρῳ λαχόντα ἐποίουν δικάζειν. ἀντὶ οὖν τοῦ εἰπεῖν ἐν τῷ δικαστηρίῳ κληρωθὲν τὸ γράμμα καὶ τὸ ψήφισμα, ὅ ἐστιν ὁ κλῆρος, δικάζειν σε καὶ δικαστὴν καθίστησιν, ὡς πρὸς γέροντα παρ' ὑπόνοιαν παίζει. Ἄλλως. ἐν ταῖς Ἀθήναις πολλὰ ἦν δικαστήρια. καὶ ἐν τισὶ μὲν ἐδίκαζον περὶ φονικῶν πραγμάτων, ἐν τισὶ δὲ περὶ δημοτικῶν· καὶ ἕκαστον δὲ τούτων εἶχεν ἕν τι τῶν στοι-

χείων ειδικὸν ὄνομα. οἷον ἦν τι τῶν δικαστηρίων λεγόμενον ἄλφα, ὁμοίως ἄλλο βῆτα, ἄλλο γάμμα, καὶ ἑξῆς τὸ δ καὶ τὸ ε καὶ οὕτως ἕως τοῦ κ. δέκα γὰρ ἦν δικαστήρια τὰ πάντα ἐν Ἀθήναις, καὶ πρὸ θυρῶν δὲ ἑκάστου δικαστηρίου ἐγέγραπτο πυρρῷ βάμματι τὸ στοιχεῖον, ᾧτινι τὸ δικαστήριον ὠνομάζετο. ὅσοι δὲ δικασταὶ ἦσαν ἐν Ἀθήναις, ἕκαστος καθ' ἕκαστον δικαστήριον εἶχε δέλτον, (τουτέστι πινάκιον, ἐν ᾧ ἐγγεγραμμένον ἦν τὸ ὄνομα αὐτοῦ καὶ τοῦ δικαστηρίου. εἶχε δὲ καὶ ῥάβδον ἅμα τῷ πινακίῳ· καὶ ἐν αὐτῇ δὲ τῇ ῥάβδῳ ἦν τὸ ὄνομα τοῦ δικαστηρίου ἐγγεγραμμένον· ὅτε οὖν συνέβαινε καιρὸς τοῦ δικάζειν, ἤρχοντο πάντες οἱ δικασταὶ εἰς τὴν ἀγορὰν, κἀκεῖ κλήρους ἔβαλλον· καὶ ὅστις ἂν ἐκληροῦτο κλῆρον ἔχοντα τὸ α, ἀπήρχετο εἰς τὸ α δικαστήριον, ὁμοίως εἰς τὸ β καὶ τὰ ἐφεξῆς. καὶ πρῶτον μὲν ἐδείκνυε τῷ κήρυκι τοῦ δικαστηρίου τὸν κλῆρον τοῦ στοιχείου· ὁ δὲ κῆρυξ λοιπὸν ἐδίδου αὐτῷ τὸ πινάκιον αὐτοῦ καὶ τὴν ῥάβδον, εἶτα οὕτως ἐδίκαζεν. εἰ δέ τις δικαστὴς εἰσῄει μὴ κληρωθεὶς εἰς τὸ δικαστήριον, κατηγορεῖτο καὶ ἐζημιοῦτο διαφόρως.) [Ἄλλως. ἔρχεται ἕκαστος εἰς τὸ πινάκιον ἔχων ἐπιγεγραμμένον τὸ ὄνομα αὐτοῦ καὶ πατρόθεν καὶ τοῦ δήμου καὶ γράμμα ἕν τι μέχρι τοῦ κ, διὰ τὸ πάλαι δέκα φυλὰς εἶναι Ἀθήνησι, διῄρηντο γὰρ κατὰ φυλάς. εἶτα οἱ θεσμοθέται κατὰ φυλὴν ἕκαστος καὶ δέκατος ὁ γραμματεὺς ἐκλήρουν τὰ γράμματα μέχρι τοῦ κ. καὶ τὰ λαχόντα ἴσα τὸν ἀριθμὸν τοῖς μέλλουσι κληροῦσθαι δικαστηρίοις ὑπηρέτης φέρων ἐτίθει καθ' ἕκαστον δικαστήριον ἕν· εἶτα πάλιν ἀπεκληροῦντο οἱ τὰ εἰληχότα γράμματα ἔχοντες τίνες δικάσουσι καὶ τίνες οὔ. τοῦτο οὖν ἐστιν, ὃ λέγει, ἀμείψας τοῦ γελοίου χάριν. ἀνθυπήλλαξε γὰρ εἰπὼν ἐν τῇ σορῷ, δέον ἐν τῇ Ἡλιαίᾳ. ἐγράφοντο δὲ, ὅτι, ἐπεὶ ἦν πέντε δικαστήρια, ἐκληροῦντο πέντε γράμματα ἀπὸ τοῦ α ἕως τοῦ ε. εἶτα τὸ πρῶτον ἀνενεχθὲν ἐπὶ τοῦ α προετίθετο δικαστηρίου, ὡς ἂν ἔτυχεν, καὶ οἱ δικάζοντες ἐκληροῦντο εἰς οἷον ἕκαστος λάχῃ δικάσαι.] (τοῦτο δὲ ἐγίνετο, ἵνα μὴ διαφθείρηται τὰ δικαστήρια, ἀκρίτως ἐρχομένων τινῶν χωρὶς κλήρου εἰς τὸ δικαστήριον δικάσαι.) [τὸ δὲ, « ὁ Χάρων τὸ ξύμβολον δίδωσι, » τοιοῦτόν ἐστι. τοῖς λαχοῦσι δικάσαι εἰσελθοῦσιν ἑκάστῳ σύμβολον δίδοται δημόσιον παρὰ τῆς ἐπὶ τούτῳ εἰληχυίας ἀρχῆς, ἵν' οἱ ἐξιόντες καὶ τοῦτο προσφέροντες λαμβάνοιεν τὸν δικαστικὸν μισθόν. εἰπὼν οὖν σορὸν, ἐπήγαγε Χάρων. δέον δὲ εἰπεῖν ὁ ἄρχων τὸ σύμβολον δίδωσιν, ὅς ἐστιν ὁ μισθὸς ὁ δικαστικὸς, εἶπεν ὁ Χάρων, ὡς γερόντων αὐτῶν καὶ μελλοθανάτων. — Ἄλλως. δέον οὕτως εἰπεῖν, ὅτι καιρὸς ἦλθεν ὑμᾶς πλουσίους γενέσθαι, ὑμεῖς δὲ μέλλετε, ὁ δὲ οὐχ οὕτως εἶπεν, ἀλλ' ἠθέλησεν αὐτοὺς σκῶψαι ὡς γέροντας ὄντας, καὶ ἐγγὺς τοῦ θανάτου· σκώπτει δὲ οὐ καθαρῶς, ἀλλὰ διὰ τοῦ ἔθους, ὃ Ἀθηναῖοι εἶχον περὶ τὰς δίκας· ἦν δὲ τοιοῦτο. δέκα δικαστήρια ἦσαν παρ' Ἀθηναίοις, τὸ μὲν φόνου, τὸ δὲ μοιχείας, τὸ δὲ ἑτέρου τινός. οὐσῶν δὲ καὶ ι' φυλῶν, ἐξελέγοντο ἐξ ἑκάστης φυλῆς ἕνα ἄνδρα, καὶ ἔταττον αὐτοὺς εἰς τὰ τοιαῦτα δικαστήρια κριτὰς εἶναι· πλὴν ἔγραφον πρότερον τὰ τῶν ἀνδρῶν ὀνόματα, καὶ κλήρου γινομένου, ὁ μὲν εἰς τοῦτο, ὁ δὲ εἰς ἐκεῖνο δικάζειν ἐλάγχανεν. ἐδίδου δὲ ὁ κῆρυξ αὐτοῖς ῥάβδον, ἥτις ἦν σύμβολον τοῦ δικάζειν, ἵνα ἕκαστος καθ' ἑσπέραν ἀποδιδοὺς τῷ πρυτάνει τὴν ῥάβδον τριώβολον λαμβάνῃ μισθὸν τῆς δικάσεως. ἀντὶ οὖν τοῦ εἰπεῖν ἐν τῷ δικαστηρίῳ τὸ γράμμα σοῦ λαχὸν δικάζειν, καὶ διὰ τοῦτο καὶ ὁ κῆρυξ δίδωσί σοι τὸ σύμβολον, ὁ δὲ σκώπτων αὐτοὺς ὡς γέροντας καὶ ἐγγὺς θανάτου ὄντας φησὶν ἐν τῇ σορῷ καὶ ὁ Χάρων. ἔστι δὲ ἡ σύνταξις σολοικοφανής· λαχόντος γὰρ τοῦ γράμματός σου ὤφειλεν εἰπεῖν· ὁ δὲ εὐθεῖαν ἔθηκεν ἀντὶ γενικῆς, Ἀττικῷ ἔθει χρησάμενος· ἔθος γὰρ τοῖς Ἀττικοῖς οὕτω ποιεῖν, ἐπὶ μέντοι τῶν οὐδετέρων μετοχῶν. ἔστιν οὖν ἡ σύνταξις καὶ ἡ διάνοια τούτου αὕτη· λαχόντος τοῦ γράμματός σου δικάζειν σὲ ἐν τῇ σορῷ, ἤγουν ἐν τῷ δικαστηρίῳ, σὺ οὐ βαδίζεις, ὁ δὲ Χάρων, ἤγουν ὁ κῆρυξ δίδωσί σοι τὸ σύμβολον τοῦ κριτὴν εἶναι, τουτέστι τὴν ῥάβδον. πάνυ δὲ ἀστείως καὶ τὸν κήρυκα Χάροντα ὠνόμασεν· ὁ γὰρ Χάρων κατὰ ἀναγραμματισμὸν Ἄρχων λέγεται. *Junt.*

278. [ὁ δὲ Χάρων τὸ ξύμβολον : Περὶ τοῦ παραδιδομένου τοῖς εἰσιοῦσιν εἰς τὸ δικαστήριον συμβόλου Ἀριστοτέλης ἐν τῇ Ἀθηναίων πολιτείᾳ οὕτω γράφει « τοῖς γὰρ δικαστηρίοις χρῶμα * * * * ἐπιγέγραπται « ἐφ' ἑκάστῳ ἐπὶ τῷ σφηκίσκῳ τῆς εἰσόδου. ὁ δὲ λαβὼν « τὴν βακτηρίαν βαδίζει εἰς δικαστήριον τὸ ὁμόχρουν « μὲν τῇ βακτηρίᾳ, ἔχον δὲ τὸ αὐτὸ γράμμα, ὅπερ ἐν « τῇ βαλάνῳ. ἐπειδὰν δὲ εἰσέλθῃ, παραλαμβάνει σύμ- « βολον δημοσίᾳ παρὰ τοῦ εἰληχότος ταύτην τὴν ἀρ- « χήν. » ἀντὶ δὲ τοῦ εἰπεῖν ὁ κῆρυξ, ἢ ὁ δῆμος, ἀπήντησε πρὸς τὴν σορόν.]

ἀντὶ τοῦ τεθνάναι μέλλεις. V.

279. διαρραγείης : Διασχισθείης. μόθων : Λίαν αἰσχρὸς, ἀνόητος. κόβαλος : Φλύαρος. *P.* μόθων : Φλύαρος. κόβαλος : Ὑβριστής. *Dv.* μόθων : Λίαν ὑβριστής. *Br.* Μόθων : Φλύαρος, αἰσχρὸς, ἄτιμος, φορτικὸς, δουλοπρεπὴς, ἀπὸ Μόθωνος τινὸς αἰσχροποιοῦ. Br. μόθων : (Εἶδος αἰσχρᾶς καὶ δουλοπρεποῦς ὀρχήσεως· οἱ δὲ) Λάκωνες τοὺς παρατρεφομένους τοῖς ἐλευθέροις παῖδας μόθωνας καλοῦσιν. (Ἄλλως. μόθων, φλύαρος, φορτικὸς, ἄτιμος, αἰσχρός. λέγουσι γὰρ τοὺς Ἀθηναίους χειρωσαμένους τοὺς Μόθωνας [δουλικῇ καὶ ἀγεράστῳ] περιστῆσαι τύχῃ, ὅθεν καὶ Ἀττικοὶ μόθωνες. ἢ ἀπὸ Μόθωνός τινος αἰσχροποιοῦντος καὶ ἀεὶ ἐν τοῖς πότοις ὀρχουμένου.) [ἢ ἀντὶ τοῦ ἀνόητος. ἄλλοι δὲ λέγουσι, δουλοπρεπεῖς, σπερμολόγους.] — κόβαλος δὲ ὁ λάλος, ὁ ῥήτωρ. V.

[κόβαλος : Κόβαλοι δαίμονές εἰσί τινες σκληροὶ περὶ τὸν Διόνυσον. — ἀπατεῶνες. Junt. ἀπατεών. *Vict.*]

280. τέτληκας : Ὑπέμεινας. *P.*

281. κέκληκε δεῦρο : Ἐκάλεσεν ἡμᾶς ἐνταῦθα. *Harl.*

282. οἳ : Οἵτινες, ἡμεῖς δηλ. *P.* μοχθήσαντες : Κοπιάσαντες. *Dv. P.* σχολῆς : Ἀναπαύσεως. *P.* οὐκ ἄγον-

τες σχολὴν Χάριν τῶν ἔργων. V. ἀντὶ τοῦ οὐκ ὄντος καιροῦ. R. V.

283. πολλῶν θύμων : [Τὸ πολλῶν θύμων ῥίζας ἐκπερῶντες τοιοῦτον ἔχει τὸν νοῦν. οἱ τὴν Ἀττικὴν οἰκοῦντες πένητες, ἐπεὶ μὴ εἶχον τὰς ἐκ τῶν σπερμάτων τροφὰς (ἀνεπιτήδειος γὰρ ὁ τόπος ἦν εἰς γεωργίαν, κατάξηρος ὤν), ἤσθιον θύμους, οὓς οἱ κοινοὶ βολβοὺς ἢ ἀγριοκρόμμυα φασίν. λέγει γοῦν ὁ χορὸς τῶν πενήτων ὅτι ἡμεῖς πολλὰ κοπιάσαντες, καὶ ταῦτα οὐκ οὔσης ἀδείας ἡμῖν, ἤλθομεν μετὰ προθυμίας ὧδε. Junt. θύμων : Ἀγριοκρόμμυον. *Dv.* σκυλοκρομμύων. *P.*] ἀντὶ τοῦ πολλοὺς ἀγρούς. θυμοφόρος γὰρ ἡ Ἀττική. R.

διεκπερῶντες : Ἀντὶ τοῦ παρορῶντες καὶ παρατρέχοντες ὑπὸ τῆς ἄγαν σπουδῆς, καὶ αὐτὰς δὴ τὰς τῶν θύμων ῥίζας πολλῶν ὄντων, ἃς ἐξ ἔθους εἴχομεν συλλέγειν. Junt. ἀνασπῶντες. *Dv.* διασπῶντες. *P.*

284. ἀλλ' οὐκ ἔτ' : Οὐδαμῶς. Πλοῦτον : Τὸν θεόν. *P.*

285. ἄγων ὁ δεσπότης : Ἄγω, τὸ φέρω, τὸ ὁδηγῶ· ἄγω, τὸ νομίζω, ἄγω τὸ τιμῶ· καὶ ἄγω τὸ συντρίβω, ἀφ' οὗ τὸ κατέαξαν, ἀντὶ τοῦ συνέτριψαν. Junt. ποιήσει : Καταστήσει. *P.*

286. ὄντως : Ἔστι πλουτῆσαι ἡμᾶς. *P.* ἡμὶν εἶναι : Ἐν Σοφοκλεῖ εἴρηται περὶ τοῦ ἡμὶν, ὅτι καὶ βραχύ ἐστι, διὸ καὶ ὀξύνεται. P.

287. Μίδας μὲν οὖν : Μίδας, βασιλεὺς ὢν Φρυγίας πλουσιώτατος, ὦτα ὄνου ἔσχε. τοῦτο οὖν παροιμιωδῶς ἐλέγετο ἐπὶ τούτου, ἤτοι ὅτι πολλοὺς ὠτακουστὰς εἶχεν, ἢ ὅτι κώμην Φρυγίας κατέσχεν, ἥτις Ὦτα ὄνου ἐλέγετο. λέγεται δὲ τούτῳ τὸν Πακτωλὸν χρυσὸν ῥεῦσαι. λέγεται δὲ αὐτὸν πάλιν εὔξασθαι ὥστε πάντα γενέσθαι χρυσὸν, ὧν ἂν ἅψαιτο. ἢ ἐπεὶ ὄνος μᾶλλον ἀκούει τῶν ἄλλων ζῴων πλὴν μυός· καὶ Μίδας δὲ πολλοὺς ὠτακουστὰς εἶχεν. οἱ δέ φασιν, ὅτι ψέξας ποτὲ τὸν Διόνυσον ὁ Μίδας μετεβλήθη εἰς ὄνον. ἢ ὅτι ὄνους τοῦ Διονύσου παριόντας ἠδίκησε· διὸ ὀργισθεὶς ὁ θεὸς ὦτα ὄνου αὐτῷ περιῆψεν. οἱ δὲ, ὅτι ὦτα μεγάλα φύσει εἶχεν. [Ἄλλως. οὗτος ὁ Μίδας σφόδρα πλούσιος ἦν· ᾔτησε γὰρ, ὥς φασι, τοὺς θεοὺς, ὅ τι ἂν εἰς χεῖρας λάβῃ χρυσὸν γίνεσθαι· καὶ τυχὼν τῆς εὐχῆς, λιμαγχονηθεὶς ἀπέθανεν· ὅσα γὰρ ἐλάμβανεν [εἰς τροφὴν Junt.] εἰς χρυσὸν μετεβάλλετο. μυθεύονται δὲ αὐτὸν καὶ ὦτα ὄνου ἔχειν, ὅτι τὰ τῆς ἀκοῆς αἰσθητήρια μέγιστα εἶχεν, οἷάπερ ὄνος· τὸ δ' ἀληθὲς, ὅτι πολλοὺς εἶχεν ὠτακουστὰς, ὡς πάντ' ἔχειν γινώσκειν τὰ ἐν τῇ ὑπ' αὐτῷ χώρᾳ λεγόμενά τε καὶ πραττόμενα. τὸ δὲ μὲν οὖν, ἀντὶ τοῦ δέ. ἐμφαίνει δὲ ἐντεῦθεν, ὡς οὐχ ἁπλῶς πλουσίους ποιήσει, Μίδας δὲ οἱονεὶ ὑπερβολικῶς πλουσίους, οἷος ὁ Μίδας.]

288. ὡς ἥδομαι : Λίαν εὐφραίνομαι. *P.*

290. θρεττανελὸ τὸν Κύκλωπα : [Ἡ τοῦ Κύκλωπος ἱστορία δήλη· ὅτι ποιμὴν ὢν καὶ λύραν κατέχων, ἡγεῖτο τοῖς αὐτοῦ θρέμμασι, καὶ ὅτι αὐτὸν Ὀδυσσεὺς ἐτύφλωσεν. ὥσπερ οὖν ἐκεῖνος, οὕτω καὶ οὗτος ἦν πρὸς τοὺς γέροντας, ᾄδων καὶ πορευόμενος μετ' αὐτῶν. ἔστι δὲ τὸ θρεττανελὸ τῆς λύρας ἀπήχημα, καὶ οὐ συνάπτεται πρὸς τὴν σύνταξιν· ἀλλὰ διότι καὶ αὐτὸς ᾖδε, τούτου χάριν ἐνέθηκεν. οἱ δὲ λέγοντες τὸν θρεττανελῶ Κύκλωπα, ἤγουν τὸν ᾄδοντα τὸ θρεττανελῶ, καὶ διὰ τοῦτο καὶ τὸ λω μεγεθύνοντες, ἀμαθεῖς. τοῦτο δὲ ἐκ Κύκλωπος Φιλοξένου ἐστί· πεποίηκε γὰρ οὗτος τὸν Κύκλωπα κιθαρίζοντα. διὰ δὲ τοῦ εἰπεῖν, καὶ τοῖν ποδοῖν ὡδὶ παρενσαλεύων, ἔδειξεν ὅτι πρὸς τὴν πυγὴν αὐτοὺς τῷ ποδὶ ἔτυψεν.] (τὸ δὲ ἑξῆς, καὶ μὴν ἐγὼ βουλήσομαι ὑμᾶς ἄγειν. διασύρει δὲ Φιλόξενον τὸν τραγικὸν, ὃς εἰσήγαγε κιθαρίζοντα τὸν Πολύφημον. τὸ δὲ θρεττανελὸ ποιὸν μέλος καὶ κρουμάτιόν ἐστι· τὸ δὲ, « ἀλλ' εἶα τέκεα θαμίν' ἐπαναβοῶντες, » ἐκ τοῦ Κύκλωπος Φιλοξένου ἐστί.)

Φιλόξενον τὸν διθυραμβοποιὸν (ἢ τραγῳδοδιδάσκαλον) διασύρει, ὃς ἔγραψε τὸν ἔρωτα τοῦ Κύκλωπος τὸν ἐπὶ τῇ Γαλατείᾳ· εἶτα κιθάρας ἦχον μιμούμενος ἐν τῷ συγγράμματι, τοῦτό φησι τὸ ῥῆμα θρεττανελό. ἐκεῖ γὰρ εἰσάγει τὸν Κύκλωπα κιθαρίζοντα καὶ ἐρεθίζοντα τὴν Γαλάτειαν. ἐπεὶ οὖν ἔφη ὁ χορὸς, « ἥδομαι καὶ τέρπομαι καὶ βούλομαι χορεῦσαι, » ὁ οἰκέτης φησὶ, « κἀγὼ βουλήσομαι χορεύειν. » καὶ ἅμα ἀναφωνεῖ τὸ μέλος ἐκεῖνο. ἡ γὰρ κιθάρα κρουομένη τοιοῦτον μέλος ποιεῖ, θρεττανελὸ θρεττανελό. — τινὲς ἀγροικικὴν εἶναί φασι τὴν φωνήν. V. Ἄλλως· ὁ Φιλόξενος ὁ διθυραμβοποιὸς ἐν Σικελίᾳ ἦν παρὰ Διονυσίῳ. λέγουσι δὲ ὅτι ποτὲ Γαλατείᾳ [τινὶ] παλλακίδι Διονυσίου προσέβαλε· καὶ μαθὼν Διονύσιος ἐξώρισεν αὐτὸν εἰς λατομίαν. φεύγων δὲ ἐκεῖθεν ἦλθεν εἰς τὰ ὄρη τῶν Κυθήρων, καὶ ἐκεῖ δρᾶμα τὴν Γαλάτειαν ἐποίησεν, ἐν ᾧ εἰσήνεγκε τὸν Κύκλωπα ἐρῶντα τῆς Γαλατείας· τοῦτο δὲ αἰνιττόμενος εἰς Διονύσιον· ἀπείκασε γὰρ αὐτὸν τῷ Κύκλωπι, ἐπεὶ καὶ αὐτὸς ὁ Διονύσιος οὐκ ὠξυδόρκει.

291. ὡδὶ : Οὕτως. παρασαλεύων : Μετρίως κινῶν, ἔτυψε γὰρ αὐτοὺς πρὸς τὴν πυγήν. *P.* παρενσαλεύων : Παρακινῶν. *Vict.*

292. ἄγειν : Ὁδηγεῖν. ἀλλ' εἶα : Ἄγε. θαμίν' : Συχνῶς, πολλάκις λέγοντες. *P.* χλευάζει αὐτοὺς ὡς γέροντας. R. V.

293. βληχώμενοι : (Ποιᾷ φωνῇ χρώμενοι· βληχᾶσθαι γὰρ τὸ τὰ προβάτια ποιᾷ κεχρῆσθαι φωνῇ. τὸ δὲ ἑξῆς, βληχώμενοι μέλη ὡς οἱ τράγοι ἕπεσθ' ἀπομύζοντες ἑαυτούς. κινάβρα δὲ ἡ δυσωδία τῶν μασχαλῶν, ἢ τῶν αἰγῶν· κιναβρώντων οὖν, τῶν δυσωδίαν ἐχόντων ἢ τῶν) δυσοσμίαν ποιούντων ἐκ τῶν μασχαλῶν. κυρίως δὲ ἡ τῶν κυνῶν βορὰ, κυνοβορά τις οὖσα. — βληχώμενοι : Βοῶντες, ᾄδοντες, λέγοντες. τὸ βληχᾶσθαι ἐπὶ προβάτων. συνάπτεται πρὸς τὸ προβατίων. *P.*

294. κιναβρώντων : Ὀσμὴν ἀποπεμπόντων. μέλη : Ἄσματα. *P.*

295. ἕπεσθ' : Ἀκολουθεῖτε τὰ αἰδοῖα δεικνύντες. *P.* τράγοι δ' ἀκρατιεῖσθε : [Τὸ ἑξῆς, τράγοι δ' ἀπεψωλημένοι ἀκρατιεῖσθε] [λείπει] τὸ ὡς, ἀντὶ τοῦ ὡς τράγοι ἀκρατῆ πράσσετε· ἐπεὶ μετὰ τὴν συνουσίαν οἱ τράγοι λείχουσιν ἑαυτῶν τὰ αἰδοῖα ἐν τῷ ἄκρῳ μέρει. — ἀντὶ

τοῦ φάγοιτε. V. ἤγουν δίκην τράγων τοὺς ὄρχεις λείχετε. P. λείχετε τὰ αἰδοῖα δηλονότι. Br.

296. θρεττανελὸ τὸν Κύκλωπα : Ὦ σαυτὸν παρείκασας. P.

297. βληχώμενοι : Ἀναβοῶντες. καταλαβόντες : Ὥσπερ ἐκεῖνον ὁ Ὀδυσσεύς, κρατήσαντες. P.

298. πήραν ἔχοντα : Φιλοξένου ἐστὶ παρηγμένον καὶ τοῦτο τὸ ῥητόν. τοιοῦτον γὰρ τὸν Κύκλωπα εἰσάγει, πήραν ἔχοντα καὶ ἐπὶ ταύτῃ λάχανα ἄγρια. ταῦτα δέ φησι καὶ τὰ ἑξῆς, ὡς καὶ τῆς τυφλώσεως αὐτοῦ οὔσης ἐν τῷ ποιήματι. — Ἄλλως. ἐνταῦθα ὁ ποιητὴς παιγνιωδῶς ἐπιφέρει τὰ τοῦ Φιλοξένου εἰπόντος πήραν βαστάζειν τὸν Κύκλωπα, καὶ λάχανα ἐσθίειν. οὕτω γὰρ πεποίηκε τὸν τοῦ Κύκλωπος ὑποκριτὴν εἰς τὴν σκηνὴν εἰσαγόμενον. ἐμνήσθη δὲ καὶ τῆς τυφλώσεως, ὡς οὔσης ἐν τῷ ποιήματι. ταῦτα δὲ πάντα διασύρων τὸν Φιλόξενον εἶπεν, ὡς μὴ ἀληθεύοντα. ὁ γὰρ Κύκλωψ, ὥς φησιν Ὅμηρος, κρέα ἤσθιε, καὶ οὐ λάχανα· ἃ τοίνυν ἔφησεν ἐκεῖ ὁ Φιλόξενος, ταῦτα ὁ χορὸς εἰς τὸ μέσον ἀναφέρει. Junt.

πήραν : Σακούλιον, ὥσπερ ἐκεῖνος. λάχανα : Ἃ συνῆγεν ἐκεῖνος εἰς τροφήν. ἐμέθυσε γὰρ ἐκεῖνον Ὀδυσσεύς. δροσερὰ : Τρυφερά. κραιπαλῶντα : Μεθύοντα. P.

καὶ κραιπαλῶντα : Ἀντὶ τοῦ ἐκ μέθης ἀτακτοῦντα, μεθύοντα, ἀπὸ τοῦ τῶν καιρίων σφάλλεσθαι. — κραιπάλη γὰρ ἡ χθεσινὴ μέθη καραπάλη τις οὖσα. V.

299. ἡγούμενον : Προοδοποιοῦντα τούτοις, οἷς ἡμᾶς ἀπεικάζεις. Θ. P.

300. εἰκῇ : Μάτην, καὶ ὡς ἔτυχεν· ἢ ἀκαίρως. ὅθεν καὶ εἰκαῖος, ὁ μάταιος. Junt.

(εἰκῇ δὲ καταδαρθέντα : Ὡς ἔοικε κατακοιμηθέντα που, ὡς τὸν Κύκλωπα, ὃν μιμεῖται. τοῦ δὲ οἰκέτου μνησθέντος τοῦ Κύκλωπος, οἱ γέροντες ἐπάγουσιν ἃ ἔπαθε παρὰ τοῦ Ὀδυσσέως ὁ Κύκλωψ.) — καταδαρθέντα : Καὶ ὑπνώσαντα καταπεσόντα. P.

301. [σφηκίσκον,] ξύλον ὠξυμμένον, ἐπεὶ καὶ ὁ σφὴξ ὀξὺς ἐκ τῶν ὄπισθεν. (Ἄλλως. ἐπιτηδευτὴ ἡ λέξις παρὰ τὸν σφῆκα· τὰ γὰρ μακρὰ τῶν ξύλων καὶ εἰς ὀξὺ συνηγμένα σφηκίσκους καλοῦσιν, ἐπεὶ καὶ οἱ σφῆκες τὴν κοιλίαν ἐπισυνεσταλμένην ἔχουσιν, ἰσχνοὶ ὄντες ὄπισθεν. καὶ τοὺς λαγαροὺς δὲ τοῖς σώμασιν ἀνθρώπους καὶ μὴ προκοιλίους, σφηκώδεις φασίν.) — Ἄλλως. ξύλον τὸ μὲν ἄνω ἔχον παχὺ, τὸ δὲ κάτω λεπτόν. Ἄλλως. ὡς καὶ τῆς τυφλώσεως τοῦ Κύκλωπος περικειμένης ἐν τῷ ποιήματι. V. (ἐκτυφλῶσαί σέ φησιν, ὡς τὸν Κύκλωπα, ὃν μιμῇ.) — ἡμμένον : Κεκαυμένον. σφηκίσκον : Πάλον. Θ. Dv. P. δαλόν. Br.

302. [ἐγὼ δὲ τὴν Κίρκην : Ἔκθεσις τῆς διπλῆς συστηματικῶν στίχων καὶ κώλων εἴκοσι. εἰσὶ δὲ τοῦ πρώτου συστήματος στίχοι καὶ κῶλα ἑπτά. τούτων ὁ πρῶτος τετράμετρος ἀκατάληκτος, οἷον τὸ τοῦ Ἀλκαίου,

δέξαι με κωμάζοντα, δέξαι, λίσσομαί σε, λίσσομαι

ὁ δεύτερος τετράμετρος καταληκτικὸς, ὡς τὰ πρὸ τούτων· ὁ δὲ τρίτος δίμετρος ἀκατάληκτος· ὁ δὲ τέταρτος τετράμετρος καταληκτικὸς ὁμοίως τῷ δευτέρῳ· ὁ δὲ πέμπτος ὁμοίως τῷ τρίτῳ· ὁ ἕκτος τρίμετρος ἀκατάληκτος· ὁ δὲ ἕβδομος δίμετρος καταληκτικός· ὡς ἐκεῖνα τοῦ Ἀνακρέοντος

ὁ μὲν θέλων μάχεσθαι,
πάρεστι γάρ, μαχέσθω.

ἐφθημιμερῆ δὲ τὰ τοιαῦτα καλεῖται, ὡς τρεῖς ἔχοντα πόδας καὶ συλλαβήν· ἐπὶ τῷ τέλει παράγραφος. — τὴν Κίρκην : Τὴν Λαΐδα. P. ἀνακυκῶσαν : Ταράττουσαν. Dv. ταράττουσαν, μιγνύουσαν. Θ. P.

303. ἑταίρους τοῦ Φιλωνίδου : (Δέον εἰπεῖν Ὀδυσσέως, ὁ δὲ Φιλωνίδου εἶπε. κωμῳδεῖ δὲ αὐτὸν ὡς πλούσιον καὶ παρασίτους ἔχοντα καὶ διὰ τὸν Λαΐδος ἔρωτα ἐν Κορίνθῳ διάγοντα. κωμῳδεῖται δὲ καὶ ὡς συώδης σὺν τοῖς ἑταίροις αὐτοῦ, οὓς κάπρους εἶπε. τὴν δὲ Λαΐδα Κίρκην εἶπε, ἐπεὶ τοὺς ἐραστὰς ἐφαρμάκευεν. Ἄλλως. ὥσπερ καὶ Κίρκην φησὶ παίζων τὴν Λαΐδα φαρμάσσουσαν τοὺς ἐρῶντας. τροπικῶς δὲ παίζει εἰς ταύτην ἐκεῖθεν ἄγων τὴν ἱστορίαν· δῆλον δὲ ἐκ τοῦ περὶ Φιλωνίδου διειληφέναι. κάπρους δέ φησι τοὺς ἑταίρους τοῦ Φιλωνίδου τῷ ὅλῳ ἤθει,) ἢ τῷ διαβεβλημένῳ ὡς ὑώδης. καὶ ταῦτα εἰς Φιλωνίδην τὸν Μελιτέα, ὡς [οὐ μόνον μέγαν, ἀλλὰ καὶ] ἀμαθῆ καὶ ὑώδη. καὶ Νικοχάρης ἐν Γαλατείᾳ

τί δῆτ' ἀπαιδευτότερος εἶ Φιλωνίδου
τοῦ Μελιτέως;

[Ἄλλως. ἐν τῇ νήσῳ τῶν Λαιστρυγόνων ἡ Κίρκη τὰς πάσας γυναῖκας παρελθοῦσα μαγείαις. προσέσχεν οὖν ὁ Ὀδυσσεὺς ἐν τῇ νήσῳ μετὰ τὸ φυγεῖν τὸν Κύκλωπα, καὶ πέμψας τινὰς τῶν αὐτοῦ ἰδεῖν, τίς ἂν εἴη ἐνταῦθα, ἔρημος γὰρ ἦν ὁ χῶρος, ἐπεὶ ἀπελθόντες οὗτοι, καὶ τὴν Κίρκην εὑρόντες, χοῖροι ὑπ' αὐτῆς διά τινος ποτοῦ γεγόνασιν, αὐτὸς εἰς τὴν τούτων ἀφίκετο ζήτησιν. ἐντυχὼν οὖν ἐν τῷ μέσῳ τῆς ὁδοῦ τῷ Ἑρμῇ, καὶ παρ' αὐτοῦ μαθὼν τὰ περὶ τῶν ἑταίρων, καὶ λαβὼν παρ' αὐτοῦ τὸ μῶλυ, ἥτις ἐστὶν ἀντιφάρμακος βοτάνη, τὸν τῆς Κίρκης οἶκον κατέλαβε· ἐπιχειρησάσης οὖν καὶ αὐτὸν τὰ ὅμοια δρᾶσαι, τὸ ξίφος κατ' αὐτῆς ἀνέτεινεν. ὅθεν αὐτὴ φοβηθεῖσα τούς τε ἑταίρους αὐτοῦ πρὸς τὴν ἀρχαίαν μορφὴν ἀποκατέστησε, καὶ πρὸς μίξιν αὐτῷ συνελθεῖν ἐπεθύμησεν· ὁ δὲ καὶ ἐμίγη, καὶ παῖδα ἔσχεν ἐξ αὐτῆς Τηλέγονον, ὑφ' οὗ καὶ ὕστερον κατ' ἄγνοιαν ἀνῃρέθη κέντρῳ τρυγόνος. θέλων οὖν ὁ ποιητὴς σκῶψαι τὸν Φιλωνίδην, ὅτι αὐτοῦ ἤρα Λαΐς, ἀντὶ τοῦ εἰπεῖν τοὺς ἑταίρους τοῦ Ὀδυσσέως, Φιλωνίδου εἶπεν· ἀντὶ δὲ τοῦ εἰπεῖν ἐν τῇ νήσῳ τῶν Λαιστρυγόνων, ἐν Κορίνθῳ εἴρηκεν, ὡς ἐκεῖ τῆς Λαΐδος οἰκούσης.] — ἔδει δὲ ἄρα καὶ τὸν Ὀδυσσέα θανάτῳ περιπεσεῖν ... μέμνηται [τῆς] ἱστορίας καὶ ὁ Ὀππιανὸς ἐν Ἁλιευτικῶν β. Cant. I. ἢ τοὺς ἑταίρους : Τοῦ Ὀδυσσέως ὤφει

λεν εἰπεῖν. σκώπτων δὲ τὸν Φιλωνίδην, οὗ ἦρα Λαΐς τις ἐν Κορίνθῳ πόρνη, τοῦτό φησιν. P. Φιλωνίδου : Ὀδυσσέως. *Dv.*

304. ἔπεισεν : Κατέπεισεν. ὄντας κάπρους : Ὑπάρχοντας καὶ ἀγριοχοίρους. *P.*

305. μεμαγμένον : Μεμαλαγμένον καὶ ἐζημιωμένον. *P.* μ. σκῶρ : Μεμαλαγμένον κόπρον. Θ. *Dv.* σκῶρ : Κόπρον, σκάτον τρώγειν. αὐτὴ : Ἡ Κίρκη δὲ ἐμάλαττε τοῖς ἑταίροις. *P.* ἔματτεν : Ἐμάλαττεν. *Dv.* ἐμάλαττε τοῖς ἑταίροις. Θ.

306. πάντας τρόπους : Τῆς Κίρκης τοὺς τρόπους μιμήσομαί φησι. *P.* φησὶ μιμήσομαι. R.

307. γρυλλίζοντες : Φωνὴν (μικρῶν) χοίρων ἀφιέντες· γρυλισμὸς γὰρ ἡ τῶν (μικρῶν) χοίρων φωνή. R.V. ὁμοίως χοίροις βοῶντες. Θ. *Dv.* χοίρων φωνὴν ἀφιέντες. *P. Vict.* φιλιδίας : Φιλιδονίας. *Dv.* φιληδίας : ὑπὸ φιληδονίας καὶ ἀνοίας. *R.P.*

308. ἕπεσθε : Παροιμία ἐπὶ τῶν ἀπαιδεύτων λεγομένη. μητρὶ : Ἐμοί. *P.*

309. οὐκοῦν σε τὴν Κίρκην : [Τοῦ δευτέρου συστήματος στίχοι καὶ κῶλα ἑπτά. ἔχουσι δ' ὁμοίως τῇ προφθάσῃ περιόδῳ καθ' ἕκαστον.] — τὸ ἑξῆς, οὐκοῦν σε λαβόντες κρεμῶμεν. V. οὐκοῦν σε λαβόντες κρεμάσομεν. R. ἀνακυκῶσαν : Μιγνύουσαν. *Dv. Vict.* ἀναταράττουσαν. *P.*

310. μαγγανεύουσαν (μαγεύουσαν Vict.) : Γοητεύουσαν. *P.* μολύνουσαν : Μιαίνουσαν. *P. Vict.*

311. [λαβόντες : Οὕτω κἂν τοῖς παλαιοῖς τῶν ἀντιγράφων εὕρηται, ἵν' ᾖ ὅμοιον τῷ ἄνω τρίτῳ κώλῳ. τὸ δὲ, ἣν λάβωμεν, οὐ πάνυ δόκιμον.] — λαβόντες : Κρατήσαντες. φιληδίας : Φιληδονίας. *P. Vict.*

312. τῶν ὄρχεων κρεμῶμεν : Δέον εἰπεῖν ξίφος ἐπιφέρομέν σοι, καθὰ καὶ Ὀδυσσεὺς τῇ Κίρκῃ, ὁ δὲ, ὃ συμβέβηκε τῷ Ὀδυσσεῖ κατὰ τὴν τοῦ ἐρινεοῦ ἐποχὴν ἐν τῷ στομίῳ τῆς Χαρύβδεως, ἐπὶ τὴν Κίρκην μετήγαγεν. ἤ, ὡς ἐκεῖνος Μελάνθιον ἐκρέμασεν. — Λαρτίου : Υἱὸν δηλ. τὸν Ὀδυσσέα. τῶν ὄρχεων : Ἀπὸ τῶν ὄρχεων. *P.* τῶν ὄρχεων κρεμῶμεν : Ὥσπερ ἐκεῖνος τὸ ξίφος κατὰ τῆς Κίρκης ἀνέτεινεν, ἢ ὡς ἐκεῖνος Μελάνθιον ἐκρέμασε. Vict.

313. (μινθώσομεν : Μίνθον οἱ μὲν τὸν ἡδύοσμον· οἱ δὲ τὴν ἴυγγα, ὡς κεῖται ἐν τῇ κωμικῇ λέξει. οἱ δὲ εἶδος ἄνθους ἐν τῇ κόπρῳ φυομένου, ᾧ χαίρουσιν οἱ τράγοι. Ἄλλως.) μίνθος λέγεται ἡ κόπρος τῶν αἰγῶν. ἐπειδὰν δὲ οἱ τράγοι ψυγμῷ περιπέσωσιν, εἰώθασιν οἱ αἰπόλοι λαμβάνειν τὴν κόπρον αὐτῶν καὶ χρίειν αὐτῶν τοὺς μυκτῆρας· καὶ οὕτως τῇ δυσωδίᾳ πταρμὸν κινεῖν, τούτῳ δὲ τῷ τρόπῳ λύειν τὸ πάθος· ὁ γὰρ πταρμὸς θεραπεύει τὸ πάθος. ἐκ τούτου οὖν φησιν ὅτι ἀηδίσομέν σε, ἐπεὶ καὶ αἱ αἶγες ἐκ τῆς κόπρου ἀηδίζονται. (Ἄλλως. κοπρώσομεν· μίνθος γὰρ ἄνθος ἐν τῇ κόπρῳ φυόμενον, ᾧ χαίρουσιν οἱ τράγοι. οἱ δὲ μίνθον φασὶ τὴν ἀνθρωπίνην κόπρον, ᾗ χρῶνται παρατρίβοντες οἱ ποιμένες ἐν τῷ δυσενεργήτῳ τῶν τράγων πταρμῷ.)— μινθώσωμεν : Πάσωμεν. *Dv.* κόπρῳ χρίσωμεν. *Vict.* κόπρῳ πάσσομεν. ὅταν γὰρ ὑπὸ κορύζης οἱ τράγοι κατασχεθῶσιν, οὕτω πρὸς ἀπαλλαγὴν πάττονται. μίνθος γὰρ ἡ κόπρος. Θ. P. ὥσπερ τράγου : Ὅταν οἱ τράγοι ὑπὸ κορύζης κατασχεθῶσι, κόπρῳ χρίονται εἰς ἀπαλλαγὴν τοῦ πάθους. Vict.

314. σὺ δ' Ἀρίστυλλος : (Ὁ Ἀρίστυλλος αἰσχρός· καὶ ἐν Ἐκκλησιαζούσαις [647] μέμνηται αὐτοῦ ὡς αἰσχροποιοῦ. λείπει δὲ τὸ ὡς, ὡς ὁ Ἀρίστυλλος αἰσχρουργίαις κεχηνώς. αἰσχρουργὸν γὰρ αὐτόν φησι ποιητήν,) ὃς διὰ τὴν αἰσχρουργίαν αὐτοῦ ἀεὶ ἐκεχήνει. τοῦτο οὖν φησιν, ὥσπερ ὁ Ἀρίστυλλος κεχηνὼς ἐρεῖς, ἕπεσθε μητρὶ χοῖροι, [ἀντὶ τοῦ ἐμοί· τοῦτο δὲ παροιμιῶδες εἶναί φασιν· οἱ γὰρ παῖδες τοῦτο εἰώθασι λέγειν, ἕπεσθε μητρὶ χοῖροι· παροιμιακὸν οὖν ἐστι, καὶ ἐπὶ τῶν ἀπαιδεύτων φασὶ λέγεσθαι.] — ῥῖνα : Τὴν μύτην. *P.* ὁ Ἀρίστυλλος οὗτος μαλακὸς ἦν καὶ τῷ στόματι χάσκων, ὡς τοῖς ὁρῶσι κινεῖν γέλωτα. P. Vict.

316. [ἀλλ' εἶα : Τῆς τρίτης περιόδου στίχοι καὶ κῶλα ἕξ, ὧν τὸ μὲν πρῶτον καὶ τελευταῖον τετράμετρα καταληκτικά, τὰ δὲ μεταξὺ δίμετρα ἀκατάληκτα· ἐπὶ τῷ τέλει διπλαῖ ἔξω νενευκυῖαι, ἡ μὲν ἐν τῇ ἀρχῇ τοῦ κώλου, ἡ δὲ κατὰ τὸ τέλος.] — σκωμάτων : Ὕβρεων. *Dv.* ὕβρεων ἐλευθερωθέντες. *P.* ἀπαλλαγέντες : Ἀποστάντες. *Vict.*

317. ἐπ' ἄλλ' εἶδος : Εἰς ἄλλην ὁδόν τινα. *P.* ἄλλο τι ἐναντίον, εἰς τὸ μηκέτι σκώπτειν. R. V.

318. ἐγὼ δ' ἰὼν : Δείκνυσιν ἐντεῦθεν, ὡς τοιαῦτα οἱ δοῦλοι ποιεῖν εἰώθασιν. Θ. Junt. Vict. ἰὼν : Πορευθείς· λάθρα : Κρυφίως τοῦ δεσπότου δηλ. *P.*

319. τοῦ δεσπότου : Δείκνυσιν ἐνταῦθα, ὡς τοιαῦτα οἱ δοῦλοι ποιεῖν εἰώθασιν. P.

321. τῷ κόπῳ : Τῷ ἔργῳ καὶ τῇ περὶ τὸν πλοῦτον ἐπιμελείᾳ. ἀπὸ θέματος δὲ τοῦ μασῶ δευτέρας συζυγίας τὸ μασώμενος, ὡς γελώμενος. — μασσ. τὸ λοιπὸν, οὕτω : Εἰς τὸ ἑξῆς. *P.* κόπῳ : Τῇ ταλαιπωρίᾳ συνυπάρχειν ... τῷ ὑστέρῳ, εἰ ἄρα τούτου δεήσεται. Paris.

322. χαίρειν μὲν ὑμᾶς : [Κορωνὶς, ὅτι εἰσίασιν οἱ ὑποκριταί. οἱ δὲ στίχοι ἰαμβικοὶ τρίμετροι ἀκατάληκτοι ζγ', ὧν ὁ τελευταῖος· « καὶ δὴ βαδίζω. σπεῦδε νῦν· τοῦτ' « αὐτὸ δρῶ. »] ὁ Χρεμύλος, ὡς καινισθεὶς τῇ τύχῃ, καινοτέραν προσηγορίαν ἐπινοεῖ· τὸ γὰρ χαίρειν παλαιόν ἐστι. ἀμέλει οὖν ἐπιφέρει τὸ ἀσπάζομαι ἅτε δὴ καινότερον.

(περὶ τοῦ ἐν τῇ συνηθείᾳ χαίρειν τοῦ τε ἐν ταῖς ἐπιστολαῖς, γέγραπται Διονυσίῳ μονόβιβλον περὶ αὐτοῦ· καὶ λέγει μὲν ὑπὸ Κλέωνος πρῶτον αὐτὸ τετάχθαι, γράφοντος πρὸς Ἀθηναίους ὡς ἕλοι τοὺς ἐν Σφακτηρίᾳ, Κλέων Ἀθηναίων τῇ βουλῇ καὶ τῷ δήμῳ χαίρειν. λέγει δὲ αὐτὸ κεῖσθαι περιττὸν καὶ περὶ τὴν σύνταξιν ἀσύστατον. ἐκ δὲ τῆς συντάξεως τοῦ λόγου φασὶν ἀσύστατον, εἰ μή τις αὐτὸ λάβοι ἀπαρέμφατον ἀντὶ προστακτικοῦ, ὡς καὶ παρὰ τῷ ποιητῇ [Il. Δ, 71]

πειρᾶν δ', ὥς κεν Τρῶες ὑπερκύδαντας Ἀχαιούς.)

[ἐμφαίνεται ἐντεῦθεν, ὡς οἱ ἐξαίφνης καὶ παρ' ἐλπίδα εὐτυχήσαντες ἕτεροι τοῖς τρόποις γίνονται, καὶ πρὸς ὑπεροψίαν χωροῦσι· καὶ γὰρ οὐκ ἔστι τὸ χαίρειν κακόν· ἀλλὰ διότι πένης ὢν πρώην πρὸς τοὺς συνήθεις τοῦτο ἐχρῆτο, διὰ τοῦτο ἀτιμάζει αὐτὸ, θέλων μετὰ τοῦ βίου καὶ τὰ προσρήματα μεταβαλεῖν. σύναπτε δὲ τὸ ἔστι πρὸς τὸ ἀρχαῖον. Junt. ὦ 'νδρες δημόται : Ὦ ἄνδρες οἱ ἀπὸ τοῦ αὐτοῦ δήμου. *P*.]

323. (ἀρχαῖον δὲ ἀντὶ τοῦ παλαιόν.) ἐκ παραλλήλου τὸ ἀρχαῖον καὶ σαπρόν. (διαβάλλει τὴν λέξιν ὡς παλαιάν.) R. V. ἀρχαῖον : Τὸ ἔστι λέγει ἐνταῦθα. Dv. ἐνταῦθα τί ἐστι λέγε. Θ. ἐνταῦθα τὸ ἐστὶ λέγει καὶ χαιρετᾶν. P. σαπρόν : Σεσηπωμένον. *P*. ἐξίτηλον, ληρῶδες. V.

324. ἀσπάζομαι : (Ἀσπάζομαί φησιν ἅτε καινότερον. παρὰ τὴν ὑπόνοιαν δέ· εἰπὼν γὰρ μὴ ἐρεῖν χαίρειν, ἀσπάζομαί φησιν.) — ἀσπάζομαι : Καταφιλῶ καὶ περιπλέκομαι. Θ. *Dv*. *P*.

325. καὶ συντεταγμένως : (Καθωπλισμένως μετὰ τάξεως καὶ σπουδαίως καὶ) γοργῶς καὶ μετὰ συγκροτήματός τινος. κατεβλακευμένως δὲ ἀντὶ τοῦ βραδέως (καὶ τρυφερῶς)· βλὰξ γάρ ἐστιν ὁ μαλθακευόμενος ἐν ὑποκρίσει τὸ σῶμα· καὶ βλακεία ἡ μεθ' ὑπεροψίας ὁμιλία. — συντεταγμένως : Σπουδαίως. *Dv*. μετὰ τάξεως. *C*. συντεταμένως : Μετὰ τάξεως. *P*. σπουδαίως, γοργῶς. Θ. σπουδαίως. *D*. καταβεβλακευμένως : Ῥαθύμως ὡς οἱ τρυφῶντες Θ. *Dv*. ῥαθύμως. *D*. κατεβλακευμένως : Βλακεία ἡ ἀπὸ τῆς τρυφῆς ἄνεσις, ἢ ῥαθύμως. *P*. ἀντὶ τοῦ βραδέως καὶ τρυφερῶς. *C*. οὐ κ. : Ἀντὶ τοῦ οὐ ῥαθύμως. V.

326. ὅπως : Ὁρᾶτε καὶ σκοπεῖτε. συμπαραστάται : Σύμμαχοι, βοηθοί. *P*.

327. διὰ τὴν τύφλωσιν. R. ἔσεσθε : Γενήσεσθε. σωτῆρες : Φύλακες. τοῦ θεοῦ : Τοῦ Πλούτου. Θ. *P*. τοῦ Πλούτου. παίζων δὲ λέγει· ὅταν γὰρ θέλῃ, ὀνομάζει αὐτὸν θεὸν, ὅταν πάλιν, ἄνθρωπον. V. ὄντως : Κατ' ἀλήθειαν. *C*.

328. δόξεις μ' Ἄρη : Ὡς αὐτὸν τὸν Ἄρεα τὸν θεὸν ἕξεις με σύμμαχον. δόξεις με, φησὶ, τὸν Ἄρεα ὁρᾶν, ἀντὶ τοῦ κατορθωτικὸν καὶ πρακτικόν. (ἄκρως καὶ ἀπειλητικῶς, φησὶ, βλέψω πρὸς τοὺς βιαζομένους.) — Ἄλλως. παροιμία ἐπὶ τῶν ὑπισχνουμένων παντὶ σθένει συμπράττειν καὶ συναίρεσθαι εἰς βοήθειαν. Junt. θάρρει : Ἔχε θάρρος. ἄντικρυς : Φανερῶς. δόξεις : Νομίσεις, ἡμᾶς τὸν χορὸν δηλ. μ' Ἄρην : Πολεμικώτατον. *P*. ἀνδρεῖον ἤδη καὶ σπουδαιότατον καὶ πᾶν ὑπὲρ τούτου, εἰ δέοι, παθεῖν ἕτοιμον. P.

329. [εἰ τριωβόλου : Ὅτι οὐχ ἵστατο τοῦ δικαστικοῦ ὁ μισθὸς, ἀλλὰ κατὰ καιρὸν μετέβαλλον. τοῦτο δὲ λέγει, ὡς τινων ἐκ τούτων δικαστῶν ὄντων.] — δεινὸν : Χαλεπόν. τριωβόλου : Ἕνεκα τριῶν ὀβολῶν. *P*.

330. [ὠστιζόμεσθ' : Ἀντὶ τοῦ ὠθούμεθα. καὶ Ῥωμαῖοι ὤστια τὰς θύρας φασὶ παρὰ τὸ ἐξωθεῖν τὸν ἐπερχόμενον. ἐν τῇ ἐκκλησίᾳ δὲ οὐδεὶς ἐδίκαζεν, εἰ μὴ ἐπέβαινε τῶν ξ' ἐνιαυτῶν· ὅσοι δὲ τελείας ἡλικίας ἦσαν, εἰσήρχοντο μὲν εἰς τὴν ἐκκλησίαν, οὐκ ἐδίκαζον δέ. τούτους οὖν τοὺς ἐκκλησιαστὰς ἐποίησαν φανερόν τι λαμβάνειν ἀπὸ τῶν τῆς πόλεως προσόδων οἱ δημαγωγοὶ πείσαντες τὴν πόλιν· ὕστερον δὲ ὁ Κλέων ἐποίησεν αὐτὸ τριώβολον. ἀφῆλιξ δὲ εἰς τὴν ἐκκλησίαν οὐκ εἰσήρχετο.] — ὠστιζόμεσθ' : Εἰσερχόμεθα ἀλλήλους ὠθοῦντες πάντοτε. Θ. *Dv*. *P*. ὅτι οἱ Ῥωμαῖοι ὠστίας τὰς θύρας φασὶ καὶ τὸν θυρωρὸν ὠστιάριον. ἀπὸ τούτου οὖν ὠστίζω τὸ εἰσέρχομαι γίνεται. ἔστιν δὲ ὠστίζειν τὸ εἰσέρχεσθαι τινὰς ἀλλήλους ὠθοῦντας ἐπὶ τῆς θύρας. P. ἐκκλησίᾳ : Τῇ συναγωγῇ. *P*.

331. παρείην : Καταλείψαιμι, παραχωρήσαιμί τινι. Θ. *P*. καθ' ἑαυτὸν ὁ Βλεψίδημος σκέπτεται. V.

332. Βλεψίδημον : Βλεψίδημος ὁ πρὸς τὸν δῆμον βλέπων, κἀκ τούτου τὰ πρὸς ζωὴν ποριζόμενος. ὑπηρέτης γὰρ ἦν τῶν τὰ δημόσια ἐνεργούντων. Junt., Dr.

333. προσιόντα : Προσερχόμενον. *P*.

334. βαδίσει : Περιπατήσει. τάχει : Συντομίᾳ. *P*.

335. πόθεν : Ἀπὸ ποίας αἰτίας. τρόπῳ : Σκοπῷ. *P*.

336. ἐξαπίνης : Καὶ ἐξάπινα. γίνεται παρὰ τὸ ἀφανής, ἄφινα, καὶ ἄπινα. Junt. οὐ πείθομαι : Οὐ πιστεύω. *P*.

337. λόγος : Φήμη. Ἡρακλέα : Ὡς ἀποτρόπαιον τῶν κακῶν. Θ. *P*.

338. ἐπὶ τοῖσι κουρείοισι : Διαβάλλει τοὺς Ἀθηναίους ὡς διημερεύοντας ἐπὶ τῶν κουρείων ἀργῶς (καὶ ἐν τοῖς ἰατρείοις ποιουμένους τὰς συντυχίας). — κουρεῖα δὲ ἦσαν ἐργαστήρια, ἐν οἷς οἱ βουλόμενοι [κείρειν Junt.] τὰς τρίχας τῆς κεφαλῆς καὶ τοῦ πώγωνος [ἀπιόντες Junt.] ἐκείροντο, ὁπότε ἐκβαῖεν τοῦ μέτρου. Junt., P. κουρεῖα τὰ κοινῶς μπαρμπερεῖα. *P*. κουρίοις : Νέοις. *Dv*.

339. ὅτι ἐξαίφνης ὁ ἀνὴρ ἐγένετο. *P*.

340. θαυμαστὸν : Ἐκπληκτικόν. *P*. ἄξιον θαύματος. *Dorvill.*

341. ἀγαθόν τι ποιῶν ... μετακαλεῖται. *P*.

342. οὔκουν ἐπιχώριόν τι : (Σκώπτει πάλιν τοὺς Ἀθηναίους ὡς ἐπιφθόνους.) οὐκ ἀκολουθεῖ, φησὶ, τῇ Ἀθηναίων διαγωγῇ. καὶ ἀλλαχοῦ [Nub. 1176] « ἐπὶ τοῦ προσώπου γάρ ἐστιν Ἀττικὸν βλέπος. » — ἐπιχώριον : Ἐντόπιον, σύνηθες. *Dv*. σύνηθες τῇ χώρᾳ. Θ. οὐδαμῶς σύνηθες τῇ χώρᾳ τι πρᾶγμα ποιεῖ. *P*. διαβάλλει ἐντεῦθεν Ἀθηναίους ὡς φθονεροὺς καὶ κακογνώμονας καὶ μὴ μεταδιδόντας τοῖς φίλοις χρηστοῦ τινος. P.

343. ἀλλ' οὐδέν σε ἐγκαλύψας λέξω. *P*.

344. ἄμεινον : Κρεῖττον ποιοῦμεν. *Dv*. κρεῖττον ἢ πρὸ ποιῶμεν, διάγωμεν. *P*.

345. τὴν εὐπραγίαν σοι. εἶ γὰρ τῶν φίλων : Ὑπάρχεις γὰρ ἀπὸ τῶν φίλων. *P*. ἀντὶ τοῦ ὑπάρχεις. V.

346. ἀληθῶς : Ὁμολογουμένως. *P*.

317. ἔσομαι : Γενήσομαι. αὐτίκα : Ταχέως πάνυ. *P*. εἰ μή τι δεινὰ πάθω. θεὸν δὲ ἢ τὸν Πλοῦτον ἢ ἄλλον τινά. V.

318. ἔνι : Ἔνεστι. κίνδυνος : Φόβος. *P*. ἐὰν ἀποτύχωμεν δηλονότι. R. V.

349. λέγ' ἀνύσας : Οἱ λέγοντες τὸ ἀνύσας ἀντὶ τοῦ

ἄνυσον καὶ τὸ λέξας ἀντὶ τοῦ λέξον οὐ καλῶς λέγουσιν. ἔχει δὲ οὕτως. λέγε ὅτι φῄς ποτε ἀνύσας, καὶ τελέσας τοῦτο· τουτέστιν, εἰς τέλος καὶ διασάφησιν ἀγαγὼν σὸν λόγον. Junt. οἷος : Μέγας. ἀνύσας : Σπεύσας. σύναπτε τὸ ποτέ πρὸς τὸ ἀνύσας. Θ. *P*.

350. κατορθώσωμεν : Ἃ βουλόμεθα. Θ. ἃ βουλεύομαι. *P*.

351. σφαλῶμεν : Ἀστοχήσωμεν, ἀποτύχωμεν τούτου. Θ. *P*. ἐπιτετρίφθαι : Τοῦτο εἶπε φοβούμενος, μὴ ἀποτυχὼν ἐγείρῃ τὸν Δία πρὸς ὀργήν, καὶ ἐπιτρίβῃ αὐτούς. Junt., P. ἀφανισθῆναι λέγω παντελῶς. Θ. *P*.

(τὸ παράπαν : Ἀντὶ τοῦ παντελῶς,) κατὰ πάντα τρόπον, ἐξ ὁλοκλήρου. Ἀττικὸν τὸ σχῆμα. ἀρέσκει με γάρ φησι.

352. φορτίον : Τὸ βάρος πρὸς ὃ δυσχεραίνεις καὶ δειλιᾷς. *P*. τὸ πρᾶγμα. *Br*. τὸ φορτίον διχῶς λέγεται. τὸ βάρος. φορτίον καὶ ἡ μέμψις. P.

353. ἀρέσκει : Ἀρεστὸν ἐμοὶ δοκεῖ. ἐξαίφνης ἄγαν : Παραυτίκα λίαν. *P*. καί μ' οὐκ ἀρ. : Ἐμοί. *Br*.

354. οὕτως : Ὡς ᾄδεται καὶ ὡς αὐτὸς λέγεις. Θ. *Dv*. *P*. αὖ δεδοικέναι : Πάλιν δειλιᾶν, φοβεῖσθαι. *P*.

355. πρὸς : Περισσόν. *Br*. ἀργόν. *P*. ἡ πρός περισσὴ Ἀττικῶς. ἔστι ἴδιον δηλ. κακοῦ. *P*. ἀνδρὸς : Ἴδιόν ἐστι. *Dv*. *P*. ὑγιές : Ἀληθές. *Dv*. ὀρθόν. εἰργασμένου : Πράξαντος. *P*. πρὸς ἀνδρὸς : Ἡ πρός ἐνταῦθα οὔτε περισσή ἐστιν, ὡς οἴονταί τινες, οὔτε ἀντὶ τῆς ὑπό κεῖται, ἀλλὰ τὸ καθῆκον σημαίνει· ὡς καὶ παρὰ Σοφοκλεῖ [Aj. 581]

οὐ πρὸς ἰατροῦ σοφοῦ
θροεῖν ἐπῳδάς.

356. πῶς κτλ : Ἴδιον ἀνδρὸς εἰργασμένου. *P*.

357. ἥκεις : Ἦλθες. *P*. ἀργύριον ἢ χρυσίον : Ἃ ἀνατιθέασιν ἄνθρωποι τῷ θεῷ. *Dv*. *P*.

358. ἴσως : Τάχα. μεταμέλει : Μεταμέλεια γίνεται τῆς κλοπῆς. Θ. *P*. μεταμέλει ἀντὶ τοῦ μεταφροντίζεις φοβούμενος τὸ ἁλῶναι. Θ.

359. ἀποτρόπαιε : Ὡς ἐν ἀρνήσει εἴληφε τὴν τοῦ θεοῦ ἐπίκλησιν. — ἀποσοβητὰ τῶν κακῶν. Θ. *Dv*. *P*. Δί' ἐγὼ μὲν οὐ : Οὐδὲν τοιοῦτον ἐποίησα. *P*.

360. φλυαρῶν : Περισσολογῶν. οἶδα : Γινώσκω φανερῶς, ὅτι ἐπανούργησας. *P*. ὅτι πεπανούργηκας. Θ.

361. ὑπονόει : Ὑπόπτευε. Θ. *P*. (φεῦ : Ἀποδυσπετεῖ, ὡς ἠρνημένου Χρεμύλου τὸ κακούργημα.)

362. ὑγιές ἐστιν οὐδενὸς : Οὐδείς, ὃς δοκεῖ ἔχειν πλεονέκτημα, ἀρετῆς ὑγιῶς ἔχει. — Πλάτων Φαίδωνι [p. 67, D] « τελευτῶν δὴ θαμὰ προσκρούων μισεῖ τε καὶ πάντας ἡγεῖται οὐδενὸς οὐδὲν ὑγιὲς εἶναι τοπαράπαν. » Junt. ἀτεχνῶς ὑγιές : Φανερῶς ἀληθές. Θ. *P*. οὐδενὸς : Ἀνθρώπου. *P*.

363. κέρδους ... ἥττονες : Νικώμενοι ὑπὸ τοῦ κέρδους, ὥσπερ οὗτος ἡττᾶται καὶ τὸ ἀληθὲς οὐκ ἐθέλει λέγειν. Θ. *P*.

364. ὑγιαίνειν μοι δοκεῖς : Ἐπεὶ τοιαῦτα κατ' ἐμοῦ ὑποπτεύεις. Θ. Junt. οὔτοι : Οὐδαμῶς. δοκεῖς : Φαίνει. *Paris*.

365. μεθέστηχ' ὧν πρότερον : Πρώην γὰρ χρηστὸς ὤν, νῦν πανοῦργος γέγονεν. Θ. Junt. Dv. ὡς πολὺ : Λίαν καταπολύ. μεθέστηχ' : Μετεβλήθη. εἶχε : Ἐκέκτητο. *Paris*.

366. μελαγχολᾷς : Μαίνῃ. *P*.

367. τὸ βλέμμ' αὐτοῦ : Αὐτοὺς τοὺς ὀφθαλμούς. *P*. κατὰ χώραν δὲ ἀντὶ τοῦ κατὰ τὸ πρέπον. R. κατὰ χώραν ἔχει : Κατὰ τὸ καθεστηκὸς καὶ ὡς δεῖ. *Dv*. κατὰ τάξιν. *P*.

368. ἐπίδηλόν τι : Ἀλλ' ἔστι τὸ βλέμμα αὐτοῦ ὅμοιον πεπανουργηκότι βλέμματι. — ἐπίδηλον : Φανερόν. *Dv*. πεπανουργηκότι : Αὐτῷ πανουργίαν ἐργασαμένῳ. *P*. πεπανουργευκότι : ἀντὶ τοῦ πεπανουργηκότος. R.

369. οἶδ' ὃ κρώζεις : Ὃ βοᾷς ὃ λέγεις. V. παροιμία ἐπὶ τῶν μάτην θρυλούντων, ὡς αἱ κορῶναι· (ἀντὶ τοῦ, σὺ ἄνω καὶ κάτω περὶ τοῦ κεκλοφέναι μοι διαλέγῃ.) — γινώσκω, διὸ φωνεῖς, ἀκαίρως φθέγγῃ καὶ ὀχλεῖς ἡμᾶς, ὡς κορώνη. Θ. *Dv*. *P*.

ὡς ἐμοῦ τι κεκλοφότος : Τὸ ὡς οὐκ ἔστιν ἐνταῦθα ἀντὶ τοῦ ὅτι, ὡς οἴονταί τινες· οὐ γάρ ἐστι πρὸς τὸ ζητεῖς ἀλλὰ πρὸς τὸ κεκλοφότος· καὶ ἔστιν ἀντὶ τοῦ καθά· στίζων οὖν πρὸς τὸ κρώζεις, τὸ λοιπὸν λέγε κομματικῶς. Junt.

370. ζητεῖς μεταλαβεῖν : Τῆς κλοπῆς. Θ. *Dv*. χρῄζεις κοινωνῆσαι, μετασχεῖν. μεταλαβεῖν : Τοῦτο διὰ μέσου εἴρηται. τίνος : Πράγματος. *P*.

371. οὐ τοιοῦτον : Ὃ σὺ ὑπονοεῖς. Θ. *P*.

372. ἥρπακας : Κατεδυνάστευσας. κακοδαιμονᾷς : Μαίνῃ, ἄθλιος εἶ καὶ κακοδαίμων. *P*.

373. ἀπεστέρηκας : Ἀποστερῶ ἐστὶν, ὅταν παρακαταθήκην τινὸς λαβὼν εἰς διαβολὴν χωρήσω, καὶ οὐκ ἐθέλω διδόναι αὐτῷ, ἃ ἔλαβον. Junt. Dv. ἀπεστέρηκας : Τινὸς δηλονότι. Θ. τινὸς οὐδένα ἄνθρωπον. *P*.

374. οὐ δῆτ' : Οὐδαμῶς, ἐποίησα δηλ. ὦ Ἡράκλεις : Φεῦ. *P*. φέρε : Τί ἂν τις εἴποι ἕτερον; Θ. *Dv*. *P*.

375. φράσαι : Εἰπεῖν. *P*.

376. κατηγορεῖς : Ναὶ οὐ θέλω δηλ. πρὶν μαθεῖν : Πρὸ τοῦ γνωρίσαι. μου : Σύναπτε τό μου πρὸς τὸ κατηγορεῖς. *P*.

377. [ἐγώ σοι τοῦτ' ἀπὸ σμικροῦ : Ὡς πρὸς εὑρηκότα ἡ διάλεξις. χρῆται δὲ τῇ πηλικότητι ἀντὶ ποσότητος.] — ὦ τᾶν : Ὦ φίλε. σμικροῦ : Ὀλίγου. *P*. τοῦτ' : Ὃ πεπανούργηκας. σμικροῦ : Ἀναλώματος. *Dv*.

378. ἐθέλω : Χρῄζω. *P*. διαπρᾶξαι : Οἰκονομῆσαι. πυθέσθαι : Μαθεῖν, ἀκοῦσαι. *Dv*.

379. τὸ στόμ' ἐπιβύσας : (Φράξας· ὅθεν ὁ βυθὸς ὁ πεφραγμένος. τείνεται δὲ πρὸς τοὺς ῥήτορας, ἐπεὶ εἰώθασι τοῖς ἕρμαιον κεκληρωμένοις ἐπιφορτίζεσθαι ὡς κοινωφελῆ μοῖραν τοῦ εὑρημένου. κέρμασι δὲ τοῖς κέρδεσι.) ἐπιβύσας : ἀντὶ τοῦ ἐπιπλήσας. ὡς Ὅμηρος [Od. Δ, 134] « νήματος ἀσκητοῖο βεβυσμένον. » R. κλείσας. Θ. *Dv*. *P*. κέρμασι : Νομίσμασι. *Dv*. δωρήμασι,

νομίσμασι, ἵν' ὅταν καταστῇς εἰς κρίσιν, συνηγοροῦντας αὐτοὺς ἔχῃς διὰ τὴν δωροδοκίαν. Θ. *Dv*. *P*.

380. εἰρωνικὸν τοῦτο. Θ. *Dv*. *P*. φίλως : Προσφιλῶς. Θ. *C*. *P*. ἐπιθυμητικῶς. ἐν εἰρωνείᾳ. V.

381. μνᾶς : Λίτρας. ἀναλώσας : Ἐξοδιάσας. λογίσασθαι : Λογαριάσαι ἡμῖν. Θ. *Dv*. *P*.

382. ἀντὶ τοῦ ὄψομαι εἶπε τὸ ὁρῶ. R. V. καθεδούμενον : Καθίζοντα. *P*.

383. (ἱκετηρίαν ἔχοντα : Ἱκετηρία ἐστὶ κλάδος ἐλαίας ἐρίῳ πεπλεγμένος. οἱ γὰρ ἱκετεύοντες αὐτὸν κατεῖχον τὸν κλάδον.) — ἱκετηρίαν : Κλάδον ἱκετικὴν κρατοῦντα. *P*.

384. διοίσοντ' : Διαφορὰν ἕξοντα. Θ. *P*.

385. [τῶν Παμφίλου : Ὁ Πάμφιλος οὗτος γραφεὺς ἦν· ἔγραψε δὲ τοὺς Ἡρακλείδας ἱκετεύοντας [εὐθέως P.] μετὰ κλάδων ἐλαΐνων, ὅτε αὐτοὺς ἐκ Πελοποννήσου ἀπήλασαν. ἱκετηρία δέ ἐστι κλάδος ἐλαίας ἐρίῳ λευκῷ περιειλημένος, ὡς Πλούταρχος ἐν Παραλλήλοις [Thes. c. 18] φησί· καταχρηστικῶς δὲ καὶ πᾶσα ἱκεσία. ἐχρῶντο δὲ ἐλαΐνῳ κλάδῳ, ἵνα διὰ τούτου πρὸς ἔλεον τοὺς δικαστὰς ἕλκωσι. Dv. P.]

τῶν Παμφίλου : [Πάμφιλος ζωγράφος ἦν, ὅστις τοὺς Ἡρακλείδας ἔγραψεν ἱκετεύοντας τὸν τῶν Ἀθηναίων δῆμον·] (μετὰ γὰρ θάνατον Ἡρακλέους Εὐρυσθεὺς διώκει τοὺς Ἡρακλείδας, διὰ τὸ πρὸς τὸν [Ἡρακλέα τὸν ἐκείνων] πατέρα ἐμφύλιον μῖσος. ταύτην τὴν ἱστορίαν ἔγραψε Πάμφιλος ζωγράφος· κατὰ δέ τινας τραγικὸς ἦν, ὃς τὴν τῶν Ἡρακλειδῶν τύχην χαρακτῆρι ὑφηγήσατο. Ἄλλως. Πάμφιλον μὲν Καλλίστρατος καὶ Εὐφρόνιος τραγῳδιῶν ποιητήν φασι καὶ διδάξαι Ἡρακλείδας. τὰ δὲ λίαν ἐπιτετηδευμένα ὑπομνήματα διστάζει, πότερον τραγικὸς ποιητὴς ἢ ζωγράφος, ὃν καθηγήσασθαί φασιν Ἀπελλοῦ. ἐν μέντοι ταῖς Διδασκαλίαις πρὸ τούτων τῶν χρόνων Πάμφιλος οὐδεὶς φέρεται τραγικός. γραφὴ μέντοι ἐστὶν οἱ Ἡρακλεῖδαι καὶ Ἀλκμήνη καὶ Ἡρακλέους θυγάτηρ Ἀθηναίους ἱκετεύοντες, Εὐρυσθέα δεδιότες, ἥτις Παμφίλου οὐκ ἔστιν, ὥς φασιν, ἀλλ' Ἀπολλοδώρου. ὁ δὲ Πάμφιλος, [ὡς ἔοικε, καὶ] νεώτερος ἦν Ἀριστοφάνους. Ἄλλως.) οὗτος τραγῳδοποιός· ἔγραψε δὲ τοὺς Ἡρακλείδας ἱκετηρίαν ἔχοντας· ὁ γὰρ Εὐρυσθεὺς μετὰ θάνατον Ἡρακλέους τοὺς Ἡρακλείδας ἐδίωξε, καὶ οὗτοι μετὰ τῆς Ἀλκμήνης παρεκάλεσαν τοὺς Ἀθηναίους βοηθῆσαι αὐτοῖς, ὅπερ καὶ ἐγένετο. τὰ οὖν συμβάντα αὐτοῖς ζωγράφος τις Πάμφιλος Ἀθηναῖος εἰς τὴν στοὰν τῶν Ἀθηναίων ἔγραψε, καὶ αὐτοὺς ἱκετεύοντας. τοῦτο οὖν λέγει, ὅτι οἱ καταδικαζόμενοι μετὰ τῶν παιδίων καὶ τῶν γυναικῶν παρακαλοῦσιν ἐλευθερωθῆναι τοῦ ἐγκλήματος.

386. οὐκ, ὦ κακόδαιμον : Εἰ γὰρ, ὡς σὺ φῄς, ἐκεκλόφειν, φαῦλος ἂν ἦν τὸν τρόπον· φαῦλος δὲ ὤν, οὐκ ἂν παρέσχον ἄλλῳ τινί. νῦν δὲ τοῖς χρηστοῖς προῃρημένος δοῦναι, δῆλον ὅτι ἀγαθός εἰμι· εἰ δὲ ἀγαθὸς, οὐ κέκλοφα. — οὐκ : Ὄψει ἐμὲ οὕτως ἔχοντα, δυστυχέστατε. Θ. *Dv*. *P*. χρηστοὺς : Ἀγαθούς. *P*.

387. σώφρονας : Εὐτάκτους. *P*. καὶ τοὺς δικαίους. Θ. σώφρων λέγεται κυρίως ὁ εὐλαβὴς ἄνθρωπος. λέγεται σώφρων καὶ ὁ σώαν ἔχων τὴν φρόνησιν, ἐξ οὗ καὶ : σωφροσύνη ἡ τῶν φρενῶν ἀκεραιότης. P.

388. ἀπαρτί : (Ὀξυτόνως, ἀντὶ τοῦ ἀπηρτισμένως) ἐπίρρημα δέ ἐστιν ὡς ἀμογητὶ, παρὰ τὸ ἀπηρτισμένον καὶ πλῆρες. κέχρηται δὲ αὐτῷ Ἡρόδοτος [2, 158] λέγων, « ἀπὸ τούτου εἰσὶ στάδιοι ο' ἀπαρτί. » καὶ Φερεκράτης ἐν Κραπατάλοις « φράσον μοι. ἀπαρτὶ δή που προσλαβεῖν » (συνωνυμεῖ ἡ λέξις· ἔσθ' ὅτε γὰρ καὶ χρονικὸν ἐπίρρημα δηλοῖ ὡς καὶ Καλλίμαχος.) — καὶ Πλάτων [Lys. p. 215, C] ἐπὶ τοῦ νῦν « ἤδη ποτέ σου « ἤκουσα λέγοντος καὶ ἄρτι ἀναμιμνήσκομαι. » ταῦτα ἐκ τῶν Διδύμου περὶ διεφθορυίας λέξεως. V. ἀπηρτισμένως, τελείως. Θ. *Dv*. *P*. ἀπὸ τοῦ νῦν. *D*. *Cant*. 2. νεωστί. *C*.

389. ὡς κοινωνεῖν πάντας ποιῆσαι. *Dv*. *P*.

390. ἀπολεῖς : Φθερεῖς. οἰήσονται γάρ τινες, ὡς ἀληθῆ λέγεις. ἀπολεῖς, οὐκ ἐθέλων τἀληθὲς εἰπεῖν. σεαυτὸν : Μᾶλλον ἀπολεῖς. *P*.

391. μόχθηρε : Κακέ. *P*.

392. ἔχω : Κέκτημαι. ὁποῖον : Ἀττικόν. *P*. ἐρωτηματικὸν ἀντὶ τοῦ ποῖον. *C*.

394. [οὐκ ἐς κόρακας : Τόπος ἦν ἐν Ἀθήναις κρημνώδης Κόρακες καλούμενος, διὰ τὸ κοράκων εἶναι καταγώγιον· εἰς ὃν τοὺς κακούργους ἔρριπτον ὑπὸ κοράκων ἀναλωθησομένους· ἐλήφθη δὲ εἰς παροιμίαν τὸ, [ἔρρ' P.] ἐς κόρακας. [ἀντὶ τοῦ ἀπελθὼν φάνηθι. P.] Dv. P. οὐκ ἐς κόρακας : Ἀπέλθῃς καὶ ἀπελεύσῃ. νὴ τοὺς θεοὺς : Ναί. *P*.].

395. [πρὸς τῆς Ἑστίας : Ἡ Ἑστία θυγάτηρ ἦν Κρόνου, καταρχὰς τὴν οἰκίαν εὑροῦσα, ἣν ἐντὸς τῶν οἴκων ἔγραφον, ἵνα τούτους συνέχῃ, καὶ τῶν οἰκούντων εἴη φύλαξ. οὕτω καὶ ἐφέστιον Δία καλοῦσιν, ὃν εἰς φυλακὴν τῶν οἴκων γράφουσιν. Junt. ἕνεκεν αὐτῆς τῆς Ἑστίας τῆς θεᾶς. *P*. Ἑστίας : Περιττὸν ἦν ἐνταῦθα τὸ λέγω, διὸ καὶ ἐξεβλήθη παρ' ἐμοῦ. ὀφείλει δὲ ἄνω κεῖσθαι, ἀπὸ κοινοῦ γὰρ λέγεται ἀπὸ τοῦ λέγεις. P.]

396. θαλάττιον : Παίζει αὐτὸν ἐνταῦθα. Θ. *Dv*. *P*. παίζει δὲ ταῦτα λέγων. V.

397. διὰ τὸ μὴ ἀνέχεσθαι τὸν Βλεψίδημον ἀκοῦσαι λόγον ὁλόκληρον παρὰ Χρεμύλου, ἀλλὰ ἀφ' ἕκαστον ἔπος περιτρίπτειν αὐτὸν, ἐμφαίνει ὁ ποιητὴς τὴν γνώμην τῶν ἐπιθυμούντων τίθεσθαί τι παρά του. P.

398. διαπέμπεις καὶ πρὸς ἡμᾶς τοὺς φίλους : Ὅτι οὐ μετεστείλατο τὸν Βλεψίδημον· ἀκηκοὼς δὲ ἦλθε. ἡ δὲ διά ἀντὶ τῆς μετά. — τοὺς φίλους : Τὸν Πλοῦτον δηλ. *P*.

399. τούτῳ : Ἐν τῷ πέμψαι. R. τῷ διαπέμπειν. Θ. *Dv*. *P*.

400. οὐ τῷ μεταδοῦναι : Κατέστη τὰ πράγματα δηλ. δεῖ : Ἐνδέχεται. τί : Ἐνδέχεται. *P*.

401. βλέψαι ποιῆσαι νώ : Ὅτι τὸ νώ ἀντὶ τοῦ αὐτός· ἢ ἀντὶ τοῦ δεῖ ἡμᾶς ποιῆσαι αὐτὸν βλέψαι. — νώ : Τὸ χ κεῖται, ὅτι τὸ νώ ἀντὶ τοῦ αὐτόν ἢ ἀντὶ τοῦ ἡμᾶς ποιῆσαι αὐτὸν βλέψαι εἴρηται. Θ. *P.*

402. ὥσπερ τὸ πρότερον : Ἔπρεπε δηλ. P. ἑνί γέ τῳ τρόπῳ : Τινὶ, ἤγουν μιᾷ τινι μηχανῇ. *Dv.* ἀντὶ τοῦ συντόμως. V.

403. νὴ τὸν οὐρανὸν : Διὰ τὸ λαμπῶδες τοῦ οὐρανοῦ τοῦτον ὄμνυσι πρὸς τὸ τυφλός. Θ. *Dv.*

404. οὐκ ἐτὸς : Οὐκ ἀλόγως, ἀλλὰ δικαίως. ἢ ἀντὶ τοῦ οὐκ ἀληθῶς. ἐπιρρηματικὸν γάρ ἐστιν ἀντὶ τοῦ ἐτῶς ἀπὸ τοῦ ἐτεῶς συνῃρημένου. — ἐτὸς : Μάτην (Θ.), οὐκ ἀλόγως. *P.* ὡς ἔμ' : Εἰς ἐμέ. Θ. *Dv.*

406. οὐκοῦν : Τὸ λοιπόν. εἰσαγαγεῖν : Εἰσκαλέσασθαι χρή. *P.* ἐχρῆν : Πολλάκις οἱ Ἀττικοὶ λαμβάνουσιν τὸν παρατατικὸν ἀντὶ ἐνεστῶτος, ὡς τὸ ἦν ἀντὶ τοῦ ἐστίν, καὶ τὸ ἐχρῆν ἀντὶ τοῦ χρή. P.

407. ὅτι συνεσταλμένον τὸ ἰατρός. R. χλευάζει τοὺς Ἀθηναίους ἰατροὺς καὶ τοὺς θεραπευομένους, τοὺς μὲν ὡς ἀγνώμονας, τοὺς δὲ ὡς ἀδόξους. Ἄλλως. συνεσταλμένως μὲν τὸ ἰατρός. Ἄλλως. καινοποιεῖται τὸν διασυρμὸν καὶ κατὰ τῶν ἰατρῶν καὶ κατὰ τῶν θεραπευομένων, τῶν μὲν ὡς ἀτέχνων, τῶν δὲ ὡς φειδωλῶν. V. τίς δῆτ' ἰατρός ἐστι : [Διασύρει καὶ] διαβάλλει τοὺς ἰατροὺς ὡς ἀμαθεῖς καὶ τοὺς δεομένους ὡς μικρολόγους. — τίς δῆτ' : Οὐδείς. ἐν τῇ πόλει : Ἐντελὴς δηλ. *P.*

408. μισθὸς : Οὐ κατ' ἀξίαν δίδοται. *P.*

409. οὐκ ἔστιν : Ἰατρὸς δηλ. *P.*

410. [μὰ Δί' ἀλλ' ὅπερ πάλαι : Τὸ ἑξῆς, ἀλλ' οὐκ ἔστι μὰ Δία, ἀλλ' ἐκεῖνο κράτιστόν ἐστιν, ὅπερ πάλαι παρεσκευαζόμην, κατακλῖναι αὐτόν.] — μὰ Δί' : Οὐκ ἔστιν δηλ. παρεσκευαζόμην : Ηὐτρεπιζόμην. *P.* ᾠκονομούμην. *Dv.*

411. κατακλίνειν : Καταθήσειν. Θ. *Dv.* *P.* εἰς Ἀσκληπιοῦ : Τὸν ναόν. Θ. *Dv.* τὸν οἶκον δηλ. *P.*

412. πολὺ μὲν οὖν : Κράτιστόν ἐστι. Θ. *P.*

413. μὴ διάτριβε : Μὴ βράδυνε. Θ. *Dv.* νῦν διάτριβ' : Δὴ βράδυνε, χρόνιζε. ἄνυε : Σπεῦδε. ἕν γέ τι : Πρᾶγμα. *P.* ἀντὶ τοῦ πρᾶγμά τι. R.

414. [σπεῦδέ νυν : Τοῦτο τὸ νυν καθ' ὁμαλισμὸν ἀναγνωστέον, ἵν' εἴη ἀντὶ τοῦ δή. ἐγκλίνεται γὰρ ἀεὶ, καὶ βραχύ ἐστι, φωνήεντος ἐπιφερομένου· ὡς τὸ

σίγα νυν ἑστὼς, καὶ μέν' ὡς κυρεῖς ἔχων,

παρὰ Σοφοκλεῖ [Aj. 87] τὸ δέ γε νῦν τὸ περισπώμενον ἐπίρρημά ἐστι χρονικὸν, καὶ μακρὸν ἀεὶ εὑρίσκεται· διὸ καὶ περισπᾶται.] — τοῦτ' αὐτὸ : Τὸ σπεύδειν. *P.*

415. [ὦ θερμὸν ἔργον : Κορωνὶς ἑτέρα ὁμοία· οἱ δὲ στίχοι, ὡς οἱ προφθάντες, ἰαμβικοί εἰσι τρίμετροι ἀκατάληκτοι ογ', ὧν τελευταῖος

ἔχοι τις ἂν δίκαιον ἀντειπεῖν ἔτι.

ἐπὶ τῷ τέλει κορωνίς.]

θερμὸν ἔργον : Παράδοξον, ἢ τολμηρὸν, ἢ εὐκίνητον. Πενία παραβάλλουσα μάχεται πρὸς Χρεμύλον καὶ Βλεψίδημον. — θερμὸν ἔργον : Σπουδαῖον καὶ τολμηρόν. *Dv.* τολμηρὸν πρᾶγμα. ἀνόσιον : Ἄδικον. *P.*

416. ἀνθρωπαρίω κακοδ. : Ὦ ἄνθρωποι δυστυχεῖς. *Paris.*

417. ποῖ, ποῖ : Ποῦ ποῦ πορεύσεσθε. τί φεύγετον : Διὰ τί; μενεῖτον : Προσκαρτερήσετε ἐμέ. *P.* προσκαρτερεῖτε. *Dv.*

418. αὕτη ἡ κατασκευὴ τὸ « ἐγὼ γάρ, » πρὸς τὸ « οὐ μενεῖτον » ἔχει τὴν δύναμιν. P. ἐξολῶ : Ἐξολοθρεύσω. Θ. *Dv.* ἀφανίσω, φθερῶ, ὄντας κακούς. *P.*

419. ἀνασχετὸν : Ὑπομονητόν. Θ. *Dv.*

420. ἀλλὰ τοιοῦτον, οἷον ἄλλος οὐδεὶς ἐτόλμησε οὐδεπώποτε. *P.*

421. ἀπολώλατον : Ἐφθάρητε. *Dv.*

422. ὠχρὰ : Ὠχροὶ γάρ εἰσιν οἱ πένητες διὰ τὸ μὴ ἔχειν αὐτοὺς ἴσως φαγεῖν. V. κίτρινος. *P.* τοιοῦτοι γὰρ οἱ πένητες. R. Θ. Dv.

423. ἴσως Ἐριννύς ἐστι : (Ἐπισκώπτει αὐτὴν διὰ τὴν τῶν Ἐριννύων Εὐριπίδου ἢ Αἰσχύλου ὑπόθεσιν· παρεισάγονται γὰρ μετὰ λαμπάδων δεινοπαθοῦσαι, ὡς καὶ Εὐριπίδης [Orest. 261] « Γοργῶπες, ἐνέρων ἱερίαι, δειναὶ θεαί. » Ἄλλως. εἰώθασιν οἱ τραγῳδοὶ Ἐριννύας εἰσφέρειν μετὰ λαμπάδων·) τὰ γὰρ ἀποτρόπαια τῶν φαντασμάτων τραγῳδοῖς μᾶλλον ἁρμόττει. — ἐκ τραγῳδίας : Ὡς οἱ ποιηταὶ ποιοῦσιν οἱ τραγικοί. *P.*

424. [βλέπει γέ τοι : Τὸ γέ τοι ἢ ἀντὶ τοῦ δέ, ἢ ἀντὶ τοῦ γάρ· ὃ καὶ κρεῖττον. εὕρηται δὲ καὶ ἐν πολλοῖς τῶν λογοποιῶν, ὡς ἐξετάζων εὑρήσεις.]

[τράγῳδικὸν : Θρηνῶδες, καὶ οἷον ἐν ταῖς τραγῳδίαις οἱ ποιηταὶ εἰσάγουσι.] — βλέπει : Ὀρθῶς ἔφης δηλ. *P.* γέ τοι : Γάρ. μανικὸν : Ἄγριον. *Dv.* ἀσυμπαθές. *P.* τραγῳδικὸν : Δαιμονικόν. *Dv.* θρηνῶδες. *P.*

425. ἀλλ' οὐκ ἔχει γὰρ δᾷδας : Ἐπειδὴ παρὰ (τὸ) σχῆμα ἦλθε· καὶ γὰρ ἐν ταῖς τραγῳδίαις μετὰ λαμπάδων εἰσήρχοντο αἱ Ἐριννύες. [τὸ δὲ γὰρ ἀργὸν, ὡς ὑποτασσόμενον τοῦ ἀλλά.] — ἔχει : Κρατεῖ. *P.* μετὰ δᾴδων εἰσήγαγον τὰς Ἐριννύας, δεικνύντες τὸ θερμὸν καὶ διάπυρον τῶν καταρῶν. P.

οὐκοῦν κλαύσεται : (Ἀντὶ τοῦ οἰμώξεται,) ὡς μὴ οὖσα κατὰ φύσιν φοβερὰ, ἀλλὰ μάτην ἀπατῶσα ἡμᾶς.

426. πανδοκεύτριαν : Ἀντὶ τοῦ κάπηλιν, παρὰ τὸ δέχεσθαι πάντας. εἴρηται κάπηλις παρὰ τὸ κακύνειν τὸν πηλόν· πηλὸς δὲ ὁ οἶνος· ὅθεν καὶ ἄμπελος, οἱονεὶ ἔμπηλος οὖσα, ἡ ἐν αὐτῇ ἔχουσα τὸν πηλόν. — οἴεσθε : Νομίζετε. *P.* πανδοχεύτριαν : Ξενοδόχον. Θ. *Dv.* πανδοκεύτριαν : Καπήλισσαν. *P.*

427. ἢ λεκιθόπωλιν : (Ἀπὸ τοῦ χρυσίζοντος τοῦ ᾠοῦ, ᾠόπωλιν· λέκιθος δὲ κυρίως τὸ ξανθὸν τοῦ ᾠοῦ, διὰ τὸ τῷ λέπει κεύθεσθαι. ἔστι δὲ καὶ) εἶδος ὀσπρίου, ὃ καλεῖται πίσος διὰ τὸ ἐοικέναι τὴν χροιὰν λεκίθῳ ᾠοῦ. ἀπὸ μέρους οὖν τὴν ὀσπριόπωλιν δηλοῖ. καὶ ἐν τῇ Λυσιστράτῃ [561] κέχρηται τῇ λέξει·

(νὴ Δί' ἔγωγ' οὖν ἄνδρα κομήτην φυλαρχοῦντ' εἶδον ἐφ' ἵππῳ

εἰς τὸν χαλκοῦν ἐμβαλλόμενον πῖλον λέκιθον παρὰ γραίς.)

λεκυθόπωλιν: Ὀσπριοπώλιδα. λέκυθος εἶδος ὀσπρίου. ἢ ὠοπώλιδα. λέκυθος γὰρ καὶ ὁ κροκὸς τοῦ ὠοῦ. Θ. ὀσπριόπωλιν. *Dv*. ὀσπριόπωλιν μετὰ ὠοῦ πωλοῦσαν. *P*. λεκυθόπωλις λέγεται ἡ τὰ ὑέλινα ἀγγεῖα κυρίως πωλοῦσα. P. τοσουτονὶ : Μέγα. *Dv*.

428. ἀνέκραγες : Ἐλοιδόρεις, ὥσπερ αἱ κύνες ποιοῦσι. ἀνέκραγες : Ἠπείλεις. ἡμῖν : Παρ' ἡμῶν. *Dv*. ὥσπερ ἐκεῖναι ποιοῦσιν ἀλόγως καὶ δίχα προφάσεως ἀεὶ θόρυβον ἐγείρουσαι. Θ.

429. ἄληθες : Ἀληθῶς τοῦτο λέγετε· ἐστὶ δὲ εἰρωνικόν. Θ. *Dv*. τοῦτο λέγετε, ὅτι οὐκ ἠδικήσατε ἐμὲ μεγάλως. *P*. τὸ μὲν προπαροξύτονον ἄληθες ἀντὶ ἐπιρρήματος λαμβάνεται, ὡς κἀνταῦθα. τὸ δὲ ὀξύτονον τὸ ἀληθὲς, οἷον τἀληθὲς γὰρ οὐκ ἔθελεις φράσαι, ὄνομά ἐστι. P.

430. χώρας ἐκβαλεῖν : Τῶν Ἀθηναίων ἀποδιῶξαι. *P*. ἐκβαλεῖν : Ἀποδιῶξαι. *Dv*.

431. τὸ βάραθρον : Χάσμα τι φρεατῶδες καὶ σκοτεινὸν ἐν τῇ Ἀττικῇ, ἐν ᾧ τοὺς κακούργους ἔβαλλον. ἐν δὲ τῷ χάσματι τούτῳ ὑπῆρχον ὀγκίνοι, οἱ μὲν ἄνω, οἱ δὲ κάτω. (ἐνταῦθα τὸν Φρύγα τὸν τῆς μητρὸς τῶν θεῶν ἐνέβαλον ὡς μεμηνότα, ἐπειδὴ προέλεγεν ὅτι ἔρχεται ἡ Δημήτηρ εἰς ἐπιζήτησιν τῆς Κόρης. ἡ δὲ θεὸς ὀργισθεῖσα ἀκαρπίας ἔπεμψε τῇ χώρᾳ· καὶ γνόντες τὴν αἰτίαν διὰ χρησμοῦ, τὸ μὲν χάσμα κατέχωσαν, τὴν δὲ θεὸν θυσίαις ἵλαον ἐποίησαν.) — ὑπόλοιπον : Περιλελειμμένον. *P*. τὸ βάραθρον : Ὁ ᾅδης. *Dv*. ὁ κρημνός. *P*.

432. αὐτίκα μάλα : Ἤγουν λίαν συντόμως. *Dv*. τὸ πρᾶγμα λέγειν, οὐ τὸ ὄνομα. R.

433. ἐκείνη εἰμὶ δηλ. ἡ κτλ. σφῷ : Ὑμῖν. δίκην : Τιμωρίαν. *P*.

434. ἐνθάδ' : Ἀπ' ἐντεῦθεν. *P*.

435. καπηλὶς : Κάπηλις προπαροξυτόνως ἡ τὸν οἶνον πιπράσκουσα γυνὴ, ἀπὸ τοῦ κακύνειν, ὅ ἐστι δολοῦν, τὸν πηλὸν, ἤτοι τὸν οἶνον· — ὡς καὶ ἄμπελος ἡ ἔμπηλος οὖσα. P. καπηλὶς δὲ ὀξυτόνως ὑποκοριστικῶς, ἡ ταύτης ὑπηρετὶς τῆς καπήλεως. Junt. ἡ κάπηλις : Ἡ οἰνοπῶλις. Θ. *Dv*. ἡ 'κ τῶν γειτόνων : Ἤτοι ἡ πλησίον οὖσα. *P*.

436. (ἢ ταῖς κοτύλαις : Ἀντὶ τοῦ παρακλέπτουσά με ταῖς κοτύλαις· ἥτις, φησὶ, κοντομετροῦσά με βλάπτει· οἷον ταῖς μεταφοραῖς τῶν μέτρων ἀπατῶσά με, [ἢ μετὰ ὕδατος μιγνύουσα δίδωσιν·] ὡς τοῦ Βλεψιδήμου πεπωκότος καὶ δεδωκότος ἀργύριον. κοτύλη δέ ἐστιν εἶδος μέτρου, ὃ λέγομεν ἡμεῖς ἡμίξεστον.) — τοῖς μέτροις ἐν οἷς πιπράσκει τὸν οἶνον ζημιοῖ. Θ. *Dv*. κοτύλαις : Καρτελούραις. (Θ.) διαλυμαίνεται : Ἀφανίζει. *P*. λυμαίνεταί με, φησὶ, ταῖς κοτύλαις, ἐπεὶ οὐ πλήρεις αὐτάς μοι δίδωσιν, ἢ μετὰ ὕδατος μιγνύουσα δίδωσι. κοτύλη δὲ οὐ μόνον τὸ κοῖλον τῆς χειρὸς, ἀλλὰ καὶ εἶδος μέτρου, ὃ ἡμεῖς ἡμίξεστον λέγομεν. λέγεται καὶ ἐπὶ τῶν πυδῶν τοῦ πολύποδος καὶ τὸ ἰσχίον τοῦ μηρου.

437. Πενία μὲν οὖν : Οὐκ εἰμὶ ἣν λέγετε. Θ. *Dv*. μὲν οὖν : Εἰμί. ξυνοικῶ : Συνυπάρχω. *P*.

438. ἄναξ Ἄπολλον : Ἰδίως τὸν Ἀπόλλωνα ἢ ὡς ἀλεξίκακον καὶ χρησμοὺς παρέχοντα πρὸς ἀποτροπὴν τῶν δεινῶν, ἢ ὡς πατρῷον θεόν. — παρεπιγραφή· ὅτι Βλεψίδημος ἔφευγεν ἀκούσας ὅτι ἡ πενία ἐστίν Θ. *Dv*. ποῖ : Ποῦ. *P*.

439. τί δρᾷς : Παρεπιγραφή. δρᾷ γὰρ τοῦτον φεύγοντα. *P*.

θηρίον : Δειλότατον μὲν αὐτὸν λέγει διὰ τὴν παροῦσαν φυγήν· θηρίον δὲ διὰ τὸ θηριωδῶς πρὸς Χρεμύλον πρώην διατεθῆναι καὶ ἐλέγχειν αὐτόν. *P*.

440. [ἥκιστα πάντων : Ὥσπερ φαμὲν μάλιστα πάντων, καὶ ἔστι τὸ μάλιστα ἐπίτασις ὑπερθετικὴ, οὕτω καὶ ἥκιστα πάντων, καί ἐστιν ἀπαγόρευσις ὑπερθετική.] — οὐδαμῶς. (R. Θ.) ἀργόν. *P*.

442. πόνηρ' : Γεωργέ. *Dv*. ταλαίπωρε. οὐδαμοῦ : Ἔν τινι τρόπῳ. *P*.

443. ἐξωλέστερον : Ἀπολέσθαι ὀφεῖλον, ἢ ἐξολοθρευτικώτερον, ἢ μᾶλλον ἐξολέσαι δυνάμενον. — ἐξωλέστερον : Ὀλεθριώτερον. Θ. *Dv*. φθαρτικώτερον, μᾶλλον ἐξολέσαι δυνάμενον. *P*.

444. ἀντιβολῶ : Παρακαλῶ. ἐγὼ μὲν οὔ : Στήσομαι. *P*.

445. παρὰ πολὺ : Κατὰ πολὺ, σφόδρα· ὡς παρὰ Θουκυδίδῃ ἐν πρώτῳ [c. 29] « καὶ ἐνίκησαν Κερκυραῖοι παραπολύ. » — παρὰ πολὺ : Κατά. *Dv*. παραπολὺ : Ἀντὶ τοῦ πάνυ πολύ. καὶ Θουκυδίδης « ὅτι ἐνίκησαν Κορκυραῖοι παρὰ πολύ. » R.

446. τὸν θεόν : Τὸν Πλοῦτόν φησι. V.

447. ἔρημον : Ἔρημος κυρίως ἡ μονωθεῖσα τῶν ἐνοικούντων γῆ, παρὰ τὸ ἔραν μόνην ἔχειν.

[ἀπολιπόντε ποι : Τὸ ποι ἐνταῦθα οὐκ ἔστιν ἐρωτηματικὸν, ἀλλ' ἀόριστον· ἐπὶ μὲν γὰρ κινήσεως μόνον τὸ ποῖ διὰ τῆς ο καὶ ι διφθόγγου γράφεται. διὰ δὲ τοῦ η γραφόμενον καὶ ἐπὶ στάσεως καὶ κινήσεως τίθεται· καὶ δῆλον ἐκ τοῦ, « πᾶ βῶ; πᾶ στῶ; » παρ' Εὐριπίδῃ [Hec. 1067]. εἰ δέ που καὶ διὰ διφθόγγου εὕρηται ἐπὶ στάσεως, κατὰ παράχρησίν ἐστιν.] — που φευξούμεθα : Ἔν τινι τόπῳ ἀποδράσομεν. *P*.

448. τηνδὶ : Τὴν πενίαν. (V.) διαμαχούμεθα : Ἐναντιωθῶμεν. *Dv*. μαχεσόμεθα. *LB*. μὴ θελήσομεν προμαχέσασθαι. V. ἤτοι μὴ θελήσομεν προμαχίσασθαι. *P*.

449. μαχούμεθ' αὐτῇ· ἀσθενεῖς γάρ ἐσμεν πρὸς μάχην ὑπὸ τῆς ἐνδείας. Θ. Dv. ἢ ποίᾳ δυνάμει θαρροῦντες. *Paris*.

450. θώρακα : Ὅπλον. *Dv*. λουρίκην. *P*. ἀσπίδα : Σκουτάριον. *Dv*. σουσάνιον. *Gl. ap. Ducang. Gloss. p.* 1413.

451. οὐκ ἐνέχυρον : (Δῆλον ὡς οὐ μόνον ἐνέχυρά φασιν, ἀλλὰ καὶ ἐνέχυρον. φαίνεται δὲ καὶ τῶν ἀπηγορευμένων εἶναι μὴ θεῖναι τὰ ὅπλα ἐνέχυρα. λέγει οὖν ὅτι αὕτη τῇ ἑαυτῆς βίᾳ ἀναγκάζει καὶ τοὺς νόμους παραβαίνειν τοὺς θεσπίσαντας ὅπλα ἐνέχυρα μὴ τιθέναι.)

[δέον εἰπεῖν ὅτι οὐ τιτρώσκει, ὡς ἐπὶ τῶν ὄντων ἐν πολέμῳ εἶπεν οὐκ ἐνέχυρον τίθησιν.] [εἰκότως δὲ τίθησι καὶ οὐ τέθεικε, δεικνὺς τὸ ἀεὶ οὕτω ταῦτα γίνεσθαι ἐν τοῖς πένησιν· ἀεὶ γὰρ ἀποροῦντες ἐνέχυρα τιθέασιν.]— ἐνέχυρον : Σημάδιον. *Dv.*

453. τροπαῖον : Οἱ παλαιοὶ Ἀττικοὶ προπερισπῶσιν, οἱ δὲ νεώτεροι προπαροξύνουσιν, [ὡς παρὰ τουτῳὶ τῷ ποιητῇ ἐν Θεσμοφοριαζούσαις [696]

γυναῖκες οὐκ ἀρήξετ'; οὐ πολλὴν βοὴν
στήσεσθε καὶ τροπαῖον;

καὶ οἶμαι κατ' ἀναλογίαν τοῦτο μᾶλλον παρὰ σφίσιν ἢ τοῦτο προφέρεσθαι, ὡς ἀπὸ τοῦ τρίτη τὸ τριταῖον, καὶ ἀπὸ τοῦ οὐρὰ τὸ οὐραῖον. ἔστι δὲ τρόπαιον, ὃ ἐν ταῖς νίκαις οἱ παλαιοὶ ἐποίουν, τοῖχον ἢ λίθον μέγαν ἱστάντες, καὶ γράφοντες ἐν τούτῳ, ἃ κατὰ τῶν ἀντιπάλων ἔργα δεδράκασιν· ἐκαλεῖτο δὲ τρόπαιον διὰ τὸ ἐπὶ τῇ τροπῇ τῶν ἐχθρῶν γεγενῆσθαι.] — τρόπαιον : Νίκην. *Dv.* ἀναστήσαιτο : Ἐγερεῖ. *P.* τῶν αὐτῆς τρόπων : Τῶν κακῶν ἐθῶν, ἃ εἰς τοὺς ἔχοντας αὐτὴν ἐργάζεται. Θ. *Dorvill.*

454. τὸ τυχὸν φθέγγεσθαι. καθάρματα δὲ αὐτούς φησιν ἀντὶ τοῦ εὐτελεστάτους. ἐπὶ αὐτοφώρῳ δὲ, ἐπὶ φανεροῖς ἐλέγχοις συνειλημένοι. V. [ὦ καθάρματε : Καθάρματα ἐλέγοντο οἱ ἐπὶ καθάρσει λοιμοῦ τινος ἤ τινος ἑτέρας νόσου θυόμενοι τοῖς θεοῖς. τουτὶ δὲ τὸ ἔθος καὶ παρὰ Ῥωμαίοις ἐπεκράτησε· λέγεται δὲ καὶ καθαρισμός.] — γρύζειν : Ποσῶς φθέγγεσθαι. καθάρματα : Βδελύγματα. *Dv. P.*

455. ἐπ' αὐτοφώρῳ εἰλημμένω : Φανερῶς, ἐπ' αὐτῷ τῷ ἔργῳ· κυρίως δὲ ἐπὶ τῶν κλεπτῶν τοῦτο λέγεται· φὼρ γὰρ ὁ κλέπτης. Θ. φανερῶς ἐπ' αὐτῇ τῇ κλεψίᾳ κρατηθέντες. *Dv.* ἐπ' αὐτοφώρῳ : Ἐπ' αὐτῷ τῷ κλέμματι. εἰλημμένω : Κεκρατημένω. *P.* κρατηθέντες. Θ.

456. [τί λοιδορεῖ : Τὸ λοιδοροῦμαι παθητικῶς δοτικῇ συντάσσεται, ἐνεργητικῶς δὲ αἰτιατικῇ· ὃ καὶ ἀγνοοῦντές τινες λοιδορεῖς ἐνταῦθα γράφουσι, τὸ ἡμῖν πρὸς τὸ προσελθοῦσα συνάπτοντες.] — κάκιστ' ἀπολουμένη : Μέλλουσα κακίστως ἀφανισθῆναι. *P.* λοιδορῇ : Ὑβρίζεις. *Dorvill.*

457. οὐδ' ὁτιοῦν : Οὐδόλως. *P.*

458. ὦ : Ἄνδρες. *Dv.*

459. πειρωμένω : Βουλόμενοι ποιεῖν ἀναβλέψαι. *P.*

460. τοῦτό σε : Κατὰ τοῦτό σε. *P.*

461. ἐκπορίζομεν : Ἐξευρίσκομεν, περισσὴ (δὲ) ἡ πρόθεσις. R. V. παρέχομεν. *P.*

462. ὅ τι : Ἀγαθὸν ἐξεύροιμι. *P.*

464. ἐκβαλόντες : Ἀποδιώξαντες. *Dv.* ἐκδιώξαντες. *Paris.*

465. κακὸν : Ἄλλο. *P.*

466. ἐκ κοινοῦ κακὸν μέγιστον. R. δρᾶν μέλλοντες : (Ἀντὶ τοῦ,) εἰ μέλλοντες ἐκβαλεῖν σε ἐπιλαθοίμεθα. μέγα κακὸν πράττομεν τότε, (εἰ τοῦτο δρᾶν μέλλοντες, τὸ ἐκβαλεῖν σε, ἐπιλαθοίμεθα. Ἄλλως. ἐκ παραδόξου εἰρηκώς φησι, δράσαιμεν κακὸν ἀντὶ καλοῦ. ἢ εἰκῆ ἡ ἀπόκρισις.) — ἐπιλαθοίμεθα : Κακὸν μέγιστον ἐργασόμενοι ἀπὸ κοινοῦ. *P.*

467. περὶ τούτου : Τοῦ ἐκβαλεῖν με. σφωὶν : Ὑμῖν. *P.* σφῷν : Ὑμῖν· συνίζησις. *Dv.* δοῦναι λόγον : Ἤγουν διαλεχθῆναι. Θ. *Dv. P.*

468. τὸ πρῶτον αὐτοῦ : Τὸ αὐτοῦ ἐπιρρηματικῶς, ἀντὶ τοῦ ἐνταῦθα· ἢ σύναπτε τῷ τούτου, ἵν' ᾖ, περὶ αὐτοῦ τούτου· ἐκ παραλλήλου τὸ αὐτοῦ. Junt. τὸ πρῶτον : Κατά. *P.* αὐτοῦ : Τοπικὸν, ἢ μᾶλλον χρονικόν. *C.* ἐνταῦθα, ἢ τὸ τούτου καὶ τὸ αὐτοῦ ἐκ παραλλήλου. Θ. *E.* ἀποφήνω : Ἀποδείξω. Θ. *P.*

469. (οὖσαν αἰτίαν ἐμὲ : Ἰστέον, ὅτι ἡ Ἀττικὴ ἔλλειψις ἤτοι ἐν ἀρχῇ γίνεται, ὡς τὸ, ὅπως μὴ ποιήσῃς τόδε, νοουμένου ἔξωθεν τοῦ σκόπει· ἢ ἐν τῷ τέλει, ὡς ἔχει τὸ ἐν Νεφέλαις [267]

τὸ δὲ μὴ κυνῆν οἴκοθεν ἐλθεῖν ἐμὲ τὸν κακοδαίμον' ἔχοντα·

κἀκεῖ γὰρ νοεῖται ἔξωθεν τὸ οὐ σκαιόν; ἢ ἐν τῇ μέσῃ, ὡς τὸ παρ' Ὁμήρῳ [Il. Α, 135]

ἀλλ' εἰ μὲν δώσουσι γέρας μεγάθυμοι Ἀχαιοί;

λείπει γὰρ τὸ παύσομαι, ἢ ἡσυχάσω. καὶ Θουκυδίδῃ καταρχὰς τοῦ τρίτου τῆς συγγραφῆς [c. 3] « καὶ εἰ μὲν « συμβῇ ἡ πεῖρα· εἰ δὲ μὴ, Μιτυληναίοις εἰπεῖν ναῦς « τε παραδοῦναι καὶ τείχη καθελεῖν. » τὸ δὲ σχῆμα καλεῖται ἀνανταπόδοτον, ᾧ καὶ νῦν Ἀριστοφάνης ἐχρήσατο· οὐ γὰρ ἀποδέδωκε τὴν σύνταξιν ἐνταῦθα· ἔδει γὰρ εἰπεῖν, κἂν μὲν ἀποφήνω μόνην ἐμὲ ἀγαθῶν οὖσαν αἰτίαν, ἐάσατε· εἰ δὲ μὴ, ποιεῖτον ὅ τι ἂν ὑμῖν δοκῇ.) — οὖσαν αἰτίαν : Ὑπάρχουσαν πρόξενον ... πρότερον. *Paris.*

470. ὑμῖν δι' ἐμέ τε ζῶντας : Λείπει καταγνώσεσθε ἑαυτῶν· καὶ ἐάσατε παρ' ὑμῖν. ὅμοιον δὲ τὸ σχῆμα τῷ Ὁμηρικῷ « ἀλλ' εἰ μὲν δώσουσι γέρας· εἰ δέ κε μὴ « δώωσιν » R. προσυπακουστέον τὸ παύσασθε τῆς ἐπιχειρήσεως. *Dv. D.* ἐάσατε δηλονότι — *C.* ὑμῖν : Καὶ ἀποδείξω. ὑμᾶς : Παύσασθε τοῦ ἐγχειρήματος. εἰ δὲ μὴ : Ἀποφήνω, εἰ δὲ ἀδυνατήσω ἀποδεῖξαι τοῦτο ὑμῖν. *P.*

472. τουτὶ : Τὸ εἶναί σε αἰτίαν πάντων τῶν ἀγαθῶν, ἢ ὅτι ἡμεῖς διὰ σὲ ζῶμεν. *P.*

473. διδάσκου : Μάνθανε τοῦτο ἐξ ἐμοῦ. Θ. *P.*

474. ἁμαρτ. : Ἔξω τῆς ἀληθείας λέγοντας. *P.* ἁμαρτάνω σημαίνει δύο. ἁμαρτάνω λέγεται τὸ ἁμαρτίαν ποιῶ· ἁμαρτάνω λέγεται καὶ τὸ ἐκπίπτω. P.

475. εἰ : Ἐπεὶ τοὺς ἀγαθοὺς λέγεις κτλ. *P.*

476. ὦ τύμπανα : [Τοῦτό φησιν, ὡς τῆς Πενίας τῶν τοιούτων ἀξίας οὔσης.] (τύμπανα, ξύλα, ἐφ' οἷς ἐτυμπάνιζον· ἐχρῶντο γὰρ ταύτῃ τῇ τιμωρίᾳ· ἢ βάκλα, παρὰ τὸ τύπτειν· ἤγουν ξύλα, οἷς τύπτονται ἐν τοῖς δικαστηρίοις οἱ τιμωρούμενοι.) κύφων δὲ δεσμός ἐστι ξύλινος, ὃν οἱ μὲν κλοιὸν, οἱ δὲ καλιὸν ὀνομάζουσιν· ἔνθεν καὶ ὁ πονηρὸς ἄνθρωπος κύφων. τάσσεται δὲ κατὰ πάντων τῶν δυσχερῶν καὶ ὀλεθρίων, καὶ κυφωνι-

σμὸς ἐπὶ τῶν τιμωριῶν. Ἀρχίλοχος δὲ ἀντὶ τοῦ κακὸς καὶ ὀλέθριος. εἴρηται δὲ κύφων παρὰ τὸ ἀναγκάζειν τοὺς δεσμίους κύφειν, (διπλῶς ἅμα κολαζομένους, τῇ τε τοῦ τραχήλου πιέσει καὶ τῷ μηδαμῶς ἀνανεύειν δύνασθαι). Ἄλλως. ξύλα εἰσὶν ἐπιτιθέμενα εἰς τοὺς τένοντας τῶν καταδίκων, ἵνα μὴ εὕρωσιν ἀνακύψαι· (καὶ γὰρ τὸν κρινόμενον ποιοῦσι κύφειν.) — ταὐτὸν εἰπεῖν ἀντὶ τοῦ ὄργανα τιμωρητικά. βοηθήσετε. *P.* ἀρήξατε : Βοηθήσατε. *Dv.* κολαστήρια ὄργανα ἀμφότερα τὰ τύμπανα καὶ οἱ κύφωνες· τοῦτο δὲ λέγει, ὅτι τούτων ἀξία ἡ Πενία. Dv. κολαστήρια ὄργανα τά τε τύμπανα καὶ οἱ κύφωνες. τοῦτο δὲ λέγει δεικνὺς, ὅτι τῶν τοιούτων ἀξία αὐτή ἐστιν. τὰ δὲ τύμπανα, ὡς μέν τινες φασὶν, ξύλα, δι' ὧν τοὺς καταδίκους ἔτυπτον. κύφων δέ ἐστι ξύλον ὅμοιον ζυγῷ, ὃν τιθέασιν κατὰ τῶν τραχήλων τῶν δικαζομένων, κύπτειν αὐτοὺς παρασκευάζων, ἵνα διπλῶς αὐτοὺς κολάζῃ, καὶ μὴ ἐῶν αὐτοὺς ἀνανεύειν οὐδ' ὅλως. P.

477. οὐ πρέπει δεινοπαθεῖν καὶ κραυγάζειν, πρὶν ἂν γνωρίσῃς. *P.*

478. βοᾷν : Κράζειν. ἰοὺ, ἰοὺ : Ἐπίρρημα θρηνητικόν. *P.*

480. τί δῆτά σοι τίμημα : Ἐπέβαλλον γὰρ ἐνίοτε ζημίαν τοῖς ἁλοῦσιν ἢ χρήματα καταθέσθαι, ἤ τι τοιοῦτον. (τῇ δίκῃ δὲ, τῇ τιμωρίᾳ.) — τίμημ' : Εἶδος τιμωρίας. Θ. *Dv. P.* τίμημ' ἐπιγράψω : Πρόστιμα ἐπιθῶ τῇ κρίσει. *P.* τῇ δίκῃ : Τῇ ὀφειλομένῃ σοὶ τιμωρίᾳ. Θ. *Dv.*

[τῇ δίκῃ : Ἤγουν τῇ κρίσει ἢ τῇ ὀφειλομένῃ σοι τιμωρίᾳ· ἤγουν, ἐπειδὴ ὀφειλόμενόν ἐστι δίκην δοῦναί σε, ἐὰν ἡττηθῇς, τίνα κόλασιν ὑπόσχῃς. ἔθος δὲ ἦν πάλαι τοῖς δικαζομένοις γράφειν πρὸ τῆς κρίσεως, ὡς τιμωρίαν ἡττηθεὶς δοίη, εἶτα δὲ ἐπιγράφειν, τουτέστιν, ἐπὶ τῇ προτέρᾳ γραφῇ καὶ τοῦτο γράφειν, ὡς καὶ τοιάνδε τιμωρίαν, ἢ βίου τυχὸν ἀφαίρεσιν, ἢ κεφαλῆς. Junt.]

481. ἁλῷς : Κρατηθῇς. *Dv.*

482. τὸ γὰρ αὐτὸ, ἐὰν ἡττᾶσθε : (Ἀντὶ τοῦ, τὴν αὐτὴν ζημίαν·) τοῦτο δὲ θέλει εἰπεῖν, ὅτι ὅπερ ὁρίσητε πρόστιμον, ἐὰν ἡττηθῶ, τοῦτο ὁριστέον ὑμῶν ἡττημένων. Ἄλλως. τιμωρίαν· εἴθιστο γὰρ τὸ τῆς ἥττης ἤδη καὶ πρόστιμον ὁριζόμενον ὑπὸ τῶν κρινομένων. — τὸ γὰρ αὐτὸ : Τίμημα. ἡττᾶσθε : Νικᾶσθε. σφῷ : Ὑμᾶς. *P.*

483. ἱκανοὺς νομίζεις : Ἀντὶ τοῦ ἀρκοῦντας· (ὁ γὰρ ἱκάνων, ὅ ἐστι παραγινόμενος, ἤρκεσε πρὸς τὴν ὁδόν.) — ἱκανοὺς : Ἀρκετούς. *Dv.* νομίζεις : Ὦ Χρεμύλε. *Dv. P.*

484. ἀποχρήσουσι : Ἀπόχρη ἐπὶ ἐνεστῶτος ἀντὶ τοῦ ἀρκετόν ἐστι, καὶ ἀποχρῶσα δίκη ἐπὶ θηλυκοῦ, ἀντὶ τοῦ ἀρκετὴ ὑπάρχει, καὶ ἐπὶ μέλλοντος ἀποχρήσει, ἀντὶ τοῦ ἀρκετὸν γενήσεται. Junt. ταύτῃ γε : Ἤγ. τῇ Πενίᾳ νομίζ. ἱκανοὺς θαν. εἴκοσι. *P.* νῷν : Ἡμῖν· συνίζησις. *Dv.* ἀποχρήσουσι : Ἀρκέσουσι. Θ. *Dv.* ἀρκετοὶ γενήσονται. *P.*

485. τοῦτο πράττοντες : Ἀντὶ τοῦ ἀποθανόντες. οὐκ ἂν, φησὶν, ἀναβάλοισθε ἀποθανόντες· (ἀντὶ τοῦ ταχέως ἀπελθόντες τελευτήσατε. εἰ γὰρ νικήσετε, οὐκέτι δίκαιόν ἐστιν. Ἄλλως. οὐκ ἂν μὲ, φησὶ, νικήσετε· ἐὰν δέ γε νικήσητε, οὐχ ὑπάρχει δίκαιον.) — οὐκ ἂν φθ. : Ἀντὶ τοῦ ταχέως τοῦτο πάθοιτε. *P.* τοῦτο διπλοῦν. ἢ ταχέως πείσεσθε τοῦτο, ἡττηθέντες· ἢ ταχέως ποιήσετε τοῦτο πρός με ἡττηθεῖσαν. πράττω γὰρ καὶ τὸ ποιῶ καὶ τὸ πάσχω. *Dv., Br.*

486. ἀντειπεῖν : Ἐναντιωθῆναι, ἡνίκα ἡττηθῇ. *P.*

487. ἀλλ' ἤδη χρῆν τι λέγειν : (Κομμάτιόν ἐστι δύο στίχων ἢ τριῶν· οὐδέποτε δὲ ὑπερβάλλει τὸν τέταρτον. τὸ δὲ ἑξῆς, χρὴ λέγειν ὑμᾶς ἀντιλέγοντας.) — Ἄλλως. παράβασις· ὁ γὰρ ποιητὴς δοκεῖ τὸ σκέμμα γυμνάζειν. V. τὸ (δὲ) μέτρον ἀναπαιστικὸν τετράμετρον (καταληκτικὸν εἰς συλλαβήν). δέχεται δὲ ἀνάπαιστον, σπονδεῖον καὶ δάκτυλον [παρὰ τοῖς δραματοποιοῖς σπανίως δὲ καὶ προκελευσματικόν. Ἄλλως. ἀλλ' ἤδη χρῆν τι λέγειν : Εἴσθεσις διπλῆς ἀμοιβαίας ἐκ στίχων ἀναπαιστικῶν τετραμέτρων καταληκτικῶν, ὧν τελευταῖος

τοὺς δὲ πένητας τῶν ἀνθρώπων ἁρπάζειν, πρὶν καταθεῖναι.

καλεῖται δὲ τοῦτο τὸ μέτρον Ἀριστοφάνειον διὰ τὸ κατακόρως αὐτὸν τούτῳ χρήσασθαι, οὐ μὴν εὑρηκέναι πρῶτον· ἐπεὶ καὶ παρὰ Κρατίνῳ καὶ πρὸ τούτου παρ' Ἐπιχάρμῳ καὶ Ἀριστοξένῳ τῷ Σελινουντίῳ Ἐπιχάρμου πρεσβυτέρῳ, ὡς Ἡφαιστίων φησὶ, τούτῳ τινὰ τῷ μέτρῳ μνημονεύεται γεγραμμένα. ἐπὶ ταῖς ἀποθέσεσι τῶν συστημάτων παράγραφος, ἐπὶ δὲ τῷ τέλει τῶν στίχων διπλῆ ἔξω νενευκυῖα.] — ᾧ : Δι' οὗ. *P.*

488. μαλακὸν δ' ἐνδώσετε μηδέν : Ἡρόδοτος ἐν Θαλείᾳ [3,105] « τὰς δὲ θηλέας ἀναμιμνησκομένας ὧν ἔλιπον τέκνων ἐνδιδόναι μαλακὸν οὐδέν. » Junt. τοῖσι : Ἡμετέροις. ἀντιλέγοντες : Ἐναντιούμενοι. μαλακὸν : Χαῦνον. ἐνδώσετε : Ὑποχαλάσατε. Θ. *P.* ὑποχαλάσετε. *Dv.* ἀντὶ τοῦ μὴ μαλακισθῆτε τῇ Πενίᾳ. Θ.

489. φανερὸν : Ἐγνωσμένον. *P.* ὁμοίως : Ἐπίσως. *Vict.*

490. εὖ πράττειν : Εὐτυχεῖν. *P.* εὐτυχεῖν ἐστι τοὺς δικαίους· δυστυχοῦσι δέ. V.

491. πονηροὺς : Κακοὺς καὶ ἀσεβεῖς. τούτων : Τῶν χρηστῶν. δήπου : Ἐστὶ δίκαιον πράττειν, ἤγουν δυσπραγεῖν. *P.* περὶ σχολῆς καὶ ἀργίας· ὥστε ἡ σχολὴ μόχθου δηλωτική. V.

492. τοῦτ' οὖν : Τὸ πλουτεῖν μὲν τοὺς χρηστοὺς, δυστυχεῖν δὲ τοὺς κακούς. *P.* ἐπιθυμοῦντες : Ποιῆσαι δηλονότι. *Vict.*

493. βούλημα καλὸν : Βούλευμα μὲν τὸ ἴδιον, βούλημα δὲ τοῦ δημοσίου ἡ γνώμη. [καίτοι ἐν τοῖς παλαιοῖς τῶν Σοφοκλείων [Aj. 44] ἀντιγράφων

ἦ καὶ τὸ βούλημ' ὡς ἐπ' Ἀργείοις τόδ' ἦν,

εὕρηται, οὐχὶ βούλευμα. ἐν δὲ τῷ ὥστε γενέσθαι παραπληρωματικὸν κεῖται τὸ τε, ὡς καὶ ἐν τῷ οἷόν τε. τὸ δὲ βλέψῃ, καὶ μὴ τυφλὸς ὢν περινοστῇ, δηλοῖ ἐκ παραλλήλου ταὐτὸν σημαίνειν. τὸ δὲ βαδιεῖται, καὶ φευξεῖται, οὐ μόνον Αἰολικά, εἴτε Δωρικά, ἀλλ' ἤδη καὶ Ἀττικά. τὸ δὲ δήπου βεβαιωτικόν. τὸ δὲ τοὺς δὲ πονηροὺς καὶ τοὺς ἀθέους, δὶς ἐνταῦθα εἴρηται διὰ τὸ καίριον· κεῖται δὲ καὶ μετ' ὀλίγα. τὸ δὲ τούτων, εἰ μὲν ἀρσενικόν, τῶν χρηστῶν ἀνθρώπων· εἰ δὲ οὐδέτερον, ὧν εὖ πάσχουσιν οἱ χρηστοί. τοὺς δὲ τὰ θεῖα σέβοντας, ὡς ἐναντίους τοῖς ἀθέοις ἔθετο· ἐνταῦθα δὲ ὅρα τὸ σέβοντας, νῦν μὲν λεχθὲν ἐνεργητικῶς, παρὰ δὲ τοῖς ὕστερον τὰ πλείω παθητικῶς· τὸ δὲ πάντας χρηστούς, ὅτι οἱ πονηροὶ τοὺς ἀγαθοὺς ἰδόντες διὰ τοῦτο εὖ πράττοντας, ἐθελήσουσι τὸν πρότερον ἀφέντες βίον μεταπεσεῖν ἐπὶ τὰ ἀμείνω, ἵνα δι' αὐτὸ τοῦτο εὖ πράττωσιν. τὸ δὲ καί τοι τούτου τίς ἂν ἐξεύροι ποτ' ἄμεινον, ἐπικριτικόν ἐστι σχῆμα δι' ἐρωτήσεως ἀναντιρρήτως βεβαιούμενον, ἐν ᾗ τὸ τίς ταὐτόν ἐστι τῷ οὐδείς, ὡς καὶ ἐν ἄλλοις μυριαχοῦ φαίνεται. τὸ δὲ ἀνερώτα ἢ περιττὴν ἔχει τὴν πρόθεσιν, ἢ δηλωτικόν ἐστι τοῦ πολλάκις ἐρωτᾶν. ἐνταῦθα δὲ σημαίνει ὅτι ἔθος τοῖς ποιηταῖς ἐν ταῖς ἐρωτήσεσι, καθ' ἃς οἴεταί τις ἀντιλογίαν εὑρεῖν ποθεν, παράγειν πρόσωπον φιλικὸν ἀποκρινόμενον τὸ ἀρέσκον τῷ ἐρωτῶντι· ὡς καὶ ἐνταῦθα ὁ Βλεψίδημος ποιεῖ· δεδιὼς γὰρ μή ποτε ἡ Πενία πρὸς τὴν τοῦ Χρεμύλου ἀπαντήσῃ ἐρώτησιν, ἀποκρίνεται αὐτὸν τὸ δοκοῦν τῷ Χρεμύλῳ. ἐν δὲ τῷ κακοδαιμονίαν τ' ἔτι μᾶλλον, δοκεῖ χεῖρον μανίας ἡ κακοδαιμονία εἶναι. ἴσως δὲ καὶ ἐπιδιορθωτικῶς αὐτὸ εἴρηται, ὡς τῶν κατὰ βίον ἀταξιῶν μανίᾳ μὲν οὐκ ἂν ἐοικυιῶν, δυσδαιμονίᾳ δὲ μάλιστα.]

βούλευμα : Σκέμμα. χρήσιμον : Ἐπωφελὲς εἰς πᾶσαν πρᾶξιν. *P.*

494. νυνὶ βλέψῃ ... περινοστῇ : Ἐκ παραλλήλου περιφέρηται ἄνω καὶ κάτω. *Dv. Vict.* πλανᾶται. *P.*

495. ὡς : Εἰς. βαδιεῖται : Βαδίσει. ἀπολείψει : Ἐάσει. *P.*

496. πονηρούς : Κακοτρόπους καὶ ἀσεβεῖς φυγεῖ. *P.*

497. σέβοντας : Τιμῶντας. *P.*

498. τούτου : τοῦ πάντας ἀγαθοὺς ποιῆσαι. R. V. ἐξεύροι : Ἐπινοήσαιτο. *P.*

499. οὔτις : Οὐδεὶς ἐπινοήσει δηλ. ταύτην : Τὴν Πενίαν δηλ. *P.*

500. ὡς : Καθά. ἡμῖν : Ἐν ἡμῖν. *P.*

501. μανίαν : Διὰ τὸ ἀτάκτως φέρεσθαι. Θ. *Dv.*

502. πλουτοῦσι : Χρήματα ἔχουσι. *P.*

503. ἀντὶ τοῦ ἐν πλεονεξίας αὐτὰ εἰληφότες καὶ κτησάμενοι. V. αὐτὰ ξυλλεξάμενοι : Ἃ ἔχουσι συναγαγόντες. Θ. *Dv.* αὐτά : Ἃ ἔχουσι. *P.*

504. πράττουσι κακῶς : Πάσχουσι, δυστυχοῦσι. *Dv.* δυστυχοῦσιν. τὰ πλεῖστα σύνεισιν : Περισσότερα ὑπάρχουσιν. *P.* συνέρχονται. R. V.

505. οὐκοῦν εἶναί φημι : [Ὁ νοῦς, οὐκοῦν εἰ παύσει ταῦτα ὁ Πλοῦτος, ἥν ποτε βλέψῃ, φημὶ εἶναι ὁδόν, ἥντιν' ἰὼν τοῖς ἀνθρώποις ἀγαθὰ ἂν μείζω πορίσειε.] (κακόμετρος οὗτος ὁ στίχος· ἐν ἐνίοις δὲ καὶ ἄμετρος. ὁ δὲ νοῦς δῆλος·) οὐκοῦν εἶναί φημι ὁδὸν ἑτέραν, ἣν βαδίσας τις ἀγαθόν τι μεῖζον τοὺς ἀνθρώπους ἐργάσεται. λέγει δὲ ὅτι δεῖ τὸν Πλοῦτον ἀναβλέψαι ποιῆσαι. ἐὰν δέ τις προσθῇ τὸν καί, ἵσταται ἡ φράσις· οὐκοῦν ἣν βλέψῃ ποτὲ ὁ Πλοῦτος, φημὶ εἶναι ὁδόν, ἥντινα ἰὼν παύσει ταῦτα καὶ τοῖς ἀνθρώποις ἀγαθὰ ἂν μείζω πορίσειεν. Ἄλλως. τὸ οὐκοῦν ἀποφαντικόν ἐστιν ὅτι ἐὰν βλέψῃ ὁ Πλοῦτος καὶ παύσῃ τὴν Πενίαν, οὐκέτι κακοδαιμονία εἴη. τὸ δὲ ἑξῆς, οὐκοῦν εἶναί φημι ὁδόν, ἥντινα ἰὼν ὁ Πλοῦτος βλέψει ταύτην, καὶ τὰ ἀγαθὰ μείζω πορίσειε τοῖς ἀνθρώποις. [Ἄλλως. οἱ γράφοντες φημί, δίχα τοῦ ἄρθρου τοῦ ἥ, στοχάζεσθαι τῶν μέτρων δοκοῦσιν οὐ μάλα ἀκριβῶς· τὸ γὰρ ἑξῆς οὕτως ἔχει, οὐκοῦν εἶναί φημι ὁδόν, ἥτις παύσει ταῦτα, ἣν βαδίσας τις ἀγαθὸν τοῖς ἀνθρώποις πορίσειεν. ἡ δέ ἐστιν, ἣν βλέψῃ πόθ' ὁ Πλοῦτος. οἱ πολλοὶ δὲ λαμβάνουσιν ἔξωθεν γάρ, πρὸς τὸ φημί· οὐκοῦν παύσει ταῦτά ποτε ὁ Πλοῦτος, ἢν βλέψῃ· φημὶ γὰρ εἶναι ὁδόν, ἥντινα ἰὼν πορίσειε τοῖς ἀνθρώποις μείζω ἀγαθά.]

506. ὁδὸν ἥντιν' ἰὼν : Μέθοδον ἥντιν' ἐλθὼν Πλοῦτος. *C.* μέθοδον. ἰὼν : Ὁ Πλοῦτος. *P.* πορίσειεν : Δώσοι. *Borg.* παράσχοι. *P.*

507. ῥᾷστ' : Εὐχερῶς. ἀναπεισθέντ' : Οἱ καταπεισθέντες τὰς φρένας. *P.*

508. ξυνθιασῶτα : συγχορευταί· θίασος γὰρ ὁ χορός. V. συγχορευταὶ καὶ κοινωνοί. Θ. *Dv.*

509. πάλιν δῆλον ὅτι οὐκ οἶδεν ἡ Πενία τὴν Χρεμύλου γνώμην καὶ τὴν τοῦ Πλούτου ὅτι πρὸς μόνους τοὺς δικαίους ἥξει. — λυσιτελεῖν : Οὐδαμῶς λέγω χρησιμεύειν καὶ ὠφελεῖν ὑμῖν. *P.*

510. διανείμειε : Διαμερίσειε πᾶσιν ἐπίσης. Θ. *P.*

511. σοφίαν μελετῴη : Σοφίαν ἐνταῦθα καλεῖ τὴν περὶ τὰς τέχνας πανουργίαν καὶ μηχανήν, τέχνην δὲ τὴν μεταχείρησιν αὐτὴν καὶ ἐνέργειαν. Junt., Dv., Vict. σοφίαν : Μάθημα. *P.*

512. ἀμφοῖν : Τῆς σοφίας καὶ τῆς τέχνης. τὸ δὲ ἑξῆς, τίς ἐθελήσει. R.V.

513. χαλκεύειν... ναυπηγεῖν : Χαλκεύς, ναυπηγὸς εἶναι. τροχοποιεῖν : Τροχοὺς ποιεῖν ἁμάξης. *P.* ἁμάξας ποιεῖν καὶ τροχούς. V.

514. σκυτοτομεῖν τὸ δέρμα, ἤγουν ὑποδήματα κατασκευάζειν. V. σκυτοτομεῖν... πλινθουργεῖν : Σκυτοτόμος εἶναι, πλίνθους ποιεῖν. *P.*

515. Δηοῦς θερίσασθαι : [Ἀντὶ τοῦ γεωργίας ἐπιμελεῖσθαι.] ἤδη τὸ ἔπος τοῦτο τῆς μέσης κωμῳδίας ὄζει. (καρπὸν οὖν Δηοῦς τὸν σῖτον λέγει.) — ἀρότροις ῥήξας : Δι' ἀρότρου σχίσας, τεμὼν τὴν ἐπιφάνειαν τῆς γῆς. Θ. *Dv. P.* δάπεδον : Τὸ ἔδαφος. *Dv.* Δηοῦς : Τῆς γῆς. *P. Vict.*

516. ἐξῇ ζῆν ἀργοῖς : Πρὸς τὸ ἀνώτερον· τίς ἐθελήσει τέχνην μετελθεῖν, ἐὰν ἔξεστιν ὑμῖν ἀργοῖς ζῆν τούτων ἀμελοῦσιν. [Ἄλλως. τὸ ἐξῇ ζῆν πρὸς τό, ἐθελήσει

τίς, ἔχει τὴν δύναμιν. διότι δὲ μετὰ ταῦτα μὲν τίθεται, τὴν δὲ τῶν τεχνῶν ἀπαρίθμησιν προέταξε, διὰ τοῦτο εἶπε τὸ τούτων. οἱ δὲ ἀπ' ἄλλης ἀρχῆς τὸ, ἦν ἐξῆν, λέγοντες, καὶ σκοπεῖτε ἔξωθεν λαμβάνοντες οὐκ ὀρθῶς οἴονται.] — ἐξῇ : Ἄδεια ὑπάρχει. πάντων : Ὧν ἔφην. *P.*

517. λῆρον ληρεῖς : Ἀντὶ τοῦ κατὰ λῆρον. — φλυαρίαν φωνεῖς. V. Ἀττικὴ δὲ ἡ φράσις. (καὶ τὸ σχῆμα, ὡς τὸ μανίαν μαίνῃ,) [καὶ ὅλως ἐφ' ὧν τῷ πράγματι ἐπάγεται τὸ ἀπὸ τοῦ πράγματος ῥῆμα, ὡς τὸ, ὕβριν ὑβρίζεις, καὶ φυγὴν φεύγεις.] — λῆρον ληρεῖς : Φλυαρεῖς. *P.* Ἀττικὴ παρήχησις. κατέλεξας : Ἀπηρίθμησας. Θ. *Dv.*

518. μοχθήσουσιν : Οἱ δοῦλοι μετὰ μόχθου ἐργάσονται. ἕξεις : Κτήσει δούλους. *P.* λούβεις. *Dv.*

519. ἀργυρίου : Διά. *P.*

520. κέρδος κυρίως τὸ εἰς χεῖρας διδόμενον ἀργύριον κέρδος τι ὄν. R.V.

521. ἔμπορος ἥκων : Ἔμπορος ὁ πραγματευτικὸς ἄνθρωπος· κυρίως δὲ ὁ πλέων θάλασσαν, παρὰ τὸ πόρος· πόρος δὲ κυρίως ἐπὶ ὑγρῶν λέγεται· καὶ εὔπορος ὁ ἔχων ἀεὶ τὸν ἐπιρρέοντα πλοῦτον, ἐκ μεταφορᾶς τοῦ ὑδατικοῦ πόρου. διαβάλλονται δὲ οἱ Θετταλοὶ ὡς ἀνδραποδισταὶ (καὶ αἰσχροκερδεῖς) καὶ ἄπιστοι· ἀεὶ γὰρ τὰ Θετταλῶν ἄπιστα, [ἡ παροιμία φησίν]. καὶ Εὐριπίδης (ἐν Ἰνοῖ)

πολλοὶ παρῆσαν, ἀλλ' ἄπιστοι Θετταλοί.

δῆλον δὲ καὶ ἀπὸ Ἰάσονος, ὃς ἠνδραπόδισε τὴν Μήδειαν. ἀνδράποδον δὲ εἴρηται ὁ πούς ὁ ἐν ἀνδράσιν, ἀπὸ τοῦ ὑποκειμένου μέρους τῷ ὅλῳ· ὑπόκειται γὰρ τῷ δεσπότῃ ὁ οἰκέτης καθάπερ ὁ πούς τῷ ὅλῳ καὶ ἀνωτέρῳ σώματι.

παρὰ πλείστων ἀνδραποδιστῶν : Καὶ αὐτὸς παρὰ ἀνδραποδιστῶν λαβών. εἴρηται δὲ ἀνδραποδιστὴς παρὰ τὸ ἄνδρας ἀποδίδοσθαι, τουτέστι πωλεῖν. — Ἄλλως. ἀνδραποδιστὴς οὐ μόνον ὁ τοὺς ἐλευθέρους δι' ἀπάτης ἀπάγων εἰς δουλείαν, ἀλλὰ καὶ ὁ τοὺς δούλους ἀπὸ τῶν δεσποτῶν ἀποσπῶν εἰς ἑαυτὸν ἐπὶ τῷ ἀπαγαγεῖν ἀλλαχοῦ καὶ διαπωλῆσαι. διεβάλλοντο γοῦν οἱ Θετταλοὶ ὡς οὐ μόνον τούτοις χαίροντες, ἀλλὰ καὶ λῃστείαις. ἀφ' ὧν οἱ ἔμποροι ἀνδράποδα ὠνούμενοι εἰς ἑτέρας ἐπώλουν ἠπείρους, ἀφ' ὧν καὶ ἀνδραποδισταὶ ἐκαλοῦντο. Θ. Junt. εἰπὼν ἐκ Θετταλίας, ἐπήγαγε, παρὰ πλείστων ἀνδραποδιστῶν. δεικνὺς ὅτι τὸ τῶν Θετταλῶν γένος λῃστείαις ἐχρῆτο καὶ ἀνδραποδισμοῖς· ἀφ' ὧν οἱ ἔμποροι ἀνδράποδα ὠνούμενοι εἰς τὰς ἑτέρας ἐπώλουν ἠπείρους. C. ἔμπορος : Κατὰ θάλατταν πραγματευόμενος. παρὰ πλείστων : Ὠνήσεται δηλ. *P.* ἀνδραποδιστῶν : Λῃστῶν, τῶν τοὺς ἀνθρώπους δεσμούντων. Θ. *Dv. P.*

522. πρῶτον : Προηγουμένως. Θ. *P.*

524. κινδυνεύων περὶ τῆς ψυχῆς : Οἱ γὰρ λῃστεύοντες ἢ ἄλλους ἢ σφᾶς αὐτοὺς ἀπολλύουσιν, ὅταν ἐλάττους τῶν λῃστευομένων ὦσιν. Θ. ψυχὴ ἡ λογικὴ, καὶ ἡ ἐν τοῖς ἀλόγοις ζώοις. ψυχὴ καὶ ἡ φύσις, ὡς παρ' Εὐριπίδῃ [Sophocl.] « ὅστις τῆς ἐμῆς ψυχῆς γεγώς. » ἤγουν τῆς ἐμῆς φύσεως. ψυχὴ καὶ ἡ ἐν τοῖς φυτοῖς, καὶ ἁπλῶς ἡ ζωή. Junt. κινδυνεύων : Κίνδυνον ὑφιστάμενος. τοῦτο ποιῆσαι : Ἐξανδραποδίζειν. *P.* τὸ λῃστεῦσαι. *Dv.*

525. ὥστ' : Καὶ σύ... ἀροτριᾷν. *P.*

526. ὀδυνηρότερον, μοχθηρότερον, πολὺ βίον τοῦ νῦν διάξεις ἢ διατρίψεις, διατελέσεις. V. διατελέσεις. R. διαβιβάσεις. Θ. τρίψεις βίοτον : Διαβιβάσεις ζωήν. τοῦ νῦν : Ἠγ. τοῦ πένητος. *P.* εἰς κεφαλήν σοι : Ἀποπόμπησις συμβόλου φευκτοῦ. V. εἴη τοῦτο ὃ λέγεις. Θ. ὃ λέγεις. *Dv.* ἐς κεφαλήν σου : Εἴθε ἐπάνω πεσ. *P.* τὸ ἐς κεφαλήν σου εἶπεν, ἐπειδὴ ἤκουσεν παρ' αὐτῆς, ὡς ὀδυνηρότερον μοχθήσει καὶ βιώσει. P.

527. καταδαρθεῖν : [Κατακοιμηθῆναι·] κυρίως δὲ καταδαρθεῖν τὸ ἐν δέρμασι κοιμηθῆναι. — ἔτι : Πρὸς τοῖς εἰρημένοις. καταδαρθεῖν : Ὑπνῶσαι. *P.*

528. ἤτοι τάπησι. οὕτως γὰρ Ἀττικοί. R. ἐν τάπησιν οἱ γὰρ πένητες ἱστουργοῦσιν, ἵνα τραφῶσι. R.V. τάπησιν : Τάπητες λέγεται τὰ πεύκια· εἰσὶ δὲ τάπητες οἱ μὲν ἐξ ἑνὸς μέρους μαλλὸν ἔχοντες, ἀμφιτάπητες δὲ οἱ ἐξ ἀμφοτέρων· λέγεται δὲ καὶ θηλυκῶς δάπης, δάπιδες. Dv. τάπητες λέγονται τὰ ἐπεύχια. εἰσὶ δὲ τάπητες μὲν, οἱ ἐξ ἑν. μ. μαλλὸν ἔχοντες, ἀμφιτ. δὲ οἱ ἐξ ἀμφοτέρωθεν. καὶ θηλυκῶς δάπις, δάπιστος. εὕρηται δὲ καὶ τάπις, τάπιδος· καὶ δάπης, δάπητος· ἀλλ' οἱ Ἀττικοὶ τάπητες γράφουσιν. P. τάπητες λέγονται τὰ ἐπεύχια, εἰσὶ δὲ τάπητες μὲν οἱ ἐξ ἑνὸς μέρους μαλλὸν ἔχοντες, ἀμφιτάπητες οἱ ἐξ ἀμφοτέρων· εἴρηται δὲ καὶ τάπης, ητος, καὶ τάπις, τάπιδος, καὶ δάπις, δάπιδος, καὶ δάπης, δάπηδος· οἱ μὲν Ἀττικοὶ τάπης, τάπητος γράφουσιν. Vict. ὑφαίνειν : Ὑφαντὴς εἶναι. *Paris.*

529. μύροισι μυρίσαι στακτοῖς : Τοῖς ὑγροῖς καὶ χρισίμοις, πρὸς ἀντιδιαστολὴν τῶν ξηρῶν. — μύροισιν στακτοῖς : Ἤγουν ῥοδοστάμασιν. *Dv.* ῥοδοστάγμασιν. Θ. *P.* ἀγάγησθον : Ἐν τῷ οἴκῳ. Θ. *Dv.* ἀγάγετε ἐν τῷ οἴκῳ. *P.*

530. οὔθ' ἱματίων βαπτῶν : (Ἀλλοχρόων·) βαπτὰ γὰρ ἱμάτια φοροῦσιν οἱ νυμφίοι, πρὸς τὸ φαίνεσθαι τεκμήριον τῆς φθορᾶς. οὐκ ἔσται σοι οὖν, φησὶ, ποικίλα ἱμάτια ἐπὶ τῷ κοσμῆσαι τὴν νύμφην. — δαπάναις : Ἀναλώμασιν. Θ. *Dv.* ἐν ἀναλώμασιν. *P.* κοσμῆσαι : Καλλωπίσαι. Θ. *Dv.* καλῦναι. *P.* ποικιλομόρφων : Ἐγχρωμάτων. *Dv.* ἐχόντων μορφὰς ποικίλας. *P.* διαφόροις χρώμασι πεποικιλμένων. Θ.

531. καί τοι τί πλέον πλουτεῖν : Τίς χρεία ἐστὶ τοῦ πλουτεῖν, ὅτε ἀπορεῖ τις ὧν χρῄζει. — τί πλέον : Οὐδέν ἐστι τὸ πλέον. *P.*

532. εὔπορα : Εὐπόριστα. δεῖσθον : Χρείαν ἔχετε. *Paris.*

533. τὸν χειροτέχνην : Ἐπὶ τ. χ., τὸν διὰ τῶν χειρῶν ἐργαζόμενον. *P.* τὸν πτωχόν. *Dv.*

534. βίον ἕξει : Ζωὴν λούβεις. *Dv.* ζωὴν λήψεται. *P.*

535. πλὴν φώδων ἐκ βαλανείου : Φλυκταινῶν· ἐκ βαλανείου δὲ, διὰ τὸ τοὺς πένητας ἀποροῦντας ἐνδυμάτων διὰ τὸ ψῦχος ἐν βαλανείοις καθεύδειν καὶ ἐκ θέρμης [ἢ ἀέρος αὐτοὺς ἐξιόντας παραχρῆμα προσβαλόντος] φλυκταίνας ποιεῖν. Ἀπολλόδωρος τὰ ἐκ τοῦ πυρὸς ἐρυθήματα, ἢ ἐκ ψύχους, ἢ τοὺς τύλους, καὶ τὰ ἐπικαύματα τὰ ἐκ τοῦ πυρὸς, [ὡς τῶν πενήτων διὰ τὸ αὐτουργεῖν τοῦτο πασχόντων. τὸ δὲ πλὴν οὐκ ἐνταῦθα ἀντὶ τοῦ χωρίς, ἀλλ' ἀντὶ τοῦ εἰ μή, πρὸς τὸ κολοσυρτόν, ὅς ἐστιν ἦχος φρυγάνων συρομένων.] — οὐδὲν, ὧν λέγεις, παρέχοις τοῖς ἀνθρώποις. *Dv.* πλὴν : Εἰ μή. *P.* φώδων : Φοῦσκα. *Dv.* τὰς κοινῶς λεγομένας στιβιλίδας. *P.* ἀναστρέφοντες οἱ πένητες ἐκ βαλανείου οἴκαδε, ἢ λουόμενοι, ἢ ἐν τῇ ἐκεῖ καμίνῳ διὰ τὸ ψῦχος θερόμενοι, ἀέρος αὐτοῖς παραχρῆμα προσβαλόντος, φλυκταίνας ἀνθοῦσι τῷ σώματι, διὰ τὸ μὴ ἔχειν ἀρκοῦν ἐπικάλυμμα. *P.* βαλανείου : Λουτροῦ. *P.*

536. ὅταν γὰρ πεινῶσιν οἱ παῖδες κράζουσιν. R.V. ὑποπεινώντων : Μετρίως πεινώντων. *Vict.* γραϊδίων : Ὅτι πεινῶσαι αἱ γραῖαι βοῶσιν ὡς τὰ παιδία. Θ. Vict. κολόσυρτός ἐστι κυρίως ὁ τῶν φρυγάνων ἦχος, ὃν ποιοῦσι συρόμενα. κᾶλα γάρ εἰσιν ἤτοι ξύλα συρόμενα. P., Vict.

537. σύναπτε τὸ ἀριθμὸν πρὸς τὸ οὐδὲ λέγω σοι. ἡ ψύλλα θηλυκῶς. *P.* οὐδὲ λέγω (σοι) τὸ πλῆθος ὅσον. R.V.

538. αἱ βομβοῦσαι : Ἰδίως τὰς ψύλλας ἀφώνους οὔσας βομβεῖν φησι· κωνώπων γὰρ [μᾶλλον] τοῦτο ἴδιον. (Ἄλλως. ἐντεῦθεν πλανηθέντες τινὲς θηλυκῶς εἰρῆσθαι ᾠήθησαν τὰς κώνωπας· ληροῦσι δέ· ἀρσενικῶς γὰρ λέγονται· οἱ δὲ Δωριεῖς ἀρσενικῶς λέγουσι τὸν ψύλλον. θηλυκῶς δέ τινες τὴν κώνωπα κατὰ τοὺς Ἀττικούς· ἠχοῦσαι, φησίν, αἱ κώνωπες· καὶ γὰρ ἠχοῦσα περιίπταται. οὐκ ἔστι δὲ, ἀλλὰ πρὸς τὰς ψύλλας ἀποδέδωκεν.) ἰδίως δὲ εἶπε τὴν ψύλλαν βομβεῖν· οὐ γὰρ προΐασι φωνήν. [κώνωπας δὲ λέγει τὰς ἐμπίδας.] — βομβοῦσαι : Βοῶσαι. *Dv.* ἠχοῦσαι. *P.* κεφαλὴν : Ἀπὸ τοῦ καθολικωτέρου τὸ περὶ τὸ οὖς μέρος ἐδήλωσε: R.V. τοῦ πένητος. ἀνιῶσιν : Λυποῦσιν. *P.*

539. ἐπεγείρουσαι : Διανιστῶσιν καὶ λέγουσι, πεινάσεις, ἐὰν καθεύδῃ. *P.* φράζουσαι : οὐ γὰρ αὗται τουτό φασιν, ἀλλ' ὅτι οἱ πένητες τοῦτο λογίζονται. R.V. ἐπανίστω : Ἐγείρου. *P.*

540. τούτοις : Τοῖς εἰρημένοις. *P.* ῥάκος : Διερρηγμένον χιτῶνα. Θ. *Dv.* *P.*

541. στιβάδα : Συναγωγήν. Θ. *Dv.* στρωμνήν. σχοίνων : Σπάρτων πεποιημένην. μεστὴν : Πεπληρωμένην, ἢ τοὺς κοιμωμένους ἀνιστᾷ. *P.*, *Vict.* Σοφοκλέους τὸ ἡμιστίχιον « ἐπειγομένων κερκίδος ὕμνοις, ἢ τοὺς εὕδοντας ἐγείρει. » στιβάδα δὲ σχοίνων χαμεύνην ἐκ βοτάνης σχοινίου. V. τοὺς κοιμωμένους δακνομένους ὑπὸ τῶν κόρεων. Θ.

542. φορμὸν : Φορμός πᾶν πλεκτὸν, ἐνταῦθα δὲ τὸ ψιάθιον. Junt. φορμὸν : Ψιάθιον. Θ. *Dv.* *P.* φορμὸς πᾶν πλέγμα, εἴτε ψιάθιον, εἴτε ἄλλο τι. *P.* τάπητος : Πευχίου. Θ. *Dv.* *P.*

543. ἀντὶ μὲν ἄρτων : Διενήνοχεν ἄρτος καὶ μάζα, ὅτι ὁ μὲν ἄρτος πάλαι μέμακται, ἡ δὲ μάζα νῦν. — σιτεῖσθαι : Ἐσθίειν. *P.*

544. ἰσχνῶν ῥαφανίδων : Ἀττικοὶ ῥαφανίδα φασὶν ἣν ἡμεῖς ῥάφανον· πάλιν δὲ ῥάφανον, ἣν ἡμεῖς κράμβην. εἴρηται δὲ ῥαφανὶς παρὰ τὸ ῥᾳδίως φαίνεσθαι. λόγος γὰρ ὡς σπειρομένη θᾶττον ἄνεισιν. — μαλάχης πτόρθους : Μολόχης κλάδους. Θ. *Dv.* *P.* μάζης : Ἄρτου. Θ. *P.* ἄρτου ξηροῦ. *Dv.* φύλλ' ἰσχνῶν ῥαφανίδων : Λεπτῶν κράμβων. *P.* εὐτελῶν, λεπτῶν. *Vict.* εἶδος λαχάνου. V.

545. ἀντὶ δὲ θράνους : Θράνος, ὑποπόδιον, (ὃ καὶ θρῆνυς ἴσως παρὰ τῷ ποιητῇ. καὶ νηὸς θράνος·) ἔνθεν καὶ θρανίτης. [ἐτυμολογεῖται δὲ παρὰ τὸ θορεῖν ἄνω, ἢ παρὰ τὸ θρῆσαι, ὅ ἐστι καθίσαι. τὸ δὲ στάμνου δοκεῖ ἀρσενικῶς εἰρῆσθαι, ὡς δηλοῖ τὸ κατεαγότος, οὗ τὸ θέμα ἄγω, τὸ κλῶ, παρακείμενος ἦχα, ὁ μέσος ἦγα, καὶ ἐν διαλύσει ἔαγα· ὅθεν μετοχὴ ὁ ἐαγὼς καὶ τὰ ἐξ αὐτοῦ. ὅρα δὲ ὅτι στάμνου κεφαλὴν λέγει μεταφορικῶς τὸ ἄνω πρὸς τῷ στόματι· οὕτω δὲ καὶ πιθάκνης πλευρὰ τὸ ταύτης πλάγιον. εἰ δὲ στάμνου κεφαλὴν λέγει, εἴη ἂν αὐτὸ σύμφωνον τῷ « πίθου κρήδεμνον » παρὰ τῷ ποιητῇ [Od. Γ, 392]. κεφαλῆς γὰρ φόρημα τὸ κρήδεμνον. ὅτι δὲ ἀπὸ τῆς στάμνου ἢ τοῦ στάμνου καὶ Ζεὺς λέγεται Στάμνιος δηλώσει που καὶ ὁ κωμικός [Ran. 22]. τινὰ δὲ τῶν ἀντιγράφων, ἀντὶ στάμνου κεραμίου γράφεται.]

ἀντὶ δὲ μάκτρας : Ἡ σκάφη ὅπου μάττουσι τὰ ἄλευρα. R. V. σκάφης, ἐν ᾗ ζυμοῦνται τὰ ἄλευρα. Θ. [μάκτρα κατὰ τοὺς παλαιοὺς θυεία ἐπιμήκης, ἐν ᾗ μάττουσι τὰ ἄλευρα, ὅθεν καὶ γίνεται· παρὰ τὸ μάσσω γὰρ ἡ μάκτρα, ὅθεν καὶ μεμαγμένον προείρηται [ad v. 306], καὶ ἡ μάζα γίνεται. Πενίας δὲ πάντως δῶρον καὶ ἡ τοιαύτη μάκτρα ἡ ἐκ πιθάκνης, καὶ οὐδὲ αὐτῆς διόλου συνεχοῦς, ἀλλὰ διερρωγυίας τὴν πλευρὰν, ἐν ᾗ τὸ μάγμα γίνεται. ὑποκοριστικῶς δὲ λέγεται ἡ πιθάκνη, κατὰ τὸ πολίχνη. ὅρα δ' ἐν τοῖς προεκτεθειμένοις καὶ σχῆμα κάλλους ἐπαναφορικὸν διὰ τῆς ἀντί προθέσεως· τοιοῦτον γὰρ τὸ ἀνθ' ἱματίου, ἀντὶ τάπητος, ἀντὶ προσκεφαλαίου, ἀντὶ ἄρτου, ἀντὶ μάζης, ἀντὶ θράνους, ἀντὶ μάκτρας· ἔχει δέ τι καὶ ἐπιμονῆς τὸ τοιοῦτον σχῆμα. ἀστείως δὲ ὁ Χρεμύλος καὶ πρὸς τὴν κλίνην, ἣν ἡ Πενία εἶπε, καὶ τοὺς τάπητας, καὶ τὰ μύρα, καὶ τὰ νυμφικὰ ἱμάτια, τὴν ῥηθεῖσαν στιβάδα καὶ τὸν φορμὸν ἀντέθετο, καὶ τοὺς κακῶς ὀδωδότας κόρις, καὶ τὸ ῥάκος, προσθεὶς τὰ λοιπὰ ἐπέκεινα εἰς ἐπαύξησιν τῶν τῆς πενίας κακῶν.] — θράνους : Ἤτοι ὑποποδίου ἤγ. θρόνους. *P.* θρόνου. *P.* ὑποποδίου. *Dv.* *C.* στάμνου : Κεράμου. *P.* κατεαγότος : Τεθραυσμένου. *Dv.* συντεθλασμένου. *P.* κλασθέντος. ἄγω τὸ συντρίβω. ὁ μέλλων ἄξω, ὁ μέσος παρακείμενος ἦγα καὶ Ἀττικῶς ἔαγα· ῥήσσω, ὁ μέλλων ῥήξω, ὁ μέσος παρακείμενος ἔρρηγα, καὶ τροπῇ τοῦ η

εἰς ὃ μέγα ἔρρωγα. Vict. μάκτρας : Σκάφης. Dv. P.

546. πιθάκνης : ὑποκοριστικῶς ὡς πολίχνης. R. κεράμου ἢ πιθήκου κεκλασμένου. ὑποκοριστικῶς δὲ αὐτὸ εἶπεν ὥσπερ πολίχνη. V. ὑποκοριστικῶς· μικροῦ πίθου ἐσχισμένου. Dr. πίθου μικροῦ. Θ. P. ἐρρωγυῖαν : Τεθραυσμένην. Θ. συντετριμμένην. ἆρά γε : Συμπέρασμα εἰρωνικόν. Θ. P.

547. ἀποφαίνω σ' αἰτίαν : Ἀποδεικνύουσαι. Dv. ἀποδεικνύω πρόξενον. P. αἰτίαν : Πρόξενον· συνίζησις. Dv.

548. ὑπεκρούσω : Ἐφθέγξω, [ἀνεκρούσω,] ἀπὸ μεταφορᾶς τῶν κρουόντων τὴν κιθάραν, (ἢ τινος ἄλλου τοιούτου ὀργάνου. διενήνοχε δὲ πτωχεία πενίας, ὅτι ἡ μὲν πενία μεμετρημένη ἐστὶν ἔνδεια, πόνῳ τὰ χρειώδη θηρῶσα· ἡ δὲ πτωχεία παντελὴς τῆς κτήσεως ἔκπτωσις· καὶ ὁ μὲν πένης παρὰ τὸ πένεσθαι, ὅ ἐστιν ἐνεργεῖν, εἴρηται, καὶ ἐκ τούτου πορίζειν τὰ χρειώδη, ὁ δὲ πτωχὸς, παρὰ τὸ πτώσσειν πάντας.) — τὸν ἐμὸν βίον : Τὴν ἐμὴν διαγωγήν. ὑπεκρούσω : Ἐδήλωσας. P. αἰνιγματωδῶς ἀπήχησας. C. ὠνείδισας. P.

550. οἴπερ καὶ Θρασυβούλῳ : Τὰ μὴ ὅμοιά φησιν αὐτοὺς ὁμοιοῦν, ὡς εἴ τις λέγοι Διονύσιον τὸν ἐξώλη τύραννον ἐοικέναι Θρασυβούλῳ τῷ Λύκου, (ἀνδρὶ φιλοπόλιδι καὶ παντὸς κρείττονι λόγου, διά τε τὰς ἐπιφανεῖς αὐτοῦ κατὰ τῶν πολεμίων νίκας καὶ διότι κατέλυσε τὴν τῶν λ' τυραννίδα. εὔπορος γὰρ ὢν καὶ ἐξ αὐτῶν ἐκπεσὼν μετὰ ταῦτα Φυλὴν καταλαβὼν καθεῖλεν αὐτούς. Ἄλλως. μήποτε ὁ ἀξιωματικὸς καὶ αὐθάδης, ὡς Στράττις ἐν τῷ Κινησίᾳ. Διονύσιος δὲ ὁ μέν τις φαίνεται μαινόμενος, ὁ δὲ, ὡς ἔοικεν, ἰχθυοπώλης.) — Ἄλλως. ὁ μὲν ἀξιωματικὸς καὶ αὐθάδης, ὁ δὲ μαινόμενος καὶ, ὡς ἔοικεν, ἰχθυοπώλης. Παλύζηλος,

ὁ μαινόμενος ἐκεινοσὶ Διονύσιος
χρυσοῦν ἔχων χλίδωνα καὶ τρυφήματα
ἐν τῷ μύρῳ παρ' Ἀθηναίων μακαρίζεται. V.

(μήποτε δὲ καὶ περὶ τὴν ὄψιν ἀποσκώπτει. — ἢ ὅτι ὁ μὲν Διονύσιος τύραννος, Θρασύβουλος δὲ δημοφιλής. V. μᾶλλον δὲ ἄν τις ὑπονοήσειεν ἕτερον Διονύσιον Θρασυβούλου τοῦ Κολλυτέως ἀδελφὸν ἔγγιστα συγγενείας εἶναι. καὶ ἐν τῇ Ἰλιάδι σαφέστερον οἶδεν ἢ κατὰ Δίδυμον. ὡς εἴ τις λέγοι Διονύσιον τὸν ἐξώλη τύραννον ἐοικέναι Θρασυβούλῳ τῷ Λύκου, ἀνδρὶ φιλοπόλιδι καὶ παντὸς κρείττονι λόγου, διότι κατέλυσε τὴν τῶν λ' τυραννίδα. Ἄλλως. οἱ Λακεδαιμόνιοι κρατήσαντες τῶν Ἀθηναίων ἔταξαν λ' τυράννους ἀπὸ τῆς πόλεως ἐν Ἀθήναις διατρίβειν. ὁ οὖν Θρασύβουλος ἐραστὴς ὢν τῆς δημοκρατίας κατέλαβε Φυλὴν τῆς Ἀττικῆς μετά τινων ἄλλων, μεθ' ὧν κατέλυσε τοὺς λ'. Διονύσιος δὲ τύραννος ὠμὸς ἐν Σικελίᾳ. Ἄλλως. ὁ μὲν Διονύσιος ἐμμανής· ὁ δὲ Θρασύβουλος εὔνους. ἢ Διονύσιος τύραννος, ὁ δὲ Θρασύβουλος ἀτελὴς καὶ πένης, πλὴν θρασύς.) — Ἄλλως. ἡ Πενία φησὶν ἐν τῷ πρὸς τὸν Χρεμύλον, ὅτι τὰ μὴ ὅμοια ὅμοια λέγεις εἶναι, ὥσπερ ἂν εἰ τὸν Σικελίας τύραννον Διονύσιον ὅμοιον εἶναι τῷ Θρασυβούλῳ ἀνδρὶ χρηστῷ καὶ κοσμίῳ. Junt.

[Διονύσιον : Ὁ μὲν Διονύσιος ἦν Σικελίας τύραννος· ὁ δὲ Θρασύβουλος ἀνὴρ χρηστὸς Ἀθηναῖος· ὁρῶν οὖν τὴν ἑαυτοῦ πόλιν ὑπὸ τῶν τριάκοντα τυράννων, οὓς ἔστησαν οἱ Λακεδαιμόνιοι, τυραννουμένην, φυλὴν μίαν καταλαβὼν τοὺς τυράννους λάθρα ἀπέκτεινεν· ἥδετο οὖν παρὰ πάντων, ὡς Ἀθηναίων εὐεργέτης. Dr. ὑμεῖς : Φατὲ δηλ. Θρασυβούλῳ : Τῷ ἀγαθῷ δηλ. Διονύσιον : Τύραννον. P.]

551. μέλλει : Πείσεσθαι. P.

552. πρὸς τὴν διαφορὰν τῶν ὀνομάτων. V.

553. φειδόμενον : Ἀκριβολογούμενον. Dv. P. προσέχοντα : Προσκείμενον. P.

554. περιγίνεσθαι δ' αὐτῷ : περιγίνεσθαι σημαίνει μὲν καὶ τὸ νικᾶν, σημαίνει δὲ καὶ τὸ περιττεύειν, ὡς ἐνταῦθα. Junt., Vict. περιγίγνεσθαι : περιλιμπάνεσθαι. R. V. περιττεύειν. Θ. Dv. περιττὸν γίγνεσθαι. ἐπιλείπειν : στερεῖσθαι. P.

555. ὡς μακαρίτην, ὦ Δάματερ : Ὅτι ἁπλῶς καὶ ἀσυνήθως κατεχρήσατο ἀντὶ τοῦ μακάριον· εἰ μὴ ἄρα παίζει, οἷον νεκροῦ βίον. [Ἄλλως. ὥσπερ εἰώθασιν οἱ Ἕλληνες, ἐπειδάν τι παράδοξον ἀκούσωσι, σχετλιάζειν καὶ βοᾶν Ἡράκλεις, ἢ Ἄπολλον, ἢ ὦ Ζεῦ, οὕτω καὶ οὗτος ἀκούσας τῆς Πενίας τοιαῦτα λεγούσης ὥσπερ σχετλιάζων βοᾷ, ὦ Δάματερ· εἰκότως δὲ πρὸς τὴν γῆν ποιεῖται τὸν λόγον, ὡς γεωργός.] — μακαρίτην : Μακαριστόν. Θ. Dv. εὐδαίμονα. P. τὸ μάκαρ ἐπὶ τῶν ἁγίων λέγεται μόνον. τὸ μακάριος καὶ μακαριστὸς ἐπὶ ζώντων καὶ ἀποθανόντων. μακαρίτης δὲ ἐπὶ τῶν ἀποθανόντων μόνον. P. ὦ Δάματερ : Τοῦτο διὰ μέσου. Θ. Dv. κατέλεξας : Κατηριθμήσω. P.

556. μοχθήσας : Κοπιάσας. ταφῆναι : Ὥστε. P.

557. σκώπτειν : Διασύρειν. P. εἰρωνεύεσθαι. Θ. Dv. κωμῳδεῖν : Ὑβρίζειν. Dv. ἐπὶ γέλωτος. P. σπουδάζειν : τῶν σπουδαίων. R. τοῦ λέγειν τὰ σπουδαῖα ἢ σπουδαιολογεῖσθαι. V. σπουδαίως λέγειν. P. σπ. λ., ἐπιστημόνως ἀποδεικνύναι ὅτι κρείττων ὁ πλοῦτος τῆς πενίας. Vict.

558. γινώσκων : Ἐπιστάμενος. P.

559. τῷ μὲν : τῷ Πλούτῳ δηλονότι. V. ποδαγρῶντες : ὅτι Ἑλληνικὸν τὸ ποδαγρᾶν. (τινὲς δὲ φεύγοντες αὐτὸ ποδαλγῶσι λέγουσι.) R. V. ποδαλγοῦντες : Τοιοῦτοι γὰρ οἱ πλούσιοι γίνονται ὑπὸ τῆς τρυφῆς, ὅπερ ἀσελγείας καὶ φαυλότητος βίου δηλωτικόν ἐστι. γράφεται δὲ καὶ ποδαλγοῦντες καὶ ποδαγρῶντες· ὅτι καὶ αὐτὸ τὸ πάθος καὶ ποδάγρα λέγεται καὶ ποδαλγία. Junt. τὴν γνώμην : Τὴν φρόνησιν. Θ. Dv. τὴν ἰδέαν : Τὴν μορφήν. Θ. Dv., Br. κατὰ τὸ εἶδος. P. παρ' αὐτῷ : Τῷ Πλούτῳ. ποδαγρῶντες : Ποδαγροί. P.

560. ὑπὸ ἀργίας μεγάλοι γίνονται καὶ παχεῖς τὰ σώματα. (ἀσελγῶς δὲ ἀντὶ τοῦ ἀτόπως διὰ τὴν ἀσέλγειαν.) R. V. ἀντὶ τοῦ καταφερεῖς. R. V. παχ. καὶ πίονες : Παχεῖς ταῖς σαρξὶν ἀσωφρόνως λιπαροί. ἀσελγῶς : Αἰ-

σχρῶς. Θ. *Dv*. ἀντὶ τοῦ εἰπεῖν λίαν πίονες. *C*. λιπαροὶ ἀτόπως. *D*.

(561). σφηκώδεις : Λεπτοὶ κατὰ τὸ μέσον, ὡς σφῆκες ἢ πικροὶ, ἐπεὶ καὶ τὸ ζῷον πικρόν ἐστι σφόδρα· ἅμα μὲν ὅτι καὶ δριμύτεροι, ἅμα δὲ ὅτι καὶ ἰσχνότεροι γίνονται οἱ λιμώττοντες ὡς σφῆκες. Ἄλλως. σκληροὶ, ἢ λεπτοὶ, μάλιστα τὰ κάτω τῶν γαστέρων, διὰ τὸ γοργὸν καὶ εὐκίνητον· τοιοῦτοι γὰρ οἱ σφῆκες τὸ μέσον.

τοῖς ἐχθροῖς ἀνιαροί : Ὁ γὰρ ταῖς σαρξὶ μὴ βαρυνόμενος, ἀλλὰ κούφως ἔχων τοῦ σώματος, ῥᾷστ' ἂν καὶ πρὸς τοὺς ἐχθροὺς ἀντιπαρατάξηται. τοιοῦτοι δὲ οἱ πένητες διὰ τὸ μὴ εὐσαρκεῖν ἀπορίᾳ τροφῶν. — ἰσχνοὶ καὶ σφ. : Λεπτοὶ τὰ σώματα ὥσπερ οἱ σφῆκες. ἀνιαροί : Λυπηροί. *Dv*. λύπην ἐπάγοντες τοῖς ἐχθροῖς. *P*.

562. σφηκῶδες : Τὸ λεπτόν. *P*.

563. [περὶ σωφροσύνης ἤδη : Καταλέξασα τὰ ἀγαθὰ, ἃ δι' αὐτὴν ἀνθρώποις γίνονται, νῦν βούλεται ἀποδεῖξαι ὅτι καὶ σωφροσύνης αἰτία ἐστὶν, ὥσπερ ὁ Πλοῦτος αὖ τοὐναντίον. εἰκότως δὲ εἶπε τὸ ἀναδιδάξω· καὶ γὰρ ὅτε γαστρώδεις ἔλεγε τοὺς ἀνθρώπους ἐκ τοῦ πλούτου γίνεσθαι, καὶ ἀσελγεῖς ἔλεγεν· οἱ γὰρ πλεῖστα ἐσθίοντες καὶ πρὸς τοῦτο κατάφοροί εἰσιν. — συμπεραίνω τὸ συλλογίζομαι, ἀφ' οὗ καὶ συμπέρασμα παρὰ φιλοσόφοις, τὸ ἐκ τῶν προτάσεων συναγόμενον· τὸ γὰρ κύριον μέρος τοῦ συλλογισμοῦ οὐδέν ἐστιν ἕτερον ἄλλο ἢ τὸ συμπέρασμα. σύγκειται γὰρ ὁ συλλογισμὸς ἐκ δύο προτάσεων καὶ συμπεράσματος· καὶ ἔστι τὸ συμπέρασμα ἀπόδειξις τοῦ ζητουμένου ἀναντίρρητος. Junt. ἤδη τοίνυν περανῶ : Ἀπὸ τοῦ νῦν ἀποδείξω. *Dv*. συλλογίζομαι ὑμῖν. *P*.]

564. κοσμιότης : Εὐταξία, καὶ σεμνότης. Θ. *Dv*. ὑβρίζειν : Αἰσχρὰ πράττειν *Dv*. τὸ ἀσελγαίνειν. *P*.

565. πάνυ γοῦν : Ἐν εἰρωνείᾳ, ἐπεὶ οἱ πένητες κλέπτουσι διὰ τὴν ἀπορίαν. — εἰρωνικῶς. κόσμιον : Ὠφέλιμον. *Dv*. εὔτακτον. *P*.

566. πῶς οὐχὶ κόσμιον : (Τὸ πειρᾶσθαι λαθεῖν.) τοῦτο δὲ ὁ ἕτερος πρεσβύτης πειράζων λέγει καὶ χλευάζων· ἢ ὅτι τὸ παλαιὸν οὐ διεβέβλητο ἡ κλοπὴ, εἰ μὴ φωραθεὶς κλέπτων ὑπῆρχεν. [Ἄλλως. εἴ γε ὁ κλέπτης λανθάνει· ψυχρὸν δὲ τὸ ἐνθύμημα.] — εἴγε δεῖ λαθεῖν : Ἀπόκειται μὴ γνωσθῆναι. *P*. ἀπόκειται. Θ.

567. σκέψαι : Λογίζου. *Dv*. ἐξέτασον. *P*. τοὺς ῥήτορας : Τοὺς κριτάς. ὡς : Ὅτι. *Dv*.

568. περὶ τὸν : Εἰς τόν. *Dv*.

569. ἀπὸ τῶν κοινῶν : Ἀπὸ τῶν δημοσίων χρημάτων. *Dv*. πραγμάτων. Θ. *P*.

570. [ἐπιβουλεύουσί τε : Διαβάλλει τοὺς ῥήτορας, ὡς δῶρα λαμβάνοντες παρὰ τῶν πολεμίων ἀσύμφορα τῇ πόλει συμβουλεύουσιν, οὐκ ἐῶντες αὐτὴν τούτους ἀμύνασθαι.] — ἐπιβουλεύουσι : Ἤγουν κακῶς βουλεύουσιν. *Dv*. ἐπίβουλοι γίνονται. πολεμοῦσιν : Μάχονται. *P*.

571. καίπερ σφόδρα : Συναινεῖ διισχυριζόμενος κατὰ τὸ τῶν ῥητόρων σχῆμα, διασύρων αὐτήν. τὸ δὲ βάσκανος ἁπλῶς ἐπὶ λοιδορίᾳ τιθέασιν. — ψεύδει : Ψευδὲς λέγεις. *P*. τούτων : Ὧν περὶ τῶν ῥητόρων λέγεις. Θ. *Dv*. ὧν εἶπας. βάσκανος : Ἐχθρή. *P*.

572. ἀτὰρ οὐχ ἧττον : (Ὅμως, φησὶν, εἰ καὶ ἀληθεύεις, μὴ μέγα φρονήσῃς· οὐδὲν γὰρ ἧττον τὰ αὐτὰ πείσῃ. κομήσῃς δὲ ἀντὶ τοῦ) ὑπερηφανήσῃς, παρὰ τοὺς κομῶντας καυχητιᾶν. [ἢ ἀπὸ μεταφορᾶς τῶν δένδρων, ἃ τὴν κόμην ὑψοῦ ἔχουσι. τοιοῦτοι δὲ καὶ οἱ ὑπέρφρονες, ὑψοῦ τὴν γνώμην αἴροντες.] — τοῦτο δὲ διὰ μέσου εἴρηται, καὶ ἔστι τὸ, ὅτι ζητεῖς, πρὸς τὸ κλαύσει. Junt. διὰ τῶν λόγων ὧν εἶπας, ἀλλὰ ἐπίσης τιμωρηθήσῃ δηλ. *P*. ταύτῃγε κομίσῃς : Ἀπὸ τούτου ἐπαρθῇς. *Dv*. ἐπαρθῇς. *P*.

573. ὁτιὴ ζητεῖς : Ἐπεὶ ἐξετάζεις. *P*.

574. ἐλέγξαι μ' : Ἐμὲ ψευδόμενον. *P*. (Περὶ τοῦ μὴ) διαφέρειν με τοῦ Πλούτου. R.V.

575. καὶ πτερυγίζεις : (Κοῦφα καὶ μάταια διαλέγῃ. ἀπὸ τῶν νεοσσῶν, ἃ πειράζουσι μὲν τὰς πτέρυγας, ἵπτασθαι δὲ οὐ δύνανται· οὕτω καὶ σὺ θέλεις μὲν ἀντειπεῖν καὶ πειράζεις, οὐδὲν δὲ ἀνύεις. Ἄλλως. ἀλλὰ φλυαρεῖς διὰ λόγων·) τὸ γὰρ πτερὸν ἠχῶδες καὶ θορυβητικόν· ἢ κοῦφα λαλεῖς· ἢ ματαιοπονεῖς, ἀπὸ μεταφορᾶς [τῶν] ὀρνέων τῶν μὴ δυναμένων πέτεσθαι διὰ τὸ βραχὺ τῆς ἡλικίας. Ἄλλως. ἀντὶ τοῦ, πειράζεις πολλὰς ἀνηνύτους ὁρμὰς, καθάπερ καὶ οἱ νεοττοὶ πειράζοντες τὴν πτέρυγα καὶ γυμνάζοντες ἄπρακτον ἔχουσι τὴν τῆς πτήσεως φοράν. — φλυαρεῖς : Πολυλογίζεις. *P*. πτερυγίζεις : Ματαιάζεις. Θ. *Dv*. ἀδύνατα λέγεις. ἅπαντες : Ὅλοι· *P*.

576. βελτίους : Καλούς. σκέψασθαι : Μαθεῖν. *Dv*.

577. ἀπὸ τῶν παίδων : Δυσχερές ἐστι μαθεῖν τὸ δίκαιον, ὅπου γε καὶ οἱ παῖδες διὰ τοῦτο μισοῦσι τοὺς πατέρας. — φρονοῦντας ἄριστα : Ποιοῦντας καλῶς. *Dv*. ἄριστα : Ὠφέλιμα. *P*.

578. διαγινώσκειν : Διακρίνειν. *P*. σύναπτε τὸ δίκαιον ἐνταῦθα. *Dv*. χαλεπὸν : Δυσχερές. *P*. δίκαιον : Τὸ νὰ εὕρῃ τις τὸ δίκαιον, δύσκολόν ἐστι πρᾶγμα. P.

579. [τὸν Δία φήσεις : Τὸ μὲν φήσεις λέγεται πρὸς τὴν Πενίαν. τὸ δὲ, ταύτην δ' ἡμῖν ἀποπέμπει, πρὸς τὸν Βλεψίδημον. ἢ καὶ τὸ φήσεις πρὸς τὸν Βλεψίδημον, ἤγουν, εἴποις κατὰ τὸν αὐτῆς λόγον.] — ὀρθῶς : Ἀπταίστως. κράτιστον : Λυσιτελές. *P*. Τινὲς μετὰ τοῦ ν τὸν κράτιστον. R.

580. κἀκεῖνος : Ὁ Ζεύς. *P*.

581. ἀλλ' ὦ Κρονικαῖς γνώμαις : (Ἤγουν, ἀρχαίαις μωρίαις ἐσκοτισμένοι τὸ φρονεῖν. παροιμία δέ ἐστιν ἐπὶ τῶν ἀμβλυωπούντων, ἥτις εἴρηται καὶ ἐν Νεφέλαις [326]. ἀντὶ δὲ τοῦ γνώμαις γράφεται λήμαις.) λήμη δέ ἐστι τὸ πεπηγὸς δάκρυον, ὅπερ ἐπικαθεζόμενον βλάπτει τοὺς ὀφθαλμούς. (τοῦτο δὲ διὰ τὸ εἶναι αὐτοὺς γέροντάς φησι. τὸ γὰρ τῶν γερόντων δάκρυον παχὺ ὂν λήμας μεγάλας ποιεῖ.) σημαίνει οὖν τὸ τετυφλωμένοι τὰς φρένας, ὥσπερ οἱ τὰς λήμας ἔχοντες τῶν ὀφθαλμῶν ἐμποδίζονται τὰς ὄψεις. — Κρονικαῖς : Παλαιαῖς

καὶ μωραῖς. Θ. *Dv*. παλαιαῖς καὶ μεγάλαις. *P*. λήμαις : Τζίμβλαις. *D*. λημῶντες : Τυφλώττοντες. *Dv*. τυφλώττοντες ἢ τετυφλωμένοι ὄντες. Θ. τυφλώττοντες, βεβλαμμένοι. *Vict*. λημῶντε : Οἱ τζυμβλώττοντες. ἄμφω : Ὁμοῦ οἱ δύο. P.

582. πένεται : Πένης ἐστί. φανερῶς : Καθαρῶς νουθετήσω. *P*.

584. δι' ἔτους πέμπτου : Κατὰ γὰρ ε' χρόνους ἐγίνετο. Θ. κατὰ πεντέχρονον ἐγένετο εἰς τὰ Ὀλύμπια συνάθροισις. *Dv*.

585. ἀνεκήρυττεν : Ἀνηγόρευεν. Θ. *Dv*.

586. κοτίνου στεφάνῳ : (Κοτίνου στεφάνῳ στεφανώσας ἀνεκήρυττε τοὺς νικῶντας. Ἄλλως. οὐ κοτίνῳ ἐστέφοντο, ἀλλὰ τῷ τῆς καλλιστεφάνου ἐλαίας κλάδῳ.) οὐκ ἀκριβῶς οὖν· καλλιστέφανος γὰρ ἡ ἐλαία λέγεται. τούτῳ δὲ ἥρμοττεν ἐκφαυλίζοντι (λέγειν κοτίνῳ. καὶ Ἀριστοτέλης δὲ οὕτω φησὶ [Mirab. ausc. c. 51] κατὰ λέξιν περὶ αὐτῆς, « ἐν τῷ Πανθείῳ ἐστὶν ἐλαία, καλεῖται « δὲ καλλιστέφανος· ταύτης δὲ ἔμπαλιν τὰ φύλλα ταῖς « λοιπαῖς ἐλαίαις πέφυκεν· ἔξω γὰρ, ἀλλ' οὐκ ἐντὸς « ἔχει τὰ λευκά.) ἀφίησί τε τοὺς πτόρθους, ὥσπερ ἡ « μύρτος, (εἰς τοὺς στεφάνους συμμέτρους). ἀπὸ ταύτης « λαβὼν καρπὸν Ἡρακλῆς ἐφύτευσεν Ὀλυμπίασιν, ἀφ' « ἧς οἱ στέφανοι τοῖς ἀθληταῖς δίδονται. ἔστι δὲ αὕτη « παρὰ τὸν Ἰλισσὸν ποταμὸν, σταδίους ξ' τοῦ ἱεροῦ « ἀπέχουσα· περιῳκοδόμηται δὲ, καὶ ζημία μεγάλη τῷ « θιγόντι αὐτῆς ἐστιν. ἀπὸ ταύτης ἔφερον λαβόντες « Ἠλεῖοι τῶν ἀθλητῶν ἐν Ὀλυμπίᾳ τοὺς στεφάνους. » [τῷ δὲ κωμικῷ, φασὶν, ἥρμοττεν ἐκφαυλίζοντι τὸ πρᾶγμα λέγειν, ὡς ἐκ κοτίνου ἐστεφανοῦντο, ὃ δηλοῖ τὴν ἀγριέλαιον, καὶ ἅμα διότι καὶ χρήσιμος αὐτῷ ἡ λέξις ἐν τοῖς ἑξῆς· καταρρητορεύσει γὰρ ὁ Χρεμύλος καὶ ἡττηθεὶς ἐρεῖ

ἀλλά σ' ὁ Ζεὺς ἐξολέσειε κοτίνου στεφάνῳ στεφανώσας·

τουτέστι, κότον σοὶ θέμενος περὶ τὴν κεφαλήν· παρήχηται γὰρ ὁ κότινος τῷ κότῳ, δι' οὗ δηλοῦται μεγάλη ὀργή. ἀπὸ δὲ τοῦ τοιούτου κοτίνου, τοῦ φυτοῦ δηλαδὴ, καὶ νῆσος Κοτινοῦσα τὰ Γάδειρα, διὰ τὸ τοιούτοις ἐνευθηνεῖσθαι φυτοῖς, ὡς καὶ ὁ Περιηγητὴς [v. 456] δηλοῖ. ὡς δὲ καὶ ἕτεροι τόποι ἀπὸ φυτῶν τὴν κλῆσιν ἔσχον, τεθρύλληται καὶ αὐτό· Μυρρινοῦς γοῦν δῆμος ἐν Ἀττικῇ μυρρίνας ἔχων· ὅθεν αὐτὸς Μυρρινόεις, καὶ κατὰ συναίρεσιν Μυρρινοῦς· ὥσπερ ἕτερος Ῥαμνοῦς, ἀπὸ τῶν ἐκεῖ φυομένων ῥάμνων, ὧν οἱ δημόται Μυρρινούσιος καὶ Ῥαμνούσιος. καὶ ἡ Ἐρεικοῦσα λέγεται διὰ τὰς ἐν αὐτῇ ἐρείκας· καὶ ἡ Ποντικὴ δὲ Κερασοῦς ἀπὸ τῶν φυτῶν τῶν κεράσων κέκληται· καὶ Πιτυοῦσα ἡ Μίλητός ποτε διὰ τὸ πολλὰς ἔχειν πίτυας ἐκλήθη. οὕτω καί τις Πιτυούσιος ἀπὸ τόπου ἑτέρου πολλὰς ἔχοντος πίτυας, ἐξ ὧν ἐκεῖνος καὶ παρωνόμασται· τὸ δ' αὐτὸ καὶ ἄλλοι τόποι πεπόνθασι. ἰστέον δὲ ὡς, εἰ καὶ κρατεῖ παρὰ τοῖς ἀπειροτέροις κότινον στέφανον εἶναι, ἀλλ' αὐτὸς μὲν φυτοῦ, ὡς ἐρρέθη, κλῆσίς ἐστιν. ὁ δὲ κωμικὸς ἐδήλωσεν ἐντελὲς καὶ σαφὲς εἶναι τὸ μὴ κότινον τὸν τοιοῦτον λέγεσθαι στέφανον, ἀλλ' ἐκ κοτίνου στέφανον. οὕτω δὲ καὶ ταινία οὐχ ἁπλῶς οὕτως στέφανος, ἀλλ' ἡ ἐκ ταινίας περιείλησις ἐν τῇ κεφαλῇ· ταινία δὲ, στενόν τι καὶ ἐπίμηκες ὕφασμα, κοινότερον δὲ εἰπεῖν, φασκία.]

κοτίνῳ : Ἐλαΐνῳ. Θ. *Dv*. *E*. κοτίνου στεφάνῳ : Ἐν τῷ μὴ χρυσῷ, ἀλλ' ἐξ ἐλαίας στεφανοῦν. Θ. ἐξ ἀγρίας ἐλαίας ἤγ. ἀπὸ κοτίνου πεποιημένου. . . . διὰ χρυσοῦ στεφανοῦν δηλ. *P*. ἐχρῆν : Ἔπρεπεν. *Dv*.

587. οὐκοῦν : Τὸ λοιπόν. τούτῳ : Τῷ τρόπῳ. *Dr*. οὐκοῦν τούτῳ : Διὰ τὸ κοτίνῳ στεφάνῳ στεφανοῦν τοὺς ἀθλητάς. ἐκεῖνος : Ὁ Ζεύς. *P*.

588. φειδόμενος : Ἀκριβολογούμενος. μηδὲν : Μέρος ἀναλῶσθαι. *P*. δαπανᾶσθαι : Ἀναλίσκεσθαι. *Dv*.

589. [λήροις ἀναδῶν : Εὐτελίζει τὸν Ὀλυμπικὸν στέφανον, ὡς μὴ σπουδαῖον, λῆρον δέ πως ὄντα, καὶ οἷον ἐκφλαυρίζεσθαι, καθά τις ἔφη τῶν παλαιῶν, τουτέστι περιφρονεῖσθαι. εἰσὶ δὲ οἳ καὶ παίζειν φασὶ τὸν κωμικὸν πρὸς ὁμοιότητα ἤχου τοῦ κατά τε τὸν λῆρον, τὸν διὰ τοῦ η γραφόμενον, καὶ τοῦ παρὰ τὸ λείριον, ὃ γράφεται μὲν διὰ διφθόγγου κατὰ τὴν ἄρχουσαν, σημαίνει δέ τι ἄνθος, ἀφ' οὗ καὶ [Hom. Il. Γ, 152] « φωνὴ λειριόεσσα, » ἡ ἀνθηρά· καὶ κύριον Ποδαλείριος, οἱονεὶ ἀνθηρόπους, ἢ διατρίβων ἰατρικῶς περὶ τὰ λείρια· περὶ οὗ καὶ ἐν τῇ Ἰλιάδι· ἵνα ἐν τῷ λέγειν, λήροις ἀναδῶν τοὺς νικῶντας, δοκῇ διχῶς νοεῖν, ἢ ὅτι ἀνθηρῷ στεφάνῳ στεφανοῖ, ὡς οἷον λειριόεντι· ἢ ὅτι λήρῳ τῷ κατὰ φλυαρίαν. τοιοῦτόν τι παίζει καὶ περὶ κειρύλου ἐν Ὄρνισι [300], ἔνθα καὶ διὰ τοῦ η νοεῖται ἡ λέξις, ὡς ἐπὶ ὄρνιθος οὕτω λεγομένου· καὶ διὰ διφθόγγου δὲ διά τινα κουρέα, ὡς ἀπὸ τοῦ κείρω. τὸ δὲ ἀναδεῖν ταὐτόν ἐστιν ἐνταῦθα τῷ στεφανοῦν, ἐξ οὗ καὶ ἀνάδετος γυναικεῖος κόσμος, ὃς καὶ ἀναδέσμη λέγεται· ἔχει δὲ ἀπεναντίον πρὸς τὸ ἀναδεῖν τὸ ὑποδεῖν, ἐξ οὗ καὶ τὸ ὑπόδημα· τὸ μέντοι διάδημα ἐπὶ κόσμου βασιλικοῦ τοῦ περιδουμένου δι' ὅλου σώματος.] — λήροις : ἀναδέων εὐτελέσι στεφάνοις. R, V. φαύλοις πράγμασι στεφανῶν· ἀφ' οὗ ἀνάδημα ὁ στέφανος. Θ. παιγνίοις. *D*. λειροις : Ἄνθεσιν. *C*. λήροις ἀναδῶν : Φλυαρίαις στεφανῶν. ἐᾷ : Ἀφίησι. παρ' αὐτῷ : Κεῖσθαι. *P*.

590. τὸ γὰρ ἀπατᾶν τοῦ πένεσθαι χεῖρον, ἐπειδὴ τρόπου κακία ἐστίν. R. V. τοῦτο δεικτικῶς. V. [ζητεῖς αὐτῷ περιάψαι : Ἴσον ἐστὶ τῷ προσάψαι· λέγεται δὲ τὸ αὐτὸ καὶ ἀνάψαι, ὡς παρ' Ὁμήρῳ [Od. B, 86] ἐν τῷ « ἐθέλεις δέ κε μῶμον ἀνάψαι. » ἔστι δέ τι καὶ ἄλλο σημαινόμενον τοῦ περιάπτω, ἐξ οὗ τὰ γοητευτικὰ περίαπτα· δηλοῖ δὲ ἀπαιώρησίν τινα ἡ λέξις, ὅθεν καὶ τὰ ῥηθέντα περίαπτα, ὧν ἀπαιωρουμένων τοῦ σώματος δοκοῦσιν οἱ φαῦλοι εὖ ἔχειν τοῦ ζῆν δι' αὐτά, ὡς εἶναι μᾶλλον αὐτοὺς ἀπαιωρουμένους τῶν τοιούτων, οἷς ἐλπίζουσιν ἐπ' αὐτά. ὁ δὲ ἀνελεύθερος κακίᾳ παρωνόμασται τῇ ἀνελευθεριότητι. ἔστι δὲ κατ' ἀρετὴν μὲν ἄνθρωπος ὁ ἐλεύθερος, ὃς ἀντιθέτως τῷ φειδωλῷ δαπανᾷ δεόντως· ἀνελεύθερος δὲ ὁ μὴ τοιοῦτος, ἀλλὰ κατὰ τοὺς κίμβικας καὶ σκιφοὺς διακείμενος· ὁ δὲ φιλοκερδὴς εἰς ταὐτὸν

ἥκει τῷ ἀνελευθέρῳ· εἰκὸς γὰρ τὸν φιλοκερδῆ καὶ σμικρολόγον εἶναι, εἴτ' οὖν ἀνελεύθερον. τὸ δὲ κοτίνου στεφάνῳ στεφανώσας, παιγνιωδῶς διττολογεῖται· κεῖται γὰρ καὶ ἀνωτέρω. ἔθος δὲ τῷ κωμικῷ πολλαχοῦ διττολογεῖν ἐπὶ γέλωτι.] — αἴσχιον : Αἰσχρότερον, ἀτιμότερον. Θ. περιάψαι : Περιθεῖναι. Θ. *Dv*. *P*.

591. ἀνελεύθερος : Φειδωλός. οὑτωσὶ : Καθὼς αὐτὸς λέγεις. Θ. *Dv*. *P*.

592. ἀλλὰ σέ γ' ὁ Ζεὺς : Τοῦτο εἴρηκεν ὁ Χρεμύλος ἐπιστομηθεὶς παρὰ τῆς Πενίας, καὶ μὴ δυνάμενος ἀντιλέγειν εἰς κατάραν τὸν λόγον ἔτρεψε. Junt. τοῦτο παίζων ὁ Χρεμύλος λέγει. *Dv*. ἀλλά σε ὁ Ζεὺς : Εἴθε. ἐξολέσειεν : Παντελῆ φθορᾷ δοίη. P.

593. [τὸ γὰρ ἀντιλέγειν : Ὅτι σχῆμα κεῖται καινὸν ἐλλειπτικὸν ἐνταῦθα τόδε· τὸ γὰρ λέγειν τολμᾶν ὑμᾶς, ὡς οὐ πάντ' ἐστὶ τἀγάθ' ὑμῖν διὰ τὴν πενίαν· λείπει γὰρ φανερῶς ἐνταῦθα ἔννοιά τις ἀκεραία τοιαύτη, τίς ἂν ἀκούων ἀνάσχοιτο, ἢ, πῶς οὐκ ἂν εἴη φορτικὸν, ἢ, πῶς οὐκ ἀντιλέγοιτο, ἢ τοιοῦτόν τι· ἵνα λέγῃ ἡ Πενία ὅτι, τὸ γὰρ τολμᾷν ὑμᾶς λέγειν; ὡς οὐ δι' ἐμὲ ὑμῖν τὰ ἀγαθὰ, πῶς ἂν εἴη φορητὸν ἀκούεσθαι; καὶ σημείωσαι τὸ τοιοῦτον εἶδος τῆς ἐλλείψεως ἐνδεικτικὸν ὂν θυμικοῦ ἤθους, καὶ ἐγκοπτομένης τῆς τελείας φράσεως διὰ τὸ πολὺ τῆς ὀργῆς. — Ἄλλως. αὕτη ἡ κατασκευὴ πρὸς τὸν τοῦ Χρεμύλου λόγον ἐστὶν, ὥσπερ τῆς Πενίας αὐτῷ λεγούσης ὅτι οὐ δεῖ δυσχεραίνειν πρὸς τοὺς ἐμοὺς λόγους· δεινὸν γὰρ τὸ τολμᾶν ὑμᾶς ἀντιλέγειν ἐμοὶ, ὡς οὐ πάντ' ἐστὶ τἀγαθὰ ὑμῖν διὰ τὴν πενίαν· ἡ γὰρ ἀντιλογία ὑμῶν εἰς τούτους ὑμᾶς τοὺς ἀσεβεῖς λόγους καὶ ἄκοντας ὤθησεν· ἀσεβὲς γάρ ἐστι τὸ λέγειν τὸν Δία φειδωλὸν, καὶ τὰ τούτῳ ἑπόμενα. Junt., Dv. ἀντιλέγειν : Ἐμοί. ὡς : Ὅτι. ὑμῖν : Ἐν. *P*. οὐ μωρόν; Θ.]

594. παρὰ τῆς Ἑκάτης ἔξεστι : (Τὴν Ἑκάτην ἐν ταῖς τριόδοις ἐτίμων τὸ παλαιὸν, διὰ τὸ τὴν αὐτὴν Σελήνην καὶ Ἄρτεμιν καὶ Ἑκάτην καλεῖσθαι. κατὰ δὲ νουμηνίαν οἱ πλούσιοι ἔπεμπον δεῖπνον ἑσπέρας, ὥσπερ θυσίαν τῇ Ἑκάτῃ ἐν ταῖς τριόδοις· οἱ δὲ πένητες ἤρχοντο πεινῶντες, καὶ ἤσθιον αὐτὰ καὶ ἔλεγον ὅτι ἡ Ἑκάτη ἔφαγεν αὐτά. λέγει οὖν, παρὰ τῆς Ἑκάτης μάθωμεν [τῆς ἐπισταμένης] τί καλὸν, πενία ἢ πλοῦτος· αὕτη γὰρ ἐπίσταται τίνες παρέχουσιν αὐτῇ δεῖπνα καὶ τίνες ἐσθίουσιν αὐτά. Ἄλλως.) ἔθος ἦν ἄρτους καὶ ἄλλα τινὰ κατὰ μῆνα τιθέναι τῇ Ἑκάτῃ τοὺς πλουσίους, λαμβάνειν δ' ἐξ αὐτῶν τοὺς πένητας· ἀπὸ τῶν ἱερῶν γὰρ οἱ πτωχοὶ ζῶσιν. — διὰ τὴν πενίαν : Οὐ μωρόν ἐστι; *Dv*. οὐ κακόν ἐστι δηλ. *P*. Ἑκάτης : τῇ Ἑκάτῃ θύουσι τῇ τριακάδι. R. σελίνης. *Dv*. ἔξεστιν : Δυνατὸν ὑπάρχει μαθεῖν. *P*. πυθέσθαι : Μαθεῖν. *Dv*.

595. βέλτιον : Λυσιτελές. *P*. ἢ εἰς τούτους σε τοὺς ἀσεβεῖς ὤθησε λόγους λέγειν τὸν Δία φειδωλὸν καὶ τὰ ἑπόμενα τῇ φειδωλίᾳ. Θ.

596. δεῖπνον : Ἐξ ᾠῶν καὶ τυροῦ τετηγανισμένου. Θ. *Dv*. κατὰ μῆνα προπέμπειν : Εἰς τὴν γέννησιν, προπ. εἰς τὰς τριόδους. *P*. ἤγουν φανείσης τῆς σελήνης. Θ.

597. τοὺς δὲ πένητας : Ἐκ τῶν ἱερῶν οἱ πτωχοὶ ἔζων. Gl. Θ. *Dv*. ἁρπάζειν : Ἑτοίμως λαμβάνειν. *P*. πρὶν : Προτοῦ. *Dv*. καταθεῖναι : Κάτω θεῖναι. *P*.

598. [ἀλλὰ φθείρου καὶ μὴ γρύζῃς : Ἔκθεσις τῆς διπλῆς ἐκ κώλων ὁμοίων ἀναπαιστικῶν κα', ὧν τὸ πρῶτον δίμετρον ἀκατάληκτον, τὸ δεύτερον μονόμετρον ἀκατάληκτον, τὸ γ' ὅμοιον τῷ πρώτῳ, τὸ δ' καὶ τὸ πέμπτον ὅμοια, τὸ ς' ὅμοιον τῷ δευτέρῳ, τὸ ἕβδομον ὅμοιον τῷ α', τὸ η' ὅμοιον τῷ δευτέρῳ, τὸ ἔννατον ὅμοιον τῷ α', τὸ δέκατον ὅμοιον τῷ δευτέρῳ, τὸ ια' ὅμοιον τῷ πρώτῳ, τὸ ιβ' ὅμοιον τῷ β', τὸ ιγ', τὸ ιδ', τὸ ιε', τὸ ις', τὸ ιζ', τὸ ιη', τὸ ιθ' ὅμοια τῷ πρώτῳ, ἤτοι δίμετρα ἀκατάληκτα· τὸ κ' ὅμοιον τῷ β', ἀναπαιστικὴ βάσις, ἤτοι μονόμετρον, ὃ καὶ παρατέλευτον ὀνομάζεται· τὸ κα',

καὶ τῆς πενίας καταπαρδεῖν,

δίμετρον καταληκτικὸν εἰς συλλαβὴν, ἤτοι ἑφθημιμερὲς, ὅμοιον τῷ Κρατίνου ἐν Ὀδυσσεῦσιν,

σιγάν νυν ἅπας ἔχε, σιγὰν,
καὶ πάντα λόγον τάχα πεύσῃ.
ἡμῖν δ' Ἰθάκη πατρίς ἐστι,
πλέομεν δ' ἅμ' Ὀδυσσεῖ θείῳ.

καλεῖται δὲ παροιμιακὸν, ὡς Ἡφαιστίων φησὶ, διὰ τὸ παροιμίας τινὰς ἐν τούτῳ τῷ μέτρῳ εἶναι· οὐκ εἰκότως δέ· εἰσὶ γὰρ παροιμίαι ἐπικαὶ καὶ ἰαμβικαὶ, καὶ οὐ τούτου μόνου τοῦ μέτρου. εἶτα δύο διπλαῖ, ἡ μὲν ἐν ἀρχῇ τοῦ τελευταίου κώλου, ἡ δὲ κατὰ τὸ τέλος· ἀμφότεραι ἔξω νενευκυῖαι.]

(καὶ μὴ γρύζῃς : Μὴ φθέγγῃ. κυρίως δὲ γρύζειν ἐστὶ τὸ τοὺς μικροὺς χοίρους φωνὴν προΐεσθαι.) — φθείρου : Ἀφανίσθητι. *Dv*. ἤγουν μετὰ φθορᾶς ἀπέρχου. *P*. καὶ μὴ γρύζειν : Καὶ μὴ φθέγγεσθαι δίκην χοίρου ποσῶς. *Dv*. φθέγγου δίκην μικροῦ χοίρου. Θ. μὴ γρύζῃς : Μὴ τὸ τυχὸν λέγε, εἰς τὸ ἑξῆς μηδέν τι. *P*.

599. μηδ' ὁτιοῦν : μηδὲ ὀλίγον οὖν, μηδὲ τὸ τυχόν. V. μηδ' ὅλως. *P*.

600. οὐδ' ἢν πείσῃς : Ἐν ὑπερβολῇ λέγει, ὅτι κἂν πείσῃς, οὐχ ἕξεις ἡμᾶς πειθομένους σοι· [οὐδὲ ἐὰν πιθανῶς διαλεχθείης, πείσεις ἡμᾶς συνθέσθαι σοι, καὶ τὸν Πλοῦτον καταλιπεῖν.]

601. ὦ πόλις Ἄργους : Ταῦτα ἐκ Τηλέφου Εὐριπίδου τραγικεύεται. [μετείληπται δὲ ὁ στίχος ἐκ Φοινισσῶν Εὐριπίδου, Πολυνείκους λέγοντος. οὐδὲ γὰρ ἀκολούθως καλεῖ ἐν Ἀθήναις οὖσα. διαβάλλει δὲ τοὺς Ἀργείους ὡς πένητας.] — τοῦτο Εὐριπίδου ἐστὶν ἐκ Φοινισσῶν, Πολυνείκους λέγοντος. Θ. κλύεθ' : Ὦ Ἀργεῖοι. *Paris*.

602. Παύσωνα κάλει τὸν ξύσσιτον : Σύντροφον καὶ συνδιαιτητήν. ὁ Παύσων δὲ ἐπὶ πενίᾳ κωμῳδεῖται ζωγράφος ὤν. — μετακαλοῦ σύντροφον τὸν Παύσωνα κωμῳδεῖται δὲ ἐπὶ πενίᾳ ὁ Παύσων ζωγράφος ὤν. *P*. Παύσωνα : Οὗτος ζωγράφος ὢν πάνυ πτωχὸς ἦν. τὸν ξύσσιτον : Τὸν σύντροφον τὸν σόν. Θ. *Dv*.

603. τί : Ἵνα· τλήμων : Ἀθλία, ἤγουν ἡ δυστυχής. *P.* ἡ ἀθλία. *Dv.*

604. ἐς κόρακας : ἀντὶ τοῦ εἰς ἀπώλειαν καὶ φθοράν. Βοιωτοῖς γὰρ ἀναστάτοις ἀπὸ Θρᾳκῶν γενομένοις καὶ περὶ ἀποικίας μαντευομένοις εἶπεν ὁ θεὸς ἐκεῖ κατοικεῖν ἔνθα ἂν ἴδωσι λευκὸν κόρακα. οἱ δὲ ἐν Θετταλίᾳ περὶ τὸν Παγασητικὸν κόλπον εἶδον περιιπταμένους τοὺς τοῦ Ἀπόλλωνος ἱεροὺς κόρακας, οὓς παῖδες ἀφῆκαν γυψώσαντες ὑπὸ μέθης, καὶ τελεῖσθαι τὸν χρησμὸν φήσαντες ἐνταῦθα κατῴκησαν. οἱ δὲ ἀπὸ τοῦ ζῴου λέγεσθαι τὴν παροιμίαν φασίν· ἐν γὰρ τοῖς ἐρημοτέροις τόποις ἐπιτηρεῖ τὰ πτώματα. V. Ἔρρ' : Μετὰ φθορᾶς ἀπέρχου. Θ. ἄπελθε εἰς τοὺς κόρακας ταχέως. *P.* θᾶττον : Ταχέως. *Dv.*

605. εἶμι : Ποῦ πορεύσομαι. Θ. *Dv.* ἐλεύσομαι. ποῖ γῆς : Εἰς ποῖον μέρος. *P.*

606. ἐς τὸν κύφωνα : [Κύφων] ὁ ξύλινος δεσμὸς, ἐν ᾧ δεσμεύονται οἱ ἐν τῇ φρουρᾷ, [ὃν καὶ κυφῶνα περισπωμένως λέγουσι]. τινὲς δὲ Κύφωνα ὄνομα κύριόν φασι πτωχοῦ τινος. [οἱ δὲ κρημνὸν οὕτω καλούμενον.] — ἐς τὸν : Ἄπελθε δηλ. *P.* οἱ μὲν τὸν κύφωνα τιμωρητικὸν ὄργανον φασὶν, ὃν καὶ κυφῶντα περισπωμένως λέγουσιν· οἱ δὲ ἄνδρα καθ' ὑπερβολὴν πένητα· οἱ δὲ κρημνὸν οὕτω καλούμενον. *P.*

(ἀλλ' οὐ μέλλειν : Ἀλλ' οὐ χρή σε, φησὶ, βραδύνειν, ἀλλ' ἐπείγεσθαι εἰς ὄλεθρον.) μέλλειν : Βραδύναι. *Dv.* βραδύνειν. Θ. *P.*

607. τινὲς μετὰ τοῦ τ ἀνύτειν· πλεονάζουσι γὰρ οἱ Ἀττικοὶ τὸ τ. R. V. Θ. ἀλλ' ἀνύειν : Ἀνύω τὸ τελειῶ· καὶ ἀνύω τὴν ὁδὸν, ἤτοι σπουδαίως βαδίζω. Junt., P. Vict. χρή : Πρέπει. *Dv.* ἀνύειν : Σπεύδειν. *Br.* χρή σ', ἀλλ' ἀνύειν : Συντόνως ἔρχεσθαι. *P.* ἀνύττειν : Σπεύδειν τῆς πορίας. *Dv.*

608. ἦ μήν : Ὄντως δέ. Θ. *Dv.* ὁρκωμοτικὸν ἐπίρρημα ἀντὶ τοῦ ναὶ μήν. *V. P.*

609. μεταπέμψεσθον : Μετακαλέσατον. Θ. μετακαλέσετε. *Dv. P.* μετακαλέσασθε. Borg.

610. τότε νοστήσεις : Ὅτε μεταπεμψόμεθά σε. ἐν ἤθει δὲ καὶ τοῦτο. — ὅτε μεταπεμψόμεθά σε, ὑποστρέψεις· νῦν δὲ μετὰ φθορᾶς ἀπέρχου. τοῦτο ἐν ἤθει. *P.* νοστήσεις : Ἐπαναστρέψεις. Θ. *Dv.*

611. κρεῖττον : Κάλλιον. *P.*

612. κλάειν μακρὰ τὴν κεφαλήν : Λείπει τὸ τύπτουσαν· ἢ οὐδὲν λείπει, ἀλλ' ἀντὶ τοῦ κλαίειν ὅλον τὸ σῶμα καὶ σεαυτήν. [Ἀττικὸν τὸ σχῆμα.] — ἐᾶν : Καταλιμπάνειν. *Dv.* ἡ τὴν κεφαλὴν τύπτουσα δηλ. λέγει. αἱ γὰρ γυναῖκες, ὅταν κλάωσι, τὰς ἑαυτῶν κεφαλὰς τύπτουσιν. ἢ τὸ κεφαλὴν πρὸς τὸ κλάειν σύναπτε, καὶ μηδὲν ἔξωθεν λάμβανε. P., Vict. τὴν κεφαλήν : Τύπτουσαν δηλαδή. *Dv.*

614. εὐωχεῖσθαι : Εὐφραίνεσθαι ὁμοῦ. *Dv.* τρέφεσθαι. *P.*

616. ἀντὶ τοῦ ἀνθηρὸς, παρὰ τὸ λίπος· στίλβει γὰρ τὸ ἔλαιον· ἢ ἀντὶ τοῦ ἀληλιμμένος. R. V. Θ. τὸ λιπαρὸς ἢ ἀντὶ τοῦ τρυφηλὸς νοητέον· ἢ διότι ἔθος ἦν τοῖς παλαιοῖς μετὰ τὸ λελοῦσθαι ἐλαίῳ δι' ὅλου τοῦ σώματος ἀλείφεσθαι, ἵνα οἱ πόροι ὑπὸ θέρμης ἀνεῳχθέντες κλεισθῶσιν ὑπὸ τοῦ ἐλαίου ἐπιπωματικοῦ ὄντος, καὶ μὴ δέξωνται ἀέρα ἔκτοθεν. Junt., Dv., Vict. λιπαρὸς : Φαιδρός. *P.* χωρῶν : Ἐρχόμενος. *Dv.* βαδίζων, κινούμενος. *P.* βαλανείου : Λοετροῦ. *Dv.*

617. τῶν χειροτεχνῶν : Τῶν πενήτων. V. τῶν πτωχῶν. *Dv.*

618. καταπαρδεῖν : καταγελᾶν. V. καταφρονεῖν· παίζει δέ. Θ. *Dv.* καταποπαρδεῖν : Καταφρονῆσαι. *P.*

619. αὕτη μὲν ἡμῖν : Σύστημα κατὰ περικοπὴν ἀνομοιομερὲς στίχων ἰαμβικῶν τριμέτρων ἀκαταλήκτων ὀκτώ· ἐπὶ τῷ τέλει παράγραφος, καὶ ἑξῆς τὸ χοροῦ. κἀνταῦθα γὰρ χορὸν ὤφειλε θεῖναι, καὶ διατρέψαι μικρὸν, ἄχρις ἄν τις ἐξ Ἀσκληπιοῦ ἀναστρέψειε τὴν τοῦ Πλούτου ἀπαγγέλλων ἀνάβλεψιν. — ἡ 'πίτριπτος : Ἡ ἀξία ἐπιτετρίφθαι. Θ. *Dv.* ἡ ἀξία τοῦ ἐπιτριβῆναι, ἢ ἡ μεγάλα φθεγγομένη, ἐπείπερ ἔλεγε « τῶν χειροτεχνῶν καὶ τῆς Πενίας καταπαρδεῖν. » R. V. Θ. P. οἴχεται : Ἀπῆλθεν. Θ. *Dv.* ἀφανὴς γέγονε. *P.*

620. ὡς τάχιστα : Λίαν ταχέως. θεὸν : Τὸν Πλοῦτον. Θ. *P.*

621. [ἄγωμεν εἰς : Ἄγειν, τὸ διεξάγειν στράτευμα· ὅθεν καὶ ἀγὸς ποιητικῶς ὁ ἡγεμών. καὶ, τοσαῦτα πράγματα ἄγει τις, ἤτοι διευθετεῖ. ἄγειν τὸ νομίζειν καὶ ἡγεῖσθαι, ὡς παρὰ Συνεσίῳ « ἡμέρα μὲν οὖν ἦν, ἥντινα ἄγουσι Ἰουδαῖοι παρασκευήν. » ἄγειν καὶ τὸ φέρειν ἐπὶ ἐμψύχων, ὡς τὸ, ἄγει τὸν νέον εἰς τὸ διδασκαλεῖον. ἄγειν καὶ τὸ συντρίβειν, ἀφ' οὗ τὸ κατέαγε, καὶ κατεαγὼς, καὶ παρ' ἰατροῖς κάταγμα, τὸ τῶν ὀστῶν σύντριμμα. Junt. ἐγκατακλινοῦντ' : Καταθήσοντες. Θ. ἐγκαταθήσοντες. εἰς Ἀσκληπιοῦ : Τὸν ναὸν δηλαδή Θ. *Dv. P.*

εἰς Ἀσκληπιοῦ : Τὸν ἐν ἄστει λέγει Ἀσκληπιόν· δύο γάρ εἰσιν, ὁ μὲν ἐν ἄστει, ὁ δὲ ἐν Πειραιεῖ, [ἢ ἐν Ἀχάρναις, ὥς φασι].

622. καὶ μή : Ὅρα μὴ ἀργῶμεν. *P.* μή : Ἵνα. ἐκ παραλλήλου τὸ πάλιν αὖ. Θ. *Dv.* τὶς : τῶν φίλων. *P.*

623. διακωλύσῃ : Ἐμποδίσῃ. τῶν προὔργου : Τῶν σπουδαίων, τῶν ἀναγκαίων. *P.* τῶν ἀναγκαίων. Θ. *Dv.* τῶν ἀναγκαίων, τῶν σπουδαίων, τοῦ πλουτεῖν. R. V.

624. παῖ : Δοῦλε. Θ. ἐκφέρειν : Ἐξάγειν. *P.*

625. [αὐτόν τ' ἄγειν τὸν Πλοῦτον : Τοῦτο ὥσπερ διὰ μέσου εἴρηκεν· οὐ γὰρ τὸν Πλοῦτον ἔμελλεν ὁ Καρίων ἀγαγεῖν, ἀλλὰ τὰ στρώματα καὶ τὰ ἄλλα, ὅσα αὐτοῖς εἰς τὴν χρείαν παρεσκεύαστο. τὸ δὲ, ὡς νομίζεται, ἢ πρὸς τὸ ἐκφέρειν σύναπτε, ἵν' ᾖ, ὡς νομίζεται, καὶ νόμιμόν ἐστι τοῖς δούλοις ποιεῖν· ἢ πρὸς τὸ ἄγειν, ἵν' ᾖ, ὡς νομίζεται ποιεῖν τοὺς ἄγοντας ἀσθενῆ εἰς Ἀσκληπιοῦ. ἢ καὶ τὸ, ἄγειν αὐτὸν τὸν Πλοῦτον, πρὸς τὸν Καρίωνα, ἤγουν, μετὰ τῶν ἄλλων καὶ τοῦτον ἐξένεγκε. Junt.] ὡς νομίζεται : ὡς πρέπει καὶ ὡς ἔθος ἐστὶν, ἀντὶ

τοῦ ὡς δίκαιόν ἐστι. V. Θ. ὡς νόμιμόν ἐστιν ὁδηγεῖν τὸν τυφλόν. *P.*

626. ἔνδον : Τῆς οἰκίας. ηὐτρεπισμένα : Ὠκονομημένα. *P.* εὐτρεπισμένα : τὰ πρὸς τὴν θυσίαν τοῦ Ἀσκληπιοῦ. V. R. Θ.

627. [ὦ πλεῖστα Θησείοις : Ἕτερον σύστημα ἀμοιβαῖον τῶν ὑποκριτῶν. εἰσὶ δὲ οἱ πρῶτοι ι′ στίχοι ἰαμβικοὶ τρίμετροι ἀκατάληκτοι· ὁ ἑνδέκατος ἀντισπαστικὸς τρίμετρος βραχυκατάληκτος, ἐπιμεμιγμένος ἐπιτρίτῳ β′· ὁ δωδέκατος ἰαμβικὸς τρίμετρος· οἱ ἑξῆς δύο ἀντισπαστικοὶ τρίμετροι βραχυκατάληκτοι τοῦ πρώτου ποδὸς πεντασυλλάβου, τουτέστι διτροχαίου (αἱ γὰρ βραχεῖαι κατ' ἀρχὰς συλλαβαὶ ἀντὶ μιᾶς μακρᾶς λογιζέσθωσαν), τοῦ δὲ δευτέρου ἐπιτρίτου δευτέρου. ἐπὶ τῷ τέλει παράγραφος. σημείωσαι ἐνταῦθα ὅτι δέον χορὸν διὰ μέσου θεῖναι, μέχρις ἂν ἐκεῖνοι ἐς Ἀσκληπιοῦ ἐλθόντες ἀναβλέψαιεν τὸν Πλοῦτον, ὁ δὲ παραχρῆμα τὸν Καρίωνα εἰσφέρει εὐαγγελίζοντα τοῖς γέρουσι περὶ τῆς τοῦ Πλούτου ἀναβλέψεως. ἐποίησε δὲ τοῦτο οὐκ ἀλόγως, ἀλλὰ τῇ τε τῆς νέας κωμῳδίας συνηθείᾳ, ἐν ᾗ αἱ παραβάσεις ἐπαύσαντο, ὡς προείρηται, καὶ ἅμα δεῖξαι βουλόμενος ὡς ἄρα τάχιστα πάνυ ὁ Πλοῦτος ἀνέβλεψεν.]

ὦ πλεῖστα Θησείοις μεμυστιλημένοι : [Ὁ θεράπων ἔρχεται ἀγγέλλων τὸν Πλοῦτον ἀναβλέψαντα.] μετὰ τὸ χαρίσασθαι τὴν δημοκρατίαν τοῖς Ἀθηναίοις τὸν Θησέα, Λύκος τις συκοφαντήσας ἐποίησεν ἐξοστρακισθῆναι τὸν ἥρωα· ὁ δὲ παραγενόμενος εἰς Σκῦρον διῆγε παρὰ Λυκομήδει τῷ δυνάστῃ τῆς νήσου, ὃς ζηλοτυπήσας ἀναιρεῖ αὐτὸν δόλῳ. Ἀθηναῖοι δὲ λοιμώξαντες καὶ κελευσθέντες ἐκδικῆσαι τῷ Θησεῖ, τὸν μὲν Λυκομήδην ἀνεῖλον, τὰ δὲ ὀστᾶ μεταστειλάμενοι καὶ τὸ Θησεῖον οἰκοδομήσαντες ἰσοθέους αὐτῷ τιμὰς νέμουσιν. — Ἄλλως. Ταῖς ὀγδόαις τὰ Θησεῖα ἦγον καὶ ἀνεῖτο ἡ ὀγδόη πᾶσα τῷ Θησεῖ, ἐν Ἀθήναις δὲ δημοτελὴς ἑορτὴ συντείνουσα πρὸς τὴν τοῦ ἥρωος τιμήν. ἐκαρύκευον δὲ ζωμόν. Ἄλλως. V. (διανομαὶ καὶ εὐωχίαι τοῖς Θησείοις ἐγίνοντο. ἑορτὴ δὲ αὐτῷ ἐπετελεῖτο, ἐπειδὴ αὐτὸς συνήγαγε τὴν Ἀττικήν, πρότερον σποράδην καὶ κατὰ κώμας οἰκουμένην.) [μεμυστιλημένοι, εὐωχημένοι, ζωμὸν ἀρυσάμενοι ἄρτοις κοίλοις καὶ μύστρια μιμουμένοις. ὅθεν καὶ τὸ ὄνομα τοῖς μυστρίοις, οἷον μυστλίον τι ὄν. ἐν ταύτῃ δὲ τῇ ἑορτῇ πάντες προῖκα ἤσθιον καὶ τὴν ἀθάραν καὶ ἄλλα τινά.] Ἄλλως. ὁ κοῖλος ἄρτος μυστίλη καλεῖται, ἤγουν ἀθάρα· ἐν γὰρ τοῖς Θησείοις ἀθάραν ἤσθιον. ὁ δὲ νοῦς, ὦ πολλὰ ταλαιπωρήσαντες, καὶ εἰς οὐδὲν ἑστιαθέντες, νῦν δὲ εὐτυχήσαντες. — Ἄλλως. τὸ Θησείοις εἰ μὲν διὰ τῆς οι διφθόγγου γράψεις, τὴν ἑορτὴν τοῦ Θησέως ἐρεῖς· εἰ δὲ η, ἀντὶ τοῦ μισαρνίαις νοήσεις. τὸ δὲ μεμιστυλλημένοι ἀντὶ τοῦ τεθραμμένοι καὶ ζωμὸν ῥοφήσαντες· μιστυλλᾶν γὰρ παρὰ τοῖς Ἀττικοῖς δευτέρας συζυγίας τῶν περισπωμένων, τὸ διὰ μιστύλλης (ὅ ἐστιν ἄρτου κοίλου, οἷα δοίδυκος) ζωμὸν ἀρύεσθαι. γίνεται δὲ παρὰ τὸ μεῖστον, ὅ ἐστι τὸ σμικρότατον· ἀλλὰ τὸ μὲν μεῖστον διὰ διφθόγγου γράφεται, ὡς ἀπὸ τοῦ μεῖον γενόμενον· καὶ γὰρ ἐκεῖνο διὰ διφθόγγου. τὸ δὲ μιστύλλα διὰ τοῦ ι· οὐδὲν οὖν καινόν, εἰ τὸ μὲν μεῖστον διὰ διφθόγγου γράφεται, τοῦτο δὲ διὰ τοῦ ι, ὅπου γε καὶ ἐπὶ τοῦ χερείων χείριστος, ἀρείων ἄριστος τοῦτο γέγονε. Junt. μεμιστυλλημένοι : Εὐωχηθέντες. *P.* τεθραμμένοι καὶ ζωμὸν ῥοφήσαντες ἐν τμήματι ἄρτου κοιλασθέντος ὥσπερ δοίδυκος. Θ. *Dv.*

628. ἐπ' ὀλιγίστοις ἀλφίτοις : Τοῖς κοίλοις γὰρ ἄρτοις τοὺς ζωμοὺς ἀρυόμενοι ταχέως κορέννυνται δι' ἔνδειαν ἄρτων. ὀγδόῃ δὲ τὰ Θησεῖα ἦγον καὶ πᾶσαν τὴν ἡμέραν ἐπανηγύριζον εἰς τιμὴν τοῦ ἥρωος. πεποίηται δὲ ἡ λέξις, λέγω δὴ ἡ μυστίλη, παρὰ τὴν μάσησιν. [Ἄλλως. ἢ διὰ τὸ πλῆθος τῶν ὄψων ὀλίγον ἄρτον ἀνήλισκον· ἢ τῷ ζωμῷ σχολάζοντες καὶ ὑπὸ τούτου κορεννύμενοι.] —ὀλίγοις ἀλφίτοις : Ἄρτοις, βρώμασιν. *P.*

629. ὡς : Λίαν. *P.* λίαν, ὄντως. Θ. *Dv.* ὡς : Ὅτι. πεπράγατε : Εὐτυχήσατε. *P.*

630. μέτεστι : Μετουσία ἐστί. *P.*

631. τί δ' ἐστὶν, ὦ βέλτιστε, τῶν σαυτοῦ φίλων : [Ἀντὶ τοῦ περὶ τοὺς σαυτοῦ φίλους· οἷον τῶν ὁμομαστίγων. οἱονεὶ] οὐκ ἄλλων τινῶν, ἀλλὰ τῶν ὁμοίων σοι μαστιγιῶν. [ἢ τρόπων, οὕτως· ὦ βέλτιστε, τί τῶν σαυτοῦ τρόπων ἐστίν; ἀντὶ τοῦ, τί ἀγαθὸν ἡμῖν ἀγγέλλεις; εἰκὸς γάρ σε καλλίστοις χρώμενον τρόποις πρὸς τοὺς τρόπους καὶ τὰς ἀγγελίας ποιεῖσθαι.] — τῶν : Ἕνεκα. *Paris.*

632. ἄγγελος : Μηνυτής. *P.*

633. πέπραγεν εὐτυχέστατα : Εὐτυχὴς γέγονε. *P.* εὐδαιμονέστατα. *Dv.*

635. ἐξωμμάτωται : [Ἐκ Φινέως Σοφοκλέους ὁ στίχος. ὅρα πῶς τοῖς σπουδαίοις γελοιώδη καταμίξας λανθάνει, εἰρηκὼς ἐξωμμάτωται καὶ λελάμπρυνται. ἡ δὲ λέξις] ἀντὶ τοῦ ἐπιτεταμένως ὁρᾷ· ἡ γὰρ ἐξ ἐπίτασιν δηλοῖ, ὡς τὸ [Hom. Il. I, 486] « ἐκ θυμοῦ φιλέων. » ἢ μᾶλλον παίζων ἐπὶ στερήσεως λέγει. — ἔπαιξεν εἰπὼν ἐξωμμάτωται. τὸ γὰρ ἐξωμματῶσθαι ἔστι τὸ ἀποβεβληκέναι, ἢ ἐπιτεταμένως ὁρᾶν. ἡ γὰρ ἐξ ἐπίτασιν δηλοῖ, ὡς τὸ « ἐκ θυμοῦ φιλέων. » V. Ἄλλως. δέον εἰπεῖν, ἀνέβλεψε καὶ καθαροὺς ἔσχε τοὺς ὀφθαλμούς, ἐξωμμάτωται εἶπε καὶ λελάμπρυνται· παίζων γὰρ ἐπαμφοτεριζούσας λέξεις ἔθηκεν· ἐξωμμάτωται γὰρ καὶ ἀντὶ τοῦ, ἐκκέκοπται τοὺς ὀφθαλμοὺς δύναται νοεῖσθαι, καὶ ἀντὶ τοῦ, ἐκ τῶν ὀφθαλμῶν ἀφῃρέθη τὸ κάλυμμα. ὁμοίως δὲ καὶ τὸ λελάμπρυνται καὶ ἀντὶ τοῦ, καθαροὺς ἔσχε τοὺς ὀφθαλμούς, καὶ ἀντὶ τοῦ, λεύκωμα ἐν αὐτοῖς ἔσχε. ἔχει δὲ τὸ λελάμπρυνται τρίτον πρόσωπον τῶν ἑνικῶν ὁμόφωνον τῷ τρίτῳ τῶν πληθυντικῶν ὡς τὸ ἐξήρανται, καὶ κατῄσχυνται, καὶ ὅσα τοιαῦτα. Junt. ἐξωμμάτωται : Ὠμματώθη, ἀνεῳγμένους ἔχει τοὺς ὀφθαλμούς. Θ. *Dv.* ὄμματα ἔλαβεν. λελάμπρυνται κόρας : Λαμπρὰς τὰς ὄψεις ἔσχε. *P.* λελάμπρυνται καὶ

ἀντὶ τοῦ καθαρῶς ἴσχε καὶ ἀντὶ τοῦ λευκώματα ἐν αὐτοῖς ἴσχε. Θ.

636. [Ἀσκληπιοῦ παιῶνος : Παιὰν μὲν ὕμνος ἐστὶν εἰς Ἀπόλλωνα ἐπὶ παύσει λοιμοῦ ᾀδόμενος, ἀλλὰ καὶ ἐπὶ παύσει πολέμου· πολλάκις δὲ καὶ προσδοκωμένου δεινοῦ· καὶ παιανίζειν ῥῆμα ἀπὸ τούτου τὸ παιᾶνα ᾄδειν· καὶ γίνεται ἀπὸ τοῦ παύω, παυὰν, καὶ παιάν. παιὼν δὲ, ὁ καὶ παιήων, ὁ ἰατρὸς καὶ θεραπευτὴς τῶν νοσημάτων· καὶ γίνεται ἐκ τοῦ παίω, τὸ θεραπεύω, παίων καὶ παιάων, ὡς Μαχάων, καὶ κατὰ τροπὴν τοῦ α εἰς η παιήων, καὶ αὖθις κατὰ συγκοπὴν παιών. Junt., Vict. παιῶνος : Ἰατροῦ. *Dv.* εὐμενοῦς : Συμπαθοῦς. *P.*] ἀντὶ τοῦ εὐμενεστάτου. ταῦτα δὲ ἐκ τοῦ Φινέως Σοφοκλέους ἔλαβεν. V.

637. λέγεις μοι χαρὰν : [Τινὰ γελᾷ τῶν τραγικῶν.] ἀπαγγέλλεις μοι, φησὶ, χαρᾶς ἄξιον, ὥστε καὶ βοᾶν τῇ χαρᾷ νικώμενον.

[λέγεις μοι χαρὰν : Τὸ συστημάτιον τοῦτο κώλων ἐστὶ δ'. τὸ α' τρίμετρον βραχυκατάληκτον ἐξ ἀντισπάστου, ἐπιτρίτου δευτέρου καὶ δύο συλλαβῶν, ἡμίσεως ποδὸς οὐσῶν. τὸ β' ἰαμβικὸν τρίμετρον ἀκατάληκτον. τὸ τρίτον καὶ τέταρτον τρίμετρα καταληκτικὰ ἐκ παιώνων δύο καὶ συλλαβῶν τριῶν λειπουσῶν μιᾷ συλλαβῇ εἰς ἀναπλήρωσιν τελείου ποδός. Junt. λέγεις μοι χαίρειν. βοᾶν : Ὑφ' ἡδονῆς. *P.*]

638. χαίρειν : Εὐφραίνεσθαι. *Dv.* ἤν τε βούλησθ' ἤν τε μή : (ἀντὶ τοῦ) παντὶ τρόπῳ. R. V.

639. ἀναβοάσομαι : Ἀνυμνήσω, φησὶ, τὸν Ἀσκληπιὸν μέγα φῶς ὄντα τοῖς ἀνθρώποις. πολλοὶ γὰρ παῖδες τοῦ Ἀσκληπιοῦ, Ποδαλείριος, Μαχάων, Ἰασὼ, Πανάκεια, Ὑγίεια. ἀναπέπλασται δὲ τὰ ὀνόματα παρὰ τὸ ἰᾶσθαι καὶ πάντα ἀκεῖσθαι καὶ παρὰ τὸ ὑγίειαν παρέχειν. τὸν εὔπαιδα δὲ ἢ τὸν καλοὺς ἔχοντα παῖδας, (ἢ αὐτὸν καλὸν παῖδα). [ἐπαμφοτερίζει γὰρ τὰ τῆς χρήσεως ἐπί τε τοῦ καλοῦ παιδὸς καὶ τοῦ καλοὺς παῖδας ἔχοντος. ἢ τὸν καλοῦ πατρὸς παῖδα. ὁ δὲ νοῦς πέπαικται εἰς τραγῳδίαν· ὁ γὰρ χαρακτὴρ τραγικὸς, ὡς ἐν Ὀρέστῃ [984] « ἀναβοάσομαι πατρὶ Ταντάλῳ. »]

ἀναβοάσομαι : Ἀνυμνήσω, θαυμάσω. Θ. ἀνυμνήσω. *Dv.* ἀνευφημήσω. τὸν εὔπαιδα : Τὸν καλοὺς παῖδας ἔχοντα. *P.* εὔπαιδα λέγει τὸν Ἀσκληπιὸν ὡς καλλίστους ἔχοντα παῖδας, Μαχάονα, Ποδαλείριον, Ἰασὼ καὶ Πανάκειαν. Dv. P.

640. φέγγος δὲ ἀντὶ τοῦ τὸν μέγα φῶς ὄντα τοῖς ἀνθρώποις. R. φέγγος : Σωτηρίαν. *P.*, *Vict.*

641. [τίς η βοή ποτ' ἐστί : Κορωνὶς εἰσιόντων ὑποκριτῶν· οἱ δὲ στίχοι ἰαμβικοὶ τρίμετροι ἀκατάληκτοι, ρκθ'· ὧν τελευταῖος

ἐγὼ δ' ἀπαντῆσαί γ' ἐκείνοις βούλομαι.

ἐπὶ τέλει ἑκάστου συστήματος παράγραφος· ἐπὶ δὲ τῷ τέλει πάντων τῶν στίχων κορωνὶς, καὶ ἑξῆς τὸ κομμάτιον τοῦ χοροῦ· κἀνταῦθα γὰρ χοροῦ τι μέρος ὤφειλε θεῖναι, καὶ διατρῖψαι μικρὸν, ἄχρις ἂν ὁ Καρίων ἐκείνοις συμμίξειεν.] — ἀγγελεῖ : Μηνύει. *Dv.*

642. χρηστόν τι : Εὐτυχές τι. τοῦτο : Τὸ ἀκοῦσαι ἀγγελίαν ἀγαθήν. *P.* ποθοῦσ' : Ἀγαποῦσα. πάλαι : Πρὸ πολλοῦ. *Dv.*

643. ἔνδον : Ἐντὸς τῆς οἰκίας. περιμένουσα : Ἐκδεχομένη τοῦτον τὸν θεράποντα. *P.* ἐκδεχομένη. Θ. τὸν θεράποντα. R. V.

644. ταχέως, ταχέως φέρ' οἶνον : Ἡνίκα ἦν ἀπαγγελία, ἔθος ἦν πίνειν οἶνον. (διαβάλλει δὲ αὐτὴν ὡς φιλοῦσαν τὸν οἶνον.) — ταχέως : Συντόμως. *Dv.*

645. καὐτὴ πίῃς : Καὶ ἐγώ. Θ. *Dv.* διαβάλλει ὡς μεθύσην. *P.* φιλεῖς : Ἀγαπᾷς ποιοῦσα. *Dv.*

646. ἀντὶ, τούτου ἐστὶ τὰ ἀγαθά. R. συλλαβόμενος καὶ συλληπτικός. V. ὡς : Ὅτι· συλλήβδην : Ὁμοῦ συλλαβών. Θ. *Dv.* ὡς ἀγαθὰ : Ἴσθι ὅτι. συλλήβδην : Ὁμοῦ. *P.*

647. ποῦ 'στιν : Τὰ ἀγαθὰ δηλ. *Dv.* *P.* ἐν τοῖς ... : Ἐν τοῖς ἐμοῖς λόγοις γνώσῃ ἴσως. *P.* εἴσει τάχα : Γνώσῃ ἴσως ἢ ταχέως. Θ. γνωρίσει ταχέως. *Dv.* γνώσῃ. V.

648. πέραινε : Εἰς τέλος λέγε. *Dv.* τελειοῦ, πληροῦ. *P.* ἀνύσας : Σπεύσας, τελειώσας. *Dv.*

649. προκατάστασις. Θ. [ὡς ἐγὼ τὰ πράγματα ἐκ τῶν ποδῶν εἰς τὴν κεφαλήν σοι : Τὸ μὲν φαινόμενόν ἐστι τοῦτο τὸ, ἐξ ἀρχῆς μέχρι τέλους ἐρῶ τὰ πράγματα· νοεῖται δὲ καὶ ἕτερόν τι πάνυ αἰσχρὸν καὶ ἄξιον τῆς τῶν δούλων ἀσελγείας καὶ μοχθηρίας. ἡ γυνὴ δὲ πράγματα τὰς ὀχλήσεις ἐνόησε, καὶ διὰ τοῦτο λέγει

μὴ δῆτ' ἔμοιγ' ἐς τὴν κεφαλήν.]

τοίνυν : Τὸ λοιπόν. *P.*

650. ἀντὶ τοῦ ἀπ' ἀρχῆς μέχρι τέλους· ἢ παρὰ τὸ ἐς κεφαλήν σου, ὅπερ ἡ συνήθεια ἐπὶ τοῦ φαύλου λαμβάνει. R. V. ἐκ τῶν ποδῶν : Ἀπ' ἀρχῆς ἄχρι τέλους. *Dv.* ἀπ' ἀρχῆς μέχρι τέλους, ἐμφαντικόν. *P.*

651. διὰ τὸ οἰηθῆναι διαπόμπησιν λελέχθαι. V. τὰ ἀγαθὰ εἰπὲ, μὴ μὲν οὖν τὰ πράγματα ἐρεῖς. *Dv.* ἐμοὶ : Ἐμοῦ. ἐς τὴν κεφαλὴν : Τὰ πράγματα ἐρεῖς δηλ. *P.* μὴ τἀγαθὰ : Οὐκ ἐρῶ. *Dv.*

652. μὴ μὲν οὖν τὰ πράγματα : Σαφῶς νῦν τὰ πράγματα χαλεπὰ καὶ ἀνιαρά. ἀκριβῶς δὲ δεδήλωκεν ὅτι ἐπὶ κακῷ ἔλεγον τὰ πράγματα. [καὶ Μένανδρος δὲ ἐν Γεωργῷ « ἐν πράγμασιν, ἐν μάχαις. » ἐν ἤθει δὲ ἀναγνωστέον.] — νῦν : Πρὸ ὀλίγου. πράγματα : Τὰς ὀχλήσεις. *P.*

653. διήγησις. Θ. ὡς : Ἐπειδή. *P.* ἀφικόμεθα : Ἐπορεύθημεν. *Dv.*

654. πάλιν αὐτὸν ἄνδρα εἶπεν ὥσπερ καὶ ἐν τῇ ἀρχῇ. ἄθλιον δὲ διὰ τὸ τυφλὸν αὐτὸν εἶναι. εὐδαίμονα δὲ διὰ τὸ θεραπευθῆναι τοὺς ὀφθαλμούς. V. ἀθλιώτατον : διὰ τὴν τῶν ὀφθαλμῶν κάκωσιν. R. διὰ τὴν τύφλωσιν. Θ. *Dv.* διὰ τὴν πήρωσιν. *P.*

655. νῦν δ'. εἴ τιν' ἄλλον : Δέον, εἴπερ τις ἄλλος,

εἰπεῖν, εἴπερ τιν' ἄλλον εἶπε πρὸς τὴν ὄπισθεν αἰτιατικήν. Junt. εἴ τιν' ἄλλον : Ἀντὶ τοῦ ὡς οὐδένα ἄλλον. *P.* μακάριον : Διὰ τὴν ἀνάβλεψιν. Θ. *Dv.* εὐδαίμονα : Εὐτυχῆ. *Dv.* διὰ τὸ ἀναβλέψαι. *P.*

656. ἐπὶ θάλατταν ἤγομεν : Εἴθιστο γὰρ τοῖς ἀρχαίοις ἐκεῖ καθαίρειν τοὺς ἀφωσιωμένους, ὡς καὶ Ὅμηρος [Il. A, 314] « καὶ εἰς ἅλα λύματ' ἔβαλλον. »

εἴθιστο τοῦτο ποιεῖν, ὡς ἔοικε, τοῖς ἐκεῖ ἀφικνουμένοις θεραπευθῆναι. Θ.

657. ἔπειτ' ἐλοῦμεν : Ἀπὸ τοῦ λόω, ἢ ἀπὸ τοῦ ἐλούομεν κατὰ συγκοπήν. — Ἀττικὸν τὸ ἐλοῦμεν ἀντὶ τοῦ ἐλούομεν, καὶ κατὰ συγκοπὴν ἐλοῦμεν. Br.

νὴ Δί' εὐδαίμων : Ἐν εἰρωνείᾳ, ἀντὶ τοῦ κακοδαίμων· (τὸ γὰρ εὖ ἀντὶ τοῦ δυς μορίου. τὸ δὲ ψυχρᾷ θαλάττῃ, διὰ τὸ τῆς οὐσίας ψυχρὸν τῶν γερόντων. τὸ δὲ ᾖμεν) ἀντὶ τοῦ ἐπορευόμεθα· διὸ μετὰ τοῦ ι. ἀπὸ γὰρ τοῦ εἴω.

659. ἦμεν : Ὑπήρχομεν. *Dv.* ᾖμεν : Ἐπορευόμεθα. *P. C.*

660. (ἐπὶ δὲ βωμῷ : Ἀντὶ τοῦ, ὁσιωθείσης τῆς θυσίας καὶ τῶν ἀπαργμάτων ἐπὶ τῶν βωμῶν τεθέντων, ἅπτονται τοῦ βωμοῦ ἢ τοῦ κανοῦ καὶ ἐπιφθέγγονται ὅσια, καὶ τότε ἔξεστι τοῖς ἀπὸ τῆς θυσίας ἀδεῶς χρῆσθαι.

καὶ προθύματα : Γράφεται καὶ θυλήματα. σημαίνει δὲ τὰ προκατάργματα, ἢ τὰ πρὸ τῆς θυσίας γινόμενα θυμιάματα, ἢ πλακούντια.)

πόπανα : Γλυκύσματα. *Dv. P.* προχύματα : Τὰ καταχύματα. *Dv.* τὰ πρὸ τῆς θυσίας γινόμενα. *P.* ἃ πρὸ τῆς θυσίας ποιεῖν ἔθος. Θ. *Vict.*

661. καθωσιώθη πέλανος : (Τοῖς καθήκουσι νόμοις ἀνιερώθη, καθηγνίσθη, ἢ ὁσίως ἀνετέθη.) ἐπειδὴ δὲ ὁ πέλανος τῇ Ἡφαίστου φλογὶ καθωσιώθη καὶ τὰ πόπανα καὶ τὰ προθύματα. προθύματα δὲ ἤτοι τὰς ὀλύρας, παρὰ τὸ προθύεσθαι τῶν ἱερείων ἢ κριθὰς ἢ λιβανωτόν. τὸ δὲ ἑξῆς, ἐπεὶ δὲ βωμῷ προθύματα καθωσιώθη Ἡφαίστου φλογὶ, καὶ πόπανα καὶ πέλανος. [Ἄλλως. δέον εἰπεῖν, καὶ πέλανος, ὁ δὲ ἀσυνδέτως πέλανος εἶπεν. ἰστέον δὲ ὅτι τὸν μὲν πέλανον ἐν τῷ πυρὶ ἔρριπτον, τὰ δὲ πόπανα καὶ τοὺς πλακοῦντας καὶ τἄλλα ἐν μέρει τοῦ βωμοῦ ἐτίθεσαν. ἢ τὸ πέλανος ἑρμηνεία ἐστὶ τοῦ προθύματα, οὕτως, ἐπεὶ δὲ τῷ βωμῷ καθωσιώθη τὰ πόπανα, καὶ τὰ προθύματα καθωσιώθη τῇ φλογὶ τοῦ Ἡφαίστου, ὁ πέλανος λέγω· ὃ καὶ κρεῖττον.] — καθωσιώθη : Καθιερώθη. *Dv.* ἀνετέθη, ἀφιερώθη. Θ. *P.*, *Vict.* πέλανος : Εἶδος ὀσπρίου. Θ. *Dv. P.* Ἡφαίστου : Πυρός. *Dv.*

662. κατεκλίναμεν : ἡ κατά ἀντὶ τῆς ἀνά. οὕτως λέγουσιν Ἀττικοί. V. ἀντὶ τοῦ κατεθήκαμεν. Θ. εἰκὸς : Πρέπον. *P.*

663. παρεκαττύετο : Ἐκ συλλογῆς ηὐτρεπίζετο ἀπὸ τῶν καττυμάτων. καττύματα δὲ λέγονται οἱ μικροὶ ἱμάντες οἱ ἐρριμμένοι ἐπὶ τῆς κόπρου. λέγει οὖν ἐκ μικρῶν καὶ πολλῶν τὴν στιβάδα ηὐτρεπίζομεν.

στιβάδα : Στρωμνὴν ἐκ σχοίνων πεποιημένην. Θ. τὴν ἐκ χόρτων στρωμνήν. *Vict.* στιβὰς ἡ ἐκ χόρτων στρωμνὴ, ἢ τοιοῦτό τι. καὶ γίνεται παρὰ τὸ στείβειν, ὅ ἐστι τὸ περιπατεῖν. στιβὰς γὰρ κυρίως ἡ πεπιλημένη καὶ οἷον καταπεπατημένη. Vict. τὸ παρεκαττύετο ἀντὶ τοῦ συνῆγε καὶ συνετίθη σχοινία, ἃ ἰδιωτικῶς φασι βροῦλα, ποιῆσαι εἰς στιβάδα στρωμνήν. *Dv.* συνετίθει. Θ. *Br.* ἐσωρεύετο. *Dv.*

664. δεόμενοι : Χρήζοντες. *Dv.*

665. εἷς μέν γε Νεοκλείδης : (Καὶ εἰς πολλὰ κεκωμῴδηται οὗτος·) εἰς ῥήτορα καὶ τὰ δημόσια κλέπτοντα καὶ ξένον καὶ τὰς ὄψεις λελωβημένον. εἴρηται δὲ καὶ ἐν Πελαργοῖς περὶ αὐτοῦ ὅτι ῥήτωρ καὶ συκοφάντης ἐστίν. — ναί. εἷς μέν γε ... *P.* τυφλὸς : Ἀνόητος. *Dv.*

666. κλέπτων : Δωροδοκῶν. τοὺς βλέποντας : Τοὺς φρονίμους. ὑπερηκόντισεν : Ὑπερέβαλεν. *Dv.* ὑπερέβη. *P.* ὑπερέβαλεν. ἀπὸ τῶν ἀκοντιζόντων. V. ὑπερέβαλεν, ἀπὸ μεταφορᾶς τῶν τὰ ἀκόντια ῥιπτόντων. Θ. Borg.

667. παντοδαπὰ : Παντοῖα. Θ.

669. παραγγέλλω δοτικῇ συντάσσεται. καθεύδειν : Ὑπνοῦν, ἢ κεῖσθαι ἡσύχως. Θ. κοιμᾶσθαι. *P.*

670. πρόσπολος : Ὁ νεώκορος, δοῦλος. Θ. *Dv.* ὁ πρόσπολος : Ὁ ἱερεύς. *V. P.* αἴσθηται : Εἰς αἴσθησιν ἦσθον. *Dv.* συντάσσεται τὸ αἰσθάνομαι καὶ γενικῇ καὶ αἰτιατικῇ. Θ. νοήσῃ κτύπου. *P.*

671. κοσμίως : Εὐτάκτως. *Dv.* εὐτάκτως καὶ ἡσύχως. Θ. *P.*, *Vict.*

673. ἀθάρης χύτρα τις : [Ἀθάρα, μόνη ἡ σεμίδαλις.] (Ἀττικοὶ δὲ διὰ τοῦ η ἀθάρης, [Αἰολεῖς ἀθήρας,] ἡ δὲ κοινὴ διὰ τοῦ α ἀθάρας. ἔστι δὲ ἄλευρον ἡψημένον.) — Ἀττικοὶ ἀθάρας, Αἰολεῖς ἀθήρας. λέγει δὲ τὴν σεμίδαλιν. R.

ἀθάρας : Ἤγουν κουρκούτης. ἀθάρα λέγεται ἡ ἰδιωτικῶς λεγομένη κουρκούτη· ἤγαγε δὲ αὐτὴν γραῦς τις τῷ Ἀσκληπιῷ· εἰκότως· αἱ γὰρ γραῖαι τοὺς ὀδόντας ἀποβαλοῦσαι οὐκ ἄλλο τι ἢ ἀθάραν ἐσθίουσιν· τοιοῦτον ἐχρῆν καὶ δῶρον αὐτὰς προσφέρειν τῷ θεῷ. Dv. C. D. ἀθάρα... εἰκότως. καὶ γὰρ αἱ γραῖαι τοὺς ὀδόντας ἀποβάλλουσαι ὡς ἐπιτοπλεῖστον τῇ ἀθάρᾳ χρῶνται εἰς βρῶσιν, καὶ διὰ τοῦτο καὶ τῷ Ἀσκληπιῷ τὴν ἀθάραν δῶρον ἀνετίθουν. Vict. ἀθάρης : Σεμιδάλεως. *P.* ἐξέπληττε : Ἐτάραττεν. *Dv.* ἐνέβαλεν. *P.* εἰς ἔμπληξιν ἔφερε καὶ θαῦμα. Θ. εἰς ἔκπληξιν καὶ θάμβος ἔφερεν. *Vict.*

675. ἐφ' ἣν ἐπεθύμουν δαιμονίως ἐφερπύσαι : [Περισσὴ ἡ μία ἐπί. ὡς εἷς τῶν ἱερῶν ὄφεων δηλονότι.] ἐφερπύσαι δὲ, βαδίσαι. ἀπὸ μεταφορᾶς τῶν ἑρπετῶν. ἐκ τούτου δὲ τὴν ἥσυχον κλοπὴν τὴν ἐπὶ τὴν χύτραν δηλοῖ. — δαιμονίως : Ἐπιτηδείως. *Dv.* δεξιῶς, ἐπιτηδείως. Θ. *P.* ἐφερπύσαι : Βαδίσαι. *P.*

677. τοὺς φθοῖς : Ἀττικοὶ μὲν μονοσυλλάβως οἱ φθοῖς· ὁ δὲ Καλλίμαχος φθοΐας ἀντὶ τοῦ πλακοῦντας, πέμματα. — οὕτως μονοσυλλάβως σύνηθες αὐτοῖς λέγειν. Καλλίμαχος « ὅδ' αὖθις παρὰ φθοΐας », ὡς μάν-

τιας. ἔστι δὲ πλακοῦντας ἢ πέμματα. V. τοὺς φθοῖς : Τοὺς πλακοῦντας. Θ. *Dv.* πλακοῦντας, ἢ λαλάγγια. *P.* τὰς ἰσχάδας : Τὰ σῦκα. Θ. *Dv.*

678. ἀπὸ τῆς τραπέζης τῆς ἱερᾶς : Εἰσὶ γὰρ τράπεζαι ἐν τοῖς ἱεροῖς, ἐν αἷς τιθέασι τὰ εἰσφερόμενα.

679. περιῆλθε : Περιέδραμε. ἐν κύκλῳ : Ψηλαφῶν δηλ. καὶ ἐρευνῶν. *P.*

680. καταλελειμμένον : Ἐγκαταλειφθέν. *Dv.* ἐναπολειφθέν. *P.*

681. εἰς σάκταν τινά : (Γράφεται καὶ εἰς σάκκον, οἷον εἰς θύλακον, ἀπὸ τοῦ σάττεσθαι. δέον δὲ εἰπεῖν εἰς τὸν βωμὸν ἥγιζε, φησὶν εἰς τὸν σάκκον. ἥγιζε δὲ ἀντὶ τοῦ ἔβαλλεν εἰς δερμάτινον σακκίον, ὅπερ θύλακον λέγομεν. τινὲς δὲ ἀντὶ τοῦ ἁγίως ἀπετίθετο. παίζει δὲ τοῦτο ὡς ἐπὶ ἱερέων.) ἀρσενικῶς δὲ ὁ σάκτας, ὡς αἱ χρήσεις διδάσκουσιν. — σημαίνει δὲ τὸν θύλακον. R. [ἥγιζεν : Τὸ ἥγιζε γελοιωδῶς εἴρηκεν ἀπὸ τοῦ ἡγίαζε κατὰ συγκοπήν. σημαίνει δὲ ἡ λέξις παρὰ τοῖς παλαιοῖς μὴ μόνον τὸ καθαίρειν, ἀλλὰ καὶ τὸ μιαίνειν· καὶ τὸ ἅγιος δ' ὡσαύτως οὐ μόνον τὸν καθαρὸν, ἀλλὰ καὶ τὸν μιαρὸν καὶ ἐναγῆ καὶ ἐξάγιστον· καὶ ἁγιστεία ὡσαύτως· λέγεται οὖν ἐνταῦθα τῷ μὲν δοκεῖν, ὅτι εἰς σάκκον τινὰ ἱερῶς ἐτίθει, τῇ δὲ ἀληθείᾳ, ὅτι εἰς ἄγγος τι ἔβενον αὐτὰ πρὸς ἑαυτὸν ἐλάμβανεν. *Vict.* ἥγιζεν : Σεβασμίως ἐνετίθει. Θ. σεβασμίως ἦγεν. *Dv.* ἐτίθει, ὡς ἅγια ἐνέβαλεν. *C.* ἱερῶς ἐπετίθει. *P.* σάκταν : Σάκκον. τοῦτο κατ' εἰρωνείαν. Θ. *Dv.* σάκκον. *P.*

682. κἀγὼ νομίσας πολλὴν ὁσίαν : Ἀντὶ τοῦ ὁσιότητα. δόξας, φησὶν, ὅσιον εἶναι τὸ λαμβάνειν τι ἀπὸ τῶν ἐν τῷ ἱερῷ, ἐπεὶ καὶ ὁ ἱερεὺς ἐλάμβανεν. (Σύμμαχος δέ φησιν ὅσια λέγειν αὐτοὺς τὰ μὴ ἱερὰ, ἀλλ' ὧν ἔξεστι θιγγάνειν.) — νομίσας : Ὑπολαβών. ὅσιον τὸ λαμβάνειν ἀπὸ τῶν ἐν τῷ ἱερῷ, καθότι καὶ ὁ ἱερεὺς ἐλάμβανεν. Θ. *P.* ὁσίαν : Ἁγιότητα. *Dv.* πολλὴν ὁσίαν τοῦ πράγματος : Κατὰ πολὺ ὅσιον δηλαδὴ τὸ λαμβάνειν τι τῶν ἱερῶν. *Br.* δικαιοσύνην. Θ.

683. χύτραν : Τὸ τζυκάλιον. *Dv.* ἀνίσταμαι : Διεγείρομαι. *P.*

684. ταλάντατ' : Ἀθλιώτατε. Θ. οὐκ ἐδεδοίκεις : Οὐκ ἐφοβήθης. *P.*

685. μὴ φθάσειέ με : [Βαδίσας ἐπὶ τὸν βωμὸν δηλονότι.] διαβάλλει τὸν θεὸν ὡς κλέπτην. ἐφοβήθην οὖν μὴ ἐλθὼν καὶ αὐτὸς κλέψαι φθάσειέ με ἐπὶ τὴν χύτραν. [Ἄλλως. πάνυ καλὸν καὶ σεβάσμιον τὸ πρᾶγμα, ὃ ἐκεῖνος ἐποίει, ἡγησάμενος, καὶ οὐκ ἀσεβὲς κρίνας ἀνέστην καὶ αὐτὸς ἐπὶ τὴν χύτραν τῆς ἀθάρας. ἐν τούτῳ δὲ δεικνύει, ὡς ἀεὶ οἱ δοῦλοι περὶ τὸ φαγεῖν τὸν νοῦν ἔχουσιν. τὸ δὲ ἔχων τὰ στέμματα λέγει διὰ τὸ γράφειν τὸν Ἀσκληπιὸν ἀεὶ στεφανηφοροῦντα, ὡς ὑγιείας αἴτιον (καὶ ἆθλον τούτῳ παρέχειν τὴν ὑγίειαν λαβόντα τοὺς στεφάνους. Dv. P.).] — ἔγωγε : Ἐδεδοίκειν δηλαδή. *Dv. P.* ἐδεδοίκειν τὸν θεόν. δηλονότι καταλάβοι. Θ. τὸ ἔγωγε καὶ μάλιστα οἱ Ἀττικοὶ ἀντὶ τοῦ ναὶ λαμβάνουσιν. P. φθάσεις : Προλάβῃ. *P.*

686. ἐλθών : Ὁ Ἀσκληπιὸς φορῶν. *P.* ἔχων : Φορῶν. *Dv.* στεφανηφόρος γὰρ ὁ Ἀσκληπιὸς ἀεὶ στενάζων. ὑγείας γάρ ἐστιν ἔφορος. V. στέμματα : Ὡς ὑγιείας ἔφορος στεφανηφόρος. *P.*

687. ὁ γὰρ ἱερεὺς : τοῦ Ἀσκληπιοῦ ὁ ἱερεὺς ἐπὶ τοὺς βωμοὺς δηλονότι βαδίσας προεδίδαξέ με. V. ἤγουν τὸ προφθάσαι δηλ. καὶ λαβεῖν τὰ πέμματα. Θ. *P.*

688. ᾔσθετο : Ἔγνω. *P.* τὸ αἰσθάνεσθαι πρότερον πρὸς γενικὴν συντάξας, νῦν πρὸς αἰτιατικὴν ἀπέδωκεν. *Vict.* ψόφον : Κτύπον. *Dv.* ἀντὶ τοῦ ψόφου. R.V.

689. τὴν χεῖρ' ὑφῄρει : (Ἐκτείνει κατὰ τῆς χύτρας, ἵνα μηδεὶς αὐτὴν λάβῃ· [ἢ ἐξέτεινε. καὶ] Μένανδρος « ἐξάραντες ἐπικροτήσατε. ») συρίξας δὲ οὕτω μόνως φασὶν Ἀττικοὶ καὶ συρίκτης καὶ σύριγμα καὶ οὐ συρίσας. ἀκόλουθον δὲ τῷ ἐφερπύσαι τὸ συρίξαι. ἕκαστον γὰρ τῶν ζῴων ἰδίαν φωνὴν ἔχει, ὡς αἲξ τὸ μηκάζειν, βοῦς τὸ μυκᾶσθαι, κορώνη τὸ κρώζειν, καὶ τἄλλα ὁμοίως· οὕτω καὶ ὁ ὄφις τὸ συρίζειν. — ὑφῄρει δὲ ἀντὶ τοῦ ἐκτείνει. V. τὴν χεῖρ' ὑφῄρει : Ἐν ᾗ τὴν χύτραν κατεῖχεν λάθρα. Θ. *Dv.* κατεῖχε λάθρα. *Dv.* τὴν χεῖρ' ἀφῄρει : Λάθρα ἐκίνει. *C.* λαθραίως ἐξέτεινε. συρίξας : Συριγμόν τινα ποιήσας. *P.*

690. (ὀδὰξ ἐλαβόμην : Τοῖς ὀδοῦσιν αὐτὴν ἔλαβον, οἷον ἔδακον αὐτήν.)

ὡς παρείας ὢν ὄφις : Εἶδος ὄφεως. εἴρηται δὲ παρὰ τὸ ἐπῆρθαι τὰς παρειάς. φασὶ δὲ αὐτὸν μὴ δάκνειν, ἢ καὶ δάκνοντα (μὴ) λυπεῖν. μέμνηται δὲ αὐτοῦ καὶ Δημοσθένης [p. 313, 26] « τοὺς ὄφεις τοὺς παρείας » φάσκων, (καὶ Λυκοῦργος ἐν τῷ κατὰ Δημάδου λόγῳ. ἔστι δὲ τὸ τοιοῦτον εἶδος καὶ ἐν τῇ Ἀλεξανδρείᾳ). τὸ δὲ τοιοῦτον εἶδος εὑρίσκεται ἐν τοῖς ἱεροῖς (τοῦ Διονύσου). — ὀδὰξ : Ἤτοι τοῖς ὀδοῦσιν. *P.* μετὰ τῶν ὀδόντων ἡψάμην. Θ. ἐλαβόμην : Ἡψάμην. *Dv.* τῆς χειρὸς τῆς γραίας. *P.* παρείας : Μέγας. *Dv.* οἱ γὰρ συρίζοντες ὄφεις μεγάλας ἔχουσι παρειάς. Θ. εἶδος ὄφεως ἀπὸ τοῦ ἐπαίρειν. *P.*

691. ἡ δ' : Ἡ γραῦς. ἀνέσπασεν : Εἰς ἑαυτὴν συνέστειλεν. *Dv.* συνέστειλεν εἰς ἑαυτὴν ἀφεῖσα τὴν χεῖρα. *P.*, *Vict.*

693. δέους : Φόβου. *Dv. P.* βδέουσα : Πέρδουσα. Θ. *Dv.* πέρδουσα. ὅθεν καὶ τὸ βδελυρὸς καὶ τὸ βδελύττομαι. *P.* γαλῆς : ἡ γὰρ γαλῆ δριμύτατον ἀφίησι τὸ πνεῦμα. R.V. κάττας. Θ. *Dv.* γαλῆ ἡ κάτα, μυγαλὴ ἡ νυμφίτζα. *P.* πάνυ γὰρ δύσοσμός ἐστιν ἡ τῆς γαλῆς πορδή. Θ. *Victor.*

694. ἔφλων : Ἀντὶ τοῦ ἤσθιον, ἐμασώμην. λείπει δὲ τροφήν. φλᾶν δὲ νῦν τὸ μετὰ ψόφου ἐσθίειν. [καὶ γὰρ φλᾶν τὸ θλᾶν, ὡς [Hom. Il. A, 268] « φηρσὶν ὀρεσκῴοισιν. »]

πολλὴν : Μερίδα δηλ. *P.* ἔφλων : Ἀνήλισκον, συνέτριβον. Θ. *Dv. P. Vict.*

695. μεστὸς : Πλήρης τῆς ἀθάρας. Θ. *Dv.* ἔμπλεως ἢ κεχορεσμένος. *P.*

696. (ὁ δὲ θεὸς ὑμῖν οὐ προσῄειν : Ἀντὶ τοῦ προσ-

ἔσχε. Ἰωνικῶς, ὡς καὶ παρ' Ὁμήρῳ [Hom. Il. Γ, 388] « ἤσκειν εἴρια καλά. » ἀντὶ τοῦ ἤσκεε· τρίτου γάρ ἐστι προσώπου.) — οὐ προσῄειν : Οὐκ ἔγνω. *Dv*. οὐ προσῆλθεν. Θ. *P*. τὸ προσῄειν ἐνταῦθα τρίτου προσώπου διὰ τὴν χασμωδίαν προσλαβὸν τὸ ν, ὡς κἂν τοῖς ἄλλοις ἔθος ἔχουσι ποιεῖν οἱ Ἀττικοί. *Vict*. οὐδέπω : Οὔπω ἦν ἐλθών. *P*.

697. τοῦτο : Τὸ φαγεῖν. *P*. γελοῖον : Ἀστεῖον. *Dv*.

698. προσιόντος : Προσερχομένου. *Dv*.

699. ἀπέπαρδον : Διὰ τὴν ἀθρόαν τῶν πνευμάτων ἐκπήδησιν. ὅθεν καὶ πάρδος· ὁρμητικὸν γὰρ τὸ ζῷον.

ἐπεφύσητό μου : Ὑπὸ τῆς ἀθάρης δηλονότι. ποιεῖ γὰρ αὕτη πνεύματα τῇ γαστρί. — ἐξώγκωτο ἐμπνευματωθεῖσα. φυσώδη γὰρ τὰ ὄσπρια. Θ. ἤγουν ἐξώγκωτο (ἐπνευματώθη add. Vict.) *D*. δυσώδη γὰρ τὰ ὄσπρια, ὑπὸ τῆς ἀθάρας. *P*.

700. ἐβδελύττετο : (Ἐμίσει σε.) χαριέντως τὸ ἐβδελύττετο πρὸς τὸ ἀπέπαρδον, ὡς παρὰ τὸ βδέειν. ἕπεται γὰρ τῷ βδέειν τὸ βδελύττεσθαι. P. ἦπου : Ὄντως. *P*. ἐβδελύττετο : ἐμίσει. *Dv*. *P*.

701. οὐκ : Ἐβδελύττετο. *P*. (ἀλλ' Ἰασὼ μέν τις : Οὐκ ἐῴκει. διότι προσῆκε τῷ Ἀσκληπιῷ ἡ Ἰασὼ παρὰ τὴν ἴασιν ὠνομασμένη. ἀλλὰ καὶ θυγατέρα τοῦ Ἀμφιαράου αὐτὴν εἶπεν ἐν ἐκείνοις

ἀλλ' ὦ θύγατερ ἔλεξ', Ἰασοῖ, πρευμενής.

εἰ δὲ καὶ τὴν Ἰασὼ Ἀσκληπιοῦ θυγατέρα, ὥσπερ καὶ τοῦ Ἀμφιαράου, ἄξιον ἀπορεῖν· ἐπεὶ καὶ Ἕρμιππος ἐν τῷ [πρώτῳ] ἰάμβῳ τῶν τριμέτρων Ἀσκληπιοῦ καὶ Λαμπετίας τῆς Ἡλίου λέγει Μαχάονα καὶ Ποδαλείριον καὶ Ἰασὼ καὶ Πανάκειαν καὶ Αἴγλην νεωτάτην. ἔνιοι δὲ προστιθέασιν Ἰανίσκον καὶ Ἀλεξήνορα. ἔστι δὲ καὶ Ἀμφιαράου θυγάτηρ Ἰασώ. — Πανάκεια δὲ παρὰ τὸ ἄκος, τὴν θεραπείαν. Ἄλλως.) παρὰ τὸ ἰᾶσθαι τὴν Ἰασὼ πεποίηκε θυγατέρα Ἀσκληπιοῦ, καθάπερ καὶ τὴν Πανάκειαν καὶ τὴν Ὑγίειαν. R.V. ἐπακολουθοῦσ' : Τῷ Ἀσκληπιῷ δηλονότι. Θ.

702. ὑπηρυθρίασε : Μετρίως πῶς ἐτράπη καὶ ᾐδέσθη. Θ. *P*. ἀπεστράφη : Εἰς τοὐπίσω. *Dv*.

703. οὐ λιβανωτὸν γὰρ βδέω : Ἄλλο λίβανος καὶ ἄλλο λιβανωτός· λίβανος μὲν [γὰρ] αὐτὸ τὸ δένδρον, λιβανωτὸς δὲ ὁ καρπὸς αὐτοῦ. [ἔστι δὲ καὶ ὄρος Λίβανος καλούμενον.] — ἐπιλαβοῦσ' : Κρατήσασα. *P*. λιβανωτὸν : Εὐώδες ὥσπερ ὁ λίβανος πέρδω. Θ. *Dv*. ἤτοι μεμυρισμένον πέρδω. *P*.

704. αὐτὸς δ' ἐκεῖνος : ὁ Ἀσκληπιός. R. τῆς ῥινὸς οὐκ ἐπελάβετο δηλ. οὐδ' ἐφρόντισεν : Οὐκ ᾔσθετο. *P*. ἤγουν οὐ μόνον οὐδὲν τοιοῦτον ἐποίησεν. Θ.

705. ἄγροικον : Ἀναίσθητον. Θ. *Dv*. ἀπαίδευτον. *P*. τὸν θεὸν : Τὸν Ἀσκληπιόν. *Dv*.

706. ἀλλὰ σκατοφάγον : Ἀναίσθητον. εἴρηται δὲ ἀπὸ τῶν παρὰ Βοιωτοῖς βοῶν, οἳ διὰ τὴν πολλὴν ἀναισθησίαν σκατὰ ἤσθιον. ἑτερόκλιτος δέ ἐστιν ἡ σκατὸς γενικὴ, ἀπὸ εὐθείας τῆς σκώρ. — οὐκ ἔγωγε : Οὐ λέγω ἐκεῖνον ἀναίσθητον. σκατοφάγον : Ἀναίσθητον. Θ. *P*. αἲ τάλαν : Διότι τοιαῦτα λέγεις. *Dv*. ἐπίρρημα σχετλιαστικόν. *R*. *V*. *P*. τὸ σκατοφάγον λέγει, ἢ διότι οἱ ἰατροὶ ἐκ τοῦ τὰ σωμάτων κενώματα βλέπειν καὶ οὖρα τοὺς μισθοὺς λαμβάνουσιν. ἢ ὅτι ὁ τῆς ἰατρικῆς ἡγεμὼν Ἱπποκράτης ἀνθρωπίνων κόπρων, ὥς φασιν, ἐγεύσατο, βουλόμενος περί τινος νοσοῦντος μαθεῖν, ἢ ἄρα ζήσεται ἢ τεθνήξεται. P. τὸ σκατοφάγον λέγει ἢ διότι οἱ ἰατροὶ ἐκ τοῦ σκοπεῖν τὰ τῶν ἀσθενούντων οὖρα καὶ σκύβαλα τοὺς μισθοὺς λαμβάνουσιν, ἢ ὅτι ὁ τῆς ἰατρικῆς ἡγεμὼν Ἱπποκράτης ἀνθρωπίνων κόπρων ἐγεύετο, ὥς φασι, βουλόμενος μανθάνειν περὶ τῶν νοσούντων, εἰ ἄρα ζήσονται ἢ τεθνήξονται. Vict.

707. συνεκαλυψάμην : Ἐκρύβην εἴσω τῶν ἱματίων. Θ. *Paris*.

708. δείσας : Φοβηθείς. *Dv*. *P*.

709. σκοπῶν : Ἐπιτηρῶν. *P*. περιῄειν (— ει *P*.) : περιήρχετο. *Dv*. *P*. Ἰακῶς τὸ περιῄειν. V. ὅμοιον τῷ προσῄειν. κοσμίως : Εὐτάκτως. Θ.

710. παῖς : Δοῦλός τις. *P*. *Dv*. θυίδιον : Ἴγδιον λίθινον. Θ. ἰγδίον. *Dv*. θυείδιον : Ἤτοι ἰγδύον. *P*. ἰγδίον. παῖς ὁ υἱὸς ἀπὸ τοῦ παῖς τὸ αἰδοῖον καὶ κατὰ συναίρεσιν παῖς. παῖς δὲ ὁ δοῦλος ἀπὸ τοῦ παίω τὸ τύπτω. Borg.

711. παρέθηκε : Πλησίον αὐτοῦ ἔθηκε. *P*. δοίδυκα : Κοχλιάριον· *Dv*. κοχλυάριον. *P*. κιβώτιον : Ὃν ἰατροὶ καλοῦσι παντέκτην. Θ. σενδούκι, ὃ λέγουσιν οἱ ἰατροὶ παντέκτην. *Dv*. σενδούκην. *P*.

(712). οὐ δῆτ' οὐχὶ τό γε κιβώτιον : [Παίζων πρὸς τὸ πρῶτον ἀπήντησεν, οὐχὶ τὸ κιβώτιον.] εἰπὼν ὅτι τὸ κιβώτιον λίθινον ἦν, ὥσπερ ἑαυτοῦ τὴν λήθην ἐπανορθούμενός φησι, μὰ Δί' οὐκ ἦν λίθινον τὸ κιβώτιον. — μὰ Δί' οὐ δῆτ' : Λίθινον ἦν, ἀλλ' ἡ θυεία. *P*.

713. ἑώρας : Ἔβλεπες. *P*.

714. διὰ τοῦ τριβωνίου : Νῦν τοῦ παλαιοῦ καὶ τετριμμένου ἱματίου· [τὸ γὰρ τρίβακον ἱμάτιον οὕτω καλοῦσιν Ἀττικοί.] ὀπὰς δὲ τὰς τρώγλας· ἔνθεν καὶ ὦπες οἱ ὀφθαλμοί· ἀνοίγματα γάρ ἐστι. — τριβώνιον ἐνταῦθα τὸ παλαιὸν καὶ διερρυηκὸς ἱμάτιον. τριβώνιον καὶ τὸ τῶν φιλοσόφων ἱμάτιον, ὡς εὐτελείας ἀντιποιουμένων. ὅθεν καὶ τὸ περίβλημα αὐτῶν εὐτελές. ἦν δὲ τὸ τοιοῦτον τριβώνιον μέχρι τῶν ποδῶν διῆκον, καὶ χειρίδας ἔχον πλατείας, καὶ κεκολπωμένον. P. καὶ κεκαλυμμένος εἶναι λέγεις. *Dv*. ἐγκεκαλύφθαι : Ἐγκεκρύφθαι. τριβωνίου : Ἔβλεπον δηλ. *P*.

715. ὀπὰς : Τρύπας. *Dv*. *P*. οὐκ ὀλίγας : Ἀλλὰ πολλὰς δηλ. *P*.

716. Νεοκλείδῃ : τοῦτον, ὡς ἔφαμεν, διαβάλλει ὡς ἅρπαγα τῶν δημοσίων. V. οὗτος ἅρπαξ τῶν δημοσίων. *Paris*.

717. καταπλαστὸν : Τῶν φαρμάκων τὰ μὲν καταπλαστά, τὰ δὲ χριστά, τὰ δὲ ποτά. (κυρίως δὲ ὀξυτόνως τοῦτο γράφουσι,) τινὲς δὲ προπαροξύνουσι, κατάπλαστος. [ἔστιν οὖν παστὸν τὸ πασσόμενον, πλαστὸν τὸ

πλαττόμενον, ὃ καὶ καταπλαστὸν λέγεται, καὶ πιστὸν τὸ πινόμενον.]

[ἐνεχείρησεν : Οἱ γράφοντες, ἐνεχείρισε τρίβειν, διὰ τοῦ ι, ἀμαθεῖς· οὐ γὰρ ἐμφανῶς ἐθεράπευεν ὁ Ἀσκληπιὸς, ἵνα καὶ τῷ Νεοκλείδῃ ἐγχειρίσαι αὐτὸν λέγωμεν τρίβειν τὸ φάρμακον, ἀλλ' ἀφανῶς κατὰ τὴν νύκτα. ἔχει δὲ οὕτως, ἐνεχείρησε πρῶτον πάντων τρίβειν τῷ Νεοκλείδῃ φάρμακον καταπλαστόν· καὶ ἔστιν ἡ δοτικὴ αὕτη πρὸς τὸ τρίβειν περιποιητικῶς. ἡ γὰρ τρίψις ἐκείνῳ ἦν, τουτέστι, δι' ἐκεῖνον ἐγίνετο.] — ἐνεχείρησε : Ἤρξατο. *P.*

718. τρεῖς Τηνίων : [Ὅτι ἐν τῇ Τήνῳ μιᾷ τῶν Κυκλάδων νήσῳ ὄφεις καὶ σκορπίοι δεινοὶ ἐγίνοντο· ἢ ὅτι ἡ Τῆνος δριμύτατα σκόροδα φέρει.] δηκτικῶν. R. ὅτι ἡ Τῆνος, (νῆσος μία τῶν Κυκλάδων,) θηριώδης δοκεῖ εἶναι. (σκόροδα οὖν Τήνια εἶπεν ἀντὶ τοῦ δηκτικὰ, παρὰ τὰ θηρία.) δηλοῖ καὶ Εὔπολις Πόλεσι « Τῆνος αὕτη, πολλοὺς ἔχουσα σκορπίους (ἔχεις τε συκοφάντας). » Καλλίστρατος δὲ ἐπὶ τὸ σαφὲς κατηνέχθη, ὡς σκοροδοφόρου τῆς γῆς οὔσης· (διὸ καὶ τὸ παρ' Ἀντιμάχῳ « Τήνου τ' ὀφριοέσσης » οὐ καλῶς ἔχειν δοκεῖ.) — σκορόδων : Σκόρδων. *Dv.* Τῆνος νῆσος ἐν ᾗ δριμύτατα γίνεται σκόροδα. Θ. Τῆνος νῆσος σκοροδοφόρος ἀπό τινος Τήνου ἀνδρός. *P.* ἔφλα δὲ ἀντὶ τοῦ ἔτριβεν ἢ ἤλει. V. ἔφλα : Συνέτριβε. *Dv.* ἔτριβε. *P.*

719. ὀπὸν : Γάλα σκύλης. *Dv.* γάλα σκίλλης, ἥτις βοτάνη ἐστὶ θανατηφόρος, ἐξ ἧς τὸ σκιλλητικὸν ὄξος. Θ. P.

720. (καὶ σχῖνον : Σχῖνον νῦν φησι τὴν σκίλλαν· δηκτικὰ γὰρ βούλεται πάντα εἶναι. ἐν δὲ τοῖς ἑξῆς παράκειται καὶ ἐκ τῶν Θεοφράστου, ὅτι ἕτερόν τι ἡ σκίλλα καὶ ἡ σχῖνος. παρὰ τὸ σχίζεσθαι καὶ δακρύειν· ἡ αὐτὴ γὰρ τῇ μαστίχῃ.) — σχῖνον : ἀντὶ τοῦ μαστίχην. R. τὰ ἄκρα τῆς σκίλλας ἢ μαστίχην. Θ. τὰ ἄκρα τῆς σκύλας. *Dv.* σχῖνον : Ἤγουν σκίλλαν. *P.* σχῖνος τὸ δένδρον, ι. σχοῖνος δὲ τὸ βρύλον, δίφθογγον ο καὶ ι. P.

ὄξει διέμενος : Διαβρέχων καὶ διυγραίνων, ὃ νῦν ἐγχυματίζειν φασί. (Σφηττίῳ δὲ) τῷ δριμυτάτῳ ἢ ἀπὸ τοῦ δήμου· πικροὶ γὰρ οἱ Σφήττιοι καὶ συκοφάνται. ἢ παρὰ τοὺς σφῆκας· θυμικοὶ γάρ. (ἢ ὅτι δριμὺ ὄξος παρὰ Σφηττίοις ἐγίνετο.) — βρέχων ὄξος δριμύ. *Dv.* βρέξας ἐν. *P.* Σφηττὸς τόπος ἐν Ἀθήναις, ὅθεν καὶ Σφηττοῖ ἐπίρρημα, καὶ ὁ πολίτης Σφήττιος· Σφήττιος οἶνος καὶ Σφήττιον ὄξος. ὡς ἔοικε δὲ, δριμύτατον ὄξος Σφηττοῖ ἐγίνετο. P. βρέχων. Σφῆττος τόπος, ἔνθα δριμὺ ὄξος γίνεται. Θ.

721. κατέπλασσεν : Τοῦτο τὸ φάρμακον. Θ. *P.* ἐκστρέψας : Ἐξεστραμμένα ποιήσας. *P.* ἀναστρέψας. *Dv.*

722. ὀδυνῷτο : Λυπεῖτο, ἀλγεῖ. *Dv.* ὀδύνην ἔχει περισσότερον. *P.* οὐ τοσαύτη γὰρ ἂν ἦν ἡ ὀδύνη, εἰ ἐπάνω ἔπλαττεν. Θ.

723. ἀναΐξας : Ὁρμήσας. Θ. *Dv. P.* θεὸς : ὁ Ἀσκληπιός. V.

(725). ἵν' ἐπομνύμενον : Ἀντὶ τοῦ ἐκκαλούμενον. ἐπωμοσία δέ ἐστιν, ἣν ἐπιδίδωσιν ὁ βουλόμενος ἀντειπεῖν ψηφίσματι εἰσφερομένῳ. ἐκκαλοῦνται δὲ εἰς τὸ δικαστήριον πολλάκις. Σαλούστιος δέ φησιν ὡς μέλλοντες εἴς τινα δημοτικὴν ἀποστέλλεσθαι χρείαν παρὰ τοῦ δήμου, πολλάκις ἐπώμνυντο μὴ δύνασθαι αὐτὸ ποιεῖν, ἵνα συκοφαντῶσιν οἴκοι μένοντες. Ἄλλως. ἐπωμοσία ἐστὶν ἀπόδοσις αἰτίας, δι' ἣν οὐχ ὑπαντᾷ τις πρὸς τὴν δίκην. Ὑπερίδης « καὶ ἐμοὶ μὲν συμβάσης « ἀρρωστίας, καὶ ὑπομοσθείσης ταύτης τῆς γραφῆς, « ἀνεβλήθη ὁ ἀγών. » οὕτως ὁ Τήλεφος. ἐπωμοσία ἐστὶν ὄνομα δίκης, καθ' ἣν οἱ μέλλοντες ἡττᾶσθαι, νοσεῖν προφασιζόμενοι, τὴν κυρίαν ἀνεβάλλοντο καὶ πάλιν ἐξ ἀρχῆς ἐδικάζοντο. τινὲς δὲ ἐπομνύμενόν φασι τὸ ὀμόσαι μὴ δικάσασθαι καὶ παραβάντα τοὺς ὅρκους δικάσασθαι ὕστερον. ἐκκλησίας δὲ ἀντὶ τοῦ, ἐν ταῖς ἐκκλησίαις. ταῦτα δέ φησιν, ὡς τοῦ Νεοκλείδου διὰ κακουργίαν τοιαῦτα ποιοῦντος. Ἄλλως. ἐπομνύμενον μὲν ἀντὶ τοῦ ἐφεδρεύοντα ταῖς ἐκκλησίαις καὶ συκοφαντοῦντα ὑπὲρ τοῦ κερδαίνειν· ἢ ὑποφθείροντα, ἵνα συνέλθωσιν οἱ δικασταὶ, καὶ βοηθήσωσιν οἷς αὐτὸς βούλεται· ἢ κακουργοῦντα· οἱ γὰρ συνωμόται ἐπὶ κακῷ ὤμνυον. Ἄλλως. ἐπωμοσία ἐστὶν ἡ δευτέρα τοῦ δικαστηρίου κρίσις λεγομένη μετὰ τὴν τῶν ἀποκλήρων παρουσίαν. — ἐπομνύμενον : Ἐφεδρεύοντα καὶ συκοφαντοῦντα καὶ ὀμνύντα πρὸς ἀπάτην. Θ. ἐφεδρεύοντα, ἐπιορκοῦντα καὶ συκοφαντοῦντα. *Dv.* ἐπιορκούμενον. *P.* τῆς ἐκκλησίας : Τοῦ συνεδρίου. *D.* τὰς ἐκκλησίας : Τὰς συναθροίσεις. *P.*

726. ὡς φιλόπολις : Καθὸ τὸν λυμεῶνα τῆς πόλεως ἠμύνατο. — ὁ δαίμων : Θεός. σοφός : Πάντα εἰδώς. *P.*

727. τῷ Πλούτωνι : [Τὸν Πλοῦτον Πλούτωνα εἶπε παίζων· ἢ ὅτι καὶ Πλούτωνα αὐτὸν ὑποκοριστικῶς ἐκάλεσεν, ὡς Σοφοκλῆς Ἰνάχῳ

Πλούτωνος δ' ἐπείσοδος·

καὶ πάλιν

τοιόνδ' ἐμὸν Πλούτων' ἀμεμφίας χάριν.

Ἄλλως.] τὸν Πλοῦτον οὕτω λέγουσι· καὶ εἰκότως τὸν αὐτὸν τῷ Πλούτωνι τὸν Ἅδην νομίζουσι· καὶ γὰρ Ἡσίοδός φησιν [Op. 465]

εὔχεσθαι δὲ Διὶ χθονίῳ Δημήτερί θ' ἁγνῇ,
ἐκτελέα βρίθειν Δημήτερος ἱερὸν ἀκτήν.

παίζει τῷ Πλούτωνι εἰπών. Θ.

729. ἡμιτύβιον : [Ἀντὶ τοῦ σουδάριον· ῥάκος ἡμιτριβὲς λινοῦν τι, οἷον ἐκμαγεῖον. καὶ Σαπφὼ « ἡμιτύβιον σταλάσσων. » ἢ δίκροσσον φακιόλιον.] — ἡμιφάριον ἢ παχὺ ἱμάτιον, ἢ ἡμιτριβὲς, ἢ διπλοῦν ἐκμαγεῖον, ὃ δίκροσσον καλοῦσι. κυρίως δὲ τὸ ἐπὶ στολῇ νεκροῦ ῥάκος. ἀντὶ τοῦ σουδάριον ἢ φακιόλιον κροσσοὺς ἔχον ἀμφοτέρωθεν. V. ἡμιτύμβιον : Μαντίλιον. *Dv.* μανδύλιον (Θ.), μανδήλιον. *Br.* φακιόλιον. *P.* συδάριον. ῥάκος ἡμιτριβές. λινοῦν τι. ἢ φακιόλιον, κροσοὺς ἔχον ἀμφοτέρωθεν. R. τύμβος ὁ τάφος ὑπερέχων τῆς γῆς κατὰ κύκλον.

ὥσπερ ἠρίον τὸ κατὰ γῆς καὶ μὴ ὑπεριστάμενον καθ' ὁμοιότητα τοῦ τύμβου. καὶ ἡ κεφαλὴ οὕτως ὀνομάζεται διὰ τὸ ἐοικέναι τύμβῳ. ἡμιτύβιον οὖν τὸ ἐξ ἡμισείας τὴν κεφαλὴν καλύπτον. P̄.

730. περιέψησεν : ἀπέματτεν. R. ὡμάλισεν, ἐσπόγγισε. V. περιεσπόγγισεν. *Dv.* περιεκάθηρεν. *P.* βλέφαρα αἱ πτύχες τῶν ὀφθαλμῶν, ἤγουν τὰ ὀμματόφυλλα. βλεφαρίδες δὲ αἱ τρίχες αἱ ἐμπεφυκυῖαι τοῖς βλεφάροις. P.

731. κατεπέτασ' : Περιεσκέπασεν. Θ. *Dv.* φοινικίδι : Πυρρῷ περιβολαίῳ. R V. πέπλῳ κοκκίνῳ. Θ. *Dv.* *Paris.*

732. ἐπόππυσεν : Ἐσύρισεν, ἵνα οἱ δράκοντες ἐξέλθωσι (δηλονότι)· — ἐπόππυσεν : Ἐσύρισεν. Θ. *P.*

733. ἐξῃξάτην οὖν δύο δράκοντες : (Κοινῶς μὲν καὶ τοῖς ἄλλοις ἥρωσι δράκοντες παρετίθεντο, ἐξαιρέτως δὲ τῷ Ἀσκληπιῷ.) δράκοντες δὲ λέγονται ἀπὸ τοῦ δέρκω, ὅ ἐστι βλέπω· ὀξυδερκὲς γὰρ τὸ ζῷον. ἀφιέρωται δὲ τῷ Ἀσκληπιῷ, ἐπειδὴ τὸ γῆρας ἀποβάλλει καὶ ἡ ἰατρικὴ δὲ φυλάττει φύσει τὸ νέον, ἐξωθοῦσα τὰ νοσήματα. — ἐξῃξάτην : ἐξῆλθον. *R.* Θ. *Dv. P.* ἐξώρμησαν. *Vict.* ἐξῃξάτην κανονίζεται ἀπὸ τοῦ αἴσσω, τὸ ὁρμῶ, ὁ μέλλων ἀΐξω, ὁ ἀόριστος ἤϊξα καὶ κράσει ᾖξα, ὁ μέσος ᾐξάμην, τὸ τρίτον τῶν δυϊκῶν ᾐξάτην, ὡς ἐξῃξάτην. Vict. εἰκότως φησὶν ὑπηρέτας ἔχειν τὸν Ἀσκληπιὸν ὄφεις. ἐπειδὴ γὰρ οἱ ὄφεις τὸ παλαιὸν αὐτῶν ἀπεκδυόμενοι δέρμα ἀεὶ νεάζουσιν· οὕτως καὶ ὁ θεὸς τῶν ἀσθενούντων τὰς νόσους οἷά τινα λεβηρίδα ἀπορίπτων νεάζοντας δείκνυσιν. Dv., Vict.

734. ὦ φίλοι θεοί : Θαυμαστικόν. *P.*

736. τούτω : δυϊκῶς ἀντὶ τοῦ οὗτοι. V. οὗτοι οἱ δράκοντες. ὑποδύνθ' : Ὑπεισελθόντες. Θ. *P.* ὑπεισελθόντες ἠρέμα. *Dv.*

738. ὥς γέ μοι δοκεῖν : Καλῶς τὸ ἐμοὶ δοκεῖν· οὐδὲ γὰρ ἑώρα αὐτοὺς εἴσω τῆς φοινικίδος ὄντας. — οὐ γὰρ οἷόν τε ὁρᾶν κεκαλυμμένον τῇ κεφαλῇ. *Dv.*

737. καὶ πρίν σε κοτύλας : Ὡς εἰ ἔλεγε πρὶν εἰπεῖν σε πέντε λόγους ἢ πρὶν πτύσαι. κοτύλη δὲ εἶδος μέτρου, ὃ νῦν καλεῖται ἡμίξεστον. σκώπτει δὲ τὰς γυναῖκας ὡς μεθύσους. — ἔπαιξε δὲ εἰς τὸ φίλοινον εἶναι τὴν γυναῖκα. V. [δέον οὖν εἰπεῖν, πρὶν εἰπεῖν σε λόγον ἕνα, εἶπε, πρὶν ἐκπιεῖν κοτύλας οἴνου δέκα.] — διαβάλλει αὐτὴν καὶ αὖθις ὡς μέθυσον. δέον γὰρ εἰπεῖν, πρὶν εἰπεῖν σε λόγον ἕνα, ἤ τι τοιοῦτον πρὸς τὴν συνήθειαν, ὁ δὲ οὕτως εἶπεν. εἶδος δὲ μέτρου ἡ κοτύλη, ὃ καλεῖται ἡμίξεστον.)ι., P. κοτύλας οἴνου : Πεπληρωμένας. *P* καρτελούρας. *Dv.*

738. ὦ δέσποινά γ' ἑστήκει : Ἀνεστηκὼς ἦν. *C. P.*

739. ἀνεκρότησ' : Ἀνατείνας ἔπληξα. *P.*

740. τὸν δεσπότ' ἤγειρον : Ἐλάλησα. *Dv.*

741. (ἠφάνισεν αὑτὸν : Ἀφανῆ ἑαυτὸν ἐποίησεν ἐμοῦ συγκροτήσαντος.) — ἠφάνισεν : Ἀφανῆ ἐποίησεν (Θ.). ὄφεις : Ἔβησαν. *Dv.* νεών : Ἔδυσαν δηλ. διαβάλλει καὶ αὐτὸν ὡς λίαν ὑπνώττοντα *P.*

742. ἐγκατακείμενοι : Ἤτοι οἱ ἀσθενεῖς. *P.* παρ' αὐτῷ : Τῷ ναῷ. Θ. *Dv. P.* πῶς δοκεῖς : Θαυμαστικόν, ἀντὶ τοῦ λίαν. *C. P.*

743. τὸν Πλοῦτον ἠσπάζοντο : Ἀντὶ τοῦ ἐφιλοφρονοῦντο. κυρίως δὲ ἀσπάσασθαί ἐστι τὸ περιπλέκεσθαί τινα, διὰ τὸ ἄγαν σπᾶσθαι εἰς ἑαυτὸν τὸν ἕτερον καὶ περιβάλλειν τὰς χεῖρας (ἐν τῷ φιλοφρονεῖσθαι).

744. ἐγρηγόρεσαν : Ἔξυπνοι ἦσαν. *Dv. P.* ἕως : Ἰωνικῶς. διέλαμψεν : Διηύγασεν. *P.*

745. πάνυ σφόδρα : Ἐκ παραλλήλου τὸ αὐτό. Ἀττικὸν δὲ τὸ ἔθος, ὡς τὸ τυχὸν ἴσως. καταχρηστικῶς τὸ ἐπῄνουν ἐπὶ τοῦ θεοῦ· κυρίως γὰρ ἐπὶ ἀνθρώπου τὸ ἐπαινεῖν.

746. ταχὺ : Ἀντὶ τοῦ ταχέως. *P.*

748. ὅσην ἔχεις τὴν δύναμιν : Θαυμαστικὸν τὸ ὅσος. R. (ταῦτα ἡ γυνὴ τοῦ Χρεμύλου θαυμάζουσα τὸν θεὸν διὰ τὴν τοῦ Πλούτου ταχεῖαν ἀνάβλεψιν.) — ὅσην : Θαυμαστικόν, ἤγουν πολλὴν καὶ μεγάλην ἔχεις τὴν δύναμιν. ὦ 'ναξ δέσποτα : Βασιλεῦ Ἀσκληπιέ. *P.*

749. φράσον : Εἰπέ. Θ.

750. ἦν : Ὑπῆρχε. Θ. ὑπερφυὴς : Πολύς. Θ. *Dv.* ὑπ. ὅσος : Ὑπερφυῶς μέγας. ὅσος : Θαυμαστικόν, ἤτοι πολύς. *P.*

752. ὀλίγον : Βραχύν. *P.* ἠσπάζοντο : Ἐχαιρέτουν. *Dv.* ἐδεξιοῦντο. *P.*

753. ἐδεξιοῦνθ' ἅπαντες : Ἀντὶ τοῦ ταῖς δεξιαῖς ἠσπάζοντο. Ὅμηρος [Il. K, 542]

δεξιῇ ἠσπάζοντο ἔπεσσί τε μειλιχίοισιν.

ἐδεξιοῦνθ' : Τὰς δεξιὰς ἐνέβαλλον αὐτῷ ἀσπαζόμενοι. Θ. *Dv.* ἤτοι τὰς δεξιὰς ἐνεβάλλομεν. *P.* τῆς ἡδονῆς : Τῆς χαρᾶς. *Dv.*

754. οὐσίαν τ' εἶχον συχνὴν : Πλοῦτον ἐκέκτηντο πολύν. *P.* οὐσίαν : Περιουσίαν. συχνὴν : Πολλήν. Θ. *Dv.* πολλήν. R.V.

755. ἐκ δικαίου : Πόνου δηλ., ἀλλ' ἐξ ἀδικίας τὸν βίον κεκτημένοι. *P.* κεκτημένοι : Ἔχοντες. *Dv.*

756. ὀφρῦς συνῆγον : Σκυθρωπῶς προσέβλεπον. V. τοῦτο δεῖγμα κατηφείας. Θ. *Dv.* δεῖγμα κατηφείας, ἤτοι κατηφεῖς ἦσαν. ἴδιον γὰρ τῶν λυπουμένων τὸ τὰς ὀφρῦς συνάγειν. *P.*

757. οἱ δίκαιοι γελῶντες καὶ ἐστεφανωμένοι ὄντες ὀπίσω τοῦ Πλούτου ἠκολούθουν. V. οἱ δ' : Οἱ δίκαιοι. κατόπιν : Τοῦ Πλούτου. *P.* ὀπίσω τοῦ Πλούτου. R.

758. εὐφημοῦντες : Τὸν Πλοῦτον. Θ. *Dv.* ἐπαινοῦντες τὸν Πλοῦτον. *P.*

759. ἐμβὰς : τὰ ὑποδήματα. R. τὸ ὑπόδημα. Θ. τὰ ὑποδήματα τῷ τούτοις ἐμβαίνειν. V. τὸ ὑπόδημα τῶν... *P.* ὑποδήματα. *Dv.* εὐρύθμοις : Εὐτάκτοις. Θ. *P.* ἀτάκτοις. *D.* (τὸ δὲ προβήμασιν) ἀντὶ τοῦ πηδήμασιν. R.V. προβήμασιν : Προπομπαῖς. Θ. *Dv.* πηδήμασιν. P̄.

762. οὐδεὶς : Τῶν ἐν τῇ οἰκίᾳ ὄντων. *P.* εἰσιοῦσιν : Εἰσελθοῦσιν. ἀγγελεῖ : Λέξει. *Dv.*

763. ἄλφιτ' : Ἤγουν ἄρτοι. *Dv.* ἄλευρα. *P.* ἐν τῷ θυ-

λάκῳ : νῦν τῇ ἀρτοθήκῃ. R. τῇ ἀρτοθήκῃ σκυτίνῃ. Θ. ἐν τῇ ἀρτοθήκῃ. Dv. P.

764. νὴ τὴν Ἑκάτην : Καθὰ γυνὴ τὴν Ἑκάτην ὀμνύει. Θ. P. ἀναδῆσαι β. : Στεφανῶσαι θέλω. Dv.

765. ἐν κριβανωτῶν ὁρμαθῷ : Ἐπειδὴ ἐκεῖνος εἶπεν ὅτι οὐκέτι ἔσται ἐν σπάνει ἄρτων, ἀλλ' ἐν εὐπορίᾳ, διὰ τοῦτο αὐτὸν ἄρτοις ἀναδῆσαι βούλεται καὶ στεφανῶσαι. (κριβανωτῶν δὲ ὁρμαθῷ, ἀντὶ τοῦ ἄρτων δέσμῃ ἐν κριβάνῳ ὠπτημένων, δέον εἰπεῖν στεφάνῳ. κρίβανος δὲ παρὰ τὸ κρῖ, καὶ τὸ βαῦνος, ὁ κριθῶν δεκτικός. παίζει δὲ διὰ τὸ ἀδηφάγον αὐτοῦ.) [γράφεται δὲ καὶ, ἐκ κριβανωτῶν ὁρμαθῷ.] — εὐαγγέλια : Συγχαρίκια. Dv. χάριν. P. κριβανωτῶν : Ἤγουν ἐκ κριθίνων μαζῶν· διαβάλλει δὲ αὐτὸν ὡς λαίμαργον. Θ. Dv. ἐν κριβ. : Πλήθει ἄρτων ἐν κριβάνῳ ὠπτημένων. P. στεφανῶσαι... ἐκ κριθίνων μαζῶν... διαβάλλει δὲ αὐτὸν ὡς λαίμαργον. Br. ὁρμαθῷ : Ὁρμαθὸς σύνδεσμος, στίχος. Vict.

766. τὸ ἑξῆς τοιαῦτα ἀπαγγείλαντα εὐαγγέλια. V. ἀπαγγείλαντα : Μηνύοντα. P. μέλλ' : Βράδυνε. Dv. βράδυνε. P.

767. ὡς : Ὅτι οἱ. Dv.

768. φέρε νῦν ἰοῦσα : [Πρὸς τὸ ἔθος τὸ παρ' αὐτοῖς· τῶν γὰρ νεωνήτων δούλων τῶν πρώτως εἰσιόντων εἰς τὴν οἰκίαν, ἢ ἁπλῶς τῶν ἐφ' ὧν οἰωνίσασθαί τι ἀγαθὸν ἐβούλοντο καὶ τοῦ νυμφίου, παρὰ τὴν ἑστίαν τραγήματα κατέχεον εἰς σημεῖον εὐετηρίας, ὡς καὶ Θεόπομπός φησιν (ἐν Ἡδυχάρει

φέρε σὺ τὰ καταχύσματα
ταχέως κατάχει τοῦ νυμφίου καὶ τῆς κόρης.
εὖ πάνυ λέγεις.)

ἐπεὶ οὖν καὶ ὁ Πλοῦτος ἐν πρώτοις εἰσέρχεται, τοῦτό φησι.] σύγκειται δὲ τὰ καταχύσματα ἀπὸ φοινίκων, κολλύβων, τρωγαλίων, ἰσχάδων καὶ καρύων, ἅπερ ἥρπαζον οἱ σύνδουλοι. (κυρίως δὲ ἐλέγοντο, ὅτε δοῦλον ἠγόραζον· ἔφερον γὰρ αὐτὸν παρὰ τὴν ἑστίαν καὶ καθίζοντες κατὰ τῆς κεφαλῆς κατέχεον κόλλυβα καὶ ἰσχάδας, καὶ φοίνικας, καὶ τρωγάλια καὶ ἄλλα τραγήματα, καὶ οἱ σύνδουλοι ταῦτα ἥρπαζον. ἐλέγοντο οὖν ταῦτα καταχύσματα. διὰ τὸ τοῦ Πλούτου τοὺς ὀφθαλμοὺς νεωστὶ ἀναβλέψαι ὑπὸ Χρεμύλου. ὡς ἐπὶ δούλου οὖν νεωνήτου εἰληφὼς, τὰ καταχύσματα εἶπεν.) — ἰοῦσ' εἴσω : Ἐλθοῦσα ἐντὸς, ἵνα... P.

769. ὥσπερ νεωνήτοισιν ὀφθαλμοῖς : Δέον εἰπεῖν δούλοις, ὀφθαλμοῖς εἶπεν, διὰ τὸ ἀναβλέψαι τὸν Πλοῦτον. — νεωνήτοισιν : Νεωστὶ ἠγορασμένοις δούλοις. Dv. δούλοις. ὤφειλεν εἰπεῖν ὀφθαλμοῖς. Θ. P.

770. ἀπαντῆσαι : Συναντῆσαι. P. ἀπαντῆσαι κυρίως τὸ λόγοις ἀντιπεσεῖν καὶ ἐναντιωθῆναι· καὶ ἔργοις· καὶ τὸ εἴς τινα τόπον καταντῆσαι. ὑπαντῆσαι δὲ τὸ συναντῆσαι. νῦν δὲ καταχρηστικῶς εἶπεν. Cant. 2.

771. [καὶ προσκυνῶ γε : Κορωνὶς ἑτέρα εἰσιόντων ὑπογραπτέα· οἱ δὲ στίχοι ἰαμβικοὶ τρίμετροι ἀκατάληκτοι λα', ὧν τελευταῖος

Ἀνίσταθ' ὡς ἁρπασόμενος τὰς ἰσχάδας.

ἐφ' ἑκάστου συστήματος παράγραφος, ἐπὶ δὲ τῷ τέλει τῶν στίχων κορωνὶς, καὶ ἑξῆς τὸ χοροῦ αὖθις· κἀνταῦθα γὰρ χορὸν ὤφειλε θεῖναι καὶ διατρῖψαι μικρὸν, ἄχρις ἂν ἐξέλθοι τις ἀπαγγέλλων, ὅπως εἰσιόντος τοῦ Πλούτου πάντα τὰ τούτων πρὸς τὸ βέλτιον μεταβέβληται.] — ἥλιον : Τοῦτον γὰρ ἀναβλέψας πρῶτον ἑώρακα. Θ. P.

772. τῆς Ἀθηνᾶς. Θ. ἐνδόξου Ἀθηνᾶς ἔνδοξον ἔδαφος. Dv. P. κλεινὴν πόλιν, τὴν ἀκρόπολιν δηλονότι. Γ. τὴν ἀκρόπολιν. R. Harl. 5664, Barocc. 127.

773. χώραν τε πᾶσαν Κέκροπος : (Παίζει πρὸς Ἀθηναίους φιλεγκωμίους ὄντας.) Κέκροψ Αἰγύπτιος ὢν τὸ γένος ᾤκισε τὰς Ἀθήνας. ὅθεν οἱ Ἀθηναῖοι Κεκροπίδαι λέγονται, τινὲς δέ φασι τοῦτον καὶ διφυῆ γεγενῆσθαι, οἱ μὲν, ὅτι τὰ μὲν ἄνω ἀνδρὸς εἶχε, τὰ δὲ κάτω θηρίου· ἕτεροι δὲ, ὅτι νόμους πολλοὺς ἐφεῦρε τοῖς ἀνθρώποις καὶ ἀπὸ ἀγριότητος εἰς ἡμερότητα ἤγαγεν· ἄλλοι δὲ, ὅτι τῶν ἀνδρῶν ὡς ἔτυχε μισγομένων ταῖς γυναιξὶ, καὶ ἐκ τούτου μὴ γινωσκομένου ἢ τοῦ παιδὸς παρὰ τοῦ πατρὸς ἢ τοῦ πατρὸς παρὰ τοῦ παιδὸς, αὐτὸς νόμους θέμενος, ὥστε φανερῶς συγγίνεσθαι αὐταῖς καὶ μιᾷ στοιχεῖν, καὶ σχεδὸν εὑρὼν τὰς δύο φύσεις τοῦ τε πατρὸς καὶ τῆς μητρὸς, τούτου χάριν διφυὴς ἐκλήθη. — χώραν : Τὴν Ἀττικήν. P.

774. αἰσχύνομαι δὲ τὰς ἐμαυτοῦ ξυμφορὰς : Τὰ συμβάντα μοι, φησὶν, αἰσχύνομαι· εἰς γνῶσιν δὲ ἐλθὼν καὶ αἴσθησιν ὧν ἔπραττεν, αἰδεῖται, γνοὺς ὡς μετὰ ἀδίκων ἦν. — τὰς ἐμ. ξυμφορὰς : Διά. ξυμφορὰς : Ὅτι ἔφευγον τοὺς δικαίους. P.

775. οἵοις : Ὁποίοις, κακοῖς. Dv. κακοῖς. Θ. θαυμαστικὸν ἀντὶ τοῦ κακοῖς, ἀδίκοις. ξυνὼν : Ὁμιλῶν. P. ἐλάνθανον : Ἐμαυτόν. Dv. P.

776. τοὺς ἀγαθούς. V.

777. ὁ τλήμων ἐγὼ : Ὁ ἄθλιος. Dv.

778. οὐδ' ἐκεῖν' ἄρ' οὐδὲ ταῦτα : Οὔτε ἔφευγον τοὺς ἀγαθοὺς οὔτε μετεδίωκον τοὺς φαύλους. [οὔτε τοὺς κακοὺς πλουτίζων οὔτε τοὺς ἀγαθοὺς ἀφαιρούμενος τοῦ πλούτου.] — ὡς : Ὅτι· Θ. ὄντως. Dv. ἐκεῖν' Τὸ συνεῖναι τοῖς κακοῖς. Θ. Dv. τὸ φεύγειν τοὺς δικαίους. P. ταῦτ' : Τὸ μὴ συνεῖναι τοῖς ἀγαθοῖς. Θ. Dv. τὸ συνεῖναι τοῖς ἀδίκοις. P.

779. ἀναστρέψας : Ἱκανὴ γὰρ ἀπόδειξις ἀκουσίου ἁμαρτήματος ἡ διόρθωσις. — ἀναστρέψας : Διεγείρας. Dv. εἰς τὸ ἐναντίον μεταβαλών. P.

780. τὸ λοιπὸν : Εἰς τὸ ἑξῆς. Dv.

782. βάλλ' ἐς κόρακας : Ὁ Χρεμύλος ἀγανακτεῖ πολλῶν αὐτὸν ἀσπαζομένων καὶ περιεχόντων, οἵτινες πρὸ τοῦ οὐδὲ ἑώρων αὐτὸν πένητα ὄντα, νυνὶ δὲ πλουτήσαντα κολακεύουσιν. [ἔστι δὲ τὸ « βάλλ' ἐς κόρακας » παρ' ὑπόνοιαν παραποιηθὲν ἐκ τοῦ, « βάλλ' ἐς μακαρίαν, » περὶ οὗ ἀλλαχοῦ δεδήλωται· δηλοῖ δὲ τὸ ῥίψον ἑαυτὸν εἰς φθοράν· τοιοῦτον γάρ τι ἐς κόρακας. τὸ δὲ παραχρῆμα νῦν ἀντὶ τοῦ κατ' αὐτὸ τὸ πρᾶγμα, καὶ ὡς εἰπεῖν παραυτίκα, οὐ μὴν πρὸ τοῦ πράγματος· διὸ ἑρμηνεύων ἐπήγαγεν, ὅταν πράττῃ τις εὖ, ἤγουν, ἐν

αὐτῇ τῇ εὐπραγίᾳ, οὐ πρὸ αὐτῆς. — βάλλ' ἐς κόρακας : Σεαυτόν. Θ. ἄπελθε σαυτόν. *Dv.* βάλ' : Ἄπιθι. χαλεπὸν : Πρᾶγμα. *P.* τοῦτο εἰώθασιν οἱ δυσχεραίνοντες λέγειν, ὃ νῦν καὶ Χρεμύλος λέγει, πρὸς τοὺς ἐπιπεσόντας αὐτοῖς κόλακας καὶ φιλοφρονουμένους. P.]

783. παραχρῆμα : Παρὰ προσδοκίαν. πράττῃ τις εὖ : Εὐτυχῇ. *Dv.*

784. θλίβουσι, ξύουσι, συντρίβουσι. R. V. τιτρώσκουσι, κόπτουσι, συντρίβουσι τῇ προσκυνήσει καὶ τῷ προκαλινδεῖσθαι. Θ. νύττουσι : Τιτρώσκουσι. *Dv. P.* φλῶσι : Συντρίβουσι. *Dv.* συντρίβουσι, θλίβουσι, ξύουσι. *P.* τἀντικνήμια : Ταῖς ἄντζαις. *Dv.* ἀντικνήμια ἐστὶ τὰ ἰδιωτικῶς λεγόμενα καλάμια τῶν ποδῶν. κνήμη δὲ ἡ λεγομένη ἄντζα, ὄπισθεν τοῦ καλαμίου. λέγεται δὲ οὕτως, ὡς κενὴ καὶ πλήρης οὖσα αἵματος. P.

785. εὔνοιαν : Ἤγουν ἀγάπην. *Dv. P.*

786. προσεῖπε : Οὐ χαίροις εἶπε, ἐχαιρέτισε. *MS. Ducangii.* προηγόρευσε καὶ ἐχαιρέτισε. ποῖος οὐκ ὄχλος : Πάντες. *P.*

787. περιεστεφάνωσεν : Ἐτίμησεν. *Dv. P.* πρεσβυτικὸς : Γεροντικός. Θ. *Dv.*

788. ὦ Πλοῦτε καὶ ὦ ἄνερ καὶ ὦ Βλεψίδημε [χαίρετε]. R. V. Θ. φίλτατ' : Ποθεινότατε. *P.* καὶ σὺ, καὶ σὺ : Πλοῦτε καὶ σὺ Χρεμύλε. *Dv. P.*

789. νόμος : Σύνηθές ἐστι. *Dv.* συνήθεια. *P.*

790. μηδαμῶς : Τοῦτο ποιήσῃς. *P.*

791. ἐμοῦ γὰρ : Πιθανῶς, ἵνα μὴ ἐν τῷ φανερῷ καταχέῃ τὰ τραγήματα· (διὸ καὶ ἐπιφέρει, « ἔπειτα καὶ τὸν φόρτον ἐκφύγοιμεν ἄν, » τουτέστι φορτικόν τι δρᾶν.) [ἔπειτα καὶ τὸν φόρτον : Τὸν φορτικὸν γέλωτα, ἵνα μὴ γελασθῶμεν.] — εἰσιόντος : Πρωθύστερον, εἰσελθόντος. *Dv.* εἰσερχομένου. *P.*

792. βλέψαντος : Ἀναβλέψαντος. ἐκφέρειν : Ἐξάγειν. *P.*

793. πρεπῶδες : Πρέπον ἐστί. *Dv.* προσῆκον *P.* εἰσφέρειν : Εἰσάγειν εἴσω. *Dv. P.*

794. δέξει δῆτα τὰ καταχύσματα : Λήψῃ τὰ ἐπάνω σου μέλλοντα καταχεῖσθαι. *P.* ἤγουν τὰ πλακούντια. *Dv.*

795. παρὰ τὴν ἑστίαν : Πρὸς τὸ ἔθος, ὅτι παρὰ τῇ Ἑστίᾳ ἐποίουν τὰ καταχύσματα. — τὴν ἑστίαν : Τὴν οἰκίαν. *Dv.* δέξομαι δηλ. *P.* νόμος : Συνήθεια. *Dv.* ἀντὶ τοῦ ἔθος. παρὰ τῇ ἑστίᾳ κατέχεον. *P.*

796. τὸν φόρτον : τὴν χλεύην. R. V. τὴν μέμψιν, καὶ τὴν κατηγορίαν. *Dv.* τὴν μέμψιν, τὴν κατάκρισιν. *P.* ψόγον, χλεύην, μέμψιν. *Br.*

797. οὐ γὰρ πρεπῶδες : Ἔμφασις τοῦ Ἀριστοφανείου προσώπου· ὁ δὲ λόγος πρὸς τοὺς ἀντιτέχνους πρὸς διασυρμὸν, οἳ διὰ τὸν αὐτῶν βόλον ἐπειρῶντο τὸν δῆμον πρὸς ἑαυτοὺς ἐπάγειν. καὶ ἐν τοῖς Σφηξὶν [58] ἐσεμνύνετο, ὅτι οὐκ ἔστι παρ' αὐτῷ οὔτε κάρυα (ἐκ φορμίδος δοῦλοι διαρίπτοντες τοῖς θεωμένοις). φαίνεται μέντοι τὸ τοιοῦτον οὐ διὰ τῶν χορηγῶν, ἀλλὰ δι' αὐτῶν τῶν διδασκάλων (γινόμενον, ὡς Ἐρατοσθένης) ἐπισημαίνεται. — πρεπῶδές ἐστι : Ἤγουν δίκαιον ὑπάρχει ἐμοὶ δηλαδή. *Dv.* ἐστι : Τοῦ πλουσίου. τῷ διδασκάλῳ : Ἐμοὶ τῷ Ἀριστοφάνει. *P.* τοῦτο τῷ μὲν δοκεῖν ἀπὸ τοῦ πλούτου ἐστὶ, τῇ δ' ἀληθείᾳ παρὰ τοῦ ποιητοῦ. *Dv.* οὐ γὰρ πρεπῶδες : Ἔμφασις ἐνταῦθα τοῦ προσώπου τοῦ κωμικοῦ. ὁ δὲ λόγος αὐτῷ πρὸς τοὺς ἀντιτέχνους οἳ διὰ τῶν ὀβελῶν ἐπειρῶντο τὸν δῆμον πρὸς ἑαυτοὺς ὑπάγειν. φησὶ γὰρ οὐκ ἔστι πρέπον προτιθέναι ἐν τοῖς ἡμῶν ὀβελισμούς τινὰς καὶ διαγραφὰς καὶ ἀφανισμοὺς αὐτῶν ἢ ἑτέρων ποιημάτων ὥστε ἐκ τούτων ζητεῖν εὐδοκιμεῖν. Cant. 3.

τῷ διδασκάλῳ ... προβαλόντ' : Ἀττικὸν τὸ σχῆμα. [Hom. Il. A, 542 :] « αἰεί σοι φίλον ἐστὶν, ἐμεῦ ἀπονόσφιν ἐόντα. » R.

798. πάντα τὰ τραγήματα ἰσχάδας ἐκάλουν. R. Θ. πάντα τὰ τραγήματα οὕτως ἔλεγον. V. ἰσχάδια : Σῦκα. *Dv.* τρωγάλια : Τραγήματα. οὕτω γὰρ τὰ τραγήματα ἐκάλουν οἱ παλαιοί. *Vict.* τοῖς θεωμένοις : Τοῖς θεαταῖς. *Dv.* τοῖς ἀκροαταῖς, τοῖς θεαταῖς. *P.*

799. προβάλλοντ' : Προτείνοντα. *Dv.* προθέντα. Θ. *P.* ἐπὶ τούτοις : Τοῖς θεαταῖς. *Dv.* ἐπαναγκάζειν : Ἤτοι ἄκοντα παρακινεῖν. *P.* γελᾶν : Ὥστε γελᾶν. *Dv.*

800. ὡς Δεξίνικος : Οὗτος πένης ἦν, καὶ κωμῳδεῖται, ὡς τὰ ὄψα ἁρπάζων, καὶ λίχνος. τινὲς δὲ καὶ στρατηγόν φασιν αὐτόν. — διαβάλλει τοῦτον ὡς ἅρπαγα ἢ ὡς πένητα. *Dv.* δ. τ. ὡς ἅρπαγον. *C.* ὡς : Ὅτι. *C.*

802. [ὡς ἡδὺ πράττειν, ὦ 'νδρες : Εἴσθεσις συστηματικῆς περιόδου, ἐκ στίχων ὁμοίων κβ', ὧν τελευταῖος

ἔνδον μένειν ἦν· ἔδακνε γὰρ τὰ βλέφαρά μου.

ἐπὶ τῷ τέλει παράγραφος. ἐχρῆν κἀνταῦθα μετὰ τὴν περίοδον τοῦ παρόντος συστήματος κομμάτιόν τι θεῖναι χοροῦ, ἄχρις ἂν θύσας ὁ Χρεμύλος ἐξέλθοι· ὁ δὲ ἱκανὸν εἶναι τὸν καιρὸν λογισάμενος, ὥστε θῦσαι αὐτὸν, ἐν ὅσῳ τοὺς λόγους τούτους ὁ Καρίων διέξεισιν, ἐξάγει εὐθὺς αὐτὸν συντυχεῖν, ὡς μέν τινες, τῷ δικαίῳ· ἄτοπον γάρ εἶναί φασιν καὶ ἀπρεπὲς ἀγαθὸν ἄνδρα καὶ δίκαιον ὁμιλεῖν μετὰ δούλου· ὡς δ' ἐν τοῖς παλαιοῖς τῶν ἀντιγράφων εὕρηται, τῇ γραΐ.]

ὡς ἡδὺ : Ὡς ἡδὺ πρᾶγμά ἐστι τὸ ἐν εὐπορίᾳ βιάζεσθαι ἢ ἐξετάζεσθαι. Ἄλλως. V. ἡδὺ τὸ εὐτυχεῖν, καὶ μάλιστα δίχα ἀναλωμάτων γινόμενον. — ὡς ἡδὺ πράττειν : Λίαν γλυκὺ εὐτυχεῖν. *Dv.*

803. μηδὲν : Πρᾶγμα. ἐξενεγκόντ' οἴκοθεν : Δαπανήσαντα, ἐκβαλόντα ἐκ τῆς οἰκίας. *Dv.* ἐξαγαγόντα. *Paris.*

804. σωρὸς : πλῆθος. *V.* Θ. *P.*

805. ἠδικηκόσιν : Παρ' ὑπόνοιαν. R. παίζων τοῦτό φησιν, ὡς τῶν πολλῶν, καὶ μάλιστα τῶν Ἀθηναίων, ἐξ ἀδικίας μόνης πλουτούντων. (τὸ δὲ ἐπεισπέπαικεν,) εἰσεπήδησεν, εἰσῆλθε· κυρίως δὲ ἐπὶ στρατείας πολεμίων· (διὸ παίζων ἐπήνεγκεν, οὐδὲν ἠδικηκόσιν.) —

ἐπεισπέπαικεν : Ἐπεισῆλθεν. Θ. *Dv.* σφοδρῶς ἐπεισῆλθε καὶ εἰσεπήδησεν. *P.*

806. (οὕτω τὸ πλουτεῖν ἐστιν ἡδὺ : Ἀδιανόητος ὁ ἴαμβος· ἢ πρὸς τὰ ἄνω

καὶ ταῦτα μηδὲν ἐξενεγκόντ' οἴκοθεν·

οὕτω γὰρ ἡδύ τί ἐστι πρᾶγμα τὸ πλουτεῖν.) — γνώμη. τὸ πλουτεῖν : Ἤγουν ὁ πλοῦτος. ἡδὺ : Εὐφραντόν. *Dv.*

807. ἡ μὲν σιπύη : Σιπύη ἡ ἀρτοθήκη. ταῦτα δὲ παρὰ τὰ ἐν Ἰνάχῳ Σοφοκλέους, ὅτε τοῦ Διὸς εἰσελθόντος πάντα μεστὰ ἀγαθῶν ἐγένετο. προύχει δὲ τὰ λευκὰ τῶν ἀλφίτων. ἤρξατο δὲ ἐκ τῆς τῶν ἀναγκαίων εὐπορίας. — σιπύη : Ἡ ἀρτοθήκη. Θ. *Dv.* ἡ κοινῶς ἄρκλα. λευκῶν : Καθαρῶν. *P.* ἀλφίτων : Σεμιδαλίων. *Dv.*

808. μέλανος ἀνθοσμίου : Μέλανος, ἐρυθροῦ. Ὅμηρος [Od. E 265] « μέλανος οἴνοιο. » ἀνθοσμίου δὲ, ἡδέος, εὐόσμου, ὥσπερ τὰ ἄνθη· ἢ ὡς ἀπὸ τόπου ἀνθοσμίας· ἢ ὡς ἀπὸ εἴδους ἀμπέλου. ἢ τοῦ ἡδέος καὶ περιόσμου καὶ ἀνθηροῦ· τὸν δὲ χυδαῖον (οἶνον) χαρηβαρίτην ἔλεγον. — ἀμφορῆς : Τὰ κοινῶς μεγαρικά. Ἀττικὸν ὡς οἱ βασιλῆς. Θ. ἀμφορεῖς : Τὰ μαγαρικά. *Dv. P.* ἀνθοσμίου : Εὐώδους. *Dv.* εὐώδους (Θ.), μοσχάτου. *P.*

χρυσίον : Τοσοῦτον. *P.*

809. τὰ σκευάρια : Τὰ σενδούκια. πλήρη : Γεγεμισμένα. *Dv.*

810. (τὸ φρέαρ δ' ἐλαίου μεστόν : Παραπαίζει πρὸς τὴν ἐναντίαν τῆς τύχης μεταβολήν.) [λήκυθοι δὲ τὰ ἐλαιοδόχα ἀγγεῖα.] — τὸ φρέαρ : Τὸ πηγάδιον. αἱ λήκυθοι : Τὰ ἐλαιοδόχα ἀγγεῖα. *V.* Θ. *Dv.* τὰ ῥώγια, τὰ ἐλ. ἀ. *P.*

811. τὸ ὑπερῷον : Τὸ τέγος. Θ. *Dv. P.* ἰσχάδων : Συκῶν. Θ. *Dv.* σύκων. *P.*

812. ὀξὶς δὲ πᾶσα : [Ὀξὶς] ἀγγεῖον ὄξους δεκτικόν. ἢ λοπάδος εἶδος, παρὰ τὸ εἰς ὀξὺ λήγειν. (λοπάδιον δὲ καὶ αὐτὸ εἶδος κεραμίου.) [ἰχθυηροὺς δὲ πινακίσκους,] τοὺς ἐπιτηδείους ἰχθῦν χωρῆσαι. (ἢ ἐν ᾧ οἱ ἰχθύες πλύνονται.) — ὀξὶς : Τὸ τοῦ ὄξους ἀγγεῖον. Θ. *Dv.* ἄγγος ὄξους δεκτικόν. *P.* λοπάδιον : Ὁ λεγόμενος κουρελός. Θ. *Dv.* χύτρα : Τζυκάλιον. Θ. *Dv.*

813. πινακίσκους : Τὰ σκουτέλια. *Dv.*

814. τοὺς ἰχθυηροὺς : Τοὺς ἰχθύας δεχομένους. Θ. *Dv.* τοὺς ἐπιτηδείους εἰς ὑποδοχὴν ἰχθύων. *P.*

815. ὁ δ' ἰπνὸς : Τὸ μαγειρεῖον· ἢ ἡ καπνοδόχη· ἢ ὁ λεγόμενος φανὸς, (ἢ ὁ χυτρόπους, ἢ ὁ δίφρος). καὶ ἐν Εἰρήνῃ [841] « ἰπνοὺς ἔχοντες, ἐν δὲ τοῖς ἰπνοῖσι πῦρ. » — ἰπνὸς : Τὰ φανάρια. *Dv.* τὸ φανάριον. Θ. τὸ φουρνεύτιον, ἢ τὸ μαγειρεῖον. *P.* ἐξαπίνης : Ἐξαίφνης. Θ. *Dorv.*

816. στατῆρσι δ' οἱ θεράποντες ἀρτιάζομεν : [Εἶδος νομίσματος. οἱ οἰκέται οὖν, φησὶ, νομίσμασιν ἀρτιάζομεν, ἀντὶ τοῦ παίζομεν ἄρτια ἢ περισσὰ,] τὸ ἐν τῇ συνηθείᾳ λεγόμενον ζυγὰ ἢ ἄζυγα. (παιδιά τις ἦν, καθ' ἣν ἐγίνετο πεῦσίς τε τοῦ κατασχόντος καὶ ἀπόκρισις τοῦ προσπαίζοντος, ἤτοι ἀρτίας κατοχῆς ἢ περιττῆς, ἃ νῦν ζυγὰ καὶ ἄζυγα καλεῖται. τινὲς δὲ ἀρτιάζειν λέγουσι τὸ ἁρπαγῇ παίζειν ἀπὸ τοῦ ἑταίρου, ἴσως δὲ τὸ σφαιρίζειν.) — στατῆρσι : Νομίσμασι. *Dv. P.* νομίσμασιν, ἃ καὶ δίδραχμα λέγεται. ἔχει δὲ ὁ στατὴρ κεράτια τριακοντάεξ. Θ. ἀρτιάζομεν : Τὰ ἄρτια καὶ τὰ περιττὰ παίζομεν, ἅ φασιν ἰδιωτικῶς ζυγὰ μονά. Θ. *Dv.* τὰ ἄ. κ. τ. π. παίζομεν, τὰ κοινῶς λεγόμενα παρὰ τοῖς ἰδιώταις μονὰ, ζυγά. Br. τὸ ἐν συνηθείᾳ λεγόμενον μονὰ ἢ ζυγά. *Br.* τὰ ἄρτια παίζομεν. *P.*

817. ἀποψώμεσθα : Ἀπομασσόμεθα, καθαίρομεν τὴν πυγήν. V. τοὺς πρωκτοὺς σπογγιζόμεθα· οἱ γὰρ τρυφῶντες συνεχῶς χέζουσι. Θ. *Dv.* ἀποσπογγίζομεν τὸν πρωκτόν. *P.*

818. σκοροδίοις ὑπὸ τρυφῆς : Τοῖς τῶν σκορόδων φύλλοις. (γελοίως ἀντὶ τοῦ σαβάνοις. ἐπειδὴ δὲ ἤσθιον ἑκάστοτε σκόροδα, τοῦτό φησιν, ὅτι ὡς πλουτήσαντες κατεφρόνησαν τῆς παλαιᾶς διαίτης. εἴρηται δὲ σκόροδον ἴσως, [σκαιόν τι ῥόδον ὄν, παρὰ τὸ] σκαιὸν ὄζειν. τινὲς δὲ σκοροδίοις, τοῖς τῶν σκορόδων καυλοῖς. λιμῷ γὰρ περιπεσόντες οἱ Ἀθηναῖοι τούτοις ἐχρήσαντο. — χάριν δὲ γέλωτος εἶπεν ἀντὶ τοῦ καυλοῖς. V. Ἄλλως. οὐχ ἁπλῶς τοῦτο, ἀλλ' ἵνα δείξῃ ὅτι τοσαύτῃ μεταβολῇ κεχρήμεθα, ὥστε ἃ πρότερον ἠσθίομεν ἀγαπητῶς, τούτοις νῦν ἀφοδεύοντες ἀποματτόμεθα. Ἄλλως. μήποτε τοῦ σκορόδου λέγει τὸν καυλόν. ἔστι γὰρ ἀσφοδέλῳ ὅμοιος [κἀκεῖνος ἐπιτήδειος εἰς τοῦτο]. εἰ δ' ἄρα δηκτικόν τι ἔχει, τάχα ἂν εἴη παρὰ τὴν ὑπόνοιαν εἰρηκώς.) — σκοροδίοις : Τοῖς τῶν σκορόδων φύλλοις. R ἑκάστοτε : Καθ' ἡμέραν. *Dv.*

819. βουθυτεῖ : Καταχρηστικῶς εἴρηται ἡ βουθυσία, δηλοῦσα τόν τε ὄγκον τοῦ μεγέθους καὶ τὸ ἐντελὲς τῆς θυσίας, ἣν ἑκατόμβην καλοῦσιν. ἐντελὴς δὲ θυσία, ἡ ἐξ ὑὸς, τράγου, κριοῦ, ἣν καλοῦσι τριττύν. — Ἄλλως. μεγάλην θυσίαν ποιεῖ· οὐ γὰρ, ὥς τινες, βοῦν θύει, ὡς τὸ ἐπιφερόμενον ἐναντιοῦται. V. ὁ δεσπότης : Ὁ ἡμέτερος. *Dv.* βουθυτεῖ : (Βοῦν θύει. P.) Μεγάλην θυσίαν ποιεῖ, ἢ ἁπλῶς θύει. Θ. *Dv. P.* βουθυτεῖν κυρίως τὸ βοῦν θύειν. ἐκάλουν δὲ τὴν ἐντελῆ θυσίαν ἑκατόμβην διὰ τὸ ἐκ βοῶν ἑκατὸν γίνεσθαι. ἦν δὲ καὶ ἄλλη ἐντελὴς θυσία τριττὺς λεγομένη, ἡ ἐκ χοίρου καὶ κριοῦ καὶ τράγου, ἣν καὶ ἐνταῦθα λέγει. P.

820. ὗν : χοῖρον. *V. Dv.*

821. ἐξέπεμψεν..: Ἐξέβαλεν. *Dv.* ἔξω ἔπεμψεν. *P.* οἷός τε : Δυνατός. *Dv.*

822. ἔδακνε γὰρ τὰ βλέφαρά μου : Μεταβολὴ πάντων, εἰ ὁ μὲν δεσπότης ὑποφέρει τὸν καπνὸν, ὁ δὲ δοῦλος οὔ. — μένειν : Καρτερεῖν. *Dv.* ἔδακνε : Ἔθλιβε. ὁ καπνός. *P.* τὰ βλέφαρα : Τοὺς ὀφθαλμούς. *Dv.*

823. [ἕπου μετ' ἐμοῦ, παιδάριον : Κορωνὶς ἑτέρα εἰσιόντων ὑποκριτῶν. οἱ δὲ στίχοι ἰαμβικοὶ τρίμετροι ἀκατάληκτοι κζ', ὧν τελευταῖος

χαρίεντά γ' ἥκεις δῶρα τῷ θεῷ φέρων.

ἐπὶ τῷ τέλει κορωνίς.]

ἔπου μετ' ἐμοῦ : Πλάτων Μενεξένῳ [fine] « ἀλλ' εἰ μὴ πιστεύεις, ἀκολούθει μετ' ἐμοῦ. » Junt. ἕπου : Ἀκολούθει. *Dv*. *P*. παιδάριον : Ὦ. ἵνα : Ὄνα. τὸν θεὸν : Τὸν Πλοῦτον. *Dv*.

824. ἴωμεν : Πορευθῶμεν. *Dv*. ἴα : Ἐπίρρημα ἐκπληκτικόν. *Dv*. *P*. *Vict*. ὁ προσιὼν : Ὁ ἐρχόμενος. *Dv*.

825. ἀνὴρ πρότερον μὲν ἄθλιος : Δίκαιος ἀνὴρ οὗτος πρότερον πενόμενος, ᾧ διαλέγεται ἢ ὁ Χρεμύλος, ἢ ὁ οἰκέτης. τὸ δὲ, κομιδῆ μὲν οὖν, ἀντὶ τοῦ, παντάπασι μὲν οὖν. — εἰμί. *P*. ἄθλιος : Δυστυχής. εὐτυχής : Πλούσιος. *Dv*.

826. δῆλον : Φανερόν. χρηστῶν : Ἀγαθῶν. ἔοικας : Φαίνεσαι. *Dv*.

827. μάλιστ' : Ἀττικὸν ἀντὶ τοῦ ναί. τοῦ δέει : Τίνος χρείαν ἔχεις. *P*. τίνος χρῄζεις. *Dv*. πρὸς : Εἰς. *P*.

828. ἥκω : Ἦλθον. *P*. γάρ μοὐστὶν : Τὸ τέλειον, μεγάλων γάρ μοι ἐστίν. R.V. αἴτιος : Πρόξενος. *Dv*.

829. ἱκανὴν οὐσίαν : Ἀρκετὸν βίον. *P*. οὐσίαν : Περιουσίαν. *Dv*.

830. ἐπήρκουν : ἐχορήγουν. R. V. ἐβοήθουν. Θ. *Dv*. *P*. δεομένοις : Χρῄζουσι καὶ πενομένοις. Θ. *P*.

831. εἶναι : Τοῦτο. Θ. νομίζων : Ὑπολαμβάνων. χρήσιμον : Ὠφέλιμον. *Dv*.

832. ἦπου : Ὄντως. Θ. *Dv*. *P*. ταχέως : Συντόμως. *P*. ἀπέλιπεν : Ἀφῆκε. Θ. *Dv*. ἐπέλιπε : Ἀφῆκε. *P*.

833. κομιδῆ : Λίαν. Θ. λίαν ταχέως. μετὰ ταῦτ' : Μετὰ τὸ ἀναλῶσαι ταῦτα. *P*. ἄθλιος : Ὡς μὴ ἔχων περιουσίαν, ἀλλ' ἐν ἐνδείᾳ ζῶν. Θ. ἐπειδὴ ἀνήλωσας εἰς τοὺς δεομένους. R.V.

834. κομιδῆ : Λίαν. ᾤμην : Ὑπελάμβανον. τέως : Πρώην. *Dv*. πρώην ἢ πρὸ ὀλίγου. *P*. πρώην, πρότερον. *Brunck*.

835. ἕξειν : Κτήσασθαι. *Dv*. λήψεσθαι. *P*.

836. ὄντως : Ἀληθῶς. *Dv*. βεβαίους : Ἀληθεῖς. *P*. δεηθείην : Εἰς χρείαν ἔλθοιμι. *Dv*. χρείαν σχοίην τινός. *Paris*.

837. ἐξετρέποντο : ἀπέφευγον. R. ἔφευγον. V. μετεβάλλοντο, ὡς πρὸς [ἑτέραν ὁδὸν ἐτρέποντο, πόρρωθεν θεασάμενοί με. Θ. (ἐξένευον. *Dv*.) μετεβάλλοντο. ἐδόκουν : Ἐνόμιζον *Dv*. *P*.

838. οὐ μόνον ταῦτ' ἐποίουν, ἀλλὰ καὶ.... Θ. *Dv*. *P*. κομιδῆ : Λίαν κατεγέλων. *P*.

839. αὐχμὸς γὰρ ὢν : Τὸ ἑξῆς, ἀπώλεσέ με ὁ ὢν αὐχμὸς τῶν σκευαρίων. ἢ τὸ ων ἀντὶ τοῦ δή. Ἀττικῶς εἶπεν ἀντὶ τοῦ ξηρὸς γενόμενος ὑπὸ πενίας ἀπώλεσε τὰ σκευάρια, ἀπώλεσε τῶν σκευαρίων. Ἄλλως. μετωνυμικῶς, ἀπολέσαι με τὰ σκευάρια ἐποίησεν, — ἢ πάλιν ξηρὸς γενόμενος ὑπὸ πενίας καὶ τῶν σκευαρίων ἡψάμην. V. Ἄλλως. ἀντὶ τοῦ ἀπώλεια. μεταφέρεται δὲ ἀπὸ τοῦ σίτου. ὅταν γὰρ αὐχμὸς ἐπιγένηται ἤδη τῶν ἀσταχύων ἁδρυνομένων, ἀφανίζεται ὁ πυρὸς καὶ κατακαίεται. εἴρηται δὲ παρ' ὑπόνοιαν, οἷον πυρῶν καὶ κριθῶν. — αὐχμὸς : Στέρησις. Θ. *Dv*. στέρησις, ξηρασία. τῶν : Ἐμῶν. *P*. τῶν σκευαρίων : Τῶν χρειῶν. *Dv*. τῶν εἰς χρείαν πραγμάτων ἠφάνισεν. *P*. τῶν εἰς χρείαν ὄντων. Θ. τὸ ὢν ἢ ἀντὶ τοῦ οὖν νοητέον, τρεπομένης Δωρικῶς τῆς ου διφθόγγου εἰς ωμέγα· ἢ ἀντὶ τοῦ ὑπάρχων, οὕτω· ἀπώλεσε γὰρ ἐμὲ αὐχμὸς τῶν σκευαρίων ὢν καὶ ὑπάρχων ἐμοί. πέπρακα γὰρ ταῦτα, καὶ διὸ τοῦτο εἰς γέλωτα πᾶσι προὐκείμην. παρὰ τὸ μὴ ἔχειν τὰ σκευάριά τι, ἀπολώλειν. ἐχόντων γάρ τι τῶν σκευαρίων, ἤδη ἠρδευόμην. διακένων δ' ὄντων αὖος καὶ ξηρὸς ἦν ὑπὸ τῆς ψυχρᾶς πενίας, ὃ γοῦν ἔπασχεν ὁ δίκαιος οὗτος, ἀντιστρόφως τοῦτο τὰ σκευάρια, φησὶν, ἀπώλεσεν. C.

840. ἀλλ' οὐχὶ νῦν : Ἔσται τοῦτο (Θ.). ἀνθ' : Ἕνεκα. *Dv*. *P*.

841. προσευξόμενος : Μέλλων προσεύξειν καὶ παρακαλέσειν. *P*. ἥκω : Ἦλθον. *Dv*.

842. τὸ τριβώνιον δὲ : Τὸ παλαιὸν ἱμάτιον. τοιοῦτον γὰρ ὁ οἰκέτης αὐτοῦ ἐβάσταζεν. — τὸ τριβώνιον : Τὸ παλαιὸν ἱμάτιον. *Dv*. τὸ διερρηγμένον. *P*.

843. φέρει : (Ἄγει *P*.) βαστάζει. *Dv*. *P*. τουτὶ : Τουτὶ πρὸς τὸ παιδάριον. *Dv*. ἢ τουτὶ πρὸς τὸ παιδάριον, ἢ τουτὶ τὸ τριβώνιον. Θ.

844. ἀναθήσων : Ἀφιερώσων. Θ. *P*. ἀ. ἔρχομαι : Ἀφιερώσω, ἀνάθημα ποιήσω. πρὸς : Εἰς. *Dv*.

845. μῶν οὖν ἐμυήθης : Παίζει παρὰ τὸν Ἐλευσίνιον νόμον· ἔθος γὰρ ἦν, ἐν οἷς τις (ἱματίοις) μυηθείη, εἰς θεοῦ τινος (ταῦτα) ἀνατιθέναι, ὥσπερ δηλοῖ καὶ Μελάνθιος ἐν τῷ περὶ Μυστηρίων « πάτριόν ἐστι ταῖς θεαῖς ἀνιεροῦν καὶ τὰς στολὰς τοὺς μύστας, ἐν αἷς τύχοιεν μυηθέντες. » μυστήρια δὲ δύο τελεῖται τοῦ ἐνιαυτοῦ Δήμητρι καὶ Κόρῃ, τὰ μικρὰ καὶ τὰ μεγάλα· καὶ ἔστι τὰ μικρὰ ὥσπερ προκάθαρσις καὶ προάγνευσις τῶν μεγάλων. (Ἄλλως. σκώπτων εἰς τὰ ἱμάτια τοῦτό φησιν, ὅτι ῥυπαρά ἐστι. λέγει δὲ μυστήρια. ἔθος δὲ εἶχον ἐν οἷς τις μυηθείη ἱματίοις, ταῦτα εἰς θεοῦ τινος ἀνατιθέναι. ἔνιοι δὲ τὰς τοιαύτας στολὰς εἰς τέκνων σπάργανα φυλάττουσι· καθαραὶ δὲ πάνυ ὑπάρχουσι καὶ νέαι.) [Ἄλλως. μεγάλα καὶ μικρὰ μυστήρια ἐτελοῦντο ἐν Ἐλευσῖνι τῆς Ἀττικῆς. μὴ ὄντων δὲ πρότερον μικρῶν, ἐλθόντος Ἡρακλέους καὶ θέλοντος μυηθῆναι, ἐπειδὴ νόμος ἦν Ἀθηναίοις μηδένα ξένον μυεῖν, αἰδεσθέντες τὴν αὐτοῦ ἀρετὴν, καὶ ὅτι φίλος τε ἦν τῆς πόλεως καὶ υἱὸς τοῦ Διὸς, ἐποίησαν μικρὰ μυστήρια, ἐν οἷς αὐτὸν ἐμύησαν. ἦσαν δὲ τὰ μὲν μεγάλα τῆς Δήμητρος, τὰ δὲ μικρὰ Περσεφόνης τῆς αὐτῆς θυγατρός. ὁ δὲ μυούμενος τὸ ἱμάτιον, ὃ ἐφόρει ἐν τῇ μυήσει, οὐδέποτε ἀπεδύετο, μέχρις ἂν τελέως ἀφανισθῇ διαρρυέν. ὅπερ δὲ πρὸς Ἡρακλέα, τοῦτο καὶ πρὸς Διοσκούρους ἐποίησαν.] — μῶν : Ἆρα δή. ἐμνήσθης : Ἐδιδάχθης. *Dv*. ἐμυήθης : Ἐδιδάχθης. αὐτῷ : Τῷ τριβωνίῳ. *P*. τὰ μεγάλα : Μυστήρια δηλονότι. *R*. Θ. *Dv*.

846. ἐνερρίγωσ' : Ἐν αὐτῷ ἐρρίγωσα, ἤγουν ἐξεχείμασα. *Dv*. μετὰ ῥίγους διεβίβασα. ῥιγέω ῥιγῶ ἐπὶ ψυχῆς, ῥιγόω δὲ ῥιγῶ ἐπὶ σώματος. *P*.

847. ἐμβάδια : Τί δύναται. ἤγουν τὰ καλίγια. *Dv*.

ὑποδήματα. *P.* συνεχειμάζετο : Σὺν τῷ ἱματίῳ. Θ. *Dv. P.*

848. ἀναθήσων : Ἀφιερώσων. *Dv.* ἀνάθημα ποιήσων. *P.* νὴ : Ναί. *Dv.*

849. χαρίεντα : Ἡδύτατα κατ' εἰρωνείαν. φέρων : Κομίζων. *P.*

850· [οἴμοι κακοδαίμων : Κορωνὶς ἑτέρα ὁμοία· οἱ δὲ στίχοι ἰαμβικοὶ τρίμετροι ρθ', ὧν τελευταῖος

νῷ δ' εἰσίωμεν, ἵνα προσεύξῃ τὸν θεόν.

ἐπὶ τῷ τέλει κορωνὶς, καὶ ἑξῆς χοροῦ αὖθις. ἐχρῆν γὰρ κἀνταῦθα θεῖναι χορὸν, εἰσιόντων τῶν ὑποκριτῶν ἐντὸς, ἄχρις ἂν τις ἐπέλθῃ ὑποκριτὴς ἕτερος.] — κακοδαίμων : Δυστυχής. ὡς : Ὅτι λίαν. *Dv.*

852. καὶ ἰοῦ ἰοῦ : Καὶ φεῦ. *P.*

853. οὕτω πολυφόρῳ : Πολλά μοι κακὰ ὑφ' ἕνα καιρὸν φέροντι, ἢ ποικίλῳ ἀπὸ τοῦ πολὺ ὕδωρ ἐπιδεχομένου οἴνου· ἤγουν ἀκράτῳ καὶ ἰσχυρῷ πρὸς τὸ κακόν. εἴρηται δὲ, ὅτι πολύφορον μὲν ἔλεγον τὸν πολλὴν κρᾶσιν δεχόμενον, ὀλιγόφορον δὲ τὸν ὀλίγην. (πολυφόρῳ οὖν τῷ πολλῶν ἀτυχιῶν κομιστικῷ.) ἢ μεταφορικῶς ἐκ τῶν πολυκάρπων χωρίων, ἢ πολυανθῶν δένδρων. [Ἄλλως. συγκέκραμαι, μεταφορικῶς· ὡς ἀπὸ οἴνου καὶ ὕδατος τῆς συγκράσεως γινομένης.] — πολυφόρῳ : (Πολλαπλασίῳ *Dv.*). Πολλὰ κακὰ φέροντι. Θ. *Dv. E. P.* συγκέκραμαι : Μεμιγμένος εἰμί. *Dv.* ἥνωμαι. *P.* πολύφορος γῆ, ἡ πολλὴν φορὰν καὶ καρπὸν παρέχουσα, καὶ πολύφορος οἶνος, ὁ πολὺ ὕδωρ δεχόμενος ἐν τῷ μίγνυσθαι τούτῳ. ἐκ τούτου μεταφορικῶς καὶ ὁ πολύφορος δαίμων, ὅθεν ἐπήγαγε τὸ συγκέκραμαι, ὅπερ ἐπὶ ὑγρῶν λέγεται. P.

854. ἀποτρόπαιε : Διώκτα τῶν κακῶν. *P.*

855. ποτ' : Ἆρα. πέπονθεν : Ἔπαθεν. *Dv.*

856. 'σχέτλια : Χαλεπά. *Dv.* ἐλεεινά. *P.* πέπονθα : Ἔπαθα. νυνὶ : Ἀρτίως. *Dv.*

857. ἀπολωλεκὼς : Φθείρας. τῆς οἰκίας : Τῆς ἐμῆς δηλαδή. *Dv.*

858. τὸν ἐσόμενον : Τὸν γενησόμενον Πλοῦτον. *Dv.*

859. ἤνπερ μὴ λίπωσιν αἱ δίκαι : [Ἀντὶ τοῦ,] ἐὰν τὸ δίκαιον παραμείνῃ. σκώπτει πάλιν ὡς βίαιον οὖσαν τὴν ἐν δικαστηρίῳ κρίσιν. — πάλιν αὖθις : Ἐκ παραλλήλου. αἱ δίκαι : Αἱ κρίσεις καὶ τὸ δίκαιον. Θ. *Dv. P.*

860. σχεδὸν : Ἀντικρύς. *Dv.* φανερῶς. *P.* ἄντικρυς, φανερῶς. Θ.

861. προσέρχεται : Παραγίνεται. κακῶς πράττων : Δυστυχῶν. *P.* κακῶς : Ἤγουν δυστυχῶς. πράττων : Ποιῶν. *Dv.*

862. εἶναι τοῦ πονηροῦ κόμματος : (Κόμμα,) εἶδος φαύλου νομίσματος. ἀντὶ δὲ τοῦ εἰπεῖν φαύλου συστήματος, πονηροῦ κόμματος εἶπεν, ἐπειδὴ περὶ πλούτου ὁ λόγος. (εἴρηται ἀπὸ μεταφορᾶς τῶν κιβδήλων νομισμάτων, διὰ τὸ ὀλίγον μὲν ἔχειν χρυσὸν, πλείονα δὲ χαλκόν. ἐπεσημήνατο δὲ τὴν λέξιν συνήθως τὸ χ, ἐπειδὴ μὴ ἐπὶ νομισμάτων τὸ κόμμα εἴρηκεν.) — ἀντὶ τοῦ λείψανον. πεποίηται δὲ ἀπὸ μεταφορᾶς τῶν κεκομμένων νομισμάτων ἐξ ὀλίγου τινὸς χρυσίου ἀποκεκομμένου. φασὶ δὲ πονηρὸν κόμμα τὸν παραχαραττόμενον ἄργυρον. κόμματος οὖν ἀντὶ τοῦ λειψάνου, ἢ λείμματος τῶν ἀδίκων. τὸ χ οὖν πρὸς τὸ κόμμα. V. κόμματος : Τοῦ χαράγματος. εἴρηται δὲ εἰς μεταφορὰν τῶν κιβδήλων νομισμάτων. Θ. *P.*

863. καταρᾶται τῷ Πλούτῳ. R. νὴ Δία : Κατ' εἰρωνείας. καλῶς ποιῶν : Δικαίως πάσχων. *P.* ἀπόλλυται : Φθείρεται. *Dv.*

865. ὑποσχόμενος : Λέγων. εὐθέως : Παραυτίκα. *Dv.*

866. ἐξαρχῆς : Ὡς τὸ πρότερον. *Dv.* ὁ δὲ : Ἰδεῖν. *P.*

867. πολὺ : Κατά. *Dv.* πολὺ μᾶλλον : Μᾶλλον πρὸς τὸ μὴ ποιῆσαι πλουσίους [τινάς]. R.V.*P.* ἐστὶν ἐξολωλεκώς : Ἀπώλεσεν. *P.* ἐνίους : Ἡμῶν. ἐξολωλεκώς : Ἀπολωλεκώς. *Dv.* Ἀττικὸν δὲ τὸ ἐξολωλεκώς.

868. δέδρακε : Ἐποίησεν. *Dv.* Τίνα ἀπώλεσεν. Θ.

869. ἐν ἤθει. R.V. ἦ : Ὄντως ἄρα. Θ. *Dv. P.* ἦσθα : Ὑπῆρχες. τοιχωρύχων : Κλεπτῶν. *Dv.* διὰ τοῦτο ταῦτα ἔπαθες. Θ. *P.*

870. οὐμενοῦν ἔσθ' ὑγιὲς : Οὐδαμῶς ὑπάρχει ἀληθές. *Dv.* οὐμενοῦν ἔ. ὑ. ὑμῶν οὐδενὸς : Ἀντὶ τοῦ, οὐδεὶς ὑμῶν ἔχει τι ἀγαθόν. *Br.* ὑγιὲς : Ὀρθὸν καὶ ἀληθές. *P.*

871. οὐκ ἔσθ' ὅπως : Οὐδαμῶς. *Dv.*

872. ὡς σοβαρὸς, ὦ Δάματερ : Σεσοβημένος, ἐπίτριπτος. καταμωκώμενοι δὲ τῶν Δωριέων τὸ ὦ Δάματερ λέγουσιν. ὁ δὲ νοῦς, πῶς ἐπηρμένος καὶ μέγα φρονῶν καθ' ἡμῶν εἰσῆλθεν. — ὡς : Λίαν. *Dv.* σοβαρὸς : Ἐπηρμένος. *P.* Δάματερ : Γῆ. εἰσελήλυθεν : Ἦλθεν. *Dv.*

873. [ὁ συκοφάντης : Οὕτω καλοῦνται οἱ ἐπηρεάζοντες ἀπὸ τοιαύτης αἰτίας. τὸ παλαιὸν ἀπειρημένον ἦν σῦκα ἐξάγειν ἐκ τῆς Ἀττικῆς, τοῦ φυτοῦ κατ' ἀρχὰς θαυμαζομένου. τοὺς πικρῶς οὖν διερευνῶντας τὸ τοιοῦτον, οὕτως ὀνομασθῆναι λέγουσιν ἀπὸ τῆς ὀπώρας. παρασχεῖν οὖν καὶ τοῖς ὁπωσοῦν μάτην ἐγκαλοῦσι τὴν ὀνομασίαν, ἅμα καὶ τοῦ φαίνειν τὸ ἐγκαλεῖν ἢ εἰς δίκην εἰσάγειν δηλοῦντος. ὅτι δὲ ἀπὸ τούτων γέγονεν, ἐκ τῶνδε δῆλον· συκαστὰς γὰρ τοὺς φιλεγκλήμονας ἔλεγον καὶ συκοβίους καὶ συκωροὺς καὶ συκολόγους καὶ φιλοσύκους καὶ συκώδεις καὶ συκοσπαδίας, ἴσως ἀπὸ τοῦ πάντας ἐγκλήματα ἐφέλκεσθαι.]

βουλιμιᾷ : Πάνυ λιμώττει, (καὶ) πεινᾷ λίαν· ἀπὸ τοῦ βου ἐπιρρήματος, ὅπερ ἐπιτάσεώς ἐστι δηλωτικὸν, ἀντὶ τοῦ λίαν· ὥσπερ καὶ ἐν τῷ βούπεινα, ἡ μεγάλη πεῖνα, καὶ βουγάϊος καὶ βούγλωσσος· τινὲς δὲ εἶδος νόσου φασὶν, ἐν ᾗ πολλὰ ἐσθίοντες οὐ πληροῦνται· [τῶν γὰρ συκοφαντῶν τοιοῦτος ὁ τρόπος.] — μεγάλως λιμώττει. Θ. *Dv. P.*

874. σὺ μὲν εἰς ἀγορὰν : Τοῦτο πρὸς τὸν θεράποντα· τὸ δὲ « οὐκ ἂν φθάνοις » ἀντὶ τοῦ οὐκ ἂν πέρας σχοίης τῶν κακῶν. — εἰς ἀγορὰν : Εἰς συνάθροισιν δικαστηρίου. *P.*

(876). ἐπὶ τοῦ τροχοῦ : Τροχός τις ἦν, ἐν ᾧ δεσμούμενοι οἱ οἰκέται ἐκολάζοντο. [τοῦτο δὲ λέγει ὁ ἄδικος πρὸς τὸν θεράποντα.] — ἐπὶ τοῦ τροχοῦ : Εἰς ὃν τοὺς κακοὺς κολάζουσι. Θ. *Dv. P.*

876. πεπανούργηκας : Κέκλοφας. *Dv.* πονηρῶς ἐποίησας. *P.* οἴμωζ' : Κλαῖε. *Dv.*

877. πολλοῦ : Τιμήματος. *Dv.* εἰ : Ἐπειδή. Θ.

879. τοὺς συκοφάντας : πεποίηται τὸ ὄνομα ἐκ τῆς τῶν σύκων κλοπῆς φωράσεως. R.V. ἐξολεῖ : Ἐξολέσει, φθερεῖ ὄντας κακούς.

880. οἴμοι τάλας : Φεῦ ὁ ἄθλιος, ἆρα καὶ σὺ κοινωνὸς ὤν. *P.* μῶν : Ἆρα. μετέχων : Κοινωνῶν. *Dv.* καταγελᾷς : Ἐμοῦ δηλ. *P.* γελῶ αἰτιατικῇ, καταγελῶ δὲ γενικῇ. P.

881. ἐπεὶ πόθεν : Ἀντὶ τοῦ, εἰ μὴ μετεῖχες δηλ., ἀπὸ ποίου τρόπου. τοδί : Τοῦτο. *P.* εἴληφας : Ἀντὶ τοῦ ἐπρίω. R.V.

882. ἔχοντ' : Φοροῦντα. τριβώνιον : Ἱμάτιον διερρηγμένον. *P. Dv.* τριβακὸν ἱμάτιον. R.V.

883. οὐδὲν προτιμῶ σου : Οὐ φροντίζω σου. ἡ φράσις Ἀττική. εἴρηται δὲ τὸ προτιμᾶν ἐπὶ τοῦ λόγον ἔχειν (καὶ ἐπιστρέφεσθαι). λέγει οὖν, οὐ φοβοῦμαί σε ἔχων φυσικὸν δακτύλιον. δακτύλιον δὲ, τὸν λεγόμενον φαρμακίτην. Εὔπολις Βάπταις μέμνηται καὶ Ἀμειψίας. ὁ δ' Εὔδαμος φαρμακοπώλης ἢ χρυσοπώλης, τετελεσμένους δακτυλίους πωλῶν. φιλόσοφος δὲ ἦν οὗτος ὁ Εὔδαμος φυσικοὺς δακτυλίους ποιῶν πρὸς δαίμονα καὶ ὄφεις καὶ τὰ τοιαῦτα. [ἐθεράπευον γὰρ τοὺς ὀφιοδήκτους· μᾶλλον δὲ τὴν ἀρχὴν οὐκ εἴων ὑπ' ὄφεων δάκνεσθαι.] — προτιμῶ σου : Φροντίζω. Θ. *Dv. P.* πριάμενος : Ὠνησάμενος. *P.*

884. τὸν δακτύλιον τονδὶ : (Ἀλεξητήριον τῶν δηλητηρίων δείκνυσιν αὐτῷ καὶ βασκανίας ἀποτρεπτικὸν δακτύλιον, ὃν καλοῦσι φαρμακίτην· πρὸς ὃ ὁ θεράπων,) κἂν ἔχῃς φαρμακίτην δακτύλιον, ἀλλ' οὐ πρὸς δῆγμα συκοφάντου, ὡς τούτων χειρόνων ὄντων καὶ θηρίων, πρὸς ἃ ὁ δακτύλιος πεποίηται. (ἀλλ' οὐκ ἰσχύει, φησὶν, οὗτος ὁ δακτύλιος πρὸς τὸ δῆγμα τοῦ συκοφάντου. τοῦτο δὲ ὁ ἕτερος πρεσβύτης λέγει ὁ τὸν τρίβωνα κομίσας· οἱ γὰρ δύο τὸν συκοφάντην ἐκφλαυροῦσι. λέγει δὲ ἐν ἤθει ὅτι οὐκ ἔστι τις ἐν τῷ δακτυλίῳ ἐπῳδὴ, ἢ φάρμακον πρὸς δῆγμα τοῦ συκοφάντου. ἐπεὶ εἰώθασι λέγειν οἱ τὰ περίαπτα πωλοῦντες ὅτι χρησιμεύει τόδε πρὸς τόδε. λέγει οὖν, ἀλλὰ τοῦτο τὸ ἄκος καὶ ἡ ἀντιπάθεια οὐδὲν ἰσχύει πρὸς δῆγμα συκοφάντου. τὸ δὲ δῆγμα σκληρὰ λέξις ἀπὸ τῶν ἑρπετῶν εἰλημμένη. Ἄλλως. μὴ λάβῃς εἰς τὸ δήγματος ἔξωθεν τὸ ἀποτρεπτικὸς, ὡς οἴονταί τινες, ἀλλ' ἔστιν ἡ γενικὴ πρὸς τὸ δακτύλιος οὕτως, ἀλλ' οὐκ ἔστιν ὁ δακτύλιος δήγματος συκοφάντου, τουτέστιν, οὐκ ἔχει ἰσχὺν πρὸς τοὺς συκοφάντας, ὥσπερ εἰς τὰ τῶν ὄφεων δήγματα.) — δραχμῆς : Ἕνεκα. *P.* νομίσματος, ὃ ἔχει κεράτια ιη', ἥτις ὁλκὴ καλεῖται. Θ.

885. ἔνεστι : λείπει φάρμακον. R. τῷ δακτυλίῳ δύναμις ἀποτρεπτική. *Dv.* ἤγουν ἀλλ' οὐκ ἰσχύει πρὸς τὸ δῆγμα τοῦ συκοφάντου. *P*

886. ὕβρις : Μέμψις. ταῦτ' : Τὰ λεγόμενα ἀφ' ὑμῶν. σκώπτετον : Σκώπτετε. *P.* Ὑβρίζετε. *Dv.*

887. ποιεῖτον : Ποιεῖτε ἐνταῦθα οὐκ ἐλέξατε. *Dv.* ἐνθάδ' : Ἐνταῦθα. εἰρήκατον : Εἴπατε. *P.*

888. ἐστὸν : Ἐστέ. *P.*

889. οὐκοῦν τῷ γε σῷ : Ἀγαθῷ δηλονότι. — τῷ γε σῷ : Ἐπὶ τῷ σῷ ἀγαθῷ. ἴσθ' : Γίνωσκε. *Dv.* σαφῶς γίνωσκε. Θ. ἐπὶ ... οὐδόλως... φανερῶς γίνωσκε. ἢ οὐδόλως ἐσμὲν ἐπὶ τῷ ἀγαθῷ τῷ σῷ. *P.*

890. τῶν ἐμῶν : Πραγμάτων. *Dv.*

891. [ὥς γ' ἐπ' ἀληθείᾳ : Λείπει δειπνεῖς.]

μετὰ τοῦ μάρτυρος : (Κλήτορα γὰρ ἦγετο, ἵνα αὐτοὺς εἰς δίκην καλέσῃ. Ἄλλως.) τῷ συκοφάντῃ ἕπεταί τις ὥστε μαρτυρεῖν. (ὡς ἀγηοχότος οὖν τοῦ συκοφάντου καὶ μάρτυρα, ἵνα εἰς δίκην καλέσηται, τοῦτό φησι.) — ἐπ' ἀληθείας : Ἀντὶ τοῦ σωζομένης τῆς ἀληθείας. *P.* μάρτυρος : Ὅτι τινὰ τῶν δημοσίων ὑπηρετῶν ἧκεν ἄγων, ἵνα, ἐάν τι παρ' αὐτῶν ἀκούσῃ, συμμαρτυρήσῃ αὐτῷ πρὸς τοὺς δικαστάς. *P.* ὃν μετὰ σοῦ κομίζεις. Θ.

892. διαρραγείης : Σχισθείης, ἀφανισθείης. *Dv.* διασχισθείης. *P.* μηδενὸς : Ἀγαθοῦ. *Dv.* πράγματος. *P.*

893. ἔνδον : Τῆς οὐσίας ἐστίν. *P.*

894. τεμαχῶν : Κομματίων ἰχθύων· τέμαχος γὰρ κυρίως ἐπὶ τῶν ἰχθύων λέγεται. *Dv.* χρῆμα τεμαχῶν : Πρᾶγμα τμημάτων ἰχθύων. ὠπτημένων : Ἐν τῷ πυρὶ καιομένων. *P.*

895. ἰοὺ ἰοὺ : [Διὰ τῶν ψιλῶν τούτων υ δείκνυσι, ὅτι χοιρείων κρεῶν ὀσμῆς ᾔσθετο. Ἄλλως. ἰοὺ ἰοὺ] ἐπίρρημα θαυμαστικὸν, ὅπερ ἐν τῇ συνηθείᾳ λέγομεν. ὡς ὀσφραινόμενος τοῦτό φησι. — τινὲς δὲ ὁ δίκαιος. R.

896. [τοῦ ψύχους γ' ἴσως : Ἐπεὶ τὰ ζῷα, ἐσομένου ψύχους αἰσθανόμενα, πολλάκις ὀσφραίνεται.] — κακόδαιμον : Ἄθλιε. ὀσφραίνει τι : Ἐπὶ τὴν ὄσφρησιν ἥκεις. ψύχους : Αἰσθάνεται δηλ. *P.* τί : Κατά τι. τοῦ ψύχους : Τοῦ κρύους. *Dv.*

897. τοιοῦτον : Οἷον φορεῖ. ἀμπέχεται : Ἐνδύεται ἱμάτιον. *P.* περιβέβληται. R. V. τοῦτο : Φαῦλον. ἀμπ. : Ἐνδύεται. *Dv.*

898. ἀνάσχετ' : Ὑπομονητά. Θ. *Dv. P.*

899. ὑβρίζειν : Ἄτιμα ποιεῖν. ὡς ἄχθομαι : Φεῦ, λίαν. *P.* οἴμ' : Φεῦ. ὡς : Λίαν. ἄχθομαι : Λυποῦμαι. *Dorv.*

900. φιλόπολις : Τὸ μὲν φιλόπολις κοινὸν, Ἀττικὸν δὲ τὸ φιλόπατρις. — χρηστὸς : Ἀγαθός. *Dv. P.* — φιλόπολις Φιλόπατρις. *Dv.* φιλῶν τὴν πόλιν. *P.* πάσχω κακῶς : Ἤγουν δυστυχῶ. *Dv. P.*

901. ὡς οὐδεὶς ἀνήρ : Χρηστὸς εἰμί. *Dv.* οὕτως εἰμί. *Paris.*

902. καὶ μὴν : Τὸ λοιπόν. *Dv.* ἐπερωτηθεὶς : Ἤτοι ἐκ δευτέρου ἐρωτηθείς. *P.* ἀπόκρινε : Ἀπολογίζου. *Dv.* τὸ τί : Μέλλω ἐρωτηθῆναι. *P.*

903. [μελαγχολᾶν μ' οὕτως οἴει : Ὥσπερ οἱ μαινό-

μενοι τὴν ἐν τοῖς πλήθεσι διατριβὴν ἀπαναινόμενοι ἐν ἐρημίαις φέρονται, διὰ τοῦτο καὶ τὴν τῶν γεωργῶν διατριβὴν μελαγχολίαν ὠνόμασεν, ὡς ἐν ἀγροῖς γενομένην.] — γεωργὸς εἶ : Γεωργεῖν ἐπιστάμενος. *P.* μελαγχολᾷν : Ὑπολαμβάνεις ἐμὲ μαινόμενον. *Dv.* μαίνεσθαι, ὥστε ἀποτρέχειν εἰς τὰς ἐρήμους, ὡς οἱ γεωργοί. Θ. *P.*

904. σκήπτομαί γ', ὅταν τύχω : Τινὲς τῶν πολιτῶν, ἡνίκα χρημάτων ἦν εἰσφορὰ πρὸς τὴν πόλιν, τὴν ἐμπορίαν ἐπροφασίζοντο, τὴν εἰσφορὰν βουλόμενοι φυγεῖν, ἀζήμιοι γὰρ οὗτοι διεφυλάττοντο, ὥς φησιν Εὐφρόνιος, ὡς τὴν πόλιν ὠφελοῦντες πλεῖστα διὰ τῆς αὐτῶν ἐμπορίας. διὸ καὶ ὁ συκοφάντης λέγει ὅτι, ὅταν γένηταί (τις) καιρὸς πολέμου [καὶ εἰσφορᾶς], ἔμπορον ἐμαυτὸν ἀποκαλῶ. [Ἄλλως. ὅταν, φησίν, ἀνάγκη γένηται πράγματος, σκήπτομαι τότε ἔμπορος εἶναι. προφασίζομαι, φησίν, ὅτι πέμπομαι εἰς τὸν πόλεμον.] — ἔμπορος : Πραγματευτής. *Dv.* κατὰ θάλατταν ἐμπορίαν ποιούμενος. *P.* σκήπτομαι : Ἀντὶ τοῦ προφασίζομαι. Θ. *Dv.* προφασίζομαι τοῦτο ἤγουν τὴν ἐμπορίαν. *Vict.*

905. τί δαί : Ἀποφαντικόν. τέχνην : Ἐπιστήμην. *P.*

906. πῶς οὖν διέζης; : Μερικῶς τινα εἶχες ζωήν. Θ. *Dv.* ἢ πόθεν : Ἀπὸ ποίου τρόπου. *P.*

907. τῶν τῆς πολεώς εἰμ' : Τῶν δημοσίων πραγμάτων φροντιστής, οἷον χορηγίας, τριηραρχίας, καὶ τῶν τοιούτων· ἰδίων δέ, τῶν καθ' ἕκαστον, οἷον εἰ ἀδικοῖτό τις καὶ δικάζοιτο πρός τινα, αὐτὸς ἐφρόντιζεν. ἰδίων τῶν ἰδιωτικῶν. καὶ Εὐριπίδης ἐν Βάκχαις

εἰ μὴ γὰρ ἴδιον ἔλαβον εἰς χεῖρας μύσος.

τῶν τῆς πολεώς εἰμ' ἐπιμελητής : Διοικητής εἰμί. *Dv.* τῶν δημοσίων καὶ πολιτικῶν φροντιστής. Θ. *P.*

908. τῶν ἰδίων : Τῶν χωρικῶν, ἰδιωτικῶν. *Dv.* τῶν ἰδιωτικῶν ἤτοι τῶν καθ' ἕκαστον. Θ. *P.* βούλομαι : Βουλευτὴς καὶ σύμβουλός εἰμι τῶν ἐθελόντων. Θ. βουλευτής εἰμί. *Dv.* μαθεῖν. *P.*

909. [πῶς οὖν ἂν : Ὁ νοῦς· πῶς ἂν οὖν χρηστὸς σύ, ὁ λυπούμενος καὶ ἀγανακτῶν εἰς μηδέν σοι διαφέρον.]

910. εἴ σοι προσῆκον μηδὲν : Εἰ (διὰ) τῶν πραγμάτων τῶν σοὶ μηδὲν διαφερόντων ἀπεχθάνει τοῖς ἀνθρώποις, (διὰ τὸ ἐπιχειρεῖν ἀλλοτρίοις πράγμασιν. ὁ γὰρ ἀλλοτρίων προϊστάμενος μισεῖται). — σοὶ προσῆκον μηδὲν : Ἤγουν, οὐδενὸς διαφέροντος καὶ προσήκοντός σοι. *Dv.* εἰ πρέποντος, ἁρμόζοντός σοι μηδενός, μισητὸς γίνῃ τοῖς πολλοῖς διὰ τὸ ἐπιχειρεῖν ἀλλοτρίοις. *P.* τὸ εἶτα τρισσῶς λαμβάνεται, εἶτα ἀντὶ τοῦ μετὰ ταῦτα, καὶ εἶτα ἀντὶ τοῦ ἆρα, καὶ εἶτα ἀργόν, ὡς ἐνταῦθα. P.

911. προσήκει : Διαφέρει ἢ πρέπει μοι. *P.* καὶ ἀνήκει καὶ ἁρμόζει. Θ.

912. ὦ κέπφε : Ὄρνεον ὅπερ φιλεῖ ἀφρὸν θαλάττιον ἐσθίειν· καὶ οἱ παῖδες τῶν ἁλιέων (λαμβάνοντες τὸν ἀφρὸν) ῥίπτουσι τὸ πρῶτον πόρρωθεν, εἶτα ἐγγύτατα, εἶτα εἰς τὴν χεῖρα τὸν ἀφρόν, καὶ οὕτως εὐχερῶς ἀγρεύουσι. καὶ ἐπὶ τῶν ἀλογίστων ἀνδρῶν τοῦτο εἰς παροιμίαν. R. V. Ἄλλως. ἀνόητε, κοῦφε, ὦ τὸν νοῦν μετέωρε. ὄρνις γὰρ θαλάττιος τὸ κέπφος, κουφότατον σφόδρα τῷ ἀφρῷ διατρεφόμενον διὰ τῆς θαλάττης καὶ πάνυ ὀλίγον ἔχον σαρκῶδες. Ἄλλως. ὦ εὐτελέστατε καὶ λάλε. φασὶ γὰρ τὸν κέπφον εὐτελῆ καὶ λάλον. V. [ὦ εὐτελέστατε καὶ λάλε· φασὶ γὰρ τὸν κέπφον εὐτελέστατον καὶ λάλον· ὄρνεον γὰρ ἄφρον, ὅπερ φιλεῖ ἀφρὸν θαλάττιον ἐσθίειν· τοῦτο βουλόμενοι οἱ τῶν ἁλιέων παῖδες χειρώσασθαι, ῥίπτουσι τὸ πρῶτον πόρρωθεν ἀφρόν, εἶτα ἐγγύτατα, εἶτα φέρουσι τοῦτο ἐν ταῖς χερσίν, καὶ οὕτω κατὰ μικρὸν ἀπατῶντες εὐχερῶς ἀγρεύουσι τοῦτο ἐμπεσὸν εἰς τὰς χεῖρας αὐτῶν. εἴληπται οὖν εἰς παροιμίαν ἐπὶ τῶν ἀλογίστων ἀνδρῶν καὶ ἀνοήτων. καλεῖται δὲ κοινῶς λάρος.] — ὁ κέπφος ὄρνεόν ἐστι θαλάττιον, ἀτελὲς καὶ λάρον καὶ ἀφελές, ὃ καλοῦσι κοινῶς λάρον· ὅπερ φιλεῖ ἀφρὸν θαλάττιον ἐσθίειν. τοῦτο … φέρουσι τοῦτον ἐν ταῖς χερσὶ … ἀνοήτων. P. εὐεργετεῖν: Εὐεργεσίαν παρέχειν. *Dv.* κέπφε : Λάρε. Θ. *Dv. P* σθένω : Δύναμαι. Θ. *P.*

913. πολυπραγμονεῖν : Τὸ πράγμασι καὶ κακουργίαις ἑαυτὸν ἐνδιδόναι καὶ δικορραφεῖν. Θ. ταῖς κανουργίαις ἑαυτὸν ἐκδεδωκέναι. *Dv.* τὸ πέρα τοῦ δέοντος ἐξετάζειν. *Paris.*

914. τὸ μὲν οὖν βοηθεῖν : Τοῦτό ἐστι τὸ εὐεργετεῖν. Θ. *Dr.* μᾶλλον μὲν οὖν ὑπάρχει εὐεργετεῖν. κειμένοις : Τεταγμένοις. *P.* ἐνεργουμένοις καὶ πολιτευομένοις. Θ.

915. ἐπιτρέπειν : Παραχωρεῖν καὶ ἐνδιδόναι. Θ. παραχωρεῖν καὶ ἁμαρτάνειν· διδόναι ἄδειαν παρὰ τὸ πρέπον. *Dv.* συγχωρεῖν. *P.* ἐξαμαρτάνῃ : Ἤτοι ἁμαρτάνων ἔξω τοῦ καλοῦ πίπτῃ. Θ. *P.*

916. ἐξεπίτηδες : (Ἐξ ἀνάγκης ἢ) μάτην οὕτως Ἀττικοί. (ἀργῶς καὶ μάτην. κοινότερον δέ, καὶ τὰς τοιαύτας ψιλὰς ἐπιστασίας καὶ λειτουργίας ἀργὰς ἔλεγον· καὶ τὸ βουλεῦσαι ἄρξαι.) [γράφεται δὲ καὶ ἐν σχήματι ἀποφατικῷ, οὐκοῦν. τὸ δὲ ὁ βουλόμενος ἀντὶ τοῦ, ὁ ἐπιμελητής, ὁ κατήγορος, ὁ προϊστάμενος.] — δικαστὰς : Κριτάς. *P.* ἐξεπίτηδες : Ἐπ' αὐτῷ τούτῳ. Θ. ἐπ' αὐτὸ τοῦτο. ἐσκεμμένως ἤτοι ἐπ' αὐτῷ τούτῳ. *P*

917. ἄρχειν καθίστησιν : Ἵνα παρ' αὐτῶν βοηθῶνται οἱ νόμοι δηλαδή. Θ. ἄρχοντας εἶναι ποιεῖν. ἵνα παρ' αὐτῷ βοηθῶνται. *Dv.* καθίστησιν : Τάττει. κατηγορεῖ : Συνηγορεῖ. Θ. *P.* κατηγορῶ κατά τινος λέγεται, ὃ καὶ ἀπὸ γενικῆς πρὸς αἰτιατικὴν ἔχει τὴν σύνταξιν, ὡς τὸ κατηγορῶ σου ἀμαθίαν. κατηγορῶ τὸ καταφάσκω παρὰ φιλοσόφοις γενικῇ συντασσόμενον. κατηγορῶ τὸ ἐφυβρίζω καὶ αὐτὸ γενικῇ. κατηγορῶ δὲ τὸ παριστῶ αἰτιατικῇ ὡς τὸ « κατηγόρησε ἡ θλίψις μακρόφυλλον. » Θ.

918. ὁ βουλόμενος : Ὁ θέλων. *Dv.* *P.* ἐκεῖνος : Ὁ κατηγορῶν. *P.*

919. ἥκει : Ἀνήκει, ἀνατρέχει. *P.*

920. νὴ : Μά. πονηρὸν : Κακότροπον. προστάτην : Φροντιστήν. *Dv.* ἐπιμελητὴν τῶν πραγμάτων αὐτῆς. Θ. ἐπιμελητήν. *P.* ἔχει : Ἡ πόλις δηλαδή. *Dv.*

921. ἡσυχίαν ἄγων : Ἡσυχάζων. *P.*

922. προβατίου βίον : Μωροῦ καὶ ἀνοήτου· [διὰ τὸ

ἀδρανὲς τῆς διανομῆς τῶν πραγμάτων·] τὰ γὰρ πρόβατα μηδὲν ἐργαζόμενα ζῇ. — ζῆν ἀργός : Ἄπρακτος, ματήν. προβατίου βίον : Ἀντὶ τοῦ μωροῦ καὶ ἀνοήτου. προβάτου ζωὴν, ἀγροίκου. *P*.

922. διατριβή τις τῷ βίῳ : Ἐπιτήδευμα, ἀσχόλημα, δίαιτα, διαγωγὴ, πρόφασις, ἀφ' ἧς μέλλομεν περὶ τὰ πράγματα διατρίβειν. — διατριβή : Πολυπραγμοσύνη. Θ. ἐπιτηδειότης. *Dv*.

924. οὐδ' ἂν μεταμάθοις : Ἀντὶ τοῦ παύσαιο. κυρίως δὲ μεταμαθεῖν ἔλεγον τὸ μετὰ ταῦτα ἕτερόν τι μαθεῖν ἀφέμενον τοῦ πρώτου. — ἤγουν ἀντὶ τῆς πολυπραγμοσύνης ἄλλην ἑτέραν τέχνην μάθοις. Θ. οὐδ' ἂν : Οὐδαμῶς. *Dv*. μεταμάθοις : Καταλείψας τοῦτο ἕτερον μάθοις. *P*. δοίης : Δώσης. *Dv*. οὐ μεταμάθοις δηλονότι, εἰ παράσχοις. *P*. παράσχοις. Θ.

925. καὶ τὸ Βάττου σίλφιον : Βάττος Κυρήνην ἔκτισεν, [ἐλθὼν ἀπὸ Θήρας, τῆς κατὰ Κρήτην νήσου·] ὃν τιμήσαντες Λίβυες ἐχαρίσαντο αὐτῷ τὸ κάλλιστον τῶν λαχάνων τὸ σίλφιον, καὶ ἐν νομίσματι αὐτὸν ἐχάραξαν, τῇ μὲν βασιλείαν, τῇ δὲ σίλφιον (παρὰ τῆς πόλεως δεχόμενον, ὡς Ἀριστοτέλης ἐν τῇ Κυρηναίων πολιτείᾳ· ἔνθεν καὶ ἡ παροιμία ἐπὶ τῶν διαφόρους [καὶ ἐξόχους] τιμὰς δεχομένων. Ἄλλως. σίλφιον βοτάνη πολυτίμητος· ἡ δὲ αἰτία τοιαύτη ἐστί. Βάττος, ὁ καὶ Ἀριστοτέλης, πόλιν ἐν Λιβύῃ Κυρήνην [λεγομένην] ἔκτισε κατὰ τὸν δοθέντα αὐτῷ παρὰ τοῦ Ἀπόλλωνος χρησμόν· καὶ οἱ πολῖται οἱ Κυρηναῖοι ἀνταπόδοσιν τῆς εὐεργεσίας βουλόμενοι χαρίσασθαι τῷ βασιλεῖ, ἐποίησαν δακτύλιον, ἐν ᾧ ἡ πόλις αὐτῶν προσφέρει τῷ βασιλεῖ τὸ σίλφιον. καὶ τὸ φύλλον δὲ αὐτοῦ καὶ ὁ καρπὸς καὶ ὁ καυλὸς καὶ ὁ ὀπὸς καὶ ἁπλῶς τὸ πᾶν αὐτοῦ πολλῆς τιμῆς ἄξιόν ἐστιν. καὶ οἱ Ἀμπελιῶται δὲ ἔθνος Λιβύης, εἰς Δελφοὺς ἀνέθεσαν καυλὸν σιλφίου, ὥς φησιν Ἀλεξανδρίδης.) — σίλφιον : Τὸ λεγόμενον βαλσαμέλαιον. *Dv*. Βάττου σίλφιον : Ὄνομα κύριον τὸ κοινῶς βάλσαμον. *P*. ὁ Βάττος οὗτος ἔκτισε τὴν Κυρήνην, ἔνθα τὸ σίλφιον γίνεται, οὗ ὁ ὀπὸς πολλοῦ ἄξιός ἐστι. τιμῶντες οὖν αὐτὸν οἱ Κυρηναῖοι ὡς ἀρχηγέτην, χρυσῆν αὐτοῦ τὴν εἰκόνα πεποιήκασιν, τὸ σίλφιον ἐν τῇ δεξιᾷ φέρουσαν, λίθοις καὶ μαργάροις κεκοσμημένον. λαμβάνεται οὖν εἰς παροιμίαν τὸ τοῦ Βάττου σίλφιον ἐπὶ τῶν πολυτελῶν. P.

926. κατάθου : Ἀπόριπτε. *Dv*. ἀντὶ τοῦ καταβαλοῦ, ῥίψον. *P*. θοἰμάτιον : Ὃ φορεῖς. *Dv*.

927. ὑπόλυσαι : Τὰ ὑποδήματα. Θ. *Dv*. τὰ ὑποδήματα ἄφελε. *P*.

928. προσελθέτω : Ἔμπροσθεν. *Dv*.

929. Οὐκοῦν ἐκεῖνός εἰμ' ἐγώ : Ἐκεῖνός εἰμι ἐγὼ, φησὶν, ὁ μέλλων σοι προσελθεῖν. [τοῦτο ὁ θεράπων ἀποσκώπτων λέγει.] ἅμα δὲ καὶ μιμεῖται τὰ παρ' αὐτοῦ ἄνω εἰρημένα, ἐν ὅσῳ δὲ λέγουσιν, ἀπέδυσεν. — ἐκεῖνος : Ὁ βουλόμενος δηλονότι προσελθεῖν. *P*.

930. μεθ' ἡμέραν : Ἀντὶ τοῦ ἐν ἡμέρᾳ. Ἀττικὸν δὲ τὸ σχῆμα· (μεθ' ἡμέραν γάρ φασιν, οὐχ ἐν ἡμέρᾳ.) — ἀποδύομαι : Ἀντὶ τοῦ τὰ ἱμάτια ἀφαιροῦμαι. *P*. ἀποδύομαι λέγεται τὸ βιαίως καὶ ληστρικῶς τὰ ἱμάτια ἀφαιροῦμαι. *P*. μεθ' ἡμέραν : Κατὰ τὴν ἡμέραν. *Dv*. Ἀττικῶς ἀντὶ τοῦ ἐν ἡμέρᾳ. ἐν νυκτὶ γὰρ πάσχουσι τοῦτο ἔνιοι ὑπό τινων λοχώντων αὐτούς. Θ. τὸ γὰρ κατὰ νύκτα ἀποδύεσθαί τινα ὑπὸ τῶν λόχων τῶν λωποδυτῶν ἴσως φορητὸν, ὅτι λάθρα τοῦτο ποιοῦσι τοὺς νόμους φοβούμενοι καὶ τὰ δικαστήρια, ἐγὼ δὲ κατὰ τὴν ἡμέραν τοῦτο πάσχω περιφανῶς. Vict.

931. ἀξιοῖς : Ἀντὶ τοῦ δικαιοῖς. V. ἄξιον κρίνεις. Θ. *Dv*. *P*. ἀλλότρια πράττων : Ξένα ἀπαιτῶν. *P*. ἐνεργῶν ἢ ἀπαιτῶν. Θ.

932. μαρτύρομαι : Εἰς μαρτυρίαν τίθημι. Θ. *Dv*. μάρτυρα καλῶ, ἢ διὰ μάρτυρος παραστήσω. *P*.

933. οἴχεται φεύγων : Εἶδε γὰρ αὐτὸν ἀποδυόμενον καὶ ἐφοβήθη, μὴ καὶ αὐτὸς τὰ ὅμοια πάθῃ. Θ. *Dv*. *Vict*. οἴχεται : Ἀπῆλθε. ὃν : Ὅντινα. *P*.

934. ὡς φυγόντος τοῦ μετ' αὐτοῦ μάρτυρος. R.V. περιείλημμαι : Κατὰ κύκλον ἐλήφθην. *P*. κεκράτημαι. Θ. *Dv*.

935. οἴμοι μάλ' αὖθις : Τὸ ἡμιστίχιον ἐξ Ἠλέκτρας Σοφοκλέους [1416] (τὸ οἴμοι μάλ' αὖθις, ὅτε τὴν Κλυταιμνήστραν οἱ περὶ Ὀρέστην φονεύουσιν). R.V. δὸς σύ : Ὦ παιδάριον. Θ. *Dv*.

936. ἀμφιέσω : Ἐνδύσω. Θ. *P*.

937. ἱερὸν γάρ ἐστιν : Ἱερὸν λέγουσι πᾶν τὸ ἀνατιθέμενον τοῖς θεοῖς. — μὴ δῆθ' : Μηδαμῶς. *Dv*. μὴ ἀμφιέσῃς. *P*.

938. κάλλιον : Κρειττόνως. Θ. κρεῖττον. *Dv*. ἀνατεθήσεται : Ὡς ἀνάθημα κρεμασθήσεται. Θ. *P*.

939. ἢ : Παρό. *P*. τοιχωρύχον : Κλέπτην. *Dv*.

[940. κοσμεῖν : Καλλωπίζειν. *Dv*. καλλύνειν. *D*. σεμνοῖς : Λαμπροῖς. *Dv*. εὐτάκτοις προσήκει κοσμίοις. *Paris*.

941. ἐμβαδίοις : Ὑποδήμασι. *Dv*.

942. ταῦτα : Τὰ ἐμβάδια. αὐτίκα : Συντόμως. *Γ*.

943. ὥσπερ κοτίνῳ προσπατταλεύσω : Ὅτι ἐπὶ τῶν κοτίνων καὶ ἄλλων δένδρων πανταχοῦ πρὸς τοῖς ἱεροῖς προσπατταλεύουσι τὰ ἀναθήματα. (Ἄλλως. εἰώθασι τοῖς δένδροις κῶλα καὶ κρανία προσπατταλεύειν πρὸς ἀποτροπὴν βασκανίας οἱ γεωργοὶ, πρὸς τὸ μὴ ξηρανθῆναι αὐτά. Ἄλλως. ἔθος ἦν τοὺς θηρῶντάς τινα ἄγραν μέρος τι τοῦ θηρωμένου, ἢ τὴν κεφαλὴν ἢ πόδα, προσηλοῦν πασσάλῳ ἐπί τινος δένδρου εἰς αὐτὴν τὴν ὕλην,) πρὸς τιμὴν τῆς Ἀρτέμιδος. — κοτίνῳ : Ἀγριελαίᾳ. Θ. *Dv*. στεφάνῳ. *P*. προσπατταλεύσω : Προσηλώσω, κρεμάσω. Θ. *Dv*. προσηλώσω, προσκαρφώσω. *P*.

944. ἄπειμι : Ἀπέρχομαι. Θ. ἤγουν ἀπέρχομαι. γινώσκω : Ἤγουν ἐπίσταμαι χείρων ὑπάρχων κατὰ πολύ. *Dv*. *P*.

945. σύζυγον : Βοηθὸν, ἤγουν σύνδρομον. *Dv*. *P*. βοηθὸν, σύμμαχον. Θ.

946. καὶ σύκινον : Ἴσον τῷ ἀσθενέστατον· τὸ γαρ ξύλον τῆς συκῆς ἀσθενὲς [καὶ χαῦνον· ὅθεν καὶ συκίνη

ἐπικουρία, ἀντὶ τοῦ ἀσθενὴς καὶ ἀνωφελής]. ἡ σύκινον τὸν συκοφάντην κεκαλυμμένως λέγει, ἀπὸ τῆς συκῆς σχηματίσας [τὸ ὄνομα]. — ἐν εἰρωνείᾳ τοῦτο. R. σύκινον : Ἀσθενῆ. *Dv*. ἀσθενῆ, ἀδύνατον. *P*. ἡ μεταφορὰ ἀπὸ τῆς συκῆς, διότι ἔνι ἡ συκῆ ἀνίσχυρος, καὶ θραύεται εὐκόλως. *Dv*. ἰσχυρὸν θεὸν : Τὸν δυνατόν. *Dv*. τὸν Πλοῦτον. *P*.

947. τήμερον : Ἀττικόν. Θ. σήμερον. δοῦναι δίκην : Τιμωρίαν. *Dv*. τιμωρίαν, ἤγουν τιμωρηθῆναι. *P*. τιμωρηθῆναι. Θ.

948. Ὅτι : Διότι. περιφανῶς : Ἤγουν φανερῶς. *Dv*. καταλύει : Ἀφανίζει. περιφανῶς : Ἀριδήλως καὶ φανερῶς. Θ. *P*.

949. οὔτε τὴν βουλὴν πιθὼν : Ἀντὶ τοῦ πείσας. ὅσα δ' ἂν τῇ βουλῇ δόξῃ, ταῦτα ἐπὶ τὸν δῆμον ἀναφέρεται. καὶ ἐκ τῶν ἐναντίων τὰ ὑπὸ τοῦ δήμου ψηφιζόμενα ὑπὸ τῆς βουλῆς κυροῦται. — πιθὼν : Καταπείσας. Θ. *Dv*. πείσας. *P*.

950. τὴν τῶν πολιτῶν : Ἤγουν τοὺς πολίτας ὅλους. *D*. τὴν ἐκκλησίαν : Τοὺς δικαστάς. Θ. *Dv*. τὴν συνάθροισιν τῶν κριτῶν. *P*. ἔθος ἦν ἐν δημοκρατίᾳ ὅταν ψηφίσματα ἐγένετο, δεικνύειν τοῦτον τὴν βουλήν· εἶτα τοὺς κριτάς. *Dv*.

951. ἐπειδὴ τὴν πανοπλίαν : Ἀντὶ τοῦ, ἐπειδὴ ἐγένου κατ' ἐμέ, ὅτε ἤμην πένης. (λόγους δὲ συκοφάντου μιμεῖται.) — τὴν πανοπλίαν : Τὸ ἱμάτιον παίζων. Θ. *Dv*. τὰ ἐνδύματα. *P*. πανοπλία κυρίως ἡ τῶν ὅπλων πάντων διασκευή· ἐνταῦθα δὲ καταχρηστικῶς. Dorv. πανοπλία μὲν ἡ τῶν ὅπλων πάντων παρασκευή, ἐνταῦθα δὲ τὸ ἱμάτιον καταχρηστικῶς λέγει, μᾶλλον δὲ παίζων, ὅτι ἓν εἶχε τοῦτο μόνον ἀντὶ πολλῶν ἄλλων ἱματίων. Vict.

952. ἔχων : Φορῶν. *Dv*. *P*. βαλανεῖον : Λοετρῶν. *Dv*. τρέχε : Συντόμως ἔρχου. *P*.

953. κορυφαῖος : Ἐπεὶ περιίσταντο περὶ τὸ πῦρ, ὥσπερ χορὸς ἐν τοῖς βαλανείοις. (οὐκ ἐξῆν δὲ ξένον χορεύειν ἐν τῷ ἀστικῷ χορῷ· παρὰ τοῦτο πέπαιχεν· ἐν δὲ τῷ Ληναίῳ ἐξῆν· ἐπεὶ καὶ μέτοικοι ἐχορήγουν. κορυφαῖος δὲ ὁ ἐν χόρῳ πρῶτος. [τὸ δὲ θέρου ἀντὶ τοῦ] θερμάνθητι. ὥσπερ ἀνδριὰς ἐπὶ κεφαλήν.) — κορυφαῖος ἑστηκὼς : Πρῶτος ὀρθῶς. θέρου : Ἤγουν θερμαίνου. Θ. *Dv*. *P*.

954. τὴν στάσιν : Τὸ εἶναι κορυφαῖος τὸ βαλανεῖον. *Dv*. τὸ εἶναι ἐμὲ κορυφαῖον καὶ πρῶτον. *P*.

955. ἀλλ' ὁ βαλανεὺς : Λέγουσι γὰρ ὅτι οἱ πολλοὶ ἐλαττοῦσι τὸν ἀέρα τῶν λουτρῶν, εἰς ἑαυτοὺς αὐτὸν ἕλκοντες. — βαλανεὺς : Ὁ τοῦ βαλανείου ἐπιστάτης. ἕλξει : Ἑλκύσει. *P*. θύραζ' : Ἐκτὸς τῆς θύρας. Θ. *Dv*.

956. τῶν ὀρχιπέδων : Τῶν ὄρχεων. R.V. Θ. Τῶν αἰδοίων. *Dv*. ἀπὸ τῶν ὄρχεων. γνώσεται : Γνωρίσει. *P*.

957. τοῦ πονηροῦ κόμματος : Ὡς ἐπὶ νομίσματος εἶπεν, ἀπὸ μεταφορᾶς τῶν νομισμάτων τῶν κακῶς κοπέντων. — πονηροῦ : Ἀδίκου. *P*. τοῦ πονηροῦ κόμματος : Ἤγουν τῆς μερίδος τῆς πονηρᾶς· χαράγματος. *Dv*. τοῦ χαράγματος. Θ. τοῦ λείμματος. R.

958. νὼ : Καὶ ἡμεῖς. Θ. ἡμεῖς. εἰσίωμεν : Εἰσέλθωμεν. *Dv*.

959. [ἆρ' ὦ φίλοι γέροντες : Κορωνὶς ἑτέρα ὁμοία. οἱ δὲ στίχοι ἰαμβικοὶ τρίμετροι ἀκατάληκτοι κδ', ὧν τελευταῖος

στέφανόν γέ τοι καὶ δᾷδ' ἔχων πορεύεται.

ἐπὶ τῷ τέλει κορωνίς.]

ἆρ' ὦ φίλοι γέροντες : Γραῦς ἐστί (τις), ἥτις [πρώην] ἐμισθώσατο νεανίσκον δίκαιον ἐπὶ τῷ γαμεῖν αὐτήν. οὗτος δὲ πλουτήσας νῦν, ὡς δίκαιος, εἴασεν αὐτήν· διὸ καὶ καταβοᾷ τοῦ Πλούτου. — φίλοι : Προσφιλεῖς. *P*.

960. ἀφίγμεθ' : Ἤλθομεν. *Dv*. ὄντως : Κατ' ἀλήθειαν. *P*. τοῦ νέου τούτου θεοῦ : τοῦ Πλούτου. Θ. *Dv*. τοῦ νεωστὶ φανέντος. Gl.V.

961. τοπαράπαν : Διόλου. *Dv*. παντελῶς *R*. *V*. *P*. ἡμαρτήκαμεν : Ἐσφάλημεν, ἠστοχήσαμεν. Θ. *Dv*. ἐξεπίσομεν. *P*.

962. ἀλλ' ἴσθ' : Οὐχ ἡμάρτηκας· γίνωσκε. ἀφιγμένη : Ἐλθοῦσα. Θ. *Dv*. *P*.

(963). ὦ μειρακίσκη : Προσπαίζουσι τῇ πρεσβύτιδι οἱ γέροντες. [καὶ μειρακίσκην μὲν διὰ τὸ τεθρυμμένον τοῦ ὡραϊσμοῦ,] ὡρικῶς γὰρ ἀντὶ τοῦ νεωτερικῶς, ἢ ἀντὶ τοῦ εὐπρεπῶς καὶ κοσμίως, ἢ πιθανῶς ἢ κατὰ καιρόν. — πυνθάνῃ : Ἤγουν ἐρωτᾷς. ὡρικῶς : Νεωτερικῶς. *Dv*. ὡρικῶς : ἀντὶ τοῦ νεωτερικῶς. παίζουσι γὰρ τῇ γραῒ οἱ γέροντες. R. νεωτερικῶς, ἤγουν ὡς πυνθάνονται αἱ ἐν ὥρᾳ οὖσαι γυναῖκες, ἤτοι ἐν ἥβῃ τῆς ἡλικίας. *P*. *Vict*.

964. φέρε νῦν : Δή. Θ. ἄγε δή. τὸν ἔνδοθεν : Τὸν ἐντός. *Dv*. τῶν ἔνδοθι : Ὑπαρχόντων τῆς οἰκίας. *P*. ἐξερχομένων δηλονότι. Θ.

965. μὴ δῆτ' : Καλέσῃς δηλονότι. *P*. ἐξελήλυθα : Ἐξῆλθον. *Dv*.

966. ὅτι : Διό. Θ. διότι. ἐχρῆν : Ἀντὶ τοῦ χρή. *Dorv*.

967. πέπονθα : Ἔπαθα. *Dv*. ἔπαθον. *P*. δεινὰ : Χαλεπά. παράνομ' : Ἄδικα. *Dv*. τὸ φίλτατε κωμικὸν καὶ γεροντικὸν τὸ πρόσωπον. Θ.

968. ὁ θεὸς οὗτος : Ὁ Πλοῦτος. *Dv*. ἤρξατο βλέπειν : Ἀρχὴν ἐποιήσατο ὁρᾶν. *P*.

969. ἀβίωτον : Κακοβίωτον. *Dv*. οὐ βιώσεως ἄξιον. Θ. *P*. τὸν βίον : Τὴν ζωήν. *Dv*.

970. τί δ' ἐστιν; ἦπου καὶ σὺ συκοφάντρια : Ἐπειδὴ εἶδε τοὺς πονηροὺς τῶν ἀνδρῶν ἀτυχήσαντας βλέψαντος τοῦ Πλούτου, φησὶν ὅτι ἆρα καὶ σὺ ἐν ταῖς γυναιξὶ πονηρὰ εἶ; ὥσπερ δὲ πανδοκεύτρια, οὕτω καὶ συκοφάντρια. — ἦπου : Ὄντως ἄρα. συκοφάντρια : Ἤγουν ψεύστριαν. *Dv*.

971. οἶσθα : Ὑπάρχεις. ἐγὼ μὲν οὔ : Οὐχ ὑπῆρχον. *Dv*. ἤγουν οὐκ εἰμὶ συκοφάντρια. *P*.

972. ἀλλ' οὐ λαχοῦσ' ἔπινες : Παρ' ὑπόνοιαν ἀντὶ τοῦ ἐδίκαζες. (ὅτι δὲ κατὰ γράμματα ἐκληροῦντο,

προείρηται· οὐ μὴν ἀλλὰ καὶ ἐβούλευον οὗτοι τῷ πρὸ τούτου ἔτει ἀρξάμενοι. φησὶ γὰρ Φιλόχορος, ἐπὶ Γλαυκίππου, καὶ ἡ βουλὴ κατὰ γράμμα τότε πρῶτον ἐκαθέζετο· καὶ ἔτι νῦν ὄμνυσιν ἀπ' ἐκείνου καθεδεῖσθαι ἐν τῷ γράμματι ᾧ ἂν λάχωσι. Ἄλλως.) τοῦτο ἀφ' ἑτέρου ἐστὶν ἑρμηνεῦσαι· Ἀθηναῖοι γὰρ ἀπὸ τῶν φυλῶν ἐποίουν τοὺς δικαστὰς κατὰ γράμμα, οἷον ἡ πρώτη τὸ α ἔσχε σημεῖον, καὶ ἡ δευτέρα τὸ β, καὶ αἱ ἄλλαι ὁμοίως ἕως τοῦ κ. [δέκα γὰρ φυλῶν οὐσῶν δέκα ἐγίνοντο δικασταί·] ὁ οὖν λαχὼν τὸ α πρῶτος ἐδίκαζε, καὶ οἱ ἄλλοι ὁμοίως. (Ἄλλως. ὡς ἐπὶ τῶν ῥητόρων· οἱ γὰρ λαχόντες μόνον ῥητορεύουσι· λέγει οὖν ὅτι ἆρα ὁ κλῆρός σου οὐκ ἀνῆλθεν. Ἄλλως. ἐκληροῦντο γὰρ πρὸς τὸ γράμμα καὶ οὕτως ἐδίκαζον. τάχα οὖν σύ, φησί, λαχοῦσα οὐκ ἐδίκαζες, ἔπινες δὲ διὰ τοῦτο εἶπεν, ἵνα διαβάλλῃ τὰς γυναῖκας ὡς φιλοίνους. ἐρωτηματικῶς οὖν. ἐπειδὴ καὶ γέροντές εἰσιν οἱ δικάζοντες· διὸ εἶπε πρὸς τὴν γραῦν, « ἀλλ' οὐ λαχοῦσ' ἔπινες ἐν τῷ γράμματι. ») — ὑβρίζει αὐτήν. *Dv*. λαχοῦσ' : Κληρωθεῖσα. ἔπινες : Ἐδίκαζες. γρ. δικαστηρίῳ. *P*. κληρωσαμένη, ἐν τῷ δικαστηρίῳ. Θ. δέον εἰπεῖν, ἀλλ' οὐ λαχοῦσ' ἔκρινες ἐν τῷ γράμματι, ὡς ἔμπροσθεν τὴν ἱστορίαν εἴπομεν εἰς τὸ [277] « ἐν τῇ σορῷ νυνὶ λαχὸν τὸ γράμμα σου. » ὁ δὲ διαβάλλων αὐτὴν ὡς μέθυσον, φησίν· « ἀλλ' οὐ λαχοῦσ' ἔπινες ἐν τῷ γράμματι. » Br. παρ' ὑπόνοιαν. οὕτω γὰρ ὤφειλεν εἰπεῖν· ἆρα οὐ κληρωθεῖσα ἐν τῷ γράμματι ἐδίκαζες; ὁ δὲ τὸ τῶν γυναικῶν φίλοινον σκῶψαι θέλων ἔπινες φησί. P.

973. ἐγὼ δὲ κατακέκν. : Ὑπὸ ἔρωτος πάσχω. Θ. *Dv*. ἐρωτικῶς λελύπημαι. *P*. δειλάκρα : ἡ ἄκρως ἀθλία. *V*. Θ. *Dv*. ἀθλία. *P*.

974. τὸν κνισμόν τίνα : (Ἀντὶ τοῦ κατακνισμόν. ἐπίτηδες δὲ) ὡς καπρῶσαν σκώπτει τὴν γραῦν. (Ἄλλως. κνισμός ἐστι κυρίως ἡ πρὸς τὴν μίξιν βακχεία καὶ πύρωσις. ἐνταῦθα οὖν κατακέκνισμαι, ἀντὶ τοῦ ὑπ' ἔρωτος πάσχω.) — οὐκοῦν ἐρεῖς : Λέγεις. ἀνύσασα : Τελειώσασα. *Dv*. τελέσασα, σπεύσασα. Θ. ἐρεῖς ἀνύσασα : Εἴποις σπουδάσασα. *P*. τίνα : Κατακέκνισαι. Θ *Dv*. *P*.

975. νῦν : Δή. Θ. νῦν : Λοιπόν. φίλον : Ἠγαπημένον. *Dv*.

976. πενιχρὸν : Πτωχόν. εὐπρόσωπον : Ὡραῖον. *Dv*. *P*. ὡραῖον. Θ. ἄλλως : Κατ' ἄλλον τρόπον. *P*.

977. χρηστὸν : Ἀγαθόν. τοῦ : Τίνος. (καὶ τίνος. Θ.) δεηθείην ἐγὼ : Εἰς χρείας ἦλθον χρήζων ἐγώ. *Dv*. ἐδεήθην. Θ. *P*.

978. κοσμίως : Εὐτάκτως. καλῶς : Ἤγουν πρεπόντως. *Dv*.

979. ὑπηρέτουν : Ἐδίδουν. *P*.

980. ὅτι : Διότι. ἐδεῖθ' : Ἔχρῃζε. ἑκάστοτε : Πάντοτε. *Dv*.

981. ἐκνομίως : Ἀντὶ τοῦ ὑπερφυῶς, ὑπερβαλλόντως, μεγάλως. (κυρίως δὲ τὸ ὑπὲρ τὸ νενομισμένον.) — οὐ πολλὰ : Ὑπηρέτουν αὐτῷ. *Dv*. ἐδεῖτο δηλονότι. *P*. ἐκνομίως : Ὑπερφυῶς καὶ πέρα τῆς συνηθείας. Θ. ὑπερφυῶς, ἐπέκεινα νόμου. *Dv*. ὑπερβαλλόντως, ὑπερφυῶς, ὑπὲρ τὸ νενομισμένον. ᾐσχύνετο : Εὐλαβεῖτο. *Paris*.

982. ᾔτησ' : Ἐζήτησεν ἐμέ. *Dv*. τὸ εἴκοσιν Ἀττικὸ μετὰ τοῦ ν. V.

983. εἰς ἱμ. : Χάριν. εἰς ὑποδήματα : Ἤγουν χάριν ἀγορᾶς. *Dv*.

984. [ὅτι] τὸ ἀγοράσαι νῦν συνήθως ἡμῖν φησιν ἀντὶ τοῦ ὠνήσασθαι. R. V. Θ.

985. ἐκέλευσε : Εἶπεν ἐμέ. θοιματίδιον : Μικρὸν εἱμάτιον. *Dv*.

986. πυρῶν : Σίτου. Θ. ἐδεήθη : Εἰς χρείας ἦλθεν. μεδίμνων : Μοδίων. *Dv*. μοδίων τεττάρων. πάντα ταῦτα παρεῖχον. Θ. *P*.

987. οὐ πολλὰ : Εἰρωνικῶς φησι παίζων· πολλὰ γὰρ κατέλεξεν. R. V. εἰρωνικὸς ὁ λόγος. Θ. *Dv*.

988. ᾐσχύνετο : Ἐδεῖτο. *Dv*.

989. οὐχ ἕνεκεν μισητίας : [Πορνείας, οἱονεὶ μισγητίας, παρὰ τὸ μίσγεσθαι.] καὶ ἐν τούτοις μισητίαν φησὶ τὸ εἰς τὰς συνουσίας εὐεπίφορον. οὐχ ἕνεκα, φησί, τοῦ ὑπηρετεῖν μου τῇ ἀσελγείᾳ. — μισγοτίας : Μίξεως, συναφείας. *Dv*. μισητίας : Μίξεως, συναφείας, ἀπὸ τοῦ μίσγω δὲ μισγητία καὶ μισητία. Θ. πορνείας, μίξεως. *P*. *Br*.

990. αἰτεῖν : Ζητεῖν. ἔφασκεν : Ἔλεγεν. *Dv*.

991. οὕτω μεμνῇτο ὡς Ἡρωδιανός φησιν ἐν τῇ τῆς Ὁμηρικῆς προσῳδίας. τοῦτο δὲ ἐν εἰρωνείᾳ καὶ χλεύῃ. V. μεμνῆτο : Ἐνθυμοῖτο. *Dv*.

992. ἐρῶντ' : Ἐπιθυμοῦντα. Θ. ἐκνομιώτατα : ἀντὶ τοῦ σφοδρῶς. R. V. ὑπερφυῶς, ὑπὲρ τὸ νενομισμένον Θ. *Dv*.

993. ὁ βδελυρὸς : Ὁ αἰσχρός. Θ. *Dv*. μυσαρός. *P*. ἔτι : Εἰς τὸ ἑξῆς. *Dv*. νοῦν : Σκοπόν. *P*.

994. μεθέστηκεν : Μετεβλήθη. Θ. *Dv*. μεταβέβληται. μεθιστῶ τὸ μετάγω. *P*. μετετέθη τῆς διαθέσεως μετηλλάγη. *Br*.

995. [τουτονὶ : Εἰκότως εἶπε τουτονί. ἔφερε γὰρ ἐν ταῖς χερσὶν διὰ τὸ πέμψαι μὲν αὐτὴν ἐκείνῳ, μὴ δέξασθαι δὲ αὐτόν, ἀλλ' ἀποπέμψαι πάλιν αὐτῇ.]

996. τἀπὶ τοῦ πίνακος : Ἐντὸς τοῦ πίνακος. *Dv*. σανὶς ζωγραφουμένη. πίναξ τὸ ἄκος τῆς πείνης, ἤγουν ὁ θεραπεύων τὴν πεῖναν διὰ τῶν ἐν αὐτῷ βρωμάτων. Θ. Vict.

997. ἐνόντα : Ἐνυπάρχοντα. ὑπειπούσης : Κρυφίως μηνυσάσης. Θ. *Dv*. οἱ μὲν ἀντὶ τοῦ εἰπούσης, οἱ δὲ ἠρέμα φθεγξαμένης, ὃ καὶ ἄμεινον. R. V.

998. ἕδρασ' : Ἐποίησεν. *Dv*.

999. ἄμητά τε προσέπεμψεν : Εἶδος πλακοῦντος γαλακτώδους. οὐ μόνον ὅτι οὐκ ἐδέξατο τὰ δῶρά μου, ἀλλὰ καὶ οἴκοθεν ἔπεμψέ μοι ἄλλο πλακούντιον, (ὡσανεὶ λέγων μηκέτι πατῆσαι ἐκεῖ με.) — ἄμητα : Τὴν λεγομένην ἰδιωτικῶς φλεψίαν. εἶχε γὰρ αὐτὸν ἐν ταῖς χερσί. Θ. *Dv*. τὰ κοινῶς ταρχανά. *Dv*.

1000. ἐφ' ᾧ τ' ἐκεῖσε : Ἐπὶ τῷ ἐκεῖ. Θ· *Dv.*

1001. πρὸς ἐπὶ τούτοις : Ἐκ παραλλήλου. ἀποπέμπων : Τὴν πρὸς ἐμὲ ἀποδιώκων συνήθειαν. Θ. *Dv.* εἰς τοὐπίσω πέμπων. *P.*

1002. πάλαι ποτ' ἦσαν ἄλκιμοι Μιλήσιοι : Τινές φασιν, ὅτι ἐν τοῖς παλαιοῖς χρόνοις ἰσχυρότατοι ἦσαν οἱ Μιλήσιοι καὶ ὅπου προσετίθεντο πάντως ἐνίκων. Πολυκράτης οὖν ὁ Σάμιος συγκροτῶν πόλεμον πρός τινας ἠθέλησεν αὐτοὺς λαβεῖν εἰς συμμαχίαν, καὶ εἰς τὸ μαντεῖον ἀπῆλθεν ἐρωτήσων περὶ τούτου· ὁ δὲ θεὸς ἔχρησεν

ἦσαν πότ' ἦσαν ἄλκιμοι Μιλήσιοι.

(Ἄλλως. περὶ τῆς παροιμίας ταύτης Δήμων οὕτω φησὶ « τῶν Καρῶν περὶ τοῦ πολέμου πρὸς τοὺς Ἀμπρακιώ« τας βουλευσαμένων, ἀλκιμωτάτους ὄντας τῶν ἐν πο« λέμῳ γειτόνων, τίνας χρὴ ποιεῖσθαι συμμάχους, οἱ « μὲν τοὺς Μιλησίους ἡγοῦντο δεῖν παρακαλεῖν· καὶ « γὰρ εὐημέρουν [τότε] μάλιστα τῶν περιοίκων καὶ « [διὰ τὸ] γειτνιᾶν τῇ Καρίᾳ τὴν τούτων χώραν· οἱ δὲ « διαλύσασθαι πρὸς τοὺς Πέρσας συνεβούλευον, τὴν « τούτων ἀρχὴν μεγίστην γεγονέναι φάσκοντες καὶ πάν« των ἀλκιμωτάτους εἶναι κρατοῦντας τῆς Ἀσίας. ἔδο« ξεν [οὖν] τοῖς Καρσὶν ἐρωτῆσαι τὸν Ἀπόλλωνα πότε« ροι τὸν χρησμὸν ὀρθῶς ἐκλαμβάνουσι. τὸν δὲ θεὸν « ἀποκρίνασθαι

πάλαι πότ' ἦσαν ἄλκιμοι Μιλήσιοι.

« τοῦ δὲ χρησμοῦ διαδοθέντος εἰς τὰς Ἀσιάτιδας πό« λεις, οἱ μὲν Μιλήσιοι τὴν προφῆτιν αἰτιασάμενοι « διεφθάρθαι χρήμασιν ὑπὸ τῶν μηδιζόντων πανδημεὶ « τοῖς Καρσὶ βοηθήσαντες, καὶ τοῖς Πέρσαις μετ' ἐκεί« νων συμβαλόντες, σχεδὸν ἅπαντες ἀπέθανον. τὸν δὲ « χρησμὸν διὰ τὴν ἀλήθειαν εἰς παροιμίαν ἐλθεῖν φασι». Ἄλλως. ἰσχυροί ποτ' ἦσαν οἱ Μιλήσιοι, [ὡς] καὶ Ἀνακρέων φησί. πολεμουμένους γὰρ Κᾶρας ὑπὸ Δαρείου τοῦ Ὑστάσπου, τοῦτον λαβεῖν τὸν χρησμόν, πυνθανομένους εἰ προσλάβοιεν [συμμάχους] τοὺς Μιλησίους. ὁ δὲ νοῦς τοῦ λεγομένου τοιοῦτος,) ἀντὶ τοῦ πάλαι συνῆν σοι, νῦν δὲ οὔ. εἴρηται δὲ ἡ παροιμία ἐπὶ τῶν πρότερον μὲν εὐδαιμονούντων νῦν δὲ ἀτυχούντων. — ἄλκιμοι : Ἰσχυροί. Θ. *Dv.* οἱ Μιλήσιοι πάλαι ἐπ' ἀνδρίᾳ θαυμαζόμενοι, καὶ σύμμαχοι τοῖς βουλομένοις ἐγίγνοντο. ἐλθόντες οὖν τινὲς εἰς τὸν Ἀπόλλωνα, καὶ πυνθανόμενοι αὐτοῦ, εἰ δέῃ Μιλησίους συμμάχους λαβεῖν, χρησμὸν ἔλαβον, ὅτι « πάλαι ποτ' ἦσαν ἄλκιμοι Μιλήσιοι· » ἐπεκράτησε δὲ τοῦτο εἰς παροιμίαν. Dv.

1003. δῆλον : Φανερόν. μοχθηρὸς : Ἤγουν κακότροπος. *Dv.*

1004. [ἥδεται φακῇ : Εἰκότως παρεικάζει φακῇ τὴν γραῦν διά τε τὸ τοῦ ὀσπρίου χαῦνον· τοιαῦται γὰρ καὶ αἱ γρᾶες· καὶ διὰ τὸ ἐσθίειν φακῆν τὰς γραῦς οὐκ ἐχούσας ὀδόντας.] — ἔπειτα : Μετὰ ταῦτα. *Dv.* πλουτῶν : Πλοῦτον ἔχων. *P.* ἥδεται : Εὐφραίνεται. *Dv.* φακῇ : Ἐσθίων. *P.*

1005. πρὸ τοῦ : Πρότερον, πρῶτον. κατήσθιεν : Ἔτρωγεν. *Dv.*

1006. ὁσημέραι : Πάντοτε. νὴ τὼ θεὼ : Τοὺς θεούς. Θ. τὸν Ἔρωτα καὶ τὴν Ἀφροδίτην. *Dv.*

1008. ἐπ' ἐκφορᾷ : πρὸς τὸ ἐκφέρειν καὶ λαβεῖν. R. V. ἤγουν ἐπ' ἐξαγωγῇ τινος πράγματος. *Dv.* τοῦ ἐξαγαγεῖν σε ὡς νεκράν. *P.* ἐκφοράν : Ἐνταφιασμόν. *Br.*

1009. ἐρῶν : Οὐ τῆς φωνῆς σου ἐρῶν ἀκοῦσαι ἤρχετο. Θ. ἐπιθυμῶν. λαβεῖν : Μᾶλλον ἕνεκα. *P.*

1010. αἴσθοιτο : Νοήσειε. *Dv.*

1011. νιτάριον καὶ βάτιον : εἴδη φυτῶν εἰσι τό τε νιτάριον καὶ ὁ βάτος. θέλει δὲ εἰπεῖν ὅτι ὡς ἄνθη με εἶχε. (Σύμμαχος δέ φησιν ὅτι Νιτάριος ἐπὶ μαλακίᾳ διαβάλλεται καὶ ἐν τοῖς ἑξῆς δράμασιν, ὁμοίως καὶ ὁ Βάτος. καὶ τὰς μικρὰς δὲ θηλείας βατύλας ἔλεγον. καὶ Θεοπόμπου δρᾶμά ἐστι Βατύλη. [Δίδυμος δέ φησιν ὑποκορίσματα πρὸς γυναῖκας· νιτάριον δὲ, νεόττιον, οἱονεὶ κοράσιον.] Ἄλλως. φιλοφρονητικὴ ἡ προσφώνησις. Νιτάριος δὲ πορνοβοσκὸς ἐγένετο. Ἄλλως. Νιτάριος τῶν ἐπὶ μαλακίᾳ σκωπτομένων. τὸ δὲ βᾶτον ἐκτεταμένως εἴρηται παρὰ τὸ βάταλον τὴν ἕδραν, τὸ δὲ συνεσταλμένως ἀναγινώσκειν ἀνόητον. ἢ δύναται βᾶτον ἀντὶ τοῦ τρυφερὸν καὶ μαλακὸν, οἷος ὁ βάτος τὸ ἰχθύδιον.) — Νίταρος καὶ Βάτος ἄνδρες ἦσαν θηλυπρεπεῖς καὶ ὡραῖοι· παρῄκαζεν οὖν αὐτὴν τούτοις ὑποκοριζόμενος· ἄλλοι δὲ νιτάριον καὶ βάτιον φασὶν εἴδη ἀνθέων, ἵνα λέγοι, ὡς ἄνθη με εἶχεν καὶ ἐκολάκευεν. Dv. νιττάριον καὶ βάτιον εἶδος φυτῶν. θέλει οὖν εἰπεῖν, ὅτι ἄνθη με εἶχεν, ἀντὶ τοῦ οὖν τοῦτο ἢ μετὰ τὸ εἰπεῖν λέγει νιττάριον καὶ βάτιον ἤγουν ὥσπερ ταῦτα τὰ ἄνθη, ἃ καλοῦσι νιττάριον καὶ βάτιον. P. ὑπεκορίζετο : Ὑποκοριστικῶς ἐκολάκευεν. Θ. ὑποκοριστικῶς ἔλεγε. *Dv.* ὑποκοριστικῶς ἐλάλει. *P.*

1012. ᾔτησ' : Ἐζήτησεν. *Dv. P.*

1013. μυστηρίοις τοῖς μεγάλοις : Ἐπεί ἐστι καὶ μικρὰ μυστήρια γινόμενα δι' Ἡρακλέα. Ἡρακλῆς γὰρ ἐπιστὰς ἠξίου μυεῖσθαι. ἔθος δὲ ἦν τοῖς Ἀθηναίοις ξένον μὴ μυεῖν· μὴ βουλόμενοι οὖν λῦσαι τὸ ἔθος μηδὲ ἀπῶσαι τὸν εὐεργέτην [Ἡρακλέα], ἐπενόησαν μικρὰ μυστήρια εὐμετάδοτα.

[ὀχουμένην : Ὄχος ποιητικῶς τὸ ἅρμα τὸ ἐκ τῆς ἁμάξης κατεσκευασμένον, καὶ ὑπὸ τῶν ἵππων κινούμενον καὶ ὀχούμενον· καὶ ὀχοῦμαι τὸ ἐπὶ ἅρματος τοιούτου φέρομαι.] — ὀχουμένην : Ἐπικαθημένην, φερομένην. Θ. καθημένην. (πορευομένην Dv.) *Dv. P.*

1014. [ἐπὶ τῆς ἁμάξης : Αἱ γὰρ τῶν Ἀθηναίων γυναῖκες ἐπὶ ἁμαξῶν ὀχούμεναι εἰς τὰ μεγάλα Ἐλευσίνια ἀπήρχοντο. ὡς ἐπὶ ἁμαξῶν οὖν ὀχουμένων αὐτῶν, ἐπὰν εἰς Ἐλευσῖνα βαδίζωσιν εἰς τὰ μεγάλα μυστήρια, καὶ λοιδορουσῶν ἀλλήλας ἐν τῇ ὁδῷ τοῦτο εἶπεν· ἔθος γὰρ ἦν αὐταῖς τοῦτο.] — ἐπὶ : Ἐπάνω. ὅτι · Διότι ἔβλ. πρὸς ἐμέ. *P.* προσέβλεψε : Ἔνευσεν, ἐθέασεν. *Dv.*

1015. ἐτυπτόμην : Ἐδερόμην. *Dv.* διὰ τοῦθ' : Διὰ τὸ προσβλέψαι. ὅλην : Δι' ὅλην. *P.*

1017. Ἐν τῇ οἰκείᾳ διαγράφεται δηλονότι. V. μόνος : Μεμονωμένος. *P.* ἥδεθ' : Εὐφραίνεται. ὡς ἔοικεν : Ὡς φαίνεται. ἐσθίων : Ἀναλίσκων τὰ σά. *Dv.*

1018. παγκάλους : Ἐπιτηδείους. *Dv.* ὡραίας καὶ ἡδεῖς. *P.*

1019. προτείνοιεν : Αὐτῷ. Θ. δώσει ἐν αὐτῷ. *Dv.* παράσχοιεν. *P.* δραχμὰς : Νομίσματα. Θ. νομίσμασιν. *Dv.*

1020. ὄζειν : ἀντὶ τοῦ ὀσμὴν ἡδεῖαν ἔλεγεν εἶναι ἀπὸ τοῦ σώματός μου. R. V. ἀπὸ τῆς χρόας ἔλεγε γλυκύ. ἐλέγετο ὄζειν τῆς χρόας ἐμοῦ ἡδὺ, ἀντὶ τοῦ ἐκ τῆς χρόας ὀσμὴν ἡδεῖαν ἀποπέμπεσθαι, ἤτοι ἡδυτάτην εἶναι τὴν ἀπὸ τοῦ σώματός μου ὀσμὴν φερομένην. *P.* ὄζειν δὲ τὰς χρόας ἔφασκεν ἡδύ μου : Ὀσμὴν ἐξιέναι ἀπὸ τοῦ σώματος. *C.* ὀδμὴν εὐώδη πέμπειν. Θ.

1021. εἰ Θάσιον ἐνέχεις : Ἐκεῖ γὰρ ἐν Θάσῳ ᾤκει Στάφυλος ὁ ἐρώμενος τοῦ Διονύσου· διαφέρει γὰρ ὁ Θάσιος οἶνος. τὸ δὲ ἐνέχεις ἀντὶ τοῦ ἐκίρνας. — Θάσιον : Οἶνον δηλ. ἐνέχεις : Ἐκίρνας. Θ. *Dv.* *P.* εἰκότως : Ἐποίει τοῦτο. Θ. ἔλεγε τοῦτο. *Dv.*

1022. μαλακὸν καὶ καλόν : Ἤπιον καὶ χαρίεν. Θ. *Dv.* ἥμερον καὶ ὡραῖον. *P.*

1023. σκαιὸς : Ἀπαίδευτος, μωρὸς, ἀνόητος. *P.* ἠπίστατο : Ἐγίνωσκε. *Dv.*

1024. [γραὸς καπρώσης ταφόδια : Ἐρωτομανοῦς, μαχλώσης, ὀρεγομένης συνουσίας τὰ ἀναλώματα, τὴν οὐσίαν. ἔφοδος θηλυκῶς, ἡ ἐπέλευσις τινός· ἐφόδιον δὲ οὐδετέρως, καὶ ἐφόδια πληθυντικῶς, τὰ ἐν τῇ ὁδῷ κυρίως γινόμενα ἀναλώματα. ἐνταῦθα δὲ ἁπλῶς λέγει τὰ ἀναλώματα.] — καπρώσης : Ἐρωτομανοῦς. Θ. *Dv.* μαινομένης, συνουσίας ὀρεγομένης. *P.* ταφόδια : Τὰ ἀναλώματα· *Dv.* τὰ ἀναλώματα τὰ περὶ τὴν οὐσίαν. *P.* ἐφόδια λέγονται κυρίως ἃ ἔχει τις εἰς δαπάνην ἐν τῇ ὁδῷ· νῦν δὲ καταχρηστικῶς τὰ περιόντα αὐτῆς πράγματα· ἐποίησε δὲ τοῦτο, ἵνα διὰ τῆς συναλοιφῆς καὶ τὰ πράγματα, καὶ τὰ κόπρια νοῶνται. Dv. ἐφόδια λέγονται τὰ κατὰ τὴν ὁδὸν συντείνοντα. P. κατεσθίειν : Δαπανᾶν. *Dv*

1025. τὸ ὦ φίλ' ἄνερ σκωπτικῶς κατὰ τῆς γραός. *P.*

1026. φάσκων βοηθεῖν : Καίπερ λέγων βοηθεῖν τοῖς ἀδικουμένοις, τοὐναντίον ποιεῖ, ἐκείνου τοῦ ἀδικοῦντός με προϊστάμενος. [ἐπειδὴ τοῖς δικαίοις, ὡς ἀδικουμένοις, προσεκλίθη.] — καίπερ αὐτὸς λέγων. *Dv.*

1027. ποιήσει : Ὁ Πλοῦτος δηλ. *P.* πεπράξεται : Πραχθήσεται. *Dv.* μετ' ὀλίγον πραχθήσεται. *P.*

1028. ἀναγκάσαι : Βιάσασθαι, διεγεῖραι. *P.* ἀναγκάζομαι, βιάζομαι. τὸ μὲν λέγεται ἐπὶ ἐμψύχων, τὸ δὲ, ἤγουν τὸ βιάζομαι, ἐπὶ ἀψύχων. ἔστι δ' ὅτε θάτερον ἀντὶ θατέρου λαμβάνεται. P. νὴ : Μά. *Dv.*

1029. εὖ παθόνθ' : Εὐεργετηθέντα. *P.*

1030. ἢ μηδοτιοῦν δίκαιον : Ἢ δίκαιόν ἐστι μηδ' ὁτιοῦν ἀγαθὸν ἔχειν τὸν νεανίσκον. — δηλονότι ἄλλους πένεσθαι. Θ. ἢ μηδ' ὁτιοῦν : Ἤγουν εἰ μὴ ἀντευποιήσει, οὐδὲ ἓν κτλ. ἀγαθόν ἐστ' ἔχειν : Ἤγουν εὐεργετηθῆναι ὑπὸ τοῦ θεοῦ .*P.* ἐλλείπει ἐχρῆν. *R.*

1031. οὐκοῦν : Τὸ λοιπόν. ἀπεδίδου : Τοὺς μισθούς. *Dv.*

1032. ἐκείνη μὲν τὸ καταλιπεῖν ἔφη ὅτι οὐδέποτέ με ἔλεγεν ἀφήσειν, ὁ δὲ χορὸς τὸ ἀπολαβεῖν ἔπαιξεν. V. ὀρθῶς γε : Ἀληθῶς λέγεις. (γάρ. Θ.) οἴεται : Νομίζει. Θ. *Dv.*

1034 ἄλγους : Τῆς λύπης. κατατέτηκ' : Λέλυμαι, ἰσχνὴ γέγονα. *Dv.* ἀντὶ τοῦ ἠφανίσθην. *P.*

1035. ἀλλὰ κατασέσηπας : Ὡς καταπεπονημένης αὐτῆς ὑπὸ τοῦ γήρως καὶ τοῦ χρόνου καὶ τῆς λύπης. γελοίου χάριν οὐ κατατέτηκας εἶπεν, ἀλλὰ κατασέσηπας. — οὐχ : Ἤγουν οὐ κατατέτηκας. *P.*

1036. διελκύσαις : Διαβιβάσαις. *Dv.* οὕτω λεπτή εἰμι. R.

1037. ὢν τηλία : (Κοσκίνου κύκλος, ἢ σανὶς πλατεῖα, ἐφ' ἧς ἀλφιτοπωλοῦσιν. ἐν δὲ τῷ ὑπομνήματι οὕτως· τοῦτο τί ἐστιν οὐκ οἶδα· ὅτι δὲ συμβάλλεται πρὸς τὸ ἐν Μαρικᾷ Εὐπόλιδος, οἶδα· κἀκεῖ γὰρ τὴν Ὑπερβόλου μητέρα τηλίᾳ εἰκάζει τῇ πλατείᾳ σανίδι· τινὲς δὲ τηλίαν ξύλον φασὶ πλατὺ, εἰς ὃ τιθέασιν οἱ ἀρτοκόποι τοὺς ἄρτους ἐπὶ τῷ ξηραίνεσθαι. ἄλλοι δὲ τηλίαν τὸ τῆς καπνοδόχης πῶμα, ὅ ἐστι περιφερές. φησὶν οὖν ὅτι διὰ δακτυλίου ἑλκυσθείης, ἐὰν ᾖ ὁ δακτύλιος τηλία. τοῦτο δὲ ὡς παχείας αὐτῆς οὔσης καὶ μὴ δυναμένης διὰ δακτυλίου ἑλκυσθῆναι, ἀλλὰ τηλίας. Ἄλλως. τηλία τὸ πλατὺ ξύλον εἴτε μακρὸν εἴτε ἄλλο τι ἐφ' ἧς ἄλφιτα πωλοῦσι. ἔχει δὲ καθ' ἑαυτὸ ἄπορον· ἐὰν δὲ καὶ τὸ ἐν Μαρικᾷ προσέλθῃ, ἔνθα εἰς τηλίαν φησὶ τὰ τοῦ Ὑπερβόλου ὀστᾶ ἐμβεβλῆσθαι, ἀπορώτερον ἔσται· ζητητέον οὖν.) τηλία μὲν γάρ ἐστιν ἡ ἀτρύπητος σανίς· ἐὰν δὲ τρυπηθῇ, ἀψὶς γίνεται. λέγει οὖν, εἰ μὴ ὁ δακτύλιος τοσοῦτον ἔχει τρύπημα, ὡς δοκεῖν εἶναι τηλία, (οὐκ ἂν διέλθοις. Ἄλλως.) σανὶς ἡ λεγομένη κάρδοπος· τηλία δὲ ἡ σηλία, ὥσπερ τὸ σήμερον τήμερον. καὶ δὴ καὶ ἰδίως ἐκαλεῖτο τηλία περίφραγμα σανίδων ἐν τῇ ἀγορᾷ, ἐν ᾧ ἄλφιτα ἐπιπράσκοντο· καὶ οἱ ὀρτυγοτρόφοι τοὺς ὄρτυγας συνέβαλλον ἐν τούτῳ. — εἰ τυγχάνει : Ναὶ, διελκύσει σέ τις δηλ. *P.* ὁ δακτύλιος : Ὁ γύρος. τηλία : Κοσκινόγυρος. *Dv.* *D.* *P.* κοσκίνου κύκλος. *C.* κύκλος κοσκίνου. *V.*

1038. (καὶ μὴν τὸ μειράκιον : Πρόσεισιν ὁ παῖς στεφάνους κομίζων τῷ Πλούτῳ διὰ τὸ πεπλουτηκέναι.)

1039. οὗπερ : Οὗτινος. πάλαι : Πρὸ ὀλίγου. *Dv.*

1040. ἔοικε : Φαίνεται. κῶμον : Μέθην. *Dv.* τὸ ἐπὶ κῶμον βαδίζειν, ἀντὶ τοῦ ἐπὶ μέθην· ὁ γὰρ μεθύων ἐπὶ μέθην βαδίζει αὐτῷ τῷ μεθύειν· καὶ οὐκ ἔστιν ἡ βάδισις αὐτοῦ οὐχ ἕτερον ἢ μέθη. Dv. ἐπὶ κῶμον : Μετὰ μέθην. *P.*

1041. ἔχων : Κρατῶν, φορῶν. *Dv.* πορεύεται : Βαδίζει. *P.*

1042. [ἀσπάζομαι : Κορωνὶς ἑτέρα ὁμοία. οἱ δὲ στίχοι ἰαμβικοὶ τρίμετροι ἀκατάληκτοι πεντήκοντα ἕξ, ὧν τελευταῖος

ὥσπερ λεπὰς, τῷ μειρακίῳ προσίσχεται.

μετὰ δὲ τὸν δέκατον στίχον, κῶλον ἰαμβικὸν μονόμετρον βραχυκατάληκτον. ἔστι δὲ βραχυκατάληκτον, ὡς εἴρηται, τὸ λειπόμενον ὅλου ποδὸς πρὸς ἀπαρτισμὸν τῆς συζυγίας τῶν ποδῶν, ἢ τοῦ μονομέτρου τυχὸν ἢ τοῦ διμέτρου. ἐπὶ τῷ τέλει κορωνίς, καὶ ἑξῆς τὸ χοροῦ αὖθις. ἐχρῆν γὰρ κἀνταῦθα θεῖναι χορὸν εἰσιόντων ἐντὸς τῶν ὑποκριτῶν, ἄχρις ἄν τις ἕτερος ἐπέλθοι ὑποκριτής.]

(ἀσπάζομαι : Ὡς διὰ χρόνου αὐτὴν ἀσπαζόμενος φησί. μεθύων δὲ οὐ λέγει χαῖρε, ἀλλ' ἀσπάζομαι. ἡ δὲ διὰ τὸ ἄτοπον [δοκοῦν] τῆς προσρήσεως ἐρωτᾷ, τί φησιν.)

ἀσπάζομαι : Προσφθέγγομαι. Dv. χαιρετῶ. *P.* ὡς διὰ χρόνου ἰδὼν αὐτήν, ἀσπάζομαι φησί, καὶ οὐ χαῖρε· ἡ δὲ διὰ τὸ ἄτοπον δοκοῦν τῆς προσρήσεως ἐρωτᾷ τί φησί· « τάλαιν' ἐγὼ τῆς ὕβρεως ἧς ὑβρίζομαι. » LB. διὰ τοῦ ἀρχαία ὡς γραῦν (αὐτὴν) σκώπτει. R.V. τὸ ἀρχαία τὴν γραῦν σκώπτει. ὥσπερ ἀπὸ τοῦ αἴτιος αἰτίου αἰτία, καὶ ἀπὸ τοῦ εὔδιος εὐδίου εὐδία, οὕτω καὶ ἀπὸ τοῦ πολιός πολιοῦ πολιά. πολιὸς ἦν ἀνήρ, ὁ τὴν πολιὰν ἔχων, ἤτοι ὁ γηραιός. καὶ πολιὰ θρὶξ ἀπὸ τούτου ἡ λευκή. P.

1043. πολιὰ : Λευκὴ τὴν τρίχα. Θ. πεπολιωμένη. ταχὺ : Ταχέως. *Dv.* νὴ τὸν οὐρανόν : Διὰ τὸ καὶ τὸν οὐρανὸν λευκὸν φαίνεσθαι πολλάκις. Θ.

1044. τάλαινα : Ἀθλία. *Dv.*

1045. ἔοικε : Ἐπεὶ τοιαῦτά σοι λέγει. Θ. φαίνεται ὁ νεανίας. ἑωρακέναι : Θεάσασθαι. *Dv.* διὰ τοῦ ο μικροῦ τὸ ἑορακέναι διὰ τὸ μέτρον. R.

1046. ἐπεὶ μετὰ ταύτης παλαιᾶς οὔσης πρότερον συνδιῆγεν. V.

1047. πολλοῖς : Μεθύσοις. *P.*

1048. μεθύων γάρ, ὡς ἔοικεν, ὀξύτερον βλέπει : Οἱ γὰρ μεθύοντες οὐχ ὁρῶσι. παίζει οὖν, ὅτι ὀξέως ἐθεάσατο τὰς πολιὰς αὐτῆς ὁ νέος, ἀμαυροῦσθαι ὀφείλων τὴν ὄψιν ἐκ τῆς μέθης. μεθύων δέ φησιν, ἐπεὶ καὶ ἐπὶ κῶμον ἀπῄει, ὡς ἔφη. [τοὐναντίον δέ, εἶπε, τοῖς ἄλλοις πέπονθεν, ἐπειδὴ νήφων οὐκ ἔγνω, ἀλλὰ μεθύων, γραῦν οὖσαν.] — εἰκότως φησὶ τοῦτο οὕτω προσιόντα τὸν νέον ἰδών· οἱ γὰρ μεθύοντες μάλιστα οὐχ ὁρῶσι. παίζει οὖν, ὅτι ταχέως ἐθεάσατο τὰς πεπολιωμένας αὐτῆς τρίχας ὁ νέος ἀμαυροῦσθαι ὀφείλων τὴν ὄψιν ὑπὸ τῆς μέθης. μεθύων δὲ ἔφη, ἐπεὶ καὶ ἐπὶ κῶμον βαδίζειν ἀνωτέρω εἴρηκεν. LB. ὀξύτερον : Διορατικώτερον. *Dv.* καθαρώτερον. *P.*

1049. ἀκόλαστος : Ἀσελγής. Θ. αἰσχρὸς, ἀναίσχυντος. *LB.* οὐκ ἔστιν ὅτι ἀπαίδευτος. *Dv.* ἀπαίδευτος. *P.* κολάσεως ἄξιος. R.

1050. θεοὶ πρεσβυτικοὶ : Οἱ τοῖς πρεσβύταις ἐφιστάμενοι θεοί· ἐπεὶ καὶ ὁ Ποσειδῶν τῶν πρεσβυτέρων ἐστὶ θεῶν, (καὶ οὐχ ὅμοιός ἐστι Διονύσῳ ἢ Ἀπόλλωνι. τὸ δὲ) Ποντοπόσειδον ἢ ὦ πόντιε Πόσειδον ἢ μεταφορικῶς ἀπὸ τοῦ πόντου, ἀντὶ τοῦ ὦ μέγιστε Πόσειδον. (καὶ Σώφρων γάρ φησι πόντος ἀγαθῶν, πλῆθος καὶ μέγεθος θέλων σημᾶναι. Ἄλλως. ἐπεὶ γραῦς ἐστιν αὐτή, διὰ τοῦτο καὶ ὁ νεανίσκος πρεσβυτέρους θεοὺς ὤμοσεν, ὡς τοῦ ὅρκου τούτου πρεσβυτικοῦ ὄντος. ἢ ὦ τῶν πρεσβυτέρων ἐπόπται. ἢ οὐ πάντως, ἀλλ' ἐν παιδιᾷ μετ' ἐκπλήξεως φαίνεται καὶ μεγάλης τινὸς ἐμφάσεως χρῆσθαι τούτῳ.) — ὦ Ποντοπόσειδον : Φεῦ βασιλεῦ τοῦ πόντου. *Dv.* πρεσβυτικοὶ : Γεροντικοί. Θ. *Dv. LB.* θεοὶ πρεσβυτικοί· οἰκεῖον τῇ γραῒ λέγειν τοῦτο τὸν νέον· καὶ γὰρ γέροντες γέρουσιν ἁρμόζουσι· ἔστι δὲ ὁ Ποσειδῶν τῶν γερόντων καὶ οὐ τῶν νέων, ὥσπερ ὁ Ἀπόλλων καὶ ὁ Διόνυσος, καὶ ὁ Πάν. τὸ δὲ Ποντοπόσειδον ἀντὶ τοῦ, ὦ ἄναξ τῆς θαλάσσης, ἤ, ὦ θαλάσσιε Πόσειδον. LB. πρεσβυτικοὶ θεοὶ οἱ ἀρχαῖοι, οἱ παλαιοί. καὶ γὰρ καὶ πρεσβυτικοὺς θεοὺς ἔλεγον τοὺς ἀρχαίους ὡς πρὸς Διόνυσον ἢ Ἀπόλλωνα. P.

1051. τῶν ῥυτίδων : Τῶν ῥυτιδωμάτων. *LB.* ῥυτίδες, ἃς οἱ κοινοὶ λέγουσιν ἐπὶ τοῦ προσώπου ζαρώματα. *Vict.*

1052. ἃ ἃ : Ὡς τοῦ νεανίσκου προσφέροντος τὴν δᾷδα αὐτῇ, τοῦτο λέγει· ἔστι δὲ ἐπίρρημα ἐκπλήξεως καὶ κελεύσεως. — ἃ, ἃ : Ἐπιφώνημα, ἐπίρρημα ἐκπλήξεως. *Dv.* ἐπίρρημα ἐφεκτικόν. μή μοι πρόσφερε. Μηδαμῶς πλησίον ἐμοῦ φέρε. *LB.* ἔμπροσθεν. *Dv.*

1053. λάβῃ : Καταλάβῃ. *LB.* ἅψηται. *Dv.*

1054. ὥσπερ παλαιὰν εἰρεσιώνην : [Εἰρεσιώνη στέμματα πρὸ τῶν πυλῶν περιειλημένα πλακουντικοῖς τισι κολλύροις καὶ ἄλλοις τοιουτοτρόποις τοῖς τε ὡραίοις καρποῖς καὶ ἐλαίας ἀποκρεμάμενα. λιμοῦ γὰρ ἐνσκήψαντος ἀνεῖλεν ὁ θεὸς τὰς εἰρεσιώνας πρὸ τῶν θυρῶν κρεμάσαι.] (θαλλὸς ἐλαίας, ἢ δάφνης, ἐξ ἐρίων συμπεπλεγμένος, ἔχων ἄρτον ἐξηρτημένον καὶ κοτύλην· ἔστι δὲ μέτρον [ὃ νῦν καλοῦμεν ἡμίξεστον]· καὶ σῦκα [καὶ πάντα τὰ ἀγαθά]. ταύτην δὲ τὴν εἰρεσιώνην πρὸ τῶν οἰκημάτων ἐτίθεντο οἱ Ἀθηναῖοι καὶ κατ' ἔτος αὐτὴν ἤλλαττον· εἰώθει δὲ παῖς ἀμφιθαλὴς ἀμφ' αὐτῇ ταῦτα λέγειν,

> εἰρεσιώνη σῦκα φέρει καὶ πίονας ἄρτους
> καὶ μέλι ἐν κοτύλῃ καὶ ἔλαιον ἀποψήσασθαι,
> καὶ κύλικ' εὔζωρον, ὡς ἂν μεθύουσα καθεύδῃ.)

Ἄλλως. κλάδος ἦν ἐλαίας ἐρίοις πεπλεγμένος· ἐξήρτητο δὲ αὐτοῦ τὰ ὡραῖα πάντα. ἵστασαν δὲ αὐτὸν πρὸ τῶν θυρῶν κατὰ παλαιὸν χρηστήριον· οἱ μὲν γάρ φασιν ὅτι λιμοῦ, οἱ δὲ καὶ ὅτι λοιμοῦ πᾶσαν τὴν γῆν κατασχόντος ὁ θεὸς εἶπε προηροσίαν τῇ Δηοῖ [ὑπὲρ ἁπάντων θῦσαι θυσίαν] Ἀθηναίους· οὗ ἕνεκα χαριστήρια πανταχόθεν ἐκπέμπουσιν Ἀθήναζε [τῶν καρπῶν τὰς ἀπαρχάς]. — πρὸς ἀποτροπὴν τοῦ λοιμοῦ. τελεῖται δὲ ἡ θυσία αὕτη παρὰ τῶν παίδων τῶν Ἀθηναίων. R. [Ἄλλως. Πυανεψίοις καὶ Θαργηλίοις Ἡλίῳ καὶ Ὥραις θύουσιν Ἀθηναῖοι· φέρουσι δὲ οἱ παῖδες τὰ προκατειλεγμένα ἀκρόδρυα, καὶ ταῦτα πρὸ τῶν θυρῶν κρεμῶσι. κατά τι δὲ χρηστήριον πρὸς ἀποτροπὴν λιμοῦ ταῦτα ἐποίουν.] — Ἄλλως. στεφανώματα καὶ ἕως τῆς

σήμερον ἔχουσιν οἱ Ἑβραῖοι ἐπάνω τῶν τραπεζῶν. τῶν καρπῶν τὰς ἀπαρχὰς ἐν καιρῷ τινι ταύταις ἀνεκρέμνων, ἐν δὲ ἑτέρῳ ἔκαιον. V. παλαιὰν : Κατάξηρον. εἰρεσιώνην : Κλάδον ἐλαίας ξηρόν. *LB.* ἐλάϊνον κλάδον ἢ στέφανον ἐξ ἀνθέων ἢ κλάδων πεπλησμένων. Θ. στέφανον, κλάδον ἐλαίας. *Dv.* καύσεται : ἀντὶ τοῦ καύσει. R.

1055. [ποῖ τάλαν : Τὸ ποῖ σκωπτικόν· δηλοῖ γὰρ ἀκολασίας τόπον ζητούσης. — διὰ χρόνου : Διὰ πολλοῦ. πρός με : Εἴς με. παῖσαι : Ἀπὸ τοῦ παίω, γράφεται παῖξαι. *P.* ἀπὸ τοῦ παίζω παῖξαι. τὸ δὲ παῖσαι ἀπὸ τοῦ παίω ἐφ' ἑτέρου. V. παῖξαι Ἀττικῶς. Θ. ποῖ τάλαν : Οὐκ ὦ ἄθλιε. *LB.*]

1056. παιδιάν τίνα : Οὕτως Ἀττικοὶ βραχυκαταλήκτως καὶ παροξυτόνως ἐπὶ τοῦ παιγνίου. — αὐτοῦ : Ἐνταῦθα. *Dv.* ἐν αὐτῷ τῷ τόπῳ. *P.* κάρυα : Καρύδια. παιδιάν τίνα : Παίγνιον ποταπόν. *LB.*

1057. πόσους ἔχεις ὀδόντας : Δέον εἰπεῖν κάρυα, εἶπεν ὀδόντας, ὡς πρὸς γραῦν. — τοῦτο παρ' ὑπόνοιαν εἶπε κωμῳδῶν αὐτὴν ὡς πάνυ γραῖαν· ἔδει γὰρ εἰπεῖν, πόσα ἐν χερσὶν ἔχω, ὥσπερ εἰώθασι λέγειν οἱ τὰ ἄρτια περισσὰ παίζοντες. Junt. (Ἄλλως.) ἀντὶ τοῦ, πόσα ἔχεις κάρυα. παιδιὰ γάρ ἐστι τοιαύτη· δραξάμενός τις καρύων καὶ ἐκτείνας τὴν χεῖρα ἐρωτᾷ, πόσα ἔχω; καὶ ἐὰν ἐπιτύχῃ, λαμβάνει ὅσα ἔχει ἐν τῇ χειρί· ἐὰν δὲ ἁμάρτῃ κατὰ τὴν ἀπόκρισιν, ἀποτίνει ὅσα ἂν ὁ ἐρωτήσας εὑρεθείη ἔχων ἐν τῇ χειρί. — γνώσομαι : Γνωρίσω. *P.*

1059. ἀπότισον : Ἀπόδος, ἡττηθεῖσα τὸ συμπεφωνημένον. *LB.* ἀπόδος. Θ. συνθηκοποίησον. *V.* γόμφιον : Γονιαῖον ὀδόντα. Θ. *LB.* γωνιακὸν ὀδόντα. *Dv. P.* φορεῖ : Φέρει. Θ.

1060. ταλάντατ' : Ἀθλιώτατε· Θ. ὑγιαίνειν : Τὸν νοῦν. *Dv.* ὑγιῶς ἔχειν τὸν νοῦν. *P.*

1061. πλυνόν με ποιῶν : Ἐφύβριστον πλῦμα. πλυνὸς δὲ ὀξυτόνως τὸ ἀγγεῖον αὐτὸ, παροξυτόνως δὲ τὸ πλυνόμενον. — πλυνόν : Ἐφύβριστον· πλυνὸς λεκάνη. *Dv.* ἄτιμον· πλυνὸς γὰρ ἡ λεκάνη ἐν ᾗ τὰ ἱμάτια πλυνόμενα ἀφιᾶσι τὸν ῥύπον. Θ. ἄτιμον. *LB.* ἐφύβριστον, καταπεπλυμένην ὀνείδεσι καὶ μυκτηρισμοῖς. *Br.* ἐφύβριστον ἤτοι καταπεπατημένην. *P.* καταγελᾷς τὸν ἀσχήμονα. *V.*

1062. ὄναιο : ὠφελείας τύχοις. R. ὠφεληθείης. Θ. *Dv.* ἐκπλύνειε : κακεμφάτως (ἐπὶ συνουσίας) εἶπε τὸ ἐκπλύνειέ σε. R. V. ἀποκαθαρεῖ. ἐπὶ συνουσίας εἶπεν ἐκπλύνειέ σε. *P.* αἰσχρῶς νοητέον τὸ ἐκπλύνειέ σε ἐπὶ συνουσίᾳ. Θ.

1063. καπηλικῶς ἔχει : Ἀντὶ τοῦ πανουργικῶς· ἐπεὶ οἱ κάπηλοι (χρίειν καὶ ἀναποιεῖν τὰ ἱμάτια εἰώθασι. καὶ) τὸν οἶνον δὲ ὀνθυλεύουσι, συμμιγνύντες αὐτῷ σαπρόν. — κομμωτικῶς καὶ ἐψιμυθισμένως ἔχει, καὶ οὐ τὴν κατὰ φύσιν χροιὰν ἔχουσα, ἀλλὰ νόθον καὶ ξένην. Θ. *Junt.* οὐ δῆτ' : Οὐδαμῶς. *Dv.* καπηλικῶς : Κομμωτικῶς ὀφείλων κἀνταῦθα εἰπεῖν, καπηλικῶς πάλιν εἶπε παίζων. LB. πανουργικῶς. *P.* ἔχει : Διάκειται. *Dv.*

1064. ἐκπλυνεῖται : Ἐκπλυνθείη. *LB.* ἀποπεσεῖται. *Paris.*

1065. ὄψει κατάδηλα : Θεάσῃ λίαν φανερά. *LB.* ὄψει : Θεάσεις. κατάδηλα : Τὰ φανερά. *P.* τὰ ῥάκη : τὰς ῥυτίδας. R. τὰς ῥυτίδας τὰς ἐπιδιπλώσας τοῦ δέρματος. Θ. ἤγουν τὰς ῥυτίδας. LB. ῥυτιδώματα· *P.* ῥάκος τὸ διερρηγμένον ἱμάτιον· μεταφορικῶς οὖν φησιν ἐνταῦθα ῥάκη, ἤγουν τὰς ῥυτίδας τοῦ διεφθαρμένου αὐτῆς προσώπου ὑπὸ τοῦ γήρως. LB.

1066. ὑγιαίνειν : Ὑγιῶς ἔχειν. *Dv.*

1067. πειρᾷ : Συνουσιάζει σε. *LB.* συνεύει. Θ. *Dv. P.* τιτθίων : Τῶν μαστῶν. *LB.* Θ. *Dv. P.*

1069. ὡς πόρνη τὴν Ἀφροδίτην ὄμνυσιν. τῶν μαστῶν ἐφάπτεται. ἀναίσχυντε, λάγνε. Θ. οὐκ ἐμοῦ γ' : Ἐφάπτεται. βδελυρὲ : Μισητὲ, ἀναίσχυντε. *LB.*

1070. εἰ ἡψάμην τῶν τιτθίων. R. τὴν Ἑκάτην οὗτος ὡς σώφρων ὄμνυσιν. Θ. ὡς σώφρων. *Dv.* οὐ δῆτα : Οὐδαμῶς ἐφάπτομαι αὐτῆς. *LB.*

1071. οὐκ ἐῶ : Οὐκ ἐφίημι. *LB.* οὐκ ἐάσω. *Dv.* τὴν μείρακα : Παίζει μείρακα τὴν γραῦν ὀνομάζων. Θ. τὴν γραῦν. *LB.*

1072. ὑπερφιλῶ : Λίαν φιλῶ αὐτήν. *LB.* ὑπὲρ : Λίαν. *Dv.*

1073. τί κατηγορεῖ : Ἐμοῦ ἡ γραῦς. *LB.*

1074. ὑβριστὴν : Ἀλαζόνα. *LB.*

1075. πάλαι ποτ' ἦσαν ἄλκιμοι Μιλήσιοι : τινὲς τοῖς Κυπρίοις φασὶ τοῦτο ῥηθῆναι βουλομένοις ἔχειν συμμάχους. R. Θ.

1076. τὸ τί : Οἱ χαλεπαίνοντες οὕτως ἔλεγον, τὸ τί. — ἐγὼ : Οὐκοῦν. οὐ μαχοῦμαι : Οὐ διενεχθήσομαι. *Dv.* Οὐ μαχέσομαι. *LB.* εἰ βούλει λαβεῖν ταύτην εἰς γυναῖκα. Θ. τὸ τί : Οὐ μαχέσῃ ἐμοί; *LB.*

1077. αἰσχυνόμενος : Ἐντρεπόμενος, εὐλαβούμενος. *LB.* τὴν ἡλικίαν : Τὸ σὸν γῆρας. Θ. *Dv.*

1078. τοῦτ' : τὸ συνουσιάζειν. *R. P.* ἐπέτρεπον : Ἐνεδίδουν. *LB.* συνεχώρουν, ἐνεδίδουν. *P.* ποιεῖν : Ὃ βούλεται. *LB.*

1079. συλλαβὼν : Μετὰ σοῦ. τὴν μείρακα : Τὴν γραῦν. *LB.*

1080. τὸν νοῦν : Ὃ λέγεις. ἀξιοῖς : Ἄξιον κρίνεις. *LB.* οὐδαμῶς ἄξιον κρίνεις συνοικεῖν. *P.*

1081. ὁ δ' ἐπιτρέψων : Ἀντὶ τοῦ [τίς αὐτὸν ἐᾷ ἀναχωρῆσαι; ἢ αὐτὸς ὁ Χρεμύλος, ὅτι οὐ συγχωρῶ σοι ἐᾶσαι αὐτήν. δύναται δὲ τὸ, ὁ δ' ἐπιτρέψων, τοῦ νεανίσκου εἶναι, ἵν' ᾖ] τίς μοι ἐπιτρέψει συνεῖναι αὐτῇ; εἶτα ὡς παραιτούμενος ἐπιφέρει, ὅτι οὐκ ἂν αὐτῇ διαλεχθείην διεσπεκλωμένῃ [ἤγουν ἐξηραμμένῃ, γαμηθείσῃ, ἐν τῇ συνουσίᾳ κατατετριμμένῃ, ἢ ἀχρήστῳ πρὸς συνουσίαν διὰ τὸ γῆρας]. σπεκλοῦν γὰρ τὸ συνουσιάζειν, παρὰ τὸ πλέκεσθαι· σπέκλωμα γὰρ ὁ ἦχος τῆς συνουσίας. ἢ διαλελυμένῃ, κυρίως ἐπὶ σχοινίων τῶν πλακέντων, εἶτα διαλυθέντων ἐν χρόνῳ. ἢ ὑπεσπληνι-

σμένη. διεσπεκλωμένη οὖν, πρὸς συνουσίαν ἀχρήστῳ γενομένη καὶ πεπαλαιωμένη καὶ ὑπὸ πολλῶν ἐν συνουσίᾳ τετριμμένη. [τὸ σπεκλοῦν ἐπὶ τοῦ συνουσιάζειν τάττουσιν, οὐχ ὡς προηγουμένως τοῦτο σημαῖνον, ἀλλ' ὅμοιον πολλοῖς συμβολικοῖς ὀνοματοποιοῦντες, καὶ μάλιστα ἐφ' ὧν τὸ εὐθυρρημονεῖν ἐνίσταται.] — εἶναι μετ' αὐτῆς : Καὶ διὰ τοῦτο ταῦτά φησι τοῦτον λαβεῖν με. Θ. διὰ τοῦτο ταῦτα φῄς. *Dv.* ὁ δ' ἐπιτρέπων : Ὁ ἄδειαν διδούς. *LB.* ἐπιτρέψων : Λαβεῖν. *Dv.* συγχωρήσων. *P.*

1082. διαλεχθείην : Ὁμιλήσαιμι. *Br. P.* διεσπεκλωμένη : Ὦ γεγαμημένη. *LB.* γαμηθείσῃ. *P.* γεγαμημένη. σπέκλωμα γάρ ἐστιν ὁ τῶν ὀρχέων κτύπος. Θ. συνουσιασμένη, διεφθαρμένη. *C.* οὐκ ἂν διαλεχθείην διεσπεκλωμένῃ· ἢ ὑπὸ τῆς συνουσίας ἠφανισμένη. ἔχει δὲ τὴν παραγωγὴν ἀπὸ τοῦ πλέκω, καὶ ἀπὸ τοῦ πλέγμα· καὶ κατὰ μετάθεσιν σπέκλωμα. δύναται δὲ καὶ κλητικὴ εἶναι τὸ ἐσπεκλωμένη καὶ δοτικὴ, οὕτως, ὦ διεσπεκλωμένη, οὐκ ἂν διαλεχθείην σοι· καὶ, οὐκ ἂν διαλεχθείην σοι τῇ διεσπεκλωμένῃ, καὶ τὰ ἑξῆς. LB.

1083. [ὑπὸ μυρίων ἐτῶν : Λείπει ἀνδρῶν. ὁ δὲ γέρων τὸ ἐτῶν προσέθηκε, σκώπτων (αὐτὴν) ὡς γραῦν.] — λίαν πολλῶν πολιτῶν. *LB.* χρόνων ἢ πολιτῶν. *Dv.* πολιτῶν. *P.*

1085. καὶ τὴν τρύγα σε : Πολλάκις καὶ τὸν νέον οἶνον τρύγα ἐκάλουν· νῦν δὲ οὐχ οὕτως, ἀλλ', ὡς ἡμεῖς, τὴν ὑποστάθμην. — συνεκποτέ' ἐστὶ : Ἀντὶ τοῦ συνεκποτέον. *Dv.* συνεκποτέον ἐστι : Ἄξιον ἐστὶ ἐκπιεῖν. *LB.* τὴν τρύγα : Τὴν ὕλην. *Dv.* τὴν τοῦ οἴνου ὕλην. Θ. *LB.*

1086. κομιδῇ : Λίαν (Θ). σαπρά : Σεσαπρωμένη. *LB.*

1087. οὐκοῦν τρύγοιπος : Ὁ ὑλιστὴρ [ὁ σάκκινος. πρὸς ἃ οὖν εἶπεν ὁ νεανίσκος, ἀπήντησεν ὁ γέρων]. — οὐκοῦν : Τὸ λοιπόν. τρύγοιπος : Τὸ σακελιστήριον. ἤγουν τὰ αὐτῆς χρήματα. Θ. *Dv.* τρύγιπος : Σακελιστήριον. *LB.* τρύγιπος : Τρὺξ τρυγὸς ἡ τοῦ οἴνου ὕλη· τρύγοιπος δὲ λέγοιτ' ἂν κυρίως, δι' οὗ τὴν ὕλην τοῦ οἴνου σακελίζομεν. LB.

1088. εἴσιθ' εἴσω : Εἴσελθε ἐντος. τῷ θεῷ : Τῷ Πλούτῳ. *LB.*

1089. ἀναθεῖναι : Ἀναθῆσαι. τούσδ' οὓς ἔχω : Τούτους οὕστινας κρατῶ. *LB.*

1090. αὐτῷ : Τῷ θεῷ. *LB.*

1091. ὁ Χρεμύλος ἢ ὁ θεράπων. R. οὐκ εἴσειμι : Οὐκ εἰσελεύσομαι. *LB. P.* εἰσέρχομαι. *Dv.* θάρρει : Ἔχε θάρρος. *LB.* ἣν αὐτὴ εἰσέλθῃ. Θ.

1092. [οὐ γὰρ βιάσεται : Ὃ ποιοῦσιν οἱ ἄνδρες, τοῦτο ἐπὶ τῆς γραός φησιν, οὐ γὰρ βιάσεταί σε ἡ γραῦς.] — τὸ βιάσεται ἐπὶ ἀνδρός· *Dv.* οὐ γὰρ βιάσεται : Σε ὁ νέος, ὥστε μὴ εἰσελθεῖν. *LB.* οὐ καθελκύσαι παρὰ γνώμην. *P.*

1093. ὑπεπίττουν χρόνον : Πίσσειν τὸ λέπος περιαιρεῖν τῶν κριθῶν. ἢ ἀντὶ. . . V. ἀντὶ τοῦ ἠσέλγουν, ἢ κατεφίλουν. πιττοῦν δέ ἐστι κυρίως τὸ τὰς πλατείας ναῦς πίσσῃ χρίειν· ἔνθεν οὖν μετήνεγκε τὴν λέξιν. (ἢ ἀντὶ τοῦ ἐδίνουν, συνῆλθον.) — ἱκανὸν : Ἀρκετόν. *P.* ὑπεπίττουν : Ἐγάμουν. *LB. Dv. Br.* πρότερον ἐπίττουν ἤγουν ἠσέλγαινον, κατεφίλουν, ἐσυνουσίαζον· πιττοῦν δὲ κυρίως τὸ πίττῃ χρίειν τὰς ναῦς. *LB.* ἐπέραινον, συνουσιαζόμην. *P.* ἀντὶ τοῦ ἐγάμουν κατ' εὐφημισμόν. Θ. ἐπίττων : Τουτέστιν ἐφίλουν, ἐμιγνύμην, πιττῶ δὲ κυρίως ἐστὶ τὸ τὰς νῆας πίσσῃ χρίω, καὶ τὸ τὰ διερρωγότα τῶν ξύλων ἑνοῦν. C.

1094. βάδιζ' : Ἀπέρχου. κατόπιν : Ὄπισθεν. *LB. Dr.*

1095. ὡς : Λίαν. εὐτόνως : Ἰσχυρῶς (Θ. *P*). τὸ γρᾴδιον : Ἡ γραῦς αὕτη. *LB.* συνίζησις. *Dv.*

1096. ὥσπερ λεπὰς : (Ὥσπερ ὄστρεον ἐν πέτρᾳ προσκολλώμενον δυσαπόσπαστόν ἐστι, οὕτως αὕτη τῷ νεανίᾳ προσέφυσε. λεπὰς δέ ἐστιν εἶδος ὀστρέου τὸ καλούμενον πατέλιν,) ὃ ταῖς πέτραις προσπήγνυται, δυσαποσπάστως ἔχον, ἐπειδάν τις αὐτοῦ βουληθείη λαβεῖν. (εὐεπίφορος δέ ἐστιν εἰς τὸ λεπὰς ὁ Ἀριστοφάνης.) ἔστι δὲ τὸ λεπὰς εἶδος ἰχθύος. παρ' ὑπόνοιαν δὲ εἶπεν (ὥσπερ λεπὰς τῷ μειρακίῳ). — ὥσπερ : Καθά. λεπὰς : Εἶδος ὀστρέου. *Dv. LB.* παταλίδας. *P.* ἡ λεπὰς εἶδος ὀστρέου ἐστίν· ἥτις ἐμπεφυκυῖα τοῖς θαλασσίοις βράχεσιν ἔχεται αὐτῶν ἄγαν ἰσχυρῶς. LB. λεπάς ἐστιν εἶδος ὀστρέου, ὅπερ λαβόμενον πέτρας ἀπισχυρίζεται καὶ δυσαποσπάστως ἔχει. καὶ

οὐκ ἄν τις αὐτὸ ῥᾳδίως ἀποσπάσαι,
πρὶν ἄν τι τῆς πέτρας ἀπορρήξῃ μέρος.

τοῦτο καὶ ἐπὶ τοῦ πολύποδος λέγεται. C.D. λεπάς ἐστιν εἶδος ὀστρίου· ὃ ταῖς πέτραις πεσὸν, ἐκείνων ἰσχυρῶς ἐξέχεται καὶ δυσαποσπάστως ἔχει. ἣν οἱ κοινοὶ παταλίδαν καλοῦσιν. P. τῷ μειρακίῳ : Τῷ νέῳ. *LB.* τῇ πέτρᾳ. *Dv.* προσίσχεται : Προσκολλᾶται. *LB. Dv. P.*

1097. [τίς ἔσθ' ὁ κόπτων : Κορωνὶς ἑτέρα ὁμοία· οἱ δὲ στίχοι ἰαμβικοὶ τρίμετροι ἀκατάληκτοι οδ', ὧν τελευταῖος

ἵν' εὐθέως διακονικὸς εἶναί μοι δοκῇς.

ἐπὶ τῷ τέλει κορωνίς.]

τουτὶ τί ἦν : Ὁ Ἑρμῆς ἔκοψε, καὶ ἐξελθὼν ὁ Καρίων οὐδένα εὗρε. (παρ' ὀλίγον γὰρ ὑπεχώρει.) [τὸ θύριον καὶ οὐ θυρίον. τὰ γὰρ εἰς ον οὐδέτερα ἀπὸ βραχέος ἀρχόμενα προπαροξύνονται, οἷον, ἔριον, θύριον, ὄριον, καὶ ἕτερα.]

ὁ κόπτων : Ὁ κρούων. *Dv.* κρούων, Ἀττικῶς. Θ. κόπτει τις τὴν θύραν, ὅταν ἔξωθεν κρούῃ· ψοφεῖ, ὅταν ἔσωθεν. Dv. ὁ κόψας : Ὁ κρούσας. *LB.* κόπτειν, ψοφεῖν, καὶ κλαυσιᾶν τὴν θύραν διαφέρει· κόπτειν μὲν γὰρ λέγεται, ὅταν εἰσιέναι τις μέλλῃ, καὶ τὴν θύραν ἔξωθεν πλήττῃ· ὡς τὸ, « τίς ἔσθ' ὁ κόψας τὴν θύραν; » ψοφεῖν δὲ, ὅταν ἐξερχόμενός τις αὐτὴν ὑπανοίγοι καὶ ἦχόν τινα ἀποτελῇ· ὁ τοιοῦτος γὰρ ἦχος ψόφος καλεῖται· ὅταν δὲ ὑπ' ἀνέμου κινῆται μόνη, καὶ ἦχόν τινα ἐκ τούτου ἀποτελῇ, ὁ τοιοῦτος ἦχος ἢ τρισμὸς κλαυσιᾶν λέγεται. LB. τουτί τί ἦν : Ὃ ἤκουσα. *LB.*

1098. οὐδεὶς ἔοικεν : Κόψας αὐτὴν φαίνεται. δῆτα : Ἀληθῶς. τὸ θύριον : Ἡ θύρα αὕτη. *LB.* φαίνεται. Θ. ἡ θύρα Ἀττικῶς. Θ. *Dv.*

1099. φθεγγόμενον : Βοώμενον. ἄλλως κλαυσιᾷ : Μάτην τὰ τῶν κλαιόντων μιμεῖται. *P.* ματαίως ἠχεῖ. *Dv. LB.* ἄλλως : Μή τινος κινοῦντος. μάτην. κλαυσιᾷ : Ἠχεῖ. Θ. *Br.* (ἀντὶ τοῦ) ματαίως ἐψόφησεν. R. V. σέ τοι λέγω : Τὸ λέγω ὅτε μὲν πρὸς μόνον πρόσωπον λέγεται, αἰτιατικῇ συντάσσεται ὡς ἐνταῦθα, σέ τοι σέ τοι λέγω Καρίων, ἀνάμεινον. παρὰ τῷ Αἰσχύλῳ [Prom. 944] « σὲ λέγω τὸν σοφιστήν. » ὅτε δὲ καὶ πρᾶγμα ἐπιφέρεται, τότε τὸ μὲν πρόσωπον δοτικῇ, τὸ δὲ πρᾶγμα αἰτιατικῇ, ὡς τὸ λέγω σοι λόγον. Θ.

1100. ἀνάμεινον : Καρτέρησον. *Dv.* πρόσμεινον. *LB.*

1102. μὰ Δί' : Οὐ. ἔμελλον : Κρούειν. *Dv.* κόψειν σφόδρα. Θ. κόψειν περισσότερον. *LB.* φθάσας : Προφθάσας. *Dv.* προλαβών. Θ. *LB.* φθάνω τὸ καταλαμβάνω τὶ ἤγουν ἄνθρωπόν τινα, ἢ τόπον· ἐκ τούτου φθάνω καὶ τὸ προλαμβάνω, οἷον, ἔφθη εἰπών· ἐπὶ τούτου τοῦ σημαινομένου λέγεται κἀνταῦθα· καὶ ἡ σύνταξις, εἶτα ἀνέῳξας τὴν θύραν δηλαδὴ φθάσας, ἢ προλαβὼν ἐμὲ μέλλοντα κόπτειν αὐτήν. LB.

1103. ἐνταῦθα συναπτέον τὸ ταχύ. Θ. ἐκκάλει : Ἔξω κάλει. *LB.*

1106. τοὺς θεράποντας : Τοὺς δούλους. *Dv.* αὐτοῦ, τοὺς συνδούλους σου. τὴν κύνα : Τὴν σκύλαν. *LB.*

1107. ὦ πόνηρε : Ὦ γεωργέ. *LB.* κακότροπε. *P.*

1108. εἰς ταυτὸν : Εἰς ὅμοιον, εἰς ἕν. συγκυκήσας : Συναθροίσας. *LB.* συνταράξας. *V.* συμμίξας, συνταράξας. Θ. συμμίξας. *Dv.* συνταράξας, συντρίψας. *P.* τριβλίον : Ἀγγεῖον. *Dv.* ἀγγεῖον, ὀξύβαφον. *V.* ἰγδίον ἢ ἀγγεῖον ὀξύβαφον. *P.*

1109. ἁπαξάπαντας : Ὁμοῦ ὅλους. *LB.* εἰς τὸ βάραθρον : τόπος ὅπου κολάζονται οἱ ἀσεβεῖς. R. ὅπου οἱ ἀσεβεῖς ἐρρίπτοντο. V. εἰς τὸν ᾅδην. *Dv.* ἐμβαλεῖν : Ῥίψαι, ἐνθεῖναι. *LB.*

1110. ἡ γλῶττα τῷ κήρυκι : [Διχῶς νοεῖται·] ἡ γλῶττα τῶν θυομένων τῷ Ἑρμῇ δίδοται, ἐπειδὴ τῶν λόγων δεσπότης ἐστίν· (ἢ τῶν καταρωμένων ἀπ' αὐτοῦ ἡ ἀρχή. Καλλίστρατος τῶν θυομένων φησὶ τὰς γλώσσας τοῖς κήρυξιν ἀπονέμεσθαι· διὸ καὶ τὸν ποιητὴν τῷ Ἑρμῇ ποιεῖν τεμνομένας αὐτάς. [καὶ τοῦτο δὲ] πρὸς τὸν Ἑρμῆν λέγει ἥκοντα παρὰ Διός. Ἄλλως. κολακεύων [αὐτόν] φησιν ὅτι τῶν ἱερείων ἡ γλῶττα τῷ Ἑρμῇ δίδοται ἐν ταῖς δημοτελέσι θυσίαις. Ἄλλως. εἰρωνικῶς, ὡσεὶ ἔλεγε, κακὰ συλλέγει, καὶ ἡμεῖς ἀδίκως αὐτῷ θύομεν τὰς γλώσσας. Ὅμηρος « ὃδ' ἐν πυρὶ βάλλε γλώττας. » πρὸς δὲ τὸ λεγόμενον ἔπαιξεν, ἡ γλῶττα τῷ κήρυκι.) — τῷ κήρυκι : Ἡ τοῦ κήρυκος. *Dv. LB.* τῷ Ἑρμεῖ, ἢ χάριν σου τοῦ κήρυκος. *P.* τούτων : Τῶν ζώων. τέμνεται : Κόπτεται, δίδοται. *LB.* ἡ γλῶττα τῷ κήρυκι τούτων· διττῶς τοῦτο· ἡ γλῶττα τούτων, ἤγουν τῶν ζώων, τέμνεται τῷ κήρυκι, ἤγουν σοι· τουτέστιν, ἕνεκεν σοῦ· ἀποδίδοται γὰρ σοὶ τῷ ὄντι κήρυκι τῶν θεῶν καὶ ὑπηρέτῃ· ἢ ἡ γλῶττα τῷ κήρυκι τούτων τῶν ἀγγελιῶν, τουτέστι σοὶ τέμνεται· ἀντὶ τοῦ, εἴθε ἐκκοπείη. LB.

1114. λιβανωτὸν : Λίβανον. *LB.*

1115. ψαιστὸν : πέμμα ἐστὶν ἢ εἶδος πλακοῦντος (ἐκ σεμιδάλεως καὶ γάλακτος). R. V. Λαλάγγιον (*Dv.*) ἱερεῖον : Θυσίαν. *LB.* θῦμα. Θ. *Dv.*

1116. ἐπιθύει : Θυσιάζει. LB.

1117. ἐπεμελεῖσθ' : Προενοεῖσθε. *LB.* ἐφροντίζετε. *Dorvill.*

1118. ἧττον μέλει : ἀντὶ τοῦ οὐδαμῶς. R. V. ἐλάττονος φροντίς ἐστι. *LB.* οὐδαμῶς διὰ φροντίδος ἐστί μοι. *Dv.*

1119. σωφρονεῖς : Ἀντὶ τοῦ, μόλις ἐπεστράφης· ἢ καλῶς λέγεις. — ἀπόλωλα : Ἐφθάρην. ἐπιτέτριμμαι : Ἠφάνισμαι. Θ. *LB. Dv.* ἀπόλωλα : Ἐφθάρην, εἰς παντελῆ κατέστην ἀφανισμόν. *P.* σωφρονεῖς : Ἤγουν καλῶς ποιεῖς μηδὲ τί λέγων περὶ τῶν ἄλλων θεῶν. LB.

1120. πρότερον : Πρὸ τοῦ τὸν Πλοῦτον βλέψαι. *P.* ταῖς καπηλίσιν : Τῶν καπηλίδων. *LB.* κάπηλις καὶ καπηλίς διαφέρει· κάπηλις μὲν γάρ ἐστιν ἡ τὸν οἶνον πωλοῦσα· καπηλίς δὲ ἡ θυγάτηρ αὐτῆς. LB.

1121. οἰνοῦτταν : Οὕτως τὴν ἐν οἴνῳ πεφυραμένην μᾶζαν. τινὲς δὲ οἰνοῦτταν, εἶδος πλακοῦντος μετ' οἴνου καὶ μέλιτος γινόμενον. — ἕωθεν : Ἐκ πρωΐας. οἰνοῦτταν : Μουστόπιτταν (Θ). *LB.* οἰνοῦττα μέν ἐστιν ἡ κοινῶς λεγομένη μουστόπιττα. μελιττοῦτα δὲ, ὃ κοινῶς εἰώθασι λέγειν ἀπόθερμον. Br.

1122. ἰσχάδας : Σῦκα. Θ. ἐσθίειν : Τρώγειν. *LB. Dv.*

1123. ἀναβάδην : (Ἀντὶ τοῦ κάθημαι πεινῶν.) ἄνω [φησὶν] ἔχω τοὺς πόδας ἐν τῇ στήλῃ κοιμώμενος· (οἱ γὰρ διάκονοι τοὺς πόδας ἄνω εἶχον πρὸς τὸ μὴ βαρεῖσθαι ὑπὸ τοῦ δρόμου.) — ἀναβάδην ἀναπαύομαι : Ἤγουν, ἐπάνω ἔχω τὸν πόδα εἰς τὸν ἄλλον. *LB.* ἤγουν, ἄλλον ἐπ' ἄλλῳ πόδ' ἔχων κεῖμαι. *Dv.* ὕπτιος. τιθέμενος τὸν ἕνα πόδα ἐπάνω τοῦ ἑτέρου. *Br.* ἢ ἄνω ἔχων τοὺς πόδας· ἢ ἄλλως ἐπ' ἄλλῳ ἔχων τὸν πόδα, ἤγουν ἐκτεταμένους. P.

1124. (οὐκοῦν δικαίως, ὅστις ἐποίεις ζημίαν : Ἀντὶ τοῦ, ἐποίεις ζημιοῦσθαι τοὺς ταῦτα τὰ ἀγαθά σοι παρέχοντας.) [ὁ γὰρ Ἑρμῆς τοιαῦτα ποιεῖ· καὶ ὁ Αἴσωπος γὰρ ἐν τοῖς μύθοις τὰ αὐτὰ λέγει.] — οὐκοῦν : Λοιπόν *LB.* τὸ λοιπόν. *Dv.* δικαίως : Πάσχεις τοῦτο. *LB.* δικαίως, φησὶ, πάσχεις ταῦτα, ὅστις ἐνίοτε ἐποίεις τοὺς σοὶ ταῦτα προσάγοντας ζημίαν ὑφίστασθαι. LB. ἐποίεις : Ἡμῖν. *LB.*

1125. ἐνίοτε : Ποτέ. *LB.* πάντοτε. *Dv.* ἔχων : Ἀφ' ἡμῶν. *LB.* παρ' ἡμῶν. *Dv.*

1126. τοὺν τετράδι πεπεμμένου : Ἡ τετρὰς ἐνομίζετο τοῦ Ἑρμοῦ· καὶ καθ' ἕκαστον μῆνα ταύτῃ τῇ ἡμέρᾳ ἀπετίθεντο τῷ Ἑρμῇ. ἔξω τῶν ἑορτῶν ἱεραί τινες τοῦ μηνὸς ἡμέραι νομίζονται Ἀθήνησι θεοῖς τισιν, οἷον νουμηνία καὶ ἑβδόμη Ἀπόλλωνι, τετρὰς Ἑρμῇ, καὶ ὀγδόη

Θησεῖ, — Χάρισι τρίτη. V. οἴμοι : Φεῦ. πλακοῦντος : Ἕνεκεν τοῦ. *LB.* ἕνεκα. πεπεμμένου : Ἐζυμωμένου. *Dv.* ἐν ἑκάστῃ τετράδι ζυμουμένου καὶ διδομένου μοι. *LB.* τοὺν τετράδι πεπεμένου· ἤτοι τοῦ καθ' ἑκάστην τετράδα τοῦ μηνὸς πεπεμένου, ἤτοι ζημουμένου καὶ κατασκευαζομένου· ἑκάστου γὰρ μηνὸς ἡ νουμηνία καὶ ἡ ἑβδόμη ἀφιέρωτο τῷ Ἀπόλλωνι· ἡ δὲ τετάρτη τῷ Ἑρμῇ· ἡ δὲ ἕκτη τῇ Ἀρτέμιδι, καὶ ἄλλη ἄλλῳ. LB.

1127. [ποθεῖς τὸν οὐ παρόντα καὶ μάτην καλεῖς : Ἡρακλῆς πλέων μετὰ τῆς Ἀργοῦς εἰς Κόλχους σὺν Ἰάσονι ἐν Κίῳ τῇ νήσῳ ἐξελθὼν, καὶ πέμψας τὸν ἐρώμενον αὐτοῦ Ὕλλαν ὕδωρ ἀντλῆσαι, περιέμενεν αὐτόν· τοῦ δὲ ὑπὸ Νυμφῶν ἁρπασθέντος, Ἡρακλῆς πολὺν χρόνον ἐζήτει· ὕστερον δὲ ὑπό τινος αἰθερίας φωνῆς ἤκουσε

ποθεῖς τὸν οὐ παρόντα καὶ μάτην καλεῖς.

ἐλήφθη οὖν τοῦτο εἰς παροιμίαν ἐπὶ τῶν μάτην προσδοκούντων. — ὁ Ἡρακλῆς εἶχεν ἐρώμενον τὸν Ὕλαν· ὅτε γὰρ παρὰ τοῦ θησου ὁ Ἡρακλῆς ἐπέμφθη ἐπὶ τῷ λαβεῖν τὸ χρυσόμαλλον δέρας, εἶχε καὶ τοῦτον μεθ' ἑαυτοῦ. πέμψας οὖν τοῦτον λαβεῖν ὕδωρ, παρὰ τῶν πηγῶν ἡρπάσθη, ὡς ἱστορεῖ Θεόκριτος· καὶ τοῦ Ἡρακλέους τοῦτον ζητοῦντος παρὰ τῶν πηγῶν, τοῦτο ἤκουσε « ποθεῖς τὸν οὐ παρόντα καὶ μάτην καλεῖς. » Dorv.]

1128. οἴμοι δὲ κωλῆς : [Τοῦ κώληκος λεγομένου.] κωλαῖ τὰ ἐμπρόσθια μέρη τῶν ἱερείων. ἔστι δὲ ἱερὸς Ἑρμοῦ ὁ βραχίων τῶν ἀλόγων ζώων. (Ἄλλως.) τὰς ἀγκύλας φησὶν, αἳ ὀστώδεις εἰσί. διαβάλλει οὖν ὡς ὀστέα τοῖς θεοῖς προσφέροντας. — κωλῆς : Τοῦ μηροῦ (Θ.), τοῦ ἐντέρου. *LB.* κωληναρίου· κῶλα τὰ ἐμπρόσθια μέρη τῶν ἱερείων. τὰς ἀγκύλας, αἳ ὀστώδεις εἰσί. διαβάλλει οὖν ὡς ὀστέα τοῖς θεοῖς προσφέροντα. P. κατήσθιον : Ἔτρωγον. *LB. Dv.*

1129. ἀσκωλίαζ' ἐνταῦθα : Ἑορτὴν οἱ Ἀθηναῖοι ἦγον τὰ Ἀσκώλια, ἐν ᾗ ἐνήλλοντο τοῖς ἀσκοῖς εἰς τιμὴν τοῦ Διονύσου. δοκεῖ δὲ ἐχθρὸν εἶναι τῇ ἀμπέλῳ τὸ ζῶον. ἀμέλει οὖν καὶ ἐπίγραμμα [Eveni in Anth. Palat. 9, 75] φέρεται τῆς ἀμπέλου πρὸς τὴν αἶγα οὕτως ἔχον,

κἤν με φάγῃς ἐπὶ ῥίζαν, ὅμως δέ τι καρποφορήσω,
ὅσσον ἐπιλεῖψαι σοὶ, τράγε, θυομένῳ.

(ἀσκωλίαζε δὲ ἀντὶ τοῦ ἄλλου· κυρίως δὲ ἀσκωλιάζειν ἔλεγον τὸ ἐπὶ τῶν ἀσκῶν ἅλλεσθαι ἕνεκα τοῦ γελωτοποιεῖν. ἐν μέσῳ δὲ τοῦ θεάτρου ἐτίθεντο ἀσκοὺς πεφυσημένους καὶ ἀληλιμμένους, εἰς οὓς ἐναλλόμενοι ὠλίσθανον, καθάπερ Εὔβουλος ἐν Δαμαλείᾳ φησὶν οὕτως,

καὶ πρός γε τούτοις ἀσκὸν εἰς μέσον
καταθέντες εἰσάλλεσθε καὶ καχάζετε
ἐπὶ τοῖς καταρρέουσιν ἀπὸ κελεύσματος.)

[οὕτω καὶ Δίδυμος. Ἄλλως. ἀσκωλιάζειν ἔλεγον τὸ ἐνάλλεσθαι τοῖς ἀσκοῖς ἢ τὸ ἐπὶ ἑνὸς ποδὸς ἅλλεσθαι. Ἄλλως. Ἀσκώλια ἑορτὴ Διονύσου· ἀσκὸν γὰρ οἴνου πληροῦντες ἑνὶ ποδὶ τοῦτον ἐπήδων· καὶ ὁ πηδήσας ἆθλον εἶχε τὸν οἶνον.] — ἀσκωλίαζ' : Πήδα. *LB.* πήδα Ἀσκόλια ἑορτὴ τοῦ Διονύσου. *Dv.* ἀσκολίαζ' ἐνταῦθα : Ἀσκαλία ἦν ἑορτὴ τοῦ Διονύσου, ἐν ᾗ ἀσκοὺς διαφυσῶντες καὶ ὀγκοῦντες, ἐρρίπτουν καὶ ἄνωθεν ἥλλοντο ἐκάνω αὐτῶν ἑνὶ ποδὶ, ἐκίνουν δὲ γέλωτα καταπίπτοντες· ὁ μέντοι μὴ καταπεσὼν ἐλάμβανεν αὐτὸν οἴνου πλήρη. LB. ἐνταῦθα : Αὐτοῦ. πρὸς τὴν αἰθρίαν : Ἐν τῇ εὐδίᾳ. *LB.* εἰς τὸν ἀσκεπῆ τόπον. *P.* αἰθρίαν : Εὐδίαν. *Dv.*

1130. σπλάγχνων : Οἴμοι ἀπὸ κοινοῦ. τῶν ἐγκάτων τῶν ζώων. ἡνίκα γὰρ ἐξῆγον ταῦτα τοῦ ἱερείου, παραυτίκα αὐτοῦ ἔθυον. Θ. καὶ οἴμοι ἕνεκεν. *LB.* οἴμοι ἀπὸ κοινοῦ. *Dv.* θερμῶν : Τῶν ζώντων. *LB.*

1131. ὀδύνη σε πρὸς τὰ σπλάγχνα : Ἀντιστρόφως· ἐπὰν γὰρ πνεῦμα δι' ἐντέρων ὑποδύῃ, [τὸ τοιοῦτον γίνεται]. δέον οὖν εἰπεῖν πνεῦμα, ὀδύνη εἶπεν. [πρὸς τὰ σπλάγχνα δὲ ἀντὶ τοῦ, ἐπὶ κωλῇ καὶ τοῖς σπλάγχνοις.] — ὀδύνη : Πόνος, διὰ τὸ κενοὺς εἶναι ὑπὸ τοῦ μὴ ἐσθίειν. Θ. ἤγουν πόνος. *Dv.* πρὸς : Κατά. *LB.* ἐπιστρέφειν : Ἔχειν. *Dv.* ἔχειν, κινεῖν. *LB.* κινεῖν, ἐνοχλεῖν. Θ.

*1132. ἴσον ἴσῳ κεκραμένης : (Οἴνου καὶ ὕδατος· ζωρότερον γὰρ τὸ τοιοῦτο κρᾶμα. παίζει δὲ πρὸς τοὺς καπήλους.) ζητεῖται διὰ τί τοῖς μὲν ἄλλοις θεοῖς δίδοται ἄκρατος σπονδὴ, τῷ δὲ Ἑρμῇ κεκραμένη· [καὶ φαμὲν] ὅτι καὶ τῶν ζώντων καὶ τῶν τετελευτηκότων ἄρχει καὶ παρ' ἀμφοτέρων τιμὰς δέχεται. — ἴσον ἴσῳ : Ὕδωρ οἴνῳ. Θ. *Dv.*

1133. [ταύτην ἐπιπιὼν, ἀποτρέχων οὐκ ἂν φθάνοις : Οὐκ ἂν πέρας σχοίης τῶν κακῶν· οὐκ ἂν ἀναβάλοιο.] — ταύτην : Παίζει· αὐτίκα γὰρ τῷ Ἑρμοῦ λόγῳ ἀπέπαρδε· Θ. ἣν ἔπαρδον. *LB.* ἐπιπιὼν : Δι' ὅλου πιών. *Paris.*

1134. [τὸν σαυτοῦ φίλον : Τοῦτο λέγει, ἢ διότι καὶ αὐτὸς διάκονος καὶ ὑπηρέτης ἦν τῶν θεῶν, ὥσπερ οὗτος Χρεμύλου· ἢ διὰ τὰς βοηθείας, ἃς προϊὼν ἐρεῖ. εἰώθαμεν γὰρ οἱ ἄνθρωποι, ὅταν εἰς ἀνάγκην ἐμπέσωμεν, εὔνοιαν πρὸς τοῦτον πλάττεσθαι, ἀφ' οὗ ἂν ἡμῖν ἔσται ὠφέλεια. — τὸν σαυτοῦ φίλον : Πολλαὶ τέχναι ἀνάκεινται τῷ Ἑρμῇ, ὧν ἐστὶ καὶ ἡ τῶν κλεπτῶν· ἐπεὶ δὲ καὶ οἱ θεράποντες κλέπται, τούτου ἕνεκα φίλον ἑαυτὸν Καρίωνι λέγει. LB. τ. σ. φ. : Τουτέστιν ἐμέ. *P.*]

1135. εἴ του : Τινός (Θ). δέει : Χρήζεις. ὧν : Ἀφ' ὧν. *Dv.* δέῃ : Τινὸς χρείαν ἔχεις. *LB.*

1136. πορίσας : Δούς. Θ. εὖ πεπεμμένον : Καλῶς κατεσκευασμένον. *LB* πεπεμμένον : Ἐζυμωμένον. Θ. ζημωμένον. *Dv.*

1137. καταφαγεῖν νεανικὸν : Νέον. *Dv.* νεανίᾳ πρέπον. *P.* ἀντὶ τοῦ δυνάμενον χορτάσαι νεώτερον. R. πολὺ, δυνάμενον χορτάζειν νεανίαν. V. ἱκανὸν νεανίαν κορέσαι. Θ. νεανικὸν κρέας λέγει ἐνταῦθα τὸ ἀρκοῦν νεανίᾳ εἰς τὸ χορτάσαι αὐτόν. P.

1138. ὠφελήσαις δηλ. Θ. *Dv*. *P*. (ἀλλ' οὐκ ἔκφορα : Ὡς ἐν ἐνίαις θυσίαις λεγομένου τούτου. καὶ χρῶνται αὐτῷ οὐ κατ' οὐδέτερον πληθυντικὸν, ἀλλ' ἑνικῶς κατὰ θηλυκόν· ὡς Θεόπομπος,

εἴσω δραμὼν αἴτησον, ἀλλ' οὐκ ἐκφορά.

καὶ εἰ μὲν οὐδέτερον εἴη πληθυντικὸν, προπαροξύνουσιν· εἰ δὲ θηλυκὸν, ὀξύνουσιν.) — ὧν : Ἀφ' ὧν. ἔνδον : Ἐντός. *LB*. *Dv*. οὐκ ἔκφορα : Οὐκ ἔξω φερόμενα. Θ. εἰσὶ τὰ κρέατα, ὥστε φέρεσθαι ἔξω. *LB*. ἀλλὰ οὐκ εἰσὶ τὰ κρέατα ἔκφορα, ἤγουν ἔξω διδόμενα· ἐκέλευσε γὰρ ὁ Πλοῦτος μηδὲν διδόναι ἔξω. LB. ἤγουν ἄξια ἐκβληθῆναι. *Dv*. ἀλλ' οὐ καλὸν ἐκφέρεσθαι ταῦτα. *P*.

1139. ὁπότε : Ἡνίκα. τὶ σκευάριον : Ἀγγεῖόν τι. *LB*.

1140. ὑφείλου : Ἔκλεπτες (Θ.). λανθάνειν : Τὸν σὸν δεσπότην. *LB*. σε λανθάνειν ἐποίουν : Ὑπέβαλον γὰρ πονηρίας τῷ σῷ νῷ. Θ. *Dv*.

1141. διὰ τοῦτό σε λανθάνειν ἐποίουν, ἵνα καὶ αὐτὸς μετὰ σοῦ τοῦ κλέμματος ἔχω. V. ἵνα λάβῃς καὶ αὐτὸς τὸ μέρος σου. R. ἐφ' ᾧτε : Ἐπὶ τῷ. Θ. *LB*. μετέχειν : Τοῦ κλέμματος. *Dv*. τοιχωρύχε : Ὦ κλέπτη. *LB*. κλέπτα. *Dv*. κλέπτα, κατ' ἀστεϊσμόν. Θ.

1142. ἧκεν : Ἦλθεν. *LB*. ναστὸς εὖ πεπεμμένος : [πλακοῦς ἢ] θερμὸς ἄρτος μετὰ ἐλαίου. R.V. ἄρτος καλῶς κατεσκευασμένος. *LB*. ἄρτος καλῶς ἐζυμωμένος. Θ. *Dv*. δύο εἰσὶ ναστὸς καὶ κοῖλος. καὶ ναστὸς μὲν λέγεται, ὅντινα καλοῦσιν οἱ κοινοὶ ὁλόβολον· κοῖλος δὲ ὁ ἔχων ἔσω κοιλότητα. P. δύο εἰσὶν αἱ τῆς ἐπιπέδου ἐπιφάνειαι κατ' ἐναντιότητα θεωρούμεναι ἄκραν, ἥ τε κοίλη καὶ ἡ κυρτή. τὴν γοῦν κυρτὴν φασι καὶ ναστήν. ἐπεὶ οὖν καὶ ὁ ἄρτος κυρτός ἐστι τὴν ἐπιφάνειαν, διὰ τοῦτο ναστὸν ἐνταῦθα τοῦτον προσηγόρευσεν. V. Γ. Ι.

1143. ἤσθιον γὰρ καὶ αὐτὴ ἐξ ὧν προσέφερον τοῖς θεοῖς. Θ.

1144. οὐ γὰρ μετεῖχες τὰς ἴσας πληγὰς : Ἀντὶ τοῦ ἴσον. ἀρχαῖον καὶ Ἀττικὸν τὸ σχῆμα. V. [οὐ μόνον μετέχω τοῦδε, ἀλλὰ καὶ μετέχω τόδε φαμέν· καὶ εὕροις ἂν τοῦτο οὐ μόνον παρὰ ποιηταῖς, ἀλλὰ καὶ λογοποιοῖς.] — μετεῖχες : Ἐλάμβανες. *LB*. ὅμοιον τῷ [226] « ἡμῖν μετάσχῃ τοῦδε τοῦ Πλούτου μέρος· » ἀντὶ τοῦ ἁπλῶς ἐλάμβανες, ἢ μετ' ἐμοῦ ἐλάμβανες. LB. ἴσας : Ὁμοίας. *LB*.

1145. ληφθείην : Κρατηθείην. πανουργήσας : Κλέψας. *LB*. *Dv*. ἀντὶ τοῦ κλέψας. R. V.

1146. Ἀντὶ τοῦ εἰ καὶ ἐπλούτησας, μὴ ἐπαρθῇς, μὴ μέγα φρονήσῃς. R. (εἰ σὺ Φυλὴν κατέλαβες : Ὅτι μετὰ τὸ κατελθεῖν τοὺς μετὰ Θρασυβούλου Φυλὴν καταλαβόντας καὶ νικήσαντας ἐν Πειραιεῖ τοὺς τριάκοντα ψηφίσασθαι ἔδοξε μὴ μνησικακῆσαι καθάπαξ ἀλλήλοις μηδὲν τοὺς πολίτας. ἀλλὰ ταῦτά γε οὔπω ἐπέπρακτο οὐδὲ τὰ ἐπὶ τῶν τριάκοντα ἤδη ἦν, ἀλλὰ καὶ, ὡς Φιλόχορός φησιν, πέμπτῳ ἔτει ὕστερον τῆς Θρασυβούλου γενομένης Κριτίας ἐν Πειραιεῖ τελευτᾷ. τοῦτο οὖν ἔοικέ τις ἐκ τοῦ δευτέρου Πλούτου μετενεγκὼν ἐνθάδε ὀλιγωρῆσαι τῆς ἀλογίας ταύτης, ἢ καὶ αὐτὸς ὁ ποιητὴς ὕστερον ἐνθεῖναι. ἀπὸ τῶν συνθηκῶν τῶν Ἀθήνησι γενομένων πρὸς τοὺς καταλαβόντας. Φυλὴν δὲ, τὸν δῆμον, ἀφ' οὗ Φυλάσιοι. — συνέθεντο γὰρ μετὰ τὸ μεταγαγεῖν μὴ μνησικακῆσαι. Φυλὴ δὲ τόπος οὕτω καλούμενος. V. Ἄλλως. Θρασύβουλος βουλόμενος καταλῦσαι τοὺς λ' καταλαβὼν Φυλὴν, τόπον τινὰ, κἀκεῖσε συμμάχους λαβὼν, κατέλυσε. καὶ ἐπεὶ ἀλαζονικὸν ἐφθέγξατο, ἤκουσε, μὴ μνησικακήσῃς, καὶ ἐγένετο παροιμιακόν. Φυλὴ δὲ, δῆμος τῆς Ἀττικῆς, καὶ οἱ ἐνοικοῦντες Φυλάσιοι. τὸ δὲ, εἰ σὺ Φυλὴν κατέλαβες, ἀντὶ τοῦ, εἰ ἐπλούτησας, εἰ μέγας γέγονας, Φυλὴν καταλαβόμενος, καὶ τοὺς λ' τυράννους μεταχειρισάμενος. Φυλὴ γὰρ τόπος οὕτω καλούμενος. περὶ δὲ Θρασυβούλου εἴρηται διὰ τὸ ἐπαινεῖσθαι, ὅτι ἐκεῖ ἐφόνευσε τοὺς λ' τυράννους.)

[Φυλὴν κατέλαβες : Προεγράφη ὄπισθεν [ad v. 550] ἡ ἱστορία, ὅπως Λακεδαιμόνιοι Ἀθηναίοις τριάκοντα τυράννους κατέστησαν, Ἀθηναίους ὄντας καὶ αὐτούς· οἳ τοὺς Ἀθηναίους κακῶς ἐποίουν τοὺς ὁμοφύλους καὶ συμπολίτας. ἀλλὰ Θρασύβουλός τις Ἀθηναῖος φιλόπατρις καὶ μισοτύραννος Φυλὴν κατέλαβε χωρίον τῆς Ἀττικῆς μετὰ ὀκτακοσίων ἀνδρῶν, καὶ συμβαλὼν τοῖς τριάκοντα καὶ τοῖς μετ' αὐτῶν νικᾷ τε αὐτοὺς καὶ τὴν πόλιν τῆς τυραννίδος ἠλευθέρωσεν. ἐπεὶ δὲ ἦσαν τινὲς ἐν τῇ πόλει, πρὸς οὓς ἐφέροντο καλῶς οἱ τύραννοι, ὅτε ἦρχον, οὗτοι τοὺς ἀναιρέτας τῶν τυράννων δεδιότες, ἡνίκα τινὶ αὐτῶν συναντήσειαν, ἔλεγον, μὴ μνησικακήσῃς, εἰ σὺ Φυλὴν κατέλαβες· ὅθεν καὶ ψήφισμα ἔθεντο ἀλλήλους μὴ μνησικακεῖν Εὐκλείδου δημαγωγήσαντος. φησὶ δὲ Ἑρμῆς, ὦ Καρίων, μὴ μνησικακήσῃς ἐμὲ ἕνεκεν τῶν ὄπισθεν· ὡς οὐδὲ οἱ μετὰ Θρασυβούλου τοὺς μετὰ τῶν τυράννων, εἰ κατέλαβες τὴν Φυλὴν, ὡς ὁ Θρασύβουλος· τουτέστιν, ἐὰν ἐπλούτησας. LB. μὴ : Ὅρα ἵνα. μνησικακήσῃς : Ὀργισθῇς. Φυλὴν : Τήν. τὸ χωρίον. κατέλαβες : Εὗρες. *LB*. φιλὴν : Ὄνομα τόπου. *Dv*. εἰ σὺ φ. κ. : Τουτέστι εἰ ἐπλούτισας. *P*.]

1147. σύνοικον : Μεθ' ὑμῶν. πρὸς θεῶν : Ἕνεκεν τῶν. *LB*.

1148. ἀπολιπὼν : Ἀφείς (*Dv*.). ἐνθάδε μενεῖς : Ἐνταῦθα προσκαρτερήσεις. *LB*.

1149. τὰ γὰρ : Ναί (Θ. *Dv*). τὰ παρ' ὑμῖν : Τὰ ἐνταῦθα. βελτίω πολύ : Κρείττονα κατὰ πολύ. *LB*. κρείττονα τῶν ἐν θεοῖς. Θ. *Dv*.

1150. [ταὐτομολεῖν : Αὐτόμολός ἐστιν ὁ οἰκείᾳ θελήσει λιπὼν ἐκείνους, μεθ' ὧν ἦν, καὶ πρὸς ἄλλους ἐλθών. τὸ ἐξέρχεσθαι ἀπὸ τῶν οἰκείων, καὶ εἰσέρχεσθαι πρὸς τοὺς ἀλλοτρίους, ἀστεῖόν ἐστιν. Br. αὐτομολεῖν : Τὸ ἐνταῦθα ἐλθεῖν καὶ διατρίβειν. ἀστεῖον : Πεπαιδευμένον. *P*. φρόνιμον, καλόν. *LB*. καλὸν, χάριεν. Θ. χαρίεν. *Dv*.

1151. πατρὶς γὰρ : παρὰ τὴν παροιμίαν· ὅπου γὰρ ἀγαθόν ἐστιν, ἐκεῖ μοι πατρίς. V. ναί. πᾶσ' : Ὅλοις τοῖς ἀνθρώποις. *LB*. ἵν' : Ὅπου. *Dv*. ἵν' ἂν : Ὅπου εὐτυχῇ. *P*. πράττῃ τις εὖ : Εὐτυχῇ. *LB*. εὐημερῇ. *Dv*. πᾶσι. ὅπου. πάσχῃ. Θ.

1152. ὄφελος : Ἤγουν ὠφέλεια. *Dv.*

1153. στροφαῖον : [Ἐπὶ ἀποτροπῇ τῶν ἄλλων κλεπτῶν. στροφαῖος, παρὰ τὸ στρέφεσθαι καὶ πανουργεῖν. λέγεται δὲ ὁ Ἑρμῆς, στροφαῖος, ἐμπολαῖος, κερδῷος, δόλιος, ἡγεμόνιος, ἐναγώνιος, διάκονος. Ἄλλως.] (στροφὸν, ἐπεὶ στροφοὶ λέγονται οἱ συμπεπλεγμένοι λόγοι καὶ δολεροί. Ἄλλως.) στροφαῖον ἐκάλουν ἱδρυμένον παρὰ τῇ θύρᾳ [τὸν] δαίμονα· ἅμα δὲ παρὰ τὸ στρέφειν τὰ πράγματα· οἱ δὲ τοῦτο ποιοῦντες πανοῦργοι λέγονται. ἔστι δὲ ἐπωνυμία Ἑρμοῦ, παρὰ τὸ ταῖς θύραις ἱδρύσθαι ἐπὶ φυλακῇ τῶν ἄλλων κλεπτῶν· (οὗτοι γὰρ ὀπίσω τῶν θυρῶν εἰώθασι καὶ ἀναδύεσθαι καὶ ὅλως πανουργεύεσθαι.) — στροφαῖον : Πυλωρὸν, ἔνθα καὶ ἔνθα στρεφόμενον. Θ. *Dv.* στρεφόμενον. ἱδρύσασθε : Ποιήσατε. *LB.* πυλωρόν. *P.* ἐπωνυμία ἐστὶ τοῦτο τοῦ θεοῦ· παρὰ τὸ ταῖς θύραις ἱδρύσθαι ἐπὶ φυλακῇ τῶν ἄλλωιν κλεπτῶν. στροφαῖον οὖν περὶ τὴν θύραν ἀντὶ τοῦ φύλακα τῆς θύρας ἀπὸ τῆς στρόφιγγος. ὁ δὲ θεράπων τὸ στροφαῖον ἐπὶ τῶν δολίων καὶ συμπεπλεγμένων λόγων ἐκλαμβάνει· ἐπεὶ σημαίνει καὶ τοῦτο ἡ λέξις· στροφαῖον γὰρ φαμὲν ἄνθρωπον, τὸν εἰδότα συμπλέκειν καὶ στρέφειν λόγους καὶ μηχανάς. P.

1154. στροφαῖον : Πανοῦργον. *P.* στροφαῖον ; Ποιήσομέν σε ; *LB.* ἀλλ' οὐκ ... στροφῶν : ἀντὶ τοῦ οὐ χρεία ἐστὶ πανουργεῖν. R. V. χρεία ὑπάρχει οὐδαμῶς ἡμῖν κινήσεων. *LB.* ἀλλ' οὐδεμία ἐργασία ἐστὶ δολιοτήτων. *P.* στροφῶν : Πανουργιῶν καὶ ποικιλίας καὶ στροφῶν λόγων. Θ.

(1155.) ἀλλ' ἐμπολαῖον : Πραγματευτὴν, ἢ ἀντὶ τοῦ ἀγοραῖον, καὶ τῆς καπηλείας προεστῶτα. παλιγκάπηλοι δὲ λέγονται οἱ τὰ αὐτὰ πωλοῦντες καὶ ἀγοράζοντες. Ἄλλως. πέντε εἰσὶν αἱ διαφοραὶ τῶν πωλούντων, αὐτοπώλης, κάπηλος, ἔμπορος, παλιγκάπηλος, μεταβολεύς. καὶ ἔστιν αὐτοπώλης μὲν ὁ ἐν τῇ ἰδίᾳ χώρᾳ πωλῶν τὴν ἑαυτοῦ πρόσοδον· κάπηλος δὲ ὁ ἀγοράζων ἀπὸ τοῦ αὐτοπώλου καὶ πωλῶν ἐν τῇ χώρᾳ ἐν ᾗ ἠγόρασεν· ἔμπορος δὲ ὁ ἀγοράζων καὶ ἐπὶ ξένης πωλῶν· [ἢ ἀπὸ τοῦ αὐτοπώλου ἢ ἀπὸ τοῦ καπήλου.] παλιγκάπηλος δὲ ὁ ἀπὸ τοῦ ἐμπόρου ἀγοράζων καὶ πωλῶν. μεταβολεὺς δὲ ὁ κατὰ τὴν κοτύλην πωλῶν, ὥσπερ οἱ νῦν λεγόμενοι κάπηλοι· εἴρηται δὲ παρὰ τὸ συνεχῶς μεταβάλλειν. καὶ αὗται μέν εἰσιν αἱ σημασίαι κυρίως τῶν πωλούντων· καταχρηστικῶς δὲ πᾶς πωλῶν κάπηλος λέγεται. — ἀλλ' ἐμπολαῖον : Ποιήσατε πράτην. *LB.* πραγματευτήν. *Dv.* πραγματευτικόν. *P.*

1156. Ἑρμῆν : Τόν. παλιγκάπηλον : Τὸν μεταπράτην. *LB.* καπηλεύοντα τὰ πωλούμενα. Θ. *Dv.* δεῖ : Ἀπόκειται. ἢ πρέπον ἐστί. *LB.*

1157. δόλιον : Ἔφορον τοῦ δόλου ποιήσατε. ἥκιστά γε : Ποιήσομέν σε οὐδαμῶς. *LB.* οὐδαμῶς. Θ.

1158. Ἔργον : Χρεία ἐστὶν ἡμῖν. ἁπλῶν τρόπων : Ἀδολιεύτων ἠθῶν. *LB.*

1159. ἀλλ' ἡγεμόνιον : Κατὰ χρησμὸν οἱ Ἀθηναῖοι ἡγεμόνιον Ἑρμῆν ἱδρύσαντο. παρὰ δὲ τὸ τοῖς τυφλοῖς τοὺς βλέποντας ἡγεῖσθαι, ἐπήνεγκε δὲ ἐπὶ τοῦ Πλούτου, φάσκων αὐτὸν ἤδη βλέπειν, καὶ μὴ δεῖσθαι ὁδηγοῦ. — ἡγεμόνιον : Προοδοποιόν. Θ. *Dv.* προοδοποιὸν ποιήσατε. *LB.* ὁδηγόν. *P.* ὅτι ὁ Ἑρμῆς καὶ ὁ λόγος καὶ τὸ λογικὸν ἡγεμονεύει τεχνῶν καὶ πρακτικῶν, ὑποτιθεὶς ἑκάστῳ καὶ ἐφευρήσεις καὶ πανουργίας καὶ ἀφορμάς. ἡγεμόνιος δὲ λέγεται καὶ ὁ ὁδηγὸς τῶν τυφλῶν· διὸ φησὶ, Ἀλλ' ὁ θεὸς ἤδη βλέπει. LB. ὁ θεὸς : Ὁ Πλοῦτος. *LB.* ἤδη : Ἀπὸ τοῦ νῦν. *Dv.* ἀντὶ τοῦ ὁ Πλοῦτος. ὥστε μὴ δεῖσθαι ἡγεμόνος καὶ ὁδηγοῦ. R.

1160. ἡγεμόνος : Τινὸς ὁδηγοῦ (*Dv.*). οὐδὲν : Οὐδαμῶς (*Dv.*). δεησόμεθ' ἔτι : Χρείαν ἕξομεν εἰς τὸ ἑξῆς. *LB.* εἰς χρείαν ἔλθωμεν. *Dv.*

1161. ἐναγώνιος : Ἐπιστάτης τῶν ἀγώνων καὶ πανηγύρεων. *LB.* ἀγῶνας καὶ πανηγύρεις ἐργαζόμενος. εἰς ἀνατροπὴν τούτου. Θ. *Dv.* μοῖραν γὰρ ἐν τοῖς ἀγῶσιν ἔχει ὁ Ἑρμῆς. R. V. P. ἐρεῖς : Λέξεις. *LB.* λέγεις. *Dr.*

1162. συμφορώτατον : Λίαν συμφέρον. *LB.* ἁρμοδιώτατον. *Dv.* ἀντὶ τοῦ ἁρμόδιον. *R. V.* Θ.

1163. μουσικοὺς : Λογικούς. *P.* μουσικὰς : Χορούς. *Dv.* γυμνικούς : Παλαίστρας, δρόμους καὶ τὰ τούτοις ὅμοια. Θ. παλαίστρας. *Dv.* χοροὺς, ὀρχήσεις, παλαίστρας, δρόμους καὶ τὰ τοιαῦτα. *P.* χοροὺς καὶ ὀρχήσεις. Θ.

1164. ὡς : Λίαν, ὄντως. Θ. *Dv.* ὡς ἀγαθὸν : Λίαν συμφέρον. *LB.* ἐπωνυμίας : ὡσανεὶ ἔλεγε πολλὰ ὀνόματα ἔχειν. R. ὀνομασίας (*LB.*). ἔχειν : Κρατεῖν. *Dr.*

1165. ἐξεύρηκεν : Διὰ τῶν πολλῶν ἐπωνυμιῶν. Θ. *Dv.* βιότιον : βίον, ὑποκοριστικῶς. R. V. μικρὰν ζωήν. Θ. *LB.* *Dv.*

1166. οὐκ ἐτὸς ἅπαντες : Ὡσανεὶ ἔλεγεν, οὐ ματαίως ἄρα σπεύδουσι πολλὰ ὀνόματα ἔχειν, ἵνα, ἐὰν ἀποτύχωσιν ἑνὸς, εἰς ἄλλο δικάσωσι δικαστήριον. (ὁ τούτων νοῦς ἐκ τῶν προειρημένων [ad v. 277] περὶ τῆς κληρώσεως τῶν γραμμάτων καὶ τῶν δικαστηρίων δῆλος. ἐποίουν δὲ τοῦτο οἱ δικάζοντες, ἵνα, ἐὰν ἀπολειφθῶσιν ἑνὸς, ἐν τῷ ἄλλῳ δικάσωσι, τὸν πεσσὸν καὶ εἰς τόδε καὶ εἰς τόδε ἐμβάλλοντες τῶν δικαστηρίων.) — οὐκ ἐτὸς : Οὐ ματαίως. *LB.* οὐ μάτην, οὐ ψεκτῶς. *P.* — ἐτὸς : Μάτην. Θ. *Dv.* πάντες : Ὅλοι. οἱ δικάζοντες : Οἱ κριταί (*Dv.*). θαμὰ : Συνεχῶς (Θ.). *LB.* οὐκ ἐτὸς ἅπαντες : Οὐ ματαίως ἄρα οἱ ἐν ταῖς Ἀθήναις, φησὶ, δικάζοντες σπεύδουσιν ἐν πολλοῖς γεγράφθαι γράμμασιν ἐν τοῖς δικαστηρίοις. περὶ δὲ τῶν γραμμάτων καὶ δικαστηρίων Ἀθηναίων ἔφημεν ὄπισθεν, πῶς ἐν ἑκάστῳ ἦν γεγραμμένον στοιχεῖον· ἐν μὲν τῷ τοῦ Ἀρεοπάγου δικαστηρίῳ πρὸ τῶν θυρῶν ἐπεγέγραπτο α'· ἐν δὲ τῇ Ἡλιαίᾳ η'· ἐν δὲ τῷ ἐν Φρεαττοῖ δ', καὶ ἐν τοῖς λοιποῖς ὡσαύτως· διὰ τοῦτο ἔφη, σπεύδουσιν ἐν πολλοῖς γεγράφθαι γράμμασιν. LB.

1167. (γεγράφθαι : Ἀντὶ τοῦ ὠνομάσθαι, ὥστε καὶ ἡλιαστὰς εἶναι καὶ πανταχοῦ ἑαυτοὺς ἐγγραφῆναι σπουδάζοντες. βούλονται δὲ ἐν Ἀρείῳ πάγῳ, βούλονται δὲ καὶ ἐν ἄλλῳ δικαστηρίῳ ἀναστρέφεσθαι, διὰ τὸ μὴ ἀργεῖν

δλοος.) — σπεύδουσι : Σπουδάζουσι. γεγράφθαι : Ἐγγράφεσθαι. *LB.* γράμμασι : Δικαστηρίοις. Θ. δικαστηρίων. *Dv.* ἐν πολλοῖς γεγρ. γρ. : Ἐγγεγραμμένοι εἶναι δικαστηρίοις. *Br.* ὠνομάσθαι ἐν πολλοῖς δικαστηρίοις. *Paris.*

1168. οὐκοῦν : Λοιπὸν βούλει ἵνα. *LB.* τὸ λοιπόν. *Dv.* εἰσίω : Εἰσέλθω. Θ. *LB. Dv.* καὶ πλῦνέ γε : Ναί. *Dv.*

1169. τὸ φρέαρ : Τὸ πηγαδί. *LB.*

1170. ἵν' εὐθέως : τοιοῦτος γὰρ ὁ Ἑρμῆς, ὡς Ὀδυσσεύς· « Ἑρμείας δ' οὐκ ἔστι διάκτορος. » V. ὅπως παρευθὺς ὑπηρέτης καλὸς ὑπάρχειν φαίνῃς. *LB.* διακονικός διακόνου διαφέρει· διάκονος μὲν γάρ ἐστιν ὁ ὑπηρέτης· διακονικός δὲ ὁ δυνάμενος ὑπηρετεῖν. LB.

1171. [τίς ἂν φράσειε : Κορωνὶς ἑτέρα ὁμοία ἐν ἐκθέσει τοῦ δράματος. οἱ δὲ στίχοι ἰαμβικοὶ τρίμετροι ἀκατάληκτοι λζ', ὧν τελευταῖος

τῆς γραὸς ἐπιπολῆς ἔνεισιν αἱ χύτραι.

ἑξῆς δὲ τούτων καὶ τελευταῖοι παντὸς τοῦ δράματος στίχοι ἀναπαιστικοὶ τετράμετροι καταληκτικοὶ β'. ἑξῆς δ' αὖ τούτων ἡ κορωνὶς ἡ καὶ τὸ δρᾶμα περατοῦσα.]

ὁ τοῦ Διὸς ἱερεὺς παραγέγονεν πεινῶν καὶ αὐτὸς καὶ μηδὲν ἔχων φαγεῖν. τοῦ Πλούτου γὰρ ἀναβλέψαντος παρορῶνται καὶ οἱ ναοὶ αὐτοί. V. φράσειε : Εἴποι. σαφῶς : Φανερῶς. *LB. Dv.* ἐνταῦθα σύναπτε τὸ ἐμοὶ καὶ τὸ σαφῶς. Θ.

1172. ὦ βέλτιστε : Ὦ κάλλιστε. τί γὰρ ἄλλ' : Ἐστίν. ἢ : Παρό. κακῶς : Ἔχω. *LB.* καλῶς : Ἔχω δηλαδή. *Dv.* λείπει τὸ ἔχω. R.

1173. ἀφ' οὗ : Καιροῦ. *LB.* δι' οὗτινος. *Dv.*

1174. ἀπόλωλα : Ἐφθάρην. *LB.* ἐφθάρηκα. *Dv.* λιμοῦ : Τοῦ. τῆς πίνης. *LB. Dv.*

1175. τοῦ σωτῆρος : Ἐν ἄστει Δία σωτῆρα τιμῶσιν, ἔνθα καὶ σωτῆρος Διός ἐστιν ἱερόν· τὸν αὐτὸν δὲ ἔνιοι καὶ ἐλευθέριόν φασι.

1176. τίς : Ποταπὴ τοῦ λιμώττειν σε. ὦ : Ἱερεῦ. πρὸς : Ἕνεκεν. *LB.* τοῦ μὴ ἔχειν σε. ἱερεῦ. Θ.

1177. θύειν : Θυσιάζειν. *LB. Dv.* τίνος ἕνεκα : Χάριν. *Dv.*

1179. ὁ μὲν : Τίς. ἥκων : Ἐλθών. *LB.* ἦλθον. *Dv.* ἔμπορος : Ἤγουν πραγματευτής. *LB. Dv.* Πραγματευτής, κυρίως ὁ κατὰ θάλατταν. Θ.

1180. (ἔθυσεν ἱερεῖόν τι σωθείς : Ἀντὶ τοῦ θυσίας ἐπετέλει· ἢ ἐξιλεοῦτο τὸ θεῖον ἐπὶ τοῖς μέλλουσι.) [μετεκάλει δ' εἶπε τὸν ἱερέα, ἐπειδὴ νόμος ἐστὶ τὰ ὑπολειπόμενα τῆς θυσίας τὸν ἱερέα λαμβάνειν.] — ἔθυσεν : θυσίας ἐπετέλεσεν. R. ἑόρταζεν ἐν τῷ οἴκῳ καὶ θυσίαν ἐποίει. Θ. ἤγουν ἐθυσίαζεν. *Dv.* ἱερεῖον : Θῦμα. σωθείς : Φυλαχθείς. *LB.* ἐκ χειμῶνος. Θ. *Dv.* ὁ δέ τις : Ἄλλος. *LB.*

1181. δίκην : Κρίσιν. *LB.* κατὰ δίκην. *Dv.* ἀποφυγών : Ἔθυσεν. *LB.* δίκην ἀπ. : Κρίσιν, τιμωρίαν διαδράς. *P.* ὁ δ' ἂν : Ἄλλος. *LB.* ἐκαλλιερεῖτο : Ἐθυσίαζε. *LB. P.* ἑόρταζεν ἐν τῷ οἴκῳ. *Dv.*

1182. μετεκάλει : Μετεπέμπετο. τὸν ἱερέα : Ἐμέ. *LB.* τοῦ Διὸς δηλαδή. *Dv.*

1183. θύει : Θυσιάζει. τὸ παράπαν : Τὸ παντελῶς. *Dv.* παντελῶς (Θ). εἰσέρχεται : Ἐν τῷ ναῷ θυσιάζων. *LB.*

1184. πλὴν : Εἰ μή. ἀποπατησόμενοι : Χέζοντες. *LB. Dv.* εἰ μὴ χέσοντες. Θ. τὰ ἀφοδήματα ἀπορρίψοντες. *P.* ἀπόπατος λέγεται τὸ ἀφοδευτήριον, καὶ ἡ αὐτὴ ἡ ἀπόκρισις τῶν περιττῶν. λέγεται δὲ πάτος ἡ τροφή· ὅθεν καὶ πάσασθαι τὸ φαγεῖν· ἐκ τούτου οὖν ἡ ἀπόκρισις τῶν περιττῶν λέγεται ἀπόπατος. LB. πάτον λέγουσι μὲν καὶ τὴν πεπατημένην ὁδὸν, καὶ κατατετριμμένην, ἀπὸ τοῦ πατεῖσθαι, περὶ ἧς καὶ Ὅμηρος λέγει [Il Z, 201] « πάτον ἀνθρώπων ἀλεείνων. » λέγεται δὲ καὶ πάτος καὶ ἡ τροφὴ, ὅθεν καὶ πάσασθαι τὸ φαγεῖν, καὶ ἐξ αὐτοῦ ἀπόπατος, ἡ ἔκκρισις καὶ ἀποσκυβάλισις τοῦ πάτου καὶ τῆς τροφῆς. ἤγουν καὶ ἐπεὶ παρά τισι πάτος λέγεται ὁ πρωκτὸς, εἰκότως ἀποπατεῖν λέγεται καὶ τὸ ἐκ τοῦ πρωκτοῦ τὰ σκύβαλα ἀπορρίπτειν. Vict. πλεῖν : Πλέον. *LB. Dv.* ἢ : Παρό. χίλιοι : Πολλοί. *LB.*

1185. οὐκοῦν τὰ νομιζόμενα : [Τῶν ἀφοδευμάτων, παίζων, τοῦτο δὲ δέον εἰπεῖν, τὸ δέρμα καὶ τὰς κωλᾶς,] ἐπειδὴ νόμος ἐστὶ τὰ ὑπολειπόμενα τῆς θυσίας τὸν ἱερέα λαμβάνειν. Ἄλλως. τὰ ἔθιμα τῶν παρεχομένων τοῖς ἱερεῦσι δέρματα καὶ κωλαῖ. φησὶν οὖν ὅτι καὶ τῆς κόπρου τὰ νομιζόμενα λαμβάνεις, [τὰ ἔθη σκώπτων]. — τὰ νομιζόμενα : Τὰ συνήθη καὶ ἃ ἐκ νόμου τοῖς ἱερεῦσι λαμβάνειν δέδοται. παίζει δέ. Θ. τὰ ἐκ νόμου συνήθη. *LB.* συνήθη. *Dv.* τὰ κατὰ τοὺς νόμους ὀφειλόμενα. *Br.* τὰ ἔθιμα, τὰ κατὰ νόμους ἀνήκοντα. *P.* νόμος ἦν τὰ ὑπολειπόμενα τοῦ ἱερείου τὸν ἱερέα λαμβάνειν, δέρματα καὶ κωλᾶς. παίζων οὖν κἀνταῦθα φησὶ λαμβάνειν αὐτὸν τὰ νομιζόμενα ἐκ τῶν ἀφοδευμάτων. Br

1186. καὐτός μοι δοκῶ : Νομίζω συμφέρειν. *LB.*

1187. χαίρειν ἐάσας : εὐφήμως εἶπε τὸ χαίρειν. V. φθείρεσθαι ἀφείς. *LB. Dv. Br.* φθείρεσθαι. Θ.

1188. θάρρει : Ἔχε θάρρος (*Dv.*). καλῶς ἔσται : Τὰ σὰ γενήσεται. *LB.* ταῦτα καλῶς γενήσονται. *Dv.*

11 '. ὁ σωτὴρ : τὸν Πλοῦτον λέγει. R. τὸν Πλοῦτον ἐνταῦθά φησι. V. ἤγουν ὁ Πλοῦτος. Θ *Dv.* πάρεστιν ἐνθάδε : Ἐνταῦθ' ἐστίν. *LB.*

1190. αὐτόματος : Αὐτόκλητος. *LB.* αὐτοπροαίρετος. ἀπὸ τοῦ αὐτός καὶ τοῦ μῶ, τὸ ὁρμῶ. ἔστι δὲ φιλόσοφος λέξις. *P.* τὸ αὐτόματος γίνεται ἀπὸ τοῦ αὐτός καὶ τοῦ ἵημι, τὸ ἔρχομαι, ἤγουν ὁ ἀφ' ἑαυτοῦ ἐρχόμενος. *Vict.* ἥκων : Ἐλθών. ἀγαθὰ : Τά. τοίνυν : Λοιπόν. λέγεις : Ἐμοί. *LB.*

1191. τὸ ἐξιδρυσόμεθα τὸν Πλοῦτον. R. ἱδρυσόμεθ' : Στήσομεν. Θ. *Dv.* ποιήσομεν, στήσομεν. *LB.* ἱδρυσόμεσθ' : Καθιδρύσομεν, ἐγκαταστήσομεν. *P.* ἱδρύω τὸ καθιδρύω, τουτέστιν ἢ ναὸν ἀνεγείρω, ἢ ἄγαλμα καθιστῶ. *Vict.* ἱδρυσόμεθ' οὖν : Ὄπισθεν τοῦ ἱεροῦ τῆς Ἀθηνᾶς τὸ τῶν Ἀθηναίων ἦν θησαυροφυλάκιον· φησὶν οὖν τὸν Πλοῦτον, ἤτοι ἀφιερώσομεν αὐτὸν ἐκεῖσε, καὶ

ἀναθήσομεν, οὗπερ ὑπῆρχε πρότερον ἱδρυμένος, ἤγουν πεποιημένος καὶ ἀνατεθειμένος. σὺ δὲ περίμενε, διὰ μέσου. φυλάττων ὁ Πλοῦτος τὸν ὄπισθεν οἶκον τῆς θεοῦ. LB. αὐτίκα μάλ' : Συντόμως λίαν. περίμενε : Πρόσμενε. *LB.* τοῦτο διὰ μέσου. Θ.

1192. οὗπερ : Ἐκεῖ ὅπου. ἦν ἱδρυμένος : Ὑπῆρχεν κατεσκευασμένος, ἱστάμενος. *LB.* ἱστάμενος, καθήμενος. Dv. ἀφιερωμένος. *P.*

1193. τὸν ὀπισθόδομον ἀεὶ φυλάττων : Ὀπίσω τοῦ νεὼ τῆς καλουμένης πολιάδος Ἀθηνᾶς διπλοῦς τοῖχος ἔχων θύραν, ὅπου ἦν θησαυροφυλάκιον. (Ἄλλως.) ἐπεὶ τὰ χρήματα ἐν τῷ ὀπισθοδόμῳ ἀπέκειτο. μέρος δέ ἐστι τῆς ἀκροπόλεως, [ἔνθα ἦν ταμιεῖον, ὄπισθεν τοῦ τῆς Ἀθηνᾶς ναοῦ]. τῆς Ἀθηνᾶς δηλονότι. εἰς τὴν ἀκρόπολιν ἀνέφερον τὰ χρήματα, κἀνταῦθα ἐφυλάττοντο, καθὰ καὶ Θουκυδίδης φησὶν ἐν τῇ δευτέρᾳ [C. 13] οὕτως « ὑπαρχόντων δὲ ἐν τῇ ἀκροπόλει ἀεί ποτε ἀργυρίου « ἐπισήμου ἑξακισχιλίων ταλάντων· τὰ γὰρ πλεῖστα « τριακοσίων ἀποδέοντα περιεγένετο, ἀφ' ὧν ἔς τε τὰ « προπύλαια τῆς ἀκροπόλεως καὶ ἐς καὶ τἄλλα οἰκοδο- « μήματα, καὶ ἐς Ποτίδαιαν ἐπανηλώθη. »

τὸν ὀπισθόδομον : Τὸ ὄπισθεν τοῦ οἴκου, ἤγουν τοῦ ναοῦ. *LB.* τὰ ὄπισθεν τοῦ δόμου. *Dv.* τὸν ὄπισθεν τοῦ ναοῦ. *P.* τῆς θεοῦ : Τῆς Ἀθηνᾶς. *LB. P.*

1194. (ἀλλ' ἐκδότω τις δεῦρο : Ὅτι Λυκόφρων, ὡς ὁ Ἐρατοσθένης φησίν, ᾠήθη πρῶτον τοῦτον δᾷδας ᾐτηκέναι. πεποίηκε δὲ καὶ ἐν Ἐκκλησιαζούσαις αὐτό. ἀλλὰ γὰρ Στράττις πρὸ ἀμφοτέρων τούτων τοὺς Ποταμίους διδάσκων εἰς Φιλύλλιον ἀναφέρει τὸ πρᾶγμα·

ὑμεῖς τε πάντες ἔξιτ' ἐπὶ τὸ Πύθιον,
ὅσοι πάρεστε μὴ λαβόντες λαμπάδας
μηδ' ἄλλο μηδὲν ἐχόμενον Φιλυλλίου.)

ἐκδότω : Ἔξω δότω ἡμῖν. δεῦρο : Ἐνταῦθα. ἡμμένας : Πῦρ ἐχούσας. *LB.* ἁπτομένας. Θ. *Dv.*

1195. ἵν' ἔχων προηγῇ τῷ θεῷ : Τοῦτο δὲ εἶπεν ὡς μέλλοντος προϊέναι τοῦ Πλούτου. — ἵν' ἔχων : Ὅπερ κρατῶν. *LB.* ἔχων : Κρατῶν. *Dv.* κατέχων. *P.* προηγῇ σὺ τῷ θεῷ : Προοδοποιῇς τῷ Πλούτῳ. *LB.* προηγῇ : Προοδοποιεῖ ὦ ἱερεῦ. *Dv.* πρ. τῷ θεῷ : Ἡγεμὼν γένῃ τῷ θεῷ. *P.* πάνυ μὲν οὖν : Λίαν χρὴ τοῦτο ποιῆσαι. *LB.*

1196. δρᾶν : Ποιεῖν. χρὴ : Πρέπει. *LB.* κάλει : ἀντὶ τοῦ καλέσει. *V.*

1197. (τὰς χύτρας, αἷς τὸν θεὸν : Ἔθος γὰρ ἦν ἐν ταῖς ἱδρύσεσι τῶν ἀγαλμάτων ὀσπρίων ἡψημένων χύτρας περιπομπεύεσθαι ὑπὸ γυναικῶν ποικίλως ἠμφιεσμένων·) [καὶ τούτων ἀπήρχοντο χαριστήρια τοῖς θεοῖς ἀπονέμοντες.] — ποιῶ : Ποιήσω. *LB.* τὰς χύτρας : Τὰ τζυκάλια. *Dv.* τὰς χύτρας : Ἀφιεροῦντές τι ἐν ναοῖς, ἢ καθιδρύοντες αὐτοὺς ἔθος εἶχον προσάγειν χύτρας ἀθάρας καὶ σεμιδάλεως μεστάς, ἢ πελάνων καὶ ὀσπρίων ἀληλεσμένων· προωδοποίουν δὲ φέρουσαι ταῦτα ἐπὶ κεφαλῆς γυναῖκες σεμναί τινες. LB. αἷς : Δι' ὧν. τὸν θεὸν · Τὸν Πλοῦτον. *LB.*

1198. ἐπὶ τῆς κεφαλῆς : Ἐπειδὴ, ὁπότε μέλλοιεν βωμοὺς ἀφιδρύειν, ἢ ἄγαλμα θεοῦ, ἕψοντες ὄσπρια ἀπήρχοντο τούτων τοῖς ἀφιδρυμένοις, εὐχαριστήρια ἀπονέμοντες τῆς πρώτης διαίτης· ὅθεν καὶ ἐν ταῖς Δαναΐσι

μαρτύρομαι δὲ Ζηνὸς ἑρκείου χύτρας
παρ' αἷς ὁ βωμὸς οὗτος ἱδρύθη ποτέ.

ἱδρυσόμεθα : Τάξομεν, κατασκευάσομεν. *LB.* στήσομεν. *Dv.* ἐπὶ : Ἐπάνω. τῆς κεφαλῆς : Τῆς σῆς. φέρε : Βάσταζε. *LB.* ἄγε. *Dv.*

1199. [αὕτη ποικίλα : Λείπει τὸ ἱμάτια, ἵν' ᾖ ποικίλα ἱμάτια ἔχουσα σεμνῶς ἦλθες. πορφυροῖς γὰρ καὶ ποικίλοις ἱματίοις ἐπόμπευον. δεῖ δὲ ὑπονοεῖν, ὅτι ἡ γραῦς ἐβιάσατο καὶ συνεισῆλθε τῷ νεανίσκῳ· καὶ ὅτι ἡ γραῦς ποικίλα ἦλθεν ἔχουσα ἱμάτια.] — σεμνῶς : Εὐτάκτως. *LB.* ἐντίμως, μεγαλοπρεπῶς. Θ. ἐντίμως. *Dv.* ἔχουσα : Φοροῦσα. *LB. Dv.* αὕτη : Σύ. ποικίλα : Διάφορα ἱμάτια. *LB.* ἱμάτια. *Dv.* λείπει ἱμάτια. *R.* Θ.

1200. ὧν δ' οὕνεκ' : Ὧν τινῶν χάριν· τί γενήσεται; *LB.* πάντα : Ἃ βούλει. *Dv.* πεπράξεται : Πραχθήσεται. *LB.* γενήσεται. *Dv.* τί γενήσεσαι. ἃ βούλει γενήσεται. Θ.

1201. ἥξει : Ἐλεύσεται. *LB.* ἔλθῃ. *Dv.* ὡς σε : Εἰς σέ. Θ.

1202. εἴγε μέντοι : Εἴπερ ὅμως. νὴ Δί' : Μὰ τόν. ἐγγυᾷ : Ἐγγύην δίδως. *LB.* ὑπόσχῃ. *Dv.* ἀντὶ τοῦ ἔγγυον καὶ ὑπόσχεσιν δίδως. *P.* ἐγγυᾷ ἐνεργητικῶς· ἐπὶ γαμικοῦ συναλλάγματος. οἷον ἐγγυᾷ ὁ δεῖνα τῷ δεῖνι τὴν ἑαυτοῦ θυγατέρα. ἐγγυῶμαι δέ σοι παθητικῶς ἀντὶ τοῦ ὑπισχνοῦμαί σοι. ὅθεν καὶ ἐγγύη ἡ ὑπόσχεσις. P. Vict.

1203. ἥξειν : Ἐλθεῖν. οἴσω : Κομίσω. *LB. Dv.* τὰς χύτρας : Τὰ τζυκάλια. *LB.*

1204. μὴν : Λοιπόν. *LB.*

1205. αὗται : Αἱ χύτραι. ταῖς ἄλλαις χύτραις : Τῶν ἄλλων χυτρῶν. *LB.*

1206. ἡ γραῦς ἔπεστ' ἀνωτάτω : (Ἐν τῷ ὑπερζεῖν τὰ μαγειρευόμενα ὄσπρια.) γραῦς γὰρ καλεῖται ὁ ἀφρὸς ὁ ἀνώτατος τῶν χυτρῶν, (ἢ τὸ ἐπιπηγνύμενον ἐλαιῶδες τῷ ζωμῷ, ἢ ἐπιφάνεια τῆς ἀθάρης. τὸ δὲ, οὐκ ἔτι τοίνυν καὶ τὰ ἐφεξῆς) ἐκ τοῦ ποιητοῦ διὰ τοῦ χοροῦ. — ἡ γραῦς : Τὸ λίπος. *LB.* ἡ κοινῶς ἄθη. LB. ὁ ἀφρός. φασὶ γὰρ ἰδιωτικῶς τὸν ἀφρὸν γραῦν διὰ τὸ λευκόν. Θ. ἤγουν ὁ ἀφρὸς διὰ τὸ λευκόν. *Dv.* ἔπεστ' ἀνωτάτω : Ἐπάνω. Θ. ἐπάνω ὑπάρχει. *LB.* ἡ γραῦς ἔπεστ' : Ἤτοι ὡς ἀφρός. *P.* γραῦς λέγεται τὸ ἀφρῶδες καὶ ἐπάνω τῆς χύτρας, ὅταν ἑψημένον τι ἔχοι ἐντός. παίζει οὖν ἐνταῦθα, ὅτι τὴν γραῦν κατέπεισαν βαστάσαι τὰς χύτρας, ἧς ἄνω ἦσαν αἱ χύτραι· ἔπασχε δὲ αὕτη τὸ ἐναντίον· ἐπεὶ ἐν μὲν ταῖς ἄλλαις, φησί, χύτραις ὑπάρχει ἄνω ἡ γραῦς, ἢ τὸ ἀφρῶδες· ταύτης δὲ τῆς γραὸς ὑπεράνω εἰσὶν αἱ χύτραι. LB.

1207. τῆς γραὸς : Τῆς γυναικός. *Dv.* ἐπιπολλῆς : Ἐπάνω. *LB. Dv. Vict.* ἐπιπολλῆς : Ἀπὸ τῆς ἐπί προθέσεως καὶ τοῦ πολλῆς γενικῆς τῶν ἐνικῶν γίνεται, καὶ ἔστιν ἐπίρρημα τοπικόν. ἔνεισιν : Ὑπάρχουσιν. *LB.* ὑπάρχει. *Dv.*

1208. οὐκ ἔτι : Οὐδαμῶς. τοίνυν : Λοιπόν. μέλλειν : Βραδύνειν. εἰκὸς : Ὑπάρχει πρέπον. ἀναχωρεῖν : Μεταβαίνειν. Θ. *LB.*

1209. εἰς τοὔπισθεν : Ἔμπροσθεν γὰρ Χρεμύλου καὶ τῶν ἄλλων ἵσταντο. Θ. μέρος. δεῖ : Πρέπει. κατόπιν : Ὄπισθεν (*Dv.*). ᾄδοντας : Ὠδὴν λέγοντας. ἕπεσθαι : Ἀκολουθεῖν (*Dv.*). *LB.*

ADNOTATIO

IN

SCHOLIASTAS ARISTOPHANIS.

ACHARNENSES.

Arg. I. 3 ἐφέστηκεν Reg. (membr. 2712, quem ontulimus). — 5 ἐξαπ. Reg. Ceteri ut videtur ;άπτοντας. — 11 πολεμικωτάτοις κατακέλευσιν R., ostremum etiam Reg. — 12 ἀπολογήσασθαι R. Ald. — 15 τοῖς τοῦ Τηλ. Reg. — 16 ἀχαρίστως l. — 17 περὶ om. Reg. Brunck. τοῦ τε. — 26 παρεσκευασμένα, 27 τούτων Reg. — 30 τινας Reg. — 33 προσαποστελλόντων Reg. Ald. — 36 τὸν στρατηγὸν R. — 40 ἐπανήκει post ἀναλύων in Reg. — 4 οὐ σώζονται post Νουμηνίαις transponi mavult Elmsleius.

Arg. II. 10 πάλιν om. R. — 16 ὡς ἱκανῶς Ald. Correxit Brunckius.

SCHOLIA.

1, 28 θαυμαστικῶς ἀντὶ R., qui totum scholion proximo scholio postponit, post φάσκων. — 29 συμπ. om. R. — 32 ἐπεῖν ἢ κ. R. — 34, 35 τὸν ἐμ. θυμὸν Ald. 38 addit R. ὅσα : Τὸ μόριον τοῦτο ἀόριστον ὂν πλῆθος ἀριθμοῦ σημαίνει. — 1 ὡς καὶ om. R.

3, 7 ψαμμακόσια et infra l. 9 et 28 ψαμμακοσίους Suidæ codex Paris. A. Scribebatur ψαμμοκ-. — 12 Ληιμνίαις Kusterus. Legebatur Λίμναις, et sic Suidæ cod. Paris. pro vulgato Λήμναις. Est fragm. 327. — 13 πᾶσ' ἐγάργαιρ' Toupius Emend. vol. 3, p. 200. Legebatur πᾶσα γάργαιρ'. — 14 post ἡμῖν addendum ἐστιν ἀνδρῶν ex Macrobii Saturn. 5, 20. — 15 ἃ δὲ Suidas. ἅδε Ald. Locum aliquot verbis auctum affert Athen. 6, p. 229, F. — 22 ἀπὸ τοῦ Suidas. Legebatur ἀπό τε, recte, si cum Kustero scribatur ἀπό τε τῆς ψάμμου καὶ τῶν γαργάρων. ὁ γὰρ—. Dind. — 33 τοῦ γ ex Suida addidit Dind. — 37 sic Kusterus. ἀρίστων ἀνδρῶν Ald. Cod. Laur. ἀνδρῶν κρατίστων μάσμαιρε (quo deleto superscriptum κάρκαιρε) π.

6, 47-50 Ἀπλήστως — ἱππέας infra post Θεόπομπος habet R.

8, 10 ὀλοίτην Elmsleius. Probabilior Dobræi conjectura ὀλοίατ'. Dind.

10, 17-23 pro his R. κεχήνη συναλεί (superscr. φ) ἀπὸ τοῦ κεχήνεα (superscr. κ) ἀττι. τὸ γὰρ ε καὶ α εἰς η. ἀπὸ μεταφορᾶς τῶν ὀρνίθων τῶν νεοττῶν προσδεχομένων καὶ κεχηνότων. — 23 οἷον οὖν τρ. μ. ἦν τὸ ἀκοῦσαί τι τῶν Αἰσχύλου Suidas. s. Κεχήνη. — 29 ἐνιαυτῷ λ' Palmerius. Legebatur ἐνιαυτόν.

11, 35 ἐκ τῶν τριάκοντα. V. Xenoph. H. Gr. 2, 3, 2. Χιὼν Suidas s. Θέογνις et Ψυχροῦ βίου. Scribebatur Χίων. V. v. 138-140. Dind.

12, 36 ἔνσειστον οὖσαν τῇ φ. μ. ἐξέσεισε R. Εὔσειστον correxit Dind. ex Laur. Vulgo ἄσειστον. Laur. τὴν φύσιν.

13, 41 Laur. Τινὲς οὕτως. ὁ M.

15, 48 τάτες R. τῆδες Ald. Suidas s. Τῆτες : τοῦτο δὲ οἱ Δωριεῖς τᾶτες λέγουσι καὶ διὰ τοῦ δ τῆδες.

16, 51 ὁ δὲ X. οὗτος R. ὅσον δὲ τὸ κυψάνει Ald., et αὐλητής. — 53 ὡς δηλοῖ καὶ om. R. — 1 om. R., qui 2 Ἀχαιοῖσι με, reliquis omissis.

17, 7 σμήχεσθαι (γρ. καὶ σμᾶσθαι) Laur. — τοῦ τ Suidas s. Ῥύπτει. τούτου Ald — 8 χρύπος Suidas. ῥύπος γὰρ Ald.

18, 12 κόνιν R. et Suidas. κονίᾳ Kusterus. — 13 σμώμενοι Kusterus. ὀσμώμενοι R. Ald. et Suid.

19, 17-22 pro his R. εἰσὶ δὲ κύριαι γ τοῦ μηνὸς Ἀθηνῆσι [sic], πρώτη—τριακὰς αἱ κύριαι. αἱ δὲ πρὸς τὸ κατεπεῖγον καλοῦνται σύγκλητοι. De hoc scholio dictum ab Schœmanno De comit. p. 29, 31, 32, 43. Lin. 17 κύριαι addidi ex Suida s. Ἐκκλησία κυρία. Dind. — 18 ἡ πρώτη, καὶ ἡ δεκάτη, καὶ ἡ τριακὰς etiam Suidas. At aliter Ulpianus, Demosthenis interpres, in Timocrateam; qui primam ἐκκλησίαν κυρίαν apud Athenienses non primo die mensis, sed undecimo habitam esse tradit. Verba ejus hæc sunt : Ἰστέον γὰρ, ὅτι κατὰ μῆνα τρεῖς ἐκκλησίας ἐποιοῦντο, βουλευόμενοι περὶ τῶν ἐν

πόλει πραγμάτων. ... καὶ ἐγένετο ἡ πρώτη, ἑνδεκάτῃ τοῦ μηνός. ἡ δὲ δευτέρα, περὶ τὴν εἰκοστήν. ἡ δὲ τρίτη, περὶ τὴν τριακοστήν. Ex hoc igitur loco Ulpiani Petitus De leg. Attic. p. 196 scholiasten nostrum emendandum esse censet : cui assentior. Kust. — 19 συναγόμεναι margo cod. Bruxell. Suidæ. ἐναγόμεναι Ald. Suidæ codex Paris. et Leid. προσκλητοῖς ἐναγόμεναι. — 21 sq. τὰ κατεπείγοντα Ald.

22, 37 εἰσήλαυνον R. εἰς τὰς ἐκκλησίας Ald. — 39 addit R. τοῦτο ἐμηχανῶντο καὶ πολλὰ ἄλλα. — 41, 42 uncis inclusa omittit Suidas s. Μεμιλτωμένον et Σχοινίον, ab recentiore grammatico addita. Kuster. κοκκίνῳ κεχρισμένον.

26, 8 κατερχόμενοι Suidas s. Ἄθροι.

30, 17 πληθώρας scripsit Dind. Legebatur πληθωρίας. — 22 ἀλογίας ex scholis philosophorum petitum. Porphyr. De abstin. 1, 34 : ἐκβακχευομένη ἡ ψυχὴ ὑπὸ τῆς ἀλογίας ἀναπηδᾶν τε ποιεῖ καὶ ἐκβοᾶν καὶ κεκραγέναι. Toup. Emend. vel. 2, p. 175.

31, 24 ξύω Suidas in Ἀπορῶ. — 25 παιδιάς τινας Suidas. Legebatur παιδιᾶς τινος. — δὲ om. R. — 26 τίλλων Suidæ codices : sed τίλλω s. Παρατίλλεται. R. τὰς ἐκ τῶν μυκτ. ἢ τῶν μασχ. τρίχας, ἃ ποιοῦσιν. — 27 Ald. τὸν δὲ χρ. — 28 ἀπορίας καὶ ἀμηχανίας Suidas s. Ἀπορῶ. Sequuntur hic in R. superiora l. 21, 22, 19, 20. — 29 προσδοκωμένου Suidas. προσδοκουμένου Ald. προκειμένου Suid. s. Παρατ. — 30 διατίθενται Suidas. τίθενται Ald. — 31 καὶ ἐπὶ Ald. ἐπιγράφουσιν Suidas.

34, hæc post scholion v. 36 ponit R., τοῦτο omittens. Post ἴδιον addit Ald. et Laur. τὸ λέγειν πρίασο πρίω (καὶ add. Laur.), ἵστασο ἵστω. ἦν γὰρ ὁ Δικαιόπολις Ἀχαρνεύς.

36, 40 πρίω R.

37 codex ἀσφαλῶς.

44, 51 σφάζειν Ald. — 52 αὐτοῦ om. R. — 53 Δημήτρας R. — 1 Ἄλλως om. R. ἢ Laur. — καθαίροντο R. Fort. ἐκαθαίροντο. — 3 εὐχὰς accessit ex Laur., qui deinde τότε καὶ δημ. κελεύει. — 6 ex eodem Laur. addita.

47, 9, 10 Δημήτρας Τριπτόλεμος R.

49, 22 μάμας R. — 23 τηθαλλαδοῦς τὰς Pierson. ad Mœrin p. 259. V. Eustath. p. 957, 33. τηθελᾶς τοὺς Lobeck. ad Phrynich. p. 299.

52, 25 ποιεῖσθαι Ald.

54, 37 Suidas s. Τοξόται habet Σπευσίνιοι et Σπευσῖνος : de qua διττογραφίᾳ Kusterus citat Jungermann. ad Polluc. 8, 132, et sua observata ad Suidam l. c. Σπουσίνιοι et Σπουσίνου Photius, Πευσίνου Laur.

58, 43 τῇ om. R.

61, 49 οἱ πρέσβεις : οὕτως Ald. οἱ π. β. : οὗτος Π. R. — 50 οὕτως δὲ καὶ ἄλλους Ald. — 52 δὲ πολλή ἐστι Laur. — 53 ἐπὶ προγ. Laur. — 1 ἐπὶ ῥητοῖς λ. πέρασι. Scribendum est γέρασι : i. e. *cum certis honoribus et juribus*, vel *prærogativis*. Thucydides 1, 13 : πρότερον δὲ ἦσαν ἐπὶ ῥητοῖς γέρασι πατρικαὶ βασιλεῖαι. V. nos etiam ad Suid. v. Βασιλεῖς, ubi locus hic scholiastæ adducitur. Kust. Dindorfius recepit γέρασι. — 3 μὲν γὰρ Laur. — 5 εἰσφέρει Laur. — 7 τὸν om. Laur., 8 idem τῆς τρ.

63, 11 ἔφη Laur.

66, 16-18, Διὰ — κέρδους post scholion v. 78 habet R. cum lemmate ἐπέμψαθ' ἡμᾶς. — 20 τὸν χρόνον τριβόντων R.

67, 25 ἐπὶ Γλαυκίνου R., Ald. ἐπιγκίνου. De quo dixi in præf. ad Eurip. Alcest. p. 8. Dind. — 26 μεθ' — κατελύθη om. R. Tum sequuntur illa 18-21 πρὸ δώδεκα — μισθὸν λαμβάνειν.

68, 28 πλησίον Λυδίας om. R.

69, 34 δὲ τὸ R.

72, 45 φορεῖτοι ψ. R. — 46 ἢ φορυτῶνται ἀ φρειγάνων R.

75, 50 τέτριπται Dindorfius. Legebatur τέτραπται.

81, 12 ἐκτρέπεσθαι Ald. — 13 καὶ Ὅμ. om. R.

84, 29 Ἀρταφέρνους Suidas s. Πανσελήνῳ. Legebatur Ἀντιφέρνους. V. ad schol. Equit. 781. — 31 οὖν om. R.

86, 36 τουτὶ τί ἐστιν, ὡς ἂν ἑκάστῳ τὸ κρίβανον Corrigendum τουτὶ τί ἐστιν; ὡς ἀνεκὰς τὸ κρίβανον. Formula est mirantis, τουτὶ τί ἦν; sive τουτὶ τί ἐστιν; frequens in comœdia; quæ vocem etiam ἀνεκὰς admisit, significantem ἀνωτάτω vel πάνυ ἑκάς, ut redditur Erotiano in Lex. Hipp. et in scholio in Aristoph. Vesp. v. 18, quod plenius legit Suidas in v. Ἀνεκὰς, Eupolidis laudans et Cratini versum. Valckenar. Diatrib. in Eurip. p. 285. Recepit Dindorfius. — 46 ἰδὼν om R. προσυπακουστέον Ald.

91, 3 τὸ μέτρον om. R.

92, 9 addit Ald. οἷς ὡς συνάρχοις χρῆται, ὡς Ἀριστοτέλης Πολιτικῶν γ' κατὰ λέξιν οὕτω φησίν· « ἄτοπον δ' ἴσως ἂν εἶναι δόξειεν, εἰ βέλτιον ἴδοι τις δυοῖν ὄμμασι καὶ δυσὶν ἀκοαῖς κρίνων, καὶ πράττων δυσὶ ποσὶ καὶ χερσὶν, ἢ πολλοὶ πολλοῖς, ἐπεὶ καὶ νῦν ὀφθαλμοὺς πολλοὺς οἱ μόναρχοι ποιοῦσιν αὑτῶν καὶ ὦτα καὶ χεῖρας καὶ πόδας. τοὺς γὰρ τῇ ἀρχῇ καὶ αὑτοῖς φίλους ποιοῦνται συνάρχους. »

93, 11 πρέσβυς R.

95, 17 δὲ ἤτοι om. R. — 23 τρόποις Ald.

97, 41 ὡς δέρματα ἐξηρτημένα R. — 46 τρίμα R

100, 47 ὡς τῇ om. R.

104, 52 Ἰοναῦ R., qui hæc post schol. v. 106. — 53 ἀντὶ τοῦ Ἀθῆναι Ald. — 1 Ἴονος R. — 2

Schneiderus De scholl. Ar. p. 35, βαρβαρικὸν ἀ.

108, 10 κίστη Ald. εἰς ἃ R.

112, 17 πρὸς τῇ Ἰταλίᾳ Suidas s. Βάμμα et Ἵνα μή et Σαρδώ. — 25, 26 τοῦτό ἐστι παρ. R. — 27 κἂν et ὁμ. δὲ κατ. om. R.

114, 30 Σπερχεῖ' Ald. σύ γε R.

115, 36 δυεῖν Ald. — 38 δὲ om. R.

118, 39, 40 ἐγ' ὧδ' οὗτος ὁ Κλεισθένης R. Deinde ἐπὶ τὸ idem.

120, 48 τὴν τύχην Hermannus ex Æsopi Fab. 69 Fur. (82 J. G. Schneid.) : ὦ πίθηκε, σὺ τοιαύτην τύχην ἔχων τῶν ἀλόγων ζῴων βασιλεύεις.

122, 50 τῷ γενείῳ R.

125, 3-5, pro his R. ἀγχονὴ τὸ πάθος, ἀγχόνη τὸ σχοινίον.

127. Turbata scholiastæ verba ita ordinanda videntur : τοὺς δὲ ξενίζειν οὐδέποτ' ἴσχει γ' ἡ θύρα : Παροιμία ἐπὶ τῶν πολλοὺς ξένους ὑποδεχομένων · μέμνηται καὶ Εὔπολις ἐν Φίλοις

Νὴ τὸν Ποσειδῶ, κοὐδέποτ' ἴσχει γ' ἡ θύρα.

Elmsl. Qui in Addendis Eupolidis versum sic corrigi maluit, νὴ τὸν Ποσειδῶ, κοὐδέποτέ γ' ἴσχει θύρα. Porsonus νὴ τὸν Ποσειδῶ οὐδέποτέ γ' ἴσχεν ἡ θύρα. — 12 ἔχε γὰρ τέγος Bentleius. ἴσχ' ἐς γῆν τέγος Ald. ἔχε γὰρ τεῖχος Suidas s. Ἑχάλη. — 16, 17. Hæc sic redintegranda videntur, δέχονται εἰς τὸ πρυτανεῖον καὶ ξενίζουσιν ἐν αὐτῷ. Dind.

132, 21, 22 τὴν γυναῖκα τὸ προσπελάζειν — τὴν ποιητήν R.

133, 24 ἔννεοι R., Ald. et Suidas s. Κεχήνατε.

137, 36 ἔγραψας τὸν χορὸν εἰ πολὺν R.

140, 42, 43 τῷ ψυχρῷ τὸ ψυχρὸν παρέβαλε καὶ πάνυ χαρ. R.

144, 51 ἦν om. R. — 2 φύλλοις δένδρων Suidas s. Καλοί et Ὁ δεῖνα, qui proxima scholia om. — 4 φλοιοῖσι Aristænetus 1, 10. — 5 ὅσσ' Bentleius. ὡς Ald.

145, 10 sic Dindorfius. Legebatur τὸν παρ' αὐτοῖς παραπέμποντα. — 11 Τήρης Kusterus. Legebatur Λήρης. — 12-14 σύμμαχος — καὶ Valckenar. ad Herodot. 4, 80. Legebatur σύμμαχος Ἀθηναῖος μέμνηται. Θουκυδίδης προστίθησι καί. — 14 Σάδωκον Ald.

146 scholion totum exscripsit Suidas s. Ἀπατούρια, respiciturque ab schol. Pac. 890. — 22 τοῦ ἀναρρύειν addit Kusterus. — 25 ἐν ᾗ — Σιτάλκους supra post ἐπὶ τρεῖς ἡμέρας habet Suidas, qui addit τοῦ Θρᾳκῶν βασιλέως. — 26, 27 περὶ Κελαινῶν etiam Suidas. At Mich. Apostolius 3, 74, Μελαινῶν : quam lectionem præfert Holstenius ad Stephan. Byzant. v. Μελαινεῖς. Kust. — 27 scribebatur Ξάνθιος et infra Ξανθίου. — 36 βωμὸν additum ex Apostolio. ἐδομήσαντο Suidas.

150, 41-43 sic R. εἶδος ἀκρίδων οἱ π. ὡς πολλῶν — Ἀττικῇ.

154 in R. infra legitur post v. 157 sic depravatum, μαχιμώτατον φευ δε πῶς ἀσθ. ἢ ὀλ. ὄντων.

158, 49 ἀπέτιλε Dind. Legebatur ἀνέτιλε. Deinde ἀπεφύλλισε Kusterus. ἀπεφύλλησε Ald. — 52 ἔχουσιν R.

162, 7 ζυγῖται Suidas s. Θρανίτης. ζευγῖται Ald. — 8 καλάμιοι, et οἱ ἀδάμαντοι R. — 9 ὑμῖν R. ἡμῶν Ald. — 10 καμόντες Ald.

165, 20 καταβαλεῖς R. et om. δέ. — 28 ἐσκοροδισμένοις R.

172, 35 ἔνηφι R.

176, 46 μήπωγε Ald.

179, 49 ὀσφρήσεως Dindorfius. Legebatur αἰσθήσεως. Deinde τῇ ἀναφορᾷ Suidas s. Ὤσφροντο.

180, 1 συμπατοῦνται ex Polluce 7, 38 Elmsleius. — 6 πρίνινο; γὰρ R., omittens ἀροῦν. — 7 ἀνένδοτοι om. R., qui l. 7-12 supra ponit l. 1, post συνάπτονται. — 8, 9 ὀσπρέων — λέγονται R.

181, 13, εἶδος ξύλου σκληροῦ Suidas s. Σφενδάμνινοι.

184, 20 τοὺς λίθους Dindorfius. Legebatur τῶν λίθων.

187, 23 ἀνάγνωθι et γεῦσαι trajecta in Ald.

195, 49. Vide Bœckh. De Dionysiis p. 67, 68. Dind.

202, 3 αὔξω Ald. in textu et in scholio. De hoc scholio dictum a Bœckhio p. 66. — 7. Non probabile mihi videtur τραγῳδὸν ἀγῶνα dixisse Menandrum. Quamobrem, nisi plura hic turbata sunt, τραγῳδῶν ἦν vel τραγῳδίας γὰρ ἦν ἀγών, Διονύσια, corrigendum suspicor. Dind.

204, 9 ἡ πάροδος Dobræus. παρῳδία Ald. — 17 τὸ δὲ τῇ R. — 19 σὺ om. Ald., 21 habet τῇ, 22 τῇ τε. — 26 ἐκθέσει Ald. — 29. Immo tria tantum τρίρρυθμα, cetera δίρρυθμα. Bentl.

206, 34 ἐὰν Suidas s. Ξυλλαβεῖν. εἰ Ald. — 38 συλληψόμεθα αὐτόν Suidas.

207, 46 τὸ μὴ λέγειν Ald.

211, 5 τῶν πεζῶν Ald. — 7-9 ἡβῷμ' — Ἕκτωρ om. R. — 9-11 Ὅμηρος — περιέθηκεν om. R.

217, 29 τοῦ ἀντίχειρος restituit Dindorfius ex Suida s. Ἀπεπλίξατο. Legebatur τῆς χειρός.

220, 43 Λακρατίδας ἐκάλουν R. et Suidas s. Λακρατίδης.

234, 10-20 hoc ordine habet R. δέον γὰρ — παλλήναδε. οἱ Παλληνεῖς — συνέστη πόλεμος. ὁ δὲ — μάχην. — 16 ὁ δὲ ἔλεγε εἰπεῖν R. Fort. ἤθελεν εἰπεῖν. Dind. — 17 ὠμῶς Suidas. ὁμοίως Ald. et Suidæ codex unus.

236, 30 τοῦτο δὲ ἔτ. Suidas s. Ἐμπλείμην.

237 hæc sola habet R. μέλλων θύειν Δικαιόπολις.

239, 43 προειδόμενος R.

242, 48 παρὰ τὴν Suidas s. Κανοῦν, et 49 ἑορτὴν Ἀθήνησιν αἱ εὐγενίδες ἐκανηφ., 51 πάντων.

243, 5 codd. et Ald. Ἐλευθήρων — Ἐλευθῆραι. De re v. Lobeck. Aglaoph. p. 660. — πόλεις R. — 6 τὰ ἀγάλματα Ald.

245, 26 τὸ ζωμάρυστρον Schneiderus in Lexico. Nominativo ἡ ζωμάρυστρος utitur Suidas s. Ἐτνήρυσις ex codd. correctus : nam ed. Mediol. ζωμάρυστρις. Dind. — 33 πίσσινον Ald.

246 scholium habet Suidas s. Ἐλατήρ.

254, 43 οἱ om. R.

257, 3 αὐτὸν Ald.; τινά posuit Suidas s. Πρόβαινε.

270, 41 οὗτος om. R., et 43 οἱ Ἀθηναῖοι, deinde habet ἢ μετὰ Ἀλκ.

272, 46 ὡραίαν ξυληφόρον R. — 49 ὡρικῶς Dobræus; κόρη ὡς Ald.

273, 2-4 sic R. μέμνηται καὶ ἐν Ν. τοῦ Φελλέως. οἱ δὲ, ὅτι ὅρος Φ. οὕτω καλ. Ald.

275, 8 καταμηρίσαι Suidas s. Καταγιγαρτίσαι.— 13 ὀστώδη H. Stephanus in Thesauro s. Γίγαρτον. Legebatur ὀσπριώδη.

279, 18 καπνείῳ restituit Pierson. ad Mœrin p. 292; τῇ καμίνῳ volebat Elmsleius. R. et Ald. καπήλῳ, Suidas (s. Φεψάλῳ), καπηλείῳ. — 19 καὶ ἀλλαχοῦ Valckenar. apud Pierson. Legebatur ὡς καλλίας δηλοῖ, quæ omittit R. — 20 μοιχῷ Ald. — 23 Ἡσίοδος R. — 25 ἔνθα Ald.

284, 35-27, pro his R. γελοίου δὲ χάριν τῆς μὲν κεφαλῆς οὐ φροντίζει, τῆς δὲ χύτρας προνοεῖται. Sequentia omittit ad finem scholii. — 37 συντρίβειν Meinek. ad Menandr. p. 29. Legebatur συντριβείη.

285, 7 ὡς μιαρὰ R.

297, 19 αὐτὸ R.

303, 37 λέγει ὅτι Suidas s. Μακρούς. λέγουσι ὅτι R. λέγουσι δὲ ὅτι Ald.

308, 50 ὅρκων Ald. — 53 αἷς ἐπ. R.

309, 3 εὐλαβήθη R.

320, 20 Eadem habet Suidas s. Καταξαίνειν et s. Φοινικίδα. Huc etiam spectat locus ille Philostrati in Epist. p. 386 (Collect. Epist. Græc. ad Genev.) : οἱ Λακεδαιμόνιοι φοινικοβαφεῖς ἐνεδύοντο θώρακας, ἢ ἵνα ἐκπλήττωσι τοὺς πολεμίους τῷ φοβερῷ τῆς χροίας, ἢ ἵνα ἀγνοῶσι τὸ αἷμα τῇ κοινωνίᾳ τῆς βαφῆς. Kust. V. Haas. ad Xenoph. De rep. Lac. p. 193 seq.

321, 33 ὁ διακεκαυμένος ἄνθραξ Suidas s. Καταξαίνειν : ἄνθραξ om. s. Φοινικίδα. — 37 vocabulo θυμάλωψ præmittendum videtur εἶπε vel ἔφη. Dind.

322, 40 ὦ om. R.

326, 41 ταῦτα γὰρ λ. R.

327, 45 Ὅμηρα ἐκάλουν Ald.

332, 53 προενήνοχεν Ald. — 2-11 habet R. ἀντὶ τοῦ γνώσομαι.

334, 15 ἔστι δὲ καὶ παρὰ Suidas s. Ἀποσιώπησις. — 16 προσειπὼν Ald. et Suidas.

336, 18 τοῦ αὐτοῦ Ald.

339, 26 Λακ. εἴ τι σοῦ φ. R. — 31 Παίωνα Ald. Ἰλλυριοὺς καὶ Παίονας memorat Demosthenes Olynth. 1, p. 13, 4.

346, 46 δὲ om. R.

348, 3-8 est recentioris grammatici annotatio, vitiosa scriptura Παρνάσιοι decepti. Dind.

350, 11, 12 ἀντὶ τοῦ τῆς ἐπανθράκης σποδιᾶς R. — ἐναφιᾶσιν Suidas s. Ἐπετίλησεν.

352, 19 καλοῦνται addidit Dindorf. ex Suida s. Δεινόν, ceterum omittente s. Ὀμφακίαν.— 21 τὰς Suidas. τοὺς Ald.

366, 49, 50 edidimus σχημάτων. Legebatur σκωμμάτων, quibus hic non est locus.— 50 λέγειν Ald. — 51 τὸν δὲ τυνουτοσὶ R.

368, 53 ἀσπίσι R.

373 οἷον οἱ ῥήτορες R.

381, 28, 29 κωμῳδικήν? Dind. — 31 λέγειν δεῖν Ald.

384, 37, 38 τὰ γὰρ—καὶ om. R

388, 41 ὁ δὲ ἱερ. R. — 46 κωμῳδικῶς ὡς κουριῶντα (κουρειῶντα codd.) Suidas s. Ἄϊδος κυνῆ. κωμικῶς τὸν Ald. παίξας om. Suidas.

391, 49 Ὁμήρῳ R. — 50 ὃς R. Ald. κέρδιστος ἐπιχθονίων Ald.

394, 52-1 sic habet R. ἀντὶ τοῦ βαδιστέον. μεταβολὴ — Εὐριπίδου. — 4 πολεμιστέα Ald.

396, 9 δεσπότῃ. Hic διὰ δὲ τοῦ δοκοῦντος ἐπαίνου διαβάλλει τὸν Εὐριπίδην (sequentia om. R.), ὅτι δεινοὺς ἐπιδείκνυσι τοὺς δούλους καὶ ἐν ταῖς τραγῳδίαις addit Ald. Delevi. Recte leguntur infra ad v. 401. Dind. — 9, 10 εἰ—συνετός in principio scholii habet R.

398, 16 τῶν ἔσω R. et Suidas s. Ἀναβάδην et s. Οὐκ ἔνδον. ἔνδον Ald. — 17-24 R. habet τὰ Εὐριπίδου ἰάμβια ἐπύλλια ἔφη.

406, 38 τῆς Λεοντίδος apud Stephanum Byz. et Harpocrationem.

408, 44, 45 ἐγκύκλημα R. hic et Suidas s. Ἐγκυκλήθητι. — 46 διαπράττεσθαι Ald. — 48 ἐγένου quattuor libri Suidæ : sed Paris. A γενοῦ.

410, 3 ἀντὶ τοῦ κέκραγας R. supra aute φαίνεται habet. — 4 φωνεῖν Bekker.

415, 13 πῶς Portus. πᾶς Ald. — 15 παλαιός ex Homero additum.

418, 27 παραδέδωκε R.

421, R. διερρ. ἱμ. αὔλακας (sic).

426, 42 οὑτοσὶ δ' εἶπεν om. R., qui sequentia ἔκειτο—Βελλεροφόντου post scholion v. 424 ponit. Ald. πλησίον καὶ B.

436, 2 ἐπὶ σκηνὴν λέγειν Ald.

443, 13 edebatur οὐ τὰ ἀκ.

444, 18 R. ἐξουθενήσω, χλευάσω τῷ μ. δ. Ald. δακτυλίῳ.

446, 25 καλῶς ἔχοι μοι Dobræus.

454, 35 πείθεσθαι θέλεις Brunckius.

461, 45, 46 R. om. ἢ et τὸ.

463, 48 legebatur καὶ τιθέασι.

469, 8 ἰσχνὰ δὲ om. R., qui μεμαραμένα. — 11 δὲ φύλλα Ald.

478, 17 ἐλέγετο om. R. — 18 γὰρ ἢ R.

497, 43. Hunc versum ab Euripide sumpsit Alexis apud Athen. 15, p. 691, F. Dind.

517, 26, 27 ὅθεν καὶ π. Ἀθ. π. Ald.

519, 31 ὕπαρξιν αὐτῶν Ald.

520 τῇ; om. R. Sequentia in Ald. ex Suida s. Σίκυος illata sunt.

521, 34 vulgo ἀλός in lemmate. Correxit Elmsleius.

524, 42. Quod tradit schol. hujus furti auctorem fuisse Alcibiadem, temere dictum videtur, nec bene cum temporis rationibus conciliari potest. Elmsl.

526, 50 φυσίγγη Suidas s. Πεφυσιγγωμένοι. φυσίττη, Ald. — 53 ἢ φυσῶν (φυσσῶν Ald.) — οἰδοῦντες om. R.

527, 2 ἀπαγορεῦον Suidas. Legebatur ἀπαγορεύων. — 3 τῶν Ἀθηναίων R. et Suidas. — 4 Περικλέους om. Suidas. — 5 λόγων ῥητορικῶν. Vide annotationem ad Athenæi 5, p. 219, B. Dind. — 6 γαμετὴ αὐτοῦ Suidas.

528, 9 ὡς οὐκ Ald.

530, 11 Πρῶτος Ὀλύμπιος delendum videtur. Dind. — 15 δ' addidit Toupius ad Longin. 34, 4. Deinde οἱ ἀγαθοὶ δρομεῖς Ald. — 16 ἑκκαίδεκα ποδῶν Ald. In vitio ἑκκαίδεκα consentiunt Aristides vol. 2, p. 129, ejusque scholiastes et Olympiodorus ad Platonis Alcibiadem p. 29. «Recte ἐκ δέκα Grot. Exc. Comic. p. 499. Hæc enim est mens comici: *Pericles quum in concionem prodiret, ut egregius cursor, quanquam decem pedum intervallo post suos adversarios cursum iniit, tamen eos consequitur ac prævertit, sic reliquos oratores dicendi copia vicit ac post se reliquit.* Germanam lectionem servarunt Themistius Orat. 27, p. 339, C: λέγων αἱρήσεις οὐκ ἐκ δέκα μόνον (sic enim lego pro μόνων) ποδῶν, ἀλλ' ἐξ εἴκοσιν ἴσως, τυχὸν δὲ ἀπ' αὐτοῦ τοῦ σταδίου τοὺς ῥήτορας τοὺς ἀλλαχόθεν· et Isidorus Pelusiota Epist. 4, 205, p. 102: πῶς γὰρ Περικλῆς ἑάλω, ὃς ἀπὸ δέκα ποδῶν ᾕρει τοὺς ῥήτορας, καὶ προσέτι γε κατὰ τὸν κωμικὸν, πειθώ τις ἐπῴκει ἐν τοῖς χείλεσι.» Wyttenbach. ad Plutarch. Moral. vol. 7, p. 310. — 17 ταχὺς Portus. ταχὺν Ald. ταχὺν λέγεις (sic schol. Aristidis) μὲν Meinekius, ut alius interlocutoris verba.

532, 22 δὲ om. R. — Scolium hoc legitur etiam apud Suidam s. Σκολιόν: ejusdemque meminit Isidorus Pelusiota Epist. 2, 146, ubi ait: ἔθος γὰρ ἦν παλαιὸν μετὰ τὴν συνεστίασιν ἅπτεσθαι λύρας, καὶ ᾄδειν· Ἀπόλοιο, ὦ Πλοῦτε, καὶ μήτε ἐν γῇ φανείης, μήτε ἐν θαλάσσῃ. Kust. — 24 legebatur μήτ' ἐν γῇ, 25 φανήμεναι. — 30 τοῖς Τιμοκράτους R.

541, 40 ὡς συγγυμνάζων Ald. — 41 post φησιν addit R. ἡ Σέριφος νῆσος εὐτελεστάτη πρὸς τὴν Θρᾴκην. — 44 ἡμᾶς Ald. λέγειν ὅτι R. — 46 ὑμῶν Ald. — 51 ἐλάβετό τι Ald.

546, 3 τοῦ θορύβου τῶν πραττόντων· τῶν βοώντων Ald.

547, 6 χρυσουμένων ἐν ταῖς R.

548, 10 ἀπέκειτο Dindorfius; legebatur ἐπέκειτο.

551, 22 θρίσας Ald.

554, 33 τρῆμά ἐστι Ald.

559, 42 καὶ ἀπεκρούσω Ald.

577, 14 ἀπαγορεύει R.

581, 19 εἴελον Aldina. Ἔλεον Portus et Kusterus, σίελον Suidas in Ἐλιγγιῶ. V. Valckenar. ad Adoniaz. p. 248, A.

582, 26 Μορμὼ et Σαπφὼ addidi ex Suida s. Μορμόνα. Respicit ad Eq. 693, μορμὼ τοῦ θράσους. Dind.

584, εἰώθασι—χρῆσθαι. Iisdem verbis utitur Galenus apud H. Steph. in Thesauro s. Δυσεμής. Dind.

586, 30 δὲ ἐπὶ Ald. sine φησί.

589, 33 τὸν om. R. — 36 αὐτὴ Suidas s. Κομποληκύθου. αὕτη Ald. — 37 δὲ Suidas. γὰρ Ald. — 38 ληκύθου συντέθειται Suidas. Deesse videntur versus 34-38 in R.

590, 39 ἐστὶν om. R.

603, 51 εὐώδης, 52 ἠτερηκὼς R. — 3 scribebatur Διομείαν. Διομειέα Kusterus. Præstat tamen fortasse Suidæ scriptura (s. Πανοῦργος), Διομειαλαζόνας δὲ ἀπὸ Διομείων τοῦ δήμου, ὅς—. Deinde legebatur τὸν δῆμον ὄντα. Dind.

604, 5 χάος R., qui 6 δὲ om.

610, 21 δύο Suidas s. Ἐνή. δύω Ald. utrobique.

617, 35 ἀπόνιπτρον ἀπὸ R. et Suidas s. Ἀπόνιπτρον. ἀπόνιπτρα ἐκ Ald. Deinde R. βραχῇ λέγειν τῶν παριόντων· ἐξίτω ὄνομα. — 36 ἐξίστω λέγειν Kusterus. ἔξω λέγειν Ald. ἐξίτω λέγειν Suidas. — 37 τὸ ἐκχ. R. — 42 καὶ R., non ἤ. — 45 αὐτοὺς additum ex R. qui αὐτοῖς.

634, 14 Ἑλλήνων Suidas s. Ξενικοῖς.

637, 20 δὲ ἄλλως ὅτι Ald.

638, 21 παροιμίαν τὸ Ald. τὸ delevit Kusterus. — 26 εἴ που Ald.

640, 34, 35 habet Suidas s. Ἅλις. Non ἐσθίων,

[illegible] C.

[illegible] R.

[illegible] R.

[illegible] R.

[illegible]

[illegible] Legebatur [illegible]

[illegible] R.

[illegible] Ald.

[illegible] Suidas s. [illegible] — 49 [illegible] R. — 50 [illegible] apud Etym. M. p. 715, 44, ubi vulgo [illegible] sed [illegible] codd. Dorvill. et Leid.

688, [illegible] R. — 2 [illegible] Suidas s. [illegible] Legebatur [illegible].

690. Vide de hoc schol. Hemsterh. ad Lucian. vol. 1, p. 7.

699 [illegible] δὲ om. R.

708 habet Suidas s. Ἀχαιά. — 52, 53 ἐν παροιμίᾳ ἐν τοῖς περὶ τὴν γέφυραν Ald. Scribendum, ἐν παροιμίᾳ τοῖς περὶ τὴν Γέφυραν εἰς Ἀθήνας ἀπιοῦσι. Quorum sensus est: Achæa Ceres dicitur ab æris sono, quem dedit Tanagræis Athenas migrantibus. Gephyra eadem est quæ Tanagra. Ruhnken. ad Velleium p. 15. Ruhnkenii emendationem confirmat Orionis Etymol. p. 18: Ἀχαιὰ ἡ Δημήτηρ. μέμνηται τοῦ ὀνόματος Ἀριστοφάνης. εἴρηται δὲ ἀπὸ τοῦ ἄχους τοῦ ἐπὶ τῇ Περσεφόνῃ. τινὲς δὲ ἀπὸ ἱστορίας τοιαύτης. τοῖς Ταναγραίοις μεταστᾶσιν ἐκ τῆς Ταναγρας ἐκέλευσε κατ' ὄναρ ἡ Δημήτηρ, φανεῖσα αὐτοῖς, ἀκολουθῆσαι τῷ γινομένῳ ἤχῳ, καὶ ὅπου ἂν παύσηται, ἐκεῖ πόλιν κτίσαι· καὶ διώδευον ἀκούοντες ψόφον κυμβάλων καὶ τυμπάνων. καὶ παυσαμένων περὶ τὴν Ἀττικὴν ἔκτισαν πόλιν καὶ ἱδρύσαντο ἱερὸν Ἀχαιᾶς Δήμητρος. οὕτως εὗρον ἐν ὑπομνήματι εἰς Ἀριστοφάνην. Dind.

710, 4 ὁ δὲ Εὔαθλος R. — 60 post συνήγορος Elmsleius τοῖς παλαιοῖς addit. Deinde Εὔαθλος adjecit Dindorfius ex schol. Vesp. 592 et Suida s. Εὔαθλος et s. Τοξότης. — παρ' ὑμῖν Elmsleius. Legebatur ἡμῖν.

717, 20 χρὴ R. δέῃ Ald.

[illegible] Pierson. ad Moerin p. [illegible] Legebatur [illegible]

[illegible] R. — 30 [illegible] Suidas [illegible] Scribebatur [illegible] — 33 [illegible] Suidas [illegible] Ald. — 34 [illegible] R. et Suidæ cod. Paris. [illegible] codex Paris. [illegible] R. et Suidæ cod. Paris. — 40, 41 pro [illegible] Suidas rectius habet [illegible]: ut [illegible] esse censet Menagius ad Diog. L. 6, 90. Conf. V. Casaub. ad Athen. 14, p. 647, F. — 41 [illegible]

[illegible] R.

733, 4 [illegible] R.

737, 10 [illegible] R.

[illegible] R. habet glossam [illegible].

742, 33 [illegible] Ald.

743 [illegible] Ald.

744, 38 [illegible] om. R.

747, 45 [illegible] Ald. — 45 [illegible] Ald.

In R. ad hunc versum adscriptum [illegible].

751, 51 [illegible] Suidas s. [illegible]. — 3 [illegible] Suidas.

752, 7 [illegible] Ald.

759, 23 [illegible] R.

760, 24 Νισαίᾳ, male. Nam eo tempore nondum erat Nisæa sub Atheniensium potestate, quæ octavo tantum anno belli Peloponnesiaci sub eorum imperium venit, ut narrat Thucydides 4, 69. Multo melius alius scholiastes, qui veriorem reddit causam, διὰ τὸ θαλασσοκρατεῖν τοὺς Ἀθηναίους ἔφη, ὅμως αὐτῶν ἄρχειν. Ad quod addo, quod, quamvis Athenienses nondum Nisæam haberent, tamen non erat liberum Megarensibus salium negotium, eo quod Minoam insulæ Nisææ vicinam et portui imminentem tenebant præsidio, ut ait idem Thucydides 3, 51. Palmer.

763, 35 ἀγλίθας Ald. hic et infra. ἀγλιδας τὰς R. — 37 πασσαλῷ R. τῷ πασσάλῳ Ald.

772, 5 θυμιτιδῶν Ald. — 7 θυμοίτας R.

774, 13 Διοκλέα R.

778, 22 σιγᾶς Ald.

781, 28 λέγει R.

785, 33 ἢ μὴ τέλεον Ald. τέλειον R. et Suidas s. Κόλουρα.

786, 36-39, pro his R. habet οἷον τὴν τοῦ ἀνδρός. κληρυθρὰν, πυράν (scr. πυρράν). λέγει δὲ τοῦ ἀνδρὸς τὸ αἰδοῖον. εἰ τρέφειν ἐθέλεις χοίρους.

802, 16 ἐπεὶ δὲ ἀπὸ τοῦ ἰσχναίνεσθαι Suidas s. Φίβαλις. Legebatur ἐπεὶ ἀπὸ τοῦ ἰσχνᾶσθαι.

807, 20 ἀθρόον Ald.

811, 30 ἐν εὐδόμῳ Ald.

813, 33 τοσαύτην ἦλθον πενίαν R. ὥστε τὰ Ald.

816, 39, 40 hoc ordine R ἐμπορ. πραγμ. τὸ πλῆρες δὲ Ἑρμᾶ—γένοιτο.

822, 53 νῦν om. R.

827 Μεγαρέα Vict.

833, 15 δὲ om. R. — 20 λέγοντες. Corrigendum λέγουσιν, nisi aliquid excidit. Dind. — 25 κἄννις Ald.

836, 30, 31 ita correxit Dindorfius. Ald. τοῦ χοροῦ, μονοστροφικὸν (vulgo μονοστροφικὴν) περίοδον ἑξάκωλον δ'.

842, 41 Παρακλέπτων om. R. Deinde ὅτι ὀψώνια Ald.

843, 47 ὡς—Πρέπις post Πρέπιδος in R. — 48 κιναιδείας Ald.

845 φανὴν δὲ λαμπράν. δίει δὲ διελεύσῃ Ald. post scholion proximum.

846, 1 φιλόνεικον Ald.

850, 8, Anacreon apud Athen. 12, p. 533, E. — 11 legebatur δηλώσειν. — 12 δὲ om. R.

852, 21 εἶπε om. R.

856, 31 πορφυρᾶς τῆς θαλασσίας Dindorf. Legebatur πορφυρᾶς τῆς θαλάσσης.

858 in lemmate πρὶν ἢ Ald.

860, 38 ἰσάτω R. — 40 τύλον δὲ καὶ τύλαν.... κῶς ἔλεγον R. τύλον δὲ ἀρσενικῶς ἔλεγον Ald. τύλα καὶ τύλος ἀρσενικῶς Suidas s. Τύλα. Deinde τοῦ ὤμου τὸ R. et Suidas. τὸν ὦμον τὸν Ald. — 41 πεπιλημένον Suidas, qui καὶ τετριμμένον ἐκ omittit. πεπυλημένον Ald.

862, 48 δὲ οἱ Ald.

863, 52 ὀφθαλμιῶσιν Suidas s. Πρωκτός. Legebatur ὀφθαλμοῖς. — 3 in versu Ἐκκλησιαζουσῶν legitur ἐς κυνὸς πυγὴν ὁρᾶν.

866 R. habet ἀπὸ τοῦ Χαῖρις, οὗ ἐμνήσθη ἐν ἀρχῇ. Ἀττικὴ ἡ συνήθεια ἀπὸ τοῦ χαῖρις χαιριεῖς, ἀπὸ τῆς περιστερᾶς περιστεριδεῖς. βομβύλιος δὲ εἶδος μελίσσης.

867, 16 Ἰόλαος ἥρως, 17 τὸ δὲ, 19 τὸ δὲ ἐπιχαρίτως, hæc omnia om. R.

875, 32 ἀφύας addidit Kusterus.

877, 35 στορεννὺς R. et Suidas s. Χείμων. στρωννὺς Suidas s. Ὀρνιθίας et ed. Mediol. s. Χειμών. Vulgo στορέννυσιν.

879, φ. ἀσπάλακας Suidas s. Σκάλοπας. V. Schneider. ad Aristot. H. A. vol. 4, p. 131. Dind.

880 ἴκτιδας: εἶδος ζώου ὡς οἱ κέστορες. ἢ ἔνυδρον. ἔστι δὲ ἰχθυοφάγον Ald. Correxit Dobræus.

882 sic R. ὁ Δικ. λέγει ἄσμενος δός μοι πρὸς (scr. προσειπεῖν) κωπαΐδας.

883, 48-51 ὁ στίχος Αἰσχύλου πρὸς τὴν Θέτιν, δέσπ. R. — 1 χορῶν Bentleius. χορᾶν R. χορόν Ald.

887, 7 κωμῳδεῖται Ald.

888, 11 ἄρουλαν Ald. — 12 δὲ om. R.

895 γὰρ τὸ τίμ. α. ποῦ ἐστιν Ald.

896, 25 λογιστὰς dicit ἀγορανόμους: vid. schol. ad 723.

899, 30 δύο στιγμαὶ novæ personæ nota.

900, 32 ἃ τοῖς Βοιωτοῖς οὐκ εἰσίν Ald.

911, 47-49 ἐκ τῆς Θήβης ἴσ.... ἰστῶ δεμα δεικτικῶς τὸ τοῦ δε...... τι ἠδικημένος R. Quæ sic corrigenda ἐκ τῆς Θήβης, ἴστω ὁ Ζεύς. τῶδ' ἐμά δεικτικῶς ἀντὶ τοῦ τοῦδ' ἐμά. τί δαὶ παθών: τί ἠδικημένος. Dind. — 47 ἴτω Ald. pro ἴστω.

916, 4 καὶ δ. R. et Suidas s. Θρυαλλίς. τούτου δ. Ald.

920, 6-9 Τίφην—βορέαν post ἑλκυσθῶσιν ponit R. — 9, 10 καὶ—ναῦς et deinde δὲ om. R.

927 habet Suidas s. Φορυτός.

933, 37, 38 πυρορραγὴς κέραμος ὁ ἐν πυρὶ ῥηγνύμενος Ald.

936, 40 ἐλαῶν Elmsleius collato Polluce 7, 151. Legebatur ἁλῶν. R. habet ἢ (scr. εἰς) τὸ ἐπιτρίβειν τὰς δίκας.

945, 1 κατὰ κορυφήν Ald.

946, 3 ἐδεσμεύσατε Ald. — 5 τὸ δ. τὸν σ. in R. leguntur ante scholion v. 937.

947, 7 ὅτι τὰ δρ. τ. om. R.: habet Suidas s. Θερίζειν. — 8 πολλοῦ R. et Suidæ libri optimi. πολλοὺς Suidæ ed. Mediol. Legebatur πολλοί.

954, 21 δὲ om. R. — 22 ὁ Ἀθηναῖος Ald.

959, 31 δός μοι R., qui deinde mutatis sedibus ἔγχελυν—κίχλας.

961, 34 post Πυανεψιῶνος R. addit ἤγετο δὲ ἀπὸ Ὀρέστου, ὅτε ἦλθεν εἰς Ἀθήνας καθαρθῆναι βουλόμενος τὸ τῆς μητρὸς αἷμα. — 37 scribendum Πιθοίγια — Χύτρους. Dind. — 5 κίστῃ apud Homerum.

966, 23 ὀψαρίου Ald. — 24 λέγεται τὸ om. R.

968, 31 λιγὺ R. et Suidas s. Ἀπολιγαίνει. λιγὰ Ald. — 32 τοὺς ἱμάντας, οὓς οἱ ἀγορανόμοι ἔχοντες ἔτυπτον Suidas. ἤδη om. R.

971, 37 fortasse μέλος χοροῦ, ὑφ' — Dind. — R. hæc habet, ὁ χορὸς ὑποχωρησάντων τῶν ὑποκριτῶν.

974, 47 τρέφομεν Ald. — 50 δὲ om. R.

980, 6 Ἁρμόδιον R. et Suidas s. Οὐδέποτ' ἐγώ et Πάροινος. — 7 vide Athenæum 15, p. 695, B. Scribebatur φίλτατε Ἁρμόδιε. — 9. Post τυραννίδα addit Ald. ἐπέθεντο δ' αὐτοῖς τιμωρίας χάριν, ἀλλ' οὐχ ὑπεροχῆς, ὡς Ἀριστοτέλης Πολιτικῶν ε', διὰ τὸ προπηλακίσαι μὲν τὴν Ἁρμοδίου ἀδελφὴν, ἐπηρεάσαι δ' Ἁρμόδιον· ὁ γὰρ Ἁρμόδιος διὰ τὴν ἀδελφὴν, ὁ δ' Ἀριστογείτων διὰ τὸν Ἁρμόδιον. Quæ omittunt R. et Suidas. Videntur ejusdem esse auctoris qui Aristotelis locum inseruit scholio v. 92. DIND. 9-11 habet Suidas. In R. gl. est οἷον μέθυσος καὶ ὑβριστής. — 10 τὸ δὲ Λάμπωνος. Lege Τελαμῶνος. vid. Lys. 1239, et Athen. p. 695; at Λάμπωνος

Suidas in Οὐδέποτε et in Πάροινος. Bentl. Cujus emendationem recepit Dindorf.

984, 17 καὶ οὐκ ἦν. Ald. καὶ post ἀλλὰ om. R. — 18 τὰς χώρας Ald.

989, 29 οἷον R. et Suidas s. Δεῖγμα. τὰ πτερά. οἷον Ald. — 30 πρόκειται om. Suidas. — 31 ἃ additum ex Suida, ubi om. codex Paris. A. τυθέντων καὶ πα θέντων R., quasi παρατεθέντων voluisset. — 32 προέβαλλε Suidas. αὐτὰ προέβαλεν R.

992, 42 ἔγραψε τὸν Ἔρ., 43 ὁ δὲ νοῦς. Ald.

993, 47 ἰσχύσω σε τρία [sic] γαμῆσαι R.

995, 49-54 R. νέα μοσχίδια τὰ νέα βλαστήματα — λύγοισι. πρῶτα μέν: ἀλληγορικῶς ἐπὶ συνουσίας. ἀντὶ τοῦ — ὡς γεωργός.

1002, 10 κωμῳδεῖται Ald. ἐσκιώπτετο Suidas s. Ἀσκός. — 11 πρῶτον τινὰ Suidas. χόα Suidæ codex A. — 14 ἐφ' οὗ ἴδει τοὺς Suidæ ed. Mediol.: ἔδει om. codices. — 15 προπιόντα Suidas, ex quo δὲ additum.

1008, 24-31 διπλῆ — καταληκτικοί. Horum loco Portus et Kusterus hæc dederunt, διπλῆ καὶ περίοδος δεκάκωλος ἀμοιβαία. τούτων δὲ τῶν δέκα κώλων τὰ μὲν α' β' δ' ϛ' η' θ' ἰαμβικὰ δίμετρα ἀκατάληκτα· τὰ δὲ γ' ε' ζ' ι' δίμετρα καταληκτικά.

1018, 35 ληφθείσας. Legebatur καὶ ληφθείσας.

1020, ἐσπείσατο μόνος εἰρήνην πρὸς Ald.

1021, 45 οἷον δάν. Ald. — 47 καπήλησιν R. καπήλισον Ald. — 48 ἢ om. R.

1026, 6 λέγει δ' ὅτι ἐν R.

1029, 16 μου om. R.

1030, 18 καὶ δημόσιοι delendum videtur. Dind.

1032, 25 τοὺς μαθ. τ. δὲ εἶπεν Ald. — 26 ὡς ἂν οὖν εἰ ἔλεγεν R.

1035, 30 στροῖβος R. — 31 ἡ λεπτὴ om. R. Idem λίγξ. — 34, 35 τοῖν γεωργοῖν δὲ om. R., qui τῶν τὴν γῆν ἐργαζομένων.

1039 δηλονότι. στάθευε δὲ om. R.

1043, 47 lacunam notavit Dindorfius.

1047, 48 πρωΐζετε Suidas s. Ξανθίζετε. χρίετε Ald. πυρὰ R.

1048. Lemma Δικαιόπολις est in R., qui om. Ἔρχεται.

1051, 5 hic posuimus. Legebatur post scholium 1053. Omittit R.

1055 scholium Rav. excerpsit Suidas s Χιλιῶν.

1058, 19 ἀστειευόμενος Portus. ἀστευόμενος Ald.

1063 habet R. κατ' ἐρώτησιν. τὴν τοῦ μύρου λήκυθον.

1065, 32 κατατάττωσι. τῷ etc. R.

1075, 54 δὲ om. R. — ὡς χιόνος οὔσης Ald.

1076, 1 Θεόπομπος. Vid. schol. Ran. 218. — 2 χύτραν Suidas s. Χύτροι. χύτρας Ald. — 8-11 ἐν μιᾷ. Δίδυμος l. 1 ante Θεόπομπος collocat R.

1082, 26 ἀκαταμάχητον R. et Suidas s. Γηρυόνης. δυσκαταγώνιστον Ald.

1083, 34 δηλονότι om. R.

1084, 36 εἰς δεῖπνον καὶ φησί Ald.

1086, 37-39 in fine scholii ponit R. — 39 ἑψήματα καὶ χίστιν καὶ χοᾶ Suidas s. Χοᾶ. — 40 χίστιν δὲ τὴν Ald. — 42 χίστη R. χίστει Ald. et Suidas. — 44 κοινωνήσωσιν Suidas et 45 τῷ Ὀρέστῃ.

1092, 51, καπυρώδη Suidas s. Ἰτρία. καὶ πυρώδη Ald.

1101, 11, 12 σαπροῦ — νέου in fine scholii habet R. et om. δὲ hic et ante τι. — 14 λεκιθώδους ὠμὸν R. et Suidas. Emendavit Kusterus. Deinde ἀποτελεῖται R. ἀπετέλει Suidas. — 18 φύλλοις Suidas. φύλλῳ Ald.

1109, 23 τῶν λόφων om. Ald.

1111, 27 ζῶον κατεσθίον τὰς τρίχας οἱ σῆτες ὁ θρίψ R.

1112, 32 μίμαρκις om. R. — 34 χαρυκικήν R.

1115, 42 ἐχρῆτο τῇ δ. Ald.

1118, 45 πάντα τὰ εἰς πόλεμον ζήτει, ὁ δὲ ἀντιστρόφως τὰ εἰς εἰρήνην Ald.

1119 om. R.: habuit supra ad v. 1040.

1121, 51 τοὐβελίσκου, 52 χ. μὴ ἑλκύσαι Ald.

1122, 53 ξύλα R. et Suidas s. Κιλλίβαντες. σκευάσματα Ald. — 1 ἐπιτιθέασι Ald. Ib. διαπαυόμενοι addit R., quod in διαναπαυόμενοι mutavit Dindorf. ex Suida.

1123, 6 αἱ om. R.

1128, 10 λαμπρότερος γένηται Suidas s. Κατάχει. — 16 εἰς αὐτὴν λέγει Suidas. — 18 ἔκλαμψιν Suidas.

1133, 23 καὶ μεθύειν Ald. — 25 ἀκροθώρακας Suidas s. Θωρήξασθαι. θώρακας Ald.

1141, 34 ἐπετήρουν τὰς διοσημείας Ald

1150, 50 καὶ Ὀλυμπικὸς Suidas s. Ἀντίμαχος et s. Ψεκάς. καὶ om. Ald. — 51 οὕτω καλούμενος. ἐδόκει Suidas s. Ψεκάς. — 54 χορὸν Suidas. Legebatur καιρόν. — 1 χορευόντων Suidas s. Ψεκάς.

1158, 10 R. om. καί, 11 om. πάραλος δὲ ἀντὶ τοῦ, 12 om. ἤ.

1174, 34. λεπτὸν ἐρίδιον Photius s. Λαμπάδιον. λεπτὸν χειρίδιον Suidas. Legebatur λεπρὸν χοιρίδιον. — 35, 36 νάρθηκα — ναρθηκίζοντα — τὸ σφυρόν — ἔμμοτα Suidas. Legebatur νάρεγκα — δρυγκίζοντα — τὸν σφυρόν — ἔμματα.

1182, 51 R. habet glossam εἰς ὕφαλον πέτραν. — 6—8 λέγεται — ναῦς illata videntur ex Suida s. Ὑδρορρόα. Dind.

1190, 11 κατεγχάνοι δὲ om. R.

1201, 19 γλῶσσαν R. — 21 utitur verbis Aristophanis Thesm. 131, ubi est, ὡς ἡδὺ τὸ μέλος

-καὶ θηλυδριῶδες καὶ κατεγλωττισμένον καὶ μανδαλωτόν.

1208, 24-27 sic R. ἔνιοι τὸν Λάμαχον, ἵνα ᾖ τὸ κινεῖς ἀντὶ τοῦ σαίνεις. ὡσεὶ—

1211, 34 ἐπήνεγκεν—συμβολὰς om. R.—35 παίζει πρ. τ. ὁμωνυμίαν ὁ Δικαιόπολις R.

1213, 47 παιωνεῖον rectius scribitur apud Photium p. 370, 22. Dind.

1224, 8 δηλοῖ om. R. —9 εἶχε τῶν ληνα.... R. Fortasse τῶν ληναίων. Dind.

1229, 8 ἔπινον om. R.

1230, 10, 11 ex scholiasta Pindari Ol. 9, 1 addidi ὦ et correxi Ἡράκλεις vulgatum. Dind. Deinde edebatur καὶ Ἰόλαος. Correxit Elmsleius et hæc annotavit : « Vide Av. 1764, ubi Archilocheum τήνελλα καλλίνικος iterum usurpat poeta. Carmen τρίστροφον erat, auctore scholiasta Pindari. Initium fuisse videtur :

Ὦ καλλίνικε χαῖρ' ἄναξ Ἡράκλεες,
αὐτός τε κἰόλαος, αἰχμητὰ δύο·
τήνελλα καλλίνικος. »

EQUITES.

Argumenta om. R.

Arg. I. 6 ὃς ἐπιτροπεύει τοῦ V. et Reg. 2712 (sive membranæ Brunckii), quem contulimus. — 7 αὐτοὶ δὲ οἱ V. — 9 διανεχθεὶς Reg. — 10 ἀλογώτερος V. σφᾶς Reg. — 11 συνομωμοκότας. Deest verbum διαβάλλων vel simile quid. Kuster. — ἐκ τῆς V. Reg. — ἵεται Reg. Vulgo ἵεται. — 12 διώσαντος Reg. — 13 τῶν om. Reg. κινδυνευόντων Ald. — 15 ἵππων om. V. Ald. — τοὺς ποιητὰς Reg., qui et ὅτι pro ὁ δὲ. Ald. ὅ τε. — 16 παραγεγενημένος V. Reg. Ald. — Reg. τοῦ Κλ. μάλα γελοίως. — 19 διαφθειρομένων V. διαφθειρόμενος ἀκροατὴς Reg. — 21 τοῖς νοήμασι Reg. — 22 κατακρατοῦντος Reg. — 23 sic Reg. ὁ Δ. τοῖς λ. Ald. — 26 ἐκ. σίτησιν Ald. — 27 ἐλεγχθεὶς V. Deinde ὡς περιφανῶς Brunckius. ὥσπερ περιφανὴς Reg. Ald. — 28 εἵκει θατέρῳ Reg. ἐκβάλλεται Ald. — 29 δὲ om. Reg. — 31 γεγονότος προάγοντος Reg. — Κλέων Kusterus. V. Reg. Ald. Κλέωνος. Reg. παρακείμενος τὴν τοῦ Ἀγ., V. τήν τε. — 32 θατέραν σκευὴν Reg. Ald. παραδειγματισμῷ Kusterus. Codd. omnes genitivum præbent. — 35, 36 καὶ — παραδίδοται om. R.

Arg. II. 1 Πύλου V. — 5 Κλ. τῆς V. — 6 ἐναντίους Ald. — 12 κρύπτει Reg. Deinde V. προφανὲς αὐτὸς, Ald. προφανῶς αὐτὸ. — 18 τὰ om. Ald. — 21 θεράποντες οἱ στρατηγοὶ om. Ald. nec habet hoc loco V. Addita ex V., qui infra post l. 33 repetit verba οἰκία ἡ πόλις, δεσπότης ὁ δῆμος, θεράποντες οἱ στρατηγοί. — 23, 24 ἐζημίωσαν πέντε ταλάντοις, vide Dindorf. ad Acharn. v. 6. — τάλαντα V. — 27 δὲ ὅτι V. — 32 Κρ. σαγύροις V. — 33 sic V. ὁλοφύροις Ald.

Arg. III. 35 Ἀνάγει codex Matritensis apud Iriart. p. 179. — 36 κἄτι Brunckius. καὶ ἔτι V. Ald. — 38 κἂν Kusterus. ἐν V. Ald. παραλογισμῷ V. διαφέροντ' Kusterus. διαφοροῦντ' Ald. διαφοροῦντα V. — 39 τε addidit Brunckius.

SCHOLIA.

6, 7 V. Θ. nihil nisi hæc, στίχοι ἰαμβικοὶ ἀκατάλ. — 9 ὁ τελ. V. — 11-17 om. V. Θ. — 12 πάλιν ἐν ἐκθέσει Ald.

1, 21. τὰ τοιαῦτα om. V. ἀλλὰ...σχήμασιν om. M.

2, 25, 26 Π. τὸν τῇ ἐκκλησίᾳ παφλάζοντα τὸν λαρυγγιστὴν M. — 27 ἢ διά Θ., et 29 ἐπολιτεύετο. — 31 νεωνητὸν δὲ τὸν R. — 34 αὐτοῖς R. — 35 οἱ δὲ Κλέωνα post γεννηθεῖσι ponit R. — 36 πέφυκε μὲν V. μᾶλλον om. R. — 3- συντραφεῖσιν Suidas s. Νεώνητον. Deinde οἷς (οὗς M.) ἂν ἐπικτησώμεθα idem, Θ. et M. — 38 οὐχ ὅτι V. Θ.

3, 42 fort. λέγομεν. Dind.

4, 47 τὸ ἐπιπηδῆσαι Θ.

5, 1 πληγὰς κακὰ πράγματα. V. — 3 καὶ προσποιεῖται addit Θ. περιποιεῖται est apud Suidam s. Προστρίβεται.

7, 8 καὶ πρ. τῷ δήμῳ om. R.

9, 12 αὐλῶσιν anonymus. Vulgatum λέγωσιν habet Suidas s. Ξυναυλίαν.—R. habet ὁ δὲ Ὄλυμπος αὐλητὴς γέγονεν καὶ αὐτὸς δυστυχήσας διὰ μουσικήν. — 18 συναυλεῖν Suidas; συναλγεῖν Ald. In M. gl. est ὁμαυλίαν.

11, 27, 28 in R. sic : ἄλλως. τί θρηνοῦμεν καὶ ὀδυρόμεθα μάτην καὶ ἀνωφελές. Scholion om. V. — 31 βουλευσόμεθα Ald. — 32 ἐπεὶ αὐτὸς μέλλει V.

13, 38 τὸ εἰπεῖν Θ. — 41 εἰπόντι σοι G. — 44 μάχομαι R.

17, 51 θαρσαλέον Ald. — 52 ἔχω anonymus. Legebatur ἔχων. — 1 πρῶτος idem. Legebatur πρὸς τὸ. — 2 πῶς οὖν ἂν V. — 3 τὸ add. Θ.

18 R. habet πανουργῶς ὡς ὁ Εὐριπίδης.

19, 14 μὴ εὐριπιδ. R. — 17 δὲ om. R.

τ
21, 22 προσποιεῖτο ὑποτίθεσθαι αυ λέγειν αὐτομολήσομεν R. — 25 λέγει Θ. δὲ om. R.

22, 29 τοῦ μόλωμεν τὸ αὐτό, εἶτα πάλιν τοῦ (τὸ Θ.) αὐτό. βούλεται V. Θ. — 34 ὁ μὲν Ἀπολλώνιος βαρύνεται (corr. βαρύνει), ὁ δὲ Ἡρωδιανὸς ὀξύνει V. (Quæ verba om. G.) Huic scripturæ favet quod Apollonius De syntaxi p. 264, 3, oxytonum φαθί improbat, Herodianus autem, ut ex

Arcadii Epitome p. 172, 27 (ubi corrupte βαθί) et p. 148, 26 (ubi cod. Paris. φθὶ, Havniensis φθὶ, i. e. φαθί) apparet, oxytonum usu invaluisse dicit. Apparet ex his consensisse Apollonium et Herodianum de analogia, quæ φάθι barytonum postulet. De scriptura autem si forte dissenserunt, longe facilius Apollonium quam Herodianum aliquid novasse credam. Ab hac igitur parte præstare videatur codicis Veneti scriptura. Nihilominus vulgatam scripturam retinui, quacum conspirat grammaticus in Crameri Anecdotis vol. 2, p. 468, et quam postulant sequentia verba παραλόγως γὰρ ὀξύνεσθαι, quæ om. V. Dind.

24, 37 ἀπτ. τὸ αἰδοῖον R.— 39 τὴν-ἔκκρισιν anonymus. ἐγκρίσει R.

27, 45 legebatur ἦν καὶ τὸ (καὶ τοὺς Θ.) παρὰ τούς. Addidi δούλους. Τοὺς δούλους post φεύγειν addebat anonymus. Dind. — 46 τι om. V. — 47 παρὰ τοῦ Θ. — 51 ἀποδοκιμάσουσι τὴν V. — 52 V. habet glossam σημεῖον.

32, 14 ὅτι et ἂν om. R. — 17-19 θεούς; μαρτυρίῳ, παραδείγματι. πείθεις, παραινεῖς V.— 19 παίζεις δ. R.

38, 32 δεικνύουσιν ἡμῖν φησι, 33 ἐὰν χαίρωσι R.

39, 36 μέτρον ἔπος Franckius in libro de Callino p 82. V. Θ. Ald. ἔπος μέτρον. Conf. schol. Thesmoph. 412, quod Franckii emendationem confirmat.

41, 44 sq. τὸν τρόπον accessit ex R. κυαμοτρὼξ ἄγριος V. — 48 ἄλλως. δικαστικὸς V. — 52 ὑπὸ τῶν κυάμων τρεφόμενος R. τρεφόμενος ὑπὸ κυάμων Suid. s. Κυαμοτρώξ. Deinde πρὸ γὰρ τῆς εὑρέσεως τῶν R. et Suidas. ἐπεὶ ἀντὶ ψήφ. Ald. — 54 ὡς καὶ R. — 2 post πλέον Suidas ita pergit : καὶ αὖθις, Κρινεῖ δὲ τούτους οὐ κυαμοτρὼξ Ἀττικός, quem versum Bergkius (Comment. p. 428) quum Aristophani tribuisset, Dindorfius intellexit multo esse recentiorem. Pauli Silentarii esse docuit Boissonadius in HStephani Thes. v. Κυαμοτρώξ.

42, 14 ὑπόκωφον δὲ εἶπεν τὸν δῆμον ὅτι V. δὲ om. R. — 15 ὅτι πολλάκις ἀκούων οὐ προσεποιεῖτο R.

43, 19 ὅτι εἰς τὰς νεομηνίας καὶ οἱ R.

44 R. habet διὰ τὸ ἐμβρέχειν τὰ δέρματα διαβάλλει ὡς δύσοσμον, καὶ ἀφ' οἵας τύχης ὁρμώμενος ἐπρώτευε τῶν Ἀθηναίων. — 23 αὐτὰ ἡμέραις V. — 25 μολυνομένων Suidas s. Βυρσαίετος. Ex quo additum διαβάλλει οὖν ὡς δύσοσμον. 26 idem δεικνὺς τ.

46 R. habet ἐπὶ διαβολῇ καὶ πονηρίᾳ οἱ παλαιοὶ χωρὶς τῆς κατά γνῶναι τὸ μαθεῖν. — 35 γν. γὰρ V.

49, 52 κασσυματίων. κασσυματίοις Θ.

51, 5 ὅλου V. — 6 παλαιὸν V. Θ. ἀλλ' ἐῶν Ald. πάλιν M.— 9 ἀποστέλλεται Θ. ἀποστέλλετε V. Ald.

55, 16 ἄλευρα μαλάξαντος καὶ ἀρτοποιήσαντος Ald.— 17 κατόρθωμα τὸ ἐν Πύλῳ Ald. τοῦτο δὲ Θ. sine ἄλλως. — R. habet ὁ Κλέων ἔδοξεν κατορθοῦν πλέον Δημοσθένους ὑφαρπάσας τὸ τέλος τῶν ἐκείνου πόνων. στρατηγὸς γὰρ ὢν Ἀθηναίων ὁ Δημοσθένης ἀποσταλεὶς εἰς Σικελίαν διὰ τὸν αὐτόθι πόλεμον πολλοὶ (sic, sine lacunæ indicio inter πόλεμον et πολλοὶ) τῶν Λακεδαιμονίων ἀπ. ἐν τῇ μ. ἔνιοι καταπονούμενοι κατέφυγον εἰς Φακτηρίαν. τόπος δὲ αυτ τῆς Λακωνικῆς στενός. οὓς καταστήσας εἰς πολιορκίαν μετεπέμψατο στρατιὰν ἀπὸ τῶν Ἀθηναίων. ὁ οὖν Κλέων γνοὺς αὐτοὺς ὑπὸ λιμοῦ καὶ δίψης μὴ οἵους τε ὄντας ἀντέχειν, ἐπηγγείλατο εἰ λάβοι δύναμιν, ἣν αἰτεῖ Δημοσθένης, ἐντὸς εἴκοσι ἡμερῶν ἀναστῆσαι τοὺς πολιορκουμένους. ἐκπλεύσας οὖν αὐτοὺς ἔλαβεν. — 20 De Demosthene non recte scholiasta Aristoph. ἀποσταλεὶς εἰς Σικελίαν διὰ τὸν αὐτόθι πόλεμον. Sunt et alii ibi illius errores, veluti quod Pylum confundit cum Πύλαις, ubi Leonidas cecidit, quo nomine etiam eum notat Holstenius ad Stephan. v. Πύλαι, et quod Leonidam Macedonum et Lacedæmoniorum regem vocat. Duker. ad Thucyd. 4, 2. — 21 προσβαλὼν Θ., et M. a sec. m. — 22 εἰλ. στρατιώτας Θ. — 24 ἄλλο Θ. M. — 26 ἀλογῶν δὲ αὐτῶν Θ. — 30-32 Λεωνίδας τῶν Λακεδαιμονίων βασιλεὺς πρότερος ἅμα Σπαρτιάταις ἀνέστη Ξέρξῃ τῷ Περσῶν idem. — 34 Ἐπιάλτου Ald. — 38 τοῦ στρατ. V. αὐτὸς δὲ Θ. — 42 κατεμέμψατο Θ., qui 47 παρελθὼν et seqq. omittit. — 48 λάβῃ, et κατεπηγγείλατο V. — 49 εἴκα (sic) ἡμ. V. κ' Ald. — 52 ὑφαρπάσας V.

59, 4 ἐναλλαγὴν στοιχείου ἐργασάμενος post Κλέωνα addit Ald., om. R. — 6 μυρρίνην ἔχων ἀποσοβεῖ τὰς μυίας Ald. τὰς μύας R. τοὺς μύας V. — 7 ἀπὸ τοῦ μυρσίνη additum ex Θ. Deinde ταύτῃ γὰρ ἀπεσόβουν τὰς μυίας καὶ τῇ αὐτῇ Suidas s. Παραγραμματισμός.

61, 12 εἰκὸς Kusterus. εἰκότως Ald. Deinde γέρων — δῆμος om. V. Θ. Glossam ὁ δεσπότης τουτέστιν ὁ δῆμος habet V. Pro versibus 12-17 habet R. χρησμολόγος γὰρ ἡ Σίβυλλα. σιβυλλιᾷ, χρησμῶν ἐρᾷ ἢ μέγα φρονεῖ καὶ ἐπαίρεται. Ὁ δεσπότης τουτέστιν ὁ δῆμος. Aliud scholion Suidas s. Σιβυλλιᾷ addit, ἢ οὕτως· χρησμῳδεῖ, φησίν, ἐπειδήπερ τὴν προθεσμίαν τῆς ἐπαγγελίας οὐκ ἐψεύσατο, ἀλλ' ἐν ταῖς εἴκοσιν ἡμέραις, ἃς ἐπηγγείλατο, τοὺς Λακεδαιμονίους αἰχμαλώτους ἤγαγεν, ὥσπερ μαντευσάμενος τὴν ὑπόσχεσιν.

62, 18 τὰ μακκοῦντα φρονοῦντα ἀνοηταίνοντα. μακκῶ γὰρ καὶ λωμῶ ἐγένοντο Θ. Λαιμῶ Suidas s. Μεμακκοακότα.

63, 24 αὐτὸ V. qui 26-28 Ἄλλως—καταψεύδεσθαι omittit.

67 ὡς ὄνομα V.

73, 49 τοῦ αὐτ. V

78, 4-17 hæc habet R., Χαόσιν εἶπεν. Θρᾴκης δὲ ἔθνος οἱ Χαόνες παρὰ τὸ κλέπτειν. Εἰσὶ δὲ Κεκροπίδαι (scr. καὶ Κρωπίδαι) δῆμος. τὸ λ ἀντὶ τοῦ ρ παρεγραμμάτευσεν. ἀπὸ τοῦ ὀνόματος τὸ πρᾶγμα λέγει. οὐκ ἐν Αἰτωλίᾳ, ἀλλ' ἐν τῷ αἰτεῖν.

84, 21-27 sic in R., ὁ Θεμιστοκλῆς ἐπὶ προδοσίᾳ ψευδεῖ πρὸς ἀνξέρξην (τ) κατέφυγεν καὶ τιμηθεὶς τὰ μέγιστα παρ' αὐτοῦ ἐπηγγείλατο τὸ κ. — 24 δὲ πρὸς V. — 25 τὸν Πέρσου V. τοῦ Πέρσου Θ. et Suidas. — 26 καὶ ποτὸν additum ex Suida. λαβὼν Θ. sine præcedente ὡς. — 28 καταδουλώσεσθαι Θ. — 29 στρατεύματι Suidas. Legebatur στρατηγῷ. Victor. στρατῷ. — 30 καὶ γνοὺς R. εἰ οἱ δι' αὐτὸν Ald. et Suidæ ed. Mediol. — 31 δουλεύσωσι R. καταδουλεύσουσι Θ., i. e. κᾆτα δουλεύσουσι. Ald. Ἑλλ. εἶτα δουλ. — 32 βούλεται Suidas βούλοιτο—Λευκόφρυϊ om. R. — 33 Λευκοφρύιδι V. Λευκοφρυγίδι Θ. Λευκοφρυΐνῳ Suidas δι' ἀρτέμι (δ) R. καλουμένῃ om. Suidas. ὑπερθεὶς Θ. — 34 καὶ ante χανδ. om. R. et Suidas, qui 35 εὐθέως et sequentia omittit. ὁ Θεμιστοκλῆς om. R. — 37 ὅπερ R. et οὕτως om. — 40 πρὸς τοὺς Θ. τοὺς ἐργάτας V. — 43 legebatur Ἀλκαθέας. Ἀλκιθέας Θ. Deinde ἐπικότως (vel ἐγκότως) anonymus. Legebatur εἰκότως. — 44 δὲ om. Θ. — 46 ἐν om. V. — 50, 51 διαγῆσαι τὸ—ζεῦγμα Θ. — 53 legebatur Κλεάνθης. Correctum ex Plutarchi Vita Themist. c. 29. In Θ. ὡς δὲ λέγουσιν αὖθις καὶ Περκώτην. — 1 δὲ παραλαβὼν ἀπ' αὐτοῦ ἐπὶ πόρθησιν Θ. — 9 ψεύδεσθαι. Vid. Duker. ad Thucyd. 1, 138. — 12 ταύρειον πιεῖν. Legebatur ταύρου γ' ἐκπιεῖν· ταύριον πιεῖν Brunckius. Altero versu vulgo μή γε, Θ. μήτε. Scribendum μή τι, collata annotatione mea ad Soph. Trach. 944. Deinde legebatur πλείω, quod recte habet si δυσφημίαν scribitur. πλεῖον Θ. Dind.

85, 16-18 αἱρομένης—Ἄλλως in fine scholii ponit R. (θεοῦ καὶ αἱρ.) omisso ἄλλως. — 17 τὸν δεῖπνον Θ. ἄκρατος οἶνος Suidas s. Ἄκρατος. ἐκαλεῖτο ἡ κρᾶσις Ald.

89, 28 ἡ χρῆσις V. — 29 ὀξυτόνως Θ. — 31 ῥέον ὕδωρ Θ. — 34 τὸν ἀν. Suidas, τὸ ἀν. Ald.

91, 37 οἶνος ἀέξει om. R. — 39 βουλεύεσθαι Suidas s. Εἰσηγήσαιντο. Legebatur βασιλεύεσθαι. At κρατεῖν Suidas s. Οἴνου. Idem εἰσηγήσαιντο· εἰσηγήσαιτό τι Θ. εἰσηγήσαντό τινες Ald., et 40 βουλεύσθαί τι. Suidas περὶ τούτου. Legebatur π. τούτων. Post μέθῃ pergit Suidas, εἰ δὲ εἰσηγήσαιντο ἐν μέθῃ, τοῦτο κυροῦν νήφοντας. — 41 Ἄλλως add. Θ., qui Ἡρόδοτος· φασὶ μ. Legebatur φησὶν οὖν Ἡρόδοτος.

92, 44 ἀρχόμενος Θ. μὲν γὰρ V. σκώμματος Ald. — 45 κωμῳδεῖ Θ.

95, 49 οἱ χόες add. R. — 51 Ἀθήνας περὶ δίωνα Θ. τὸν om. R. et Suidas. — 1 Ἀθηνῶν et συντυχίαν τινὰ Θ. — 3 κοινωνήσας V. κοινωνὸν R. δὲ om. Θ. — 4 ἡγησάμενος Ald. — 5 πίνοι, ἕνα Suidas. πίνοι ἓν R. πίνοιεν Ald.

97 ἀπεργάσῃ καὶ θήσῃ ἀντὶ τοῦ τίνος κακοῦ αἴτιος ἔσῃ V. ἀντὶ—αἴτιος ἡμῖν ἔσῃ Θ.

100 sic R. ἐλευματίων (scr. βουλευματίων) διὰ νοημάτων (scr. διανοημάτων) λεπτῶν καὶ μεμ. κατακλινήσομαι. (Hoc ex v. 98.) τὸ νοίδιον ὑποκοριστικόν. παρήγαγεν δὲ ἀπὸ τοῦ πληθυντικοῦ οἱ νοῖ. τὰ ἐπιπασσόμενα etc. — 12 ἐν add. Θ. — 13 πληθυντικοῦ ὀνόματος ὑποκοριστικόν. τινὲς δὲ λοιδορησμῶν καὶ ὀνειδισμῶν ἀπὸ Θ. — 15 κακῶς om. Suidas s. Νοιδίων.

103 16 μέλιτι R. τῷ ἔτνει Ald. τῷ σώματι Suidas s. Ἐπίπαστα, qui ἔτνος—πιπράσκεται omittit. — 17 scribebatur πίσσινον. πισσινὸν V. — 18 ἄλλως. ἔθος εἶχον Θ. — 20 καὶ ἐκ τούτου ἠναγκάζοντο πιεῖν πολλά addit Suidas post ἁλμυρά. — 22 δημιόπρατα δὲ τὰ δημ. R. — 23 οὐσιῶν Kusterus. θυσιῶν V. Θ. Ald.; omittit cum sequentibus Suidas s. Δημιόπρατα.—24 scribebatur δημόπρατα.—πράγματος Θ., qui 25 ἢ pro Ἄλλως.—27 αὐτοῖς Θ.

104, 28 συμβαίνει. Vide Galen. vol. 4. p. 436, 437 ed. Lips. Dind.

105, 33 ἔχχει ἐγκάνωσον. λέγει δὲ Θ. ἐκκάνωσον Kusterus. Legebatur ἐγκένωσον.

107, 39 πολὺν χρόνον Θ. — 40 γινομένων V. — 41 τὸν τοῦ Θ. — 42 Πράμνειος Θ.

112, 48 δέδοιχ' ὅπως μὴ διὰ R. — 49 τοῦ κακοδαίμονος Ald.

113, 50 μόνος γὰρ γεν. R. — 51 ἑτέρων ἀδεέστερος Θ. — 52 ἐκφέρῃ R.

115, 1 ῥέγχεται καὶ πέρδεται. ὁμοιοκαταλήκτως Θ.

116, 4 Κλέωνι ὡς om. V. ὡς om. Θ. — 5, 6 τοῦτο—ἔχοντος om. Θ. σοφωτάτους V.

119, 11 δέ, τουτέστιν om. R. τῇ βίβλῳ Θ.

120, 12 δὲ om. R. — 13 ἀντὶ τοῦ λάβε. ἐν τοῖς μαντείοις κράτει V. ἀντὶ τοῦ λάβε R.

123, 17 Λοκρός. Immo Ἀρκάς. Vid. schol. Pac. 1070, Av. 962. Dind.

129, 29 ἢ addidit Kusterus. Εὐκράτη Ald. — 30 στύπαξ V. R. habet glossam καθέξει, διοικήσει. —31 στυππιοπώλης Ald.— ἐν ἑτέροις. In scholio v. 254. — 32 διαχειρήσει V.

132, 36 Λυσικλέα. Conf. Hesych. s. Προβατοπώλης. — 37 ἐλέγετο υἱὸς Ἀσπασίας Suidas s. Προβατοπώλης, inepte.

137 R. habet ποταμὸς χειμάρρους μετὰ ψόφων ῥεῶν (scr. ῥέων) ὁ κυκλοβόρος. τὴν κακοφωνίαν τοῦ Κλέωνος ᾔκασε τῷ ἤχῳ τοῦ ποταμοῦ. Eadem fere Suidas s. Κεκράκτης et Κυκλοβόρος. — 46 τῶν om. V. Θ. οὐκ ἀεὶ δὲ Θ. — 47 καθάπερ· γὰρ ὁ V. — 2 post Ἀγαμέμνονα addit Ald. λέγων, δημοβόρος βασιλεύς, ἐπεὶ οὐτιδανοῖσιν ἀνάσσεις. — 3, 4 ὑπὸ Ἀθηναίων χωσθεὶς

om. V. Θ. — 6 ἔγωγε τὸν Brunckius. Rectius fortasse anonymus καθιέναι. Dind. — 8 ἔσφαζεν Θ.

140, 11 καὶ βαναύσους om. V. Θ.

141, 13-14 θαυμ. καὶ ὑπ. ἐξαίρει δὲ, et αὐτοῦ post τῆς τέχνης l. 15 R. — 15-18 sic V. Θ. τὸν Ἀγ. λέγει. ἐκβαλεῖν (ἐκβάλλειν Θ.) μέλλων καὶ ἐξολῶν (ἐξωθεῖν Θ.) τῆς πολιτείας τὸν Κλέωνα. οὕτως αὐτῷ πέπλασται κατὰ κωμικὴν παιδείαν. Verba ἐμβάλλειν μέλλων καὶ ἐξωθεῖν τῆς π. τὸν Κλέωνα post scholion v. 170 habet R. — 19 καὶ ἐξωθεῖν additum ex R. Θ.

142 γονυπετῶ habet V., om. G.

147 sic R. τοὺς ἐξαίφνης γινομένους (φαινομένους Suidas s. Κατὰ θεῖον)—ὦφθαι. ἐπεὶ οὖν καὶ ὁ—ἐπεφάνη, οὕτως εἶπεν. Et sic fere Suidas. ἐπεὶ καὶ ὁ—ἐπεφάνη αὐτοῖς Ald.

149, 27 διαβαίνειν ἐστὶν τὸ ἐπὶ τὸ λόγιον εἰσιέναι, ἵνα R.—28 scribebatur λόγιον hic et infra. λογεῖον vulgo apud Suidam : sed λόγιον Paris. A. — 31 λέγεται καὶ Θ. — 32 τοῦ om. Suid.

150, 36 εἰσάγει R.

152, 40 τὸ μαγειρικὸν τραπέζιον R. — 42 βάλλον δ' εἰνελεοῖσι R. ἐν (ἦν V.) ἐλεοῖσιν ἔθηκεν Ald. εἰν ἐλεοῖσιν ἔχευεν est Il. I, 215.

159 ἡγεμών. καὶ om. R.

161 R. habet glossam χλευάζεις.— 7 πολιτευτῶν Piersonus ad Mœrin p. 327. Legebatur πολιτῶν.

164 habet R. gl. ἡγεμὼν, δημαγωγός.—15 ἐλεοῦ Bentleius collato v. 152. Legebatur λαοῦ. Hesychius : Ἀρχέλας· τὸν ἐπιστάτην τοῦ Λυκείου παρὰ τὴν ἀρχὴν οὕτως ὠνόμασεν (ὠνόμασαν Musurus). ἔνιοι δὲ τὸν ἄρχοντα τοῦ ἐλαίου (ἐλεοῦ Bentleius) θέλουσιν ἀκούειν.

165, 16 τῶν στοιχείων Ald. — 17 R. nihil nisi ἔδει γὰρ πυκνός.

166, 19 καταπονησῇ R. — 22. Nimirum κλᾶν ἄμπελον Græcis est, *putare vitem*. Photius in Lexico : Κλᾶν ἄμπελον, τέμνειν. Hesychius : Κλᾶν, τέμνειν ἀμπέλους· ὅπερ ἡμεῖς κλαδεύειν. Themistius Orat. 15, sub init. : ὁπηνίκα δεῖ κλᾶν τὰς ἀμπέλους. Kust. τῶν περιτεμνομένων κλημάτων ἐν ταῖς ἀμπέλοις Suidas.

167, 28 παρ' αὐτοῦ Θ. — 30 ἐδίδουν Θ. ἀπεδίδοντο Suidas s. Πρυτανεῖον. — 31 παρ' ὑπόνοιαν, δέον R.

170, 34, 35, sic R. In Ald. ἀπὸ τ. σ. καὶ αὐτὸς ὠνόμασε, βουλόμενος δηλῶσαι τὰς κυκλάδας νήσους κύκλῳ κειμένας. — 36 περίβλεψαι V. περίβλεψε Ald. ὁλκάδας—ἕλκειν om. V.

174, 40 Καλχηδὼν Θ. Καρτάγενα idem. Καρτάγένα V. Inepte de Carthagine cogitavit grammaticus vitiosa deceptus scriptura Καρχηδών pro Καλχηδών.

187 ὑπάρχεις om. R. V. Θ. Corruptum videtur ex ὑπάρχει σοι. Dind. ὅσον πλ. V. — 3 πλ. ἐστι σου καὶ ἔχεις R. — 5 φασι Θ.

189, 10 παιδεύονται V. — 11 ἐχώρει R. et Suidas s. Ἐγκύκλιον. χωρεῖ Ald. χωρεῖται Θ. — 16 κακὸν κακῶς Θ. Deinde φησὶν R. pro ἐστὶν.

190 ἢ γὰρ ἂν ἀμείνων ἦσθα μηδὲ—πειραθεὶς Ald

191, 28 ἀξίοις λόγου Θ.

193 παρώσῃ Θ.

196, 34 φέρονται ἀπὸ Θ.

197, 40 βυρσαίετον τὸν Κλ. R. — 41 δὲ om. R. — 42 ἀετοῦ Suidas s. Βυρσαίετος. Vulgo αἰετοῦ. — 46 ἀγκύλας — ἔχων om. V., habent Θ. et Suidas s. Ἀγκυλοχείλης. — 47 αἰετὸν αὐτῷ ἀπ. V.

198, 50 κωλύοντα Θ. Conf. schol. v. 221. — 51 παύειν Θ. — 52-54 sic R. ἔγκειται (scr. σύγκειται) δὲ ἡ λέξις ἐκ τοῦ ἠλέματος καὶ τὸ (scr. τοῦ) κοεῖν, ὅ ἐστι νοεῖν. — 53 τό τε ἠλέματον, ἤγουν τὸ μάταιον Suidas s. Κοάλεμος. — 54 ἔλεγον Θ. — 2 αἱματοπωτεῖ R., qui post πληροῦσιν, l. 4, habet illa ἔγκειται δὲ ἡ λέξις etc. — 4 καὶ ἀλφίτων φυρῶντες πληροῦσιν Suidas s. Αἱματοπώτης. Legebatur ἢ ἀλφίτων φυρῶσιν. Θ. φύρουσιν. — 5 ἢ ὥσπ. Θ.

199, 7 τῆς et 9 ἐπειδὴ Π. ἦν. om. R.

203, 11 scribebatur ἐξήνεκται.

210, 17 καταθελχθῇ R. qui 18-23 sic : λοιδορίαις. ἐὰν μὴ ἐξαπατηθῇ τῇ τῶν λόγων περιδρομῇ. αἰκάλλει, κολακεύει, κινεῖ, προτρέπεται. δυνατός εἰμι ἐπίτροπος διοικεῖν καὶ ἄρχειν. φαυλότατον, ῥᾴδιον, ἁπλοῦν, εὐχερές. — 22 ἐπιτροπεύειν—φαυλότατον δὲ om. V., qui præbet ῥᾴδιον, εὐτελὲς, βρ.

214, 27 χρεῖται V. — 31 οὖν om. Θ. — 33 παντὸς τοῦ φυράματος Suidas. πάντα τοῦ φύρματος Ald. Pergit Suidas, οὕτω χόρδευε καὶ τάραττε καὶ τὰ πολιτικὰ καὶ συντάραττε καὶ συμφύρα τὰ πράγματα.

216, 40 Ald. ἀρτύμασι, λόγοις κολακευτικοῖς καὶ γλυκέσι.

219, 42 αὐτῶν om. Θ. — 43 καὶ V. pro ὡς.

221, 49 τινα δαιμόνια Θ.

225, 5 τάγματά εἰσιν V.

226, 12 κατηγόρει V. αὐτῶν additum ex Θ.

228 ἡμᾶς ἀποδεχόμενος Θ.

230, 19 ὦσι τοῖς αὐτῶν V. — 25 ἀπεκρίνατο V.

236, 35 ὁμοφρονήσητε V. Θ.

237, 43 χωρία τότε V. ἦν τὰ χ. Θ. — 48 καὶ ὑμῖν V. — 51. Peccat hoc loco in chronologiam scholiastes, et non consuluit Thucydidem, qui facem lucidissimam præfert ad intelligentiam nostri Comici. Nam Euclides erat archon anno quinto belli Peloponnesiaci et sexto ineunte : at Chalcidensium rebellio a Brasida sollicitata evenit anno octavo ejus belli; ut ait Thucyd. lib. 4, quo tempore Isarchus erat archon; cujus præturæ desinentis tempore Sciona rebellavit, ut scripsit Philochorus, referente scholiaste infra

ad Vesp. v. 210. Sed et non satis accurate pensitavit Aristophanis verba, quæ innuunt quidem suspicionem rebellionis futuræ; non quadrarent vero, si jam erupisset. Nam absurdum fuisset accusare Demosthenem et Niciam, quasi Chalcidenses ad rebellionem sollicitarent, si jam rebellio facta fuisset duobus annis antea et plus. Quod si quis pertendat de Potidææ rebellione debere intelligi, tunc multo major absurditas emergeret. Nam Potidæa rebellaverat ante bellum Peloponnesiacum inceptum, Pythodoro archonte, ut Thucyd. lib. 1 et 2. Palmer.

238, 1 δι' ἐλάχιστα V.

242, 7 ἱππέας (ἱππεῖς Θ.). εἷς δὲ τῶν ἱππέων ὁ V. Θ. Glossa in V. Σίμων καὶ Παναίτιος ὕπαρχοι.

243, 10 ὁ μέγ. Θ. — 11 μὲν om. Θ.

245, 16 ἤδη Θ. ἧδε Ald.

247, 21 ταράσσοντα V. Θ. — 23 καὶ αὐτοὶ om. Θ. — 25 διαφθείροντά τε τὸ V.

248, 38 ἁρπάζοντος V.

253, 48 τῶν κριθῶν καὶ τῶν πυρῶν Θ. — 52 legebatur μύλων ἀρχή.

254, 53 κ. ἀλήθονται Suidas s. Τὰς ὁδούς.—1 δὲ λέγονται Θ. αἱ ἀληλεσμέναι Suidas s. Κάγχρυς et Κυρήβια et Τὰς ὁδούς. πτυσάνη Θ. — 4 Εὔκρατες om. Θ., qui deinde μυλωνῶν.

255, 8 μάλιστα δικ. Θ. — 12 τοῦ τριωβόλου Θ. — 15 πατριᾶς Ald. πατρίου Θ. — 17 libri ἡμὲν (η) ἀμφ. — 18 Θ. πάτρα. — 19 ὁ utrumque om. Θ. — 21 ὑπὸ τοῦ ἡλίου V. Θ. — 22 τοὺς δικαστὰς τοὺς συνελθόντας V.

256, 25 καὶ ἀδίκου additum a Dindorfio.

258, 33 τῶν πρὸ V.

259, 35 κέκληται Ald. et Suidas s. Ἀποσυκάζεις. — 37 διεβλήθη Ald. et Suidas. — 38 sqq. Suidas: Ἀποσυκάζεις, συκοφαντεῖς, δοκιμάζεις. ἀποσυκάζειν γὰρ τὸ τὰ πέπειρα σῦκα διαλέγειν. διόπερ προσέθηκε πιέζων· ἐκθλίβοντες γὰρ δοκιμάζομεν τὰ σῦκα, εἰ πέπειρά ἐστιν, ἢ μή. ἐπεὶ τοίνυν συκάζειν λέγεται καὶ τὸ συκοφαντεῖν, καὶ τὸ σῦκα κλέπτειν, ἅπαξ εἰπὼν τὸ συκάζειν ἐπήνεγκε τὸ πιέζων· ἅμα μὲν ὡς ἐπὶ σύκων· ἅμα δὲ, ἐπεὶ καὶ αὐτὸς θλίβει τοὺς συκοφαντουμένους, καὶ πιέζει δωροδοκῶν καὶ διασείων τοὺς ὑπευθύνους, τουτέστι τοὺς μὴ λογισμοὺς προσεσχηκότας τῆς ἀρχῆς ἧς ἐπιστεύθησαν. — 39 εἰ Suidas. Legebatur ἢ ὠμά. — 46 διαπεισθῆναι Θ.

261, 4 οἷον ἀφιλοπράγμονα Θ.

262, 6 τοῖς Ἀθηναίοις, 7 πυρῶν Suidas s. Χερρόνησος. — 8 ὡς om. Θ., δὲ om. V. Θ. — 16 κατάξας, μετακαλεσάμενος post ὑποσκελίσας legebantur. Transposuit Dobræus. — 19 διαλαβὼν Kusterus.

263, 24 ἀργυρίζῃ Suidas.

264, 28 λέγειν ὤλεται V., non G. — 29 ἀλλ' εἴ τι καὶ V. ἀλλὰ καὶ τὶ Θ. — 30 ἀνακρίνει καὶ ἀναζητεῖ Θ.

265, 34 Εὐλαβούμενος καὶ φοβούμενος Suidas s. Ἀμνοκῶν. — 36 γὰρ διὰ δειλίαν καὶ (ita etiam Θ.) ἦθος V. γὰρ διὰ δειλίαν καὶ τρόπων Suidas. — 37 συνεπιλεγόμενος Suidas. — 38 καταστήσας Suidas. Legebatur καταστῆσαι.—39 ἐπηρέαζεν V. et Suidas.

269, 49 αὐτόν Suidas s. Ὑπέρχεται. αὐτούς Ald.

270, 51 ἐκπανουργεῖ Suidas. ἐπιχειρεῖς V. — 54 μετὰ ξύλου ex Suida addidit Dindorf.— 1 κορυνοφόρους Θ. — 2 παιδείαν V. Θ.

276, 18 μουσικοποιὸς Θ. — 19 καὶ ἐπινίκιον V.

277, 21 περιγένῃ δὲ ταῖς περιεργίαις καὶ ἀναισχυντίαις, οὐδὲν ἧττον ἡμέτερον τὸ τερμάτιον, τουτέστιν ἡ νίκη Suidas s. Τήνελλα. — 23 legebatur καὶ ἡ σησ. Suidas ὡς σησάμους ὁ διὰ σησάμης. Postremum etiam in V. Θ. — 35, 36 ἀρτύσεων—Ἀθηνῶν Suidas s. Ὑποζώματα. ἀρτύσεως—Ἀθηναίων Ald.— 37 ἐπειδὴ ἦρχον καὶ νήσων τινῶν addit Suidas

281, 39 τῆς πόλεως Suidas s. Ἔκθεῖ — 41 τῇ λέξει Θ. — 42 ἐκπεπηδηκότα Θ. πεπηδηκότα Ald. — 43 δημοσιτήσεις V.

282, 49 χρέα V. — 51 ὡς τῶν Θ. — ἤτοι Bekkerus. Legebatur καίτοι. — 52 μὴ παραιτησαμένου Θ. — 54 χρέα Θ. ἐπειδὴ Ald. — 1 legebatur ἀφίειν.

284, 6-9 Διπλῆ—καταληκτικά post scholion v. 301 ponit V. περιοδικὴ om. V. Θ. κώλων δεκαεννέα τροχαϊκῶν, ὧν—δίμετρα καταληκτικά. τὸ δὲ δ' ἐναλλὰξ ἀκατάληκτον Θ. Facile intellectu est hæc sic esse corrigenda ut post versus quindecim ἀμοιβαίους quattuor sequi dicantur ab una pronunciati persona, quorum quartus dimeter sit catalecticus. Dind. — 8 δίμετρα κατοληκτικά V. — 9 μήποτε εἰσὶ δίστιχα τετράμετρα καταληκτικά. Videtur scholiasta de quattuor postremis versibus loqui, quos in tetrametros catalecticos redigi posse dicit, ἀλλότρια τοίνυν σοφίζει καί σε φανῶ τοῖς πρυτάνεσιν | ἀδεκατεύτους τῶν θεῶν ἱερὰς ἔχοντα κοιλίας. Nam dactylo illo καί σε φᾰ | νῶ tanto minus offensum eum fuisse credibile est, quum versu proximo haud dubie ἱερὰς in libro suo legerit, quod ipsum quoque dactylum præbet. Dind. — αὐτίκα μάλα. Legebatur αὐτίκα δὲ μάλα, quod om. V. Θ. Totum scholion om. G.

289, 15 καὶ om. V. Θ. — 16 οὐδετέρως Suidas s. Κυνοκοπήσω. V. τὸν νῶτον.

290, 19 τῶν ἀλαζονειῶν. τὸ δὲ περιελάσω ἐκ μεταφορᾶς τῶν ἐρεσσόντων Suidas s. Περιελῶ.

292, 30 καὶ σκαίρειν Suidas s. Ἀσκαρδαμυκτί. — 31 ἰλλώπτειν Suidas, sed ἰλλώπειν codex A.

294, 37 ἀλλαντοπώλου Θ. — 38 ἐκφορήσω addit Ald. — 40 τὰ ἔντερα V.

295, 46 ἐκφορήσομαι V. Θ. ἢ ὡς βύρσαν δέψω Hemsterhusius apud Dobræum.

sed τὰ λιπαρὰ κάπτων dixerat Aristophanes, ut est apud Athenæum 3, p. 96, C.

642, 39 ἐποίησα R.

649, 51, 52 ὅτι οὓς αυ σκώψῃ τούτους R.

652, 4 ἡμᾶς R.

665, 34 φέγγουσα Ald.

671, 47 λάγυνον Ald. Deinde στόμα Suidas s. Θασίαν. σῶμα Ald. — 48 οὐδέπω γὰρ τότε Suidas. Legebatur οὐδέποτε γάρ. — 51-53 ἐκ τῶν—Θασίαν ἅλμην om. Suidas. — 52 Κρατῖνος εἶδες Dobræus. Legebatur κρατήσει δὲ εἰς. Cratini versus attulit Athenæus 4, p. 164, D. — 53 ἢ ex Suida accessit. — 1 sic Suidas. Legebatur Θασίας ζωμὸν ἅλμης, εἰς ὃν ἀπέβ. Totum scholium omittere videtur R.

681, 20, 21 παρεξηυλεῖσθαι λέγομεν αὐλοὺς τοὺς τὰς γλωσσίδας διερρηγμένους Ald.

682, 25 πατεῖν Dindorfius. Legebatur παντί.

683, 28 τῷ λίθῳ τῷ β. R.

686, 39 συντόνως Kusterus. συντόμως Ald.

687, 46 πέταυρα Suidas s. Σκανδάληθρα. — 49 σκανδάλιθρα R. — 50 Ἀρχίλοχος] ῥόπτρῳ ἐρειδόμενον apud Etym. M. p. 715, 44, ubi vulgo Ἀρίσταρχος: sed Ἀρχίλοχος codd. Dorvill. et Leid.

688, 1 ὑπὲρ ἄγαν R. — 2 πάνυ γηράσαντος Suidas s. Ἄνδρα Τιθωνόν. Legebatur πανουργήσαντος.

690. Vide de hoc scholio Hemsterh. ad Lucian. vol. 1, p. 7.

699 διωκόμεθα δὲ om. R.

708 habet Suidas s. Ἀχαιά. — 52, 53 ὃν παρεῖχον ἐν τοῖς περὶ τὴν γέφυραν Ald. Scribendum, ὃν παρεῖχεν τοῖς περὶ τὴν Γέφυραν εἰς Ἀθήνας ἀπιοῦσιν. Quorum sensus est: Achæa Ceres dicitur ab æris sono, quem dedit Tanagræis Athenas migrantibus. Gephyra eadem est quæ Tanagra. Ruhnken. ad Velleium p. 15. Ruhnkenii emendationem confirmat Orionis Etymol. p. 18: Ἀχαιὰ ἡ Δημήτηρ. μέμνηται τοῦ ὀνόματος Ἀριστοφάνης. εἴρηται δὲ ἀπὸ τοῦ ἄχους τοῦ ἐπὶ τῇ Περσεφόνῃ. τινὲς δὲ ἀπὸ ἱστορίας τοιαύτης. τοῖς Ταναγραίοις μεταστᾶσιν ἐκ τῆς Τανάγρας ἐκέλευσε κατ' ὄναρ ἡ Δημήτηρ, φανεῖσα αὐτοῖς, ἀκολουθῆσαι τῷ γινομένῳ ἤχῳ, καὶ ὅπου ἂν παύσηται, ἐκεῖ πόλιν κτίσαι· καὶ διώδευον ἀκούοντες ψόφον κυμβάλων καὶ τυμπάνων. καὶ παυσαμένων περὶ τὴν Ἀττικὴν ἔκτισαν πόλιν καὶ ἱδρύσαντο ἱερὸν Ἀχαιᾶς Δήμητρος. οὕτως εὗρον ἐν ὑπομνήματι εἰς Ἀριστοφάνην. Dind.

710, 4 ὁ δὲ Εὔαθλος R. — 60 post συνήγορος Elmsleius τοῖς παλαιοῖς addit. Deinde Εὔαθλος adjecit Dindorfius ex schol. Vesp. 592 et Suida s. Εὔαθλος et s. Τοξότης. — παρ' ὑμῖν Elmsleius. Legebatur ἡμῖν.

717, 20 χρὴ R. δέη Ald.

720, 25, 26 ἔτι δὲ ὁ Πίνδαρος ἀττικίζει Piersom. ad Mœrin p. 70. Legebatur ἐστι τοῦ Πινδάρου ἀττικιστί.

724, 29 τοῦ λείπειν R. — 30 Λεπρέου Suidæ libri meliores s. Ἀγορανομίας. Scribebatur Λεπρίου. — 33 Λέπρειον Suidas. Λέπριον Ald. — 39 τί δ' οὖν τὸν ἥλιον R. et Suidæ cod. Paris. Λέπρεων Suidæ libri vulgati: sed λεπρὸν codex Paris. οἰκίζεται R. et Suidæ cod. Paris. — 40, 41 pro φραγγέλαις Suidas rectius habet φραγγελίοις: ut legendum esse censet Menagius ad Diog. L. 6, 90. Kust. V. Casaub. ad Athen. 14, p. 647, F. — 41 τοὺς om. Suidas.

729, 49 σχηματίσας R.

733, 4 ἡμῖν τὸ νῦν R.

737, 10 ἐπειδὴ R.

740 R. habet glossam τοὺς μικροὺς σῦς.

741, 33 δὲ καὶ ἐπὶ ἄρρενος Ald.

743 τὰ πρῶτα δὲ ἤγουν τὰς ἄκρας Ald.

744, 38 Τὰ ῥυγχία om. R.

747, 45 τῶν θυομένων Ald. — 46 μυστήρια Ald. In R. ad hunc versum adscriptum ποιη.

751, 51 διαπίνομεν Suidas s. Διαπεινῶμεν. — 3 ἀποδυόμενοι Suidas.

752, 7 τὸν αὐλὸν Ald.

759, 23 με παίζει R.

760, 24 Νισαίᾳ, male. Nam eo tempore nondum erat Nisæa sub Atheniensium potestate, quæ octavo tantum anno belli Peloponnesiaci sub eorum imperium venit, ut narrat Thucydides 4, 69. Multo melius alius scholiastes, qui veriorem reddit causam, διὰ τὸ θαλαττοκρατεῖν τοὺς Ἀθηναίους ἔφη, ὑμεῖς αὐτῶν ἄρχετε. Ad quod addo, quod, quamvis Athenienses nondum Nisæam haberent, tamen non erat liberum Megarensibus salium negotium, eo quod Minoam insulæ Nisææ vicinam et portui imminentem tenebant præsidio, ut ait idem Thucydides 3, 51. Palmer.

763, 35 ἀγλίθας Ald. hic et infra. ἄγλιδας τὰς R. — 37 πασσαλῷ R. τῷ πασσάλῳ Ald.

772, 5 θυμιτιδῶν Ald. — 7 θυμοίτας R.

774, 13 Διοκλέα R.

778, 22 σιγᾶς Ald.

781, 28 λέγει R.

785, 33 ἢ μὴ τέλεον Ald. τέλειον R. et Suidas s. Κόλουρα.

786, 36-39, pro his R. habet οἷον τὴν τοῦ ἀνδρός. κήρυθρὰν, πυράν (scr. πυρράν). λέγει δὲ τοῦ ἀνδρὸς τὸ αἰδοῖον. εἰ τρέφειν ἐθέλεις χοίρους.

802, 16 ἐπεὶ δὲ ἀπὸ τοῦ ἰσχναίνεσθαι Suidas s. Φίβαλις. Legebatur ἐπεὶ ἀπὸ τοῦ ἰσχνᾶσθαι.

807, 20 ἀθρόον Ald.

811, 30 ἐν εὐδόμῳ Ald.

813, 33 τοσαύτην ἦλθον πενίαν R. ὥστε τὰ Ald.

816, 39, 40 hoc ordine R ἐμπορ. πραγμ. τὸ πλῆρες δὲ Ἑρμᾶ—γένοιτο.

822, 53 νῦν om. R.

827 Μεγαρέα Vict.

833, 15 δὲ om. R. — 20 λέγοντες. Corrigendum λέγουσιν, nisi aliquid excidit. Dind. — 25 χἄννις Ald.

836, 30, 31 ita correxit Dindorfius. Ald. τοῦ χοροῦ, μονοστροφικὸν (vulgo μονοστροφικὴν) περίοδον ἐξάκωλον δ'.

842, 41 Παρακλέπτων om. R. Deinde ὅτι ὀψώνια Ald.

843, 47 ὡς—Πρέπις post Πρέπιδος in R. — 48 κιναιδείας Ald.

845 φανὴν δὲ λαμπράν. δίει δὲ διελεύσῃ Ald. post scholion proximum.

846, 1 φιλόνεικον Ald.

850, 8, Anacreon apud Athen. 12, p. 533, E. — 11 legebatur δηλώσειν. — 12 δὲ om. R.

852, 21 εἶπε om. R.

856, 31 πορφυρᾶς τῆς θαλασσίας Dindorf. Legebatur πορφυρᾶς τῆς θαλάσσης.

858 in lemmate πρὶν ἢ Ald.

860, 38 ἰσάτω R. — 40 τύλον δὲ καὶ τύλαν.... κῶς ἔλεγον R. τύλον δὲ ἀρσενικῶς ἔλεγον Ald. τύλα καὶ τύλος ἀρσενικῶς Suidas s. Τύλα. Deinde τοῦ ὤμου τὸ R. et Suidas. τὸν ὦμον τὸν Ald. — 41 πεπιλημένον Suidas, qui καὶ τετριμμένον ἐκ omittit. πεπυλημένον Ald.

862, 48 δὲ οἱ Ald.

863, 52 ὀφθαλμιῶσιν Suidas s. Πρωκτός. Legebatur ὀφθαλμοῖς. — 3 in versu Ἐκκλησιαζουσῶν legitur ἐς κυνὸς πυγὴν ὁρᾶν.

866 R. habet ἀπὸ τοῦ Χαῖρις, οὗ ἐμνήσθη ἐν ἀρχῇ. Ἀττικὴ ἡ συνήθεια ἀπὸ τοῦ χαῖρις χαιριεῖς, ἀπὸ τῆς περιστερᾶς περιστεριδεῖς. βομβύλιος δὲ εἶδος μελίσσης.

867, 16 Ἰόλαος ἥρως, 17 τὸ δὲ, 19 τὸ δὲ ἐπιχαρίτως, hæc omnia om. R.

875, 32 ἀφύας addidit Kusterus.

877, 35 στορεννὺς R. et Suidas s. Χείμων. στρωννὺς Suidas s. Ὀρνιθίας et ed. Mediol. s. Χειμών. Vulgo στορέννυσιν.

879, φ. ἀσπάλακας Suidas s. Σκάλοπας. V. Schneider. ad Aristot. H. A. vol. 4, p. 131. Dind.

880 ἴκτιδας: εἶδος ζώου ὡς οἱ κέστορες. ἢ ἔνυδρον. ἔστι δὲ ἰχθυοφάγον Ald. Correxit Dobræus.

882 sic R. ὁ Δικ. λέγει ἄσμενος δός μοι πρὸς (scr. προσειπεῖν) κωπαΐδας.

883, 48-51 ὁ στίχος Αἰσχύλου πρὸς τὴν Θέτιν, δέσπ. R. — 1 χορῶν Bentleius. χορᾶν R. χορόν Ald.

887, 7 κωμῳδεῖται Ald.

888, 11 ἄρουλαν Ald. — 12 δὲ om. R.

895 γὰρ τὸ τίμ. α. ποῦ ἐστιν Ald.

896, 25 λογιστὰς dicit ἀγορανόμους: vid. schol. ad 723.

899, 30 δύο στιγμαὶ novæ personæ nota.

900, 32 ἃ τοῖς Βοιωτοῖς οὐκ εἰσίν Ald.

911, 47-49 ἐκ τῆς Θήβης ἴσ.... ἰστῶ δεμα δεικτικῶς τὸ τοῦ δε...... τι ἠδικημένος R. Quæ sic corrigenda ἐκ τῆς Θήβης, ἴστω ὁ Ζεύς. τῶνδ' ἐμά δεικτικῶς ἀντὶ τοῦ τοῦδ' ἐμά. τί δαὶ παθών: τί ἠδικημένος. Dind. — 47 ἴτω Ald. pro ἴστω.

916, 4 καὶ δ. R. et Suidas s. Θρυαλλίς. τούτου δ. Ald.

920, 6-9 Τίφην—βορέαν post ἑλκυσθῶσιν ponit R. — 9, 10 καὶ—ναῦς et deinde δὲ om. R.

927 habet Suidas s. Φορυτός.

933, 37, 38 πυρορραγὴς κέραμος ὁ ἐν πυρὶ ῥηγνύμενος Ald.

936, 40 ἐλαῶν Elmsleius collato Polluce 7, 151. Legebatur ἁλῶν. R. habet ἢ (scr. εἰς) τὸ ἐπιτρίβειν τὰς δίκας.

945, 1 κατὰ κορυφήν Ald.

946, 3 ἐδεσμεύσατε Ald. — 5 τὸ δ. τὸν σ. in R. leguntur ante scholion v. 937.

947, 7 ὅτι τὰ δρ. τ. om. R.: habet Suidas s. Θερίζειν. — 8 πολλοῦ R. et Suidæ libri optimi. πολλοὺς Suidæ ed. Mediol. Legebatur πολλοί.

954, 21 δὲ om. R. — 22 ὁ Ἀθηναῖος Ald.

959, 31 δός μοι R., qui deinde mutatis sedibus ἔγχελυν—κίχλας.

961, 34 post Πυανεψιῶνος R. addit ἤγετο δὲ ἀπὸ Ὀρέστου, ὅτε ἦλθεν εἰς Ἀθήνας καθαρθῆναι βουλόμενος τὸ τῆς μητρὸς αἷμα. — 37 scribendum Πιθοίγια — Χύτρους. Dind. — 5 κίστῃ apud Homerum.

966, 23 ὀψαρίου Ald. — 24 λέγεται τὸ om. R.

968, 31 λιγὺ R. et Suidas s. Ἀπολιγαίνει. λιγὰ Ald. — 32 τοὺς ἱμάντας, οὓς οἱ ἀγορανόμοι ἔχοντες ἔτυπτον Suidas. ἤδη om. R.

971, 37 fortasse μέλος χοροῦ, ὑφ' — Dind. — R. hæc habet, ὁ χορὸς ὑποχωρησάντων τῶν ὑποκριτῶν.

974, 47 τρέφομεν Ald. — 50 δὲ om. R.

980, 6 Ἁρμόδιον R. et Suidas s. Οὐδέποτ' ἐγώ et Πάροινος. — 7 vide Athenæum 15, p. 695, B. Scribebatur φίλτατε Ἁρμόδιε. — 9. Post τυραννίδα addit Ald. ἐπέθεντο δ' αὐτοῖς τιμωρίας χάριν, ἀλλ' οὐχ ὑπεροχῆς, ὡς Ἀριστοτέλης Πολιτικῶν ε', διὰ τὸ προπηλακίσαι μὲν τὴν Ἁρμοδίου ἀδελφὴν, ἐπηρεάσαι δ' Ἁρμόδιον· ὁ γὰρ Ἁρμόδιος διὰ τὴν ἀδελφὴν, ὁ δ' Ἀριστογείτων διὰ τὸν Ἁρμόδιον. Quæ omittunt R. et Suidas. Videntur ejusdem esse auctoris qui Aristotelis locum inseruit scholio v. 92. DIND. 9-11 habet Suidas. In R. gl. est οἷον μίθυσος καὶ ὑβριστής. — 10 τὸ δὲ Λάμπωνος. Lege Τελαμῶνος. vid. Lys. 1239, et Athen. p. 695; at Λάμπωνος

Suidas in Οὐδέποτε et in Πάροινος. Βεντλ. Cujus emendationem recepit Dindorf.

984, 17 καὶ οὐκ ἦν. Ald. καὶ post ἀλλὰ· om. R. — 18 τὰς χώρας Ald.

989, 29 οἷον R. et Suidas s. Δεῖγμα. τὰ πτερά. οἷον Ald. — 30 πρόκειται om. Suidas. — 31 ἃ additum ex Suida, ubi om. codex Paris. A. τυθέντων καὶ πα θέντων R., quasi παρατεθέντων voluisset. — 32 προέβαλλε Suidas. αὐτὰ προέβαλεν R.

992, 42 ἔγραψε τὸν Ἔρ., 43 ὁ δὲ νοῦς. Ald.

993, 47 ἰσχύσω σε τρία [sic] γαμῆσαι R.

995, 49-54 R. νέα μοσχίδια τὰ νέα βλαστήματα — λύγοισι. πρῶτα μέν : ἀλληγορικῶς ἐπὶ συνουσίας. ἀντὶ τοῦ — ὡ; γεωργός.

1002, 10 κωμῳδεῖται Ald. ἐσκώπτετο Suidas s. Ἀσκός. — 11 πρῶτον τινὰ Suidas. χόα Suidæ codex A. — 14 ἐφ' οὗ ἔδει τοὺς Suidæ ed. Mediol. : ἔδει om. codices. — 15 προπιόντα Suidas, ex quo δὲ additum.

1008, 24-31 διπλῆ—καταληκτικοί. Horum loco Portus et Kusterus hæc dederunt, διπλῆ καὶ περίοδος δεκάκωλος ἀμοιβαία. τούτων δὲ τῶν δέκα κώλων τὰ μὲν α' β' δ' ς' η' θ' ἰαμβικὰ δίμετρα ἀκατάληκτα· τὰ δὲ γ' ε' ζ' ι' δίμετρα καταληκτικά.

1018, 35 ληφθείσας. Legebatur καὶ ληφθείσας.

1020, ἐσπείσατο μόνος εἰρήνην πρὸς Ald.

1021, 45 οἷον δάν. Ald. — 47 καπήλησιν R. καπήλισον Ald. — 48 ἢ om. R.

1026, 6 λέγει δ' ὅτι ἐν R.

1029, 16 μου om. R.

1030, 18 καὶ δημόσιοι delendum videtur. Dind.

1032, 25 τοὺς μαθ. τ. δὲ εἶπεν Ald. — 26 ὡς ἂν οὖν εἰ ἔλεγεν R.

1035, 30 στροῖβος R. — 31 ἡ λεπτὴ om. R. Idem λίγξ. — 34, 35 τοῖν γεωργοῖν δὲ om. R., qui τῶν τὴν γῆν ἐργαζομένων.

1039 δηλονότι. στάθευε δὲ om. R.

1043, 47 lacunam notavit Dindorfius.

1047, 48 πρωΐζετε Suidas s. Ξανθίζετε. χρίετε Ald. πυρὰ R.

1048. Lemma Δικαιόπολις est in R., qui om. Ἔρχεται.

1051, 5 hic posuimus. Legebatur post scholium 1053. Omittit R.

1055 scholium Rav. excerpsit Suidas s. Χιλιῶν.

1058, 19 ἀστειευόμενος Portus. ἀστευόμενος Ald.

1063 habet R. κατ' ἐρώτησιν. τὴν τοῦ μύρου λήκυθον.

1065, 32 κατατάττωσι. τῷ etc. R.

1075, 54 δὲ om. R. — ὡς χιόνος οὔσης Ald.

1076, 1 Θεόπομπος. Vid. schol. Ran. 218. — 2 χύτραν Suidas s. Χύτροι. χύτρας Ald. — 8-11 ἐν μιᾷ. Δίδυμος l. 1 ante Θεόπομπος collocat R.

1082, 26 ἀκαταμάχητον R. et Suidas s. Γηρυόνης. δυσκαταγώνιστον Ald.

1083, 34 δηλονότι om. R.

1084, 36 εἰς δεῖπνον καὶ φησί Ald.

1086, 37-39 in fine scholii ponit R. — 39 ἑψήματα καὶ κίστιν καὶ χοᾶ Suidas s. Χοᾶ. — 40 κίστιν δὲ τὴν Ald. — 42 κίστῃ R. κίστει Ald. et Suidas. — 44 κοινωνήσωσιν Suidas et 45 τῷ Ὀρέστῃ.

1092, 51, καπυρώδη Suidas s. Ἰτρία. καὶ πυρώδη Ald.

1101, 11, 12 σαπροῦ—νέου in fine scholii habet R. et om. δὲ hic et ante τι. — 14 λεκιθώδους ὠμὸν R. et Suidas. Emendavit Kusterus. Deinde ἀποτελεῖται R. ἀπετέλει Suidas. — 18 φύλλοις Suidas. φύλλῳ Ald.

1109, 23 τῶν λόφων om. Ald.

1111, 27 ζώων κατεσθίον τὰς τρίχας οἱ σῆτες ὁ θρίψ R.

1112, 32 μίμαρκις om. R. — 34 καρυκικήν R.

1115, 42 ἐχρῆτο τῇ δ. Ald.

1118, 45 πάντα τὰ εἰς πόλεμον ζήτει, ὁ δὲ ἀντιστρόφως τὰ εἰς εἰρήνην Ald.

1119 om. R. : habuit supra ad v. 1040.

1121, 51 τοὐβελίσκου, 52 χ. μὴ ἑλκύσαι Ald.

1122, 53 ξύλα R. et Suidas s. Κιλλίβαντες. σκευάσματα Ald. — 1 ἐπιτιθέασι Ald. Ib. διαπαυόμενοι addit R., quod in διαναπαυόμενοι mutavit Dindorf. ex Suida.

1123, 6 αἱ om. R.

1128, 10 λαμπρότερος γένηται Suidas s. Κατάχει. — 16 εἰς αὐτὴν λέγει Suidas. — 18 ἔκλαμψιν Suidas.

1133, 23 καὶ μεθύειν Ald. — 25 ἀκροθώρακας Suidas s. Θωρήξασθαι. θώρακας Ald.

1141, 34 ἐπετήρουν τὰς διοσημείας Ald

1150, 50 καὶ Ὀλυμπικὸς Suidas s. Ἀντίμαχος et s. Ψεκάς. καὶ om. Ald. — 51 οὕτω καλούμενος. ἐδόκει Suidas s. Ψεκάς. — 54 χορὸν Suidas. Legebatur καιρόν. — 1 χορευόντων Suidas s. Ψεκάς.

1158, 10 R. om. καί, 11 om. πάραλος δὲ ἀντὶ τοῦ, 12 om. ἤ.

1174, 34. λεπτὸν ἐρίδιον Photius s. Λαμπάδιον. λεπτὸν χειρίδιον Suidas. Legebatur λεπρὸν χοιρίδιον. — 35, 36 νάρθηκα — ναρθηκίζοντα — τὸ σφυρόν — ἔμμοτα Suidas. Legebatur νάρεγκα—δρυγκίζοντα — τὸν σφυρόν—ἔμματα.

1182, 51 R. habet glossam εἰς ὕφαλον πέτραν. — 6—8 λέγεται —ναῦς illata videntur ex Suida s. Ὑδροῤῥόα. Dind.

1190, 11 κατεγχάνοι δὲ om. R.

1201, 19 γλῶσσαν R. — 21 utitur verbis Aristophanis Thesm. 131, ubi est, ὡς ἡδὺ τὸ μέλος

-καὶ θηλυδριώδες καὶ κατεγλωττισμένον καὶ μανδαλωτόν.

1208, 24-27 sic R. ἔνιοι τὸν Λάμαχον, ἵνα ᾖ τὸ κινεῖς ἀντὶ τοῦ σαίνεις. ὡσεὶ—

1211, 34 ἐπήνεγκεν—συμβολὰς om. R.—35 παίζει πρ. τ. ὁμωνυμίαν ὁ Δικαιόπολις R.

1213, 47 παιωνεῖον rectius scribitur apud Photium p. 370, 22. Dind.

1224, 8 δηλοῖ om. R. —9 εἶχε τῶν ληνα.... R. Fortasse τῶν ληναίων. Dind.

1229, 8 ἔπινον om. R.

1230, 10, 11 ex scholiasta Pindari Ol. 9, 1 addidi ὦ et correxi Ἡράκλεις vulgatum. Dind. Deinde edebatur καὶ Ἰόλαος. Correxit Elmsleius et hæc annotavit : « Vide Av. 1764, ubi Archilocheum τήνελλα καλλίνικος iterum usurpat poeta. Carmen τρίστροφον erat, auctore scholiasta Pindari. Initium fuisse videtur :

> Ὦ καλλίνικε χαῖρ' ἄναξ Ἡράκλεες,
> αὐτός τε κἰόλαος, αἰχμητὰ δύο·
> τήνελλα καλλίνικος. »

EQUITES.

Argumenta om. R.

Arg. I. 6 ὃς ἐπιτροπεύει τοῦ V. et Reg. 2712 (sive membranæ Brunckii), quem contulimus. — 7 αὐτοὶ δὲ οἱ V. — 9 διανεχθεὶς Reg. — 10 ἀλογώτερος V. σφᾶς Reg. — 11 συνομωμοκότας. Deest verbum διαβάλλων vel simile quid. Kuster. — ἐκ τῆς V. Reg. — ἵεται Reg. Vulgo ἵεται. — 12 διώσαντος Reg. — 13 τῶν om. Reg. κινδυνευόντων Ald. — 15 ἵππων om. V. Ald. — τοὺς ποιητὰς Reg., qui et ὅτι pro ὁ δὲ. Ald. ὅ τε. — 16 παραγεγενημένος V. Reg. Ald. — Reg. τοῦ Κλ. μάλα γελοίως. — 19 διαφθειρομένων V. διαφθειρόμενος ἀκροατὴς Reg. — 21 τοῖς νοήμασι Reg. — 22 κατακρατοῦντος Reg. — 23 sic Reg. ὁ Α. τοῖς λ. Ald. — 26 ἐκ. σίτησιν Ald. — 27 ἐλεχθεὶς V. Deinde ὡς περιφανῶς Brunckius. ὥσπερ περιφανὴς Reg. Ald. — 28 εἶχει θατέρῳ Reg. ἐκβάλλεται Ald. — 29 δὲ om. Reg. — 31 γεγονότος προάγοντος Reg. — Κλέων Kusterus. V. Reg. Ald. Κλέωνος. Reg. παρακείμενος τὴν τοῦ Ἀγ., V. τήν τε. — 32 θατέραν σκευὴν Reg. Ald. παραδειγματισμῷ Kusterus. Codd. omnes genitivum præbent. — 35, 36 καὶ — παραδίδοται om. R.

Arg. II. 1 Πύλου V. — 5 Κλ. τῆς V. — 6 ἐναντίους Ald. — 12 κρύπτει Reg. Deinde V. προφανὲς αὐτὸς, Ald. προφανῶς αὐτὸ. — 18 τὰ om. Ald. — 21 θεράποντες οἱ στρατηγοί om. Ald. nec habet hoc loco V. Addita ex V., qui infra post l. 33 repetit verba οἰκία ἡ πόλις, δεσπότης ὁ δῆμος, θεράποντες οἱ στρατηγοί. — 23, 24 ἐζημίωσαν πέντε ταλάντοις, vide Dindorf. ad Acharn. v. 6. — τάλαντα V. — 27 δὲ ὅτι V. — 32 Κρ. σαγύροις V. — 33 sic V. ὀλοφύροις Ald.

Arg. III. 35 Ἀνάγει codex Matritensis apud Iriart. p. 179. — 36 κἄτι Brunckius. καὶ ἔτι V. Ald. — 38 κἂν Kusterus. ἐν V. Ald. παραλογισμῷ V. διαφέροντ' Kusterus. διαφοροῦντ' Ald. διαφοροῦντα V. — 39 τε addidit Brunckius.

SCHOLIA.

6, 7 V. Θ. nihil nisi hæc, στίχοι ἰαμβικοὶ ἀκατάλ. — 9 ὁ τελ. V. — 11-17 om. V. Θ. — 12 πάλιν ἐν ἐκθέσει Ald.

1, 21. τὰ τοιαῦτα om. V. ἀλλὰ...σχήμασιν om. M.

2, 25, 26 Π. τὸν τῇ ἐκκλησίᾳ παφλάζοντα τὸν λαρυγγιστὴν M. — 27 ἢ διά Θ., et 29 ἐπολιτεύετο. — 31 νεωνητὸν δὲ τὸν R. — 34 αὐτοῖς R. — 35 οἱ δὲ Κλέωνα post γεννηθεῖσι ponit R. — 36 πέφυκε μὲν V. μᾶλλον om. R. — 37 συντραφεῖσιν Suidas s. Νεώνητον. Deinde οἷς (οὓς M.) ἂν ἐπικτησώμεθα idem, Θ. et M. — 38 οὐχ ὅτι V. Θ.

3, 42 fort. λέγομεν. Dind.

4, 47 τὸ ἐπιπηδῆσαι Θ.

5, 1 πληγὰς κακὰ πράγματα. V. — 3 καὶ προσποιεῖται addit Θ. περιποιεῖται est apud Suidam s. Προστρίβεται.

7, 8 καὶ πρ. τῷ δήμῳ om. R.

9, 12 αὐλῶσιν anonymus. Vulgatum λέγωσιν habet Suidas s. Ξυναυλίαν. — R. habet ὁ δὲ Ὄλυμπος αὐλητὴς γέγονεν καὶ αὐτὸς δυστυχήσας διὰ μουσικήν. — 18 συναυλεῖν Suidas; συναλγεῖν Ald. In M. gl. est ὁμαυλίαν.

11, 27, 28 in R. sic: ἄλλως. τί θρηνοῦμεν καὶ ὀδυρόμεθα μάτην καὶ ἀνωφελές. Scholion om. V. — 31 βουλευσόμεθα Ald. — 32 ἐπεὶ αὐτὸς μέλλει V.

13, 38 τὸ εἰπεῖν Θ. — 41 εἰπόντι σοι G. — 44 μάχομαι R.

17, 51 θαρσαλέον Ald. — 52 ἔχω anonymus. Legebatur ἔχων. — 1 πρῶτος idem. Legebatur πρὸς τό. — 2 πῶς οὖν ἂν V. — 3 τὸ add. Θ.

18 R. habet πανουργῶς ὡς ὁ Εὐριπίδης.

19, 14 μὴ εὐριπιδ. R. — 17 δὲ om. R.

21, 22 προσποιεῖτο ὑποτίθεσθαι αὐ(τ) λέγειν αὐτομολήσομεν R. — 25 λέγει Θ. δὲ om. R.

22, 29 τοῦ μόλωμεν τὸ αὐτό, εἶτα πάλιν τοῦ (τὸ Θ.) αὐτό. βούλεται V. Θ. — 34 ὁ μὲν Ἀπολλώνιος βαρύνεται (corr. βαρύνει), ὁ δὲ Ἡρωδιανὸς ὀξύνει V. (Quæ verba om. G.) Huic scripturæ favet quod Apollonius De syntaxi p. 264, 3, oxytonum φαθί improbat, Herodianus autem, ut ex

Arcadii Epitome p. 172, 27 (ubi corrupte βαθί) et p. 148, 26 (ubi cod. Paris. φθὲ, Havniensis φθὶ, i. e. φαθί) apparet, oxytonum usu invaluisse dicit. Apparet ex his consensisse Apollonium et Herodianum de analogia, quæ φάθι barytonum postulet. De scriptura autem si forte dissenserunt, longe facilius Apollonium quam Herodianum aliquid novasse credam. Ab hac igitur parte præstare videatur codicis Veneti scriptura. Nihilominus vulgatam scripturam retinui, quacum conspirat grammaticus in Crameri Anecdotis vol. 2, p. 468, et quam postulant sequentia verba παραλόγως γὰρ ὀξύνεσθαι, quæ om. V. Dind.

24, 37 ἀπτ. τὸ αἰδοῖον R.— 39 τὴν-ἔκκρισιν anonymus. ἐγκρίσει R.

27, 45 legebatur ἦν καὶ τὸ (καὶ τοὺς Θ.) παρὰ τούς. Addidi δούλους. Τοὺς δούλους post φεύγειν addebat anonymus. Dind. — 46 τι om. V. — 47 παρὰ τοῦ Θ. — 51 ἀποδοκιμάσουσι τὴν V. — 52 V. habet glossam σημεῖον.

32, 14 ὅτι et ἂν om. R. — 17-19 θεούς; μαρτυρίῳ, παραδείγματι. πείθεις, παραινεῖς V.— 19 παίζεις δ. R.

38, 32 δεικνύουσιν ἡμῖν φησι, 33 ἐὰν χαίρωσι R.

39, 36 μέτρον ἔπος Franckius in libro de Callino p 82. V. Θ. Ald. ἔπος μέτρον. Conf. schol. Thesmoph. 412, quod Franckii emendationem confirmat.

41, 44 sq. τὸν πρόπον accessit ex R. κυαμοτρὼξ ἄγριος V. — 48 ἄλλως. δικαστικός V. — 52 ὑπὸ τῶν κυάμων τρεφόμενος R. τρεφόμενος ὑπὸ κυάμων Suid. s. Κυαμοτρώξ. Deinde πρὸ γὰρ τῆς εὑρέσεως τῶν R. et Suidas. ἐπεὶ ἀντὶ ψήφ. Ald. — 54 ὡς καὶ R. — 2 post πλέον Suidas ita pergit : καὶ αὖθις, Κρινεῖ δὲ τούτους οὐ κυαμοτρὼξ Ἀττικὸς, quem versum Bergkius (Comment. p. 428) quum Aristophani tribuisset, Dindorfius intellexit multo esse recentiorem. Pauli Silentarii esse docuit Boissonadius in HStephani Thes. v. Κυαμοτρώξ.

42, 14 ὑπόκωφον δὲ εἶπεν τὸν δῆμον ὅτι V. δὲ om. R. — 15 ὅτι πολλάκις ἀκούων οὐ προσεποιεῖτο R.

43, 19 ὅτι εἰς τὰς νεομηνίας καὶ οἱ R.

44 R. habet διὰ τὸ ἐμβρέχειν τὰ δέρματα διαβάλλει ὡς δύσοσμον, καὶ ἀφ' οἵας τύχης ὁρμώμενος ἐπρώτευε τῶν Ἀθηναίων. — 23 αὐτὰ ἡμέραις V. — 25 μολυνομένων Suidas s. Βυρσαίετος. Ex quo additum διαβάλλει οὖν ὡς δύσοσμον. 26 idem δεικνὺς τ.

46 R. habet ἐπὶ διαβολῇ καὶ πονηρίᾳ οἱ παλαιοὶ χωρὶς τῆς κατά γνῶναι τὸ μαθεῖν. — 35 γν. γὰρ V.

49, 52 κασσυματίων. κασσυματίοις Θ.

51, 5 ὅλου V. — 6 παλαιὸν V. Θ. ἀλλ' ἐῶν Ald. πάλιν M. — 9 ἀποστέλλεται Θ. ἀποστέλλετε V. Ald.

55, 16 ἄλευρα μαλάξαντος καὶ ἀρτοποιήσαντος Ald. — 17 κατόρθωμα τὸ ἐν Πύλῳ Ald. τοῦτο δὲ Θ. sine ἄλλως. — R. habet ὁ Κλέων ἔδοξεν κατορθοῦν πλέον Δημοσθένους ὑφαρπάσας τὸ τέλος τῶν ἐκείνου πόνων. στρατηγὸς γὰρ ὢν Ἀθηναίων ὁ Δημοσθένης ἀποσταλεὶς εἰς Σικελίαν διὰ τὸν αὐτόθι πόλεμον πολλοὶ (sic, sine lacunæ indicio inter πόλεμον et πολλοὶ) τῶν Λακεδαιμονίων ἀπ. ἐν τῇ μ. ἔνιοι καταπονούμενοι κατέφυγον εἰς Φακτηρίαν. τόπος δὲ αὐτῆς Λακωνικῆς στενός. οὓς καταστήσας εἰς πολιορκίαν μετεπέμψατο στρατιὰν ἀπὸ τῶν Ἀθηναίων. ὁ οὖν Κλέων γνοὺς αὐτοὺς ὑπὸ λιμοῦ καὶ δίψης μὴ οἵους τε ὄντας ἀντέχειν, ἐπηγγείλατο εἰ λάβοι δύναμιν, ἣν αἰτεῖ Δημοσθένης, ἐντὸς εἴκοσι ἡμερῶν ἀναστῆσαι τοὺς πολιορκουμένους. ἐκπλεύσας οὖν αὐτοὺς ἔλαβεν. — 20 De Demosthene non recte scholiasta Aristoph. ἀποσταλεὶς εἰς Σικελίαν διὰ τὸν αὐτόθι πόλεμον. Sunt et alii ibi illius errores, veluti quod Pylum confundit cum Πύλαις, ubi Leonidas cecidit, quo nomine etiam eum notat Holstenius ad Stephan. v. Πύλαι, et quod Leonidam Macedonum et Lacedæmoniorum regem vocat. Duker. ad Thucyd. 4, 2. — 21 προσβαλὼν Θ., et M. a sec. m. — 22 εἰλ. στρατιώτας Θ. — 24 ἄλλο Θ. M. — 26 ἀλογῶν δὲ αὐτῶν Θ. — 30-32 Λεωνίδας τῶν Λακεδαιμονίων βασιλεὺς πρότερος ἅμα Σπαρτιάταις ἀνέστη Ξέρξῃ τῷ Περσῶν idem. — 34 Ἐπιάλτου Ald. — 38 τοῦ στρατ. V. αὐτὸς δὲ Θ. — 42 κατεμέμψατο Θ., qui 47 παρελθὼν et seqq. omittit. — 48 λάβῃ, et κατεπηγγείλατο V. — 49 εἴκα (sic) ἡμ. V. κ' Ald. — 52 ὑφαρπάσας V.

59, 4 ἐναλλαγὴν στοιχείου ἐργασάμενος post Κλέωνα addit Ald., om. R. — 6 μυρρίνην ἔχων ἀποσοβεῖ τὰς μυίας Ald. τὰς μύας R. τοὺς μύας V. — 7 ἀπὸ τοῦ μυρσίνη additum ex Θ. Deinde ταύτῃ γὰρ ἀπεσόβουν τὰς μυίας καὶ τῇ αὐτῇ Suidas s. Παραγραμματισμός.

61, 12 εἰκὸς Kusterus. εἰκότως Ald. Deinde γέρων — δῆμος om. V. Θ. Glossam ὁ δεσπότης τουτέστιν ὁ δῆμος habet V. Pro versibus 12-17 habet R. χρησμολόγος γὰρ ἡ Σίβυλλα. σιβυλλιᾷ, χρησμῶν ἐρᾷ ἢ μέγα φρονεῖ καὶ ἐπαίρεται. Ὁ δεσπότης τουτέστιν ὁ δῆμος. Aliud scholion Suidas s. Σιβυλλιᾷ addit, ἢ οὕτως· χρησμῳδεῖ, φησὶν, ἐπειδήπερ τὴν προθεσμίαν τῆς ἐπαγγελίας οὐκ ἐψεύσατο, ἀλλ' ἐν ταῖς εἴκοσιν ἡμέραις, ἃς ἐπηγγείλατο, τοὺς Λακεδαιμονίους αἰχμαλώτους ἤγαγεν, ὥσπερ μαντευσάμενος τὴν ὑπόσχεσιν.

62, 18 τὰ μωκοῦντα φρονοῦντα ἀνοηταίνοντα. μωκὼ γὰρ καὶ λωμὼ ἐγένοντο Θ. Λαιμὼ Suidas s. Μεμακκοακότα.

63, 24 αὐτὸ V. qui 26-28 Ἄλλως—καταψεύδεσθαι omittit.

67 ὡς ὄνομα V.

73, 49 τοῦ αὐτ. V

78, 4-17 hæc habet R., Χαόσιν εἶπεν. Θρᾴκης δὲ ἔθνος οἱ Χαόνες παρὰ τὸ κλέπτειν. Εἰσὶ δὲ Κεκροπίδαι (scr. καὶ Κρωπίδαι) δῆμος. τὸ λ ἀντὶ τοῦ ρ παρεγραμμάτευσεν. ἀπὸ τοῦ ὀνόματος τὸ πρᾶγμα λέγει. οὐκ ἐν Αἰτωλίᾳ, ἀλλ' ἐν τῷ αἰτεῖν.

84, 21-27 sic in R., ὁ Θεμιστοκλῆς ἐπὶ προδοσίᾳ ψευδεῖ πρὸς ἀνξέρξην κατέφυγεν καὶ τιμηθεὶς τὰ μέγιστα παρ' αὐτοῦ ἐπηγγείλατο τὸ κ. — 24 δὲ πρὸς V. — 25 τὸν Πέρσου V. τοῦ Πέρσου Θ. et Suidas. — 26 καὶ ποτὸν additum ex Suida. λαβὼν Θ. sine præcedente ὡς. — 28 καταδουλώσεσθαι Θ. — 29 στρατεύματι Suidas. Legebatur στρατηγῷ. Victor. στρατῷ. — 30 καὶ γνοὺς R. εἰ οἱ δι' αὐτὸν Ald. et Suidæ ed. Mediol. — 31 δουλεύσωσι R. καταδουλεύσουσι Θ., i. e. κᾆτα δουλεύσουσι. Ald. Ἑλλ. εἶτα δουλ. — 32 βούλεται Suidas βούλοιτο—Λευκόφρυϊ om. R. — 33 Λευκοφρύιδι V. Λευκοφρυγίδι Θ. Λευκοφρυΐνῳ Suidas δι' ἀρτέμι R. καλουμένῃ om. Suidas. ὑπερθεὶς Θ. — 34 καὶ ante χανδ. om. R. et Suidas, qui 35 εὐθέως et sequentia omittit. ὁ Θεμιστοκλῆς om. R. — 37 ὅπερ R. et οὕτως om. — 40 πρὸς τοὺς Θ. τοὺς ἐργάτας V. — 43 legebatur Ἀλκαθέας. Ἀλκιθέας Θ. Deinde ἐπικότως (vel ἐγκότως) anonymus. Legebatur εἰκότως. — 44 δὲ om. Θ. — 46 ἐν om. V. — 50, 51 διαγῆσαι τὸ—ζεῦγμα Θ. — 53 legebatur Κλεάνθης. Correctum ex Plutarchi Vita Themist. c. 29. In Θ. ὡς δὲ λέγουσιν αὖθις καὶ Περκώτην. — 1 δὲ παραλαβὼν ἀπ' αὐτοῦ ἐπὶ πόρθησιν Θ. — 9 ψεύδεσθαι. Vid. Duker. ad Thucyd. 1, 138. — 12 ταύρειον πιεῖν. Legebatur ταύρου γ' ἐκπιεῖν· ταύριον πιεῖν Brunckius. Altero versu vulgo μή γε, Θ. μήτε. Scribendum μή τι, collata annotatione mea ad Soph. Trach. 944. Deinde legebatur πλείω, quod recte habet si δυσφημίαν scribitur. πλεῖον Θ. Dind.

85, 16-18 αἱρομένης—Ἄλλως in fine scholii ponit R. (θεοῦ καὶ αἱρ.) omisso ἄλλως. — 17 τὸν δεῖπνον Θ. ἄκρατος οἶνος Suidas s. Ἄκρατος. ἐκαλεῖτο ἡ κρᾶσις Ald.

89, 28 ἡ χρῆσις V. — 29 ὀξυτόνως Θ. — 31 ῥέον ὕδωρ Θ. — 34 τὸν ἀν. Suidas, τὸ ἀν. Ald.

91, 37 οἶνος ἀέξει om. R. — 39 βουλεύεσθαι Suidas s. Εἰσηγήσαιντο. Legebatur βασιλεύεσθαι. At κρατεῖν Suidas s. Οἴνου. Idem εἰσηγήσαιντο. εἰσηγήσαιτό τι Θ. εἰσηγήσαντό τινες Ald., et 40 βουλεύεσθαί τι. Suidas περὶ τούτου. Legebatur π. τούτων. Post μέθῃ pergit Suidas, εἰ δὲ εἰσηγήσαιντο ἐν μέθῃ, τοῦτο κυροῦν νήφοντας. — 41 Ἄλλως add. Θ., qui Ἡρόδοτος· φασὶ μ. Legebatur φησὶν οὖν Ἡρόδοτος.

92, 44 ἀρχόμενος Θ. μὲν γὰρ V. σκώμματος Ald. — 45 κωμῳδεῖ Θ.

95, 49 οἱ χόας add. R. — 51 Ἀθήνας περὶ δίωνα Θ. τὸν om. R. et Suidas. — 1 Ἀθηνῶν et συντυχίαν τινὰ Θ. — 3 κοινωνήσας V. κοινωνὸν R. δὲ om. Θ. — 4 ἡγησάμενος Ald. — 5 πίνοι, ἕνα Suidas. πίνοι ἓν R. πίνοιεν Ald.

97 ἀπεργάσῃ καὶ θήσῃ ἀντὶ τοῦ τίνος κακοῦ αἴτιος ἔσῃ V. ἀντὶ—αἴτιος ἡμῖν ἔσῃ Θ.

100 sic R. ἐλευματίων (scr. βουλευματίων) διὰ νοημάτων (scr. διανοημάτων) λεπτῶν καὶ μεμ. κατακλινήσομαι. (Hoc ex v. 98.) τὸ νοίδιον ὑποκοριστικόν. παρήγαγεν δὲ ἀπὸ τοῦ πληθυντικοῦ οἱ νοῖ. τὰ ἐπιπασσόμενα etc. — 12 ἐν add. Θ. — 13 πληθυντικοῦ ὀνόματος ὑποκοριστικόν. τινὲς δὲ λοιδορησμῶν καὶ ὀνειδισμῶν ἀπὸ Θ. — 15 κακῶς om. Suidas s. Νοιδίων.

103 16 μέλιτι R. τῷ ἔτνει Ald. τῷ σώματι Suidas s. Ἐπίπαστα, qui ἔτνος—πιπράσκεται omittit. — 17 scribebatur πίσσινον. πισσινὸν V. — 18 ἄλλως. ἔθος εἶχον Θ. — 20 καὶ ἐκ τούτου ἠναγκάζοντο πιεῖν πολλά addit Suidas post ἁλμυρά. — 22 δημιόπρατα δὲ τὰ δημ. R. — 23 οὐσιῶν Kusterus. θυσιῶν V. Θ. Ald.; omittit cum sequentibus Suidas s. Δημιόπρατα. — 24 scribebatur δημόπρατα. — πράγματος Θ., qui 25 ἢ pro Ἄλλως. — 27 αὐτοῖς Θ.

104, 28 συμβαίνει. Vide Galen. vol. 4. p. 436, 437 ed. Lips. Dind.

105, 33 ἔκχεε ἐγκάνωσον. λέγει δὲ Θ. ἐκκένωσον Kusterus. Legebatur ἐγκένωσον.

107, 39 πολὺν χρόνον Θ. — 40 γινομένων V. — 41 τὸν τοῦ Θ. — 42 Πράμνειος Θ.

112, 48 δέδοιχ' ὅπως μὴ διὰ R. — 49 τοῦ κακοδαίμονος Ald.

113, 50 μόνος γὰρ γεν. R. — 51 ἑτέρων ἀδεέστερος Θ. — 52 ἐκφέρῃ R.

115, 1 ῥέγκεται καὶ πέρδεται. ὁμοιοκαταλήκτως Θ.

116, 4 Κλέωνι ὡς om. V. ὡς om. Θ. — 5, 6 τοῦτο—ἔχοντος om. Θ. σοφωτάτους V.

119, 11 δὲ, τουτέστιν om. R. τῇ βίβλῳ Θ.

120, 12 δὲ om. R. — 13 ἀντὶ τοῦ λάβε. ἐν τοῖς μαντείοις κράτει V. ἀντὶ τοῦ λάβε R.

123, 17 Λοκρός. Immo Ἀρκάς. Vid. schol. Pac. 1070, Av. 962. Dind.

129, 29 ἢ addidit Kusterus. Εὐκράτη Ald. — 30 στύπαξ V. R. habet glossam καθέξει, διοικήσει. — 31 στυππιοπώλης Ald. — ἐν ἑτέροις. In scholio v. 254. — 32 διαχειρήσει V.

132, 36 Λυσικλέα. Conf. Hesych. s. Προβατοπώλης. — 37 ἐλέγετο υἱὸς Ἀσπασίας Suidas s. Προβατοπώλης, inepte.

137 R. habet ποταμὸς χειμάρρους μετὰ ψόφων γιῶν (scr. ῥέων) ὁ κυκλοβόρος. τὴν κακοφωνίαν τοῦ Κλέωνος ᾔκασε τῷ ἤχῳ τοῦ ποταμοῦ. Eadem fere Suidas s. Κεκράκτης et Κυκλοβόρος. — 46 τῶν om. V. Θ. οὐκ ἀεὶ δὲ Θ. — 47 καθάπερ· γὰρ ὁ V. — 2 post Ἀγαμέμνονα addit Ald. λέγων, δημοβόρος βασιλεὺς, ἐπεὶ οὐτιδανοῖσιν ἀνάσσεις. — 3, 4 ὑπὸ Ἀθηναίων χωσθεὶς

om. V. Θ. — 6 ἔγωγε τὸν Brunckius. Rectius fortasse anonymus καθιέναι. Dind. — 8 ἔσφαζεν Θ.

140, 11 καὶ βαναύσους om. V. Θ.

141, 13-14 θαυμ. καὶ ὑπ. ἐξαίρει δέ, et αὐτοῦ post τῆς τέχνης l. 15 R. — 15-18 sic V. Θ. τὸν Ἀγ. λέγει. ἐκβαλεῖν (ἐκβάλλειν Θ.) μέλλων καὶ ἐξολῶν (ἐξωθεῖν Θ.) τῆς πολιτείας τὸν Κλέωνα. οὕτως αὐτῷ πέπλασται κατὰ κωμικὴν παιδείαν. Verba ἐμβάλλειν μέλλων καὶ ἐξωθεῖν τῆς π. τὸν Κλέωνα post scholion v. 170 habet R. — 19 καὶ ἐξωθεῖν additum ex R. Θ.

142 γονυπετῶ habet V., om. G.

147 sic R. τοὺς ἐξαίφνης γινομένους (φαινομένους Suidas s. Κατὰ θεῖον)—ὦφθαι. ἐπεὶ οὖν καὶ ὁ—ἐπεφάνη, οὕτως εἶπεν. Et sic fere Suidas. ἐπεὶ καὶ ὁ—ἐπεφάνη αὐτοῖς Ald.

149, 27 διαβαίνειν ἐστὶν τὸ ἐπὶ τὸ λόγιον εἰσιέναι, ἵνα R.—28 scribebatur λόγιον hic et infra. λογεῖον vulgo apud Suidam : sed λόγιον Paris. A. — 31 λέγεται καὶ Θ. — 32 τοῦ om. Suid.

150, 36 εἰσάγει R.

152, 40 τὸ μαγειρικὸν τραπέζιον R. — 42 βάλλον δ' εἰνελεοῖσι R. ἐν (ἣν V.) ἐλεοῖσιν ἔθηκεν Ald. εἰν ἐλεοῖσιν ἔχευεν est Il. I, 215.

159 ἡγεμών. καὶ om. R.

161 R. habet glossam χλευάζεις.— 7 πολιτευτῶν Piersonus ad Mœrin p. 327. Legebatur πολιτῶν.

164 habet R. gl. ἡγεμὼν, δημαγωγός.—15 ἐλεοῦ Bentleius collato v. 152. Legebatur λαοῦ. Hesychius : Ἀρχέλας· τὸν ἐπιστάτην τοῦ Λυκείου παρὰ τὴν ἀρχὴν οὕτως ὠνόμασεν (ὠνόμασαν Musurus). ἔνιοι δὲ τὸν ἄρχοντα τοῦ ἐλαίου (ἐλεοῦ Bentleius) θέλουσιν ἀκούειν.

165, 16 τῶν στοιχείων Ald. — 17 R. nihil nisi ἔδει γὰρ πνυκός.

166, 19 καταπονησῇ R. — 22. Nimirum κλᾶν ἄμπελον Græcis est, *putare vitem*. Photius in Lexico : Κλᾶν ἄμπελον, τέμνειν. Hesychius : Κλᾶν, τέμνειν ἀμπέλους· ὅπερ ἡμεῖς κλαδεύειν. Themistius Orat. 15, sub init. : ὁπηνίκα δεῖ κλᾶν τὰς ἀμπέλους. Kust. τῶν περιτεμνομένων κλημάτων ἐν ταῖς ἀμπέλοις Suidas.

167, 28 παρ' αὐτοῦ Θ. — 30 ἐδίδουν Θ. ἀπεδίδοντο Suidas s. Πρυτανεῖον. — 31 παρ' ὑπόνοιαν, δέον R.

170, 34, 35, sic R. In Ald. ἀπὸ τ. σ. καὶ αὐτὸς ὠνόμασε, βουλόμενος δηλῶσαι τὰς κυκλάδας νήσους κύκλῳ κειμένας. — 36 περίβλεψαι V. περίβλεψε Ald. ὁλκάδας—ἕλκειν om. V.

174, 40 Καλχηδὼν Θ. Καρτάγενα idem. Καρτάγένα V. Inepte de Carthagine cogitavit grammaticus vitiosa deceptus scriptura Καρχηδών pro Καλχηδών.

187 ὑπάρχεις om. R. V. Θ. Corruptum videtur ex ὑπάρχει σοι. Dind. ὅσον πλ. V. — 3 πλ. ἐστι σου καὶ ἔχεις R. — 5 φασι Θ.

189, 10 παιδεύονται V. — 11 ἐχώρει R. et Suidas s. Ἐγκύκλιον. χωρεῖ Ald. χωρεῖται Θ. — 16 κακὸν κακῶς Θ. Deinde φησὶν R. pro ἐστίν.

190 ἢ γὰρ ἂν ἀμείνων ἦσθα μηδὲ—πειραθεὶς Ald

191, 28 ἀξίοις λόγου Θ.

193 παρούσῃ Θ.

196, 34 φέρονται ἀπὸ Θ.

197, 40 βυρσαίετον τὸν Κλ. R. — 41 δὲ om. R. — 42 ἀετοῦ Suidas s. Βυρσαίετος. Vulgo αἰετοῦ. — 46 ἀγκύλας — ἔχων om. V., habent Θ. et Suidas s. Ἀγκυλοχείλης. — 47 αἰετὸν αὐτῷ ἀπ. V.

198, 50 κωλύοντα Θ. Conf. schol. v. 221. — 51 παύειν Θ. — 52-54 sic R. ἔγκειται (scr. σύγκειται) δὲ ἡ λέξις ἐκ τοῦ ἠλέματος καὶ τὸ (scr. τοῦ) κοεῖν, ὅ ἐστι νοεῖν. — 53 τό τε ἠλέματον, ἤγουν τὸ μάταιον Suidas s. Κοάλεμος. — 54 ἔλεγον Θ. — 2 αἱματοπωτεῖ R., qui post πληροῦσιν, l. 4, habet illa ἔγκειται δὲ ἡ λέξις etc. — 4 καὶ ἀλφίτων φυρῶντες πληροῦσιν Suidas s. Αἱματοπώτης. Legebatur ἢ ἀλφίτων φυρῶσιν. Θ. φύρουσιν. — 5 ἢ ὥσπ. Θ.

199, 7 τῆς et 9 ἐπειδὴ Π. ἦν. om. R.

203, 11 scribebatur ἐξήνεκται.

210, 17 καταθελχθῇ R. qui 18-23 sic : λοιδορίαις. ἐὰν μὴ ἐξαπατηθῇ τῇ τῶν λόγων περιδρομῇ. αἰκάλλει, κολακεύει, κινεῖ, προτρέπεται. δυνατός εἰμι ἐπίτροπος διοικεῖν καὶ ἄρχειν. φαυλότατον, ῥᾴδιον, ἁπλοῦν, εὐχερές. — 22 ἐπιτροπεύειν—φαυλότατον δὲ om. V., qui præbet ῥᾴδιον, εὐτελές, βρ.

214, 27 χρεῖται V. — 31 οὖν om. Θ. — 33 παντὸς τοῦ φυράματος Suidas. πάντα τοῦ φύρματος Ald. Pergit Suidas, οὕτω χόρδευε καὶ τάραττε καὶ τὰ πολιτικὰ καὶ συντάραττε καὶ συμφύρα τὰ πράγματα.

216, 40 Ald. ἀρτύμασι, λόγοις κολακευτικοῖς καὶ γλυκέσι.

219, 42 αὐτῶν om. Θ. — 43 καὶ V. pro ὡς.

221, 49 τινα δαιμόνια Θ.

225, 5 τάγματά εἰσιν V.

226, 12 κατηγόρει V. αὐτῶν additum ex Θ.

228 ἡμᾶς ἀποδεχόμενος Θ.

230, 19 ὦσι τοῖς αὐτῶν V. — 25 ἀπεκρίνατο V.

236, 35 ὁμοφρονήσητε V. Θ.

237, 43 χωρία τότε V. ἦν τὰ χ. Θ. — 48 καὶ ὑμῖν V. — 51. Peccat hoc loco in chronologiam scholiastes, et non consuluit Thucydidem, qui facem lucidissimam præfert ad intelligentiam nostri Comici. Nam Euclides erat archon anno quinto belli Peloponnesiaci et sexto ineunte : at Chalcidensium rebellio a Brasida sollicitata evenit anno octavo ejus belli; ut ait Thucyd. lib. 4, quo tempore Isarchus erat archon; cujus præturæ desinentis tempore Sciona rebellavit, ut scripsit Philochorus, referente scholiaste infra

ad Vesp. v. 210. Sed et non satis accurate pensitavit Aristophanis verba, quæ innuunt quidem suspicionem rebellionis futuræ; non quadrarent vero, si jam erupisset. Nam absurdum fuisset accusare Demosthenem et Niciam, quasi Chalcidenses ad rebellionem sollicitarent, si jam rebellio facta fuisset duobus annis antea et plus. Quod si quis pertendat de Potidææ rebellione debere intelligi, tunc multo major absurditas emergeret. Nam Potidæa rebellaverat ante bellum Peloponnesiacum inceptum, Pythodoro archonte, ut Thucyd. lib. 1 et 2. Palmer.

238, 1 δι' ἐλάχιστα V.

242, 7 ἱππέας (ἱππεῖς Θ.). εἷς δὲ τῶν ἱππέων ὁ V. Θ. Glossa in V. Σίμων καὶ Παναίτιος ὕπαρχοι.

243, 10 ὁ μέγ. Θ. — 11 μὲν om. Θ.

245, 16 ἤδη Θ. ἦδε Ald.

247, 21 ταράσσοντα V. Θ. — 23 καὶ αὐτοὶ om. Θ. — 25 διαφθείροντά τε τὸ V.

248, 38 ἁρπάζοντος V.

253, 48 τῶν κριθῶν καὶ τῶν πυρῶν Θ. — 52 legebatur μύλων ἀρχή.

254, 53 κ. ἀλήθονται Suidas s. Τὰς δδούς. — 1 δὲ λέγονται Θ. αἱ ἀληλεσμέναι Suidas s. Κάγχρυς et Κυρήβια et Τὰς δδούς. πτυσάνη Θ. — 4 Εὔκρατες om. Θ., qui deinde μυλωνῶν.

255, 8 μάλιστα δικ. Θ. — 12 τοῦ τριωβόλου Θ. — 15 πατριᾶς Ald. πατρίου Θ. — 17 libri ἡμὲν ἀμφ. — 18 Θ. πάτρα (η). — 19 ὁ utrumque om. Θ. — 21 ὑπὸ τοῦ ἡλίου V. Θ. — 22 τοὺς δικαστὰς τοὺς συνελθόντας V.

256, 25 καὶ ἀδίκου additum a Dindorfio.

258, 33 τῶν πρὸ V.

259, 35 κέκληται Ald. et Suidas s. Ἀποσυκάζεις. — 37 διεβλήθη Ald. et Suidas. — 38 sqq. Suidas: Ἀποσυκάζεις, συκοφαντεῖς, δοκιμάζεις. ἀποσυκάζειν γὰρ τὸ τὰ πέπειρα σῦκα διαλέγειν. διόπερ προσέθηκε πιέζων· ἐκθλίβοντες γὰρ δοκιμάζομεν τὰ σῦκα, εἰ πέπειρά ἐστιν, ἢ μή. ἐπεὶ τοίνυν συκάζειν λέγεται καὶ τὸ συκοφαντεῖν, καὶ τὸ σῦκα κλέπτειν, ἅπαξ εἰπὼν τὸ συκάζειν ἐπήνεγκε τὸ πιέζων· ἅμα μὲν ὡς ἐπὶ σύκων· ἅμα δὲ, ἐπεὶ καὶ αὐτὸς θλίβει τοὺς συκοφαντουμένους, καὶ πιέζει δωροδοκῶν καὶ διασείων τοὺς ὑπευθύνους, τουτέστι τοὺς μὴ λογισμοὺς προσεσχηκότας τῆς ἀρχῆς ἧς ἐπιστεύθησαν. — 39 εἰ Suidas. Legebatur ἢ ὠμά. — 46 διαπεισθῆναι Θ.

261, 4 οἷον ἀφιλοπράγμονα Θ.

262, 6 τοῖς Ἀθηναίοις, 7 πυρῶν Suidas s. Χερρόνησος. — 8 ὡς om. Θ., δὲ om. V. Θ. — 16 κατάξας, μετακαλεσάμενος post ὑποσκελίσας legebantur. Transposuit Dobræus. — 19 διαλαβὼν Kusterus.

263, 24 ἀργυρίζῃ Suidas.

264, 28 λέγειν ὤλεται V., non G. — 29 ἀλλ' εἴ τι καὶ V. ἀλλὰ καὶ τὶ Θ. — 30 ἀνακρίνει καὶ ἀναζητεῖ Θ.

265, 34 Εὐλαβούμενος καὶ φοβούμενος Suidas s. Ἀμνοκῶν. — 36 γὰρ διὰ δειλίαν καὶ (ita etiam Θ.) ἦθος V. γὰρ διὰ δειλίαν καὶ τρόπων Suidas. — 37 συνεπιλεγόμενος Suidas. — 38 καταστήσας Suidas. Legebatur καταστῆσαι. — 39 ἐπηρέαζεν V. et Suidas.

269, 49 αὐτόν Suidas s. Ὑπέρχεται. αὐτούς Ald.

270, 51 ἐκπανουργεῖ Suidas. ἐπιχειρεῖς V. — 54 μετὰ ξύλου ex Suida addidit Dindorf. — 1 κορυνοφόρους Θ. — 2 παιδείαν V. Θ.

276, 18 μουσικοποιὸς Θ. — 19 καὶ ἐπινίκιον V.

277, 21 περιγένῃ δὲ ταῖς περιεργίαις καὶ ἀναισχυντίαις, οὐδὲν ἧττον ἡμέτερον τὸ τερμάτιον, τουτέστιν ἡ νίκη Suidas s. Τήνελλα. — 23 legebatur καὶ ἡ σησ. Suidas ὡς σησάμους ὁ διὰ σησάμης. Postremum etiam in V. Θ. — 35, 36 ἀρτύσεων—Ἀθηνῶν Suidas s. Ὑποζώματα. ἀρτύσεως—Ἀθηναίων Ald. — 37 ἐπειδὴ ἦρχον καὶ νήσων τινῶν addit Suidas

281, 39 τῆς πόλεως Suidas s. Ἐκθεῖ. — 41 τῇ λέξει Θ. — 42 ἐκπεπηδηκότα Θ. πεπηδηκότα Ald. — 43 δημοσιτήσεις V.

282, 49 χρέα V. — 51 ὡς τῶν Θ. — ἤτοι Bekkerus. Legebatur καίτοι. — 52 μὴ παραιτησαμένου Θ. — 54 χρέα Θ. ἐπειδὴ Ald. — 1 legebatur ἀφιέιν.

284, 6-9 Διπλῆ—καταληκτικά post scholion v. 301 ponit V. περιοδικὴ om. V. Θ. κώλων δεκαεννέα τροχαϊκῶν, ὧν—δίμετρα καταληκτικά. τὸ δὲ δ' ἐναλλὰξ ἀκατάληκτον Θ. Facile intellectu est hæc sic esse corrigenda ut post versus quindecim ἀμοιβαίους quattuor sequi dicantur ab una pronunciati persona, quorum quartus dimeter sit catalecticus. Dind. — 8 δίμετρα κατοληκτικά V. — 9 μήποτε εἰσὶ δίστιχα τετράμετρα καταληκτικά. Videtur scholiasta de quattuor postremis versibus loqui, quos in tetrametros catalecticos redigi posse dicit, ἀλλότρια τοίνυν σοφίζει καί σε φανῶ τοῖς πρυτάνεσιν | ἀδεκατεύτους τῶν θεῶν ἱερὰς ἔχοντα κοιλίας. Nam dactylo illo καί σε φᾰ | νῶ tanto minus offensum eum fuisse credibile est, quum versu proximo haud dubie ἱερὰς in libro suo legerit, quod ipsum quoque dactylum præbet. Dind. — αὐτίκα μάλα. Legebatur αὐτίκα δὲ μάλα, quod om. V. Θ. Totum scholion om. G.

289, 15 καὶ om. V. Θ. — 16 οὐδετέρως Suidas s. Κυνοκοπήσω. V. τὸν νῶτον.

290, 19 τῶν ἀλαζονειῶν. τὸ δὲ περιελάσω ἐκ μεταφορᾶς τῶν ἐρεσσόντων Suidas s. Περιελῶ.

292, 30 καὶ σκαίρειν Suidas s. Ἀσκαρδαμυκτί. — 31 Ἰλλώπτειν Suidas, sed Ἰλλώπειν codex A.

294, 37 ἀλλαντοπώλου Θ. — 38 ἐκφορήσω addit Ald. — 40 τὰ ἔντερα V.

295, 46 ἐκφορήσομαι V. Θ. ἢ ὡς βύρσαν δέψω Hemsterhusius apud Dobræum.

[illegible]

'Ιπποδάμειο; τρόπος Aristot. Polit. 7, 11, § 4, ed. Schn., quem locum laudavit Schneider. ad Xenoph. H. Gr. 2, 4, 11 : liceat tamen monere in scholiasta Aristophanis mutandum esse verborum ordinem : etenim, ut nunc leguntur, facile suspicareris, Archeptolemum ab aliis Milesium, ab aliis Thurium appellari, quum hoc potius de Hippodamo dicendum sit; itaque scribe meo Marte : καρπούμενον· καὶ οἱ μὲν αὐτόν φασι Θούριον, οἱ δὲ Μιλήσιον· λείπει δὲ ὁ ὀφθαλμός. Ἄλλως (de conjectura addo). λυπεῖται, φησὶν, ὁ Ἀρχεπτόλεμος· οὗτος γὰρ πολλὰ ὠφέλησε τὴν πόλιν· Κλέωνος δὲ ἐχθρὸς ἦν. Ἄλλως etc. Transeamus jam ad Archeptolemum, quem hic significari dixi, et jam multo ante dixerat Casaubonus, cujus adnotatio alioquin non ita optima est. Est enim idem Archeptolemus, qui memoratur in hac fabula v. 791, ubi Agoracritus Cleoni vitio vertit, quod— Ἀρχεπτολέμου δὲ φέροντος Τὴν εἰρήνην ἐξεσκέδασας τὰς πρεσβείας τ' ἀπελαύνεις Ἐκ τῆς πόλεως ῥαθαπυγίζων, αἳ τὰς σπονδὰς προκαλοῦνται. Scholiastæ error, qui ad hunc locum poetam contra historiam censet Archeptolemum legatum nominasse, quum in ea legatione, quæ octavo (debebat nonum dicere) belli anno superstite Cleone ad annuas inducias componendas missa erat, nullus Hippodamus nominetur, ab aliis, velut a Palmerio, notatus jam est, qui idem prudenter monuit, in ea fabula quæ Ol. 88, 4 doceatur, non de ea posse legatione dici, quæ Ol. 89 suscepta fuerit, sed intelligendum esse hunc locum de iis pacis conditionibus, quas Lacedæmonii anno septimo belli Ol. 88, 3, ante Pylum penitus captam Athenas tulissent, Thuc. 4, 16 : quas etsi lautissimas Cleon potissimum auctor fuit Atheniensibus ut repudiarent; sed erravit idem Palmerius ad h. l. cum iis, qui ejus auctoritatem sequuntur, Hudsono et Dukero ad Thucydidem 4, 16, si ex hoc Aristophanis loco Archeptolemum coryphæum legationis fuisse expiscati sunt. Quippe, qui supra summo luctu ob Cleonis impudentiam et flagitia affectus dicitur, Archeptolemus, Atheniensis, pacis studiosus et Cleonis inimicus, idem haud dubie est atque is, cui nunc Cleon maxime adversari traditur. Neque injuriam me puto sermonis usui facturum, si φέρειν τὴν εἰρήνην de eo intelligam, qui legationem Lacedæmoniorum in concionem introduxerit, eam pacemque ab ea allatam civibus suis commendaverit. Certissimum autem argumentum, quo probatur Archeptolemum Hippodami filium utroque loco intelligendum esse, id est, quo hunc Cleonis furiosis et turbulentis concionibus semper se opposuisse, magis paucorum quam populi dominatui deditum, magis pacis quam belli fuisse studiosum probatur, ex ejus vitæ fine ducitur. Etenim hic Archeptolemus, qui, instituto quadringentorum virorum imperio, cum Antiphonte et Onomacle eam suscepit legationem, cujus mentionem facit Thucydides 8, 71 : ἐκπέμπουσι καὶ ἐς τὴν Λακεδαίμονα πρέσβεις περὶ ξυμβάσεως, βουλόμενοι διαλλαγῆναι. Pseudoplutarchus in Vita Antiphontis ex Cæcilio psephisma nobis servavit, quo uterque, Antiphon et Archeptolemus, restituto populari imperio in judicium vocabantur, eamque pœnam, ad quam condemnati sunt : in καταδίκῃ diserte legitur: Προδοσίας ὦφλον Ἀρχεπτόλεμος Ἱπποδάμου Ἀγρύληθεν· in ipso psephismate et catadice post Taylori, Vit. Lys. vol. 6, p. 120 ed. Reisk., Ruhnkenii, Vit. Antiph. p. 241 in Opuscul., aliorumque conatus, remanserunt tamen nonnulla aut emendanda aut explicanda : ipso initio nisi statuas excidisse Αἰαντὶς (vel alia quælibet φυλὴ) πρώτη—δεκάτη ἐπρυτάνευε post τῇ βουλῇ, legendum suadeo pro τῆς πρυτανείας numerum aliquem ordinalem πρώτης, τρίτης etc.—δεκάτης : quem, nescio. Legatos hos infectis rebus Lacedæmone rediisse, auctor est Thucyd. 8, 91 : ἐπειδὴ οἱ ἐκ τῆς Λακεδαίμονος πρέσβεις οὐδὲν πράξαντες ἀνεχώρησαν τοῖς ξύμπασι ξυμβατικόν, quem locum, tam qui scholiastæ auctoritate interpretantur « nulla pactione cum universis Lacedæmoniis facta » (qui sensus neque ex verbis elici potest, neque rebus est aptus, quum pax inter singulos homines nulla sit), quam qui τοῖς ξύμπασι delendum putant aut intelligendum esse « plane, omnino, » errant : οὐδὲν πράξαντες τοῖς ξύμπασι ξυμβατικόν, h. e. quum nihil confecissent, quod omnibus sc. Atheniensibus esset ξυμβατικὸν, sed quæ confecerunt erant quadringentis quidem utilia, sed non item plebi. Discimus autem ex hoc nostro psephismate, legatos Athenienses ex exercitu hostili, h. e. ex classe illa duarum et quadraginta navium Peloponnesiacarum, quæ in ora Laconica stationem habebat et in Eubœam navigationem parabat, profectos esse hostili navi, appulsos vero Attico littori per Deceleam, quod castellum Agis tum tenuisset, terra Athenas ivisse : in καταδίκῃ ipsa pro τῷ δὲ δημάρχῳ ἀποφῆναί τ' οἰκίαν ἐς τὸν lege τὼ δὲ δημάρχω (nam duos demarchos opus fuisse patet, quum Antipho Rhamnusius, Archeptolemus autem Agryleus esset), ἀποφῆναι τὰς οὐσίας [imo τὼ οἰκία ex codd.] αὐτῶν. Redeo ad schol. Aristophanis 791, in quo nomina legatorum restitui possunt ex Thucydide 4, 119, tum autem, mutato verborum ordine ita lege, Τολμαίου· καὶ οὕτως ἡ πρεσβεία

τοῦ Κλέωνος ἔτι ζῶντος, ἡ εἰρήνη μετ' ἐνιαυτὸν ἐγένετο· ἐγένετο δὲ πόλεμος ἔτι ὕστερον (hæc de conjectura addo) ἐπὶ ὀκτωκαίδεκα ἔτη· vulgo καὶ—ἐγένετο male leguntur post ἐγένετο—ἔτη. Fœdera enim 3o annorum, quæ ferierunt Athenienses cum Lacedæmoniis anno decimo belli Ol. 89, 3, Thuc. 5, 18, quum jam solverentur Ol. 89, 4, Thucyd. 5, 43, si octodecim annos addas, incides in Ol. 94, 2, quo anno finita est seditio Athenis. »

328, 8 μεταληχτικὸν V.

330, 13 παραδράμῃ σε V. παραδράμοι Θ. — 15 σείσεις om. V.

331, 21 φασι V. Θ. — 23 τὰ om. V.

340, 51 ἀποκρίνεσθαι Θ. ὑποκρίνασθαι V. — 53 ὑπεκρίνετο Θ.

341, 1 om. V., qui 2 εἰπόντος οὐ.

342, 6 Κἀγὼ om. V. — 7 εἰκανὸς ἐγὼ V. — 8 ῥημάτων om. Θ. — 10 καὶ om. Θ. post γὰρ. — 11 καρύκη Suidas s. h. v. καρύκκη Ald. μονθυλευτὴν Θ. et Suidas. μονθηλευτὴν Ald.

345, 15 ἀστεῖος V. Θ. οὕτως Ald. — 17, 18 legebatur κατορθώσεις οὐδὲ διανύσεις. — 20 ἢ νεοσπ. Θ. — 3 γὰρ ἥδυσμα λέγει τὸ Θ.

348, 34 ἐγρηγόρουσι V.

349, 37 δὲ om. V. τῷ λόγῳ καὶ τὴν ἀπειρίαν Θ. — 40 ταλαιπωριῶν καὶ om. Θ. qui et 42, 43 om. — 46 τούτῳ δεῖται δείγματι χρῆσθαι Θ. — 48 κακοῦν Θ.

350, 51 ξενίου, 52 ἐπήνεγκας Θ. — 54 εἰς ἑτέραν om. Θ.

352, 1 πεπληρωμένην τῶν Θ.

355, 8-12 Λοιδορήσω—Ἀθηναίων post alterum scholion ponunt V. Θ. præfixo ἄλλως. — 8 κασαλβὰς addidit Toupius Emendat. vol. 4, p. 546. — 9 ἀντὶ τοῦ δι' ἀγορᾶς Dindorfius. Legebatur ἀπὸ (Ald. ἐκ) τοῦ Διαγόρα. — 11 ἀντιτέθεικε Θ. — 14 τοῖς ᾐρημένοις V., non Suidas. — 16 ἔχουσι—σοβοῦσαι Θ. — 18 ἀλλοτρίοις om. Θ. — 20 ἐπεὶ om. V.

356, 23, 24 μηρυκάζοντα—μηρυκάζει Ald.

357, 30 ῥοφουμένων Suidas. ἐπὶ τῶν ἀθρόως καὶ ἀπλήστως ἐκροφώντων Ald. — 31 μηδ' ἀποπλύνας Θ. — 34 legebatur μὲν οὖν θ. V. Θύνῳ. — 35 ἐντιθεὶς V. Θ.

358, 38, 39 τὸν—τμηθέντος—τοῦ V. Feminina habet Suidas s. Λαρυγγιῶ. — 40 δὲ om. V. Θ. — 42 καλβάσω Θ. σαλβάσω V. — 42 οὕτω om. V. — 44 δυσοιώνιστος Valckenar. Diatr. Eurip. p. 109. Legebatur δυσώνητος. — 46 δὲ om. V. Θ.

361, 50 καὶ om. V. ante ἀθρ., habet Suidas s. Λάβραξ. — 52 καταπίνειν Θ. — 53 sq. τὸ ἤνυστρον καὶ τἄλλα ἀντέθηκεν Θ. — 1 δέοντος V. οὐκ εἰκὸς Ald. — 3, 4 τοῦ ἠνύστρου καὶ om. Θ. — γὰρ ἦν V. ἂν om. Θ. — 5 λάβρακα Θ. Legebatur λάβρακας. — 6 Κλονεῖν hic omissum mox pro ταράσσειν ponit Θ. — 7 τῆς Ἀσίας om. Θ. — 8 γίνονται additum ex Suida, qui deinde διὰ τὴν ἐκδιδοῦσαν. — 9 τὴν om. V. Θ, qui omittit 11 καὶ οὕτως—Μιλησίοις.

362, 17 ἐξόδους Θ. — 18 τὰ μέτ. Θ. et Λαυρίῳ.

364, 21 βάλλεται V.

367, 32 δὲ δεσμοῦ scribit Valesius ad Harpocrat. p. 246.

369, 42 sq. ἵνα ἁπαλαὶ γενόμεναι διαλάβοιεν εὐχερῶς τοῦ φαρμάκου Suidas s. Ξαίνειν.

370, 46 ἀπὸ τοῦ δέρματος Bentleius. — 47 κλεμμάτων Θ.

371, 51 πάτταλον Θ.

372, 53 ὑπὸ τῶν Suidas s. Περικόμματα, ubi ἀπὸ duo codd. — 54 περιαιρόμενα V. 8 δὲ—τοιοῦτόν ἐστι om. Θ.

373, 5 τῶν βλεφάρων ἐκτίλω V. — 6 ἀπομαδίζειν est *depilare*. Conf. Ducang. s. Μαδίζειν, quod legitur in scholio proximo, ubi Victor. adscripsit μαδίσαι, τὸ τὰς τρίχας ἀποβαλεῖν· μάδος τὸ ψίλωθρον.

374, 8 λεγόμενον, 12 οὕτω, et 13 τέμνειν καὶ om. Θ.

376, 16 πασσάλῳ Suidas s. Χαλαζᾷ. — 20 ἐν πασσάλοις Θ. — 23 ἐξᾶραι τὴν γλῶτταν ἢ ἐξεῖραι ἀντὶ τοῦ ἀνασπάσαι, ἑλκύσαι Θ.

379, 25 ἐπιγνωσώμεθα V., qui om. πολυπραγμονήσομεν.

381, 29 νόσημα. Vid. Schneider. ad Aristot. H. A. vol. 3, p. 656. Dind.

382, 34 παιανικὴ Θ. — 35 πρῶτον καὶ τρίτον. Legebatur πρῶτον, δεύτερον. In V. est ᾱ β̄γ̄. Id est α' καὶ γ' Dind. — 2 εἰλήφαμεν Θ. — 4 ἀναιδείαν ὑπερηκόντισέ τις ναυτικῶν Θ. Verba corrupta. — 6 αὐτοῦ V. Θ. τὴν — δοκεῖ et 7 θαυμάζει om. Θ. — 8 ἀνδρείαν Ald.

385 Οἷον οὐ φαῦλον et οὐδὲ ἀνόητον om. Θ.

387, 23 μάλα Θ. pro μεγάλα.

388, 27 μεταλαμβανομένων Θ. Dindorfius conjicit μεσολαβούντων vel μέσον λαμβανόντων. — 28 τούτου κρειττόνων γενομένων Kusterus. τοῦ κρείττονος γενομένου (γινομένων Θ.) Ald.

392, 32 οὕτως V. — 36 ποιήσας Θ. — 39 σπείροντα Θ. — 40 προσπορίζειν Θ.

393, 42 τοῦ τῶν αἰχμ. Θ. — 43 Λακεδαιμονίων, οὓς ζῶντας ἄξειν Kusterus. οὓς ζῶντας ἕξειν Λακεδαιμονίων Ald. — 44 ἐμπροθεσμιῶν Θ.

395 ἐνεόν Suidas s. Μακκοᾷ. Legebatur ἐν ἔθει.

400, 1 δοκίμων ἄγαν Θ. et Suidas s. Κώδιον. εὐδοκίμων ἄγαν V. ἄγαν εὐδοκίμων Ald. — 3 post μισῶ Suidas ponit illa ὡς ἐνουρητὴν οὖν καὶ μέθυσον διαβάλλει τὸν Κρατῖνον. Tum pergit ὅθεν καὶ παρο-

ξυνθεὶς—. — 4 τοῦ om. V.— 6 δὲ κέχρηται Suidas. Legebatur τε κεχρημένον. — 9 αὐτῷ Θ. αὐτοῦ Ald. et Suidas, qui λαβεῖν, et παρατυχόντας, pro quo legebatur περιτυχόντας. — 10 ποιῆσαι Θ. περιποιῆσαι Ald. ποιεῖσθαι Suidas. — 12 αὐτὸν Θ. Deinde Meinekius Hist. Com. p. 48 μὴ κωμῳδοίη μηκέτι, σχολάζοι δὲ τῇ μ. Legebatur μὴ κωμῳδοῖ ἢ μηκέτι σχολάζοι τῇ. In Θ. ὅτι μηκέτι κωμῳδεῖν σχολάζειν τῇ. Apud Suidam ὅτι μὴ κωμῳδεῖ μηκέτι μηδὲ συγγράφει, σχολάζει δὲ τῇ μ. Sequentia non habet Suidas. — 13 πολυμαθείας Θ. — 14 ἐπαναστρέψαι Bentleius. ἐπαναστρέψαι Ald. — 15 βουλόμενος Θ. βούλομαί γ' Bentleius. Fritzschius Quæst. Aristoph. I, p. 263, βούλομ' εἰς τὸν νῦν λόγον. — πρότερον om. V. — 16 ἔχων γυναῖκα Θ. γυναῖκ' ἔχων—πρὸς ἑτέραν om. V. κακῶς Bentleius. Ceterum hæc tam corrupta et defecta sunt ut ex conjectura restitui nequeant. — 20 οὖν κώδιον αὐτοῦ, ἵνα Θ.

401, 24 ἀραῖς V. ἀρῶν G.

402, 27 δὲ εἴρηκε Θ. — 28 ὡς ἀπὸ Θ.

404, 35 προέλθοις V. — 36 ἔδοξε γὰρ ὁ Κλέων Suidas s. Ὦ περὶ πάντα. Idem τοῦ—κατορθώματος. — 40 περιγίνεσθαι Θ. — τὸ ἔργον post κάμνοντος addit V. — 41 προαιρ. ἐστὶν ἔλεγχος Suidas s. Ἔνθεσις. — 45 τὴν τροφήν. ἔνθεν (scr. ἔνθεσις) γὰρ ἡ τροφή. τὴν ἐν τῷ V.

405, 48 corrigendum ἐπὶ συμφ. ex versu Aristophanis. Dind.

407, 51 οὖν οὗτος V. — 53 ἐντ. τέθεικε Θ. Idem ἐπὶ τῶν νεωτέρων τοῦ πράγματος ἔχοντος. — 2 ἀνάγοντα, 3 ἀνακρουόμενον Θ. — 4 legebatur πυρροπίπην. « Codex Taurinensis 165, fol. 52, ad vocem παιδοπίπης recitat ea quæ scholiastes Aristophanis habet, atque scribit τοῦτον δὲ ὁ Κρατῖνος πυροπίπην λέγει. Mendose πυρροπίπην dat scholiastes atque Eustathius ad Iliad. Γ, p. 287. » Peyron. ad Etymol. M. p. 999. — 5 παρέχοντος V.

408, 10 βάκχας Θ. — 11 ἔφερον Θ. — Ξενοφάνης Kusterus. Legebatur Ξενοφάντης. — 12 libri ἑστῶσι. ἐλάτε Θ. ἐλάτη V. περὶ δῶμα πυκινόν Θ. — 13 στεφάνου Θ. et Suidas s. Βάκχος. στεφάνης Eudocia Violar. p. 87. — N. ἐν ᾧ καὶ τῶν Θ. — 15 libri βάκχοισι. Deinde περὶ ἄνθη στέψαντες V. πολυανθέσιν ἐστέψαντο Suidas.

409 om. Θ. διπλῆ καὶ στίχοι ἴαμβοι λϛ', ὧν τελευταῖος, ἀνὴρ ἂν ἡδέως λάβοι V., reliquis omissis.

411, 29 καὶ post ὑποστὰς om. V. Θ. — 30 scribendum Ἀκαρνᾶνας vel Ἀκαρνανίαν.

414, 37 ἀποβλήμια Ald. Pergit Θ. ἢ τῶν κ. — ἥτις ἦν λίπος Θ. — 40 θυμῷ V. — 41 εἰς additum ex Suida s. Ἀπομαγδαλία. Ald. καὶ τὸ λίπος. — 42 ἐρρίπτουν Suidas, et ᾧ. δ Ald. — 43 ἀπερρίπτοντο Θ. — 44 ἀπερίπτουν V. ἀπερίπτον G. ἀπέρριπτον Θ. ἐπερρίπτουν Ald. ἀπέρριπτον Suidas.

416, 48 χρυσάορον δ' V. — 5 addit Ald. καὶ κοβαλεία ἡ προσποίητος μετὰ ἀπάτης παιδιά· καὶ κόβαλος ὁ ταύτῃ χρώμενος. ἔοικε δὲ συνώνυμον τῷ βωμολόχῳ. Φιλόχορος δευτέρῳ Ἀτθίδος· « οὐ γάρ, ὡς ἔνιοι λέγουσι, βωμολόχον τινὰ καὶ κόβαλον νομιστέον τὸν Διόνυσον. » Ἀριστοτέλης δὲ ἐν δευτέρῳ ζώων ἱστορίας τὸν ὦτόν φησι κόβαλον καὶ μιμητὴν ὄντα ἀντορχούμενον ἁλίσκεσθαι. Quæ illata sunt ex Harpocratione s. Κοβαλεία.

419, 6 παροιμιώδης ὁ λόγος. δλ. Θ. — 7 τὸ δὲ λέγει, ἔστιν V.

422, 23 μετὰ τῶν χελιδόνων Θ. — 28 κνησμονὴν V. κνήθειν Θ. κνησμὸν G. κνηστιᾶν dixit scholiasta Vesp. 884. — 29 γρᾶσθαι V., non G. Addit Ald. Ἄλλως. ἀκαλήφη κνίδη, καὶ ἡ χερσαία καὶ ἡ θαλαττία, ἥτις ἐστὶ κογχύλιόν τι. Φερεκράτης Αὐτομόλοις « νὴ τὴν Δήμητρ' ἀνιαρὸν ἦν τὸ κακῶς ᾄδοντος ἀκούειν· βουλοίμην γὰρ κἂν ἀκαλήφαις τὸν ἴσον χρόνον ἐστεφανῶσθαι. » τὰς δὲ θαλαττίας καὶ Ἀριστοτέλης ἀκαλήφας ἐν τῷ πρώτῳ περὶ ζώων, καὶ Θεόφραστος ἐν ἑβδόμῳ φυτικῶν. Quæ illata sunt ex Suida (s. Ἀκαλήφη), qui non ex scholiasta Aristophanis sumpsit, sed e grammatico Bekkeri Anecd. p. 370, 18. Dind.

424, 31 τὸ μεταξὺ Suidas s. Κοχώνη. καὶ Ald. Suidæ locum om. codices Gaisfordi. Post ἰσχίων addit Suidas τὸ κοινῶς καλούμενον μεσόσκελον. — 32 libri σκηναῖς. Θ. ἀπολαμβανούσαις. — 33 συσπάσαι Θ. Legebatur συσπᾶσθαι. Est ἀλλὰ συσπάσαι exitus trimetri. — τὰς κοχώνας. Fortasse τὰ κοχώνα. Dind. — 34 Ἀρχίππῳ. Nomen fabulæ Ῥίνων addit Pollux 2, 183. — 35 οὐδετέρως. Annotatio grammatici pravo accentu decepti. Dind.

426, 36 glossam προστήσεται habet V., om. G — 39 pro καὶ προϊδεῖν in V. ἀλλὰ καί συ προηιδεῖν, in G. ὡς προειδεῖν. — συνιδεῖν τῶν ἄλλων πλέον Θ.

427 τῶν πραγμάτων πρόδηλον Θ.

428, 47 φησίν Θ. — 50 ἐν τῷ πρωκτῷ ὁ κλέπτων Θ. κρέας V. καὶ om. Θ. — 51 ἤσθιεν αὐτὸς Θ. Idem ἀσέβειαν. — 52 ὡς μὴ V. Θ. καὶ μὴ G. περὶ τὴν V. τὰ om. V. Θ.

430, 3 καθήμενος Θ.

431, 5 Πάλιν om. G. — 7 δι' αὐτῶν, et 11 τῆς om. Θ. — 12 αὐτῷ V. Θ. — 13 καθὼς καὶ βούλεται, 14 ἐπὶ μηδεμιᾷ Θ.

433, 22 σε Θ. — 26 λοιδορεῖσθαι Θ.

434, 29 κατὰ τῆς Θ. — 31 λέγεται πόλις τῆς πύλου καὶ τὸ ὕδωρ ὃ σύρεται εἰς τὴν ναῦν Θ. — 35 scribebatur εἰσδέχεται. — 36 ζητητέον om. Θ. — 37 τοῦτο, 40 σκοπεῖν θέλει, et οὐδὲ, 41 καὶ ὄντι κ.νῆσαι καὶ ταράξαι τὴν γῆν τε καὶ τὴν θάλ. Θ., ex

quo ἀσφαλῶς additum. — 44 τῆς ἀντλίας Θ., qui 45-47 omittit.

435 μου ἐγχανῇ habet Suidas s. Καταπροίξῃ. Addit Ald. καταγελάσεις μου χωρὶς ζημίας· προῖκα γὰρ ἔλεγον τὴν ζημίαν. καὶ ἀλλαχοῦ (Thesm. 566) « οὔτοι μὰ τὼ θεὼ σὺ καταπροίξει λέγουσα ταυτί. » ἡ πρό δὲ ἀντὶ τῆς παρά. προϊκνεῖσθαι. τινὲς δὲ ἀπὸ τοῦ ἵξεσθαι, ὅ ἐστι δωρεάν τινα λαβεῖν. Ἡρόδοτος « οὐ γὰρ δὴ ἐμέ γε ὧδε λωβησόμενος καταπροίξεται. » Ἀρχίλοχος « εὖ δ' ἐκεῖνος οὐ καταπροίξεται. » Ἡρωδιανὸς δὲ ἐν ἐπιμερισμοῖς παρὰ τὸ ἴσσω φησί. καὶ Ἀρχίλοχος « προτείνω χεῖρα καὶ προίσσομαι. » Quæ interpolata sunt ex Suida s. Καταπροίξεται.

436, 1 ἢ καὶ om. Θ. καὶ om. V. — 3 κάλους Θ.

437, 8 πρίσας αὐτὸν V. — 11 πνεῖν additum ex Θ. — 14 νότον. Stulte : nam Cæcias a solstitio æstivo flat. Bentl. — 16 κακίαν καὶ συκοφαντίαν Θ. — 17 αὐτὸν Θ. — 18 κάκ' ἐφ' αὐτὸν ἕλκων ὡς ὁ καικίας νέφη Bentleius. Aliorum scriptorum locos qui hoc proverbio usi sunt indicarunt Wyttenbachius ad Plutarchi Moral. p. 88, D, vol. 6, p. 621, et Schneiderus ad Theophrast. vol. 4, p. 701. Dind.

438, 23 Ἀθηναίοις Θ. — 24 οἱ om. V. Θ. — 25 σφῶν Dobræus. Legebatur ἐφ' ὧν. — 26 ἐξανδραποδήσαντες V. — 32 αὐτοῦ Θ. — 33 μὴ ἄλλως Valckenar. ad Herodot. 4, 77. Legebatur μὴ μάτην, ἀλλ' ὡς περὶ. Dind. conjicit μὴ τηνάλλως. — 34 τὸν om. V. Θ. — 35 legebatur προβάλλεσθαι.

439, 37 τὸν Κλέωνα. Imo τὸν ἀλλαντοπώλην, ut nota hæc cum præcedentibus conveniat. Kust. — 38 τῶν ταλάντων V. Θ. — 39 ἐνδοῦναι om. Θ.

440, 43 πρ. καλοῦσι καὶ οὕτως Θ. — 45 ὑπερίδῃ V.

441, 4 κακίαν καὶ συκοφαντίαν Θ. — 5 ἔφη Θ. ἑαυτοῦ γίνεσθαι V.

442, 9 γὰρ om. Θ. — 10 φησὶ γὰρ ὅτι Θ. ἑκατονταλάντους Dobræus. ἑκατόν Θ. δέκα V. Ald.

445, 13 Κυλωνίου, 14 συγκλεισθέντες, 17 αὐτὸν Θ. — 20 Μεγαρίδου V. — 21 θυγατέρα Θ. γυναῖκα Ald. — 24 προσλαμβάνει Θ. — 26 ἐλῄστευε καὶ additum ex Θ. Idem ἐλήφθη δὲ καί. V. ἐλ. δέ φησι καί. — 29 ἀποσπάσαντες Portus. ἀπαντήσαντες V. Θ. ἀπατήσαντες Ald. τοὺς δὲ V. Θ. — 33-38 om. Θ. In fine addit Ald. ἐκλήθησαν δ' ἐντεῦθεν οἱ ἀλιτήριοι. λιμὸς κατέλαβέ ποτε τοὺς Ἀθηναίους, καὶ οἱ πένητες τὰ τῶν ἀλούντων ἄλευρα διήρπαζον· ἀπὸ γοῦν ἐκείνων καταχρηστικῶς τοὺς πονηροὺς ἀλιτηρίους ἐκάλουν. παρέτεινε δὲ τὸ ὄνομα καὶ ἐπὶ τῶν μετὰ βίας τι ποιούντων, ἀπὸ τῆς σιτοδείας τῆς κατὰ τὸν Αἰτωλικὸν πόλεμον γενομένης. Ἔστι δὲ καὶ παραγώγως ἀπὸ τοῦ ἀλιτραίνειν, ὅ ἐστιν ἁμαρτάνειν. λαμβάνεται δὲ τὸ ἀλιτηρίων καὶ ἀντὶ τοῦ ἀστοχησάντων καὶ ἀποτυχόντων. Inserta sunt ex Suida s. Ἀλιτήριοι, qui a grammatico Bekkeri sumsit Anecd. p. 377. Dind.

448, 39 φρουροῦσι V.

449, 44 εἴπερ τῷ Ald. — 46 ὁ om. V. Θ. — 52 videtur aliquid deesse : nam sententia certe imperfecta est; ea ita suppleri potest : γεγονέναι, τὸν ἀλλαντοπώλην ἀντιδιαβάλλειν τὸν Κλέωνα, ὡς ἐκ τῶν ἐπιβουλευσάντων cet. Duker. — 54 Μυρίνῃ et mox Μυρίνην V.

452, 10 scribebatur ἀνταράται, quod correxit Kusterus.

453, 13 διακελεύεται, 14 κῶλον αὐτοῦ Θ.

456, 17 κωλύσεις V. — 18 τοῦ κώλου τῶν ἐντέρων, 19 τοῖς αὐτὸν Θ.

462, 26 πολλοῖς τρόποις καὶ λόγοις ἐκέχρητο Θ.

463, 28 videtur συναρμόζοντες vel saltem συναρμονίζοντες scripsisse. Dind.

464, 30 Ἀττικοὶ om. Suidas s. Ἀμαξουργοί, addit λέγουσι. Scholion om. Θ.

465, 45 τῇ πόλει—γενέσθαι Θ. Vulgo παρρησίᾳ.

468, 50 ἐπειδὴ ὁ Κλ. τεκτονικοῖς ἐχρήσατο ὀνόμασιν Θ. — 52 δὲ ἐπήνεγκεν Θ.

469, 3 τοῖς τῶν λ' Λακ. V. τοῖς ἀπὸ τῶν Λακ. Θ — 5 ὤλεσθαι V.

471, 11 δουλείαν Θ. pro δοῦναι.

478, 22 sq. Ἀργείους καὶ Λακεδαιμονίους συνιέναι V. — 27 fortasse διαβολῆς οὐχ ἅπτεται τῆς. Dind. ἀπατᾶτε Θ.

481, 39 ἴδρις ὁ θεὸς λέγεται εἶναι Θ.

482, 45 ἔργοις δ. ἵνα γ. καὶ π. ἐν πρώτῳ Θ.

485, 50 δραμεῖ γὰρ scripsimus. V. δραμεῖται. Edebatur δραμῇ. — ἔμελλον θεύσ. Θ. ἔμελλε θεύσεσθαι Ald.

490, 8 βοτούλους Dobræus. Legebatur βούλους.

491, 10 ἃς ἔμελλε V.

492, 14 δὲ καλ. et κηρωματηταί Θ.

493, 16 τοδί Θ.

497, 30 κάκιστα δὴ τοῦτο ὁ πρῶτος διαβαλών Θ. — 37 ἑπτάμετρον δέ ἐστι Θ. — 47 legebatur ἐξ Ἰολάου. Sed V. ἐξ Ἰοκλέους. V. Dindorfium ad fragmenta Sophoclis. δὲ add. V. Θ.

503, 2 ἑξῆς ἡ ἀναστροφὴ καὶ μετὰ ταῦτα τὸ ἐπίρρημα Θ., postremum etiam V. — 6 δ' om. V. — 7 ἑτέρων ἅπτων [sic] V.

507, 8-16 om. Θ. — 9 ἀνάπαιστοι V. — 10 μϐ'. G. — 16 ὅλως ἐκ Θ.

508, 22 ἀπῆρκται Θ. ἀπήρτηται Suidas s. Παράβασις. Deinde ἑστᾶσι μὲν Suidas. ἐ μὲν (sic cum lacuna) V. Ald. ἔμενε G. οἱ μὲν Θ. — 24 εἰ πρὸς τὴν V. εἰς τὴν Θ. — 26 τὸ θέατρον Suidas. Qui addit, εἶτα διελθόντες τὴν καλουμένην παράβασιν, ἐστρέφοντο πάλιν εἰς τὴν προτέραν στάσιν. δῆλον δὲ ποιοῦσιν αὐτοὶ οἱ ποιηταί, τὸ στρέφεσθαι σημαίνοντες καὶ τὸ παραβαίνειν.

511, 40 ἐκπυρωθῆναι Suidas s. Ἐριώλη. — 41 εἰπεῖν V. ἂν om. V. Θ.

515 αὐτόν anonymus. αὐτούς Ald.

517, 47 ἐσχημάτισται Suidas s. Πειρῶν, qui 48 προσβάλλειν. Ald. προσβαλεῖν. — 49 ὡς V. Θ. — 50 σημείωσαι V. Ald.

518, 53 τρόπον om. V.

519 om. Θ. — 4 τῶν ποιητῶν τουτέστι τοῖς V.

521, 9 φασὶ V.

522, 12 βαρβιτιστὰς Suidas s. Μάγνης. Legebatur βαρβίτιδας. Conf. Meinek. Hist. Com. p. 33 seq. — ἂν λέγοι Suidas, etiam in cod. Paris. A. (omittunt 3 codd. et ed. Mediol.) τάσσουσιν οἱ λόγοι V. τάσσουσιν ὀλίγοι Θ. τάσσουσιν οἱ λόγοι τοὺς βαρβατιστὰς ἂν λέγοι Ald. — 17 ἐχρείοντο V. τῷ βατραχείῳ Suidas. τῷ βατραχίῳ Ald. τῶν βατραχείων V. τῶν βατραχιῶν Θ.

526, 23 ἂν ῥέωσι Θ. ῥέουσι Ald. — 24 Φιλιππικῷ, 25 Πυθῶνος Θ. Legebatur τυφῶνος. — 26 αὐτὸς additum ex Θ. — 28 τροπὴν ταύτην Θ. — 30 Cratini versus attulerunt Suidas in Ἀφέλεια et in Δωδεκάκρουνον στόμα, Tzetzes Hist. 8, 184, et Exegesi Homerica p. 12, 11. τοῦ ῥεύματος Suidas s. Ἀφέλεια. — 31 καναχοῦσι Suidas. Legebatur καναχῶσι. τὸ στόμα Porsonus apud Kidd. ad Dawes. p. 356. — 32 ἐλισσὸς Θ. τῇ φάρυγγι V. Θ. et Suidas. τῇ φάρυγι Porsonus. τί om. Suidas in Δωδ. εἴποιμ' ἔτι Dindorfius. Legebatur εἴποιμί σοι: sed σοι om. V. Θ., Suidas et Tzetza. — 33 ἐπιμύσει V. Θ. — 34 ἅπαντα ταῦτα om. Suidas, qui pro ποιήμασιν habet στόμασιν in Ἀφέλεια, λόγοισιν in Δωδ.

527, 48 addit Ald. ἡ ἀφελῶς, ἁπλῶς. οἷον τὰ ἐπιστόλια ἀφελῶς γράφειν. καὶ ἀφελὴς γυνὴ ἡ ἀπόνηρος καὶ δοσίπυγος, ὡς τὸ, « μισῶ τὴν ἀφελῆ, μισῶ τὴν σώφρονα λίην. » δύναται δὲ καὶ ἐνταῦθα ἀντὶ τοῦ ἁπλῶν, οἷον ἁπλῆς φράσεως. Quæ interpolata sunt ex Suida s. Ἀφελής. — στάσις (sic) — ποταμῶν a m. rec. habet V. — 49 τὰ ἄνω χώματα Θ. — 52 sqq. glossam τοὺς περὶ Καλλίαν habet V., om. G.

529, 7 φησὶν ἑτέραν ἐν συμποσίῳ Θ. — 8 προκαταλαμβάνοντας V., non G. — 9 αὐτοῦ Θ. αὐτοὺς G.

530, 14 Εὐνειδῶν Fabricius. (V. Meinek. Hist. Com. p. 57.) Legebatur Εὐμενίδων. — 15 συντεταμένων V.

532, 21 ἐλεφάντινα addidit Dindorf. ex Suida s. Ἤλεκτρα. — 23 ὠφθαλμισμένους Suidas s. h. v. et s. Ἤλεκτρα. Legebatur ἠσφαλισμένους. ἀσφαλισμένους V. — 24 uncis inclusa habet Suidas. — 27-29 om. Θ.

533 om. Θ. — 31 καββάτων Suidas s. Ἁρμονία et s. Ἤλεκτρα. κραβάτων V. χρουμάτων Ald.

534, 41 τῇ Θ. — 42 φιλοστέφανος Suidas s. Κοννᾶς. φιλήσῃ idem. Legebatur νικήσει. Conf. Meinek. Com. I, p. 222. — 43 μηδέπω Ald. et Suidas. Fort. μηδεπώποτε. — 44 δίψει Ald.

537, 53 Meinek. Hist. Com. p. 59 πρῶτον. τὰ addidit Kusterus. — 1 ἐξωνεῖτο τοὺς θεατὰς... Fortasse ex aliorum comicorum, quos Crates adversarios habuit, fabulis petitum. Meinek. Hist. Com. p. 62. — 2 τραγικός. Reponendum κωμικὸς, nisi is scholiastæ error est nostrum Cratetem cum philosopho eodemque tragœdiarum poeta confundentis. Meinek. p. 60 seq. — 3, 4 glossam λοιδορίας, μέμψεις habet V. Addit Ald. (ex Suida s. Στυφελισμούς) καὶ ἐν μυθικοῖς ὅτι στυφελῶν ἀπὸ πετρῶν ὀστρακόεντα νῶτα καὶ ἀγκύλα γυῖα κεάσθη.

538, 5 ἡδέως γράφων Θ. Sequentia om. V. Θ.

539, 9 ὑπονοίας conjicit Meinek. l. c. p. 61. — 10 τὰ γράμματα V. ἢ δ. τὸ κ. om. V. Θ; habet Suidas s. Κραμβοτάτου. — 11 legebatur ἀπὸ τοῦ χρ. — 13 καράμβλη Θ. — 14 desideratur verbum aliquod, quale est βεβλαστηκέναι. Dind. — 16 scribebatur ἐπαφηκέναι. — 27 εἶναι δοκῇ Θ.

542, 40 legebatur μετηρύθμισται.

546, 49 θεῖν ἢ additum ex Θ. — 50 ὅταν γὰρ συν. ἐπὶ π. ἀριθμῶν V. Θ. — 51 scribebatur προέρχεται. — εἰς τοὔπροσθεν (sic) Θ. — 52 πέμψαι Θ. — 54 κωπ. ἐλαυνομένη, 1 ἐπαράτειν Θ. Vocabulum corruptum.

547, 8-10. Hæc nihil ad rem faciunt. Nam tempore Aristophanis poetæ comici et tragici carmina sua non amplius e plaustris recitabant, ut tempore Thespidis poetæ, sed, ut notum est, e scena theatri. Kust. Vide Bakium ad Cleomedem p. 435. Dind.

550, 12 φ. τῷ προσώπῳ Θ.

551, 16 δὲ βουλ., 17 τὸ ἑαυτοῦ ἐπιτήδευμα Θ. — 20-25 τὸ πρῶτον χοριαμβικὸν ἰαμβικὴν — ἀκατάληκτον (τῶν κ' χοριαμβικῶν ἔχον ἐπιμεμιγμένον ἀκατάληκτον Θ.) καὶ τὸ β' ὅμοιον ἀκατάληκτον καὶ τὸ γ' καὶ τὸ δ' (utrumque τὸ om. Θ.) ὅμοιον καὶ τὸ ε' χοριαμβικὸν ἀκατάληκτον καὶ τὸ ἕκτον καὶ ἕβδομον ὅμοιον καὶ τὸ ὄγδοον ἀκατάληκτον καὶ τὸ θ'. τὸ δὲ ι' (τὸ δέκατον Θ.) ἀναπαιστικὸν τρίμετρον καταληκτικὸν, τὰ δὲ λοιπὰ δ' ἀναπαιστικὰ τρίμετρα, τρία μὲν γλυκώνεια, τὸ τελευταῖον δὲ φερεκράτειον V. Θ.

552, 31 καὶ κτυπεῖν om. Θ.

559, 45 δὲ τὸ ἀκρ. τὸ Ἀττικόν Θ.

561, 48 κρημνίτην Ald. — Εὔριππος V.

563, 6 Ἀθ. καὶ ὁ Φορμίων περὶ V.

565, 9 τετράμετρον τροχαϊκὸν ἀκατάληκτον V. — 10 Ἀριστοφάνης Kusterus. V. schol. ad Pac. 1127. Legebatur Ἀρίσταρχος.

566, 16 θεᾷ Θ. — 19 ἀραιοῦν Ald. ἐρεοῦν Suidas, qui deinde εἶναι. ἐνεγέγραπτο δὲ ἐν αὐτῷ ὁ Ἐγκ. (Ἐγκέλαδος V.) — 24 ἐνέγραψαν τοὺς idem. τὰς ἀριστείας Ald. Quæ in fine addit Εὐριπίδης

Ἑκάβη (466) « ἡ Παλλάδος ἐν πόλει τὰς καλλιδίφρου Ἀθαναίας ἐν κροκέῳ πέπλῳ ζεύξομαι ἅρματι πώλους. »

570, 29 πελάγη V. πελάγει G.

571, 32 ψευδόπτωμα Suidas s. h. v. et s. Ἀπεψησάμην. ψευδόπωμα V. Ald.

574, 43 σίτισιν Θ. hic et mox. — 47 τι om. V. — 52 μαχέσασθαι V. — 1 δεῖν om. Θ. — 4 τοῦ Κλέωνος Θ.

575, 13 ὁμοῦ τῶν τε, 14 διδόντων, 15 sq. τῇ πόλει ἀγ. Θ., ex quo 19 τὴν additum. — 20 στρατείαις Θ.

580, 25 γαυριᾶσθαι Suidas s. Κομᾷ. — 28 ἔλαιον ἀφειλομένοις (scr. ἀλειφομένοις) καὶ στάζουσι. στλεγγὶς δὲ ἡ ξύστρα τοῦ ἐλαίου. ἄλλως. κεκαρμένοις V. Θ. κεκαθαρμένοις Kusterus. — 29 μεταστῆναι τοὺς νέους. Videtur aliquid deesse: nimirum, τῆς πρότερον διαίτης: vel simile quid. Sensus enim est, Cineam et Phrinum auctores fuisse populo, ut juvenes priorem vivendi rationem mutarent, sive ab ea discederent. Kust. Schneider. ad Aristotel. Polit. p. 110. Dind. — 32 scribebatur Ἀππίων. Θ. Ἀσπίων. — 33 ἀπεστλ. et sequentia om. Θ. — 34 scribere præstat, ἐκκεκαθαρμένοις, ἀποματτομένοις. Kust. — 38 corrige οὐδ' ἐστὶν ex Suida s. Στλεγγίς. αὐτῇ scholiasta Platonis p. 334 ed. Bekk. αὐτὴ Ald. Dind. — 40 Ald. γυναικῶν. ἡ δὲ στλεγγὶς τῶν πρὸς ἄλλο τι. οὐ γὰρ πρὸς τὸ περιξύεσθαι ἄν τις αὐτῇ χρήσαιτο μόνον, ἀλλὰ καὶ πρὸς τὸ ὕδωρ ἀρύσασθαι. Hæc scholiis veteribus adsuta sunt ex Suida v. Στλεγγίς: qui ea descripsit ex Alex. Aphrodis. in Topica p. 222. Kust.

581, 44 ἀρίστην V. — 48 τῆς νίκης V.

589, 52 ἥτις τοῖς V. — 1 συνέστηκε Θ. — 5 ἔστι δὲ καὶ ὅτε καὶ (καὶ om. G.) V. — 10 αἱ μὲν γυναῖκες om. Θ. — 13 γὰρ om. V.

595, 20 ὥσπερ Θ., qui om. 22-24. — 23 ἱππέων V.

597 in V. a m. rec. γράφεται ἐπαγωγούς, quod om. G.

600, 30 καὶ om. Θ. — 35 addit Ald. ἄλλως. κώθων εἶδος ἐκπώματος ὀστρακίνου, ἢ εἶδος ποτηρίου Λακωνικοῦ καὶ στρατηγικοῦ. ἐπειδὴ μεριστὸν ὕδωρ ἐλάμβανον οἱ ναῦται, κώθωνας εἶχον. Ἀππιανός « ἔφερε δὲ δᾷδα συγκεκομμένην καὶ θεῖον ἐν κώθωσι. » καὶ κωθωνίσαι τὸ μεθύσαι, ὡς τὸ « ἐρῶν δὲ καὶ κωθωνιζόμενος ἀφ' ἡμέρας. » Illata illa et huic scholio et Pacis 1094 sunt ex Suida s. Κώθων et Κωθωνίσαι.

602, 41 ἐπὶ τῶν ἵππων Θ. Deinde ἐπίφ. ἀττικόν V. — 43 ἀποτελούμενος G. τελούμενον Θ.

603, 45 σαπφόραι Θ. — 46 scribebatur σάμ. σάμα V. Θ. Conf. schol. Nub. 23.

604, 48 τῶν ἵππων Θ. — 50 τὸ πρόθυμον Θ.

606, 53 τῆς παρ' G. — 1 δὲ καὶ Θ. τριφυλὸς V. τρυφιλῆς Θ. — 3 φέρει Θ. ἑκάστη δὲ βοτάνη πόα λέγεται. ἡ δὲ σμήχουσα πόα λέγεται παρὰ Δημοσθένει καὶ Λυσίᾳ addit Ald., inserta ex Suida s. Πόα, qui accepit a Photio. Conf. Lobeck. ad Phryn. p. 496. Dind. — ἀντὶ λόχου Μηδικοῦ. Hæc non capio. Puto scholiasten scripsisse, ἀντὶ χόρτου Μηδικοῦ. Nam paulo ante in hac ipsa nota πόα per χόρτος exponitur. Kust. ἀντὶ λώτου Μηδικοῦ Valckenarius in Diatrib. in Eurip. p. 131. Nihil mutandum. Dind. λόχου om. Θ. — 4 πεδιάς Hemsterh. apud Valckenar. Μηδείας V. Ald. Μηδειας Θ. — 5 εὐφορός τε ἦν V.

607, 9 μόνους additum ex Θ. — 12 ἐμπορίαν V., non G. ἐπήρειαν Θ.

608, 13 ἔφη Θ. ἔφθη Ald. — 19 prius καὶ om. V.

609, 27 Παλαίμωνι V. — 29 σ' om. Θ.

615, 45 ἐποίησαν Θ.

616, 50 ὀκτὼ κώλων Θ. ἑπτάκωλος V. — 51 τροχαϊκὸν τετράμετρον καταληκτικόν. τὸ β' ἐν Θ. — 53 τετράρυθμον et infra δίρυθμον V. Θ.

τρίμετρον

624 in V. est διπλοῖ (scr. διπλῇ). στίχοι ἴαμβοι τρεῖς μετὰ ἀκαταλήκτων νθ', (quæ om. G.) et l. 26 ἐλασίβροντα. — 31 τραχέως Suidas. Legebatur ταχέως. Θ. ὅστις ταχ. ἐφθ. ἢ ὅτι τραχεῖαν. Deinde ὡς ταχέως Suidas. Legebatur ὡς ταχεῖαν. Sequentia om. Suidas. — 32 ἢ πρὸς Θ. — 34 τὴν γῆν post σαλεύειν V. Θ. — 35 τοῦ om. Θ. Idem παροξυτόνως, 36 ἐλασίβροντον.

627, 42 εἰς τέτταρα Suidas s. Ἱππεῖς: qui ζυγίτας addit. — 47 ἥττους Suidas. — 49 γένοιτο, ἵππον ἕκαστον Suidas. Legebatur γένηται ἵππων, ἕκαστος. — 50 τὸ μὲν πρῶτον ἑξακόσιοι Suidas et qui μὲν τοπρῶτον post ἀριθμὸν ponit Θ. Legebatur τὸ μὲν πρότερον χ'. — 51 ἀριθμόν. μετὰ δὲ Θ. πληθυνούσης Suidas. — 1 ἐπιτιμᾶν addidi ex Suida. Error grammatici, qui fluxisse videtur ex Acharn. 6. Dind. — 2 παρ' αὐτοῖς om. Θ. οἷς οὐκ ἐφεῖτο ἄρχειν Suidas. — 3 ἤ. Corrigendum videtur εἰ μὴ. ἀλλ' ἢ Suidæ ed. Mediol.: sed ἀλλ' om. codices Gaisfordi. Dind. καὶ om. Suidas.

628, 10 ἀποσπάσματα Θ.

630, 15 ἀτράφυξις, 18 ψευδατραφύξυος Θ. hic et infra.

631, 29 δὲ om. V. Scholion om. Θ.

634, 34 προσφέρεται Θ. — 35 Ἄλλως om. Θ, qui deinde αὐτὸν καὶ θρασύνων. — 36 ἔπλασε V. — 37 σκύταλοι, 38 πον. καὶ εὐτ. Θ. De hoc nomine Σκίτων vide Dobræum ad Photium p. 789. — 39 γναφεύς Θ. — 41 ἀνόητα κοοῦντες om. V. ἠλέματα κοοῦντες Suidas s. Κοάλεμοι. — 44 ἐπωνυμίαν Θ. — 48 δ' om. V.

636, 54 ὅτε Θ. ἐπεκαλούμην Ald.

639, 5 παρείληφε restituit Dindorfius. Conf.

schol. ad v. 721, ubi παρέλαβε in re eadem. Legebatur παρεῖλε.

640, 9 προσήνεγκε τὰ τοιαῦτα Θ.

641, 10 τὸ Θ. τὸν V. τὴν Ald. 11 θυσιαστηρίου, 12 καταληπτέον Θ. ἅς τινὰς Suidæ codex Leid. s. Κιγκλίδας. Legebatur ἅστινας. δικλείδας Θ. φασίν additum ex Suida. ἰδίως om. Θ. — 13 ἀνέωξε V. ἠνέωξα Θ. — 16 sqq. Glossam ὁ Πελοποννησιακὸς δηλονότι habet V., om. G.

645, 20, 21 om. V. Θ. Post ἄγαν addit Ald. αἷς ὁ πηλὸς γένεσίς ἐστι πάνυ ἰλυώδης, ὅταν συστῇ καὶ γένηται μέλας, φύσει τινὶ ἀπορρήτῳ εἰς ζῶα μεταβάλλεται πάμπολλα. οὐδὲν δὲ δέονται τροφῆς. ἀπόχρη γε μὴν ἀλλήλας περιλιχμήσασθαι. ἄγρα δὲ αὐτῶν εἵματα λεπτά· εἰς δὲ ἄλλων ἰχθύων θήραν ἥκιστον. συμβαίνει δὲ τὴν ἀφύαν τάχιστα ἕψεσθαι. ὅθεν καὶ παροιμία, ἀφύα ἐς πῦρ, ἐπὶ τῶν τέλος ὀξὺ λαμβανόντων. ἑνικῶς δὲ οὗτος ἐν Ταγηνισταῖς εἶπεν ἀφύη· ἐν ἄλλοις δ' ἀεὶ πληθυντικῶς τὰς ἀφύας, λέγεται δὲ καὶ ἀφρὸς διὰ τὴν λευκότητα. ἔστι δὲ ἡ παρὰ πολλῶν λεγομένη ἐγγραυλις. καὶ ἀφύων τιμὴ τὸ ἔλαιον, ἐπεὶ ἐν αὐτῷ ἕψονται. καὶ ἀφύας φαληρικὰς τὰς μεγάλας. Φαληρεὺς δὲ λιμὴν τῆς Ἀττικῆς. ἔστι δὲ γένη πλείονα. ἡ μὲν ἀφρῖτις λεγομένη, ἥτις οὐ γίνεται ἀπὸ γόνου, ἀλλ' ἐκ τοῦ ἐπιπολάζοντος τῇ θαλάσσῃ ἀφροῦ καὶ πηλοῦ ἰλυώδους, ὡς ἀνωτέρω ἐρρέθη. ἑτέρα δέ ἐστιν ἡ λεγομένη κωβῖτις, ἣ γίνεται ἐκ τῶν μικρῶν καὶ φαύλων τῶν ἐν τῇ ἄμμῳ φερομένων κωβιῶν. ἐξ αὐτῆς δὲ ἕτεραι, αἳ ἐγκρασίχολοι καλοῦνται. καὶ ἄλλη, ἥτις ἐστὶ γένος μαινίδων. καὶ ἄλλη ἐκ τῆς μεμβράδος. καὶ ἄλλη ἐκ τῶν μικρῶν κεστρέων. ἔστι δὲ προηγουμένη ἡ ἀφρῖτις. Priora αἷς — ἕψεσθαι illata sunt non sine scripturæ vitiis ex Æliano N. A. 2, 22, reliqua ex Suida sunt transcripta s. Ἀφύα. Dind. — 22 εὐωνοτέρους V.

646, 26 τὸ V. Θ. — 27 τὴν ναυτικὴν Θ.

648, 32 οἷον et 33 καὶ om. Θ. αὐτῷ V.

650, 37 sic codices et Suidas s. Δημιουργός. τὰς παρεστώσας — γυναῖκας Ald.

651, 43 ᾔσθοντο καὶ V. Θ.

658, 52 ἐν ταῖς, 54 βόλιτοι δὲ λέγονται οἱ Θ. — 5 δίκη Dindorfius. Legebatur δίκην.

660, 11 Καλλίμαρχος (sic) πτολέμαρχος Θ. πολεμάρχιος Ald. — 13 ἂν πάλιν Θ. — 15 χιμάρους Θ. cum altero inter lineas.

662, 18 scribebatur θρίσας.

663, 21 ἀπέβλεψεν Ald. — 22 προσέθετο V. παρ' Ὁμήρῳ Θ.

665, 28 δήμου om. V. ἄρχοντος G.

673 ἐρρέτω· τουτέστιν οὐδεμίαν φρ. π. ποιούμεθα Θ.

675, 42 ὑπήγοντο Ald. — 44 δρύφακτοι δέ εἰσι τὰ Θ. — 45 post ξύλα sequentia et 49-51 om. Θ.

680 lemma Aldinum ὑπερεπήνουν. Sed referuntur hæc ad ὑπερεπυππάζοντο, quod ponit Suidas s. h. v. Γράφεται καὶ om. Θ. et Suidas. Et recte fortasse. Dind. — 4 με om. Θ. οἷον om. Suid.

683 glossam κεκοσμημένον habet V., om. G.

692, 26 λέγεται Θ. — 30 δὲ om. V.

693 γράφεται καταπινόμενος V. a m. rec., quod om. G. — 37 ἀπὸ (pro λείπει) δὲ τοῦ ὡς Θ.

694, 43 ἀνθυποσχόμενος Θ.

696, 3 κεραυνοῖς Θ. — 5 ψολόεντες, Suidas s. Κεραυνός addit οἱ τῇ ψαύσει ὀλλύντες. ἀργῆται Θ., qui om. 7-13, 17-20.

698, 22 ἡ — ξενισθῆναι om. V. — 28 ἐκβάλω σε V. ἐκβαλῶ τῆς γῆς ταύτης Θ. — 29 ἐκφαγῶ Θ.

700, 32 ἀνατιθεὶς V. — 33 καὶ om. Θ.

708, 53 πάλιν. Lemma ἀπονυχιῶ σου præfixum in Ald. πρὸς μάγειρον ἔσκωψε Θ.

709, 2 ἀποκλείσω, ἀποφράξω Θ. Omittit Suidas s. Ἀπονυχιῶ, nec apta sunt huic verbo interpretando. Ad aliam lectionem ἀπομυχιῶ refert Dobræus. Dind.

711, 9 μᾶλλον ἰσχ. et εἶπε Θ., qui om. 9 τὸ κὰκ. et sequentia ad l. 17.

716, 21 addit Ald. τίτθας οὖν τὰς τροφοὺς, τὰς μάμμας, ὡς τὸ « ὅσα δὲ ἀργίᾳ μεμάρανται καὶ ῥαθυμίᾳ διέφθαρται μειράκια, ταῖς τίτθαις ἀπομύττειν καὶ ταῖς γυναιξὶ λούειν ἀποπέμψατε, καὶ θρυπτόμενα παρὰ ταύταις, στωμύλλεσθαι καὶ λαλεῖν περὶ κρόκης καὶ στημόνων ἐάσωμεν. » Inserta ex Suida s. Τίτθη.

717, 23 τῆς ῥᾳδιουγίας Θ. — 25 μὴ δύπασας V. μὴ σύμπασας G. τὰς et 26 τὰ παιδία om. Θ. — 28 τοῖς παιδίοις, 33 ἐπὶ τῷ θηλάζειν τὰ βρέφη Θ. — 34 παρὰ additum ex Suida s. Κατασπᾶν. — 36, 37 om. Θ., εὐρὺν — πένητα om. V.

721 om. Θ.

723, 43 εὐδοκιμεῖν Θ.

725, 50 αὐτῷ Θ. — 52 idem om. δῆτα.

729. Cum hoc scholio comparandum schol. Pluti v. 1055. — 6 οἰκουμένην χώραν Θ. — 8 legebatur Ἀθηναίων. Correctum ex schol. Pluti θύσειαν—Ἀθηναίων om. V. — 11 τὰς om. Θ. — 12 Ἄβαριν Maussac. ad Harpocrat. p. 8, et est apud Suidam s. Ἄβαρις. Legebatur βάριν. τὴν om. V. — 14 Ἀβάριδος Maussacus. Legebatur Βάριδας. βρασίδας Θ. Ald. addit, τινὲς δὲ τὸν Θησέα φασὶ καθ' ὃν καιρὸν εἰς Κρήτην ἔπλει προσχόντα Δήλῳ διὰ χειμῶνα, εὔξασθαι τῷ Ἀπόλλωνι καταστέψεσθαι κλάδοις ἐλαίας, ὅταν σωθῇ τὸν Μινώταυρον ἀποκτείνας, καὶ θυσιάσειν. καὶ τὴν ἱκετηρίαν ταύτην καταστέψαντα ἑψῆσαι χύτραν ἀθάρης καὶ ἔτνους, καὶ βωμὸν ἱδρύσασθαι. διὸ καὶ Πυανέψια δοκεῖ λέγεσθαι οἷον κυαμέψια. τὸ γὰρ πρότερον τοὺς κυάμους, πυάνους ἐκάλουν. ἦγον δὲ ἔσθ' ὅτε ἐπὶ τῇ ἀποτροπῇ λοιμῶν. ᾖδον δὲ παῖδες. Quæ illata ex Suida s. Εἰρεσιώνη, λέγεται γὰρ Θησέα in τινὲς δὲ τὸν Θησέα φασὶ mu-

tato. De 17-19 vide ad schol. Pluti citatum. 18 ἀνεψήσασθαι Ald., quæ post 19 addit, μετὰ δὲ τὴν ἑορτὴν ἔξω τῶν ἀγρῶν τιθέασι παρ' αὐτὰς τὰς θύρας. Κράτης δὲ ὁ Ἀθηναῖος ἐν τῷ περὶ τῶν Ἀθήνησι θυσιῶν, ἀφορίας ποτὲ κατασχούσης τὴν πόλιν, θαλλόν φησι καταστέψαντας ἐρίοις ἱκετηρίαν ἀναθεῖναι τῷ Ἀπόλλωνι. Hæc quoque ex Suida illata, qui non ex scholiasta sumpsit, sed ex Pausaniæ Lexico, de quo vid. Eustath. p. 1283. Dind. — 20 ὥραισιν Θ. — 22 scribebatur περιειλημμένους. τό τε θάλος ἐρίοις (ἐρίοισι Θ.) περιειλημμένον V. Θ. — 24 θαλῶν V. Deinde ὀπῶραι, si quid mutandum sit, proponit Porsonus.

742 scholia invertit Θ., ex quo 38 ἅμα δὲ et καὶ addita.

743, 44 ὁμηρικὸν ἐξευρ. V., ex quo 45 alterum μόνος additum. — 48 αὐτῷ Θ.

748 καὶ ἀντ. τίς ἐστί σοι Θ.

749, 54 ἐκκλησ. τοπαλαιὸν Θ.

751, 2 χρῆναι παρ. Θ. παρῆναι V.

755, 7 Σῦκα om. Θ. — 9 κατεσθίουσι Θ. τρόπον om. V. — 11 εὐχερῶς οὐδὲν Θ. — 14 ἐν et 15 αὐτῶν om. Θ. — 19 μελιττουργοί, 21 καὶ χειμ., 24 ῥίπτουσι—ποσὶ Θ. Legebatur τρίβουσιν—παισί. In V. ταῖς μελίτταις τρίβουσιν, intermediis omissis. — 25 et sequentia om. Θ. περιτιθέντες Berglerus. Legebatur παρατιθέντες.

756 habent V. Θ. διπλῆ καὶ στίχοι (διπλῆ ις' στίχων Θ.) ε', ὧν ὁ μὲν α' καὶ δ' καὶ ε' ἴαμβοι τετράμετροι καταληκτικοί, ὁ δὲ β' καὶ γ' (ὁ γ' V.) ἐξ ἰάμβων διμέτρων, εἶτα ἐν ἐκθέσει ἐστὶ τὸ ἔθιμον διπλῆ ἀνάπαιστος τετράμετρος καταληκτική, ὑφ' ὃ (οὗ Θ.) διπλῆ καὶ ἑξῆς (ἐξ Θ.) στίχοι (στίχων Θ.) ὁμοίως ξ (ξ' om. Θ.)—40 Εὐριπίδου. Vide Hephæst. p. 94 ed. Gaisf. — 47 et seqq. om. Θ. Post 51 addit Ald. ὁμοία δὲ τῇ, πάντα λίθον κίνει. τοῦ γὰρ Μαρδονίου ἡττηθέντος ἐν Πλαταιαῖς, φήμη κατεῖχεν ὡς ἐν τῷ περιβόλῳ τῆς σκηνῆς θησαυρὸν κατορύξας ἀπολελοίποι. πριάμενος οὖν Πολυκράτης ὁ Ἀθηναῖος τὸν τόπον πολὺν χρόνον ἐζήτει. ὡς δὲ οὐδὲν ἐπέραινε, πέμψας εἰς Δελφοὺς ἐπηρώτα πῶς ἂν εὕροι. τὸν δὲ Ἀπόλλωνα ἀποκρίνασθαί φασι, πάντα λίθον κίνει. καὶ ἐν ἐπιγράμματι

> Καλλιμάχου τὸ τορευτὸν ἔπος τόδε. δὴ γὰρ ἐπ' αὐτῷ
> ὠνὴρ τοὺς Μουσέων πάντας ἔσεισε κάλως.

Inserta sunt ex Suida s. Πάντα κάλων, additis Crinagoræ versibus, qui leguntur in Anthol. Palat. vol. 2, p. 193. Dind. — 4 αὐτοῦ Suidas s. Κάλως. αὐτόν Ald. — 6 in mente habuit Homericum θοῦρος Ἄρης. Etiam 8-16 om. Θ.

759, 9 συνέτους V.

762, 21 om. Θ. — 22 μολίβινον V. — 23 ὁ. ἐσκευασμένον Θ. — 26 Ἀγρίοις Kusterus. Legebatur Ἀγροῖς. — 27 κεροῦχος, ὡς Salmas. Exerc. Plin. p. 402. Legebatur κέρδος. — 28 τοῦ δάφους V. τοῦ ἐδάφους G. — 29 Thucydidis locus est 7, 41, ubi scholiastes eosdem versus Pherecratis expressit, quod observavit Meinek. Com. I, p. 258. — 30 addit Ald. τὴν ἐξηρτημένον ἔχουσαν δελφῖνα τοιοῦτον· ἐν γὰρ τῇ ἑβδόμῃ « ἔπειτα » φησὶν « αὐτοὺς αἱ κεραῖαι ὑπὲρ τῶν εὔπλων αἱ ἀπὸ τῶν ὁλκάδων δελφινοφόροι ἠρμέναι ἐκώλυσαν. » Δελφίνιον δὲ ἱερὸν Ἀπόλλωνος Ἀθήνησιν οὕτω καλούμενον, ἔνθα ἦν τὸ ἐν Δελφινίῳ δικαστήριον. καὶ χωρίον ἐν Χίῳ. — 32 εἰς αὐτὴν V.

766, 42 μηδὲν σπουδαῖον διαπραξάμενος (διαπραττόμενος V.) Ἄλλως. μηδὲν V. Ald. — 43 γὰρ om. V.

767, 51 ἀβήναις Kusterus : de quo voc. v. Ducang. Legebatur σαγήναις. Sequentia, τουτέστιν (sic pro Ἄλλως) in principio scholii habet V., om. Θ.

768, 1 στηθαῖοι, 6 τεμνομένας Θ. — 7 ἵν' ᾖ om. V. Θ.

770, 13 αὐτοῖς τοῖς περικόμμασι τῶν κρεῶν εἰ μή σε φιλῶ Θ., in quo sequuntur 8-11. — 14 Εἰρήμασιν om. Θ. — 15 πιστεύσεις, 16 δεύτερον Θ. ὅρκ. μέγαν V.

771, 20 παρείληφε τοῦ αὐτοῦ τὸν ὅρκον Θ., ex quo καὶ Ὁμ.—(22) πράσου additum. Ald. παρείληπται. — 23. Totum hunc locum scholiastæ descripsit Phavorinus v. Μυττωτῷ : apud quem plenius legitur, πρὸς τὸν Ὁμηρικὸν κυκεῶνα : unde scholiastes supplendus est. Kust.

772, 29 κρέατα V. Ald. — 31 ἀλλ' om. V. — 32 legendum videtur ὡς καὶ ταύτην. — 34, 35 ad δῆμος, et 41 ἦσάν τε καὶ om. Θ.

778, 2 τῶν τοῦ ἀλλ. Θ.

780, 3 σῶν om. Θ. — 15 ἐκδύειν Θ.

781, 8 τῆς Ἀττικῆς om. V. ἣν ἐνώρμησε Θ. ἀνώρμησαν Ald. ἐνωρμίσαντο vel ἐνωρμίσατο Suidæ libri s. Διεξιφίσω. — 9 Ἀρτάβαζος. Immo Ἀρταφέρνης : v. Herodot. 6, 119; 7, 10. Conf. schol. Acharn. 84. — 11 αὐτῷ Suidæ codices. — 13 seq. καὶ οὕτω—δυνάμεως V. Θ. et Suidas. ὡς ἐξισωθῆναι τὴν τῶν Ἀθηναίων δύναμιν τῇ Περσῶν Ald. Post δυνάμεως V. Θ. τῆς Περσικῆς καὶ addunt, τῆς τε Περσικῆς δυνάμεως περιεγένοντο καὶ Suidæ edit. Mediol., omittunt codices Gaisfordi. — 16 fortasse στόλον addendum post Περσῶν. Dind.

782, 18 σεμνολ. τὰ ἐκείνων om. V. τὰ ἐκείνων om. Θ. τὰ ἐκείνων κατορθώματα Suidas.

785, 28 δὲ om. Θ. Dübnero legendum videtur ἀπὸ δὲ, non ἀντὶ. — 32 γὰρ ἐν ταύτῃ Ald. et Suidas. — 34 πέτρα ἐστὶν, 39 ἐκαθέσθη Suidas, omittens 40 ἐρ. — 47.

786, 49 ἐστι θαυμ. Θ. — 52 πολλάκις om. V

— 53 ἀπήνεγκαν Θ. — 54 φθάσ. δὲ V. — 1 τοῦτό γέ τοι Ald

788,6 εἶλες δὲ om. V. Θ. et ἤγρευσας—ἐποίησας ante δελεάσμασιν ponunt.

791, 7, 8 om. Θ. Post θεῖναι Ald. addit καὶ ἀλλαχοῦ (Eccles. 121), περίδου καὶ ταχέως ἀνὴρ γενοῦ. καὶ αὖθις (Ach. 772), εἰ βούλει περίδου μοι περὶ θυμίτιδος ἁλῶν, τουτέστι συνθήκας ποιησώμεθα. — 8 γε om. V. τρίποδα G.

792, 12 πίθοις κοίταις Θ. et om. ὅτι.

793, 20 οὓς καὶ οἵ, 22 φωλεαῖς V. Κράτης Suidas s. Γυπαρίοις. Legebatur Κρατῖνος.—26 Οὐ κατοικτ. et δὲ om. Θ. — 27 παύσασθαι om. V. — 28 διὰ τοῦτο V., om. Θ. — 29 ἐπειδὴ om. V. Θ. τῶν Ἀθηναίων Θ. — 31 μάλιστα additum ex Θ. — 34 εἶναι om. Θ. Corrige ἀπιστότερος ex Thucydide.

794, 35-37 om. Θ. In V. nihil nisi hoc, βλ. ἐστὶ τὸ ἐκπιέζειν τὰ χηρία τῶν μελ. — 38 παρ' ἱστορίαν. Nugatur scholiasta. Non enim de ea legatione loquitur Comicus, per quam annua fœdera facta sunt; quæ non fuit explosa a Cleone, quando fœdus illud annuum obtinuit: sed aliam intelligit, quæ a Lacedæmoniis septimo anno missa fuit ad obtinendam pacem, et recipiendos viros, qui in insula Sphacteria ad Pylum obsessi tenebantur; quæ quidem legatio repulsam tulit, suadente Cleone: ut fuse narrat Thucydides lib. 4. Et ex hoc loco discimus, Archeptolemum fuisse ejus legationis coryphæum: cujus nomen tacuit Thucydides. Ea vero legatio, de qua loquitur scholiastes, nondum missa fuerat, quum prodiit in scenam hoc drama. Nam in fine tantum belli octavi, vel sub initium noni, eæ legationes missæ, et fœdus factum est. V. Thucydidem 4, 119. Palmer. Conf. quæ ad schol. v. 327 dicta sunt. — 44 Thucydides 4, 119: Ξυνέθεντο δὲ καὶ ἐσπένδοντο Λακεδαιμονίων μὲν οἵδε, Ταῦρος Ἐχετιμίδα, Ἀθήναιος Περικλείδα, Φιλοχαρίδας Ἐρυξιδαΐδα (Ἐρυξιλαΐδα Valckenar. ad Herodot. 4, 150), Κορινθίων δὲ Αἰνέας Ὠκύτου, Εὐφαμίδας Ἀριστωνύμου, Σικυωνίων δὲ Δαμότιμος Ναυκράτους, Ὀνάσιμος Μεγακλέους, Μεγαρέων δὲ Νίκασος Κεκάλου, Μενεκράτης Ἀμφιδώρου, Ἐπιδαυρίων δὲ Ἀμφίας Εὐπαΐδα, Ἀθηναίων δὲ οἱ στρατηγοὶ Νικόστρατος Διιτρέφους, Νικίας Νικηράτου, Αὐτοκλῆς Τολμαίου. Ex his corrige scholia. — 45 legebatur Ἐχετιμίδης (ἐχετημίδης Θ.) — Περικλείδας (-ης Θ.) — Σισυφαμήδας (-ίδας Θ.). — 46 δημοτικὸς Θ. Ναυκράτου Ald. — 51 μετ' om. Θ. — 52 χρησάμενος (sic codd.) τῷ ὀνόματι accessit ex V. Θ. — 54 γὰρ addidit Dindorfius. οὐ κατεδέξατο V.

796, 4 τῇ πυγῇ τῇ χειρὶ, 5 χειρὶ πλατείᾳ V. ἢ πλατεῖ Suidas. — 6 τῇ πυγῇ om. Θ. — 7 ἐχρήσαντο V. — 8 εὐκαίρως Kusterus. Legebatur εὐχαρῶς.

800, 20 περιεργασάμενος ἢ ἀπὸ Θ. περιεργαζόμενος Ald. — 21 προσθήσεται Θ. — 22 excidit verbum aliquod, velut πλάττει. Dind.

803, 25 δυσχερῶς V. — 27 sq. ἀέρος καὶ διαυγοῦς τάσσεται Θ. — 28 ὅλος νοῦς V. — 30 ἀσχολ. μὴ ἐλέγχῃ τὰ σὰ κακουργήματα Θ. — 31 πανουργεύματα V.

806, 34 κρίμνα Casaubonus ad Athenæi 14, p. 648, B. κρῆμνα Ald. — 35 τὰ Kusterus. τὸ V. Θ. Ald. — 36 χίδρα Θ. — 40 ἀποπιάσματα V. Pro 24 περιπτίσματα legebatur περιπύσματα. περιπιάσματα Θ. Conf. ad schol. Nub. 45.

807, 44 τῶν στρατιωτῶν et μισθοφορίας Θ.

814, 12 ἐντολὴν, 20 ἤσχαλεν, 22 δὲ om., 23 καὶ τοῖς, 25 τοῖς λεγομένοις μηδὲ τοῖς βουλομένοις Θ. τοῖς λεγομένοις μηδὲ τοῖς λεγομένοις (λεγομένοις om. G.) V. — 29 κατεπαγγέλλετο Ald. ἐπηγγέλλετο Θ. — 35 Πελοποννήσιοι om. Θ., ex quo 37 εὑρὼν additum. — 38 πόλιν Θ. pro οὖσαν. — 39 scribendum ἀπομασσόμενον, ut intelligi possit, *mensura non cumulata, sed cujus cumulus radio fuit* vel *hostorio dirutus*. Valckenar. ad Theocrit. Adoniaz. p. 388, A. ἀπολειπόμενον Suidas.

815, 43 διὰ τὰ Θ., qui om. 44-47. — 45 λε' Imo Piræcus 40 stadiis Athenis distabat. V. Meurs. in Piræeo cap. 1, et in Lect. Attic. lib. 3, c. 4. Kust. In animo Phalerum habuit, cujus hoc ab urbe 35 stadiorum intervallum erat. Meursius. — 47 ἐπιφέρεται V. — 48 προσπαρέθηκε Suidas s. Προσέμαξε. — 50 συνάγειν τὰ ἄλευρα Suidas. De inde προσέθηκε V. — 52 παρ' αὐτοῖς τοῖς Θ. — 1 παρὰ Ald. σημείων, id est, *quinque milliaribus*, quæ continent 40 stadia. Nam in unum milliare Romanum octo stadia vulgo computabantur. Kust. Conf. Ducang. s. Σημεῖον. Θ. habet ἀπὸ ε' σημείων τῆς πόλεως. καὶ ἀπεῖχε τῆς πόλεως σταδίους λέ.

816, 3 ἐκ Πειραιῶς αὐτοὺς ἐποίησεν Θ.

817, 9 om. Θ. Ald.

819, 14 Θεμιστοκλῆν Θ. — 16. Conf. Schneid. ad Theophr. vol. 4, p. 277. Dind.

821, 20 σκέρβολλα V. Θ.

827, 43 legebatur μύστιλλον. Correctum ex Suida s. Μυστιλᾶται. — 47 ἀρρύσασθαι Θ.

829, 47 Ἄλ. δὲ τὸ αἱρήσω ἀπὸ τοῦ χαιρήσω Ald. Sequentia om. Θ.—48 κλοπῆς συγκατηγορήσας V. Correxit Dindorf. σε vel σου κατ. Edebatur συγκατηγορήσεως.

830, 5 ῥήματα V. et Suidas s. Πλατυγίζει. δείγματα Ald. Conf. ad schol. Ran. 983. — 6 ἀντὶ τοῦ πλατ. Suidas. — 7 προσερείδει Θ. et Suidas. Legebatur προσερείδεται. — 8 τῇ εἰρεσίᾳ om. Θ. — 10 πλατυγίζειν Θ.

834, 12 διὰ τὸ δῶρα διδόναι ἀναπείθειν Θ. — 13

καὶ om. V. — 15 πάλιν οἱ om. Θ. — 17-19 Κλέωνος παῖδας μὲν ἡβ. καὶ γυναῖκας ἀποκτεῖναι ἐψηφίσαντο, ἐξηνδραποδίσαντο δὲ τὴν πόλιν πᾶσαν, ναῦν δὲ ἀπέστειλαν ἀγγέλλουσαν Θ. Vide Thucyd. 3, 18, Diodor. 12, 55. — 21 προτέροις additum ex Θ.— 23 corrigendum videtur καὶ οὐδενὸς (οὐδενὸς etiam Dobræus) ἀντιλέγοντος, τοῦ Κλέωνος δὲ παρακελευομένου τοῖς. Dind. — 26 καὶ om. Θ. τῶν Μιτ. Θ. Fort. τὰ τῶν Μ. — 31 προτέρας τρ. Θ., qui 33 προθύμως—φθάσαιεν omittit. φθάσοιεν V. — περὶ τῇ εἰρεσίᾳ V., om. Θ. — 38 ἐκείνην ἔπεισε πλεῦσαι Θ. ἐκέλευσε addidit Portus. τοσούτου Θ. — 39 κινδ. ἦλθεν εἰς Μιτυλήνην Θ.—40 ἐπιδεῖξειν om. Θ. et V. qui etiam sequentia omittit ad φησὶν αὐτὸν, l. 44, librarii lapsu. « Delendum δὲ, aut corrigendum διαβάλλει. » Dind. — 42 λαβὼν πρὶν ἢ ἀμνὰς Θ. πλὴν ὡς μνᾶς Ald. — 44 πρότερος additum ex Θ., δέκα ex V. — 45 πόλεις Θ. — 46 αὐτὸν om. V. Ald.

836, 48 εἰς ἰάμβους τριμέτρους καταληκτικοὺς οἱ Θ. qui scholia v. 837-845 omittit.

837, 53 εἰς τέλος om. G.

841 παλαιστή V. παλαιστῇ G.

843, 14 περὶ τριαίνης εἰπὼν καὶ σείων V.

845 ἐπὶ στόμα ἔχειν τῶν κατ' ἐμοῦ. λέγων καὶ διαβάλλων, μηδὲ φ. Hæc corruptissima sunt, quæ sic legenda puto : ἐπὶ στόματος ἔχειν τῶν κατ' ἐμοῦ λεγόντων καί με διαβαλλόντων· μηδὲ φωνὴν ἐᾶν προϊέναι. Kust.

846, 21 θρυλεῖ Suidas s. Ἐμοὶ δὲ τοσοῦτον. Scribebatur θρυλλεῖ., ut fere ubique — 22 πολεμίων Suidas. πολέμων Ald. — 24 τὰ ὅπλα Πύλου Suidas. ὅπλα om. Θ., qui om. 27-29.

849, 30 αὐτοῖς τοῖς ὀχάνοις Ald.—31 ὄχανος Ald. et Suidas s. Πόρπαξ. — 34 αὐταῖς V. Θ. αὐτοῖς ἔχωσι Suidas. χρᾶσθαι Θ.

852, 36 σύστημα, τάξις πολεμική, ἢ φάλαγξ, στροφή, πλῆθος συστάσεων Ald., quæ interpolata sunt ex Suida s. Στῖφος, qui glossam ex Photii Lexico sumpsit. Dind.

854 om. Θ. In fine Ald. βριμᾶσθαι γὰρ τὸ ὀργίζεσθαι καὶ ἀπειλεῖν. παρὰ δέ τισι καὶ τὸ ἦχον ἀποτελεῖν. ὡς τὸ, « ὑπὸ γὰρ ταῖς πολλαῖς μύλαις βριμωμέναις ὁ τῆς μιᾶς ψόφος ῥᾳδίως ἐλανθάνετο. » Inserta sunt ex Suida s. Βριμούμενος. Suidas ibidem ex hoc l. Βριμήσαιο, ὀργισθείης

855. Hoc scholion exscripsit Philemo in Ὀστρακίνδα. Vid. Luzacii Dissertat. de ostracismo, repetitam in Diarii classici fasc. 38, p. 348, 353 —355. Dind. — 44 ὀστρακίνδα ἐστι μὲν οὖν ὄνομα Θ. præpositis quæ infra 7-9 uncis inclusa leguntur. — 45 θελήσεις Ald. — 47 εἰσφέρειν Schœmann. De comitiis p. 204. Legebatur εἰσφέρων. Deinde εἰσφράττετο Θ. — 49 οἱ εἰσιόντες V. Ald. οἱ om. Philemo et, ut videtur, Θ. — 49 ὄστρακα, 50 ὑπογραφήν, 52 ἔλαττον Θ. τῶν ἑξακ. V. — 53 ἐν δέκα ἡμέραις om. Θ. — 3 Κίμωνος Ald. Addit Ald. et Philemo, τῇ ἀδελφῇ Ἐλπινίκῃ συγκοιμηθεὶς καὶ διαβληθεὶς πρὸς τοὺς πολίτας. Est hoc recentioris grammatici additamentum ex Suida ductum s. Ὀστρακισμός. Commenti autem hujus absurditatem ostendit Meierus De bonis damnatorum p. 5, 233. Dind.—4 male Alcibiadem nominat, cui imminuisse tantum constat ostracismi periculum.—5 ὑπ' Θ.—9 addit Ald. et Philemo, διαφέρει δὲ φυγῆς ὀστρακισμὸς, ὅτι τῶν μὲν φυγῇς ἁλόντων αἱ οὐσίαι δημεύονται, τῶν δὲ ὀστρακισμῷ ἀποστάντων οὐκ ἀφαιρεῖται τὰ χρήματα ὁ δῆμος, καὶ τοῖς μὲν χρόνος ἐνδείκνυται καὶ τόπος, οἱ δὲ φεύγοντες οὐδέτερον τούτων ἔχουσιν. οἱ κακονούστατοι δὲ τῷ δήμῳ δοκοῦντες ἐξωστρακίζοντο καὶ κατεδικάζοντο. ὀστράκοις γὰρ ἐγράφετο τὸ ὄνομα τοῦ φευξομένου. Inserta sunt ex Suida s. Ὀστρακισμός.

857, 10 φθάσαντος V., non G. ὡσανεὶ ἔλεγον τὰς Θ. — 12 εἰσβολὰς δὲ om. V.

858, 14 Ὥστε τὰς, ὥσπερ τοῦ Θ.

859, 18 βοῇ Θ. et Suidas s. Κρουσιδημῶν. βουλῇ Ald. et Favorinus. — 20 ἔστι δὲ Θ. παρακρουσόμενον Ald. Probabilis Kusteri conjectura est ἔστι γὰρ ῥῆμα κρουσιμετρεῖν, ὁ—. Valckenar. Animadv. ad Ammon. p. 191, ἔστι γὰρ παρὰ τὸ κρουσιμετρεῖν, ὁ—. Dind. λέγεται παρὰ τοῖς μετροῦσι V. Θ. — 21 παραλογιζόμενον G.

865, 28 θηρῶντες V.

874, 33 παίειν V. — 34 τοῖς om. V. Θ. δακτύλων τῶν χ. καὶ ποδῶν μὴ κλ. Θ.

877, 36 οἱ μὲν Γρύπον ἀντὶ τοῦ Dobræus. — 37 τῆς πορνείας ἐξαλείψας. Hæc vel delenda vel ita legenda, ἐξαλείψας : τῆς πολιτείας. Dobræus. Θ. inter lineas ἀπαλείψας. — 40 κατάφορον V. κατάξηρον Ald. καταπύγων dicitur ab Suida s. Γρύττος.

880, 46 τοὺς τοιούτους Θ.

882, 49 οἱ δὲ δουλικοῦ. Pollux, Hesychius, et Etymologus, ἀμφιμάσχαλον χιτῶνα ingenuorum fuisse dicunt, ἑτερομάσχαλον vero servorum : quorum potior apud me est auctoritas. Præterea ex hoc ipso loco Comici patet, ἀμφιμάσχαλον χιτῶνα fuisse hominum liberorum gestamen. Est autem ἀμφιμάσχαλος χιτὼν tunica utrimque habens manicas : qua de re v. quæ collegit Meursius ad Lycophr. v. 1100. Kust. — 50 ἕτερος μασχαλὸς, 51 ἔχων Θ. Libri χειρίδας. — 52 τῶν μασχαλῶν ἑκατέρωθεν V.

888, fin. ἀγν. περὶ μέθην V. Ald.

894 uncis inclusa habet Suidas s. Σίλφιον, omittit 27 ὁ Ἀπόλλωνος καὶ Κυρήνης. Θ. ὁ Ἀπόλ-

λων πρῶτος. — 28 ἐφεῦρε Θ. εὗρεν Suidas. Sequentia om. Θ.

899. Suidas : Ἀνὴρ κόπριος : ὡς ἀπὸ δήμου. λέγει δὲ τὸν κοπρολόγον · ἢ κηπουρὸν etc. De Copro, Hippothontidis tribus demo, dictum ab Bœckhio in Inscript. vol. 1, p. 216, 903. « Νῆσος si verum est, insula demus fuit, ut Salamis : sed fortasse scribendum δῆμος. » Boeckh.

901, 37 Πυρίου V. Πυρρία Θ. — 38 Πύρανδρος V. Θ. — 40 εἰσὶ δὲ οἱ V. Θ. omisso βωμολόχοι.

905, 45 ὀξυβάφιον, 47 δὲ εἶπε Θ.

906, 48 λέγει, 50 πώματα Θ. πάσματα. Suidas s. Κυλίχνιον.

909, 53 καὶ ὥστε τὰς Θ. — 1 περιψεῖν V. et Suidas.

911 om. Θ. — 4 seqq. τριάκοντα πάντων ἰάμβου, ὧν τὰ πρῶτα δύο μονόμετρα, τὰ ς' δίμετρα ἀκατάληκτα, τὸ δὲ τελευταῖον τὸ θ' τρίμετρον καταληκτικόν V. Quæ sic corrigenda, κώλων τριάκοντα πάντων ἰαμβικῶν, ὧν τὰ πρῶτα δύο (dicit duplex illud ἐμοῦ μὲν οὖν, quorum alterum Allantopolæ, alterum Paphlagonis est) μονόμετρα, τὰ κς' δίμετρα ἀκατάληκτα, τὸ δὲ τελευταῖον (i. e. verba βουλόμενος ἐσθίων ἀποπνιγείης) τὸ κθ' τρίμετρον καταληκτικόν. Dind.

912, 10 λειτουργία γάρ:.. Addendum videtur τοῦτο, vel τὸ τριηραρχεῖν ἦν. Dind. — 12 idem correxit εὐτρεπῆ. Edebatur εὐπρεπῆ. Ibid. παρασκευάζει εἰς τὴν Θ. Dindorf. conjecit παρασκευάζει εἷς ὁ τὴν—. — 19 glossam οὐ παύσει habet V., et διαπράξομαι V., non G.

919, 26 ὑπαχθέντος Θ. — 27 μαγείρῳ. Intelligendum vel addendum διαλέγεται. Dind. Qui deinde κθ' κῶλον posuit, pro vulg. θ' κῶλον. Vide supra ad v. 912. — 30 τρίμετρα καταληκτικά Θ. — 31 βράζει V.

921, 33 τῶν δετῶν Dindorfius. Legebatur τῶν δᾴδων, omittit Θ. — 35 ὑπαρχειμένων, 39 ἀπαρρύονται et ὑπερχέηται Θ. ὑποχέηται Ald.

922 κρεάγραν. Imo potius ζωμήρυσιν sive *trullam :* propter vocem præcedentem ἀπαρυστέον. Nam κρεάγρα erat instrumentum culinarium dentatum, sive fuscina (unde σιδηροδάκτυλος dicitur in epigrammate apud Suidam v. Κρεάγρα), qua extrahi quidem aliquid ex olla poterat, sed non hauriri. Kust. Scholion om. G. ὡς μάγειρος Θ.

924, 43 ἀπατήσασι V. Ald. πιεζόμενος om. V. Θ. Suidas : Ἰπούμενος : πιεζόμενος, ἀναγκαζόμενος.

926, 45 εἰς σὲ om. Θ. — 47 πρ. τῶν πλουσίων τάγματι Ald. — 48 γενήσονται V. γενήσωνται Ald. Glossas ἀντὶ τοῦ καταρῶμαι et εἶδος ἰχθύων et ποιὸν ἦχον ἀποτελῶν habet V., om. G.

935 προσλάβοις V.

941, 4 χοροῦ δίκωλος ἐν, 7 καταληκτικοῦ, 8 ἐπίσημον. τὸ δὲ ἕτερον, 10 ἐπιτηδὲς δὲ διαλελυμένη, et ἔστι δὲ καὶ πολλὰ παρ' Θ. Dindorfius : « Quæ de metro hujus versus traduntur recentioris grammatici verba sunt : antiquior interpres illa tantum scripserat ἐπίτηδες—σεσημειωμένα, sic fortasse corrigenda, ἐπίτηδες διαλελυμένα εἰς τὸν πεζὸν λόγον. ἔστι δὲ πολλὰ τοιαῦτα καὶ παρ' Εὐπόλιδι σεσημειωμένα. »

948, 27 μου, et διοικήσει Θ. — 28 πρυτανεῖα. Perverse scholiasta sola πρυτανεῖα nominat. Notavit Bœckh. De œconomia civ. Athen. vol. 1, p 180. Dind.

950, 30 Κλ., πλείονα ψ. Θ.

954, 34 θρίον libri hic et infra. — 35 οὐ delendum, nisi aliquid excidit. Dind. — 38 ἴστε V. — 39 σκ. ἐστι Θ. τι Suidas s. Θρίον. — 42 ἐπιχεῖται Kusterus. ἀποχεῖται Ald. Deinde εἴ τι περιλαμβ. Θ. — 47 correcta a Dindorfio et Kustero. Legebatur εἶτα ἐπαίρεται ἐκ τῶν ἄλλων περιαιρ.— 49 ἕψεται G. ἑψίεται V. ἑψεῖται Ald. Deinde libri ὅτε ἰκ. Θ. ἔχει. V. Ald. ἔχον. Codex Taurinensis 165, fol. 122, apud Peyron. ad Etym. M. p. 896, ἑψηθῇ. — 50 ἐξαιρεθὲν μέλιτος ἐπιθέντος (scr. ἐπιχυθέντος) παρατίθεται Θ. Codex Taurinensis εἰς βρῶσιν addit. —Post 52 addit Ald. ἄλλως. θρῖα τὰ φύλλα τῆς συκῆς. καὶ θρῖόν ἐστι σκεύασμά τι παρ' Ἀθηναίοις, ὃ περιλαμβάνει ὕειον στέαρ καὶ ἐρίφειον καὶ σεμίδαλιν καὶ γάλα, καὶ λεκυθώδους ὠμὸν πρὸς τὸ πήγνυσθαι, καὶ οὕτως εἰς φύλλα συκῆς ἐμβαλλόμενον ἥδιστον ἀποτελεῖ βρῶμα. οὕτω Δίδυμος. ἐκαλεῖτο δὲ καὶ ἄλλη τις σκευασία θρῖον, ἐγκέφαλος μετὰ γάρου καὶ τυροῦ σκευαζόμενος καὶ ἑλισσόμενος ἐν φύλλοις συκῆς καὶ ὀπτώμενος. ἐπεὶ ἐπὶ φύλλων τὰ τεμάχη βαλλόμενα βαστάζονται. περὶ δὲ θρίου καὶ ἐν Βατράχοις εἴρηται ἐν τῷ « ἀλλ' ἀπολέσαιμ' ἂν ἐγκεφάλου θρίω δύο. » Illata sunt ex Suida s. Θρίον, aucta inutili appendice de loco Ranarum. Suidas autem sumpsit ex scholio Acharn. 1100. Dind.

956, 2 Κλ. λέγει V., om. G. γὰρ om. Θ. — 3 διὰ βῆμα V.

958 om. Θ.

963, 10 Ἡρόδοτος. Phainus videtur transtulisse ad Hippomolgos quæ tradit Herodotus de Arimaspis. Dobræus. τοὺς Μολγοὺς additum ex Θ. — 11 ἢ πέν. Θ. — 14 οὕτω δοκεῖ Θ. ὅτου—πόλει; Brunckius, probatus Bergkio ad frag. Ar. p. 100, qui sequentem versum, alius personæ responsum, ita restituit : Ἐμοὶ μὲν αἶνειν μολγόν; οὐκ ἀκήκοας; Θ. om. οὐκ. — 17 τούτοις, Comicis. — 19 οὐκ om. Θ. ἀλκμαῖον Θ. Comicis μολγός tribuit Suidas, non μόλγης. — 20 οὕτω Σωκράτης. Procul dubio corrigendum οὕτως ὁ Κράτης. Crates enim grammaticus intelligitur, et aliorum poetarum interpres et Hesiodi. Valckenar. ad Phœnissa

p. 608. Σωκράτης Meinek. ad Euphorion. p. 175 defendit ex Etym. M. p. 389, 18, ubi ὁ γραμματικὸς Σωκράτης memoratur : qui locus ipse quoque vitii suspectus est. Dind.

964. Præmittit Ald. hoc scholion, ψωλὸν γενέσθαι : Ψωλὸς ὁ λειπόδερμος, ὀξυτόνως. καὶ ἀκρόψωλος, ὁ ἐπὶ βραχὺ τοιοῦτος. ἢ ὁ ἀσχήμων κατὰ παρέκτασιν τοῦ μορίου. ἐνταῦθα δ' ἰδίως ἐπὶ τῶν μέχρι πολλοῦ διεσκυλμένων (διελκυσμένων Photius, διειλκυσμένων Proverb. Append. Vat. 4, 49. Kusterus διεσκολυμμένων, Toupius Emend. vol. 3, p. 549 ἐπὶ τῶν μέχρι πιλοῦ διεσκολλυμένων vel διεσκολυμένων). παρὰ δὲ Διφίλῳ ἐν τοῖς Ἐναγίσμασι παραπεποίηται ἄχρι τοῦ λάρυγγος. Scholion hoc non ex veteribus in Aristophanem commentariis petitum, sed ex duabus Suidæ glossis Ψωλόν et Ἀπεσκολλυμμένος compositum, verbis ἐνταῦθα δ' ἰδίως substitutis pro eo quod apud Suidam legitur ἐλέχθη δέ. Suidas autem sua non ex scholiasta Aristophanis, sed ex Photio sumpsit, quem vide p. 657, 7-11. Dind.—26 ἐσκολύφθαι Portus. σκολύφθαι Ald. ἀποκεκαλύφθαι Suidas s. Ψωλός, id est ἀπεσκολύφθαι. — 27 πεποικιλμένον ineptum est et suo loco motum videtur. Est enim glossema adjectivi κατάπαστον v. 968. Dind.

967, 31 ἐπεισήνεγκεν Θ.

969, 42 Σμικύθης. Quæ de Smicythe Thracum rege dicit scholiastes, mihi sunt valde suspecta. An voluit Miltocythen, de quo Xenophon Anab. 2, 2, 7? Dobræus.—43 Κυροῦ [sic] τὸν Ἀρταξέρξην, 45 τοὺς Λυδίας Θ. βασιλεύειν G. a pr. m. — 46 Bekkerus Λακεδαιμονίοις προσθέμενος εἰς πόλ. τὸν πρὸς Ἀθ. ἐχ. χρ. Sequentia om. Θ.— 50 ὁ om. V.

973, 6 scribebatur ἁπλοῖ.

975, 10 πονηρῷ ὃν V. πονηρὸν ὄντα G. — 11 ἅπαντα Θ.

979, 12 Σύμμαχος om. Θ. et 13 δή. Idem παραιτεῖται Θ. ἀπορεῖται Dobræus. Recte habere videtur παρεῖται. Hoc enim dicit, interpretes locum hunc non attigisse. Dind. — 15 διαβάλῃ Θ. — 18 ἐκεῖνοι οἱ V. — 19 ἅμα—Ἀθηναίων om. Θ.

984, 21-23 hæc V. παρ' ὑπόνοιαν ἐπήνεγκε. Τορύνη δὲ τὸ τῆς χύτρας κινητήριον. Παρ' ὑπόνοιαν βοΐδυξ αὔξει—λίαν μικρῶν. Ταῦτα ὡς πρὸς Κλ. π. — 22 Ald. μικρῶν. ἢ ἐπὶ τῶν αὐξανομένων, φησὶν ὁ Χρύσιππος. ἀλλὰ καὶ ἐπὶ τῶν μικρὸν μενόντων εἴρηται ἡ παροιμία. ὁ γὰρ βοΐδυξ μικρός ἐστι καὶ στρογγύλος. Quæ ex Zenobii Proverb. 3, 40 illata esse animadvertit Dindorfius, ubi recte legi μὴ αὐξανομένων. — 23 Ald. χύτρας. πανταχοῦ δὲ ἐκτείνεται, εἰ καὶ παρ' Εὐπόλιδι « τορύνην τέως δὴ ξίφος ὑπεζωσμένος. » καὶ αὖθις « καὶ τὰν ἐπιοδόνον (corruptum ex ἐτνοδόνον) τορύναν. Illata ex Suida s. Τορύνη, qui illa quidem, πανταχοῦ δὲ ἐκτείνεται εἰ μὴ (sic enim scribendum) παρ' Εὐπόλιδι, ex scholio ad Avium v. 78 sumpsit, de suo autem Leonidæ adjecit exemplum ex Anthol. Pal. 6, 305, καὶ αὖθις « καὶ τὰν ἐτνοδόνον τορύναν. » Reliqua nunc sunt verba τορύνην τέως δὴ ξίφος ὑπεζωσμένος, in quibus ad senarii formam revocandis frustra laboratum est. Neque enim Eupolidis hæc verba sunt, sed scriptoris alicujus prosaici, quæ ante πανταχοῦ δέ translocanda sunt, τέως in τε ὡς mutato. Dind. — 24 addit Ald. καὶ ὑηνεία (scr. ὑηνία hic et paullo post) ἡ μωρία, ὡς ἀλλαχοῦ Ἀριστοφάνης (Pac. 928) « ἵνα μὴ γένηται Θεαγένους ὑηνία. » Τινὲς δὲ ὑηνείαν τὴν ἐκ τῶν χοίρων δυσωδίαν φασὶν, οἵπερ διαφόροις ἐδέσμασι χρώμενοι δυσώδη ἀποπατοῦσι καὶ εἰς βόρβορον διαλύονται. Hæc quoque Musurus adjecit ex Suida s. Ὑηνία, qui ex scholio ad Pacis v. 928 sumpsit. Κουτάλη est glossema græcobarbarum vocabuli τορύνη. Dind. — Schol. 988 om. G. Θ.

989, 27 καὶ om. V. — 30 μαθεῖν ἄλλην θέλει V.

994, 36 ἀντεποιεῖτο Θ. Legebatur μετεποιεῖτο.

997 om. Θ. — 38-43 in V. est διπλῆ, ὅτι εἰώθασιν (scr. εἰσίασιν) οἱ ὑποκριταὶ, καὶ εἰσὶν ἴαμβοι τρίμετροι ἀκατάληκτοι ιη'. — 43 ἄλλως. Ἔξεισιν ἐπὶ V. — 47 ὁμοίως om. V.

998, 50 correxit Dindorfius. Edebatur φησὶν ὡς καὶ ἔνδον (δὲ hic adjiciunt V. Θ., non G.) ἄλλων. — 51 ἐκφέρειν om. Θ.

1001, 53 ἐξήγαγε, 54 συνοικίαι καὶ μικραὶ Θ. αἱ om. etiam V.

1004, 4 τὸν Γλάνιν τὸν Βάκιν εἰπών. ἔστι γὰρ Θ.

1008, 6 ἰχθύος Θ. — 8 glossam ἔπαιξε a m. rec. habet V., om. G. — Subjicit Ald. hoc scholion : 1011. πέος δάκοι : Ἐνταῦθα οὐ τὸ σπήλαιον, ἀλλὰ τὸ αἰδοῖον, ὡς καὶ ἀλλαχοῦ (Ach. 1060) « ὅπως ἂν οἰκουρῇ τὸ πέος τοῦ νυμφίου. » Καὶ αὖθις (ib. 138) « τίς τὸ πέος ἀποτεθρίακεν, » καὶ ἐν Νεφέλαις (734) « τὸ πέος ἐν τῇ δεξιᾷ. » Intulit Musurus ex Suida s. Πέος, qui quod σπηλαίου mentionem fecit, σπέος in mente habuit. Dind.

1013, 9 χρησμός. Vid. scholia ad Aristid. vol. 1, p. 196, 14 Jebb. Dind. — 11, 12 om. V. Θ. Habet V. in alio scholio, ὁ δὲ δοθεὶς χρησμὸς τοῖς Ἀθηναίοις ἐστιν οὗτος, εὐδαιμον—πάντα. Totum oraculum V. repetit infra post scholion v. 1028. — 13 ἤματα πάντα om. V. Θ. : habet V. in scholio altero. — 14 ἅπαντας Θ. αἰετὸς V. — 15 ὀρνίθων Θ. Pergunt V. Θ. οὗ νῦν μέμνηται. τούτου δὲ τοῦ χρησμοῦ καὶ ἐν Ὄρν.

1014 in V. ἐν ἐκθέσει στίχοι ς', quæ om. G.

1016, 25 post ἔνδοξον addit Ald. περὶ δὲ τοῦ ἐν Δελφοῖς τρίποδος εἰς ἀναπλήρωσιν τῶν ἐν τοῖς εἰς τὸν

Πλοῦτον λεχθέντων, οὐ χεῖρον καὶ τὰ παρὰ Πλουτάρχῳ ἱστορηθέντα παραλλήλων Σόλωνι κἀνταῦθα παραθέσθαι. τοὺς μὲν γὰρ ἁλιεῖς Κώους, τοὺς δὲ τὸν βόλον πριαμένους ἐκ Μιλήτου ξένους ὑπάρξαι φησίν. τὸν δ' ἀναφανέντα χρυσοῦν τρίπουν, Ἑλένην πλέουσαν ἐκ Τροίας αὐτόθι καταθεῖναι χρησμοῦ τινος ἀναμνησθεῖσαν παλαιοῦ. γενομένης δὲ τοῖς ξένοις ἄχρι πολέμου διαφορᾶς, τὴν Πυθίαν ἀνελεῖν τῷ σοφωτάτῳ τὸν τρίπουν ἀποδοῦναι. ὅθεν πρῶτον μὲν πρὸς Θάλητα ἀπεστάλθαι, εἶτα πρὸς Βίαντα, τοῦ Θάλεω σοφώτερον αὐτὸν ἀποφήναντος. ἀπ' ἐκείνου δ' αὖθις εἰς ἕτερον ἀναπεμπόμενον, τέλος εἰς Θήβας ἐκ Μιλήτου κομισθέντα τῷ Ἰσμηνίῳ Ἀπόλλωνι, κατὰ δὲ Θεόφραστον τῷ ἐν Δελφοῖς καθιερῶσθαι. εἰς ὃν δὲ ὕστατον ἐπέμφθη, τινὲς μὲν Θαλῆν, τινὲς δὲ Βίαντα, εἰσὶ δ' οἳ καὶ Σόλωνα ἱστορήκασι. — σώζεσθαι δὲ om. V. Θ., σώζειν—ποιεῖσθαι om. G. Θ. Addit Ald. καρχαρόδοντα : τραχεῖς ὀδόντας ἔχοντα. καρχαρόδοντα δὲ ὅσα στρογγύλους καὶ ἐναλλάσσοντας τοὺς ὀδόντας ἔχουσι, λέων, κύων, πάρδαλις, ἀετίδες, καὶ ἰχθύων γένος ἃ σαρκοφάγα εἰσί. Inserta sunt ex Suida, servata ultimorum verborum corruptela, quam sanavit Musgravius, ἔτι δὲ καὶ ἰχθύων γένη ὅσα—. Dind.

1018 γρ. λάσκων a m. sec. habet V. προσσοῦ V.

1021 in V. καὶ ἐν ἐκθέσει στίχοι ἰαμβικοὶ θ', quæ om. G.

1028 γράφεται ἐγὼ δέ V. a m. rec. habet.

1034, 4 ἀφήρπαζον Θ., inter lineas ἀφήρπασεν. Deinde κύνες εἰς, 6 καταλειφθῇ Θ. — 8 οὗτοι. Legebatur οἱ. οὕτω Θ. — 9 ἀναχωρεῖν καὶ Θ., qui 11 om. Ὅτι· — 13 φάρους Kusterus.

1035. Θ. post scholion v. 1040 habet ἐν εἰσθέσει ἐπικὰ δ' καὶ ἐν εἰσθέσει (scr. ἐκθέσει) ἴαμβοι δέκα.

1040, 26 τὴν ἀκρόπολιν Θ. — 29 ξύλινον καὶ ἑξῆς Θ. Scriptores qui oraculum hoc attulerunt, non sine scripturæ diversitate, indicavit Kusterus ad Suidam s. Ἀνεῖλε. — 31 ἰόντα. Excidit versus proximus πολλὸν ἀπ' ἠπείρου στρατὸν ἥσυχος, ἀλλ' ὑποχωρεῖν. — 32 ἐπιστρέψας recte alii.

1044, 39 προείρηκε et ἀντιλέοντος Θ.

1046 Ἀντὶ—ξύλινον a m. rec. habet V., om. G. In lemmate ξύλινον in ξύλων est mutandum : nam hoc legit scholiasta.

1049, 46 ἐμβάλλονται Suidas s. Πεντεσυρίγγῳ.

1051 in Θ. τοὺς ἐχθροὺς κορώνας φησί. ἑαυτὸν λέγει. ἀντὶ τοῦ ἐμέ. ἔπαιξεν ἀντὶ τοῦ κούρους.

1053, 1 τοὺς τούτων αἰχμαλώτους, οὓς Θ. Vid. Wessel. ad Diodor. 12, 63.

1054, 3 πέρυσι γὰρ ὑπέσχετο Porsonus. Legebatur πέρας γὰρ ὑπέθετο. — 5 ἕως om. Θ.

1055, 10 κατανενών V.

1056, 11-27 Ἄλλως om. Θ. — 12 ὅ τε Αἴας om. V. καὶ ὁ Ὀδυσσεὺς καὶ ὁ Αἴας G. — 28 λέγει, 29 λέγει δὲ οὐ τὸ, 30 ἀλλὰ τοῦ, et τοῦτο δὲ Θ.

1059. Conf. Eustath. ad Homer. p. 1394, 46.

1060 πύελος—ἀπολούονται om. Θ.

1069, 3 ὁ om. V. Θ. Proximum καὶ om. Θ.

1070, 14 ἐκέρδαινον Θ. — 18 v. Duker. ad Thucyd. 3, 19.

1076, 19 φησὶν om. V. — 22 addit V. ἐκπηδῶντες τῶν νηῶν τοὺς ἀγροὺς πορθοῦσι

1078, 23 τούτων τῶν περὶ τῶν V.

1079, 27 οἱ στρατιῶται ἐξερχόμενοι V.

1081, 33 διὸ δὲ Θ. Legebatur διότι καί. — 37 καὶ om. V.

1082, 39 scribebatur κοιλαινούντων. Θ. om. ἠνίξατο.

1083 om. V. τί πλάττωσι, τί λέγουσιν Θ.

1085, 44-47 uncis inclusa ex Suida V. Κυλλὸς videntur sumpta. Eupolidis versus emendate scriptus in scholio Av. 1379. — 47 οὖν Θ. οὖν οὐ V. δὲ Ald. — 48 super ἑταῖρος Θ. inter lineas ἕτερος.

1086. Vid. schol. ad v. 1013.

1089, 54 χώρας πόλ. om. Θ. πόλεις om. V. — 1, 2 ὧν — ἐθέριζεν om. V. Θ. μόνον om. Θ. In fine addit V. ἐν τῇ Περσίδι. Σοῦσα γὰρ καὶ Ἐκβάτανα πόλεις αὐτόθι. ὧν ἐν μὲν τῇ ἑτέρᾳ ἐχείμαζεν ὁ βασιλεὺς, ἐν δὲ τῇ ἑτέρᾳ ἐθέριζεν.

1091, 12 Μυσκέλῳ Ald. : sed infra Μύσκελλος. Scholion infimæ ætatis. De Archia v. Duker. ad Thucyd. 6, 3.

1093, 35 ἐπιχ. — 39 ἵστ. recentissimi grammatici annotatio ex Suida s. Γλαὺξ ἵπταται, ut videtur, composita. Dind. — 39 χρυσῷ om. Θ. ξύλῳ V.

1094, 42 μόνον τὰ ὑγρὰ, ἀλλὰ καὶ στερεὰ Ald. et Suidas s. Ἀρύβαλλος. — 43 ὃ καὶ νῦν Θ. Ald.

1099, 52 addit Ald. ὃ δὴ καὶ ἐν Νεφέλαις (1419) παρέθημεν ἐν τῷ δὶς παῖδες οἱ γέροντες.

1109, 8 τροπικὸν Θ. — 9 αἱ ἵπποι V. δὲ om. Θ. Ald.

1110, 11 τὰς ἡνίας Ald.

1111, 14 καὶ ἐν εἰσθέσει μέλος Θ. καὶ om. V. ante μέλος. — 15 ἀμοιβαίων Θ. — 16 ἐν om. V. — 17 ἰωνικῶς ἀπὸ V. ἰωνικὴ ἀπὸ Θ.

1121, 23 ἐν om. V.

1124, 27 δὲ οἱ Θ. — 28 ἠλίθιος V., non G. ἢ om. Θ.

1130, 37 καὶ λαμπροῦ om. Θ. Deinde post πλουτῆσαι δολεύων [sic] addit V., δουλεύων Θ., qui sequentia omittit.

1131, 40 πάντων Θ.

1136, 53 τύχη Θ. om. V.

1139, 2 δημεύει δὲ Θ., qui 3 om. ἢ παρὰ— δειπνεῖς.

1150, 11 κημὸς om. Θ. δικαστῶν Kusterus. διδασκόντων Θ., quod δικαζόντων esse potest. Sed scholiasta fortasse δικαστηρίων scripserat. Dind. — 14 καθίεσαν τῶν δικαστηρίων Θ. — 14 σχοίνιον Θ. χοίνιον Ald. Hesychius: Σχοίνινος ἠθμός: δι' οὗ τὰς ψήφους εἰς τὰς ὑδρίας οἱ δικασταὶ καθιᾶσι. — ἰθμὸν V. ἰσθμὸν G. — 16 ἀμφορεῖς Dobræus. ἀμφότεροι Ald. ἀμφότεροι εἰς V. Conf. schol. Vesp. 981. — 18 postremum καὶ om. Θ. — 21 ταῖς σχοινίναις V. — 30 sic codices. Legebatur τὰ ἐκ Πηλέως Σοφοκλέους. — 31 πλεκταῖς δὲ Θ. Cœteri etiam πλεκταῖς, correctum a Kustero aliisque. — 32 κημοὺς τοὺς δεσμοὺς Θ. — 34-37 om. Θ. Χάβος est vox recentioris Græcismi, significans *camum*, vel *fiscellam*, vel *capistrum*, quod ori equorum circundatur. Moschopulus: Κημὸς, ὁ κοινῶς χάβος, ὁ περιτιθέμενος τῷ στόματι τῶν ἵππων. Vid. Ducang. Gloss. in voce. Kust. — 37 μῦσαι G. Ald. κιμῶσαι καὶ μῦσαι V. Sublata igitur dittographia correxi φιμῶσαι. Addit Ald. ἄλλως. κημὸς ἐκαλεῖτο τὸ πλέγμα τὸ ἐπιτιθέμενον τῷ κάδῳ, δι' οὗ οἱ δικασταὶ καθίεσαν τὰς ψήφους. Ἄλλως. κημὸς πλέγμα κωνοειδὲς, δι' οὗ καθιᾶσιν οἱ δικασταὶ τὴν ψῆφον εἰς τὸν κάδον. καὶ ἀλλαχοῦ (Vesp. 754) « κἀπισταίην ἐπὶ τοῖς κημοῖς. » καὶ τὸ τοῖς ἵπποις ἐπιτιθέμενον. καὶ γυναικεῖον προκόσμημα. καὶ αἱ αὐλητικαὶ φορβειαί. καὶ κρίκου τι γένος. καὶ πόα τις, καὶ ὄσπριόν τι παρὰ Θρᾳξί. καὶ μηχάνικόν τι πυρφόρον μηχάνημα. Hæc inserta sunt ex Suida s. Κημὸς, qui non ex scholiasta sumpsit, sed ex Photii Lexico p. 161, 13, additis nonnullis quæ scribi a Photio non poterant. Dind. — 41 τὸ πλέγμα τὸ ἐπικείμενον τῷ κάδῳ Θ. — 44 τοὺς κλοπάς V. Sequentia om. Θ. — 46 ἀπὸ τῆς Ald.

1151, 52 om. Θ. αἶρ' εἰς V. — 2 ἐλέγοντο, 4 θανοῦσαν Θ. — 8, 9 αὐτοῦ (αυ V.) ἄνθη—παρακελεύεσθαι. Locus non integer. Verborum quæ exciderunt sensum supplere licet ex scholio inferiore. Dind. — 11 seqq. in Θ. est ἄλλως. παροιμιῶδες. ἀπὸ Μακαρίας τῆς Ἡρακλέους θυγατρὸς ἐπιδιδούσης ἑαυτὴν ὑπὲρ τῶν ἀδελφῶν ἀποθανεῖν. ἔθαψαν δὲ αὐτὴν Ἀθηναῖοι θαυμάσαντες καὶ μεγάλως μακαρίσαντες. — 21 Ἡρακλείδαις. Vid. Elmsl. ad v. 475, et conf. schol. Pluti 385. Dind.

1159, 32 sqq. scholion recens, quocum comparetur Etym. M. s. Βαλβίς. *Idem*.

1169, 52 Ἀθηνᾶς ναοὶ Dindorfius. Codex Ἀθηναῖοι. Conf. schol. Pac. 605.

1170, 4 ἀγ. διὰ τούτου V. Θ. reliquis omissis.

1171, 11 πάλιν διὰ τὸ ἐν Πύλῳ κατόρθωμα V. om. Θ.

1181, 26 τινὲς δὲ—Εὐριπίδης V. Legebatur Εὐριπίδης (εὕρηται Θ.) δὲ πεπτά, consentiente Suida s. Ἐλατήρ, qui ibidem πέλανοι ex Euripide affert, Hel. 1354. Apud scholiastam suspectum mihi est nomen Euripidis. Quamobrem vel ἕτεροι δὲ πεπτά corrigi velim, vel, si quid tribuendum codicis Veneti scripturæ, τινὲς δὲ πεπτά, ὧν εἷς καὶ Εὐφρόνιος. Dind. Qui in Addendis: « Euripidis nomen si recte legitur, post ὧν εἷς καὶ nomen grammatici alicujus excidisse putandum est, reliqua autem sic fere redintegranda erunt ex schol. ad Acharn. 245, εἰσὶ δὲ καὶ λαγαρώδεις παρὰ τὸ λαγαρόν· καὶ πέλανοι παρ' Εὐριπίδῃ. Utriusque loci scholia conjunxit Suidas hoc modo, εἰσὶ δὲ καὶ—παρ' Εὐριπίδῃ. καὶ ἐλατῆρος πέμματος. εἶδος ἀζύμου. Εὐριπίδης πεπτά. » — 28 ἐμπορίαν V.

1185, 32 ἐγκοίλων Θ. Ald. ὕλην Suidas v. Ἐντερόνεια. Libri ξυλήν. — ταῦτα. Numerus pluralis jure offendit Kusterum. Exspectes saltem τοῦτο. Breviter Suidas Ἡρ. συστέλλει καὶ προπαροξύνει. Deinde καὶ ἡ— (40) ἔκτασις sunt Herodiani verba. Dind. — 34 προπαροξύνειν Θ. — 36 νεὼς ἤγουν τὸ σ. V. — 37 μήστρα V. — 40 ἡ om. Θ.

1189, 44 ἐχρήσατο om. V. — 45 τὰ δύο καὶ τρία Θ. — 46 ὡς om. Θ., 49 βωμ. δὲ om. V. Θ., βωμ —ληστρικόν om. G. Θ.

1195 αὐτὸν V.

1196, 2 ἐρωτηματικὸν Θ. τίνες om. V. Θ. — 6 om. G. Θ. Addit V. ἀπατήσας τὰ Κλέωνος ἤγαγε τῷ δήμῳ, quæ om. G.

1203, 11 οἱ στρατηγοὶ, 12 ἐπινοίας ἔλεγον τοῦ θεοῦ Θ. τῇ θεῷ V.

1215 διχῶς om. G. π̃ρίδιον V.

1220, 30 om. Θ.

1225, 31 τὸ τοι V. Δωρικῶς τουτέστιν ἀντὶ Θ. sine Τὸ τύ. — 34 εἵλωτας V. Θ. ἥλωτας Ald. Respicit ad ignoti poetæ drama Helotas, de quo dixit O. Müllerus in Niebuhrii Museo Rhenano vol. 3, p. 488. Dind. Uti debebat hac notatione scholiastæ Meinekius in fragmento 6 Helotarum Eupolidis, p. 482 seq.

1236, 39 τὸ μαγειρεῖον Θ. μαδιστήριον etiam Suidas s. Εὖστρα. ἀπὸ τοῦ εὕρω Θ. — 41 βοσκὸν Θ. corruptum ex μουσικόν. Ἄλλως et sequentia om. idem. — 42 ὡρίμη Albert. ad Hesych. s. Ἀμφίκαυστις. Legebatur ὀρεινή. — ἀμφίκαυτις. Hesychius: Ἀμφίκαυστις (ἀμφίκλυστις codex): ἡ πρώτη τῶν ἀσταχύων ἔκφυσις. λέγεται δὲ καὶ καῦστις.

1240 ἐκ τοῦ Θ. Scholion om. G. — 50 ἄνδρας Θ.

1247 V. habet glossam ταριχοπωλεῖον. Scholion 1251 om. Θ., 1254 om. V. Θ.

1256, 14 φέρεταί τις Θ. — 15 πάνυ om. Θ. — 16 φιλόδικον Portus. Edebatur φιλόδημον. — 17 φανεροποιῶν Θ. φανερὰ ποιῶν V. Ald. φανερῶν Suidas s. Φανὸς, ubi cod. Leid. φανερὰ ποιῶν. — 19 φιλόνεικος Ald. — 20 ὑπογραφεύς. ἐλέγετο δὲ ὁ τοῦ Θ. — 21 δημοσίου δὲ γενομένου. Verba sensu destituta notavit Bœckh. De œcon. civ. Athen. vol. 1, p. 202. Videtur aliquid excidisse. Dind. ἀμφότεροι ἔγραφον Θ.

1262, 23, 24 ἔπαιξε παρὰ Ἀθηναίων ὡς ληρούντων αὐτῶν. ἀπὸ δὲ Θ., qui 25 om. ὡς—φρονούντων.

1263, 27 scribebatur προσῳδίου. — 29 ἀρχομένοις ἢ καταπαυομένοις Θ. — 30 ἐλάτηραν V. — 31 ἧς Dindorfius. Legebatur ὡς. — 33 ἴαμβον, 35 καὶ τρίπουν εἰς δισύλλαβον Θ. — 37 τὸ δὲ δ' V. δ' ἐφθημιμερὲς τροχαϊκόν Θ.— 38 τὸ ε' ἐκ τροχαϊκῆς βάσεως καὶ δακτυλικῆς πενθημιμερές. τὸ ς' V. Θ. ἴαμβον Θ. — 39 ἀκατάληκτον om. V. Θ. τὸ ζ' ὁμοίως τῷ ε'. τὸ η' προοδικὸν V. τὸ ζ' καὶ η' διαφόρως προσέβαλον. τὸ θ' Θ. — 42 ἴαμβον τρ. καταληκτικόν Θ.

1274, 5 Περιφράδους V. Contrario errore in versu Sophoclis Antig. 348 ἀριφραδής pro περιφραδής memoriæ errore posuit Eustath. ad Homer. p. 135, 25. Dind. — 6 ὡς ἀσχημονοῦντος Θ., qui om. scholion ad 1276.

1277, 12 τούτου δὲ Θ. — 14 sq. Ἀριφράδους—γινωσκομένου om. V. Ἀριφράδους—λέγει om. Θ.— 16 Ἀρ. γὰρ Θ.

1278, 26 ὕστατός ἐστιν Θ.

1279, 28 εἴ τις Ald. — 31 Ἄλλως om. Θ. qui παροιμία δέ.

1281 om. V. Θ., 1286 om. Θ. et mentionem Cratini 44, 45.

1289 τὸ τούτου Θ. Qui omittit scholia 1291-1300.

1291, 51 Εὔπολις. Vid. schol. Nub. 552.

1293, 2 ἐμφαντικῶς Dindorfius. Scribebatur ἐκφαντικῶς. — 3 σιτοβύης. Legebatur σιτούνης. Correxi ex Suida s. Σιπύη, licet apud hunc quoque codex Paris. A σιτούνη habeat. Minus corrupte σιτοβοίη Etym. M. p. 714, 9. Dind.

1302, 8 Οὐδὲ αἴσθεσθε om. Θ. Post αἴσθεσθε addit Ald. τὸ γὰρ πυνθάνομαι παρὰ τοῖς ῥήτορσι καὶ παρ' Ὁμήρῳ ἐπὶ τοῦ ἀκούειν καὶ μανθάνειν· ὡς τὸ « αἰσχρὸν γὰρ τόδε γ' ἐστὶ καὶ ἐσσομένοισι πυθέσθαι.» καὶ, « πεύθετο γὰρ Κύπρονδε μέγα κλέος. » καὶ, « πευθόμενος ἧχι ἕκαστος ἀπώλετο. » καὶ, « κείνου γὰρ καὶ ὄλεθρον ἀπευθέα θῆκε Κρονίων. » ἐν γὰρ τούτοις ἅπασιν ἐπὶ τοῦ ἀκούειν κεῖται τὸ πυνθάνεσθαι. καὶ Αἰσχίνης ἐν τῷ περὶ τῆς παραπρεσβείας· « τούτῳ συμβαλεῖν πυνθανόμενος. » καὶ Δείναρχος ἐν τῷ κατὰ Φιλοκλέους· « εὐτυχεῖτε ὅτι οὐκ ἐν μείζονι καιρῷ ἐπύθεσθε τὴν αὐτοῦ αἰσχροκέρδειαν. » Inserta sunt ex Suida s. Πυνθάνεσθαι. — 9 Ἀλκμαίωνος. Alcmæonem τὸν διὰ Ψωφῖδος intelligendum esse ostendi in præfat. ad Eurip. Alcest. p. 9. Dind. — 11-12 om. G. Θ.

1304, 17 μετ' αὐτῶν V.

1306, 18 οὔπω om. Θ. — 19 τριηράρχῃ Θ.

1307 utrumque τὸ om. V. Idem ἀποδοθῆναι.

1312, 29 οἰκετῶν. Non solum servis, sed etiam quibusvis supplicibus templum Thesei olim asylum erat; ut præter alios clare docet Etymologus v. Θησεῖον. Hæc ratio est, quare apud veteres scriptores promiscue nunc οἰκέτας, nunc ἱκέτας ad templum Thesei confugisse legamus: quæ diversitas partim proficisci potuit a librariis, qui voces illas οἰκέται et ἱκέται ob soni affinitatem inter se confunderent; partim etiam ab ipsis scriptoribus, qui scirent, tam servis, quam aliis etiam supplicibus, ut diximus, Thesei fanum pro asylo patuisse. Hic tamen scribere præstat ἱκετῶν et ἱκέται, pro οἰκετῶν et οἰκέται, quoniam triremes, quæ per prosopopœiam quandam hic aiunt se ad templum Thesei vel Eumenidum, ut asylum, confugere velle; ut homines liberi, non ut servi, a Comico in scenam inducuntur. Certe Suidas v. Θησεῖον, qui locum hunc scholiastæ descripsit, pro οἰκέται legit ἱκέται. Kust. Suidæ οἰκέται ex cod. Paris. B et Bruxellensi restituit Gaisfordus.

1313 om. G. — 32 ὑβρίσειεν V. σκάφας δὲ om. Θ. — 33 habet Θ. πάλιν δὲ ὡς λυχνοπώλην αὐτὸν διαβάλλει Ald. In V. est glossa ὅτι λυχνοπώλης, quam om. G.

1317 ἦσαν om. Θ.

1320, 42 ἀγυιαίους Berglerus. Legebatur ἀγυιούς. ἐπιτελῶμεν Θ.

1323 ἴα στεφ. ἴον ἄνθος ἐστὶ καὶ μέλαν καὶ λευκόν Θ.

1325, 8 οὗτος—ἐστρατήγησε et 11, 12 om. Θ.

1332, 23 τῆς Θ. τῶν τῆς Ald. τὴν τῆς V.

1334, 29-31 om. Θ. — 33 οὐ παρέστησαν ἐν M. ναυμαχήσαντες Θ. — 34 αὐτοὺς om. V.

1340, 41 τοιούτοις Portus. τοιοῦτοι V. Θ. Ald.

1344, 44 ἐκουφίζου Θ.—46 ἀναπτεροῦσθαι Suidas v. Ἀνορταλίζειν. — 47-54 om. Θ. — 1 ἀνέτεινες Suidas s. Ἐκεχειρίας. ἀνέτεινας Ald. — 2 κερατοφοροῦντων Suidas. Idem γίνεται. Ald. τινὲς δὲ, ubi δὲ om. Θ. et l. 3. — 4 κερατοφοροῦντων Suidas. — 5 ἑξῆς καὶ τὸ Θ.

1347, 8 τοῖς λόγοις Θ.

1348, 10 θεωροῦσαι Perizon. ad Ælian. V. H. 6, 1. Legebatur θέουσαι. — 11 ὑπὲρ (ὑπὸ Θ.) τοῦ μηκέτι καίεσθαι V. Θ.

1352, 16 τὸ δικαστικὸν καὶ τὸ Θ.

1354, 19 κατέπιπτε, 20 ἀτενές Θ.

1360 ἣν μὴ κρινεῖτε Θ.

1362, 29 ἔβαλλον, 30 ποιεῖ Θ.

μιν· ὅτε δὲ αἰτιατικῇ, τὸ ἔχω, ἢ τὸ λαμβάνω. Junt. μετάσχῃ : Κοινωνήσῃ. *P*.

227. καὶ δή : Ἤδη. *P*. τοῦτο τὸ κρεάδιον : Ὃ ἔρχεται ἀπὸ τῆς θυσίας ἔχων ἐκ τῶν Δελφῶν. οἱ γὰρ ἐκ θυσίας ἰόντες, ἔφερον ἐξ αὐτῆς τοῖς οἰκείοις κατὰ νόμον τινά. Ἄλλως. ὅπερ ἦχον ἄγοντες λοιπασθὲν ἀπὸ τῆς θυσίας. ἔνιοι δὲ, τὸ λεβήτιον. — κρεάδιον : Τὴν χύτραν. Θ. *Dv*. *Br*. *P*. κρεάδιον τὴν χύτραν λέγει, ἐν ᾗ τὰ κρέα ἕψονται καὶ κατεσθίονται, καὶ δαπανῶνται ἑψόμενα, ἣν ἐν τῇ ὁδῷ ἔφερον χρείας ἕνεκα. P.

229. τῶν ἐξερχομένων ἀπὸ τῆς οἰκίας εἰσαγαγέτω. *P*.

229. ἐμοὶ μελήσει τὸ εἰσενέγκαι, φησὶ, τὸ κρέας. τὸ δὲ ἀνύσας Ἀττικὸν ἀντὶ τοῦ ἄνυσον, σπούδασον. Ἀττικοὶ δὲ δασύνουσιν αὐτό. V. [ἐμοὶ μελήσει : Τοῦ εἰσενέγκαι, φησὶ, τὸ κρεάδιον. τὸ δὲ ἀνύσας ἀντὶ τοῦ ἄνυσον.] — μελήσει : Διὰ φροντίδος ἔσται. ἀνύσας : Σπεύσας. *P*.

230. σὺ δ', ὦ κράτιστε : Τὸ κράτιστε ἤτοι ἐγκωμιάζων φησὶν, ἢ ὅτι προεδίδαξεν, ὡς καὶ θεῶν ὁ Ζεὺς δι' αὐτὸν βασιλεύει. R. V. Θ. Junt. Ἄλλως. παρεπιγραφὴ, ὅτι εἰς τὴν οἰκίαν ἔφθασαν. τοὺς δὲ λόγους πάντας ἐκείνους ἐρχόμενοι ἐν τῇ ὁδῷ ἔλεγον. Junt.

232. δεῖ : Ἐνδέχεται. *P*.

233. καὶ δικαίως κἀδίκως : Τὸ δικαίως ἄλλως προσείρηται ἀντὶ τοῦ πάσῃ τέχνῃ καὶ μηχανῇ καὶ παντὶ τρόπῳ· τὸ δὲ ἀδίκως ἁπλῶς ἔρριπται, οὐκ ἀπειλητικῶς δὲ, ἀλλὰ μειλικτικῶς προσαγγέλλει. ἢ ὅτι γελοίου χάριν, ἢ μεταβληθεὶς τοὺς τρόπους. ἀντὶ τοῦ παντὶ τρόπῳ. οὕτως Ἀττικοί. V. [τὸ ἀδίκως ἁπλῶς ἔρριπται, οἷον πάσῃ τέχνῃ. οὐ γὰρ ὑπόκειται αὐτῷ, ἄδικος οὗτος· οὐκ ἀπειλητικῶς δὲ, ἀλλὰ μειλικτικῶς προσαγγέλλει.] (Ἄλλως.) ἀντὶ τοῦ παντὶ τρόπῳ· οὕτως Ἀττικοί. — παντὶ τρόπῳ. *P*. *Vict*.

234. ἄχθομαι : Ἀντὶ τοῦ φορτικὸν ἡγοῦμαι. V. βαρύνομαι. εἰσιὼν : Εἰσελθὼν, εἰσερχόμενος. Θ. εἰσερχόμενος. *P*.

235. ὡς τοῦ Πλούτου ἰδίαν διοίκησιν μὴ ἔχοντος. αὐτοῦ δὲ πώποτε ἀντὶ τοῦ αὐτόθι, τοπικὸν ἐπίρρημα. λέγει δὲ αὐτοῦ τοῦ εἰσελθεῖν. V. ἀλλοτρίαν : Ξένην. πάνυ : Τοῦτο πρὸς τὸ ἄχθομαι συναπτέον. *P*. Θ.

236. αὐτοῦ : Τοῦ εἰσέρχεσθαι. Θ. *Dv*. εἰσελθεῖν. *P*. ὥσπερ κατηγορῶ σου τόδε φαμὲν, οὕτω καὶ ἀπολαύω σου τόδε. ἰστέον δὲ ὅτι τὸ πώποτε ποτὲ μὲν τὴν δύναμιν ἔχει τοῦ ποτέ, ποτὲ δὲ, τοῦ πῶς. P.

237. φειδωλὸν : Φειδωλός ἐστιν ὁ φεύγων τὸ δοῦναι, ὁ περίψηφος. τινὲς δὲ παρὰ τὸ φείδομαι καὶ τὸ δοῦναι, (φειδωδός τις ὢν, καὶ τροπῇ τοῦ δ εἰς λ φειδωλός). — φειδωλὸν : Φειδόμενος ἔνθα οὐ δεῖ. *P*. εἰσελθὼν τύχω : Εἰσέλθω. *Vict*.

238. κατώρυξεν : Κατορύξας ἔκρυψεν ἐμέ. *P*. κατέχωσε. *Dv*. κατορύττω τι τὸ φανερὸν κρύπτω. ἀνορύττω δὲ τὸ κρυπτόμενον εἰς φῶς ἕλκω. P.

239. κἂν τις προσέλθῃ χρηστὸς : Ἵνα τὴν ὑπερβολὴν τῆς φιλαργυρίας σημάνῃ προκεκριμένης καὶ τῶν χρηστῶν φίλων.

240. αἰτῶν : Ζητῶν. *P*. ἀργυρίδιον : Ἢ δανείου χάριν ἢ δωρεὰν ἁπλῶς. Θ. *P*.

241. ἔξαρνός ἐστι : Ἀπαρνεῖται. *P*. ἰδεῖν : Βλέψαι. *Vict*.

242. παραπλῆγα : (Ἄφρονα,) μωρὸν, (ἀπὸ τῶν κρουμάτων τῶν διαπεπτωκότων τοῦ ἐναρμονίου λυρισμοῦ). ἀληθῶς γὰρ ἡ ἀσωτία πεπληγμένη ἐστὶ διάνοια. — ἐν κακίᾳ μανικὸν καὶ ἀκόλαστον. Θ. μανικόν. *Dv*.

παραπλὴξ ὁ παραπαίων ἤτοι ὁ μαινόμενος, ὁ παρακεκομμένος τὴν φρόνησιν. καταπλὴξ δὲ ψοφοδεὴς, ὁ δεδοικὼς τὰ πάντα. P.

243. παραβεβλημένος : Ἐκδεδομένος. *P*.

244. θύραζ' : Ἐκτὸς τῆς θύρας. ἐν ἀκαρεῖ : Ὀλίγῳ. Θ. *P*. ἐπ' ὀλίγῳ. R. ἐν ἀκαρεῖ : Ἐν ὀλίγῳ. ἐπίρρημα τὸ ἀκαρεὶ, ἐξ οὗ παρῆκται τὸ ἀκαρὲς ἐπιρρηματικὸν ὄνομα. V. (πεποίηται δὲ παρὰ τὸ ἄτμητον τοῦ χρόνου, ὡς καὶ τῆς κειρομένης τριχός. ἀκαρὲς δὲ τὸ ἄτμητον Ἄλλως.) τῷ ἐλαχίστῳ, ὃ οὐχ οἷόν τε διακεῖραι καὶ διακόψαι διὰ τὸ βραχύτατον τοῦ χρόνου. πεποίηται δὲ ἀπὸ τῶν μικρῶν τριχῶν τῶν διὰ βραχύτητα μὴ δυναμένων καρῆναι. (Ἄλλως. ἐπίρρημα τὸ ἀκαρῶς, ἀφ' οὗ τὸ ἀκαρὲς ἐπιρρηματικὸν ὄνομα. ὅπερ δὲ πάσχουσιν ἐκεῖνοι δι' ἀσωτίαν γυμνούμενοι, τοῦτο εἰς ἑαυτὸν ἐπήγαγε.)

245. μετρίου : Ἐλευθέρου, μέτρον καὶ τάξιν ἔχοντος ἐν τῷ βίῳ. Θ. P. (μετρίου γὰρ ἀνδρὸς : Τουτέστι, ταῦτα πάσχεις, ἐπεὶ οὐδέποτε μετρίου ἀνδρὸς ἐπέτυχες.)

246. τούτου τοῦ τρόπου : Τῆς μετριότητος δηλονότι. πως εἰμ' ἀεί : Εἰμὶ καταπολύ. Θ. *P*. πῶς εἰμ' ἀεί : (Τὸ πῶς θαυμαστικόν ἐστι·) θαυμάζει γὰρ αὐτὸν ὡς ἀεί ποτε σύμμετρον ὄντα. (μετρίου δὲ λέγει ἀνδρὸς, τοῦ διαμετροῦντος ἑαυτὸν τῷ ζῆν.)

247. φειδόμενος : Ἀρετῆς γάρ ἐστι τῷ δέοντι καιρῷ ἁρμοζόμενον καὶ φείδεσθαι καὶ δαπανᾶν. — φειδόμενος : Ἀκριβολογούμενος τῶν χρημάτων. ὡς οὐδεὶς ἀνήρ : Χαίρει. *P*.

248. ἀναλῶν : Ἀντὶ τοῦ δαπανῶν. V. Χαίρω, ἡνίκ' ἂν τοῦ φείδεσθαι χρεία ᾖ. *P*. ἡνίκ' ἂν τούτου δέῃ : Τὸ ἡνίκ' ἂν τούτου δέῃ κοινῶς λάμβανε, καὶ πρὸς τὸ ἀναλῶν, καὶ τὸ φειδόμενος. Junt.

219. ὡς ἰδεῖν σε βούλομαι : (Οὐχ ἵνα ὁ Πλοῦτος ἴδῃ τὴν γυναῖκα καὶ τὸν υἱὸν, τυφλὸς γὰρ ἦν, ἀλλ') ἵνα ἐκεῖνοι τὸν Πλοῦτον ἴδωσιν· οὕτω γὰρ πρέπει. Ἀττικὸν δὲ τὸ πλεονάζειν τοῖς ἄρθροις. — δεῦρο εἰσέλθωμεν. ὡς : Ὅτι. Θ. *P*.

250. μόνον : Μονογενῆ. *P*.

251. ὃν ἐγὼ : Δείκνυσιν, ὡς καὶ τῶν παίδων αὐτῶν πλέον τὸν πλοῦτον φιλοῦσιν οἱ ἄνθρωποι. P. Vict. πείθομαι : Χαριέντως τοῦτό φησιν· οἶδα γὰρ ὅτι καὶ τέκνων προτιμᾷς τὸν πλοῦτον. — ἢ ὅτι σε φιλῶ μάλιστα μετὰ τὸν υἱόν.

[ἐμφαίνεται ἐντεῦθεν, ὡς οἱ ἐξαίφνης καὶ παρ' ἐλπίδα εὐτυχήσαντες ἕτεροι τοῖς τρόποις γίνονται, καὶ πρὸς ὑπεροψίαν χωροῦσι· καὶ γὰρ οὐκ ἔστι τὸ χαίρειν κακόν· ἀλλὰ διότι πένης ὢν πρώην πρὸς τοὺς συνήθεις τοῦτο ἐχρῆτο, διὰ τοῦτο ἀτιμάζει αὐτὸ, θέλων μετὰ τοῦ βίου καὶ τὰ προσρήματα μεταβαλεῖν. σύναπτε δὲ τὸ ἔστι πρὸς τὸ ἀρχαῖον. Junt. ὦ 'νδρες δημόται : Ὦ ἄνδρες οἱ ἀπὸ τοῦ αὐτοῦ δήμου. *P*.]

323. (ἀρχαῖον δὲ ἀντὶ τοῦ παλαιόν.) ἐκ παραλλήλου τὸ ἀρχαῖον καὶ σαπρόν. (διαβάλλει τὴν λέξιν ὡς παλαιάν.) R. V. ἀρχαῖον : Τὸ ἔστι λέγει ἐνταῦθα. Dv. ἐνταῦθα τί ἐστι λέγε. Θ. ἐνταῦθα τὸ ἐστὶ λέγει καὶ χαιρετᾶν. P. σαπρόν : Σεσηπωμένον. *P*. ἐξίτηλον, ληρῶδες. V.

324. ἀσπάζομαι : (Ἀσπάζομαί φησιν ἅτε καινότερον. παρὰ τὴν ὑπόνοιαν δέ· εἰπὼν γὰρ μὴ ἐρεῖν χαίρειν, ἀσπάζομαί φησιν.) — ἀσπάζομαι : Καταφιλῶ καὶ περιπλέκομαι. Θ. *Dv*. *P*.

325. καὶ συντεταγμένως : (Καθωπλισμένως μετὰ τάξεως καὶ σπουδαίως καὶ) γοργῶς καὶ μετὰ συγκροτήματός τινος. κατεβλακευμένως δὲ ἀντὶ τοῦ βραδέως (καὶ τρυφερῶς)· βλὰξ γάρ ἐστιν ὁ μαλθακευόμενος ἐν ὑποκρίσει τὸ σῶμα· καὶ βλακεία ἡ μεθ' ὑπεροψίας ὁμιλία. — συντεταγμένως : Σπουδαίως. *Dv*. μετὰ τάξεως. *C*. συντεταμένως : Μετὰ τάξεως. *P*. σπουδαίως, γοργῶς. Θ. σπουδαίως. *D*. καταβεβλακευμένως : Ῥᾳθύμως ὡς οἱ τρυφῶντες Θ. *Dv*. ῥᾳθύμως. *D*. κατεβλακευμένως : Βλακεία ἡ ἀπὸ τῆς τρυφῆς ἄνεσις, ἢ ῥᾳθύμως. *P*. ἀντὶ τοῦ βραδέως καὶ τρυφερῶς. *C*. οὐ κ. : Ἀντὶ τοῦ οὐ ῥαθύμως. V.

326. ὅπως : Ὁρᾶτε καὶ σκοπεῖτε. συμπαραστάται : Σύμμαχοι, βοηθοί. *P*.

327. διὰ τὴν τύφλωσιν. R. ἔσεσθε : Γενήσεσθε. σωτῆρες : Φύλακες. τοῦ θεοῦ : Τοῦ Πλούτου. Θ. *P*. τοῦ Πλούτου. παίζων δὲ λέγει· ὅταν γὰρ θέλῃ, ὀνομάζει αὐτὸν θεὸν, ὅταν πάλιν, ἄνθρωπον. V. ὄντως : Κατ' ἀλήθειαν. *C*.

328. δόξεις μ' Ἄρη : Ὡς αὐτὸν τὸν Ἄρεα τὸν θεὸν ἕξεις με σύμμαχον. δόξεις με, φησὶ, τὸν Ἄρεα ὁρᾶν, ἀντὶ τοῦ κατορθωτικὸν καὶ πρακτικόν. (ἄκρως καὶ ἀπειλητικῶς, φησὶ, βλέψω πρὸς τοὺς βιαζομένους.) — Ἄλλως. παροιμία ἐπὶ τῶν ὑπισχνουμένων παντὶ σθένει συμπράττειν καὶ συναίρεσθαι εἰς βοήθειαν. Junt. θάρρει : Ἔχε θάρρος. ἄντικρυς : Φανερῶς. δόξεις : Νομίσεις, ἡμᾶς τὸν χορὸν δηλ. μ' Ἄρην : Πολεμικώτατον. *P*. ἀνδρεῖον ἤδη καὶ σπουδαιότατον καὶ πᾶν ὑπὲρ τούτου, εἰ δέοι, παθεῖν ἕτοιμον. P.

329. [εἰ τριωβόλου : Ὅτι οὐχ ἵστατο τοῦ δικαστικοῦ ὁ μισθὸς, ἀλλὰ κατὰ καιρὸν μετέβαλλον. τοῦτο δὲ λέγει, ὡς τινων ἐκ τούτων δικαστῶν ὄντων.] — δεινὸν : Χαλεπόν. τριωβόλου : Ἕνεκα τριῶν ὀβολῶν. *P*.

330. [ὠστιζόμεσθ' : Ἀντὶ τοῦ ὠθούμεθα. καὶ Ῥωμαῖοι ὤστια τὰς θύρας φασὶ παρὰ τὸ ἐξωθεῖν τὸν ἐπερχόμενον. ἐν τῇ ἐκκλησίᾳ δὲ οὐδεὶς ἐδίκαζεν, εἰ μὴ ἐπέβαινε τῶν ξ' ἐνιαυτῶν· ὅσοι δὲ τελείας ἡλικίας ἦσαν, εἰσήρχοντο μὲν εἰς τὴν ἐκκλησίαν, οὐκ ἐδίκαζον δέ. τούτους οὖν τοὺς ἐκκλησιαστὰς ἐποίησαν φανερόν τι λαμβάνειν ἀπὸ τῶν τῆς πόλεως προσόδων οἱ δημαγωγοὶ πείσαντες τὴν πόλιν· ὕστερον δὲ ὁ Κλέων ἐποίησεν αὐτὸ τριώβολον. ἀφῆλιξ δὲ εἰς τὴν ἐκκλησίαν οὐκ εἰσήρχετο.] — ὠστιζόμεσθ' : Εἰσερχόμεθα ἀλλήλους ὠθοῦντες πάντοτε. Θ. *Dv*. *P*. ὅτι οἱ Ῥωμαῖοι ὠστίας τὰς θύρας φασὶ καὶ τὸν θυρωρὸν ὠστιάριον. ἀπὸ τούτου οὖν ὠστίζω τὸ εἰσέρχομαι γίνεται. ἔστιν δὲ ὠστίζειν τὸ εἰσέρχεσθαι τινὰς ἀλλήλους ὠθοῦντας ἐπὶ τῆς θύρας. P. ἐκκλησίᾳ : Τῇ συναγωγῇ. *P*.

331. παρείην : Καταλείψαιμι, παραχωρήσαιμί τινι. Θ. *P*. καθ' ἑαυτὸν ὁ Βλεψίδημος σκέπτεται. V.

332. Βλεψίδημον : Βλεψίδημος ὁ πρὸς τὸν δῆμον βλέπων, κἀκ τούτου τὰ πρὸς ζωὴν ποριζόμενος. ὑπηρέτης γὰρ ἦν τῶν τὰ δημόσια ἐνεργούντων. Junt., Dr.

333. προσιόντα : Προσερχόμενον. *P*.

334. βαδίσει : Περιπατήσει. τάχει : Συντομίᾳ. *P*.

335. πόθεν : Ἀπὸ ποίας αἰτίας. τρόπῳ : Σκοπῷ. *P*.

336. ἐξαπίνης : Καὶ ἐξάπινα. γίνεται παρὰ τὸ ἀφανής, ἄφινα, καὶ ἄπινα. Junt. οὐ πείθομαι : Οὐ πιστεύω. *P*.

337. λόγος : Φήμη. Ἡρακλέα : Ὡς ἀποτρόπαιον τῶν κακῶν. Θ. *P*.

338. ἐπὶ τοῖσι κουρείοισι : Διαβάλλει τοὺς Ἀθηναίους ὡς διημερεύοντας ἐπὶ τῶν κουρείων ἀργῶς (καὶ ἐν τοῖς ἰατρείοις ποιουμένους τὰς συντυχίας). — κουρεῖα δὲ ἦσαν ἐργαστήρια, ἐν οἷς οἱ βουλόμενοι [κείρειν Junt.] τὰς τρίχας τῆς κεφαλῆς καὶ τοῦ πώγωνος [ἀπιόντες Junt.] ἐκείροντο, ὁπότε ἐκβαῖεν τοῦ μέτρου. Junt., P. κουρεῖα τὰ κοινῶς μπαρμπερεῖα. *P*. κουρίοις : Νέοις. *Dv*.

339. ὅτι ἐξαίφνης ὁ ἀνὴρ ἐγένετο. *P*.

340. θαυμαστὸν : Ἐκπληκτικόν. *P*. ἄξιον θαύματος. *Dorvill.*

341. ἀγαθόν τι ποιῶν ... μετακαλεῖται. *P*.

342. οὔκουν ἐπιχώριόν τι : (Σκώπτει πάλιν τοὺς Ἀθηναίους ὡς ἐπιφθόνους.) οὐκ ἀκολουθεῖ, φησὶ, τῇ Ἀθηναίων διαγωγῇ. καὶ ἀλλαχοῦ [Nub. 1176] « ἐπὶ τοῦ προσώπου γάρ ἐστιν Ἀττικὸν βλέπος. » — ἐπιχώριον : Ἐντόπιον, σύνηθες. *Dv*. σύνηθες τῇ χώρᾳ. Θ. οὐδαμῶς σύνηθες τῇ χώρᾳ τι πρᾶγμα ποιεῖ. *P*. διαβάλλει ἐντεῦθεν Ἀθηναίους ὡς φθονεροὺς καὶ κακογνώμονας καὶ μὴ μεταδιδόντας τοῖς φίλοις χρηστοῦ τινος. P.

343. ἀλλ' οὐδέν σε ἐγκαλύψας λέξω. *P*.

344. ἄμεινον : Κρεῖττον ποιοῦμεν. *Dv*. κρεῖττον ἢ πρὸ ποιῶμεν, διάγωμεν. *P*.

345. τὴν εὐπραγίαν σοι. εἶ γὰρ τῶν φίλων : Ὑπάρχεις γὰρ ἀπὸ τῶν φίλων. *P*. ἀντὶ τοῦ ὑπάρχεις. V.

346. ἀληθῶς : Ὁμολογουμένως. *P*.

347. ἔσομαι : Γενήσομαι. αὐτίκα : Ταχέως πάνυ. *P*. εἰ μή τι δεινὰ πάθω. θεὸν δὲ ἢ τὸν Πλοῦτον ἢ ἄλλον τινά. V.

348. ἔνι : Ἔνεστι. κίνδυνος : Φόβος. *P*. ἐὰν ἀποτύχωμεν δηλονότι. R. V.

349. λέγ' ἀνύσας : Οἱ λέγοντες τὸ ἀνύσας ἀντὶ τοῦ

μετὰ δὲ τὸν δέκατον στίχον, κῶλον ἰαμβικὸν μονόμετρον βραχυκατάληκτον. ἔστι δὲ βραχυκατάληκτον, ὡς εἴρηται, τὸ λειπόμενον ὅλου ποδὸς πρὸς ἀπαρτισμὸν τῆς συζυγίας τῶν ποδῶν, ἢ τοῦ μονομέτρου τυχὸν ἢ τοῦ διμέτρου. ἐπὶ τῷ τέλει κορωνὶς, καὶ ἑξῆς τὸ χοροῦ αὖθις. ἐχρῆν γὰρ κἀνταῦθα θεῖναι χορὸν εἰσιόντων ἐντὸς τῶν ὑποκριτῶν, ἄχρις ἂν τις ἕτερος ἐπέλθοι ὑποκριτής.]

(ἀσπάζομαι : Ὡς διὰ χρόνου αὐτὴν ἀσπαζόμενος φησί. μεθύων δὲ οὐ λέγει χαῖρε, ἀλλ' ἀσπάζομαι. ἢ δὲ διὰ τὸ ἄτοπον [δοκοῦν] τῆς προσρήσεως ἐρωτᾷ, τί φησιν.)

ἀσπάζομαι : Προσφθέγγομαι. Dv. χαιρετῶ. *P.* ὡς διὰ χρόνου ἰδὼν αὐτὴν, ἀσπάζομαι φησὶ, καὶ οὐ χαῖρε· ἡ δὲ διὰ τὸ ἄτοπον δοκοῦν τῆς προσρήσεως ἐρωτᾷ τί φησί· « τάλαιν' ἐγὼ τῆς ὕβρεως ἧς ὑβρίζομαι. » LB. διὰ τοῦ ἀρχαία ὡς γραῦν (αὐτὴν) σκώπτει. R.V. τὸ ἀρχαία τὴν γραῦν σκώπτει. ὥσπερ ἀπὸ τοῦ αἴτιος αἰτίου αἰτία, καὶ ἀπὸ τοῦ εὔδιος εὐδίου εὐδία, οὕτω καὶ ἀπὸ τοῦ πολιός πολιοῦ πολιά. πολιὸς ἦν ἀνὴρ, ὁ τὴν πολιὰν ἔχων, ἤτοι ὁ γηραιός. καὶ πολιὰ θρὶξ ἀπὸ τούτου ἡ λευκή. P.

1043. πολιὰ : Λευκὴ τὴν τρίχα. Θ. πεπολιωμένη. ταχὺ : Ταχέως. *Dv.* νὴ τὸν οὐρανόν : Διὰ τὸ καὶ τὸν οὐρανὸν λευκὸν φαίνεσθαι πολλάκις. Θ.

1044. τάλαινα : Ἀθλία. *Dv.*

1045. ἔοικε : Ἐπεὶ τοιαῦτά σοι λέγει. Θ. φαίνεται ὁ νεανίας. ἑωρακέναι : Θεάσασθαι. *Dv.* διὰ τοῦ ο μικροῦ τὸ ἑορακέναι διὰ τὸ μέτρον. R.

1046. ἐπεὶ μετὰ ταύτης παλαιᾶς οὔσης πρότερον συνδιῆγεν. V.

1047. πολλοῖς : Μεθύσοις. *P.*

1048. μεθύων γὰρ, ὡς ἔοικεν, ὀξύτερον βλέπει : Οἱ γὰρ μεθύοντες οὐχ ὁρῶσι. παίζει οὖν, ὅτι ὀξέως ἐθεάσατο τὰς πολιὰς αὐτῆς ὁ νέος, ἀμαυροῦσθαι ὀφείλων τὴν ὄψιν ἐκ τῆς μέθης. μεθύων δέ φησιν, ἐπεὶ καὶ ἐπὶ κῶμον ἀπήει, ὡς ἔφη. [τοὐναντίον δὲ, εἶπε, τοῖς ἄλλοις πέπονθεν, ἐπειδὴ νήφων οὐκ ἔγνω, ἀλλὰ μεθύων, γραῦν οὖσαν.] — εἰκότως φησὶ τοῦτο οὕτω προσιόντα τὸν νέον ἰδών· οἱ γὰρ μεθύοντες μάλιστα οὐχ ὁρῶσι. παίζει οὖν, ὅτι ταχέως ἐθεάσατο τὰς πεπολιωμένας αὐτῆς τρίχας ὁ νέος ἀμαυροῦσθαι ὀφείλων τὴν ὄψιν ὑπὸ τῆς μέθης. μεθύων δὲ ἔφη, ἐπεὶ καὶ ἐπὶ κῶμον βαδίζειν ἀνωτέρω εἴρηκεν. LB. ὀξύτερον : Διορατικώτερον. *Dv.* καθαρώτερον. *P.*

1049. ἀκόλαστος : Ἀσελγής. Θ. αἰσχρὸς, ἀναίσχυντος. *LB.* οὐκ ἔστιν ὅτι ἀπαίδευτος. *Dv.* ἀπαίδευτος. *P.* κολάσεως ἄξιος. R.

1050. θεοὶ πρεσβυτικοὶ : Οἱ τοῖς πρεσβύταις ἐφιστάμενοι θεοί· ἐπεὶ καὶ ὁ Ποσειδῶν τῶν πρεσβυτέρων ἐστὶ θεῶν, (καὶ οὐχ ὅμοιός ἐστι Διονύσῳ ἢ Ἀπόλλωνι. τὸ δὲ) Ποντοπόσειδον ἢ ὦ πόντιε Πόσειδον ἢ μεταφορικῶς ἀπὸ τοῦ πόντου, ἀντὶ τοῦ ὦ μέγιστε Πόσειδον. (καὶ Σώφρων γάρ φησι πόντος ἀγαθῶν, πλῆθος καὶ μέγεθος θέλων σημᾶναι. Ἄλλως. ἐπεὶ γραῦς ἐστιν αὐτὴ, διὰ τοῦτο καὶ ὁ νεανίσκος πρεσβυτέρους θεοὺς ὤμοσεν, ὡς τοῦ ὅρκου τούτου πρεσβυτικοῦ ὄντος. ἢ ὦ τῶν πρεσβυτέρων ἐπόπται. ἢ οὐ πάντως, ἀλλ' ἐν παιδιᾷ μετ' ἐκπλήξεως φαίνεται καὶ μεγάλης τινὸς ἐμφάσεως χρῆσθαι τούτῳ.) — ὦ Ποντοπόσειδον : Φεῦ βασιλεῦ τοῦ πόντου. *Dv.* πρεσβυτικοὶ : Γεροντικοί. Θ. *Dv. LB.* θεοὶ πρεσβυτικοί· οἰκεῖον τῇ γραΐ λέγειν τοῦτο τὸν νέον· καὶ γὰρ γέροντες γέρουσιν ἁρμόζουσι· ἔστι δὲ ὁ Ποσειδῶν τῶν γερόντων καὶ οὐ τῶν νέων, ὥσπερ ὁ Ἀπόλλων καὶ ὁ Διόνυσος, καὶ ὁ Πάν. τὸ δὲ Ποντοπόσειδον ἀντὶ τοῦ, ὦ ἄναξ τῆς θαλάσσης, ἢ, ὦ θαλάσσιε Πόσειδον. LB. πρεσβυτικοὶ θεοὶ οἱ ἀρχαῖοι, οἱ παλαιοί. καὶ γὰρ καὶ πρεσβυτικοὺς θεοὺς ἔλεγον τοὺς ἀρχαίους ὡς πρὸς Διόνυσον ἢ Ἀπόλλωνα. P.

1051. τῶν ῥυτίδων : Τῶν ῥυτιδωμάτων. *LB.* ῥυτίδες, ἃς οἱ κοινοὶ λέγουσιν ἐπὶ τοῦ προσώπου ζαρώματα. *Vict.*

1052. ἆ ἆ : Ὡς τοῦ νεανίσκου προσφέροντος τὴν δᾷδα αὐτῇ, τοῦτο λέγει· ἔστι δὲ ἐπίρρημα ἐκπλήξεως καὶ κελεύσεως. — ἆ, ἆ : Ἐπιφώνημα, ἐπίρρημα ἐκπλήξεως. *Dv.* ἐπίρρημα ἐφεκτικόν. μή μοι πρόσφερε Μηδαμῶς πλησίον ἐμοῦ φέρε. *LB.* ἔμπροσθεν. *Dv.*

1053. λάβῃ : Καταλάβῃ. *LB.* ἅψηται. *Dv.*

1054. ὥσπερ παλαιὰν εἰρεσιώνην : [Εἰρεσιώνη στέμματα πρὸ τῶν πυλῶν περιειλημμένα πλακουντικοῖς τισι κολλύροις καὶ ἄλλοις τοιουτοτρόποις τοῖς τε ὡραίοις καρποῖς καὶ ἐλαίας ἀποκρεμάμενα. λιμοῦ γὰρ ἐνσκήψαντος ἀνεῖλεν ὁ θεὸς τὰς εἰρεσιώνας πρὸ τῶν θυρῶν κρεμάσαι.] (θαλλὸς ἐλαίας, ἢ δάφνης, ἐξ ἐρίων συμπεπλεγμένος, ἔχων ἄρτον ἐξηρτημένον καὶ κοτύλην· ἔστι δὲ μέτρον [ὃ νῦν καλοῦμεν ἡμίξεστον]· καὶ σῦκα [καὶ πάντα τὰ ἀγαθά]. ταύτην δὲ τὴν εἰρεσιώνην πρὸ τῶν οἰκημάτων ἐτίθεντο οἱ Ἀθηναῖοι καὶ κατ' ἔτος αὐτὴν ἤλλαττον· εἰώθει δὲ παῖς ἀμφιθαλὴς ἀμφ' αὐτῇ ταῦτα λέγειν,

εἰρεσιώνη σῦκα φέρει καὶ πίονας ἄρτους
καὶ μέλι ἐν κοτύλῃ καὶ ἔλαιον ἀποψήσασθαι,
καὶ κύλικ' εὔζωρον, ὡς ἂν μεθύουσα καθεύδῃ.)

Ἄλλως. κλάδος ἦν ἐλαίας ἐρίοις πεπλεγμένος· ἐξήρτητο δὲ αὐτοῦ τὰ ὡραῖα πάντα. ἵστασαν δὲ αὐτὸν πρὸ τῶν θυρῶν κατὰ παλαιὸν χρηστήριον· οἱ μὲν γάρ φασιν ὅτι λιμοῦ, οἱ δὲ καὶ ὅτι λοιμοῦ πᾶσαν τὴν γῆν κατασχόντος ὁ θεὸς εἶπε προηροσίαν τῇ Δηοῖ [ὑπὲρ ἁπάντων θῦσαι θυσίαν] Ἀθηναίους· οὗ ἕνεκα χαριστήρια πανταχόθεν ἐκπέμπουσιν Ἀθήναζε [τῶν καρπῶν τὰς ἀπαρχάς]. — πρὸς ἀποτροπὴν τοῦ λοιμοῦ. τελεῖται δὲ ἡ θυσία αὕτη παρὰ τῶν παίδων τῶν Ἀθηναίων. R. [Ἄλλως. Πυανεψίοις καὶ Θαργηλίοις Ἡλίῳ καὶ Ὥραις θύουσιν Ἀθηναῖοι· φέρουσι δὲ οἱ παῖδες τὰ προκατειλεγμένα ἀκρόδρυα, καὶ ταῦτα πρὸ τῶν θυρῶν κρεμῶσι. κατά τι δὲ χρηστήριον πρὸς ἀποτροπὴν λιμοῦ ταῦτα ἐποίουν.] — Ἄλλως. στεφανώματα καὶ ἕως τῆς

σμένῃ. διεσπεκλωμένῃ οὖν, πρὸς συνουσίαν ἀχρήστῳ γενομένῃ καὶ πεπαλαιωμένῃ καὶ ὑπὸ πολλῶν ἐν συνουσίᾳ τετριμμένῃ. [τὸ σπεκλοῦν ἐπὶ τοῦ συνουσιάζειν τάττουσιν, οὐχ ὡς προηγουμένως τοῦτο σημαῖνον, ἀλλ' ὅμοιον πολλοῖς συμβολικοῖς ὀνοματοποιοῦντες, καὶ μάλιστα ἐφ' ὧν τὸ εὐθυρρημονεῖν ἐνίσταται.] — εἶναι μετ' αὐτῆς : Καὶ διὰ τοῦτο ταῦτά φησι τοῦτον λαβεῖν με. Θ. διὰ τοῦτο ταῦτα φής. *Dv*. ὁ δ' ἐπιτρέπων : Ὁ ἄδειαν διδούς. *LB*. ἐπιτρέψων : Λαβεῖν. *Dv*. συγχωρήσων. *P*.

1082. διαλεχθείην : Ὁμιλήσαιμι. *Br*. *P*. διεσπεκλωμένῃ : Ὦ γεγαμημένη. *LB*. γαμηθείσῃ. *P*. γεγαμημένῃ. σπέκλωμα γάρ ἐστιν ὁ τῶν ὀρχέων κτύπος. Θ. συνουσιασμένῃ, διεφθαρμένῃ. *C*. οὐκ ἂν διαλεχθείην διεσπεκλωμένῃ· ἢ ὑπὸ τῆς συνουσίας ἠφανισμένῃ. ἔχει δὲ τὴν παραγωγὴν ἀπὸ τοῦ πλέκω, καὶ ἀπὸ τοῦ πλέγμα· καὶ κατὰ μετάθεσιν σπέκλωμα. δύναται δὲ καὶ κλητικὴ εἶναι τὸ ἐσπεκλωμένη καὶ δοτική, οὕτως, ὦ διεσπεκλωμένη, οὐκ ἂν διαλεχθείην σοι· καί, οὐκ ἂν διαλεχθείην σοι τῇ διεσπεκλωμένῃ, καὶ τὰ ἑξῆς. LB.

1083. [ὑπὸ μυρίων ἐτῶν : Λείπει ἀνδρῶν. ὁ δὲ γέρων τὸ ἐτῶν προσέθηκε, σκώπτων (αὐτὴν) ὡς γραῦν.] — λίαν πολλῶν πολιτῶν. *LB*. χρόνων ἢ πολιτῶν. *Dv*. πολιτῶν. *P*.

1085. καὶ τὴν τρύγα σε : Πολλάκις καὶ τὸν νέον οἶνον τρύγα ἐκάλουν· νῦν δὲ οὐχ οὕτως, ἀλλ', ὡς ἡμεῖς, τὴν ὑποστάθμην. — συνεκποτέ' ἐστί : Ἀντὶ τοῦ συνεκποτέον. *Dv*. συνεκποτέον ἐστι : Ἄξιον ἐστὶ ἐκπιεῖν. *LB*. τὴν τρύγα : Τὴν ὕλην. *Dv*. τὴν τοῦ οἴνου ὕλην. Θ. *LB*.

1086. κομιδῇ : Λίαν (Θ). σαπρά : Σεσαπρωμένη. *LB*.

1087. οὐκοῦν τρύγοιπος : Ὁ ὑλιστὴρ [ὁ σάκκινος. πρὸς ἃ οὖν εἶπεν ὁ νεανίσκος, ἀπήντησεν ὁ γέρων]. — οὐκοῦν : Τὸ λοιπόν. τρύγοιπος : Τὸ σακελιστήριον. ἤγουν τὰ αὐτῆς χρήματα. Θ. *Dv*. τρύγιπος : Σακελιστήριον. *LB*. τρύγιπος : Τρὺξ τρυγὸς ἡ τοῦ οἴνου ὕλη· τρύγοιπος δὲ λέγοιτ' ἂν κυρίως, δι' οὗ τὴν ὕλην τοῦ οἴνου σακελίζομεν. LB.

1088. εἴσιθ' εἴσω : Εἴσελθε ἐντος. τῷ θεῷ : Τῷ Πλούτῳ. *LB*.

1089. ἀναθεῖναι : Ἀναθῆσαι. τούσδ' οὓς ἔχω : Τούτους οὕστινας κρατῶ. *LB*.

1090. αὐτῷ : Τῷ θεῷ. *LB*.

1091. ὁ Χρεμύλος ἢ ὁ θεράπων. R. οὐκ εἴσειμι : Οὐκ εἰσελεύσομαι. *LB*. *P*. εἰσέρχομαι. *Dv*. θάρρει : Ἔχε θάρρος. *LB*. ἢν αὐτὴ εἰσέλθῃ. Θ.

1092. [οὐ γὰρ βιάσεται : Ὃ ποιοῦσιν οἱ ἄνδρες, τοῦτο ἐπὶ τῆς γραὸς φησιν, οὐ γὰρ βιάσεταί σε ἡ γραῦς.] — τὸ βιάσεται ἐπὶ ἀνδρός· *Dv*. οὐ γὰρ βιάσεται : Σε ὁ νέος, ὥστε μὴ εἰσελθεῖν. *LB*. οὐ καθελκύσει παρὰ γνώμην. *P*.

1093. ὑπεπίττουν χρόνον : Πίσσειν τὸ λέπος περιαιρεῖν τῶν κριθῶν. ἢ ἀντὶ . . V. ἀντὶ τοῦ ἠσέλγουν, ἢ κατεφίλουν. πιττοῦν δέ ἐστι κυρίως τὸ τὰς πλατείας ναῦς πίσσῃ χρίειν· ἔνθεν οὖν μετήνεγκε τὴν λέξιν. (ἢ ἀντὶ τοῦ ἐδίνουν, συνῆλθον.) — ἱκανὸν : Ἀρκετόν. *P*. ὑπεπίττουν : Ἐγάμουν. *LB*. *Dv*. *Br*. πρότερον ἐπίττουν ἤγουν ἠσέλγαινον, κατεφίλουν, ἐσυνουσίαζον· πιττοῦν δὲ κυρίως τὸ πίττῃ χρίειν τὰς ναῦς. *LB*. ἐπέραινον, συνουσιαζόμην. *P*. ἀντὶ τοῦ ἐγάμουν κατ' εὐφημισμόν. Θ. ἐπίττων : Τουτέστιν ἐφίλουν, ἐμιγνύμην, πιττῶ δὲ κυρίως ἐστὶ τὸ τὰς νῆας πίσσῃ χρίω, καὶ τὸ τὰ διερρωγότα τῶν ξύλων ἑνοῦν. C.

1094. βάδιζ' : Ἀπέρχου. κατόπιν : Ὄπισθεν. *LB*. *Dr*.

1095. ὡς : Λίαν. εὐτόνως : Ἰσχυρῶς (Θ. *P*). τὸ γραΐδιον : Ἡ γραῦς αὕτη. *LB*. συνίζησις. *Dv*.

1096. ὥσπερ λεπὰς : (Ὥσπερ ὄστρεον ἐν πέτρᾳ προσκολλώμενον δυσαπόσπαστόν ἐστι, οὕτως αὕτη τῷ νεανίσκῳ προσέφυσε. λεπὰς δέ ἐστιν εἶδος ὀστρέου τὸ καλούμενον πατέλιν,) ὃ ταῖς πέτραις προσπήγνυται, δυσαποσπάστως ἔχον, ἐπειδάν τις αὐτοῦ βουληθείη λαβεῖν. (εὐεπίφορος δέ ἐστιν εἰς τὸ λεπὰς ὁ Ἀριστοφάνης.) ἔστι δὲ τὸ λεπὰς εἶδος ἰχθύος. παρ' ὑπόνοιαν δὲ εἶπεν (ὥσπερ λεπὰς τῷ μειρακίῳ). — ὥσπερ : Καθά. λεπὰς : Εἶδος ὀστρέου. *Dv*. *LB*. παταλίδας. *P*. ἡ λεπὰς εἶδος ὀστρέου ἐστίν· ἥτις ἐμπεφυκυῖα τοῖς θαλασσίοις βράχεσιν ἔχεται αὐτῶν ἄγαν ἰσχυρῶς. LB. λεπάς ἐστιν εἶδος ὀστρέου, ὅπερ λαβόμενον πέτρας ἐπισχυρίζεται καὶ δυσαποσπάστως ἔχει. καὶ

οὐκ ἄν τις αὐτὸ ῥᾳδίως ἀποσπάσαι,
πρὶν ἄν τι τῆς πέτρας ἀπορρήξῃ μέρος.

τοῦτο καὶ ἐπὶ τοῦ πολύποδος λέγεται. C.D. λεπάς ἐστιν εἶδος ὀστρίου· ὃ ταῖς πέτραις πεσόν, ἐκείνων ἰσχυρῶς ἐξέχεται καὶ δυσαποσπάστως ἔχει. ἣν οἱ κοινοὶ παταλίδαν καλοῦσιν. P. τῷ μειρακίῳ : Τῷ νέῳ. *LB*. τῇ πέτρᾳ. *Dv*. προσίσχεται : Προσκολλᾶται. *LB*. *Dv*. *P*.

1097. [τίς ἔσθ' ὁ κόπτων : Κορωνὶς ἑτέρα ὁμοία· οἱ δὲ στίχοι ἰαμβικοὶ τρίμετροι ἀκατάληκτοι οδ', ὧν τελευταῖος

ἵν' εὐκλεῶς διακονικὸς εἶναί μοι δοκῇς.

ἐπὶ τῷ τέλει κορωνίς.]

τουτὶ τί ἦν : Ὁ Ἑρμῆς ἔκοψε, καὶ ἐξελθὼν ὁ Καρίων οὐδένα εὗρε. (παρ' ὀλίγον γὰρ ὑπεχώρει. [τὸ θύριον καὶ οὐ θυρίον. τὰ γὰρ εἰς ον οὐδέτερα ἀπὸ βραχέος ἀρχόμενα προπαροξύνονται, οἷον, ἔριον, θύριον, ὄριον καὶ ἕτερα.]

ὁ κόπτων : Ὁ κρούων. *Dv*. κρούων, Ἀττικῶς. Θ. κόπτει τις τὴν θύραν, ὅταν ἔξωθεν κρούῃ· ψοφεῖ, ὅταν ἔσωθεν. Dv. ὁ κόψας : Ὁ κρούσας. *LB*. κόπτειν, [illegible] καὶ κλαυσιθυρεῖν τὴν θύραν διαφέρει· κόπτειν μὲν γὰρ λέγεται, ὅταν εἰσιέναι τις μέλλῃ, καὶ τὴν θύραν ἔξωθεν πλήττῃ· ὡς τό, « τίς ἔσθ' ὁ κόψας τὴν θύραν; » ψοφεῖν δέ, ὅταν ἐξερχόμενός τις αὐτὴν ἀνοίγῃ καὶ ἦχόν τινα ἀποτελῇ· ὁ τοιοῦτος γὰρ ἦχος ψόφος καλεῖται. ὅταν δὲ ὑπ' ἀνέμου κινῆται μόνη, καὶ ἦχόν τινα ἐκ τούτου ἀποτελῇ, ὁ τοιοῦτος ἦχος ὁ τριγμὸς κλαυσιθύρων λέγεται. — τουτὶ τί ἦν : Ὁ ἦχος. *LB*.

1098. οὐδεὶς ἔοικεν : Κόψας αὐτὴν φαίνεται. δῆτα : Ἀληθῶς. τὸ θύριον : Ἡ θύρα αὕτη. *LB.* φαίνεται. Θ. ἡ θύρα Ἀττικῶς. Θ. *Dv.*

1099. φθεγγόμενον : Βοώμενον. ἄλλως κλαυσιᾷ : Μάτην τὰ τῶν κλαιόντων μιμεῖται. *P.* ματαίως ἠχεῖ. *Dv. LB.* ἄλλως : Μή τινος κινοῦντος. μάτην. κλαυσιᾷ : Ἠχεῖ. Θ. *Br.* (ἀντὶ τοῦ) ματαίως ἐψόφησεν. R. V. σέ τοι λέγω : Τὸ λέγω ὅτε μὲν πρὸς μόνον πρόσωπον λέγεται, αἰτιατικῇ συντάσσεται ὡς ἐνταῦθα, σέ τοι σέ τοι λέγω Καρίων, ἀνάμεινον. παρὰ τῷ Αἰσχύλῳ [Prom. 944] « σὲ λέγω τὸν σοφιστήν. » ὅτε δὲ καὶ πρᾶγμα ἐπιφέρεται, τότε τὸ μὲν πρόσωπον δοτικῇ, τὸ δὲ πρᾶγμα αἰτιατικῇ, ὡς τὸ λέγω σοι λόγον. Θ.

1100. ἀνάμεινον : Καρτέρησον. *Dv.* πρόσμεινον. *LB.*

1102. μὰ Δί' : Οὐ· ἔμελλον : Κρούειν. *Dv.* κόψειν σφόδρα. Θ. κόψειν περισσότερον. *LB.* φθάσας : Προφθάσας. *Dv.* προλαβών. Θ. *LB.* φθάνω τὸ καταλαμβάνω τὶ ἤγουν ἄνθρωπόν τινα, ἢ τόπον· ἐκ τούτου φθάνω καὶ τὸ προλαμβάνω, οἷον, ἔφθη εἰπών· ἐπὶ τούτου τοῦ σημαινομένου λέγεται κἀνταῦθα· καὶ ἡ σύνταξις, εἶτα ἀνέῳξας τὴν θύραν δηλαδὴ φθάσας, ἢ προλαβὼν ἐμὲ μέλλοντα κόπτειν αὐτήν. LB.

1103. ἐνταῦθα συναπτέον τὸ ταχύ. Θ. ἐκκάλει : Ἔξω κάλει. *LB.*

1105. τοὺς θεράποντας : Τοὺς δούλους. *Dv.* αὐτοῦ, τοὺς συνδούλους σου. τὴν κύνα : Τὴν σκύλαν. *LB.*

1107. ὦ πόνηρε : Ὦ γεωργέ. *LB.* κακότροπε. *P.*

1108. εἰς ταυτὸν : Εἰς ὅμοιον, εἰς ἕν. συγκυκήσας : Συναθροίσας. *LB.* συνταράξας. *V.* συμμίξας, συνταράξας. Θ. συμμίξας. *Dv.* συνταράξας, συντρίψας. *P.* τρύβλιον : Ἀγγεῖον. *Dv.* ἀγγεῖον, ὀξύβαφον. *V.* ἰγδίον ἢ ἀγγεῖον ὀξύβαφον. *P.*

1109. ἀπαξάπαντας : Ὁμοῦ ὅλους. *LB.* εἰς τὸ βάραθρον : τόπος ὅπου κολάζονται οἱ ἀσεβεῖς. R. ὅπου οἱ ἀσεβεῖς ἐρρίπτοντο. V. εἰς τὸν ᾅδην. *Dv.* ἐμβαλεῖν : Ῥίψαι, ἐνθεῖναι. *LB.*

1110. ἡ γλῶττα τῷ κήρυκι : [Διχῶς νοεῖται·] ἡ γλῶττα τῶν θυομένων τῷ Ἑρμῇ δίδοται, ἐπειδὴ τῶν λόγων δεσπότης ἐστίν· (ἢ τῶν καταρωμένων ἀπ' αὐτοῦ ἡ ἀρχή. Καλλίστρατος τῶν θυομένων φησὶ τὰς γλώσσας τοῖς κήρυξιν ἀπονέμεσθαι· διὸ καὶ τὸν ποιητὴν τῷ Ἑρμῇ ποιεῖν τεμνομένας αὐτάς. [καὶ τοῦτο δὲ] πρὸς τὸν Ἑρμῆν λέγει ἥκοντα παρὰ Διός. Ἄλλως. κολακεύων [αὐτόν] φησιν ὅτι τῶν ἱερείων ἡ γλῶττα τῷ Ἑρμῇ δίδοται ἐν ταῖς δημοτελέσι θυσίαις. Ἄλλως. εἰρωνικῶς, ὡσεὶ ἔλεγε, κακὰ συλλέγει, καὶ ἡμεῖς ἀδίκως αὐτῷ θύομεν τὰς γλώσσας. Ὅμηρος « δδ' ἐν πυρὶ βάλλε γλώττας. » πρὸς δὲ τὸ λεγόμενον ἔπαιξεν, ἡ γλῶττα τῷ κήρυκι.) — τῷ κήρυκι : Ἡ τοῦ κήρυκος. *Dv. LB.* τῷ Ἑρμεῖ, ἢ Χάριν σου τοῦ κήρυκος. *P.* τούτων : Τῶν ζώων. τέμνεται : Κόπτεται, δίδοται. *LB.* ἡ γλῶττα τῷ κήρυκι τούτων· διττῶς τοῦτο· ἡ γλῶττα τούτων, ἤγουν τῶν ζώων, τέμνεται τῷ κήρυκι, ἤγουν σοι· τουτέστιν, ἕνεκεν σοῦ· ἀποδίδοται γὰρ σοὶ τῷ ὄντι κήρυκι τῶν θεῶν καὶ ὑπηρέτῃ· ἢ ἡ γλῶττα τῷ κήρυκι τούτων τῶν ἀγγελιῶν, τουτέστι σοὶ τέμνεται· ἀντὶ τοῦ, εἴθε ἐκκοπείη. LB.

1114. λιβανωτὸν : Λίβανον. *LB.*

1115. ψαιστὸν : πέμμα ἐστὶν ἢ εἶδος πλακοῦντος (ἐκ σεμιδάλεως καὶ γάλακτος). R. V. Λαλάγγιον (*Dv.*) ἱερεῖον : Θυσίαν. *LB.* θῦμα. Θ. *Dv.*

1116. ἐπιθύει : Θυσιάζει. LB.

1117. ἐπεμελεῖσθ' : Προενοεῖσθε. *LB.* ἐφροντίζετε. *Dorvill.*

1118. ἧττον μέλει : ἀντὶ τοῦ οὐδαμῶς. R. V. ἐλάττονος φροντίς ἐστι. *LB.* οὐδαμῶς διὰ φροντίδος ἐστί μοι. *Dv.*

1119. σωφρονεῖς : Ἀντὶ τοῦ, μόλις ἐπεστράφης· ἢ καλῶς λέγεις. — ἀπόλωλα : Ἐφθάρην. ἐπιτέτριμμαι : Ἠφάνισμαι. Θ. *LB. Dv.* ἀπόλωλα : Ἐφθάρην, εἰς παντελῆ κατέστην ἀφανισμόν. *P.* σωφρονεῖς : Ἤγουν καλῶς ποιεῖς μηδὲ τί λέγων περὶ τῶν ἄλλων θεῶν. LB.

1120. πρότερον : Πρὸ τοῦ τὸν Πλοῦτον βλέψαι. *P.* ταῖς καπηλίσιν : Τῶν καπηλίδων. *LB.* κάπηλις καὶ καπηλὶς διαφέρει· κάπηλις μὲν γάρ ἐστιν ἡ τὸν οἶνον πωλοῦσα· καπηλὶς δὲ ἡ θυγάτηρ αὐτῆς. LB.

1121. οἰνοῦτταν : Οὕτως τὴν ἐν οἴνῳ πεφυραμένην μᾶζαν. τινὲς δὲ οἰνοῦτταν, εἶδος πλακοῦντος μετ' οἴνου καὶ μέλιτος γινόμενον. — ἕωθεν : Ἐκ πρωΐας. οἰνοῦτταν : Μουστόπιτταν (Θ). *LB.* οἰνοῦττα μέν ἐστιν ἡ κοινῶς λεγομένη μουστόπιττα. μελιττοῦτα δέ, ὃ κοινῶς εἰώθασι λέγειν ἀπόθερμον. Br.

1122. ἰσχάδας : Σῦκα. Θ. ἐσθίειν : Τρώγειν. *LB. Dv.*

1123. ἀναβάδην : (Ἀντὶ τοῦ κάθημαι πεινῶν.) ἄνω [φησὶν] ἔχω τοὺς πόδας ἐν τῇ στήλῃ κοιμώμενος· (οἱ γὰρ διάκονοι τοὺς πόδας ἄνω εἶχον πρὸς τὸ μὴ βαρεῖσθαι ὑπὸ τοῦ δρόμου.) — ἀναβάδην ἀναπαύομαι : Ἤγουν, ἐπάνω ἔχω τὸν πόδα εἰς τὸν ἄλλον. *LB.* ἤγουν, ἄλλον ἐπ' ἄλλῳ πόδ' ἔχων κεῖμαι. *Dv.* ὕπτιος. τιθέμενος τὸν ἕνα πόδα ἐπάνω τοῦ ἑτέρου. *Br.* ἢ ἄνω ἔχων τοὺς πόδας· ἢ ἄλλως ἐπ' ἄλλῳ ἔχων τὸν πόδα, ἤγουν ἐκτεταμένους. P.

1124. (οὐκοῦν δικαίως, ὅστις ἐποίεις ζημίαν : Ἀντὶ τοῦ, ἐποίεις ζημιοῦσθαι τοὺς ταῦτα τὰ ἀγαθά σοι παρέχοντας.) [ὁ γὰρ Ἑρμῆς τοιαῦτα ποιεῖ· καὶ ὁ Αἴσωπος γὰρ ἐν τοῖς μύθοις τὰ αὐτὰ λέγει.] — οὐκοῦν : Λοιπόν *LB.* τὸ λοιπόν. *Dv.* δικαίως : Πάσχεις τοῦτο. *LB.* δικαίως, φησί, πάσχεις ταῦτα, ὅστις ἐνίοτε ἐποίεις τοὺς σοὶ ταῦτα προσάγοντας ζημίαν ὑφίστασθαι. LB. ἐποίεις : Ἡμῖν. *LB.*

1125. ἐνίοτε : Ποτέ. *LB.* πάντοτε. *Dv.* ἔχων : Ἀφ' ἡμῶν. *LB.* παρ' ἡμῶν. *Dv.*

1126. τοὐν τετράδι πεπεμμένου : Ἡ τετρὰς ἐνομίζετο τοῦ Ἑρμοῦ· καὶ καθ' ἕκαστον μῆνα ταύτῃ τῇ ἡμέρᾳ ἀπετίθεντο τῷ Ἑρμῇ. ἔξω τῶν ἑορτῶν ἱεραί τινες τοῦ μηνὸς ἡμέραι νομίζονται Ἀθήνησι θεοῖς τισιν, οἷον νουμηνία καὶ ἑβδόμη Ἀπόλλωνι, τετρὰς Ἑρμῇ, καὶ ὀγδόη

ὅλως.) — σπεύδουσι : Σπουδάζουσι. γεγράφθαι : Ἐγγράφεσθαι. *LB.* γράμμασι : Δικαστηρίοις. Θ. δικαστηρίων. *Dv.* ἐν πολλοῖς γεγρ. γρ. : Ἐγγεγραμμένοι εἶναι δικαστηρίοις. *Br.* ὠνομάσθαι ἐν πολλοῖς δικαστηρίοις. *Paris.*

1168. οὐκοῦν : Λοιπὸν βούλει ἵνα. *LB.* τὸ λοιπόν. *Dv.* εἰσίω : Εἰσέλθω. Θ. *LB.* *Dv.* καὶ πλῦνέ γε : Ναί. *Dv.*

1169. τὸ φρέαρ : Τὸ πηγαδί. *LB.*

1170. ἵν' εὐθέως : τοιοῦτος γὰρ ὁ Ἑρμῆς, ὡς Ὀδυσσεύς· « Ἑρμείας δ' οὐκ ἔστι διάκτορος. » V. ὅπως παρευθὺς ὑπηρέτης καλὸς ὑπάρχειν φαίνῃς. *LB.* διακονικός διακόνου διαφέρει· διάκονος μὲν γάρ ἐστιν ὁ ὑπηρέτης· διακονικός δὲ ὁ δυνάμενος ὑπηρετεῖν. LB.

1171. [τίς ἂν φράσειε : Κορωνὶς ἑτέρα ὁμοία ἐν ἐκθέσει τοῦ δράματος. οἱ δὲ στίχοι ἰαμβικοὶ τρίμετροι ἀκατάληκτοι λζʹ, ὧν τελευταῖος

τῆς γραὸς ἐπιπολῆς ἔνεισιν αἱ χύτραι.

ἑξῆς δὲ τούτων καὶ τελευταῖοι παντὸς τοῦ δράματος στίχοι ἀναπαιστικοὶ τετράμετροι καταληκτικοὶ βʹ. ἑξῆς δ' αὖ τούτων ἡ κορωνὶς ἡ καὶ τὸ δρᾶμα περατοῦσα.]

ὁ τοῦ Διὸς ἱερεὺς παραγέγονεν πεινῶν καὶ αὐτὸς καὶ μηδὲν ἔχων φαγεῖν. τοῦ Πλούτου γὰρ ἀναβλέψαντος παροροῦνται καὶ οἱ ναοὶ αὐτοί. V. φράσειε : Εἴποι. σαφῶς : Φανερῶς. *LB.* *Dv.* ἐνταῦθα σύναπτε τὸ ἐμοὶ καὶ τὸ σαφῶς. Θ.

1172. ὦ βέλτιστε : Ὦ κάλλιστε. τί γὰρ ἄλλ' : Ἐστίν. ἢ : Παρό. κακῶς : Ἔχω. *LB.* καλῶς : Ἔχω δηλαδή. *Dv.* λείπει τὸ ἔχω. R.

1173. ἀφ' οὗ : Καιροῦ. *LB.* δι' οὗτινος. *Dv.*

1174. ἀπόλωλα : Ἐφθάρην. *LB.* ἐφθάρηκα. *Dv.* λιμοῦ : Τοῦ. τῆς πίνης. *LB.* *Dv.*

1175. τοῦ σωτῆρος : Ἐν ἄστει Δία σωτῆρα τιμῶσιν, ἔνθα καὶ σωτῆρος Διός ἐστιν ἱερόν· τὸν αὐτὸν δὲ ἔνιοι καὶ ἐλευθέριόν φασι.

1176. τίς : Ποταπὴ τοῦ λιμώττειν σε. ὦ : Ἱερεῦ. πρὸς : Ἕνεκεν. *LB.* τοῦ μὴ ἔχειν σε. ἱερεῦ. Θ.

1177. θύειν : Θυσιάζειν. *LB.* *Dv.* τίνος ἕνεκα : Χάριν. *Dv.*

1179. ὁ μὲν : Τίς. ἥκων : Ἐλθών. *LB.* ἦλθον. *Dv.* ἔμπορος : Ἤγουν πραγματευτής. *LB.* *Dv.* Πραγματευτής, κυρίως ὁ κατὰ θάλατταν. Θ.

1180. (ἔθυσεν ἱερεῖόν τι σωθείς : Ἀντὶ τοῦ θυσίας ἐπετέλει· ἢ ἐξιλεοῦτο τὸ θεῖον ἐπὶ τοῖς μέλλουσι.) [μετεκάλει δ' εἶπε τὸν ἱερέα, ἐπειδὴ νόμος ἐστὶ τὰ ὑπολειπόμενα τῆς θυσίας τὸν ἱερέα λαμβάνειν.] — ἔθυσεν : θυσίας ἐπετέλεσεν. R. ἑόρταζεν ἐν τῷ οἴκῳ καὶ θυσίαν ἐποίει. Θ. ἤγουν ἐθυσίαζεν. *Dv.* ἱερεῖον : Θῦμα. σωθείς : Φυλαχθείς. *LB.* ἐκ χειμῶνος. Θ. *Dv.* ὁ δέ τις : Ἄλλος. *LB.*

1181. δίκην : Κρίσιν. *LB.* κατὰ δίκην. *Dv.* ἀποφυγών : Ἔθυσεν. *LB.* δίκην ἀπ. : Κρίσιν, τιμωρίαν διαδράς. *P.* ὁ δ' ἂν : Ἄλλος. *LB.* ἐκαλλιερεῖτο : Ἐθυσίαζε. *LB.* *P.* ἑόρταζεν ἐν τῷ οἴκῳ. *Dv.*

1182. μετεκάλει : Μετεπέμπετο. τὸν ἱερέα : Ἐμέ. *LB.* τοῦ Διὸς δηλαδή. *Dv.*

1183. θύει : Θυσιάζει. τὸ παράπαν : Τὸ παντελῶς. *Dv.* παντελῶς (Θ). εἰσέρχεται : Ἐν τῷ ναῷ θυσιάζων. *LB.*

1184. πλὴν : Εἰ μή. ἀποπατησόμενοι : Χέζοντες. *LB.* *Dv.* εἰ μὴ χέσοντες. Θ. τὰ ἀφοδήματα ἀπορρίψοντες. *P.* ἀπόπατος λέγεται τὸ ἀφοδευτήριον, καὶ ἡ αὐτὴ ἡ ἀπόκρισις τῶν περιττῶν. λέγεται δὲ πάτος ἡ τροφή· ὅθεν καὶ πάσασθαι τὸ φαγεῖν· ἐκ τούτου οὖν ἡ ἀπόκρισις τῶν περιττῶν λέγεται ἀπόπατος. LB. πάτον λέγουσι μὲν καὶ τὴν πεπατημένην ὁδὸν, καὶ κατατετριμμένην, ἀπὸ τοῦ πατεῖσθαι, περὶ ἧς καὶ Ὅμηρος λέγει [Il Z, 201] « πάτον ἀνθρώπων ἀλεείνων. » λέγεται δὲ καὶ πάτος καὶ ἡ τροφὴ, ὅθεν καὶ πάσασθαι τὸ φαγεῖν, καὶ ἐξ αὐτοῦ ἀπόπατος, ἡ ἔκκρισις καὶ ἀποσκυβάλισις τοῦ πάτου καὶ τῆς τροφῆς. ἤγουν καὶ ἐπεὶ παρά τισι πάτος λέγεται ὁ πρωκτὸς, εἰκότως ἀποπατεῖν λέγεται καὶ τὸ ἐκ τοῦ πρωκτοῦ τὰ σκύβαλα ἀπορρίπτειν. Vict. πλεῖν : Πλέον. *LB.* *Dv.* ἢ : Παρό. χίλιοι : Πολλοί. *LB.*

1185. οὐκοῦν τὰ νομιζόμενα : [Τῶν ἀφοδευμάτων, παίζων, τοῦτο δὲ δέον εἰπεῖν, τὸ δέρμα καὶ τὰς κωλᾶς,] ἐπειδὴ νόμος ἐστὶ τὰ ὑπολειπόμενα τῆς θυσίας τὸν ἱερέα λαμβάνειν. Ἄλλως. τὰ ἔθιμα τῶν παρεχομένων τοῖς ἱερεῦσι δέρματα καὶ κωλαῖ. φησὶν οὖν ὅτι καὶ τῆς κόπρου τὰ νομιζόμενα λαμβάνεις, [τὰ ἔθη σκώπτων]. — τὰ νομιζόμενα : Τὰ συνήθη καὶ ἃ ἐκ νόμου τοῖς ἱερεῦσι λαμβάνειν δέδοται. παίζει δέ. Θ. τὰ ἐκ νόμου συνήθη. *LB.* συνήθη. *Dv.* τὰ κατὰ τοὺς νόμους ὀφειλόμενα. *Br.* τὰ ἔθιμα, τὰ κατὰ νόμους ἀνήκοντα. *P.* νόμος ἦν τὰ ὑπολειπόμενα τοῦ ἱερείου τὸν ἱερέα λαμβάνειν, δέρματα καὶ κωλᾶς. παίζων οὖν κἀνταῦθα φησὶ λαμβάνειν αὐτὸν τὰ νομιζόμενα ἐκ τῶν ἀφοδευμάτων. Br

1186. καὐτός μοι δοκῶ : Νομίζω συμφέρειν. *LB.*

1187. χαίρειν ἐάσας : εὐφήμως εἶπε τὸ χαίρειν. V. φθείρεσθαι ἀφείς. *LB.* *Dv.* *Br.* φθείρεσθαι. Θ.

1188. θάρρει : Ἔχε θάρρος (*Dv.*). καλῶς ἔσται : Τὰ σὰ γενήσεται. *LB.* ταῦτα καλῶς γενήσονται. *Dv.*

11ʹ. ὁ σωτὴρ : τὸν Πλοῦτον λέγει. R. τὸν Πλοῦτον ἐνταῦθά φησι. V. ἤγουν ὁ Πλοῦτος. Θ *Dv.* πάρεστιν ἐνθάδε : Ἐνταῦθ' ἐστίν. *LB.*

1190. αὐτόματος : Αὐτόκλητος. *LB.* αὐτοπροαίρετος. ἀπὸ τοῦ αὐτός καὶ τοῦ μῶ, τὸ ὁρμῶ. ἔστι δὲ φιλόσοφος λέξις. *P.* τὸ αὐτόματος γίνεται ἀπὸ τοῦ αὐτός καὶ τοῦ ἵημι, τὸ ἔρχομαι, ἤγουν ὁ ἀφ' ἑαυτοῦ ἐρχόμενος. *Vict.* ἥκων : Ἐλθών. ἀγαθὰ : Τά. τοίνυν : Λοιπόν. λέγεις : Ἐμοί. *LB.*

1191. τὸ ἐξιδρυσόμεθα τὸν Πλοῦτον. R. ἱδρυσόμεθ' : Στήσομεν. Θ. *Dv.* ποιήσομεν, στήσομεν. *LB.* ἱδρυσόμεσθ' : Καθιδρύσομεν, ἐγκαταστήσομεν. *P.* ἱδρύω τὸ καθιδρύω, τουτέστιν ἢ ναὸν ἀνεγείρω, ἢ ἄγαλμα καθιστῶ. *Vict.* ἱδρυσόμεθ' οὖν : Ὄπισθεν τοῦ ἱεροῦ τῆς Ἀθηνᾶς τὸ τῶν Ἀθηναίων ἦν θησαυροφυλάκιον· φησὶν οὖν τὸν Πλοῦτον, ἤτοι ἀφιερώσομεν αὐτὸν ἐκεῖσε, καὶ

242, 48 παρὰ τὴν Suidas s. Κανοῦν, et 49 ἑορτὴν Ἀθήνησιν αἱ εὐγενίδες ἐκανηφ., 51 πάντων.

243, 5 codd. et Ald. Ἐλευθήρων — Ἐλευθῆραι. De re v. Lobeck. Aglaoph. p. 660. — πόλεις R. — 6 τὰ ἀγάλματα Ald.

245, 26 τὸ ζωμάρυστρον Schneiderus in Lexico. Nominativo ἡ ζωμάρυστρος utitur Suidas s. Ἐτνήρυσις ex codd. correctus : nam ed. Mediol. ζωμάρυστρις. Dind. — 33 πίσσινον Ald.

246 scholium habet Suidas s. Ἐλατήρ.

254, 43 οἱ om. R.

257, 3 αὐτὸν Ald.; τινά posuit Suidas s. Πρόβαινε.

270, 41 οὗτος om. R., et 43 οἱ Ἀθηναῖοι, deinde habet ἡ μετὰ Ἀλκ.

272, 46 ὡραίαν ξυληφόρον R. — 49 ὡρικῶς Dobræus; κόρη ὡς Ald.

273, 2-4 sic R. μέμνηται καὶ ἐν Ν. τοῦ Φελλέως. οἱ δὲ, ὅτι ὅρος Φ. οὕτω καλ. Ald.

275, 8 καταμηρίσαι Suidas s. Καταγιγαρτίσαι.— 13 ὀστώδη H. Stephanus in Thesauro s. Γίγαρτον. Legebatur ὀσπριώδη.

279, 18 καπνείῳ restituit Pierson. ad Mœrin p. 292; τῇ καμίνῳ volebat Elmsleius. R. et Ald. καπήλῳ, Suidas (s. Φεψάλῳ), καπηλείῳ. — 19 καὶ ἀλλαχοῦ Valckenar. apud Pierson. Legebatur ὡς καλλίας δηλοῖ, quæ omittit R. — 20 μοιχῷ Ald. — 23 Ἡσίοδος R. — 25 ἔνθα Ald.

284, 35-27, pro his R. γελοίου δὲ χάριν τῆς μὲν κεφαλῆς οὐ φροντίζει, τῆς δὲ χύτρας προνοεῖται. Sequentia omittit ad finem scholii. — 37 συντρίβειν Meinek. ad Menandr. p. 29. Legebatur συντριβείη.

285, 7 ὡς μιαρὰ R.

297, 19 αὐτὸ R.

303, 37 λέγει ὅτι Suidas s. Μακρούς. λέγουσι ὅτι R. λέγουσι δὲ ὅτι Ald.

308, 50 ὅρκων Ald. — 53 αἷς ἐπ. R.

309, 3 εὐλαβήθη R.

320, 20 Eadem habet Suidas s. Καταξαίνειν et s. Φοινικίδα. Huc etiam spectat locus ille Philostrati in Epist. p. 386 (Collect. Epist. Græc. ad Genev.) : οἱ Λακεδαιμόνιοι φοινικοβαφεῖς ἐνεδύοντο θώρακας, ἢ ἵνα ἐκπλήττωσι τοὺς πολεμίους τῷ φοβερῷ τῆς χροίας, ἢ ἵνα ἀγνοῶσι τὸ αἷμα τῇ κοινωνίᾳ τῆς βαφῆς. Kust. V. Haas. ad Xenoph. De rep. Lac. p. 193 seq.

321, 33 ὁ διακεκαυμένος ἄνθραξ Suidas s. Καταξαίνειν : ἄνθραξ om. s. Φοινικίδα. — 37 vocabulo θυμάλωψ præmittendum videtur εἶπε vel ἔφη. Dind.

322, 40 ὦ om. R.

326, 41 ταῦτα γὰρ λ. R.

327, 45 Ὅμηρα ἐκάλουν Ald.

332, 53 προενήνοχεν Ald. — 2-11 habet R. ἀντὶ τοῦ γνώσομαι.

334, 15 ἔστι δὲ καὶ παρὰ Suidas s. Ἀποσιώπησις. — 16 προσειπὼν Ald. et Suidas.

336, 18 τοῦ αὐτοῦ Ald.

339, 26 Λακ. εἴ τι σοῦ φ. R. — 31 Παίωνα Ald. Ἰλλυριοὺς καὶ Παίονας memorat Demosthenes Olynth. 1, p. 13, 4.

346, 46 δὲ om. R.

348, 3-8 est recentioris grammatici annotatio, vitiosa scriptura Παρνάσιοι decepti. Dind.

350, 11, 12 ἀντὶ τοῦ τῆς ἐπανθράκης σποδιᾶς R — ἐναφιᾶσιν Suidas s. Ἐπετίλησεν.

352, 19 καλοῦνται addidit Dindorf. ex Suida s. Δεινόν, ceterum omittente s. Ὀμφακίαν.— 21 τὰς Suidas. τοὺς Ald.

366, 49, 50 edidimus σχημάτων. Legebatur σκωμμάτων, quibus hic non est locus.— 50 λέγειν Ald. — 51 τὸν δὲ τυνουτοσὶ R.

368, 53 ἀσπίσι R.

373 οἷον οἱ ῥήτορες R.

381, 28, 29 κωμῳδικὴν? Dind. — 31 λέγειν δεῖν Ald.

384, 37, 38 τὰ γὰρ—καὶ om. Σ

388, 41 ὁ δὲ ἱερ. R. — 46 κωμῳδικῶς ὡς κουριῶντα (κουρειῶντα codd.) Suidas s. Αἶδος κυνῆ. κωμικῶς τὸν Ald. παίξας om. Suidas.

391, 49 Ὁμήρῳ R. — 50 ὃς R. Ald. κέρδιστος ἐπιχθονίων Ald.

394, 52-1 sic habet R. ἀντὶ τοῦ βαδιστέον. μεταβολὴ — Εὐριπίδου. — 4 πολεμιστέα Ald.

396, 9 δεσπότῃ. Hic διὰ δὲ τοῦ δοκοῦντος ἐπαίνου διαβάλλει τὸν Εὐριπίδην (sequentia om. R.), ὅτι δεινοὺς ἐπιδείκνυσι τοὺς δούλους καὶ ἐν ταῖς τραγῳδίαις addit Ald. Delevi. Recte leguntur infra ad v. 401. Dind. — 9, 10 εἰ—συνετός in principio scholii habet R.

398, 16 τῶν ἔσω R. et Suidas s. Ἀναβάδην et s. Οὐκ ἔνδον. ἔνδον Ald. — 17-24 R. habet τὰ Εὐριπίδου ἰάμβια ἐπύλλια ἔφη.

406, 38 τῆς Λεοντίδος apud Stephanum Byz. et Harpocrationem.

408, 44, 45 ἐγκύκλημα R. hic et Suidas s. Ἐγκυκλήθητι. — 46 διαπράττεσθαι Ald. — 48 ἐγένου quattuor libri Suidæ : sed Paris. A γενοῦ.

410, 3 ἀντὶ τοῦ κέκραγας R. supra ante φαίνεται habet. — 4 φωνεῖν Bekker.

415, 13 πῶς Portus. πᾶς Ald. — 15 παλαιός ex Homero additum.

418, 27 παραδέδωκε R.

421, R. διερρ. ἱμ. αὔλακας (sic).

426, 42 οὑτοσὶ δ' εἶπεν om. R., qui sequentia ἔκειτο—Βελλεροφόντου post scholion v. 424 ponit. Ald. πλησίον καὶ Β.

298, 6 πλεονεκτεῖ Kusterus. πλεονεκτῶ V. Θ. Ald. ἐκείνων Θ.

301, 16 διδόναι. ὁ Κλέων δὲ (δὲ om. Θ.) λέγει οἱονεὶ ἀδεκάτευτον ἔχων (ἔχειν Θ.) οὐσίαν V. Θ.

311 ἀνταράξαι Θ.

313, 48 τὴν πόλιν λαμβάνειν αὐτούς Suidas s. Θυννοσκόπος. Deinde ὀν. δὲ Θ.

314, 52 συρράπτεται Suidas s. Καττύεται. ῥάπτει Ald.

316 ἰσχνοῦ λεπτοῦ καὶ βύρσου. καὶ δὴ ὡς Θ.

317, 7 τοῖς αὐτῶν ὡς καὶ τὰς Θ.

325 V. Θ. post παρακολουθεῖ addunt μόνη (μόνοις V.) γάρ φησι προηγεῖται τῶν ῥητόρων ἡ ἀναίδεια, omittunt autem sequentia καθάπτεται τῶν ῥητ. ὡς ἀν. In G. totum scholion hoc est, προηγ. τῶν ῥ. ἡ ἀναίδεια, προέστηκε, παραχ. μόνη.

326, 42 ἀπανθίζεις, ἀποδρέπεις Θ. ἀποδρέπεις etiam V. — 44 ἀώρως Θ. et οἱ κλέπτοντες.

327, 46 εἶναι om. Suidas s. Λείβεται. — 43 Ἀθήνησι Θ. et π. μὲν οὖν. — 50 τοῖς om. Θ. δακρύοις Suidas. — 53 Θούριον. Hesych.: Ἱπποδάμου νέμησις· τὸν Πειραιᾶ Ἱππόδαμος Εὐρυφῶντος παῖς, ὁ καὶ μετεωρολόγος, διεῖλεν Ἀθηναίοις. οὗτος δὲ ἦν καὶ ὁ μετοικήσας εἰς Θουρίους, Μιλήσιος ὤν. Hinc Θούριος vocatur ab scholiasta. Brunck. Comment. p. 53. — 54 λείπει δὲ ὁ ὀφθαλμός addit Ald. post ἦν. — 1. Hujus scholii auctor Ἱππόδαμος, non Ἱπποδάμου, legit, errore manifesto, quem notavit Schneiderus ad Xenoph. Hist. Gr. 2, 4, 11. Dind. — 2 ὡς οὖν καὶ τοῦ Θ. — 3 δὲ om. V. Θ. Dindorfius: His addam quæ de scholiis ad h. v. disputavit Meierus in ephemeridibus quæ inscriptæ sunt *Philologische Blätter* (Vratislav. 1817, fasc. 2, p. 178-185), omissis nonnullis quæ ad futile illud additamentum spectant, λείπει δὲ ὁ ὀφθαλμός, quod nostrorum codicum auctoritate ejecimus. « Duæ in scholiis explicantur lectiones, vera prior ὁ δ' Ἱπποδάμου, falsa altera ὁ δ' Ἱππόδαμος. Nisi enim Hippodamum intelligis hominem aliquem de vulgo, alias ignotum, ut non inepte suspicatur scholiasta postremus, illum nobilem Hippodamum, quem prior scholiasta intellexerat, et temporum et rerum ratio excludunt. Locus classicus de Hippodamo Milesio est apud Aristot. De rep. 2, 6 (al. 8), ubi ut primus illorum celebratur, qui quum rem publicam non attigissent, civitatem tamen condidissent non manibus sed mentibus. Præter hanc liberalium artium honestæque vitæ laudem non minus celebratur ejus nomen in architectura; urbium enim divisionis auctor est: τὴν τῶν πόλεων διαίρεσιν εὗρε, Atheniensibus in Piræeo exstruendo operam navavit, τὸν Πειραιᾶ κατέτεμε, quod quale sit κατατεμεῖν, ut divinari quodammodo potest ex antecedente διαίρεσιν, ita nos in diversum trahunt tum virorum doctorum Aristotelici loci interpretationes tum Lexicographorum notæ, quorum fere alius alio verbo utitur, ad hanc ab Hippodamo Piræeo impensam operam significandam. Lambinus: *Piræeum ab urbe sejunxit.* Victorius: Piræeum *discidit.* Meursius in Piræeo cap. 2, *et P. dissecuit;* Harpocr. s. v. Ἱπποδάμεια, forum in Piræeo vocatum Hippodameum ab Hippodamo Milesio architecto τοῦ οἰκοδομησαμένου Ἀθηναίοις τὸν Πειραιᾶ, quæ eadem repetit Suid. s. v. Ἱπποδάμεια ἀγορά. Hesychius: Ἱπποδάμου νέμησις· τὸν Πειραιᾶ Ἱππόδαμος Εὐρυφῶντος παῖς (sic ex Aristot. legendum esse pro Εὐρυβόοντος monuit jam Meursius l. l.) διεῖλεν Ἀθηναίοις· οὗτος δὲ ἦν καὶ ὁ μετοικήσας εἰς Θουρίους (sic Valesius ad Harpocr. rescripsit pro inepto Σατυρικούς), Μιλήσιος ὤν. Photius, διένειμεν Ἀθηναίοις τὸν Πειραιᾶ. Lex. rhetor. in Anecdot. Bekk. p. 266, 27: Ἱπποδ. ἀγορά· τόπος ἐν τῷ Πειραιεῖ ἀπὸ Ἱπποδάμου Μιλησίου ἀρχιτέκτονος ποιήσαντος Ἀθηναίοις τὸν Πειραιᾶ καὶ κατατεμόντος τῆς πόλεως τὰς ὁδούς· quibus accedat denique schol. noster συνήγαγεν τὸν Πειρ. κατὰ τὰ Μηδικά, quod, si Meursio fides, *conjunxit* interpretandum est. Sed utut fuit opera ipsa, tamen temporum nota κατὰ τὰ Μηδικὰ facit, ut ad id tempus referamus, quo Themistocle prætore Piræeus muniri cœptus est, cujus annus neque est Ol. 71 $\frac{4}{4}$, quum, qui ibi in fastis legitur Themistocles, diversus esse debeat ab illo magno et aut, ut Lydiatus putavit, hujus patruus aut ne ulla quidem cognatione cum eo conjunctus (Corsin. F. A. vol. 1, p. 336 sqq.; vol. 3, p. 143); neque, quod Dodwellus opinatur, Ol. 74 $\frac{1}{4}$ cum ἀρχὴ illa Themistoclis debeat post relictam a Persis Græciam pugnamque Platæensem incidere, Corsin. vol. 3, p. 160 sqq.; libenter itaque cum Corsinio annum magistratus Themistoclis Ol. 75 $\frac{4}{4}$ dixerim, quo ipso anno Themistocles non quidem ἀρχὴν ἐπώνυμον, sed aliam administravit, nescio quam. Sed redeo ad Hippodamum nostrum, qui quoniam Ol. 75 $\frac{4}{4}$ certe tricesimum ætatis annum egit, quippe vix prius ad tantam artis laudem pervenire potuit, ut Milesius tanto operi perficiendo et quidem Athenis adhiberetur, eo anno, quo hæc Equitum fabula acta est, Ol. 88, 4, octogenarius saltem fuit, qua quidem ætate cum Cleone nullas suscipere potuit inimicitias, neque omnino unquam suscepit, si Milesium fuisse memineris, Thurios, quum hæc colonia conderetur, profectum. Sed nimis jam multa de Hippodamo Milesio, ita tamen claro architecto, ut ab eo singularis condendi ratio nominetur νεώτερος καὶ

1363, 31 legebatur ὅταν. — 32 ἐπὶ τῶν τρ. ἀπεχρέμων Θ.

1368, 42 λιπόπυγάς φησι Θ. Scribendum λισποπύγους cum Kustero ad Suidam s. Λίσποι. Dind. τὸν et 44 ἐπὶ om. Θ., qui ὑπὸ τὴν πυγήν. — 46 γὰρ αἱ Θ.

1369, 48 ἐν τῷ καταλόγῳ om. Θ.

1375, 3 Ἀττικοὶ V. Θ. — 4 μυροπωλίῳ V.

1377, 7 ἐπ' αὐτοφώρῳ θανάτῳ Θ. — 8 post μειράκια addit Θ. νο. τ' οὐκ ἀπέθανε.

1378, 12 ἐπιθεὶς Θ.

1381, 21 διὰ τὸ κατάλληλον Θ., qui 23 Ὀκλαδίας omittit.

1385, 26 ἐπειδὴ τοῖς, 27 ἄνορχιν Θ. Id est ἔνορχιν.

1389, 5 τὰ μετανοίας V., τὴν μετανοίας G. pro verbis μετὰ Εὐβ.

1392, 13 καὶ Ἀθηναίοις om. Θ. — 14 οὖν αὐτῶν V. Θ

1407, 26 οὓς ἐλ. Ald.

NUBES.

Argumenta desunt in Rav. In Ven. leguntur hoc ordine, II, IV, III, VII, V, I, VI.

Arg. I. 5 Ἀριστοφάνους. Sequuntur in Aldina et codice Regio 2712 (membranis Brunckii) quæ supra posita sunt inter Prolegomena de comœdia, sectio VII.

Arg. II. 7 cod. et Ald. Μελίτου, 14 ἀστυχοῦ.

Arg. III, a Brunckio ex codicibus emendatum. — 25 φοιτήσοντος V. φοιτήσαντος Ald. — 30 mirum ni ἐκκυκληθείσης scripsit grammaticus. Ἐκλύειν de aperiendo dici non potuit. Et observat Dindorfius ἐκλυθείσης legisse grammaticum recentem qui Arg. X exaravit, p. 79, a. 24, καὶ τῆς διατριβῆς διαλυθείσης. — 33 τελεῖ Ald. διδάσκει C. Brunckii. — 35 ἀέρα, αἰθέρα καὶ τὰς νεφέλας ἀνακαλεῖται Mut. a. — 3 ἀποστῆσαι V. — 4 μαθητῶν V. — 6 διάγων V. Mut. a. Ald. Deinde κατὰ β. V. — 8 καὶ διαγ. V. — 10 διδάσκει V. — 12 κατωρθωκότος Brunck. κατωρθωκότα Ald. Mut. a. — 14 προσκαλούμενος, 15 ἀπὸ V. — 16 σύγκρισιν Reg. 2712, Mut. a. Ald. — 18 Σωκρατιστῶν Brunck., non ex membranis suis (Reg. 2712).

Arg. IV. ΑΡ. ΓΡΑΜΜ. additum a Dindorfio. — 19 Σωκρ. προτρέπεται Ald. — 23 ὡς ἐπιλέγων V. — 25 «legebatur ὑπ' ἀνδρός. Ὑπὲρ ἀνδρὸς V., ortum fortasse ex ὑπ' ἀν^{ερ}δρός.» Dind. Præferenda videtur Hermanni conjectura ὑπ' ἀνδρὸς ἔτι κατ. Possis αὖ κατ. — Sequebantur verba τὸ δὲ δρᾶμα .... τεχνικώτατον, quæ Dindorfius hinc ablata in fine Argumenti VII posuit. Trimetros versus esse animadvertit Meinekius Hist. Com. p. 48, superioribus adjungendos :

τὸ δὲ δρᾶμα τοῦτο τῆς ὅλης ποιήσεως
κάλλιστον εἶναί φησι καὶ τεχνικώτατον.

Sic Aldina; in Ven. deest ταῦτο, fortasse etiam εἶναι. Idem codex φασι, sed φησί refertur ad fabulæ vers. 522, ut vidit Hermannus.

Arg. V 28 ἐν ἄστει, 29 μὲν γ̄ ἐνίκα V. — 30 διαρριφεὶς, 31 ἀναδιδάξας Ald. — 32 καὶ addidit Dindorf. Ald. καταμέμφεσθαι.

Arg. VI. 1 T. δὲ ταυτό Ald. — 2 αὐτῷ V. — 6 πέπλεκται Ald. — 7 sic Dindorfius. Legebatur ὁ δὲ ὁλοσχερῆ. Ven. ὁλοσχερῆς. — 8 αὐτίκα μάλα ἡ, 10 καὶ ἔτι ἡ V.

Arg. VII. 13 μὲν om. V. — 15 εἰσάγοντα V. — 16 καὶ om. V. — 19 Μέλ^{η}ιτος V. De sequentibus v. dicta ad finem Arg. IV.

Arg. VIII. «VIII, IX, X recentiorum grammaticorum sunt Argumenta ex antiquioribus quæ supra exhibuimus composita.» Dind. — 21 Μέλιτος Ald. — 28 ἑαυτοῦ Ernestius. Legebatur τούτου. — 32 ἐπ' ἐκείνου Hermannus. Monac. ὑπ' ἐκείνου. — 33 οὖν Monac. γὰρ Ald. — 34 ἐν ex Monac. et. Arg. X additum. Ernestius ἐπὶ ex Hom. — 39 βουλήσει ex Monac. et Arg. X. Ald. νοήσει. — 43 Ald. γεγενῆσθαι. Sequentia in codice Matritensi (Iriart. Catal. p. 236) ita leguntur. διὰ τούτων δὲ δείκνυσιν Ἀριστοφάνης ἄθεον τὸν Σωκράτην, ὡς ἀφέντα τοὺς συνήθεις θεοὺς καὶ νομίζοντα Νεφέλας καὶ Ἀέρα. ὅθεν καὶ Νεφέλαι ὠνομάσθη ἡ παροῦσα κωμῳδία.

Arg. IX ex codice Matrit. editum l. c. — 6 τοῦ παιδὸς addidit Harlesius. — 7 codex φοιτήσαντος. — 15 codex μὴ καταγν. Correxit Hermannus.

Arg. X edidit Dindorfius ex codice Taurinensi 34. Habet Regius 2821, confirmans emendationes l. 23 et 36 indicatas.

SCHOLIA.

1, 5 σνθ' Kusterus. Ald. σμε'. «Numerantur soli trimetri, omissis brevioribus versibus.» Herm. Reg. σξ' — 7 ἐν ἐκθέσει Hermannus, «i. e. posteriore parte horum colloquiorum inde a v. 222.» Legebatur ἐν εἰσθέσει. — 9 τρίτον, *quartum* in editis.

Scholia ad v. 1-3 hoc ordine habet R. : 2, 3, 1. Θ. orditur a verbis παρεπιγραφή· συγκ..... περιβλ., l. 42-44. — 15 R. ἔστι δὲ σχ., et om. γάρ.

2, 21 νομ. τοῦτο V. — 24 μὲν om. R. — 26 ἐπὶ

τὰς R. — 28 προθ. ἐλίσσετο καὶ τῷ ὑψόθεν, 30 χρῆμα δὲ τὸ μέγ. V. τ

3, 39 διὰ τῷ τουτῷ R.

5, 3. In V. ad v. 4 adscriptum Ἀττικοῖς (scr. Ἀττικὸν) τὸ σχῆμα. — 4 οὐ om. R., μόνον om. V. — 5 οἰκίαν καθεύδοντας ὡς V. καθεύδουσιν οὖν πάντες, ὡς Ald. — 6 μὲν om. R. V. Deinde R. αὐτὸν δὲ φροντίζοντα. — 7 καὶ pro δὲ R. Θ. — 10 V. βαθέως καθεύδειν, additis τοῦτο καὶ ὁριζόμενος δύναται λέγειν, quæ in G. superius sunt adscripta ad v. 2. — 15-18 habet R. πρότερον ἐν τῇ εἰρήνῃ. — 17 ὑπὸ τὴν γεωπ., ut videtur, V. ὑπὸ τὴν περὶ τὴν Θ. ὑπὸ τὴν Ald., quæ deinde ἀσχολίαν, ut Θ. ἀσχολοῦντας G.

6, 21 σώματα αὐτῶν ἀπ. V. — 22 sic. codd. pro vera scriptura Ἀργεννούσας. — 24 ἐξὸν R. — 25, 26 ἐργασαμένους εἰς τοὺς ἀγροὺς V. — 27 ad 36 σωσι habet codex Taurin., qui 30 τοῖς ναυμαχοῦσι .... ἀπολαύσει. Ald. ἀπολαύσειν. — 34, 35 κολάζειν τοὺς δούλους ἐν τοῖς πταίσμασι Taur.

8, 41 ἡμῖν γέγ. om. R.

10, 43 voci ἐγκεκαλ. præmittit Suidas ἐντετυλιγμένος. — 46 τὸ addidit Dind. ex Suida, qui ἐξέχον. — 48 τῶν ῥητορικῶν Suidas corrupte. — 49 κεφαλῆς V. et Suidas v. Ἐγκεκορδ., κεφαλῇ ejusdem codices duo s. Νιδάριον, πρὸ κεφαλῆς ejusdem codex Leidensis s. v. Φακιόλιον. — 50 κιδάριον Kusterus. In V. κιδάνιον. « Suidas νιδάριον, quod vitium repetitur vv. Νιδάριον et Φακιόλιον, quas glossas recte omittit codex Paris. A. » Dind. — 51 ἀντὶ τοῦ additum ex Suida, qui ἐνειλημμένος. Idem Suidas καὶ ἐγκρύψας, V. ἔκρυψεν sine καί. — 52 δῆλον ἐκ τῶν Suidas. — 3 Rav. αὐτούς· σισύρα δὲ παχὺ περίβλημα. Scholium Tzetzæ ad hunc versum de σισύρα v. apud Kusterum ad schol. Ran. 1459. τοιούτῳ addidit Dindorf. ex scholio Aldino, ex quo correxit sequentia Veneti συμπεριβεβλημένους, ὅθεν καὶ ἐμπεριβόλαια (i. e. ε' περιβόλαια) βεβλῆσθαι. — 5-16 omittunt codd. R. V. — 7 « σισύραις Θ. σύραις Ald. Neutrum ferri potest. Scribendum videtur βαίταις, quo voc. Photius, schol. Vesp. 1138, aliique grammatici ad explicandum σισύρα utuntur. » Dind. — 8 inter περιβλήματα· ἰστέον in Ald. et Θ. ponuntur lin. 26-29, 14-16, 19-23, περιειλήμασιν. Ἀλλ' εἰ δοκεῖ ῥέγκωμεν. ἰστέον. — 15 ἐνείλημα Θ.

11, 20 μιμησάμενος τὸ σχ. τ. ν. R. — 22 ἀποκρύψας V. — 23 περιειλήμασι Ald. Θ.

12, 30 ὑπὸ τῆς ἱππ. δοκεῖ R. ὑπὸ τῆς ἱππ. καὶ τῶν ἀναλ. V. — 31 τὸ ἱπποτροφεῖν V. — 34 μέρει. Addit Suidas : ἔστι δὲ αὕτη· Οἰκοδομά σε λάβοι καὶ ἀμβολὰ ὅ τε ἵππος, καὶ ἁ γυνά τοι μοιχὸν ἔχοι. — 35 προσκεκλίσθαι Θ. — 36 τῶν γρ. R. Deinde π. νῦν δηλοῖ μὲν γὰρ V. — 37 sic G. παρὰ τὸ τῶν κ. V. ἀπὸ τῶν κ. Ald. Δαπάνην δὲ om. V. Θ. — 38 δεσμὰς V. ἑξῆς καὶ ἀκολ. Ald.

14 om. V., 42 κἂν τοῖς ... et 43 om. R. φθονεῖτε Θ. φθονῆθ' Ald.

15, 48 χρὴ π. ἱππ. ἔχει Θ. — 49 ὃν Hermannus.

16, 53 περινοεῖς V. — 1 καὶ οὕτως ἐσπούδακε τῷ πράγματι R. καθεύδοντα V. καθεύδων τὰ ὀν. Ald. — 2, 3 ἄλλο δέ ἐστι τὸ ὀνειροπολεῖν καὶ ἄλλο τὸ ὀνειρώττειν· τὸ μὲν ὀν. R. — 5, 6 τοῖς ἐρῶσιν ἐκτόπως συμβαίνει, δόξασι Ald.

17, 11 τὰ δάνεια αὔξει τοὺς τόκους R. — 13-18 om. etiam Θ.

18, 20 παρεπίγραφα V. — 21 ἅψασθαι R. Ald. — 22 τὸ σύμβολον, ἔπ. Θ, qui 24 om. λογαριάσωμαι.

21, 26-29 Rav. τοῦτον ὡς ἱπποτρόφον ἐμνημόνευσεν, ἐπεὶ καὶ αὐτὸς διὰ τοῦτο πάσχει.

22, 31 διαπορῶν Hermannus. Legebatur διαπορεῖν. — 32 τὸ ἐξ. V. G.

23, 38 Ald. et ut videtur V. ἐγκεχάρακτο. *Koppa* intelligitur, nec opus est correctione Salmasii κ σημεῖον. — Ὡς καὶ σαμφ. τοὺς ἔχοντας τὸ σ. R. — 39 καὶ τὸ ν Ald. et Suidas. — 40 « Addidi καὶ κόππα. Rationem redditurus scholiasta cur σαμφόραι et κοππατίαι, non σιγμοφόραι et καππατίαι dicantur, literas alphabeti σ et κ equis inustas non σῖγμα et κάππα, sed σὰν et κόππα appellari ait. (41) συζευγνυμένου duo libri optimi ap. Suidam. Legebatur συνεζευγμένου. » Dind. — 42 ἀρ. κατανοεῖσθαι Suidas. — 43 κόππα Suidæ codex Paris. A. Scribebatur τὸ κ. — γραμματισταῖς Suid. Totum locum sic scripsit Scaliger ad Euseb. Chron. n. MDCXVII : τὸ γὰρ σ καὶ τὸ π χαρασσόμενον σαμπῖ ἔλεγον (sic etiam Hermannus) .... τὸ σχῆμα τοῦ ϛ ἀρ. δ. ν., οὗ προηγεῖται τὸ π. Salmasius ad Solinum p. 626 : ... καὶ τὸ Π χαρασσόμενον ... γὰρ τοῦ Π καὶ C, τὸ σχ. τοῦ ϡ ἀριθμοῦ δ. ν., οὗ προηγεῖται τὸ ϛ. Quod recepit Hermannus. Dindorfius : « Hoc dicit homo ineptus, e signis koppa et san copulatis signum prodire numeri nonagenarii (cujus figuras vide apud Corsinum), cui designando tanquam proprium et primarium adhiberi τὸ κόππα, nulla habita τοῦ σὰν ratione. « Bernhardyus vere observasse videtur : « quid ἀριθμοῦ ad naturam episemi, quidve δύναται νοεῖσθαι ad figuram stata quotidianaque ratione compositam? » et statuere lacunam. Voluit grammaticus, si recte conjicio, monstrare antiquam figuram *koppa* et *san* hoc modo : συνεζευγμένου γὰρ τοῦ π καὶ σ (σὰν) τὸ σχῆμα τοῦ ϡ ἀριθμοῦ [πεποίηται, ἐξ οὗ τὸ σχῆμα τοῦ σὰν] δύναται νοεῖσθαι. Ex *sanpi* vel vulgari nota numeri nonagenarii facile posse colligi formam literæ san. Præcedere autem literam ἐπίσημον *sanpi* alteram *koppa* : sic enim (fort. καὶ γὰρ παρὰ τ.) docent

grammatici (vel calculones), et *koppa* vocant notam Ϲ. Nam melius ex Suidæ codicibus optimis legetur, καλ. κόππα τὸ Ϛ. Hæc fere Dübnerus. — 45 καὶ κολάζοντα V., om. Suid. — 46 sic Suid. Legebatur οὐδὲν ὄντως. — οὐ γὰρ Ald. et, ut videtur, V. — 49 οὗ τελευτήσαντος G. Θ. — 50 βουκέφαλον (— άλου Ald.) Ἀλεξάνδρειαν Ald., Suid.

24, 53 ἀντὶ τοῦ R. pro φησὶ δέ. — 54 πατάξας Ald. Pro l. 52-54 Θ.: ἀφηρέθην. παρὰ τὸν (τὸν etiam Ald. et fort. Ven.) κοππατίαν δὲ παίζει εἰπὼν τὸ ἐξεκόπην.

25, 4 νεανίσκος om. V. — 5 ἀποφθ. Θ. ὀνειροπολῶν λέγει V. Deinde idem ὡς τὸν συνην., quod corrector codicis Θ. in τῶν συνηνιοχούντων mutat. — 7 τῶν αὐτοῦ ἵππ. V. — 8 θέοιεν ἐμποδίζοις V. θέη ἐμποδίζειν G. ὑποθέοι Θ. — 10-13 omitt. V., 11-13, τὸ δὲ ... ἦν., om. Θ.

28, 19-21, 32-34, prope eadem leguntur in cod. Taurin., cujus in margine eadem manu: ὅτι τρεῖς δρόμοι μάλιστα ἦσαν πεζῶν ὁπλίτων [sic], ὁ δίαυλος καὶ ὁ δόλιχος. καὶ οἱ μὲν τὸν ὁπλίτην τρέχοντες δρόμον, ὃς ἐκαλεῖτο καὶ σταδιαῖος, πανοπλίας ἐνδεδυμένοι ἀπὸ τῆς ἀφετηρίας ἔτρεχον καὶ μέχρι νόμου καμπτῆρος. οἱ δὲ τὸν δίαυλον θέοντες οὐ πανοπλίας ἐνδεδυμένοι, μόνας δὲ ἀσπίδας καὶ περικεφαλαίας καὶ δόρυ κατέχοντες ἀπὸ βαλβίδος μέχρι καμπτῆρος ἀνήεσαν κἀκ τοῦ καμπτῆρος πάλιν εἰς τὴν ἀφετηρίαν κατέθεον. οἱ δολιχοδρομοῦντες δὲ ψιλῶς ἑπτάδρομον ἐποιοῦντο τὸν δρόμον, τρὶς μὲν ἀνιόντες, τρὶς δὲ κατιόντες καὶ πρὸς τὸν καμπτῆρα τὸν ἕβδομον δρόμον ἐκτερματοῦντες. οἱ δίφροι δὲ καὶ τὰ ἅρματα δωδεκάκις τὰς καμπτηρίας ἐποίουν. — 28 ὁ ὁπλ. Hermannus.

30 R. habet κατέλαβέ με τί δὴ μετὰ ταῦτα. — 38 δὲ Θ.

31, 41 φρίσκους καλεῖ R. — 42 ἐφ' ὃ ἦν. R. — 43, 44 recte legitur in V. et apud Suidam, διὰ τὸ κούφους εἶναι καὶ μικρούς τοὺς ἀγωνιστικούς. — 44 κατὰ τὸν ἀγωνιστικὸν Θ. — 45 Ἀμ. δὲ V. Ἀμ. καὶ οὗτος Θ. — 49 Ἀμυνίας Θ. Ἀμεινίας τῆς V. τοῦ Dindorfius. Ald. Ἀμινίας Προνάπου. Θ. πυνά (π supra). — 50-53 Ald. et Θ.: ἐκεῖνον οὖν ἐπισκῶψαι θελήσας, παρέτρεψε τὸ ι εἰς τὸ υ, καὶ παρεγραμμάτισε γελοίως· ἐπεὶ παρὰ τοῖς Ἀθηναίοις ὁ νόμος φανερῶς (ἐπεὶ νόμος π. τ. Ἀθ. μὴ φανερῶς Θ.) ἐκώλυε τὸν ἄρχοντα κωμῳδεῖν. Ἀμυνίαν δὲ αὐτὸν εἶπεν ἀντὶ τοῦ Ἀμινίαν (διὰ τοῦτο καὶ Ἀμυνίας εἶπεν οὐκ Ἀμυνίαν [sic] Θ.). — 51 ἐκώλυσεν G.

32 habet Θ. εἰς τοὐπίσω — ἀπὸ τοῦ ἁλίζω τὸ συναθροίζω. οὐκ ἡλισθῆναι ποιήσας, ὥς τινές φασι. — 4, 5 Hermann., «ἀλινδήθρας», τὰ ἐγκυλ. Deinde κυλίσας posuit Dindorfius; codex κυλισθῆναι.

33 in Θ. glossæ sunt: ἐξέβαλε. πραγμάτων. ἀλλ' ὦ μέλεε: Ἀπὸ τοῦ ἀπαγορευτικοῦ ἐπιρρήματος καὶ τοῦ ἐλέους.

34, 10, 11 ἐπιτάσει χρῆται Θ., reliquis omissis. — 12 ἐπὶ τὸ ζ., 13 ἐπιτείνεται, 14 ἐπὶ τῷ Θ. Qui inferius hoc scholion addit: Δίκη ἡ παρὰ τοῖς Ἕλλησι σωματοειδὴς θεά. δίκη καὶ ἡ τιμωρία καὶ ἡ κόλασις. δίκη καὶ ἡ δικαιοσύνη. δίκη καὶ τὸ δικαστήριον καὶ ἡ κρίσις. — 17 om. Θ. — 18 τοῦ τόκου, 20 ἐνεχυριάσαι Θ.

35, 23 τοῦτο V.

36 om. V. In Θ. φροντίζεις, ἀγανακτεῖς· τοιαῦτα γὰρ πάσχουσιν οἱ φροντίδα τινὰ ἔχοντες.

37, 29-47 «partim ex Harpocratione illata partim aliunde.» Dind. Conf. Suidam vv. Δήμαρχος et Ναυκραρικά. — 29 τὸν κ. ἢ om. Θ. — 31 χρεῶν Ald. — 33 ἠνεχ. Dindorf. et Reg. 2712, qui habet l. 30-34. Legebatur ἐνεχ. — 34 Ἀρ. ἐν Ἀθηναίων πολιτείᾳ Harpocrat. Hinc sequentia ad 47 om. Θ. — 35 ἔχοντας Harp. ἑλόντας Ald. — 36 ναυκρ. Harp. ναυκλ. Ald. hic et ter deinceps. — 37 ἀντὶ τῶν et 39 πρότερον Hermannus. Ald. αὐτῶν .... πρῶτον. — 45 ἄρχοντες post δῆμον lectum delevit Hermannus. — 47 παίζει. — 48 ψύλλα om. V. ὡς ἔλεγεν ἡ κ. ἢ ἡ ψ. R. qui sequentia omittit. — 49, 50 δήμ. παρὰ τοῖς Ἀθηναίοις οἱ πρώην ναύκραροι καλούμενοι, οἷς ἐξῆν ἐνεχυριάζειν V. et Suid. δήμ. οἱ ἐνεχυριάζοντες τοὺς Θ. In fine δοῦκα Reg. 1821.

38, 1 et 2 V. sic, κατακοιμηθῆναι, κυρίως δὲ καταδαρθεῖν τὸ ἐπὶ δ. κοιμηθῆναι. — παροξυτόνως Θ. — 4 κοιμᾶται. Ἀττικοὶ δὲ παροξύνουσι καταδαρθεῖν [sic] V. ἄρχεται ὑπνοῦν Θ. Qui infra addit hoc scholion: κοιμηθήσεσθαι· κυρίως δὲ τὸ ἐπὶ δερμάτων κεῖσθαι. δρῶ τὸ κοιμῶμαι καὶ κατὰ παραγωγὴν δρήθω· δεύτερος ἀόριστος ἔδραθον καὶ κατὰ μετάθεσιν τῶν γραμμάτων ἔδαρθον καὶ τὸ ἀπαρέμφατον δαρθεῖν.

41, 16 ἰδία τὸ φεῦ V. — 17, 18 ἡ προξ. ἡ προν. τὸν γάμον R. προμν. δὲ καλ. ἡ προν., ἣν νῦν προξενήτριαν φησίν (φασίν G.) V.

42 om. Θ. R. habet ἀντὶ τοῦ ἐχαύνωσε καὶ ἠπάτησε. — 22 οἰκουργὸν φάσκουσαν V., sed recte Suidas. — 23 ἐχούσης Suid., qui initio scholii γῆμαι ἀνέπεισε addit.

44, 30 sq. ὥσπερ αὖ—ἀστικῶν om. V. — 31 αὖ Suidas s. Εὐρωτιῶν. οὖν R., qui τὸ δὲ om. — 33 κειμένου, 34 ὥσπερ νοτιζόμενα Θ., omittens lin. 35. Infra scholion habet hoc, σεσημμένος, ἀπὸ τοῦ εὐρῶς ὁ σκώληξ. ἀνεπιμέλητος, ἀκαλλώπιστος. κορῶ γὰρ τὸ ἐπιμελοῦμαι.

45, 43 αὔξων καὶ πληθύνων Suidas s. Ἀκόρητος. — 44 κυρίως λέγεται om. Θ. — 45 ἐλαιῶν hic et 49 Θ. Legebatur περιπίσματα hic et paullo post περιπτύσματα bis Θ. Idem vitium correxi in scholio Equit. 803. Dind. — 46 ἀνάπαλιν om. Θ. — 47 τὸ Θ.

46 ἐδιπλασίασε τὸ ὄνομα a m. sec. habet V., om. G. εἰρωνευόμενος—αὐτὸς om. Θ., qui 2 δυ-

βάλλετο δέ. Inepta sunt quæ scholiasta de Megacle tradit, de quo v. Bœckh. Explicat. Pindar. p. 303. Servus ille non magis fuit quam serva Cœsyra, quod traditur in scholio v. 64 et Pac. 450. Dind. 6 et 5 παρ' Ἐρετριεῦσιν om. Θ.

47. Scholion totum habet Suidas s. Ἄγροικος. οὐκ ἀργῶς—(13)λεληθότως om. Θ. — 17, 18 δόξαν γυναικῶν ex Suida sunt (inquit Dindorfius) redintegranda, ἀδοξεῖν γὰρ εἰώθαμεν ἐπὶ τοῖς ἀγροίκοις. ἔπειτα δὲ κἀκείνην θεραπεύει τὴν ἀντίθεσιν (scr. τῇ ἀντιθέσει), τῷ ὑποτετάχθαι αὐτὸν τῇ γυναικί. δεσπόζειν γὰρ εἰώθασιν οἱ ἄνδρες τῶν γυναικῶν. Omittit hæc et sequentia Θ.

48, 23-25 om. Θ. — 24 ὑπέρογκον καὶ ἐπ' αὐτῇ μέγα φρονοῦσαν R. — 27-31 om. V. Θ. Hæc tantum habet R., κεκαλλωπισμένην. ἔστι δὲ Ἐρετριακὸν—τυραννεῖν. ἢ ἔθνος--μυσαρὸν ἢ om. Suidas. Qui 32 post τυραννεῖν addit, λέγει δὲ τὴν περιεργίαν τῆς κομμωτικῆς. πολλοῖς γὰρ, οἷα εἰκὸς, ἐκέχρητο καλλωπίσμασιν, τουτέστι νίμμασι καὶ τοῖς τῆς κεφαλῆς πλέγμασι καὶ τοῖς ἄλλοις οἷς κοσμεῖσθαι γυναῖκας ἔθος. ἐγκεκοισυρωμένη οὖν οἷον τρυφῶσα, ἀπὸ Κοισύρας γυναικὸς πλουσίας, Ἀλκμαίωνος γαμετῆς. Θ. habet, ἱματίοις καὶ τῇ ἄλλῃ δαπάνῃ περισσῶς κεκοσμημένην, κεκαλλωπισμένην τῇ Κοισύρᾳ.

50, 37 τριῶν om. V. — 42 πάχων περιουσίας τουτέστι πλήθους G. — 44 sq. R. habet τῆς τοῦ οἴνου ὑποστάθμης—ψύχεται τὰ σῦκα.—45-47 ἢ ante ὅπου et καὶ ταριχεύεται—καὶ τὰ ἐκείνης δέ om. Θ. — 53 R. habet περιουσίας τουτέστι πλούτου. Scholion excerpsit Suidas s. Τρασία.

51, 7 et 8 om. V. Suidas, Καταγλωττίσματα: περίεργα φιλήματα, καταπάσματα, παντοῖαι μυραλοιφίαι, ἢ περιλαλήματα· ἢ εἶδος φιλήματος περιεργότερον τὸ καταγλώττισμα· ἢ κολάκευμα. In quibus verba καταπάσματα, παντοῖαι μυραλοιφίαι, quæ nihil commune habent cum καταγλωττίσμασιν, ex scholio verborum præcedentium ἡ δ' αὖ μύρου, κρόκου, illata videntur. Dind. Codex Taurin. καταγλώττισμα κυρίως ὅταν ἐν καιρῷ—στόματι. ὁ δὲ λαφυγμὸς κατὰ μέν τινας τὸ αὐτό ἐστι καταγλωττίσματι· κατὰ δέ—δαπάνη. κυρίως γὰρ λάπτω καὶ λαφύσσω τὸ φορῶ· ὅθεν παράγεται—γυναῖκες τοιαῦτα πράττουσιν ὑπὸ τῆς ἄγαν τρυφῆς. Κωλιὰς δὲ ἡ Ἀφροδίτη οὕτως εἴρηται. ἀνὴρ γάρ τις φθείρας κόρην ἐκ τῶν κώλων ἤτοι τῶν χειρῶν καὶ ποδῶν ἐκρεμάσθη καὶ λυθεὶς ἐκ τῆς θεοῦ ἱερὸν ἱδρύσατο κωλιάδος Ἀφροδίτης ἐπονομάσας. Γενετυλλὶς δὲ ἐκλήθη ὡς γενέσεως αἰτία. — 14-17 in Ald. scholio v. 52 ad λαφυγμοῦ sunt postposita. Mutatum ex scholiis Brunckiano et Taurinensi.

52, 18 Τῆς—ἀσωτίας, sic habet R. ἀδηφαγίας καὶ τῆς πρὸς τὰ ἐδέσματα πολυτελείας, V. ἀδηφαγίας καὶ πολυτελείας, τουτέστι ἐκδεδιῃτημένης πολυτελεῖ τροφῇ. Totum scholion om. Θ. — 19 λαφυγμὸν γὰρ—ἐσθίειν om. R. — 25 ἀπὸ additum ex scholio proximo. — 27 τῶν κώλων. Reizius τὰ κῶλα τῶν δεσμῶν. — 33 Τυρρηνῶν a Valesio positum. Ald. τυράννων. — 35 Τυρρηνοῦ Hermannus: τυράννου Ald. — 40 καὶ δεσμώτης δουλεύων παρ' αὐτοῖς V. et Suidas s. Κωλιάδος. δεσμῷ δουλεύων R. — 42 legebatur οἰκίαν, correctum e libris Suidæ melioribus. Post οἰκίαν iterum τοῦ ἔχοντος addit R. οὕτως ἐλ. καὶ R. et Suidas. — 44 seqq. Κωλιὰς δὲ ἐκλήθη ὅτι θύοντος τοῦ ἱερέως ἱερεῖον κωλῆς ἱέραξ ἥρπαζεν καὶ ἐπέκεινα τῷ τόπῳ ἐπεκαθέσθη, ὅθεν ὁ τόπος κωλιὰς ἐκλήθη. V. Eadem fere, sed post κατεπονεῖτο addita, habet Suidas, οἱ δὲ, ὅτι Ἴωνος θύοντος ἱερεῖον κωλῆς (scr. ἱερείου κωλῆν cum Hemst.) ἐξήρπασε (ἥρπασε codex Leid.) καὶ ἐπ' ἐκείνῳ τῷ τόπῳ ἐκάθισεν. ὅθεν—ἐκλήθη. μέμνηται καὶ Καλλίμαχος ἐν Ἑκάλῃ.—5. corrige ἢ 'πὶ Κωλιάδ' ἢ 'ς Γεν.

54. Scholia ad hunc v. om. Θ. et ad reliquam fabulæ partem vix ulla habet: habet vero tenuia excerpta scholiorum et glossemata. Codex Taurin. σπαθᾶν, ἀπὸ πάνυ σπουδαίων γυναικῶν εἴληπται ἀπὸ τοῦ συντόμως κινεῖν ὑφαντικὰς σπάθας. — 9 καὶ διὰ Ald. — 10 εἶπεν additum ex Suida. Post ἀργὸς ἦν sequitur in Ald. additamentum ex Gregorio Cor. p. 62 illatum, Ἀττικοὶ δὲ ἐπὶ τῶν θηλυκῶν ἀρσενικῶν ὀνομάτων κέχρηνται λέξεσιν (καταλήξεσιν ex codd. quibusdam correctum apud Gregor.), ὡς ἐνταῦθα, καὶ παρ' Ὁμήρῳ « κλυτὸς Ἱπποδάμεια. » καὶ Εὐριπίδης « τὸ δ' αὖ λίαν παρεῖλες ἀγγελθεισά μοι γενναῖος. » — 12 ἐχρήσατο Suidas. χρῆται Ald. quod om. R. V.

57 πότης ὁ πολὺ ἀναλίσκων λύχνος V. a. m. sec. Omittit G.

59 om. V. ἀντὶ τοῦ ἐλλυχνίων. ἢ (ἢ delendum) ἀπὸ θρύου τὸ παλαιὸν τὰ ἐλλύχνια habet R. Codex Taurin. Θρυαλλὶς κυρίως ἡ ἔξαψις τοῦ κατὰ τὸν λύχνον φωτός· νῦν δὲ καταχρηστικῶς τὸ κοινῶς λεγόμενον φιτύλιον. Corrigendum φυτίλιον ex scholio Thomæ M. ap. Ducang. Glossar. p. 1673: θρυαλλὶς τὸ κ. λεγόμενον φυτίλιον· γίνεται γὰρ ἀπὸ (τοῦ) φύειν τρίειον.

60, 35 ἐπιτιμῆσαι τὸν δεσπότην V. sine τῷ οἰκ. — 37 ἀλλ' ἀναγνωστέον F. A. Wolfius. Ald. ἀλλ' ἀναπαυστέον, quod om. V. — 39 οὕτως ὡς G.

62, 43 Ἐστασιάζομεν ex Suida (v. Ἐλοιδορούμεθα) Dindorfius, qui hæc recte digessit. Ald. στασιαζόμενος. Suidas ὡς ὑπὸ τ., 44 τραπῆναι.

64, 47-49 sic R. V. μέγα φρονοῦσα πάντως ἐπὶ τῷ προγόνῳ Μεγακλεῖ τῷ νικήσαντι τρὶς Ὀλ. — 50 κατελθόντι τὸν ἵππον R., τοῦ ἵππου V. sine ἐκ τ. φ. — 52 malim ἔπειτα καὶ K., nisi hæc alius scholiastæ verba sunt. Dind. — 3 πλουτῆσαι Palmerius.

νικῆσαι Ald. — 7 οὖν om. R. — 8 ἐκοινώνει V. — 9 ἄρα om. V., qui ἦν φαμὲν. Conf. ad v. 46. — 10 Περικλέους Μεγακλέους εἶναι μητέρα. τὸ ὄνομα δὲ τὸ Ξανθίππου V., qui ita pergit, νῦν δυνάμενον ἀμφοτέρους δηλῶσαι, omissis παρῴδηται—Μεγακλέους.

67, 18 τοῦτο—μέρος om. V.

68 scholion om. V. οἷα τοῖς μικροῖς παιδίοις ἔθος χαριεντιζομένους προσπαίζειν τοὺς γονεῖς Suidas s. Ἐκορίζετο.

70, 26-28 sic R., ξυστὶς λ. τὸ πορφυροῦν ἱμ., ὅπερ οἱ ἡνίοχοι χρῶνται ἐν τῇ ἱππικῇ. V. om. πομπεύοντες.— 30 σωσάνιον ab aliis σουσάνιον dicitur: v. Ducang s. Σοῦσον.

71, 33 sq. αἱ δὲ αἶγες πρὸς τὰ τραχύτερα καὶ ὀρεινότερα διάγουσιν Suidas s. Φελλέα. — 36 Ἄλλως. τόπος Ald., præmisso scholio inutili, τόπος οὕτω καλούμενος ἐν Ἀττικῇ. οὐ μὴν ἀλλὰ καὶ περὶ τὸν Διόνυσόν ἐστί τις ἑορτὴ τοῖς Ἀθηναίοις Φέλλος καλουμένη· (hæc ex Suida sumpta, ubi est καὶ ἑορτή τις περὶ τὸν Διόνυσον Φελλὸς καλουμένη.) ἥτις τῶν Διονυσίων ἄρχεται. Λουκιανὸς δὲ ἐν τῷ περὶ τῆς Συρίης θεοῦ (c. 16), « φαλλοὺς, » φησὶν, « Ἕλληνες τῷ Διονύσῳ ἐγείρουσιν· ἐπὶ τῶν καὶ τοιόνδε τι φέρουσιν, ἄνδρας μικροὺς ἐκ ξύλου πεποιημένους, μεγάλα αἰδοῖα ἔχοντας. καλέεται δὲ τάδε νευρόσπαστα. » καὶ παρακατιὼν δὲ « ἐν τοῖς προπυλαίοις τοῦ Συρίης θεοῦ ναοῦ φαλλοὶ ἑστᾶσιν, οὓς Διόνυσος ἐστήσατο. » — 37 φελλέτας Suidas.

72, 40 sq. om. V. — 43 ἰσάλην corruptam esse ex ἰξαλῆ (i. e. *pellis caprina* : ab ἴξαλος, *capra*) recte monuit Casaubonus De satyr. poes. 1, 4, et ad Theophr. Charact. p. 147. Corruptionem tamen illam satis antiquam esse oportet : si quidem Galenus in Lex. Hippocr. jam meminit vocis ἰσάλην, eamque exponit διφθέραν, δέρμα. Apud Pollucem 4, 118, corrupte legitur ἰζάνην, pro ἰξαλῆν, vel ἰσάλην, ut a viris doctis jam observatum est. Vide etiam Foesium in Œconom. Hippocr. v. Ἰξάλην. Kust. In fine γοῦνναν Reg.

74 R. habet ἀντὶ τοῦ εἰπεῖν ἴκτερον οἷον ἱππικὸν ἔρωτα ἢ νόσον ἱππικήν. Codex Taurin. ἵππερον : ἱππικὸν ἔρωτα. ἔπαιξε τὴν λέξιν παρὰ τὸν ἴκτερον, ὡς κυρίως (ὅς ἐστι Reg.) νόσημα, ξανθῆς χολῆς παρὰ τὴν τοῦ δέρματος ἐπιφάνειαν περιχεομένου (scrib. — νης)· διὸ καὶ τὸ κατέχεε κατὰ λόγον ἐπέφερε. — 47 οὗτος δὲ καὶ τ. χρ. αὐτὸν ἐπιβ. φ. αὐτοῦ ἵππ. V.

80, 3 φιλίας R. Totum scholion om. V.

81, 12 scribendum δεξιᾶς, cum libris quibusdam Euripidis.

82, 24 ἰδού Reizius. εἶδος Ald.

83, 31 ἄλλοι δὲ ἀφίδρ. Ald.

88, 40 ἱματίων post καὶ ἐκστρ. ponit R. et Suidas s. Ἔκστρεψον. καὶ ἐκστρεφομένων om. V.— 43 μεταβαλοῦ Ald.

91 sic Ald., ἐπεὶ οὐκ ἐπιτρέπει τὸν Ποσειδῶνα ὀμνύναι, μεταβαλὼν τὸν Διόνυσον ὄμνυσιν. — 48 τὸ δεῦρο R.

92, 51 αὐτὸ τὸ et πάντα τὰ τῆς φ. V. τῆς φ εἰς πάντα Ald.— 52 τὸ δὲ—ἐλθέ om. V.

94, 6 ἐστὶ τὸ Hermannus.— 18 παῦλαν ἔχει κινήσεως καὶ ζ. Ald. quæ παῦλον ἔχον per typogr. errorem habet infra 21 post θᾶκος. Correctum ex Platone. — 20 ἢ συν. R. V. — 21 τῶν σοφῶν ἤτις καὶ θᾶκος V. Ἀττικῶς R. G. Ἀττικὸν V. — 23 Σωκράτην, ἐπειδὴ ἐφρόντιζον περὶ ἀλλήλων ἢ διὰ τὸ μηδ. V. περὶ om. Ald. ἀλλοτρίων Reizius.

96, 33 Κράτης Ald. Deinde scribebatur Ἱππῶνος. — 38 προθεὶς Kusterus. Legebatur προσθείς. — 42 Dindorfius delevit quod post ἔγκλημα addebatur φαίνεται δὲ καὶ ἐπὶ τούτων ὁ Ἱππὼν κωμῳδηθῆναι φθάσας (φαίνεται οὖν ὁ Ἵππων καὶ ἐπὶ τούτῳ κ. φθ. V.). Deinde legebatur τὸ δὲ τῶν ἐγκλημάτων οὐδὲ. Quod idem correxit adjuvante V, in quo ὁ δὲ τὸ ἔγκλημα τοῦ δὲ σύνολον ἐπ. φιλοσοφίαν — 43 ἐπαγγέλλοντες V. — 44 ὡς om. V. — 45 τὸν φίλον V. Deinde scribebatur οἱ δ'. — 46 Dindorf ὁ addidit.— 48 de Diphilo iambographo v. Mernek. Hist. Com. p. 449, qui de Bœda : « Nomen viri, sive illud Βοίδας fuit sive Βοιδᾶς, Siculum vel Italum philosophum fuisse subindicat. » Adde Dindorfium in Thes. Steph. s. v. Ald. Βοίδαν. — 49 διὸ οὐκ εἰς Ald. Correxit Hermannus, præeunte Reizio, qui δι' οὗ εἰς scripserat. — 50 ὁ addidit Reizius. — 53 sqq. Eupolidis versus sunt ex tetrametris. Post ἐπίδειξιν exciderunt syllabæ duæ. Dind. Post Στησιχόρου Hermannus addidit πρὸς τὴν λύραν ex scholio v. 180.

98, 6 οὐδὲν ἔφασκε, 8 τὸ αὐτὸ τοῦτο γνωρίσαι V. — 9 ἂν om. V.— 10 τῶν περὶ αὐτοῦ V.

102, 12-18 τοὺς φιλοσόφους οὕτως ἐκάλουν. R. τὸ δὲ πόνηροι ἀντὶ τοῦ ἐπίπονοι R. V. τὸ δὲ ἀλαζόνας, ἰδίως ἀλαζόνας τοὺς ψεύστας καλεῖ. εἰκότως οὖν καὶ τούτους οὕτως λέγει. V. Reliqua omittunt.

104, 21 λεπτόφωνος R.

105, 22 ὁ πρέσβυς, 23 αὐτοῦ R. ἀληθῶς, 24 μηδὲν δὲ V. — 25 μηδὲ μειρακιώδες om. V. — 26 ἀπὸ τοῦ μηδὲ τὰ νήπια παιδία εἰδέναι τι Ald.

106, 29 ὡς ἄγροικος om. V. Ald.

107, 34-37 τὸ δὲ σχασάμενος, ἀντὶ τοῦ καταπαύσας. ἀπὸ μεταφορᾶς τῶν ἀποσχιζομένων καὶ διαχεομένων ὑδάτων. Ἄλλως. καταλύσας, κατασπάσας, ἀποστὰς τούτου Ald. ἀντὶ τοῦ παυσάμενος τῆς ἱππικῆς, ἢ ἀποχωρήσας Suidas s. Σχάσον.— 37 σχάσαι γὰρ δεῖ (δὴ Suidas) καὶ Dind. addidit ex V. et Suida. — 39 καὶ Ηίνδ. et sequentia om. V. — 40 σχάσαις Suidas. σχάσαι Ald. σχάσον apud Pindarum. — 42 τὸ Hermannus. τὸν Ald.

108, 45 ὀμνύει R.

109 codex Taurin.: Φασιανοὺς ἵππους φησὶν, ἀλλ' οὐκ ὄρνις. ἐλέγοντο δὲ οἱ ἵπποι φασιανοὶ ἀπὸ τοῦ τὸν Φᾶσιν ποταμὸν, ἀφ' οὗ οἱ ἵπποι ἐπωνομάζοντο, παραρρέειν τὴν Κολχίδα. — 51 Ἀρίσταρχον Ruhnkenius præfat. ad Hesych. vol. 2, p. VII. Ἀρχίλοχον Ald. et Suidas s. Φασιανοί. — 1 Μόρυχε τέως Suidas. Μόρυχέ τε νῦν Ald. — 2 ἡ Kusterus. ἢ Suidas. ᾗ Ald. — 3 τερπνῶς Suidas. τερπνὸν Ald. Meinek. Com. I, 2, p. 652. — 4 β' om. Suidas. — 5 φασιανοὶ δὲ οἱ ἔχοντες idem. Legebatur οἱ δὲ ἔχοντας. — 6 ἐν (ἐν om. duo codd.) τῷ μηρῷ φασιανὸν ἵπποι. A. Suid. — 7 πολιτευομένων idem. — 10 post ἱπποτρόφου addit Junt. Ἀθήναιος (9, p. 387, A) « καὶ τὸ ἐν Νεφέλαις δὲ ἐπὶ τῶν ὀρνίθων ἔγωγε ἀκούω, καὶ οὐκ ἐπὶ ἵππων, ὡς οἱ πολλοί,

τοὺς φασιανοὺς, οὓς τρέφει Λεωγόρας.

δύναται γὰρ ὁ Λεωγόρας καὶ ἵππους τρέφειν καὶ ὄρνεις φασιανούς. κωμῳδεῖται γὰρ ὁ Λεωγόρας ὡς γαστρίμαργος ὑπὸ Πλάτωνος ἐν Περιαλγεῖ. Non animadvertit Francinus verba illa Athenæo ab lectore quopiam esse illata ex scholiasta Aristophanis. De quo dixi in annotatione ad locum Aristophanis. Dind. — 11 imo ἐγκεχαραγμένοι. — 13 προπολιτευσαμένων V. — 18 περὶ Ἀρχίλοχον codex.

110, 22 παρακαλῶ σε V.

111, 23 ἔμελλε Θ. ἔμελε Ald. — 24 θέλημος ἢ ὤφελος Θ.

112, 29 Αὐδηρήτης codex. — 32 εἶναι om. V.

120, 37 οὐ γὰρ ἂν V. οἷον οὐχ Ald. — 39 φιλ.. ἀποκείρονται Kusterus. — 40 ἠμαυρωμένος. Addit Ald. αἰσχρὸς καὶ διεφθαρμένος γενόμενος. οἱ γὰρ ἱππεῖς ἐν γυμνασίοις καὶ παλαίστραις διέτριβον. οὐ γεν. V. εἰ γ. — 41 φησὶν om. V. — 42 εὔχροι Ald. et Suidas s. Διακεχναισμένη. — 45 φθονεῖτε, 48 εἰ ἀπολιπὼν τὸ σῶμα κοσμεῖν V. — 50 uncis inclusa pertinent ad v. 124.

121, 3 φάγη, θρέψη V. θρέψει om. R.

122, 5 Ζύγιοι δὲ καλοῦνται ἵπποι V. 6 λέγονται R., qui οἱ—ζυγῷ post ἀριστερός ponit. — 7 ὁ μεσαριστερὸς καὶ ὁ μεσοδεξιός V.

123, 13 πείθειν V.

127, 28 δηλοῖ. εἴπη (scr. εἴποις) γὰρ ἂν διδάξομαι τὸν V. — 31 νῦν μὲν εἶναι V. — 33 sqq. ἐμαυτὸν διδάξομαι ἔφη, ἅτε βαδίζων εἰς τὸ φροντιστήριον. τὸ δὲ ἐμαυτὸν λείπει τοῦ μ. οὐκ ἐπ. Ald. εἰπεῖν διδάξω G. διδάξας V. — 36 πρὸς ἄμφω τὰς διαθέσεις dicere debebat. Monuit Reizius.

129, 39 sqq. νῦν οὐκ ἐπὶ τῆς σωματικῆς κινήσεως εἴληφε τὸ βραδὺς, ἀλλὰ V., ex quo νῦν additum. — ἀγχίνους εἶναι. ἄνωθεν δὲ τὰ τῆς διανοίας δηλοῦν θέλει Ald. Veram scripturam habuit etiam Suidas s. Βραδύς.

130 glossam λεπτολογίας habet V. — 43 ἰσχνῶν Junt. ἰσχυρῶν Ald. 46 ἐξάσκησις conjecit Kusterus. — 47 λόγων addidit Dukerus. — 48 τὰ λεπτὰ R. καὶ τῶν καλ. R. V. — 49 ὀξυτονεῖται R. τῶν ἄλλων πλαγίων cod. Taurin. et Reg. 2821. — 50 προπαροξύνεται V.

131, 1 σταλαγμὸς, καὶ κλίνεται στραγγός. ἀφ' οὗ κατὰ στράγγα οὐρεῖν καὶ στραγγεύω ῥῆμα τὸ ἐκθλίβω, ἤγουν τὸ κοινῶς στραγγεύω (στραγγίζω. Reg.) Taurin. — 132 scholio ad v. 133 postponit V. et Ald. — 10 ἔσω, ἀλλ' ἐψόφει καί τις τὴν θύραν Suidas. ἀλλ' ἐψόφηκε τὴν θύραν τις Kusterus.

133, 14 Βοιωτῶν γὰρ ἀναστάτων—γενομένων V. Dativos ponit V. in scholio ad Pluti v. 604. In Regio 2712 est Βοιωτοῖς ἀναστάτοις—καὶ ὑπὲρ ἀπ. μαντευομένοις—ἐκεῖ κατοικῆσαι—τὸν παγαιτικὸν—περιιπταμένους τοὺς ἱερούς—ἀπὸ μέθης—οἱ δὲ ἀπὸ τοῦ ζώου φησὶ λέγεσθαι—τόποις ἐπὶ πλέον διατρίβει ταῦτα. — 15 μαντευομένων V. — 16 λευκοὺς κόρακας Ald. — 17 Παγασητικὸν Wesselingius ad Diodor. 19, 53. Παγασιτικὸν R. V. Παγαιατικὸν Ald. ἴδον R. — 18 τοὺς τοῦ ἡλίου Ald. — 22 addit Ald. Ζηνόδοτος (scrib. Ζηνόβιος) δὲ ὁ τὰς Ταρραίου καὶ Διδύμου παροιμίας ἐπιτεμὼν, « Βοιωτοῖς, » φησὶν, « Ἄρνην ποτὲ διοικοῦσι προείρητο ὑπὸ τοῦ θεοῦ ἐκπεσεῖσθαι, λευκῶν κοράκων φανέντων. νεανίσκοι δέ ποτε μεθυσθέντες, καὶ συλλαβόντες κόρακας, γυψώσαντες ἀφῆκαν πέτεσθαι. ἰδόντες δὲ οἱ Βοιωτοὶ ἐταράχθησαν, ὡς τῆς μαντείας λαβούσης τὸ τέλος, καὶ φοβηθέντες οἱ νεανίσκοι, τὸν θόρυβον φυγόντες, ᾤκησάν (ᾤκισάν Wolfius) τινα τόπον, ὃν ἐκάλεσαν Κόρακας. μετὰ δὲ ταῦτα ἐκβαλόντες τοὺς Βοιωτοὺς οἱ Αἰολεῖς, ἔσχον τὴν Ἄρνην οἰκείαν οὖσαν· καὶ τοὺς ἁμαρτάνοντας μεθιστᾶσιν εἰς τοὺς Κόρακας καλουμένους. » Quæ Musurus ex Zenobii Proverb. 3, 87 intulit.

134, 23 Κικυνῆς R. κικυνισταὶ Ἀκ. V. — 24 Ἀπολλώνεια Ald.

136 διόπερ et sequentia om. V.

137 codex Taurin.: Ἀμβλοῦν λέγεται τὸ τὸ ἔμβρυον ἐν τῇ γαστρὶ φθειρόμενον ἐξιὸν (scrib. ἐξωθεῖν vel ἐκβάλλειν ἐξιὸν) τῆς μήτρας μήπω τελεσιουργηθέν. ἀπὸ τούτου λέγεται καὶ τὸ ἀμφλωτρίδιον (Reg. ἀμβλωθρίδιον). ἐνταῦθα οὖν διὰ τῆς λέξεως ταύτης κωμῳδεῖ Σωκράτην λέγοντα τέχνην ἔχω μαιευτικὴν, καὶ διὰ ταύτης ποιῶ τοὺς νεους κύματα (ἀποτίκτειν κυήματα Reg.) τῆς ψυχῆς εὐγενῆ. — 35 δὲ ἰδίως Ald., Suidas s. Ἐξήμβλωκας. — 38. Usitatum est ἀμβλωθρίδιον. Dind. ἰδίως—(44) ἐξήμβλωκας om. V. καὶ σκέψιν. ἰδίως δὲ R., qui hoc scholion postponit scholio v. 138. — 40 προείπομεν R. — 43 τοῦτο Reizius. τοῦτον Ald.

138, 48 πρὸς om. R. σχ. ὅτι οὐ χρ. πόρρω τῆς πόλεως, ἐπὶ τῶν ἀγρῶν ἄγροικος εἰμί V. — 49 ἄδηλον δὲ Ald. sine Ἄλλως. — 50 πόρρω ἀγροίκων αὐτὸς Ald. — 51 μακροῖς V. — 52 παρὰ τῷ Εὐριπίδῃ V,

140, 8 τῶν om. V. — 9 οἷς G. οἱ V. πολλοῦ om. Suidas s. Ἀλλ' οὐ. — 10 εἰ μὴ τοῖς μαθηταῖς habet V. om. G.

144, 12 ἐπύθετο om. V. — 18 αὐτοῦ δοκεῖ σώζεσθαι Suidas s. Χαιρεφῶν. — 19 πάνυ θερμὸς Suidas. — 22 συμφρονοῖεν V. σωφρονοῖεν Ald. συμφωνοῖεν Suidas cum Xenophonte. — 23 τοῦτο V. — 26 σοφὸς δ' ἁπάντων Σωκράτης ὁ Θηβαῖος V. σοφώτερος R. ἁπάντων—σοφώτατος Pseudo-Lucian. Amor. c. 48. — 27 τούτου Ven. — 28 legebatur φησὶ τὴν Πυθίαν τοὺς γ. — 29 καὶ εἰ ἔστι δὲ V. — 30 εἰ Suidas s. Συγχρωτίζεσθαι et Diog. L. 7, 2. πῇ Ald., quod om. V., in quo εἰ inter καὶ ἔστι legitur, loco alieno illatum. Ald. V. πῇ συγκεχωρῆσθαι (συγκεχωρίσθαι V.) τῷ χρησμῷ δύναται. Correxit Toupius Emendat. vol. 2, p. 207, ex Diogene Laert. 7, 2: χρηστηριαζομένου αὐτοῦ (Zenonem dicit) τί πράττων ἄριστα βιώσεται, ἀποκρίνασθαι τὸν θεόν, εἰ συγχρωτίζοιτο τοῖς νεκροῖς· ὅθεν ξυνέντα τὰ τῶν ἀρχαίων ἀναγινώσκειν. — 32 δηλονότι V., quod correxit Dindorfius. — 40 Ναπαίου Lobeck. Aglaoph. p. 267. Legebatur γονναπαίου. Apollinem ναπαῖον ab Lesbiis cultum fuisse constat ex Macrobii Saturn. 1, 17, et Suida s. Ναπάται, quam gl. om. codd. Paris. A et Leid. — 41 Suidas, ἀνάθημα: πᾶν τὸ ἀφιερωμένον θεῷ. « αἰτοῦντος (libri deteriores αἰτοῦντι) τῷ Πέλοπι ἀνάθημα τὴν ἄρνα τὴν χρυσῆν, ἕτερα παρέχοντι κειμήλια ἔχρησεν, Ὃ βούλομαι δός, μὴ δίδου δ' ὃ μὴ θέλω. » — 42 παρέχοντι Suidas. παρέχοντα Ald. Deinde « scribendum ἔστι δ' οὗτος vel ἔχει δ' οὕτως. » Dind.

145, 47 καὶ vel delendum vel in γὰρ mutandum. Præcedit in R. ἐπινενοημένην, quod retuli ad v. 137, ut factum est in V. Dind. — 51 νῦν addidit V. — 1 τοιοῦτο R. Ald. — 3 δῆλον δὲ et sequentia om. V. ὅτι ταῦτά φησι Ald. σῦραι R. — 4 μηδενὸς ἐχόμενα. διὸ Ald. — 6 αὐτὸ R.

146, 9 παρειλήφει V. τοῦτο. διὰ τοῦτο οὐδὲ R. αὐτικὰ δὲ G. — 10 τινὸς et ἢ τοῦ—γελοίου om. V. ἢ τούτου R., et, omissis ἐν ἑκατέρῳ γελοίου, pergit, ὁ μὲν γὰρ Χαιρεφῶν βαθείας ἔχει τὰς ὀφρῦς, ὁ δὲ Σωκράτης φαλακρὸς ἦν. ὁ Χαιρεφῶν et ὁ Σωκράτης om. V.

150, 13 δυϊκῶς, 14 ἱστορεῖ καὶ πόδας ἔχει V. — 15 ψυγείσῃ δὲ ἀντὶ τοῦ om. R.

151. Ἔστι. In Ald. præcedit, εἶδος ὑποδήματος αἱ Περσικαί, ὡς καὶ Ἡρόδοτος. ἐπεὶ δὲ καὶ δένδρου ὄνομά ἐστι Περσικαί, διὸ καὶ περιέφυσαν εἶπεν, ὡς ἐπὶ δένδρου, scholion novitii grammatici. Herodotus memoriæ errore nominatur, fortasse propter 1, 195, ubi Babyloniorum ὑποδήματα memorantur. Dind. — 17 ὑποδήματά τι R.

152 sic Ald., ἀδύνατον. οὔτε γὰρ ὑπόδημα δύναται φορέσαι ψύλλα, οὔτε ὑπολύσασθαι, οὔτε μετρῆσαι τῷ προσπλασθέντι κηρῷ τοῖς ποσὶ τὸ διάστημα τοῦ ὑποδήματος, ἀλλ' ἀδύνατον ἀδυνάτῳ ἐπήγαγεν. οὔτε γὰρ τὰ ὑποδήματα ἐκ κηροῦ φῦναι φύσιν ἔχει, οὔτε τῶν τῆς ψύλλης ποδῶν ταῦτα δυνατὸν ἦν ἐξελεῖν καὶ διαμετρῆσαι τῷ τοῖς ποσὶν αὐτῆς προσπλασθέντι κηρῷ τὸ δ. τοῦ ὑποδήματος. — 21 αὐτὴν V. — 22 ἐξέλκειν R. τοῦτο R. V.

157, 27 διαλογίζεται Ald. — 28 verba οὓς ἡμεῖς κώνωπας λέγομεν habet R., V. autem in fine scholii v. 158, ἐμπίδες δὲ καλοῦνται ἃς ἡμεῖς κώνωπας λέγομεν. Codex Taurin. ἐμπίδας τινὲς τοὺς κώνωπάς φασιν· οὐχ οὕτως δὲ ἔχει, ἀλλ' ἐμπίδες εἰσὶ τὰ κοινῶς λεγόμενα κανάρια. γίνεται δὲ ἐμπὶς ἀπὸ τοῦ ἐμπεῖν (ἐμπνεῖν recte codex Regius 1821) ἤτοι ᾄδειν.

158, 32 καὶ βοᾶν Ald. τοῦ οὐρροπυγίου (οὐροπ. G.) V., i. e. τοὐρροπυγίου. Codex Taurin. et Reg. 1821, ὀρροπύγιον κυρίως τὸ ὀρθοπύγιον, τὸ κοινῶς λεγόμενον κολουράδης. ἐνταῦθα δὲ καταχρηστικῶς ἀντὶ τοῦ πρωκτοῦ εἴρηται. — 33 μὲν om. V. — 35 ἰδεῖν ἃ Ald. — 38 προϊέναι V., quod om. G. ἐὰν οὖν V. εἰ γὰρ τοῦτο λάβοιο καὶ οὔτε φθέγξεται τὸ ἐγκέλαδον οὔτε Ald. — 39 καὶ καλὸς om. V. — 41 seq. διὸ καὶ τὰ τοιαῦτα ζῷα πάντα καλεῖται τὰ ἔντομα κατὰ V. — 42 βομβύλια. Vid. Schneider. ad Aristot. H. A. vol. 3, p. 373. ἐντόμια Ald. — 43 ἐντέτμηται Kusterus. ἐκτέτμηνται Ald. οὖν διατέτρηται V. — 44 καὶ κελάδων V.

163 καὶ προστενῷ τῶν ἐντέρων V. προκείμενον uterque.

165 τοιαύτη γὰρ ἡ σάλπιγξ, κατὰ τὸ ἄνω στενὴ καὶ πρὸς τὸ ἄκρον κοίλη R. μὲν, δὲ et διὸ καὶ ὀξὺ ᾄδει om. V.

166, 54 τοῦ εὑρέματος om. R. περὶ G.

169, 9 codex Reg. 2712 ἐκ. λέγεται, ἀσκ. καὶ γαλεώτης. μυγαλῆ ἀπὸ τοῦ ἁλίσκειν τοὺς μύας, ἀσκαλαβώτης ἀπὸ τοῦ δίχα σκάλας βαίνειν. Codex Taur. et Reg. 1821 ἀσκαλαβώτην καὶ γαλεώτην ἐνταῦθα τὸν αὐτόν φησιν, ἤγουν τὸν μῦν. ἄλλοι δὲ ἀσκαλαβώτην πᾶν ζῶόν φασι τὸ χωρὶς κλίμακος ἀναβαῖνον ἐπὶ τὰ μετέωρα τῶν οἰκιῶν. γαλεώτην δὲ οἱ μὲν τὸν μῦν φασιν, οἱ δὲ τὴν κάταν· ἄλλην δὲ τὴν νυμφίτζαν, ἣν καὶ μυγαλῆν φασι.

173, 11 καὶ ὀροφὴ καὶ θηλυκῶς καὶ ἀρσενικῶς ὄροφος R. καὶ ὀροφὴ δὲ θηλυκῶς καὶ ἀρσενικῶς ὁ ὄροφος. V. — 14 τὸν Πέρσικα V. Scribendum τὼ Περσικά.

175, 22 εἶχεν V.

176, 23 τοῦ om. R., qui τὸ δὲ-ἀντὶ τοῦ omittit. — 24 ἐμηχ., ἐνόησεν V.

177, 28 λεπτήν. καὶ γὰρ τὴν ὁμ. V. λέγει post ἀλφίτων addit G.

178, 33 ὥσπερ ὀγκίνων εἴδει Ald. i. e. ὀγκινοειδῆ. Dind. — 36 ὤπτησαν et ἐπῆραν (ἔπειραν G.) V. —

37 μὲν οὐχ ἦν G. — 38 πρὸς δὲ τὸ λαθεῖν Ald. — 39 τὸ καμφθῆναι τοῦτον ἦν χρ., ἔτι δὲ μέλλων εἰπεῖν ὅτι ὀφείλετο, ὀρθὸν Ald. — Et 41 seq. τοιαῦτα-βούλονταί om. V. — 43 κάμψας R. — 46 διαβήτης δέ ἐστιν ἐργαλεῖον V. — 47 εὔχρηστος τέχναις πολλαῖς R. et παρεοικώς. — 48 περιάπτοντες V. παράπτοντες R.

179, 1-3 scholio proximo postponit V., sequentia autem ἐμφαίνει-ὀρφῇ postponit scholio v. 186. τοῦτο om. R., ὑπὸ om. G. — 4, 5 ἐμφαίνειν διὰ τούτων βούλεται ὅτι παιδεράστης ἦν Σωκράτης κἀν ταῖς παλαίστραις τὰ πολλὰ ἐξ., ἵνα τοὺς παῖδας ὀρ. V. — 7-12 παρ' ὑπ. εἶπεν. ἀντὶ γὰρ τοῦ εἰπεῖν κατέγραψέ τι ὃ προσέχοντες οὐκ ἐπινήσαμεν, ἐπήνεγκεν R. — 8 αὐτὴν εἰς τὰ ἄλφ. V., qui sequentia omittit.

180 sic Ald., οὗτος ἐγένετο τῶν ἑπτὰ σοφῶν εἷς, Μιλήσιος· ὃς πρῶτος τὰ περὶ οὐρανὸν ἐξεῦρε. παρατηρητέον δὲ, ὅτι ἀπ' εὐθείας τῆς ὁ Θαλῆς, ὡς Ἑρμῆς, Ἑρμῆν, Θαλῆν, καὶ Ἑρμέας, ὡς Θαλέας. διχῶς δὲ τοὔνομα ἐκφωνητέον· βαρύτονον μὲν, Θάλης, ὡς Χρέμης· οὗ ἡ γενικὴ Θάλητος, ὡς Χρέμητος, Θάλητι, Θάλητα. ὡς τὸ, «Θάλητα χρημάτων ἐλεύθερον.» εἰ δὲ καὶ περισπωμένως Θαλῆς, ὡς Ἑρμῆς· καὶ Θαλοῦ, ὡς Ἑρμοῦ. De illo Θάλητα χρημάτων ἐλεύθερον, quod ab recentissimo grammatico additum videtur, recte judicat Dobræus: «Legendum videtur Θάλης Θάλητα χρημάτων ἐλευθεροῖ, errore scholiastæ pro Κράτης Κράτητα. Vide Menag. ad Diog. Laert. 6, 87, et Boissonad. *MSS. du Roi* vol. 10, p. 164, 289.» Dind. — 22 ἰστέον δὲ ὡς V. τῆς Θαλοῦ idem (non G.) — 23 ἔκλινε dedit Suidas s. Θαλῆς. V. ἔκλινας, qui ἐκφωνητέον omittit. — 25 Ἑρμῆς. Sequitur in Ald. ἄλλως. ὁ Θαλῆς οὗτος Μιλήσιος ἦν, εἷς τῶν ἑπτὰ σοφῶν. οὗτος ἄκρος μηχανικὸς ἦν. στρατεύσαντος γὰρ Κροίσου πρὸς Κῦρον, καὶ μὴ δυναμένης τῆς στρατιᾶς αὐτοῦ διαβῆναι τὸν Ἅλυν ποταμὸν μέγιστον ὄντα, τοιόνδε τι μηχανᾶται· ἄνω τῆς στρατιᾶς ἰὼν τέμνει τὸν ποταμὸν ἑτέρωσε ῥεῖν, οὐ πάντα, ἀλλὰ τὸ ῥεῖθρον αὐτοῦ σχισθὲν τὸ μὲν ἓν εἰς τὴν ἀρχαίαν πορείαν ἐχώρει, θάτερον δὲ ὑπ' ἀγκάλης εἶχε τὴν στρατιάν (δὲ πρὸς τὰ ὄπισθεν μέρη τῆς στρατιᾶς codex Reg. 2821, qui hoc scholion habet). καὶ οὕτως ἐπεραιώθησαν (Reg. καὶ οὕτω σμικρυνθέντος τοῦ ῥείθρου, ἡ στρατιὰ διέβη ῥᾳδίως τὸν ποταμόν). ἐποίησε δὲ τὴν εἰς δύο τομὴν, ἵνα καὶ ἐπανιόντες περαιωθήσωνται. Narratio ducta ex Herodoto 1, 75. — μαθητιῶ δὲ ἀντὶ τοῦ om. R.

184, 29 καθειμένους Ald. — 30 ἔχοντας G. Ald. ἐχόντων R. V.

186, 35. Πύλος V. pro Κλέων. τοὺς τριακοσίους τούτους R. In V. et apud Suidam s. Ἐοίκασι solum τοὺς est. — 36 Ald. addit προανύσαντος τὸν πόλεμον Δημοσθένους καὶ Νίκιου. Conf. schol. Equit. 55. — εἰκότως R. — 38 διὰ τοῦτο V. πολιορκεῖσθαι R. V. — 39 καὶ om. V. et Suidas. — 41 δυσειδεῖς Suidas. Legebatur δυσώδεις. — 42 δὲ om. V. ἔχει ὁ τόπος R. — 43 Κορυφάσιον. Geographi veteres sibi non constant, dum alii Pylum etiam Coryphasium appellatum fuisse tradunt: alii vero diversa ea fuisse loca et Coryphasium prope Pylum situm fuisse scribunt. Vide Steph. Byzantium v. Πύλος et v. Κορυφάσιον, et Luc. Holstenium ad utrumque locum. Kust. — 45 Λάχης. Demosthenem recte nominant scholiastæ Equit. 1050, 1053, 1057. Monuit Reizius. — 49 ἑπτακοσίους. Apud Thucydidem 4, 8, numerantur quadringenti et viginti, præter Helotas. Herm.

190 Ald. ὡς ἀγρ. φησιν εἰδέναι τῶν π. Σ. ἀκριβέστερον, ἔνθα οἱ β. φύονται. — 13 Σ. διὰ τὴν ὠχρότητα ποῦ V.

193, 25 ὅπερ κἀκ. V.

195, 32-34 Ἀλλ. om. V. — 35 ἀντὶ τοῦ ὀνόματος παραλαμβάνουσιν οἱ ποιηταί Suidas. s. Ἐκεῖνος. ὀνομάτων παραλαμβάνουσι Ald. — 36 που om. Suid.

200, 44 legebatur ζωγραφίαν. Conf. schol. ad 207. Hermannus γεωγραφίαν.

203, 50 πολεμίαν πόλιν V. — 52 κλήρῳ τὴν γῆν Ald. αὐτῶν V. — 1 Αἰγυπτίους. Ægyptios geometria usos forsan volebat scholiastes. Dobræus. Fort. γεωργοὺς vel γεωπόνους. Dind. Locum Herodoteum 2, 6 male fidæ memoriæ mandatum videri respici ab hoc scholiasta, et scribendum esse τὴν αὐτῶν γῆν εἰς γεωργίαν ex Regio codice 2821 monuit Dübnerus.

212, 18 addit Ald. ἐπιμήκης γὰρ ἦν. κλίνεται δὲ ἡ Μάκρις αὕτη διὰ καθαροῦ τοῦ ο. διὸ καὶ ὁ νησιώτης αὐτῆς Μακριεύς. ἦν δὲ καὶ αἰγιαλὸς οὕτω λεγόμενος, κλινόμενος δὲ διὰ τοῦ δ. ἐλέγετο δὲ Μάκρις καὶ τῶν Κυκλάδων μία, ἡ Ἴκαρος· ἀφ' ἧς νομίζουσί τινες εἰρῆσθαι καὶ τὸ Ἰκάριον πέλαγος. Quæ Musurus intulit ex Eustathio ad Dionys. Perieg. 520. Dind.

213, 24 τῆς λέξεως Ald. Correxi ex V., qui τῆς θέσεως post αὐτῷ ponit. Dind. — 25 Ἀθ. καὶ διὰ V. — 26 πρὸς τὸ est alius scholii initium. οὕτω πρὸς τὸ Ald. καὶ οὕτω πρὸς τὸ V. Delevi καὶ οὕτω, quod nihil aliud est quam quod alibi ἄλλως vel ἢ καὶ ἄλλως scholiis præscribitur. Dind. παρατέταται Kusterus. περιτέταται Ald. παρὸν τέταται V., qui 27 seq. om. ἐπήνεγκε τὸ παρετάθη. — 28 οὐ προσέκειντο V. ὅτι πρ. R. (?) — 30 præstat Περικλέους γάρ. Dind. — 32 καταστραφῆναι, Ἑστιέων V. Conf. Thucyd. 1, 114: καὶ Ἀθηναῖοι πάλιν ἐς Εὔβοιαν διαβάντες, Περικλέους στρατηγοῦντος, κατεστρέψαντο πᾶσαν. καὶ τὴν μὲν ἄλλην ὁμολογίᾳ κατεστήσαντο, Ἑστιαιᾶς δὲ ἐξοικίσαντες αὐτοὶ τὴν γῆν ἔσχον. — 34 νικήσας Kusterus. νικῆσαι Ald. — 42 φόρους codex Brunckii (Reg. 2821, qui 37-45 habet). πόρους Ald.

215 om. V. In Ald. ita, τοῦτο πάνυ φροντίζετε: τοῦτο λέγει, ὅτι προσέκειτο Ἀθηναίοις. (De his verbis dictum ad v. 213.) γράφεται μέγα, ἀντὶ τοῦ μεγάλως. τὸ δὲ φροντίζετε, ἀντὶ τοῦ μεταβουλεύεσθε. ἐγγὺς δὲ ἡμῶν διὰ τοῦτό φησι, διὰ τὸ ἐν χωρογραφίᾳ σύνεγγυς παρεῖναι· ἐπεὶ οὐκ εἰσὶν οὗτοι ἀστυγείτονες. — 48 ex hoc loco habet Suidas. — 49 μεταβουλεύεσθαι R.

218 Ἀντὶ τοῦ ὑπόθου om. V. ἀ. τῆς ὑπὸ Ald. Correctum ex Suida, qui φέρε interpretatur οἷον ὑπόθου, εἶγε οὖν. — 1 ἀρχαία δὲ Suidas, δὲ om. V. — 2 ἧς προτάσσεται et τὸ φέρε om. V. — 4 Ald. ὥσπερ Δημοσθένης. Ib. ὥσπερ Δημοσθένει, εἰ δίκας ἀπητήσειεν (sic) V. ἂν ἡμᾶς ἀπαιτήσωσιν Ald. Apud Demosthenem εἰ λόγον ὑμᾶς ἀπαιτήσειαν. — 5 παρήκατε G. παρήκασθε Ald. — 6 λέγειν, οὕτω δὲ ὑποθέμεθα V. Hic addit Ald. κρεμάθρα δὲ λέγεται, διὰ τὸ μετέωρον εἶναι αὐτὴν κρεμωμένην. ἔστι δὲ σκεῦος, εἰς ὃ τὰ περιττεύοντα ὄψα εἰώθαμεν ἀποτίθεσθαι. Ἄλλως om. V. qui ib. παρεγκύκλημα δὲ τὸ ἐπὶ τῆς κρεμάθρας. δεῖ. — 11 νῦν μὲν τὰ R. ἐν αἷς μέντοι οὕτως αὐτὴν νῦν G. αὐτὰς R. — 12 τοῦ δὲ γελοίου χ. V. τῷ om. R.

219 τιμῶ G. τίω V.

220, 17 τοῦτο οἷον om. R. — 18 ἀλλ' αὐτὸς β. V., qui μέγα om.

223, 19 ὑποκοριστικῶς R.—24 τὴν ὄψιν om. V., Suidas s. Ὦ 'φήμερε. Ib. σελήνῃ παρ. V. παρεμφερὴς εἶναι Suidas. — 26 φωνὴν τὴν τοῦ παρὰ Πινδάρῳ Σειληνοῦ Suidas. φωνὴν τὴν παρὰ Πινδάρῳ σελήνιον V. Legebatur οἷον τοῦ παρὰ Πινδάρῳ Σειληνοῦ φωνήν. — 27 παράγων τὸν Σειληνὸν Suidas. παράγοντος Σιληνοῦ V. παραγαγὼν Ald. — 28 Ὀλύμπῳ Suidas. Legebatur Ὀλυμπίῳ. — 29 ἐφάμερε Hermannus. Vulgo ἐφήμερε. νήπια Kusterus. νήπιε libri. Ib. χρήματά μοι διακομπέων om. V. διακομπεύων Ald. et Suidas, quod correxit Hermannus. — 32 οὕτω τὸ ἐφ. Suidas. οὕτως ἐφ. Ald.

225, 36 sq. τὸ δὲ—δρόμον om. V. ἀντὶ τοῦ περιεργάζομαι τὸν ἥλιον, τὸν τούτου δρόμον. ἐπιβαίνω τῷ ἀέρι. διὰ τοῦτο γὰρ καὶ—καθήμενον. ἔγκειται δὲ ἅμα καὶ τὸ τοῖς πολλοῖς ἀσεβὲς διὰ τῆς λέξεως. ἴσον γὰρ τῷ καταφρονῶ Ald. τὸ δὲ περισκοπῶ R. — 40 ὑπερφρονῶ Ernestius. περιφρονῶ Ald. καταφρονῶ recte codex Reg. 2821.

226, 47 sq. Ἀττικοὶ τὰ ἐκ σχοινίων πλέγματα ταλάρους τοὺς καλάθους καλοῦσι V. Ἀττικῶς, τὰ ἐκ σχοίνων πλέγματα. τοὺς γοῦν καλάμους τοὺς γεωργικοὺς ταλάρους καλοῦσι Suidas s. Ταρροί. — 49 νῦν δὲ et sequentia om. V. — 51 αἱ ἀλεκτορίδες, 53 κρεμάθραν Suidas.

227, 4 post τῆς γῆς pergit V. εἶπεν (scr. εἴπερ) ἄνθρωπον ὄντα (adde δεῖ) διαγνῶναι τὸν ἥλιον καὶ τοὺς θεούς. ἐπὶ δὲ τῆς γῆς βεβηκὼς ἀπολογεῖται πρὸς — ὁ Σωκράτης. ψυχρὰν — λύσιν. ἐξεῦρον — λέγει.

228 Ald. ἐξεῦρον ὀρθῶς: ἀκριβῶς. τὰ μετέωρα: τὰ ὑψηλὰ καὶ οὐράνια. -- 8 περὶ—ζητήματα om. V. Uncis inclusa Hermannus refert ad v. 231, Εἰ δ' ὢν χαμαί.

230. Codex Reg. 2821: Εἰς τὸ Εἰ μὴ κρεμάσας κάτωθεν λάμβανε τὸ ἐσκόπουν, λέγων οὕτως· εἰ μὴ ἐσκόπουν κρεμάσας τὸ νόημα καὶ τὴν φροντίδα· καὶ γὰρ ὁ τὸ σῶμα κρεμάμενος καὶ τὸν νοῦν κρεμάμενον ἔχει, καταμίξας ταύτην εἰς τὸν ὅμοιον ἀέρα λεπτήν. ἢ λάμβανε ἔξωθεν τὸ ἐμαυτὸν, λέγων οὕτως· εἰ μὴ κρεμάσας ἐμαυτὸν ἐσκόπουν καταμίξας τὸ νόημα καὶ τὴν φροντίδα λεπτὴν εἰς τὸν ὅμοιον ἀέρα· ὅμοιον δὲ εἶπε τὸν ἀέρα τῇ φροντίδι διὰ τὸ τὸν νοῦν ἀσώματον εἶναι. — 15 περιθεωρεῖν Kusterus. περιθεῖν Ald.

232 R. τὸ οὐ γὰρ ἀλλὰ ἀντὶ τοῦ καὶ γὰρ Ἀττικῶς. V. ἀντὶ τοῦ καὶ Ἀττικῶς. Totum scholion habet Suidas s. Οὐ γάρ.

234, 30-35 habent codices Taurin. et Reg. 2821. — 37 Εἶδος — Περσ. om. V. — 38 σφάκον Kusterus. σκάφον Ald. τὰ καὶ γὰρ αὐτὰ τῶν R. — 40 τοῦ ὑγραίνεσθαι R. ἐπισπώμενα ξηρὰ ταῦτα καθίστησιν Reg. 2712.

236, 42 δέον δὲ V. et om. δὲ. R. ἕλκει ἢ τὰ κ. — 45 ἀμαθίαν Θ. ἀμάθειαν Ald. ἀγνωσίαν Reg. 2821.

239, 49 γὰρ τούτων V. φθάσαντι. Inepte. Nam Nubes editæ sunt olymp. 89, 1, Pax ol. 89, 3. Dind.

240, 53 δανειστῶν κακῶν. χρήστας γὰρ ὁ V. — 1 μὲν om. R. — 2 χρ. λ. om. V. — 7 φεῦγε, pro quo φεύγειν apud Suidam est s. Χρῆσται, scholiastæ esse additamentum animadvertit Ernestius. Deest initium et finis versus. In initio fortasse μηδέποτε fuit.— 8 μή σέ γ' Suidas s. Ἀπαιτέων, ubi Paris. A μή γε, duo alii μή γε σε. μή σ' Suidas s. Χρῆσται, ubi Paris A iterum μή γε. — Codex Taurin.: Χρήστης καὶ δανειστὴς διαφέρει· δανειστὴς μὲν γάρ ἐστιν ὁ πρὸς τὸ λαβεῖν τόκους ἢ καὶ ἄνευ τόκων δανείζων χρήματα, χρήστης δὲ ὁ διδοὺς τινι ἱμάτια ἢ σκεύη ἀργυρᾶ ἢ τοιαῦτά τινα πρὸς χρῆσιν βραχεῖαν, ἵνα πάλιν ἀπολάβῃ ταῦτα συντόμως. Addit Reg. 2821, ἐνταῦθα δὲ ὁ ποιητὴς κατὰ παράχρησιν χρήστας τοὺς δανειστάς φησιν.

241 εἰς ἐνέχυρον habet R.

242, 19 ἔτριψεν. V. ἐπέτρεψεν G.

247, 33 κατὰ τὴν V. — 34 ἠσέβει Ald. ὀμνύναι V. Ald. — 35 καὶ πρ. τ. πλάτανον om. V. προσκυνῶν om. Ald. — 36 ἀπομνήμασι V. Voluit fortasse ὑπομνήμασι. Dind. —41 ὡς Hermann. εἰς Ald. ὡς εἰς Kusterus. — 43 lacunam indicavit Kusterus. φασὶ γὰρ τριπλάσιον γένος θεῶν inserit Reizius. — 46 Οὐρανίωνας, καλεῖ addit Hermannus. — τοὺς Wolfius addidit: qui locum de iis intelligit, qui in gratiam Jovis imperium eorum, qui ante

regnaverant, everterunt. Ernestius κατανύσαντας. Herm. — 48-52 proximo scholio postponit R. — 48 ἀσυναρτήτων, 49 θήσειν R., qui 51 om. ἀλλ' ὅτι — θεούς.

249, 3 χαλκοῦ ἢ χρυσοῦ, ἐπὶ τοῦ χαλκοῦ Ald. ἐξεδέξατο V., qui om. 5 ἔδει—νομ. — 6 λεπτῷ δὲ νομίσματι Suidas s. Νόμισμα. — 10 legebatur σιδαρέοισι νομίσμασι. Delevi νομίσμασι. σιδαρέοισι autem genere masculino dictum est, quemadmodum οἱ χαλκοῖ dicuntur. Dind. Hermannus et Meinekius ex Reisigii emendatione, petita ex grammatico De constr. verbor. p. 384 Herm. et Georgio Lecap in Matthæi Lectt Mosq. p. 71, Videndus omnino Cobet. Obss. in Plat, com. p. 129 τοῦ νομίσμασι χρῶνται. — 11 Ἄλλως om. V. ἐδόκει τὸ τῶν Βυζαντίων νόμισμα ἐλάχιστον εἶναι πάντων καὶ φαυλότατον, ἅτε σιδηροῦν ὑπάρχον Ald. ἐδόκει δὲ φαῦλον εἶναι τὸ νόμισμα τῶν Βυζαντίων ὡς σιδηροῦν V. — 12 malim τῆς ὕλης : nisi ὑπάρχον scribendum cum Ald. Dind.

250, 15 οὐχὶ θεοὺς V. — 17 ἀλλ' οἱ τὰ V. ἀλλὰ τὰ G. — 19 ἅτινα G. τίνα V.

253, 22 Ὡς — σκιαῖς om. V. — 23 ταῖς ἡμῶν θεαῖς om. R. τὰ γὰρ—(25) ἀποφ. καὶ σκιάς om. V. καὶ νεφέλας σκιᾶς ὠνόμ. R. ὀνομάζομεν Ald.

254. Suidas s. Σκίμπους, ἱερὸν σκίμποδά φησιν Ἀρ. ἐν Ν. ἢ τὴν τῶν φιλοσόφων καθέδραν ἢ τὸν κράβατον. — 30 τὸν κρ. σκ. λέγει Ἀττικῶς R., quæ om. Suidas. — 31 σχωλοκραβάτιον V. σχολοκραβάτιον G. χωλὸν κραβάτιον Ald. Recte Suidas χωλοκράβατον, pro quo duo codd. χωλοκράββατον. — 32 σκιμβάζειν Suidas. Scribebatur σκιμπάζειν. Ib. χολαίνειν V. — 33 τὸν Suidas. τὸ V. Ald. et Suidæ codex Bruxell. σκιμβοὺς Ruhnkenius (collato Hesychio, Σκιμβός, χωλός). σκαμβοὺς V. Ald. Suidas, qui ἔχοντα. ἔχειν V. Ald. ἔχον G.

257, 7 σέσωστο duo codices Regii. — 14 καὶ μέλλοντα V. — 22 vocabulum inter Ἀθάμας ... ἀλλ' obliteratum ἐτύθη haud dubie fuit. Dind.

258, 24 περιβάλλει V.

260 habet V., περιτετριμμένος ἐν λόγοις, εὔγλωττος, εὔστομος. παιπάλη δὲ ἀντὶ τοῦ τραχὺς, δυσκατάληπτος, ἐπεὶ παίπαλα καλοῦμεν τὰ τῶν χωρίων ἠδύματα (scrib. δύσβατα). — 36 ταῦτα μὲν λέγων ὁ Σ. R. — 37 legebatur Σωκράτης εἰς τὰ θύματα παρατρίβων ὀρεινοὺς λίθους καὶ κρούων. Correxit Dindorf. ex R., in quo est Σωκράτης παρατρίβων οπω. . . . λιπωρίνους καὶ κρ. — 41 post τρίμμα μὲν pergit R. αὐτὸν ἔσεσθαι λέγει παρὰ τὸ τρίβειν καὶ θίγειν (fort θλίβειν) πρὸς ἀλλήλους τοὺς λίθους, reliquis τὴν ἀπὸ—κρόταλον omissis. — 43 περιτρίμματα Hermannus. πολυτρίμματα Ald. — 2 codex ἔντριβος, ut videtur.

261, 6 παρακελεύεται αὐτῷ σιωπᾶν καὶ εὐφημεῖν, ἵνα εὔξηται μηδὲν βλάσφημον εἰπεῖν V. Quæ sunt ex scholio v. 263. — 9 σωκρὰ codex. — 14-21 om. V. — 15 αἱ Ν. διέχθωσιν [sic] R., quod correxit Dindorf. Legebatur ἔλθωσιν αἱ Ν.

263, 34-36 om. V., de quo v. ad 261.

264, 42 ἐδογματίσαντο Ald. — 48 ὅτι πλάτεια ὁ υἱὸς ἡνιοχεῖται ἐν τῷ ἀέρι V. In R. hic est ordo scholiorum vv. 264, 265, δόξα τις — ἀέρι. ἰδίως — εἰπών. ὃς παρείληφας — λαχοῦσα τόπον. ἀκατάληπτε — διωρίσαντο εἶναι.

265, 50 τὸ τοῦ ἡλίου Ald. — 53 αἰθέρα λ. εἰπών om. V. — 2 Ἐρινῦς G. Ἐριννῦς V. — 4 νενόμισται Ald. — 5 ἀλλήλων γὰρ προερχομένων Ald. Correxit Kust. Hoc et seqq. om. V. — 7 τῷ συνθέτῳ, 10 ἀστράπτει ἢ ὅτε σκηπτοὺς ἐπιπέμπει Ald. καὶ ἄλλως R.

267, 22 ἐπαναδίπλωσις, 24 χρῆσθαι ἐμφανῶς Ald. χρᾶσθαι V., qui omittit ἐμφανῶς et sequentia. — 25 φασὶν R. — 27 γὰρ ἑορτὴ Wolfius.

268 περικεφαλαίαν ut glossam habet R.

271, 49 λείπεται hic et mox iterum G.

272, 53 κατ' αὐτὸν G. — 1 Αἰγύπτιος. Idem ex Heliodoro Atheniensi narrat Athenæus 9, p. 229, E. Est hæc inepta, si qua alia, narratio : sed longe ineptior scholiasta est, qui propterea Nilum hic memorari autumat. Dind.

273 V. αὕτη Σκυθίας ἐστὶ λίμνη. περὶ ταύτης καὶ Ἡρόδοτος ἱστορεῖ. σκοπελὸν (ἐν ᾗ καὶ σκοπελὸν G.) καὶ νιφόεντα ψυχρότατον ἀεὶ νιφόμενον, et habet glossam ὄρος Θρᾴκης. Θρᾴκης etiam Suidas. Est vero Ioniæ.

275, 31 τὸ ις' Hermannus. τῷ ις' Ald. — 38 αὐταῖς V. — 43 παχυνομένη σωματοειδῶς om. V. Hæc in Ald. sic, δρᾶμα Νεφέλαι ἅτε ἐξ ἀέρος καὶ πνεύματος οὐσία παχυνομένη σωματοειδής. ἀέναοι δὲ διὰ παντὸς νάουσαι, ὡς ἀέναος ποταμὸς ὁ ἀδιαλείπτως ῥέων. — 44 περιόδους Ald. Correxit Spanh. Conf. schol. Vesp. 270. — 47 sq. ἀρθῶμεν δὲ ἀναπ. om. R.

278, 12 εἶτ' ἐπ' Ὠκ. V. — 15 δυνηθῇ om. V. G. ἅτε τὴν ἑαυτῶν γένεσιν γινώσκουσαι εὐθὺς διωρίσαντο πόθεν εὑρεθῆναι δεήσει V. — 17 βαρυηχέος V.

280 in V. est ἔφαμεν ὅτι τοῖς — ἐπικάθηνται αἱ νεφέλαι (ut R). δενδροκόμους δὲ ταῖς κομούσαις (scr. κομώσαις) κορυφαῖς τοῖς δένδρεσι. τηλεφανεῖς δὲ ἀφ' ὧν — καταφανῆ γίνεται.

283 ἄγαν θείων habet V. et ἠχήματα. Victorianus videtur Κρότους, βοὰς scripsisse. Dind.

287, 48 ἀποβαλοῦσαι om. V.

289, 52 ἀθανάτας Hermannus. ἀθανάτης Ald. — 3 legebatur ἀντὶ τοῦ ἐπιφανῶμεν, ἐπισκέψωμεν et post τοῦ χοροῦ addebatur ἐπίδωμεν καὶ σκεψώμεθα. Illud ἐπιφανῶμεν glossema est verbi ἀρθῶμεν v. 276. Dind. — 4 om. V.

292, 14 μηχαναὶ addidit Nagelius e scholio ad

v. 294. Vide de his machinis Heron. in Mathem. vet. p. 263. Dind.

293 glossas προσκυνῶ et ἀντηχῆσαι nabet V.

294, 28-32 om. V. — 29 ἀμφιφορεὺς libri meliores Suidæ s. Βροντή. — 30 ἔχων ἢ θαλ., 31 κυλιούμεναι R. In codice Reg. 2821 hoc scholium ita scriptum : Φασὶν εἶναι ἐν τῇ σκηνῇ μηχάνημά τι, βρονταῖον (sic) καλούμενον· οὗ ὁ κτύπος εἰς βροντῆς ἀπήχησιν ἐσχηματίζετο. ἦν δὲ ἀμφορεὺς ἢ λέβης χαλκοῦς, ψηφῖδας ἔχων ἐντὸς, ὃς κυλιόμενος ἦχον ἀπετέλει. πρὸς τοῦτο οὖν μηχάνημα ἀποβλέπων ἔφη, ἤσθου φωνῆς καὶ βροντῆς. — 34 τῇ λέξει V.

295 R. habet gl. εὐσεβές ἐστι καὶ μή. — 37 ἑαυτὸν ἀνασχεῖν Ald. — 39 μείζ. ἀνάγει ἐξαγόμενος V. Idem om. δείκνυσιν.

296, 44 αὐτοῦ Ernestius. αὐτὸς Ald. — 53 πολλῇ τῇ Hermannus. — 5 addit Reg. 2821 χάριν τοῦ μὴ γινώσκεσθαι.

297, 7 Suidas, Σμῆνος, πλῆθος μελισσῶν, οἱονεὶ ἑσμός. ἰδίως δὲ σμῆνος καλεῖται etc. — 12 ᾠδῶν. Interpretatur quasi ἀοιδῶν scriptum sit. Dind.

298 R. habet glossam ὄμβρον (scr. fortasse ὄμβρου) γέμουσαι. — 22 ὑφὲν V. — 25 συζευγνύναι, 31 ἐπισπεύσωμεν, 33 χρὴ Ald. — 34 ἔφημεν V.

299 R. habet glossam τὰς Ἀθήνας. — 41-45 λιπαρὰν δὲ τὴν εὐθήναν οὐκ ἀπ. σοῦ καλ. (sic scribit) — δείκνυται post locum Pindari ponit V. — 42 δόξῃ V. — 43 καὶ om. V. ἡμετέρων V. — 44 τὸ λιπαρὸν τῆς ἐλαίας φυτὸν om. V. — 47 Ἀθῆναι Ald. V., qui sequentia omittit.

301 ad Κέκροπος V. repetit scholion Pluti v. 773.

302, 2 σεβάσμια Ernestius. — 3 ἐξαγγέλεσθαι R. V. — 5 ψηφίσματος Μεγαρέων, i. e. *contra Megarenses*. Sic Thucyd. 1, 140 : εἰ τὸ Μεγαρέων ψήφισμα μὴ καθέλοιμεν. Vales. ad Harpocrat. s. Ἀνθεμόκριτος citat Ernestius. Dind. Addit Ald. ἄλλως. εἰκότως πρὸ πάντων σεμνολογοῦσι τὰ Ἐλευσίνια. κοινωνίαν γὰρ ἔχουσι πρὸς τὰς θεὰς, ὅσον ἐκ τῆς τοῦ ἔτους φορᾶς, καὶ τῆς τῶν καρπῶν αὐξήσεως. αὗται δὲ τὸν Ἴακχον ἐχόρευσαν ταῖς θεαῖς Νεφέλαις μυστικαῖς, ὡς Ἡρόδοτος. φησὶ γὰρ ἐν τῇ παρὰ Σαλαμῖνα ναυμαχίᾳ, πολὺ λειπομένου τοῦ Ἑλληνικοῦ πλήθους τῶν νεῶν τῶν Περσικῶν, συμμαχῆσαι Ἀθηναίοις τὰς θεὰς, μέγιστον τῆς συμμαχίας ἐπιδειξαμένας καὶ ἐναργέστατον τεκμήριον. μελλόντων γὰρ τῶν Ἑλλήνων καὶ τῶν βαρβάρων εἰς χεῖρας ἥξειν, πρῶτον μὲν πλεῖστον ὅσον κονιορτὸν, αἱρόμενον ἀπὸ Ἐλευσῖνος ἐπὶ τὴν συμβολὴν, παντὶ τῷ στρατῷ δῆλον γενέσθαι. εἶτα τοῦτον εἰς οὐρανὸν ἀνιέντα καὶ νέφος γινόμενον, διὰ μέσου τοῦ στρατοπέδου χωροῦντα, τὸν Ἴακχον βοᾶν. μυστικὸς δὲ ὁ λόγος ὁ περὶ τὰ ἀπόρρητα μυστήρια. λίαν γὰρ αὐτοῖς τὸ μὴ ἐξαγγέλλεσθαι ταῦτα ἐσπουδαζετο. Quæ emendatius scripta adjunguntur scholio v. 304, auctore V.

303, 7 τοὺς om. R.

304, 12 ἁγιωτάταις V. — 13 τοῖς om. R. — 15 τινα om. V. — 16 pro τελειουμένους V. ἐπιτέλους. ἐπιτελουμένους conj. Dindorf. — 17 τὸ βρέχειν, et ὄμβρου, 18 βρέχειν ἢ γεωργεῖν V. (hoc non in G.) — 19 Ἴακχον om. V. — 29 sq. διὰ τοῦ στρατοπέδου μέσου παρίπτασθαι τὸν Ἴακχον βοῦν V.

305, 32 τῶν οὐρανίων θεῶν ἢ Δημ. V. τοῖς οὐρ. R. V. καὶ θ. R., qui ὑπερβαλλόντως om. — 34 τινι om. R. — 36 τιμῶσι post πάντας ponunt R. V.

307, 43 καὶ θρησκεῖαι περὶ τοὺς θεούς R., om. V., sed habet glossam θρησκεία.

308, 48-50 εἰς τὸ κοσμεῖν καὶ ἀναδεῖν τοὺς νέους, πληροῦν δὲ τοὺς βωμοὺς ἱερείων καὶ θυσιῶν V.

310, 3 τοὺς ὁπόσους θύουσι R.

311, 6 Βρομία — χορῶν om. V., sed scholio proximo subjungit, ἄλλως. οἱ Διονυσιακοὶ ἀγῶνες, ἐν οἷς αἱ τῶν χορῶν (adde ἅμιλλαι).

312, 9 Ald. προσηύλουν γὰρ τοῖς τραγικοῖς καὶ τοῖς κωμικοῖς, ἐπηύλουν δὲ προηγουμένως τοῖς κυκλίοις χοροῖς. εὐκελάδων δὲ τῶν εὐμούσων. — 11 κυκλίους Bentleius. κυκλικοὺς R. V. Ald. — 13 ὑπόγ. α. π. om. R, qui 14 δράματα αὐτῶν.

314, 18 εἴσθεσις Hermannus. Ἔκθεσις Ald.

315, 25 φησὶ om. G. σεμνὸν γὰρ τὸ R. — 28 τὸ δὲ ἡρωίναι (id est ἡρῷναι : nam codex ι ubique adscriptum, non subscriptum habet. ἡρῷναι G.). Ἀττικὴ ἐστι συναίρεσις ὡς ἠίθεοι (ὡς ἠίθ. om. G.) V. Reg. 2821 addit ἠϊόνες, ἠόνες. — 30 αὐτοῖς, Atticis.

316, 32 τοῖς σοφοῖς V.

317, 50 excidit fortasse καὶ πέρα. Dind. — 14 ἀγροικότερον. Sic etiam Suidas habet. Sed vera lectio est ἁδρότερον, quod verbum proprium est in hac re rhetoribus. Ruhnken. — 21 κροῦσιν addidit Ernestius. — 23 legendum est, τὰ σαθρὰ κρουόμενα. Nam verbum κρούειν Græci scriptores adhibere solent de vasis, quæ pulsando explorantur, an *solidum crepent*, ut cum Persio loquar. Lucianus in Parasito c. 4 : καθάπερ αἱ πονηραὶ χύτραι διακρουόμεναι, μὴ σαθρὸν ἀποφθέγγηται. Plutarch. Moral. p. 64, D : ἂν διαπειρώμενος κρούσῃς (sc. τὸν κόλακα), σαθρὸν ὑπηχεῖ καὶ ἀγεννές. Scholiastes ad Ran. v. 78, ἀπὸ τῶν ἀγγείων τῶν σαθρῶν· ἐπεὶ οὕτω δοκιμάζουσι διακρούοντες. Kust. — 25. Eandem *artis* definitionem tradit Lucianus in Parasito c. 4 : Τέχνη ἐστὶ σύστημα ἐγκαταλήψεων (rectius scholiastes noster, ἐκ καταλήψεων) ἐγγεγυμνασμένων, πρός τι τέλος εὔχρηστον τῶν ἐν τῷ βίῳ. Et paulo post : δεῖ τοίνυν εἶναι καὶ ταύτην, ὥσπερ καὶ πᾶσαν τέχνην, σύστημα ἐκ καταλήψεων. Quintilianus Instit. orat. 2, 17, *Artem* dicit *constare ex perceptionibus consentientibus et coexercitatis ad finem utilem vitæ*. Ad verbum nimirum dictam

definitionem Græcorum expressit. Vide etiam Sext. Empir. Adv. Mathem. p. 66, ubi eadem *Artis* definitio traditur. Kust.

319, 30 λείπεται codex. — 32 τὸ δὲ πεπότηται ἀντὶ τοῦ ἀνέστη καὶ V. om. R. — 33 ἤδη om. R. [V.?]

320, 37 seq. παρὰ τὸ μεταρσιολεσχεῖν δὲ τὸ στενολεσχεῖν εἴληπται, καὶ τὸ μηδὲν Ald. Correctum præeunte Suida s. Στενολεσχεῖν. — 38 τὸ μεταρσιολεσχεῖν — ἀπολογήσονται om. Suidas, qui sequentia excerpsit s. Λεπτολογεῖν.

321 ἀντὶ τοῦ om. et συνάψας post ἀντιθεῖναι ponit R.

323, 50 βλέπε νῦν ἡσύχως δευρὶ πρὸς τὴν Πάρνηθα V. — 51 Πάρνης δὲ ὄρος τῆς Ἀττικῆς. τοῦτο καὶ ἀρσενικῶς λέγεται, ὡς τὸ, ἐς κόρακας ἧξω φέρων τε δεῦρο τὸν Πάρνηθα ὅλον· καὶ θηλυκῶς ὡς ἐνταῦθα Ald. Quæ Musurus interpolavit ex Stephano Byz. s. Πάρνης.

324, 7 πάνυ πολλαί om. V., qui deinde καὶ loco πρὸς præpositionis. — 9 τὰ ὑπὲρ τῶν κρινομένων V.

327, 15-23 om. V. ὁρᾷς αὐτὰς δηλονότι R. — 16 κολοκύνθας R.

328, 26 κατέχουσι G. Verbum om. R.

331, 28 σοφιστὰς πάντας τοὺς πεπαιδευμένους V. 31 ἀγορεύειν Ald. Correctum ex Suida s. Σοφιστής, qui προσαγορεύειν ὤκνησεν (sic) οὕτω. — 34 καταχρηστικῶς Suidas. καταχωρῶν Ald. — 35 ἐπὶ Dind. addidit ex Suida, qui ἐπὶ π. τέχνης ἔλαβε.

332, 40 ἀπὸ δὲ τοῦ γενικοῦ προῆλθεν εἰς τὰ ἰδικά V. Cum Ald. consentit Suidas s. Θουριομάντεις. — 41 sqq. V. habet τοὺς εἰς Θούριον πεμφθέντας πόλιν Σικελίας παρὰ Ἀθηναίων ἐπὶ τῷ κτίσαι αὐτήν. — 42 καὶ τίνας om. Suidas. — 49 post Θουρίας Stephani Byzantii verba (s. Θούριοι) inseruit Musurus, ὕστερον δὲ Ἀπίαι (Κωπίαι ap. Steph.). λέγεται καὶ Θουρία καὶ Θούριον· ὡς ἐν τῷ Ἡροδότου ἐπιγράμματι «Ἡρόδοτον Λύξεω κρύπτει κόνις ἥδε θανόντα, Ἰάδος ἀρχαίης ἱστορικῆς πρύτανιν, Δωριέων πάτρης βλαστόντ' ἄπο, τῷ γὰρ ἄπλητον μῶμον ὑπεκπροφυγὼν, Θούριον ἔσχε πάτρην.» τὸ ἐθνικὸν ὁμωνύμως Θούριοι, καὶ Θουριακοί. καὶ Θουρῖνος οἶνος, ὡς Στράβων. Παυσανίας δὲ Ἄνθειαν αὐτὴν καλεῖ. — 50 μάντεων Ernestius. εἰς Θουρίαν Ald. — 1-3 habet Suidas s. Ἰατρός, qui post ἀέρων addit ὀρέων. Est fortasse dittographia præcedentis vocabuli. Dind. — 5 κεκοσμημένους V. — 7 ἐπιμελείᾳ G. — 8 αὐτοὺς ἐκ τοῦ ἐγκαλύπτειν, 9 μόνοι V. «Tibicines intelligit Lessingius in Epistolis antiquariis, ep. 23. Vide Plin. H. N. 37, 3.» Herm.

333, 11. De Philoxeno propter temporum rationem cogitari non posse ostendit Meinek. Hist. Com. p. 89, qui de Cinesia quoque dubitat p. 228. Itaque illud quoque falsum est quod schol. ad v. 335 vocabulum στρεπταίγλαν ab Aristophane ex Philoxeno afferri credit. Errores autem hi scholiastarum fortasse eo sunt orti quod, quum hujusmodi locutionum exempla ex Philoxeni dithyrambis cognossent, ad hæc respicere Aristophanem conjecerunt, quem antiquiorum poetarum dicta in mente habuisse temporum ratio docet. Nam Philoxenus quo tempore Nubes actæ sunt duodecim annorum puer fuit. Dind. — 13 κυκλικῶν V., qui ᾀσματοκάμπτας δὲ, ὅτι om. — 14 διὰ δὲ V. — 17 διὸ καὶ Ald. et Suidas. s. Κυκλίων.

19 προσελθὼν μᾶλλον αὐτ. V. — 22 τὰς κατὰ Φρῦνιν om. V. — 24 καὶ Καλλ. V. — 26 νόθαι Suidas. Callimachi verba om. V. — 27 διθυραμβοποιοὺς Hermannus. ᾀσματοκάμπτας φησὶν addit V. καμπτὰς G. R. — 35 φεν. γάρ ἐστι τὸ ἀπατᾶν V. [?]

335, 38 λείπεται G. — 39 δὲ ἐν διθυράμβοις V. στρ. δὲ τὴν om. R. — 40 αἴγλην V. et Suidas. s. Στρεπταίγλαν. εἶπεν non clare scriptum. — 45 sq. τοῦτο δὲ Φιλόξενος ὁ διθυραμβοποιὸς εἶπεν ἐν διθυράμβῳ τινί V. et, omissis ἐν διθυράμβῳ τινὶ, Suidas. — 46 οὗτος Hermannus. αὐτὸς Ald. — 48 τοιαύτης V. — 49 διὰ τὸ ἐξεστραμμένον Suidas. τῷ ἐξεστραμμένῳ Ald. ἐξεστραμμένη διὰ τὴν V. — 50 τούτων τῶν ἐν Suidas. ἐκείνων ἐν V. ἐκείνην ἐν G. Correxit Dindorf. ex scholio Ravennate. ἐν τοῖς συνθέτοις om. V., habet Suidas cum schol. Rav. — 1 ἑνικὸν Dobræus. ἑνὸς Ald.

336, 5 V. habet συστροφὴ ἀνέμου ἢ θύελλα — 6 ἀντὶ τοῦ om. R. V. — 7 λαύρως V., qui 8 μέσον ἱστίον om.

337, 10 γ. δὲ τοὺς πλαγίους. λέγει δὲ τὰς νεφέλας V. — 13 addit Ald. Ὅμηρος, οἰωνοῖσί τε πᾶσι. — 14 ἀερονηχεῖς δὲ τὰς V.

339, 23 ἀλλ' οἱ μὲν τὰς Suidas. s. Κεστρᾶν. — 24 οἱ δὲ οὐ ταύτας, ἀλλά τι διάφορον ἄλλο γένος ἰχθύων Suidas. — 25 κεστρὰς δὲ καλοῦσιν ἰχθῦς τ. κ. V. — 29 δὲ V. πυρῶν Suidas. s. Κεστρᾶν, πισῶν s. Τεμάχη. Parum accurate hic grammaticus præcipit: recte Phrynichus p. 21: Τέμαχος κρέως ἢ πλακοῦντος ἢ ἄρτου οὐκ ὀρθῶς ἐρεῖ τις, ἀλλὰ τόμος κρέως ἢ πλακοῦντος· τὸ δὲ τέμαχος μόνον ἐπὶ ἰχθύος λέγεται. — 30-39 sic in V. κιχηλᾶν δὲ ἀντὶ τοῦ κιχλῶν δηλονότι. καταχρηστικῶς καὶ ἐπ' ὀρνίθων κρέα εἶπε. βέλτιον οὖν καταχρηστικῶς αὐτὸν (αὐτὸ G.) νῦν ἐκδέχεσθαι καὶ ὑφ' ἓν ἀναγινώσκειν κρεατορνίθεια, ἵνα μόνος μνημονεύειν δοκῇ ταῖς νεφέλαις προσοικειωμένων — πτηνῶν. τοῦτο δὲ εἰς τοὺς εὐωχουμένους ἐν πρυτανείῳ διθυραμβοποιοὺς τείνει καὶ πρὸς τοὺς ἑστιωμένους παρὰ τοῖς χορηγοῖς μάντεις καὶ χρησμολόγους.

344, 1 οὖν ὅσα ἐν, 3 ἑστῶτες καὶ κρυπτόμενοι, 4 ἠκούετο V., — 5 καταστᾶσαι G. μήπω V.

346, 8 γίνεσθαι om. V. — 9 διηγήσατο V., qui pergit π. γὰρ ἰδεῖν φησὶν παρωμοιωμένας ζώοις τισὶν ἢ φυτοῖς ἢ ἀνθρωποειδεῖς γινομένας ἢ ἄλλην τινὰ τοιαύτης ὄψεως εἰκόνα φαινούσας· φησὶν οὖν. — 14 τούτων δὲ μόνων ἐμνημόνευσε δι' ὧν, 16 λέγεται V.

348, 17 habet Suidas s. Κλεῖτος. — 18 κολλοποδιώκτας Ald. Vide Eustath. p. 1915, 16. — 19 Ἱερώνυμον et sequentia om. V. — 20 ἦν υἱὸς Suidas. π. δὲ παῖδας R.

351, 34 sq. Reg. 2821 ὁ Σίμων οὗτος τῶν κοινῶν πραγμάτων ἐπιμελητὴς ὢν, πολλὰ ἐσφιτερίζετο. — 36 χρήματα V., qui sequentia omittit.

353 V. habet ὁ Κλεώνυμος ὡς δειλὸς ἐν πολλοῖς κωμῳδεῖται. — 44 διαβ. πάντες Ald. αὐτός Hermannus. ὁ αὐτός Ald. — 48 ὑπόγυα R. et Suidas s. Κλεώνυμος.

355, 1 Κλεισθένη Ald. — 5, 6 Ald. et codices λ. ἔχων. γράφ' αὐτὸς (γράφων αὐτὸν vel αὐτῷ vel αὖτ' Suidæ codices) ἐν ἐπεισοδίῳ, γελοῖος ἔσται Κλεισθένη (Κλεισθένης Suidas) κυβεύων (hic desinit Suidas). ἐν τῇ τοῦ κάλλους ἀκμῇ. Piersonus ad Mœrin p. 391, probante Hermanno, verba ἐν ἐπεισοδίῳ post λέγων οὕτως posuit. De ἐπεισοδίῳ in comœdia Meinekius Com. I, p. 757 sq. præter alia memorat grammaticum Bekkeri Anecd. p 253, 19: Ἐπεισόδιον κυρίως μὲν τὸ ἐν τῇ κωμῳδίᾳ ἐπιφερόμενον τῷ δράματι γέλωτος χάριν ἔξω τῆς ὑποθέσεως, παραχρηστικῶς δὲ ἁπλῶς τὸ ἐξαγώνιον πρᾶγμα. Verba poetæ ληρεῖς - ἀκμῇ constituit Bentleius. « Sed quæritur, inquit Dindorfius, quid illis γράφ' αὐτὸν ἐν ἐπεισοδίῳ faciendum sit, de quibus operæ pretium est Bergkii commemorari conjecturam in Commentationibus de comœdia Att. expositam p. 206 : « Scripsisse videtur Cratinus :

« A. ληρεῖς ἔχων. γράφ' αὐτὸν
« ἐν ἐπεισίῳ. B. γελοῖος ἔσται Κλεισθένης κυβεύων
« ἐν τῇδε τοῦ κάλλους ἀκμῇ.

« Ita enim tanquam homo effeminatus et « profligatus irridetur. Ipse poeta explicans « verba prægressa ἐν ἐπεισίῳ dixit ἐν τῇδε τοῦ κάλλους ἀκμῇ : de illa voce v. Pollux 2, 170, 174 « et 224, Etym. M. p. 363, 56. Ἐπείσιον autem, « non ἐπίσειον vel ἐπίσιον scribendum esse et « optimi codices probant et Lycophronis versus « 1385 arguit. Tale autem quid requiri, suadet « vel similitudo alius versus ex hac ipsa fabula, « ubi Hyperbolum, quoniam lucernas vendebat, « pariter vexat; legitur autem hic versus ap. « schol. Aristoph. Pac. 691 : ὅτι λυχνοπώλης ὁ « Ὑπέρβολος—καὶ Κρατῖνος δὲ ἐν Πυτίνῃ ·

« Ὑπέρβολον δ' ἀποσβέσας ἐν τοῖς λύχνοισι γράψον.

« Hinc satis superque perspicitur supra quo« que recte restitutum esse γράφ' αὐτὸν ἐν ἐπεισίῳ. » Ingeniosa hæc, sed falsa tamen Bergkii conjectura. Miro enim et incredibili modo dictum γράφ' αὐτὸν ἐν ἐπεισίῳ, perversaque sententiarum consecutio est, quum non appareat quomodo ei qui Clisthenem pudendo muliebri adscribi voluerat, responderi ab altero potuerit ineptum esse qui Clisthenem, florente ætate virum, tesserarum ludo vacare velit. Recte vero procedet sententia verbis γράφ' αὐτὸν ἐν . . . post ἀκμῇ transpositis : ex quo sequitur neque ἐπεισοδίῳ neque ἐπεισίῳ scripsisse Cratinum, sed reconditiore quodam usum vocabulo, qualia plurima in Cratini fabulis fuisse constat, et ad rem præsentem accommodatissime ficto dixisse, γράφ' αὐτὸν ἐν σποδείῳ. Dixerat aliquis Clisthenem κυβείῳ adscribi oportere. Huic alter respondet, Ineptus es qui Clisthenem tesserarum ludo in flore ætatis oblectari vis; lupanari eum adscribe. Hoc enim convenit viro juveni, tesserarum ludus seni imbecillo, ad oblectamenta venerea inerti. Σποδείῳ quum σποδίῳ scriptum esset, facillime in ἐπεισοδίῳ corrumpi potuit. Verba autem ἐν σποδείῳ haud dubie ipsa terminationis similitudine ad ἐν κυβείῳ relata fuerunt, quibus alterius personæ sententia finita fuit, velut hoc modo, τὸν Κλεισθένη δ' ἐγὼ γράφω τὸν λεῖον ἐν κυβείῳ. Κυβείου nomen ex uno adhuc cognitum fuit loco Æschinis et glossa Hesychii : Κυβεῖον, τόπος εἰς ὃν συνῇσαν κυβεύσοντες. Confer ἑταιρεῖον et πορνοβοσκεῖον Ceterum κυβεῖον et σποδεῖον apud Cratinum de Σκίρῳ vel σκιραφείῳ intelligenda videntur, de quo loco Steph. Byz. s. v. Σκίρος, Ὁ τόπος δὲ ἀπὸ Σκίρου ἥρωος · ἐν δὲ τῷ τόπῳ τούτῳ αἱ πόρναι ἐκαθέζοντο · ἴσως καὶ τὸ σκιραφεῖον, ὅπερ δηλοῖ τὸν τόπον εἰς ὃν οἱ κυβευταὶ συνίασιν · quocum comparandi aliorum scriptorum loci ab Hemsterhusio collecti ad Polluc. 9, 96 et Gaisf. ad Suidam s. Σκιραφεῖον. Σκιραφία, τὰ κυβία apud Photium p. 520, 22 scriptum pro Σκιραφεῖα, τὰ κυβεῖα » Quæ præclare disputata sunt. Sine transpositione Meinekius ad Metagenis fragmenta p. 758 ita scripsit :

Ληρεῖς ἔχων · γράφ' αὐτὸν
ἐν ἐπεισοδίῳ · γελοῖος ἔσται Κλεισθένης κυβεύων
ἐν τῇδε τῇ κάλλους ἀκμῇ.

Moneri Cratinum, ut Clisthenem in episodio describat et spectatorum risui exponat. Probat enim Fritzschii sententiam hæc Comœdiæ verba esse conjicientis.

358, 11 sq. τοὺς γὰρ - ἔλεγον om. V. — 12 παλαιοὺς πρεσβύτας Ald.

361, 26-49 hoc ordine habet V. ἐπὶ καθαιρέσει—μετεωρολόγος Κίος τὸ γένος. ἤκμασε—ἡδονῶν. — 27 Κεῖος Suidas. Κίος V. Χῖος Ald. — 28 πεντηκοντάδραχμον Suid. — 33 pro τόνδ' legebatur τοῦτον. Hermannus et Bergkius τοῦτον τὸν ἄνδρ' ἢ β. διέφθειρεν G. Ald. et Suidas. — 36 κλάειν Suidas. κλαίειν Ald. κλέων V. — 39 οὗτος om. Suidas, Ald. — 40 καὶ γὰρ—ποσί om. Suid. — 44 καλούσας Suidas. — 47 πλὴν μόνου Προδίκου

ἐπὶ καθ. R. — 48 διαφερόντως Ald. δὲ καὶ V.

362, 50 ἤγουν ἀποσ. R., in quo hæc ἤγουν— ὀρᾷς scholio proximo inserta sunt post μέγα φρονεῖς. Omittit V., nisi quod ταυρηδὸν (παρ' ὁδὸν G.) ὁρᾷς in fine scholii proximi habet post καρπουμένου. — 51 μεγαλοφρονεῖς V. — 1 ἐπιδεδωκότες. Intelligit scholiastes inflatos, quoniam hi quasi se ipsos augent. HERMANN. ad Viger. p. 738, n. 132. ἀποδεδωκότες V. et Suidas s. Βρενθύεσθαι. — 3 κενὴν ἡμῖν V. et Suidæ codices omnes, κ. μόνον ed. Mediol. — 4-8 om. V. — 5 ἄνθρωποι R. — 8 περὶ-εἰώθει addita ex Suida s. Τὠφθαλμώ.

371, 15 τὸ ἄρχειν G. — 16 τοῦτο ἦν ἔργον om. V. — 18 ἐν τοῖς ἔμπροσθεν. Videtur ad scholia fabulæ deperditæ respicere. Nam in Pluto v. 1130 αἰθρίαν correpto iota legitur. DIND. — 19-27 excerpsit Suidas s. Μύσκελλος. Conf. Diodor. Exc. Vatic. p. 9, 10 ed. L. Dindorf. — 35 καὶ ἀμηχανῶν Dobræus. Frustra, ut videtur Dindorfio. Postrema hujus scholii pars in cod. Leidensi sic scripta, παραγενομένου δὲ αὐτοῦ περὶ τὴν Ἰταλίαν καὶ μηχανωμένου περὶ τὴν κτίσιν, παρακαθίσας τὴν παλλακίδα δακρύουσαν καὶ ὀδυρομένην. καὶ τέλος ὑπολαβὼν τὸν χρησμὸν εἰληφέναι, ἔκτισε τὴν πόλιν. — 36 ἰδίων addidit Dobræus.

374, 43 τοῦ φοβεῖσθαι καὶ τρέμειν V., qui sequentia omittit.

380, 2 Ἀναξαγορείων Ald. « Vide Wielandi Museum Atticum 2, 3, p. 62. » HERM.

380, 3 Ἐγγύθεν δὲ R. Totum scholion om. V.

385, 19 vide Apollon. Alex. De syntaxi 2, 19, 20. HERM.

386, 23 ἐν om. R. V. — 25 προειρήκαμεν (παρὰ πάντων ᾄδεται Ald.). Hic quoque ad scholia fabulæ perditæ respicitur. DIND. — 26 οὖν παρὰ τοῖς Ἀθηναίοις, 27 τεθυσόμενον V.

387, 43 εἶλιξ Ald. ἶλιγξ Suidas s. Διεκορκορύγησε. — 45 κορκορύσσειν λέγει V. λε︎. R.— 46 ἐμιμήσατο δὲ Suidas. μόνον δὲ ἐμιμ. V. ἢ ἐμιμ. Ald.

392, 53 φησὶ θαυμάζειν V.— 2 τῶν πνευμάτων V. sine γίνεται.

397, 17-19 sic R. Legebatur οἷον ἀρχαϊκῆς εὐηθείας ὀδωδός. ἔστι δὲ Κρόνια παρὰ τοῖς Ἕλλησιν ἑορτὴ τὰ παρὰ Ῥωμαίοις καλούμενα Σατουρνάλια ἢ Ἀπατούρια, postremum absurde. Buttmannum in Comment. Acad. Berol. a. 1814, p. 183, citat Hermann. — 20. Ad βεκκεσέληνε in Ald. hoc exstat scholion, Σεσόγχωσις ὁ βασιλεὺς τῶν Αἰγυπτίων κοσμοκράτωρ γεγονὼς ἠθέλησε γνῶναι τοὺς ἀρχαιοτέρους τῶν ἀνθρώπων. καὶ τροφόν τινα γλωττοτομήσας ἀπέκλεισε μετὰ βρέφους. αὐξηθέντος οὖν καὶ βοῶντος βὲκ, ἤκουσε καὶ ἔγνω ὁ βασιλεὺς, ὅτι ἀρχαιότεροι ἦσαν οἱ Παφλαγόνες. παρ' αὐτοῖς δὲ ὁ ἄρτος βὲκ λέγεται. συνθέτως δὲ εἶπε τὴν λέξιν βεκκεσέληνε· ἐπεὶ καὶ οἱ Ἀρκάδες προσέληνοι ἐλέγοντο. Ἀπολλώνιος « Ἀρκάδες, οἳ καὶ πρόσθε σεληναίης ὑδέονται. » τοῦτο δὲ τοῦπος οἱ περὶ τὸν Λούκιλλον τὸν Ταρραῖον καὶ Σοφόκλειον καὶ Θέωνα ἑρμηνεύοντες, τάδε φασίν· οἱ Ἀρκάδες δοκοῦσι πρὸ τῆς σελήνης γεγονέναι· ὡς καὶ Εὔδοξος ἐν τῇ Περιόδῳ. Θεόδωρος δὲ ἐν τῇ εἰκοστῇ δευτέρᾳ, ὀλίγῳ πρότερόν φησι τοῦ πρὸς Γίγαντας πολέμου Ἡρακλέους τὴν σελήνην φανῆναι. καὶ Ἀριστίας ὁ Χῖος ἐν ταῖς Θέσεσι, καὶ Διονύσιος ὁ Χαλκιδεὺς ἐν πρώτῳ Κτίσεως, καὶ ἔθνος φησὶν Ἀρκαδίας Σεληνίτας εἶναι· Μνασέας δέ φησι Προσέληνον Ἀρκάδων βασιλεῦσαι. Ἀριστοτέλης δὲ ἐν τῇ Τεγεατῶν πολιτείᾳ φησὶν, ὅτι βάρβαροι τὴν Ἀρκαδίαν ᾤκησαν, οἵτινες ἐξεβλήθησαν ὑπὸ τῶν νῦν Ἀρκάδων πρὸ τοῦ ἐπιτεῖλαι τὴν σελήνην. διὸ καὶ προσωνομάσθησαν προσέληνοι. Δοῦρις δὲ ἐν τῷ πεντεκαιδεκάτῳ τῶν Μακεδονικῶν Ἀρκάδα φησὶν, ἀφ' οὗ ἡ Ἀρκαδία καλεῖται, Ὀρχομενοῦ υἱόν. διὸ καὶ ποταμὸν τῆς Ἀρκαδίας Ὀρχομενόν. τινὲς δέ φασιν Ἐνδυμίωνα εὑρηκέναι τὰς περιόδους τῆς σελήνης, ὅθεν καὶ προσελήνους τοὺς Ἀρκάδας κληθῆναι. ἔνιοι δὲ ὑπὸ Τυφῶνος. ὑπὸ δὲ Ἄτλαντος καὶ Ξεναγόρας εἴρηκεν. Horum prima de Sesonchosi (Psammetichum nominare debebat) Musurus ipse videtur composuisse, reliqua ex scholiis ad Apoll. Rh. 4, 264, transcripsit. DIND. — 21-41 iisdem fere verbis apud Suidam s. Βεκκεσέληνε. Ψαμμήτιχος Suidas. Ψαμμίτιχος V. hic et infra. — 22 ἠθέλησε γνῶναι Suid. — 23 legebatur πρεσβύτεροι. — 24 δὲ πάνυ Suid. — 26 τι et ἀρτίτοκα addita ex Suida. — 28 ἃς Suidas αἷς V. — 31 ὁ add. ex Suida, qui 33 τὴν om. — 34 τῆς add. ex Suida. — 35 φιλτάτων, 37 βέκκος Suidas. βόκος V. βέκκε G. βέκος Herodotus 2, 2, et codex Reg. 2821. In quo aliud scholion sequenti simile ita conceptum : Ἤρισαν πρὸς ἀλλήλους περὶ ἀρχαιότητος Φρύγες καὶ Παφλαγόνες. ἐμβαλόντες οὖν εἰς οἶκον ἀρτιγενὲς νήπιον, προσέταξαν τῇ τούτου μητρὶ ἵνα μετὰ σιγῆς εἰσιοῦσα τοῦτο θηλάζῃ. αὐξηθέντος οὖν τούτου καὶ πρῶτον εἰπόντος βὲκ, ὃ Φρυγιστὶ ἄρτον δηλοῖ, δῆλον ἐγένετο ὅτι Φρύγες ἁπάντων εἰσὶν ἀρχαιότεροι.

401 Ald. καὶ Σούνιον ἄκρον Ἀθηναίων : Χάρις ἐστὶν ἐκ στίχου τοῦ ἀλλοτρίου, ὡς ἔφη Διονύσιος ὁ Ἀλικαρνασσεὺς ἐν τῷ περὶ ἑρμηνείας. οὐκέτι γὰρ ὁ Ζεὺς κωμῳδεῖσθαι δοκεῖ, ἀλλ' Ὅμηρος καὶ ὁ στίχος (excidit ὁ) Ὁμηρικός. Quæ Musurus ex Demetrio περὶ ἑρμηνείας § 150 transcripsit, memoriæ errore Dionysium Halicarnassensem nominans. 10 Ἀτλαντίδος R. Antiquitus Leontidis fuit, postmodum Attalidis. DIND. — 12 δὲ om. R.

404, 16 μηδεμίαν θερμασίαν ἔχων Ald. — 17 seqq. μετεωρισθεὶς δὲ καὶ ἐπαρθεὶς ἢ ἐμπεσὼν habet V., cetera omittit.

405, 24 κύστιν τὴν κοιλ., τὴν V. φύσαν et φύσα

libri. — 25 post πέφυκε Musurus addidit κύστις δὲ κοιλίας διενήνοχε. τὸ μὲν γὰρ τῆς ὑγρᾶς περιττώσεως δεκτικὸν μόριον ὀνομάζεται κύστις· τὸ δὲ τῆς ξηρᾶς, κοιλία· ὡς Ἀριστοτέλης περὶ ζώων ἱστορίας α'.

408, 33 ὁ Ἀχαρνεὺς suspectum est, et ex nomine simili corruptum videtur, qualia sunt ὁ Ἀταρνεὺς vel ὁ Τυανεύς. Tyanensis Apollonii librum de sacrificiis Atheniensium (περὶ θυσιῶν) memorat Philostratus p. 156. Dind. — 34 λέγει R. — 36 ἔτας Ald. — 37 θύοντες ἑορτ. V.

409, 41 seqq. κατ' οὐχ ἔσχον ἀμελήσας. οὐχ ἐκίνουν—διαρραγῇ R. οὐχ ἔσχον ἀντὶ τοῦ οὐ διεῖλον. οὕτως ἔκλινεν Ἀττικοῖς. εἰώθασι—διαρρῆξαι V. — 44 παρέχοντες V. χαριζόμενοι Ald.

410, 51 νοητῶν αὐτῆς ἀρτύσ. V.

411 προσεράντισεν. ὡς ἐπὶ κοιλίας ἐχρήσατο τῇ λέξει R.

414 ἐπίπονον, τλητικὸν Victor.

416 οἱ γὰρ φιλόσοφοι ἐν τῷ τρίβωνι διεχείμαζον μόνῳ μηδὲν ἐσθίοντες V. αἰσθάνοντες Vict.

417 οἴνου τ' ἀπέχει: τὸ αὐτὸ οὐχ εἶπε Σωκράτης —μὲν αὐτόν φησι πλεῖστον—πράττειν. ἀνοήτων: τῶν ἀφροδισίων, τῆς τοιαύτης λαγνείας. τὸ γὰρ ἀνοηταίνειν μωραίνειν διὰ τὸ ἀφροδισιάζειν ἔλεγον Ald. R. habet ἀνοήτων, τῶν ἀφροδισίων. — 7 τοιαύτης om. G. — 8 τοῦ τὰ μωρὰ V. τὰ om. G. — 9 vide Platon. Sympos. p. 220, A.

419, 15 τῇ om. V. — 16 τῷ ὅπλῳ V., qui 17 καὶ et 19 τοὺς omittit. Ibid. ἀντιπραττομένους R. — 23-25 δυσκόλως κοιμωμένης, καταπονούσης τὸν βίον R. Postrema tantum, καταπονούσης τὸν β., habet V., pergitque θυμβρεπιδείπνου δὲ τάς.

421, 27-29 θύμβρα, εἶδος λαχάνου. ἀφ' οὗ δῆλον ὅτι λάχανα μόνον ἤσθιον εὐτελῆ Ald. Veram scripturam habuit Suidas s. Θυμβρεπιδείπνου. Scholion codicum Reg. 2820 et 2821: Θύμβρη ἢ καὶ θύμβρον οὐδετέρως λέγεται, βοτάνη τίς ἐστιν ἐλαχίστη καὶ φαύλη· ἣν ἰδιωτικῶς καλοῦσι θρύμβην. τὸν οὖν εὐτελῶς, etc. ut in Junt.

422 R. om. οἱονεὶ ἄκμων. Solum παιδεύεσθαι habet V., om. G. παίεσθαι Hermannus.

427 οὐκ ἀποτεύξῃ. ἀντὶ τοῦ τεύξῃ ὧν ἐθέλεις Ald. πεπαιδευμένος habent R. V., om. G.

432 καὶ τὰς V. γνώμας μεγάλας. δημηγορίας Ald.

434, 52 καὶ τὸ νόημα V. τῷ νόημα G. πεποίηται om. V. — 53 sq. διολισθεῖν δὲ τὸ ἐκφ. V. — 2 ποικιλίας λόγων scribendum ex Reg. 2821.

436 προπόλοισι δὲ om. R. Totum scholion om. V., sed habet gl. πρόσφυξι, quod om. G.

438 codex Reg. 2820: Κοππατίας ἵππους ἔλεγον τοὺς ἐν τῷ μηρῷ κάππα ἔχοντας. ἄλλοι δὲ φασὶ τοὺς ἄνω καὶ κάτω χωροῦντας καὶ κοπτομένους τοῖς δρόμοις οὓς οἱ θρασεῖς τῶν ἵππων ποιοῦσιν. — 10 κακῶν δι' ὧν R.

439, 14 τρίμετρον dicit quia in Aristophane legit νῦν οὖν χρήσθων ἀτεχνῶς ὅ τι βούλονται. Herm. — 22 ἡ σύνταξις αὕτη, 24 μὲν γὰρ G. — 26 προσπόλοις R. δηλονότι om. V.

441, 27 κακοῦν et καὶ om. R. — 29 ἐκεῖνο V. ἐκείνῳ G. — 32 ἐπενέγκοι R.

445 ἀναιδὴς Ald. pro τκλ., τολμ.

446, 38 ἐκάλουν βδελλυρὸν (βδελυρὸν G.), ὡς καὶ Αἰσχίνης ἐν τῷ κατὰ Τιμ. V. — 40 βδελλύξασθαι R. V.

448 Scholia ad hunc v. sic interpolata sunt in Ald. κύρβις: Ἡ σανίς, ἔνθα ἦσαν οἱ νόμοι γεγραμμένοι. λέγει οὖν, εἰ τά τε ἄλλα δόξαιμι τοῖς πολλοῖς, καὶ ἔμπειρος εἶναι τῶν νόμων καὶ τῶν λόγων, ἡδέως ἂν ὑπομείναιμι πᾶν ὁτιοῦν παθεῖν. Ἄλλως. κύρβις, ὁ περίεργος, ὃν οὐκ ἔστι λαθεῖν. ἢ μνήμων. καὶ γὰρ αἱ κύρβεις πρὸς μνήμην εἰργάζοντο. Ἀπολλόδωρος δέ φησι, πᾶσαν δημοσίαν γραφὴν καὶ νόμους κύρβιν καλεῖσθαι· ὅτι οἱ ἀρχαῖοι λίθους ἱστάντες, τὸ δόξαν ἀναγράφοντες, οὓς μὲν ἀπὸ τῆς στάσεως στήλας· κύρβις δὲ ἀπὸ τῆς εἰς ὕψος ἀναβάσεως. ὕστερον δὲ τὰ ξύλα λελευκωμένα γράφοντες, ὁμοίως ἐκάλεσαν. κύρβις οὖν ἡ περιέχουσα τὰς ἱερὰς γραφὰς στήλη· ἢ ὡς Ἐρατοσθένης φησίν, ἄξων Ἀθήνησιν οὕτω καλούμενος, ἐν ᾧ οἱ νόμοι περιέχονται. Πλούταρχος δὲ ἐν τῷ Σόλωνος βίῳ περὶ αὐτοῦ λέγων, « ἰσχὺν δὲ, » φησί, « τοῖς νόμοις πᾶσιν εἰς ἑκατὸν ἔδωκεν ἐνιαυτούς, καὶ κατεγράφησαν εἰς ξυλίνους ἄξονας ἐν πλαισίοις περιέχουσι στρεφομένους, ὧν ἔτι καθ' ἡμᾶς ἐν πρυτανείῳ λείψανά τινα διεσώζετο. » καὶ προσηγορεύθησαν, ὡς Ἀριστοτέλης φησί, κύρβεις. καὶ Κρατῖνος ὁ κωμικὸς εἴρηκέ που « πρὸς τοῦ Σόλωνος καὶ Δράκοντος, οἷσι νῦν φρύγουσιν ἤδη τὰς κάγχρυς τοῖς κύρβεσιν. » ἔνιοι δέ φασιν ἰδίως, ἐν οἷς ἱερὰ καὶ θυσίαι περιέχονται, κύρβεις, ἄξονας δὲ, τοὺς ἄλλους ὠνομάσθαι. Quorum illa Ἀπολλόδωρος—περιέχονται ex scholiasta Apollonii Rh. 4, 280, sequentia ex Plutarchi Vita Solonis c. 25 vix ullo verbo mutato sumpsit Musurus. Dind. Quem vide ad HSteph. Thes. v. Κύρβις. — 46 ὁ περίεργος Suidas s. Κύρβις. ὁ om. R. V. — 48 κύρβιας δὲ, 49 ὑπομείναιμι ὅτι οὖν V. — 6 post ἀλώπεκα addit Ald. καὶ Σοφοκλῆς (Aj. 103), ἢ τοὐπίτριπτον κίναδος ἐξήρου μ' ὅπου. — 8 εἰσωθῶν καὶ ἐξωθῶν Ald. Correxit Portus. ἀναιδὴς exponitur κίναδος in Reg. 2821. — 9 ὁ τετριμμένος V. ὁ περιτετριμμένος Ald. — 10 ἡμεῖς τρυπᾶν Suidas, qui om. τρῦμα—φαμέν. τρύμην δὲ R. — 11 καὶ τρίμμα R. εὔτονος V. εὐτόνων R. εὐτόνως Suidas. λεπτολόγος καὶ εὔστομος Ald. — 12 περιγενόμενος Hermannus. περιγενόμενον Ald. — 13 τριὼς in τρυσσὸς mutat Hermannus, collata Hesychii glossa, Τρυσσός: νοσερὸς, ἀσθενὴς, λεπτός. Quod τρυσὸς potius scribendum. Sed scholiasta fortasse τρυσίβιος scripserat, Aristophanis utens vocabulo v. 420. Dind.

449, 15-19 Ald. μάσθλης: ἰδίως καλεῖται ὁ ἱταμὸς, ὁ κατειργασμένος καὶ ἔκλυτος. μάσθλης οὖν, ὁ πολυγνώμων, καὶ μηδὲν βέβαιον, μηδὲ σταθερὸν γινώσκων, ἀλλ' ἄλλο μὲν νοῶν, ἄλλο δὲ ποιῶν, οἱονεὶ τοὺς τρόπους ἔκλυτος. μάσθλης οὖν, ὁ μεμαλαγμένος λῶρος. — 15 κυρίως ὁ G. — 21 τὸ δὲ εἴρων ὁ πάντα et καὶ εἴρων. V. — 22 ἀπατῶν καὶ ὑποκριτής R. — 23 τὸ δὲ γλοιὸς τὸ V. — 27 διολισθάνειν hic et infra Suidæ codex Paris. A s. Γλοιός. Scribebatur διολισθαίνειν. — 29 καὶ ἄλλα, 30 ἄλλα δὲ Ald. et Suidas. — 31 τούτους γλοιοὺς G. — 32 ἢ γλοιὸς—τρόπους om. Suidas, qui 34 μιαροῦ καὶ ῥυπαροῦ. Ald. μικροῦ. — 35 πώς ἐστι additum ex Suida. — 36 τὸ μοχθ. Suidæ codex Paris.

450, 39 φανερὸς κλέπτης. ὅτι βασανιζομένοις αὐτοῖς κέντρα προσφέρουσιν. ἢ κέντρων τουτέστι Ald. — 43-48 apud Suidam sic scribuntur, ἢ κέντρων ὁ ἐκ πολλῶν συνερραμμένος. ἐπεὶ τοιαῦτα τοῖς ὑποζυγίοις συρράπτοντες καλοῦσι κέντρωνας. ὡσαύτως καὶ λόγους ἐκ διαφόρων συνειλεγμένους καὶ ἕνα σκοπὸν ἀπαρτίζοντας, οἷά εἰσι τὰ Ὁμηρόκεντρα. οἱ δὲ τὸν λοίδορον ἀκούουσιν, οἷον κεντροτύπον. — 45 οἱ ἐκ τῶν ἄλλων Ald. Correctum ex Suida. — 50 τοῦ στρέφω R. τοῦ στρόφιγγος Ald. οἷον om. V. — 51 post πράγμασι addit Ald. λέγεται δὲ στρόφιγξ τὸ τοῖς σωλῆσιν ἐμβαλλόμενον ὥστε τὴν τοῦ ὕδατος ἐπέχειν, ὅτε τις θελήσει, καὶ αὖ πάλιν ἀνιέναι φοράν.

451, 54 ματιολοιχὸς δὲ V. ματαιολοιχὸς δὲ G. Sic Ald., ἤτοι ὁ χρουσιμέτρης. μάτιον γὰρ, εἶδος μέτρου. ἢ ὁ φειδωλὸς καὶ σμικρολόγος, ἢ ὁ μυκτηριστής. ὀξύνει δὲ Ἡρωδιανός. ἢ μάταιον, τὸ ἐλάχιστον. ἤτοι τὸν μάταια βουλευόμενον καὶ λοχῶντα. Cum Ven. fere consentit Suidas s. h. v. — 1 μικροφάγον R. μάτιον G. μάταιον R. V.

455, 9 χορδὴ—ἔντερον om. G. ὑπερβολὴ—τοιοῦτον om. R.

456 in V. sic scriptum, ἡ περίοδο; ἐννεάκωλος, ὧν τὸ πρῶτον χοριαμβικὸν ποιεῖ συζυγίαν, τὸ β ἀνάπαιστον προσῳδιακὸν (scr. προσοδιακὸν) δωδεκάσημον. τὸ γ ἰαμβικὸν πενθημιμερές. συνῆπται δὲ καὶ τὸ ἑξῆς ἀναπαιστικὸν ἑφθημιμερές. καὶ γὰρ τὸ β (scrib. δ) ἔπος, τὸ καὶ δακτυλικὸν πενθημιμερές. καὶ τὸ ζ καὶ τὸ η. συνῆπται (scrib. πενθημιμερὲς τῷ ε, καὶ τὸ ϛ τῷ ζ. καὶ τὸ η συνῆπται) δὲ τῷ ἑξῆς ὄντι ἀναπαιστικῷ. καὶ γὰρ τὰ β (id est τὰ δύο, *ambo*) τῶν λεγομένων χοιριλείων. (Versum dicit ἄξια σῇ φρενὶ συμβουλευσομένους μετὰ σοῦ.) ἡ περίοδος ἑνδεκάκωλος, ὧν τὸ μὲν πρῶτον τροχαϊκὸν—τὸ ϛ ἰαμβικὴ βάσις. τὸ ζ ἀναπαιστικὴ προσῳδιακὴ (scr. προσοδιακὴ) περίοδος δωδεκάσημος καὶ τὸ η. ἀλλὰ συνῆπται τῷ ἑξῆς ἰαμβικῷ πενθημιμερεῖ. τὸ ι δακτυλικὸν (adde κατὰ) τροχαῖον. τὸ ια τρισύλλαβος κατὰ πόδα κρητικόν. Apparet hæc ita esse transponenda ut primum de periodo ἑνδεκακώλῳ agatur, quæ comprehenditur verbis λῆμα μὲν—δέομαι, deinde de ἐννεακώλῳ, ἆρά γε τοῦτ'—μετὰ σοῦ. Metra quomodo descripserint metrici veteres, ex ipsis eorum verbis manifestum est. In scholio Veneto memorabile est quod κῶλα συνῆφθαι dicuntur; ut in schol. ad Eq. 973, ubi de systemate versuum glyconeorum agitur, συνῆπται δὲ τῇ λέξει καὶ μόνον διακέκριται τὸ φερεκράτειον, quo indicatur ternis quibusque versibus in unum conjungendis pherecrateum subjici. Ceterum V. per totum scholion scribit ἑφθημημερής et πενθημημερής. Dind. — 16 sq. τὸ ε φερεκράτιον ἀτελές V.

471, 43 τὰς δίκας πάσας πράγματα κἀντιγραφὰς Ald.

474 σὺν τῇ σῇ φρενὶ βουλευομένους μετὰ σοῦ. οὐδέτερον (δὲ addit G.) ἐπεκράτησε V.

476, 49 εἶπε γὰρ V. Totum scholion om. G.

488 παρέλκει τὸ ἀμέλει R. ἀντὶ τοῦ μὴ ἀθύμει. Ἀττικὴ ἡ σύνταξις V., omisso παρέλκει. Scholion om. G.

490 ἔπαιξε δὲ διὰ τοῦ ὑφαρπάσαι, αἰνιττόμενος τὴν κυνικὴν φιλοσοφίαν. ἴσως δὲ κἀκεῖνος ἐκ τῶν κυνικῶν φιλοσόφων ἔλαβε τὸ κυνηδόν Ald.

497, 28 ὅπερ καὶ V. — 29 νοουμένων τὰ R. — 39 γυμνωθέντα τούτου Hermannus. γυμνασθέντα τοῦτο Victor. Regius 2821 γυμνωθέντα τοῦτον.

499, 43-50 V. ita, οἱ γὰρ μέλλοντες — ἵνα μή τι ὑπὸ τὰ ἱμάτια (adde κρύψωσι), ἢ ἵνα μὴ πολλάκις ἐχθροὶ ὄντες καὶ μὴ ἔχοντες ἀπόδειξιν αὐτοὶ παρεισενεγκόντες τὸ ζητούμενον ὑποβάλωσι, omittens Ἔθος — εἰσιέναι. — 48 θεάσωνται R. V. — 49 γενομένου, et μή τι πάντα ἱμάτια R.

504, 1, ἐντετηκὼς V. — 2 κυστερὶς ἐκ. R. νυκτερινὸς ἐκ. V.

507 μᾶζαν τῷ μ. δεδευμένην Ald.

508, 22 τῷ Kusterus. τὸ Ald. — 23 δι' ἄλλου. Ernestius volebat δι' αὐτοῦ (certe διὰ τοῦ αὐτοῦ), quod sic Pausanias, qui ipse oraculum Trophonii adiit, 9, 39. At contra Philostratus Vit. Apollon. 8, 19: ἀναδίδωσι δ' ἡ γῆ τοὺς μὲν οὐ πόρρω, τοὺς δὲ πορρωτάτω. καὶ γὰρ ὑπὲρ Λοκροὺς ἀναπέμπονται, καὶ ὑπὲρ Φωκέας, οἱ δὲ πλεῖστοι περὶ τὰ Βοιωτῶν ὅρια. Vide ibi Olearium. Herm. οὗτο; ὁ V. — 24 Στυμφήλου V. Στυμφέλου Ald. — 27 scribebatur ἐργολάβησαν. — 29 vide de hac fabula Valckenar. ad Herodot. 2, 120. — 30 Κερκύονι V. hic et infra. Καρκύονι G. Κερκύωνι Ald. — 32 αὐτόσε Valckenar. l. c. ἐκτόσε Ald. αὐτόσε κατὰ φυγὴν om. V., qui διὰ Μίνωος. — 37 εἰς τὸν, 38 ὑπὲρ τὴν τ. α. ἔκχυσιν Ald. — 39 καταφ. ἅμα Κερκύονι εἰς V. — 40 ὡς om. V. — 43 ὁ δὲ Τροφώνιος Ἐργεῖνος (Ἐργ. om. G.) εἰς Λεβαδίαν τ. Β. φεύγει, οὗ κατορυχὴν V. τῶν Βοιωτῶν Ald. et 44 τελευτήσαντι δὲ αὐτῷ. — 45 ἐφάνη αὐτοῖς, 46 περιελείπετο V. — 50 μὲν τότε ναὸν ἐπ.,

ὁποῖον ἂν εἴη, et σμήνη V. — 2 ἐξ om. V. ὑπορρώγος Gelenius. ὑπορρῶγα Ald. ὑπωρυγμοῦ V. ὑπ' ὀρυγμοῦ G. — 3 τοῦτο, et ἔκριναν ἁρμάτιον (τινα hic addit G.) ἀφ' ἑαυτῶν τινα κατελθ., 5 προήνεγκε μὲν μελ. V. προσήγαγε μελ. Ald. — 8 λόγχας ἔχ. et τοὺς ὄφεις Ald. — 9 καὶ om. V. ante πολλοί. — 10 ἀνεπέμφθησαν Suidas s. Τροφώνιος. ἐπέμφθησαν Ald. δι' οὗ στομίου κατῆλθον, πολλοὶ δὲ καὶ διὰ Suidas, ex quo ἡμερῶν additum. — 11-21 est in Regiis 2820 et 2821, qui 19 ὅθεν ἡ παρ., ἐν Τρ. μ., ἐπὶ τῶν κατηφῶν λεγομένη. — 21-31 descripsit Suidas l. c. paucis verbis mutatis. — 25 ὡρισμέναις ἡμέραις, 30 συναντώντων Suidas.

509, 35 στραγγεύῃ Ald. στραγεύῃ V.

510, 47 τὸ addidit Hermannus. — 53-28 in codice Regio. 2821. — 20 διὰ Φιλωνίδου Regius, ut emendaverat Hermannus. Vict. καὶ Φιλ. — 24 ἐπῃνέθη Regius.

516, 32 sq. corrigendum ex Regio ἐπεὶ δὲ ὁ χρωμ. — γίνεται, αὐτὸς δὲ κατὰ ν.

518, 39-41 παράβασις τοῦ χοροῦ R. V. — 41 ἐκτὸς προτ. R. — 42 οὕτως V. et, ut videtur, R., in quo literæ evanuerunt. ἀπαγγέλῃ R. Ald. ἀπαγγείλῃ V. — 43 εἴδη δὲ τῆς παραβάσεως ἁπλᾶ γ καὶ κατὰ σχέσιν V. — 46 τῇ ἀναπ., 47 πν. ὁ μακρός V. — 1-9 ἑπτὰ δὴ (δὲ Kusterus) — νενευκυῖα, ex Hephæstione p. 135 ducta — 5 ἀποδιδῶται et ἐνῇ Hephæstio. ἀποδίδοται et ᾖ Ald. — 25 ἀργόν. Abundare dicit præpositionem. Herm.

520, 33 τῇ Dobræus. τοῦ Ald.

523, 35 τοῦ διδάξει θρέψαι τὸ δρᾶμα ὡς ἐπὶ βρωμάτων V. sine δὲ λέγει.

525. Vide Geelium in Bibl. crit. nova vol. 4, p. 8. Herm.

528 εἰς (scr. οἷς) τὸ ἐμὲ ἐπιδείκνυσθαι ἡδύ ἐστιν ἢ ἐλλογίμοις Ald. ἐν λογίμοις R.

529, 48 σοφὸν μειρ. V. — 50 λάγνος conjecit Hermannus. — 52, 53 om. V. εὐδοκίμησαν hic R. οὐ γὰρ τότε ἐνίκησεν Ald.

530, 3 οὕτως ἐπέτρεπον V. — 4 τὸ om. R. Pro sequentibus Ald. δημοσίᾳ διὰ τὸ νέον τῆς ἡλικίας. οὐ γὰρ πρῶτον δι' ἑαυτοῦ καθίει τὰ δράματα ὁ ποιητὴς εὐλαβούμενος· ἀπὸ δὲ τῶν Ἱππέων ἤρξατο εἰσιέναι. νόμος δὲ ἦν μὴ εἰσελθεῖν τινα εἰπεῖν μήπω τεσσαράκοντα ἔτη γεγονότα· ὡς δέ τινες, τριάκοντα. Ineptum commentum de ætate oratorum notavit Schœmann. De comitiis p. 106. Legem de choregis obversatam esse scholiastæ suspicatur Dobræus : de qua vid. Æschines C. Timarch. p. 2, 23. Geelium in Bibl. crit. nova vol. 4, p. 12 citat Herm. δι' αὑτοῦ R. — 6 διὰ ἑαυτοῦ R. V.

531, 14-16 om. V. Φιλωνίδης Kusterus. Κλεωνίδης Ald. Φιλωνίδης καὶ Καλλίστρατος om. R. Vide de hoc loco et quibusdam in præcedentibus scholiis egregie exponentem Bergkium ad fragm. Aristoph. p. 14 seqq. ἐπεὶ οὐ Dindorfius. ἐστὶν οὐ R. Legebatur οὐ γάρ.

534, 29-38 in Ald. Αἰσχύλος ἐποίησε δρᾶμα Χοηφόρους. ἐν ᾧ Ἠλέκτρα παραγινομένη εἰς τὸν τάφον τοῦ πατρὸς, ἐκ τοῦ πλοκάμου τὸν ἀδελφὸν ἐγνώρισεν. αὕτη, φησὶν, ἡ κωμῳδία ἀδελφὴ οὖσα τῆς πρώτης (ὡς ἐν τοῖς Χοηφόροις Αἰσχύλου Ἠλέκτρα, ἐκ τοῦ πλοκάμου τὸν ἀδελφὸν ἐπιγνοῦσα καὶ παραγενόμενον, πρὸς τὸν τάφον, ὅπως αὐτὸν γνωρίσῃ, ἦλθεν) εἰς ζήτησιν ἦλθε τῶν τότε θεατῶν. ἐπιγνώσεται γὰρ, ἐάν τι ξύμβολον ἴδῃ ἐκείνων. — 33 πότε R. — 38 ἐπιγνώσεται om. V. De sequentibus v. Stanlei. ad Æsch. Choeph. 166, p. 119 Butl. — 44 τὴν ἀδελφὴν αὐτῆς ἐπαινέσαντες πάλαι recte Reg. 2821.

538, 1 V. habet φ. χαριεντιζόμενοι (sic).

539 totum scholion om. V. ἢ ἐξ ἄκρου om. R.

540 Ald. τοὺς φαλακροὺς : Εὔπολις, ἔσκωψα τοὺς φαλακροὺς, τοῦτο δ' ἀδωρησάμην, quæ om. R. V. ἔσκωψα τοὺς φαλακροὺς Aristophanis verba sunt, τοῦτο δ' scholiastæ est, corruptum ex τοῦτο διὰ, ut ex scholio codicis Brunckiani apparet, ἀδωρησάμην autem ex Eupolidis fragmento est quod ad v. 554 affertur, corruptum ex κἀδωρησάμην. Dind. — 11-13 εἶδος ὀρχήσεως κωμικῆς ἀσχημοσύνης. ὅτι τρία εἰσὶ εἴδη ὀρχήσεως — σίκιννις δὲ σατυρικῆς καὶ κόρδαξ κωμικῆς V. Totum scholion om. G. — 13 σικυννὶς R. Conf. grammaticum in Montefalc. Bibl. Coislin. p. 610, et annotationem ad Athenæum 14, p. 610, B. Dind. Reg. 2821 κόρδαξ — ὁ λεγόμενος ἰδιωτικῶς καριδᾶς.

541, 22 Προσπαλτίοις Casaubonus ad Athen. 7, 22. Προσπαταλίοις Ald.

542, 24 sq. τοῦτο εἰς om. R. Σέρμωνα V. λέγουσι G. Pro his Ald. in præcedente scholio post Ἕρμιππον addit οἱ δὲ Σισέρμιον τὸν ὑποκριτήν. — 27-34, pro his Ald. τὸ δὲ ἀφανίζων, ὅ ἐστιν ἐκτοπίσας, καὶ ἀποφυγὼν τὰ σκώμματα, δι' ὧν ἔδει σωφρονίζειν τοὺς κακῶς πράττοντας· ἐκτὸς ἑαυτοῦ ποιῶν τὰ πονηρὰ σκώμματα, ἢ τὸ ἀφανίζων, ἀντὶ τοῦ ἀφανεῖς ποιῶν, τουτέστι περικαλύπτων τῷ γέλωτι τὰς εἰκῇ διεσκεμμένας αὐτοῦ κωμῳδίας καὶ εὐτελῶς πεπλασμένας. — 27-30 in R. scholio præcedenti sunt præposita. — 34-38 recentioris grammatici annotatio, non cogitantis Lysistratam, Vespas, Pacem, Aves posteriores Nubibus fabulas esse. 40, 41 Σιμέρμνων — Σιμέρμνω codex. Simplex histrionis nomen Ἕρμων fuit, ut in scholio codicum R. V. scribitur, compositum cum Σῖμος autem Σιμέρμων fuit. Si constaret scriptas ab eo comœdias fuisse, quod ex verbis Aristophanis temere collegit scholiasta codicis Cantabrigiensis, nomen ejus restituendum foret Epimerismis Homericis in Crameri Anecdotis vol. 1, p 102, 8

τὸ δὲ παρὰ μιμηερμν « ὦ Ζεῦ πολυτίμηθ' ὡς καλαὶ νῶν αἱ γυναῖ» εἰ μὲν περισπάσεις, ἀποκοπὴ ἐκ τοῦ γυναῖκες etc. Dind.

543, 45 ἀλλὰ καὶ ἑαυτῷ, 49 ὡς μετὰ V. κατὰ λόγον G.

545 glossam οὐ μέγα φρονῶ habet R. — 2 δὲ λείπει V. λέγει om. G.

546, 5 ἴσος V. (non G.) καὶ οἱ ἄλλοι κωμ. Ald.

549, 11 πρὸ δὲ τούτου ἐστὶν V. ἦν G. verbum omittit Ald. — 12 Ἀνδροτίων οὗτος V. — 14 conf. schol. Pacis 48. — 17 ἣν Κλέωνα - κλοπῆς om. V. — 20 sq. ὕστερον Ἰσάρχου Kusterus. Legebatur ὕστερον. Ἴσαρχος δέ φησιν. Ib. ἀφ' οὗ Ald. Correctum ex scholio superiore. — 25 δευτέρων Elmsleius in Diario classico fasc. 11, p. 136. Legebatur δύο. — 29 Ἱππέας. Delevi quod addebatur ἔτυψα ἐν τοῖς Ἱππεῦσιν. In principio scholii ponebat Ruhnkenius. Dind. Glossam ἐν τοῖς ἱππεῦσιν habet R.

550, 32 κοὐκ ἐτόλμησ' αὖτις lemma addidit Ruhnkenius. ἀρκέσθαι V. ἠρκέσθαι G. — 33 πρώτῃ Ald.

552 legebatur κατὰ τοῦ κόλου τύπτουσιν, quæ verba om. V., R. autem infra ponit post δευτέρων Νεφελῶν sic scripta, λέγει ὅτι ἀντὶ τοῦ κατὰ κόλου τύπτουσι. — 37 ἀντὶ τοῦ οἱ ἄλλοι κωμῳδοὶ καταπάττουσιν V. ἢ καταπατοῦσιν Ald. — 38 καταπαττόντων V. ὃ δὴ λέγουσι κοκέτρειν (i. e. χολετρᾶν) addit Victor. οἱ δὲ τὸ V., quæ verba in R. legi non possunt. ἢ τὸ Ald. — 40 πρότερος Hermannus. Libri πρῶτος. Μακαρικᾶς V. (non G.), et τῶν β N. — 50 εἰς — ἐχθρὸν τὸν β. Ald. Quæ pergit Εὔπολις δὲ ἐν τοῖς — ἀδωρησάμην. Κλέων ἀποθνήσκει — λόρον δώρων. (Hæc Κλέων — δώρων ex scholio v. 549.) καὶ τὴν μητέρα: τὴν Ὑπερβόλου. τὴν δοκοῦσαν ἐν ταῖς Ἀρτοπώλισι. πολλὰ κατ' αὐτοῦ εἶπεν Ἕρμιππος. ἐκστρέψας: πάντα — ἔλαβεν. ἣν Φρύνιχος: φέρεται etc.

554, 4 sq. ἅπαντα — μεθύσην om. R. — 7 Ἀριστοφάνει Kusterus. Ἀριστοφάνης Ald. — 8 conf. schol. Equit. 1291. κἀκείνους Hermannus. κἀκεῖνος Ald. — 9 ξυνεποίησα schol. Equit. Scribebatur συνεποίησα. τούτῳ addidit Hermannus et κἀδωρησάμην scripsit. ἀδωρησάμην Ald. hic et in scholio v. 540.

556 sic Ald., φέρεται Ὑπεύθυνος Φρυνίχου. (Ejusmodi fabula Phrynichi non exstitit. Vid. Meinek. Hist. Com. p. 152.) μήποτε οὖν ἐκείνην φράζων ὡς γραῦν ἐκκειμένην τῷ κήτει. καὶ ἴσως ἐν Ὑπερβόλῳ ἂν λέγοι αὐτὸς ὅτι τὸ κῆτος ἤσθιεν. Ἄλλως. εἰσῆγε (Hermannus κήτει, καὶ ἴσως ἐν ὑπερβολῇ ἂν λέγοι, αὐτὸς ὅτι τὸ κῆτος. Ἤσθιεν] εἰσῆγε) γραῦν Φρύνιχος ὑπὸ κήτους ἐσθιομένην, κατὰ μίμησιν Ἀνδρομέδας, διὰ γέλωτα τῶν θεατῶν. ἦν δὲ καὶ αὐτὸς κωμῳδίας ποιητής. — 17 αὐτῇ R. Scribendum αὐτὴν, aut ὅτι αὐτὴν, aut τὸ ἦν. Dind.

557, 20 καθ' αὑτοῦ R. — 21 γὰρ om. V.

559, 24-27 ἀντὶ τοῦ εἰπεῖν λέξεων εἶπεν ἐγχέλεων. ἐμνημόνευσε γὰρ ἐγχέλεων ἐν Ἱππεῦσι, ὅπερ οἱ — πεπόνθασι V. R. Glossam ἀντὶ τοῦ τῶν λέξεων habet R. — 29 addit Victor. glossam ἐγχέλεων, δρᾶμα οὕτω καλούμενον, et scholion non minus absurdum, ἐν τῷ τῶν Ἐγχέλεων δράματί φησιν ὁ Ἀριστοφάνης, ὅτι οἱ βουλόμενοι θηρεῦσαι (θηρεύσειν Reg. 2821) ἐγχέλεις, εἰ μὴ ταράξωσι (Reg. ταράξαιεν) τὸ ὕδωρ, λαβεῖν (hoc ex Regio addidi) αὐτὰς οὐκ ἰσχύουσιν.

560 sic in R., ὅστις ἐκείνοις τέρπεται, τοῖς ἐμοῖς μὴ προσίτω.

562, 34-36 ἀντὶ τοῦ εἰπεῖν ἐλεύσεσθε τοῦτο (τοῦτο om. V.) παρ' ὑπόνοιαν ἐπήνεγκεν ὅτι φρόνιμοι δόξετε εἶναι (εἶναι om. V.) R. V. — 36 εὖνοί μοι Dobræus. εὔνομοι Ald. — 37 τῷ χ Hermannus.

563, 41 ᾄδειν, ἐπὶ τὸ ᾄδειν εἰς Hermannus. — 48 χοριάμβου Regius 2821 et Hermannus. χοριαμβικοῦ Ald. — 4 θάλος Hephæstio p. 56. θάλλος Ald. — 11 συμπτύκτοις Hephæstio. συμπτύστοις Ald.

566, 27 ποιεῖσθαι, 28 μετὰ ταῦτα δὲ τὸν V., qui 30 post δηλῶν pergit, Ἄλλως. εἰκότως δὲ — ἐξ ὧν αἱ νεφέλαι. Quæ post scholion v. 572 posita sunt auctore R.

570, 51 ὡς τοῦ βίου καὶ τῆς ζωῆς πᾶσι τοῖς ἐμψύχοις παρεκτικόν· ἢ τροφέα ἁπάντων ζώων, φυτῶν καὶ ζωοφύτων Reg. 2821.

571, 3 γεννάρχης Ald. — 4 δὲ om. R. — 5 ἐξ ὧν R. V.

580, 17 γινομένη om. R.

582, 26 τὸ δὲ ψεκάζομεν ἀντὶ τοῦ συννέφειαν V. — 27 ἐχαλεπήνομεν R. ἐχαλεπήναμεν Ald. ἐστυγμάζομεν [sic] V. (non G.) ἐστυγνάσαμεν Ald.

583, 30 παρὰ τῷ ἐν Σοφοκλέους (Σοφοκλεῖ G.) Τεύκρῳ V. τὰ ἐκ Τεύκρων Σοφοκλέους Ald. — 32 οὐρανοῦ ἀπήστραψε, βρ. V.

584, 36 βοηδρομιῶνι Kuster. βοηδρομίῳ Ald. In V. hoc scholion infra positum est post χειροτονουμένου sic scriptum, ἔκλειψις δὲ καὶ σελήνης ἐγένετο τῷ β ἔτει ἐπὶ Στρατοκλέους βοηδρομιῶνος.

585 ἀπὸ τῶν λύχνων ἡ μεταφορὰ — φαείνω. ἄλλως τουτέστι - χειροτονουμένου V. τὴν ἀκτῖνα εἰς ἑαυτὸν συστείλας. ἀπὸ τοῦ λύχνου δὲ ἡ μεταφορά. οὐχ ὡς τοῦ ἡλίου ἐκλείψαντος, ἀλλ' ὡς ἀπειλοῦντος ἐκλείψειν, εἰ στρατηγήσει Κλέων. οἷον παρ' Ὁμήρῳ, δύσομαι — φαείνω. ἡλίου δὲ ἐγένετο κατά τινα τύχην ἔκλειψις Κλέωνος χειροτονουμένου Ald. Emendavi ex V., qui utrumque scholion habet, et ex R., qui in altero verba ἀπὸ τῶν λύχνων — τοῦτο δὲ omittit. Dind. — 41 στρατηγοίη V. non G.

587, 44 Τὴν οὐκ ὀρθῶς βουλὴν om. V

φασὶ Kusterus. φησὶ V. Ald. — 46 Ἀθ. ᾔσχητο V. et Suidas s. Ἀθηναίων δυσβουλία. Legebatur ἐνσκῆψαι αὐτοῖς. — 47 βουλεύεσθαι μὲν, ἀποκλῖναι δὲ καλῶς Ald. — 48 τοῦτο τὸ V. — 49 om. V. et Suidas. — 50 εὐτυχήσει V. εὐτυχεῖς Ald. εὐτυχεῖν Suidas. Emendatum ex Athenæo 10, p. 425. — 51 τῆς Ἀθηνᾶς Kusterus. Reg. 2821 Π. πρὸς Ἀθηνᾶν ἐρείσας (sic) ὑπὲρ τῆς πόλεως καὶ ἡττ., δυσβ. ἐνέβαλεν Ἀθηναίοις, ἣν Ἀθηνᾶ πάλιν μετέβαλε πρὸς τὸ βέλτιον. Scholion 589 om. V.

591, 7, ὅτι—τοιοῦτος om. V. — 8 πέτραν R. — 14 ὃς Hermannus. ὃ Ald.

595, 24 τῶν περὶ ἄνδρου R. Terpandri versum integrum servavit Suidas, ἀμφί μοι αὐτὸν (duo codd. αὖ τὸν. Corrigendum αὖτις ex scholio Ravennate) ἄναχθ' ἑκατηβόλον ᾀδέτω φρήν· ubi ἡ φρὴν Ernestius, rectius Hermannus ἑκαταβόλον ἀδέτω ἁ φρήν. Dind. — 30 τῶν διθυραμβοποιῶν Ernestius. — 38 ἀντίστροφος. ἔφαμεν V. — 39 τὰς ἀντιστροφὰς καὶ τὰς ἐπῳδὰς, ἅστινας, 40 ὥσπερ οὖν κἀνταῦθα τὸ ἀντ. V. — 41 ὥσπερ om. V., qui καὶ ἐπὶ V. — 44 τοῦ ὅλου Ald. — 45 καὶ δεῦρο V., qui 51 ἡ et οὕτω om. — 52 ἱππονόμαν ὅσθ' V. — 1 Φοῖβε V. omisso ἄναξ. — 11 αὐτοῦ Ernestius. τοῦ Ald.

596, 17 sq. Ald. ἔστι δὲ ὄρος Δήλου ἡ Κύνθος· τὸ δὲ ὑψικέρατα πέτραν ἐπῳδός ἐστι. τὸ αὐτὸ δὲ μέτρον τῷ μέλει τῷ πρώτῳ, καὶ ἑξῆς οὕτω. ἔστι δὲ παραγώγως ἀντὶ τοῦ ὑψικ.

599, 19 τὸν Ἥλιον εὐθ. ἡ Ἄρτεμις Ald. — 20 ἧς ἱερὸς Ἐφ· R. ἧς ἡ Ἐφ. Ald.

600 τῆς γὰρ—ἦν. ἔνθα σε κόραι αἱ τῶν Λυδῶν παρθένοι ὦ Ἄρτεμι τιμῶσιν V.

604, 26 μετὰ δᾳδων om. V. — 28 Δ. ἐν πεύκαις V. ὃς πεύκαισι Ald. Mutavit Dindorfius ex Ran. 1211. νευρῶν V. — 30 παρθένοις σὺν Δελφίσιν restitutum ex scholio Ranarum. σὺν παρθένοις Ald., omisso Δελφίσιν. — 31-33 habet R. δὲ καὶ V., qui 32 ὁ ante θεὸς om. — 33 pergit V. τὸ δὲ Βάκχαις Δελφίσιν ἐμπρέπων, ὅτι καὶ ἐκεῖ ἐτιμᾶτο ὁ Διόνυσος. Δελφίσι καὶ (scrib. δὲ) ταῖς τὴν Δελφικὴν χώραν κατοικούσαις.

607, 39 τοῦτο om. R., totum scholion V.

609, 52 conf. schol. Pluti 322. φησιν R. V. — προθεῖναι Ernestius. προσθεῖναι libri. ὅπερ ἐν χρήσει γέγονεν V., qui 7-9 sic, ἀρχαῖον ἔθος τὸ ταῖς ἐπιστολαῖς προστιθέναι τὸ χαίρειν, καὶ οὐκ ἔστι Κλέων ὁ πρῶτος οὕτως ἐπιστείλας, ὥς φασι τινές.

615 Καὶ—εὐεργετεῖν in fine scholii collocat V., post scholion v. 618 habet R. — 15 δὲ ὑμᾶς om. R. V.

616, 17 sq. solum συνταράττειν habent V. Ald. 18 sq. γράφεν [sic] δὲ ἐξ ἑκατέρου τὸ ταράττειν, καὶ τὸ μὲν ἀπὸ τοῦ κυκᾶν, τὸ δὲ ἀπὸ τοῦ κυδοιμοῦ V.

619, 36 κατὰ λόγον τὸ εὐτ., 37 γὰρ τοῦ V. τὸ om. R. — 38 τὴν ἑορτὴν V. ὑπερβαίνειν τὰς δεήσεις καὶ τὰς ἑορτὰς ἀνάγκη Ald.

621, 41 verba διαβάλλει τοὺς ποιητάς habet R. ante scholion v. 618. Reg. 2821 ἀπαστία γίνεται ἀπὸ τοῦ α στερητικοῦ μορίου καὶ τοῦ πάω πῶ τὸ κτῶμαι, οὗ ὁ μέλλων πάσω· ἀφ' οὗ καὶ πάσασθαι τὸ φαγεῖν παρὰ ποιηταῖς.

623, 6 ἱεροὶ Ernestius. ἱερεῖς Ald.

624, 13 ἄλλως præponit V. et γὰρ om. — 14 ἱερῶν R. ἡμερῶν V. — 16 μόνον V. pro Ὑπέρβολον.

625, 22 ὡς ἂν ἄξιον ἦν Hermannus.

627, 28-30 πάλιν—ἀμαθίᾳ om. V. — 31 χαριεντιζόμενον Ald. — 32 Μέλιτον. V. Ald. Deinde V. διαβάλλει εἰς ἀθεότητα τὸν Σ., omittens διὰ τῆς πολυμαθίας Aldinæ, quod ex scholio Ravennate in πολυθείας mutavit Dindorfius et lacunam indicavit: « Fortasse τοῦτο δὲ excidit. » — 36 τὴν ἀναπνοὴν Ald.

629, 41 τοὺς μωροὺς ἀπὸ τῆς σκαιᾶς addit Ald.

630, 44 σκαλεύματα σμικρὰ καὶ λεπτὰ Ald. — 45 νοήματα καὶ μικρὰ σκ. R. σκαριφεύματα Suidas s. Σκαλαθυρμάτια. — 46 sq. ἔγκειται δὲ καὶ τὸ ἄθυρμα, οἱονεὶ παίγνια, καὶ οὐδὲν ἀξιόπιστα Ald. et similiter Suidas.

633, 50 ἀντὶ τοῦ ἔξελθε habet R., ἔξελθε φησί V. Scholion futile legitur maximam partem apud Favorinum in Aldi Hortis Adon. fol. 54 recto. Dind. — 4 μετὰ κῦμα Ald. — 15 τὸν ἀσκάντην δὲ τὸν G.

638, 23-25 in fine scholii v. 643 ponit R. ὅτι διαφέρει V. — 24 πατὴρ μέτρου ὁ ῥυθμὸς, Longini dictum fragm. 3, 1. Conf. Maximum Planudem in Walzii Rhetoribus vol. 5, p. 473. Dind. ὁ om. R. Ald. In Reg. 2821 scholion est de utilitate studiorum, in cujus fine hæc, δέον οὖν ἐστι πρὸς τοῖς ἄλλοις καὶ τὰ περὶ μέτρων μανθάνειν· οὕτω γὰρ ἂν καὶ πολλὰ τῶν ποιητικῶν στίχων παραφθαρέντα τῷ χρόνῳ διορθοῦν ἔχοι τις.

639, 26 Λείπει—μαθεῖν om. G., 27 et 28 om. V. μουσικός Ernestius. κωμικός Ald. Conf. schol. v. 641. — 29 δὲ om. R. πάλιν V. Qui sic scribit sequentia: ἀπεκρίνατο. ὁ μὲν γὰρ τὰ τῶν ποιημάτων ἔλεγε μέτρα, ὁ δὲ ὡς ἐπὶ τῶν γεωργῶν (scr. γεωργικῶν) μέτρων ἐδέξατο. λέγει δὲ ὅτι ἐγὼ χθὲς ὑπὸ μετρητοῦ ἐζημιώθην δύο χοίνικας. ἀλφιταμοιβοὶ δὲ οἱ τὰ ἄλφιτα ἀμείβοντες ὡς (scr. καὶ) πιπράσκοντες (ὡς π. om. G.). Conf. schol. v. 643.

640 ἀλφιταμοιβοὶ οὖν οἱ τὰ ἄλφιτα ἀμείβοντες καὶ πιπράσκοντες R. reliqua scholii parte omissa.

643, 51 ἐκτέης R. ἡμιεκτέον V. — 8 γρ ἡμιακτέον V. γρ. διὰ διφθόγγου ἡμιεκταίου Ald.

644, 10 sqq. Inepte scholiasta περίδου, quod est a περιδιδόναι, ab verbo περιδεῖν derivat. — 15 δίδει Ald. Seqq. ex scholio v. 639 petita sunt.

647, 23 αἰσθάνεσθαι καὶ μεταλαμβάνειν Ald. male interposita interpretatione verbi ἐπαΐειν, ut observat Hermannus.

649, 26 κοιν. ἑταίρους V. τὸ δὲ ἐπαΐειν ἀντὶ τοῦ αἰσθ. V.

651 codex Taurin. Κατ' ἐνόπλιον ῥυθμὸς στίχος ἦν συγκείμενος ἐκ δύο δακτύλων καὶ σπονδείου, ὃ μέτρον καὶ πυρριχαϊκὸν ἐλέγετο ἀπὸ Πύρρου τινὸς οὕτω κληθέν. ἔλεγον δὲ τοῦτο σὺν ὅπλοις κινούμενοι.—30-40 in Ald. ὅπλα. ἔστι δὲ ὁ ἐν ἡμιολίῳ· ἡ γὰρ μακρὰ πρὸς τὰς δύο βραχείας ἶσόν τι ἔχει ῥυθμὸν ἐκ τριποδίας ἀναπαιστικὸν, ὃς δέχεται πάντας τοὺς δισυλλάβους πόδας. οἱ δὲ ἐνόπλιον, τὸν ἀμφίμακρον, ὃς καὶ Κρητικὸς καλεῖται ἀπὸ τοῦ εἰς τοὺς Κούρητας ἀναγομένου μέλους. τούτῳ γὰρ τῷ μέτρῳ προσωρχοῦντο σείοντες τὰ ὅπλα. καλεῖται δὲ ἐνόπλιον κατὰ δάκτυλον, ᾧ χρῶνται ζήτει τίνες. ἴσως δὲ λείπει τὸ, οἱ αὐληταί. (Hoc qui scripsit in codice suo post χρῶνται aliquot syllabarum lacunam invenit, quam ego ex V. explevi.) κατὰ δάκτυλον : ἀριθμητικόν ἐστι μέτρον. ἔστι δὲ ῥυθμὸς κρούματος εἶδος κατὰ δάκτυλον, ᾧ χρῶνται οἱ αὐληταί. ὁ κατὰ δάκτυλον ῥυθμός ἐστιν ὁ ἐν ἴσῳ λόγος· ὁ δὲ ἐνόπλιος, καὶ προσῳδιακὸς καλούμενος ὑπό τινων, σύγκειται ἐκ σπονδείου καὶ πυρριχίου καὶ τροχαίου καὶ ἰάμβου. συνεμπίπτει δὲ οὗτος ἤτοι τριποδίᾳ ἀναπαιστικῇ, ἢ βάσεσι δυσὶν, ἀναπαιστικῇ καὶ Ἰωνικῇ. Emendavi ex R. V. Dind. Ad illa scholii Aldini verba ἔστι δὲ ὁ ἐν ἡμιολίῳ hæc annotavit Hermannus : « Hemiolium dicit e tribus pedibus constantem, propterea quod bini pedes dipodiam anapæsticam efficiunt. Sic versus ithyphallicus τροχαϊκὸς ἡμιόλιος dicitur ab Hephæstione p. 48; v. schol. ejus p. 52. Quæ sequuntur, ita nos emendavimus, ἡ γὰρ μακρὰ πρὸς τὰς δύο βραχείας ἴσον· καὶ ἔχει—. Hemiolium rhythmum dicit, qui e duobus dactylis et spondeo constat, ut recentior scholiastes, et enarrator Hephæstionis p. 91, de versu heroico : κατ' ἐνόπλιον μὲν οὖν ἐστι τὸ ἔχον δύο δακτύλους καὶ ἕνα σπονδεῖον, οἷον,

ὣς φάτο δακρυχέων, τοῦ δ' ἔκλυε πότνια μήτηρ.

Hunc rhythmum ne quis dubitet hemiolium esse, addit hæc : ἡ γὰρ μακρὰ πρὸς τὰς δύο βραχείας ἴσον, quo ostendat spondeum parem esse dactylo, atque idcirco etiam dimidiatam dipodiam anapæsticam. Confundit enim numerum κατ' ἐνόπλιον, qui in versu heroico dicitur, cum eo, qui vocatur προσοδιακός. Propterea hæc adjicit, καὶ ἔχει ῥυθμὸν ἐκ τριποδίας ἀναπαιστικόν, dactylis scilicet in prima et secunda sede anapæsti vicem sustinentibus. Prosodiacus enim versus spondeo constat et duobus anapæstis, quem grammatici Ionico majore et choriambo metiuntur :

- - ∪ ∪ | - ∪∪ -

αὐτὰ δὲ σὺ, Καλλιόπα.

Vide Hephæstionem p. 49, et scholiasten ejus p. 52. De eodem prosodiaco κατ' ἐνόπλιον illa sunt intelligenda : ὃς δέχεται πάντας τοὺς δισυλλάβους πόδας. Sed imperitus homo ita loquutus est, quasi in eadem sede omnes pedes bisyllabi admitterentur. Verum nihil aliud vult quam reperiri in isto versu pedes bisyllabos omnes, si binæ semper syllabæ conjungantur :

- - | ∪ ∪ | - ∪ | ∪ -

id quod alius scholiastes clarius sic dixit : ὁ δὲ ἐνόπλιος, ὁ καὶ προσοδιακὸς καλούμενος ὑπό τινων, σύγκειται ἐκ σπονδείου καὶ πυρριχίου καὶ τροχαίου καὶ ἰάμβου. Vide Elem. doctr. metr. p. 351 sq.» — 31 Κουρ. V. et Suidas s. Κατ' ἐνόπλιον. Κρητικὸς G. Κουρητικοῦ nomen pæoni tertio tribuit scholiasta Hephæstionis p. 161. Idem p. 82 palimbacchium nominat ἐνόπλιον. Vide Platon. De rep. 3, p. 400, B, schol. Plat. p. 401, Aristot. fr. rhythm. p. 300, Aristid. Quint. p. 34-40. Herm. ἀπὸ τούτου εἰς R. — 32 Κουρῆτας V. Κρῆτας G.— 33 Suidas : Κατὰ δάκτυλον : εἶδος ἀριθμητικὸν ἢ γεωμετρικὸν, ἢ ῥυθμοῦ καὶ κρούματος — Santenium ad Terent. Maur. p. 84 citat Hermann. Veneti ῥυθμὸς Dindorf. correxit ex Suidæ l. c. et ex Hesychii gl. Δάκτυλος : οὕτω καλεῖται ῥυθμοῦ εἶδος καὶ κρούματος. χρῶνται δὲ αὐτῷ μάλιστα οἱ αὐληταί.— 35 ἐστι ῥυθμὸς R.— 36 ἴσον λόγον vocant, si altera pars pedis prioris mensuram æquiparat, quod est in dactylo et anapæsto. Vide schol. Hephæst. p. 11. Herm. προσῳδιακὸς R. V. ὁ καὶ προσοδ. Hermannus.— 39 οὗτος ἐν τῇ τριπ. R. V. In fine V. ἰαμβικῇ καὶ χορικῇ. — In Junt. scholion est κατ' ἐνόπλιος (error typothetæ pro ἐνόπλιον) ὁ μετὰ δύο δακτύλους ἔχων σπονδεῖον κατὰ τὸ πάλιν καὶ πάλιν, οἷον « ὣς φάτο δακρυχέων, τοῦ δ' ἔκλυε πότνια μήτηρ. » λέγοιτο δ' ἂν ἴσως κατ' ἐνόπλιον, διὰ τὸ πρέπειν μὲν ῥυθμὸν τοιοῦτον καὶ τοῖς ἄλλοις κινουμένοις μετὰ συντονίας, ἐπὶ πλέον δὲ τοῖς μεθ' ὅπλων σεμνῶς πηδῶσι καὶ πυρριχίζουσι. Quæ transcripta sunt ex Eustathio p. 1899, 62. Dind.

653, 41 τὴν παραγραφὴν recte corrigere videtur Dobræus. Intelliguntur autem duo puncta (:), quibus ad personas distinguendas utebantur. Quo significatu παραγραφή dictum ex schol. Pac. 444 memorat Dobræus, idemque scholio Ran. 1432 restituit. Adde schol. ad Pac. 1334. Dind. Qui 45 ἂν addidit.—47 verba ὅταν γὰρ περὶ ῥυθμῶν temere huc esse illata ipsum illud ὅταν ostendit, quod non habet quocum construatur. Proxima in hanc fere sententiam corrigenda videntur, ὁ δὲ Στρεψιάδης οὐ περὶ τούτου τοῦ δακτύλου φησὶν, ἀλλὰ περὶ ἑτέρου. ὡς γὰρ ἀνοικο-

« καὶ οὗτος » (scil. ὁ δάκτυλος) ἐρεῖ « οὐδὲν ἧττον, » δείξας τὸν μέσον, etc. Dind.

655, 12 καὶ μετὰ πλεονασμοῦ Dindorfius. Vict. et Reg. 2821 καὶ μεταπλασμόν. Lobeck. Paralip. p. 175 κατὰ πλεονασμόν.

661, 15 Καὶ om. V. — 16 προείληπται V. — 17 ὅτι κατὰ τοῦτον R.

663, 23 ἔσθ'; ἀλεκτρυών Brunckius. ἐστιν. ἡ ἀλεκτρυὼν Ald. — 24 οἰμώξουσα Brunckius, recte, ut videtur, quamvis veteres Attici οἰμώξομαι dicere soleant. Dind. — 25 ex Aristophanis Dædalo hæc afferunt Athenæus 9, p. 374, C, et Photius Suidasque s. Ὑπηνέμια, quo confirmari videtur quod Clemens Alex. commode ab Ernestio allatus narrat Strom. 6, p. 628, multa communia fuisse utriusque Dædali. Vide Bergkium ad Aristoph. fragm. p. 129 seq. — 26 ἐνίοτε om. Athenæus. Certis temporibus, inquit, multæ gallinæ perpetuo irrita pariunt ova. Verno tantum tempore hæc fieri auctor est Plinius 10, 80. Herm. Porsonus ἓν ἴστε· πολλαὶ etc. βίᾳ additum ex Athenæo, Photio, Suida. — 27 ὑπήνεμα Ald. Correctum ex iisdem grammaticis. — 28 καὶ huc transposuit Hermannus. Legebatur ante ὑπήνεμα. — 29 παῖς ὅδ' ἔνδον Heinsius. — 31 Theopompi verba apposuit Athenæus l. c., ἄχθομαι δ' ἀπολωλεκὼς | ἀλεκτρυόνα τίκτουσαν ᾠὰ πάγκαλα.

667, 34 ὀμνύς V.

669, 36 παγίδα V. — 37 ἡ σκάφην ἐν ᾗ R. et ἀναφύρειν.

670 R. habet ἰδού, φησί, διήμαρτες. V. τὴν χάρδοπον.

673, 41-51 sic in Ald., ὥσπερ καὶ Κλεώνυμον: σύ, φησι, τὴν κάρδοπον καλεῖς ἀρσενικῶς, δέον θηλυκῶς· ὥσπερ Κλεώνυμον ἄρρενα καλοῦσί τινες, οὐδὲν διαφέροντα τῇ αἰσχύνῃ τῶν γυναικῶν. ταυτὸν δύναταί σοι : οἷον τὸ αὐτὸ γένος. σημαίνει δὲ τὴν κατάληξιν. ὅ ἐστι, δοκεῖ σοι ὁμοιοκατάληκτον εἶναι. ἅμα δὲ καὶ ὡς γυναικώδη σκώπτει τὸν Κλεώνυμον, καὶ ὡς ἀδηφάγον διασύρει, τῷ ἀλφίτων δεκτικῷ λέγων ὅμοιον. τῶν πολιτευομένων δὲ εἷς ἦν· καὶ ὡς γυναικιζόμενον αὐτὸν οἱ ποιηταὶ διαβάλλουσιν. — 42 αὐτὸν post ποιηταὶ ponit V. — 45 τῇ αἰσχύνῃ V. Ald. — 49 ἄλλως præponit V. τοῦ om. R. — 50 εἰσίν R., qui ὅτι om.

676, 52 ὁ Κλεώνυμος om. V. — 1 θυίᾳ V.

691, 19 τὴν om. V. — 21 δειλίαν αὐτὸν κωμῳδεῖ. Κρατῖνος V. Κράτης Ald. Σερίφοις καὶ ἀλαζ. V. δερίφοις Ald. — 23 δὲ καὶ παραπρεσβευτὴν V.

695 καὶ ἐννόησον G. ἀντὶ τοῦ σκέψαι καὶ διανοήθητι περὶ τῶν ἰδίᾳ σοι συμφερόντων πραγμάτων Ald.

698 ἐπὶ τοῦ ἀσκάντου habet R. — 33 οὐκ ἀνίημί σε ἑλόντα ποιῆσαί τι Ald.

699, 34 καὶ τημερινὸς emendandum videtur Dindorfio. τήμερον G. — 36 ἐν Ὁλκάσιν Ald. ἐν τῇ Εἰρήνῃ R. V. et Suidas s. Τήμεσος. Conf. Dindorf. ad fragm. 354. — 37 ἄρα om. V.

700, 39 εἰσοδυναμεῖ τὸ νῦν R. — 45 διτροχαίου Ernestius. τροχαίου Ald. — 47 χοριάμβου Ernestius. διτροχαίου Ald. Reg. 2821 ἐκ διιάμβου, χοριάμβου καὶ διιάμβου. — 7 καὶ ἀνάκρ. V. ἀνάκρινε καὶ (καὶ om. R.) δοκίμαζε huc retulit Ruhnkenius (ad διάθρει). Legebatur ad v. 702 ante περίφερε, consentientibus R. V.

701 ἐπὶ πολὺ V. τρέπει R. στρέφε Ald.

703, 13-19 sic in V., ἐὰν ἀπορήσῃς εἴς τι, ταχέως εἰς ἄλλο πήδημα καὶ διανόημα μετάβηθι. διαβάλλει δὲ τὸν Σωκράτην ὡς καὶ αὐτὸν ἐν ταῖς συζητήσεσιν, ὅτ' ἂν στενοχωρῆται — ὑποτίθεται. — 21 ἐὰν ἡ διάνοια εἰς Suidas s. Μεταπήδα. ἐὰν εἰς διάνοιαν R. V. — 22 καὶ τὸν Σ. V.

707 totum om. V.

710, 30 χρόνον R. κατ' ἐκεῖνο καιροῦ Ald. — 31 πεποίηται R.

719, 45 ὅτι καὶ G. — 47 τὸ ὑπὸ γῆν recte Reg. 2821.

721, 54 παραμ. om. etiam Suidas s. Φροῦδος. — 2 φρουρὰς ᾄδων V. — 5 post φρουρὰν addit Ald. παρὰ δὲ τὴν λέξιν τὴν φρούδη τοῦτο πεποίηκε. Ibid. διχῶς δὲ λέγεται ἡ γραφὴ Suidas. — 6-9 τὸ μὲν φρουρὸς ᾄδων, ἀντὶ τοῦ συνεχῶς ᾄδων φρουρός. τὸ δὲ φρουρᾶς ᾄδων, ἀντὶ τοῦ φυλάττων· ἐπεὶ φύλακες ἦσαν τῶν φροντιστηρίων θυρῶν Ald. καὶ τὸ μὲν — τὸ δὲ Suidas. τὸ δὲ — καὶ τὸ V. — 8 καὶ addit G. post ἐπειδή. — 9 post θυρῶν addit V. ἄλλως δὲ τὸ φρουρὰς ᾄδων ἀντὶ τοῦ διαγρυπνῶν, Suidas autem φρουρὰς δὲ ᾄδων ἀντὶ τοῦ ἀγρυπνῶν. Post διαγρυπνῶν in V. sequuntur illa οἱ γὰρ φρουροῦντες — φρουρὰς ᾄδων. Sic etiam apud Suidam, omissis tamen postremis καὶ οὕτως — φρουρὰς ᾄδων. — 16 ἐκ τῆς τῶν Regius.

730, 34 ἀρνοῦ V. et Suidas s. Ἀρνακίδα. ἀρνὸς Ald. — 35 δέον δὲ V. εἰπεῖν ὅτι τίς R. — 36 ἀρνακιδῶν V. hic et infra. ἀρν. ἐν ᾗ μέν ἐστι περιβόλαιον R. ἀρν. σισύραν Ald. — 37 ἔπαιξε δὲ V. παρονομάσας Suidas. παρανομύσας R. παρανομήσας V. ὀνομάσας Ald. τῶν ἀρνῶν Ald. et Suidas. Post ἀρνεῖσθαι addebatur τοὺς δανειστὰς τὸ (τὸ om. R. V.) ἐξ ἀρνακίδων. τὸ ἐξ ἀρνακίδων omittit Suidas, habet vero τοὺς δανειστάς, quod delendum esse vidit Kusterus. Post ἀρνακίδων pergit R. καὶ ἀπὸ τοῦ ἀποστερεῖν, reliquis omissis. — 43 καὶ ἐπιθείη Regius.

733, 49 συνείληφέν τι V. quod correctum ex Suida qui ἀντὶ τοῦ εἴληφας (εἴληφε codex Leid.) τι. ἀναρτίσαι V. ἀνακτῆναι Suidas.

734, 1 καὶ μιμ. — ἑαυτόν habet Suidas. ἑρμύλοντα V.

740, 9 κατασπάσας Ald. Conf. schol. ad v. 106. ἀτρεμήσας V. Ald. — 15 τῷ μηρῷ Harlej. 5.

742, 20 τὰ πράγματα Suidas s. Διαιρῶν. — 21 τὸ δὲ σκοπῶν ἀντὶ V. — 22 ποιεῖ R. — 23 ἐπὶ τῶν νομισμάτων Toupius Emendat. vol. 3, p. 52. Conf. schol. Ran. 78.

743, 27 μένε ἐφ' ἡσυχίας V. Qui post κόρεις addit, τὸ δὲ ἀπορεῖς ἀντὶ τοῦ κἂν ἀπορῇς εἰς νόημά τι, quæ correxit Dindorfius. — 40 τοῖς εἰς ν Reg.

744 sic in Ald., ἀφεὶς ἄπελθε : ἔασον τὸ ἀπορούμενον· ἔπειτα πάλιν ἀνασκοπεῖν καὶ οἷον ἀνοίγειν ἀποπειρῶ. τὸ γὰρ ἀναζυγοῦν ἐστὶ τὸ ἔξωθεν ἀνοίγειν τὴν θύραν. ἔνιοι δὲ ζυγώθρισον, συνάρμοσον, σύμπλεξον. κίνησον δὲ αὖθις, ἀντὶ τοῦ καὶ δεύτερον καὶ τρίτον ἐπίστησον· περὶ τῶν αὐτῶν ζυγοστάτησον, ἴσωσον. — 46 ζυγόθρησον G. hic et infra. ζυγώθρησον R. — 49 τὴν θύραν post ἀναζυγοῦν collocat G. — 50 σύμπηξον etiam Suidas s. Ζυγώθρισον.

745, 51 ἄλλως præfixum in V.

749, 7 διαβάλλονται δὲ οἱ V., in quo illa Ἀττικοὶ βαρύνουσιν οἱ κατὰ Μένανδρον ὡς δαμάλην in principio scholii posita sunt. — 8 μέχρι καὶ νῦν Suidas s. Θετταλὴ γυνή, ubi καὶ om. cod. Paris. A. αἱ Θετταλαὶ om. R. αἱ Θεσσαλαὶ V. Hermannus νῦν αἱ φαρμ. παρ' ἡμ. Θετταλαὶ κ. — 9 ἡ Μήδεια Suidas. φυγοῦσα R. Ald. — 11 Menandri comœdia fuit Θεττάλη. Codex Regius : Αἱ ἐκ Θετταλίας γυναῖκες λίαν ἦσαν γοήτων καὶ μάγων ἔργα ἐπιτελοῦσαι· καὶ μὴ μόνον αἱ γυναῖκες, ἀλλὰ καὶ οἱ ἄνδρες. φασὶ γὰρ περὶ τῆς Μηδείας ὡς ἡνίκα ἐκ Κόλχων ἔφευγε μετὰ τοῦ Ἰάσονος, ἐν Θετταλίᾳ τὸ αὐτῆς βαλάντιον μεστὸν ὂν φαρμάκων λάθρα πεσὸν ἀπώλεσεν. ᾧ περιτυχόντες οἱ Θετταλοὶ ἐξ αὐτοῦ πάσης φαρμακευτικῆς καὶ γοητικῆς ἀνεπλήσθησαν τέχνης.

751, 14 sq. ἔστι δὲ αὕτη περιφερής V.

752, 17 ὡς ἔσοπτρον Suidas. φησὶ R. V. — 18 τούτῳ Suidas. τοῦτο V. οὕτω Ald. — 19 Πυθαγόρα V., non G. πύθαγος corrupte Suidas. Vide Menag. ad Diog. Laert. 8, 36. διὰ τοῦ καὶ V. Ald. — 20 εἰς addidit Dan. Heinsius. — 22 στῆναι Suidæ ed Mediol. et, ut videtur, codex Paris. A. Legebatur σταίη. — 23 κἀκεῖνον V. et Suidas. ἀτενίσας Suidæ ed. Mediol. Legebatur ἀτενίσαι, quod est in Suidæ codd. ὁ om. R. V. et Suidas. — 25 ἐπὶ om. R. V. Apud Suidam vulgo ἐν τῇ σελήνῃ, sed ἐν om. tres codd., τῆς σελήνης habet Paris. A.

755, 33 τίη τιητί λείπεσθαι φέριστοι V. τιητί δὴ λείπεσθαι ἄριστοι Ald. Ex Homero correctum.

756 scholion illatum videtur ex integriore codice Etymologici M. p. 137, 28, ubi nunc hæc tantum leguntur, ἰστέον ὅτι πᾶν νόμισμα — εἰώθασιν ἀργύριον καλεῖν, καὶ οἱ μὲν ῥήτορες ἑνικῶς, οἱ δὲ κωμικοὶ ἀργύρια πληθυντικῶς. Dind.

758, 40 κατηγορίαν addidit Dindorf. — 42 τὸ πέντε ἐφύλαξε, id est πεντετάλαντος dixit, non πεντατάλαντος. Fortasse tamen scribendum τὸ ε ἐφύλαξε, cum Porsono. Dind.

763, 14 τὸν om. R. — 19 τά τε Hermannus. Vulgo, etiam in Reg., τά γε.

768, 26 τροχοειδὲς, ἢ ἠλέκτρου Suidas s. Ὑάλη. — 27 καὶ om. R. χρίσαντες καὶ ἡλίῳ θερμήναντες Suidas. — 28 ὅτι εἰ V. διὰ τῆς ἠλέκτρου Suidas. — 29 προσαγάγοιμι Suidas. Libri προσάγοιμι. τοῦ τε γρ. V. — 30-33 ὅτι — οὐ in principio scholii collocat V. sic scripta, καὶ διὰ τοῦ κρυστάλλου δυναμένους ἐναύειν· παρὰ δὲ Ὁμήρῳ καὶ τοῖς ἀρχαίοις ἤλεκτρος μέν ἐστιν, ὕελος δ' οὔ· tum pergit, ἄλλως. κατασκεύασμα etc. — κεκαυμένον Hermannus. κεκαυμένης Junt. καυομένης Reg. — 36 τὸν Hermannus. αὐτὸν Junt. In Reg. est τὸν δ. λ. αὐτὸν, τὸν ἰδ.

770, 39 *Exceptorem* dicit. De quo vocabulo vide utrumque Glossarium Ducangii. Codex Reg. Γραμματεὺς κυρίως ὁ τοῦ δήμου, ὃς ῥωμαϊκῶς ταβελλίων καλεῖται· ὑπογραφεὺς ὁ τοῦ βουλευτοῦ καὶ τῶν κριτῶν· γραμματιστὴς δὲ ὁ χαμαιδιδάσκαλος, ἤτοι ὁ τὰ στοιχεῖα καὶ τὴν λοιπὴν προπαίδειαν παραδιδούς.

773, 54 εἰργάσατο cod. Regius. τριηργάσατο Junt. — 4 καὶ γὰρ καὶ G. ἔστι γὰρ καὶ V., recte, si λεγόμενον corrigatur.

776, 19 μὴ ἀποδεικνύουσιν V. — 21 ἐξετιννύετο τετραπλοῦν V. ἐξετίννυε τετραπλοῦν Suidas s. Ὀφλήσειν. ἐξέτισε τετραπλῆ Ald. Quod in διπλῆ recte mutare videtur Dobræus. Scribendum igitur διπλοῦν. Dind. — 22 εἰς τὸ δικαστήριον (δεσμωτήριον Ernestius) Ald. — 23 καὶ ὁ τοῦ ῥήτορος Ἀριστογείτονος πατὴρ V. et Suidas.

783, 31 ληρότης Dindorfius. Codex ληρό....

784 τὸ δὲ ναὶ περισσόν V.

788 ὡς ἐπιλανθανόμενος V.

790, 39 ἐπιλήσμονι R. Ald. ἐπιλησμοσύνη Suidas s. Ἐπιλησμότατον. ἐπιλήσμοσι Gaisfordus ex versu Cratini apud Hephæst. p. 14. ἐπιλησμονῄ Abresch. in Act. Traj. 1, p. 229. ἐπιλησμόνη Dindorfius, « ut δυσφρόνη et εὐφρόνη pro δυσφροσύνη καὶ εὐφροσύνη dicta novimus. »

792, 42 καθεστηκέναι, ἢ ἐκστρέφειν τὰ πράγματα καὶ εὐπορεῖν ἐν τῷ λέγειν Suidas s. Γλωττοστροφεῖν.

800 sic in Ald., ἀντὶ τοῦ εὐγενῶν. ἀπὸ τῶν ὀρνέων ἢ κούφων, ὧν ὁ λογισμὸς ἵπταται. φρονουσῶν τὸ Κοισύρας· ἀντὶ τοῦ, μεγάλα φρονουσῶν. εὐπτέρων δὲ, τῶν εὐγενῶν. ἡ μεταφορὰ ἐκ τῶν ὀρνέων. ἢ τῶν μετεώρων καὶ ὑπερηφάνων. ἢ ἐπηρμένων. ὡς δραπέτας δὲ αὐτοὺς διαβάλλει. Nonnulla excerpsit Suidas s. Εὐπτέρων. — 50 τῶν φορούντων τὰ V. — 53

τοῦ Μεγακλ. G. Deinde δραπέτις αὐτῆς ἡ μήτηρ vel simile quid requiri observat Dindorfius.

804, 13 ἴαμβος δ. ἀκατάληκτος et 14 sq. χοριαμβικὸν—ἑφθημιμερής om. G. 19 καὶ ἰάμβου addidit Hermannus.

807, 30 ἂν θέλῃς G. ἐὰν θέλῃς V. ἐὰν βούλει R.

811, 36 τὸ om. Junt. — 37 ἵνα τὴν γενικὴν συντάξωσι, ληροῦσιν, 38 ἀπολάψεις καὶ ἀποκέρδησον, 41 ὕστ. ἐπαγάγῃς MS. E (Reg. 2820). — 47 ἐν addidit Hermannus. — 48 ἀπολάψεις Suidæ codex Paris. Legebatur ἀπολάψῃς et ἐκπίῃ, quod ex Suida correctum. — 49 sq. ἀπολάψεις, ἀφαρπάσεις, ἀποκερδανεῖς V. et, omisso ἀπολάψεις, R. — 52 λάψαντες Ald.

812 τουτέστι συμβαίνει, ἔθος ἔχει ἄλλως ἀποβαίνειν ἢ ὡς προσδοκᾷ τις. εὐμετάβολοι γάρ εἰσιν οἱ ἐξ ἐπιθυμίας ἀλόγου ἐπί τι μάθημα ἐρχόμενοι Suidas s. Φιλεῖ γάρ πως. — 3 εὐμετάβολοι (sic G. εὐμετάβουλοι V. εὐμετάβλητοι Ald.)—γνῶμαι om. R., habet V. — 4 ἀσύμβουλοι—ἁλίσκονται, quæ in Ald. leguntur in fine scholii v. 800, huc transposuit Ernestius.

814, 7 οζ' codex Reg. 2821.

815, 15 κατελείφθησαν Suidas s. Ἀλλ' ἴσθιε. κατελείπησαν R.

817, 27 ταὐτὰ Hermannus. Legebatur ταῦτα. V. πειρᾶται καὶ δ. — 28 μὴ δὲ ὄντος μὴ δὲ διανομίζοντος V. Δία ante νομίζοντος collocat R. — 30 δὲ τοῦ Ernestius.

821, 34 τὸ δὲ ἀρχαϊκὰ ἀντὶ τοῦ V. qui λῆρα om.

824, 37 ὡς ἐπὶ τούτῳ φθονούντων τῶν δ. Hermannus. ὡς ἐπὶ τῶν φρονούντων (φθονούντων R. V.) δ. Ald. Dindorfius conjicit ὡς ἐπιφθονούντων τῶν δ. Post μυστήρια hæc verba collocat R.

830 hoc ordine V., τινὲς ἐδέξαντο—μῆλον ἐκάλεσαν. ἄλλως. Ἀρισταγόρας—κωμῳδοῦσι. ἄλλως. τοῦτο παρ' ἱστορίαν—αὐτὸν εἶπεν. — 45 τοῦτο παρ' ἱστορίαν λέγει, 46 ἐπειδὴ V. — 48 Ἀρ. — 51 sic in Ald., ὁ Μήλιος, ἀντὶ τοῦ ὁ ἀσεβής. Ἀρισταγόρου γὰρ τοῦ Μηλίου μαθητὴς ὁ Σωκράτης. διεβέβληντο δὲ ἐπὶ ἀθείᾳ οἱ Μήλιοι ἀπὸ Διαγόρου, ὃς χρήματα παραθέμενός τινι καὶ ἀποστερηθεὶς, εἰς ἀθεΐαν ἐτράπη· ἢ διότι Μῆλον ἐπολέμησαν Ἀττικοί. οἱ δὲ, ἐπειδή τις Ἀρισταγόρας διθυραμβοποιὸς ἐξωρχήσατο τὰ Ἐλευσίνια. — 48 sq. ἐγένετο δὲ καὶ Ἀρισταγόρας Suidas s. Σωκράτης. Et huic et scholiastæ Διαγόρας restituendum arbitratur Hermannus ob scholion Ran. 323. — 52 post κωμῳδοῦσι Suidas τάττεται δὲ καὶ ἐπὶ τῶν βλασφήμων addit, sequentia οἱ δέ—δασύν omittit. — 53 τῶν μαθητῶν Ernestius. Legebatur τῶν Μηλίων. — 1 ἐδέξαντο V. et Suidæ ed. Mediol. τὸν et 5 οὕτως om. V. αὐτὸ Suidas. Deinde V. ἀντὶ τοῦ Διαγόρας. — 7 ἔδραμεν V. et Suidas. ἐφ' οὗ V. — 8 Μῆλον ἐκάλεσαν V. — 15 διὰ om. R. — 16 ἄλοιτο V. ἄλοιτο R.

832 R. cum lemmate μανιῶν.

834, 27 λείπεται δὲ εἰς V., correctum ex R. ἐν' ᾗ εἰς om. R.

835, 30 ἄλλως. ὡς V., in quo hæc ὡς—σμικρολογίαν post εἶπε φειδωλίας posita sunt. — 31 ταῦτα—οἱ φιλόσοφοι et 33 seq. ἃ γοῦν—φησίν om. V. — 42 ἐκκομισθῆναι Suidas s. Καταλούῃ. εἰσκομισθῆναι R. V. μετὰ τὴν ἐκκομιδὴν τοῦ νεκροῦ λούεσθαι τοὺς κατ' οἶκον καθαρμοῦ χάριν Ald. — 44 τρυφὴν Suidas. τροφὰς R. V. — 45 λαμβάνει, ὡς G. — 46 καταλούει G. καταλούειν V., qui om. βίον δὲ—καταναλίσκεις. — 47 εἰς τὰ λουτρὰ Suidas.

841, 52 ῥηματικοῦ R.

842 ἀντὶ τοῦ et παχὺς om. V.

845, 3 τὸ δὲ εἰσαγαγῶν [sic] ἕλω ἀντὶ τοῦ κατ. V.

846, 10 οὐχ ἕξει Ald. ἴασιν οὐκ ἔστιν ἐξιέναι τὸν θ. R. — 11 τὰ πρὸς τὴν ταφὴν ἐπ. V., qui ἵνα—θανάτου om.

853 cod. Reg. 2821: Γηγενεῖς τούτους εἴρηκεν ἢ διὰ τὸ δίκην μυρμήκων ἐν ὑπογείοις εἶναι, ἢ διὰ τὸ νεκροῖς ἐοικέναι κατὰ τὴν χροιάν· ὅμοιοι γὰρ νεκροῖς οἱ περὶ Σωκράτην.

855, 20 ὑπὸ—ἐτῶν om. V. — 21 γήρους G.

857, 24 ἀνάλωσα V. et Suidas s. Καταπεφρόντικα. ἀνήλωσα G. R. ἠνάλωσα Ald.

859, 30 ἀνάλωσε Suidas s. Δέον. ἠνάλωσε Ald. Deinde διδοὺς πεντήκοντα ταλάντων Suidas. Decem talenta numerat Plutarchus in Vita Periclis c. 22, quindecim grammaticus in Montefalc. Bibl. Coislin. p. 608. — 31 εἰπεῖν Ald., correctum ex Suidæ ed. Mediolan.: nam codices εἰπεῖν. — 33 Κλέανδρον Suidas. Πλειστιάνακτα Ald., correctum ex Suidæ cod. Paris. A, et Thucydide 2, 21. — 4 Κλεάνδρῳ—Πλειστάνακτι Ald. Correctum ut supra. Πλειστάνακτα iterum infra Ald. — 49 ἐφόνευσαν. Minus crudeliter scholiasta prior ἐδήμευσαν dicit. ἐφυγάδευσαν Dobræus. — 54 Κλεάνδρῳ R. V.

860, 4 τὸ δὲ πειθόμενος ἀντὶ τοῦ ἔχ. V.

862, 7 ἐξέτι V. ἐξέτει σοι G. — 8 τραυλίσαντι δὲ ψελλίζοντι V., qui 9 et sequentia omittit, sed habet glossam ἐκκλησιαστικὸν, qua caret G. ἡλιαστικὸν δὲ ἀντὶ τοῦ om. R. ἐκκλησιαστικὸν dicit consueto grammaticis errore pro δικαστικόν. Conf. ad schol. Pluti v. 329. «Vid. Bœckh. Œcon. publ. Athen. vol. 1, p. 248, Schœmann. De comit. p. 69, et præfationem meam in Nubes.» Herm.

864, 13 sq. ἑορτὴ παρ' Ἀθηναίοις τὰ Διάσια τοῦ Διός. ἁμαξίδα δὲ πλακοῦντος εἶδός τί φησιν, ἣν νῦν etc. V. — 14 δὲ om. V.

865, 17 τὸ δὲ ἀχθέσῃ ἀντὶ V., qui hæc τὸ δὲ—μάθω post ἐπείσθης collocat, et om. δηλονότι, et 18 om. δὲ.

868, 20 νήπιος γάρ ἐστιν R. V. sine ἀ. τοῦ. Regius 2821 : Νηπύτιος ὁ μὴ φρονῶν, ἀλλ' ἐστερημένος τοῦ πεπνῦσθαι ἤτοι τοῦ φρονεῖν. ἔοικε δὲ ἀπὸ τοῦ νηπύτιος γίνεσθαι καὶ τὸ νήπιος κατὰ συγκοπὴν, ὅτε ἐπὶ τοῦ ἄφρονος λέγεται.

870 inverso ordine τῶν—κρεμάμενος. τὸ ὄργανον —γράφεται R. ἀλλὰ σύ γ' αὐτός : ἐκ τῶν κρεμαστῶν δηλονότι τετριμμένος εἴης ἀεὶ κρεμάμενος. λέγει δὲ τῶν ὀργάνων—γεωμετρικῶν. κρεμάθρα γὰρ ἐν τῷ φροντιστηρίῳ γράφεται, ἐπεὶ αὐτὸς ἐπὶ κρεμάθρας ἦν Ald. Duplex in libris inventa fuit scriptura κρεμαστῶν et κρεμαστρῶν.—24 τὸ ὄργανον R. V. κρέμμαται V. — 26 γράφεται om. V. τῶν κρεμαστρῶν R. τῶν κρεμαστῶν V. Ald.

872, 29 ἐρεῖ Ernestius. ἔριν Ald. Ad præcedentem versum hoc scholion est in Regio : Τὸ καταρῶμαι κοινῶς μὲν αἰτιατικῇ συντάσσεται, ὡς τὸ « τὴν συκῆν ὁ θεὸς οὐχ ἁπλῶς κατηράσατο ». Ἀττικῶς δὲ δοτικῇ, ὡς ἐνταῦθα.

873, 32 διακεχηνόσι G. διακεχηνότι R. V. φησὶ διακεχηνὼς τοῖς χείλεσι Ald.

875, 35 δὲ τὴν om. R.

876, 42 ἀξιοπιστεύονται Suidas s. Ἀναπειστηρίαν : de quo verbo vide Lobeck. ad Phrynich. p. 567. ἀξιόπιστόν τι ἀεὶ Ald. — 43 ἔλαττον τοσοῦδε Suidas. ἐλαττοῦνται τόνδε Ald. — 45 καινῶν Suidas. κοινῶν Ald.

881, 53 περιέτεμνον Suidas s. Σίδια. — 2 βατράχους G. Ald. ἔγλυφε G. εἶλυφε V. γλύφουσι R. Ald. et Suidas. — 5 δὲ om. R.

885 δὲ et μαθεῖν—μαθήσεται om. R., sed habet glossam παντὶ τρόπῳ.

889 Τὸ τοῦ χοροῦ—διαλέγονται. ἄλλως. διπλῆ—ἀναπαιστικά. ὑπόκεινται—μαχόμενοι V.—15 εἴσθεσις ἀναπαιστικὴ Hermannus. εἰς θέσιν ἀναπαιστικὴν Ald. ἐν θέσει ἀναπαιστικῇ V. διὸ καὶ Ernestius. καὶ διὰ Ald. — 16 οὐδὲ τελ., 19 πρόσωπον διαλέγεται V.

891, 35 τὰ addit V. post δὲ, om. G. Dindorfius : « Malim ταῦτα. » — 38 σῆς om. V.

907, 49 ante ὡς habet Ald. ἵνα τὴν χολὴν ἐμέσω. — 50 ψύχρας. ἢ τὸ V.

908 μηδενὶ ἁρμοζόμενος. ἐσχατόγηρος ἢ ὑπερίφανος R.

910, 6 τὰ (ἐμοὶ τὰ V.) παρά (περί V.) σου R. V. — 8 τὸ δὲ βωμολόχος ἀντὶ τοῦ, 9 παρὰ τὸ ἐν τῷ τοὺς λοχῶντας ἐν τοῖς βωμοῖς (τοῖς βωμοῖς λοχῶντας τὰ G.) V. Codex Regius : Οἱ ἐν τοῖς βωμοῖς ἐνεδρεύοντες καὶ τὰς θυσίας ἁρπάζοντες καὶ κατεσθίοντες βωμολόχοι ἐκαλοῦντο· λέγεται δὲ ἡ λέξις μάλιστα καὶ ἐπὶ τῶν ἀσεβῶν· καταχρηστικῶς δὲ ἐπὶ πάντων κακῶν. ἔνοι δὲ φασὶ τὴν βωμολοχίαν φλυαρίαν καὶ πολυλογίαν σημαίνειν, παρόσον ἐν τοῖς βωμοῖς ἐρχόμενοί τινες ἀντὶ τοῦ — ἐχρῶντο.

911, 15 τὸ om. R. — 16 μ. αὐτὸν εἶναι V.

913, 20 χρυσῷ Kusterus. Legebatur χρυσοῦ. μολ. καὶ R.

916, 27 ὡς om. V.

919, 35 καὶ τῶν Ἑλλ. Ald. Ruhnkenius πλανηθέντων τῶν Ἑλλήνων, ὅτε, uti scriptum in Regio. — 42 ἄρτους κραύρους Ruhnkenius, qui de hac voce dixit ad Timæum p. 168. — 46 ψηφίσματα Suidas s. Πανδελετείους. ψήφων ψηφίσματα Ald. — 48 Χείρωσιν Suidas (χειρωσίᾳ cod. Paris. A). Χείροσιν Ald. — 50 Δυστρόπους om. V. — 52 scribendum esse φιλόδικος monet Dindorf.

928, 3 ἐμβριμίζοντα καὶ ὑβρίζοντα V. Habet R. ἀ. τοῦ ἐνυβρ. et glossam τὰ μειράκια. — 5 λυμαινόμενα V.

926, 6 διδάξαι et τὸ δὲ Κρόνος om. R.

934, 15 ἐκθέσει Hermannus. εἰσθέσει Ald.

939, 26 φοιτᾶν ἀπαρεμφάτως Ald. — 27 ἐνλογιμωτέρῳ R. ἐλλογιμωτάτῳ Ald.

947 εἶδος σφηκὸς ἡ ἀθρήνη. καταχρῶνται δὲ οἱ ποιηταὶ καὶ ἐπὶ μελίττης συνεχῶς. ὁ δὲ—μελίττη τὴν ἀθρήνην φησὶ V. — 33 Ἀριστοφάνης R. Addit Regius 2821, ἕτεροι δὲ τὰ κοινῶς κανάρια λέγουσιν εἶναι, παρὰ τὸ ἀναθορεῖν ἤτοι ἀναπηδᾶν.

949, 47 ἀντισπάστου codex Reg. ἀντισπαστικοῦ Ald.—1 glossam θαρροῦντες habet V., non G.

958, 14 post καλεῖται legebatur ἐπεὶ εὐδοκίμησε λέγων ὡς ὅτ' ἐγὼ τὰ δίκαια ἤσκουν καὶ σωφροσύνη νενόμιστο. τοῦτο οὖν ἄγαν Ἀριστοφάνης ἀπεδέχετο ὡς εὖ πεποιημένον. Hermannus, ἐπεὶ αὐτὸ ἄγαν, ceteris ejectis, quæ versum ὅτ' ἐγὼ ἤνθουν exponunt. Dindorf. : « Ἐπεὶ servari potest, si sententia sic redintegretur, ἐπεὶ κατακόρως αὐτῷ ἐχρήσατο ὁ Ἀριστοφάνης, ut loquitur scholiasta Pluti v. 487 » — 16 ἐπεδέχετο G.

962. Hoc scholion Hermannus eruit ex verbis scholii Aldini modo allatis.

964 V. habet ἐσπούδαζον δὲ εἰς κιθάραν μανθάνειν. — 21 τότε Ernestius. τότε μανθάνειν Ald.

965, 23 κωμήτας δὲ ὅτι τοὺς V. omittens τὸ γ. — 24 ἔλεγον Ald. — 35 γίν., τοῦτο τὸ R.

967 sic in Ald., εἴδη ᾀσμάτων ἀμφότερα, τὸ, Παλλάδα περσέπτολιν θεάν, καὶ τὸ, Τηλέπορόν τι βόαμα. τὸ μὲν οὖν πρότερον Λαμπροκλέους εἶναί φασιν Ἀθηναίου, τοῦ Μίδωνος υἱοῦ (Reg. 2821 ἔστι δὲ τὸ μὲν Λ. τοῦ Μ. υ.). ἔχει δὲ οὕτως·

Παλλάδα περσέπτολιν κληΐζω πολεμαδόκον ἁγνὸν,
παῖδα Διὸς μεγάλου δαμάσιππον.

τὸ δὲ, Τηλέπορόν τι βόημα, μὴ εὑρίσκεσθαι ὅτου πότ' ἐστίν. ἐν γὰρ ἀποσπάσματι εὑρεῖν Ἀριστοφάνη ἐν τῇ βιβλιοθήκῃ. τινὲς δέ φασιν αὐτὸ Κυδίδου Ἑρμιονέως, Τηλέπορόν τι βόημα λύρας Ald. τὸ δὲ Κυδίδου Ἑρμωνέως, τ. τι β. λ. Reg. — 41 ᾀσμ. φησιν ὡς

'Ερ. Φρύν. V. — 44 περσέπτολιν R. V. περσέπολιν Suidæ codex Paris. A s. Τηλέπορον, ubi verba Παλλάδα περσέπολιν Ἀθάναν leguntur, sed Παλλάδα abest a codd. Paris. et Leid. κληίζω R. V. πολεμοδόκον V. ἁγνὴν G. — 45 δαμάσιππον om. R. V. Addidi ex scholio Aldino. δαμνηπῶλον est apud scholiastam Aristidis vol. 3, p. 538, δαμόπωλον apud Tzetzam Hist. 1, 683. Iidem finem hujus versus initiumque sequentis addunt ἄϊστον παρθένον. Suspectum tamen est ἄϊστον quum propter se ipsum tum propter unius dactyli defectum. Ceterum Lamprocli an Stesichoro hi versus tribuendi sint in medio relinquit scholiasta Aristidis, Stesichorum confidenter nominat Tzetza, qui sua ex scholiasta Aristidis sumpsit. Dind. — 46 ἢ τηλ. R. βόημα V. — 47 πότε ἐστιν V. — 48 ἀριστοφα R. ἀριστοφάνους V. Fragmentum codicis dicit in bibliotheca Alexandrina ab Aristophane grammatico repertum. — 49 Κυδίου Bernhardyus apud Buttmann. ad Platon. Dialog. ed. novæ Heindorf. vol. 1, p. 67. Κυδίδου R. V. — 3 legebatur περσέπτολιν δεινὴν θεὸν ἐγρεκύδοιμον ποτικληίζω. Verba δεινὴν θεὸν ἐγρεκύδοιμον memoriæ errore aliunde sunt illata. δεινὴν, ἐγρεκύδοιμον Minervam vocat Hesiod. Theog. 925. Verbi autem ποτικλῄζω syllabæ ποτι ortæ sunt ex præcedenti περσέπολιν. Aristophanes autem quod Παλλάδα περσέπολιν δεινὰν scripsit, δεινὰν, usitatum illud Palladis epitheton, versus explendi caussa adjecit. Omisit qui hunc locum imitatur Dio Chrys. vol. 1, p. 427: καὶ νῦν ἐπὶ ταύταις ταῖς ἐλπίσιν οἰκεῖτε τὴν πόλιν καὶ τοὺς υἱέας παρασκευάζετε, ὡς δυνατοὺς ἐσομένους χρῆσθαι τοῖς τε αὐτῶν καὶ τοῖς δημοσίοις πράγμασιν, ὅταν ἱκανῶς καθαρίσωσιν ἢ Παλλάδα περσέπολιν, ἢ τῷ ποδὶ βῶσι πρὸς τὴν λύραν, ubi Παλλάδα περσέπτολιν Ἀθηνᾶν legitur, Ἀθηνᾶν ab interprete illato, ut in loco Suidæ s. Τηλέπορον. Contra de verbis τηλέπορόν τι βόαμα λύρας, Aristophanes omisit incommodum metro vocabulum λύρας Dind. — 6 Κυδίδου legebatur.

969 Ald. κάμψειεν: ἀντὶ τοῦ εἰ κακοηθεύσοιτο· κεκλασμένῃ τῇ φωνῇ τὴν ᾠδὴν ἀνενέγκοιτο, οἷον καταισχύνων τῷ μαλθακῷ τῆς φωνῆς. — 13 προενέγκοιτο Suidas s. Βωμολοχεύσαιτο. προσενέγκοιτο R. V.

971, 16 scribebatur Μιτυλ. V. Μιτυλληναῖος. — 17 παρὰ Παναθηναίοις V. Παναθήναια Ald. et Suidas s. Φρῦνις. — 30 fieri potest ut ex Suida intulerit Musurus. Dind. — 24 Ἀριστοκλείδῃ Suidas. Ἀριστοκλείτῳ Ald. σχεδίοις ἔοικεν Suidas s. Φρῦνις et sub Σχέδιον, ubi ταῦτα δὲ σχεδίοις ἔοικε tanquam Aristophanis verba afferuntur. Conf. Kuster. ad schol. Ran. 78. — 25 οὐκ ἂν ἐσιώπων, 27 κατακλάσας Suidas, qui ἔθος—ψυχρός omittit. Codex Reg. κωμῳδεῖται δὲ ὅτι πρῶτος τὴν ἀρχαίαν κωμῳδίαν ἔκλασεν ἐπὶ τὸ μαλθακώτερον. ἦν δὲ πάνυ ἄμουσος καὶ ψυχρός. — 28 Ἀριστοκράτης. Valckenarius apud Burgesium in Diario classico fasc. 44, p. 280, Ἀριστόξενος. Burgesius ipse Φερεκράτης: quod probabilius. Phrynis memoratur in fragmento Pherecratis ex Chirone apud Plut. Moral. p. 1142. Fortasse tamen delendum καὶ Ἀριστοκράτης. Dind.

973, 34 εὐκόσμως V. et Suidas s. Ἐν παιδοτρίβου. εὐκοσμίως Ald.

975, 42 αὐτῶν R. V. — 43 τοὺς ἐραστάς V., non G.

980 glossam μαυλίζων habet R. Thomæ M. scholion ex cod. Paris. ap. Ducang. Gloss. p. 890: Ἐκδιδοὺς ἑαυτὸν εἰς λαγνείαν, καὶ προαγωγὴν τὴν καὶ μαυλίστριαν, ποιῶν τοὺς ὀφθαλμοὺς διὰ σχημάτων τινῶν.

981, 3 ἀντὶ τὴν R. ἀ. τοῦ τὴν V. — 4 ἔτεμον Ald. δὲ om. R. V. Addit Ald. φησὶ διὰ τὴν κεφαλὴν, quæ in V. sic scripta sunt, φησὶ δὲ τὴν κεφαλὴν, ἤγουν τὸ πρὸς τοῖς φύλλοις καυλῶδες.

983, 7 τουτέστι κίχλας. ἕτεροι δὲ V.

984, 10 τοὺς κρωβανούς Ald. — 14 sq. τὰ λεγόμενα Διάσια ταῦτα καὶ Διιπόλεια (Διιπόλια V.) R. V. — 16 δὲ om. R. τὸ δὲ τεττίγων ὅτι (adde ἀρχαῖον) τὸ τοὺς τέττιγας ἀναπλέκειν τουτέστι κρωβύλους· ἢ ὅτι οἱ παλαιοὶ V. — 18 τοῦ φαίνεσθαι G. διὰ τὸ φαίνεσθαι R. V.

985, 24 Κυκίδης διθυράμβων π. V. Hinc corrigit Dindorfius Photium p. 160, 19, Κηδίδης: διθυραμβοποιητὴς ἀρχαῖος. — 30 Διιπολίων Suidas s. Βουφόνια. Διονυσίων Ald. — 32. Βουφόνια ἑορτὴ R. Διιπολίοις V. — 33 φησὶ R. V. — 34 sq. καὶ τούτου—τυθέντα ex R.; prima tantum verba καὶ τούτου χάριν βοῦν θύουσιν habet V. — 36 Θαύλωνα Suidas s. Βουφόνια et Θαύλων. Βαύλωνα Ald. In scholio Regii codicis βουφόνια ἑορτὴ πολυτελὴς vocantur.

986 omittere videntur R. V. — 39 τροπωσ. Regius, Ald.

988, 48 post ἀσπίδα pergit V., τὸ ἑξῆς τὴν ἀσπίδα τῆς Τριτογενείας. καὶ (scr. ὡς) ἐν τῇ πομπῇ ἀσπιδηφορούντων αὐτῶν, δέον περικαλύπτεσθαι τὴν αἰσχύνην. unde Dindorf. correxit vulgatum διὰ τὸ ἐπικαλύπτεσθαι.

994, 19 addebatur ὅπερ μέλλει μολύνειν τὴν αἰδῶ, e proximo scholio illatum.

995, 21 πληρῶσαι V. Deinde γράφεται δὲ καὶ ἀφανίζειν. Ald. — 28 sqq. Moschopuli scholion editum a Creuzero ad Plotin. De pulcritudine p. 370.

997, 41 γὰρ om. R., qui 45 habet glossam ἐκπέσῃς, et 50 τοῦ πατρός.

1001, 2 sq. καὶ τάχα - Τριφάλητι om. R. προκέφαλοι Suidas. προσκέφαλοι V. — 3 Γεωργοῖς φησι καὶ Suidas. — 4 Δήμμῳ V. Δήμοις G. om. Suidas s.

῾Υώδεις. — 5 εἰς Ἱπποκράτους (Ἱπποκράτου G.) V. εἰς Ἱπποκράτους Suidas ibid. τε om. Suidas s. Ἐμβόλιμοι et Ὑώδεις. δὲ Suid. ed. Mediol. s. Τοῖς Ἱπποκράτους. πόδας G. pro παῖδες. ἐκβόλιμοι L. Dindorf. in Thesauro Stephani s. Ἐμβόλιμος. Legebatur ἐμβόλιμοι. — 6 βλιχητὰ V. βληχῇ τὰ Suidas s. Βληχή. κοὐδαμῶς τοῦ νῦν τρόπου Kusterus et Bentleius. καὶ οὐδαμῶς τοῦ τρόπου V. Ald. et Suidas s. Βληχή et Τοῖς Ἱπποκράτους: nam s. Ἐμβόλιμοι et Ὑώδεις hæc verba omisit. Fritzschius probante Bergkio κοὐδαμῶς τοῦ σοῦ τρόπου. Vide Meinek. Com. I, p. 477-79. — 8 καὶ Δημ. V. In Regio post hæc nomina, διεβάλλοντο εἰς ἁπαλότητα καὶ φρενῶν ἐλαφρίαν. — 9 τὸ δὲ $\overset{β}{κ}$λιτομάμμαν (βλιτομάμμαν G.) ἀντὶ τοῦ μωρόν. καὶ γὰρ τὸ $\overset{β}{κ}$λιτὸν V. βλιτόν G.

1003, 16 τοῦ τριβόλου. καὶ ἐκτραπέλου R. V. — 17 σκηρὰ V. ὀγκηρὰ G. καὶ ἀπόβλητα post σκληρὰ ponit R. Regius, Τριβ., ἤτοι ἐπιτριβούσας λέξεις τοὺς τῷ λέγοντι αὐτὰς πλησιάζοντας.

1005, 36 αἱ addidit Hermannus. — 39 κέρμμον. Vide Meursii Lect. Att. 4, 6. Kust. — 40 μορία δὲ κ. λ. V. ἡ om. R. — 41 δένδρη Suidas s. Μορίαι (in codd.: δένδρα in ed. Mediol.). δένδρον Ald. — 42 ἀσκομένοις R. V., non G. — 48 δένδρεσι κατάκομον Regius.

1007, 1 εἶδ. β. om. R. — 2, 3 est etiam in Reg. — 4 ὁμοίως καὶ ἡ ἀπραγμ. V. — 5 sq. ἡ ἀπραγμοσύνη ἀντὶ τοῦ οὐ (οὐ om. V.) πολυπράγμων ἦν R. V. — 6 τὸ δὲ ψιθυρίζει, ἀντι τοῦ om. R. V. — 7 ἠρέμα V. Ald. — 8 προλαλεῖ V.

1013, 19 σωφροσύνης ξύμβολον. οἷον μὴ φλυαρολογεῖν Ald. — 20 τὸ δὲ et μεγάλην om. V. τρυφὴν Ruhnkenius. Libri τροφήν.

1017, 27, οἷον V.

1022, 32 sq. οὗτος ὡς κίναιδος καὶ εὔμορφος καὶ θηλυμανὴς κωμῳδεῖται. δεύτερος ὁ Ald. κωμῳδεῖται post εὐμορφίαν ponunt R. et Suidas s. Ἀντιμάχου. — 34 Ψαδακὸς Ald. Correctum ex Suida, qui Ψ.κάδος. Conf. schol. Acharn. 1150 — 36 τάχα — εὐμόρφῳ, additamentum ineptum, quod om. Suidas. Addidi ὁ. Dind. Reg. οὗτος ἱστοριογράφος ἦν ὥς φασι ποιητής.

1033 Ὁ δίκαιος δηλ. om. G. δηλονότι om. V.

1038 ἥττων λόγος (hoc om. V.) ἀντὶ τοῦ ἄδικος, ἢ ποιῶ (καὶ ποιῶν V.) αὐτοὺς ἡττηθῆναι R. V.

1040, 11 λαχόντα Hermannus.

1042, 17 αὐτῶν V., qui ἐλέγξω αὐτόν om.

1047, 21 Τὸ μέσον λαβών σε ἄφυκτον ἔχω R. Τὸ ἑξῆς λαβών σε ἄφυκτον ἔχω V. — 22 ἡ δὲ μεταφορὰ V. λαμβάνει δὲ τὴν μεταφορὰν G.

1050, 28 καταδοῦναι. δωρεὰν τῷ V. — 29 φασιν om. V. — 30 sq. in V. est οἱ δέ φασι τὴν Ἀθηνᾶν χαρίσασθαι τῷ Ἡρακλεῖ θερμὰ λουτρά, ὡς Πεισ. Regius ὡς καὶ Πίνδαρος φησὶν, τῷ δ' ἐν omittens, et ἐν τῇ Ἀττικῇ ἀναδοθῆναι τῷ Ἡρακλεῖ θερμὰ ὕδατα dicit. Ἥρα nominatur ab schol. Soph. Trach. 633. ἐξανῆκεν Ernestius.

1053 Ὡς τὰ αὐτὰ V., qui τῶν εὐγ. δ. om. — 39 ὅτι τὸ ἄνω R. et ἐστιν om. cum G.

1063, 43, 44 τινὲς—μάχαιραν infra post ἀπαλέξειν τὰ θηρία habet V. paullo aliter expressa, Ἄλλως. ἐν τοῖς ἐν Πελίᾳ ἄθλοις διὰ τὴν σωφροσύνην ἔλαβεν ἡφαιστότευκτον μάχαιραν ὁ Πηλεύς. Valckenarius ἐν τῷ ἐπὶ Πελίᾳ. De omnibus his fabulis videndi Apollodorus p. 255 seq. et Heynius ad eum p. 785, schol. Apollonii ad 1, 224, Verheyk. ad Anton. Liber. p. 257, Suidas in Ἀταλάντη. Herm. — 2 πρα R. πατέρα jam conjecerat Valckenar. ad Callimachi fr. p. 114. πατρίδα Ald. — 3 Φθίαν libri. — 4 καθαιρεῖται R. — 7 Ἰολκὸν R. Ιαωλκὸν V. Recte Regius. — 12 ἐβουλήθη V. — 13 τὴν om. R. — 14 ἀπαλλάξειν V. De μαχαίρᾳ addit Regius, δι' ἧς καὶ τοὺς Λαπίθας κατεπολέμησε.

1065, 23 διαίρεσις V.

1068 om. R. V. — 30 γεννωμένους Regius, qui hæc pluribus verbis narrat. — 33 ἐνέθηκεν Ernestius. — 34 addit Ald. ἄλλως. ἡ Θέτις εἰς λέβητα ὕδατος ἐνέβαλλε τοὺς ἐκ Πηλέως γεννωμένους, γνῶναι βουλομένη εἰ θνητοί εἰσιν· ἑτέρους δὲ εἰς πῦρ, ὡς Ἀπολλώνιός φησι. καὶ δὴ πολλῶν διαφθαρέντων, ἀγανακτῆσαι τὸν Πηλέα καὶ κωλῦσαι τὸν Ἀχιλλέα ἐμβληθῆναι εἰς λέβητα. Σοφοκλῆς δὲ ἐν Ἀχιλλέως ἐρασταῖς φησιν ὑπὸ Πηλέως λοιδορηθεῖσαν τὴν Θέτιν καταλιπεῖν αὐτόν. Στάφυλος δὲ ἐν τῷ περὶ Θεσσαλίας φησὶ Χείρωνα σοφὸν ὄντα καὶ ἀστρονομίας ἔμπειρον βουλόμενον τὸν Πηλέα ἔνδοξον γενέσθαι, μεταπέμψαι τὴν Ἄκτορος θυγατέρα, τοῦ Μυρμηδόνος, καὶ λόγους διασπεῖραι ὅτι μέλλει γαμεῖν τὴν Θέτιν Πηλεὺς, Διὸς διδόντος αὐτῷ, οἱ δὲ θεοὶ μετ' ὄμβρου καὶ χειμῶνος ἥξουσιν. ταῦτα φημίσας παρετήρει τὸν χρόνον, ἐν ᾧ ὕδατα πολλὰ καὶ πνεύματα ἐξαίσια, καὶ δίδωσι Πηλεῖ Φιλομήλαν. καὶ οὕτως ἐπεκράτησεν ἡ φήμη. Quæ Musurus ex scholiis Apoll. Rh. 4, 816, intulit uno alterove verbo mutato.

1070 Regius cod. τὸ μὲν κρόνος παρείληπται ἀντὶ τοῦ μωρός· τὸ δὲ ἵππος ἀντὶ τοῦ μέγας, ὡς καὶ παρὰ Σοροκλεῖ « ἱππομανὴς Αἴας » ὁ μεγάλως μανείς.

1072 λείπει om. V. Glossema prius ad ἄνεστιν, alterum ad μέλλεις ἀποστερεῖσθαι refertur. τὸ ἐὰν σωφρ. V.

1075 τοῦτο καλεῖται ἀπ. V.

1083, 2 ἁλῶντας R. V. non G. — 3 ἠκίζοντο V. Ald. et Suidas s. Ῥαφανίς. recte R. καθίεσαν εἰς, 4 τούτων Ald. et Suidas. Iidem θερμὴν τέφραν. λεπτὴν τέφραν R. V., errore veteris librarii, qui in memoria habuisse videtur v. 178, καταπάσας λε-

στὴν τέφραν. — 5 addit V. ὅτι καὶ παρετίλλοντο τέφραν αὐτοῖς ἐπιπραττομένοις (scr. ἐπιπαττόμενοι) εἰς τὸν πρωκτόν.

1084 R. hæc tantum habet τοῦ εἶναι εὐρύπρωκτος.

085, 11, sq. τὸ μέντοι ἕβδομον καὶ ἑνδέκατον τρίμετρα καὶ τὸ δέκατον πενθημιμερὲς Ald. Correxit Hermannus. Octavum versum dicit καὶ τῶν θεατῶν ὁπότεροι πλείους σκόπει, undecimum καὶ τουτονὶ γοῦν οἶδ' ἐγὼ κἀκεινονί, decimum τοὺς εὐρυπρώκτους. Nam sic versus sunt descripti in Ald.

1087, 18 εἰς τοῦτο om. V. λείπει ἡ εἰς, ἵνα ᾖ εἰς τοῦτο. δύο προθέσεων ἐλλείψεις ἀντὶ τοῦ εἰς τοῦτο νικηθῇς ὑπ' ἐμοῦ, ὅτι οὐκ ἔστι κακὸν εὐρύπρωκτον εἶναι Ald. νικηθῇς ἐμοὶ R., εὐρ. εἶναι R.

1091, 24 ἐπειδὴ, 25 καὶ διὰ ποικ. V.

1103, 29 φησὶν om. R. — 31 ἄχθεσθαι σὺν αὐτῷ V.

1107 γὰρ κολαζόμενοι παιδεύονται V. Ceterum κόλαζε, non δίδασκε lemma præfigendum erat.

1108, 45 ὀξύνεις, ἣν εὔστομον ποιήσεις Ald. — 46 φαμὲν V., om. Suidas s. Στομώσῃς, ex quo ἀντὶ τοῦ additum. — 47 sqq. μαχαιρῶν. τὸ ἡμέτερον μέρος τῆς γνάθου. τουτέστι δυνατὴν καὶ ἔμπειρον εἰς τὸ λέγειν δίκας. ἀντὶ τοῦ ἔμπειρον εἰς τὸ λέγειν δίκας. ὑποκοριστικὸν δὲ τὸ δικηδίοις V. — 49 post δικιδίοις addit R. ἀντὶ τοῦ δυνατὴν καὶ ἔμπειρον εἰς τὸ λέγειν δίκας.

1111 παρέλκει τὸ ἀμέλει. πάντως δὲ τους πεπαιδευμένους δεξιοὺς ἔλεγον V.

1115, 2, τὸ ἐπίρρημα τῆς παραβάσεως Ald. Postrema delevit Hermannus. — 10-12 in V. est ἀντὶ εὐθείας αἰτιατικὴ ἀντὶ τοῦ οἱ κριταί. Ὅμηρος· μητέρα δήτοι θυμὸς ἐποτρύνει, ἀντὶ τοῦ ἡ μήτηρ. — 12 ἤτοι R. pro εἴ οἱ. Apud Homerum est ἐφορμᾶται.

1119, 20-22 est recentioris grammatici annotatio, quem vitiosa decepit scriptura τεκούσας, de qua in annotatione ad hunc versum dixi. Dind. — 22 ἐστιν εὐχερές Aldina: quæ infra in ea pagina, quæ v. 1381-1411 Br. continet, fragmentum habet scholii in vulgatis edd. omissum. Id sic scriptum est: τεκούσας καὶ φυλάξαι ἐπὶ τῆς βλαστήσεως τῆς ἀμπέλου· λίαν γάρ ἐστιν εὐχερὲς ῥεῖν ἀλλὰ ταῖς ἀληθείαις, προσέθηκε τοῦτο. Inde ῥεῖν addidimus; quod de fructibus dicitur. Postrema verba e scholio ad v. 1114 petita sunt. Herm. Mirum est quod de editione Aldina narrat Hermannus. Neque enim in meo neque in quinque aliis quæ inspicere licuit editionis Aldinæ exemplaribus ullum alterius quod Hermannus dicit scholii vestigium vidi. Judicet igitur de hac re qui F. A. Wolfii exemplar Aldinum possidet, quo usus est Hermannus quum scholia ederet. Illud autem εὐχερὲς ῥεῖν, quod etiam Schneidero fraudem fecit ad Theophrast. vol. 3, p. 398, ex εὐχερεῖς esse corruptum docet codicis Veneti scriptura. Dind. In numero exemplorum quæ Dindorfius inspexit si non est illud quod ego possideo, olim J. M. Gesneri et postea I. Kulenkampii, septimum accedit. Quare suspicor in illo Wolfii exemplo casu servatum esse folium, cui damnato typographus aliud substituit. Eo modo etiam Theocriti exemplaria Aldina differunt, de quibus v. Reiskii præfat. p. vi, et Euripides J. Lascaris, de quo dictum in Wolfii Analectis litt. vol. 1, p. 472 seqq. Hermann. αὐχμὸν et τὸ δὲ et ἀντὶ τοῦ om. R.

1125, 27 ἐπειδὴ γὰρ V. ἐπειδὰν γὰρ — γένηται R.

1130, 35 διαβάλλεται R. et 37 om. φησιν. — 38 τότε Suidas. πρότερον V. οὐ θαμὰ V. οὐδαμῇ Suidas.

1131, 50 εἴσθεσις et εἰσὶ γὰρ R. — 51 δὲ om V. — 52 ἠρίθμουν τὰς ἡμέρας Ἀθ., 1 ἕως ι τρίτης, 2 ἡμεῖς κα V. δεκάτην Dindorfius ex scholio inferiore. ἐνάτην Ald. ἐνάτην V. ἐννάτην R. G. φθίνοντος om. V. — 3 αὐτός φησιν R. ἐνάτην Dindorfius indidem. Legebatur ὀγδόην. — 4 legebatur δευτέραν καὶ εἰκάδα. Dindorfius: «Scribendum δευτέραν εἰκάδα καὶ ἐν. Est hoc alius scholii initium. Δευτέραν εἰκάδα idem significat quod τὴν εἰκοστὴν δευτέραν. Similiter et supra et infra aliquoties: nisi his locis omnibus notæ numerales κα' κβ' sunt restituendæ.» — 8 τὴν λ V. — 9 quæ post ἕνην τε καὶ sequuntur in R. legi non possunt. In Θ. et Regio sæpe memorato 2821 scholion hoc est, οἱ Ἀττικοὶ οὕτω διῄρουν τὸν μῆνα, πρώτη ἱσταμένου, δευτέρα ἱσταμένου μέχρι τὸν δέκα. εἶτα μία ἐπιδέκα, δύο ἐπιδέκα μέχρι τῆς ἐννεακαιδεκάτης. τὴν δὲ εἰκοστὴν ἔλεγον μεγάλην εἰκάδα. εἶτα ἀναποδίζοντες τὸν ἀριθμὸν τὴν μὲν κα δεκάτην ἔλεγον φθείνοντος (φθίν. Reg.), τὴν δὲ εἰκοστὴν δευτέραν θ', τὴν δὲ κγ' η· καὶ καθεξῆς οὕτω τὸ φθείνοντος περντιθέντες (προστιθέντες μέχρι καὶ τῶν λ'· ἕνην δὲ καὶ νέαν τὴν ἀρχὴν τοῦ ἐφεξῆς μηνὸς ἐκάλουν Reg., qui hic finit scholion) ἤγουν ζ' ς' ε' δ' καὶ τρίτη καὶ β' ἤγουν κθ'. εἶτα τὴν τριακοστὴν ἕνην καὶ νέαν ἔλεγον, ἐπεὶ ἐν αὐτῇ τέλος τε καὶ ἀρχὴ ἐκ τῆς σελήνης ἀριθμούμενος μὴν ἔχει. τὴν κα' ι, τὴν κβ' θ', τὴν κγ' η', τὴν κδ' ζ', τὴν κε' ς', τὴν κς' ε', τὴν κζ δ', τὴν κη' γ', τὴν κθ' β' καὶ τριακοστὴν ἕνην καὶ νέαν. Lexicon rhetor. in Dobræi appendice ad Photium p. 668 confert Dindorf. — 17 post ἡγησαμένου Hermannus posuit quæ in fine proximi scholii leguntur ὥστε ἡ μὲν — τετρὰς λέγεται. — 19 idem «fortasse ἐπακτέον» — 27 ταύτην δὲ Hermannus. Vide Harpocrat. s. Ἕνη καὶ νέα.

1134, 41 ὑπερόρους R. V. Ald. et Suidas s. Ἕνη καὶ νέα. Correctum in editione Londinensi Thesauri Steph. p. 6957. ὑπερημέρους Ernestius

φασιν V. δρῶν Suidas. ὡς δρῶν Ald. quæ om. V. In R. literæ evanuerunt inter φησὶ et ἔνην positæ. — 42 δὲ om. R. κς' R. Suidas. κγ' V. ς' posuit Dindorfius. — 43-46 om. Suidas, qui 47 τὰς γάρ, 48 διήρουν Ἀθηναῖοι, 49 ἀπαριθμοῦντες, 50 ἄχρι τῆς ιθ', 51 τὴν δὲ κα' ὑστέραν δεκάδα. Ald. δεκάδα. Dindorfius: « Corrigo ὑστέραν εἰκάδα. Sic vicesimum primum mensis diem vocari dicit, oppositam cogitans τὴν μεγάλην εἰκάδα, quo nomine vicesimum diem esse appellatum traditur in scholio superiore l. 24 et Florentino in annotatione ad l. 9 posito. » — 52 μετ' αὐτὴν Suidas. μετὰ ταύτην Ald. — 53 τε om. Suidas.

1136, 54 δεκάτας V. et Suidas s. Πρυτανεῖον. δεκάδας R. Ald. Conf. Polluc. 8, 38. — 1 καταβάλοντες (hoc accentu) G. ἀποβάλλοντες R. πρυτάνεσιν Suidas. Legebatur πρυτανεῦσιν. — 2 πρυτανεῖα δὲ om. V., qui τὰ νῦν καλ. (λεγόμενα G.) — σπόρτουλα in principio scholii collocat. « Aliud erant apud Romanos *sportulæ*, et aliud πρυτανεῖα apud Athenienses: quæ proinde male scholiastes hic confundit. Nam *sportulæ* apud Romanos judicibus cedebant: πρυτανεῖα vero apud Athenienses ad fiscum sive ærarium redibant. Vide præter alios Henr. Valesium in notas Maussaci ad Harpocrat. p. 252 et nos ad v. 1182, ubi rem hanc clarius exponimus. Kust. Vid. Casaubon. ad Athen. vol. 3, p. 395 ed. Schweigh., Schneiderum ad Xenoph. De republ. Athen. p. 107, Buttmannum in Bibliotheca critica quæ Hildesiæ edebatur, a. 1821, fasc. 5, p. 394. Addit Ald. μέμνηται τῆς λέξεως καὶ Ἰσοκράτης ἐν τῇ πρὸς Καλλίμαχον παραγραφῇ. ἔστι δὲ καὶ παρὰ τοῖς ἄλλοις Ἀττικοῖς τὰ πρυτανεῖα. ἦν δὲ ἀργύριόν τι ὅπερ κατετίθεσαν οἱ δικαζόμενοι ἀμφότεροι, καὶ ὁ φεύγων καὶ ὁ διώκων. Ἄλλως. δίκας, ἐκταγάς· αὗται γὰρ εἰς τὸ πρυτανεῖον συνήγοντο. τὸ δὲ ἦν δημόσιόν τι θησαυροφυλάκιον. Priora μέμνηται — ὁ διώκων illata ex Harpocratione s. Πρυτανεῖα. Dind. Posteriora δίκας — θησ. sunt in Regio codice.

1142, 4 ὀλίγον ἧττον φρ. R. V. — 6 ὡς περιεγ. V.

1147 θαυμαστῇ Junt.

1150, 26 ἀποστερήσεις R.

1154, 28 καὶ addidit Dindorf. — 37 καὶ ἀντισπάστου Hermannus. ἀντισπαστικοῦ Ald. — 43 legebatur τῷ ις', quod falsum est. Scholiastes videtur legisse ut nos emendavimus, ἄπιθί σοι λαβών. Atque ita hæc verba eodem metro sunt, quo illa, ὢ σοῦ πατρός, in quibus scholiastes primam in ὢ corripuit. Herm. Fallitur. In Regio scriptum ἄπιθι σὺ λαβών, respondens sedecimo ὅδ' ἐκεῖνος ἀνήρ, cum hac explicatione: τὸ γὰρ θι κοινή ἐστι συλλαβή, ὡς λῆγον εἰς μέρος λόγου. χρῶνται δὲ ταῖς τοιαύταις κοιναῖς συλλαβαῖς οἱ ἰαμβογράφοι ἐν μόνοις δακτυλικοῖς καὶ ἀναπαιστικοῖς στίχοις, ἐν ἰαμβικοῖς δὲ οὐδαμῶς. — 44 ταῦτα ἐκ τοῦ Πηλέως Σοφοκλέους V., qui 45-49 ἐπιφέρει-βοᾶν omittit. — 46 ἥ τις Hermannus. Scribebatur ἥτις. ἐν om. R. — 48 τἄρα Hermannus. γὰρ ἄρα Ald. — 50 ὑπέρτονον δὲ om. V.

1156 Victorianum scholion Thomæ M. tribuitur apud Ducangium Gloss. s. Κεφάλαιον.

1160 παρὰ τὰ εἰρημένα ὑπ' αὐτοῦ, εὖ μοι στομώσεις αὐτόν. ἀπὸ εὐθείας τῆς ἀμφήκης V. — 6 ἀκολ. τὸ R. — 7 αὐτὸν ἐπὶ μὲν θάτερα οἷαν δικιδίοις Ald.

1161 V. τὸ δὲ πρόβολος προστ.

1163, 13 προενεγκτέον V. προσενεκτέον R. προσενεγκτέον Ald. — 16 Ζεὺς νόστον ἄγοι τὸν Suidas s. Λυσανίας. Ζεῦ ἄνοτος ἄγοιτο Ald. — 17 κατ' Ἀτρειδᾶν Bentleius. Legebatur καὶ Ἀτρείδαν. Hermannus τὸν Ἀτρ.

1170, 22 ἰοὺ ἰοὺ R. ἰῶ καὶ τὸ ἰοῦ Harlei. 5. καὶ τὸ ἰὼ καὶ τὸ ἰοῦ ἐνταῦθα ἐπὶ χ. λαμβάνεται· τὸ δὲ ἰοῦ ἐπὶ χ. λαμβανόμενον περισπ. Reg. — 23 εἰ πρὸς ἀναφώνησιν R.

1171 Ὡς om. V. ὠχριάσαντα V.

1172 εἰς, ἵν' ᾖ om. R.

1174, 30-37 εἰώθασι — λέγειν τί λέγεις σύ; καταπλῆξαι αὐτοὺς βουλόμενοι. ἀκριβῶς πάνυ. πλεονάζει R. τὸ παρὰ τὴν συνήθειαν — λέγειν τί, καταπλῆξαι αὐτοὺς βουλόμενοι. τὸ δὲ ἀτεχνῶς ἀντὶ τοῦ ἄγαν ἀκριβῶς πάνυ. τὸ δὲ ἐπανθεῖ ἀντὶ τοῦ πλεονάζει, ἀκμάζει V. — 32 τὸ παρὰ τὴν συνήθειαν κἀνὰ χεῖρα Suidas s. Τί λέγεις σύ, omisso ἐχρήσατο.

1176, 38 κακοῦργον Suidas l. c. et s. Βλέπος. τὸ om. R. V. — 39 οἱ γὰρ Ἀθ. διαβάλλονται ἐπὶ ἀναιδείᾳ V. Apud Suidam (s. Βλέπος) οἱ γὰρ Ἀ. ἐ. ἀ. διεβάλλοντο. — 40 τὸ δὲ — λέξεως in scholio v. 1179 post ὁμολογουμένῳ habet V. Addit Ald. τοὺς μὲν γὰρ Ἀττικοὺς ἐπὶ ἀναιδείᾳ διέβαλλον, τοὺς δὲ Ἀθηναίους ἐπὶ ἀναιδείᾳ καὶ τῷ ἱκανοὺς εἶναι λέγειν. Apud Suidam (s. Τί λέγεις σύ) τοὺς γὰρ Ἀθηναίους ἐπὶ ἀναιδείᾳ καὶ τῷ δραστικοὺς εἶναι διέβαλλον.

1179, 44 post ὁμολογουμένῳ addit V. τὸ δὲ χ πρὸς τὸν σχηματισμὸν τῆς λέξεως (ex superiore scholio) ἕνην τε καὶ νέαν. — 45-50 Ald. δύο. ὅτι οὐ δυνατὸν τὰς δύο ἡμέρας μίαν γενέσθαι· καὶ δείκνυσιν ὅτι οὐ τῆς μιᾶς ἡμέρας ἐστὶ τὰ ὀνόματα, ἀλλὰ τὸ μὲν τῆς λ' ἕνη, τὸ δὲ τῆς νουμηνίας ἡ νέα. Ἄλλως. παίζει ἐνταῦθα ἐρωτῶν, ἕνη γάρ ἐστι καὶ νέα τις ἡμέρα; ὥσπερ καὶ εἰς τὸ ἀλεκτρύαινα καὶ ἀλεκτρυών. ἡ αὐτὴ γάρ ἐστιν ἕνη καὶ νέα. ἡ γὰρ τοῦ μηνὸς πρώτη ἀρχή τέ ἐστι τῶν ἐπιλοίπων καὶ νέα. ἐκ ταύτης γὰρ τὰ τῆς σελήνης χωρεῖ πρὸς αὔξησιν· et ad v. 1189, εἰς δύ' ἡμέρας: ἐγχειρεῖ λέγειν ὅτι οὐκ ἔστι μία ἡμέρα ἕνη καὶ νέα, ἀλλ' ὅτι δύο· ἕνη μὲν ἡ λ', νέα δὲ ἡ νουμηνία. τὰς οὖν κλήσεις τῶν δικῶν τῇ λ' φασὶ γενέσθαι, ὅπως ὁ κληθεὶς εἰς τὴν δίκην ἔχῃ τὴν τριακοστὴν ὅλην

εἰς τὸ σκέψασθαι περὶ αὐτοῦ καὶ μὴ ἀποτομίᾳ ζημιωθῇ. ὥστε καλεῖσθαι καὶ τὰ πρυτανεῖα θεῖναι ἐν τῷ δήμῳ. οὐ χεῖρον δὲ καὶ τὰ παρὰ Πλουτάρχῳ περὶ Σόλωνος (c. 25) παραθέσθαι· « συνιδὼν γάρ, φησι, τοῦ μηνὸς τὴν ἀνωμαλίαν καὶ τὴν κίνησιν τῆς σελήνης οὔτε δυομένῳ τῷ ἡλίῳ πάντως, οὔτε ἀνίσχοντι συμφερομένην, ἀλλὰ πολλάκις τῆς αὐτῆς ἡμέρας καὶ καταλαμβάνουσαν καὶ παρερχομένην τὸν ἥλιον, αὐτὴν μὲν ἔταξε ταύτην ἔνην καὶ νέαν καλεῖσθαι· τὸ μὲν πρὸ συνόδου μόριον αὐτῆς τῷ παυομένῳ μηνὶ, τὸ δὲ λοιπὸν ἤδη τῷ ἀρχομένῳ προσήκειν ἡγούμενος· πρῶτος, ὡς ἔοικεν, ὀρθῶς ἀκούσας Ὁμήρου λέγοντος,

τοῦ μὲν φθίνοντος μηνὸς, τοῦ δ' ἱσταμένοιο·

τὴν δ' ἐφεξῆς ἡμέραν νουμηνίαν ἐκάλεσεν· τὰς ἀπ' εἰκάδος οὐ προστιθεὶς, ἀλλ' ἀφαιρῶν, καὶ ἀναλύων, ὥσπερ τὰ φῶτα τῆς σελήνης ἑώρα, μέχρι τριακάδος ἠρίθμησεν. » Plutarchi locum quemadmodum hic de suo adjecit Musurus, ita priori scholio post αὔξησιν hæc addidit Francinus in ed. Junt. Πλάτων (scrib. Πλούταρχος) περὶ τοῦ μὴ δεῖν δανείζεσθαι (p. 827), τὴν δὲ τράπεζαν ἡ καλὴ Αὖλις, ἢ Τένεδος ἀντικοσμήσει τοῖς κεραμέοις καθαρωτέροις οὖσι τῶν ἀργύρων. οὐκ ὄζει τόκου βαρὺ καὶ δυσχερὲς, ὥσπερεὶ οὐ καθ' ἡμέραν ἐπιρρυπαίνοντος τὴν πολυτέλειαν· οὐδὲ ἀναμνήσει τῶν καλανδῶν καὶ τῆς νεομηνίας, ἣν ἱερωτάτην ἡμερῶν οὖσαν ἀποφράδα ποιοῦσιν οἱ δανεισταὶ καὶ στύγιον. — 46 αὐτ R. pro οὕτως. — 47 τῇ λ, 48 τὴν λ, 49 αὐτοῦ V. ἐν αὐτῷ R. Codex Regius : Ὅτι εἰ καὶ ἀλλαχοῦ διὰ β' νν εὕρηται τὸ ἔνη, ἀλλ' ἐνταῦθα πανταχοῦ ὁ Ἀριστοφάνης δι' ἑνὸς ν τῇ ἔνῃ χρῆται. φυσικῶς γὰρ δι' ἑνὸς ν ὀφείλει γράφεσθαι καὶ δασύνεσθαι· ἀπὸ γὰρ τοῦ ἓν γίνεται. αἰολικῶς δὲ διπλασιάζεται τὸ ν καὶ ψιλοῦται.

1181, 51 ἅπερ ἂν R. — 4 τῆς μιᾶς εἰσι τὰ G. — 5 ἀλλὰ om. G. τῆς om. R. V.

1184, 10 πρώτην Reizius. τριακοστὴν πρώτην Ald.

1189 δίκαις κλῆσιν δηλονότι V. καλεῖται G.

1191, 20 αἱ καταβολαὶ V. et Suidas s. Θέσεις. αἱ δίκαι καὶ αἱ μεταβολαὶ Ald. In R. literæ supersunt ταβολαὶ, præcedentes evanuerunt. — 21 ἅπερ Ald. ὅσπερ Suidæ ed. Mediol. — 22 δραχμὴ R., in quo evanuerunt verba τῆς δίκης. ἐδίδοτο γάρ. Ald. Ἄλλως. θέσεις τὰ δικαστήρια, παρὰ τὸ τοὺς δικαζομένους δραχμὴν τῷ δημοσίῳ διδόναι. « Confudit cum παραστάσει. » Boeckh. De œcon. civ. Athen. vol. 1, p. 372.

1192 glossam οἱ ἐναγόμενοι habet R., οἱ ἐναγόμενοι καὶ κατηγορούμενοι V. — 24 συνειδοῖεν Dindorfius. Legebatur συνίδοιεν. — 29 μιᾶς ὅτε παραστ., 30 καταλυθῶσιν V. — 31 οὖν om. V. αὐτοῖς ἡ τριακοστὴ συνεχωρεῖτο, ἵνα παρόντες τῇ κλήσει συνίδοιεν τὰς ἡμέρας, ἐν αἷς μετὰ τῶν ἐχθρῶν δικάζοιντο Ald.

1195 ἀπαιτούμενοι V.

1196 Ald. ἔθος γὰρ ἦν καταβάλλειν τῇ νουμηνίᾳ.

1197. R. V. inferius habent glossam οἱ ἄρχοντες. — 38 δὲ om. V. — 39 ὑπὸ Ernestius. ἀπὸ V. Ald. δικαζόντων V.

1198 καταβαλεῖν Dindorfius. Vide ad schol. 1199. καταβάλλειν Ald. — 45 ἀπὸ τοῦ Ald. Correctum ex scholio v. 1200. — 47 προλαμβάνοντες καὶ προσεσθίοντες Ald. τὰ om. V. — 50 τῶν προσφαγίων Suidas.

1199, 5 addit Ald. οὐκέτι γὰρ δίδοται αὐτοῖς ἡ σκέψις ἡ πρὸ μιᾶς, ἀλλ' εὐθὺς ἐπὶ τὸ καταλαβεῖν ὁρμῶσι.

1200, 6 προὐτένθευσαν δὲ προελ. V. προελιμβεύσαντο, προελιχνεύσαντο Ald. — 7 ὑπὸ τοῦ Ald. ἀπὸ τοῦ V. ἢ additum ex Suida. — 8 προὔθ. εἰς (hoc om Ald.) ἡμ. μ. R. om. V. et Suidas.

1201, 11 θεατὰς Suidas s. Νενημένην. Legebatur δανειστάς.

1205, 21 νοῆσαι V. νῆσαι G. et Suidæ editio Mediol.

1206, 24-26 τοῦτό μοι εἴπουσι (εἴπωσι G.) καὶ οἱ φίλοι καὶ οἱ δημόται, τὸ ὦ μάκαρ ὦ Στρεψιάδες. ὡς δὲ ἄγροικος ἐσφάλη περὶ τὴν κλίσιν· ἔδει γὰρ — ἀναλογίαν V. Στρεψιάδη μὲν ἡ κλητική· ἀλλ' ἵνα παίξῃ εἰς τὸ ὄνομα, διέστρεψε τὴν κλητικὴν καὶ ὡς ἄγροικος ἔπταισεν Ald. — 31 ἐπίτριτον τρίτον Hermannus. Aberat τρίτον. — 36 τρίτου addidit Reizius. — 40 sq. ἰαμβικὴν τρίμετρον ὥσπερ καταληκτικὴν καὶ δόχμιον Ald. Correxit Reizius. Triplicem rationem distinguendorum versuum commemorat scholiastes : primam, ut vulgo,

χοὶ δημόται ζηλοῦντες,
ἡνίκ' ἂν σὺ νικᾷς λέγων τὰς δίκας,

alteram,

χοὶ δημόται ζηλοῦντες, ἡ-
νίκ' ἂν σὺ νικᾷς λέγων τὰς δίκας,

tertiam,

χοὶ δημόται ζηλοῦντες, ἡνίκ' ἂν σὺ νικᾷς
λέγων τὰς δίκας. Herm.

1214, 3 αὐτῷ, 4 τὸ R. — 5 φασὶν V., non G. 9 ὁ γὰρ δανείσας et 10 τὸ om. V. ῥιπταῖν R. — 12 οὔτε γὰρ V.

1216, 16 ἀπαναισχυντῆσαι R. et Suidas s. Ἀπερυθριᾶσθαι. ἀπαναισχυντίσαι G. ἀναισχυντῆσαι V. Ald.

1218 μαρτυρήσοντα φησὶν ὅτι καλῶ αὐτὸν εἰς δικαστήριον R.

1219, 24 Dindorfius addidit αὐτοῦ.

1222 ὑπερβατόν. καλοῦμαι — νέαν. ἔστι δὲ ἀπὸ κοινοῦ καλοῦμαι R. ὑπερβατόν. ἀλλὰ — νέαν. τοῦτο δὲ ἀντὶ τοῦ εἰς τὸ δικαστήριον V. Codex Reg. τὸ καλοῦμαι παθητικῶς. οὐκ ἔστιν ἀττικὸν ἀντὶ τοῦ ἐνεργη

τικοῦ λαμβανόμενον, ἀλλὰ δικαστικὴ λέξις ἐστὶν, ὡς δηλοῖ τὸ παρόν.

1223, 30 ἡ περὶ R. χάριν, ἵν' ᾖ Ἀττ. V.

1225 codex Reg.: Ψαρὸς, ἢ ὁ ποικίλος κατὰ τοὺς ψᾶρας, ἢ ὁ ταχὺς ἀπὸ τοῦ ψαύειν τῆς αὔρας· ψαυρὸς ὁ ψαρός· οἱονεὶ ὁ ψαύων καὶ πλησιάζων ἤτοι ἰσοδυναμῶν τῷ τάχει ταῖς αὔραις τοῦ ἀέρος.

1229 glossam τὸν ἀήττητον habet R., τὸν μηδὲν καταβαλόντα V. Suidas, Ἀκατάβλητον: ἀήττητον, παρὰ τὸ μὴ καταβάλλειν. τουτέστι τὸν μηδὲν καταβάλλοντα. Ex his correxi quod legebatur τὸν μηδενὶ καταβαλλόμενον. Qui τὸν μηδὲν καταβάλλοντα interpretatus est grammaticus, eo sensu dictum accepit quo τὸν μηδὲν ἀποδιδόντα λόγον dixit Aristophanes v. 245. Dind.

1233, 50 μεθερμηνευτέον Hermannus. Recte Regius: ἵνα: ὅπου. τὸ ἵνα μεθερμηνευτικόν ἐστι τοῦ ταῦτα (versu præced.).

1135, 51 ζημιωθῆναι R. — 53 οὕτω γὰρ V.

1237, 4 κεράμῳ ἢ ἀσκῷ V. Genitivum ἀσκοῦ ponit Suidas s. Ἁλσί. — 5 οἱ (sic) σμηχόμενοι — (13) τρέπονται habet Θ. — 6 ἅμα καὶ R. Ald. ἅμα δὲ καὶ Suidas, qui βρέχομεν. — 8 αὐτὸν διαβάλλει Θ. — 9 ματτόμενα V. γίνεται Suidas. γίνονται V. Ald., quæ addit ὡς πλέον χωρεῖν μέτρον (μέτρου Θ.), omissa in V. et Suida. — 10 sq. ἢ — βυρσῶν om. V. — 11 ἤτοι G. ἤτοι ὅτι V. ἢ Ald. ἢ δι' ἀσκὸν ἢ δι' ἀγγεῖον Θ. — 12 καὶ ἀσκοῦ Θ. — 15 ἐμβάλλονται Hermannus. — 16 ὥσπερ Suidas. καὶ ὡς Ald. Quod ex καὶ ἄλλως corruptum videri posse observat Dindorf. — 18 τοῦ Στρεψιάδου, 19 ὃς ἐπὶ ὁμολογουμένοις Suidas.

1238, 24 ἓξ χοᾶς (χοὰς V.) χωρήσεται om. R. καὶ παροιμία ἓξ χ. χ. ἐπὶ τῶν παραληρούντων. τουτέστιν ὁ ἐγκέφαλος etc. Suidas s. Χοᾶ. — 25, 26 ἅμα δὲ — ἐμπεφρακότων Suidas. ἅμα δὲ ὡς ἐπὶ κεράμου ..... τοῦ κεράμου ἢ ἀσκοῦ μεταφορᾶς, ἢ ἀγγείου· ὡς ἐὰν .... ἐνπεφρακότων R. ἅμα δὲ ὡς ἐπὶ κεράμου ἢ ἀσκοῦ μεταφορᾶς, ἢ ἀγγείου, ὃς ἐὰν σμηχθῇ, πλέον χωρεῖ τῶν ἐκπεφρακότων V. — 28 πρὸς τὰ ἀνωτέρω Kusterus. πρὸς τῷ ἀνωτέρῳ Ald. — 29 τέλεον χωρήσει Ald. Correctum ex scholio proximo. — 30 ἐμπεφρυγότων ἀποπεπλημένων Hermannus. — 39 similiter disputatis addit Regius, ἐπεὶ δὲ ἔν τισι τῶν ἀντιγράφων εὕρηται χόας, δηλονότι ἀπὸ τοῦ χοῦς γίνεται, ὡς ἀπὸ τοῦ βοῦς βόας.

1240, 43 ἐκκαγχάζει V. Ald. ἀκούσας om. V. τοῦ Hermannus. Legebatur καὶ τοῦ. — 46 ἀλλὰ Hermannus. ἀλλ' ἢ Ald. ἀλλ' om. R. V, recte, si τοὺς ante ἄλλους deleatur. Dind.

1241, 48 Ἀντὶ — εἰδότι om. G.

1246, 5 ἐκβάλειν V. Verbum ἐκβάλλειν non aptum. Exspectes ἐκφέρειν. Dind.

1248, 8 σκαφίδιον Dindorfius ex scholio v. 669. σφραγίδιον V. Ald. — 9 αὐτῷ V. — 11 ὑπὸ Hermannus. ἀπὸ Ald.

1252 omittit V.

1253 habet Suidas s. Ἀπολιταργιεῖς. In Ald. λιταργισμοὺς ἐκάλουν τὰ σκιρτήματα. ἀποδραμῇ, ἀποσκιρτήσεις, καταλείψῃ ἀπὸ τῆς θύρας ἥτις ἐστὶν ἡ λίτη. ἢ ἀπὸ τοῦ ἀργοῦ, ὃ δηλοῖ ταχὺ καὶ τὸ λιπεῖν. οὐ ταχέως οὖν, φησὶν, ἀποδραμῇ. — 17 ἀποδραμεῖς G. hic et 20. ἀποσκιρτήσει V., non G. — 18 ἀπὸ om. G. — 19 καὶ τὸ λίαν Suidas (et Regius). καὶ τὸ λύον R. τὸ λεῖον V. Conf. schol. Pac. 561 et Etymol. M. — 20 καλεῖ V. Addit Reg. λέγεται δὲ τοῦτο ἰδιωτικῶς ἀπολιταρεῖσθαι.

1255, 22 σοῦ θήσομαι V.

1256 Τὸ δὲ προσαποβαλεῖς R. V. — 25 τὰς — μνᾶς V. non G. ταῖς — μνᾶς (sic) R. — 27 ἐπὶ τῇ Suidas s. Παρακαταβολή. ἐν τῇ V.

1258, 32 εὐηθ. τουτέστιν ἀπ. R.

1259 in V. est προαναφώνημα τὸ ἰώ μοί μοι καὶ τὸ ἔα. διὸ διπλῆ καὶ στίχοι ἰαμβικοὶ τρίμετροι τεσσαράκοντα γ'. — 38 βραχυκατάληκτον. Nam scholiastes ἔα extra versum legebat. Herm.

1261, 42-45 in Ald. παρ' ὑπόνοιαν εἶπεν ἀντὶ τοῦ παίδων· ἐπεὶ τραγικῶς ἀνεφώνησε τὸ ἰώ μοί μοι. Καρκίνου δὲ παῖδες, Ξενοκλῆς, Ξενότιμος, καὶ Δημότιμος. καὶ οἱ μὲν χορευταί· Ξενοκλῆς δὲ τραγῳδίας ποιητής. ὡς βέβαιον δὲ ἔχων τὸ νικᾶν, κατειρωνεύεται αὐτοῦ Ald. De filiis Carcini conf. schol. Ran. 86, Pac. 782. — 44 Ξενοκλίδης δὲ R., licet paullo ante Ξενοκλῆς habeat. — 45 δέον γὰρ V.

1263 οἷον om. R.

1264, 54-6 in Ald. τοῦτο Ξενοκλέους ὑπὸ Τληπολέμου. διὸ καὶ ἐπήνεγκε· τί δαί σε Τληπόλεμος. ἐπεὶ δὲ Ξενοκλέους τοῦ Καρκίνου ἐμνήσθη, καὶ τὰ αὐτοῦ τραγῳδεῖ, εἰρηκὼς, ὦ σκληρὲ δαῖμον. τοῦτο δὲ εἶπε διὰ τὸ ἄνω εἰρηκέναι, ἰώ μοί μοι, καὶ, ἀνὴρ κακοδαίμων. Εὐφρόνιος δέ φησι, τὸ, ὦ Παλλὰς, ὥς μ' ἀπώλεσας, Ξενοκλέους εἶναι ἐκ τοῦ Λικυμνίου, λεγόμενον ὑπὸ Ἀλκμήνης, τοῦ Λικυμνίου ὑπὸ Τληπολέμου ἀνῃρημένου, διὸ καὶ ἐπήνεγκεν αὐτὸς, τί δαί σε Τληπόλεμός ποτ' εἴργασται κακόν. καὶ τὸ χρυσάμπυγες παραπεποιῆσθαι. — 1 Ληκυμν — bis R. V. ὑπὸ R. — 2 τί δὲ R. V. — 4 sq. Ξενοκλεῖ εἶναι φησὶν εἶναι τὸ (Ξενοκλεῖ φησὶ τὸ V.) χρυσάμπυκας (χρυσάμπυχες V.) παραπεποιῆσθαι τοῦτο. ἐπεὶ R. V. χρυσάντυγες emendatio Hermanni est. Scholion codicis Regii 2821: Φασὶν ὡς ὁ Καρκίνος, — (ut supra 46, 47) — δεινοπαθοῦντας. ἄλλοι δέ φασιν ὅτι τριῶν ὄντων παίδων αὐτῷ, ὁ μὲν εἷς τραγικὸς ἦν ποιητής· οἱ δὲ λοιποὶ δύο ὑποκριταὶ ὀξυφωνότατοι. ἐπεὶ οὖν ὁ δανειστὴς οὗτος ὀξυφώνως τὸ οἴμοι ἐβόησε, κωμῳδῆσαι βουλόμενος τοὺς τοῦ Καρκίνου παῖδας ὁ ποιητὴς, ἕνα τούτων εἶναι λέγει τὸν δανειστήν. οἱ μὲν φασιν ὡς ὁ Τληπόλεμος οὗτος, ποιητὴς ὤν, πεποίηκε τὸν Φιλό-

ξενων ταῦτα τὰ ἰαμβια (sic) ᾄδειν ἀπὸ τοῦ ὦ σκληρὲ δαῖμον μέχρι τοῦ ὥς μ' ἀπώλεσας. ἄλλοι δέ φασιν ὡς Σοφοκλῆς ἐποίησε τὸν Τληπόλεμον ταῦτα λέγοντα. εἰκότως νῦν τούτοις ὁ δανειστὴς χρῆται· διὰ γὰρ ἱπποτροφίαν ἐπτώχευσεν. ἔοικε δὲ μᾶλλον τοῦ Σοφοκλέους εἶναι ταῦτα. διὸ καὶ ἐπάγει· τί δὲ Τληπόλεμός σε κακὸν εἴργασται; ὡς τοῦ Τληπολέμου ταῦτα εἰπόντος. τὸ δὲ ὦ Παλλὰς λέγει ἢ ἀντὶ τοῦ ὦ φρόνησις ἥ με πρὸς ἱπποτροφίαν κινήσασα ἀπολώλεκας, ἢ ἀντὶ τοῦ ὦ Ἀθηνᾶ. πολεμικὴ γὰρ ἡ θεὸς καὶ ἐπιστάτις ἁρμάτων.

1269 λείπει τὸ ἀτυχῶς ἐμοί R. Correxit Dindorf.

1271, 15 εἰρηκέναι ἀνὴρ κακοδαίμων καὶ ἰώ μοί μοι R. V. ἐπήγαγε τὸ ὄντως om. R.

1273, 22 syllabæ inter ληρεῖς et κατὰ evanuerunt in R. μὴ κατ' οὐδένα V. — 24 ἀπόνου V. ἀπ' ὄνου G. — 27 ἀπό τινος νοῦ Suidas s. Ἀπ' ὄνου. — 35 αὐτὸν Hermannus. αὐτοῦ Ald.

1277, 38 τὸ om. R. κατὰ κοινοῦ Ald.

1279, 42 Σωκράτην V.

1286 in fine addit V. τὸ θηρίον τοῦτο τί ἐστι καὶ τόκος.

1290 κατὰ τὸ σιωπώμενον. Neque enim de his rebus coram spectatoribus disputatum erat. Dind.

1298 ἀναχωρεῖς G. ἀναχωρῇ V.

1299, 3-12 in Ald. ἄξεις; ἐπιαλῶ: ἡ γραφὴ δισσὴ, καὶ ἐπὶ ἄλω, καὶ ἐπιαλῶ. καὶ πρὸς μὲν τὸ περισπωμένως τὸ ᾄξεις ἀπειλητικῶς χρὴ λέγειν· οἷον ᾄξεις, ὁρμήσεις τοὐντεῦθεν, ἐπεὶ ἀλῶ σε· ὅ ἐστιν, ἐξελάσω σε· εἰ διφθογγογραφεῖται· καὶ διώξω σε κεντῶν ὑπὸ τὸν πρωκτὸν, ὥσπερ ἵππον παρήορον. πρὸς δὲ τὴν ἑτέραν γραφὴν, ὡς ἠθικῶς λέγοντος, οἷον, ἀπάξεις σὺ τὸν σειραφόρον εἰς μύλωνα ἐπὶ τὸ ἀλήθειν, ἀντὶ τοῦ, ἄπαγε σὺ σεαυτὸν ἵππον· κἀκεῖθεν τραφήσῃ. Cum R. V. fere consentit Θ., nisi quod ab initio sic scribit, ἡ γραφὴ δισσὴ περισπωμένως καὶ παροξυτόνως. καὶ πρὸς μὲν τὸ ἐπ. — 3 σηραφόρον V., non G. σειραφόρον καὶ R. — 4 τὸ ἐπὶ ἄλλων V. Corrigendum πρὸς μὲν τὸ ἐπὶ ἄλω (ἄλων grammatico relinqui debuisse animadvertit Dindorfius; conf. 12 ἐπιβαλών) τὸ σὺ, πρὸς δὲ τὸ ἐπεὶ ἐλῶ τὸ σέ. ἐπὶ ἄλω qui legebant, ἄξεις ab ἄγειν, qui ἐπεὶ ἐλῶ, ab ᾄσσειν derivabant. Monuit Dobræus. Deinde ἐπὶ (ἐπεὶ G.) ἀλῶ V. — 5 ἐπὶ ἄλλων καὶ ἐπὶ (ἐπεὶ G.) ἄλω V. Vulgo ἐπιάλων. — 6 ἐπεὶ ἀλῶ G. — 7 ἀλῶ V. — 8 ἐλῶ σε Θ., qui διώξω. διώκω R. V. κεντῶν ὑπὸ τὸν πρωκτὸν om. R. — 10 ἀπάξ. σαυτὸν σ. V. — 11 ἐπὶ τῷ V. Θ. Ceterum V. in textu habet ἐπὶ ἄλλων, in margine γρ. ἐπεὶ ἀλῶ. τῷ ἀλήθειν, οἷον ἄπαγε σαυτὸν ἵππον Θ., qui 12 sq. τινὲς δὲ—μέλλων omittit. — 14 πέμψω σοι Θ. Ald. δὲ τὸ Hermannus. ἐν τῷ Ald. — 18 ἠθικῶς Ald. — 25 κινήσω, συντρίψω Hermannus. νικήσω, συντρίβεις codices. Regius συντρίψω σε.

1300, 27 ἄλλως μήποτε, 28 εἰ μὴ ὅτι ἄξεις V.

1303, 32 τρία κῶλα V. — 33 ἡμιόλειον R. Sequentia ad 51 omittit etiam Θ., qui in fine addit, κορωνὶς δὲ καὶ μέλος τοῦ χοροῦ κώλων ιη', ὧν τὸ πρῶτον ἰαμβικὸν τρίμετρον ἀκατάληκτον. καὶ ἐν εἰσθέσει κῶλα τρία, ὧν τὸ πρῶτον ἰωνικὸν ἡμιόλιον. τὰ δὲ τρία κῶλα τροχαϊκὰ ἀκατάληκτα ἐκ κατακλίσεως (scr. κατακλείσεως) καὶ βάσεως τρίμετρον ἀκατάληκτον, καὶ τὸ ἐκ χοριάμβου βάσεως καὶ χοριάμβου ἡμιολίου, ὥστε συλλαβὴν ἐνδεῖν τοῦ καλουμένου σαπφικοῦ ἑνδεκασυλλάβου. — 39 παιόνων Ald. Et sic alibi non raro. — 40 τρίμετρον Hermannus. ἢ ἰαμβικὸν τρίμετρον Ald. — 48 τροχαϊκῆς Hermannus. διτροχαϊκῆς Ald. — 49 πρώτην τοῦ πεντεκαιδεκάτου (Φερεκρατείου Hermann.) χώραν Ald. — 51 δὲ om. R.

1308 lemma πρᾶγμ' addidit Dindorfius. καλόν R. V.

1309, 7 σοφίσασθαι R. V. Sequitur in G. ἀντὶ τοῦ ἀνθ' ὧν.

1320, 12 καὶ om. R.

1321, 15-21 in Θ. διπλῆ ἡ εἴσθεσις εἰς ἰάμβους τριμέτρους ἀκαταλήκτους εἴκοσι τρεῖς. — 21 ἰοὺ ἰοὺ ὦ γείτονες. σχετλιάζων V. — 22 ἀπὸ τοῦ, 24 Σωκράτους et τοῦτον V. — 25 φιλοτιμουμένῳ Hermannus. Legebatur φιλοτιμούμενος.

1323, 28 καὶ πάσῃ V. — 29 λέγει V. Idem habere videtur R.

1328 omittit G.

1338, 39 τοῦ ἐνεργητικοῦ R. εἶναι καὶ G. Suidas in principio scholii addit ἐπαιδευσάμην δι' ἑτέρου· αὐτὸς ἐπιμεληθεὶς τούτου.

1345, 8 βούλεσθαι (καὶ addit G.) V. Deinde ἂν delendum monet Dindorfius.

1349 ἐφ' ὃ R.

1352, 13 ἔλεγε V. — 14 ὅταν τοῦ R. Ald. ὅτ' αὐτοῦ V. — 15 ὠρχοῖτο G. ὀρχῆται Ald. Sequentia ita in R. V. Θ. διὸ καὶ ἐκλέγονται ἢ τετράμετρα ἢ ἀναπαιστικὰ (ἀνάπαιστα Θ.) λέγειν (λέγων V. λέγοντες G.). ὁ γὰρ ῥυθμὸς ῥᾳδίως προσπίπτει τούτοις.

1353 est in Θ. στίχοι ὅμοιοι τῷ διστίχῳ λγ', ὧν τελευταῖον « ἐξέφερον ἂν καὶ προὐσχόμην. »

1354, 25 πάντες V.

1356, 32 ἐξ Valckenar. ad Herodot. 6, 50. καὶ Ald. « Sic ἐπίνικοι δρομέσι inscripta fuerunt carmina Simonidis memorata ab Herodiano in Bandini Catalogo codd. Flor. vol. 2. p. 146. » Dind. In Regio post versum eodem modo scriptum, ἦν δὲ ὁ κριὸς οὗτος ἐξ Αἰγίνης παλαιστὴς ἐπίσημος, οὗ νικήσαντος ἐν Ὀλυμπίᾳ γράφει ᾆσμα ὁ Σιμωνίδης. — 37 δένδρον ἀγλαὸν. Recte, ut videtur, Valckenar. ἀγλαόδενδρον. Verba poetæ non integra attulit Scholiasta. Dind. Hermannus conjecit δένδρεων (vel δενδρεῶν') ἐσελθὼν τέμενος ἀγλαὸν

Διός, non feliciter. — 40 τῶν τοῦ om. LB. φησὶ γὰρ ἐκεῖνος, ἐπήξασθ' ὁ κριὸς οὐ καχαίρως. ἦν δὲ οὗτος ὁ κριὸς παλαιὸς αἰγινήτης Harl. 5. Idem in lemmate τὸν κριὸν ὡς ἐπήχθη.

1357 ἀρχαῖον ἔφη ἀντὶ τοῦ μωρόν. παραιτοῦνται γὰρ— πίνειν habet Θ. — 45 τὸ additum ex Θ.

1358, 50 κριθὰς πεφριγμένας ἀλήθουσαν Θ.

1364, 6 ὥσπερ—δάφνης om. Θ. et 8-14. — 9 μουσικῆς Ald. μουσικῶν R. V., cui Dindorfius de suo subjecit ἀγώνων. ἔτι Hermannus. ἐπεὶ libri. Ald. ἀεὶ φαίνεται. — 11 ἔχοντας ἐν τῇ R. V. ἔχοντά τι τῇ Ald. διήγησιν V. In Regio, Ἢ ὅτι ἐν Αἰσχύλου δράματι εὕρηταί τις μυρρινοφόρος ᾄδων· ἢ ὅτι κλάδους κατέχοντες μυρρίνης ᾖδον τὰ Αἰσχύλου ποιήματα.

1367 in V. ἀσύστατον, ἀδιάθετον, ἀπιθάνως συντεθέντα (scr. συντιθέντα) ἢ ξυνιστῶντα, οὐδὲ πυκνὸν, ἀλλ' ἀραιὸν ἐν τῇ ποιήσει καὶ κομπώδη. τὰ γὰρ Αἰσχύλου ῥήματα φαντασίαν—πραγματείαν V. — 25 στόματι ἔχοντα, his τοὺς μύθους addit V., quod ex superiore scholio irrepsit. Glossam ἀντὶ τοῦ τραχύν habet R.

1371, 41 K. ὦ μακάριε V. — 43 sq. ταῖς ἀδελφαῖς συγγίνονται V. Ἄλλως om. R. — 46 τοῦ additum ex V., in quo est τὸν παῖδα τοῦ Αἰόλου μακάριον διαφθείραντα. φθείροντα Ald. et Regius, qui Κανάχην scribit. — 47 δὲ παναθηναίοις V. ἐξῆν Reg. — 49 ἐπάγων om. V. — 50 τὸν ἀλεξίκακον Ald. τὸ ὦ ἀλεξίκακε Reg.

1381, 7 τοῦ ἃ ἐν τῷ νῷ ἔχεις V.

1382 lemma Aldinæ μαμμᾶν correxit Dindorf. παίδων V. παιδίων λαλούντων Ald. ζητῶσι G.

1395, 23 τὸ δέρμα addidit Hermannus.

1399, 44. Versu 1415 non habebat scholiastes in suo exemplo verba τίη δή. Herm.

1417, 22 πάλιν additum ex Clem. Alex. Strom. 6, p. 748, et Tryphone De tropis in Museo Cantabrig. 1, p. 49. — 27 ἆρ' Hermannus. ἄρ' Ald. — 28 vide Ruhnken. in Reiskii Orator. vol. 7, p. 829. Herm.

1421 ἐν ἠθ. ἐρωτ. ἀντὶ τοῦ—ἀνήρ. V.

1423, 37. Hic νεωτέρων τις est scriptor scholiorum in Regio 2821. — 41 ἔγωγ' αὐτὸς, 42 ἐπεὶ, 43 συνάπτοντες οὐκ οἶδα πῶς ἂν τὸν λόγον συμπεράνοιεν. ἢ τὸ, 45 ἐρώτησιν, ὥσπερ καὶ τὸ πρὸ αὐτοῦ, οὕτως, οὐκ. Reg.

1426, 2 συγχωρῶμεν R. om. G.

1429, 8 εἰς om. V., qui 11 φησὶ pro δηλονότι, quod om. G.

1432, 14 ἕως τοῦ οὐ ταῦτα τοῦ Ald. τοῦ πρὸς ταὐτά Reizius. τοῦ δοκοίη Dindorfius.

1437 ὁ πρεσβύτερος καὶ τοὺς V.

1438 Ald. κατὰ τὸ προσῆκον καὶ ἀκόλουθον. συγχωρεῖν τοῖς ἐπιεικέσι, συγχωρεῖν αὐτοῖς.

1440 πρόσχω R.

1441, 43 μεσῳδικὴ τριὰς, δύο ἑκατέρωθεν. Legebatur μεσῳδικὴ, τρία ἑκατέρωθεν. At stropham putat hæc verba esse:

τοῦθ' ἕτερον αὖ μεῖζον κακόν.
τί δ', ἢν ἔχων τὸν ἥττω.

antistropham autem hæc:

ἐς τὸ βάραθρον μετὰ Σωκράτους,
καὶ τὸν λόγον τὸν ἥττω.

Quæ media sunt, μεσῳδὸν vocat, et tribus trimetris constare putat, ut ante dixit, hoc modo:

λόγον, σὲ νικήσω λέγων, τὴν μητέρ' ὡς
τύπτειν χρεών; τί δ' ἄλλο γ'; ἢν ταυτί ποιῇς,
οὐδέν σε κωλύσει σεαυτὸν ἐμβαλεῖν.

Hos versus alii, ut in vulgatis edd., in quattuor versus dividebant, quorum tres priores dimetri acatalectici essent, quartus autem trimeter: unde illa addit, τινὲς δὲ τὸ μέσον τετράκωλον. Herm.

1452, 49 τὸ τελευταῖον Hermannus.

1468, 17 καὶ εὐγενείας V.

1473 post σφαῖραν (25) ponit V., præmisso ἄλλως. — 22 ὄντος δίνου G.

1477, 34 ἐκβάλλοντος V.

1478 ad verbum in Regio; quare mirer si sint hæc in R. V.

1507, 29 τὴν περιφοράν Hermannus.

1508, 33 ὁ Ἑρμῆς: nam Mercurio hi duo versus tribuuntur in R. V. — 34 τὸ δὲ ὡς ἡδ. om. R.: una cum sequentibus γράφεται καὶ οὓς ἠδίκουν, quæ habet R., omittit V.

1510. In V. subscriptum κεκόλληται ἐκ τῶν Ἡλιοδώρου. παραγέγραπται ἐκ τῶν Φαείνου καὶ Συμμάχου καὶ ἄλλων τινῶν.

VESPÆ.

Argumentum I. 4 παύσειν R. Ald. — 7 ἑαυτῷ μὴ προκείμενον, 10 ἤνυον R. — 13 εἶναι hic V., post πρεσβύτης Ald. Hoc et σχεδὸν om. R. — 14 scribebatur ἐξαίρειν. — 17 μόνον τοῦτο ποιεῖ Ald. τοῦτο ποιεῖν μόνον et cum Aldina τοὺς — δικάζειν Brunckii editio. — 19 πολιτε τικῶς Ald. — 20 ἐκφέρει V., qui συνεχῶς et μέλλων — φέρει ψῆφον omittit. — 21 ἀποδικάζουσαν Brunckii editio. καταδικάζουσαν R. Ald. — 22 τοῦ ποιητοῦ ἐκ R. V. — 23 εἶναι V. Ald. — 28 ἀρτόπωλις Portus. ἀρτοπώλης V. Ald. — 29 γελοιοποιεῖ Ald. — 36 libri Ἀμυνίου. Correctum nomen ex aliorum scriptorum locis,

quos v. apud Clinton. Fast. Hell. vol. 2, p. 68. ἐν τῇ πθ' ὀλυμπιάδι Kanngiesserus De comœdia Attica p. 268. ἐν τῇ πόλει ὀλυμπιάδι R. V. ἐν τῇ πόλει ὀλυμπίων Ald. πόλει ortum ex πθηι, et verba ipsa ab recentiori grammatico inserta esse statuit Dindorf. — 37 εἰς Λήναια. Hæc verba supra potius collocanda post Φιλωνίδου, ut in didascalia Ranarum ἐδιδάχθη—διὰ Φιλωνίδου εἰς Λήναια. Dind. — 38 προαγῶνι vel προάγωνι R. V. προάγων Ald. Λευκῶν R. V. Γλαύκων Ald. πρεσβεῖς τρεῖς V.

Arg. II. 2 οἰκοῦντα θ' V. οἰκοῦντα γ' Ald. — 4 παρόντες ἐκ ταυτοῦ κακοῦ R., qui hunc versum proximo postponit.

SCHOLIA.

1, 12 τοῦ γέρ. τοῦ δεσπότου V. — 15 διασκεδᾶν V. διασκεδᾷ G.

2, 16 τὸ ἐπινυστάζειν Ald. — 17 φυλακὴν κ. ν. ἤγουν et 18 βούλομαι om. V. — 21 Συμμ. φησὶν οὔ οἴμαιτε λέγειν τὸν R. Correxit Dindorfius, qui 22 malit καὶ καταλιπεῖν. — 23 διδασκόμενος R.

4, 30 θαλασσίου V., qui 31 om. κνώδαλον (habet G.). δὲ et παρὰ — ἁλίσκεσθαι omittit R. [?]

5, 33 sq. μέρμηρα ἡ εἰς ὕπνον καταφορὰ περὶ (παρὰ V.) τὴν ἕω. μέρμηρα ἡ μέριμνα καὶ φροντίς. ἐκ V. Ald.

8, 9 μανίας δὲ καὶ V. Fortasse τε καί. Idem ὀνειδίζειν, et 11 om. ὕπνῳ.

9, 12 ἐπήγαγε τὸ V. Ald. — 13 ἐπὶ τοῦ περιφρονεῖν συμβουλεύει καὶ ἀποκοιμηθῆναι V. Ald. — 15 ἀπὸ τῶν δακρύων τοῦ Διός. Hanc fabulam narrat scholiasta Platon. p. 51 (377. Bekk.) Dind. — 12 in R. scholion erasum est πρὸς τὸ ἐπεστρατεύσατο παρέλαβε τὸν Μῆδον. ἐν γὰρ στρατιᾶς ου... cetera legi non possunt.

19, 36 Ὅτι μετὰ τῶν ἄλλων ὢν V. Ald., qui 37 λέγεται et εἶναι omittunt.

20, 39 παροινίου καὶ V. — 42 vide Athen. 10, p. 448, C.

22, 48 ἐν γῇ τ' ἀποβαλεῖν ἐν V. — 3 θηρίον δὲ εἶπεν οὐκ ἀπεικότως, ἐπεί, 4 ἄρυθμος R. ὁ om. V.

27, 8 ἀποβαλεῖν ὅπλα V.

29, 10 Σοφοκλῆς. Lobeckium ad Ajac. 1072 citat Dindorf.

32 R. habet ὅτι τὸ παλαιὸν βακτηρίας εἶχον διὰ χειρός. — 18 παλ. γὰρ ἔθος V.

34, 20 τοῖς om. V. — 21 μου V. — 26 καὶ om. V. — 27 τὸ ἁρπακτικόν Ald.

36, 39 ἄλλως. ἐμπεφυσημένην, παχεῖαν V., qui hoc scholion post τῇ φωνῇ l. 30 addit.

41, 47 Πρὸς τὸ τόν, 48 διαχωρῆσαι V.

49, 18 ὧν φησι κόραξ V.

58 R. habet οἱ Μεγαρικοὶ ποιηταὶ ψυχροί τινες ἦσαν καὶ ἄλλως φορτικῶς ἐγελοίαζον. — 29. Aspasius ad Aristotel. Ethic. p. 53 b, 16: Μυρτίλος ἐν τιτανόπαισι (Τιτανόπασι) τὸ, Δεινῆς ἀκούεις Ἡράκλεις, τουτέστι σοὶ τὸ σκῶμμ' ἀσελγὲς καὶ μεγαρικὸν καὶ σφόδρα ψυχρὸν γελᾷς, ὁρᾷς τὰ παιδία. (Malim γελῶσιν, ὡς ὁρᾷς, τὰ παιδία. Kidd. ad Porsoni Miscell. p. 384.) διασύρονται γὰρ οἱ Μεγαρεῖς ἐν κωμῳδίᾳ, ἐπεὶ καὶ ἀντιποιοῦνται αὐτῆς ὡς παρ' αὐτοῖς πρῶτον εὑρεθείσης. VideMeinek. Com. I, p. 522 sqq.

58, 33 σύκἂν ἕτερόν R. — 36 διὰ βόλου Hemst. ad schol. Pluti 797. Legebatur δι' ὀβολοῦ.

60, 39 πρὸς Ald.

61 ἀνασελγαινόμενος lemma Ald. Scribendum κατ' Εὐριπίδου. Dind. — 45 κατακωμ. καὶ βαρίζόμενος V. Errat scholiastes: nam Thesmophoriazusæ longo post Vespas tempore sunt commissæ. — 48 οὐ μόνον ἐν τοῖς Δράμασιν εἰσῆκται V., quod præferendum erat scripturæ Aldinæ. — 49 Προαγωγῷ V.

62 in R. συγκόψωμεν. ἀπὸ δὲ τοῦ μυττωτὸν μετενήνεκται. κυρίως δὲ λέγεται τὸ διὰ σκορόδων τρίμμα. — 5 μυττωτεύσωμεν V. — 6 δριμύξομεν Bastius ad Gregor. Cor. p. 891. δριμύζομεν V. δριμύσομεν Ald. — 7 de μυττωτῷ Schneiderum ad Theophr. vol. 3, p. 576, citat Dindorf.

64, 15 δεξιώτατον V.

73 R. habet glossam ὑπονοεῖτε. — 26 τοπάζεται Florens Christianus. τοπάζετε V. Ald.

74, 29 legebatur Σερίφοις. Κρατίνου additum ex V., in quo κρατην est.

75, 31 τινὲς ἀμοιβαῖα. Hoc sic intelligendum videtur, fuisse qui illa Ἀμυνίας-αὐτόν Sosiæ, ἀλλ' οὐδὲν λέγει Xanthiæ tribuerent. Dind. χαρ. καὶ R. — 32 Post ἑνὸς obliteratum videtur προσώπου. Deinde δῆλον vel δηλον codex. Scribendum ἄδηλον. Dubitatum esse videtur an idem hic esset Amynias qui in Nubibus memoratur v. 31, ubi vide scholia. Dind.

77, 36 πεποιημένου V. πεποιημένως G.

78, 41 Παρμενίωνος Ald. De Πυθίδος dubitat Dindorfius.

82, 52 γὰρ om. V.

85, 9 τὰ δ' ἀνέφλυε V.

88, 12 ἀπὸ τοῦ ἐν αἰθρίᾳ δημηγορεῖν καὶ ἐν ὑπαίθρῳ Ald. — 13 sqq. Insigne hoc scholion est de mercede judicum, quo planissime confirmantur aliorum quorundam grammaticorum testimonia minus diserta, de quibus dixi ad Aristoph. Vesp. 661. Dind. — 14 δ̅ ὀβολοὶ R.

90, 18 ἐλθ. ἄλλη τὴν περὶ V. ἐλθ. ἤδη π. Ald.

91, 22 μαγνῆτιν πέτρον Ald., quæ inaudita vocabuli significatio foret. κέγχρον non solum ab scholio codicis Ravennatis confirmatur, sed etiam

aliorum grammaticorum locis, quos indicavit Albert. ad Hesych. s. Πασπάλη. Corruptum autem est μαγνίτην. Dind.

93, 29 τετριμμένον V. — 30 τῆς όπ. Ald. — 33 λέγων V.

96, 37 ἔθος γὰρ V. ἆρα Δήμῳ Meinekius Com. I, p. 515. Legebatur Δήμῳ ἆρα. — 44 αὐτοῦ G. ὡς ἱρῶν Ald. — 45 τὸν κημὸν V.

101, 2 ἑσπέραν V.

104, 14 κογχύλιον, τὸ G.

106, 17 ἤτοι-ἀληλιμμένης om. V. — 19 ἀπολύειν V. — 25 ὁ φεύγων—ὁ διώκων recte Florens Christianus in Comment. p. 328.

107, 28 βομβύλιος μελίττη ὁμ. V.

108, 51 ὑπὲρ τῶν V.

110, 35 τρέφειν οἷον ἐγέμισα V.

111, 38 supplendum ex Plut. Mor. p. 71, A, νουθετούμενος δ' ἔρως | μᾶλλον πιέζει.

119, 44 αὐτὰ V.

120, 46 sq. legebatur Παράβυστος, Καινὸς, Τρίγωνος, Μέσος (μέσου V.) Correxit Dindorfius collato v. 120 et Polluce 8, 121. — 48 θεμένου V. — 49 κατέχω V. non G.

124 R. glossam habet κιγκλίδες αἱ θύραι τοῦ δικαστηρίου. — 1 γιγγλὶς V. — 2 καγκελωτὸν codex Taurinensis 165 fol. 148, apud Peyron. ad Etymol. M. p. 921 — 3 ἡμέρας om. V., habet G. ὅτε Dindorfius. ὅτι V., om. G. Ald.

135, 20 sq. συνήθως ἀπὸ τὰς ὀφρῦς V.

139 post κάμινος addit Ald. Αἰσχύλος (Prom. 365), ἰπνούμενος (lectio vitiosa pro ἰπούμενος) ῥίζαισιν Αἰτναίαις ὕπο.

141, 33 ἐπὶ τῇ ὁδῷ V., qui cum Ald. omittere videtur τὸ alterum.

143, 39 scribebatur μαγειρίων.

147 glossa οὐκ εἰσελεύσῃ est in R. — 51 σανὶς καὶ βαθεῖα εἰς ἣν V.

151, 5 sq. καπνίαν. οἱ δὲ τὸν ἀπόθετον καὶ παλαιόν R. — 6 εἰ τὸν Dindorfius. Legebatur ἢ τὸ. Bekker. ὅτι τὸ ἀπόθ. — 7 Gaisford. ad Hephæstion. p. 97, et Nækium De Chœrilo p. 51 citat Dindorf. — 8 πρὸς τῷ V. καὶ τῷ Ald. — 11 Βενεβεντῷ. Vide ad Athenæi 1, p. 31, E. Dind.

155, 17 μάγγανον. Conf. schol. Eccles. 361, schol. Thucyd. 2, 4.

157, 23 vide Xenoph. Hist. Gr. 2, 3, 2. — 24 ὃ καὶ περὶ τ. V.

167 glossam παρὰ τὴν τιμωρίαν addit V., om. G.

170, 36 addit Ald. Ξενοφῶν ὅτι « ἐν Βαβυλῶνι οἱ φοίνικες οὐ μεῖον ἢ πλεθριαῖοι τὸ μέγεθος γίνονται. οἳ δὴ πιεζόμενοι ἀπὸ βάρους ἄνω κυρτοῦνται, ὥσπερ ὄνοι κανθήλιοι. » καὶ Πολύβιος « ἐν γὰρ τοῖς ἐπιδεδεμένοις φορτίοις τὰ κανθήλια λαβόντας ἐκ τῶν ὄπισθεν προθέσθαι πρὸ αὐτῶν ἐκέλευσε τοὺς πεζούς· οὗ γενομένου συνέβη παρὰ πάντας χάρακας ἀσφαλέστατον γενέσθαι πρόβλημα.» Quæ inserta sunt ex Suida s. Κανθήλιος.

173 πρὸς τὸν οἰκέτην Ald.

175, 44 ἔτυχε V. Ald. — 46 δὲ om. V. Fort. τῶν ἐπὶ πείρᾳ. Idem codex καθιέντων καὶ ἀποτυγχανόντων, ceteris omissis.

179, 52 τοῦ ante Ὀδυσσέως om. V.

188, 11 μοι om. V. — 13 θηλύνουσι V.

191, 19 παρ. περὶ τῶν μηδ. R. — 24 ἐπὶ τὸ V. — 27 ὑπὸ κύνων V. Recte, inquit Dindorfius, si ὑποκύνων scribatur. — 28 διὸ καθεῖλε, 29 seq. καὶ δι' ὧν αὐτῷ σχ. V. Res postulare videtur ut scribatur δι' αὐτοῦ. — 33 χρῆσθαι V. — 35 addit Ald. τῆς δὲ παροιμίας μέμνηται καὶ Μένανδρος ἐν τῷ Ἐγχειριδίῳ. λέγουσι δὲ ὅτι Δημοσθένης ὁ ῥήτωρ ἀπολογούμενος ὑπέρ τινος κινδυνεύσοντος, οὐκ ἀνεχομένων τῶν δικαστῶν, εἶπεν « ἀκούσατε ὦ ἄνδρες διηγήματος τερπνοῦ. νεανίσκος ποτὲ ὄνον ἐμισθώσατο Ἀθήνηθεν Μέγαράδε. μεσημβρίας δὲ καταλαβούσης καταλύσας τὸν γόμον ὑπῆλθε τὴν σκιὰν τοῦ ὄνου. ἐκβαλλόμενος δὲ ὑπὸ τοῦ ὀνηλάτου πρὸς βίαν, διεφέρετο μεμισθωκέναι καὶ τὴν σκιὰν λέγων, ἀντιλέγοντος δὲ τοῦ ὀνηλάτου, καὶ φάσκοντος τὸν ὄνον μεμισθωκέναι, εἰς δικαστήριον εἰσῆλθον ἀμφότεροι. » εἰπὼν δὲ ταῦτα ὁ Δημοσθένης κατέβαινεν ἐκ τοῦ βήματος. ἀξιούντων δὲ τῶν δικαστῶν τῆς δίκης τὸ τέλος μαθεῖν, εἶπεν ἀναβὰς πάλιν ἐπὶ τοῦ βήματος « ὑπὲρ μὲν ὄνου σκιᾶς ἀκούειν ὦ ἄνδρες ἐπιθυμεῖτε, ἀνθρώπου δὲ κινδυνεύοντος ὑπὲρ ψυχῆς οὐδὲ τῆς φωνῆς ἀνέχεσθε; » ἄλλοι δὲ λέγουσιν ὅτι Ἀθήνηθεν εἰς Δελφοὺς τὸν ὄνον ἐμισθώσατο. ὅθεν, φασὶ, καὶ αὐτὸς ὁ Δημοσθένης περὶ τῆς ἐν Δελφοῖς σκιᾶς φησὶ, καὶ ὁ Πλάτων δὲ καὶ ἄλλοι πολλοί. καὶ Ἀρχίππῳ δὲ κωμῳδία γέγονεν Ὄνου σκιά. τάττεται δὲ ἐπὶ τῶν περὶ μηδενὸς χρησίμου φιλοτιμουμένων. Quæ illata ex Zenobio Proverb. 6, 28.

194, 41 τράγῃς Dobræus. — 45 ἡλιαστοῦ Ald.

197, 5 λεπτῷ *pauperi*, ut ad v. 286, 515. Dind.

201, 12 τῇ δοκῷ V.

206 in R. ὀροφίας. λέγεται γὰρ οὕτω καὶ ὄφις. — 23 κατατρώγοντες Ald.

209 σοῦ R. Legebatur ὡς στρουθόν.

210 hæc tantum habet R., φασὶν Ἀθηναίους τριήρεις λ' πέμψαντας Σκιώνην περιτειχίσαι. — 28 πρὸς, 29 Βρασίδας et Σκιωνεὺς V. Σκιωνεῖς Ald. — 30 φασι om. V. — 31 πέμψαντας Μενεδάϊμον ἐν ἐλείῃ Σκιώνην δὲ περιτειχίσαι V. Μενεδάϊμον simile est Μενδαίων nomini, ἐλείῃ autem verbo ἐλεῖν: sed neutri locus est, nisi plura excidisse statuas. Dind. — 33 Ἄλλως V. pro ἔστι δέ. — 36 τοῦ πατρὸς om. V.

215, 44 καλοῦντες R.

219, 52 ᾄδομεν Victor.

220 hæc tantum habet R., τὸ μὲν μελη (scr. μελι) τὴν γλυκύτητα τοῦ ποιητοῦ σημαίνει. τὸ δὲ φρυνιχήρατα τόπος. τὸ δὲ σιδων τὸ μέλος τείνει. — 54 ἡδὺ ἢ τὰ μέλη Ald. — 3 Σιδόνος, 4 Σιδονίους V. — 5 τὸ δὲ μέλι εἶπε scribendum videtur Dindorfio. — 8 προλιποῦσα τὸν ναόν Ald. — 9 legebatur λιποῦσα. Correxi ex Hesychio, Γλυκερῷ Σιδωνίῳ: δρᾶμα δέ ἐστιν ἐν ᾧ τῆς θυμέλης ἄρχεται οὕτως « Σιδώνιον ἄστυ λιπόντες καὶ δροσερὰν Ἄραδον. » (Codex καῖδρος ἐρανάδαρον. καὶ δροσερὰν Schowius, Ἄραδον Th. Bergkius.) διεβεβόητο δὲ τὸ μέρος τοῦτο. Dind. οὖν ἤ, 12 τῆς Σιδόνος V., omittens καὶ τοῦ ἐρατόν.

222, 13 Τοῦτο λέγοντες Victor. Bekkeri et Dindorfii editiones ἐπικτείνοντες. — 14 καὶ οἷον, 15 βαλῶ Vict. et om. ἐστι.

227 οἷον προσπνέουσι G.

230, 35 τοῦ addidit Dindorf. — 37 οὐ (μέντοι addit G.) πρὸ τοῦ γ' εὔτονος V. — 38 παροιμιαστικὸν G.

233 R. habet glossam ἀπὸ δήμου. — 40 Πανδιονίδος G. Πανδιωνίδος V. Πανδίονος Ald.

234 R. habet glossam Χάβης στρατηγός. — 43 Πτολεμαΐδος etiam Hesychius. Antea Cecropidis fuit : vide Stephanum Byz. et Harpocrat. et monumentum Atticum apud Bœckh. vol. 1, p. 309. Dind.

238, 50 ἐγχειρόμεθα V., non G. λόφον V. — 51 ἐποιήσατε V., non G. — 53 τρίποδα V.

239 R. habet glossam αὐτὸν, τὸν ὄλμον. — 6 κόρκυρος V. — 7 λαχάνοισι V. et Hephæstio p. 46 λαχάνοις Ald. et Suidas s. Κόρχορος.

240, 13 vide Diodor. 12, 54.

241, 19 εἰσὶν οἰγλυκοὶ V. οἱ γλυκοὶ G.

243, 26 ἔπαιξεν οὖν V.

248, 28 αὐτῷ G. — 29 λύχνον φέροντες om. V. Ald. ὀρχ. πληθῆ (scr. πλησθῇ) V. πληθυνθῇ. G. — 31 γὰρ om. V. — 32 μικρὸν V. διμέτρου ἀκαταλήκτου Dindorfius. Legebatur τριμέτρου ἀντιληκτικοῦ (ἀντιληκτοῦ V.).

249, 37 προμύσσει om. V.

250, 41 scribebatur προβύσσειν. Ex scholio Ravennate v. 249 apparet grammaticos non πρόβυσον, sed πρόμυξον legisse. Dind.

257, 3 ἀττάγην G.

262, 19 σκνιψὶ Dindorfius. σκῆψ' V. σκηψιὸν G. σκήψει Ald. σκιψὶ Portus. ἐοικῶς V. — 22 περικρούειν (παρακρούειν G.) τὸν λύχνον καὶ ποιεῖν τοὺς σπινθῆρας V. — 23 scribebatur ἄδδην. Glossam σπινθῆρες habet R.

264, 28 seq. εὖ δὲ τὸ γεωργικὸν ἦθος ἐμφαίνει. μέλει γὰρ αὐτοῖς τῶν καρπῶν V.

268, 37 ἑτέρας μεγίστης νεὼς Ald. Ad hunc v. præterea hoc scholion habet V. ἐφελκόμενος ὑπὸ βραδυτῆτος. (Hanc gl. habet etiam R.) κυρίως δὲ ἐφολκὶς καλεῖται ἡ ἀφ' ἑτέρας νεὼς ἑλκομένη διὰ βραδυτῆτα.

270 habet R. glossam λείπει μέλος. — 45 παρῳδίκα, 51 δὲ ἐξῳδικὰ Ald.

277 R. habet glossam τὸν βουβῶνα πάθοι.

278 R. habet glossam οὐκ ἠπατᾶτο.

279 sic in V., ὁπότε, φησὶ, παρεκαλεῖτο ὑπό τινος ἐφ' ἑτέραν πρᾶξιν ὁρμῆσαι ἐπὶ τῆς (τὰ G.) κάτω κύπτων ἔλεγε λίθον ἑψεῖς. παροιμία δέ—γενέσθαι. τὴν παροιμίαν ἔλεγεν, πλίνθον πλύνεις καὶ χύτραν ποικίλλεις. ἀντὶ τοῦ ἐδωροδοκεῖτο ὑπὸ τῶν δικαζομένων κάτω κύπτων, ὅπως ἂν μὴ αἰδεσθείη διὰ τῶν ὀφθαλμῶν. Ad sequentem versum R. habet glossam τὸ παροιμιῶδες.

281, 19 sq. διαφεύγοντος τὴν δίκην φησὶν αὐτὸν ὠδυνηθῆναι Ald. καὶ ante κακ. om. V., habet G.

283, 22 legebatur ἐπὶ Περικλέους, correctum ex scholio inferiore. — 23-38 proximo scholio postponit V. sic scripta ab initio, Ἄλλως. Μιλησίων ποτὲ μετὰ Σαμίων μαχομένων etc. — 27 Π. ἀπελθόντες V. — 29 αὐτῶν vel delendum vel in αὐτοῖς mutandum observat Dindorf. — 37 Φιλ., ἐπεὶ φιληδεῖ ταῖς καταδίκαις, 39 Δορυχίδου, 42 ἐπαγόμενοι, 43 καὶ ἐνφρούριον, 46 προσαγγελθεῖ, 47 τοιοῦτον ἂν V. — 48 λέγων conjicit Dindorfius.

289, 2 post παρεπομένου addit Ald. καὶ ἐγχύτριαι, αἱ τὰς χοὰς τοῖς τετελευτηκόσιν ἐπιφέρουσαι. Μίνως ἢ περὶ νόμου. ἔλεγον δὲ καὶ τὸ βλάψαι καταχυτρίσαι, ὡς ἑτέρωθι Ἀριστοφάνης. ἐγχυτρίας δὲ λέγεσθαι καὶ ὅσαι τοὺς ἐναγεῖς καθαίρουσιν, αἷμα ἐπιχέουσαι ἱερείου καὶ τὰς θρηνητρίας. ἔτι γε μὴν καὶ τὰς μαίας τὰς ἐκτιθείσας ἐν χύτραις τὰ βρέφη. Quæ Musurus inseruit ex Suida s. Ἐγχυτρίστριαι. — 5 Αἰσχ. λαξω, καὶ ἐγχυτρίας V.

300, 15 ὄντος om. R. — 18 Phrynichi versum sic corrigit Hermannus, τριώβολόν γ', ὅσουπερ ἡλιάζομαι.

306 R. nihil nisi hoc habet, πορισμὸν λέγει παρὰ τὸ Πινδαρικὸν ὑπερπόντιον ἑλὰς (sic) πόρον. — 28 Πρὸς τὸν πόρον βούλεται λέγειν οἷον πορισμόν. ἐπήν. V., ex quo 29 τὸ Ἕλλας (ἑλλᾶς codex) ἱερὸν additum. — 30 πανδείματι Ald. Corruptum, ut videtur, ex πᾶν δεῖμα τοὶ, sententia autem ab scholiasta non integra est apposita : nam deest verbum. Dind. ὑπὲρ πόντιον Bœckhius. ὑπερπόντιον Ἑλλὰς V. Ald.

313, 35 τῶν Μινοταύρων G. τῷ Μινωκενταύρῳ Ald. Pergit V. καὶ τοῦτο παρὰ τὰ ἐκ Θησέως. ἔστι δὲ Ἱππόλυτος ὁ λέγων ταῦτα, ἀνόνητον ἄγ. V.

315 habet V.

321, 47 legebatur Τοὺς κάδους τῆς κλεψύδρας (τὴν κλεψύδραν V.). τῆς κλεψύδρας fortasse præcedenti scholio addendum, commate post ἔλεγον posito. Dind. — 49 ἐκ δὲ τούτου V.

325 in R. est τῶν ἀλαζόνων τις ἦν ὁ Προξενιάδης, ὡς καὶ ἐν Ὄρνισι δηλοῖ. ἐπεὶ καπνὸν εἶπεν, ἐπήγαγε τούτους τοὺς ἀλαζόνας, οὓς καὶ καπνοὺς λέγουσι. — 1 legebatur καπνὸν, correctum ex scholio Ravennate.

326, 5 εἴρηκε, 6 καὶ κομιδῇ V.

332, 17-20 Ἐν τῷ—λέξεσι om. V. — 24 χοιρίδες. Hæ χοιράδες potius dici solent. Dind.

338, 28 sqq. hæc, Γράφεται—συγκλείει σε, sic corrigit Dobræus, τοῦ δ' ἔφεξιν : γράφεται καὶ ὕφεξιν. οἷον ὑπόσχεσιν. τί ὑπισχνούμενος. τοῦ δ' ἔφεξιν : τί ἐπίσχει σε, ἢ τίνος χάριν. τί προφασιζόμενος συγκλείει σε. παρὰ—ἔφεξις ἡ πρόφασις. Pro verbis οἷον τί ὑπισχνούμενός σοι ἐπίσχει legebatur οἷον ὑποσχεῖν τι ὑπισχνούμενός τι (σοι V.) ἐπισχεῖ. Dind. — 30 ἔφεσις Ald. — 32 ἐδύνασθαι V.

342, 37 sq. καὶ τοῦ Κλέωνος καὶ τοῦ λόγου, 39 ἄρχει V.

349, 54 ἐπιθυμοῦσι V. — 1 ἐπὶ τοῦ, 7 εἰσελθεῖν Ald. τῶν om. V.

351 διυδροροά..ις ἦλθεν οἱ in codice.

352, 14 σμικρὸν V. Κράτης Dobræus. Legebatur Κρατῖνος.

353, 21 τὸν ὀπίαν—πυκνούμενον Ald.

361 καὶ φυλάττουσιν R.

366, 43 μέλι V. μελίτιον Ald.

368 habet R. παρὰ τὸ ὄνομα τοῦ δικτύου γελοιάζει. — 47 ἀγρευτὶς, legebatur ἀγρευτος. ἀγρευτὴ V. Quod ἀγρευτικὴ esse potest. Dind.

376, 10 δείκνυσιν ὅτι ὡς Ald. δείκνυσι καὶ οὐ V.

380 in R. sic, τοῦ Διοπείθους ἔχων τὸ μανιῶδες. ἦν δὲ εἷς τῶν ῥητόρων.

381, 30 συμβεβῇ V. Posse συμβεβήκῃ scriptum fuisse putat Dindorfius.

386, 37, 38 scribebatur ταυλωτὰ et ταυλώματα, ut 349, 5 in Aldina est ταυλωτῶν.

389, 43 Λύκου. ἱερὸν ἦν καὶ ἡρῷον Ald. — 44 Λύκου δεκάς. De hac pluribus explicat Harpocratio s. Δεκάζων. Vide Bernhard. ad Eratosth. p. 214-216. In Ven. Λύκου δικάζεσθαι. Proximum scholion manifestum est ab recenti imperitoque grammatico esse scriptum, cujus verbis nonnihil lucis affert scholion codicis Ravennatis. Dind. — 45 ἦν post δικαστηρίῳ om. V. — 46 ὅσον παρὰ, 47 δεκαστικὸν V.

392, 51 εὐθὺς παρὰ κλαόντων V. Ald.

394 in R. sic, ψιάθους παραπεφραγμένου τοῦ ἡρώου καὶ στεγασμένου. — 1 sq. φησὶν οὖν οὐδέποτέ σου ἐνυβρίσω τὸ ἡρ. V.

398, 11 καθίσαντες V. ἐλαύνοιεν V. Ald. — 14 ἂν εὐτρεπὴς Valckenar. ad Herodot. 8, 84. Legebatur ἄνευ τροπῆς.

408, 25 ὀρχήσονται R.

412 ἀπολέσθαι Victor.

415, 41 ἵνα δυσορχήσεται V.

418 Archippi fragmentum sic videtur esse digerendum, A. οἴμοι. B. τί ἐστι; μῶν ἔδωκε; τί σ' ἔδακεν; | A. κατὰ μὲν οὖν ἔφαγε κἄβρυξέ με. | B. τίς ἡ πανουργία τε καὶ θεοσεχθρία; Dind. μῶν ἔδακε Florens Christianus. Meinekius Com. I, p. 725, versus ita constituit, —μῶν ἔδακέ τί σε (vel ἔδακέ σέ τις); | A. ἔδακε; κατὰ μὲν οὖν ἔφαγε κἀπέβρυξέ τις. | B. τίς etc. — 47 θεοσεχθρα [sic] V. θεὸς ἐχθρία G. — 48 ὡς τοῦ Θ. καὶ τοῦ Κλ. V.

421, 51 δὲ ὁ Γοργίας om. V.

425, 53 sq. ἀντὶ τοῦ σύστημα. κυρίως δὲ τὸ τῶν μελισσῶν καὶ ἐπιτηδείως νῦν. σφηκῶδες γὰρ τὸ σ. V.

429, 4 μακαρίζεις V. — 5 αἱρῇ G. αἱρῇ V. ἐρῇ Ald.

435, 10 κάπτετέ φησιν οὐδὲν V.

436 sic in R., παρὰ τὴν παροιμίαν ἐγὼ θρίων ψόφους ἀκήκοα. τοῦτο δὲ φασὶν ὅτι οἶδα τὰ τοιαῦτά ἐστι μέχρι ψόφου κενοῦ χω....καὶ ἀπειλῆς. — 17 ἀπὸ τῶν V.

438 ὅτι ὁ Κέκροψ.... τω δράκοντος εἰ.... ων. R. πρὸς τὸ ὄνομα κεχαριέντισται, ὅτι ὁ Κέκροψ τὰ κάτω δράκοντος εἶχεν, οὗτος δὲ δρακοντίδης καλεῖται. εἰσὶ δὲ—ἐσχηκέναι V.

440 ἀντὶ τοῦ κόπτειν καὶ διαρτίζειν habet R.

445 in R. sic, κυνᾶς τὰς σκυτίνας περικεφαλαίας αἷς ..... ὄμβρον ἐχρῶντο. καὶ ἐν ταῖς Νεφέλαις ὁ πρεσβύτης, τὸ δὲ μὴ κυνῆν. — 39 κυνίαις V. — 40 ταῖς et 42 ἔχοντα om. V.

459, 4 ἢ πῦρ εἰπεῖν, 6 ἀλαζονίαν V.

462, 13 ὁ γὰρ Σοφ., 16 Φιλοκλέους V. — 17 δριμυτάτου Ald.

469 Οὔτε ἀπολογίαν V.

475, 37 κροσσούς V. κρωσσούς Ald. φ. οὖν καὶ τὸ, 39 στέμματος V.

480, 46 διην. οἷς ἐπέθεντο om. G. — 51 ἢ οὐκ, 52 παιδίῳ, πρὸς ὃν, 1 προσέταξε, 3 ἡμῖν V.

491, 27 ἀγορᾷ ἀξιωτέρα λ. V.

493, 32 ἔλεγον ὡς ταὼς καὶ λαγώς V.

497, 40 ἡγουμένως δὲ τυχόντα V.

502, 49 post συνωμοσίας (sic scribit Ald.) σχῆμα addit V. Ald. τὸν (τὸ V.) Ἱππίαν ἔλαβεν, quod aut delendum aut corrigendum παίζων—τὸν Ἱππίαν παρέλαβεν. Dind. — 1 ἐδόκει, 2 τ' ἀκριβῶς V. Injuria autem scholiasta reprehendit Eratosthenem, quem manifestum est numero illo non solum regni, sed etiam exsilii Pisistratidarum tempus esse complexum. Deinde, l. 3, legebatur Ἀριστοφάνους. Suspectum est Aristophanis nomen, quum grammatici mentionem in hac caussa factam esse minus probabile videatur. In Ἀριστοτέλους recte mutavit Bentleius. Cui non obs' quod ab Aristotele Polit. 9, 23, anni nume-

triginta quinque: τρίτη δὲ ἡ τῶν Πεισιστρατιδῶν Ἀθήνησιν· οὐκ ἐγένετο δὲ συνεχής· δὶς γὰρ ἔφυγε Πεισίστρατος τυραννῶν· ὥστε ἐν ἔτεσι τριάκοντα καὶ τρισὶν ἑπτακαίδεκα ἔτη τούτων ἐτυράννησεν· ὀκτωκαίδεκα δὲ οἱ παῖδες· ὥστε τὰ πάντα ἐγένετο ἔτη τριάκοντα καὶ πέντε. Neque enim ex hoc loco sententiam Aristotelis excerpsit scholiasta, sed, ut ex scholiis Lysistr. 666, 1155, colligi potest, ex πολιτείᾳ Ἀθηναίων, quo in libro Aristoteles computationem illam videtur esse secutus quam Clintonus exposuit in Fastis vol. 2, p. 202, Isocratisque confirmavit testimonio, qui, quod eodem redit, annos numeravit quadraginta in oratione περὶ τοῦ ζεύγους p. 351, D. Dind. — 4 vide Wesseling. ad locum Herodoti.

506, 11, Πρὸς (τὸ addit V.) τοὺς ἀψευδεῖς ποιήσαντάς τι. Verba et corrupta et defecta, quibus interpretum quorundam opinionem aliquam impugnatam esse usitatum illud πρὸς τοὺς—et quod sequitur ἀγνοήσαντας ostendit. τι fortasse ex ὅτι, πεποίηκε ex πεποιήκασι corruptum: quo pacto l. 13 ἀγνοήσαντες scribendum foret, quod ipsum præbet V. (Et in Addendis:) Comparanda similis annotatio in Ran. 362: πρὸς τοὺς ποιήσαντας τοὺς Φερεκράτους Πέρσας· τὰ γὰρ ἀπόρρητα ἤκουσαν ὡς νῦν ἡμῖν ἔθος. Cujus exemplo hic corrigi possit, πρὸς τοὺς Μεταλλεῖς (fabulam Pherecrati a multis adscriptam) ποιήσαντας ὅτι τὸν Μόρυχον τῶν πολιτικῶν πεποιήκασι μετέχοντα πραγμάτων, ἀγνοήσαντες —. Articuli ejusdem bis deinceps positi, τοὺς τούς, exempla plura sunt. Dind. — 15 post Μόρυχον pergit V. οὗτος τύραννος δεινὸς etc. ex scholio v. 502.

508, 25 βατιοσκόποι sumpsit ex Pac. 811, ubi recte βατιδοσκόποι.

511 in R. est gl. ὀπτημέρον, id est ὠπτημένον.

515, 32 sq. καταγελώμενος μὲν οὖν ὑπὸ τῶν δικαστῶν ὑπ' ἀνδρῶν οὓς οὐχὶ μ. τιμῶσι V. — 37 τῶν λεπτῶν ὄχλων codex.

520, 44 ὄντι προσγίνεται V. Ald.

525, 4 ὡς δ' Ἀπολλ. V.

526, 8 τὸν Κλέωνα Ald.

528 Λείπει om. Vict. γενναῖοι, ἐγκρατεῖς V.

544 glossam ἐργάται habet R. — 42 ὑπειλῆφθαι, 43 εἶναι τοῦ, quod in περὶ τοῦ mutavit Dindorfius. Schneiderus De schol. Aristoph. p. 20 εἶναι τοῦτ' ἔθος τοῦ. — 45 καταϊδόντα Ald. et Favorinus s. Θαλλοφόροι. Valckenarius corrigit καταδείξαντα, recte, ut videtur Dindorfio. — 50 ὀμωμόκει — ἀντομωμόκει V. Ald. — 51 αὐτὸν om. V. — 52 μάρτυρας ἐκάλουν Hudtwalckerus in libro De diætetis p. 75.

546 Ὁ χορὸς om. V.

548, 8 ἑστήκεσαν V., non G. — 9 αὐτῆς G. αὐτῶν Ald.

551, 11 ἀσθενεῖς παρὰ τὰς ἡδ. γέρ. V.

554, 15 τοῖς δικασταῖς om. R. — 16 ἐφάπτονται R. — 18 προκαταλαμβάνοντες om. V.

566, 38 Αἴσωπος. Inepte: scribendum Οἴαγρος, et annotatio ad v. 579 referenda. Dind.

568, 41 διὰ γάρ, 42 ἐλεηθῆ V.

571 παραβάλλων V.

572, 50 ἀπήτω V. ἀπιδέτω Tyrwhittus. θήλεια V.

574, 4 ἡ ἀντὶ τοῦ τὸ, 6 κάλλοπα (κόλοπα G.) τὸν κάλλοπον V.

578. Ultima scholii absurda sunt: sed ψῆφοι intellige gentiliciorum et curialium judicum, non publicorum in dicasteriis forensibus: οἱ ἐγγραφόμενοι sunt ii, qui olim in κοινὸν γραμματεῖον relati erant: quod enim de gymnicis ludis dicitur, id eatenus tantum potest verum esse quatenus tum ad puberum gymnasia admissi sic probati pueri. Boeckh. in Indice lectionum Berolini per æstatem a. 1819 habitarum, p. 4. — 19 ιε' Ald.

579 Οἴαγρος τραγικὸς ὑποκριτής habet R.

582, 30 φορβιαί ἐστι τὰ V. — 31 ἀθλητῶν V. Ald. Correctum ex R., in quo sunt verba τὸ στόμα τῶν αὐλητῶν, et ἐν γὰρ ταῖς ἐξόδοις τῶν τραγικῶν ηὔλουν.

583 in V. νῦν ὁ καλούμενος μονοκληρονόμος. Edebatur κληρονόμος. — 41 addit Ald. ὅταν δὲ παῖς ὀρφανή, πατρὸς καὶ μητρὸς ἀδελφῶν τε οὖσα ἔρημος, καὶ ταύτῃ τύχῃ ὑποκειμένη οὐσία, ταύτην καλοῦσιν ἐπίκληρον· ὁμοίως δὲ καὶ τὴν ἤδη γεγαμημένην, ὅταν ᾖ ἐπὶ τῇ οὐσίᾳ ὅλῃ καταλελειμμένη. καλοῦσι γὰρ καὶ τὴν οὐσίαν κλῆρον. καλεῖται δὲ ἐπίκληρος καὶ ἡ μηδέπω γεγαμημένη, ἀλλὰ παρὰ τῷ πατρὶ οὖσα, καθότι καθήκει αὐτῇ πᾶσα ἡ οὐσία. καλοῦνται δὲ ἐπίκληροι κἂν δύο ὦσι κἂν πλείους. τινὲς δὲ τὴν ἐπίκληρον καλοῦσιν ἐπιπταματίδα καὶ πατροῦχον. νόμος δὲ ἦν Ἀθήνησιν, γνησίας μὲν οὔσης θυγατρὸς, νόθου δὲ υἱοῦ, μὴ κληρονομεῖν τὸν νόθον τὰ πατρῷα. Quæ ex Suida sunt illata s. Ἐπίκληρος.

585, 44 φυλακῆς ἕνεκεν R.

589, 52 πέπαικται πρὸς τὴν κογχύλην R. — 54 καταλύων Toupius Emendat. vol. 4, p. 411. Legebatur κωλύων.

592 οὗτος ῥήτωρ, et κολακώνυμος ἀντὶ τοῦ Κλεώνυμος habet R. — 5 sq. conf. schol. Acharn. 710. Scribebatur οὗτός ἐστιν ὑμῖν πον. V. πον. ὑμῖν. — 11 ὡς om. V.

594, 12 ὁ om. V. — 13 ἴσχει Ald. — 15 ἐπιτρέψωσι, 16 τινὰ ἕξουσ. V.

599, 24 κολακίᾳ, et mox κολακίαν V.

604, 41 παροιμία φησὶ V. — 43 ἑαυτοῖς V., ut R.

609, 50 ἀποσπᾶται V.

610, 53 μάζα V. Ald. ἡ om. V.

615, 6 σκευὴν (σκέπην V.) ἀ. τοῦ ὅπλα R. V.

616, 8 διὰ τὸ om. V. — 9 ἔχων V.

617 in R. οὗτος ὁ οἶνος. κεχηνός. δεῖνος ἀγγεῖον. R. — 12 τὸ πίνοντα, 13 κεράμιον, 14 ἔχων V. στρογγύλον κάτω Ald. — 16 κύλιξιν Ald.

626, 20 ταῖς ἀστραπαῖς, vide Hemsterh. ad Polluc. 7, 185 in Addendis. Dind. — 22 φόβου. παίζει δέ V. mediis omissis.

635, 33 τὸ δικάζειν, 34 τοῦ ἔνδον V.

639 δὲ εἶπεν ὡς φιλόδικος Ald.

642, 41 Σκ. ἐστὶν om. R.

643, 46, de proverbio vide ad Athen. 13, p. 568, E. Dind.

649, 6 ἐρεικτὸν HStephanus in Thes. ἐρεκτὸν Ald. ἐρεγμὸν V.

650, 11 πεπαλωμένην, 13 ἐμφολεύσασαν V.

656, 25 sq. φαύλως ἀντὶ τοῦ om. V. Ald.

658 R. καὶ ἔξω διδομένη τοῖς δικασταῖς δραγμή. ἑκατοστὰς ὑπὸ τοῦ τέλους χορηγουμένας. V. καὶ ἡ ἔξω τοῖς δικασταῖς διδομένη δραχμή. — 29 ὑπὲρ V. Ald.

659, 31 κατέβαλον V. — 32 χρεωφειλετῶν Kusterus. Libri χρεωφειλῶν.

660, 39 πᾶσιν ὁμοῦ R. V. omissis τὸ ἐγγύς. — 40 ἑξακισχιλίοις ... ͵βγ τάλαντα R.

663, 45 τῆς ἡμέρας Dobræus. τοῦ μηνὸς V. Ald.

672, 3 καὶ οὗτοι καὶ ἄχρ. V.

674 R. habet glossam ἐσθίοντα. — 5 δικαστῶν τὸν ὀχλώδη καὶ συρφετώδη Ald. τρεφόμενος V. — 6 ἐστὶ κοσκινῶδες Dobræus. — 7 κληρωτρίδι Dindorfius. Vide schol. v. 752, 2. Edebatur κληρώτιδι. — 8 εὔθραυστα vel εὔθλαστα Dobræus. εὔθραστα V. Ald. ἡ κήθια, 9 ἠμφίεσαν V., qui 11 ἃ om. — 12 τρωμαλίζοντα V. — 14 ψηφοφορεῖν Ald. ψηφηφ. οὖν μόνον V. — 16 λαρυγίζειν V. — 19 τὸ addidit Porsonus. — 20 λαγαρίζεσθαι Portus. λαγαρύζεσθαι V. Ald. — 21 Μυρμηκανθρώπῳ Ald. ἀντὶ τοῦ σκαλεύειν recte Meinek. Com. I, p. 313, quem vide de fragmento Pherecratis. — 23 κατακοιμήσονται λαγυριζόμενοι V. — 25 pro ἄγγους V. ἀν᾽, G. ἄλλου. ὁ νάρταλος Ald. — 26 τρωγαλιζόμενος G. τρωγαλιζομένην V. τραγαλιζόμενον Ald. πένητα Dobræus. Legebatur πένητας.

675, 31 δὲ παροιμίαν φησὶ om. V. παρ᾽ οὗ π., 33 λέγεσθαι τὸν V. — 34 προενεκτέον Portus. προσενεκτέον Ald. οὐδὲ προσενεκτέον ἀλλ᾽ ἐπὶ βαρὺ V. «In quo latet βαρύνοντας· » Dind.

676, 38 κεράμεα R. κεράμεια V. κεράμια G. et Suidæ ed. Mediol. s. Ὕρχας: nam Suidæ codices nihil præter lemma glossæ habent.

678 Πιτύλη R. — 46 post κώπης Ald. addit καὶ κτυπητής, φαντασιοσκόπος. καὶ πιτυλίζω ῥῆμα. ὡς τὸ «οἷόν ἐστιν ἰχθύων γένεσιν ἰδεῖν ἐν κολύμβοις πιτυλίζουσαν.» Quæ ex Suida sumpsit s. Πίτυλος.

680 ἀγλίθας V. Ald. ὅτι ἐξηγεῖται V. — 51 legebatur εὔηθες. — 52 addit Ald. ἀποκναίεις: λυπεῖς, ὀδυνᾷς, ἀπολλύεις, ἀποκόπτεις, παρεκτείνεις. «τί οὐ καθεύδεις; σύ μ᾽ ἀποκναίεις περιπατῶν.» Μένανδρος Μισουμένῳ. Quæ composita sunt ex duabus glossis Suidæ s. Ἀποκναίει et Ἀποκναίειν, qui sua a grammatico Bekkeri sumpsit Anecd. p. 428. Dind.

684, 3 ἐδίδ. τὸν δικαστικὸν μισθὸν τὸ τριώβολον V.

691, 18 ἐδημηγόρευον ὑπὲρ, 19 ἐκ τοῦ ποιήματος φαίνεται V., qui ἦν om. De κληρωτοῖς vide Schœmann. De comitiis p. 108.

695. Conf. Dindorf. ad HSteph. Thes. v. Κωλακρέτης.

699 τῶν om. R.

701, 45-47 ἐκ γὰρ τοῦ—τιμὴν τοῦ ἱματίου huc transposuit Dobræus. Legebantur infra post ἔλαιον κατὰ βραχύ. — 45 φερόμενοι Ald. — 48 καὶ μικρόν Valckenar. Animadv. ad Ammon. p. 19.

702, 53 ἀσθενούντων V. Ald.

704, 3-6 sic in R., Ἐρατοσθένης τὸ ἐπαφιέναι κύνας ἐπισίζειν ἀπὸ τῆς ἐπιφθέγξεως. — 5 ἐφορμῆσαν ὁμοίως παρὰ τῇ φωνῇ V. παρὰ τῇ φωνῇ ἐφορμῆσαν G. omisso ὁμοίως.

709, 10 πολλῶν Clinton. Fast. Hell. vol. 2, p. 70. Legebatur πολλοῦ. — 11 sq. περιίστασθαι. Δημ. φησὶν εἰσὶν ὁμοῦ V. — 14 κρ. λαγῴοις R.

710, 20 Cratini ex Ὀδυσσεῦσιν fabula versus secundum probabilem Porsoni conjecturam ad Athenæi 3, p. 99, F, in Miscellaneis p. 235. Legebatur πύον δαινύμενοι καὶ ἐμπ. Porsonus πυριάτῃ. — 21 vulgo πύον.

712, 30 συλλέγοντες R.

714, 32 μαλθακός. ἀντὶ τοῦ M. R. Conf. schol. Lys. 155.

715, 37 λόγῳ γὰρ V. — 40 τοῦτο ἐν σχήμ. Dobræus: sed fortasse plura exciderunt.

718, 42 οἱ τότε πολ. V. Ald. — 11 δεδήλωται. τὰ περὶ Dobræus ad Pluti v. 178. Legebatur δεδήλωται περὶ, puncto post Εὔβοιαν posito. παρὰ τὴν, 47 συνάγειν V. — 48 Ἱππάρχου Ald. — 49 δωρεᾶς λ' V. — 51 ἐπὶ Λυσιμαχίδου. De hac largitione facta ante annos viginti tres non est verisimile intellexisse Aristophanem. Nam Lysimachides fuit archon anno 4 Olymp. 83. Palmer. μυριάδας δ' Dobræus ex Plutarchi Vita Pericl. c. 37. Numeralem notam Ald. om. — 52 πέντε ἑκάστῳ δὲ Ἀθηναίων V. Ἀθηναίῳ Ald. Addendum videtur δοθῆναι, quod Dobræus pro Ἀθηναίῳ substituebat. Ceterum si triginta millia medimnorum inter cives 14240 divisa sunt, non πέντε μεδίμνους singuli, sed paullo minus quam πέντε ἡμιμέδιμνα

acceperunt. Confundit scholiasta (neque enim in Philochorum hujus erroris culpa cadit), antiquiorem illam largitionem cum Euboica quinque medimnorum. Dind. — 52 τοὺς δὲ Dobræus. — 9 τούτοις V.

721 Ad hunc v. Ald. ἐπ' ἔργῳ γελῶντας. καὶ στομφάσαι τὸ ἀλαζονεύεσθαι. σύνθετος δὲ ἡ λέξις ἀπὸ τοῦ στόματος καὶ τῆς ὄμφακος. Quorum illud ἐπ' ἔργῳ γελῶντας corruptum est ex ἐπεγγελῶντας, sequentia autem ex Suida sunt illata s. Στόμφακας. Dind.

725, 22. De hoc versu veterum testimonia collegerunt Thucydidis interpretes in indice scriptorum in scholiis citatorum vol. 2, p. 878 ed. Bauer. πρὶν ἂν—ἀκούσῃς om. V. Glossam τὰς βακτηρίας habet R.

730, 30 ἀτέραμα, 31 ἐψόμ. et διὰ τὸ τέρεν R. — 34 sq. διὰ τούτων—ἀτέραμνος post ἀτέραμνα γίνεσθαι ponit V.

738. De hoc scholio v. Hemsterh. ad Polluc. 10, 64. Conf. schol. Av. 122.— 40 μέν τινας V.— 41 βαίτη Portus. Legebatur βαπτή. Conf. schol. 1138. συνερραμμένον V. — 42 προβατίων V. Legebatur προβάτων.

751 lemma Aldinum μή μοι τούτων correxit Dindorf. Conf. Valckenar. ad locum Euripidis.

752 R. sic, ἐνίοτε μὲν ἐφέρετο σταθμὸς καὶ ἐνέβαλλον—ἐγειρόμενοι. τελευταῖος δὲ θέλει στῆναι τῷ κημῷ ἵνα τὸν πλεῖστον χρόνον τὴν ψῆφον κατέχῃ ἐν τῇ χειρί. — 2 κληρωτίδα Ald. κλήρω τριάδα V. ἤτοι τὸν κάδον addit Ald., om. V. κληρωτρίδα pro κληρωτίδα restituendum Suidæ s. Κληρωτήρια ex codicibus. Dind. ἐμβαλόντας ψήφους, 3 αὐτά V.

757, 9 Βελεροφόντου R. — 11 Εἰνοδία Valckenar. Diatr. Eurip. p. 166, ἐνοδίας Ald. εὐοδίας V. εὐωδίας G.

763, 17 ἐν κρίσαις V.

764, 20 ὁ παρακείμενος κεχάρηκα Ald.

768, 21 διάκονον ἣν θεράπαιναν Ald.

769, 25 λείπεται G. — 27 addit Ald. Ἄλλως. ἣν οἱ ἄρχοντες ζημίαν ὁρίζουσι τοῖς ἁλοῦσιν ἐξημαρτηκέναι περὶ ὀρφανοὺς ἐπιτρόποις, ἢ καὶ ἄλλοις τισὶ τῶν τὰ δημόσια μὴ καλῶς διοικησάντων, ἢ τοῖς κατέχουσι τὰ ἀλλότρια καὶ μὴ εἰς ἐμφανὲς καθιστᾶσιν, ἐπιβολὴ καλεῖται, καὶ τὸ ῥῆμα ἐπιβάλλειν. Quæ inserta sunt ex Suida s. Ἐπιβολή.

772, 31 εἵλη V. Ald. In R. est ἕλη ἢ τ. ἡλ. αὐγὴ καὶ ἡλιαία τὸ δικαστήριον. παίζων ἔφη. — 34 κατόρθρον, 35 οὐχὶ ἐν ὅτῳ V. — 36 τὸ δ' Kusterus. Legebatur τῷ δ'. Ald. ἡλιάσεις. προσενεκτέον Kusterus. προσενεκτέον V. Ald. — 41 ἔφη, et ἐπεὶ ἐὰν V., qui 42 δὲ hic omissum post εἵλην ponit V.

774 Οἷον ὄντος καὶ νίφοντος εἰς ῥιγμὸν ἀλλὰ καθήμενος πρὸς τὸ πῦρ γνώσεις τὴν δίκην. V. νίφοντος πρὸς τὸ πῦρ καθήμενος R. (omissis γνώσει et τὴν δίκην).

775, 53 ἐτύγχανε V. — 1 sq. vide schol. Pluti 277. — 5 seq. δικαστήριον. εἶχον δὲ καὶ ἐκ. φυλῆς ἕνα θεσμοθέτην καὶ γραμματέα Ald. Schœmann. De comit. p. 254 citat Dindorf.

783, 13 Τὸ μασσώμενοι ἐπὶ τὸ διαλογιζόμενοι V.

787, 19 Λ. τε V. Λ. ἐστιν Ald.

789, 31 ἰχθυοπώλαις V. Ald.

790 εἶδος ἰχθύος μεγάλην ἔχοντα καὶ etc. V.

791 τῷ στόματι ἐνέθηκα νομίζων εἶναι ἀργύριον R. ἐνέθηκα om. V.

795, 46 χαλκοῦς μοι ὀφείλειν ἀργυροῦ ὄντος. εἰ μὴ καθότι V. — 50 ἐπὶ μέλλοντος. Absurde. Videtur in mente habuisse quæ de subjunctivo ἧς ἐπὶ τοῦ μέλλοντος posito præcipit Ammonius p. 67. Dind. — 51 τῶν om. V. χρόνων om. G.

790 sic in RV., οὐκ ἐπ' ἀληθείᾳ (-ας V.), ἀλλὰ πρὸς τὴν φιλοδικίαν παίζει.

804, 5 ἱδρυμένων Ald.

814, 17 φακὴν V. φακῇ Ald. διδομένης V. διδόμενα G. διδομένη Ald. — 18 ἀσθενέσιν R.

817, 23 γὰρ ἐπὶ V.

820, 26 Εἰκόνα πινάκιον, ἐν R. omisso κομίζει. —27 ἔσται R. Fort. ἐστίν. ἥρωος γεγραμμένου V.

822, 31 φαῦλός ἐστι V., qui 32 om. τοῦτο δὲ εἶπε. καθὸ δημαγωγὸς χαλεπὸς ἦν καὶ δίψασπις R. ὢν καὶ ῥίψ. V.

823, 35 καὶ ante δῆλον om. V.

830, 37 περιτεινόμενον V. παραγενόμενον R. — 40 τὸ et 43 τοῦ om. V.

834, 44 φιλ. δὲ om. V. — 47 πάντα φιλεῖ V.

836 glossam ὄνομα κυνὸς habet R. — 1 Σικ. ἐπὶ θήρᾳ (θηρία V.). τυρὸν δὲ ἥρπασεν οὗτος ἐπὶ (ἐπὶ om. V.) δωροδοκίᾳ Ald. Verba θηρία—οὗτος ex superioribus repetita. Dind. ἐπὶ ταυτὸν Ald. — 3 ἐστὶ κομψόν V.

838, 15 τυροῦ Σικελικοῦ Ald.

841, 18 τῶν om. V. — 19 ὑφ' ἑτέρου πολίτου V.—20 τότε καὶ ὡς κυν. R. καὶ ἅμα δὲ ὡς σκαιώδεις Ald.

843. Dubitat scholiasta αὐτῷ an αὐτῶ legendum sit. Dind.

844, 23 ἐστιν om. R. κανωτὸν V. hic et infra; κανονωτὸν Ald. — 24 οἱ om. R. ἐπεὶ om. V.

846, 36 καὶ δικάζειν V. — 38 ἐστι V. pro Ἑστίᾳ. — 46 δὲ om. V. — 48 ὀρρωδῶν V.

848, 3 τοῦ γράφειν V.

849, 5 δύνασαι V.

855, 15 ᾧ ἐστιν R. οἷον V. Ald. — 16 κύαθος. ἄλλως. ἐγὼ γὰρ εἶχον ἕως τοῦ ἀρυστίχου πρὸς τὴν διαψήφισιν V. — 17 κυλίσκους, 22 ὑπεστήσατο Ald.

857, 26 προσαγορεύεται V.

859 R. habet ἐπιχώριον ἦν αὐτὸ τὸ παίζειν.

875, 9 ἀγυιέος Ἀπολλώνιος V. — 10 Διευτυχίδας V. ἰδίως εὐτυχίας Ald. Correctum ex Harpocratione s. Ἀγυιεὺς, ubi Διευχίδας ἐν τῇ τρίτῃ τῶν Μεγαρικῶν citatur ex emendatione Casauboni : nam codices δευχίδας. Deinde V. ἐν δὲ τῷ ἰατρῷ τούτῳ δ. ἔτι καὶ νῦν ἐστι καὶ ὡς ἀγ. Quæ Dindorfius ita corrigenda esse putat, ἐν δὲ τῷ ἰατρείῳ τούτῳ διαμένει ἔτι καὶ νῦν, ἕστηκε βωμὸς ἀγ. — 12 οὕτως Ald. — 13 τὰ om. V. Post verba ἐπὶ τὰς στρατιὰς aliquid excidit.—17 Ἀπ. ἀγυιεὺ [sic] ἱεροὺς αὐτοὺς ὄντας V. Post ἀγυιέως addit Ald. ἄλλως. ἀγυιεὺς κίων εἰς ὀξὺ λήγων, ὃν ἱστᾶσι πρὸ τῶν θυρῶν. ἰδίους δέ φασιν αὐτοὺς εἶναι Ἀπόλλωνος, οἱ δὲ Διονύσου, οἱ δὲ ἀμφοῖν. ἔστι δὲ ἴδιον Δωριέων. εἶεν δ' ἂν οἱ παρ' Ἀττικοῖς λεγόμενοι Ἀγυιεῖς οἱ πρὸ τῶν οἰκιῶν βωμοὶ, ὡς Σοφοκλῆς μετάγων τὰ Ἀθηναίων ἔθη εἰς Τροίαν φησί « λάμπει δ' Ἀγυιεὺς βωμὸς, ἀλμίζων πυρὶ σμύρνης σταλαγμοὺς βαρβάρους εὐοσμίας. » ἄλλως. Ἀγυιεὺς ὁ πρὸ τῶν αὐλείων θυρῶν κωνοειδὴς κίων, ἱερὸς Ἀπόλλωνος, καὶ αὐτὸς θεός. Φερεκράτης Κραπατάλλοις « ὦ δέσποτ' Ἀγυιεῦ, ταῦτα σὺ μέμνησό μου. » Quæ illata sunt ex Suida s. Ἀγυιαί, omissis illis quæ de συναλοιφῇ accusativi ἀγυιᾶς dicuntur, ex quibus ipsis manifestum est Suidæ annotationem non esse ex scholiis ad hunc versum excerptam, sed ex Harpocratione, additis ex alio grammatico verbis postremis Φερεκράτης — μου, quæ non leguntur apud Harpocrationem, leguntur apud Zonaram vol. 1, p. 20. Dind.

878, 19 scribebatur ἐψημένον.

884, 24 ἀκαλήφαν V. Postea ἐν addidit Dind. Φοίνισσαι Aristophanis sunt : vide fragm. 473.

887 ἀπὸ τοῦ proponit Dindorfius.

892, 37 ἐλθεῖν Victor. et altero loco V.

895, 41 Κυδαθηναία V. Κυδαθηναιέα Ald. — 43 lemma Aldinum Αἰξωνέα correxit Dindorf. — 44 Αἰξωνεὺς G. ἀξωνεὺς V. Πανδ. φυλῆς ἢ τῆς Κεκρ. Ald.

897 R. hæc modo habet, οἱ Ἀττικοὶ τὸν κλοιὸν κλωὸν ἔλεγον. — 48 οἱ om. V. Ald. — 51 προσδ. Dindorfius. προδεσμεύειν V. δεσμεύειν Ald.

898, 54 θάνατος ὡς ἐν V.

900, 5 βαρέως. Fuerunt enim qui κλεπτόν scriberent ὀξυτόνως, ut est in libro Ravennate. Dind.

902. Scholion hominis valde imperiti. Aristophanem ποῦ μουδιώκων scripsisse ostendi in annotatione ad hunc versum. In versu Eupolidis ἀνὴρ ὁ γλάμων correxi. ἀνὴρ ὁ γλήμων (τλήμων V.) Ald. Minus probabilis conjectura Porsoni, ἀνὴρ delentis. Dind. Conf. Meinek. Com. I, p. 432 sq.

903, 16 ὁ Βδελυκλέων Portus.

905 Κυδαθηνεῖ V. hic et mox iterum.

909 R. habet τὸν ἀττικόν. τὸ γὰρ ῥυπαπαὶ ἐπιφώνημά ἐστι ναυτικόν. — 25 παρακέλευσμα Ald. — 28 ποιουμένου V.

914, 35 scribebatur Φιλοκλεῖ. Verba ὁ βδελυρὸς οὗτος quum in aliis libris ad Philocleonis orationem referri annotet scholiasta in suo libro servo tributa invenit. Quo spectat ejus annotatio, τὸ ἑξῆς, κατεσικέλιζεν ὁ βδελυρός. Dind.

917, 38 sq. τῷ κοινῷ ἀπὸ κοινῷ νῷ. οὐδὲ τὸ κοινὸν ἐπὶ τῶν V.

924, 47 ἐπαίδευσεν Ald. περιπλεύσων τὸν V.

925, 1 σκῖρον hic et infra V. Scribebatur σκίρρον in lemmate et in scholio. — 2 ὡς om. V. Versus fortasse sic redintegrandus, λοιπὸς γὰρ οὐδεὶς (τυρὸν intelligit), πλὴν τροφαλὶς ἐκεινηὶ etc. τροφαλὶς ex Eupolide Photius, σκῖρος ex eodem annotavit Etym. M. Dind. Articulum modo addit, ἡ τροφ., Meinek. Com. I, p. 538.

947 hæc habet R., τοῦτον ἐξωστράκισαν οἱ Ἀθηναῖοι ί ἔτη. διαφέρει γὰρ φυγῆ [sic] ὀστρακισμοῦ ὅτι τῶν μὲν φευγόντων αἱ οὐσίαι δημεύονται, τῶν δὲ ὀστρακισμῷ μεταστάντων οὐκέτι. — 41 Θουκυδίδης λέγεται V. — 42 scribebatur Μιλησίου hic et ter in scholiis proximis. δὲ om. R. V. — 43 καὶ τὸν V. — 46 ἐξωστρ. τὸ φεύγειν V. et Ald. — 47 τὸ δὲ φεύγοντα V. — 5. ὁ Γήττιος Ald. — 6 καὶ om. V. — 14 καταδικασθέντα Ald. — 15 Dindorfius indicavit lacunam. ὑπείδοι, 17 τὴν Μελ. V.

949, 23 τοὺς δὲ λύκους τοὺς συκοφάντας V. Ald.

959, 32 παίζει βαδ. V. Ald. παίζων βάδ. R. Correctum ex scholio Av. 1432 et Suida s. Πεζῇ.

965, 47 περιτετμηκέναι Ald.

968, 49 παρὰ τραχηλίων, 51 ἔστι γὰρ ὀστράκιόν τι, 52 τοῖς κηρυκίοις V. — 54 οἱ om. V. προσέψημα ἐν λοπαδίοις Ald. — 3 ἐν ἐπιστολῇ μονόστις V. ἐν ἐπιστολῇ μόνιός τις Ald. Emendavit Meinekius Hist. Com. p. 82 sq. ἐν Ἐπιλήσμονι (sic, non plurali numero), « ὅστις παρέθηκε τραχήλια. »

973, 15 ἄηθες om. V.

975, 17 δικ. ὅλον τὸν γέροντα R. καὶ om. V. — 21 κατηγ. δὲ καὶ ἄνω V.

977, 2 κνυζησμὸς V.

983, 36 οὖν om. R., qui αἴτιον ἐγένετο. — 37 ἠμβλύνθην G. ἠμβλύθη R. V. ἠμβλύνθη Ald. — 39 ὅτι om. V. — 40 κλαίουσι καὶ θ. Ald.

987, 49 ἦσαν Ald. — 53 τὸν om. V. Ald. — 2 εἰς τὸ ὕστερον τὸ V. — 5 τὸν δὲ ἄκυρον ὕστερον Ald. τὸν δ' ἕτερον ἄκυρον R. sequentia omittens. — 6 ἀπέβαλλον ψῆφον. συνήθως γὰρ καλοῦσι τὸν μὲν κύριον ἀμφορέα πρότερον, τὸν δὲ ἄκυρον ὕστερον Venet.

991, 13 βάλλονται V. — 20 τοὺς et 22 τὴν ψῆφον et 25 ὁ ante ἐλέου om. V. — 26 εἰς τὴν τοῦ ἐλέου βαλεῖν V.

995, 36 αἰτήσει R.

997 Ἐξελύθη V.

1005, 47 καταθέντες Ald. κωλυθέντα, 48 ἀπέκλαον V. ἀπήλαυον Ald.

1007 hæc modo habet R. ὑπὲρ πονηρίας Ὑπερβόλου εἴρηται. — 50 et 52 τῆς om. V. — 53 vide Sluiteri Lect. Andoc. p. 240. — 54 αἰσχ. σοὶ μὲν V. — 2 ὁ δὲ ξ. Meinek. Quæst. scen. 2, p. 27. Dindorfius malit αὐτὸς δὲ ξένος. — 5 πέντε ἔτη Meinek. Hist. Com. p. 194, not. — 6 ἐκεῖ V. pro αὐτοῦ. καὶ om. Ald., quæ 8 κατεπόντισαν.

1018, 26 sq. τὰ μὲν οὐκ ἐκ τοῦ φανεροῦ, ἀλλὰ δι' ἑτ. V.

1024, 46 φησὶν om. V.

1025, 52 περιῄει τὰς om. V. — 53 sequitur in Ald. παιδικά: ἐπὶ θηλειῶν καὶ ἀρρένων ἐρωμένων τάττεται ἡ λέξις. παραδείγματα τοῦ ἐπὶ μὲν τῶν ἀρρένων τάττεσθαι ἄλλα τε οὐκ ὀλίγα καὶ τὸ ἐνταῦθα. καὶ ἐν τοῖς Ἀχιλλέως δὲ ἐρασταῖς δῆλον ὡς οὕτως ἐξείληπται. ἐπιδόντων γάρ τι τῶν σατύρων εἰς τὴν γυναικείαν ἐπιθυμίαν, φησὶν ὁ Φοίνιξ « παπαὶ τὰ παιδικά, ὡς ὁρᾷς, ἀπώλεσας. » καὶ Κρατῖνος Πανόπταις « μισεῖς γὰρ τὰς γυναῖκας, πρὸς παιδικὰ δὲ τρέπεις νῦν. » ὅτι δὲ ἐκάλουν οὕτω καὶ τὰ πρὸς τὰς γυναῖκας, Εὔπολις. φησὶ γὰρ ὡς πρὸς αὐλητρίδα τις « ἐγὼ δὲ χαίρω πρὸς τοῖς σοῖσι παιδικοῖς. » καὶ Κρατῖνος δὲ ὁρᾷς τῆς παλλακῆς ἀποδημοῦντος τοῦ Διονύσου ἐρώσης, φησὶν ἐπ' αὐτοῦ « μακάριος τῶν παιδικῶν. » οὐχὶ δὲ μόνον οἱ ἐρώμενοι καλοῦνται διὰ τούτων τῶν ὀνομάτων, ἀλλὰ καὶ πάντες οἱ σπουδαζόμενοι πάνυ κατὰ μεταφορὰν τὴν ἀπ' ἐκείνων. Πλάτων Φαίδρῳ « ἐσπούδακας ὦ Φαῖδρε ὅτι σου τῶν παιδικῶν ἐπελαβόμην, ἐρεσχελήσω σε. » λέγεται δὲ παιδικὸν καὶ τὸ παιδαριῶδες, οἷον τὸ ἁρμόζον παιδί. ἡ δὲ λέξις ὡς ἐπὶ τὸ πολὺ ἐπὶ τῶν ἀσελγῶς ἐρωμένων. ἄλλως. Quæ inserta sunt ex Suida s. Παιδικά, qui a Photio sumpsit. Eadem leguntur apud grammaticum Coislin. Montefalc. p. 474 sive in Bachmanni Anecd. vol. 1, p. 324. Dind.

1028, 4 ποιήσουσι Ald. — 5 ἐπικρύψει V. ἐπικρύψουσι Ald. Deinde scribebatur μαστροποιοί.

1032, 13 Κύννα om. V. Ald. πόρνη ἦν G. κατὰ Ald. — 14 Κύναν V. Σαλαβάκχην Ald. om. V. Totum hoc μετὰ — Σαλαβακχώ om. G. — 14 Ἐρατοσθένης R. V. ἠγνόησεν R. — 15 τὴν κύνα V. — 16 φασι κοινῶς Ald. ἐπ' ἀναιδοῦς Valcken. ad Adoniaz. p. 361. Legebatur Ἐπιμενίδης. Deinde εὐ. τῇ δὲ κυνῇ παρέβαλε τὸν V.

1034, 21-23 vide Meinek. Com. I, p. 275.

1035, 24, 25 alterutrum αὐτὸν om. V. — 30-37 copiosius leguntur in scholio ad Pac. 758.

1038, 47 Τίφυν V. Τίφην Ald. — 48 καλοῦσι om. V. — 50 ταῦτα γὰρ V. — 7 sequitur in Ald. ad v. 1041, ἀντωμοσίας, γράμματά τινα γραψάντων, περὶ ὧν ἡ δίκη, ὅ τε κατηγορούμενος καὶ ὁ κατηγορῶν ἀποφέρουσι πρὸς τὴν ἀρχήν. καλεῖται δὲ οὕτως, ἐπειδὴ ἑκάτερος αὐτῶν ἀντώμνυεν, ὁ μὲν τἀληθῆ κατηγορήσειν, ὁ δὲ τἀληθῆ ἀπολογήσεσθαι. ἄλλως. ἀντωμοσία γραφὴ κατά τινος ἔνορκος, περὶ ὧν ἠδικῆσθαί φησι. διωμοσία δὲ ὁ ἑκατέρωθεν γινόμενος ὅρκος ὑπὸ τῶν δικαζομένων, τοῦ μὲν ὡς πράξαντα διώκειν, τοῦ δὲ ὡς οὐκ ἔπραξεν ἀποφάσκειν. ἐξωμοσία δὲ ἄρνησις σὺν ὅρκῳ ὡς ἀδυνατοῦντος ἢ παρὰ καιρὸν ὄντος αὐτῷ τοῦ λειτουργεῖν. Quæ inserta sunt ex Suida s. Ἀντωμοσία.

1041, 13 προσκαλεῖσθαι R.

1042, 18 ἄλλως οἱ V. — 21 addit Ald. ἄλλως. ἀρχή τίς ἐστι παρ' Ἀθηναίοις οὕτω καλουμένη. ἔστι δὲ οὗτος εἷς τῶν θ' ἀρχόντων. διοικεῖ δὲ οὗτος ἄλλα τε καὶ εἰσάγει δίκας τάς τε τοῦ ἀποστασίου, καὶ κλήρων τοῖς μετοίκοις, καὶ τἄλλα ὅσα τοῖς πολίταις ὁ ἄρχων ἐστὶ, ταῦτα τοῖς μετοίκοις ὁ πολέμαρχος, καὶ ἐπικλήρων. παρὰ δ' Αἰτωλοῖς τὸν πολέμαρχον συνέβαινε κλείειν τὰς πύλας καὶ ποιεῖσθαι τὸ καθ' ἡμέραν τὴν δίαιταν ἐπὶ τῶν πυλώνων. ἔστι δὲ καὶ κύριον ὄνομα, ὁ τοῦ Λυσίου ἀδελφός. Quæ inserta sunt ex duabus glossis Suidæ s. Πολέμαρχος et Πολέμαρχοι, quarum prior ex Harpocratione, altera ex Polybio est. Dind.

1044, 23 τὰς πρώτας τὰς V.

1045, 25 sq. προεκρίνατε καὶ ἐποιήσατε ἀσθενεῖς V.

1050, 29 ἐρεττόντων ὑπὸ ῥύμης σ. τὴν κόπην V. — 34 φασιν om. V. — 36 ἐδέξαντο V.

1053 ἐπιθέσεις V.

1057, 42 εἰς τὰ κιβώτια Ald. — 44 ἱματίου V.

1059, 46 δεξιότητος om. V.

1060 vide schol. ad Plut. 1003

1063, 51 φησιν ὡς om. V.

1065 habet R. δεικνύουσιν τοὺς κροτάφους. — 1 δείξ. ὅτι τοὺς V. — 2 οἴδ' om. V. τρίχες V.

1068, 8 κικκίνους V. κοκκίνους Ald. ἔλεγεν V.

1071, 11 ι' Ald pro ὀκτ. — 12 δὲ om. V., qui pro εἴκοσι habet ι'.

1072 in R. sic, μιμούμενος τὸ σχῆμα τῶν σφηκῶν λέγει. ἀπολογούμενος οὖν φησι διεσφηκωμένον διαδεδεμένον.

1074, 23 τὸ ἐγγεγραμμένον V.

1078, 24 κατὰ τοῦ Δαρείου om. V. — 29 scribebatur ἀνθρήνων. Conf. schol. Nub. 944. — 30 κηροποιοῦν Ald. et R. — 31 οἱ τόποι. Confundit homo imperitus voces ἀνθρήνας et ἀνθρήνια. Id quod fecit etiam scholiastes ad Nicandri Alexiph. v. 545. Rectissime autem distinxit Suidas. Toup. Emend. vol. 1, 21. — 32 δὲ ἦν om. V.

1081 scribendum τὸ σὺν δόρει σὺν ἀσπίδι τοῦ Ἀχ. Sed est Sophoclis potius, ut videtur: vid. ad schol. Pac. 352. Dind. Deinde sigla $\overset{\tau}{\alpha}$ V. in pro ἀπό. ἐκ est in scholio Pacis.

1083 δάκνουσι R., qui om. ἀντὶ τοῦ.

1084, 42 εἰ om. Ald.

1086, 43 Τὸ γλαῦκα V. οἱ om. Ald. ὅτι Ἀττικοὶ V.

1087, 50 θυλάκους γὰρ παρὰ τοῖς R. τὰς παρὰ τοῖς V. Ald. περὶ scripsit Dindorf. — 51 Περσικάς V. Ald. εἶναι εἴδη παρὰ Πέρσαις. ἄλλως. ἀντὶ τοῦ εἰσπηδῶντες εἰς τὰς ἀναξυρίδας. θυλάκους γὰρ τὰ παρὰ τοῖς σκέλεσι καὶ τοῖς μηροῖς Περσικά V.

1091, 7 sq. τὸ ἣ κατὰ κρᾶσιν ἀπὸ (ἀπὸ habet G. om. V.) τοῦ ἔω ἀντὶ τοῦ ὑπῆρχον V.

1108, 19 νομοφύλακες sunt Polluci 8, 102. Vide Ullrichii dissertationem De undecimviris p. 267, et Schneider. ad Xenoph. Opusc. polit. p. 127. Dind. — 22 δὲ om. R. — 23 ὥς φησιν et 24 τὰ om. V. — 29 οὐ πρὸς ἀλήθειαν, ἀλλὰ πρὸς τὸ πλῆθος τῶν δικῶν. Indoctum scholiastæ commentum, quod notavit Schoemannus in dissert. De sortitione judicum p. 43. Dind.

1110, 34 καὶ om. V. Conf. schol. Pluti 278.

1111, 40 ἔστι δὲ ὁ ποικίλος ὁ παρακείμενος (περικείμενος V.) Ald. Correctum a Dobræo collata Suidæ annotatione paullo post apponenda. — 41 legebatur τοῖς βαλάνοις. τοῖς βαλανείοις V. Deinde legebatur σφηκιῶν. Conf. ad schol. Pac. 198. De vocabulo σφηκιῶν V. supra ad v. 1106 σφηκιὰ καὶ τὰ τῆς πεύκης — αἰδοίων τὰς βαλάνους. — 43 στροβίλια, vide Lobeck. ad Phryn. p. 397. — 45 addit Ald. ἄλλως. κύτταρος τὸ πῶμα τῆς βαλάνου, ὅπου ἐγκάθηται ἡ βάλανος, ἡ τῆς βαλάνου πυελὶς καὶ κατάτρησις. ἢ τὸ ὑψηλότατον τοῦ οὐρανοῦ, λέγουσι γὰρ κοῖλον εἶναι τὸν οὐρανὸν, ὥσπερ τοῦ ᾠοῦ τὴν λεπίδα, τὸ κοιλότατον καὶ μυχαίτατον. Θεόφραστος δὲ κυρίως λέγει κύτταρον τὴν προάνθησιν τῆς πίτυος, ἥτις ἐστὶν ὡς στάχυς μικρὸς ἐκ μεγάλων πυρῶν, ξηραινόμενος δὲ θυλακοῦται καὶ ἀποπίπτει. οἷον οὖν ἀγγειῶδές φησι κύτταρον οὐρανοῦ. ὁ αὐτὸς Ἀριστοφάνης ἐν Θεσμοφοριαζούσαις « πόσθιον τῷ σῷ προσόμοιον στρεβλὸν ὥσπερ κύτταρον. » Quæ Musurus inseruit ex Suida s. Κύττερος, non animadvertens, Suidam hæc maximam partem ex scholio Pac. 198 descripsisse. Dind.

1120, 5 ὡς τὸ ἐμφ. V. Vide Elmslei. ad Eurip. Bacch. 508, p. 68 ed. Lips. — 6 ἀντὶ om. V.

1122, 9 οὖν et τὸν om. V. — 12 sq. Παλαμήδης ὕφασμα μαλοὺς ἔχον ἐκ τοῦ ἑτ. μέρους, 18-20 μήποτε ὁ διαφθείρας τὸν ἐπ' Ἀρτεμισίῳ τῶν βαρβάρων V., qui om. καλῶς δὲ ἐπεστρ. — 21 ἐλθὼν R.

1132, 30 τετριμμένῳ καὶ ἀσθενήσαντι om. V.

1138, 42 βαιτόν V. — 44 ἀπὸ om. V.

1139, 47 Πέρσας V.

1144, 4 ἐντ. ὅ ἐστι μαλωτὸν, ὅ ἐστιν, 5 Ἀρτεμιδώρου V. ὑπὸ τεμιδώρου (sic) G. — 6 ἐπὶ ταῖς δυσκολίαις λεγ. V. — 7 οὐ om. V. Glossam χολάς habet R.

1148, 10 ἀναλῶσαι καὶ ἀλῶσαι V.

1167, 31 τραῦμα om. V.

1169, 36 καὶ om. V. — 37 λυκώνισον R. διασαλακώνισον. V. Ald. Σαλάκωνος Ald. τοῦ Αὐτολ. om. R. — 38 sq. πατρός. ὡς οἷον σαλεύειν τὸν πρωκτόν. ἄλλως — σαλακωνεύεσθαι γὰρ ἔν τισι V. — 41 διειλακώνισεν Ald. ἡ om. V. σύνταξις Dobræus. — 43 διαλακώνισον Ald. ἀπὸ Αὐτολύκου vel ἀπὸ Λύκωνος Αὐτολύκου Meinek. Com. I, p. 712, quem v. de fragmento Amipsiæ. — 45 τις μὴ Ald. — 46 πέντ. ἂν τὸν V. — 47 τοῖς διμέτροις, καὶ στρατ. Ald., sequentia duo verba corrupta omittens. — 49 σεσαλακωνισμένην Schneiderus in Lexico. Legebatur σεσαλωκισμένην. ἀδρῶς V.

1172, 1 οὐ πρὸς λόγον G. — 2 σαλακωνίσαι Ald.

1173, 6 σαυλεύειν V., non G. σαῦλος V.

1177 sic in R., ἐν μύθῳ λέγεται ὅτι οὐκ οὖσαν τὴν λαμίαν ὑποτίθεται. Scribebatur Λαμία — Λαμίαν.

1178, 13 κακῶς διατιθέναι Portus. — 15 scribebatur ἐτύπησεν.

1182, 16 τὸν et 17 οὕτω om. Ald. — 20 μῦς καὶ γ. addita ex R.

1183, 23 Ὅτι Θ. Ald. — 24 ἀποδάτειν V. ἀποπαρδεῖν Ald.

1187, 30 scribebatur Σερίφοις. — 31 ἠταιρηκότα αὐτὸν Ald., ἠταιρηκότα ἆρα τὸν αὐτὸν V. Emendavit Th. Bergkius. — 32 ἐν Ἡσιόδοις Dindorfius addidit ex V., in quo scriptum ἐν τοῖς δυς. — 34 ἢ λαμπρὸς ἢ V.

1189, 39 μισθωτὸς ὢν στρατιώτης. Immo θεωρός. Errorem scholiastæ notavit Bœckh. De œcon. civ. Athen. vol. 1, p. 230. — 39 legebatur Πάρον. Πάριον in versu Aristophanis legit scholiasta, nisi Πάρον insulam cum Παρίῳ urbe Pontica confudit. Dind. — 40 ἐν Παρίῳ Casaubonus ad Athenæi 14, p. 644, B. ἐν δὲ Παρίῳ V. Ald. ἐν δὲ Πάρῳ Kusterus. — 41 ἄλλως. μισθ. V. — 42 εἰρῆσθαι om. V. — 43. Hic quoque scholiasta in versu comici Πάριον videtur legisse. Deinde inepte de theorico cogitat. Dind. ἰκρίων V.

1191, 45 Ἐρουδίωνος Ald. hic et l. 48, 49. περὶ ἑτέρου δίωνος V., qui recte infra 48, 49. Apud Hesychium Ἐφωδίων. — 46 κατεψυγμένοι δὲ φ. Ald. κατεψυγμένως φ. V. Emendavit Bernhardyus ad Eratosth. p. 220, qui et οὗτοι οἱ π.

1195, 51 om. V. ἐνόησε Ald., quæ 53 alterum τὸ post παρὰ om.

1197 ἐπὶ τῶν ξένων Ald.

1198 Ὅτι V. ἑαυτῷ G. περιεποίησε V. περιεπονίσω Ald., quod alii in περιεπονήσω mutarunt.

1201 Γεωργοῦ τοῦ V., quod του esse potest.

1203 sic in R., ὅτι ἠγωνίζοντο δρόμον λαμπάδας ἔχοντες δῆλον. — 16 λαμπαδιοδρ. — V. Ald. — 17 φανερὸν ἐκ τῶν εἰς Βατράχους Ald.

1211, 24 Νεανικῶς om. V. — 25 τὰ om. R.

1214, 31 εἰσαχθῆναι τὰ βρώματα Ald., in qua non est προσφάγια.

1215. Ex hac annotatione apparet κρεκάδια ornamenta quædam esse similia avi κρέξ vel κρέκα dictæ. Dind.

1216, 35 αἴτησαι Ald. — 40 editur ἑωρακέναι.

1221, 43 Τισαμένῳ V. Ald. — 45 sq. ἅμα καὶ Μεταγενῆ Φιλοθύτην V. Correxit Dindorfius. — 47 sq. ἐστι πλὴν ἀρισάκας V. ἐστὶ πλὴν ἀρσάκας Ald. Correxit idem. Conf. Meinek. Com. I, p. 758.

1222, 51 τὸ πρῶτον Ald. — 8 legebatur παροίνιαι.

1223, 11 sq. μὲν τῶν Παραλίων Portus. ἐν τῷ παραλίῳ V. Ald. Conf. schol. Lys. 58. — 12 προεστήκει V. hic et infra, 14 Διακριέων, 16 παρὰ τὸ V.

1227, 18 ὡς δεχόμενος V.

1234, 23 ὤνησαι οὗτος ὁ V. ὤνησεν οὗτος καὶ Ald. Vera scriptura restituta ex schol. Thesm. 169. — 24 ἀντρέψει τάχα Seidlerus. τρέψεις τάχα V. τάχα τρέψει; Ald. τὴν V. Ald. — 25 ζητῶν Seidlerus addidit. Nam sic grammatici μαίεσθαι interpretari solent.

1239, 29 τοῦ σκολίου R. — 31 γνοὺς R. cum Athenæo 15, p. 695, C. πίουσ' V. ποιοῦσ' Ald. — 34 μέρος V. — 35 legebatur Ἁρμόδιος. Ἡρόδικος vel Ἀρτεμίδωρος Dobræus. Prætuli Ἡρόδικος, cujus κωμῳδούμενα memorantur ab Athenæo. Dind. — 36 ἀναγέγραφε Dobræus. Legebatur ἀνάγει γραφήν. τὰ (vel τὸ) addidit Dobræus. Scribebatur Χειρόνων. — 37 ᾄδει V. — 38 Ἀρτεμιδώρου V. — 40 ἀνδρώνυμον Schneiderus in Lexico. Legebatur ἀνδρωνύμενον. — 41 ante παρεῖχεν aliquid excidit. Dind. — 43 μὲν Ἀλκ. V. τὸν Ἀ. Ald. — 44 sq. παίδων κατωκισθέντων ὑπὸ Θησέως ἢ Εὐριπίδου, εἰς ὃν τὸ σκολιόν V. — 47 σκολιὰ Ald. — 49 post Ἡρακλῆς addit Ald. Δικαίαρχος δὲ ἐν τῷ περὶ μουσικῶν ἀγώνων, ὅτι τρία γένη ἦν ᾠδῶν, τὸ μὲν ὑπὸ πάντων ᾀδόμενον καθ' ἕνα ἑξῆς, τὸ δ' ὑπὸ τῶν συνετωτάτων ὡς ἔτυχε τῇ τάξει, ὃ δὴ καλεῖσθαι διὰ τὴν τάξιν σκολιόν. ὡς δ' Ἀριστόξενος καὶ Φύλλις ὁ μουσικός, ὅτι ἐν τοῖς γάμοις περὶ μίαν τράπεζαν πολλὰς κλίνας τιθέντες, παρὰ μέρος ἑξῆς μυρρίνας ἔχοντες ᾖδον γνώμας καὶ ἐρωτικὰ σύντονα· ἡ δὲ περίοδος σκολιὰ ἐγίνετο διὰ τὴν θέσιν τῶν κλινῶν. Quæ ex Suida esse illata, qui ex scholiasta Platonis sumpsit, jam ad Ran. 1337 monui. Dind.

1240, 9 τοῦτο, scolion præcedente versu memoratum.

1244, 16 sequitur in V. ad v. 1245, χρήματα πλουσίου ᾠδήματ' [sic] Αἰσχίνης συνέθηκε πενίτιον (scr. πενιχρὸν) τῷ ἀλαζόνι· Κλειταγόρα δὲ συνέπλεξεν ἐκ τοῦ σκολιοῦ.

1245 in R. sic, Κλειταγόρα ἥτις ἐγένετο ποιήτρεια. συνέπλεξε δὲ ἐκ τοῦ σκολίου. — 17 Κλειταγόρα Ald.

1251 sic R., ὅτι ὄνομα θεράποντος χρυσός. μεταβαλεῖν θέλει τοὺς τρόπους τοῦ πρεσβύτου. — 29 εἰς τὸν ἄριστον ἢ τὸν δεῖπνον V. — 31 καταβαλεῖν θύραν. γράφεται πατάξαι V.

1257, 35 om. V., qui ἀνεμυθήσαντο.

1259, 42, 43 legebatur Συβαριτικοὶ — Αἰσωπικοί. Correctum ex scholio Av. 471. — 43 post ἀνθρωπίνων addit Ald. Αἴσωπος δὲ ὁ τῶν μύθων ποιητὴς Σάμιος, δοῦλος οὐ τὴν τύχην μᾶλλον ἢ τὴν προαίρεσιν, οὐκ ἄφρων μέν, οὐδὲ κατ' αὐτὸ τοῦτο ἀνήρ. ᾧ γὰρ ὁ νόμος οὐ μετεδίδου παρρησίας, τούτῳ προσῆκον ἦν ἐσκιαγραφημένας τὰς συμβουλὰς καὶ πεποικιλμένας ἡδονῇ καὶ χάριτι παραφέρειν, ὥσπερ καὶ τῶν ἰατρῶν οἱ μὲν ἐλεύθεροι τὸ δέον ἐπιτάττουσιν, ἐὰν δέ τις οἰκέτης γένηται τὴν τύχην καὶ τὴν τέχνην ἰατρός, πράγματα ἔχει, κολακεύειν ἅμα καὶ θεραπεύειν τὸν δεσπότην ἀναγκαζόμενος. φασὶ δέ τινες τὸν Αἴσωπον ἀναβιῶναι· καὶ Πλάτων ὁ κωμικὸς «καὶ νῦν ὀμοσόν μοι μὴ τεθνάναι τὸ σῶμα. ἐγὼ ψυχὴ δ' ἀπὸ νίκης ὥσπερ Αἰσώπου ποτέ.» Inserta sunt ex Suida s. Αἴσωπος. Et priora quidem verba usque ad ἀναγκαζόμενος Suidas ex Juliano sumpsit Orat. 7, p. 388, reliqua ex scholio Av. 471. Dind. — 44 post ἦσαν addit Ald. μῦθος δ' αἴνου διαφέρει τῷ τὸν αἶνον μὴ πρὸς παῖδας, ἀλλὰ πρὸς ἄνδρας πεποιῆσθαι, καὶ μὴ πρὸς ψυχαγωγίαν μόνον, ἀλλὰ καὶ παραίνεσιν ἔχειν τινά. βούλεται γὰρ ἐπικρυπτόμενος παραινεῖν τι καὶ διδάσκειν· ὅπερ καὶ Ἡσίοδος φαίνεται πεποιηκώς. Quæ inserta sunt ex Suida s. Αἶνος.

1267, 3 δὲ εὗρον (υἱὸν vel αὐτὸν conjicit Dindorf.) εἶπεν V., qui deinde ὁ omittit.

1270, 9. Hunc locum Sluiterus in Lectt. Andocid. mutilum esse censet, quod Antiphon Andocidis filius dicatur. — 10 ἦν om. R.

1271, 11, Φ. τῆς Θ. V. — 12. Ad hunc locum respicit schol. Nub. 691. — 13 scribebatur χώμυνίας. ὧν addidit Porsonus. — 14 μύρῳ Porsonus. Legebatur μορίῳ. θεῶν εἵνεκεν V. Hunc versum sic corrigit Porsonus, θεῶν ἕνεχ' ὡς ἔπλευσε κακὸς ὢν εἴσεται. Meinekius Com. I, p. 513 probabilius, ὧν θ' ἕνεκ' ἔπλευσε ταῦτα κακὸς ὢν εἴσεται. — 16 τὸ Ἡρακλέους θητικὸν V. Idem πάλαι δὲ ἔθνος ἐστί. — 19 scribebatur πενέστων hic et infra. — 20 καταλελειμμένον Ald.

1275, 25 τῷ om. V.

1278, 28 κατάλαβρ', ὦ Meinekius Com. I, p. 540. καταλαβρὲ Portus. καλαβρὲ V. Ald. κιθαραοιδόταν (sic) V. κιθαραοιδότα G.

1272, 38 sq. λέγεσθαι ὡς υἱὸν αὐτοῦ Ἀριστομένους ὡς σοφῶς ἀριγνωτάτου ἀδελφὸς λέγεται, 39 φίλος et ἔχει V. — 43 scribendum μετὰ τοῦτο διάλ. Unius versus defectum qui notarunt, primi tantum ἀντεπιρρήματος versus defectum animadverterunt: undecim versuum lacunam qui posuerunt, recte

judicarunt non solum versum illum, sed etiam antistrophum strophæ πολλάκις—ὧν ἐλάττων οὐδενός periisse. Sequentia verba καὶ τρίτου ὁμοσου (ὅμως οὐ?) προσπίπτει corrupta sunt et defecta. Dind. — 48 ὑπολαμβάνω ὅτι V.

1284, 53 legebatur κατ' αὐτὸν. In Ald. ἑτέρου—γενομένου. — 2 αὐτοῦ V. Paullo ante Dindorfius malit ἔστι.

1288, 7 Ἀντὶ τοῦ om. R. δὲ om. V. Ald. — 8 εἶδον R.

1290, 11 φησιν om. V.

1291, 15 Παροιμία om. V. — 16 τοῦ σώζοντος τὸ σωζόμενον Ald. et Suidas s. Χάραξ. πάθη Suidas pro ἀπατηθῇ. Ald. et V. pergunt χωρὶς (παροιμία V.) τοῦ εἶτα νῦν ὅταν. — 17 τις om. V. — 18 προσδεδεμένων Ald.—22 ἐπὶ θεάτρων V. Ald. δὴ om. R. πολίταις R. πολιτείας V. — 24 πιστεύσας G.

1292, 30 codex Ἀριστοφάνη, correctum a Dindorfio.

1294, 32 πεπληρωμένος V.

1302, 44 φησιν om. V.

1309, 49 ὡς ἐνταῦθα. τὸ δὲ τρυγὶ εἰς γεγηρακότα V.

1310, 51 κλητῆρι μὲν εἰς φιλοδικαστὴν καὶ ὅτι V. — 54 ἀχυρῶνας Ald. ἄχυρος V. Ald.

1312, 6 ποικίλλουσι R. τραγικὸς ὑποκριτής Ald. Codices alterum omittunt. Athen. 9, p. 367, B: Σθενέλου τοῦ τραγικοῦ. — 7 post πράττων sequuntur in Ald. οὗτος— διεχλεύαζεν, nunc infra posita cum V. — 8 περὶ τούτου γέγρ. ἐν om. V., qui Γυριάδῃ. Est fragment. 205. — 10 ἢ λεπτοὺς ὕλας Pollux 6, 65. Corruptissimum est quod sequitur Platonis comici fragmentum. Post ἅψαι μόνον et ἄκρῳ exspectes δακτύλῳ. Dind. Conf. Meinek. Com. I, p. 659. — 13 περὶ τοῖς Ald. Glossam τὸ χεῖλος διέστρεφεν habet R.

1317, 17 sq. Θούφραστός ἐστι καὶ τῶν κολάκων R. — 18 φρονεῖ V.

1321 τὸ πρᾶγμα V. — 1324 om. R.

1326, 27 οὕτω πάντες. ὅμως. Legebatur τοῦτο πάντες ὁμοία (ὁμοίει V.). Dobræus: «Lege οὕτω πάντες· ὅμως δ' ὑστερεῖ—vel πάντες ὁμοίως· ὑστερεῖ δ'—. Verte, *ita omnes grammatici*, Didymus puta, Symmachus etc.» Similiter in scholio Av. 347 notantur parodiæ versuum ἐκ τραγῳδιῶν μηδέπω διδαχθεισῶν. Sunt tamen hi loci tales ut fortuita verborum similitudo grammaticis fraudem fecisse videatur. De sequentibus ἔτεσιν ἑπτὰ vide Clinton. Fast. H. vol. 2, p. 75. Dind.

1329, 35 ὡς ἰχθ. πεφρ. om. V., sed habet glossam ἀντὶ τοῦ καύσω. φρυκτοὺς τὰ πεφρυγμένα ἰχθύδια.

1341, 48 χρυσολόνθιον δέ ἐστι κατὰ κ. V. χρυσολόνθιον δέ τι ἐστὶ κατὰ κανθάρου ξανθὸν R. — 50 ἀμφιάσιν, 52 ἔχουσαν τὰ V.

1346, 3 Λεσβιεῖν οὖν R. τοῦ om. V. Ald. — 5 μολυνόμενοι om. V. — 6 ἡ γυνὴ V. Ald. — 8 δι' ἡμετέρων στομάτων si sunt Theopompi verba, altera pars versus excidit. Dind. Nihil hic excidisse probabilior sententia est Meinekii Com. I, p. 805. — 10 ἦ et ταὐτὸν Dobræus. Legebatur ἢ et ταυτὸ. — 11 παραδῶς V. — 12 Πυτίσω, nomen manifeste corruptum. Fortasse Παυσανίᾳ vel Κινησίᾳ. ἐγὼ δ' ἄτ' ἐλπίνικος Bentleius. ἐγὼ δ' ἄτ' ἐπίνικος Ald. ἐγῷδα τοὐπίνικος V. Sequenti versu ταῦθ' ἅπερ Ald. Post ὅπερ indicavi lacunam, deletis quæ addebantur verbis τοῦ αἰσχροῦ τάττεται, quæ ex initio scholii sunt repetita. Fortasse excidit χοἱ Λέσβιοι, a quo prope abfuit Florens Christianus, quum ἅπερ τοὶ Λέσβιοι conjiceret. Dind. Conf. Meinek. Com. I, p. 778.

1348, 14 Οὐδ' ἐπιβάλῃ ἀποδοῦναι. Ὅμ. V. — 15 ἐφίηλε τάδ' Ald. — 16 Ἐπιάλτη V. Corruptissima Phrynichi verba sic emendavit L. Dindorfius ad HSteph. in Ἐφιάλλω, p. 2566, D, ὄνομα δὲ τούτῳ γ', ἤν τε σωθῶ γ' ἤν τε μή | ἔστω 'φιάλης ἀνδραγαθίας οὕνεκα, ὁτιὴ 'πιήλας χρ. — 19 Τριφάλησιν Ἀρ. κοὐδὲν ἄνδρα—οὐδ' ἂν ἐπιῆλαι μὲν V. Sententia non integra omissis quæ post ἐπιήλαμεν sequebantur. Dind. Bergkius tentavit κοὐδὲν ἂν ἔδρας ἄτοπον. — 20 τὸ προθυμει (sine accentu) V. — 265 scribebatur τοῖς θ. — 27 καὶ om. R.

1350, 31 εἰ καὶ ἐκφ., 32 εἰργάσω Ald.

1351, 33 λέγοντας om. R.

1353, 38 χοιρίδιον δὲ τὸ γυναικεῖον αἰδοῖον λ. Ald.

1355, 39 καθὰ V. Ald. καθὸ—γέροντες post πατρίδιον ponit R.—41 υἱίδιον ἀπὸ (παρὰ V.) τοῦ υἱοῦ V. Ald.

1359 εἰώθασι λέγειν πλὴν ἐμοῦ habet R. — 53 οἱ παῖδες et 54 εἶπε π. π. om. V.

1361, 1 τὰς λαμπάδας post ῥηματικῶς ponit V. — 3 δαιόμεναι Ald. — 5 τοῖς γὰρ μ. ἐσκώπτοντο infra post ὁ γέρων τῷ υἱῷ ponit R. — 6 ἔσκωπτον V.

1364, 10 ὁ om. V. — 11 εἰς φιλοδ. et πιέζων. τἀναντία γὰρ λοιδορεῖται τῷ υἱῷ ὁ γέρων V. et statim post iterum τἀναντία—υἱεῖ [sic].

1365, 15 δὲ et τὴν om. R., qui post ἀντεστραμμένως addit παρὰ τὴν ὑπόνοιαν.

1370, 22 ὡς om. R.

1371, 25 Ἐπεὶ om. V.

1373, 30 ἐζωγραφισμένην V.

1377, ὄζος παρὰ τὸ R.

1382, 42 sq. om. V. — 43 ἡ δηλοῦσα ἢ Ald. — 45 προπερισπᾶται. Hoc non librariis, sed scholiastæ imperitiæ tribuendum videtur. Correctione amovere volebat Gœttling. ad Theodòs. p. 232. Dind. — 46 Ὀλυμπίω Ald. -

1386, 1 τὸ—πλῆγμα V.

1388, 4 τις om. R.

1391, 8 ἴσωθεν V. Ald.

1396, 14 ὄνομα referendum ad Μυρτίας.

1397, Ἀττικὸν — Ἰωνικὸν G. εἴρηται om. V.

1403, 20 σου et ὦ κύον om. V.

1408, 27 πύξινον. Vide schol. Platon. p. 331 ed. Bekker. Dind. τὸν φιλόσοφον λέγει, ἵνα πάλιν κωμῳδήσῃ αὐτὸν, ὡς ὠχρὸν εἰσάγει αὐτὸν μαρτ. V.

1410 in Ald. Λᾶσος, Χαρβίνου Ἑρμιονεὺς, πόλεως τῆς Ἀχαΐας, γεγονὼς κατὰ τὴν νη' Ὀλυμπιάδα, ὅτε Δαρεῖος ὁ Ὑστάσπου. τινὲς δὲ τοῦτον συναριθμοῦσι τοῖς ἑπτὰ σωφοῖς, ἀντὶ τοῦ Περιάνδρου. πρῶτος δὲ οὗτος περὶ μουσικῆς λόγον ἔγραψε, καὶ διθύραμβον εἰς ἀγῶνα εἰσήγαγε, καὶ τοὺς ἐριστικοὺς εἰσηγήσατο λόγους. Eadem ad v. 1411: ὀλίγον μοι μέλει, τοῦ Σιμωνίδου δηλονότι. λέγει δ' ἴσως Σιμωνίδην τὸν Λεοπρεποῦς, τῆς ἐν Κέῳ τῇ νήσῳ πόλεως λυρικὸν, μετὰ Στησίχορον τοῖς χρόνοις, ὃς ἐπεκλήθη Μελικέρτης διὰ τὸ ἡδύ. καὶ τὴν μνημονικὴν δὲ τέχνην εὗρεν οὗτος. προσεξεῦρε δὲ καὶ τὰ μακρὰ τῶν στοιχείων καὶ διπλᾶ, καὶ τῇ λύρᾳ τὸν τρίτον φθόγγον. γέγονε δ' ἐπὶ τῆς ἕκτης καὶ πεντηκοστῆς Ὀλυμπιάδος· οἱ δὲ δευτέρας καὶ ἑξηκοστῆς γεγράφασι. καὶ παρέτεινε μέχρις οη' βιοὺς ἔτη ἢ πθ'. καὶ γέγραπται αὐτῷ Δωρίδι διαλέκτῳ ἡ Καμβύσου καὶ Δαρείου βασιλεία, καὶ Ξέρξου ναυμαχία, καὶ ἡ ἐπ' Ἀρτεμισίῳ ναυμαχία, δι' ἐλεγείας, ἡ δ' ἐν Σαλαμῖνι μελικῶς. θρῆνοι, Παιᾶνες, ἐγκώμια, ἐπιγράμματα, τραγῳδία, καὶ ἄλλα. τὸν δὲ Λᾶσον καὶ Σιμωνίδην ὡς ἀντιτεχνοῦντας ἀλλήλοις ὁ ποιητὴς εἰσάγει. quæ illata sunt ex Suida s. Λᾶσος et Σιμωνίδης, paucis verbis mutatis et additis.

1413, 33 θαψίῳ, 34 ὑπὲρ τῆς V. Correcta ex R., in quo hæc ad hunc versum sunt annotata, ὠχρὸς ὁ Χαιρεφῶν καὶ ἡ θάψος τοιαύτη. εἰσήγαγεν γὰρ Εὐριπίδης τὴν Ἰνὼ ὠχρὰν ὑπὸ τῆς κακοπαθείας. καὶ ὁ Χαιρεφῶν τοιοῦτος. — 43 Addit Ald. Ἰνὼ δὲ κατὰ χόλον Ἥρας μανεῖσα ἔρριψεν αὐτὴν εἰς τὴν θάλασσαν ἅμα τῷ υἱῷ αὐτῆς Μελικέρτῃ. ἐμίσει γὰρ πάντας τοὺς Θηβαίους ἡ Ἥρα, διότι παρ' αὐτοῖς ἐτέχθη ὁ Διόνυσος. καὶ αὐτὸς δὲ ὁ Διόνυσος ἐξέμηνε τὰς τούτων γυναῖκας, μὴ προσιεμένων αὐτὸν ὕστερον τῶν Θηβαίων. Εὐριπίδης δ' ἐν Μηδείᾳ φησὶν αὐτόχειρα τῶν δύο παίδων γενομένην, Λεάρχου καὶ Μελικέρτου, αὐτὴν ὕστερον εἰς θάλασσαν ῥῖψαι. οἱ δέ φασιν ὡς Ἀθάμας κατετόξευσε Λέαρχον τὸν ἐξ Ἰνοῦς γενόμενον αὐτῷ παῖδα, καὶ αὐτὴ δὲ ἡ Ἰνὼ μανεῖσα τὸν ἕτερον ἑαυτῆς παῖδα Μελικέρτην ἐπισφάξασα ἥλατο σὺν αὐτῷ εἰς τὴν θάλασσαν· οὓς δὴ εἰς Κόρινθον ἐκβρασθέντας ἀναληφθῆναι προστάξει τοῦ Σισύφου, ὡς καὶ ἀγῶνα Ἴσθμιον ἐπὶ τῷ Μελικέρτῃ θεῖναι, καὶ τὴν μὲν Λευκοθέαν, τὸν δὲ Παλαίμονα μετονομασθῆναι. Transcripta sunt ex schol. Euripid. Med. 1284.

1417, lemma ὤμοι κακοδαίμων ponit R., προσκαλοῦμαί σ' ὦ γέρον Ald. Pergit V. ἄλλος κατηγορῶν τὸν Φιλοκλέωνα, reliqua omittens. — 47 ἀνήρ τις Εὐρ. R.

1431, 53 φησὶν om. V. — 1 δὲ om. R. Idem φέρονται. V. φέρουσι.

1433 Βδελυκλέων πρὸς τὸν κλητῆρα V.

1438, 22 δὲ om. R. et habet ante δωρίζει hæc pene obliterata οὐχ ινοσ...νοῦς. (ρ written above ινοσ)

1440 ἐπιδήσω. R. Fort. ἐπεδήσω. Dind.

1446, 27-31 Βασταζόμενος λόγον λέγει. φησὶ γὰρ τὸν Αἴσωπον ἐς θεοὺς ἐλθόντα ἀποσκῶψαι εἰς τοὺς Δελφοὺς ὅτι μὴ ἔχ. V. φασὶ γὰρ Αἴσωπον εἰς θεοὺς ἐλθόντα ἀποσκῶψαι εἰς τοὺς Δελφοὺς ὅτι μὴ ἔχ. R. — 32 διετρέφοντο, ἀλλὰ παραμένοιεν ἀπὸ τῶν θυμάτων τοῦ θεοῦ διαζῶντες R. — 33-44 οἱ δὲ (δὲ om. R.) Δελφοὶ πρὸς τοῦτο σφόδρα λυπηθέντες πρὸς αὐτὴν τὴν (τὴν om. R.) ἔξοδον τοῦ Αἰσώπου ὑπέβαλον ποτήριον τῶν τοῦ θεοῦ (ὑπέβαλλον τῶν τοῦ θεοῦ ποτήριον R.) τοῖς σκεύεσιν αὐτοῦ. κἀκεῖνος οὐκ εἰδὼς ἐξώρμησεν. οἱ δὲ προσδραμόντες καὶ τὸ ποτήριον εὑρόντες ἐφόνευσαν R. V.

1455, 8 sic corrigenda, μεταπείσεται (vel potius μέγα πείσεται) ἐπὶ τὸ τρυφᾶν (vel τρυφῶν) καὶ μαλακόν. Dind.

1460, 10 παρακεισθέντες V., qui om. 12 Διὰ τὸ et 13 ἢ τοῦ πατρός.

1480, 25 τὸ χρόνους V.

1482 παρατραγικεύεται. σχήματος δὲ om. R.

1487, 31 περιαγαγόντος καὶ ὑπὸ ῥώμης V. — 33 scribebatur τὶ θὴν.

1489, 38 τὸ μὲν om. V. — 39 λαγοῦν V. Est Amipsiæ versus: vide Athen. 9, p. 400, C; 10, p. 446, D. Dind. — 40 legebatur πῖε. — 41 ἐλλεβοριᾶν. Conf. Etym. M. p. 331, 30.

1490, 43 κακῶς R. — 44-46 τραγικοῦ. ὃν Ἀθηναῖοι χιλίαις ἐζημίωσαν ἅλωσιν Μιλησίων τραγῳδήσαντα. ὁ δὲ Φρύνιχος οὗτος Ἀθηναῖος ἦν, υἱὸς Μελανθᾶ. ἔστι δὲ τῶν δραμάτων αὐτοῦ τάδε, Ἀνδρομέδα, Ἠριγόνη. ἐποίησε καὶ Πυρρίχας Ald. Quæ inepte interpolata sunt ex Suida s. Φρύνιχος. — 46 ἐξέβαλλον R.

1491, 49 Ῥίψεις om. V. — 50 βληθήσῃ. Hic scholiasta βαλλήσει legit. Dind.

1492, 51 παρ' ἐμπολίδι V.

1497, 4 ὅτι διεκλέλυμαι R.

1502, 8 legebatur μέσατον. « Scribendum Μέσατον, quod pro nomine proprio habuit hic scholiasta. Hinc arripuit imperitus auctor epistolarum Euripidearum ep. 5, ubi Ἀγάθων καὶ Μέσατος conjunguntur. Conf. Bentl. Phal. p. 62.» Meinek. Hist. Com. p. 514. — 9 Καρχηδονίῳ Meinek. Legebatur Καρχηδονίοις. V. Καρχηδόνιος. — 10 δὴ om. V

1504, 18 ὠψώνηκα δὲ εἶπεν om. V. — 19 ὡς ὀψοφάγος διαβάλλεται V.

1509, 23 sq. ἀγγεῖον ξηρὸν (ξηρὸν om. G.) ἢ φαλάγγιον. ἄλλως. εἰς μικρὸν V. σκώπτει vel κωμῳδεῖ εἰς intelligit Dindorfius. — 24 Φιλοκλέα Ald. — 26 Ἀγρίων Florens Christ. Legebatur ἀγγείων. — 28 καὶ ante κομῆται om. Ald. — 30 οἱ τέσσαρες V. ἢ τέσσαρες G. « Ita fere corruptissimum fragmentum, in quo alia temere repetita, alia cum scholiastæ verbis confusa sunt, emendandum videtur :

Τρεῖς τινες μικροὶ κομῆται καὶ φιλορχικοὶ τότε
παῖδες ὄντες· νῦν δέ γ' εἰσὶ καὶ φιλορχικώτεροι.
B. ἀλλὰ μὰ Δί' οὐ τρεῖς ἐκεῖνοί γ' εἰσὶν ἀλλὰ τέτταρες.

Cetera non Pherecratis, sed scholiastæ verba esse suspicor. Videntur autem ea ante δῆλον etc. ponenda et in hunc fere modum supplenda esse : καὶ Καρκίνος μὲν τραγῳδίας ποιητὴς ἦν, Θωρυκίου υἱός· ἦσαν δὲ αὐτῷ παῖδες τέτταρες. » Meinek. Hist. Com. p. 515 coll. Com. I, p. 259.

1510, 31 Ὁ πινοτὴρ ἕως [sic] τοῦ τραγῳδοῦ. δῆλον ὅτι περὶ Ξεν. V., qui om. διαβάλλει—ἀδηφάγον. R. de sequentibus habet πίνα ὄστρεον, et ὁ ἐπιτηρῶν τὸ ἐσθίειν. — 33 ἀλλ' ἐπικαρκίνιον V.

1513, 46 μικρὸν V. Ald. — 47 δ'—τὸ om. V. καταφερές R. — 48 ἅμα μὲν—λαγνείαν om. V.

1515, 51 Ὡς—ζωμός. καὶ om. R. ἰχθύας G. ἰχθῦς τοὺς τοῦ καρκίνου. ὅτι V. — 53 μένοντα, ἀλλὰ πλάττηται R. μένοντα om. V.

1517, 6 post διακινήσωσιν addit Ald. βέμβηξ δὲ ὁ ξύλινος στρόμβος. ἐν ἐπιγράμματι « οἱ δ' ἄρ' ὑπὸ πληγῇσι θοὰς βέμβηκας ἔχοντες, ἔστρεφον εὐρείῃ παῖδες ἐνὶ τριόδῳ. » καὶ ἀλλαχοῦ Ἀριστοφάνης. « βέμβικος οὐδὲν διαφέρειν δεῖ » ἀντὶ τοῦ εὐκίνητον καὶ εὔστροφον εἶναι δεῖ. ἔστι δὲ βέμβηξ ἐργαλεῖον, ὃν μάστιγι στρέφουσιν οἱ παῖδες. ἢ παίγνιον τῶν παίδων, ὡς τροχός· ὃς μάστιγι τυπτόμενος στρέφεται. καὶ βεμβηκιᾶν τὸ περιστρέφεσθαι. Quæ inserta sunt ex Suida s. Βέμβηξ, qui partim ex schol. Av. 1461 sumpsit.

1524, 10 αὐτὸς V. Conf. schol. ad 1492. — 13 ὤζειν G. σώζειν V. Iidem ὡς λέγειν.

1530, 4 σχ. τῆς R. σχ. τι τῆς V. τραγῳδικῆς et βέμβηκες V. Ald. — 5 περιαγωγαὶ τουτέστι (τουτέστι om. G.) σοφαί V.

1534 R. habet glossam ἔπαιξε.

PAX.

Argumentum I om. R. — 3 ἀναφερόμενος V. — 4 ἀκούει Gelenius. ἀκούσας V. Ald. Legebatur μετοικησαμένων. — 6 ἐνοικησάμενος V. ἐνοικίσας Ald. — 7 ἄντρον τι εἵρξας V. τὴν Εἰρ. καθείρξας Ald. ἐπεφόρησε Ald. — 8 seqq. sic in Ald., μέχρι μὲν οὖν ἐπὶ ξυροῦ, φασὶν, ἀκμῆς τὰ τῶν Ἑλλήνων ἐκινδύνευε πράγματα. ἐπεὶ δὲ μεταπεμπομένου παρ' Ἀθηναίων τοῦ Πολέμου δοίδυκα καὶ παρὰ Λακεδαιμονίων, κἀκείνων μὲν τὸν Κλέωνα, τῶν δὲ Λακεδαιμονίων ἐν Θρᾴκῃ τὸν Βρασίδαν ἀπολωλέναι φασκόντων, οὓς ὁ ποιητὴς ὡς κυκῶντας τὴν Ἑλλάδα δοίδυξιν εἴκασεν, οὗτος μὲν εἰσέρχεται δοίδυκα ποιήσων αὐτοχειρί. ἐν τοσούτῳ δὲ μηχαναῖς τῶν περὶ Τρυγαῖον γεωργῶν τὴν Εἰρήνην ἀνελκυσάντων, οὐκ ἄνευ τῆς Ἑρμοῦ συνεργίας, τῶν χειροτεχνῶν ὅσοι μὲν ἢ λόφους ἢ ἀσπίδας ἢ ἄλλο τι τῶν κατὰ πόλεμον χρησίμων κατασκευάζοντες διέζων, κατηφείᾳ συνείχοντο, τῶν ὅπλων ἤδη διὰ τὴν Εἰρήνην γενομένων ἀξίων. ὅσοι δὲ βίον εἶχον ἐκ τῶν εἰρηνικῶς ἀσκουμένων ἐπιτηδευμάτων, οἷον εἰπεῖν δρεπανουργοὺς καὶ χαλκεῖς σμινυῶν καὶ ὅλως γεωργούς, Τρυγαίῳ συγχαιρήσοντες παραγίνονται· μεθ' οὗ κρεοσφαγήσαντες ὡς ἐπὶ δεῖπνον καὶ γάμον κωμάζουσιν. Est hoc, inquit Dindorfius, recentissimi supplementum grammatici, qui argumentum in codice suo mutilum invenerat. — 21 τε τὰ περὶ V. — 22 δέοντα G. δέω V. — 32 ὅπλων γεωργοί, 35 γελλωτοποιούς V. — 36 ἄγαν ἐπιτετηδευμένων conj. Dindorf. Idem 40 καθῆκεν. V. τέθεικεν. — 9 ἐνίκησε ad finem sunt in Ald. — 11 πρῶτον—δεύτερον V. — 13 verba ἡνίκα ἔτ' ἦν ὑποκριτής (ut ἡνίκα ἔτι ἐπὶ σκηνῆς ἦν ap. Procopium Hist. arc. p. 50, C), si recte sic correxi vitiosam codicis scripturam ἡνίκα ἑρμῆν λοιοκρότης, significant Apollodorum eum intelligendum esse qui tum temporis histrio, postmodum poeta fuit : quæ multorum poetarum conditio fuit, velut Cratetis. Apollodorus autem ex obscurioribus ætatis illius poetis fuisse videtur, de quibus nihil præter nomen in grammaticorum notitiam pervenit. Dind.

Arg. II. 23 ἐκτρύχει Kusterus. Legebatur ἐκτρέχει. — 29 δυσφοροῦντος V.

Arg. III. Ἄλλως præscriptum in libris. Φαίνεται ἐν V. — 34 ὁμοίως ὁ Ἀρ. R. V. ὁμωνύμως correxit Dindorf. In Ald. est, φέρεται ἐν ταῖς διδ., ὅτι καὶ ἑτέραν δεδίδαχεν ὁμοίως Ἀρ. εἰρήνην. Conf. Bergk. ad fragm. Aristoph. p. 175 sqq. — 36 δύο εἶπε Ald. — 39 σπ. διά τινα V.

Arg. IV om. R. Ald. Dindorfius : « v. 1. 2 indicavi lacunas. v. 2 Τρ. ἐλθών? v. 3 ὄρνιθ'? v. 4 scripsi Ἑρμῆν. V. μὴν, G. μή. V. κατεπιδείκνυσιν. v. 5 duorum versuum reliquiæ confusæ videntur. v. 8. ἀγρὸν? v. 9 quoque duorum versuum laciniæ, ut videtur. G. τὸ μὲν καθ' ἐπ. v. 10 delendum τήν. Post τἀγαθά nonnulla excidere

SCHOLIA.

1, 15 τελευταῖος G. τελευτὴ V. — 20 ἐν τῷ et 22 προς om. V. τῷ μάττοντι G. et Ald. — 23 τὸ σχολιὸν τοῦ V. Emendavit Bekkerus. — 26 μάζεσθαι R. et Suidas s. Μᾶζα. μάττεσθαι V. Ald. ἄλλως. τὸ μᾶζα περισπαστέον R. V. Ald. — 28 scribebatur φυρασθεῖσαν. θέλει λέγειν R. — 29 κανθάρου V. ἀλλὰ τὸ—κανθάρων τροφή additum ex R. Similiter Suidas. — 32 ἀδύνατον Ald. ἄπιστον Suidas. — 33 διαταχέως V. Ald. — 35 τὰ περὶ αὐτῶν V. τὴν περὶ αὐτῶν G. Post αὐτὸν repetit R. πρὸς τὸν κάνθαρον, omittit vero τοῦ δεσπότου. — 36 τὰς στίφεις R. — 38 ἀναβιβαστέον etc. referendum videtur ad νῦν δή v. 5, quas particulas fuerunt qui νῦνδη scriberent ἐν ἑνὶ τόνῳ, ut refert Eustathius ad Hom. p. 174, 5. Dind. Ἀττικῶς R.

2, 40 αὐτῷ om. V. — 42 sq. sic in Ald., ἀπεχθάνεται τὸν κάνθαρον διὰ τὸ ἅπτεσθαι τῆς κόπρου. — 1 τῆς κόπρου G. τοῦ κόπρου V.

3, 3 sq. in Ald. πρὸς τὸν μεθυόμενον ἔπαιξεν. οὐ γὰρ ὄντως ἤσθιεν. R. V. ὄντος. In iisdem hoc scholion iterum adscriptum post v. 6. Ap. Bekkerum ὡς οὕτω τρώγ. — 4 ἀλλὰ καὶ R. loco priore, καὶ om. altero—5 εἰσὶ V. πεπλασμένως εἰσάγεται Ald.

5 lemma νῦν δὴ habet R., om. V.

6, 14 μήτε R. V. μασσώμενον G. — 16 μήτε R. V. μασησώμενος V. μασσώμενος G.

7, 17 περιειλήσας καὶ περισυρίσας Ald. — 20 ὡς ἂν τὸ σπ. ἐγγ. ἀποδοθείη V. Ald. — 21 ἐγγενήσῃ R. ἐγγενήσει V. Wyttenb. ad Plut. Mor. p. 355, B, p. 183, citat Dindorf. — 22 γενῶνται V. Qui addit, οὐχ ὡς ὄντως οὖν τρώγονται (τρώγουσιν G.), ἀλλὰ πρὸς τὸ μυθευόμενον ἔπαιξεν, ex scholio v. 3. — 26 ἵππων om. V. — 27 δύο ἐκ δεξ. V.

9, 31 ῥήτορας τε V., non G. — 32 τοὺς κόπρους V. — 37 ζητεῖ οὖν Ald.

11, 45 sq. om. etiam G. — 46 τὸ ἑτέρας V. — 47 τρίτης οὖν V. (non G.) Ald. — 51-54 ἐκ δὲ τοῦ—πασχόντων infra post ἐκ τῶν χρωμένων R. Idem ὡς πολλῶν καὶ ποιούντων ὄντων παρ' αὐτοῖς καὶ πασχόντων. Quæ verba bis habet V., altero loco cum R. consentiens, nisi quod ὄντων omittit, altero sic, ὡς ποιοῦντας παρ' αὐτοῖς καὶ πάσχοντας. Ald. ὡς καὶ ποιοῦντας τὰ τοιαῦτα καὶ πάσχοντας. Ex quibus Dindorf. addidit τοιαῦτα. — 1 τοῦ πείθειν R. Hoc quoque scholion bis scriptum in V., uno loco ut editum, altero sic, διὰ τῶν παίδων τετριμμένην εἶναι καὶ ἑτοίμην τῶν χρωμένων (τῷ χρωμένῳ G.).

14, 9 Οὐδὲ V. — 10 ἤδη om. V., qui δυοῖν οὖν. — 11 ὄντοιν τοῖν G. — 14 τοῦ μηκέτι Dindorfius. Legebatur τὸ μηκ. — 17 ἔτι μάττων Lud. Dindorfius. Legebatur ἐπιμάττων. — 18 δὲ ἦν ὅτι, 20 πασικάην V. — 21 τροχοειδές G. τριχοειδές V. ἦρον G. — 23 παυσικάη V. πασικάη G.

17, 25 post πλοίων addit Ald. οἷς προσφέρεται ἡ ἀντλία, καὶ τὸ ἀγγεῖον οὗτος λέγει, ἐν ᾧ ἐφύρα. ἀντλία δὲ ἡ τοῦ πλοίου ἐκροή. καὶ Πισίδης, ἐκ τῶν ἐχόντων τὰς δυσώδεις ἀντλίας. Quæ interpolata ex Suida s. Ἀντλία. — 26 πληρωθέντα Suidas s. Οἷος.

21 τῆς et τῶν μ. ἀποχ. om R.

24, 41 Ἀντὶ τοῦ ἄτριπτον (codex ἀτρίπτων) additum ex R. ἄνθρωπος V. Ald. — 42 ὅπως ἂν χέσῃ
τ
ου ἐσθίει R. — 44 αὐτά om. V.

25, 45-49 βρ. om. R., inferius habens φαύλως ἐρείδει, ἁπλῶς καὶ ἀπεριέργως ἐσθίει. — 45 ἀπεριέργως R. et Suidas s. Φαύλως. ἀπεριεργάστως V. Ald. — 46 συντόνως Kusterus. συντόμως, V. Ald. et Suidas. ἐρεσσόντων G. — 48 συντονως Suidas. Legebatur συντόμως. — 49 ἀντὶ τοῦ σ. καὶ ἐπ. om.
θ
V. Sequitur in R. βρεν δὲ εἶδος μύρου ᾧ χρώμεναι αἱ γυναῖκες μέγα φρονοῦσιν. Glossam σεμνύνεται, ἐπαίρει habet V. — 51 χρείονται V., non G.

28, 53 γὰρ om. V. — 3-6 τὰς μάζας γογγύλας, αἵ εἰσιν εἶδος λαχάνου. καὶ γογγυλίζειν τὸ μεταστρέφειν Ald.

29, 11 Ἐὰν τῆς, 12 ἄρτου δηλονότι (δηλ. om. G.) V. sine κορεσθείς. Ib., δρῶσαι V. (non G.)

33, 28 Οἷον ἐγκύψας et δέ et 29 τὴν om. R. Ald. — 31 δοκοῦσιν ἀπλήστως Suidas s. Οἷον. δοκοῦσι μάλιστα ἀπλήστως V.

34, 34 legebatur διὰ τὸ τοὺς παλαιστὰς μιμεῖσθαι διαιρ. In V. διὰ τοῦ κανθάρου (σκανθάρου G.) μιμεῖσθαι τοὺς παλαιστὰς διαιρούμενος.

36, 49 τῆς τριχιλείας V. παρέλκων G. παρακατεάσων παρέλκων V. . . . . ων R. præcedentibus syllabis obliteratis. Quæ verba glossema esse videntur ad παραβαλὼν τοὺς γομφίους referendum. Corrigendum autem παρακατάσσων. Simile compositum est περικατάσσω, quod περικατεάσσω scriptum est in glossis vetustis. Dind.

38, 7 Δικαίως τὰ om. R. τὰ om. V. τρώγοντα pro ἐστ. et εἰσιν pro ἐστι V. in gl. — 8 οὕτως om. R.

39, 12 τίνος οὗτός ἐστιν om. etiam G. et spatio vacuo V., qui φασὶ, quod om. G. Ald. — 13 μὲν om. R. — 14 ἐστίν om. V.

40, 18 μὲν om. V. ὗας R. καν υἷας V. — 20 τίθασον R. ἀτίθασον V.

41, 22 οὐδὲ τῶν χαρίτων. ἑξῆς V. non G.

42, 28 ὁ om. R., qui παρ' Ἀθηναίοις, quæ verba om. V. — 29 sq. ἢ ἀπὸ—πιπτόντων om. R. — 32 σκατοῖς R. κόπροις Ald.

43, 35 ὡς φιλοκερδεῖς καὶ φιλοδίκους καὶ φιλολοιδόρους Ald. φησι γὰρ om R., qui πάντων. εἷς τῶν θεωμένων V. Ald. — 37 sqq. R. habet σκώπτει δὲ τὸν Κλέωνα. — 38 σκῶψαι διὰ τὸ κανθάρῳ ὁμοίως V.,

« recte, si ὄζειν αὐτόν scribatur. » Dind. — 39 post αὐτῷ addit V. ἢ καὶ ὡς βυρσοπόαις (scr. βυρσοπώλης) πνεῖ. — 40 ὑπόθεσιν ὥσπερ οὐκ ἔδει φήσειν V.

κ θ

46 in V. ἕλληνι α ἰων ἀρχαῖος. Om. G.

48, 52 sq. ἀπέθανε γὰρ ὁ R. — 53 λέγεται om. V. ἢ τῶν ἀνδρῶν κ. R. — 54 addit Ald. ἢ τὸ ἀπόξυσμα τῶν βυρσῶν τὸ μικρὸν, ὃ ἐκβάλλεται ὑπὸ τῶν σκυτέων. — 7 πάπλη δὲ codex. Idem 13 ἠνόρει.

59, 16 τὸ σάρον τὸ κοσμητήριον R. — 17 τὸ πλῆθος om. G. Post ῥύπων addit V. πᾶσαι ποτὲ (τί ποτε G.) οὖν ὦ Ζεῦ. τὸ δὲ κόρει ἀντὶ τοῦ. — 18 τὸ δὲ μὴ κόρει Ald. παῦσαι addidit Dindorfius, ex πᾶσαι in verbis codicis Veneti memoratis : « deinde ποιῶν præter codices etiam Suidas s. Κόρημα. Aldinum μὴ ποίει ab eo positum est qui non animadvertisset imperativum παῦσαι excidisse, quo Suidæ quoque codex caruit. » — 19 καὶ et 20 που καὶ ὁ om. V. πολλάκις om. Suidas, « recte, ortum fortasse ex præcedente που καί », Dindorf. — 21 βουλόμενος hic R., post ἀπολέσθαι V. — 22 σημᾶναι Dindorfius. σημαίνει R. συμβᾶναι V. συμβῆναι G.

62, 23 Ἆρα τί διανοῇ V. Ald. — 27 τρυγαῖος R. Idem τῆς πρώτης.

63, 34 καὶ ἀφανίσας om. V. — 35 ἐκβαλλουσῶν R. et Suidas s. Ἐκκοκκίσας. Ceteri καθαιρομένων· — 38 πρέποντος et ὁ Τρυγ. V.

65, 42 μανίῃ Ald. et V., ut videtur.

68, 45 Ald. δηλοῖ τῷ θέλειν κανθάρῳ εἰς τὰς τοῦ Διὸς ἐλθεῖν αὐλάς. V. ἀρκεῖ γάρ. — 47 τὸν om. R. — 49 τοῦ οὐρανοῦ V. non G.

70, 53 sq. sic in R., τὸ ταῖς χερσὶ καὶ τοῖς ποσὶ βιαζόμενον εἰς ὕψος ἀναβαίνειν ἀναρριχᾶσθαι ἔλεγον. — 2 ἀρρ. ὅ ἐστι κ. R. — 6 sq. παρὰ τὸ — ἀραχνιῶ. Hujus etymologiæ gratia grammatici quidam ἀναριχᾶσθαι simplici ρ scribi jusserunt. Phrynich. in Bekk. Anecd. p. 19, 25 : ἀναριχᾶσθαι : πάνυ Ἀττικὴ ἡ φωνή. σημαίνει δὲ τὸ τοῖς ποσὶ καὶ ταῖς χερσὶν ἀντεχόμενον ἀναβαίνειν, οἷον ἀνέρποντα. οἱ δὲ δύο ρρ γράφοντες ἁμαρτάνουσι. Vid. Hemst. ad Thom. M. p. 61. Verbi simplicis ἀριχῶμαι testem Hipponactem memorat Etym. M. p. 99, 20, compositique ἀναρριχᾶσθαι imperfectum non ἠναρριχώμην, sed ἀνηρριχώμην formari tradit. Mihi probabilius videtur Atticos, nulla habita obsoleti istius ἀριχῶμαι ratione, ἀναρριχᾶσθαι et ἀνερριχώμην dixisse. Dind. Qui scripturam Veneti ἀραχνίω correxit ex Etym. M., ubi Herodianus ἐν τῷ περὶ παθῶν citatur. — 11 καθολικῆς V. καθολικῆς προσῳδίας G. — 12 ἔλεγεν V. — 13 ἀναρριχᾶται δὲ ὥσπερ πίθηκος Suidas s. Ἀνερριχῶντο. — 15 ἐναρτία δὲ λε (λέγει G.) V. Correxi ἐναργεῖ, ut est in schol. Equit. 403, et 601 : ἐναργεῖ δὲ λέξει κέχρηται. Eodem sensu dictum ἐμφαντικῇ δὲ λέξει κέχρηται ibid. 281, et in schol. Nub. 1216. Dind.

73, 27 Ἡρακλεῖ τῷ ἐπὶ τὸν ζωστῆρα, nomen fabulæ aliunde non cognitum. Intelligitur Hercules zonam Hippolytæ petiturus. Πυγμαρίωνι (sic V. et G.), nomen suspectum, cujus ego satis habui terminationem correxisse metri indicio. Quodsi Πυγμαρίων recte scripsi, comparandum nomen Πυγμαλίων. Dind. — 28 λοχαγωγὸς G. Probabilius videtur Dindorfio ἦν τῶν κ. Qui 31 πονῶν corrigendum esse putat. — 32 ἀλλ' οὐδὲ V. Metrum est anapæsticum. Post κάνθαρος excidit οὗτος vel ἐστίν. Dind. — 34 πάνυ Meinekius. Codex πάλαι. — 35 ὅθεν τρέφεσθαι. Reliquiæ tetrametri anapæstici in brevius contracti vel ab scholiasta vel ab librariis. Dind. — 36 λόγος ἐστὶν V. Correxit Meinekius.

76, 49 Εὐριπίδου. ἐκ μεταφορᾶς τοῦ Πηγάσου R. sequentibus omissis.

78, 3 Βούλεται om. V.

80, 8 αἰώρα hæc machina dicitur a Polluce 4, 127. — 9 πολοῦντας Suidas s. Ἐώρημα.

82, 17-23 om. G. — 17 ἀναπαιστική, 18 ἐννέα καὶ τριάκοντα μέτρον, 21 τῶν μετεώρων V. — 24-36 legebatur ἀτρέμας μοι πέτου, ὦ κάνθαρε. τοῦτο δὲ λέγει ἐπιβεβηκὼς ἤδη ὁ Τρυγαῖος τῷ κανθάρῳ καὶ μετέωρος ἀρθεὶς καὶ δεδιώς. κάνθων δὲ κυρίως ὁ ὄνος. νῦν δὲ ὑποκοριστικῶς ὦ κάνθαρε. κάνθαρος δὲ εἴρηται παρὰ τὸν κάνθωνα τὸν ὄνον, καὶ τὸν θορὸν, τουτέστι τὸ σπέρμα. φασὶ γὰρ ὅτι κάνθαρος οὕτω τίκτεται· ἐπὰν εὕρῃ ὄνου κόπρον στρογγύλην, μένει κυλίων τοῖς ποσὶν αὐτὴν καὶ τῷ κυλίειν ἀποσπερμαίνει, καὶ ἐκεῖθεν οἱ κάνθαροι. — 31 ἔπαιξε τὸν κάνθον V. — 32 sic R. et Suidas s. Κάνθαρος. τουτέστι παρὰ τὸν ὄνον V. — 33 ὄρον, 34 τούτῳ τίκτ. V. — 36 γίν. ζῶον V. τὸ ζῶον γ. Suidas. — 38 ὀρὸν Suidas. ὄρον V. κάνθορος Suidas. καθὸ ὄρος V. — 39 ἢ ὁ θορὼν περὶ (πρὸς in cod. Paris. A) Suidas. ὁ θορῶν V. — 40 περὶ τὴν Suidas.

85, 3 περικαυστικόν G. παρακαυστικόν V. Emendandum puto ἱδρῶτος περιποιητικὸν, καυστικόν. Sic αἵματος περιποιητικὸν dixit Eustath. ad Hom. p. 1170, 18. Καῦμα ἰδάλιμον (ex Hesiodi Op. 417) grammatici per ἱδρωτοποιὸν interpretari solent. Dind.

87, 7 μὴ βδέσῃς (codex βλέσης) additum ex R., qui τῆς ἀναπνοῆς, ut Ald

90, 12 τὸν οὐρανὸν V.

92, 15 πέτῃ R. Ald. Alterum καὶ om. iidem et Suidæ codex Paris. s. Μετεωροκοπεῖς. — 16 τὸ om. V. πλάτῃ, 17 θάλ. συγκόπτειν Ald. — 18 μετεωροσοφιστῶν est in loco Nubium. περισκοποῦσι Suidas, ex quo 19 δὲ additum. — 20 πτερυγίζεις καὶ ἐντεῦθεν V.

95, 24 δὲ om. R. πέτη R. Ald.

96 sic R. et Suidas s. Φλαῦρον. ἀναιδὲς, δ., φλ. Ald. φλ., ἀναιδὲς, δ. V.

97, 27 sq. Ὅμηρος ... δης ὀλόλυξαν R. reliquis omissis. Scribebatur ἀλλ' εὔχεσθαι, et Εὐριπίδης ἔρχεσθαι. « Quæ correxi. In verbis Euripidis fortasse ὀλολύξατ', si quid tribuendum fragmento scholii Ravennatis ὀλόλυξαν. » Dind. — 29 ἔλθη θεὰ, χρυσῆν Seidlerus. ἐλέχθη (θελχθῇ anonymus) θεὰ ἡ χρυσὸν V.

99, 31 scribebatur Λαυρὰς. ἐκάλουν om. R. — 32 ἦν. τοὺς Ald. ῥυπαροτόπους V. — 34 Ald. κάνθαρον, καὶ κατασπάσωσι κάτω δυσωδίαν πνέοντα.

107, 41 Λακεδαιμονίους R. — 43 τῷ Μήδῳ aptius post ἀπαγγέλλοντας collocabitur. Dind.

108, 48 τῶν πόλεων Ald. — 49 αὐτοὺς οὔτε πορεύσει ὑφ' ἑαυτῶν V., ex scholio v. 109.

114, 22 ἦρ', 23 τὸ ἐξ V. Idem ἄρ' ἔτυμος. Perierunt hæ literæ in R., qui φάτιν. V. φάτειν. — 24 εὗρον R. pro ἔγνων. Αἴολος V. (quod ex Αἴολε σ' corruptum esse posse animadvertit Dindorfius), om. R.

117, 25-27 sic in R., ἀντὶ τοῦ μετὰ ὀρνέων — ἀπιόντες. δεὸν [sic] εἰπεῖν εἰς οὐρανόν. — 26 τῶν om. R. Ald. ὅτι addidit Dindorf. — 29 τοῦτο V. — 36 πρὸς τὴν codex.

121, 42 post ἐχρήσατο ponit R. — 43 ἄλλως V. ἀντὶ τοῦ Ald., quod om. R.

123, 51 post λεγόμενον quæ exciderunt, ex scholio Aldino suppleri possunt. — 53 εἰ — αἰτεῖ V. ἢν ὁ παῖς οἶνον αἰτῇ, κόνδυλον αὐτῷ δίδου Suidas s. Κόνδυλον. — 1 κόνδυλον V. Demetrii lectionem sequi videtur Photius p. 129, 15 : κάνδυλος (κάνδυτος codex): σκευασία ὀψοποιικὴ μετὰ γάλακτος καὶ στέατος καὶ μέλιτος. ἔνιοι δὲ διὰ κρέως καὶ ἄρτου καὶ τυροῦ. οὕτως Ἀριστοφάνης. Quem locum fortasse non debebam inter fragmenta ponere 624. Dind. — 3 addit R. κολλύρα δὲ τὸ ἔλαττον τοῦ ἄρτου.

124, 6 εἰς addidit Dindorfius.

125, 9 sq. οὐ γὰρ — ἀνέλθῃς om. R. — 13 sqq. Insanabilis est locus Euripidis, ex quo plura excidisse manifestum est. Codex 14 κράτ, 15 πορεύγει. G. πορεύει. βαρυστόνῳ conjeci in Thesauro HSteph. vol. 2, p. 433, A. πτηνὸς πορεύσει non liquet utrum tragici sint verba an Aristophanis ex versu proximo. Dind.

126, 16 νηὸς, 17 ναῦς V. Ald. λέγεται — πτηνόν infra post ὡς εἰς ναῦν ponit V., illa autem πῶλον κάνθαρον omittit. — 19 δὲ om. V. — 20 ποῦ δὲ περαιωθήσομαι qui legerunt, πῶλος delere debuerunt. Dind. ὡς εἰς ναῦν om. R.

130, 27 ἕως οὗ ἦλθε Ald. — 31 ἀνέστη V. ἀνείη R. ἀνέστηκεν Ald., quæ ἀποσοβήσων cum V. — 32 ὁ πρὸς R. — 33 ὠφέλεια V.

134, 38 νεόττια V. νοσσία Ald.

136, 39 πρακτικώτερος om. R. — 40 et 42 δὲ om. R. V., ἅμοω om. R.

141, 47 ἐπειδὴ et ἐκνήχεσθαι R. νήχεσθαι Ald., quæ post δύναται addit διαβάλλει δὲ τὰ περὶ Ἴκαρον παρὰ τῶν τραγικῶν λεγόμενα. — 52 ἐξαπατῆσαι Suidas s. Τραγικώτερος. V. ἀπ. καὶ ἐξὸν γ

142, 2 ἐστι κῶς τὸ V. ἐστὶ κυρίως τὸ G.

143. Scholion Aldinum est πλοῖα ἦν οὕτω λεγόμενα, κάνθαροι, ἐν Νάξῳ γινόμενα τῇ νήσῳ. καὶ Κνιδουργεῖς δὲ ἄλλας ναῦς ἀπὸ Κνίδου. καὶ τὴν Κέρκουρον ἀπὸ Κερκύρας, καὶ τὴν Πάρωνα ἀπὸ Πάρου. — 6 συμμικὸν (συμμικτὸν G.) τρόπος τρόπων φησὶν V. Apud Suidam s. Ναξιουργὴς de hac scholii parte nihil superest præter verba Κρατῖνος δὲ λέγει. Σαμιακὸν τρόπον ex Archilochis Cratini memorat Photius p. 498, 10, quocum comparetur Hesychius. De utroque dixit Nækius De Chœrilo p. 155. — 10 εὑρούσας correxit Dindorf. ex Suida et πόλεις addidit ex eodem. εὑρόπας V. εὑρίπας G. — 11 ἀρχιτεκτονίας ἐποίουν Suidas. ἀρχιτεκτονικὰς V. — 13 Κνιδιουργεῖς ἀπὸ Κνίδου libri Suidæ præter Paris. A. καὶ κέρκυρα Suidas. — 15 scribebatur κάνθαρος. Bekkerus : « Hujus vocis prima syllaba a correctore est, secunda non α sed η habuisse videtur. Neque εἶπε πλοῖον voces sunt a prima manu. » — 16 καὶ additum ex Suida. — 17 ὡς καὶ R. διὰ τούτου V.

145, 22 scribebatur κλειτούς. — 25 sq. Καλλικράτης — ἢ Μενεκλῆς. Conf. schol. Av. 395. — 26 περὶ α^{θ} γράφει V. Fortasse corrigendum Ἀθηνῶν συγγράμματι. Dind. — 27 scribebatur κλειτοὺς. — 28 ὁ καν^{θ} V. κάνθαρος G. — 29 vocis ἑξήκοντα loco desideratur verbum aliquod, ut ἐξήσκητο vel ἐξῳκοδόμητο. Dind. — 31 ἦν οὗ ἐκρ. V. — 33 καν^{θ} (κάνθαρος G.) λιμὴν οὐχὶ κανθ V.

147 V. præterea habet glossam πρὸς τοὺς θεατάς φησι, om. G. — 37 λόγος ἡ ὑπόθεσις ex hoc loco petiit Suidas s. Λόγος. V. hæc sic habet, ἡ υ^{πθ} δὲ λ^{ε}. — 39 sq. Ἄλλως. ἀποτείνεται om. R., in quo est διότι δρᾶμα ἐστιν Εὐριπίδου Βελλεροφόντης, ἐν ᾧ χωλὸν etc.

153, 48 ὅτι om. R. — 49 οὕτω .... Ἀττικοὶ R. κατωκάρα λέγουσιν Ἀττικοὶ V. κατωκάρα λέγεται Ἀττικῶς Ald. — 50. Post ὑφ' ἓν in R. nonnulla sunt obliterata; tum sequitur ἀντὶ τοῦ νεμηθήσεται, τρς φήσεται. Quæ sic restituenda esse arbitror, τὸ δὲ βουκοληθήσεται ἀντὶ τοῦ μεθήσεται, ἀποστραφήσεται. Dind. δεσμοῖσι δέδενται Suidas s. Κατωκάρα. δεσμοῖσιν δέδεντε V. — 52 Ἡρωδιανός. Joann. Alex. Τον. παραγγ. p. 29, 23, citat Dind. — 53 τῇ ὁδῷ ἢ V. Ibidem βουληθεὶς et Bekkeri et Dindorfii editiones. Post scholion de κατωκάρα

sequitur in Ald. βουκολήσεται, ἀκατήσεται. καὶ βουκόλημα τὸ θέλγητρον· ὡς τὸ (Babriæ), καὶ ὅπως ἔχῃ τι βουκόλημα τῆς λύπης, ἀνέθηκε τοῖς τοίχοις ποικίλας γραφὰς ζώων. Quæ inserta sunt ex Suida s. Βουκολήσας.

154, 6 χρυσεοχάλινε, 8 διπλῇ δὲ εἴσθεσις codex. Fort. δὲ καὶ εἴσθεσις. Idem περίοδον ἀναπαίστους, 9 ὀκτὼ καὶ τριακοντάμετρος. Ald. ἔκθεσις, 12 εἰσθέσει.

162, 21 κάχην R.

165, 24 ἐμπορεῖον V. Ald.

166, 27 codex ἐπιφορήσει.

168, 31 ἐν τοῖς Suidas s. Ἕρπυλλος.

169, 40 τέλεον V.

171, 43-45 in Ald. τοῦτο ὡς ἐκ παροιμίας τῶν Ἀθηναίων ἐκ προφάσεως. — 44 εὐρυκόπρων V. — 48 sq. ὀσμήν. κωμῳδεῖ δὲ Χίους ὡς εὐρυπρώκτους ὄντας καὶ ἑτοίμους πρὸς τὸ ἀποπατεῖν Ald. — 49 τῶν πολεμίων R.

174. Ante hoc scholion legitur in Ald. οἴμ' ὡς δέδοικα, πρὸς τοὺς ἐν τῷ θεάτρῳ μηχανοποιούς. Male huc relata sunt τουτέστιν — Βελλεροφόντην, quæ interpretantur verba κοὐκέτι σκώπτων λέγω. — 1 δὲ om. R.

175 γρ. καὶ πνεῦμα R.

180, 6 ἔκθεσις V. — 9 sq. να', post v. 230, λη', post v. 268. Qui locus quum parum aptus videatur ejusmodi interjectioni, videtur in numero erratum esse. Dind. — 13 Ἑρμείας et ἤδη καὶ V.

185, 19 μάλιστα om. G. ὑπὲρ τοῦ V., non G.

190, 30 Τὸ μὲν γὰρ V. — 31 παρὰ τὴν τρύγα et γεωργοῖς V. Ald. — 32 scribendum videtur οἱ μὲν τῆς.

192, 37 τὰ κρέα om. V.

193, 39, 40 diversa scholia sunt. — 43 est lemma γλίσχρον in R.

194 Ἀντὶ τοῦ φιλ. R.

196, 52 μετῴκισαν R. γάρ φησιν ὅθεν δι' ὑμᾶς V.

199, 3 legebatur σφηκίων. — 4 κοιλαίτατον Ald. 6 legebatur μέχρι τοῦ. Correctum ex scholio inferiore. δὲ om. R., qui φασὶ κύτταρον. — 11 σφηκίων V. σφηκῶν Suidas s. Κύτταρος. σφηκιῶν in scholio Vesp. 1111. — 14 sqq. Satis inepte florem masculum auctor scholii descripsit, nisi verba sunt vitiosa. Schneider. ad l. Theophrasti vol. 3, p. 145. — 16 οἷον Suidas s. Κύτταρος. οἳ V.

202, 23 γὰρ om. V.

207, 29 παροῖεν V. non G. αὐτοῖσι V. — 31 ἀντὶ τοῦ repetitum ante ὅσον in R.

212, 41 πολέμου οἴχεται, 43 ἢ ὅτι ἐν V. — 51 ἐμνημόνευσεν post Λακώνων ponit G. — 1 οὐ τὴν τυχοῦσαν G. οὐ γὰρ τυχοῦσα V.

214, 12 Οὕτω τοὺς V. Ald. — 16 legebatur εἰ μὲν. — 17 κρατήσωσιν V. κρατήσουσιν, 19-21 δίκας. εἰ δ' Ἀθηναῖοι νικήσουσιν, εὐθέως ἀντιφθέγξονται Λακεδαιμόνιοι. καὶ εἰ ἔλθωσι μετὰ τὴν ἧτταν εἰρήνην ζητοῦντες οἱ Λακεδαιμόνιοι, λέγουσιν Ἀθηναῖοι, ἐξαπατῆσαι Ald. — 22 ἐπεὶ νικ. V.

215 in Ald. εὐτελίζοντες καὶ ἐνυβρίζοντες τοὺς Ἀθηναίους. ἢ πρὸς τὸ Λακωνικὸν ἔπαιξεν.

218 in Ald. ἐχρῆν μόνον αὐτοὺς τὴν πάτριον ὀμόσαι. ἀλλ' ἐπαίρων τοὺς Ἀθηναίους τοῦτό φησιν, ὡς οὐκ Ἀθηνᾷ μόνῃ χρήσαιντο, ἀλλὰ καὶ Διί. — 30 αὐτὴν V., qui 31 γὰρ om. « Malim λέγω δή. » Dindorf.

219, 38-49 ἢν ἔχωμεν τὴν Πύλον: τοῦτο διὰ τοὺς ληφθέντας ἐν Σφακτηρίᾳ τριακοσίους καὶ διὰ τὸ ἐπιτείχισμα ὅπερ Ἀθηναῖοι κατέστησαν ἐν Πύλῳ. ὅτι ληφθείσης αὐτῆς, περὶ εἰρήνης πρῶτοι Λακεδαιμόνιοι πρὸς Ἀθηναίους ἐπρέσβευον Ald. ἐὰν πόλιν γρ. λέγει ὅτι καὶ πάλιν ἥξουσι δεδεμένοι τῆς εἰρήνης τυχεῖν οἱ Λακεδαιμόνιοι, ἐὰν ἔχωμεν ἀσφαλῶς τὴν πόλιν. ἄδηλον δὲ ποίαν πόλιν λέγει, τὴν Λακεδαιμονίων ἢ τὰς Ἀθήνας. ἐὰν δὲ γράφηται Πύλος, ἀληθείας μᾶλλον ἔχεται διὰ τοὺς ληφθέντας τριακοσίους ἐν Σφακτηρίᾳ, καὶ διὰ τὸ ἐπιτείχισμα ὅπερ Ἀθηναῖοι κατέστησαν ἐν Πύλῳ καὶ ὅτι ληφθείσης — ἐπρέσβευσαν R. — 40 τὴν εἰρήνην V. Correctum ex R. — 44 ἔχομεν et ἀκαίρως V.

228, 3 θυσία et 5 καὶ et 7 ὥσπερ αὐτοὺς om. R.

234 sic in R., Τρυγαῖον ἀπὸ τοῦ κανθάρου ἀποβεβηκότα ἀπὸ (hoc etiam G.) τῆς σκηνῆς. ἔστι δέ τι καὶ ἄντρον ἐπὶ τῆς σκηνῆς. τὸ δὲ θυσίας ἀντὶ τοῦ σάλπιγγος.

236, 19 τῶν ὑποκριτῶν Kusterus. τῶν om. Ald. — 20 σκ. δὲ αὐτοῦ, correctum ex R., qui αὐτῇ.

241, 32 Συμβολικοῖς et ἀποτιλώντων V. ἀποτιλλόντων G. — 33 ταῦτα δέ R., om. V., qui 34 μείζονα γὰρ ὑπ.

245, 44 ἐπωνυμίαν V. Ald.

246, 47 ταῦτα λέγει V. — 48 γὰρ om. R., qui 2-4 ἅμα — ἅπαξ ἅπαντα supra ante ἡ Μεγαρικὴ γῆ habet. — 4 καταμεμυττωμένα Ald. μεμυττωμένα V.

249, 9 τοῦ τὰ σκόροδα R. — 11 ὅπεισι V

250, 14 ἐμβαλὼν R.

251, 22 πολλάκις Αἰακ., 23 ἐστὶ γείτων V. Qui post πόλις pergit, ὡς ἐπὶ τυροῦ δὲ ὁ Ἀριστοφάνης τῇ λέξει ἐχρήσατο. καὶ Ὅμηρος (κ. Ὅμ. om. G.) — χαλκείῃ. διαφθαρήσεται. διακναίω δέ ἐστι κυρίως τὸ τυρὸν etc. — 24 Ἀντὶ τοῦ om. V. — 25 sq. κνεῖ τυρόν. κναίειν γάρ Ald. — 26 κνήστῃ V. κνήστει G. — 27 τὸ τὸν τυρὸν ξύειν V. Ald. τῇ κνίστιδι R. Scribebatur τῇ κνίστῃ.

252, 30-32 sic in R., χαριζόμενος Ἀθηναίοις τὸ μέλι τούτοις προσένειμεν. ὅσῳ γὰρ καὶ τῶν σκορόδων καὶ πράσων καὶ τοῦ τυροῦ τὸ μέλιτος (scr. μέλι ἐστὶ) τιμιώτερον, τοσοῦτον ἀμείνων. — 34 μέλιτος εἰς τὴν

θυσίαν (μέλιτος τῇ θυσίᾳ G.) ἐμβάλλει (βάλλει V.) V. Ald. — 35 σφάλομεν V.

254, 52 τὸ τετραβολιαῖον V.

259, 7 ἀπὸ τοῦ ἅλας, 8 ἀπὸ τοῦ ὑλεῖν (sic) V. παρὰ τὸ bis Suidas s. Ἀλετρίβανος. Ex quo illata 8-12, καὶ — Καλλ. — 13 ὁ δὲ τρίβανος V.

261, 20 εἰσοικισμένων R. εἰσῳκισθέντων V. — 21 εἰσοικισμένοι R. οἷς πρόνοια τῶν νεωστὶ εἰσοικισμένων Ald.

267 ὡς οἰκ. θεῷ τ. Ἀ. καὶ εὔχεται τῷ Διονύσῳ R. reliquis omissis. — 25 θεάτρῳ τῶν V.

270, 33 τέθνηκεν V.

271, 37 legebatur γυναῖκας αὐτάς. — 38 τὸ ἑξῆς R. — 39 ἀπώλετ' V. ἀπολωλ' Ald.

273, 42 Μυττωτὸν δὲ ἀντὶ τοῦ πράγματα ἡμῶν· ἀντὶ τοῦ, 43 ἐγεῖραι R.

275, 45 Ἀπελθὼν τοίνυν, 46 προσφέρει ὁ Ζεύς V. De quo conf. schol. v. 236 in fine.

277 sic in Ald., οἱ ἐν κινδύνοις γενόμενοι ἐπεκαλοῦντο τούτους τοὺς δαίμονας τοὺς ἐν Σαμοθρᾴκῃ τούς τε Κορύβαντας καὶ τὴν Ἑκάτην. ἐξ ἧς καὶ διαβόητον ἦν τὸ Ζήρινθον ἄντρον, ἔνθα ταύτῃ ὠργίαζον καὶ ἠλευθεροῦντο. — 52 πρὸς ἀλεξιφάρμακον κινδύνων τινῶν Suidas. s. Ἀλλ' εἴ τις. πρὸς ἀλεξιφάρμακα κ. τινῶν s. Σαμοθρᾴκη. — 3 τινὰς om. R. — 4 Ἀλεξάνδρειαν, 5 sq. λιπὼν ἐρυμνὸν κυβάντων (Κορυβάντων G.) σῶν V. — 7 μεμνῆσθαι editiones Dindorfii et Bekkeri.

278, 9 τοῦ Καβείρου Ald. — 11 ἐκ τῶν κακῶν R.

279, 13 λέγομεν. ἄλλως (ἀλλὰ G.) ἀντὶ τοῦ V. δοίδυκα. ὥστε μὴ ὑποστρέψαι αὐτόν R.

282, 22 Τέλιδος V. Πέλιδος G. Conf. Thucyd. 3, 69. — 23 τῆς εἰρήνης V. Ald.

285, 30 παρὰ τὴν (τῶν G.) Λακεδαιμονίων V.

288 ἐγὼ δὲ ἀλετρίβανον λαβὼν ποιήσομαι καὶ μηχανήσομαι V.

289, 35 scribebatur Δάτις. — 36 δὲ om. R. — 44 γὰρ ὡς παρὰ V., non G. — 47 Δάτος V. Δάτις G., 50 Δάτις V. In quo 54 post λόγους sequitur ἄλλως cum scholio Aldino, quod supra legitur 35-38 Δᾶτις — ὁμοιοκατάληκτον. — 2 Καρκίνου, vide schol. Ran. 86.

296, 10 οἱ μὲν γὰρ V. — 11 πονηρῶν G. τριήρων V. τριηρῶν R.

299, 21 ὡς καὶ ἔφη Ἑ. V., qui 22 om. ἐργαλεῖα — ἀνορύττειν. — 23 καὶ παροιμία — σκάφας in Ald. leguntur ad v. 289, post δατισμός, l. 41.

300, 25 δειπνήσοντες Florens Christ. — 27 ὡς ἔλεγε V. ἔλεγον Ald.

381, 37 ἔκθεσις V.

302 εἰς ὁμόνοιαν ἄγει τοὺς Ἕλληνας λεληθότως διὰ τοῦδε τοῦ ἔπους R. reliquis omissis.

303 R. habet φοινικίς χλαμὺς πολεμική. Idem 304 habet μισοπόλεμος. φιλοπόλεμος γὰρ ἦν ὁ Λάμαχος στρατηγὸς ὤν. — 52 ἀντὶ τοῦ Suidas s. Φοινικικῶν. ἀντὶ τῶν V. Ibid. ναυτικῶν Suidas. — 54 ἀπὸ λαμάχου (fort. ἀπὸ Λαμάχου) præmittit V., non G.

308, 4 ἐπιμονὴν, 5 ἠμέλουν V.

310, 9 φυσῶντας V. Ald. — 10 ἀναγείρητε V. ἀνεγείρετε G. δὲ om. R. — 11 γὰρ ναυτικός R.

312, 12 φασὶ V. (non G.) Ald. — 13 εἴη τὸ V. Ald. — 14 δὲ τὴν πόλιν Ald. — 16 σῖτον, 17 λογιζομένοις, 20 χορηγοῦν V.

313, 27 ἀντρόθε V. πατρόθε G. Deinde ex Pindaro corrige Φιλύρας.

315, 36 Ὅτι om. V. Totum scholion om. R.

317, 41-43 κατὰ — λέγειν αὐτὸ om. R. — 42 τὸ om. V. : habet in alio scholio, βέλτιον ἂν εἴη καὶ ἀναγινώσκεσθαι καὶ τῷ ἑξῆς συνάπτεσθαι, ἵνα τοῦτο μὲν εἴη ὁ χορὸς λέγων. κατάστιχόν τε γάρ ἐστι τὸ ἀμοιβαῖον καὶ τῶν ἡδομένων ἀκούειν τὸ ἰοῦ ἰοῦ ἀναφωνῆσαι.

324, 46 φησὶ post ἐμὴν Ald., omittit V. — 47 τὰ μέλη Ald. — 48 χρ. γὰρ R.

333 R. habet ἀντὶ τοῦ συγχωρῶ. — 2 μοι om. V.

336, 6 ἤτοι ἐκδὺς G.

342, 9 post πανηγύρεις addit Ald. κατὰ θεωρίαν παραγίνεσθαι. ἀντὶ τοῦ παίζειν. δὲ ἐκάλεσε G. — 10 legebatur δημοσίων. V. συνθύσαντας καὶ συμπανηγυρίσαντας.

343, 12 παίζειν Suidas s. Κοτταβίζειν. Legebatur παίζειν, τρυφᾶν. τρυφᾶν spectat ad συβαρίζειν. — 13 λαταγεῖα Suidas. ἐνέρριπτον Ald. ἀνερρίπτουν ἐμβ. τι Suidas. — 18 μικρὰ π. ἐν τῇ χειρὶ Suidæ cod. Paris. A. — 20 ὕδατος om. V. Ald. — 21 χαλκοῦν ἦν V. ἦν om. Suidas. — 25 βαρηθῇ R., qui 26 om. κατελθοῦσα. — 27 τοῦ ὑπὲρ V. — 28 ἦν μὲν Suidæ ed. Mediol. χυθῇ sine μὴ V. Ald. — 29 αὐτὸς et 30 κεχρυμμένος om. R. — 31 μάνης Suidas. Scribebatur μανής.

344, 32 sq. Παρὰ τὴν Συβαριτῶν τρυφήν Ald. πεποίηται καὶ (dele καὶ) παρὰ τὰ συβάρια ἐπιφθέγματα (ἀποφθέγματα G. et deteriores libri Suidæ s. Συβαριτικαῖς), ἅπερ ἐστὶ (ἅ ἐστι G.) παρ' Ἐπιχάρμῳ. ἢ παρὰ τὴν τῶν Συβαριτῶν τρυφήν· λέγουσι γὰρ τοὺς Συβαρίτας πολυτελέσι τραπέζαις χρῆσθαι V. — 35 Συβάρεια Suidas. Scribebatur Συβάρια. — 38 συβαριασμὸς V. Ante ἦν deest syllaba una, velut ἄρ' ἦν vel ἐπῆν. Meinek. Hist. Com. p. 151 τότ' ἦν. DIND.

346, 50 Dindorfius addidit εἴσθεσις. — 53 τετράρυθμος V. simplici ρ et reliqua hujusmodi infra. — 1 παιώνια διωνικὰ δίρ. V. — 6 τις om. V. Idem τύχη .... ρους οὗ ἡ μὲν V., erasis aliquot verbis. Idem supra ad v. 337 διπλῇ· ἕπεται γὰρ μέλος ἀπὸ προ .... reliquis erasis : unde veram lectionem concinnavi. Tota autem adnotatio,

quam om. G., referenda ad v. 337-345 μή τι — κεκραγέναι. Dind. — 7 πρόοδος ἐστὶν ἐκ διστιχ V.

347, 25 στρατηγήσας om. Suidas s. Φορμίων. Idem λιτὸς δὲ ἦν καὶ, et 27 ἐξησκημένοι, et 28 Ταξιάρχαις, omittens 29 sq. παρ'—φησίν. μανθάνων Bergkius Comment. de Com. Att. p. 361. Legebatur μανθάνω.— 30 στρατηγιῶν conjecit Meinek. Com. I, p. 526.— 31 κοίτην excidisse putat Meinek. l. c. p. 528. στιβάδας Bergkius l. c.; quo recepto lacunæ signa delenda erant. Codex στιβάδος. φάγοιμι Suidas. φύγοιμι et ἐξ ὅσου Suidæ cod. Paris. A : reliqui libri ἐξότου. φύγον Suidas. φάγον V. Sequentia om. Suidas. — 34 ρ' μνᾶς et 38 ρ' μνῶν Bergkius. Vide Bœckhium ap. Meinek. p. 527 sq. Edebatur ῥάμνους (ῥάμνας V.) et ῥάμνων. — 34 εὐθύνης G. εὐθύμης V. — 38 μνῶν θυσίαν τοῦ Διονύσου Bœckh. l. c. — 42 Ἀταλάντῃ infra post Κρατῖνος lectum huc transposui, indicata illic lacuna. Nam Atalanta Strattidis fuit, Cratini vero fabulæ nomen excidit. Dind.— 45-47 in R. est τὰς χαμευνίδας ἃς ὑφίσταντο οἱ πολέμιοι. περὶ δὲ τοῦ Φορμίωνος πολλαχοῦ εἴρηται ὅτι ἀγαθὸς ἐγένετο στρατηγός. καὶ ἐν ταῖς [sic] Ταξιαρχαῖς δὲ φέρεται ὡς ἐπίπονος R.

353, 2 εἰς τὴν πόλιν Ald. τὸ et δὲ et 4 τινὲς om. R.— 5 ἐγένοντο V. διὰ τὸ πᾶσα κεῖσθαι R. — 6 τῶν μάλα libri Suidæ deteriores.— 7 δὲ δορὶ σὺν ἀσπίδι codex. Ib. Ἀχαιοῦ ἐκ Μώμου. Idem tradit schol. Vesp. 1081. Chœroboscus Bekkeri p. 1364 : τὸ σὺν δόρει σὺν ἀσπίδι, ὅπερ Ἀριστοφάνης παρεμφαίνει ἐν Εἰρήνῃ ἐν Μώμῳ Σοφοκλέους προκείμενον, ὡς ἀπὸ τοῦ δόρος ἐστίν. Achæi tragœdiam Μῶμον aliunde non novi : contra Sophoclis Μῶμος ex aliquot scriptorum testimoniis cognitus est. Dind.— 9 δορὶ codex.

362, 15 τούτων R. et om. λέγει.

363, 21 χρεωπωλεῖν Ald. — 27 Κιλικῶν V. hic et infra præterquam in locis tribus postremis. Κιλλικών dicitur apud Suidam s. h. v., Καλλικῶν s. Πονηροῖς, et Καλλίκων s. h. v. ὁ γάρ Dindorfius. Legebatur οὐ γάρ. — 29 Θεόπομπος Prellerus De Polemone p. 59.— 31 εὕρων [sic] φασὶν αὐτὸν V. εὗρον αὐτὸν φησὶ G. — 32 μέλλει Suid. s. Κιλλικών.— 37 χρεωπωλεῖν codex.— 46 Θεόγενες V. et Suidæ codex Paris. A (qui θεογενές). Correctum ex scholio Ravennate et tribus Suidæ (s. Πονηροῖς) codicibus. Θειάγενες Suidæ ed. Mediol. κόψῃς R. κόψας V. κόψαις Suidas. Καλικόωντος V. Καλλικόωντος Suidas. Recte schol. Rav. — 49 πυνθανομένου Suidas. πυνθανόμενον V. — 50 Καλλίκων V. Καλλικῶν Suidas. Deinde παρὰ τὴν παροιμίαν scribendum putat Dindorf. — 2 Κιλίκων Suidas s. h. v. τροφῆς G. — 4 δὲ om. R. — 5 καὶ Λάκων Κιλλ. Schneiderus De scholl. Ar. p. 92. οἷς προδ. V. — 7 ἐπήγαγεν ἀλλ' V.— 8 addit R. ὕστερον μὲν οὖν παρὰ Θεαγένους εἰσῆλθεν ὠνησόμενος κρέα, κἀκεῖνος ὑποδεῖξαι ἐκέλευσεν πόθεν κόψαι θέλει. προτείνας δὲ τῇ χειρὶ (προτείναντος δὲ τὴν χεῖρα Suidas s. Πονηροῖς) ἀπέκοψεν τὴν ἑαυτοῦ (scrib. αὐτοῦ) χεῖρα καὶ εἶπεν, ταύτῃ σου τῇ χειρὶ οὐ μὴ προδώσῃς πόλιν ἑτέραν. μέμνηται καὶ Καλλίμαχος, « μὴ σύ γε Θειόγενες κόψῃς χέρα Κιλλικόωντος. »

364, 10 scribebatur ὅταν. — 11 ἡμέραν om. V. spatio vacuo, G. sine spatio. — 12 τῷ κληροῦντι, 13 ἡμ. δὲ, 14 ἐπειδὴ, 16 δικαζομένων V. et 17 om. ὅτι.— 18 ποιήσεις G. ποιήσῃς R. V.

365, 21 τὸ πρ., 22 φησι δεῖν καλεῖ V. δεῖν φησι καλεῖν G. φησι καλεῖν δεῖ Ald.

369, 32 τὸ ἐπιτρίψαι V. Ald.

370 Ald. πάλιν—ἐχρήσατο, ὡσανεὶ τῷ τελείῳ, τὴν ὀργὴν αὐτοῦ καταπραΰνων. παίζων οὖν εἶπεν. — 36 τὴν θεὸν, τὸ γελοῖον V. τῷ γελοίῳ G.

374, 47 λέγει. δεῖ γὰρ μυηθῆναί με πρὶν τεθνηκέναι. πρὶν R.

376, 52 ὁ om. R.

380, 3-7 ἐπίτηδες τραγικοῖς—λακήσομαι (λαικήσομαι), ἀντὶ τοῦ σαφηνιῶ, ὅ ἐστι δηλώσω. τορῶς γὰρ σαφῶς καὶ ἀκριβῶς ἀντὶ τοῦ ἀφ. R. — 4 διαβάλλω V. — 9 τοῦ ἀφανίσας R.

389, 32 εὐεργετήσας R.

394, 33 Ἴσως om. R.— 36 prius καὶ om. V.— 37 ὑπὸ τοῦ V. 38 ἐπιλαμβάνεται Suidas s. Εἴ τι Πεισάνδρου. λαμβάνεται R. V.

398 R. habet ἀντὶ τοῦ κοσμήσομεν· ἐστὶ δὲ αὐτολογία.

402 sic in R., αἰνίττεται—κλέπτοντας. λέγει δὲ παρ' ὑπόνοιαν ὡς τοῦ Ἑρμοῦ χαίροντος ταῖς κλοπαῖς. οὕτω γοῦν σε τιμῆσαι προαιρούμεθα φησὶν ὅτι—ἐν ταῖς κλοπαῖς προσέξομεν. — 52 προαιρούμενος V. — 2 sq. αἰνίττεται δὲ R. Ald.

404, 5 ἐπὶ om. R.

406, 8 scribebatur διοσημείας. — 9 γενομένας om. R. V.

407, 14 τῶν et 15 εἰς om. V. Legebatur ἀπόνοιαν, quod correctum ex scholio Ravennate.

410, 19 Ὅτι οἱ β. V. — 20 post ἱστορεῖ addit V. Ald. εὐφυῶς δὲ (δὲ om. V.)—διὰ (τὰς add. V.) στάσεις—διαφθείρει, quæ scholio v. 406 addita sunt auctore R. Ib. ἐπιεικῶς—(24) σελήνη duobus locis habet V., qui loco primo om. 21 μᾶλλον, et 22 præbet διὰ τούτου δὲ καὶ, altero διὰ τοῦτο δὲ καὶ, 23 primo loco νενόμιστο.

413, 25 Ἡμ. τῶν ἀπολομένων R., qui 26 θυόντων. διὰ (id est λείπει διά in verbis ταῦτ' ὅπ. Dind.) ἀντὶ τοῦ διὰ ταῦτα.

414 R. verba τοῦ κύκλου δὲ ὅτι ἐπειδὰν ἴσαι— παίζων ponit infra post ἡνιοχείας, l. 38. — 20 R.

διὰ ταῦτα Ald. διὰ ταῦτα glossema est ad ταῦτ' ἄρα adscriptum. Dind.— 30 ἐπὰν V. ἐπᾶν G. ἐπειδὰν R. Ald., quæ 32 ἐκλέπτετον.

415, 34 Ἡρόδοτος, 35 τιθέασι, 37 φειδόμενος V.

418, 39 καὶ om. V.— 41 δύο ἐτῶν R., qui 42 καὶ οὐ et sequentia ut novum scholion habet.

419, 48 ἄγομεν R. V.— 49 Διιπόλεια Ald. Διιπόλια et ἢ πολλοὶ V.— 51 τῶν πελάνων καὶ τῶν τοὺς βοῦς Ald.

420 Τὰ Διιπόλεια R. V. Τὰ Διιπόλια Ald. τὰ Ἀδώνια Ἄδωνι καὶ Ἀφροδίτῃ R.

421, 3 δρώντων V., non G.

422, 10 ἀλεξίκακον V.

425, 15 ἐλεήμων et δέ post ὑπόνοιαν om. R.— 16 ἀεὶ καὶ ἐλ. Ald.— 17 τῶν post εἶπε om. V.

426, 19 ἐν om. V., qui ἐκθέσει cum Ald.

431, 31 πρ. θύσον, 32 τοῦδε ἐ. ἑξόμεθα V. ἑξώμεθα corruptum fortasse ex ἐχώμεθα. Conf. Lobeck. ad Phryn. p. 721. Dind.

432, 34 ἢ om. V.— 35 ὁρμήσωμεν G. Ald. προείρηται ἐν R. — 36 φιαλεῖν Ald.

435, 2 Μελησίππου. Narratio hæc sumpta ex Thucyd. 2, 12.— 47 κακῶν V. pro λοιπόν.

437, 1 ἀντιλαμβάνοιτο Ald. R., qui σχοίνοις.

440, 11 ἄνθρακας (quod om. R.) λέγει Ald.

441, 13 καταρώμενος om. R.

443, 16 sic etiam Suidas s. Ὠλέκρανον. ἀγκῶνα, ἢ τὸ ἐπὶ τῇ Ald.— 18 ἀσπίδα μὲν τὰ V.— 19 οἱ, 20 μᾶλλον, 21 λέγονται om. V.— 22 ὅτι ἐπικαμπὲς τῶν χειρῶν καὶ ὀξὺ λέγει τὸν ἀγκῶνα V., omisso φαμέν.

446, 32 φανερῶς V. Ald.

447, 34 ἄλλου V. Ald. — 35 φησι R. τοὺς μεταβολεῖς φησίν Ald. τοὺς μεταβόλους φασί V.

448, 37 νῦν συνήθως τὸ V.

450, 44 sqq. Inepte ab scholiasta comparari quæ de Alcibiade narrat Thucydides, ex temporum ratione manifestum est. Eodem modo errat schol. v. 451. Dind· — 46 πειθομένοις Ald.— 49 ἔτι om. V.— 51 παράσχηται V.— 52 pro ἰδίᾳ legebatur διὰ τὸ. Correctum ex Thucydide. ἀπολαμπρύνεσθαι Ald. ἐλλαμπρύνασθαι apud Thucydidem.— 53 μὴ ἀρνουμένων τούτων V.— 2 νομίζων Ald.

451, 5 ἐπιτειχίσαι om. R.— 7 vide ad schol. Nub. 46.

453, 12 Callimachi locus est ex Hymno in Apoll. 100.

456, 21 τῶν αὐτῶν ἔργων V.

459, 31-44 in V. est διπλῆ καὶ ἔκθεσις ἀμοιβαίων τοῦ χοροῦ καὶ τοῦ ὑποκριτοῦ ἐν ἐπεκθέσει καὶ παρεκθέσει, ἧς τὰ πρῶτα ε' κατὰ κώλων. ἔχει γὰρ ἄλλα γὰρ (γὰρ om. G.; scrib. ἀλλαγὴν) τῶν προσώπων δέ ἐστι (scr. ἔστι δὲ) τὸ μὲν πρῶτον καὶ γ' τρισύλλαβα κατὰ παλιμβάκχειον. τὸ δὲ β' παίων πρῶτος, τὸ δὲ δ' ἤτοι δακτυλικὸν διπλοῦν ἢ τροχαϊκὸν πενθημιμερὲς εἴη ἄν. τὸ ε' διπλοῦς παλιμβάκχειος. Tum ad v. 463, τὰ ἑξῆς τρία ἐν παρεκθέσει ἀναπαιστικὸν δίμετρον ἀκατάληκτον ἓν καὶ καταληκτα (ἀκατάληκτα G.) β'. Ad 466, εἶτα ἐν ἐκθέσει τρισύλλαβοι κατὰ πόδα κρητικόν. Ad 469, εἶτα ἐν ἐκθέσει ἀναπαιστικὸν πενθημιμερές. τὰ ἑξῆς δύο ἀναπαιστικὰ ἐν εἰσθέσει (ἐν εἰσθέσει om. G.) δίμετρα ἀκατάληκτα. Ad 472, ἐπεκθέσει καταληκτικὰ δίμετρα. — 31 ἔκθεσις Ald. — 45 Ἑρμῆν δὲ V. Ald.— 46 βαρβάρους τι R., quod præferendum fuisse videtur.

465, 2 καὶ ὑπερηφανεύεσθε additum ex R. et Suida s. Ὀγκύλλεσθαι·

466, 6 γὰρ τοῦ V. Ald.— 7 Ἀλκαίου Palmerius. ἄλκην V. Ἀλκιβιάδου R. Ἀλκμαίωνος Ald. Vide Thucyd. 5, 17. σπονδὰς αὐτοῖς Ald.

472 ἀπελλέγχων R.

474, 22 εἰσφόβητρον R. sine τὸ, 23 μορμολύκια idem, qui τὰ ante τραγ. omittit cum Ald.

476, 31 Ἐπεὶ ἄρα κατ.— 34 ἀλλ' ἐνετρύφων R. διαφθειρομένοις V. Ald.

477, 41 ἀντεμφαίνει V. ἐμφαίνει Ald.— 44 τρυχομένων V.— 47 scribebatur ἐπαμφοτερίζουσιν. ἐκποδὼν V.

479, 50 sqq. Scholiastæ interpretationem recte reprehendit Palmerius p. 451 seq. Commentariorum ed. Lips.— 53 ἕως ὅτ' R. ὡς ἔτι apud Thucydidem.— 4 ὁμοίως φησὶ V. Ald. Correctum ex Thucydide.— 5 ἤρξατο, 6 οὔπω μὲν V.— 7-9 μάλιστα—γένηται non leguntur apud Thucydidem. ταῦτα om. V., διὰ om. R.— 11 sq. τριακοσίους τοὺς et 6 τῷ ξύλῳ—κούσπου om. V. De κοῦσπος vide Ducangium.

481, 15 βαρ. φορούντων Ald.— 17 πεπιέσθαι Dindorfius. Legebatur πεπεῖσθαι.

482, 20 γλίσχρον—ἔλεγον R.— 24 περιτρώγουσι Suidas s. Σαρκάζων. Idem τῷ δοκεῖν. Scribebatur τὸ δοκεῖν.—25 ἐστιν et 28 τῶν et 31 ἂν om. V.— 32 σαρκῶν κύων λιμῷ Schneiderus in Lexico. Legebatur σαρκοκύων λιμόν. Hesych.: Σαρκῶν: σεσηρώς. Fortasse autem transponendum κύων σαρκῶν λιμῷ. Dind. — 34 ἑαυτοῦ G.— 38 Σαρκάζοντες δὲ οἷον R. Idem συνοίγοντες. — 41 διὰ γὰρ τοῦτο R. Ald.— 44 αὐτῆς R.

483, 53 ἐπεξιοῦσιν et παρ' αὐτῶν Ald.— 54 πολυορκίας (sic) V.— 1 Νισαίαν Kusterus. νεικείαν V. νικίαν Ald.

493 τῶν ἡμέρων R., qui καὶ κατετέλουν omittit.

496, 22 lemma κακὸν εἴτινες correxit Dindorfius. Οἷον ὡς κακόνοι ἐχθροὶ R.

497 in R. ἀντὶ τοῦ οἱ ἐπιθυμοῦντες. μεταφορικῶς ἀπὸ τῶν κυουσῶν γυναικῶν καὶ ἐπειδὴ ἀδηφάγον τὸ ὄρνεον ἡ κίττα καὶ περίεργον εἰς ἐπιθυμίαν. In V.

παφλάγον (sic) γὰρ τὸ ὄρνεον ἡ κίττα ἐξ ἧς μετῆκται (μετήνεκται G.) εἰς τὰς κυούσας τὸ κιττᾶν.

500, 34 Μεταφορικῶς βαδ. V. βαδίζετε R. — 35 τὸ ἐς κόρακας om. V.

502, 38 sic R. αἰτίαν δὲ εἶχον ἀρχηγοὶ V. Ald.

505. De scholiis ad v. 505 hæc habet Ald.: ἐν οὐδενὶ ἱκανοὶ ἐστὲ πλὴν ἐν τῷ δικάζειν. δέον δὲ εἰπεῖν ἀντὶ τοῦ δικάζετε ἐμποδίζετε. — 48-52 οὐδὲν πρὸς—ποίημα habet etiam R. — 52 διαβάλλει V. — 1 Dindorfius scribendum putat κατὰ τὸ ἀδιάφορον vel τῷ ἀδιαφόρῳ.

507, 13 ἔκωπτον V. ἔκοπτον G.

509, 25 διὰ—ἔργον om. G.

517, 38 οὕτω γὰρ V. Ald.

522, 53 σου R. V. τοῦ Ald. — 2 γε καὶ μέχρι R. ἐστέρηνται V. χρημάτων Ald.

523, 3 σὺν τῇ Ὥρα V. Ald.

527, 9 πλέγματα στρατιωτικά, τούτων καὶ V., qui τῶν om. — 13 πλέκος, πλέγμα. τοιοῦτος γὰρ ὁ γρύλιος πλέγματι σκευοφόρον στρατιωτικὸν V. et partim Ald. — 14 ἀποτίθενται R. κατετίθεντο V. Ald. et Suidas s. Γύλιος. κρόμυα R. — 15 καὶ om. V. Ald., quæ non habet οὖ — γύλιόν τι. Ἡράκλεις πνῖγος γύλιόν τι om. R. Verba corrupta, quibuscum aliquid similitudinis habet mimus Sophronis ab Eustathio ad Homer. p. 561 memoratus ex Herodiano, Ἡρακλῆς ἠπιάλητα πνίγων. Apud Suidam scriptum est ἔστι δὲ καὶ ζῷον ὁ καλούμενος χοιρογρύλλιος. λέγεται δὲ καὶ ὁ Ἡρακλῆς γύλιος· καὶ γύλιον ἀγγεῖον πλεκτόν. Dind. — 16 ἔστι δὲ om. R. χοιρογρύλλιος Suidas χοιροχρύλλιος (γ superscr.) R. χοιρογρύλιος Ald. χοιρόγλυος V. χοιρόγρυλλος G. et correctus V.

528 lemma πλέκος addidit Dind. — 18 Ἐσχημάτικε δὲ ὡς, 20 Τηλέφου ἢ Τληπολέμου codex.

529, 22 ἀπεψείας Ald. Ἀπεψίας—ἐρυγή et δὲ et 25 τὸν om. V., qui πόλεμον cum Suida s. Κρομμυοξυρεγμία. πότον Ald.

531, 34 πάντων R. πάντας V. — 36 καὶ εἰ V. — 41 γενεᾶς ἀφθίτου λαχόντες θείου codex. Emendarunt Dindorfius et Bergkius in Dissert. de Soph. fragm. p. 13. — 50 πάντων τῶν ποιημάτων Suidas s. Στρουθός.

534 R. habet glossam ἐχόντων πεύσεις καὶ ἀποκρίσεις. — 54 τὰς πεύσεις V.

535, 4 τῆς ληνοῦ V. — 8 ὅτι om. V.

537, 19 lemma ἀνατετραμμένου χοῶς habet R., qui ἀνακαλυφθέντος, ut Ald. et Suidas s. Χοός. — 20 ὑπὸ μέθης om. R. — 21 τὰ om. V.

538, 23 ἄλλοις πολλοῖς G.

541, 27 Σφόδρα V. et Suidas s. Ὑπωπιασμέναι, qui ὑπὸ τοῦ πολέμου omittit. παρὰ τοῦ V. — 28 περὶ Suidas. παρὰ Ald. καὶ παρὰ V. Deinde Ald. ἅ εἰσιν ἐκκαύματα ὄψεων καὶ κρούσματα. ὑπὸ τῶν ὄψεων om. Suidas, qui κρούματα et 29 κονδύλους φασίν. — 34 ἅπαντας τὰς V.

542, 35 προσθλῶσι R. et Suidæ (apud quem vulgo προσφλῶσι) codices duo. προθῶσι V. — 36 ἀνατρίβοντες V. et Suidas. συντρίβοντες R. — 38 ἐν Ἰφιγέροντι om. Suidas.

549, 52 ἀντὶ τοῦ κατεδ. Dindorf. ἀντεκατεδ. V. Legebatur ἢ κατεδ. — 54 τὸν μέσον τῶν δακτύλων Suidas s. Ἐσκιμάλισεν. — 1 ἐνυβρίσαι idem. — 2 ἐκτείνοντες V.

553, 6 τοὺς om. V

554, 8 Ἀρχαίας ἢ ἀντὶ τοῦ παλαιᾶς R. Scholia v. 555, 556 om. G., 13 φασι om. V.

558, 17 πολὺν τοῦ om. V. χρόνον τοῦ πολέμου R.

561, 21 τοῦτο V., qui om. αἰνίττεται.

562, 23 legebatur συντόμως. πρὸς τὸν λίαν V.

564, 27 εἰς ἀγρὸν om. V. Ald. φησὶν ὦ R.

565, 30 sq. Πανδαισία—ἄρτος infra post ἐστιωμένων, l. 34, ponit R. — 31 κραταῖα εὐωχ. R. Idem om. Ἄλλως hic et 34. — 35 sq. sic in R., πανδαισίαν φασί τινες ὅταν δεῖπνον ἕκαστος αὑτῷ κομίζων εἰς τὸ κοινὸν θήσῃ καὶ πάντες πάντων μετέχωσι. γὰρ om. V. — 36 μετέχωσι, 39 τὴν ἐκποικίλλην V. ἐκ ποικίλλων G.

566, 47 θραύειν

567, 49 τὰ σπέρματα τὰ ἄχυρα V.

568 sic in R., μετακινήσειεν. τινὲς μετόρχιον τὸ μεταξὺ τῶν φυτῶν. ἢ τὸ μεταξὺ τῶν χωρίων ὅπερ λέγεται ὀρχός. καλῶς ἂν φαίη μεταστήσειε τὰ φυτὰ ἀπὸ τῶν ἀρουρῶν τῶν σπειρομένων. ἢ μετόρχιον ἐστὶ τὸ μεταξὺ τῶν ὄρχων—γένωνται. — 2 ὁ σῖτος ἐν ἄλλῳ ἔσπαρται V. ὅτι om. R. — 7 καλῶς ἂν φαίη μετ. V.

570, 11 κρύπτειν V. κύπτειν Ald.

571, 13 τὸ μὲν dicit respiciens ad μέλος χοροῦ v. 582. Ceterum, nisi plura exciderunt, corrigendum δεκάκωλον τροχαϊκόν. Δεκάκωλον dicit omisso versu catalectico. Sed vereor ne ἕνδεκα κώλων τροχαϊκῶν scripserit, post παρατέλευτον autem versus catalectici notatio exciderit. Dind.

574, 22 παλάθαι R. et Suidas s. Παλάθαι.

577, 25 ὡς ἡ et φύονται V. — 26 ἄλλως, 28 τὸ om. R. — 29 δύνανται V.

578, 33 τὸ om. G. τὸ ἐποθοῦμεν R. ὃ ποθοῦμεν V.

582, 49 τινὲς γράφουσιν ἐδάμημεν. Apparet ex his scholiastam legisse, quod ego ex conjectura restitui, ἐδάμην, pluralem autem numerum, qui in libris legitur, correctori deberi. 51 τετράμετρος, sunt verba δαιμόνια βουλόμενος εἰς ἀγρὸν ἀνερπύσαι. Deinde scribendum καὶ ἐν ἐπεκθέσει, 53 autem scribendum videtur εἶτα ἐν παρεκθέσει. Ineptit 54, ἰαμβικὸν δίμετρον dicens. Dind. δίρυθμα V., ut solet. παρατελεύτιον G. — 2 συναλιφθέντος R.

583 εἰς ἐνικόν. Hæc quoque annotatio, quam om. G, ad ἐδάμην referenda. Δαιμονίως, σφόδρα

584, refertur ad δαιμονια, quod R. V. pro vulgato δαίμονα præbuerunt. Dind.

585, 5 ἕρπειν om. V.

586 Ἐπειδὴ ἡ εἰρ. πλέον τῷ γεωργῷ συμφέρει R.

593, 9 οὗτοι om. V. — 13 legebatur λέγειν.

595, 16 Χίδρα, 18 ἢ εἶδος V. Ald. — 21 ἀληλεσμένον codex.

603, 24 ὦ addidit Dindorfius. — 28 αὐτοῖς V. ἀπ' αὐτῶν G. — 29 αἴτιον Dindorfius ex codicis Ven. scriptura αὐτόν.

605, 30 Θεοδώρου. Libri Πυθοδώρου. « In nominibus archontum erratum est. Primo loco rescribe Φιλόχορος ἐπὶ τοῦ Θεοδώρου. Secundo loco (l. 38) ὑπὸ Ἠλείων ἐπὶ Πυθοδώρου. Nam ex Diodoro (12, 31), Eusebio et ipso scholiaste supra constat legendum Θεόδωρον primo loco, septem annos ante belli Peloponnesiaci initium, quo tempore Pythodorus fuit archon, iisdem auctoribus et ipso Thucydide lib. 2 initio. Et rursus ubi legitur (54) ὡς Φιλόχορός φησιν ἐπὶ Πυθοδώρου, lege ἐπὶ Θεοδώρου. Palmer. Consentiunt Corsinus Fast. Att. III, p. 218, Elmsleius ad Acharn. p. 2, et alii : nihilominus recte observavit Müllerus ad fragmenta Philochori, minime necessariam esse emendationem illam et Πυθοδώρου percommode posse explicari. — 32 τὸν νεὼν τὸν μέγαν, Parthenonem. — 33 μδ'. Quadraginta numerat Thucyd. 2, 13; quinquaginta Diodorus 12, 40 Dind. — 38 libri Σκυθοδώρου. — 40 π Λακεδαιμονίους λέγων ἀδίκως εἴργεσθαι R. — 49 ἐξήνεγκεν V. Ald. — 52 ἡ κατὰ Ἀριστοφάνους ὑπόνοια corrigendum esse putat Maximilianus de Seguier. — 54 libri Πυθοδώρου. — 6 ὑπὸ Ald. ὑφ' V., non G. Non ingratum puto lectoribus fore de morte Phidiæ hunc Apsinæ locum ex Rhetorica inedita : Κατὰ στάσιν ἀνακεφαλαίωσις γίνεται, ὅταν τὰ περὶ στάσεως ἐκτιθώμεθα· οἷον· ἔστω Φειδίας, ὡς μὲν νοσφισάμενος ἐν τοῦ Ὀλυμπίου (sic) χρυσίον, βασανιζόμενος καὶ τεθνηκώς· ἡ ἀνακεφαλαίωσις· « Ἐπέδειξα τοίνυν μήτε ἀφῃρημένον Φειδίαν χρυσίον (ὅπερ στοχαστικόν), ὅτι τέ, εἰ καὶ ὑφείλετο, κλέπτης, οὐχ ἱερόσυλος ἦν (ὅπερ ἐστὶν ὁριστικόν)· εἰ δέ, εἰ καὶ ἱερόσυλος ἦν, κρίνειν ἐχρῆν πρότερον, οὐ βασανίζειν εὐθύς· ἔτι δέ, εἰ ἔδει κρίνεσθαι, παρ' Ἀθηναίοις ἔδει (ὅπερ ἐστὶ μετάληψις). »

606, 8 δεδιὼς κατὰ τῆς τύχης κοινωνὸς V. — 14 τῶν om. V. — 15 κατασχεῖν V. ἔχειν Ald. Correxit Bekkerus.

607, 16 sq. Τὸν δάκνοντα τὸν ἐμπεσόντα ἢ αὐθάδη καὶ ὀργίλον R. — 17 τοῖς ὀδοῦσι R. et Suidas s. Αὐτοδάξ. Legebatur τοὺς ὀδόντας. — δάκνειν κλέπτοντα V.

609, 22 ἀγ. ἐστι R. V.

610, 28 φυσᾶν V. Ald. — 11 ἔμεινε R.

612, 34 τὴν om. V.

616, 43 λέγει V. — 44 ἐκείνῳ Ald.

619, 3 πολέμου τὰς αἰτίας V. — 7 Μεγ. πινάκιον Ald. — 12 φησὶ δὲ Ald. — 16 sq. ἐμμείναντες δύσνους ἔχουσι V.

621, 22 ὑπήκοοι Portus. ὑπηρέται V. Ald.

622, 30 τῆς ἱππηλασίας V.

627 R. habet glossam τῶν Λακώνων.

628, 37 κορώναιως ὡς φιφάλεως R. κορώναιον ὡς φιβάλεως V. κριώνεων ὡς φιβάλεων Ald. — 38 καὶ post δὲ additum ex Suida s. Κορώνεως. — 39 κορακίονα V.

629, 43 ἀγ. κατὰ λόγον V.

631, 45 εἶδος σκεύους δεκτικὸν κριθῶν ἢ πυρῶν, 49 αἱ κυψελίδες et κεράμειοι V.

633, 54 εἴη R. V. — 2 ἀνιέναι V. — 4 οὐδὲ om. V. — 5 συνῆκε V. Ald. — 6 σωτηρίας πονηρίας R. — 7 ὑπ' αὐτῶν πολιτευόμενοι Ald.

636, 15 καλοῦσι om. R.

637, 18 sq. Callimachi verba in Etym. M. p. 276, 23 sic scripta, δίκροον φίλτρον ἀειραμένη. Scribendum δίκροον ἤρυγε φιτρὸν ἀειραμένη. Dind. ξύλοις Suidas s. Δικροῖς. Legebatur ξύλοις δικράνοις. Tum addit Ald. τουτέστι διφυέσι. — 20 κεχράγμασιν R. et Suidas. δικράνοις κεχράγμασιν V. Ald. — 24 ἐξέχοντα παρεοικότων V.

640, 31 ἐπὶ αὐτοῖς R.

642 R. habet glossam ἀσθενοῦσα. — 33 φοβούμενον V.

645 ἔφρασσον V. Ald.

648, 48 οὐκ ἐξῆν τεθν. V. Ald.

651, 53 sqq. sic in V., οὗ δ' μὲν εἰσὶ κῶλα δίμετρα ἀκατάληκτα, τελευταῖον δέ ἐστιν ἐν ἐκθέσει στίχος τετράμετρος καταληκτικὸς τροχαικός.

658, 9 sq. μετὰ λς' ἐστι V.

663, 18 αὐτὸν V.

665, 21 δὲ περὶ V. ἐπέμψαντο πρ. idem. παρ' Ἀθ. ἐπέμψαντο etiam Ald. — 26 sq. μετὰ τὰ ἐν πύλῳ om. V. — 27 ἐπὶ Κλεωνύμου R. — 30 ἔλαβε Κλέων, 31 καὶ ἐπαγγ. et εἰλήφεισαν V.

666, 37 κυτίδα Coraes ad Heliodor. p. 155. Legebatur κυτίδια. — 40 λαμπρῷ Ald.

669, 45 ἢ σκύτη om. G. — 46 sq. ἀντὶ — ἡμῶν om. V.

675, 51 κατέλειπε V., non G.

676, 1 καὶ om. V.

678, 3 ἅμα μὲν V. Ald. διὰ τὸ Ald. — 4 εἶναι om. R

680, 6 πνύκα R. — 7 φησι om. V.

681, 9 Χρέμιδος Ald. Schol. Luciani Timon. c 29, vol. 1, p. 142, citat Dindorf. — 12 δὲ om. V.

689, 33 τοῦτο τῷ Dindorfius. Legebatur τούτῳ. τοῦτο V.

692, 43 scribebatur λύχνοις.

695, 44 Γελοίως R.

697, 48 ὁ Σιμ. R. — 50 Ἰσθμιονικαῖς V. Πυ-

θιονίκαις R. V. om. Ald. — 52 sq. legebatur χρυσάμπυκες ἐς δ. μοι συνανέβαινον. — 53 συναντώμενοι Ald. συναντωμέναις V. — 54 παιδίους V. παιδία G. — 1-3 οὔ ποτ'—ἀοιδαί om. Ald. — 2 γλυκεῖαν V. — 5 μὲν alterum om. V. — 6 πάλιν τούτου G. περιφερόμενος V. — 12 β τοῦ ἰαμβοποιοῦ V. Legebatur τοὺς β ἰαμβοποιούς. Indicavi lacunam : nam excidit substantivum aliquod. Dind. — 13 σμικρολόγοι Ald. — 14 Σιμωνίδη V. — 15 παρὰ V., non G. — 16 νεμήσεις Tyrwhittus. Scribebatur νεμέσεις.

698, 18 καὶ φιλάργυρος V.

699, 20-22 Ἀντὶ—ἄλλως om. V., qui habet παροιμία θεοῦ θέλ.

702 in R. ἀντὶ τοῦ λιποψυχήσας. εἰς οἰνοφλυγίαν δὲ ὁ Κρατῖνος διαβάλλεται. — 26 ἐκλυθεὶς V. et Suidas s. Ὡρακιάσας. ἑλκυσθεὶς Ald. λιπ. V. λειποψ. Ald. et Suidas, hic et 29. — 29 ἴσον V. τὸ ὡρακιάσας Ald. — 32 σκοτῶσθαι et ἴσου V. ἴσον G.

704, 36 καὶ om. V.

706, 38 συνελθουσῶν V. — 39 συνανελκύσθησαν R. G. συνελκύσθησαν V. Sic ξυνέλκυσον ex ξυνανέλκυσον corruptum videtur in verbis poetæ v. 417. Dind.

712, 52 βλήχωνα V. — 53 ἀποστύφῃ R. Ald. — 54 γλήχωνα Suidas s. Διὰ χρόνου. γλήχωνας R. Ald. γλήχωνος V. γλήχωνα G. γλ. πίνουσιν Suidas. ἐσθίοντες πολλὴν V. — 2 τὸ γὰρ, 3 sq. τοὺς βλαπτομένους ὑπὸ τῆς ὀπώρας et γλίχωνα V.

717, 18 δὲ om. R. χόλικα V. Ald.

724, 22 Ἀντὶ τοῦ et 23 οὗτος et διὰ om. R., qui μόνος παρ' αὐτοῖς θνητός. τινές.

726, 32 τῇ θεᾷ V.

728, 40 sq. τὸ γεγαμηκέναι αὐτὴν V., et om. τῷ.

729, 47 καὶ κάτισοι Ald.

733, 11 διὰ τὸν χορὸν V. — 12 legebatur στίχοι. Correxit Dindorfius duce Suida s. Παράβασις. — 16 μὲν om. V., habet Suidas. Post λίαν desunt syllabæ tres ◡◡- : nam metrum est Eupolideum. Meinekius supplet ὑπὸ τοῦδ'. — 22 αὐτοῦ, 23 μεταχειριζόμενος R. μεταχειριζομένους V. ἐστὶ μοῦσαν τινὰ ἑαυτὸν ἐπαινέσαι R. — 27 τινὲς πρὸς εὐταξίαν τῶν θ. R. — 29 αἰσυμνήτας, vide Ebert. Dissert. Sicul. p. 21. Addit V. ἀναπαιστικ. ἐφ' ᾗ ἁπλῆ καὶ ἐπέκθεσις εἰς τὴν παράβασιν ἀναπαιστικὰ τετράμετρα καταληκτικὰ λα', ὧν τελευταῖον παῦρ' ἀνιάσας.

apex

735 παρέκβασιν R. παραβασιν V. παράβασιν G. Ald., quæ deinde ἀνάπαιστον καλεῖ.

736, 32 fortasse δεῖ δ'. Dind. — 33 codex θυγατέρα et δῆμος, 34 ἐξετέλεσα.

740, 36 δὲ καὶ V. Ald.

741, 41 ματτ. μάζης V. — 42 Εὔπολιν Dobræus. Legebatur Εὐριπίδην. Ald. Ἡρ. πίνοντα. — 51 ἔχθεσθαι Ald. — 52 ἄγει και σκώπτοντος ταῦτα R. ἄγε ταυ (ταῦτα G.) καὶ σκώπτοντος V. ἄγειν ταῦτα καὶ σκώπτοντος Ald. Vel ante vel post ταῦτα plura exciderunt. Deinde οὐ βιωτόν V. « Neque verba neque metrum satis expedire possum. Sed illud video, pro οὐ βοιωτὸν legendum συοβοιωτῶν. » Porson. præfat. ad Hecub. p. LVIII. Conf. Meinek. Com. I, p. 224.

745, 2 ἤφερον V. ἔφερον G. — 3 ἀναιρεῖται V. ἐπανέρηται Ald.

746, 4 Ὑστριχὶς δὲ ἡ R.

749, 15 Τοῦτο R. Ald. — 16 ἐν χρα πάντων ἄλλοις (ἄλλων G.) V. — 17 legebatur ὅστις αὐτοῖς —παρέδωκε. « Lege ὅστις γ' αὐτοῖς et παρέδωκα. Verba sunt Æschyli de se loquentis eodem fere modo, quo loquitur apud Aristophanem Ran. 1045 et seq. » Porson. præfat. ad Hecub. p. XLVIII. — 19 ὕψωσεν om. R. V. ἐμεγάλυνεν, ἠσφαλίσατο V. Ald. — 22 ῥήματα σεμνὰ om. R.

752, 25 τῷ Ἡρακλεῖ V. — 29 seq. ἀντὶ τοῦ Ἡρακλέα μιμ. R. — 31 ἐπεχείρισα Ald.

753, 34 αὐτῷ V. τὸν Ἀριστοφάνην R. — 25 διὰ τὸ (τοῦ Dindorfius) βαρβαροθύμους R. διὰ τοὺς βαρβαρισμούς V. Ald.

755, 39 Ἐρατοσθένης, conf. schol. Vesp. 1032. — 40 legebatur ἐλάμποντο. — 44 οἱ et εἴκτην om. V. — 46 scribebatur Κύννη.

756, 49 πλῆθος V. Ald. — 50 διώρυξ R. Ald. διόρυξ V. δὲ εἶπεν om. R. V. — 51 ἔχω. δέον V. — 54 αὐτῷ V. Ald. — 1-3 καὶ τοῦτο—ὕδραν infra post κόλακας habet V. — 3 post ὕδραν R. ponit superiora illa χαράδρα δέ—τῶν κολάκων. Idem omittit l. 6-11.

758, 15 Λάμεια, 17 Λ. λέγεται V. — 21 βαρυθυμοῦσα Ald. — 22 φοβούσας, 25 ὁ Ζεὺς post ἕως οὗ, 26 αὐτῆς post ὀφθαλμούς, 27 ἐξαιρεῖσθαι ἑαυτῆς τοὺς ὀφθαλμοὺς καὶ, 34 δυσοσμίαν ὡς πρωκτὸν αὐτὸν (hæc ὡς πρ. α. non habet G.) V.

763, 41 δεομ. τῶν νέων V. — 42 αὐτοὺς G. Ald. δὲ καὶ om. R.

767, 52 Καὶ τοῦτο R., qui 53 om. ὁ Ἀρ. τρ. δὲ.

772, 4 προκειμένων Ald. — 6 τὰ om. R.

774, 8 λείπεται λαμπρὸν codex λείπεται remansit ex gl. λείπει ἢ ἐξ. Dind. φαλάκραν codex.

775, 12 Στησιχόρειον, 18 προσῳδιακὰ Ald. — 28 κώλων Dindorfius, « nisi ἐννεακαιδεκακώλους scribendum. » Codex κῶλα. — 29 ἑνδεκάσημος Dindorfius. Codex δεκάσημος. Ad sequentia καὶ τὸ δ' ὅμοιον idem annotat : « Aut scribendum καὶ τὸ δ' δακτυλικὸν ὅμοιον, aut verba καὶ τὸ δ' ὅμοιον transponenda post δακτυλικὸν πενθημιμερές l. 29. Sequens ἰαμβέλεγον refertur ad verba ἀνδρῶν τε δαῖτας

καὶ θαλίας, μακάρων.» — 35 ἑξῆς π ια', 36 κεκόλλισται et ἑφθημιμερὲς codex. — 37 αὐτῶν om. G.

778, 46 ὁ μόχθος, id est Apio, cujus hoc fuit cognomen. Monuit Hemsterhus. apud Gaisford. ad Suidam vol. 1, p. 466. Bekkerus citat Apollon. De syntaxi p. 92, 6 suæ edit. — 47 Ἄρεος V. Ald. — 49 τραγῳδοποιός G. τραγῳδοποιεῖ V. Fort. scrib. ἐν δέ τῳ. — 50 τὸ om. V. Idem Καρκῖνος V., idque ante παροξύτονον. Vide Meinek. Hist. Com. p. 513 sqq.

788, 2 ὄρτυγας δὲ V. — 3 διαβάλλοι Ald. — 4 ἡ ante τῶν ponit V. — 7 τὸ ὄρτυγας ἐκτείνεται. Idem docet Athenæus 9, p. 393, B, ex eoque Eustathius p. 1108, 49. Mirus hic error est grammaticorum, quibus nominum κήρυκος et δοίδυκος mensura fraudem fecit. DIND. — 9 ἔχοντα, 10 εἰς μικρ. δὲ γ. V. — 15 γύλιος et 19 ὁ πατὴρ om. V.

790, 21 Νάννοι γὰρ V. Ald. — 22 ἰννοὶ Suidas s. Σφυράδες. ἶνοι V. νάννοι Ald. — καὶ προβάτων om. V. — 26 ἀνάμεστοι scribendum videtur Dindorfio. — 29 καὶ ἀποτυχήμασιν Suidas. εὐτ. δὲ V. — 34 ὁ δωδεκαμήχανος. Non tetigit scholiastes causam joci Platonici. Nam allusit ad nomen meretricis cujusdam famosæ, quæ δωδεκαμήχανος vocabatur, ob varia σχήματα, et multiplicem patientiam, de qua in Ranis v. 1361 et ibi scholiastes. Nomen scorti erat Cyrene, de qua etiam Suidas in Δωδεκαμήχανος. Traduxit igitur Plato Xenoclem antagonistam ad populum, eo quod machinas inducebat in theatrum plures more Tragicorum, et nomine ejus scorti vulgo noti eum ridicule vocavit. PALMER. — 35 μηχανοβαφεῖς V. — 36 προσέφερον Ald.

794, 4 ὀρ. τοῦτο R. — 43 ὡς νωθρὸν περὶ τὰ σκέμματα restituit Meinek. Hist. Com. p. 108. — 44 Μύες drama videtur scholiastæ esse commentum.

795, 48 ὁ om. V. — 51 παραπαίζει V.

797 ἀντῳδὴ ἢ καὶ ἀντιστροφή adscriptum in V., quæ om. G. — 2 sq. καί πως τε ἀντιστρόφους V. τὴν ἀντιστροφὴν Ald. — 4 ἀντεπιδίδοσθαι V. — 5 τὸν ἐπῳδόν Ald. — 6 τοῦτου, 10 καὶ οὐδὲν, 13 παρὰ τῶν, 14 παρὰ Στησιχόρῳ V. — 16 legebatur ἐξευρόντα.

803, 25 ἀλλὰ om. R. λεπρὸν R. G. λεπρὸς V. λεπρὰς Ald. — 27 Λέπριον V.

809 R. habet glossam φοβεροὶ εἰς γαστριμαργίαν. — 43 δὲ ἦσαν V.

812, 47 τὰς om. R. — 48 γραίσι R. et Suidas s. Γραιοσόβοι. γραὶ V. Ald. — 50 post τῇδε deest syllaba una, fortasse τοι. DIND. κατήγου Ald. εἰς γρ. V. — 52 ὀχέοντες V. ὀχέοντας Ald. — 1 ἰχθὺς R. ἰχθύας V. Ald.

819, 10 alterum καὶ om. V.

822, 12 Ἀνθυπήλλαξεν om. V. — 14 κακουργεῖν ἑτοίμους Ald.

830, 23 Τὰς om. V. Ὅμηρος et 24 καλὸν ἀείδειν om. R., addens φησὶν Ὅμηρος.

831, 26 sq. ἡ κωμῳδεῖ—ἀρχομένους in fine post μετεώρων ἀνδρῶν ponit R. — 29 ἀνεριναχέτους, 30 ἀνέρα Ald. οὗτοι est Attici. Æoliam enim αὐήρ. — 33 καί τινας Ald.

835, 39 ἡεροφοίταν R. ἀμεροφοίταν Bentleius. Qui μείναμεν restituit. μῆνα μὲν R. μείνωμεν V. Ald. ἀελίου λευκοπτέρυγα Bentleius. — 41 φησὶν αὐτὸν V. — 42 κωμῳδίας. Hic scholiastæ error est. — 46 legebatur φαίνεται δὲ. Χίου κτίσις Bentleius. — 49-53 ἀγ. Ἀθήνησι καὶ νικήσαντα, ἑκάστῳ τῶν Ἀθηναίων δοῦναι Χῖον κεράμιον. υἱὸς δὲ ἦν Ὀρθομένους, ἐπίκλησιν δὲ Ξούθου. ἤρξατο δὲ τὰς τραγῳδίας διδάσκειν ἐπὶ τῆς ὀγδοηκοστῆς δευτέρας Ὀλυμπιάδος. δράματα δὲ αὐτοῦ δώδεκα. οἱ δὲ τριάκοντα, ἄλλοι δὲ τεσσαράκοντά φασιν Ald. Quorum illa υἱὸς δὲ ἦν—φασιν inserta sunt ex Suida s. Ἴων. DIND. — 51 Ionem dicit dialogum Platonicum.

837, 5 ἀοῖον Ald. παίζων καὶ ὁποίως (ὁ ποῖος G. fort. ὁμοίως) ἀοῖον αὐτὸν φασὶν ἀστέρα (ἀστέρα om. G.) κεκλῆσθαι. V.

841, 10 λυχνούχους Schweighæuserus ad Athen. vol. 8, p. 342.

842 R. habet glossam ἀντὶ τοῦ τὴν ὀπώραν. — 13 π. εἶπε, 15 ἣν μὲν ἔδωκε τοῖς γεωργοῖς τὴν ὀπώραν, 17 ὁ Τρυγαῖος δίδωσι τοῖς οἰκέταις ἀπαγαγεῖν ὡς τὴν V.

844 τὸ στόρνυσθε R.

850, 32 συντ. πάντα R. — 33 νῦν R. V.

854, 36 παραιτοῦνται, *reprehendunt.* Conf. schol. Av. 1215. DOBRÆUS. ἐπαμφοτεριζόντων V., qui 37 πρὸς om. V.

855 λέγεται om. R. Ald. ad hunc versum κανᾶ: κανίσκια. Est interpretatio lectionis corruptæ recentiorum codicum.

862 μυραλιφίας codex.

864, 17 Ἡ οὕτως. στρ. R. — 18 καθὰ V. Ald.

865 ἅρματος—ἐλέγετο V., qui 23 τε om.

869, 27 σησαμὴ πλακοῦς R. — 28 σησάμου Ald.

874, 35 ἠλαύνομεν, συνουσιάζομεν V., qui hæc verba infra collocat post θεωρίας ἐκάλουν, l. 48. Idem Βραυρῶνα πόρνη. — 36 om. V.. ἐστιν om. R. De sequentibus verbis hæc habet Ald., Βραυρὼν πόλις τῆς Ἀττικῆς, ἐν ᾧ τὰ Διονύσια ἤγοντο καὶ μεθύοντες πολλὰς πόρνας ἥρπαζον. — 37 sq. καθ' ἕκαστον δῆμον, ἐν οἷς ἐμέθυον et δὲ om. V.

876 διὰ γὰρ πενταετηροῦς χρόνου ἄγονται αἱ R.

879, 52 καταμανθάνει V. — 54 δὲ om. V., qui hæc ἐπιτιμᾷ—περιέγραφε τὰ ἰσχία post scholion v. 876 collocata habet — 2 ἁπτομένους V. — 7 ταῖς σκηναῖς codex. Correxit Dindorfius.

883, 20 ἅμα καὶ ἔτι R. λίκτης V. Ald. — 21 μέμηνε R.

886, 29 μεγειρεῖα, 31 συμβολήν R.

890, 35 Ἐπιτελεῖν. ἔστι δὲ ἀνάρρυσις μία τῶν Ἀπατουρίων. παρὰ δὲ τὸ αἴρειν τὰ σκέλη ἔπαιξε. τὸ αἰδοῖον δὲ δείκνυσιν αὐτῆς. ἄλλως. ἀνάρρυσις μία V. Ἀνάρρυσις κυρία Ald. et Suidas s. Ἀναρρύει. — 37 ἀναρρύειν Suidas. Legebatur ἀναρρύσειν. — 42 scribebatur Ξάνθιος. — 44 Μέλανθος schol. Equit. — 45 ὧν καὶ om. V. — 47 χωρίον ἐπὶ τῷ μον., 49 φήσας διαμάχεσθαι, 50 θεασάμενος V. θεάσασθαι G. — 7 ὁ γὰρ V. — 8 τὸν om. V. — 10 καί om. R. Qui post Βοιωτῶν habet παρὰ δὲ τὸ αἴρειν τὰ σκέλη ἔπαιξεν τὸ αἰδοῖον δεικνὺς αὐτῆς. γ' δὲ ἦσαν ἡμέραι τῶν Ἀπατουρίων, δόρπεια κουρεῶτις ἀνάρρυσις.

893, 23 ὀπτανεῖον V. Ald. λάσσανα V. — 24 αὐτῶν R.

900 Πρὸς τὴν V.

901, 39 σώματα περικείμενα ἀλλήλων ἁρμ., 40 ἄγεται Ald.

907, 2 alterum δὲ om. V. — 5 βουλῇ καὶ μὴ δεδωκότων αὐτοῖς τοῖς δεομένοις, 6 τὰς χεῖρας Ald. ἐπὶ τὸ R. — 8 δὲ om. V. Scribendum πρὸς τὸ ἔχειν ex scholio v. 908. Dind.

908, 11 Ἄλλως. ἀλλὰ R. — 12 ὑπ. ἑτοίμην χεῖρα V. Ald. Post λῆμμα pergit R. σκώπτει δὲ αὐτοὺς ὡς ἥττονας λήμματος. — 18 περὶ τῶν δεομένων V., om. Ald.

909, 28 legebatur ἐμπολῖται.

923, 42 ὄσπριον V., non G. — 43 ἥψων V. Ald. ὤπτουν G. πολυτελέστερον Ald. — 45 ἂν εἴη, 47 καὶ ὑπὲρ V. — 50 legebatur ἀγάλματα. Correxit Dindorf. ex schol. Pluti 1199. — 53 ἐρκίου V., qui 1 καὶ om. — 2 εἵλαντο V. — 6 ἱδρυσόμεσθα R.

924, 9 ὥσπερ V. Ald. — 15 Ἀντὶ τοῦ εὐτελές om. R. V. ἢ ὡς R. — 16 ὡς καὶ μέμφεσθαι R. V.

925, 21 Λαρινοῦ, 22 αὐτὸν Ald. ἀνεσχηκέναι V. — 25 λαβινοὺς Suidas s. Λαρινοί. Scribebatur λαρινούς. — 26 Κεστρινοὺς Suidas. — 28 scribebatur Λαρινοῦ. — 29 τοὺς V. Ald.

928, 35 ἀμαθία om. R. — 36 διεβάλλετο δὲ καὶ εἰς μαλακίαν ὡς R. [dele καὶ in text.] εἰς μαλ. καὶ (hæc tria verba om. V.) ὡς μωρὸς καὶ ὑώδης. ἦν V. Ald. — 38 ἐν πλ. V. — 39 χοιρώδης Suidas s. Ὑηνεία. Legebatur λοίδορος. Pergit Suidas τινὲς δὲ ὑηνείαν τὴν δυσωδίαν τὴν ἐκ τῶν χοίρων φασὶν, οἵπερ δ. — 40 υἱῶν V. ἅπερ Ald. χρώμενοι—ἀποπατοῦσι Suidas. χρώμενα—ἀποπατεῖ V. Ald. — 41 καὶ om. V. εἰς βόρβορον διαλύονται Suidas. Legebatur κυλίεται.

930, 45 sq. καὶ πολλὰ μονοσυλλάβως R. οἱ om. V. — 47 διῃρημένα R.

935, 52 Ἀντὶ τοῦ πραεῖς ἢ εὐήθεις ἁπλοὶ ὡς R. — 1 ὡς ὅταν V. — 2 ἄρνα λέγουσι R. sine ἀμνόν.

939, 6 δὲ om. R. θελήσωσιν R. Ald. — 9 φέρεται Schneider. De scholl. Ar. p. 121. Legebatur φέροντι. — 11 Scholiasta legit θέλῃ τε χὴ τύχη. — 12 ὄντας G. ὄν V. Legitur nunc v. 1023 χρὴ μένοντα τοίνυν : de quo vide quæ in annotatione dixi. Dind. — 15 τῶν om. V. Ibid. τοῦ ὑποκριτοῦ, « immo τοῦ χοροῦ. » Dind. ἴαμβοι τετράμετροι καταληκτικοὶ καὶ ἀναπαιστικὰ δύο, 17 καταλ. τε καὶ ἀκατ., 18 στίχοι ἰαμβικοὶ τετράμετροι V. — 20 τριποδ. V. Fortasse ἀναπαιστικὴ τριποδία. Dind. — 21 δ' συζυ V.

942, 32 γὰρ om. V. — 33 τεκμαίρεσθαι V. Ald. — 34 scribebatur θύραισιν. τὸ δὲ θύραισιν om. R.

943, 1 σοβαρὰ δὲ om. R., μετάτροπος δὲ om. V., eadem et μεταβληθεῖσα hic om. R., sed inferius habet μετάτροπος δὲ ἀντὶ τοῦ μεταβληθεῖσα. Idem εὐκράτητος.

Scholia v. 948-1005 non exstant in editione Aldina, in qua post μεταβληθεῖσα legitur λείπει. Primus edidit Antonius Francinius in editione Juntina a. 1525, quem manifestum est codice usum esse Ravennate.

948, 5 Ἀντὶ κριθάς. ὅτι Junt. — 7 καίνειν V. et Etymol. M. κνεῖν R. Junt. et Suidas s. Κανοῦν Φέρε τοῦτο δὴ Dobræus. — 8 μοι om. V. δεῦρο· μὴ Dobræus. Libri δεῦρο πῆ. Conf. Meinek. Com. I, p. 647, qui de l. 6 : « Ante καὶ ἐντεῦθεν aliquid excidit, quod facili opera suppleas ex Etym. M. p. 489, 9. »

951, 12 Λοιπὸν σπεύσατε καὶ ἐπείχθητε πρὶν ἴδῃ Χαῖρις ἡμᾶς· ὁ δὲ Χαῖρις αὐλητὴς ἐπὶ ταῖς θυσίαις. ἦν δὲ V.

959, 20 τὴν κωμῳδίαν γράψας G. — 22 lemma δᾳδίον correxit Dindorf. τὸ ὕδωρ δὲ R., in quo hoc scholion infra legitur, post ἱερείοις δοχῇ, l. 30. ἐδόκουν ἀποβάπτοντες τοῦ πυρός R. Junt. — 26 sq. hoc tantum in R., γράφεται δὲ καὶ δάλιον (scr. δᾳδίον). V. τινὲς δαδί. — 31 lege ὅλων.

965, 34 βύσσον Gelenius : quocum comparari potest glossa Hesychii, qui βύττος explicat γυναικὸς αἰδοῖον. Sed verum videtur μύρτον, quod præbet Suidas s. Κριθή. Dind.

968, 36 Οἱ σπένδοντες V. — 39 ἐκχωροῖεν R. et Suidas s. Τίς τῇδε. ἐκχωρῶσι V. — 41 ἐπιλέγη ἀπιθανῶς V.

969, 44 γέλ. πρὸς οὐδ. R. Junt. ἑτέρως R.

981, 51 ἠδ' ἐπιθεῖναι additum ex V. Qui ad v. 982 : καὶ αὐλείας ἔλεγον οὐ μόνον ἔλεας, quod gl. omittit G.

986, 52 κατὰ ταύτας, 54 σεαυτὴν V.

990, 2 in Acharnensium loco est προσεῖπον ὁ τὸν δῆμον ἐλθὼν ἄσμενος. — 5 Εἰσάρχου V., non G. — 9, 10 correxit Dindorf. Legebatur τοίνυν ὁ αὐτός—τὸν ἐνδ. — 18 τοῦτο G. τουτέστι V. — 20 τριακαίδεκα codex omisso ἔτη.

996 ἄγε om. R. Junt.

1000, 34 sq. αὐτῶν τῶν σκορόδων V.

1001, 36 legebatur πολλήν. Correctum ex scholio proximo. — 37 πρῷα εἶχον indidem correxit Dindorf. πρῷα σικύα R. πρῷα σικύα γίνονται Junt. σίκυοι Suidas s. Πρωΐ. — 38 δηλοῖ om. R. δηλῆ Junt. — 39 κολοκυνθῶν Suidas. — 40 σικύων. Quum scholiasta infra forma οἱ σικύαι utatur, scribendum σικυῶν, quod supra quoque in lemmate scholii ponendum. Dind. — 43 σικύαι G. σικυῖαι V. — 44 ἐπιμελείαν [sic] V., in quo post εἶχον sequuntur illa ὅτι δὲ—κολοκύνθων (sic).

1003, 50 ἦλθε V. ὀρνίθι' R. Junt.

1005, 52 ἐνχέλεις R. ἐγχέλυς Junt. — 53 καὶ om. V.

1007, 1 'Οψ. εὐκαίρως V. — 2 ὠψώνει ἀπησχολημένος R. — 8 χωρισθείην V.

1008, 11 τῶν ὄψων om. V. διὰ τοῦτο R., qui 15 ἦν δὲ om.

1009, 17 sq. ὅταν ὅστεος V. hic et infra. ὅτ' ἀνόστεος R. — 18 Ἡσίοδος om. V.

1012, 24 παράγει Elmsleius ad Medeam p. 98. — 25 τε πνοὴ πῶς ἂν ὀλόμαν R. — 26 ἐξ ἧς. Verba quæ παρῳδεῖ Comicus, Iasonis in Melanthii Medea fuisse videntur. Elmsleius.

1014, 30 ἡδ. γὰρ V.

1019, 37 συνοικεσίων Kusterus. συνοικείων V. et Ald. γυναικείων R. — 38 τὸ δὲ β. V. — 39 ἑ. καὶ ἐπὶ V.

1020, 46 συνοικεσίων Kusterus. Legebatur οἰκεσίων. — 48 δὲ ἱστιοῦσιν V. ἑστίασιν Meierus in Diariis Halensibus a. 1826, fol. 23, p. 196. Quum proxima verba ὡς ἄρα τότε σώζεται, quæ ad illum versum spectant χοὔτω τὸ πρόβατον τῷ χορηγῷ σώζεται, sensu careant, plura hic excidisse manifestum est. Dind. — 49 καὶ om. V. ἀναιματὶ idem.

1022, 50 τὸ om. R. — 51 δοκεῖ V. δοκεῖν μὲν G. — 52 ἐνδοσθίων R. V. αἱρουμένων R. Ald. — 54 θύουσι, 1 ὅταν τῶν V.

1024, 6 σχίζαις R. ὁ γέρων om. V.

1027, 11 γὰρ ἐπ' αὐτοῖς Ald. — 12 τὴν ἐπιστήμην V. αὐτῶν Ald. — 13 Σὺ γὰρ ποιεῖς ὅσα V. Ald.

1031, 17 Στιλβιάδης V.; sed mox Στιλβίδην. — 20 περὶ τὸ V. — 24 αὖ τίν' Ald. — 25 ἀμφότερος V. — 27 εὐδοκιμεῖν R.

1032, 29 ἔστι R. — 30 παρὰ τὰς V.

1039, 43 leg. εἴσθεσις. — 46 καὶ om. V.

1040, 48 Στεροῖς Ald.

1046, 2 μάντις ἐστὶ V. — 7 ὀν. τοῦ γιν. V. — 9 Eupolis imitatur Æschyli Sept. c. Th. 39 'Ετεόκλεες, φέριστε Καδμείων ἄναξ. Dind.

1053, 28 ἀπὸ τῶν ὀβελίσκων V.

1060, 42 παροιμιακῶς ὡς ἀπὸ V.

1063, 48 scribebatur βλασφημίσαντος. Deinde legendum videtur εἰς τὴν σὴν κεφ. — 49 ὅσαπερ ἂν εἶπες V.

1067, 10 διὸς σημειῶν V. διοσημείων διαλεγόμενοι Ald. — 12 πολὺ V., qui 13 alterum ἐν om. — 17 ἐπὶ τοὺς κέπφους V. — 19 κέπφους Hemst. ad schol. Pluti 913. Legebatur κούφους.

1069, 24 γὰρ om. V. 'Ιεροκλῆν Ald.

1071. Cum hoc scholio conf. schol. Equit. 123, Av. 963. Totum excerpsit Suidas s. Βάκις. — 28 Βάκεις δὲ, 29 πρεσβύτατος ὁ Βοιωτὸς, δεύτερος 'Αττικὸς V.

1074, 42 τὰ ὠπτημένα Ald.

1078, 51 alterum τὸ om. V. — 5 τὰς ᾠδ. V.

1081, 13 κλῆρον λέγουσι, 19 ὑμῶν δυστυχοῦσι V. — 21 ποτέρου Dindorfius et Meinek. Com. I, p. 130, quem vide. — 23 λεσβιάζειν G. βιάζειν V. Conf. Meinek. l. c.

1086, 37 ἡμεῖς V. — 38 Ἄλλως om. V., qui τοῦ εἰρημένου. — 39 μετήνεγκε Dindorfius. Legebatur μετήνεγκαν. — 40 οὔτε om. V. — 41 scribebatur οὐδ'. — 42 γένηται V.

1094, 52 addit Ald. εἶδος ποτηρίου Λακωνικοῦ μονώτου ὀστρακίνου, ὃν ἐρισκὸν καλοῦσι πλυτάριον. ἐπειδὴ μεριστὸν ὕδωρ ἐλάμβανον οἱ ναῦται, κώθωνας εἶχον. καὶ κωθωνίσαι, μεθύσαι, ὡς τὸ, « ἐρῶν δὲ καὶ κωθωνιζόμενος ἀφ' ἡμέρας. » Quæ hic et ad Equit. 597 inserta sunt ex Suida s. Κώθων, Κώθωνες et Κωθωνίσαι.

1095, 1 Σιβύλλια V.

1101, 11 ὅτι προήδεα V. — 12 οὔτε προΐσασιν οὐδὲν V. [G.?] οὔτε προσίασιν οὐδὲν Ald. οὐδὲν οὔτε προσίασιν V.

1103 ἢ τοὺς Ald. ἢ τοῦ β. V., qui 16 τοῦ om. Idem codex ad v. 1105: καὶ ἐν ἐκθέσει ἐπεὶ κ' ἄλλοι. παρὰ τὸ ἀπ' αὐτοῦ εἰρημένον αὐτοὺς τοὺς στίχους ἀποκρινόμενοι πρὸς αὐτὸν οὓς ὀλίγῳ πρότερον αὐτοὺς εἶπε μὴ ἐπιτρέπων τὴν εἰρήνην γενέσθαι. Quæ emendatius leguntur in scholio v. 1112.

1109, 22 Ἀπόπεμπε om. V. — 23 μετασχοῦσα—βλάσφημον V.

1112, 27 αὐτοὺς, οὔπω τὴν V.

1115, 30 Συγγεύεσθε τῶν σπλ. om. V. συγγεύσθαι Ald. et in lemmate συσπλαγχνεύεται.

1118, 33 scribebatur ἐπιδραμοῦντες.

1123, 39 οὐδὲν ὄντως V. Ald. — 42 ἐπὶ γῆς Ald.

1126, 45 τόπος, 46 ὁ 'Απολλ., 48 ἐκεῖσε V.

1134, 30 εὐκάστοτα [sic] V.

1137, φέρει V. ἔχειν Ald.

1144, 42 γράφουσι ἄφαυσε V. Qui fortasse ἀφαῦσαι voluit. Dind.

1147, 48 οἶνα γὰρ, 51 τὰ φυτά V.

1148, 1 καὶ 'Αρχιλόχου παρδοκὸν δι' ἐπιοίον V. Fortasse 'Αρχίλοχος, παρδακὸν διὰ χωρίον. Dind.

Ald. de sequentibus nihil nisi καὶ Σιμωνίδης. — 2 συμπαρδακῆσιν ἱμάσιν. Correxi ex Strabone 13, p. 619, ubi ex Simonide affertur σὺν πορδάκοισιν ἐκπεσόντες ἱμάσιν (recte Tyrwhittus εἵμασι). Dind.

1150, 5 πρὸς τὸ πρ. V. — 6 χυτρίπην Ald. — 12 sq. Θεόπομπος V. In Ald. non sunt 11, 12 Αἰσχ. usque ad Θεόπ.

1158, 15 ἀροτριώματα Ald. — 18 εὐθὺ τῶν ἀρωμάτων. De his Ammon. p. 62 Valck. citat Dind.

1159, 26 sq. sic in Ald., τοὺς ἄρρενας δὲ ᾄδοντας τῶν τεττίγων. οὕτως Ἀρίσταρχος. Verbo λέγεσθαι superscr. γενέσθαι in V. a m. rec.

1162, 28 sic V. ἐν τοῖς γεωργικοῖς G. Singulari numero utitur Athenæus 3, p. 75, D; 82, C.

1164, 30 legebatur αὐτάρ. Correxi ex Photio et Suida s. Φῖτυ et schol. Plat. p. 211 (445 Bekk.), ubi ἀτὰρ ἤγαγες καινὸν (τὸ addit Porsonus) φῖτυ τῶν βοῶν. In Etym. M. p. 795, 33, ἤγαγε καινὸν φίτυ. Dind. Meinek. Com. I, p. 442 sq. — 33 καλεῖται G. — 34 codex ἄλλο σπέρμα φῖτυ. Mediam vocem delevit Bergk. Commentt. p. 345.

1165, 39 sq. τὴν ὄψιν Ald. Menandri fragmentum (p. 4) integrius servatum ab aliis grammaticis.

1173, 4 κόκκηρα V. non G. — 5 μᾶλλον om. Ald.

1174, 9 αἱ Κυζικηναὶ Ald.

1176, 16 ἡ δὲ K., 17 sqq. φρουρῶν ποτ' αὐτὸς, ἐκίνουν δὲ γυναῖκα κολύβου καὶ παῖδα καὶ γέροντα χαξηνό (superscr. δ) τὴν ἡμέραν τὸν σκύθον ἐκκ. V. Correxit Hermannus Opusc. vol. 5, p. 296. ἐβίνουν posuit Dindorfius. Post στατήρων excidisse quædam vidit Meinek. Com. I, p. 510.

1177, 24 κωμ. λεχθέντα ἐν Μυρμηδόσιν V. — 25 vitiosum est ἀπὸ δ' αὖτε, quod nec primo nec secundo senarii pedi accommodari sine vitio potest. Nihil ad hujus loci emendationem confert scholion codicis Ravennatis Ranar. 932, ubi tanquam Æschyli verba afferri videntur ἐπὶ δ' αἰετὸς ξουθὸς ἱππαλεκτρυών. Trium hæc videntur versuum fragmenta esse.... ξουθὸς ἱππαλεκτρυὼν | στάζει ∪ — ∪ — ∪ — ∪ — ∪ — | κηρὸς λυθέντων φαρμάκων πολὺς πόνος. Dind.

1178, 31 ἂν ταχθῶ G. ἀνταχθῶ Ald. — 35 λέγουσι καὶ ἀξιοῦσι V.

1182, 40 ἀντὶ τοῦ τρίτου om. G., qui προσώπῳ.

1183, 51 sq. δεήσει γεγενῆσθαι V.

1189, 16 immo δ' ἀλώπεκες. Vide annotationem ad hunc v. Dind.

1191 sic V., κορωνίς. εἰσίασι γὰρ οἱ ὑποκριταὶ κἄστι κατ' ἀρχὴν προαναφώνησις τὸ ἰοὺ ἰού. ἑξῆς δίστιχοι (scr. δὲ στίχοι) ἰαμβικοὶ (ἴαμβοι G.) τρίμετροι καταληκτικοί (scr. ἀκατάληκτοι).

1196, 30 κεκολλυβισμένοι V.

1204, 42 utitur celebribus Eupolidis verbis. τῶν ἀκροωμένων V. — 49 καταστολήν, i. e. καταστροφήν. Dind.

1210, 1 φησι. καὶ Ὅμηρος φράξαντες V. Deinde legebatur καὶ σάκος. — 3 ὅ ἐστι δ' ἐπ' ἀλλήλους, 5 φορῶν V.

1219 ἔνεγκε τὰς ἰσχάδας additum ex V. Scholion om. G. — 18 εἶπεν V. τῶν ἰσχάδων Ald. Respicere videtur scholiasta ad v. 1153, ubi genitivo usus poeta dixit ὧν ἔνεγκε. Dind. αἰτ. λέγουσιν Ald.

1222, 21 ἵππων ὑπὸ τοῖς V.

1224, 24 ἀλυσιδωτοί Kust. Cum diphthongo iterum in schol. v. 1227.

1227, 30 ἐπὶ τοῦ δίδου Valckenar. ad Theocr. Adoniaz. p. 327, B. — 31 ἁβροδιαιτωμένους, 33 ὅσον σοῦ Ald. κατέστηκεν V.

1227, 37 τεθέντι V., non G.

1230, 40 πρ. αἱμάξαι, 41 ὥς φασι τὸν Σωκράτην ἂν, 44 sq. ἡ πρώτη δὲ ἀναγκαιοτέρα V.

1232, 49 sq. θαλαμιὰν δὲ εἴρηκε V. — 51 θ. γίνεται V., non G.

1234, 52 τριηράρχους et infra τριήραρχοι Ald. — 5 ἄλλως add. G., om. V.

1239, 18 δῆλον δὲ Dind. V. δῆλον καὶ, Ald. δῆλον.

1242, 29, 30 προΐζειν—μέρος om. V. — 37 Στρατιώταις. Μοίραις est ap. Athenæum 11, p. 487, E; 15, p. 668, A, qui ῥάβδον δ'. — 38 scribebatur ἀχύροισι. — 45 ἠρτημένον V. ἀπὸ μὲν τῆς Ald. — 47 καὶ om. V. Qui hæc ad v. 1243, καὶ ἔρματα στρατιώταις περὶ τῆς ῥάβδου, ῥάβδον δὲ ὄψει τὴν κοτταβικὴν ἐν τοῖς ἀχύροισι κυλινδομένην, ex superiore scholio corrigenda.

1244, 52 ἠρκεῖτο τὸ ἀγγ. V. ἐωρεῖτο τὸ G. ᾖρθη τὸ Ald. — 11 Meinek. Com. I, p. 83, restituit ὀξυβάφων ἦν ἐπιπλεόντων πλῆθος, ἅπερ etc. ἅπερ καταλούειν ταῖς λάτ. V. — 13 ἐστί τις V., non G. — 15 Σικελικῆς V. Ald. — 16 scribebatur Μεσήνιος. — 19 ἀπὸ τοῦ V. — 25 ἐν om. V. — 26 καλουμένῳ V. Ald. — 28 ἐκάλουν sqq. ex Athenæo 15, p. 667, C, sq. — 30 ἀγκυλητοὺς Athenæus. ἀγκυληγοὺς V. (qui ἔλεγεν) Ald. — 34 καταβαλλομένην Athen. καταβαλλουμένην V. κυβαλλομένην Ald. — 39 ἐπίκειται ἐπ' V. — 41 καταδύειν Athen. Legebatur καταλούειν. — 44 ἐν Λινῷ addit V. Recto accentu ap. Athen. p. 668, A. — 45 οἰνοπόται V. cum Athen. οἰνοπότη Ald.

1258, 9 ἑαυτοῦ V.

1283, 23 εἰσθέσει, 24 ιϛ' Ald. — 25 ἐκθέσει ἐπικὰ codex.

1300, 4 Ὑποκρινόμενοι V. Ex quo accesserunt scholia versuum 1301—1353.

1301 præstat Ἀρχιλόχου. Dind.

1310, 19 ἦν om. V., qui ἔστι pro ἔτι.

1329, 33 πάντα κώλων, 34 βραχέων καταληκτικῶν, 35 τοῦ κόρου codex.

1335. Hæc verba habet Ald. præfixo lemmate τρυγήσομεν αὐτήν. Recte Dobræus corrigere videtur ἔν τισιν οὐ φέρεται τὰ δ' μέτρα, *quattuor versus*. In fine scholiorum adscriptum in V. κεκώλισται πρὸς τὰ Ἡλιοδώρου, παραγέγραπται ἐκ Φαείνου καὶ Συμμάχου. Similiter in fine Nubium.

AVES.

Argumentum I. 4 τῆς ὁδοῦ Kusterus. Legebatur τοῖς ὁδοῦ. — 11 post Μονοτρόπῳ Ald. addit ἔστι δὲ λε'. Non posse hanc fabulam trigesimam quintam dici ostendi ad Fragm. p. 37 sq. ed. Lips. p. 524 ed. Oxon. Dind.

Arg. II. 26 ἐπὶ Kusterus. ἐπεὶ R. V. Ald. — 27 τὰ om. R. Idem ἐγχειρηθέντων· — 29 κωμικῆς Ald. — 31 τούτῳ duo codices Brunckii. — παρρησία. Libri ἐκκλησία. Vocabulum omittunt Brunckii membranæ. — 34-36 ἄλλην τινὰ—καθεστώτων om. R. αἰνίττεται, ὡσανεὶ συγκεχυμένων τῶν καθεστώτων Brunckii membranæ. — 2 προδεῖσθαι R. — 3 Ἀθηνῶν Brunckii editio. Ἀθηναίων R. V. τῶν Ἀθηναίων Ald. — 4 τῶν ὄντων om. R. V. αὐτοὺς R. ἑαυτοὺς V. Ald. — 5 στόχος Dobræus. Legebatur στίχος. — 19 γῆς ἁπάσης Ald. — 16 καὶ τοὺς θεοὺς V. Ald. — 19 τῶν ποιητῶν τὰ ἐν ταῖς τραγῳδίαις τερατολογούμενα ἀεὶ μὲν διελέγχειν Brunckii membranæ, lectione, ut supra aliquoties, interpolata, ἐν μὲν ἄλλοις ex uno codice addidit Brunckius. εἰ μὲν R. — 20 διελέγχειν R., qui τὴν om. — 22 παρὰ τῆς V. — 23 Καλλιστράτου Kusterus. Libri Καλλίου. — 30 ἐπερεώθη Ald. — 33 ἡμῖν post θάλασσαν ponit R. θάλατταν Brunckii editio. θάλασσαν R. V. Ald., quæ 34 ἴσωθεν.

Arg. IV. 16 δύναιτ' ἂν V. — 19 παραλήψονται R. V.

SCHOLIA.

1, 31 τινὶ δένδρου, 33 τὸ—τὸ, 34 τὴν ἐλπίδα V. Ald.

2, 38 παρακελευόμενος V. Ald., qui omittunt πορεύεσθαι. — 39 γὰρ et καὶ ἐν ἄλλοις om. V. — 40 κρώζει γὰρ V. Ald. κοάζει—ἐκτέταται om. G. πλανύττομεν om. R. — 1 Ἀττικῶς δὲ παρῆκται V. Ald.

4, 3 sq. εἰς τἀναντία om. R. τὸν στήμονα Suidas s. Προφορουμένοι. τὴν στ. libri scholiorum.

8, 21 καὶ τυπτόμενον Suidas s. Ἀποσποδῆσαι.

10, 22 sq. ἐντεῦθεν δύναιο δ' ἂν R.

11, 30 post ἕτερος indicavi lacunam. Exciderunt enim nonnulla, in quibus fuit nomen poetæ cujus illa sunt verba ἔχων — νόμον. Dind. — 33 ἀποδημίας V. κιθαρῳδός. Conf. Hesych. s. Ἐξηκεστιδαλκίδαι. — 34 Καρνείων Valckenar. ad Herodot. 7, 206. Καρίων Ald. ἰκαρίων, 35 παναθήναις, 36 εἰς ξένον V. — 38 οἷδ' Dobræus. οἱ δὲ V. Ald. — 39 sq. ἀνομ. Ald. Sunt hæc alterius personæ verba. « In fine versus excidisse videtur νὴ Δία vel simile quid. » Meinek. Com. I, p. 588. — 40 δειλὸς Dobræus. Legebatur δεινός. Post κόλαξ Dobræus addit ὁ δὲ ξένος (Execestides). Meinekio scribendum videtur ὁ δὲ κόλαξ ἐσθ', ὁ δὲ νόθος, ξένος δ' ὁ τέταρτος.

13, 46. Ὀρνεῶν legisse videtur Didymus. Dind. — 47 Ὀρνέαι V. Ald. — 48 δ' Dobræus. Legebatur δύο. Μαντίνεαν V. Ald. — 51 ἀντὶ τῶν V. ὀρνεοπωλείων Ald.

14, 4 in R. Φιλοκρά.

15, 8 λέγειν Dindorf. Legebatur λέγει. — 12 δεικτικῶς corruptum videtur ex δυϊκῶς. Dind. — 17 σημανεῖν Dobræus. Legebatur σημαίνειν. — 18 δείξαντας Dobræus.

17, 27 Ἀσωπόδωρος Suidas s. Θαρρελείδης, additis nonnullis de Didymachia, Asopodori fratre: quod nomen ex Διδυμίας corruptum esse ostendi in Thes. H. Steph. vol. 2, p. 1417, B. Dind. — 28 καὶ μικρὸς V. — 32 τινα εἶναι V. Ald. — 34 τῆς et φησὶ om. R. Fort. φασί. — 35 εἴρηται R. — 38 γέγονε G.

19, 40 ᾖστην Porsonus. — 41 οὐδὲν om. V. Ald. — 42 τουτέστιν om. R.

20, 46 Ἀντὶ τοῦ R., qui 47 κατὰ — ὅπου om.

22, 50 πανταχοῦ V. Ald. ἀποκεκλιμένης R.

23, 52 Ὡς ἤδη. Scholiasta in libro suo legebat ἤδ' ἡ κορώνη: vide annotationem meam ad v. 23. Dind. — 1 δὲ R. pro γράφουσιν.

31, 6 Ἀκέστωρ. οὗτος ἦν R. νόσον νοσοῦμεν τὴν ἐναντίαν Σάκᾳ. Σάκας ὁ Ἀκέστωρ. οὗτος δὲ V. Conf. schol. Vesp. 1221. — 8 Σάκαι Suidas s. Σάκας. Legebatur Σάκες. Σ. γὰρ V. Ald. Post Θρ. V. sic pergit, ἄλλως. Σάκας οὗτός ἐστι τραγῳδίας — Σάκας γὰρ ἔθνος Θρᾳκές εἰσι. Θεόπομπος. — 9 legebatur Σάκα. — 12 Σάκας (vel Σάκαν) ὃν οἱ Dobræus. Σάκον οἱ V. Ald. δὲ addidit Dindorf. — 13 Κλεοβουλίναις Kusterus. Legebatur Κλεοβούλοις. ὅμως Σάκαν εἰκὸς Bentleius. Ἀκέστορ' ἐστὶ τἄρ' ὅμως Bergkius Commentt. p. 123. — 14 συστραφῇ Dobræus. συστρέψῃ V. Ald. συστρέφῃ Bentleius et Meinek.

34 Τοῦτο ὡς ἐπὶ ὀρνέων R., reliquis omissis. Scholion om. V.

35, 18 sq. ἀμφοῖν ποδοῖν ἐκ τῶν ὀρνέων V. Ald.

. 19 ἢ ἐκ — πλέουσιν habet Suidas s. Ἀμφοῖν.

38, 26 οἱ πολλοὶ V. Ald.

39, 29 τὸ Bentleius. αὐτὸ V. Ald.

42, 36 μὲν οὐ βάδος Meinek. Com. I, p. 543. — 38 τισοφῶν corruptum. τί σοφῶνος ὦ V.

43, 40 οἰκίσαντες Suidas s. Κανοῦν. Legebatur οἰκήσαντες. ἐν τῇ V. Ald.

45, 46 δ' ἐκ V. Ald., qui omittunt τοῖν. — 47 κανοῦν ἔχοντες R.

50, 52 ὑψηλὸν τόπον R.

54 R. habet παίζει πρὸς τῷ σκέλει.

57, 6 πιθανῶς V. Ald.

58, 9 προπαροξυτόνως R. ἀπὸ — ἔποποι om. V. Ald. δὲ περισπωμένως, 11 ἐὰν δὲ R.

60, 14 τοῦ om. R.

62, 19 εἰς ὄρνεα ἐλθεῖν V. τὰ ὀρνίθια R.

63, 21 ὑμᾶς R. — 27 sq. λέγειν σε κάλλιον ὀρνιθοθῆραί ἐσμεν V. 88

66 R. habet ἀντὶ τοῦ οπο (scr. τοὺς πόδας) ἐρώτα καὶ περιβλέπου ὅτι ἐσμὲν ὄρνιθες. ὡς ὑπὸ τοῦ δέους ἀποπατησάντων υ (π) τοὺς πόδας. — 36 καὶ μὴν om. Ald. — 37 legebatur τὰ πρὸς. ὅτι om. V., qui σαφέστερα. — 38 σημασίαν τὸ ἔρεο ἔρου, μετεβλήθη Ald. Hoc dicit scholiasta, EPO more antiquo scriptum ambiguum esse utrum ερου an ερω significet : unde factum ut alii ἐροῦ τὰ, alii ἐρώτα legerent. Dind.

68, 46 ὄνομα om. V. Ald. — 47 δὲ om. V.

69, 50 τερατικὸν R. Ald.

76, 6 δὲ om. R.

78, 9 Εὐπόλιδι, ὡς εἴρηται Ald. Conf. schol. Equit. 980, ubi v. notam. Draco Straton. p. 86, 22 : ἡ δὲ τορύνη Ἀττικῶς ἐκτέταται. Εὔπολις δὲ αὐτὴν συστέλλει πανταχοῦ· ubi πανταχοῦ post Ἀττικῶς transponendum videtur. Dind.

79, 10 Παρὰ τὸ τρέχω om. V. Ald. Pergit R. ἐπεὶ συνεχῶς αὐτὸ εἶπε. — 11 πέπαιχε V. παρὰ τὸ τρέχω R. Ald.

82 sic in R., μύρτα καλεῖται ὅτι (scr. ὁ) τῆς μυρσίνης καρπὸς — ἐσθίειν. σέρφος δὲ σκωληκῶδες ζωΰφιον. — 16 παροιμία. Conf. schol. Vesp. 351. — 19 σέρφους δὲ V.

85, 22 τοῦ om. V. Ald. θερ. τοῦτο τὸ ἔπος R.

91 εἰρ. τὸ ὡς R.

92, 30 sq. ἢ — εἶπεν om. V. Ald. Iidem ἀλλ' ἐν — ὄρνιθες.

95, 39 τι om. V.

96, 42 ἐπιτρίσαι V. — 44 δύνανται δὲ R. καὶ om. V. — 35 εἰ ἐφόβει V. Ald.

102, 2 δὲ om. R. — 4 ταῶς. ἢ ἔπαιξε τὸ γενικὸν εἰπὼν, εἶτα ἐπαγαγὼν τὸ εἰδικόν. τὸ Ald. — 6 sq. ποικιλότητα τῆς ἐσθῆτος, 8 ἔπειτα ἐπ. G.

109, 17 Δικαστὴς R. — 18 ἐν om. R., ex quo 19 τόπῳ additum et ex Suida s. Ἡλιαστής. τοῦ om. V. — 20 πέπονθε δὲ τοῦτο Suidas, om. R.

111, 24 οἱ μισοδικασταὶ Ald. — 25 καὶ τῶν ἀγρ. et δὲ τούς τε ἱππ. V. Ald.

121, 30 εὔερον scribendum. — 31 τῆς εὐερίας V. et Suidas s. Εὔερον. ἀπολέλαυχ' Ὑπέρβολος Dobræus. Legebatur ἀπολέλαυκεν ὁ Ὑπέρβολος. Metrum est Eupolideum. ἀπολέλαυκεν V. et Suidas, omisso ὁ Ὑπέρβολος. — 32 ὥστ' αὐχμότατος Dobræus (sed v. Meinek. Com. I, p. 671). ὥστε αὐχμώτατος Ald. ὥστε ἀθλιώτατος V. ὥστε ἀθλιωτάτη Suidas. — 33 Πυλαίᾳ (πυλαιαν sine acc. cod. Paris. A) γλῶσσαν Suidas. Πυλ. om. Ald. πυλαιαρχωγλώσσαν V. βροτῶν Suidas. — 35 ὃ βαλεῖν fortasse corruptum ex ὁμαλήν. εὐάερον πόλιν interpretatur etiam Suidas. Dind.

122. Conf. schol. Ran. 1459. — 39 σκεπασμα V. στέγαστρον scholiasta Platonis p. 250 Ruhnk. (466 Bekk.) : Σισύραν · Ἐρατοσθένης σισύραν φησὶ στέγαστρον ἐξ αἰγείων δερμάτων τετριχωμένον· σισύρναν δὲ τὸ ἐκ τῶν κωδίων ῥαπτόμενον ἀμπεχόνιον, ὃ γούνναν φασίν. Vide annotationes ad Etymol. M. p. 1030, et Hesychium. Dind. — 43 ἐξωμίδαν Ald. — 45 Νεφ. ἐνέωσι σύρεσι, 46 βέτη V. et infra βέτην. — 47 ἀνδρόχαιον V. Deinde ἀνδρόχνην Portus. ἀνδράχνην Ald. ἀνδρόχην V. De ἀνδράχνῳ vide Schneider. ad Theophrast. vol. 5, p. 311. Ceterum non intelligere me fateor quomodo Eratostheni in mentem venire potuerit hoc nomen cum illis comparare de quibus hic agit scholiasta. Dind. — 48 αὐτοῦ μετέχεσθαι Ald. — 51 τινές et 53 τι om. V., non G. — 1 ἀλλ' ἐγκατακλινῇ ὁ. τὸ δὲ ἀλλόκοινον, τουτέστι τὸ ἐγκατακλινθῆναι Ald. δὲ κατακλινθῆναι G.

123, 4 Ἀθηναίων, 5 λεπτόγαιον R. λεπτόγειον Suidas s. Κραναῶν.

125, 9 Σκελίου hic et infra V.

126, 17 οὕτω φησὶ R., ex quo 18 μισῶ additum.

129, 19 πρωΐαν, 20 πρῷ R. πρωΐ V. Ald. — 23 ἕξεις correxit Dindorfius, probante Meinekio.

132, 25 ὡς om. V.

134, 29 τότε γ' ἔλθῃς V.

135 ἐν εἰρωνείᾳ om. V., τὸ νὴ Δία addit R.

139, 33 κύριον. In codice est κῆ.

141, 36 Ἀ. τ. περιεπλ. et γὰρ om. V.

142, 40 Ἀ. τοῦ et 42 δὲ om. R.

147, 47 ὑπηρ. καὶ ταχυδρόμοι Suidas s. Σαλαμινία. — 48 ἐγκαλουμένους R. et Suidas. ἣν καὶ Suidas.

149, 52 καθ' ὕφεσιν V. Ald. — 53 Τριφυλλίας R. Ald. Schneider. ad Xenoph. Hist. Gr. 3, 2, 25

citat Dindorf., qui 54 correxit quod legebatur πολὺ τῆς, ex Suida s. Λέπρεον, qui τῆς Πελοποννήσου omittit. — 1 αὐτὸ V. Ald. λεπρᾶν conjecit Toupius ad Suidam, qui 4 post λεπριῶσι sequentia omittit.

151, 14 sq. Suidas s. Βδελύττεσθαι, οὗτος εἶχε λέπραν. ἐκωμῳδεῖτο δὲ καὶ κακοπράγμων καὶ ὀψοφάγος καὶ λάλος. — 15 Σκευαῖς Pierson. ad Mœr. p. 122. Legebatur Σκύθαις. — 17 πῶς ἆρα Dindorf. et Meinek. Com. I, p. 739. Μελανθίου Dindorf. Legebatur Μελανθίους. — 18 alterius personæ verba. — 19 εἶχε δὲ V. Ald.

152, 21 Ὀπούντιοι τόποι R.

153, 25 συκοφάντης om. Ald. πονηρὸς Suidas s. Ὀπούντιος. ὀπούντης πονηρὸς V. ὀκνηρὸς Ald. R. habet glossam ἤγουν τυφλός.

156, 29 εὐύφων Suidas s. Τριβή. Conf. annot. ad Soph. Trach. 602. Dind. — 30 εἰς συντριβὴν καὶ V.

157 Ἀντὶ τοῦ ἄνευ om. R.

158, 37 κιβδηλεύεται R., qui seqq. omittit, et Suidas s. Κιβδηλία. ὑπὸ Χίων positum ex scholio proximo, quocum conf. Etym. M. p. 512, 43, Suidam s. Κίβδηλον et quem Gaisfordus citat, schol. Gregor. Naz. Stelit. 1, p. 7. ὑποχιὸς V. Ald. ὑπὸ Κίοις δεδομένον Suidas, qui fortasse δεδολωμένον voluit. Dind. — 38-46 om. etiam Suidas. — 46 addit Ald. μήκων δὲ ὄνομα φυτοῦ ἢ σπέρματος οὐκ ἄδηλον. ἔστι δὲ καὶ μέρος τι τῶν ἐντοσθίων τοῦ πολύποδος τοῦ ἰχθύος, ὃς κεῖται ἐπάνω τῆς κοιλίας οἱονεὶ κύστις ἐν ἑαυτῇ ἔχουσα τὸν θόλον, ὥς φησιν Αἰλιανὸς ἐν τοῖς περὶ ζώων. Quæ inserta sunt ex Suida s. Μήκων.

160, 48 τινὰ om. V. — 49 στέφονται R. ἐστεφανοῦντο Ald.

162 καὶ θαυμαστικὸν om. V.

167, 9 σκωπτικὸς R. et Suidas s. Τελέας. σκωπτίλος V. Ald. λέγει οὖν ὅτι (hoc om. V.) ἐὰν V. Ald. — 11 δὲ om. R. διαβάλλεται Ald. — 13 τὸ Τελέα V. τῷ Τελέᾳ G.

168, 16 γλ. φθέγγεται Suidas. — 19 scribendum τέτρακι.

175, 26 Ὥστε, 27 εἰ τὸν τρ. R.

179, 28 sq. τὸ προειρημένον Suidas s. Πόλος. τῶν προειρημένων V. Ald. — 29 τόπος Suidas. καὶ τόπος V. Ald. — 30 δὲ additum ex Suida. — 35 ὡς om. V. et Suidas.

181 ὑφετυμολογεῖν V. Ald. Frequens in libris scriptis corruptela ἑτοιμολογεῖν pro ἐτυμολογεῖν. Hinc natum ὑφετυμολογεῖν, quod ὑπετυμολογεῖν scriptum oportebat, ut scribit Rav. Dind. τὴν πόλιν V. Ald.

183 Οἷον εἰς τὸ R.

186, 45 Εὐχ. γὰρ οἱ ὄρνεις οἱ πάρνοπες R. — 46 ἀκρίδος—κώνωπες V. λέγουσι additum ex R.

186, 48 κατὰ τῶν M. Kusterus ad Suidam. Μηλίων Palmerius. Μηλιαίων V. Ald., om. Suidas s. Λιμὸς Μηλιαῖος. Μηλιέων Bekker. « Melios fame ad deditionem adactos esse ab Nicia asserit scholiastes. Sed de Nicia nulla post pacem Thucydidi 5, 32, mentio, neque extra urbem cum imperio fuisse videtur. Diodorus quidem diserte Νικίου στρατηγοῦντος Ἀθηναῖοι εἷλον Κύθηρα καὶ Νίσαιαν, τήν τε Μῆλον πολιορκήσαντες ἡβηδὸν ἀπέσφαξαν, nempe Athenienses : non Melum quidem ductu Niciæ, sed alio tempore atque Cytheram etc. Nescio ergo an reponendum apud schol. Aristoph. Τισίας : vide Thucyd. 5, 84, et Plutarch. in Alcibiade p. 199. Caute Strabo 10, p. 484 : Ἀθηναῖοι δέ ποτε πέμψαντες στρατείαν ἡβηδὸν κατέσφαξαν τοὺς πλείους. Vide Aristoph schol. ad Aves 362, ubi Niciæ *consiliis* deberi hanc deditionem ait. Wass. ad Thucyd. 5, 116. Non video quomodo Suidæ et scholiastæ Aristophanis Melios fame coactos se Niciæ dedidisse scribentibus contra disertam narrationem Thucydidis fides haberi possit. Duker. ibid. Scholiastæ error fortasse ex prima Atheniensium in Melios ductu Niciæ expeditione progenitus. Neque id recte, quod anno ante Aves ab Aristophane in scenam productas Melum oppressam prodit : redacta enim in victoris populi potestatem est anno Olymp. 90 quarto. Id rerum gestarum ordo a Thucydide diligentissime digestus evincit. Wesseling. ad Diodor. 12, 80. — 53 M. γάρ V. ἔστι om. R. — 2 ἐπιέσθησαν Porsonus. ἐπείσθησαν libri et Suidas. — 11 Βοιωτίαν. ἢ οὕτως. μόνον γὰρ τότε δίοδον, 12 ὅτ' ἂν δὲ καθ' ἕνα καὶ εἰρηνικῶς ἢ καθ' ἕνα R. εἰρηνικοὶ V. Ald.

192, 14-16 sic in R., Τοῦ ἀέρος νῦν λέγει. διαφορήσεται, διαπέμψεται R. — 15. Scholiastes Hesiodi Theogon. 116, p. 393 Gaisf. : Βακχυλίδης δὲ χάος τὸν ἀέρα ὠνόμασε, λέγων περὶ τοῦ ἀετοῦ, Νωμᾶται δ' ἐν ἀτρυγέτῳ χάει. Quæ non diversa esse poetarum loca recte suspicatur Ruhnkenius Epist. crit. I, p. 91 ed. sec. (175 ed. tert.). Nam ἀλλοτρίῳ ex Aristophane in lyrici verba per errorem intulisse scholiastam manifestum est. πωτᾶται Suidæ cod. Paris. A s. Χάος. Dind.

194, 21 Plutarchus V. Demosth. c. 9 : Ἐρατοσθένης μέν φησιν αὐτὸν ἐν τοῖς λόγοις πολλαχοῦ γεγονέναι παράβακχον· ὁ δὲ Φαληρεὺς Δημήτριος τὸν ἔμμετρον ἐκεῖνον ὅρκον ὀμόσαι ποτὲ πρὸς τὸν δῆμον ὥσπερ ἐνθουσιῶντα « μὰ γῆν, μὰ κρήνας, μὰ ποταμούς, μὰ νάματα. » Dobræus. Sequitur in Ald. ad v. 195, κομψότερον : κομψὸν, περίτρανον, περίλαλον, πανοῦργον, ἀπατητικὸν, πιθανὸν, τεχνικόν. καὶ κομψεία ἐλαφρία, ἀστειότης, πιθανολογία,

ἀλαζονεία. Quæ inserta sunt ex Suidæ glossis duabus. Dind.

199, 23 ἡ om. R. — 26 φησὶν om. V.

202 R. hæc tantum habet, τόπος σύμφυτος.

203, 29 Ἐπεὶ ἡ Πρόκνη γαμετὴ αὐτοῦ ἦν, ἥτις R. — 30 εἰς ἀηδόνα. Videtur hic scholiastes putare, Procnen uxorem Terei in lusciniam transformatam fuisse, quum sit vulgata, et melior, credo, opinio, eam in hirundinem, Philomelam vero sororem in lusciniam, mutatas fuisse : et sic quidem ex nominis notatione ratio suadet. Nam Philomela ἀπὸ τοῦ φιλεῖν τὰ μέλη dicta est, quod lusciniæ apprime convenit; quæ et plus et multo melius canit, quam quæcunque altera avis; nullo modo vero hirundini, quæ vocem exilem, raucam et minime gratam emittit; et plures ex antiquis ita censuerunt. Hyginus certe, qui de fabulis ex professo scripsit, cap. XLV eam totam fabulam narrat, et Procnen in hirundinem, Philomelam in lusciniam mutatas asserit : quod a quodam antiquo Græco procul dubio acceperat : forte ex Nicandro in Ἑτεροιουμένοις. Et maximæ auctoritatis poeta Virgilius Georg. 4 ita sentit, quum ait :

Absint et picti squalentia terga lacerti
pinguibus a stabulis; meropesque, aliæque volucres,
et manibus Procne pectus signata cruentis.
Omnia nam late vastant, ipsasque volantes
ore ferunt, dulcem nidis immitibus escam.

Quæ omnia hirundini conveniunt, nequaquam lusciniæ. Nam hirundines apes et alia insecta volatilia assequuntur volando, et ea depascuntur : at lusciniæ vermes terrestres, erucas, et alia id genus sectantur : et ibi nugatur serio Servius, qui sic scribit : *Nomen posuit pro nomine. Nam Philomela in hirundinem versa est.* Et Virgilio vim facit, ut eum ad suam traducat sententiam, et ei errorem attribuit, ut Procnen pro Philomela posuerit. Et quamvis in eodem libro inferius eam rursus proferat sententiam Virgilius, dum ait :

Qualis populea mœrens philomela sub umbra,
amissos queritur fœtus, quos durus arator
observans nido implumes detraxit : at illa
flet noctem, ramoque sedens miserabile carmen
integrat, et mœstis late loca questibus implet.

Ubi palam Virgilius per Philomelam lusciniam intelligit : nulla enim alia avis (præter lucifugas, quæ dirum quid ejulant) nocte canit. Ibi tamen pertinax Servius rursus Virgilio vim facit, et ait : *Philomela pro quavis ave : nam species est pro genere.* Et rursus ad hæc verba ejusdem libri :

Revocato a sanguine Teucri :

ait solitos esse poetas nomina de vicinis mutuare, et adducit hoc exemplum :

Et manibus Procne pectus signata cruentis.

Pro Philomela. Contra Servium tamen aperte pugnat Martialis Epigr. lib. 14

Flet Philomela nefas incesti Tereos, et quæ
muta puella fuit, garrula fertur avis.

Nam muta puella non fuit Procne, sed Philomela; nec avis ulla magis garrula quam luscinia, quæ canendo fere rumpitur. Tamen, ne quid dissimulem, scholiastes videtur sequi Aristophanis sententiam, qui satis clare innuit, se putare uxorem Terei in lusciniam, ἀηδόνα, mutatam fuisse, dum Epopem seu Tereum dicentem inducit, τὴν ἐμὴν ἀηδόνα, et, ἄγε σύννομέ μοι : et multo expressius, quum ait lusciniam alloquens, τὸν ἐμὸν καὶ σὸν πολύδακρυν Ἴτυν. Itys enim erat Terei et Procnes, non vero Philomelæ; et Aristophanis sententiam secutus est Varro. Sed in ea quæstione non est altercandum, utra sit verior sententia, quando fabula ficta et a veritate aliena est. Sed quum conveniat lusciniæ nomen philomelæ, iis accedo, qui Philomelam lusciniam vocant, Procnen vero hirundinem. Palmer.

209, 35 δὲ om. R.

212, 45 sqq. Cum hoc recentissimi grammatici scholio confer Eudociam p. 327. Dind.

216 Ἠχῶ ἀντὶ τοῦ ἡ φωνή σου. ἀντὶ τοῦ χωρήσει R.

217, 15 Ἐλέγοις τοῖς θρήνοις R.

218, 19 Ἀντὶ τοῦ om. R. — 20 γὰρ κυρ. R.

225 διελέγοντο V.

228, 33 τὸ δὲ ἐποποὶ καὶ τὰ τοιαῦτα δεῖ Ald. — 34 τῇ φωνῇ om. V. Ald.

231, 40 κοινῶς R. V. — 41 εἶπεν· ἐπεὶ οὐ V. Ald. — 44 τῇ om. R.

244, 12 ὁ ἐλεῖος Ald. ὁ ἐλείας V.

245, 17 ἐσθίετε. Hæc interpretatio spectat ad κάπτετε, cui superscripta est in V. Dind.

249, 20 ἐλεῖα V. Ald.

250, 29-42 iisdem verbis leguntur apud Eudociam p. 36. — 37 παρὰ τῷ σίλλῳ. Imo vero παρὰ τῷ αἰγιαλῷ. Lucianus etiam in initio Halcyonis, ἀπὸ τῶν αἰγιαλῶν, et plerique alii halcyonem ἐν τοῖς αἰγιαλοῖς quiritari tradunt. Hemsterhus. ad Lucian. Halcyon. c. 1, p. 178. Vir doctus penes quem olim fuit exemplar meum editionis Kusteri hæc adscripsit : « Σίλλῳ] Eudocia p. 36 dat τύμβῳ, quod habet et Varinus, unde sua hausit ψευδευδοκία, quæ, nisi me omnia fallunt, est ipse Varinus. V. me ad Varinum. » Recepi Hemsterhusii emendationem. τύμβῳ vero

scripturæ corruptæ αὔλῳ interpolatio esse videtur. Dind.

256 εἰσηγούμενος Suidas s. Καινός. Legebatur ἐξηγούμενος.

261. Hæc duo scholia in V. leguntur ordine inverso. — 2 ἱέρεια Ald. — 3 κικυμοίδας V. Ald. — 6 τῆς φωνῆς V. — 10 διὰ τὸ om. V, habet G. — 11 ἔχειν (sine δὲ) τὸ πτερὸν κύμιδις (sic etiam Ald.) λέγεται V.

266, 16 μεταβαλλόμενον Suidas, ubi genitivum habet codex Bruxellensis. — 18 φασὶ om. Suidas s. Χαραδριός. αἱ om. V. — 19 μελῳδίαν ποιοῦσι Suidas. — 21 ἀποκεκρυμμένως Ald. ἀποκεκρυμμένον G. — 23 φησὶ malit Dindorf. — 24 περιέργως Suidas. καὶ — περνάς (πέρνας V.). Hipponactis versus est, apud Suidam sic scriptus, καὶ μὴν καλύπτει (καλύπτη Paris A)· μῶν χαραδριὸν περνᾷς; apud scholiastam Platonis p. 121, καὶ μὶν (scr. καί μιν) καλύπτει· μῶν χαραδριὸν περνᾷς; Dind.

267, 28 Οἶμαι καὶ πάντα τοῦ ποικιλομένου, οἱ V. Εἶναι δὲ οἶμαι καὶ πάντα τοῦ G. — 29 ὀρνέου περιπταμένου V. sine τινος.

268, 34 εἰσθέσει Ald. — 38 ὁ ἔποψ V., non G.

272, 44 φοινικίεος Kusterus ad Suidam s. Φοινικιοῦς. φοινικίοες Suidas. Legebatur φοινίκεος.

275, 46 sq. Ἐκ τοῦ Σοφοκλέους ἀρχὴ V. — 49 om. G. εἰ om. V., qui εἶπε παρηλλαγμένην τὴν χροιάν.

276, 3 ἐξ ἠδόνων V. Legebatur τί (τίς Suidas s. Μουσόμαντις) ποτ' ἔσται. Correctum ex versu Aristophanis. ἄλαλος codices Suidæ, cujus ed. Mediol. ἄλλος. V. ἄλλο. — 4 ἀκρατοῦς. In scriptura corrupta ἀβρατεὺς consentit Suidas, qui ὃν σθένει omittit, quod fortasse ὅσον σθένει est. Dind.

277, 6 τὸ om. V. — 8 ὄρνεις V. ὄρνις G. et Ald. — 9 legebatur δεόντως. Fort. εἰ καὶ ὄντως. Dind.

279, 12 ἐπειδὴ ἕτερος ὄρνις V.

281, 17 σὲ τὸν V. Videtur σὲ τῶνδε scripsisse. Dind. λέγω om. V. Deinde idem Φερεκλεῖ. — 20 ἐγὼ δ' ἔποπος, 23 ὁ Σοφοκλῆς Ald. — 27 τραγῳδίας Kusterus. Legebatur κωμῳδίας consentiente Suida s. Προκέφαλος et Φιλοκλῆς. Vide Meinek. Hist. Com. p. 521 sq. — 30 Φιλοκλεῖς δύο, vide Clinton Fast. Hell. vol. 2, p. xxxv. — 31 legebatur γὰρ ἄρης. Suidas s. Φιλοκλῆς, Αἰσχύλου δὲ τοῦ τραγικοῦ ἦν ἀδελφιδοῦς, καὶ ἔσχεν υἱὸν Μόρσιμον τὸν τραγικόν, οὗτινος γίνεται Ἀστυδάμας ὁ τραγικός, τούτου δ' ἕτερος Φιλοκλῆς τραγικός. Bœckhius ad Marmor Parium, epoch. 67, totum locum sic emendavit : γεγόνασι δὲ Φ. δύο τρ. π., εἷς μὲν ὁ Φιλοπείθους υἱός, ἕτερος δὲ ὁ Φιλοκλέους ἀπόγονος. ἐκείνου μὲν γὰρ ἦν Μόρσιμος, ἐκ τούτου δὲ Φιλοκλῆς καὶ ἕτερος Ἀστυδάμας, ὁ κατὰ τὴν αὐτὴν ἡλικ. etc.

283, 42 ὅπερ ἐστὶ ψεῦδος. Accusat scholiastes Comicum falsi eo, quod primus Callias fuit Phænippi filius; sed non ideo mendax Aristophanes. Nam ab illo primo Callia alternatim Hipponici et Calliæ sibi invicem successerunt plures. Palmer. De Calliæ gente v. Bœckh. De œcon. civ. Athen. vol. 2, p. 15, Schneider. ad Xenoph. De vectig. 4, 15, Meinek. Hist. Com. p. 131 sqq. Scribebatur Φανίππου, quod Dindorfius correxit ex Herodoto 6, 121

285, 46 πορνοσκοπίαν anonymus.

288, 49 ὀξύνεται Boissonadius ad Herodian. Epimer. p. 284. βαρύνεται Suidas s. Κατωφαγᾶς.

290, 53 ῥίψασπις καὶ διαβάλλει τὸν Κλεώνυμον V.

292. Hæc scholia V. hoc ordine habet, 2. 3. 1. — 1 τρέχοντες ἔχουσι V. — 7 πήχεων ω' aut ὀργυιῶν σ' Idelerus in Commentatt. philolog. Acad. Berol. 1812, p. 177. — 18 sq. corrigendum videtur ὅθεν καὶ Καρικαὶ ἐλέγοντο οἰκήσεις καὶ κάρηνα αἱ ἀκροπόλεις. κάρηνα per ἀκροπόλεις explicant grammatici respicientes versum Homeri Il. B, 117 : ὃς δὴ πολλάων πολίων κατέλυσε κάρηνα. Dind.

296, 24 κατὰ ταύτην V.

297, 28 ἐνταῦθα Ald. Comparandum scholion Equit. 589.

299, 31 βάλλε δὲ βάλλε κηρύλος εἴην V. Ald. Correxi βάλε δὴ βάλε κηρύλος εἴην ex Suida s. Κηρύλος. Quæ sunt Alcmanis verba apud Antigon. Caryst. Hist. mirab. 27 et schol. Dionysii Thracis in Bekkeri Anecd. p. 946, 11 Dind. — 32 κήρυλον, 33 κήρυλος V. — 36 ἐσχημάτισται Suidas.

301, 47 Ἄλλως, quod præcedenti scholio, infra post λεχθῆναι μόνον collocato, præfixum in V., hic addidit Dindorfius. — 49 ἐπαγάγῃ Ald ἀπαγάγοι V. — 52 μόνου V.

302, 5 κόροιδος et mox κοροίδων V. — 8 ἀναγραφόμενος Bastius Append. ad Epist. crit. p. 36. Legebatur ἀναγραφομένοις.

303, 14. Locum hunc sic scribendum et distinguendum esse puto : εἶτα πυρίς. Ἕρμιππος Τετραμέτροις. Quæ autem sequuntur, καὶ Θεμιστοκλέους τὸν πρωνὸς etc., emendatione itidem indigent, sed non absque ope meliorum codicum, ni fallor, tentanda. Kust. μύρμυξ Ald. In Hermippo qu. an legendum κοπρώνης. Nescio, sed credo ὥς τις ὢν κοπρώνης. Dobræus. — 17 περὶ τὴν γραφὴν Dobræus.

304, 19 κερχνηὶς G. κερχνὶς V. Ald. — 20 οὐκ ἀναγέγραπται (ἀνεγεγράφει G.) V. οὐ ἀλλὰ κερχνηΐς

Ald. ἀλλὰ κερουμή V. ἡ κολυμβὰς Bentleius ad Callimach. p. 469.

307, 24 οὗτος dubium. πιππίζειν G. πιππύζειν Ald.

319, 43 ὑπόπτευον δὲ αὐτοὺς V. ὑπώπτευον αὐτοὺς G. εἶναι om. V.

322, 48 θηρατὰς Ald. ἡμαρτημένων V

326, 53 ἐμοὶ γάρ εἰσιν V.

329, 19 νεμόμενοι V.

336, 22 Ὅτι ὕστ. V.

348, 48 πάντα ταῦτα V. — 50 legebatur καὶ ἐκεῖσε καὶ δεῦρο μηδόλως; τίσση (μηδ' ὅλως; τίση V.). — 51 παρὰ πᾶσι correxit Dindorfius ex scholio 424. Legebatur παραπλήσιον. De re ipsa conferendum scholion ad Vesp. 1326. Post τοιοῦτον V. ponit illa superiora γράφεται—ῥύγχος, l. 43 seq.

353, 2 κατὰ τὸ δεξ. Ald.

357, 7 κἂν μείνωμεν V. — 9 legebatur διὰ τὸ μέλος.

358, 10 Οὐ om. V. Qui ad hunc versum, πολέμει (πολεμεῖ G.) προσυπακουστέον τὸ (τὸ om. G.) πρὸς τὴν χύτραν.

361 Μεῖζον τὸ τρ. V.

363. Suidas v. Ὑπερακοντίζεις integrioribus scholiis in hunc locum usus fuisse videtur; quippe qui sic habet: Ὑπερακοντίζει; σύ γ' ἤδη Νικίαν τὸν στρατηγοῦντα μηχαναῖς καὶ τοῖς στρατηγήμασι. Σύμμαχος πρὸς τὴν Μήλου πολιορκίαν. Φρύνιχος Μονοτρόπῳ « ἀλλ' ὑπερβέβληκε πολὺ τὸν Νικίαν στρατηγίας πλήθει καὶ εὑρήμασιν. » ἢ ὅτι φρονιμώτατα Μηλίους λιμῷ ἀνεῖλεν. Hæc sane ex bene antiquis et optimæ notæ scholiis descripta esse apparet. Kust. στρατηγιῶν πλήθει τε κἀξευρήμασι Toupius. — 22 φρονιμώτατα om. G. γὰρ om. V. λιμῷ γὰρ G. Conf. ad schol. v. 186.

364, 24 οἱ γὰρ πρ. V. ἐλελελεῦ Ald. — 25 Ἐρετρεὺς V. Achæi versus apud Suidam s. Ἐλελεῦ hi sunt: ὥρα βοηθεῖν ἐστ'· ἐγὼ δ' ἡγήσομαι. προσβαλλέτω τὶς χεῖρα φασγάνου λαβῇ· σάλπιγγι δ' ἄλλος ὡς τάχος σημαινέτω. ὥρα ταχύνειν· ἐλελελεῦ.

368, 31 συμπατριῶται V. συμπατριῶτα G. ξυμπατριώτας Ald.

369, 35 ἀπέκτενον tres codd. Suidæ s. Φεισόμεθα, i. e. ἀπέκτεννον. Eustathius p. 1604, 9: ἡ δὲ ἐν τῷ ἀνενείκατο ἀνηνέγκατο τροπὴ τοῦ ι εἰς ν καὶ ἐπὶ ἄλλων ἐφάνη γίνεσθαι, ὡς καὶ ἐπὶ τοῦ αἰεὶ αἰὲν, φαεινὸν φαεννὸν, κλεεινὸν κλεεννόν. οὕτω δὲ καὶ ἐπὶ τοῦ κτείνω κτέννω· οὗ χρῆσις καὶ ἐν τῷ, Τὸ παλαιὸν λύκους ἀπέκτεννον ἐν τῇ Ἀττικῇ, καὶ νόμος ἦν λυκοκτεννεῖν (scr. λυκοκτονεῖν), καὶ τῷ κτείναντι μὲν τέκνον λύκου τάλαντον δίδοσθαι, τῷ δὲ τέλειον δύο. Κτέννειν tanquam vitiosum ab criticis ubique rejici solet, etsi non raro ab libris fide dignissimis oblatum. Sic in Isocratis Panathen. p. 263, D, ταῖς πολιτείαις ταῖς οὐκ ἀρεσκούσαις μαχόμενος καὶ καταλύων καὶ τοὺς προεστῶτας αὐτῶν ἀποκτείνων, codex Urbinas ἀποκτέννων. In Stephano Byzant. v. Δυρβαῖοι: οὗτοι οὔτε ἀδικοῦσιν οὔτε ἀποκτείνουσιν ἀνθρώπων οὐδένα, liber Seguerianus (Montefalc. Bibl. Coisl. p. 282) ἀποκτέννουσιν ἀποκτέννει Nicarchus in Anth. Pal. 11, 395. Dind. τῇ om. V.

374, 41 legebatur ἀπολλύμεθα. ἀπολλύμεσθα V Correctum ex Suida s. Ἀπ' ἐχθρῶν.

379, 49 sq. οἱ—Ἀθηναίους—ταπεινὰς ἔχειν τὰς πρῴρας Dobræus. Legebatur οὓς—Ἀθηναῖοι—ταπεινοὺς ἔχειν τοὺς πύργους. (ταπεινοὺς πύργους ἔχειν V.)

383, 1 παρὰ τὸ om. V. — 2 ὡς ὑποδεισάντων Ald. ὑπὲρ τοῦ V., non G.

386, 10 ἔξωθεν τῷ τρυβλίῳ V. — 11 δὲ om. V.

390, 21 ἐξόπλας V. ἐξ ὅπλων Ald. — 22 καθωπλίσαι V. καθοπλίζεσθαι Ald. — 23-25 sic in V., παραινεῖ ἂν (μὴ G.) παντάπασιν ἀμελεῖν μήτε μὲν φανερῶς πολεμεῖν. τουτέστι (hoc om. G.) δεῖ καὶ μὴ φοροῦντας αὐτὴν ἐγγύθεν ἔχειν. Scholion sequens om. G.

395, 33 Καλλίστρατος Ald. Καλλιστράτης R. V. et codices Suidæ s. Κεραμεικός. Correxi ex scholio Pac. 144, ubi est ἢ Καλλικράτης, et ἢ fortasse hic quoque pro καὶ restituendum. Quo facto φησι præstabit vulgato φασι. Eædem hujus nominis corruptelæ sunt in libris Harpocrationis s. Ἑκατόμπεδον, Ἑρμαῖ et Κεραμεικός, libris tamen quibusdam recte Καλλικράτης præbentibus, ut scriptum apud Photium est s. Ἑρμαῖ p. 15, 17. Eximendum igitur hoc opus scriptis Callistrati a Clintono enumeratis Fast. Hell. vol. 3, p. 530. Ceterum Harpocratio s. Κεραμεικός inverso ordine Καλλικράτης ἢ Μενεκλῆς, ut scholiasta Pacis. In reliquis grammaticorum locis Μενεκλῆς ἢ Καλλ. Verba ἐν τοῖς ante συγγράμμασι ponit G. Numero singulari ἐν τῷ—συγγράμματι recte utuntur schol. Pacis et Harpocratio s. Κεραμεικός. Deinde περὶ Ἀθηναίων R. V. et Suidas. Hoc vitium corrigendum etiam apud Harpocrationem et Photium s. Ἑρμαῖ. Dind. φασιν οὕτω V. et Suidas. Legebatur φασι, omisso οὕτω. Suidas post οὕτως pergit ἔστι δὲ καὶ δῆμος Κεραμεικός. εἰσὶ δὲ ἔνθεν καὶ ἔνθεν στῆλαι ἐπὶ τοῖς δημοσίᾳ τεθαμμένοις, ἔχουσαι ἐπιγραφὰς ποῦ ἕκαστος ἀπέθανεν. — 34 ἅπας om. V. Ald. Iidem ἔνθεν καὶ ἐντεῦθεν. — 36-38 verba εἰσὶ δὲ—τετελευτήκασιν scholiastæ esse, non Meneclis aut Callicratis, observat Dindorfius. — 37 οἷον ἐν R. Ald.

399, 41 Ἀντὶ τοῦ παρὰ R.; quod ferri potest, si post ὄρνεα interpungatur. Dind. ἔστι δέ τις ἐν Ἄργει ἰὰς π. Ald. — 43 λέγων ỹ R. Ὀρνεάς R. V.

401, 53 Ὥσπερ G. In V. est Ὡσεὶ ὁπλίτην κελεύων ὡς εἶπε τὸ ε̄ παρὰ τὴν ὀργὴν παρὰ τὸν Ὁμηρικὸν ἀσπ. — 2 codex ἐγκ. τῷ παῦσαι.

402, 5 μακρὰ π. om. R. V. — 6 πολέμια μόνον G.

409, 17 σοφὸν V., non G. οἰκιστήριον Ald.

417, 24 εἴη R. V. bis. — 28 ἑνικῶς εἶπεν ἀντὶ τοῦ δύο R.

424, 32 sq. ὅτι πάντα τὰ (τὰ om. R.) ἐν τῷ κόσμῳ σύνεισι καὶ τὸ τῇδε—γῆν (omisso λέγει) V. τὸ δὲ ταῦτα πάντα ἃ ἐν τῷ κόσμῳ ἐστί. τὸ τῇδε καὶ τὸ κεῖσ' ἔτι. ἤγουν τὸν οὐρανὸν καὶ τὴν γῆν Ald. — 33 τὸ κεῖσε R. — 35 legebatur φησὶ καὶ τὸ κεῖσε. Ald. om. μὴ—ᾗ. V. δεῦρο δηλός τις ᾗ. — 36 τὸ τοιοῦτον Dindorfius correxit ex schol. 347. Legebatur τοιοῦτος. τὸ τοιοῦτος V.

427, 40 ἀφάτως, 41 μεγίστως Ald.

429, 44 φρόνιμος παιπάλημ' ὅλον R.

430. Infra post v. 436 V. a m. rec. κυρμα ἀντὶ τοῦ ἐπιτυγχάνοντες ἐν πᾶσι. ἄλλως. κύρμα ἐπιτακτικὸν παρὰ τὸ κυρεῖν—ἐγκεκυρηκὼς πράγμασι.— 47 ἢ R. pro Ἄλλως. — 49 πολλοῖς ἐντετυχηκὼς V.

433, 53 μετεώρημαι V. μετεώρισμαι Ald.

436, 7 ἐπιστάτης δὲ R. ἐπιστάτης Suidas s. h. v. ἐπιστάτη δὲ θηλυκῶς V. Ald. — 9 ταῖς ἑστίαις R. et Suidas. τὰς ἑστίας V. d.— 13 τινα Suidas. ὅντινα V. — 14 ὡς παρὰ ταῖς Suidas. ὡς ταῖς V. ὥσπερ ἐν ταῖς Ald. — 6 ἔχων V.

437, 20 Οὐ τοὺς V.

440, 25 δὲ om. V. — 26 οὗτος R. pro ὅτι. Ex eodem ἦν additum. τῇ ὄψῃ R. — 27 διαπληκτιζόμενος Suidas s. Διαθήκην. πληκτιζόμενος R. V. πλησιαζόμενος Ald. διέθετο Suidas. — 28 φίλῳ V. — 29 ὡς αὐτὸν. Suidas. — 31 τὸν Παναίτιον Suidæ codices. Idem ὡς καὶ ἐν. — 32 sq. αὐτὸν λέγει om. V. εἶναι λέγει αὐτόν Suidas. — 34 μαχαίρας R. μαχαίρ' V. μαχαίραις Suidas. — 35 καὶ—φησιν. ἢ καὶ om. Suidas, qui 36 αὐτόθεν οὖν φησιν αὐτὸν μαχαιροποιόν. — 37 μάγειρος καὶ μικρ. Ald. — 38 αὐτοῦ R. V. et Suidas s. Γυνὴ μεγάλη et s. Διαθήκην. — 39 οὔσης· μικροφυὴς αὐτὸς ὢν Ald.

442, 41 τὸν πρωκτόν om. V. Ald. — 42 που om. R. V. — 44 τιμωρίαν ἐργάζεται V. κωμῳδίαν ὁρίζεται R.

444 Ὑπισχνοῦμαι om. R., qui συντίθημι ἀντὶ τοῦ συντίθεμαι V. Scholion om. G.

445, 48 sq. τούτοις ὡς πᾶσι τοῖς κριταῖς νικᾷ χαριέντως καὶ εὐχόμενος ὑπὲρ τῆς νίκης. ἄλλως V. — 49 ἔκριναν γὰρ Suidas s. Ὄμνυμι. Pro ε' legebatur οἱ, quod om. V. et Suidas.

448, 5 εἰς τὰς χύτρας R. V. ὁπλίτου V. — 6 νῦν μενὶ libri.

450, 10 φυλάρχων Dobræus. Legebatur φυλετῶν.

454 om. V., qui 38 ὃν ἡμεῖς.

461, 40 Ὅτι om. V., qui 41 παρασπονδοῦμεν.

462 R. habet εὐτρέπισται. — 46 Εὐτρεπίζεται. ἢ μ. κατὰ V.

463, 50 στέφανοι Suidas s. Κατὰ χειρός. Legebatur οἱ στέφανοι.—51 μέθης καὶ θέρμης Suidas.

465, 52 Καὶ εἰ τούτου, 1 Θεσπρωτείας V., qui om. λαρινὸν, ἀντὶ τοῦ om. R. — 3 ὡς λιπ. V. βοσκοῦ R. νομέως Ald. βοσκοῦ haud dubie fuit in V., qui nunc a correctore habet ῥωμέως, unde in G. factum ῥωμαλέου. — 5 R. habet πείσει.

471 R. habet glossam ἀντὶ τοῦ ἀνέγνως. — 7 Ὅτι et 8 ὁ om. V. — 9 Ἰάδμων vocatur ab Herodoto 2, 134, et ab Suida s. Αἴσωπος. Ἴδμονος est apud Heraclidem Ponticum in Gronovii Thesauro vol. 6, p. 2827, cujus verba descripsit scholiasta. τοῦ σοφοῦ Portus: quæ correctio optime convenit Ἴδμονος nomini. Sed in κωφοῦ consentit Heraclides. Dind. — 10 πρῶτον Heraclides. Legebatur πρῶτος. — 11 leg. ἀναβιῶναι. — 12 τὸ σῶμ'. ἐγώ. ψυχ. Suidas s. Ἀναβιῶναι. ἀνήκειν vir doctus apud Gaisfordum ad Suidam, alii ἐπανήκειν (Meinek. Com. I, p. 640). Legebatur αὖ ἥκειν. Apud Suidam ἀπὸ νίκης. Egregie hos versus restituit Cobet. Observatt. crit. in Plat. com. p. 95 sq., τεθνάναι. B. τὸ σῶμα γε. ψυχὴ δ' ἐπανήκεν, ὥσπ. A. π. — 14 εἰσὶν om. V. — 16 Μνησίμαχος Menagius ad Diog. L. 2, 18. Legebatur Μνησίλοχος. — 19-24 sic in Ald., εὐδοκιμηκέναι. περὶ δ' Αἰσώπου καὶ ἐν Σφηξί. τὸ δὲ πεπάτηκας ἀντὶ τοῦ—εἶναι. φαίνονται δὲ τοιοῦτον—λέγομεν.

475, 25 Ἐπεὶ δὲ V., i. e. ἐπειδή. ὁ κορ., 26 τὸν Ald. De Platone v. Ruhnken. ad Timæum p. 164.

480, 33 sq. Ὄρνεα—εὑρισκόμενα—ζητοῦν (ζητοῦντα G.) V. — 35 ἄλλως. ἔπαιξε δὲ V. — 36 παρὰ τὸ δρῦς G.

484, 39 δὲ στρατηλάτης V. Ald. Μέμφιδας V. — 41 πρ. τῶν ξυγγραφῶν οὕτως G. — 44 μάχῃ om. Ald.

487, 51 τῷ (scr. τὸ) τιαροφορεῖν, 53 κίταριν V.

494, 10 ἐν τοῖς τικτομένοις R. et qui recte ἐπὶ habet Suidas s. Δεκατεύειν. ἐν τοῖς γεννηθεῖσι V. Ald. Deinde καὶ τὰ ὀνόματα τότε ἐτίθεντο. ὅτι τὴν δεκάτην εἱστίων ἐπὶ τοῖς τικτομένοις καὶ ἐν αὐτῇ etc. V., qui ante ὅτι ponere debebat ἄλλως. — 11 τίς σε Suidas. Legebatur μᾶτερ. — 12 δεκάτῳ V. τόκον Ald. — 16 μᾶλλον τότε Ald.

498 habet Suidas s. Ἀπέβλισεν.

501, 24 ἐκυλινδοῦντο Suidas s. Ἴκτινος. — 25 πέσας V., πέρσας G. pro παίξας. V. pergit οὐ φησὶ βασιλεύς, φησὶ τὸ κ. — 26 βασιλέων V. et Suidas. In R. ἐστὶ δὲ ἴδιον β. τὸ γ. — 29 ἔαρ εἰς ἡμᾶς ἐσ. V. — 31 αὐτόν R.

503, 33 ἐν om. V

507, 41 εἴποι R., qui ἅμα τῇ φωνῇ ἐξήρχοντο, pro quibus ψωλοὶ ἤρχοντο V. Ald.

510, 46 sq. proximo scholio postponit V., præfixo ἄλλως, omittit R. — 49 δωροδοκίας V. Ald.

515, 9 εἶπεν ἐπὶ (ἐκ codex) τῆς κεφαλῆς additum ex R. ὁ om. V. — 10 δ᾽ ἀνασκάπτρῳ V. δ᾽ ἀνὰ σκῆπτρα G. γ᾽ ἀσκήπτρῳ Ald. « Scribendum δ᾽ ἀνὰ σκάπτῳ. » Dindorf. — 11 init. ἀετός G. σκηπτοβάμων recte Victor. — 12 εἰώθασι, 14 γλαῦκαν R. — 15 ὡς θερ. δὲ V. Ald.

521, 21 Σωσικράτης Kusterus. Legebatur Σωκράτης hic et apud Zenob. Proverb. 5, 81. De Sosicrate dictum ab Hemsterhusio in Anecdotis vol. 1, p. 197, et ab Geelio in Biblioth. critica nova vol. 1, p. 62. Legebatur τῷ ιβ′. Correxi ex Zenobio. Dind. — 22 δεξάμενος, 24 οὐδένα οὐκ ἐᾶν V. — 26 δὲ om. R., καὶ om. V. — 27 Σύβαριν. Vide Taylor. ad Lysiam vol. 2, p. 107 Reisk., Wesseling. ad Diodor. 12, 10. Dind. σύβασιν V. σύμβασιν G. — 30 καὶ om. R. — 31 Εἰς (τὸ add. G.) αὐτό. ὅτι V. — 32 δὲ καὶ V. — 33 πολλῷ γὰρ ὕστερον Κρατῖνος ἐν τῇ Νεμέσει. Fallitur scholiastes qui Cratinum in Nemesi fabula longo post Aves editas tempore, h. e. post Olymp. 91, 1, Lamponis ut vivi vigentisque mentionem injecisse scribit; quod falsissimum esse vel ex eo intelligitur, quod Nemesis fabula post Periclis obitum doceri vix potuit. V. Plutarch. Pericl. c. 3. Meinek. Hist. Com. p. 44. Post ζῶντα addebatur καὶ ταῦτα πολλῷ ὕστερον.

523, 37 μάνεις V., om. R.

527 ἔστιν εἶδ. R. ἔστι δὲ om. V. παγίδας, εἶδος G.

530, 45-47 Ὅτι—συντονίας post κατεσθίουσιν ponit V., præfixo ἄλλως, quod Dindorfius ante βλιμάζειν addidit. — 46 καλλ. ψηλαφᾶν φησὶν αὐτά V. — 47 legebatur συντομίας. — 49 τοὺς ὄρν. Ald. Cum his confer Etym. M. p. 200, 46, qui ex plenioribus ad hunc versum scholiis sua petiisse videtur.

531, 52 ὅτι οὐ R.

533, 1 συντρίβουσι G. — 2 sq. ἡδύοσμος. προσάρτυμα. σίλφιον : τὸ ἐν Λιβύῃ γενόμενον. θεραπεύει δὲ (ὃ θεραπεύει V.) πολλά, ἔστι δὲ καὶ πολυτίμητον. V. Ald. Ad voc. προσάρτυμα hæc Kusterus : « In Ms. Vat. U. rectius πρὸς τὸ ἄρτυμα. Deinde additur, ὅπερ ἐν Λιβύῃ γίνεται. θεραπεύει δὲ πολλά. ἔστι δὲ πολυτίμητον. » — 5 μοι om. V.

535 lemma γλυκὺ καὶ λιπαρόν in R. V. — 7 παρὰ τὸ χέεσθαι Ald. παραχεύεσθαι V.

538, 11 Κενεβρίων κατὰ V. κατὰ μεταφορὰν τοῦ στοιχείου Ald. — 12 νεκριμέων R. — 14 οὐκ ἔσται κεν. Ald. — 15 Scribebatur κενέβριον. Erotianus p. 204 : Κενέβρεια : τὰ νεκριμαῖα κρέα οὕτω καλοῦνται, ὡς καὶ Ἀριστοφάνης « οὐκ ἔσθ᾽ ὃ κενέβρειον « ὅταν θύῃς τι καλεῖ με. »

539, 25 χαλέψαι in κλέψαι corruptum ap. Suidam s. Χαλεπωτάτους.

540, 27 Ἐρ. δὲ ἀπὸ τῶν πρεσβυτέρων V.

547, 33 sq. ταῦτα—λέγειν ante ὡς εἰ εἶπεν collocat V., omisso δέ.

553, 41 sq. Ὄνομα ὀρνέου. ἔπαιξεν ὡσεὶ R., qui 44 καὶ ὅτι ὄρνις καὶ om. Idem Κεβριόνι.

555, 48 om. R., ἡ μάχη om. V.

556, 50 Βοιωτούς. Immo Δελφούς. Dobræus. Qui βουλομένους. Legebatur βουλομένοις. — 52 λέγει om. V. — 1 οὗτος δὲ R. ὁ τότε καὶ Ald. καὶ om. R., qui ἔθεντο. — 11 τρίτῳ ἔτει. Longe brevius tempus intercessisse, illum autem numerum negligenter inspecto Thucydide posuisse scholiastam ostendit Clinton. Fast. Hell. vol. 2, p. 258. Deinde πρὸς Βοιωτοὺς dicere debebat. Conf. Hesychium in Ἱερὸς πόλεμος cum annotationibus interpretum. Dind.

558, 559 habet G., qui 18 τὸ πληθυντικὸν ηὗξ.

562, 22 Πρὸ τ. θ. om. V. — 23 προσνείμασθαι habet R.

565, 29 φαλόν V. Eadem Athenæi opinio est 7, p. 325, B. Dind.

566, 30 δὲ ποσ. V. — 31 δὲ et 32 καὶ om. R

557 R. habet τὸ δὲ μελιττοῦττα ἀρσενικῶς (vel ἀρσενικόν). ἔστι δὲ ἐπίθετον τῶν ναστῶν.

568, 41 μοιχεὺς V., non G. — 43 ὅτι om. V. — 44 σπερμάτιον ὁ R.

570, 45 Ὡς om. R. aut V., alteruter totum scholion.

574. Νεωτερικόν. Vide Valckenar. ad Eurip. Hippol. p. 301. Ἄρχεννος R. V. Ἀρχέννους Ald. Ejusdem nominis corruptelæ sunt apud Plinium H. N. 36, 5, *Archermus, Achermus, Chermus, Anthermus*. Ἀρχένεος sculptor antiquissimus est in monumento apud Bœckh. Corp. Inscr. vol. 1, p. 38, quod nomen comparavit Silligius in Catalogo artificum p. 51. Deinde libri φησι καὶ τὸν Βουπ. Dind.

575, 5 αὐτοῦ om. Ald. ὕμνοι Berglerus. κύμινοι V. Ald.

579, 6 ἃ om. R. V. — 7 ἐκλήθησαν R. ὠνομάσθησαν Ald.

580 εὑρετής codex.

581 ἀντὶ τοῦ οὐ δυνήσεται post προρέειν ponunt R. V. Totum scholion om. G.

582, 13 Ἐπιβουλεύεται V. ἐπιβουλεύετε Ald. — 14 ἡμᾶς V., non G., qui omittit scholion ad 584.

588, 24 οἴνανθ᾽, 25 στάζει καὶ Ald.

598, 36 κυπρόθεος V. Σιδώνιος Ald. — 37 sq. σκάφη κατὰ τῶν θεῶν V.

601, 42 παροιμιακῶς V. (non G.) Ald.

609, 49 verba καὶ τοῦτο respiciunt ad scholion v. 575. — 51 γενεὰς ζώει V.

614, 2 glossam τιμιοις habet V., om. G.

617, 3 εὕρεμα V. θνητῶν G.

618, 5 Ἐνταῦθα μ. V. Scholion om. G.

620, 9 φασιν Ald. Veram lectionem habuit etiam Suidas s. Κομάρους.

626, 27 πίπτων R.

629 Ἐπαγγειλάμενος ὅμοια V.

637 Χαριέντως εἶπε om. V.

639, 42 διὰ om. R. — 44 υἱὸς Ἀλκιβιάδου. Inepte. Alcibiades auctor fuit expeditionis Siculæ, Niciæ autem patri nomen fuisse constat Nicerato. In Ἀλκιβιάδου consentiunt Suidæ codices s. Μελλονικιᾶν, ubi ed. Mediol. Νικηράτου. Dind. ἀνεβάλετο Suidæ codex A.

640, 46 νεοσσίαν V. Ald. — 48 ἐκ παραλλ. τὸ αὐτό habet R.

645, 49 prius καὶ om. V. — 51 κυρίως R. V. pro Κριὸς.

648, 3 ἐπάνιθι etiam Suidas s. Ἐπανάκρουσαι. Ald. ἐπανάβηθι. — 4 καὶ μεθ' V. καὶ om. R. G. et Suidas. καὶ μεθορμίσαι Ald. — 5 θραύσῃ. R. V. et Suidæ libri præter A, qui καὶ θραύσῃ. Pergit Suidas τὸ δὲ πάλιν. — 7 ᾄσας Suidas. ἀνίσας R. ἀνύσας V. ἐὰν ᾖσας Ald.

654, 15 sq. R. habet οἷον ἐπὶ ταύταις ταῖς συνθήκαις.

662, 28 Πρόκνης φησὶν ἐνακρυπτομένης R., qui αὐτοῦ δὲ omittit.

673, 41 sq. ὡς ἐν θ. πρ.—ἔχουσα. ἄλλως. ἀφελόντα τὸ προσωπεῖον R. ἀπολέψαντα δέον φαγεῖν. ὡς—ἔχουσα. ἄλλως. ἀφελόντα τὸ προσωπεῖον V.

676, 51 ὄρνιθος πάντων, 52 μὲν δοκεῖ V.

682, 4 πολλάκις γὰρ V. Ald.

683, 8 ὅτι τὸ ἔαρ R. ὅτι ἔαρι V. τελοῦνται R.

685, 15 Παράβασις G. R. in margine habet παραβάσεις.

687, 21 πρ. καὶ τὰ R.

691 καὶ γένεσιν θεῶν R. V.

695, 36 αὐτοῖς, id est Ἀττικοῖς. Pro ἀνεμιαῖον legebatur ἀνεμίδιον hic et in verbis Platonis, consentiente Suida s. Ἄνεμος. Veram scripturam habent grammatici in Bekkeri Anecd. p. 81, 32; 401, 14. Dind.

697, 41 πτερωτοῦ Dobræus. Libri πτεροῦ τοῦ. — 42 μὲν καὶ R. V. δὲ καὶ Ald.

703 Λείπεται ἵν' ᾖ υἱός V. υἱοὶ δηλονότι G.

704, 44 τὸ om. R. V. — 47 ὦ Λεύκιππε Bentleius. Legebatur ὡς Λεύκιππη (λευκίπη V.). ὦ Λευκίππη Suidas s. Ἀεὶ τοῖς. Versus haud dubie Hipponactis.

705. Scholion hic om. V.: habet glossam ἀποταξαμένους, qua caret G. Infra post scholion v. 719 V. διὰ τὴν νεότητα ἠναγκάσαμεν ἀκαίρως ἑταιρεῖν. — 49 μετὰ om. R. — 50 ἀκ. ἐρεῖν R., qui 51 om. διεμ. δὲ σ. — 52 idem μετέδωκεν.

707 R. V. habent glossam τὸν ἀλεκτρυόνα (τὸν ἀλέκτορα G.) et V. δεδωκότες ἡμᾶς (ἡμῖν G.).

709, 3 τὸ Ἡσιόδειον, 4 φράζεο δ'—φωνῆς V. ἐπακούσαις Ald., om. R.

711, 10 sq. om. R.

712, 13 προσπ. ἀντὶ τοῦ ἐν τῷ R.

713, 14 Ἐν τῇ Ἑλλάδι Ald. καιρῷ om. R. Ald. — 16 πέκειν δὲ om. V., una cum ποκάζειν om. R. Totum scholion om. G.

715, 18 σημ. δὲ ὅτι om. R. σημειωτέον ὅτι V. ἐν συστολῇ δὲ εἶπεν τὸ πρ. R. Absurde, quasi alia hujus verbi mensura esse possit. Dind.

717, 19 γὰρ om. R.

721, 23 Ἐπειδὴ συμβόλους Suidas s. Ξύμβολον. ξυμβόλους V. συμβούλους Ald. — 24 ξυναντῶντα ξυμβόλους Ald. Masculinum posuit, ex quo καὶ additum, Suidas, τοὺς πρῶτα συναντῶντας καὶ—προσημαίνοντας. — 25 legebatur προσημήναντος. προσημαίνοντος V. 28 καλλόποδας — καλλοιωνίστους V. Eadem diversitas apud Suidam s. Ὄνον ὄρνιν et Οἰωνοί. — 29 συμβολικῶς V. et libri Suidæ s. Ὄνον, præter Paris. A. — 32 ἀνέστη R. a. pr. m. pro ἀναστήσεται. καὶ ἀνέστη Dindorf. addidit ex Suida.

724, 39 καὶ et 43 συμμέτρῳ om. R., qui 44 τῷ καύματι. Ibid. δὲ τῷ ἔαρι V., in quo glossa μακρὸν τὸ πνῖγος, quam om. G. Scholion 728 om. R.

731 lemma παίδων παισίν correxit Dindorf.

733, 1 T. ἐν παροιμίᾳ V. τ. καὶ ἐν Σφηξίν. ἐν παροιμίᾳ δὲ Ald. — 2 κεκτημένων ὀρνίθων V. Ex quo 3 Dindorf. ἔταττον addidit, correcta scriptura codicis ἔλαττον. Idem cod. φασί.

734, 6 μέλλετε etiam Suidas s. Γάλα ὀρνίθων. φήσετε Ald.

737, 27 ὁ λόγος—ποιητοῦ om. V., qui infra post ἀναφαίνω ponit ὁ λόγος ἀπὸ τοῦ ποιητοῦ. ἀντὶ τοῦ τῶν ἀνθρώπων (hæc quatuor verba om. G.). τὰ γὰρ πλεῖστα τῶν ἀνθρώπων ξουθὰ φαίνεται. — 28 ὀρνίθων R. Ald. — 30 τὸ τῆς R. V. — 31 post ἀναφαίνω addit R. superiora illa ἢ ὅτι ἐγκεκρυμμένοι ἐν ταῖς λόχμαις εἰώθασι φωνεῖν. Sequentia ξουθῆς—φαίνεται hic omittunt R. V.

745, 35 post διατριβαί addit R. ὁ λόγος ὡς ἀπὸ τοῦ ποιητοῦ· et τὰ γὰρ πλεῖστα τῶν ἀνθρώπων ξουθὰ φαίνεται. — 36 τῇ Ῥέᾳ om. V.

749, ἡ additum ex R. Veram lectionem esse ὡσπερεὶ μέλιττα annotavit Dindorfius.

750, 39 sq. τραγῳδοποιὸς V. μελοποιίας R. δὲ om. R. V. — 41 νῦν om. V. — 45 δέ om. R. — 47 δὲ καὶ τῇ V. — 49 εἰρήκασι V., non G.

755 R. habet νόμον νῦν τὸ ἔθος.

759, 4 οἱ δὲ πλῆκτρα Suidas s. Αἶρε πλῆκτρον. — 5 ἔμβολα τὰ χ. V. τὰ ἔμβολα χ. R.

762, 9 Σπίνθαρος κωμ. R. V. — 11 pergit R. καὶ Κάρ. προείπομεν ὅτι—πολλαχοῦ καὶ—ὅτι Κάρ. V. autem ὡς Φρὺξ δὲ καὶ (hæc om. G.) ὁ (ὁ δὲ G.) Φιλήμων κωμῳδεῖται. ὡς Κάρ. πρὸς ὃ εἴπομεν ὅτι ξένος οὗτος πολλαχοῦ καὶ παρὰ τοῖς (τοῖς om. G.) — ὅτι καὶ Κάρ.

764, 12 delendum fortasse πολλαχοῦ, ex verbis proximis πολλαχοῦ δὲ καί, ut videtur, illatum. Scholiasta si hoc dicere voluisset, πολλάκις potius dixisset, de quo confer exempla ad scholion Thesmoph. 840 afferenda. Προείπομεν autem referendum ad schol. v. 11. Dind.

765, 17 πάππους R. V. ἐπιδεικνύναι Ald. — 19 ἔκ τε φρατρίας R. Ald. — 20 ἀναγράφει Bentleius. Legebatur ἀναγράφω. Deinde πάππος avis intelligitur. — 21 sq. in V. supra post ὅτι καὶ Κάρ leguntur sic scripta, τρίτη μοῖρα δὲ εἰσὶ (τρίτη δὲ μοῖρα ἐστὶ G.) τῆς φυλῆς (φιλίας G.) ἡ φρατορία οὕστινας τριτοὺς λέγει. — 22 τριτὺν Ald.

766, 23 scribebatur hic et infra constanter Πισ—. — 24 scribebatur οὔτε περὶ, quod rectum est si scribatur οὔτε τίς ὁ Πεισίου. — 25 scribebatur Χείροσι, Πυλαίαις. — 28 θανάτῳ Ald. τε om. V., ex quo 29 accessit καὶ ἐδημεύθη (adde ἡ οὐσία). — 33 Φαίνεται εἶναι (hæc om. G.) λέγεται εἶναι V., et in marg. a m. sec. γρ. βούλεται. — 34 scribebatur Χείροσι. — 35 πρῶτον Porsonus. Legebatur πρῶτα. Meinekius πρῶτα μὲν οὖν. — 36 Πεισίαν—Διιτρέφη (scribebatur Διιτρεφῆ). Hæc nomina locum non habent in metro anapæstico. Videtur addidisse scholiasta, quemadmodum Eupolidis versibus in scholio Nub. 997 Hippocratis filiorum nomina sunt adscripta. Suidas: Πεισίαν: τρία κνώδαλά φησιν Ἀριστοφάνης, Πεισίαν, Οσφρύωνα (ὀσφύωνα Paris. B et Bruxell.), Διιτρεφῆ. Dind. Quæ Hanovii quoque et Meinekii sententia est Com. I, p. 153. Bergkio Comment. p. 242 ipsius esse Cratini verba videntur, et versus glyconeus præmisso cretico: quod metrum cum tetrametro anapæstico consociatum deprehendebat in fragmento Comici veteris ap. Plut Mor. p. 27, C. Conf. Meinek. ib. p. 161.

767, 39 Εἰς αὐτό V. pro Ἄλλως. Idem pergit ὁ πέρδιξ πανουργίᾳ ἐξαπατᾷ τοὺς θηρευτάς. εἰ οὖν καὶ ὁ υἱὸς αὐτοῦ βούλεται ὅμοιος αὐτῷ γενέσθαι.

768, 44 sq. καταλαμβανόμενοι ὑπὸ τῶν ἀνθρώπων μηχανῶνται οὕτω τὴν σωτηρίαν R., qui 46 γὰρ om. — 49 κατεγν. ἐπὶ φυγῇ, 52 φυγεῖν V. — 1 scribebatur τιθεῖσιν. — 6 ἐπισπωμένως, 8 διαδρᾶσαι V. διαδιδράσκει G.

769 in V. adscriptum ἡ ἀντῳδὴ ἤτοι ἀντιστροφή.

772, 14 πτερύγων Ald. τὸν ἥλιον R.

774, 16 Θρᾴκης ποταμὸς—ἔχων V. — 18 οἱ ὄρνιθες Victor.

782, 25 τὸν ἱερέα V.

787, 31 μικρῶν R.

790, 35 sq. λόγιος. διεβάλλετο δὲ ὡς καταχέσας τὰ στρώματα αὐτοῦ. ἐξετίλ. R. ἄλλως δὲ V. et Suid. s. Χεζητιῶν. δὲ om. Ald. — 36 καὶ οὐέσας V.

793, 38 ὑμῶν ἂν ὅστις R.

794, 41 βουλευταῖς βουλευτικὸς R. V. ἐφήβοις ἐφηβίης V. — 42 δὲ om. R. ἀπὸ ἀντὶ θ. V. Ald. ἀντὶ τοῦ ἀπὸ θ. Kusterus.

798, 43 τῷ om. V. — 44 ἱμαντάρια Suidas s. Διιτρέφης. Legebatur αἱμαντάρια. — 49 καὶ ἀπὸ (ὑπὸ V.) τῆς Διιτρεφοῦς V. Ald. — 51 καὶ πολυπράγμων additum ex R. — 52 καὶ ξένον grammatici, non comici esse videtur. Quod ex Suida confirmari monet Meinek. Com. I, p. 626. τὸν μόσις (σ superscr.) V. τὸν μου G. — 1 Ἀττικῆς G. θάλινα, 2 ἱππ. καὶ ἐπλ. V. Qui in fine addit οὗτος πολυπράγμων.

799, 5 sq. Verba Παρὰ—Αἰσχύλου spectant ad proximum ξουθὸς ἱππαλεκτρυών, de quo vid. schol. Pac. 1177. Dind. Μυρμηδόνων V. γε... δὲ ἀρτίως (ἤδη Ald.) μέγ. R. sine ὅτι.

800, 9 ἐντιμότερος R. τιμιώτερος Ald.

801, 13 sqq. ἐξῆλθον καὶ (δὲ Ald.) οἱ δύο ἐπτερωμένοι καὶ ἄλλοι καθὼς εἴπομεν habet G.

806, 19 ἀποκεκομμένῳ Ald. — 21 τῷ ἐχθρῷ, ὁ δὲ κ. τῷ προμετώπῳ κεκοσμημένος V.

807, 25 sqq. Æschyli versus affert Suidas s. Οὐχ ὑπ' ἄλλων (ubi primum versum omisit) et Ταυτὶ μέν. — 25 ὧδ' Suidas. Legebatur ὡς δὲ. ὧδ' ἐστὶ μύθων τῶν Λιβυκῶν τὸ κλέος scholiasta Aphthonii in Walzii Rhett. vol. 2, p. 12. μῦθος V. — 28 αὐτῶν Ald. αὐτοῖς V. — 29 ἁλισκόμεσθα Suid. Ceteri ἁλισκόμεθα. Vide Porson. ad Eurip. Medeam 139, VIII, qui aliorum scriptorum locos quosdam indicavit, quibus Galenum adde vol. 5, p. 144 ed. Charter.: καὶ τάχ' οὐχ ὑπ' ἄλλων, ἀλλὰ τοῖς αὐτῶν πτεροῖς ἁλισκόμεθα. Dind. — 30 αἰετὸν V. τρωννύμενον καὶ λέγοντα V. Ald. — 31 ταῦτα om. R.

809, 38 Ἔν τισιν om. V. — 39 τοῦτο ἔπ. V. Ald.

816, 44 sq. legebatur οὐδ' ἄσπαρτον. — 49 μοι αὐτὸν R. V. — 50 ἡ κειρία δὲ V. παρεοικυῖα R.

822, 3 Προείρηκεν V. Ald. — 5 εἷς μὲν, Rheginus, de quo vide Kuster. ad Suidam s. Θεαγένης Hic et 6 ὁ om. V. — 7 περαίτης, voc. dubium, omittit Suidas.

823, 13 τὸ om. V. δὲ om. R.

825, 22 εἰπεῖν et 23 αὐτῶν om. V. Ald. ὑπερεβάλλοντο V. ὑπερέβαλον Ald.

827, 26 ἔφερον R. — 27 Παναθηναίων Berglerus. Legebatur Ἀθηναίων.

828, 31 ἐνιαχοῦ fortasse scripsit. Dind.

832, 36 Ὅτι om. R.

833 hic om. V., illa autem, Μῆδος — μάχιμος, infra post αὐτὸν μετέβαλε l. 50 habet, omisso δὲ post Ἄρεως.

835, 47 ὑπὸ Ἀρ. R., ex quo 50 sq. τοιοῦτον et ὡς—φυλακῆς addita.

836 Δίδυμος om. V., qui sic, Τὸ γὰρ Πελαργικὸν — νεοττός. φασὶ τὸ—κεῖσθαι. — 5, 6. Locus non est integer. Nam post πελαργὸν verbum aliquod desideratur vel παρέλαβεν vel παρείληφεν, in sequentibus autem vel Περσικὸν in Περσικὸς, vel νεοττός in νεοττόν mutandum. Dind.

839, 11 πηλὸν ὀργάζειν Ruhnken. ad Timæum p. 180. Legebatur πηλὸς ὀργιάζειν.

841, 15 sq. ἵνα—φυλακῆς post καίειν ponit V., præfixo ἄλλως.

842, 18 οἱ τὰς Suidas s. Κωδωνοφορῶν. Aberat οἱ. — 20 καὶ τούτους ἐψόφουν Suidas. — 21 ἀναφθέγγωνται V. Post ἀντιφθέγγωνται addit R. ὅπερ ἐθεασάμην καὐτό; ἔγωγε ἐν τῇ ἐμῇ πατρίδι τελούμενον. Est librarii additamentum. — 22 legebatur Εὐριπίδην. — 23 δεδεγμένον V.

846 Παίζων φησὶν εἶπεν αὐτῷ παρ' ἐμέ R. φησὶ τοῦτο V.

852 παρῄνεσα R. V. Scholion om. G.

853, 45 οὕτως ἔλεγον R. — 46 πομπὰς etiam Suidas s. Προσόδια. θυσίας Ald. — 47 προσόδια om. R. — 48 τοῖς λυρικοῖς V.

857, 49 βοᾷ ὁ R. χοαὶ, αὐλητὴς εἴρηται (εἴρ. δὲ καὶ V.) ὅτι καὶ ἐπὶ ταῖς θυσίαις ηὔλουν V. Ald. Locus hic emendari potest ex scholiis interlinearibus codicis Vat. U, in quibus sic legitur: Πυθιὰς βοή. ἀντὶ τοῦ αὐλητής. ηὔλουν γὰρ ἐν ταῖς θυσίαις. Kust. — 50 Ἄλλως om. R. αὐλοῦ Portus. αὐτοὺς R. V. Ald. — 51 scribebatur πυθαυλῆς. — 52 καὶ—Πηλέως hic om. R. V., sed supra habent τοῦ παιᾶνος (παιῶνος V.) εἰκός. ὡς (ὡς om. R.) τοῦτο ἐκ Π.

858, 2 αὐλητής. Χαῖρις κιθαρῳδός R. V. — 4 ὁ addidit Musgravius apud Porson. ad Toup. Emend. vol. 4, p. 481. μετὰ Μέλητα (Μέλητος Suidas s. Χαῖρις) ἦν, ἔχ' ἀτρέμας. ἐγ' ᾦδα V. Ald. Correxit Porsonus. Dobræus, quem sequitur Meinek. Com. I, p. 257, μετὰ τὸν Μέλητα δ' ἦν —ἔχ' etc., quæ sunt alterius personæ.

859, 9 εἰσθέσει Ald.

861, 16 τῳ βίβλῳ V., qui 17 τῆς ει om.

864, 28 εἰσθέσει Ald.

865, 32 ἔμιξε δὲ καὶ τὰ ἐπὶ τῶν θεῶν R. V.

873, 41 Παρὰ τῶν φωνῶν V. — 43 τίς ἡ om. Ald. — 45 legebatur ἱερὸν αὐτῆς ἱδρ. — 47 ἀμαράνθῳ V. ἀμαρέθῳ G. — 48 ἐκεῖ κριὸν Dobræus. Legebatur ἐκ τοῦ κηροῦ. — 50 τὴν ὠγαμέμνων Bentleius. Legebatur τήνῳ Ἀγαμέμνων. — 51 λείπουρα Ald. — 52 scribebatur Μυριννούσιοι. — 1 Πειραιεῖς Portus. Legebatur πεῖρα ἐπί. ἐπὶ (ortum ex syllaba εις) delevit Meursius. Φιλαΐδαι Hemsterhus. ad Pollucem 9, 74. Φιλιάται Ald. φιλαύτης V. Ibid. Βραυρωνίαν V. Βραυνωνίαν G. Φαυρωνίαν Ald. — 3 φασιν Ἀρτ. ὄρνιθα καλ. ἔστι γὰρ ἀρτεμικολαινίς V. — 5 Ἡ κύων om. V. — 7 κύνα πρ. Ald. προσαγόρευον V. προσηγόρευον G. — 8 ἔτι om. V. Ald., qui ἐπειγομένην — τίκτειν. Deinde καὶ om. V.

874, 18 εἰσθέσει Ald. — 22 ὁ αὐτὸς θ. ὡς V. Ἡρακλεώτης est Nymphis, cujus tredecim fuisse περὶ Ἡρακλείας libros constat ex Suida. Harpocratio, Σαβοί—οἱ μὲν Σαβοὺς λέγεσθαι τοὺς τελουμένους τῷ Σαβαζίῳ, τουτέστι τῷ Διονύσῳ, καθάπερ τοὺς τῷ Βάκχῳ Βάκχους. τὸν δὲ αὐτὸν εἶναι Σαβάζιον καὶ Διόνυσόν φασιν ἄλλοι τε καὶ Ἀμφίθεος δευτέρῳ περὶ Ἡρακλείας· ubi librorum varietates sunt ἀμφιέλεος, ἀμφιελέος, ἀμφιέλεως, corruptæ, ut videtur, ex Νύμφις. Pro β' scribebatur ιϐ'. Correxi ex Harpocratione. Neque enim probabile est circa finem demum operis de hac re dictum esse. Dind. — 24 legebatur συλλογιζόμενος. — 26 θίασον V. — 27 καβάζειν idem, non G. — 28 σεβασμὸν V. — 31 λέγουσι om. V. Ald. — 32 αὐτῷ κοινῇ τόπους V. τὰς βάκχας R. τοὺς βάκχους Suidas s. Σαβάζιος. Et sic Plutarchus quoque Moral. p. 671, E. — 33 Ὕας om. V., spatio vacuo, quod in G. expletum est verbis καὶ φρυγίλος καλεῖται. Εὔαιος R. V. Εὔβαιος Ald. Legendum est Εὔϊος: ut recte ad marginem exemplaris Postelwaythiani emendaverat vir doctus. Bacchum enim ab acclamatione illa bacchantium εὐοῖ dictum fuisse Εὔϊον, res satis nota est. Sed quod idem vir doctus pro Ὕαν scribendum censebat Εὔαν, non possum non emendationis illius gratiam ei facere. Bacchum enim dictum etiam fuisse Ὕαν, vel Ὕην, dubitare nos non sinit Plutarchus in libro de Iside et Osiride pag. 364, ubi inquit: Καὶ γὰρ Ἕλληνες καλοῦσι τὸν Διόνυσον Ὕην, ὡς κύριον τῆς ὑγρᾶς φύσεως, οὐχ ἕτερον ὄντα τοῦ Ὀσίριδος. Vides Plutarchum satis clare innuere, Bacchum vocatum esse Ὕαν, ἀπὸ τοῦ ὕειν, i. e. *pluere*: unde simul apparet omnem mendi suspicionem ab illo loco abesse. Kust. In vett. edd. est Εὔβαιος, quod Toupius (Em. in Hesych. vol. 4, p. 126) in Εὐαῖος mutandum censuit; Vossius, qui de his rebus acutissime scripsit (*mythol. Br.* vol. 2, p. 3), tanquam si nihil obstaret, sub vexillo retinuit: mihi Εὔϊος vel Εὔσιος legendum videtur, ab εὐοῖ, ut Lacones pro εὖ σοὶ (*bene sit*) dixisse auctor est Etymol. M. p. 391, 10; quod Baccho ob inventum tympanum (ῥόπτρον enim scribendum est pro κάτοπτρον) acclamatum fuisse Arignote tradit

ap. Harpocr. p. 132. » Lobeck. De morte Bacchi dissertat. 2, p. 1, qui de his nominibus iterum dixit Aglaoph. p. 1044. Ὕης καὶ Σαβάζιος Larcherus in annotationibus ad Etymol. M. Orioni additis p. 196. ἔστι δὲ εἶδ. V. — 34 τοῦτο δὲ G. — 35 ὀρνίθειον Portus. Legebatur ὀρνιθόθειον.

875, 38 Ὅτι ἐπὶ τοῦ G., qui 39 sq. ἔπαιξε—προτειχάσας omittit.

877, 41 παρὰ τὸ τὰ V. — 42 καὶ om. R. — 44 διαβαλεῖν Suidas s. Κυβέλη. — 46 καὶ δυσγ. om. R. Ald. — 46 fortasse præstat προειρήκαμεν vel προείρηται, colo post Σύμμαχος posito, ut hæc ipsius Symmachi verba sint. Respicitur ad Ran. 1437. Dind. — 47 φαίνεται R. V. — 50 παρῆσαν Suidas s. Κλεόκριτος, sed πάρεισι s. Κυβέλη. — 51 scribendum παρ' Εὐπόλιδι, nisi κωμῳδουμένου excidit. Dind. Δήμῳ V., qui 52 ἄλλως. Ἡρ. — 1 Ἀττικοὺς τὸ στρ. Kusterus. Ἀττικὴ στροῦθος V. Ald. — 3 Τρύφωνα. Kusterus. Legebatur τρυγόνα. Herodian. Π. μον. λέξ. p. 42, 14: σημειῶδες τὸ στρουθὸς ὀξυνόμενον. Ἰσίχαρις (corr. Χάρης) δέ φησιν Ἀττικοὺς βαρύνειν τὸ ὄνομα, ὡς καὶ Τρύφων μέμνηται ἐν δευτέρῳ περὶ Ἀττικῆς προσῳδίας. ἐν δευτέρῳ om. V.

880, 7 Χίοισι V. Ald., qui omittunt ἐπειδὴ—προσῆν. — 8 ὅταν R. — 11 κοινὰς et 13 ὁμοίως om. Ald. — 20 Δηλιακῷ Meursius Lectt. Attic. 3, 5. Legebatur χαλκῷ. Conf. Ruhnken. Histor. orat. in Reisk. Oratt. vol. 8, p. 149.

883, 31 πελέκας, vide Lobeck. in Wolfii Anal. 3, p. 58. προσενεκτέον καὶ ἀλίβας R. — 33 πελεκᾶς δὲ Ald. et Suidas s. Πελεκάντι. — 34 πελεκᾶς καὶ πελεκᾶ V.

884, 37 καταράκται V. — 38 ἀντὶ ἐδωλίου εἰδώλιος. Sed in loco Aristophanis legitur ἐρωδιῷ. Quamobrem aut in textu legendum ἐδωλιῷ, aut in scholiis, quod malo, ἀντὶ ἐρωδιοῦ εἰδώλιος. Bentl. ad Callimachi fragm. p. 469. — 39 αἰγίθαλος V. Ald. Ante verba οὔτ' ἐρισάλπιγξ aliquid excidit, nisi οὔτ' corruptum est. Ceterum hæc avis rectius ἠρισάλπιγξ dici videtur ab Hesychio. Dind. ὑπὲρ τὸν V.

893, 51 μὴ δυναμένου R. δυναμένου καὶ αὐτοῦ V. Ald. Deinde corrigendum αὐταρκῆσαι arbitratur Dindorfius.

895, 2 β' ποδὸς Kusterus. α' ποδὸς Ald. — 3 καὶ β' addidit Kusterus.

899, 11 ἑνικὸν Bentleius. ἑαυτοῦ Ald., et R., ut videtur.

902, 13 ἀπὸ παροιμίας οὖν V. Ald.

904, 25 Εὔχεται R. Ald. τις om. V.

911, 27 Διὰ τοῦτο V. ὁ δοῦλος G.

913, 29. Annotatio περισσὰ τινὲς ταῦτα ad verba κατὰ τὸν Ὅμηρον referenda videtur, a metricis, ut videtur, ejecta. Dind.

915, 34 τὸ ὀπτηρὸν, 35 τετριμμένον V.

918, 36 Τὴν τοιαύτην R. Vulgatum habet Suidas s. Κύκλια. — 37 ἔλεγον. παρθενεῖα δὲ ἀντὶ Ald. παρθένεια Schweighæuserus ad Athen. 14, p. 631, D, vol. 7, p. 444: nam sic hæc differre, ut παρθένεια sint ἃ οἱ παρθένοι ᾖδον, παρθενεῖα vero τὰ εἰς παρθένους ᾀδόμενα. — 39 Ἄλλως om. V., habet G. ἤτοι κατάτ. V. — 40 προσῴδια libri et Suidas. — 42 τὰ παρθενεῖα om. V. Idem διδόμενα.

922, 4 δὲ om. R. Ald., quæ ἄλλως. σαφ.

924, 9 ἢ om. R. V.

926, 12 sq. recte alii scriptores ὅ τοι λέγω et ὀμώνυμε.

929, 15 Πινδάρειον V.

930, 18 ἐν om. V. Ald. Δωρισμὸν Gelenius. διορισμὸν libri.

933, 25 legebatur σπ. καὶ βύσσα. Correctum ex Suida s. Σπολάς. — 29 εἴρηκεν V., qui τοῦ om.

935, 34 τοῦ ου Pierson. ad Mœrin p. 339.

940, 49 ἐπιμένοντα V. ἐπιβαίνοντα G. — 50 φασι V., non G. Ad versum proximum adscriptum in V. τῆς διανομῆς ἔχυ τὸν βίον, quæ om. G.

941, 51 Καὶ om. V. — 52 τὸ ἐκ V. Νομάδεσι Ald. hic et in lemmate. — 53 ὡς V. ἁμαξοφόρητον Hermannus. Scribebatur ἁμαξηφόρητον. — 54 post πέπαται legebatur ἀκλεὴς ἔβα τῶνδε (ἀκλεῆτε βάτην δὲ V.), quæ ex inferiore versu sunt illata. Servari possunt, si ita corrigatur ἀκλεὴς δ' ἔβα: λαβὼν γὰρ — ut novi scholii initium fiat. λαβὼν δὲ Berglerus. Aberat δέ. 1 legebatur καὶ ᾔτει αὐτὸν καὶ ἁρμάδιον (ἁμάδιον V.). Male Berglerus ἁρμάτιον, quum litera δ indicio sit syllabas διον e proximo δῆλον esse natas. Addidi πρὸς ex scholio Aldino allato ad v. 944. Dind.

942, 5 ἀπαίρουσιν Suidas s. Νομάδες et Ὑφαντοδόνητον. Legebatur αἴρουσιν.

944, 8 δῆλον ὅτι χιτῶνα αἰτεῖ πρὸς τῇ σπολάδι. ἀκλεὴς Ald. φησὶν om. R. — 9 πέπαται δὲ κέκτηται om. V.

946, 19 sq. ἐπὶ ἀρσενικῷ V. Deinde legebatur χιτῶνος. δὲ om. R. V. οὐδετέρου Ald., a correctore positum, qui non perspiceret mentem scholiastæ.

949, 23 τὰ et 27 τὸ om. R.

952, 34 τῆς νιφοβόλας R. V. — 36 τοῦ om. V. Ald. — 37 δοκῇ—ἔχειν om. Ald., quæ post λέξεων addit ἀπατῶντας μηδὲν δὲ λέγοντας διαβάλλῃ τοὺς ποιητάς. Quæ ex scholio v. 950 sumpta sunt.

954, 41 τὸ δὲ περιχώρει πρὸς τὸν ἱερ. φησὶν ἀντὶ τοῦ π. καὶ πέραινε Ald. περίρραινε V.

959, 51 εὐφημιάσθω V.

961, 54 ἐπὶ τοῖς χρησμοῖς Suidas s. Φαύλως.

962, 2 delendum οὕτως, quum non apposita sint ipsa Philetæ verba. Dind. — 6 τῆς om. R. — 7 ἐν τῷ θ' V. Deinde legebatur τά τε ἄλλα πολλά.

Correxit Dindorf. ex schol. Pacis 1071. — 8 τοῦ Βάκιδος τοῦ Βοιωτοῦ V.

966, 12 ἄλλως. οὕτως V. — 13 τὸ λυσιτελοῦν V. Ald.

968, 16 legebatur hic et infra εἰς τὸ μ. κτίσαι. Correctum ex Athenæo 5, p. 219, et Suida s. Εἰ τὸ μέσον. — 22 λύχνους. τοὺς γέροντας V. Deinde Dindorfius corrigendum putat φησι. μιμεῖται —.

974, 27 φησὶ om. R. Ad v. 976 in V. Ἀριστοφάνης τὸ ἐκ τοῦ ἀναλαμβάνειν γελοιάζειν, quæ om. G.

978, 30 αὐξήσεσθαι R. V. — 32 δὲ om. V. Eadem quæ R. omittit G. Ἱππεῦσι, ubi vide schol. ad 1010.

983, 37 χρησμὸν om. R. χρησμούς G.

984 Σπλ. ἐπιθυμεῖν R.

988, 39 χρησμολογεῖ R. V. — 44 sq Σύμμαχος — ἦν addita ex R., quibus verbis omissis Ald. post μαινώδης φησί habet τὸν Διοπείθη τὸν ῥήτορα. — 45 ὡς καὶ Ald. — 46 scribebatur Ἀμφικτυόσι. — 48 sq. scribebatur ἀνὴρ — μεταδραμῶ. Conf. Lobeck. Aglaoph. p. 981. — 50 Κόννῳ Florens Christianus. Legebatur Κοινῷ. — 51 αὐτοὶ διδόασ' ᾄδειν Dobræus. Legebatur αὐτοῖς δίδοσθαι δεῖν. Schneiderus De scholl. Aristoph. p. 65 αὐτοί φασι δεδόσθαι.

994, 12 Καὶ δίδυμος ου τί R. Δ. οὐ πρὸς τὸ τί V. τουτὶ G. — 13 ἐκ. τοῦ θεοῦ G. Sequentia om. R. G. Verba οἷον — πάρει habet V. Dind.

997, 17 τουτέστιν R. V. — 18 ἀνάθημά τι Suidas s. Μέτων. ἀναθήματα R. ἀνάθεμά τι V. Ald. — 19 ἀστρονομικόν Suidas. τὸν δῆμον V. et deteriores libri Suidæ. — 20 τοῦτο μὲν οὖν V. δὲ pro γὰρ Ald. Libri. Λευκωνία. — 23 τοῦ addidit Dindorfius. Idem de his conferri jubet Ideler. in Commentatt. Academiæ Berol. 1814, p. 239, et in libro De chronologia vol. 1, p. 326, et C. O. Müller. in Ephemer. Gottingensibus a. 1822, fol. 47, p. 459. — 26 πᾶν ᾧ περιλαμβάνεται Dobræus. Legebatur ἐπάνω παραλαμβάνεται. — 27 οὗ Dobræus. Legebatur ὁ. Sensus est, alii quærunt an sita fuerit pnyx in demo Colono, a quo diversus fuerit alter Colonus ὁ μίσθιος. μίσθιος Meursius Reliq. Attic. cap. 6. Legebatur μίσθος. Vid. Harpocrat. s. Κολωνίτας. — 30 ἐν τοῖς ὁρισμοῖς. Vide Casaub. ad Athen. 12, p. 540, D. — 33 φροντιῶν Dindorfius. Legebatur φροντίζων. ταύτης omittit Suidas s. Μέτων. Λευκονοιεὺς V. et Suidas. Λευκωνιεὺς Ald. Deinde legebatur οἶδα (οἶδ' Suidas) ὁ τάς. οἶδα ab librario additum censebat Dindorfius. Aliter alii; v. Meinek. Com. I, p. 589. — 35 Χαβρίου Bentleius. Legebatur χωρίου. ὡς addidit Dobræus. εἴρηται, in argumento fabulæ. — 36 κατεμηχανήσατο Suidas. κατὰ μηχανὴν τέως (τε V.) οὖσαν V. Ald. — 37 κατεσκ. αὐτῷ om. V. — 38 legebatur τῷ δήμῳ. Eadem corruptela schol. Ran. 86. Scribendum γὰρ pro δέ, ut supra l. 20. Ald. Λευκωνία. Dind.

1001, 41-43 proximo scholio postponit R præfixo ἄλλως, scribens Ὡς κνιγεὺς οὖν περίεστι. — 43 δὲ οὗτος ὁ Ald. — 45 καθάπερ R. — 46 φησὶ V. φησὶν ὁ Ald., quod om. R.

1005. Scholion hoc om. V.

1009, 4 ὁ Θ. οὗτός ἐστιν, 5 γεωμ. περιβόητος R.

1013, 10 ἐκ Λακεδαίμονος Ald. — 11 ξενηλασίας γέγονε V., quod in γεγονυίας mutandum foret, nisi ex scholio inferiore illatum videretur. Dind. — 12 σιτοδείας V. σκοδιᾶς Ald. et Suidas s. Ξενηλατεῖν. — 13 τῇ om. V. τριακοστῇ ς' R. Aut hic numerus, quem om. Ald., aut superior corruptus. Videtur superior. Dind.

1020, 23 ὅτι οὐ γεωμετρήσεις V. Ald.

1021, 29 Σαρδανάπαλλος scribendum ubique. — 32 καὶ μυρίζεσθαι om. Ald. et Suidas s. Σαρδ. — 34 πεπυρπολημένος G. τῷ οἴκῳ R. V. — 35 ἐπὶ τῷ V. Ald. De inscriptione sepulcri accuratissime disseruit Nækius in libro de Chœrilo p. 238 sqq. — 37 legebatur Ἀγχίαλον. — 39 post ἄξια addit R. ὡρίζετο δὲ οὗτος ἐν τρυφῇ τὴν εὐδαιμονίαν, sequentibus omissis. Ἑλλάνικος. Callisthenem ἐν β Περσικῶν nominat Photius Lex. p. 500, 12. Dind. — 43 Κιλικίας Gelenius. Λυκίας V. Ald. — 46 ἐπίγραμμα. De quo vide Nækium p. 218-243. — 50 ὅσ' ἔφαγόν τε καὶ V.

1022 sq. λαχὼν—ἀρχὴν om. R. V. Post ἀρχὴν addit Ald. ἄλλως. οἱ παρ' Ἀθηναίων εἰς τὰς ὑπηκόους πόλεις ἐπισκέψασθαι τὰ παρ' ἑκάστοις πεμπόμενοι ἐπίσκοποι καὶ φύλακες ἐκαλοῦντο· οὓς οἱ Λάκωνες ἁρμοστὰς ἔλεγον. Quæ ex Suida sumpsit s. Ἐπίσκοπος.

1035, 11 οὐ V. pro οὗτος. μελετῶν τὸν νόμον ὃν G.

1042, 19 post πόλις addit V. ἣν δὲ καὶ (καὶ om. G.) ὑπὸ Ἄθω.

1046 εἰς τὸ om. V.

1047, 26 ἀναγομένων G. — 28 Μῆνες fabula aliunde nondum cognita. — 29 sq. sic in Ald., ἐς τὸν μουνιχιῶνα : ἐς τὸν μαιμακτηριῶνα γάρ εἰσιν αἱ κρ.

1053 om. V. ἀποπάτησας fortasse corruptum ex ἀπεπάτησας, quod proximo versui adscriptum fuit. Ad v. 1052 in V. ὀφειλὴ τῇ θεῷ, quod om. G. In gl. ad v. 1054 codex ἀποπατήσας ἀποτίλας. Dind.

1063, 1 λέγει om. R., qui μῦας. — 2 γὰρ om. V., qui ὡς λαδέγω. G. λάγῳ.

1065, 3 κάλυκος καὶ V.

1069 sic in R., Δάκετα μικρὰ ἑρπετά, σκορπίοι καὶ τὰ λοιπά.

1073, 10 εὐτέλιζεν R. V. — 11 τῆς additum ex

R. et Suida s. Διαγόρας — 12 χ. πυλῇ R. πόλει V. στήλῃ Suidas. Post πόλει addit V. πλάττεται τὸν συκοφάντην. — 13 Μελάνθης Ald. Conf. schol. Pluti 846. — 15 sic etiam Suidas. τὸν μὲν ἀποκτείναντα—τὸν δὲ ἀγαγόντα Ald., quæ 18 om. καὶ μικρὰ ποιῶν. Κρατερός. Conf. schol. Ran. 320. — 20 οὐδὲν γὰρ κελεύει vel οὐδὲν δὲ κωλύει Bergkius Comment. p. 176, ut scholiasta dicat nihil obesse quominus Diagoram ante Meli expugnationem exterminatum esse statuamus. — 21 Μέλαν δὲ V. Μένανδρος δὲ Ald. — 23 prius καὶ om. V., qui Πελανεῖς. — 25 ἀργύριον V. — 26 ζῶν G.

1074, 28 εἶπέ τινα V. ὃ ἐὰν V., non G.

1075, 30 ὑποβολῇ R. — 31 μηδένα G. Lacunam probabiliter explevit Schneiderus De scholl. Ar. p. 21, ὥστε μηδ' ἐν Ἅιδου σώζεσθαί τινα. — 32 πλασιάζονται Ald. πλαγίζονται adscripserat Victorius. Schneiderus confert schol. Homeri Il. Δ, 59 : πλαγιασθεὶς δὲ ἐντεῦθεν Ἡσίοδος νεώτερόν φησι τον Δία. ἐν om. V. Ald. — 35 συνομοσίους R. V., non G. Voc. suspectum, fortasse ex συνομόσαντας corruptum. Dind.

1077, 38 προσενεκτέον R.

1079, 40 ὁ σπῖνος additum ex R. — 42 ὡς om. V.

1081, 46 κορυζῶσιν Suidas s. Κόψιχος. Libri κορύξωσιν. — 49 βιαίως δὲ τὸ ἐγχεῖ, κρεμοῦντες Ald.

1083, 52 ἱστᾶν V. — 54 γλωσσημαντικὸν V. Ald.

1088 ἀντῳδὴ ἤτοι ἀντιστροφὴ adscriptum in V. — 11 τὸ πληθυντικὸν R.

1091, 14 γενικὴν Kusterus. Legebatur ἑνικήν. Scholiasta πνίγους' legit. — 15 ἡ — θερμασία ἐπίκειται Dobræus. Legebatur ἐν—θερμασίᾳ ἐπίκεινται. — 16 ὑμῖν V. Ald.

1094 Ἐν κόλποις τῶν φύλλων. ὡσεὶ R.

1095. Eustath. ad Homer. p. 396, 1 : σημειωτέον δὲ ὅτι τὸν μὲν μέγιστον τέττιγα ἀχέταν καλοῦσιν οἱ παλαιοὶ κατὰ Παυσανίαν, κερκώπην δὲ τὸ ἐλάχιστον τεττίγιον, τὸ δ' αὐτὸ καὶ καλαμαῖον, τὸ δὲ μετὰ τοῦτο τιτιγόνιον, ἴσως παρὰ τὸ τιτίζειν. κερκώπην memorant Ælian. N. A 10, 44, et Liban. vol. 4, p. 143 : sed γένος σίγιον, quod dicit schol., alibi nominatum non vidi. Dind. — 21 τὴν σκοπήν G.

1099 R. habet τὰ μύρτα ἐσθίειν post πεπανθέντα. — 27 γάρ et 29 ἀντὶ τοῦ om. V., qui ibid. πλέον δὲ ὁ.

1102, 34 αὐτοῖς V. Ald.

1104, 36 ὂν ἐλ. V., qui 37 δὲ om.

1106, 40 τετραδράγμοις, 42 sq. χαράγματα ἦν τετράδραχμον, 44 τότε γὰρ γλαὺξ ἐπίσημον, 47 μάταια ἦν V.

1108, 49 λεπίζουσι γὰρ R.

1110, 51 στεγάσωμεν R. V. ἀέτωμα R. τὰ γὰρ τ. ἱ. στεγάσματα Suidas s. Ἀετώματα. — 52 αἰετοὺς V.

1112, 3 Ἀντὶ τοῦ et 4 Δίδυμος et ὡς om. R.

1113, 5 Κυρίως τῶν ὀρνίθων ὁ λεγόμενος πρόλοβος. ἑκάτερον δὲ ἀπὸ τοῦ συναθροίζειν ἐκεῖ τὴν τροφήν. Δίδυμος δὲ Ald. — 6 κυρίως additum ex R. et Suida s. Προηγορεῶνας. προλόγους R. V. et Suidæ codex Paris. A. — 8 ἐκ τοῦ V. συναθροίζειν Ald. ἀθροίζειν Suidas.

1114, 10 μὴ κρίνητε μὴ ἡμᾶς R. V. — 11 τίθεσθε Ald. — 13 sq. τῶν ἀνδρ.—κεφαλαῖς om. G. — 16 ὑμῖν V.

1121, 27 ὡς Ὀλ. V. ἢ om. Suidas s. Ἀλφειός. — 31 ἄλφιον V.

1126, 38 legebatur Ἡσιόδῳ.

1128, 42 δούρειος V. Reperta est hæc inscriptio in ruderibus acropolis; v. Rossium *Journ. des Sav.* 1841, *Avr.* p. 244 sqq. — 44 ὁ om. V. ἐν ἀκροπόλει R. V. præfixo lemmate ὑπὸ τοῦ πλάτους ἀ. (οὖν R.). ἐν ἀκροπόλει δὲ Ald.

1133, 48 Οἱ et 49 οὓς om. R. V. — 50 ἄραιντ' ἂν Ald. ἂν ἄοετ' R. V. ἂν ἄραιτ' G. — 51 ἐνόμισαν om. R. Ald.

1137, 53 τὰ om. V.

1138, 9 περιτύχουσι R. Ald.

1141, 14 Ὀνοματοπεποίηται R. V., qui 15 om. ἐν.

1142, 17 ὁ om. R. Ald. — 18 sic etiam Suidas s. Λακάνη. Λεκάνη δὲ τὸ κοινὸν Ald. — 19 ἀπὸ τοῦ λα ἐπιτατικοῦ μορίου καὶ τοῦ G.

1145, 22 τῶν ἄλλων εἶναι μᾶλλον τὰς χῆνας V μᾶλλον τῶν ἄλλων εἶναι τὰς χῆνας G.

1148, 27 παρὰ additum ex R. τοῦτο οὖν ἔπαιξεν ἔπαιξέν οὖν (sic) ὡς ἂν (hoc etiam Ald.) ἔζωσμ. V — 28 φησι om. R. Ald. — 29 ξέουσι R. G. ξαίουσι V. ξύουσι Ald.

1150, 31 sq. βαστάζουσιν αὐτὸν ὥσπερ εἰώθασι βαστάζειν τὰ παιδία infra post ἐμφανίζει habet V. om. G. — 33 δὲ om. V. — 34 τῶν ὤτων V. — 37 χρῶνται V. et Suidas s. Ὑπαγωγεύς. ἐχρῶντο Ald. — 39 sqq. οἱ δὲ πηλόν τινα, καθὼς καὶ Ἕρμιππος « ξύνεστι γὰρ δὴ δεσμῷ μὲν οὐδενί, τοῖσι (τοῖς codex A) δ' ὑπαγωγεῦσι τοῖς ἑαυτοῦ τρόποις » Suidas. Non videntur hæc Hermippi verba esse. Dind. Vide Meinek. Hist. Com. p. 97. ὡσεὶ εἶπε (εἶπεν V.) κεκλείδωται (hoc om. V.) ὅτι βάλανοι λέγ. V. Ald.

1161, 51 διὰ om. Ald.

1163, 2 ὡς κατὰ τῶν ἔργων ὡς ἐκπλαγέντος αὐτοῦ V.

1177, 12 κατὰ τοῦ V.

1181, 19 κίμινδις Ald.

1192, 39 καὶ τὸ V. — 41 παίδου R.

1203, 48 sq. καθὸ ἐπτέρωνται αἱ τριήρεις καὶ τὰ πτερὰ Suidas s. Κυνῆ. καὶ—χιτῶνα accessit ex R., qui ἔχειν, 50 διαπέτασθαι. διαπέταται Ald. διατέταται Suidas. — 51 πέτασσον R. hic et infra. Idem om. ὁ — 52 ἐπὶ τῆς Ald. et fort. B. κυκλὰς Του-

pius Emend. vol. 2. p. 465. κυληνᾶς Ald. συληνᾶς R. V. — 53 κυνῆς Toupius. Legebatur κυνῆ. δὲ τὸν κυνέα, 2 φορεῖν V., ex quo additum ὡς. Idem τὴν κυλήνην, 3 τὸ πέτασον.

1204, 9 ταχυθανατοῦσαι V. ταχὺ θανατοῦσι G.

1206, 13 Ἐπεὶ δὲ V. — 18 ἐπὶ τὸ R.

1215, 24 παραιτεῖται, vide ad schol. Pac. 854.

1218 Ἀντὶ R. Χάους Ald. Scholion om. V.

1222, 27 sq. Ἀντὶ—παίζει δὲ om. V. Ald.

1227 πράξητε V. πράξηται R.

1240, 43 φησι om. R.

1242, 48 fortasse γράφει: quanquam incerta correctio est, quum ex sequentibus verbis nonnulla excidisse manifestum sit. Dobræo corrigendum videbatur ὁ μὲν Καλλίστρατος γράφων, τοῦτο ἐκ Λικυμνίου Σοφοκλέους, φησὶν ταύτης αἱ διδασκαλίαι οὐ μέμνηνται. Recte fortasse postrema corrigit: sed Callimachi nomen nihil causæ erat cur mutaretur. Quæ desunt sic explet Schneiderus De scholl. Ar. p. 86, ὁ μὲν Καλλίμαχος «Ἀριστοφάνης γράφων οὕτως· Λ. β.,» φησί, «ταύτης—οὐ μέμνηται.» Dind. Λικυμνίοις, 49 οὐδὲν μέμν. V. Sequentia 15-17 ἐν δὲ—γέγραπται in fine post κεραυνοβολούμενος ponit R. σκολικῶν R. V. — 50 ὑπομνήματα Ald. Fort. ὑπομνημάτων. — 51 ἐπιγραφομένοις, 53 εἰ τοιοῦτό τι λέγει κεκεραυνωμένον. V. — 3 Λικυμνίοις δὲ V. Ald.

1243 legebatur ἀναζητημάτων. Correctum in Lexico septemvirali s. Πάφλασμα, ubi ἐκβρασμῶν pro ἐκπρησμῶν scriptum.

1247, 10 ἔστι δὲ ἐκ Ν. Αἰσχ. infra post τὸ ζῷον l. 12 ponit R. — 11 scribendum videtur ἐξέρριπται δὲ (nisi ἐνέρραπται δὲ scripsit) τὸ Ἀμφίονος ἐκ παρῳδίας. Hoc enim dicere debuit, quoniam hæc parodia esset Æschyli verborum, conjecisse Pisthetærum illud dictum totum in Jovem, quamvis ei non Amphionis, sed Jovis esset domus nominanda. Hermann. Opusc. vol. 3, p. 53. Legebatur enim ἐξ. δέ τ' Ἀμφ. ἐκ μονῳδίας. Recte autem Hermannus ἐνέρραπται, nisi προσέρραπται malis, quod legitur infra in scholio ad v. 1377; προσέρριπται ad v. 696. Dind.

1250, 13 παρδάλων Ald. — 16 ἀντὶ τοῦ ὁ γίγας R.

1256, 19 ἐμβάλλεσθαι Suidas s. Τριέμβολον. — 22 post οὖν aliquid excidisse videtur, quo τριέμβολον explicaretur. Dind. τριέμβολον οὖν ἐπίφθεγμα τάχους Suidas. τρ. οὖν ἀντὶ τοῦ (ἀντὶ τοῦ om. G.) ἐπ. V. Proximum εὐρὰξ πατάξ dicit.

1258, 25 ἐπίφθ. τάχους ἀντὶ τοῦ εὐρ. R. — 26 εὐρ. συμμιγήσομαι Ald. χαμαίτυποι R., qui αἱ πόρναι om. — 27 idem habet παρὰ Μενάνδρῳ R. ἄρας Bentleius. Legebatur ἄρης. Ceterum dubitari potest an hæc non Menandri verba sint, sed Aristophanis Equit. 1127, τοῦτον δ', ὅταν ᾖ πλέως, ἄρας ἐπάταξα. Lucianus Amor. c. 53, ab Dobræo indicatus, εἶτ' ἀπὸ μηρῶν προοιμιασάμενος, κατὰ τὸν κωμικόν, αὐτὸ ἐπάταξα. Dind.

1267, 43 Τὸ τῇδε ἀντὶ τοῦ V. Idem τῷδε τῷ. — 44 ἐστι πόλις R. πόλις ἀντὶ τοῦ δι' ἀέρος V. Scholion hoc om. G.

1269, 46 Ἀττικὸν om. V. — 47 ἔστι—αἰτιατικὴ—εὐθείας Ald. ἐστὶ—αἰτιατικὸν—εὐθείας G. — 49 post νοστήσει addit V. (non G.) ἄλλως. ἀντὶ τοῦ ὁ κῆρυξ. αἰτιατικὴ ἀντὶ εὐθείας.

1273, 4 Οἷον εἰς σ., 5 κελευταὶ R. V. καταγγέλλειν Ald. — 6 ἀκούει R. — 7 εἴρηται Ald. — 8 αὐτῷ R.

1281, 13 sq. τοῦτο—τότε infra post πάνητα ponit V., sic, ἄλλως. τὸ ἐλακωνομάνουν εἶπε—τότε. — 15 ῥυπῶντα G.

1282, 16 sq. Εἰπὼν—ἐσωκράτουν om. V., qui τοιοῦτοι γὰρ καὶ οἱ. — 18 sic habetur in R., οἱ φιλόσοφοι ἐκόμων, ὡσαύτως καὶ οἱ Λάκωνες.

1283, 21 οἱ om. V. — 22 sq. Ἀφροδίτης· τὸ γ̄ παρέθεντο V. — 24 τε addidit Dindorfius. Conf. Meinek. Com. I, p. 848 sq. — 25 σκυτάλια ἑτοίμως (sic) τὰς V. — 26 τοὺς om. V. Post τραχήλους indicavi lacunam. Sequuntur verba corruptissima poetæ ignoti, in quibus παύσει fortasse in παίσει mutandum. «Epicharmo lubens adscripserim, nisi quis de Sophrone potius cogitet, quod apud schol. Aristoph. ad Av. v. 1285, ἢ πλαγεὶς (vel παισθείς· nam vulgatum παύσει nullius est pretii) βάκτρῳ καλίνῳ σκύταλα Φρὺξ ἀνήρ. Σκύταλα certe pro cervice vox Sicula teste Hesychio, quem una litera corruptum emendabis, Σκύταλον, τράχηλον, Σικελοί.» Hemsterh. ad Lucian. vol. 1, p. 363. Φρὺξ ἀνὴρ de ministro publico intelligit Toup. ad Suidam s. Φρὺξ ἀνήρ, ceterum dubitat Sophronis an Epicharmi hæc verba sint. Non esse Epicharmi manifestum est. Dind. — 27 κατασκύτα Φρ., 29 εἰς πόλεμον V. — 34 sq. Ald. εἰς αὐτὸ καὶ ἀνελίττοντες παρεῖχον τὸν ἱμάντα τῷ ἀποφέροντι. τοῦτο δὲ ἐποίουν, ἵνα μὴ μανθάνωσιν οἱ ἀποφέροντες τὸ δηλούμενον ἐν αὐτῷ. ὁ δὲ στρατηγὸς λαβὼν αὐτό, καὶ περιελίξας τῇ παρ' αὐτῷ ῥάβδῳ ἀνεγίνωσκε. λέγεται οὖν καὶ ἡ ἐπιστολὴ καὶ αὐτὸ τὸ ξύλον. Διοσκορίδης δ' ἐν τοῖς περὶ νομίμων, τοὺς δανείζοντας ἐν Σπάρτῃ διαιρεῖν σκυτάλην δύο παρόντων μαρτύρων, καὶ γράφειν τὸ συμβόλαιον ἐν ἑκατέρῳ τμήματι, καὶ τὸ μὲν ἑνὶ τῶν μαρτύρων διδόναι, τὸ δὲ δι' ἑαυτοῦ ἔχειν. ἐχρῶντο δ' αὐτῷ καὶ ἀλλοίως, ὡς Ἀριστοτέλης ἐν τῇ Ἰθακησίων πολιτείᾳ μϐ'. Quæ interpolata sunt ex Suida s. Σκυτάλη, qui hæc non ex scholiasta, sed ex Photii Lexico descripsit. Dind. καὶ ὁ στρ. V. — 36-39 om. G. Πάλιν et καὶ om. V., qui 37 τὸ σκυταλὴ V.

1288 sic in Ald., ὡς ἐπὶ_λειμῶνας. ἔπαιξε δὲ εἰς _βιβλία, τουτέστιν εἰς τὰ ψηφίσματα.

1289, 45 pro voc. διελόντι R. διὰ, V. διατί.

1292, 53 καὶ ἀηδής Ald. — 54 εἴρηται V., qui 1 om. Ἄλλως. — 6 καὶ μὴ Πέρδιξ χθὲς ἦν χωλός R. γ' Porsonus. Legebatur γάρ.

1294, 14 ὁ τὰς Ἀταλάντας γράψας. Idem poeta, diversus, ut videtur, a Strattide, qui Atalantam scripsit, citatur ab Hesychio s. Διονυσιοκουροπυρώνων. Dind. Conf. Meinek. Hist. Com. p. 225. — 15 Ταξιάρχῃ V. Ταξιάρχαις Ald. — 17 αὐτὸ V. — 20 post Αἴγυπτον exciderunt syllabæ tres, velut ἄγοντα. φέροντα οἰκείας λέξεις scripsit Portus, sententiæ, non metro consulens. Dind. — 20 Κρ. δειλίας V. τούτοισι δ' Dobræus. Legebatur τούτοις δὲ. φέρων δίφρον Ald. V. Meinek. Com. I, p. 31 sq. — 22 Κιφησόδημος V.

1295, 24 ἦν om. V. ἐν τῷ ἄνω Ald. om. V. — 25 δὲ καὶ R. Ald. Post ἦν V. Ald. καὶ om. — 27 διὸ om. V. — 28 ὅτι οὐ μόνον (ὁμώνυμον V.) ἀναίσθητον, τοῦτο γὰρ (γὰρ τοῦτο V.) καὶ φανερὸν, ἀλλὰ καὶ πονηρόν V. Ald. — 29 Θεαγένην καὶ Φιλοκλέην R.

1296, 30 Αἰγύπτιον V. — 31 μακροσκελοῦς R. μακρυσκέλους V. μακρισκέλους G. — 32 μέγας καὶ ἰσχνὸς Ald. ἔστι δὲ Χαιρ. R.

1297, 35-43 sic in R., Τοῦτον καὶ Εὔπολις ὡς λάλον διασύρει, Συρακούσιον δὲ ἢ ὡς ξένον ἢ ὡς πονηρόν. — 36 Πόλεσι Kusterus. πύλεσι V. πύλαις Ald. — 37 sq. κυνιδίοισι τοῖσιν Bentleius. Legebatur κυνιδίοις τοῖς. — 38 τειχίων Dobræus. Legebatur τειχέων. τὸ om. Ald. — 39 ψήφισμα, v. Meinek. Hist. Com. p. 40. — 41 ψῶρ' ἔχε corruptela manifesta. Sensum probabilem restituere licet, ψώρα δ' ἔχοι Συρακόσιον. Sed plura hic excidisse videntur. Proximum ἐπιφανὴς in ἐπιφανὲς mutandum videtur et ὄνομα intelligendum. Dind. Elegantem conjecturam Cobetus protulit, cujus v. Obss. critt. in Plat. com. p. 38 sq. αὐτῷ om. V. — 44 Didymi excidit explicatio. Dind. — 45 Μιδίαν R. V., non G. — 46 γύρφ Paulus Leopard. Emendat. 2, 5. Libri πυρῷ. σκίρῳ Lobeck. Aglaoph. p. 1316. Sed verum vidisse Leopardum Dindorfius observat ex Suida in Ὀρτυγοκόπος. — 47 σκοπεῖν V. — 48 Ἀριστοφάνης. Immo Plato. Scholiasta Luciani vol. 2, p. 696: ὁ δὲ Μειδίας ὀρτυγοκόπος ἦν, ὡς Πλάτων Περιαλγεῖ. καὶ ὡς πονηρὸν δὲ καὶ κόβαλον καὶ τῶν δημοσίων νοσφιστὴν Φρύνιχος καὶ Πλάτων διαβάλλουσιν. Deinde in V. spatium vacuum quod absurde explevit librarius in G. verbis Μειδίας δ' ἐκεῖ ὄρτυξ ἐκαλεῖτο. Dind. — 49 χρηστόν γε Bergk. Commentt. p. 425. Χρηστόν (τιν' ἄνδρα) μηδὲ κατὰ τὸν Μειδίαν τὸν ὀρτυγοκόπον Cobetus l. c. p. 171. — 50 ὁ αὐτός. Immo Phrynichus. Apparet plura in antecedentibus excidisse: nisi hæc olim inferius lecta sunt post Φρύνιχος ἐν Ἐφιάλτῃ. Vide Cobet. l. c. Dind. ἀλέκτορος V. ἀλέκτορα G. — 51 δὲ καὶ εἰς V. — κλοπὴν Schneiderus De scholl. Arist. p. 77. Libri κλοπῆς. — 53 συκοφαντίαν Dindorfius. Legebatur συκοφαντίᾳ. — 54 scribebatur Ἐπιάλτῃ. ὁ δὲ_ἐῴκει om. G. — 1 ἤκειν V. ἧϊκον Ald. — 2 ἐν om. V. — 4 Διονύσιος δὲ ὁ Ζώπυρος. Nisi legendum *Dionysius et Zopyrus*. Nam ut Laertius 6, 100, notat, Dionysius et Zopyrus Colophonii sub Menippi cynici nomine libros ediderunt. Fabricius Bibl. Gr. vol. 2, p. 802 (4, p. 413 ed. Harles.). — 5 εἰπεῖν ὀρτυγοκόμπου V.

1299, 7 ὁ δὲ λέγεται ὁ μ. ὀρτ. ἢ παρὰ R.

1301, 11 corrige χελιδοῖ ex scholio v. 1410.

1303 om. G.

1309 R. habet glossam εἶδος κοφίνου. — 19 Ἡ ἀρρίχη θηλυκῶς V. — 22 νῦν ἔτι Suidas s. Ἀρρίχους

1310, 29 οἶνον ἐπεὶ φάγες ἀνδρόμεα κρέα Ald. — 33 ἵσταθι αὐτοὶ καὶ ἵστη πίπλημι πίπλαθι. Ἀττικοὶ δὲ τελείαν ἀποβολὴν τῆς εἰς μι ποιούμενοι πίπλη λέγουσιν ὥσπερ καὶ κατὰ τοῦ τῆμι V. Ἀττικοὶ δὲ τ. ἀ. τῆς μι ποιοῦσι, πίπλη λέγοντες καὶ ἐμπίπλη Suidas s. Ἐμπίπλη.

1317, 51 δῆλον ὅτι τὰ πρὸς V.

1323, 53 addit V. πρὸς τὰ ἄνω γράφεται καὶ μετασχεῖν, quæ om. G. τὸ δὲ ἐξόρμα R.

1329, 4 Ἀποφατικῶς R. — 10 εἰσθέσει Ald.

1331, 14 κύκνον καὶ ἀηδόνα V. Ald. καὶ ὅτι R. V.

1337, 28 πρόσεισι δὲ V.

1342, 41 Ἀριστοφάνους conjecit Dindorf. — 43 ἔγωγε Ald.

1354, 52 Κύρβιες R. V. — 4 κύρβιες Ald. κύρβιδες V. — 5 κατὰ τῶν V. — 6 libri Θεόπομπος. Scribendum Θεόφραστος. Inter Theophrasteos hic liber recensetur a Diogene Laert. 5, 50. Emendationem vero plane confirmant Porphyrius et Photius, illa ipsa verba, quibus κύρβεις a Corybantibus nomen invenisse dicuntur, ex Theophrasto afferentes. Alter De abst. anim. 2, 21: μαρτυρεῖται δὲ ταῦτα οὐ μόνον ὑπὸ τῶν κύρβεων, αἳ τῶν Κρήτηθέν εἰσι Κορυβαντικῶν ἱερῶν οἷον ἀντίγραφα τινὰ πρὸς ἀλήθειαν. Sic ille locus scribendus. Alter Lexico: Κύρβεις. — Θεόφραστος δὲ, ἀπὸ τῶν Κρητικῶν Κορυβάντων· τῶν γὰρ Κορυβαντικῶν ἱερῶν οἷον ἀντίγραφα αὐτοὺς εἶναι. Ruhnken. Hist crit. oratorum p. 163 ed. Reisk. — 7 φησὶ δὲ Ἀριστοτέλης. Vide Suidam v. Ἀντιπελαργεῖν et nos ad illum locum. Kust. — 8 αὐτοὺς R. V. μέροπας habet Aristot. H. A. 9, 13, cui ἀερόποδας restituendum esse ostendit Schneiderus vol. 3, p. 399. — 9 καὶ om. R. Ald. μὲν ἀετὸν R. — 13 addunt V. Ald. περὶ μὲν οὖν τοῦ (τὸν πατέρα πάλιν τρέφειν. περὶ τοῦ V.) τοὺς πελαργοὺς ἀντιτρέφειν τὸν πατέρα Ἀρι-

στονίλης ἱστορεῖ, προσθεὶς αὐτοῖς καὶ τοὺς ἀέροπας, λέγων οὕτως· περὶ μὲν οὖν (οὖν om. V.) τῶν πελαργῶν ὅτι ἀντιτρέφονται, θρυλεῖται (θρυλλεῖται V.) παρὰ πολλοῖς. φασὶ δὲ καὶ τοὺς ἀέροπας τοῦτο ποιεῖν. Quæ omittunt R. G. et Suidas.

1363, 24 αὐτὸν R.

1365, 31 αὐτῷ χειρὶ δίδ. Victor.

1372, 51 ταῦτα om. V., qui περὶ τὰ ἀνακρέοντα. Fort. Ἀνακρεόντεια. — 52 δὴ additum ex Hephæst. p. 52, qui priorem versum attulit. — 53 ἐμοὶ παῖς ἐθέλει Porsonus. Legebatur ἐμοὶ θέλει.

1374. Hoc scholion om. V., qui 7 ἀνόητον.

1377, 12 διαβάλλειν R. — 15 παραπέτομαι V.

1378, 19 φιλύρα V. et Suidas s. Φιλύρινος. φιλλύρα Ald., et in lemmate φιλλύρινον πολιτείαν. — 20 ποιοῦσα V. — 22 ὡς om. V. Ald.

1379, 27 ὡς ἐπὶ V. — 28 οὐ λέγεις om. R. χεῖρα σφόδρα schol. Equit 1085. — 30 ἢ παχὺν ἐπεί, 31 τὸν κυλλὸν V. — 34 χωλὸς ἦν Ald. — 38 πολὺ om. V.

1381, 42 Λυγύφθογγον ἔφη R. Scholiasta λιγύμοχθος legit. Dind.

1383, 4 πετάμενος V. Ald. — 5 ἀεροδινήτους Ald. — 7 ἔθος—ἅμα δὲ om. V.

1387 Οἷον om. V., qui ἐστὶ γὰρ (γὰρ om. G.) τῶν. Ald. κατὰ τῶν.

1393, 16 sq. γάρ σοι τὰ ἐξ ἀέρος δ. V. γὰρ δίειμί σοι δ. G. — 19 διθυράμβων V. et Suidas s. hac v. διθυραμβοποιῶν R. Ald. Conf. ad 1404.

1395, 20 αὐτὸν V. — 23 Εἰς τὸν ἀλάδρομον R. — 24 ἐνιαυτῇ συνθ. V. ἐν τοιαύτῃ σ. G. ἔνια δὲ τῇ σ. Ald.

1401, 35 ὄντα et 36 δὲ om. R., qui 37 δόξῃς.

1402. 39 παταχθείς Valck. ad Herodot. 5, 120.

1403, 41 ἐγκύκλιον G. ἀντὶ πατρὸς ὡς Εὐφράνιος V. — 43 λαγὸν Ald. λέγον V. Λασὸν Gelenius. Λάσος apud Suidam s. Κυκλιοδιδάσκαλος. — 45 Δήμαρχος μὲν V. Ald. — 46 Καρναϊκοῖς, 49 διθύραμβον V.

1406, 52 Λεοτροφίδῃ V., qui 1 δὲ om. — 3 sq. λεόντινος Gelenius et φᾶναι Portus. Bergkius ὡς Λεόντιος, εὔχρως τεθνάναι τε καὶ χ. Locus nondum intellectus. Conf. Meinek. Com. I, p. 800. — 6 Κέρκοψιν R. V. Κέκροψιν Ald. Adde οἱ γὰρ πενόμενοι ex Athenæo 12, p. 551, B. — 7 Hermippus βούδια scripserat, quod ex hac fabula memorat Antiattic. in Bekk. Anecd. p. 85, 29. Dind. Hos versus habet etiam Suidas s. Λεωτροφίδης. — 8 τοῦ μάντιδος V. τῆς μάντιδος G.

1410, 11 ἐπεὶ V. ἐκ δὲ πρ. R. — 13 δ' οὖν R. — 14 Ἄλλως om. R. Ald. — 16 γᾶς Seidlerus in Niebuhrii Museo Rhenano vol. 3, p. 220. Legebatur γάρ. Conf. ad schol. Thesm. 169. ἀπυπεράτων R. ἀπὸ παράτων Ald. ἀπὸ περράτων Seidlerus. ἦλθον V. Ald. πανα(λοπες R. V. Similem Ibyci locum apud Athen. 9, p. 388, E, comparavit Kusterus. — 18 κλητὰ ἔαρος καὶ ἀδ V. Ald.

1415, 21 Τοῦτο om. V.

1417, 24 χελιδόνα V., non G.

1421, 33 sq. τοῖς Ἡραίοις—Ἕρμαια. Photius: Πελληνικαὶ χλαῖναι, διάφοροι. καὶ τοῖς νικήσασι τὰ Ἕρμαια ἐδίδοντο. Qui locus notandus est, quod firmat lectionem inter Ἕρμαια et Ἥραια fluctuantem apud schol. Aristoph. ad Av. 1421. Pellenæ celebrata esse Ἕρμαια certum est e scholiaste Pindari ad Ol. 8, 156; 9, 147. Ruhnken. ad Timæum p. 216. χλαῖναι—γίνονται infra post τίθεται ponit R., sic, οἱ δὲ ὅτι χλαῖναι διάφοροι ἐν Πελλήνῃ ἐγίνοντο.

1422, 38 ὁ τὰς νήσους συκοφαντῶν, 39 ἔχων V.

1426, 46 οὖν additum ex R., qui αὐλητῆρι.

1429, 1 ἐν τοῖς στόμασι ψ. ἐν τῷ πέτεσθαι Ald.

1432, 6 βαδίζων σκάπτειν (σκώπτειν V.) οὐχ V Ald. Correctum ex schol. Vesp. 959.

1442, 10 scribebatur πιτυνοπλόκος.

1455, 16 ἐπὶ τὸ R.

1456 V. habet glossam προκαλέσομαι.

1457, 20 Ἀντὶ—Ἀττικῇ om. V. δικασθείη Ald. — 24 ἐν ᾧ ἐκείνου R. V. πλέων post ἐνθάδε G.

1459, 27 ὑπὲρ τοῦ R. V. — 28 βραδέως φθ. R. αὐτοῦ R. V.

1463. Conf. Hesych. s. Κερκυραία μάστιξ et Zenob. Prov. 4, 19. Ald. ubique Κερκ—. — 34 παρὰ om. V. Ald. — 36 κεχρῆσθαι V. — 36 ἐλεφαντοκόποις Ald. — 38 v. Meinek. Com. I, p. 597. δὲ V. Ald. — 39 legebatur Ἀριστοφάνης. Correctum ex Hesychio. — 43 sq. αὐτὸν om. V.

1467, 49 συντόνως Kusterus. συντόμως Junt συντόμως ἀναχωρήσεις ex Suida s. Ἀπολιβάξεις sumptum. — 51 οὐκ εἰς κόρμηας V., ex quo καὶ additum et ex Suida s. Οὐκ ἀπολιβάξεις.

1471, 10 ἀντὶ τοῦ R. τὸ δὲ ἑξῆς Ald. om. V πολλὰ παράδοξα καὶ θαυμάσια εἴδομεν R. πολλὰ καὶ θαυμαστὰ καὶ παράδοξα καὶ ἴδομεν V.

1473, 15 ἀλλά τε V. στήλη καὶ Ald. ὑψιπέτηλον om. R. V. — 16 πετομένων τὰ Ald. — 17 εἶπεν V., om. G. ἐκτ. εἶδεν ὄρνιν, ἐπ. Ald. — 18 καὶ om. R. Ald.

1474 sic in R., Καρδία ὄνομά ἐστι πόλεως Θρᾳκικῆς. καὶ ὡς ξένον αὐτὸν κωμῳδεῖ. ἧς οἱ πολῖται Καρδιανοί. οὗτος ἐν μὲν τῇ εἰρήνῃ—ῥίψασπις. — 22 ἐστὶ πόλις V. τούτην V., τοῦ τὴν G. pro τουτέστιν. οὐκ ἔχει κ. Ald.

1478, 28 Μουνυχιῶνι. Conf. schol. 1047. — 29 γυμνάζονται R. V.

1480, 31 ἕως τοῦ φυλλορροεῖ om. V. — 32 ἐκεῖ δὲ V. Ald. ἦν ὁ Ald., quæ δὲ om. — 35 διάγειν R

1487, 37 ἀπὸ τῶν R. V. — 38 Ὀρέστης ὁ Τιμ. om. V. — 39 παρατυγχάνοντας R.

1490, 42-44 ἥρωα—Ὀρέστην hic om. R., sed post σιγὴν ἔχειν addit, ὁ δὲ Ὀρέστης λωποδύτης. ἥρωά φησι διὰ τὴν—υἱόν. — 44 οἱ ἥρως δυσόργ. R. δυσόργητοι etiam Suidas s. Ὀρέστης. δύσοργοι Ald. — 46 Συνεφήβοις Heringa. συνερίφοις R. V. συνερίθοις Ald. Post hoc voc. indicavit Dindorf. lacunam. ὁ om. V. — 47 οὐδ' ἥρωσιν εἰς τοῦτο δύναμιν, ἀλλ' V. οὐδ' ἥρωσιν...... ἀλλ' R., spatio vacuo. οὐδ' ἥρωες κεἰς τοῦτο δύνανται, ἀλλ' Ald. ἀποπλήκτως R. V. — 48 δύναται—κέκτηται R. — 50 Τιτανωπάσι V. τῇ τανοπάσῃ Ald. τιτάνῳ πασιφάης G.

1493, 52 καὶ additum ex R. et Suida. — 1 αὐτῷ ἢ τὰ 'πιδεξιὰ ὀφθαλμοὺς κεφαλῆς. ἅμα R. — 2 ἥρωσι R. et Suidas. ἥρων V. ἥρως Ald. διεστρέφοντες deteriores libri Suidæ.

1494, 8 αὐτοὺς R. V. Fort. αὐτοῖς.

1498, 11 sq. ἐξήταζον εὐκαίρως Ald

1502, 15 Ἀντὶ τοῦ post σκορπίζει ponit R. σκορπίζει νεφέλας Kusterus. εἰ (εἰς G.) εὐδίαν V.

1503, 19 legebatur πρεσβύτερος.

1508, 28 Κατασκεύασμα, huic voc. κατασκέπασμα superscriptum in cod. Paris. A Suidæ s. Σκιάδειον. — 29 τὸ σκιάδιον addidi V. Conf. Valcken. ad Theocr. Adoniaz. p. 343. Dind. — 31 τοῦτο αὐτῷ, 32 Ἀττιλίοις V.

1514, 37 ἀκριβές Suidas s. Πηνίκ' ἐστίν. ἀκριβῶν V, Ald. — 40 prius τὸ om. R. V. οὐδὲν et τῷ Ald. et Suidas.

1521, 42 sq. Δίδυμος· ὥσπερ βάρβαροι post τρέφονται ponit R. — 43 δέ om. R. V. — 45 δὲ om. R., post Θρᾴκην ponit V. — 2 οἱ om. R. V.

1522, 3 φησὶν om. V. — 4 παρέξει V. Conf. ad scholion Pac. 430. — 5 τῶν ἐμπορίων hic om. R., sed habet ut glossam. V. τὴν ἐμποριάν.

1527, 7 Ὅτι om. V.

1536, 15 sq. Σωματοποιεῖ—γυναῖκα post καλοῦσι ponit V. præfixo ἄλλως. Ibidem habet R. ἢ ὡς γυναῖκα σωματοποιεῖ αὐτήν. — 17 δοκεῖ τὰ V.

1541, 26 δικαστοῦ V. — 29 θεωρικοῖς R. — 30 τῶν νῦν κληρικῶν εἰς ἐφόδια, 31 ὃ ἂν V. — 32 σιτίσεως R. ταμίαι δὲ—σιτήσεως non videntur esse Androtionis verba.

1546, 39 legebatur ὃ παροπτῶντες. Correctum ex Suida s. Ἀπανθρακίζομεν, cujus tamen cod. Paris. A ipse quoque ὃ παροπτῶντες præbet. — 41 sq. ἐπεὶ ἄλλα μέγ. V. ἰσχύοντα G.

1548, 43 Οἱ μέν φασι V.

1551 R. habet ταῖς γὰρ κανηφόροις ἐπάνω τῶν κεφαλῶν σκιάδεια ἐπέκειτο. — 49 Θεοῖς Kusterus. Non opus. Dind. — 50 Meinek. Com. I, p. 390: « Legendum videtur ἐντετριμμένος. Describi enim videtur aliquis qui canephororum habitum imitaretur, quas capillis farina conspersis in publica pompa incessisse constat ex Aristoph. Eccl. 732. » ἐνέκαψα λανθάνων Porsonus. Legebatur ἕνεκα ψαλάθων. ἐνέκαψα restituerat Valckenar. ad Herodot. 2, 93. — 51 Νικοφῶν δὲ Ald. ἐγχειογαστόρων V. ἐγχειογάστορα G. ἐν Χειρογαστόρων Ald. γέννᾳ αὐτὸς Ald. γέννα ὁ οὗτος (quod ὦ οὗτος esse videri potest) V. Probabilis Dobræi conjectura est ὦ γεννάδα, σὺ δ' (vel νῦν vel δεῦρ') αὐτὸς ὀλίγον ἀνάγαγε | ἀπὸ—. Dind. Vix dubito quin verum sit, γενναῖος ἴσθ', ὦ οὗτος, ὀλίγον ἄναγε (vel ἀνάγαγε) δὴ | ἀπὸ etc. Meinek. Com. I, p. 853

1553, 7-9 ταῦτα—φιλοσόφους infra post καύματος l. 17 ponit R. præfixo ἄλλως, post scholion v. 1558 habet V. — 10 Ἄλλως addidit Dindorf. — 13-15 τετραποδηδὸν—ἴσης addidit idem ex Suida s. Σκιάποδες. — 16 καταδύσεις Suidæ cod. Paris. A. οὐκ ἐχ. V. Ald.

1555, 20 δ' ἔτι V. δὲ ἔτι R. — 21 malim ῥυπαροφοροῦντας. Neutrum verbum aliunde cognitum. Dind.

1556, 25 ἐστράτευε V. — 26 τῆς στρατιᾶς Porsonus. τῆς σῆς (σῆς om. R. V.) στρατείας Ald., πάσης τῆς στρατιᾶς Cobet. Obss. critt. in Plat. com. p. 127, qui delet ἀνήρ. 27 καὶ om. Ald. — 28-30 Fragmentum hoc Hermippi quid aliud appelles quam disjecti membra poetæ? Certe omnia sic turbata sunt, ut ea absque ope meliorum codicum ad numeros suos revocare difficile sit. Kust. Emendationem tentavit Meinek. Hist. Com. p. 179 coll. Com. I, p. 385. et Cobet. l. c. p. 128. — 30 φασιν G. — 31 βαβυ (λλ superscr.) V. διαβάλλει G. δῶρ' αἰτῶν conjecit Dindorfius, quo recepto Bergkius ἢ δῶρ' αἰτῶν ἀρχὴν πολέμου μετὰ Πεισάνδρου πορίσειεν» probabiliter statuens ex parabasi petitum esse versum. — 35 μέγας ὁ κίνδιος R.

1559, 38 ἐν Ἅιδου R. — 41 ἄλλου τινός. ἀντὶ καμήλου ἀμνόν V.

1563, 46 εἰς λαιμοὺς Ald. — 49 λῆμα R. λαιμὰ Bentleius. — 1 ἐκτόλμων Suidæ codices.

1564, 4 φαίνονται om. R., qui καταδεδοικότες.

1567, 18 περιστελλόμενον R. περιστελλόμενος V. στελλομένῳ Ald. — 19 περιβαλλόμενον R.

1569, 20-22 Ὅτι—περιβέβληνται om. V. — 21 σαθρὰν Suidas s. Λαισποδίας. σαπρὰν R. Ald. — 23 δὲ om. V. — 25 δὲ delet Elmsleius ad Eurip. Med. p. 109. Ad locum Eupolidis respiciunt Plutarch. Mor. p. 712, A, Eunap. p. 99. — 28 ἐν τῇ η' Ald. et Suidas. — 29 sq. Φιλύλλιος—Πλυντρίαις Casaubon. Animadv. ad Athen. 7, 23. Legebatur Φιλύριος (Φιλλύριος V.)—Πλυντηρίαις. — 30 εἶχε Suidas. ἔχει V. Ald. — 31 Στράτις G.

Στράτων Ald. — 32 Παισί Jungermann. ad Pollue. 7, 65. Legebatur Παιδσι. — 33 legebatur Δημήτριος δὲ καὶ πάντες τὸν Ἰξίονα λέγουσιν. Hic quædam mendosa esse puto, quæ sic in integrum restituo : Δημήτριον τὸν Ἰξίονα πάντες λέγουσιν ἐν ταῖς etc. Demetrius enim grammaticus cognomento vocabatur Ἰξίων, ut docet Suidas v. Δημήτριος ὁ ἐπίκλην Ἰξίων. Kust. Correxi Δημήτριον et delevi καὶ. Πάντες intelliguntur omnes interpretes, quorum excerptis usus est scholiasta. Sic in schol. Equit. 1381, Vesp. 1326. Simpliciter Ἰξίων apud Suidam s. Λαισποδίας. Dind. — 35 κτήνως V. κτεῖνος G. — 36 σπονδεῖν V.

1582, 50 Ἔστι δὲ τὸ σίλφιον εἶδος λαχάνου ἡδυόσμου R. — 51 πρόκνισμα V. — 53 ἐπὶ τὸ R.

1590, 7 λέγει om. V.

1591 εἰσῆκται et πολεμεῖν ἀποφαίνων Ald.

1594 R. habet glossam ἀντὶ τοῦ εὐδινάς.

1598 Εἰ καὶ ὅλως καὶ R. V.

1603, 26 τὸν ἄρ. R. — 28 αὐτὸν V. — 29 τὴν om. R.

1611, 34 sq. τοὺς θεοὺς καὶ τοὺς ὄρνιθας R. V.

1614, 38 καὶ ἑαυτὸν R.

1620, 47 οἷον μόνιμοι Ald. — 48 παρὰ Ἀριστοφάνους G. — 49 sq. περὶ—γυνή. Est Archilochi versus secundum probabilem conjecturam Jacobsii ad fragm. 27, p. 302 ed. Gaisford. Et παχεῖα ex hoc versu afferre videtur Eustath. p. 1329, 36. Dind. παχεῖα καὶ μισ. Ald. — 50 ἐξηγοῦντο R. — 51 τί ἐστιν V.

1628, 5 τούτου V. εἰώθ. καὶ R. Ald. τοὺς βαρβάρους διαλεγόμενος (διαλεγομένους G.) V.

1648, 22 Ὅτι τὸ R. V. — 23 καὶ om. V. — 25 εὑρημένη Bentleius. Libri εἰρημένη.

1653, 31-33 Εἰ μὴ—οὖσα infra post περὶ τῶν γνησίων R. V. — 31 Εἰ μὲν R. V. — 32 ἐστιν ὡς μὴ V. — 33 ἑταίρους R. Ald. συγκληρόνομος R. μονόκληρος R. V., sed μονοκληρονόμος Suidas s. Ἐπίκληρος. Conf. ad schol. Vesp. 583. — 36 οὖν om. R. Deinde scribebatur ἧς. V. Ald. ἂν ἡ Ἀθ. — 37 ἐπικλήρου R. V. γὰρ ὡς ὄντων γν. R. — 38 ἐπὶ κλήρου R. ἐπικλήρου V. — 49 prius καὶ om. R. — 41 οὐ προσποιούμενος. Conf. schol. v. 302.

1656, 44-46 γράφεται—τοῖς γνησίοις infra post τὸ νοθεῖα l. 49 ponit V. præfixo ἄλλως. — 47 Ἀττικοῖς R. V. μέχρι δέκα Meursius Lectt. Attic. 1, 21, comparato Harpocrat. s. Νοθεῖα. — 49 post νοθεῖα addit R. ἄλλως. εἰ τὰ μὲν χρήματα ἐμοὶ καταλείψει ὡς νόθῳ, τὴν ἀρχὴν δὲ τοῖς γνησίοις. — 50 ἐδίδοσαν V. Ald. — 51 κληρονομεῖν R. Ald.

1669, 7 τοὺς φράτορα; Ald. τὴν εὐγένειαν R.

1671, 12 τὸν om. V. βλέψαντο; R. τί δῆτ' εἰς τὰ ἄνω πράγματα ἀποβλέπεις V. — 14 τί δὴ τὰ ἄνω R.

1678, 19 γαμεῖ R. V. γάμῳ παραδίδωμι G. Post γαμεῖν addit Ald. οὕτω Δίδυμος. Δίδυμος—ὀρνιθιάζει referendum ad βατίζει v. 1680.

1680, 21 Καὶ μὰ, 23 αὐτῷ V. — 25 ῥομφάλη G. — 27 καθολικῆς V., qui φησίν et δὲ om. Fort. εἰς τὸ βαδίζειν vel τὴν βάσιν vel τὴν βάδισιν, ut in scholio proximo. 28 Τὸ τελευταῖον et sequentia spectant ad v. 1684. Dind.

1681, 34 ἡ om. R. V. αἵ γε μὲν πορ. R.

1688, 42 φησὶν ἐκόπησαν, 43 τὸν ἄριστον R.

1694, 51 νῦν om. R. — 53 παρὰ τὰ R. — 1 ἀκροπόλει. Legebatur ἄργει. Correctum ex scholio proximo. ἄστει Bentleius. Sequentia verba spectant ad v. 1694, ubi πέπαικται scriptum pro πεποίηται. — 3 Ἴστρος om. V. — 4 ἐν τῇ κωμῳδίᾳ G, τοῖς om. R. — 5 οὕτω δὲ ὠνομάσθαι R.

1699, 17 τῶν om. R. V.

1701, 20 τὸ πληθυντικὸν R. V. — 22 ἔστιν δὲ V.

1705, 28 δικολόγων Lobeck. ad Phryn. p. 643. — 29 γλῶσσαν V. et mox γλῶσσα. — 35 ἄλλως habet R., licet sequentia verba omittat.

1706, 42 ἰσχύσει Victor. — 44 Ἀντὶ τοῦ τῆς R.

1717, 53 εἴλησιν V. — 1 λέγει δὲ τὸ Toup. Emend. vol. 4, p. 130.

1720, 12 τὸ δὲ ἑξῆς ἄναχε (sic) δίεχε ἀντὶ τοῦ Ald.

1736 sic R. Legebatur ad v. 1740, ὑμὴν ὦ ὑμέναι' ὦ : ᾖδετο τοῦτο ἐν τοῖς γάμοις. εἴρηται δὲ τοῦτο ἐν τοῖς Μενανδρείοις. Omittit V.

1737, 29 μηθένος Ald. μήτε ἑνὸς R. V.

1744 τοὺς περὶ V.

1745, 5 γινομ. R. et Suidas s. Χθονίας. γενομ. V. Ald.

1758 ὁ Πεισθέταιρος om. V. Ald.

1764, 29 Ἡρ. γεγιστῶν ἄθλων αὐτοῦ R. ἄθλον αὐτοῦ V. — 30 aberat ὦ et legebatur Ἡράκλεις αὐτός τε καὶ Ἰόλαος. Vid. ad finem scholiorum in Acharn. — 31 αἰχμητὴς R. δύο libri δὲ om. R. — 32 ἑαυτοῦ V.

In fine scholiorum in hanc fabulam subscriptum in V. est παραγέγραπται ἐκ τῶν Συμμάχου καὶ ἄλλων σχολίων. Eadem verba ex codice Leidensi protulit Dobræus.

LYSISTRATA.

ARGUMENTA primus edidit Kusterus, ex codice, ut videtur, Palatino. Codice Augustano usus est Brunckius. DIND. Sunt etiam in *Put.*, i. e. exemplo editionis Frobenianæ, cujus marginibus Claudius Puteanus scholia ascripsit ex libro optimo et, si novitias aliquot glossas detraxeris, Ravennatis simillimo. Servatur in bibliotheca Regia.

ARG. I, 3 sq. ὁμοιῶσαι δὲ ἀναπ. μὲν Ms. Kusteri. ὁμῶσα Baroccianus (Gratiani de S. Bavone, i. e. Joannis Alberti, in Observv. miscell. Amstelod. vol. 7, p. 125). — 5 ἀλλήλοις Brunckius. ἀλλήλων R. Put. K. (i. e. Kusteri editio). — 6 ἐμπριλὰς ex R. Aug. [et Bar.] accessit [Put. ἐμπρίλας] : lacunam posuit Kusterus. Fort. ἐν πύλαις. Sed desideratur etiam verbum finitum respondens proximo αὐτὴ δὲ—ἀπαντᾷ. DIND. Fabula ipsa et quæ sequuntur μετὰ τῶν οἰκείων monstrosi vocabuli correctionem certam ostendunt ΕΙCΠΡΙΔΑC, εἰς πατρίδας, ut sit τὰς μὲν ἔξω (exteras mulieres) ἀπιούσας εἰς πατρίδας. Nam ἐξωπίους quoque ab hoc loco alienum est. R. Put. καταλείπουσα. Defendi potest structura sine verbo finito, quamquam integrum esse locum minime præstiterim. — 10 ὀλίγων, 11 τοξευτῶν K. — 14 ἐπιτρέψουσι Brunckius, incertum de suo an ex codice Aug. ἐπιτρέπουσι R. Put. K. — 15 ταμιεύονται Put. K. — 16 καταπαύσωσιν R. Put. Aug. — 17 καταπληγεὶς R. Put: τὸ θράσος K. Put. — 21 ἐγκαρτεροῦσαι K. Put. — 23. Ex loci sententia facile intelligitur quid significet participium χυτροτομοῦσα, *irridens, ludibrio habens, ludificans.* Genuinum esse Græcum verbum χυτροτομεῖν nec affirmare nec negare ausim : quibus secus videbitur, per me licet legant κερτομοῦσα. BRUNCK. ἀπαγγέλλεται Put. — 24 σπουδάζειν Put. — 26 ἐμφανίζοντες ἅμα καὶ τὰς προτέρας γυναῖκας scire velim quomodo intellexerint editores. Mihi sunt tenebræ, nisi scribas ἐμφανίζοντες ἅμα καὶ τὰ περὶ τὰς γυναῖκας. — 27 οἱ Ἀθηναῖοι addidit Kusterus. Post πρέσβεις in Aug. est lacuna, quam Brunckius quinque punctis designavit. — 32 ἀναμνήσασθαι K. Put., in quo inesse possunt vestigia vocabuli φιλίας, quod hoc loco excidisse puto. τῆς om. R. Put. Aug. παλαιάς—γενομένας Aug. Put. — 33 γενομένας K. εὐνοίας de suo addidit Kusterus. — 34 ἑκάστους K. — 35 Κλεύκριτον Put. Λεώκριτον K. Est olymp. 92 ann. 1.

ARG. II. Ἀριστ. γρ. addidit Dindorfius. — 10 τιθέμενοι et ἐξώρισαν Brunckius. Libri ἐξέρρησαν.

SCHOLIA.

Ἐκλ. — στρατόν additum ex L. Bar.

2, 14 φασι Porsonus. Libri φησι. — 15 δεῖν R. et Suidas s. Πανικῷ δείματι. Ceteri δεῖ. — 17 ἔστι L. Ceteri ὅτι. — 18 ἐκκείμενος restituit Dindorfius ex Photio p. 196, 15, ad HSteph. Thes. v. Κωλιάς, et ὅμοιος ex eodem Photio et R. καὶ οἱ μὲν οἰκοῦντες (ἐνοικ. K.) L. K. — 19 Γεν. γὰρ R.

8, 24 ἐσκυθρωπακέναι L., 25 τοιοῦτον L. Bar., 27 κυανέῃσιν Bar. Ceteri ἐσκυθρωπηκέναι—τοιοῦτο —κυανέοισιν. — 28 Διὸς μέτωπον schol. Hom. Il. O, 101 et Suidas s. Τοξοποιεῖν. Ceteri μέτωπον Διός. ἐκταθῇ schol. Hom. ἐκτανθῇ L. ἐν ταύτῃ K. ἰάνθη Suidas.

17, 31 ἐστράγγευσειν Berglerus. ἐστράγευσεν R. Ceteri ἐστράτευσεν. Bar. in fine scholii : σημαίνει δὲ ἡ λέξις καὶ τὸ ἐπικύπτειν καὶ στρατεύειν. Put. διέτριβεν, ἀνεβάλετο. — 33 καὶ χαριέντως R. Edebatur καὶ χάριτας. Verbum de suo addidit Dindorfius.

20 Put. ἀναγκαῖα καὶ πρὸ πάντων.

25 Put. περὶ αἰδοίου οὐ καταλαμβάνεις. — 4 εἶναι om. L. K. — 5 καθὼς σὺ R. Bar.

27, 6 ηὑρημένον etiam Suidas s. Ἐρριπτασμένον. L. ἠρρημένον, quod ἐρριμμένον esse posse animadvertunt Gaisfordus ad Suidam et Dobræus. εὑρημένον Bar. — 7 « στροφᾶσθαι (quod στρωφᾶσθαι potius scribendum) L. » *Dindorf.* Kusterus ex eodem codice στροφεύεσθαι enotaverat. — 9 μεταφ. ποιεῖν Bar., qui sequentia omittit. Suidas ὅπως εὖ ἔλθῃ. Scribendum videtur ἕως εὖ ἔλθῃ. — 10 ἄχρις ἂν εὑρεθῇ τὸ Suidas.

33, 15 ἡμῖν τε τοὺς Λακεδαιμονίους R. Excidit εἶναι.

36, 21 sq. ᾤκουν—Ἐγχελεῖς addita ex R. Conf. Unger. Paradox. Theb. I, p. 20 sqq. — 22 ὧν καὶ L. — 24 addit Bar. ὅθεν καὶ οἱ λεγόμενοι ἐγχέλεις, περὶ ὧν φησιν Ἑλλάνικος ἐν τοῖς Βοιωτικοῖς.

43, 30 scribebatur ψιμμυθίῳ.

45, 32 Κιμβερίνα R. Κιμβερῖνα? Ταραντῖνα R. Ceteri Ταραντινά. — 33 sq. οἱ στατοὶ οἱ ὀρθοὶ (οἱ στατοὶ superne adscriptum in L.) χιτῶνες ὀρθοστάδιοι καλοῦνται L. K. — 36 λαβὼν om. Bar.

48, 39 δὲ βοτάνη R. — 42 φαίνεται Bar. — 44 τὰ om. R.

55, 47 sic R. Ceteri Οὐ γὰρ (γάρ om. L.) μὰ Δία μετὰ βρ. R. βραδύτητος.

56, 51 ἀκριβῶς om. L. K. ἢ Bar. pro οἷον.

58, 53 διῃρεῖτο libri præter R., qui γὰρ om. — 1 δὲ ex R. accessit. — 3 τῷ ἄστει Bar. περὶ τὸ ἄστυ

in schol. Vesp. 1223. μέχρι Πυθίου in margine habet L. — 4 Πάλλαντι R. Ceteri Πάλαντι. Sunt hæc ex Philochoro: v. Strabon. 9, p. 392.

60, 8 μικροῦ om. Bar., qui pergit καὶ ἵππος κέλης ὁ γυμνός. διὰ τοῦτο ἐπήγαγεν ἀκάτιον. — 9 λέγεται, 11 ναυτικὸς δὲ ὁ Σαλαμίνιος R. — 12 addit Bar. τὸ δὲ ὄρθριαι γράφεται καὶ ὄρθιαι. Quæ sequuntur scholia v. 62-126 absunt a cod. L.; ex Bar. edidit Kusterus.

62, 13 οἱ et 14 Ἄλλως om. R. καὶ ἄλλως K., qui om. εἰκότως. ἐπειδὴ K. — 16 Θεαγένης K. κοππάστης. R.

64 scribendum Ἑκάτειον τὸ, ut interpretatio docet. τὸ ἐκ τῆς Ἑκ. codex. Dind.

67, 19 Ἀττικῆς om. K., qui 21 καὶ παρὰ et κινεῖς.

80 εὐσωματεῖς R.

81, 27-30 sic in R., ὡς αἱ Ἀττικαὶ νὴ τὼ θεώ. λέγει δὲ τοὺς Διὸς κούρους. λακωνικῶς φθέγγεται.

83, 35 ἐστι additum ex R. et Suida s. Ψαλάσσετε.

89, 40 Put. κομψῶς καὶ πανούργως καὶ τεχνικῶς ἔχουσα τὸ αἰδοῖον παρατετιλμένον. — 41 γὰρ αὐτοῦ, 44 βλήχωνα K.

90 παίζει—κεχηνέναι om. K., non Bar.

91 R. habet lemma. Ceteri cum superiore scholio jungunt Κορινθία δὲ ἡ πόρνη.

92 φύσ. τοῦτο λέγει μὲν οὐ σώφρων δέ Put., præcedentibus huc delatis. Quid sint φύσεις explicat Ducang. in Gloss.

94 ὑμᾶς K., non Bar.

103 sic R., Εὐκράτης στρ. Ἀθ. ὡς δωρ. δὲ καὶ πρ. καὶ ξ. κωμῳδεῖται.

105 ἐκ τοῦ (sic) τάξεως Put.

106, 7 Οἷον om. K. — 8 ἅμα τὸ R. ἄπεισιν καὶ οὐκ ἂν ἀπέλθοι τῆς μάχης Suidas s. Ἀλλ' ἐμός.

107, 9 sq. Σκώπτει—καὶ additum ex R. Habet etiam Put. — 10 μοιχοὺς τοὺς Μιλησίους K. — 11 R. addit scholion ἀπέστησαν γὰρ τῶν Ἀθηναίων.

109, 14 παίζει δὲ om. K., qui χρωμένας. — 18 αἷς R.

113 Τὸ om. K. ἢ om. etiam Put.

114, 20 παρ' ὑπ. δὲ ἀντὶ τοῦ εἰπεῖν ἀμπέχεσθαι K. Lemma præfixit Dindorfius.

115. Errorem scholiastæ notavit Schneiderus in Lex. Sequitur in K.: 116. παρταμοῦσα θ': γράφε, παρταμοῦσα δ' ἥμισυ.

117 Ταΰγετος ὄρος Λακ. K.

118, 27 δυσχερῶς K., et R. ut videtur. Ex Put. addidi τοῦ.

126, 31 ἢ μύλλετε additum ex R. et Suida v. Μυᾶτε. μυῶν γὰρ K., non Bar.

133, 35 Ἄλλο τι Δ (? ductus ejusmodi, quem non extrico) κέλευε Put.

135 Ἀντὶ τὸ R. Ἀττικοὶ om. L.

138, 39 Ἀντὶ τοῦ hic et 40 om. R. Put. — 21 τὰ παιδία ἐν σκάφει Put. σκάφην Bar.

139, 43 sq. κατά τινας additum ex R. — 44 λαβὼν σκάφος Μελανίππη συνεσῆλθεν Bar. ἀνῆλθεν Put. Addunt hic L. K. εἰς τὴν Τυρὼ δὲ Σοφοκλέους αἰνίττεται καθεῖσαν τὰ τέκνα εἰς σκάφος. — 45 καὶ om. Bar. κυλ— R. Ceteri καλ—, præter Put., cujus ductus hic obscuriores ostendunt ανκ— vel ἀγκυλινδουμένων, fortasse, quod apud Suidam est s. Οὐκ ἐτός, ἐγκυλινδουμένων. — 46 ὁ δὲ v. et seqq. om. etiam Put. — 47 ἐσμὲν L. et Suidas. ἴσμεν K. — 48 τῇ additum ex Suida.

τ
140 Πρὸς τὴν Λαμπι R. sine λέγει.

143 Κοιμᾶσθαι additum ex R. Ἀττικόν. « Imino Λακωνικόν: nisi scholiasta ὑπνῶν ab Atticis dictum voluit dicere ut ῥιγῶν. » Dind.

145, 53 Λέξις ἡ ἐκ τούτων δυναμένη L. Δυναμένη Bar. Δυναμένη δηλονότι ἀγαθὰς ἐπινοίας εὑρίσκειν Put.

146, 3 δηλονότι τῆς Bar. sine τὸ ἀπ. Eadem habet Put. ad v. 143. Referendum ad τουτογί v. 147.

148 Δήμητραν R.

150, 9 τὴν ἀμοργίαν sive ἀμοργίον Put., qui lemma habet ἀμοργίνοις. Deinde libri omnes et Suidas s. Ἀμόργεια habent insulæ nomen Ἀμοργοῦντος. — 10 Θηραῖα Piersonus ad Mœrin p. 44 ex Etym. M. p. 85. Legebatur Θήρια. L. Θηρία. Put. et Suidas Θήρεια.

151, 11 τὸ γυναικ. αἰδ. Bar. — 12 τοιοῦτον L. Ceteri τοιοῦτο.

152 lemma habet Put. ἤτοι πλ. K., quæ om. Bar.

155 sic Bar., Ἡ ἱστ. παρ' Ἰδ. καὶ Εὐριπίδης ἀλλ' ἐσεῖδε μαστὸν εἰσβαλὼν ξίφος φίλη παρενιδώ.. — 15 Πυραῖος L. Temere K. Λέσβιος. — 16 ἀλλ' om. K. ὡς εἶδε R. L. ἐσίδεν (sic) Put. — 17 φιλ. ἰδ. om. K. Habent R. Put. — 18 præcedenti scholio anteponunt R. Put. Καὶ μασθοὺς R. Μασθοὺς Put. μᾶλα K.

158, 22 ἀπολαβεῖν Bar. — 24 ἄλλο Suidas s. Κύνα δέρειν. Legebatur ἄλλως. Ex eodem Suida Dindorfius addidit αὖθις. — 25 Σχῆμα—αἰδοῖον infra post εὑρίσκεται ponit R. Qui habet cum Put., Τὰ ἀπὸ τῶν ἄλλων λέγειν διὰ τὸ εἰρημένον Φερεκράτους· ἐν γὰρ τοῖς—εὑρίσκεται. Post εὑρίσκεται eadem habet Bar. sic scripta, τὸ δὲ ἀπὸ τῶν
χρ
ἄλλων διὰ τὸ εἰρημένον Φερε. Hæc ex sequenti scholio illata putat Dindorfius. At quæ ibi le-

guntur φλυαρία φησὶ τὰ ἀπὸ τῶν ἄλλων sunt nihili. Ejusmodi aliquid dixit scholiasta, τοῦτο ἐκ τῶν ἀπολωλότων, εἰ δὴ τὸ εἰρημένον Φερεκράτους· ἐν γὰρ τοῖς σωζομένοις τοῦ κωμ. etc. Sic in simili re schol. Ranar. 13.

162, 32 δῆλον ὅτι R. Ceteri δῆλόν ἐστι. — 36 ἁρμόζει K. — 39 μὴ παρ. om. etiam Bar.

173 sic in Put., Οὐκ ἂν γένοιεν (sic) εἰρήνη τοῖς Ἀθηναίοις ἐὰν θαλασσοκρατῶσι. καὶ.....τὸ ἄβυσσον παρὰ τῇ ἀκροπόλει. καὶ γὰρ......ἀπέκειντο X. τάλ. Præmittit Bar. ἀντὶ τοῦ σπουδῆς τὸ λαβεῖν τὸ ἀργύριον ἀπὸ τοῦ ἱεροῦ τῆς θεοῦ. — 41 ἄγοιμεν, 42 τὸ δὲ ἀργ., 43 ἦν K. — 44 ἀπέκειτο Suidas s. Ἄβυσσος. Legebatur ἀπέκειντο. — 45 ἀπὸ Καλλ. L.

179 Put. προσδοκουμέναις θ. ταῖς πρεσβυτάταις.

180, 52 ἃ λέγεις om. Put. ἔχειν R.

184 Σκύθας et sequentia om. Put.

188, 4 ἐπὶ Θήβας apographum Bentleianum codicis Leid., teste Blomf. ad Æsch. Sept. p. 1. Sed Θήβαις esse in codice arguit silentium Dindorfii.

189, 8 sq. εἰ μὴ—τετράπ. om. Put.

191, 11 τὸ λευκὸν ἵππον additum ex R. τὸ λευκὸν ὅτι φαλλὸς τὸ αἰδ. Put. λευκὸς μὲν, 12 ἵππον δὲ K. (L. Bar.) — 13 iidem διὰ τὸν ἵππον τῶν, nisi quod L. τύπον. — 14 λευκὸν ἵππον Put. Qui addit scholion ad v. 193: Ποῖ ἀντὶ τοῦ. τίνος ἕνεκα λευκόν. οὔ μοι δοκεῖ ἀγαθὸν εἶναι λευκὸν θῦσαι ἵππον.

195, 16 ἐτίθετο K. — 18 οἱ om. Put. — 21 κωμῳδεῖ Put.

198 ἄφατον ἀντὶ τοῦ ἀφάτως Put.

200. Scholia v. 200-266 absunt a codice L., edita ex Bar.

201 ἡσθείη: εὐφρανθείη Put.

202, 25 ἱεροῦ K., non Bar. Ad sequentem versum Put. φιλικῆς δεξιώσεως.

205, 27 μιμουμένη Put. Legebatur μιμημένη. Bar. μιμημένος. τουτ. τοὺς ἱερεῖς addidi ex Put.

208, 31 πρώτη καὶ K., non Bar. — 32 ἔλαχον Dobræi conjectura inconsideratius recepta. Hoc dicere non poterat Calonice. Libri omnes αἱ Λάκαιναι. ὅτι κλήρῳ esse videtur δηλονότι κλήρῳ (ad λάχῃς), depravatum ob præced. φησίν. Πᾶσαι in sequenti versu exponit scholiasta supplendo αἱ Λάκαιναι, ob vocativum qui sequitur, Λάζυσθε πᾶσαι τῆς κύλικος, ὦ Λαμπιτοῖ. Deinde in Put. ἐμπεδῶς .... ἀσφαλίσατε. Pertinent ad v. 211.

216, 34 articuli τοῦ loco in Put. est lacuna octo novemve literarum. In eodem ταῦτα—ὅρκον sunt novum scholion.

217, 39 ἄγευστος γάμου Valckenar. Anim. ad Ammon. p. 41, conjectura probabili. Dind. ἡ (i. e. ἢ) ἄζευκτος Put. ἄζυγος K.

221 ἐπικαυθῇ habet Put. ἐπιτανθῇ ἐν ἐμοί Bar.

227, 44 καὶ om. Put., qui οὐ συντ. ut novum scholion habet.

229, 46 ἐν om. Put. cum lacuna latiore.

231, 48 δέ habet solus R. — 52 ὅτι addidi ex Put.

238, 3 οἷον om. K. οἷον καύσω om. Put., qui habet sequens lemma. — 4 prima persona καταλείψομαι tolerari non potest. Bar. καταλείψοιμι, in quo veræ scripturæ vestigia, servatæ in Put., Κατάλειψόν μοι, ὅπως etc. — 5 ἄρξεται K.

244, 8 ἐν συνθήκῃ Put. — 9 ὅμηρον R. ὅμηρα Put. — 10 λέγει K.

245 in Put. ἡ σύνταξις· ἡμεῖς δὲ σὺν ταῖς ἄλλαις γυναιξὶ ταῖς ἐν τῇ πόλει οὔσαις, εἰσιοῦσαι ἐν ἀκροπόλει ἐμβάλλωμεν τοῖς (sic) μοχλοὺς καὶ ἀσφαλῶς τὰς θύρας κλείσομεν.

247 Put. habet lemma ἐφ' ἡμᾶς. Idem addit μετὰ δόλου. ἡ γὰρ ἐπὶ τῇ αἰτιατικῇ συντασσομένη δόλον δηλοῖ.

250 ἐπὶ τοῦ K. Ad præcedentem versum Put. τουτέστιν ἐὰν μὴ συνέλθωσιν καὶ ὁμονοήσωσιν ἐκείνοις, δηλονότι οἷς ἡμεῖς εἴπομεν· ἐπί τε τὸ (l. τῷ) ποιῆσαι εἰρήνην, οὐ δυνήσονται τὰς πύλας ἀνοῖξαι.

252 ἀντὶ τοῦ ματαίως Put.

253, 19 Στρ. χώρει Δράκης K. Dubitat scholiasta chorusne an Strymodorus pronunciet versus 254, 255.

262, 20 ἅγιον βρ., 22 ἀντὶ τοῦ addita ex R.

266, 24 om. K. In Put. post Φιλοῦργε lacuna est. — 25 κύριον om. Put. K. ἐπίθετον πανοῦργε Bar.

268 ad μετῆλθον hoc scholion refert Put.

270, 29 Ὑπὸ K. Bar. — 34 τὴν om. Bar. συνέρρει K. « Ad locum Eupolidis respexit scholiasta Platonis p. 332 ed. Bekk. » *Dindorf.*

273, 36 ὧν στρατ. om. Bar. Put. — 39 καὶ αἱρεθεὶς Bar. — 41 καταλαβόντων L. τὰς οὐσ. ἐδήμ. καὶ τὰς οἰκ. κατέσχ. K. — 43 κατεψηφίσαντο K., non L. ἐν στήλῃ χαλκῇ K. Bar. — 44 τὸ ἀρχ. Put.

279, 49 ἄκοσμος R. et Suidas s. Ἀπαράτιλτος. Ceteri, etiam Put., ἀκόσμητος.

282, 51 Καὶ γὰρ τὰς R., qui hæc καὶ—ἔλεγον in fine ponit post κατέχειν ἀσπίδας. Non ita Put., qui habet 52-54, omittit 1, 2 ἐπὶ—ἀσπίδας. Ὅτι om. Put. — 51 ἐπιστάσθ' Bar. — 1 ὡς τὸ K.

283, 4 λέγει Bar.

284, 6 περιγίνομαι R. περιγεγένημαι Bar.

285, 7 Παροξυτόνως, ἀντὶ K. — 9. Tetrapoli accensetur Οἰνόη. Ita Strabo 8, p. 383 et Steph. Byz., frustra dubitante Berkelio. Ms. tamen (Barocc.) Οἰνώνη, quæ Æacidarum est insula.

Albertus. Deinde legebatur Προβόλινθος, Τρικόρινθος, quæ correxit Dindorfius.

288, 15 τὸ om. R. Bar. σιμὸν δὲ Bar. χωρίου τοῦ πρὸς τὴν K. χ. τὸ πρὸς L. χ. τοῦ πλησίον τῆς ἀκροπόλεως Bar. — 16 ἢ ὄν. χ. additum ex R. — 18 Πλάτων Elmsleius ad Acharn. 377. Legebatur πλατὺ, etiam ap. Suidam s. Σιμός. — 19 δεῖ idem Elmsl. restituit. Legebatur δεί.

289, 21 ἄμπρον R. et Suidas s. Ἀμπρεύοντες. ἄμπρος K. Bar. σχοινίου R. — 22 sq. habet Put.

291 sic in Bar., ἐξεπιώκατον. ἀντὶ τοῦ ἔθλιψαν. τῷ ξύλῳ. διέκ. μέρος. — 24 ἢ ἐλίψατον L. ἢ ἔθλιψαν K. om. R. — 25 δυϊκῶς L. καὶ δυϊκῶς R. ˮἐνιμέρος K.

293. Hoc scholion ad v. 297 refertur in Put., qui ἔχων δι'.

294 Put. τῆς ὁδοῦ (quæ verba non sunt in Frobeniana) δηλονότι μὴ μετὰ etc. — 29 δὲ om. Bar., in quo τοῦτο παρεπιγραφή refertur ad v. 296.

298, 31 μου R. L. Put. με Bar. πρός K. — 33 κακὸν Λήμνιον K. — 34 hæc a superioribus disjuncta in Put. sunt sequentis scholii vice.

300 Ἀντὶ τοῦ om. R. Put. Qui ad sequentem versum habet glossam ἔδακε. — 44 δὲ om. R.

308 ἐγκαταθέντες videtur fuisse in codice quo usus est Puteanus. — 46 φαῖνον R. Bar. φαῖον Put. φαινόμενον L. ἀμπελινῶν Put.

309 lemma habet Put. κριὸν γὰρ R.

312 habet Put. τὸ φορτίον : τὰ ξύλα. Scholion Ὑπὸ—φησι ad v. 311 καπνῷ πιέζειν refert.

313 lemma habet Put. — 52 Κρατερὸς Bar. Ceteri Καρτερός. — 53 φησὶ ταῦτα R. Put. Ceteri ταῦτά φασιν. — 1 Στρατονίκου Put. — 3 τῆς θεοῦ R. Ceteri τοῖς θεοῖς, quod τῆς θεᾶς scribendum esse monuerat Meierus De bonis damnat. p. 181, 215. — 4 κατακεκόφθαι L., qui 5 om. κατ' αὐτοῦ. — 9 πλεῖον K.

316 Put. : σὺν ἐμοὶ κομίσεις.

320, 16 τινες om. K. — 17 ἀλλήλας R.

321, 19 ἔσται R. Νῦν et 20 καὶ et αὐτῶν (hoc cum lacuna) et 21 ἄνωθεν et 22 ταῖς om. Put. — 24 Ὄνομα R.

326, 27 Μήπως ὕστερον Put. ὕστερον etiam R. et Suidas s. Μῶν. Ceteri ὕστερος.

327, 30 κνεφαία habet Put., omittit ἢ ἑσπερία. — 31 idem τὴν οἰκίαν ὑδρίαν δηλονότι. Ravennas in poetæ verbis οἰκίαν habet pro ὑδρίαν.

329, 33 οὐ γ. χ. βάπτ. in fine post κρήναις ponit Suidas.

332 Ἐπάρασα τὴν ὑδρ., περικατάξαι αὐταῖς τὸ ξύλον Bar. Sic Albertus. Confer scholion 357, ubi adde *Put.*

336 Ἐπέρχεσθαι R. Ceteri, etiam Put., σπέρχεσθαι.

337, 42 ὑποκαύσαντας R. ὑποκαύσαντες Put. — 44 Ὡς om. etiam Put.

343 Ἀπὸ κ. Put. Scribebatur Κατὰ κοινοῦ. Idem cod. ad sequentem versum : ἀντὶ τοῦ ἐφ' ᾧ ἕνεκα, ἤγουν περὶ τῆς εἰρήνης. Delendum videtur ἐφ', ex poetæ verbis illatum.

349, 51 συσβ. R. ἐσβεννύειν L. Put. σβεννύειν K.

354 Τί φοβεῖσθε, τί τρέμετε Put. Qui versu 358 habet ἀγγεῖα (ad κάλπιδας), 361 ὄνου (ad βουπάλου), 362 τὰς γνάθους δηλονότι.

365 Ἀντ' L. Ad v. 366 Put. ἤγουν τὰς πολιὰς ἐκσπάσω.

367, 11 ἐξανύσω habet Bar., ἐξοίσω ἐξώσω L. ἐκθηρίσω Put.

370 σκευάσωμεν τὸ K. et Bar. ut videtur.

372, 17 ὦ om. R. Put.

376 Put. habet ὀπτήσω. σταθεύω τὸ ὀπτῶ. — 20 σταθμεύειν L. Bar., et infra similiter. — 22 κρεάδιον Bar. In Acharnensium versu est στάθευε.

378, 27 Κρητί Albertus. Scribebatur Κρήτῃ.

380 Δινεύσεις Bar.

381 in Put. Ἀχαρναίων (sic) ποταμὸς ὁ Ἀχελῷος.

385 Ἀπὸ τοῦ L. Bar. Lemma est τρέμων.

388, 45 βούλεται Bekkerus. Legebatur βουλεύεται. — 50 ἔτι L. ὅτι K. — 52 ὁπλίτας Dindorfius et Dobræus ex v. 394. K. ἅπαντας, Bar. πάντα. — 1 fort. πεπωκυῖα. Dubito an πεπτωκυῖα dixerit eo sensu de quo in schol. ad v. 395. — 2 ἑωσῶν Kusterus. Libri ἑουσῶν. Put. habet ἤγουν αἱ ἑορταὶ τοῦ Διονύσου πυκναὶ καὶ συνεχεῖς. Σαβάζιος δὲ ὁ Διόνυσος.

389 Put. ἤγουν τὸ τὸν Ἄδωνιν καλεῖν ἢ θρηνεῖν. — 13 ὑπογράφουσιν Bar.

395, 21 ἐπόρνευσεν Bar.

397, 25 Δημόστρ. Bar. Φιλόστρατος K. — 26 καὶ om. K. — 27 Δήμοις Kusterus. Legebatur Δήμῳ.

403 Put. πάσχομεν (ad δίκαιά γε). ἀλυκὸν ἐν ἄλλῃ βίβλῳ. ἤγουν δριμύν. — 33 legebatur Ἀλυκοῦς. Bar. ἀλυκόν. Correxit Dindorfius collato Steph. Byz. s. Ἄλυκος. — 36 αὐχόμεθα L.

408, 40 ὡς πρός—τινος om. P.

410 τὸ om. Put., qui post δὲ et post κακέμφατον lacunas habet.

413 τὴν βάλανον Put. ψελλίου Put. Bar. Addit Put. τῇ γυναικὶ δηλονότι (ad ἐκείνῃ), et ad v. 414 ἐξ ἡμῶν (ad τις), ad 416 : Ἀντὶ τοῦ τῶν ποδῶν, Ἀττικῶς. τοῦ ποδὸς ἐν ἄλλῃ βυβλρ (sic). In multis enim τοὺς πόδας.

417, 46 sq. Μέρος τοῦ σανδ. proximo scholio postponit R., om. Put. — 47 ἀπὸ τοῦ ζ. R sine ἀντὶ τοῦ. — 49 γὰρ καλ., 50 συνέχειν ἐξαγόμενον K. Bar. Scholia ad 419, 420 habet Put.

421, 2 διηρέθησαν R. κ' R. L. χ' Put. Bar. K

εἰσηγαγόμενοι Bar. βέλτιστα om. etiam Put. — 3 τῇ πόλει Put., recte. κατὰ τὴν K. L. — Scholia 422-437 om. Bar.

422 δέοντος, χρεία ὄντος Put., qui ad v. 424 οὐδεμία χρεία.

426 lemma τί κέχηνας habet Put. et λέγει in fine ponit.

427 Ἀντὶ τοῦ ὡς μ. R. — Put. ad v. 429 ἐνθένδε δ' ἐγὼ, ἐν ἄλλῃ.

439, 12 καὶ Ἄγραυλος Brunckius. δὲ ἡ Ἀθ. Put.

443. Hoc scholion cum additamento Ravennatis Put. habet ad v. 447, νὴ τὴν ταυρόπολον, et schol. 447 omittit.

444, 18 προσθῇς ταῖς R. Put. et Suidas s. Κύαθος. προσθήσῃς τοῖς R. In Put. cum lacunis ταῖς ....μίζουσι γὰρ κύαθον....κολλῶσι.... θεραπεύεται. — 21 ὑπωπιασθήσῃ καὶ τυφθήσῃ Suidas.

447, 24 ἔστι καὶ ὅτε τὴν R. — 25 intelligendus est Xenomedes Chius historicus a Dionysio memoratus vol 6, p. 818 Reisk. Ejus nomen in Ξενομήδη corruptum in scholio Victor. ad Hom. Il. II, 328. Ἐνομίδης ὁ τὰ θεῖα γράψας citatur ab Etym. M. p. 445, 8, ubi codex Paris. ἐνομήδης, id est Ξενομήδης. Dind.

448, 27 στενάζεις K.

453, 31 δ' R. om. ceteri, etiam Put. — 32 ὑπάρχουσι ἢ (? ductus obscurus) λόχοι Put. — 36 ε' L. Bar. ς' K. πλόας L. — 37 sic L. Bar. Μεσοάγης K. Μεσοάτης O. Müller. Dor. vol. 2, p. 238. Conf. schol. Thucyd. 4, 8, § 9. — 38 νικηριτῶν L. νικηριστῶν Bar. Scribe Σκυριτῶν ex Thucydide. Vide Valckenar. ad Herodot. 9, 53, O. Müllerum Dor. vol. 2, p. 233. Dind.

457, 39 Ὠὰ πωλοῦσαι K. — 40 ὄσπρεα R.

460. Pertinet ad versum 461, μὴ σκυλεύετε. Put. ad v. 459 γρ'. οὐκ (sic) ἕλξετε, ὃ καὶ κρεῖττον. Multi enim cum Rav. οὐκ ἐξέλκετ'.

472, 50 sq. R. et Put. Ὅτι οἶδεν (εἶδεν Put. Scr. οἰδεῖ) τὰ περὶ τῶν ὀφθαλμῶν μέρη κοῖλα. — 52 κοιλοιδ. Put. κυλοιδιόωντας K.

474 Put. ἤγουν μηδὲ τὸ τυχὸν ποιοῦσα.

475 delendum lemma. Recte Put. κινήσει, ἐρεθίσει. ἀπὸ τῶν μελ. μετ. βλίττειν (ceteri βλήττειν) γὰρ—μέλι.

477, 3 ἄλα κιν. καὶ καταχρ. Ὅμ. R., ex quo 5 ὅττι δίοιτο additum. τὸ χερσαῖον λέγει parenthesi inclusa addiderat K., quæ non sunt in L.

482 Ἀντὶ τοῦ καὶ ἐπὶ τούτοις, ὅτι ἔλαβον τὸ ἱερὸν τέμενος Put. (ad ἐφ' ὅτι).

483, 6 τὸ ex Put. additum.

484 sic Dindorfius. R. ἀντισπατικὸν γὰρ τὸ μ. Put. ἀντὶ πεστικὸν (sic). Glossa in L. ἀντιπαιστικός. K. ἀναπαιστικός.

485, 9 ἀπείραστον et 11 περιπολούντων R. Put. et Suidas s. Ἀκωδώνιστον. K. ἀπείρατον—περὶ παραλούντων. Ibid. κώδωνι Suidas, qui non habet τοὺς γὰρ—ἐξετ., 14-16.

490, 20 τῆς et 21 alterum καὶ ex R. — 23 seq vide schol. ad Av. 1556, Meinek. Hist. Com. p. 177 sqq.

493. Hæc non video quo pertineant.

511, 34 ἡμᾶς R. βουλευσαμένους Bar. βουλευομένους K. om. R.

512, 36 γελάσαι Put. sine δέ.

513 Put. παραγράψαι: Ἤγουν παρὰ τοῖς ἄλλοις γεγραμμένοις ἐκεῖσε καὶ ἄλλα γράψαι.

514, 39 ἀνήρ τις ἐν τῇ στήλῃ R., quod restare videtur ex scholio aliquo ad παραγράψαι. Put. ὁ ἀνὴρ δὲ ἔφη ἂν, τί ταῦτά σοι. οὐ σιγήσει; ἔφη ἀνήρ τις ἐν τῇ στήλῃ. — 40 τοῦτο R.

519, 43 ἀνήσεις R. — Ad v. 522 Put. νουθετῆσαι.

524 sic Put., Ἐν Ἀττικῇ οὐκ ἔστιν ἀνὴρ λόγου ἄξιος ἡμῶν, δηλονότι οὐκ ἔστι πολέμιος ἐν τῇ χώρᾳ. ἢ ἄλλος τις ἔφη οὐκ ἔστιν ἀνὴρ ἐν τῇ πόλει. — 46 Λείπει om. R. — 48 ἡμῶν R. Put.

530, 52 Κάλυμμα Put. K. Præmittit Put. Εἰς τὸ σιωπῆσαι (ad κάλυμμα), quod ad v. 531 legitur. — 53 ὅτι παρρησ. et καὶ πάλιν φυλάττουσιν. ὅτι οὐδὲ R. Put., i. e. ni fallor, κεφαλὴν καλύπτουσιν, ὅτι etc. Illa certe quæ leguntur, καὶ πόλιν φυλάττουσιν, ab hoc loco prorsus aliena sunt.

537, 4 ἵνα R. ἢ ἵνα K. Conf. schol. 690, 4. — 5 γὰρ ἦν K.

542, 11 Ἀ. τοῦ om. R. — 12 καματηφόρος R. κόπος K.

549 ex R. Put. et Suida s. Τήθη emendatum. — 18 ὄστρεια, 20 κορέσεις τήθεα K., quocum consentire videtur Bar. Ib. δὲ om. R. ἀκαλ. λέγουσι μὲν δὲ τὰς θαλ. Put. — 22 κνίδα Put. ἐς ὅσον ἂν ἀπ. Suidas. Ib. ἔχῃ, 23 τὰ σπέρματα τὰς σφαίρας K. — 24 sq. ἐπειδὴ καὶ...δριμεῖαι δὲ στερραὶ... ἦσαν. καὶ γὰρ Put. Unde 25 vitiosum γενναῖαι corrigas. Ib. ἐπεὶ οὖν—μητριδίων om. Put. — 26 δὲ λέγει R. Put. — 28 τοιαῦται R. Put. L. Bar. τοιαῦται δὲ καὶ αἱ γραῖαι Suidas, recte omisso δριμεῖαι. γὰρ om. R. Apud K. erat δάκνουσι δέ. αὗται γὰρ ἦσαν.

550, 33 sic. R. Put. ὅτ' ἂν μὲν (γὰρ L.) κρατῶμεν K. ἀλλήλαις παρακελεύονται in principio scholii ponunt R. Put. R. ante ἀλλήλαις habet μὴ μελήσετε.

556, 39 et 40 quid sibi velint illa τινὰ δὲ—τινὰ δὲ, quæ in R. legi perhibentur, nemo facile dixerit. τινὲς μὲν—τινὲς δὲ recte Put., alterum etiam ceteri codd. Priore loco K. τὸ δὲ νή. — 40 αὐτὸ Dindorfius addidit ex L., ignorant R. Put. — 42 λαχανοπωλίοις χυτροπωλίοις R.

558, 43 τοὺς R. Put. et Suidas s. Κορύβαντες.

τῶν χορῶν K. 45 sq. ἄλλοι δὲ ἐννέα om. Put. R. habet ἄλλοι θεοί. Pro παῖδες esse ὅπαδοί in schol. ad Vesp. 9 monet Dindorfius.

563 recte R. Put. πέλτη, ἀσπὶς ἴτυν μὴ ἔχουσα. De le 564, 51 ἰσχαδόπωλιν : ἰσχὺν μὴ ἔχουσαν.

564, 52 ἰσχάς K. — 53 φασὶ δρυπέπεις R. om. Put.

566 lemma φαῦλος habet Put.

575, 2 οἰσπώτη recte Put., qui 3 om. Διονυσαλ. cum lacuna. — 3 οὐκ ἀλλὰ R. κἄλλα Put. Sunt codices qui οὐκ ita decurtant. οὐ καλὰ K. — 4 βόλιτα —κωπώτην Porsonus Advers. p. 284. Libri βόλβιτα—καὶ οἰσπώτην.

576, 5 τοὺς μοχθηρούς additum ex R., sed vereor ne non recte enotatum, quum illa ipsa verba apud Aristophanem legantur. Recte Put. τριβόλους τοὺς κακοτρόπους. ἔστι δὲ τρίβολος ἀκ. φ. K. ἔστιν ἀκανθῶν φ.

577, 8 ἀπὸ—ἐρίων additum ex R. et Suida s. Συνισταμένους. — 10 φασὶ καὶ ἐπὶ K. — 11 εὔνοιαν Suidas. Legebatur εὔνους.

578, 16-18 Put. ταῖς αρχαῖς διαξῆναι : τῶν γὰρ ἐρίων etc. Idem 19 ἐπὰν et 21 τοῦ ἐρίου omittit cum lacunis. — 23 διαλῦσαι χρή, quod Dindorfius addidit ex Suida s. Διαξῆναι, habet Put.

581, 29 Ἐπιτίμους Dobræus. Legebatur ἐπιτόμους. — 32 οὕτως L. — 34 τῶν om. K.

589, 37 ἐπιφέρομεν K., qui 40 om. λέγουσα.

592 Ἀ. τοῦ om. R. τὸ om. Put. ἡμῶν K.

597 sic in Put., ὀττευομένη : κληδονιζομένη. αἱ γὰρ ·γαμηθήσονται. περὶ γ. χρησμ.

600 Put. habet lemma. Εἰς—σῶμα post τεθήσει ponit R. τεθήσῃ K.

601, 52 μισθὸς habent L. Bar., Suidas v Μελιττοῦττα. om. R. K. — 53 καὶ additum ex R. στέφανον et διηγωνισμένος L. διηγωνισμένων codex Puteani, qui corrigit ex Suida. — 54 Διὰ τοῦ δήμου ἄξω ἀντὶ R.

603 Put. habet lemma καὶ ταύτας. — 4 ἐν ἄλλοις δὲ Put. δραγμὰς R.

607 legebatur δῆλον κωλύεις ἀναπλεῖν. κωλύεις om. R.

609, 9 τοῖς κ' προβούλοις τοῖς Put. — 10 ἐκ τῆς συναρχίας R. Put. ἐν ταῖς συναρχίαις K. συνεργίαις Bar. εἷς προβουλους (sic) Put. εἷς ἐστιν K.

610 βιβρεγμένος Put. K.

612, 14 τῆς τρίτης Bar. τὸ om. R. — 15 ἐφέρετο K.

613 Put. habet lemma τὰ τρίτα. — 17 ποιοῦμεν R.

615 τουτέστιν ἐγχειρίσωμεν K

616 Put. habet lemma ταδί.

619. Scholiorum ordinem intervertit R. Put. sic, τούτου τοῦ Ἱππίου κατέσχεν ἡ τύρ. — ϛι. οὗτος ἐποίησε—Λακεδαιμόνιοι. τεττάρων ὄντων—Θ... φησί. — 21 τεττάρων Put., qui om. τῶν. — 22 εἰκότως δὲ Put. — 24 τυραννίαν R. et Suidas s. Ὄζειν τυραννίδι ἐπέθετο Portus ad Suidam. — 25 ἐπὶ ἔτη τρία, οἱ δὲ δαι, Ἡρόδοτος ϛι Put. « Quum Herodotum 5, 55, quattuor Hippiæ imperii annos numerare videret Wesselingius, in scholio verborum sedem mutari voluit. Recte, si de solo Hippia dixerit scholiasta. Sed scholion ad Vespar. v. 500 iisdem ferme verbis perscriptum comparanti vix dubium videbitur quin de Pisistratidarum cunctorum tyrannide egerit scholiasta : ut annorum numeros ad alterius loci exemplum corrigi oporteat, ἔτη ν', οἱ δὲ μ', Ἡρόδοτος δὲ λϛ'. » Dind. — 26 sq. τοὺς Ἀθηναίους posui ex Put. et Suida. Edebatur τοῖς Ἀθηναίοις. — 27 κατ.....φορεῖν....μὴ Put. προσενεγκεῖν R. Put. περιενεγκεῖν Bar. — 28 κατέλυσαν Meursius Pisistr. c. 19. Legebatur κατέλευσαν. Conf. schol. v. 1153. οἱ om. R. K.

622, 30 in Put. γρ' ἐς Κλεισθένους. ἐπεὶ δὲ οὗτος. Rav. enim et alii codd. ἐκ Κλεισθ. in verbis poetæ. — 31 καὶ add. R. Put.

628 Διαλλάττω δοτικῇ · ἡ δὲ πρόθεσις οἶμαι πλεονάζει Put.

629, 36 χαινόντων R. et Suidas s. Διαλλάττειν. κεχηνότων χαινόντων Put. χαιρόντων K. et Suidæ edit. Mediol.

630 Put. ἐπὶ τυραννίδι : ἕνεκα τυραννίδος.

632, 40 Ἐν μυρσίνῳ κλάδῳ κρύπτω ξίφος R., ex quo edita πρὸς τὸ—σκολιοῦ ἐστιν. — 42 φορέσομεν R. et Suidas s. Ἀγοράσω. φορήσω idem s. Φορήσω. φορήσομεν Put. φορέσομαι K. — 45 κατέβαλον Suidas. κατέλαβον R. Put. κατέβαλλον K.

633 Νῦν ἀντὶ τοῦ ἐν ἀγορᾷ δ. μ. Ἀρ. Put.

636, 52 ἡμῖν R. γενήσεται L.

642, 53. Οἶμαι K. Εἰ μὲν Suidas s. Ἀρρηφορία, quod hic scribebatur ἀρριφορία. — 1 εἰ δὲ Suidas, qui ἐρσεφορία K. ἐρσιφορία.

643, 3 η ἀντὶ τοῦ ηα R. (et Put. cum lemmate ἢ δεκέτις), ubi ηα etiam ἔα esse potest Dind. ἀντὶ τοῦ ἦσαν Put. — εὖ γεγον. Put. εὐγεγονυιῶν R. εὐγενῶν K. — 5 τὴν om. Put. — 6 εἰσὶ δὲ K. μύλωνες Put.

644 Τῇ σποί (sic) Ἀρτ. Put. ὡς Δήμ. K.

645. Comparandus Suidas s. Ἄρκτος.—10 legebatur ἀρκτωμιμούμεναι. — 17 ἄρκτον ἡμέραν. Disertiora de his ap. Suidam, qui sequentia εἰ δὲ—(23) αὐτῇ ignorat. — 20 de versu Euphorionis. v. Meinek. p. 147. Corrige typogr. vitium Ἀγχίαλον. — 21 ἁγιάσαι Bar. — 24 Βραυρώνιον, τόπος Ἀττικῆς, ἐν ᾧ τὰ Διονύσια ἐτελεῖτο. κρακωτὸς ἄρκτος : ἄρκτος τις δοθ. Put. ἐδόθη. — καὶ ἡμέρου K. τῆς om. Put.—25 ἔπαιξε πρὸς αὐτὴν Put. recte.

Suidas προσπαίζειν αὐτῇ. — 28 πᾶσαν παρθένον Put. rectius. πᾶσαν om. K. — 30 ἱμάτιον om. K. Idem φοροῦσα.

646, 38 καὶ ἀσπίδας R. Put., qui sequens scholion ita cum hoc conjungit, ὁλοχρύσους καὶ ὁρμαθοὺς ἔχουσαι τῶν ἰσχάδων. καὶ οὕτως ἐπόμπευον. — 41 καὶ om. K.

651, 43 καθότι τίκτ. Put. — 45 ὥστε R. Put. et Suidas s. Μηδική et Παππῷον. ὅταν ὡς K. συμβάλεσθαι R. — 46 χρήματα, ἅπερ ἔταξεν Ἀριστείδης δοῦναι τοῖς συμμάχοις εἰ—πολεμοῖεν Put. recte, ut vel ex Suida apparet. — 47-49 ἄνδρας εἰσφέρω: ἀντὶ τοῦ γεννῶ. τοῦτό φησιν, ὅτι—πολεμοῦντας Put. — 47 τοὺς πολίτας L. — 49 Ἀ. τοῦ om. R.

653. Imo 654 cum lemmate εἶτ' ἀναλώσαντες. — 52 sq. παρέταξεν corrigendum ex Put., in quo hæc suo loco posita esse vidimus ad l. 46. ταῦτα δὲ ἔταξεν, 53 εἰ τοῖς βαρβάροις Suidas.

656, 3 sq. ἄγειν. ὑποδήματι. ἀψήκτῳ: σκληρῷ καὶ ἀμαλάκτῳ R. Excerpsit Suidas s. Ἀψήκτῳ.

660, 5 Ἀ. τοῦ om. R. πρόσθεσιν Put.

664 lemma habet Put. — 10 ἐν συκοφύλλοις R. Put.

665 habet Suidas s. Λυκόποδες. Conf. Photium p. 235, 17. — 12 τοὺς om. K. — 14 ἔλαβον scribendum ex Suidæ codice Bruxell. — 15 λύκου Put. κεκαλυμμένους idem et Suidas. — 16 καίεσθαι K. περιέχοντος. ἄλλοι δέ, διὰ Put. ἢ διὰ Suidas. — 17 ἐπίσημον K. — 20 Ἱππ. αὐτῶν τυρ. Bar. — 21 τὸ Λειψ. om. L. Suidas τὸ Λειψ. τὸ ὑπὲρ Πάρνηθος, εἰς ὃ etc.

666, 22 sq. περὶ τὴν Πάρνηθον ex R. recepit Dindorfius, cujus hæc nota est: « τὸ ὑπεράνω Πάρνηθος K. (Idem in Put. sine τὸ.) τὸ ὑπὲρ Πάρνηθος Suidas et ὑπὲρ Πάρνηθος dixit Hesychius. Λειψύδριον τὸ ὑπὲρ Παιονίης ap. Herodot. 5, 62; ὑπὲρ Σπάρτης Eustath. ad Hom. p. 461, 20. De forma autem Πάρνηθος, ἡ, pro Πάρνης conf. schol. Nub. 322. » —τινες additum ex L. et Suida. Sunt Alcmæonidæ.

667 Put. habet lemma ὅτε ἦμεν.

669 Ἐλαφρύναι Put

673, 27 Ἀ. τοῦ om. R. Pro tribus his verbis habet Put. προσεχεῖς (sic). — 29 προσεχῶς L. Bar.

675, 30 Ἀρτ. — Ἐφεσία ex R. additum, qui Λυγδαμίδος. Herodotus 7, 99 Λυγδάμιος. — 31 αὕτη συνεμ. et καθ' Ἑλλ. K. Qui in fine addit ἦν δὲ τὸ γένος Ἐφεσία.

676 lemma διαγράψομαι habet L. Correxit Dindorfius. Idem correxit περιαίρω R. περιαρῶ K. — 34 ἐπάρασαν τοῖς κατεγνωσμένοις K.

679 sic Put., Ἐν τῇ ποικίλῃ στοᾷ γραφὴν ἐποίησεν ὁ Μ. — κωμῳδούμενος. λέγεται δὲ ποικίλη διὰ τὴν γραφήν. — 40 λεγομένην R. — 41, 42 Μήκων K. Φανόχου R. L. Φεινόχου Put. Φανίλου Bar. Φανίχου K. — 42 καὶ om. Put.

680 λέγει addidi ex Put.

682 Ἀ. τοῦ om. R. ἀνεγείρεις R. Put.

683 Ὗν τὴν Put. ὗν om. ceteri.

684, 48 σε δαιβόμενον R. Id est δαιρόμενον. Dind.

685 ξαινόμενον K.

688, 53 ἄν om. R. — 54 lemma αὐτοδάξ habet Put., deinde ὀργιζομένων.

690 Put. om. 1, 2 Ἵνα—εὐτελῶν, habet sequentia et scholion 694. K. L. sic: Ἵνα μὴ δικάσῃ. ἢ ἵνα μὴ εἰς ὥραν ἔλθῃ, μηδὲ πολεμήσῃ. παίζει δὲ ἀπὸ τῶν εὐτελῶν, οἳ (οἳ om. L.) εἰς τὸν etc.

695, 7 Α. τὸ ὡς om. K. — 8 τῶνδε τῶν ἀετῶν Put. αἰετῶν K. — 9 ἐπὶ τοὺς, 10 ἀναλύονται L. Bar.

698, 13 κελεύοντες Kusterus. Legebatur κωλύοντες. Ib. καὶ τί R. Put. ἢ τί K.

701, 15. Legit scholiasta Ravennas ταῖς παισί. Dind. Et ταῖσι παισὶ ex codice quo utebatur enotavit Puteanus. Τὸ χ om. Put., qui 17 post φίλον pergit εἰς (sic) Τηλέφου Εὐριπι.

703 Τὰ κωλύοντα Put. omisso ψηφ.

706 Ἐκ Τ. Εὐρ. hic iterum Put., addens ἄνασσα πράγους: γυνή τις πρὸς Λυσιστράτην λέγει.

715 Put. ἢ: ᾗ ἐν ἄλλῃ βίβλῳ.

720 κακέμφατον K.

721 Put. sic: ᾗ τοῦ Πανός: ἐν τῇ ἀκροπόλει τὸ ἱερὸν τοῦ Πανός.

722, 22 Εἰλυσπ. R. ἰλυσπ. K. — 34 εἰλεῖν Dindorfius ex Hesychio s. Κατειλυσπωμένην. Legebatur εἰλεῖσθαι. τροχιλίας Bar. τροχιλίων K.

723 Put. lemma habet ἐπὶ στρουθοῦ.

729, 41 κακὰ R. — Sequenti versu Put. habet σῆς σέως ὁ σκώληξ. Et posito lemmate scholii quod omittit ad v. 732: πρὸς τὴν κλ. τῶν σέων, ὅτι...... σεύσεσθαι, quod male lectum.

734, 47 τὸ ἀπ. K. ἢ habet Put., sed omittit 48 καὶ—ἀπέλθῃς. Recte Bekkerus ἀπελθεῖν καὶ χρῄζῃς, μὴ ἀπ.

735 ita Put., Ἀμοργὶς (sic, ut Suidas in ea v.) κυρίως ἡ λινοκαλάμη, ἐξ ἧς γίνεται ἱμάτια (ἐνδύματα Suidas) ἀμόργινα. ἅμα καὶ ἐπὶ ἀνδρείου αἰδοίου παίζει. γίνεται ἐξ αὐτῆς βάμμα ἐρυθρόν. — 50 ἀλεπύστῳ Bar. — 51 ὑπὸ τὴν R. L. et Suidas. — 52 κάρπαθον L. Bar. — 53 ὅτι τι K., qui om. γίνεται.

738 habet Put.

739, 6 δὲ εἰς τὸ K.

743, 8 ἐπειδὴ δὲ Bar. — 9 sq. περικεφαλαίαν—κύειν in Put. recte adscribitur versui 751, ἔχουσα τὴν ἱερὰν κυνῆν. Conf. schol. 757.

746 ὡς ex R. additum. Sequentis scholii lemma est τί τοῦτ' ἔχεις.

755, 15 τίκτουσιν αὗται Put.

757, 16 sq. Δέον—κύειν om. Put. — 17 γὰρ εἶπε K. — 19 κειμένοις om. Put. κειμένους R., quod verum; κείμενα non scripsit ob præcedens ὀνόματα.

762, 24 καὶ R. τῶν K.

770 δῆλον Put. K., om. R. χρησμὸς addidi ex Put.

772 Put.: τὰ ἐπικρατέστερα, ἤγουν καταπονήσει τοὺς ἄνδρας. — 31 ποιήσει R. θήσει. λέγει δέ K.

773 Ἐρωτᾷ additum ex R.

776 καταπυγωνίστερον lemma in L. — 36 τῶν χελιδόνων posui ex Put., et est haud dubie in R. qui habet τῶν γυναικῶν. K. τῆς χελιδόνος—τῆς γυναικός.

780 Put. καταλείψομεν.

785 R. habet glossam παριστορεῖ.

795 τοῦ μισ. K. μισουμένας τὰς R. Put. hic habet βδελυττόμεθα, quod inepte ponitur ad v. 796 post ἐσμέν.

796 Διὰ τὸ βδελ. K.

798, 46 Οἷον omnes præter K., qui om. κλαύσει R. Put. Ceteri κλαύσῃ. — 48 ἵνα μήτε φάγῃς.... σκόροδα Put. cum lacuna. Idem om. μεγάλους. — 47 δακρύσεις recte Put., qui om. ἢ οὐ πολ., quæ accesserunt ex R. L. Bar., quorum postremus πολεμήσειν.

801, 54 Οἰνοφύταις Put.

804, 4 legebatur Ἀσώπου. (Put. Ἀσωποῦ). Correxi ex schol. Pac. 347. Dind. καὶ om. R. Put.

808 sic in Put., Τίμων τις ἀΐδρυτος ὁ μισάνθρωπος καλούμενος. ἦν δὲ καθάρος (sic: Suidas v. Τίμων, ubi eadem, καθαρός. « Scribendum κατάρατος ». *Kust.*) ἀβάτοις ἐνὶ σκώλοισι περιειγμένος Ἐριννύων ἀπορρώξ· ὅν φασιν ἀπὸ ἀχράδος—γενέσθαι οἷον ἀκάνθαις τετριγγωμένον καὶ σκληροῖς σκόλοψι καὶ παπτάλοις (sic) ἠφανισμένον. ἀντὶ τοῦ σκυθρωπός. — 8 ἀπὸ ἀχράδος R. Put. et Suidas s. Ἀπορρῶγας et Τίμων. ἀπὸ χαράδρας K. — 9 χλωρὸν R. ἰατρὸν Put. et Suidas s. Τίμ. — 10 τὸν τάφον et 11 ὑπὸ θαλ. cum sequentibus om. Put. ἄβατον γεν. R. Put. et Suidas. αὐτοῦ γεν. ἀβ. K. — 12 Πειραιῶς L. et Suidas. πειραῖος R. πειραιοῦς K. φερούσῃ Kusterus. Legebatur φυγούσῃ, ut in codicibus Suidæ s. Ἀπορρῶγος, quorum in Bruxellensi superscriptum φερούσῃ. Editiones Suidæ ἀγούσῃ.

809, 14 Τετριχωμένος R. et Suidas s. Ἀπορρ. Idem s. Τίμων, τεθριγγωμένος. Put. τετριγγωμ. Recte Kusterus τεθριγκωμένος. Legebatur τετρυγωμένος. Deinde καὶ σκληροῖς σκόλοψι Put. et Suidas s. Τίμων. — 15 Ἄλλως R. ἢ σχ. K. et Suidas s. Ἀπορρ. ἠσφαλισμένος Kusterus. Legebatur ἠφανισμένος consentiente Suida.

815, 20 ἔφυγε K. Scholia quæ sequuntur versuum 817-889 ex R. primum edidit Dindorfius.

822 recte Put. ἢ ἐν εἰρωνείᾳ.

826 (corr. 827), pro his Put. τουτέστι γηραιὸν καὶ γονὴν μὴ ἔχοντα, ex mala acceptione loci.

832 (corr. 831). Ad versum 832 Put. κεκαλυμμένον, ad 833 Ἀφροδίτη δῆλον (δηλονότι), et τὰ Κύθηρα νῆσος.

834 Put. τουτέστι—διανοίας ἔχε (ἔχου?) εἰς τὸ καθ' ἡμᾶς.

839 om. Put. Idem ad sequentem versum habet ὑπεροπεύειν (sic): ἀπατᾶν, et superius scriptum παραλογίζεσθαι καὶ τὰ τούτων (sic recte pro ταύτην) παρακολουθοῦντα, ut ad ὀπτᾶν καὶ στρέφειν referre voluisse videatur.

840, 36 ita Put. ad 841, ἤγουν ἐκεῖνα ἃ τῇ κύλικι συνωμοσάμεθα—συνουσιάζειν.

844, 40 addit Put. σταθεύω τὸ ὀπτάω ῶ. Et ad 845, ὁ σπασμὸς καὶ ὁ τέτανος, ἤγουν ὁ γαργαλισμὸς καὶ ὄρεξις τοῦ ἔρωτος.

847, 41 om. Put., qui 849 recte ἡ ἐν ἡμ. σκ.

852, 44 τινός om. Put.

862 et 863 continuanda ut in Put. et ad 863, τοῦθ', referenda.

864, 52 ἔνθεν Put. pro ὅπου. Idem ad 866, in quo codices ξυνῆλθεν: ἤγουν σὺν ἡμῖν ταῖς γυναιξί.

869 Put.: ἀντὶ τοῦ ἔστυξα· ἐβδελυξάμην τὰ βρώματα. στύζω γὰρ καὶ στύγω τὸ μισῶ. ἢ ἀνατεταμένον ἔχω τὸ αἰδοῖον.

871 (ad μὴ κάλει) Put.: πρὸς Λυσιστράτην ἡ Μυρρίνη ταῦτα λέγει. τούτῳ, ἤγουν ἕνεκα τούτου τοῦ ἐμοῦ ἀνδρὸς Κινησίου. Et ad 872, ἤγουν τί με ἀποφεύγεις καὶ οὐκ ἔρχῃ ἐνταῦτα (sic).

873 sic Put., τὸ πλῆρες αὐτόσε, ἀντὶ τοῦ αὐτόσε ἔνθα σὺ εἶ. οὐ καταβήσομαι ἐκ τῆς ἀκροπόλεως, ἀλλ' ἄπιθι χαίρων.

875 Put.: οὐ καταβήσομαι. καὶ γὰρ εἰ μὴ χρείαν μου εἶχες, οὐκ ἂν ἐκάλης (sic) ἐμέ. οὕτως οἶμαι. ἢ οὕτως· χρείαν ἐμοῦ οὐκ ἔχων, εἰς μηδὲν καλεῖς. διὰ τοῦτο οὐκ ἔρχομαι.

877 Put. habet ἀντὶ τοῦ ἕνεκα τοῦ παιδός. Omittit 878.

881 ἀθήλατον, ἄτροφον—μαστοῦ Put. Qui om. μὴ θηλ.

887 Put. hæc habet, χαλεπαίνει, et μεγαφρονεῖ (sic), ἀποσεμνύνεται.

894 Put. τὸ δέ ἀντὶ τοῦ γάρ, et ad 895 (χεῖρον) ἀντὶ τοῦ κάκιστα.

896, 17 sq. μέλει σοι om. R. — 19 sq. pro his Put. κρόκη τὸ ἰδιωτικὸν (l. — κῶς) ὑφάδιον. Idem ad v. 897: ἐμοὶ νὴ Δία οὐ περὶ κρόκης μέλει· ἀλλὰ τὰ

τῆς Ἀφροδίτης ἱερὰ, ἅ ἐστιν ἀνοργίαστα, ἤγουν ἀτελέστατα ὑπὸ σοῦ καὶ ἀνεόρταστα, καὶ τῇ Ἀφροδίτῃ οὐκ ὠργίασας καὶ οὐκ (sic) ἑώρτασας.

898, 21 sic R. ἀτελέστατα Put. K., sed ille addito ὑπὸ σοῦ. — 22 τῆς Ἀφροδίτης Bar.

907. Hoc scholion ad v. 910, ποῦ γὰρ ἂν etc.; refert Put. — 29 ἀπότως (sic) Put. — 30 πλειόνως K. ἐκοιμήθης ad κατεκλίνης referendum v. 906.

911 Put. lemmatis instar τοῦ Πανὸς ἱερόν.— 34 Πανίου R. Put.

913, 36 πρότερον .. μπεδῶ Put. — 38 ὑπὸ τὴν φέρουσαν R. Put. — 39 τὴν K. φλεγρεω δη δ' (i. e. δον) ex R. enotatur. In Put. est φλεγρέω........ Ηδον. Ut valde incertus sit ille Φλεγρεώδης λειμών. In scholio ad Av. 1694 est Φαληρικόν.

923, 42 sq. ἐπὶ τόνου R. ἐπὶ τοῦ ἐπιτόνου Put.

928, 47 Ἡρακλῆν L. Ἡρακλῆ K. — 49 sq. αὐτῷ θῇ R. προσκ. θῶ K.

931 Put. τὴν ζώνην.

933 sic R. Διεφθαρμένον ἱμάτιον K. — 53 ἄκαμπτον R. Put.

943 Put. habet lemma διατριπτικόν, omittit 5 sq. Παρὰ—βραδυτῆτος, quorum priora παρὰ—ἀναβάλλεσθαι ponit post Σύριον l. 10. — 7 καὶ om. Suidas s. Μύρον διατριπτικόν. Post γίνεται Put. addit δηλοῖ δὲ τὸ κακέμφατον.

947, 12 in Put. lemma ἀλάβαστρον.

951, 16 post ἄπεισι pergit Put. ὁ δὲ ἀνὴρ—ὀδύρεται.

956, 21 αὐτὴν Bar. — 22 καὶ additum ex R. — 23 νοεῖσθαι K.

957, 24 Ὁ Φιλ. om. etiam Put.—26 τίθην..... μισθ. Put.

961, 28 δύνη R.

962, 30 τὸ K., qui ποία λιβὰς σειρήν. Pluralem dedit R., ποία R. L. Bar.

973, 34 ξύλων R. et Suidas s. Θωμούς. ξύλου Bar. ξύλα K. — 35 πυρῶν R. et Suidas πυρσῶν K.

974 Put. : ἀνέμου συστροφὴ ἢ πυρός. πρηστῆρι : καυστικῷ. καταλείψας, in quo verbi ξυγγογγυλίσας interpretatio, ut κατακάμψας, latere videtur. Idem ad 976 ἀπέλθοις.

980, 40 διατεταγμένος Bar. ἀπὸ κοινοῦ—εἰπεῖν om. Put. κοινοῦ ὅπου R.

982, 43 μίγνυσθαι R. et Suidas s. Κονίσαλος· μίσγεσθαι K. Put. habet Κονίσαλος, ὅ τὸ (l. ὅτι) πλεῖον αὐτοῦ μέρος ἦν αἰδοῖον.

983 ita Put., κυσάνιε (sic) : νεανία, ἔφηβε, ἢ εὐτελέστατε. κυρσὸς—λάχανον. κυρσανίους δὲ καλοῦσιν οἱ Λάκωνες τὰ...... καὶ τοὺς εὐτελεῖς ἀνθρώπους. Supple μειράκια ex Suida v. Κυρσάνιε. — 45 κυρσὸς γὰρ Put. Bar. et Suidas. κυσὸς γὰρ R. κυρίως δὲ K.

985, 46 alterum τὸ om. R. — 47 ἐξέτεινε—χειρί R. L. συνέχει—χερί K. Put. habet : το μάλης ἴσως τόπος ὑπογάστριος.

988, 52 ἠλαιὸς ἀλαιὸς παλαιός Bar.

991, 5 τὸ ἓν, 6 καὶ τὸ ἄλλο R.

992, 8 δείκν. αὐτοῦ τὸ αἰδ. K.

995, 9 R. om. Ἀ. τοῦ, 10 addit πᾶσα. In Put. ὀρθὴ πᾶσα Λακεδαίμων.

996, 11 Πελλάνα γυνὴ ἑταίρα Put., qui 13 om. πόλεως. — 14 αὐτοῖς K.

998, 17 sq. Ὁ νοῦς—Λαμπιτὼ om. Put.

1000, 22 ἤγουν ἀπὸ R. et Suidas s. Ὑσπλάτιδος, quod erat etiam in lemmate scholii, correctum ex Bar. ὥσπερ ἀπὸ K. ων

1001, 24 sic Put., ἀπήλαον, ἤγουν ἤλαυνον, ἀπήλασαν.

1004, 30 verbo θίγειν adscriptum in Put. γρ' σίγειν.— 31 idem γυναικείου αἰδοίου ἐῶσιν ἡμᾶς. ἀντὶ τοῦ τοῦ μύρτου δωρικῶς.

1007 τὸν om. R. Put. sic, πρὸς κήρυκα λέγει.

1013 lemma πωτάομαι in Put.

1014 sic Put., ἢ χορὸς ἢ Κινησίας ταῦτα λέγει. Idem ad 1016, ταῦτα συνίεις ὅτι ἄμαχαι (sic) ἐσμέν;

1019, 38 ὑπακ. τὸ ἔχειν Put. K.

1023, 40 Ὅτι ἀπεδύσ. R. Put.

1032, 50 Put. post ὀφθαλμοῦ l. 48 pergit, ἐμπὶς δέ ἐστι ζῶον. — 51 legebatur Τρικορίνθῳ. Put. τρικορινσω (sic). Τρικορύσῳ Suidas s. Ἐμπίς. — 53 Τρικορίνθιοι Bar. Desinunt hic scholia codicis Leidensis.

1033, 1 τὰ et 2 φησι om. Put.

1037 Put. : ἀλλὰ μὴ ὥρας : τουτέστιν ἀλλ' οὐ κατὰ τὰς ὥρας καὶ τὸν καιρὸν ἵκοισθ' ἄν· νῦν δὲ γέροντα ὄντα με κολακεύετε.

1038, 4 verba Ἐν παρ. τ. ἐλ. in Put. adscribuntur versui 1039. λέγουσι K. — 5 sq. κακὸν—κακοῦ, Susarionis qui dicitur versus, de quibus v. ad Prolegom. c. 9.— 6 οἰκεῖν additum ex R., qui τὸ ἐόν.— 7 ἀμφαγαπάζων R. Put.

1043, 10 δέ ἐστιν om. Put.—12 τὰ om. R.

1064 corrigendum videtur ἐν ἄλλῳ γρ. ἔδεσθε, quam veram esse lectionem in annotatione diximus. Dind. In Put. est γρ' τέθυχ' ὥστε τὸ χρέα.

1072 δέον εἰπεῖν ἀνεῳχθ. Put.

1074, 29 sq. καθελκόμενα—αὐτοὺς suppleta ex Bar., qui præbet etiam τὸ—δὲ πλεκτὸν. K. ἐπεὶ ... ἀγγεῖον. — 30 δὲ om. R., τὸ δὲ et 31 εἶναι om. Put., qui πεδήσαντες, recte.— 32 δεσμοῦσι Put. δεσμεύοντες R. omisso καὶ sequenti. — 33 ἦχον K. — 34 εἴκασεν Put. K.

1078, 35 ἔντασιν R. ἔκτασιν Put. ἐπίτασιν K.

1079 Put. lemma habet τετερμῶσθαι (sic).— 38 φαίνετε, ἤγουν χ. Put.— 39 τὸ om. R. Put. Schedæ

Bentleii (apographum Barocciani, ni fallor) in Diar. class. Lond. fasc. 27, p. 146: ἐν ἄλλῳ δὲ τεδερμῶσθαι (sic) γραίας.

1080 K. ἀλλ' ὅπα θέλει: ὅπου θέλεις. Et ad v. 1081 ἐλσών: ἀντὶ τοῦ ἐλθών. — 42 ἀγέτω R. λεγέτω Bar. θέτω K.

1083, 43-45 Οἱ — ἱμάτια in fine post ἑαυτῶν ponunt R. Put., et est recentius additamentum. — 45, Λέγει τοὺς Ἀθ. τεταμ. φαίνονται δὲ et sequentia usque ad l. 48 Put. habet ad v. 1082. δὲ om. etiam R. — 46 οἱ et παῖδες om. K. — 47 διατρίβοιτο Put. — 48 ἀφίστανται R. Put. ἀφιστᾶν K.

1085 Ἀντὶ τοῦ μέγα ex R. accessit. σ

1087 est in Put.: οὑτοιὶ τοιουτοιί: κατὰ ἀνδρέ καὶ ἡμεῖς τοιοῦτο (τοιοῦτοι). ἀνατεταμένοι ἐσμὲν οἷοι εἰσὶ καὶ οὗτοι οἱ Λάκωνες. Prima verba κατὰ Ἀνδρέαν (nam hoc ipsum compendio illo monstratur) referenda esse videntur ad novitium illum grammaticum, cujus scripta duo recenset Fabricius. Iterum memoratur in scholiis Puteaneis ad Thesmoph. 702. An alia ejus vestigia exstent in Aristophanicis, ignoro.

1089, 1 οἱ δὲ σπ. Bar.

1090 συσκώπτοντες Put.

1093, 7 τις om. Put., in quo 8 ἐξ .... μετὰ cum lacuna. προσελθεῖν K. — 9 ἀπογυμνήθησαν (sic) Put.

1094, 11 Σικελίαν Put. — 12 καθέσεως Hemsterhusius. Legebatur καταθέσεως. — 14 Θουκυδίδης, ad cujus 6, c. 61 v. notam Dukeri, qui l. 15 οὐ adjecit; nam K. φησι περικοπ. — Scholia 1099-1237 ex R. primum edidit Dindorfius.

1099 ἄνδρες om. Put., qui ἐκδεδειραμένους.

1105, 22 Put. κἂν λῆτε, ἤγουν βούλητε (sic). παίζει παρὰ τὸ λύειν τὸν στρατόν (quæ l. 20 sq. om.)· ἢ διαβάλλει τινά.

1110, 23 πόθῳ, θέλξει Put. ἴυξ R. ἐστιν om. Put., qui 24 κακίας. καὶ Θεόκριτος. Idem ad 1112 λέγομεν ἢ βουλόμεθα.

1113, 25 ἀλλήλους R. Put. ων

1114, 27 Put. ἐξυπηρετουμένην. Qui sequens scholion habet ad 1116.

1119, 31 ἐπὶ om. Put., et 33 om. ἢ prius.

1125 οἱ στίχοι ἐκ Put.

1129 Put. habet lemma μιᾶς τε χέρνιβος. — 38 idem ἀλλήλαις (sic).

1130, 40 Ἄλλως om. Put. — 42 idem om. ὅλος — Ἐρεχθέως, de quibus verbis Dindorfius: « Hæc annotatio dubitari potest an non sit referenda ad verba Ὀλυμπίασιν, ἐν Πύλαις, Πυθοῖ, præsertim quum scholiasta *totum versum* dicat. Tragicæ dictionis colorem habent et præcedens versus [ad quem reliqua scholii ascribuntur in Put.] βωμοὺς περιρραίνοντες ὥσπερ ξυγγενεῖς, et qui mox sequitur ἐχθρῶν παρόντων βαρβάρων στρατεύμασι. »

1132 om. Put. εἰς δ. ἐ. μὴ μ. R.

1137 Put. habet lemma εἶτ' ὦ Λάκωνες.

1138 Put. οὐκ οἶσθ'. Περικλείδας, στρατηγὸς Λακεδαιμονίων (quæ infra l. 3 om.). ταῦτα δὲ οἱ συντ.

1141 Put. recte ὅτε πολ., omisso σημαίνει, ad τότε referens.

1144, 8 πλατεαῖς R. Put. — 9 olymp. 78, 1. — 10 παρράγη (sic) ὑπὲρ (l. ὑπὸ) τῶν σεισμῶν καὶ Put. ᾠδεῖον R. Put. — 12 ἀπέστησαν Put. Qui sequens scholion omittit.

1152 καὶ γὰρ καὶ τῶν Suidas. s. Κατωνάκη.

1153 in Put. lemma ἱππίους (sic). — 19 Aristoteles ἐν Ἀθηναίων πολιτείᾳ, ut liquet ex scholio 666. Rem totam uberius narrat Herodotus 5, 62-65. Dind. — 22 ἐμισθ. γὰρ ἐν Δ. Put. — 24 Ἀγχιμόλιον Herodotus. ἀγχίμολον R. Put. ἔπεμψεν Put. — 28 hinc corrigenda esse Herodoti c. 65 verba Πελασγικῷ τείχεϊ monet Dindorfius. Sequentem glossam om. Put.

1162 Put. habet lemma λώμεσθα. — 33 τριχῶν Put. περιβολὴν, ἀπὸ μεταφορᾶς τῶν περιβολαίων. τουτέστιν, ἣν ἔχομεν καὶ περιβαλλόμεθα Suidas s. Τοὔγκυκλον.

1164 ψηλαφῶντες — ἐπιθυμοῦντες Put.

1169, 36 sq. ταῦτα — κόλπος om. Put.

1170, 40 τὰ πεμπρικὰ τείχη Put.

1180 om. Put., qui pro verbis 50 sq. τοὺς — σύμμαχοι habet ὡς μοιχοῖς.

1184 Put. nihil nisi ὧν ἐδεσμάτων.

1189, 53 sq. om. Put. « Hæc duplicem fabulæ chorum fuisse docent. » Meinek. Com. I, p. 484. — 1 πορφ. καὶ λεπτῶν π. Put.

1213 Put. refert ad 1214, τὴν ἐμήν.

1218 Put. recto ordine, φορτικὸν μέν ἐστι τὸ εἰσελθεῖν — ὑμῖν. τὸ πρᾶγμα — δρᾶμα.

1237, 27 Αἶαν αἰχμητά ap. Athen. 15, p. 695, C. δεδήλωται ἤδη referri ad scholia in fabulas deperditas observat Schneider. De scholl. Ar. p. 35. δὲ om. R. ὁ δὲ νοῦς om. Put., qui habet lemma ἄδοι. — 29 ἐκ τῶν Bar. σκολιῶν Put. λέγ. δὲ ὅτι K. — 30 δεῖ Dindorfius. δὲ R. δέον Put. οὐ K. τῆς ποιητρίας Λακωνικῆς, ἧς μέμν. Put.

1242 habet Put. post scholion in v. 1248, post κυρβανίους, l. 2. — 36 Βοιωτὸν, 38 ὅτι δὲ ἔτ. Put., quod verum videtur. καὶ ex R. additum. — 41 γάρ ἐστι Bar. παραλειψομένους Put. — 42 καὶ Κορινθίας K., qui om. μὲν. γὰρ addidit Dindorfius, habet Put., qui om. ᾤχετο. Ad voc. φυσατήρια recte idem habet l. 47, τοὺς — φυσᾶν.

1243 Put. habet lemma διποδιάξω. — 46 ἄρξει — καλῶς addidi ex R., deleto ἢ ante διποδία [quod est etiam in Put.]. In apographo scholiorum Cantabrigiensi, ex quo scholia edidit Ku-

sterus, legi ἄρξη γὰρ αὐτοὺς διποδία καλῶς ex literis Dobræi cognovi. Dind. Meinek. Com. I, p. 109, ἄρξει γὰρ αὐτὸς διποδίας καλῶς, ex Runkelii correctione, addens « Ante καλῶς fortasse excidit καλῆς. »

1246 Put. : ὀρχομένους (sic) : ἀντὶ τοῦ μ. ὀρχ., quæ non suo loco ponuntur infra l. 3.

1247, 48 Ἀντὶ (τοῦ) ὅρμησον. ἄρχεται τῇ ἰδίᾳ δ. Put. Edebatur τῇ Ἰάδι δ., quod recte correxit Giesius De dialecto Æolica p. 316, cetera sic constituens : ἄρχεταί τις φυσᾶν τοὺς αὐλούς· ὁ δὲ Λάκων τῇ ἰδίᾳ δ. φθέγγεται. Fortasse ex superiori glossa irrepserunt verba τοὺς αὐλοὺς φυσᾶν, vel ex παρεπιγραφῇ, τοὺς αὐλοὺς φυσᾷ (πολυχαρίδας ille). K. φ. τοὺς αὐλ. — 49 ὁ δὲ νοῦς om. Put. Λάκων. ἀντὶ τοῦ ὅρμ. R. — 50 τὴν σὴν, quia codex Rav. et alii τὰν τεὰν habent in verbis poetæ. Ad 1248 Put. μνημοσύνη.

1251, 7 οἱ om. R. Put.

1252 sic Put., θείκελοι : τὸ πλῆρες θεοείκελοι, θεοῖς ὅμ., προέκρουον δὲ, προεμάχοντο, recte.

1253 Put. habet lemma ποττὰ κάλα.

1255, 12 τοὺς κάπρους Put. κάπρους K. sine artic. ὥσπ. τ. κ. et 13 γὰρ om. K. Verba συνεβοήθουν—Λακεδαιμόνιοι habet Put. ad v. 1244, et iterum ad v. 1250.

1257, 15 Πρὸς τοὺς K. — 16 πολλὸς Porsonus. Libri πολὺς. περὶ τὸ στ. K. — 17 βορρᾶς Put. βορῆς K. — 18 ἐρρύη κατὰ Porsonus. Libri ἐρρυηκότα. —

Scholia 1259-1276 et 1297-1311 ex R. primum edidit Dindorfius.

1259 ἐπὶ—κωμῳδεῖ Put. habet post scholion sequens, K. in fine præcedentis, post στόμα, uterque omissis ὡς ἐναφ., quæ habet Bar.

1274 habet etiam Bar., qui 27 vitiose τοὺς νομοφύλους.

1281, 29 τοῦ M. K. Μελίτου R. Put.

1283 in Put. lemma Μαινάσι. Cum eodem distinxi βλέπει, quod ad δαίεται refert.

1286 Ἥραν τὴν Ἀριάδνην enotatur ex R. Verum præbuit Put.

1287 Εἶτα δὲ τοὺς ἄλλους θ. κ. Put., qui 37 om. τῆς.

1299 Put. recte κλείουσα καὶ ὑμνοῦσα. θεόν.

1300, 42 sq. οὕτω—Ἀθήνην om. Put.

1308 ὡς. εἴτε Put. distinguit.

1313, 1 Ὥσπερ. — βακχῶν om. K.

1316, 4 ποικ. om. K. παραπλέκεται, ποικίλλεται. σκεπάσελτε (sic) τῇ ἀμπ. Put. — 5 ἢ ἀντὶ τοῦ σκεπάζετε K. σκέπασον R., de quo Dindorfius : « Legit scholiasta παραμπύκιδδε, et recte quidem. » Iterum inspiciendus Rav., quum Put. σκεπάσατε monstret.

1317 in Put. γρ'. πάδδη. οἷον πήδα. R. πηδᾶν.

1318 Put. ὥσπερ, sine ἔλαφος.

1319 Ἀντὶ τοῦ om. R. Put. sic, γρ' πόη. ποιεῖτε κρότον τὸν ὠφελοῦντα τὸν χ.

1320 θεὸν Put. Et ad v. 1321 πολεμικήν.

THESMOPHORIAZUSÆ.

Hæc scholia ex R. primum edidit Bekkerus, deinde longe accuratius excusso codice Dindorfius. Puteanus Frobenianæ editionis exemplo, quod in bibliotheca Regia servari dixi, scholia quædam adscripsit aliunde ducta et recentiora.

1, 5 ἐπέγραψεν Dindorfius. Codex ἀπεγρ. — 6 Χοιρίνη R. et Suidas s. Εὐριπίδης, cujus tamen codex Bruxellensis Χοιρίλλην, « ut Vita Eurip. in codice Havniensi regio 3549. Restitui scripturam in qua consentiunt vitæ Euripidis scriptores. » *Dindorfius*. Alterum nomen Fritzschius tueri conatur versu 289. — 9 ἀλλύοντος codex.

2 excerpsit Suidas sub Ἀλοῶ, verbis leviter mutatis. Suspectum est Ἔξωθεν, quod ex lemmate ἀλοῶν ἄνθρωπος ἐξ ἑωθινοῦ ortum videtur. Eadem fere Schneideri sententia est De scholl. Ar. p. 7. Dind. — 13 τύπτειν καὶ ἀλ. codex. καὶ delevit etiam Schneider.

5, 17 ἢ δεῖ Dindorfius. Codex obscuris literarum ductibus ηδη vel ηδυ.

11, 18 λόγων μνῆσαι codex. Delevi μνῆσαι, quod ex gl. v. 25 irrepsit. Χωρὶς initium est lemmatis χωρὶς γὰρ αὐτοῖν. Nam ad αὐτοῖν refertur explicatio τοῦ ἀκούειν καὶ ὁρᾶν. Dind.

18 λείπει ὡς. Error grammatici vitiosa scriptura ἀκοὴν δὲ χοάνης decepti. Dind. Intelligerem si scholiasta in codice suo invenisset editorum aliquot scripturam ἀκοῆς δὲ χοάνην.

21 Put. (ad οἷον) ἐπὶ θαυμασμοῦ. Deinde : ἔδει εἰπεῖν, οἷον τὸ σοφοῖς ἀνδράσι συνομιλεῖν τινὰ, εἶτα ἀναμνησθεὶς ποιητοῦ τινὸς, εἶπε ποῦ ἐστιν τοῦτο τὸ αἱ σοφαὶ ξυνουσίαι. — 27 τὸ ex inferiore scholio addidit Bekkerus. — 31 hoc lemma post scholion v. 41 legitur in codice. — 35 alios testes collegit Fritzschius p. 8 sq. — 38 ἢ transponendum ante ὥσπερ cum Schneidero p. 4. — 39 σύμπτωσις vel

συνέμπτωσις γενέσθαι τῷ Dindorfius et Schneiderus.

22 Put. μάθοιμι δηλονότι, ad πῶς ἂν οὖν, ut videtur.

25. Hoc scholion a m. rec. in codice. Put. ad v. 27, ἤγουν διὰ τὸ θυρίον.

32, 5. Ex hac computatione aut Agathon 414 primum vicerit, aut Thesmophoriazusæ 413 data fuerit. Sed Agathonem novimus Euphemo archonte vicisse atque eorundem scholiorum alio loco hanc Aristophanis fabulam sexto anno ante quam Euripides mortem obierit actam fuisse traditur, quod tempus alia testimonia confirmant. Itaque inter primam Agathonis victoriam et Θεσμοφοριαζούσας actam *quinque*, non tres anni interjecti fuerunt. CLINTON. Fast. Hell. p. XXXIII ed. Krüg.

39, 14 ante πᾶς excidisse videri εὔφημος recte animadvertit Dindorfius.

52 καταχρηστικῶς δὲ προοίμια Suidas s. Δρύοχοι, post νεώς l. 21.

53 οἰκοδομούντων Bekkerus. Codex οἰκούντων.

61 codex συγκάψας.

68, 35 τὰς abesse malim. DIND. Idem ad τὸ σημεῖον, l. 39: « Quod plerumque dicitur σημείωσαι vel σημειωτέον. »

80, 41. Eandem quæstionem proponit Hesychius, Τρίτη Θεσμοφορίων: ζητεῖται πῶς ἅμα μὲν λέγει τρίτην Θεσμοφορίων εἶναι, ἅμα δὲ μέσην, τεττάρων οὐσῶν ἡμερῶν. Cum proximis scholiastæ verbis consentit Photius p. 87, 21: Θεσμοφορίων ἡμέραι δ'· δεκάτη (δεκάτην dicit Πυανεψιῶνος) Θεσμοφόρια (sic κατ' ἐξοχὴν dicta), ἑνδεκάτη κάθοδος, δωδεκάτη νηστεία, τρισκαιδεκάτη Καλλιγένεια· et omissa dierum mensis notatione Alciphro 3, 39: ἡ νῦν ἐστῶσα σεμνοτάτη Θεσμοφορίων ἑορτή· ἡ μὲν γὰρ ἄνοδος κατὰ τὴν πρώτην γέγονεν ἡμέραν, ἡ νηστεία δὲ τὸ τήμερον εἶναι παρ' Ἀθηναίοις ἑορτάζεται, τὰ Καλλιγένεια δὲ εἰς τὴν ἐπιοῦσαν θύουσιν. Dissentit Plutarchus, qui νηστείαν diei decimo sexto Pyanepsionis adscribit, suo potius, ut opinor, errore quam, quæ Prelleri sententia est, librariorum culpa, in Vita Demosth. c. 30: κατέστρεψε δ' ἕκτῃ ἐπὶ δέκα τοῦ Πυανεψιῶνος μηνὸς, ἐν ᾗ τὴν σκυθρωποτάτην τῶν Θεσμοφορίων ἡμέραν ἄγουσαι παρὰ τῇ θεῷ νηστεύουσιν αἱ γυναῖκες. Ceterum quam Photius κάθοδον dicit, non diversam esse ab ea quam ἄνοδον vocat scholiasta, ex scholio 585 apparet. Ἀνόδου nomen Στηνίοις tribuit Photius p. 538, 9, die nono mensis Pyanepsionis celebratis: conf. schol. ad v. 834. DIND. — 44 scribendum τρίτη δὲ οὐ. — 45. Ejus usus poterat scholiasta celebriores quoque testes citare, Hesiodum Op. 698: πέμπτῳ ἔτει (i. e. πέμπτῳ καὶ δεκάτῳ)· Pindarum fr. Thren. 6: πέφνε δὲ τρεῖς καὶ δέκ' ἄνδρας· τετράτῳ δ' αὐτὸς πεδάθη· fr. inc. 54: τέκν' ἔπεφνεν—δυώδεκ' αὐτὸν δὲ τρίτον, nisi hic quidem exciderunt reliqua. SCHNEIDER. ibid. — 46 ἑκαταῖα codex, quod correxit Dindorfius. Poetæ lyrici verba esse videntur, ἑκταία δ' ἐκ. σ. — 1 ἀποδεκάτην codex. — 3 κατὰ Καλλίμαχον Prellerus in Zimmermanni Diario a. 1835, p. 787, probante Dindorfio. τρίτην codex. — 5 sq. Hoc dicit scholiasta, esurientes quosvis per jocum dicere solere mediam se agere Thesmophoriorum diem, νηστείαν dictam. Sic Athenæus 7, p. 307, F: ἄνδρες φίλοι, μὴ καὶ ἡμεῖς νηστείαν ἄγομεν, Θεσμοφορίων τὴν μέσην, ὅτι δίκην κεστρέων νηστεύομεν; DIND.

83, 13 ἀντὶ ἐν τῷ τῶν θεσμοφορίων codex.

94, 16 οὗτος δὲ Suidas s. Τεχνάζειν. οὕτως καὶ codex.

101, 28 scholiastæ sententiam pervertit Suidas s. Μύρμηξ et Χορικός posito imperfecto ἐποίει, nisi hic librarii error est. DIND. — 29 ὑπεκρίνετο idem s. Χορικός, non s. Μύρμηξ. — 30 ὑπὸ σκ. codex. ἀπὸ σκηνῆς Schneiderus p. 5, recte. Idem verba ὡς πρὸς χορὸν explicat his scholiastæ Nub. 1356: οὕτως ἔλεγον, ὅταν τοῦ ὑποκριτοῦ διατιθεμένου τὴν ῥῆσιν, ὁ χορὸς ὀρχῆται.

105 εὐπίστως πρὸς τὸν θεὸν Suidas s. Σεβίσαι. τὸ addidit Dindorfius.

121, 38 Φρυγίῳ codex. — 39 τῆς Ἀπ. vel τῆς τοῦ Ἀπ. malit Dindorfius. — 47 an non τοῦ περὶ Ἀπ.? de Apolline dictum esse illud ἄρσενι βοᾷ documentum addit poeta fulgorem emicantem. De περὶ etiam Fritzschium cogitasse video, quem conf. p. 40 — 49 habet Suidas s. Ἄρσενι.

127 ἀντὶ τῆς codex. Correxit Dindorf.

129, 4 παρεπιγραφὴν codex. — 5 sq. ὁλ. ὁ γέρων εἰς τὴν θηλ. αὐτοῦ καὶ λαγνείαν ἀποβλέπων Suidas s. Ὀλολύζει.

130, 7 φασὶ Bekkerus. Codex φησί. Idem 8 et 10 πεποιεῖσθαι.

131 habet Suidas s. Κατεγλωττισμένον, qui 11 ἀντὶ τοῦ πολλαῖς. — 12 καταμεμιγμένον apud Bekkerum, quod non videtur in codice esse.

137 Bekkerus retulit ad v. 136; sed recte Meinekius quoque Hist. Com. p. 362 a verbis τίς ἡ τάραξις incipit. Ceterum Æschyli potius quam Aristophanis locum expressum fuisse ab Eubulo, bene monuit Fritzschius.

152 τοῦ om. codex. Non satis video quid sibi velit aut quo pertineat hæc glossa. Sequens scholion ad v. 151 referendum.

162, 43 δὲ ἄντικρυς codex. — 44 Ὄρνισι v. 1410. — 45 τίνες δὲ ὠκεανῶ τὰ σὰ πτερά. τουθ' [sic] ὡς ὄρν. codex. Vide notata ad schol. Av. 1410. — 46

οἱ οὐδὲν ἔχον codex. Σφῆξιν, v. 1234, ubi v. scholia. — 47 ὡνὴρ codex. — 48 μένειν Dobræus. μὲν εἶναι codex. — 50 corrige λέγων. Typothetæ lapsus λέγω. ἀλλ' inseruit Dindorfius. — 52 Πελοποννήσιε codex.

198, 2 supplendum videtur δῆλον ὅτι vel φανερὸν ὅτι. Dind. — 3 οὐχ ἄλλον codex. In eodem post κορυδὸν tenuia tantum supersunt literarum vestigia αντωνυσιου. Dindorfii est αὐτὸν ὠνόμασεν ἀλλ' ἢ (codex ἄλλη). — 5 indicavi lacunam. Codex literis prope obliteratis λελυθημαι ὅθεν [apud Bekkerum β δεν], quæ tanto minus in integrum restitui possunt, quum plura excidisse manifestum sit. λελυθημαι simile est verbo λελύπημαι. Dind. Quum in hac fabula de poetis dixerit Teleclides, τάλαινα esse possit Poesis vel musa Æschyli avi, cui vim fecerit Philocles. Conjeci:

'Αλλ' ἡ τάλαινα Φιλοκλέα βδελύττεται,
ὅτι [γύννις] ἐστὶν Αἰσχύλου φρόνημ' ἔχων.

Quorum prius βδελύττεται non improbabile existimo; sed pro γύννις aliud vocabulum desideratur ductibus literarum et præcedentibus verbis μικρὸς καὶ αἰσχρὸς accommodatius.

199. Zeugma scilicet notare voluit, quod hac solvebat ratione: τὰς συμφορὰς γὰρ οὐχὶ τοῖς τεχνάσμασιν ἐκφεύγειν δίκαιον, ἀλλὰ τοῖς παθήμασιν φέρειν. Cave existimes scholiastam aliter legisse. Fritzsch.

215. De Cratini fabula v. Dindorf. ad fragmenta Aristoph. p. 94 ed. Lips. et Meinck. Com. I, p. 53 sqq.

220 scrib. αὐτοῦ ... Hæc fortasse de proximorum verborum γενναῖος εἶ explicatione supersunt. Dind.

221 apud Bekkerum καλ...εναι.

224, 24 sic Dindorfius. Codex ιε..α τῶν ἱερείων.

232, 29 προβάλλεται, 31 sq. δὲ εἴρηκε, διότι ἐψ. Suidas s. Ψιλός.

245 Put. αἰθάλης, σταχτῆς. Conf. Suidam v. Ἄσβολος.

246 Put.: μεταξὺ πρωκτοῦ τε καὶ αἰδοίου τόπος.

258, 43 καὶ ὡς γυνὴ Suidas s. Περίθετος. Codex ὡς γυνὴ καί. — 44 λέγουσι δὲ καὶ malit Fritzschius. — 45 παντευχίαν δεῖ Meinekius. — 46 codex ἔνσταθι.

261, 49. εἰστεταμένον Suidas quoque s. Κλινίς, ubi Porsonus ἐκτεταμένον. Poterat probabilius ἐστι τεταμένον. Dind. Ita etiam Fritzschius.

273 addidi ὃς et lacunam indicavi. Excidit epitheton aliquod filiorum vel numerus. Conf. schol. Nub. 1001. Dind. Fritzschius ὃς εἶχεν υἱοὺς ἑνδεκα.

274 habet Suidas s. Ἄρδην, ex quo additum 3 τοῦ, 5 τοῦτο δηλοῖ. Post quod vocabulum ille pergit ἀντὶ τοῦ πάντας.

281 Put. τῆς ἀναδόσεως τοῦ καπνοῦ.

284 Put. ἀγγεῖον ἐν ᾧ τὰ βρώματα ἐτίθουν. Idem ad 285 (287?), δὸς ὥστ' ἔχειν με. Ad 286 (287?) ἐλλειπτικὸν τὸ σχῆμα. Ad 288, δὸς λαθεῖν.

289, 18 μύρτιον Dindorfius. Codex μύρτον.

291, 21 πεδαρίσκον, 22 κατοφερῆ codex. Put. habet προσέχειν τὸν θαλῆκον (sic) ἐμοί.

346, 45 sq. Dativum ἑταίρᾳ legit hic scholiasta. Codex ἐπὶ τὺ πρ., 47 et 48 ἑτέρα. — 50 ἑταίρᾳ recte corrigit Dindorfius.

363, 5 scribendum videtur ἀπηγορευμένα [sic Suidas s. Ἀπόρρητα] vel ἐπὶ τῶν ἀπηγ. Dind. Qui comparandum monet schol. Ran. 362.

373, 12 prius ἢ additum ex Suida s. Ἐπιστάτις, qui om. alterum περί.

380, 16 ἀντὶ τὸν codex. Recte Dindorfius ἀντὶ τοῦ τὸν στ.

383 γυνὴ pertinere videtur ad 381, χρέμπτεται γὰρ ἤδη.

389, 23 Suidas s. Ἐπισμῇ, οἱ δὲ μεταφ. ἀπὸ τοῦ σμήχειν, οἷον ἐπιτρίβειν. — 25 Διόδωρος intelligendus videtur lexicographus, cujus Ἰταλικὰς γλώσσας e Pamphilo citat Athenæus 11, p. 479. Schneider. p. 94. οἱ δὲ ἐξ ἴθους Suidas. — 27 ὡς τὸ σμώχειν Schneider. p. 55.

392 Put. (ad μυχοτρόπους) μυχία ἡ Ἀφροδίτη.

393 conf. Suidam s. Οἰνοπίπας, qui 35 οἰνοπίπας, 36 μύζειν ἢ μυζᾶν.

395, 39 γενέσθαι Suidas s. Ἰκρία, quanquam apud hunc quoque tres codices γένηται, ut hoc loco R.

397 pertinent ad v. 390 sq., ὅπουπερ ἐμβραχὺ εἰσὶν θεαταί.

401, 44 αὔτᾳ ὅρᾳ (i. e. ὥρᾳ) ἐστεφανηπλόκουν Seidlerus.

416 Put. Ἰλλυρικοὺς κύνας.

423, 9 κλεῖς ἐστὶν codex. — 10 περιτιθεμένου Suidas s. Λακωνικαί.

427, 14 ἀπὸ θρ. codices Suidæ s. Θριπηδέστατον.

429 Put. κυρκανᾶν ἀκριβῶς ζητεῖν, ἀπὸ τῆς κύρκης (l. κυρκάνης).

441 habet Put. verba 20 οὐκ ἀπὸ—συμμέτρων. Idem, Ξενοκλῆς, υἱὸς Καρκίνου, κωμῳδεῖται ὡς ἄξεστος ἐν τῇ ποιήσει καὶ ἀλληγορικῶς (sic), quæ leguntur in schol. Ran. 86. — 21 ἐν ἤθει δέ Fritzschius, sine probabilitate.

458 ἐκδοτικοὺς Suidas s. Συνθηματιαίους. Codex συνεκδοτικούς.

481 est etiam ap. Zonaram I, p. 669 et grammaticum in Catal. codd. Nanian. p. [illegible]

489, 38 ἀγυεὺς codex.

500, 45 refertur ad codicum scripturam ὑπ' αὐγὰς (αὐγᾶς) οἷον. — 46. Hæc sic sunt corrigenda, ἀλλ' ὧνπερ οὕνεκ' ἦλθον ἅ μ' εἰπεῖν. λέγε. Nam ita in libro suo scriptum invenisse videtur scholiasta pro ἆ (ἔα) μ' εἰπεῖν: quo factum ut ἅ produci putaret. Dind. Sic statuendum puto: revera in antiquis libris scriptum fuisse AM (ἆ μ' pro ἔα μ'); quod quum pro ἅμ' acciperetur, vocabulo non hujus loci, et verborum structura et metrum periit. Quæ incommoda ut sarcirent, critici quidam λέγε vertebant in βούλομαι,

ἀλλ' ὧνπερ οὕνεκ' ἦλθον (ἅμ') εἰπεῖν βούλομαι,

deleto vel relicto ἅμ'. Certe relictum erat AM in exemplo quo utebatur scholiastes: qui quum de βιαίῳ συστολῇ loquatur, AM haud dubie cepit pro ἆ (ἔα) μ', et egregium sane exemplum nactus est violentiæ prosodicæ: ἀλλ' ὧνπερ οὕνεκ' ἦλθον, ἅ μ' εἰπεῖν. ΑΓ. βούλομαι.

504 Put. θεραπεύματα εἰς τὸ ταχέως τεκεῖν. Et ad 505, πλεονάζει τὸ τό ἄρθρον.

506 κηρίον de melle accipiebat scholiasta. Vide Bergler. et Fritzschium p. 184.

509, 1 καλοῦσιν Suidas s. Ἦτρον·

516, 3 τὴν προάνθησιν correxi ex schol. Pac. 199 (et Photio p. 193, 7, Suida et al.). Codex ... απινων literis evanidis. Potest tamen etiam τὰ ἀποπίπτοντα scribi. τὸν προαποπίπτοντα κύτταρον dixit Theophrast. H. Pl. 3, 7, 3. Dind. — 6 sqq. Quæ in scholio Veneto Pac. 199 leguntur, e vetustis ad Thesmophoriazusas scholiis fluxisse, audacter contendo: sunt enim tam ab illo loco aliena, quam ad nostrum unice accommodata: Λυκόφρονά φησιν Ἐρατοσθένης τὸ κύτταρον λέγειν ἐν ᾧ αἱ φηγοὶ ἐγκάθηνται, οὐκ ὀρθῶς. κυττάρους γὰρ καλοῦσι τὰς τῶν κηρίων καὶ σφηκίων κατατρήσεις, ὡς καὶ ἐν τοῖς Σφηξὶν εἴρηκεν, « ὥσπερ—κινούμενοι. » Apparet sententiam hujus loci aliquanto melius a Lycophrone quam ab Eratosthene perspectam esse. Deinceps alius grammaticus, correcturus scilicet Eratosthenem, hujus viri sententiam magis etiam infuscavit, δεῖ οὖν sqq. Retinet enim apum cellam, ac præterea voces tam arcte connexas, στρεβλὸν ὥσπερ κύτταρον, ineptissime divellit. Melius quam ceteri ultimus scholiastes. Hic demum Lycophronis vestigia pressit. Fritzsch. — 9 τῶν μελικήρων mavult Schneider. p. 6. — 10 πῶμα Suidas s. Κύτταρος et Πύσθιον. Codex σῶμα.

519, 13 εἶτα δὴ θυμ. Matthiæ p. 342 recte.

532 εἰ μή glossema est particularum πλὴν ἄρ' ἤ. ἄλλη γυνή autem proximi versus lemma est, pro quo γυνή τις scriptum in textu codicis. Dind.

533, 20 κατὰ τῆς Bekker. ἐκ τῆς codex.

536, 23 βουλομένη recte corrigit Fritzschius. Sequentia ἐπειδὴ ἐπὶ σκηνῆς εἰσίν fortasse ad τὰ δουλάρια referenda, v. 537. Put. habet: εἰμὲν οὖν τὶς ἄλλη δηλονότι γυνή ἐστι, τοῦτο ὅπερ λέγω ποιῆσαι (sic), εἰδ' οὐ μὴ ἡμεῖς αὐταί. Ad 538, ἤγουν τὸ αἰδοῖον.

566 codex μὰ τοῖν—μὰ ταῖν. Utrumque μὰ ab librario illatum, qui non perspexisset mentem scholiastæ. Ad verba μὰ τὼ θεὼ observat grammaticus nominativum et accusativum terminationem habere masculinam, sed genitivo et dativo casu non τοῖν θεοῖν, sed ταῖν θεαῖν dici. Ταῖν θεαῖν est in Vesp. 378, ubi Rav. male τῶν θεῶν. Dind.

567, 40 ἐπὶ additum ex Suida s. Ἐκποχιῶ, ὅτι omittente. Idem πολὺ, παρετυμ. δὲ. — 42 ὡς addidit Schneiderus p. 100. — 43 ἀνδρῶν Suidas.

572, 45 ἔστι δ' codex et Suidas s. Ὑμοῦ.

585, 52 accuratius dixisset διὰ τὴν θέσιν τοῦ θεσμοφορίου, quod templum Athenis in edito loco prope acropolin situm erat. Fritzsch.

600, 2 κρύπτειαι Bernhardyus ad Suidam v. Κρυπτεία. Apud Platonem est ἡ κρύπτεια. — 3 de Euripide recte dubitat Dindorfius. — 4 codex κρύπτεται. Bernhardyus l. c. κρυπτευταί. Κρυπτεῖαι confidenter, ut solet, projecit Fritzschius.

616, 10 οὔρων Suidas s. Στραγγουριῶ. — 11 sq. idem χρῆσθαι αὐτοῖς. φυλάττονται γὰρ πολλὰ πτύειν καὶ οὐρεῖν καὶ ἀπομ.

624, 19 corrige typothetæ omissionem, ἐποίουν πρὸς τὸ ἱερόν.

631 habet etiam Put. ad προὐπίνομεν, qui ἀλλήλαις.

646 γε Dindorfius. γὰρ codex. Παρατετήρηται referri posse ad schol. Avium 448 de νυνμενὶ annotat Fritzschius.

648, 29 διισθμονίσαι Suidæ s. hac v. et s. Ἰσθμός. Codex διισμωνίσαι.

656 codex ἐγκυκλίων.

658, 35 sic in Put., ἀντὶ τοῦ τὴν ἀγορὰν, ἀπὸ τοῦ ἐκεῖ τὸν λαὸν πυκνοῦσθαι. — 36 ἐπεποίηντο Schneiderus p. 5. Codex ἐπεποίητο. — 37 πυκνὶ σκηναὶ Dindorfius et alii. Codex σκηνῇ πυκναί. — 38 idem vir doctus nunc (conf. fragmenta p. 501, a) referre malit ad Pac. 731, ὡς εἰώθασι μάλιστα περὶ τὰς σκηνὰς πλεῖστοι κλέπται κυπτάζειν καὶ κακοποιεῖν.

678 Put. (ad ἔσται) τοῖς ἀνθρώποις δηλονότι.

680 habet Put., et: παράκοπος δὲ φρενίτης, ἤγουν τῶν φρενῶν τραπείς.

682, 41 codex Ἀλεξανδ. Alexandrum mediæ comœdiæ poetam intelligit Meinekius Hist.

Com. p. 488, verbaque hic apposita in tetrametrum redigit,

ἦσαν ἄνθρωποι δὲ πέντε καὶ γυναῖκες τέτταρες.

688, 45 literarum aliquot formæ α . . ηβο apparent in codice. Rectius de hoc loco tradere scholiastam Acharn. 332 monuit Fritzschius. Idem et Schneiderus p. 8 corrigunt l. 50 ἐν ταῖς μασχάλαις. — 51 recte apud Bekkerum κατεχουσῶν.

693 Put. ἐπὶ τῶν μηρίων : ἀντὶ τοῦ ἐπὶ τῶν β. — κεῖσθαι, non ἀποκεῖσθαι.

697, 1 Ἀριστοφάνους—Θουκυδίδου codex.

702. Ad hunc versum mire annotat Put., οὕτως ἐνόησεν Ἀνδρέας, nihil amplius. Conf. ad schol. Lysistr. 1087.

710 poetæ Cobetus eleganter restituit ἥκεις γ' ὅθεν οὐκ ἔξει. Quod legit qui tertiam interpretationem scripsit. De prima quid statuendum sit ambiguum est. Sed fieri potest ut ἥκεις ὅθεν ἥκεις legerit, quod percommode explicatur, *ex inauspicato loco venisti.* — 5 codex ὁ συμμαχῶν. Qui legisse videtur, ut observat Fritzschius, ἥκεις ὅθεν ἥκεις φαύλως, ἀποδράς τ'—.

726 Put. τάσδε μὲν : ἤγουν ἡμᾶς τὰς γυναῖκας.

729 idem ἡμίκαυτον ἄνθρακα.

730, 14 post ὡς obscuri literarum ductus in codice, qui σημαίνει potius significare videntur quam quod sensu postulante posui παιδίον. Dind. — 15 ἔχει ἡ ἀσκο codex.

746, 24 τοῦ om. codex.

747, 27 post Σχίροις vel in vicinia plura excidisse videntur: quo fit ut sequentia quoque in integrum restitui nequeant. Dind. — 31 κατὰ τὸν Schneiderus p. 5. Codex καὶ τὸν.

754, 33 malim αἵματος δεκτικὸν, ut est in schol. Lysistr. 1211, πλέγμα δεκτικὸν ἄρτων. Dind. — 34 Odyss. Γ, 444.

760 Put. μίκκα ἀντὶ τοῦ μικρά. Et ad 761, ἐξηρήσατο, ἐφόνευσεν. Ad 770 (πλάτας) κώπας.

771, 46 αὗται Bekkerus. Codex ἑαυταῖς. — 51 περιπεσεῖν Suidas s. Παλαμήδης.

773, 53 ἀγάλλεται Bekkerus, ut Suidas s. Ἄγαλμα et alii grammatici. Codex ἂν λέγηται.

804, 15-17 ab imperito homine profecta, qui et ἐν Θρᾴκῃ non sine fœdo scripsit errore et de certissima re inepte dubitavit. Fritzsch.

808, 23 περὶ τοῦ ἐπιλαγχάνειν sqq. explicatur ab Harpocratione s. Ἐπιλαχών. De Platonis loco v. Meinek. I, p. 670 sq. et Cobet. Obss. in Plat. com. p. 136-8. — 25 ἀτὰρ οὐ Hanovius Exercitt. crit. I, p. 93. Codex ἀγαρου habere videtur. — 26 πῶς οὖν ἦν codex. οὖν delevit Bekkerus. — 27 lacunam indicavit Dindorfius. μηδέπω scripsit probante Meinekio Fritzschius. — 28 δὴ Bekkerus. Codex μή. — 29 dele parentheseos signa. — 30 habet Put.

811, 32 lacunam notavit Schneiderus p. 8, οὕτω γὰρ εἰώθασι vel ejusmodi aliquid excidisse statuens. — 33 ἁπλῶς πεντήκοντα idem.

825 Put. ἤγουν ὁ (sic) κάμαξ σὺν αὐτῷ τῷ ξίφει.

828, 41 conf. Meinek. Com. I, p. 568. Put. ἐν τῷ στρατῷ. Idem ad sequentem versum, ἤγουν τὸ σάκος.

834, 48 ἐπὶ Σκίρῳ Fritzschius ex Stephano Byz. v. Σκίρος: Σκίρα δὲ κέκληται, τινὲς μὲν, ὅτι ἐπὶ Σκίρῳ Ἀθήνησι (τῇ Ἀθηνᾷ) θύεται· ἄλλοι δὲ, ἀπὸ τῶν γιγνομένων ἱερῶν Δημήτερι καὶ Κόρῃ· καὶ ἡ ἑορτὴ αὕτη Ἐπίσκιρα κέκληται. Codex R. ἐπισκυρα.

838 εἶδος κ. δ. habet Put. — τοῦ om. codex. In libris quibusdam lectum fuit ὑστάτην.

840, 53 εἶπεν codex. « Verum nunc mihi videtur quod conjeci πολλάκις εἶπον, quod non tam ad verba Seleuci quam in universum ad dubitationem de matre Hyperboli, toties ab Aristophane et in superstitibus et in perditis fabulis exagitati, referendum. Similiter πολλάκις εἶπον dictum in schol. Venet. Vesp. 1281; πολλάκις εἴπομεν in schol. Ven. Pac. 116; πολλάκις εἰρήκαμεν ib. 499, 1295; πολλάκις εἴρηται sæpius in scholl. Ranar., etc. Conf. ad schol. Av. 764. Deinde codex προβάλλει ὁμηρικῶς. Ὁ Ὁμηρικὸς est Seleucus, cujus illud fuisse cognomen constat ex Suida s Σέλευκος. Suo nomine appellatur infra in scholio v. 1175, hic vero cognomine solo, ut Apio in schol. Pac. 778. Dind. Aliorum minus probabiles sententias v. ap. Schneiderum p. 55 sq. — 3 Ξενοφάνην Thucydides 6, 8 et schol. Acharn. 269.

848, 8 ἄκων γὰρ codex. Correxit Dindorf.

852 brevius Suidas s. Κοικύλλεις.

868, 19 legendum κόρακες, διότι μέχρι ex Suida s. Τί οὖν ἔτι ζητῶν.

870, 22 Menander apud alios οἶσθ' ὅ τι ποίησον, fr. inc. 298. — 24 verba οἶσθ' οὖν ὃ δρᾶσον leguntur in Hecuba v. 225, et in nonnullis codd. Gregorii Cor. p. 19 est vel Εὐρ. ἐν τῷ Πολυδώρου δράματι vel Εὐρ. ἐν Πολυξένῃ τῷ δράματι. Itaque aut Euripides eadem posuit etiam in Polyido, aut grammatici scribere debebant [!] Εὐριπίδης (Ἑκάβῃ καὶ Ἀριστοφάνης) Πολυΐδῳ. Fritzsch.

897 et 898 sunt in Put. — 34 Bekkerus vitiose Οἰνηΐδος ediderat.

904 Put. ἀφασία : ἀπορία λόγου.

910, 41 υἱωνὸς ap. Bekkerum, οἰωνὸς codex.

912 Put. ἐσχάρας οἱ παλαιοὶ τὰ τοῦ γυναικείου αἰδοίου χείλη ἔλεγον. Sic alii quoque grammatici legerunt: v. Fritzsch. p. 352.

917, 47 indicavi lacunam. Excidit enim Aristophanis grammatici de vocabulorum λαμπάς et δᾴς discrimine observatio, cujus postrema tantum verba supersunt οὐ τῇ λαμπάδι εἶπεν, ἀλλὰ τῇ δᾳδί (nam sic deleto νὴ scribendum), ὡς δῆλον εἶναι ὅτι ἑκατέρως ἔλεγον, in quibus de alio quodam loco agi videtur, velut Vesp. 1390, in quo τῇ δᾳδί dictum fuit eo sensu quo hic τῇ λαμπάδι. Excidisse autem nonnulla manifestum est ex verbis sequentibus ἀνάξιος—λέγων, quæ non habent quo referantur. Dind. Neque Fritzschius his lucem attulit.

921 codex κενόβουλος. Correxerunt Dindorfius et Fritzschius.

924 Put. ὑποχωρητέον, ἀπιτέον.

935 Put. habet ὁ πανοῦργος Εὐριπίδης, ἀπὸ μεταφορᾶς τῶν τὰ ἱστία ῥαπτόντων.

940, 8 γυμνόν με in codice legitur post δῆσαι. Mutavit Dindorfius, hæc Cratini verba esse existimans.

941, 11. Commentum ineptum, quod non apparet quomodo Eupolidis loco confirmari possit. Scholiastæ errorem repetit Suidas s. Ἑστιᾶν, omisso tamen fragmento Eupolidis. Non minus mirabiliter Phrynichus in Bekkeri Anecd. p. 37, 24, ut ἑστιᾶν τῷδε dici ostendat, Homeri verbis utitur δαίνυ δαῖτα γέρουσιν. Dind. Defendere observationem grammaticorum conatur Lud. Dindorfius ad HSteph. Thes. v. Ἑστιᾶν. — 11 παρ' non est in codice. — 12 post θατέρῳ videntur nonnulla excidisse, quibus ista doctrina de constructione verbi ἑστιᾶν confutaretur. Meinek. Com. I, p. 445. Imo ipsa potius verba Eupolidis excidisse videntur. Tacite δευτέρῳ scripsit Lud. Dindorfius, qui ξενίζεσθαι interpretatur Mirari, ut grammaticus dicat : Proinde neque apud Aristophanem neque apud Eupolidem (ad cujus commentatorem aliquem fortasse respicitur) hæc constructio mira et inaudita videri debet. Codex ὥστε οὐδὲ ἐκεῖ οὐδὲ ἐνθ.

947, 17 καὶ τὸ παίσω πάλιν παιξοῦμαι Schneiderus p. 6, quod verum videtur. Apud Homerum est φιλοπαίγμονος.

948 Put. ἀντὶ ποιῶμεν. — 22 ἀνέχομεν codex et Suidas s. Ἀνέχομαι.

956 Put. (ad ὕπαγε) ἡσύχως πως. Ad v. 964, τοὺς ἄνδρας εὖ, κακῶς τὰς γυναῖκας.

973 habet Suidas s. Τελεία et Put., qui 31 omittit γάμοις sine lacuna. — 32 διὸ et ἐκαλεῖτο ἡ om. idem.

986 habet Put. Et ad v. 993, τὸ ἐν ὕμνοις πρὸς τὸ νυμφῶν. Ad v. 995, ἀντὶ τοῦ ἐν τῷ βωμῷ ἐν ᾧ τὸν σύα (sic) ἔθυον.

1001 ἀντὶ πρὸς αἰθρίαν. βαρβαρίζει γὰρ ὁ τοξ. Put. Qui sequentium quoque *glossarum* prope dimidiam partem habet.

1007, 39 ἤγουν ψ. ἵνα πύταξῃ (sic) σοι : ἀντὶ τοῦ ἵνα φυλάξῃ σοι Put. Rav. quoque φυλάξῃ σοι.

1011 ὁ ὥσπερ Put. Qui ad v. 1014, εἰ μὴ βούλοιτο σώσειν ἐμὲ δηλονότι.

1015, 46 φίλοι μοι codex.

1018, 49 πρὸς Αἰδοῦς σὲ τὰν ἐν restituit Seidlerus. — 50 ἀπόπαυσον idem. Codex ἀπόπασον. — 51 codex ut videtur πόθου. — 52 ἀποσπάσματα Bekkerus. Codex ἀσπάσματα. Hæc sic in Put. ad v. 1015 : διὰ τὸ λαμβάνειν ἀσπάζασματα (sic) ἀσυνδ. τὸ ὅλ. γ. Cum his jungenda esse l. 54, γίνεται, ὡς ἐν κωμῳδίᾳ, recte dixit Fritzschius.

1022, 2 πολυποινοτάτην ap. Bekkerum.

1031, 9 τὴν ξιφοθήκην codex.

1033 sic Put., Γλαυκέτης ὀψοφάγος, ὃς κωμῳδεῖται.

1040 præmittit Put. τὸ ἀλλά ἀντὶ τοῦ γάρ οἶμαι. — 15 idem Ἀνδρ. ἀπὸ κοινοῦ καὶ τὸ γοᾶσθε, ἐμὲ δηλονότι τὴν λιτομένην τὸν φῶτα ἢ τὸν Εὐριπίδην, omittens 16–19. Multa de scholiis ad hunc versum Fritzschius, quæ v. ap. ipsum.

1056, 28 Ἀνδρομέδης Put. Idem 35 om. ἡ.

1067 Put. διφρέουσα (sic), ἤγουν ἐποχουμένη τῷ δίφρου τῶν ἀστέρων τοῦ ἱεροῦ αἰθέρος δι' Ὀλύμπου.

1070 Put. ἤγουν κύκλῳ τῶν ἄλλων παθῶν ἃ πέπονθα. Ad v. 1071, ἐκληρωσάμην. Ad v. 1081, ὀτοτύζειν τὸ θρηνεῖν.

1086 θαυμάζει γὰρ τὴν ἠχὼ ὁ βάρβαρος. Put. Qui ad v. 1087 ἀντὶ τοῦ κλαύσαις ἄν.

1096 Put. καὶ ἐνταῦθα (ut versu 1007) βαρβαρίζων τῇ δοτικῇ χρᾶται ἀντὶ αἰτιατικῆς.

1097 ἀντὶ τοῦ εἰπεῖν γύναιον Put.

1098, 3 ἐστὶ Περσέως ἐξ Fritzschius.

1099 Put. Περσέα ἔχειν εἰς τοὺς πόδας τὰ πτερά.

1103, 7 τί λέγεις Put. recte. Prius τοῦ omittit. Γοργοῦ et 9 Γοργὸς idem. — 8 idem γραμματέως recte.

1119, 17 τὸ νῶτον, 18 ἀγαγόντι, 19 παράνειν Put.

1175, 30 βάρβαρον καὶ φυσικὸν ᾆσμα. καὶ Περσικὸν ὄρχ. Suidas s. Τερηδών, reliqua scholii parte omissa. Codex Rav. καὶ Περσικὸν τὸ κλάσμα καλεῖται καὶ τὸ Περσικὸν ὄρχημα. De voc. ὄκλασμα conf. Polluc. 4, 100, de quo loco dixi ad Aristoph. fragm. 321. Dind. Fritzschius malebat βαρβαρικὸν καὶ Περσικὸν τὸ ὄκλασμα καλεῖται, καὶ ἔστι Περσικὸν ὄρχημα. — 32 τῆς ἰατρικῆς codex. Emendavit Dindorfius.

1185 Put. ἀντὶ τοῦ εἰπεῖν οἴμοι ὡς ῥιπῶ (sic). τὸ τιτθίον δὲ ὥσπερ γογγύλη.

1190 Put. recte οὐ φιλήσεις.

RANÆ.

ARGUMENTUM I. 1 et 3 τὸ om. R. παρέχειν R. Ald. — 4 τὰ om. V. — 5 ᾗ vel ἣ R. V. δι' ὧν Ald. — 7 ὁρμᾶται, 13 ταῦτα δ' ἐν V. — 18 διά τε ἐκ R. διὰ τὸν ἐκ V. ἀγνοίας R. V. — 19 μὲν οὖν τινος V. — 20 παρελθόντες Brunckii membr. — 22 ἐξισῶσαι R. ἀξιῶσαι V. ἐξελάσαι Ald. — 23 ἐντίμους om. R. V — 25 μονόκωλον R. Ald. — 29 sq. καὶ τοῦ τραγῳδικοῦ θρόνου legebantur supra post ἔχοντος. Post τιμῆς transposuit Brunckius : ego malim post ἀντιποιησαμένου. DIND. — 34 προσάγοντος R. V. — 36-38 οὐ δεδήλωται—ὄντα. Annotatio inepta, quam Ald. infra post Δικαίαρχος ponit, R. V. autem post argumentum metricum exhibent. DIND. — 37 codex Reg. 2821, quem, in scholiis Regiorum optimum, accurate tractavit Dübnerus, ἐκεῖσε πρὸς τὸν Ἡρ. — 39 εὖ καὶ φιλοπόνως πάνυ, 1 Ἀντιγένη ἐπὶ Ληναίῳ. Φιλωνίδης ἐπεγράφη καὶ ἐνίκα. Φρύνιχος Ald. Ληναῖα R. λιναῖα V.

ARG. II. Dindorfius inscripsit Ἀριστοφάνους γραμματικοῦ. ἄλλως inscriptum in V. — 7 τὴν σκυτάλην Ald. ἀναγαγεῖν Brunckius. ἀνάγειν libri. — 11 προσέκοπτε Ald. — 13 γ' om. R. V. — 14 οὐ μὰ Δία γ' Ald.

ARG. III. 5 sq. καὶ ὅτου—Πλούτωνα supplevi ex cod. quarto Regio. BRUNCK.

ARG. IV est recentissimi grammatici declamatio, cujus partem primam, a verbis ὁ παρὼν ποιητὴς usque ad ἐξέθετο δρᾶμα l. 45, inveni in codice Taurinensi 34. DIND. Et est in Regio 2821. — 19 Ἀθηναίων ἀρχ. χαρ. ὀπ. Taur. Reg. — 23 μεταρσιολόγου Ald. — 24-30 om. Taur. Sunt ab alio grammatico addita : quare seclusi. DIND. Habet Regius. — 25, 26 θεολογίας ὡς Reg. reliquis omissis. — 31 ψευδοτύπου Beckius. ψευδοτόπου Ald. Recte Reg. ψευδοτύφου. — 35 φέρεσθαι τινῶν αἰθερίων ἀνθρώπων. ὡς Ald. — 36 Σάτυρος. Σύαγρον dicere voluit (de quo vid. Eustath. ad Homer. p. 4, 26). Monuit Fabric. Bibl. Gr. vol. 1, p. 371. In Σάγαρις corruptum apud Diog. L. 2, 46. DIND. — 37 Κέρκοψ Ald. κέρκων Taur. Reg., quasi Κερκώπων voluissent. Κέρκωψ Diog. L. — 38 τοξικῆς—μουσικῆς Taur. Reg. — 41 οὐρανίοις λήρως ἀντιπ. Reg. — 43-45 ἐξομοιουμένου (sic Beckius : nam Ald. ἐξομνυμένου)—θορυβωδέστατα om. Taur. Reg.

SCHOLIA.

1, 25-29 Ald. et Θ. ponunt post πινυτός l. 33. 26 τοῦ ὤμου V. τὰ στρατεύματα Θ. Ald. addit γελοίου χάριν · διὸ καὶ ἀστεῖόν τι λέξαι βουλόμενος ὑπὸ Διονύσου κωλύεται. — 27-29 om. etiam Θ., post v. 3 ponit V. cum lemmate εἴπω τι τῶν εἰωθότων. — 30 τῶν om. V. Θ. εἰθισμένων Ald. — 31 τοῦ om. V. Θ. M. τῶν ὀνομάτων R. — 33 συνετός Θ. σώφρων M.

3, 37 καὶ τὸ ἐν R. Fort. ὁ ἐν. Addidi δευτέραις ex R. Θ. (qui β) et M. DIND. — 38 ὁ additum ex Θ. M. — 39 οὐ διά R. τοῦ πῶς οὖν δύν. V. — 40 σκεύει R. — 41 δέ om. Θ. Pro his V. τοῦτο δὲ φύλαξαι · πάνυ γάρ ἐστ' ἤδη χολή. ἐνταῦθά φησιν ὁ Διόνυσος μηδὲ τοῦ θλίβομαι ἀνέχεσθαι. Sic etiam M., nisi quod δὲ—ἐνταῦθα omittit.

4, 43 sq. ἀντὶ—πονηρόν ἐστιν in fine post λέγοντας ponit V. — 44 πικρόν Dobræus. Legebatur πονηρόν. μοχθηρόν Θ. — 45 ἔλεγεν αὐτῷ διὰ V. πολλὴν γίνεσθαι τὴν Ald. ἐπιδαψ. ἐπὶ τῆς παιδείας (scr. παιδιᾶς) φορτικόν. συνεχῶς V.

8, 7 μετατιθεὶς Θ. (et Reg., qui addit ἤτοι ἐξ ὤμου εἰς ὦμον μεταλλάσσων καὶ μεταφέρων). ἢ μετατιθέμενος V. om. R. — 8 τοῦ ὤμου Θ. Ibid. τὰ νάφορον—βαστάζουσι om. R. V.

9, 13 φέρω V. Omittit hoc schol. etiam Θ.

10, 14 εἰς τὸ αὐτὸ δὲ V.

11, 18 Ἀντὶ τοῦ πλὴν ἐκεῖνο ἐφ' ᾧ ἂν ἐξεμέσαιμι. ἄλλως. οἷον V. Ἤγουν Θ. — 19 λέγεις τοῦτο ποιῆσαι, τότε V. Fortasse μέλλεις τοῦτο ποιῆσαι. τότε εἰπὲ—Ἄλλως addita ex R. V. Θ. et Suida s. Μέλλω. — 20 καὶ τότε καὶ ὅταν λέγεις V. νῦν καὶ ὅτε λέγεις Θ., qui om. Ἄλλως. — 21 ῥᾷστα γὰρ μᾶλλον R. Θ. ἂν additum ex R. — 22 ἐξεμέσοιμι ἐὰν εἴποις Θ.

13, 28-30 omittit etiam Suidas s. Λύκις. — 29 ἑαυτοῦ V.

14, 32 malim λέγουσι. DIND. λέγεται δὲ καὶ Λύκος Suidas. οὐδὲν διαφέρεται Θ. M. Post φέρεται addit V. γράφεται σκεύη φέρουσιν. — 35 λέγεται om. R. ἡ δὲ γραφὴ τριχῶς Ald. ἡ δὲ γραφὴ διχῶς, ἢ γὰρ σκεύη φέρουσιν ἢ σκευηφοροῦντες. λείπει οὖν τὸ ὧν οὗτοι εἰώθασι ποιεῖν τοῖς σκευοφοροῦσιν M. ἢ γὰρ R. V. Θ. ἢ γράφεται Ald. — 37 σκευηφόρους V. — 40 sq. λείπει οὖν τὸ, ὧν εἰώθασιν οὗτοι (οὗτοι εἰώθασι Θ.) ποιεῖν τοῖς σκευοφόροις Θ. Ald., ceteris omissis. ἀκούειν ἁπλῶς om. V., spatio relicto.

18, 49 ἀπὸ τοῦ Ὁμηρικοῦ M. κατὰ τὸ παρ' Ἡσιόδῳ Reg. — 53 γὰρ Θ. pro οὖν et om.

19 ὢ καὶ (?) φεῦ · εἶτα στίξον Reg.

22, 9 ἀμφιφορεῖς M. φησί V. M. — 12 ὥσπερ παῖδα additum ex R., qui om. καὶ. φέρει Ald.

23, 14 ὁ Ξανθίας add. V. — 15 αὐτοῦ Θ. Cujus scholio sequenti l. 22 addit Reg. νοεῖται δὲ καὶ

ἕτερόν τι αἰσχρὸν, ἀποσκώπτοντος τοῦ ποιητοῦ τούτου ἕνεκεν.

25 Ἀντὶ τοῦ om. R. βαστάζῃ V.

28, 28 τὸ μὰ V. Θ.

32, 31 sq. Ἀντὶ—κατά τι μέρος, ἢ om. V. — 32 βάσταξον. V. βαστάζων G

33, 35 Ἀντιγένους Petitus. Ἀντινόου V. Ἀντίνου Θ. M. Ald. ὅτε περὶ Ald. ὅτε om. V. Ἀργινούσας Suidas s. Οἴμοι. — 36 ἐνίκων δὲ V. ναυμαχίαν Θ. M. συμμαχίᾳ τῶν δούλων Suidas. — 38 λέγει om. V. φησι χαρ. Suidas.—39 ἐναυμαχήκειν V. et Suidas. — 40 Ἀρχίννουσα M. In eodem gl. est ἐν Ἀργιννούσαις δηλονότι. — 41 ἀντικρὺ Θ. ἀντικρὺς ceteri. Μαλίας M. Ceteri Μανίας Ald. Tzschuck. ad Strabon. vol. 5, p. 376 citat Dindorf.

35, 46 βλασφημίας V. Θ. et Suidas s. Πανοῦργος. ἀτιμίας Ald.

38, 47-51 Πρῶτον—τίς εἴη om. etiam M., scholio proximo postponit V. — 47 Πρότερον V. — 48 τῷ add. Θ. ὁ om. V., qui ὅστις εἴ.—53 τινὲς δὲ R. γράφεται Ald. γράφεται δὲ V. Θ. M. οἱ δὲ Suidas s. Κενταυρικῶς. — 1 τρυφερός Ald. Addunt Θ. et Reg. narrationem de Centauris, οἱ κένταυροι δὲ κατὰ τὸν μῦθον ἄνδρες ἦσαν διφυεῖς ἐξ ἵππων καὶ ἀνθρώπων συγκείμενοι, οἱ ἵπποι μὲν (ὄντες add. Reg.) τὰ κάτω, ἄνθρωποι δὲ τὰ ἄνω· ὥστε καί τις ἰδὼν αὐτοὺς τὴν ἀρχὴν ἔφη, ἵππος ἀπερεύγεται ἄνθρωπον, καὶ ἄνθρωπος ἀποπέρδεται ἵππον. μυθεύονται δὲ καὶ τοῦτο, ὡς ἀπὸ τῆς νεφέλης ἐγένοντο, ἣν Ζεὺς τῇ Ἥρᾳ παρῄκασε θέλων τὴν πρὸς αὐτὴν τοῦ Ἰξίονος μαθεῖν ἔρωτα. καὶ γὰρ ὡς οἶδεν (εἶδεν Reg. recte) Ἰξίων τὴν εἰκασθεῖσαν τῇ Ἥρᾳ νεφέλην, Ἥραν τῷ ὄντι ταύτην εἶναι νομίσας, συνεγένετο ταύτῃ καὶ ἔγημε. ἱπποκένταυρον ὧδε (Reg. recte καὶ ἔτεκεν ἱππ. ἦν δὲ τὸ) ἀπὸ τούτου γένος λίαν μάχιμον.

40, 6 αὐτῷ R. — 8 δειλὸν καὶ σχηματίαν Θ. καυχηματιᾶν V.

41, 12 Ἡρ. ἀλλὰ μὴ R. ἢ οὕτως μὴ Θ. Ald.

46, 14 φόρ. κροκωτὴν Ald.—15 δὲ om. R. φοβερὸς addidit Dindorfius ex sequentibus sumptum. Ἡρακλέως γὰρ R. Post λεοντῇ libri addunt κροκωτὴν (κροκωτὸς R. V.) δὲ, ἵνα ᾖ φοβερός. Ib. ἢ κροκωτῷ Ald. — 17 μετάξης κροκοειδοῦς Reg. ματάξης E.

47, 21 Κόθορνος δὲ ὅτι V. Ὅτι ὁ Θ. M. Ald. — 22 οἱ δὲ—ἁρμόττει (ἁρμόζει Θ.) post δύναται ponunt V. Θ. M. Ald. — 23 λέγεται Θ. M. δὲ λέγεται V. — 25 αὐτὸν ἁρμόζειν Θ., qui om. 26 sqq. ἐκπλήττεται—ἀνδρῷα. Regius : Κόθορνος κυρίως τὸ ἀμφοτεροδέξιον ὑπόδημα· ἐνταῦθα δὲ καταχρηστικῶς τὸ γυναικεῖον, ὅ φασιν ἰδιωτικῶς φελλοκάληγον· γυναικώδης γὰρ ὢν Διόνυσος καὶ ἐνδύμασι καὶ ὑποδήμασι γυναικείοις ἐχρῆτο. — 31, 49 νηὸς V. M. — 50 κατὰ μεταφορᾶς Θ. ἐκ μεταφορᾶς M. — 33 σύζυρτίου (sic) R. σβυρτίου V. συραντίας Θ. σιρυντίου M. συμβυρτίου Ald. — 37 ἀπ., Κλεισθένει Suidas s. Ποῖ.

51, 43 λέγει om. Θ., post Ἡρακλῆς ponit R. τὸ σφῴ additum ex R. V. Θ. M., in quibus est τὸ σφῶε. Pergit V. καὶ γὰρ δύο στίζουσιν εἰς τὸν Ἀπόλλωνα καὶ εἰς τὸ ἐξηγρ. Ib. δύο om. Θ. M. — 47 φασὶ Διόν. R. V. φασὶν ὡς Διόνυσον λέγειν ταῦτα M. — 49 δηλούντων Suidas s. Κᾆτ' ἔγωγε.

53, 4 δὲ om. R. — 5 Ὑψιπύλην, Φοινίσσας, Ἀντιόπην R. V.— 6 προεισῆλθεν Dindorfius. προσῆλθεν R. προσῆκται V. Θ. « Fort. προεισῆκται. » Dind. — 7 legebatur συκοφαντητέα τὰ τ. R. συκοφαντεῖται δὴν τὰ τ. Θ. συκοφαντητέα ἦν ταῦτα.

55, 9 ἔστι δὲ Θ. — 13 νυνὶ additum ex R. νῦν λέγεσθαι V. Addit Ald. quæ ab Musuro aliove infimæ ætatis grammatico adjecta esse ipsum exordium docet, Ἄλλως. γράφεται μακρός. ἵνα ὁ Κροτωνιάτης νοῆται, ἀνὴρ μεγάλῳ σώματι παρὰ τῆς φύσεως κεκοσμημένος, ὡς τοῖς ἐρῶσι παρέχειν ἔκπληξιν. « ἐγένοντο δὲ αὐτῷ ἓξ ἐν Ὀλυμπίᾳ πάλης νῖκαι· μία δ' ἐν παισὶν ἐξ αὐτῶν. Πυθοῖ δὲ ἔν τε ἀνδράσιν ἕξ, καὶ μία ἐνταῦθα ἐν παισίν. ἀφίκετο δὲ καὶ ἕβδομον παλαίσων ἐς Ὀλυμπίαν, ἀλλὰ γὰρ οὐκ ἐγένετο οἷός τε καταπαλαῖσαι Τιμασίθεον πολίτην τε ὄντα αὐτοῦ καὶ ἡλικίᾳ νέον. λέγεται δὲ καὶ ὡς κομίσειεν αὐτὸς αὑτοῦ τὸν ἀνδριάντα ἐς Ἄλτιν. λέγεται δὲ ἐς αὐτὸν καὶ τὸ ἐπὶ τῇ ῥοιᾷ καὶ ἐπὶ τῷ δίσκῳ. ῥοιὰν μὲν δὴ οὕτως εἶχε βιαζομένην, ὥστε αὐτὸς λυμήνασθαι πιέζων. ἱστάμενος δὲ ἐπὶ ἀληλιμμένῳ τῷ δίσκῳ γέλωτα ἐποιεῖτο τοὺς ἐμπίπτοντάς τε καὶ ὠθοῦντας ἀπὸ τοῦ δίσκου. ἀποθανεῖν δὲ ὑπὸ θηρίων φασὶν αὐτόν. ἐπιτυχεῖν γὰρ αὐτὸν ἐν τῇ Κροτωνιάτιδι αὐαινομένῳ ξύλῳ· σφῆνες δὲ ἐγκείμενοι δίστασαν τὸ ξύλον· ὁ δὲ ὑπὸ φρονήματος ὁ Μίλων καθίησι τὰς χεῖρας ἐς τὸ ξύλον· ὀλισθάνουσί τε δὴ οἱ σφῆνες. καὶ ἐχόμενος ὑπὸ τοῦ ξύλου λύκοις ἐγένετο εὕρημα. μάλιστα δέ πως τὸ θηρίον τοῦτο ἐν τῇ Κροτωνιάτιδι πολύ τε νέμεται καὶ ἄφθονον. » ταῦτα δέ φησι κατὰ λέξιν Παυσανίας (6. 14) ἐν δευτέρῳ Ἠλείων. Pausaniæ loco utitur Suidas s. Μίλων, qui non ex scholiasta Aristophanis, sed ex Pausania ipso excerpsit. Dind.

56, 15 ὅλον φασὶ R. Θ. ὅλως φησὶ V. φασιν ὅλον Ald. τὸν στίχον Ἡρ. Kusterus. Ἡρακλῆ, 16 ἠράσθη Θ. — 17 ἀτταταὶ R. G. Θ. Ald. ἀππαπαί V. — 28 ἠρᾶσθαι V. Θ.

57, 19 Γρ. καὶ ἀπαπαί Θ. ἄλλως. τὸ ἀππαπαί V., et sic hoc loco G. quoque, qui supra ἀτταταί. ἀτταταί et ἀππαπαί oxytona Ald. διὰ τούτου om. V. διὰ τοῦτο Θ. M. οὐ καταθεμένου Ald. et, omisso οὐ, V. οὖν καταθεμένου M. οὖν κατατιθεμένου Θ. Correxit Kusterus, collata Suidæ glossa, Ἀππαπαί : συγκαταθετικὸν ἐπίρρημα. εἰρηκότος γὰρ τοῦ Ἡρακλέους «ἀνδρὸς ἠράσθης;» τοῦτο ἐπεφθέγξατο.—21 τοῦ om. V

58 R. habet Ἀττικῶς. ἀντὶ τοῦ ἔχω γὰρ κακῶς. τὸ δὲ ἀλλὰ παρέλκεται. — 26 ἀλλά om. Θ. Καλλ. οὐδ' ἀλλ' ἧκα (ἧκεν G.) V. Correxit Dindorfius ex schol. Nub. 232.

63 sic V., τὸ δὲ ἔτνους δασύνει ἀθάρας. ἄλλως. ὀσπρίου πισσινοῦ ἤτοι κυάμου. ὡς ἀδηφάγον—κωμῳδοῦσιν. — 32 ὀσπρίας πισύνου Θ. πισσινοῦ Ald. — 33 δὲ om. M., qui δασὺ ἀθ. Θ. om. εἶδος, spatio vacuo. Ἰστέον ὅτι οἱ Θ.—34 μάχας ἐρρωμένοι Reg.

64, 37 Δ. σοι ὡς V. Ald. Δ. σε ὡς Θ. διδάσκω σοι om. M. ὑπερβαλῶ Θ. Reg. ἆρα ἐκδιδάσκω τὸ σαφὲς ἤτοι τὸ διάπυρον τοῦ πόθου οὗ ἔχω διὰ τοῦ αἰνίγματος τοῦ ἔτνους, ἢ ἵνα φράσω ἄλλως. — 38 ἢ ἄλλῳ Ald. ἢ ἑτέρα φράσω ἀντὶ τοῦ ἀγγελῶ V.—39 οἷον ἄλλῳ τρόπῳ additum ex V. ἡμίστιχον Ald.—40 Εὐριπίδου Ὑψιπύλης R.

67, 41-43 Τινὲς διορίζουσι—αὐτό. ἄλλως. τινὲς βούλονται ἓν πρόσωπον ὅλον V. — 42 ὅλον ante ἓν ponunt Θ. M. — 43 sq. αὐτῷ οὕτω. καὶ αἱ γραφαὶ φέρουσι τελευτήσαντα τὸν υἱὸν Εὐριπίδου δεδοιχέναι αὐτοῦ ἐν ἄστει ὁμωνύμως. — M. — 44 αἱ om. V. — 45 ὁμώνυμον G. ὁμωνύμως V. Ald. — 46 ἐν τῷ πρώτῳ ἑτεριφιγένεια (ἑτεριφιγένειαν G.) V. Error librarii, qui vocabuli ἄστει obscurius scripti literam primam pro nota numeri accepit. Deinde ἀλκμαίω διονα βάκχ. V. Scribendum videtur Ἀλκμαίωνα τὸν διὰ Κορίνθου : vide præfat. ad Eurip. Alcest. p. 9. Dind.

72, 49 συμμάχων Θ. σύμμαχος V.

73, 51 sic Ald., Ἰοφῶν υἱὸς ἦν Σοφοκλέους ἐκ Νικοστράτης· ὃς δόκησιν παρεῖχεν, ὅτι τοῖς τοῦ πατρὸς ἐχρῆτο ποιήμασιν ὡς οἰκείοις. εἰσήγαγε δέ ποτε Σοφοκλῆς ἐν δράματι τὸν Ἰοφῶντα φθονοῦντα καὶ πρὸς τοὺς φράτορας ἐγκαλοῦντα τῷ πατρὶ ὡς ὑπὸ γήρως παραφρονοῦντι. οἱ δὲ τῷ Ἰοφῶντι ἐπετίμησαν. Σάτυρος δέ φησιν αὐτὸν εἰπεῖν, εἰ μὲν εἰμὶ Σοφοκλῆς, οὐ παραφρονῶ· εἰ δὲ παραφρονῶ, Σοφοκλῆς οὐκ εἰμί· καὶ τότε τὸν Οἰδίποδα παραγνῶναι (scr. παραναγνῶναι). οὐ μόνον δὴ Χοιρίλῳ καὶ τοῖς περὶ Αἰσχύλον καὶ Εὐριπίδην, ἀλλὰ καὶ Ἰοφῶντι συνηγωνίσατο τῷ υἱῷ. τοῦτο γὰρ μόνον ἔτ' ἐστὶν ἀγαθόν : ἠγωνίσατο Ald. Quæ Musurus interpolavit ex scriptore Vitæ Sophoclis. Υἱὸς—ὁ Ἰοφῶν om. Θ. M. — 52 sqq. ἠγωνίσατο etc. om. Θ. — 54 εἰρηκὼς τραγῳδίαν (codex τραγῳδία) additum ex V. εἰρηκότος τραγῳδίαν G.

75, 2 προελθὼν Dindorfius. Codex παρελθέτω. In G. ἀγαθὸν φασὶ παρελθέτω καὶ ἔψεξεν αὐτόν.—3-6 om. etiam Θ. M. — 5 ἢ πρότερον ἐν τῇ V. — 6 addit Ald. ἦν γὰρ ὁ Σοφοκλῆς Αἰσχύλου μὲν ἔτεσιν ἑπτὰ νεώτερος, Εὐριπίδου δὲ κδ'. Adjecit Musurus negligenter descripta ex Vita Sophoclis, ubi legitur νεώτερος ἔτη δεκαεπτά, Εὐριπίδου δὲ παλαιότερος εἰκοσιτέσσαρα. Dind.

78, 7 γὰρ om. V. M. ὁ additum ex R. — 8 Ἰοφῶν om. Θ. M. — 9 ποιήματα additum ex R ἀποβαλὼν Ἰοφῶν οὐ μόνον ἐπὶ V. οὐ μόνον δὲ ceteri. ἐπὶ τῷ om. Θ. τῷ addidit Portus; habere videtur M. — 10 ἐπιγράφεται V. τραγῳδεῖται Θ. M. ἐπὶ τῷ τὸ V. ἀλλὰ καὶ ἐπὶ τῷ M. — 11 μαλακὸς Θ. M. μακρὸς V. Ald. — 11 Νικόστρατος V. Νικοστράτου G. om. V. non G. — 12 Ἀρίστωνος G. νόθους V. non G.—13 codex Θεοδωρίδος Σικυμνίας. Deinde τὸ δὲ (δὲ om. M.) κωδ. om. R. V. — 14 ἀντὶ τοῦ add. R. οἷον M. In Θ. est κωδωνίσω ἢ κωμῳδήσω ἢ δοκιμάσω, ὅτι etc. — 16 κώδωσιν additum ex V. et Suida s. Διακωδωνίσω. — 16 ψοφοδεεῖς V. M. et Suidas. ψοφώδεις Ald. Hinc ad finem scholii sic ut editum est V., quocum fere consentit Suidas. εἶεν, ἢ (ἢ om. Θ.) εἰ θόρυβον ὑπομένειν δύνανται (ὑπομένοιεν Θ.), μήπως ἐν πολέμῳ εἰς κίνδυνον ὑπ' αὐτῶν ἐμβληθεῖεν (μήπως—ἐμβληθεῖεν om. Θ. M.) καὶ τοὺς ὄρτυγας. τινὲς δὲ ἀπὸ τῶν ἀγγείων τῶν σαθρῶν· ἐπεὶ οὕτω δοκιμάζουσι διακρούοντες. τινὲς δὲ ἐκ μεταφορᾶς τῶν νομισμάτων. (τινὲς δὲ—νομισμάτων om. Θ. M. Addit Reg. καὶ ταῦτα γὰρ οἱ παχύτεροι διὰ τοῦ ἤχου δοκιμάζουσιν.) τινὲς δὲ ἀπὸ τῶν φυλάκων. Δημήτριος γάρ (δέ Θ. M.) φησιν ὅτι κατὰ τὰς φυλακὰς εἰ ἐγρηγόρασι, κώδωσι διεσήμαινον (κώδωσιν ἐσήμαινον M.), ὅπως ἂν φθέγγωνται (φθέγγηται M.). βέλτιον δὲ τὸ ἐπὶ τῶν ἵππων καὶ τῶν ἀγγείων. τὰ δὲ ἄλλα (λοιπὰ Θ.) ἐσχεδίασται Θ. M. Ald. — 17 sq. οἱ γὰρ—μάχην Dindorfius addidit ex Suida. — 20 φυλακῶν Suidas. Libri φυλάκων. — 21 τὰ δὲ ἄλλα ἐσχεδίασται, id est, *reliqua vero sunt falsa* (vel *ficta*, *et commentitia*). Hoc enim sensu σχεδιάζεσθαι apud scholiastas interdum accipitur. Sic ad Vesp. v. 1169, εἰ δὲ μὴ ἐσχεδίασται τὸ διαλακώνισον, *nisi* διαλακώνισον *est vox ficta*. Et ad Nub. v. 967, ταῦτα δὲ σχεδιάσαι ἔοικε. Et ad Aves v. 873, τοῦτο δὲ μήποτε ἐσχεδίασται (Et ib. 557, ἐσχεδίασται δὲ ὑπ' αὐτῶν.) Vide præterea scholiasten infra ad v. 1400, Hesychium v. Πιτανάτης. Kust.—23 sqq. δύνανται. τὸ δὲ τοὺς φύλακας ἐγρηγορέναι κώδωσι διεσήμαινον, ὅπως ἀντιφθέγγωνται Suidas. — 24 καὶ τὸ κατὰ V.

82, 28 ἁπλοϊκός τις καὶ V. et γὰρ pro δέ. Reg. ἁπλοϊκὸς καὶ ἀφελής.

83, 30 τραγικὸς π. Ald. Scholion om. Θ. M.—31 Τισαμένου. ὃς κωμῳδεῖται εἰς V. ἐπὶ μαλακίᾳ διεβάλλετο Ald. — 32 κωμῳδοῦ υἱὸς V. Correxi ex Suida s. Ἀγάθων, cujus cod. Paris A κωμῳδιοποιός. Dind. Σωκράτους Suidas. διδασκαλείου G. διδασκαλίου V. διδασκάλου vulgo apud Suidam : sed duo codd. διδασκαλείου, unus διδασκαλίου. Hinc usque ad l. 34 sic in Θ. Ald., ποθεινὸς τοῖς φίλοις : τοῖς σοφοῖς. οὗτος δὲ ὁ Ἀγάθων κωμῳδοποιὸς τοῦ

Σωκράτου [sic] διδασκάλου (τῆς Σωκράτους διδασκαλίας Θ.), ἀγαθὸς τὸν τρόπον κ. Reg.: Ὁ Ἀγάθων οὗτος ποιητὴς ἦν κωμῳδίας δεξιὸς, καὶ τὸν τρόπον ἀγαθός. κατηγορήθη δὲ ὅτι ἀπέδρασε πρὸς τὸν βασιλέα τῶν Μακεδόνων Ἀρχέλαον.

84, 37 παρ' V. σὺν ceteri. παρ' αὐτῷ om. Suidas, qui παραχθέντων.

85, 39 λέγει δὲ Θ. ὡς ἂν R., qui εἶπε R. Ceteri περὶ τάς. — 40 τῆς additum ex V. — 42 διατριβήν additum ex R. ἀναστροφήν habet Reg. τοῦτο δὲ om. M.

86, 44 Ξενοκλῆς addit post Καρκίνου Ald., ὁ Ξενοκλῆς V., omittit R. — 46 Δάτις, quod Δᾶτις scribendum fuit, addunt R. V. Tres filii Carcini memorantur ab scholiasta Pac. 778, Ξενοκλῆς, Ξενότιμος, Ξέναρχος, totidemque, sed nominibus non additis, a Pherecrate ap. schol. Vesp. 1502; duo, Ξενοκλῆς καὶ Ξενότιμος, ab scholiasta Nub. 1264, secundum nostrorum librorum lectionem: nam vulgo tres, Ξενοκλῆς, Ξενότιμος, Δημότιμος. Datis tragicus, Carcini filius, memoratur ab schol. Pac. 288. Quæ inter se conciliare conatus est Meinekius Hist. Com. p. 513 sqq. Dind. — 47 γεγονότες om. V.— 48 Φαΰλλου μὲν Meinek. p. 516. — 49 τῶν δὲ δήμων Θ. τὸν δὲ δῆμον V. τῷ δὲ δήμῳ Ald. Χολαργέτης Θ.

87, 50 sq. Οὗτος ἄσημος τραγῳδός R., qui post μνημονεύοντες addit ἔστι δὲ τραγῳδίας ποιητὴς μοχθηρός. V. ποιητὴς καὶ μοχθηρὸς καὶ ἄσ. — 51 δὲ om. Θ. τῆς et 52 φωνῆς addita ex V. φησὶν om. R. με V.—54 ἔδειξε δοῦλος V. ὁ δ. Θ. M. sine ὡς.

91, 2 πλέον ἢ σταδίου R. — 4 ἀντὶ τοῦ et 5 καὶ om. V.

92, 7 πατεῖσθαι G. ὀπτᾶσθαι V. στεμφύλων Dindorfius. Legebatur σταφύλων. Reg. σταφυλῶν. — 11 ἐπικαλύπτεσθαι Θ. Apud Suidam est ἐπὶ τοῖς φύλλοις καλύπτεσθαι, corruptum ex τοῖς φ. ἐπικαλύπτεσθαι. Dind. κρύπτεσθαι Reg. — 12 Ἄλλως et sequentia om. Θ.

93, 17 π τῇ ἐν R. — 19 ἂν εἶρπε R. Θ. Legebatur ἐνεῖρπε. ἐκ φυῆς R. — 20 μουσεῖον R. Ceteri μουσεῖα. — 22 ἐν om. R. — 23 sqq. habet Reg. et minus integre Ald. supra post καὶ γὰρ l. 21.

94, 30 περιεστηκότας Θ.

100 sic Ald., ἐξ Ἀλεξάνδρας Εὐριπίδου, καὶ χρόνου πρόβαινε πόδα. καὶ ἐκ Μελανίππης Σοφοκλέους (σοφῆς Berglerus), ὄμνυμι δι' ἱερὸν αἰθέρα, οἴκησιν Διός Ald. εἰς τὴν Ἀλεξάνδρειαν Εὐριπίδης — καὶ εἰς τὴν Μελανίππην Σοφοκλῆς M. — 43 ἱερὸν R. V. — 44 τὸ δὲ et ἐστὶν om. R. Ἀλεξάνδρου R. V. — 45 προὔβαινε Elmsleius ad Eurip. Bacch. 887. πρόβαινε libri. Iidem ποῦς.

102, 46 ταῦτα ἐξ libri præter R.

103, 49 Ἀττικῶς. ὁ δὲ Διόνυσος λέγει καὶ ὑπερβαλλόντως μοι ἀρέσκει V., ex scholio proximo. — 50 σημείωσαι Θ. — 1 sq. ἵνα τὸ ν codex. — Ἀττικοὶ (om. Θ. M.) μᾶλλον Ald. — 9 τουτέστιν — ἀρέσκει om. V.

105, 14 fortasse Ἀνδρομέδᾳ. Neque enim hæc in Andromacha leguntur, cujus fabulæ locos aliqua ex parte similes comparabat Berglerus v. 237, ὁ νοῦς ὁ σός μοι μὴ ξυνοικοίη, γύναι et 581. πῶς; ἢ τὸν ἀμὸν οἶκον οἰκήσεις — ; Post Ἀνδρομάχη Suidas s. Μὴ τόν addit ἢ (ἔχον Toupius) οὕτως; Dind. — 15 γὰρ βλέπω V.

106, 16 ἀληθῶς ἢ additum ex V. — 18 οἷος R. οἷον ceteri. — 19 ἔχυντο om. R.

107 in Reg. ἔοικεν ἀποσκώπτειν εἰς Ἡρακλῆν ὡς πολυφάγον· ἐλέγετο γὰρ ὅλον βοῦν ἐσθίειν.

113, 23 sq. habent Θ. M. — 24 οὐ δύναται R. — 25 ἄλλως. ἐκνεύσεις ὁδῶν ἀπὸ τοῦ ἐκτρ. καὶ ἀποφεύγειν, ὅταν V.

115, 31 χόρις οὐκ ἔστιν codex. Fortasse præstat ὅπου δὲ ῥυπαρία οὐκ ἔστι, χόρεις ὀλίγιστα. Dind.

121, 39 θρανάτια R. θανάτια V. Θ. M. θρανίτια Ald. Dindorfio corrigendum videtur θρανία et Suida s. Θρανίον. ταπεινά τινα R. et Suidas. τὰ στενὰ V. τινὰ Θ. M. Ald. — 40 διφρίδια—λέγονται R. et Suidas. διφρία—ἔλεγον V. Θ. M. Ald. ἢ om. V. — 41 θρῆνις V. Ald. ὑπὸ δὲ θρῆνυς (θρῆνις G.) V. Est ex Il. Σ, 390. ἱστάμενοι additum ex R. et Suida. Post ἀπαγχόμενοι ponunt V. Θ. M. — 42 δὲ αὐτά V.

122, 46 θερμοῦ R. θερμόν V.

123, 49 Ὅτι om. R. — 50 τετρ. δὲ ὡς R. V.

125, 2 sq. καὶ γὰρ ἀπὸ τῶν ποδῶν οὗτος ὁ θάνατος ἄρχεται V. οὗτος om. R. — 3 πρῶτον αὐτὰ R. V.

127 sic V., Ἀντὶ τοῦ εὐθεῖαν. οὕτως δὲ Ἀττ. ἀντὶ τοῦ κατωφερῆ. αἱ γὰρ τοιαῦται ὁδοὶ εὐκολώτεραι καὶ ταχύτεραι. Reg.: Ἄναντες καὶ κάταντες τὸ αὐτό ἐστιν· πρὸς δὲ τὴν σχέσιν τῶν ἀνιόντων καὶ κατιόντων λέγεται οὕτως.

131, 10-12 Τοὺς—Προμηθέως in fine scholii habet V., post scholion v. 133 inde a verbis ἐγένοντο δὲ τρεῖς λαμπαδοδρομίαι. — 11 τρεῖς γίνονται V. — 12 Κεραμικῷ R. V., non G. De re v. Schneideri annotationem ad Xenophontem De vectigalibus p. 170. Ib. Κεραμικὸς V., non G. — 18 ἑαυτὸν ἀφεῖναι V.

133, 19-21 Ἀντὶ τοῦ—οἱ δρομεῖς δηλονότι in fine scholii ponit V., præfixo ἄλλως. — 20 ἵητε M. ἀφίητε hic et paullo post M. et Suidæ ed. Mediol.: ἀφίετε cod. Paris. A. — 21 δὲ om. R. V. — 22 ἀφίητε R. — 23 σαυτὸν ῥῖψον κάτω Suidas. ἵητε ἀντὶ τοῦ M. ἐναίαντι V. ἐν αἴαντι G. Id est ἵνα ἀντί

ἀντὶ τοῦ, ut apud Suidam legitur. — 24 δεύτερον τοῦ ἔσχ' αὐτῶν V. — 25 πρώτου, 26 ἐπικαλούντων Ald. — 32 χορεσθῆναι, 33 ἴω καὶ ἔημι Reg.

134, 42 ὅτι πρὸς Ald. φησὶ additum ex R. — 47 ἐγκ. ὅπου ἂν V. ἐγκ. οἱ ποιηταὶ Θ. — 49 ὁ παρέψησις τὸ Θ. M.

138, 50 δύναιτο ἂν χωρῆσαι V. — 51 λέγουσι libri præter R.

139, 52-54 Τύνον τὸ μικρὸν καὶ τυτθὸν ὁμοίως τὸ νήπιον ἢ τιτθὸν—καθεστηκός. ἄλλως. συνάγων—μικροῦ V. — 52 τοὺς δακτύλους καὶ τὴν παλάμην κοιλάνας Ald. — 53 μικροῦ V.

140, 5 δὲ V. οὖν ceteri, om. R. διὰ om. V. — 7 οὖν R. — 10 ἦν δὲ καὶ etiam Θ. M. ὕστερον δὲ ἦν τρ. Ald. Reg. ὕστερον δὲ καὶ τρ. ἐγένετο. Ib. στρ. βλακείας Suidas s. Ὀβολοῦ et Φεῦ. — 12 ἦν om. V.

142, 14 Περιθέου V. Reg.: Θησεὺς καὶ Πειρίθους συνέθεντο ἁρπάσαι τὴν Περσεφόνην, ἔρωτα σχόντος αὐτῆς τοῦ Πειρίθου. κατελθόντες οὖν ἐν τῷ ᾅδῃ κατεσχέθησαν, καὶ ὁ μὲν Πειρίθους ὡς ἅρπαξ τῷ Κερβέρῳ κατάβρωμα γίνεται· Θησεὺς δὲ ὡς συνεργὸς ἀλλ' οὐχ ἅρπαξ κατασχεθεὶς ἐδέθη· ὕστερον δὲ Ἡρακλεῖ κατελθόντι διὰ τὸν Κέρβερον, πάντα Θησεὺς τὰ ἐκεῖ ἀκριβέστερον ὑποτίθησιν.

146, 21 Ὅτι additum ex R. τινὲς δὲ V. τὸ R. — 22 στράτιδι G. Legebatur Ἀταλάντῳ. Correctum ex Suida s. Σκῶρ, qui Ἀταλάντης posuit. ἀταλάντου M. — 23 ψ. γὰρ R. — 24 δέδεικται R. Θ. M. Legebatur ὁ Ἀτάλαντος. Sequentia sic in V., ἀποπάτημα, χέσμα. ἀεὶ νάον (νέον G.) δὲ ἀεὶ ῥέον, et infra τοὺς κολ., quam gl. om. G.

151. Hoc scholion post scholion v. 153 ponit V., præfixo ἄλλως. — 30 ὑπόψυχρος R. et Suidas s. Ἡ Μορσίμου. ψυχρός V. Θ. καὶ ψυχρός Ald. πάνυ φαῦλος καὶ αἰσχρὸς Reg. — 31 δὲ Σοφοκλέους M. ἀγαθὸς ἰατρός V. Θ. M. — 32 μικρός V. Θ. μικρὸς τὸ σῶμα M. Ἀστ. V. et Suidas. Legebatur Ἀμφιδάμαντα.

153, 35 Ἔπρεπεν ἵνα καὶ τοὺς τὴν πυρρίχην μανθάνοντας τοῦ Κινησίου μετ' ἐκείνους ἐκεῖ κολάζεσθαι. Κινησίας δὲ ἦν διθ. V. — 36 πύρριχον R. et Suidæ s. Πυρρίχαις codd. Paris. A et Leid. ὅτι om. R. — 37 ἐχρῆτο V. ἐχρᾶτο R. Ceteri ἐχρήσατο. — 43 ὀκνηρὸς libri et Suidas s. Πυρρίχαις. Scribendum σμικρὸς cum Kustero. Dind. κατεσκελετευκώς V. et Suidas. κατασκελετευτηκώς Ald. — 44 κατησχημονηκότων G. — 46 χοροῖς V.; qui ὑπᾴδων. Ceteri ἐπᾴδων. — 47 Θηβαῖος Φιλοκλέους υἱὸς addit V., ex scholio præcedente de Morsimo. Ἀθηναῖος Meinek. Hist. Com. p. 229. — 48 ἐχρῶντο Ven.

159, 3 Ἀντὶ τοῦ ἐγὼ ὁ ὄνος εἰμὶ μεμυημένος· καὶ γὰρ τοῖς μυστ. V. — 4 ἄστεως V. ἄστεος ceteri et Suidas s. Ὄνος· — 5 διὰ τὸ om. V. — 6 οὖν et τι om. R. πάσχοντι Θ., om. M. — 8 μίγνυσιν. ἔστι (εἰσὶ G.) δὲ οἱ εἰδότες τὰ μυστήρια. παροιμιῶδες V., ex scholio v. 158. Reg. post alia, ἢ τὸ ἄγων ἐνταῦθα ἀντὶ τοῦ ἀγόμενος, ἀπιὼν εἰς μυστήρια, ἤτοι εἰς τὴν Ἐλευσῖνα, ἔνθα τὰ μυστήρια ἐτελεῖτο. τὸ γὰρ ἄγειν ἐνταῦθα οὐ τὸ φέρειν, ἀλλὰ τὸ ἀπιέναι, ἵνα ᾖ ὄνος ἄγων μυστήρια, ἤτοι ἀπιὼν εἰς τὴν τῶν μυστηρίων ἑορτήν· τὸ γὰρ ἄγειν ἐνταῦθα ἐπὶ τοιαύτης ἐννοίας λαμβάνεται, κατὰ τὸ Λαοδίκην εἰσάγουσαν, ἀντὶ τοῦ ἀπιοῦσαν καὶ πορευομένην εἰς Λαοδίκην.

160, 10 γελοῖος V., qui 11 om. εἰπόντος.

169 sic V., ἀντὶ τοῦ μὴ εὕρω ἤγουν ἐὰν μὴ ἔχω ἀργύριον. λέγει δὲ τὸ (ἵνα λέγῃ τὸ G.) ἀργύριον (ἐὰν μὴ εὕρω add. G.). — 19 γράφεται δὲ καὶ ἂν δὲ μὴ ἔχω, ἤγ. ἐὰν δὲ μὴ Ald.

173, 23 δὲ om. R. αἱρεῖ V., qui ἡ δὲ δρ.—αἰτεῖ infra post τὸν μισθόν ponit. — 24 οὖν om. R.

174, 26 σκευοφορεῖν Θ. M. — 27 εἶναι om. V. Qui post αἰτεῖ (v. ad l. 23) sic, τοῦτο πρὸς τοὺς βαστάζοντας αὐτὸν ὁ νεκρός φησι.

175, 29 Ἀντὶ τοῦ ἐὰν ξυμβῶ σοι V. Legebatur ἐὰν ξυμβῶ σοι. γράφεται δὲ καὶ ἵνα, quæ om. R. — 30 συμφωνήσω R. Θ. τι additum ex R. ἐάν Heynius ad locum Homeri. Legebatur καί. — 31 καὶ additum ex V. Θ. Scribebatur ῥέξωμεν.

177, 32 sq. μίαν ἡμίσειαν δραχμήν· ἡ γὰρ δραχμὴ ἓξ ὀβολοί εἰσιν M. — 34 Οἷον (om. G.) ἀπολοίμην. ἐνοχλούμενος δὲ V. — 36 τὸ additum ex M. — 37 εἶναι om. V. ἦν M. — 39 ἄλλως. ἐν ἤθει V. ἤγουν Ald. ἢ οὖν Θ. τυχοῦσαν. ἢ διὰ τὸ μοχθηρὸν τοῦ ἀνθρωπίνου βίου τοῦτο λέγει M. — 40 βίος om. R.

180, 44 ὦ ὄπ. Ald. ὤπ. R., qui δὲ om. παραβαλοῦ οἷον ἔμβα V. reliquis omissis. ὅρμησον R. Θ. — 45 τῇ ναὶ R., qui γάρ, reliqui δὲ. Reg.: τὸ ὠόπ ἢ καὶ ὠόποπ, ὡς προϊὼν λέγει ὁ ποιητής, ἀπήχημά ἐστι τῶν κωπηλατούντων, ἐκ τῆς ὠθήσεως τῶν κωπῶν τοιαύτην φωνὴν διὰ τῶν χειλέων προϊέναι εἰθισμένων. καὶ ἔστι ποιὰ λέξις. Τὸ δὲ παραβαλοῦ ἔοικε πρὸς τὸ σκάφος λέγειν ὁ Χάρων, οἱονεὶ πλησίασον ὦ σκάφος τῷ τῆς λίμνης λιμένι.

181 om. G. Glossam τὴν Ἀχερουσίαν λίμνην habet R. — 50 λογίου, 51 ὀρχίστρας V.

184. Scholion om. Θ. M. — 53 αὐτὸ οἱ Dobræus. Legebatur αὐτοί. σάτυροι Bentleius. Legebatur σαπροί. — 54 tertium χαῖρ' ὦ Χάρων om. R. — 1 εἴπου R. θυμῇ Ald. Ἄλλως V. ἢ οὕτω Ald., om. R., qui ὑπονοουμένους. — 4 καὶ αὐτὸν βούλεσθαι V. et, omisso καί, Ald.

186, 7 Κηρύσσει ὁ Χάρων καὶ ὡς τόπους καταλέγει. λήθης δὲ πεδίον χωρίον διατετύπωκεν ἐν ᾅδου οὕτω λεγόμενον ὡς καὶ τὸν αὐαίνου λίθον. Ἄλλως. τοῦτο V. Sic etiam M., nisi quod in fine λίθον, ἀπὸ—ἀλίβαντας εἶναι. τοῦτο et quæ sequuntur.—

8-17 Θ. M. Ald. sic, καταλέγει. οὕτω γὰρ κηρύσσειν εἰώθασιν οἱ τὰς ναῦς ἔχοντες, ὅτε πρὸς ἑτέραν ἐκπλεύσειν μέλλουσι χώραν, ὡς ἂν ἀκούσαντες οἱ ἐκεῖθεν ἀποδημήσοντες τούτους μισθώσαιντο. κατὰ τὸ ἄνω οὖν ἔθος καὶ τὰ ἐν ᾅδου σχηματίζει. Λήθης δὲ πεδίον, χωρίον διατετύπωκεν ἐν ᾅδου, ὡς καὶ τὸν Αὐαίνου λίθον ἔπλασεν, ἀπὸ τοῦ αὐαίνεσθαι τοὺς νεκροὺς καὶ ἀλίβαντας εἶναι. (οὕτω γὰρ—ἀλίβαντας εἶναι om. Θ. M.) ἐκ δὲ τοῦ δευτέρου καὶ τὸ ἀδύνατον τῶν καθ' ᾅδου δηλοῖ, τοῦ, ἢ ἐς ὄνου πόκας. ἀδύνατον γὰρ πόκας ἀποκείρασθαι τῶν ὄνων. φαίνεται δὲ καὶ παροιμιῶδες εἶναι ὄνου πόκον, τὸ ἄχρηστον· οὐδὲ γὰρ αἱ τοῦ ὄνου πόκες χρησιμεύουσιν. ἡ παροιμία δὲ λέγεται ἐπὶ τῶν ἀνηνύτων καὶ ἀνυποστάτων· παρόσον τὸν ὄνον οὔτε πέξαι τις δύναται, οὔτε κάρσαι. λέγεται δὲ καὶ ὄνον κείρεις, ἐπὶ τῶν ἀνηνύτοις ἐπιχειρούντων. (καὶ ἀνυποστάτων—ἐπιχειρούντων om. Θ. M.) ἐν ᾧ τρόπῳ et cetera. — 9 τὸ ἧς V. — 10 sq. ἀδύνατον δὲ π. ἀποκείρεσθαι τὸν ὄνον, 13 τετύπωκεν R. — 14 πλάσας et αὐᾶσθαι, 16 τῇ παροιμίᾳ, 18 χύτραν ποικίλην καὶ κόπρων ἀναθυμίας V.

187, 22-24 γράφεται ἐνθάδε Κερβερίην ἀντὶ τοῦ Κιμμερίην. ἄλλως. τοὺς Κιμμερίους παίζει παρὰ τὸ Κέρβερος V.

188 ὁρμήσειν V.

189, 34 λέγειν om. V. ὡς χαρ. libri præter R.

191, 35-53 εἰ μὴ νεναυμάχηκε φασὶν οὐχὶ (νεναυμάχηκε ἔξω φησὶν οὐχὶ G.) περὶ χρημάτων πατρίδος—πράττειν. ἦσαν οἱ δοῦλοι—ἰδίων νεκρῶν καὶ χρεῶν τὴν εἰς Ἀργινούσας φησὶ ναυμαχίαν. Ἄλλως V. — 36 ναυμαχήσαντες om. M. — 37 ἀλλ' ἤ, 38 τῶν σωμάτων. φησὶ δὲ ὅτι οὐ, 39 καὶ οὐ περὶ πατρίδος M. — 42 δὲ om. M. — 44 στρατηγῶν οἱ ὑπομείναντες ἀπώλλοντο M. — 46 τῆς om. M. — 49 τί γὰρ M. μόνον om. V. — 50 ἀπελαύνει V. μόνον ἐκώλυσεν Ald. ἀπέλασε μόνον, ἀλλ' οὐκ εἴ τις καὶ τῶν ἐλευθέρων μή, 51 εἴη δ' M. sine ἤ. — 52 λέγειν V. M. — 53 αἱ et γὰρ om. R. — 2 ἄρξει R. V. ἄρξεις Ald. Correctum ex Θ., qui hoc unum scholion habet, τὴν ναυμαχίαν τὴν ἐν Ἀργινούσαις λέγει. τῶν σωμάτων λέγει. καὶ Σοφοκλῆς, τοιοῦτος ὢν ἄρξειε τοῦδε τοῦ κρέως. γρ. νεκρῶν. — 3 οὖν et alterum τῆς om. R., qui αὐτοῦ. — 4 γεγονότων, 8 δὲ τοὺς V. Qui ἠγωνίσατο, non G.

193, 11 περικυκλεύσῃ Ald. περιελεύσῃ Reg.

194, 14 Ὅπου ξηραίνονται οἱ ἐν ᾅδου. ἄλλως. ἀπὸ τοῦ αὔους V. Ἀπὸ τοῦ etiam ceteri præter R. — 16 λίθου om. R. V. Θ. δὲ τὸ V. Reg.: Ἦν μὲν ἀληθῶς τόπος τις οὕτω καλούμενος Αὐαίνου λίθος· ἐνταῦθα δ' ἐσχηματισμένως φησὶν αὐαίνου λίθον, ἤγ. τὴν παρὰ τῷ ᾅδῃ ξηρότητα, ὡς ἀπὸ τοῦ αὔω τὸ ξηραίνω. — 17 ἀπὸ τοῦ αὐτοῦ αἴνου, 18 τινὰ ὡς et ἄγος γέγονας V.

196, 27 ἐκ τῆς οἰκίας ἰὼν R. ἐξιὼν τῆς οἰκίας ceteri

197, 30 Ἀκούσας ὁ Διόνυσος ὅτι κάθιζε ἐπὶ κώπην ἐπάνω τ. κ. ἐκ. V.

204, 48 καὶ om. V. — 49 ναυμαχίαν τὴν κατὰ Ξέρξου Ald. μὲν om. V.

208. Scholion metricum om. etiam Θ. M. In Reg. annotatur scribi etiam ὠοόπ, ὠοόπ.

209, 24-26 βατράχων—ἄλλως ex V. Nihil præter verba τοῦτο (τούτῳ Θ.) κέχρηται ὡς ἐφυμνίῳ τῷ κώλῳ habent R. Θ. et (qui τούτῳ τῷ κώλῳ κέχρηται ὡς ἐφυμνίῳ) M. — 24 δὲ ποιῶν codex. — 25 δὲ om. G. — 26 λιμνῶν καὶ κρηνῶν ὀφείλων εἰπεῖν οὕτως εἶπεν Ἀττικῶς. ταῦτα δὲ Θ. Ald. — 30 ἀληναίων V., ex quo 31 οἱ additum.

213, 34 προσφέρειν om. Θ.

216, 36-41 ἀπὸ—ἑορτὰς post ἰαχοῦμεν l. 42 ponit V., præfixo ἄλλως. — 37 λήμναις et λήμναι, 40 Ἑκάβῃ V. χοραστάδας Ald. — 41 Νύσα V. — 42 glossam ἀντὶ τοῦ ἰσχνοῦμεν [sic] habet etiam R. Scribendum videtur ἀντὶ τοῦ ἠχοῦμεν. Dind. — 44-47 scholion recentissimum omittunt etiam Θ. M. Reg., qui hæc, τὸν Νυσήϊον, τουτέστι τὸν τιμώμενον ἐν Νύσῃ τινὶ τόπῳ τῆς Ἀττικῆς, ἐφ' οὗ ἱερὸν ἦν Διονύσου. ἢ τὸν et cetera quæ habet Θ. l. 43. — 49 γενόμενος V.

218, 52 Ἀθ. γινομένη τῷ Διονύσῳ add. Ald. Scholion om. M. — 2 θύειν αὐθ' ἔχουσι, τῶν. V. ἔχουσι om. Ald., ante ἔθος ponit Θ. — 4 ἅπαντες Θ. οἱ additum ex R., qui 6 παραγινομένους. ὑπὸ τῶν Θ. ἀποθανόντων R. Θ. et schol. Acharn. 1076. θανόντων Ald. Ceterum Theopompi locus in G. sic scriptus est, servata forma orationis recta, Θεόπομπος ἐκτίθεται, μετὰ τὸ σωθῆναι τοὺς ἐν τῷ κατακλυσμῷ πεφευγότας ἀνθρώπους. ᾗ ἡμέρᾳ πρῶτος ἐθάρρησαν χύτραν τῷ πυρὶ ἐπιστῆσαι καὶ ἐν αὐτῇ ἀφεψῆσαι τὰ ἐμβληθέντα, καὶ τὴν ἡμέραν καὶ ἑορτὴν κατ' αὐτὴν τὴν ἡμέραν ποιήσαντες χύτρους ἐκάλεσαν. ἔθυον δὲ ἐν αὐτῇ οὐδενὶ τῶν Ὀλυμπίων θεῶν, Ἑρμῇ δὲ χθονίῳ ὑπὲρ τῶν τεθνεώτων καὶ τῆς ἑψομένης χύτρας ἑνὶ ἑκάστῳ τῶν ἐν τῇ πόλει. οὐδεὶς τῶν ἱερείων ἐγεύετο. οἱ δὲ κατ' ἐκείνην τὴν ἡμέραν ἐκεῖσε παραγενόμενοι ἐγεύοντο τῶν χυτρῶν καὶ ὑπὲρ τῶν τεθνεώτων τὸν Ἑρμῆν ἐξιλάσκοντο. ἡμέρᾳ δὲ τὰς χύτρας ἐκείνας ἦσαν ἑψοῦντες καὶ οὐ νυκτί. Tum pergit ἤγοντο δὲ καὶ ἀγῶνες ἐκεῖ οἱ χύτρινοι etc. — 7 αὐτόθι ante ἀγῶνες V. οἱ om. Θ. καλούμενοι χύτρινοι (χύτρινοι Θ.) V. Θ

219, 13-16 om. etiam Θ. M.

222, 17 Ὁ om. R., totum scholion om. V. M — 18 ἐπὶ τὸ R. — 19 Ἡρόδοτος Θ., qui 20 κατὰ omittit. βαρύνει αὐτό R.

223, 21-27 om. etiam M. — 24 sq. τράμιν—ἰσχίον Θ. τράμην—ἰσχύον Ald. ὀσχεον Kusterus ad Suidam s. Ὄρρον. — 28 sq. ὄρρος δὲ τὸ καλούμενον πύρρον, 30 τὸ—ταυρὸν, et ὀσφὺν, ὄρρον ὡς ὀρθὸν

codex. Hunc accentum si probavit Timachidas, scribendum ὅρρον ὡς ὅρμον. Dind. — 34 ἑτοιμολογεῖται V., non G. — 35 τὸν ὅρρον additum ex G.

228. Scholion metricum om. etiam Θ. M. Regius in duodecim κῶλα dispescit. — 1 τοῦτο om. R. — 3 sq. ἢ οὐχ οὕτω ὅτι R. ἢ ὅτι οὐχὶ (οὐ M.) M. Ald. — 4 ἡσυχίαν ἄγει R. κατὰ ἡσυχίαν ἀλγεῖ M. Ald. καταχλευάζει V., qui αὐτοὺς et καὶ om. — 6 περιεργαζόμεθα V.

230, 8 ἐπειδὴ om. V., qui 9 δοκεῖ ὁ Πᾶν. αἰγιβόταν libri præter V. — 10 κερατοβαλής codex. — 11 ἐπὶ τὰ κέρατα Suidas s. Κεροβάτης. Post ἀκρωτήρια pergit V., ἄλλως. ὅτι οἱ ἀρχαῖοι—ὡς περὶ λύρας (ex scholio v. 231). ἄλλως. κεροβάτας ἐπειδὴ χηλὰς ἔχειν δοκεῖ τράγου. διὸ καὶ αἰγοβάταν καὶ τραγοβάμονα λέγουσι. Δίδυμος etc. Reg., ἢ ἐν τοῖς κέρασιν ἤτοι τοῖς ἄκροις τῶν ὀρῶν βαίνων. — 13 κεράτινον R. et Suidas. ἥπερ V. ὡς R. ἱστορεῖται γὰρ Suidas. — 14 ἔχειν Ald.

231, 18-22 Ὅτι οἱ—ἦσαν post καλάμων l. 23 ponit R., præfixo ἄλλως. 19 καλάμου ἀντὶ τοῦ κερατίου V., qui om. ἐχρῶντο. Hic addit Ald. Σοφοκλῆς—λύρας, quæ om. R. et Suidas, infra in alio scholio exhibet V. ἢ om. V. et Suidas. ᾔδεισαν V. ἔδησαν G.—20 ἀναφαίροντας V., qui 21 om. ὡς. ὡς καὶ νῦν Suidas. ἐκ om. V., qui 22 τὸ παλ. γὰρ. νευρῖναι Θ. Ἄλλως om. R. Ald. ἐπειδὴ M. ἢ ἐπεὶ Ald. καὶ γὰρ ἐπισυριγγῇ δὲ ὁ Πᾶν V. ἐπὶ σύριγγι ᾖδεν ὁ Πᾶν G. — 23 ἥτις ἦν V. ἐστὶν om. M. Post καλάμων pergit Θ. ἄλλως. ἐξ οὗ ἡ σύριγξ—νευρῖναι ἦσαν. M. autem, ἢ ἐξ οὗ σύριγξ· οἱ γὰρ ἀρχαῖοι καλάμῳ ἐχρῶντο ἀντὶ κέρατος. — 24 ἡ χώδη codex. Deinde scribendum videtur ἢ διότι ἀπὸ. Dind. — 25 κέρας codex. — 27 Αἰχμαλωτίσι Ald. αἰχμαλώτοις V. σου Ald. et Pollux 4, 62. σοι V. Restitui σοῦ, id est σοι ὁ: cujusmodi est μοῦ ex μοι ὁ contractum, de quo dixi in annotatione ad Vesp. 902. Dind. — 28 ὡσπερεὶ Pollux. ὡς περὶ V. ὥσπερ Ald. — 30-32 om. etiam Θ. M.

236, 37 λείπει—χερσί om. V., qui 39 ἐνόησεν V.

241. Scholion metricum om. etiam Θ. M. Regius tredecim κῶλα facit. — 1 οὔσης additum ex scholio Aldino, quod vide ad v. 244.

243 R. habet glossas ἐσκιρτήσαμεν et εἶδος βοτάνης.

244, 8-12 sic in Ald., φλέως λοχμῶδες φυτὸν, οὗ μνημονεύει Θεόφραστος. πρόδηλον ὅτι ποτάμιός ἐστι βοτάνη, ὡς βούτομον. διὸ καὶ τὸν κύπειρον προσέθηκεν, ὡς καὶ Θεόκριτος·

ἔνθεν βούτομον ὀξὺ, βαθὺν δ' ἐτάμοντο κύπειρον

μέμνηται αὐτοῦ καὶ ἐν Ἀμφιαράῳ·

πόθεν ἂν λάβοιμι βύσμα τῷ πρωκτῷ φλέων;

τοῦ δὲ ἡλίου λάμποντος καὶ θαυμαστῆς οὔσης αἰθρίας τὸ τῶν βατράχων γένος ἄνω καὶ κάτω πρὸς τὰς λίμνας χωρεῖ. καὶ πρὸς τὴν γῆν ἔσθ' ὅτε ἐκφέρεται ἐπὶ κυπείρου καὶ φλέω καὶ τῶν τοιούτων βοτανῶν ἐφαλλόμενον. Totum locum om. V. Neque in Θ. M. ullum est vestigium versus ex Theocrito adscripti et postremorum verborum τοῦ δὲ ἡλίου—ἐφαλλόμενον. — 8 Φλέω R. Θεόφραστος, vide Schneiderum vol. 5, p. 537. — 9 ποτάμιος om. R.: habet Suidas s. Φλέω. ποταμία[ος] M. — 13 κυπειρὸν hic et infra V. Annotatio inepta grammatici φλέως et φελλεύς confundentis. Deinde montem Φελλέα dicit, de quo v. Steph. Byz. Dind. — 16 περὶ G.

246 in principio scholii v. 240 ponit V., qui 20 ἥλιον δὲ, 22 ἐπὶ τῶν χειμάρων G. ποταμῶν τῶν πληρουμένων ἐκ τῶν ὑετῶν ὅπως μὴ παρασύρωνται V. Tum pergit ἄλλως. ὅτι etc.

247, 24 Ἔνυδρον δὲ ἐν βυθῷ χορείαν, ὅτι οὐκ ἂν δύναιτο φθέγξασθαι κατὰ βυθὸν, ἀλλ' ἄνω κεκράγασιν. ἄλλως. τὴν V., qui ἄνω κέκραγεν. Ceteri ἀνέκραγεν. — 26 εἴρηται Ald.

249 R. habet πομφόλυγες αἱ φλυκταινώδεις δῖναι ἀπὸ τοῦ παφλάζειν. Verbis ἢ ὅτι (sic) τῶν ἐξ ὑετοῦ—τινα 32-35 præmittit Reg. πομφόλυγας παφλάσματα οἱ παλαιοὶ φασὶ, τὰς ἐκ τοῦ βυθοῦ τῶν βατράχων ἀνιεμένας φωνάς· παφλάζει γὰρ καὶ ἀναφέρεται τότε τὸ ὕδωρ ταῖς τούτων φωναῖς, ὡς ὑπὸ πυρὸς τὸ ὕδωρ τὸ ἐν τῷ λέβητι· ἢ ὅτι etc.

251. Scholia metrica hic et v. 257 om. Θ. M. — 46 τὸ λέγειν φησὶ M. τὸ δὲ ἑξῆς τὸ λέγειν Ald. τὸ—ἔμαθον om. Θ., qui schol. 252 habet, non M.

257, 3 sqq. Spectat hæc annotatio ad v. 268. Verba l. 6 sq. διαλελοίπασι— ad v. 268 iterum ponit V., διαλελοίπασιν καὶ χορὸς ἐγεγόνει λέγοντος τοῦτο τοῦ Διονύσου. Parachoregema in chorum mutari dicit scholiasta. Dind. — 6 γέγονε M. — 7 Διόνυσος λέγων libri præter R.

260, 9 δύναται R. ὅσον δύνηται G. ἐξισχύῃ G. ἐξισχύει V. ἐξισχύσει R.

263. Scholia metrica hic et v. 269 om. Θ. M.

268, 19 σιωπῶσι λοιπὸν οἱ Ald.

269, 24 Reg. μξ', quod recenti manu in μη mutatum. — 29 παῦε M. παραβαλοῦ δὲ idem. παραβαλοῦσι V. Θ. παραβάλλουσι R. πλοιαρίῳ G.

270, 35 ὅτι om. M., qui 36 ἀρσενικῶς φησι καὶ οὐχὶ τὸ ναῦλον. καὶ παρὰ τοῖς μεταγενεστέροις ἡμῖν ἡ ναῦλος τῆς νεώς. V. Ald. ἀλλ' οὐχί. — 37 ἔστι R. Θ. ὅτι Ald. « Addidi alterum ἡ ναῦλος, quod Suidæ quoque restituendum s. Ναῦλος. Est versus poetæ ignoti. » Dind. — 39 διὰ δύο R. Ceteri ἐν τοῖς δύο. — 40 λέγεται καὶ οὕτω ναῦλλον R. — 41 Ἅδου γὰρ V.

280, 4 ἀλλ' om. R.

282, 7 πρὸς τὰ Ald. Scholion om. R.

286, 12 ὁ om. R. Θ. — 14 αὐτόν om. R. V.

293, 18 πεμπόμενον R. Reg. ἐπιπεμπόμενον καὶ φαινόμενον τοῖς δυστυχοῦσιν, ὃ δοκεῖ πολλὰς μορφὰς ἀλλάσσειν Ald. Quæ verba ex Suida s. Ἔμπουσα illata videntur. Pro δυστυχοῦσιν apud Harpocrationem legebatur στοιχοῦσιν, cui Bekkerus τοῖς δυστυχοῦσιν ex tribus codd. substituit. στοιχοῦσιν, *iter facientibus*, defendit Valesius ad Sozom. H. E. 8, 6, a Kustero indicatus. Dind. καὶ τὰς μορφὰς ἐναλλάττον habet Reg. — 19 οἷον R. V. Θ. M. ἐνιποῦσα καὶ ἔμπουσα Reg. Qui pergit, ἕτεροι δὲ αὐτὴν ὄνου σκέλος ἔχειν φασίν, ὅθεν καὶ ὀνοσκελίδα καὶ ὀνοκωλίδα καλοῦσι. ψιλοῦται δὲ διὰ τὸ συγκοπὴν παθεῖν αἰολικῶς· τὰ τοιαῦτα γὰρ ἐντελῆ μὲν ὄντα δασύνονται, συγκοπέντα δὲ αἰολικῶς ψιλοῦται, ὡς τὸ ἅλλομαι ἄλμενος, ἱερεὺς ἱρεύς· ἱέραξ ἵρηξ, καὶ τὰ τοιαῦτα. — 21 δοκοῦσι δὲ V. Θ. M. — 23 Ταγηνιταῖς Θ. Ταγηνίταις M. — 24 χθονία θ' Ἑκάτη σπείρας ὄφεων Porsonus. Legebatur χθονίας Ἑκάτης πεῖρα σοφῶν. ἑλελιζομένη Seidlerus. Legebatur ἐξελιζομένη.

294, 28 ὀνοσκέλεα V. ὀνοσκελίδα vocat schol. Eccles. 1048 et Sozomenus Hist. eccles. 8, 6. Conf. scholium ex Regio cod. modo editum. — 30 post γινόμενον addit R. προσενεκτέον ἐν ἐκτάσει τὸ α· σύνηθες γὰρ αὐτοῖς. « Quæ ad αὔρα spectare videntur v. 314. » *Dindorf.* τινὲς ὅλον τὸ πρόσωπον ἓν λέγουσι R. τινὲς ὅλον ἓν πρόσωπον λέγειν Θ., quod præstare videtur Dindorfio. — 31 βόλβιτος (sic etiam Θ.) γὰρ κυρίως τὸ τῶν κάπρων ἀποπάτημα V., quæ om. G. τὰ τῶν ὄνων ἀποπατήματα Θ. Reg.: βόλιτον δὲ κυρίως ἡ τῶν βοῶν κόπρος, ἐνταῦθα δὲ ἀντὶ τοῦ ὄνου παρείληπται.

297, 33 sq. in V. Θ. M. infra post ὁ Διόνυσος τὸν ἱερέα ponuntur, præfixo ἄλλως in V., præfixo ἢ in Θ. M. In R. est ἱερέως τινὸς ἀκολούθου αὐτοῦ μέμνηται. μέμνηται ante ἀκολουθοῦντος ponit G. — 35 scribendum ὁ τοῦ Διονύσου ἱερεύς. Dind. — 36 περιελθὼν ὁ κρυφθεὶς G. — 41 θέαις Kusterus. Scribebatur θεαῖς. τετίμητο M. ἐτετίμ. ἱερέως V. — 42 Διός M. πρὸς συνήθειαν οὖν Θ. M. προσυνήθως ἂν οὖν V. πρὸς οὖν συνήθειαν Ald. — 43 Ἢ ἤδη ἦν Θ. M., qui om. 45-51. Ea qui scripsit, refert scholium Regii his verbis conceptum: Οἱ μὲν φασὶν ὅτι καὶ ἱερέα μετ' αὐτῶν εἶχον· ὅπερ ἄτοπον· οὐ γὰρ ἐμφαίνεται τοῦτο ἐν τοῖς προλαβοῦσι· τὸ δὲ ἀληθὲς οὕτως ἔχει· οἱ μεγαλοῖς—νῦν λέγει πάνυ φοβηθείς. ἢ καὶ διασύρων τινὰ τῶν φαύλων ποιητῶν, οὗτινος εἰκὸς εἶναι τὸν στίχον τοῦτον, ἐνταῦθα τέθεικε τοῦτον. — 49 κατὰ μίμησιν οὖν Reg. — 51 διασυρόμενον Kusterus κατασυρόμενον Ald.

298, 52 ἢ om. V. — 53 Ἡρακλέα R. Ἡρακλῆν ceteri.

299, 1 συνεχὲς Dobræus. Legebatur σύνηθες. — 3 ὁ om. Θ.

300, 4-6 Πιθανῶς—εἰπεῖν ὅτι om. R. — 6 ἐστι additum ex V. τοῦ πρώτου Ald.

303 om. M. — 10 ὑποκριτὴς οὗτος ὁ Ἡγέλοχος V. ὃν Dukerus. Legebatur ὅς. — 13 αὖ omittunt R. Θ. γαλῆν R. — 15 post σκώπτει addit Ald. καὶ Στράτις, « ποῖ, ποῖ, πρὸς θεῶν, ποῖ ποῖ γαλῆν γαλη‹νά›, ἐγὼ δὲ ᾤμην σε γαλῆν λέγειν ὁρῶ. » καὶ Σαννυρίων δὲ ἐν Δανάῃ, « τίς ἂν γενόμενος εἰς ὀπὴν γενήσομαι; φέρ' εἰ γενοίμην γαλῆ· ἀλλ' Ἡγέλοχός με μηνύσειεν ὁ τραγικός. ἀνακράγοιτ' ἂν οὗτος εἰσιδών· ἐκ κυμάτων γὰρ αὖθις αὖ γαλήν' ὁρῶ. » Quæ ex scholiasta Euripidis illata omittunt libri et Suidas s. Ἡγέλοχος. — 17 οὐ προσηνέγκατο, 19 γαλῆν V. — 22 λέγοντες G. λέγουσι, 24 προσενέγκασθαι V. — 27 ἐπὶ τῶν —λυπηρά habet Suidas, in capite scholii posita. Ceterum 26-30 ἐστι—τερατεύονται non videntur exstare posse in R. V. — 31 Ἠλέκτρᾳ. Electram pro Oreste nominat: de quo dixi ad schol. Pluti 639. Dind. Post 32 pergit Reg.: καὶ φασὶν ὡς ἔχει λόγον καὶ πρὸ Εὐριπίδου εἶναι τινὰ ποιήτριαν γέλοχον (sic) καλουμένην τοῦτο γράφειν, καὶ διὰ τοῦτο σὺν Εὐριπίδῃ καὶ αὐτὴν περισύρειν. ἢ γυνή τις ἦν ἐν Ἀθήναις πάνυ τούτῳ τῷ ἔπει χρωμένη πρὸς τὰς ὁμιλίας ὅταν δεήσῃ. Deinde de histrione, ἐν τῷδε τῷ στίχῳ ἀποπνίγεσθαι μέλλων, ἔστη εἰς τὸ γαλήν· χρόνου δὲ ἱκανοῦ διελθόντος, ἐξεφώνησε τὸ ὁρῶ· οὗ χάριν καὶ ἐκωμῳδήθη.

308, 33 Διὸς M. R. habet ὁ τοῦ Διονύσου ἱερεὺς παρὰ τὴν ὑπόνοιαν διὰ τὸ ἐπυρρίασε, πρὸς τὸ ὠχρίασε. πυρὸς γὰρ ἦν ὁ ἱερεὺς κατὰ φύσιν. — 34 ἦν φύσει V. Idem habet gl. ὁ ἱερεύς· πυρὸς γὰρ ἦν κατὰ φύσιν, quod om. G. — 39 ὄντος V. Θ. ὄντων G. ἔχοντος Ald. τούτους ἀκρ. Θ. Fort. τὸ τοὺς ἀκρ. — 40 Παιδαρίοις Θ. Εὔπολις. In Αἶξιν, ut colligi potest ex glossa Hesychii, ἱερεὺς Διονύσου: Εὔπολις Αἶξιν, Ἱππόνικον σκώπτων ὡς ἐρυθρὸν τῇ ὄψει. Seq. l. ὀνομάζει Hemsterhus. ad Hesych. νομίζεσθαι Ald. νομίζεσθ' V. αἰγίπυρρον V. Θ.: quam scripturam vocabuli probat Eustath. p. 307, 29. αἰγίπυρον Ald. Post αἰγίπυρον addit Ald. εἶναι, quod delebat Hemsterh. et omittit V. Dind. — 42 ἔχειν, herbam scil. αἰγίπυρον. Hemst. Intellige Demetrium Ixionem. — 43 πρὸς τὸ ἐπυρρίασε. Imo πρὸς τὸ ὠχρίασε.

311, 47 γὰρ ἦν ὁ R. Idem ἢ om.

312, 52 ἔνδοθεν V. ἔνδον Ald. Lemma om. Θ. M. Totum scholion om. R. σημείωσαι V. Ald. — 53 ἔνδοθεν Ald.

314 om. etiam Θ. M. De scholio Ravennate ad hunc v. referendo v. ad schol. 294, 30. — 7 αὖρα Reg. — 11 μυστικωτάτην Ald. μυστικώτατον Θ. « δύο ποιοῦσι, scil. στιγμάς, i. e. *novam personam loqui faciunt*. Vide ad 28, 51, 891, Acharn. 899. Sed ubi δύο διπλαῖ, ad Eq. 722, i. e. post καθυβρίσαι, *alia scena*, non *persona*. » Dobræus.

316 Reg.: Τῶν μυστῶν ὁ χορὸς ᾄδει καὶ ἐν τῷ ᾠδῇ τὸν ὕμνον, ὃν ᾖδε συνήθως ἐν Ἐλευσῖνι εἰς Διόνυσον. συνίδρυτο γὰρ καὶ συνετιμᾶτο τῇ Δήμητρι καὶ τῇ Περσεφόνῃ (« Eleusine, quare jam apud inferos quoque, » multis addit, eadem repetens ad v. 324)· ἀνθ' ὧν αἱ μὲν τῶν ξηρῶν καρπῶν πάροχοι, ὁ δὲ τῶν ὑγρῶν. γίνεται δὲ Ἴακχος ἀπὸ τοῦ ἰάχειν (sic) τὸ ἠχεῖν. λέγεται δὲ οὐ μόνον ὁ ἐπὶ τῷ Διονύσῳ ᾀδόμενος ὕμνος ἴακχος, ἀλλὰ καὶ αὐτὸς ὁ Διόνυσος, ὁ καὶ Βάκχος ἀπὸ τοῦ βάζειν οὕτω καλούμενος.

320, 20 καὶ om. R. M. ὥσπερ Σωκράτης additum ex V. ὡς καὶ Σωκράτης R. — 23 τοὺς θεοὺς post μνημονεύειν φησὶ legebatur. Transposuit Kust. — 26 sq. διαχλευάζοντος — καταψηφισάμενοι V. Ceteri χλευάζοντος—κατεψηφισμένοι. — 27 τὸν μὲν ἀναιρήσοντα V. Θ. — 28 δὲ ζώῳ τὰ (τῷ G.) V. κομίσαντα Θ. — 29 δύο. Sic etiam schol. Avium 1073. Dobræo τέτταρα corrigendum videbatur ex verbis Aristophanis Av. 1078, ἢν ἀποκτείνῃ τις ὑμῶν Φιλοκράτη τὸν Στρούθιον | λήψεται τάλαντον, ἢν δὲ ζῶντά γ' ἀγάγῃ, τέτταρα. Quam parum certam rationem esse Dobræus ipse postmodum videtur sensisse. Dind. τοὺς om. V. Θ. — 30-32 ὡς—Πίνδαρον om. M. ἀλλ' V. Θ. pro ὡς. Κρατερὸς V. et schol. Av. 1073. Καρτερὸς ceteri. — 31 Τηλεκλύτου V. Θ. Τηλεκλήτου Ald. Τηλεκλείδου ἢ Τηλεκλύτου dicit Suidas s. Διαγόρας. παῖς om. V. γένος τῶν αὐτοχρόνων Σιμωνίδῃ καὶ Πινδάρῳ V. γ. τὸν χρόνον Σιμωνίδου καὶ Πινδάρου Θ. τοῖς χρόνοις ὢν μετὰ (scr. κατὰ) Πίνδαρον καὶ Βακχυλίδην dicit Suidas. 33 Hesychius, Διαγόρας: Διόδωρος (corrig. Ἀπολλόδωρος) ὁ Ταρσεὺς ἀναγινώσκει περισπῶν δι' ἀγορᾶς, διὰ τὸ τοὺς μύστας βακχάζειν (ἰακχάζειν Albert.), τουτέστιν ᾄδειν τὸν Ἴακχον δι' ἀγορῶν βαδίζοντας. Dind. Sequentia om. M. καί φασιν V. Θ. καί φησιν G. καὶ Φερεκράτης Ald. — 34 ἄστεος V. Θ. ὃν ᾄδουσιν ἐξ ἀγορᾶς G. — 35 ἐξιόντα Θ. γέγονε —Διαγόρου habet Suidas s. Ἴακχος — 36 μεγέθει Θ. et Suidas. μεγέθους V. κωμῳδούμενος ἐπὶ μεγέθους om. G. Μύραις V., non G. — 37 γὰρ ἢ νῦν δή 'στι› καὶ δοκεῖ γέ μοι recte correxit Bergkius Commentt. p. 321, *major est quam modo fuit.* Legebatur γὰρ ἦν. νῦν δ' ἐστὶ καὶ δοκεῖ δέ μοι. δ' ἐστὶ Suidas. δέ ἐστι V. Θ. Alterum δέ om. Θ. Cetera sic ego emendanda esse censeo, ἐὰν τοσοῦτον ἐπιδιδῷ δι' ἡμέρας, μείζων ἔσ. Δ. Dind. — 38 ἐάν τι om. Θ., spatio vacuo. ἐπιδίδωται V. ἐπιδίδοται G. Θ. Apud Suidam ἐάν τις (ἔτι cod. Leid., omisso ἐάν) ἐπιδιδῷ τῆς ἡμέρας (ὅτι addit ed. Mediol.) μείζων (ἔτ' addit ed. Mediol.) ἔσται. ἐπιδιδῷ καθ' ἡμέραν Toupius. — 39 Διαγόρου non est ap Suidam, qui versum explet addito τοῦ Τερθρέως. — 40-42 om. etiam Θ.

324. Scholion metricum om. etiam Θ. M. — 8 τριστιχία Dindorfius. Legebatur τριστοιχία. — 15 ἐστὶν ἡ εἰκὰς R. ἡ ἐγκάς ἐστιν V. ἐγκάς ἐστιν Θ. Ald. ἐξάγουσι R. Legebatur ἐξᾴδουσι. Plutarchus Vita Camilli c. 19, περὶ αὐτὴν τὴν εἰκάδα τοῦ βοηδρομιῶνος, ᾗ τὸν μυστικὸν Ἴακχον ἐξάγουσιν· similiterque in Vita Phocionis c. 28. Quos locos comparavit Kusterus. — 16 συνίδρυται τῇ Δήμητρι, vide Spanhem. ad Callimach. pag. 705. Kust. — 18 Διονύσου Dobræus. Legebatur Διόνυσον.

326, 24 τῷ λειμῶνι Θ. Ald. τὰς om. M. — 25 ἐποιοῦντο om. Θ. διὰ τὸ τὰ R.

329 Regius: Ἀπὸ τοῦ εἰπεῖν κρατὶ σῷ δῆλον ἐποίησεν ὅτι ἀρσενικόν ἐστι τὸ κρατί· οὗ ἡ εὐθεῖα ὁ κρᾶς. εὕρηται γὰρ καὶ κανὼν ἐπὶ τούτῳ ἐν παλαιοῖς βιβλίοις, ὅτι τὰ εἰς ας ἀρσενικὰ ὀξύτονα μονοσύλλαβα, περιττοσυλλάβα κλίνονται καὶ διὰ τοῦ ντ, οἷον Ζᾶς Ζαντός, ὃ σημαίνει τὸν Δία, Πρᾶς Πραντός, ὄνομα πόλεως, καὶ πᾶς παντός. σεσημείωται τὸ ὁ κρᾶς κρατός, διὰ καθαροῦ τοῦ τος κλινόμενον.

330, 32 μυρσίνῳ V. Θ. μυρσίνων R. μυρσίνης Ald. — 34 κισσίνῳ· ὅτι ἡ Δημήτηρ οἰκείως εἶχε πρὸς τῷ τῆς μυρσίνης φυτῷ· ἐν δὲ τοῖς διονυσιακοῖς, καὶ (?) ἀμφοτέροις Reg. Quæ confirmant Fritzschii (De carmine mystico Ar. p. 33) sententiam jam per se veram, verba 35 sq. ὅτι—ἀφιέρωτο transponenda esse post κισσίνῳ. — 35 διὰ τοῦ μυρσίνου Θ. τῆς μυρσίνης Ald. — ἀνιέρωτο V. Ald. ἀνίερος Θ. — 37 οἰκείωται codex hic et paullo post. — 39 Σάμῳ μάνῃ θεῶν. Codex σάμῳ ἐκ δὲ μυρσίνης ἐκ δὲ τοῦ πάθους δεισιδαίμονι θεῖον. Ejecit Dindorfius quæ ex alio scholio illata fuerunt. — 40 ἐπεὶ G. ἔπεισε V. — 43 τῷ Διονύσῳ, 44 πέμψαντα G. — 47 καὶ τῆς ἀμπέλου addidit Dindorfius.

331, 50 δὲ τὴν om. R. — 51 ἢν οὐδεὶς οὐκ ἄν τις R.

338, 8 Θεσμοφορείοις R. Θεσμοφορίῳ V., qui hæc verba τοῦτο δὲ (δὲ om. G.) εἶπε—τὸ ζῷον infra ponit post θύουσι τὸ ζῷον [?]. Eodem loco habet Θ., in quo recte Θεσμοφορίοις. Dind. — 12 sq. γενικῇ κρεάων κρεῶν. τοῦτο δὲ Θ. — 13 χοῖρον παθεῖν V. — 17-20 om. etiam Θ. M. τῇ κόρῃ ἤγουν τῇ θυγατρὶ αὐτῆς τῇ Περσεφόνῃ καὶ αὐτῇ τῇ Δήμητρι Reg.

339, 21 alterum ἡ om. R., qui 22 εἰλητόν. εἰλητὴν ceteri.

340, 23 Τὸ ἑξῆς V. Ald. ἔγειρε ἀστὴρ ἐν χ. τ. φλ. λαμπάδας V.

343, 27 ἐπὶ τὴν Θ. ἐπεὶ τινὰ νυκτὸς R. — 32 λαμβάνοιτο Θ. Sequentia om. etiam Θ. M. 35 sqq. habet Reg.

344, 40 ἄνθη ἀνακείμενα V. δὲ om. R. — 41 ἀντὶ λάμπεται R. Quod ἀντὶ τοῦ λάμπεται esse potest.

345, 44 ὡς—λέγει R. καὶ (καὶ omittunt Θ. V.)

Ὅμηρος, θεῶν ἐν γούνασι κεῖται V. Θ. M. Ald.

346, 47 sqq. om. etiam Θ. M.

351, 9 δάπεδον. τινὲς δὲ ἀναγινώσκουσι πάνθηρον, παντοδαπῶν ὀρνέων δεκτικόν R. V. Θ. Tum addit R. λειμὼν γὰρ ὑπόκειται καὶ ἄνθη ἀνειμένα τοῖς μύσταις ἐν τῷ πεδίῳ. Quæ ex scholio v. 343 sunt repetita.

354, 18 sq. ἐπὶ τοῦτον τὸν χρόνον λέγει Ἀρίσταρχος μεμ. Ald. Conf. schol. v. 372, 440. ἐπὶ τοῦτον V. — 19 τὸν χορὸν om. M. μετρικὰ V. μέτρια G. — 20 χορόν V. χρόνον ceteri. εἴ τι ἄρα M. Locus non integer esse videtur. συνεῖδεν Θ. M. συνειδεῖν V. συνιδεῖν G. σύνοιδεν Ald.—21 καὶ om. M. Idem σύζυγον. ἐν σύζυγον scribit Fritzschius De carm. myst. Ar. p. 50. — 22 διχορίαν Θ. διχορείαν ceteri. — 23 ὡς τὸ εἰς V. καὶ εἰς δώδεκα Θ. — 24—34 om. etiam Θ. M.

357, 36 Πρὸς addidit Dobræus. Idem aliter expressit Suidas s. Ταυροφάγον, addito φασὶ ψεύδεσθαι post ἔπαθλον. Ἀρίσταρχον Suidas. Legebatur Ἀριστόξενον. — 37 οἰομένους R. et Suidas. οἰόμενος ceteri. ταῦρος ναυτῶν τὸ V. Ib. εἴρηται—(44) δράμασι infra post τῶν θυόντων l. 48 ponunt V. Θ. et (qui hæc tantum verba οἱ δὲ ἔτι—τῶν βακχῶν habet) M. — 38 παρὰ τὰ Ald. παρὰ τῷ Σοφοκλεῖ G. — 39 καὶ ὅτι R. et Suidas. — 40 ἐπιτιθέασιν Ald. ταυροφάγον δὲ ἴσως αὐτὸν τὸν Κρατῖνον λέγει, ἢ ὡς λαίμαργον κωμῳδῶν, ἢ ὅτι ἔπαθλον ἐλάμβανε ταῦρον Reg. Ib. οἱ δὲ ὅτι V. Θ. et Suidæ codex Paris. A. — 41 ὅλον om. Suidas. Idem ἀποδιδόασι μητέρα Κρατίνου ἥτις βακχ., lectione absurde interpolata, ut recte judicare videtur Dindorfius. Improbabilia suspicatur Fritzschius De carm. myst. p. 55. — 42 ἅ εἰσι, 43 τολμηρόν Suidas. τολμηρά V. Θ. M. οἱ δὲ λέγουσι τολμηρά R. βακχῶν M. et Suidas. βάκχων Ald. Sequentia om. Suidas. τολμηρῶς R., qui 44 βωμολόχοις δὲ om. — 45 πρὸς κολακείαν Ald. — 47 μετενήνεκται V. μετήνεγκται R. Ald. μετήνεκται Suidas s. Βωμολόχος. ἐπὶ τῶν idem. Legebatur ὑπὸ τῶν. τὸν βωμὸν V. — 48 ἐλιπάρουν Suidas. τι λαβεῖν V. Θ. περὶ τῶν R. — 50 legebatur τὸ μηδὲ Κρ. — 2 sq. ταῖς βάκχαις G. τὰς βάκχας V.

362. Lemma esse debebat τἀπόρρητ'. — 10 τοὺς ποιήσαντας. Quod plurali numero usus est, indicio esse videtur alios alium ejus fabulæ auctorem perhibuisse. Meinek. Hist. Com. p. 70. Notat grammaticus ἀπόρρητα, quod *interdicta* apud Aristophanem significat, de *secretis* dictum in fabula Pherecratea. Ceterum comparetur schol. ad Thesm. 370. Dind. Recte. Fritzschio De carm. myst. p. 57 nemo facile assentietur, τοὺς ὑποπτεύσαντας corrigenti. — 11 ἤκουσαν Dindorfius. Legebatur ἤκουσιν. ἤκουσεν Dobræus. — 12 ὡς νῦν ἐκ (fort. ἐπὶ) τῶν μυστηρίων ἔθος Θ. — 13 καὶ — οἶδεν non satis intelligo. Videntur nonnulla excidisse. Dind. Fritzschius tentat ὃν καὶ αὐτὸς ἐν Νήσοις vel ἔμπροσθεν vel ἐνδοτέρω (infra 381) οἶδεν. καὶ αὐτὸς—ἐξάγεσθαι om. M. εἶδεν Θ., qui ἀπόρρ. ἦν τὰ ἀπ. — 14 οὖν M. ἀποφέρει Θ. Ald. — 16 τοῦτον ἀποπέμπειν V., qui 17 τὰ ἀπόρρητα post Ἀθήνηθεν ponit. Delendum esse videtur Dindorfio. — 18 ἀπόρρητα ἦν τὰ V. ἀπόρρητα τὰ Θ. Ald. τὸ πρὸς M.—20 ἢ ἐξ Αἰγίνης Fritzschius. ἐμπορεῖον V. — 21 ὁ Θωρυκίων ταξ. R. ταξιάρχης M. et Suidas s. Θωρυκίων. — 22 τῶν om. R. — 3 ἑαυτοῦ etiam Suidas. αὐτοῦ Ald. ἑαυτῶν duo codices Suidæ. Πελοποννησίοις ναῦς προδιδοὺς καὶ Αἴγιναν τὴν ἑαυτοῦ πατρίδα Reg. — 24 sq. δὲ om. M Θωρυκίων γρ. V. Θωρυκίωνα γρ. Θ. Idem μιμούμενοι. Apud Suidam, οἱ δὲ ὅτι τὸν Θωρακίωνα μιμούμενος ὃς ἦν Αἰγινήτης ταξίαρχος etc. « Bis corrigere licet Θορικίων. Fuit enim Θόρικος pagus tribus Acamantidis, cujus pagi qui esset, tam Θορίκιος quam Θορικεὺς appellabatur. At Θορικίων ὢν quum permire dictum est, tum metro prorsus repugnat. Fortasse ex Suida reponendum Θωρακίων γρ. ἀντὶ τοῦ τὸν Θωρακίωνα μιμ. » Fritzsch. l. c. p. 59.

363, 27 om. R. V. Regius : Εἰκοστολόγος, πρὶν καὶ τελώνης ὑπάρχων (Thorycion) καὶ τῆς κάτω μοίρας. οἱ τελῶναι δὲ πρότερον μὲν πεντηκοστὴν μοῖραν τῶν ἀπαιτουμένων ἐλάμβανον, καὶ πεντηκοστολόγοι ἐκαλοῦντο· εἶτα εἰκοστολόγοι, καὶ τελευταῖον δεκατολόγοι.

364, 32 γράψας ὁ Θωρυκίων Suidas s. Ἀσκώματα. ἔπεμψε R. — 33 ἀσκώματα τὰ ἐν ταῖς κώπαις σκεπαστήρια ἐκ δέρματος, οἷς χρῶνται ἐν ταῖς τριήρεσι Suidas. ὃ ἐν, 34 καθὰ ἡ V. καθ' ὃ τρῆμα ἡ Suidas. — 35 πόλις Λακωνική V., om. G. « Somniabat de ea Epidauro, cui cognomen fuit ἡ Λιμηρά. » *Fritzschius*. Δυρράχιον est in Θ., librario de Epidamno cogitante.

365 προεῖτο γὰρ χρήματα πολλὰ (πολλὰ χρήματα Θ. πόλεως χρήματα M.) Κῦρος Λυσάνδρῳ τότε εἰς πόλεμον V. Θ. M.

366, 41 εἰσήνεγκε δρᾶμα καὶ Suidas s. Κατατιλᾷ. -42 κατετίλησεν αὐτῆς Suidas. κατείλησεν αὐτῇ V. κατετίλησεν αὐτὴν M. καθωμίλησεν αὐτὴν Θ. — 4 ἠρυφίασε Suidas ἐγεφυρίαζε, *cavillabatur*, *illudebat*, Hermannus ap. Fritzschium, qui ex Aldino scholio ponit ἐπανηγυρίαζε. — 43 εἰς αὐτήν Θ. M. Sequentia om. etiam Θ. M.

367, 50 εἰς ἀργύριον codices. Conf. schol. Eccles. 102. — 52 ἱστάμενοι iidem.—1 διὰ τὸν Ἀγύρριον Brunckius.

368. Cum hoc scholio compara Philemonis Lexicon v. Τέλος et Favorinum. — 8 Euripidis ex

Polyido versus apud schol. Homeri Il. K, 56 sic scriptus, μάτην γὰρ οἴκῳ σὸν τόδ' ἐκβαίη τέλος. Vide Valckenarium in Diatr. p. 202. Unde correxi scripturam codicum (etiam Reg.) μάτην εἰκοστὸν τόδ'. Dind.

372, 22. Ἀρίσταρχος. Conf. schol. v. 354. — 23 ὅλου τοῦ R. ὅλα τοῦ Ald. ἔλαττον V. — 25 περὶ Θ. M. παρὰ V. Ald. Post χορόν addit V. ἔτι ὁ χορὸς τὸ ἄλλο μετὰ τοῦ χοροῦ τῶν καθ' ᾅδου· et, οἱ τοῦ χοροῦ μύσται ἀλλήλους παρακελεύονται. Hæc om. G., qui om. etiam scholia 374, 376. — 29 τὸ om. V

378, 23 ὑψώσεις τὴν σώτειραν τοῖς V. — 33 ἔστιν—θύουσιν om. G. ἔστι γὰρ V. Ald. τὴν ἐν Ἀθήναις Ἀθηνᾶν dicit M.

384, 49 ἕως τοῦ (τὸ V.)—φρένας om. G. ἄλλο ἕως V. Significat his verbis librarius scholion quoddam esse describendum usque ad verba τίς σὰς παρήειρεν φρένας, qui Archilochi versus est apud Hephæstion. p. 129. Dind.

395, 3 φαιν. ἐπίχαιρον Διόνυσον R. Reg.: Ὡραῖον θεὸν λέγει τὸν Δ., ἐπειδὴ κατὰ τὸν καιρὸν et quæ sequuntur l. 4, 5. — 6 legendum ex Reg. ὅτε ὥδευον ἀπὸ—Ἐλευσῖνα, πρ.

398 om. etiam Θ. M., iidemque infra l. 21-25, ubi πάντα δ' εὐπετῆ θεοῖς ex Euripidis Phœniss. v. 701 confert Dindorfius.

401, 28 ἄστεος V., et mox R. — 36 ἐπὶ γὰρ V. altero loco: nam bis hoc scholion (inde ab ἔοικε π.) habet, hic et infra post scholion v. 439. Καλλίνου V., non G. Καλλίου Ἀριστοτέλης φησὶν V. altero loco. Ἀριστοτέλης. « In didascaliis. » Casaub. ad Athenæi 6, p. 235, E. — 37 ὅτι δυσὶν V. altero loco. — 38 ἴσως additum ex V. ἴσως καὶ περὶ τὸν Λ. ἀγ. ἦν τις V. altero loco: unde vulgatum παρὰ correxit Dindorf. ἦν τις post ἀγῶνα ponit G.— 39 ἀγῶνα add. G. et altero loco V. εὐστολὴ V. οὐ σχολὴ G. et altero loco V. Deinde sequentia δ' ὕστερον ad finem om. V. loco priore, ubi G. addit δὲ ὕστερον—περιεῖλε Κινησίας. Ib. χρόνῳ. δι' οὗ πολλοὶ ὕστερον καθάπερ τὰς χορηγίας περιεῖλε Κινησίας Ald. sequentia omittens. χρ. δὲ ὕστερον οὐ πολλοὶ καὶ καθάπαξ τὰς χορηγίας περιεῖλε κινησίας G. loco priore: nam altero consentit cum V.—41 ἐφ῀ σκηνῆ μέν. Requiritur μέμνηται vel simile quid. Dind.

407 συνήθεια ἦν τὸ ἐπ. ὁπότε ὁμολογοῖεν ἢ συνομολογοῖεν— M. Referenda hæc ad v. 508, κάλλιστ' ἐπαινῶ. Dind. Reg. ad hunc versum: βαρέως τοῦτο φησίν· οὐκέτι τολμῶν κωμῳδῆσαι εἰς τοὐμφανὲς Ἀρχῖνον καὶ Ἀγύρριον, οἱ κωμῳδηθέντες τοὺς μισθοὺς τούτων ἠλάττωσαν.

415, 3 παρεμβαλόντος Ald. et G. παρεμβαλλόντος [sic] V.

416 om. etiam Θ. M. — 7-9 τὸ δὲ—φησὶν Regius habet ad v. 410, νῦν δὴ κατεῖδον. δὲ om., 8 ἀποσκώπτων. Ad 415 certe referenda esse monuit Fritzsch. l. c. p. 83. — 10 νόμος. Ficta ab scholiasta lex. Monuit Schœmannus De comitiis p. 106. — 11 sq. ἐξ ἀλλ. ἐν Ἀθήναις κατοικήσειν ἐθέλοντας, διαβιβάζοντας οὐκ ὀλίγον ἐνταῦθα χρόνον, εἶτα εἰς πολίτας ἐγγράφεσθαι, 13 ὁ Ἀρχ., 14 τοὺς συμπολίτας Reg.

418, 20 εἶπε φράτορας additum ex Θ. φράτορας εἰπεῖν V. διαβάλλωσιν Θ. — 21 ἡ δὲ παροιμία om. Θ., qui οὐκ ἔφερεν. — 22 sq. ὀδόντας—ἡ Suidas s. Φραστῆρας. ὀδόντας συγγενεῖς (συγγενεῖς om. Θ., sed habet ut gl.) εἶπεν. ἡ libri.— 23 παίδων R. et Suidas. παιδίων ceteri. παίδων τῶν φυόντων τοὺς ὀδόντας τῆς ἑπταετίας καταλαβούσης Reg. — 25 χρ. παῖς Ἀθήναις Ald. οὐκ ἴσχυσεν M. — 26 οὗτος δὲ libri præter R., qui οὗτος—χθονός scholio priori anteponit. — 27 sq. δὲ ἐστὶ ἡ ξένης R. δέ ἐστιν ἐκ ξένης (ὁ ξένος G.) V. δὲ ἡ ξένης Θ. δέ ἐστι καὶ Ald.

420, 31 alterum τὴν om. V. Θ. M. Recte τοῦ vel τῶν Fritzschius l. c. p. 91.—32 νεκρῶν potius legit Apollonius. Monuit Kusterus. — 33 ἀλλ' ὅτι —λέγει libri præter R. — 35 κατετρίβημεν Θ. M.— 36 sqq. om. etiam Θ. — 44 ἵνα G. ἐπεὶ οἱ νες [sic] ὅτι οἱ λέγοντες ἵνα V.

421, 47 εἶπε παρ' ὑπόνοιαν, δεικνὺς ὅτι πᾶσαν πονηρίαν εἰργάζοντο Reg. — 48 post αὐτῶν addit V. τῆς τῶν Ἀθηναίων πολιτείας. χαριέντως ἐξ (scrib. ἀντὶ τοῦ) πολιτείας εἰπεῖν εἶπε μοχθηρίας διὰ τὰ κακὰ αὐτῶν, quæ om. G.

422, 52 τὸν Καλλίαν· Κλεισθένους γὰρ ἦν υἱός M. — 1 γὰρ om. V. Reg., qui apud poetam habet τὸν Κλεισθένους cum gl. υἱόν: Τὸν Κλεισθένη τοῦτον, ᾧ υἱὸς ἦν ὅμοιος τοὺς τρόπους, διασύρει κἀνταῦθα ὡς φαυλόβιον, καὶ τὸ γένειον λεῖον καὶ ξυρῶντα (ex corr. ξυροῦντα) τὰς τρίχας καὶ ἐπὶ τὸν Σεβῖνον πορνευόμενον. διὸ καὶ δεινοπαθοῦντα τοῦτον λέγει ἐπὶ τῇ τελευτῇ Σεβίνου.

423, 6 προετίθεσαν R. — 9 ἅμα καὶ Θ. Reg.: Ἐν ταῖς ταφαῖς ἤτοι ἐν τῷ μνήματι τοῦ Σεβίνου, τίλλειν τὸν πρωκτὸν ἑαυτοῦ, παρ' ὑπόνοιαν ἀντὶ τοῦ τὰς τρίχας τῆς κεφαλῆς.

427, 11 ὀνοματοποιεῖται V. Θ. M. — 12 τοῦτον M. — 13 δὲ om. R. ἐμφαίνει οὗτος, 14 περαινόμενος V. Θ. μόνον R. μόνου ceteri. αὐτῷ om. Θ. M. ὁ om. iidem et V — 15 οὗτος καὶ R. V. ὁ om. V. Θ. M.— 16 μαλάσειν R. Ald. — 18 πόστης Reg. — 19 ποιητῇ om. M. — 20 Ἀττικὸς Θ. Ἀνάφλυστος Fritzschius. Sequens scholion om. etiam M.

429, 22 τὸν ἵππον εἰς, 23 πολλαχῇ—λαμβάνεται Θ. ἱππόπορνε. Diogenes Athen. 13, p. 565, C. Vide Alciphron. 1, 38 et Bergler. 3, 33, p. 346. Dobræus. — 24 ὁ Καλλίας πανταχοῦ ὡς Suidas s. Ἱππόπορνε. κωμῳδεῖ τούσδε ὁ Καλλίας Θ. καὶ om. V., qui πάθων, G. φαγών.— 26 ἢ τοῦ κτηνοβάτου

om V. Θ. Regius : Δέον εἰπεῖν Καλλίαν τὸν τοῦ Ἱππονίκου, διαβάλλων αὐτὸν ὡς πάνυ πόρνον, τὸν Ἱπποβίνου φησὶν, ἤτοι τοῦ μεγάλως πορνεύοντος· τὸ γὰρ ἵππος πολλαχοῦ ἐπὶ μεγέθους ἐκλαμβάνεται. — ἢ τὸ ἱπποβίνου ἀντὶ τοῦ τοὺς ἵππους (sic) συνουσιάζοντος, ἤτοι κτηνοβάτου.

439, 36 τοιαῦτα M. λαλούντων Θ. — 37 Κορινθίοις M. — 38 sq. καὶ—ἕως οἱ R. ἐπέμενέ τε οὖν αὐτὸ λέγων, οἱ δὲ ceteri. — 39 σιχαθέντες Θ. εἰσαχθέντες M. συγχανθέντες G. συγχανθέντες καὶ εἰς ὀργὴν τραπέντες Ald. — 40 Κόρινθον τουτέστι τὸν κήρυκα Ald. — 41 ταυτὸ R. ταῦτα Θ. M. τὰ αὐτὰ Ald. τὰ αὐτὰ λεγόντων πραττόντων V. — 42 Διὸς παῖς R. βασ. Κορινθίων V. — 43 post Κορινθίοις addit Junt. Μεγαρέας φασὶ Κορινθίων ἀποίκους, πολλὰ τοῖς Κορινθίοις κατ' ἰσχὺν τῆς πόλεως ὑπείκειν· ἄλλα τε γὰρ πλείονα τοὺς Κορινθίους προστάσσειν, καὶ τῶν Βακχιαδῶν εἴ τις τελευτήσει, (διῴκουν δὲ αὐτοὶ τὴν πόλιν,) ἔδει οὖν Μεγαρέων ἄνδρας καὶ γυναῖκας ἐλθόντας εἰς Κόρινθον συγκηδεύειν τὸν νεκρὸν τῶν Βακχιαδῶν. ὡς δὲ ὕβρεως οὐδὲν ἀπέλιπον οἱ Κορίνθιοι, τὰ δὲ τῶν Μεγαρέων ἔρρωτο, καὶ πρὸς ἐλπίσι τοῦ μηδὲν παθεῖν ἀποστάντας αὐτοὺς, ἀλλ' ἀφεῖναι· πέμπουσι δὴ πρέσβεις οἱ Κορίνθιοι, κατηγορήσοντας Μεγαρέων· οἳ προσελθόντες εἰς τὴν ἐκκλησίαν, ἄλλα τε πολλὰ διεξῆλθον, καὶ τέλος, δικαίως στενάξοι ὁ Διὸς Κόρινθος, εἰ μὴ λάβοι δίκην παρ' αὐτῶν. ἐφ' οἷς παροργισθέντες οἱ Μεγαρεῖς, τοὺς πρέσβεις λίθοις ἔβαλον, καὶ κατὰ μικρὸν ἐπιβοησάντων τινῶν τοῖς Κορινθίοις, καὶ μάχης γενομένης νικήσαντες, φυγῇ τῶν Κορινθίων ἀποφυγόντων ἐφαπτόμενοι, κτείνοντες ἅμα παίειν τὸν Διὸς Κόρινθον ἐκέλευον. ὅθεν φησὶν ὁ Δήμων ἔτι καὶ νῦν ἐπὶ τῶν ἄγαν σεμνυνομένων καὶ δεινῶς ἀπαλλαττόντων τὴν παροιμίαν τετάχθαι. Quæ ex scholiasta Pindari sunt illata Nem. 7, 155. Dind. — 44 παρὰ τὸν G. τὴν παρὰ τοῦ V. — 48 τιμᾶτε G. τιμᾶται V. — 49 βασιλέως habet G., om. V.

440, 12 πρὸς αὐτὸν R. — 13-35 om. Θ. M. 36-38 om. M. Conf. schol. v. 354. — 37 διαιρεῖν Θ. — 38 οἰκοδομούμενος V.

459 om. M. — 51 τοῦ ἰδίους τουτέστι πολ. V. τοῦ τοὺς τουτέστι πολ. Θ., qui 52 τοῦτο om. εἴρηται κατὰ παραγωγήν Ald. δὲ om. V., prius καὶ om. R. V., alterum ὁ om. R. V. Θ. — 4 ἢ συμπολίτας Reg.

460 om. etiam Θ. M.

465 τί δὲ—λέγει V.

467, 20 τὰ τῶν Θησείων [sic] V. Εὐριπίδην V. Sequentia corrigenda sunt ex scholio v. 475. — 23 πολλὰ ἐν codex.

469 sic R., οὕτως Ἀττικοὶ τὸ ἔχῃ ἀπὸ τοῦ ἔχομαι δευτέρου προσώπου. ἄλλως. ἀντὶ τοῦ μέσον ἐλήφθης, ἐκ μ. τ. ἀθλ. R.

470, 31 sq. om. etiam Θ.

473, 39 συγχεῶ. Scribebatur συγχέω. Correxit Matthiæ. Futurum ἐκχεῶ memorat Chœroboscus in Bekkeri Anecd. p. 1290. Dind. κόμαις ὁ μὲν Θ. — 40 ῥανῶ τε πεδόσ' Matthiæ. ῥᾶναί τε δ' Θ. Ald. ῥάνατε δ' V. — 41 αἱματοσταγεῖν V. Θ. ὕσονται Beutleius. Legebatur ῥεύσονται. In addendis Dindorfius : « Probabilior nunc mihi videtur Barnesii correctio αἱμοσταγεῖ πρηστῆρε ῥεύσονται κάτω. »

474, 42 πλεύμονα πνεύμονα R. Reg. : Πλευμόνων ἀντὶ τοῦ πνευμόνων· οἱ μὲν γὰρ Δωριεῖς τὸ λ εἰς ν τρέπουσι, τὸ ἦλθον ἦνθον λέγοντες· οἱ δὲ Ἀττικοὶ τὸ ἐναντίον.

475, 44 sq. Μύραινα—μύρεσθαι om. R. — 45 τῷ et 46 μύραιναν om. V. Ald. — 47. Ταρτησίας γαλῆς mentionem facit Ælianus Var. Hist. lib. 14, 4, ubi vide Perizonium. De urbe vide Sam. Bochartum De colon. Phœnic. lib. 1, cap. 34. Kust. — 48 Ταρτησσὸς R. et Suidas s. h. v. Reg. : Ταρτησὸς πόλις Ἰβηρίας περί που τὰ Γάδειρα· ἄλλοι δέ φασι περὶ τὴν Ἄορνον λίμνην. λέγει δὲ ταῦτα πάντα, ἵν' ἐκπλήξῃ τοῦτον διὰ (τὸ) τοῦ τόπου ἀσύνηθες. ἄλλοι δὲ λέγουσιν ὡς οὐ μόνον ἰχθύς ἐστι μύραινα, ἀλλὰ καὶ θηρίον ἦν τι περὶ τὸν εἰρημένον τόπον οὕτω καλούμενον, χαλεπὸν τοῖς ἐντυγχάνουσι καὶ δυσάντητον. — 51 ἐπὶ πλησίον suspectum est. Dind. ἐπιπλύνσιον V. — 52 Εὐριπίδου, 53 οἷς ἐνταῦθα παίζει Θ. Conf. schol. v. 467.

477, 1 Οἱ Τιθράσιοι ἀπὸ R. — 2 οὐχ ἠκ [sic] δὲ V. οὐχ ἁπλῶς δὲ G. — 5 sq. Τιθρασὸς — Λ. ἐν ᾧ αἱ Γ. κατοικοῦσιν εἰς τὸ ἐκεῖσε πεδίον Reg.

479, 9-17 sic R., ὅτι πρὸς τὸ—εἰς τοῦτο. ἰδὼν δὲ —πλουτοδότα. Idem præterea habet glossam τὸ κάλει θεὸν ὡς πρὸς τὴν θυσίαν· et, τὸ κάλει θεὸν ὡς πρὸς βοήθειαν λέγει. — 10 οὗτος om. V. — 11 pro οὕτως R. ἄλλως, et οὕτως addit post ἀποδεδώκασιν. — 16 ante ἐκκέχυται R. habet compendium quod vel ἐπιλέγουσιν vel ἐπιλέγει vel ἐπιλέγεται notat. ὡς ἐκκέχυται λέγεται (λέγει V.) ceteri. — 17 τοῦτο. ἐγκέχοδα. παροιμία ἀντὶ (ἀπὸ G.) τοῦ χέζω. κάλει θεὸν πρὸς β. V. τοῦτο. ἔχεσα ὑπὸ τοῦ δέους. ἔστι δὲ μέσος παρακείμενος. ἀπὸ τοῦ χέζω χέσω κέχοδα ὡς ἀπὸ τοῦ φράσω πέφραδα. (Hæc etiam in Reg.) πρὸς β. Θ. — 20-24 om. etiam Θ.

481, 25 φροντίζω, ὠχριῶ V. Θ. φροντίδων libri præter R. — 26 sq. ὠρακιᾶσθαι δὲ λέγουσι—ὠχριᾶσθαι Θ., qui ἀπὸ—αἰκίζειν om. — 28 τούτῳ δὲ Θ. — 29 θλ. γὰρ καρδίας τοῦτο γίνεται V. Parum probabile mihi videtur Sophoclis illum versum esse, quem Brunckius inserta post τὸ particula δὲ ab hiatu liberabat. Accedit ad hoc inepta illa et nimis supervacanea annotatio τοῦτο δὲ πολλοῖς γίνεται. Quamobrem vestigia codicis Veneti secutus sic hæc corrigenda esse puto, ὠρακιᾶσαι δὲ λέγεται τὸ ὑπὸ φόβου ὠχριᾶσαι. τοῦτο δὲ Σοφοκλῆς εἶπεν

ἐν Ἀμφιάρεῳ σατυρικῷ. θλιβομένης γὰρ τῆς καρδίας πολλοῖς τοῦτο γίνεται. Apud Suidam s. Ὡρακιάσας scriptum καὶ ὡρακιᾶσαι λέγουσι τὸ ὑπὸ φόβου ὠχριάσαι θλιβομένης τῆς καρδίας· τοῦτο δὲ πολλοῖς γίνεται. παρὰ τὸ τὴν ὥραν αἰκίζεσθαι, ὅ ἐστι τὴν μορφήν. Dind. Regius: Ὡρακία κυρίως ἡ ὠχρίασις, ὡς οὖσα τῆς ὥρας καὶ τῆς μορφῆς αἰκία καὶ ἀλλοίωσις. ἢ ἀπὸ τοῦ ὥρα ἡ φροντίς· οἱ γὰρ ἔμφοβοι ἀπὸ δέους γινόμενοι ἐμφρόντεις γίνονται. — 30 τοῦτο γὰρ Θ.

484, 36-39 sic R., τίθησι γὰρ τὸν σπόγγον—χάριν. λαμβάνει γὰρ—πρωκτόν.

487, 40 ἐγὼ om. V. — 41 sq. τοῦτο—λέγει R. θαυμάζων δὲ τοῦτο λέγει ὁ (ὁ om. V.) Διόνυσος ἑαυτὸν ceteri. — 43 οἰκεῖον τὸ σ. V. τὸ σ. οἰκεῖον Ald. — 44 τὸ δὲ et seqq. om. etiam Θ.

489, 46 Οἱ γὰρ ὑπὸ τοῦ φόβου Ald.

490, 49 corrigendum Ἀπεμαξάμην. Dind. — 50 Πλούτωνι V., ex quo 51 ἔτι additum.

494 Ἀντὶ τοῦ ἄγε. γράφεται λημματίας (hoc om. G.). ἀντὶ τοῦ μέγα φρονεῖς. λῆμα γὰρ τὸ φρόνημα V. λῆμά ἐστι τὸ φρόνημα. ἀντὶ τοῦ μέγα φρονεῖς· et inferius, τὸ ἴθι νῦν ἀντὶ τοῦ ἄγε R. — 8 legebatur γρ. οὖν καί.

496 V. habet οἱ γὰρ φοβούμενοι με τῶν σπλάγχνων αἰσθάνονται.

498, 14 Οὐκ ὀφείλεις λέγειν V.

499, 18 τῶν Ἡρ., 19 Ἡρακλεοξανθίαν R.

501, 20 Ἀντὶ τοῦ ὁ om. V. — 24 ὁ om. V. Θ. ἢ ἐμίγη ἐκεῖσε Ἡρακλῆς. ἕστηκεν οὖν ἐν τῷ τόπῳ ἐκείνῳ Ἡρακλέους εἴδωλον ἐπιφανέστατον Reg. — 26 legebatur ἀλεξίκακον. Vide Hesych. s. v. Ἐκ Μελίτης μαστιγίας. Kust. — 27 πάνυ προσφυῶς τοῦτ' εἰπών, ὅτι δοῦλος ὢν ὁ Ξανθίας ὥσπερ Ἡρακλῆς μέγα ἐφρόνει λαβὼν τὴν λεοντῆν καὶ τὸ ῥόπαλον Reg. — 28 Γελάδου V. Θ. Legebatur Ἐλάδου. Ἀγελάδου Meursius. Γελάδαν Tzetza quoque dicit Histor. 7, 929; 8, 325. — 30 μέγαν λοιμόν, vide Hemst. ad schol. Pluti v. 179. — 32 ὑπονοεῖσθαι V. ὅτι ἦρχε respicit ad legem, τὸν ἄρχοντα μὴ κωμῳδεῖν. — 33 ὠνομάσθαι Dobræus. — 35 παρασκευάζει δὲ Θ., qui ἅμα τῷ recte fortasse omittit. Idem 38 om. μᾶλλον. — 40 legebatur Ἡρακλέα. — 43 Οἴου Valckenar. Diatrib. Eurip. p. 292. Legebatur Ἰοῦς. Et Κοθωκιδῶν loco legebatur Κυλωνῶν. Κοθώνων Θ. Κηδῶν Valckenarius.

505, 53 ἢ—σκιζομένων additum ex R. — 2 τὸν ἐριγμὸν Pierson. ad Mœr. p. 158. ἐτυμολογοῦσι idem. ὁμολογοῦσι Ald.

506, 6 κατερεικτῶν, 7 ἀπὶ ἐσχισμένων, 10 Ἡρ. ἢ οὕτω λέγε· κατερεικτῶν ἤτοι ἐσχισμένων κυάμων, ἵν' ᾖ τὸ ἔτνους ἑρμ. τ. κατερεικτῶν Reg.

507, 15 πυρῶν. Legebatur νεοπύρων. — 18 κόλλικας Dindorfius. Legebatur κύλικας. Reg. κόλλαβοι τὰ κοινῶς λεγόμενα κολλίκια. — 19 κολλάβους, pro κόλλοπας, recentioris linguæ vitio, quod notavit Phrynichus p. 193 ed. Lob. — 20 καβάλλια Reg.

512 sic R. λείπει τὸ λέγεις. ἢ ἀντὶ τοῦ ἔασον R ἀντὶ τοῦ ἔασον om. V. Θ.

516, 36-43 om. etiam Θ. M.

518, 47 ἢ om. R., ex quo additum ἐκ τῶν ὀβελίσκων.

520 addit Ald. τὸ δὲ παῖς τῷ Διονύσῳ λέγει.

522 glossam ἀληθῶς ἐνόμισας habet R. Reg.: Οἱ μέν φασιν ὡς ἐπειδὴ τὸ μή ἀντὶ τοῦ ἆρα καὶ ἀντὶ τοῦ οὐ λαμβάνεται, εἰκός ἐστι καὶ τὸ οὐ μὴ μόνον ἀρνητικὸν εἶναι, ἀλλὰ καὶ ἀντὶ τοῦ ἆρα λαμβάνεσθαι. σὺ δὲ οὕτω λέγε· οὔτι που σπουδὴν ποιεῖς ἀντὶ τοῦ οὐ διὰ σπουδῆς ποιεῖς τοῦτο ὅτι ἤ σε παίζων Ἡρακλέα ἐποίησα; εὖ οἶδα ὅτι οὕτως ἔχει, οὐκοῦν ἀπόστηθι τούτου· ἢ πρὸς τὸ οὔτι που στίξον· τὸ δὲ λοιπὸν κατ' ἐρώτησιν. Et paullo post idem: Ἅπαντες ἐνταῦθα τὸ οὐ ἀντὶ τοῦ ἆρα φασί· λέγοντες ὥσπερ τὸ μὴ ἀντὶ τοῦ οὐ καὶ ἀντὶ τοῦ ἆρα, οὕτω καὶ τὸ οὐ οὐ μόνον ἀρνητικόν, ἀλλὰ καὶ ἀντὶ τοῦ ἆρα. τὸ δέ ἐστι τοιοῦτον· εἰώθαμεν ὅταν τι οὐ σαφῶς γινώσκωμεν, κατ' ἐρώτησιν εἰκαστικῶς προφέρειν, θέλοντες διὰ τῆς ἐρωτήσεως μαθεῖν εἰ τοῦτό ἐστιν ὃ εἰκάζομεν. — 5 ἐποίησά σε R.

527, 12 αὐτὰ etiam Suidas s. Οὐ δήπου. ταῦτα Ald. οἷον οὐ διστάζω om. G.

534, 18-27 om. etiam Θ., totum scholion om M. — 28 ὅτε ἐφ. διὰ τὰς R. ὅτι ἐφ. τὰς ceteri. — 29 διακόνου R. Ceteri Αἰακοῦ. — 30 τοῦ ᾄδου additum ex R. — 33 δὲ om. R., qui hæc verba in principio scholii collocat. — 34 ἐπὶ additum ex R. Post αὐτοῖς addit V. ἰδὼν τὸν Διόνυσον ὁ χορὸς ἀποτιθέμενον μὲν τὰ Ἡρακλέους σύμβολα ὅτε ἤκουσε φόβου ἄξια, εἶτα πάλιν ὕστερον λαμβάνοντα ταῦτα, ὅτε ἤκουσε περὶ δείπνου, ἀποδέχεται αὐτόν.

536, 38 ἐς additum ex Suida s. Ταῦτα μέν. — 39 δίκης σ' Porsonus. — 40-44 om. etiam Θ.

541, 3 ὁ Θηρ. γέγονε V. ὁ Θηρ. om. Θ. — 5 scribebatur Στηριεύς. Στιριεὺς Suidæ codd. s. Δεξιός. τὸν δῆμον Ald. — 7 scribebatur Ἀργινούσῃ. ἀργενν libri optimi Suidæ s. Ἀργέου et Δεξιός. De forma nominis conf. ad schol. Nub. 6. — 8 ἀπαγωγὴ Suidas. Legebatur ἀγωγή. αὐτὸς Θ. et Suidas. αὐτῷ V. Ald. — 9 Καλλιξένους V. Θ. et Suidas, qui κατάστασις. Legebatur μετάστασις. — 13 εἰς τὴν V. — 14 ἀπεκάλουν, 15 ἀντιπολιτευομένων Suidas. — 16 ἑαυτῷ Suidæ libri optimi: editi ἑαυτοῦ. — 18 ὑποδέσεις Suidas. ὑποθέσεις V. ὑποδύσεις Θ. Ald. — 19 ψηφίσασθαι ἐπιζήμια Suidas. Legebatur ἐπιψηφίσασθαι ἐπὶ ζημίᾳ. — 21 post εἶναι libri addunt καὶ εἰς τοῦτο ὡς μὴ γνήσιος πολίτης λέγεται

(λέγηται V.), quæ om. Suidas, qui γνήσιος—υἱός. Libri γνήσιον—υἱόν. — 22 αὐτὸν ἐπ. Suidas. αὐτὸν ἐν πρώτῳ ἐπ. libri. Sequentia om. Θ. et Suidas, habet Reg., qui 26 sq. Κῖον· ἦν δὲ ταῖς ἀληθείαις Χῖος. ὅθεν διὰ τὸ εὐμετάβολον αὐτοῦ ἐκαλεῖτο κόθορνος.

542, 28 Ἐν γὰρ (τῇ add. Θ.) Μιλ. libri præter R. Sequentia om. etiam M. — 30 διάφορα γίνεται Θ., qui om. sequentia. — 36 om. Θ. M. ἀμίδα—οὐρ. om. V. τινὲς οὐρ., τὸ—ἀγγ. R.

543, 37 τὸ δὲ ἀνατετραμμένος ἀντὶ τοῦ ἀναχ. R.

544, 41 συνόντα Θ. om. R. ὥσπερ ἐνειθιζόμενος V. ὑπερεθιζόμενος R. ἐρεθιζόμενον M. — 42 ἐδραττόμην τοῦ αἰδ. V. Θ. ἐδραττόμην φησὶ τοῦ αἰδ. M. καὶ δραττόμενος τοῦ αἰδοίου Ald. ἀντ' ἐμαυτοῦ R. τοῦ om. etiam Θ. — 43 γνοὺς et πρότερος addita ex R. — 44 τὰ αὐτὰ R. ταὖτο Θ. ταῦτα ceteri. με additum ex R.

545, 45 Ἀντὶ τοῦ R. — 46 διακονεῖ R. διακονῷ V., quod post Διονύσῳ ponit G. — 47 ἂν om. V.

548, 51 sq. Ἀντὶ τοῦ τοὺς (τοὺς om. V.) ὀδόντας εἰπεῖν τοὺς χοροὺς εἶπε libri præter R. — 52 ἐστιν om. V.

549. Scholion metricum om. etiam Θ. M. Regius: Πλαθάνη κυρίως ἡ πλατεῖα σανίς· νῦν δὲ ὄνομα δῆθεν μιᾶς τῶν ἐν ᾅδου πανδοκευτριῶν· ἣν ἡ ἑτέρα πανδοκεύτρια καλεῖ, ὡς ἂν κατάσχωσιν ὡς Ἡρακλέα τὸν Διόνυσον, καὶ δῷ τιμωρίαν ὧν ἐζημίωσεν αὐτὰς εἰς τὰ ὤνια, καταφαγὼν αὐτὰ ὅτε κατῆλθεν ἐπ' ἀναγωγῇ τοῦ Κερβέρου. — 6 νυνὶ M. — 7 δὲ om. V. ἕκαστος V. Θ. — 8 ἡμιωβολίου R. et Suidas s. Ἀνημιωβολιαῖα. ἡμιωβολιμαίου Ald. ἢ ὠμὰ—πωλούμενα om. Suidas. — 9 τοῦ ἡμιωβολίου Salmasius, teste Jungermanno ad Pollucem 9, 64. Kusт. ἀνημιωβολιαίου Θ. — 10 ὀνόματα Θ. et Suidas. Ceteri ὄνομα.—οὕτως additum ex Suida. ἀν' ἡμιωβόλιον, ἀνημιωβολιαῖον Salmasius. ἀνημιωβολιαῖον etiam Θ., qui sequentia om. Libri ἀνημιωβόλιον, ἀνημιωβολιαῖα. πρὸς τὸ χ. δηλοῖ V., sequentibus omissis. — 13 τὸ χ. Ald. — 14 scribebatur ἑψημένα. ζεστά R.—21 ἐπισημειοῦται codex.

555, 28 πρὸς ταῦτα R.

558, 33 Οἱ Ἀττικοὶ οὐδετέρως φασίν V. οἱ om. libri præter Θ. οὐδετέρως τὸ τάριχος R.

562, 43 πικρὸν om. V. Θ. M.

563 R. hoc ordine ἐπαίρων—γυναῖκας. τὸ—διδόναι πανταχοῦ.

566 om. V.

567, 4 scribendum videtur τῷ Καλλιστράτου. Dind. — 5 πρὸς τοῦτο R.

569, 11 ᾅδου ἦν R. V. — 12 Ὑπέρβολος libri præter R. — 14 εἰς Θ. pro περὶ, om. V. αὐτὸν R. De morte Hyperboli vide schol. Pac. 681.

570, 16 τέσσαρες ἐπὶ σκηνῆς R. σαφῶς ἐν τῷ θεάτρῳ V. Θ. M. Ald. Sed V. in fine scholii v. 566 addit παρατηρητέον ὅτι τέσσαρες ἐν τῇ σκηνῇ διαλέγονται. — 17 διαλέγονται. καὶ ὅτι τέσσαρες ἐν τῇ σκηνῇ διαλέγονται Θ. διαλέγεται. παραιτητέον δὲ ὅτι τέσσαρες τῇ σκηνῇ διαλέγονται M.

576, 23 Ὦτινι λάρυγγι τοὺς ἄρτους κατέφαγες. ἢ τινὶ τῶν ἐντέρων μέρει. κόλικας ἢ V. ἢ τοὺς ἄρτους R. τοὺς ἄρτους M. — 25 δὲ om. R.

578, 27 τὴν κρόκην Suidæ ed. Mediol. s. Ἐκπηνιεῖται. — 28 πηνί' ἐξ. Θ. πηνίου ἐξ. Ald. Sequentia om. etiam Θ. M. — 31 διφθόγγου γράφεται Portus. διφθογγογραφεῖται Ald. — 32 ἐκπηνιεῖται, 33 τιμ. ἐξελάσει, 34 ἐξάξει, ὥσπερ ἐξάγει ὁ σκώληξ τὴν μέταξαν· π. γὰρ ἡ μ. ἢ ὅτι πηνίον λέγεται τὸ νῆμα τῆς ἀράχνης ὡς ἀπὸ τοῦ πένω τὸ ἐνεργῶ. ὥσπερ οὖν ἐκεῖνο τὸ πηνίον ἐκ τῆς πυγῆς ἐκείνης ἐξέρχεται, οὕτω φησὶ καὶ ὁ Κλέων ἐκ τοῦ στομίου αὐτοῦ ἀφέλκων ἔσται ὡς πηνία τὰ καταβρωθέντα. ἔστιν οὖν θέμα ἐκπηνίζω etc. Reg. —38 τὸ δὲ προσκαλούμενος ἀντὶ τοῦ ἐγκαλῶν R. — 39 addit V. ἃ ἔφαγεν ἡμῖν ἐφελκύσει κατηγορῶν αὐτοῦ. πρὸς τὰ παρ' αὐτοῦ ἄνω εἰρημένα, quæ om. G.

579, 40 ὁ om. V. — 42 κελευσθεὶς Ald.

588, 51 μάντεσσιν, 52 καταφορβᾶν R. Reg.: Τὸ δὲ γλάμων οἱ μὲν ὄνομα αὐτοῦ φασὶν, οἱ δὲ ἀντὶ τοῦ ὁ λήμας ἐν τοῖς ὀφθαλμοῖς ἔχων καὶ ἀεὶ τζυμβλώττων (sic)· ἄλλοι δέ φασι τὸν ἀκάθαρτον καὶ αἰσχρὸν σημαίνειν τὴν λέξιν. ὁποῖον οὖν ἂν σημαίνοι, ἡ λέξις ἐνταῦθα ἐπὶ σκώμματι καὶ διασυρμῷ. τὸ τοῦ Ἀρχεδήμου ὄνομα ὡς ἐρωμένου ὄντος τῷ Διονύσῳ.

590, 1-6, et infra 20-28 om. etiam Θ. M. — 7 δὲ om. V. ἐστὶ πάλιν Ald.

605, 28 sic R. τὸν Κέρβερον (Κέρβερον om. V.) κύνα V. Ald. τὸν κλέψαντα τὸν κύνα et τὸν κλέψαντα τὸν Κέρβερον habet Θ.

607, 33 μὲν om. V. τὸ om. Θ., qui 34 αὐτόν. Pro his ὧν—βαρβάρων R. habet ὀνόματα τοξοτῶν βαρβάρων. ὀνόματα δούλων. — 35 ὡς δούλων—βαρβάρων om. V. Θ.: sed habent glossam ὀνόματα δούλων (δούλων om. G.) τοξοτῶν βαρβάρων. δὲ om. R., qui 36 ἐν τῷ εἶεν. Ib. et infra l. 42 καὶ μάχει (μάχῃ Θ.) R. V. Θ. καὶ τοῦ μάχῃ Ald. — 37 τὰ ἀλλότρια R. — 38 scribebatur μᾶλλον ὑπερφυᾶ. — 41 ἐπὶ τὸ R. — 42 τοῦ Ξανθίου Θ. — 43 οὖν om. R.

611 R. habet τὸ μή ἀντὶ τῆς οὐ χρῶνται. — 50 ἀπιθάνως Ald. ἐκ τῆς, 51 γὰρ τὸ Θ.

618, 6 sq. τὸ δὲ ἐν—κλίμακι in fine scholii habet R. — 8 καὶ Ὅμ. V. — 11 μάστιγξ G.

621, 13 Ἐπειδὴ V. et Suidas s. Βασανίζειν. ἐδαίροντο Suidas. — 18 ἐστὶ χαλεπώτατα V. Θ. — 19 πανταχοῦ V. Θ. M.—21 τοῦ γητείου Θ. et Suidas (qui addit τουτέστιν ἀμπελοπράσου, ἢ, ὥς τινες, πράσου φύλλῳ). τῷ γητείου V. τῷ γητείῳ Ald. — 23 παιδίου R. παιδὸς ceteri.

625, 27 Ξανθίου. Imo Διονύσου, cui tribuitur in codice Vaticano. Dind.

627 λέγει τὸ κατάθου R. ταῦτά (τοῦτό V., non G.) φησι ceteri.

628, 33 τὸ δὲ ἀγορεύω om. V. — 35 Ὁ om. R. V. Θ. περὶ R.

636, 37 δευτέρου προσώπου libri præter R. — 38 Ἀττικοῦ Θ. — 39 αὐτὸν λ. V., et τινὲς γάρ φασι. — 41 om. etiam Θ.

638, 43 Ἀττικῶς R. κατὰ τοὺς (τοὺς om. Θ.) Ἀττικούς ceteri. Reg. : Προτιμῶ τὸ προκρίνω ἀπὸ αἰτιατικῆς καὶ γενικῆς, οἷον προκρίνω τὴν ζωὴν τοῦ θανάτου. προτιμῶ δὲ τὸ φροντίζω κατὰ τοὺς Ἀττ. γενικῇ, οἷον οὐδὲν προτιμῶ σου ἀντὶ τοῦ οὐ φροντίζω σου.

644, 46 ἢ additum ex R. — 47 παρατραπέντα Θ. αἰσθασθέντα Ald. αἰσθανέντα Θ. αἰσθανθέντα Reg., qui 47 pergit ἢ παρακινήσαντα ἀντὶ τοῦ παρακινηθέντα, τουτέστιν ἢ τοπικῶς ἀπὸ τόπου εἰς τόπον μεταβάντα, ἢ μεταμείψαντα τὴν χροιὰν ταῖς ὀδύναις ταῖς ἐκ τῶν πληγῶν. ἢ δακρύσαντα.

645, 50 πιθανὸν R. πιθανῶς ceteri.—52 Διόμεια V., qui 53 ἅτε. Θ. Ald. ὡς ἅτε.

647, 7 κίνησις καὶ additum ex R., qui ἐπεὶ sine ἢ. ἢ ἐπειδὴ ceteri.

649, 11 σπεύδεις V. Ald.

651, 15 καὶ Ῥιανός additum ex R. Ὁ Δίομος οὗτος ἐρώμενος ἦν Ἡρακλέους, ἀφ' οὗ καὶ Διομὶς φυλὴ ἐν Ἀθήναις. ἐν τῷ τόπῳ οὖν ταύτης τῆς φυλῆς Ἡρακλέους ναὸς ἦν, ἐν ᾧ ἐτελεῖτο κατέτος ἑορτὴ τῷ Ἡρακλεῖ ἡ καλουμένη Ἡράκλεια Reg.

652, 18 δαιρόμενον Ald. τυπτόμενον M.

653, 22 ἔφοδον om. V. — 24 συμβαίνει Θ. Reg. σημαίνει Ald.

655 R. habet ἀντὶ τοῦ οὐκ ἐπιστρέψει (scrib. ἐπιστρέφει).

659, 34 τοῖς θεοῖς V.

661, 38 αὐτό V. — 40 ἱερὸν Θ.

662, 42 τὸ καθαίρειν βωμούς V. Addit Reg. εὕρηται δὲ παρὰ Λουκιανῷ ἀντὶ τοῦ ἐπὶ τοῦ σποδοῦ βινεῖν.

665, 44 Παρὰ τὸ ἐκ Σ. ἐκ V. Θ. Sophoclis fragmentum Th. Bergkius probabiliter restituit, Πόσειδον, ὃς Αἰγαίους ἔχεις | πρῶνας, ἢ γλαυκᾶς μέδεις εὐανέμου λίμνας ἐφ' ὑψηλαῖς στομάτων σπιλάδεσσι. — 46 γλυκᾶς μεδέεις (hoc etiam Θ.) εὐανέμους V. σπιλάδεσι V. Θ.

675 om. etiam Θ. M. 3 προσῳδιακὸν Ald. hic et alibi non raro.

679, 23 στρ. Ἀθηναῖος R., ex quo 24 ὅλον additum. — 26 Κλεοφῶν. διαβάλλεται δὲ ὡς ξένος καὶ ἀμαθὴς καὶ φλύαρος R. — 27 ἔλεγον M. — 28 τῶν om. Θ. τῶν πρωτείων om. V. τῆς πόλεως om. M. Regius : Ἦν δὲ οὗτος ὁ Κλ. ἐκ Θράκης τὸ καταρχάς· ἐλθὼν δὲ εἰς Ἀθήνας καὶ λόγων ἀσκήσας παιδείαν, προύστη τῆς πόλεως · ἐν ᾧ καὶ Ἀριστοφάνην λελύπηκεν, ὅθεν καὶ κωμῳδεῖ αὐτὸν οὐδὲν ἕτερον κατ' αὐτοῦ λέγειν ἔχων. Idem ἀμφιλάλοις, ἤτοι μακρολόγοις καὶ πολυλόγοις.

681, 29 διαβάλῃ Ald. — 30 ὡς om. V. Θ. Θρήσσης M. et infra Θρῆσσα. οὗτος γὰρ ὁ Θ. — 31 καλούμενος om. G. Ξενοφῶν V., et mox Ξενοφῶντι. λυροποιὸς Taylor. in Vita Lysiæ p. 125 ed. Reisk. et Schneider. ad Xenoph. Hist. Gr. p. 79. Legebatur τυροποιός, consentiente Suida s. Φιλοτιμότεραι. τυραννοποιὸς (γρ. τυροποιὸς) Θ., qui sequentia omittit.

684 Reg. εἰ μὲν πρὸς τὸ νόμον στίξῃς, τὸ ἑξῆς ὡς ἀντὶ τοῦ ὄντως ἐρεῖς· εἰ δὲ ὑποστίξῃς, ἀντὶ τοῦ ὅτι.

685, 41 αἱ λ. καὶ αἱ μέλ. habet sola Ald. cum Reg. — 42 ἴσοι V. — 45 Εὐριπίδου R. Θ. ταύρῳ M. — 47 δὲ V. pro σε. om. Θ. ἐκσώσασά σε apud Euripidem. — 48 πρίν σ' V. πρ. τ' Θ. M.

686, 52 ὅπερ Ald. ὥσπερ M. — 1 τοῦ λόγου Θ., qui ὁ ποιητὴς om. συμβουλεύῃ V. Ald. — 2 τι post λέγῃ ponit R. Sequentia om. etiam Θ. M.

688, 7 ἐπιτίμους Spanhemius. — 8 κατασύστασις, 9 καθὸν ἐφ. R., qui 11-14 sic, τὰ δείματα τὰς—εὐλαβουμένων. ἴσως—κατακληθείς. Ib. ἐνταῦθα V. M. Ald. — 13 κατακλιθείς V. κατακλεισθείς M. — 14 τῶν φοβουμένων Θ. Ald. τῶν εὐλαβῶν M. — 16 Ἀντάῳ V. Ἀνταίου M. — 19 ὅταν et καὶ om. V. καὶ om. Θ. — 20-23 om. etiam Θ. M. : habet Suidas s. Παλαίσμασιν et Φρυνίχου. — 22 τοῦτον τὸν κωμ. Meinek. Hist. Com. p. 147. — 24 Φρυνίχου παλαίσμασι. Φρύνιχος στρατηγὸς ἐγένετο, ἐφ' V., in quo hoc scholion supra positum est ante Ἄλλως. ἴσως. — 25 στρατηγῶν Suidæ ed. Mediol. s. Φρυνίχου. Legebatur τραγικῶν, consentientibus Suidæ codicibus et illic et s. Παλαίσμασιν. Scholiastæ hoc est commentum, quem frustra Meinekius l. c. p. 148 corrigit reponendo πολιτῶν. De vocabulis στρατηγός et τραγικός confusis v. annot. meam ad Sophoclem p. 72. Dind. Regius : Ἐπειδὴ αἰσχρῷ ποιητῇ ὄντι πεισθέντες τινὲς ἄτιμοι γεγόνασιν ὡς αἰσχροί · ἢ ὅτι τὰς τῶν πραγμάτων περιπετείας Φρυνίχου παλαίσματα ἐκάλεσεν, ὅτι ὁ Φρ. οὗτος τραγικὸς ὢν ποιητὴς ἔν τινι δράματι αὐτοῦ Ἀνταίῳ καλουμένῳ γράφει τούτου τοῦ Ἀνταίου καὶ Λίβυος ὄντος καὶ Ἡρακλέους παλαίσματα.

692, 28 sq. ἕως—δεσπότας et 29 δούλους om. Θ. M. — 31 Πλαταιῶν V. ναυμαχήσαντας Θ. M. — 32 post Σαλαμῖνα pergit M. τὸ δὲ χρῆναι Καλλίστρατός φησιν—.

694, 33-36 Ἀντὶ—αὐτοῖς om. Θ. — 34 Ἑλλάνικος, vide Clinton. in Fast. Hellen. vol. 3, p. 608. Dind. — 36 συμπολιτεύσασθαι R. συμπολιτεύεσθαι ceteri. διεξιὼν—Καλλίου additum ex R., qui πρὸ omittit. — 37 sq. Καλλίστρατός—δέον in principio scholii ponit V. συναλιφὴν V.—38 τὸ δὲ

Θ. εἶναι om. V. Sequentia om. M. Regius: Πλάταια πόλις γίνεται ἀπὸ τοῦ πλάτη ὃ σημαίνει τὸν (sic) κώπην, διότι οἱ Πλαταιεῖς λίμνῃ παροικοῦντες ἀπὸ κωπηλασίας ἔζων. ὥσπερ δὲ ἡ Θέσπια ἐν μὲν τοῖς ἑνικοῖς προπαροξύνεται, ἐν δὲ τοῖς πληθυντικοῖς ὀξύνεται· Θεσπιαὶ γὰρ τὸ πληθυντικόν· οὕτω καὶ ἡ Πλάταια ἑνικῶς μὲν προπαροξύνεται, πληθ. δὲ ὀξύνεται· Πλαταιαὶ γὰρ λέγεται· καὶ ὁ πολίτης αὐτῆς Πλαταιεύς· ἡ αἰτιατικὴ τῶν ἑνικῶν τὸν Πλαταιᾶ, ἡ δὲ εὐθεῖα τῶν πληθ. οἱ Πλαταιεῖς, καὶ ἡ αἰτ. τῶν πλ. τοὺς Πλαταιεῖς καὶ Πλαταιᾶς. πολὺς δὲ λόγος ταύτης τῆς πόλεως, τά τε ἄλλα καὶ ὅτι τάφους φασὶ καὶ τρόπαια εἶχεν ἀγαθῶν ἀνδρῶν τῶν τὴν Ἑλλάδα ἐλευθερωσάντων καὶ τὸ βασίλειον στράτευμα δουλωσάντων.

698, 43-45 sic R. Ceteri λέγει στρατηγῶν—τῶν (τῶν om. V.) περὶ Ἀργίνουσαν ναυμαχησάντων τῶν σωθέντων ἐκ τῶν ι′ (ἐν τῷ δέκα V.) — 45 ἀργίννοσαν συνναυμαχησάντων R. Ceteri Ἀργίνουσαν. Dindorfius posuit quod scholiastes alibi constanter sequitur. — 46 καὶ additum ex Θ. — 47 ἐκωλύθησαν, οἱ δὲ τέσσαρες ἔφυγον Θ. — 48 ὡς Ἀρ. V. μετακαλεῖσθαι Ald. Conf. schol. v. 688. δεῖν addidit Dindorfius. καὶ ἐπιτίμους Dobræus. — 49 ἦν περὶ Αἰολίδα V. — 2 αὐτῶν τῶν αὐτῶν Θ. αὐτῶν τῶν M. τῶν ἐν τῷ Ald. — 3 κατακλεισθεὶς M., ut in scholio v. 688.

703, 4 ὑπερφρονήσωμεν καὶ additum ex R. — 6 συμμαχήσασιν Θ. Ald. In M. scholion hoc est, εἰ δὲ ὡς μεγάλα ἁμαρτήματα μὴ θελήσομεν ἐνδοῦναι, ἀλλ' ὑπερφρονήσομεν μὴ συνεῖναι συμμαχήσασιν, οὐ δόξομεν ὕστερον καλῶς φρονεῖν.

704, 9 περὶ Αἰσχύλου M. παρὰ τὸ Αἰσχύλου Ald. ἔστι δὲ—Ἀρχιλόχῳ (τῷ Ἀρχ. M.) addita ex V. M. — 12 ὁ Διονυσιακὸς Ald. et M., ut videtur.

705 scribebatur βλαβησώμεθα.

706 R. habet glossas ἀντὶ τοῦ τιμωρηθῆναι ὀφείλει· et εἰ δύναμαι κρίναι.—15 Φοίνικος ἢ Καινέως Bentleius. Legebatur Φοινίκης ἢ καὶ Οἰνέως. εἰ δὲ τὸ ὀρθὸς V. Θ. M.—16 ὦ addidit Bentleius. ὅτι οὐ δ. Θ. Qui 19 sq. om. οἰμώξεται—χρόνον.

709, 22 sq. Ὁ Κλειγένης φαίνεται περὶ, 24 οὗτος. μικρὸς δὲ ἦν τῷ σώματι R. Reg., in quo est Κλεισθένης: Ὁ Κλεισθένης οὗτος μικρὸς ἦν τὴν ἡλικίαν, ἀπόγονός τινος βαλανέως. κωμῳδεῖται οὖν ὑπὸ τοῦ ποιητοῦ ὡς ταράκτης τῆς πόλεως, ἴσως δὲ καὶ προσκεκρουκὼς Ἀριστοφάνει.

710, 25 ὁπόσης R. ὅσως V. ὅσοι Ald.—27 σμήγματα V. hic et 28. σμήματα R.

711, 30 ταῦτα πάντα κ. Reg., qui præmittit κυκησιτέφρου καὶ ψευδονίτρου κονίας καὶ κιμωλίας γῆς.

712, 34 sq. αὕτη ἡ νῆσος V. Θ. νήσων (νήσων om. R.) αὕτη R. Ald.—36 Ἐρυθρέων Θ. Ἐρυθραίων V., qui 38 εἰ om. — 40 τῆς λοιπῆς τῆς τοιαύτης R. λοιπῆς τοιαύτης V. Θ. τοιαύτης λοιπῆς Ald.

715, 46 εὔοπλος V. Post ἔνοπλος pergit R. τὸ δὲ πλῆμες ἐνδιατρίψει εἰδὼς τάδε. προσεποιεῖτο δὲ ὥς φασι καὶ μανίαν εἰδὼς ὅτι μισεῖται etc. — 49 αὐτῷ. ἴσως τῇ (τῇ om. V.) βακτηρίᾳ συνεχῶς (συνεχῶς om. V.) ἐχρῆτο ἢ καὶ ἀπὸ τοῦ (καὶ et τοῦ om. V.) δείπνου ἐπανερχόμενος V. Θ. Pergit Θ. ἤγουν οὐκ ἄοπλος διάγει, ἀλλ' ἐν χειρὶ ξύλον φέρει προσποιούμενος μανίαν, εἰδὼς ὅτι μισεῖται. πολλοὶ γὰρ αὐτῷ ἀπειλοῦσι.

717. Scholion metricum om. etiam Θ. M. — 4 τὸ δὲ ἑξῆς τὸ αὐτὸ, 9 οὖσι συγχρώμεθα Ald.

720, 12 Ἑλλάνικος Bentleius. Legebatur ἀλλὸ νικᾷ. Conf. schol. v. 694. χρυσοῦ V.

721, 15 οὐδὲ κατακεκαπηλευμένοις V. Ceteri οὐ.

723, 18 ἀκριβῶς om. V.

725, 22 νομίσματος V. — 25 Καλλίου, conf schol. Eccles. 810. — 27 νομισμάτων Θ.

730, 29 εἰσβάλλομεν R. ἐκβ., ἐλαύν. V. — 33-35 om. etiam Θ. M. — 35 φαρμακοῖσι—καθάρμασιν om. V. — 37 ἐπιβεβουλευμένους Reg.

736, 41 Κατὰ R. ἀπὸ (ὑπὸ M.) καλοῦ R. V. M. et Suidas s. Ἄξιον. ἀπὸ τοῦ Θ. ἐξ ἀξίου γοῦν τοῦ Ald. καὶ ἀπ. Θ. M. ἀπατᾶσθαι M. Tum addit sola Ald. ἐπὶ τῶν ἐθελόντων σεμνῶς δυστυχεῖν, quæ sunt in Reg., qui ineptias quasdam addit.— 43 ἢ τοῖς φαρμακοῖς Θ., qui seqq. omittit.

738, 46 sq. Πλ. οἰκέτης om. V., qui τὸν Ξανθίαν. Metricum scholion et sequens 740 om. etiam Θ. M.

741, 3 ἐξελεγχθέντων ἀττικῶν V., reliquis omissis. — 4 δὲ om. R.

743, 5 ἀντὶ τοῦ ᾤμωζε, τουτέστιν ἔφευγον, 6 αὐτὸν, οἴμωζε εἰπὼν, εἰ Ald.

745, 10 φαίνεται Θ. φαίνονται V. Ald. οἱ τὰ R. οἱ δὲ τὰ Ald. — 12 post καλοῦνται pergit Suidas (s. Ἐποπτεύειν) οἱ δὲ τῷ ἑξῆς ἐνιαυτῷ, ἔφοροι καὶ ἐπόπται. ἐγὼ οὖν, φησὶν, ὅταν etc. Dicit scholiastes mystas anno post initiationem, sive mysteria suscepta, ad illorum ἐποπτείαν admissos fuisse: quam sententiam adversus Scaligerum non male tuentur Dionysius Petavius in notis ad Themistium et Ismael Bullialdus ad Theonem Smyrnæum p. 218 seqq. Kust. οἱ δὲ παραλαμβάνοντες R. V. — 19-28 om. etiam Θ. M.

750, 31 ὦ R. ὡ ceteri. ὁμοιότατε R. Reg.: Ἐπειδὴ καὶ ὁ Ξανθίας καὶ ὁ δοῦλος ὁ τοῦ Πλούτωνος ὡς δοῦλοι συγγενεῖς λέγονται, Δία ὁμόγνιον καὶ συγγενικὸν ἀνακαλεῖται ὁ τοῦτο λέγων. Sequentia mirum si sint in V.; nam habet Reg., qui 33 recte omittit ἴσως. — 34 τὸ δὲ et sequentia om. Θ.

756, 41-46 om. etiam Θ. M. — 41 ἑταιρεῖος Reg. ἑταιροῖος Ald.— 48 εἶπεν σύνδουλος R. λέγει

οὖν (οὖν om. M.) ὁμόδουλος M. Ald. λέγει οὖν ὁμόδουλος οἷον (ἢ ὡς Θ.) σύνδουλος V. Θ.— 49 δὲ om. R., in quo scholion ab his verbis στικτέον ἐπὶ incipit. εἰς τὸ μαστ. M. ἐπὶ τὸ R. Θ. ἐπὶ τῷ Ald. πυνθάνονται, 50 σιωπῆς V.— 51 γινόμενον θόρυβον Θ.— 53 τῆς om. V. καὶ om. R., qui 54 λοιδορισμός.

761, 1 Ἀπό τινος additum ex R., qui ἐστὶν, ceteri ἦν.— 2 αὐτοῦ R. V. ξυντεχνῶν R.

775, 776. Scholia ad hos versus om. R.— 14 τοὺς om. Θ. σαθρὸν Dobræus. Legebatur σαπρόν. στρεψίμαλλος Θ. στρεψίμαλος M. στρεψίκαλλος V. στρεψίμελος Ald. — 15 Εὐριπίδου Θ.— 16 sq. καμπῶν—τουτέστι παραλογισμῶν Dobræus. γράφεται καμπῶν τουτέστι παραλογισμῶν Ald. γράφεται καμπτῶν ἀποπαραλογισμῶν Θ. γράφεται καὶ κάμπτων λογισμὸν, ἵν' ᾖ ἅμα μὲν— M. Καμπτῶν V. Glossa in Reg., τῶν καμπῶν τοῦ μέλους.— 19 δίδει Ald. δίδη Θ. M. διδυμόσχοισι V. δὲ καὶ Θ. λογισμῶν γράφει M. Sequentia et scholion 776 omittunt Θ. M.

781 om. V.— 32 φησί Ald.

790, 37 ὑποκεχωρηκότος τοῦ Σοφοκλέους Kusterus.

791, 38 Καλλ. φησιν ὅτι M.— 40 σκέψασθαι V. — 41 post κακόξενον Ald. addit τινὲς δὲ τὸ νυνὶ δ' ἔμελλε τοῦ Κλειδημίδου φασὶν εἶναι, ἔφεδρος δὲ ὁ μὴ πλανώμενος ἐν τοῖς ἀγῶσιν εἰς τὸ ἀγωνίζεσθαι τοῖς νικῶσιν. καὶ Σοφοκλῆς « καί μοι δυσθεράπευτος Αἴας ξύνεστ' ἔφεδρος, » ἤγουν ἔσχατος καὶ ὡς ἔφεδρος ἐλείφθη μοι Αἴας εἰς κακόν. Scholion ex Suida confictum s. Ἔφεδρος. Dind. Regius: Ἡ τὸ νυνὶ δ' ἔμελλεν ἔφεδρος καθεδεῖσθαι τινὸς ποιητοῦ ἐστι Κλειδιμήδους (sic) καλουμένου, καὶ διὰ τοῦτο ὡς ἔφη Κλειδιμήδης λέγει, ὥσπερ διασύρων αὐτόν. ἢ Κλειδιμήδης τις ἦν καὶ τότε ἀπέθανε, καὶ ἐν γέλωτι τοῦτον προβάλλεται ταῦτα λέγοντα. ἔφεδρος δὲ ὁ—μαχέσασθαι (42-44). ἄλλοι δέ φασι τὸν Κλειδιμήδην τοῦτον ὑποκριτὴν εἶναι Σοφοκλέους.

798, 50 τῶν ὑπὲρ τῶν R. ὑπὲρ τῶν πατ. Θ. — 51 εἰσφερόμενον R. εἰσφερόμενα V. Θ.— 53 ἵστατο et Δράμασι R. ἵσταντο et δράματι ceteri.— 54 ἀπὸ τοῦ τῶν, 2 ἄγουσιν ἀπεδέδοτο Θ. ἀπεδέδοκτο ceteri. — 4 libri ἔγωγε. ἀγκύσαι Θ. σου τὸν V. Θ. σταθμὸν Brunckius. αφυγμὸν libri. — 5 προστάττωσι V. Ib. scribendum φράτερες. Dind.— 6 προάγων R. προαγαγὼν ceteri. προσαγαγὼν Meierus De gentilitate Attica p. 16.— 8 εἰσφερομένων Meierus l. c. Legebatur ἐκφερομένων. — 9 μὴ ἔλαττον Valesius ad Harpocrat. p. 124. Fallitur. Deinde legebatur σταθμοῦ τινος ἀπὸ τοῦ. ἀπὸ delevit Kusterus. ἀπὸ τοῦ ὡρισμένου omittit Suidas s. Μειαγωγεῖν. Dind. — 11 ἀμῶνται Θ.— 12 sqq. ἐάν τις εἰσήγαγεν εἰς τοὺς φράτορας υἱὸν ἐνήλικα γενόμενον, παρίστατο αὐτῷ ἐν ὡρισμένῳ σταθμῷ, πρὸς ὃ ἔδει etc. Suidas.— 14 παρίστη Θ. (qui post ἱερεῖον ponit). παρέστα Ald. — 15 καὶ μὴ μεῖον Θ., qui om. 19-22 Ἄλλως —ἐκάλουν. Libri μεῖον παρασχεῖν. Corrigendum μεῖζον. Κεκωλυμένον ἦν (μεῖζον recte addit Meierus) εἰσάγειν, inquit Pollux 3, 53. Dind.

799 om. R. V.

800, 27 ξύμπυκτα V. σύμμικτα R. σύμπυκτα Θ. σύμπηκτα M. — 28 εἰς Εὐριπίδην R. — 31 et sequentia omittunt etiam Θ. M.

809, 49 Ἀντὶ τοῦ om. R., Ἀντὶ—ἄλλους om. V. Θ. M.

812, 3 ἐπιπλήττωσι R. — 4 τοῖς δούλοις R. Θ. τοὺς δούλους V. Ald.

814. Scholion metricum om. etiam Θ. M. — 16 οἷα γάρ Θ. οἷον V. — 17 ἐν R. et Suidas s. Ἐριβρεμέτας. εὐθὺς ἐν ceteri. — 18 εἰς R. — 18-23 πέδον ἕως ἀδαμαντίνων Θ. M. — 19 ἄδροτον V. ἄβατον G. R. Ald. Correxi ἄβροτον, ut scriptum est apud scholiastam Homeri Il. Ξ, 78. Dind. — 20 μόλειν V. μέλλειν G.— 25 ἀδαμαντῖνος V., non G. ἀδαμάντῖνος duplici accentu Θ. ἀδαμάντινος M.

818, 36 χαρακτηρίζει ἑκάτερον R. reliquis omissis.

819, 37 σκινδαλμὸς δὲ R. σκινδαλμῶν ἤτοι λεπτῶν καλαμοξεσμάτων (sic) Reg. — 39 παράβουλα V. περὶ R. παρὰ ceteri. — 40 παρ' αὐτοῦ V. ἐπ' αὐτῷ Εὐριπίδης M. — 41 τοιοῦτον εἴ V. Ald. — 44 διαγλύματα V.

820 φρενοτέκτονος ἀνδρὸς τοῦ Αἰσχύλου ἀμυνομένου τὰ ἱ. ρ. R. τὸ ἑξῆς φρενοτέκτονος φωτὸς ἀμυνομένου τὰ ἱ. ρ. V.

822, 1 Ὡς R. — 5 sq. ἐν—χαίταν om. Θ.

824, 21-23 habet V. — 21 τὰ om. R. — 22 κινδαλάμους V., non G. σκινδαλάμους Θ. — 23 πίνακες R.

825, 27 σεισμοὺς R. Θ. σειομένους V. Ald.

826, 35 sqq. R. V. habent verba ὡς φθονουμένου—σοφίᾳ (l. 40), quibus caret G. Reg.: Λίσπην φασὶν εἶναι ζωΰφιόν τι σφόδρα λεπτόν· ἀφ' οὗ καὶ οἱ τὰ ἰσχία λεπτοὶ, λίσποι λέγονται. ἐνταῦθα δὲ παρ' ὑπόνοιαν εἴρηται ἀντὶ τοῦ φωνητικὴ, ὡς ἀπὸ τοῦ λίαν καὶ τοῦ ἔπω τὸ λέγω.

830 om. Θ. M.

833, 6 διανοεῖται Kusterus. — 9 εἰσιὼν, καὶ ἐν ταῖς ἀρχαῖς τῶν δραμάτων ἐτερατεύετο addit Suidas s. Ἀποσεμνύνει.

838, 15 Φρύνιχος, ἀθύρωτον. Verba nimis ex abrupto illata. Exciderunt nonnulla, redintegranda ex Suidæ glossis, Ἀθύρωτον στόμα: οὕτως ἀθύρωτον οὐκ ἀπύλωτον. Ἀριστοφάνης ἐν Βατράχοις καὶ Φρύνιχος. Et, Ἀπύλωτον στόμα: ἀθύρωτον, ἀλλ' οὐκ ἀπύλωτον. Ἀρ. ἐν Β. καὶ Φρύνιχος. Apparet ex his Phrynichum intelligi non grammaticum, sed comicum. Dind. — 16 γράφουσιν V. et Suidas s.

Ἀθύρωτον. γράφοντες Θ. et Suidas s. Ἀπύλωτον. γραμματικοὶ Ald. ἠνεῳγμένον Suidas.

839, 19 Ἤτοι R. et Suidas s. Ἀπεριλάλητον. Οἷον ceteri. ἢ—περιλαλῆσαι (codex παρὰ λαλῆσαι) addita ex R. et Suida.— 21 βαρυρήμονα R. V. Sequentia et 22 καὶ συνδ. om. etiam Θ. M. et Suidas s. Κομποφακελορρήμονα. — 22 φορτία διὰ ξ. R.

840, 25 δὲ om. R., ex quo Κλειτοῦς additum. — 26 εἴρηται δὲ παρ' Εὐριπίδου Θ. — 27 τὰ Εὐριπίδου Dobræus. Legebatur τῷ Εὐριπίδῃ. — 29 ἄληθες ἀντὶ τοῦ ὄντως δὴ σύ R. Sequentia et schol. 842 om. Θ. M.

844, 40 κότος δὲ ὀργὴ ἐπιτηροῦσα, i. e. κότος *est ira ulciscendi tempus observans*. Vide Diog. Laert. 7, 114, et ibi interpretes. Kust.

846 Φιλοκτ., Βελλεροφ. R.

847, 48 ἐπὶ Kusterus. Libri ἐν.— 49 μέλανα et in textu et bis in schol. Regius, unde scholium sumpsit Brunck.

848, 2 δὲ om. R., qui 3 σφάζειν R. σφαγιάζειν ceteri. — 4 διὰ τοῦτο R.

849, 6 τοῦ om. V. Ald. — 7 εἶναι δοκεῖ V. Θ. 9 Κρήσαις Θ. τοῖς Κρήταις Ald. — 11 ἐν τοῖς Κρησὶ om. V., non R. — 12 Ἄλλως et sequentia om. M. Κανάχης—ὥς τινες om. Θ., qui 13 τῶν ἀδελφῶν, 14 sq. τοῖς ἀδελφοῖς, omittens μίγνυσθαι et 16-20 καὶ γάμους—χρήσασθαι.

852 Reg. :—νοεῖ, τουτέστι πονηρὸν ἀναβιβαζομένου τοῦ τόνου διὰ τὴν ἔκλειψιν· ἢ γεωργόν, ἐπειδὴ προλαβὼν εἶπεν αὐτὸν τῆς ἀρουραίας θεοῦ παῖδα.

855, 29 Ὡσεὶ Θ.— 30 ἰδιαίτατα V. Ald.

864, 36 ἔφη R. ἔλεγε ceteri. — 37 φέρω R. Θ.

868, 39 κομψῶδες Ald.

869, 43 πάρεστιν τῷ Εὐριπίδῃ ἐν τῷ R. σύμμαχον V. Θ.

874, 45 legebatur τῷ (τὸ R. V. M.) προσοίσατε ὡς ὑπογραμμός τις ὤν. προφάσατε Valckenarius Animadv. ad Ammon. p. 219. « Etymol. M. p. 782, 4 : Ὑπογραμμός, προγραμμός τις ὤν. ἡ γὰρ ὑπό ἀντὶ τῆς πρό· ὡς καὶ ἐν Βατράχοις Ἀριστοφάνης· Ὑμεῖς—ὑπφάσατε· ἀντὶ τοῦ προφάσατε. Egregie locus hic facit ad illustrandum et supplendum scholiasten nostrum, cujus verba deformata et truncata hodie circumferuntur. Sic enim procul dubio scripserat : τὸ ὑπφάσατε ἴσον τῷ προφάσατε· ὡς ὑπογραμμός, προγραμμός τις ὤν. Nam quin scholiastes noster cum Etymologo ὑπφάσατε pro προφάσατε in loci hujus textu olim legerit, nullus dubito. Kust. Comparat Dindorf. scholion Venetum ad Vesp. 55.

875. Scholion metricum om. etiam Θ. M.

877, 7-9 Τῶν τὰς— ἢ om. M.— 7 sq. διὰ τῶν λ. et ἢ τῶν τύπους—τυπτόντων om. Θ.— 9 ἀλλήλων R., om. M., qui 12 σαφέσι.

881, 14 πρίσματα Θ. M. — 15 λεπτολογοῦντα libri præter R.

886, 16 sq. τῶν δήμων R. Θ. M. (sed in gl. Θ. παρόσον Ἐλευσίνιος ἦν τὸν δῆμον). τὸν δῆμον V. Ald. — 17-19 ἢ ὅτι etc. om. etiam Θ. M.

889, 24 Ἅτε νῦν V. δὴ om. M. — 25 ὧν καὶ νῦν V. Θ. M. ἔπλασεν R. V. Θ. ἔπλασσεν Ald. ἀνέπλασε M. — 28 ἴδιον V.

892, 31 αἰθέρα Ald. — 32 δὲ om. R. ἐπὶ τῷ Ald. et Θ. M., ut videtur.— 33 συστρέφειν V. Θ. — 35 sq. et scholia 895 et 905 om. etiam Θ. M.

896, 46 ἡ δὲ πρὸς R. Θ.

902, 5 τῇ ῥινῇ V., non G. τῇ ῥίνῃ Θ. et Suidas s. Κατερρινημένοις.

910, 20 τραγῳδοποιητήν R. τραγῳδίας ποιητήν ceteri.— 21 ἀφελεστέρου Θ. ὁ om. R. M.

911, 23 Ὡς om. V. δράματι R. δράμασι ceteri. — 24 ἐγκεκαλυμμένον Θ. δὲ om. R. Θ. — 26 λουτροῖς R. V. Θ., sed λύτροις Θ. in glossa. — 27 sqq. etiam Θ.— 28 Μυρμηδόσιν V. Ald.

913, 30 ἀποκροτοῦντα Valckenar. ad Herodot. 3, 46. ἀποκρατοῦντα V. Θ. ἀπρακτοῦντα Ald. — 31 sq. τὸ δὲ—Νιόβη om. Θ.

916, 35 ὅτι οἱ πολλοὶ R. πολλοὶ δὲ ἐν ceteri.

918 Τὸ τὶ M. ἐνδείξεως Θ. ἐπ' ἐνδείξεως M. ἐπιδείξεως ut videtur R. V. ἐπιδεικτικῶς Dobræus. Scholion 920 om. Θ.

921, scrib. ex Reg. καὶ πρὸς Διόνυσον καὶ πρὸς Αἰσχύλον ἁρμόζον. πρὸς μὲν τὸν Δ. — 36 ὑπάρχων— καὶ τοιαῦτα idem.

922, 49 γίνεται Piersonus ad Mœrin p. 343. Legebatur τινές. — 50 legebatur ἐκτείνουσι. ἐκτείνοιεν V. Θ. M.

926, 5 ἄγνωτα—ἄγνωτος Suidas. Legebatur ἀγνῶτα—ἀγνῶτος. — 6 σχηματίζεται Θ.

928, 9 ὡς πολλοὺς V.

929, 11 αἰετούς Θ. Ald. — 12 δὲ om. R., ex quo τὸ ἤ additum. — 13 ἢ τὸ γρ. V.

931, 15 τὸ R. τὰ ceteri.

932, 19, de Æschyli fragmento v. ad schol. Pac. 1177. τὸ δὲ—μεγάλου habet V. (non G.), ex quo correxi quod in R. est ἵππον. Γράφει R. V. Θ., quasi nomen grammatici alicujus exciderit. γράφεται est in M. κολοκτρύονα R. V. κολεκτρυόνα Θ. Ald. καλεκτρυόνα M. Hesychius, κολοκτρύων: ἀπὸ τοῦ κολονοῦ (κολοβοῦ?), ἀλεκτρυόνος μεγάλου γέγονεν. Ceterum tota annotatio referenda ad v. 935, ubi κολοκτρυόνα pro κάλεκτρυόνα in textu habet Rav. Deinde Περσικὸν ἀντελάβοις ὅμοιον R. λάβοις Περσικὸν αὐτὸ ὅμοιον V. λάβῃς Περσικὸν αὐτῷ ὅμοιον Θ. Ald. νάβοις Περσικὸν ὅμοιον αὐτῷ M. Correxi ex glossa Suidæ, Κολοκτρυών : γένος τι Περσικὸν ἀτταλέβοις ὅμοιόν ἐστι. Dind. Sequentia om. etiam Θ. M. — 23 μὴ εἶναί τι, 24 ἐξιόντα θε-

λίτης, 25 ἐνέγραψε τοῦτον σημεῖον τῇ ἑαυτοῦ σημαίᾳ, καὶ 27 κηρύττοιτο. γράφεται δὲ ζουθὸν καὶ ξουθόν. καὶ ζουθὸς μὲν σημαίνει τὸν ταχὺν, ἀπὸ τοῦ ζα ἐπιτατικοῦ μορίου καὶ τοῦ θέω. ξουθὸς δὲ ἢ ὁ ξανθὸς ἢ ὁ ἐξερχόμενος εἰς τὰ ἄνθη ἐκ μεταφορᾶς τῶν μελισσῶν Reg.

934, 30 διαβάλῃ R. V. M. Scholion v. 938 om. G.

942, 39 λόγοις Reg. — 42 εἰώθασιν οἱ R. Θ. M. — 43 ἢ et δὲ om. R. — 44 sq. etiam Θ. M. et Suidas s. Ἴσχανα· — 47 λευκοῖς om. Reg. — 49 γρ. λευκοῖς om. etiam Θ. M.

σ
943, 41 πτισάνης Θ. πτησάνης V. πτυσάνης Ald. — 52 sq. γράφεται—ἐκλεγόμενος om. Θ., γράφεται—μονῳδικοῖς om. M.

944, 5 σιτίσεως V.

947 sic R., Ὅτι ἔπη καλοῦσι καὶ τὰ ἰαμβία.

952, 17 Τὰ om. R. φησὶν οὖν πρὸς ταῦτα ὁ (ὁ om. Θ.) Διόνυσος libri præter R. — 20 οὖν ὅταν, 23 τοῦτο V. — 25 παρεξετάζεσθαι Reg.

958, 31 ὑπονοεῖν om. V., totam annotationem om. G.

962, 37 Οὐ om. R. σωφροσύνην Ald. — 38 sq. ἀπὸ—αὐτούς in initio scholii habet R.

963, 40-43 om. etiam Θ. M. Reg. addit Μέμνονα δὲ λέγει τὸν Τιθωνοῦ καὶ Ἡμέρας υἱὸν, οὗ μέμνηται καὶ Διονύσιος ὁ γεωγράφος. — 44 sq. φησι παρήγαγε χρωμένους κωδωνοχίτωνας M.

965, 48 τρέφων R. V. Θ. στρέφων M. Ald. — 49 αὐτόν φησιν V. Θ. φησὶν αὐτὸν ceteri. — 50 δασὺς dicit scholiasta Eccles. 97. δὲ εἴην καὶ καθείη V. — 51 pergit R. οὗτος αὐθάδης—θρασύς. καὶ ὁ Μεγαίνετος δὲ τοιοῦτος. ὀνόματα δούλων. — 54 στρα-
ούν
τηγιόντων V. στρατηγιώντων Θ. στρατηγούντων M. ἄλλως additum ex R. Reg.: Μάνας τοὺς δούλους ἐκάλουν, ὡς καὶ Πυρρίας καὶ Τιβίους, ἀπό τινων φαυλοτάτων δούλων· νῦν δὲ ὡς ἀναίσθητον τοῦτον Μάνην κέκληκεν· ἦν γὰρ αὐθάδης καὶ θρασύς.

966, 4 ἀνατείνει R. et Suidas s. Σαλπιγγολογχυπηνάδαι. — 6 μὲν om. libri. — 10 ἐπιμελομένους M., qui om. διὸ—ἀναίσθητον. — 11 ἀναίσθητον καὶ μανικὸν Ald. — 18 τὴν σάρκα Reg.

967, 23 ἀστείως R. καὶ πιθ. om. Θ. — 24 παλίμβολον καὶ om. V. — 25 ἀποδεικνύναι V. Ald.

970, 30 τὸν γὰρ τὸν V. — 32 κακοβολεῖ Hemsterhusius in Anecdotis vol. 1. p. 200. Legebatur κακοβουλεῖ. κακοβουλεῖς V. ἐκακοβόλησεν—ἐπετύγχανε posuit Suidas s. Θηραμένης. ὁ om. V. — 34 τελέως om. Θ. ἀγνοῶν R. Κεῖος V. M. — 36 Κεῖος M. δύναται om. V. — 38 τις ἦν Θ. τοῖς καιροῖς Θ. M. et Suidas s. Ἀγχίστροφοι et Θηραμένης. Accusativum defendit Toupius exemplo Athenæi 12, p. 513, B. — 40 inepte Musurus in Ald. addit καὶ Κόθορνος. Λουκιανὸς Ἔρωσιν « ὡς καὶ ἔγωγ' ἂν εὐξαίμην, εἴπερ ἦν ἐν δυνατῷ, γενέσθαι Θηραμένης ἐκεῖνος ὁ Κόθορνος, ἵν' ἄμφω νενικηκότες ἐξισοι βαδίζοιτε. » Reg.: Οἱ Ἀθηναῖοι ἐχθρωδῶς διέκειντο πρὸς τοὺς Χίους· ὁπότε τοίνυν ἐκρατήθη τις Χῖος παρ' αὐτῶν καὶ τύπτεσθαι ἔμελλεν, ἔλεγεν, οὐ Χῖος ἀλλὰ Κῖος εἰμί.

971, 41 τὸ πλῆρες. Scholiasta enim scriptum invenit μέντοὐγώ· Sic igitur lemma corrigendum. Dind. Annotationem om. G. μέντοι R. τοιαῦτα μέντοι ceteri. Sequentia om. etiam Θ. M.

976 οὐ πολέμοις R. οὐκέτι πολέμῳ V. μηκέτι πολεμεῖν Ald. Scholion om. G.

983, 3 μικροψυχίας V. — 4 παραδείγματα V. Reg. ὑποδείγματα Θ. M. μικροπρεπείας ῥήματα lemma excerpti apud Suidam. Conf. schol. Equit. 830. Reg.: Ταῦτα πρὸς τοὺς Ἀθηναίους κωμῳδῶν ἀποσκώπτει, ὡς μικροπρεπεῖς καὶ περὶ τὰ εὐτελῆ ταῦτα καταγινομένους.

986, 6 καὶ ἀπ. M. Sequens scholion om. V. — 8 Ἄχρι M. καὶ om. Θ.

990, 11 μέν φησιν Ald. ὀνοματοπεποιεῖσθαι V. — 12 εἰ δὴ, 14 οἵτινες Πλ. V. Θ. Πλούτωνος λέγονται Θ. — 15-18 Ἄλλως—ἢ om. V. — 15 μαμόθρεπτοι R. Δίδυμος δὲ Θ. Scribebatur Μαμμάκουθος. Μαμάκυθος R. — 16 scribebatur Μελιτίδης. Sed infra Μελιτίδην relinquendum scholiastæ recentiori. διεβάλλοντο Ald., quæ 17 post Κόροιβος addit μήποτε δὲ γραπτέον εἴη Μαμμάκυθοι διὰ τὸν στίχον. — 18 ἢ om. V. Θ. καὶ—μωρός om. G Post μωρός addit Ald. τοῦ δὲ Μελιτίδου καὶ Κοροίβου καὶ Λουκιανὸς ἐν Ἔρωσι μέμνηται.

992 scholion metricum om. Θ. M. — 33 λέγει ὁ χ. R. in gl.; sed λέγει om. in scholio. ἑαυτοῦ M.

995, 36 ὅτι ἐμφαίνει R. συνεμφαίνει M. — 37 καθὰ R. — 38 ὑποπεπτωκότες Suidas s. Μή σ' ὁ θυμός. — 40 τὰς ἐλαίας V. Θ. τὰς ἐλάας M. — 43 ἐλαιῶν libri præter R. Sequentia om. etiam Θ. M. — 45 ἵσταντο Reg.

1000, 52 τοῦτο δὲ et sequentia om. Θ. M. Postrema ἐν ἄκρῳ—μέσον in Θ. M. — 5 sq. om. Reg.

1004 om. Θ. M. Nihil nisi αὐξ. καὶ μεγ. εἰπών Ald.

1005, 11 τὴν τέχνην V. Θ. M.

1011, 13 Ἀλλ' R. ἀντὶ τοῦ ceteri. — 14 καὶ αἰσχροτέρους additum ex R.

1012, 18 ἐπιτηδεύεται Ald. γελοίου οὖν libri præter R., qui 19 ἀπέθανον. Tum addit Ald. βραχυπαραληκτεῖ δὲ ἐνταῦθα, quæ est annotatio inepta grammatici, vitiosæ, qua librarii uti solent, scripturæ τεθνᾶναι assueti: quam mensuram uno in loco admisit Æschylus. Dind.

1014, 20 ἀντὶ τοῦ δειλούς om. R., qui 21 τὴν πόλιν. — 23 πανούργους om. G. Scholia v. 1017-1047 om. M.

1017 Ἀντὶ τοῦ μεγάλους in fine scholii V., qui ἐκ μεταφ.

1021, 30 προτέρως V. Ald. — 31 ἀκρίβωσις V. Ald. — 32 ἀπελλέγχουσιν R.

1025, 41 ἐνταῦθα Θ.

1026 43 δὲ om. V. — 44 τὸ καὶ V. τῷ om. Θ. τῷ κατὰ τοῦτο Ald.

1028, 48 ἰαυοῖ, ὅ ἐστιν ἐπιφώνημα πρὸς τὸν Διόνυσον λεγόμενον χαρᾶς ἐπελθούσης Ald., quod habet Reg. — 49 ὑπόκεινται libri præter R. — 54 δὲ τοῖς Θ. — 4 διττὰς γεγονέναι τὰς καθέσεις Dobræus. διττοῦ γεγονέναι τοῦ θανάτου libri. Fortasse plura verba exciderunt, in quibus mentio esse facta potuit τοῦ θανάτου Δαρείου. Dind. — 10 καθέσεις. Casaubonus ad Athenæi 6, p. 235, E. καταθέσεις V. θέσεις ceteri. — 12 delendum Δαρείου. Nam grammatici illi legebant περὶ τοῦ Ξέρξου τεθνεῶτος. Dind. — 14 καὶ ἔστι ὁ Θ. — 15 ἐκείνου Dobræus. Legebatur ἐκεῖ.

1033, 18 Τὸν Μουσαῖον, vide Meurs. Lectt. Att. 2, 19. Kust. Reg. οἱ μὲν υἱὸν Ὀρφέως εἶναι φασίν· ἄλλοι δὲ Εὐμόλπου καὶ Σελήνης. — 19 περιλύσεις R. V. Θ. Hæ λύσεις potius dici solent. Vid. Lobeck. Aglaoph. p. 643. Dind. — 20 συντέθηκεν V. συντέθεικεν Θ. Ald. — 21 addit Ald. φέρεται δὲ καὶ ἐπιτάφιον οὕτως ἔχον, « Εὐμόλπου φίλον υἱὸν ἔχει τὸ Φαληρικὸν οὖδας, Μουσαῖον, φθίμενον σῶμ' ὑπὸ τῷδε τάφῳ. » ἐνταῦθα δὲ καὶ θεραπείας νοσημάτων καταδεῖξαι λέγεται. Epigramma Musurus intulisse videtur ex Diogene Laert. 1, 3, quemadmodum scholio Nub. 331 epigramma in Herodotum inseruit ex Stephano Byzantio. Dind.

1036, 28 χρυσογένει Πανταχλέης σκοπῶν Θ.

1038, 32 τότε τὸ κρ. R. πρῶτον τὸ κρ. Ald. τὸ κρ. πρῶτον V. Θ. — 34 ἰφθίμῃ V. — 35 ἵππουριν additum ex R. Glossam τὴν ἵππουριν habet Θ. καθύπερθεν ἔνευε om. V.

1039 nihil nisi glossam ἐκ τοῦ Ὁμήρου habet Θ. — 37 sq. ἦν—Ἀθηναίων in Reg. ad v. 1036 de Pantacle.

1042. Ἀντ. ὁμοιοῦν om. R., ex quo 48 Διὰ τὸν Ἱππόλυτον et 49 ἐστιν et 50 λέγει sunt addita. Ib. εἰ μὴ et sequentia om. Θ. — 51 ὑπακούοντος αὐτῇ, 52 ὡς δῆθεν Reg.

1047, 4 διαβάλλῃ Θ., qui 5 τὸ δὲ et sequentia om.

1057, 20-22 sic R. Ceteri ὅρος Φωκίδος. οἷον ῥήματα παραπλήσια ὄρεσιν. Reg. addit ἤτοι ὑπέρογκα. — 21 Λυκαβητὸς R. — 22 ἢ τὸ et sequentia om. etiam Θ. M. Παρνασῶν Reg. Ald.

1066, 35 sq. sic R. Ceteri Συστραφεὶς ἢ περιειλ. — 36 ἴλλειν Ald. εἰλεῖν R. συστρέφειν R. συνέχειν ceteri. Reg. : Ὥσπερ ἐπιμελούμενος καὶ ἐπιμελόμενος ἐπὶ τῆς αὐτῆς ἐννοίας καὶ συντάξεως, οὕτω καὶ εἰλούμενος καὶ εἰλόμενος.

1068, 43 περιῆλθον R. cum Polluce 9, 47. Legebatur περιῆλθεν. ἐς Θ. εἰς ceteri. καὶ ἐς τὰ Θ. — 44 ἅμα φαίνεται M. ἰχθυοπωλεῖα Ald. et R., ut videtur. — 45 ἀγοράζων R. ἀγοράσων M. γλίσχρων R. et Suidas s. Χιτών. πουφῶν M.

1071, 49 διατραφέντας Θ. διαστραφέντας R. V. στραφέντας Ald., quæ 50 post ὁρμῆσαι addit καὶ διατρίβοντα ἐν τῇ ἀγορᾷ πολλοὺς κτᾶσθαι τοὺς ἐραστάς· quæ habet Reg. δὲ σημαίνει libri præter R. — 1 περὶ τῆς V. περὶ τοῦ ceteri. — 2 ἄτιμοι γὰρ R. Reg. : Π. καὶ Σ. τριήρεις ἦσαν ὑπηρέτιδες τοῖς Ἀθηναίοις, ὧν τοὺς κωπηλάτας παράλους νῦν ὀνομάζει.

1073, 4 παρασκ. ἢ παρακελευσματικὸν κωπηλασίας Ald. In Θ. glossa ἐπιφώνημα ναυτικὸν παρακελευσματικὸν εἰρεσίας. τὸ ῥυππαπαῖ additum ex R.

1074, 6 sqq. Locus est insignis de generibus et ordinibus remigum apud veteres, quem attigerunt omnes qui de re navali veterum scripserunt. Vide inter alios Scaligerum ad Euseb. Chron. num. 1230, Palmerium in Exercitatt. ad Memnonis Fragm. p. 176, et Meibomium De fabrica triremium pag. 31, 32 ed. Amstelod. Kust. Vide Dukerum ad Thucydidem 8, 29. — 7 θαλαμεῖς R. θαλαμακεῖς Suidas s. h. v. — 8 πρὸς τὰς Suidas. — 9 τρεῖς om. V. ἐρετῶν Suidas hic et 10. Legebatur utrobique ἐρετμῶν. — 11 θαλαμῖται. Quum paullo post θαλαμίτης in θαλάμιοι sit mutatum ex V. Θ., hic quoque θαλάμιοι corrigendum videtur. Et sic etiam in scholio ad Acharn. 161. Dind. — 12 ἢ θρανίτης ὁ Suidas. Verba quæ sequuntur, tanquam additamentum indocti et recentioris Græculi, rejiciunt Scaliger et Palmerius locis laudatis. At eadem ut antiqua et bona retinet et defendit Meibomius De fabrica trirem., cujus interpretatio (licet in ceteris de remigum apud veteres ordinibus docte scripserit, eosque melius et aptius quam alii collocare mihi videatur) hic tamen mihi non satisfacit. Quare inclino potius in eam sententiam, ut credam, verba hæc scholiis antiquis addita fuisse a sciolo aliquo, qui putaret, remorum versus sive ordines in veterum triremibus non fuisse alios supra alios exstructos, sed in longum porrectos, sive in eodem tabulato navis juxta se omnes collocatos : prout censuit etiam Lazarus Bayfius in libro De re navali, qui falsam illam opinionem ex solo hoc loco scholiastæ nostri probare et defendere nititur. Kust. Vide Dukerum ad Thucyd. 4, 32. — 13 θαλάμιος V. Θ. θαλαμίτης Ald. et Suidas. Vulgo πρῷραν. — 14 sq. οἷον—παρδεῖν om. Suidas. οἷον παρασυγκαθέδρα et παρδεῖν Θ. παραδεῖν ceteri.

1075, 17 ῥυπῶσαι additum ex V. Θ. — 18 ἢ καιγῶν om. Θ.

1076. Hoc scholion et proxime sequens om. etiam Θ. M. Regius : Τικτούσας μὲν ἐν τοῖς ἱεροῖς ὡς ἡ Αὔγη ἡ θυγάτηρ Ὑαλέου (sic), ἱέρεια οὖσα Ἀθηνᾶς, ἐν τῷ ἱερῷ γεννᾷ τὸν Τήλεφον· μιγνυμένας δὲ τοῖς ἀδελφοῖς, ὡς Κανάκη τοῦ Αἰόλου θυγάτηρ, ἥτις ἐμίγη Μάκαρι τῷ ἀδελφῷ.

1082, 34 παρὰ τῷ G. — 35 Φρύξου G. Ald. — 38 Φρύξος V. Ald. — 39 αὐτὸ λέγει εἰρημένον libri præter R. μήποτε ταὐτὸν παρ', 40 λέγει Θ., qui om. 43, 44. V. om. 44.

1084, 45 τὸ γρ. R. V. — 47 sq. ὄλεθρος γραμματεὺς συκοφαντῶν sunt Demosthenis verba p. 269, 19, ubi tamen non additur συκοφαντῶν. De sequentibus, quæ om. etiam Θ., R. habet τῶν τὸν δῆμον κολακευόντων καὶ πειθόντων. — 51 δὲ λέγει τοὺς περὶ τὸν δῆμον μίμους· μιμηλὸν γὰρ ζῷον ὁ π. ἢ τὸ δημοπιθήκων καὶ τὸ ἐξαπατώντων τὸν δῆμον ταυτὸν νοητέον· ποικίλον γὰρ ζῷον καὶ πανοῦργον ὁ π. Reg.

1087, 2 sq. ἐν—γυμναζόμενοι in fine scholii ponit R. — 3 sq. γυμναζόμενοι. ὅτι τῆς λ. ἀγὼν R. γυμνάζοντες. ὁ τῆς λ. δὲ Ald. ἀγὼν τρίτον ceteri. ἀγὼν τρὶς Kusterus, et mox Προμηθείοις, Ἡφαιστείοις, Παναθηναίοις. Vide Schneider. ad Xenoph. De vectigal. 4, 51, p. 170. Reg. : Ὅτι τρὶς τοῦ ἔτους λαμπαδουχικὸς ἀγὼν ἐτελεῖτο ἐν Ἀθήναις, ἐν τοῖς Παναθηναίοις, ἐν τοῖς Προμηθείοις καὶ ἐν τοῖς Ἡφαιστείοις. ἐτελεῖτο δὲ ὁ λαμπαδικὸς οὗτος ἀγὼν ἐν τῷ Κεραμεικῷ.

1093, 9 Οἱ τὸ V. Θ. M. 10 δῆμος τῶν R., qui ἐγίνετο. Ceteri ἤγετο. — 12 πλεῖστον Θ. πλείστων ceteri. — 13 sqq. restituendum esse censeo : ὅτι ἀγομένου τοῦ ἐν τῷ Κεραμεικῷ ἀγῶνος τῆς λαμπάδος, ἔθος ἦν τοὺς ὑστάτους τρέχοντας τῶν δρομέων τύπτεσθαι etc. Kust. — 16 vide Hesychium s. Κεραμεικαὶ πληγαί, qui locum hunc illustrat. — 18 δὲ om. R. πύλαις—ἀγῶνος om. G. Θ.

1096, 22 πλ. τε καὶ πλατείαις Ald. Reg. πλατείας τὰς πλευρὰς φησί. ἐπειδὴ καὶ πλευρὰ ἀπὸ τοῦ πέλεια εὐρεῖα παράγεται. Scholion 1099 om. etiam Θ. M.

1103, 35 τῆς ἀντιλογίας ποιεῖσθαι R. — 42 ἀποκινδυνεύοντες Ald.

1112, 45 σοφισμοῖς Ald. μαθήμασι M.

1114, 47 Δ. ἔλεγον οἱ παλαιοὶ Suidas s. Δεξιούς. — 49 διαδιδρ. στρατιώτας φιλοδίκους καὶ συκοφάντας idem. φιληδόνους Ald., cujus lemma αἱ φύσεις δ' ἄλλως ante ἐν l. 52 delevit Dindorfius. ἐν εἰρ. λέγει Ald. Scholion om. Θ. M.

1116 om. V. — 53 παρωξυμένοι R. M. — 1-3 et scholion 1119 om. etiam Θ. M.—11 δὲ om. R.

1124 R. habet glossam τὰς Χοηφόρους. — 14 scribebatur Ὀρεστίαν.

1126, 17 Τὸ πατρῷον R. Reg. : Ἀπὸ τοῦ δράματος Ὀρέστης τοῦτο. πατρῷα δὲ κράτη οὐ τὰ Ἀγαμέμνονος νοητέον, ὥς τινες φασὶν, ἀλλ' οὕτως· ὁ ἐποπτεύων τὰ κράτη τὰ πατρῷα, ἤτοι ὁ ἐκ πατρὸς ἔχων τὰς ἐν τῷ κόσμῳ βασιλείας, ἐπιτηρεῖν. δέον δε — (21-23) — ὅτι ἡ πατρ.—γέρας. Et ad v. 1139 · Ὁ μὲν Αἰσχύλος πατρῷα κράτη λέγει τὸν Ἑρμῆν ἐποπτεύειν, ἤτοι τὰ ἀπὸ τοῦ Διὸς τοῦ πατρὸς αὐτοῦ, ὡς ἀνωτέρω εἴρηται· ὁ δὲ Εὐριπίδης νοεῖ πατρῷα κράτη τοῦ Ὀρέστου, ἤτοι τὰ ἀπὸ τοῦ πατρὸς αὐτοῦ τοῦ Ἀγαμέμνονος· οὗ χάριν καὶ ἡ ἀμφιβολία.

1130, 27 scribebatur ἰάμβια.

1136, 31 ἀπατωμένου V. Ald. — 32 ἀλλ' additum ex R. Θ. γέ μοι om. R., qui πέλει (μ superscr.). Ἄλλως. οὐ μέλει et quæ sequuntur 33. — 35 ἥμαρτες idem.

1144 om. M., 36 sq. om. Θ. — 40 τὸν om. V. — 41 ὡς κρ. V. Θ.

1146, 44 ὑποπτεύειν R., qui ὑποχθόνια. Ceteri καταχθόνια.

1149 om. M., 45-48 ζητοῦσι om. V. Θ. — 47 sq. τὰ δ'—ζητοῦσι om. Reg. — 49 ὑποσπεύδειν Θ. καὶ additum ex R.

1150, 2 ἀποφάνσει Dindorfius. Legebatur ἀποφάσει. — 3 παραγώγης V. παράγωγος Θ. Fortasse παραγώγως.

1159, 11 ἔμπροσθεν, 13 ποιητῇ Θ. ποιητὴς V. Ald. De fragmento v. Meinek. Com. I, p. 655. ὡς et sequentia om. etiam Θ.

1162 διαφορὰν R. G. διαφορὰς V.

1168, 31 ὀξυτόνως Θ., qui 32 τοῦτο et sequentia om. Reg. : Οὐ γὰρ ἀνεκλήθη ὑπὸ τῶν ποιησαμένων αὐτὸν ἐξόριστον· οἱ γὰρ κύριοι τῆς χώρας οἱ ποιήσαντες αὐτὸν ἐξόριστον, ἐκεῖνοι ὤφειλον τοῦτον ἀνακαλέσασθαι, καὶ τότε ἥρμοζεν αὐτῷ τὸ κατελθεῖν· οἱ γὰρ τὰς διώξεις ποιοῦντες, ἐκεῖνοι πάλιν ἐπανάγουσι τοὺς αὐτοὺς ὑπομένοντας.

1178 κἄν τι ἐλ. τι ῥῆμα ἢ π. τι εὕρῃς R.

1185 om. M. — 49 post Λαΐου addit Ald. Euripidis verba μὴ σπεῖρε τέκνων ἄλοκα δαιμόνων βίᾳ. εἰ γὰρ τεκνώσεις παῖδ', ἀποκτενεῖ σ' ὁ φύς. Et 50 : Λάϊε Λαβδακίδη, παίδων γένος ὄλβιον αἰτεῖς· δώσω τοι φίλον υἱόν. ἀτὰρ πεπρωμένον ἐστὶ σοῦ παιδὸς χείρεσσι λιπεῖν φάος. ὡς γὰρ ἔνευσε Ζεὺς Κρονίδης Πέλοπος στυγεραῖς ἀραῖσι πιθήσας, οὗ φίλον ἥρπασας υἱόν· ὁ δ' ηὔξατό σοι τάδε πάντα. Oraculum addidisse videtur Musurus, ex Argumento Phœnissarum sumptum. Dind. — 1-8 om. etiam Θ. M. — 4 sqq. τὸ γεγονέναι καὶ εἰς ἀ. ἡλ. ἐλθ. ἀπέκτεινε τὸν ἑαυτοῦ πατέρα, οὐ μέντοι πρὸ τοῦ γεγονέναι, ἐροῦμεν ὅτι ἡνίκα ἐσπάρη, ἐξ ἐκείνου τοῦ καιροῦ μετὰ τῶν ἀν. ὁ Λ. ἦν, ἐπειδὴ παρὰ τῶν θεῶν τοῦτο κεκύρωται Reg.

1190, 9 παρασκευὴν V. — 11 χυτρίζεις R. διὸ καὶ ἐγχυτρίζειν ἔλεγον τὸ τοιοῦτον Reg. — 12 sq. om.

Θ. Reg. : Ἤρρησε ποιητικῶς, ὃ καὶ εἰσήρρησε λέγεται, τὸ παρὰ τοῖς κοινοῖς εἰσεφθάρη ἤτοι μετὰ φθ. εἰσῆλθεν. οὗ τὸ θέμα ἔρρω τὸ φθείρομαι, ὁ μέλλων ἐρρήσω ἑτεροκλίτως.

1196, 14 Ἀργέννουσαν duo codices Suidæ s. Ἐστρατήγησε. Scribebatur Ἀργίνουσαν. Conf. ad schol. Nub. 6. — 15 δυστυχῶς R. δυστυχής ceteri. — 16 Θράσυλος M. θρασύλλογος V. — 17 Λυσίας addidi ex R., correcta codicis scriptura γύσις, quod Λύσις potius esse videatur. Sed Lysias dicitur a Xenophonte Hist. Gr. 1, 7, 2. Dind. — 20 Ἑλλήσποντα V., non G. Reg. : Ὁ Ἐρ. οὗτος στρατηγὸς ἦν Ἀθηναίων πάνυ ἀχρεῖος καὶ ἀτυχής· καὶ κεκλοφὼς δημόσια πράγματα. ἐξώσθη δὲ πατρίδος, ἔπειτ' εἰς Πέρσας ἀπελθὼν, κἀκεῖσε τοῖς ὁμοίοις ἐπιχειρῶν, ὑπέστη πολλὰ δεινὰ καὶ πονήρως τὸν βίον κατέλυσεν.

1202, 23 sq. μικροπρεπῶς γὰρ ἔλεγον κωδάριον, ληκύθιον, θυλάκιον Suidas v. Ληκύθιον. — 24 hoc dicit scholiasta, non θύλακον, quod metri lex postulabat, sed θυλάκιον dixisse poetam, quoniam exempla versuum Euripideorum infra proposita θυλάκιον ἀπώλεσεν postulent, non ferant autem θύλακον ἀπώλεσεν. Dind.

1211, 32 Ὑψ.—ἀρχὴ om. V. ἡ om. R. — 35 ἕτερος V.

1213 Προσήρτησε—ἀπώλεσεν post Δελφίσιν habet V. sic scripta, πρὸς τὸ χορεύων προσήρτησε—ἀπώλεσεν.

1219, 40 ἐκ Σθενεβοίας Ald. ἐκ om. V., qui δὲ utrumque omittit. Regius : Ὑφέσθαι ἡ μεταφορὰ ἀπὸ τῶν σφοδροῖς ἀνέμοις πλεόντων καὶ ἐνδιδόντων τὰ λαίφη.

1225, 48 Σιδὼν πόλις ἐστὶ Φοινίκης. ἔστι δὲ τοῦ Ald. Φρύξου G. Θ. Ald. — 49 ἀρχή ἐστι V. Θ., qui sequentia omittit. Totum scholion om. M. — 50 addit Ald. οὐ χεῖρον δ' ἂν εἴη καὶ τὸν Κάδμῳ δοθέντα χρησμὸν ὥσπερ τι ἐπεισόδιον εἰσενεγκεῖν οὕτως ἔχοντα· « φράζεο δή μοι μῦθον, Ἀγήνορος ἔκγονε Κάδμε. Ἠοῦς ἐγρόμενος προλιπὼν ἴθι Πυθὼ δῖαν, ἠθάδ' ἔχων ἐσθῆτα καὶ αἰγανέην μετὰ χερσί, τὴν διά τε Φλεγύων καὶ Φωκίδος, ἕς τ' ἂν ἵκηαι βουκόλον ἠδὲ βόας κηριτρεφέος Πελάγοντος. ἐνθάδε προσπελάσας ξυλλάμβανε βοῦν ἐρίμυκον, ἥ κεν δὴ νώτοισι μετ' ἀμφοτέροισιν ἔχησι λευκὸν σῆμ' ἑκάτερθε περίπλοον, ἠΰτε μήνης· τήνδε σὺ ἡγεμόνα σχεῖν ἀτρέπτοιο κελεύθου. σῆμα δέ τοι ἐρέω μάλ' ἀριφραδὲς, οὐδέ σε λήσει. ἔνθα κέ τοι πρώτιστα βοὸς κέρας ἀγραύλοιο ἕζηται, κλίνῃ τε πέδῳ γόνυ ποιήεντι, καὶ τότε τὴν μὲν ἔπειτα μελαμφύλλῳ χθονὶ ῥέζειν ἁγνῶς καὶ καθαρῶς, γαίῃ δ' ὅταν ἱερὰ ῥέξῃς, ὄχθῳ ἐπ' ἀκροτάτῳ κτίζειν πόλιν εὐρυάγυιαν, δεινὸν Ἐνυαλίου πέμψας φύλακ' Ἄϊδος εἴσω. καὶ σύ γ' ἐπ' ἀνθρώπους ὄνομα κλυτὸς ἔσσεαι αὖθις, ἀθανάτων λεχέων ἀντήσας, ὄλβιε Κάδμε. » Quæ Musurus intulit ex scholiasta Eurip Phœniss. 641. Dind.

1227, 53 sqq. sic in R., ἐν ἴσῳ—πρίωμαι. ἀπόλλως. ὠνήσει τὴν λήκυθον καὶ ἀπόδος ἀντὶ τῆς ἀπολωλυίας. Reg. πρίημι ἄχρηστον, deinde explicat ἀποπρίω formam.

1229, 8 τὸ ὠνήσομαι R.

1233 Τῆς ἐν Ταύροις Ἰφιγενείας ἡ ἀρχή. τὸ λοιπὸν (λεῖπον Θ.) — κόρην R. Θ. δὲ om. V.

1235, 12 ληκύθιον R. M. Ald. ἀπόδος ὅ ἐστι πώλησον Θ. M. — 13 ἐπιλ. γὰρ V. Θ. M. λήψη V. M. — 13-17 διὰ—αὐτῷ om. Θ. — 16 δοκεῖς ὥσπερ ὀφείλειν αὐτὴν Reg. recte.

1238, 21-36 om. etiam Θ. M. — 21 Piersonus apud Valckenar. Diatr. Eurip. p. 137, θύων ἀπαρχὰς οὐκ ἔθυσε παρθένῳ | Ἀρτέμιδι. — 22 εὐφορήσης et 26 συνεκάλεσεν Kusterus. εὐφορήσας—συνεκάλεσαν Ald.

1240 πολύβοτρυν in libris quibusdam legi dicit pro πολύμετρον, ex conjectura grammatici, ut videtur. Dind. — 39-41 ἀπόλ.—γρ. omittere videtur R., non V.

1247, 47 συκώματα Dindorfius ex scholio inferiore. Legebatur σαρκώματα. — 49 ἢ Θ. M pro Ἄλλως. Iidem om. 53 et seqq. et scholium 1251. — 2 προήρπασε τὸν λόγον. φησὶ, καὶ μὴν ἔχω ὡς αὐτὸν ἀποδείξω, 3 μετατίθεται ὁ τ. Reg.

1251, 18 ἐκθέσει Portus. εἰσθέσει Ald.

1259, 27 οἷον om. Θ.

1262, 33 ἄπαντα Θ. ἀπὸ ληκυθίου et 34 διαφθερῶ R. Θ. ἀπολήκυθιῶ—οἷον ἀποφθερῶ ceteri. σοι τοὺς Θ

1263, 35 ἀπαριθμήσω libri præter R. — 37 τὰ μέλη πάντα Θ. — 38 τῷ ψήφῳ [sic] Θ. τῷ ὁ ψήφῳ V. Legebatur τῶν ψήφων. Scripsi τῷ ψήφῳ. Videtur ex hac annotatione colligi posse in fabulis quibusdam spuriis, velut Μεταλλεῦσι Pherecratis, exempla quædam masculini articuli τῷ cum femininis nominibus, quale est ψῆφος, fuisse inventa. De orationis autem usu in fabula illa Pherecrati adscripta quæsivisse Eratosthenem ex Photii glossa Εὐθὺ Λυκείου p. 32, 12 colligimus. Dind. — 40 ἐσολοικίσθαι Θ.

1264, 42 δίαυλον V. hic et infra. — 43 fortasse καὶ ἀλλαχοῦ πολλάκις. Dind. Regius : Δ. λέγεται ὅταν ἡσυχίας παντοίας γενομένης ἡ αὐλητρὶς ᾄσῃ. — 48 et sequentia ad finem scholii om. etiam Θ M. Regius : Τὸ Φθ. Ἀχ. καὶ τὰ ἑξῆς πάντα Αἰσχύλου μέν εἰσι μέλη, προφέρει δὲ Εὐρ. εἰς γέλ. etc. — 50 ἐξ ἄλλων δραμάτων Reg., quod malebat Dindorfius. — 51 καὶ εἰσὶν—οὐκοῦν καὶ αὐτὸς μὴ ἔχειν πάντα εἰδέναι, ἀλλ' ὅσα οἷόν τε Reg., qui cetera om.

1266, 23 Ἐκ—Ψυχαγωγῶν om. G. — 24 αὐτὰ om. Θ., qui 25 καὶ ἐπιφέρει, et om. 26 sq. — 27 scribebatur Ἀχιλεῦ.

1270 ἐκ Τηλέφου Αἰσχύλου habet R. Regius: Τιμαχίδας τοῦτο φησὶν ἐν Τηλέφῳ δράματι Αἰσχύλου. Is codex omnia fere habet quæ ex Timachida referuntur, ex ceterorum grammaticorum notationibus prope nihil.

1274, 42 ἢ οἱ Θ. Regius: Τοῦτο ἀπό τινος λέγεται πρός τινας διάγοντας ἐν τινι ἄλσει πλησίον ὄντι ναοῦ τῆς Ἀρτέμιδος, ἵν' εἴπωσιν οὗτοι τῷ νεωκόρῳ ἀνοίγειν. ἔστι δὲ ἀπὸ τοῦ δράματος Αἰσχύλου τῶν Ἱερειῶν.

1275. Hoc scholion versui 1264 adscribunt R. Θ. — 45 ἴη R. — 47 τὸ ἰήκ. in R. Θ. om. Ald. οὐ πελάθεις om. Θ.

1276, 50 βουβωνιῶ—βουβῶνας om. G. βουβωνιῶ δὲ om. R. V. Reg.: Βουβῶνες λέγονται μὲν τινὰ περὶ τοὺς νεφροὺς μέρη. λέγονται δὲ καὶ φύματά τινα ὀγκώδη ἐκ κόπων ἢ καὶ ὕλης μοχθηρᾶς γινόμενα. εἰώθασι δὲ ταῦτα φύεσθαι ἢ ἐν τοῖς κοίλοις μέρεσι τῶν μηρῶν ἢ ἐν ταῖς ἀγκάλαις.

1281, 1 δ om. R. ὅπερ Θ., qui 2 ἱστάμενοι om.

1285, 8-15 et 18-20 om. etiam Θ. M. — 17 διεσπασμένως R. διεσπαρμένα ceteri.

1286 R. habet ἐκ Σφιγγὸς Αἰσχύλου. — 23 ἀσυνετοποιοῦντα Ald. ἀσύνετα ποιοῦντα καὶ ἄμουσα Reg. δὲ om. M. καὶ additum ex V. Θ. — 25 προθέσεις V. — 32 δορὶ εἶπεν Reg.

1291, 35 sq. om. Θ. M. Ad 1294 R. habet ἐκ Θρῃσσῶν Αἰσχύλου. — 39 Ἀπολλόδωρος M.

1296, 41-43 om. Θ. M. — 45 ὃν—φλόμον om. G. Vide Lobeck. ad Phrynich. p. 294. τὸ φλατ additum ex R. — 46 τὸ παρόμιον (sic) V. Θ. τῷ φλέῳ τὸ φλαττό libri præter R. οὖν om. Θ. — 47 πολλῷ V. τόπος· ἔστι δὲ ἄνθος ὁ φλεώς R.

1297, 49 γὰρ om. V. — 50 σχοινίον· ἥτις ὡς ἐπιτοπλεῖστον ἐν τοῖς φρέασιν ἀπῃώρηται Ald. ἱμ. δέ ἐστιν ἡ κοινῶς λεγομένη ἀνέμη, δι' ἧς ἀνέλκουσι τὸ ὕδωρ· ἥτις ἐν πολλοῖς τῶν φρεάτων ἀπῃώρηται Reg.

1298, 1 φημὶ V. εἰς—αὐτὰ R., nisi quod αὐτοῦ scriptum est. αὐτὰ ἐκ (ἀπὸ G.) τοῦ καλοῦ εἰς τὸ καλὸν V. Θ. Ἐγὼ—μετήνεγκα om. M. Ald. — 3 τραγικὸν Suidas s. Ἐγὼ μέν. εἰς om. V. Θ. M. ταῦτα V. — 5 ἐπιτυγχάνοντα τοῖς κιθαρῳδικοῖς Ald.

1299, 7 ἤνεκω δὲ V. ἤνεκον δὲ G. τοῦ ἐνέκω Θ. — 8 sq. Φρ. τῷ μελοποιῷ R. μέλη ποιῶν φανείην δρεπόμενος Reg. — 9 μελοποιὸς ἡδύς R. ἡδὺς ἐν τοῖς μέλεσι (ὁ add. V. Θ.) Φρύνιχος ceteri. ἀηδὴς ἦν ἐν τοῖς μέλεσιν Reg. — 11 μετενήνεκται Θ. ὁ R. καὶ ὁ Θ. καὶ V. Ald. προσεῖπε Ald. Ad v. 1301 Reg.: Εὐρ. οὐ κατὰ τὰ ἐμὰ προφέρει, ἀλλὰ ξένα καὶ νόθα ᾄδει, οἷόν ἐστι τὰ πορνογενῆ γεννήματα. σκόλια δὲ etc.

1302, 12 μελῶν τινων ἐν συμποσίοις γινομένων Ald. et gl. in Θ. μελῶν τινων παραθαλασσίων (sic) Reg. in gl. σκόλια R., qui λέγονται om. παροίνια Gelenius. παροιτήια R. V. Θ. M. Ald. παραθαλάττια Reg., quod ortum videri potest ex παραθοίνια. πάροινα μέλη in scholio codicis Veneti, quod inter Prolegomena de comœdia legitur, capite 12 fine, in nota. — 13 post ᾄσματα addit Ald. Τιμοκρέων δὲ ὁ Ῥόδιος ἐποποιὸς τοιοῦτον ἔγραψε σκολιὸν κατὰ τοῦ Πλούτου, οὗ ἡ ἀρχή, « ὤφελες ὦ τυφλὲ Πλοῦτε μήτ' ἐν γῇ μήτ' ἐν θαλάττῃ μήτ' ἐν ἠπείρῳ φανήμεναι, ἀλλὰ Τάρταρόν γε ναίειν, κἀχέροντα· διὰ σὲ γὰρ πάντ' ἐν ἀνθρώποις κακά. » τούτοις ἔοικε τὰ ὑπὸ Περικλέους εἰσηγηθέντα· ἔγραψε γὰρ ψήφισμα τοιοῦτον ὁ Περικλῆς, Μεγαρέας μήτ' ἀγορᾶς μήτε θαλάττης μήτ' ἠπείρου μετέχειν, ὅμοια τιθεὶς σκολιὰ τοῖς Τιμοκρέοντος. καὶ αὖθις, νόμους ἐτίθει ὥσπερ σκολιὰ γεγραμμένους. ἄλλως. σκολιὸν ἡ παροίνιος ᾠδή, ὡς μὲν Δικαίαρχος ἐν τῷ περὶ μουσικῶν ἀγώνων, ὅτι τρία γένη ἦν ᾠδῶν, τὸ μὲν ὑπὸ πάντων ᾀδόμενον καθ' ἕνα ἑξῆς, τὸ δὲ ὑπὸ τῶν συνετωτάτων ὡς ἔτυχε τῇ τάξει, ὃ δὴ καλεῖται σκολιόν· ὡς δ' Ἀριστόξενος καὶ Φύλλις ὁ μουσικός, ὅτι ἐν τοῖς γάμοις περὶ μίαν τράπεζαν πολλὰς κλίνας τιθέντες, παρὰ μέρος ἑξῆς μυρρίνας ἔχοντες ᾖδον γνώμας καὶ ἐρωτικὰ σύντονα· ἡ δὲ περίοδος σκολιὰ ἐγίνετο διὰ τὴν θέσιν τῶν κλινῶν σκολιάν. ὑπόμνημα ἔγραψε Τυραννίων περὶ τοῦ σκολιοῦ μέτρου, ὃ προσετέθη αὐτῷ ὑπὸ Γαΐου Καίσαρος. σκολιὸν τὸ ῥᾴδιον, κατὰ ἀντίφρασιν, μέλος τι ὀλιγόστιχον. Horum priora Musurus sumpsit ex scholiis Acharn. 532; sequentia de Dicæarcho, Aristoxeno et Phyllide, quæ Platonis quoque in scholiis leguntur p. 103, iterumque ad scripta sunt Vesp. v. 1239; una cum postremis ὑπόμνημα—ὀλιγόστιχον ex Suida transcripsit s. Σκολιόν. Dind. δὲ om. R. — 14 εἰσί R. Θ. M. ἢ—δουλικῶν om. etiam Θ. M. Sed Θ. habet gl. δουλικῶν, et V. (non G.) βαρβαρικῶν. Καρικὰ δὲ τὰ φαῦλα, παρόσον οἱ Κᾶρες δοῦλοι καὶ μισθοφόροι ἦσαν. λέγει οὖν ὅτι φαύλους καὶ ἀθλίους λόγους αὐτὸς ποιεῖ καὶ οἵους αἱ γυναῖκες ἐν τοῖς πένθεσι μελῳδοῦσι κατὰ νεκρῶν Reg. — 15 lemma Μελίτου correxit Dindorfius. Μέλητος R. V. Μέλιτος ceteri. — 18-20 χορείων—Εὐριπίδου om. V. Θ. M. — 19 ψάλαι Ald. ψάλε^{αι} R. Regius: τὸν Μέ^{η}λιτον οἱ μὲν φασὶν ὑποκριτὴν Εὐριπίδου, οἱ δὲ ποιητὴν τραγικὸν ἄμουσον καὶ ψυχρὸν ἐν τῇ ποιήσει, τουτέστι φαῦλον πάντη καὶ ἀνωφελῆ, καὶ πονηρὸν τοὺς τρόπους.

1305, 21-23 om. etiam Θ. — 25 τὸ διὰ R. Horum similia in Reg., qui in fine: πρὸς ταύτην γὰρ (Musam Euripidis) ὀστρακοκρότητον οὖσαν τάδε εἰσὶν ἐπιτήδεια ᾄδεσθαι. — 26 Ὑψιπύλην. Conf. Photii Lexicon p. 180, 12. — 28 Didymi verba affert Athenæus 14, p. 636, D. Dind. — 29 κογχάρια καὶ Θ. M. κογχύλια etiam Athenæus, qui

ἔνρυθμοι. εὔρυθμον Θ. ἄρυθμον M. εὐρύθμως V. Ald.

1308, 31 λέγει et αὕτη om. Θ. — 32 αἰσχροποιεῖ libri præter R. — 34 λεσβιτῆν V. — 35 πλησιάζειν καὶ μολύνειν τὸ στόμα Ald. Sequentia om. M. — 36 τούτῳ V. Θ. τοῦτο R. ἐπ' αἰσχρότητι Ald. αἱ Λέσβιαι Meinekius Com. I, p. 339. — 38 τοι V. Θ. τις Ald. σοι Eustath. ad Homer. p. 741, 22. Comparandus Homeri locus Il. I, 270, δώσει δ' ἑπτὰ γυναῖκας ἀμύμονα ἔργ' εἰδυίας, Λεσβίδας. — 39 καλόν γε Eustathius. καστρίας V.

1309, 40 χαρακτηρίζει R. χαρακτηρίζω V. χαρακτηρίζουσι ceteri et Reg., qui τὴν Εὐρ. ποίησιν ὡς ἔκλυτον. Sequentia om. Θ.—ἀλκυονίτιδες etiam Reg. Quod librarii errore Dindorfius scriptum putat pro ἀλκυονίδες.

1310, 48 Διὰ τὸ R., qui 49 παίζει et δὲ om. — 50 καὶ οὐ καθ' ἑξῆς idem. Habet ἐξ Ἰφιγενείας Εὐριπίδου post scholion v. 1315. — 52 Αὐλίδι. Imo Ταύροις: videtur enim respicere ad v. 1089, ὄρνις, ἃ παρὰ πετρίνας πόντου δειράδας ἀλκυὼν ἔλεγον οἶτον ἀείδεις. Dind.

1311, 1 τὸ ἑξῆς ῥανίσι χρόα νοτίαις R., licet in sequentibus quoque ῥανίσι et χρόα habeat.

1314, 3 Ἡ δὲ V. Θ. M., qui hæc proximo scholio postponunt. παρέκτασις Reg. εἰ εἰ εἰλίσσετε R. εἰειειειλήσετε V. εἰ εἰ εἰλήσεται M. εἰλίσσετε Ald. — 5 εἶδος ἀράχνου. τὸ δὲ δακτύλοις παίζων λέγει Reg. — 6 τὰ ἄκρα τῶν δακτύλων Ald. τῶν δακτύλων τὰ ἄκρα V. ἄρθρα interpretantur Hesychius et Suidas s. Φάλαγγες: ἄκρα Suidas s. Φάλαγξ. Restitui ἄρθρα: de quo vide van der Linden in Medicina physiologica p. 639. Dind.

1315, 8-12 ad ἀράχναι om. etiam Θ. M. — 10 εἰλίσσετε Reg. — 12-15 habet R., ὑφάσματα. ἐξ Ἠλέκτρας Εὐριπίδου. V. M., ἐκ Μελεάγρου Εὐριπίδου. Θ., ἐκτεταμένα ὑφάσματα. ἐκ Μελεάγρου καὶ ἐξ Ἠλέκτρας Εὐριπίδου. Postrema etiam in Reg. Idem codex: Οἱ μὲν λέγουσιν ὅτι φυσικῶς ἔχει τὸ ζῶον τοῦτο, ἤτοι ὁ δελφίς, φιλεῖν τὰ μέλη καὶ τοὺς αὐλούς· οἱ δὲ λέγουσιν ὅτι πλησίον τοῦ μαντείου τοῦ Ἀπόλλωνος ἦν λίμνη τις, ἐν ᾗ κατῴκει δελφὶν μαντικός. εἰσερχομένοις οὖν τισὶ μετὰ νηός, ὁ δελφὶν περὶ τὴν πρῷραν φαινόμενος μαντείας ἔλεγε καὶ χρησμούς. καὶ τούτου μέμνηται ἐνταῦθα.

1320, 19 τὸ R. V. τὰ ceteri, qui 20 οἴνανθα φέρει. Ibid. ἔστι δὲ ἡ πρώτη ἔκφυσις τῆς ἀμπέλου R. — 22 ἐκ Φοινισσῶν Εὐριπίδου· ἡ Ἰοκάστη φησὶ πρὸς Οἰδίποδα Reg.

1323, 25 δὲ om. R. ἐκτὸς προστ. Ald. — 27 ἀπὸ μέρους om. Reg.

1328, 30 δὲ om. V. — 31 ἄστρον V. Θ.: sed ἄντρον Θ. in glossa. Qui sequentia et 35 sq. omittit.

1331, 36 ἔπη ἢ ἐκ — Εὐριπίδου, ἢ ὑπὸ Ἀριστοφάνους ἐπλάσθησαν κατὰ μίμησιν τοῦ κατὰ τὴν Ἑκάβην δράματος Εὐριπίδου· τοιαῦτα γὰρ ἡ Ἑκάβη ἐκεῖ διέρχεται τὸν περὶ τοῦ παιδὸς ὄνειρον ἰδοῦσα Reg. In quo sequitur scholium metricum longum *quadraginta* κῶλα usque ad φωράσω persequens. — 37 τὰ accessit ex V. τὸ R. — 39 αἴρομαι G. Θ. αἴρομ' Ald. αἶρο V. — 40 οὕτω additum ex Θ.

1338, 51 Τημενιδῶν Dobræus. Legebatur Εὐμενίδων.

1340, 53 Ἀπονίψωμαι· ὅπερ εἰώθασι ποιεῖν ἐν τοῖς ὀνείροις. τοῦτο δὲ Ald. καὶ — Αἰσχύλος post τῶν ὀνείρων l. 1 ponit R. — 54 δὲ om. R. Hæc in Ald. sic, παρ' οὗ (hoc etiam Θ.) ἀποδιοπομπεῖσθαι εἰώθει. — 2 ἀξυνάρτητα V. Post πᾶσι R. Θ. habent ἅτε δὴ Γλύκωνός τινος γυναικὸς (γυναικός τινος γείτονος Θ.) οὕτω καλουμένης.

1344, 7 Αἰσχύλου R. V. Εὐριπίδου ceteri. R. habet glossam ἀντὶ τοῦ ἑωθινή. — 9 legebatur διαθέντων. διαθέτων Θ. διασωθέντων αὐτογράφων Dobræus. Post διαθέντων legebatur Νύμφαι ὀρεσιγόνιαι (ὀρεσιγόνιοι V.), quæ delevi positis lacunæ signis, addidi autem Νύμφαις. Nam Æschyli verba fuerunt, Νύμφαις κρηναίαις κυδραῖσι θεαῖσιν ἀγείρω—, de quo constat ex Diogenis epistola in *Notices et Extraits des MSS.* vol. 5, 2, p. 241: οἵτινες (οἱ τραγικοὶ) Ἥραν τε τὴν Διὸς παράκοιτιν ἔφασαν εἰς ἱέρειαν μεταμορφωθεῖσαν τοιοῦτον βίου σχῆμα ἀναλαβεῖν, νύμφαις κρήναισιν (κρηναίαισιν Boissonadius) κυδραῖς θεαῖς ἀγείρουσαν Ἰνάχου Ἀργείαις ποταμοῦ παισὶν βιοδώροις. Deinde legebatur Ἀργείου ὑπὸ ποταμοῦ. Correctum ex Platone De republ. 2, p. 381, D, qui hoc versu utitur Æschyli non nominati, et ex Diogene. Respicit ad hæc verba Pausanias quoque 8, 6, 6. De quo vide quæ ad Æschyli fragm. 159 dixi. Dind. — 10 παισὶ libri. — 11 ἄλλως τε δὲ οὐδέ, 12 Αἰσχύλῳ Θ. ταῦτα ἥρμοζε Ald. ταῦτα ἥρμοζε τὰ τοιαῦτα Θ. Qui sequentia omittit, sed addit glossam, αἱ ἐν τῷ ὄρει γινόμεναι ἀμαδρυάδες (ἀμαδρύιδες Reg.) βοηθήσατε. ἔστι δὲ ἐκ Ξαντρίων Εὐριπίδου.

1353 om. G. τὰ αὐτά R. ταῦτα V. Θ. M. τὰ τοιαῦτα Ald., quæ in fine addit ἀνεπέπτατ' ἀνεπέπτατο καὶ τὰ λοιπά.

1356, 23 τῶν Κρητῶν M. Qui cum Θ. sequentia omittit. — 24 respici videtur ad Lycophr. Alex. v. 1297. — 25 ἐπειδὴ ἐν, 28 καὶ τὸ Reg. — 26 Βριτόμαρτις Meursius in libro de Creta 4, 3. Βρετιμάρτυς Ald. βρετὴ μάρτυς Reg.

1367, 42 Τινές φασι τὸ ἐνταῦθα τὸν Θ. ἐνταῦθα etiam R. ἐνθάδε V. Ald. — 43 τὸν δὲ Αἰσχ. V. τὸ δὲ ἑξ. Θ. δὲ om. R.

1369, 44 τὸν om. R. — 45 τυροπωλικῶς Θ. Reg. ἐριοπωλικῶς E. ζυγοστατῆσαι Reg.

1370 om. etiam Θ. M.

1374, 1 ἐστὶ om. Θ. M. — 2 χρῆσθαι om. Θ., qui 5 τι μοι. — 6 τοῦ γράμματος V. — 7 ἐπελθόντων Θ.

1378, 11-15 om. etiam Θ. M. — 16 νῦν additum ex V. — 17 τὼ πόλει Regius. Legebatur τὼ πόλιε, quod om. V. Θ. — 18 σηώ V. δὲ om. R. — 19 addit V. ἀμφότεροι λέγουσι τὸ ἰδού, quæ om. G.

1380, 21. δώσω Θ. R. habet glossam τοῦτο ἐκ Μηδείας.

1383, 24 καταστρεφόμεναι ἤγουν addita ex R.

1386, 27 R. V. (non G.) habent ἐκ Νιόβης Αἰσχύλου. ἐξ Ἀντιγόνης Εὐριπίδου, similiterque Θ. M.

1400. Cum hoc scholio comparandus Eustath. p. 1397, 19: κύβον διχῶς ἔλεγον, αὐτό τε τὸ ἀναρριπτούμενον· — ὅθεν παροιμία τραγικὴ τὸ, ἀεὶ γὰρ εὖ πίπτουσιν οἱ Διὸς κύβοι· — καὶ τὴν ἐν αὐτῷ μονάδα, ὅθεν λυθείη ἂν καὶ τὸ ζητούμενον ἐν τῷ παρὰ Ἀριστοφάνους κωμῳδουμένῳ στίχῳ, βέβληκ' Ἀχιλλεὺς δύο κύβω καὶ τέτταρα καὶ ἑξῆς. λέγει γὰρ δύο μονάδας καὶ τέτταρα. ἔκειτο δ' ὁ στίχος ἐν τῷ Εὐριπίδου Τηλέφῳ σὺν ἄλλοις ἰαμβικοῖς, ἔνθα κυβεύοντας τοὺς ἥρωας εἰσήγαγε. περιῃρέθη δὲ ὅλον ἐκεῖνο τὸ ἐπεισόδιον, χλευασθέντος ἐπ' αὐτῷ τοῦ ποιήματος· et Photius, p. 602, 8: τρὶς ἓξ ἢ τρεῖς κύβοι· οἱ μὲν τρὶς ἓξ νίκην, οἱ δὲ τρεῖς κύβοι κενοί. καὶ τὸ παρ' Εὐριπίδῃ τοιοῦτον, βέβληκ'—τέτταρα. τριῶν γὰρ ὄντων τῶν ἀναρριπτουμένων βόλων, δύο μὲν κενοὺς αὐτόν φησι βάλλειν, ἕνα δὲ τὸν τέταρτον. διττὸς οὖν ὁ κύβο· ὅ τε ἀναρριπτούμενος, εἴτε κενὸς εἴτε πλήρης εἴη, καὶ ἰδίως ὁ κενός. ὅτι δὲ ὁ τρὶς ἓξ βαλὼν κατώρθοι· καὶ Αἰσχύλος ἐν Ἀγαμέμνονι παρίστησι, τὰ δεσποτῶν γὰρ εὖ πεσόντα θήσομαι | τρὶς ἓξ βαλούσης τῆς ἐμῆς φρυκτωρίας. — 35 κυβεύοντα V. — 36 ὁ Ἀρ. Θ., qui 40 καὶ om. Θ. τις τὸ V. pro τοῦτο. « Τοῦτο de ipso illo versu βέβληκ' Ἀχ. intelligendum est, quem Eupolidi quoque cognitum fuisse dicit; et rectius fortasse scribitur τοῦτον. » Meinek. Com. I, p. 567. — 42 ὁ Διόν. Θ., qui om. 43-49 præter verba ἔθος — λέγειν α' β' γ' ε'. et ἐκ Μελεάγρου. ἐκ Γλαύκου Ποτνιαῖος. — 43 τοῦτο ἐκ Μυρμ. ἐστὶν Αἰσχύλου, 44 δύο, δ', τρία, ε' Reg.

1406, 1 πολλαχοῦ R. πανταχοῦ Reg. Ald.

1408, 4 καὶ ὡς V. M. ὡς Ald. καὶ Θ. — 8-10 om. etiam Θ. M.

1413, 14 sq. ἐναντίον ὅτι μάλιστα ἥδεται R. — 15 ὡς καὶ V. καὶ ὡς ceteri.

1418, 21 οὐκ ἔστι δὲ ἄλλου Θ. — 22 αὐτῷ V.

1422, 27 τὸν ναυτικὸν V. — 28 δυσχερανθῆναι R. — 30 καθ' ὃν Ἀλκιβιάδης ἔφυγεν Θ., qui 35 γεγόνασι et sequentia omittit.

1425, 52 δραστήριον διὰ τὰς νίκας Ald. διὰ τὰς νίκας ut glossam habet Θ. δραστήριον τὸν Ἀλκιβιάδην Suidas s. Σίφνιοι. μισεῖ R. ἐχθαίρει ceteri. Thucydidem 6, 15, comparat Dukerus.

1427, 2 καταδέχεσθε V. καθόλου Reg. — 4 βραδέα Reg.

1432, 7 φρόνημα etiam Suidas s. Οὐ χρή et s. Σκύμνος. φρόνημα ἔχοντα Ald. sola. ἀνατραφῇ Suidas s. Σκύμνος, non s. Οὐ χρή. — 8 τιθασεῦσαι Suidas utrobique. — 10 prius ἢ om. Suidas utrobique. τροφοφορεῖν R. Θ. M. φέρειν Reg. Sequentia om. M. Reg.: Ἀποσκώπτει καὶ εἰς τὸν πατέρα Ἀλκιβιάδου, ὅτι κακὸς ἦν τῇ πόλει. — 11 παραγραφή Dobræus. παρήγαγε γράψας V. παρήνεγκε γράμμα Θ. Potest etiam παραγέγραπται corrigi. Simili corruptela in schol. Vesp. 1239, ἀναγέγραφε abiit in ἀνάγει γραφήν. Dixi de hoc loco ad Fragmenta p. 28 sqq. ed. Lips., p. 518 ed. Oxon. Dind. — 12 τοὺς V. τὸ ceteri. — 14 ἀποφηνάμενος Kusterus. Libri ἀποφηνάμενον. ὁ om. Θ. ἀντὶ —λέγων Dobræus. ἀντακούειν ἐκείνου αὐτὸς (αὐτὸν ος Θ.) ἢ λέγων libri. — 15 τὰ παρ' αὐτοῦ Αἰσχύλου λεγόμενα Θ. — 16 δὲ om. V. — 17 ἀποφαντικῶς Θ.

1437, 23 τῷ Κλεοκρίτῳ R. — 24 περιβάλλοι V. μεταρσίοις R. — 25 αὐροφόροις γενομένοις Θ., qui 27 καὶ post δὲ omittit. Regius: Ὁ Κλεόκριτος οὗτος μοχθηρὸς ἦν ἀνὴρ καὶ νωθρὸς, φίλος Κινησίου. κωμῳδεῖ δὲ αὐτοὺς ὅτι τε τοιοῦτοι ἦσαν καὶ ὅτι τὸ ἀνέκαθεν ὄξος ἐπώλουν. λέγει οὖν ὡς, εἰ ναυμαχήσουσιν οὗτοι, ἡ πόλις σωθήσεται. καὶ τοῦτο μὲν παίζων φησίν· εἶτα ἐπάγει ὃ ἀληθῶς φρονεῖ περὶ τῆς σωτηρίας τῆς πόλεως, λέγων, Ὅταν τὰ νῦν ἄπιστα.

1440, 37 λαμπάδος V. ἡ ὀξίς additum ex V. Θ. — 38 ἐνδιασκευάσασθαι V. — 40 et sequentia om. etiam Θ., et in sequenti scholio 3-5.

1452, 6 συναθετεῖ Θ. — 7 ἀκυροῖ V. κυροῖ Θ. ἀκριβεῖ Ald. Vide Dindorfium ad Fragmenta loco supra indicato.

1453, 10 legebatur Τιμόθεος. Reg.: ὡς καὶ ἄνω ἔφην.

1455, glossam ἀντὶ (τοῦ Reg.) οὐδαμῶς habent R. et Reg.

1459, 17 ἐξωμὶς ἢ ἁπλοΐς (διπλοΐς Suidas s. Σισύρα) Ald. Sequentia καὶ ἄλλ. — 23 ἐκδύσῃ om. etiam Θ. — 19 legebatur ἀφείλετο. — 23 sq. ὁ δὲ—συμφέρει in fine scholii ponit R. Sic etiam V. Θ., qui tamen hoc quoque loco ὁ δὲ νοῦς μήτε χρηστὸν μήτε φαῦλον (χρηστὸς μήτε φαῦλος Suidas) addunt. — 24 μήτε φαῦλος ἢ ὀχληρὸς Ald. ξυμφέρει V. — 25 sq. Est locus corruptus, et procul dubio mutilus; cujus sensum tamen (si in re tam obscura divinare licet) hunc esse puto: χλαῖναν et σισύραν in uno tertio convenire (sic enim in-

terpretor illud ἐκ τρίτου τὸ αὐτό), at differre ea ratione, quod σισύρα sit vestis ex pellibus caprinis facta; χλαῖνα vero ex lana. Sic ergo scripserat forte scholiastes: ὅτι χλαῖνα καὶ σισύρα (ἔν τισι καὶ σισύρνα γράφεται) ἐκ τρίτου τὸ αὐτό· πλὴν διαφέρει, ὅτι ἡ μὲν σισύρα, etc. Quod autem σισύραν a quibusdam σισύρναν appellatam fuisse ait, confirmari etiam potest testimonio Ammiani Marcellini 16, 5, ubi ait: *Et* σισύρα, *quam vulgaris simplicitas sisurnam appellat.* Joannes Tzetzes tamen in scholiis ineditis in Nubes v. 10 (ubi comicus ait, ἐν πέντε σισύραις ἐγκεκορδυλημένος) tria hæc, σίσυς, σισύρα, et σισύρνα sic distinguit: Διαφέρει σίσυς, σισύρνα, καὶ σισύρα. Σίσυς, πᾶν εὐτελὲς καὶ ῥακῶδες περίβλημα. Σισύρνα, δέρμα ἄτριχον, πολλοῖς τισι, μᾶλλον δὲ μονασταῖς φορούμενον, ὡς ἱμάτιον. Σισύρα δὲ μαλλωτὰ ἐπιβλήματα στρωμναῖς χρησιμεύοντα. Eadem fere habet idem Tzetzes ad Lycophronem v. 634, qui locus cum hoc conferri potest. Kust. Scholion mutilum esse recte judicavit Kusterus, cujus tamen parum probabiles conjecturæ sunt. Illud ἐκ τρίτου (corruptum fortasse ex καὶ τρίτον) documento est de tertia quadam hic agi forma vocabuli, quam σίσυς esse constat ex scholio Av. 122. Dind. δὲ om. R. Θ. ἔν τισιν οὖν R. οἷον ἔν τισι οὖν Θ. καὶ ante σισύρνα additum ex R., qui ἐκ τρίτου omittit. ἐν τρίτῳ V. — 26 βαίτη. Legebatur βαπτή. Idem vitium in schol. Vesp. 737. Potest tamen etiam ῥαπτή corrigi. Conf. schol. Av. 122. Dind.

1462, 35 ἀνίησι V.

1463, 39 Ἄλλως et sequentia om. Θ. — 40 τὴν πολεμίαν περιπλεῖν V. — 43 εἰσβαλόντων Reg.

1465, 48 ἐκέλευεν R. ἐκέλευσεν ceteri. — 51 εἴσω Θ. ἔσω ceteri. — 52 οὖν, 1 τὸ δὲ et τοῦτο R. — 3 sq. ἔξω τούτου γίνηται Suidas s. Περικλῆς et Τὴν γῆν. γῆς ἦν V. M. ἦ om. Θ. — 10 δὲ om. R. — 11-15 νοεῖται—διδόντων om. Θ. Glossam ἀντὶ τοῦ ἐμὲ λάβε habet R., et R. V. τινὲς Πλούτωνα λέγουσι (λέγειν V.) τὸ κρίνοις ἄν.

1478, 28 Ἄλλως et sequentia om. Θ. Glossas ἐξ Ἱππολύτου, et τὸ δὲ λοιπὸν τὸ κατθανεῖν δὲ ζῆν habet V. (non G.), et ἐξ Ἱππολύτου Εὐριπίδου R. Legebatur ἐξ Ἱππολύτου. Correctum ex schol. Eurip. Hippol. 191. — 30 ὑπνοῦν—κατθανεῖν om. schol. Euripidis. Delendum τό. — 31 παίζων φησι, 35 ἐκ τῶν κ. Reg.

1482 om. etiam G. Θ. M. — 45 λείπει διὰ V. λείπει δὲ Ald. — 46 τὸ additum ex R. Λείπει—ἀναγκαίους habet M. In R. est τοῖς συγγενέσι καὶ ἀναγκαίοις.

1491, 49 τὴν om. Θ. Ald. — 2 Ἄλλως et sequentia om. Θ. ἐνταῦθα κωμῳδεῖ Reg. recte.

1497, 9 Συντεταγμένοις M. γυμνοῖς (στυγ) Θ. — 10 οὐκ ἂν εἰδείης Θ. οὐκ ἂν εἰς δέον M. — 12 σκαριφίζειν Reg. τοὺς om. Θ. τοῖς ζωγράφοις R. — 13 πρῶτον τὰς εἰκόνας, ὅ φασι σκιάζειν Reg. 13-17 καὶ σκαρ.—λεπτόν om. Θ. M. Conf. Harpocrationem v. Διεσκαριφησάμεθα, et Etymologum ead. v. ubi eadem explicatio verbi. — 18 sq. ἤγουν—γραφίς om. Θ. M. σκάριφος δὲ ἡ τῶν ζωγράφων γραφίς Reg.

1499, 21 Ἐνλείπει R. — 22 apud Homerum est τέθνηκε. Sequens scholion om. Θ. M.

1501, 30 Πάντες Θ. Reg. αὐτὴν οἱ θεοὶ Θ. — 31 sq. 23. τοῦτο ἔφη ὁ Πλ. V. εἶπε δὲ ὁ Πλ. ἡμετέραν Θ. εἶπε δὲ πόλιν ἡμετέραν M.

1504, 34 Ἴσως τι σχοινίον δίδωσιν libri præter R., qui 35 καὶ εἴ τι τοιοῦτον, et post τοιοῦτον interpungit, σύμβολον θανάτου ut glossam habens. Quam rationem confirmat schol. v. 1506. — 36 ὡς ξένος et sequentia om. R. Regius: Ὁ Κλεόκριτος οὗτος ἢ ὡς γέρων ἔμελλε τεθνήξεσθαι μετ' ὀλίγον, ἢ ὡς ἀγχόνης ἄξια πράττοντι τὸν θάνατον ἀπειλεῖ. διὸ καὶ ὁ Πλούτων πέμπει αὐτῷ σχοινίον τι, ἵνα δι' αὐτοῦ χρήσηται ἀγχόνῃ. αὐτός τε καὶ οἱ αὐτοῦ σύμβουλοι φορολόγοι, ὧν καὶ τὰ ὀνόματα λέγει.

1506, 48 ξυμποδίσας δὲ om. R. Reg.: Δέον εἰπεῖν, καὶ τῷ Ἀρχενόμῳ τόδε δὸς, ὁ δὲ ἀντὶ τοῦ οὕτως εἰπεῖν, τόδε δ' Ἀρχενόμῳ εἶπε. καὶ ἔχει ἐνταῦθα ὁ δέ σύνδεσμος ἔμφασιν καί.

1513, 50 legebatur Λευκολοφίου. Λευκολόφου Θ., qui 51 τῶν om. τούτους etiam Suidas s. Ἀδείμαντος. τούτων V. Ald. — 52 στρατηγῶν Θ. — 53 παρεγγεγραμμένον Dobræus. Legebatur παραγεγραμμένον. — 1 γὰρ αὐτῷ Θ. Post αὐτούς Ald. addit ἀντὶ τοῦ στιγματίσας καὶ μαστιγώσας (διὰ τῶν νόσων add. Reg.). Ut glossam habet Θ. στιγματώσας τοὺς καὶ μαστιγγώσας. — 2 μέμνηται om. R. — 3 Πόλεσι ου (τ) περὶ τὸν Ἀδείμαντον R. — 4 ἀργαλέα idem codex teste Bekkero. — 5 Λευκολοφίδου Meinekius. Legebatur Λευκολόφου. Postrema τοῦ Πορθάονος ex R. accesserunt.

1528, 13-15 Ἡ — ἀποπερατοῦσα om. Θ. M. — 17 πρῶτον V. πρῶτα ceteri.

1532 R. habet glossam τοῦτο εἰς βάρβαρον τὸν Κλεοφῶντα. — 7 ἐκ om. Θ. — 8 verba ἐπὶ τοῦ Καλλίου loco mota et supra post ναυμαχίαν inserenda videri animadvertit Cobet. Obs. crit. in Plat. com. p. 158. — 9 ἐλθεῖν V. Θ. Ald. De Cleophonte vide Schneider. ad Xenoph. Hist. Gr. p. 78. — 11 ἐπιστρέφειν V. — 12 κωμῳδεῖται καὶ βάρβαρος Ald. — 15 μαχέσθω Θ. Ald. μαχές (sic) R., qui φησὶ om. — 16 ξένοι om. V. Ald. — 18 αὐτιῶν R. Ceteri αὐτῷ. Reg.: Ὁ δὲ Κλεοφῶν

οὗτος καί τινες ἄλλοι βάρβαροι ὄντες καὶ πρὸς Ἀθήνας ἐλθόντες ἐπολιτογραφήθησαν, καὶ ἐκίνουν τὰς πόλεις εἰς μάχας καὶ πολέμους. λέγει οὖν ὡς ἢ παύσάσθωσαν ταῦτα ποιεῖν, ἢ, εἰ μὴ βούλοιντο, ἀπελθόντες εἰς τὰ πάτρια, ταύτην τὴν γνώμην ἐχέτωσαν.

ECCLESIAZUSÆ.

Argumentum I. 5 περιθέτους ποιοῦσι καὶ — ἀναλαμβάνονται Ald. — 6 προασχ. καὶ προνοήσ., 7 μία δὴ R.

Arg. II. om. R. — 17 τὸ κοινὸν Ald. Articulum om. Γ. — 18 χρῆσθαι Γ. Ald., quæ sequentia omittit, addita ex Γ.

SCHOLIA.

1, 20 προσέρχεται R. — 22-25 διὰ τὰς — ἐκκλησίαν. Apertum est hæc ad v. 23 esse referenda, ubi non liquet ἑταίρας an ἑτέρας legerit scholiasta. Dind. ἑταίρας καθαγιζομένας Γ. 8 πρὸς Dobræus (collato schol. Av. 168). Legebatur πρὸς δ. — 23 πῶς Ald. Post hoc voc. fortasse aliquid excidit. Dind. — 24 λάβωμεν, 27 sq. ἐλαύνεται ἐν τροχῷ, ἀλλ' ἐν τύπῳ γίνεται Γ.

2, 2 λύχνου Ald. — 3 ῥύμης—ὁρμῆς om. etiam Γ., qui 3 ξύμβολον.

10, 5 δὲ λ. om. Γ. — 6 ὅτι οἱ R.

12, 7 λέγει et 9 om. Γ.

14, 11 τὰ ταμεῖα, ἐν οἷς ὁ σῖτος Γ. Ald., quæ περιμήκη.

18, 13 Σκίρα ἑορτὴ α, οἱ δὲ Δημήτρας R. — 14 ἡ δὲ Δήμητρα Γ. — 16 addit Ald. Ἄλλως. Σκίρα ἑορτὴ παρ' Ἀθηναίοις, ἀφ' ἧς καὶ ὁ μὴν Σκιρροφοριών. φασὶ δὲ οἱ γράψαντες περί τε μηνῶν καὶ ἑορτῶν τῶν Ἀθήνησιν, ὡς τὸ σκίρον σκιάδιόν ἐστι, μεθ' οὗ φερόμενοι ἐξ ἀκροπόλεως εἴς τινα τόπον καλούμενον Σκίρον πορεύονται ἥ τε τῆς Ἀθηνᾶς ἱέρεια καὶ ὁ τοῦ Ἡλίου. κομίζουσι δὲ τοῦτο Ἐτεοβουτάδαι. σύμβολον δὲ τοῦτο γίνεται τοῦ δεῖν οἰκοδομεῖν, καὶ σκέπας δὲ ποιεῖν, ὡς τοῦ χρόνου ἀρίστου ὄντος πρὸς οἰκοδομίαν. καὶ Ἀθηνᾶν δὲ Σκιρράδα τιμῶσιν Ἀθηναῖοι, ἣν Φιλόχορος μὲν ἐν δευτέρῳ Ἀτθίδος ἀπὸ Σκίρου τινὸς Ἐλευσινίου μάντεως κεκλῆσθαι, Πραξίων δὲ ἐν δευτέρῳ Μεγαρικῶν ἀπὸ Σκίρωνος τοῦ συνοικίσαντος Σαλαμῖνα. Σκιράδα δὲ Ἀθηνᾶν Θησεὺς ἐποίησεν, ὅτε ἐπανήει ἀποκτείνας τὸν Μινώταυρον. Inserta sunt ex Harpocratione, præter postrema Σκιράδα—Μινώταυρον, quæ ex Suida sunt s. v. Σκίρος. Dind.

22, 19 ἕδρας R. τι Γ. Ald. — 20 ἐσκώμφη Γ. — 21 sq. ὥστε δεῖν τὰς γυναῖκας τὰς (τὰς om. Γ.) ἑταίρας χωρὶς τῶν ἐλευθέρων καθέζεσθαι. οἱ δὲ ὅτι τὰς γυναῖκας καὶ τοὺς ἄνδρας χωρὶς καθέζεσθαι (χωρὶς βαδίζειν Γ.) Γ. Ald.

34 Ἀντὶ τοῦ ἠσ. Γ. κινοῦσα R.

36, 27 τὸ κνίσμα δὲ Ald., κνῦμα δὲ Γ., σου omittentes. — 28 κνησμιόν Γ. χνασμόν Ald.

38, 30 καὶ κατωφερῶν Suidas s. Σαλαμίνιος. Libri ἢ καταφερῶν.

45, 33 ἔκαπτον Porsonus. ἔκοπτον Ald. ἔκωπτον R.

46 lemma Μελιστίχην est in R.

49 εἴρηκεν Ald.

56, 41 Λέγει δὲ R. — 42 δὲ om. Ald.

64 ὡς τὸ μέλ. Γ. μελανθῆναι ὡς ὁ ἀνήρ Ald.

66, 1 αὐτὸν Ald. — 2 πρὸς ξυράν additum ex R. ὅλη Γ.

71, 4 ἦν—δημαγωγός in fine scholii ponit R. — 7 conf. Meinek. Hist. Com. p. 183.

77, 9 τις om. R. — 10 εἶναί φησι Γ. — 11 τὸν Λαμίαν Ald. τὸν om. Γ. Post Λαμίαν Meinekius Hist. Com. p. 65 addit λέγουσι δὲ καὶ θηλυκῶς Λάμιαν. — 12 Κράτης Meinekius. Legebatur Φερεκράτης. — 13 vide Meinek. Com. I, p. 241.

88 καὶ φέρουσα καὶ ξαινουσα αὐτὰ Γ. καὶ ξαίνουσα ἔρια R. καὶ ἔρια ξαίνουσα αὐτὰ Ald. Scholia 89 et 94 om. Γ.

97, 29 ου R. οὕτω δασὺ Γ., qui Καὶ et ην om. Pergit R. λέγει οὖν τό, Γ. λέγει τὸ αἰδ.

102, 32 Οὗτος στρ. Γ. — 33 καὶ ἄρξας—συνέτεμε post γυνή ponit R. Λέσβῳ Meursius Lect. Attic. 6, 4. Λήμνῳ R. Ald. et Suidas s. Ἀγύρριος. Λήμφ Γ. Conf. Xenoph. H. Gr. 4, 8, 31, Diodor. 14, 99. — 35 τὸν πώγωνα Γ. — 37 λανθάνει ὡς γ. R.

105, 38 Νὺξ—ἔτι addidit R. Tum pergit τὸ δὲ ἑξῆς ὑπέρβατον τούτου etc. — 39 καὶ ἔστι τὸ ἑξῆς Γ. ἕνεκα R. ἕνεκεν Γ. μοι (pro τοι) οὕνεκα Ald.

109, 43 ὅκ' ἀργύριον Bentleius. Legebatur ὅ κ' ἀργύριον. ἀλλ' ὅταν ἀργύριον Suidas s. Θεῖ. Sequens scholion om. Γ.

114 παρὰ τὸ τὴν τύχην ἢ κατὰ συντυχίαν Γ.

115 ἡ om. R. τὸ πλῆρες ἡ ἐμὴ ἐμπειρία Ald., quæ 122, 1 om. καὶ. Scholion 124 om. Γ., qui 4 τοὺς πώγωνας.

126, 5 sq. Σηπία—εἰκασία hic om. R., sed post ὀπτηθείσαις addit ἀπρόλογος δὲ ἡ εἰκασία.

128, 10 ἐν ταῖς ἐκκλησίαις περιστίαρχος ἐκαλεῖτο. Ald. περίστια δὲ λέγονται Γ.

129, 12 αὐτοῦ Γ. — 13 γὰρ πρὸς R.

133, 16 οἱ om. Γ.

139, 20 Μανικά addit R., et præterea κατ' ἐρώτησιν, quod referendum ad v. 141.

146 addit Ald. ὡς καὶ ἀλλαχοῦ, τοὺς ἀλλοτρίους ἀμῶν στάχυς, τούτους ἐν ξύλῳ δήσας ἀφαύει. Inserta ex Suida s. Ἀφαυανθήσομαι.

148 ἀνύεται, ὅπερ λοιπὸν οὐκ ἂν γένοιτο Ald., in quo proximum lemma erat διερεισμένη.

150 Οἷον additum ex Γ. διαταξαμένη Ald.

153 om. Γ. Ad v. 154 addit Ald. λάκκους ἐμποιεῖν: Ἀθηναῖοι καὶ οἱ ἄλλοι τῶν Ἑλλήνων ὀρύγματα ὑπὸ τὴν γῆν ποιοῦντες εὐρύχωρα καὶ στρογγύλα καὶ τετράγωνα, καὶ ταῦτα κονιῶντες, οἶνον ὑπεδέχοντο καὶ ἔλαιον εἰς αὐτά. καὶ ταῦτα λάκκους ἐκάλουν. Inserta ex Suida s. Λάκκος, qui ex Photio descripsit.

155, 34 τοῖς θεοῖς Ald.

193, 50 Λακεδαιμονίων. Imo Ἀθηναίων, ut monet Petitus.

198 Ἐβάρουν R. Γ.

201 Κατ'—ἀμαθής in fine post κύριον ponit R., ὁ γὰρ omittens. — 3 τὸ δὲ—κύριον om. Γ. Idem scholia v. 203-478 omittit.

203, 5 καὶ ἠβούλετο R.

220, 23 τὰς καινὰς Suidas s. Χρηστῶς. — 25 κριθάς Dobræus. Legebatur τρίχας.

243, 35 Ἀντὶ τοῦ om. R. hic et l. 27. In Ald. præcedit scholion ἐν ταῖς φυγαῖς: τόπος τοῦ δικαστηρίου ἀποκεκρυμμένος. — 37 κηρύττεσθαι ἐπὶ Ald.

253, 46 ἐλέγετο δὲ Ald.

254, 255 sic in Ald., ὁ ἔχων τοὺς ὀφθαλμοὺς μεστοὺς ἀκαθαρσίας, ὁ λημῶν. ἐκωμῳδεῖτο δὲ ὡς συκοφάντης καὶ ξένος καὶ κλέπτης. ἐς κυνὸς πυγήν: παροιμία, ἐς κυνὸς πυγὴν ὁρᾷν καὶ τριῶν ἀλωπέκων. λέγεται δὲ ἐπὶ τῶν ὀφθαλμιώντων.

257, 1 Καὶ μετὰ τούτου additum ex R. — 2 παρὰ τὴν Ald.

265, 10 alterum οἱ om. R., ex quo accessere Ἐν—αἱρεῖν.

267 γυμνωθείσαις Ald.

289, 26. Sequitur in Ald. θεσμοθέτης, ἀρχή τις Ἀθήνησιν, ἓξ ὄντων τὸν ἀριθμόν· καίτοι ἐκ τῶν καλουμένων ἐννέα ἀρχόντων. καλοῦνται δὲ οὕτως ὅτι τῶν νόμων τὴν ἐπιμέλειαν εἶχον. ὅτι δὲ τοὺς νόμους οὗτοι διώρθουν κατ' ἐνιαυτὸν ἕκαστον, εἴρηκεν Αἰσχίνης ἐν τῷ κατὰ Κτησιφῶντος. Illata ex Harpocrat. s. Θεσμοθέται.

292, 33 Ἡδόμενος ὁριμέσι. καὶ R.

295, 37 μηδὲν πρὶν φθέγξῃ R.

298, 41 Ὅπως R., qui 47 ὁ om.

318, 1 ἢ τὸ ἀναβ. R.

319, 4 Ἀντὶ τοῦ et ὑποδέδεμαι om. R.

338 ἄτοπον φανερῶς Ald.

351, 21 ταῦτα οὖν R.

355 habet iisdem fere verbis Suidas s. Ἄπιτε et partim grammaticus in Bekkeri Anecd. p. 425, 1. — 27 ἁρπάζετε Suidas.

356, 30 Λακεδαιμονίοις Ald. et Suidas s. Ἀχράς.

361 est recentioris grammatici scholion, ductum ex schol. Vesp. 155. Dind.

366 καὶ ὁ Ἀντισθένης δὲ ἰατρὸς θηλυδριώδης habet Ald.

369, 48 Εἰλήθυιαν R.

390, 14 τρίτον φθέγγεται, 16 Παρὰ τὰ Ald.

395 Ald.: Τοῦ ὄρθρου δηλονότι. τοῖς πρυτάνεσι: τὸ δέκατον μέρος τῆς βουλῆς τῶν φ', ν' ἄνδρες ἀπὸ μιᾶς φυλῆς, οἱ διοικοῦντες ἅπαντα τὰ ὑπὸ τῆς βουλῆς πραττόμενα. ἐπρυτάνευον δὲ ἐκ διαδοχῆς ἀλλήλαις αἱ δέκα φυλαὶ κλήρῳ λαχοῦσαι. Inserta ex Harpocratione s. Πρυτάνεις.

404, 26 scribebatur τιθύμαλλον. — 27 γὰρ οἱ R., qui καὶ πατρίδας cum Suida s. Γλάμων et Τιθύμαλλος. Ald. καὶ ἐκ πατρίδος. — 28 ὑπὸ R. τῶν βοτανῶν Suidas. τὴν βοτάνην R. τὰς βοτάνας Ald. — 32 δηλονότι om. R., qui 36 γέλωτος ἕνεκα.

426, 38 πένης, ἵν' ᾖ ὅτι R.

433, 41 ἀνέκραγον, 43 διασκευασθεῖσαι Ald.

446 κιχρᾶν etiam Suidas s. Συμβάλλειν. καὶ χρᾶν Ald.

473, 10 ἀκούουσαν—βουλεύεσθαι addita ex R. ἀκούσασαν Suidas s. Γεραίτερος et Μῶρα. Idem post Ἀθηνᾶν addit τῆς κατάρας.

502 λέγουσι Γ. — 21 δεσμούσας Ald.

511 Ἀντὶ τοῦ ἠρέμα Γ. Idem scholia v. 519-627 omittit.

540 fort. θερμαινοίμην. Dind. θερμαίνοιμι Ald.

567, 46 ἐνέχυρα φέρειν καὶ διδόναι Ald.

587, 50 τῶν δὲ ἀρχαίων ἀμελεῖν addit Suidas s. Ἀντ' ἄλλης.

596, 1 κἂν R. — 2 ἐρωτᾷς πότερός μοι Ald.

602 Ad hunc v. Ald. καὶ Δαρεικούς: εἰσὶ μὲν χρυσοῖ στατῆρες οἱ Δαρεικοί, ἠδύνατο δὲ ἕκαστος αὐτῶν ὅπερ ὁ παρὰ τοῖς Ἀττικοῖς ὀνομαζόμενος χρυσοῦς. οὐκ ἀπὸ Δαρείου τοῦ Ξέρξου πατρός, ἀλλ' ἀφ' ἑτέρου τινὸς παλαιοτέρου βασιλέως ὠνομάσθησαν. λέγουσι δέ τινες δύνασθαι τὸν Δαρεικὸν δραχμὰς ἀργυρίου εἴκοσιν, ὡς τοὺς πέντε Δαρεικοὺς δύνασθαι μνᾶν ἀργυρίου. Inserta ex Harpocratione s. Δαρεικός.

611 addit Ald. μείρακα δ' ἐνταῦθα δοκεῖ ἀρσενικῶς εἴρηται, καίτοι Ἀμμωνίου λέγοντος μειράκιον καὶ μείρακα ταύτῃ διαφέρειν, ὅτι τὸ μὲν μειράκιον ἐπὶ ἀρσενικοῦ, τὸ δὲ μεῖραξ ἐπὶ θηλυκοῦ. ἢ πρὸς τὸ γυναικῶδες τῶν κιναίδων. ἐρείδειν δὲ συνουσιάζειν.

652, 31 δέκα πηχῶν Ald. ὅτι R. Γ. ὀψινόν Suidas s. Δεκάπουν σκιάν. ὀψενόν R. ὀψέ Γ. Ald. Quæ addit ἄλλως. τὸ παλαιὸν καλοῦντες ἐπὶ δεῖπνον καὶ καλούμενοι παρεσημαίνοντο τὴν σκιάν, καὶ οὕτως οἱ

μὲν ἔμενον τοὺς κληθέντας, οἱ δὲ ἀπῄεσαν ἐπὶ τὰς ἑστιάσεις, οὐδ' ὑπὸ τηρήσεως οὔσης αἰτίας, ἐφ' ἧς οἷόν τε ἦν τεκμήρασθαι εἰς πόσας ὥρας προήκει. Inserta ex Suida s. Δεκάπους σκιά.

658 Ἀντὶ τοῦ κἀμοὶ δοκεῖ τοῦτο συμφέρον Γ. Ald.

663 Ald. τῆς αἰκίας: αἰκία εἶδος δίκης ἐστὶν ἰδιωτικὸν ἐπὶ πληγαῖς λαγχανομένης, ἧς τὸ τίμημα ἐν τοῖς νόμοις οὐκ ἔστιν ὡρισμένον, ἀλλ' ὁ μὲν κατήγορος τίμημα ἐπιγράφεται, ὁπόσου δοκεῖ ἄξιον εἶναι ἀδίκημα, οἱ δὲ δικασταὶ κρίνουσιν. Inserta ex Harpocratione s. Αἰκίας. Scholia v. 665-825 omittit Γ.

681 κληρωτικὰς Ald.

685, 51 τοῦ θ R. — 52 ἵνα κάμπτωσιν: ἀπὸ τοῦ —ἐκ τῶν Ald.

724, 12 κατωνάκης δουλικὸς R.

737 Ἐυπλέκτρια—γυναῖκας habet Suidas s. Κομμώτρια. — 30 ἡ ἀλεκτορίς, 33 κιθαρῳδὸς Ald. ὁ om. R.

757, 43 τὰ πρασσόμενα Ald. — 44 τῷ δὲ R. πομπὴν αὐτὰ ὡς Ald.

794, 50 γένοιτο etiam Suidas s. Σύμβολα. γένηται Ald. ἐπετέλουν Suidas sine οὐκ.

809, 3 χοροδιδάσκαλος temere Portus. Dind.

834 κοινοὶ Γ. — 17 γάρ εἰσι ταῦτα Γ., qui om. scholion 840.

842, 22 Ὀπτᾶται· τότε γὰρ R.

844, 25 φασουλίων Γ. — 27 ναύταις δὲ R. Scholia v. 862-880 om. Γ.

868 πᾶσαν τὴν R. — 42 τῶν ἐψημάτων Ald.

883, 45 οἱ τρυφηλοί Γ.

904, 2 τὰς χεῖρας Γ. κατὰ μίαν R.

906, 5 κοσμίου etiam Suidas s. Ἐπίκλιντρον. κλισμοῦ dici debuisse animadvertit Kusterus. ὄφιν om. R. ὄφιν δὲ ἢ τὸ αἰδοῖον Ald., omissis ἢ τὸ ζῷον. Scholia 915, 918 om. Γ.

915, 8 ὀρθὸν (immo τὸν ὀρθὸν) τὸ αἰδοῖον ἔχοντα Berglerus.

920, 10 λαικάζουσιν Dindorfius. Scribebatur λαιχάζουσιν. Portus λειχάζουσιν. Ald. ἀπὸ τοῦ πρώτου στ. Scholia 922-996 om. Γ.

929, 17 βοτάνη δηλοῖ R. μᾶλλον βοτάνη, 18 τὸ πρόσωπον, 38 δὲ παιτὸν παίειν Ald.

998, 45 πρὸς θάνατον Γ., qui reliqua scholia omittit.

999 τοῦτο ὡς ἑταίρα οὖσα R. omisso φησι.

1007, 52 κατέβαλες Portus. Legebatur κατέλαβες.

1020 ὑπὸ τῆς β. Ald.

1021, 3 εἴρηκεν R. — 7 τι μὴ Ald., quæ om. μὴ ἐξεῖναι et 8 οὐδενὸς.

1026. Ald. ad hunc v. ἐξωμοσία: ἔνορκος παραίτησις δι' εὔλογον αἰτίαν. ἐξωμοσία, ὅταν τις φάσκῃ ἢ ὑπὲρ ἑαυτοῦ ἢ ὑπὲρ ἑτέρου ἐγκαλούμενος μὴ δεῖν εἰσάγεσθαι δίκην, εἶτα καὶ τὴν αἰτίαν δι' ἣν οὐκ εἰσαγώγιμος ἡ δίκη, εἰ δοκεῖ κατὰ λόγον ἀξιοῦν, ἐδίδοτο αὐτῷ ἐξωμοσίᾳ χρῆσθαι, καὶ οὕτως διεγράφετο ἡ δίκη. καὶ ἐξωμόσατο, ἀπηγόρευσε· καὶ ἐξομόσασθαι τὸ μεθ' ὅρκου ἀπαρνήσασθαι πρᾶξίν τινα διὰ νόσον ἢ πρόφασιν ἑτέραν τινά. Inserta sunt ex duabus glossis Suidæ.

1029, 16 ἀνδροφόνους Ald.

1034, 20 Εἶδος κοσκίνου, 25 ἔγημε Ald.

1056, 31. Conf. schol. Ran. 225. — 32 δαίμονας Ald.

1058 μαλακίων: μαλακὲς ὑποκοριστικῶς habet Ald.

1073, 45 παρὰ τῶν νεκρῶν: παρὰ τῶν πλειόνων Ald.

1086, 47 οἱ om. R. πορθμεῖς Ald

1089, 52 κρινόμενον etiam Suidas s. Εἰσαγγελία. ἀποκρινόμενον Ald. Vid. Schneider. ad Xenoph. Hist. Gr. 1, 7, 20, et Hudtwalcker. in libro De diætetis p. 95. Sequentia om. etiam Suidas. Fortasse Κρατερὸς δὲ. Dind. Vide Meinek. Com. I, p. 54 sq.

1101, 5 λήκυθος δὲ, τουτέστι διῳδηκυῖα τὸ πρόσωπον Suidas s. Φρύνη.

1121, 13 corrigendum videtur Ἰδαίοις, cum Bergkio Commentt. p. 111. Obscura et, ut videtur, defecta sunt quæ de Cratino traduntur. Dind.

1158, 9 τῶν ἐκλεγόντων, 10 εἰπεῖν ἐκλήθην Ald. Scholia 1165-1174 accesserunt ex R.

1165 ῥυθμός ἐστιν οὕτω καλούμενος Suidas s. Κρητικός.

PLUTUS.

Argumentis Pluti caret R.

Arg. I om. V. Thomæ Magistro tribuit Ald.: nam Vitæ Aristophanis, quæ proxime præcedit, inscriptum est Θωμᾶ τοῦ Μαγίστρου σύνοψις τοῦ τε βίου Ἀριστοφάνους καὶ τῆς τοῦ δράματος ὑποθέσεως. Est in Regio codice 2821, in quo nihil de Thoma. — 1 τοὺς om. Reg. — 5 sq. μετὰ τοῦ οἰκείου θεράποντος ἀπελθόντα εἰς τὸ μαντεῖον Ἀπόλλωνος καὶ διερωτῶντα περὶ Reg. — 12 ἐντύχοι, τούτῳ Reg. ἐντύχῃ, τοῦτο Ald. — 18 αὐτοῦ τοῦ Πλούτου Reg. et duo Brunckii. — 20 ἐβουλεύσαντο duo codd Brunckii. ἔσχον Reg. Ald. — 25 μόνοι Reg.

Arg. II. 29 ἐπερωτᾷ, 32 καὶ γέροντι Ald. — 5 τε καὶ ἄλλων V. — 7 τοιαῦτα Ald.

Arg. III. 10 τις om. V. — 13 ἀναθρέψει, 14 τοῖς τρόποις, 15 φαῦλος V. — 18 ὡσαύτως, id est, *ut in argumento superiore.*

Arg. IV. 21 Ἀλκαίῳ, 22 διδάξαι V.

Arg. V. Hæc accesserunt in ed. Juntina a. 1525. Margini Aldinæ adscripsit Victorius in exemplari meo. Dind. Sunt in Regio.—26 δὲ om. Vict. — 29 τὸν χρεωφειλέτην Vict. — 31 legebatur ἄτη. Correxit Hemsterhusius ex Hom. Il. I, 373.

Arg. VI est etiam in Regio, præfixo ἄλλως, sine Aristophanis nomine. — 3 ἀκολουθεῖν, 4 περιτύχοι Reg. ἀνέρι ob versum posuit Dindorfius. Libri ἀνδρὶ. Post. Πλοῦτος Hemst. delevit δ', quod legebatur. Neque habet Reg., qui soluto versu ὀπτάνεται τούτῳ ὁ Πλοῦτος τυφλὸς ὤν. — 5 ἤγαγεν Reg. Ald. — 7 ἀπήγαγον Scaliger et codex Regius. Legebatur ἀπῆγον. — 8 versus non integer. Post ἡ δ' excidit fortasse ἀναφανεῖσ'. διεκώλυσεν autem si in fine versus positum fuit, διεκώλυεν scribendum. Dind. Reg. κἂν ἡ Π. τοῦτο διεκώλυεν. — 9 οὕτως Dindorfius. Libri ὅμως, quod servandum fuisse videtur.

SCHOLIA.

1, 11 τῆς τοῦ codex. — 23-26 post ἀνδρὶ l. 28 ponit Ald. Hoc loco a manu rec. habet V. Scholia ad v. 1-10. om. Θ., habet glossemata. — 23 θαύματος Ald. — 26 τύχην Pauwius [et sic V.]. Legebatur μάχην. Τύχην *conditionem, sortem servilem* vocat: ut ad v. 21, οὐδὲ μὴν δούλοις ὀνειδίζουσα τὸ τῆς τύχης ὑποδεές. Τύχαι παρ' Ἕλλησιν, inquit schol. Eur. Hec. 865, καὶ αἱ ταπειναὶ τάξεις τῶν ἀνθρώπων καὶ ὑποτεταγμέναι, καὶ αἱ ὑψηλαὶ καὶ ἐπικρατοῦσαι· ubi, quas dudum pro πράξεις reposueram, τάξεις habet cod. Dorv. Τύχην inter alia Suidas interpretatur ἐπιτήδευμα. Hemst. — 28 post ἀνδρί sic pergit G. ἀργαλέον δὲ ἀντὶ τοῦ χαλεπόν. εἴρηται δὲ ἀπὸ τοῦ ἄλγους ἀλγαλέον καὶ ἀργαλέον. χαλεποῦ δὲ ὄντος—ὑπηρετῇ (v. schol. ad v. 2). τὸ δὲ ὡς ἐπιτάσεως λαμβάνουσι δηλωτικὸν ἀντὶ τοῦ λίαν, ἵνα ᾖ τὸ κομιδῇ, σφόδρα. ἄλλως. ἀργαλέον τὸ δυσχερὲς καὶ δύσκολον. πεποίηται δὲ πρὸς τὸ ἔργον. ἡ διάνοια πλεκτὴ ἔκ τε σχετλιασμοῦ καὶ θαυμασμοῦ. τὸ γὰρ ὡς ἐπαμφοτερεῖ, ἢ ἐπίτασιν δηλοῖ. ἀπαυδᾷ δὲ οὐ πρὸς τὸ τῆς ψυχῆς (corr. τύχης) σκληρὸν, ἀλλὰ πρὸς τὸ τοῦ δεσποτοῦ ἐπαχθές. Brevius R. ἀνδρί. ἀργαλέον δὲ ἀντὶ τὸ (corr. τοῦ) χαλεπόν. εἴρηται δὲ ἀπὸ τοῦ ἄλγος ἀλγαλέον καὶ κ. τ. τοῦ λ εἰς ρ ἀργαλέον. χαλεποῦ δὲ ὄντος τοῦ δουλεύειν, χαλεπώτερον—ὑπηρετῇ. Ib. ἀργαλέον additum ex R. G., om. Ald. et Suidas s. v. Ἀργαλέον. — 43 νηυσὶ—πέλασσε om. R.

2, 12. Σχέσις apud grammaticos est habitus quidam statusque rei certus per præpositionem aliamve orationis partem expressus: veluti παρὰ dicitur σημαίνειν τὴν ἐκτὸς aut τὴν ἔξω σχέσιν, quod utrumque habet Etymol. p. 651, 30; 652, 44, quando vim illam τοῦ ἔξω sive ἐκτὸς vel in se continet, vel vocabulo, cui agglutinatur, conciliat. Παραφρονεῖν igitur hunc in modum erit, *extra sanam mentem esse;* παρανόμος, *extra legem positus.* Eustath. ad Il. B, p. 217, 21, id agens, ut nunquam a poeta præpositiones in verbis componendis frustra cumulari ostendat, exemplum affert ex Od. Z, 88, ὑπεκπροέλυσαν: ἐκεῖ γὰρ, inquit, ἡ μὲν ὑπό πρόθεσις τὴν κάτω σχέσιν δηλοῖ, ἡ δὲ ἐξ τὴν ἐκτὸς, ἡ δὲ πρό τὴν ἐπὶ τὰ ἔμπροσθεν. Apud Etymol. in Μετάφρενον: ἡ μετά σημαίνει καὶ τὴν ἄνω σχέσιν, ὡς τὸ μέτωπον· quomodo, monente Thoma, τὴν ὑπέρ πρόθεσιν τὴν ἐπάνω σχέσιν δηλοῦσαν genitivo jungunt Attici. Apollonium scholiastes reprehendit ad Arg. 1, 242, qui in πόθι significationem motus posuerit: ἔστι γὰρ τῆς ἐν τόπῳ σχέσεως δηλωτικόν· quæ τοπικὴ σχέσις appellatur ab Apollon. Alex. De synt. 4, p. 329, 330. Hemst.

5, 31 ἀνάγκη μετέχειν τὸ ποιητικὸν, 33 γὰρ τῆς V. ἀποτίεται R. εὐρύοπα Ζεὺς om. V. — 34 ἦμαρ ἄγησι R. — 35 αὐτῷ διαπράττοντος ἐν τῷ V. — 36 μὴ δύνασθαι ποιεῖν Hemst. ποιεῖν ἄρ' οὐ λέγεται V. ἀλλὰ om. Ald. — 39 τοῖς ἀπειθοῦσι πρὸς τοὺς δεσπότας Junt. [et Reg.] Capiendum quasi scriberetur, τῶν πληγῶν, αἳ ὀφείλονται τοῖς δούλοις, οἵπερ ἀπειθοῦσι τοῖς δεσπόταις. Significat scholiastes, τὰ κακὰ posse dupliciter intelligi, vel stultitias herorum, et, quæ inde proveniunt, calamitates, vel verbera et plagas, quæ servis immorigeris debentur et intentantur. Sequentia jure improbat HStephanus App. de D. A. p. 83; nam si his locis adhibiti non essent articuli, potius ἔλλειψις eorum fuisset dicenda. Tum observari jubet πλεονάζειν active usurpatum pro, *uti solent articulorum pleonasmo, adhibere solent articulos supervacuos:* quod tamen pluribus exemplis non caret. Hemst.

6 τὸν τοῦ σώματος κύριον: τοῦτο ἀντὶ τοῦ τινὰ ἕκαστον. ἔγγιστα γὰρ οὗτος κυρίως. ἢ ἑαυτοῦ τὸν δοῦλον οὐκ ἐᾷ κρατεῖν ἡ τύχη. (Ad v. 7) ἀντὶ τοῦ ὠνησάμενον. οἷον αὐτὸν ἑαυτοῦ τὸν δοῦλον οὐκ ἐᾷ κρατεῖν ἡ τύχη. ἄλλως. ἀντὶ τοῦ τὸν etc. G.

7, 1 sq. sic G. et Suidas s. Ἐωνημένοι. λέγουσι γὰρ διὰ τῆς αὐτῆς φωνῆς τὰς τοῦ ῥήματος κλίσεις V. Ald. — 2 τὸ πᾶν οὐκ G. Perverse autem scholiasta de participio plurali ὠνησάμενοι præcipit quod in universum de aoristo præcipi debebat. Nam πρίασθαι veteres Attici dicere solebant, non ὠνήσασθαι. V. Lobeck. ad Phryn. p. 138, et

Aglaoph. p. 876. Dind. — 4 ἀγορ . . . . Θ. Plene Reg., qui sequentia quoque habet. — 9 Καρικὸν Reg. Junt. Correctum ex Synesio.

8, 10 παρ' ἐπιγραφῇ codex. — 18 corrigendum λοξοὺς καὶ ἀσαφεῖς. Reg. λοξοὺς ἤτοι ἀσ. — 19 post δίδωσι pergit V. ἄλλως. τρίποδι χρῆται—πρό τ' ἐόντα. χρυσοῦς δὲ ὁ τρίπους—τίμιοι. ἄλλως. ἐτραγικεύσατο — δὲ καὶ τὸ—ὅλμος. τινὲς φασὶν οὕτω—ὡς ἰχθῦς. οἱ δὲ ἀγοράσαντες—αὐτὸν τὸν τρίποδα.

9, 26 διὰ τοὺς τρεῖς καιροὺς, confer Fulgent. Mythol. 1, 16. Kust. — 28. Ad versum Homeri schol. ἔστι γὰρ τελείου μάντεως τὸ ἐπίστασθαι τοὺς τρεῖς χρόνους ἀκριβῶς. Hemst. ὃς V. ὅς τ' ceteri. ᾔδει V. — 29 sqq. De hac historia vide quæ congessit Menagius ad Diog. Laert. 1, 28. Kust. — 30 μισθωσάμενοι G. βῶλον, 31 ᾗ et βῶλον V. Deinde pergit ἠγόρασαν οὖν τινές· εἶτα ἀνηνέχθη τρίπους χρυσοῦς. ἐφιλονείκουν οὖν περὶ αὐτοῦ καὶ ἔλεγον οἱ ἁλιεῖς ὡς ἰχθῦς, οἱ δὲ ἀγοράσαντες ὡς πᾶν τὸ ὠνιὸν ἠγοράσαμεν τῇ ἑαυτῶν τύχῃ. οὕτως οὖν— Ἀπόλλωνα. ὁ δὲ ᾔτησεν αὐτὸν δοθῆναι τῷ σοφιστῇ. προσήγαγον οὖν τοῦτον τοῖς ἑπτὰ σοφοῖς. — 35 delendum secundum illud καὶ πᾶν : nisi potius existimes, quum ex binis exemplaribus inter se comparatis, quorum in uno πᾶν τὸ ὠνιὸν, in altero πᾶν ὅ τι τύχοι fuerit, hæc scholia describerentur, utraque librarium conjunxisse. Hemst. Recte; v. schol. Paris. infra l. 3. — 39 sq. Oraculum hoc attulerunt Diodor. Exc. Vat. p. 15 ed. Mai. et Diog. Laert. 1, 28. — 40 τίς σ. Diod. τὶς (i. e. ὅστις) σ. Diog., recte. Dind. σοφίᾳ πρῶτος πάντων Diod. τούτου Diog. Legebatur τούτῳ cum Diod. τρίποδ' αὐδῶ Diod. et Diog. Legebatur τρίποδα δῶ. — 41 ἕκαστος οὖν V. — 42 sq. εἶναι μὴ (corr. μὲν) λέγων, ἔχειν δὲ σοφώτερον ἑαυτοῦ. ἔδοξεν οὖν ἀναθεῖναι αὐτὸν τῷ Ἀπόλλωνι σοφωτέρῳ πάντων. ὅθεν ὁ λόγος ἐσχηκέναι αὐτὸν (αὐτὸν om. G.) τὸν τρίποδα V. — 45 θέσπιν ᾠδὴν Hemst. θεσπιῳδεῖν R. θεοπεδωδεῖν Ald. — 46 Θέμιν R. et Suidas s. Θεσπιῳδεῖ. θεόμαντιν Ald. Hemsterh. : « Θεοπεδωδεῖν Suidæ jam ætate vox mendosa. Scribendum est sine controversia παρὰ τὸ, θέσπιν ἀοιδήν· sic enim malo quam, quæ propius ad literas accedere videantur, θέσπιν ᾠδὴν, vel θέσπιν ᾄδειν, ut ipsum illud Homericum Od. A, 328, ad originem vocis demonstrandam adhibuerit. Eustath. p. 1420, 17 : Θέσπιν ἀοιδὴν, ἤτοι θείαν καὶ ὡς ὑπὸ θεοῦ ἐσπομένην ἤτοι λεγομένην· τοῦτο δὲ συνθέντες οἱ μεθ' Ὅμηρον θεσπιῳδεῖν λέγουσιν, ὃ δηλοῖ τὸ μαντεύεσθαι. Deinde Suidas pro θεόμαντιν præbet Θέμιν. Themidi sane suum in tripodem et sortes Delphicas jus constat jam ante Apollinem: imo omnibus oraculis et vaticinis verbis numen præesse dicitur Themidis, ut ait Ammianus Marcellin. 21, 1, p. 287 : unde rationem verbi θεμιστεύειν repetere grammatici solent. Verum non video Themidi, quæ dudum pristinas sedes Phœbo cesserat, quis sit locus, nihil ad interpretationem verbi θεσπιῳδεῖν conferenti : nam non metuo ne quis similitudine duarum priorum literarum niti velit : quare tenendum est θεόμαντιν, quam Pythiam vatem intelligo Apolline plenam. Θεομάντεις et χρησμῳδοὶ junguntur a Platone Apol. Socr. p. 17, E, et Men. p. 427, D, quemadmodum a Galeno lib. 1 ad Hippocr. II. διαιτ. ὀξ., θεομάντεις καὶ χρησμολόγοι. Jam porro quicumque cogitarit, quam inusitate dicatur μαντείας ἄγειν, haud difficulter mihi largietur reponendum esse ᾄδειν : hoc enim vestigio, quod alioqui nullum est, ducimur ad fontes verbi θεσπιῳδεῖν· præterquam quod confestim sequitur οἱ ᾀδόμενοι χρησμοί. Nunc eadem opera liquet aptius isto pacto locum totum posse constitui : ἡ δὲ λέξις ἠτυμολόγηται παρὰ τὸ θέσπιν ἀοιδὴν, ἢ παρὰ τὸ τὴν θεόμαντιν ἐκεῖ τὰς μαντείας ᾄδειν· non enim duplicem diversamque notationem proponit, sed unam duntaxat, quam additis hisce ἢ παρὰ τὸ τὴν θ. ἐ. τ. μ. ᾄ. illustrat et confirmat. » — 46 χρυσὸς V. — 47 ᾀδόμενοι Ald. In qua sequitur recentissimi grammatici additamentum : καὶ τὰ μὲν περὶ τοῦ Πυθίου τρίποδος διαφόρως ἱστορούμενα ἐν τοῖς Πινδάρου ὕμνοις εὐκαίρως ἡμῖν διείληπται. ὃν δὲ τρόπον τὸ ἐν Δελφοῖς εὑρέθη μαντεῖον, Διόδωρος ἐν τῷ ἑκκαιδεκάτῳ τῶν ἱστοριῶν βιβλιοθήκης (c. 26) οὕτω πως φησίν· « ὄντος γὰρ χάσματος ἐν τούτῳ τῷ τόπῳ, καθ' ὃν ἦν τὸ ἄδυτον, καὶ περὶ τοῦτον γενομένων αἰγῶν, διὰ τὸ μήπω κατοικεῖσθαι τοὺς Δελφοὺς, αἰεὶ τῷ χάσματι τὴν προσιοῦσαν καὶ προσβλέψασαν αὐτῷ σκιρτᾶν θαυμαστῶς, καὶ προΐεσθαι φωνὴν διάφορον· τὸν δὲ ποιμένα θαυμάσαι, καὶ προσελθόντα τῷ Χάσματι ταὐτὸ παθεῖν ταῖς αἰξὶ, καὶ προλέγειν τὰ μέλλοντα. τῆς δὲ φήμης διαδοθείσης, πλείους ἀπαντᾶν ἐπὶ τοῦτον τὸν τόπον, καὶ τοὺς πλησιάζοντας ἐνθουσιάζειν· δι' ἃς αἰτίας νομισθῆναι τῆς γῆς εἶναι τὸ χρηστήριον. καὶ πολλῶν ἀφανιζομένων διὰ τὸν ἐνθουσιασμὸν, προφῆτιν μίαν καταστῆσαι. ταύτῃ δὲ κατασκευασθῆναι μηχανὴν, ἐφ' ἣν ἀναβαίνουσαν ἀσφαλῶς μαντεύεσθαι, ἔχουσαν τρεῖς βάσεις, ἀφ' ὧν αὐτὴν τρίποδα κληθῆναι. θεσπιῳδεῖν δὲ τὸ ἀρχαῖον παρθένον λέγεται διὰ τὸ ἁγνόν. ὕστερον δὲ Ἐχεκράτη τῆς χρησμολογούσης ἐρασθῆναι διὰ τὸ κάλλος, καὶ συναρπάσαντα βιάσασθαι. διὸ νομοθετῆσαι τοὺς Δελφοὺς (τοὺς Δελφοὺς huc transposuit Portus. In Ald. legitur post βιάσασθαι) γυναῖκα πεντήκοντα ἐτῶν παρθενικῇ σκευῇ χρηστηριάζειν, καθάπερ ὑπόμνημά τι τῆς παλαιᾶς προφήτιδος. » — 49 ἔρριπτον, 50 δόντος, 3 ἔχρ. αὐτοῖς ὁ Ἀπ., 4 εἰς τοὺς, 7 οἶδε Reg.

11. Scholiis et glossematis ad 11-45 caret Θ. — 10 δυοῖν R. δυεῖν Ald. β' V. — 11 τοῦδε μέμν. R. sine τοῦ θεοῦ, quod om. V. « θεσπίσεως V. et, ut opinor, R. » Dind. θεσπεσίας Ald. τε om. V. — 12 καὶ μὴν καὶ τῆς κατὰ μουσικῆς R. sine ἐπιστήμης. τὴν om. V. — 14 ἀπέπεμψε Hemst. ἔπεμψε R. Ald. — 15 θεσπιάσεως R. Legebatur θεσπεσίας. « Τὸ προσεχὲς τῆς ἐκεῖθεν ἐξόδου, paullo durior locutio, hoc sensu capienda : *artis vaticinandi mentionem fecit propterea quod jam modo templo Pythico exierant.* » Hemst. προσχερές R., ex quo addita 16 sq. τὴν δὲ—αὐτῆς ἔχων. — 17 legebatur τριῶν δέ. Est hoc alius scholii initium. — 20 ἔχων. προσθεὶς δὲ καὶ τὸ σοφὸς τὴν, 24 περὶ τῆς V., qui 26 οἰκείων. μᾶλλον ἀρετῶν Ald. ἀρετῶν μᾶλλον Portus. In fine addit Ald. ἥπερ ὠφέλησεν· καὶ διὰ μὲν τῆς μαντείας ἐτάραξεν· διὰ δὲ τῆς ἰατρικῆς μελαγχολᾶν ἐποίησεν· διὰ δὲ τῆς σοφίας, ὅ ἐστι φρονήσεως, καὶ τὸ φρονεῖν αὐτὸν ἀφείλετο. τοῦ δὲ ποιεῖν (v. 14) ἡ παραλήγουσα κοινή, καὶ οὐ χρὴ ποεῖν γράφειν. — 28 καὶ τὸ μὲν Reg. — 29 παρῆκε addidit Hemst. Regius habet infra, χρείαν ἔχειν ἐνταῦθα παρῆκε. — 33 μάτην Hemst. et Reg. μάντις Dorv. — 34 ἀπιστῶν σοφὸς ἐξ R. — 12 οὐ μὲν V.

15, 42 ἐκ τοῦ κατὰ τὸν πατ' R. Legebatur τοῦ παράπαν. Vera scriptura etiam in schol. Ven. est. — 43 προσήκειν R. Legebatur προσήκει. Correctum ex schol. Ven. τῷ τυφλῷ G. — 47 τοῦ κατὰ V. — 48 sqq. Eadem Moschopulus habet, additis Aristophanis verbis, in Ἀττικῶν ὀνομάτων ἐκλογῇ. Hemst. — 49 ἐλλιπῶς Reg. recte, ut solet.

17, 3 V. pergit ἄλλως. βραχύ. τῇ λέξει δὲ ἐχρήσατο ἐπιτείνων—εὐτελής. ἢ εἶδος νομίσματος μικροῦ ἀνθ (ὅθεν G.) καὶ γρύτη τὰ μικρὰ σκεύη. (v. 21.) ἡ στεφανηφορία—. In R. est οὐδὲ γρύ. τὸν... ὄνυχος λέγει. τινὲς δὲ τὸν γρυλλισμὸν, τουτέστι τὴν φωνὴν τῶν χοίρων. ἢ εἶδος μικροῦ νομίσματος. Et inferius, τυχ... καὶ μικρο.... ἐκ μεταφορᾶς τοῦ ὄνυ.... ῥύπου. — 4 ῥῦπος legebatur hic et infra. Reg. ubique ῥύπος. — 9 ῥυποπώλης. Adsentior H. Stephano in Γρυτοπώλης ad hanc scholiastæ vocem notanti : *forsan ῥωποπώλης scripsit :* quamvis enim me non fugiat, quid ad defendendum ῥύπον pro *frivolis, minorisque pretii mercibus* afferri possit, hoc tamen præfero. Hemst. Corruptius etiam Suidas s. Γρῦ, ὅθεν καὶ γρύτη καὶ γρυτοπώλης, ὅπερ οὐκ εἴρηται, ἀλλὰ γρυτοπώλης. — Ibid. γρυτάρης. Forma vocis satis demonstrat originem in citeriore tantum Græcia quærendam : similiter enim atque ἁμαξάριος et ἁμαξάρης, βασταγάριος et βασταγάρης, κουρσάριος et κουρσάρης, νωτάριος et νωτάρης apud Suidam, φουρνάριος et φουρνάρης dicuntur, sic et γρυτάριος, γρυτάρης, Scrutarius, de quo simul et ῥωποπώλῃ Hadr. Junius in Adag. egregie docuit. Hujus generis longe plura v. ap. Ducang. in Glossario. Tale est μυλωνάρης schol. Eq. 253. Hic igitur potius scribendum arbitror, ῥωποπώλης, ὃς καὶ, vel κοινῶς γρυτάρης. Quæ sequuntur, κέχρηται—μόνον δοκεῖ τι, superius subjicienda sunt post ὄνυχος ῥύπος, l. 4, unde dissimilibus insertis male separantur : constat hoc itidem ex scholio codicis Dorv. Factum autem fuit non raro, dum interpretationes diversæ ex diversis libris atque enarratoribus excerpuntur, ut quædam, temere congestis pluribus, alienum locum occuparent. Hemst. — 10 ἀποκρίσεως V. et Victorius in libro Poggiano. ἀποχρήσεως Ald. — 15 δοκεῖ τι Junt. et Victorius. V. infra ad l. 23. δ' ὅτι V. Ald. — Ibid. εἴρηται δὲ —ἐχόντων. Hunc solum istis locum attribuit Ald. et caret scholio, quod totidem fere verbis iteratur ad πράγματα, v. 20, in Juntina. Portus non hæc tantum sede sua deturbavit, sed insuper ista, τὸ δὲ σχῆμα (ῥῆμα ed. Genevensis, erratum arbitror typorum) παρ' ὑπόνοιαν, adnotationi ad v. 20 subjecit. Non probo : certe in πράγματα qualis sit figura præter exspectatum cadens, nullus video ; quæ tamen hic intelligi quodammodo potest, quod post excitatam responsi spem per καὶ ταῦτ' ἀποκρινομένου subito sequatur, τὸ παράπαν οὐδὲ γρύ. Ceterum ista εἴρηται δὲ ἀπὸ μεταφορᾶς τῶν πολυκτημόνων ἀνθρώπων etc. eum in modum capio, ut significet scholiastes, Aristophanem in illis ἀποκρινομένου οὐδὲ γρὺ consuetudinem imitari hominum opulentorum, qui præ fastu aliis, præsertim tenuioris fortunæ hominibus et servis, respondere graventur, atque interpellationibus ingratis molestiam sibi creari superba taciturnitate demonstrent. Quamobrem si alterutro loco hæc eradenda sunt, posteriore malim; ideo præcipue, quod apud Suid. in Πράγματα, ubi hoc ipsum παρέξω πράγματα exponit, ἀντὶ τοῦ ἐνοχλήσω, nihil istorum appareat; nec Dorv. aliud habet, quam inter versus δώσω ὀχλήσεις. Hemst. Victorius in libro Poggiano ante εἴρηται inseruit : πράγματα τὰς ὀχλήσεις. — 20 τινὰ Hemst. τὶ Dorv. et Reg. — 21 οὐδὲ Reg. οὐδὲν Dorv. — 23 μόνον δοκεῖ τι. τινὲς δέ φασιν ἐκ τῆς τῶν χοίρων φωνῆς, ἥτις λέγεται γρυλλισμὸς, παρῳδῆσθαι τοῦτο Reg.

21, 34 ὅτι καὶ R. Legebatur οὖν. Ib. μαντείου οἱ χρησ... (fort. οἱ χρηστηριαζόμενοι) addit R. — 38 διακόσμησις additum ex V., qui 39 om. τὸν cum Ald. ἀπιοῦσι δούλοις τε καὶ ἐλευθέροις ἰσοτίμως ἐδίδοτο, οὐδὲν Ald. εἰσιοῦσιν ἐγγυτάτω (corr. ἐδίδοτο) ἰσοτίμως πᾶσι δούλοις τοὺς ἐλευθέρους τυχεῖν (fort. πᾶσιν, ὥστε δούλους τοῖς ἐλευθέροις τυχὸν) ἐν ταυτῷ

μετρεῖσθαι ἀξιώματι, κατὰ τὴν ἐνταῦθα εἴσοδον, οὐδὲν V. — 41 οὔτε μὴν R. V. — 42 δυσωπικῶς R. Ald. Post δυσωπητικῶς pergit V. ἄλλως. ὅτι καὶ (corr. ὅτι οἱ ex G.) ἀντικομιζόμενοι (corr. ἀνακομιζόμενοι) ἐκ τοῦ μαντείου ἐστεφανηφόρουν καὶ οἱ χρησόμενοι. καὶ ἄλλως. ὅτι πάντες οἱ εἰς θεὸν ὁρμῶντες καὶ ἀπὸ θεοῦ ἐπανιόντες ἐστεφανηφοροῦντο (corr. ἐστεφανηφόρουν), θεοῦ ἰσοτέλειαν δούλου καὶ ἐλευθέρου διδόντος. — 43 sq. ὁ Καρίων—τοῦτό φησι om. R.

22, 46 ἂν οὐ μᾶλλον ταῖς κεφαλαῖς V. De hoc scholio R. hæc tantum habet, ἵνα μᾶλλον ἀλγῇς. ἢ πρὸ τῆς τοῦ στεφάνου περιθέσεως ἵνα μᾶλλον ἀλγῇς δεχόμενος τὰς τῶν πληγῶν.... — 47 λέγεται γὰρ G. — 51 ταῖς κεφαλαῖς V.

23, 1 sqq. sic cod. Paris. « Hæc fere scholiastæ fuit mens : *si aperte* λῆρος *ad herum dixerit Carion, intelliges, Frustra minitare; nihil agis ; istis enim tuis dictis non absterrebor, quo minus interpellem te : sin vero apud se dixerit* λῆρος, *sive tacite, ut non audiatur* (*nam istud,* Οὐ γὰρ π. *clara voce protulit ut ab hero exaudiretur*), *tum, inquam,* λῆρος *per se significarit, nugax es, et garritor, qui ista dicas.* Quod sequitur post ed. Ald. invectum non satis capio, etiamsi refingas, ut sane faciendum videtur, τινὲς δέ φασιν ἐσχηματισμένως εἰρῆσθαι λῆρος ἀντὶ τοῦ, μαντικός· an voluit ex quorundam sententia figurate dici λῆρος, quasi vaticinandi, id est, nugandi (non aliter sæpe de vaticiniis Comici loquuntur) facultate præditus, quia jam modo reversus ab oraculo fuerat? Cic. Pro Sext. § 13 : *vaticinari atque insanire dicebat.* » Hemst. εἰ μὲν ἐμφανῶς τὸ λῆρος πρὸς τὸν δεσπότην εἶπεν ἀντὶ τοῦ περιττολογία, νοήσεις. εἰ δὲ εἰς τὸ οὐ γὰρ παύσομαι πρὶν ἂν φράσῃς μοι, εἰς ἐπήκοον αὐτοῦ εἶπεν. τὸ δὲ λῆρος καθ' ἑαυτὸ, οὕτως εἴποις Ald. νοήσεις. εἰ δὲ καθ' ἑαυτὸν εἶπε τὸ λῆρος, ἤγουν ἡσύχως ὥστε μὴ ἀκουσθῆναι τὸ οὐ γὰρ παύσομαι κτλ. Junt. In Hemsterhusii editione (et Regio cod.) scriptum ἀντὶ τοῦ περιττολογία νοήσεις· εἰ δὲ καθ' ἑαυτὸν εἶπε τὸ λῆρος, ἤγουν ἡσύχως, ὥστε μὴ ἀκουσθῆναι (τὸ [δὲ add. Reg.] οὐ γὰρ παύσομαι, πρὶν ἂν φράσῃς μοι, εἰς ἐπήκοον αὐτοῦ εἶπεν) τὸ δὲ λῆρος καθ' ἑαυτὸ οὕτως εἴποις κτλ. Postrema sic in Reg., τὸ λῆρος ἀντὶ τοῦ φλύαρος εἶ ταῦτα λέγων. τινὲς δέ φασιν etc. — 6 ὅ ἐστι φλυαρεῖς. Ἄλλως et καὶ om. G.

25, 15 sqq. Similia tradunt Suid. et Moschop. Ἀττ. Ὀν. Ἐκλ. in v., verbisque ipsis parum discrepant. Hemst.

27, 28 sq. τὸ κερδαλέον καὶ—παραλογίζου habet R.

29, 45 παρ' Ἀττικοὺς (scr. Ἀττικοῖς) R. — 46 post σκοπός V. a m. sec. habet οἶδά φησι πρὸς τί αἰνίττεται τοῦ δράματος ὁ σκοπός. Eadem annotatio est in R., sed omissis illis αἰνίττεται δὲ—σκοπός.

30, 47 sq. Τινὲς—ἱερόσυλοι om. R., ex quo οἱ. Ceteri καὶ.

31, 50 Λιμοῦ et 51 τινὲς etiam Suidas s. Συκοφάντης. λοιμοῦ et ὅτι Ald. τὰς ἀφιερωμένας συκᾶς V. — 52 ἐκακηγόρουν V. — 1 ἀλλοθί που Reg. « Conf. Philem. Lex. techn. ap. Boisson. ad Philostr. Her. p. 320. » Bast. in margine exempli Regiæ bibl.

33, 25 sqq. Scholion recentius ex Suida (s. Ταλαίπωρος), ut videtur, insertum. Duo autem ab Suida versus memorantur Antimachi, alter πῶρον τίν' ἀλόχοισι καὶ οἷς τεκέεσσιν ἔθεντο, alter πωρητὸν ἀλόχοισι καὶ οἷς τεκέεσσιν ἕκαστος· unus ab schol. Soph. Œd. Col. 14 (qui πωρεῖν pro πενθεῖν ab Eleis dici annotavit), πωρήτοιν ἀλόχοισι καὶ οἷς τεκέεσσιν ἕκαστος· et ab schol. Eurip. Orest. 392 (382 Matth.), ταλαίπωρος παρὰ τὴν πώρην, ὃ δηλοῖ τὸ πένθος. Ἀντίμαχος, πώρη τοι ἀλόχοισι καὶ οἷς τεκέεσσιν ἕκαστος. Πορητὺς per ταλαιπωρία, πένθος explicat Hesychius : quod vocabulum Antimacho esse restituendum animadvertit Sopingius, falsus tamen ille in eo quod poetæ verba esse putavit πωρητὺν δ' ἀλόχοισι καὶ οἷς τεκέεσσιν ἔθεντο. Nam sic potius est corrigendum, coagmentatis duobus apud Suidam versibus, πωρητὺν ἀλόχοισι καὶ οἷς τεκέεσσιν ἕκαστος | θέντο. quod probabilius videtur quam ἕκαστος | — — — ἔθεντο. Dind.

34, 29 ᾠχόμην addidit Dindorfius. — 32 ἄρχεται G. pro ἀντὶ τοῦ. — 35 ἀφέντων G., qui om. ἐκκενωθῆναι—γῆρας. ἐγγὺς ἀπωλίας (sic)—γῆρας a m. sec. habet V. — 38-40 ἐκκεκενῶσθαι—βέλη exscripsit Suidas s. Ἐκτετοξεῦσθαι.

35, 46 οὔπω corruptum. Post δεσπότην sequitur in codice γράφεται προστιθέμενος οὖν ἑαυτοῦ υἱὸν Ἀριστοφάνης. Quæ non intelligo, nec leguntur in G. Dind.

39, 51 Εὐριπίδους G. — 52 sqq. sic scripta sunt in V. In Ald. est ἔλακεν ἐκ τῶν στεμμάτων : Τραγικώτερον ἀπεφήνατο προσδιασύρων, ὥς φασιν, Εὐριπίδην. ὁ δὲ νοῦς, τί ἐφθέγξατο ἐκ τῶν στεφάνων τῆς προφήτιδος; ἐστεφανηφόρει γὰρ ἡ Πυθία. ἐπεὶ οἱ τρίποδες δάφνῃ ἦσαν ἐστεμμένοι. τὸ δὲ ἐκ τῶν στεμμάτων, ἐπεὶ οἱ μαντευόμενοι. In R. hæc tantum leguntur, τραγικὴ λέξις. ἐπὶ τῶν στεμμάτων τῆς προφήτιδος. ἐστεφανηφόρει γὰρ ἡ Πυθία· et inferius illa, ἐπεὶ οἱ μαντευόμενοι—ἐριτίμων. Post ἐριτίμων autem (l. 12) V. pergit σαφῶς εἰπεῖν ἐμαντεύσατο. τραγικώτερον εἰπεῖν ἀπεφήνατο πρὸς διασυρμόν. Quorum priora sic sunt corrigenda, εἶπε : Ἐμαντεύσατο, et referenda ad v. 40; posteriora, in quibus delendum εἰπεῖν, ad hunc ver-

sum spectant. Apparet ex his lectionem Aldinam προσδιασύρων—Εὐριπίδην corruptam esse ex πρὸς διασυρμὸν—Εὐριπίδου. Dind. — 53 τὸν additum ex G. — 3 γράφει V., qui 5 γεγραφότες. Ceteri γράφοντες. — 6 κατὰ πρόθεσιν V. — 7 ἀμφιάσαντες G. ἀμφιστάντες Ald. « Ἀβρῷ epitheton ineptum quorsum spectet, ignorare me fateor : debuerat potius scripsisse δάφνης vel δαφνίνῳ. Proxima non minus intricata, nisi profundo vulnere laborare putes, grammatici recentioris atque imperiti notas præferunt : ἐχειροτόνουν videtur posuisse pro *porrigebant.* » Hemst. τῷ μαντ. R. μαντιπόλει V., non G. ὁ δὲ ἐντυχὼν—τὴν ἀπόκρισιν τοῖς προτεινομένοις ἐποιεῖτο R. Ald. — 10 ὅτι στεφάνην ἐστ. Ald. — 12 ἐξαδύτοις V. ἐξ ἀδύτων G. ἐξάλυτος o literis evanidis R.—14 ἐχρησμῴδει. Dorv. Totam hanc notam recentioris alicujus Græci ejusdemque Christiani esse, cuivis facile subolere potest. Kust. Unde fluxerint, aperiet OEcumen. ad A. A. 16, 16, p. 130, D : Λέγεται ἡ Πυθία αὕτη γυνή τις οὖσα ἐπικαθῆσθαι τῷ τρίποδι τοῦ Ἀπόλλωνος, διαιροῦσα τὰ σκέλη· εἶθ' οὕτως πνεῦμα πονηρὸν κάτωθεν ἀναδιδόμενον, καὶ διὰ τῶν γεννητικῶν αὐτῆς διαδυόμενον μορίων πληροῦν τὴν γυναῖκα τῆς μανίας, καὶ ταύτην τὰς τρίχας λύουσαν λοιπὸν βακχεύεσθαί τε καὶ ἀφρὸν τοῦ στόματος ἀφιέναι, καὶ οὕτως ἐν παροινίᾳ (lege παρανοίᾳ) γενομένην τὰ τῆς μανίας φθέγγεσθαι ῥήματα. Non dissimilia in aliorum ad hunc locum commentariis traduntur. Vide Origen. In Cels. 3, p. 125; 7, p. 333. Conspirat Josephus in Hypomnest. ap. Th. Galeum ad Iamblich. De myster. p. 215 : Ἡ δὲ Πυθία ἐπὶ τοῦ τρίποδος ἀσχημόνως ἐπικαθημένη διὰ τῶν γυναικείων πόρων τὰς μαντικὰς ἀποκρίσεις ὑποδέχεται. Hemst.

41 om. G. In R. ὅ τινι (scr. ᾧτινι) ἐξιὼν ἐκ τοῦ ἱ. ὁ.

47. Scholia ad v. 47-57 om. Θ. — 53 Κατὰ τὴν R. Ald. — 54 δὲ om. R., qui ut Ald. τὸ τῆς πολιτείας, sine αὐτῶν ἤτοι. — 1 δυσοίκμητον διδάσκειν R. δυσκίνητον διδάσκειν Ald. διδάσκειν, quod recte om. V., ortum est e lemmate ἀσκεῖν. μὴ ἔρχεσθαι Θ. Dind.

48, 3 a m. sec. V., om. G. — 5 δηλονοτιὴ καὶ τυφλῷ V. a m. sec. — 6 τὸν πονηρὸν V. νοῦς γὰρ ὁρᾷ etc. Epicharmi sententia, de qua v. Wyttenbach. ad Plut. Mor. vol. 6, p. 671. — 7. Ex his congruentem sensum vix efficies, nisi legeris vel, ὅτι (Chremylus) καθάπερ ὁ τ. etc., vel καὶ γὰρ οὗτος (ὁ πηρὸς τῷ νῷ) καθάπερ ὁ τ. etc. Hemst. — 10 τουτέστιν Ald. — 11 post ἀνοήτῳ pergit V. ἀντὶ τοῦ μωρῷ. αἰνίττεται τὸν Πλοῦτον ἐπὶ χλεύης. ἢ πρὸς τὸν Πλοῦτον αἰνιττόμενός φησιν, ἢ τὸν πονηρὸν τῷ νῷ. τὸ δὲ ἑξῆς—τὸ μηδὲν ἀσκεῖν ὑγιές. Deinde ἄλλα addidit Kusterus.

51, 29 sq. ἀντὶ—ζυγοῦ om. G. — 36 ἡμῶν Junt.

57, 39-42 sic in V., ἀπειλητικὴ ἡ πεῦσις τοῦ θεράποντος. καὶ τῷ λόγῳ πεισθέντα (πεισθέντι G.) βέλτιόν σοι σεαυτὸν ἐξειπεῖν ἢ βιασθέντα. Ἄλλως. ὡς μὴ λέγοντός σου βίαιόν τι διαπράξομαι. τὰ ἐπὶ—λέγειν οὖν χρὴ λόγῳ πεισθέντα βέλτιόν σοι ὅ ἐστιν ἐξειπεῖν ἢ βιασθέντα—διαπράξομαι. In R., ὡς μὴ λέγοντός σου β. τι διαπράξομαι. Et post v. 81 : ἄγε δὴ σὺ πρότερον. ἀπειλητικὴ γὰρ ἡ πεῦσις, οἷον λόγῳ πεισθέντα βέλτιόν σοι ἐστὶν ἐξειπεῖν..... ασθέντα. — 40 ἄνω quorsum pertineat non capio : legendum est, nisi fallor, ἄγαν. Hemst.

61, 6-11 τὴν κληδόνα—Ἄλλως om. Θ. — 7 ὡς Ἀπ. R. οὕτως—νηί hic om. V., qui post ἐδήλωσεν alterum ponit scholion τὴν κληδόνα—νηί. — 9 sq. ὄρνιν καλοῦσιν om. V. — 10 τὰ ὅμοια R. Ald. — 12 sq. eum in modum præfert Dorv., ut supra τὸν ὄρνιν τοῦ θεοῦ explicatio sit adscripta τὴν μαντείαν τοῦ Ἀπόλλωνος, tum reliqua ἐπειδήπερ — ἐμαντεύοντο in margine ponantur. Pro ἐκφευκτικὸν non deterius est Suidæ ἐφεκτικὸν in Ὄρνις. Hemst ἐπειδὴ Θ. Qui scholia ad v. 64—204 omittit.

64, 17 ταύτην εἰς ὅρκον Junt. (et Reg.) Ignoratio loquendi formulæ præposteram emendationem peperit : λαμβάνειν τινὰ ὅρκον, ut ποιεῖσθαι, de quo H. Vales. ad Sozomen. H. E. 7, p. 30;. Hemst.

66, 21 ὅτι οὐ—ἐθελήσετε R., omissis præcedentibus et sequentibus. — 22 μόνον φησὶν ὦ τᾶν, ἀλλὰ πρὸς β, ὡς Κρ. V. — 23 scribendum ἆρά γ', nisi hæc verba in fine versus posita fuerunt. Dind. — 30 πώμαλα, ἀρνήσεως ἐπίρρημα ἀντὶ τοῦ οὐδαμῶς. ἔστι δὲ ἀττικῶς, ἢ πόθεν δωρικῶς. ἡ δὲ λέξις ἀττικὴ, ἡ (scr. ἢ) γραικικὴ, ἤγουν σκλαβικὴ. Venet.

67 a m. sec: habet V., om. R. G. Τινὲς ἐν προσώπῳ λέγουσιν αὐτὸ εἶναι τοῦ δούλου, ἵν' ᾖ βέλτιόν ἐστι πεισθέντα εἰπεῖν ἢ βιασθέντα (hæc ex schol. v. 57), τινὲς δὲ τοῦ Πλούτου R. Idem scholion V. infert post κατακλασθῇ (v. 70) sic scriptum, λέγουσιν αὐτὸ θεῖναι τοῦ δούλου, ἵν' ᾖ βέλτιόν σοί ἐστιν π. εἰ. ἢ β. τ. δὲ τοῦ π. Tum sequuntur illa, οὕτως τὴν αἰτιατικὴν ἀντὶ τοῦ (del. τοῦ) τῆς γενικῆς λέγουσιν. οὕτως καὶ ἀντὶ τῆς δοτικῆς αἰτιατικήν. ἔστι δὲ Ἀττικῶν. — 32 Τινὲς et 33 τοῦ δούλου om. V.

72, 37 ἀλλ' ἦν πύθοισθέ (scr. πύθησθέ) μ' ὅστις εἴμ' ἐγὼ lemma habet R. ἐπὶ κρημνόν τινα Ald. Pergit R. οὕτως Ἀττικοὶ αἰτιατικὴν ἀντὶ γενικῆς λέγουσιν. — 43 τὸ om. R. — 49-51 ἡμεῖς—ἀφήσομεν om. G. Sola illa, τὸ ἀπολυθῆναι. ἰδοὺ ἀπολύομεν. τοῦτο δέ—αὐτόν, habet R.

75, 1 sq. τὸ μέθετόν με νῦν V.

77, 24 ἢ ἐὴν εἴποτ' ἐὴν γε V.

78, 25 μιαρώτατε addidi. In sequentibus προ

τοὺς θεοὺς delendum. Alio modo sententia scholiastæ expressa est in V., μὴ (hoc delendum) πεφεισμένως ἀνδρῶν εἶπεν ἐνταῦθα, ἵνα μὴ κατὰ τῶν θεῶν εἰπὼν κἀκείνους πάθει προζεύξῃ (scr. προσζεύξῃ vel ὑποζεύξῃ). ὅτι (scr. ἢ ὅτι) ἐν σχήματι ἀνδρὸς φασι (scr. ἐφάνη). εἰκότως οὐκ ἔγνω αὐτὸν εἶναι Πλοῦτον, οὕτως ῥυπῶντα καὶ ταπεινὸν ὄντα τῷ σχήματι. Dind. — 28 δὲ om. R.

83, 38 ἀντων. πεποίηται R. — 39 τὰ γὰρ ἀόριστα τῶν πρ. etiam Suidas in Αὐτότατος. Kusterus legendum putat τὰ γὰρ ὁριστά, quæ vox haud scio an apud grammaticos sit in usu pro τὰ ὡρισμένα. Laborare videtur πραγμάτων, cujus vice si reponas προσώπων, sensus erit non abhorrens: pronominum enim tertiæ personæ qualitas est infinita, ut grammatici Latini loquuntur. Mox malim, ᾗ οὖν ἡ ἀντωνυμία etc. Hemst. ἀνεπίστατα R. — 40 ἀντὶ οὐσίας λαμβάνεται V. Qui 41 post μέρη addit, ἔπαιξε τὸ αὐτότατος. οὐ γὰρ ἐπιδέχεται ὑπέρθεσιν ἡ ἀντωνυμία. Regius: Τὰ γὰρ περὶ τὴν οὐσίαν θεωρούμενα δέχονται τὴν ἄνεσιν καὶ ἐπίτασιν, οἷον λευκότερος ἢ μελάντερος—αὐτὴ δὲ ἡ οὐσία οὐκ ἐπιδέχεται τὸ μᾶλλον καὶ τὸ ἧττον· οὐδὲ γὰρ λέγεται ζῶον ἑτέρου ζωότερον οὐδὲ ἄνθρωπος ἀνθρώπου ἀνθρωπότερος· τὸ γοῦν αὐτὸς etc.

84, 48-51 τὸν Πατροκλέα—Πελαργοῖς sic in V. In R. Ald. ἐκ Πατροκλέους ἔρχομαι: Εἷς ἦν τῶν τὸν Λακωνικὸν βίον ζηλούντων Ἀθηναίων (Ἀθηναῖος R., omissis præcedentibus verbis, quæ infra habet l. 52 post προσίεσθαι), πλούσιος μὲν σφόδρα, ἄλλως δὲ κακόβιός τις καὶ φιλοχρήματος καὶ σκνιφὸς κωμῳδεῖται, ὡς ἐν (τοῖς add. R.) Πελαργοῖς. — 49 κνιπὸν V. Forma σκνιπός utitur Suidas, qui hunc versum explicat s. Πατροκλῆς. — 52 τῆς om. V., habet Suidas. εἴα προσίεσθαι R. et Suidas. εἴα om. V. — 2 ηὔχμει Dindorfius. ηὔχει codex V., qui addit ἐπειδὴ δὲ πλούσιος μὲν σφόδρα ὢν, διὰ τὸ μὴ λούεσθαι κωμῳδεῖται.

88, 10 Ἵνα, φησὶ, τὸ V. — 11 τῆς ῥήσεως ἐπὶ τὴν ἡλικίαν ἀνενέγκῃ καὶ τὸ Ald. — 12 ὧν addidit Hemst. — 14 καταλείπειν R. Ald. καταλαβὼν V. — 15 ὁ om. R. — 16 βουλόμενον, 18 οὖν τοῦτο ὅτι V., qui 19 om. πάντες ἂν διὰ τὸ πλουτεῖν, et 22 τὴν ἀρετὴν post ἀνθρώπους ponit. — 24 τῆς om. idem. — 25 οὐ μὴν διὰ Ald. δι' V. sine τῆς.

90 lemma omittit et ἄλλως ponit V. — 29 ἐχρῶντο, scilicet οἱ δίκαιοι. ἐκεῖ codex. ἐκεῖνοι sunt οἱ ἄδικοι. Dind. — 30 ἄλλως. παρῴδηται ἐκ τοῦ, 31 ἔκρυψαν δὲ θεοὶ V. — 32. Quæ post Hesiodi versum sequuntur, male affecta sunt, atque a priore forte annotatione divulsa per errorem huc transierunt. Hemst.

93, 39 εὑρ. δὲ καὶ πρὸς γεν., πλὴν σπανίως Reg.

94, 40 sq. συμφωνῶ solum habet Suidas, reliquis, quæ inepta sunt, omissis. Hemst. — 43 ἔστιν μετάφρασις τοῦ R. — 44 ἤδη om. V., qui in fine ταχέως τὸ ἤδη. — 45 om. G.

98, 46 διὰ δὲ, 47 φασὶ πόλιν V. — 48 ἀποσκώπτοντος R. ἀποσκώπτοντα V. ἀποσκοποῦντα G. Ibid. πονηροὺς ὄντας V.

99, 49 φασι V.

103, 3 τὸ ἀντιβολῶ additum ex V. — 7 τούτους V. et Suidas s. Πιθοῦ. τοῦτον R. Ald. δὲ οἱ om. Suidas. οἱ om. V.

106, 11 καὶ μόνον Schæferus. ἢ μόνον Junt. Paris. Reg. τὸ οὐχ Paris., non Reg.

109, 13-15 sic in V., ἀληθῶς. τέχνην τὸν δόλον Ἀττικοὶ λέγουσιν. τὸ δὲ ἄνευ δόλου ἀληθές ἐστιν. ἄλλως. ἀντὶ τοῦ ἁπλῶς ἢ καθάπαξ. ὁ γὰρ τόνος etc. Postrema post ἄλλως sunt etiam in Rav. — 16 τὰ σημαινόμενα V. — 17 τὸ ἀδιάφορον libri. Post ἀληθὲς subjici debebat, ἀτέχνως, ἄνευ τέχνης, ἀμαθῶς, ἀμελῶς, [ἀνεπιστημόνως in Reg.] aut simile quiddam, ut commode sequeretur, ὁ γὰρ τόνος etc. Habet Suidas, licet Aristophanis loco, quod alioqui solet, non posito, aliunde sua videatur quam ex his scholiis hausisse. Τὸ ἀδιάφορον τῆς χρήσεως hic alienum est, ubi præcessit διαστέλλειν: præciso capite integrior erit lectio, τὸ διάφορον τῆς χρήσεως· quemadmodum Etymolog. in Ἤρια: ὁ διάφορος τόνος διάφορον ποιεῖ καὶ τὴν σημασίαν· et in Πούς: ὀνόματα πρὸς διάφορον σημαινόμενον διάφορον ἔχοντα καὶ τὸν τόνον. Non satis apte conglutinata puto, quæ separatim inveniebantur binis in codd. quorum in uno, ὁ γὰρ τόνος διαστέλλει τὸ σημαινόμενον, in altero fuerit, ὁ γ. τ. δ. τὴν τῆς τέχνης στέρησιν, καὶ τὸ διάφορον τῆς χρήσεως. Hemst. τῆς τέχνης et κατὰ περισσοῦ V. περισσοῦ ὄντος R. — 18 post χ pergit R. τέχνη γὰρ ὁ δόλος παρ' Ἀττικοῖς. τὸ δὲ ἄνευ δόλου ἀληθές. — 21 τι ἢ μὴ, οὐκ ἔστι Ald.

111, 39 ἀλλ' ἅπαξ ἀλλ' ὁμουκάντες R. — 40 ἅπαξ Dobræus. ἁπαξάπαντες Ald. ἅπαξ ἅπαντες R. — 41 τάττεται melius congruit. Δύο μέρη τοῦ λόγου et ὑφ' ἓν τάττεσθαι plerumque grammaticis quasi opponuntur; velut apud Etymol. in Ἀμβωμοῖσι. Propterea duplex observatio: prima veteris grammatici, qui separatis orationis partibus scribi volebat, ἅπαξ ἅπαντες· quam in exemplari suo solam invenisse Suidam patet: altera serioris, ὑφ' ἓν ταῦτα τάττεται. Hemst.

115, 43 τυφλώσεως V., ex quo 44 additum τῶν ὀφθαλμῶν. Ib. φασι Ald. om. V. — 46 ταύτης γε V. παύσει Ald. ἤ σ' ἔχει Valckenarius apud Dobræum.

119, 52 lemmati τὰ τούτων addidit Hemst. Τὰ τούτων τῶν ἀνθ. libri præter R. — 53 λανθάνει αὐτὸν V. — 1 post δευτέρῳ addit V. ἄλλως. τὰ

τῶν ἀνθρώπων πάντα, Ald. τὸ δὲ μῶρα μεταξύ.

121, 9 νόστος additum ex Suida s. Περινοστεῖν. κυρίως δὲ G. ἡ ἐπ' V. — 10 ἄφιξις Ald. τοῦ τόπου V. — 11 μετάβ. καὶ πορεία om. Suidas.

122, 17 ὅ ἐστι—μέρος infra l. 22 post ἱδροῦν infert V. Sic etiam Suidas s. 'Ορρωδεῖ, qui inter ἱδροῦν et ὅ ἐστι recte interponit, ἔστι δὲ τὸ φοβεῖσθαι, ἀπὸ τοῦ ὄρρου. Post μέρος autem V. pergit, ἄλλως. κυρίως ὀρρωδεῖν ἐπὶ τῶν ἀλόγων τῶν τὴν οὐρὰν σειόντων ἐν τῷ φοβεῖσθαι καὶ τὰ αἰδοῖα ἐπικρύπτειν (ἐπικρυπτόντων G.) μετὰ τῆς οὐρᾶς. Ib. μεγοπάγειον G. — 18 μὲν om. V. — 19 σείοντας V. — 20 ἐν τούτῳ R., non Suidas. — 22 πρῶτος R. et Suidas. πρῶτον Ald., et ante εἴωθεν V. ἤγουν ὁ πρωκτὸς codex Taurin. 145 apud Peyron. Annotat. ad Etym. M. p. 991. ἤτοι ὁ πρωκτὸς Reg., Junt., quæ ἱδροῦν om. — 28 ὃ οἱ κοινοὶ κολορράδιν φασίν Reg.

123 R. habet ἀντὶ τοῦ ὄντως Ἀττικῶς. — 29 sq. τὸ ὄντως. Ἀττικὸν δὲ τοῦτο· ἄληθες προπαροξυτόνως. ἔστι δὲ V. Cum Ald. consentit Suidas in Ἄληθες. δηλοῖ Suidas. δηλῇ Ald. — 31 θαυμαστικὸν καὶ προπαροξύτονον Ἀττικῶς Ald. — 33 τούτου V.

126, 34 καὶ om. R. V. τὸ ἐὰν νῦν R. — 35 ὡς σκ. V.

127 om. G.

133, 45 Ἄπερ, 46 ταῦτα R. Ald.

134, 51 καὶ additum ex R., qui τοῦ om. Idem ἀντικρὺ καὶ παραιλαπάρην Ald. ἀντικρὺ δηλονότι.

137, 5 καὶ additum ex V. — 6 μέντοι Ald. θυμιάσειεν V. Ald. — 8 δὲ om. V. αὐτὸ τὸ πόπ. Reg., qui 11 ἰδιωτικῶς λαλάγγιον.

139, 13 ὑποστ. ἐρεῖς Reg. Dorv. νοεῖται Dorv. Pergit Reg.: εἰ δὲ συνημμένον τῷ ἐφεξῆς, ἀντὶ τοῦ ὅτι· ὃ καὶ κρεῖττον.

143, 32 οὔτι που Reg. recte. — 33 sqq. De his diversa præcipit Reg.: εἰ δὲ προπαροξύτονός ἐστιν ἡ ἐγκλίνουσα λέξις, φυλάσσει μὲν καὶ οὕτω τὸν ἑαυτοῦ τόνον, προσλαμβάνει δὲ κἂν τῷ τέλει ἑτέραν ὀξεῖαν, οἷον ἕνεκά σου θανατούμεθα. — 40 οὐ καινὸν etsi non improbem, malo tamen οὐκ ἄκαιρον. Hemst.

145, 45 οἱ γὰρ Ἀττικοὶ G. οὐ γὰρ Ἀττικοὶ V. ἀναπέμπουσι, scil. τὸν τόνον. — 46 κοινὸν om. G.

147, 52 πολύτιμοι et ἐξευτελίζει V. — 53 sqq. in codice Parisino versui 128 adscripta ita leguntur: ἰστέον ὅτι ἔγωγε ἀντωνυμία διαφέρει τοῦ ἐγώ. τὴν μὲν ἔγωγε ἐπὶ ἀρχῆς μόνον τίθεσθαι, καί ἐστιν Ἀττικόν· τὴν δὲ ἐγὼ ἐπὶ ἀρχῆς μεταξὺ, καί ἐστι κοινόν. — 2 διστακτικὸν reposui, præeunte Kustero, pro διαστατικόν. Apollon. De synt. 3, p. 261, ὑποτακτικὴν ἔγκλισιν ab aliis appellari διστακτικὴν tradit: διστακτικῶς Ammon. in Βούλει. Hemst.

149. Ad hunc v. habet Ald. ἐπίσημοι ἐν Κορίνθῳ ἑταῖραι μνημονεύονται Λαΐς, Κυρήνη, Λέαινα, Σινώπη, Πυρρίνη, Σικυώνη. Στράβων δὲ ἐν ὀγδόῳ τῶν γεωγραφουμένων εἶναί φησιν ἐν Κορίνθῳ Ἀφροδίτης ἱερὸν, ἐν ᾧ πλεῖν ἢ χιλίας ἑταιρίδας ἀφωσιωμένας τῇ θεᾷ προκεῖσθαι τοῖς βουλομένοις, ἕκαστον τῶν ἀφικνουμένων ὑπαγούσας, μηδένα μέντοι τῶν μὴ β... διαφερόντων προσιεμένας· ὅθεν τὸ λεγόμενον πεπαροιμιάσθαι, « οὐ παντὸς ἀνδρὸς ἐς Κόρινθόν ἐσθ' ὁ πλοῦς. » Φωκίων (corrige Σωτίων) δὲ ὁ περιπατητικὸς ἐν τῷ κέρατι τῆς Ἀμαλθείας Δημοσθένην ἱστορεῖ, Λαΐδος αὐτὸν μυρίας δραχμὰς αἰτησαμένης εἰς μισθὸν παννυχίδος, « οὐκ ὠνοῦμαι » φάναι « μυρίων δραχμῶν μεταμέλειαν. » περὶ δὲ Λαΐδος ἐν τοῖς ἑξῆς ἀκριβέστερον εἰρήσεται. Scholion recentissimi grammatici, compositum ex Strabone 8, p. 378, et Gellio 1, 8. Dind. — 13 Πυρρίνη, Σκιώπη R. Conf. Suidam s. Ἑταῖραι Κορίνθιαι. — 16 ἐστὶ om. G. — 17 sq. Regius Λ., Κυρήνη, Λ., Σ., Πυρρίνη, Σικυώνη.

151, 22 Ὅτι οὐ μόνον. G. Οὐ μ. ὅτι οὐ προσδια λέγονται, ἀλλ' οὐδὲ δρῶσι σχεδόν R. Ald.

152, 28 ἀντὶ τοῦ ἐρεθίζειν R. τὸ δὲ τρέπειν ἀντὶ τοῦ ἀντερεθίζειν V. — 29 οὐ σφόδρα R. V. ἄσημον V. Ald. ἄσχημον Kusterus.

153, 33 ἱερωτικῶς codex. — 34 corruptum est ἔτυχον. Fort. ἔφυγον. Dind. — 36 ἦσαν Hemst. οὖσαν codex. — 37 ἄπειστοι G.

155, 42 τοὺς πόρνους ἀρσενικῶς R. — 45 κατά τινα V.

156 Αἰτῶ καὶ αἰτοῦμαι Reg. — 49 δὲ om. R. — 50 διὰ διφθόγγου γράφουσι V. διὰ διφθόγγου γραφῶν R. διφθογγογραφεῖται Ald. Sic autem Regius, διὰ τὴν τοῦ προσδιαλεγομένου ἔνστασιν διφθογγογραφεῖται.

159, 7 Οὕτω τῷ πρόσθε τῷ V., non male, si scribatur οὕτω τὸ τῷ προσθέτῳ. Dind. — 8 θεσμοφόροις Ald. — 9 ὅσ' ἦν περίεργ' Hemst. apud Dobræum et, ut videtur, V. ὃς ἦν περίεργος Ald. — 10 ὅσαις τε Porsonus et, ut videtur, V. ὅσαι ἔτι Ald. αὐτὰς Toupius. ἑαυτὰς V. Ald. πρόσθε V. Sequitur in Ald. ἢ περιπέττουσιν ἀντὶ τοῦ περικαλύπτουσι τὴν ἀσέλγειαν. — 12 περιπέττειν δὲ V., qui 14 καὶ om. — 13 libri παραπετάσματος. Correxit Hemst., collato Eustathio p. 722, 32: τὸ καταπέτασμα, ὅπερ ὁ κωμικὸς (Ran. 938) παραπέτασμα λέγει, δυνάμενον, ὡς εἰκὸς, ῥηθῆναι καὶ περιπέτασμα, ὡς δηλοῖ ὁ ἐξηγησάμενος παρ' αὐτῷ τὸ, Ὀνόματι περιπέττουσι τὴν μοχθηρίαν. — 15 εἰώθασι γὰρ, 16 ποιεῖν ἄρτον. δοκεῖ Ald. εἰώθασι—μοχθηρίαν habet Suidas s. Περιπέττειν. — 17 ἵππου. Respicit ad v. 157.

160, 25 Οἱ μηχανοποιοὶ V. πλοίου κατασκευή R. πλοίων καὶ ἄλλων τινῶν V. sine κατασκ.

160, 30 λέγουσι additum ex Θ. — 31 μαθήματα πάντα Ald.

161, 39 Εὕραμεν κατὰ σοφίσματα. τὴν σύνταξιν δὲ παρὰ τὸ V. — 40 λέγε δὴ Ald. et fort. R. κατὰ σοφ. V.

165, 49 Ἀντὶ τοῦ πλέκει. μειδιασμοῦ δὲ ἕνεκεν περιπλέκει ἅμα τὰ γέλοια καὶ τὰ ἀστεῖα. (hæc om. G.) λωποδυτεῖ ἀντὶ τοῦ ἱμάτια συλᾶται· λώπη γὰρ τὸ ἱμάτιον V. — 1 ὑφαίρεσθαι codex.

166, 3 lemma ὁ δὲ κναφεύει habet R. — 4 τῶν φαρῶν G. — 5 οἱ Ἀττικοὶ διὰ τοῦ V. τινὲς Ἀττικοὶ τὸ διὰ τοῦ R. — 6 δὲ διὰ V. οἱ παλαιοὶ etc. sunt alius scholiastæ verba, inserto δὲ post παλαιοί cum præcedenti scholio conjuncta. Ἀττικοὶ δὲ V. — 7 δὲ καὶ ἀκανθῶδες κνάφος, ᾧ V. Vulgatam scripturam habet Harpocratio s. Γναφεύς. — 8 post γνάψιν V. pergit, πλύνει τὰ δέρματα σὺν ἐρίοις κναφεύς, παρὰ τὸ κνῶ, ὅ ἐστι ξύω. Ὅμηρος—χαλκείῃ. οἱ παλαιοὶ δὲ ἀττικῶς διὰ τοῦ κ. ἔστι δὲ ἀκανθῶδες, ᾧ ξύουσι δέρμα προβάτου. Ib. κν. μὲν οὖν Harpocratio. — 10 κνεῖ et κνήστει V. καὶ κνήστῃ Ald. Correctum ex Homero. — 12 Suidas γανὸν adjective: quod satis placet; sed γάνος est frequentioris usus. Γνάπτειν autem oriri a γάνος, non intercedo quin pro futili grammaticorum nugacium commento explodatur. Hemst. γάνος Harpocratio. — 24 Reg. pergit τὸ γάνος, τὸ λευκόν. ἔστι δὲ καὶ κνάφος εἶδος ἀκάνθης· γνάπτω δὲ σημαίνει τὸ κάμπτω. — 25 scholion Taurinense edidit Peyrou. ad Etym. M. p. 923. Est etiam in Reg.

168, 31-35 sic in Ald., παρατίλλεται: Ἔθος ἦν τὸν ἁλόντα μοιχείας παρατίλλεσθαι, ἵνα δοὺς ἀργύριον ποινῆς (ποινὴν Hemst.) λυθῇ. παρατίλλεται οὖν. — 35-41 διασείεται—ἔπασχον habet Suidas s. Παρατίλλεται. — 36 τοῦ om. V., habet G. διατίλλεται Suidæ codex Paris. παρατίλλεται cod. Leid. διασείεται ed. Mediol. — 37 πένησιν hic omittit et τοῖς πένησιν post παρατιλμοί habet Suidas: quod præstat. παρατιλμός Ald. — 38 sqq. Suidas, οἱ δὲ ἀποροῦντες μὴ δυνάμενοι χρήμασι λυτροῦσθαι τὴν φυγὴν δημοσίᾳ ταῦτα ἔπασχον. — 40 ταῦτα δὲ δημοσίᾳ R. — 41 ἔπασχε V.

170, 46 τῶν et λέγει et 47 γὰρ om. R. — 48 τῇ om. Ald. V., qui Πέρσαις.

171, 6 φιλοδικίᾳ R. et Suidas in ἐκκλησίαν. φιλονεικίᾳ Ald. Permiscet scholiasta mercedem judicum cum mercede concionis populi. — 8 τὸ φιλοδίκαιον codex. Scribendum τὸ φιλόδικον fuit aut τὴν φιλοδικίαν. Dind.

172, 14 οὐδαμοῦ R. Ald. — 15 sq. habet etiam Paris. — 16 correxi codicis scripturam τριττέριν. Τριτζέριον et διτζέριον ex Moschopulo et Niceta Choniata memoravit Ducangius. Dind. — 18 ἐκ τοῦ πλ. πάντως Reg.

173, 20-24 Φασὶ τοὺς—αὐτῶν. Ἄλλως ex V. hoc loco posui, omissis quæ similia infra post ἔτρεφον Κορίνθιοι exhibet Ald. φασὶ δὲ αὐτοὺς ὑφορωμένους Ἀθηναίους ξενικὸν τρέφειν συμμαχίας χάριν. ἦν δὲ καταστήσας τοὺς ξένους ἐν Κορίνθῳ Κόνων —αὐτῶν. — 21 συμμαχίᾳ κεχρῆσθαι G. συμμαχίαν κεκτῆσθαι V. — 25 sqq. ὡς τῶν Ἀθηναίων etc. Ex adnotatione tota hæc priora tantum usque διεπράττοντο Suidas s. Ξενικόν retulit, forma orationis mutata. Hemst. — 27 δὲ Κορινθίους V. δὲ ξένους Κορινθίους G. — 30 ἔνιοι—χρόνον V. ἰδίως—καιρὸν Ald. — 31 ὃς Portus. ὡς ἔσχατον V. ὁ Ald. — 32 εἰ μὴ ὅτι περ (ὥσπερ G.) δευτέρου V. Πλούτου om. Ald. — 33 sq. ἔχει γὰρ ὀρθὸς ὁ Κορινθιακὸς πόλεμος λεγόμενος συνέστη τρ. ἢ τέτρασι πρότερον V., qui 35 τοῦ om. ἐφ' Petitus Miscell. 1, 2. ἀφ' V. ὑφ' Ald. — 37 Λακεδαιμονικὸν Ald. μετὰ τὸν Πελ. πολ. V., ex quo καὶ additum. — 39 κατ' αὐτό V. Ib. συνέλαβον Dobræus. συνέβαλον Ald. συνέβαλλον V. — 45 sq. οὐ πολυστρατηγεῖτο V. οὐ ἐστρατηγεῖτο G. — 46 prius καὶ om. G. — 48 δακρύων V. Corruptum fortasse ex δ' ἀκούων. Dind. — 49 ἐνίκων G. ἐνίκουν V. ἡμεῖς G. — 50 sq. habet R., omisso δέ. — 51 οὓς R. καὶ V. Ald. — 52 λέγεται ἡ, 54 ἑαυτῶν Reg.

174, 5 ὁ Πάμφιλος om. R. — 8 post ἦν addit Ald. οἱονεὶ πολιτευόμενος, quæ delevit Hemst. Suidas, Πάμφιλος, δημαγωγὸς Ἀθήνησι. καὶ ἔκλεπτε τὰ τοῦ δήμου, καὶ φωραθεὶς ἐπ' αὐτοφώρῳ κατελύθη, ὥς φησιν Ἀριστοφάνης. — 10 συκοφαντεῖν Hemst. συκοφάντην Ald. Quum autem Platonis Amphiaraus nusquam alibi memoretur, ἐν ταῖς ἀφ' ἱερῶν, quæ fabula complurium scriptorum testimoniis cognita est, conjecerunt Dobræus et Meinekius Hist. Com. p. 167, mutatione violentiore quam quæ probari posse videatur. Verba ipsa poetæ recte habebunt sic descripta, ut a Bergkio factum est in Commentatt. de com. Att. p. 381:

καὶ νὴ Δί' εἰ Πάμφιλόν γε φαίης
κλέπτειν τὰ κοίν' ἅμα τε συκοφαντεῖν,

hac metri forma

⏓ ∠ ⏑ – | ⏑́⏑ ⏑ – ⏑ – ⏓

Quam rationem pridem ab me ipso inventam propterea deserui, quia Tragicorum versus ex syllabis illis compositi hanc omnes mensuram admittunt

⏓ ∠ ⏑ – – | ⏑ ∠ ⏑ – –

cui prior quoque Platonis versus est accommodatus, sed adversatur alter. Verum quum Aristophanes aliique poetæ versibus usi sint ex dimetro iambico et ithyphallico compositis, qualis est Euripideus

ἑῷος ἡνίχ' ἱππότας ἐξέλαμψεν ἀστήρ,

nihil impedit quominus monometrum quoque

iambicum cum ithyphallico compositum esse credamus, licet nulla dum alia hujus metri exempla innotuerint. Dind. — 12 δὲ om. R. V. — 15 συνδυστυχεῖν αὐτῷ Ald. Ceterum scholion hoc τινὲς—συνδυστυχεῖν, præfixo ἄλλως, scholio ad v. 175 (post κλέπτων, l. 31) adjungit V. — 16 δημ. ὃς ἀνεδημεύθη, 17 φησι et κλοπὴν, 19 δὲ ἀργύριος codex. — 27 βελωνοπώλην Reg.

175, 32 ὁ τὰς β. π. om. G.

176 Ἀργύριος Ald. et infra Ἀργύριον. — 36 post αὐτὸν fort. addendum κωμῳδεῖ. Dind. — 37 ὅτε G. ὅταν V., uterque πάσχῃ. Ἀθηναῖος et 38 τοσοῦτον et 40 στρηνιᾷ om. R. — 42 ἐκερδάκιζε Paris. (non Reg.). In libro Poggiano, qui idem scholion habet, scriptum est, ὅθεν πορίζεσθαι βίον ἐκορδάκιζε καὶ ἔπερδε—ἵνα λάβῃ ἀργ. — 43 λάβῃ Reg., qui 44 addit, ἕτεροι δ' ἐπὶ θρασύτητι τοῦτον κωμῳδοῦσιν.

177, 46 Φιλέψιος δὲ π. καὶ λάλος ἱστορίας λέγων ἐτρέφετο V. — 47 καὶ τερατώδης R. τερατώδης—κωμικός om. V. Post διαβάλλεται R. pergit λαλῶν ἱστορίας—ἐτρέφετο, ut V. — 49 δὲ καὶ ἱστορίας V. — 52 legendum ἔθελγε, quod conjecit Dindorfius, ex Regio.

178 om. V., præter ea quæ infra ex eo apponuntur. — 10. Vera nominis forma Ψαμμήτιχος est, de qua v. Duk. ad Thucyd. 1, 104. Et Ψαμμήτιχος recte in schol. Vesp. 716. Dind. — 20 imo τῶν Περσῶν. — 22 τοῖς om. G. — 23 corrigendum μυριάδας τρεῖς ex scholio superiore. Conf. schol. Vesp. 716. Dind. Ad sequentia confer interpretes Thucydidis 1, 104 et 109. — 27 πρὸς τὴν Paris. — 28 ἀναπλώσαντες Paris., non Reg., qui etiam ἔλεσι. Ald. et Paris. ἕλλησι, quod correxit Hemsterh.

179, 37 ante ἵνα indicavi lacunam. Dind. Inter Chabriam (olymp. 91, 2) et Dioclem (ol. 92, 4) archontes anni intersunt quinque: quod ergo sequitur, ἔστι δὲ ἕως Διοκλέους ἔτη ιδ', eorum initium est a Laide nata ducendum. Simul apparet, hæc eum in modum esse scripta, ut, quin priorem Plutum in manibus haberet, enarrator iste non dubitarit. Hemst. — 40 ἐπαίρειν. Potius duco ἐπαινεῖν. Hemst. — 41 Φάωνι Clinton. Fast. Hell. vol. 2, p. 99, et Meinekius Hist. Com. p. 187. Legebatur Φαίδρῳ. — 42 Φιλοκλέους Hemst. Legebatur Διοκλέους. Fuit autem Philocles eponymus olymp. 97, 1. Post αὐτῆς excidisse videtur μεμνημένος. Dind. — 44 τὸν ἐν τοῖς Ἀριστοφανείοις ἐγγεγραμμένον δράμασι. Scribendum, puto, τόν τισιν Ἀριστοφανείοις ἐπιγεγραμμένον δράμασιν, ut sensus sit, nomen Philonidis fabulis quibusdam Aristophanis inscriptum fuisse; sive nomen Philonidis pro Aristophanis in commissione fabularum quarundam ab judicibus comicorum, volente procul dubio et probante Aristophane, in catalogo victorum scriptum fuisse. Juvat hanc interpretationem quod legitur in argumento Ranarum, Φιλωνίδης ἐπεγράφη καὶ ἐνίκα. Et apud schol. Vesp. 1013: οὐκ ἐκ τοῦ φανεροῦ, φησίν, ἐπικουρεῖ ὁ ποιητὴς (Ἀριστοφάνης) τοῖς θεαταῖς, ἀλλὰ δι' ἑτέρων ποιητῶν λάθρα, ἐπειδὴ διὰ Φιλωνίδου καὶ Καλλιστράτου καθίει τινὰ τῶν δραμάτων. Confer nos etiam ad Equit. v. 510. Uti autem hoc loco Philonides ἐπιγεγραμμένος dicitur τοῖς Ἀριστοφανείοις δράμασι, ita scholiastes Ran. 78 de Iophonte filio Sophoclis scribit, eum comicorum jocis exagitatum fuisse ἐπὶ τῷ ταῖς τοῦ πατρὸς τραγῳδίαις ἐπιγράφεσθαι. Kust. Lege, Φιλωνίδην δὲ οὐ τὸν ὑποκριτήν φησι, τὸν τοῖς Ἀρ. ἐπιγεγραμμένον δράμασιν. Dobræus. Defendi potest scriptura vulgata. Deinde Hemst. οἴονται ὁμωνυμίᾳ, qui articulum servare debebat. Dind. — 49 Nicocharis verba repetuntur in scholio ad v. 303, unde correctum ἠδέ τ' ἀπ. Aldinæ. Rectius fortasse ἤδη τ' Meursius in Bibl. Attica. ἢ ὅτ' Bentleius. — 50 Φιλλύλιος Jungermann. ad Pollue. 10, 93. Φύλλιος Ald. — 52 Λαΐφ Casaubonus Animadv. ad Athen. 2, 27. λαῒ Ald. — 1 sq. ὄνον τὸν Bentleius. ἀνόητον Ald. et καὶ οὐκ. — 4 ὠγκᾶθ' Bergkius, Μελιτεὺς Bentleius. ὀγκᾶθ' ὁ μελίτης Ald. — 5 scribendum numeris melioribus ἐβλαστεν πόλει. Videtur autem hic versus ex alio fabulæ loco sumptus esse quam qui præcedit. Vide Meinek. Com. I, p. 793 sq. — 5 ἐκγομένης intulit Junt.: quod si veterum librorum fide factum constaret, amplecteremur forte: est enim ἐπάγεσθαι aliquando *allicere, blanditiis ad se perducere,* meretrici verbum utique conveniens; a qua potestate illa itidem dicuntur ἐπαγωγά, quæ vim pellacem magnumque lenocinium habent. Verum in ὑπάγεσθαι residet diversa quidem parumper, sed affinis tamen significandi virtus, *dolis aliquem capere, deceptumque suæ potestatis facere:* quod a Laidis insidiis, quas non tam Philonidæ, quam divitiis ejus struebat, minime abhorret. Iamblich. in Protr. ex Platone: ἐνεδρεύει καὶ θηρεύεται τὴν δόξαν ἐπὶ ἀπάτῃ, καὶ ἃ ποιεῖται, ταῦτα καλλωπίζεται ὑπαγόμενος τοὺς ἀνθρώπους· commode scholiastes ad Eq. v. 269, ὑπέρχεται exponit, ὑπάγεται τὸν δῆμον ὑποτρέχων, καὶ κολακεύει· eleganter Ion apud Athen. 13, p. 604, D, ὡς εὖ ὑπηγάγετο τὸν παῖδα, *se bene callido commento decepisse puerum.* Hæc pro veteri lectione firmanda sunt satis. Præterea distinctionem post Λαΐδος sustuli, ut aptior oriretur sequentibusque congruens hunc in modum: *videatur autem amore fuisse captus Laidis istius,*

de qua paulo ante dixi, Siculæ, *blandas insidias admoventis : neque enim eum amaverit illa Lais, cui Diogenes* (Cratetem alii auctorem dicti ferunt) *adscripsit erectum Græcorum intemperantiæ tropæum*. Opportunum utique erat admonere, ne quis imprudens in eundem, qui sane multos fefellerat, errorem incideret, de duabus eodem nomine meretricibus, una Sicula, quæ Hyccaris orta Corinthum fuerat venumdata, altera vere Corinthia. Hemst. — 9 τούτῳ R., qui 10 ἐρᾶν post πλοῦτον ponit. ἡ A. διὰ τὸν πλ. G.—11 Τιμάνδρας R. Πηγάνδρας V. 'Επιμάνδρας Ald. Τιμάνδρας edidit etiam Hemst., « secutus Plutarchum in Alcib. p. 213, D, et Athen. 12, p. 535, C. Non quidem me fugit aliud ejus referri nomen ab eodem 13, p. 574, F, Δαμασάνδραν τῆς Λαΐδος τῆς νεωτέρας μητέρα· sed illud quin ex comœdia, ubi Timandra, quæ Alcibiadem, tantum virum, amore domuerit, a Comicorum aliquo risus gratia Damasandra fuerit appellata, sit depromtum minime dubito : neque repertum iri credo, qui mihi neget, ad eandem, quæ scripsit Demetr. Π. ἑρμ. § 326, ὁ τῆς Τιμάνδρας κατηγορῶν ὡς πεπορνευκυίας, pertinere : unde licet appareat, auctorem hujus actionis Timandræ intentatæ haberi incertum et neutiquam reprehensionis immunem, Hyperidi tamen attributam fuisse nonnullorum judicio, Suidas ostenderit in Παιδάριον, siquidem ibi legendum est, 'Υπερίδης ἐν τῷ πρὸς Τιμάνδραν, non, quod edd. obsidet, Τίμανδρον. » Hemst. ἐκ Καρῶν R. V. Ald. Correctum in edit. Basil., in qua typothetæ culpa expressum est ἐξ ἰκκαρῶν. — 16 sq. λέγουσι δὲ etc. Ordo orationis vetat ne quis hæc de alia dici existimet quam Timandra. Jam pone, Timandram olymp. 94, 1, quo mortem oppetiit Alcibiades, annos fuisse natam admodum viginti : quanquam ne hoc quidem ipsum difficultate caret, eam, quæ a Dionysio (is autem tyrannidem invasit olymp. 93, 4) Philoxeno dono data Corinthum pervenit, jam ante cum Alcibiade familiariter consuevisse. Verum ista res in quamcumque partem accipiatur, nunc mea nihil refert : illud volebam, inter mortem Alcibiadis, atque Alexandri in Asiam expeditionem, quæ incidit in olymp. 111, 3, annos intervenisse 70. Habebimus igitur Timandram puellam nonagenariam, certe dignam quæ id ætatis juveni regum maximo grata comes adhæreret. Quid ergo? ut aliqua saltem parte scrupulus eximatur, tentandum est, an inverso duarum periodorum ordine succurri possit : περιβόητος ἦν ἑταιρίς. ἡ δὲ Λαῒς ἐπισημοτέρα γέγονε τῆς μητρὸς ἐν Κορίνθῳ· λέγουσι δὲ, ὅτι ἅμα 'Αλεξάνδρῳ ἀπεδήμησεν εἰς Πέρσας ἐκ Κορίνθου· ὕστερον δὲ καὶ αὖθις ἀπεδήμησεν etc., non quod de ipsa Laide nihil impeditum restare putem; etenim hæc quoque nimium vetula, quam ut Alexandro placere potuisse credatur : sed quod persuasum mihi sit, in errore versari vel sponte sua lapsum enarratorem nostrum, vel pravo duci temere obsecutum, qui pro Thaide literæ similitudine deceptus Laidem supposuerit. Equidem in comitatu Alexandri neque Timandram, nec Laidem usquam inveni : at certos testes citare licet Clitarchum apud Athen. 13, p. 576, E, et Plutarch. in Alex. p. 687, A, qui non adfuisse tantum in Perside Thaidem, sed ejus etiam temulenta protervia factum doceant, ut subjectis facibus regia Persarum conflagrarit : tametsi de toto hoc negotio quid senserit, dum tacet Arrianus, satis clamat. Conf. et Vales. in Not. Maussac. ad Harpocr. p. 310. Hemst. — 19. Is Eurylochus, ut videtur, qui Socratem invitavit; Diog. L. 2, 25; Liban. vol. 1, p. 682 C (3, p. 59, 1 Reisk.). Hemst. in schedis Mss. Hippolochum a Plutarcho Mor. p. 767, F, vocari monet Bentleius. Dobr. — 23 sq. ξυλίναις χελώναις. Timæus an Polemo (uter enim tradiderit, per structuram orationis dubiam minus est apertum) crudele Thessalarum facinus narrat apud Athen. 13, p. 589, A : inde verbis iisdem fere sumsit scholiastes. Vicissim scholiastæ sua debent Suidas, qui hæc paucis omissis in v. Χελώνη descripsit, et Helladius ap. Photium p. 872, 20 : nam, ne dubites, præcedit observatio de μονώτατος, quod licet a grammaticis pro solœco habeatur, usurpasse tamen Aristophanem monet; atqui tertius ab hoc versus eum superlativum offert. Ab alio fonte derivasse quæ scribit in 'Ερωτικῷ p. 768, A, Plutarchum non obscure liquet, ut qui referat, tum Thessalas in templum Veneris adductam Laida, lapidibusque obrutam interemisse, tum Venerem ex eo casu dictam ἀνδροφόνον : quæ tamen appellatio quandoquidem rei, cujus designandæ causa fuit imposita, convenire non videtur, forte melius in ἀνοσιοφόνου commutabitur. Sunt autem ξύλιναι χελῶναι scabella lignea, quæ vel pedibus supponuntur, vel ascensum in lectos præbent : quare χελώνην Hesychius interpretatur ὑποπόδιον, ex Sext. Empir. Adv. mathem. 1, § 246 : τὸ ὑφ' ἡμῶν καλούμενον ὑποπόδιον 'Αθηναῖοι καὶ Κῷοι χελωνίδα καλοῦσιν· unde dubitari non potest, quin, rejecta grammaticorum explicatione, eadem sit hujus vocabuli potestas amplectenda Judith. 14, 15. Notavit HStephan. in Thes., partim recte, partim secus. Ceterum iram Veneris, quæ cædem in mulierum formosissima patratam ferre non potuit, quin immissa peste ulcisceretur, solus

exposuit enarrator Aristophanis. Illud autem pestilentiæ telum, quo majestatem læsam vindicarent, acerrimum in promptu habuerunt veterum dii: quamvis enim ratione propria τῶν λοιμικῶν παθῶν αἴτιοι censerentur Apollo ac Diana, ideo tamen neque aliis, si usus ferret, ejusdem mali inferendi negata fuit potestas. Vide schol. Euripid. ad Med. v. 273. Propter ursam Braurone sagittis confixam in templo Dianæ λοιμώδης νόσος τοῖς Ἀθηναίοις ἐνέπεσε, teste Suida in Ἄρκτος. Hemst.

180 In V. hic est ordo scholiorum, ὁ Τιμόθεος οὗτος ζάπλουτος ἅμα—Ἀθηναίων, εἰς τοσοῦτον ἤρθη—τούτῳ. τούτου κατασκευάσαντος πύργον καὶ οὐκ ἀπὸ τύχης κατεσκευακέναι φήσαντος, ἀλλ' ἀπὸ ἀνδρείας, ὀργισθεῖσα ἡ τύχη πένητα αὐτὸν ἐποίησεν—ὑπόνοιαν ἐμπέσοι γέ σοι. Ἄλλως. Τιμόθεος οὗτος εὐδαίμων πάνυ καὶ πλούσιος στρατηγὸς Ἀθηναίων εἰς τοσοῦτον ἤρθη τύχης, ὡς τὸν δαίμονα φαίνεσθαι (ἐν add. G.) ὄψει τούτῳ. καὶ ἐν Ἀθήναις δὲ ἐν εἰκόσι κοιμώμενον ἐποίουν αὐτὸν οἱ ζωγράφοι καὶ τὴν τύχην ἑαυτοῦ πλησίον φέρουσαν αὐτοῦ τὴν εὐδαιμονίαν. ὃς ὑψηλὸν πύργον ὡς πλούσιος ἐποίησε. (v. 184.) οἱ γὰρ πλούσιοι etc. — 34 τούτου Ald. — 38 διὰ τὸ πλούσιον, ἀλλ' V. sine ἐγένετο. — 40 ἅμα δὲ καὶ ὄλβιος ἀνὴρ Suidas s. Τιμόθεος om., et sane sunt inepta; tum om. etiam ὡς τὸν δαίμονα φαίνεσθαι ὄψει τούτῳ. Hemst. Suidæ locum (s. Τιμόθεος) om. cod. Paris. A. οὗτος ζάπλουτος ἅμα καὶ ὀλβ. V. — 41 ὃς εἰς R. et Suidas. τῆς τύχης Reg. Ald. τὸν δαίμονα R. et Suidas. — 42 ἐν præbuit V. φαίνεσθαι ὄψει R. et Suidas. ὄψει φ. Ald. Sequentia Suidas aliis verbis expressit. — 45 τὴν δαιμονίαν R. Sequentia 45-50, 3, 4 et 15 in Aldina editione hoc modo scripta sunt: τὴν εὐδαιμονίαν αὐτοῦ. ὃς ὑψηλὸν πάνυ πύργον ἐποίησεν ὡς πλούσιος. Ἐμπέσοι γέ σοι, παρ' ὑπόνοιαν—μέγας. ἀλαζονευόμενος δὲ—στρατηγοῦ μέμνηται. Κρατοῦσι γοῦν cet. Correxit Hemst. Suida duce. — 47 τὰ κατορθώματα Suidas. Quæ de Timotheo scripsit Ulpian. ad Demosth. Olynth. 2, p. 30, A, neque re nec verbis multum ab enarratore nostro distant. Hemst. — 3 Παρ' ὑπ. τὸ ἐμπέσοι γέ σοι R. — 11 παροχός Paris.

184 post scholion v. 190 habet R. ἐπικτῶνται Ald. — 16 περιγίνονται τῶν πολεμίων Hemst. — 18 sq. τὸ ἐκ—πάντοτε om. G.

185, 20 Τὸ δὲ ἐπικαθέζεται V. Τὸ δὲ ἐπικαθέζεσθαι G. τοῦ ζυγοῦ V. τῶν ζυγῶν habet Suidas s. Ἐπικαθίζηται. — 21 καθέζεσθαι—λέγεται Ald. Alio verborum ordine V. καὶ γὰρ τὸ ἐπιβαροῦν ἐπικαθέζεσθαι. Scholion 187 om. R. — 23 sq. Suidas in Μὰ Δία: ἐπεὶ κατωμοτικὸν—προτάττηται αὐτοῦ τὸ ναί.

188, 25 φησὶ G. φασὶ V. — 29 Παρὰ τῷ Ὁμήρῳ V. — 31 φιλότητος, πλούτου δ' οὐκ ἔστι κόρος; V. — 42 τὰ Reg. τὸ Junt.

191, 44 χλανίδιον de edulio nusquam mihi lectum. Schæf. Non est in Reg.

192, 48 φακὴ V., om. R.

195, 8 ἐπεὶ οὐκ ἔστιν ἐξ πρ. quid velit, intelligi potest ex Etymol. p. 324, 14: ἡ ἐξ πρόθεσις, ὅταν αὐτῇ σύμφωνον ἐπιφέρηται, τρέπει τὸ ξ εἰς κ. Hemst.

197 in R. εἰ μὴ λάβῃ, λέγει τὸ ζῆν ἑαυτῷ μὴ εἶναι ἡδύ.

198, 21 ἀντὶ τοῦ δέ (τοῦ λέγε V.) glossa ad τοι, ut videtur, referenda. Quamobrem δὴ corrigendum. Dind.

202, 42 sq. ἀντὶ—δυνάμεως om. G. δυνάμεώς μου V.

203, 45 Ἄλλως. ἐπεὶ V. — 48 sq. χρημάτων. καὶ Εὐριπίδης· δειλὸν V. — 51 θεὸν ed. Basil. θεῶν Ald.

204, 52 διπλασιάζουσιν. Hæc referenda videntur ad εἰς præpositionem post verbum εἰσδὺς repetitam. Nam verba sic sunt construenda, εἰσδὺς εἰς τὴν οἰκίαν οὐκ εἶχεν οὐδὲν λαβεῖν. Dind. — 53 οἰκίας G. οἰκείας V. — 2 γὰρ et τῶν οἰκιῶν (οἰκειῶν R.) om. Ald. — 3 τις τῶν κωμικῶν. Quis Comicorum elegantem sententiam Diogenis (eum enim auctorem prodit Diogen. L. 6, 51) his iambis expoliverit, equidem ignoro. Ejusdem dicti mentionem quoque fecit Eustath. ad Il. K, p 812, 56. Hemst. — 6 πρόχλωρον—εἶναι addita ex R. V., Ἄλλως ex V. — 11 εἰσελθὼν R.

206 habet Θ., omisso τὸ ἑξῆς, insertoque post τέλεον, Ἀττικὸν δέ ἐστι ὡς τὸ πώμαλα.

207, 15 ἐὰν λάβῃ om. G. Corrigendum fortasse ὃ ἂν λάβῃ, referendumque ad λαβεῖν v. 205. Dind. ἐκάλεσάν G. — 18 βουλευομένου Schæferus. βουλομένου codex.

209, 21 προθυμηθῇ V., qui 22 ταῦτα om. ὡς R. Ald. — 23 οὐδαμῶς V.

210, 27-45 sic in V., οὗ μέμνηται καὶ Ἀπολλώνιος· ὃς τοσοῦτον ὀξέως ἑώρα ὡς ἰδεῖν δι' ἐλάτης—Πίνδαρος. γεγόνασι δὲ καὶ Λυγκεῖς διάφορος (διάφοροι G.) παῖς Αἰγύπτου, καὶ ἄλλος Ἀμφιάρας, καὶ ἄλλος ὁ Λάκωνος Λυγκεύς, οὗ μέμνηται Θεόκριτος· ὃς ἐλέγετο πάνυ εἶναι ὀξυδερκέστερος, ὥστε καὶ τὰ ὑπὸ γῆς ὁρᾶν. τοῦτο μὲν εἴρηται (corrig. λελήρηται), πρὸς δὲ V. — 27 Τοῦ ἀδελφοῦ Ἴδα, ὡς δ' αὐτὸς Θ. Λυγκεύς, ὡς αὐτὸς Ald. ὡς Θ. pro υἱός. — 28 sq. ἐπεὶ δοκεῖ παρ' ἱστ. λ. Hæc quorsum pertineant, ægre perspici potest, nisi in Danaidibus Aristophanem statuas, comica forte jocandi libertate, utrosque Lynceos, hunc Ægypti, illum Apharei filium confudisse, alterique, quod alterius erat,

acumen visus incredibile tribuisse. Suidas: Λυγκέως ὀξυωπέστερον βλέπεις· οὗτος ἐγίνετο ἀδελφὸς Ἴδα· ὡς δὲ Ἀριστοφάνης ἐν Δαναΐσιν, υἱὸς Αἰγύπτου· τοσοῦτον δὲ ὀξυωπέστατος ἦν etc. Quæ post Apollonii versus sequuntur, nihil eorum in Suida: et sunt sane notæ recentioris minusque spectatæ. Hemst. — 31 Nem. 1, 115, modo is sit locus, non alius aliquis ex amissis Pindari carminibus, quem in animo scholiastes habuit: nam ibi quidem δρυὸς ἐν στελέχει sedentem Lynceus videt. Hemst. καὶ accessit ex Θ., qui 35 ἔνερθεν, 36 om. εἷς, 37 καὶ οὗ, 38-43 om. ἐν τῷ— καρτερὸς Ἴδας. — 46 οὗτος om. V. Ib. εὗρε μέταλλα etc. Palæphatum descripsit c. 10, ubi v. Galeum: item Apostolius 12, 13. Hemst. — 47 et sqq. sic in V. Θ., ἄλλων καὶ διὰ τοῦτο ἐρρήθη (εὑρέθη V.) ὑπὸ γῆς ὁρᾶν, ἐπειδὴ τὰ εἰρημένα τύχῃ τινὶ ἐπενόησε καὶ εὗρε. — 51 ἀναφέρει. Omnes edd. περιφέρει· nec discrepat Apostolius. Res ipsa postulat ἀναφέρει, quod legitur in Palæphato: paulo ante: ἀνέφερε τὸν χαλκόν. Hemst.

211 τὸ π. με βλέψαι om. Paris.

214 Ὁ om. V. ὁ Ἀπ. om. G.

215. Ad hunc versum in V. adscriptum συναιρέσει et τοῦδε, quæ om. G. Corrigendum videtur συναίρεσις, quod spectat ad ὦγαθέ. τοῦδε autem suppletur ad φροντίζετε. Dind. — 11 χαλεπανῇ Θ.

220 in R. nihil præter hæc, σχετλιαστικόν. ἀντὶ τοῦ ἀτυχεῖς, ἀθλίους. In V., πονήρους, ἀθλίους, ἀτυχεῖς, ἀπράκτους, ὡς φαμὲν, πονήρως ἡμῖν ἔχει τὰ πράγματα. — 22 στικτέον εἰς τὸ π. quo pertineant, parum exploratum habeo. Nonnihil ab his discrepat Suidas in Πόνηρος: dubitabit autem nemo quin vocis πόνηρος discordes interpretationes ex diversis enarratoribus in unum sint conflatæ. Exemplo, quod ponitur, convenit illud Philostrati Her. p. 664, 15, πονήρως οὖν τὰ ἐμὰ εἶχεν. Hemst.

221 om. G. — 26 πόνηροι καὶ Ald. — 29 ἀμεταβάτως πρὸς γενικὴν Kusterus.

222, 38 sqq. totidem fere verbis in Moschopuli Ἐκλ. Ἀ. Ὀ. leguntur. Hemst.

223 simile scholion in V. προπαροξυτόνως, ὅτι σύνθετόν ἐστι τὸ ὄνομα, γεωργὸς ξυγγέωργος, σοφός πάνσοφος, καλός πάγκαλος.

224, 46 aptius τοῦτο δέ. Dind. — 47 ἔστιν γὰρ πετρώδης R. Θ.

226, 52 male ait τὸ μετέχειν nunc accusativum regere nunc genitivum. Nam proprie semper regit accusativum. Quando autem genitivo jungitur, id fit per ellipsin accusativi μέρος. Integra phrasis enim est, μετέχειν τινὶ μέρος τινὸς πράγματος, ut hoc loco apud Comicum. Kust.

227, 3 Ποῖον τοῦτο ὃ V., qui ἔρχεται post ἔχων ponit, et om. ἐκ τῶν Δελφῶν. — 5 αὐτῆς τῆς θυσίας Ald. et fort. Θ. τι addit Hemst. — 6 sq. Ἄλλως —λεβήτιον om. V. λοιπασθὲν R. Θ. λειφθὲν Ald. Quum λοιπάς et λοιπαδάριον, quod per *reliquarium* explicatur in Glossariis, recentiores Græci dixerint, verbum quoque λοιπάζω exstitisse videtur, quod Ducangii Glossario inseratur. Substantivum λοιπασμοὺς scriptori Philopatridis c. 20 pro vulgato ἐλειπασμοὺς restituit H. Valesius in annotationibus ineditis. Dind. — 7 ἔνιοι δέ, τὸ λεβήτιον. Non est, quod forte quis suspicetur, lectio varia; sed nova interpretatio vocis χρεάδιον· quo spectat glossa Dorv. τὴν χύτραν. Ratio non dissimilis obtinet in χρεῖον apud Homer. Il. I, 206, quod capiendum foret pro ipsa carne, an pro lebete, veteres dubitarunt: v. schol. et Eustath. p. 767, Hesych. in Κρεῖον, Κρήϊον. Hemst. — 9 interpunctionem quæ in codice est, κατεσθίονται. καὶ δαπανῶνται ἑψόμενα ἣν correxit Schæferus, ἣν ad χύτραν referens. Bastio scribendum videbatur ἃ. De χρεάδιον Bastius affert Alciphron. 3, 22. Dind. Idem scholion Bastius in notis mss. enotavit ex codice 2835, ubi ἐν ᾗ καὶ χρέα ἔδ. Regius noster (2821): Κρ. ἢ τμῆμα κρεῶν φησὶν, ἢ τὴν χύτραν, ἐν ᾗ τὰ κρέα ἑψόμενα ἔδονται ἤγουν κατεσθίονται καὶ δαπανῶνται βραζόμενα· ἣν ἐν τῇ etc.

229 in R. adscriptum ἐπὶ τοῦ ἀνῦσαι. — 14 Τὸ εἰσενέγκαι, 17 ἄνυσον, ἤγουν σπεῦσον. περιφραστικῶς, Ἀττικῶς Θ.

230, 18 Καὶ τὸ R. — 21 sq. πάντας εἰς τὴν ὁδὸν ἔλεγον. Dorv.

233, 29-31 supra ad v. 219 adscripta habet V. (non G.) hoc modo: δικαίως ἀδίκως τὸ ἁπλῶς ἔρριπται οἷον πάσῃ τέχνῃ. οὐ γὰρ οὐχ ὑπόκειται αὐτῷ ἄδικος οὕτως ἀπειλητικὸν, ἀλλὰ μειλικτικῶς προσαγγέλλει. — 30 ἁπάσῃ Ald. — 31 προαγγέλλει R. παραγγέλλει Hemst.

234 habet R. φορτικὸν ἡγοῦμαι· et 235, τοῦ εἰσελθεῖν. τοπικὸν τὸ ἐπίρρημα, αὐτόθι. ὅπου, φησί, εἰσέλθω. Duplex in his proponitur explicatio vocabuli αὐτοῦ, quod alii pro pronomine acceperunt interpretatique sunt τοῦ εἰσελθεῖν, alii pro adverbio αὐτόθι significante. Dind. — 37 μὴ om. V., non G.

236, 41 Τοῦ om. Dorv. — 42 ἀπολαύω Regius. ἀπολάβω Paris.

237, 45 ἣν μὲν γὰρ εἰς φειδωλὸν: Φειδ. V. φειδωλός τις Ald. φειδωλός τις ὢν R. Θ. et Suidas s. Φειδωλός: quod e proximo φειδωλός τις ὢν corruptum. τὸ εἶναι Θ. τοῦ διδόναι Paris. — 46 ὁ περίψηφος additum ex R. V. (non G.) et Suida. « In calculis sollicite ponendis occupatus. Vide Suidam s. Λογισταί. » Hemst. τινὲς—καὶ τὸ δοῦναι om.

G. τοῦ—τοῦ Paris., qui om. 47, ubi φειδωλός τις V. φειδωτός τις et τοῦ τ Θ. εἰς λ ἐγένετο φειδωλός V.

239, 53 προβολὴν V. Hoc scholion codex Paris. bis scriptum habet, primum sic: — φιλαργυρίας δηλώσῃ προκεκρυμμένης τῶν χρηστῶν φίλων· altero loco sic: — προκεκρημένος καὶ τῶν χρηστῶν φίλων. — 1 σημαίνῃ Junt. προκεκρουμένης V. προκεκρουμένην G.

242, 7 sq. sic in V., ἀφρόνως παραπλήκτην ἀπὸ τοῦ ἐναρμονίου λυρισμοῦ διὰ μεταστάσεως· ἢ ὅτι διὰ τὸν παραδέοντα κρουσμόν. Ἄλλως. παραπλῆγα τὸν μωρόν. — 9 ἀσωτεία Paris. πεπληγμένη etiam Suidas s. Παραπλήξ. παραπεπληγμένη Ald. Post διάνοια in libro Parisino statim sequuntur hæc: ἄλλως· ὅπερ πάσχουσιν οἱ παραπλῆγες ἄνθρωποι, δι' ἀσωτείαν τεμνούμενοι, εἰς ἑαυτὸν μετήγαγε. Quæ sunt ex scholio v. 244.

244, 17 τὸ ἀκαρῶς, ἐξ οὗ Suidas s. Ἀκαρῆ. — 19 τὸ κείρομαι τριχός Ald. — 19-26 διὰ τὸ ἄτμητον, ὅπερ πάσχουσιν ἐκεῖνοι ὑπὸ τῆς ἀσωτίας γυμνούμενοι, εἰς ἑαυτὸν ἀναφέρει. Ἄλλως. ἐν ἀκαρεὶ [sic], τῷ ἐλαχίστῳ, ᾧ οὐχ οἷόν τε διακεῖραι καὶ διακόψαι διὰ τὸ βραχὺ τοῦ χρόνου. πεποίηται δὲ ἀπὸ τῶν μικρῶν τριχῶν τῶν διὰ βραχύτητα μὴ δυναμένων καρῆναι V. — 20 διακεῖραι καὶ om. Θ. Reg. Ald. — 25 μετήγαγε Θ., qui 27 om. Ἐλευθέρου.

245, 28-30 om. V. ἐπέτυχες Θ. ἔτυχες Ald. Regius: Μετρίου ἀνδρὸς, τοῦ διαμετροῦντος ἑαυτῷ τὸ ζῆν. ἀρετῆς γάρ ἐστι τὸ ἐν καιρῷ μὲν, ὅτε δεῖ, φείδεσθαι, καὶ αὖ, ὅτε δεῖ, ἀναλοῦν. λέγεται δὲ μέτριος καὶ ὁ ἐπιεικὴς καὶ ταπεινός.

246, 33 ἐστι om. V., qui ἑαυτὸν, 34 ἀνδρὸς λέγει. — 35 τοῦ ζῆν V. Θ.

247, 36 Ἀρετὴ V. γὰρ ἐπὶ Ald. ἐστι τὸ τῷ Θ. — 37 ἁρμοζομένως Θ. Ald.

248, 41 ᾖ Schæferus. ἦν Paris. — 46 δεῖ νοεῖν Reg. pro πρέπει. In V. sic, ἵνα αὐτὸς ὑπ' αὐτῶν θεωρηθῇ. τὸ γὰρ ἰδεῖν σε ἀντὶ τοῦ θεαθῆναί σε. Ἀττικὸν—ἄρθροις. λέγει δὲ αὐτὸν εἰσελθεῖν, ἵνα ἐκεῖνοι τὸν πλοῦτον ἴδωσι. τὸ δὲ ν πλεονάζει. ὅτι τὸ ν πλεονάζει. Postrema illa τὸ δὲ ν etc., quibus caret G., ad ταυτόν v. 253 spectare annotat Dindorfius. — 47 τοῖς ἀριθμοῖς R.

253, 19 sqq. conf. Cœl. Rhodigin. Antiq. Lect. lib. 15, cap. 20, et Villoison. præfat. ad Homer. p. XVIII. — 40 supplendum ex Hephæstione, ut integra sibi constet sententia, κατὰ τὴν Ἀριστοφάνειον τοῦ Ἀλκαίου ἔκδοσιν· loquitur enim de illa, quam Aristophanes grammaticus curaverat, Alcæi editione. Hemst. — 45 ἤτοι ex cod. Paris. et Hephæst. additum. — 3 εἶδος—γεωργῶν om. G. Ib. θύμον: Ἀγριοκρόμμυον, ᾧ χρῶνται οἱ πένητες δι' ἄκραν ἀπορίαν· ἐστὶ δὲ τὸ υ βραχύ Dorv., et similiter Reg. Ἄλλως (quod om. G.) ταυτὸν θύμον φαγόντε (φαγόντες G.) ἀντὶ τοῦ, 5 μετέχοντες V. θύμος etiam Suidas s. Θύμος. θύμον Ald. εἶδος εὐτελοῦς βοτάνης (βοτάνης om. G.) V. εὐτελὴς βοτάνη R. et Suidas. — 6-14 sic in V., ἀπὸ δὲ τοῦ θύμου, σημαίνει τὸ λάχανον, συνεσταλμένον δέ. Ἄλλως. οὐδετέρως τὸ θύμον καὶ βραχυπαραλήκτως. ἐν γὰρ τῇ συναλοιφῇ (vocabuli ταυτόν) ἐκεισάγεται τὸ ν τῆς αὐτό ἀντωνυμίας· εἰ γὰρ ἦν ἀρσενικὸν, τὸν αὐτόν ἦν καὶ οὐκ ἐγένετο (adde ταυτόν). συστέλλει δὲ νῦν τὸ υ τοῦ θύμον καὶ βαρυνόμενον γὰρ καὶ ἐκτεινόμενον (corrig. e loco superiore θύμον. βαρυνόμενον γὰρ καὶ συνεσταλμένον σημαίνει τὸ λάχανον, ἐκτεινόμενον δὲ) καὶ ὀξυνόμενον δηλοῖ τὴν ψυχήν. τινὲς δέ φασιν—διαβάλλει. — 6 δέ om. R. πεκαρφῆσηται Θ. — 10 καὶ ἀκ. accessit ex V. — 13 καὶ ἀρσ. κλιν. om. Θ.

255, 19 ἀθλητῶν ἐγκονεῖν· οὐ γὰρ V. Deinde Hemsterhusius, aliquid excidisse statuens, conjicit, ἐν κόνει γὰρ ἐκείνων τὸ ἔργον· ὅθεν καὶ ἀκονιτὶ λέγεται (vel ἀκονιτὶ νικᾷν λέγονται), ὅτε (vel ὅταν) πρὸ τοῦ τῆς κόνεως ἅψασθαι νικῶσιν. Suidas v. Ἐγκονεῖτε vulgatam tenet. — 20 κινῶσιν V. κυλῶσι G. om. Θ. — 22-24 sic V., τὸ δὲ μέλλειν ἀντὶ τοῦ μέλλειν καὶ (μ. καὶ om. G.) ἀναβάλλεσθαι καιρὸς οὐκ ἔστιν, ἀλλὰ σπεύδειν. — 24 ἐγείρειν Hemsterh. conj., ut est in Etymol. v. Ἐγκονεῖν: οἱ γὰρ ἐπειγόμενοι τὶ πράττειν, κατὰ τὸν δρόμον ἐγείρουσι κόνιν.

256 ἀκμαεῖ corruptum. Corrigendum videtur ἀκαματεί. Dind.

257, 28 libri συντόμως, quod nihil ad rem facit. Loquitur enim hic comicus de incessu sive gradu propero et contento, i. e. συντόνῳ, a verbo συντείνειν, quod de quavis contentione apud Græcos dicitur. Sic Eurip. Elect. 112, σύντεινε ποδὸς ὁρμὴν, i. e. *accelera gradum*. Et pro συντόνως Aristoph. infra v. 325 dixit συντεταμένως. Kust. σύνδεσμος ἀποδεικτικός (hoc ex scholio v. 261). προθύμως δὲ ἀντὶ τοῦ συντόμως, 29 βραχύτητος V.

259, 34 σοι R. με Ald. om. V. — 35 λ. ὑπερβατὸν V. γε om. R. Ald.

261, 38 Σύνδ. ἀποδ. (scholio v. 259 additum) hic omittit V., sequentia autem post διὰ τὸ γῆρας l. 42 collocat sic scripta, ἄλλως. τοὺς γέροντας παίζει———διὰ τὸ πεπληρῶσθαι αὐτῶν τὰ ὦτα γήρᾳ —41 καὶ ἐπαγγελίᾳ τῷ ἀδρῷ αἰσθήσεων V. οὖν om. R.

263, 49 Ἤγουν τοῦ Ald. Ἢ τοῦ R. Θ. — 50 διὰ libri om. præter R. τῷ γήρᾳ ταῦτα Ald. — 51 δὲ ἐξῆν Θ., qui habet 53 τοιοῦτος—πενήτων.

266, 5 ῥυπαίνω Regius. ῥυπάνω Junt. — 8 et 9 δὲ om. R. V. — 10 γ' οὖν V. γὰρ G. λέγει γὰρ Θ. δὲ om. R. Habet hæc Suidas s. Ψωλός et Μεδῶντα. — 11 μαδ. ἀντὶ τοῦ R. — 14 τοῦ δυσωδίαν

Dobræus, frustra corrigens infimi ævi scriptorem. Dind. — 16 ζαρομάγουλον, i. e. qui maxillas habet rugosas. Addendum hoc vocabulum Glossario Ducangii. *Idem.*

267, 26 χηλήτην (οι) Paris. — 34 τῶν ἔπη Paris. Ἴσον ἐστὶ τῷ Reg.

268 sic in V., τὸ ἑξῆς ὦ ἀγγείλας χρυσὸν διὰ τῶν ἐπῶν. ἀττικῶς (corr. Ἀττικὴ) ἡ συνήθεια· ὡς δὲ πολύπειροι et quæ sequuntur l. 40. — 36 ἀγγείλας ἐκ τῶν ἐπῶν R. ἢ om. Θ.

269, 40 τὴν πλουσίαν ὑπ. V. — 41 ἀπογραφήν Ald. δὲ om. R. V. « Exscripsit Suidas usque ad πλούσιοί εἰσιν l. 47 in Σωρὸν χρημάτων ἀγγέλλεις, omissis σορὸς δὲ—ω μεγάλου, quæ in Ald. adnotationi finitimæ ad v. 270 subjuncta Portus in hunc commodiorem locum revocaverat. » Hemst. — 43 τὸ συνάγω R. σορὸς—μεγάλου om. etiam Θ.— 45 καὶ om. Ald. μεγάλου om. V. — 46 εὐθυνοῦντες Θ. Ald. — 47 εἰσιν om. V.

270, 51 post συμπτώματα in V. sequuntur illa θηλυκῶς (scrib. σορὸς δὲ θηλυκῶς) ἐπὶ—διὰ τοῦ ω.

271, 53 τὸ προκείμενον ἢ προκόμιον V. — 2 Ἄλλως—ἄκος om. R. Θ. et Suidas s. Φενάκη. — 3 κυρίως δὲ V. omisso φενάκη. — 5 ἀπατουσῶν libri et Suidas. ἀπατωσῶν Hemst. τὸ ἐπείσακτον τῆς κόμης Ald.

272, 9 ἢ τὸ—μιαρόν additum ex V. — 10 ἢ om. Θ. βάσιν νεαροποιοῦσα· ἢ V. — 11 τίς ἐστιν, οἱονεὶ βάσεως Θ. Ald. ἢ τὶς τῆς βάσ. G. καὶ ἐν πλεονασμῷ Θ. Ald. — 12 Ἄλλως ex V. additum. πάντες γὰρ οἱ Ald. πάντες δὲ οἱ Θ. — 15 ἀμύνεσθαι Ald.

274 Regius : Τοῦτο φησὶν, ὅτι κακῶς κρίνετε ὑπολαμβάνοντες ἐμὲ φυσικῶς τὸ ψεῦδος φιλεῖν· οὐ γὰρ ἐφενάκισα ὑμᾶς, ἀλλὰ σεμνυνόμενος εἶπον.

275, 25 ἄξιος καὶ βλάβης G. — 29 post τὸ γενικόν addendum ἐπήγαγεν ex scholio Aldino. Dind. πέδαι G. πέδαις V. — 30 ἐξήρτηνται G. ἐξηρτημέναι V. Uterque ἐμποδίζουσαι.

276, 33 ἰδικῇ R. — 34 χοίνικες etiam Suidas s. Χοίνικες. χοινικίδες Ald. — 36 ἰδιωτικῶς om. Paris.

277. Ad hæc scholia dissertationem edidit Georg. Fr. Schœmannus, ita inscriptam : Dissertatio de sortitione judicum apud Athenienses ad scholl. Aristoph. Plut. v. 277. Gryphiswaldiæ 1820.—39 τῷ τάφῳ Θ.— 42 τὸ πράγμα [sic] V.— 43 sequitur in V. ἄλλως. ἐν ταῖς Ἀθήναις—χωρὶς κλήρου δικάσαι. Ἄλλως. παρὰ τοῖς Ἀθηναίοις—παρ' ὑπόνοιαν παίζει. — 44 ἔθος γὰρ R. V. Judices κατὰ φυλὰς divisos præter scholiastam unus memorat scriptor lexici rhetorici in Bekkeri Anecd. p. 262, 10 : Ἡλιαία, μέγα δικαστήριον Ἀθήνησιν, ἐν ᾧ τὰ μέγιστα τῶν δημοσίων πραγμάτων ἐκρίνετο. ἦν δὲ χιλίων πεντακοσίων καὶ ἑνός. συνῄεσαν δὲ οἱ μὲν χίλιοι πεντακόσιοι ἐκ τριῶν φυλῶν. Quodsi verum hi grammatici dicunt, non intelligitur quomodo fieri unquam potuerit, quod sæpe factum esse dicit Aristophanes v. 1167 hujus fabulæ, ut aliquis pluribus simul decuriis adscriberetur (οὐκ ἐτὸς ἅπαντες οἱ δικάζοντες θαμὰ | σπεύδουσιν ἐν πολλοῖς γεγράφθαι γράμμασιν), nisi si tribum suam dissimularet atque, postquam inter veros tribules suos scriptus esset, aliam tribum mentiretur, ut etiam in hujus decuriam irreperet; qualis fraus non apparet quomodo vel tantillum temporis latere potuerit, quum, etiamsi forte non omnes tribules, at certe δημόται noti inter se essent, ut alienum statim a multis agnosci oporteret. Manifestus in his error est grammaticorum illorum, sic, ut videtur, explicandus. Decem fuerunt judicum decuriæ litterarum notis ab A ad K distinctæ : hæ, quum judicia habenda essent, in sortem a thesmothetis conjectæ ex iisque totidem sunt eductæ quot judicia eo die futura essent. Idem quum esset Athenis tribuum numerus et annua sortitio judicum haud dubie tributim fieret, grammatici quidam decurias illas judicum, quas δικαστήρια vocant Demosthenes p. 702, 24, Pollux 8, 124 et Harpocratio s. Ἡλιαία, cum tribubus (φυλαῖς) confuderunt, quæ plane ab illis sejunctæ fuerunt, ita ut qui ejusdem essent decuriæ, tribuum diversarum, qui unius tribus, diversarum decuriarum esse possent. Hæc contra scholiastam monuit Schœmannus p. 16 et 20-23. Non melioris notæ absurdum illud commentum est de decem judicibus, verbis proximis expositum εἶτα ἀπὸ μιᾶς——ἐποίουν δικάζειν, repetitumque in schol. v. 972, etiam a Valckenario notatum, ut ex ejus schedis refert Dobræus. Dind. — 46 πέντε ἄλ. ἄνδρας V. — 47 τῶν ε ἕνα R. τὸν ἔννατον Ald. τὸν ἕνα τὸν Θ. et ed. Basil. — 48 τοῦ om. V. — 49 καὶ τὸ ψήφισμα, ὅ ἐστιν ὁ κλῆρος delet Hemst. ψήφισμα pro *tessera electionis* dixit scholiasta, quod animadvertit Dobræus. — 50 καὶ om. V. Fortasse delendum καὶ δικαστὴν vel scribendum δικαστήν σε, deleto δικάζειν. Dind. καθέζεσθαι Θ. Ald. — 51 πρὸς ἕτερον τὰ παρ' Θ. — 53 φονικῶν, de cæde similibusque criminibus, veneficiis puta, vulneribus occidendi animo inflictis atque incendiis : hæc enim vulgo τῶν φονικῶν nomine designari solent; περὶ δημοτικῶν, de causis civilibus. Schoemann. p. 6. — 54 ἕκαστος δὲ V. sine καί. — 1 ἰδικὸν R. V. — 2 ἄλλο λεγόμενον β. Ald. ἄλλο β, γ, καὶ δ ἐς τὸ ε R. — 3 καὶ ε V. καὶ om. Θ. οὕτως addidi ex V. Dobræo totum hoc τὸ δ καὶ τὸ ε καὶ ἕως τοῦ κ. δέκα γὰρ ἦν τὰ δικαστήρια τὰ πάν-

τα ἐν Ἀθήναις delendum videbatur. Sed probabilius est hic quoque errorem subesse scholiastæ, qui ex decem judicum decuriis collegerit decem fuisse Athenis dicasteria : quæ aliquanto plura fuisse constat. Dind. — 4 τὰ δικαστ. Ald. omittens τὰ πάντα. — 5 πυρῷ V. — 7 ἕκαστα Θ. — 8 post δέλτον addit R. παρ' ὑπόνοιαν δὲ λέγει σκώπτων τὸν γέροντα, reliquis omnibus carens. πινακίδιον Θ. Ald. — 9 τὸ ὄνομα αὐτοῦ. Hoc quoque absurdum esse fierique plane non potuisse ostendit Schœmann. p. 8. — 10 πινακιδίῳ Θ. Ald. δὲ om. V. — 14 ἔχοντος τοῦ α, 15 καὶ ἑξῆς ὁμοίως V. Qui cum Θ. pergit ἀπήρχετο δὲ καὶ πρῶτον. In Ald. ἀπήρχοντο δὲ καὶ πρῶτον. « Delevi verbum ex superioribus illatum. » Dind. — 20 κατηγορεῖτο καὶ additum ex V. Sequentia ad l. 36 om. etiam Θ. — 21 ἔρχεται, scil. in forum. εἰς τὸ non debebat delere Dobræus. Deinde l. 25 κατὰ φυλὴν ἕκαστος post ὁ γραμματεὺς sunt transponenda cum Schœmanno p. 12, nisi negligentius locutus est scholiasta. Dind. δέκατος Luzac. De Socrate p. 70. ἑνδέκατος Ald. Schol. Vesp. 722 : θεσμοθέται καὶ δέκατος ὁ γραμματεὺς κληροῦσι τοὺς δικαστὰς τοὺς τῆς αὐτῆς φυλῆς ἕκαστος. — 26 τὰ λαχόντα Schœmannus p. 12. τὸν λαχόντα Ald. — 32 ἐγράφοντο δὲ ὅτι, ἐπεὶ. Hæc mihi neque integra esse videntur, sed aliquot verbis in principio mutilata, neque ejusdem auctoris, cujus sunt priora, neque vero ullius pretii. Rursus melioris notæ hæc sunt : τὸ δὲ ὁ Χάρων τὸ ξύμβολον δίδωσι κτλ., pessimæ autem, quæ his subjunguntur : δέον δὲ εἰπεῖν κτλ. Hæc omnia e diversis auctoribus nullo judicio consarcinata sunt. Schoemann. p. 13. ἐγράφοντο δὲ οὕτως. εἰ ἦν—Dobræus. — 33 γράμματα Hemst. apud Dobræum. γραμματεῖς Ald. — 35 ista καὶ οἱ δικάζοντες sunt alius scholii initium. Dobræus. — 35 sq. ἐκληροῦντο δὲ ἵνα μὴ V. — 36 διαφθείρῃ τις τὸ δικαστήριον Ald. — 38 εἰσιόντων V., qui om. εἰς τὸ δικαστήριον. — 41 σύμβολον—δημόσιον Θ. σύμβολα—δημόσια Ald. τούτῳ Hemst. τούτων Ald. τοῦτον Θ. — 42 ἵν' οἱ Θ. ἵνα Ald. — 44 ἔδει δὲ, 45 ὡς ἐστι καὶ μ. Θ. — 53 ι' φυλῶν Kusterus. ιδ' φυλῶν Junt. ιϛ' φυλῶν Regius. — 4 ἐλάγχανεν liber Poggianus et Reg. Legebatur ἐλάμβανεν. — 7 οὖν additum e libro Poggiano et Reg. λαχὸν iidem. λαχὼν Junt. — 8 alterum καὶ om. Pogg., non Reg. — 14 μέντοι Pogg. Reg. μὲν τῷ Junt. — 15 καὶ ἡ διάνοια τούτου om. Pogg. — 19 εἶναί σε Pogg. Reg. — 20 Χάροντα Pogg. Reg. Χάρων Junt.

278 om. etiam Θ. — 25 χρῶμα. Vel adjunctum verbum docuerit esse reponendum γράμμα · quis enim Græce sciens dicat ἐπιγράφειν χρῶμα? tum etiam, quod statim subsequitur, ἔχον δὲ τὸ αὐτὸ γράμμα, quamquam illud ἔχον nihil habens, quo referri possit, præter δικαστήριον, itidem vitio vacare non videatur : nisi quædam interciderint, litera mutanda est, ἔχων, nimirum in ista δέλτῳ vel πινακίῳ, cujus ad præcedentem versum schol. meminit. Βάλανον autem non aliam intelligo, quam τὸν σφηκίσκον τῆς εἰσόδου · dicemus ad v. 301. Hemst. Post χρῶμα, ab Hemst. male in γράμμα mutatum, lacunam indicavit Dobræus. Quæ fortasse sic est explenda ut scribatur, τοῖς γὰρ δικαστηρίοις χρῶμά τέ ἐστιν ἴδιον ἑκάστῳ καὶ γράμμα ἐπιγέγραπται ἐπὶ τῷ σφηκίσκῳ τῆς εἰσόδου. Non est aliunde cognitus hic usus vocabuli σφηκίσκος, quod in σφηνίσκῳ mutandum videbatur Schœmanno p. 15, male illud pro ἀέτωμα s. ἀετός accipienti. *Supercilium januæ* interpretatur Bœckhius Corp. Inscr. vol. 1, p. 341. Mihi non de toto supercilio intelligendum esse videtur, sed de lapide vel ligno quod in medio supercilio januæ paullulum eminet superciliumque cunei instar in duas partes dividit : quod et σφηκίσκος et σφηνίσκος apte dici potuit. Huic igitur cuneo inscripta fuit litera dicasterii, quemadmodum hodie numerum ædium non raro inscribi videmus. Ὁ δὲ, id est ὁ δικαστής. Dind. — 27 τὸ ὁμόχρουν. Conf. schol. Vesp. 1105 : ἐδίδοντο δὲ καὶ βακτηρίαι τοῖς δικασταῖς ὁμόχροοι τοῖς δικαστηρίοις, ὅπου ἑκάστους εἰσελθόντας δικάζειν ἔδει, ἵνα τὸν διαμαρτάνοντα ἀπελέγξῃ τὸ χρῶμα. Lexicon rhet. in Bekkeri Anecd. p. 220, 17 : ὁμόχρωμοι τοῖς δικαστηρίοις ἐδίδοντο βακτηρίαι, ἵνα ὁ λαβὼν οἱουδὴ χρώματος βακτηρίαν εἰς τὸ ὁμόχρωμον εἰσέλθῃ δικαστήριον, καὶ μὴ εἰς ἕτερον πλανᾶται διὰ τὸ πολλὰ εἶναι τὰ δικαστήρια. Sic βατραχιοῦν et φοινικιοῦν a coloribus appellata memorat Pausanias 1, 28, 8. — 29 τὴν βάλανον glandem sive globulum esse arbitror, in summa scipionis parte impositum ; de quo ornamenti genere conf. Herodot. 1, 195 ; et exstant hodieque, præcipue in vasis quæ dicuntur Etruscis, scipionum in hunc modum ornatorum exempla. Huic igitur scipionis glandulæ inscripta erat dicasterii nota. Schoemann. p. 15. Falsam esse interpretationem Hemsterhusii supra ad l. 25 appositam vel ex eo cognoscitur quod ἔχον in ἔχων mutato opus habet : quod si scripsisset Aristoteles, μὲν non post ὁμόχρουν, sed post λαβὼν erat collocaturus. Dind. — 33 om. G. ἀντὶ τοῦ μέλλεις ἀποθανεῖν R.

279, 39-42 Εἶδος—αἰσχρός hic om. V., sed infra post ὀρχουμένου ponit τινὲς δὲ μόθωνα εἶδος εἶναι λέγουσιν αἰσχρᾶς—αἰσχρός. — 40 τοὺς παρεπομένους dicit schol. Equit. 631, ex eoque Suidas s. Μόθωνες. παρατρεφομένους Harpocratio s. Μόθων. παῖδας om. R. — 42 γὰρ et τοὺς om. V. — 44 legebatur

παραστῆσαι. Correctum ex Θ. et Harpocratione. κακεῖ περιέστησαν V. — 46 seq. ἢ —σπερμ. habet Harpocratio. — 49 Κόβαλοι δὲ Θ., qui om. τινες.

283, 12 τοὺς R.

285, 19 ἄγω, νομίζω, τὸ θυμῶ· καὶ τὸ συντρίβω Junt. Regius recte.

286, 24 βαρύνεται codex Cantabrig. ap. Kidd. ad Porsoni Miscell. p. 194.

287, 25 Τοῦτο παροιμιαστικός (-όν G.). ὁ Μίδας V. — 26 εἶχε V. Tum sic pergit, ἄλλως. παροιμιῶδες ἐπὶ τοῦ Μίδου. οἱ μὲν λέγουσιν αὐτὸν ὦτα ἔχειν ὄνου διὰ σὸν (δι' ἃ G.) εἰρήκαμεν. οἱ δὲ ὅτι ὄνους τοῦ Διονύσου παριόντας ἠδίκησε. διὸ ὀργισθεὶς ὁ θεὸς ὦτα ὄνου αὐτῷ περιῆψεν. οἱ δὲ ὅτι ὦτα ὄνου μεγάλα ἔχειν φύσει παρεσκεύασεν. οἱ δὲ ὅτι παροιμιῶδες ἐλέγετο ἐπὶ τοῦ Μίδου, ἐπεὶ ὄνος μᾶλλον ἀκούει τῶν ἄλλων ζώων πλὴν τοῦ μυός. καὶ ὁ Μίδας δὲ πολλοὺς ὠτακουστὰς εἶχε. λέγεται δὲ τούτῳ τὸν Πακτωλὸν χρυσὸν ῥεῦσαι. λέγεται δὲ αὐτὸν εὔξασθαι ὥστε πάντα γενέσθαι χρυσᾶ ὅσων ἅψεται, καὶ διὰ τοῦτο αὐτὸν ἀπολέσθαι τῶν βρωμάτων γενομένων. Ἄλλως. Μίδας βασιλεὺς ἦν τῶν Φρυγῶν. οὗτος ἔσχε δηλάτορας (δηλήτορας G.), καὶ μανθάνοντες παραλλήλως (scrib. παρ' ἀλλήλων) τὰ πράγματα ἀπήγγελλον αὐτῷ. ἅτε δὴ οὖν ἀκούων τε ἄλλων ἔσχε τὴν ἐπωνυμίαν, ἢ ὅτι χώραν οὕτω καλουμένην ἔχειν ὄνου ὦτα ἐχειρώσατο καὶ ἀπὸ τούτου ἐκλήθη. R. hæc tantum habet, παροιμιῶδες ἐλέγετο περὶ τοῦ Μίδου ὅτι πολλοὺς ὠτακουστὰς ἢ κώμην τινὰ εἶχε Φρυγίας ὦτα ὄνου λεγομένην. ἢ ὦτα ὄνου λέγεται τὸν Μίδαν ἔχειν διὰ τοὺς ὠτακουστάς ....νοίαν ἐπειδὴ ὁ ὄνος μᾶλλον ἀκούει τῶν ἄλλων ζώων πλὴν μυός. οἱ δὲ ὅτι ὄνους τοῦ Διονύσου παριόντας ἠδίκησε. διὸ—φύσει εἶχεν. Θ. hæc omnia omittit. — 28 κώμην Φρυγιακὴν Suid. s. Μίδας. Κατέσχεν est occupavit, expugnavit. Diogenian. 6, 73: Μίδας ὄνου ὦτα: Ὅτι ὠτακουστὰς εἶχεν· οἱ δὲ χωρίον αὐτοῦ φασιν οὕτω καλεῖσθαι ὑπ' αὐτοῦ ληφθὲν ἀνάλωτον· et totidem verbis Apostol. 13, 19. Vide Tzetz. Chil. 1, hist. 2. Hemst. — 30 αὐτὸν πάλιν. Locum esse sibi suspectum in margine libri sui notavit Kusterus: in Suida tantum, καὶ αὐτὸν εὔξασθαι, ceteris neglectis, quæ non magnopere desideres: transpositu lenior evadet oratio: πάλιν δὲ λέγεται αὐτὸν εὔξασθαι. Hemst. πάλιν om. V. — 34 ὄνους τοὺς τοῦ Suidas. — 35 παριὼν Ald. ἔχειν αὐτῷ Suidas. — 44 ὑπ' αὐτῷ Paris. et Reg. Legebatur ὑπ' αὐτοῦ. λεγόμενά τε καὶ πραττόμενα om. Paris. « Conf. Eudocia p. 290, et Phavorin. v. Μίδας. » Bast.

290, 49-53 habet margo Dorv. usque ad ᾄδων, cui voci statim subjicit, τὸ δὲ θρ. τῆς λ. ἐστὶν ἀπήχημα. Θ. nulla ad hunc versum scholia habet præter illa, τοῦτο ἀπήχημα τῆς λύρας καὶ οὐ συνάπτεται τῇ συντάξει. — 52 καὶ ὁ Καρίων ἦν Reg. — 5-7 τοῦτο—κιθαρίζοντα om. Reg. « Post κιθαρίζοντα legebatur ἄλλως τε καὶ τὸ μέτρον συστέλλειν θέλει τὴν λο συλλαβήν, quæ post ἀμαθεῖς transposuit Hemst., ego delevi. Illud tamen recte animadvertit Hemst., ab alio grammatico ista esse adscripta et inepte quidem. Nam quod dicit de λο syllaba necessario corripienda in vulgatam cadit scripturam, non in conjecturam illam grammatici cujusdam, in qua metrum et θρεττανελό et θρεττανελῶ fert. » Dind. — 9-32 in V. hic est ordo scholiorum, Φιλόξενος διθυραμβοποιὸς πεποίηκε Γαλάτειαν δρᾶμα, ἐν ᾧ πεποίηκε τὸν Κύκλωπα ἐρᾶν αὐτῆς καὶ κιθάραν κρούοντα καὶ ἐν τῷ κρούειν ἀπομιμούμενον θρεττανελὸ θρεττανελό. ἔστι δὲ καὶ τὰ περιγραφόμενα ἐκεῖθεν, ἀλλ' εἶα τέκνα θαμῖν' ἐπαναβοῶντες. Ἄλλως. καὶ μὴν ἔγωγε βουλήσομαι ὑμᾶς ἄγειν· διασύρει δὲ τὸν Φιλόξενον τὸν τραγικόν, ὃς εἰσήγαγε κιθαρίζοντα τὸν Πολύφημον. τὸ δὲ θρεττανελὸ ποιὸν μέλος καὶ κρουμάτιόν ἐστι. Ἄλλως. ὁ Φιλόξενος ὁ διθυραμβοποιὸς ἐν Σικελίᾳ ἦν—ὀξυδόρκει. Ἄλλως. Φιλόξενον τὸν διθυραμβοποιὸν—τὸ μέλος ἐκεῖνο. ἡ γὰρ κιθάρα κρουομένη τοιοῦτον μέλος ποιεῖ, θρεττανελὸ θρεττανελό. τινὲς—φωνήν. — 9 βουλήσομαι ὑμᾶς ἄγειν. Nam aliis placebat ex præcedenti repetere χορεῦσαι vel χορεύειν, ut proximum scholion ostendit: βουλήσομαι χορεύειν, καὶ ὑμᾶς ἄγειν. Hemst. — 14 Suidæ s. Θρεττανελὸ codices τραγῳδιοδιδάσκαλον. — 15 prius τὸν om. R. — 20 χορεύειν R. — 22 sq. ἡ γὰρ—θρεττανελό huc transposuit Dind. cum R. V. et Suida. Supra ante Φιλόξενον τὸν διθυραμβοποιὸν l. 14 exhibet Ald. præmisso θρεττανελό: Τὸν κιθαρῳδόν et sequente ἄλλως, quæ om. R. Idem κινουμένη pro κρουομένη. Reg. ἀνακρουομένη. — 23 θρεττανελῶ θρεττανελῶ R. — 24 φωνήν. τὸν κιθαρῳδόν hoc loco addit V., quod om. G. Sequentia om. R., habet Regius. — 25 Δωριεῦσι Reg. Ald. Correxerat etiam Hemst. — 26 τινὶ om. etiam Reg. — 28 τὰ μέρη K. Reg. Ald. — 29 δρᾶμα δὲ V. omissis καὶ ἐκεῖ. εἰσήγαγε Reg. — 30 τῆς om. V. « τοῦτο δέ. Hoc si mendo carere ponatur, nihil est prius, quam ut eam in suspicionem venias, excidisse unam, quæ huic respondeat, orationis partem: τοῦτο μὲν.... τοῦτο δὲ αἰνιττόμενος etc. *tum fabulam Cyclopis et Galateæ illo dramate pertractans, tum tacite respiciens ad Dionysium*. Alioqui parva plane mutatione rectum erit, τοῦτον (scil. τὸν Κύκλωπα) αἰνιττόμενος εἰς Διονύσιον, quod fere malim. » Hemst. Reg. Γαλα[illegible]ίας, αἰνιττόμενος τὰ κατὰ τὸν Δ. Idem 32 post ὠξυδόρκει pergit: καὶ ἀνακρούοντος ὅθεν τοῦ Κύκλωπος τὴν κιθάραν, τοῦτο τὸ μέλος ἀπετελεῖτο. Deinde post plura ex superioribus, Veneti verbis l. 23 sq. subjicit, μιμούμενος οὖν καὶ οὗτος τὸν ἀγροικικὸν χορὸν τοῦτο

φησίν. ἔστι δὲ καὶ τὸ «ἄγ' εἶα τέκεα θαμίν' ἐπαναβοῶντες» ἐκ τοῦ αὐτοῦ δράματος τοῦ Φιλοξένου.

291 τοῖς ποσίν. οὕτως. ἔτυψε—πυγήν habet Θ.

293, 40 προβάτια ποιᾷ κεχρῆσθαι φωνῇ V. et Suidas s. Βληχή. πρόβατα ποιᾷ φωνῇ χρῆσθαι Ald. — 42-45 sic in V., ἑαυτούς. τῶν ἐχόντων ἐν ταῖς μασχάλαις δυσωδίαν. κινάβρη γὰρ ἡ δυσωδία ἡ ἐν ταῖς μασχάλαις τῶν προβάτων ὑφισταμένη. κυρίως δὲ ἡ τῶν κυνῶν βορὰ, κυνοβορά τις οὖσα καὶ κινάβρα. — 43 legebatur ἐχόντων ἢ κακὴν, pro quo τὴν R. κακὴν post δυσωδίαν habet Θ. — 45 βρῶσις Θ. Ald., quæ post οὖσα addit ἀλλ' εἰ τοῦτ' ἦν, ἐγράφετ' ἂν διὰ τοῦ υ ψιλοῦ. Suidas s. Κινάβρα habet, ἡ δυσωδία τῶν μασχαλῶν τῶν αἰγῶν· et Κιναβρώντων αἰγῶν, τῶν δυσοσμίαν ἀποπεμπουσῶν (ποιούντων codices Gaisfordi) ἐκ τῶν μασχαλῶν.

295, 51 sqq. Suidas: Ἀκράτεια· ἀκρατιεῖσθε. Ἀριστοφάνης Πλούτῳ· Τράγοι δ' ἀκρατιεῖσθε· τουτέστιν, ἀπεψωλημένοι ἀκρατιεῖσθε· ἀντὶ τοῦ, ὡς τράγοι ἀκρατῆ πράξετε· ἐπεὶ μ. τ. σ. οἱ τ. λ. τὸ αἰδοῖον· τὸ ἄκρον λείξετε, ὡς τράγοι. Cujuscumque culpa confusa puto, et hunc in modum instauranda: Ἀπεψωλημένοι τράγοι δ' ἀκρατιεῖσθε· τουτέστι, τράγοι δ' ἀπεψωλημένοι ἀκρ. etc.; nam τράγοι apte explicari non possunt per id ipsum vocabulum, quod in Aristophane connectendum est. Hemst. — 52 λείπει ἡ ὡς R. ὡς τράγοι· τὸ δὲ ἀκρατιεῖσθε ἀντὶ τοῦ φάγοιτε. ἀκρατισμὸς γὰρ λέγεται τὸ πρωϊνὸν φαγεῖν. ἢ Θ. Ald., quæ om. etiam Suidas. — 53 ἀκρατεῖς G. πράξετε Suidas. οἱ τράγοι om. R. V. οἱ τράγοι τὰ αἰδοῖα ἑαυτῶν καὶ ἑαυτοὺς λείχουσιν Θ. — 54 αὐτῶν τὰ R. αἰδοῖα. ἢ λείχετε τὸ ἄκρον τοῦ αἰδοίου Θ. Ald. — 1 ἀντὶ τοῦ φάγοιτε om. G. Regius: Ἀκρατιεῖσθε ἀντὶ τοῦ ἀκρατῶς τοὺς ὄρχεις λείχετε. λέγεται δὲ ἀκρατισμὸς ἐπὶ τῶν ἐκ πρωΐας ἐσθιόντων καὶ πινόντων· καὶ Ἀκρατίζομαι τὸ ἀκράτου γεύομαι. παρὰ δὲ Θεοκρίτῳ (1, 51) ἀκράτιστον τὸ οὐδενὸς ἐγκρατὲς σημαίνει· ὅπερ ἁρμόζει καὶ ἐπὶ τοῦ παρόντος.

298, 7-9 sic ex V. καὶ γὰρ παρὰ τῷ Φιλοξένῳ πήραν ἔχων εἰσῆλθε R. Ald. — 10 ἐφεξῆς Θ. — 11 ποιήματι αὐτοῦ V. — 16 ὡς μελλούσης Jacobs. ad schol. Theocrit. 6, 7. — 19 sq. εἰς τὸν οἰκέτην ἀναφέρει Reg. recte. — 24 κραιπαλῶντα δὲ ἀντὶ R. V. Θ. — 25 μεθύοντα—σφάλλεσθαι om. R. V. μεθύοντα, ἀπὸ τοῦ τὸ κάρα πάλλειν τοὺς μεθύοντας, ἢ ἀπὸ τοῦ τῶν Suidas s. Κραιπαλῶντα.

300, 29 Μάτην etc. Ab Hesychio depromtum. Hemst. — 31 lemma εἰκῆ δὲ καταδ. habet Θ.

301, 36 sq. σκηφίσκον—Ἄλλως huc transposita cum V. Θ., quo loco etiam Suidas legit s. Σφηκώδεις. Præfixo Ἄλλως post σφηκώδεις φασὶν l. 42 habet Ald. ὀξυμμένον R. ἀπεξυμμένον V. ἀπεξυσμένον G. — 37 ἰσχνὸς ἐκ Θ. — 37 ἐπιτηδευτὴ V. Legebatur ἐπιτετήδευται. — 38 μακρὰ V. Θ. et Hesychius s. Σφηκίσκοι. μικρὰ Ald., Suidas, Photius p. 560, 12, Zonaras p. 1695, Etym. M. p. 738, 39, Eustath. p. 897, 58. — 39 ξυνηγμένη Θ. — 40 ἐπεκταμένην V. ἐπισυνηγμένην Suidas, Hesychius, Etym. M. λίαν ἔχουσιν V., non G. ἄγαν ἔχουσιν Hesychius. — 41 δὲ om. V., qui τοῖς στόμασι.

302 om. etiam Θ. — 49 εἴκοσι Portus. ὀκτὼ Ald. — 50 στίχοι καὶ κῶλα Kusterus. στίχων καὶ κώλων Ald. — 51 ἀκατάληκτος. Jure Kusterus scholiasten reprehendit, qui primum versum esse dixerit τετράμετρον ἀκατάληκτον, qualis est Alcæi prolatus etiam ab Hephæstione ejusque enarratore p. 16, 86, quum sine dubio sit τετράμετρος καταληκτικός. Quî in tam manifestum errorem labi potuerit, miror; nisi credibile putes eum reperisse, ἐγὼ δὲ τὴν Κίρκην γε τὴν τὰ φάρμακ' ἀνακυκῶσαν ἄν. Hemst. Regius: τὸ α' καὶ β', ἰαμβικὰ τετράμετρα καταληκτικὰ, ὅμοια τοῖς ἄνω. — 6-8 Anacreontic. od. 38.

303, 13-18 Δέον—Ἄλλως leviter mutata inferius exhibet V. δέον—ἐφαρμάκευεν habet Suidas s. Ἀπαίδευτοι. — 14 ὁ δὲ om. Θ. Deinde οὗτος ὁ Φιλωνίδης οὐ μόνον μέγας ἦν, ἀλλὰ καὶ ἀμαθὴς καὶ ὑώδης addit Suidas. δὲ om. Θ. — 18 ἐφαρμάκευεν ὡς ὄντας κάπρους Θ., qui om. Ἄλλως. — 19 καὶ om. V., qui Κίρκη. — 25 Μελιττέα V. et infra Μελιττέως. Idem post ὑώδη addit Κίρκην δὲ λέγει τὴν Λαΐδα. — 26 Νικόχαρις, 27 ἠδέ τ' Ald. ἀπαίδευτός τε εἶ G. — 28 post Μελιτίως sequuntur in V., Ἄλλως. ἀντὶ τοῦ εἰπεῖν Ὀδυσσέα, Φιλωνίδην εἶπε. κωμῳδεῖ δὲ τὸν Φιλωνίδην ὡς πόρνον καὶ πολλοὺς παρασίτους τρέφοντα. ἦν δὲ καὶ ὑώδης ὁ Φιλωνίδης (ὁ Φιλ. om. G.). τοὺς δὲ ἑταίρους αὐτοῦ κάπρους εἶπε, τὴν δὲ Λαΐδα Κίρκην, ἐπειδὴ τοὺς ἐραστὰς αὐτοῦ (scr. αὐτῆς) ἐφαρμάκευε. Sequentia om. etiam Θ. Ea in codice Parisino sic scripta: Ἄλλως. ἔστιν ἡ Κύρκη ἐκ τῶν Λαιστρυγόνων, παρελθοῦσα πάσας τὰς γυναῖκας μαγείαις. προσέσχε δὲ αὐτῇ Ὀδυσσεὺς μετὰ τὸ φυγεῖν—ἐκπέμψας (sine καὶ)—ὑπ' αὐτῆς ἐγεγόνεισαν διά τινος ποτοῦ, νυκτὸς εἰς τὴν τούτων—μόλυ—καὶ πρὸς μοιχείαν αὐτῷ συνελθεῖν ἐκ.—ἐμίγη καὶ ἐποίησεν υἱόν. Θέλων οὖν—ἐκεῖσε τῆς Λ. — 33 ἦν ὁ τόπος, 34 διά τινος φαρμακοποσίας Reg. — 40 αὐτὸν Reg. Dorv. αὐτῷ Ald. — 41 εἰς τὴν Reg.

305 Reg.: Σκὼρ τὸ ἰδιωτικῶς λεγόμενον σκατόν. καὶ κλίνεται σκατὸς ἑτεροκλίτως.

307, 14 γρυλλισμὸς G. γρυλλιασμὸς R. — 16 ὑπὸ et 17 καὶ om. Paris.

309 et 311 om. etiam Θ.

312, 32 εἰπεῖν ὅτι Θ. Reg. Ald. — 33 ἐπιφέρομεν R. Reg. Paris. ἐπινέρωμεν Ald. ἐπιφέρειν V.

« ἐπιφέρομεν dixit scholiasta, non ἐποίσομεν, qui χρεμῶμεν pro indicativo præsentis haberet. » Dind. σοι om. V. ὁ δὲ om. R. V. — 34. Illa ἐρινεοῦ, quem vespertilionis in modum adglutinatus Ulyxes adprehenderat, ἐποχὴ sumta est ex Od. M, 432. Melanthii meritissimam pœnam ad columnam suspensi graphice descripsit poeta Od. X, 175, 193. Hemst. τοῦ additum ex V. et Reg. Ceterum in V. supra post scholion v. 302 adscripta quæ huc pertinent δέον (δέον om. G.) εἰπεῖν τὸ ξίφος ἐπανατείναντες ὥσπερ ὁ Ὀδυσσεὺς τῇ Κίρκῃ. — 35 στόματι Paris. — 38 sq. Ὥσπερ — ἀνέτεινεν habet Θ.

313, 41-53 sic in V., μίνθη κυρίως ὁ τράγος, καταχρηστικῶς δὲ ἡ ἀνθρώπου κόπρος, ᾗ ἐκέχρηντο — πταρμῷ. Ἄλλως. μίνθη ἡ κόπρος τῶν αἰγῶν λέγεται. ἐπειδὰν — ἠδίζονται. Ἄλλως. οἱ μὲν τὸν ἡδύοσμον — οἱ τράγοι. — 41 τὸν ἡδύοσμον. Dioscorides 3, 41 : ἡδύοσμος, οἱ δὲ μίνθην, γνώριμον βοτάνιον· et Suidas in Μίνθη. Alibi neutrum genus scholiastes posuit : ad Ran. 1075 : Μίνθη δὲ τὸ παρ' ἡμῖν ἡδύοσμον· οἱ δὲ τὸν θύμον, ἢ κόπρον αἰγῶν. Hesych. : Μίνθα, τὸ ἡδύοσμον, καὶ ἀνθρωπεία κόπρος. Idem : Ψώϊζος, ἄφοδος ὑγρὰ, ἢ ὄνθος, δυσωδία, καὶ ἣν καλοῦσι μίνθαν· οἱ δὲ αὐχμὸν, ἢ μόλυσμα· sanavimus affectum locum et male tentatum. Ap. Etymologum itidem in Μίνθη pro μίθρον rectius est μίνθον. Κωμικὴ λέξις est liber comicorum vocabula complexus et declarans. Schol. Apollon. Rh. 4, 973, de orichalco quum diversas veterum opiniones exposuisset, addit : οὕτως ἦν ἐν τῇ κωμικῇ λέξει τῇ συμμίκτῳ · neque aliud existimo τὸ κωμικὸν λεξικὸν, cujus idem mentionem fecit ad v. 1614. Auctorem Palamedem Etymologus indicat p. 145, 44 : Παλαμήδης ἱστορικὸς ὁ τὴν κωμικὴν λέξιν συναγαγών· ubi miror historicum vocari, qui fuerit grammaticus, eoque titulo signetur a Suida : Παλαμήδης, Ἐλεάτης, γραμματικός. κωμικὴν καὶ τραγικὴν λέξιν, etc. Temporis quo vixit indicium Athenæo debemus, a quo Dipnosophistis adnumeratur ὁ Ἐλεατικὸς Παλαμήδης ὀνοματολόγος 10, p. 397, A. Idem sine dubio Palamedes, cujus auctoritate in verbis obscurioribus explicandis utuntur scholiastæ Apollon. Rh. ad 1, 704; 3, 107; 4, 1563, et noster ad Pac. et Vesp. ter quaterve. Hemst. Vide Bœckhium præfatione ad schol. Pindar. p. xix. Dind. κωμικῇ τάξει V. — 43 φυόμενον V. φερομένου Θ. — 44 ἢ καὶ ἄλλως Ald. ἡ τοῦ τράγου κόπρος. παραχρηστικῶς..... ἐπειδὰν R. Scribendum videtur παραχρηστικῶς δὲ ἡ ἀνθρώπου κόπρος. Dind. — 45 ψυχμῷ V., qui 50 om. αἱ. — 52 οἱ δὲ om. Θ. — 53 ἐκέχρηντο περιτρίβοντες V. Vulgatum habet Suidas s. Μινθώσομεν. — 54 ἂν om. Ald. et Suidas. δυσεργήτῳ Suidas. δυσριγεῖ Ald., corruptum fortasse ex δυσεργεῖ. Capræ δύσριγοι, alsiosæ, dicuntur ab Aristotele et in Geopon. 18, 9, 5. Deinde τράγων, οἱ δὲ τῷ πταρμῷ V. Scholion hoc pluribus verbis esse defectum censebat Hemsterhusius. Mihi ex superiore scholio inepte excerptum videtur. Illud quoque absurdum, quod stercus humanum hircis adhiberi dicitur. Dind.

314, 7-11 sic in V., Ἀρίστυλλος αἰσχρὸς ποιητὴς καὶ ἐν ταῖς μουσουργίαις κεχηνώς· ἢ ὡς μοιχὸς διαβάλλεται καὶ ἐπὶ μαλακίᾳ, μέμνηται δὲ αὐτοῦ καὶ ἐν Ἐκκλησιαζούσαις ὡς αἰσχροῦ καὶ ἀρρητοποιοῦ. — 10 ὁ δὲ Ἀρίστυλλος αἰσχρὸς ποιητὴς habet R. — 12 ὅτι ὡς ὁ Ἀρ. R. — 12 ἕπεσθε om. V. μητρὶ χοῖροι et sequentia om. V. Θ., qui om. etiam scholion v. 316.

317 ἀλλ' ὅτι ἐναντίον R. V.

321 V. hæc tantum habet, ἀντὶ τοῦ δι' ἡμέρας οὕτω κάμνειν ἐσθίων. μασάω μασσῶ δέ. — 34 sq. μασσῶ — μασσώμενος ὡς κλώμενος Ald. — 37 τῷ — δεήσεται habent etiam Reg. et Θ., in quo legitur δεήσειεν.

322, 38-41 Κορωνὶς — δρῶ om. etiam Θ. Sequentia in V. hoc ordine, περὶ τοῦ — Ἀχαιούς. Ἄλλως. ὁ Χρεμύλος — καινότερον. — 41 Χρ. ὡς καὶ ξενισθεὶς Θ. — 42 τὴν προσηγορίαν V. — 45 τοῦ τε Kusterus. τοῦ V. τοῦτο Θ. Ald. — 46 Dionysius ille quis fuerit, inter tot Dionysios a Meursio, Vossio et Jo. Jonsio De scriptt. H. Ph. 3, 8 recensitos, definire non est pronum. Hemst. — 47 vide Thom. M. v. Χαίρειν, Menag. ad Diogen. Laert. 3, 61. Kust. αὐτὸ om. V. Θ. Uterque deinde γράφοντος δὲ αὐτοῦ πρὸς Ἀθ. ἑλόντος τοὺς ἐν Σ., et 49 ὁ Κλέων Ἀθηναίοις. — 50 περὶ τὴν σύνταξιν ἀσύστατον. Disputat scholiastes, ut Apollon. Alex. 3, p. 231, de usu infinitivi χαίρειν in hac epistolari formula, cujus rationem structuræ legitimæ repugnare monet, nisi quis imperativi vice Homerico more positum accipiat. Videntur tamen e duobus codd. in unum conflatæ esse binæ sententiæ similis periodi, quarum alterutra fuerat omittenda hunc in modum : λέγει δὲ (Dionysius) αὐτὸ κεῖσθαι περιττὸν, καὶ κατὰ τὴν σύνταξιν ἀσύστατον. εἰ μή τις αὐτὸ λάβοι etc., vel, ἐκ δὲ τῆς συντάξεως τοῦ λόγου φησὶν (Dionysius) ἀσύστατον, εἰ μὴ etc. Hemst. Post ἀσύστατον V. addit οὐ δὲ περιττὸν ὡς εἰσκείμενον. — 52 ἀντὶ om. Θ., qui προστακτικὸν Θ. — 1 ἐμφαίνει Dorv. — 4 ὧν Paris. Reg. ἦν Junt. Idem Reg. τούτῳ, ut legendum est.

324, 14-16 om. G. παρ ὑπόνοιαν· εἰπὼν γὰρ μὴ προσαγορεύειν ἀσπάζεται pro his ponit V.

325, 18-21 sic in V., μετὰ τάξεως καὶ σπουδῆς,

ἢ ἀντὶ τοῦ καθωπλισμένως, ἢ ἀντὶ τοῦ γοργῶς· καὶ μετὰ συγκροτήματός τινος χοροῦ. τὸ δὲ οὐ καταβλακευμένως (καταβεβλακευμένως G.) ἀντὶ τοῦ σπουδαίως καὶ οὐ βραδέως. βλὰξ γάρ. — 19 καὶ ante γοργῶς om. Θ. — 20 κατεβλακ. R. καταβεβλακ. Ald. — 22 καὶ μαλθακία ἢ Θ. ὑπεροψίας ἀμέλεια R. βλακεία ἢ τρυφή Reg.

327, 33 sq. ὅταν bis G. ὅτ' ἂν V. Posui comma post πάλιν. Sed scholiasta fortasse scripserat ὅταν δὲ θέλῃ, πάλιν ἄνθρωπον. Dind.

328, 36-39 sic in V., δόξεις—πρακτικόν. ἢ ὡς αὐτὸν—σύμμαχον. Ἄλλως. ἀντὶ τοῦ θάρσησον. νομίζεις γὰρ εἶναι μὲν (scr. με Ἄρη) εἰς τὸ βοηθῆσαί σοι. τῷ Ἄρει· ἄκρως καὶ ἀπειλητικῶς βλέψω πρὸς τὸ βιαζόμενον. Illa τῷ Ἄρει—βιαζόμενον om. G. — 36 αὐτὸν V. ἑαυτὸν Θ. Ald. ἂν R. — 38 vix dubito quin a scholiaste scriptum fuerit ἀρείως καὶ ἀπειλητικῶς, *Martis in morem, et comminatorio vultu*. Suidas : Βλέπειν γὰρ ἅ δ. μ' Ἄρη. ἐπὶ τῶν ὑπισχνουμένων παντὶ σθένει πράττειν (Mich. Apostol. συμπράττειν, nihil amplius addens) καὶ συνάρασθαι πρὸς βοήθειαν. δόξεις με, φησὶν, Ἄρεα ὁρᾷν κατορθωτικὸν καὶ πρακτικόν· ubi primum post πρακτικὸν illud ἄκρως non comparet : deinde ἀντὶ τοῦ perperam, ut puto, deest : tum laciniam ed. Juntinæ [et Regii], quod raro fit, excerptam vides. Notandum autem est, triplicem afferri interpretationem, unam alteramque pravam, tertiam satis commodam. Hemst.

329. *Non constabat judicum merces*, vel *salarium; sed id pro temporis ratione mutabant :* scilicet aut ipse populus Atheniensis, aut populi moderatores et demagogi. Ἵστασθαι in eadem re sæpius usurpat, ad Nub. v. 860; ad Av. 1540 : οὐχ εἱστήκει δὲ αὐτοῖς τὸ τριώβολον· Hesych. in Δικαστικόν : οὐ μέντοι ἕστηκεν, ἀλλ' ἄλλοτε ἄλλως ἐδίδοτο· quod ab Aristotele sumtum in Atheniensium Rep. scholiastes ostendit ad Vesp. v. 682. Hemst. Mercedem judicum permiscet scholiasta cum mercede concionis populi, de qua loquitur Aristophanes. Dind. — 47 ὁ om. Θ.

330 R. illa οὐδεὶς ἐδίκαζεν—οὐκ εἰσήρχετο in principio scholii ponit. Sic etiam Reg. incipit ἐν τῇ ἐκκλ. οὐδεὶς etc. — 51 Suidas habet ὠστίας in v. [quem locum om. cod. Paris. A.], ubi priora hujus adnotationis descripsit paulo plenius; posteriora totidem verbis in Τριώβολον, omissis ἐν τῇ ἐκκλησίᾳ δέ. Hemst. ὠστίας R. Reg. ἔξω[θ] ὠθῆν τὴν ἐρχομένην R., quasi ἔξωθεν ὠθεῖν voluisset. Sed ἐξωθεῖν Suidas. — 52 ἐν τῇ ἐκκλησίᾳ δὲ om. R. — 53 ἐπέβη τῶν ξε' ἐτῶν. ὅσοι οὖν τελ. Reg. φανερόν τι, *certum quid*. φανερῶς Reg. — 6 πάντοτε om. Θ.

331, 11 παραχωρῆσαι uterque codex. C.ɔrrexi ex G. et, qui παραχωρῆσαί με habet, V. Dind. Regius παραχωρήσαιμι. καταλείψαιμι om. V. G.

332, 14 κατὰ τούτου Dorv.

338, 24-26 sic in V., διαβάλλει τοὺς Ἀθηναίους ὡς ἀργοὺς καὶ ἐν τοῖς κουρείοις καθημένους καὶ οἷα ἐν τοῖς ἰατρείοις ποιουμένους τὰς συντυχίας. τούτου ἕνεκεν εἶπεν ἐν τοῖς κουρείοις. — 25 καὶ pro ὡς, et κουρείων καὶ ἀργούς R. ὡς ἀργοὺς ὄντας καὶ διημ. ἐπὶ τ. κ. Reg. καὶ ἐν Hemst. καὶ οὐκ ἐν V. Θ. Ald. — 26 ποιουμένων[ους] Θ. Ib. ἐργαστήρια ἦσαν τὰ κουρεῖα Paris. Reg. — 30 μπαρμπερεῖα, id est βαρβερεῖα : de quo v. vide Ducang.

342, 35 Σκόπει V., non G. — 36 Ἄλλως. οὐκ ἀκολ., 37 ἀγωγῇ V. ἐπὶ—βλέπως om. G. — 42 φίλοις τῶν οἰκείων χρηστῶν Reg.

345, 46 τῆς εὐπραγίας Θ.

347 R. habet θεός : ἢ ὁ Πλοῦτος ἢ ἄλλος τις τῶν θεῶν.

349 in Dorv. λέγοντες — τὸ δὲ λέξας ἀντὶ τοῦ λέγε ψυχρόν· ἔχει δὲ οὕτω· λέγε ὅτι φῆς ἀνύσας τοῦτο ποτὲ, τουτέστιν εἰς διασάφησιν καὶ τέλος ἀγαγὼν τὸν σὸν λόγον. — 4 ἀντὶ τοῦ μέγας V. ἀνύσας : Σπεύσας om. Θ., qui 5 εἰς τὸ ἄν.

351, 10 ἐπιτρίψῃ Reg. — 11 λέγω om. Paris. — 12 παντελῶς. Ἄλλως. πάντα V. — 13 Ἀττικὸν δὲ τὸ καί μ' οὐκ ἀρέσκει, ὡς προείρηται (ad v. 69) Ald.

355, 25-29 nihil præter ἀντὶ τῆς ὑπό habet V., quod om. G. περισσὴ ἡ πρός. ἢ ἀντὶ τῆς ὑπό. ὀρθόν. ἴδιον ἀνδρὸς εἰργασμένου Θ. In R. scholion adeo evanuit ut hæc tantum legi possint.... πρὸς ἀνδρός. περισσὸν....αν..τῆς ὑπο....

358, 33 ἀντὶ τοῦ μεταμέλη φροντίζεις V., quæ om. G.

359, 36 εἴληφε τοῦτο τὴν V. Θ. In R. nihil legi potest præter λείπει.

361, 41 Ἀπὸ δυσπετείας V., qui 42, Ἄλλως. οὐδεὶς etc. — 43 ὃ δοκεῖ V. Θ. — 46 ὑγιὲς Dindorfius addidit ex Platone.

363, 51 φράσαι Θ.

365 Dorv. versibus interpositum habet πρώην δὲ χρηστὸς ὢν καὶ νῦν πανοῦργος ἐστί. Vel ἦν, vel omittendum erat καί. Hemst.

368 in V. δεδιὼς (ἄλλως. δεδιὼς G.) θέλει εἰπεῖν, ὅμοιος εἶ πεπανουργευμένῳ.

369, 16 δέ ἐστιν ἐπὶ V. μάτην additum ex Suida s. Κρώζει et Οὐκ οἶδ' ὃ κρώζεις. Pro eo τὰ ἄνω habet V. θρυλούντων V. Θ. Reg. θρυλλούντων R. Ald. ὥσπερ αἱ V. ἀπὸ τῶν θυρῶν· σὺ γὰρ Reg. κορ. ἀντὶ τοῦ λέγεις R. — 17 περὶ τὸ κεκλοφ. με V. Θ. Reg. διαλέγει Reg.

370, 26 κοινωνῆσαι—εἴρηται, et 30 ἄθλιος εἶ καὶ κ. habet Θ.

373, 33 ἃ ἄλ. Reg. Dorv. καὶ ἄλ. Junt.

376 Ναὶ οὐ θέλω et σύναπτε—κατηγορεῖς habet Θ., ex quo 39 τό μου additum.

377 om. Θ. In R. est λείπει ἀναλώματος.

379, 47 φράξας—πεφραγμένος et δὲ addita ex V. βυθὸς G. βυσὸς V. — 50 κοινωφέλιμοι τοῦ Θ. Ald., qui omittunt τοῦ εὑρημένου—κέρδεσι. Pergit V., τινὲς ὡς Ὅμηρος ἐπιπλήσας νήματος—βεβυσμένον. — 1 καταστὰς Paris. — 2 ἔχω Dorv. δωρ. ἡμῶν Reg. — 4 ἐπιθυμητικῶς G. ἐπιθυμητικὸς V.

381, 5. Illud ἐξοδιάζειν recentioribus quidem Græcis perquam usitatum, sicut ex Ducangio in v. Ἔξοδος compertum habemus; sed longe tamen vetustius, quam viri docti sibi persuaserunt, et magno intervallo ætatem eorum, quos citant testes, scriptorum superans, atque adeo veteri Græciæ non prorsus ignotum: ut enim taceam LXX interpretes, marmorea testamenti tabula monumentum egregium in Gruter. Inscr. Ant. p. CCXVI sæpe suppeditat ἐξοδιάξει et ἐξοδιαζέτω· itidemque columna Sicula, quam mihi D'Orvillius a se descriptam ostendit: εἰς δὲ τὰν κατασκευὰν τᾶς στάλας ἐξοδιάξαι τὸ τριάκοντα μέρος· unde jure colligas Doribus in primis hoc verbum fuisse familiare, minusque mireris, quoniam eadem erat Macedonum dialectus, ad Alexandrinos pervenisse. Hinc ἐξοδιασμὸς, *erogatio*, in Gloss. Ἔξοδον, a quo vocabulo ista proficiscuntur, nonnunquam ita sumi monstrat Hesychii gl., Ἀνάλωμα, ἔξοδος· et enarrator Theocriti 15, 35: verum insignis est tabulæ marmoreæ, quam ante designavi, locus p. CCXVIII: γραφέτω δὲ καὶ τὰν ἔσοδον καὶ ἔξοδον τὰν γινομέναν ἐπ' αὐτοῦ. Ex his aberrasse Suicerum liquet, qui ἐξοδιάζειν putaverit esse proprie, Sumtum ad exsequias impendere. De λογαριάζειν v. Ducangium et Vetus Rationarium: rarius apud Suidam ἀπολογαριάζω ad exponendum ἀπολογίζω adhibitum, et a Cangio prætermissum. HEMST. Conf. Valckenar. ad Adoniaz. p. 339, C. DIND.

383, 9 δέ ἐστι V. κλάδος ἐλαίας solum habet Dorv. «Pro ἐρίῳ πεπληγμένος Harpocrat. et Suidas posuerunt στέμματι ἐστεμμένος· plura dabit Jos. Wasse ad Sallust. p. 360.» HEMST. — 10 ἐλαίας κατεῖχον κλάδον Ald.

385, 14 ζωγράφος ἦν Paris. Reg. — 15 ἔγραφε δὲ Dorv. ἔγραψεν οὖν Paris. Reg., qui recte Εὐρυσθέα, non εὐθέως. — 16 αὐτοὺς om. Dorv. — 18 περιειλημμένος Reg. περιειλυμμένος Dorv. κατεστεμμένος Plutarchus. — 24 γὰρ om. V. — 25 sq. Ἡρ. τὸν ἐκ. om. etiam Θ. — 26 ἔμφυτον Hemst. — 27 sq. ζωγράφος· κατὰ δέ τινας τρ. V. Π. τραγικός· κατὰ δέ τινας ζωγράφος Θ. Ald. — 29 Ἄλλως. Πάμφιλον μὲν addita ex V. — 33 φασιν ἀμπέλου Θ. Addit Ald. περικλυτὸς δὲ ζωγράφος ὁ Ἀπελλῆς. — 35 οὐδεὶς φαίνεται V. — 36 Ἡρακλέος Θ. hic et infra. «Ἡρακλέους θυγάτηρ est sine dubio Macaria, quæ pro salute fratrum Atheniensiumque mortem voluntariam subire non detrectavit. Pausan. I, 32, 5. Zenobius autem 2, 61, et schol. Aristoph. ad Eq. v. 1148 ipsis fere verbis conveniunt cum Apollodoro 2, 8, 1. Cui non lecti sunt Euripidis Heraclidæ? HEMST.» — 40 ἔγραψεν Ἡρ. V. — 41 ὅταν Εὐρ. Θ. Ald. — 44 αὐτῷ Θ. — 47 παίδων libri præter R. — 48 παρακολουθουσῶν λόγον ὑπεῖχον τῷ ἐγκλήματι Ald. παρακολουθήσαις τῷ ἐγκλήματι Θ. Sequitur in ed. Junt. [et Reg.] scholion futilissimum hoc, ὁ Πάμφιλος οὗτος εἷς ἦν τῶν Ἡρακλειδῶν, υἱὸς μὲν Αἰγιμιοῦ, ἀδελφὸς δὲ Δυμάου καὶ Δώρου, ἀφ' ὧν φυλαὶ ἐν Λακεδαίμονι, Παμφιλεῖς, καὶ Δυμενεῖς, καὶ Δωρεῖς, ἀφ' ἧς οἱ Δωριεῖς, οἵτινες οἰκοῦντες πρότερον τὴν Πίνδον μίαν οὖσαν τῆς τετραπόλεως τῆς ἐπ' Εὐβοίᾳ, ἀφικνοῦνται εἰς τὴν μεταξὺ Οἴτης (ἥτις Reg. Junt., quod correctum in ed. Basil.) καὶ Παρνασοῦ Δωρίδα ἑξάπολιν οὖσαν. ἔστι δὲ Ἐρινεὸν, Κύτινον, Βοιὸν, Λίλαιον, Κάρφαια, Δρυόπη. ἐκ δὲ τούτων σὺν τοῖς Ἡρακλείδαις ἀναχωροῦσιν ὁμοῦ (οἶμαι Reg.) ἐκ τῆς Ἀττικῆς εἰς Λακεδαίμονα (κατέρχονται addit Reg.), ὡς (ὡς ὁ Reg.) Πίνδαρός φησι «θέλοντι δὲ Παμφύλου.» De quo hæc annotavit Hemst.: «Ineptus aliquis, qui eximiam vetusti enarratoris observationem ad Pindari Pyth. 1, 121, Θέλοντι δὲ Παμφύλου καὶ μὰν Ἡρακλειδᾶν ἔκγονοι etc., Comici verbis, quibuscum plane nihil habent commune, illustrandis conducere stulte sibi persuasit: Πάμφιλον, ut exactius Aristophanis vel pictori vel poetæ tragico responderet, scripsit, quem omnes Πάμφυλον appellant cum fratre Dyma, Dymane vel Dymante, Ægimii filium. Ergo minus accuratum, quod de suo largitus est, εἷς τῶν Ἡρακλειδῶν· quanquam utrique cum Heraclidis ad occupandam Peloponnesum profecti tradantur. Nunc utrumque scholiasten paucis conferre lubet, ut, quid noster ille acutulus in altero corrumpendo sibi indulserit, patescat. Tale est ad Pindarum adnotationis initium: Πάμφυλος καὶ Δύμας καὶ Δῶρος υἱοὶ Αἰγιμιοῦ· ἀφ' ὧν Παμφυλὶς καὶ Δυμανὶς φυλαὶ ἐν Λακεδαίμονι· isti Doro, ne tribu a se orta miser careret, prospexit noster, posterosque tribuit Δωρεῖς. Ego Dorum Hellenis filium, itemque alium Neptuni cognitos habeo; Ægimii nullum, quippe qui, teste Stephano in Δυμᾶν, ἔσχε δύο παῖδας Πάμφυλον καὶ Δυμᾶνα, καὶ τὸν τοῦ Ἡρακλέους Ὕλλον ἐποιήσατο τρίτον, χάριν ἀποδιδοὺς ἀνθ' ὧν Ἡρακλῆς ἐκπεπτωκότα κατήγαγεν. Quocirca res ipsa diligenter considerata refingi jubet, Πάμφυλος καὶ Δύμας Δωριεῖς, υἱοὶ Αἰγιμιοῦ. Sequitur

paulo post, sed alterius scholiastæ: Οἱ Δωριεῖς οἰκοῦντες πρ. τὴν Π. μ. οὖ. τῆς τ. τῆς ἐν Περεβοίᾳ, ἀφ. εἰς τὴν μ. Οἴτης καὶ Παρνασοῦ Δ. ἑξ. οὖσαν· ἔστι δὲ Ἐ. Κ. Β. Λ. Κάρφαια (Σκάρφεια restituit Berkel. ad Steph. in Αἴλαια· ego ferme malim Σπερχείαν), Δ. ἐκ δὲ τούτων σὺν τοῖς Ἡρακλείδαις εἰς Λακεδαίμονα κατέρχονται· ubi primum facinus improbum admisit Comici scholiastes, qui ista præcedentibus agglutinaverit inserto ἀφ' ἧς, scilicet φυλῆς, atque ea ratione vere monstrum nobis chronologicum ediderit. Deinde pravum illud ἐπ' Εὐβοίᾳ, cujus erroris originem detexisse sibi videbatur Palmerius in corruptis Diodori codicibus 4, 67, in quibus sine controversia vitiose legitur Εὐβοίᾳ pro καὶ Βοίῳ, longe aliud remedium postulat: quum enim in Pindari scholiasta scribatur ἐν Περεβοίᾳ, inde levi negotio conficere licet ἐν Περραιβίᾳ· atque ita non multo inferius, Πίνδος δὲ Περραιβίας ὄρος pro Περρεβοίας, vel Περραιβοίας, quod una tantum litera vitiatum exstat in Theocriti enarratore ad Id. 1, 67; sed optime lectioni restitutæ patrocinatur ipse Pindari schol. ad Pyth. 9, 27: Πίνδος γὰρ ὄρος Περρεβίας (Περραιβίας)· ἡ δὲ Περρεβία τετράπολις τῆς Θεσσαλίας· ubi Perrhæbia nobis occurrit Thessaliæ tetrapolis, haud sane diversa ab ea, quam hic commemorat, tetrapoli τῇ ἐν Περραιβίᾳ· nihil itaque minus est intelligendum, quam, quod Palmerius existimabat graviter scholiasten incusans, tetrapolis Attica; de qua si forte cogitasse credatur Aristophanis enarrator ob mendosam scripturam ἐπ' Εὐβοίᾳ et Atticæ mox factam mentionem, tanti erroris certe prorsus immunis est Pindari scholiastes. Meminit etiam Doricæ tetrapoleos loco valde notabili Strabo 9, p. 654. Inter utrosque Locros μέσοι Δωριεῖς· οὗτοι μὲν οὖν εἰσὶν οἱ τὴν τετράπολιν οἰκήσαντες· ἥν φασιν εἶναι μητρόπολιν τῶν ἁπάντων Δωριέων· πόλεις δὲ εἶχον Ἐρινεὸν, Βοῖον, Πίνδον, Κυτίνιον· ὑπέρκειται δ' ὁ Πίνδος τοῦ Ἐρινεοῦ· παραρρεῖ δ' αὐτὴν ὁμώνυμος ποταμὸς ἐμβάλλων εἰς τὸν Κηφισσὸν οὐ πολὺ τῆς Λιλαίας ἄπωθεν· τινὲς δ' Ἀκύφαντα λέγουσι τὸν Πίνδον. Pindi nullum in hac regione vestigium apud reliquos omnes inveniri miror: nam Melæ verba 2, 3, 58, *in Doride Pindus, et juxta situm Erineum*, in quibus emendandis solitam ingenii modestiam non approbavit magnus Pintianus, quum in omnibus, quæ viderit, exemplaribus abesse testetur Is. Vossius, pro spuriis et ex Strabone suppositis habenda verosimillimum videtur. Quare dubito, an decipi se passus fuerit vir accuratissimus, et, quæ scriptor aliquis vetustus de tetrapoli Perrhæbica tradiderat, ad hanc posteriorem Doricæ gentis sedem transtulerit: cui nostræ suspicioni mirifice favet Pindari schol. Præterea Ἀκύφας a Stephano describitur πόλις μία τῆς Δωρικῆς τετραπόλεως· qua quidem loquendi ratione neque in Ἐρινεὸς, nec in Κυτίνιον fuit usus: inter Ἀκύφαντα vero et Homeri Κύφον Il. B, 748, nullum aliud discrimen statuo, nisi diversam vocum formam: parvus schol. πόλιν περὶ τὴν Περαιβίαν exponit, et Straboni Κύφος Περραιβικὸν ὄρος ὁμώνυμον κατοικίαν ἔχον 9, p. 675, A: nam quod Stephanus duplicem facit, Perrhæbicam alteram, alteram Thessalicam, errore non vacat: huic autem idem atque Pindo contigit, ut montis, fluvii, oppidique juxta siti nomina non discrepent. Jam Dorienses variis acti casibus alias ex aliis sedes habuerunt; antiquissimas circa Ossam et Olympum in Doride, quæ postmodum Histiæotis dicta: inde pulsi Perrhæbiam Pindumque incoluerunt, Macedonum quoque nomen gerentes: idcirco ex veteribus ad Lycophronem scholiis Tzetzes v. 1388, Λάκμων, ὄρος Περραιβίας, ἔνθα ᾤκουν Δωριεῖς· neque alibi quam his in locis est collocanda ἡ τετράπολις ἡ ἐν Περραιβίᾳ, ex qua tandem devenerunt ἐς τὴν Δρυοπίδα, quæ Pindari scholiastæ dicitur ἡ μεταξὺ Οἴτης καὶ Παρνασοῦ Δωρὶς ἑξάπολις οὖσα in sex urbibus numeranti Δρυόπην. Migrationes Doriensium, quas proposui, fide nituntur Herodoti, 1, c. 56, cum quo fere conspirat Andron citatus a Strab. 10, p. 729, A, et Stephano in Δώριον. Ex his demum postremis sedibus profecti cum Heraclidis partem Peloponnesi occuparunt: idcirco Thucydidi Δωριεῖς ἡ μητρόπολις τῶν Λακεδαιμονίων 1, 107; 3, 92, qui quando tres tantum eorum urbes cum Diodoro recenset, Bœum, Erineon, et Cytinium, id scilicet indicio est, reliquas jam tum avulsas in alienam ditionem concessisse. Mitto errores Meursii Miscell Lacon. 3, 9; 4, 6, aliorumque: hæc a nobis in transcursu duntaxat breviter delibata. Denique stupor enarratoris nostri ad finem importune inseruit, ἀναχωροῦσιν ὁμοῦ ἐκ τῆς Ἀττικῆς, quibus apud Pindarum ejusve scholiasten nihil exstat simile. Neque tamen propterea negavero, quosdam Atticorum Heraclidis fuisse comites susceptæ in Peloponnesum expeditionis: nam ita Tzetzes scribit ad Lycophr. v. 1388, μετέσχον γὰρ καὶ Ἀθηναῖοι τῆς ἀποικίας τῶν Ἡρακλειδῶν.»

386, 50 γὰρ om. V. — 52. ἂν παρέσχον ἂν Ald. τινί. οὐδὲ ἔσπευδον τοὺς χρηστοὺς πλουτίσαι: ἐπειδὴ δὲ τοὺς δικαίους (τοῖς δικαίοις G.) προήρημαι δοῦναι Venet.

388 in V. inversus ordo scholiorum, συνωνυμεῖ —λέξεως. Ἄλλως. ὀξυτόνως—προσλαβεῖν. — 7 Ὀξυτόνως ἀντὶ τοῦ ἀπηρτισμένος (sic V. non G.) ad-

dita ex V. — 8 δέ om. R. ἐστιν om. Θ. ἀμογ., ὡς ἀπ. V. — 9 αὐτὸ R. sine δὲ. In loco Herodoti libri, ἀπὸ τούτου εἰσὶ στάδιοι χίλιοι εἰς τὸν Ἀράβιον κόλπον, omisso ἀπαρτὶ, quod post χίλιοι inseruit Wesselingius. — 10 στάδιοι R. et grammaticus in Bekkeri Anecd. p. 418, 16. στάδια V. Θ. Ald. ' etiam Suidas. ἑβδομήκοντα Θ. χίλιοι recte gramm. Bekkeri. Scribendum igitur ͵α. Dind. — 11 κραπαττάλοις R. κραταλοῦς V. Pherecratis locum integriorem affert gramm. Bekkeri, A. τί δαί; τί σαυτὸν ἀποτίνειν τῷδ' ἀξιοῖς; φράσον μοι. B. ἀπαρτὶ δήπου προσλαβεῖν παρὰ τοῦδ' ἔγωγε μᾶλλον. — 12 δὴ τοῦ προλαβεῖν R. προσλαβεῖν gramm. Bekkeri. προλαβεῖν R. Ald. προλαβών V. συνωνυμεῖ δὲ Ald. συνωνυμοῖ δὲ Θ. — 13 pro ὡς καὶ Καλλίμ. in V. scriptum ἄρτιθεν ἃ βράλλει. Neque hoc neque ὡς καὶ Καλλίμαχος habet G. — 16 διεφθορυίας, sic correxi scripturam codicis διαφορᾶς. Περὶ παρεφθορυίας λέξεως hic liber vocatur ab Athenæo 9, p. 368, vel ipsius vel librarii errore. In διεφθορυίας consentit scholiasta Avium 768. Dind.

394, 30 leg. ἀπελθὼν φθάρηθι, ut Reg.

395 Ἑστία θεὰ ἦν θυγάτηρ Κρόνου (sic etiam Reg.) — φύλαξ habet Dorv. — 35 ὃν εἰς Paris. εἰς ὃν Junt. εἰς ὃν εἰς Reg. — 38 fortasse τὸ λέγεις. In libro quem scriba transcribebat, voci Ἑστίας verbum λέγεις, ut a poeta scriptum, male adhærebat. Id librarius dicit se delevisse: recte enim habuit pro additamento glossatoris, quod debebat ἄνω κεῖσθαι, i. e. superscriptum esse voci Ἑστίας. Schæfer.

396, 41 αὐτὸν om. Θ.

397, 44 ἐφ' ἑκ., 45 περιτρέπειν, 46 περί του Schæferus.

398, 47 Dindorfius addidit διαπέμπεις. Ὅτι om. V. — 48 Οὐ γὰρ V. οὐ—ἦλθε om. Θ. μετέστειλαν Ald. διά ἀντὶ τῆς μετά habet R. Tum pergit, τὰ πράγματα ἐν τούτῳ. ὅτι οὐ μετεστείλαντο—ἦλθε.

399 οὐκ ἐστὶ τὰ πράγματα οὕτως ἐν διαπέμπειν ἡμᾶς V. πράγματα ἐν τούτῳ ἐν τῷ διαπέμπειν ἡμᾶς G.

401, 1 αὐτός etiam Suidæ (s. Νώ) libri mss. αὐτόν Ald. et vulgo apud Suidam. — 2 χ super νώ positum in codd. — 3 καὶ ἀντὶ Θ., qui 4 εἴρηται om.

402, 5 Ἔβλεπε Schæferus. — 6 Τινὶ, ἤγουν om. Dorv. μιᾷ γε τινὶ Reg.

403, 8 τὸ λαμπρὸν Θ.

404 in R. hæc tantum legi possunt ...... οὐκ ἀλόγως ....τα συναιρε .. (fort. κατὰ συναίρεσιν) ......υτός. — 10 Ἀντὶ τοῦ οὐκ ἀλόγως V., qui ἢ om. — 11 sq. ἐπίρρημα ἀπὸ τοῦ ἐτεὸς συνηρημένον V. ἐτεῶς ἀπὸ τοῦ ἐτεὸς Θ.

407, 25 τοὺς διδόντας Θ. Ald. Regius: Διαβάλλει γὰρ τοὺς Ἀθηναίους ἐνταῦθα ὡς μὴ περὶ τὰ μείζω ἀσχολουμένους, ἀλλ' εἰς οὐδενὸς ἄξια.

411, 34 καταθύσειν Θ. Paris. καταθῆσαι Reg.

414 om. etiam Θ. — 40. Ὁμαλισμὸς a grammaticis dicitur, quum vox aliqua non cum tono vel accentu, sed absque eo, velut appendix alterius, pronuntiatur, quod encliticis sic dictis contingit. Vel etiam quum vox quædam eodem cum ceteris tenore absque figura interrogationis vel exclamationis pronuntiatur. Nam figuræ ejusmodi faciunt ut vox aliqua tono et pronuntiatione præ reliquis emineat: quod contrarium est τῷ ὁμαλισμῷ, utpote quod proprie *complanationem* vel *æquationem* notat. Confer etiam scholiasten ad Ran. v. 490, ubi τὸ κατ' ἐρώτησιν et καθ' ὁμαλισμὸν inter se opponuntur. Kust. — 44 νῦν τε περισπ.—χρονικόν · ὃ μακρὸν ἀεὶ Paris.

415, 47-51 om. etiam Θ. — 52 παράδοξον solum habet Suidas in Θερμόν. Cur εὐκίνητον exponat schol., rationem dabit Etymol. p. 447, 30, et p. 453, 44: ταύτῃ γοῦν τοὺς μὲν ταχεῖς θερμοὺς λέγουσι, τοὺς δὲ βραδεῖς ψυχρούς. Vide ad v. 561. Hemst. In V. hoc ordine, Πενία—Βλεψίδημον. θερμὸν δὲ ἀντὶ τοῦ παράδοξον ἢ εὐκίνητον. — 1 ἡ πενία δὲ Θ. Ald. ὅτι ἡ π. Reg. παραβαλοῦσα R. ἐντεῦθεν παρελθοῦσα Reg. Ald.

423, 19 Ἐπ. τὴν διὰ τὴν Θ. Ald. — 20 Εὐριπίδου ἢ additum ex V. — 21 παρεισάγεται G. δὲ μετὰ Ald. δεινοπαθοῦσα G. — 22 καὶ ἐν Εὐριπίδῃ V. νερτέρων Θ. Ald. ἱέρειαι libri omnes. — 23 ἢ καὶ ἄλλως Θ. εἰώθασι γὰρ V. — 24 καὶ γὰρ τὰ Θ. Ald. ἐκ τραγῳδίας · τὰ γὰρ R.

424, 27-29 om. Θ. — 28 εὑρ. γὰρ Paris. — 30 καὶ οἵαν Hemst.

425, 36 εἰσήρχοντο etiam Suidas s. Τραγῳδία. εἰσήγοντο Ald. — 37 τοῦ Hemst. τῷ Ald. — 40 sq. sic in V., διὰ τοῦτο δὲ καὶ τὸ μὴ εἶναι αὐτὴν κατὰ φύσιν φοβερὰν, ἀλλὰ μάτην ἀπατῶσαν ἡμᾶς. οἰμώζεται κλαύσει.

426 sine ulla fere mutatione descripsit Suidas in Πανδοκεύτρια, et posteriorem partem in Καπηλίς. Originem vocis ἄμπελος non dissimilem tradidit Etymol. p. 86, 37, ubi delenda particula negans, ἡ ἔχουσα ἐν ἑαυτῇ τὸν πηλὸν, quum edatur, ἡ μὴ ἔχουσα. Hemst. — 42 παρὰ τὸ R. ἀπὸ τοῦ Ald. ἐτυμολογεῖται δὲ πανδοκεύτριαν (—τρια G.) παρὰ τὸ V. — 43 εἴρηται δὲ R. Ald. καπηλὶς V. — 45 ἔμπελος V. non G. ἐν ἑαυτῇ Θ. — 47 καπήλισαν Paris.

427 in V. hoc ordine, κυρίως—κεκεῦσθαι. ἢ ἀπὸ τοῦ—ᾠόπωλιν ἀντὶ τοῦ ᾠὰ πιπράσκουσαν, ἀπὸ μέρους τὸ ὅλον. ἢ ὀσπριόπωλιν. λέκιθος γάρ ἐστι εἶδος—γραός. — 48 alterum τοῦ om. Θ. Ald. « Horum minimam partem, ceteris vel neglectis, vel in suo libro non repertis, Lexico Suidas inseruit. » Hemst. — 49 λέκυθος Θ. — 50 λίπει κεκεῦ-

σθαι V. sine τῷ. τῷ λ. τοῦ ὠοῦ κεύθεσθαι Θ. λέκιθος εἶδος R. — 51 πίσος R. πῖσος V. Θ. πίσον Ald. πισσὸς Suidas s. Λέκιθος. Post πίσον addit Ald. ὅτι ἐν Πίσᾳ τῆς Ἤλιδος κατακόρως φύεται. Ib. διὰ τὸ εἶναι λεκίθων ὠῷ ὁμοίαν V. — 52 ὀσπρεόπωλιν R. Θ. δηλοῖ om. V., qui ὡς καὶ ἐν Λυσιστράτῳ. G. Λυσιστράτῳ. — 53 κέχρηται τῇ λέξει addita ex R. — 54 νὴ τὸν Δί' libri. — 1 τὸν om. Θ., qui ἐμβ. τὸν λέκυθον. — 4 ὀσπριόπωλιν in Dorv. ita scriptum, ut discernere non liceat utrum ὀσπριοπῶλις sit, an mendose ὀσπριοπῶλησαν pro ὀσπριοπωλήσασαν. Hemst. πωλῶσα codex.

429, 11 λέγεις· ἐστὶ δὲ τοῦτο Dorv. — 12 λέγετε, ὅτι Schæferus. λέγεται, ὅπερ codex.

431, 19 ὅπου—ἐνέβαλλον V., qui 20 τούτῳ om. ἀγκῖνοι Θ. ὄγκινοι Suidas s. Βάραθρον. — 21 sqq. vide de hac fabula Lobeck. Aglaoph. p. 659. — 22 ἐνέβαλον etiam Suidas. ἐνέβαλλον Θ. Ald. ἔλεγεν Θ. — 23 ἡ μήτηρ Θ. Ald. — 24 καὶ πάντες τὴν Θ. — 26 θεῷ Θ. θεὰν V. ἵλεων (ἵλεω Θ.) ταῖς θυσίαις Θ. Ald.

432 πρέπει. ἤγουν συντόμως Θ.

435, 34 γυνὴ Dorv. Paris. Reg. δηλοῖ Junt. δολοῦν Paris. (« Vid. Suidas v. Ἀπώλεσας τὸν οἶνον. » Bast. nott. mss.) δηλοῦν Dorv. τελοῦν Reg. Junt.

436 V. incipit ab ἥτις, et post ἡμίξεστον l. 45 ponit, Ἄλλως. ἡ παρακλέπτουσά με ταῖς κοτύλαις. — 41 φησὶ om. V. μικρομετροῦσα Θ. Ald. κοντός recentioris Græcitatis vocabulum est *brevem s. parvum* significans. — 42 ταῖς μεταφοραῖς. Intelligo mensurarum subdolas immutationes : illa caupona Blepsidemum minorem pro majore mensura subjiciendo deceperat. Hemst. ἢ—δίδωσιν om. etiam Θ. — 43 πεποιηκότος V. Θ. — 49 præstat καρτερούλαις, quod ex codice Parisino protulit Ducangius, licet καρτελοῦραν ex Nicephoro Blemmyda addiderit. Vide infra ad v. 737 in fine. Dind.—52 ἰσχίον Schæferus collato Hom. Il. E, 305. ἰσχύον Paris.

438, 3 ἢ V. Θ. ἤτοι Ald. om. R. — 6 ὅτι ἡ πενία ἐστὶν, ἀκούσας ὁ Βλ. ἔφευγε Dorv.

440 om. etiam Θ.—16 ἀντὶ τοῦ οὐδ. V. om. G.

442, 18 Ἔν τινι τρόπῳ. Glossator videtur ante oculos habuisse alteram scripturam οὐδαμῶς [quæ est in Regio, sed sine gl.]. Schæfer.

443, 19 sq. Ἀπολέσθαι—δυνάμενον om. Θ. ἐξολέσαι δυνάμενον ἢ ἀπολέσθαι ὀφεῖλον ἢ ἐξολοθρευτικώτερον V. ἀντὶ τοῦ ἐξ. R. — 20 ἢ χεῖρον Suidas s. Ἐξωλέστερον, pro verbis ἢ—δυνάμενον.

445, 25 Παντελῶς, πάνυ, σφόδρα, ἢ πάνυ πολύ. καὶ Θουκ. ἐν α V. καταπολύ. καὶ Θουκ. ἐν α Θ. — 26 καὶ om. V.

447, 32 παρὰ τὴν (τὸ τὴν Θ.) ἔραν, ὃ σημαίνει τὴν γῆν Θ. Ald. ὃ σημ. τ. γῆν om. Suidas s. Ἔρημος. Sequentia om. etiam Θ., « quibus non dissimilia tradit Thom. Mag. in Ὅποι· » *Hemst.* — 35 sq. γράφεται. ἐπὶ δὲ στάσεως διὰ τοῦ η. καὶ τοῦτο δῆλον ἐκ Reg.

448, 43 προμαχέσασθαι τοῦ θεοῦ Reg.

449, 44 μαχούμεθα αὐτῇ post ἐνδείας ponit Θ. αὐτὴν Dorv. γάρ om. Θ. — 45 τῆς ἀδικίας Dorv.

450, 47. Voci ὅπλον pro *lorica* locus concedi debuerat in Glossario Ducangii. Sic apud Mauricium in Strat. atque alios usurpatur. Hemst.— 48 σουσάνιον, conf. ad schol. Nub. 70.

451, 50 sqq. Eos ferit hæc observatio, qui ab Atticis ἐνέχυρον singulari numero usurpari negabant : Thom. Mag. in v. Suidas ordinem invertit : οὐ μόνον ἐνέχυρον φασὶν, ἀλλὰ καὶ ἐνέχυρα, cetera nostri scholiastæ fideliter exscribens. Hemst. — 52 ὅτι om. V. — 54 μὴ ἐνέχυρα V. — 1 δέον γὰρ εἰπεῖν Ald. ἔδει εἰπεῖν R. ἔδει δὲ εἰπεῖν Θ. ὅτι om. R. — 2 πολέμοις Θ. Ald., qui omittunt οὐκ. Sequentia εἰκότως—τιθέασιν om. etiam Θ. εἰκότως εἶπε τίθ. Reg. Dorv. — 3 δεικνὺς ὡς οἱ πένητες διὰ παντὸς δανείζονται. Dorv.

453, 6 προπερισπῶσιν R. et Suidas s. Τρόπαια et Etym. M. p. 769, 16. Legebatur περισπῶσιν. — 6 ὡς et sequentia om. etiam Θ. Est recentissimi grammatici annotatio, cujus pars prior ὡς παρὰ—οὐραῖον ex Gregorio Cor. sumpta est p. 21-23. Dind. — 11 σφίσιν ἢ τοῦτο Hemst. σφίσιν τοῦτο Ald. σφίσιν οὕτω Greg. Cor. — 13 seqq. ἔστι δὲ τρ. sunt in Dorv., sed mendis infecta, et in Reg.

454, 21 καθαρμάτους δὲ codex. — 23-27 om. Θ. — 24 λιμοῦ Ald. Correctum ex Thoma M. s. Καθάρσια. — 27 φλέγκεσθαι, 28 βδελύματα Dorv.

456 om. etiam Θ. In cod. Parisino scriptum παθητικῶς μὲν δοτ. συντ., ἐνεργ. δὲ αἰτ., ὃ καὶ ἀγνοοῦντες τινὲς λοιδορεῖς κτλ. Unde ὃ pro vulgato εἰ ascivi. Dind. ἀγνοοῦντες om. Ald., habet Junt. — 36 τινες ἐνταῦθα, τὸ ἡμῖν οὐ πρὸς τὸ ἐλθοῦσα, ἀλλὰ πρὸς τὸ λοιδορεῖς συνάπτουσι Reg.

466 sic in V., τότε, φησὶ, κακὸν ποιοῦμεν μέλλοντες ἐκβάλλειν σε ἐπιλαθοίμεθα. Ἄλλως. εἰ τοῦτο—ἐπιλαθοίμεθα, μέγα ἂν δράσαιμεν κακόν. — 1 εἰρηκὼς Θ. εἴρηκεν ὡς Ald.

468, 9 τὸ αὐτοῦ Hemst. τὸ αὐτό Reg. Junt. — 1 : ἐκ τοῦ π. E.

469 om. etiam Θ. V. habet οὐκ ἀποδέδωκε σύνταξιν—δοκῇ. ἀλλὰ (scrib. ἄλλως.) σχῆμα τοῦτο Ἀττικὸν, ᾧ καὶ Ὅμηρος ἐχρήσατο, ἀλλ'—Ἀχαιοί· ὅρ σαντες κατὰ θυμὸν καὶ τὰ ἑξῆς. τοῦτο οὖν ἐμιμήσατο τὸ σχῆμα. — 14 ἢ ἐν ἀρχῇ τίθεται Reg. Dorv. ὡς ἐν τῷ ὅπως Reg. Pergit Dorv. ὡς τὸ ὅπως μὴ ποιήσεις τὸ δὲ νοούμενον, ἔξωθεν τοῦ σκοποῦ ἤγουν ἐν τῇ μέσῃ· ὡς ἐνταῦθα· ἢ ἐν τῷ τέλει ὡς ἔχει etc. —

18 καὶ γὰρ κἀκεῖ Reg., qui post σκαιόν sequentia omittit. — 25 ἀνταπόδοτον Ald. Correctum in ed. Basil. Bastius in notis mss.: « Sed quidni leg. ἀναπόδοτον, quod exhibet schol. ad Aves v. 7, omnesque codices Gregorii Cor.? vide Koen. p. 19. » — 29 πρότερον referendum videtur ad τὸ πρῶτον versus præcedentis. Schæfer.

470, 33 post Ὁμηρικῷ pergit Θ., ἀλλ' εἰ μὲν δώσουσι γέρας μεγάθυμοι Ἀχαιοί. οὐ γὰρ ἀποδέδωκε —δοκῇ. Ib. δώσωσι, 34 δόωσιν R. προσυπακουστέον τὸ additum ex Θ.

474, 41 λέγοντας si scripsit glossator, ante oculos aut habuit aut habere sibi visus est ἁμαρτάνοντας. Schæfer. λέγοντα Regius.

476, 45 sq. Τοῦτο—οὔσης om. Θ. — 46-48 τύμπανα, βάκλα, παρὰ τὸ τύπτειν. κύφωνες ξύλα οἷς τύπτονται ἐν V. Bastius in mss.: « Suidæ codex Sangermanensis 177: Βάκλα, τιμωρητικὰ ὄργανα, λῶροί τινες. » Est *baculum*. — 46 ἐν οἷς Suid. in Τύμπανα, βάκλα παρὰ τὸ τύπτειν· ξύλα, ἐν οἷς ἐτυμπάνιζον· ἐχρῶντο γὰρ ταύτῃ τῇ τιμωρίᾳ. Probat, accedente Kustero, Gatakerus Adv. Misc. c. 46, p. 912, B, Suidam vicissim e scholiaste supplendum monens: neutrum mihi placet. Duplicem τῶν τυμπάνων potestatem scholiasta tradit, primam equulei, sive stipitum ita constructorum, ut iis astricti illigatique rei membris expansis distenderentur, totoque corpore plagis paterent: eo spectat, ἐφ' οἷς· alteram fustium, quibus cædebantur: solam posteriorem, seu de industria, sive quod verba scholiastæ minus intelligeret, quod potius credo, Suidas adnotavit: quapropter ut hic commode scripsit ἐν οἷς pro οἷς, sic ille non minus bene ἐφ' οἷς. Hemst. — 49 τιμωρούμενοι. ἔστι δὲ σύνδεσμος V. — 50 Hesych.: Κάλιον, κυνάριον, βακτηρίδιον. Κάλιος, τὸ δεσμωτήριον, καὶ ξύλον, ᾧ ἐδέοντο. Καλιῶσαι, πατάξαι· nam quod præcedit κράξαι, ex hoc verbo corruptum auguror, atque ideo rejiciendum; intellige vero *percutere fuste*, vel *ligno*, quod Græcis κᾶλον. Idem in Κύφων quæ protulit, quamquam resectis pluribus sunt imminuta, adeo parum a nostro scholiaste distant, ut ab eodem fonte uterque videantur hausisse: legendum autem, Κύφων, ὅνπερ ἔνιοι κυνάγχην καλοῦσι· quod, si conferre libeat voces Κυνάγχη et Δερριστής, vix in dubium vocari poterit; ad medicorum certe συνάγχην vel κυνάγχην nullum est, quo deducamur, in verbo κύφων vestigium. Hemst. κάλων V. ὀνομάζουσιν, vulgo post κλοιὸν lectum, huc transpositum cum R. et Suida. — 51-3 sic in V., τάσσεται δὲ—καὶ τυφανισμὸς καὶ ἐπὶ τῶν τιμωριῶν. οἱ δὲ κύφωνες οἷς κύφειν ποιοῦσι τὸν κρινόμενον. οἱ δὲ δεσμοὺς ξυλίνους, εἰς οὓς οἱ ὑπεύθυνοι τοὺς τραχήλους ἐνέβαλλον καὶ διὰ τοῦτο ἠναγκάζοντο κεκυφέναι. τὸ δὲ ἑξῆς ὦ βασανιστήρια ξύλα ἐστὶ ἐν οἷς ἀναβαίνοντες ἐτύπτοντο, τὰ λεγόμενα βάκλα. Ἄλλως. κύφωνές εἰσι τὰ ἴρανα ἃ ἐπιτιθέασιν ἐν τῷ τραχήλῳ τῶν καταδικασθέντων· ἔνθεν καὶ ὁ πονηρὸς ἄνθρωπος κύφων ὀνομάζεται — 51 ἔνθα Θ. δὲ om. R. καὶ ἐπὶ R. V. — 2 ἀναγκάζεσθαι Θ. Ald. — 3-5 διπλῶς—δύνασθαι om. etiam Θ. et Suidas. — 5 ἢ ἄλλως Θ. Ald. τύμπανα βάκλα παρὰ τὸ τύπτειν. κύφωνες δὲ ξύλα εἰσὶν R. ἐστὶν Ald. — 7 καὶ—κύφειν om. etiam Suidas. — 13 ἀξία αὐτῇ. ἔστι δὲ τὰ τύμπ., 14 ἔτυπτον. ὡς δ' ἔνιοι, βάκλα. ἔστι δὲ καὶ τύμπανον εἶδος ὀργάνου κρουστοῦ ψόφον ἀποτελοῦν ἐν τῷ τύπτεσθαι. κύφ., 15 ζυγῷ βοῶν, ὃς κατὰ τοῦ τραχήλου τῶν καταδίκων τιθέμενος κύπτειν αὐτοὺς παρεσκεύαζε, διχόθεν αὐτοὺς κολάζων, τῇ τε τοῦ τραχήλου πιέσει τῷ τε μηδαμῶς αὐτοὺς ἀνανεύειν ἐᾶν Reg.

480, 23 Ἐπέβαλον γάρ ποτε V. — 25 τῇ ante τιμωρίᾳ addidit Hemst. Post τιμωρίᾳ in Θ. et Ald. sequuntur εἴθιστο—κρινομένων, quæ scholio v. 482 Dindorfius addidit auctore V. Una cum præcedenti τῇ δίκῃ δὲ τῇ τιμωρίᾳ om. R. et Suidas s. Τίμημα. — 30 seqq. ἐπειδὴ ὀφείλεται τιμωρηθῆναί σε, ἐὰν ἡττηθῇς, τίνα κόλασιν ὑπόσχῃς. — πρὸ τῆς κρίσεως, ὡς τ. ἡττ. δοίη, ἐπιγράφειν δὲ, ἤγουν ἐπὶ τῇ πρ. — τοιάντε τιμωρίαν, ἢ βίου τύχως (sic) ἀφαίρεσιν ἢ κεφαλῆς Paris. In Regio prorsus ut Junt. — 31 ὑπόσχῃς Reg. ὑπέσχῃς Junt. « Nihil tamen est unde pendeat ὑπόσχῃς, nisi pro τίνα simul scripseris ἵνα. Sed verius arbitror, τίνα κόλασιν ὑφέξεις. Est autem scholion hocce recens, et plane nugatorium, cujus auctor, dum formam judiciorum apud Athenienses penitus ignorat, insulsam distinctionem comminiscitur inter γράφειν et ἐπιγράφειν, quasi hoc foret, *iterum litem æstimare* vel *taxare*, designato jam pœnæ genere quod scilicet prius fuerat omissum. Hemst. — 32 πρὸ Reg. πρὸς Junt.

482, 39 αὐτὴν προστιμίαν Ald. δὲ om. R. — 41 Ἄλλως. τιμωρίαν addita ex V. — 42 ἤδη καὶ V. Θ. καὶ om. Ald. et fort. R. « Scribendum videtur ἤδη εἶναι. » Dind. ὁριούμενον Θ. Ald. et fort. R.

483, 46 ἔξοδον Θ. ὁδόν Suidas s. Ἱκανός.

485 in Dorv. inter versus ad πράττοντ' legitur adjectum πάσχοντι, vitiose pro πάσχοντε· margo rationem exponit: πράττω καὶ τὸ ποιῶ, καὶ τὸ πάσχω· tum sede sua dimota paululum observatio huc revocari debet: Τοῦτο διπλοῦν· ἢ ταχέως πείσεσθε τοῦτο· ἢ ταχέως ποιήσετε τοῦτο πρός με ἡττηθεῖσαν· ubi, quæ deterius aliquanto scribebantur, correxi. Igitur ambigua sententia hæc capi voluit: *Quin vos, quam potestis celerrime, id agite, ut alterutra pars ex conditione pœnam*

patiatur : quid enim quis causæ dicat, cur, quando victus fuerit, legem propositam subterfugiat ? Hæc ille. Primus autem scholiasta verba Comici istum in modum intellexit : *Vos enimvero nullam interponite moram, quin mortem statim oppetatis :* Paupertas, inquit, hoc ut e vestigio faciant, per jocum hortatur ; nam, si causa sint superiores, non amplius justum fuerit eos morte plecti. Alter ab illa ratione multum discedit, tali pacto sensum enucleans : *Me ut in hac lite vincatis, omnino fieri non potest : quod si tamen fiat, nihil erit iniquius : quid enim est tandem, quod ad causam meam arguendam jure quis proferat ?* Hemst. — 3-7 sic in V., οὐκ ἂν με—νικήσητε, οὐδέν ἐστι δίκαιον ἀντὶ τοῦ οὐχ ὑπάρχει δίκαιόν τι (τι om. G.).— 5 ἀπελθόντες delet Dobræus. — 7 γε om. Ald. — 8 sq. τοῦτο διπλῶς νοεῖται· ἢ ὅτι ταχ. Reg.

487 om. Θ. — 13 sq. Κομμάτιον—τέταρτον infra post δάκτυλον l. 19 ponit V., qui ἐστι om. — 14 τὸν δ V. εἰς τὸ τέταρτον Ald. — 17 τετρασύλλαβον R. V. — 18 εἰς συλλαβήν om. V. δέχεται δὲ τὸ ἀναπαιστικὸν κατὰ πάσας χώρας ἀνάπαιστον Ald.— 19 καὶ om. R. V. σπονδεῖον ἴαμβον R. ἴαμβον καὶ δάκτυλον libri quidam Hephæstionis p. 44. Post hæc R. ponit χρὴ λέγειν ἡμᾶς ἀντιλέγοντας. Reg. : Ἔστι δὲ ἀναπαιστικὸν, οὐχ ὅτι πάντας τοὺς πόδας ἀναπαίστους ἔχει, ἀλλ' ὅτι μάλισθ' ὅτι πλεονάζουσι, καὶ ἔτι μᾶλλον διὰ τὸ ἐκ παντὸς τὸν τελευταῖον ἤτοι ζ' πόδα τὸν πρὸ τῆς καταληκτικῆς συλλαβῆς ἀνάπαιστον εἶναι. ἐπιδέχεται δὲ διὰ μέσου ἀδιάφορον καὶ σπονδείους, ἰάμβους τε καὶ δακτύλους. — 22 καταληκτικῶν ρια' Reg. — 24 πρὶν καὶ Ald. — 28 σελληνουντίῳ Ald. Correctum ex Hephæstione.

488, 37 χαυνῶδες Θ. — 38 τῇ πενίᾳ μὴ καταμαλακισθῆτε V.

493, 50 sq. Βούλευμα ἡ ἰδίως ἑκάστου γνώμη, βούλημα δὲ ἡ δημοσία γνώμη V. τὸ δημόσιον R. et Suidas s. Βούλευμα. Paullo rectius autem dixisset βούλημα esse τὸ ἴδιον, βούλευμα autem τὸ δημόσιον. Dind. Sequentes infimæ ætatis grammaticorum annotationes om. etiam Θ. — 3 δηλοῖ. Structura labat : fulciendam opinor hoc pacto : δῆλον ἐκ π. τ. σημαίνειν, sive potius σημαῖνον. Hemst. — 14 οἱ πονηροὶ etc. Hæc paulo maculatius ora cod. Dorv. [et Regii] ostendit e regione v. 502, 503 : Ἰδόντες γὰρ οἱ πονηροὶ τοὺς ἀγαθοὺς διὰ τοῦτο εὖ πράττοντας, ἐθελήσουσιν τὸν πρῶτον [πρόσθεν Reg.] ἀφέντες βίον [addit Reg. μεταπεσεῖν ἐπὶ τὸν ἀμείνω]· ἵνα δι' αὐτὸ εὖ πάθωσιν. Ex scholiis editis, quæ loco aptiore collocantur, emendatu sunt facilia. Hemst. — 22 δὲ σημειοῦ vel σημείωσαι Hemst.

496 φυγεῖ. Mira neque usquam mihi, nisi hoc loco, lecta futuri forma. Schæfer. Reg. recte φύγῃ.

505 sic in R., Οὐκοῦν εἶναί φημι ὁδὸν ἥντινα ἰὼν ὁ πλοῦτος βλάψει ταύτην καὶ ἀγαθὰ μείζω ποιήσειε. Ἄλλως. τὸ οὐκοῦν ἀποφατικόν ἐστι ὅτι ἐὰν βλέψῃ—κακοδαιμονία εἴη. Ἄλλως. οὐκ ἐπιλύσει ταῦτα ὁ πλοῦτος, ἣν ποτε βλέψῃ, φημὶ εἶναι ὁδὸν, ἥντιν' ἰὼν τοῖς ἀνθρώποις ἀγαθὰ μείζω ποιήσειε. — 53 εἰ παύσει Dobræus. ἐπιλύσει libri. « Hoc unum est intricatissimorum in hanc fabulam scholiorum. Illud ἐπιλύσει aut mendo laborat inveterato, quod sine membranis integrioribus plane tolli nequeat, aut ejusmodi versus Aristophanei scripturam postulat : Οὔκουν εἶναί φημ' (ἐπιλύσει ταῦτ', ἢν βλέψῃ ποθ', ὁ Πλοῦτος) Ὁδὸν etc. *Neutiquam esse aio (solvet eas difficultates et discutiet, si visum tandem aliquando recuperarit, Plutus) viam* etc., quorum ut structura est molesta, ita sensus satis perspicuus : ergo reformandum videtur hoc loco : ὁ νοῦς, οὔκουν (ἐπιλύσει—βλέψῃ) φημὶ etc.; hujus autem scholii finis est statuendus in ἄμετρος l. 2 ; exinde aliud incipit : Ὁ νοῦς ἐπὶ τὰς ἀναβ. ποιῆσαι · quod ego metuo ne quadam parte sit mutilatum : οὔκουν certe legi debet, et ἀγαθόν τι μεῖζον· forte etiam, λέγω δὲ ὅτι etc. Vix autem dubites quin illud ἢ 'ν, quod restituendum putavi, hujus enarratoris auctoritate firmetur. Sequitur l. 5 sq., Ἐὰν δέ τις προσθείη—πορίσειεν, iterum ab alio profectum ; quippe qui sententiam eum in modum explanet ut poscat οὐκοῦν · ceterum sicut absurdissimam lectionem pauloque post merito notatam invenit, Οὐκοῦν, εἶναί φημι, παύσει ταῦτ' ἢν βλέψῃ ποθ' ὁ Πλοῦτος, Ὁδὸν, ἥντιν' ἰὼν, τοῖς ἀνθρ. etc., ita fieri non potuit aliter, quam ut explicationem promeret non dissimilem. Eandem prorsus illi scripturam habuerunt, quibus γὰρ extrinsecus asciscendum videbatur ; tametsi ratione paulum diversa ordinem orationis constituerent. » Hemst. Primus scholiastes legit οὐκοῦν εἶναί φημ' εἰ παύσει ταῦτ' ἢν βλέψῃ. ἐπιλύσει error scribæ pro εἰ παύσει. Secundus, incipiens, κακόμετρος δὲ οὗτος, οὐκοῦν εἶναί φημι, παύσει ταῦτ' ἢν βλέψῃ. Illi autem, qui illo judice plane ἀμέτρως legebant, forsan exhibebant φημι, παύσει ταύτην ἢν βλέψῃ. In istis l. 9, τὸ οὐκοῦν ἀποφαντικὸν (quam vocem male, ut puto, in ἀποφατικὸν mutat Hemsterhus.), major difficultas. Nam verba, ἀποφαντικὸν ὅτι οὐκέτι κακοδαιμονία εἴη, satis clare indicant lectionem vel, φημ' ἢ παύσει ταῦτ', ἢ—vel, φημὶ παύσει ταῦτ' ἢν—certe ταῦτ', non ταύτην : nisi forsan ad ταύτην arcessebat homo futilis κακοδαιμονίαν ex v. 501. His vero interjecta manifesto explicant aliam lectionem, εἰ παύσει ταύτην. An legendum, τὸ οὐκοῦν ἀποφαντικὸν——πλοῦτος, οὐκέτι κακοδαιμονία ἂν εἴη : — Τὸ ἑξῆς · οὐκοῦν—ὁ Πλοῦτος βλέψας (vel

βλάψας) παύσει ταύτην τὴν Πενίαν. Hic scholiastes legisse videtur, οὐκοῦν εἶναί φημι, ταύτην παύσει βλάψας—, certe voculam post φημὶ omittit, ut liquet ex istis, ΚΑΙ τὰ ἀγαθὰ 'etc., collatis cum fine scholii secundi. Vel potius, ὅτι, ἐὰν βλέψῃ ὁ Πλοῦτος, οὐκέτι κακοδαιμονία εἴη : — τὸ ἑξῆς · οὐκοῦν—Πλοῦτος βλέψει, παύσει ταύτην, καὶ τὰ ἀγ. Ut hic legerit, οὐκοῦν εἶναί φημι, παύσει ταύτην, βλέψει. Aliud incipit l. 13, Ἄλλως. οἱ γράφοντες—. Lectio, quæ reprehenditur, οὐκοῦν εἶναί φημι παύσει] ταῦτ' ἢν βλέψῃ, eadem est quam habet scholiastes secundus. Ipse schol. legit, φημ' ἢ παύσει ταῦτ' ἢν βλέψῃ, plane ut nostræ edd. Ceterum omnes οὐκοῦν et ἥντιν'—Μείζω scil. explicant ut Hemsterhus. et τις de suo supplent, non e textu citant, ut in Pac. 567, ubi vide. Omnibus tentatis redeo ad primam suspicionem, corrigendum in tertio scholiaste, ἰὼν ὁ Πλοῦτος, βλέψας [παύσει] ταύτην, ut ille legerit, Οὐκοῦν εἶναί φημι, παύσει ταύτην βλέψας. — In scholii initio an legendum ὁ νοῦς pro ὅτι? vel, ὁ νοῦς ὅτι? — Ceterum non puto alius interpretis esse τὸ ἑξῆς etc. Dobræus Adversar. vol. 2, p. 140 sq. In codice Harleiano 5725 scriptum οὐκοῦν εἶναι φημ' ἢ παύσοιτο ταῦτ' ἂν βλέψῃ—ἥντινα τοῖς ἀνοῖς ἰὼν ἀγάθ' ἂν μ. π. cum scholio alius manus, ἡ σύνταξις οὕτως · οὐκοῦν παύσει ταῦτά ποτε ὁ πλοῦτος ἐὰν ἀναβλέψῃ. ἥντινα ὁδὸν ἐλθὼν—πορίσειεν ἂν τοῖς ἀνθρώποις μείζω ἀγαθά. προτάττει (forsan πρόταττε vel προτακτέον) τὸ εἶναι φημὶ, ἀντὶ τοῦ, δυνατὸν τοῦτο λέγω. πολλοὶ δὲ ἀγνοοῦντες οὕτω συντάσσουσιν, λαμβάνοντες γὰρ ἔξω (leg. ἔξωθεν) πρὸς τὸ φημί etc. Legebat ineptus ille οὐκοῦν, εἶναι φημὶ, παύσει ταῦτ' ἢν βλέψῃ—ἥντιν'. Sequitur alia annotatio etiam recentior, ὦ Τζέτζη, οὐκ ἔστιν ὁ στίχος κακόμετρος. σὺ γὰρ εἶναι φημὶ γράφεις · διὰ τοῦτο καὶ ἄμετρον αὐτὸν ποιεῖς καὶ οὐδὲ συνταχθῆναι δυνάμενον · Ἀριστοφάνης δὲ καὶ ἐγὼ εἶναί φημ' ἢ γράφομεν etc. Dobræus in annot. ad Porsonum. Regius: Ἡ σύνταξις οὕτως · οὐκοῦν, ἐὰν βλέψῃ ποτὲ ὁ Πλοῦτος, φημὶ εἶναι ὁδὸν, ἥτις παύσει ταῦτα, ἥντιν' ἰὼν καὶ ἐλθὼν ὁ Πλοῦτος δηλονότι βλέπων γενόμενος πορίσειεν ἂν τοῖς ἀνθρ. μ. ἀγ. ἵνα δὲ μήτις εἴπῃ ὡς ἀδύνατον εἶναι ἀναβλέψαι αὐτὸν, προτάττει τὸ εἶναι φημί, ἀντὶ τοῦ δυνατὸν εἶναι τοῦτο λέγω · ἵνα τῷ μέλλοντι πρὸς αὐτὸν ἀπορήσειν δῆλον ποιήσῃ καὶ παύσῃ τῆς ἀπορίας αὐτόν. εἰκότως δὲ εἶπε τὸ ὁδόν · ὃ γὰρ πάσχει τις, οἱονεὶ τοῦτο ἔρχεται. — 1 μείζω ποιήσειεν Θ., ut R. — 2 Scholion hoc Tzetzæ tribuere videtur scholiasta codicis Harleiani. Sed non esse a Tzetza profectum ex eo liquet quod in codice Veneto legitur. Dind. δὲ οὗτος Θ. Ald. Ib. ὁ στίχος additum ex G. ἐν δὲ ἐνίοις V., qui om. ὁ δὲ νοῦς δῆλος. — 3 οὐκουν V., qui om. ἥν, non G. — 4 μεῖζον additum ex V., qui τοὺς ἀνθρώπους. Ceteri τοῖς ἀνθρώποις. Ib. ἐργάσηται V., qui 5 ὅτι om. προσθείη Ald. καὶ, δύναται σταθῆναι ἡ φρ. ἢν βλέψῃ ὁ πλοῦτος. οὔκουν εἶναι φημὶ ὁδὸν, ἥντινα V. — 8 ταύτην καὶ V. ἂν addidit Dindorfius.—9 οὔκουν V., quod ipsum reponebat Hemst., ἀποφαντικόν in ἀποφατικόν mutato, quod confirmare videtur R.; sed ἀποφαντικόν V. Θ. « Ut ἀπόφανσις est *enunciatum* vel *pronunciatum*, sic ἀποφαντικὸν, *quod vim effati per adfirmationem vel negationem formandi continet*, de quo Budæus Comm. L. Gr. p. 293 sq. Sic ἔγκλισις ὁριστικὴ itidem appellatur, teste Apollonio Alex. p. 243, ἀποφαντική · εἴγε καὶ τὸ ἀποφαίνεσθαι κατὰ πάσης φράσεως παραλαμβάνεται · ἀλλὰ καὶ ἐπιρρήματά τινα ἀποφαντικὰ καλοῦμεν. Talis potestas in hunc locum non convenit; nec periculum est, ne quis Apollonii verbis ad tuendum ἀποφαντικὸν abutatur: id enim solum in controversiam venit, utrum in Comici loco οὐκουν eo accentu ornari debeat, qui affirmationem, an illo, qui negationem infert: posterius quia huic scholiastæ probatur, idcirco scribendum etiam fuit οὔκουν, non, quod priores ediderunt, οὐκοῦν. Pari plane modo notatur ad v. 916, γράφεται δὲ καὶ ἐν σχήματι ἀποφατικῷ οὔκουν · quo fulcro causa nostra satis est firma. Deinde l. 12, uti πορίσειε, sic et scribi malim βλάψαι vel βλάψειε · ex quo verbo ceperit aliquis suspicionem, forte ipsum illud βλάψαι nonnullis in Comici codicibus extitisse pro βλέψῃ. » Hemst. — 13 et sqq. om. etiam Θ.

509, 29 εἰ τοῦτο γένοιθ' : εἰ γὰρ ὁ Πλοῦτος βλέψειε πάλιν διανέμειε τ' ἴσον ἑαυτὸν πᾶσι (διανέμειεν ἑαυτὸν πᾶσιν ἴσον Θ.) δηλονότι οὐκ Θ. Ald.

510 ἐπίσης om. Θ. — 34 Ἱστορίαν, 36 αὐτῆς Dorv. μεταχείρισιν Reg.

512 οὐδεὶς : Ἐθελήσει δηλ. ἀμφοῖν : Ἠγ. τῆς σοφίας καὶ τῆς τέχνης Paris. τῆς—τέχνης et 41 τροχοὺς ἁμάξης ποιεῖν habet Θ. ἁμάξας ποιεῖν Dorv. — 45 πλίνθας Paris.

515, 46 sq. Ἀντὶ—ἐπιμελεῖσθαι post ὄζει habet R. γεωργοὺς Ald. — 47 τοῦτο τὸ ἔπος V.

516, 52 ἄνω R. θελήσει V. — 54 Ἄλλως et sqq. om. etiam Θ. — 1 μὲν τοῦτο τίθ., 3 τούτων ἁπάντων et ἢν ἐξῇ ζῆν λέγ., 4 καὶ τὸ σχ. et οὐ καλῶς λέγουσιν Reg.

517, 8 τὸ σχῆμα Ἀττικὸν ὡς τὸ V. omissis Ἀττ.—φρ. Ib. δὲ additum ex R. et Suida s. Λῆρον ληρεῖς. — 9 μαίνῃ καὶ φυγὴν φεύγεις Ald. Pergunt post μαίνῃ Θ. et Suidas, τὸ σχῆμα δὲ Ἀττικὸν τὸ εἰπόντα τὸ πρᾶγμα ἐπαγαγεῖν τὸ ἀπὸ—φεύγεις, nisi quod Suidas ἔστι δὲ Ἀττικὸν τὸ σχῆμα etc. — 10 ἐπάγεται Junt. ἐπαγάγεται Ald. — 12 Ἀπηρίθμησας. Nimirum λέγειν sæpius exponunt grammatici

ἀριθμεῖν. Hesych. in v. et Ἔλεξεν. Vide schol. Pindar. ad Pyth. 4, 336. Hemst.

518 ποιήσουσι Θ. pro ἐργάζονται. De λούδεις vide ad v. 534. Scholion v. 520 habet Reg. iisdem verbis conceptum.

521, 19 πραγματευτικὸς V. et Suidas s. Ἔμπορος. πραγματευτὴς ceteri. — 20 παρὰ τὸν πόρον V. — 24 καὶ αἰσχροκερδεῖς et infra ἐν Ἰνοῖ addita ex V., qui cum Θ. omittit sequentia ἀεὶ—φησίν. — 27. Paulo diversam lectionem suppeditat schol. Eur. Phœn. 1416, λοιδορεῖ δὲ Θεσσαλοὺς ὁ Εὐρ., Πολλοὶ γάρ εἰσιν, ἀλλ' ἄπιστα Θεσσαλοῖς· quæ minus est, quam nostri enarratoris, intellectu facilis. Ab Euripide profectum auguror: Πολλοὶ γάρ εἰσιν (vel πάρεισιν, aut παρῆσαν)· ἀλλ' ἄπιστα Θεσσαλῶν, vel Θετταλῶν· idque propius etiam accedit ad parœmiam memoratam, quæ ipsa principium est iambi, fort. sumti ex aliquo veterum Tragicorum, ut creberrime solent versus celebrium poetarum in proverbia transire: certe Demosthenes eo respexit Olynth. 1, p. 4, C (p. 15, 15), ubi notatur etiam ab Ulpiano Iason, qui Medeæ datam fidem violando locum proverbio dederit: ἄπιστοι δὲ Θετταλοὶ ἐνομίσθησαν, ἢ διὰ τὸ τὸν Ἰάσονα, Θετταλὸν ὄντα, ἄπιστον ὀφθῆναι περὶ τὴν Μήδειαν etc., quanquam scholiastæ consentit Eustath. ad Odyss. A, p. 1416, 25: τοιούτῳ δὲ ἀνδρὶ συγκροτεῖται καὶ ὁ ἀνδραποδιστής· οἷοι (ita legendum puto pro οὗ) ἐν τοῖς μάλιστα οἱ ἄπιστοι Θετταλοί, ὧν καὶ Ἰάσων ἀνδραποδίσας τὴν Μήδειαν· ideo peregrinum latronem vocat Medea spreta in Ovid. Her. 12, 110. Præterea Θεσσαλῶν ἀνδραποδιστῶν meminit Eustath. ad Il. B, p. 331; H, p. 692, 27, quibus in locis ante oculos eum habuisse Aristophanem et scholiasten apertum est: vide Erasmi Chil. in Thessalorum commentum. Horum quædam excerpsit Suid. in Θετταλῶν σόφισμα et Ἀνδραποδίζω, ubi est, Ὃς ἠνδραποδίσατο [ἠνδραπόδισε codd. Gaisfordi] τὴν M., et quæ pejoris sunt notæ, ἀνδράποδον δὲ — σώματι, prorsus omittuntur, subjectis statim, εἴρηται δὲ ἀνδραποδιστὴς παρὰ τὸ ἀποδίδοσθαι ἄνδρα, τουτέστι, πωλεῖν· ὁ τοὺς ἐλευθέρους καταδουλούμενος. Hemst. ἀλλ' om. V., qui ἄπιστοι καὶ Θετт. Scribendum cum Hemst. videtur ἄπιστα Θεσσαλῶν. Dind. παρῆσαν ἄπιστοι Θεττ. Reg. δὲ ὡς V. δὲ ἐστὶν Ἰάσσωνος Θ., qui 30 τοῦ om. — 33 Καὶ αὐτὸς etc. cum præcedenti scholio conjungit V., præfixo Ἄλλως. — 35 ἀποδίδοσθαι ἄνδρα V. — 36 ὁ Θ. Reg. et Etym. M. p. 102, 8. om. Junt. — 38 ἐπὶ τῷ et sequentia om. Etym. M. — 41 et 42 om. Junt. Post ἐκαλοῦντο in Θ. sequitur scholion Aldinum καὶ αὐτὸς—πωλεῖν. — 47 ἠπείρους καὶ πόλεις Reg.

524, 53 ψυχὴ et sequentia huc derivata sunt ex scholiis ad Euripid. Hec. 177, paulo brevius contractis: unde simul discere licet, prave παρ' Εὐριπίδῃ poni pro παρὰ Σοφοκλεῖ· est enim revera versus ille Sophoclis in Electr. 775. Vid. Thom. Mag. in Ψυχή. Hemst.

526, 14 ὀδυν. βιῶσαι βίον Reg.

527, 15 δὲ om. V. — 16 ἐπὶ δερμάτων κατακλιθῆναι Reg.

528, 18 οὐδ' ὑφαίνειν R. pro ἐν τάπησιν. — 20 sqq. Eadem propemodum verba ap. Thom. Mag. Paria scribit Ammon. in Τάπητες, nisi quod apud eum vitiose legitur μαλακὸν pro μαλλόν. Codex μαλὸν vice μαλλόν. Δάπιδας usurpari genere feminino Nicander ostendet Ther. v. 326, ad quem versum egregia notat antiquus enarrator. Hemst. — 29 εὕρηται, 31 οἱ μέντοι Reg.

529, 34 ὑγροῖς ἢ V. — 35 χρισίμοις Θ. χρησίμοις Ald. δοκίμοις R. V. et Suidas s. Στακτοῖς. — 36 ῥοδοστάμασιν recentiores pro ῥοδοστάγμασιν. Vid. Ducang.

530, 39 Ἀλλοχρόων additum ex V. ἑτεροχρόων posuit Suidas s. Βαπτά. — 40 αἱ νύμφαι hic et apud Suidam Toupius. — 41 τεκμήριον οἶμαι τῆς βαφῆς Θ. Ald., non Suidas. — 42 ἐπὶ τὸ R.

531, 48 ἀπορεῖτε ὧν χρῄζετε Ald.

534 λούδεις. Frustra quæras id verbi apud Ducangium. Conf. gl. Dorv. ad v. 518. Hemst. Est λάβης, λάβη, ut dixi in notis ad Nicephori Tactica. Hase in notis mss. Bastii.

535, 1-7 sic R. V., Ἀπολλόδωρος—πυρὸς, ὅτι οἱ πένητες ἀποροῦντες ἐνδυμάτων—καθεύδουσι καὶ ἐκ τῆς θερμασίας φλυκταίνας ποιοῦσι. — 2 τὸ om. Θ., qui 4 τῆς θέρμης Θ. ἐκ θέρμης—προσβαλόντος om. Suidas s. Φῷδον. ἢ ἀέρος—προσβαλόντος om. etiam Θ. Est recentioris scholiastæ additamentum. — 6 ἐρευθήματα et στύλους Θ. — 7. Eustath. ad Il. P, p. 1123, 21: παρὰ τῷ κωμικῷ φῶδε; τὰ ἀποκαύματα· sic et Suidas in Χιμέτλα· utrum scribatur, nihil interesse docui ad Lucian. Δ. Ἐν. 11, p. 317. Hunc eundem Comici locum ob oculos habuit Eustath. ad Il. N, p. 962, 50: Φῶδες αἱ ἀπὸ φλογὸς φλύκταιναι, ὧν καὶ ὁ κωμικὸς μέμνηται. Verum scholiastæ verba nonnihil perturbata sic ponenda puto: Ἀπ. τὰ ἐκ τοῦ πυρὸς ἐρυθήματα, ἢ τὰ ἐπικαύματα τὰ ἐκ τοῦ πυρὸς, ἢ ἐκ ψύχους· ἢ τοὺς τύλους, ὡς τῶν πενήτων διὰ τὸ αὐτουργεῖν τοῦτο πασχόντων· scilicet non pustulas ab igne natas, sed callum contrahunt pauperes ex eo, quod ipsi operi faciundo insudent. Hemst. — 8 sqq. τὸ δὲ—συρομένων om. Θ. — 12 φούσκα proprie *vesica*, ut patet ex Ducangio, sed et *vesicula* vel *pustula* vi ignis in cute excitata. Hemst. — 13 στιβιλίδας vocem omiserunt Meursius et Ducangius. Schæfer. Non habet Reg. — 14 ἐκεῖσε,

15 προσβάλλοντος Reg. « De constructione verbi προσβάλλειν cum dativo v. not. ad Gregor. Corinth. p. 37, ubi Bastius usus est hoc scholio. Schaefer. Regius : Οὐκ ἔστι τὸ πλήν ἐνταῦθα· ἀντὶ τοῦ χωρίς, ἀλλ' ἀντὶ τοῦ εἰ μή, λαμβανομένου κατὰ συνεκδοχὴν τοῦ κολοσυρτόν πρὸς τὸ φώδων. φλυκταίνας γὰρ ἀνθοῦντες οἱ πένητες δυσχεραίνουσι καὶ βοῶσι, καὶ ὥσπερ κολοσυρτὸν ἐγείρουσι δι' ὧν δυσχεραίνουσι. φαίη δ' ἄν τις κατὰ δεύτερον λόγον, ἐπειδὴ τὸ πλήν καὶ ἀντὶ τοῦ χωρίς καὶ ἀντὶ τοῦ εἰ μή εὕρηται, πρὸς μὲν τὸ φώδων τὸ τοῦ χωρίς σημαινόμενον νοοῦμεν, πρὸς δὲ τὸ κολοσυρτόν τὸ τοῦ εἰ μή· ὥσπερ δὲ τὸ κολοσυρτόν καὶ πρὸς τὸ παιδαρίων ὑποπεινώντων λέγομεν, οὕτω καὶ τὸ ὑποπεινώντων πρὸς τὸ γραϊδίων λαμβάνομεν. εἶπε δὲ τὸ φώδων ἐκ βαλανείου, διὰ τοῦτο ὅτι — sequuntur l. 13-17.

536, 18 κεκράγωσι V. κεκράγασι G. — 20 Πεινῶσαι γὰρ Θ. — 22 κάλα γὰρ τὰ ξύλα λέγονται recte Reg.

537 Τοῦτο τὸ ἀριθμὸν πρὸς τὸ οὐδὲ λέγω σοι σύναπτε Θ.

538, 26 Ἰδίως δὲ V. — 28 παραπλανηθέντες Ald. De hoc scholio habet R. ἰδίως εἶπε τὰς ψύλλας βομβεῖν· οὐ γὰρ προΐασι φωνήν. — 29 φήθησαν εἰρῆσθαι, 30 τὸν ψύλλον λέγουσι V., qui sequentia θηλυκῶς—ἐμπίδας omittit. — 31 τὴν κώνωπα κατὰ om. Θ., qui 33 περιίπταται. Ald. περιίπτατο ἢ περιίπταται. — 36 Ἀλλ' ἀπὸ V.

539, 40 οὐχ ὅτι δὲ αὗται V.

541, 48 κερκίδος ὕμνοις. Sic correxi scripturam codicis οὐ κερκίδοις ὕμνους. Dind.

542, 53 ψιάθιον. Ita schol. Thucydid. ad 2, 75; 4, 48. Vid. Moschopul. II. σχεδ. p. 43, et inprimis Ducang. in v. Ψιάθιον. Hemst. — 1 τάπιτος Dorv. ἐπευχίου Reg.

543, 4 μεμάλακται Ald. et fort. R. Post νῦν addit Ald. μάκτρα δὲ θυεῖα ἐπιμήκης, ἐν ᾗ μάττουσι τὰ ἄλευρα, ex scholio v. 545.

544, 7 ὑμεῖς V. utrobique. « Legebatur ῥάφανον. Correxi ex Suida et Ammonio, ad quem v. Valcken. Animadv. p. 203. » Dind. — 8 δὲ ῥάφανον παρὰ τὸ ῥᾷον V. ῥᾳδίως etiam Suidas et Athenæus 2, p. 56. — 9 γὰρ om. Θ. ὡς ἐπερόμεναι R. σπειρόμεναι Θ. et Suidas, qui habet ἀνίασιν.

545, 14-16 ὑποποδίου, ἔνθεν καὶ θρανίτης R. ὑποποδίου κεραμίου κλασθέντος (hæc duo verba spectant ad πιθάκνης v. 546)· ἔνθεν καὶ οἱ θρανῖται οἱ παρὰ τὸν δίφρον V. θράνος ὑποπόδιον μὲν καὶ θρανίτης ὑποκοριστικῶς ἡ πολίχνης Θ. ὑποποδίου σκάμνου Reg. — 16 post θρανίτης Ald. addit ὑποκοριστικῶς ὡς πολίχνης, ex scholio proximo. Sequentia om. etiam Θ. — 17 καθῆσαι Ald. Correctum ex Eustathio p. 982, 64; 1400, 24. — 23 ὃ δὲ στάμνου κ. Hemst. — 29 imo γράφει. Kusterus maluit, ἐν τισι δὲ τῶν ἀντ. Credi potest conflatum ex duobus exemplaribus, in quorum uno fuit, Τινὰ δὲ τῶν ἀ. ἀ. στ. κεραμίου, in altero tantum, ἀντὶ στάμνου κεραμίου γράφεται. Κεραμίου vero quum versum intrare nequeat, sine dubio scriptum fuisse oportet κεράμου. Hemst. — 39 σχῆμα κάλλιστον Hemst.

546, 3 ὑποκοριστικῶς δὲ αὐτὸ G. ὑποκοριστικὸν δὲ αὐτὸς V. — 3 πολίχνη G. — 8 Ἀποδεικνύω σε Hemst.

548, 11 Suidas ἠνίξω. ἐκ μεταφ. V. — 12 κρουόντων τὴν additum ex R., κιθάρων Ald. κιθαρῳδῶν V. — 13 ὀργάνου τοιούτου Θ. τοιούτου om. V., qui πενία πτωχείας. — 15 sq. ἡ δὲ πτωχεία—καὶ ὁ μὲν πένης additum ex V. et Suida : om. Θ. Ald. — 20 αἰνιγμ. ἐδήλωσας Θ.

550, 21-50 hoc ordine in V., Ὅτι ὁ μὲν Διονύσιος—ἄνους. Ἄλλως. τὰ ὅμοια—τὴν τυραννίδα. Ἄλλως. ὁ μὲν ἀξιωματικὸς—σφόδρα ἀνομοίους. ἢ ὅτι —δημοφιλής. — 21 μὴ om. V. — 22 ὡς ἄν τις V. λέγοι Kusterus. λέγει Θ. Ald. λέγῃ V. In R. sigla quæ plerumque λέγει est. — 23 τῷ λύκῳ R. V. Post Λύκῳ pergit R., ὅτι ὁ μὲν ἀξιωματικὸς καὶ μέγας, ὁ δὲ μαινόμενος, ceteris omissis. — 24 καὶ παντὸς—(50) ἐν Σικελίᾳ. Ἄλλως om. Θ. καὶ πάντα κρείττονι διά τε τὰς ἐπιφανείσας V., qui 25 κατὰ om. δίκας Ald. νίκας καὶ ἐπὶ τὸ καταλῦσαι τὴν τυρ. V. — 28 ὁ ἀξιωματικός. Indicari videtur is Thrasybulus, cujus fit mentio in Ecclesiaz. v. 203 : nam ibi quoque describitur a scholiaste αὐθάδης καὶ δωροδόκος (vid. v. 356) et ὑπερόπτης τοῦ δήμου· idemne fuerit qui Colyttensis, nec ne, non affirmavero. Hemst. — 33 ὁ addidit Dindorfius. — 34 ἔχων χραιδόνα codex. « Correxi χλίδωνα. τρύφημα et χλίδωνα inter mundum muliebrem memorat Aristophanes frag. 309. » — 35 Ἀθ. αἴδι μακαρίζεται V. Ἀθ. αἴδι βαυκαλίζεται (id est βαυκίζεται) G. — 36 ἐπὶ τὴν ὄψιν περισκώπτει Ald. Tum sequuntur hæc, ὡς ὁμοιούντων (ὁμοιούσης V.) σφόδρα ἀνομοίως (corr. ἀνομοίους ex V.), quæ delenda esse vidit Dobræus. — 39 priores edd. Κωλυττέως· ejusmodi scriptura peperit errorem Suidæ : Κωλυπὲς, δῆμος τῆς Αἰγηΐδος· unde natus est, auctore Meursio in Rel. Att., novus et ignorabilis Atticæ regionis demus. Ex parte Kusterus ope MSS. Paris. maculam abstersit : Suidas deceptus dederat, Κωλυπεύς. Κωλυπὸς, δ. etc. pro Κολυττεύς· Κολυττὸς δ. etc. Dicitur autem Thrasybulus hicce Colyttensis, ut ab illo nobilissimo patriæ libertatis vindice distinguatur, qui Στειριεὺς, sive Stiria demo oriundus : quod eo diligentius veteres observant, quia easdem reip. partes secuti ætate propemodum fuerunt æquales. Utriusque meminit Xenophon, hujus Hell.

4, c. 8; illius 5, 1, 26, Θρασύβουλος ὁ Κολυττεύς· ubi quod ex uno codice notat H. Stephanus Κολλητεὺς pro Κολλυτεὺς, plane cum ea scribendi forma congruit, quam, monente Sponio, antiqui lapides ostendunt. Eundem habet Θρασύβουλον τὸν Κολυττέα Demosth. in Timocr. p. 794, A, quem refert δὶς δεθέντα καὶ κριθέντα ἀμφοτέρας τὰς κρίσεις ἐν τῷ δήμῳ· καί τοι, inquit, τῶν ἐκ Πειραιῶς, καὶ ἀπὸ Φυλῆς οὗτος ἦν. Quo jure conglutinari possint, ἀδελφὸν ἔγγιστα συγγενείας εἶναι, mihi non liquet: melius erit huic loco consultum, si interjecta particula separemus ἀδελφὸν ἢ ἔγγιστα συγγενείας εἶναι· sensus enim: *potius autem suspicetur aliquis alium esse Dionysium Thrasybuli Colyttensis, aut fratrem, aut genere proximum:* qui scilicet facie fuerint tam dissimili, ut, si quis res longissime disparatas inter se componere aggrederetur, idem jure contendere dici posset, Thrasybulo similem esse vel fratrem, vel propinquum ejus Dionysium. His quæ continuo subjiciuntur, velim mihi dari qui vel exponat, vel potius, quoniam id ne sperandum quidem est, apte corrigat: in mentem mihi venit, ἢ ἔγγιστα συγγενείας εἶναι· καὶ ἐν Γηρυτάδῃ σαφέστερον οἶδεν. Ἢ κατὰ Δίδυμον, ὡς εἴ τις λέγοι etc., *et istum quidem Dionysium Aristophanes in fabula Gerytade clarius novit ac descripsit:* exinde sequitur explicatio prorsus alia: *Aut enodandus est hic versus secundum Didymi sententiam; ac si quis dicat* etc. Ista jam initio fuerant prolata; sed nunc auctor Didymus accedit minime contemnendus, quem sane grammaticorum laboriosissimum constat commentarios etiam edidisse ad fabulas Aristophanis. Quam difficile vero fuerit visum definire, quem Thrasybulum Aristophanes, quemque Dionysium cogitaverit, illa varietas opinionum permolesta luculenter prodit; quæ potissimum orta mihi videtur ex duplici fabulæ Pluti editione. Si in solo versus hic exstiterit Pluto secundo, fieri non potuit quin quivis interpres historiæ veteris haud imperitus sponte delaberetur ad Thrasybulum et Dionysium, qui tum utrique in Græcis fama rerum gestarum, sed longe diversa, celeberrimi ferebantur: at eundem versum si primus itidem habuerit Plutus, jam nihil erat absurdius, quam istorum a Comico factam esse mentionem putare, qui post Dioclem demum, quo archonte prior Pluti fabula fuit commissa, factis insignibus floruerunt: atque adeo opera fuit danda, ut in Atheniensium civitate iis nominibus homines investigarentur, quibus et tempus actæ fabulæ, et dissimilitudo faciei vel morum ab Aristophane notata convenirent. Hæc igitur ad eos enarratores cura pertinuit, qui versantes in isto versu illustrando primam Pluti fabulam in manibus habere se credebant: recte an secus, nunc non disputo; quanquam, si Phylen occupatam consideres v. 1146, litem dijudicare in proclivi sit: ibi tamen quod unus scholiastarum observat, non leviter est animadvertendum: Τοῦτο οὖν ἔοικέ τις ἐκ τοῦ δευτέρου Πλούτου μετενεγκὼν ἐνθάδε ὀλιγωρῆσαι τῆς ἀλογίας ταύτης. Hemst. Valde incerta hujus loci emendatio est. Dobræo verba illa ἀδελφὸν ἔγγιστα συγγενείας εἶναι scholion esse videbantur versus præcedentis, τῆς πτωχείας πενίαν φαμὲν εἶναι ἀδελφήν, ut corrigendum sit, εἶναι ἀδελφήν: Ἔγγιστα συγγενείας εἶναι. Sequentia autem καὶ ἐν τῇ Ἰλιάδι σαφέστερον οἶδεν non corrupta magis quam loco alieno illata videntur. Et illa quidem καὶ ἐν τῇ Ἰλιάδι leguntur infra in scholio recenti v. 589. Dind. Qui in Addendis: « Verba ἀδελφὸν—οἶδεν secludenda esse recte monuit Hemsterhusius, cui quod objicit Schneiderus, proxima verba ἢ κατὰ Δίδυμον usui loquendi constanter in scholiis observato repugnare, quem ἄλλως· Δίδυμος, aut Δίδυμος δὲ postulare, nullius momenti est. Sic supra schol. v. 313 pro usitato illi simplici ἄλλως in ed. Ald. ἢ καὶ ἄλλως scriptum est. Καὶ οὕτω in cod. Veneto schol. Nub. 213. » — 48 ὧν ed. Basil. ἧς Ald. — 50 εὔνους Dindorfius. ἄνους libri. — 1 εἶναι λέγοις vel simile quid additum desiderat Kusterus. — 5 ἑαυτοῦ Paris. αὐτὴν Dorvillianus. τὴν πόλιν αὐτοῦ Reg. Idem 6 sq. φυλὴν μίαν ὑπελθὼν, καὶ σὺν αὐτῇ λάθρα τοῖς τυράννοις ἐπελθὼν, πάντας ἀπέκτ.

554. Moschopul. Ἐκλ. Ἀ. Ὀ. et Thom. Mag. in Περιεγένετο. Hemst.

555, 20 Ὅτι om. V., totum scholion om. Θ. — 21 ἄρα om. V. — 22 νεκροῦ βίον etiam Suidas s. Μακαρίτας. νεκρόβιον Θ. Ald. Sequentia om. etiam Θ. — 23 οἱ additum ex Paris. et Reg. ὅταν τι iidem. ἴδωσι Paris. — 24 οὕτω δὴ καὶ Reg.

559, 45 βίου additum ex Paris. et Reg.

560, 51 καὶ γαστρώδεις. ὑπὸ γὰρ ἀργίας R — 53 ἀντὶ τοῦ καταφερεῖς om. G. — 54 ἀσωφρόνως proprie pertinet ad explicandum ἀσελγῶς. Hemst.

561, 3 Οἱ γὰρ πένητες τοῖς ἐχθροῖς εἰσιν ὀργίλοι. λεπτοὶ δὲ κατὰ V. Θ. μέσον οἱ σφῆκες Θ., qui sequentia om. — 4 καὶ om. V. — 6 σφῆκες. ἢ ἀντὶ τοῦ λεπτοί· λελέπρυνται (corr. λελέπτυνται ex G.) γὰρ ἐν μέσῳ οἱ σφῆκες V., reliquis omissis. — 13 τὰ σώματα additum ex Θ.

563 om. etiam Θ.—19 αὖ om. Reg. Junt. Dindorfius malit τοὐναντίου.—20 sq. ἔλεγε τοὺς ἀνθρ., ἀσελγεῖς ὑπὸ τοῦ πλ. ἔλεγε γίνεσθαι, 22 εἰς τοῦτο Reg. Junt. — 25 ἀλλ' ἢ τὸ Reg. recte.

564, 31 καὶ om. Dorv. — 33 Εἰρωνικόν· οἱ γὰρ πέν. Θ.

566, 36 sq. om. Θ. — 37 δὲ om. R. — 38 ὅτι om. Θ. « Εἰ μὴ φωραθεὶς κλ. Respexit procul dubio scholiastes ad mores et instituta Lacedæmoniorum, quippe apud quos furta olim licita erant et impunita, modo ita fierent, ne quis in ipso furto deprehenderetur. Vide Cragium De republ. Lacedæmon. 3, 12. Kust. — 39 κλέπτης ὑπ. Ald. ὅτι κλέπτης ὑπ. Θ. ὑπήρχθη R. — 40 λανθάνων Θ., qui deinde δὲ om.

570, 47 Εἰς τοῦτο δὲ συναγορεύει ταύτῃ, ἵνα διαβάλῃ τοὺς ῥήτ. Θ., sequentia omittens. — 48 λαμβάνοντες Ald.; reliquæ λαμβάνοντας. Kusterus, ut orationis male cohærenti structuræ subveniret, distinxit παρὰ τῶν πολεμίων. Ἀσύμφορα etc., atque ita fere Dorv.: Διαβάλλει τοὺς ῥήτορας ὡς δῶρα λαμβάνοντας παρὰ [ἐκ Reg.] τῶν ἐναντίων. ἀσύμφορα τῇ πόλει συμβουλεύουσι· ceteris omissis. Hemst. Regius: — ἐναντίων καὶ ἀσύμφ. τῇ π. βουλεύοντας, οὐκ —ἀμύνεσθαι.

571, 53 Συνᾴδει ἰσχυριζόμενος V. Deinde legebatur τὸ κατὰ τῶν. — 54 σχῆμα V. πρᾶγμα R. Θ. Ald., quæ διασύρειν. Ib. αὐτόν R. αὐτούς V. om. Θ. Ald. « Spectat hæc annotatio ad prima versus verba ἀλλ' οὐ ψεύδει τούτων γ' οὐδέν. » Dind. Ad quæ hoc scholion habet Reg.: Συναγορεύει δὲ τούτοις καὶ ὁ Χρέμυλος εἰς πλείονα τῶν ῥητόρων διαβολήν. — 1 ἁπλῶς om. V., habet Suidas s. Βασκανία.

572, 4-6 Ὅμως—πείσῃ post καυχητιᾷν ponit V. — 5 φρονήσεις Θ. — 6 κομήσῃς δὲ om. V., qui ὑπερηφανίσῃς. G. ὑπερηφανεύσῃ. Ib. τὸ om. V. Θ. Ald., habet R. G. et Suidas. — 7 τοὺς om. G. Sequentia post καυχητιᾷν om. etiam Θ. Regius, qui κομίσῃς a pr. m. habuisse videtur: Γράφεται καὶ κομήσῃς, ἤγουν ἐπαρθῇς, ὅπερ ἐστὶ ταὐτὸν τῷ κομπάσῃς, ἐκ μεταφορᾶς τῶν κομώντων δένδρων, ἃ τὴν κόμην etc. — 10 πρὸς τὸ Reg. τὸ πρὸς τὸ Junt.

574 Dorv. ναὶ ζητῶ τοῦτο εἰκότως.

575 in V. πειράζεις πολλὰς ἀνηνύτους—φοράν. Ἄλλως. φλυαρεῖς διὰ—ἡλικίας. Ἄλλως. πάντως οὐδὲν ἀνύεις. ἡ μεταφορὰ ἀπὸ τῶν ὀρνέων. οἷον, θέλεις τι ἀντειπεῖν, ἀνύεις δὲ οὐδέν. Ἄλλως. κούφως λέγεις. ἀπὸ μεταφορᾶς τῶν νεοσσῶν, οἳ μάτην τὰς πτέρυγας κινοῦσιν· οὐ γὰρ ἵπτανται. — 18 οἱ πειρ. Suidas s. Πτερυγίζειν. — 19 δύναται Θ. ἀντειπεῖν V. et Suidas. εἰπεῖν Ald. — 20 sq. sine dubio sunt mutilata Ἀλλὰ φλυαρεῖς διὰ λόγων· hunc in modum explenda labes, Ἀλλὰ φλυαρεῖς καὶ πτερυγίζεις :] ἀντὶ τοῦ θορυβῇ διὰ λόγων· sic plane Suidas, nisi quod omittit διὰ λόγων, quod tamen ad hunc locum bene quadrat. Hemst. — 21 ἡλ. ἢ καί, 22 παροιμία ἀπὸ μετ. V. — τῶν νεοσσῶν Reg. Suidas. — 28 ματεάζεις Dorv. « Ματάζειν, ματαιάζειν et ματαΐζειν sunt usitata: duo priora verba sæpe descriptores permutant, ut in Sexto Emp. Ἀντιρρ. 9, § 282, pro, ἔνθεν καὶ ματάζουσιν οἱ μαθηματικοί, cod. Ciz. ostendit, ὅθεν καὶ ματαιάζουσιν etc., quod apud eundem invenies 3, § 107. » Hemst.

577, 32 εἴγε καὶ Ald.

578, 36 ἐνταῦθα. Jungenda monet διαγινώσκειν δίκαιον. Præfigitur autem γνῶ, quomodo sententiam vel dictum morale solent indicare. Hemst. ἐνταῦθα τὸ δίκαιον σύναπτε Θ., qui scholion ad seq. v. omittit.

581, 45-54 sic in V., ἀρχαίαις καὶ μωραῖς ἐσκοτισμένοι διανοίαις καὶ ὥσπερ οἱ τὰς λήμας ἔχοντες τῶν ὀφθαλμιώντων. ἢ ἀντὶ τοῦ βεβλαμμέναις (βεβλαμμένους G.) λήμη γάρ ἐστι τὸ πεπηγὸς δάκρυον—ὀφθαλμούς. σημαίνει—ὄψεις. τοῦτο δὲ διὰ τὸ εἶναι αὐτοὺς γέροντάς φησι. τὸ τῶν γερόντων γὰρ δάκρυον παχὺ, ὅπερ καὶ λήμας μεγάλας ποιεῖ. παροιμία δέ ἐστιν—ἥτις καὶ ἐν Νεφέλαις εἴρηται. Idem addit γρ. γνώμαις, quod om. G. — 45 Ἤγουν om. Θ., habet Suidas s. Κρονικαῖς et Λήμη. Hæc qui scripsit, non Κρονικαῖς λήμαις, sed Κρονικαῖς γνώμαις, ut lemma Ald., legisse, sequentia autem παροιμία δὲ—ad alteram spectare scripturam Κρονικαῖς λήμαις, animadvertit Hemst. et clarius apparet ex scholio codicis Veneti ἀρχαίαις καὶ μωραῖς διανοίαις. — 48 λήμη, λέγεται τὸ R. Vulgatum habet Suidas utroque loco. τοῦτο—φησι addita ex V. — 51 τὸ γὰρ—ποιεῖ om. Suidas. — 54 ὀφθαλμιώντων V. et Suidas s. Λήμη. ὀφθαλμῶν ἰόντων Θ. ἐμποδίζονται om. V. ἐμποδιζόντων R.

586, 12 ab στεφανώσας incipit V. Ab οὐ κοτίνῳ incipit Paris. Reg. et Suidas s. Κοτίνου στεφάνῳ. Ἄλλως additum ex V. — 14 ἐτρέφοντο, ἀλλὰ τῇ (τῇ om. Suidas) καλλιστεφάνῳ V. et Suidas, qui ἐστέφ. — 15 οὐκ ἀκριβῶς δὲ ἡ ἐλαία πολυστέφανος λέγεται V. οὖν om. R. « Post λέγεται addebatur ταύτης δὲ τὰ φύλλα ἔμπαλιν (excidit πέφυκε) ταῖς λοιπαῖς ἐλαίαις· ἔξω γὰρ, ἀλλ' οὐκ ἐντὸς ἔχει τὰ λευκά, quæ e loco Aristotelis huc illata delevi. Paris. [et Reg.] non his tantum verbis, sed etiam præcedentibus οὐκ—ἀκριβῶς λέγεται caret. » Dind. —16 τοῦτο R. ἐκφαυλίζων δὲ κοτίνῳ λέγει. καὶ Ἀριστοτέλης περὶ τῆς καλλιστεφάνου ἐλαίας (ἐλ. om. Reg.) ταῦτα φησὶν, ἐν δὲ τῷ Paris. Reg. κοτίνου Ald. « Vera scriptura κοτινῷ est. » Dind. — 18 πανσταθίῳ Paris. πανστηθίῳ Reg. Junt. De Pantheo, quod fuit Olympiæ, schol. Pindari Ol. 3, 60: τὸ Πάνθειον (πάνθιον codex), ἐν ᾧ πεφύτευται ἡ ἐλαία, ἣν δρέπει ἀμφιθαλὴς παῖς χρυσῷ δρεπάνῳ, κλάδους ιζ' τέμνων, ὅσα καὶ τὰ ἀγωνίσματα: et ad 8, 12: πρὸς αὐτὸ τὸ τῆς Πίσης ἄλσος διαλέγεται, ἢ πρὸς τὸ Πάνθειον (πάνθιον codex), ὅπου αἱ ἐλαῖαι φύονται. Ib. καλλ. δὲ καλεῖται Reg. — 19 ταύτῃ Paris.

Reg. Apud Aristotelem, ταύτης πάντα τὰ φύλλα ταῖς λοιπαῖς ἐλαίαις ἐναντία πέφυκεν. — 20 ἔξω—λευκά addita ex V. et Suida. — 21 χλωρά apud Aristotelem. 22 συμμέτρους om. Paris. Reg. Apud Aristotelem συμμέτρως, libris quibusdam συμμέτρους præbentibus. — 23 καρπὸν R. V. Θ. Suidas, om. Ald. Paris. Reg. φυτὸν λαβὼν ὁ Ἡρ. Aristoteles. — 24 πλέκονται Paris. Reg., qui addunt ἔξω δὲ, οὐκ ἐντὸς τῶν φύλλων ἔχει τὸ λευκόν, ceteris omissis. ἐδίδοντο Suidas. ἔστιν R.—25 περὶ τὸν G. Θ. Ald. Ἰλισσόν. In hac scriptura vitiosa consentiunt libri Aristotelis et Suidas. Scribendum cum Hemst. Ἐλίσσονα vel potius Ἑλίσσονα, quem fluvium in Alpheum influere constat ex Pausania 2, 12, 2, ubi Ἑλισσών scribitur ὀξυτόνως. Ἑλίσσων ἢ Ἔλισσα vocatur ab Strabone 8, p. 338. Dind. σταδίους—ἀπέχουσα om. Suidas. σταδίου R. V., non Θ. « Ἑξήκοντα etiam apud Aristotelem. In stadiorum numero finiendo multum abit schol. Theocriti 4, 7 : ἀγνοοῦσι δὲ, ὅτι οὗτος (ὁ Ὀλυμπιακὸς στέφανος) ἐκ τῆς καλλιστοῦς ἢ καλλιστεφάνου ἐλαίας γενόμενος δίδοται, ἥτις ἀπέχει σταδίων ὀκτὼ, ὥς φησιν Ἀριστοτέλης. Quin autem hic scholiastes ex Aristotele sit emendandus, ideo non dubitat Kusterus, quod ἑξήκοντα etiam legatur apud scholiastam Aristophanis. Mihi sententia longe alia sedet : ut enim Theocriti scholiastæ suum ὀκτὼ libenter relinquo, sic stadiorum numerum in nostro atque Aristotele magis etiam imminutum velim. Equidem valde mihi persuadeo, a philosopho venisse σταδίους ἕξ, cujus voculæ prima litera quum forte evanuisset, ξ pro numeri signo fuit acceptum, et peperit ἑξήκοντα. Jam si ex propinquo notoque loco determinanda sit oleastri Olympici sedes, utram stadiorum designationem commodius instituto respondere dicas, sex an sexaginta? eam rationem quivis facile, vel me tacente, collegerit. Hemst. τοῦ ποταμοῦ Ald., ut apud Aristotelem. — 27 scribebatur θίγοντι. — 29 et sequentia om. etiam Θ. — 32 Gelenius καταρρητορευθείς. Sed καταρρητορεύσει ita explicari potest : *nam figuram istam Chremylus oratoriam adversus Paupertatem intorquebit, et superatus dicet* : sic autem intellige, τῆς Πενίας· sin quartum casum addideris, καταρρητορεύσει τὴν Πενίαν, capiendum erit hoc pacto : artibus et more oratorum Peniam depellet ac rejiciet. Hemst. — 48 sq. οὕτω καί τις Π. Eustath. ad Dionys. Perieg. v. 463, ubi ducta locorum a plantis arboribusve nomina recenset, dum fere nostrum enarratorem exscribit [imo scholiasta Eustathium exscripsit. Dind.], hæc tamen, in quibus aliquid hærere ... manifestum est, omisit. Auguror intercidisse vocem οἶνος : οὕτω καί τις οἶνος Πιτυούσιος· Πιτυοῦντα vero intelligo τῆς Παριανῆς, cujus apud Strabonem mentio 13, p. 880, C, in quo tractu, qui vitium satis ferax, urbs quoque Πιτύεια. Quin et Lampsacus in propinquo sita olim appellationem habuit Πιτυοῦσσαν· neque ignotum est vinum Lampsacenum; illudque oppidum Themistocli tributum εἰς οἶνον. Multo plures autem et regiones et urbes ex copia pinuum idem induisse nomen constat. Hemst.

589. Hoc quoque scholion (quo caret etiam Θ.) recentissimi est grammatici, fortasse ipsius Musuri, ut alia hujusmodi. Sumptum autem maximam partem est ex Eustathio ad Homer. p. 125. Dind. Regius hæc : Τὸ λήροις η γράφε καὶ μὴ δίφθογγον, ὡς οἴονταί τινες, λέγοντες ὡς λειρίοις ἦν, ἤτοι ἄνθεσι, καὶ κατὰ συγκοπὴν γέγονε λείροις. λῆρος γὰρ ἡ φλυαρία. λέγει δὲ ἐνταῦθα τὸν ἐξ ἐλαίας στέφανον λῆρον, ὡς φαῦλον καὶ οὐδενὸς ἄξιον. — 16 ἐκφλαυρίζεσθαι Kusterus. ἐκφλυαρίζεσθαι Ald. — 35 δι' ὅλου σώματος. Illud, opinor, voluit scholiastes, fasciam candidam non capiti tantum circumvolutam, sed quacumque corporis parte adstringatur, dici diadema : quomodo Pompeio tali fascia crus alligatum habenti Favonius, *Non refert*, inquiens, *qua in parte corporis sit diadema*, regias vires exprobravit, teste Valer. Maxim. 6, 2, 7. Ἀναδέσμη apud Suidam : Damasc. in Phot. Biblioth. p. 561, 35, ἀναδεδεμένη τὴν κεφαλὴν ἀναδέσμῃ· γυναικεῖος τῆς κεφαλῆς ἀνάδεσμος apud Etymol., qui sic μίτραν interpretatur. Hemst.

590 om. etiam Θ. Reg. — 49 sq. οἷς ἐλπίζουσιν ἐπ' αὐτά. Hæc Christiani hominis ingenium ac stylum redolent, quæ alibi quoque, tametsi locus non succurrat, me legisse memini. Posteriora claudicant : vitium sustuleris, si scribas, οἷς ἐπελπίζουσι, vel, ὅτι, sive ὅσον ἐλπίζουσιν ἐπ' αὐτά. Sensus est, περίαπτα *dici, quod iis appensis mali sibi persuadeant, se melius habituros ; sic ut ipsi potius dicendi sint ex illis pendere, in quibus spem prosperæ valetudinis aut fortunæ collocent* : sive, *quia spem salutis in iis habeant repositam*. De περιάπτοις autem, quorum virtutis opinio Christianæ quoque plebis animis alte inhæserat, quid censuerint Patres, exponunt Is. Casaub. ad Spartian. Caracall. p. 131, Lindenbr. ad Amm. Marcell. 19, p. 251, Jac. Gothofred. ad L. 3 C. Th. de Mal. et Mathem. In Constit. Apost. 8, 32, cautum est, qua conditione περιάμματα ποιῶν, ejusque farinæ alii ad baptismum admitti debeant. Περιάμματα vero sunt, ut in Lexico veteri Ms. ap. Ducang. explicantur, τὰ κατὰ τοὺς τραχήλους, καὶ τὰς χεῖρας, καὶ τοὺς πό-

δας βεβαμμένα κλωσμάτια, ἅτινα αἱ γυναῖκες περιάπτουσι. Pro κλωσμάτια, quod Glossario suo inserere non debebat Ducang., legendum est sine dubio κλωσμάτια, *fila*, quæ variis coloribus infecta collo corporisve partibus aliis adligari solebant. Eadem apud medicos etiam dicuntur περιαρτήματα, et ἐξαρτήματα Tatiano. Hemst. — 52 ἐλευθέριος melius dictum fuisse ostendit Hemst. — 54 σκνιφοὺς ed. Basil. quod emendatius, præsertim si vocis originem attendas, quam σκιφοὺς legi, nullus abnuo. Verum tamen ideo penitus improbandam esse non concesserim scripturam veterem, quam genuit forsitan atque in usum vulgi produxit expeditior pronunciandi cursus. Hesychius certe non tantum Σκνιπὸν, μικρολόγον adnotavit, sed etiam Σκιπὸς, σκνιφὸς ὁ μικρολόγος· quamquam alibi sæpius ipse σκνιφὸς et σκνιφῶς usurpet in Γλίσχρος, Ὀλιγώρως, Φειδωλός. Suidæ quidem testimonium ita disertum, ut dubitandi locus non sit: Σκιφὸς, ὁ παρ' ἡμῖν λεγόμενος σκνιπός. Neque aliunde, me judice, sunt explanandi, quos Crantor vocabat, σκίφης μεστοὶ στίχοι apud Diogen. 4, 27, quorum mentem solus percepisse mihi videtur Kühnius. Indidem oritur σκιφία vel σκιφεία, quod in Hesychii loco leviter adfecto restituendum arbitror: Κιμβία, σκυφία, μικρολογία· quamvis enim aliquis suspicari possit, confudisse lexicographum, ut creberrime solet, τὰ κυμβία, quibus interpretatio σκυφία non inepte conveniat, et τὴν κιμβίαν vel κιμβείαν, malo tamen unius literæ prona mutatione hujus erroris eum absolvi.... Theophanes Chronogr. p. 248, B, ἐγένετο δὲ ἐν τῷ χρόνῳ τούτῳ θανατικὸν, καὶ κνιπία παντὸς εἴδους· quorum propterea mentionem eo libentius feci, tum quod codd. ibi scribendi in isto nomine varietatem clare designent; nam velut a κνιπὸς, quod Etymologus habet v. Φειδωλὸς, in editionem defluxit ex Regiis membranis κνιπία, sic a σκνιπὸς vel σκνηπὸς Barberinus liber σκνηπία, Peirescianus a σκηπὸς σκηπία præferunt: tum quia viris eruditis, licet significationem ab Historia Miscella didicissent xvii, p. 529, *inopia omnis speciei*, nativa tamen vocis potestas atque incunabula minime fuerunt perspecta. Ducangius in Glossario accentus vitio deceptus, quum κνίπια reperisset, formam vocis inusitatam atque abhorrentem κνίπιον effinxit. Illud præterea notatu non indignum, κνιπίαν a Theophane, quemadmodum ab inferioribus Latinis *parsimoniam*, aliter atque usu vulgari solet pro caritate rerum necessariarum ac penuria poni, quando nimirum annonariæ species, ut ICti loquuntur, non nisi parce stricteque præberi comparari ve possunt. Κίμβικας et σκνιφοὺς, tanquam proximi plane generis, junxit etiam Aspasius ad Aristot. Eth. Nic. 4, f. 51, a, κίμβικες (λέγονται) καὶ κυμινοπρίσται καὶ γνίφωνες καὶ σκνιποὶ οἱ μικρὰ προϊέμενοι καὶ διδόντες. Forte mirabitur aliquis, ubi γνίφωνας hic memoratos et σκνιποὺς vel σκνιφοὺς ab una origine dixero pendere; quo tamen, si quid est in notationibus verborum exquirendis firmum, nihil esse verius existimo. Hemst. Vid. Gaisford. ad schol. Theocriti p. 188. Dind.

592, 10 ἐπιστομηθεὶς etiam Θ. et Reg. Kusterus: *Rectius* ἐπιστομισθείς.« Non dissentio; quamquam memini formam utramque multis in verbis promiscue sæpius usurpari, λοιδορεῖν, λοιδορίζειν· ἀπολογεῖσθαι, ἀπολογίζεσθαι· sed ἐπιστομίζειν perpetuæ consuetudinis auctoritatem habet: vid. Aristoph. Eq. v. 841, et Suicer. Thes. Hemst. Hæc tantum habet Θ., τοῦτο παίζων φησὶ Χρεμύλος, ἐπιστομηθεὶς παρ' αὐτῆς.

593 om. etiam Θ. — 23 ὡς ἐγκ. aptius esse animadvertit Hemst. — 29 ἡμῶν εἰς τούτους· καὶ τοὺς ἀσ. ὤθησε λόγους Dorv., reliquis omissis.

594, 33-45 sic in V., ἔθος ἦν τῇ Ἑκάτῃ τὴν τριακάδα ἐν ταῖς τριόδοις τιμᾶν, διὰ τὸ αὐτὴν καὶ Σελήνην καὶ Ἄρτεμιν καλεῖσθαι. ἐτίμων δὲ αὐτὴν οἱ πλούσιοι ἄρτους καὶ ἄλλα τινὰ τιθέντες ὥσπερ θυσίαν. ἐλέγετο καὶ ὅτι οἱ πένητες ἀπ' αὐτῶν λαμβάνοντες ἤσθιον καὶ ἔλεγον ὅτι ἡ Ἑκάτη αὐτὰ ἔφαγε, λέγει οὖν, — ἐσθίουσιν αὐτά. — 34 οἱ πολλοὶ Reg. pro τὸ παλ. — 35 Ἄρτεμιν V. Reg., qui τε καὶ Ἀ. Ἀρτέμιδα Ald. — 36 οἱ πλ. δεῖπνον ἑσπέρας ὡς θυσίαν τῇ Ἑκάτῃ προσάγοντες ἐπὶ ταῖς τριόδοις ἐτίθουν Reg. Junt. ὡς Ald. — 38 πειν. om. Reg., qui 39 ἔφαγε ταῦτα. Ib. ἐμάθομεν V. — 40 fort. κάλλιον. Dind. — 41 αὐτὴ V., ex quo deinde accessit καὶ τίνες ἐσθ. αὐτά. Sequentia ἔθος—πένητας habet Suidas s. Ἑκάτην.

595 ἢ εἰς etc. Hoc scholion ad αὕτη spectat. Dind.

596, 52 τηγανισμένου Dorv.

598 om. etiam Θ. — 17 sqq. Cratini locus ex Hephæstione est p. 47. — 18 νῦν Ald. In Junt. ἔχε σιγάν· καλεῖται δὲ καὶ παροιμιακὸν διὰ τὸ πολλὰς παροιμίας τούτῳ πεποιῆσθαι τῷ μέτρῳ. Ἄλλως. παροιμία ἐπὶ τῶν ἀκριβῶς εἰδότων τί. καὶ πάντα etc. Illa, παροιμία ἐπὶ τῶν ἀκριβῶς εἰδότων τι, pertinere suspicor ad v. 600 [cui ascriptum est in Regio, additis λέγει δὲ ὅτι οὐ μή με πείσεις καὶ ἐὰν δόξῃς πείθειν], quasi ab iis proverbialiter usurpari monere voluisset, qui de veritate cujusvis rei persuasi a suscepta semel sententia nullis machinis dimoveri se patiuntur. Hemst. — 28 Ἀντὶ τοῦ φθέγξῃ V.

600, 37 σοι om. R. σοι et seqq. om. Θ.

601, 40 Ταῦτα om. R. ταῦτά φασιν Ald. διὰ Τηλ. Θ. « Hæc, Ὦ πόλις Ἄργους, κλύεθ' οἷα λέγει, reperiuntur itidem in Equit. v. 810, ubi scholiastes observat sumtam esse partem priorem ex Euripidis Telepho, ex Medea posteriorem : idque verum; exstant enim in hac tragœdia v. 168, κλύεθ' οἷα λέγει, pauloque ante præcedit etiam, ὦ πόλις. Idcirco quod hic scribit enarrator noster, versum illum in Phœnissis haberi a Polynice pronunciatum, effugere non potest, quin ejus culpam in memoriæ malam fidem rejiciat : quamvis simile quidpiam offerre non negem v. 608, 614, 616. » Hemst. — 41 sq. ἐκ Φοινισσῶν—λέγοντος et 43 sq. διαβάλλει—πένητας om. Θ.

602, 48 συνδιαιτητὴν V. Θ. et Suidas s. Ξύσσιτος et Σύσσιτος. διαιτητὴν R. Ald. ζωγρῶν V. pro ζωγράφος. — 49 ὢν om. G. — 51 sq. ζωγρ. ὢν et τὸν σόν om. Dorv.

604 scholion V. reperitur in scholiis ad Nub. 133. — 7 Παγασιτικὸν codex.

605, 15 Ποῦ om. Θ.

606, 18 sq. ὃν—λέγουσι om. etiam Θ. — 19 κυφῶνα ὄνομα κύριον R. omisso φασι. — 20 οἱ—καλούμενον om. etiam Θ. — 22 κυφῶνα recte Reg., 23 γράφουσιν idem. οἱ δὲ—καλούμενον habet Dorv. — 25 Τὸ δὲ οὐ μέλλειν, ἀλλ' οὐ χρή V.

607, 28 Ἀντὶ τοῦ ἀνύειν· πλέον. V. γὰρ R. δὲ V. Θ. — 29 sq. καὶ ἀνύω Hemst. ἀνύω καὶ Reg. Junt. — 32 συντόμως Paris.

608, 34 δέ om. Θ.

610, 38 σε additum ex V. — 39 ἔθει R.

612, 43 τὸ additum ex R. — 44 λείπει V. λέγειν R. Θ. Ald. ἀλλ' et 45 τὸ σχῆμα om. Θ.

616, 53 ἀντὶ τοῦ ἀνθηρὸς R. λιπαρὸς ἀνθηρὸς Θ. ἀπὸ τοῦ ἐλαίου λιπαρὸν ἀνθηρὸν V. — 54 ὁ ληλιμμένος R. — 4 ἐπιπωματικοῦ Kusterus. ἐπιπτωματικοῦ Junt. Est autem ἔλαιον ἐπιπωματικὸν, quia vim habet velut operiendi atque occludendi tenues corporis meatus, ne vel sudorem internosque simul spiritus justo citius transmittant, vel aerem ac frigus extrinsecus hauriant : quam ob rem oleum a Dioscoride dicitur 1, 30, δυσπερίψυκτον φυλάσσειν τὸ σῶμα. De utraque olei dote multa disputat Lucian. in Anacharsi. Hemst. ἵνα ἐπειδὴ οἱ τοῦ σώματος πόροι ἄδηλοι τῇ θέρμῃ ἠνεῴχθησαν, ὑπὸ τοῦ ἐλαίου (ἐμφραγέντες addit Reg.) κλεισθῶσιν (κλ. ἐπιπτωματικοῦ ὄντος Reg.) καὶ μὴ δέξωνται ἀέρα ἔξωθεν Dorv. Reg.

619, 18 ἐπιτρίφθαι Paris., qui 19 sq. ἐπείπερ—καταπαρδεῖν om. R. ante ἡ ἀξία habet ὥσπερ ἔλεγε—καταπαρδεῖν. — 22 Τὸν om. Paris.

621, 26 διευθετεῖ Reg. Edebatur δι θετεῖ. « Quæ de varia verbi ἄγειν significatione notata vides, ex recentioribus grammaticis, præsertim Moschopulo, congesta satis alieno loco inculcantur. Apud Synesium Ep. 4, p. 161, D, ἄγειν est *celebrare*, *observare*, ut in ἄγειν ἑορτήν. Paullo post Synesius : ἄγουσιν ἀπραξίαν. » Hemst. Conf. schol. v. 285. — 33 δηλαδή om. Θ. — 36 ὁ ἐκτὸς ἐν Reg. « Puto significari templum Æsculapii in Piræeo. Cario enim v. 656 narrat Plutum a se et hero, simul ad templum pervenerunt, fuisse ad mare ductum ut lavaretur : a templo urbano longior fuisset via. » Boissonad. in Wolfii Analectis 3, p. 82. τὸ μὲν—τὸ δὲ V. ἡ ἐν Ἀχαρνεῦσι G., omissis ὥς φασι.

623, 42 verba τῶν ἀναγκαίων in V. præcedit τῶν προέργων, corruptum e lemmate τῶν προὔργου. τῶν ἀναγκαίων om. R., qui ante τῶν σπουδαίων habet ἀορίστου ἑτέρου μετοχή, quæ ad ἐλθὼν sunt referenda. Dind.

625, 53 καὶ ἔθος ἐστὶν ὡς ἀντὶ Θ.

626, 4 παρὰ τὴν Θ., qui om. 6-25

627, 15 σημ. — 23 sunt in Regio, omissis 20 sq. ἀλλὰ—καὶ ἅμα. — 17 ἀναβλέψαιεν. Observat Kusterus, *voluisse scholiasten, vel debuisse dicere* ἀναβλέψαι ποιήσαιεν · quod ut, si castigatam scribendi legem spectes, minime negari potest, sic nostrum enarratorem tuetur usus recentiorum, quos non piguit verbis ejusmodi neutris, qualia sunt ἀναβαίνειν, ἀναβιοῦν, ἀναζῆν, ἀναδύειν, ἀνακύπτειν, ἀνανεύειν, ἀναθάλλειν etc. agendi vim induere. Neque abhorrent prorsus ab illo more veteres; sed consideratius illi ac majore cura linguæ patriæ rationes exigebant. Præter alios hunc usum illustravit Jo. Davis. ad Cic. Tusc. D. 3, 31. Vir tamen doctissimus mallem omisisset Euripidis exemplum ex Rhes. v. 446 (443, ubi v. intt.)... Attamen in scholiasta poterat aliquis, offensus insolentia locutionis nusquam alibi, licet ἀναβλέψαι sæpius occurrat, ab eo sic usurpatæ, legendum suspicari, μέχρις ἂν ἐκεῖνοι ἐς Ἀσκληπιοῦ ἐλθόντες ἀναβλέψειεν ὁ Πλοῦτος · quo pacto nominativi pro absolutis accipiendi sunt, quasi scriptum foret, ἐκείνων ἐς Ἀσκληπιοῦ ἐλθόντων. Hemst.—24 sq. Ὁ θεράπων—ἀναβλέψαντα post τιμὰς νέμουσι ponit R., omittunt V. Θ. — 25 ἀπαγγέλλων Ald. Θησεῖα ἑορτὴ ἀγομένη ἐν Ἀθήναις, ἐν ᾗ ἄρτοι τινὲς δίδονται, ἃς καλοῦσι μυστίλας, ἑστιώμενοι παρά τισι. γίνεται δὲ ἐν τῇ ἑορτῇ τοῦ Θησέως καὶ ἐσθίει προῖκα. μεμυστιλημένοι οὖν ἑστιαμένοι, ἢ μυστίλοις ἀρύοντες τὴν ἀθάραν καὶ ἐσθίοντες ἢ ἄρτους φαγόντες ὡς μύστρα. ἐγίνετο δὲ τὰ Θησεῖα ὀγδόαις, καὶ πᾶσα ὀγδόη ἀνιεροῦτο Θησεῖ. Ἄλλως. μετὰ V. Apud Suidam, Θησείοισιν : ἑορτή τις τελουμένη παρ' Ἀθηναίοις. μετὰ γὰρ τὸ—. « Historiæ rarius obviæ Theophrastum testem citant

sane luculentum Suidas in Ἀρχὴ Σκυρία, et Eustath. ex Pausaniæ Lexico ad Il. I, p. 782, 54, ut indicavit Jo. Meurs. Thes. c. 29 : quibus accedit quem ex iisdem fontibus sua derivasse credi par est, scholiastes Aristidis mendosissime multoque segniore cura quam decuerat non ita pridem editus vol. 2, p. 241 : Θησεὺς ὑπὸ Λύκου Ἀθήνησιν εἰς τυραννίδα συκοφαντηθεὶς ἐξωστρακίσθη τῆς πόλεως, καὶ ἦλθεν εἰς Σκύρον, ἧς Λυκομήδης ἦρχεν etc. Λύνου perperam vulgatur. Eum Lycum Thesei patruum facit enarrator Lycophronis antiquus ad v. 1324, qui utinam integer, detractis emblematibus Tzetzæ nugacissimis, ad nos pervenisset. Hoc traditum, ut opinor, ab aliquo τῶν Ἀτθίδων scriptore si certam fidem habet, Lycum oportet valde senem Athenas rediisse : nam pulsus ab Ægeo fratre regni paterni hereditaria parte, non tantum in vicina Peloponneso vitam egit, auctisque Magnorum Deorum initiis apud Messenios vir religionum peritissimus inclaruit, sed et in Lyciam usque penetravit, tanta pollens auctoritate, ut Termilas barbaram gentem non pœnituerit novo ab eoque ducto Lyciorum nomine censeri. Videtur autem in patriam reversus eo temporis intervallo, quo Theseus apud Molossorum regem quadriennium in vinculis exegit : dum enim Ægei filius Athenis et rerum gestarum laude et amore populi beneficiis ingentibus obstricti florebat, nihil erat, quod Lycus se causæ suæ patronos inventurum speraret. Verum eo amoto ab civium oculis, vates publicæque superstitionis moderator, ut solet hominum illud genus ad flectendos plebis animos esse callidissimum, opportunam conciliandi favoris occasionem nactus fratris injurias in filium ulcisci constituit. Usus igitur impulsore Menestheo, quem primum ἐπιθέσθαι τῷ δημαγωγεῖν, καὶ πρὸς χάριν ὄχλῳ διαλέγεσθαι Plutarchus affirmat, Theseum, abalienata mobilis vulgi voluntate, eandem exilii, quæ ipsi olim obtigerat, subire sortem coegit. Hinc clarius intelligitur ratio proverbii satis alioquin obscuri, Λύκου δεκάς, de quo nonnulla collegit Jo. Meurs. Att. Lectt. 3, 9. Quem vero Lycum alibi bis terve vocaverat Strabo, eum τὸν Πανδίονος Λύκωνα dixit lib. 12, p. 859, A; quod etiamsi Casaubonus mutari jubeat, ego propterea retinendum existimo, quia nihil obstat quin putemus, Lyconem ab aliquo scriptore vetusto, quem ibi secutus sit Strabo, fuisse nominatum, qui plerisque Lycus audierit : sunt enim in nominibus propriis quædam formæ scribendi valde affines, sic ut ab aliis nunc hoc, nunc illo modo efferantur; quæ ratio minus animadversa nonnunquam viros eruditos in errorem induxit. Hic ipse Lycus bis intra paucos versus Λύκιος est Pausaniæ 1, 19, 4, nec secus sese res habet in *Icarus*, *Icarius* et *Icarion*, *Iasus*, *Iasius* et *Iasion*. *Actæus* et *Actæon*, *Glaucus* et *Glaucon*, *Hyblus* et *Hyblon*, *Eurytus* et *Eurytion*. Quem Callistum dixit Socrat. H. E. 3, 21, Callistion est Libanio, notante Valesio. Pendet ab illo more quorumdam patronymicorum intellectus : nam ut a Δεύκαλος exsistit Δευκαλίδης, sic a Δευκαλίων Δευκαλιωνίδης. Iapeti filius Prometheus non tantum *Iapetides* Ovidio Met. 5, 111, ubi quæ scripsit Capoferreus, partim bona sunt, partim mala; sed etiam Ἰαπετιονίδης Hesiod. Op. 54, quomodo *Iapetionides* Atlas eidem Ovidio, et Perseus *Acrisioniades*. Contra Κύψελος Ἠετίδης in oraculo apud Herodotum 5, 92, § 5, qui patre genitus erat Eetione. Similiter itaque Λύκος, Λύκιος et Λύκων. Jam Ptolemæum audiamus in Photii Bibl. p. 252, 29, ubi Achilles antiquæ memoriæ clarissimos recenset : καὶ ὁ τὸν ὀστρακισμὸν ἐπινοήσας Ἀθήνησιν Ἀχιλλεὺς ἐκαλεῖτο υἱὸς Λύσωνος. Quid si Λύκωνος? ut eundem illum Lycum Ægei fratrem intelligamus : quam suspicionem haud parum adjuvat ostracismi reperti mentio : quippe non est alienum, filio scriptorem aliquem attribuisse, quod plures de patre narraverant : neque tamen diffiteor, aliunde mihi de hoc Achille nihil esse compertum. Hemst. — 28 ἐς Suidas. Σκύρον libri, præter Θ., qui κῦρον. Reg. εἰς Σκύρον νῆσον Δολόπων. — 30 λοιμώξαντες. Utriusque mali pestiferi λιμοῦ et λοιμοῦ nomina literæ tantum tenuissimique soni discrimine separata quas sæpe dubitationes pepererint, ex notissimo Thucydidis loco 2, 54 testatum est. Non potuit ea de causa non contingere, quin altera vox frequenter sedem alterius invaderet : multis quidem in locis, utra sit eligenda reique narratæ maxime conveniat, haud difficulter dijudices, velut apud Hesiod. Theog. 227, ubi v. Grævium; at in aliis optare non ita planum atque expeditum : vid. Strab. 12, p. 862, C, et Casaubon. Hic tamen vel invito Suida, qui editionibus opitulatur, secundum Meursii sententiam in Thes. c. 31 λοιμώξαντες prætuli; quippe testimonium est Æneæ Gazæi disertissimum p. 72 : λέγεται δὲ Ἀθηναίοις, ἐπειδὴ ἐνόσουν, τὸν Ἀπόλλω χρῆσαι Θησέα τὸν Αἰγέως ἐπὶ τὰς Ἀθήνας μεταβιβάζειν.... ἅμα τε τῆς Ἀττικῆς τοῦ Θησέως τὸ λειπόμενον ἐπέβη, καὶ ὁ λοιμὸς οὐκ ἔτι ἦν. In simili casu schol. ad Eq. v. 84 de Themistoclis ossibus Athenas transvehendis : λοιμωξάντων δὲ Ἀθηναίων ὁ θεὸς εἶπε μετάγειν τὰ ὀστέα Θεμιστοκλέους· pestis autem multo magis, quam fames, habebatur vindictæ divinæ in homines animadvertentis te-

lum præsentissimum, ut notavimus ad schol. v. 179. Igitur eadem indiget medicina schol. Aristidis, ubi nihilo minus, etsi ter repetatur, ὕστερον δὲ λιμοῦ κατασχόντος Ἀθήνας, ἔχρησεν ὁ Ἀπόλλων, οὐκ ἂν ἄλλως παύσασθαι τὸν λιμὸν, εἰ μὴ Ἀθήνησιν μετενέγκαιεν τὰ Θησέως ὀστᾶ· οὗ γινομένου ὁ λιμὸς ἔπαυσεν, reponendum esse λοιμὸς mihi persuadeo. De vocabulis hisce permutatis iterum erit monendi locus ad v. 1054. Κελευσθέντες autem nimis nudum flagitare videtur χρησμῷ· quemadmodum in Plutarcho De fluv. c. 6, p. 22 : εἰς τοῦτον κατὰ προσταγὴν τὸν λόφον πόλιν κτίσαι θέλοντες, interseri debet, κατὰ χρησμοῦ προσταγὴν, de quo dubitare vix potest, qui Plutarchum adhibuerit c. 10, p. 37, vel, si lubet, ὑπὸ τοῦ Ἀπόλλωνος, cui favent Æneas et Aristidis enarrator. [In Reg. χρησμοῦ δοθέντος, ubi hæc ex Plutarchi Cimone amplificata.] Hemst. λιμώξαντες V. Θ. : sed λοιμώξαντες, ut videtur, R. — 31 Λυκομήδην etiam Suidas. Λυκομήδη Ald. — 32 τὸ om. Ald. — 33 εἰσοθέους R. αὐτῷ Suidas. οὕτω libri. « Carpit Aristophanis interpretem Jo. Meursius, quod graviter errans tempora confundat, et ad Lycomedis ætatem referat, quæ magno scriptorum, quos ejus historiæ meminisse scimus, consensu multis post seculis demum evenerunt : quod etsi non negem, dubium tamen mihi non est, quin suos auctores scholiastes fuerit secutus : novimus enim ex Strabone 9, p. 601, A, et pluribus aliis τοὺς τὴν Ἀτθίδα συγγράψαντας πολλὰ διαφωνῆσαι· idque eo etiam magis probabile videtur, quod templi Theseo instituti et consecrationis honorumque divinorum causam ab illo principio repetat. Ceterum abit itidem a nostro scholiastes Aristidis loco cit. et ad vol. 2, p. 172. » Hemst. διανέμουσι Θ. — 36 ἥρωος ἑορτήν G. — 37 διανομαὶ δὲ Ald. Apud Suidam καὶ ἐγίνοντο διανομαί. — 38 γίγνονται Ald. ἐτελεῖτο Suidas. — 39 συνήγαγε τὴν πόλιν, τῆς Ἀττικῆς πρότερον κατὰ κώμας οἰκουμένης Suidas. Si refingas, συνήγαγε τὴν πόλιν πρότερον σποράδην καὶ κατὰ κώμας οἰκοῦσαν, videri potest interpres Isocratem imitari, qui Helenes Enc. p. 214, E, de Theseo sic scripsit : καὶ πρῶτον μὲν τὴν πόλιν σποράδην καὶ κατὰ κώμας οἰκοῦσαν εἰς ταὐτὸν συναγαγὼν τηλικαύτην ἐποίησεν etc., sed malim : ἑορτὴ δὲ αὐτῷ ἐτελεῖτο, vel ἐπετελεῖτο, ἐπειδὴ πρῶτος αὐτοὺς συνήγαγεν εἰς τὴν πόλιν, τῆς Ἀττικῆς πρότερον σποράδην καὶ κατὰ κώμας οἰκουμένης· quibus in verbis et orationis structura et scholiastæ mens planissime procedit : adde, non aliter loqui Thucydidem 2, 15 : ἐς τὴν νῦν πόλιν οὖσαν ξυνῴκισε πάντας· Dionem Chrys. Or. 46, p. 517 : Θησεὺς τὴν Ἀττικὴν συνῴκισεν εἰς τὰς Ἀθήνας. Apposite Valer. Maxim. 3, 3, ext. 3 : *Ille* (Theseus) *locatim dispersos cives suos in unam urbem contraxit, separatimque et agresti more viventi populo amplissimæ civitatis formam atque imaginem imposuit.* Vide Scalig. Anim. in Euseb. p. 50. De ὀγδόῃ Theseo sacrata scholiastes iterum ad v. 1126. Hemst. — 41 καὶ om. Θ. μύστρια μιμουμένοις R. Θ. et Suidas s. Μεμυστιλημένοι. μυστρίοις μιμουμένοι (hoc accentu) Ald. — 42 οἷον R. et Suidas. οἱονεὶ Θ. Ald. μυστίλιον Suidas. « Utro modo scribatur, nihil interest. Etymologi locus in Μύστρον tam gravi vulnere laborat, ut medicina, nisi ab integris membranis, speranda non sit. Eustathius autem ad Od. Γ, p. 1476, 62, ex Ælio Dionysio monet : αἱ δέ γε μυστίλαι, ὧν ἡ μὲν ἄρχουσα διὰ τοῦ υ, ἡ δὲ παραλήγουσα διὰ τοῦ ι, ψωμοί εἰσι κοῖλοι, οἷον μύστρα κατὰ Αἴλιον Διονύσιον· τουτέστι μυστρία, εἰπεῖν ἰδιωτικῶς· καὶ μυστιλᾶσθαι, φησί, τὸ οὕτως ἐσθίειν· κατὰ δὲ ἄλλους τὸ κοιλαίνειν ψωμούς. Ergo grammaticorum opinioni fuit concedendum, ut in hoc itidem scholio scriberetur μυστίλη, non, quod in cunctis præter Aldinam edd. fertur, μιστύλη. Porro Suidas : καὶ τὴν ἀθάραν καὶ ἄλλα τινά· μυστίλη δὲ καλεῖται κοῖλος ἄρτος etc. sublato distinctæ a præcedentibus adnotationis signo; unde tamen tanquam diversi auctoris rectius sejungi arbitror. Deinde post εὐτυχήσαντες, prorsus omissis, quæ aliunde Fracinus invexerat, continuo subnectit (schol. v. 628) : ὀλιγίστοις δὲ ἀλφίτοις λέγει, ἤγουν ἄρτοις· τοῖς κοίλοις γὰρ ἄρτοις etc. » Hemst. — 43 ἤσθιον om. Θ. Deinde καὶ τὴν addita ex R. et Suida. — 49 ταῖς ἑορταῖς τ. Θησ. ἱερεῖς, ἃς Ἀθηναῖοι πολυτελῶς καθ' ἕκαστον ἔτος ἐποίουν, καλοῦντες αὐτὰς Θήσεια, ὥσπερ καὶ Διάσια τὴν ἑορτὴν τοῦ Διός· ἐν οἷς ἀμφοτέροις πολλῶν ἀναλωμάτων δαπανωμένων, βόες τε πλεῖστοι καὶ πρόβατα ἐσφάττοντο, ὅθεν οἱ πένητες ἐτρέφοντο συναγόμενοι· εἰ δὲ η Reg. « Mendam scholii futilis ita correxit Kusterus, εἰ δὲ διὰ τῆς αι καὶ τ. Tale quidpiam omnino voluit. θητείαν exponere solent μισθαρνίαν. Moschopul. Π. σχεδ. p. 113. » Hemst. — 51 τεθραμμένοι Reg. τετραμμένοι Junt. Basil. « Μιστυλλᾶν valde vereor ut Atticum sit : formam enim mediam, et solam, opinor, usurpant : neque nimis probavero μιστύλλα, quæ, ut paulo inferius, μιστύλη fuerat scribenda. Μύστιλλον habet schol. ad Eq. v. 824, sed, si valet auctoritas Suidæ, perperam pro μυστίλην· eum vide in Μυστιλᾶται. » Hemst. — 5 γε Kusterus. τε Reg. Junt. — 7 τεθραμμένοι—ῥοφήσαντες hic om. Θ., sed infra post v. 635 adscriptum habet τεθραμμένοι καὶ ζωμὸν ῥοφήσαντες, unde correctum quod in Dorv. est ζωμοῦ ῥοφίσαντες.

628, 10 ἄλλως præponit V. Τοῖς etiam Suidas.

Οἱ τοῖς Ald. γὰρ additum ex R. et Suida. — 11 τοὺς ζωμοὺς om. Θ. ἐκορέννυντο Suidas, qui 12 sq. ὀγδόῃ—ἥρωος omittit. διῆγον Θ. — 13 ἡμέραν ἐχόρευον R. — 14 μάσσησιν G. Post μάσησιν V. addit οἷον ἐπ' οὐδὲν εὐτυχήσαντες, νῦν δὲ ἑστιώμενοι. — 15 ἄρτον ἤσθιον Suidas, qui 16 καὶ om. et κορέννυνται scribit.

631, 22 Ἀντὶ—ὁμομαστίγων infra ante scholion v. 637 habet R. σεαυτοῦ Θ. ὁμομαστιγιῶν Kusterus. — 23 οὐκ ἄλλων τινῶν βέλτιστε τῶν ἑαυτοῦ φίλων, οἷον ὁμοιομαστίγων σου (εἰ μὴ τῶν ὁμοιομαστίγων G.) V. Sequentia om. etiam Θ., habet γρ. φίλων.

635, 32 Ἐκ Φινέως—στίχος infra post ἀφηρέθη τὸ κάλυμμα habet Θ., in quo est ὁ στίχος οὗτος. In V. vero quum ad versum proximum, Ἀσκληπιοῦ παιῶνος εὐμενοῦς τυχών, annotatum sit hæc ex Phineo Sophoclis esse petita, incertum manet unum an duo versus ab Sophocle sumpserit Aristophanes. Utriusque versus tragicum esse colorem manifestum est. Dind. — 33 ὅρα δὲ πῶς Ald. δὲ om. Θ. ἐγκαταμίξας Hemsterh. — 35-37 ἀντὶ—λέγει om. V. ἐπιτεταμένως—λέγει habet Suidas s. Ἐξωμμάτωμαι. Ib. φιλέων R. et Suidas. φίλεον Ald., quod legitur ib. v. 343. — 38 γὰρ ἐξωμματῶσαι codex.—44 ἐξεκόπει (voluit ἐξεκόπη. *Hemst.*) Dorv. — 45 ἐκ om. Dorv., qui 47 λευκώματα. — 51 Ὠμματώθη om. Θ., in quo 53 πρῶται esse videtur pro λελάμπρυνται, quod posuit Dindorfius; literæ vix legi possunt. — 1 καθαρῶς codex literis prope evanidis. Malim καθαρούς ἔσχε τοὺς ὀφθαλμούς, ut in scholio Juntino. Dind.

637, 15 Τινὰ—τραγικῶν om. etiam Θ. et Suidas s. Λέγεις. — 16 ἀναγγέλλεις Suidas. — 20 ἡμίσεος Reg. — 23 παιώνων δύο Hemst. παιῶν, δ' δύο Junt. Regius recte παιώνων τετάρτων δύο.

639. In principio scholii addebatur ἐξ Ἠλέκτρας Εὐριπίδου, quæ omisi cum libris. Electram, nomine a prologo fabulæ ducto, grammaticus nominat pro Oreste, ut schol. Cantabrig. ad Ran. 305. Dind. — 28 sq. Ἀνυμνήσω—ἀνθρώποις om. R. V. Ante πολλοὶ γὰρ in R. legitur τὸ σημεῖον
ο θ τ τ
εις εμπρο χαβα. — 29 πολλοὶ δὲ, 31 ὑγεία Θ. Ald. — 32 πάντας R. Θ. καὶ πᾶσιν ὑγίειαν V. ὑγείαν R. Θ. Ald. — 33 ἢ τὸν V. Θ. ἀντὶ R. οἷον Ald. παῖδας ἔχοντα V. — 34 ἢ τὸν καλὸν Θ. Ald. — 36-38 ὁ δὲ νοῦς—Ταντάλῳ habet V., qui 37 τραγῳδίας, 38 ταλάντῳ. — 42 Μαχάωνα Paris. Reg. Ποσειδῶνα Dorv. — 43 Ἰασώ τε Πανάκειαν καὶ Ὑγείαν Reg.

641 om. etiam Θ. — 2 μηνύσει Hemst.

642, 4 ἀγαποῦσα formam non semel adhibuit pro ἀγαπῶσα. Explicatio vero, si usum Græcæ linguæ castigatum attendas, non satis commoda. Hemst.

644, 9 εὐαγγελία Hemst. — 10 διαβάλλει—οἶνον ex V. addita. — 13 μέθυσιν Paris.

646, 16 συλλαβὼν et 18 δηλ. om. Θ. — 20 γνωρίσεις scribere debuisset. Hemst. Aut γνώσει. Dind.

649 om. etiam Θ. — 26 ἄχρι Reg. τέλος Paris. — 30 κεφαλὴν ἐρεῖς Reg.

651, 36 ὠηθῆναι V.

652, 40 sq. Σαφῶς—δεδήλωκεν Dindorfius addidit ex R. V. Θ., in quibus hoc scholion ad v. 649 est adscriptum. — 41 τὰ χαλεπὰ Θ. δὲ om. R. — 42 ἔλεγον οἱ Ἀθηναῖοι τὰ πρ. Θ. Ald., quæ addit ἰδοὺ διεσάφησεν. Menandri locum affert Suidas s. Πράγματα, omisso fabulæ nomine. — 43 sq. ἐν ἤθει δὲ ἀναγν. om. etiam Θ.

654 habet R. πάλιν νῦν τὸν ἄνδρα εἶπεν ὡς ἐν ἀρχῇ.

656, 5 ἤθιστο R. et Junt. — 6 τοὺς ἀφοσιουμένους Reg. ὡς καὶ additum ex V. Reg. — 7 Ὅμηρος om. R. θύματ' Reg.

657, 10 sq. Ἀπὸ—συγκοπήν hic om. R., sed infra post v. 663 habet, ἀπὸ τοῦ λούω καὶ κατὰ συγκοπὴν ἀπὸ τοῦ ἐλούομεν. — 10 λόω Buttmann. Gramm. vol. 2, p. 182. λύω Θ. Ald. λούω R. et ed. Basil. In V. hoc scholion cum proximo est conjunctum, τὸ εὖ ἀντὶ τοῦ δυς ἐν εἰρωνείᾳ, δυστυχές. λούμενος δὲ ἀπὸ τοῦ λούω, ἢ κατὰ συγκοπὴν ἀπὸ τοῦ ἐλούομεν διὰ τὸ τῆς οὐσίας ψυχρὸν τῶν γερόντων. ἀντὶ τοῦ ἐπορευόμεθα—εἴω. — 12 addit Reg. καὶ τὰ ἄλλα δὲ τούτου καὶ παθητικὰ ὡς πλεῖστον κατὰ συγκοπὴν γράφονται. — 13 Κατ' εἰρωνείαν Dorv. Regius: Τοῦτο κατ' εἰρώνειαν εἶπεν· ἄλογον γὰρ ψυχρῷ ὕδατι τοὺς γέροντας λούεσθαι ψυχροὺς ὄντας φύσει.— 14 ἀνὴρ γέρων (pro τὸ δὲ) ψυχρᾷ (sine θαλάττῃ) Θ., qui 15 sqq. τὸ δὲ—εἴω omittit. — 16 γὰρ additum ex R.

660, 20 Τὸ ἑξῆς πόπανα καὶ προθύματα καὶ πέλανος καθωσιώθη Ἡφαίστου φλογί. ἀντὶ τοῦ V.—22 τοῦ κανοῦ ἢ τοῦ βωμοῦ V., non G. φθέγγονται, 23 χρήσασθαι V., pergens ἄλλως. τὸ ἑξῆς, ἐπεὶ δὲ τῷ βωμῷ—λιβανωτόν, et 25 Γρ. καὶ θυλ. omittens. Idem sequentia σημαίνει—πλακούντια infra post λιβανωτόν l. 35 habet præfixo ἄλλως. — 26 idem προκαθάρματα. γενόμενα Ald.

661, 31 ἄλλως præfixum in V., qui 32 ἀπετέθη. Sequentia sic in R.: ....ματα καθωσιώθη Ἡφαίστου φλογὶ πόπανα καὶ πέλανος. ἐπειδὴ δὲ—λιβανωτόν. In V. ἄλλως. τὸ ἑξῆς, ἐπεὶ δὲ τῷ βωμῷ προθύματα καθωσιώθη Ἡφαίστου φλογὶ πόπανα καὶ πέλανος. καὶ προθύματα δὲ ἤτοι τὰς ὀλύρας—λιβανωτόν. — 34 alterum προθύματα addidit Kusterus.

ἤτοι V. ἢ R. τουτέστιν ἢ Ald. — 37 Ἄλλως et sequentia om. etiam Θ. — 39 ὡς τὸν et ἐρρίπτουν Reg.

663, 51 sq. Χαμαιστρώσιον ἀπὸ εὐτελῶν παρεσκευάζετο καὶ μικρῶν καττυμάτων V. Ἀντὶ τοῦ εὐτρεπίζετο R. ηὐτρεπ. Θ. ηὐτρέπιζεν Reg. et Suidas s. Παρεκαττύετο. — 53 καὶ εὐτελεῖς ἱμάντες οἱ ἀπορριπτόμενοι εἰς τὰς κοπρίας V. τῆς κόπρου etiam Suidas. τοῦ κόπρου Ald. In Regio κατт. δὲ λέγονται τὰ μικρὰ τμήματα τῶν σκυτῶν ἢ τῶν ὑφασμάτων, ἃ διὰ τὸ εὐτελὲς καὶ ἄχρηστον ῥιπτοῦσιν οἵ τε σκυτοτόμοι καὶ οἱ ῥάπται.—54 εὐτρεπίζομεν V.—5 καταπεπατημένη στρωμνή, 7 βροῦλλα, ἢ τὰ παρατυχόντα συνῆγε καὶ συνετίθει ἄλλο ἐπ' ἄλλῳ Reg.

665, 10 Καὶ et 11 οὗτος addita ex V., qui pergit ἔς τε ῥήτορα συκοφάντην καὶ τὰ δ. — 13. Intelligi potest, vel ipsum Aristophanem in Πελαργοῖς Neoclidæ meminisse, tanquam rhetoris et sycophantæ; vel de illo homine, notissimo calumniatore, plura fuisse in scholiis ad eam fabulam dicta. Inde petitum forte proverbium adnotavit Suidas : Νεοκλείδου κλεπτίστερος· οὗτος κεκωμῴδηται, ὡς ῥήτωρ ἦν, καὶ τυφλὸς, καὶ συκοφάντης, καὶ κλέπτης· ubi tamen hunc ipsum Comici nostri locum subjecit. Hemst. καὶ om. V. — 18 ἐκ μετ. Θ.

669, 20 παραγγέλω Θ. — 22 νεοκόρος Dorv. δοῦλος om. Θ. — 23 sq. scribendum fuerat εἰς αἴσθησιν ἔλθῃ. Hemst.

671, 26 εὐκτάκτως Dorv. hic et iterum ad v. 709.

673, 29 Ἀττικὸν δὲ Θ. οἱ μὲν Ἀττικοὶ et ἀθάρη V. Αἰολεῖς ἀθήρας om. etiam Suidas s. Ἀθάρα. — 30 τὸ δὲ κοινὸν et ἀθάρα V., ex quo et Suida additum ἐστι—ἡψημένον (ἑψημένον V.) — 41 σιμιδάλεως Paris.

675, 46 Περισσὴ ἡ μία ἐπί om. Θ., qui ἱερείων δηλαδὴ ὄφεων. — 47 ἐφερπύσαι δὲ om. V., qui ἀντὶ τοῦ βαδίσαι.

677, 51 Ἀττικὸν μὲν μονοσύλλαβον Θ. — 52 φθοῖας Kusterus : φθοίας priores edd. Foesius OEcon. Hipp. in Φθόεις hic φθοΐας vitiose putat scribi pro φθοΐδας· quod licet itidem rectum sit, in scholiaste tamen nihil esse mendæ satis constat. Callimachi mentionem Suidas prætermisit, aliis additis, quæ hic non reperiuntur. Hemst. — 54 φθοίας codex. Corrigendum Καλλίμαχος δὲ « Αὖθι παρὰ φθοΐας. » Quæ verba in fine pentametri posita fuerunt. Dind. Quod egregie confirmatur hoc scholio Regii nostri : Οἱ μὲν Ἀττικοὶ μονοσυλλάβως οὕτω λέγουσι τοὺς φθοῖς· ὁ δὲ Καλλίμαχος κατὰ διάλυσιν τοὺς φθοΐας. — 1 πλακοῦς G.

678, 6 ἐπιφερόμενα Θ. Ald., quocum Hemst. comparabat Hesych. : Θυήματα, τὰ ἐπιφερόμενα ἄλφιτα εἰς θυσίαν.

681, 10-16 sic in V., ἀρσενικῶς ὁ σάκτας λέγεται, ὡς αἱ χρήσεις διδάσκουσι. γράφεται δὲ καὶ σάκκον, οἷον εἰς θύλακον, ἀπὸ τοῦ σάττεσθαι. Ἄλλως. ἔβαλλεν εἰς δερμάτινον σακκίον, ὃ λέγει θύλακον. ἔπαιξε δὲ εἰπών· ἀντὶ γὰρ τοῦ ἤγγισεν εἰς τὸν βωμὸν, εἶπεν ἔκλεπτεν. — 10 καὶ ex Θ. additum. σάκκον, ὅ ἐστιν Ald. — 13 δέρματα Θ. δέρματος Ald. — 15 δὲ om. R. Ib. αἱ χρήσεις intellige veterum scriptorum loca, unde genus illius vocabuli σάκτας masculinum patet. Etymol. in Κασσωρίς : αἱ χρήσεις παρὰ Λυκόφρονι. Longe fallitur Cuperus Obs. 1, 16, quando pro χρῆσις in Euripidis scholiaste nullum esse dubium, quin legi debeat ῥῆσις, contendit. OEcumen. ad A. A. c. 26 : εἶτα καὶ χρῆσιν αὐτοῖς Ἀράτου ἐπάγει, quæ recte cepit Billius Obs. Sacr. 1, 21. Clementis est locus Strom. 6, p. 749, 18 : Εὐριπίδης ἐν ἑξαμέτρῳ τηρήσει φησὶν, qui multum eruditis viris negotii facessivit: emenda, sodes, ut omnis difficultas dematur, ἐν ἑξαμέτρῳ χρήσει. In Eustathio frequens, δηλοῦσι χρήσεις παλαιαὶ, vel τῶν παλαιῶν· velut ad Od. Γ, p. 1454, 29 : ὅτι δὲ τὸ χίλια ζῷα ὑποσχέσθαι κατὰ χιλίων εὔξασθαι ἐφράζετο, δηλοῦσι χρήσεις παλαιαί· alibique sæpe, φέρονται χρήσεις, φέρεται χρῆσις ἐκ Μενάνδρου. Hemst. Adde Schæfer. Meletem. crit. p. 63. Bast. nott. mss.—23 pro ἔβενον legendum ἐμβάλλων ex Reg. — 26 σάκον κατ' εἰρ. Dorv.

682, 28 Ἀντὶ τοῦ ὅσ. V. ὅσια μὲν τὰ πρὸς ἀνθρώπους, ὧν ἔξεστι θίγειν Θ. Ald. Ex R., in quo aliquot literæ evanuerunt, enotatum ἀντὶ τοῦ..... ὅτι ὅσιον εἶναι etc. — 29 φησὶν om. V. ἀπὸ τῶν ἱερῶν ἐπεὶ R. — 30 sq. Σύμμαχος—θιγγάνειν addita ex V. — 32 Ὑπολαβὼν om. Θ., qui ἢ ὅσιόν τι τὸ λ. Regius recte ad hunc versum refert quæ infra leguntur ad 685, l. 44-47.

683, 37 τζυκάλιον. Pari modo ad v. 813. Vocabulum illud serioris Græciæ scribitur etiam τζουκάλιον, et τζηκάλιον· posterius, ut quidem puto, mendose. Vide Ducang. in Τζουκάλι. Hemst.

685, 42 κλέπτην καὶ λαίμαργον Ald. Solum ὡς λαίμαργον Regius. — 43 φθάσῃ με ἐπὶ (τῆς add. G.) χύτρας V. τὴν χύτραν φθάσειέ με Θ. Ald. Sequentia om. etiam Θ. — 49 στεφανηφοροῦντα. In nummis etiam coronatus visitur, ut prolatis scholiastæ nostri verbis monet Jo. Henr. Meibom. Comm. in Jus Jur. Hippocr. c. 5, § 35. Hemst. — 3 ἔφορός ἐστι G. — 7 πώματα Paris.

689, 12 λάβοι, 13 ἐξείραντες V. ἐξήραντες G. Ipsa Menandri verba sic sunt haud dubie redintegranda, τὰς χεῖρας ἐξάραντες ἐπικροτήσατε, i. e. *sublatis manibus clarum plausum date*, ut jam Hemsterhusius est interpretatus collatis,

quibus Plauti Terentiique fabulæ finiri solent, verbis *Vos valete et plaudite*. Similiter Comicus cujus verbis utitur Augustus moriens ap. Sueton. cap. 99 :

Χαίρετ'· εἰ δὲ πᾶν ἔχειν δοκεῖ καλῶς, τῷ παιγνίῳ
δότε κρότον καὶ πάντες ὑμεῖς μετὰ χαρᾶς κτυπήσατε.

Nam sic hæc restituenda videntur. Dind. Pergit Ald. κᾆτα συρίξας ἐγὼ ὅμοιον φασὶν 'Α. Rav. ὁμοίως φ. — 14 Ἀττικῶς V. συρίκτης G. συρίκτεις V. συρικτὸς R. Ald., quod in συρισμὸς mutandum videbatur Hemsterhusio, qui de σύριγμα : « Pendet ea forma apud Atticos a συρίζω, συρίξω, quum contra communibus Græcis συρισμὸς in usu sit, quia flectere solent συρίζω, συρίσω · eadem ratio valet in σαλπίζω, σαλπίξω et σαλπίσω, unde σαλπικτὴς et σαλπιστὴς, similibusque aliis, de quibus Atticismi præceptores docuerunt. » καὶ συρίσας addita ex V., quibus οὐ inseruit Dindorfius. Ante ἀκόλουθον in R. est ὑφῄρει, ἐκτείνει, in V. ἢ ἐκτείνει. — 15 τοῦ ἐφ. V. τὸ ἐφ. Θ. — 17 κράζειν Θ. — 18 ὁ additum ex V. — 19 τὴν χεῖρα Dorv.

690, 24 pergit V., εἶδος δὲ ὄφεως ὁ παρείας ὄφις. οἷον οὐ δάκνουσιν, ἀλλὰ ἔχουσι παρειὰς μεγάλας. Ἄλλως. εἶδος ὄφ. etc. — 25 ὄφεος R. Addit Ald. ὁ παρείας, omittit εἴρηται δέ. — 28 λέγων καὶ φάσκων Θ. — 29 Λυκοῦργος. Corrigendum Ὑπερίδης ex Harpocratione, Photio et Suida s. Παρεῖαι ὄφεις. Dind. — 30 καὶ om. V., qui 31 εὑρίσκεται post Διονύσου ponit.

693, 42 δριμύτερον R. τὸ om. V. τὸ πνα R. — 43. Adnotavit Κάτος, κάττος et κάτα Ducangius, proferens ex Glossis in Aristoph. Nub. : Γαλεώτης, κάτα · quod ipsum in Dorv. conspicitur ad versum ejus fabulæ 174 Γαλεώτῃ] κάττᾳ. Proprie quidem αἴλουρος, sive felis, est κάττος, vel κάττα · nam γαλῆν mustelam dici, stellionem γαλεώτην ostendit Jac. Perizon. ad Ælian. V. H. 14, 4. Hemst. Deinde male legebatur γαλῇ, ἡ κάτα μυγαλὴ ἡ νύμφιος. Correxit Dindorfius ex scholio Taurinensi Nub. 169 collato Ducang. s. Νυμφίτζα. — 44 ἡ ταύτης π. Θ.

694, 46 ἐμασώμην additum ex V., qui ἐμασσώμην, et pergit λέγει δὲ τὴν τρ.

696, 54 Ἀντὶ τοῦ προσέσχε additum ex V., qui προσενήεν, sed recte G. — 11. De isto ν, quod Attica dialectus Dores imitata tertiis quibusdam personis adfigit, egregia docet grammaticorum solertissimus Heraclides apud Eustath. ad Od. Υ, p. 1892. Sic ᾔδειν pro ᾔδει in Pac. 1182, ubi Comici locum, qui præ manibus est, scholiastes adnotavit; nec minus eadem de re pluribus agens Moschopul. Περὶ σχεδ. p. 143. Vid. H. Stephan. Anim. ad Lib. de Dial. p. 44. Hemst. — 2 sq. τρίτον—πρόσωπον V.

699, 11 ἐκφόρησιν ἤγουν ἐκπήδησιν · ἀφ' οὗ καὶ τὸ ζῶον πάρδος καὶ πάρδαλις · συνεχῶς γὰρ πέρδει τοῦτο τὸ ζῶον Reg. « Πάρδος vix a Græcis veteribus usurpatur, quorum sunt πάρδαλις et πόρδαλις · *pardum* ex antiquissima lingua Latini receperunt. In origine constituenda grammatici discrepant : vid. Etymolog. in Πάρδαλις, et in primis magnum opus Bocharti P. II, lib. 3, cap. 7. Basil. et Eustath. in Hexaem. p. 35 : ῥαγδαῖον ἡ πάρδαλις, καὶ ὀξύρροπον ταῖς ὁρμαῖς. » Hemst.— 12 sq. Ὑπὸ—γαστρί om. Θ. ἀθάρας R.

700, 17 Ἐμίσει σε om. R. G. σε om. V.—18 ὡς additum ex R. — 19 γὰρ τῷ Reg. γὰρ τὸ Paris.

701, 22 διατί Θ. Post Οὐκ ἐῴκει (ἐώκει Ald.) punctum posui. Ita enim scholiasta οὐκ illud est interpretatus, quod in principio versus legitur. Parum probabilis Hemsterhusii conjectura est. Dind. Scribendum suspicor, οὐκ ἀνοικεῖον, vel οὐκ ἀνοικείως · διότι προσῆκε τῷ Ἀσκλ., *opportune dicta fuerit* Ἰασὼ ἀπὸ τοῦ ἰᾶσθαι, *quippe quæ in comitatu erat Æsculapii*: id enim est προσήκειν τῷ Ἀσκληπιῷ. Videtur, ne oratio tota non commode procederet, sequi debuisse, a maxima scriptorum parte Æsculapii filiam celebrari Iaso; sed Aristophanes ab aliis diversus Amphiarao natam tradidit. Hoc ab Hesychio quoque adnotatum : Ἰασὼ, παρὰ τὸ ἰᾶσθαι · φησὶ δὲ Ἀριστοφάνης καὶ Ἀμφιαράου θυγατέρα εἶναι Ἰασώ. Quis autem dubitet, quin ex Amphiarao fabula decerptus sit hic versus. Nonnihil obturbat Suidas : Ἰασὼ, ὄνομα γαμετῆς, ἢ θυγατρὸς Φιλάρου optime quidem Pearsonus Ἀμφιαράου restituendum vidit pro Φιλάρου, qui error eo citius irrepsit, quia in vetustis membranis fere scribi solet Ἀμφιάρου et Ἀμφιάρῳ · sed Iaso uxorem Amphiarai quis novit? quis ullam ejus mentionem fecit? Multo minus offenderet, si legeretur, γαμετῆς Ἀσκληπιοῦ, ἢ θ. Ἀμφ. Sicut enim Hygiam, sive Salutem, quam plerique filiam Æsculapii fecerunt, uxorem ejus esse voluit Onomacritus H. 66, ita nihil absurdi in tanta fingendarum fabularum licentia commisisse censendus est, si quis forte veterum pro nata tori consortem Iaso dixerit; præsertim quum et per nominis rationem, quæ summas sæpe partes in fabulis obtinet, Æsculapii matrimonio digna videatur, et plures ejus dei commemorentur uxores : nam præter Hygeiam alii Ἠπιόνην ipsi junxerunt, testibus Suida in v. et Etymol. p. 434, 17, Lampetiam Solis filiam Hermippus. Deinde (l. 26) sedem utriusque nominis proprii mutandam existimo : εἰ δὲ καὶ τὴν Ἰασὼ Ἀμφιαράου θυγατέρα,

ὥσπερ Ἀσκληπιοῦ (λεκτέον, aut simile verbum intellige), ἄξιον ἀπορεῖν · scilicet hunc in modum scholiastes argumentatur : licet Aristophanes Amphiarai filiam ediderit Iaso (quod quo consilio factum ab eo fuerit, serione, an per ludum comicum, postquam illa fabula dudum intercidit, explorate cognoscere non datur), tamen an pari jure Amphiarai filia dicatur, atque Æsculapii, non immerito dubites, quandoquidem Hermippus etiam, qui recensionem Æsculapii liberorum accuratissimam instituit, Iaso inter ejus filias, et natu quidem maximam, numerat. Quare nescio, an de industria Kusterus contra fidem priorum edd. καὶ Ἰασὼ deleverit, vulgato nimirum ordine verborum deceptus, quem talem efficere sensum animadvertebat, cum quo καὶ Ἰασὼ simul consistere non posset : nostra ratio, præterquam quod a veteri lectione minimum recedat, haud parum expeditior. Hermippus autem, cujus Iambos, vel Trimetros, ut schol. Aristoph. ad Av. v. 1150, scriptores antiqui sæpe laudant, idem qui comicus; quod ex Athenæo constat 15, p. 700, D; neque hunc comœdiæ fuisse titulum, sed operis ex pluribus diversæque materiæ carminibus iambicis conflati, aperte scholiastes indicat, quum ait ἐν τῷ πρώτῳ ἰάμβῳ τῶν τριμέτρων. Porro Æsculapii filias eodem, atque Hermippus, ordine proponit Aristid. vol. 1, p. 82, C; alio Plinius H. N. 15, 11, p. 600, et Suidas in Ἠπιόνη · illi Ὑγίειαν, Hygiam, Ὑγείαν, hic insuper Ἀκεσὼ adjiciunt. Notandum vero, non filiam solum, sed et ipsum patrem, si Suidæ fides constat, Αἴγλην vocari : apud Hesychium certe, Αἰγλαήρ, Ἀσκληπιός · quod, Casaubono etiam judice, Laconicum aliquid sapit, neque aliud est, quam, demta dialecti forma, Αἰγλήεις · non longe abit ejusdem Hesychii Ἀγλαόπης ὁ Ἀσκληπιὸς, Λάκωνες · ubi jam Lacedæmoniis id nomen diserte tribuitur. Hinc suspicetur aliquis, Suidam peccasse, et, dum mendosum codicem sequitur, Αἴγλην dedisse, qui potius scribi debuerat Αἰγλήεις. Ut autem notissimi sunt vel ex Homero Machaon et Podalirius Æsculapio geniti, sic contra Ianiscum et Alexenorem extra scholiasten nostrum vix reperias. Pausanias quidem, thesaurus ille rerum antiquarum, Ianiscum suppeditat 2, 6, 3, sed longe diversum, Clytii Atheniensis nepotem : Alexanorem vero, sic enim ubique scribit, Æsculapio non alienum, quippe Machaonis filium, cujus exstructum in honorem avi fanum in Titane conspiciatur 2, 11, 7 : τῷ δὲ Ἀλεξάνορι καὶ Εὐαμερίωνι, τῷ μὲν ὡς ἥρωϊ μετὰ ἥλιον δύναντα ἐναγίζουσι, Εὐαμερίωνι δὲ ὡς θεῷ θύουσι. Pari modo frater Sphyrus Æsculapii cultum apud Argivos fundavit 2, 23, 4 : ἐξαρχῆς δὲ ἱδρύσατο Σφῦρος τὸ ἱερὸν, Μαχάονος μὲν υἱὸς, ἀδελφὸς δὲ Ἀλεξάνορος τοῦ παρὰ Σικυωνίοις ἐν Τιτάνῃ τιμὰς ἔχοντος. Nihil denique, quod moneamus, aliud restat, quam postremam scholii partem (l. 32), ἔστι δὲ καὶ Ἀ. θ. Ἰ., plane videri supervacuam, atque ex truncato deterioris notæ codice depromtam. Hemst. Ib. Ἀσκλ. ἡ τῷ Ἰασὼ V., qui 23 post ὠνομασμένη addit παρὰ γοῦν τοῦτον. — 25 Ὄλεξ', Ἰασοὶ Seidlerus. Legebatur Ὀλέξασοι. — 26 sq. καὶ τοῦ addidi ex V. Post Ἀμφιαράῳ aliquid excidisse videtur. Dind. — 29 λαμπετείας τοῦ Ἰλίου V. — 30 ἄλλοι δὲ Ald. — 31 Ἴναχον καὶ V., qui 33 παρὰ τὸ ἰᾶσθαι omittit, scribens περὶ τὴν Ἰασὼ ἡ πεπ. — 35 Ὑγειαν V.

702 μετρίως ἐνετράπη Reg. καὶ om. Paris.

703, 40 λιβανωτόν V. Reg. utrobique. — 41 ὁ ὀπὸς αὐτοῦ εὐώδης ὢν καὶ διὰ τοῦτο θυμιώμενος Reg. ἔστι—καλ. om. etiam Θ. — 43 πέρδω om Dorv.

706, 51. De Bœotis non memini : Cyprii boves hoc nomine infames proverbio locum dederunt Βοῦς Κύπριος : vide App. Vatic. 1, 11, et Suidam : quamquam illi quidem admiratione digni, si contra tormina, quod Plinius prodidit H. N. 28, 20, hominum excrementis sibi mederentur. Itaque vel nostrum enarratorem memoria fefellit, vel reponendum erit Κυπρίοις · nisi stupidum Bœotorum ingenium hoc etiam Comicis debeat, ut per jocum boves apud eos σκατοφάγοι nascantur. Hemst. τὴν accessit ex V. — 52 σκατὰ ab nominativo σκατὸν, quem improbat Photius Lex. p. 527, 5. ἔτ. δὲ καὶ ἡ V. — 7 εἰ ἄρα ζήσεται Bastius, ut l. 12 — 12 ἆρα Reg. ἄρα Vict. — 14 ἔσω Paris.

711 Regius : Ἔοικεν ἐνταῦθα δοίδυκα, οὐχὶ τὸ κοχλιάριον λέγειν · ἀλλὰ πρὸς τὸ θυείαν ἁρμόζειν λέγεσθαι τὸ κόπανον. — 25 Κοχλιάριον. Eadem est, non disputo quam commoda, vocabuli apud Suidam explicatio, et Moschopul. Περὶ σχεδ. p. 105 item : Δοιδυκοποιὸς, ὁ τὰ κοχλιάρια ποιῶν. Quod attinet ad σενδούκι vel σενδούχη, Ducangius in Σεντούχιν ex Gloss. mss. ad Plut. profert, τῶν σκευαρίων, σενδουχίων · in Παντέχτης, κιβώτιον, παντέχτην · hoc plenius, ut patet, suppeditat cod. Dorv. [et Reg.], illo prorsus caret ad v. 840, ubi τῶν σκευαρίων invenies. Meursio placuit originem vocis ab Arabibus et Turcis repetere, quibus *Sandock*, sive *Sondock*, *arca* vel *scrinium* appelletur : ego potius Salmasio Meursium celato nomine castiganti Not. in Vopisc. p. 369 calculum adjicio, qui a veteribus Græcis, quorum erat σανδύκιον, ad inferiores, corrupta nonnihil pronunciatione, σενδούχη, σεντούχιν, σεντούχιον,

ab his porro ad Arabas permanasse statuit : cujus quidem opinionis eo probabilior est causa, quod ipsa vocis ab Arabibus usurpatæ forma peregrinos natales atque aliunde ductos facile prodat. Joannis Evangelistæ γλωσσόκομον c. 12, 6; 13, 29, quod interpres Bibliothecæ Groninganæ Ms. reddidit درج النفقة ab Erpeniano versum صندوق. Verum quemadmodum apud Græcos, præsertim paulo recentiores, γλωσσόκομον aliquando *capulus* est, *loculus*, aut *sandapila*, sic et Gregorius Abul Pharagius solium aureum, cui commissum fuit a filio Constantini defuncti corpus, vocavit صندوق ذهب p. 138, quales fuerunt a vetustis scriptoribus commemoratæ Cyri Alexandrique cadaverum πύελοι χρυσαῖ. Hemst. Glossator in Theocr. 15, 33 : λάρναχος, σινδούχι (sic). Bast. nott. mss.

712, 29 ὑπήντησεν Θ. οὐχὶ δὲ κιβ. εἰπὼν γὰρ Ald. τὸ om. V. Ald. — 30 ὥσπερ V., ex quo τὴν additum. — 31 φησὶν ὅτι μὰ V.

714, 34 sq. Τριβώνιον καλοῦσιν Ἀττικοὶ τὸ παλαιὸν καὶ τετριμμένον V. Omittit R., sed infra post γάρ ἐστι (l. 37) habet τριβώνιον τὸ παλαιὸν καὶ τετριμμένον ἱμάτιον οὕτω καλοῦσιν Ἀττικοί. — 35 Hesych. Τρίβαχον ἱμάτιον · ubi forte τετριμμένον exciderit ; nam Suidas : Τριβαχὰ, κατατετριμμένα ex Artemidoro 2, 3, p. 83 : ὀθόνιά τε καὶ τρίβακα ἱμάτια δοκεῖν φορεῖν. Hemst. — 36 ἀντὶ τοῦ τρώγλας R. sine ὀπ. δὲ τ. — 37 εἰσι V. — 38 διερρυηκὸς Reg. διερρηκὼς Paris. τρίβων δὲ τρίβωνος τὸ τῶν Reg. — 39 φφων Paris. — 40 ὁ τοιοῦτος τρίβων —διήκων—ἔχων—κακολπωμένος Reg. — 42 κεκαλυμμένος εἶναι habet Θ.

716, 47 φαμεν V. Respicit ad v. 665. Simile scholion in R. ὁ Νεοκλείδης διαβάλλεται ὡς ἅρπαξ τῶν δημοσίων.

717, 50 μέν ἐστι V. Ald. « Re convenit, verbis aliquantulum discrepat Dorv. [et Reg.] : Τρία εἰσὶν εἴδη φαρμάκων, παστὸν, πλαστὸν, καὶ πιστόν· ἔστι μὲν [ἔστιν Reg.] οὖν παστὸν τὸ πασόμενον [παστὸν μὲν τὸ τετριμμένον οἷα ἄλευρον ὂν καὶ πασσόμενον Reg.]· πλαστὸν δὲ τὸ πλαττόμενον, ὃ καὶ καταπλαστὸν [ἔμπλαστρον Reg.] λέγεται · καὶ πιστὸν τὸ πινόμενον. Χριστὰ vice χρηστῶν restituit Casaubonus in Dion. Chrys. p. 663 : οὐχ ὑπὸ φαρμάκων χριστῶν ἢ ποτῶν · in Sozomeno H. E. 2, 7, ab aliis jam restitutum probavit Henr. Valesius : verum labitur ibi vir magnus ab ἐπικάστοις non discernens τὰ ἐπίπλαστα · quem errorem facile vel unus Hippocratis locus arguerit Περὶ χυμ. p. 48 : χρίσμασιν, ἐγχρίσμασιν, ἐπιπλάστοισιν, ἐμπλάστοισιν, ἐπικάστοισιν. Artemidor. 4, 24, p. 215 : χριστὰ γὰρ, ἢ ἐπίπλαστα, ἢ βρωτὰ, ἢ ποτά. Hemst. — 51 κυρίως—γράφουσι additum ex V., qui 52 τινὲς δὲ καὶ πρ. — 53 κατάπλαστον R. κατάπλαστα Θ. κατάπλαστα λέγοντες Ald. Sequentia om. etiam Θ. — 4 τοῦ ι τὸ ρι οὐ καλῶς ἐφάπτονται τῆς ἐννοίας · οὐ γὰρ τοῖς ἀσθενέσι διδόασιν οἱ ἰατροὶ διὰ τῶν χειρῶν συντιθέναι τὰ φάρμακα, ἵνα καὶ τῷ N. ὁ Ἀσκλ. ἐγχειρίσῃ τρίβειν, καὶ ταῦτα τυφλῷ γε ὄντι· ἀλλὰ τὸ ἐνεχείρησεν ἀντὶ τοῦ ἐπεχείρησε νοητέον· τουτέστιν ὅτι πρῶτον πάντων τῶν ἄλλων ἀσθενούντων τῷ Νεοκλείδῃ ἤγουν χάριν τοῦ Νεοκλείδου ἐπεχείρησε τρίβειν φάρμακον καταπλαστόν · τουτέστιν ὅτι δι' ἐκεῖνον ἡ τρίψις ἐγένετο Reg.

718, 15 νῆσος—Κυκλάδων additum ex V. et Reg. εἶναι om. V., ante δοκεῖ ponit Θ. — 16 σκόροδα—θηρία addita ex V. — 17 δηλοῖ additum ex R., qui Τῆνος αὕτη. Reliqui Τῆνος δ' (δὲ Θ.) αὐτή· « Hæc verba in fine tetrametri posita fuerunt. » Dind. — 18 ἔχεις τε συκ. accessit ex V., qui pergit καὶ Ἀντίμαχος, Τήνου τ' ὀφιέσσης. Καλλίστρατος—οὔσης. ἐν ταύτῃ γὰρ τῇ νήσῳ σκόροδα μεγάλα καὶ δριμύτατα γίνονται. — 19 ἐπὶ τὸ σαφὲς κατηνέχθη. Comparat Hemst. in mss. schol. Eurip. Med. 167 : Τιμαχίδας ἐπὶ τὰ πρόχειρα πᾶσιν ἐνεχθεὶς τὸν Ἄψυρτόν φησι λέγειν αὐτήν · ubi sane sensus est, *vulgarem famam secutus*. Sed in nostro loco σαφὰς est idem atque τὸ φαινόμενον schol. ad v. 649. Dobræus. — 20 τὸ om. Θ. Præter l. 22, 23 habet Reg. κατάρρυτος ὕδασιν · ὅθεν καὶ ὑδροῦσα ἐπικέκληται. — 24 ἢ ἤτλει V.

719, 26. Γάλα sæpius a medicis pro expresso vel destillante quarumvis arborum herbarumve succo poni solet : nulla re differunt ὀπὸς et γάλα βαλσάμου · ita lac ficulneum Columellæ R. R. 7, 8, quod coaguli vim habet, atque emittitur ab arbore, si ejus virentem saucies corticem. Σκύλη vel σκύλα scribendi more serioris Græciæ non alia, quam veterum σκίλλα · sic σκυλοκρόμμυον et σκιλλοκρόμμυον. Hemst. σκύλλης Paris., qui 27 om. ἐξ ἧς—ὄξος.

720, 29-31 sic in V., Δῆλον ὅτι τὴν σκίλλαν καὶ ἐν τούτοις (τούτῳ G.) τὴν σχῖνον γὰρ δεικτικὴν κατὰ πάντες. οἱ δὲ εἰ ^γδος^ φυτοῦ τὴν σχῖνον. οἱ δὲ ἥντινα (scr. ἥν τινὲς) μαστιχήν. σχῖνος δὲ παρὰ τὸ σχίζεσθαι καὶ δακρύειν. ἐν δὲ τοῖς ἑξῆς καὶ ἐκ τῶν παρὰ τοῦ Θεοφράστου. — 30 εἶναι om. Θ. « Ἐν δὲ τοῖς ἑξῆς indicium facit scholii vetusti, et eo tempore scripti, quo fabulæ nostri comici vel omnes, vel pleræque, cum grammaticorum integris adnotationibus, adhuc extabant; nam in iis, quæ supersunt, nulla fit nec σχίνου, nec Theophrastei loci mentio. De accessione autem illa, quæ fini adhæret, παρὰ τὸ σχίζεσθαι etc., ita statuo, malæ manus esse, et præter scholiastæ mentem adsutam : pertinet enim ad μαστίχην, sive lentisci

lacrimam, quæ nihil habet cum squilla commune: res eo clarius apparebit, si, quemadmodum intelligendus sit enarratoris locus, expedivero: Σχῖνον, inquit, *qui lentiscum alias significare solet, nunc Aristophanes Attice vocat squillam: nam mordendi facultate prædita esse vult omnia, quæ cataplasma componunt: in sequentibus autem ad comicum scholiis verba sunt ex Theophrasti scriptis proposita, quæ doceant, etsi sub eodem genere contineantur, aliud quiddam esse* σκίλλαν, *aliud* σχῖνον. Hemst. παράκειται Kusterus. Legebatur περίκειται. Hemsterh.: « Παρακεῖσθαι verba dicuntur et testimonia scriptorum ad probandum citata: παρατίθεσθαι vel παραθέσθαι is qui profert et in medium adducit. Hinc Chrysippus πλείστῃ τῶν μαρτυρίων παραθέσει χρώμενος in quodam scripto totam fere Euripidis Medeam παρετίθετο· contra τὰ Ἐπικούρου οἰκείᾳ δυνάμει γεγραμμένα καὶ ἀπαράθετα, auctore Diogen. L. 7, 180, 181, id est, ut idem exponit 10, 26, γέγραπται μαρτύριον ἐν αὐτοῖς ἔξωθεν οὐδέν. Eam verbi vim minime perceperunt interpretes apud Lucam A. A. 17, 3: διελέγετο αὐτοῖς ἀπὸ τῶν γραφῶν διανοίγων καὶ παρατιθέμενος, ὅτι τὸν Χριστὸν ἔδει παθεῖν etc. Vertendum erat: *locis ex antiqui Fœderis volumine testimoniisque prolatis adfirmans.* » Bastius: « Adde Valck. Adnot. crit. in N. T. p. 393 sq. » — 31 καὶ om. Ald. « Θεοφράστου. Fortasse Caus. Pl. 5, 6, 10: ὅσα ἐν σχίνῳ φυτεύουσιν ἢ σκίλλῃ, ubi vid. Schneider. » Dindorf. — 32 σκύλλα Θ. ἢ om. Ald. « Scribendum videtur σχῖνος δὲ παρὰ τὸ ex superiore scholio Veneto. » Dind. καὶ δακρύειν hoc loco om. V. — 37 Διαβρέχων καὶ additum ex R. διαβρέχων post διυγραίνων addit V. χυματίζειν Ald., ad quod Hemst.: « Χύμα recentioribus est *aqua*: inde χυματίζειν, *aqua diluere et miscere*; sed et *quemvis alium liquorem adfundere*. Paulo aliud ἐγχυματίζειν frequens in Hippiatricis. Hic autem, scholia diversorum quomodo fuerint conturbata, exemplo manifestissimo patet: nam quæ prima ponitur, illa Didymi est explicatio, ut jam ab eruditis animadversum ex Athen. 2, p. 67, D; reliquæ binæ alios habent auctores. Indidem hauserat Hesychius leviter hoc pacto emendandus: Ὄξος Σφήττιον· ἴσως ὅτι Σφήττιοι ὀξεῖς ἦσαν, διὰ τοῦτο εἶπεν ὄξος Σφήττιον, ἤγουν δριμύ. Ὀξεῖς, qui sunt *acres* ac *vehementes*, vel, quod hujus vice scholia nostra præbent, πικροί, acerbi, reddi non debuerant *acuti*. » — 38 καλοῦσιν V. pro φασί. Qui pergit ὅτι δὲ τοὺς Σφηττίους τινὰς κεντρώδεις ὑπέλαβον καὶ ὀξεῖς. (Videtur aliquid excidisse. Dind.) Ἄλλως. τῷ δρ. R. τὸ δρ. Deinde ἢ et τοῦ accesserunt ex V. — 39 γὰρ om. Θ. — 40 ὅτι om. V. — 42 Σφηττοὶ Reg. Σφηττοὶ Paris. et infra Σφηττοί, ubi Reg. iterum recte.

721 Reg. ἐκστρέψας ἀπὸ μεταφορᾶς τῶν ἱματίων· ἐκστρέφειν γάρ ἐστι τὸ τὰ ἐντὸς μέρη ἐκτὸς ποιεῖν φαίνεσθαι.

725 V. hoc ordine, ὡς τοῦ Νεοκλείδου — ποιοῦντος. ἐκκλησίας δὲ ἀντὶ τοῦ ἐν ἐκκλησίᾳ. Ἄλλως. ἐφεδρεύοντα — κακῷ τινι ὀμνύουσιν. ἀντὶ τοῦ ἐκκαλούμενον. Ἄλλως. ἐπωμοσία ἐστὶν ἀπόδοσις — Τήλεφος. ἐπωμοσία ἐστὶν ἣν — πολλάκις. Ἄλλως. ἐπωμοσία ἡ δευτέρα — ἀποκλήρων τὴν ἀπουσίαν. Ἄλλως. ὅτ' ἂν εἰς πρεσβείαν τι πέμποιτο ἢ ἐπ' ἄλλην τινὰ χρείαν, ἐπώμνυντο λέγων μὴ δύνασθαι. τοῦτο δὲ ἐποίει, ἵνα τοὺς ἐν τῇ πόλει συκοφαντῇ. — 1 ἐπιδίδωσιν. *Libellum tradit*, ut solebant, in quo formula τῆς ἐπωμοσίας erat perscripta: sic intelligo; aliud enim est διδόναι vel ἐπιδιδόναι ὅρκον, jus jurandum deferre. Quam scholiastes ἐπωμοσίαν, eam Pollux ὑπωμοσίαν scripsit 8, 56, ut notatum ab Henr. Valesio ad Harpocrat. p. 192. Hemst. ἐπιδ. γραφὴν ὁ βουλόμενος, 2 ψήφισμά τε et εἰσκαλοῦνται V. — 3 Salustium non alium indicari verisimile mihi videtur, quam sophistam illum, qui scripsit, Suida teste, commentarios ad Demosthenem; ex quibus hæc esse desumta, nihil impedit quominus credamus. Ejusdem memini ab Ulpiano factam esse mentionem. Valesius observat ἐξωμοσίαν dici, quæ hic describitur ἐπωμοσία. Hemst. — 5 ἐπώμνυντο Dindorfius. ἐπώμνυτο schol. Ven. ἐπώμνυον τὸ Ald. αὐτὸ om. Θ. — 7 ὑπαντᾷ. Longe vulgarius est ἀπαντᾷν πρὸς τὴν δίκην, τὴν κυρίαν· neque veto, si quis reponi malit. Vid. Ammon. in Ὑπαντῆσαι. Hemst. — 8 μὲν ἐμβάσεις V. — 9 ὑπομοσθείσης Θ. ὑπομαθήσεις V. ὑπομωσθείσης Ald. « Verum ex hoc ipso Hyperidæ verbo patet, ὑπωμοσίαν potius, in principio saltem hujus membri, quam ἐπωμοσίαν fuisse appellandam. » Hemst. — 10 Τήλεφος. Hæc pars ex Telepho fuerit depromta, an quæ proxime sequitur, parum liquet: is autem est Pergamenus grammaticus, quem Suidas inter alia librum composuisse testatur περὶ τῶν Ἀθήνησι δικαστηρίων· item, περὶ τῶν Ἀθήνησι νόμων καὶ ἐθῶν. Hemst. ἐπωμοσία — ποιοῦντος (l. 17) infra post ἀποκλήρων παρουσίαν ponit Θ., præfixo ἄλλως. — 13 ὀμόσαι. Aptius forte ὀμόσαντα. Utrum vero δικάσασθαι legeris, an δικάσεσθαι, nihil refert. Hemst. — 15 ἐν ταῖς Θ. Aberat ἐν. Numerum singularem ἐκκλησίας δὲ ἀντὶ τοῦ ἐν ἐκκλησίᾳ ponit V. — 17 ταῦτα Ald. — 22 τοῦ δικ. κρότησις, 23 ἀποκλ. τὴν ἀπουσίαν V. Scholion v. 726 om. R. Θ.

727, 32. In Sophoclis Inacho Πλούτωνα vocari, qui proprie Πλοῦτος erat divitiarum deus, scholiastæ credimus: fuit enim illud drama satyricum, unde quædam Aristophanes in hanc fabulam transtulit, ut facile percipi potest e scholiis ad

v. 807, itidemque ex λάταγος ibi facta mentione ap. Athen. 15, p. 668, B. Igitur Πλούτωνος ἐπείσοδος est Pluti, qui Jovem comitabatur, in ædes ingressus cum omni bonorum copia. Iambus alter si sensu æque ac numeris aptis constaret, omni careret difficultate: considerandum an sic redintegrari possit: Τοιάνδ' ἐμοὶ Πλούτων' ἀμεμφίας χάριν; quadrandæ sententiæ verbum deest, quod nisi per ellipsin occultatum existimes, proximo versu sequebatur. Hemst.— 36 Πλούτωνα V., qui 37 τὸν et 38 φησιν om. εὔχεσθαι φησὶ Διὶ Θ. — 39 εὔχεσθε V. δὲ om. R., qui Δ. τ' αἰνῇ. Sequentem versum om. R. V. —41 παίζειν εἰπὼν πλησίον Dorv. Lege, παίζει τῷ Πλούτωνι εἰπών· scilicet pro τῷ Πλούτῳ. πλησίον vero pertinet ad παρεκαθέζετο, quod valet πλησίον ἐκαθέζετο. Hemst. Hemsterhusii conjecturam confirmat Θ. Regius: Παίζει τὸν Πλοῦτον Πλούτωνα λέγων.

729, 44 genere mutato, ut nomini conveniat, malo σταλάσσον, linteum stillans vel sudore, vel sanguine, vel lacrimis, quas detersas hauserat. Hemst. δίχρωσσον Θ. Ald. Correctum ex Suida s. Ἡμιτύβιον. — 46 ὃ δὴ χρωσσὸν χρωσσὸν (sic) καλ. G.—47 φακιώλιον χρωσσοὺς V.—51 ὁ τῆς γῆς ὑπερέχων ἐν σχήματι ἡμισφαιρίῳ (sic), ὥσπερ καὶ ἡρ., ὃ λέγεται καὶ τὸ ἄνω μέρος τῆς κεφαλῆς, ὃ καλύμμασί τισι σκέπεται, τύμβος. ἡμιτύμβιον οὖν τὸ μικρὸν μανδύλιον καὶ μὴ ἐξαρκοῦν ὅλον τὸ σκεπαζόμενον μέρος τῆς κεφαλῆς σκεπάσαι. Reg. « Apud Libanium vol. 4, p. 146 ἡμιτύμβιον codex Paris. 3017 ἡμιτύβιον. » Bast. nott. mss.

730, 7 ἤγουν τὰ καλύπτοντα τοὺς ὀφθαλμοὺς σαρκώδη Reg.

731, 10 πυρῶν περιβόλων V. om. G., qui etiam sequens scholion om.

733, 14 sq. μὲν πᾶσι τοῖς ἠρ. Ald. — 16-19 δράκοντες δὲ—νοσήματα post scholion v. 741 habet V. δὲ om. R., qui δέρκω τὸ βλ. Ib. ἀφιέρωται V. ἀνιέρωται ceteri.—19 τὸν νέον V. Θ.—23 καὶ Reg. pro ὡς. — 24 seqq. Εἰκότως φασὶν ὑπηρέτας ἔχειν τὸν Ἀσκληπιὸν ὄφεις. τὸ παλαιὸν αὐτοὶ ἀπεκδυόμενοι δέρμα ἀεὶ νεάζουσιν· οὕτως καὶ ὁ θεὸς τῶν ἀσθενούντων τὰς νόσους, οἷα τινὰ βλαβερὰν ἀπορίπτων νεάζοντας δείκνυσιν Dorv.; in quorum postrema parte festinantis librarii culpa præteritum est nomen, cui βλαβερὰν adhærebat, sive κατάστασιν, sive quidpiam simile, quod conjiciendo reprehendere difficile fuerit: quanquam illud etiam, quia serpentum senectus in hoc scholio memoratur, in mentem venit, fieri potuisse, ut βλαβερὰν ortum sit per inscitiam ex rariore vocabulo; forte corruptius scripto, λεβηρίδα· nam commode procedit, ac sententiæ minime repugnat, οἷα τινὰ λεβηρίδα ἀπορρίπτων. Alias ex aliis auctoribus causas, cur Æsculapio sacri angues velut perpetui comites ac famuli addantur, recenset Meibom. ad Jusj. Hippocr. c. 5, § 26. Articulum vero inserui φυλάττει τῇ φύσει, quem in cunctis edd. eliserat præcedentis syllabæ similitudo. Hemst. In codice Parisino (2827) scriptum, εἰκότως φησὶν ἔχειν τὸν Ἀσκληπιὸν ὑπηρέτας ὄφεις. ἐπειδὴ γὰρ οἱ ὄφεις τὸ παλαιὸν αὐτῶν ἀπεκδυόμενοι δέρμα κτλ. — οἷά τινα λεβυρίδα ἀπορρίπτων, νεάζοντας δείκνυσιν. Unde apparet Hemsterhusium βλαβερὰν felicissime mutasse in λεβηρίδα. Schæfer. Simillimum schol. ex cod. 2835 ap. Bastium in nott. mss.—25 νεάζειν δοκοῦσιν, 26 ὁ θ. οὗτος, 27 λεβυρίδα ἀπορρ. ν. δ. ἢ καὶ ὅτι τυφλὸν ὄντα τὸν Πλοῦτον δι' ὄφεων θεραπεύει πάνυ ὄντων ὀπτικωτάτων Reg.

736, 33 Καλῶς δὲ τὸ V., δοκεῖν omittens. δοκεῖ R. Θ. οὐ γὰρ R. V. — 35 κεκαλ. οὔσης τῆς κεφαλῆς Θ. Quo recepto scribendum κεκαλυμμένης. Dind.

737, 37 λόγους R. Θ. ῥήματα V., qui ἐστιν εἶδος. — 38 ἡμίξεστον R. et Suidas s. Κοτύλη. ἡμιξέστιον V. Ald. Conf. schol. ad 436, 1054. Ib. ἄλλως. σκώπτει γὰρ (γὰρ om. Ald.) V. Ald. —39 μεθύσουσι R. μεθύσας V. μεθυούσας Ald. — 42 δέον δὲ Dorv., qui om. πρὶν εἰπεῖν σε.—46 vide ad schol. v. 436, ubi καρτερούλαις, « quæ forma præferenda, *quarterula.* » Hemst.

739 codex ἀνέτεινας. — 49 Ἐλάλησα. Recentioris est Græcitatis, λαλεῖν τινα, *clamando excitare.* Hemst.

743, 5 εἰς αὐτὸν R., qui 6 χεῖρας. Ὅμηρος, δεξιῇ ἠσπάζοντο ἔπεσί τε μειλιχίοισι, ex scholio ad v. 753.

745 sic in V., καταχρηστικῶς τὸ ἐπῄνουν—ἐπαινεῖν. τὸ δὲ πάνυ σφόδρα ἐκ παραλλήλου τὸ αὐτὸ Ἀττικὸν, ὡς τὸ τυχὸν ἴσως. — 10 ἦθος R. τὸ om. Θ. In Paris. annotatum Ἀττικὸν τὸ σχῆμα, ὡς τὸ τυχὸν ἴσως, ἐκ παραλλήλου τὸ αὐτό. — 11 δὲ τὸ Θ., qui τοῦ om. κυρίως δὲ V. Θ.

752. Χαιρετεῖν et χαιρετίζειν, hoc apud veteres etiam usitatum, illud recentioris notæ minusque frequens, communis Græcorum dialectus celebrat, Attica respuit: utrumque affert Ducangius, ex gl. mss. ad Plutum hæc promens: Ἐμὲ γάρ τις οὐ προσεῖπε] οὐ χαίροις εἶπε, ἐχαιρέτισε· sic enim, quæ ad v. 786 pertinent, fuerant repræsentanda: Dorv. ibi nihil habet præter verbum ultimum τῷ προσεῖπεν adjectum. Diogen. 3, 98, ex Platonis sententia φιλανθρωπίας enumerat εἴδη τρία· ἓν μὲν διὰ τῆς προσηγορίας γινόμενον, οἷον ἐν οἷς τινὲς τὸν ἐντυχόντα πάντα προσαγορεύουσι, καὶ τὴν δεξιὰν ἐμβάλλοντες χαιρετίζουσι· quæ eandem, quam scholiastes adhibuit, loquendi formulam continent. Ad Æschyli Pers. 153 enarrator vetus: προσηγόροις λόγοις αὐτὴν προσφωνεῖν, ἤτοι χαιρετίσαι αὐ-

τήν· et, ὁ χορὸς χαιρετίζων αὐτὸν φησιν, ὦ χαῖρε βασίλεια etc. Hinc χαιρετισμοὶ *salutandi officia, salutationes*, apud Polyb. in Exc. 32, 15, 8: οἱ λοιποὶ τῶν νέων περὶ τὰς κρίσεις καὶ τοὺς χαιρετισμοὺς ἐσχόλαζον. HEMST. Regius: Τὸ ἀσπάζεσθαι λέγεται καὶ ἐπὶ τῆς σωματικῆς ἐνεργείας, ἤγουν ὅταν τις περιπλεκόμενος τινι προσβάλλῃ τὰ ἑαυτοῦ χείλη τοῖς χείλεσιν. ἔστι δὲ ὅτι σημαίνει καὶ τὸ ἀπολέγεσθαι, ὡς παρὰ Φιλοστράτῳ· «ὅστις μὴ ἀσπάζεται τὴν ζωγραφίαν.» ἀσπάζομαι δὲ καὶ τὸ κοινῶς χαιρετίζω.

753. Scholion hoc om. V., locum tamen Homeri addens scholio v. 743 [quod ibi de R. refertur]. — 28 ἐνέβαλον Θ.

759 Reg.: Ἐμβὰς καὶ ἐμβάδιον, ἐν ᾧ ἐπιβαίνει ὁ πούς. ἔστι δὲ ὑποδήματος τὸ κοινῶς καλίγιον.

763 θύλακον νῦν τὴν ἀρτοθήκην V. Sic etiam Suidas interpretatur. «Schol. Ecclesiaz. 378: Θύλακον δὲ ἀρτοθήκην σημαίνειν καὶ ἐν Πλούτῳ ζητητέον. Θύλακον *saccum* esse *scorteum*, in quem farina vel panes condantur, docet Casaubon. ad Theophr. Char. c. 16, θύλακον ἀλφίτων· simili modo Antisthenes apud Diog. 6, 9. HEMST. Reg. θ. ἡ σκυτίνη ἀρτ., ἣν φασιν ἰδιωτικῶς βούλγιον.

765, 5 Ἐπ. ὁ Καρίων εἶπεν V. — 6 ἔσται σπάνις δ. ἀλλ' εὐπορία Ald. — 7 αὐτὸν ἄρτον V. αὐτὸν ἄρτον ἄρτοις R. καὶ στεφανοῦσαι om. V. Qui pergit ἄλλως. ἄρτων ἐν κριβάνῳ ὠπτημένων, ἄρτων δέσμη, δέον εἰπεῖν. — 8 ἄρτου Θ., qui om. ἐν κριβ. ὀπτ. et 11 sq. γράφεται — ὁρμαθῷ. Ib. ὁρμαθῶν Ald. Regius: Κριβανωτὸς ἀπὸ τοῦ κρῖ τὸ κριθάριον καὶ τοῦ βαῦνος ἡ κάμινος. λέγει δὲ κριβανωτοὺς ἄρτους τοὺς ὁλοκλήρους, οἳ ἐν κλιβάνῳ ὀπτῶνται· ἢ ἐκ κριθῶν πεποιημένους ἀπὸ τοῦ κριθὴ καὶ τοῦ αὖον τὸ ξηρὸν ἤτοι ἑψητόν. — 12 vox inferioris ævi ἀπὸ τοῦ συγχαίρειν συγχαρίκια plenius scribi solet; v. Ducang. HEMST. — 14 λαίμαργον ἄρτων κριθείνων Dorv. πλήθη Paris. πλήθει ἄρτων gl. V. (non G.)

768, 23 πρώτως R. et Suidæ (s. Καταχύσματα) codex Paris. πρῶτον Θ. Ald. et vulgo apud Suidam. — 25 ὡς καὶ ἐπὶ τοῦ Ald. περὶ Θ. Ald. τὴν om. R. τὰ τραγήματα Θ. Ald. — 26 εὐπορίας Ald. — 28 φέρε δὴ σὺ Dobræus. τὰ om. Reg., qui fragmentum habet sine nomine fabulæ. — 30 εὖ πάνυ λέγεις addidi ex Θ. et Suida. Est hoc alterius personæ responsum: nisi ex Aristophanis v. 800 illatum credere malis. DIND. — 31 ἐν πρώτοις, quod in νῦν πρῶτον mutabat Hemst., pro πρῶτον vel πρώτως dictum est. Sic Joannes Malal. p. 321, 17: ἐν πρώτοις θεωρήσας ἐκεῖ καὶ φορέσας τότε ἐν πρώτοις ἐν τῇ ἰδίᾳ αὐτοῦ κορυφῇ διάδημα. Et sine præpositione ibid. p. 286, 6: πρώτοις ἐπετελέσθη τὰ Ὀλύμπια τοῖς Ἀντιοχεῦσι· 287, 8: ὁ δὲ γραμματεὺς προεχειρίσθη πρώτοις ἀπὸ τῆς βουλῆς καὶ τοῦ δήμου. DIND. — 32-41 sic in V. καταχύσματα κυρίως ἐλέγοντο ὅταν δοῦλον ἠγόραζον. ἔφερον αὐτὸν εἰς τὴν — εἶπεν. Ἄλλως. δέον εἰπεῖν — Πλούτου. (Hoc ex scholio v. 769.) ἐπειδὴ τῶν νεωνήτων κατεχέοντο τῆς κεφαλῆς τραγήματα. Hæc verba ἐπειδὴ — τραγήματα post scholion v. 773 habet R. omisso τῆς. σύγκειται γὰρ τὰ καταχύσματα ἀπὸ — ἥρπαζον οἱ δοῦλοι. Ib. ἐκ παντοίων ὀπωρῶν, φοινίκων etc. Reg. — 33 κολύβων V. καὶ ἰσχάδων Θ. et duo codd. Suidæ. ἰσχάδων, καρύων, ἀμυγδάλων, σταφίδων καὶ ἄλλων τοιούτων πραγμάτων Reg. — 34 δοῦλοι V. Sequentia om. etiam Suidas. ὅτε Dindorfius. Legebatur ὅταν. δούλους Ald. — 35 γὰρ om. V. περὶ τὴν Θ. εἰς τὴν V. ἐπὶ τὴν Ald. — 36 ἐπὶ τῆς V. — 39 sq. τοὺς οὖν ὀφθαλμοὺς τοῦ Πλούτου διὰ τὸ νεωστὶ βλέψαι Θ. Ald. — 40 οὖν accessit ex V. νεωνήτου ante δούλου collocat Θ. — 41 τὰ om. V.

769, 44 ἄλλοις Θ. pro δούλοις. δούλοις, ἀλλ' ὀφθαλμοῖς V. — 46 ὀφείλων Θ. Post v. 770 adscriptum κομμάτιον χοροῦ in V. Θ. (non G.). Scholion 771 om. etiam Θ.

772, 8 κλεινὴν πόλιν. Hanc lectionem secutus est Steph. Byz. s. Ἀθῆναι, ipse quoque ἀκρόπολιν intelligens. Præferenda hæc scriptura videtur lectioni vulgatæ κλεινὸν πέδον, sed πόλιν de tota Athenarum urbe potius intelligendum quam de acropoli. DIND.

773, 10 sq. Παίζει — ὄντας post scholion v. 774 habet V. — 12 ᾤκισε codex Suidæ (s. Κέκροψ) Leidensis. Legebatur ᾤκησε. «Conf. Eudoc. p. 252.» BAST. — 13 λέγονται ex scholio Nubium v. 301 addidit Dindorfius. ὠνομάσθησαν Reg. καὶ διαφυῆ Θ. γεγενῆσθαι etiam Suidas. γενέσθαι Reg. Ald. — 14 ὅτι τὰ μὲν om. Θ. κάτω γυναικὸς, οἱ δὲ θηρίου Suidas. — 15 πολλοὺς om. Suidas, qui ἐξεῦρε. — 16 ἦγεν R. μετήγαγεν Reg. δὲ om. R. V. — 17 μιγνυμένων Reg. — 19 alterum τοῦ om. R. — 20 φανερῶς συγγίνεσθαι, connubiis certis et notis conjungi. DOBRÆUS. συγγινώσκεσθαι G. Ib. μιᾷ στοιχεῖν Θ. [Reg.] et, ut suspicor, R., cum Suida. μὴ ἀστοχεῖν V. μιᾶς τυχεῖν Ald. Vid. Koen. ad. Gregor. Cor. p. 372. Ceterum scholion de Cecrope V. iterum apponit Nubium v. 301 sic scriptum, Κέκροψ Αἰγύπτιος ὢν ᾤκησε — Κεκροπίδαι λέγονται. τινὲς δέ φασιν τοῦτον — γενέσθαι, οἱ μὲν ὅτι τὰ ἄνω ἀνδρῶα εἶχε — ἀπ' ἀγριότητος — ἄλλοι ὅτι — μισγομένων γυναιξὶ καὶ — γινωσκομένων — καὶ μὴ ἀτυχεῖν — ἐκλήθη. DIND.

774, 24 sq. Τὰ συμβάντα — αἰσχύνομαι infra post ἀδίκων ἦν ponit R. — 25 δὲ om. R., qui 26 εἰς αἴσθησιν. — 27 συνῆν V.

778, 34 Ὅτι ἔφευγον τοὺς δικαίους καὶ ὅτι συνῆμην τοῖς ἀγαθοῖς. Ἄλλως. οὔτε φεύγων V. φεύγων — μεταδιώκων Θ. Ald. — 36 ἀφαιρούμενος R. τὸν πλοῦτον Ald.

779, 41 γὰρ ἀπόδειξις· ἀκουσίου γὰρ R.

782, 46 αὐτῷ R.—47 νυνὶ καὶ V. δὲ om. Ald.—48 ἔστι δὲ et sequentia om. etiam Θ. — 2 ἄπελθε σαυτόν. Ita perperam est scriptum in Dorv. Voluit indicare locutionem esse supplendam, βάλλε σαυτὸν, id est, ἄπελθε. Hemst. Reg. ἀπόρριπτε σεαυτόν.—4 8 καὶ νῦν ὁ Χρ., 5 αὐτῷ Reg.

784, 8 τὸ θλίβουσι R. — 10 προκαλινδεῖ.... Θ.—15 κενὴ scripserit librarius an καινὴ parum liquet. Bast.

788, 22 ὢ ἄνερ καὶ ὢ Πλοῦτε καὶ Βλ. V.

791, 27 ἐμοῦ γὰρ εἰσιόντος εἰς τὴν οἰκίαν : πιθ. Θ. ὅτι ἵνα V. τῷ om. Θ. Ald.—29 καὶ om. Θ., qui αὐτοῦ pro ἂν.—30 V. post δρᾶν pergit ἄλλως. πρὸς τὸ ἔθος et quæ sequuntur in scholio ad v. 795.

795, 40 πρὸς τῇ R. παρὰ τὴν Ἑστίαν Ald.—41 κατέχεον R. sine τὰ καταχύσματα.

797, 49 οἱ δὲ τῶν R. τῶν etiam V. Θ. βόλον Hemst. ὀβολὸν Ald. ὀβολῶν R. V. Θ. τοῦ δήμου R. —50 post ἐπάγειν addit V. ἄλλως. πρέπει τῷ διδασκάλῳ τρωγάλια τοῖς θεοῖς (θεωμένοις G.) παραβάλλειν μόνον καὶ ἐπὶ τούτων ἀναγκαῖα (corr: ἀναγκάζειν) γελᾶν. Ἄλλως. Sequentia ὡς (sic pro καὶ) ἐν τοῖς—ἐπισημαίνεται (l. 54) post scholion v. 800 habet R. « Versum Vesparum scholiastes per se solum spectavit, cujus tamen structura cum proximo copulanda : Ἡμῖν γὰρ οὐκ ἔστ' οὐδὲ κάρυ' ἐκ φορμίδος δούλω διαρριπτοῦντε τοῖς θεωμένοις. Notat enarrator vetus : ὡς τῶν ἄλλων ποιητῶν διὰ ψυχρότητα ποιήσεως δι' ὀβολοῦ καρύων ὑποστελλομένων τὴν κακίαν τοῦ δράματος. Refingendum arbitror, διὰ βόλου καρύων, *sparsis*, vel, *jactis nucibus;* hic autem διὰ τὸν αὐτῶν βόλον, ut referatur ad τὰ καταχύσματα, postremam præcedentis scholii vocem : nisi planius videatur, διὰ τὸν καρύων βόλον. Βόλος est *jactus*, velut δικτύου, κύβων βόλος· fortassis utrobique, me non invito, desideret aliquis vocabulum usitatius βολήν. Propterea vero largitiones istas sparsarum nucum οὐ διὰ τῶν χορηγῶν γίνεσθαι monuit, quod alioquin eorum esset munus omnes sumtus poetis fabularumque choris præbere : insignis ea de re locus Antiphontis Περὶ χορ. p. 142, 30. » Hemst.—51 οὐκ εἰσὶ R. Ald. οὔτε et 52 δοῦλοι—θεωμένοις addita ex V. φαίνεται μὲν Θ. — 53 scribebatur χορηγῶν γίνεσθαι. γίνεσθαι om. V., ex quo 54 additum γινόμενον. « Non probanda videtur Dobræi conjectura φαίνεται μέντοι τὸ τοιοῦτον διὰ τῶν χορηγῶν γενέσθαι, ἀλλ' οὐ δι'—. » Dind. ὡς καὶ Ald. — 1 ἐμοὶ δηλ. referri oportet ad τῷ διδασκάλῳ. Hemst. Regius : Τοῦτο τῷ μὲν φαινομένῳ ἀπὸ τοῦ Πλούτου ἐστὶν εἰρημένον, τῇ δ' ἀλ. παρὰ τοῦ ποιητοῦ τοὺς θεατὰς κωμῳδοῦντος τοιούτοις χαίροντας, ἴσως δὲ καί τινας τῶν ποιητῶν τοιαῦτα τοῖς θεαταῖς προβάλλοντας γέλωτος χάριν.— 12 lemma τῷ διδασκάλῳ — προβαλόντ' addidit Dindorfius. In R. est γελᾶν ex v. 799.

800 sic in V., πένης οὗτος ἐκωμῳδεῖτο καὶ λίχνος. τινὲς δὲ...... γενέσθαι φασίν. Tria tantum verba habet R., πένης ἦν ἅρπασαι (fort. καὶ ἅρπαξ). Regius : Ὁ Δ. οὗτος ὡς π. καὶ λίχνος κωμῳδεῖται. ἕτεροι δέ φασι στρατηγὸν τοῦτον ὄντα πάνυ αἰσχροκερδέστατον εἶναι καὶ ἅρπαγα. — 25 ἅρπαγον Dorv., qui ἢ ὡς πένητα om. Post v. 801 R. Θ. adscriptum habent in scholiis χοροῦ.

802 om. etiam Θ. — 33 ἐξέλθῃ Reg., qui 36 ὡς μέν τινες et 38 sq. ὡς δ'—γραΐ omittit. — 36 seqq. Suspicor sensum esse, in antiquis exemplaribus non comparere Chremyli personam ante v. 966 ; sed juniores aliquos, indecorum ratos si Justus cum servo familiariter colloqueretur, herum introduxisse statim v. 825. Schol. ad 885 : τοῦτο δὲ ὁ ἕτερος πρεσβύτης λέγει. Adesse igitur putabat Chremylum. Dobræus. Est recentissimi annotatio grammatici, cujusmodi in scholiis non raro infimæ ætatis codices παλαιὰ ἀντίγραφα vocari videmus. Dind. Idem observat l. 40 sq. βιάζεσθαι ἢ delendum videri.

803, 44 Πρᾶγμα, quod ad explicandum μηδὲν parum confert, per errorem huc delatum arbitror ex superioris versus interpretatione, λίαν γλυκὺ πρᾶγμα εὐτυχεῖν. Comicus idem suadet v. 806 et scholiastes, ἡδύ τι ἐστὶ πρᾶγμα etc. Hemst.

805 sic in V., ἐξεπήδησεν. ὡς τῶν Ἀθηναίων—πλουτούντων. κυρίως δὲ—πολεμίων τὸ ἐπεισπέπαικεν. διὸ ἐπήνεγκεν παίζων οὐδὲν ἠδικηκόσιν. Ἄλλως. δικαίως βεβιωκόσι (δ. β. om. G.). παίζων δὲ εἶπεν ὅτι ἐξ ἀδικίας πάντες ἐπλούτουν. In Θ., εἰσεπήδησεν—πολεμίων. παίζων τοῦτο—πλουτούντων. — 49 ὥστε R., ex quo addita καὶ et μόνης. — 51 στρατιᾶς Suidas s. Εἰσπέπαικεν.

806, 3 sq. *Iambus*, inquit, *a proximis dissidens commodum intellectum non habet : aut referendus est ad illa superiora,* Καὶ ταῦτα *etc., indeque arcessenda ejus explicatio ; nam sic demum, si nullos sumtus fieri, nihil efferri domo sit necesse, suave est in opulenta bonarum rerum copia versari :* nisi tamen hæc non ab uno, sed a duobus grammaticis, quod potius credo, fuerint profecta, quorum prior versum damnavit, alter enodare fuit conatus. Hemst. — 5 ἐξενεγκόντες, 6 ἡδὺ πρᾶγμά ἐστι τὸ V.

807 sic in V., ἡ ἀρτοθήκη. πάντα δὲ ταῦτα πρὸς τῷ (τὸ?) ἐν Ἰνάχῳ Σοφοκλέους, ὅτι πάντα μεστὰ γίνεται (πάντα μεταγίνεται G.) τοῦ Διὸς εἰσελθόντος. ἐκ δὲ τῆς τῶν ἀναγκαίων εὐπορίας ἀπάρχεται τῆς κατὰ τύχην ἀφηγήσεως. προύχει δὲ τὰ λευκὰ τῶν ἀλφίτων. — 8 ante σιπύη legebatur ἐκ τῆς τῶν ἀναγκαίων

εὐπορίας ἤρξατο, quæ nunc post ἀναπαίστων posita, et scripta sunt in R. — 9 ἐξ Ὑπέρβολ Ald. sunt ταῦτα τὰ Reg. παρὰ τὰ ἐξ Ὑπ. — 10 μετὰ ταῦτα Θ. ἐγένετο R. ἐγένετο ἄγαθον Reg., qui παρεμ cum Ald.

808 sic in R., ἡδέως, εὔπορον, ἢ ὡς ἀπὸ—ἄρχων. In V., καὶ τὸ δεινὸν ἔρχονται ὥσπερ τὰ ἔθνη, ἢ ἀπὸ τόπου ἀνθεμίας, ἢ ὡς ἀπὸ εἴδους ἀκανθῶν. ἢ τοῦ ἡδέως—ἄρχων. «Quæ scholiastes hoc adnotavit, et ad Ran. v. 1150, in unum a Suida sunt conjuncta in v. Ἀνθεμίας: legitur autem apud eum, ἀπὸ τόπου Ἀνθεμίου, quem locum si modo usquam extra grammaticorum commentarios exstiterit, adhuc quæro.» Hemst. — 18 καὶ εἶπεν Ald. — 20 μεγαρικά. Melius, si rationem, non usum loquendi spectes, μεγαρικὰ scribuntur in gloss. mss. ad Plut. et ad Nub. ἀμφορεῖς κεραμεοῖ, μεγαρικὰ κεράμια ap. Ducang. Oritur enim istud vocabulum a Megarensibus, quorum opera fictilia fuerunt in pretio: hinc τὰ Μεγαρέων κεράμια memorantur a Synes. p. 77, C, et Μεγαρικὰ πιθάκνια ab Eubulo ap. Athen. 1, p. 28, D. Recte Suid.: Ἀμφορεύς, ἀγγεῖον, μέτρον, κεράμιον Μεγαρικόν. Mercatores vero, ut hominum illud genus esse solet plerumque literarum ac dictionis expers, prave primam in hoc voc. syllabam efferebant per α. En testem locupletem Stephanum Byz. in Μέγαρα· οὕτω δὲ καὶ τοὺς Μεγαρικοὺς κεράμους διὰ τοῦ ε χρὴ λέγειν, οὐ διὰ τοῦ α, ὡς οἱ ἔμποροι τὴν ἄρχουσαν παραφθείροντες. Idem accidisse novimus in μέγαρον et μάγαρον, quod tamen grammaticorum notam effugit: quin Ælius Dionysius μάγαρον tantummodo scribi præcepit, non μέγαρον, si designandum veniat penetrale illud in quo mystica sacra reconduntur, Eustath. ad Od. A, p. 1387, 18. Ap. Hesych. invenio Μαγαρίσκος, πινακίσκος· quod dubito an ab eadem origine pendeat: id quidem non dubito paulo corruptius alio loco legi Μαργαρίσκον, πινακίσκον. Nisi forma voc. utrobique constaret, reponi maluissem Μαγαρικός. Πίνακες autem et πινακίσκοι non lignei tantum, sed et fictiles. Hemst. — 23 σινδούκια, vid. ad v. 711.

810, 25 ἐκ τῆς τῶν ἀναπαίστων (corr. ἀναγκαίων ex scholio v. 807) εὐπορίας ἤρξατο. παραπαίζει δὲ V. ad v. 809. — 26 τῆς om. Θ.

812, 33 ἢ λοπάδος εἶδος εἰς ὀξὺ λῆγον Suidas s. Ὀξίς. λοπὰς δὲ εἶδος ἀγγείου πᾶν εἰς ὀξὺ λῆγον Ald. ἢ εἶδος κεραμίου παρὰ τὸ ὀξὺ ἔχειν τὸ κάτω V., ex quo addita λοπάδιον—κεραμίου. — 34 sq. ἰχθυηροὺς—χωρῆσαι om. Θ. — 35 ἰχθῦν R. ἰχθῦς V., ex quo addita ἢ ἐν—πλύνονται. — 37 ὁ λ. κουρουλὸς ἤγουν κουκούμερον Reg. De τζυκάλιον vide ad v. 683. — [illegible] Variis indutum formis exhibet Ducangius, cujus et alterum Glossarium est consulendum. A scuto scutulam et scutellam, item scalam et scatellam derivari, tam manifestum videtur, ut mirari satis nequeam, quod Salmasius primæ syllabæ quantitate, eaque, saltem apud recentiores, minime constante, fuerit in doctus, ut ad scutrum, σχῆμα, confugeret, a qua si maxime scutulam et scutellam possint oriri, scatula certe vel scatulam vix, aut omnino non poterunt: hæc tamen ad Vopisc. Carin. p. 851 tradenti multi fuerunt qui statim sine ulla dubitatione subscriberent, interque eos De Casa Nova Orig. Ling. Franc. in v. Ecuelle, quæ non minus atque alia nostro Belgarum ore tritissima vox a scutella fluxit. Hemst.

815, 42 ἢ om. R. V., ex quo 43 addita λεγόμενος, et ἢ ὁ χ. ἢ ὁ ἄκρος. — 44 καὶ ἐν Εἰρήνῃ Dindorfius elicuit ex V., qui καὶ ἐν χρήσει. Legebatur ὡς τὸ, quod om. R. Θ. Ib. ἐν δὲ R. ἐν τε V. Θ. Ald. — 45 ὁ φοῦρνος ἢ μᾶλλον τὸ φανάριον Reg.

816, 49 νομίσμασι παίζομεν, ἀρτιάζομεν R. Θ. — 50 ἀντὶ—περισσά et τῇ om. Θ. Qui 51 post ζυγα sic pergit, ἄλλως. παίζομεν ἄρτια ἢ περισσά. παιδιὰ δέ τις ἦν etc. παιδεία V., omittens ἦν. — 52 κατέχοντος V. Alterum τοῦ om. Θ. — 53 ἤτοι—καλεῖται addita ex V. Qui pergit ἄλλως. παίζομεν ἄρτια ἢ περιττά, τὸ ἐν τῇ συνηθείᾳ λεγόμενον ζυγὰ ἢ ἄζυγα. τινὲς δὲ ἀρτ. — 1 sq. ἀρτιάζειν... σφαιρίζειν. Hæc aliena prorsus unde prodierint, quidve conducant ad explicandum ἀρτιάζειν, exputare vix possum. Pilæ ludo quid commune est cum ἀρτιασμῷ? aut ἀρτιάζειν quomodo fieri potest ut significet ἁρπαγῇ παίζειν? Non dubito quin hæc ex codice corrupto parvique pretii huc fuerint derivata. Quid tamen obest quominus tentemus, an probabili aliqua conjectura expediri nodus queat? In Polluce 9, 101, scriptum fuit olim ἁρπάζειν, quod scribendum erat ἀρτιάζειν: detur simili vitio, quanquam versu reclamante, in quodam Aristophanis exemplari exaratum fuisse ἁρπάζομεν: jam percipere licet qui contigerit ut ad marginem ab aliquo lectore minus perito sit adnotatum, ἁρπάζειν λέγουσι etc., quod in ἀρτιάζειν mutatum ab iis, qui contaminatæ lectionis ignari non perspiciebant, quorsum pertineret absurdum illud ἁρπάζειν. Intelligendum vero de lusu pilæ, quam vocabant ἁρπαστόν, de quo Jungermann. ad Polluc. 9, 105, n. 84; erat sane proprium in hoc lusus genere verbum ἁρπάζειν non secus ac rapere Latinis: apud Pollucem etiam, ἁρπάσαι τὴν σφαῖραν, πρὶν εἰς γῆν αὐτὴν πεσεῖν. Voluit igitur architectus ridiculæ adnotationis scripturæ comici depravatæ talem sensum adfingere, servos pilæ loco stateribus invicem mis

sis lusisse. Attamen restat difficultas in ἀπὸ τοῦ ἑταίρου· satis commodam explanationem admittit ἁρπαγῇ παίζειν, *pilam rapiendo ludere*, quamquam melius ἁρπαστῷ legeretur : sed ἀπὸ τοῦ ἑταίρου, nisi, quod equidem pernegare nolim, plura deficiant, quibus adhæserit, sententiæ convenire minime videtur : nam si vel explicari posset, *a socio rapta pila ludere*, ipsa lusus ejus ratio, qua solebant ostentatam huic pilam ad alium conjicere, prioremque frustrari, explicationi repugnabit. Ex quibus hoc constet, loca veterum scriptorum suppeditabit Jo. Meurs. De lud. Græc. in Ἐφετίνδα. Venerat in mentem ἀπὸ τοῦ σφαιρίου eodem loquendi modo, quo dicitur ἀπὸ θαλλοῦ περιάγειν, ἀπὸ τροχιλίας ἀνιμᾷν· ἀπὸ ῥαβδίου οἰακίζεσθαι, ἀπὸ ἐξωμίδος περιιέναι· Pollux certe 9, 105 de lusu φαινίνδα sic scribit : εἰκάζοιτο δ' ἂν εἶναι ἡ διὰ τοῦ μικροῦ σφαιρίου, ὃ ἐκ τοῦ ἁρπάζειν ὠνόμασται. Hac de re quoquo modo statuatur, illud quidem affirmare non vereor, spuriam esse, quam proposui, scholii partem : interpretationis antiquæ finis est in προσπαίζοντος : adjectum postea, ἢ ὅπερ.... λέγομεν· intermedia nihil est potius, quam ut hinc abigantur. Hemst. — 2 περιπαίζειν et δὲ τὸ om. V., qui περισφαιρίζειν. Sequitur in Ald. ἢ ὅπερ ἐν τῇ συνηθείᾳ ζυγὰ ἢ ἄζυγα λέγομεν.— 6 ζυγὰ μονά etiam Reg. μονζύγα Dorv. Conf. Suid. in Περιττά.

817, 10 Ἀποκαταμασσώμεθα V. .... σόμεθα G.— 11 τὴν πυγήν om. G. σπογγίζομεν Dorv., omittens οἱ γὰρ—χέζουσι. — 12 ἀποσπογγίζομεν. Glossator Brunckianus Ranar. 490 ἀπεψησάμην pariter interpretatur ἀπεσπογγισάμην. Conf. not. ad Greg. Cor. p. 1049. Schæfer.

818. Descripsit hoc scholion Suidas in Σκοροδίοις, sed ordine paulum diverso, quem potiorem puto : Γελοίως—τοῦτό φησιν—διαίτης—εἴρηται δὲ σκ. —ἐχρήσαντο· οὐχ ἁπλῶς δὲ τοῦτο—ἀποματτόμεθα· μήποτε δέ φησι τοῦ σκ. τὸν κ. — ὡς κἀκεῖνος —παρὰ τὴν ὑπόνοιαν εἰρηκώς. Lin. 15 σαβάνοις. Hierocl. in Hippiatr. p. 235 : λοῦσον τὸν ἵππον, καὶ ἀπόμαξον σαβάνοις. Theomnest. p. 237 : λοῦσον καὶ ἀπόμαξον σαβάνοις τραχέσιν ὅτι μάλιστα· pannos et lintea vertit Vegetius. Vid. Coteler. ad Herm. Past. lib. 3 Simil. 8, § 4, et Jac. Toll. ad Form. Recept. Manich. p. 176. Hinc oriri puto nomen illud obvium in Gruter. Inscr. p. cccxiii, n. 8, L. Aurelius Panniculus, qui et Sabanas : Σαβανᾶς. Vox autem late diffusa quo pluribus in linguis frequentatur, eo difficilius unde primum manaverit indagare licet : interpres Arabs pro ὀθόνῃ posuit in A. A. 10, 11, pro ὀθονίοις MS. Biblioth. Groning. in Johann. Evang. 9, 41. Gothicus ita reddidit σινδόνα Matth. 27, 59. Ex Græcis Clemente Alexandrino Pædag. 2, 3, p. 161, D, vix antiquiorem dederis, ubi σάβανον inveniatur. Hemst. σαβανίοις V. — 16 τὰ σκόροδα Θ. τοῦτό φησιν Suidas. τοῦτό φασιν V. τοῦτο λέγει Ald. ὅτι om. V. — 17 post διαίτης sequuntur in Θ. et Ald. μήποτε—εἰρημένον, quæ nunc posita infra cum V. et Suida. τὸ σκόροδον, 18 ὄζον V., qui 19 λιμῷ γὰρ. Ald. et Suidas λ. δὲ. — 20 σκορόδοις V. pro τούτοις. — 21 Ἄλλως om. Suidas, qui οὐχ ἁπλῶς δὲ. — 24 ἀφοδεύσαντες V., ex quo additum Ἄλλως. — 25 μήποτε δὲ Ald. et Suidas. λέγῃ Θ. γὰρ V. et Suidas. δὲ Ald. — 26 ὡς κἀκεῖνος vulgo apud Suidam. Sed ὡς om. cod. Paris A.— 27 τι om. Θ. παρ' ὑπόνοιαν V. — 28 εἰρημένον Θ. Ald. φύλλοις σκορόδων Paris. φύλλαων (sic) Dorv.

819, 30 sq. εἴρηκε τὴν βουθυσίαν, ἵνα δηλώσῃ V. Cum ceteris consentit Suidas. s. Βουθυτεῖ. — 31 ὄγκον τῆς θυσίας καὶ τὸ ἐντελὲς τοῦ μεγέθους R. — 32 ἣν, φασὶν, ἐκ. καλοῦσιν V., non G. δὲ om. Θ. ἐκ συὸς R. Θ. et Suidas s. Τριττύς. — 33 ταύρου, κριοῦ R. ταύρου, τράγου καὶ κριοῦ Ald. κριοῦ καὶ τράγου Suidas. « Paulo aliter τριττὺν ab aliis explicari docebit Etymol. in v. Vide Des. Herald. Digr. 1, c. 16, p. 224. » Hemst. Post τριττύν addunt Θ. Ald. τριττὺς δὲ παρ' Ἀθηναίοις ἡ ἐξ βοὸς (ἐκ συὸς Θ.) καὶ κριοῦ καὶ τράγου θυσία. — 37 ἢ ἁπλῶς θύει om. Dorv. Regius : Βουθυτεῖν κυρίως τὸ βοῦν θύειν. ἐκάλουν δὲ καὶ τὸ πολυτελῶς θύειν ὡς ἀπὸ τοῦ κυριωτέρου ζώου τῆς βοὸς βουθυτεῖν. τὴν δὲ ἐντελεστάτην θυσίαν ἑκατόμβην ἐκάλουν, διὰ τὸ ἐκ βοῶν ἑκατὸν ἢ βάσεων ἤγουν ποδῶν, τουτέστι ζώων κε', ταύτην τελεῖσθαι.

822, 46 πάντως V. παντὸς Θ. Ald. φέρει R. ἐπιφέρει Θ., adscripto ὑπο. Idem omittit scholion sequens.

825, 7 sq. sic in V., Οὗτος ὁ ἀνὴρ δίκαιος πρότερον πένης ὢν ἔρχεται πρὸς τὸν Πλοῦτον, ᾧ διαλέγεται ὁ Καρίων. — 8 sq. ἢ οἰκέτης ἢ ὁ Χρεμύλος R. Qui pergit δηλονότι ἀντὶ τοῦ παντάπασι τὸ κομιδῇ ἐχρῶντο. V. (post scholion v. 834) τὸ δὲ κομιδῇ ἀντὶ τοῦ παντάπασιν ἐχρῶντο, quæ om. Θ.

828, 17 γάρ μου ἐστί R.

833, 28 ἀνήλωσας R. G. ἀνήλωσεν V.

838, 41 καὶ om. Θ. Dorv., in quo ἀλλὰ γινώσκω λίαν « ordine continuo. Λίαν ad κομιδῇ pertinet, ut ex superioribus manifestum est ; ad οἶδα verbum γινώσκω : reliqua sententiæ explendæ inserviunt : οὐ μόνον ταῦτα (τὸ ἐκτρέπεσθαί σε, καὶ οὐ δοκεῖν ὁρᾶν) ἐποίουν, ἀλλὰ καὶ κατεγέλων etc. » Hemst.

839 sic in R., τὸ ὢν ἀντὶ τοῦ δή. ἀντὶ τοῦ ἀπώλεια—κριθῶν. τὸ ἑξῆς—ἐποίησε. Suidas s. Αὐχμεῖς hæc tantum excerpsit, ἀντὶ τοῦ ἀπώλεσέ με ὁ ὢν

αὐχμὸς τῶν σκευαρίων· μετωνυμικῶς. — 44 particulam Ionicam ὤν dicit scholiasta, de qua non cogitandum in poeta Attico. Dind. — 45. Omittebat scholiasta μ' cum Suida et σκευαρίων ad ἀπώλεσα referebat per constructionem Atticam. Unde ita fere corrigendus, "ξηρὸς γενόμενος ὑπὸ πενίας." Ἀττικῶς δὲ εἶπεν ἀντὶ τοῦ ἀπώλεσα τὰ σκευάρια. Dobraeus. ἀπώλεσα τὰ V. — 46 ἀπώλεσα τῶν σκευαρίων additum ex R., qui om. Ἄλλως. Ἀλλ. μετωνυμικῶς om. Θ. spatio vacuo. — 47 με χοροῦ τὰ σκ., 49 αὐχμὸς ἀντὶ et μεταφορικῶς δὲ V. — 50 ἐπὶ τοῦ primum fuit in Θ. — 51 στεγύσιν libri praeter V. ὁ σῖτος Θ. — 52 Ald. οἷον om. V. — 53 Regius: Αὐχμὸς κυρίως ἡ ξηρότης καὶ ἀνομβρία λέγεται, καὶ ἀπὸ τούτου αὐχμῶν ἄνθρωπος ὁ κατάξηρος καὶ ῥυπῶν, ὡς οὗτος ἐν ἄλλοις « πόθεν οὖν αὐχμῶν βαδίζεις; » ἐνταῦθα δὲ αὐχμὸς ἡ ἁπλῶς στέρησις. — 54 in Θ. ἐμοὶ ad hunc versum adscriptum. « Χρείας et χρειασίδια Graeci recentiores vocant *utensilia*. » Hemst. — 4 γάρ με, 5 ἐμοί. βέλτιον δὲ τὸ δεύτερον Reg. cetera omittens. — 8 διακείνων δ' ὄντων Dobraeus. διακρίνων δ' οὕτω codex.

845 in V. hoc ordine, σκώπτων—νέοι. Ἄλλως. παίζει—τῶν μεγάλων. — 25 ἦν om. V. — 26 Μελάνθιος. Deterius ad Av. v. 1073 Μελάνθης scribitur: vide Jo. Meurs. Praef. ad Eleusinia, in quo libello saepe mentionem hujus scholii fecit capp. 5, 7, 12. 19. Opus autem Melanthii περὶ μυστηρίων singulare fuerit, an pars τῆς Ἀτθίδος, cujus eum auctorem laudat Harpocrat. in Γρυκάνιον, haud temere dixerim: Menandri quidem liber eodem titulo, citatus ab Avium enarratore, quem de sacris Eleusiniis tantummodo tractasse putat Meursius, ambitu latiore non Attica solum videtur, sed ubivis Graeciae celebrata mysteria comprehendisse: nam inde sumtum auguror, quod schol. Apoll. Rh. ad 1, 1126, observat, Apollonium Μενάνδρῳ ἀκολουθεῖν λέγοντι Μιλησίους, ὅταν θύωσι τῇ Ῥέᾳ, προθύειν (ita legendum, non προσθύειν) Τιτίᾳ καὶ Κυλλήνῳ· ex quibus simul, poetam Rhodium esse Menandro sive Ephesio, sive aliunde orto, inferiorem aetate, colligi potest. Hemst. — 27 πάτριον δὲ τοῖς θεοῖς V. — 28 τοῖς μύσταις Θ. Ald. ἐν οἷς V. τύχοιμεν Θ. — 29 μυστ. δὲ ἐπιτελεῖται, 30 εἰσὶ δὲ τά, 31 καὶ προαγόρευσις, 33 ῥυπαρά εἰσι V., ex quo sequentia λέγει—ἀνατιθέναι addita. — 36 Ἄλλως. μεγάλα et sequentia om. etiam Θ. — 37. Haec minus accurate scholiastes. Minora enim mysteria Cereris non celebrabantur Eleusine, sed Agrae, vel Agris, quod erat oppidum Atticae ad Ilissum fluvium, teste Stephano Byzantio v. Ἄγρα, Eustath. ad Il. B, p. 361, et aliis. Vide omnino Petavium ad Themistium Orat. 5, p. 415 edit. Hard. Kust. — 50 δηλαδή Dorv. om. Θ. — 1 Σὺν om. Θ.

850 om. etiam Θ. — 13 Ὅτι λίαν. Haec sejungenda; nam utroque modo illud ὡς exponere solet Dorv. Hemst.

853 sic in V., ἀντὶ τοῦ πολὺ ἴδιον—πολυανθέων καρπῶν. Ἄλλως. πολλά μοι—φέροντι V. — 15 Ἀντὶ τοῦ πολλά Suidas s. Πολυφόρῳ. — 16 φέροντι etiam Suidas. ἄγοντι Θ. Ald. ποικίλῳ Suidas. ποικίλα R. Θ. Ald. ἢ ποικίλῳ om. V. ἀπὸ R. et Suidas. ἐπὶ V. εἴρηται δὲ (δὲ om. Θ.) ἀπὸ Θ. Ald. — 17 ἐπιδεχομένῳ οἴνῳ V. ἤγουν om. V. Θ. τουτέστιν Suidas. — 18 κακόν. πολυφόρον γὰρ ἄλεγον Suidas. εἴρηται γὰρ V. δὲ om. Θ. τὸ πολλὴν V. — 19 τὸν ὀλίγον R. Sequentia πολυφόρῳ—κομιστικῷ addita ex V. — 21 ἐκ R. V. ἀπὸ Ald. om. Θ. πολυκάρπων καὶ πολυανθέων καρπῶν V. sine χωρίων. Sequentia om. etiam Θ. — 26. Alii scribunt παροξυτόνως, πολυφόρος: quod magis ex regula est. Scheffer. ἡ πολλὴν φορὰν καρπῶν φέρουσα, 28 καὶ τὸ πολύφ. Reg.

858 τὸν γενησόμενον Πλοῦτον confusa credo: Πλοῦτον adscribi debuerat neglectae voci τὸν θεόν. Hemst.

859, 38 sq. ἐὰν—παραμείνῃ post κρίσιν ponit V., praefixo ἄλλως. « *Si judicia agi non desinant*: hoc modo intelligendum credo, et τὸ δίκαιον ex usu recentiorum poni pro *juris dictione*, δικαιοδοσίᾳ. Unde vero judiciorum severitatem ac violentiam verbis iis traduci fuerit expiscatus, compertum non habeo. » Hemst. παραμείνῃ φησί R. Θ. — 39 σκώπτει δὲ Θ. Ald. ὥσπερ V., qui ὥσπερ om. — 40 δικαστηρίοις Ald. — 41 καὶ τὸ δίκ. om. Dorv. Paris.

862, 48 ἐκ R. pro εἶδος. — 49 νομίσματος. πονηρὸν κόμμα φησὶ τὸ παραχαραττόμενον ἀργύριον. ἀπὸ μεταφορᾶς τῶν νομισμάτων ἐξ ὅλου τινὸς χρυσίου ἀποκεκομμένου κόμματος. Ἄλλως. ἀντὶ τοῦ εἰπεῖν R. φαύλου ἐστὶ συστ. Reg. Suidas v. Κόμμα ex hoc scholio excerpsit ἀπὸ μεταφορᾶς—ἐξ ὅλου χρυσίου ἀποκεκομμένου (sic tres codd.; alius κεκομμένου. In edit. Mediol. ἀποκεκομμένων). ἀντὶ τοῦ εἰπεῖν φαύλου συστήματος. πονηρὸν κόμμα, ἢ παρακεκομμένος ἄργυρος. « Psellus De op. daem. p. 5 (p. 2 Boiss.) » Bast. nott. mss. — 50 τοῦ πονReg. ἐπειδὴ καὶ libri praeter R. — 51 κίβδηλον om. Θ., qui pergit νομισμάτων, ἐξ ὀλίγου τινὸς χρυσίου ἀποκεκομμένου κόμματος. ἢ λείμματος τῶν ἀδίκων. τὸ χ δὲ πρὸς τὸ κόμμα. Ἄλλως. ἢ τὸ παραχαραττόμενον ἀργύριον τὸ πονηρὸν κόμμα φησίν. Regius τὰ γὰρ φαῦλα καὶ κίβδηλα τῶν νομισμάτων οἱ Ἀττικοὶ εἰώθασι λέγειν πονηρὰ κόμματα, διὰ τὸ ὀλίγον μὲν—χαλκόν.—1 post εἴρηκεν addit Ald. Ἀττικὸν δὲ τὸ ἐξωλεκώς, quae om. R. Θ., ad v. 868

recte refert V. 3 ὅλου codex, quod Dindorfius correxit ex scholio Θ. — 6 τάχα codex. Correxit Dindorfius ex Θ. Post κόμμα addit V. quæ in scholio Aldino leguntur, ἄλλως. ἀντὶ τοῦ εἰπεῖν— ὁ λόγος. — 7. Χάραγμα *pecuniam, monetam signatam* Græcos inferiores vocare docuit Ducangius. Vocabulum ab antiquis ductum, quibus non solum χαράσσειν *numos cudere*, et παραχαράσσειν, sed etiam χαρακτὴρ *nota*, *signum auctoritate publica nummis impressum*; unde fluxit solemnis illa loquendi formula ἐπιβάλλειν χαρακτῆρα. Aristot. Polit. 1, c. 6: τὸ δὲ τελευταῖον καὶ χαρακτῆρα ἐπιβαλλόντων · pro eo dixit, ἐπικόψας χαρακτῆρα OEcon. 2, c. 20. Polyænus in facto, quale fuerat ab Aristotele narratum, plane simili 6, c. 9, § 1, ἄλλον χαρακτῆρα ἐπιβαλών · modo pari potestate usurpaverat μετακόπτειν. Dubites itaque, an in Alcidamantis Orat. pro Ulysse contra Palamed. p. 186, 36, quod vulgo legitur, Phœnices πρῶτοι χαρακτῆρα ἔβαλλον, refingendum sit in ἐπέβαλλον · quamvis alioquin simplex verbum compositi vice tolerari possit. Hinc illustrandus est Arrianus Epict. 3, c. 22, p. 314: ἰδὲ χαρακτήρ · ἴδ' ἐπιβολή · et Isocrates Ad Demon. p. 3, D: οἷς (Herculi ac Theseo) ἡ τῶν τρόπων ἀρετὴ τηλικοῦτον εὐδοξίας χαρακτῆρα τοῖς ἔργοις ἐπέβαλεν · quem locum reperies adductum a schol. Sophocl. ad Trach. v. 119. Hemst. τοῦ κιβδήλου νομίσματος Paris.

869, 19 ἄρα om. Θ. — 20 καὶ διὰ τοῦτο πάντα ἐκ. Paris.

872, 26 Ἀντὶ τοῦ σεσοβημένος R. — 27 καταμωκώμενος—λέγει V. « Quod comicos, ut Dores irriderent, ὦ Δάματερ adhibuisse notat scholiastes, longe recedit ab aliorum grammaticorum sententia, qui Atticorum æque ac Dorum eam formam esse propriam statuunt : vide Eustath. ad Il. A, p. 12, 6, Od. A, p. 1385, 53, et ex Heraclide ad Od. Υ, p. 1892, 43, ubi memorat τὸν τοῦ κωμικοῦ Πλοῦτον. » Hemst. — 28 sq. ὁ δὲ νοῦς —εἰσῆλθεν ante καταμωκώμενος ponit V. ἐπηρμέ^o^νως Θ. ἐπηρμένως R. ὑπηρμένος Ald.

873. Scholion recentius, confictum maximam partem ex Etym. M. s. Συκοφαντία et Συκοφάνται. Dind. — 35 πικρῶς Hemst. σμικρῶς Ald. ἀκριβῶς Reg. — 36 λόγος ἀπὸ Θ. — 37 sq. τὴν ὀνομασίαν Dobræus. τὸ ὄνομα Kusterus. τὸν ὀνομάσαντα Ald. In Etym. M. συνέβη δὲ καὶ τοὺς ὁπωσοῦν κατηγοροῦντας τινὸς φιλαπεχθημόνως οὕτω προσαγορεύεσθαι. — 48 δῆλον om. Θ. ἔλεγον additum ex Etym. M. ἐκάλουν Reg., qui 41 om. συκοβίους. — 42 συκοσπάδας vel συκοσπαδίας Hemst. collato Hesychio, Συκοσπαδίας, ὁ συκοφάντης. συκόπαιδας Ald. καὶ συκάδας καὶ συκόποδας Reg., fortasse ex Cratineo συκοπέδιλος. — 43 πάντα Hemst. ἐγκλήματα om. Θ. Scholio Aldino in Junt. præmissum, ὁ συκοφάντης οὐ δικαίως τοὔνομα ἐν τοῖσι μοχθηροῖσίν ἐστι κείμενον · ἔδει γὰρ, ὅστις χρηστὸς ἦν ἡδύς τ' ἀνὴρ, τὰ σῦκα προστεθέντα δηλοῦν τὸν τρόπον. νυνὶ δὲ πρὸς μοχθηρὸν ἡδὺ προστεθὲν, ἀπορεῖν πεποίηκε διὰ τί τοῦθ' οὕτως ἔχει · qui Alexidis versus sunt, transcripti ex Athenæo 3, p. 74, F. — 44 seqq. sic in V., τὸ βου ἐπίρρημα (ἐπίρρημα om. G.) ἐπιτάσεως δηλωτικὸν (ἐπίτασιν δηλοῖ G.) ἀντὶ τοῦ λίαν λιμώττει, ὥσπερ καὶ βούπιναν τὸν μεγάλην πίναν (πεῖναν G.) ἔχοντα. Scholion descripsit Suidas in Βουλιμιᾷ, paucis tantummodo mutatis. — 45 ἐστι om. Θ. — 46 ὡς R. — 47 καὶ βουγάϊος et sequentia om. V. βούγλωσσον Θ. — 49 post τρόπος addit Junt. Γαληνὸς δὲ ἐν τοῖς Ἀφορισμοῖς · κατάπτωσις δυνάμεως ὑπὸ τῆς ἔξωθεν ψύξεως ὁ βούλιμος, ἀρξάμενος μὲν ἀπὸ πείνης, οὐκέτι δὲ ἔχων αὐτὴν συνοῦσαν.

874, 51. Idem in sequenti scholio notatur : hoc cur moneat enarrator ille, in causa fuit ejus exemplar, quod scilicet proxima, δῆλον ὅτι βουλιμιᾷ, Justi personæ tribuebat : eam ob rem operæ pretium putavit ostendere, quæ sycophanta dicat, tali gestu corporisque conversione debere pronunciari, ut non ad Justum, sed ad Carionem, qui ante fuerat locutus, dirigantur Perperam vero interpretatur, οὐκ ἂν φθάνοις. Hemst. τοῦτο ὁ συκοφάντης πρὸς V.

875, 1 Τροχὸς γάρ τις V. — 3 θεράποντα · ἢ τροχός τις ἦν ἐν ᾧ ἐδεσμοῦντο οἱ δοῦλοι Θ.

879, 9 συκῶν R. Totum scholion om. G.

883, 20 Ἀντὶ τοῦ φρ. σου. ἡ δὲ φράσις V. ἡ φρ. Ἀττ. om. Θ. Ald. — 21 εἴρηται—ἐπιστρέφεσθαι post φαρμακίτην l. 23 ponunt R. V. — 22 ἐπιστρέψασθαι V. Sequentia λέγει—φυσικὸν δακτύλιον infra post καὶ τὰ τοιαῦτα l. 27 habent R. V. — 23 δακτύλιον δὲ om. R. V. δὲ om. Θ. — 24 Εὔπολις Βάπταις μέμνηται om. R. μέμνηται om. V. καὶ Ἀμειψίας, quod in R. V. Θ. Ald. post φαρμακοπώλης legitur, huc transposuit Kusterus. δ' om. R. « Eudamus ille vix dubito quin idem fuerit ac Theophrasti Εὔδημος ὁ φαρμακοπώλης εὐδοκιμῶν σφόδρα κατὰ τὴν τέχνην Hist. Plant. 9, 18. » Hemst. Εὔδημος V. — 25 τετελεσμένους, *arte magica consecratos*, ut docuit Salmas. ad Vopisc. p. 360. Hisce præstigiis deditos non solum τελεστὰς, φυσικοὺς, μυστικοὺς, sed etiam φιλοσόφους recentiores vocabant : quamobrem conjungi videas φιλόσοφον καὶ τελεστήν · exempla suppeditabit Salmasius : non aliter hoc loco φιλόσοφος est intelligendus. Hemst. — 26 Εὔδημος R. V. — 27. De annulis magicis, quos Græci φυσικοὺς vel φαρμακίτας vocabant, vide Reines. Var. Lect. 3,

p. 392, et Lindenbrog. ad Ammian. Marcell. 21, 1, p. 601 ed. L. B. Kust. Pro δαίμονα aut δαίμονας scribi debet, aut δαιμόνια: hoc Jos. Scaligero placuisse constat ex Nott. ad Manil. 5, 386, ubi et hunc locum et Antiphanis attulit ex Athen. 3, p. 123, B. Hemst. In V. est εὐδαιμονίαν. δαίμονα defenditur loco Theophanis Nonni vol. 1, p. 144: ὅπερ (affectus epilepticorum dicit) οἱ ἰδιῶται δαίμονα καλοῦσιν· ubi scholiastæ locum comparavit Bernardus. Dind. Paris.: Οὗτος ὁ Εὔδαμος δακτυλίους ἐποίει θεραπεύοντας τινὶ μηχανῇ—ἰόντας ὑπ' ὄφεων δάκνεσθαι. Dorv.: Οὗτος ὁ Εὔδραμος δακτύλους ἐποίει θεραπεύοντας τινὶ μηχανὶ τοὺς ὀφιοδήκτους· μᾶλλον δὲ οὐδὲ τὴν ἀρχὴν ἰόντας ὑπὸ ὄφεων δάκνεσθαι. Reg.: Ὁ μέντοι Εὔδαμος φιλ. ἦν ἀποτελεσματικός. δακτυλίους ποιῶν, δι' ὧν οἱ ὀφιόδηκτοι ἐθεραπεύοντο, μᾶλλον δὲ οὐδὲ τὴν ἀρχὴν ἐδάκνοντο ὑπὸ τῶν ὄφεων οἱ τούτους φοροῦντες. Θ. post τοιαῦτα addit παρ' Εὐδάμου. οὗτος φαρμακοπώλης ἦν δακτυλίους πιπράσκων, δύναμιν ἔχοντα (scr. ἔχοντας) ἀποτρεπτικὴν συκοφαντῶν. λέγει οὖν Εὔδαμον τὸν φαρμακοπώλην τετελεσμένον ἔχοντα δακτύλιον.

884 sic in V., ἄλλως. δείκνυσιν αὐτῷ βασκανίας φυσικὸν δακτύλιον, ὃν καλοῦσι φαρμακίτην. Ἄλλως. ἀλεξιτήριον τῶν δηλητηρίων δείκνυσιν αὐτῷ καὶ βασκανίας ἀποτρεπτικὸν δακτύλιον, ὃν καλοῦσι φαρμακίτην. τοῦτο ἐν ἤθει λέγει ὅτι οὐκ ἔστιν ἐν τῷ δακτυλίῳ φάρμακον πρὸς δῆγμα συκοφάντου, ἐπεὶ οἱ πωλοῦντες αὐτὰ εἰώθασι λέγειν ὅτι χρῆσιν ἔχει πρὸς τόδε καὶ τόδε. Ἄλλως. προσληπτέον τὸ ἀντιφάρμακον. τοῦτο δὲ ὁ—τρίβωνα ἀγηοχώς—πρὸς δῆγμα. Ἄλλως. τοῦτο τὸ δάκος οὐκ ἰσχύει πρὸς τὸ δῆγμα τοῦ συκοφάντου. Scholia hoc loco om. R., sed infra post v. 895 habet ἀντὶ τοῦ κἂν ἔχῃς φαρμακίτην—πεποίηται. ἦν δὲ ἀποτρεπτικὸς συκοφαντῶν. — 31 ἀλεξητήριον Θ. et Suidas s. Ἀλλ' οὐκ ἔνεστι. Ceteri ἀλεξιτήριον. τῶν om. Θ., qui δηλητηρίων cum Suida. Ceteri δηκτηρίων. Pergit Θ. ἀλληγορικῶς δὲ ὡς πρὸς δηλητήριον ἀποκρίνεται τὸν δακτύλιον τῶν δηκτηρίων δείκνυσιν αὐτῷ etc. — 33 φαρμακίτην. φησὶν οὖν, ὡς ἂν ἔχ. Suidas. — 34 ἔχεις φησὶ Θ. sine κἂν. — 35 τοῦ συκοφάντου Suidas. — 37 post τοῦ συκοφάντου addit Θ. ἀλλ' οὐκ ἔνεστι συκοφάντου. ἀλλ' οὗτος φησὶν ὁ δακτύλιος οὐκ ἰσχύει πρὸς τὸ δῆγμα τοῦ συκοφάντου. ἀντὶ τοῦ κἂν ἔχῃς φαρμακίτην—πρὸς ἃ δακτύλιος πεποίηται, quæ ex præcedentibus negligenter repetiit librarius. — 39 ἐκφλαυροῦσι vel ἐκφλαυρίζουσ. Hemst., ἐκφλυαροῦσι libri. Ejusdem corruptelæ exempla sunt in scholio ad v. 589 ἐκφλυαρίζεσθαι, ubi Kust. ἐκφλαυρίζεσθαι, apud Eustath. ad Homer. p. 3, 3, ἐκφλυαρίζων τὸ πρᾶγμα, cui ἐκφλαυρίζων restituit Hemst., restituendumque est eidem in Opusculis ab Tafelio editis p. 121, 19, τοῖς ἐκφλυαρίζουσι τὰ ἡμέτερα. Apud Plutarch. Moral. p. 680, C, οἱ μὲν ἄλλοι παντάπασιν ἐξεφλυάριζον τὸ πρᾶγμα καὶ κατεγέλων, recte libri quidam ἐξεφλαύριζον. Dind. Hinc incipit aliud scholion Suidas, ἀλλ' οὐκ ἔνεστι συκοφάντου δήγματος. ἐπὶ τῶν ἀνηνύτων. λείπει δὲ τὸ φάρμακον. λέγει δὲ ἐν ἤθει ὁ θεράπων ὅτι etc. — 43 λέγει οὖν et sequentia om. Suidas. — 45 εἰλημμένη Θ. εἰρημένη Ald. Sequentia om. Θ. — 51 Γ[ον] vel simile quid, obscuris literarum ductibus, præbet codex pro ὀλκή. In Regio κεράτια ις', non ιη', et supra idem ad v. 817: Στατήρ, ὃς καὶ δίδραχμον ἐλέγετο, ἱστῶν κεράτια λβ, ὡς τῆς δραχμῆς ἱστώσης ις'.

889, 8 Ἀντὶ τοῦ (τοῦ om. V.) τῷ σῷ ἀγαθῷ R. V. om. G. δηλονότι om. Θ.

891, 13 legendum δειπνήσεις vel δειπνήσαις et forsan ὡς σύ γ' cum Hemst., qui distinxisse putat grammaticum post ἀληθείᾳ. Certe σὺ et διαρρήξεις disjungebat. Dobræus. — 14 seqq. sic in V., ὡς ἀγηοχότος—καλέσηται. Ἄλλως. κλήτορα—μαρτυρεῖν. « Κλήτορες et κλητῆρες, qui testes in jus vocantibus aderant; quorum etiam nomina libellis adscribi moris erat. Pollux 8, 49: ἔδει δὲ καὶ κλητῆρας προσεπιγράφεσθαι τὸν φαίνοντα, οἵ εἰσι μάρτυρες; quæ lectio Pal. codicis omnino est amplectenda. » Hemst. — 19 Ἔοικεν ὅτι — ἄγων ὁ συκοφάντης ἵνα Reg.

892, 22 σχισθείης elicuit Hemst. ex obscuriore literarum ductu in codice; διασχισθείης mallt Dindorfius.

894, 25 Τμημάτων Θ. γὰρ om. Dorv. — 26 τῶν om. Θ. λέγεται om. Dorv.

895, om. G. Θ. — 30 sqq. hoc ordine R., ὡς — φησι. ἐπίρρημα — λέγομεν. Habet etiam Suidas s. Ὗ ὗ. — 31 συνηθείᾳ αι V., qui om. ὡς — φησι. ἢ ὀσφρ. Ald.

896, 34 ὀσφραίνεται Θ. ὀσφραίνονται Ald. Regius: Ὀσφραίνομαι τὸ κοινῶς ὀσμῶμαι· ἐξ οὗ καὶ ὄσφρησις· ὃ λέγεται καὶ ἐπὶ τοῦ ὀσφραντοῦ καὶ ἐπὶ τοῦ ὀσφραινομένου. Ἀττικώτερον δέ ἐστι τὸ ὀσφρᾶσθαι ἢ τὸ ὀσφραίνεσθαι.

899, 43 λίαν habet Θ.

900 φιλόπολις κοινόν, φιλόπατρις Ἀττικόν V. Θ. Repetiit Suidas s. Φιλόπατρις. Sed transponenda videntur, φιλόπατρις κοινόν, φιλόπολις Ἀττ. Dind.

903 sic in Θ., ἐπειδὴ οἱ μελαγχολοῦντες (scr. —ῶντες) ἐν ἠρεμίᾳ (scr. ἐρημίᾳ) φεύγουσι. καὶ οἱ γεωργοὶ δὲ ὁμοίως ἐν ἐρήμοις διάγουσιν. — 2 ἐρήμοις, 3 γινομένην Reg. — 5 μαίνεσθαι om. Θ. — 6 ἀποτρύχειν Paris.

904, 8-15 sic in R. V. Θ., Εὐφρόνιος φησὶν ὡς τῶν ἐμπόρων μὴ ἐξιόντων ἐπὶ τὰς στρατείας (εἰς τὰς

στρατιάς R.) διὰ τὸ εὔχρηστον τὰ (τὸ V.) πρὸς τροφὰς (πρὸς τὴν τροφὴν Θ. πρὸς τροφὴν Suidas s. Ἔμπορος) φέροντας. τοῦτο οὖν λέγει — ἀποκαλῶ. — 9 κατὰ τὴν, 10 ἐσχηματίζοντο, βουλόμενοι τὴν εἰσφ. ἐκφυγεῖν, 11 διετηροῦντο, ὡς τὴν π. ὠφ. τὰ πλεῖστα Reg. — 14 καὶ εἰσφ. et 15 sqq. Ἄλλως — πόλεμον om. etiam Θ. Ἄλλως om. R., ita pergens, προφασίζομαι ὅτε πέμπομαι εἰς πόλεμον. ὅταν, φησὶν, ἀνάγκη — εἶναι. Ald. φασιν.

906, 22 Μερικὴν τινὰ ζωὴν ἦχε Θ.

907, 25 φροντισταὶ V. — 26 ἰδίως δὲ R. εἰδικῶς δὲ Reg. ὅτι δὲ (ἰδίων addit Θ.) λέγει τῶν Θ. Ald. — 27-29 τῶν — μύσος om. G. Reg. « Non legitur hic versus in Bacchis : sed locum ubi exciderit probabiliter monstravit Tyrwhittus apud Musgrav. ad v. 1328. » DIND. εἰ μὲν γὰρ R. μῖσος Ald. — 31 τῶν πολιτῶν τῶν δημοσίων φρ. Paris. Scholion v. 909 om. etiam Θ.

910 sic in V., Ὅτι εἰ μηδέν σοι ἁρμόττει ποίησον τι. τί θέλεις μισηθῆναι; Ἄλλως. μισῇ διὰ τὸ ἐπιχειρεῖν ἀλλοτρίοις πράγμασι καὶ ἄλλους πολυπραγμονεῖν βίους καὶ διαβάλλειν οὐδέν σοι ἁρμόζει. In Θ. οὐδενὸς διαφέροντος καὶ ἁρμόττοντός σοι μισῇ παρὰ τῶν ἀνθρώπων διὰ τὸ — ἀλλοτρίων ἐπιμελεῖσθαι βουλόμενος μισεῖται. — 39 ἀπεχθάνει R. ἀπεχθάνῃ Ald. — 46 pergit Reg., ἔστι δὲ τὸ λεγόμενον τοῦτο· πῶς οὖν ἂν εἴης, ὦ τοιχωρύχε, χρηστὸς, εἰ μηδὲν προσῆκόν σοι, ἀντὶ τοῦ εἰ μηδενὸς πράγματος προσήκοντός σοι, ἀπεχθάνῃ καὶ μισητὸς γίνῃ τοῖς πολλοῖς διὰ τὸ ἐπιχειρεῖν ἀλλοτρίοις· ὁ γὰρ ἀλλοτρίων ἐπιμελεῖσθαι πειρώμενος μισεῖται.

912. Hæc scholia sic excerpsit Suidas, Κέπφος: εἶδος ὀρνέου ὀξυτάτου. ὅτι δὲ κοῦφόν ἐστι καὶ ἐπιπλέον τοῖς κύμασιν. Ὦ κέπφε, ἀντὶ τοῦ, ὦ εὐτελέστατε καὶ λάλε· φασὶ γὰρ τὸν κέπφον τοιοῦτον εἶναι· τάττεται δὲ ἡ παροιμία ἐπὶ τῶν ἀλογίστων ἀνδρῶν· ὁ γὰρ κέπφος ἀφρὸν ἐσθίει θαλάττιον. οἱ δὲ παῖδες τῶν ἁλιέων ῥίπτουσι τὸ πρῶτον πόρρωθεν· εἶτα ἐγγυτάτω· εἶτα εἰς τὴν χεῖρα τὸν ἀφρὸν, καὶ εὐχερῶς ἀγρεύουσι. — 49 κέπφος ὄρνεον θαλάττιον, ἀφρὸν θαλάττιον ἐσθίον V. — 5 λαμβ. τὸν ἀφρὸν om. etiam Θ. — 54 post παροιμίαν addit R. ὦ εὐτελέστατε καὶ λάλε· φησὶ (scr. φασὶ) γὰρ τὸν κέπφον εὐτελῆ καὶ λάλον. Post παροιμίαν excidisse videtur λαμβάνεται. Ibid. Ἄλλως. ἀνόητε Dindorf. ἀλλ' ἀνόητε codex. — 1 Dindorfio corrigendum videtur ὄρνεον γὰρ θαλάττιον ὁ κέπφος. — 5 λίαν εὐηθέστατον Reg. — 6 ὄρνεον δέ ἐστιν Θ. — 7-13 pro his, τοῦτο — λάρος, Θ. præbet supra l. 50-54 posita καὶ οἱ παῖδες — παροιμίαν. Similiter Reg.

913, 21 πέρα Schæferus. παρὰ codex.

915 Regius : Ἐπιτρέπω λέγεται τὸ συγχωρῶ τινι προθυμουμένῳ· προτρέπω δὲ τὸ ἐνάγω καὶ διεγείρω τινὰ ἄκοντα, ἤτοι παροξύνω. — 27 παραχωρεῖν καὶ ἁμαρτάνειν. Hæc non abhorrent, dummodo paulisper adjuves scribendo seu παραχωρεῖν, καὶ τοῦ ἁμαρτάνειν διδόναι ἄδειαν· sive potius, παραχωρεῖν ἁμαρτάνειν, καὶ διδόναι ἄδειαν παρὰ τὸ πρέπον. HEMST. — 28 Ἤτοι ἁμαρτάνων om. Θ., qui 29 πίπτει.

916 sic in V., ἐξ ἀνάγκης, ἀργῶς καὶ μάτην. καινότερον δὲ καὶ τὰς τοιαύτας ἐπιστασίας ἀρχὰς — ἄρξαι. Ἄλλως. τὸ ἐξεπίτηδες μάτην οὕτως Ἀττ. V. Nihil præter illa, ἀντὶ τοῦ μάτην οὕτως Ἀττ., habet R. Apud Suidam, Ἐξεπίτηδες, καὶ ἐπίτηδες· ἑκατέρως λέγουσιν Ἀττικοὶ, ἀντὶ τοῦ μάτην, ἐξ ἀνάγκης, ἀργῶς. Οὐκ ἐπίτηδες ἡ πόλις ἄρχειν καθίστησι δικαστάς. — 31 sqq. κοινότερον — ἄρξαι excerpsit Suidas s. Ἄρχειν. Male V. καινότερον. — 33 sq. γράφεται — ὁ βουλόμενος om. Θ. « Ad vocabulum ὁ βουλόμενος explicandum quid faciant adjecta, non facile quis dixerit. Dorv. : ὁ βουλόμενος : ὁ θέλων. οὐκοῦν : λοιπόν. ἐκεῖνός εἰμι : ὁ κατήγορος ὑπάρχω. Ergo descriptoris, qui ampliores veterum adnotationes excerpebat, culpa contigit, ut voci βουλόμενος adjungerentur, quæ ad ἐκεῖνος pertinebant : confer schol. ad v. 929. » HEMST.

917, 39 sq. ποιεῖ, ἵνα παρ' αὐτῶν βοηθῶνται Hemsterh. — 40 Τάττεται Θ. — 41 κατ. τὸ κατά, 44 συντασσόμενον, ὡς « τὸ ζῶον κατηγορεῖται κατὰ τοῦ ἀνθρώπου. » κατ. καὶ τὸ παριστῶ — ὡς τὸ « κατηγόρησε τὸν δεῖνα ἢ θλ. μικρόψυχον ». κατ. καὶ τὸ ἁπλῶς ὑβρίζω καὶ αὐτὸ γενικῇ. ἐνταῦθα δὲ τὸ κατηγορεῖ ἀντὶ τοῦ συνηγορεῖ. ἢ δυνάμενός τις φησὶ δι' ἀπορίαν πραγμάτων κατηγορίαν ποιήσασθαι κατά τινος, ἢ ἀπολογίαν ὑπὲρ ἑαυτοῦ, ἐμοὶ χρῆται πρὸς ταῦτα, καὶ ἀντ' ἐκείνου αὐτὸς γίνομαι, ἤτοι ὃν φασιν ἐν δικαστηρίοις ἐντολέα Reg.

919 ἀνατρέχει habet Θ

922, 54 καὶ om. V. « Sub proverbii forma Suidas proponit : Προβατίου βίον ζῆν· ἐπὶ τῶν μωρῶν καὶ ἀνοήτων· τὰ γὰρ πρόβατα οὐδὲν ἐργάζεται καὶ ζῇ· ἢ διὰ τὸ ἀδρανές. Ordinem inversum non improbo; quippe ratio melius apparet, cur πρόβατον sive προβάτιον stulti insipientisque significationem habeat : alioqui solertes etiam homines et callidi non raro sunt ingenio ad agendum tardo, atque ἀδρανεῖς. Omissum a Suida τῆς διανομῆς τῶν πραγμάτων, quod tamen minime rejiciendum videtur : *rerum gestionem* atque *administrationem* intelligo : Plutarch. in Cleom. p. 820, E : πρὸς ἀσφάλειαν καὶ διανομὴν τῶν πραγμάτων. Erasmi Chiliadas adi in *Ovium mores*. » HEMST. Reg. : Τὰ γὰρ πρόβατα ἁπλούστατα ὄντα, τοῖς παρατυχοῦσι τρέφεται, καὶ οὐ ζήτησιν περὶ τῆς τροφῆς ποιεῖται, ὥσπερ τὰ ἄλλα ζῶα· ὥστε ὁ τούτου βίος μαλακὸς καὶ φαῦλός ἐστιν. — 1 τῶν προβάτων R. πραγμάτων· ἢ ὅτι τὰ πρ. Ald. — 2 Ἄπρακτος habet Є.

923 habet Suidas in Διατριβή. — 6 ἀφ' ἧς μίμημα περὶ Θ. — 7 τὰ πρόβατα B. — 8 ἐπιτηδειότης. Glossator διατριβὴν intellexit, ut videtur, idoneam agendi facultatem, usu rerum civilium et exercitio quotidiano firmatam : neque enim memini ἐπιτηδειότητα, ne ex more quidem Græciæ serioris, vocari, quæ veteribus erat ἐπιτήδευσις vel ἐπιτήδευμα. Hemst.

924, 9 παύσαιτο Θ. ἀναπαύσοιτο Ald. παύσαιτο legit etiam Suidas, qui μεταμαθεῖν exponit μεταγνῶναι, παύσασθαι. — 11 ἀφέμενον B. et Suidas. Ceteri ἀφιεμένου.

925 hoc ordine in V., Σίλφιον βοτάνη — Ἀλεξανδρίδης. Ἄλλως. Βάττος Κυρήνην — δεχομένων. Ἄλλως. παροιμία ἐπὶ τῶν σπανίων. Βάττος ἦν τις τῶν Λιβύων βασιλεύς. γέγονε δὲ σφόδρα δίκαιος. διὰ τοῦτο ὑπὸ τῶν ὑπηκόων (excidit μεγάλως ἐτιμᾶτο vel simile quid). παρ' αὐτοῖς δὲ τὸ σίλφιον τοῦτο λαχανώδες φυτόν. ἐδόκουν δὲ σπανίῳ αὐτῷ ὄντι τέως αὐτῷ κεχρῆσθαι, ἀλλ' εἶπου καὶ εὑρίσκετο αὐτῷ προσέφερον αὐτόν (recte αὐτό G.) — 16 Βάττος hic et infra V. — 18 τὸ om. V. — 19. Nummi Cyrenæorum, Batti effigie signati, adhuc hodie in nummophylaciis reperiuntur. Kust. αὐτὸ, 20 βασιλεία V. βασιλέα B., qui deinde σίλφιον. ἔστι δὲ βοτάνη πολυτίμητος. — 21 τῇ et 22 καὶ om. V. — 24 ὁ καὶ V., Suidas s. Σίλφιον, scholiasta Pindari Pyth. 4, 15, Apostolius s. Βάττου σίλφιον. ὡς καὶ G. ὡς Ald. — 25 πόλιν additum ex V., qui 26 κατὰ τὸν per errorem ex antecedentibus repetita pro παρὰ ponit. τῷ Ἀπόλλωνι Θ. Ald. — 28 βασιλείας, supra scripto εὐεργεσίας, V., non G. — 29 δακτύλιον libri et Suidas. εἰκόνα, ὡς δέ τινες δακτύλιον Ald. — 31 καυλὸς Pearsonus apud Kuster. ad Suidam. Legebatur κλάδος. Conf. schol. Equit. 890. αὐτοῦ προσφερόμενον τιμῆς Θ. — 32 Ἀμπελιῶται. Ab Ἀμπέλῳ, Cyrenaicæ promontorio et urbe, Stephanus Ἀμπελίτην finxit. L. Holstenius apud Suid. v. Σίλφιον Ἀμπελιῶται legi monens addidit : *quod fortasse hinc reformandum scribendumque* Ἀμπελῖται. Eandem fuisse Salmasii opinionem patet ex Plin. Exerc. p. 265, B. Verum Berkelio lubens accedo, qui in Ἀμπελίτης ut formam Ægyptiacam agnoscit, sic Ἀμπελιώτης minime repudiandum esse censet : hoc nimirum ab Ἀμπέλιος, illud ab Ἄμπελος exsistit. Berkelius autem scholiastæ nostri verba proponens Suidam tamen solum nominat, apud quem in Σίλφιον legitur, καὶ οἱ Ἀμπελιῶται, ἔθνη Λιβύης· in Βάττου σίλφιον, οἱ δὲ ἐπὶ Λιβύης Ἀμπελιῶται. Corruptus in Ἄμπελος Hesychii locus mihi videtur ita expoliendus : Ἄμπελος, ἡ μηχανή· καὶ ἄκρα Μυκάλης, ἤγουν ὄρος· Κυρηναίας δὲ αἰγιαλός· καὶ πόλις Θρᾴκης· καὶ ἡ ἄμπελος. Quanquam enim sedes Ampeliotarum, quos perraro veteres attingunt, certis limitibus definire non sustineam, videtur tamen eorum regio illa in parte Cyrenaicæ fuisse sita, quam Diodorus ait πολλὴν ἄμπελον, ἔτι δ' ἐλαίαν ἔχειν, et oræ maritimæ tractum aliquem occupasse. Hemst. εἰς Δελφοὺς et sequentia om. Θ. — 33. Historicum Alexandriden, Delphis oriundum, rerum patriarum scriptorem, et Anaxandriden comicum olim ad Polluc. 9, 59, distinxi, et suum utrique nomen vindicare sum conatus. Hic sententiæ nostræ Kusterus primum assentitur : statim causam deserens non multum se pugnaturum esse profitetur, si quis præferendam potius censuerit opinionem Meursii : is scilicet in Bibl. Græc. Alexandride proturbato, solum Anaxandridæ nomen, tanquam utrisque commune, pro genuino habuit. Ego nihil adhuc argumenti novi prolatum reperio, quod pristinam opinionem meam vel minimum labefactet : imo contra non pauca sunt ad manum, quibus ea firmissime, quantum in antiquis rebus consequi licet, stabiliri possit. Ille ipse perpetuus fere librariorum error in nominibus hisce permutandis binos nobis diversosque scriptores indicat. De Anaxandride comico res facillime potest ad liquidum deduci; sed in Alexandride historico fateor paulio impeditiorem esse probationem ob scripturam veterum ambiguam : ut enim nomen hoc ita dederit scholiastes noster et Plutarch. in Lysandr. p. 343, B, tamen in Quæst. Gr. ejusdem Plutarchi p. 292, F, et schol. Euripid. ad Alcest. v. 1 prostat Ἀναξανδρίδης ὁ Δελφός· numerum auget Proverb. App. Vat. C. 1, 5 : ἡ ἱστορία παρ' Ἀναξανδρίδῃ ἐν πρώτῃ περὶ τῶν συληθέντων ἐν Δελφοῖς ἀναθημάτων· quod opus non aliud existimo, quam ipsam Delphorum historiam, cujus forte primo volumine de donariis furto subductis potissimum egerat; Schottum certe cum Anaximandro suo Milesio, quem reponi volebat, nihil moramur. Sublata foret omnis difficultas, si ut Anaxandridæ comici Suidas, sic item Alexandridæ, servato literarum ordine, meminisset : verumtamen eo ipso in loco dum de Anaxandride historico penitus tacet, non leve nobis pro Alexandride documentum suppeditat. Pone veteri, quem descripsit, grammatico non comici tantum, sed et historici, qui eodem nomine diceretur, fuisse notitiam : de altero scilicet ne verbulo quidem monuisset; saltem ut lectori consuleret, eumque duos homines diversos discernere doceret, qua in parte, erroris, qui ex homonymia facile oritur, amovendi causa, cura grammaticorum alias excellit, ut ex ipso Suida compertum habemus : haud sane probabile videtur. Præterea nostram

opinionem eximie suffulcit Stephan. in Παρνασσός, non deesse referens, quibus monti nomen inditum placeat ex Parnasso quodam, qui primus Pythone fuerit vaticinatus, ὡς Ἀλέξανδρός φησιν ἐν πρώτῳ περὶ τοῦ ἐν Δελφοῖς χρηστηρίου. Eundem esse, qui ab aliis Alexandrides vocatur, nemo dubitet, qui libri titulum attenderit; sive illa librarii sit culpa Alexandrum scribentis, ubi debuerat Ἀλεξανδρίδης, ut pro Anaxandride legebatur Ἀλεξάνδρου ap. Aristot. Rhet. 3, 10, § 3; quamque eandem maculam insedisse Zenobio 6, 11, fere persuasum mihi est; sive communis consuetudo primitivorum patronymicorumque nominum commiscendi, de quo genere nonnulla notavimus ad Lucian. Tim. p. 157. Sic Lacedæmoniorum Ephorus Κλέανδρος et Κλεανδρίδης apud schol. Aristoph. ad Nub. v. 857. Archontes Athenis Φρασικλῆς et Φρασικλείδης, uti legendum in Diodoro Sic. 9, p. 281, D. Εὔβουλος apud Lys. p. 154, 27; et Εὐβουλίδης· quare nihil erat cur Jo. Meursius Lysimachum mutaret in Lysimachidem A. L. 4, 31. Bias Τευτάμου Diogeni L., Τευταμίδου Stobæo : Protagoræ pater Μαίανδρος, Μαιάνδριος, et Μαιανδρίδης· Theocriti Σίμιχος et Σιμιχίδης, de quo schol. ad Id. 7, 21. Quem Thespium vocat Thespiæ conditorem Pausan. 9, 26, 4, is Θεσπιάδης dicitur a Stephano, et apud Suidam in Ἐξαναστάς. Corrigendus talem in modum Hesychius : Φιλομηλιάδης (vel potius Φιλομηλείδης· pertinet enim hæc observatio ad Homer. Od. Δ, 343; Ρ, 134) οἱ μὲν κύριον ὄνομα· πολλάκις γὰρ πατρωνυμικῷ τύπῳ κύριον δηλοῦται, ὡς Εὐριπίδης, Ἡρακλείδης· ut utrumque exempli vice ponatur : nisi malis, ὡς Εὐριπίδῃ Ἡρακλείδης, sicut ab Euripide Hercules appellatur Ἡρακλείδης. Pari ergo jure in tanta ejusmodi nominum variatione Alexander dici potuerit, atque Alexandrides. His rebus expensis, vix mihi dubium est, quin eruditus lector de Alexandride historico secundum me sit pronunciaturus. Hemst. — 34 βαλσαμέλαιον. Eandem vocabuli σίλφιον in Gloss. mss. explicationem reperi, certe parum accommodatam : præterquam enim quod in Comico ipse laserpitii Cyrenaici frutex sit intelligendus, multum distant laser, sive silphii succus, et ὀποβάλσαμον, aut, quod a recentioribus potissimum usurpatur, βαλσαμέλαιον. Hemst. τὸ λεγόμενον βάλσαμον Θ. Reg. — 36 Κυρήνην τὴν καὶ Πεντάπολιν ἐν Αἰγύπτῳ, 39 ἐποίησαν Reg.

928 quod in Dorv. supra προσελθέτω scriptum est, ἔμπροσθεν, quid efficiat non video, nisi πρὸς ἐμὲ voluerit exponere ἔμπροσθεν ἐμοῦ. Hemst.

929, 49 φησὶν om. V. τοῦτο—λέγει om. etiam Θ.

930, 53 Ἀντὶ — ἡμέρᾳ om. Θ. Excerpsit Suidas s. Μεθ' ἡμέραν. δὲ additum ex R. — 54 φησιν V. — 6 τῶν λοχώντων λωπ., ut oportebat, Reg.

931, 10 δίκαιος codex. — 12 ἢ ἀπατῶν codex.

933, 15 Οἶδε Θ. — 16 μὴ—πάθῃ om. Dorv. μὴ ὁ Vict. πείσεται Θ.

937 om. Θ. — 26 πᾶν τὸ R. et Suidas s. Ἱερόν. τὸ om. V. Ald.

938, 30 τεθήσεται Θ.

939. Passim grammatici conjunctionem ἢ explicant per παρό. Vid. Gregor. Corinth. p. 103 ed. Lips. Schæfer.

943. *Fuisse circa templa arbores sacras, quibus anathemata suspenderentur*, prolatis scholiastæ verbis ostendit Des. Herald. in Apolog. Tertull. p. 58. Ὥσπερ κοτίνῳ προσπατταλεύσω unde ductum sit, triplex affertur explicatio : scholia duo priora, quamvis diversam rationem contineant, adeoque bene separentur, in unum conflavit Suid. in Προσπατταλεύσω: εἰώθασι γὰρ κοτίνῳ καὶ ἄλλοις δένδροις προσπατταλεύειν ἀναθήματα καὶ κωλᾶς καὶ κρανία πρὸς ἀποτροπὴν βασκανίας οἱ γεωργοί, καὶ πρὸς τὸ μὴ ξηρανθῆναι τὰ αὐτῶν γεωργήματα. Tertium de more venatorum, qui capturæ primitiis deos venerabantur, latine versum invenies apud Spanhem. ad Callimach. p. 205. Hemst. Regii scholion tale est : Κότινος λέγεται μὲν καὶ αὐτὸ τὸ δένδρον, ὅ φασιν ἀγριελαίαν· λέγεται δὲ καὶ ὁ ἐξ αὐτῆς στέφανος. ἐνταῦθα δὲ τὸ δένδρον λέγει. εἰώθασι δὲ οἱ γεωργοὶ πασσάλους κρανείους προσηλοῦν ταῖς ἀγριελαίαις πρὸς ἡμερότητα ταύτας μετάγοντες. οἱ δέ φασι πρὸς ἀποτροπὴν βασκανίας περιάπτειν τοὺς γεωργοὺς ταῖς ἀγρίαις ἐλαίαις τοὺς τοιούτους πασσάλους. — 38 γὰρ πρὸς τοῖς V. ἐν τοῖς Ald. — 39 πατταλεύουσι V., qui sequentia Ἄλλως. αὐτά (l. 42) post Ἀρτέμιδος l. 45 ponit. — 40 γὰρ πρὸς τοῖς V. κωλᾶς Θ. et Suidas. κῶλας V.; sed κῶλα G. — 42 ἔθος γὰρ ἦν Θ. τι V., ex quo 43 ἢ τὴν accessit. — 47 προσκαρφώσω. Inferioris Græcitatis vocabulum, de quo vid. Bast. ad Gregor. Cor. p. 575. Dind.

946, 53 τὸν ἀσθ. V. — 54 καὶ—ἀνωφ. om. etiam Θ., habet Reg. et Dorv. — 2 τὸν om. V., qui pergit συκοφάντην. Ἄλλως. τοῦτον τὸν ἰσχυρὸν θεὸν τὸν Πλοῦτον μέγαν ἢ τὸν ἀσθενῆ. δειλὸς γὰρ ὁ Πλοῦτος. κεκαλυμμένως δὲ ἐρεῖ ἀπὸ τῆς συκῆς σχηματίσας. — 5 διότι ἐστὶν Hemst.

949, 15 δὲ τῇ β. δόξει, 16 τοῦ ἐναντίου Ald.

950, 22 δεικνύειν τοῦτο, vel ταῦτα, τῇ βουλῇ, εἶτα τοῖς κριταῖς Hemst. Regius : Ἔθος ἦν ἐν δημ., ὅταν ψήφισμά τις ἐτίθει περί τινος, πρῶτον μὲν τῇ βουλῇ τοῦτο ἐδείκνυεν, εἶτα τοῖς ἐκκλησιάζουσι δικασταῖς, καὶ τελευταῖον τῷ δήμῳ. εἰ οὖν τούτοις πᾶσι καλὸν ἐδόκει, κύριον ἦν.

951, 24 [illegible] V. — non G. [illegible] G R. — 25 [illegible] satis est apertum : an voluit, [illegible] re levi grandioribus [illegible] ἔχειν, quod [illegible] set, et [illegible], atque [illegible] fuisse veterum aliquem [illegible] aperit [illegible] strant : in superioribus quidem [illegible] a symphonia prolatum, quod [illegible] per [illegible] imitari videatur. Q[illegible] idem ad v. 929 [illegible] stes notabat, res coram oculis erat exposita. Hemst. — 25 [illegible] om. Θ — 31 [illegible] Reg.

952, 33 scribendum fuerat [illegible], [illegible], vel λουτρὸν. [illegible] prius adhibuit ipse ad v. 616. Statuitur autem a grammaticis, ut monstrant Etymol. in v. p. 565. et Eustath. ad Il. O, p. 1037, 39. Od. Z, p. 1550, 31, per testatis accentu moderante discrimen inter [illegible], quod est *lavacrum balnei*, sive *lavatio*, quemadmodum frigidam in palæstris lavationem Græcos [illegible] vocitare scribit Vitruv. 5, 11; et [illegible] proprie significans *aquam balneatoriam*, aut etiam sordidam a lavationibus; unde [illegible] idem, Hesychio teste, qui [illegible], et serioris Græciæ λουτράρης, quod vocabulum ex Glossis ad Comici Plutum mss prolatum a Ducangio pertinet ad v. 955. Alterum [illegible] itidem a veteribus usurpatur, cujus rationem exponit Eustath. ad Od. Δ, p. 1481, 63 : [illegible] λέγεται καὶ τὰ λουτρὰ λουτρά, [illegible] βαλανεῖον, ἀλλὰ καὶ [illegible], [illegible] περιττωμάτων. Ptolemæus Euerg. apud Athen. 10, p. 438, F : [illegible] λουτρῶνας. Plutarch. Alex. p. 685, E, et ex regiis ephemeridibus p. 708, D. Hemst.

953, 35 Ἐκεῖσε Ald. παρέστασαν R. Ἐκβαλοῦσιν om. G. — 36 ὡς περὶ γῆν V., qui sequentia [illegible] (sic enim scribit) ἐπὶ κεφαλῆς v. 40, ante ἐπὶ παρέστατο habet. « Quæ deinceps in scholio sequuntur, externos urbano choro inseri non licuisse, contra licuisse Lenæo, ut non omnino negaverim, solius certe scholiastæ fide vix induci possum, ut rei minime probabili subscribam. Petitus quidem Comm. in LL. AA. p. 269 præter hoc scholium Ulpiani locum protulit ad Demosth. Or. in Leptin. p. 572, D, ubi minus attento simile quiddam ex Alexandro rhetore docere videatur : verum si quis rem penitius inspexerit, nihil huc pertinere facile deprehendet. Lex sane fuit Athenis, μὴ χορεύειν ξένον, ἢ χιλίας [illegible] Demades, [illegible] opum [illegible] partarum ostentator, [illegible] refert Plut. in Phoc. p. 755, C. quam [illegible] esse constat Aristophanis ætatem ex Andocide in [illegible] 31, 3[illegible]. Caput ejusdem legis a Demosthene commemoratur Mid. p. 512. B. potissimum [illegible] adversus eos peregrinos valuisse credo, qui [illegible] ac per fraudem [illegible] civitatis irreperant, atque adeo poterant [illegible] ξένους [illegible] inter Athenienses [illegible] quam ut ex eo numero sæpe [illegible] choris interessent : horum autem [illegible] cura sub [illegible] τοῖς χορηγοῖς fuit commissa. De [illegible] vero, quemadmodum Apuleius [illegible] Latine [illegible], dubitandum non est, quia [illegible] potuerit; artifex enim [illegible], [illegible] musicæ peritus : idque præter [illegible] manifesto patet ex eo Simonidis carmine, quod Callimachi Epigrammatibus [illegible] est n. 50. Sed qui tradiderit, tam [illegible] fuisse choros, qui deorum honori ducebantur [illegible] scriptos, quam juvenes ingenuos, [illegible] veris civibus prognatos, tum [illegible] in pompis ac pæne ignominioso [illegible] ministerio fungentes χορηγίας, quæ ad rem sacram pertinebant, administrasse, necdum a me quisquam unus, quantum recordor, extra scholiasten fuit inventus : quare neque illud sane [illegible], quorsum spectet, satis percipio, nisi quis interiisse plura suspicetur, quibus ostenderit, idcirco balneatorem hunc sycophantam, tanquam peregrinum et τοῦ χοροῦ [illegible], foras exturbaturum esse, quia de balneo, quo hominem nequam facessere se jusserat, non secus ac de choro locutus fuerat vir justus : sunt enim [illegible] et [illegible] propria choris vocabula. Hemst. — 39 χορ. λέγεται ὁ V. ἐν [illegible] Ald. — 40 ὥσπερ ἀνδρὸς ἐπὶ κεφαλὴν ex scholiis brevioribus atque ad singulos versus interjectis manasse auguror, hoc pacto in ordinem redigenda [illegible] ἐπὶ κεφαλὴν. [illegible] : ὥσπερ ἀνδρός. Sic saltem sensus aliquis extundi poterit, atque animadverti, quid cogitaverit interpres, licet nihil minus quam interpretationem ejus probem. Hemst. ἐπὶ τὴν κεφαλὴν Θ. — 41 ὀρθὸς Hemst. Ἦγον om. Θ.

954, 43 scribendum vel τοῦ βαλανείου cum Hemst. vel κατὰ τὸ βαλανεῖον. Dind. Τὸ βαλανεῖον reliquiæ sunt sequentis glossæ, ὁ τοῦ βαλανείου ἐπιστάτης, quam exstitisse in archetypo Dorvilliani similes codices docent. — 44 κρεῖττον τῇ [illegible] Reg.

955, 48 ἔξω τῆς Θ.

[illegible] S. Petri [illegible] Athenis [illegible]

[illegible]

[illegible] R. et S. [illegible]

[illegible] Segentia [illegible]

[illegible] Zenis [illegible] Hamer.

[illegible] Graecis [illegible] Hamer [illegible]

[illegible] *Medius et medium* [illegible] Graeci [illegible] in Mediterrane[illegible] [illegible] Cannensi [illegible]

[illegible] Hamer [illegible]

[illegible] Siculis [illegible] V et Siculis [illegible] Graecis [illegible] Siculi [illegible] Hamer. [illegible] De [illegible] Turcis et Graecis [illegible] quamdam [illegible] et [illegible] Commentarius Castrius [illegible] Pers. [illegible] *Trevarum*.

[illegible] tamen, quod [illegible] conjectura tantum [illegible] fundamentum [illegible] Quam si [illegible] ætate [illegible] fuisse demonstrem, rem [illegible] condere nequeam. [illegible] ex [illegible] Caricum [illegible] sonare videatur. Quærimus igitur, an firmius aliquid inveniri possit. Persuasum mihi est, [illegible] noster scholiastes e Damone repetit [illegible] eandem exponere rem gestam, quam memoriæ mandavit Herodot. 5, 118, 119, 120. Iones a Dario desciverant: Sardes captæ et incensæ; qua in expeditione Atheniensium opera fuit insignis: [illegible] vastatores bello persequitur Daurises Darii gener cum aliis pari dignitate ducibus: dum Hellespontiacas urbes expugnat, nuncius affertur de Caribus [illegible] partes sequutis: statim eo copias ducit: trajecto Mæandro acerrima pugna committitur: victi Cares fugatique [illegible] Ibi consultantibus, utrum maxime suis rationibus expediat, facta deditione cum Persis pacisci, an alias sedes, Asia relicta, quæsitum abire. Milesii re[illegible]

[illegible] interim vero similiora [illegible] Suidas in his [illegible] plane [illegible] nam in [illegible] etc. sic habet. [illegible] quod Schottum fugit, in [illegible] C. 5, 3, reponendum [illegible] Et poterat jejunius: pleniora dedit margo [illegible] quæ tamen neque ipsa quicquam nos juvat [illegible] Ita recentiorum erat [illegible] expendi, ut, quicquid eruditum et a veteribus grammaticis tractum inveniebant, [illegible] pannos inutiles reciderent. Ex quo fonte [illegible] derivarit Mich. Apostol. C. 15, 59, modum [illegible] peri: a ceteris quidem aliquantum discordat [illegible] interpretandi modo, tum explicandi [illegible] causa, de qua post Erasmum et Schottum [illegible] Zenobium videndus est Gatakerus De N. [illegible] Styl. c. 19, quorum observatis ab Spanhemio

est Aristophanes Byzantius apud schol. ad Nub. 1003. Verum quod additur Nitarum istum vel Nitarum, quæ ne Græca quidem nomina sunt, in aliis quoque Comici fabulis exagitari, id si dixit Symmachus, fieri non potest quin mendacii stultissime excogitati reus habeatur. Quod quum minus probabile videatur, illud ἐν τοῖς ἄλλοις δράμασιν recentioris scholiastæ errori deberi arbitror, qui male reddiderit antiquioris grammatici sententiam, Νιτάριον ἐπὶ ἀπαλαῖς διαβάλλεσθαι ... καὶ ἄλλους πολλοὺς ἐν τοῖς ἑξῆς δράμασι. Τὰ ἑξῆς autem δράματα ita dicuntur ut Plutus primum esse δρᾶμα intelligatur secundum usitatum in codicibus ordinem fabularum. Ceterum inveteratum scripturæ vitium recte a Fabro et Bentleio esse correctum restituto ... βάττου, in annotatione ad verba poetæ est ostensum. Dind. — 15 legebatur ... Correxi ex Suida. Vana Hemsterhusii conjectura est ... Βατάλη. *Idem*. — 16 ... om. Θ. — 17 ... et ... qui interpretati sunt, eos de ... i. e. ... cogitasse animadvertit Hemst. — 18 Νιτάριον καὶ βάττον ... Θ. — 20 sq. Νιτάριος δὲ — παρὰ τὸ accessit ex V., qui βάτον. « Imperiti hæc annotatio grammatici est, cujus in codice βάτον pro βάττον scriptum fuit. » Dind. — 21 ὡς εἴρηται V. βαταλον δὲ τὴν ἕδραν παρὰ καὶ τὸ βάττον addit Θ. Ald. — 22 ... V. Θ. βάτον Θ. Ald. — 23 ... ὁ βάττος V., « recte fortasse ad mentem scholiastæ. » Dind. — 28 Νιτάριος καὶ Βάττος Reg. duplici τ hic et l. 26. 26. παρήχαζεν vel παραιχάζεν sic Reg. Hemst παραχάζεν Paris. — 26 εἶδη ... Reg.

1013, 36 γινόμενα post Ἡρακλέα ponit V. γενόμενα est in R. — 37 ξένον μὴ μυεῖν. Ejusdem legis meminit schol. ad v. 846, ut ab Eumolpo latæ Tzetz. ad Lycophr. v. 1328; illam tamen aliquando migrare virorum illustrium gratia non dubitarunt olim Athenienses. Ab Hercule factum est initium: huic enim primo petenti ut morem gererent, mysteria non tantum parva sunt inventa, sed et legi sub specie juris adhibita fuit fraus, Pyliusque jussus eum sibi filium adoptare. Leviter vitiatum patris adoptatoris nomen in Epp. Socrat. 28, p. 59: Ἡρακλῆς γὰρ, ὄντος νόμου τὸ παλαιὸν ἡμῖν μηδένα ξένον μυεῖσθαι, βουληθεὶς μυεῖσθαι γίνεται Πηλίου θετὸς υἱός. Hinc emendationi, qua Tan. Faber Apollodorum expolivit 2, 5, 12, 2, firmamentum additur: pro Φλίσκιος enim ex parvo poetæ schol. ad Il. Θ, 368, sine controversia legendum est, θετὸς Πυλίου παῖς γενόμενος ἐμυεῖτο. Idem qui Herculi, Dioscuris etiam honos est habitus, teste Plutarch. in Thes. p. 16, A: quare non satis caute Soranus de Hippocrate scripsit in ejus Vita, δεύτερον αὐτὸν ἀφ' Ἡρακλέους δημοσίᾳ τοῖς Ἐλευσινίοις ἐμύησαν, καὶ πολίτην ἔγραψαν · præterquam quod ea ætate jamdudum desierat legis antiquæ vigor, Anacharsis quoque Soloni æqualis ἐμυήθη μόνος βαρβάρων δημοποίητος γενόμενος, ut Theoxeni fide refert Lucian. in Scyth. c. 8. Ex hoc autem Atheniensium more Diogeni Cynico, qui mysteria respuerat, patrocinium petit Julian. Or. 7, p. 238, B: συνεὶς ὅτι τὸν μυούμενον ἐχρῆν πολιτογραφηθῆναι πρότερον, καὶ Ἀθηναῖον, εἰ καὶ μὴ φύσει, τῷ νόμῳ δὲ γενέσθαι etc. Hi civitatis jus adepti δημοποίητοι, Poll. 3, 56: quoniam in certam tribum demumque referebantur: Adriano Sophistæ Tyrio φυλή τε ἦν καὶ δῆμος Ἀθήνησιν Philostr. De V. S. 2, p 588. Ptolemæus Naucratites Μελιτεῖ δήμῳ ἐνεγράφη Ἀθήνησιν p. 595. Vide quæ de Platæensibus notantur in Miscell. Observ. 1. 1-36, p. 324. Idem in aliis civitatibus pari modo distributis obtinuit; quemadmodum Hippiam narrat Philostratus φυλαῖς ἐγγραφῆναι πόλεων μικρῶν τε καὶ μειζόνων. Φυλέτας δημοποιήτους reperies apud Plutarch. Symp. 1, c. 10. Adi Salmas. ad Spartian. p. 33, 34. Hemst. — 38 βουλεύσαντος V. — 39 μικρὰ additum ex R. — 41–44 om. etiam Θ.

1014 hæc habet R., ὡς ἐπὶ ἁμαξῶν ὀχουμένων αὐτῶν εἰς τὰ Ἐλευσίνια. — 48 ἐὰν Θ. — 49 Ἐλευσίνια Kusterus. Ἐλευσίνια Ald. τὰ Ἐλευσίνια Suidas s. Τὰ ἐκ τῶν ἁμαξῶν σκώμματα: sed τὰ om. cod. Paris. A. — 50 ἀλλήλας Θ. et Suidas. ἀλλήλαις Ald. et Suidæ libri deteriores. — 52 ἐθέασιν sumtum est a vulgari Græcæ linguæ dialecto: eodem spectat Thomæ Magistri præceptum, Θεῶ, οὐ θέα, εἰ καί τινες γράφουσι · monere voluit, sicuti notatus Aristophanis versus ex Ran. 131 satis declarat, recte dici θεῶ pro θεάου, secus autem ex θεάω, θέα, licet non desint qui communem usum secuti eum in modum scribant. Hemst.

1017, 1 fort. οἰκίᾳ διατρέφεται. Dind. Totum gl. om. G.

1021 sic in V., ὁ Θάσιος οἶνος τῶν ἄλλων διαφέρει. ἐπειδὴ ἐκεῖ ἐν Θάσῳ — Διονύσου. Τὸ δὲ — ἐκλιπόντος. — 14 Ἐκεῖ R. Θ. Ald. — 15 τοῦ additum ex V. « Paulo plenius Suid. in Ἐνέχεις, versu Aristophanis prolato, ὡς τοῦ Θασίου οἴνου εὐόσμου ὄντος · ὁ γὰρ Στ. ὁ ἐρ. Δ. ἐν Θ. ᾤκει · καὶ διὰ τοῦτο ὁ. ὁ Θ. οἶνος. Idem in Θάσιος οἶνος propius accedit ad scholiastæ verba: καὶ παροιμία, εἰ Θάσιον ἐνέχεις · ἐπειδὴ ἐν Θ. ᾤκει Στ. ὁ ἐρ. Δ. ὅτι ὁ. ὁ Θ. οἶνος etc. Quem Staphylum noster Bacchi delicias dicit, is aliis est filius, modo ne quis diversos faciat: Ammon. in Σταφύλη, Tzetz. ad Lycophr.

951, 24 Λόγους συκοφάντου μιμεῖται. ἀντὶ V., non G. Ἀντὶ τοῦ om. G. R. — 25 quo spectet λόγους δὲ συκοφάντου μιμεῖται, mihi non satis est apertum : an voluit, ideo justum hominem in re levi grandioribus uti verbis, πανοπλία, κορυφαῖος, στάσιν ἔχειν, quod idem sycophanta fecisset, et δημοκρατίαν, τὴν βουλὴν τὴν τῶν πολιτῶν, atque ἐκκλησίαν magnifice jactasset : fuisse veterum aliquem grammaticorum, qui κορυφαῖον hic acceperit *principem senatus,* scholia mox demonstrant : in superioribus quidem nihil a sycophanta prolatum, quod nunc per jocum justus imitari videatur. Quum idem ad v. 929 scholiastes notabat, res coram oculis erat exposita. Hemst. — 26 παίζων om. Θ. — 31 ἄλλων πολλῶν Reg.

952, 33 scribendum fuerat λοετρὸν, λουτρὸν, vel λοετρὼν, λουτρών· prius adhibuit ipse ad v. 616. Statuitur autem a grammaticis, ut monstrant Etymol. in v. p. 568, et Eustath. ad Il. O, p. 1037, 39, Od. Z, p. 1560, 31, potestatis accentu moderante discrimen inter λουτρὸν, quod est *lavacrum balnei*, sive *lavatio*, quomodo frigidam in palæstris lavationem Græcos λουτρὸν vocitare scribit Vitruv. 5, 11; et λοῦτρον proprie significans *aquam balneaticam*, aut etiam sordidam a lavationibus; unde λοετροχόος idem, Hesychio teste, qui περιχύτης, et serioris Græciæ λουτράρης, quod vocabulum ex Glossis ad Comici Plutum mss. prolatum a Ducangio pertinet ad v. 955. Alterum λουτρὼν itidem a veteribus usurpatur, cujus rationem exponit Eustath. ad Od. Δ, p. 1481, 63 : διαλελυμένως λέγεται καὶ τὰ λουτρὰ λοετρὰ, καὶ ὁ τόπος αὐτῶν οὐ μόνον βαλανεῖον, ἀλλὰ καὶ λουτρὼν, οὗ γενικὴ λουτρῶνος, τύπῳ περιεκτικῷ. Ptolemæus Euerg. apud Athen. 10, p. 438, F : ἐλοῦτό τε εἰς τοὺς κοινοὺς λουτρῶνας· Plutarch. Alex. p. 685, E, et ex regiis ephemeridibus p. 708, D. Hemst.

953, 35 Ἔπειτα Ald. περιίστανται R. Ἐπεὶ— βαλανείοις om. G. — 36 ὡς περὶ χορὸν V., qui sequentia οὐ γὰρ ἐξῆν ξένον (sic enim scribit) —ἐπὶ κεφαλήν (l. 40) ante ἐπεὶ περιίσταντο habet. « Quæ deinceps in scholio sequuntur, externos urbano choro inseri non licuisse, contra licuisse Lenæo, ut non omnino negaverim, solius certe scholiastæ fide vix induci possum, ut rei minime probabili subscribam. Petitus quidem Comm. in LL. AA. p. 269 præter hoc scholium Ulpiani locum protulit ad Demosth. Or. in Leptin. p. 572, D, ubi minus attento simile quiddam ex Alexandro rhetore docere videatur : verum si quis rem penitius inspexerit, nihil huc pertinere facile deprehendet. Lex sane fuit Athenis, μὴ χορεύειν ξένον, ἢ χιλίας ἀποτίνειν τὸν χορηγόν· cui quam proterve Demades, insolentissimus opum male partarum ostentator, insultaverit, refert Plutarch Phoc. p. 755, C, quam latam esse constat ante Aristophanis ætatem ex Andocide in Alcib. p. 31, 36. Caput ejusdem legis a Demosthene commemoratur Mid. p. 612, B, potissimum autem adversus eos peregrinos valuisse credo, qui furtim ac per fraudem in jus civitatis irrepserant, atque adeo poterant actione ξενίας pulsari : nihil equidem inter Athenienses citius contigisse reor, quam ut ex eo numero sæpe nonnulli choris interessent : horum amovendorum cura sub gravi mulcta τοῖς χορηγοῖς fuit commissa. De præcentore vero, quemadmodum Apuleius τὸν κορυφαῖον Latine dedit, dubitandum non est, quin peregrinus assumi potuerit; artifex enim quærebatur, reique musicæ peritus : idque præter alia multo plura manifesto patet ex eo Simonidis carmine, quod Callimachi Epigrammatibus immixtum est n. 50. Sed qui tradiderit, tum alios fuisse choris, qui deorum honori ducebantur adscriptos, quam juvenes ingenuos, ἠιθέους, ἀμφιθαλεῖς, veris civibus prognatos, tum μετοίκους vili in pompis ac pæne ignominioso σκαφηφόρων ministerio fungentes χορηγίας, quæ ad rem sacram pertinebant, administrasse, necdum a me quisquam unus, quantum recordor, extra scholiasten fuit inventus : quare neque illud sane παρὰ τοῦτο πέπαιχεν, quorsum spectet, satis percipio, nisi quis interiisse plura suspicetur, quibus ostenderit, idcirco balneatorem hunc sycophantam, tanquam peregrinum et τοῦ πονηροῦ κόμματος, foras exturbaturum esse, quia de balneo, quo hominem nequam facessere se jusserat, non secus ac de choro locutus fuerat vir justus : sunt enim κορυφαῖος et στάσις propria choris vocabula. Hemst. — 39 κορ. λέγεται ὁ V. ἐν βουλῇ Ald. — 40 ὥσπερ ἀνδριὰς ἐπὶ κεφαλήν ex scholiis brevioribus atque ad singulos versus interjectis manasse auguror, hoc pacto in ordinem redigenda : κορυφαῖος : ἐπὶ κεφαλήν. ἑστηκὼς : ὥσπερ ἀνδριάς. Sic saltem sensus aliquis extundi poterit, atque animadverti, quid cogitaverit interpres, licet nihil minus quam interpretationem ejus probem. Hemst. ἐπὶ τὴν κεφαλήν Θ. — 41 ὀρθὸς Hemst. Ἤγουν om. Θ.

954, 43 scribendum vel τοῦ βαλανείου cum Hemst. vel κατὰ τὸ βαλανεῖον. Dind. Τὸ βαλανεῖον reliquiæ sunt sequentis glossæ, ὁ τοῦ βαλανείου ἐπιστάτης, quam exstitisse in archetypo Dorvilliani similes codices docent. — 44 πρῶτον τῇ τάξει Reg.

955, 48 ἔξω τῆς Θ.

957, 52 ἐκ μεταφ. V., qui κακῶς κοπέντων. Ceteri φαύλως διακεκομμένων. — 54 μερίδα vocat quam σύστημα scholiastes ad v. 863, *eum esse partis deterioris*. Hemst.

959, 4-8 om. etiam Θ. — 9 ἐστί om. V. πρότερον, 10 νέον τινὰ ἐπὶ τῷ συμφθείρεσθαι αὐτῇ Reg. ἐπὶ τὸ V. — 11 ὁ δὲ πλουτήσας ἀνεχώρησεν, ἡ δὲ καταβοᾷ V. Idem aliud ad hunc v. scholion habet, γραῦς πρὸς τὸν χορὸν τῶν γερόντων. ἡ φίλη τοῦ νεανίου· quod om. G.

961, 16 ἀντὶ τοῦ παντελῶς V. om. G. — 17 Ἐσφάλημεν om. Dorv. — 19 γίνωσκε om. Θ.

963, 21 Καὶ προσπ. V. — 22 καὶ μειρακίσκην μὲν omisit Suidas in Ὡρικῶς, quæ tamen ut adsint, sensus poscit : rationem enim ista, διὰ τὸ τεθρυμμένον τοῦ ὡραϊσμοῦ, continent, cur facetus senex Chremylus prurientem anum, indecoro comendi studio virgines ætate florentes æmulatam, appellaverit μειρακίσκην. Hemst. — 23 sq. sic in V. In Θ. Ald. ὡρ. δὲ (νεωτερικῶς addit Θ.) ἢ εὐπρεπῶς ἢ κατὰ καιρόν. Pergit Θ. τοῦτο δὲ εἶπον οἱ γέροντες ἀκούσαντες παρ' αὐτῆς. — 28 ἔνηβοι Paris.

964, 32 ἐξεσχμένων Θ., qui 38 ἄδικα habet. — 41 τοῦ δρᾶν Schæferus.

970, 45 οἶδε V. Θ. — 46 ἄρα V. — 47 ὡς R. V. δὲ om. V., post πανδοκεύτρια ponit R. « Vocabulo πανδοκεύτρια nimirum usus fuerat Aristophanes supra v. 426. Sic et πανόπτης, πανόπτρια· quamvis alioqui vice μαθητρίδος et ὀρχηστρίδος, μαθήτριαν et ὀρχήστριαν efferri non placeat fastidiosis Atticismi magistris. In gl. Dorv. scribi debet ψεύστρια. » Hemst. Reg. : — ὥσπερ μαθητὴς καὶ μαθήτρια, καὶ αὐλητὴς καὶ αὐλήτρια. Qui l. 50 ἦσθα.

972, 52 Τὸ ἔπινες παρ' V. « Hoc priore scholio, quod vetustius minimeque contemnendum finitur in his verbis (l. 5) ᾧ ἂν λάχωσι, caruit Suidæ codex, in paucis ille quidem ab edd. nostris discedens, sed quæ tamen non neglexisse operæ sit pretium : Ἀλλ' οὐ — γράμματι, Ἀριστοφάνης ἀντὶ τοῦ ἐδίκαζες (ista recidit, qui descripsisse Suidam videtur, Mich. Apostol. 2, 85, et tanquam vulgare proverbium exponens addidit, ἐπὶ τῶν μεθυόντων)· οἱ γὰρ Ἀθηναῖοι κατὰ γράμμα ἐκληροῦντο ἀπὸ τῶν ι' φυλῶν (omisso numeri denarii signo adjecit Apost. δέκα δὲ ἦσαν αἱ φυλαί)· οἷον ἡ πρώτη τὸ ἄλφα εἶχε σημεῖον, ἡ δευτέρα τὸ β, καὶ ἐφεξῆς μέχρι τοῦ κ. (Apost. τὸ ἄλφα, ἡ δὲ δευτέρα τὸ βῆτα εἶχε σημεῖον μέχρι τοῦ κάππα.) δέκα γὰρ φυλῶν οὐσῶν, δέκα ἐγένοντο δικασταί (Apost. ἐγίνοντο δικαστήρια· quam lectionem ne quis temere spernat, consulendus est schol. ad v. 277)· ὁ οὖν λαχὼν τὸ ἄλφα πρῶτος (id est ἐν τῷ πρώτῳ δικαστηρίῳ τῷ Ἄλφα) ἐδίκαζε, καὶ (οἱ recte interponit Apost.) ἄλλοι ὁμοίως. Τάχα οὖν σύ, φησί, λαχοῦσα οὐκ ἐδίκαζες, ἀλλ' ἔπινες. Ex his quum dilucide colligatur, illud antiquioris notæ, quod dixi, et hoc enotatum a Suida scholion diversi parentis esse fœtum, in unum tamen utraque, velut nullo discrimine sejuncta, conflarunt Jo. Meurs. De Archont. 3, 10, et S. Petit. ad LL. AA. p. 196 : quo factum est, ut in errorem inciderint, sed plane contrarium dum hic de senatoribus cuncta, de judicibus ille interpretatur. Atqui non potest dubitari, modo quis animum attenderit, quin solum senatorum ordinem prius, alterum consessus judicum tangat. Ceterum quod Petitus rescribi jubet κατὰ τὸ γράμμα pro καὶ τὸ γράμμα, et ἐν τῷ γράμματι pro γραμματείῳ, jamdudum ante Meursius non aliter in ipsis scholiastæ verbis exhibuit : verum neuter animadvertit vice καὶ ἐβουλεύοντο οὗτοι, legendum esse οὕτως· nimirum κατὰ τὸ γράμμα, vel, si quis hoc forte, me non invito, malit, κατὰ γράμματα· quemadmodum diu ante judices sorte duci, inque sua quisque tribunalia mitti consueverant. Præterea Petitus ἐπὶ Γλαυκίππου sequentibus adnectendum censuit, suffragante Kustero : ego Meursii rationem approbo, qui Latine dedit : *Inquit enim Philochorus sub Glaucippo. Et senatus* etc. : solent enim grammatici non raro, quoniam Philochorus historiam suam Atticam secundum annos Regum atque Archontum digesserat, ἐπὶ Γλαυκίππου, ἐπὶ Καλλίου verbi gratia, tanquam temporis indicem ac titulum ponere, sub quo res ejus testimonio confirmata reperiri queat. Verum idem Meursius quando istæc, τοῦτο δὲ ἀφ' ἑτέρου ἐστὶν ἑρμηνεῦσαι, sic Latine reddidit, *illud autem ab alio potest explicari*, quid voluerit, prorsus ignoro : sensus est sine dubio : *illius autem*, ἔπινες ἐν τῷ γράμματι, *interpretandi rationem aliunde ducere licet :* nihil hoc aliud, quam adsumentum futile scholiorum collectoris, qui certe opportunius hic solemne illud ἄλλως interjecisset, quam ineptam laciniam : nam manifesto prodit se neutiquam assecutum esse veteris scholiastæ mentem, qui recte Comicum intelligi vult ex iis, quæ de judicum sortitione supra fuerant ad v. 277 prædicta, sed nunc solum ex Philochoro prioribus addit novam observationem : in qua quod legimus τῷ πρὸ τούτου ἔτει, non est nullius momenti, nec temere prætereundum : debet enim haud aliter accipi, quam si scriptum foret, τῷ πρὸ τοῦ Πλούτου ἔτει, quod ipsum fortasse non deerit qui reponendum potius existimet, vel, πρὸ τῆς τοῦ Πλούτου καθέσεως· anno ante, quam Plutus in scenam fuerat datus; sicut in schol. ad Lysistr. v. 1096, πρὸ ἐτῶν τεσσάρων τῆς καθέσεως τούτου τοῦ δράματος· nam depravate editur καταθέσεως. A nobis non

discrepat S. Petit. Miscell. 1, 11. Jam post Glaucippum Athenis summo magistratu functus est Diocles, quo archonte fabula primi Pluti fuit commissa : hoc perspecto statim consequitur, scholion esse unius grammatici, qui primum Plutum sub oculis habuit. Illa vero, Ἐν τῷ γράμματι οὖν εἶπεν, ὡς ἐπὶ τῶν ῥητόρων — ἀνῆλθεν et inepta sunt, nihilque ad illustrandum Aristophanem conferunt, et alieno loco immissa : ad infimam sedem, si quam merentur, detrudi debuerant, quandoquidem hic importune divellunt, quæ copulata Suidas invenerat. » Hemst. — 1 ἐβουλεύοντο Θ. Ald. — 2 ὁ Φιλ. Ald. — 3 κατὰ γρ. V. Legebatur καὶ τὸ γρ. Ib. ἐκαθέζετο πρῶτον Θ. τότε et ἐκαθέζετο om. V., qui 4 καὶ ἔτι καὶ νῦν. — 5 γράμματι ᾧ Meursius. γραμματίῳ Θ. γραμματείῳ V. γραμματείῳ ᾧ Ald. Sequentia V. hoc ordine, Ἄλλως. ἐρωτηματικῶς — γράμματι. Ἄλλως. τοῦτο — ἀνῆλθεν. Ib. τούτου Θ. — 7 κατὰ γράμμα R. et Suidas. κατὰ γράμματα V. κατὰ τὰ γράμματα Ald. — 8 εἶχε σημεῖον καὶ ἑξῆς ὁμοίως ἕως τοῦ κ. V. — 9 ἐγίνοντο R. et Suidæ codex Paris. A. ἐγράφοντο Reg. Ald. — 10 καὶ — ὁμοίως om. V. καὶ αἱ ἄλλαι Θ. Reg. καὶ ἄλλαι Ald. — 11 R. post ὁμοίως addit omissum initio παρ' ὑπόνοιαν δὲ εἶπεν· ὤφειλε γὰρ εἰπεῖν ἐδίκαζες. Sequentia Ἄλλως. ὡς — ἀνῆλθε sic in V. infra post φιλοίνους (l. 16) leguntur. ἐν τῷ γράμματι οὖν εἶπεν ὡς Ald. — 12 ἄρα V. — 15 sq. ἔπ. δὲ παίζων (παίζει δὲ Θ. Reg.) πρὸς τὸ τῶν γυναικῶν φῦλον (φίλοινον Hemst.) Ald. πρὸς τὸ γυναικεῖον φῦλον ὡς φίλοινον Reg. — 17 ἐπειδὴ τέσσαρες καί, 18 κατὰ τὴν V.

973, 29 πάσχω ἡ ἀθλία Dorv., qui 30 ἡ om.

974, 32 καταχνησμὸν V. Θ., non G. — 33 ὡς additum ex R. κaπρῶσαν om. V. Qui post γραῦν addit δειλάκρα δὲ ἡ ἄκρως ἀθλία. Sequentia om. etiam Θ.

981, 52 sq. Μεγάλως, ὑπερφυῶς, ὑπερβαλλόντως V. ὑπερβαλλόντως, σφόδρα R. Excerpsit Suidas s. Ὑπερφυῶς. — 1 πέρα Dindorfius. παρὰ codex. — 3 τὸν Paris.

982. Ζητεῖν pro *petere* ut rarius antiquis Græcis, sic recentioribus frequentissimum; vid. ad v. 990. Inde ζητάρης, et, quod Ducangius adnotavit, ζητιάρης, ἐπαίτης, *mendicus*. Hemst.

983 ἀγορᾶς, hoc est, *emendi causa;* recentioribus enim Græcis ἀγορὰ, et corruptius ἀγοράδα pro ὠνῇ usurpatur. Hemst. — 9 φησιν om. Θ.

986, 14. *Modius* et *medimnus* quid distent, compertum est : nihilominus μέδιμνον Græci posteriores μόδιον exponunt : Hesych. in Μεδιμναῖον, Moschopul. Περὶ σχεδ. p. 64. Quos modios in Annibalis historia, equitum prælio Cannensi cæsorum multitudinem annulorum mensura æstimantis, Latini vocant, illi Græcis μέδιμνοι sunt, et nonnullis quidem Ἀττικοί. Accuratior Suid. in v. Μέδιμνος οὖν μοδίων ϛʹ. Cicer. in Comment. Caus. apud Corn. Frontonem : *Medimnum* 8 *millibus centum, id est, modium* 48 *millib.* 600. Vid. Jo. A. Bosium ad Corn. Nepot. Attic. c. 2, § 6. Hemst. Ib. τεττάρων om. Θ.

988 scribi debuerat ᾐδεῖτο. Hemst.

989 sic in R., μισητίας. οὐχ ἕνεκα — ἀσελγείᾳ. λέγει δὲ τὴν πορνείαν οἱονεὶ μισγητίας παρὰ τὸ μίσγεσθαι. — 20 καὶ ἐν τούτοις dicit respiciens, ut videtur, ad Av. 1619. Dind. φησὶ μισγητίαν Θ. — 21 ἐπίφορον Suidas s. Μισητία. — 22 με τῇ ἀσελγίᾳ Θ.

991, 27 μέμνητο codex. Conf. Etym. M. p. 578, 51, Eustath. p. 1373, 64. ἐν τῇ Ὁμηρικῇ προσῳδίᾳ Suidas s. Μεμνῇτο. Herodianus ἐν τῇ βίβλῳ τῆς Ὀδυσσειακῆς προσῳδίας citatur ab schol. Av. 862. Dind.

995 om. etiam Θ. — 38 Καλῶς εἶπε, 39 sq. χερσὶ τὸν πλακοῦντα, ὃν ἔπεμψε μὲν ἐκείνῳ, οὐκ ἐδέξατο δ' ἐκεῖνος αὐτόν, ἀλλ' ἀντέπεμψε πάλιν αὐτῷ. ἔστι δὲ πλακοῦς ἐξ ἀλφίτων μὲν συνεστώς, ἔχων δ' ἐπικείμενα μέλι τε καὶ κάρυα, ὃν ἰδιωτικῶς ξηροπιτάριον φασίν Reg.

996, 41 σανὶς ζωγραφουμένη om. Reg. Θ., sequentia sic exhibens, π. τὸ τῆς πείνης ἄκος, ἤγουν ὁ θ. τ. π. αὐτοῖς ἐν αὐτῷ βρώμασιν.

997, 45 ὑπάρχοντα Dorv. — 46 ἀντὶ τοῦ G. ἀντὶ τοῦ καὶ R. V. — 47 καὶ ἠρέμα R. ὅτι ἠρέμα V. ὅτι ἄμ. R.

999, 49 Εἶδος πλ. γαλακτώδους inter glossemata habet V. (et Reg.), om. G. ἔστι δὲ εἶδος πλ. γ. post πλακούντιον ponit R. — 51 πλακούντιον πρὸς τούτῳ Suidas s. Ἄμητα. Ib. ὡσανεὶ V. et Suidas. ὡς ἂν Ald. et Suidæ codd. optimi. — 52 πατῆσαι ἐκεῖ με V. et Suidas. ἐκεῖσε πατῆσαι Ald. « Πατεῖν usu Græcæ linguæ vulgaris pro *ire, vadere* teri solet : sic ἀντιβαίνειν παρὰ τοῖς κοινοῖς ἀντιπατεῖν, teste schol. Sophocl. ad Electr. 577. » Hemst. — 53 φλεψίαν etiam cod. Cantabrig. apud Porson.; alius φλαψίαν. Codex Paris ap. Ducang. p. 4 ἀβλεψίαν. Ib. εἶχε — χερσί om. Dorv. — 54. De ταρχανὰ quid dicam vix habeo, nisi vocabulum a Turcis ad Græcos recentiores pervenerit : illi enim amyli quandam speciem, *trachana* dictam, ex frumento aqua macerato decoquunt, et pultibus suis admiscent, ut refert Petr. Bellonius Obs. 1, 59, et 2, 7, ad quem locum monuit Car. Clusius ejus parandi modum accuratius exposuisse Rawwolf. Itin. lib. 1, c. 8. Dubitandum fere non videtur, quin idem sit quod ex Golii Commentariis Castellus in Lex. Pers. descripsit p. 177: ترخانه *Tarchanah*, vel

Terchanach : Alica, lacte acetoso cocta, et siccata rursum, quæ postmodum in cibos denuo paratur, a Turcomannis imprimis, inque hyemis usum servatur. Permulta complectitur lingua Græcorum vulgaris, præsertim in arborum, herbarum, animantium, rerumque naturalium vocabulis, ex Orientis fontibus derivanda ; quæ primordia si Ducangio penitius fuissent perspecta, errores sane non paucos effugere potuisset. **Hemst.**

1002 hoc ordine in V., καὶ περὶ τῆς παροιμίας ταύτης—παροιμίαν ἐλθεῖν φασι. οἱ δέ φασιν ὅτι ἐν τοῖς—ἄλκιμοι Μιλήσιοι. Ἄλλως. ἰσχυροί ποτ' ἦσαν—· ὕστερον δὲ δυστυχούντων. Adde etiam scholion v. 1075. — 7 ὅπου προσετίθεντο, *quorum se partibus adjungerent, illi omnino bello superiores erant.* προστίθεσθαι vel προσθέσθαι τινὶ historicis ea virtute frequens. Phrynichus ὁ στρατηγήσας τὰ περὶ Σάμον, καὶ Ἀστυόχῳ προσθέμενος, schol. ad Av. v. 750. **Hemst.** πάντας V., qui 8 πόλεμον πρός τινας. Ceteri πρός τινα πόλεμον. — 10 ἐρωτῆσαι καὶ πρὸς τοὺς θεοὺς ἔχρησεν V., qui 12 ἦσαν πότ' ἦσαν. Ceteri πάλαι πότ' ἦσαν. — 13 καὶ περὶ V., qui Δήμων. Ceteri Δάμων, de quo hæc annotavit Hemst. : « Advertit me forma Dorica nusquam alibi, quantum recordor, in hujus scriptoris nomine usurpata. In scholiis certe ad Av. v. 302 est Δήμων : similiter ad Pindar. Nem. 7, 155, et apud alios multos in Bibliotheca Meursii Græca, qui propterea Δήμων hic quoque rescribendum esse censuit. Gente Dorus fuerit Demo, dicere non habeo : quod si constaret, facile credi poterat Doricum ejus nomen, ut in Damarato et Demarato Corinthio, multisque aliis usu venit, in formam vulgarem a grammaticis fuisse conversum. Sic Epicharmi Siculi fabularum titulos sæpius adducunt Πύρρα ἢ Προμηθεύς, Ἥβης γάμος, Γῆ καὶ Θάλασσα, quam Προμαθεύς, Ἥβας vel Ἅβας, Γᾶ etc. Æliano, qui genuinam inscriptionem servaverat, ex ea causa grave vulnus est impressum; mendosissimus enim locus De anim. 13, 4, ita redintegrari debet : Ἐπίχαρμος μὲν ἐν Ἥβας γάμῳ, καὶ Γᾷ καὶ Θαλάσσᾳ, καὶ προσέτι Μώσαις. Occurrunt alioqui frequenter sine discrimine Damon et Demon. Pythagoreus est Syracusis oriundus apud Iamblichum Damon, notissimus ille Phintiæ sodalis; Sicyonius alter Demon. Celebris musicus idemque disciplinæ moralis et civilis peritissimus Damon, cui Pericles operam dedit : ab eo ducta musicorum secta, αἵρεσις Δαμώνιος, non Δαιμώνιος, ut perperam legitur in Porphyr. Hypomn. ad Ptolem. Harmon., quod Bullialdum fefellit Nott. ad Theon. Smyrn. p. 205. Hunc Damonem Atheniensem non solum appellant Plutarch. De mus. p. 1136, E, et Athen. 14, p. 628, C, sed et testularum suffragia, quibus labefactatus patria caruit, aperte ostendunt : quocirca vix mihi dubium videtur, quin eum ipsum designaverit Stephan. in Ὄα, Δάμων Δαμωνίδου Ὄαθεν· ad illam itaque normam Plutarchus emendandus in Pericl. p. 157, A, συμβουλεύοντος αὐτῷ Δημωνίδου τοῦ Ὄαθεν, non, quod Meursius autumabat De pop. Att., Οἴηθεν : nisi quis statuat, hæc ab ipsis veteribus per errorem, quem fecerit excusabilem perspicua literarum vicinitas, aliquando fuisse confusa. Hunc saltem Demonidem et illum Damonidem non fuisse diversos verosimillimum puto ; ideoque magis miror, quid sit quod Plutarchus adnotaverit de primæ syllabæ in Δάμων quantitate : Δάμωνα, inquit p. 153, F, οὔ φασι δεῖν τοὔνομα βραχύνοντα τὴν προτέραν συλλαβὴν ἐκφέρειν· sic enim, nisi a legitima ratione aberraverit perversa loquendi consuetudo, non a δῆμος, Δήμων, Δάμων, sed ab alia prorsus origine, nimirum a verbo δάμω, unde δαμάω, δαμάζω, derivandum foret. Atque hic Damon, præterquam de arte musica forte quædam, nihil literis videtur mandasse : diversus ergo, qui Atticas antiquitates et historiam composuit. » — 14 πολέμου om. V., qui Ἀμπρακιώτας. Ceteri Ἀμβρακιώτας. « Cum Ambraciotis tanto terrarum intervallo disjunctis quid Caribus unquam fuit, aut esse potuit negotii ? An metuendum erat ne longinquis expeditionibus alter populus alterius fines infestos haberet ? Dixerit aliquis, non esse causam, cur hoc absurdum videatur, si modo vetusti temporis rationem attendamus : Caras quippe, Pelasgos, Lelegas, Sellos mutatis subinde sedibus Ætoliam olim, et Acarnaniam, et Thessaliam, quin et ipsam Epirum tenuisse : jam nihil obstat, quominus, quando ibi consederunt, bellum adversus proximos Ambraciotas fuerint moliti. At si quis, ut nodum præsentem expediat, ad remotissimam illam memoriam ascenderit, is, quæso, cogitet, Ambraciam tum ne conditam quidem fuisse ; tantum abest, ut a Caribus vexari potuerit : præterquam quod animadvertere sit proclive, quæ de Caribus hic narrantur, ad longe inferiorem ætatem esse demittenda. Erroris cubile, ut puto, liquidissimum in modum detectum ; quod tametsi plerumque pronam simul ad emendationem eruendam viam commonstret, vereor equidem, ne spem nostram hic frustretur. Mihi quæ dudum scrupulum eum agitanti in mentem venerint, breviter exponam, sagacioribus ingeniis ad excitandam veritatem forte profutura. Ambraciam apud Stephanum proxime præcedit, sic ut oculos effugere ne-

queat, Ἄμβλαδα, urbs Pisidiæ: Caribus confines Pisidæ, inque iis Ambladenses, qui non adeo videntur, si literarum ductus consideres, ab Ambraciotis distare, ut utrorumque nomina, præsertim ab imperitis librariis, permutari facile non potuerint: neque ea conjectura Petrum Wesselingium, quum sententiam ejus exquirerem, latuerat. Ergo perpendi meretur, an commode refingi possit, πρὸς τοὺς Ἀμβλαδέας βουλευσαμένων· quod non ita capiebam, quasi de bello Ambladensibus inferendo Cares consultarent: manifestum ex sequentibus, Caras a Persis infestatos auxilia circumspexisse, quibus adjuti potentissimos hostes repellerent: sed cum sociis Ambladensibus de bello Persico deliberasse, illamque consilii publici fuisse summam, quosnam vicinorum virtute florentissimos potissimum sibi adjungerent. Neque interpretationi nostræ loquendi modus officit: nam vel e lexicis discere licet, recte poni πρὸς τοὺς Ἀμβλαδέας βουλεύσασθαι pro, *cum Ambladensibus consilia conferre*. Quæ vero continuo sequuntur, caputque deliberationis continent, in hunc ordinem redacta clarius utique poterunt intelligi, τίνας τῶν γειτόνων ἀλκιμωτάτους ὄντας ἐν πολέμῳ χρὴ ποιεῖσθαι συμμάχους· nisi sufficere quis putet minorem mutationem, ἀλκιμωτάτους ὄντας ἐν πολέμῳ τῶν γειτόνων τίνας χρὴ π. etc. Ambladenses autem quanquam in hac historia nihil admodum offendant, adversus Ambraciotas certe satis superque sint tecti, nuda tamen, quod ultro fateor, conjectura tantum nituntur, cui nullum aliunde fundamentum accedit. Quin si quis me postulet, ut in ea, qua versamur, ætate Amblada fuisse demonstrem, rem liquido conficere nequeam; licet probabilissimum ex ipsa vocis forma Caricum quiddam ac vetustum sonante videatur. Quæramus igitur, an firmius aliquid inveniri possit. Persuasum mihi est, quæ noster scholiastes e Damone repetiit, eandem exponere rem gestam, quam memoriæ mandavit Herodot. 5, 118, 119, 120. Iones a Dario desciverant: Sardes captæ et incensæ; qua in expeditione Atheniensium opera fuit insignis: urbis nobilissimæ vastatores bello persequitur Daurises Darii gener cum aliis pari dignitate ducibus: dum Hellespontiacas urbes expugnat, nuncius adfertur de Caribus Ionum partes secutis: statim eo copias ducit: trajecto Mæandro acerrima pugna committitur: victi Cares fugatique κατειλήθησαν εἰς Λάβρανδα, ἐς Διὸς Στρατίου ἱρὸν μέγα τε καὶ ἅγιον ἄλσος πλατανίστων. Ibi consultantibus, utrum maxime suis rationibus expediat, facta deditione cum Persis pacisci, an alias sedes, Asia relicta, quæsitum abire, Milesii repente suppetias veniunt, et dubitationem decernunt. Cum Persis iterum congressi majore clade sternuntur: πεσόντων δὲ πολλῶν Μιλήσιοι μάλιστα ἐπλήγησαν. Hæc mihi si quis cum Damonis narratione comparaverit, quamvis cuncta non prorsus exacte congruant, prætermissaque sit ab Herodoto sortis divinæ commemoratio, eandem omnino historiam utrobique agi non difficulter concedet. Cares nimirum a primo prælio fuga dilapsi ex superioribus locis propius mare se receperunt: concilium gentis in vico Labrandis, ut felicius sub Jovis Στρατίου auspiciis deliberatio de summa re succederet, est habitum. Vicus autem Labranda, hoc enim est verum loci nomen vel invita Medicea membrana, quam superstitiosa veneratione semper Ja. Gronovius suspicit, Mylassis stadiorum admodum 70 intervallo distabat. Στρατίῳ Jovi, quem summa religione Cares colebant, cognomen fuit a loco ductum Διὸς Λαβρανδηνοῦ, ut Strabo scripsit 14, p. 973, F, vel, quod magis usitatum, Λαβρανδέως: extrema voci litera deficit in Æliano De anim. 12, 30, cui ut lubens dederim, a Στρατίῳ non differre Labrandensem Jovem, sic eundem ipsum et Κάριον appellari, nondum adducor ut credam: in quam disputationem paulo majoris operæ nunc ingredi non vacat. Jam pone sodes, apud Damonem ita fuisse scriptum, πρὸς τῷ τοῦ Λαβρανδέως (aut, si mavis, errore perquam vulgari, Λαμβραδέως) ἄλσει βουλευσαμένων, res omnis erit in vado, suaque historiæ fides constabit: antiquarios vero quam facile barbarus inauditi vocabuli sonus deduxerit ad notiores Ambraciotas, quum similes literarum notæ vel oculo judice deprehendi possint, multis dicere quid attinet? Interim veri similiora proferentem nullus aspernabor. Suidas in his salebris non plane deserit: nam in Πάλαι etc. sic habet, ἐπὶ τῶν ποτ' ἀκμασάντων, νῦν δὲ ἀσθενῶν· in Ἦσαν paulo aliter, παροιμία ἀπὸ χρησμοῦ, ἐπὶ τῶν ποτὲ εὖ, εἶτα ἑτέρως γεγονότων· unde, quod Schottum fugit, in Diogeniano C. 5, 3, reponendum εἶθ' ἑτέρως. Haud poterat jejunius: pleniora dedit margo Dorv. quæ tamen neque ipsa quicquam nos juvat: οἱ Μιλήσιοι—εἰς παροιμίαν. Ita recentiorum erat mos excerpendi, ut, quicquid eruditum et a vetustioribus grammaticis tractum inveniebant, tanquam pannos inutiles reciderent. Ex quo fonte sua derivarit Mich. Apostol. C. 15, 59, nondum reperi: a ceteris quidem aliquantum discordat quum interpretandi modo, tum explicanda parœmiæ causa, de qua post Erasmum et Schottum ad Zenobium videndus est Gatakerus De N. Instr. Styl. c. 19, quorum observatis ab Spanhemio

nihil magnopere accessit. Cavendum vero ne quis Apollinem hic Delphicum, aut προφῆτιν, ut simpliciter plerumque nominari solet, Pythiam accipiat: nam diserte Zenobius, ἐλθεῖν εἰς Βραγχίδας, καὶ τὸν ἐκεῖ θεὸν ἐρωτῆσαι, εἰ Μιλησίους πρόσθοιντο συμμάχους. Hoc oraculum scilicet situm erat in propinquo : nec discrimen a victoribus Persis imminens longi temporis, quod Delphis adeundis impendendum fuisset, moram patiebatur. Non minus autem, quam Delphis, itidem erat in Branchidis προφῆτις, sive γυνὴ χρησμῳδός, quæ concepto numine futura prædiceret. A Porphyrio memorantur Ep. ad Aneb. αἱ ἐν Βραγχίδαις προφήτιδες· sed eximius imprimis est Iamblichi locus De myster. p. 74, ubi non solum τὴν ἐν Βραγχίδαις γυναῖκα χρησμῳδὸν invenies, verum insuper expositum, quam variis modis auram divini spiritus lucidam hauriret.» Hemst. Neutra satisfacit conjectura Hemsterhusii manifestumque est alteram pejorem esse priore. Dind. — 15 βουλευομένων V. — 16 posui comma post γειτόνων. Nam quod Hemst. hæc verba sic intellexit quasi scriptum esset τίνας ἀλκιμωτάτους ὄντας τῶν ἐν πολέμῳ γειτόνων χρὴ ποιεῖσθαι συμμάχους, id fieri nequit nisi τίνας illum ipsum in locum transposito. Dind. — 17 παρακαλεῖν ὧδε, 20 τὴν γάρ, 21 ἀρχὴν ὅμηρον γεγ. V., ex quo 24 πότεροι—ἐκλαμβάνουσι addita. — 25 ἀποκρίνασθαι Θ. ἀποκρίνεσθαι V. Ald. — 27 δοθέντος Θ. — 28 τὸν προφήτην V. — 31 πάντες Θ. Ald. τοῦ δὲ χρησμοῦ διὰ τὴν ἀλ. ὄντος ἅπαντα εἰς τὴν παροιμ. V. — 33 Ἀνακρέων. Zenobius etiam admonet in carminibus Anacreonteis exstare hoc proverbium, eoque argumento utitur, quod bene Schottus animadvertit, ad illorum, atque adeo Demonis, opinionem refellendam, qui originem parœmiæ Darii Hystaspis filii temporibus includunt: Anacreon enim maxime sub Cyro floruit, post quem Darius demum tertius regno Persico fuit potitus. Ratio ficulnea, nulliusque ponderis, si verum est, quod Barnesius statuit, Anacreontem produxisse vitam ad ultimam olympiada 76, quum Xerxes jam tertium et decimum ageret imperii annum: quos calculos exigere non est hujus loci. Interea non dubito quin grammaticorum alii, ut motam difficultatem evitarent, tradiderint sortem oraculi fuisse redditam Polycrati Samiorum tyranno, cum quo familiarissime vixit in amicitiam intimam admissus Anacreon. Quæ porro de hoc proverbio noster scholiastes exposuit, eorum nihil ab Aristotele fuisse commemoratum in Milesiorum rep. colligere licet ex Athenæo 12, p. 523, F; id enim solum philosophus scripserat, Milesios in perditam luxuriam prolapsos pristinam dignitatem militarisque fortitudinis laudem retinere non potuisse; unde manaverit in vulgus: Πάλαι πότ' ἦσαν ἄλκιμοι Μιλήσιοι. Hemst. — 34 φησί additum ex V. Θ. γάρ V. δὲ Ald. — 35 ὁδάσπου V. — 36 sq. ὁ δὲ νοῦς—νῦν δὲ οὐ om. V. — 37 συνίειν R., qui συνήειν voluit. — 38 ἄλλως. εἴρηται μὲν V. « Interponendum fere puto καὶ hoc pacto: εἴρηται δὲ καὶ ἡ παροιμία, vel, εἴρηται δὲ ἡ παροιμία καὶ ἐπὶ τῶν πρ. etc. Primum declarat, quæ sit parœmiæ mens apud Aristophanem: tum quo sensu haud parum diverso ab aliis usurpetur. Favet Apostolius, etsi ordinem inverterit: ἐπὶ τῶν πρὶν μὲν εὐπραγούντων, ὕστερον δὲ δυσπραξάντων (Græcum vix est: lege, δυσπραγούντων, sive δυσπραγησάντων)· τάττεται δὲ καὶ ἐπὶ τῶν πρότερον μὲν χρωμένων τισὶν ὁπωσδήποτε, ὕστερον δὲ μὴ φροντιζόντων αὐτῶν, ὡς ὁ ἐν Ἀριστοφάνει νέος μεμήνυκε τῇ γραΐ.» Hemst. — 39 δυστυχούντων V. — 41 καὶ om. Reg. — 45 παροιμίαν ἐπὶ τῶν μεταβεβλημένων Reg.

1004 om. etiam Θ. — 50 αἱ γραῖαι Reg. — 6 ἐπ' ἐξαγωγὴν Θ.

1011, 11 νιτάριον καὶ βάτιον addita ex R., deleto lemmate Aldino νιτάριον ἂν καὶ βάτιον, quod om. V. Θ. Deinde εἴδη (εἶδος G.)—εἶχε hic posuit Dindorfius cum R. V., quæ Ald. infra post Βατύλη (l. 16) habet sic scripta, τινὲς δὲ νιτάριον (νιτάριος Θ.) καὶ βάτον (βάτος Θ.) εἴδη φυτῶν. θέλει οὖν εἰπεῖν—εἶχε. Post εἶχε addit R. οἷον νεόττιον οἱονεὶ κοράσιον ibique desinit. Suidas hæc excerpsit, Νιττάριον καὶ βάττιον (νιτάριον καὶ βιτάριον codd. Paris. A et Leid.): ὑποκοριστικὰ πρὸς γυναῖκας. νιτάριον οἷον νεόττιον, τουτέστι κοράσιον. Σύμμαχος δέ φησιν, Νίτταρος (νίταρος iidem codd.) πολὺς ἐπὶ μαλακίᾳ ὀνειδιζόμενος καὶ Βάτος (sic codices: Βάττιος ed. Mediol.) καὶ τὰς μικρὰς καὶ θηλείας βατύλας ἔλεγον (sic Paris. A et Leid.: ἐκάλουν ed. Mediol.) καὶ—Βατύλη· οἱ δέ φασιν εἴδη φυτῶν. θέλει οὖν—με (με om. iidem codd.) εἶχε. Ἀριστοφάνης, Καὶ νὴ Δί' εἰ λυπουμένην αἴσθοιτό με, νιττάριον ἂν καὶ βάττιον (νιτάριον καὶ βιτάριον iidem codd.) ὑπεκορίζετο. Νιτάριος: ὄνομα κύριον. — 13 sq. δέ sic in V. In Θ. Ald. φησι, Νίταρος πολὺς ἐπὶ μαλακίᾳ ὀνειδιζόμενος ἐν τοῖς ἑξῆς δράμασι καὶ Βάτος. — 14 διαβάλλεται ἀλλὰ καὶ V. Delevi ἀλλά, quod ineptum est, nisi ad διαβάλλεται addatur οὐ μόνον ἐνταῦθα. Nitarium autem Batumque quod nomina hominum esse sibi persuasit Symmachus, etsi valde absurdum commentum est, tamen a veterum grammaticorum interpretandi ratione minime abhorret gemellumque aliorum habet inventum, qui nomina illa esse plantarum sunt hariolati, iisdem, opinor, in hortis crescentium, in quibus ἀπραγμοσύνην florem odoratus

est Aristophanes Byzantius apud schol. ad Nub. 1003. Verum quod additur Nitarium istum vel Nitarum, quæ ne Græca quidem nomina sunt, in aliis quoque Comici fabulis exagitari, id si dixit Symmachus, fieri non potest quin mendacii stultissime excogitati reus habeatur. Quod quum minus probabile videatur, illud ἐν τοῖς ἑξῆς δράμασιν recentioris scholiastæ errori deberi arbitror, qui male reddiderit antiquioris grammatici sententiam, Νιτάριον ἐπὶ μαλακίᾳ διαβάλλεσθαι ὥσπερ καὶ ἄλλους πολλοὺς ἐν τοῖς ἑξῆς δράμασι. Τὰ ἑξῆς autem δράματα ita dicuntur ut Plutus primum esse δρᾶμα intelligatur secundum usitatum in codicibus ordinem fabularum. Ceterum inveteratum scripturæ vitium recte a Fabro et Bentleio esse correctum restituto νηττάριον καὶ φάττιον, in annotatione ad verba poetæ est ostensum. Dind. — 15 legebatur βατύλους. Correxi ex Suida. Vana Hemsterhusii conjectura est βατάλας et Βατάλη. *Idem*. — 16 φησιν om. Θ. — 17 νεόττιον et κοράσιον qui interpretati sunt, eos de νοττάριον (i. e. νεοττάριον) cogitasse animadvertit Hemst. — 18 Νιτάριον καὶ βάττιον φιλοφρονητικὴ προσφ. Θ. — 20 sq. Νιτάριος δὲ—παρὰ τὸ accessit ex V., qui βάτον. « Imperiti hæc annotatio grammatici est, cujus in codice βάτον pro βάτιον scriptum fuit. » Dind. — 21 ὡς εἴρηται V. βάταλον δὲ τὴν ἕδραν, παρὸ καὶ τὸ βάτιον addit Θ. Ald. — 22 ἀδιανόητον V. Θ. βάτον Θ. Ald. — 23 οἷον ὁ βάττος V., « recte fortasse ad mentem scholiastæ. » Dind. — 24 Νίτταρος καὶ Βάττος Reg. duplici τ hic et l. 26. Ib. παρήκαζεν vel παρείκαζεν (sic Reg.) Hemst. παρήκμαζεν Paris. — 26 εἴδη φυτῶν ἄνθη ποιούντων εὐώδη Reg.

1013, 36 γινόμενα post Ἡρακλέα ponit V. γενόμενα est in R. — 37 ξένον μὴ μυεῖν. Ejusdem legis meminit schol. ad v. 846, ut ab Eumolpo latæ Tzetz. ad Lycophr. v. 1328; illam tamen aliquando migrare virorum illustrium gratia non dubitarunt olim Athenienses. Ab Hercule factum est initium: huic enim primo petenti ut morem gererent, mysteria non tantum parva sunt inventa, sed et legi sub specie juris adhibita fuit fraus, Pyliusque jussus eum sibi filium adoptare. Leviter vitiatum patris adoptatoris nomen in Epp. Socrat. 28, p. 59: Ἡρακλῆς γάρ, ὄντος νόμου τὸ παλαιὸν ἡμῖν μηδένα ξένον μυεῖσθαι, βουληθεὶς μυεῖσθαι γίνεται Πηλίου θετὸς υἱός. Hinc emendationi, qua Tan. Faber Apollodorum expolivit 2, 5, 12, 2, firmamentum additur: pro Θέσπιος enim ex parvo poetæ schol. ad Il. Θ, 368, sine controversia legendum est, θετὸς Πυλίου παῖς γενόμενος ἐμυεῖτο. Idem qui Herculi, Dioscuris etiam honos est habitus, teste Plutarch. in Thes. p. 16, A: quare non satis caute Soranus de Hippocrate scripsit in ejus Vita, δεύτερον αὐτὸν ἀφ' Ἡρακλέους δημοσίᾳ τοῖς Ἐλευσινίοις ἐμύησαν, καὶ πολίτην ἔγραψαν· præterquam quod ea ætate jamdudum desierat legis antiquæ vigor, Anacharsis quoque Soloni æqualis ἐμυήθη μόνος βαρβάρων δημοποίητος γενόμενος, ut Theoxeni fide refert Lucian. in Scyth. c. 8. Ex hoc autem Atheniensium more Diogeni Cynico, qui mysteria respuerat, patrocinium petit Julian. Or. 7, p. 238, B: συνεὶς ὅτι τὸν μυούμενον ἐχρῆν πολιτογραφηθῆναι πρότερον, καὶ Ἀθηναῖον, εἰ καὶ μὴ φύσει, τῷ νόμῳ δὲ γενέσθαι etc. Hi civitatis jus adepti δημοποίητοι, Poll. 3, 56: quoniam in certam tribum demumque referebantur: Adriano Sophistæ Tyrio φυλή τε ἦν καὶ δῆμος Ἀθήνησιν Philostr. De V. S. 2, p 588. Ptolemæus Naucratites Μαραθῶνι δήμῳ ἐνεγράφη Ἀθήνησιν p. 595. Vide quæ de Platæensibus notantur in Miscell. Observ. a. 1736, p. 324. Idem in aliis civitatibus pari modo distributis obtinuit; quemadmodum Hippiam narrat Philostratus φυλαῖς ἐγγραφῆναι πόλεων μικρῶν τε καὶ μειζόνων. Φυλέτας δημοποιήτους reperies apud Plutarch. Symp. 1, c. 10. Adi Salmas. ad Spartian. p. 33, 34. Hemst. — 38 βουλομένους V.—39 μικρὰ additum ex R. — 41—44 om. etiam Θ.

1014 hæc habet R., ὡς ἐπὶ ἁμαξῶν ὀχουμένων αὐτῶν εἰς τὰ Ἐλευσίνια. — 48 ἐὰν Θ. — 49 Ἐλευσῖνα Kusterus. Ἐλευσίνια Ald. τὰ Ἐλευσίνια Suidas s. Τὰ ἐκ τῶν ἁμαξῶν σκώμματα: sed τὰ om. cod. Paris. A. — 50 ἀλλήλας Θ. et Suidas. ἀλλήλαις Ald. et Suidæ libri deteriores. — 52 ἐθέασεν sumtum est a vulgari Græcæ linguæ dialecto: eodem spectat Thomæ Magistri præceptum, Θεῶ, οὐ θέα, εἰ καί τινες γράφουσι· monere voluit, sicuti notatus Aristophanis versus ex Ran. 131 satis declarat, recte dici θεῶ pro θεάου, secus autem ex θεάω, θέα, licet non desint qui communem usum secuti eum in modum scribant. Hemst.

1017, 1 fort. οἰκίᾳ διατρέφεται. Dind. Totum gl. om. G.

1021 sic in V., ὁ Θάσιος οἶνος τῶν ἄλλων διαφέρει. ἐπειδὴ ἐκεῖ ἐν Θάσῳ—Διονύσου. Τὸ δὲ—ἐκίρνας. — 14 Ἐπεὶ R. Θ. Ald. — 15 τοῦ additum ex V. « Paulo plenius Suid. in Ἐνέχεις, versu Aristophanis prolato, ὡς τοῦ Θασίου οἴνου εὐόσμου ὄντος· ὁ γὰρ Στ. ὁ ἐρ. Δ. ἐν Θ. ᾤκει· καὶ διὰ τοῦτο δ. ὁ Θ. οἶνος. Idem in Θάσιος οἶνος propius accedit ad scholiastæ verba: καὶ παροιμία, εἰ Θάσιον ἐνέχεις· ἐπειδὴ ἐν Θ. ᾤκει Στ. ὁ ἐρ. Δ. ὅτι δ. ὁ Θ. οἶνος etc. Quem Staphylum noster Bacchi delicias dicit, is aliis est filius, modo ne quis diversos faciat: Ammon. in Σταφύλη, Tzetz. ad Lycophr.

v. 570, Parthen. Erot. c. 1, p. 345. Argonautis adnumerantur ab Apollod. 1, 9, 16, Φάνος καὶ Στάφυλος Διονύσου · torsit eruditos ignorabilis ille Phanus, nullique præterea memoratus : tu repone Φλίας, et animo conceptis majoribus literis proclivem lapsum in errorem æstima. Auctores habeo Orph. v. 192, Apollon. Rh. 1, 115, Pausan. 2, 6, 3 et 12, 6, ubi Φλίας, non, quod editur, Φλείας in Apollonii versu scriptum. Hemst. — 16 ἐνέχεις δὲ Θ. Ald. — 17 Ἐκίρνας αὐτῷ Θ.

1024 sic in V., τὰ ἀναλώματα τὴν οὐσίαν. καπρώσης δὲ ἀντὶ τοῦ ὀργώσης, ὀρεγομένης συνουσιάζειν. Totum scholion om. Θ. Duas tantum glossas habet R., τἀναλώματα et κατεσθίειν. — 32 αὐτῇ Reg., qui 34 post νοῶνται pergit, καὶ γὰρ τἀφόδια καὶ τὰ ἐφόδια νοήσεις, ἤγουν τὰ πράγματα, καὶ τὰ ἀφόδια ἤγ. τὰ κόπρια. ἀφ' οὗ καὶ ἀφοδευτήριον φαμὲν τὸν τόπον ἐν ᾧ ἄνθρωποι τὰ σκύβαλα ἀποκρίνουσι. — 34 exspectes potius εἰς τὴν ὁδόν. Schæfer.

1026, 37 ἀναλογῶν Θ. Ald. — 40 προσεκλήθη Θ. Ald. « προσεκλίθη reddere non dubitavi ; neque enim vel sententia, vel structuræ ratio satis constat in προσεκλήθη. Dicere voluit : *etenim ad justorum causam, ut qui injuriis pressi suæ opis indigerent, Plutus inclinata voluntate sese adplicuit.* Eam habet vim προσκλίνειν vel προσκλίνεσθαι · nam perinde veteres utrumque usurpant. Agatharch. apud Athen. 12, p. 528, A : προσέκλιναν ταῖς Μιθριδάτου ἐλπίσι. Suid. in Φιλόχορος : διεβλήθη προσκεκλικέναι τῇ Πτολεμαίου βασιλείᾳ. Comici schol. ad Nub. v. 360, προσκλῖναι τῇ ἀρετῇ τὸν Ἡρακλέα, in illa nobili Virtutis Voluptatisque scena Prodicia. Alterum dabit Epiphan. Panar. p. 728, D : οἱ μὲν προσεκλίθησαν Ἀρείῳ, ἕτεροι δὲ Κολούθῳ · alibique sæpe. Clem. Ep. 1 ad Corinth. § 47 : προσεκλίθητε γὰρ ἀποστόλοις μεμαρτυρημένοις · præcedit : διὰ τὸ καὶ τότε προσκλίσεις ὑμᾶς πεποιῆσθαι · ἀλλ' ἡ πρόσκλισις ἐκείνη ἧττον ἁμαρτίαν ὑμῖν προσήνεγκε · unde simul apparet, in eo, quod sequitur apud Epiphanium, non esse dubitandum cum Petavio, quin legi debeat, ἐκ τῆς προσκλίσεως, καὶ ἐπαίνου δὲ τοῦ παρ' αὐτῶν. Nec rara sunt ejusdem corruptelæ exempla, et multis in locis jamdudum ab eruditis hominibus animadversa. Casaubonum vide ad Diogen. L. 1. 20. Ex uno Ms. πρόσκλισιν Kusterus apud Suidam reposuit in Αἵρεσις, quæ πρόκλησις erat in ceteris et codd. et edd. Similiter in Sext. Empir. P. H. 1, § 18 H. Stephanus, et in Memnonis Excerptis apud Phot. Bibl. p. 382, 16 : ὁ δὲ ἕρμαιον τὴν πρόσκλισιν ἡγησάμενος. Sylburgius idem voc. redonavit Clem. Alex. Str. 2, p. 469, 34 : διὰ τῆς τῶν αἰσθητῶν εἰδώλων ἀποχῆς, καὶ τῆς πρὸς τὸν ποιητὴν καὶ πατέρα τῶν ὅλων προσκλίσεως · oppositum ἀποχὴ emendationis veræ documentum præbet. D. Pauli κατὰ πρόσκλισιν 1 Ad Timoth. 5, 21, multi veteres libri κατὰ πρόσκλησιν exhibent, quod prorsus absonum, ut satis intelligere licet tum ex Clementis Ep. 1 ad Corinth. § 21 : τὴν ἀγάπην αὐτῶν μὴ κατὰ προσκλίσεις, ἀλλὰ πᾶσι τοῖς φοβουμένοις τὸν θεὸν ὁσίως ἴσην παρεχέτωσαν · tum ex iis, quæ Suicerus observavit in Thes. Eccles., præter quem omnino vide Joh. Alberti ad Gl. Gr. in S. N. F. I. p. 157. In Act. Ap. 5, 36 προσεκλήθη non paucorum codicum, ex genuino προσεκλίθη corruptum, peperisse videtur publicatam lectionem προσεκολλήθη. Sciendum vero, quamvis Historicis valde sit frequens, rarissime tamen apud germanos scriptores Atticos illum usum inveniri τοῦ προσκλίνειν καὶ προσκλίνεσθαι. » Hemst.

1028, 43 βιώσασθαι Dorv.

1030, 48 Εἰ δίκ. R. V. — 50 οὐδόλως. ἢ δίκαιον ἐστὶ μηδὲν ἀγαθὸν ἔχει τὸν νεανίσκον δηλαδή Dorv.

1032, 4 imo ὁ δὲ Χρεμύλος.

1035, 9 καταπονουμένης V. — 10 γήρως. ἡ δέ φησιν ὑπὸ τῆς λύπης. ὑπὸ γήρως καὶ χρόνου. γελοίου etc. R. γήρους G. καὶ τῆς λύπης Dindorfius addidit ex V., correcta scriptura codicis λύσσης. — 11 εἶπεν post κατασέσηπας ponit V.

1037, 15 Ὁ κοσκίνου Θ. Κοσκίνου κύκλος ἢ om. Suidas s. Τηλία et V., qui τηλία σανὶς πλ. — 16 ἀλφιτοπωλοῦσιν Dindorfius. ἀλφιτοποιοῦσιν V. et Suidas. ἄλφιτα ποιοῦσιν Ald. Pro quo infra l. 27 recte ἄλφιτα πωλοῦσιν. — 17 τοῦτο om. V. — 18 πρὸς τὸ additum ex V., qui pergit depravate εὔμαρι καὶ et infra l. 28 τὸ εὔμαρι πρ. Quæ ad Eupolidem spectant prætermisit Suidas. — 19. Quum ad hunc locum ex diversis commentariis adnotetur, τηλίας in Marica fieri mentionem, idque plus una vice factum non videatur, rationem inire vix possum, qua enarratorem utrumque conciliem : unus enim nihil aliud, quam Hyperboli matrem ibi cum τηλίᾳ comparari scribit ; alter, Hyperboli ossa in τηλίαν esse conjecta : quod quale sit, intellectu perquam est difficile, quoniam vivente adhuc Hyperbolo, nisi plane fallor, Maricas in scenam fuit datus. Fateor huic nodo me non esse solvendo, nisi comicum aliquem jocum hic latuisse statuas, qui matrem Hyperboli fecerit τηλίαν, in quam ossa filii fuerunt congesta. Singulare vero et animadvertendum, quod ex Theopompo tradit schol. Lucian. ad Tim. p. 145, Sami per insidias Hyperbolum ab inimicis interemtum, τὸ δὲ νεκρὸν αὐτοῦ εἰς σάκκον βληθὲν ῥιφῆναι εἰς τὸ πέλαγος · idem plures Comicos enumerat, qui homi-

nem impurum dignis modis lacerarint. Hemst. — 21 ἀρτοπῶται V. ἐπιξηραίνεσθαι Θ. ἐπιξηραίνουσιν Ald. τινὲς δὲ Θ. — 22 τὸ ante πῶμα ponit Suidas. — 23 ἑλκυσθείης ἄν, ἐὰν Dindorf. — 27 ἔχει μέν τοι Ald. ἔχει μέν τι Θ. — 28 φασι V. Θ. — 30 ζητεῖται V. In R. σανὶς ἡ λεγομένη—τούτῳ. ἔστι δὲ ἡ ἀτρύπητος—τὸ τρύπημα. — 32 τηλία V., ex quo accessit οὐκ ἂν διέλθοις. ἐν τηλίᾳ τὸ τρύπημα Ald. — 34 σήμερον σάμερον, 35 σανίδος, 37 ὄρτυγας ἐκεῖ ἔβαλλον V. — 39 γύρος *circulum*, *orbem* significat: Onomast. vet. : *Spiræ*, γῦροι. Latinum *gyrus* inde manat, et antiquitatem Græci vocabuli testatur. Περιγυρὶς i. q. περιφέρεια, ut Hesychius docet: quam ego vocem depromtam arbitror ex aliquo Pythagoreæ vel Ionicæ familiæ philosopho. Παραγύρως adverbium apud eundem reperies in Διαμπερὲς, quam interpretationem mihi persuasi referendam esse ad Od. Ξ, 11 : erit autem παραγύρως, si legem Græci sermonis consulas, quum res quæcumque ea ratione movetur, ut circulum interius aut exterius rotatione proxima radat. Vetus verbum et pæne obsoletum Græci recentiores, sicuti non raro solent, in usum communem revocarunt : ab iis itaque γύρος non pro circulo tantum, quod notat Eustath. ad Od. T, p. 1864 : ὅτι δὲ γύρος βαρυτόνως οὐ μόνον κοινότερον ὁ κύκλος etc., sed etiam pro *annulo* ponitur : in Rabolio Ms. χρυσοῦν γύρον φορεῖν. Ducangius hanc vocem intactam præteriit. Hemst.

1038, 41 Πρόσεισιν Ald. Πρόσεισιν ὅπως κομίσῃ τῷ Πλ. V.

1040 melius schol. Theocr. ad Id. 3, 1, ubi meminit hujus versus. Hemst. — 44 μέθην habet Θ. — 46 dele οὐκ cum Regio.

1042 scholion metricum om. etiam Θ. — 7 ἐπέλθοι. Sic ad v. 851: ἄχρις ἂν τις ἐπέλθῃ ὑποκριτὴς ἕτερος· solent alioqui crebrius adhibere ἐξέρχεσθαι, ἐξιέναι· προέρχεσθαι, προϊέναι. Hemst. — 11 δοκ. om. etiam Θ. ὡς ἔρωτα V. ὡς ἐν ἔρωτι Θ. Ald. ἐπερωτᾷ vel ἀνερωτᾷ Hemst. — 14 χαῖρε vel χαίροις Hemst. χαίρεις codex. — 15 ἐρωτᾷ Dindorfius. ἐν ἔργῳ codex. — 17 διὰ τὸ V. γραῖαν R.

1048, 33-37 Οἱ γὰρ—ἀπῄει, ὥς φησι infra post ἀλλὰ μεθύων l. 38 ponit R. — 34 ὅτι om. V. — 35 ὁ νέος νήφων ἢ ὅτι ὀξέως ἐβιάσατο τὰς πολιὰς αὐτῆς ὁ νέος ἀμαυροῦσθαι V., qui om. ὀφείλων—μέθης. — 36 δέ φησιν V. et Hemst. δὲ ἔφη R. Θ. Ald. ἐπειδὴ καὶ R. Θ. ἐπειδὴ Ald. ἐπίκωμος ἀπῄεις V. — 37 ὡς ἔφη Hemst. φησὶ V. ὥς φησι R. Θ. Ald. — 38 πέπονθα Θ. ἔγνων R., qui om. γραῦν οὖσαν.

1050, 49 θεοὶ πρεσβυτικοί : Οἱ τοῖς R. V. nisi quod lemma θ. πρ. omittunt. ὦ Ποντοπόσειδον : ὦ (ἀντὶ τοῦ ὦ Θ.) πόντιε Πόσειδον. θεοὶ δὲ πρεσβυτικοὶ οἱ τοῖς Θ. Ald. — 50 ἐπειδὴ Ald. — 51 ὅμοιος τῷ Δ. V., ex quo 52 ἢ ὦ πόντιε Πόσειδον (ποσειδῶν G.) additum, ἢ μεταφορικῶς (quod legit Suidas s. Πόντος) ex R. V. — 54 R. infra post schol. v. 1057 hæc habet, ἐπεὶ γραῦς ἐστιν, ὡς τοῦ ὅρκου τούτου πρεσβυτικοῦ ὄντος. τὸ δὲ ἂ ἂ (v. 1052) ἐπίρρημα μετ' ἐκπλήξεως καὶ κελεύσεως. In V. sic σῶφρον γὰρ καὶ πάντων ἀγαθῶν, ex quo additum 1 sq. αὐτὴ—ὤμοσεν. — 3 πρεσβυτέρων Ald. ἢ ὦ—ἐκόπται additum ex V., qui 5 χρήσασθαι. — 15 ἢ Ἀπόλλωνα Schæferus. δι' Ἀπόλλωνι Paris. — 17 ζαρώματα Reg. ζωρώματα Vict.

1052 om. G. Θ. sic in V., ἐπίρρημα ἐπιτιμήσεως. μετ' ἐκπλήξεως γὰρ ὁ νέος τὴν δᾷδα τῷ προσώπῳ αὐτῆς προσέφερε. — 20 τοῦτο — κελεύσεως hic om. R., sed infra loco alieno habet τὸ δὲ ἂ ἂ ἐπίρρημα μετ' ἐκπλήξεως καὶ κελεύσεως. Reg.: Ἔστι δὲ κῶλον ἰαμβικὸν μονόμετρον βραχυκατάληκτον, ἤγ. τοῦ β' ποδὸς λείποντος. τὸ δὲ τὴν δᾷδα μή μοι πρόσφερε στίχος ἕτερος τρίμετρος.

1054, 25 Εἰρεσιώνη om. Θ. — 26 περιειλημένα Gelenius. Legebatur περιειλημμένα. « Πλακουντικὸς, etsi analogia non adversetur, nondum reperi, neque adeo, sicuti πλακουντώδης, in usu fuisse credo : nec forte quisquam est qui κόλυρα vel κολόρους cognoverit. Emendandi via duplex : primum πλακουντίοις τισὶ καὶ λύραις· multum juvat egregius Suidæ locus ex Menecle in Διακόνιον : Ἀθηναῖοι τῷ Ἀπόλλωνι τὴν καλουμένην εἰρεσιώνην ὅταν ποιῶσι, πλάττοντες λύραν τε καὶ κοτύλην, καὶ κλῆμα, καὶ ἄλλα τὰ (melius leges τινὰ) κυκλοτερῆ πέμματα, ταῦτα καλοῦσι διακόνιον· unde liquido patet λύρας ab εἰρεσιώνῃ non esse alienas. Tum altera quoque conjectura præsto est : πλακουντίοις τισὶ καὶ κολύραις, vel κολλύραις, nisi quis κολλυρίοις præferendum putet. Κολύρας, quæ tamen rectius κόλλυραι scribuntur, Hesychius exponit, ἀρτίδια μικρὰ καθαρά· a Suida docemur, κολλούρια, vel potius κολλύρια, ἐπιχωρίως esse τὰ λαλάγγια, et κολλυρίζειν τὸ τὰς λαλάγγας τηγανίζειν· ex quibus liquet, eas esse κολλύρας, quæ cum ceteris scitamentis ad εἰρεσιώνην itidem adpendi mereantur. » Hemst. — 27 κολλύροις Θ. κολύροις καὶ ἄλλοις τισὶ Ald. — 28 ἐλαίας ἀποκρεμάμενα Kusterus. ἐλαίῳ ἀποκεκραμένα (ἀποκεκραμμένῳ Θ.) Θ. Ald. — 30 θαλλὸς V. εἰρεσιώνη δὲ Θ. Ald ἐξ ἐρίων καὶ θαλλοῦ ἐλαίας συμπεπλεγμένος V. ἐξ ἐλαίας θαλλοῦ καὶ ἐξ ἐρίων συμπεπλεγμένος Θ. ἐξ ἐρίων καὶ θαλλοῦ συμπεπλεγμένος Ald. ἐξ ἐρίων πεπλεγμένος Suidas s. Εἰρεσιώνη. — 31 κοτύλην ἐλαίας (scrib. ἐλαίου ex scholio infra afferendo) καὶ οἴνου V. — 33 τἀγαθά Suidas. — 34 ἀνετίθεντο V. οἱ om. Θ. . . 35 ἥλαντο et ὑπ' αὐτῇ, 36 φέρων λέγειν V. 37

φέρεις, 38 καὶ μέτρον κοτύλη V. καὶ μέλιτος κοτύλην Etym. M. s. Εἰρεσιώνη p. 303, 27, et Eustath. ad Homer. p. 1283, qui deinde ἐλαίῳ ἐπιχρήσασθαι. ἀποψήσασθαι V., Suidas et Etym. M. ὑποψήσασθαι Ald. ἀναψήσασθαι Plut. V. Thesei p. 10, B, schol. ad Equit. 725, Clem. Alex. Strom. 4, p. 566.— 39 ὅπως μεθ. Suidas. μεθύων Θ. Deinde legebatur καθεύδῃς cum Suida. Mutatum ex schol. ad Equit. In Etym. καὶ κύλιχ' εὐζώρου οἴνου μεθύουσα καθεύδει. Sequentia habet Reg. — 40 εἰρεσιώνη κλάδος V. Reg. ἐλαίας ἔχων ἄρτον ἐξηρτημένον καὶ κοτύλην ἐλαίου. ἐξήρτητο V. Quæ ex scholio superiore sunt illata. — 40 αὐτοῦ post ὡραῖα ponit Θ. καὶ ὡρ. V. — 42 παλαιὸν Θ. et Suidas. τὸ παλαιὸν Ald. τὸν παλ. Reg. παλαιόν τι schol. ad Equit. χρησμόν Reg. et Suidas. ὡς λιμοῦ Θ. Reg. Ald. ὡς λοιμοῦ R. ὅτι λοιμοῦ V. — 43 οἱ δὲ καὶ ὅτι λοιμοῦ ex schol. ad Equit. addidit Hemst., cujus hæc est annotatio: « Orationem non satis quadrare perspicuum est: nam οἱ μὲν γὰρ utique poscit οἱ δὲ, quod sibi respondeat, et sententiam integram consummet. Suidas quidem eodem laborat vitio, hoc tantum diversus, quod vice λιμοῦ λοιμὸν inducat: neque id mirum est in tam frequenti vocis utriusque permutatione, cujus exemplum præbet in hoc ipso εἰρεσιώνης articulo cod. LBatavus; qüippe qui, ubi paulo ante scribitur ἐπὶ ἀποτροπῇ λοιμῶν in edd., λειμῶν, id est, λιμῶν, ut alibi quoque solet, præferat; quod cum Pausania congruit apud Eustath. p. 1283, 11. Verum scholiastæ nostro si alterum etiam horum vocabulorum commode suffultum reddas, integritatem reddideris: οἱ μὲν γάρ φασιν, ὡς λιμοῦ, οἱ δὲ, ὡς λοιμοῦ πᾶσαν τὴν γῆν κατασχόντος etc. Conf. enarratorem Equitum v. 725, qui disertis verbis scribit: οἱ μὲν γάρ φασιν, ὅτι λιμοῦ, οἱ δὲ, ὅτι καὶ λοιμοῦ τὴν πᾶσαν κατασχόντος οἰκουμένην· idque verum est [In fine quæ post οἱ μὲν desiderantur addit Regius, de quo vide ad l. 45. F. D.]; nam ut Crates ἀφορίαν, sive sterilitatem ortamque inde famem sacri deorum monitu instituti causam fuisse dixit, sic contra Harpocr. in Ἄβαρις: λοιμοῦ δέ φασι κατὰ πᾶσαν τὴν οἰκουμένην γεγονότος. Pari fere modo Æacus utrum famem, an pestilentiam precibus pro universo Græcorum populo conceptis averruncarit, incertum est: quanquam plures αὐχμὸν et ἀκαρπίαν commemorant, Libanius tamen Decl. 3, p. 243, B: εὐχῇ τὸν λοιμὸν ἔλυσεν. Qui dissensus scriptorum haud infrequens non ideo solum invaluit, quia literæ vocum earum quam minimum inter se differunt, sed quod numinis iræ commissorum pœnas ab humano genere expetentis utrumque malum æque attribuerent. » Ib. γῆν κρατήσαντος R. — 44 εἶπεν ὁ θεὸς V. Reg. προηροσίαν V. προηροσία Suidas. πρὸς εἰρεσίαν Ald. ποιῆσαι R. τῇ Δηοῖ additum ex Suida. θῦσαι τοὺς Αθ. ὑπὲρ πάντων. καὶ ταύτην τὴν εἰρεσιώνην ἐποίησαν οἱονεὶ πάντων τῶν καρπῶν ἀπαρχάς Reg. — 45 οὕτως Ἀθηναίους R. ἔνεκε Θ. Pergit Regius: ἄλλοι δέ φασιν ὡς λοιμοῦ ποτε ἐνσκήψαντος Ἀθηναίοις, ἕκαστος πρὸ τῶν θυρῶν ἔστησαν εἰρεσιώνας εἰς ἀποτροπὴν τοῦ λοιμοῦ. καὶ διέμενεν εἰς ἐνιαυτόν. ἣν καὶ ξηρανθεῖσαν πάλιν κατέτος ἐποίει ἑτέραν χλοάζουσαν. — 49 Ἡλίῳ καὶ absunt a cunctis edd. Suidam rescribere scholiastæ jussi, quod illi acceptum tulerat: concordat scholion ad Equit. v. 725: Πυανεψίοις καὶ Θαργηλίοις Ἡλίῳ καὶ Ὥραις ἑορτάζουσιν Ἀθηναῖοι· neque alia est ἡ Ἀθήνησιν ἔτι καὶ νῦν δρωμένη πομπὴ Ἡλίου τε καὶ Ὡρῶν apud Porphyr. Περὶ Ἀ. Ἐ. Ζ. § 7. Sunt autem τὰ προκατειλεγμένα ἀκρόδρυα, quæ librario debentur pleniorem descriptionem, quia superioribus erat similis, recidenti, non, *illa prius electa frugum genera*, ut Meursio Latine vertere placuit in Πυανέψια, sed *ante recensiti enumeratique fructus arbutei*. Hemst. — 52 δὲ χαριστήριον et λοιμοῦ Θ.

1055, 9 ἀκολασίαν Θ. « Ut structuræ simul et sententiæ satisfiat, repone ζητοῦσαν· scilicet τὴν γραῦν. » Hemst. — 11 παῖξαι γὰρ τὸ παῖσαι V. Correctum ex G. — 12 παίω G. παίω ἐστὶ παῖσαι V. Reg.: Τὸ παῖσαι ἔστι μὲν καὶ ἀντὶ τοῦ τύψαι ἀπὸ τοῦ παίω· ἔστι δὲ καὶ ἀντὶ τοῦ παῖξαι, ὡς ἐνταῦθα, ἀπὸ τοῦ παίζω· οὗ ὁ μέλλων παίσω καὶ δωρικῶς παιξῶ.

1056, 14 οὕτως δὲ V., qui hoc scholion infra ponit ad v. 1057 post ἔχων ἐν τῇ χειρί l. 27. — 15 παροξυτόνως etiam Suidas s. Παιδία. ὀξυτόνως Ald. Etymol. M. p. 657, 50: Τὸ γὰρ σημαῖνον τὸ παίγνιον διὰ τοῦ ι γράφεται· καὶ παρ' ἡμῖν μὲν ὀξύνεται, οἷον παιδιά· παρὰ δὲ τοῖς Ἀθηναίοις βαρύνεται, οἷον παιδία. Vide Athenæum 7, p. 323, C. Ib. παιγμοῦ Θ.

1057 hoc ordine in V., ἀντὶ τοῦ πόσα—ἐν τῇ χειρί. ἀντὶ τοῦ εἰπεῖν πόσα κάρυα ἔχεις, πόσους ὀδόντας ἔχεις εἶπεν ὡς πρὸς γραῦν. παίζει δὲ εἰδὼς ὅτι ἀπάρτι ἐξέλιπε τῶν ὀδόντων. —22 καὶ περισσὰ Reg. κάρυα εἶπεν ἀντὶ τοῦ Ald. — 23 ἔχω R. V. Θ. — 26 ἀποτίνει Θ. et Suidas. ἀποτείνει R. V. Ald. ὁ om. Θ.

1059, 31. Ducangius in App.: Γωνιακὸν, *Cuneus*, γόμφος, *Gallis* un Coin. *Glossæ interlineares MSS. in Aristophanis Plutum:* ἕνα γὰρ μόνον γόμφιον φορεῖ, γωνιακόν. Quid cunei mentio huc faciat, non video: dicuntur enim hi dentes, ut revera sunt, γωνιαῖοι, γωνιακοὶ, quæ forma recentioris ævi, quasi angulares, vel angularii: sic γωνιαῖον vetus Onosmaticon interpretatur; idque vocabulum leviter in Hesychio depravatum: Κεφαλῆται, οἱ γωνιαροὶ λίθοι. Hemst.

1061, 35 Ἐφύβριστον—πλυνὸς δὲ om. R. ἐφύβριστον πλῦμα om. V., qui ejus loco ponit κακεμφάτως ἐπὶ συνουσίας εἶπε τὸ ἐκπλύνειν, quæ ad ἐκπλύνειν spectant v. 1062. — 36 γὰρ δέ. V.

1062, 43 τύχης R. ὠφεληθείην V. om. G. — 45 ἐκπλύνειν V. sine σε.

1063, 50 νοθεύουσι τὸν οἶνον R. καὶ τὸν—σαπρόν om. V. μωθυλεύουσι Θ. νωθυλεύουσι Ald. ὀνθυλεύουσι Suidas s. Καπηλικῶς et Eustathius p. 1329. « Alioqui legendum fuerat νοθεύουσι, quod neque ipsum in adulterando vino est ignotum. Ὀνθυλεύειν autem dixerunt, et μονθυλεύειν· quod posterius etsi facessere jubeat Phrynich. p. 64, exponens μολύνοντα ταράττειν, utrasque tamen ὀνθυλεύσεις et μονθυλεύσεις æque dignas habuit Pollux quas adnotaret 6, 60, ὀνθυλεύεις solo contentus § 91, quanquam ibi, tacentibus reliquis MSS., Falckenburgianus ostendat βονθυλεύειν, perinde ac superiore loco βονθυλεύσεις· depravate scilicet pro μονθυλεύειν. Neque dubito quin ex ejusmodi errore prodierint Hesychii Βομβυλεύματα, vel potius, ut scribi debent, ordine quoque vocabulorum non repugnante, Βονθυλεύματα. Quod Casaub. ad Athen. 1, 4, censet, *originem dedisse huic voci coloris aliquam similitudinem inter condimentum ita vocatum, et veram* ὄνθον, perquam tenuem habet veri speciem : equidem haud adsperner Kuhnii rationem ad Polluc. 6, 91, quam fulcit prima verbi potestas ex vetustis grammaticis a Suida conservata in Ὠνθυλευμένος, ὁ κοπρίας γέμων· quomodo dici potuit stercoratus ager, et lætamine saturatus : nec quicquam officiunt quæ a Stephano proferuntur Thes. in Ὀνθυλεύειν. Ducangius adscivit Μονθηλευτή· Phavorinus Camers : Καρύκκη, κοιλία, ἣν νῦν μονθηλευτὴν καλοῦσι· minus caute : Suidas integra voce in Καρύκη, μονθυλευτήν· uterque sumsit ab Aristophanis schol. ad Equ. v. 342, cujus corruptam quæ in editis extat lectionem Phavorinus expressit. Suidas, Καπηλικῶς· ἀντὶ τοῦ πανουργικῶς (miro errore cod. LB. πανηγυρικῶς), ἐπεὶ οἱ κάπηλοι ὀνθυλεύουσι τὸν οἶνον etc., interjecta prorsus resecat, quæ tamen commode retinentur, utpote ad explicandum καπηλικῶς satis apposita, præsertim quum in Comico τοῦ προσώπου τὰ ῥάκη confestim sequantur. Sunt enimvero et ἱματιοκάπηλοι, qui coemtas ab aliis vestes jam detritas quam possunt nitidissime reficiunt, ut novas fere mentiantur, et emtori parum cauto facile imponant : haud aliter anus illa pannosam frontem cerussa renovaverat. Porro adsutum illud in Suida ad finem, οἱ κάπηλοι ὑμῶν θολοῦσι τὸν οἶνον, repudiat cod. LB., videtur autem nescio cujus interpretatio Jesaiæ 1, 22, ubi nunc in versione Græca : οἱ κάπηλοί σου μίσγουσι τὸν οἶνον ὕδατι. » Hemst. Ib. συμμιγνύοντες R. Præterea in R. ad h. v. scriptum ὅπερ ἡμερωτικῶς λεγομένας. — 51 κωμωτικῶς Θ. Ἄλλως. κωμαστικῶς Junt. ἐψιμ—Θ. ἐψυμμ—Junt. — 52 ἔχουσα additum ex Θ. — 54 Κομμωτικῶς recte LB. in scholio marginali : inter versus supra καπηλικῶς additur κωμωτικῶς. Vox recentioribus adamata : Photio judice, Isocratis ἐπανθεῖ τοῖς λόγοις οὐ μόνον ἔμφυτον, ἀλλὰ καὶ κομμωτικὸν κάλλος, Biblioth. p. 749. Apud Eustath. ad Il. A, p. 96, Nestor οὐ μόνον ταῖς ἐννοίαις ἡδὺς, ἀλλὰ καὶ τῇ φράσει κομμωτικός. Psellus Heliodoro tribuit τὸ κάλλος τοῦ λόγου οὔτε πάνυ κομμωτικὸν καὶ θεατρικὸν, οὔτε μὴν Ἀττικόν τε καὶ ὑπερήφανον. Vid. Hermogenem Περὶ ἰδ. p. 305, et 353 : οἷον κόσμος τις ἐπικείμενος ἔξωθεν κομμωτικός. Hemst. Regius : Καπ. ἀντὶ τοῦ κωμαστικῶς καὶ ἐψιμμιθιωμένως, καὶ (l. 52 sq.) — ξένην καὶ ἐπίπλαστον.

1065, 7 τοῦ δέγματος codex.

1067, 13 Συνουσιάζει σε. Huic verbo an a recentioribus Græcis addita sit, quam hic obtinere debet, potestas *ad concubitum sollicitandi*, dicere non possum : confirmat certe vulgatam Suidæ lectionem, Πειρῶν, προσβάλλων, συνουσιάζων· quam Kuster., sine dubio motus verbi insolentia, refingi voluit in προσβάλλων περὶ συνουσίας. Hemst.

1074 ἀλαζῶνα codex.

1075, 29 τοῦτό φασι ῥιφῆναι βουλομένων Θ.

1076, 31 τὸ δὲ τί ἔλεγον οὕτως οἱ χαλεπαίνοντες R. ὅτι οἱ χαλεπαίνοντες τὸ συνουσιάζειν οὕτως ἔλεγον τὸ τί Θ. Ald. τὸ συνουσιάζειν illatum ex scholio v. 1078. — 36 σὸν om. Dorv.

1078, 38 συνεχώρουν Schæferus. συνεχῶς οὖν codex.

1081 sic in R., Ἀντὶ τοῦ τίς μοι ἐπιτρέπει—διεσπεκλωμένη· τὸ δὲ σπέκλωμα ἐπὶ τοῦ συνουσιάζειν τάττουσι. τὸν ἦχον δὲ λέγει (vel λέγουσι) τὸν γινόμενον ἐν τῇ συνουσίᾳ R. In V., Παρὰ τὸ πλέκεσθαι καὶ συνουσιάζειν. ἐπίκλωμα γὰρ ἦχος τῆς συνουσίας. ἡ διαλελυμένη κυρίως ἐπὶ σχοινίων τῶν πλακέντων, εἶτα διαλυθέντων ἐν χρόνῳ. οἱ δὲ συγγεγαμημένη, γεγηρακυῖα. — 46 δὲ om. Θ., qui 47 ἵνα μή τις Θ. « Vix perspicias, quomodo, si personæ juvenis aptentur, ὁ δ' ἐπιτρέψων ἐστὶ τίς; sensum expediri velit. Si mentem ejus assequor, ita censuit accipienda, quasi primum adolescens acerbam dilectissimæ suæ amissionem dolere se fingat : *an quisquam erit, per quem mihi liceat ea frui?* tu ipse, Chremyle, qui mihi jam visus es illam attrectare, alii plures amore capti intercedetis : tum repente, abjecta simulatione, quam ne puncto quidem temporis sustinere poterat, cum

stomacho erumpit: *Equidem, ut sine dolo dicam, rem nullus habuerim cum ea, quam contabefactam atque exinanitam infinitus annorum numerus misere subegit.* Quam hæc longe quæsita sint, cuivis facile patet. » Hemst. Ib. ἐπιτρέψει Hemst. ἐπιτρέπει R. ἐπιτρέπῃ Θ. ἐπιτρέψῃ Ald. — 49 γεγραχυίᾳ ἐξηρ. Θ. — 53 legebatur διαλελυμένῃ κυρίως, ὡς ἐπὶ σχ. Ib. ὡς om. V.—54 ὑπεσπληνισμένη, ἐξηραμμένη Θ. Cui non obstat ἐξηραμμένῃ supra lectum: nam sunt hæc ex alio scholio excerpta. Dind. — 1 διεσπεκλωμένη Θ., ex quo οὖν accessit. καταδιεσπεκλωμένῃ ceteri. ἄχρηστος Θ. — 2 legebatur γινομένῃ. γενομένη Θ. — 3 τὸ σπεκλοῦν incipit aliud scholion, quod excerpsit Suidas s. Διεσπλεκωμένῃ. Legebatur τὸ δὲ σπλεκοῦν. τὸ πλέκειν Suidas. — 4 τοῦτο σημαίνειν Θ. τοῦ σημαινομένου Suidas, quod est τούτου σημ., ut legitur s. Πλεκοῦν in additamento ed. Mediol., quo carent codd. Paris. A et Leid. Dind. — 5 ὁμοίως Suidas. — 6 ἐφ' ὧν om. Θ. ἐνίσταται Suidas. ἵστατο libri. « Ἐνίσταται qui Latine verterunt, *quando aperte aliquid eloqui pudor vetat*, sententiam, quam ipsa res sponte subjiciebat, magis sunt adsecuti quam vim locutionis Græcæ: nam, si modo sanum sit illud ἐνίσταται, non video quî possit aliter capi, atque *reprimitur, cohibetur, non conceditur.* Εὐθυρρήμων vero solet ille quidem appellari et qui vera loquitur animose, et qui rem ipsam nullo fucatam colore breviter et sine ambagibus enunciat; qualis Lacedæmoniorum ἀφελὴς καὶ σύντομος εὐθυρημοσύνη contrariam habet, apud Sext. Empir. Ἀντιρρ. 2, § 22, τὴν τερθρείαν τὴν ῥητορικήν· et Sophocles nulla circuitione usus εὐθυρημόνως γράφει, teste Clem. Alex. Strom. 5, p. 716, 4, matri, quæcumque illa, quam designat, fuerit, non Jovem intulisse stuprum, at plane hominem adulterum. Sed εὐθυρρήμονες præterea restrictiore potestate, qui rem turpem, quæque castas aures offendat, nullis orationis involucris obvelant, verum improbioribus verbis parumque verecundis proferre non refugiunt, ut Cynici semper; sæpe Stoici. Clem. Alex. Strom. 2, p. 439, Crates ἐν ἄλλοις εὐθυρημόνως γράφει, τῆς εἰς τὰ ἀφροδίσια ἀκατασχέτου ὁρμῆς κατάπλασμα εἶναι λιμόν· εἰ δὲ μή, βρόχον. Ea est causa, quamobrem a Polluce jungantur αἰσχρορρημοσύνη καὶ εὐθυρρημοσύνη 2, 129: neque jam obscurum est, quid scholiastæ sit εὐθυρρημονεῖν. Similiter apud Suid. in Εὐθυρρήμων (quod in Hesychio perperam scribi arbitror, Εὐθυρρῆμος, ἐτυμολόγος) talis vetusti scriptoris locus promitur: ὅτε λέγει Ἀριστοφάνης τὸ δεῖνα, τὸ ῥηθησόμενον ἀηδὲς ἐκφεύγειν εὐθέως λέγει, ἵνα μὴ εὐθυρρημονήσῃ· ubi primum, quod jam ante conjectando pervestigaveram, ἐκφεύγει εὐθέως λέγειν, perspicue scriptum est in cod. LB.: deinde, si quis Comicum adeat in Acharn. v. 1148, non amplius dubitabit, quin ex antiquis ad eum locum scholiis, quæ interciderunt, hæc sint depromta: nunc nihil aliud adnotatum, quam, τὸ δεῖνα, τουτέστι τὸ αἰδοῖον κατ' εὐφημισμόν. Denique quod explicandæ voci εὐθυρρήμων additur ab initio εὐθυλόγος, prorsus omisit LB. Porro vim paulo laxiorem posuit in εὐθυρρημονεῖν Sext. Empir. p. 300, ubi τὰς μεταλήψεις τῶν λέξεων fieri monet ἤτοι ὑπὲρ τοῦ μὴ εὐθυρημονεῖν, προσκοπὴν φέροντος τοῦ εὐθέος ῥήματος, ἢ ὑπὲρ τοῦ τι σαφηνίζειν. Notandum est, quod rarius obvium, εὐθὺ ῥῆμα, proprium vocabulum et sincerum, nullaque figura indutum, quod, si quid offensionis pariat, translato verecunde mutatur. » Hemst.

1082, 12 σπέκλωμα. In Θ. post scholion v. 1093 adscriptum ἔνιοι δὲ ποιὰν λέξιν λέγουσι τοῦτο γινομένην ἐκ τῆς τύπου· quæ ad hunc v. referenda videntur, correctis postremis verbis ἐκ τοῦ κτύπου. Dind. Adde not. ad v. 1093, 4.

1083, 20 sq. δέον εἰπεῖν ἀνδρῶν, ἐτῶν εἶπε, σκώπτων Ald. — 22 πολιτῶν pertinet ad ἐτῶν, si deducatur ab ἔτης, ἔται, quos veteres apud Homerum inter alia quoque πολίτας exponunt: Hesych. in v. et Ξυνέται, συμπολῖται. Ὦ ἔτα, πολῖτα· quæ paulo deterius in eo scripta offendes. Hemst.

1085. Hoc scholion excerpsit Suidas s. Συνεκποτέ' ἐστί· « Quæ vetus enarrator de duplici usu τῆς τρυγὸς notat et mustum et fæces significantis, a ceteris itidem grammaticis observantur: Hesych. in Τρύγα et Τρύξ, schol. Theocr. 7, 70, Suid. in Τρυγὸς γλυκείας, quod ab Aristophane sumtum in Pac. v. 575: τρύγα γὰρ καὶ τὸν νέον οἶνον ἐκάλουν καὶ τὴν ὑποστάθμην. Fæces autem Attico more τρύγα dici, vel ὑποστάθμην, quam esse qui minus recte ἰλὺν appellent, monet Phrynich. p. 12, qui tamen vereor ut admittat a Thoma Magistro, quum præceptum ejus describeret, additam ὑπόστασιν· pari jure damnetur rarius, et adnotatum ab Hesychio vocabulum, Ὑποβορβόρισι, ἡ τρύξ. Moschopul. Περὶ σχεδ. p. 92: Τρὺξ, τὸ ὑλῶδες τοῦ οἴνου, ἥτις καὶ ὑποστάθμη λέγεται, καὶ τρυγίας. » Hemst.

1087 om. G. — 34 ἤγουν—χρήματα om. Dorv.

1092, 47 ὑπὸ τῆς Θ. φησὶν ὅτι οὐκ ἰάσεταί σε R. — 49 perversa cod. LB. interpretatio ex eo manavit, quod in hoc libro per errorem v. 1090 juveni sit tributus, pars sequentis vetulæ: emaculata postmodum hac labe scholium tamen intactum remansit. Hemst.

1093, 52 ἀντὶ τοῦ om. Θ. οἷον ἠσ. Ald. ἠσελγαινον V. « Partem Suidas dedit in Πιττοῦν· scho-

[illegible] Hemst. [illegible] Reg. Vide supra ad v. 1082, 12.

1096, 12-15 [illegible] addita ex V., qui 12 [illegible], 13 [illegible]. — 15 [illegible] infra in [illegible] cod. Paris. Scribendum potius [illegible] et [illegible] (sic Reg.): de quo v. Ducangium Dind. λεπὰς [illegible] εἶδος, ὃ ταῖς πέτραις R. λεπὰς [illegible] om. Θ. [illegible] ταῖς πέτραις, [illegible] Θ. Θ. Ald. λεπὰς [illegible] εἶδος, ὃ ταῖς πέτραις Suidas s. Λεπάς [illegible] V. — 17 ἐστὶ τῷ [illegible] Hemst. λεπὰς Suidas. [illegible] V. Quæ post 'Αριστοφάνης leguntur om. V., Suidas autem sic pergit, παρ' [illegible] ὥσπερ λεπὰς πέτρᾳ, [illegible] τῷ μειρακίῳ addendum [illegible] vel potius [illegible] ex scholio Veneto). λεπὰς δὲ εἶδος ἰχθύος Ald. παρ' ὑπόνοιαν δὲ ὥσπερ λεπὰς τῷ μειρακίῳ. λεπὰς δέ ἐστιν εἶδος ὀστρέου. Θ. παρ' ὑπόνοιαν δὲ ὥσπερ λεπὰς πέτρᾳ καὶ εἶπεν ὥσπερ λεπὰς τῷ μειρακίῳ· λεπὰς δέ ἐστιν εἶδος ὀστρέου. — 21 βράγχειν Hemst. βράγχειν codex. — 23 legebatur ἀποσχορπίζεται. Scribendum ἀποσχορπίζεται ex altero codice Brunckii. Verba ὅπερ ἐκκλάσθηται πέτρας, ἀποσχορπίζεται ex Synesio afferuntur in Lexicis veteribus et Thes. HSteph. Dind. — 25 ἀποσπάται codex. — 28 προσκισὸν et 29 κατιλίδα recte Regius.

1097. Scholia ad hunc v. om. Θ., in quo χοροῦ ascriptum. — 37 καὶ ὁ Καρίων ἀνοίξας οὐδὲν εὗρε V. — 38 ὑπεχώρησαν G. « Eustath. ad Il. B, p. 268, 8, observari jubet τὸ κώμιον ὀποχοριστικῶς λεχθὲν καὶ προπαροξυτόνως, ὡς καὶ λύρα, λύριον· θύρα, θύριον. Paulo clarius rem totam enucleat Etymologicum Bibliothecæ LB. MS. [illegible] [illegible] Hemst. — [illegible] Ald.

1100. [illegible] expectare. [illegible] communis est et [illegible] Græcorum linguæ. Hemst. Valckenær. Schol. in N. T. [illegible] Dindorf.

[illegible] sæpe apud medicos. [illegible] vetustis. LB. [illegible] Hemst.

1109. 35 [illegible] in Aristophane [illegible] declarando nimis Christiane: orcum inferorumque sedes [illegible] appellant ecclesiastici scriptores. neque rarum [illegible] vel [illegible] alias non secus ac Græci pro certissima pernicie vel exitio ponunt, ut monuit Suicerus in Thes. Eccles.: quem ego miror persuadere sibi potuisse. [illegible] usquam in bonam partem acci, [illegible] in loco, unde rem inauditam collegit. quo clarius est, quam legi debere [illegible]? Hemst.

1110 sic in V., Καλλίστρατος—[illegible]. Ἄλλως. τῶν θυομένων τῷ Ἑρμῇ δίδοται, [illegible] τῶν λόγων [illegible] ἐστι, ἢ ἐπειδὴ τὰς ἔθος ἦν [illegible] τῆς γλώττης τῷ κήρυκι δίδοσθαι. [illegible] ὁ [illegible] τοῦ Καρίωνος [illegible] ὅτι illa ὁ [illegible]—[illegible] ὅτι vel [illegible]—[illegible] loco alieno sunt illata, [illegible] autem fortasse in [illegible] mutandum. Dind., ἡ γλῶττα τούτων τῶν λόγων [illegible] τῷ κήρυκι Ἑρμῇ διὰ τὸ μὴ [illegible] fort. [illegible]. Ἄλλως. [illegible] ἀντὶ τοῦ [illegible] κακὰ ὧν ἀπαγγελίας ἡμῖν σὺ γενέσθαι [illegible] G.). εἶπεν ὅτι ἡ γλῶττα, ἐπεὶ ἔθος ἦν τὰς γλώσσας τοῖς κήρυξι δίδοσθαι. Suidas hæc tantum excerpsit, Ἡ γλῶττα τῷ κήρυκι τούτων τέμνεται· τουτέστιν, ἡ γλῶττα τῶν θυομένων τῷ Ἑρμῇ δίδοται· Καλλίστρατος δέ φησι, τῶν θυομένων τὰς γλώττας κήρυξιν ἀπονέμεσθαι. — 38 τῶν λόγων V. τῶν θυομένων R. Θ. Ald. — 39 καταρωμένων qui scripsit recentior scholiasta, de exsecratione illa videtur cogitasse, de qua scholiasta codicis Leidensis, cujus verba infra apposui. Dind. ὑπ' αὐτοῦ Θ. — 41 videtur respexisse ad locum Odyss. Γ, 331: ἀλλ' ἄγε τάμνετε μὲν γλώσσας. Confer schol. ad Pacem v. 1060, et Eustath. ad locum Homeri. Kust. — 43 λέγεται, 44 λέγει ὅτι, 46 σὺ λέγει V. « Scribendum ἠγγίλλει. » Dind. — 47 βάλλε Θ. βάλε Ald. Od. Γ, 341: γλώσσας δ' ἐν πυρὶ βάλλον. — 49 post κήρυκι addit Junt. ὅτι τὰς γλώσσας Ἑρμῇ ἔθυον ὡς τοῦ λέγειν ἐφόρῳ· διὸ καὶ ὁ

lium integrum in Ἐπίττουν. Editus habet, ἠσέλγαινον, κατεφλουν· scriptus LB. pariter ac scholiastes, ἠσέλγουν. Idem repræsentat ἔπιττον tam in articuli fronte, quam in Aristophanis versu. idque licet vitiosum magis convenire videtur sequentibus: Ἔπιτον δὲ δι' ἑνὸς τ etc. » Hemst. In verbis poetæ ὑπέπιττον scribunt R. V. annotato γρ. καὶ ὑπεπείρων, quod om. C. — 53 ἢ R. ἀντὶ τοῦ Ald. om. V., qui ἐπίττουν δέ et om. τάς. « Ib. πλατείας om. schol. LB. [et Reg.], qua voce non invitus caream: neque enim intelligo, quid utilitatis ad rem explicandam afferat, quandoquidem omne navium genus erat πισσόχριστον· nisi tamen ad eas sit referendum, quæ proprio nomine πλάται gravissimis oneribus vehendis inserviebant, ideoque forte pice densius obducebantur. » Hemst. — 1 ἐδίνουν Kusterus. Legebatur ἐκίνουν. — 4 τὰς ναῦς, ἢ τὰ διερρωγότα τῶν ἀγγείων, ἵνα μὴ τὸ ἐντὸς ὑγρὸν ἐκρέῃ. ἐκ μεταφορᾶς οὖν τούτου μετήνεγκε τὴν λέξιν καὶ ἐπὶ τοῦ συνουσιάζειν. ἔνιοι δὲ ποιὰν φωνὴν λέγουσι τοῦτο, γινομένην ἐκ τοῦ κτύπου τοῦ ἀσπασμοῦ Reg. Vide supra ad v. 1082, 12.

1096, 12-15 ὥσπερ—πατέλιν addita ex V., qui 12 προκολλώμενον, 13 οὕτως δέ. — 15 παταλίδαν infra in scholio cod. Paris. Scribendum potius πατελὶς et πατελίδα [sic Reg.]: de quo v. Ducangium. Dind. λεπὰς κογχυσμοῦ εἶδος, ὃ ταῖς πέτραις R. λεπὰς (λεπὰς om. Θ.) κογχύλιον ἐφιζάνον ταῖς πέτραις, ὅτ' αὐταῖς (ὃ ταύταις Θ.) Θ. Ald. λεπὰς κογχυλίου εἶδος, ὃ ταῖς πέτραις Suidas s. Λεπάς. καὶ δυσαποσπάστως ἔχει V. — 17 ἐστὶ τῷ (ἐπὶ τὸ Hemst.) λεπὰς Suidas. ἐστιν ἐν ταύτῃ τῇ λέξει V. Quæ post Ἀριστοφάνης leguntur om. V., Suidas autem sic pergit, παρ' ὑπόνοιαν ὥσπερ λεπὰς πέτρᾳ, οὕτως ἡ γραῦς τῷ μειρακίῳ (addendum προσέφυσε vel potius προσέφυ ex scholio Veneto). λεπὰς δὲ εἶδος ἰχθύος. Ald. παρ' ὑπόνοιαν δὲ ὥσπερ λεπὰς τῷ μειρακίῳ. λεπὰς δέ ἐστιν εἶδος ὀστρέου. Θ. παρ' ὑπόνοιαν δὲ ὥσπερ λεπὰς πέτρα καὶ εἶπεν ὥσπερ λεπὰς τῷ μειρακίῳ· λεπὰς δέ ἐστιν εἶδος ὀστρέου. — 21 βράχεσιν Hemst. βράγχεσιν codex. — 23 legebatur ἐπισχυρίζεται. Scribendum ἀπισχυρίζεται ex altero codice Brunckii. Verba ὅπερ ἐπειδὰν λάβηται πέτρας, ἀπισχυρίζεται ex Synesio afferuntur in Lexicis veteribus et Thes. HSteph. Dind. — 25 ἀποσπάσοι codex. — 28 προσπεσὸν et 29 πατελίδα recte Regius.

1097. Scholia ad hunc v. om. Θ., in quo χοροῦ ascriptum. — 37 καὶ ὁ Καρίων ἀνοίξας οὐδὲν εὗρε V. — 38 ὑπεχώρησαν G. « Eustath. ad Il. B, p. 268, 8, observari jubet τὸ κώμιον ὑποκοριστικῶς λεχθὲν καὶ προπαροξυτόνως, ὡς καὶ λύρα, λύριον· θύρα, θύριον. Paulo clarius rem totam enucleat Etymologicum Bibliothecæ LB. MS. in Ἀῆδος· ubi docet, si ὑποκοριστικαὶ παραγωγαὶ sint δακτυλικαί, πρὸ μιᾶς ἔχειν τὸν τόνον, ut, ψωμίον, ὠτίον, κλειδίον, παιδίον, κηρίον, δᾳδίον· εἰ δὲ ἐν τρισὶ βράχεσιν ὦσι, προπαροξύνονται· θρόνος, θρόνιον· πτυχὸς, πτύχιον· φλέβιον, τόπιον, ὅριον, μόριον, χόριον, λόγιον. » Hemst. — 40 ὅριον Ald.

1100. Καρτερεῖν pro *exspectare*, *exspectandi causa remanere* communis est et recentioris Græcorum linguæ. Hemst. Valckenar. Schol. in N. T. vol. 1, p. 319 citat Dindorf.

1108, 30 τριβλίον sæpe apud medicos, præsertim in libris vetustis: LB. emendatius τρυβλίον. Hemst.

1109, 35 εἰς τὸν ᾅδην in Aristophane quidem declarando nimis Christiane: orcum inferorumque sedes infaustas βάραθρον appellant ecclesiastici scriptores, neque rarum εἰς βάραθρον τοῦ ᾅδου vel τῆς γεέννης ἐμβληθῆναι· alias non secus ac Græci pro *certissima pernicie* vel *exitio* ponunt, ut monuit Suicerus in Thes. Eccles.: quem ego miror persuadere sibi potuisse, βάραθρον usquam in bonam partem accipi: nam eo in loco, unde rem inauditam collegit, quid clarius est, quam legi debere βάθρον? Hemst.

1110 sic in V., Καλλίστρατος—δημοτελέσι θυσίαις. Ἄλλως. τῶν θυομένων τῷ Ἑρμῇ δίδοται, ἐπειδὴ τῶν λόγων δεσπότης ἐστίν, ἢ ἐπειδὴ τὰς ἔθος ἦν ἀπαρχὰς τῆς γλώττης τῷ κήρυκι δίδοσθαι. ἐτύγχανεν οὖν ὁ δεσπότης τοῦ Καρίωνος θεοῦ φασιν ὅτι (illa ὁ δεσπότης—φασιν ὅτι vel ἐτύγχανεν—θεοῦ loco alieno sunt illata, φασιν autem fortasse in φησὶν mutandum. Dind.) ἡ γλῶττα τούτων τῶν λόγων αἰτία ψεύδους τῷ κήρυκι Ἑρμῇ διὰ τὸ μὴ εἰληφέναι αὐτόν (fort. αὐτήν). Ἄλλως. ἔπαιξεν ἀντὶ τοῦ εἰπεῖν τὰ κακὰ ὧν ἀπήγγειλας ἡμῖν σὺ γινέσθωσαν (συγγινωσκέτωσαν G.). εἶπεν ὅτι ἡ γλῶττα, ἐπεὶ ἔθος ἦν τὰς γλώσσας τοῖς κήρυξι δίδοσθαι. Suidas hæc tantum excerpsit, Ἡ γλῶττα τῷ κήρυκι τούτων τέμνεται· τουτέστιν, ἡ γλῶττα τῶν θυομένων τῷ Ἑρμῇ δίδοται· Καλλίστρατος δέ φησι, τῶν θυομένων τὰς γλώττας κήρυξιν ἀπονέμεσθαι. — 38 τῶν λόγων V. τῶν θυομένων R. Θ. Ald. — 39 καταρωμένων qui scripsit recentior scholiasta, de exsecratione illa videtur cogitasse, de qua scholiasta codicis Leidensis, cujus verba infra apposui. Dind. ὑπ' αὐτοῦ Θ. — 41 videtur respexisse ad locum Odyss. Γ, 331: ἀλλ' ἄγε τάμνετε μὲν. γλώσσας. Confer schol. ad Pacem v. 1060, et Eustath. ad locum Homeri. Kust. — 43 λέγεται, 44 λέγει ὅτι, 46 σὺ λέγει V. « Scribendum ἀγγέλλει. » Dind. — 47 βάλλε Θ. βάλε Ald. Od. Γ, 341: γλώσσας δ' ἐν πυρὶ βάλλον. — 49 post κήρυκι addit Junt. ὅτι τὰς γλώσσας Ἑρμῇ ἔθυον ὡς τοῦ λέγειν ἐφόρῳ· διὸ καὶ ὁ

κωμικὸς, δύσφημά τινα τοῦ Ἑρμοῦ εἰπόντος, ἐξονειδίζει λέγων, ἡ γλῶττα τῷ κήρυκι τούτων τέμνεται· ὅπερ ὅμοιόν ἐστι τῷ, εἰς μάτην αἱ γλῶτται θύονται τῷ τὰ τοιαῦτα κηρύσσοντι. οὕτως Εὐστάθιος [p. 1471, 12] Ὀδ· γ΄. Ἀθήναιος δὲ εἰπὼν ὅτι αἱ γλῶσσαι τέμνονται τῷ Ἑρμῇ διὰ τὴν ἑρμηνείαν, καὶ ὅτι ἔσπενδον οἱ παλαιοὶ ἀπὸ τῶν δείπνων ἀναλύοντες, προσιστορεῖ καὶ ὅτι τὰς τοιαύτας σπονδὰς ἐποιοῦντο τῷ Ἑρμῇ, καὶ οὐχ, ὡς οἱ ὕστερον, Διὶ τελείῳ· δοκεῖ γὰρ Ἑρμῆς ὕπνου προστάτης εἶναι. Regius : Ἐπειδήπερ ὁ Ἑρμῆς κήρυξ ἐστὶ τῶν θεῶν, τούτῳ δὲ εἰκότως ἡ τῶν θυσιαζομένων ζώων γλῶσσα εἰς θυσίαν ἀνεφέρετο, τούτου ἕνεκεν ὁ θεράπων πρὸς τὸν Ἑρμῆν τοῦτο εἶπε. δέον δὲ εἰπεῖν, ἡ γλῶσσα σοὶ τούτῳ τῷ κήρυκι θύεται παρ' ἡμῶν, οὐκοῦν μὴ χαλέπαινε, ὁ δὲ παρ' ὑπόνοιαν ἐπήγαγε παίζων τέμνεται· ἵνα καὶ ἄλλο τι γελοῖον νοῆται· τὸ γὰρ τέμνεται δηλοῖ καὶ τὴν τομὴν τῆς γλώττης τοῦ λέγοντος, καὶ τὴν ἀφαίρεσιν τῆς τοῦ ζώου γλώττης, ὅταν θύωσι τοῦτο οἱ ἄνθρωποι. — 2 σοὶ Hemst. σοῦ codex.

1115, 5 ἐστι R. V. ἐστι δὲ εἶδος G. πλακοῦντος τὸ ψαιστόν R.

1119, 14 ἐστράφης Suidas s. Σωφρονεῖς. — 15 καλῶς καὶ ἀληθῆ λ. Ald.

1121, 24 μᾶζαν· ἢ εἶδος πλακοῦντος ἐξ οἴνου γινόμενον ἢ ἄρτος ἐξ οἴνου βεβρεγμένον (βεβρεγμένου G.) V. sine γινόμενον. Excerpsit Suidas s. Οἰνοῦττα. — 26 μουστόπιταν Dorv. Reg. In margine Dorv. μελιττοῦτα δὲ, ὃ κοινῶς εἰώθασιν λέγειν ἀπόθερμα. Ducangius : μουστόπιττα, μουστόπιτα, *Placenta vino subacta. Glossæ MSS. ad Plutum Aristophan.* πάντ' ἀγάθ' ἕωθεν εὐθὺς οἰνοῦτταν μέλι. μουστοπίτταν. *Ubi Thomas Magister in scholiis MSS.* οἰνοῦττα μέν ἐστι ἡ κοινῶς λεγομένη μουστόπιτα· μελίττουτα δὲ ἡ κοινῶς λεγομένη ἀπόθερμον. Eadem Thomæ verba exhibuit in Ἀπόθερμον.

1123, 31 ἐφ' ὕψους κάθημαι Hemst. collato Suida, Ἀναβάδην : ἐφ' ὕψους· ἄνω τοὺς πόδας ἔχειν καὶ κοιμᾶσθαι. Ib. πεινῶν ἢ ἀναστρέφομαι τῇ πείνῃ V., quæ verba om. G. — 32 ἔχων G. Θ. ἐν τῇ στήλῃ additum ex V. — 35 sq. ἄλλον ἐπ' ἄλλῳ ἔχων τὸν πόδα habet Θ.

1124, 40 Ἀντὶ τοῦ om. V., qui 41 ἐποίεις ζημίας τοὺς ταῦτα παρέχοντας τὰ ἀγαθά.

1126 sic in R., ἔξω τῶν ἑορτῶν—Θησεῖ. (sequitur scholion ad v. 1128; tum pergit) ἡ τετρὰς—τῷ Ἑρμῇ. V. ἔξω—Θησεῖ hoc loco habet, sed totum scholion ἡ τετρὰς—Θησεῖ repetit ad v. 1128 ante verba Ἄλλως. ἀγκύλης. — 50 Ἡ τετρὰς δὲ V. — 51 τῷ Ἑρμῇ R. καὶ et ταύτῃ τῇ om. V., qui μῆνα ἡμέρα ἀπετίθετο. — 52 ἀπέθεντο R. « Πλακοῦς ἀπετίθετο videtur dicere voluisse, vel si ἀπέθεντο recte scriptum in R., πλακοῦντα ἀπέθεντο. » Dind. ἔξω γὰρ Ald. Hoc scholion exscripsit Suidas s. Πεπεμμένου et Πέττουσα. τῶν μεγάλων ἑορτῶν V. — 53. De diebus, qui quibus diis essent sacri, librum Philochorus, religionis patriæ callentissimus, conscripsit, teste Proclo ad Hesiod. Ἡμ. v. 770 : Φιλόχορος δὲ ἐν τῷ περὶ ἡμερῶν Ἡλίου καὶ Ἀπόλλωνος λέγει αὐτήν· ἡ δ' Ἡρακλέους καὶ Ἑρμοῦ ἐστιν· ἡ δὲ ἑβδόμη ἱερὰ Ἀπόλλωνος· ἐν αὐτῇ γὰρ ἐτέχθη· διὸ καὶ ἑπτάτονος αὐτοῦ ἡ κιθάρα· ἡ τετρὰς Ἡρακλέους· ἐν αὐτῇ γὰρ ἐτέχθη· quæ sunt ad scholiastæ nostri locum accommodatissima. Ex eodem opere manarunt, quæ parvus Homeri enarrator prodit ad Od. Υ, 155; Φ, 258, et Suidas in Τετράδι γέγονας. Vide Eustath. ad Il. Ω, p. 1353, et Jo. Meurs. Denar. Pythag. c. 6. Quod deinde scholium LB. de sexto mensis die, præcipue Thargelionis, narrat, verum est : illum enim et Diana, et philosophandi rationem obstetriciam professus Socrates natalem habuerunt : Diogen. L. 2, 44. Vide Jo. Rutgers. ad Apul. p. 7. Hemst. — 54 καὶ τετρὰς Θ. τετάρτη Suidas utrobique. — 1 τῷ Θησεῖ V., qui Χάρισι γ̄ addit altero loco, ubi totum scholion (i. e. ἔξω—Θησεῖ) sic scriptum est, ἄλλως. τετράδι γὰρ τοῦ μηνὸς τὰς κατὰ σελήνην ἐγίνετο τὰ Ἑρμοῦ, Ἀπόλλωνι ζ̄, Θησεῖ η̄, Χάρισι γ̄.

1127 om. etiam Θ. — 12 Ὕλλαν omnium edd. est scriptura, litera quidem inerti abundans, sed quam vetusti tamen libri sæpius adhibent. In Suida legas Τὸν Ὕλλαν κραυγάζειν· pro quo mire corruptus, sic enim censeo, cod. LB. Τὸν Ὕλλαν βαστάζειν· ἐπὶ τῶν μάτην πονούντων· ἐπεὶ τὸν Ὕλλαν etc. Idem vero Ὕλλαν κραυγάζειν, neque ibi dissentit antiquus codex. In Dorv. τὸν Ὕλαν altero λ superposito. Qui scholiasta πηγὰς (l. 21) videtur appellasse νύμφας πηγαίας, quæ Hylam rapuerunt : nam ut fontem Pegas, in quem delapsus Hylas evanuit, auctore Apollon. Rh. 1, 1222, cogitaverit, quis credere in animum inducat? Versus autem ille proverbialis (l. 16) de veterum cujusdam tragœdia sine dubio derivatus, ubi Herculem, ut ab Hyla incassum quærendo desisteret, vox cœlo missa monuit, Ποθεῖς τὸν οὐ παρόντα, καὶ μάτην καλεῖς· quæ sententia tanto opere spectatoribus arrisit, ut parœmiæ vulgaris privilegio donaretur. Αἰθερία vero φωνὴ eadem, quæ οὐράνιος et θεία, et κληδών : quarum ex occulto, auctore latente, emissarum repentino appulsu mentes superstitiosæ valde commovebantur : *cœlestis vox* Livio 5, 52, et apud Diogen. L. 1, 115, ῥαγῆναι φωνὴν ἐξ οὐρανοῦ· earum in tragœdiis quoque, ut θεῶν ἀπὸ μηχανῆς, usus ad nodum fabulæ solvendum. Pejus Apostolius 9, 57, habet ζητεῖς τὸν—, multoque magis id existimabis, si in memoriam revoces ex Ammonio

constitutum a grammaticis haud absurdum discrimen πόθου et ἔρωτος, verborumque ποθεῖν et ἐρᾷν, ex quibus hoc est præcipua vi præsentium, illud ad absentes pertinet : Theocrito etiam 13, 65, Hercules Παῖδα ποθῶν δεδόνατο. Adjectam vero explicationem aliunde, quam a nostro scholiasta, Michael est mutuatus, quippe quæ et verbis, et nonnihil etiam re dissideat : propinqua Zenobius dabit 6, 21. Versum ipsum, sed nullo comitatu instructum, editus Suidas habet, MS. noster prorsus ignorat. Pro ἐλείφθη (l. 17), quod omnes edd. pervasit, fidenter rescripsi ἐλήφθη · idem ne facerem in προσδοκώντων, obstitit antiquorum exemplarium consuetudo scribendi, quæ sæpius offerre memineram προσδοκεῖν et προσδοκοῦντες ex more publici sermonis, quod castigatius προσδοκᾷν legi debuerat; ut in A. AA. 28, 6, alibique crebro. Hemst. Regius : Παροιμία ἐστὶ λεγομένη ἐπὶ τῶν ἤδη παρῳχηκότων ἢ καὶ παντελῶς ἠφανισμένων. εἴρηται δὲ ἀπὸ ἱστορίας τοιᾶσδε. τοῦ Θησέως Ἡρακλῆν εἰς τὴν Ἀργὼ ἐμβιβάσαντος, ἡνίκα πρὸς Κολχοὺς ἀπέστειλεν αὐτὸν κομίσοντα τὸ χρυσόμαλλον δέρας, συμπαρέλαβε μεθ' ἑαυτοῦ ὁ Ἡρ. καὶ Ὕλαν (sic) τὸν ἑαυτοῦ ἐρώμενον. ἐν δὲ τῷ παραπλέειν τῇ χέρσῳ, κρήνην ἰδὼν τινὰ ὁ Ἡρ., ἀπέστειλε τὸν Ὕλλαν κομίσοντα ὕδωρ. ὃς καὶ ὑπὸ τῶν Νηρηΐδων ἁρπαγεὶς, ἀφανὴς γέγονεν. Ἡρακλῆς οὖν, μηκέτι τοῦ μείρακος ὑποστρέψαντος, περιῄει πᾶσαν τὴν ἐκεῖσε ὕλην ζητεῖν τὸν ἐρώμενον καὶ ἐξ ὀνόματος καλῶν · πρὸς ὃν αἱ Νηρηΐδες τοῦτ' ἔφασαν « ποθεῖς τὸν οὐ παρόντα. »

1128, 25 Τοῦ κώληκος τοῦ λεγ. Θ. τοῦ λεγομένου κωλῆνος post μέρη τῶν ἱερείων ponit Suidas s. Κωλῆ. — 26 κωλαῖ τὰ HSteph. in Thesauro. κῶλα δὲ τὰ Θ. Ald. κῶλα τὰ V. κωλῆ τὰ R. et Suidas. — 27 sqq. Ἄλλως — προσφέροντας om. Θ. τὰς R. et Suidas. τὰ ἐμπρόσθια μέρη τῶν ἱερείων, τὰς V. Ald. Post ἱερείων pergit V., ἡ τετρὰς — χάρισι γ̄ (hæc ex scholio v. 1126). Ἄλλως. ἀγκύλης. ἐστὶ δὲ ὀστῶδες. τοῦτο δὲ εἶπε διαβάλλων ὡς ὀστέα θύοντας τοῖς θεοῖς. Ἄλλως. ζητεῖται — ἄρχει (hæc ex scholio v. 1132). — 28 φησὶν additum ex Suida, αἳ ex eodem et R., εἰσί ex Suida. « Quod ait scholiastes, notari homines, ac si ossa tantum diis adolerent, etsi minus opportune huc afferatur, ipsorum tamen numinum querela fuit illa gravis apud Comicos, ut lepidissimi Pherecratis aliorumque versus declarant in Clem. Alex. Str. 7, p. 846, 847. Eodem tendit Hermippi locus in schol. ad Aves v. 1406. » Hemst. — 29 τοὺς θεοὺς R. Regius : Κωλῆ οὖν τὸ ἄκρον τῆς ὠμοπλάτης ἐστὶν, ὃ φασὶν ἰδιωτικῶς κωληνάριον · κώληξ δὲ τὸ ὄπισθεν τοῦ γόνατος, ὡς καὶ Ὅμηρος (Il. Ψ, 726) ἐν τῇ τοῦ Ὀδυσσέως πάλῃ φησὶν, « Αἴαντος κόψ' ὄπισθε κώληκα παχύν »

1129, 34 οἱ om. V. εἶχον Θ. — 35 ἀσκώλια V., et sic infra constanter ἀσκωλ —. Ib. ἐν ᾗ ἐνήλλοντο Hemst. ἐν (ἐν om. R.) ᾗ ἥλλοντο libri et Suidas. ἐπ' ἀσκοῖς αἰγείοις Ald. τοῦ om. V. — 36 ἐχθρῶν εἶναι ἀμπέλων Θ. — 37 οὖν om. Θ. Ald. Apud Suidam libri alii οὖν, alii γοῦν. — 38 φαίνεται R., qui τῆς ἀμπέλου om. ἐκ τῆς V. οὕτω λέγον Ald. — 39 ἦν V. Reg. « Recte ὅμως ἔτι [cod. Reg.,] Anthol. et Suidæ ed. Mediol. δέ τι vel δ' ἔτι Suidæ codices. » Dind. — 40 ὅσον V. Θ. Reg. ἐπισκεῖσαι Ald. et Suidæ ed. Mediol. ex Anthologia, non Reg. Addit R. ἐποίουν δὲ τοῦτο πρὸς γέλωτα τοῦ θεάτρου · ὠλίσθαινον γὰρ ἐπάνω τῶν ἀσκῶν. — 42 τῶν om. V. γελωτοποιεῖν Suidas γέλωτος ποιεῖν Θ. γέλωτα ποιεῖν V. Ald. — 43 ἐτίθεσαν, 44 ἀλλόμενοι V., qui cum Suida ὠλίσθαινον. ἐνωλίσθαινον Ald. ἐνωλίσθανον Θ. — 45 Εὔβολος Θ. Εὔβουλος καὶ V., ex quo ἐν Δαμαλείᾳ additum. ἐν Δαμαλίᾳ Suidas. Hemst. ἐν Ἀμαλθείᾳ, probante Dindorfio. Meinekius Hist. Com. p. 360, malit ἐν Δαμασίᾳ. — 46 τούτοις V. et Suidas. τοῦτο Ald. et Harpocrat. p. 37. Sequentia ἀσκὸν — ἐπὶ τοῖς om. V. « Post μέσον duæ syllabæ exciderunt, fortasse τινα. » Dind. Bentl. χαμαί, Meinek. τάχα. — 47 ἐνάλλεσθε Suidas. Legebatur καγχάζετε contra usum Atticorum. — 48 ἀπορρέουσιν V., qui addit ἀποκεκλεύσματα, Suidas ἀπὸ κελεύσματος. Hoc non cum καταρρέουσιν, sed cum καχάζετε conjungendum esse monet Hemst. Sequentia non habet Suidas. — 50 ἐνάλλασθαι et ἄλλασθαι Θ. Qui pro sequentibus gl. interlin. habet πήδα. ἀσκώλια γὰρ ἑορτὴ τοῦ Διονύσου. ἀσκὸν οἴνου — οἶνον. Regius : Ἦν τις ἑορτὴ Διονύσου Ἀσκωλία (sic) καλουμένη, ἐν ᾗπερ ἀσκὸν τιθέντες ἐν μέσῳ τῷ θεάτρῳ πεπληρωμένον οἴνου, ἑνὶ ποδὶ τοῦτον (sic) ἐπήδων καὶ ὁ πηδήσας ἆθλον εἶχε τὸν οἶνον · μὴ πηδήσαντος δέ τινος, ἀλλ' ἴσως καταπεσόντος, γέλως ἐγένετο τοῖς παροῦσιν. εἰς τιμὴν οὖν, ὡς ἔφημεν, ταῦτ' ἐποίουν τοῦ Διονύσου, ἐπεὶ ὁ ἀσκὸς τράγου μέν ἐστι δέρμα, ὁ δὲ τράγος ζῶον πολέμιον ταῖς ἀμπέλοις, κατεσθίων αὐτάς. ὅθεν καὶ ἐπίγραμμά τι φέρεται τῇ ἀμπέλῳ πρὸς τὸν τράγον οὑτωσὶ λέγον — νῦν δὲ ἐσχηματισμένως καὶ δριμέως φησὶ πρὸς τὸν Ἑρμῆν · εἰπόντος γὰρ οἴμοι τῆς κωλῆς, φησὶν, ἀσκωλίαζε σὺ ἐστερημένος τῆς κωλῆς, καὶ πεινῶν δίαγε πρὸς τὴν αἰθρίαν καὶ τὸν ἥλιον.

1130, 12 ταὐτὸ τῷ ἱερείους codex. — 14 recte Dobræus Τῶν ζεόντων, eodemque modo corrigendum quod l. 12 in Θ. loco alieno illatum legitur τῶν ζώων. Dind. Regius : Τῷ Ἑρμῇ, ὡς εἴρηται, ἡ ὠμοπλάτη τοῦ ἱερείου ἀφιέρωτο · ἔθυον δὲ καὶ σπλάγχνα αὐτῷ, ἤτοι ἐντόσθια, θερμὰ ὀπτὰ δὲ καὶ περίεφθα. καὶ τοῖς ἄλλοις θεοῖς ἄκρατον σπένδοντες τὴν σπονδὴν, ἤγουν μόνον οἶνον, τῷ Ἑρμῇ

κεκραμένον ἔσπενδον ψυχρῷ ὕδατι, οὐ θερμῷ. μεμνημένου γοῦν τοῦ Ἑρμοῦ τούτων καὶ τῇ στερήσει ὀδυνωμένου, πρὸς ἓν ἕκαστον τῶν οἴμοι ἀπὸ κοινοῦ ἕνεκα τῶν σπλάγχνων. ἡνίκα γὰρ ἐξῆγον ταῦτα τοῦ ἱερείου, παραυτίκα παρ' αὐτοῦ λεγομένων ὀδυνηρῶς, φέρει τὸν Καρίωνα γελοῖά τινα καὶ προςφυῆ λέγοντα, ὅτι ὀδύνη σου τὰ σπλάγχνα κατέχει, ὦ Ἑρμῆ, ὅτι ἐστερήθης νῦν ἐκείνης τῆς τῶν σπλάγχνων θυσίας.

1131, 16 ἐὰν V. — 17 ὀδύνην Θ. Ald. εἶπεν. ἐπιστρέφειν δὲ ἀντὶ τοῦ ἐπὶ etc. Θ. — 18 eliminandum est δέ· auctor enim illius scholii alius a præcedenti diversam secutus est interpretationem, et σπλάγχνα non ipsius Mercurii, sed ante commemorata victimarum, quibus fuerat mactatus, intellexit: huic itaque πρὸς τὰ σπλάγχνα idem est quod ἐπὶ τοῖς σπλάγχνοις. Hemst.

1132, 23 ἢ ὕδ. V. καὶ om. Θ—24 δὲ τὸ V. τοιοῦτον Θ. τοῖς καπήλοις Θ. Ald. — 25 ζητεῖται δὲ Θ. Ald. ἄλλως. ζητεῖται δὲ V., in quo hoc scholion insertum est scholio ad v. 1128. Excerpsit Suidas s. Κεκραμένη, Κύλιξ, Οἴμοι. — 26 σπονδὴ ἄκρατος V. κεκερασμένη idem. κεκρασμένη Θ. — 27 καὶ om. Θ. καὶ τῶν ἀερίων καὶ καταχθονίων τουτέστι ζώντων καὶ ἀποθανόντων ἄρχει V. Utrumque τῶν om. Suidas.

1133, 31 πέρας σχοίης Duplex interpretatio: prior ad οὐκ ἂν φθάνοις per se solum spectat: *licet hinc te quam potes celerrime proripias, non tamen invenias tibi malorum finem, nec imminentes miserias effugias*: pari modo eam loquendi formulam explicuit ad v. 875. Altera conjungit, οὐκ ἂν φθάνοις ἀποτρέχων· *hoc insuper educto, tu ne distuleris, ne moram ullam interposueris, quin te quamprimum hinc facessas*: quemadmodum ad v. 485: οὐκ ἂν ἀναβάλοισθε ἀποθανόντες· ἀντὶ τοῦ, ταχέως ἀπελθόντες τελευτήσατε. Hemst.

1134, 37 ἐρεῖ. ἢ κατὰ τὸ κοινὸν ἔθος· εἰώθασι γάρ, 39 ἐμπέσωσιν, 40 προσδοκήσωσιν εὑρεῖν τιν' ὠφέλειαν Reg.

1137, 52 χορτάζειν νεανίαν interpretatio inepta, quam repetit Suidas s. Νεανικὸν, ubi χορτάσαι νεανίαν est. Post νεανίαν addit V. καὶ ἐν ἐνίαις δὲ θυσίαις λεγομένου τούτου ὥστε μὴ ἐξῆν (ἐξεῖναι G.) ἀπενεγκεῖν· quæ e proximo scholio sunt illata. Dind.—53 χορέων Θ.

1138, 1 ὠφελήσας Θ. ὠφελεῖσαι Dorv. ὠφελήσεις Reg. Monet glossator post ἔνδον apodosin deesse. δηλαδὴ Dorv. om. Θ.—2 λέγομεν τοῦτο, 3 κατὰ τὸ δεύτερον πλῆθος, ἀλλ', 4 ὥσπερ V. « Si locum Zenobii componas 4, 44, versus ex Θεοπόμπου Καπηλίσι sumtus videbitur. » Hemst.—6 εἴη, πλῆθος δηλοῖ καὶ προπαροξύνεται V. reliquis omissis. προπαροξύτονον, 7 ὀξύτονον Θ.

1140, 15 sq. ὑπέλαβον πονηρίας ἐν τῷ ναῷ Dorv. —21 κατὰ σπεισμ... codex, quod integravit Dind.

1142, 23 καλῶς om. Θ.—28 ἐπιφανείας Reg.

1144, 35 οὐ μόνον et sequentia om. etiam Θ. Multo pluribus hæc explicat scholiastes Regius, in structura cum accusativo ὑστεροχρονίαν inesse statuens, οἷον μεταλαμβάνω τόδε, τουτέστι τοῦτο ἀφεὶς, ἕτερον λαμβάνω, et hoc loco ἀντὶ τοῦ μετ' ἐμὲ εἶχες.

1146, 45 sqq. Hoc scholion alteri postponit V. — 48 ψηφίσματ' V. « Fort. ψήφισμα. » Dind. μὴ om. V. ἀλλήλων G. — 49 μηδὲν additum ex V. « Ἀλλὰ ταῦτά γε etc. Idem hæc, qui priora, scripserit grammaticus, an diversus, haud facile constituo. Id quidem liquido patet, quod auctor hujus adnotationis existimaverit primum se Plutum manibus versare, sed contaminatum, translato huc ex posteriore fabula versu, quem ordo temporis rerumque gestarum repellat: nam minime dubito, quin spuria sint et aliena (l. 1) ἢ καὶ αὐτὸς ὁ ποιητὴς ὕστερον ἐνθεῖναι· si enim in secunda refictæ novatæque fabulæ commissione Aristophanes ipse, quod jure suo poterat, inseruit, quid attinebat absonam movisse difficultatem? nulla utique est ἀλογία, quum poeta comœdiam, quæ non steterat, reficiens multaque mutans, ea immiscet, quæ cum præsenti rerum statu congruunt. Sunt autem hæc non leviter affecta: *verum ista*, inquit, *quæ de occupata Phyle, victis* 30 *tyrannis, et lege oblivionis lata præcesserant, nondum erant acta Diocle archonte, quum primus Plutus scenam exercuit*, οὐδὲ τὸ ἐπὶ τριάκοντα ἤδη ἦν· legerem equidem pro more Græcis usitato, τὰ ἐπὶ τῶν τρ.: ita solent τὰ Πελοποννησιακὰ, τὰ Χαιρωνικὰ, τὰ ἐπὶ Λυσάνδρου. Sed hoc leve est præ iis, quæ statim sequuntur, in quibus orationis legitime constructæ nexus plane desideratur. Sam. Petitus opem conatus est Miscell. 1, 16, p. 56, rescribendo: ὀγδόῳ ἔτει ὕστερον μάχης τῆς μετὰ Θρασυβούλου γενομένης Κριτίας ἐν Πειραιεῖ τελευτᾷ· quæ vix cum Græci sermonis ingenio satis conveniunt. Ratio vero cur pro πέμπτῳ supponi voluerit ὀγδόῳ, eo nititur fundamento, quod egregium illud Thrasybuli facinus exstinctæ tyrannidis ad annum demittat quartum ol. 94: hic, si retro numeres, a Diocle octavus erit. Non Petitum tantummodo, sed et Petavium, G. J. Vossium Hist. Univ. Epit. aliosque multos in eum errorem Diodorus implicuit, qui revera 14, 3, isti anno historiam ejectorum tyrannorum assignat: hinc non una labes in turbatam temporis illius seriem manavit; velut ἀναρχία in anno secundo ol. 94 statuta, quæ præcedentis fuit archonte Pythodoro, ut diserte Xenophon testatur Hell. 2, 3, 1, regnum 30 vi-

rorum ultra duos annos et Euclidem magistratum productum. Longe cautius Simsonius nobilissimum Thrasybuli factum collocavit in annum 1 ol. 94, Xenophonti obsecutus: audiamus modo Cleocritum mystarum præconem apud eum contentissima voce clamitantem 2, 4, 21: Μὴ πείθεσθε τοῖς ἀνοσιωτάτοις τριάκοντα, οἳ ἰδίων κερδέων ἕνεκα ὀλίγου δεῖν πλείους ἀπεκτόνασιν Ἀθηναίων ἐν ΟΚΤΩ ΜΗΣΙ, ἢ πάντες Πελοποννήσιοι δέκα ἔτη πολεμοῦντες· numerum, quos ἀκρίτους interemerint, definivit Isocrates in Areopag. p. 153, C, mille et quingentos. Conf. P. Wesseling. ad Sam. Petiti Leges Atticas p. 193. Hic si πέμπτῳ retineamus, ut sane conservandum est, Philochorum habebimus manifesto Xenophonti suffragantem. Cetera sic videntur posse constitui: ἀλλὰ καί, ὡς Φιλόχορος, πέμπτῳ ἔτει ὕστερον μάχη τῶν μετὰ Θρασυβούλου γενομένη ἦν, ᾗ Κριτίας ἐν Πειραιεῖ τελευτᾷ. Ἀλογίαν vero et ἄλογον appellant, quod indecore temporum rationibus adversatur; ut ad v. 179 et apud alios ἀλόγως τοὺς χρόνους ἀναβιβάζειν, ἄλογος ἀναχρονισμός etc. Ἀπὸ τῶν σ. — καταλαβόντας, si suum locum teneant, significabunt hunc versum ab ipso fortassis Aristophane fuisse insertum post pacta, quæ Athenis convenerunt cum iis, qui Phylen occupaverant: tum, quod Kustero præeunte feci, ad τοὺς καταλαβόντας adjiciendum est Φυλήν· quod nomen facile, quia mox iterabatur, evanuit. Verum suspicio me tetigit, hæc in alienam sedem ex superioribus esse detrusa: sensus quidem in ἐνθεῖναι finitus nihil ultra postulat: jam videamus, an eo reduci queant, ubi operam utiliorem præstent: Ψηφίσασθαι ἔδοξεν ἀπὸ τῶν συνθηκῶν τῶν Ἀθήνησι γενομένων πρὸς τοὺς καταλαβόντας, μὴ μνησικακῆσαι etc. Hic mihi tam commode videntur poni, ut nihil sit probabilius, quam inde nescio quo casu fuisse avulsa: certe ne Φυλὴν quidem supplere necesse est, quippe quod ex proximis facili negotio repetatur: ordo rerum gestarum pacisque factæ inter eos, qui asty, et illos, qui Piræeum tenebant, simul constat. Fœdus autem, quo sibi mutuo reconciliati sunt Athenienses, jurejurando sancitum, quasi proprio vocabulo συνθῆκαι solet appellari, et συνθῆκαι καὶ ὅρκοι. Lys. In Agor. p. 138, 28: ὡς παρὰ τοὺς ὅρκους καὶ τὰς συνθήκας ἀγωνίζεται, ἃς συνεθέμεθα πρὸς τοὺς ἐν ἄστει οἱ ἐν τῷ Πειραιεῖ· ibidemque sæpe; p. 173, 33: τοῖς ὅρκοις καὶ ταῖς συνθήκαις ἐμμένουσι. Isocrat. Except. adv. Callim. p. 375, C: οὕτω μὲν τῶν συνθηκῶν ἐχουσῶν, τοιούτων δὲ τῶν ὅρκων γενομένων· prælectum modo fuerat in judicio pacis jurisque jurandi exemplar. Ex sequenti (l. 5 sqq.) scholio ridiculo et ex Leidensi nihil excerptum a Suida: brevius etiam, quam editi, cod. LB. posito Comici versu subjungit: Φυλή· ὄνομα τόπου· καὶ Φυλάσιοι, οἱ ἐνοικοῦντες. » Hemst. — 50 τὰ V. τὸ Θ. Ald. τῶν additum ex Θ. ὡς om. V., ex quo φησιν additum. — 51 ε̄ ἔτη V. ὕστερον μάχεται μετὰ Θρασυβούλου γενομένου ἢ (γενομένους, omisso ἢ, Θ.) Θ. Ald. Scribendum videtur ὕστερον μάχης γενομένης, deleto Θρασυβούλου, quod ex superiore illo μετὰ Θρασυβούλου Φυλὴν καταλαβόντος oriri potuit: nisi quis plura excidisse credere malit. Dukerus conjecit πέμπτῳ ἔτει ὕστερον μάχεται μετὰ Θρασυβούλου ἐν Πειραιεῖ γενομένου ὁ Κριτίας καὶ τελευτᾷ. De Thrasybuli Critiæque morte vid. Xenoph. H. Gr. 2, 4, 13. Dind. — 52 τοῦτον Θ. — 2 post ἐνθεῖναι interpungendum esse intellexit Hemst., qui proxima ἀπὸ τῶν — Φυλάσιος non transponere, sed ut inutilem alius scholiastæ annotationem separare debebat. Dind. — 3 δὲ om. V. — 4 καταγαγεῖν malit Dind. — 7 καὶ V. pro κἀκεῖσε. — 9 μνησικακῆσαι Θ. Ald. καὶ γέγονε παροιμιαστικός V. — 11-15 sic in V., μὴ μέγα φρονήσῃς, εἰ μέγας γέγονας καὶ πεπλούτηκας, ὥσπερ ὁ Θρασύβουλος καταλαβὼν Φυλὴν καὶ ἰσχύσας ἐδυνήθη καταλύσας τοὺς τυράννους καὶ παρ' Ἀθηναίους (scr. Ἀθηναίων) τιμῆς ἠξιώθη. — 21 sqq. Φυλήν τινα καταλαβὼν Ἀττικὴν μετὰ καὶ ἑτέρων μισοτυράννων, συνηργηκότος αὐτοῖς οὐ μετρίως καὶ Κεφάλου τοῦ πατρὸς Λυσίου τοῦ ῥήτορος, περὶ τὸν Πειραιᾶ συμβάλλοντες τοῖς τυράννοις, κατακράτος ἐνίκησαν σὺν τοῖς μετ' αὐτῶν Reg., qui sequentia aliis verbis et alio ordine effert, sententia eadem. — 27 συναντήσειαν, ἔλεγον Hemst. συναντήσειεν, ἔλεγε codex.

1149, 43 κρείττω Θ.

1153, 4 κερδῷος om. Θ. — 6-13 sic in V., Στροφαῖον ἐπωνυμία Ἑρμοῦ—πανούργεσθαι. ἀπὸ τοῦ γράφειν (στρέφειν G.) καὶ κυκᾶν τὰ πράγματα. Ἄλλως. στροφὸν—πανοῦργοι λέγονται. — 6 στροφαῖον, ἐπεὶ στροφαὶ Gelenius. στροφαὶ sine dubio verum est: pro στροφὸν ego fere malim reponi στρόφιν, quod ideo scilicet adhibitum, ut explicandæ voci στροφαῖος inserviret. Persuadet Eustathius, qui antiquioris lexicographi verba ponit ad Il. Ω, p. 1353, 9: Στοφαῖος δὲ Ἑρμῆς φησιν, οὐ μόνον ὁ παρὰ τῷ στροφεῖ ἱδρυμένος, ἀλλὰ καὶ ὁ στρέφων καὶ ἐξαπατῶν, οἷον στρόφις. Στρόφις autem versutus in Aristoph. Nub. v. 450, σκολιός, οὐχ ἁπλοῦς, πολύπλοκος, ut Hesychius interpretatur; quale nomen callidissimum Maiæ filium non dedecet. Hemst. Ib. ἐπειδὴ et πεπλεγμένοι V. Legebatur λέγονται καὶ οἱ. Deinde Ald. καὶ δ. λόγοι. — 8 τὸν παρὰ τῇ θύρᾳ ἱδρυμένον δαίμονα Suidas s. Στροφαῖος. — 10 ἐπωνυμία δὲ τοῦτο Ἑ. V. Ald. ἐπ. δέ ἐστιν Ἑ. Suidas. ἐν ταῖς Suidæ libri deteriores. πρὸς ταῖς Hemst. — 11 ἱδρύσασθαι V. — 12 εἰώθασιν ante

ὀπίσω ponit Θ. ὅλως om. V. — 13 ἔνθεν καὶ ἔνθεν στρεφόμενος Dorv. — 15 ἔστι μὲν, 16 ἐπὶ φυλακῇ Reg. ἤτοι φυλακὴ Paris. — 18 θύρας τῆς ἐχούσης στρόφιγγας Reg.

1155, 38 sq. Etymol. Παλιγκάπηλος, ὁ μεταβολεὺς, ὁ τὸ αὐτὸ ἀγοράζων καὶ πωλῶν· paulo plenius Hesychius : ὁ μετάβολος, ὁ τὸ αὐτὸ ἀεὶ ἀγοράζων καὶ πωλῶν, ὡς παλίνδουλος, ὁ πολλάκις δουλεύσας· quod posterius eo pertinet, ut moneat, πάλιν in hoc vocabulo composito non simplici tantum suaque gaudere potestate, sed continuam frequentemque significare rerum emtarum, venditarumque commutationem. Idem docuit in Παλίνσκιος· τὸ γὰρ πάλιν, inquit, ἐνιαχοῦ ἐπίτασιν δηλοῖ, ὡς παλιγκάπηλος, παλίμπρατος· ita scribendum, non παλίμπρακτος· vide Polluc. 7, 11, qui τὰ δεύτερον πιπρασκόμενα dici notat παλίμπρατα, παλίμπωλα, additque, καὶ ὁ τοῦτο ποιῶν, παλίμπωλος, παλιγκάπηλος· quo tamen loco, ne forma vocis legitima desideretur, malim παλιμπώλης· servus etiam παλίμβολος et παλίμπρατος, ὁ πολλάκις πραθεὶς 3, 125; neque usum eleganter alio translatum observare neglexit, παλίμπρατος τὴν ὥραν, παλιγκάπηλος τοῦ κάλλους 6, 127, et inter rhetoris opprobria, πρὸς ἀργύριον βλέπων, παλίμπρατος· pauloque post, παλιγκάπηλος, πεπρακὼς ἑαυτόν· quomodo de Flacco Philo Judæus p. 971, A : Φλάκκον ἤδη τιμῶν ἀθλίων ἐωνημένοι, ἃς ὁ δοξομανὴς καὶ παλίμπρατος ἐλάμβανεν. Hinc παλιμπράτης, quem Glossæ veteres μεταπράτην et *cocionem* vocant, parum a παλιγκαπήλῳ distat; quod maledictum ut sophistis fuit a liberalioribus philosophis objectum, sic perinde et illud in Epist. Socrat. p. 2, quem locum insigni menda liberabo : ἀλλ' ὥσπερ τοὺς σοφιστὰς, καὶ Σωκράτην φαίνῃ ὑπονοεῖν παλιμπράτην τινὰ εἶναι παιδείας, καὶ τὰ πρότερον γράψαι οὐχ ἁπλῶς ἀρνούμενον, ἀλλ' ἐπὶ πλείοσιν ἢ τοῖς τότε δεδομένοις ὑπὸ σοῦ· legebatur, αἱρούμενον· ἀλλ' ἐπὶ πλείοσι τοῖς τότε διδομένοις· est autem ἀρνεῖσθαι *conditionem oblatam respuere*. Μετάβολοι vero, interprete Suida, πραγματευταὶ, μεταπρᾶται, et μεταβολεῖς, illi recentioribus usitatiores, hi Atticis, ut notat Thomas M., propterea que soli a Polluce commemorati, καπήλοις et παλιγκαπήλοις tam vicini, ut iis vel explicandis adhibeantur, vel proxime junctis adhæreant : οἱ μεταβολεῖς καὶ οἱ τῶν ὠνίων κάπηλοι apud Socrat. H. E. 3, 17; graviter et figurate Demosth. In Aristogit. p. 835, C : εἰ δὲ κάπηλός ἐστι πονηρίας, καὶ παλιγκάπηλος, καὶ μεταβολεὺς, καὶ μονονοὺ ζυγὰ καὶ σταθμὰ ἔχων πάντα, ὅσα πώποτ' ἔπραξεν, ἐπώλει. Jam nostri grammatici, quum παλιγκάπηλον exponunt τὸν τὸ αὐτὸ vel τὰ αὐτὰ ἀεὶ ἀγοράζοντα καὶ πωλοῦντα, talem videntur intellexisse, qui ejusdem generis merces et ad se delatas emeret, et aliis iterum venderet; quod etsi nonnihil differat explicationi, quæ statim proponitur, ab usu tamen vocis ipsoque παλιγκαπήλων, quorumdam saltem, instituto non est alienum : hoc enim pacto Phœnices quoque παλιγκάπηλοι scholiastæ Pindari ad Pyth. 2, 125, nihil opportunius ad rem explanandam illo ipso Sophoclis loco, quem protulit : Ὠνὴν ἔθου καὶ πρᾶσιν, ὡς Φοῖνιξ ἀνὴρ, Σιδώνιος κάπηλος, alteroque comici, ubi nonnemo protinus, simul atque id, quidquid fuerit, quod in fabula dictum præcesserat, contingeret, fieri se Phœnicem aiebat, una manu dare, accipere altera : εὐθὺς δὲ Φοῖνιξ γίγνομαι, Τῇ μὲν δίδωμι χειρὶ, τῇ δὲ λαμβάνω. Des. Heraldus Anim. in Observ. ad J. A. et R. 2, c. 2, § 6 hæc scholio nostro subdidit : *Heic* ἔμπορον ὑπὸ τοῦ καπήλου *contineri vult aliquo casu, et* κάπηλον *esse qui domi emit* ἀπὸ τοῦ αὐτοπώλου, *et vendit ibidem* τῷ ἐμπόρῳ, *quo nomine vult appellari quemcunque, qui emit* ἐπὶ ξένης, *sive* ἀπὸ τοῦ αὐτοπώλου, *sive* ἀπὸ τοῦ καπήλου· *sed et qui emit domi, quod vendat* ἐπὶ ξένης. *Ex eo autem, quod* κάπηλον *vult esse eum, qui emit* ἀπὸ τοῦ αὐτοπώλου, παλιγκάπηλον *esse vult, qui emit* ἀπὸ τοῦ καπήλου, *et eum distinguit* ἀπὸ τοῦ μεταβολέος, *cts nulla pæne est inter utrumque differentia.* Quorum ista, *qui emit* ἐπὶ ξένης — *sed et qui emit domi* etc., satis arguunt, impediti quiddam Heraldo fuisse visum hærere in ἐμπόρου descriptione, quod frustra verbis tegere sit conatus. Budæus etiam scripsit, ἢ ἀπὸ τοῦ καπήλου ὠνούμενος, illud scilicet participium, ut sensus congruat, addendum existimans. Sanare licet scholiasten, ejusque genuinam mentem assequi oratione in meliorem ordinem redigenda : Ἔμπορος δὲ ὁ ἀγοράζων ἢ ἀπὸ τοῦ αὐτοπώλου, ἢ ἀπὸ τοῦ καπήλου, καὶ ἐπὶ ξένης πωλῶν· quod iis, quæ tradidit, tam concinne respondet, ut, quin ita reliquerit, dubitari nequeat. Steph. Byz. in Ἰσεῖον, cujus urbis Ægyptiæ nomen erat incolis, ut, Hesychio teste, Metapontinis apud Italos, ab ipsa re μεταβόλοις· nam, quæ huc egregie faciunt, πωλοῦσι μόνοις τοῖς ἐμπόροις ἀθρόα τὰ φορτία, παρὰ τῶν τεχνιτῶν ἀγοράζοντες αὐτὰ κατ' ὀλίγα, καὶ κοτυλίζουσι τοῖς ἐγχωρίοις· ubi κοτυλίζειν Polluci quoque notatum 7, 194, idem est, quod scholiastæ κατὰ τὴν κοτύλην πωλεῖν. Hemst. — 39 ἀπὸ τοῦ καπήλου ἀγοράζων καὶ παλιτπωλῶν Reg., qui 40 τὴν om. — 41 λέγεται δὲ καὶ (καὶ delendum) μεταβολεὺς V. συνεχὲς Ald. ἀπὸ τοῦ συνεχῶς μεταβάλλειν. καταχρηστικῶς δὲ ἀλληνάλλως πᾶσι τοῖς ὀνόμασι χρώμεθα Reg. — 43 δὲ παρὰ πολῶν V. δὲ παρὰ πολλῶν G.

1159, 53. Mercurium ἡγεμόνιον oraculi moni-

tu ab Atheniensibus esse statutum, qui dixerit, præter enarratorem nostrum, alium non memini. Hemst. — 4 τὸ addidit Hemst. — 6 ἡγεμόνος codex.

1161, 15 ἀγώνων—ἐργάζομαι Dorv., sequentia omittens. — 16 μοῖρα—ἐστὶν Paris. — 19 ἀντὶ τοῦ om. V. Θ.

1164, 25 ὄντως, λίαν Θ. — 27 κρατεῖν Hemst. κρατεῖσθαι Dorv.

1165 οὗτος γὰρ ἐξεύρηκεν: Ἐποίουν γὰρ τοῦτο οἱ δικάζοντες, ἵνα, ἐὰν ἀποτύχωσιν ἑνὸς, εἰς (ἀποτύχωσι εἰς Θ.) ἄλλο δικαστήριον δικάσωσιν. Θ. Ald. Quæ ex proximo scholio illata.

1166 in V. sic, ὁ τούτων νοῦς—καὶ τῶν δικαστηρίων δῆλος. Ἄλλως. οὐ ματαίως ἔλεγον πολλὰ ὀνόματα ἔχειν. ἐποίουν γὰρ τοῦτο οἱ δικάζοντες, ἵνα, ἐὰν ἀποτύχωσιν, εἰς ἄλλο δικάσωσι δικαστήριον. Habet Suidas s. Ἐπώνυμον. — 31 ἄλλως. ὡσανεὶ Θ. Ceteri libri ὡς ἂν εἰ. — 33 ὁ δὲ τούτων Θ. Ald. — 34 τῆς additum ex Θ. περὶ προαιρέσεως V. — 35 δῆλος post προειρημένων habent Θ. Ald. — 36 ἐποίουν Dindorfius ex scholiis supra allatis. Legebatur ἐποιοῦντο. Ib. ἀποληφθῶσιν V. Ald. — 37 δικάσωσι om. Θ. « Qui sit ὁ πεσσὸς, quem εἰς τόδε καὶ εἰς τόδε ἐμβάλλειν τῶν δικαστηρίων judices famelici lucellique judicialis avidi dicuntur, proclive non est definire: nec memini alios difficile vocabulum attigisse. Sive enim τὴν βάλανον intelligas, cujus ex Aristotele facta fuit mentio ad v. 278, sive potius τὴν δέλτον, τὸ πινακίδιον, aut τὸ σύμβολον, cui nomen ejus tribunalisque, in quod mittebatur, erat inscriptum, nodus non plane fuerit expeditus; atque adeo dubito, an vitium aliquod inveteratum hic occultetur: quocirca prætermittere non possum, quin lectorem admoneam illius interpunctionis, quam Ald. præbet, ἐν τῷ ἄλλῳ δικάσωσι τὸν πεσσὸν, καὶ εἰς τόδε etc., si forte sagaciori cuipiam lucis aliquid inde affulgeat: ἐμβάλλειν certe εἰς τὸ δικαστήριον, *ingerere se atque inferre in tribunal*, non secus dici poterit atque ἐμβάλλειν εἰς τὴν ἀγοράν. Hemst. De hac interpunctione non cogitandum. Dind. — 38 ἐμβαλόντες Θ. — 48 non δ', sed φ' videtur scripsisse. Dind.

1167, 51 ὠνομάσθαι. Sic scilicet explicuit propter ἐπωνυμίας illas πολλὰς, quæ ante fuerunt commemoratæ: idem igitur est, quod, nomina sua multiplicari student, et in plures tabellas referri, ut, si uno tribunali per sortem excludantur, in aliud irrepere facilius possint: malim vero σπουδάζουσι. Hemst. — 52 αὐτοὺς Θ. Ald. — 53 δὲ καὶ ἐν V. Ald. — 54 ἀναγράφεσθαι Ald.

1169 πηγάδιον pro puteo serioris est Græciæ: vide ad v. 810. Hemst.

1170, 10 δ' οὐκέτι codex.

1171 om. etiam Θ. — 23 παρορῶντο codex.

1172, 26 Ὦ κάλλιστε, consueta Græcis serioribus appellatio, quum veterum esset usitatior, ὦ 'γαθὲ, ὦ βέλτιστε. Hemst.

1174 ἐφθάρηκα, forma verbi ex vulgari lingua sumta. Πεῖναν recentiores πίναν scribunt: v. Ducangium. Hemst.

1175, 32 Δία σωτῆρα V. σωτῆρα Δία ceteri. — 33 Διὸς σωτῆρος Reg. — 34. Fuisse Jovem, qui utroque nomine Σωτῆρος et Ἐλευθερίου Athenis coleretur, vel saltem afficeretur, fidem faciunt Hesych. et Harpocrat. in Ἐλευθέριος: neque tamen eo minus plurimis in urbibus Διὸς et Σωτῆρος et Ἐλευθερίου templa fuerunt seorsum dedicata. Quis autem Athenis exstiterit Ζεὺς σωτὴρ (nam plures fuisse constat), cui cognomen itidem Ἐλευθερίου sit inditum, non satis apertum est. Ego scholiasten sequor, eique duplicis appellationis privilegium tribuo, cui templum fuit ad forum in asty constitutum, summaque religione ab Atheniensibus habitum: huic enim quotquot annis extremo die sacra fiebant, ut patet ex Lysia In Evandr. p. 175, 36; quo tempore stipes videtur a populo collata in aram exornandam; cujus rei meminit Plutarch. in Demosth. p. 859, A. Ab his sacris peractis quum rediret magistratus in concionem, populoque læta fuisse renunciaret, tale, ut arbitror, exordium erat oratoris, cujusmodi legitur in Demosth. Προοιμ. Δημηγ. 63. Ejusdem Jovis σωτῆρος a Lycurgo mentionem fieri puto Adv. Leocr. p. 150, 6, et 167. Ἐλευθερίου vero cognomen fuit nactus διὰ τὸ τοὺς ἐξελευθέρους (pejus ἐλευθέρους Etymologus habet, et scriptus Suidæ codex) τὴν στοὰν οἰκοδομῆσαι τὴν πλησίον αὐτοῦ· quod quum Hyperides expressis verbis, Harpocratione teste, tradiderit, non video, quam fidem Didymus mereatur tanto citerior, qui magnum oratorem hoc nomine erroris arcessere non dubitavit: nam Ἐλευθέριον dictum esse Jovem propterea, quod Græcos Persici dominatus metu liberasset, id quidem ultro largior, utpote firmatum præter alios auctoritate Strabonis 9, p. 632, A, et Aristidis vol. 1, p. 237, C; sed ejus Jovis templum Platæis post memorabilem illam de Mardonio victoriam fuit erectum, et noto Simonidis epigrammate celebratum. Perperam igitur confudit Didymus communem illum Græcæ libertatis vindicem, et hunc Atheniensibus proprium Δία Σωτῆρα, cui ab alia longe causa, quam vere Hyperidem, qui optime scire poterat, explicuisse credo, Ἐλευθερίου titulus accessit: quod non parum adjuvatur a Menandro, ex quo patere monet Harpocration ὅτι ἐπιγέγραπται μὲν Σωτὴρ,

ὠνομάζετο δὲ καὶ Ἐλευθέριος. In illa vero τοῦ Διὸς τοῦ Ἐλευθερίου στοᾷ sedentem adortus est Ischomachum Socrates, eosque sermones audivit, qui venustissime sunt descripti a Xenoph. in Œcon.: unde simul liquet, foro fuisse junctum. Solebant autem, si quod gravius adeundum esset discrimen, Jovi suo Servatori vota nuncupare. Hinc facile intelligitur, non alium esse Jovem Σωτῆρα, cujus hic sacerdotem Aristophanes in scenam ire jussit. Erat alioqui in Piræeo etiam ἱερὸν τοῦ Διὸς τοῦ Σωτῆρος navigantibus opportunum, cujus mentionem fecit Strabo 9, p. 606, B; nec deerit forte, qui eam in ædem, propter portum sitam, commodius ingredi putet ἔμπορον σωθέντα, ut Jovis propitii numen victima cæsa veneretur: at ego cum scholiaste facio. Hemst.

1176, 36. Ita solent Græci posteriores: λέξον μοι ἕνεκεν τῆς Θεοτόκου, *quæso te dic mihi, per virginem Deiparam*. Hemst.

1180 sic in V., θυσίας ἐπιτελέσαι ἢ ἐξιλεώσασθαι τὸ θεῖον ἐπὶ τοῖς μέλλουσιν. — 42 τὰ τῆς θυσίας Ald. — 43 ἐξιελοῦτο Θ. — 44 sq. conf. schol. v. 1185. — 48. Hic usus verbi φυλάττεσθαι est citerioris Græciæ. Hemst.

1184, 7 codex ἐφοδήματα. — 14 sqq. Nugæ sunt, quæ narrat de voce πάτος, quasi *alimenta* significaret: nusquam enim, etsi analogia non obstet, ea potestate reperietur. Hemst. — 17 ἢ ex Regio legendum pro ἤγουν.

1185, 22 κωλᾶς Hemst. κωλὰς Ald. — 23 νόμος ἦν Ald. et Suidas s. Κωλακρέται et Νομιζόμενα. — 24 Ἡ οὕτως. τὰ R. — 25 κωλαῖ Suidas. κῶλα libri scholl.

1190, 43 δὲ φφος Paris., eodem compendio usus ad v. 716.

1191, 51 ἐγκαθιστῶ Reg.

1193 sic in R., τῆς Ἀθηνᾶς. εἰς τὴν ἀκρόπολιν ἀνέφερον—ἐπανηλώθη. ἐπειδὴ τὰ χρήματα—Ἀθηνᾶς ναοῦ. In V., τῆς Ἀθηνᾶς— ἐναπηλώθη. Ἄλλως. ὀπίσω—ἀκροπόλεως. ὡς μέλλοντος προϊέναι τοῦ Πλούτου. Postrema ὡς—Πλούτου ex scholio v. 1195. — 10 τῆς κ. π. Ἀθηνᾶς post διπλοῦς τοῖχος leguntur in V. Θ. Ald. Transposuit Meursius Cecr. c. 26. Regius: Ὀπ. τ. ν. τῆς Ἀθ. ἐν τῇ ἀκροπόλει διπλοῦν ἦν τεῖχος ἔχον θύραν, ὅπου ἦν τὸ θησ. τῶν κοινῶν χρημάτων. καὶ ἐκαλεῖτο τοῦτο ὀπισθόδομος. ὡς γοῦν χρημάτων ταμιεῖον λέγει ἐκεῖσε πρότερον ἐγκαθιδρῦσθαι τὸν Πλοῦτον, καὶ νῦν αὖθις ἐκεῖ φησιν ἐγκαθιδρύσειν. — 12 ἐπειδὴ R. Ald. ἀπέκειντο Θ. μέσον δὲ Ald.—13 ἐστι om. V. ἔνθα ἐστὶ R. — 14 post ναοῦ pergit Θ. et Ald. τοῦτο δὲ εἶπεν ὡς μέλλοντος προϊέναι τοῦ Πλούτου. (v. 1195.) ἀλλ' ἐκδότω—Φυλλίου. ἵν' ἔχων προηγῇ τῷ θεῷ: τῆς Ἀθηνᾶς—ἐπανηλώθη. — 16 φησὶν om. Θ. — 17 ἀεί ποτε R. V. ἀπό τε Ald. ἔτι τότε apud Thucyd. — 19 τὰ V. pro τριακοσίων. παρεγένετο Θ. « Corrigendum μύρια ἐγένετο ex Thucyd. » Dind. εἰς R. V. om. Θ. Ald. τε om. R. — 20 τὰ ἄλλα R. Ald. — 21 scribebatur εἰς.

1194, 25 ὁ Λυκ. Θ. Ald. « Lycophron, ut probabile videtur, ea de re, cujus causa testis ab Eratosthene citatur, scripserat in libris περὶ κωμῳδίας, quorum in Athenæo fit mentio: idem erat et poeta multisque tragœdiis nobilitatus, et grammaticus, ut Suidas ostendit; nec raro cum Eratosthene paulo inferiore hoc in genere jungi solet, velut a nostro schol. ad Vesp. v. 702, ad Pac. v. 701. Πρὸ ἀμφοτέρων τούτων, Plutum videlicet huncce, et Ecclesiazusas nostri Comici, cujus tu dramatis vid. v. 970, 1142; nam cave, ne cum Jungermanno ad Poll. 9, 78, n. 24, ἀμφοτέρους Lycophronem et Aristophanem intelligas. » Hemst. — 26 ὁ Ἐρ. Ald. τοῦτο Θ. Ald. δᾷδας τοῦτον V. — 28 γὰρ om. Θ., qui πρὸς ἀμφ. Ib. Ποταμίους, 29 Φιλύλλιον Hemst. Legebatur Ποταμοὺς—Φυλλίον (φύλλον Θ.). — 30. Pythium Strattidis utrum intelligendum sit Apollinis fanum in urbe, an alterum Œnoæ, de quo Philochorus apud schol. Sophocl. ad Œdip. Col 1041, definire non possum: illud tamen vero videtur similius. Meminit ejus Πυθίου Thucyd. 2, 15, et 6, 54, ubi vide Dukerum; parique loquendi formula Isæus p. 55, 14: ἀναθήματα ἀνέθεσαν τρίποδας ἐν Πυθίου, quod Suidas illustrabit in Πύθιον. Hemst.—31 πάρεστε V. περ ἐστὲ Θ. Ald. — 32 Φιλυλλίου Hemst. Legebatur Φυλλίου (φύλλον Θ.).

1195. Vide ad 1193, 14.

1197 scholio v. 1198 adjungit V., præfixo ἄλλως, omissoque γὰρ post ἔθος. — 45 ἡψημένας Θ. ἑψημένων Reg. Ald. ἑψημένων V. — 46 corrigendum est ποικίλοις, quod tantillum vitium eos, qui scholiastæ verbis usi sunt, fefellit. Scholium autem mox ad Ἐπὶ τῆς κεφαλῆς adjectum huc revocari malim; hocce contra istius in locum succedere. Hemst. — 47 καὶ οὕτως ἀπ. Reg. — 49 ἀφιεροῦντες Hemst. Codex ἀφιεροῦν. — 50 pro αὐτοὺς reponi malim βωμούς. Ita jubet scholiastes noster et ad Pac. v. 922. Hemst.

1198, 2 ἀγάλματα schol. Pacis l. c. et Suidas s. Χύτραις. θεοῦ libri, schol. Pac. et Suidas. Legebatur θεῶν. — 3 τούτους ἀφιδρυμένους Θ. χαριστήρια schol. Pac., « quæ hic etiam paulo ante videbamus, et ad v. 1054; idque occurrere frequentius negari non potest: χαριστήριον ναὸν ἱδρύσασθαι ad Nub. v. 52; χαριστήρια τῇ πόρνῃ ἀποδιδόντας Athen. 13, p. 572, F; σωτηρίας χαριστήριον ἀποδοῦναι 15, p. 672, A; χαριστήρια τῷ Δ ὶ θύειν Ze-

nob. C. 1, 33; ταῦτα σύμπαντα χαριστήρια τῷ Ἀχιλλεῖ ἀνάκειται Arrian. P. P. E. p. 13, 10, De ven. c. 35; χαριστήριον τῆς Ἰκάρου ταφῆς Hesych. in Πλήξαντα· inde Προχαριστήρια ab iis, qui veterum festa collegerunt, neglecta Suidas commemoravit : Προσχαιρητήρια, in quibus explicandis mirifice lapsus est Jo. Meurs. in Græc. Fer., perperam apud Harpocrationem legi, vel ordo literarum demonstraverit. Neque alterum tamen, quasi exemplo careret, temere videtur repudiandum : Etymol. p. 706, 44 : ὑπὲρ ὑγείας καὶ εὐτυχίας εὐχαριστήρια. » Hemst. εἰς χαριστήρια Θ. — 4 ταῖς om. G.— 6 ἑρκείου Suidas. Scribebatur ἑρκίου. — 7 μεθ' ὧν ὁ schol. Pac. ἱδρύνθη G.

1199, 12 πορφυροῖς. Ἐν præfigendum videtur : familiarissima locutio, εἶναι ἐν ἐσθῆτι, *indutum esse veste*, in qua per ingenium linguæ, ut quidem existimo, præpositionem omittere non licet : ideo pluribus in locis, ubi errore librariorum desideratur, revocandam arbitror; ut in Æschin. Ep. 4, καθήμενος ἐν ἐνδύματι καὶ λύρᾳ ὁ Πίνδαρος· apud Alciphr. 3, p. 428, ἀλλ' ἐγὼ μὲν ἐν ταπεινῷ τῷ σχήματι etc., et schol. nostrum ad v. 9, ἐν παρθενικῇ σκευῇ χρηστηριάζειν· neque alia fuit causa, cur vel Casaubonus in Athen. 6, p. 255, E, κατέκειτο ἐν λευκῇ χλαμύδι, vel ego in Luciani Nigr. p. 53, ἐν τοιαύτῃ ἐσθῆτι θεώμενος restitueremus : sic enim ipse sub initium Bacchi : ἐν πορφυρίδι καὶ χρυσῇ ἐμβάδι· et paulo post ἱππεύοντα ἐν κροκωτῷ· Alciphr. 3, 40, ἡμίγυμνος ἐν τριβωνίῳ. Hic igitur pari modo, ἐν πορφυροῖς, *purpureis amicti, variisque vestimentis pompas celebrabunt.* Hemst. Vide Ruhnken. ad Vell. Pat. p. 188. Bast. nott. mss. — 13 δεῖ καὶ R. — 14 συνῆλθε Θ.

1201 ἔλθει Dorv.

1202, 28 γάμου καὶ συναλλ. Reg., qui 29 σοι om.

1206 sic in V. τὸ ἐπιπηγνύμενον ἐλαιῶδες τῷ ζωμῷ, ἡ ἐπιφάνεια τῆς ἀθάρης. ἐν τῷ ὑπερζεῖν τὰ ὄσπρια γραῦς καλεῖται ὁ ἀφρὸς ὁ α.:·ατος. — 38 sq. γραῦς λέγεται ὁ R. ὁ ἀφρὸς om. Θ. — 39 ..ώτατος etiam Suidas s. Γραῦς. ἀνωτάτω Ald. τῶν χυτρῶν additum ex R. ἢ om. Θ. πηγνύμενον Θ. Ald. — 40 sq. τὸ δὲ — χοροῦ om. Θ. V. Eorum loco R. ὁ λόγος ἐκ τοῦ ποιητοῦ διὰ τοῦ χοροῦ. — 42 ἄθη vox barbara labentis Græciæ Ducangium præteriit : suspicor, ut ἄνθος dixerunt ἄθος, vel ἄθθος, perinde et ἄθη pro ἄνθη receptum fuisse; unde ἀθηβολή, quod Ducangius subministrat. Ἄνθη vero Atticis eadem, quæ ἄνθησις, ut αὔξη, βλάστη, ἄσχη, ὀφειλή, σύλη. Solet autem, quicquid in summam faciem cujuslibet corporis emicat atque emergit, ἄνθος dici, et ἀνθεῖν, ἐξανθεῖν : ideo spuma quoque ἄνθος : unde οἶνος λευκῷ πεπυκασμένος ἄνθει sunt *spumantis pocula Bacchi* Archestrato apud Athen. 1, p. 29, B. Aristoph. Lysistr. 1259 : πολὺς δ' ἀμφὶ γένυας ἀφρὸς ἤνθει· quod opportune Berglerus adnotavit ad Alciphr. 1, Ep. 1, ubi τοῦ ὕδατος ἀφρὸς ἐξηνθήκει. Patet itaque non fuisse nullam causam, cur Græci recentiores γραῦν vetustorum ἄθην appellaverint, aut ἄθθην. Hemst.

INDEX

NOMINUM ET RERUM

QUÆ

IN ARISTOPHANE ET SCHOLIIS

MEMORANTUR.

INDEX AUCTORUM

ET

INDEX GRÆCUS

IN SCHOLIA.

PRÆFATIO.

Quod mirum videri potest, si qui erunt ad hanc paginam delati, *nominum et rerum indicem* præfatione instrui, non videbitur his perlectis. In illis sane poetis et scriptoribus, qui hoc ubique dicunt quod verba sonant, plana via inceditur; apud Aristophanem per lusum, per ironiam, per miram diversitatem loquentium, per omnia denique quæ veteris comœdiæ exsultatio ex ingenioso poeta elicuit, res eam sæpe speciem induunt, ut, si in seria jejunitate *indicis* ita referantur, longissime abfuturæ sint a vera sententia poetæ. Hanc in *indice,* abstersis facetiis, comico choragio exutam, proponi conveniebat : sed quum collecta ὕλη ex comœdiis et scholiis jam per se in magnum acervum excrevisset, ne mea qualicumque expositione nudæ sententiæ in majus etiam augeretur, ea quæ præcipua esse existimabam, verbis quidem ad Aristophanea quam proxime accedentibus referre tentavi, verum oratione ita composita, ut ficta a veris facile dinoscas et mentem Comici haud ægre dispicias. Attendendum est autem in ea re, nec usquam negligendum, ex qua quidque fabula afferatur.

Ceterum novo instituto et ad Aristophanem inprimis, opinamur, accommodato poetæ dicta et scholiastarum interpretationem et disputationes in unum conjunximus, per typorum formam utraque distinguentes : qui modus quum in universum multam commoditatem af-

ferre videbatur, tum si quibus totam molem scholiorum, quorum prope dimidia pars ab indoctis magistris composita est, perlegendi otium non est aut animus, utilia omnia his paginis breviter relata invenient. Nam hoc studiose consectatus sum ne quidquam omitterem quod usu aliquo esse possit. Sciendum est autem

ROMANO et vulgari charactere scripta esse POETÆ,

Italico, esse SCHOLIASTARUM,

parentheseos signis circumdata a NOBIS

addita esse quando necessarium videbatur. Si quis repetita quædam alicubi esse et brevius commodiusque disponi potuisse animadvertet, scito nos id spectasse ut quid et quantum de quaque re in quoque loco poetæ aut scholiorum legatur appareat : quæ notatio contractis nonnullis periisset.

Absoluto indici nostro Kusterianum contulimus, et quæ in eo vidimus nobis non relata, uncis inclusa cum nomine ipsius adjecimus quamquam ab nostro consilio aliena.

F. D.

INDEX.

NOMINUM ET RERUM.

A.

redemptione, nisi Myrmidones fabula intelligitur, in qua ad tertium diem silebat, Ran. 911—915. Achilles jecit duo puncta et quattuor, ut Euripidis profert Bacchus Ran. 1400, de quo loco valde diversas sententias scholiastarum vide.

Achivi. Achivorum geminum imperium Hellenicæ pubis, Atridæ, Æschylus Agamemnone, Ran. 1285. Achivorum inclutissimus Agamemno, Æschylus, ib. 1270.

Achradusius, fictum ab ἀχράς, pro Acherdusius, ex pago tribus Hippothoontidis, Eccl. 362.

Actor, pater Euryti, Nub. 1063.

Adimantus, Leucolophi filius, mortuus, apud Platonem philosophum et Eupolidem Leucolophidæ filius, dux nautici, perstringitur ut peregrinus et παρεγγεγραμμένος; cum eo malefici constringendi, Ran. 1513.

Admetus: Ἀδμήτου λόγον, initium scolii, Vesp. 1239. Apud Cratinum tibiis canitur Ἀδμήτου μέλος. Hinc Admetum κωμῳδουμένοις inseruit Herodicus. Sed scolium est in veterem Admetum, qui cum Alcestide uxore et Hippaso filio Pheris exul ad Theseum venit, ibid. Admeti λόγος cantatus ad myrtum, fr. 377. Admeti carmen, Ach. 980.

Adonia, festum celebratum Adonidi et Veneri, Pac. 420.

Adoniasmus, festum Adonidis, in ædium tectis a mulieribus celebratus, Lys. 389.

Adoniazusæ drama, Lys. 389.

Adonis plangitur a mulieribus partim ebriis, Lys. 393, 396. Adonidis mors per suem, Ach. 793. Adonidis horti, Lys. 389.

Adonis, Ptolemæi Philopatoris tragœdia, in quo Echo ad Euripidis exemplum exhibuerat; de ea scripserat Agathocles amasius ejus, Thesm. 1059.

Adonius (pro Adonis), fr. 575.

Ἀδοφοῖται, Geryt., fr. 198.

Adulteri: eorum pœna apud Athenienses, Pl. 168, Nub. 1083.

Æacus, quum siccitas Æginam invasisset, Panhellenas ad venerandum Jovem collegit; unde Jovis Ἑλλανίου cultus institutus, Eq. 1253. In Ranis Æacus ut servus Plutonis auscultat, et viso Hercule, cujus habitu Bacchus accessit, vehementissimis minis et imprecationibus excipit furem Cerberi, 464—478. Exit cum servis ut constringat Herculem, cujus habitu jam Xanthias servus utitur; eo furtum negante et servum suum, Bacchum, quæstioni præbente, Bacchus se immortalem esse affirmat: verberibus igitur uter deus sit explorat Æacus; quod quum non procedat, ad heros ducit qui rem cognoscant, 605—671. Post colloquium prorsus vernile Xanthiæ narrat causam et processum certaminis de Æschylo et Euripide, quorum judicium multitudo poscit, Baccho commissum, 738—813.

Æantis tribus, Pac. 1183.

Ægæum promontorium Neptuni, Ran. 665.

Ægeis tribus, Ach. 406, Thesm. 898, Ran. 477, 651.

Ægeus, fr. 22. Ægeo, Pandionis filio, a patre data regio παρὰ τὸ ἄστυ μέχρι Πυθίου, Lys. 58, vel regio περὶ τὸ ἄστυ, ut est Vesp. 1223. Est Medi pater ex Medea, Pac. 289.

Ægida (Atheniensis), Eq. 1067.

Ægimius: ejus filii, Pamphylus, Dymas, Dorus, a quibus Laconicæ tribus, not. ad Pl. 385 fin.

Ægina, in qua templum Æsculapii, Vesp. 132 sq. In Ægina Juppiter Ἑλλάνιος colitur, ex eo tempore quo in siccitate Æacus cum collectis Panhellenibus Jovem venerabatur, Eq. 1253. Ægina ab Atheniensibus subacta et cleruchis divisa, Ach. 654. Ibi cleruchus Aristophanes, teste Theogene De Ægina, Prol. XIII, 19, coll. XI, 32 sq. Æginam ab Atheniensibus flagitant Lacedæmonii (ut fingitur) ob Aristophanem, qui in ea insula prædia possidebat, secundum nonnullos, Ach. 653. Ægina, commune emporium, Ran. 363.

Ægineta, Nub. 1356

Ægle, minima liberorum Æsculapii ex Lampetia, Pl. 701.

Ægyptii et Phœnices messem incipiunt canente cuculo, Av. 504—506. Unde proverbium: Κόκκυ, Ψωλοὶ πεδίονδε, nam Ægyptii erant recutiti, 507. Ægyptii sorte dividebant agros [v. not.], Nub. 203. Sunt λινοπωλοί, Thesm. 935. Cramben coctam edunt ne inebrientur, Eq. 539. Ægyptii utuntur syrmæa ad dejiciendam alvum, Pac. 1253 sq. Ægyptius laterum bajulus, Av. 1133 sq. Ægyptii in comœdiis ut ἀχθοφόροι memorantur, ibid. Sic in Ran. 1406, ubi vide schol. Sunt fraudum concinnatores dexterrimi, πανοῦργοι, Nub. 1130, Thesm. 922. Ægyptiis auxilia contigerunt ob pecuniam, ab Atheniensibus contra Persas sub Psammeticho, Amaside, Inaro regibus (quæ ad Pluti locum non pertinent), Pl. 178. Ægyptius a nonnullis dicitur Aristophanes, Proleg. XIV, 1. Ægyptiaca lingua, Av. 1294.

Ægyptus, Av. 504, fr. 476 extr. Ægyptus, terra importuna, periculosa navibus, Thesm. 878. Ægyptus, candida cum μελανοσυρμαίῳ populo, a Nilo rigata, ib. 856 sq. Ægyptus pluviæ expers, secundum Herodotum; est latronibus obnoxia, Nub. 1130. Frumenti copiosissima, Av. 301. Ægypti ὕλη, Pl. 178, ubi vide notam Hemsterhusii. In Ægyptum abeunt grues, Av. 1136.

Ægyptus capta a Megabazo satrapa Darii, Av. 484.

Ægyptus cum filiis quinquaginta Argos appellens, Euripides Archelao, in cujus exemplis hoc non ferebatur, Ran. 1206—1208. Ægyptus, pater Lyncei, in Danaidibus, fr. 258, sch. Pl. 210 c. not.

Æolica dialectus, Eq. 697, Nub. 633, 989, Vesp. 1234, Pl. 493, Pl. 673, not. Ran. 293.

Æolis, Ran. 33, 698.

Æolosicon, fabula Aristophanis: v. fr. 109—123, p. 463 sq. Qualis fuerit, Prol. I, 31—43.

Æolus, pater Macarei et Canaches ex eadem uxore, ab Euripide in scena exhibitus, Nub. 1371.

Æolus, tragœdia Euripidis, Ran. 863, in qua incestus amor, 849.

Aer immensus, qui terram sublimem tenet, ex philosophorum sententia in medio mundo, τῷ παντί, quod aer est, constitutam, ut deus invocatur a Socrate, Nub. 264. Per Aerem jurat Socrates, Nub. 627, et Socratici, ib. 667.

Ærei numi: decretum a præcone promulgatum: Ne quis æreos numos accipiat; argento enim utimur, Eccl. 815—822.

Aerope πορνεύουσα in Cretensibus Euripidis, Ran. 849. Aerope et Atreus in Cressis Euripidis, Vesp. 763.

Æschinades (nomen rustici); secundum nonnullos nomen tibicinis, Pac. 1154.

Æschines. Æschines, Selli filius, ψευδαμάμαξυς, mendax, Vesp. 325, homo pauper, ib. 1267. Æschine Sellartii filio in ignem imposito fac fumum, nam erat καπνώδης τὴν φύσιν, ψευδόπλουτος, ibid. 459. Æschinis, Selli filii, opes omnes sitæ erant in Nubicuculia, nam pauper divitem se per vanitatem ferebat, Av. 823. In Vespis Æschines, Selli filius, vir sapiens et musicus, canit scolium, quo jactantia ejus perstringitur, Vesp. 1243—1246. Nam est inter convivas, ib. 1220.

poris artifices optimi, condiderunt Apollinis templum Delphicum et in Elide thesaurum Augiæ; quem clam spoliaverunt; sed Dædali dolo pedica capti, Agamedis caput a Trophonio amputatur, ne agnosci posset. Filium ex Epicasta habuit Cercyonem, secundum Characem, *Nub.* 508.

Agamemno rex, *Av.* 509. *Immolavit Amarynthi Dianæ arietem* κόλον *et templum ei statuit Colænidi; auctores Callimachus et Euphronius*, *Av.* 874. *Apud Achæum in Philocteta Achivos excitat acclamatione* ἐλελελεῦ, *Av.* 364. *Vide* Atreus, *Iphigenia.*

Agatho, tragicus poeta, *filius Tisameni*, *mollissimus*, *Ran.* 83, ob mollitiem perstringitur in *Gerytade*, *fr.* 229 [adde schol. Luciani ap. Cramer. Anecd. Oxon. vol. 4, p. 269, 20]. Agathonem *fuisse* nigrum, robustum, barbatum *tradunt Aristarchus et Didymus: sed per id quod non erat perstrinxisse eum Aristophanes videtur, nisi de alio ignobili quodam Agathone hæc intelligenda*, *Thesm.* 31, 33. *Erat lævis et barbam sibi vellebat*, 33. *Tribus annis* (*v. not.*) *ante hanc fabulam docere inceperat*, 32. *In Thesmophoriazusis* Euripides adit Agathonem, poetam tragicum inclytum, non illum robustum, nigrum, barbatum, sed pathicum, 29—35. Domo exit famulus ejus delicatus, orans silentium ut fiat choro Musarum heri, qui artificiose pangat tragœdiam, 39—69. Ipse exit muliebri habitu, cantillans, choro suo cantica præcipiens, 101—129. Ejus effeminata mollities ridetur, sed ipse explicat quam apta sit poematis suis, quibus parem debere esse poetæ habitum, 130—175. Non vult ut mulier intrare templum Thesmophoroiv et periculum pro Euripide subire, pejori celeroquin exemplo periturus, quippe mulierum opera nocturna clepens, 177—208; sed ad exornandum Mnesilochum novaculam, crocotam, strophium, vittas, mitram, galericulum, encyclum, calceamenta præbet, 218—265. *In Ranis* Agatho, bonus poeta et amicis desiderabilis, abiit ad beatorum epulas, *quod vel de mortuo dictum, vel de discessione ejus in Macedoniam ad Archelaum regem, ubi ad mortem mansit*, 83—85. Κωμῳδοποιὸς τοῦ Σωκρατικοῦ διδασκαλείου, 83. *Amicos splendide accipiebat; apud eum scriptum Platonis Convivium*, 84. Ejus verbum perstringitur *fr.* 494. Antitheton secundum Agathonem inventum, *Thesm. alt.*, *fr.* 300, b.

Agathoclea, soror Agathoclis, amata a Ptolemæo Philopatore, Thesm. 1059.

Agathocles, Agathocleæ frater, amasius Ptolemæi Philopatoris, scripsit de ejus tragœdia Adonide, Thesm. 1059.

Ἀγαθοῦ δαίμονος. *Vide* Boni Genii.

Agelastus rupes Athenis s. Eleusine, ubi consedit Ceres Proserpinam quærens; ibidem consedisse dicunt Theseum in Orcum descensurum, *Eq.* 785.

Agenor, pater Cadmi, *Ran.* 1226.

Agis, dux Lacedæmoniorum, Atticam obsidebat quum Aves agebantur, *Av. Arg. I.*

Aglaia, Gratiarum una, *Nub.* 773.

Aglaophon, pictor Thasius, secundum nonnullos primus Victoriam finxit alatam, *Av.* 574.

Aglaurus: per eam jurant mulieres, *Thesm.* 533 *et sch.*

Agna nigra *immolabatur* exoriente Typhone, *turbine opaco*, *Ran.* 847 sq.

Agones octo: στάδιον, δίαυλος, δόλιχος, ὁπλίτης, πυγμή, παγκράτιον, πάλη, ἅλμα, *Av.* 292.

Agoracritus, isiciarius (ab Aristophane fictus) *in Equitibus*, prodit cum apparatu isiciarii, plebeius et rudis: ei incredulo demonstrat Demosthenes, reipublicæ administrationem et Atheniensium sociorumque imperium oraculo delatum esse ipsi, 146—210. Miratur se populi procurandis negotiis aptum esse, quæ nesciat, 211 *sq.* Animos ei addit Demosthenes, 213 *sqq.* Impudenti vociferatione certat cum Cleone, 273 *sqq.*, et incitatus a Choro, ei demonstrat se malis ipsum artibus superaturum, et minas jacit, 335—374. Impudentia et turpitudinis gloriatione certat cum Cleone, quem tandem verberat, 409—452. Deinde Cleoni in Argivis conciliandis perfidiam objicit, Cleo eum ut proditorem delaturus in senatum abit; sequitur Agoracritus allio et adhortationibus Chori exstimulatus, 465—502. Quam vilibus lenociniis senatum et Cleonem circumvenerit, narrat, 615—682. Supervenit Cleo: altercantur et rem ad Populum deferunt, quem Cleo nunc quoque abjectis blanditiis ab se captum iri sperat, 691—727. Populo Agoracritus se amatorem rivalem Cleoni esse persuadet. et in pnyce cum eo certare jubetur, uter Populum magis amet, 733—755. Cleo postquam sua merita exposuit, Agoracritus victori Persarum, quod in petra nimis dure sedeat, pulvinar supponit, plaudente Populo et ex Harmodii prosapia ortum isiciarium existimante, 769—787. Deinde alia Cleonem merita commemorantem sigillatim refutat et inimicum potius Populi egisse demonstrat, 790—835. Deinde Cleonem ipsius artibus adoritur et supplantat, dexterius calumnians et blandiens, calceos et vestem utrinque manicatam Populo donans et abjecta officia ei offerens, 843—940. Eum admiratur Populus, 884 *sqq.*, 943 *sqq.*, et annulum suum tradit cum pennis administratione, 959. Certat cum Cleone de oraculis, 960 *sqq.* Uterque sua efferunt et opponunt: Agoracriteis fidem majorem habet Populus et isiciario suam senectutem committit, 997—1099, tandem, petente Cleone, exploraturus uter ei plus benefaciat, 1100—1110 Certatim Populo lautitias offerunt; tandem conspecta vacua Agoracriti arca, Cleonis plena, Populus se ab hoc deceptum planissime fatetur; et Cleo ipse Agoracritum oraculo sibi tanquam perniciem significatum agnoscit; hinc Agoracrito traditur, jam Populi res curanti, 1151—1262. Is Medeæ arte Populum senem coquit et antiquum Marathonium splendorem ei reddit, pulcherrimis et utilissimis consiliis imbuto, 1316—1387; tandem venustissimas Inducias tricennales ei tradit, quas Cleo absconderat, et Cleonem in infimam plebeculam detrudit, ipse in Prytaneo et prima sede considens, 1388—1408.

Agoranomi, *mercium inspectores*, judicantes de damno mercibus illato, *Vesp.* 1407.

Agraule, Cecropis filia, *Lys.* 439.

Agricolæ, *fabula Aristophanis. Vide* Georgi. *In Pace* prodit Agricolarum Chorus (quanquam Trygæus advocarat etiam mercatores, fabros, opifices, inquilinos, hospites, insulanos, 296—298, et Argivi, Bœoti, Megarenses, Lacones memorantur inter eos qui Pacem deam antro extrahunt, 466 *sqq.*). Alacres et læti adveniunt cum machinis et vectibus ad extrahendam dearum maximam et φιλαμπελωτάτην, sibi gratulantes, vociferantes, tripudiantes: ægre lætitia eorum compescitur a Trygæo: nam metus erat ne Πόλεμος (Bellum) intus illis clamoribus excitaretur, 301—336. Meminerunt duri belli, et se ipsos jam non acerbos et asperos judices fore, sed mites promittunt, 346—360. Mercurio supplicant, ne iratus a Pace effodienda ipsos arceat, 385—399. Trahere incepturi, in libatione vota concipiunt contra turbatores pacis, 428—457. Trahunt, assiduorum operam laudantes, ignavorum reprehendentes; tandem solis agricolis fortiter intendentibus res succedit, 458—519. Salutant Pacem quæ emersit, et bona ejus recensent, 538—538,

Aristophanem in capite Jovis, *quia sacra cuique deo animalia in capite statuarum ponebant*, *ibid.* *Vide* Æsopus.

Ἀρᾶς templum (Athenis), *Hor.*, *fr.* 481.

Arabia felix, *Av.* 145.

Araneæ canuntur Euripideo modo *in Ranis* 1313—1316.

Araros, *filius Aristophanis*, *qui eum Pluto fabula popularibus commendabat*, *Prol.* *XI*, 77 *sqq.*; *XII*, 36 *sqq.*; *XV*, 21. *Araros suis et patris fabulis certavit*, *Prol.* *XIII*, 16. *Adde* Aristophanes.

Arbitri. Vide Diætetæ.

[*Arbores. Rustici olim pedes vel crania animalium arboribus affigere solebant*, *fascini avertendi gratia*, *ne exarescerent*, *Pl.* 943. K.]

Arcades ante lunæ originem in desertis vagabantur, *arborum frugibus vescentes*; *unde* προσέληνοι *dicti*; *sed a Phrygibus in certamine de gentis antiquitate victi*, *Nub.* 398.

Arcadia, *Eq.* 798, 801. *In ea educatus Juppiter*, *Nub.* 468.

Arcas κυνῆ κυνλάς, *alata*, *Sophocles Av.* 1203. *Arcas Bacis*, *Pac.* 1071, *Melanthius*, *ib.* 890.

Archagetæ (tribuum heroes ἐπώνυμοι), *fr.* 186.

Archedemus peregrinus, nunc populi dux principatum nequitiæ obtinet, *Ran.* 417—421. *Ut peregrinus traducitur etiam ab Eupolide*, 418. Devovetur Archedemus lippus, γλάμων, *quod Callistratus pro nomine proprio accipit*, *ut Charon*, *Ran.* 588.

Archegetis Minerva, *Av.* 516.

Archelaus, *rex Macedoniæ* : *apud eum vixit Agatho cum multis aliis* (*poetis*), *Ran.* 84. *Ob Archelaum Nubes fabulam scriptam esse somniabantur ab Aristophane*, *cui prætulerit ille Socratem*, *Arg. Nub.* *I*.

Archennus, *pater Bupali et Athenidis*, *primus Victoriam alatam finxit*, *Av.* 574.

Archenomus : ei (restem) mittit Pluto cum minis, *Ran.* 1507.

Archeptolemus (coryphæus legationis septimo anno belli) pacem a Lacedæmoniis obtulit, repudiatam a Cleone, *Eq.* 794—796 (ubi errat scholiastes, ad quem v. notam Palmerii). *Erat Hippodami filius*, *Cleonis inimicus*, *Eq.* 327 *cum nota Meieri*.

Archias, *Syracusarum conditor*, *divitiis ei et bona valetudine in oraculo propositis*, *divitias prætulit et opulentissimam urbem condidit*, *Eq.* 1091.

Archilochus Parius poeta, *turpiloquus in iambis*, *Prol.* *X*, *b*, 157. *In pugna adversus Saios Thraciæ abjecta parma fugit* : *ejus versus in hanc rem*, *Pac.* 1298 *sq.* *Scripsit trimetra et tetrametra*, *Nub.* 641. *In Paro victor primus hunc hymnum Cereris* (τήνελλα καλλίνικος?) *sibi acclamasse fertur*, *Av.* 1764. *Versus ex ejus Hymno in Herculem post ærumnam in Augeæ stabulo*, *ibid.* *Archilochi erat fabula de societate vulpis et aquilæ*, *quæ juniori Æsopo tribuitur Av.* 651 *sqq.*

Archimolius mari missus a Lacedæmoniis contra Hippiam, *repellitur*, *Lys.* 1153.

Archinus et Agyrrhius memorantur a Platone et Sannyrione publicæ mensæ præpositi diminuisse mercedem comicorum poetarum, *a senatu acceptam*. *Ad horum alterutrum* a Comicis traductum, *referunt Ran.* 367 *sq.*

Archippus poeta maxime omnium perstringitur ob dicta forensia et inficeta, *Vesp.* 481. *Ei tribuuntur quattuor fabulæ quæ Aristophanis feruntur*, *Prol.* *XI*, 87.

Archon. Archontum εὔθυναι *in judicio imitatione exprimuntur Vesp.* 963 *sqq.* *Archontes myrtis coronabantur*, *Vesp.* 861. Archon (judicat) *Vesp.* 1108. *Archontem non perstringi*, *lex Comicis*, *Nub.* 31, *Ran.* 501 *et not.*

Archon rex *præerat certamini bibendi Choum festo*, *et utrem vincenti dabat. Etiam pomparum mysticarum curator et sacrificiis præfectus erat*, *Ach.* 1224. *Adde* Polemarchus.

[*Archontes : Callias*, *Ach.* 10, 406, 737. *Stratocles*, *Eq. Arg.* *I*, 8. *Euclides*, *Eq.* 237. *Euthymenes*, *Ach. Arg.* 5. *Mnesitheus*, *Ach.* 10. *Euthymenes*, *Ach.* 66. *Morychides*, *Ach.* 67. *Theodorus*, *Ach.* 67. *Lacratides*, *Ach.* 219. *Hipparchus*, *Vesp.* 706. *Chabrias*, *Av. Arg.* 2. *Arimnestus*, *Av. Arg.* 7. *Pythodorus*, *Av.* 998, *Pac.* 60. *Scythodorus*, *Pac.* 604. *Leocritus*, *Lys. Arg.* *Callias post Leocritum*, *Lys. Arg.* *Chabrias*, *Pl.* 179, *Av. Arg.* 2 *Diocles*, *Pl.* 179. *Antipater*, *Pl. Arg.* *Isarchus*, *Nub. Arg.* 8, 549, 552. *Alcæus*, *Nub.* 549, 552. *Aminias*, *Nub. Arg.* 8, 31, 549, 552. *Stratocles*, *Nub.* 584. *Callias*, *Nub.* 967, *Ran. Arg.* 3. *Antigenes. Ran. Arg.* 3, 7; 33, 732. KUST.]

Ἄρκτος, virgo *Dianæ consecrata*, Brauroniis crocota amicta, *Lys.* 645, *cujus ritus originem*, *caussam et rationem multis explicat schol. Adde fr.* 337.

Areopagus, *Pl.* 1166, 1167. *In eo judicandi socii Cylonis*, *Eq.* 445.

Argentaria (ἀργυροκοπεῖον) *publica*, *Vesp.* 1007.

Arginusa, *Æolidis oppidum e regione Lesbi et Maleæ promontorii* : *ibi Athenienses anno ante Ranas doctam*, *Antigene archonte*, *Lacedæmonios vicerunt per servos manumissos*, *Ran.* 33, 191; *post pugnam duces tempestate impediti mortuos ad sepulturam non quæsiverunt et insepultos reliquerunt*; *quorum ducum sex capitis damnati*, *quattuor fuga salutem quæsiverunt*, ἄτιμοι *declarati* : *pro quibus intercedere videtur Aristophanes Ran.* 689—705, *sch. ad* 698 *et* 688 *et* 191. *Nomina ducum sex supplicio affectorum recensentur ex Philochoro*, *ib* 1196. *Culpa Theramenis et Callixeni in judicium abducti erant*, *ib.* 541. *De pugna dictum ib.* 693 *sq.* : Pugna navalis una sola servos reddiderat dominos et Platæenses. *Hellanicus narrat Antigene archonte servos qui navali pugnæ interfuerant in civitatem receptos ut Platæenses*, 694. *Athenienses servis civilia jura pollicebantur si ad Arginusas pugnassent*; *post pugnam servi occisorum corpora insepulta colligebant et libertate donabantur*, *Nub.* 6. *Post eam pugnam Lacedæmonii pacem offerebant*, *Ran.* 1532.

Argivi, *socii Lacedæmoniorum*; eorum amicitiam quærit Cleo, accusatus Lacedæmonios convenire apud Argivos, *Eq.* 466 *sq.* Argivi paci adversantur, *Pac.* 493, et auxilii nihil præstant ad liberandam deam, sed dudum derident *Athenienses et Lacedæmonios* bello pressos, quia ab utrisque merentur stipendia, *ib.* 475—477. *Hinc sæpe a Comicis perstringuntur ut ambigui* : *post inducias bellum renovantibus Corinthiis socii fiunt*, *ibid.* *Argivorum et Lacedæmoniorum ad pugna ad Orneas*, *Av.* 399. Argivus *prudens nobis* est stultus, Hieronymus *stultus* prudens, *ironia*, *Eccl.* 201, *ubi schol. pro nomine proprio capit* Ἀργεῖος. Argivi fures, *Anag.*, *fr.* 153. *Ostracismus apud eos*, *Eq.* 855.

Argo navis, *Euripides Medea Ran.* 1382. *Memoratur sch. Pl.* 1127.

Argolas (heros), *fr.* 284.

Argos, *Eq.* 813, *Thesm.* 1101. Ὦ πόλις Ἄργους, *exclamatio ex Telepho Euripidis*, *Pl.* 601 *et not.* Argos venit Ægyptus, *Ran.* 1208.

Argus, *Ius custos*, *in pavonem mutatur*, *Av.* 102. *In-*

troducitur in Inacho Sophoclis, Eccl. 80, ubi Panoples, 81.

Aries Phrixi, Nub. 257

Arignotus, Athenis notissimus, Ariphradis filius, citharœdus, libidinibus contra naturam gaudens, Eq. 1278 sq. Frater Ariphradis in sch. Vesp. 1281.

Arimas, lochus Lacedæmoniorum, Lys. 453.

Arimnestus archon, Av. Arg. II.

Arion Methymnæus primus cyclios choros instituit, auctoribus Hellanico et Dicæarcho, Av. 1403. Arionis fabula, Ran. 1315.

Ariphrades, pater Arignoti et Ariphradis hominis turpissimarum libidinum, Eq. 1278.

Ariphrades, Ariphradis filius, ignobilis, libidinum exsecrabilium homo, quæ describuntur Eq. 1280—1289. Ariphrades perstringitur ut cunnilingus, φοινικιστής, Pac. 883—885. Ariphrades, filius Automenis, suo ingenio didicit lingua patrare in lupanaribus, Vesp. 1280—1283. In Ecclesiazusis est inter mulieres, citharœdus turpis, 129.

Aristæus, Apollinis et Cyrenes filius, laserpitii et mellis usum docuit, Eq. 894.

Aristagoras Melius, dithyramborum poeta, Eleusinia ἐξωρχήσατο et maxime impius judicabatur, Nub. 830.

Aristarchus (ex triginta tyrannis), stipatus Iberibus, Triphal., fr. 467.

Aristarchus 140 annis minor Zenodoto et Ptolemæo Philadelpho, Prol. X, a, 50; qua re refutatur error Heliodori, IX, a, 40, p. XIX.

Aristides Justus, Eq. 1328. Instituit eranum in ærarium conferendum sociis, si forte cum Persis bellandum esset. Lys. 651, 653. Ostracismo ejiciebatur, Eq. 855.

Aristo, spurius filius Sophoclis ex Theoride Sicyonia, Ran. 78.

Aristoclides, citharœdus optimus, magister Phrynidis, a Terpandro genus ducens, florens tempore belli Persici, Nub. 971.

Aristocrates, Scelliæ filius (de quo vana narrant scholl.), Av. 126, 125.

Aristocrates, dux ad Arginusas, supplicio affectus, Ran. 1196.

Aristocrates (vitiose pro Pherecrates), Nub. 971 et not.

Aristocritus: ejus mythus de Vesta. Vesp. 846.

Aristodemus (fœdus, cinædus homo) dictus podex, Dætal., fr. 42, 6.

Aristogiton tyrannicida, Lys. 633, sch. Eq. 786. Vide Harmodius.

Aristomache (tanquam) Marathonia (ad victoriam Marathoniam respiciendo): nomen meretricis, Thesm. 806.

Aristonicus Thessalus, quem Lais amavit, Pl. 179.

Aristonymus risit Aristophanem, quod per Philonidem et Callistratum fabulas doceret, Prol. XI, 13 sq.; XII, 10 sqq.; XIII, 9 sqq.

Aristophanes. Aristophanis vita narrata in Prol. XI—XV, quorum singula hic non referimus. Genere Ægyptius erat, quare Nili hoc loco meminit, Nub. 272, sed v. not. Philippi filius: ejus ingenium: per Callistratum et Philonidem fabulas docebat, per illum πολιτικάς, per hunc quas in Euripidem et Socratem scripserat; postea suo nomine; aliquot fabulas filio dedit. Ejus fabularum numerus, Prol. III, 47—55. Consummavit artem comœdiæ a Cratino inchoatam, Prol. V, 24 sqq.; IX, a, 91 sqq. Ejus χαρακτήρ, Prol. II, 19 sqq. Ejus gratia, Prol. II, 3. Aristophanes utitur ore rotundo Euripidis, sed sensus minus forenses producit, fr. 397. Erat calvus, Nub. 545, 554 et Eq. 1291, ubi ex Eupolide, Eq. 550. A Cleone accusatus ob Babylonios comœdiam falsis criminibus apud senatum, civitati et senatui præsentibus sociis insultasse, quum ne Atheniensis quidem esset, sed peregrinus, ægerrime evadit, Ach 377—382. Adde 502 sq. In Parabasi Acharnensium exponit, se modeste Atheniensibus consilia optima dedisse, ne a peregrinis se regi neve ab assentatoribus decipi se patiantur: hinc jam Persarum regem ex legatis Lacedæmoniorum sciscitatum, utris faveat Aristophanes, et eos esse victuros dixisse qui hujus poetæ consiliis utantur; Lacedæmonios autem Æginam affectare, alia de causa nulla, quam ut poetam hunc in Ægina prædia possidentem Atheniensibus auferant. Se justa usque suasurum in comœdiis, quidquid machinetur Cleo, 626—664. Equites primam fabulam suo nomine scenæ dedit, Eq. 503, Nub. 530. In qua minio vel fæce faciem oblitus Cleonis partes ipse egit, Eq. 230 sq., Arg. II: nam artifex nemo Cleonis personam fingere audebat, 230 sq. (unde illud fictum.) In Parabasi Equitum explicat qua causa non prius comœdias in scena docuerit, 507—550. Nulla simultate in Socratem motus scripsit Nubes, philosophos in universum depingens, Nub. 96; quanquam dicitur Anyto et Melito gratificans Socratis atheismum per polytheismum traduxisse; at temporum ratio obstat, Nub. 627. Nubium fabulam postea διασκευάζει, Arg. V et VI. In Parabasi Nubium queritur de victa apud spectatores adeo elegantes fabula Nubium priorum: probatam ab ipsis fuisse primam comœdiam, Dætalenses, quam ut virgo, cui parere nondum liceret, exposuerit sub alienis Callistrati et Philonidis nominibus. Nunc igitur quærere eundem spectatorum animum, in comœdia præsertim cum summo labore composita, modestissima et sibimetipsi versibusque fidente, repudiante vulgaria Comicis lenocinia. Se non eadem sæpius introducere, sed novas semper formas easque lepidas comminisci: Cleonem potentissimum percussisse semel, non insultasse jacenti, ut alios Comicos Hyperbolum ad tædium usque persequentes, in quibus Eupolin Equites suo usui accommodantem. Rectius igitur se probatum iri, 518—562 Nubes, solem et lunam dicit mala omina ostendisse quum Athenienses Cleonem ducem eligerent, et consilium dat ut voracem furem capistrent et nervo constringant (hæc ex prioribus Nubibus), 575—594. Deinde Lunam introducit querentem de perturbatione festorum dierum, qui jam non amplius responderent deorum consuetudini; quare hos iratos Hyperbolo sacro legato coronam ademisse, ut discatur vitæ dies agendos esse secundum lunæ cursum, 607—626. Qualis sit comœdia Vespæ significat v. 54—66. In Parabasi Vesparum injuriæ in se commissæ accusat spectatores: nam quum non solum alios poetas comicos clam adjuverit, sed aperte etiam Herculea ira potentissimum monstrum Cleonem sit adortus, post victoriam modeste se gesserit, spectatores optimam comœdiam, Nubes, anno superiore negligenter audivisse nec præmio ornasse, in qua aliam pestem a civitate averruncaverit. Sed ipsis probro esse ejusmodi incuriam; se apud sapientes nihilo deteriorem poetam habitum iri: quare monere ut in posterum scita inventa poetarum velut poma cum vestibus in arcis condant, ita dexteritatem olituri, 1015—1059. Deinde narrat esse qui dixerint se in gratiam rediisse cum Cleone, quum ab eo accusatus urgeretur, foris exspectantibus multis si dicterium emitteret poeta pressus: se igitur ei velut pœnitentem aliquantulum illusisse,

dii in melius convertant : quorum prius Neptunum in certamine de possessione urbis a Minerva victum iis tribuisse, alterum Minervæ acceptum referri fama est popularis, Nub. 587 sq. Adde Athenienses. Atheniensis reipublicæ administratio ad rudissimos homines et sceleratos devenit, Eq. 191 sqq. Athenarum reditus annui recensentur Vesp. 657—660, prope bis mille talenta. Athenis erant plurima tribunalia, Vesp. 110. Athenas in judicium citabantur insulani et ξένοι, Av. 1422, 1454 sq., 1458. Lex de peregrinis inter cives describendis post commorationem aliquantam in urbe, Ran. 416. Athenæ Byrsa dictæ (per lusum) Dram., fr. 280. Athenas confugit Cercyon, Nub. 508. (Athenas fuga rusticorum intelligitur Eccl. 243.)

Athenæa non dicitur de muliere Atheniensi, sed ἀστή, Av. 828. Conf. Pac. 271.

Athenienses αὐτόχθονες, γηγενεῖς, Pac. 261. De qua re imprimis superbiebant et quod ipsorum urbs ante alias omnes exstitisset, Av. Arg II. Ab Ione oriundi, Ach. 104. De Atheniensibus certamen Neptuni et Minervæ, Eq. 562. Athenienses oraculo jussi regna abrogare et solum Jovem sibi regem præficere, Nub. 2. Atheniensium veterum cicadæ in crinibus, Nub. 984. Athenienses quomodo fame vel peste suis sacrificiis totam terram liberaverint, oraculi jussu sacrificium προηρόσιον Cereri offerendo; unde frugum primitiæ undecumque ad eos missæ, Eq. 729, Pl. 1054. Quæ debeant Theseo, cujus cædem ulciscuntur, et honores heroicos festaque ei constituunt, Pl. 627. Atheniensium et Bœotorum bellum de Celænis, sec. alium schol. de utriusque populi imperio, faustum Atheniensibus opera Melanthii Arcadis (quod v.), Pac. 890. Athenienses fore ut emineant inter urbes ut aquilam inter aves, Bacidis oraculum, Av. 978. Athenienses servilem κατωνάκην, gestabant sub Hippia, Lys. 1151, 1155, schol. 619. Antiqua et venerabilis disciplina Atheniensium immortalibus versibus describitur, Nub. 961-1023. Atheniensium veterum laus strenuitatis bellicæ, Eq. 565—574. Athenienses ex antiqua et nova disciplina inter se comparati, Ran. 727—733. Athenienses tenuibus natibus erant inde a Theseo, quem quum Hercules a petra (in Orco) solveret, partem natium reliquisse ferunt, Eq. 1368. Neptuni favore principatum in mari tenent, Nub. 304. A Ponto ad Sardiniam usque plurimis urbibus imperant, Vesp. 700. Iis mille urbes tributum pendunt, id est multæ, nisi verus est ipse ille numerus, Vesp. 707. Atheniensium tributa ex Græcia, Vesp. 520. Atheniensium civium fuisse numerum vicies mille, ex multis apparere, ut ex Demosthene, Vesp. 709. Athenienses utrimque germani archonte Lysimachide (ol. 83, 4) inventi sunt 14240, peregrini παρεγγεγραμμένοι 4760, sec. Philochorum, Vesp. 718. Atheniensium tres τάξεις tempore Solonis : Diacrii, Pediei, Paralii, Vesp. 1223. Eorum decem tribus, Pl. 277. Atheniensis populi divisio in quattuor classes, Arg. Eq. II, in tres classes, Eq. 627. Athenienses mysteriis et religionibus dediti, Nub. 302, 305. Eorum πατρῷοι sunt Juppiter et Apollo, Nub. 1468. Apud eos fratribus licebat in matrimonium ducere sorores ex patre, Nub. 1371. Lex eorum de filiabus ἐπικλήροις, Av. 1653. Nutriebant homines nihili, ut immolentur in magna calamitate publica, Eq. 1136. Athenienses regiones bello expugnatas, ejectis incolis, sorte dividebant inter suos cives colonos; quæ dicebatur cleruchica terra, Nub. 203. Qua ratione mensium suorum diem numerent exponitur Nub. 1131, 1134. Tibicinio student, Ach. 862, et citharæ, Nub. 964. Ore ferebant obolos, Av. 503 et schol. In bello cum Chiis horum numos litera X signabant et repudiabant : unde χίβδηλος—κίβδηλος de adulterino numo, Av. 158. Piscibus multum vescebantur, Pac. 811. — Atheniensium insana studia, ante ὀρνιθομανίαν, recensentur Av. 1280—1283; deinde ὀρνιθομανοῦσι, 1284—1307. Athenienses Κεχηναῖοι dicti, a verbo κεχηνέναι, Eq. 1262. Eorum inconstantia, Eq. 518 sq. Iis novæ res et earum studium sunt pro alio quovis imperio, Eccl. 568 sq., coll. 580, 583 sqq. Athenienses ταχύβουλοι, μετάβουλοι, Ach. 630, 632, quales etiam in aliis comœdiis traducuntur. Præpropere decernunt, decreta se executuros negant, Eccl. 797 sq. Omnia justo tardius faciunt, Lys. 56 sq. et sch. Perstringuntur ut mala consilia capientes, Nub. 587 sq., Eccl. 139; in Lysistrata 1227—1238, ut male consulentes sobrii, optime agentes ebrii. Sed quæ stulte decreverunt, ea divinitus in melius verti, vetus dictum, quo datum eis hoc ferebatur a Minerva, mala consilia autem a Neptuno, Eccl. 473—475. Adde Athenæ. Atheniensium concio ut pecudum, Vesp. 32 sq. Perstringuntur in tonstrinis et medicinis multum morantes, otiosi, Pl. 338. Atheniensium neglectus concionum, Ach. 19 seqq. et sch. 22. Athenienses κακοήθεις, Pac. 822 sq., sch. Pl. 342. Eorum lucri privati cupido in rebus publicis agendis, Eccl. 185 sqq., 205 sqq. Sunt homines πανοῦργοι, fures, sycophantæ et aliis vitiis, Eccl. 436—454, 560 sqq. Ob calliditatem et impudentiam notantur; quare Atticus obtutus in Phidippida, Nub. 1173 sq., 1176. Eorum τί λέγεις σύ; 1174. Ut furaces perstringuntur, Pac. 402. Multi eorum cinædi, Pac. 11. Eorum juvenes impii in patres, Eccl. 638, Ran. 274—276 et sch. Adde Phidippides et Patricida. Ut perjuri notantur Ran. ibid. Athenienses φιλολοίδοροι, Pac. 42. Eorum senes nihil magis amant quam judicare et calculo suffragii mordere, Ach. 375 sq. Judiciorum studium quo Athenienses flagrant, sæpissime notatur, ut, præter Vesp. passim, Nub. 208 cum schol., 1220, 1429, Eq. 1317, Pac. 505, Av. 38, 40 sq., 1286—1289, Thesm. 1030 sq. Eorum paucissimi ἀπηλιασταί, litium osores, Av. 110 sq. Adde sch. Pac. 55, 107, Av. 1695, etc. Eorum sycophantia, Av. 38. Duri et acerbi judices sub Cleone, Pac. 349 sq. Atheniensium præfractum ingenium, ὁ κὐτοδὰξ τρόπος, Pac. 607. Duri erant in socios, Pac. 936. Facillime adducebantur ut punirent urbes socias, Pac. 171. Vocantur κεστρεῖς, fr. 203; μολγοί, fr. 157. Atheniensium colluvies, Lacæna Lys. 170. — Athenienses soli hominum aliquid certe sapiunt in judicandis ingeniis poetarum (sic recte eum locum cepit schol.), Ran. 809. Neque poetis duris et austeris delectantur neque vinis, sed odoratis et νεκταροσταγέσι, fr. 563. Athenienses spectatores ironice laudantur Ran. 1109—1118, schol. 1112, 1114. Sunt in vino convivæ sapientissimi, Lys. 1227. Athenienses rustici laudibus reipublicæ facile capiuntur, Ach. 371—374. — Athenienses qui cum Cleomene Eleusinem occupaverant, morte et bonorum publicatione multati : pœna scripta in ænea columna ad vetus templum posita, Lys. 274. Vide Marathon. Athenienses transfugas ad Persas deprehensos puniebant, Pac. 107. Qui Ægyptiis auxilia tulere Inaro rege, per Megabazum pereunt, Pl. 178. Athenienses principatum accipiebant ob calamitates, quæ Lacedæmonem detinebant, Philochoro teste, Lys. 1138. Juvabant Lacedæmonios a Messeniis pressos, 1138. Vide Cimon. Atheniensium sacra bella duo, Av. 556. Athenienses (ol. 83, 4) in fame fru-

menti modios 30000 accipiunt a Psammeticho, *Vesp.* 718, et ab Amaside, *Pl.* 178. Ægyptios contra Persas adjuverunt, sed postea Persas contra Ægyptios duce Iphicrate, *Pl.* 178. Atheniensium irruptiones in agrum Megarensem, *Ach.* 762 sq. Athenienses ut Chios, ita ipsis Chii in publicis sacrificiis bona precabantur, *Av.* 880. Melum insulam ἐκάκωσαν ob Diagoram, *Nub.* 830. Eubœam tributariam sibi faciunt et Hestiæensium regionem ipsi insident, *Nub.* 213. Samios bis subjiciunt, *Vesp.* 283. Athenienses quam misere habitarint per septem annos belli, *Eq.* 792 sq. Longa obsidione ceperunt Potidæam, et incolas vendiderunt, *Eq.* 438. Eorum victoria ad Cenchreas ductu Niciæ, *Eq.* 609. Atheniensium et Lacedæmoniorum legati mutui octavo belli anno missi ad inducias pangendas; eorum nomina (ex Thucyd. 4, 119), *Eq.* 794. Athenienses coriario auctore rejiciunt pacem ab Lacedæmoniis post res in Pylo oblatam, *Pac.* 665—669, sch. *Eq.* 668. Athenienses et Lacedæmonii: ex iis utri vincebant, pacem nolebant componere, *Pac.* 211—219. In Laconicam et reliquam Peloponnesum infesti ingruunt, *Pac.* 507. Mouentur ut ad obtinendam pacem ad mare recedant neque affectent continentis tractus, ib. 507. Atheniensium classes Laconicam infestantes, *Pac.* 626 sq. Quinquaginta annorum induciæ cum Lacedæmoniis Alcæo archonte pactæ, *Pac.* 466. Athenienses post Cleonem malis et vulgaribus hominibus reipublicæ administrationem tradebant, quia non fidebant splendidis viris, quos Lacedæmoniis favere et popularem statum fortasse eversuros metus erat, *Pac.* 681. Athenienses laborant ad Scionen; quæ defecerat, *Vesp.* 210. Victi ad Mantineam, *Av.* 13. Defecerant ab iis Milesii et insulanorum multi, *Lys.* 107. Atheniensium legati ex urbe arrecta; per Lysistratum pacem componunt cum Lacedæmoniis, *Lys.* 1086—1188. Hymnus Atheniensium, 1279—1296. Athenienses viri noctu in muro excubias agebant ob bellum, *Thesm.* 495. Antigene archonte vicerunt navali pugna ad Arginusam per servos manumissos, *Ran.* 33, 191, *Nub.* 6. Athenienses probos oderunt, malis utuntur necessitate coacti, *Ran.* 1455 sq. Novarum rerum cupiditate pereunt, *Eccl.* 218 sqq. Atheniensium et Bœotorum συμμαχία inita biennio ante hanc fabulam (ol. 96, 2), teste Philochoro, *Eccl.* 193. In Ecclesiazusis est Atheniensium duorum confabulatio, quorum unus, reverens legum, bona sua in commune deponit ex decreto ab Ecclesiazusis perlato, alter non deponit, eventum et mutabilitatem populi auspicans, præcone autem cœnam de communibus bonis edicente, impigre accurrit meditans quomodo communium particeps fiat non præbens sua, 728—876.

Athenis, filius Archenni, *Av.* 574.

Athenodorus cognomine Cordylion, *Prol.* IX, a, 45, p. XIX, in nota Hasii.

Athletæ (al. Aurigæ) usque ad ætatem scholiastæ purpurea trabea, ξυστίδι, amicti curribus pompatice urbem intrabant, *Nub.* 70.

Athmonensis, ex pago Attalidis, secundum alios Cecropidis tribus, *Pac.* 190, 919.

Atlantius πόλος, Euripides *Av.* 179.

Atreus. Atrei filius πολυκοίρανος (Agamemno) inclutissimus Achivorum, Æschylus Telepho, aut Iphigenia, *Ran.* 1270. Atreus et Aerope in Cressis Euripidis, *Vesp.* 763.

Attagen avis in Marathonis paludibus degit, *Av.* 250, *Vesp.* 257 et schol.; varius, *Av.* 761 et schol.

Attali (libri Aristophanis, bibliothecæ Pergamenæ), *Av.* 1508.

Attalis tribus Athenarum, in qua Sunium, *Nub.* 401, *Pac.* 190.

Attica αὐτοφυὴς, ob benignum solum celebratur *Georg.*, *fr.* 162. Est petrosa, δύσεργος, *Pl.* 224, θύμου tamen, bulborum vel allii agrestis, ferax, 283, et olivarum ferax, *Pac.* 578. Atticæ terræ laus, *Eq.* 582 sqq. Attica quomodo in quattuor regiones divisa a Pandione rege et filiis concessa, *Vesp.* 1223, *Lys.* 58. Atticæ tres muri: borealis, australis vel medius, Phalericus, *Triphal.*, *fr.* 469, a. In Attica olim lupi, de quibus lex et præmia eos cædentium, *Av.* 369. Attici αὐτόχθονες, *Vesp.* 1076. Attici crabrones fortissimi audiunt Persis, 1090. Atticis proprium σκώπτειν καὶ παίζειν, *Vesp.* 859. Attici annum indicabant κατὰ τὸν ὑπερπίπτοντα ἀριθμὸν mensium post Dionysia, *Thesm.* 750. Atticæ virgines a quinto ad decimum ætatis annum cur cogantur crocota amictæ ἀρκτεύεσθαι Dianæ Brauroniæ et Munychiæ exponitur *Lys.* 645. Atticæ, non Athenææ, ob deæ nomen Ἀθηναία, vocantur mulieres Atheniensium, *Pac.* 271. Conf. *Av.* 828. Atticum mel, *Thesm.* 1192. In Pace Atticum mel in mortarium injicit Bellum: quod dextre fictum est, quum hostiles civitates brassica, allio, caseo repræsententur, 252. Statim monetur Bellum ut Attico melli parcat, quattuor obolis veneunti, utatur alieno viliori, 253 sq.

Attica dialectus media, neque effeminate urbana, neque rustice illiberalis, *fr.* 552. De ea præcipitur ad *Ach.* 1133, *Eq.* 3, 4, 37, 89, 245, 284, 433, 474, 539, 634, 639, 641, 645, 658, 671, 1158, *Nub.* 5, 17, 33, 34, 38, 43, 57, 72, 94, 110, 145, 218, 226, 232, 240, 254, 271, 315, 319, 381, 409, 439, 488, 509, 614, 616, 633, 694, 735, 743, 749, 758, 817, 832, 862, 911, 964, 993, 1041, 1056, 1065, 1149, 1171, 1223, 1338, 1481, *Vesp.* 22, 30, 62, 140, 446, 772, 897, 900, 943, 1057, 1074, 1086, 1120, 1397, *Pac.* 1, 5, 11, 25, 70, 71, 153, 166, 180, 259, 528, 659, 712, 772, 858, 930, 956, 1069, 1182, 1261, *Avium* 6, 7, 54, 70, 102, 122, 132, 268, 299, 877, 884, 1009, 1142, 1269, 1310, 1363, 1514, *Lys.* 13, 89, 135, 143, 196, 408; 416, 509, 549, *Thesm.* 83, 141, 393, 572, 852, 941, 947, 1170, *Ran.* 6, 23, 35, 58, 103, 127, 303, 338, 388, 469, 558, 638, 730, 750, 1068, 1378, *Eccl.* 209, 217, 557, 635, 853, 1151. *Plut.* 3, 5, 7, 12, 18, 21, 25, 27, 29, 33, 35, 40, 62, 66, 72, 75, 77, 103, 109, 127, 145, 147, 166, 198, 204, 229, 233, 249, 268, 277, 351, 355, 392, 406, 453, 469, 493, 517, 528, 538, 544, 545, 612, 627, 657, 662, 673, 677, 689, 696, 714, 745, 807, 827, 839, 883, 916, 930, 947, 1055, 1056, 1144.

[Attici pro ἵσταθι dicunt ἵστη, pro ἐμπίμπλαθι ἐμπίμπλη, etc. *Av.* 1310. Ἕτερος et ἄλλος sæpe confundunt, *Pac.* 11. Genitivum ponunt pro accusativo, *Pac.* 772. Ἤδειν dicunt pro ᾔδει, ut προσῄειν pro προσῄει, etc. *Pac.* 1182; τυπτήσεις pro τύψεις, *Pl.* 21. Voces ejusdem significationis ἐκ παραλλήλου jungere solent, ut τυχὸν ἴσως, etc. *Pl.* 25. Τὸν ἐμὸν αὐτοῦ βίον dicunt pro τοῦ ἐμοῦ αὐτοῦ, *Pl.* 33. Secundas personas singulares verborum passivorum per ει efferunt, ut πείσει pro πείσῃ, *Pl.* 40. Interdum accusativum pro genitivo et dativo ponunt, *Pl.* 69. Ea contrahunt in η, *Pl.* 77. Nominativum ponunt pro genitivo absoluto, *Pl.* 277. Τροπαῖον dicunt, non τρόπαιον, *Pl.* 453. Ellipseos Atticæ exempla, *Pl.* 469, 593, *Av.* 7. Dicunt βαδιεῖται, φευξεῖται pro βαδίσεται, φεύξεται, *Pl.* 493. Atticorum est dicere λῆρον ληρεῖν, ὕβριν ὑβρίζειν, etc. *Pl.* 517. Ἡρῷναι dicunt pro ἡρωΐναι, ut ἦθεσι pro ἤθεσι, *Nub.* 313. Imperativi formæ Atticæ ποιούντων

B.

Σiamnii, *inexspectate dictum, quum deberet, filius Jovis, a* σταμνίῳ *vase quo vinum servatur, Ran.* 22. Bacchus thyrsos et hinnulorum pelles gestans inter tædas in Parnasso choreas agit, *cum Delphicis virginibus*, Euripides *Hypsipyle, Ran.* 1211—1213. Bacchus, κωμαστὴς, conspiciendus inter Delphicas Bacchas cum facibus, tenet Parnassiam rupem, *Nub.* 603—606. Bacchus Nysius, cum Mænadibus, *Lys.* 1282—1284. Celebratur *Thesm.* 988—1000. Bacchi templum, Βακχεῖον, *Lys.* 1. *Vide* Dionysium. *In ejus templis pareæ angues, Pl.* 690. *Bacchi templum Eleusine, Ran.* 343. *Bacchi mysteriis immolatur sus, quare, Ran.* 338. Bacchi sacra patria (Dionysia), *Ran.* 368. *Habebat templum et* festa *cum choris celebrata* Limnis *Atticæ, quare Limnæus dictus Callimacho, Ran.* 216. *Ei celebrantur Chytri festum decimo tertio die Anthesterionis, Ach.* 1076. *Bacchus Lenæus, et ejus festum Athenis, Ach.* 961. *Bacchi daducho in Lenaico agone dicenti, Invocate deum, respondetur,* Σεμελήϊ' Ἴακχε πλουτοδότα, *Ran.* 479. Bacchi sacerdos per præconem vocat ad Choas, *Ach.* 1087. Bacchus, *theatri et rerum in pace agendarum* κύριος, *Pac.* 267. Bacchi signum in theatro, *Eq.* 536. *Ei sacræ comœdiæ, Ran.* 404. Ejus alumnum se dicit Comicus *Nub.* 519, et per eum jurat poeta, *Vesp.* 1046. *Bacchi sacerdos rubra facie, ab Eupolide* αἰγίπυρρος *dictus, Ran.* 308 *et not. Is* προεδρίαν *habebat in spectaculis scenicis, Ran.* 297. *Bacchus* ταυροφάγος *apud Sophoclem, secundum Apollonium a tauris qui dithyramborum poetis præmio dabantur; alii dictum putant a Bacchis discerpentibus crudos boves. Erat et* ταυρόκερως. *Aliis* μοσχοφάγος, *Ran.* 357. *Bacchi festum Ascolia Athenis quomodo celebretur, Pl.* 1129. *Baccho præstat (sacrificium?) Phormio ad abolendam multam, Pac.* 347. Per Bacchum juratur *Nub.* 91, 108, *Eccl.* 344, 357, *etc. Variæ significationes vocabuli Bacchus, Eq.* 408. *Bacchus et Iacchus iidem secundum nonnullos, Ran.* 324, 404. *Phrygibus est Sabazius, Av.* 875, *Vesp.* 9, *Lys.* 389. *Idem Hyas et Euœus (Evius? Eusius? v. not.), Av.* 875.—*Bacchus (a Comicis) introducitur* ventriosus, *tumidus a desidia et vino, Ran.* 200; *meticulosus apud Eupolidem, Pac.* 741. *In Babyloniis* Bacchus in judicium abit et duo oxybapha ab ea postulant demagogi Athenienses, *fr.* 48. *In Ranis* Bacchus cum Xanthia servo, qui sarcinas portat asino insidens, venit ad portas Herculis: qui progressus risu prope emoritur de habitu Bacchi, leoninam pellem crocotæ injectam, cothurnum una cum clava gestantis, 1—47. Narrat Herculi, legenti sibi dum navigaret Andromedam immane desiderium injectum esse Euripidis poetæ, quem jam descendat ab inferis reducturus; nam solum superesse Iophontem, poetam bonum, nisi Sophoclis patris sint quæ edat; Agathonem ad beatorum epulas abiisse; ceteros esse contaminatores artis; Euripidem fecundum et audacem, 48—107. Quærit ex Hercule viam qua in Orcum eatur, deversoria, cauponas, et aliquamdiu ludificatus discit, 108—165. In Charonis cymba remum agens audit cantus Ranarum (malorum poetarum), quibus oppedit, 166—270. Inde viam faciens in Orco timet parricidas, perjuros, belluas quas Hercules dixerat, Empusam, usque dum ad Initiatorum choros pervenit, 271—322, quibus gaudet, 414 *sq.*, 444 *sq.*, et ad Plutonis ostia se adesse discit, 431 *sqq.* Pultat; progressus Æacus in eum ut Herculem Cerberi furem durissime invehitur, et terriculamenta Orci accessitum currit, 460—478. Vehemens timor Bacchi; qui a Xanthia impetrat ut ipse Hercules fiat, 479—502. Jam adest ancilla Proserpinæ Herculem ad lautas epulas invitans; resumit igitur Bacchus habitum Herculis, 503—548. At irruunt cauponæ duæ quarum merces Hercules cum ipsis fiscellis devoraverat, eum ad Cleonem et Hyperbolum judices *mortuos et plebiculæ vehementer studentes* rapturæ; hinc iterum petit timidus deus a Xanthia, ut Herculis habitum resumat, 549—604. Interea Æacus cum servis progreditur, ut vinciat Herculem; Xanthia negante se unquam ante huc venisse, servus, Bacchus, ad quæstionem trahitur, deum se esse testans; jam uter servus sit, verberibus explorat Æacus frustra, et ad Plutonem Proserpinamque ducit cognoscendos, 605—674. Baccho, artis perito, judicium defertur de Æschylo et Euripide, 810 *sq.* Progreditur moderationem suadens Æschylo ira excandescenti; thus in ignem injicit et preces concipere poetas jubet, 830—891. Audit poetas, certamenque eorum moderatur, tandem poesin utriusque lance examinat: nec tamen litem discernere sustinet: se alterum (Euripidem) sapientem judicare, delectari altero (Æschylo), 905—1413. Sed ne re infecta redeat, ex utroque utilia reipublicæ consilia quærit, de Alcibiade, de servanda civitate: quibus auditis, Æschylum eligit, 1415—1478, et convivio a Plutone excipitur, 1481.

Bacchylides, Opuntius tibicen, a Platone comico in fabula Sophistæ inscripta recensetur inter sophistas, Nub. 331.

Bacis vates, *Pac.* 1070 *sq. Erant tres Bacides: antiquissimus ex Eleone Bœotiæ; alter Atticus; tertius Arcas, ex oppido Caphya, Cydas et Aletes dictus. Theopompus narrat Bacidem primum ex oraculo Lacedæmoniorum mulieres furiosas expiasse,* 1071, *Av.* 962. Memoratur *vates Atticus* Bacis *Eq.* 123, 124, 1003, 1004. *Ubi schol. v.* 123: *Erant etiam alii duo, Bœotus, et Arcas. In Bacidis oraculis erat etiam illud de Athenis olim emicaturis inter urbes ut aquila inter reliquas aves, Av.* 978. Bacis *pro vate dictum appellative Pac.* 1119. *Bacis, epithetum Pisistrati, Pac.* 1071.

Baculi judicum eodem colore quo tribunal, in quo judicandum iis erat, Vesp. 1110. *Vide* Judices, Judicia.

Balnea: mos ibi παραλοῦσθαι (divitibus, qui) spongias relinquebant (pauperibus, alioqui habentibus) sparteum contextum pro spongia, *fr.* 150. *In balneis, dum frigus est, inopes et mendici noctem transigunt, Pl.* 535. Balneum nuptiale, *de quo Menander, Lys.* 378.

Balneatoris apparatus, *Ran.* 710 *sqq.*

Baptæ. Vide Eupolis.

Barathrum, *profundum sive hiatus terræ Athenis, in quem præcipitabantur malefici, Ran.* 574, *Pl.* 431, *Eq.* 1362. *Eo præcipitaverant Athenienses legatos Darii, Eq.* 1362. *Adde* Phryx.

Barbitum, instrumentum musicum, Eq. 522.

Basilea, *in Avibus* formosissima virgo, est potentia Jovis, qua is omnia administrat, 1536—1543, *et sch.* 1536. Eam uxorem sibi poscit Pisthetærus, 1634 *sq.*, de consilio Promethei, 1536. Conceditur Pisthetæro ab legatis, 1678 *sqq.*, de cœlo petenda, 1686 *sqq.* Eam magnifica pulchritudine splendentem ducens jam potentissimus accedit Pisthetærus, 1706 *sqq.* Basilea salutatur a Choro, 1730, πάρεδρος Διός, 1753.

Basilica porticus, *in judicum sortibus litera B notata, Eccl.* 683.

Battus *Thera prope Cretam in Libyam duxit coloniam Cyrenen: qua re adeo læti Libyes, ut in numis eum altera manu regiam potestatem, altera silphium,*

præstantissimum olus, accipientem repræsentarent: unde Batti silphium *proverbiale de eximiis honoribus. Narrat Aristoteles, Pl.* 925. *Batti alterum nomen Aristoteles, ibid.*

Batus, homo ob mollitiem notatus, Pl. 1011.

Bdelycleo (Osor Cleonis, fictus ab Aristophane) *in Vespis*, filius Philocleonis insano judiciorum furore acti, patrem ægerrime custodit ex superiore ædium obstructarum et retibus cinctarum parte, postquam plurimos sanandi patris modos frustra tentaverat, 67 *sqq.*, 114 *sqq.*, moribus φρυαγμοσεμνάκοις, 135. Deprehendit patrem evadere conantem novis machinis pluribus, et servorum opera ægerrime cohibet, 136—210, quos jam cavere jubet judices senis sodales iracundos, de nocte adventuros eum arcessitum, 214—227. Quorum auxilio quum pater rete arrodat, Bdelycleo audit, servos vocat, 395 *sqq.*, et ad pugnam cum Vespis incitat, 433 *sqq.* Cum repressis sermonem conferre et in gratiam redire cupiens, ægre ab iis, populi osorem, tyrannidis et Lacedæmoniorum amantem appellantibus, impetrat audientiam, 471 *sqq.* Et primum exponit abusum tyrannidis vocabuli, 488—507, deinde demonstraturus judices derideri ab demagogis et servitutem eis servire, 512—520. Quod admittentibus patre et Choro, scrinium afferri jubet, ut aliqua notet ex patris oratione judicum potentiam probatura, 529 *sq.*, 537, 559, 576 *sq.*, 588 *sq.*, 603 *sq.* Jam ipse primum ostendit ne decimam quidem partem redituum civitatis cedere judicibus, reliqua et pretiosissima quæque demagogis, qui rejectanea modo judicibus objiciant, 650—679. Deinde ab iisdem res de composito ita agi ut judices sæpe fraudentur, quum viginti millia civium, illi si vellent, in deliciis et ut Marathonomachas deceat, vivere possint, 682—712: at quam pauca ex magnis promissis ægre redeant patri! Quare se domi eum continere et laute tractare, 715—742. Vespæ plane in ejus sententiam eunt; sed Philocleone judicandi furorem non dimittente, filius ei parvum tribunal domi instituit, magni simulacrum planissimum, ut omni tempore, vel febricitans, satur et omnibus vitæ commodis affluens judicet de rebus domesticis, ut delictis servorum, 760—834. Ecce Labes canis Siculum caseum furatus (*vide dicta in* Laches) adducitur: hanc caussam patri statim demandat et tribunal, quod inchoaverat, absolvit, patre condemnare properante, 835—859. Vota concipit ut pater clemens fiat et deponat injustam asperitatem, 860 *sqq.*, 875—884; deinde præconem judicii ipse agit, 891—905; et invito patre testes citat; deinde reum tam accurate defendit, ut misericordia tangat patrem, 936—984. Nihilominus condemnaturum illum dolo circumvenit, ut insciens absolvat Labetem. Quare desperantem de salute sua patrem consolatur et ad convivium jucundeque agendam vitam in domum ducit, 985—1008. Omni modo invitat et fere cogit patrem ut pallium, τρίβωνα, et calceos permutet cum molli gaunaco ex Persis et baxeis Laconicis, 1120—1173; deinde docet eum sermones quales tum in usu erant inter elegantes et scitos homines, et in conviviis decore versandi modum, 1174—1249. Abducturum ad cœnam quum Philocleo moneat quanta mala sequantur ebrietatem, quæ pœna rerum designatarum, filius non ejusmodi morem esse dicit inter bonos et honestos viros: ibi veniam petendo et facetiis fabulisque ridiculis proferendis omnia sic placide componi. Talibus igitur sermonibus ad effugiendam pœnam studendum esse Philocleo intelligit, 1250—1264. His convenienter quum petulantissime in convivio omnes insultasset, ebrium cum face et tibicine redeuntem et obvios verberantem sequitur Bdelycleo, pro ejusmodi commissis in jus vocandum esse clamans, 1332 *sqq.*, sed irridens pater regerit ei elegantias illas, quas ab ipso scilicet didicerat; ita ut protervum senem a pluribus in jus vocatum tandem vi in ædes auferat, 1334—1449. Splendide laudatur a Choro ob pietatem, 1462—1473. Tandem furorem patris cohibere non potest, et spectat saltantem et cum Carcini filiis chorea certantem, 1496—1511.

Βδεῦ pro Ζεῦ, *Prol. VI*, 11; *IX, a*, 6, *p. XVIII.*

Beatorum insulæ, *Vesp.* 639.

Bellaria, καταχύσματα. *Vide* Servus, Nupti.

Bellerophontes (plurali) Euripidis, *Ran.* 1051. *Bellerophon per calumniam Sthenebœæ a Prœto ad socerum missus ut periret, castitatem suam eventu probarit et rediit*, 1043. *Pegaso alato vectus in cœlum ascendere cupit apud Euripidem, Pac.* 76. Bellerophon sordidus et claudus *a casu de Pegaso equo* inducebatur ab Euripide, *Ach.* 427. *Adde sch. Pac.* 147, *Ran.* 846. Ab eodem Euripide mendicus, garrulus et disertus exhibebatur, *Ach.* 429. *Fertur, absumpta Chimæra Corinthum redux, Prœti uxorem dolose Pegaso impositam in mare dejecisse, Pac.* 141.

Bellum sacrum. *De sacris bellis duobus jussu Delphici oraculi gestis v. narrationem historicorum in Av.* 556. *Bellum Corinthiacum, Pl.* 173. [*Bellum Peloponnesiacum tangitur Eq.* 794, 1392, *Ach.* 266, *Vesp.* 41, 210, *Pac.* 435, 466, 479, 665, 990, *Av. Arg II*, 186. *Ejus* origo et caussa, *Ach.* 526 *sqq*, *Pac.* 606. K.]

Bellum, Πόλεμος, *ut persona, Ach.* 979. *In Pace* Πολέμῳ dii, Græcis usque belligerantibus irati, cœlum cesserunt: tum is Pacem in antrum profundum superingestis lapidibus conclusit, 205 *sqq.* Exit in scenam cum mortario, cui urbes Græcas *fructibus earum significatas* injicit, contusurus in cyceonem, 236—252. Hinc famulum Tumultum sibi afferre jubet pistillum ab Atheniensibus; sed ab his, mox ab Lacedæmoniis vacuus redit, quum hi ipsi suos pistillos, *Cleonem et Brasidam*, nuper in Thracia perdiderint; intrat igitur Polemus confecturus sibi novum, 255—288.

Belonopoles (Acuum venditor) plorabit cum Pamphilo, *pro proprio nomine accipiunt scholia; et dicitur fænerator, aliis assentator Pamphili, Pl.* 175. *Sed vide* Aristoxenus.

Belus, pater Lamiæ ex Libye, Pac. 758.

Bendis, magna, potentissima dea (Thracia), cujus nunc calida est ara (apud Athenienses), *Lemn., fr.* 332.

Bereschethi, *insaniæ præsides dii, vox ficta, Eq.* 635.

Blandæ appellationes amicarum, *Eccl.* 973 *sq.*

Blepsidemus, *in Pluto* petulans homo, furti insimulat Chremylum ob repentinas divitias, et impellit ut ad amicos mittat Plutum aut cito sanandum curet, 332—414. Paupertatem, a qua inhibentur, conviciis insectatur; ea violenter repulsa, ceteros urget ut in Æsculapii fanum properent, 415—623.

Blepyrus, *in Ecclesiazusis* maritus Praxagoræ (*v. sch.* 516), cacaturiens exit, miratus quo uxor cum vestimentis suis noctu evaserit; vicino rem narrat, cui eadem plane evenerunt; diu parturit, 311—371. Interea superveniens Chremes ei narrat quæ in concione populi mira facta sint, ut moderatio reipublicæ mulieribus mandata, 372—477. Praxagoram redeuntem Blepyrus conspicit et ob exitum intempestum de mœcho accusat; commentis placatus, ei ut ignaræ narrat quæ in concione perlata sint, 520—563. Inde audit Praxagoram sua consilia de reipublicæ salute exponentem et dubitationibus suis ad singula dilucidius persequenda ex-

Chares (dux), ut homo rudis perstringitur, Ach. 604. Chares dux Atheniensis Mytilenen, quæ desciverat, subegit, Eq. 834. (Chares aliquoties vitiose legitur pro Laches, quod vide.)

Charinades, senex judex in Vespis 232.

Charinades (nomen rustici), Pac. 1155.

Charitimides, nomen senis rustici, Eccl. 293.

Charixena, mulier simplex et stulta, Eccl. 943

Charminus, nomen virile: erat dux Atheniensium cum Phrynicho in expeditione Samiaca, apud alium schol. in Thracia, nec memorabile quicquam gessisse videtur, Thesm. 804.

Charon, Pl. 278; vocat mortuos, Lys. 606. In Ranis Charon cymbam appellit, mortuos vocat, inter quos etiam Bacchum excipit, paludem Acherontiam transvehitur inter cantus ranarum; in altera ripa vectores exponit, et naulum poscit, 180—270, duos obolos, 140, sch. 142.

Charon, frater Hyperboli demagogi, Pac. 681.

Charybdis, Eq. 248, sch. Pl. 312 (ex Hom. Od. M., 432).

Chersonesus, Thraciæ regio et urbs, tritici dives, Atheniensibus tributaria, qui frumenta inde petebant, Eq. 262.

[X, Chi litera, nota vitii apud grammaticos veteres, Pl. 863, Nub. 518, 562, 766, 815, 925, 962, 1178, Ran. 35, 557, 634, Vesp. 1172, 1480, Av. 76, 107, 204, 1372. Kust. Adde Chius.]

Chii. Vide Chius.

Chimæra a Bellerophonte absumpta, Pac. 141.

Χιών, Nix, Theognidi tragico inditum cognomen ob frigus, Ach. 11.

Chiron servat Peleum belluis expositum in Pelio, Nub. 1063. Adde not.

Chius, egregia socia Atheniensium, magnifice laudatur ab Eupolide Av. 880. Chii ubique adjunguntur ab Atheniensibus in votis et sacrificiis publicis, ob auxilia impigre missa; locus Theopompi, et aliorum, Av. 880. Chii vicissim pro Atheniensibus precubantur, auctore Hyperide, ibid. Numi ab Chiis adulterati χίβδηλοι—κίβδηλοι dicti, vel quod Athenienses eos in bello cum Chiis litera X signatos repudiabant, Av. 158. Chii, famosi ob εὐρυπρωκτίαν et summam mollitiem, Pac. 171. Unde χιάζειν, fr. 558. Proverbiale Non Chius, sed Cius, alii de jactu talorum explicant, alii de patria Theramenis; alii legunt Cous, Ran. 970. Chiorum et Ciorum bellum, in quo Theramenes, Ran. 541. In Chio vel Cio mortuus Antiphanes comicus, Prol. III, 69. Chium vinum, fr. 301, 448, Eccl. 1139, sch. Pac. 835. Chium (vinum) ex Lacænis (κύλιξι), fr. 3. Chius Ion, Pac. 835.

Chloe Ceres: ejus templum in arce, in quo Athenienses sacra faciunt mense Thargelione; testis Philochorus, Lys. 835.

Χοαὶ mortuorum, Ach. 961.

Chœnix: quot ex ea mensura frumenti panes fiant, Vesp. 440. Τριχοίνικος, tres chœnices valens, pro viii, Vesp. 481. — Chœnices, vincula pedum, Pl. 276, 275.

Chœrile sive Chœrine (vide notam), uxor Euripidis, Thesm. 1.

Χοιρίναις, concharum marinarum specie, utebantur pro suffragiis, Eq. 1332. Vide Lupini.

Chœrion, tanquam nomen muliebre, Thesm. 289.

Choes festum, celebratum secundum nonnullos octava die Pyanepsionis, secundum alios decima Anthesterionis; Orestæ matricidæ caussa institutum a Pandione, Athenas venientis festo Bacchi Lenæi, Ach 961, Eq. 95, Ach. 1076. Choum festo ad tubæ clangorem, quo convocabantur, bibebant certatim χοῦ plenque, foliorum sertis coronatus: qui exhauserat primus, utrem vini accipiebat, Ach: 1000—1002. Cives per præconem vocantur ad Choas celebrandos, ibid., a Bacchi sacerdote, 1087. Eo festo nemo symbolas exigit, Ach. 1211. Eo convivæ secum apportabant κίστην (i. e. ὀψοθήκην) et χοᾶ (congium), ne pocula communicarent, ex Pandionis instituto ob Oresten piacularem, Ach. 1086 et sch. 961. Vide Archon rex.

Cholargenses, demus Atticus tribus Acamantidis, Ach. 855. Cholargensis, Ran. 86.

Chollides, ex pago Ægeidis [al. Leontidis] tribus, Ach. 406.

Cholozyges Demostratus, pro Buzyges, ad μελαγχολᾶν alludendo, Lys. 397.

Choragia amputata Callia archonte: nam duo choragi, teste Aristotele, illo tempore dabantur (cuique fabulæ) Dionysiis, adeo ut haud dubie Lenæis etiam sit diminutio facta. Paullo post totam choragiam sustulit Cinesias ὁ χοροκτόνος, Ran. 404.

Chordæ olim ex intestinis tortæ, nunc nervi, Ran. 230.

Choregus, Pac. 1022, sch. Av. 890. Choregi quando defecerint, Prol. I, 28 sqq., 60.

Chorica carmina. Eorum genera varia recensentur Vesp. 270. Sunt tripartita, strophe, antistrophe, epodus, Pac. 795. Alia de chorici carminis divisione, Ran. 354. Adde Parabasis.

Chorocles, pater Phrynichi histrionis, Av. 750.

Chorus dithyrambicus 50 χοροστατῶν, Prol. X, b, 15. Quis eum instituerit, Av. 1403. Chorus comicus et chorus tragicus ex quot choreutis fuerit compositus; quando in ἡμιχόρια diversa divisus, quali hoc factum fuerit temperamento, Eq. 589. Chorus tragicus 15 personarum, Av. 297, tragicus et satyricus 16 personarum, Prol. X, b, 108 sq. Vide Tragœdia. Chori comici ratio, Prol. VII. Chorus comicus quomodo procedat in orchestram et agat, Prol. IX, a, 11—41; 57—88, p. XX. Est 24 personarum, Ach. 211, Ran. 354, Av. 297, Prol. X, b, 108 sq. Chorus comicus nullus unquam saltans orchestra exiit; quod audet Chorus Vesparum 1536 sq. Chori antiquæ comœdiæ habitus, Danaid., fr. 248. Lex erat ne peregrinus saltet in choro Dionysiorum urbanorum; licitum erat in Lenæo agone, cujus etiam metœci choregi erant, Pl. 953 cum not. Choreutæ ἐσιτοῦντο δημοσίᾳ, sch. Rav. Ach. 886. Πρὸς χορὸν λέγειν dictum, quando histrionibus pronunciantibus ῥῆσιν tetrametram vel anapæsticam vel iambicam, chorus saltabat, Nub. 1352. Chorum non habet nova comœdia, Prol. I, 13.

Chremes, pater Hyperboli demagogi, Pac. 681.

Chremes, in Ecclesiazusis redux ex populi concione, cui Ecclesiazusæ interfuerant, narrat Blepyro quæ dicta factaque ibi fuerint et quomodo mulieribus reipublicæ moderatio suffragiis tributa; sperat deos nunc quoque, ut in veteri proverbio est, stulta decreta Atheniensium in meliorem exitum versuros, Eccl. 371—477.

Chremo, senex judex in Vespis 401.

Chremylus senex in Pluto Apollinem sciscitatus utro modo felicior sibi futurus sit filius, probus an, quod ea tempestate utilissimum esse videatur, mutatis moribus, hoc responsum fert, ut a primo obvio ne discedat, eique ut se sequatur domum persuadeat: offendit senem cæcum, difficilem, cui adhæret, ridente servo Carione, 1—75. Senex se Plutum esse fatetur, cui Chremylus multis demonstrat, eum potentiorem esse Jove, cujus tyrannis in contemptum sit abitura, si ipse visum re-

bula Cleonem putaverit aliquis significari cantharo in scenam producto, quia impudenter σπατίλην comedit; *et acer est odor coriariorum*, 47. (Cleo) coriarius, qui Græciam turbavit, quasi pistillus afferri jubetur a Bello : periisse eum famulus nunciat, Minervæ grates agente Trygæo, quod opportuno reipublicæ tempore hoc factum, 268—273. Cleo præ ceteris omnibus in caussa erat cur pax non conveniret, 648. Quæ dicuntur quum jam mortuus esset : quare de illo nihil amplius dicendum esse, licet fuerit nequam, loquax, sycophanta, turbator rerum omnium, 648—654. *Cleone mortuo induciæ tricennales*, *Eq.* 1392, *et ab Eupolide Maricas fabula docta, in qua ut de mortuo loquitur Comicus, Nub.* 591, 549. *In Ranis* Cleo *mortuus* in Orco invocatur ut patronus a caupona, 569, 577. *A Cleonis epistola Pylo et Sphacteria ad senatum populumque Athenienscm de gestis ibi missa obtinuisse dicunt ut epistolis præmittatur* χαίρειν, *Nub.* 609, *Pl.* 332, *negant alii, Nub. l. c.*

Cleocritus. Cleocrito pro alis applicandus Cinesias, ut in altum extollantur, quo ex acetabulis acetum inspergant oculis hostium, *Ran.* 1437—1441, *locus salis expers, rudis, neque ad rem aptus : quare ejectus ab Aristarcho et Apollonio. Cleocritus perstringitur ut homo improbus*, 1437. Cleocriti mater, Cybele struthe, *Av.* 877, *vel quia effeminatus et cinædus erat Cleocritus, in mysteriis autem Rheæ evirati aderant, et talis est Cleocritus apud Eupolidem; vel quia* στρουθόπους *erat aut facie* στρουθώδης. *Perstringitur ut peregrinus, ignobili loco natus, et fortasse histrio, ib.*

Cleocritus archon, Lys. Arg. I.

Cleomachus scribitur Eccl. 22 *pro* Phyromachus : *erat tragœdiarum actor, qui* ἑδρας *in agenda fabula dixisse videtur et notatus esse ob* κακέμφατον, *Eccl.* 22.

Cleombrotus, pater Pausaniæ regis Lacedæmoniorum, Eq. 84.

Cleomenes rex Lacedæmonius ad evertendum Hippiam missus vicit Thessalos ejus socios, et in Atticam ingressus Pisistratidas in Pelargico muro inclusos cepit, Lys. 1153. Cleomenes, *dux Lacedæmoniorum*, cepit arcem Athenarum, sed ab Atheniensibus obsessus, squalidus abiit, *Lys.* 274—282. *Nimirum cum Atheniensibus quibusdam (sub Isagora) tyrannidem affectans, arcem occupavit; deinde cum fide dimissus, domum profectus Eleusinem occupavit; in qua ii qui Atheniensium auxilium ei ferebant, morte et publicatione bonorum multati sunt*, 274.

Cleomenes, poeta dithyramborum, Nub. 333.

Cleonæ : acetabula Cleonis (ubi optimum acetum), *fr.* 550.

Cleonymus, pater Cleonis, habebat officinam coriariorum, Eq. 44.

Clonymus *demagogus*, *Eq.* 149, *Vesp.* 822; perstringitur ut timidus, magno corpore, sycophanta, ῥίψασπις, *Av.* 1473—1481; ῥίψασπις terra et mari, *Vesp.* 19—23; *add. Ach.* 88, 844, *Eq.* 1290, 1372, *Nub.* 673, 674, *Vesp.* 823, *Pac.* 446, *Av.* 289, *Thesm.* 829, *in textu et scholl.* Cleonymus ἀσπιδαποβλὴς dicitur κολακώνυμος, *Vesp.* 592 : *nam erat etiam assentator. In Pace per ironiam dicitur* Paci faventissimus, fortissimus, nisi quod in bello subjectitius (abjectitius, ἀποβολιμαῖος pro ὑποβολιμαῖος) sit, non sui patris, 673—678. *Præterea perstringitur, ut vorax, Ach.* 88, 844, *Eq.* 1290, *Av.* 289, 290, *ubi est* Cleonymus sine crista, κατωφαγᾶς; *ut rapax et luxuriosus, Eq.* 958, *ubi* 956 in ejus annulo mergus hians; et divitum bora impudente vora, *ib.* 1290—1299; *ut cinædus et effeminatus, Nub.* 673, 674 : *quare v.* 680 Cleonyme feminine *dictus; ut pauper et parasitus*, nec mactram habens, sed in mortario farinam subigens, *ibid.* 675 *sq.; ut longus et* ἄρρυθμος, *Vesp.* 22, *vili aspectu et male composito corpore, ib.* 822; *ut loculutejus, Eq.* 1381; *ut* perjurus, *Nub.* 400. *In Pace* Cleonymi filius puer in nuptiis Trygæi versus *Archilochi* de clypeo abjecto cantat, in patrem ipsius, quem sit imitaturus, 1295—1304. — Cleonymus, Atheniensis nomen, *Thesm.* 605.

Cleophon, cujus in labris fremit Thracia hirundo, in barbaro sessitans folio, cantans eum periturum esse etiamsi pares fuerint calculi, *Ran.* 679—685. *Erat dux Atheniensium, quem ut peregrinum, ignobilem, rudem, loquacem perstringunt; filius Thrassæ, vel Thraciæ mulieris vel Thrassæ proprio nomine dictæ, quam* βαρβαρίζουσαν *introducit Plato in Cleophonte, fabula in illum demagogum scripta, Thracem eum appellans*, 679, 681, 1504, 1532. *Ebrius et loricatus in concionem venit, oblatam post prælium ad Arginusam ab Lacedæmoniis pacem et decessum Decelea se nunquam admissurum, nisi ceteras quoque urbes universas Atheniensium illi reddiderint; narrat Aristoteles, Ran.* 1532. *Quare ei restem ad suspendium* mittit Pluto cum minis, 1504, et Chorus pacem optans dicit : Cleophon vero pugnet in patriis arvis, *terra peregrina*, 1532.

Cleophon, nomen virile : *erat lyrarum faber, et perstringitur ut cinædus, Thesm.* 895.

Clepsydra, *fons* in arce Athenarum *prope sacellum Panis, olim Empedo, quare Clepsydra dictus, Lys.* 913, *Av.* 1695, *Vesp.* 857; *profundissimum esse et salsa aqua fluere ferunt, cum Phalerico junctum viginti stadia distante, Av.* 1695, *subterraneo fluctu exeuntem in* Φλέγρεω..., *Lys.* 913.

Clepsydra posita in tribunali, *ad quam oratores verba facerent, Vesp.* 93, 321, *Ach.* 694, *sch. Av.* 1695, *ubi explicatur, instrumentum* ὡρονομικόν.

Cleruchica terra, *Nub.* 203 *cum schol.*

Clidemides, *aliis filius Sophoclis, aliis actor tragœdiarum ejus, sed neutri suæ opinionis testimonium afferunt. Perstringit (Aristophanes?) Clidemiden etiam ut* κακόξενον, *Ran.* 791.

Cligenes parvus, balneator pessimus, qui nunc turbas dat, mox periturus; quod timens non ut in pace solent, sed cum fuste exit, *Ran* 706—716. *Erat ex divitibus, sed hospes et barbarus, rem publicam administrans*, 709.

Clinarcta, mulier, *Eccl.* 41.

Clinias, *pater Alcibiadis, Ach.* 716.

Clisthenes demarchos instituit naucrarorum loco, secundum Aristotelem, Nub. 37.

Clisthenes, Sibyrtii filius, *genis ad cutem tonsis, Ach.* 118, *ut lævis tanquam eunuchus, effeminatus, insignita mollitie et pathicus ab Aristophane sæpissime perstringitur, ut Eq.* 1374, *Nub.* 355, *Vesp.* 1187, *Av.* 831, *Lys.* 621, 1092, *Thesm.* 235, *Ran.* 48, 57. *Ut cinædus etiam ab Cratino in Pytine perstringitur, Nub.* 355. *In Thesmophoriazusis* Clisthenes, ob insanum amorem mulierum lævigatus, Thesmophoriazusis defert affinem Euripidis Mnesilochum mulieris habitu indutum inter eas esse; deinde ad eum deprehendendum et convincendum ipse operam præstat; rem detectam prytanibus nunciatum abit, 474—654. Clisthenes turpiter plangit mortuum pathicum Sebinum, *Ran.* 422—427, *et sch.* 422, 427. *In illo loco alii Calliam dici putant Clisthenem; alii (qui in*

poscit; *socius autem ex eo quærit, Cœnaturinæ su-*
mus? Coronam sumebant deos accessuri et servi et
liberi, Pl. 21. Corona oleagina olympionicarum, Pl.
585 *sq. et sch. Arundinea,* καλάμου, *corona Dioscu-*
rorum, Nub. 1006. *Corona myrtea Thesmotheta-*
rum, de qua Apollodorus, et initiatorum, quæ non
erat, ut alii tradunt, hederacea, Ran. 330. *Myrtea*
corona Archontium, Eq. 964, *Vesp.* 861.
'*Coronis, signum distinctionis, ubi in dramatibus ve-*
terum poetarum poni solet, Pl. 253. K.]
Corvi sacri Apollinis ad Pagaseticum sinum, Pl. 604,
Nub. 133. Κόρακας *locus Athenis vocabatur, unde* ἐς
κόρακας, *Ran.* 189, *Pl.* 394. Corvum jurare, *Av.* 1611.
Corybantes, filii Rheæ, ab nonnullis iidem habiti qui
Curetes, et custodes Jovis, decem, aliis novem, Lys.
558; *Rheæ pedissequi; ab nonnullis orti dicuntur*
ex lacrimis Jovis, Vesp. 9. *Furorem et* ἐκβακχιχὸν
injiciunt, ib. 8. Corybantum sacris expiabantur *furiosi,*
Vesp. 119 *Eorum ex periculis servantium mysteria*
in Samothrace, Pac. 277; *initiatio, Vesp.* 9. Cory-
bantes ! exclamatio *Eccl.* 1069.
Coryphasium, Pyli ἐπωνυμία (*v. not.*), *Nub.* 186.
Cosmogonia ludicra, Av. 690 *sqq.*
Cothocidæ, in pago Œneidis tribus, Thesm. 620, *sch.*
Ran. 501.
Cothurnus, calceamentum utrique pedi congruens,
Eccl. 346, *vel, ut alii dicunt, tam virorum quam*
mulierum; quare Theramenes dictus Cothurnus,
Ran. 47, 541, *Nub.* 361.
Cotinusa insula Gadira dicta, quare, Pl. 586.
Cottabus ludus, Nub. 1073, *Pac.* 343, *qui in scholiis*
ad eos versus describitur, copiosissime ad Pac. 1242,
1244. *Memoratur fr.* 9, 207. Μεθυσικόντταβοι, *Ach.*
525 *et sch.*
Coturnicum pugnæ, Av. 1797, 1299.
Cous alii pro Cius scribunt Ran. 970
Crambe orta ex lacrimis Lycurgi vite vincti, Eq. 539.
Crambem coctam edunt Ægyptii, ne inebrientur,
ibid.
Cranaæ urbæ, Athenæ, apud Æschylum et Sophoclem,
i. q. aspera, ob soli Attici naturam, Ach. 75. Cra-
naæ, *Athenæ, unde, Av.* 123. Cranaa (arx Athenarum),
Lys. 481.
Cranaus, autochthon Athenis, Ach. 75, *rex, Av.* 123.
Crates, Atheniensis, antiquæ comœdiæ poeta, multum a
spectatoribus vexatus, perstitit, urbanas sententias
proferens, modo cadens, modo vincens, *Eq.* 537—540.
Prius Cratini fabulas agebat, postea , fabulas
scripsit, ὀλιγόστιχα ποιήματα (*nisi error subest : conf.*
not.)*; spectatorum favorem emisse dicitur, ibid.,*
Prol. III, 34 *sqq. Primus ebrios in scenam pro-*
duxit; quot ejus fuerint fabulæ, Prol. l. c. et 38
not., Prol. VIII. Ejus inventum νέρχνος Φαρκντων
splendide exceptum, *Thesm. alt., fr.* 313.
Crates (grammaticus) de comœdia scripsit, Prol. IX,
a, 96, *p. XIX.*
Cratinus Atheniensis veteri comœdiæ primus artis
formam induit, quomodo, Prol. V, 18—24*; IX, a,*
85—91. *Aristophane antiquior, Eq.* 400. *Vicit post*
olymp. 85*; quando sit mortuus, et quot ejus fa-*
bulæ; Æschyleo erat charactere, Prol. III, 27—33.
Ejus χοραχτὴρ *iterum exponitur Prol. II,* 1—10.
Cratini laudes splendidissimæ, tum tamen senis et deli-
rantis , neglecti ab Atheniensibus, quum deberet in
prytaneo bibere et ad Bacc^h; statuam sedens spectare,
Eq. 526—536. Ejus carmina in omnibus conviviis
canebantur, *ib.* 529 *sq. In Pace* Cratinus sapiens quid
agat quærit Pax : mortuum esse respondetur quum

*Lacones irruptionem .acerent, ex animi deliquio, q*uod
dolium vini frangi vidisset, 700—703 : *nam ob ama-*
rem vini perstringitur, 702. *Quare* Κρατίνου πίθον,
putridum urina continenter ebrii, fieri sibi aliqui
imprecatur Eq. 400 *et sch.* Cratini taurivori lingua
bacchica mysteria; *Bacchus ipse a Sophocle dicitur*
ταυροφάγος, *Ran.* 357. *Ad fabulas ejus spectare versus*
Pacis 741 *sq. nonnulli dicunt. Cratinus ob Aristo-*
phanem, qui delirare ipsum dixerat, scripsit Pyti-
nen fabulam, Eq. 531, *cujus argumentum narratur*
Eq. 400. *Aristophanem compilare Eupolidem dixe-*
rat, ib. 531. *In Panoptis Hipponem philosophum*
perstrinxit, Nub. 96. *Cratini Ulixæ sine chorica*
carminibus et parabasi, Prol. I, 41*; parodia partis*
Odysseæ, 71 *sq. Ejus actor erat Crates, postea poeta,*
Prol. III, 35. *Ejus fabulæ a grammaticis expli-*
catæ, Prol. IX, b, 69.
Cratinus, *poeta lyricus,* una forfice μοιχὸν i. e. *cinæ-*
dice tonsus, celer fingere modos, cum hirco in ala,
παριπόνηρος, *immutatum ex Anacreonteo* παριρύημος,
Artemo dictus, *Ach.* 849—853.
Cratinus, *Ach.* 1173, *non poeta comicus, sed alius qui-*
dam, audax, gloriosus, insanus, ebriosus.
Crepitacula testacea : ad ea olim saltabatur, teste
Didymo, Ran. 1305.
Cressæ. Vide Cretenses.
Creta : in ea educatur Juppiter, Nub. 1468.
Cretenses, Idæ *filii, cum arcubus suis auxilio vocantur,*
ex Cretensibus Euripidis, Ran. 1356 *sq.* Κρῆτες *et*
Κρήσσαι *Euripidis, in quibus Icarus et Aerope, Ran.*
849, *Ach.* 433. *Cretensis, Plato com. Av.* 798.
Cretica monodiæ Euripidis, quas ad quæ dramata ejus
retulerint scholiastæ, vide apud ipsos, Ran. 849
Cretico rhythmo saltatio, Eccl. 1165. *Creticum, vestis*
genus, Thesm. 730.
Creusa, Erechthei filia, Xuthi uxor, Apollini nupta,
unde oriundus Ion, Nub. 1468, *Av.* 1527.
Critias condemnat Theramenem, Ran. 541. *Orcisus in*
*pugna contra socios Thrasybuli in Piræeo, Pl.*1144
Critylla, nomen mulieris, *Lys.* 323.
Critylla, Antithei filia, Gargettia, *Thesm.* 898.
Crius, luctator Æpineta, de quo in celebri epinicio
cecinit Simonides, Nub. 1356.
Crius, pagus tribus Antiochidis, a Crio quodam di-
ctus : unde Euelpides Κριθθεν, *Av.* 645.
Crobylus : ex ejus prosapia Amynias, Vesp. 1267.
Crocotula mulierum, Eccl. 332 *et sch.*, 879.
Cromnites, locus Euboæ, *Eq.* 561.
Cronia , festum Hellenicum , quod Hecatombæone
mense agebatur, Nub. 398.
Cronides Juppiter, Vesp. 652.
Cronus, de stupido, Nub. 929, 1070 *Vide* Saturnus.
Cropidæ, pagus Leontidis tribus Atticæ, Eq. 79.
Croton, urbs a Myscello condita, qui, oraculo ei di-
vitias aut valetudinem proponente, hanc prætulit:
unde Croton robustæ sanitatis hominum et præ-
stantium athletarum plena, et proverbium ortum,
Κρότωνος ὑγιέστερος, *Eq.* 1091.
Crotoniata Phormio, *Pac.* 347.
Cryptæ, κρύπται, (κρυπτευσαί ? *v. not.*)*, magistratus in*
Thaso, Thesm. 600.
Crystallus, ὕαλος, *lapis pellucidus, quo ignem accendunt,*
apud pharmacopolas venit, Nub. 766—768. *Conf.*
schol.
*Ctesias ut sycophanta perstringitur, Ach.*839.
Ctesiphon ut crassus et ventre prominulo perstringi-
tur, Ach. 1002.
Cuculus Phœnices ad messem appellat, Av. 505*sq. et sch.*

D.

F.

G.

H.

ran. 298, et talis colitur, Pac. 422. (Vide infra de Hercule Melitensi.) Per Herculem viri jurant Vesp. 757, Thesm. 26, etc. Hercules! Eccl. 1068. Hercules γαῦρος, Ran. 282. Herculis ira, Vesp. 1030, Pac. 752, quam sibi tribuit poeta ut non parvos, sed potentissimos quosque adortus. Herculis leonina, Ran. 46. Hercules centicipitem Hydram occidit, Pac. 756. Hercules apud Syleum : argumentum dramatis satyrici Euripidei (Sylei), Prol. IX, a, 78—90, p. XIX. Hercules in expeditione Argonautarum ubi ad Cium insulam venit, perdidit Hylam amasium ab Nymphis raptum, et ex aere audivit hunc versum, qui est Pl. 1127. Ejus pugna cum Geryone, Ach. 1082; cujus boves abductos Larino bubulco alendos tradidit, Pac. 925. Cum Orco depugnans Alcestidi reducendæ, apud Euripidem, Vesp. 1239. Theseum vi abstraxit a saxo cui (in Orco) adhærebat, Eq. 1368. Occidit Cycnum Martis filium, apud Hesiodum, Ran. 963. Augeæ stabulum purgavit, Pac. 753. In Herculem hymnus Archilochi post eam ærumnam, Av. 1764. Ejusdem hymnus in Herculem et Iolaum, Ach. 1227. Hercules olivam καλλιστέφανον plantavit Olympiæ, ex Aristotele, Pl. 586. Servat Athamantem, qui in eo erat ut mactaretur ad aram Jovis, Phryxum, qui per illum periisse credebatur, servatum esse nuncians, Nub. 257. Hercules in Orco canem furatus, Ran. 605. In qua fabula Herculem adit Bacchus descensurus ad inferos : in quo ille ridet pellem leoninam crocotæ injectam, clavam cum cothurno; et audito Bacchum Euripidi in lucem reducendo ad inferos abire, quærit cur non reducat Sophoclem, potiorem Euripide, quid alii tragici agant, et annon jam sint adulescentuli Euripide loquaciores, 38—91. Inde inepta esse dicit quæ Bacchus in Euripide laudat; et interrogatus de via ad inferos qua usus sit Cerberum petens, et de suavibus ejus viæ locis, aliquamdiu ludificatum fratrem docet, et abit, 103—164. Ἡρακλειοξανθίας, ib. 499. — Hercules ut mysteriis initiaretur Athenas venit; cujus caussa parva mysteria instituerunt Athenienses, Pl. 845, 1013. In pago Melite parvis mysteriis initiabatur; ibidem templum celeberrimum ejus ἀλεξικάκου, magnæ pestis tempore dedicatum, in quo signum dei fecit Geladas Argivus, Ran. 501. Hercules cum Melite nympha concubuit, ibid. Herculis festum, Ἡράκλεια, apud Diomeos in Attica, dictos a Diomo amasio Herculis. Rhianus dicit, ὅτι Δίομος Ἡρακλῆς ἐγένετο. Erat etiam templum Herculis in illo pago, Ran. 651. Herculi bos mactatur, Av. 567, ubi voracitas ejus perstringitur, ut Ran. 63, 107, et alibi. Vide sch. Pac. 741. Hercules γαστρίμαργος, fr. 121. Non invenitur aliiis vescens, Ran. 555. Hercules cœna defraudatus in comœdiis, ad risum captandum ob voracitatem ejus, Vesp. 60. In Avibus Hercules cum Neptuno et Triballo deo legatus a diis advenit Nubicuculiam, strangulaturus Pisthetærum, et præ nimia ira placandus a Neptuno : sed eo ipso tempore Pisthetærus delicatas epulas parat, quarum nidor Herculem plane capit; propitius audit Pisthetærum, qui iram insuper ejus excitat demonstrando ex lege Solonis nullum ipsi jus esse in Jovis bona; quare ipse et territus ab eo Triballus omnia facile concedunt Pisthetæro : Hercules ad epulas remanet, 1574—1692. — Hercules hospitio excipitur, proverbium de morantibus : nam accipientes edacem heroem morantur, Lys. 928. Hercules pinsentes apud Comicos, Pac. 741. — Herculea balnea, calida : nam Vulcanus calidas terra emisit in gratiam Herculis, ut Ibycus narrat; ut Pisander, Minerva Thermopylis, Nub. 1051. Hercules γῦλιος (?) apud Sophronem, Pac. 527. Est pater Thessali, Vesp. 1271, et Macariæ, Eq. 1151, Pl. 385 c. not. — Hercules Irydicius, Nub. 361.

Hermæ ante portas urceis leguminum positis dedicabantur, Pac. 922. Conf. Hermula, Dedicatio.

Hermion (ex proverbio), fr. 63, ubi vide.

Hermionenses indicant Cereri raptum filiæ, Eq. 785. Hermionensis Lasus, Av. 1403.

Hermippus poeta comicus, et Simermon ejus histrio, Nub. 539, 541. Hermippus Hyperbolum traduxit, non comœdia in eum peculiariter scripta, sed in ῥήσει quadam Ἀρτοπωλίδων, Nub. 557.

Hermocopidæ, Lys. 1094, quadriennio ante hanc fabulam doctam : facinus Alcibiadi tribuitur a Thucydide, Corinthiis a Philochoro. Solus Andocidæ herma non amputatus, ibid. Hermocopidæ Chabria archonte multabantur morte, infamia et publicatione bonorum; occidenti præmium statuebatur talentum; ex Philochoro, Av. 766.

Hermon (fort. idem qui Simermon) histrio risum captabat verberando astantes, Nub. 542.

Hermula, Ἑρμίδιον, querulus, leguminum olla dedicatus, Pac. 924.

Herodianus, poetarum (Homeri) interpres, Prol. IX, a, 47, p. XIX.

Heroici poetæ : eximiorum πεντάς, nobiliorum ἑξάς, Prol. X, b, 170—173.

Heroes : eorum πανοπλία, fr. 42, a : nam cum panoplia repræsentabantur, Vesp. 823. Iracundi sunt et difficiles hominibus qui obviam iis fiunt, ut testatur Menander, Av. 1490. Heroes novis nuptis (?) nihil boni præstant, sed ἀποπλήκτους reddere possunt : quare, teste Myrtilo, homines silentio prætereunt heroum fana, ibid. Noctu heroibus obviam facti oculos avertunt, ib. 1493. Heroum erant quæ a mensa decidebant, fr. 291. — Heroes tribuum eponymi duodecim et eorum statuæ ad prytaneum, Pac. 1183 Adde Eponymus.

Heroes, fabula Aristophanis : v. fr. 283—299, p. 484 sqq.

Herse : non invenimus per eam jurare mulieres, ut per Aglaurum et Pandrosum, Thesm. 533. Adde Erse

Hesiodus docuit agriculturam, fructuum tempora et sementis, Ran. 1033 sq. Cum eo certavit inferior Cercops, Ran. Arg. IV.

Hestiæenses Eubœa ejecti et regio eorum civibus Atheniensibus sorte tributa, Nub. 213. Vide Histiæa.

Ἡσυχία, Tranquillitas (Pax), Lys. 1289.

Hieme deus bonum matrimonium dat, Av. 1490.

Hiero, conditor Ætnæ, in Pindari hyporchematis, Av. 926. Ab Æschylo impetrat ut poeta Persas doceat Syracusis, Ran. 1028. Stratoni dedit mulos, Av. 941. Ejus coquus olim fuisse dicitur Phrynis, improbabiliter, Nub. 971.

Hiero præco, qui res vendendas clamat, Eccl. 747.

Hierocles, malus vates, ex Oreo Eubœæ oriundus, in Pace lauro coronatus advenit dum Trygæus sacrificium Paci agit : oracula blaterat paci contraria; quæ quum rideat Trygæus, exta certe gustare vult; negata rapit et pelles; qui eripiuntur ei vapulanti et aufugienti, 1043—1126.

Hieromnemon, fr. 306. Hieromnemones a Græcis Delphos ad panegyrin Pylaicam missi, Lys. 1131, Nub. 623, 624.

Hieronymus, poeta lyricus et tragicus, argumenta affectuum plena male disponens, terribilibus personis utens; cæsariem magnam alebat : hinc Orci

ab eo petenda, Ach. 389. Hieronymus, Xenophantæ filius, dithyramborum poeta, hirsutus corpore et pæderasta, Nub. 349.
Hieronymus, homo stultus, Atheniensibus est prudens, Eccl. 201.
Hierophantæ πρόρρησις in Pœcile, Ran. 369.
Hilaones dicti φάλητες (ab Hilaone heroe, Neptuni filio, secundum alios dπo πριαπώδει), Triphal., fr. 459.
Hippalectryon (Equigallus) flavus, ex Æschyli Myrmidonibus, Av. 800, Pac. 1177, est insigne navium, apud Æschylum, Ran. 932 sq.; et in Persicis aulæis pingi solet, ib. 937 sq.
Hipparchides perstringitur ut homo nequam, Ach. 603.
Hipparchus, Pisistrati ex Myrrhine filius, Eq. 449, Lys. 1153, tyrannidem non exercuit, Vesp. 502.
Hippasus, minimus filiorum Admeti, cum parentibus Athenas venit habitatum, Vesp. 1239.
Hippias non ipse tyrannidem Athenis instituit, sed a patre Pisistrato cum fratribus accepit, Eq. 449. Athenienses jussit κατωνάκαις uti, Lys. 619. Hippias tyrannus acrior Pisistrato patre, cujus erat filiorum quattuor secundum nonnullos ætate maximus, Vesp. 502, Lys. 619. In eum bellum susceperunt Alcmæonidæ, Lys. 665. Hippiæ tyrannis, Lys. 619; qui diverse traditur quot annos regnaverit, tandem ab Lacedæmoniis ea dejectus, ibid. c. nota. Hippiæ tyrannis eversa ab Lacedæmoniis, Lys. 1150—1156, sch. 1153 ex Aristotele. Hippias occisus ab Harmodio et Aristogitone, Eq. 786.
Hippo philosophus: de eo Cratinus commentus est quæ de Socratis φροντισταῖς repetiit Aristophanes in Nubibus 95 sqq., sch. 96.
Hippobinus, paragrammatismus ex re pro Hipponicus, pater Calliæ, Ran. 429.
Hippocantharus dictum ut hippocentaurus, Pac. 181.
Hippocentauri: eorum pugna cum Lapithis ob intemperantem libidinem, Nub. 349.
Hippoclides (de pudendo muliebri), fr. 621.
Hippocrates (medicus) humana excrementa gustasse dicitur, ob διάγνωσιν, Pl. 706.
Hippocratis (Atheniensis) filii ut porcini et inculti a Comicis perstringuntur; tres autem erant, Telesippus, Demophon, Pericles, Nub. 1001. Erant προκέφαλοι, Georg., fr. 177, c, Triphal., fr. 469, b. Hippocratis Atheniensis contubernium: ipse et filii ut rudes perstringuntur, Thesm. 273.
Hippodamus, Milesius, ab aliis Thurius, ab aliis Samius dictus, in magno honore ab Atheniensibus habitus, post Persicum bellum Piræeo exstruendo operam navavit, Eq. 327 cum nota Meieri. Alius, posterior, pater Archeptolemi, Cleoni in civitate regenda inimici, ibid. Ob edacitatem notatus, ibid.
Hippolyte Amazon, Hippolyti mater ex Theseo, Ran. 849.
Hippolyte (aliis Astydamea), uxor Acasti, quæ Peleum frustra in amorem sui pertrahere tentabat, Nub. 1063.
Hippolytus Thesei ex Amazone filius, Ran. 849, in Theseo Euripidis, Vesp. 312.
Hipponax verbera minatus Bupalo, Lys. 361. Erat acerbissimus; quid tumulo ejus aliquis inscripserit, Prol. X, b, 158—163. Hipponactis versus: fallitur poeta; nam versus ille est Ananiæ, Ran. 661.
Hipponicus Calliæ filius, Av. 283. Vide Callias. Qua caussa Calliæ filius sit dictus Hipponicus, Nub. 64.
Hippopotamus, improbissima bestia, in sceptris sculpta sub ciconia, probissima avi, Av. 1354.
Hippothoon, Neptuni filius ex Alope Cercyonis, Av. 559.
Hippothoontis tribus, Vesp. 1138, Eccl. 362.
Hippyllus, conviva in Vespis, 1301.
Hirci lascivi, Pl. 295. Hirci febricitantes quomodo a caprariis curentur, Pl. 313.
Hirundo nova, veris initium, Eq. 419, exoptata veris nuncia, Thesm. 1, ex Simonide, Av. 1410. Hinc χελιδόνες pro verno tempore, ib. 1417. Hirundo apparens quid fieri jubeat, Av. 714 sq. Earum βάδισις (?), Av. 1681. Χελιδονίζειν dicitur de barbara loquela apud Æschylum et Ionem, 1680.
Histiæa, Eubœæ urbs Oreos apud Homerum, Pac. 1047. Adde Hestiæenses.
[Histriones: Æsopus, Vesp. 564. Apollodorus, Pac. arg. Callistratus, Ach. arg., 654; Av. arg.; Lys. arg. Cleomachus, Eccl. 22. Clidemides, Ran. 803. Dercylus, Vesp. 78. Hegelochus, Ran. 305. Molo, Ran. 55. Œagrus, Vesp. 577. Philonides, Ran. arg.; Vesp. arg., 1013; Av. arg. Phrynichus, Vesp. 1293, Av. 750. Sthenelus, Vesp. 1303. Tlepolemus, Nub. 1267. Dind. Vide in iis nominibus et in Comœdia, Persona.]
Holcades (Naves onerariæ), fabula Aristophanis: v. fr. 354—375, p. 494 sqq.
Homerocentra, not. Nub. 450.
Homerus, Nub. 1056, Pac. 1089, Av. 575, 910, 914; σοφός, Pac. 1096. Ejus versibus utitur Aristophanes ib. 1090—1098. Homerus divinus gloriam et decus adeptus utilia docendo, acies ordinare, virtutes bellicas, armationes, Ran. 1034—1036. Ex eo expressit Æschylus suos bellatores, ib. 1040 sqq. Homeri carmina laurum manu tenentes recitabant, Nub. 1364. Ejus hymni, Av. 575, Margites, ib. 913. Homerus pater omnium poeseos generum, Prol. X, b, 94 sqq. Ejus carmina, quæ ante Pisistratum sparsim ferebantur, eo regnante collecta et disposita a plurimis criticis, præsertim Orpheo Crotoniata, Zopyro Heracleota, Onomacrito et Concylo, sub Ptolemæo Philadelpho a Zenodoto, multo post ab Aristarcho, de quibus errores Heliodori refutantur, Prol. IX, a, 37 sqq., p. XIX; X, a, 30—51. Cum Homero certavit inferior Syagrus (codd. Satyrus), Ran. Arg. IV. In Homerum scripsit Theagenes, Pac. 928. In primo versu Odysseæ nonnulli scribunt πολύκροτον pro πολύτροπον, Nub. 260.— Homericæ glossæ, Dætal., fr. 1.
Homines brevis ævi componuntur cum immortalibus, Av. 685—689.
Horæ, Pac. 1168. His deabus celebrantur Athenis Pyanepsia et Thargelia, Eq. 729, una cum Sole, Pl. 1054. In Pace Horis votum fit ad liberandam Pacem, 456.— Horæ, liber Prodici sophistæ, in quo Hercules ostenditur Virtutem optans præ blanda Vitiositate, Nub. 361.
Horæ, fabula Aristophanis: v. fr. 476—486, p. 511 sqq.
Hordea Achillea, quæ sint, Eq. 819.
Horti: aptum et ruta in περικήποις, Vesp. 480. Hortulanorum tolleno, κηλώνειον, fr. 554.
Hyas vocatus Bacchus, Av. 875.
Hycara, oppidulum Siciliæ a Nicia captum, Pl. 179. Ex eo captiva Lais, Pl. 7.
Hydra centiceps ab Hercule sublata, Pac. 756.
Hydriaphoros, Eccl. 738.
Hygiea, filia Æsculapii, Pl. 639.
Hylas, amasius Herculis, in insula Cio ab Nymphis raptus, Pl. 1127.
Hylas, nomen fictum servi, Eq. 67.

I.

Actum nomen Philocleonis sub asino fugientis ut Ulixes sub ariete, Vesp. 185.

Itylus Homero, qui reliquis Itys, Av. 212.

Itys, lacrimabilis filius Terei et Procnes, a matre luscinia usque comploratus, *quæ eum patri dissectum apposuerat*, Av. 212, *ubi plura schol. rec. Memorat etiam sch.* Ran. 681

Ixion, cognomen Demetrii grammatici, Av. 1569 *et not.*

J.

Jejunium, alter dies Thesmophoriorum, duodecimus Pyanepsionis, Thesm. 80. Vide Thesmophoria.

Judices Athenienses sexies mille, non plures, Vesp. 662. *Quomodo e tribubus electi, quomodo in decurias divisi tribunalia sortirentur, multis expositum* Pl. 277 c. *notis*, 972, 1166, Vesp. 389. Adde Thesmothetas. *Nemo ἐν τῇ ἐκκλησίᾳ judicare poterat, qui non sexagesimum ætatis annum ingressus esset*, Pl. 330. Judices in multis literis, *tribunalibus litera signatis*, inscribi se curant, Pl. 1166 *sq. et sch.* Judicum sortitio, quinam in tribunal B, Θ, K abeant, Eccl. 681—686. *Baculos accipiebant eodem colore quo tribunal in quo judicaturi erant*, Vesp. 1110, *de qua re uberius expositum cum testimonio Aristotelis* Pl. 277, 278 *et nott.* Vide Tribunalia. *Judices convocabantur a stratego*, Vesp. 242. *Numeratis suffragiis albis quæ absolvebant; nigris quæ condemnabant, judices unguи ducebant in cerata tabula lineam longam, quando damnandus; brevem, quando absolvendus reus erat*, Vesp. 106, 167, Lys. 676. *Paribus judicum sententiis reus absolvebatur*, Ran. 685. Adde Calculi, Lupini, Χοιρίναι. Ad judices magnas caussas et difficiles publico decreto rejiciunt senatus et populus, Vesp. 590 *sq. Judices sacrificabant et ex judiciaria mercede aliquid consecrabant Lyco heroi, cujus fanum prope tribunal*, Vesp. 389. Vide Merces. Judices sero, post signum datum, advenientes, mercedem non accipiebant, Vesp. 690. — Judices quinque *in certamine poetarum comicorum*, Av. 445.

Judicia de rebus intra certos annos aguntur, vetustiora rejiciuntur, Eccl. 982 *sqq., sch.* 984. *Judicia inter peregrinos aguntur Athenis Munychione mense*, Av. 1478. *Judiciorum in debitis modus*, Nub. 758.

Julii filius, senex πυροπίπης dictus a Cratino, panes in prytaneum præbens; ut pæderasta perstringitur, Eq. 407.

Julius, apud Libanium, Pl. 147.

Juno, Ἥρα, Av. 1633; uxor Jovis, Lys. 1286; Olympia : ejus nuptiis cum Jove describuntur, Av. 1731—1741. Juno *τελεία, præses nuptiarum, in nuptiis culta*, Thesm. 973. Nuptiarum claves servat, 976. Juno *Ζυγία, Γαμηλία*, Lys. 217. *Juno a Plutone reditum Semeles impetravit; sed illo per myrtum a Baccho datam circumvento, eam plantam in Samium templum inferri vetabat; testis Iophon*, Ran. 330. *Juno infantes Jovis ex Lamia perdit*, Vesp. 1035, *pellicem ulta*, Pac. 758. *Junonis festum Pellenæ*, Av. 1421, *sed v. not.*

Juppiter, Ζεύς. Jovem, *ὡμιλέοντα θεῶν τύραννον*, venerantur Nubes, Nub. 564 *sqq.* Juppiter *βασιλεὺς dictus ex oraculo*, Nub. 2. Ζεῦ *βασιλεῦ*, Pl. 1095, *al.* Παγκρατής, Thesm. 369; *μεγαλώνυμος*, Thesm. 315. *Est παντεπόπτης* (unde ab Aristophane mirandi formulæ ὦ Ζεῦ facete additum διότι καὶ κατόπτα πανταχῇ, visu vestis vehementer laceræ), Ach. 435. Juppiter sceptrum habet, Av. 480. Jovis habitatio, Æther, Euripides Thesm. 272, Ran. 100. Jovi aula, Pac. 161. Juppiter

nubes obducit et detergit, Av. 1502. Jovis imber, Ran. 246. Juppiter igni coruscus, Lys. 1285; *κεραυνοβρόντης*, Pac. 376; altifremens, Lys. 773. De ejus fulmine et tonitru multa Av. 1714, 1745—1751. *Add. sch.* Eq. 696. Juppiter *Καταιβάτης apud Athenienses, fulmina demittens*, Pac. 42. Vide Fulmen. Jovis vultus, Sophocles Lys. 8. Jovis ligone injustos evertens Justitia, secundum Sophoclem, Av. 1240. Juppiter, deposе scopas, ne verre, *habitatoribus inani, Græciam, precatur Trygæus* Pac. 59. Jovis currus, Pac. 722. Jove intrante bonorum plena omnia fiunt in Inacho Sophoclis, Pl. 806. Ab Jove oracula accipit Apollo, *fr.* 299. Juppiter Forensis, *ἀγοραῖος , in foro et concione positus :* ejus sacra (*σπλάγχνα*), Eq. 410, 500. Juppiter Ἑλλάνιος, Eq. 1253. *Eum colebant in Ægina, ex eo tempore quo in siccitate Æacus cum collectis Panhellenibus Jovem venerabatur*, ibid. Juppiter Herceus : ejus ara cum olliis dedicata, Danaid., *fr.* 2bis. Juppiter ἑταιρεῖος, ὁμόγνιος, ἱκέσιος, ξένιος : sic etiam δούλιος, hic comice ὁμομαστιγίας ad ὁμόγνιος respiciendo, Ran. 756. Juppiter Ὁμάγνιος, Ran. 750. Juppiter Milichius : ejus festum Athenis, secundum nonnullos Diasia tertio ante finem Anthesterion die celebrata, Nub. 408, Eq. 500. Juppiter Olympius, Nub. 366, 817 *sq. Ejus statua Eleis a Phidia structa*, Pac. 605. Juppiter patrius, *κατρῷος, Athenis coltur, quia post educationem in Arcadia vel in Creta Athenis primum apparuit patribus, qui sola Græcorum ei sacrificia per tribus, pagos, gentes ei instruxerunt*, Nub. 1468; *πάτριος, sch.* Eq. 255. Juppiter Πολιεύς, *cui sacrificabant Athenienses Διπολίiis,* Nub. 984, Pac. 420. Juppiter *φίλιος*, Ach. 730, Eq. 500. Juppiter *φράτριος, cui sacra fiunt Apaturiis*, Ach. 146, Eq. 255. Juppiter *σωτήρ*, Ran. 738, Pl. 877, 1186, 1189, Thesm. 1009, Eccl. 79, 761, 1045, 1103. Ejus *σωτῆρος sacerdos*, Pl. 1175. *Templum Jovis σωτῆρος in astu*, ibid. *Eum nonnulli Ἐλευθέριον vocant*, ibid. *et nota. Jovis σωτῆρος poculum bibebant discessuri ex convivio*, Pac. 300. *Juppiter στόμνιος* (*Ictus ex* Ran. 22), Pl. 545. Juppiter *τέλειος in nuptiis cum Junone τελείᾳ cultus ut præsides*, Thesm. 973. Juppiter ξένιος, Eq. 500. — *Jovis (infantis) custodes Corybantes , quos nonnulli ex lacrimis Jovis ortos dicebant*, Vesp. 9. *Ejus altores et custodes Curetes vel Corybantes , Lys.* 558. Juppiter patrem suum vinxit, Nub. 904 *sq. Vestæ permittit honores quos sit electura, ex mytho Aristocriti*, Vesp. 848. *Cum Junone congressus Elymnii in Eubæa : unde προσκύν' Ἐλύμνιον*, Pac. 1126. Jovis et Junonis nuptiæ describuntur Av. 1731—1741. *Juppiter amore mulierum victus*, Nub. 1080 *sq., sch.* Av. 568. *Ex Lamia Beli liberos gignit, quos occidit Juno; illam Juppiter ex Libya in Italiam transfert; quomodo ultionem Junonis infirmaverit*, Pac. 758, Vesp. 1035. *Per ignem cum Semele congressus*, Nub. 605. *Cur Ceycem Trachiniorum regem mari demerserit et uxorem ejus mutaverit in alcedinem*, Av. 250. *Juppiter aquilam contra canitharum tuitus malo eventu, in fabula Æsopica*, Pac. 130. *Ad Jovis aram immolandus Athamas*, Nub. 257. Jovi aries mactatur, Av. 568, *ubi perstringitur ob libidinem et adulteria. Jovis lucus ἀγλαόδενδρος (de Olympia, ut videtur), Simonides* Nub. 1356. *Jovi sacra quercus*, Av. 480. *Jovis filii genuini Mars et Hercules*, Av. 1653 *Ejus filia Hecate*, Ran. 1361; *filiæ Musæ novem*, Ran. 875. *Jovis Corinthus, proverbium, a Corintho, Jovis filio, qui Corinthum urbem condidit, usque inculcato ab legatis Corinthiis*, Ran. 439, Eccl. 828. *Juppiter κ*

mulieres in furorem conjectas expiavit Bacis, καθαρτὴς Lacedæmoniis ab Apolline datus, ex Theopompo, Pac. 1071, Av. 962.

Laches, dux Atheniensis tribus annis ante Vespas doctam, Eucle archonte, secundum Demetrium, in Siciliam missus auxilio Leontinis, nunc a Cleone in judicium agitur: ad quem judicandum properant Vespæ 240—245: divitem enim esse, ex publica pecunia abstracta, 241. Nam corrumpi se passus erat et publicas opes avertit in expeditione Sicula, ib. 836. Laches (male legitur Chares) fortasse etiam in socios navales injurius, ib. 909. Siceliotas omnes rapinis vexabat (ubi iterum Chares), ib. 924, 963. Laches in expeditione, non domi, 968. Perstringitur etiam ut calvus, ib. 241. Laches, dux Atheniensium, cecidit Mantineæ (ol. 90, 3), ex Androtione, Av. 13. — Lachetes (in καχέτας latent, secundum conjecturam Berghii), Georg., fr. 177, b. Laches (vitiose pro Demosthene positus), Nub. 186.

Laches, unus in choro senum, in Lys. 303.

Lacon dictus Cillicon, Sami proditor, secundum Ammonium, Pac. 363.

Lacones, Lys. 1074, 1097, 1100 etc. Bello Messeniaco et terræ motu pressi auxilia flagitant ab Atheniensibus et obtinent, Lys. 1138—1145. Lacones pacis studiosi, Pac. 478. Lacones τυραννικοί, μισόδημοι, Georg., fr. 164; fortitudine sua superbientes, Vesp. 466. Longa κράσπεδα (vestium fimbrias) gerebant, Vesp. 475. Ἐλύμφ (palustri herba) cocto vescebantur, fr. 351. Laconas imitandi studio insaniebant Athenienses, Av. 1281, et eorum σκυτάλια, scipiones graves, gestabant, 1283. Λακωνίζειν (i. q. παιδικοῖς χρῆσθαι), fr. 322. Adde Lacedæmonii.

Laconica vita: eam imitabantur Athenienses quidam, Pl. 84. Laconicæ claves quales, Thesm. 421—423, sch. 423. Laconicæ, calceamenta delicatiora, Vesp. 1158; quas ob eam caussam et propter nomen induere non vult Philocleo μισολάκων, 1159 sqq. Memorantur hi calcei viriles, Thesm. 142, Eccl. 74, 269, 345, 508, 542. Laconica σκυτάλη quid, Av. 1283. Laconica ficus, pusilla, fr. 164. Laconicus tithymallus in magna fama, Eccl. 405. Laconica dialectus, Lys. 81, 983 in nota, 1247.

Lacratides, vetus archon Atheniensis tempore Darii, sub quo nix ingens et frigus incidit: quare frigida omnia dici Λακρατείδου, Ach. 220.

Laertes, pater Ulixis, Pl. 312.

Læspodias deformibus tibiis erat, quare pallium ad femora usque demittebat; dicitur etiam dux belli fuisse, et bellicosus; notatur ut litium cupidus, Av. 1569, ubi de his loci Comicorum.

Læstrygones: eorum urbs Lamus, Pac. 758. In eorum insula vixit Circe, Pl. 303.

Lais, filia Timandræ, ex Hycaris Siciliæ oppidulo a Nicia capto septennis Corinthum missa, celeberrima meretrix evasit, postremo in Thessaliam abiit; ubi quomodo a mulieribus in templo Veneris occisa, ultionem obtinuerit a dea, Pl. 179 et nott. Diogeni philosopho dicta Tropæum libidinis Græcæ, ibid. Memoratur etiam sch. 7, 149, Lys. 91. Laidis et Philonidæ Melitensis amorem Aristophanes perstringit imagine Circæ et Ulixis, in Pluto 302 sqq.

Laius ebrius genuit filium, Ach. 242. Laii filius esse fingitur Meletus poeta in Pelargis, fr. 376.

Lamachus, Xenophanis filius, dux Atheniensium in bello Siculo, jam ante ut belli amantissimus sæpe ab Aristophane memoratus, Ach. 270. Lamachi mater: ejus nomen non inventum a grammaticis, Thesm. 841, 840. Ejus pater Xenophantus, 840. In Acharnensibus Lamachum advocant Acharnenses senes contra Dicæopolidem, cum laude bellicæ virtutis ejus, 566 sqq. Prodit cum scuto gorgoneo et cristis, 572 sqq, et sugillatur a Dicæopolide, 575 sqq. Abit flagrans odium in Peloponnesios, Megarenses et Bœotos professus, 622. Deinde Lamachi famulus ad Dicæopolidem venit empturus turdos et anguillæ Copaicæ partem ad Choas: abigitur, 959—968. Lamachus ipse a prætoribus Choum et Chytrorum festo, dum ningit, in expeditionem contra Bœotos vocatur, et armat se, singula a famulo sibi afferri jubens, dum Dicæopolis eum deridens singula ad suavissimi convivii apparatum apportanda succinit, 1071—1142. Paullo post Lamachus affertur vulneratus et medico egens; irridetur a Dicæopolide, in pace sua cum amicabus compotante, 1174—1227. Λαμαχίππιον, 1206. Ταλαύρινος, cum Gorgone in clypeo, et tribus cristis, 964 sq. Vide Gorgo. In Pace Lamachus impedit cum sua Gorgone in clypeo deæ liberationem, 473 sq.: dies μισολάμαχος de pace exoriente, ib. 304. Lamachi puer bellica carmina cantat in Trygæi nuptiis; quare abigitur, ib. 1270—1294. Lamachus, vir βουλόμαχος et κλαυσίμαχος, 1293. Lamachus (de quovis bellum cupiente), Ach. 722. Jam mortuus quum Aves agebantur, Av. Arg. I. Occidit in Sicilia quarto anno ante Thesmophoriazusas editam, Th. 841. Lamachus heros, dux optimus in bello, qui ex Homeri disciplina processit, Ran. 1039. Lamachi (in μαλακούς latere videtur, docente Berghio), Georg., fr. 177, b.

Lamia: eo nomine Duris narrat fuisse pulchram mulierem, ex Jovis congressu liberos peperisse, quos Juno perdiderit: hinc Lamiam, præ tristitia monstrosam factam, aliarum infantes raptos occidere, Vesp. 1035, Pac. 758. Fuisse filiam Beli et Libyæ, quam amatam Juppiter ex Africa in Italiam traduxerit, unde urbs ibi Lamia. Nutrices territuræ infantes eam vocant. Narratur etiam insomnis reddita esse a Junone, sed ab Jove exemptiles oculos nactq; secundum alios facultatem in omnes se formas permutandi ab eo accepit. Erat ferum et male olens monstrum, Pac. 758. Terriculamentum erat, Eq. 693. Lamia capta pepedit, fabula, Vesp. 1177. Lamia scytalam habens pedebat, Crates in Lamia, quo respicitur v. 78, Eccl. 77. Memoratur in fr. ap. Plutarch. Comp. Aristoph. et Menandri init.

Lamia, urbs Italiæ, appellata de Lamia virgine Libyca ab Jove in Italiam traducta, Pac. 758.

Lamias; ejus baculum: erat enim Lamius vel Lamias pauper, lignis bajulandis victitans. Perstringitur etiam ut δεσμοφύλαξ, Eccl. 77, coll. 79—81.

Lamo, femina stupida, Eq. 62.

Lampadedromia, res honorifica, Vesp. 1203. Tribus festis agebatur, Prometheis, Panathenæis, Hephæsteis. Ran. 1087, in Ceramico, ib. 1093, ubi v. schol. et ad 131. Cursorum ultimi palmis percutiuntur (a Ceramensibus), fr. 105.

Lampetia, Solis filia: ex ea secundum Hermippum quinque, secundum alios septem liberos genuit Æsculapius, Pl. 701.

Lampito, in Lysistrata Lacæna vegeta, venit in concionem a Lysistrata indictam, ad ejusque consilia promptior est ceteris mulieribus, 78 sqq. In arcem abit, 253.

Lampo vates, Av. 998, per anserem jurabat, in aliqua re decepturus, Av. 521. Vates et oraculorum interpres, ἐξηγητής dictus, sæpe egit in rebus publicis et Thurium coloniam deducendam continenter suasit; ad quam rem delectus est cum novem aliis Atheniensi-

M.

Messene urgebat Lacedæmonem (post defectionem Helotarum), Lys. 1141 sq. Messeniorum defectio ab Lacedæmoniis et bellum, Lys. 1144.

Messoages, lochus Lacedæmoniorum, Lys. 453.

Methymnæus Arion, Av. 1403.

Metientium accurate instrumenta recensentur Ran. 799—801, explicantur in scholl.

Metœci tanquam civium gluma, Ach. 508. Adde Inquilini.

Meton, optimus astronomus et geometra, in Avibus advenit Nubicuculiam aerem dimensurus et jugera diremplurus : post ridiculam demonstrationem artis suæ cum verberibus abigitur a Pisthetæro, 992—1020. Erat pago Leuconoensis; struxit fontem vel fontes, memorante Phrynicho in Monotropo; in Colono, vel secundum Philochorum in Pnyce ad murum, consecravit heliotropium archonte Apseude. Metonis annus, 997.

[Metra. Ἱππωνάκτειον, Pl. 253, Nub. 1032; δίμετρον Ἀνακρεόντειον, Pl. 253; ἑφθημιμερές, Pl. 302, 598; anapæsticum tetrametrum, Pl. 487. Idem metrum dicitur Aristophaneum, Pl. 487. Βάσις ἀναπαιστική, sive μονόμετρον, vel παρατέλευτον, Pl. 598, Eq. 504. Metrum παροιμιακόν, Pl. 598; δακτυλικὸν πενθημιμερές sive Archilochium, Nub. 274; δακτυλικὸν ἀκατάληκτον, quod itidem Archilochium dicitur, ibid. Pherecrateum, sive τροχαϊκὸν δίμετρον βραχυκατάληκτον, Nub. 457. Ἀλκμάνειον, sive δακτυλικὸν ἑφθημιμερές, ibid. Εὐπολίδειον quale, Nub. 518; Γλυκώνειον, Nub. 563, Ran. 326, 1282; Φερεκράτειον ἑφθημιμερές, Nub. 563; Ἀλκαϊκόν, Ran. 326; Αἰολικόν, Ran. 1295; τροχαϊκὸν ἰθυφαλλικόν, τὸ καλούμενον Ἀρχιλόχειον, Eq. 753; ἀσυνάρτητον Εὐριπίδειον, ibid.; ἰθυφαλλικόν, Vesp. 248; κατ' ἐνόπλιον, Nub. 651, 652. Κῶλον προσοδιακὸν καλούμενον, Av. 738. De spondæo in metro trochaico Nub. 518 (falso traditur). Kust.]

Metrophon (non est fabula Aristophanis), p. 446, b.

Mica, nomen mulieris, Thesm. 760.

Mico, pictor Amazonum pugnantium in Pæcile, Phanochi filius, Atheniensis, Lys. 679. In comœdiis memoratur etiam alius Mico, ob paupertatem notatus, ibid.

Midas, rex Phrygiæ ditissimus, auribus asininis, cujus rei varias explicationes afferunt scholl. Dicebatur ipse in asinum versus, quia Bacchum contempsisset, vel Bacchi asinos; quare iratus deus asininas ei aures addiderit, Pl. 287, ubi plur. Midæ.

Midas (Midias?) μώμαξ, ex poeta comico, Prol. VI, 8, μῖμαξ, IX, a, 3, p. xviii.

Midas, servus, Vesp. 433.

Midias Atheniensis Coturnix nominatus, similis coturnici ab alia pugnace in caput ictæ, Av. 1297—99. Erat ὀρτυγοκόπος, aleator, gallorum pugnis studens, improbus, sycophanta, peculator, et aliorum plenus vitiorum, quæ omnia confirmantur allatis locis Comicorum, 1297.

Midon, pater vel magister Lamproclis, Nub. 967.

Milanion. Vide Melanion.

Milesia lana pulcherrima, Lys. 729. Milesia stragula, pulchra, mollia, varia, Ran. 543.

Milesii, coloni Atheniensium, Eq. 932. Milesii olim fuerunt fortes, oraculum respondit Polycrati Samio eos socios cupienti; secundum Demonem hoc responsum erat Caribus eorum vicinis; quibuscum nihilominus Persas adorti, prope omnes perierunt; est etiam apud Anacreontem (v. not.), Pl. 1002. Idem proverbium Pl. 1075. Milesii (suspecti Cleoni), Eq. 361. In societatem vocant Athenienses, et Samum utrique conjunctis viribus subjiciunt, Vesp. 283. Milesii prodiderant Athenienses (auctore Alcibiade), Lys. 108. Perstringuntur ut adulteri, 107, et luxuriosi, Ran. 543, Milesiæ ut vehementer libidinosæ, veretris coriaceis utentes, Lys. 109. Ostracismus apud Milesios, Eq. 855.

Miletus, cur olim Pityusa dicta, Pl. 586. Lupis piscibus abundabat, qua causa, Eq. 361. Ibi a piscatoribus inventus tripus postea Delphicus, Pl. 9. Miletus Apollinis, apud Ananiam, Ran. 661. Conf. Lys. 1281. Mileti expugnatio a Phrynicho tragico coram Atheniensibus acta, Vesp. 1490. Miletum Prienensibus prodidit Cillicon Milesius, Pac. 363.

Milichius. Vide Juppiter.

Milites trium dierum cibaria secum ferre tenebantur, Ach. 197, Vesp. 243, Eq. 1079. Milites in expeditionem discedentes farinam et caseum emebant, Pac. 368; cibaria in vase vimineo, γυλίῳ, portabant, Ach. 1097. Eorum victus vilis, Eq. 600. Adde Catalogus.

Milo Crotoniates : de eo not. Ran. 55.

Miltiades, Eq. 1325. Dux Atheniensium Persas vincit Marathone, Eq. 781.

Milvus, ἰκτῖνος : Græci conspectis milvis in genua procumbunt, Av. 499—502. Nimirum ver significat adventus milvi in Græciam; quare pauperes præsertim, hiemis malis liberati, adventantem adorabant, 501. Milvus verno tempore apparens in Græcia quid fieri jubeat, Av. 713 sq. Milvus totus oculeus rapax, fr. 525.

Mimas, Thraciæ mons, nivosus, Nub. 273.

Minerva, Ἀθηνᾶ, filia Jovis, ex Simonide, Pac. 736. Minerva ἐπίκληρος Jovi, Av. 1653 et schol. Nata ad Tritonem, fluvium Libyæ, Eq. 1189. Occidit Enceladum gigantem, Eq. 566. Minerva cum Neptuno certat de Atheniensibus, Eq. 562. Victrix illa in hoc certamine de possessione Atticæ, hoc dedit Atheniensibus, ut mala consilia, quæ Neptunus iis erat imprecatus, forte fortuna aut per deos in bonum eventum convertantur, Eccl. 473, Nub. 587. Oliva donum Minervæ, Pac. 578. Minerva Thermopylis calidas aquas Herculi fatigato scaturire jussit, auctore Pisandro, Nub. 1051. Minerva habet Ἀθανασίαν, quam dare (uxorem) vult Tydeo apud Bacchylidem, Av. 1536. Favet Ulyssi in judicio armorum, Eq. 1056. Læsa piaculo Cyloneo, Eq. 445. Minervæ ἀγελείης urbs Athenæ, in oraculo Eq. 1013. Minerva Polias, Av. 828. Ei Panathenæis peplum acu varie pictum in pompa offerebant, 827. De quo peplo, pompa et nave Panathenaica pluribus narratur Eq. 566 (Minerva) Athenas tenens celebratur Thesm. 317—319; invocatur, virgo, Athenarum præses, κληδοῦχος, ibid. 1136—1147. Minerva πολιοῦχος cum ægide, Athenarum dea, Nub. 601 sq.; πολίοχος, preces ad eam, Lys. 341—349; præses urbis, δέσποινα, Eq. 763. Ejus duo templa erant in Arce Athenarum, πολιάτιδος et χρυσελεφαντίνης; hoc ex Medicis spoliis constructum et signum in eo a Phidia fictum, Eq. 1169. Ea statua quum tota aurea esse deberet, (chrys)elephantina struitur, Pericle et Phidia lucrum facientibus ex sumptu publico, Nub. 859. Erat autem Minerva chryselephantina Phidiæ 44 talentorum auri pondere, in magno templo posita, Pac. 605. Virgines duæ statuæ Minervæ λουτρίδες vel πλυντρίδες, fr. 642. Pone eam tres Gratiæ a Socrate sculptæ, Nub. 773. Minervæ draco sacer, templum ejus in arce custodiens, Lys. 759. Thesaurus in æde Minervæ, Lys. 174 et sch. Pone templum Poliadis thesaurophylacium, Pl. 1191, 1193, opisthodomus

N.

πορνατάς : *erat vel tragicus histrio, vel ὁ πολίτης (?), de quibus alibi dictum*, Ran. 1506.

Nicostrata, mater Iophontis ex Sophocle, Ran. 78.

Nicostratus Scambonides, *ex pago tribus Leontidis, superstitiosus, sacrificiorum, divinationum, hospitum excipiendorum studiosus*, Vesp. 81 sq.

Nicostratus, dux Atheniensium, cecidit ad Mantineam, Av. 13.

Nicostratus, filius Aristophanis, Prol. XI, 79; XII, 43, *tertius, Nicostratus appellatus ab Apollodoro, Philetærus a Dicæarcho*, Prol. XIII, 17 sq.

Nilus : *in eo Nubes aureis gutturniis aquam hauriunt*, Nub. 272. *Nili fluenta celebrata ex Euripide, in Helena*, Thesm. 855—857. *Nilus etesiis impletur et abundat*, Av. 1695. *Nili ostia*, Pl. 178.

Ninus urbs Persici regni, Av. 1021.

Niobe : *ejus liberi mares septem, puellæ septem*, Dram., fr. 272. *Niobe ab Æschylo diu silens introducta*, Ran. 911 sqq., 920. *Niobe fabula Æschyli aut Sophoclis, quam præclare egit OEagrus*, Vesp. 580.

Niobus. *Vide* Dramata.

Nisæa Megaridis, obnoxia Atheniensibus[at v. notam]: *ibi sal excoquebatur*, Ach. 760. *Nisæa, emporium Megarensium non procul ab urbe, ab Atheniensibus insessum*, Pac. 483.

Nisus, Pandionis regis filius, in divisione regni a patre Megaridem accepit, Vesp. 1223, Lys. 58.

Nitarius, homo ob mollitiem notatus, aliis leno (sed v. not.), Pl. 1011.

Noctua volavit per exercitum Atheniensem *Marathone, victoriam prænuncians; quod vere factum nonnulli narrant*, Vesp. 1086. *Ejus volatus pro victoriæ signo habebatur*, Eq. 1093. Noctua Atheniensibus faveus, Av. 358 et schol. Noctuæ *in arce Athenarum*, Lys. 760, *frequentes in Attica*, Av. 261, 301, *ubi de re superflua proverbium, noctuam Athenas deportare*. Noctua, avis Minervæ, cusa in aureis numis Atheniensium, Eq. 1093, *et in argenteis et æneis*, Av. 301, 261. Noctuæ Laureoticæ. tetradrachma *in quibus noctua cusa et Minervæ facies, quum olim in didrachmis bos esset*, Av. 1106. *Noctuam tenet Minerva in capite aut manu*, Av. 516. *Noctua esse ab nonnullis putatur avis ab Homero Iliad.* Ξ, 291, *memorata*, Av. 261.

Nomades Scythæ, Av. 941

Nomina amasiorum parietibus, januis etc. inscribebantur, addito καλός, Vesp. 98 sq.

Nominalia. *Vide* Infantes.

Νόμιος. *Vide* Mercurius.

Nonacriensis (ex urbe Arcadiæ), fr. 655.

Notæ quibus grammatici fabularum partes distinguere solebant, Pl. 253 et not.

Nothi. *Vide* Spurii.

Novilunia festa, Ach. 999. Novilunio *thus offerebatur statuis deorum*, Vesp. 96. Novilunio vendere solebant *Athenis*, Vesp. 171. *Adde* Mensis.

Nox sacra, stelligera, curru Olympum emetiens, Thesm. 1065—1069. Noctis κελαινοφαὴς ὄρφνα, Euripideum, Ran. 1331 sq. et sch. *Nox atria alis a principio erat; in Erebi gremio peperit ovum, unde Amor exivit*, Av. 693—696. *Noctis filius somnium*, Ran. 1335, sch. 1331.

Nubes, Νεφέλαι, *optimam fabularum suarum, præmium non tulisse a spectatoribus non recte intelligentibus queritur Aristophanes*, Vesp. 1015 sqq., 1043—1050. *Nubes priores ab Aristophane doctæ erant Dionysiis urbanis archonte Isarcho*, Arg. Nub. V, sch. 549, *biennio ante mortem Cleonis*, 549, *anno ante Vespas*

actas, Vesp. 1012. *Alteras eum docuisse opinabantur Aminia archonte (ol. 89, 2), et iis multo etiam magis excidisse*, Arg. Nub. V. (*De qua re veriora habes Arg. VI.*) *Nubes priores memorantur* sch. Nub. 520, 524, 543, 581, 591, 624. *Ad Nubium argumentum referuntur, secundum scholl., versus 1037 —1042 Vesparum.*— Nubes, *deæ philosophorum*, 252 sq., σεμναὶ θεαὶ βροντησικέραυνοι, 265, *ab Socrate solemni carmine ex locis, ubi commorari solent, in conspectum advocantur*, 263—274. *Adveniunt ab Oceano, decussa caligine faciem Nympharum ostendentes, varia veste*, 275 sqq., *et salutant celebrantque Athenas*, 299—313. *Sunt magna numina hominibus otiosis et præstigiatoribus, quos abunde alunt*, 316 sqq., 331 sqq. *Lepidum commentum de forma earum adeo mutabili*, 341—355. *Salutant Strepsiaden et Socratem, cui car maxime faveant exponunt*, 358—363. *Eas solas esse numina, cetera nugas, ostendit Socrates*, 365—424. *Strepsiadæ præcepta dant, et totum se iis permittenti gratiam et potentiam in civitate beatissimamque vitam promittunt*, 412—475. *Socratem docere senem jubent*, 476 sq. *In phrontisterium ingredientem Strepsiaden votis prosequuntur*, 510—517. *Jovem, Neptunum, patrem suum Ætherem almum, magnum Solem venerantur*, 563—574. *In Parabasi dicunt se invitis Cleonem a civibus ducem esse creatum, et consilium dant ut voracem furem capistrent nervoque constringant*, 575—594. *Hymno venerantur Apollinem, Dianam Ephesiam, Minervam, Bacchum Delphicum*, 595—606. *Lunæ mandata ad Athenienses perferunt*, 607—626. *Strepsiaden adhortationibus confirmant*, 700—705, 716; *et quum Socrates de eo desperavit, filium mittere jubent, cui bonam mentem injecerint*, 794 sqq. *Socrati autem sua beneficia ostendunt et suadent ne hominem mentis adeo attonitæ dimittat quin attondeat*, 805—813. Λόγους *duos monent ut missis conviciis exponant antiquam et novam disciplinam*, 934—960. *Justum vehementer prohant, injusto subtilitate multa opus esse dicunt*, 1024—1035. *Augurantur fore ut pœniteat Strepsiadæ hujus institutionis filii*, 1114. *Exponunt quid lucri ex se sint facturi judices fabulæ propitii; damna minantur improbantibus*, 1115—1130. *Conspecta improbitate nequissima et insolentia Strepsiadæ mala augurantur*, 1303—1320. *Quæ evenerunt. Quomodo evenerint, scire cupiunt, suadentes interim Strepsiadæ ut cohibeat filium*, 1345—1352. *Male futurum esse senioribus, si juniores suam disciplinam confirmaverint*, 1391—1398. *Exprobratur ipsis a Strepsiade, quod rusticum se et senem spe extulerint : respondent hoc se factitare omnibus qui fraudes adament, usquedum in malum aliquod conjiciant, ut deos discant revereri*, 1453—1461. *Exeunt*, 1510.

Nubicuculia, Av. 819 sqq, 904, 1035, 1565. *Vide* Aves.

Num illæ collum insertum, Lys. 680 sq.

Numi antiqui et novi Athenis comparati, Ran. 720—726. *Idem in Noctua*, Bos. *Numos aureos cuderunt Athenienses Antigene archonte, teste Hellanico, ex aureis Victoriis, addit Philochorus*, Ran. 720. *Ænei numi sub Callia cudebantur*, 725. *Numi ærei decreto aboliti; argentea utendum esse*, Eccl. 815—822. *Vide* Os. Numi adulterini, Pl. 862, Av. 158. *De numis Byzantiorum et Cyrenensium vide* Byzantium, Cyrene.

Nuncii. *Vide* Plateæ.

Nupti novi : in eos bellaria conjiciebantur, καταχύσματα; *locus Theopompi com.*, Pl. 768. *Nuptiarum* προτέλεια, Thesm. 973. *Earum præsides Juppiter et Juno* τέλειοι, *ibid. Nuptias deorum et heroum veteres poetæ canere amant*, Pac. 779.

O.

P.

Pergasæ, *pagus Atticus, Eq.* 321.

Pericles, Xanthippi filius, Nub. 64. Pericles Euboæm prostravit, *Atheniensibus per victoriam de Abantibus*

homini qui injuriarum eum postulat, 1415—1441, donec a filio usque irriso domum sublimis rapitur, 1442—1449. Ibi tota nocte saltat tragicas choreas Thespidis, et prodit canens et saltans; inde ad certamen provocat novos, qui inepti videntur ipsi, Tragicos: adveniunt Carcini filii immundi tres χορευταί, quos irridet saltando cum ipsis certans, 1474—1534.

Philocles, poeta tragicus, Morsimi tragici pater, Eq. 401, *Pac.* 801, *Ran.* 151. *Philopithis filius ex sorore Æschyli, ab nonnullis Halmion dictus, adjective putant, ab acerbitate ejus velut* ἅλμης. *Erat etiam junior Philocles, item tragicus poeta, illius abnepos: Philoclis filius Morsimus; hujus Astydamas; hujus Philocles et alius coævus* (sec. Bœckhium: *illius nepos: Philoclis erat Morsimus; hujus Philocles junior et Astydamas tragicus, æqualis Philocli juniori*), *Av.* 281. Philoclis carmina, *qui erat* ἄγριος ἐν μελοποιίᾳ, *ut Sophocles dulcis, Vesp.* 462. Philoclis Epops nepos Sophoclei; *nam ille post Sophoclem in Pandionide tetralogia scripsit tragœdiam:* Τηρεὺς ἢ Ἔποψ, *Av.* 281. *Tetralogiam etiam Aristoteles refert in Didascaliis, ibid.* Philocles *parvus, simus,* turpis forma, turpis poeta *tragœdiarum, Thesm.* 168; *de eo locus Teleclidæ, ib. et not.*

Philocles Atheniensis Alauda dictus, *fortasse quia acuto capite erat; certe ut turpis facie alibi notatur, Av.* 1295. *Ad cujus fabulæ v.* 281 *hæc schol.: Alii putant Philoclem quendam* ὀξυκέφαλον *vel* προκέφαλον *ab Aristophane tangi, sed ejusmodi homo in aliis comœdiis non memoratur.*

Philocles archon, Pl. 179, *Prol. III,* 81 (ubi libri *Diocles*).

Philocrates, avium venditor Athenis, *Av.* 14, ὁ Στρούθιος *per jocum* dictus, quibus malis afficiat aves, *ib.* 1077—1083.

Philoctemon, *homo luxuriosissimus et assiduus convivator, Vesp.* 1250.

Philoctetes, *in Lemno inops et* mendicus ab Euripide exhibebatur, *Ach.* 424. *De eodem Philoctete Euripidis sch. Pac.* 147.

Philodoretus, vir, *Eccl.* 51.

Philomela, soror Procnes, ab hujus marito stuprata, etc.: narrat fabulam ejus recens schol. Av. 212.

Philonides, ob pecuniam amatus a Laide, *Melitensis, dives, magnus, deformis, stolidus: quod probatur locis Comicorum, Pl.* 179. *Secundum alios dives quidam Corinthius, ibid.* Philonidis socios Corinthi Circe in sues mutavit, *Pl.* 303, *nimirum Lais quæ amabat Philonidem Melitensem, qui perstringitur ut dives, cum multis parasitis Corinthi vivens ob amorem Laidis, ut* συώδης, *rudis, magno corpore; velut a Nicochare, ibid.*

Philonides: per eum docebat Aristophanes fabulas in Euripidem et Socratem scriptas, Prol. III, 52. *Philonidis et Callistrati nominibus fabulas quasdam docuit Aristophanes, Vesp.* 1018, *ante tricesimum annum ætatis, Nub.* 510, *ut Dætalenses, ib.* 531. *Philonides* (*Aristophanis nomine*) *agit Vespas, suo Proagonem* (*Aristophanis*) *Lenæis ol.* 89, 2, *Arg. Vesp. I. Aristophanes per eum docuit Amphiaraum eodem quo Aves per Callistratum anno, Arg. Av. II. Per eum doctæ Ranæ, Arg. Ran. I. Philonides inscriptus fabulis Aristophanis, Pl.* 179.

Philopithes, pater Philoclis majoris tragici, ex sorore Æschyli, Av. 281.

Philosophi: quædam a Comicis in eos scripta in Nub. 96. *Philosophorum subtilitates obscuræ perstringuntur Ran.* 1496—1499. *Conf.* Nubes, Socrates.

Philostratus, cognomine ἡ κυναλώπηξ, *leno,* καλλωπιστής, *Eq.* 1069, *sch. Lys.* 957.

Philotesius chorus (sodalium convivantium), *fr.* 564.

Philoxenus, virile nomen, *Nub.* 686.

Philoxenus Cytherius dithyrambi inventor, Prol. X, b, 154 *sq. Dithyramborum poeta, aliis tragicus. Pl.* 290, *cui Dionysius tyrannus Timandram dono dedit, Pl.* 179; *apud quem quum viveret, pellicem ejus offendit Galateam; hinc in lautumias missus aufugit in montes Cytherorum, ubi drama Galateam fecit, in quo Dionysium tangens Polyphemum Cyclopem cithara ludentem exhibuit, Pl.* 290, *cum pera, in qua olera campestria gestaret,* 298. *Perstringi in Nub.* 333, 335, *creditur a scholiastis; ab Hesychio, quædam ejus de utribus* τραγῳδεῖν (*imo* παρῳδεῖν) *Aristophanem, fr.* 648. Philoxenus in cyclicos choros μέλη intulit, *Aristophanes ap. Plutarch De mus. p.* 1146.

Philoxeni Eryxis, *Ran.* 934.

Philoxenus *ex Diomeis,* cinædus, *Vesp.* 84, *etiam apud alios Comicos.*

Philurgus, nomen senis, *Lys.* 259.

Philyllius faces in comica scena produxerat, ut Strattis testatur, Pl. 1194.

Φλεήσιον (pro Φλιάσιον πεδίον), *fr.* 701.

Phlegræ campus *in Thracia,* ubi dii Gigantas vicerunt jactantiis, *Av.* 824 *sq.*

Φλεγρεω... δηδον (*nomen corruptum*): *eo exit Clepsydra fons post subterraneum fluxum, Lys.* 913.

Phlya, *pagus Atticus Ptolemaidis tribus, Vesp.* 234.

Phocæ, *male olentes. Vesp.* 1035.

Phocenses: sacra bella, alterum contra eos, alterum pro iis, ex historicis memorata Av. 556.

Phocis, Vesp. 1446.

Phocus, Pelei frater ex patre, a Peleo et Telamone occiditur, Nub. 1063.

Phœbus, *Eq.* 1024, 1084, *Thesm.* 128, *Pl.* 39, 213, *etc.* Phœbus Apollo, *Pl.* 81, *etc.*; vates, *Av.* 716; Pythius, *Vesp.* 869. Phœbus Apollo! (exclamatio) *Ran.* 754. Phœbus aureo arcu, qui mœnia Trojæ condidit, *Thesm.* 108—110, præses honorum et munerum in musicis certaminibus, *ib.* 111—113. Phœbus χρυσοκόμας eburnea cithara elegis lusciniæ ἀντιψάλλει, *Av.* 217 *sqq.* Phœbi citharæ cantus masculus, *Thesm.* 125 *et sch.* Phœbus Delphis plurimos cultros acuens et ministros suos instituens, *fr.* 551. *Adde* Apollo.

Phœnice (terra), *Av.* 504.

Phœnices messem incipiunt canente cuculo, *Av.* 505 *sq. et schol. Sunt mari potentes, Pac.* 303.

Phœniciæ naves ab rege Persarum Samiis missæ, Vesp. 283. *Phœnicia scapha,* γαῦλος, *Av.* 598.

Phœnicopterus, avis palustris, describitur *Av.* 268—273.

Phœnissæ, fabula Aristophanis; *v. fr.* 470—475, *p.* 510, *sq. Phœnissæ Phrynichi tragici, Vesp.* 220.

Phœnix fio: altera manu do, accipio altera (nam Phœnices erant παλιγκάπηλοι), *fr.* 709.

Phœnix, *filius Amyntoris,* cæcus, fabula Euripidis, *Ach.* 421.

Phormio, *Babyl., fr.* 73; cui favet Neptunus; *erat dux Atheniensium, navalis rei peritissimus, sæpe victor, in una pugna Lacedæmoniorum naves* 57 *destruxerat, Eq.* 562. *Filius Asopii, dux austerus, sobrius militari ingenio, quare dixit Aristophanes* stramenta quæ evenerant Phormioni *ad decumbendum humi, Pac.* 347. *Duabus pugnis navalibus Lacedæmonios vicisse fertur: pauper mansit. Centum mi-*

nas εὐθύνης quum solvere non posset, ἄτιμος judicatus in agrum concessit, unde Acarnanes eum sibi ducem expetebant, renuentem. Hinc populus Atheniensis eum liberavit ἀτιμίᾳ, ibid. ex Androtione. Phormio, similis Myronidæ, de eodem duce clarissimo, Asopii filio : in comœdiis notatur ut hispidus et nigris natibus, Lys. 804. — Erant quinque Phormiones : 1. is de quo dictum. 2. homo κωφός. 3. adulter. 4. vetus, Crotoniata. 5. vetus, Atheniensis, post Solonem magistratum gerens. De his omnibus loci Comicorum, Pac. 347.

Phormisius et Megænetus Magnes, σαλπιγγολογχυπηνάδαι, σαρκασμοπιτυοκάμπται, ex disciplina Æschyli, Ran. 965 sq. Phormisius homo audax, comam et barbam alens, pro tremendo habitus. Perstringitur etiam ut munerum acceptor. Megænetus homo confidens et audax, præturam affectans, rudis et invenustus. Alii Manes, servile nomen scripserunt pro Magnes, ibid. Phormisius pilis densus hoc loco vocatur membrum muliebre, Eccl. 97.

Phosphoros Diana, faces gestans, Lys. 443.

Phratores Athenis qui fuerint, Eq. 255. Phratores multam exigunt Apaturiis ab eo qui μεῖον nimis leve adducit, fr. 277. Vide Apaturia. Juppiter Phratrius, Eq. 255.

Phratria, tertia pars tribus, τριττύς, Av. 765. In phratrias vel inter phratores inscriptum esse, genuinæ originis signum Atheniensibus, Av. 1669.

Phreattense tribunal, τὸ ἐν Φρεαττοῖ, litera Δ signatum, Pl. 1166.

Phrinus. Vide Cineas.

Phrixus. Vide Phryxus. Phrixus, non Athamas, in eo erat ut immolaretur, Nub. 257 fine, sch. Rav. Phrixi Euripidei dictum aliquod, Ran. 1082.

Phrontisterium. Vide Socrates.

Phryges. Vide Phryx.

Phrygia dicta a Phryxo, Athamantis filio, Nub. 257. Phrygiæ vicus Ὦτα ὄνου, Pl. 287.

Phrygia harmonia, Thesm. 121, sch. Eq. 989. Phrygia lana mollis et pulchra, Av. 493.

Phryne, anus, Eccl. 1101.

Phrynichi quattuor erant, Ran. 13 : 1. poeta tragicus, Polyphradmonis filius. 2. Choroclis filius, histrio. 3. poeta comicus, quem Hermippus rivalis aliena carmina sibi subjicere narrat. 4. Atheniensis dux in expeditione Samica Astyocho addictus, et popularis status eversionem tentans, Av. 750.

Phrynichus, Stratonidæ filius, dux in expeditione Samum suscepta turpiter fefellit populum : quare bona ejus publicabant, decima deæ data, alia multa in eum in columna ænea proponebant, Lys. 313. In illa expeditione in Samum, sec. alium schol. in expeditione in Thraciam, collega Phrynichi erat Charminus, Thesm. 804. Phrynichus res publicas tractabat cum Theramene et Pisandro, Lys, 490. Phrynichi machinis deceptus si quis peccavit, facultas danda diluendi ea peccata, Ran. 689—691. Nam hoc duce detrimento Atheniensium bellum deserente prætores multi peccarunt, ἄτιμοι ideo facti, 688. Adde Phrynichi n. 4.

Phrynichus, Polyphradmonis filius (conf. ad Prol. III, 42), tragicus poeta, quem in μελοποιίᾳ admirabantur, immortalium carminum suavitatem ex lusciniæ cantu collegit, Av. 750. Phrynichi tragici Atheniensis pulchræ vestes, pulchra poemata, Thesm. 164—166. A Phrynicho educatos spectatores fatuos accepisse Æschylum dicit Euripides, Ran. 910. Adde 1299. Poeta ἀφελής, ib. 910, in melicis carminibus suavis et ab omnibus probatus, ibid. et 1288, 1299. Ejus carmina canunt senes judices, Vesp. 269. Phrynichus trepidat, proverbialiter dictum de iis quibus mali quid accidit, quia Phrynicum Mileti expugnationem agentem Athenienses ad lacrimas redacti ejecerint trepidantem, Vesp. 1490. Phrynichi carmen Παλλάδα περσέπολιν celebratur, quod tamen ipse Lamproclis esse significat, Nub. 967. In Phrynichi Phœnissis erat carmen celeberrimum, Σιδώνιον ἄστυ λιπόντες etc. Vesp. 220. Phrynichus in Antæo fabula multa de luctatione disserueral, Ran. 688. Mortuus est in Sicilia, Prol. III, 42.

Phrynichus, tragicus χορευτής, ut mollis perstringebatur propter varietatem figurarum : quare nonnulli ad eum referebant Nub. 1091 sq. Phrynicheus mos saltandi, quo crura sursum jactantur, Vesp. 1524 sq. coll. 1490, 1492, 1530. Phrynichus, poeta, adulator; secundum Symmachum, actor tragœdiarum inter convivas in Vespis 1302. Adde Phrynichi n. 2.

Phrynichus comicus Apollodoro archonte docebat, Prol. III, 44. Phrynichus in comœdiis suis φορτικευόμενος notatur Ran. 13. Erat filius Eunomidæ; perstringebatur ut peregrinus, poeta malus, metrum non curans, aliorum dicta sua faciens, ibid. Adde Phrynichi n. 3. Dicitur choros in motu et luctantes produxisse, Ran. 688. Anum induxit quæ a ceto vorabatur, imitatione Andromedæ, Nub. 556. Ejus fabula Monotropus Chabria archonte docta, Av. 997. Fabulæ ejus erant decem, Prol. VIII.

Phrynis, citharœdus Mytilenæus, discipulus Androclidæ, qui aulœdum prius docuit citharam ; cithara vicit in Panathenæis Callia archonte; in harmoniam molestas et frigidas flexiones invexit, Nub. 971. Refutatur Istri de eo narratio, ibid.

Phrynondam, qui de malis moribus notatur, nonnulli patrem Mnesilochi fuisse tradunt, Thesm. 861. Phrynonda (in convicio pro, homo impurissime), fr. 92.

Phryx, Av. 762. Phryx deus Sabazius, fr. 478. Phrygem Matris Deûm ut insanientem Athenienses in barathrum conjecerant, qui eam venturam prædixerat quæsitum filiam : dea irata regioni immisit ἀκαρπίαν : caussa cognita barathrum implerunt et deam placarunt, Pl. 431. Phryx, in fragm. corrupto poetæ Av. 1283. Phryx, servus, Vesp. 433. Phryx (pro homine contempto dictum) Av. 1244.—Phryges quomodo inventi sint a Psammiticho rege Ægypti esse populus omnium antiquissimus, ex Herodoto, Nub. 398. Cum Paphlagonibus de antiquitate gentis certabant, not. Nub. 397 extr. Phryges (Æschyli), qui (ad Achillem) veniebant Priamo filium redempturi, fr. apud Athen. I, p. 21, F.

Phryxus et Helle, Athamanti ex Nephele dea nati, novercæ insidiis circumventi, ariete, qui humana voce harum illos admonuerat, vecti in Asiam aufugiunt; ab Helle, qui ad Abydum in mare decidit, dictus Hellespontus; a Phryxo Phrygia; qui in Colchos pervenit et Marti vel Mercurio immolavit arietem a diis χρυσόμαλλον factum, Nub. 257.

Phthia : eo confugit ad Eurytum Peleus, Nub. 1663.

Phthiota Achilles, Æschylus in Myrmidonibus, Ran. 1264.

Phylarchus, equitum tribunus, Lys. 561.

Phylasius, Ach. 1028. Phylasii albas vestes gestabant, ib. 1024.

Phyle, pagus Atticus, unde Bœotii boves rapuisse narrantur Ach. 1023. Phyle occupata a Thrasybulo, Pl 1146, 550; ex quo triginta tyrannos evertit; inde

Q.

R.

S.

Sacrificium. Sacrificiis atque precibus res graviores auspicari solebant, Vesp. 862. Sacrificium ἐντελὴς, τριττὺς dictum, sus, aries, caper, Pl. 819. Per triduum bubus, deinde pecoribus sacra fieri senatus jussit (in mittenda theoria), Pac. 716. Sumptus in sacrificia faciendos curabant colagretæ, Av. 1540, Vesp. 695. In sacrificiis mola vino et oleo aspergebatur, Pac. 1040. Quo ordine intestina in sacrificiis spectentur, Vesp. 831. Ex cauda victimæ igni imposita conjicere solebant an sacrificium diis gratum esset, Pac. 1054. Sacrificantes carnis frustum domum portabant, Pl. 227 et sch. In nonnullis sacrificiis dictum, Οὐκ ἐκφορά, Pl. 1138 Reliquias sacrificiorum sacerdotes accipiebant, Pl. 1180, 1185, Vesp. 695. Adde Victima.

Sacrificium dedicatorium agitur et ritus per singula memorantur Pac. 922 sqq.

Sadocus filius Sitalcis, regis Thracum, ab Atheniensibus civitate donatus, Ach. 145.

Sagittarius. Vide Scytha.

Sagittatio inhonesta, Ach. 710.

Saii, populus Thraciæ, apud quos parmam abjecerat Archilochus, Pac. 1298.

Sal: salis usus varius, Nub. 1237. De sale factum decretum, ut viliore pretio veneat, antiquatum, Eccl. 814. Sales θυμητίδαι, cum thymo triti, Ach. 772.

Salabaccho, nomen muliebre: erat famosa meretrix Athenis, Thesm. 805, 804, Eq. 765, sch. Pac. 755.

Salaco quidam, homo luxuriosus, Vesp. 1169.

Salaminia navis publica Atheniensium, quæ mittebatur ad arcessendos reos peccatorum in rempublicam, ut Alcibiadem, Av. 147, coll. Arg. II, sch. Ran. 204, Eccl. 38; celeris, Av. 1204, navis εἰρηναρχική, Ran. 1071.—Salaminia pugna: quale ad eam Græcis auxilium tulerint Ceres et Proserpina ex Eleusine, Nub. 303. Salaminia victoria, per Themistoclem potissimum reportata, Eq. 84, non Atheniensium, sed totius Græciæ opus habebatur, Eq. 1334.

Salaminius. Salaminii re nautica et venerea præstantes, Eccl. 38, Lys. 60.

Salamis, insula propemodum e regione Eleusinis, Eq. 785, pars Megaridis, quartæ partis Atticæ, Lys. 59, ubi memoratur et v. 411. Salamine sub Themistocle Athenienses navali pugna vicerunt Persas, Eq. 785. Qui eam pugnam non pugnavit, ἀσαλαμίνιος, Ran. 204. De Salamine oraculum, Eq. 1040. In ea insula est rupes Iresia, Eq. 785.

Salmoneus Thessalus fulmina et tonitru imitatus, Arg. Ran. IV.

Saltatio ἀπόκινος, fr. 269. Saltationis tragicæ imitatio repræsentatur Vesp. 1484 sqq. Saltationum genera recensentur, Nub. 540.

Salutandi formulæ variæ apud veteres in epistolis usitatæ, Nub. 609; χαίρειν quando et a quo inventa, Pl. 322.

Samothrace: ibi mysteria, de quibus narrat schol., Pac. 277 sq. Samothracii dii in periculis invocabantur ut auxiliatores certi, ibid. Adde Cabiri.

Samphoras equus, in cujus crure sigma [san] literæ signum, Nub. 122, Eq. 603.

Samii. Vide Samus.

Samus insula a nonnullis dicitur prodita Prienensibus per Cillicontem, qui secundum alios Syrum insulam prodidit Samiis, Pac. 363. Ibi degebat Theagenes Syrius post patriam proditam; quomodo eam ultus in Cillicontem, ibid. Juno Sami, Ran. 330. Quæ in Samo gererentur primum se indicasse dicens reus absolvitur, Vesp. 283, gesta nimirum undevicesimo ante hanc fabulam anno, Timocle, inde Morychide archontibus, quum Samus a Pericle Milesiorum auxilio Atheniensibus subjecta et δημοκρατουμένη ad regem Persarum defectura erat, sed Carystione quodam hoc nunciante, pœnas dedit, ibid. Samiorum populus πολυγράμματος (noctuis inustis notati ab Atheniensibus captivi), Babyl., fr. 43. In hac insula post ostracismum Hyperbolus habitabat, Vesp. 1007, et obiit, Pac. 681. Duces Athenienses in Samo plane infelices; Didymus et Craterus referunt ad Phrynichum Stratonidæ, quod nomen vide, Lys. 313. De ea expeditione Phrynichi in Samum sch. Av. 760, Thesm. 804.

San, antiquum signum literæ, postea in numeris modo usurpatum et equis nobilioribus inustum, Nub. 23 c. not., Eq. 603.

Sannyrion, comicus poeta, Geryt. fr. 198. Aristophanem risit quod aliorum (Philonidæ et Callistrati) nominibus fabulas doceret, Prol. XIII, 9 sqq. Vide Susarion.

Sardanapallus (dictus homo mollis et imperiosus) Av. 1021. Erat Anacyndaraxi filius, Nini rex, luxuriosissimus et mollissimus; una die ædificavit Tarsum et Anchialen. Inscriptiones monumenti ejus. Duos fuisse Sardanapallos Hellanici sententia, ibid.

Sardes, urbs Lydiæ Persis obediens: ibi Persicæ vestes veneunt, Vesp. 1139. Inde dicta Sardianica tinctura, Pac. 1174; nam ibi πυρρὰ βάμματα fiunt, Ach. 112 (ubi vitiose Σαρδώ).

Sardianica tinctura, rubra, Ach. 112, Pac. 1174 et schol. —Sardiana Sibylla, Av. 962.

Sardinia, Vesp. 700. Σαρδώ, insula Italiæ vicina, una ex septem majoribus insulis, 60 stadiis a Cyrno (Corsica) distans: in ea (imo Sardibus) splendida purpura fit, Ach. 112.

Sarpedon, Jovis filius, qui ad Trojam cecidit; eum patris jussu certis diebus lugent dii, Nub. 622.

Saturnius, Κρονικός, vetustus, stultus, Pl. 581.

Saturnus, Κρόνος, Eq. 561, Av. 469, 586. Vide Cronus (ubi add. Vesp. 1480), Cronia, Cronides. Saturnus et Rhea, deorum ætas altera, Οὐρανίωνες, Nub. 247. Sub Saturno ἀπράγμονες homines, Nub. 821. Ejus et Rheæ filius Enyalius, secundum nonnullos, Pac. 457. Saturni filia Vesta, Pl. 395.

Satyricum drama, quale sit, Prol. X, 6, 53, 112, 125—132; Prol. IX, a, 75 sqq. p. XIX. Satyrica dramata non advertunt Aristarchus et Apollonius, trilogiam dicentes verbi caussa Oresteam, non tetralogiam, Ran. 1124.

Satyrus. Vide Syagrus. Satyri (satyrica dramata), Thesm. 157.

Scamandri, apud Æschylum, Ran. 928. Scamandria fluenta, Thesm. 864.

Scamba carmina (i. e. scolia) quæ sint et quomodo canantur, Prol. X, c, 82—92.

Scambonides, oriundus ex pago tribus Leontidis, Vesp. 81.

Scarabæus. Vide Cantharus. — Scarabæum, μηλολόνθην, lino revinctum pueri in aerem dimittunt, Nub. 763.

Sceblyas, servus vel τοξότης barbarus, Ran. 608.

Scellias: Scelliæ filius Aristocrates, Av. 126.

Scena comica quomodo sit adornata, Prol. IX, a, 27—41, p. XX.

Σκηνὰς καταλαμβάνουσαι (Mulieres theatri sedilia primo mane occupantes), fabula Aristophanis: v. fr. 397—412, p. 500 sqq.

Scenici poetæ: sorte ducebantur quinam primus, secun-

vissimus dictus est et mercedem nullam a discipulis erogabat, ib. 98. Socratis definitio animæ qualis, ib. 94. Ejus amator Alcibiades, Arg. Nub. II. In opificinis, ad mensas ubique versabatur Socrates cum omnibus colloquens, Ran. 1491. Socratem impie agere dicebant per gallum gallinaceum, per platanum et alia hujuscemodi jurantem, Nub. 247. Nova dæmonia induxit, Ran. 320. Quare Socrates Melius, Nub. 830; nam Diagoras atheus erat Melius, Socrates autem Atheniensis deos esse negaverat, ib. Eupolis contra Socratem paucos, sed ignominiosos versus fecit, furti eum accusans, Nub. 96. In Nubibus Socrates ipse et discipuli pallidi et discalceati, 103. Credebatur mercede docere quomodo quis vincat et justam et injustam caussam dicendo, 98 sq., 112 sqq. Ejus φροντιστήριον, 94, aperitur et miri meditantium discipulorum habitus, instrumenta et delineationes mathematicæ in eo ostenduntur, 181—217. Discipulus narrat Strepsiadæ lepida et deridicula inventa Socratis, postremo ut in cœnam vestem ex palæstra callide surripuerit, 133—180. Conspicitur ipse sublimis in corbe sedens, in aere puriore solem contemplans, ne terra humorem meditationis ad se trahat, 218—234. Audito quid velit Strepsiades mercedem ipsi promittens per deos, reprehendit hoc jusjurandum; se res divinas eum vere docturum. Hinc coronatum in sacro grabato farina ex trito pumice inspergit, ut τρίμμα et παιπάλη fiat. Quo sic initiato, venerandas Nubes, deas suas, sollemni carmine advocat, 235—274. Earum potentiam et beneficia in homines otiosos et præstigiatores collata celebrat, 316—334, et formam mutabilem explicat, 340—355. Salutatur ab iis, quæ eximie favent ei ut βρενθύοντι, ὀφθαλμοὺς παραβάλλοντι, discalceato, in malis gravi et elato, 358—363. Quare solas esse has numina pronunciat, cetera omnia esse nugas ostendit, simul tonitru et fulminis caussas aperiens, 365—424. Jussus a Nubibus instituere Strepsiaden, explorat ejus ingenium et in phrontisterium agit nudum, 476—509. De stupiditate et oblivio senis querens ex phrontisterio eum producit et in grabato cimicibus referto sedentem docere tentat de metris, rhythmis, de grammatica substantivorum, in qua multa pro analogiæ severitate novat, 627—694. Quæ quum non intelligantur et rustice accipiantur a Strepsiade, de suis eum negotiis excogitare quippiam jubet, 695, multum urgens, et cogitandi inveniendique subtilia modum præcipiens, 723—745, 757—763. Iterum rustica profert Strepsiades : quare Socrates obliviosissimum et stolidum senem abigit et porro docere detrectat, 783—790. Sed Nubes ei suadent ne repudiet, sed utilem sibi reddat hominem adeo mente captum, 805—813. Abducit Phidippiden, qui duos Λόγους audiverat, argutatorem probum redditurus, 1111. Reddit eum injusto λόγῳ bene institutum, et accipit saccum farinæ, 1145—1169. At in se ipso quum senserit Strepsiades injusti λόγου vim, exsecratur Socratem, 1448 seqq., 1464 sqq., et tanquam Mercurio suadente cum servis accedit destruens et exurens phrontisterium, 1478 sqq. Socrates suffocari timet, 1505. Socratis discipuli tres anxii de incendio, 1493—99.—Socratem æmulabantur Athenienses, esurientes et sordentes ut ille, Av. 1282. Socrates illotus animas ex Orco evocat ad lacum in Sciaposi, Av. 1553—1555, sch. 555. Lepidum est non garrire cum Socrate abjecta arte musica, Ran. 1491 sqq. Ubi Panætius alium Socratem intelligit, τῶν περὶ σκηνὰς φλυάρων, 1491. — Socratis (Platonis) dialogus Ion, Pac. 835.

Socratici primi per anserem jurare soliti, Av. 521.

Socraticus Euripides, Ran. 889. Socraticæ scholæ κωμῳδοποιὸς Agatho, Ran. 83.

Sol, Ἥλιος. Solem, magnum deum, ἱππονώμαν, venerantur Nubes, Nub. 571—574. Dicitur πυρφόρος αἰθέρος ἀστήρ, Thesm. 1050. Sol a Tragicis oculus ætheris dictus, a philosophis Oculus cœli, Nub. 285. Sol salutatur a cæco qui visum recuperavit Pl. 771. Sol et Luna a Persis sacrificia accipiunt, non a Græcis : quare proditurì Græciam barbaris finguntur a Trygæo in Pace 406—415. Soli et Horis Thargelia et Pyanepsia celebrant Athenienses, Pl. 1054, Eq. 729. Sol et Boreas in fabula certant, uter viatori σισύραν sit citius exuturus, Ran. 1459. Sol et Apollo iidem, Nub. 595. Solis filia Lampetia, uxor Æsculapii, Pl. 701. Solis et lunæ defectus multi fiebant per bellum Peloponnesiacum, Pac. 406. Fiunt quando dies et menses pares, ib. 414.

Solarium, πόλος, fr. 210. Solarii umbra decem pedum, δεκάπουν τὸ στοιχεῖον, quando ad cœnam iri solet, Eccl. 652. Solarii umbra ἑπτάπους ad cœnam vocat, fr. 564.

Solon antiquus erat ingenio populari, Nub. 1187. Solonis tempore tres τάξεις Atheniensium : Paralii, Pediei, Diacrii, Vesp. 1223. Solon secundum nonnullos instituit demarchos in locum naucrarorum, Nub. 37. Rationem numerandorum dierum mensis, quæ fit detrahendo, non addendo, apud Athenienses introduxit, Nub. 1131. Solonis lex de spuriis filiis et successione agnatorum, Av. 1660—1666. Videtur ficta esse, 1661. Solonis lex vel eos puniebat qui fimum clam averterant, Eq. 658. Glossæ ex ἄξοσι Solonis, Dædal., fr. 1. Post Solonem rempublicam regebat Phormio Atheniensis, Pac. 347.

Somnia abluere, Ran. 1340 sq. et sch.

Sophis Ægyptius fulminum et tonitruum imitatione cum Jove certavit, Ran. Arg. IV.

Sophistæ dicti musici et poetæ a veteribus [nam παλαιοί scribendum videtur pro μᾶλλον], Thesm. 177. Sophistæ quinam sint, Nub. 331. Plato comicus in fabula Sophistæ inscripta etiam Bacchyliden Opuntium tibicinem inter eos recenset, ibid.

Sophocles εὔκολος, Ran. 182. Ejus carmina inter bona pacis recensentur in Pace 531. Sunt dulcia; quare poeta Apis dictus, Vesp. 462. Sophocles Euripidi præstans poeta, Ran. 76. Sophoclis melle tincti ut cadi os circumlambebat (Euripides haud dubie), fr. 231, a Sophoclis fabula duplex ex historia Athamantis, Nub. 257. Sophocles in Helena ab nonnullis falso existimatur memorasse mortem Themistoclis, Eq. 84. Sophocles in tragœdia Tereum et Procnen in aves mutatos exhibuit, Av. 100 sq. Ejus Electra satyricum drama, Prol. IX, a, 76, XIX; schol. p. XXIV. Sophoclis et Euripidis συνεμπτώσεις, vel aliis de caussis alterius versus alteri tributi, Thesm. 21. Conf. ad Her. fr. 289. Sophoclis tragœdiarum actor Tlepolemus, Nub. 1264. In Pace quærit dea quid agat Sophocles : respondetur senem eum ut olim Simonidem lucri caussa carmina scribere, Pac. 695—699. Post hanc fabulam vixit septem (ζ', sed legendum videtur ιζ', septendecim) annis, 698. Ex prætura in Samo fertur pecuniam contraxisse, 697. Vide Iophon, quem filium habebat ex Nicostrata. Dicunt etiam spurium ei fuisse filium Aristonem ex Theoride quadam Sicyonia, Ran. 78. — In Ranis Sophocles quum ad inferos descendit, osculatus est Æschylum, qui solium tragicum ei concessit, sive potius, ut Callistratus interpretatur, cum eo communicavit; in

T.

U.

V.

intelligunt, 725—736, hortanturque senem ut ad sanam mentem redeat et mores mutet, 743—749. In sacrificio gratulantur patri et filio quod in gratiam redierint, et Apollinem orant ut judicium de Labete prospere cedat ipsis ab errore liberatis, 863—874, et jam agnoscentibus vere amari populum a Bdelycleone, 885—890. Spectatores hortantur ut verbis poetæ attendant, 1009—1014. Se fortes olim fuisse et florentes in choreis, in pugnis: nunc canos, debiles, nihilominus præstantiores multorum adolescentum cincinnis impudicis, 1060—1070. Vesparum formam et aculeum explicant, nimirum ita se favos Atticos contra Persam fortissime et felicissime defendisse, 1071—1090. Nam illo tempore se navali bello, non orationi et calumniæ studuisse: quare multas se urbes Persis abstulisse, unde tributa redeant quæ nunc juniores depeculentur, 1091—1100. Similitudinem suam cum vespis exponunt: sunt iracundi, si irritentur; per alvearia (tribunalia) collecti pungunt quemlibet et victum inde parant: sed oderunt fucos tributa comedentes, quum sint sine aculeo neque hostes unquam pupugerint: hi igitur triobolum ne accipiunto, 1101—1121. Philocleo dum dexter conviva esse docetur, Chorus narrat se visum sibi esse urbanum et lepidum, nunquam inscitum, ut sit Amynias, cum Leogora cœnans, famelicus, legatus in Thessalia cum solis penestis versatus, penesta ipse, 1265—1274. Deinde Automenem (ironice) felicem prædicant ob filios artifices sollertissimos, citharœdum, histrionem, Ariphraden suo ingenio cunnilingum, 1275—1283. Laudant fortunas Philocleonis tam eleganter docti, tam molliter curati, videntes tamen difficile esse ut ingenium aliquis exuat, 1450—1461. Summis præconiis ornant pietatem et comem animum Bdelycleonis, 1462—1473. Saltando certantibus Philocleoni et Carcini filiis tribus accinunt, 1516—1534, et quum illi saltantes exeant, novo modo Chorus et ipse saltans orchestram relinquit, 1535 *sqq*.

Vesta, Ἑστία, *Saturni filia, quæ domos invenit et earum habitantiumque custos est*, *Pl*. 395. Vestæ suile: *nam ad focum erat suile*, *Vesp*. 844. A Vesta incipere, *proverbium, quia libationes a Vesta incipiebant, cui primitias dabant*, *Vesp*. 846. *Quare* πρῴρα λοιβῆς *a Sophocle dicta. Mythus est ab Aristocrito compositus: Titanibus dejectis ubi Juppiter imperium sumpserit, permisisse Vestæ ut honores quos vellet optaret: elegisse virginitatem et primitias sacrificiorum, ut sibi primæ ab hominibus offerrentur, ibid.* A Vesta *auspicantur sacrificia omnia, vel ante Jovem ei facientes*, *Av*. 865, *Thesm*. 299. Per Vestam jurat vir *Pl*. 395.

Viator, κλητήρ, *Vesp*. 189, 1310, *ubi schol.*: *hoc officio senes plerumque fungebantur*.

Vicesimæ ex portubus et insulis exigebantur ab εἰκοστολόγοις *et ducibus*, *Ran*. 363.

Victimæ sine cauda diis offerri non poterant, *Ach*. 785 *et sch*. *Victimæ caput* concutiebatur, *ut annuere sacrificio videretur*, *Pac*. 960. Victimarum pelles sacerdotibus dabantur, *Thesm*. 758 *et schol*. *Adde* Sacrificium.

Victoria volat aureis alis, *quod recens artificum inventum, Archenni aut Aglaophontis*, *Av*. 574. Victoria domina invocatur *Lys*. 317; χορικῶν ἑταίρα, *Eq*. 589. *Ex aureis Victoriis numi cusi Antigene archonte; testatur Philochorus*, *Ran*. 720.

Vigiles cantant, φρουρᾶς *sive* φρουρὰς ᾄδειν, *Nub*. 721 *et schol*.

Vigilia urbium describitur *Av*. 1159—1162.

Vinum. Vini laudes, *Eq*. 90—100. *Vini* duæ partes, tres *aquæ, temperatura optima*, *Eq*. 1187. *Vinum* πολυφόρον, *quod multum aquæ admixtum ferre posset;* ὀλιγοφόρον, *quod parum*, *Pl*. 853. *Vide* Capsias, Thasium, *etc*.

Violarum *color varius*, *Pac*. 577.

Vir. Viris inaccessa orgia Thesmophoroiv, *Thesm*. 1150 *sq*.

Virgo. Virginum nobilium munia sacra Athenis recensentur *Lys*. 641—647 *coll. schol*.

Vitam priscam descripserat Aristophanes in *Tagenistis*, *fr*. 444. *Conf*. Athenienses, Λόγοι.

Vites: ex earum sarmentis faces fiebant, *Lys*. 308 *et sch*.

Vittæ mortuorum, *Lys*. 603. *Vide* Mortui.

Vitulus, præmium citharædorum, *Ach*. 13.

Vulcanus, Ἥφαιστος, *genuinus filius Jovis*, *Av*. 1653. *Vulcani imago figulina ad focos vel caminos posita, ut igni præfecti*, ἐπιστάτου, *Av*. 436. *Vulcani officina Lemni*, *Lys*. 299. Vulcani flamma, *Pl*. 661. *Vulcanus Martem in adulterio deprehendit*, *Av*. 835. *Vulcanus calidas aquas terra emisit in Herculis gratiam, secundum Ibycum*, *Nub*. 1051. *A Vulcano fabricatum gladium quod dii Peleo donarunt*, *Nub*. 1063. *Vulcano fiebat lampadedromia in Ceramico*, *Ran*. 131. *Conf. Hephæstea*.

X.

Xanthias, *nomen servile*, *Ach*. 243, 259, *Nub*. 1485, *Av*. 656. *In Ranis* Xanthias, servus Bacchi ad inferos descendentis, sarcinas portat asino insidens, et verniliter de onere queritur, 1 *sqq*. Irascitur de mortuo qui novem obolis sarcinas vehere non vult, 178 *sqq*. Quum prœlio navali *ad Arginusam* non interfuerit, non receptus in cymbam Charonis, paludem circumcurrit et ad Anæni lapidem herum exspectat, 190 *sqq*. Metu heri delectatur, 271 *sqq*., 478 *sqq*. Precibus heri Herculis habitum assumit; ab ancilla Proserpinæ nomine ad lautas epulas invitatus deponit, 498—533. Iterum assumit per blanditias heri a cauponis in judicium tracti, 579—604. Ab Æaco ut Hercules prehenditur, nunquam se huc venisse testatus; ex servo, Baccho, tormentis quæstionem fieri posse; sed hoc deum immortalem se esse affirmante, utrumque Æacus verberibus tentat, quæ strenue fert Xanthias, 605—664. Servile colloquium cum Æaco, quem petit ut narret tumultus et clamoris in Plutonis ædibus quæ caussa sit, nimirum certamen multitudinis de Euripide et Æschylo judicium flagitantis, 723—813. Ξανθίδιον, *Ran*. 582. — *Adde* Sosias.

Xanthippus. Xanthippus erat *ex Alcmæonidarum gente, pater Periclis*, *Nub*. 64, *Vesp*. 283.

Xanthus Bœotus in bello Atheniensium et Bœotorum de Celænis illorum regem Thymœtam jam senem ad certamen singulare provocavit: hoc non accipiente ob senectutem, Melanthius fraude vincit Xanthum, a Baccho adjutus, et occidit, *Pac*. 890, *Ach*. 146.

Xanthus, herus Æsopi olim servi, *Av*. 471.

Xenarchus, filius Carcini, χορευτής, *Pac*. 782.

Xenocles, Carcini filiorum natu minimus, poeta tragicus, pinnoteres, *quo perstringitur ut vorax*, *Vesp*. 1510 *sq*., *sch*. 1515, 1502, *Nub*. 1261, *Ran*. 86. *Machinas fertur et* τερατείας *in tragœdiis suis exhibuisse; quare* δωδεκαμήχανος *dictus a Platone comico*, *Pac*. 782. Xenocles Carcini filius, *Thesm*. 441, malus homo, malus poeta, *ib*. 169, tragicus, *Ran*. 86. *Notatur ut in poesi* ἀφυής, ἄξεστος, *allegoricus*, *Ran*. 86, *Thesm*. 441. *Ejus fratres recensentur Ran*. 86. *Secundum nonnullos duo poetæ tragici eo nomine erant; præterea tertius Xenocles Cholargensis, rempublicam administrans, mali patris*, *ibid*. *Xenoclis drama Licymnius*, *Nub*. 1264; *aliud* Μύς? *Pac*. 791. *Victus*

Z.

INDEX SCRIPTORUM.

INDEX GRÆCUS

IN SCHOLIA.

Vocabula Græcobarbara asterisco notavimus.

COLLATIO

VERSUUM EDITIONIS BRUNCKII CUM KUSTERIANA

SECUNDUM QUAM SCHOLIA CITARI SOLENT.

Tertia series differentiam *indicat quæ ab eo versu, cujus numero adjecta est, usque ad proxime memoratum vel usque ad finem obtinet.*

ACHARNENSES.

BRUNCK.	KUST.	DIFF.
153	152	1
580	580	0
951	950	1
975	973	2
980	977	3
990	989	1
1195	1193	2

EQUITES.

BRUNCK.	KUST.	DIFF.
333	332	1
385	383	2
390	389	1
406	404	2
505	502	3
835	831	4
1010	1007	3
1080	1078	2
1097	1094	3
1260	1258	2
1275	1272	3

NUBES.

BRUNCK.	KUST.	DIFF.
236	235	1
460	460	0
707	706	1
716	714	2
810	807	3
815	813	2
885	882	3
971	967	4
1105	1103	2
1146	1145	2
1161	1161	0
1169	1171	2
1260	1263	3
1390	1392	2

VESPÆ.

BRUNCK.	KUST.	DIFF.
290	289	1
310	308	2
317	316	1
410	408	2
719	718	1
736	734	2
753	750	3
787	783	4
865	860	5
932	926	6
1013	1008	5
1235	1228	7
1255	1247	8
1275	1266	9
1530	1520	10
1535	1523	12

PAX.

BRUNCK.	KUST.	DIFF.
60	59	1
390	390	0
395	394	1
595	595	0
600	599	1
765	765	0
920	919	1
945	945	0
1030	1029	1
1035	1035	0
1195	1194	1
1290	1288	2
1310	1310	0
1340	1341	1
1356	1354	2

AVES.

BRUNCK.	KUST.	DIFF.
215	214	1
220	220	0
223	224	1
315	315	0
345	344	1
386	386	0
540	541	1
635	635	0
640	641	1
865	865	0
880	881	1
1040	1040	0
1515	1514	1
1726	1724	2

LYSISTRATA.

BRUNCK.	KUST.	DIFF.
10	11	1
15	15	0
385	386	1
500	500	0
605	606	1
660	660	0
675	676	1
820	820	0
905	904	1
1060	1060	0
1070	1071	1
1075	1077	2
1200	1201	1
1210	1212	2

THESMOPHORIAZUSÆ.

BRUNCK.	KUST.	DIFF.
50	53	3
55	60	5
58	64	6
130	137	7
740	746	6
745	752	7
947	955	8
948	957	9
1078	1088	10
1085	1096	11
1088	1200	12
1215	1228	13
1220	1234	14

RANÆ.

BRUNCK.	KUST.	DIFF.
170	171	1
181	183	2
255	256	1
270	272	2
312	315	3
535	539	4
540	546	6
545	553	8
595	606	9
600	612	12
605	618	13
670	682	12
814	827	13
820	838	18
825	846	21
830	854	24
878	905	27
899	928	29
905	936	31
1005	1037	32
1105	1136	31
1275	1307	32
1280	1313	33
1290	1325	35
1335	1371	36
1340	1379	39
1345	1386	41
1355	1397	42
1360	1404	44
1364	1409	45
1365	1412	47
1435	1483	48

ECCLESIAZUSÆ.

BRUNCK.	KUST.	DIFF.
471	469	2
497	494	3
499	495	4
709	704	5
963	956	7
964	958	6

PLUTUS.

BRUNCK.	KUST.	DIFF.
810	811	1

Lightning Source UK Ltd.
Milton Keynes UK
UKHW012119290119
336431UK00008B/508/P